中華人民共和國國務院批准的重大文化出版工程

國家文化發展規劃綱要的重點出版工程項目

新聞出版總署列爲「十一五」國家重大工程出版規劃之首

國家出版基金重點支持項目

中華大典

理化典

山東出版傳媒股份有限公司
山東教育出版社

圖書在版編目（CIP）數據

中華大典.理化典.化學分典：全三册 /《中華大典》工作委員會，《中華大典》編纂委員會. —濟南：山東教育出版社，2018

ISBN 978-7-5701-0158-0

Ⅰ.①中… Ⅱ.①中… ②中… Ⅲ.①百科全書—中國 ②化學—中國 Ⅳ.①Z227②06

中國版本圖書館CIP數據核字（2018）第042574號

中華大典·理化典·化學分典

編　　纂：《中華大典》工作委員會
　　　　　《中華大典》編纂委員會
主管單位：山東出版傳媒股份有限公司
出版發行：山東教育出版社
　　　　　地址：濟南市緯一路321號　郵編：250001
　　　　　電話：（0531）82092664　網址：www.sjs.com.cn
排　　版：南京展望文化發展有限公司
印　　刷：山東臨沂新華印刷物流集團有限責任公司
版　　次：2018年5月第1版
印　　次：2018年5月第1次印刷
開　　本：787毫米×1092毫米　1/16
印　　張：167.5
字　　數：5360千
印　　數：1—1000

定價：1600.00圓（全三册）

《中華大典》工作委員會

《中華大典》辦公室

主　　任：于永湛

副 主 任：伍　傑
　　　　　姜學中

編　　審：趙含坤
　　　　　崔望雲
　　　　　馮寶志
　　　　　宋志英
　　　　　谷笑鵬

封面裝幀設計：章耀達

《中華大典》編纂委員會

《中華大典》前言

《中華大典》是運用我國歷代漢文古籍編纂的一部大型工具書。其目的是爲學術界及願意瞭解中國古代珍貴文化典籍的人士提供準確詳實、便於檢索的漢文古籍分類資料。

中國是世界文明古國之一，幾千年來纂寫和聚集的文化典籍浩如烟海。我國歷代都有編纂類書的優良傳統，具有代表性的《永樂大典》等大多已佚失，現存《古今圖書集成》編就距今也已數百年。爲了適應今天和以後研究和檢索的需要，一九八八年海内外三百多位專家學者和各古籍出版社同仁倡議，在已有類書的基礎上，用現代科學方法編纂一部新的類書《中華大典》。

國務院在關於編纂《中華大典》問題的批覆中指出，編纂《中華大典》「是我國建國以來最大的一項文化出版工程」。本書所收漢文古籍上起先秦，下迄清末，約三萬種，達七億多字，分爲二十四個典，近百個分典，内容廣博，規模宏大，前所未有。

《中華大典》的編纂工作堅持科學態度和百花齊放、百家争鳴方針。儘量採用古精校精刻本，優先採用我國建國後文獻學和考古學的優秀成果。對傳統文化中重要的不同學派的資料，兼收并蓄。運用現代圖書分類的方法，對收集到的資料，精選、精編，力求便於檢索、準確可信。

這項工作從開始起就受到中共中央、國務院和有關部門的重視和支持。國家主席江澤民、國務院總理李鵬分别爲《中華大典》題詞。江澤民的題詞是「同心同德群策群力認真編好中華大典爲建設有中國特色的社會主義服務」。李鵬的題詞是「繼承和弘揚民族優秀傳統文化」。全國政協主席李瑞環、國務委員李鐵映也作了重要指示，要求抓緊辦理。一九九〇年五月，國務院批准《中華大典》爲國家重點古籍整理

項目。一九九二年九月，正式成立了《中華大典》工作委員會和《中華大典》編纂委員會，召開了《中華大典》工作、編纂會議。自此，《中華大典》的編纂工作由試點轉入正式啓動，逐步鋪開。

編纂《中華大典》，學術性很强，工作量很大，工程十分艱巨，全賴廣大專家學者和全國各有關高等院校、科研院所、圖書館、出版單位的鼎力支持與積極參與。大家本着弘揚中華民族優秀文化的心願，發揚奉獻精神，克服各種困難，團結協作，給這部巨大類書的出版提供了根本保證。在此謹表示誠摯的謝意。

對本書的批評與建議，我們將十分歡迎。

《中華大典》編纂委員會

一九九七年四月

二〇〇六年十一月修訂

《中華大典》編纂通則

一、性質：《中華大典》（以下簡稱《大典》）是對漢文古籍（含已翻譯成漢文的少數民族古籍）進行全面的、系統的、科學的分類整理和彙編總結的新型類書，是在繼承歷代類書優良傳統、考慮漢文古籍固有特點的基礎上，借鑒和參照近代編纂百科全書的經驗和方法編纂而成。編纂《大典》的目的，是爲學術界及願意瞭解中國古代珍貴文化典籍的人士提供各種分門別類的、準確詳細的古代漢文專題資料。

二、規模和體例：《大典》所收古籍的時限，上自先秦，下迄辛亥革命。全書共收各類漢文古籍三萬餘種，七億多字。全書體例，着重汲取清代《古今圖書集成》所採用的經目和緯目相交織這一統一框架結構的模式，同時參照現代科學的學科、目録分類方法，並根據各類學科内容的實際情況，一般將每一大類學科輯爲一典，也有將幾個相關學科共輯爲一典的。對各典名稱，均以現代學科命名，對於所收入的各種古籍資料，亦儘可能納入現代科學分類體系之中。

三、經目：大典共分二十四個典，即哲學典、宗教典、政治典、軍事典、經濟典、法律典、教育典、語言文字典、文學典、藝術典、歷史典、地理典、民俗典、數學典、物理化學典、天文典、地學典、生物學典、醫藥衛生典、農業典、林業典、工業典、交通運輸典、文獻目録典。典以下以分典、總部、部、分部分級，分部之下的標目根據各學科特點由各典自行擬定。

四、緯目：共設置九項緯目，用以包容各級經目的具體内容：

（一）題解：對有關學科的名稱、概念、含義、特點等作總體介紹的資料。

（二）論説：有關理論部分的資料。

（三）綜述：有關學科或事物的系統性資料，凡有關學科或事物的性狀、制度、範疇、特點及學科地位、發展情況等具體内容均編入此緯目中。

（四）傳記：有關人物的傳記資料。

（五）紀事：有關學科或事物的具體活動或事例的資料。

（六）著録：重要人物或文獻的有關著作資料，如專集介紹、序跋、藏書題記，以及有關著作的成書經過、版本源流等。

（七）藝文：有關屬於文學欣賞性的散文或韵文。

（八）雜録：凡未收入以上各緯目，而又有較高參考價值的資料，均入雜録。

（九）圖表：根據有關經目的内容需要，圖與表附於相關專題之下，或集中彙總於某級經目之後。

《大典》以内容分類安排各級緯目，各級緯目的正文，一般以原書爲單位，按時代順序排列。每一條資料前標明出處，包括書名或作者名、篇名或卷次，以利讀者核對原書。

五、書目：每分典後附有該分典所收書之書目，書目包括書名、作者、時（年）代、版本等内容。時代以成書時代爲準，成書時代不詳者，以作者主要活動時代爲準，並遵從歷史習慣。

六、版本：《大典》在選用版本時儘量採用古人的精校精刻本，亦採用學術界通用的近、現代整理圈點本及現代學者校點整理本。

七、校點：爲儘可能保存古籍原貌，《大典》衹對底本中明顯的脱、訛、衍、倒進行勘正。古本中的避諱字一般不作改動，衹對缺筆字補足筆劃。後人刻書時避當朝人諱而改動的字，據古本改回。《大典》採用新式標點法。

一九九六年八月

二〇〇六年十一月修訂

《中華大典·理化典》編纂委員會

主　編：金正耀

副主編：（以姓氏筆畫爲序）

李志超　胡化凱

編　委：（以姓氏筆畫爲序）

石雲里　史玉民　付邦紅　吕凌峰　李志超

金正耀　胡化凱　柯資能　陳　彪　張志輝

榮志毅

《中華大典·理化典》項目領導小組

項目負責人：劉東傑　陸　炎

項目聯絡人：陸　炎　韓義華

項目組成員：（按姓氏拼音爲序）

白漢坤　范增民　韓義華　劉　純

劉進軍　陸　炎　孟旭虹　齊　飛

任軍芳　石　静　吴江楠　張　弘

《中華大典·理化典》序

金正耀

搞清楚中國傳統科學技術遺産的家底，特别是物理學、化學方面的情況，是《中華大典·理化典》編纂工作的初衷。跟農、醫、天、算相比，理化方面古籍材料比較分散，系統的文獻整理也就無從談起。實事求是地説，《理化典》的編纂工作，基礎相對比較薄弱，任務的確要艱巨一些。最初接下這一任務時，《中華大典》總主編任繼愈先生特意强調了《理化典》編纂工作的重要意義，要求我們克服困難努力完成。現業師離世有年，已經無法聽到其批評意見了。

《理化典》共分《物理學分典》《化學分典》《中西會通分典》三個分典。

《物理學分典》按照力、熱、聲、光、電磁現代物理學體系分設五個總部，採擷文獻資料予以編録。上世紀八十年代初，我在中國科學技術大學學習中國古代科學技術史，錢臨照先生親自爲我們首批科學技術史專業的研究生授課，我的另一位業師李志超先生講授古代物理學史和古代文獻方面的課程。錢先生研究《墨經》中的物理學知識，撰有《墨經中力學光學諸條》等影響廣泛的學術論文。李先生研治《夢溪筆談》有年，思想活躍，是同學們樂於請教的導師。物理學史的研究，在中國科學技術大學一直受到重視。現《物理學分典》由我的同事，長期致力於物理學史研究的胡化凱教授領銜，可説是不二人選。

《化學分典》設民生日用工藝化學、金屬化學、軍事化學、金丹化學四個總部，著重考慮的是中國古籍資料中化學知識存在的本來樣態。

《中西會通分典》則設譯介傳播、物理會通、化學會通、西技應用四個總部，架構設計和資料選擇重在反映明清兩代西方科學東漸歷史進程中的碰撞和受容。

我負責的這兩個分典，從經緯目框架結構到材料編排，編纂過程中幾經改易，最終形成今天這個結果。

二〇〇六年春，我從中國社會科學院調中國科學技術大學工作，《理化典》的編纂工作大約同時啟動。十一年來，中國科學技術大學科技史與科技考古系很多同事先後參與這項工作，中科大科技考古實驗室我的很多研究生也爲這項任務的完成做出了貢獻。山東教育出版社十餘年來恪盡職守予以敦促督導，對《理化典》的出版從無懈怠。没有他們的辛勤付出，這項任務是不可能完成的。

二〇一七年夏於中科大聞欣苑

《中華大典·理化典》總目

《中華大典·理化典·物理學分典》

《中華大典·理化典·化學分典》

《中華大典·理化典·中西會通分典》

中華大典·理化典

化學分典

《中華大典·理化典·化學分典》編纂委員會

主　編：金正耀

編纂人員：（以姓氏筆畫爲序）

王　翔　王　韡　李　功　吴又進

吴曉桐　何仲徹　汪海港　郁田園

金正耀　陳　彪　許應媛　康　輝

張興香

《中華大典·理化典·化學分典》編纂説明

今天的化學是由煉丹術脱胎而來的，這是學術界一般的看法。但歷史上煉丹術出現之前，古代先民爲現實生存和族群繁衍所需，今天稱之爲化學的知識即已不斷積累；漢唐煉丹術興盛一時，相關化學知識的進步和積累，也没有局限在煉丹術家的丹鼎爐火之中。是故《化學分典》共分「民生日用工藝化學」「金屬化學」「軍事化學」「金丹化學」四個總部，而序「民生日用」於前，以「金丹化學」殿後。明清兩季西方化學傳入，發生的會通交融，則歸屬於《中西會通分典》。

編纂體例遵照《中華大典》統一要求，但根據古籍中化學知識相關資料的實際情況稍作調整，在大典所設題解、論説、綜述、傳記、紀事、著録、藝文、雜録、圖表一共九個緯目中，圖表一項，更易爲圖録，且位置在藝文之前。「金屬化學總部·宣德彝器部」集中收録明宣德年間宫廷在銅金屬鑄造活動，緯目著録易之爲名録。

材料收録範圍、標題、標點等項，請參照全典編纂説明。

《中華大典·理化典·化學分典》編纂體例説明

本典體例參照《中華大典》統一體例，根據理化學科文獻資料的實際情況，稍有調整。現分别説明如下：

一、緯目

題解、論説、綜述、傳記、紀事、著録、藝文、雜録、圖表一共九個緯目中，《化學分典》將圖表一項更易爲圖録，且位置在藝文之前。

二、材料年代

文獻材料採集對象爲一九一一年以前的漢文資料，包括外來譯成漢文的著作；少量後來出的重要資料，例如現代出土資料等，斟酌採録。

三、材料出處

材料出處録入遵照大典統一要求，經書、先秦著作、二十四史等，不標朝代、作者；歷代欽定纂修書籍，一般不標朝代和作者。

四、標點

依據大典規定，書名號、句號、逗號必用，盡量少用頓號、冒號、問號、分號等，一般不用引號、感歎號和問號。現代點校整理本，一律依照原有標點符號，除非明顯錯誤，一般不做改動。

《中華大典・理化典・化學分典》簡目

一

民生日用工藝化學總部

綜合部 附寶石

附寶石

題解

論説

綜述

紀事

圖録

雜録

農藝與茶糖工藝部

農藝分部

題解

論説

綜述

紀事

圖録

雜録

製茶分部

題解

論説

綜述

傳記

著録

紀事

圖録

藝文

雜録

製糖分部

題解

論説

綜述

著録

紀事

圖録

藝文

雜録

製鹽部

題解

論説

綜述

紀事

圖録

藝文

雜録

食品與醃漬部

題解

論説

綜述

釀造工藝部

論説

綜述

著録

紀事

圖録

藝文

雜録

織染工藝與颜料化學部

題解

論説

綜述

紙墨筆硯與印刷裝幀工藝部

紙墨筆硯分部

傳記

膠漆工藝化學部

二

陶瓷玻璃工藝化學部

題解

論説

綜述

傳記

紀事

圖録

藝文

雜録

製香部

題解

論説

綜述

傳記

著録

紀事

圖録

藝文

雜録

醫藥化學部

題解

論説

綜述

傳記

金屬化學總部

礦物與冶金化學部

綜述

紀事

圖録

藝文

紀事

藝文

雜録

銀

題解

綜述

紀事

傳記

紀事

圖録

藝文

雜録

金屬鑄造與工藝化學部

題解

論説

綜述

貴金屬分部

藝文

雜録

銀

綜述

紀事

雜録

附　白金

綜述

紀事

雜録

有色金屬分部

銅

綜述

紀事

圖録

藝文

雜録

錫

綜述

圖録

雜録

鉛

綜述

雜録

鑄幣工藝化學部

題解

論説

綜述

著録

紀事

圖録

雜録

宣德彝器部

論説

綜述

紀事

圖録

藝文

雜録

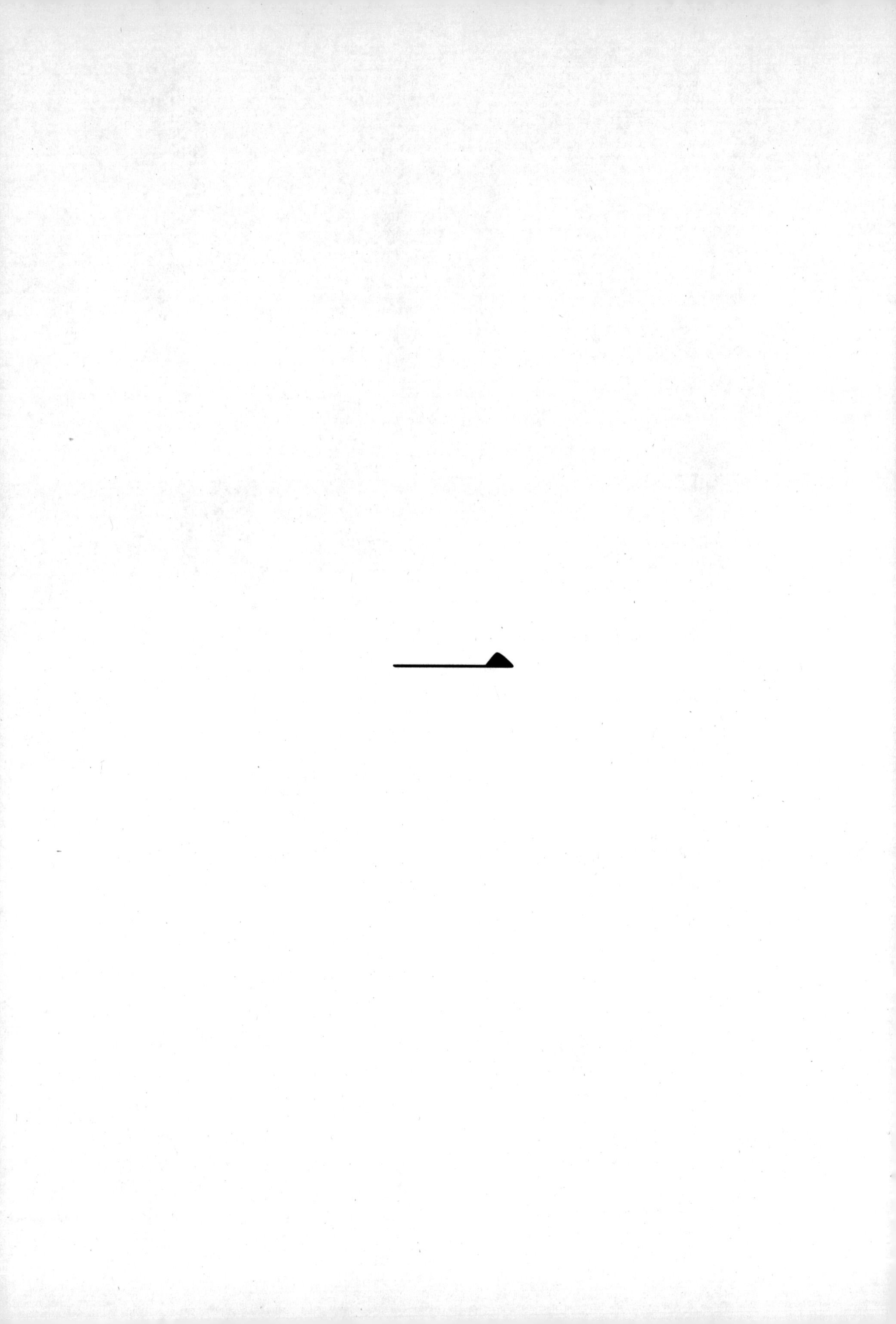

民生日用工藝化學總部

綜合部附寶石

題解

宋・高承《事物紀原》卷八《什物器用部》 什物

《史記》曰：舜作什器於壽丘。蓋世所常用之器也。

論說

《尚書・洪範》 一，五行：注：史遷「五行」上無「一」字。疏：史公無「一」字，古今文《尚書》。《熹平石經》「爲天下王」「三德」相連，則今文皆無「一」「二」「三」「四」「五」「六」「七」「八」「九」可知。古文《尚書》蓋有之。《釋文》及疏皆不言，馬、鄭本異於孔本也。 一曰水，二曰火，三曰木，四曰金，五曰土。注：鄭康成曰：「此數本諸陰陽所生之次也。」疏：《白虎通・五行篇》云：「水位在北方。北方者，陰氣在黄泉之下，任養萬物。水之爲言準也，養物平均，有準則也。木在東方。東方者，陰陽氣始動，萬物始生。木之爲言觸也，陽氣動躍，觸地而出也。火在南方。南方者，陽在上，萬物垂枝。火之爲言委隨也，言萬物布施。火之爲言化也，陽氣用事，萬物變化也。金在西方。西方者，陰始起，萬物禁止，金之爲言禁也。土在中央。中央者土，土主吐含萬物，土之爲言吐也。」鄭注見《史記集解》。云「此數本諸陰陽所生之次」者，陰陽謂天地。《易・繫辭》云：「天一，地二，天三，地四，天五，地六，天七，地八，天九，地十。」《月令》疏引鄭注云：「天一生水于北，地二生火于南，天三生木于東，地四生金于西，天五生土于中。陽無耦，陰無配，未得相成。地六成水于北，與天一并；天七成火于南，與地二并；地八成木於東，與天三并；天九成金于西，與地四并；地十成土於中，與天五并也。」故其次如此。若四時之次，則春德在木，夏火，中央土，秋金，冬水。五音之次，則宫土，商金，角木，徵火，羽水。皆與此次不同，故鄭明之。 水曰潤下，火曰炎上，木曰曲直，金曰從革，注：馬融曰：「金之性從人而更，可銷鑠。」土爰稼穡。注：史遷「爰」作「曰」。疏：《白虎通・五行篇》云：「五行之性，或上或下何？火者陽也，尊，故上。水者陰也，卑，故下。木者少陽，金者少陰，有中和之性，故可曲可直，從革。土者最大，苞含物，將生者出，將歸者入，不嫌清濁，爲萬物母。」引此經文。又云：「五行所以二陽二陰何？土尊，尊者配天。金、木、水、火，陰陽自偶。」潤者，《廣雅・釋詁》云：「濕也。」炎者，《説文》云：「火光上也。」《易・文言》云：「水流濕，火就燥。」曲直者，言木可揉曲，亦可從繩正直。從革者，言金可從順，又可變革。稼穡者，《詩傳》云：「種之曰稼，斂之曰穡。」史公「爰」爲「曰」者，《釋詁》云：「爰，曰也。」馬注見《史記集解》。云「金之性從人而更」者，《説文》：「金，從革不違，西方之行。」亦以從革爲從人而更。但曲直似有二義，則從與革，亦當分訓。 潤下作鹹，炎上作苦，曲直作酸，從革作辛，稼穡作甘。疏：《白虎通・五行篇》云：「水味所以鹹何？是其性也。所以北方鹹者，萬物鹹與，所以堅之也，猶五味得鹹乃堅也。木味所以酸何？東方萬物之生也，酸者以達生也，猶五味得酸乃達也。火味所以苦何？南方主長養，苦者所以長養也，猶五味須苦可以養也。金味所以辛何？西方煞傷成物，辛所以煞傷之也，猶五味得辛乃委煞也。土味所以甘何？中央者中和也，故甘，猶五味以甘爲主也。」引此經文。

漢・劉安《淮南子・齊俗訓》 夫玉璞不厭厚，角⿰角喬不厭薄，角⿰角喬，刀劍羽間之覆角也。孫詒讓云：刀劍無羽飾，此「羽」疑當爲「削」之譌。《釋名・釋兵》云：「刀，其室曰削。」楊樹達云：《廣韻》上聲《三十小》「⿰角喬」字訓角長，與本文義不合，疑「⿰角喬」當讀爲「⿱敫角」。《説文・角部》云：「⿱敫角，杖耑角也。从角敫聲。」《玉篇》下《角部》云：「⿱敫角，以角飾策本末也。」喬聲敫聲同在豪部，故得通用。漆不厭黑，粉不厭白：此四者相反也，所急則均，其用一也。

又《泰族訓》 其美在調，其失在權。水火金木土穀異物而皆任，規矩權衡準繩異形而皆施，丹青膠漆不同而皆用：各有所適，物各有宜。

漢・魏伯陽《周易參同契》 若山澤氣相蒸兮，興雲爲風雨。泥竭遂成塵兮，火滅化爲土。若蘗以染黄兮，似藍成緑組。皮革煑成膠兮，麴蘗化爲酒。同類易施功兮，非種難爲巧。

明・文震亨《長物志》卷七《器具》 古人製器尚用，不惜所費，故製作極備，非若後人苟且，上至鍾、鼎、刀、劍、盤、匜之屬，下至隃糜、側理，皆以精良爲樂，匪徒銘金石、尚款識而已。今人見聞不廣，又習見時世所尚，遂致雅俗莫辨。更有專事絢麗，目不識古，軒牕几案，毫無韻物，而侈言陳設，未之敢輕許也。志「器具第七」。

明・宋應星《天工開物》卷中《燔石》 宋子曰：五行之内，土爲萬物之母。子之貴者，豈惟五金哉。金與水相守而流，功用謂莫尚焉矣。石得燔而成功，蓋愈出而愈奇焉。水浸淫而敗物，有隙必攻，所謂不遺絲髮者。調和一物以爲外拒，漂海則衝洋瀾，粘甃則固城雉。不煩曆候遠涉，而至寶得焉。燔石之功，殆莫

之與京矣。至于礬現五金色之形，硫爲群石之將，皆變化于烈火。巧極丹鉛爐火，方士縱焦勞唇舌，何嘗肖像天工之萬一哉！

清・孫廷銓《顔山雜記》卷四《物産》 蓋民之爲道，本業不足然後有貨殖。貨殖非古也，不耕而食則長游惰，不織而衣則生僭侈，皆風俗之敝而仁義之碍也。然有異焉，孝鄉山多田少，而生齒日益繁。生齒繁則食粟多，山多田少則得粟難，若是而不疾作也則饑甚，故其民力力焉。鑿山煮石，履水蹈火，數犯難而不息，凡爲饑驅也。此雖不耕不織，猶夫自食其力也。顧燒琉璃者多目灾，掘山炭者遭壓溺，造石礬者有喑疾，炒丹鉛者畏内重，縱謀而獲，亦孔勞矣。然則孝鄉之多藝也，以其民貧也；其無棄貨也，以其土瘠也。矧錐刀之幾何，而强半在官中也。是用瑣綴，俾來者知其故焉。

清・徐珂《清稗類鈔・工藝類》 吾國之工藝，類有祕術。造紙處之工程，有相竹者，漚竹者，揭紙者，其法與其程度皆不肯質言。又景德鎮燒瓷，其用油、造胚、畫花，各有專行，而祕不示人。山東博山燒料及各色玻璃，皆專業，所製黑色玻璃，能使黑暗不透光，玻璃杯能斟沸水不裂，西人亦不及之。然其法極祕，僅傳其子，即工匠亦必用其本邑人。凡商人欲定貨者，先與金若干，彼即在山中製成，始送出，其製法不使他人得見。至用藥料時，則帷其屋，雖工人亦不得見矣。又西人游歷粵東某縣，見有化礦質者，怪其未嘗習礦學，而化煉頗得法，問之亦不告。又如粵之竹扇，精者僅一老嫗，嫗死，他人即不能繼之。福州漆器亦然。

綜述

北魏・賈思勰《齊民要術》卷三 雜説第三十

二月，【略】收薪炭。炭聚之下碎末，勿令棄之。擣，簁，煮淅米泔溲之，更擣令熟。丸如鷄子，曝乾。以供籠爐種火之用，輒得通宵達曙，堅實耐久，踰炭十倍。

漱生衣絹法：以水浸絹令没，一日數度迴轉之。六七日，水微臭，然後拍出，柔肕潔白，大勝用灰。

上犢車蓬奄，及糊屏風、書袠令不生蟲法：水浸石灰，經一宿，挹取汁，以和豆黏，及作麪糊，則無蟲。若黏紙寫書，入潢則黑矣。

作假蠟燭法：蒲熟時，多收蒲臺。削肥松，大如指，以爲心。爛布纏之。融羊牛脂，灌於蒲臺中，宛轉於板上，挼令圓平。更灌，更展，麤細足，便止。融蠟灌之。足得供事。其省功十倍也。

宋・張世南《游宦紀聞》卷二 凡衣帛爲漆所涴，即以麻油先漬洗透，令漆去盡。即以水膠鎔開，少著水令濃，以洗麻油，頃刻可盡。蓋膠性與油相著，即如米泔。桐油亦然。

若白衣爲油污，石膏火煅研細，糝污處，以重物壓過夜，則如初。如卒無此，只以新石灰亦佳，此皆已試之效。

宋・周密《癸辛雜識》續集上 鹽養花

凡折花枝，搥碎柄，用鹽築，令實柄下滿足，插花瓶中，不用水浸，自能開花作葉，不可曉也。

元・孟祺等《農桑輯要》卷六《竹木》 皁莢

［《博聞録》］：樹不結，鑿一大孔，入生鐵三五斤，以泥封之，便開花結子。既實，以篾束其本數匝，木楔之，一夕自落。

種者，二三月種。

不結角者，南北二面，去地一尺鑽孔，用木釘釘之，泥封竅，即結。

元・王禎《農書・雜録》 法製長生屋 法製灰泥附

天生五材，民並用之，而水火皆能爲災。火之爲災，尤其暴者也。《春秋・左氏傳》曰，天火曰「災」，人火曰「火」。夫古之火正，或食於心，或食於咮，咮爲鶉火，心爲大火。天火之孽，雖曰氣運所感，亦必假於人火而後作焉。人之飲食，非火不成；人之寢處，非火不煖。人火之孽，失於不慎；始於毫髮，終於延綿。且火，得木而生，得水而熄，至土而盡，故木者，火之母。人之居室，皆資於木，易於生患。水者，火之牡，而足以勝火，人皆知之；土者，火之子，而足以禦火，而人未之知也。水者，救於已然之後，土者，禦於未然之前；救於已然之後者難爲功，禦於未然之前者易爲力，此「曲突徙薪」之謀所以愈於「焦頭爛額」之功也。

吾嘗觀古人救火之術。宋災，樂喜爲政，使伯氏司里；火所未至，撤小屋，塗大屋，陳畚挶，具綆缶，備水器，蓄水潦，積土塗，表火道。此救療之法也。鄭災，公孫僑爲政，郊人助祝史除於國北，禳火於玄冥回禄，祈於四鄘。此祈禳之法也。是皆救於已然之後。

嘗見往年腹裏諸郡所居，瓦屋則用磚裹杣簷，草屋則用泥圬上下，既防延燒，且易救護。又有別置府藏，外護磚泥，謂之「土庫」，火不能入。竊以此推之，

凡農家居屋、廚屋、蠶屋、倉屋、牛屋，皆宜以法製泥土爲用。先宜選用壯大材木，締構既成，椽上鋪板，板上傅泥，泥上用法製油灰泥塗飾，待日曝乾，堅如瓷石，可以代瓦。凡屋中内外材木露者，與夫門窗壁堵，通用法製灰泥圬墁之；務要匀厚固密，勿有罅隙，可免焚焮之患，名曰「法製長生屋」。是乃禦於未然之前，誠爲長策。又豈特農家所宜哉？今之高堂大廈，危樓傑閣，所以居珍寶而奉身體者，誠爲不貲；一旦患生於不測，釁起於微眇，轉盼摇足，化爲煨燼之區，瓦礫之場，千金之軀，亦或不保，良可哀憫。平居暇日，誠能依此製造，不惟歷劫火而不壞，亦可防風雨而不朽。至若闤闠之市，居民輳集，雖不能盡依此法，其間或有一焉，亦可以間隔火道，不至延燒。安可惜一時之費，而不爲永久萬全之計哉？

贊曰：上棟下宇，從古而然，衣食之利，農家攸先。維彼倉廩，食之所寄；維彼蠶室，衣之所繫。矧兹居室，于焉寢處，一有遺燎，化爲焦土。嗟爾農夫，豫戒不虞，製泥和灰，是墁是塗。何畏畢方，何愁回禄，棟宇恒存，衣食恒足。匪直農家，此策是宜，凡百居宅，可倣作之。

法製灰泥：用磚屑爲末，白善泥，桐油枯，如無桐油枯，以油代之。莩炭，石灰，糯米膠，以前五件等分爲末，將糯米膠調和得所，地面爲磚，則用磚模脱出，趁溼於良平地面上，用泥墁成一片；半年，乾硬如石磚然。圬墁屋宇，則加紙筋，和匀用之，不致折裂，塗飾材木上用帶筋石灰。如材木光處，則用小竹釘簪麻鬚惹泥，不致脱落。

元·陶宗儀《南村輟耕録》卷二［染髭］ 中書丞相史忠武王天澤，髭髯已白。一朝，忽盡黑，世皇見之，驚問曰，史拔都，汝之髯何乃更黑邪？對曰，臣用藥染之故也。上曰，染之欲何如？曰，臣覽鏡見髭髯白，竊傷年且暮，盡忠於陛下之日短矣。因染之使玄，而報效之心不異疇昔耳。上大喜。人皆以王捷於奏對，推此一事，則餘可知矣。漢人賜名拔都者，惟王與太師張獻武王弘範，及真定新軍張萬户興祖耳。

又陶宗儀《墨娥小録》卷五《醫方捷法》

馬屁勃爲末

將馬屁勃絲碎，入瓶中。却投當三錢五七箇，包扎瓶口。手内倒摇一時許，再停一時。久，取出，皆成末矣。

頭髮爲末

將頭髮以肥皂洗净，曬乾。却以京墨拌匀，再曬乾，碾之即細。

去粉痣

益母草燒灰，嬰條石各等分和匀，調傅。

天下第一洗手藥

入臘後，買猪胰脂，愈多愈佳。剁極細爛，入花膩半之，再剁。搓如大彈子，壓匾，懸掛當道通風處，待乾，每用少許，如肥皂用。

又 卷六《藝術戲劇》

造綿臙脂

紫鉚一觔，雲南老實者妙。梅栢皮八錢，各碾爲細末。梧桐淚半兩。以砂銚或銅銚亦得，入水八碗。石脚泉、天落水爲上，湖水次之。燒，令不俟滚有蠏眼時，攪轉下鉚末，令盡。慢火煑之，俟鉚脚墜底時，却下梅栢皮末令盡，須臾下梧桐淚，作數次，不可頓下，恐湧出故也。都了却，慢火熬之。俟顔色點水不散爲度，用絹帛濾於甆鉢内，澄之，過夜。却傾清汁於白磁盆内，入山梔子濃汁一大蜆殼許，薄麪糊一茶盞許，或入蜜半盞許，夏月不用。攪匀。以綿花餅兒逐箇於盆邊染之，曬棕毛篩上。如顔色淡時，再染一次爲好。其鉚脚可再煎作染。初次綿花餅兒用度，一觔鉚可染七百餅兒，九兩花可造一千餅兒。梔子汁亦可，多用爲妙。頓時更入檳榔數片。

朱子粉

白墡土錢半，細末。白芷一兩，用浮者。碎珠子五分，麝香二分半，輕粉二錢，鷹條五錢，蜜陀僧一兩，煅。金箔五片，銀箔五片，朱砂五分，片腦少許。

右爲末，用上等錠粉，先將粉置玉簪花開頭内蒸，俟花青黑色爲度，取出配對。光澤如淡，朱子褐，搽面光瑩不黑，絶妙之法。

乾臙脂

生雞子二枚，每箇開頂竅，傾出瀝去白，令净，只取二黄，併入一殼中，攪匀。先以朱砂二錢，明礬二錢，各研十分細，加麝香少許和匀，亦入殼中，重攪千餘，却以空殼小半，蓋於有藥之殼頂竅上，用密線扎縛之，絹袋盛貯，懸胎於虀汁中，煑半日取出，放冷，去殼，研細。其物已通紅矣。以代臙脂搽臉，入膚明潤，至妙至妙。

勾銀硃

每銀硃一兩，白礬一兩，各爲末。先將礬於石器内作汁，却以硃逐旋投入攪匀，提起放冷，碾極細，用點書。

造膽礬

漆緑半觔，以革麻葉一斗許，搗，絞净汁。猪膽四箇，河水一大碗，同煑。將乾，入硇砂一錢半，攪勻，至乾爲度。每七兩，用净盆硝一觔，一處於有嘴砂銚鎔開，攪勻用。

又　明礬乳碎，入猪膽中，掛當風處陰乾。取出，如色欠緑，再換新膽，如上法。或半膽。

又　朴硝，入牛膽中，陰乾。隔年後取出，其色與膽礬一同，其礬亦相去不遠。

造胡椒

用豌豆，以蓼子、草烏、生薑三味切細，搗爛取汁，浸豆蒸軟熟，如此三度，換新汁浸。次用石灰末，以文武火炒豆皮皺爲度，其味如真。

造翡翠

真空青，一銅錢大。此物乃古銅器上所結之秀氣翠色刮下用。無則以石青代之。好片子銅青，一錢。硼砂，五分。一處爲末，用水一鍾，八分滿，於銚內煑一二沸，澄去湯脚，清者再入銚。次下前末，熬一沸，却頓又火上。以雞鴨羽及飛禽羽形似者，先洗净曬乾，臨時乘温熱蘸之，鋪净板上。俟乾，則賽真矣。若未足色，再蘸佳。

造蜜蠟

地丁皁角百花心，百花和合等平勻。一丸煉就約十兩，勝似神仙枯水銀。右用地丁花、皁角花、百合花三件等分，署乾爲末，煉黄蠟爲丸如彈子收之。每用蜜一觔，入砂銚内滚沸，下藥一丸，搥碎，入竹篦不住手攪令勻，化成蠟則傾出，得十兩成者。

又　蜜一觔，雞腸草汁四觔，白蠟一錢，菜油一兩。先下草汁煑滚，候草氣起下蜜與菜油熬，候稠，臨了下白蠟。即成蠟矣。

勾蠟

每蠟一觔，用柏油一觔化開，傾入水内。凡二次，先去氣息。第三次再化開，用草茶子入煎搭色訖，化開蠟，入上件柏油，更入蜜二三兩，即成。其草茶子搥碎，布包入煎，如色濃，取出不用。

造銅青

硇砂二兩，白礬三兩，好醋三升，二味爲末入醋内浸。次將熟銅板十觔，每重一兩，如響板子，以炭火燒通紅，入藥蘸，以汁盡爲度。別用好醋糟一斗入盆内，將銅板子用草板子隔，放淹三日，一度刮，故名長生櫃。

造乳香

擇有瘦松樹，鋸開瘦，就上鑿一孔，以糯米一斗作飯，入鹽一觔拌勻，再杵成磁入孔中。却以元鋸下瘦封之，鹽泥固濟。候百廿日足，取出即成矣。

替銷金

青礞石、焰硝各一兩，同研，入大甘鍋中煆之，以沸湯淘去紅汁令净，見金星子，用之。

煑錫

好黑鉛作汁，下黄花、地丁草汁煑，即成錫。

洗墨污衣

黑牽牛一錢，草果、白芷各五分，爲末，牙刷蘸，帶濕洗即脱矣。

水銀索兒

水銀荳大一粒，江茶半錢，入唾同研作糊，不見星爲度。取塊烘乾，再研作粉，入綿内，撚作索兒，繫腰間可殺虱。

養龜生緑毛

以尋常烏龜不分大小，用生薑自然汁塗背上，則自生出緑毛。塗薑汁，又用污泥塗，易生。

逡巡碑

泥礬爲末，入醋内，寫紙上候乾，却用柿油磨墨塗。

烏銀藥

花銀三錢，紅銅三錢，水銀四錢，於泥鍋内作汁。後却以石靈芝四錢投入，觸之放冷，取出爲末用。如用時，仍以朋砂磨水調用。

分次庚

以庚入甘鍋中作汁，却以石靈芝倭硫也。爲末，每一兩投入三錢，觸之放冷，破鍋取。赤庚在底下，其銀氣却被石靈芝觸黑，浮在面上。取出入灰，煎成花銀。如此則庚、銀都不折也。

造石膏器皿

硬軟石膏各一觔，蛇含石一兩，炭火煆三度，碾爲細末。用龍骨、明礬，湯調就。做造器皿坯模，候乾，雕琢打磨。初造之時，要紅，入朱砂末或銀硃。要黑，入墨。要黄，入雌黄。

神仙韓湘子脱衣方

五靈、半夏及天仙、狼毒、雅兒草烏也。等分，全爛搗，細羅。三四兩。布袍，用水七升煎，輕輕慢火煎熬盡，罯乾。將來雪後穿，雖是一重單蓋體，勝如常着十觔綿。

浣衣上蒸班

灰莧燒灰淋汁洗即去。

洗油污衣

羊筒骨燒灰，入滑石末、海螵蛸和匀，摻污處，用厚紙隔熨斗，盛火熨之。

又石灰二三升，鍋内炒熱。將油污處於灰内擺洗，隨即脱去，雖錦繡亦不作迹。

真紫紬污油

山炭灰泡汁，乘熱擺之，油自去。水晾乾。不可經手，絶無痕跡。

染蓮子褐

老茶葉曬燥，煎濃汁，去脚。黑荳殼煎汁，入緑礬些少，和茶汁中攪匀，染物。

染駝褐

天台紅酒瓶泥滚湯泡，加泥礬些少，去脚。將所染物捺於泥中兩晝夜，水洗净。即温州染木，可入香油作假。如有糠油，線色褐。如入香油，不堆起，色黑。清油色緑也。

煑麻布白

紅莧與麻布同煑，則白如苧布。

現金光

百錢路，即班娘。曬乾，取桐樹上木同爲末。又用桐樹根燒爲灰淋汁，調前末作餅，陰乾，香爐上燒，金光滿室。桐，即打油桐樹。百錢路有毒，能殺人。

煑象牙令軟

木賊草，於磁器内水煑象牙，乾，即添熱湯，煑三伏時即軟，任便雕刻。以甘草水煑過，復堅。

點斑竹

硇砂五十，研細。緑礬三十，膽礬二十，石灰五文，一處再研細。入濃灰汁調匀，隨意作奇文，點候乾，揩洗，其斑如自然者。磁器、竹木皆可用。

去身臂雕青

膽礬、硇砂、龍骨各五分，人蛆不拘多少，麝香一字臨時用。右用香油一盞，煎熟，將上項藥乳碎，入油内。却用黄丹熬成膏油，單紙貼其墨跡，自然隱入肉内不見，仍食淡粥一月。

衣上污油去聲。

煑酒洗之即去。

青紵絲衣上日久積垢光滑

慈母、竹茹揩擦，自然潔净如故。

衣上墨污

原醬擂碎，塗污處半日許，沸湯洗之即去。畫片上亦同此法。

作米粉

每米一斗，用朴硝二錢半重同浸數日，不必磨擂，自然作粉。但用布濾去粗而已。

染魫法

先以明礬水浸過，曬乾却染顔色。

竹片上雕刻花文

石灰同煑數沸取出，雕刻如切藕無異。

枯蜜法

於春二三月，收取雞腸草，去根，不可洗澤，搗碎，用布絞自然汁。每一觔，入菜油三兩，慢火微微熬香色，藏磁器内收之。如用，每以蜜一觔，先將草汁四兩，油二兩，入砂鍋内，下白蠟錢半熬化，入蜜煎數沸。如蜜汁俱厚，於冷水内頓，令冷。又用布於冷水中絞裂，令乾，方成蠟。再入銕器内熬化，方可用。

面藥方

麥麩二升，用大皂角六七條，取濃漿，只令浸得麩過爲度。浸一宿，取出曬乾。用菉荳二合同炒，令微黄色，即碾如粉。頭子再炒，再碾，別合香藥入。每一貼面，藥上撒些少，即香矣。

熏衣香

玄參半斤，水煑，再用炒乾。甘松四兩，净。白檀二錢，剉。麝香、乳香各二分。別研入。

右爲末，煉蜜丸如彈子大。若用熏衣，先以湯一桶，置熏籠下，以衣覆上，令潤了，却便將香自下燒，則香氣入也。

洗糨絨衣

先將絨衣用肥皂湯洗，再用肥皂清湯洗，却用水二三次洗净，晾乾。入顏色糊糨，晾乾，摺疊齊整，搗石上搥。再疊，再搥三五次。

又方，先用灰洗，次用温湯洗，又用水過一二次，晾乾入色并糨。用水於皁上蒲開，七分乾，於面杖上軸了，如打麵法軸之。展開，再蒲再軸。

烏鬚方

嫩柳枝四十九寸，石灰一塊，如當三錢大，爲末。黄丹，比石灰分兩減半。右將石灰慢火炒柳集脆灰黄色，入丹同炒，少時取起，去柳枝。餘藥出火氣，比先將減，敲碎浸水。臨時以鹼水調藥，厚薄得所。用肥皂湯洗鬚净，拭乾，小板一片。托住，竹篦挑藥徧塗，便飲熱茶一鍾。茶罷，隨却蘸湯洗去藥。核桃油潤之，其黑如漆。或欲變雪白犬馬成斑文，亦以此藥塗點，布蘸湯揩去藥，如生成者。或欲點竹成斑，除青竹外，其餘乾黄者，揩令盡，點上藥，日許刮下。藥留再用，其竹自然可愛。或婦人女子髮鬢焦黄，同芭蕉幹同搥，紗帛緊包，却將香油熬滚，入瓶，將藥懸胎掛瓶内，油紙數重固口，六一泥封頭，陰乾。於無日陽所照閒地上，鑿一穴，如瓶樣高低大小。火燒土堅，候冷，安瓶在内，磚瓦蓋，仍用土填滿築實。四十九日取出，藥已消化。將油刷鬢髮，其髮墨黑。不可着肉，恐黑。鹼音減。

明・王佐《新增格古要論》卷八《古錦論》　火浣布

火浣布，出西域南炎山，用火鼠毛織者，如染汙垢膩，入火燒之則潔白如故。西漢梁冀有之。

嘗見有如錢大者，用銀鑲周圍，留火上燒香，甚難得。

又　《異木論》

紫檀後增。

紫檀木，出交趾、廣西、湖廣，性堅，新者色紅，舊者色紫，有蟹爪紋，新者以水濕浸之，色能染物，作冠子最妙。近以真者揩粉壁上，果紫，餘木不然。黄檀木最香，今人多以作帶。

檳榔木見《方輿》。新增。

檳榔出廣西鬱林州，樹如椶櫚，高七八丈，葎葉可爲扇，不引風氣。其實尖者爲貴，與石灰同食，令人齒黑，故有雕題黑齒之俗。

實能辟瘴氣，故土人日日早食，客至，傳以相待。

韃靼樺皮木後增。

韃靼樺皮木，出北地，色黄，其斑如米大，微紅色，能收肥膩，甚難得，裹刀靶爲最。今人以樺皮飾弓，名樺皮弓，又以襯靴。

香楠木新增。

楠木，出四川、湖廣，色黄而香，故名，好刊牌扁。

又有紫黑色者皆貴，白者不佳。

又　卷九《文房論》　法糊

用瓦盆盛水，以麪一斤糁水上，任其浮沉。夏五日，冬十日，以臭爲度。瀝漫麪，清水蘸白芨半兩，白礬三分，去滓，和元浸麪打成濃糊，入桐油、黄蠟、蕓香等各三錢重，就鍋内打作一團。別换水煮令熟，去水傾置器内，候冷，日换水浸。臨用，以湯調開。

明・李東陽等《明會典》卷一八八《工部八・工匠一》

織染局石灰七萬斤。

寶鈔司石灰一十二萬二千五百斤。

供用庫石灰一萬三千三百三十三斤。

以上俱刑部撥囚搬運，近年運炭，多係折色送屯田司帖收節慎庫。遇額數不多，動支買辦上納。

又　卷一九〇《工部一〇・物料》　石灰

洪武二十六年定，凡在京營造合用石灰，每歲於石灰山置窯燒煉，所用人工、窯柴數目俱有定例。如遇各處支用，明白行下各該管人員放支。其管事作頭每季交替，仍將所燒過物料支銷見在之數明白交割。

每窯一座該正附石灰一萬六千斤，合燒五尺圍蘆柴一百七十八束，計七十五工。

永樂以後，馬鞍山、瓷家務、周口、懷柔等處各置灰廠，俱以武功三衛軍夫採燒，搬運赴京，修理内外公廨等項應用。天順間奏准，差指揮千百户等官分管提督，五年一换。後止撥工役囚人，罷各衛軍夫。其提督指揮如舊。

明・李時珍《本草綱目・金石部》

石灰《本經》下品。

釋名　石堊、弘景。堊灰、《本經》。希灰、《別録》。鍛石、《日華》。白虎、《綱目》。礦灰。《綱目》。

集解　《別録》曰，石灰生中山川谷。弘景曰，近山生石，青白色，作竈燒竟，

以水沃之，即熱蒸而解。俗名石堊。頌曰，所在近山處皆有之，燒青石爲灰也。又名石鍛。有風化、水化二種：風化者，取鍛了石置風中自解，此爲有力；水化者，以水沃之，熱蒸而解，其力差劣。時珍曰，今人作窯燒之，一層柴或煤炭一層在下，上纍青石，自下發火，層層自焚而散。入藥惟用風化、不夾石者良。

氣味　辛，温，有毒。大明曰，甘，無毒。獨狐滔曰，伏雄黄、硫黄、硇砂，去錫暈。

發明　弘景曰，石灰性至烈，人以度酒飲之，則腹痛下利。古今多以構冢，用捍水而辟蟲。故古塚中水洗諸瘡，皆即瘥。恭曰，《别録》及今人用療金瘡，止血大效。若五月五日採繁縷、葛葉、鹿活草、槲葉、芍藥、地黄葉、蒼耳葉、青蒿葉，合石灰搗，爲團如雞卵，曝乾末，以療瘡生肌大妙，神驗。權曰，止金瘡血，和雞子白、敗船茹甚良，不入湯飲。頌曰，古方多用合百草團末，治金瘡殊勝。今醫家或以臘月黄牛膽汁搜和，納入膽中風乾，研用，更勝草藥者。古方以諸草雜石灰熬煎，點疣痣黑子。丹竈家亦用之。時珍曰，石灰，止血神品也。但不可著水，著水即爛肉。

又　河砂《拾遺》。

釋名　砂，小石也。字從少石，會意。

明・宋應星《天工開物》卷中《燔石》

石灰

凡石灰經火焚煉爲用。成質之後，入水永劫不壞。億萬舟楫，億萬垣牆，窒隙防淫，是必由之。百里内外，土中必生可燔石，石以青色爲上，黄白次之。石必掩土内二三尺，堀取受燔，土面見風者不用。燔灰火料煤炭居什九，薪炭居什一。先取煤炭泥和做成餅，每煤餅一層叠石一層，鋪薪其底，灼火燔之。最佳者曰礦灰，最惡者曰窯滓灰。火力到後，燒酥石性，置于風中久自吹化成粉。急用者以水沃之，亦自解散。

凡灰用以固舟縫，則桐油、魚油調厚絹、細羅，和油杵千下塞艌。用以砌牆石，則篩去石塊，水調粘合。甃墁則仍用油灰。用以堊牆壁，則澄過入紙筋塗墁。用以襄墓及貯水池，則灰一分，入河沙、黄土二分，用糯[米]、粳米、羊桃藤汁和勻，輕築堅固，永不隳壞，名曰三和土。其餘造澱造紙。功用難以枚述。凡温、台、閩、廣海濱石不堪灰者，則天生蠣蠔以代之。

蠣灰

凡海濱石山傍水處，鹹浪積壓，生出蠣房，閩中曰蠔房。經年久者長成數丈，闊則數畝，崎嶇如石假山形象。蛤之類壓入岩中，久則消化作肉團，名曰蠣黄，味極珍美。凡燔蠣灰者，執椎與鑿，濡足取來，藥鋪所貨牡蠣，即此碎塊。叠煤架火燔成，與前石灰共法。粘砌成牆、橋梁，調和桐油造舟，功皆相同。有誤以蜆灰即蛤粉。爲蠣灰者，不格物之故也。

明・方以智《通雅》卷三七《衣服・布帛》　火毳，火浣布也。又有瑣瑣，有石絨，有火蠶綿。《神異經》：「南荒外火山，有鼠毛作布。」《十洲記》：「炎洲火林山，有火鼠，織其毛爲布。」郭氏《玄中記》曰：「炎山在扶南國之東，加營國之北，諸薄國之西，從四月而火生，十二月而火滅，正二三月火不然，但出雲氣，而草木生枝條；至四月火然，草木落葉如中國寒時。行人正二三月行過此山，取此木以爲薪，然之無盡，取其皮爲火浣布。」《南史》亦載：「扶南東大漲海，海有二洲，洲有諸薄國；又千餘里有洲，洲上樹生火中，爲火布。今有之，微黄白，似木棉絲，垢則投火中即潔。」《後漢書・外夷傳》「火毳」注云：「火浣布也，梁冀服之。」《聖證論》曰：「漢制舊優曰史利，云初不信。正始中，得火浣布，乃信，即此物也。」《元史》别怯赤山出石絨，即火浣布。升菴曰：「火浣布，出蜀建昌，白如雪，出于石隙，《元史》所謂石絨也。」陶九成言：「回紇野川有木曰鎖鎖，燒之火不滅不灰，取根製帽，如火鼠布。今火州又出火蠶綿。」則瑣瑣與石絨、與火鼠布、火木布、火蠶綿，蓋五種矣。孟奇以《逸周書》所謂「疑雪」當之。

又　卷四三《植物・木》　樫子，即不灰之木也。東方朔《神異經》言：「火山有不燼之木，有火鼠。」《水經注》引《齊地記》曰：「盧水側有勝火木。」《方俗音》曰：「樫子其木炭不滅。」即方朔云不灰之木也。又徐無山有不灰之木，色黑似炭，而無葉，有赤石磨之，則火發以然。不灰之木，可以終身。郎瑛自言「得不灰木，須石腦油塗之始然」。智見北京小爐瑩白，火煉不壞，則水則靡，是不灰木所造。

又方以智《物理小識・衣服類》

各種污衣洗法　緑礬百藥煎污衣，烏梅湯洗。槐花污衣，酸梅湯洗。楊梅蘇木污衣，硫黄煙熏，然後洗之。染漆以香油洗，更以蘿蔔煩潤之。酒醋醬污衣，藕洗之。酒污衣，井水澆洗，日曬無痕。糞污衣，埋土内一時，取出水洗。蚊蠅糞污衣，燈心蘸水擦之。暄曰，黄泥污衣，生薑汁挼以水擺之。又如嘗洗各種衣亦有法，彩色衣，牛膠水浸半日，温湯洗。皂衣，法煎梔子湯洗。白衣，菖蒲未攪水擺之。又法，蘿蔔汁洗，皂角不及。洗蕉葛，清水揉梅葉汁洗，泡湯亦可。羅絹衣，皂莢温湯洗垢浄，復過別器，另湯浸又洗，其摺浸不揉，反覆拍洗，帶水搭竿上，候水滴乾，乃展攤，與洗葛同法。

不作汗穢氣。

洗褻衣法　入狼毒、藜蘆、川烏汁，蟣虱不復生。中通曰，入松子二三粒漿衣，則洗皆去漿。

洗衣黴　用老梅葉摩挲洗之，黴即落。凡萊菔湯、西瓜汁、大蒜汁、枇杷核

洗衣上黑法　用杏仁、半夏、生白果搗爛挼之，或專搗半夏水挼，一洗即去。又法，稠牛膠塗污處，乾後揭膠，黑亦去。又法，以冷飦搗爛椎之，或嚼酸棗洗。又法，畫魑字符於杯水上，以此盪之，則黑去。又法，以氣呵透，以水洗之。暄曰，包飯挼捏，飯出黑即出矣。

去衣垢膩法　用莙蓬灰或萊菔荳稭灰洗之，芋汁洗膩衣如玉。

洗衣上油法　鋪炭灰、滑石熨去，或蘿蔔湯洗，或麵塗紙托，乾後揭去。氈褐衣煎豬蹄爪湯熱濯，青紵絲用慈孝竹茹揩去之，其起油末用龍骨兩半，滑石一兩，海螵蛸、白墡土各二兩，糝污處，紙隔熨之。油污舊跡，復用油潤污處熨之。一曰炒石灰三升，將油污處入灰内搽洗，即脱。一曰嚼蘿蔔吐污處煩撋之，水濯無痕。又黑油煑酒洗，香油水膠洗。凡油衣油紙，浥香油即爛。中通曰，以人溺洗油衣，油去無迹。

洗真紫衣油污法　燒紅炭泡汁，乘熱擺去，不經手爲宜。

洗衣上血法　煎小便滚氣薰衣一宿，來日洗，或蘿蔔擦，或紙蘸水擦，或冷水濯，皆無迹。一法，含水與筯，從筯落於血處，挼洗之。

衣發白點　茶褐衣段發白點，烏梅煎濃湯，筆蘸塗發處還原色。

夏月衣蒸　以冬瓜汁浸洗。

洗舊紅纓法　醬盦少時洗之，雪水洗則浄，醋洗則紅，染用酸醬水，毛段皆然。中通曰，用皂角洗去垢復紅。

紙被舊　毛起將破，用黄蜀葵梗五七根槌碎，水浸其涎而刷之，則如新。嫌紙被作聲，則以芝麻箕煙熏之。

洗笠法　笠子油污或汗透者，以烏頭煎濃湯洗之。中通曰，得勒蘇草帽，若黄，用硫黄熏之即白。

氈衣　擦生芋耐久不蛀，氈垢温水真醋洗。皮氈襖帽皆不可曬，曬反生蟲，惟宜風吹。暄曰，毛衣及氈，以豬蹄爪煎湯熱洗亦可。

洗漆巾　炒糯米黑，濃煎汁，塗巾如新。

洗頭巾　用沸湯入鹽擺洗，則垢自落。一云以熱麵湯擺洗亦妙。

又《器用類》

油蝕　桐油烟蝕漆，棉花油烟蝕桐油，屋器新油新漆者忌。凡洗漆以香油，洗油以膠。

洗瑠璃　琉璃用醬湯洗，油自去。不可水洗，見水則不圓，久之即壞。

煑新銚　凡新瓦銚，用黄泥塗其中，貯水滿煑一時，方可用。

去斑　熱盌足盪漆卓成跡者，以錫注盛沸湯衝之，其跡自去。或置星露下亦去。故治汗斑者，以緑布夜露之，早以貼身則斑隱。

清工部《工程做法》卷五二

石作用料開後

計開

凡石料，底壹面灌漿，其肆圍縫、上面俱不灌漿。

凡夾桿鑲桿石，肆圍灌漿，根底、上頭不灌漿。

凡青白、旱白玉石灌漿，折寬壹尺、長壹丈，用白灰陸拾觔，江米叁合，白礬陸兩。

凡青砂、豆渣石灌漿，折寬壹尺、長壹丈，用白灰肆拾觔，江米貳合，白礬肆兩。

凡粘補石料焊藥，每折見方壹寸，用黄蠟貳分肆釐，芸香壹分貳釐，木炭肆兩。每折見方壹尺，用白布壹尺。

凡補石配藥，每折見方壹寸，用白蠟壹錢伍分，黄蠟伍分，芸香伍分，木炭壹兩伍錢，石麵貳兩捌錢捌分。每折見方壹尺，用白布貳尺。

凡石縫油灰抅抿，折寬壹尺、深伍分、長壹丈，用白灰貳拾觔，桐油伍觔。

凡插灰泥砌虎皮石，折見方壹丈、厚壹尺連抅梗，用白灰叁百觔。

凡拽運石料，應用大繩綑縛。繩、榆木滚子、榆木捎子、榆木旱船、快車、貫架等項，俱論石料之大小，并卸車道路遠近寬窄，臨期酌定。

各項磚瓦用料開後

計開

新樣城磚：

砍細乾擺灌漿，每個用灰叁觔。

砍細斗板，每個用灰壹觔捌兩。

砍細車網，每個用灰貳觔。

舊樣城磚：
砍細假乾擺，每個用灰叁觔。
灰砌灌漿，每個用灰叁觔。
插灰泥砌，每個用灰壹觔。
斗板灰砌，每個用灰壹觔捌兩。
插灰泥砌，每個用灰捌兩。
每插灰泥砌，叁拾個用實黄土見方尺壹尺。
停泥滚子磚：
砍細乾擺灌漿，每個用灰壹觔。
斗板，每個用灰捌兩。
停泥斧刃磚：
用灰，俱與停泥滚子磚同。
沙滚子磚：
揣白砌，及糙磚灰砌，每個俱用灰壹觔。
脊土斗板，每個用灰捌兩。
插灰泥砌，每個用灰肆兩。
插灰泥砌斗板，每個用灰貳兩。
擺砌玲瓏響墻，每個用灰捌兩。
每插灰泥砌壹百叁拾個用實黄土見方尺壹尺。
沙斧刃磚：
用灰，俱與沙滚子磚同。
貳尺金磚：
砍細，每個用灰拾貳觔拾貳兩。
尺柒金磚：
砍細，每個用灰玖觔肆兩。
貳尺方磚：
砍細，每個用灰拾壹觔肆兩。
尺柒方磚：
砍細，每個用灰柒觔。
插灰泥糙砌，每個用灰叁觔捌兩。
每拾貳個用實黄土見方尺壹尺。
掛博縫，每個用灰貳觔。
尺肆方磚：
砍細，每個用灰叁觔捌兩。
插灰泥砌，每個用灰壹觔捌兩。
每磚拾柒個用實黄土見方尺壹尺。
掛博縫，每個用灰壹觔。
尺貳料半方磚：
砍細，每個用灰貳觔捌兩。
尺貳方磚：
插灰泥砌，每個用灰壹觔肆兩。
每貳拾叁個用實黄土見方尺壹尺。
掛博縫，每個用灰捌兩。
臨清城磚：
砍細，每個用灰叁觔。
貳尺金磚：
墁地，油麵擠縫，每個用桐油貳兩，白麵貳兩。
尺柒金磚：
每個用桐油壹兩伍錢，白麵壹兩伍錢。
尺肆方磚：
每個用桐油壹兩貳錢，白麵壹兩貳錢。
尺貳料半方磚：
每個用桐油壹兩，白麵壹兩。
碎磚：
插灰泥砌，每折見方丈壹丈、厚壹尺用灰貳百貳拾伍觔，實黄土見方尺柒尺。
頭號布筒瓦：
羅鍋勾頭灰宂，每件用灰貳觔捌兩。
插灰泥宂，每件用灰壹觔。
插灰泥宂，每貳拾件用實黄土見方尺壹尺。
每件用麻刀叁錢。

頭號布板瓦：
折腰花邊滴水灰宼，每件用灰壹觔貳兩。
插灰泥宼，每件用灰捌兩。
插灰泥宼，每肆拾件用實黃土見方尺壹尺。
如蓋瓦，每件用麻刀壹錢。
貳號布筒瓦：
羅鍋勾頭灰宼，每件用灰壹觔捌兩。
插灰泥宼，每件用灰拾貳兩。
插灰泥宼，每叁拾件用實黃土見方尺壹尺。
每件用麻刀貳錢貳分。
貳號布板瓦：
折腰花邊滴水灰宼，每件用灰拾肆兩。
插灰泥宼，每件用灰陸兩。
插灰泥宼，每陸拾件用實黃土見方尺壹尺。
如蓋瓦，每件用麻刀柒分。
參號布筒瓦：
羅鍋勾頭灰宼，每件用灰壹觔。
插灰泥宼，每件用灰捌兩。
插灰泥宼，每肆拾件用實黃土見方尺壹尺。
每件用麻刀壹錢壹分。
叁號布板瓦：
折腰花邊滴水灰宼，每件用灰拾兩。
插灰泥宼，每件用灰肆兩。
插灰泥宼，每捌拾件用實黃土見方尺壹尺。
如蓋瓦：
每件用麻刀肆分。
拾樣布筒瓦：
羅鍋勾頭灰宼，每件用灰陸兩。
插灰泥宼，每件用灰叁兩。
插灰泥宼，每捌拾件用實黃土見方尺壹尺。
每件用麻刀肆分。
拾樣布板瓦：
折腰花邊滴水灰宼，每件用灰肆兩。
插灰泥宼，每件用灰貳兩。
插灰泥宼，每壹百貳拾件用實黃土見方尺壹尺。
如蓋瓦：
每件用麻刀壹分。
筒板瓦：
响牆頂俱不用灰觔。
頭號布通脊，每件用灰陸觔。
頭號布垂脊，每件用灰肆觔。
貳號布通脊，每件用灰伍觔。
貳號布垂脊，每件用灰叁觔。
叁號布通脊，每件用灰肆觔。
叁號布垂脊，每件用灰貳觔。
頭號布吻獸，每件用灰陸觔。
頭號布垂獸，每件用灰肆觔。
貳號布吻獸，每件用灰伍觔。
貳號布垂獸，每件用灰叁觔。
叁號布吻獸，每件用灰肆觔。
叁號布垂獸，每件用灰貳觔。
各號布獅馬用灰，俱隨各號布筒瓦算。
各號灰當勾，每隴用灰并麻刀，俱隨各號筒板瓦每件用灰之例核算。
布筒板瓦夾隴捉節，每折見方丈壹丈用灰叁拾觔。
每灰壹百觔用麻刀叁觔。
貳樣瑠璃脊瓦料，每件用灰陸觔。
叁樣瑠璃脊瓦料，每件用灰伍觔。
肆樣瑠璃脊瓦料，每件用灰肆觔。
伍樣瑠璃脊瓦料，每件用灰叁觔。
陸樣瑠璃脊瓦料，每件用灰貳觔。

柒樣瑠璃脊瓦料，每件用灰壹觔捌兩。
捌樣瑠璃脊瓦料，每件用灰壹觔。
玖樣琉璃脊瓦料，每件用灰捌兩。
貳樣琉璃脊料并筒瓦勾頭夾隴：
黄色，每件用白灰壹觔，頭號紅土拾兩。
緑色，每件用白灰壹觔，青灰拾兩。
黑色，每件用白灰壹觔，青灰拾貳兩。
叁樣瑠璃脊料，并筒瓦勾頭夾隴：
黄色，每件用白灰拾肆兩，頭號紅土捌兩伍錢。
緑色，每件用白灰拾肆兩，青灰捌兩伍錢。
黑色，每件用白灰拾肆兩，青灰拾兩。
肆樣瑠璃脊料，并筒瓦勾頭夾隴：
黄色，每件用白灰拾貳兩，頭號紅土柒兩。
緑色，每件用白灰拾貳兩，青灰柒兩。
黑色，每件用白灰拾貳兩，青灰玖兩。
伍樣瑠璃脊料，并筒瓦勾頭夾隴：
黄色，每件用白灰拾兩，頭號紅土伍兩伍錢。
緑色，每件用白灰拾兩，青灰伍兩伍錢。
黑色，每件用白灰拾兩，青灰捌兩。
陸樣瑠璃脊料，并筒瓦勾頭夾隴：
黄色，每件用白灰捌兩，頭號紅土肆兩。
緑色，每件用白灰捌兩，青灰肆兩。
黑色，每件用白灰捌兩，青灰陸兩。
柒樣瑠璃脊料，并筒瓦勾頭夾隴：
黄色，每件用白灰陸兩，頭號紅土叁兩伍錢。
緑色，每件用白灰陸兩，青灰叁兩伍錢。
黑色，每件用白灰陸兩，青灰伍兩。
捌樣瑠璃脊料，并筒瓦勾頭夾隴：
黄色，每件用白灰肆兩，頭號紅土叁兩。
緑色，每件用白灰肆兩，青灰叁兩。
黑色，每件用白灰肆兩，青灰叁兩伍錢。
玖樣瑠璃脊料，并筒瓦勾頭夾隴：
黄色，每件用白灰叁兩，頭號紅土貳兩伍錢。
緑色，每件用白灰叁兩，青灰貳兩伍錢。
黑色，每件用白灰叁兩，青灰貳兩伍錢。
以上琉璃瓦料夾隴，每灰壹百觔用麻刀叁觔。
琉璃瓦料夾隴捉節，每折見方丈壹丈用白灰伍拾觔，貳號紅土貳拾觔，頭號紅土貳拾觔。
每灰土壹百觔用麻刀叁觔。
頭停鋪望板縫，每長貳丈肆尺用貳號高麗紙壹張。
調油打滿，每折見方尺陸尺用貳號高麗紙壹張。
每高麗紙壹張用桐油叁兩。
白灰苫背進深貳丈以内，每折見方丈壹丈用白灰叁百觔。
進深貳丈以外，每折見方丈壹丈用白灰肆百觔。
每灰壹百觔用麻刀叁觔。
插灰泥苫背，每折見方丈壹丈用白灰壹百觔，實黄土見方尺陸尺貳寸伍分，麥餘貳拾觔。
如小式房屋不用苫背。
抹飾紅灰，每折見方丈壹丈厚伍分用白灰壹百貳拾觔，貳號紅土陸拾觔，掛麻捌兩，麻刀伍觔陸兩。
抹飾紅灰，每折見方丈壹丈厚叁分用白灰捌拾觔，貳號紅土肆拾觔，掛麻捌兩，麻刀叁觔玖兩。
抹飾黄灰，每折見方丈壹丈厚伍分用白灰壹百貳拾觔，包金土陸拾觔，掛麻捌兩，麻刀伍觔陸兩。
提刷紅漿，每折見方丈壹丈用頭號紅土拾觔，江米肆合，白礬捌兩。
提刷黄漿，每折見方丈壹丈用土黄拾觔，江米肆合，白礬捌兩。
抹飾透底青白灰，每折見方丈壹丈厚肆分用白灰壹百陸拾觔，掛麻捌兩，麻刀肆觔拾貳兩。
抹飾泥底灰面，每折見方丈壹丈灰厚貳分半用白灰壹百觔，麻刀叁觔。
打底，每見方壹丈用實黄土見方尺貳尺，麥餘拾觔。

抹飾插灰泥，每折見方丈壹丈用白灰伍拾觔，實黄土見方尺貳尺，麥餘拾觔。

提刷青漿，每折見方丈壹丈用青灰叁觔，江米貳合，白礬肆兩。

拘抿青白灰，每折見方丈壹丈用青白灰叁拾觔。

每灰壹百觔用麻刀叁觔。

以上凡用黄土，遇該工實無處可以刨用，方準辦買。

頭停鋪錠葦箔，每層每折見方丈壹丈用長壹丈寬伍尺葦蓆貳領貳分，長壹丈寬伍尺葦箔貳塊，頭號雨點釘拾陸個。如層數多者，用貳寸釘。

土墻秫稭屯頂，照根寬之數，每坡出貳寸，屯頂苫背照根寬加舉核算。

京城城工做法，仍照雍正捌年題定之例，其城墻身海墁舊磚加灰壹觔，樓身墩座舊磚加灰貳觔，新磚加灰壹觔，女墻堞墻照例核算。

清·徐珂《清稗類鈔·農商類》 商品

我國商品甚多，大别之則有七。

一、農産品，爲米、麥、豆、高粱、棉花、麻、茶、果品、藥材、藍靛、漆液。米産地以兩湖、兩廣爲大宗。麥、豆、高粱産地以奉天、直隸、山東、山西爲大宗。棉花産直隸、山東、山西、河南、江蘇、江西、浙江、湖北、雲南。麻産奉天、安徽、江西、福建、湖北、廣西、貴州、四川。茶産安徽、江西、浙江、福建、湖北、湖南、雲南、四川，而緑茶以安徽之徽州、浙江之杭州爲著，紅茶以福建之武彝爲著。又有製作甎形者曰甎茶，出江西之九江府、福建之福州府、湖北之夏口廳。果品産南北各省，而直隸以蘋果著，山東以梨著，福建、兩廣以荔枝、龍眼著。藥材産南北各省，而吉林以人參著。藍靛産奉天、浙江、福建、廣西、雲南。漆液産安徽、浙江、兩湖、雲、貴、陝、甘、四川。

二、林産品，爲竹、木、樟腦。竹産地南北不一，而紫竹則産江西之瑞州府，方竹則産浙江、湖南、廣西、雲南、貴州，椶竹則産四川之叙州府。木産地南北不一，而楠木則産廣東之肇慶府、貴州之銅仁府、四川之嘉定府瀘州府，花梨、紫檀則産廣東之廣州府，烏木、蘇木則産廣東之瓊州府、雲南之元江府。樟腦産福建。

三、水産品，爲魚、海味、珊瑚。魚産瀕海瀕江及多河流之各省。海味産南北瀕海各省，而海參産奉天之鳳凰城、廣東之廣州府。魚翅産福建之福州府。珊瑚産廣東之廣州府、高州府、廉州府。

四、畜産品，爲羊毛、駱駝毛、鷄鴨毛、皮貨、牛皮。羊毛、駱駝毛産山西、陝西、甘肅及直隸之張北縣外。鷄鴨毛産地南北不一。皮貨産直隸、山東、山西、陝西、甘肅、新疆。牛皮：黄牛皮産河南、陝西、四川；水牛皮産湖北、湖南。

五、蟲産品之大要，爲介蟲産品、卵蟲産品。介蟲産品爲珠與玳瑁。珠産吉林、廣東、雲南，而東珠則産吉林。玳瑁産廣東之連州、高州府、廉州府。卵蟲産品爲蜜與白蠟、黄蠟。蜜産湖北之安陸、廣東之潮州府。白蠟産山東、福建、湖南、雲南、貴州、四川，黄蠟産山西、福建、廣西、貴州。

六、礦産品之人要，爲金屬品、非金屬品。金屬品爲金、銀、銅、鐵、鉛、錫、銻、鎳、錳、鋅、水銀、硃砂。金産直隸、奉天、吉林、廣東、廣西、甘肅、四川。銀産河南、廣東、廣西、貴州、甘肅。銅産山西、福建、湖北、廣東、廣西、雲南、陝西、四川，而白銅以雲南著。鐵産直隸、山西、福建、湖北、湖南。鉛産安徽、湖南、廣東、廣西、雲南、貴州、陝西、四川。錫産湖北、湖南、廣東、廣西、四川。銻産湖南及廣東之廣州府、貴州之大定府。鎳産四川之會理州。錳産直隸之天津府、江西之袁州府、湖北之武昌府。鋅産四川。水銀産湖南、廣東、甘肅、貴州、四川。硃砂産湖南、廣西、貴州、四川。非金屬品爲玉、寶石、大理石、金剛鑽、瑪瑙、琥珀、水晶、硇砂、硝、硫黄、礬、石英、石膏、石棉、石墨、煤、煤油。玉産陝西之西安、雲南之澂江、新疆之莎車和闐州。寶石産直隸之宣化府、新疆之和闐州。大理石産雲南之大理府。金鋼鑽産雲南之順寧府。瑪瑙産直隸、山西、湖北、陝西、甘肅、四川。琥珀産山西、陝西、雲南、四川。水晶産直隸、湖北、廣東、貴州。硇砂産甘肅之蘭州府、新疆之庫車廳。硝産山東之青州、新疆之精河廳。硫黄産山西之太原府、湖北之施南府、陝西之西安府。礬，白礬産山西之解州、安徽之太平府；緑礬産山西之大同府、湖北之宜昌府；青礬産山西之太原府、湖南之衡州府。石英，紫石英産浙江之紹興府、貴州之安順府；白石英産浙江之嚴州府、廣西之梧州府。石膏産湖北全境及山東、山西、浙江、甘肅、雲南。石棉即石絨，一名石灰木，産直隸之承德府宣化府、山東之登州府、山西之潞安府及四川。石墨産江蘇之鎮江府、江西之吉安府、廣東之南雄州、陝西之鳳翔府。煤産直隸、山東、山西、湖南、四川，而以山西爲第一。煤油産山西、浙江、廣東、陝西、甘肅、四川。

七、工産品之大要爲紡織品、書寫品、製造品、消費品。紡織品爲布、絲、綢、緞、絹、紗、羅、綾、錦、繡貨。布産南北各省，而江西、廣東以夏布著，福建以葛布著。絲産江蘇、安徽、江西、浙江、湖北、湖南、廣東、雲南、四川。綢，繭綢産直隸、山東、河南；綿綢産山東、河南、安徽、四川；綌綢産河南、浙江；寧綢、紡綢産江蘇、浙江；而潞綢則産山西之潞安府；甌綢則産浙江之温州府；巴綢則

產四川之保寧府；氌綢則產新疆之疏勒府。緞產江蘇、浙江，而巴緞則產四川之成都府，氌緞則產新疆之疏勒府。絹產直隸、山東、山西、河南、江蘇、浙江、福建、廣東、四川。紗產江蘇、浙江、廣東。羅產江蘇、浙江、四川。綾產江蘇、浙江、湖北、四川。錦產江蘇、浙江、四川。繡貨產京師及江蘇之蘇州府、浙江之杭州府、湖南之長沙府。書寫品爲筆、墨、硯、紙。筆產浙江之湖州府、湖南之長沙府。墨、硯產安徽之徽州府。紙產江西、浙江、福建、四川，而宣紙則產安徽之寧國府。製造品爲竹器、木器、籐器、皮器、漆器、瓷器、玉器、金銀器、象牙雕刻器、燒料器、琉璃、玻璃、爆竹、錫箔、扇、草帽緶、毡、毯、席。竹器產江蘇之嘉定縣、浙江之溫州府及江西者佳。木器產江蘇之蘇州府上海縣、浙江之寧波府者佳。籐器產山東之德州府及廣東、廣西。皮器產關外及貴州。漆器產安徽、浙江，而以福建爲尤佳。至嵌銀漆器則產山東之萊州府，嵌竹漆器則產江西，嵌螺鈿漆器則產廣東。瓷器產江西之景德鎮者佳。玉器產江蘇、浙江。金銀器產江蘇、浙江、廣東。象牙雕刻器產江蘇、廣東。燒料器產京師。琉璃產直隸之順天府、山東之青州府、雲南之永昌府。玻璃產山東之博山縣、江蘇之徐州府、湖北之夏口廳、廣東之廣州府。爆竹產廣東及湖北之夏口廳。錫箔產浙江。扇產江西之建昌府、浙江之杭州府、廣東之潮州府。草帽緶產直隸之滄州及山東。毡絨毡則產直隸之宣化府、新疆之和闐州；紅毡則產河南之開封府及山西；毛毡則產陝西之延安府、甘肅之秦州府。毯，花毯則產山西之沁州；毡毯則產山西、陝西、甘肅；毛毯則產江蘇之唯亭鎮。席產江蘇之揚州府及滸墅關、浙江之寧波府及廣東。消費品爲酒、菸、油、鹽、糖。酒，高粱酒則產奉天之牛莊、直隸之天津府；汾酒、潞酒則產山西之汾州府潞安府；紹興酒則產浙江之紹興府；葡萄酒則產山東之煙臺、山西之太原府、新疆之吐魯番廳。菸產直隸、福建、廣東、甘肅。油產南北各省，而豆油則北部爲多，茶油、菜油則南部爲多。鹽產直隸、江蘇、浙江、河南、雲南、四川。糖產福建、廣東、四川。

又《工藝類》

青海工藝

青海柴達木之特別出品，如氆氇、氈毯、毛布、乳酥等，久已著名。產鐵之區，土人尤能鍊純鋼，所鑄刀犀利無匹。毛布昔以木鍼穿織，後則已有紡機。毛絨昔以木槌搥成，絨之精者至三四搥，後則已不搥而彈。氈毯鋪於板，層層堆垛，沙質不净，後則仿用竹簾，渣滓已可下漏。且能築土爲爐，斫木爲薪，拾石燒之而爲灰，靛草之汁拌以石灰而爲靛青。至若皮帽、皮韡，費省而工速。又有麻布、麻繩、帳幕、魚網，皆以本地麻製之。有連緜草，長數尺，縷細而強韌，搓成巨細繩索，爲用更多，此皆漢人之工藝也。

青海女工勤巧

青海蒙古女工勤巧，如鞣皮毛，織氈布，製乳湩酥酪，半出於婦人之手。家多畜牧兼製造工者，則招番民任放牧之役，番婦任烹飪採汲之役。傭工論值不以錢，畜牧布疋惟其欲，飲食衣服與主家同。

拉薩工藝

西藏人民有自涅泊爾、不丹地方移住者，多居拉薩，專業金、銀、銅、錫、玉石之細工。凡金、銀、銅、錫、珠玉、縫箔及婦女之首飾，均極精巧，人物花卉，無不逼真。

製煙草

凡種煙草，其地土肥者，可高四尺，直幹無枝，每本可收葉十餘片至二十片不等。及其未萎時，採之曝之，去筋，以清水、菜油拌勻，切爲細縷，若其色紅黃者，非佳品。蘇州之杜切者，雜以紅土及煙草根，磨爲細粉和之，蓋得清水、菜油之力，色即紅潤。若色黃者，去紅土，則易萎黃耳。大抵真正之閩產，製造亦佳。若衡煙，則縷極粗硬，味亦不美。濟寧煙粗縷黑色，稍可口，蘇州杜切色俱紅黑，北方乾絲油絲，皆粗而黑，惟松江有曰淡黃者，縷極細軟，味淡，性平和。康熙時，蘇州亦有香絲一種，殊似淡黃，而香味過之。然煙草實不香，其有香者，雜以蘭花子也。北人或逕取乾葉揉碎，燃以吸之，不經製造，云如此方得真味也。

煙葉被風雨所傷及蟲蝕傷者，味皆不佳。若製成而經潮濕或受霉鬱之氣，亦不可吸。故其大致有二，一種非峻火不爇，既爇又易滅者，性潮濕，且油水重也。一種觸火便燃，不俟呼吸，自能不滅者，日久乾燥，又有硝也，久之能令人喉痛。

製火柴

火柴，以細木條蘸取燐硫等易燃之物，藉化學作用，摩擦而生火也。十九世紀之初，歐人製此者頗多，其通用之品二。一、奥人潑來歇耳所製。其法，以木條蘸已熔之硫磺，外覆以用燐質、绿酸鉀及膠水、紅料製成之糊，隨處摩擦，即能生火，如市肆所售之紅頭火柴是也。一、瑞典人倫特斯脱路姆所製。

其法，以硫化銻易去糊内之燐質，加入重鉻酸鉀、鉛丹，必與匣面所塗之紅燐及硫化銻摩擦，始能發火，謂之安全火柴，如市上所售黑頭火柴是也。日本人稱之曰燐寸，輸入我國者甚多。宣統時，已有人於天津、上海、杭州、長沙設廠自製矣。

製糠燈

寧古塔無燭，所燃爲糠燈。其製以麻梗爲本，蘇子油渣及小米糠拌勻，粘於麻梗，曬乾，長三四尺，横插木架，風吹不息，然此乃就順、康間而言也。

製料絲燈

料絲燈者，煉石成絲，織之爲燈也。其法，用瑪瑙、紫石英諸石搗爲屑，煑腐爲粉，以北方天花菜點之使凝，然後繅之爲絲，織如絹狀，上繪人物山水，晶瑩可愛，價亦昂。蓋以煑料成絲，故謂之料絲。舊産滇南之金齒衛，其後，丹陽人潘鳳得其法，歸而仿之，於是丹陽有料絲燈。海寧查初白太史慎行有《料絲燈》詩。

製霞棚

霞棚出蒙古，蓬梗爲幹，穀糠和膏傅之，以代燭。燃之，青光熒熒，煙浩如雲。

製水泥

水泥，譯稱塞門德，又稱水門汀。製法，以黏土與苛性石灰相和，水澄洗之，燒爲堅塊，復用機器碾之成粉。用時，更於其中和入細砂，加以水，既乾，堅硬如石，經水愈固，土木工程多用之，橋梁道路尤宜。初由歐美各國輸入甚夥，其後則湖北、直隸、廣東等省設廠製造，行銷漸廣矣。光、宣間，啓新洋灰公司以製造精良，得南洋勸業會奏獎者，即水泥也。

以大豆製煙筒

首先發明大豆之用途者，爲高陽李石曾煜瀛，文正公鴻藻之子也。光、宣間，嘗以大豆製成肴饌，並製爲煙筒，則以大豆中之一種元素造成，能不著火。

製草珠

草珠，假珍珠也，爲廣東之細工品。其製法，以鯉魚鱗浸漬研碎，和入魚膠，成糊質物，以玻璃之小珠加適宜之温度調合之，而包其外，狀如真珠，婦女多用以爲飾品。

石絨織布

道光時，莊芝階舍人仲方嘗於蜀中得火浣布一方，質厚且麤，以手捫之，冷冷然冷澀憯膚，雖入火不燃，而見餤則黑，惟無愈濯愈潔之説。蓋火浣布有三，最上者爲火鼠之毛所織，次爲火木之皮所織，紋理細膩，並出海南諸國，最下則蜀中建昌所出，曰石絨，生巖間，土人采以爲布，能去諸物之垢，不可爲衣，芝階所得即石絨也。

又《礦物類》

石絨

石絨，角閃石之一種，狀如絲，有彈力，脆弱易碎，色白，或爲灰色、緑色，光澤如絹，質軟如綿，故與温石絨同有石綿之稱。

石綿

石綿産於太學縣與秦、晉毘連地方，其地徧山皆白色頑石，質極鬆爽，草木不生，土人以爲棄物。石在土中，軟如泥，極似石膏，色白而亮，擘之成條，揉之成絲，入火不化。究其實，以脆弱難織，如研成粉質，製造火爐等物，必較不灰木爲勝。

又《物品類》 煤烟火爐

杭州之臨安多山，每至夏，蚊至多，日暮，輒聲喧成雷，依山以居者尤苦之，於是用煤烟火爐。蓋爇草於中以驅蚊，且備常日炊煑、過客吸煙之用，入冬，則且倚之以取暖焉。

紀事

北魏・賈思勰《齊民要術》卷三 雜説第三十

崔寔《四民月令》曰：正旦　各上椒酒於其家長，稱觴舉壽，欣欣如也。上除若十五日，合諸膏、小草續命丸、散、法藥。農事未起，命成童以上，入太學，學「五經」。謂十五以上至二十也。硯冰釋，命幼童入小學，學篇章。謂九歲以上，十四以下。篇章謂六甲、九九、《急就》《三倉》之屬。命女工趨織布，典饋釀春酒。【略】

二月　順陽習射，以備不虞。春分中，雷且發聲先後各五日，寢別内外。有不戒者，生子不備。蠶事未起，命縫人浣冬衣，徹複，爲袷；其有嬴帛，遂供秋服。凡浣故帛，用灰汁則色黄而且脆。擣小豆爲末，下絹簁，投湯中以洗之，潔白而柔肕，勝皂莢

矣。可糴粟、黍、大小豆、麻、麥子等。【略】

三月　三日及上除，採艾及柳絮。絮，止瘡痛。是月也，冬穀或盡，椹麥未熟，乃順陽布德，振贍窮乏，務施九族，自親者始。無或蘊財，忍人之窮；無或利名，罄家繼富：度入爲出，處厥中焉。蠶農尚閑，可利溝瀆，葺治牆屋；修門户，警設守備，以禦春饑草竊之寇。是月盡夏至，暖氣將盛，日烈暵燥，利用漆油，作諸日煎藥。可糴黍。買布。

四月　繭既入簇，趨繰，剖綿。具機杼，敬經絡。草茂，可燒灰。是月也，可作棗糒，以禦賓客。可糴穬及大麥。收弊絮。

五月　芒種節後，陽氣始虧，陰慝將萌；暖氣始盛，蟲蠹並興。乃弛角弓弩，解其徽絃；張竹木弓弩，弛其絃。以灰藏旃、裘、毛毳之物及箭羽。以竿掛油衣，勿辟藏。暑濕相著也。是月五日，合止痢黃連丸、霍亂丸。採葸耳。取蟾蜍以合血疽瘡藥。及東行螻蛄。螻蛄，有刺；治去刺，療産婦難生，衣不出。霖雨將降，儲米穀、薪炭，以備道路陷滯不通。是月也，陰陽争，血氣散。夏至先後各十五日，薄滋味，勿多食肥醲；距立秋，無食煮餅及水引餅。夏月食水時，此二餅得水，即堅强難消，不幸便爲宿食傷寒病矣。試以此二餅置水中即見驗。唯酒引餅，入水即爛矣。可糴大小豆、胡麻。糴穬、大小麥。收弊絮及布帛。至後糴麰麴，曝乾，置甖中，密封，使不蟲生。至冬可養馬。

六月　命女工織縑縳。絹及紗縠之屬。可燒灰，染青、紺雜色。

七月　四日，命治麴室，具箔槌，取凈艾。六日，饌治五穀、磨具。七日，遂作麴；及曝經書與衣裳，作乾糗；採葸耳。處暑中，向秋節，浣故製新，作袷薄，以備始涼。糴大小荳。糴麥。收縑練。

八月　暑退，命幼童入小學，如正月焉。涼風戒寒，趣練縑帛，染綵色。【略】

九月　治場圃，塗囷倉，脩簞、窖。繕五兵，習戰射，以備寒凍窮厄之寇。存問九族孤、寡、老、病不能自存者，分厚徹重，以救其寒。

十月　培築垣牆，塞向、墐户。北出牖謂之「向」。上辛，命典饋漬麴，釀冬酒。作脯臘。農事畢，命成童入太學，如正月焉。五穀既登，家儲蓄積，乃順時令，勑喪紀，同宗有貧窶久喪不堪葬者，則糾合宗人，共興舉之；以親疏貧富爲差，正心平斂，無相踰越；先自竭，以率不隨。先冰凍，作涼餳，煮暴飴。可析麻，緝績布縷。作白履，不借草履之賤者曰「不借」。賣縑帛、弊絮。糴粟、豆、麻子。

十一月　陰陽争，血氣散。冬至日先後各五日，寢別内外。硯冰凍，命幼童讀《孝經》《論語》、篇章小學。可釀醢。糴秔稻、粟、豆、麻子。

十二月　請召宗族、婚姻、賓旅，講好和禮，以篤恩紀。休農息役，惠必下浹。遂合耦田器，養耕牛，選任田者，以俟農事之起。去豬盍車骨，後三歲可合瘡膏藥。及臘日祀炙萐，萐，一作簾。燒飲，治刺入肉中；及樹瓜田中四角，去基蟲。東門磔白雞頭。可以合法藥。

宋・蔡絛《鐵圍山叢談》卷五　國朝西北有二敵，南有交趾，故九夷八蠻，罕所通道。太宗時，靈武受圍，因詔西域若大食諸使，是後可繇海道來。及哲宗朝，始得火浣布七寸，大以爲異。政和初，進火浣布者已將半仞矣。其後□筥而至，大抵若今之木棉布，色微青黷，蓋投之火中則潔白，非鼠毛也。御府使人自紡績，爲巾褥布袍之屬，別本「布」竝作「衣」。多至不足貴。亦可證舊説之譌。

明・李東陽等《明會典》卷一八九《工部九・工匠二》

司設監一千四百三十五名：

【略】刷印匠二名，

護衣匠四名，五墨匠一名，

弓匠一十四名，畫匠一十四名，

木桶匠二名，扇匠九名，

冠帽匠三名，摺配匠八名。

内承運庫三百一十五名：

染匠五十二名，五墨匠六名，

顔料匠九名，纓匠七名，

木匠一十九名，絡絲匠二十五名，

刷印匠一十六名，漆匠三名，

表背匠一十四名，紙匠一名，

金箔匠五名，裁縫匠三名，

摺配匠八名，裁曆匠三名，

索匠一十四名，腰機匠四名，

綿花匠一名，攢絲匠二名，

銀匠一十四名，打線匠二名，

織匠二十二名，鐵匠一名，

挽花匠三十一名，
牙匠四名，
秤匠五名，
供用庫四百零一名：
澆燭匠一百五十五名，
香匠一百一名，
鍼工局六百九十名：
繡匠二百三十二名，
裁縫匠二百一十一名，
駝子匠一名，
表背匠一十一名，
綿匠二名，
木匠七名，
毛襖匠二十七名，
碾玉匠一十四名，
彈綿花匠二名，
鎖匠一名，
熟皮匠三名，
撚金匠二名，
雙線匠一名，
銼磨匠一名，

宛平縣鋪户二十一名，
大興縣鋪户一十九名。
醫獸一名，
油户一百四十四名。
搭材匠一名，
刊字匠二名，
絡絲匠六十九名，
油漆匠八名，
氈匠一名，
畫匠八名，
銷金匠一十七名，
旗匠一十三名，
打線匠二十名，
冠帽匠一十四名，
穿珠匠八名，
絛匠一十三名，
皮匠一名。

明·李詡《戒庵老人漫筆》卷七　匠班銀

余邑有匠班銀，匠户每名出銀四錢五分，此定於國初，而户籍一成不變。夫銀以匠名，爲其有匠利而課之也。今其子孫不爲匠者多矣，猶可責其辦者，承祖户而力亦勝也。中間有絶户，有逃户，則里甲賠貱，出於無辜，有零丁，有乞匄，遇每歲追併，必至於盡命。何無一人以通變之法聞於爲司牧者乎？排年十年一編審，可照例行也，核見在匠，作均派之，當無巷議者。豈謂四錢五分，所出甚細，而變易舊制其事甚難乎？吾意留心民瘼之君子，更化善治，鋭然舉行，其何難之有？近年以一户之銀而連三四人爲溝中瘠者，蓋聞且見之矣，惜余老耄，無能爲力也。匠户有彈花匠名色，即今鄉村彈棉花人也。當時棉花未甚行，紡織頗少，故亦與木匠、瓦匠、漆匠等同課云。

清·龍文彬《明會要》卷五七《食貨五·雜課》　十八年，令魚、茶、酒、醋、礬、硝、鉛粉、黑錫、粉錫、石膏、窯課、諸色課，俱折收金、銀、錢、鈔。《會典》。

圖録

東漢市井畫像磚《四川漢畫像磚》圖版一三

三國魏市井畫像磚《四川漢畫像磚》圖版一三三

明・宋應星《天工開物》卷中《燔石》

燒皂礬圖

土墻自流黃礬

藝文

唐·元稹《估客樂》《全唐詩》卷四一八

估客無住著，一作者。有利身則一作即。行。出門求火伴，入户辭父兄。父兄相教示，求利莫求名。求名有一作莫。所避，求利無不營。火伴相勒縛，賣假莫賣誠。交關但一作少。交假，本生上聲。得失輕。一作交假，本生輕。自兹相將去，誓死意不更。亦作。解市頭語，便無鄰里情。鍮石打臂釧，糯米吹項瓔。歸來村中賣，敲作金石聲。村中田舍娘，貴賤不敢争。所費百錢一作必。本，已得十倍贏。顔色轉光净，飲食亦甘馨。子本頻蕃息，貨販一作賂。日兼并。求珠駕滄海，採玉上荆衡。北買党項馬，西擒吐蕃鸚。炎洲布火浣，蜀地錦織成。越婢脂肉滑，奚僮眉眼明。通算衣食費，不計遠近程。經遊一作營。天下徧，卻到長安城。城中東西市，聞客次第迎。迎客兼説客，多財爲勢傾。客心本明黠，聞語心已驚。先問十常侍，次求百公卿。侯家與主第，點綴無不精。歸來始安坐，富與王者一作家勍。市卒酒一作醉。肉臭，縣胥家舍成。

豈唯絶言語，奔走極使令。大兒販材木，巧識梁棟形。小兒販鹽鹵，不入州縣征。一身偃市利，突若截海鯨。鉤距不敢下，下則牙齒橫。生爲估客樂，判爾樂一生。爾又生兩子，錢刀何歲平。

雜録

北魏・賈思勰《齊民要術》卷七 貨殖第六十二

范蠡曰：「計然云：『旱則資車，水則資舟，物之理也。』」

白圭曰：「趣時若猛獸鷙鳥之發。故曰：吾治生猶伊尹、吕尚之謀，孫吴用兵，商鞅行法是也。」

《漢書》曰：「秦漢之制，列侯、封君食租，歲率户二百，千户之君則二十萬；朝覲、聘享出其中。庶民、農、工、商賈，率亦歲萬息二千，百萬之家則二十萬；而更徭、租賦出其中。」

「故曰：陸地，牧馬二百蹏，孟康曰：五十四也。蹏，古蹄字。牛蹏、角千，孟康曰：一百六十七頭。牛馬貴賤，以此爲率。千足羊；師古曰：凡言千足者，二百五十頭也。澤中，千足彘；水居，千石魚陂；師古曰：言有大陂養魚，一歲收千石。魚以斤兩爲計。山居，千章之楸。楸任方章者千枚也。師古曰：大材曰章，解在《百官公卿表》。安邑千樹棗，燕、秦千樹栗，蜀、漢、江陵千樹橘，淮北滎南、濟、河之間千樹楸，陳、夏千畝漆，齊、魯千畝桑、麻，渭川千畝竹；及名國萬家之城，帶郭千畝畝鍾之田，孟康曰：一鍾受六斛四斗。師古曰：一畝收鍾者，凡千畝。若千畝梔、茜，孟康曰：茜草、梔子，可用染也。千畦薑、韭：此其人，皆與千户侯等。」

「諺曰：『以貧求富，農不如工，工不如商，刺繡文不如倚市門。』此言末業，貧者之資也。」師古曰：言其易以得利也。

「通邑大都：酤，一歲千釀，師古曰：千甕以釀酒。醯、醬千瓨，胡雙反。師古曰：瓨，長頸罌也，受十升。漿千儋；孟康曰：儋，罌也。師古曰：儋，人儋之也，一儋兩罌。儋，音丁濫反。屠牛、羊、彘千皮；穀糴千鍾；師古曰：謂常糴取而居之。薪稾千車，船長千丈，木千章，洪洞方章材也。舊將作大匠掌材者日章曹掾。竹竿萬箇；軺車百乘，師古曰：軺車，輕小車也。牛車千兩；木器漆者千枚，銅器千鈞，鈞，三十斤也。素木、鐵器若梔、茜千石；孟康曰：百二十斤爲石。素木，素器也。馬蹏、噭千，師古曰：噭，口也。蹏與口共千，則爲馬二百也。噭，音江釣反。牛千足，羊、彘千雙；僮手指千；孟康曰：僮，奴婢也。古者無空手游口，皆有作務；作務須手指，故曰「手指」，以別馬牛蹄角也。師古曰：手指，謂有巧伎者。指千則人百。筋、角、丹砂千斤；其帛、絮、細布千鈞，文、采千匹，師古曰：文，文繒也。帛之有色者曰采。荅布、皮革千石；孟康曰：荅布，白疊也。師古曰：麤厚之布也。其價賤，故與皮革同其量耳，非白疊也。荅者，重厚之貌。漆千大斗；師古曰：大斗者，異於量米粟之斗也。今俗猶有大量。蘖麴、鹽、豉千合；師古曰：麴蘖以斤石稱之，輕重齊則爲合；鹽豉則斗斛量之，多少等亦爲合。合者，相配耦之言耳。今西楚荆、沔之俗，賣鹽豉者，鹽、豉各一斗，則各爲裹而相隨焉，此則合也。説者不曉，迺讀爲升合之「合」，又改作「台」，競爲解説，失之遠矣。鮐、鮆千斤，師古曰：鮐，海魚也。鮆，刀魚也，飲而不食者。鮐音胎，又音菭。鮆音薺，又音才爾反。而説者妄讀鮐爲「夷」，非惟失於訓物，亦不知音矣。鯫、鮑千鈞；師古曰：鯫，膊魚也，即今不著鹽而乾者也。鮑，今之鮑魚也。鯫音輒。膊，音普各反。鮑，音於業反。而説者乃讀鮑爲鮠魚之鮠，音五回反，失義遠矣。鄭康成以爲：「鮑，於煏室乾之。」亦非也。煏室乾之，即鯫耳，蓋今巴、荆人所呼「鰎魚」者是也，音居偃反。秦始皇載鮑亂臭，則是鮑魚耳；而煏室乾者，本不臭也。煏，音蒲北反。棗、栗千石者三之；師古曰：三千石。狐、貂裘千皮，羔羊裘千石，師古曰：狐、貂貴，故計其數；羔羊賤，故稱其量也。旃席千具；它果采千種；師古曰：果采，謂於山野采取果實也。子貸金錢千貫；節駔儈，孟康曰：節，節物貴賤也，謂除估儈，其餘利比於千乘之家也。師古曰：儈者，合會二家交易者也；駔者，其首率也。駔，音子朗反。儈，音工外反。貪賈三之，廉賈五之，孟康曰：貪賈，未當賣而賣，未當買而買，故得利少，而十得其三；廉賈，貴乃賣，賤乃買，故十得五也。亦比千乘之家。此其大率也。」

「卓氏曰：【略】吾聞岷山之下沃壄，下有蹲鴟，至死不饑。孟康曰：踆音蹲。水鄉多鴟；其山下有沃野灌溉。師古曰：孟説非也。踆鴟，謂芋也。其根可食以充糧，故無飢年。《華陽國志》曰：「汶山郡都安縣有大芋，如蹲鴟」也。」

諺曰：「富何卒？耕水窟；貧何卒，亦耕水窟。」言下田能貧能富。

「丙氏【略】家，自父兄、子弟約：俯有拾，仰有取。」

《淮南子》曰：「賈多端則貧，工多伎則窮，心不一也。」高誘曰：賈多端，非一術；工多伎，非一能：故心不一也。

宋・葉廷珪《海録碎事》卷五《衣冠服用部・燈燭門》 九光燈 漢武祈王母於宫中，燃九光九徹之燈。 官燭 後漢巴祇與客暗坐，不燃宫燭。 朱火 朱火青無光，金枝 金枝中樹，廣樂四陳。金枝，燈也。顔延年詩。

蘭膏坐自凝。言寒氣迫之。朱火，燈也。《選》張茂先詩。 桂燭 李義山詩：褰帷桂燭殘。 簾押 李義山《燈》詩：形隨簾押轉。蕭貫《曉寒歌》云：海牛押簾風不入。 紫桂樓 李義山《燈》詩：暄明紫桂樓。 銀龍 蕭放詩：銀龍銜燭燼，金鳳起爐煙。 鳳膏燭 漢武帝燒鳳膏爲燭以照神壇。吴融詩云：鳳膏還向日中焚。 篝火 音鈎。篝，火籠也。見《漢書·陳勝傳》。 密龕燈 遠聞疏牖磬，曉辯密龕燈。《選》詩。 常滿燈 長安巧工丁僕爲常滿燈，七龍五鳳，雜以芙蕖蓮藕之狀。 缸花 李賀《十月詞》：玉壺銀箭稍難傾，缸花夜笑凝幽明。珠帷穩卧不成眠，金鳳刺衣着體寒，長肩對月門彎環。 緑桂膏 《拾遺記》：燕昭王取緑桂膏，然之照夜。 密焰 傅咸《燈賦》：金枝密焰已流芳。 然蜜 香添然蜜，氣雜燒蘭。庾信《燈賦》。 冰荷 穆王刻璠膏之燭，覆冰荷，不使光遠。荷出冰壑，火不能鎔。《拾遺記》。 折堲 《管子》：左手執燭，右手折堲。亦作即，燭頭燼也。 西明夫人 西明夫人，長明燈也，亦謂之長明公。《異聞集》。 異生蛾郎 紅裳女子曰：異生蛾郎，不復爲暴矣。上。 燭垂細酒 燭垂細酒，香坌輕塵。《選》賦。 密炬 一作蜜。密炬千枝爛。李賀。 似流螢 山花如鏞頰，江火似流螢。李白詩。 仙人燭 仙人燭，木似梧桐。其皮枯剥如簡桂，以爲燭，可延數十刻。

又 卷六《飲食器用部·薪炭門》 獸炭 晉羊琇屑炭和作獸形以温酒，洛下皆效之。 馬通薪 山谷言：《城西張仲謀爲我寒，惠送騏驥院馬通薪三百秤》。一云束。 桐薪 《淮南子》：巨斧擊桐薪，不待利時良日，然後破之。 編菅秉杆 《左傳》：楚令尹郤氏，或取一編菅焉，或取一秉杆焉。注：秉，把也。 尋桂 尺燼重尋桂，紅粒貴瑶瓊。張景陽。 桂玉 《戰國策》：蘇秦之楚三日，乃見王曰：「楚國食貴於玉，薪貴於桂。」 炭蚪 獸炭曰炭蚪。 煉炭 洛下有豪子，飲食鮮華。有李使君亦尚豪侈，爲具召之，曾不下箸。及飯至，李曰：「試食，此以炭炊。」豪子勉食一匙，曰：「凡以炭炊，先燒炭熟，謂之煉炭，方無煙氣。此非也。」《劇談録》。 龍芻 東海有島曰龍駒川，穆天子養八駿處。島中有草名龍芻，馬食之，行百里。語曰：「一抹龍芻，化爲龍駒。」《拾遺》。 甘露芻 劉恢《馬》詩：絡首纏騣尾，養以甘露芻。 樵蘇 樵蘇後爨，師不宿飽。注：樵，取薪也。蘇，取草也。《史記》。

宋·張世南《游宦紀聞》卷六 世南家嘗藏高麗國使人狀數幅，乃宣和六年九月，其國遣使金紫光禄大夫、檢校司空、知樞密院事、上柱國李資德，副使太中大夫、尚書、禮部侍郎、柱國、賜紫金魚袋金富轍，至本朝謝恩進奉，各有四六，倣中國體。李之詞云：「跂予望之，適江干之弭節，亦既覯止，幸堂上之披風。況飛五朵之雲，特貺千金之幣。禮當拜受，心則愧惶。」金之詞云：「穆如清風，幸被餘光之照。酌彼行潦，可形將意之勤。幸被寬裕而有容，敢以菲微而廢禮。」所塵名品，别且染濡：私覿之物，則幞頭紗三枚、白成級花銀盤一面、十二兩。紫大紋羅一匹、生大紋羅二匹、白鼈大綾一匹、生花綾二匹、白細苧布三匹、大紙八十幅、黄毛筆二十管、松煙墨二十挺、松扇三合、摺疊扇二隻、螺鈿硯匣一副、螺鈿筆匣一副、尅絲藥袋一枚、尅絲篦子袋一枚、繡繫腰一條、茯苓二斤、白术二斤、白銅器五事而已。

元·孟祺等《農桑輯要》卷七 歲用雜事

［《四時類要》］：

正月 竪籬落。 糞田。 開荒。 修蠶屋。 織蠶箔。 造桑機。 造麻鞋。 舂米。此月人閑。 築牆。

二月 栽柳。 舒蒲桃上架。 解栗裹縛。 去石榴裹縛。 造醬。是月合爲中時。 寒食前後收柴炭。 造布。 浣冬衣。 採桑螵蛸。

三月 利溝瀆。 葺垣牆。 治屋室，以待霖雨。 脱墼。 移茄子。

四月 收蔓菁、芥、蘿蔔等子。 收乾椹子。 鋤葱。 收乾笋。 藏笋。 造酪。是月牛羊飽草，好造也。

五月 灰藏毛羽物。 氊須人卧；不卧則曬，箒掃。 收蠶種、豌豆、蜀芥、胡荽子。

六月 命女工織紬絹。 牧芥子。中秋後種。 收花藥子。便種之。 收李核。便種。 收苜蓿。 收槐花。曝乾。 斫竹。此月及八月不蛀。 漚麻。 曬氊褥、書、裘。 種小蒜，同七月。 蘿蔔。

七月 收楮子。 浣故衣，製新衣，作夾衣，以備始涼。 刈蒿草。 種蜀芥。 分薤。 漚晚麻。 耕菜地。 收荷葉陰乾。 拭漆器。五月至此月晝，經雨後，漆器、圖畫、箱篋，須曬乾，則不損。 收瓜蔕。 收蒺藜子。同八月。

八月 收薏苡。 收角蒿。 收韭花。 收胡桃。 收棗。 開蜜。

下旬造油衣。 收油麻、秋、江豆。 備冬衣。 刈莞、葦。

九月 牧豕。同十月。 收皁角。 貯麻子油。 採菊花。 收木瓜。 備冬藏： 凡蔓菁、荏、蓼、韭葷，脆美而不耐停；若旱園菜，稍硬，停得至二月。

十月 築垣牆。 墐北户。 縛薦。 遮掩牛馬屋。 收槐實、梓實。 收牛膝、地黄。 造牛衣。 盤瘞蒲桃。 包裹栗樹、石榴樹，不爾即凍死。 收諸般穀種、大小豆種。

十一月 貨薪柴、綿絮。 伐木，取竹箭，此月堅成。 造什物、農具。 折麻，放麻。 刈蒿、棘。 貯年支草於隙地，至六月及秋霖時，俱利倍。

十二月 造車。 貯雪水。 收臘糟。 糞地。 刈棘屯牆。 造農器。 收羔種。 收牛糞。

元・熊夢祥《析津志・物産》 西山滑石根名之曰： 不灰木。以之爲粗布，不畏火。今西山有之。《日下舊聞考》卷一百五十《物産》引《析津志》。

明・陸容《菽園雜記》卷五 嘗聞火雞食火，犀食棘刺，野羊刳腹取脂，脂復生。又見《列子》等書，言昆吾之劍，切玉如泥。

火浣之布，入火愈鮮。不灰之木，火爇不壞。皆未之信。近日滿剌加國貢火雞，軀大於鶴，毛羽雜生，好食燃炭。駕部員外郎張汝弼親見之。甘肅之西有饕羊，取脂復生。聞之高陽伯李文及彼處奏事人云。然犀之食棘刺，則予所親見也。火浣布，友人淩季行有一縷如指，不灰木譯□劉梗有束帶，以火驗之，信然。由是觀之，切玉之劍，蓋或有之，特未之見耳。

又 卷九 陸展染白髮以媚妾，寇準促白鬚以求相，皆溺於所欲而不順其自然者也。然張華《博物志》有染白鬚法，唐、宋人有鑷白詩，是知此風其來遠矣。然今之媚妾者蓋鮮，大抵皆聽選及戀職者耳。吏部前粘壁有染白鬚髮藥，修補門牙法，觀此可知矣。

明・田汝成《西湖遊覽志餘》卷三《偏安佚豫》 乾道、淳熙間，壽皇以天下養，每奉德壽三殿遊幸湖山，御大龍舟，宰執從官以至大璫應奉諸司，及京府彈壓等，各乘大舫，無慮數百。時承平日久，樂與民同，凡遊觀買賣，皆無所禁，畫楫輕舫，旁午如織。至於果蔬羹酒，關撲，宜男戲具、鬧竿、花籃、畫扇、綵旗、糖魚、粉餌、時花、泥嬰等，謂之湖中土宜。又有珠翠冠梳、銷金綵段、犀鈿髹漆、織藤、窑器、玩具等物，無不羅列，如先賢堂、三賢堂、四聖觀等處最盛。或有以輕橈趁逐求售者，歌妓舞鬟，嚴妝自衒，以待招呼者，謂之水仙子。至於吹彈舞拍，雜劇紛紜，撮弄勝花泥丸，鼓板投壺，花彈蹴踘，分茶弄水，踏滾木，撥盆，雜藝散耍，嘔唱息器，教水族飛禽，水傀儡，鬻道術，烟火，起輪，走線，流星火爆，風箏，不可指數，總謂之趕趁人，蓋耳目不暇給焉。御舟四垂珠簾，錦幕懸掛七寶珠翠、龍船、梭子、鬧竿、花籃等物。宮姬韶部，儼如神仙，天香濃郁，花柳避妍。小舟時有宣喚賜予。宋五嫂者，汴酒家婦，善作魚羹，至是僑寓蘇隄，光堯召見之，詢舊，悽然，令進魚羹。人競市之，遂成富媪。朱静佳六言詩云：「柳下白頭釣叟，不知生長何年。前度君王遊幸，賣魚收得金錢。」往往修舊京金明池故事，以安太上之心。湖上御園，南有聚景、真珠、南屏，北有集芳、延祥、玉壺，然亦多幸聚景焉。一日，御舟輕過斷橋旁，有酒肆頗潔雅，中飾素屏風，書「風入松」一詞於上，光堯停目稱賞久之，宣問何人所作，乃太學生于國寶醉筆也。其詞云：「一春常費買花錢，日日醉湖邊。玉驄慣識西湖路，驕嘶過沽酒樓前。紅杏香中歌舞，緑楊影裏鞦韆。煖風十里麗人天，花壓鬢雲偏。畫船載得春歸去，餘情付湖水湖煙。明日重攜殘酒，來尋陌上花鈿。」上笑曰：「此詞甚好，但末句不免酸寒。」因爲改作「明日重扶殘醉」，即日宣命解褐云。

都市自舊歲孟冬駕回，已有乘肩輿小女，鼓吹歌舞，日數十隊，以供貴邸豪家之翫；而天街茶肆酒館，漸以羅列燈毬等求售，謂之燈市。自此以後，每夕皆然。三橋等處，客邸最盛，燈火簫鼓，每至四鼓，日盛一日。姜白石有詩云：「燈已闌珊月氣寒，舞兒往往夜深還，只應不盡婆娑意，更向街心弄影看。」又云：「南陌東城盡舞兒，畫金刺繡滿羅衣，也知愛惜春遊夜，舞落銀蟾不肯歸。」吴夢窗《玉樓春》云：「茸茸狸帽遮梅額，金蟬羅翦胡衫窄，肩輿争看小腰身，倦態强隨閒鼓笛。問稱家在城東陌，欲買千金應不惜，歸來困頓滯春眠，猶夢婆娑斜趁拍。」深其意態者也。至節後，漸有大隊如四國朝、傀儡之類，多至數百，天府每夕差官點視，各給錢酒油燭，多寡有差，且使之南至昇陽宫支酒燭，北至春風樓支錢米。終夕街坊鼓吹不絶，士女羅綺如雲。至五夜，則京尹乘小轎，諸舞隊次第簇擁，前後連亘十數里，錦繡填委道路，吏魁以大囊貯楮券，凡遇小經紀人，犒千百，謂之買市。至有黠者以小盤貯梨數片，騰身出於稠人之中，支請官錢數次者，亦不禁也。李篔房詩云：「斜陽盡處蕩輕煙，輦路東風入管絃。五夜好春隨步煖，一年明月打頭圓。香塵掠粉翻羅帶，密炬籠綃鬥玉鈿，人影漸稀花露冷，踏歌吹度曉雲邊。」京尹幕次，例占市西坊緊鬧分地，黄燭籸盆，照耀如晝，其前

列荷校囚數人，大書犯由云：「某人不合搶撲釵環，挨搪婦女。」繼而行遣一二，謂之粧燈，其實皆獄內罪囚，姑借以儆奸民耳。又分委府僚以巡風燭，及命都轄房使臣等，分任地方，以緝姦盜。三獄亦張燈，建浄獄道場，多裝獄户故事，及陳列獄具。邸第好事者，如清河張府、蔣御藥家，開設雅戲烟火，花邊水際，燈燭燦然，遊人士女縱觀，則相迎酌酒而去。又有幽坊深巷好事之家，多設五色砲燈，更自雅潔。姜白石詩云：「沙河雲合無行處，惆悵來遊路已迷，卻入静坊燈火空，門門相似列蛾眉。」又云：「遊人歸後天街静，坊陌人家未閉門，簾裏垂燈照尊俎，坐中嬉笑笑春温。」或於小樓以人爲大影戲，兒童懽呼終夕，此類不可數也。西湖諸寺，惟三竺燈最盛，往往有宫禁所賜，貴璫所施者，都人好奇，亦往觀焉。白石詩云：「珠絡琉璃到地垂，鳳頭御帶玉交枝，君王不賞無人進，天竺堂深夜雨時。」街市婦女，皆帶珠翠鬧蛾，玉梅雪柳，菩提葉燈毬，銷金合，蟬貂袖，項帕而衣尚白，蓋燈月所宜也。游手浮浪輩，或翦白紙爲蟬，謂之夜蛾，以棗肉炭屑爲丸，繫以鐵絲，燃之，名火楊梅。以紙燈内置闘捩，放地下，以足沿街蹵轉之，謂之滚燈。以木爲格，用綵帛製爲諸色行貨人物鋪面，謂之六街三市燈。飲食則乳糖、糖糉、圓子、鎚餡、科斗、粉豉湯、水晶膾、韮餅、南北珍果、皁兒糕、宜利少橙圓子、滴酥、砲螺、酪麵、玉消膏、琥珀餳、破麻酥、灌糖酥藕、龍纏蜜果糖、蔥管糖、十般香糖，皆用鏤鍮妝花盤架車兒，簇插飛蛾，紅燈綵盝，叫歌喧填，幕次往往呼至前，使之吟叫，倍酬其直。白石詩云：「貴客鉤簾看御街，市中珍品一時來。簾前花架無行路，不得金錢不肯回。」競以金盤鈿合簇釘遺之，謂之市食合兒。夜闌燈罷，有小燈照路拾遺者，謂之掃街，遺鈿墮珥，往往得之，可謂奢之極矣。亦東都遺風也。

都下自十月以來，朝天門内外，競售錦裝新曆，諸般大小門神、桃符、鍾馗、狻猊、虎頭，及金綵縷花春帖、旛勝之類，爲市甚盛。八日則寺院及人家用胡桃、松子、乳蕈、柿栗之類作粥，謂之臘八粥。醫家亦多合藥劑，侑以虎頭丹、八神屠蘇，貯以絳囊，饋遺大家，謂之臘藥。至于餽歲盤盒，酒擔、羊腔，充斥道路。二十四日，謂之交年，祀竈用花餳米餌，及燒替代作糖豆粥，謂之口數。市井迎儺，以鑼鼓遍至人家，乞求利市。至除夜，則比屋以五色錢紙酒果以迎送六神于門；至夜，蕡燭糕盆，紅映霄漢，爆竹鼓吹之聲，喧闐徹夜，謂之聒廳。小兒女終夕博戲不寐，謂之守歲；又明燈牀下，謂之照虚耗；及貼天行帖兒財門于楣。祀先之禮，則或昏或曉，各有不同，如飲屠蘇、百事吉、膠牙餳、燒术、賣懵董等事，率多東都之遺風焉。守歲之詞雖多，極難其選，獨楊守齋《一枝春》，最爲近世所稱。詞云：「竹爆驚春，競喧闐，夜起千門簫鼓。流蘇帳暖，翠鼎緩騰香霧。停盃未舉。奈剛要送年新句。應自賞，歌字清圓，未誇上林鶯語。從他歲窮日暮。縱閒愁，怎減劉郎風度？屠蘇辦了，迤邐柳忻梅妬。宫壺未曉，早驕馬繡車盈路。還又把，月夕花朝，自今細數。」

明・謝肇淛《五雜俎》卷九《物部一》　江南壁虱多生木中，惟延綏生土中，遍地皆是也。入夜則緣床入幭，嚼人遍體成瘡。雖徙至廣庭，懸床空中，亦自空飛至。南人至其地，輒宛轉叫號，不可耐，無計以除之也。

治蚤者以桃葉煎湯澆之，蚤盡死。治頭虱者，以水銀揉髮中。其大要在掃灑沐浴而已。然人有善生蝨者，雖日鮮衣名香，終不絕。俗傳久病者，忽無蝨，必死，其氣冷也。

書中蠹蛀，無物可辟，惟逐日翻閲而已。置頓之處，要通風日，而裝潢最忌糊漿厚褙之物。宋書多不蛀者，以水褙也。日曬火焙固佳，然必須陰冷而後可入笥，若熱而藏之，反滋蠹矣。

又　卷一二《物部四》　以丹注面曰的，古天子諸侯媵妾以次進御，有月事者，難以口説，故注此於面以爲識，如射之有的也，其後遂以爲兩腮之飾。王粲神女賦曰：「施華的，結羽釵。」傅玄鏡賦：「點雙的以發姿，非爲程姬之疾明矣。」唐王建宫詞：「密奏君王知入月，唤人相伴洗裙裾。」則亦無注的事也。潘岳芙蓉賦：「丹輝拂紅，飛須垂的。」王敬美早梅詩：「暈落朱唇微有的。」則又借以咏花矣。

明・方以智《物理小識・金石類》　海井　非石非鐵，非竹非木，狀類銀牀，酌鹹水于器，置此井而汲之，即淡可飲，航海者便之。見《癸辛雜志》。段柯古曰，海水經魚腦穴即淡。范石湖集藏海中大魚腦，有竅，吸海水傾出之則淡。

清・顧禄《清嘉録》卷一二　年市

年夜已來，市肆販置南北雜貨，備居民歲晚人事之需，俗稱「六十日頭店」。熟食鋪，豚蹄、雞、鴨較常貨買有加。紙馬香燭鋪，預印路頭財馬，紙糊元寶、緞疋，多澆巨蠟，束名香。街坊吟賣篝燈、燈草、掛錠、竈牌、竈簾，及箄瓢、箕帚、竹筐、磁器、缶器、鮮魚、果蔬諸品不絶。鍛磨、磨刀、殺雞諸色工人，亦應時而出，喧於城市。酒肆、藥鋪，各以酒糟、蒼术、辟瘟丹之屬餽遺於主顧家。總謂之「年市」。蔡雲《吴歈》云：「送竈柴枝束束齊，照厨竹掛雙雙提。燀湯礪刃獨何業，慘聽連聲叫殺雞。」

案：馮贄《雲仙雜記》《僧園逸記》皆載：「都下寺院，每用歲除鍛磨，是日作『鍛磨齋』。」吴自牧《夢粱録》：「歲旦在邇，席鋪饋與主顧，更以蒼朮、小棗、辟瘟丹相遺。」

附寶石

題解

清・徐珂《清稗類鈔・礦物類》　寶石

凡礦物中之顔色美，光澤强，硬度高，天産少，價貴，可爲裝飾品者，概稱曰寶石。其主要者爲金剛石、鋼玉石、紅玉、緑玉、貴蛋白石之類。

論説

漢・劉安《淮南子・説林訓》　璧瑗成器，礛諸之功；礛諸，治玉之石。《詩》云：「他山之石，可以爲錯。」礛讀一曰廉氏之廉。寧案：注當作「礛讀廉氏之廉，一曰濫也」。依《脩務篇》高注改。蓋高讀廉而許讀藍。鏌邪斷割，砥礪之力。力亦功，互文也。

明・宋應星《天工開物》卷下《珠玉》　宋子曰：玉韞山輝，珠涵水媚，此理誠然乎哉，抑意逆之説也？大凡天地生物，光明者昏濁之反，滋潤者枯澀之仇，貴在此則賤在彼矣。合浦、于闐行程相去二萬里，珠雄于此，玉峙于彼，無脛而來，以寵愛人寰之中，而輝煌廊廟之上，使中華無端寶藏折節而推上坐焉。豈中國輝山、媚水者，萃在人身，而天地菁華止有此數哉？

綜述

宋・蔡絛《鐵圍山叢談》卷一　元圭者，古鎮圭也。溫潤異常，又其色內赤外黑，非世所有，固無足疑。圭上鋭而下方，然其末平直，非若後世禮圖爲圭之太鋭也。兩旁刻出十二山，正若古山尊制度，亦非若先儒所繪鎮圭，迺於圭上刻山者也。凡制作精妙，又非若秦漢器玉所能及。上則皆雲雷之文，下平無文，而中一竅，大足容指。其長尺有二寸，正合周尺，彷同晉尺。

又　卷五　合浦珠大抵四五所，皆居海洋中間。地名訖寶，雁里及吴本「地」竝作「也」，屬上句，今從張本。名斷望者最，而斷望池近交趾，别本「池」竝作「地」。號産珠，尤美大。别本竝無「號」字、「大」字。父老更傳，昔珠還時，蓋自海際，珠母生猶山然，高壘數百千丈，甚或出露波濤上，雅不知得幾何代也。刺史者每啓其貪欲心，或繇是暴虐人，人不自聊。此珠所以去之，皆遠徙，張本「去之」作「往往」。從交趾、真臘諸異國，而珠母益不生，張本「益」作「亦」。就生亦不實矣。俗言珠母者，謂蚌也。凡採珠必蜑人，號曰蜑户，丁爲蜑丁，亦王民爾。特其狀怪醜，能辛苦，常業捕魚生，皆居海艇中，男女活計，世世未嘗捨也。採珠弗以時。衆咸裹糧會，大艇以十數環池，左右以石懸大絙至海底，名曰定石。則别以小繩擊諸蜑腰，蜑乃閉氣，隨大絙直下數十百丈，捨絙而摸取珠母。曾未移時，然氣已迫，則亟撼小繩。繩動，船人覺，乃絞取。人緣大絙上，出輒大叫，因倒死，久之始甦。下遇天大寒，張本「下」作「或」。既出而叫，必又急沃以苦酒可升許，飲之釂，於是七竅爲出血，久復活。其苦如是，世且弗知也。父老云：「頃熙寧末，安南連陷欽、廉，被係虜，生靈磬磬，事甫定，而珠爲盛還。當是時，商賈走四方，争輻湊，遠民賴以安樂。竟坐主者婪濁，則珠寖徙去久矣。中興後乃復還，海底積高巍數尋。一刺史來，得此大喜，即妄爲辭以罔其上，請復舊貫。因縛繫諸蜑，慘其刑，一方始大騷。張本作「擾」。走視珠母，則莽見白沙布底爾。徒得珠母，雖合數千百，既破開，略無一珠。羣蜑獨環之大哭，勿恤也。自是以貢則求諸他，且又加配率，開告訐。凡桎梏而破産者，大率皆無辜，千里告病。然耳目使者又弗吾恤，是天以珠池禍吾民也。」吾聞此，爲憮然。後讀《熙陵實録》，見書太平興國七年事，某月甲子，海門採珠場雁里本作「探珠」，今從别本。獻真珠五千斤，吴本無「斤」字。皆徑寸者，爲掩卷眙愕。何其異哉而致是歟！久而思之，此無他，知實命吏之效。

宋・葉廷珪《海録碎事》卷一五《商賈貨財部・珍寶門》　琥珀

《廣志》：博平有琥珀，生地中，其上及旁不生草，深者八九尺，大者如斛，削去外皮，中成琥珀如升。初如桃膠，凝堅成也。又，琥珀，一名江珠。

宋・張世南《游宦紀聞》卷一　翡翠屑金，人氣粉犀，此物理相感之異者。嘗覩《歸田録》，載歐公家有一玉罌，形製甚古且精巧。始得之梅聖俞，以爲碧玉。在潁州時，嘗以示僚屬。坐有兵馬鈐轄鄧保吉者，真宗朝老内臣也，識之曰：「此寶器也，謂之翡翠云。禁中寶物，皆藏宜春聖庫，庫中有翡翠琖一隻，所以識也。」其後，偶以金環於罌腹，信手磨之，金屑紛紛而落，如硯中磨墨，始知翡翠之能屑金也。

諸藥中，犀最難細搗。必先鎊屑，乃入衆藥中搗之。已而衆藥篩盡，犀屑猶存。偶見一醫僧元達者，解犀爲小塊子，方一寸半許，以極薄紙裹置懷中近肉，以人氣蒸之。候氣薰蒸浹洽，乘熱投臼中急搗，應手如粉，因知人氣之能粉犀也。今醫工皆莫有知者。

又　卷五　玉出藍田、崑岡。《本草》亦云：「好玉出藍田，及南陽徐善亭部界，日南、盧容水中。外國于闐、疎勒，諸處皆善。」今藍田、南陽、日南，不聞有玉。國朝禮器，及乘輿服御，多是于闐玉。

晉天福中，平居誨從使于闐爲判官，作記紀其採玉處云：「玉河在國城外，源出崑山，西流千三百里，至國界牛頭山。分爲三：曰白玉河，在城東三十里；曰緑玉河，在城西二十里；曰烏玉河，在緑玉河西七里。源雖一，玉隨地變，故色不同。每歲五、六月，水暴漲，玉隨流至，多寡由水細大，水退乃可取。《方言》曰：『撈玉，國主未採，禁人至河濱。』」

大觀中，添創八寶，從于闐國求大玉。一日，忽有國使奉表至。故事，下學士院，召譯表語，而後答詔。其表云：「日出東方，赫赫大光，照見西方五百國，五百國條貫主，師子黑汗王，表上日出東方，赫赫大光，照見四天下，四天下條貫主，阿舅大官家：你前時要者玉，自家甚是用心力，只爲難得似你尺寸底。自家已令人兩河尋訪，纔得似你尺寸底，便奉上也。」當時傳以爲笑。後果得之，厚大踰二尺，色如截肪，昔未始有也。

大抵今世所寶，多出西北部落：西夏、五臺山、于闐國。玉分五色：白如截肪，黄如蒸栗，黑如點漆，紅如雞冠，或如臙脂。惟青碧一色，高下最多。端帶白色者，漿水又分九色：上之上、之中、之下；中之上、之中、之下；下之上、之中、之下。

宣和殿有玉等子，以諸色玉，次第排定。凡玉至，則以等子比之，高下自見。今内帑有金等子，亦此法。

又　卷九　階州産石，品第不一。白者明潔，初琢時可愛，久則受垢色暗，今朝廷取爲册寶等用。有黄、青、黑、緑數色，取之不窮，而性軟易攻，故價亦廉。巴州、嘉定府，皆産玉石，曰「巴璞」「嘉璞」。堅而難琢，與玉質無異，故價數倍於階石，其温潤畧與下等。叙州宣化縣，亦有玉石，曰「宣化璞」。

谿源出黎雅大渡河，其品最高，有胭脂標、瓜蔞標。琢爲器物，白若凝脂，非精鑒者不能辨。

峽州之上百里間，有黄牛神祠。祠中多玉石，皆往來賈客或牽江人，得於沙磧間者以獻。有一石，質黑紋白，隱然龍形，作蜿蜒狀，鱗、角、鬣，纖悉備具。又有如孔雀尾者，是爲石中之異。

忠州樂磧市出玉石，舟至岸，人競持來求售。有指甲紋，亦有磨見白質者。雖光瑩可觀，然皆碔砆也。

是數郡所産，皆予所經歷，故亦稍能識别。

元・孔齊《至正直記》卷二

蘆把劚石

蘆把束劚石則石裂，茶汁澆石器久則石如蛀爛。物性所畏，有不可曉者。

瑪瑙纏絲

瑪瑙惟纏絲者爲貴，又求其紅絲間五色者爲高品。諺云：「瑪瑙無紅一世窮。」言其不直錢也。又言：「瑪瑙紅多不直錢。」言全紅者反賤，惟取紅絲與黄白青絲紋相間，直透過底面一色者佳。浙西好事者往往競置，以爲美玩。或酒杯，或繫腰，或刀靶，不下數十，定價過于玉。蓋以玉爲禁器不敢置，所以瑪瑙之作也。金陵吕子厚知州有祖父所遺瑪瑙椀一枚，可容一升，其色淡如漿水，惟三點紅如蒲桃狀極紅，又一二點黄色如蠟，可謂佳品也。予因與好事者辨之曰：「五金之器莫貴如金，珠之爲物固不足貴也。金愈遠愈堅，珠則有晦壞之時也。諸石之器莫貴于玉，玉與金並稱，取其温潤質色玉爲上，堅而不壞金爲上。若水晶之浮薄，瑪瑙之雜紋，皆不足貴。」此固世俗所尚，一時之競，非古今之公論也。今燕京士夫往往不尚瑪瑙，惟倡優之徒所飾佩，又以爲賤品，與江南不同也。諺云：「良金美玉，自有定價。」其亦信然矣。其次則有古犀，斑文可愛，誠是士夫美玩，固無議者矣。

美玉金同

美玉與金同，亦有成色可比對。其十成者極品，白潤無纖毫瑕玷也。九成

難辨，非高眼不能别。八成則次之。以至七成、六成又次之。古玉惟取古意，或水銀漬血漬之類不必問成色也，絶難得佳品。

靈璧石

靈璧石最爲美玩，或小而奇峯列壑，可置几玩者尤好。其大則盈數尺，置之花園庭几之前，又是一段清致。諺云：「看靈璧石之法有三：曰瘦、曰縐、曰透。」瘦者峯之鋭且透也，縐者體有紋也，透者竅達内外也。凡取其色之黑而聲清者靈璧也。惟取其聲之清遠者太湖石也。亦有卧紗紋彈丸兩點紅，獨無峯耳。英石之質亦黑，亞于靈璧，特聲韻不及太湖而質過耳。盧疎齋翰林有《太湖石記》。

元・陶宗儀《南村輟耕録》卷七　回回石頭，種類不一，其價亦不一。大德間，本土巨商中賣紅剌一塊於官，重一兩三錢，估直中統鈔一十四萬錠，用嵌帽頂上。自後累朝皇帝相承寶重，凡正旦及天壽節大朝賀時則服用之。呼曰剌，亦方言也。今問得其種類之名，具記于後。

紅石頭四種，同出一坑，俱無白水。

剌淡紅色，嬌。　避者達深紅色，石薄方嬌。　昔剌泥黑紅色。　苦木蘭紅黑黄不正之色塊，雖大石，至低者。

緑石頭三種同出一坑。

助把避上等暗深緑色。　助木剌中等明緑色。　撒卜泥下等帶石，淺緑色。

鴉鶻

紅亞姑上有白水。　馬思艮底帶石，無光，二種同坑。　青亞姑上等深青色。　你藍中等淺青色。　屋撲你藍下等如冰樣，帶石，渾青色。　黄亞姑　白亞姑

猫睛

猫睛中含活光一縷。　走水石新坑出者，似猫睛而無光。

甸子

你舍卜的即回回甸子，文理細。　乞里馬泥即河西甸子，文理粗。　荆州石即襄陽甸子，色變。

明・王佐《新增格古要論》卷六《珍寶論》

玉器

玉出西域于闐國，有五色，利刀刮不動，温潤而澤，摸之，靈泉應手而生。凡看器物，白色爲上，黄色、碧色亦貴，更碾琢奇巧敦厚者尤佳。若有瑕玷、皵動、夾石及色不正、欠温潤者，價低。

白玉，其色如酥者最貴，但冷色即飯湯色。油色及有雪花者，皆次之。

黄玉，如栗者爲貴，謂之甘黄玉，焦黄色者次之。

碧玉，其色青如藍靛者爲貴，或有細墨星者，色淡者，皆次之，蓋碧色今深青色。

黑玉，其色黑如漆，又謂之墨玉，價低，西蜀亦有之。

赤玉，其色紅如雞冠者好，人間少見。

緑玉，深緑色者爲佳，色淡者次之，其中有飯糝者最佳。

甘青玉，其色清青而帶黄。

菜玉，非青非緑，如菜葉，此玉色之最低者。

玉名新增。

禹玄圭，象水色。

圭，古作珪，瑞玉也。上圜下方，以象天地，以封諸侯。

璧，圜玉，外圜象天，内方象地。

琮，瑞玉，八寸，形似車釭，《周禮》以黄琮禮地。

璋，半珪，《周禮》以赤璋禮南方，象夏物榮盛。

琥，瑞玉，《周禮》以白琥禮西方，爲虎形，虎猛，象秋聲。

璜，半璧，《周禮》以玄璜禮北方，象多閉藏，地上無物，惟天半見也。

珩、璫、珮，環俱珮玉。瑚璉，殷宗廟玉器。

璁，石次玉者。珷玞，石似玉者。

國朝郊祀天用蒼璧，祀地用黄琮，祀仁祖配天用蒼璧。

古玉

古玉器物，白玉爲上。有紅如血者，謂之血玉，古人又謂之屍古，最佳。青玉上。有黑漆古，有渠古，有甑古者，價低。

嘗見菜玉連環上儼然黄土一重，并洗不去，此土古也。

沙子玉

此玉罕得，比之白玉，此玉粉紅潤澤，多作刀靶環子之類，少有大者。

石類玉

句容茆山石，白而有光，有水石，冷白色，或有水路，或有飯糝色。好者與真玉相似，雖刀刮不動，終有石情，不温潤，宜仔細辨之。

瑪瑙

瑪瑙多出北地，南蕃、西蕃亦有，非石非玉，堅而且脆，快刀刮不動。凡看盌盞器皿，要樣範好，碾得薄，不夾石者爲佳。其中有人物、鳥獸形者最貴，有錦花者，謂之錦紅瑪瑙。有漆黑中一線白者，謂之合子瑪瑙。有黑白相間者，謂之截子瑪瑙。有紅白雜色如絲相間者，謂之纏絲瑪瑙。此幾種皆貴。有淡水花者，謂之漿水瑪瑙。有紫紅花者，謂之醬斑瑪瑙。有海蜇色、鬼面花者，皆價低。凡器物刀靶事件之類，看其好碾琢工夫及紅多者爲上。古人云：「瑪瑙無紅一世窮。」

柏枝瑪瑙

漿水色內有花紋如柏枝者，故謂之柏枝瑪瑙，亦可愛。

圓塊玉瑪瑙水晶後增。

玉水晶瑪瑙，大小圓塊，有外面便見玉者爲好，亦有外好而內反不佳者，必須令玉匠仔細辨驗方可。佐往年在京，見有一人，與蕃人買一大玉石，其價八十兩，外面是好白玉，鋸開，其中甚不好。用琢成玉龕觀音，以獻內臣，得價稍倍。又有一人，用銀二十兩，買玉一大塊，其外土黄色石，其中却是白玉，絶佳。

水晶

古語云：「千年冰化爲水晶。」其性堅而脆，刀刮不動，色白如泉，清明而瑩，無纖毫瑕玷擊痕者爲佳。

凡器皿盌盞，素者爲好，但碾花者必有節病出處。倭國多水晶，第一。南水晶白，北水晶黑，信州水晶濁。

貓睛

貓睛，出南蕃，性堅，黄如酒色，睛活者，中間有一道白横搭，轉側分明，與貓兒眼睛一般者爲佳，故云若眼睛。散及死而不活者，或青黑色者，皆不爲奇。大如指面者尤好，小者價輕，宜鑲嵌用。

碧靛子

碧靛子出南蕃、西蕃，青緑色，好者頗與馬價珠相類，有黑緑色者低，皆不甚值錢，又謂之北靛子，宜鑲嵌用。

馬價珠

青珠兒，出西蕃諸國，色青如翠者道地。有指面大，轉身青者多，做管兒用，亦有當三折二錢大者。顔色好者值錢，其價如馬，故謂之馬價珠。但夾石、粉青，有油烟及色老者，價低。

土蕃、回鶻國珠兒，顔色不甚好，多似好靛石。

或云，凡遇灰塵迷眼，以珠兒拂之則明也。

南珠後增。

南珠，出南蕃海蚌中，南蕃者好，廣西者易黄，要身分圓及色白而精光者，價高。以大小粒數等分兩定價，古云「一粒圓，十粒錢」，又云「一圓二白」，今廣東廉州府合浦縣海中出珠。

北珠後增。

北珠，出北海，亦論大小分兩定價。看身分圓轉，身青色，披肩結頂者，價高。如骨色、粉白、油黄、渾色者，價低。

佐嘗聞本縣四十九都繞源王□□家，其先下蕃，其家分金銀，一雙環子，珠大而圓，作三百兩銀。

石榴子

石榴子，出南蕃，類瑪瑙，顔色紅而明瑩，如石榴肉相似，故名曰石榴子，可鑲嵌用。

鋪絨線石

鋪絨線石，顔色純緑，明瑩如鋪絨線相似，多鑲嵌絛環等用，不甚值錢。

金星石

金星石，出金坑，色青如豆靛，無金星、不夾石者好，有金星褐色者不中，皆不甚值錢。白者但不潔白明瑩，謂之硝子。

車渠

車渠，形似蚌，極厚大，色白有紋理，不甚值錢。

琥珀

琥珀，出南蕃、西蕃，乃楓木之精液，多年化爲琥珀，其色黄而明瑩潤澤，其色若松香色。紅而且黄者，謂之明珀，有香者謂之香珀，有鵝黄色者謂之蠟珀，此等價輕。

深紅色者出高麗、倭國，其中有蜂蟻松枝者，甚可愛。真者以琥珀於皮膚上揩熱，用紙片些小，離桌子寸許，以琥珀及之，則自然飛黏，或以稻草寸許試之。

珊瑚樹

珊瑚樹，生大海中山陽處水底，海人以鐵網取之，其色如銀硃，鮮紅，樹

身高大，枝柯多者爲勝。但有髓眼及淡紅色者，價輕。此物貴賤，并隨珍珠。枝柯有斷者，用釘稍釘定，鎔紅蠟粘接，宜仔細看之。如有零碎材料，每兩值價萬餘。

蠟子

蠟子，出南蕃、西蕃，性堅，有紅蠟、紫蠟，亦有酒色者，俱明瑩。凡器物須看碾得奇巧者爲佳。

犀角

犀角，出南蕃、西蕃，雲南亦有，成株肥大花兒者好，及正透者價高，成株瘦小，分兩輕，花兒不好者，但可入藥用。其紋如魚子相似，謂之粟紋，每粟紋中有眼，謂之粟眼，此謂之山犀。凡器皿要滋潤，粟紋錠花兒者好。其色黑如漆，黃如粟，上下相透，雲頭雨脚分明者爲佳。

有通天花紋犀，備百物之形者，最貴。

有重透紋者，黑中有黃花，黃中又有黑花，或黃中有黃，黑中又有黑。

有正透紋者，黑中有黃花，古云「通犀」，此二等亦貴。

有倒透者，黃中有黑花，此等次之。

有花如椒豆斑者，色深者，又次之。

有斑散而色淡者，又次之。

有黑犀無花而純黑者，但可車象棋，不甚直錢。

凡犀帶，有角地上貼好犀作面，而夾成一片者，可驗底面花兒大小遠近，更於側畔尋合縫處，可見真僞。又有原透花兒不齊整，用藥染黑者，則無雲頭雨脚，黃黑連處，純黑而不明。

但有粟紋不圓者，必是原透花兒不居中，用湯煮軟，攢打端正，不是生犀，宜一一驗之。

凡器皿須要雕琢工夫及樣範好，宜頻頻看之，不可見日，恐燥而不潤故也。

毛犀

其色與花斑皆類山犀，而無粟紋，其紋理似竹，謂之氊犀，此非犀也，不爲奇也，故曰毛犀。

花羊角

花羊角，多出北地，黑身白花者高，白身黑花者低。作刀靶，染油不滑。凡刀靶，鸂鶒木爲最佳，花羊角次之，他物皆不及也。鸂鶒木，見下異木内。

象牙後增。

象牙，出南蕃、西蕃及廣西，交阯、雲南皆有，南蕃者長大，廣西、安南者短小。新鋸開，粉紅色者最佳。雲南麓別出作梳子，直者好，橫者易斷。

鬼功石

嘗有戒指，内嵌瑪瑙一塊，面上碾成十二文生肖，其紋細如髮，似非人功，故謂之鬼功石，又名鬼國石。

鬼功毬

嘗有象牙圓毬兒一箇，中直通一竅，内車二重，皆可轉動，謂之鬼功毬。或云宋内院中作者。

紅豬牙

紅豬牙，出西蕃，如蚌，棗色，紋理粗細，與象牙相似，世傳多年龍牙，多作刀靶扇柄。假者以白象牙用藥煮成者。

鶴頂紅後增。

鶴頂，出南蕃大海中，有魚頂中魫紅如血，名曰鶴魚，故以爲帶，號曰鶴頂紅。今用龜筒夾鶴魚魫爲梳，名曰鶴頂梳。

佐近在都御史羅通官舍，見其鶴頂紅帶，云是海外真鶴頂，剪碎紅頂，夾打成帶，上有細波紋，無紋者即僞物也，姑并記之，以俟知者辨焉。又見真鶴頂，但兩頰紅，頂不紅，大者三箇，可作一帶。

龜筒

龜筒，亦出南蕃海中，其色似玳瑁，而無斑紋。

玳瑁後增。

玳瑁，出南蕃山海中，白多黑少者價高，但黑斑多者不爲奇。

有移斑者，用龜筒夾玳瑁黑點兒，宜仔細驗之。

佐按字書，瑇瑁是大龜背文，有黃多黑少者，有黃黑相半者，好者其黃如蜜，其黑如漆。古人云「黃者黃如蜜，黑者黑如漆」，其低者黑白不分，或黃黑散亂。

又　卷七《異石論》

靈璧石後增。

靈璧石，出鳳陽府宿州靈璧縣，在深山中，掘之乃見，其色黑如漆，間有細白紋如玉者，有卧砂不起峯者，亦無巖岫。

佳者如卧牛、菡萏、蟠螭，一作蝸。扣之聲清如玉，快刀刮不動。

此石能收香，齋閣中有之，香雲終日不散。

假者多以太湖石染色，刀刮成屑。

洪武初年，取其石作磬，給賜各府文廟，其色灰白，其聲清逸，吉安、南昌府學皆有之，近年多取其石作硯，而不見有黑漆者。

土瑪瑙

土瑪瑙，此石出山東兗州府沂州，花紋如瑪瑙，紅多而細潤，不搭粗石者爲佳。胡桃花者最好，亦有大雲頭花者，乃纏絲者，皆次之。有紅白花，粗者又次之。大者五六尺，性堅，用砂鋸板，嵌臺桌面、几牀、屏風之類。又曰錦屏瑪瑙。

紅絲石

紅絲石，類土瑪瑙，質粗不潤，白地上有赤紅紋路，并無雲頭等花，亦可鋸板嵌臺桌，大者五六尺，不甚值錢，出下關。

竹葉瑪瑙石

此石花斑，與竹葉相類，故名竹葉瑪瑙，斑大小長短不一樣，每斑紫黃色，斑大者青色多，性堅，可鋸板嵌桌面，斑細者貴，斑大者不貴。有一等斑小者如米豆大，甚可愛，多碾作骰盆等器，此石甚少。

南陽石

南陽石，出原闕。此石純綠花者最佳，有淡綠花者，有油色雲頭花者，皆次之。性堅，極細潤，鋸板可嵌桌面、硯屏。其石於燈前或窗間照之則明，少有大者，俗謂之硫黃石。

永石即祁陽石。後增。

此石出湖廣永州府祁陽縣，今謂之祁石。

永石不堅，色青，好者有山水日月人物之像，多是刀刮成，非自然者，以手摸之凹凸者可驗。紫花者稍勝，青花者鋸石版，可嵌桌面、屏風，鑲嵌任用，皆不甚值錢。

佐近得二三片石，其大者四五尺，其山水、人物、鳥獸，儼然如畫，皆出自然，委非刮成者，今以嵌作春臺屏風。近又見金陵朱士選侍郎家有一大屏風，四尺許，其上有三峯本佳，以藥咬成，三峯相連，又以刀刮成，反不好看，信如前所云者，皆此類耳。五尺者絶少，小者最多。

川石

川石，出四川。此石白地青黑花紋，如山坡，性堅，鋸版可嵌桌面。此石亦少，稀見大者。

英石

英石，出英州。此石如銅鑛聲，倒生巖下，以鋸取之，故底平。起峯二三寸，亦可作几案奇玩，色黑潤者可愛。

湖山石

湖山石，出原闕。此石青黑色，類太湖石，花紋與骰子、香楠木相似，性堅，鋸版可嵌桌面，雖不奇異，亦少有之。

石琉璃

石琉璃，出高麗國，性堅刮不動，色白，厚半寸許，可作燈盞，注油點燈，明如角者。好者多以重價求之。

不灰木石後增。

不灰木石，出山西澤、潞二州山中，青白色，堅重似石，或以紙裹，蘸石腦油浸之，點燈可照夜，燒不成灰。世多作小刀靶。

佐同寅膠中樂瑄任大同知府，曾以數刀靶見贈，正此也。或又有送二三刀靶，正如石，亦青白色，失記送者姓名，竟不知出於何處。石腦油出陝西延安府，陝西客人云，此油出石巖下水中，作氣息，以草拖引煎過，土人多用以點燈。又云浸不灰木，浸一年，點一年，理或然也，姑俟試之。

霞石

霞石，出山西。此石其色黑如漆，內有白點如豆大，似菊花，但資質甚粗，不爲奇。

烏石新增。

烏石，出山西澤、潞山中，其色純黑如漆，細潤如玉，性堅甚，利刀刮不動，多作帶用，亦難得。

龜紋石

嘗見石龜鎖子一箇，如酒盞大，遍身天生自然龜紋，甚可愛。

神龜新增。

永樂中，造孝陵碑，鑿石，於石中得一白石龜，今在內府南京奉先殿。

崑山石後增。

崑山石，出蘇州府崑山縣馬鞍山，此石於深山中掘之乃得，玲瓏可愛，鑿成山坡，種石菖蒲花樹及小松柏樹。

佐近詢其鄉人，山在縣後一二里許，山上石是火石，山洞中石玲瓏，好栽菖

蒲等物，最佳茂盛，蓋火暖故也。

太湖石新增。

太湖石，在蘇州府吴縣南五十里，近洞庭湖。

郡志：湖在洞庭湖西，石在水中者爲貴，蓋石在水中歲久，爲波濤所衝擊，皆成空，石面鱗鱗作靨，名曰彈窩，亦水痕也。没人縋下鑿取，極不易得。石性温潤奇巧，扣之鏗然如鐘磬，在山上者名旱石，枯而不潤，或贋作彈窩以售人，亦得善價。

明·田藝衡《留青日札》卷二三　瑪瑙，《博雅》：「石，次玉也。」《廣韻》：「寶石，文色如馬之瑙，故名。」或曰丹丘之野鬼血所化。今有纏絲馬瑙、海蛭馬瑙之名。

琥珀，出罽賓國，藥名。《博物志》作松脂淪入地千年化茯苓，茯苓千年化琥珀。今泰山有茯苓而無琥珀，永昌有琥珀而無茯苓。又，桃瀋入地所化，虎目光入地化物如琥珀。《後漢書》：哀牢夷虎魄。《廣雅》曰：「虎魄生地中。其上及旁不生草，深者八九尺，大如斛，削去皮成虎魄，如斗，初時如桃膠，凝堅乃成。」《通志》云：「今人有煮鰕雞及青魚枕僞爲之者。」又云：「虎魄中有一蜂，形色如生者，可以拾芥，名靈魄。」又龍血入地所化。又，南蠻折腰蜂，燒治爲琥珀。又，毉曰毉珀。舊云琥珀千年爲毉。然不生中國，不可知者。

水晶，《説文》：「石也，産于石中。」宋政和間太和山崩，出水晶，或曰老冰所化。日本國有青水晶、紅水晶、烏水晶。又，其次而色昏者，曰綿晶。出四川峨嵋山者，曰峨嵋晶，石中有絲絲黑毫如眉，甚奇。堂夜之山多水玉。郭璞云：「即水精也。」太康四年，林邑王獻紫水精唾壺一口，青白水精唾壺二口。

明·李時珍《本草綱目·金石部》　金剛石《綱目》。

釋名　金剛鑽。時珍曰：其砂可以鑽玉補瓷，故謂之鑽。

集解　時珍曰，金剛石，出天竺諸國及西番。葛洪《抱朴子》云，扶南出金剛，生水底石上，如鍾乳狀，體似紫石英，可以刻玉。人没水取之，雖鐵椎擊之亦不能傷。惟羚羊角扣之，則漼然冰泮。《丹房鏡源》云，紫背鉛能碎金剛鑽。周密《齊東野語》云，玉人攻玉，以恒河之砂，以金剛鑽鏤之，其形如鼠矢，青黑色，如石如鐵。相傳出西域及回紇高山頂上，鷹隼粘帶食入腹中，遺糞於河北砂磧間。未知然否？《玄中記》云，大秦國出金剛，一名削玉刀，大者長尺許，小者如稻黍，著環中，可以刻玉。觀此則金剛有甚大者，番僧以充佛牙是也。欲辨真僞，但燒赤淬醋中，如故不酥碎者爲真。若覺鈍，則煅赤，冷定即鋭也。故西方以金剛喻佛性，羚羊角喻煩惱。《十洲記》載，西海流砂有昆吾石，治之作劍如鐵，光明如水精，割玉如泥，此亦金剛之大者。又獸有貘及嚙鐵，狡兔，皆能食鐵，其糞俱可爲兵切玉，詳見獸部貘下。

明·王圻《續文獻通考》卷二七《征榷考·坑冶》　産珠之所：大都、南京、羅羅、水達達、廣州。

産玉之所：子闐、匪力沙。

産銅之所：益都、腹裏。大寧、遼陽省。大理、澂江。雲南省。

産硃砂水銀之所：北京、遼陽省。沅、潭、湖廣省。思州。四川省。

産碧甸子之所：和林、會川。

明·李詡《戒庵老人漫筆》卷一　辨珠法

試大珠，以漆圓盤擲下，連跳起不定者佳，一下直轉者僞。

又　卷二

半黑大珠

蘇州吴姓者商販廣東，已老，言孝宗弘治年間欲分封諸王，取珠于廣，得一珠甚大，半黑如墨，絶然平分，希世之寶也，名「天地分」。

瑪瑙石壁

孝陵中途觀音閣有瑪瑙石後壁一塊，光潤如玉，永樂時造者，高厚異常，石是青龍山所取。

寶石名色

寶石，金水泥，淡黄色。魚膽青，碧緑，或云灑普泥。馬豌兒。青者色頗淺淡，亦光透，徧身多碾細紋如毛，言此非雲南所産，工不易爲，出自外國。

明·謝肇淛《五雜俎》卷一二《物部四》　今世之所寶者，有貓兒眼、祖母緑、顛不剌、蜜臘、金鵶、鶻石、蠟子等類，然皆鑲嵌首飾之用，惟琥珀、瑪瑙盛行於時，皆滇中産也。犀則多矣，而通天、卧魚、辟水、駭雞皆未之見也。祖母緑，云是金翅鳥所成，出回回國，有紅刺一顆，重一兩以上，即值錢千緡，然亦不可多得。

昔人謂松脂墮地，千年爲琥珀。又云是楓木之精液，多年所化。恐皆未必然。中國松、楓二木不乏，何處得有琥珀？而夷中産琥珀者，豈皆松嶺楓林之下

乎？此自是天地所生一種珍寶。即他物所變化，孰得而見之？又如水晶，云千年老冰所化；果爾，則宜出於北方沍寒之地？而南方無冰，却有水精。可知其説之無稽矣。琥珀，血珀爲上，金珀次之，蠟珀最下。人以拾芥辯其真僞，非也。僞者傳之以藥，其拾更捷。

靺鞨本蠻夷國名，其地産寶石，中國謂之靺鞨，其色殷紅，大者如栗。《太平廣記》載：「李章武所得，狀如槲葉，紺碧而冷。」今中國賈肆中者，皆如瓦礫耳。

明・文震亨《長物志》卷三《水石》

品石

石以靈璧爲上，英石次之。然二種品甚貴，購之頗艱，大者尤不易得，高踰數尺者，便屬奇品。小者可置几案間，色如漆，聲如玉者，最佳。横石以蠟地，而峰巒峭拔者爲上。俗言「靈璧無峰」「英石無坡」，以余所見，亦不盡然。他石紋片粗大，絶無曲折，屼嵂，森聳，崚嶒者。近更有以大塊辰砂、石青、石緑爲研山盆石，最俗。

靈璧

出鳳陽府宿州靈璧縣，在深山沙土中，掘之乃見。有細白紋如玉，不起巖岫。佳者如卧牛、蟠螭，種種異狀，真奇品也。

英石

出英州倒生巖下，以鋸取之，故底平起峰，高有至三尺及丈餘者。小齋之前，疊一小山，最爲清貴，然道遠不易致。

太湖石

石在水中者爲貴，歲久爲波濤衝擊，皆成空石，面面玲瓏。在山上者名旱石，枯而不潤，贋作彈窩，若歷年歲久，斧痕已盡，亦爲雅觀。吴中所尚假山，皆用此石。又有小石久沉湖中，漁人網得之，與靈璧、英石亦頗相類，第聲不清響。

堯峰石

近時始出，苔蘚叢生，古樸可愛。以未經採鑿，山中甚多，但不玲瓏耳。然正以不玲瓏，故佳。

崑山石

出崑山馬鞍山下，生於山中，掘之乃得。以色白者爲貴。有雞骨片、胡桃塊二種，然亦俗尚，非雅物也。間有高七八尺者，置之古大石盆中，亦可。此山皆火石，火氣暖，故栽菖蒲等物於上，最茂。惟不可置几案及盆盎中。

錦川　將樂　羊肚

石品，惟此三種最下，錦川尤惡。每見人家石假山，輒置數峰於上，不知何味？斧劈以大而頑者爲雅。若直立一片，亦最可厭。

土瑪瑙

出山東兖州府沂州。花紋如瑪瑙，紅多而細潤者佳。有紅絲石，白地上有赤紅紋；有竹葉瑪瑙，花斑與竹葉相類，故名。此俱可鋸板，嵌几榻屏風之類，非貴品也。石子五色，或大如拳，或小如豆，中有禽魚、鳥獸、人物、方勝、回紋之形，置青緑小盆，或宣窑白盆内，斑然可玩。其價甚貴，亦不易得，然齋中不可多置。近見人家環列數盆，竟如賈肆。新都人有名醉石齋者，聞其藏石甚富且奇。其地溪澗中，另有純紅、純緑者，亦可愛玩。

大理石

出滇中，白若玉、黑若墨爲貴。白微帶青，黑微帶灰者，皆下品。但得舊石，天成山水雲烟，如米家山，此爲無上佳品。古人以鑲屏風，近始作几榻，終爲非古。近京口一種，與大理相似，但花色不清，石藥填之，爲山雲泉石，亦可得高價。然真僞亦易辨，真者更以舊爲貴。

永石

即祁陽石，出楚中。石不堅，色好者有山水、日月、人物之象。紫花者稍勝，然多是刀刮成，非自然者，以手摸之，凹凸者可驗。大者以製屏，亦雅。

明・宋應星《天工開物》卷下《珠玉》

珠

凡珍珠必産蚌腹，映月成胎，經年最久，乃爲至寶。其云蛇蝮、龍頷、鮫皮有珠者，妄也。凡中國珠必産雷、廉二池。三代以前，淮揚亦南國地，得珠稍近《禹貢》「淮夷蠙珠」，或後互市之便，非必責其土産也。金采蒲里路，元采楊村直沽口，皆傳記相承之妄，何嘗得珠。至云忽吕古江出珠，則夷地，非中國也。

凡蚌孕珠，乃無質而生質。他物形小而居水族者，吞噬弘多，壽以不永。蚌則環包堅甲，無隙可投，即吞腹，囫圇不能消化，故獨得百年千年，成就無價之寶也。凡蚌孕珠，即千仞水底，一逢圓月中天，即開甲仰照，取月精以成其魄。中秋月明，則老蚌猶喜甚。若徹曉無雲，則隨月東升西没，轉側其身而映照之。他海濱無珠者，潮汐震撼，蚌無安身静存之地也。

凡廉州池自烏泥、獨攬沙至于青鶯，可百八十裡。雷州池自對樂島斜望石

城界，可百五十里。蜑户採珠每歲必以三月，時牲殺祭海神，極其虔敬。蜑户生啖海腥，入水能視水色，知蛟龍所在，則不敢侵犯。

凡採珠舶，其制視他舟横闊而圓，多載草薦于上。經過水漩，則擲薦投之，舟乃無恙。舟中以長繩系没人腰，攜籃投水。凡没人以錫造彎環空管，其本缺處對掩没人口鼻，令舒透呼吸于中，別以熟皮包絡耳項之際。極深者至四五百尺，拾蚌籃中。氣逼則撼繩，其上急提引上，無命者或葬魚腹。凡没人出水，煑熱毳急覆之，緩則寒栗死。

宋朝李招討設法以鐵爲耩，最後木柱扳口，兩角墜石，用麻繩作兜如囊狀。繩系舶兩傍，乘風揚帆而兜取之，然亦有漂溺之患。今蜑户兩法並用之。

凡珠在蚌，如玉在璞。初不識其貴賤，剖取而識之。自五分至一寸一分經者爲大品。小平似覆釜，一邊光彩微似鍍金者，此名璫珠，其值一顆千金矣。古來「明月」「夜光」，即此便是。白晝晴明，檐下看有光一線閃爍不定，「夜光」乃其美號，非真有昏夜放光之珠也。次則走珠，置平底盤中，圓轉無定歇，價亦與璫珠相仿。化者之身受含一粒，則不復朽壞，故帝王之家重價購此。次則滑珠，色光而形不甚圓。次則螺蚵珠，次官雨珠，次税珠，次蔥符珠。幼珠如粱粟，常珠如豌豆。琕而碎者曰璣。自夜光至于碎璣，譬均一人身而王公至于氓隸也。

凡珠生止有此數，采取太頻，則其生不繼。經數十年不採，則蚌乃安其身，繁其子孫而廣孕寶質。所謂珠徙珠還，此煞定死譜，非真有清官感召也。我朝弘治中，一採得二萬八千兩。萬曆中，一採止得三千兩，不償所費。

寶

凡寶石皆出井中，西番諸域最盛，中國惟出雲南金齒衛與麗江兩處。凡寶石自大至小，皆有石床包其外，如玉之有璞。金銀必積土其上，韞結乃成，而寶則不然，從井底直透上空，取日精月華之氣而就，故生質有光明。如玉産峻湍，珠孕水底，其義一也。

凡産寶之井即極深無水，此乾坤派設機關。但其中寶氣如霧，氤氳井中，人久食其氣多致死。故採寶之人，或結十數爲群，入井者得其半，而井上衆人共得其半也。下井人以長繩系腰，腰帶叉口袋兩條，及泉近寶石，隨手疾拾入袋。寶井内不容蛇蟲。腰帶一巨鈴，寶氣逼不得過，則急摇其鈴，井上人引緪提上，其人即無恙，然已昏瞢。止與白滚湯入口解散，三日之内不得進食糧，然後調理平復。其袋内石，大者如碗，中者如拳，小者如豆，總不曉其中何等色。付與琢工鑢錯解開，然後知其爲何等色也。

屬紅黄種類者，爲貓精、靺羯芽、星漢砂、琥珀、木難、酒黄、喇子。貓精黄而微帶紅。琥珀最貴者名曰瑿音依，此值黄金五倍價。紅而微帶黑，然晝見則黑，燈光下則紅甚也。木難純黄色，喇子純紅。前代何妄人，于松樹注茯苓，又注琥珀，可笑也。

屬青緑種類者，爲瑟瑟珠、珇㻫緑、鴉鶻石、空青之類。空青既取内質，其膜升打爲空青。至玫瑰一種如黄荳、緑荳大者，則紅、碧、青、黄數色皆具。寶石有玫瑰，如珠之有璣也。星漢砂以上，猶有煑海金丹。此等皆西番産，亦間氣出。滇中井所無。

時人僞造者，唯琥珀易假。高者煑化硫黄，低者以殷紅汁料煑入牛羊明角，映照紅赤隱然，今亦最易辨認。琥珀磨之有漿。至引燈草，原惑人之説，凡物借人氣能引拾輕芥也。自來《本草》陋妄，删去毋使災木。

玉

凡玉入中國，貴重用者盡出于闐、漢時西國號，後代或名别失八里，或統服赤斤蒙古，定名未詳。蔥嶺。所謂藍田，即蔥嶺出玉别地名，而後世誤以爲西安之藍田也。其嶺水發源名阿耨山，至蔥嶺分界兩河，一曰白玉河，一曰緑玉河。後晉人高居海作《于闐國行程記》載有烏玉河，此節則妄也。

玉璞不藏深土，源泉峻急激映而生。然取者不于所生處，以急湍無著手。俟其夏月水漲，璞隨湍流徙，或百里，或二三百里，取之河中。凡玉映月精光而生，故國人沿河取玉者，多于秋間明月夜，望河候視。玉璞堆聚處，其月色倍明亮。凡璞隨水流，仍錯雜亂石淺流之中，提出辨認而後知也。

白玉河流向東南，緑玉河流向西北。亦力把力地，其地有名望野者，河水多聚玉。其俗以女人赤身没水而取者，雲陰氣相召，則玉留不逝，易于撈取，此或夷人之愚也。夷中不貴此物，更流數百里，途遠莫貨，則棄而不用。

凡玉唯白與緑兩色。緑者中國名菜玉。其赤玉、黄玉之説，皆奇石、琅玕之類，價即不下于玉，然非玉也。凡玉璞根系山石流水，未推出位時，璞中玉軟如棉絮，推出位時則已硬，入塵見風則愈硬。謂世間琢磨有軟玉，則又非也。凡璞藏玉，其外者曰玉皮，取爲硯托之類，其值無幾。璞中之玉有縱横尺餘無瑕玷者，古者帝王取以爲璽。所謂連城之璧，亦不易得。其縱横五六寸無瑕者，治以

爲杯斝，此亦當世重寶也。

此外惟西洋瑣里有異玉，平時白色，晴日下看映出紅色。陰雨時又爲青色，此可謂之玉妖，尚方有之。朝鮮西北太尉山有千年璞，中藏羊脂玉，與蔥嶺美者無殊異。其他雖有載志，聞見則未經也。凡玉由彼地纏頭回，其俗人首一歲裹布一層，老則臃腫之甚，故名纏頭回子。其國王亦謹不見發。問其故，則云見發則歲凶荒，可笑之甚。或溯河舟，或駕橐駝，經莊浪入嘉峪，而至于甘州與肅州。中國販玉者，至此互市而得之，東入中華，卸萃燕京。玉工辨璞高下定價，而後琢之。良玉雖集京師，工巧則推蘇郡。

凡玉初剖時，冶鐵爲圓盤，以盆水盛沙，足踏圓盤使轉，添沙剖玉，逐忽劃斷。中國解玉沙，出順天玉田與真定邢臺兩邑，其沙非出河中，有泉流出，精粹如麪，藉以攻玉，永無耗折。既解之後，別施精巧工夫，得鑌鐵刀者，則爲利器也。鑌鐵亦出西番哈密衛礪石中，剖之乃得。

凡玉器琢餘碎，取入鈿花用。又碎不堪者，碾篩和灰塗琴瑟，琴有玉音，以此故也。凡鏤刻絶細處，難施錐刃者，以蟾酥填畫而後鍥之。物理制服，殆不可曉。凡假玉以砆碔充者，如錫之于銀，昭然易辨。近則搗舂上料白瓷器，細過微塵，以白斂諸汁調成爲器，乾燥五色燁然，此僞最巧云。

凡珠玉、金銀，胎性相反。金銀受日精，必沉埋深土結成。珠玉、寶石受月華，不受土寸掩蓋。寶石在井上透碧空，珠在重淵，玉在峻灘，但受空明、水色蓋上。珠有螺城，螺母居中，龍神守護，人不敢犯。數應入世用者，螺母推出人取。玉初孕處，亦不可得。玉神推徙入河，然後恣取，與珠宮同神異雲。不受土寸掩蓋。寶石在井上透碧空，珠在重淵，玉在峻灘，但受空明、水色蓋上。珠有螺城，螺母居中，龍神守護，人不敢犯。數應入世用者，螺母推出人取。玉初孕處，亦不可得。玉神推徙入河，然後恣取，與珠宮同神異云。

附瑪瑙　水晶　琉璃

凡瑪瑙非石非玉，中國產處頗多，種類以十餘計。得者多爲簪竹度。、鉤音扣結之類，或爲棋子，最大者爲屏風及棹面。上品者產寧夏外徼羌地砂磧中，然中國即廣有，商販者亦不遠涉也。今京師貨者多是大同、蔚州九空山、宣府四角山所產，有夾胎瑪瑙、截子瑪瑙、錦紅瑪瑙，是不一類。而神木、府谷出漿水瑪瑙、錦纏瑪瑙，隨方貨鬻，此其大端云。試法以砑木不熱者爲真。僞者雖易爲，然真者值原不甚貴，故不樂售其技也。

凡中國產水晶，視瑪瑙少殺，今南方用者多福建漳浦產山名銅山。北方用者多宣府黃尖山產，中土用者多河南信陽州黑色者最美。與湖廣興國州潘家山。產，黑色者產北不產南。其他山穴本有之而采識未到，與已經采識而官司厲禁封閉如廣信懽中官開採之類。者尚多也。凡水晶出深山穴內瀑流石罅之中，其水經晶流出，晝夜不斷，流出洞門半里許，其面尚如油珠滚沸。凡水晶未離穴時如棉軟，見風方堅硬。琢工得宜者，就山穴成粗坯，然後持歸加功，省力十倍云。

【略】

明・方以智《通雅》卷四八《金石》　宋試玉有玉等子。凡玉與寶石，皆石之精者耳。似珠而大者曰玉目。道家呼玉爲玄真。葛洪《抱朴子》曰：「服玄真者，其命不極。」《王會》「權扶玉目」。注：「權扶，南蠻。玉目，寶玉似大珠者也。」大中十二玉，有如意寶珠。後魏李預餐玉，而以酒色死，曰死必有異于人，毒熱時，停四日而體色不變，口無穢氣。今御饌曰玉食。時有碎玉之法。《遊宦紀聞》：「後晉天福中，使于闐者，記玉河出崐山，有白玉河、綠玉河、烏玉河。大觀中，創寶求玉，于闐貢者踰二尺，如截肪。西夏五臺山亦出玉。宣和殿有玉等子，凡玉來比即知之。」《元志》于匪力沙，令淘户淘玉。屑金之翡翠，碧玉也，詳見《物理小識》。永樂二年打魯哇亦不剌金貢玉璞，打魯哇即于闐也。白玉如酥最貴，所云羊脂也。凔色、油色、雪花次之。有沙子玉，乃子兒石也。有甘黃、甘青、菜墨，則賤。古玉有血玉、尸玉，有墨古、渠古、甄古、土古。石似玉者多，《説文》璁、玒、琟、瑂、瑘、玗、璡、琨、瑄、璒、璠、玤、瑀、瑪、玽、玴、璷、堅、琥、琇、瑋、玖。黑次玉者瓔。黑石似玉者瑎。而總以玲塑爲名，珉則碔砆也。今用茅山石與夷陵石。水石亦有刀刮不動者，夷陵石即珉。至鑵子玉，則藥燒成者矣。

韎韐、木難、鴉鶻、貓精，皆寶石也。《山海經》：「騩山是錞于西海，其中多采石。」《穆天子傳》「重邕氏之黑水，爰有采石之山」，即寶石五采也。升菴疑即今所謂寶山寶井。智按今寶石出西番回鶻諸坑井內，雲南、遼東亦有之。紅者名刺子，碧者名靛子，翠者名馬價珠，黃者名木難，紫者名臘子。又有鴉鶻石、貓精石、榴子紅、扁豆、金星石。碧者唐人謂之瑟瑟，紅者宋人謂之靺鞨。《元志》求貓精碌，謂祖母綠也。程大昌謂：「木難，出翅鳥口中沫所成碧色珠也。」按木難乃黃色。崔豹作「莫難」。升菴直以木難爲祖母綠。智以木難色黃，是今之硇子，亦似貓精，有一線先搖動者。《穆天子傳》「重邕氏之所守，曰枝斯、璿、

瑰、瑖、瑶、琅玕、玲瑰、兵瓄、玕琪、徽尾。」智以鎚是甕字，瓄即寶字，徽即琭字，兵是長字，瑰是璅訛。趙凡夫曰：「退馬瑚、桃花瑚，當用瑚字。《輟耕録》載明緑色爲助木刺，祖母瑚之語也。」《墨莊漫録》載：「宣和貢緑貓精，能息火，然炭方熾，投之即滅。」又云「能解蟲毒之藥，此爲貴云。」升菴謂「靺鞨即肅慎，地産寶石。」而《正楊》譏之。智謂靺鞨乃紅韋色，轉爲靺鞨，以其聲名其國；寶石之紅靺鞨，言其色耳。北敵亦好裝紅。唐大中時，貢十二玉，有紅靺鞨。哈密貢速來蠻石、把咱石。

瑪瑙，文石也。水精，水玉也。《拾遺記》曰：「瑪瑙是鬼血所化」，更謬。遼元立瑪瑙局。或曰：「瑞，瑪瑙也，珊，水晶也。」凡夫以爲即峨眉六面石。九成言瑪瑙有漿水紅，則所謂西洋瑪瑙也。今以楚石假之。試瑪瑙以研木，不熱者爲真。至竹葉瑪瑙土瑪瑙出沂州，可作屏風。若外國之鬼工石，似瑪瑙，甚小而貴。有錦紅合子、纏絲、醬斑、柏枝諸名。《廣雅》曰：「水晶，石英也。」《山海經》曰「水玉」，即水晶。《本草》言有黑白二色。信州、武昌有水晶。倭國多産。智按今閩中極多，有五色番水晶更堅。眉公《銷夏部》曰：「玉精盌，盛水不腐。」陸文裕曰：「金剛鑽可以刻玉，其質類水晶，其色微黃，出西域。土人于烏糞中得之，生極高峯巒，鷹鶻之屬，打食於上，遂吞而復出，其大者極難得。一云生百丈水底盤石上，如鍾乳，扶南人没水取之，竟日乃得。」智按今濠鏡多有之，大者一二寸，鑲嵌于首勒，白瑩射人，豈鷹鶻所吞乎？

珠，非盡出於蚌。古有辟塵珠、辟寒珠、夜光、照乘，大者徑寸。或出于龍魚黿鼉異物之腹中，蛇亦有珠，非獨出于蚌也。陸佃曰：「龍珠在頷，蛇珠在口，魚珠在眼，鮫珠在皮，鼈珠在足，蛛珠在腹，皆不及蚌珠。」《山海經》「濫水」注：「漢水多鰲魮之魚，狀如覆銚，是生珠玉。數歷山、楚水多白珠。今蜀郡平澤出青珠。」左思云：「青珠黃環。」西國琅玕、碧珠，皆寶石而名之以珠者也。《王會》「江歷」，珠也。《穆天子傳》：「天子舍于珠澤」，注：「珠澤在越嶲。」《水經注》：「若水傍有光珠穴」，今之洛浦瀾川，殆其類也。《物類志》：「梁武帝有蛇鶴珠，唐太宗時，婁利國貢火珠，順宗朝，拘珍國貢履冰珠，罽賓天寶中獻上清珠，照一室，水旱禱之皆驗。又貞觀中，佛菻獻緑金精。又有闢風珠、走珠也，帝青珠、大秦國珠也。」熊太古《冀越集》云：「南珠色紅，西洋珠色白，北海珠色微青，隨方色也。」嘗見蜑人入海，取得珠子樹如柳枝，蚌生于樹，樹生于石，此亦異聞。《元志》：「元貞元年，大都揚村直沽口聽民撈採，廣州于大步海採；他如兀難曲朵、刺渾、都忽三河之珠，勝州延州乃延城之珠，至元間始採。」又成宗時，有狎忽大珠，含之則不渴，熨面使目有光。有明珠池，于廉州府設禁，時亦開採，萬曆中，粤按李時華言瀾川奸徒而罷之。蓋自雷廉接交趾六池，即六海，連亘千里。珠出斷望者上，次竹林，次楊梅，次平山，至于汙泥，下矣。曹昭《格古要論》有北珠南珠。又有馬價珠，出西番，色青，有指面大者，能拂塵，其瑟瑟之類乎？眉公曰：「今寸以上曰大品，大而底平曰璫珠，次曰走珠、滑珠，磔珂珠。」此語出《南越志》，此文下有官珠、雨珠、税珠、蔥符珠，所謂璣也。今大而不光曰胡珠。古或以珠爲寶稱，故《廣雅》與張銑注《西京》，皆以珊瑚爲珠，不則如孟奇所笑矣。廣州珠池，乃海之港也。劉恂《嶺表録》謂「海邊有島，島上有池，池底與海通」。

瑟瑟，碧珠也。《廣雅》曰：「瑟瑟，碧珠也。」瑟瑟與槭槭通，故孫愐作瑟瑟以別之。高仙芝襲石國，得瑟瑟十餘斛。玄宗幸華清宫，五家瑟瑟珠璣，狼藉于道。《唐會要》：「吐蕃官章飾有五，一曰瑟瑟。」明皇又于湯中壘瑟瑟，號國夫人賞圬匠瑟瑟三斗。高似孫引唐懿宗賜公主瑟瑟幕。程泰之引《唐語林》盧昂有瑟瑟枕，憲召估之，曰：「至寶無價。」《研北雜志》言張夢卿有大康墓中紫金鈿銅天禄，其嵌珠瑟瑟等多脱。元仁宗皇慶元年，有啓金州獻瑟瑟洞，請採之，不從。或曰碧珠，如琅玕之類，或曰寶石。《緯略》確以爲珠類，泰之則曰：「今世所傳瑟瑟，皆鍊石爲之。」智按瑟瑟有三種：寶石如珠，真者至寶，透碧；番燒者圓而明；中國之水料燒珠，亦借名瑟瑟。湯中之壘，圬匠之賞，其殆水料乎？

堊，白墡也。赭，即所謂華陰赤土也。土中曾青亦謂之碧。《子虛賦》：「丹青赭堊，雌黃白坿，錫碧金銀。」注：張揖曰：「堊，白墡也。白坿，白石英也。赭，代赭石也。錫，青金也。碧，玉之青白色。」按一句俱説金錫，内入一玉不倫，碧乃自然鉛銅，在土中色碧。《淮南》曰：「偏土生曾青」，是其類也。堊古音惡，嫌其音，改爲白善，而又和土耳。陸廣微曰：「吴縣陸宛墳有白土充貢，曰白墡，即白堊也。」《山海經》「青雘」，音臒，殆碧堊乎？水碧，水玉也，或以爲冷石赭，或以爲水脂碧。程大昌疑爲水蒼玉，而又以爲縹青水晶。大昌論水碧，引太白《過彭蠡詩》：「水碧或成采，金膏秘莫言」。按前此江淹詩「水碧驗未黷，金膏靈詎錙」，謝靈運「金膏滅明光，水碧輟流温」。蓋緣《山海經》「耿山多水碧」。又云：「柴桑潯陽，其下多碧，廬山有礦。」故兩用也。大昌曰：「古

佩水蒼玉，其用此乎？今信州水精不瑩，多縹青之色。」姚寬《西溪叢語》曰：「《山海經》今名赫，未知何物？余見《墨子道書》，大藥中有水脂碧者，當是。」郭青螺曰：寬誤也。按《山海經》舊本作「泠石赭」。李邕用「冰碧」。《廣志》曰：「有縹碧、有綠碧，出越嶲。」今分西碧、南碧。出西番者有黑子，出雲南者或綠或白綠。世人貴西，特貴遠耳，非定論也。元河林會川采碧甸子，其硃砂水銀碧甸子課下云：「碧甸子在會川者，至元十一年，輸一千餘塊。」和州，今之和寧，在大同外，會川在雲南四川之界，非河間之會川也。陶九成曰：「你捨卜的即回回甸子，乞里馬泥即河西甸子，荊州石即襄陽甸子。」今作碧靛子，青綠色，與馬價珠相似。

虎魄、蜜臘，一類異色。亦有石類，不獨木脂也。 向說茯苓千年化琥珀，乃誤傳也。孫愐曰：「楓脂入地爲虎珀，不特松脂。」《玄中記》亦言楓脂，《世說》言桃瀋化。《淮南》曰：「兔絲，琥珀苗也。」韓保昇曰：「木脂皆化，而松楓多脂耳。」琥珀色赤曰血珀，從雲南來，而淡者曰金珀，曰蜜臘，皆從閩番舶來。近年尤多，亦不經用，久則油壞，大非堅物。或以爲藥，與木脂所煉無異。轉思《博物志》燒蜂巢所作之語，豈無因耶？成式言龍血入地爲琥珀。《南蠻記》：「寧州沙中有折蜂，岸崩則蜂出，士人燒治以爲琥珀」，番人鬻貨，好爲大詞誇中國；即有真入地之松脂，亦不易得，定有同類，如近日之波璃亦番燒也。今人以香辨真僞。或曰：桃樟雜脂，皆能成此。黳珀，色黑，入土更久。《山海經》「平丘三桑東，爰有遺玉」，《字書》云：「瑿，遺玉也，高昌分木瑿、玄瑿。」《晉書·山濤傳》：賜濤司徒蜜印新沓伯。蜜印正蜜臘珀也。遠西云：「其國海中出黃石，通明發光，謂之蜜臘。」《蜀都賦》「虎魄」，李善本作「琥珀」，注：「一名江珠。」

又方以智《物理小識·金石類》 瑪瑙 有五色，其兼者錦犀瑪瑙，兩色相截曰截子，黑中一線白曰合子。有柏子雜斑纏絲，出北邊及日本。西洋多紅白者，夷陵石亦充之，試以研木不熱爲真。蔡絛云，政和間，汝海山石變成瑪瑙，動百千種。

珀類 韓保昇曰，木脂皆化而松楓爲多。紅如血者琥珀，出雲南者上。金珀、蜜蠟、水珀則閩廣舶來，久亦油壞。或云，近有藥煉木脂蜂巢而埋土成者。辰珀色暗不香，則黔陽以青魚魫造者也。廣中以油煑蜜蠟爲金珀，吸莞草易，但驗香耳。太西有黃石發光，謂之蜜蠟，則寶石也。盧曰，蜂蜜化蜜珀。

珊瑚 如小樹在海底，布鐵網以取之，有鮮紅淡紅，細縱紋爲上。南浡里帽山下淺水生珊瑚，大浪山暗礁悉是珊瑚，有紅白黑三色。一種海松全相似，惟有針眼，安南有黑珊瑚，即閩廣所云鐵樹也，琅玕亦是青珊瑚。

珍珠 西珠出西洋，北珠出肅慎，東珠豆青白者出東海，南珠則今洛浦瀏川蚌珠也。袁無華曰，自雷廉接交趾，千里六池，出斷望者上，次竹林，次楊梅，次平山，至汗泥下矣。《南越志》分大品璫珠、走珠、滑珠、磥砢珠，其云馬價珠，則甸子也。乘雅以馬價作珠，非。青珠琅玕，如珊瑚、瑟瑟、碧珠，有藥成者。照乘《辟寒記事》：非盡蚌出。陸佃曰，龍珠在頷，蛇珠在口，鮫珠在皮，鼈珠在甲，蛛珠在腹。如意寶珠，即魚眼睛也。中通曰，通見珠紅色，名曰血珠，殆張說所云紺珠乎？東坡言其祖光祿云，見大蜂觸網，與蜘蛛以整墮地化石。蠻賈曰，是破露珠。

養珠法 意蘭國珠最上，土人取海蚌置日中曬之，其口自開，則珠光瑩。其剖蚌出珠，則黯黯矣。宋陳襄《文昌雜録》曰，以蚌質作圓珠，復取大蚌清水盆浸，俟大蚌口開而投之，頻換清水，夜置月中，蚌蛤採玩月華，數月即成真珠。近日廣有洋珠，大如豆，竟似夜光，但易碎，又輕耳。又名玻璃珠，其中空。

洗珠法 乳浸一宿，以益母草然灰淋汁，入麩少許，絹囊珠而洗之。或曰入甘蔗心中，一七取出則新。雅川曰，酪醬漬大珠，化如水銀，以浮石、蜂窠、蛇黃等物合之，可引長三四尺，爲丸服之。

水晶 倭水晶有青紅白三色。信州水晶色濁，北水晶緇色，閩中多産銀晶，有黃紫者。水晶筍，其直起者也。蔡絛云，政和間，伊陽山崩，出水晶。余賡之老師言，水晶所在，夜有火光，日從而掘之，水晶埋土中，久則化。《中通》曰，紅者曰火晶，可取火。白者曰水晶，可取水，亦可取火。宋劉跂《暇日記》：杜知叔言，故案牘暗者，取水晶承日照之即見。暄曰，以砒磽硝米皮茄兜灰埋晶燒面刻之甚軟，刻玉同。中德曰，余賡之太老師諱颺，崇禎丁丑進士，老父以己卯出其門。

寶石不一 古里三佛齊、安南錫蘭山寶石藏璞中，有生水中者，中含活光一縷。羙酒色者曰猫睛，大者虎睛，光燄閃鑠。亦有荳青、湖水色、黑色，其無活光曰裸子，蜻蜓頭、走水石，其紅喇即靺鞨也，亦曰紅鴉琥。薄曰別者反，其紫鴉琥即錦鱗翅，其嫩者曰刺兒撇阿劑，紅黑黃曰孔木喇，黃鴉琥即木難。升菴以木難爲退馬琭。《暇畊録》以明綠色爲助木刺，今訛呼祖母綠者也，一名蛇見怕。淡綠曰撒浡泥，其性軟。青鴉琥之淡者曰未藍屋撲你。藍白鴉琥曰水

精，混白曰羊精，即金剛石之類。外紀曰，則意蘭島，其河生猫精，昔泥紅、金剛石，僞者番燒也。然磨之久則有漿出，寶琍磨不出漿，滇亦有之。又有回回甸子、河西甸子、襄陽甸子、五色璜石、金坑石、銅坑石、硝子石。寶石井中氣，衝人易病。

玉　于闐玉河有白緑烏玉。永樂時打魯哇貢玉璞，即于闐也。西夏五臺亦出玉。宋宣和殿有玉等子，白玉如酥，所云羊脂也。滄色、油色、雪花次之，有飯糁漿水玉、沙子玉，乃子兒玉也。有甘黄、甘青，菜墨則賤。屑金之翡翠碧玉也，曰洋碧，有墨點，雲南碧不及也。大中十二玉有如意寶、珠琅玕玉也。《别寶經》云，以璞映燈内有紅光，即知爲玉。石似玉者，夷陵碔砆，有鷩星。其紅者，克西瑪瑙、茅山石、保定石、易州似玉石、太白無脂，罐子玉則藥燒成者矣。古玉有血沁、尸沁，有墨古、渠古、甄古、土古，以包漿爲貴。有舊料新作者，有以汞礦藥塗而鬼曰、竹葉熏者。

青田凍石　青田石之心爲凍石，如蠟者曰蠟凍，光明者曰燈光，近心者爲豆青，次爲封門青。圖書取之，爲其易于下刀，而芝泥油不滯浮石面也。遼凍下刀有沙聲，作印最沾印色。閩壽山石、金山石，光潤可觀，亦具五色。夷陵石堅，易刻者名楚石，今舒城亦産。

清·谷應泰《博物要覽》卷五

八種官珠

第一璫珠，第二走珠，第三滑珠，第四磲砢珠，第五官雨珠，第六稅珠，第七摩羅珠，第八葱符珠。

珠篩數目

珠篩有金銀銅鐵四種，金銀者，内府篩也，多成化、正德年製，大小三套，共二十二隻，每隻俱有海靈効珍四字爲記，如此字及隻數不全者，無用也。其銅鐵者，乃古時民間之篩也。

又　卷七　玉器，如漢、唐、宋之物，入眼可辨。至若古玉，存遺傳世者少，出土者多土銹尸浸，似難僞造。古之玉物，上有血浸，色紅如血，有黑綉如漆，做法典雅，摩弄圓滑，謂之尸古。如玉物上蔽黄土，籠渾浮翳，堅不可破，謂之土古。余見一玉玦，半裹青緑，此必與銅器墓中相近，故爲所染耳，亦素物也。余又有定窑二缾，周身亦有青緑，似同此故。

南中良工僞造古玉器法，以蒼黄雜邊皮葱玉或帶淡墨色玉，如式琢器物，以藥薰燒斑點，作血浸尸古之狀，每用亂真，以得高價。

又　卷八　志瑪瑙

瑪瑙所産地

一産西洋國，一産日本國，一産大食國，一産西南夷，一産哈良兀國，一産南巫里國，一産寧夏瓜州，一産和州，一産均州，一産沂州。

瑪瑙身分品第

瑪瑙生西國。玉石，亦美石之類，重寶也。來中國者，皆以爲器。又入日本器用，研木不熱者爲上，熱者僞也。

瑪瑙非玉非石，自是一類。有紅、白、黑三種，亦有紋如纏絲者。人以小者爲玩好之物，大者研爲器具。

瑪瑙出西南諸國，云得自然灰即軟，可刻也。

瑪瑙多出南北番及西番，非石非玉，堅而且脆，利刃刮不動，其中有人物花鳥形者最貴重。

瑪瑙種類

西洋瑪瑙，産西洋大食國，色正紅，明瑩如琥珀，可作杯斝。

錦紅花瑪瑙，産西洋，有纏絲，深紅色，有錦文花，爲瑪瑙中上品。

柏枝瑪瑙，産寧夏瓜州磧中，得者碾開，白地緑紋，成柏枝狀，枝葉如畫，瑪瑙中之奇品也。

夾胎瑪瑙，産哈良兀國，正視瑩白，側視有若凝血，一物二色也，謂之夾胎瑪瑙。

截子瑪瑙，産南巫里國，白地，黑如山水樹石狀爲奇。

合子瑪瑙，産大食及日本國，色如漆黑，中有白線，盤蹙如雲水禽鳥者最好，價貴。

已上五種皆貴品。

漿水瑪瑙，産南巫里國，色黄白，中有淡紅水花者，名漿水瑪瑙。

醬斑瑪瑙，産大食國，色白，中有紫紅花紋者，或紫紅斑點如豆瓣者是也。

曲蟮瑪瑙，産日本國，色白，中有粉紅花紋彎曲如蟮狀者是也。

海蟄瑪瑙，産西南夷，色紅黑，無花紋斑點，如海蟄之色，故名。

鬼面瑪瑙，産西南夷，色黄黑，無花紋斑點。

紫雲瑪瑙，産和州，色紫，有紋如雲霞，不甚明瑩。

土瑪瑙，産沂州，色紅，有雲頭花紋纏絲胡桃花者。

竹葉瑪瑙，產淮右，色黃，有紋如竹葉，可作桌面圍屏。

看瑪瑙器物

凡看瑪瑙碗盞器物，先要式樣做得薄，紅錦色，或間酒色花無夾雜破瑩爲奇。如鬼面漿無紅花貌，或紅花内有粉紅花者，謂之曲蟮紅。有紫花點者，謂之醬斑瑪瑙，皆不甚貴重。

瑪瑙，以西洋錦紅花不雜青白黃黑色者爲上。若瑪瑙但有雜色而無紅者，概不足貴。昔人所謂瑪瑙無紅一世貧也。

珊瑚所產地

一產南海，一產波斯國，一產師子國，一產渤泥國，一產天方國，一產土番國，一產真臘國，一產廣州府。

珊瑚身分顔色

珊瑚生海底，作枝柯狀，明潤如紅玉，中多有孔。亦有無孔者，枝柯多者更難得。

凡取珊瑚，作鐵網沉水底，珊瑚貫網而生，歲二三尺，有枝無葉，因絞網出之，多推折在網中，故難得完好者。

珊瑚有油紅色無縱紋者，爲下品。

珊瑚產波斯國海中，有珊瑚洲，海人乘大舶墮鐵網水底取之。珊瑚所生磐石上，白如菌，一歲而黃，二歲變赤，枝幹交錯，高三四尺，人没水以鏟聚其根，繫網舶上，絞而出之。失時不採，則成腐蠹。

珊瑚生海底五七株成林，謂之珊瑚林。居水中，其枝柯一見風日，則曲而硬，變成赤色。

珊瑚出大海中，水底五七枝成林，横枝色鮮紅者，謂之珊瑚林。設放看玩，以高而鮮紅者值錢。其油紅及丹色并有髓眼者，皆價低。亦有斷折處，用紅蠟粘接，宜仔細看之。

珊瑚最忌色淡，有蛀眼蟲孔者價低。設放看玩，要枝柯高大，作素珠要無蛀眼，及零星細小價賤。

珊瑚器具名目

環玦，素珠，帽頂，指環，筆架，額花，一枝餅，穿心合，扇墜，流蘇結，袋押。

水(精)[晶]所產地

一產西洋國，一產日本國，一產渤泥國，一產高昌國，一產天方國，一產兜渠國，一產大秦國，一產南巫里國，一產蘇門荅剌國，一產土番國，一產高麗國，一產駐輦國，一產火州，一產三佛齊國，一產哈良兀國，一產呂梁國，一產真臘國，一產崑珍國，一產溜山，一產淡巴國，一產江西信州，一產湖廣武昌府，一產均州。

水晶身分顔色

南水晶白，北水晶黑。又有紫者、青者，未知產于何地。但以白而瑩澈，毫無纖翳如冰晶爲上。其黑晶要如淳漆而明潔者次之，其青紫色有綿翳者爲下。

水晶第一要白净光潔，内中毫無絲髮露綹，及氣魄大無損璺者，可得大價。如内綿花朵及色渾濁，作料小難改造者，其價最下。

水晶白净光瑩中，須白得如光若紋銀者佳。若色帶粉紅及蛋青油黃色，光如錫箔，或中有五色光如蜒蚰涎者，爲下品。

水晶，其性最堅而脆，不耐搏擊。故内中多有綹裂，且碾造艱過玉石，所以水晶器物，取材任料，難得佳器。

黑水晶可作掠眼及素珠、圖章、鎮紙、印池，方圓五六寸圍元小硯，最能收墨。掠眼以黑色晶者，水精性凉，能消眦火故也。

水晶有紫者。云用血玉草及真紫礦等藥煑水晶中有花色者，可以藏拙，色如葡萄，光瑩可愛。歲久紫色漸退，花紋斑斕，甚爲可厭。其青者色如月下白，光俏可愛。但未見有大作料，不過筆架、圖書之類。若有大者，其價甚高。

水晶亦有僞者，如白色黃紫青者，皆有假造。乃以藥料燒成，内中有氣焰，脆甚不堪。

余見水晶，有深黃如金珀者，光瑩奪目，識者以爲酒黃石類也。余目見黃晶，爲書鎮，長七寸，高三寸餘，光透閃爍，儼同金鑄。且琢手甚工，宋人所琢也，惜不可復見。

余又見黃晶獸面洗，元徑五寸三分，高二寸有餘，有二獸頭銜索環三足，清潔如冰，而色如淡，又如秋葵花色，且製手精工，又不損裂，爲可寶也。

凡用水晶什物，不可用熱湯滚水注之。注之粉裂如擊破者，切須記之。

琥珀所產地

一產安南國，一產林邑國，一產高麗國，一產琉球國，一產高昌國，一產哈良兀國，一產三佛齊國，一產佛菻國，一產永昌府，一產雲南各屬。

琥珀身分顔色

琥珀，昔人云，千年松脂，入地化爲琥珀。今若燒之，尚作松氣，其中往往有

蜂蟻之類在其中者。

琥珀乃海松木中津液，初若桃膠，久之凝結。復有南琥珀，不及舶上來者。

楓脂入地千年，化爲琥珀。不獨松脂變也，大抵木脂入地千年皆化，但不及楓松之脂，多經年歲耳。

琥珀今西戎亦有，但色差淡而明澈。南方者色深而昏濁，彼中土人多碾爲物形，若其千年茯苓所化，則其粘著蜂蟻，宛然具在，極不然也。

海南、林邑多出琥珀，乃松脂淪入地中所化者。有琥珀則旁無草木，入土淺者五尺，深者丈餘，大者如斛，小者如升，削去皮乃成。

琥珀之色，以紅如雞血者佳，内無損綹及不浄沾土者爲勝。如紅黑海蟄色，及有泥土木屑粘結，并有璺綹者爲劣。

試琥珀真假法

琥珀亦有假造者，或燒蜂窠及煑豭雞子及青魚魫者，與真無異。欲辨其真僞，惟琥珀于掌心摩熱，能拾芥子吸草莖者爲真，僞者則否。真者摩熱生香，僞者則無香。

琥珀真者能吸片帛，不特芥子、草莖也。

蜜蠟所産地

一産高麗國，一産日本國，一産呂宋國，一産琉球國，一産高昌國，一産紅毛國，一産三佛齊國，一産火州，一産永昌，一産廣州。

蜜蠟身分顏色

蜜珀要色蜂蜜明浄光瑩者爲妙，氣魄要大，内無土塊砂脚及擊損皮糙者，方可作器用什物。

蜜珀有紅如琥珀而晶瑩者，名曰血珀。彼土人充作琥珀貨之，多作素珠、酒杯及簪、釵、手鐲諸物。

蜜珀又有一種淡黄而明瑩者，如黄水晶狀，名曰金珀，頗有雅致，可琢圖書、酒杯及書鎮、素珠等物。

又 卷九 玳瑁身似龜首，嘴如鸚鵡。

玳瑁，今廣南多有之，龜類也。大者盤，其腹背甲，皆有紅點斑文。入藥用，生者乃靈。凡遇飲食有毒，則自摇動，死者則不能生矣。今人多用雜龜筒作器皿，皆殺取之。又經煑拍，故生者殊難得。

玳瑁生海洋深處，狀如龜黿，而殼稍長，背有甲十二片，黑白斑文相錯而成。其裙邊缺如鋸齒，無足而有四鬣，前長後短，皆有斑文如甲，海人養以藍水，飼以小魚。

玳瑁大者難得，小者時時有之。但老者甲厚而色明，小者甲薄而色暗。世言鞭血成斑，謬矣。取甲時必倒懸其身，用滚醋澆之，則甲逐片應手落下也。

玳瑁大者如席，小者如檗，皆有鱗大如扇，取下乃見其文。煑柔作器，治以鮫魚皮，瑩以枯木葉，則甲光輝矣。

玳瑁以甲上白多紅點少者值錢，花斑好者次之，胡黑者價極低。亦有用藥點甲，謂之塞堅，打入眼目，視假爲真。

犀角出産高下品第

犀出永昌山谷及益州，永昌即今滇南也。

犀牛出産武陵、交州、寧州諸遠山。犀有二角，以額上者爲勝。又有鼻角，亦佳。

【略】

清・談遷《棗林雜俎中集・器用》

石杯

青田縣五色石杯，巧工琢造，歲應上官，不啻千百，民甚苦之。古人拔茶樹桑，以茶且累民。況石杯於器無益，有一製必貽一害，在司牧者念之耳。

紫石英

諸暨縣東五十里烏帶山産紫石英。嘉靖中，縣令黎秀命父老，凡上官來取者，皆引至他所，使無得。因呈曰：「合浦之珠以吏貪而徙，暨産石英，乃自本職到任，數採無得，此不職之效也。」採者以息。久之，遂迷其處。《紹興府志》。

關將軍印

景泰中，安州二甲夫得古金印，曰「壽亭侯印」。知州楊集上於朝。《南宫集》。弘治間，都憲河間張汝器□□開漕河於揚州，得古印四，一「壽亭侯印」，一「鎮江府御前住劄都統制印」，一「鄂州莞内觀察使印」，一「都巡檢使之印」，皆蟠螭紐，制作古雅。程篁墩敏政過淮陰，汝器貿之。曰：「韓世忠嘗爲鎮江府御前住劄都統制，岳飛嘗爲莞内觀察使，都巡檢使亦宋官。」萬曆末，烏程沈相國漼得漢壽亭侯玉印，印中空，可貫紐，下刻「關羽之印」，玉質蒼古，捨西湖孤山廟中，嘗見之。

宋徽宗崇寧五年，倣秦璽蟲魚篆作璽，方四寸有奇，螭紐方璽，上員下方，名「鎮國寶」。

天啓四年九月四日，磁州東八里，臨漳縣務本村漳河北岸，田夫邢某見岸崩

得玉璽，以呈河北道張夢鯨。重百二十兩，方各四寸，面一寸二分，蟠紐，高一寸八分，篆「受命于天，既壽永昌」。是璽與至元所獻不同，豈徽宗十四璽之一乎？又熊翀所獻陝西璽，亦同。

琥珀

萬曆甲午，詔雲南布政司取琥珀二百斤，一時騷然。永昌府帑舊貯二十餘斤，以上供。搜括數年，竟不能充而止，民破家亡算。

祖母緑

孕婦呑祖母緑易産，仍出自兒手。山陰白洋朱氏驗之。

青鳳子

青鳳子狀如鵝石，色甚青瑩。婦人佩之，能令好顔色。新安楊不棄得之水濱中，易以千金，内爲禁中寶重。

清・孫承澤《春明夢餘録》卷二六《尚寶司》 煎熬寶色法

大麻子油十八斤。一次下皂角四十五兩。二次下金毛狗脊九個。三次下白芨十八兩。四次下白礬九兩，蜜陀僧一兩八錢，黄丹一兩八錢，無名異九錢，茆香二兩。五次下藿香二兩，地蓮衣二兩，甘松二兩，山奈二兩，苓陵香二兩，麝香五個。

清・顧祖禹《讀史方輿紀要》卷八五《江西三》 靈山，府西北六十里。一名靈鷲山，道書第三十三福地，實郡之鎮山也。有七十二峰，高七千餘丈，綿亘百餘里。上有龍池，中産異木奇草及水晶等珍。其東北峰挺立，孤石高百餘丈。西峰絶頂有葛仙壇遺址，溪分五派，西流入上饒江。志云：宋時有水晶場設靈山之白雲尖下，歲貢水晶器凡十事。元初停採。明朝天順中遣内宫採進，多不堪用，乃復罷之。　重山，在府城北。其脈由靈山來，重巒疊巘，岩嶢峻絶，謝枋得因以疊山爲稱。又巖山，亦在府城北。脈由重山來，迂紆昂伏數十里，再折而南，平巘絶壁，谺然巨巖，空硿可容數千人。有石泉，甚甘美。

清・徐松《宋會要輯稿・食貨》 禁珠玉　貢珠玉　獻珠玉　真宗大中祥符九年正月，秦州宗歌般次，回(訖)[紇]李四等貢玉，送内藏庫，召玉人估價售之。凡玉大小三十九團，内一團非玉，是楊廣石不中用外，看驗除夾石膩氣古玷内侵，石間道煙膩氣内侵，煙散顔色青，次及病色深，損傷等，各人釵篦腰帶用，共估錢四百餘千。詔依估價賜錢，非玉者令禮賓院給還之。

清・徐珂《清稗類鈔・工藝類》 雕鏤象牙　象牙性堅，而製器者雕鏤山水人物，細入毫髮。蓋先以鋸解之，以醋浸經宿，則軟如腐，雕成，再以木賊草水煮之，即堅如故。

又《礦物類》

水晶

水晶，石英屬，吾國所産頗多，結晶常作斜方六面體，光澤如玻璃。成分中雜有植物質成茶褐色者，俗稱茶晶，黑色者稱墨晶，雜錳而成紫色者稱紫水晶，雜他石成草紋者稱髮晶，含有水泡者稱水泡水晶。以紫水晶及髮晶爲最難得。

蛋白石

蛋白石多産於巖石之罅隙間，非結晶體，多爲圓卵形，成分爲含水矽酸，似水晶，堅硬遜之，不透明，有乳白、黄、青、紅等色，斷口成介殼狀。其透明或半透明，光色美麗如虹狀者，曰貴蛋白石，無色透明如玻璃，成粟粒狀者，曰玉滴石，可製爲裝飾品。

瑪瑙

瑪瑙，石英類鑛物也，與玉髓同質，時有赤、白、灰各色相間，成平行層，多爲圓形，中心常空洞，水晶簇生其中，品類甚多，吾國有之。生南方者，色正紅而無瑕。生西北者，色青黑，謂之鬼面青，間以紅色如蛛絲者爲妙。上有枝葉儼如柏枝者，曰柏枝瑪瑙。黑白相間者，曰金子瑪瑙。質理純黑，中間白緑者，曰合子瑪瑙。正視之，瑩白光彩，側視之，若凝血者，曰夾胎瑪瑙，最珍貴。

琥珀

琥珀，邃古松柏科植物之樹脂，埋入地中，歷久遂成此物，産印度洋各島，我國亦有之。色黄或褐，透明，中含昆蟲木皮之類。摩擦之，能發電，入火則燃，有一種香氣。紅者曰血珀，黄而明瑩者曰蠟珀。

乾隆朝，虞山蔣文恪公溥曾得琥珀一枚，方廣寸許，中外瑩澈。五六月間，漸生蓮葉一莖，至八九月，又復消縮，應時消長，累試不爽。

玉

玉，石之美者也，多産於崑崙山，與砂礫同存於河底，其質温潤縝密，光澤如脂肪，半透明，有軟玉、硬玉之别。軟玉爲輝石類，在火中易熔解，以純潔乳白色者爲貴。硬玉爲角閃石類，較難熔解，色多鮮緑，翡翠即屬此類。二者硬度皆低

於水晶，尤低於寶石。

紅玉

紅玉，鋼玉石之一種，産天山，色深紅，透明如玻璃，硬度甚高，次於金剛石，常在花崗巖中。其成分純爲礬土，結晶爲六角柱形。其純粹無瑕者，價二倍於金剛石，爲寶石中之最貴者，且不爲酸類所蝕。佳者可爲裝飾品。

綠玉

綠玉，即綠寶石，雜於花崗巖片巖之中，成分爲養化鉛及養化鋍，斜方長柱狀或片狀之結晶，光澤如玻璃，綠色鮮美，可製裝飾品。

錦石

錦石，爲美石之有文理者，出高要峽，青質白章，多作雲霞、山水、人物、蟲魚諸象，以爲屏風、几案，不讓大理石，惟其質微脆。錦州之小淩河亦有之，一名錦川石，質堅致如玉，色白而有琥珀斑，可琢煙壺、煙嘴、扇墜等物，《爾雅》所謂「醫巫閭之珣玗琪」，疑即此。

昌化雞血石

昌化縣距城百餘里十二都山中産圖書石，紅點若硃砂，世所謂雞血石者是也，亦有青紫如玳瑁者，頗可愛玩。然近數十年來求石質明活而斑鮮若雞血者，一方印章，價值數十金，亦尠不可得也。

紀事

宋·蔡絛《鐵圍山叢談》卷一　太上始意作定命寶也，迺詔于闐國上美玉。一日絛赴朝請，在殿閣侍班，王内相安中因言，近于闐國上表，命譯者釋之，將爲荅詔，其表大有憣也。吴本「憣也」作「可笑」。同班諸公喜，皆迫詢曰：「甚願聞之。」王内相因誦曰：「日出東方，赫赫大光，照見西方，五百國中，條、貫主，阿舅黑汗王。別本「黑汗」竝作「汗黑」。表上日出東方，赫赫大光，照見四天下，四天下，條、貫主，阿舅大官家：你前時要那玉，自家煞是用心。只被難得似你那尺寸底。我已令人尋討，如是得似你那尺寸底，我便送去也。」於是一坐爲哈。吴本「哈」作「笑」，張本作「哄」。吾因曰：「《裕陵實録》已載于闐國表文，大略同此。特文勝者，吴本「特」下有「少」字。疑經史官手潤色故爾。」衆迺默然。其後，遂以玉來上，長徑二尺，色踰截肪，誠昔未有也，遂製定命寶。歲餘，玉人始告成，精巧視古無別矣。寶與檢皆大九寸，盤螭爲紐，魚蟲篆文，凡十有六字。於是定命寶合八寶，通號九寶，下詔以爲乾元用九之義云。

政和初，中國勢隆治極之際，地不愛寶，所在奏芝草者動三二萬本，蘄黄間至有論一鋪在二十五里，徧野而出。汝海諸近縣，山石皆變瑪瑙，動千百塊，而致諸輦下。伊陽太和山崩，奏至，上與魯公皆有慚色。及復上奏，山崩者，出水晶也。以木匣貯之進，匣可五十斤，而多至數十百匣來上。

元·陶宗儀《南村輟耕録》卷二八　「于闐玉佛」丞相伯顔嘗至于闐國，於其國中鑿井，得一玉佛，高三四尺，色如截肪，照之，皆見筋骨脈絡。即貢上方。又有白玉一段，高六尺，闊五尺，長十七步，以重，不可致。

清·徐康《前塵夢影録》卷下　明時賀蘭山未入版圖，故玉器遠遜本朝。錢塘汪師韓《韓門綴學》中，詳載其說。後與嘉禾陳子茂主簿同在虞山幕，子茂爲乾嘉時詩人，梅岑先生哲嗣，曾官嘉峪關巡檢，專管玉石税。凡上料石子，色極白者，内皆有璞。用氊重包槖駝負進者，最爲上等。次則用柳條編爲筐篚，其色黑青不等，皆山料。賀蘭山有三河，一産白玉，一黑玉，一青玉。業此者，名撈玉户，每年例應輸玉税。官爲經理税銀，頗有盈餘。巡檢一年，可得五六千金。子茂承乏半年，宦囊充實，雖抱關末秩，而競作調劑美差。例僅半載即瓜代，亦宦途中之異境也。

圖録

明·李時珍《本草綱目·圖》卷上

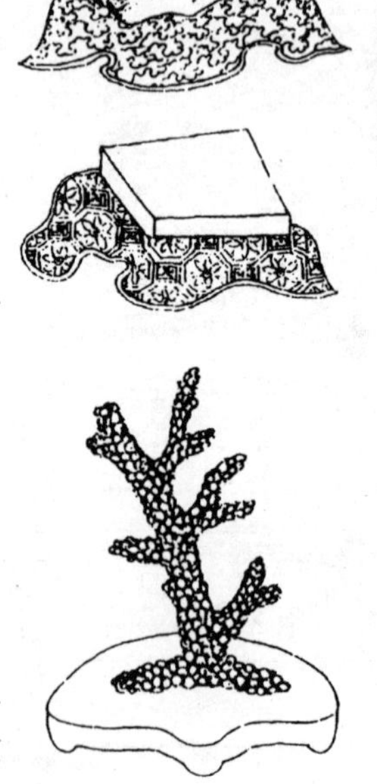
玉

青琅玕

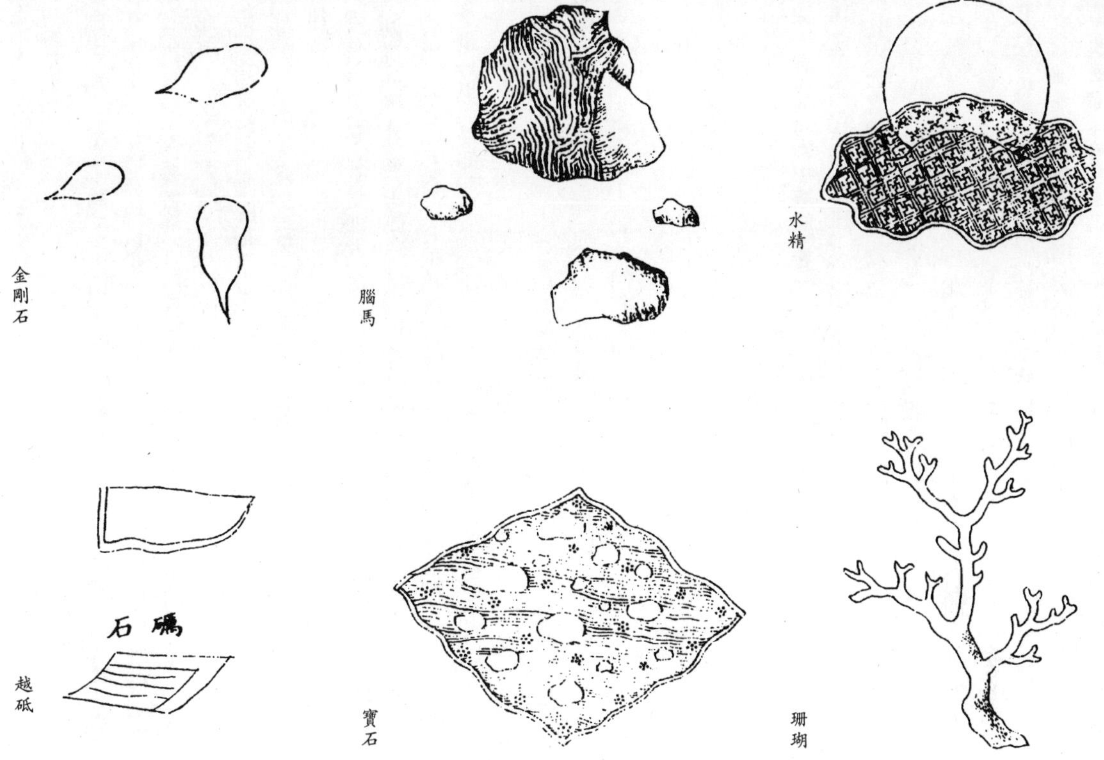

明・宋應星《天工開物》卷下《珠玉》

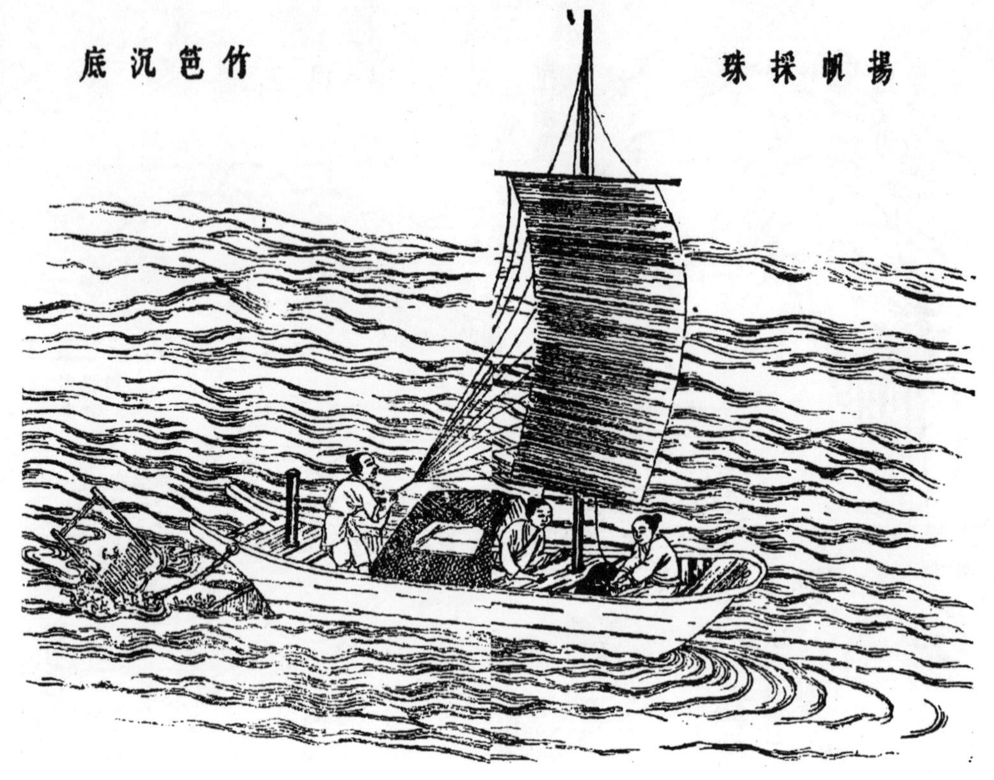
竹笆沉底
揚帆採珠

寶氣飽悶
寶井
剖面

葱嶺陰
綠玉河
亦力把力國

于闐國
白玉河

雜録

宋・葉廷珪《海録碎事》卷一五《商賈貨財部・珍寶門》

航琛　航琛越海，輩贐踰嶂。顔延年詩。

金鐺　金鐺綴惠。金鐺，耳珠也。傅長虞詩。

結緑懸黎　佩則結緑懸黎。注：宋之寶。《七啓》。

伯雍玉　《搜神記》：楊伯雍汲水作義漿，有一人就飲，以石遺之。雍種玉，遂生白璧。其地一頃，名玉田。

蠲忿犀　同昌公主有此犀，帶之令人蠲去忿怒。

金如意　席闡文獻梁武帝銀裝刀，帝報以金如意。《南史》。

三珠樹　三珠樹生赤水，其樹如柏，葉皆爲珠。《山海經》。

玉火　唐東夷所貢玉火，置之室中，不復挾纊。

金樹銀花　和詞條國嘗作金樹銀花、銀樹金花，供養佛。

照夜璣　明皇賜虢國照夜璣，蓋希代之寶也。《明皇雜録》。

玉臂支　妃子謂阿蠻曰：「爾貧，無可獻師長，待我與爾爲。」命紅桃娘取紅粟玉臂支賜謝阿蠻。《楊妃外傳》。

紅玉支　玄宗曰：「我祖破高麗，獲紫金帶、紅玉支二寶，朕以岐王初進《龍池篇》，賜之金帶，以紅玉支賜妃子，妃子後以賜阿蠻。」《明皇雜録》。

夜明簾見簾門。

春山珤　天子至於崑崙之丘，以觀春山之珤。《海經》春作鍾。《穆天子傳》。

萬金珤　天子之珤萬金，諸侯之珤千金，大夫百金，士五十金庶人十金。《穆天子傳》。

影犀　《洞冥記》：疎勒獻之。犀角表裏有光，因名明犀。暗中有影，亦曰影犀。

龍[illegible]拂　龍鬚拂，元載有之。織以爲簟，如錦綺之文。

千歲冰　頗黎，千歲冰所化。《酉陽雜俎》。

鬼血　碼磁，鬼血所化。

自然灰　琉璃馬腦先以自然灰理之令軟，乃可雕刻。灰出南海。《雜俎》。

楓脂　楓脂入地爲琥珀。《世説》又以爲桃濬所化。

軟玉鞭　天寶中，異國獻軟玉鞭，屈之，首尾相就；舒之則勁直如繩，乃以聯蟬繡爲袋，碧蠶絲爲鞘。碧蠶絲，彌羅國所貢，自然碧色。縱之一尺，引之一丈。《杜陽編》。

玻瓈魄　有「乾死明月魂，無復玻瓈魄。」《摭言》李白詩。

燭銀玉果　穆天子至崑崙丘，觀寶器，有燭銀、玉果。燭銀，銀有光如燭。玉果者，石也，皆似良玉。《穆天子傳》。

琥珀　《廣志》：博平有琥珀，生地中，其上及旁不生草，深者八九尺，大者如斛，削去外皮，中成琥珀如升。初如桃膠，凝堅成

也。又，琥珀，一名江珠。　璧馬犀　甘泉宮，漢武植玉樹，以碧玉爲葉，又以碧爲馬及犀牛。《甘泉賦》。　文玉樹　《山海經》：崑崙之墟北有珠樹、文玉樹、玕琪樹。

又《珠玉門》　耳珠　古詩云：何以致區區，耳中雙明珠。何以致叩叩，香囊懸肘後。　昭華玉　舜時西王母獻昭華之玉。《選》。　郢握隨掌　和氏之璧，焉能獨曬於郢握；夜光之珠，何得專玩於隋掌？劉越石詩。　瓊蕤　陸機詩：玉顏偉瓊蕤。　木難　明珠交玉體，珊瑚間木難。碧色珠也。曹子建詩。　和氏場　予非荆山璞，謬登和氏場。棗道彦詩。　水碧　郭璞：傲倪摘木芝，陵波水碧。注：水玉也。　蚌龍　音史，龍屬也。明月之珠藏於蚌中，蚌龍伏之。出《史記》。　照車　魏惠王曰：「寡人有徑寸之珠照車前後各十二乘者十枚。」　招涼珠　黑蚌珠能却暑。燕昭王得之，暑月懷珠，體自輕涼，號「消暑招涼之珠」。《拾遺記》。　清水珠　嚴生得一珠，胡人曰：「此清水珠，濁流則涣然清徹也。」《宣室志》。　碟砢珠　珠一寸以上謂之大珠，次曰走珠，次曰碟砢珠也。　玉榮　《山海經》：黄帝取密山之玉榮。注：玉華也。　延喜玉　天錫禹元圭曰延喜玉。《文選·曲水序》注。　水玉　堂庭之山多水玉。注：水精也。《山海經》。　苕華之玉　《紀年》曰：桀伐岷山，得二女，曰琬，曰琰。斲其名於苕華之玉。苕是琬，華是琰也。　委然　《白澤圖》：玉之精名曰委然，狀如美女，青衣。　蚌病　徑寸之珠，非不寶也，而蚌之所病。　玫瑰　《韻集》曰：玫瑰，齊珠也。　青珠黄鐶　青珠黄鐶。出蜀郡。　璿瑰　《山海經》：西王母之山有璿瑰焉。注：璿瑰，赤玉也。　翕赩　瑶瑾翕赩。許力反，光色也。嵇叔夜《琴賦》。　截肪蒸粟　切見玉書稱玉，白如截肪，黑譬純漆，赤擬鷄冠，黄侔蒸粟。魏文帝書。　文魮生玉　《南越志》：海中有文魮，鳥鳴似罄而生玉。　朱鼈吐珠　《南越志》：海中多朱鼈，狀如胏，有四眼六脚而吐珠。

元·陶宗儀《南村輟耕録》卷一〇　［烏蜑户］　廣海采珠之人，懸絙于腰，沉入海中，良久得珠，撼其絙，舶上人挈出之。葬于黿鼉蛟龍之腹者，比比有焉。有司名曰烏蜑户。蜑，音但。仁宗登極，特旨放免。時敬公威卿爲江西行省參知政事，俾該管掾史立案，令廣東帥府抄具烏蜑户一一籍貫姓名，置册申解它省。官曰，中書咨文無是，恐不必也。公曰，萬一申明舊典，庶不害及良民。未幾，太后中使至，人咸服公先見之明。

明·王佐《新增格古要論》卷六《珍寶論》

金剛鑽

金剛砂，出西蕃深山之高頂，人不可到，乃鷹隼打食在上，同肉喫於腹中，却在於野地上鷹糞中獲得，看大小定價。

如辨真僞，將砂於炭火中燒紅，入釅醋中浸，假者酥而易碎，真者乃復硬而可用。如或失去，和灰土掃在乳鉢内擂之，響者是也，以其能鑽定器，故名之曰金剛鑽。

天生聖像

嘗有降真香節内及木節中，生成真武像，有石中及蚌中生成觀音像，此乃天地造化，真世之奇寶也。

或云，正統中，貴州珠砂中有生成觀音像。增。

明·謝肇淛《五雜俎》卷一〇《物部二》　白砻可以血玉。嘉榮之草，服者不霆。血玉者，染玉使作血色也。不霆者，令人不畏雷霆也。此二語甚奇。

又　卷一二《物部四》　古玉器物，亦有紅如血者，謂之「血古」，又謂之「屍古」，蓋塚中爲血肉所蝕也。又有「黑漆古」，有「渠古」，有「甄古」。然古人比德於玉，但取其温潤色澤及當於用耳，今乃必以古色爲佳，此俗見之不可解者也。

玉惟黄、紅二色難得，其餘世間皆有之，即羊脂玉亦常見也。

紂衣寶玉自焚。漢上官太后服珠襦。霍光、耿秉薨，皆賜玉衣。太始元年，頻斯國人來朝，以五色玉爲衣。近代豪富之家，有衣珍珠半臂者，而玉衣未有聞矣。

明·方以智《物理小識·金石類》

異石　大理點蒼石成山水文，肇慶石亦可充大理，但不堅耳。滇彌雅山五色花石，荆州萊州亦産，俱名瑪瑙石。陽信州出竹葉斑石，皇極殿鋪地是也。大名府善化山有紫斑石似玉，南平縣有青花文石，具山水禽魚狀。台州有花乳石，祁陽石有雲朵。高陽樹石勝之。蔚州天皮石，火燒則石起片如玻瓈，作窗作燈用。南陽石純緑色，洮石藍，山西霞石黑内白點，火州落髮石黑紋如毛，登州雪浪有金星，萊州黄蠟石，歙端石爲硯，辰沅亦有黑端石，具小眼，在潊溪者表淡青，内深紫而帶紅。有金線相間曰紫袍金帶石，高安縣然石，黄白疏理，灌之則熱，殆火玉類。《瑞州志》載之，而土人不識矣。楊不棄得石如鵝卵青瑩，賈胡曰，此青鳳子也。蜀試金石，本黑者也。陵石有小竅，英德石則洒塗而黑也。礬石似礬，到溉奇礓即礓礫也。高麗出玻璃石，透明，可作燈盞。峨眉五臺六稜放光石，女真

黑龍江水花石，可作矢鏃，即石砮也。兆袞曰，茶源石，徽州取作牌坊，久則流出鉄漿，或成塊突出。又黟縣石，取作門嚴闌干，其色藍，以核桃油摩之，則如漆黑。其石生銅。黃山蓮花峯頂有小池，池沙取出嘗發香，或夜有光。中德曰，靈壁石能收香。

化石　顧玠《海槎録》：崖州榆林港，土膩最寒，蟹入不能動，久之則成石矣。外紀，那多理亞國有瓊石穴，人往鑿之，見石人無算，皆昔避亂之民，爲寒氣所凝，漸化爲石。他如松之化石，石之似梅、似柏，皆不足訝也。《唐書》言回紇拔野有斷松，入康干河成石。杜光庭言婺州永康縣有松墮水爲石。曹能始《名勝志》：四川永川縣來蘇鎮有松化石。燕京萬仲海曲水園，南京任伯受家，俱有松化石。姚寬言通遠軍渾源曰焉有，水中類魚鳴，人以挺刃擊之，或化爲石，曰覓石，長尺餘，直一二千緡，善磨刀，光而不鍬。

石魚　《一統志》：汧陽縣有山魚隴，擘爲兩片，鱗鬣悉具而紫黑色，燒作魚腥可辟蠹。湘山縣石魚山亦出石魚。《五行志》言土中水中皆得魚。唐富陽韓珣莊鑿井，于土中得魚。封令禎截木得魚。彭飛雲云，今汧陽不見石魚，豈古有而今盡耶。

雌雄石　莆田青山海濱産小白石，狀似杏仁而擘兩瓣，腹有文如蟲，貯之醯碟，兩石離立，須臾自合，曰雌雄石。然非醯不行，此石燕即君子類也。中履曰，物分精粗，各有陰陽。如虞陵陰石潤，陽石燥，其顯者也。以磁鐵、金汞而推之，氣制類感，何非引觸。中德曰，山東亦有雌雄白石，浸醋走合。

阻聲石　外紀云，諳厄利亞有怪石，長七丈，高二丈，隔石發大銃，人寂不聞，故名聾石。獻萬曰，築牆最厚，牆下發圈盤洞，則屋中聲不外出。

清・徐珂《清稗類鈔・工藝類》

萬年少多材多藝

淮安萬年少孝廉壽祺多材多藝，自詩文畫之外，琴棋劍器，百工技藝，細而女紅刺繡，㢠而革工縫紉，無不通曉。唐叔升歎曰：「我輩十指雖具，乃如懸槌，君具何種慧性，乃能至此！」

黃履莊能作諸技巧

黃履莊少聰穎，尤喜出新意，作諸技巧。七八歲時在塾，嘗背其師，竊匠氏刀，錐鑿木人，長寸許，置案上能自行走，手足皆自動，觀者詫以爲神。十歲外，因聞泰西幾何比例輪捩機軸之學，而其巧因以益進，嘗作小物自怡，見者多競出重價購之。體素弱，不耐人事，惡劇嬲，因竟不作，於是所製始不可多得。

戴文昭嘗見其作雙輪小車一輛，長三尺餘，約可坐一人，不煩推挽，能自行，以手挽軸旁曲拐，則復如初，隨住隨挽，且可行八十里。作木狗，置門側，卷臥如常，惟人入户，觸機則吠不止，吠之聲與犬無二，雖黠者不能辨其爲真僞也。作木鳥，置竹籠中，能自跳舞飛鳴，鳴如畫眉，凄越可聽。作水器，以水置器中，水從下上射如線，高五六尺，移時不斷。所作之奇如此，不能悉載。

鄒文蘇仿製古器

嘉慶辛未，鄒文蘇循資充新化歲貢，而絕意進取，以鄭、賈之學教授鄉里，自闢精舍爲古經堂，其制悉依《周禮》，與弟子肄士禮十七篇於中。嘗屈竹篾爲渾儀，製綸帆爲古弁冕，深衣禮服。又苦車制之難明也，與其子漢紀依江水、戴震所圖古制，以寸代尺，製爲假車，窮十晝夜之力成之。於是鄉曲學徒，始稍稍知有捎藪菑蚤輢駁轂股之目。

農藝與茶糖工藝部

農藝分部

題解

漢・氾勝之《氾勝之書・耕田》 凡耕之本，在於趣時和土，務糞澤，早鋤早穫。

漢・許慎《説文解字・田部》 田 ⊕ ⊞ ⊞ 敶也。各本作陳。今正。敶者，列也。田與敶古皆音陳，故以疊韵爲訓，取其敶列之整齊謂之田。凡言田田者，即陳陳相因也。陳陳當作敶敶。陳敬仲之後爲田氏。田即陳字，叚田爲陳也。樹穀曰田。種菜曰圃，樹果曰園，見口部。象形。各本作象四。今依《韵會》正。今人謂爲从口从十，非許意也。此象甫田之形。毛公曰：甫田謂天下田也。待年切。古音如陳。［十二部］囗十，千百之制也。此説象形之指。謂口與十合之，所以象阡陌之一縱一横也。各本作阡陌。《自部》無此二字。今正。《周禮》遂人曰，凡治野：夫閒有遂，遂上有徑。十夫有溝，溝上有畛。百夫有洫，洫上有涂。千夫有澮，澮上有道。萬夫有川，川上有路，以達於畿。百夫之涂謂之爲百，千夫之道謂之爲千，言千百以包徑畛路也。南畝則畎縱遂横，溝縱洫横，澮縱川横，遂徑畛涂道路縱横同之。東畝則畎横遂縱，溝横洫縱，澮横川縱，徑畛涂道路之横縱同之。故十與口皆象其縱横也。阡陌則俗字也。凡田之屬皆从田。

漢・劉熙《釋名・釋地》 土，吐也，吐生萬物也。畢沅曰：此書以五行列於《釋天篇》，故其篇已有此文，顧土實地也，固宜重見於此，比之前文，雖少「能」字，非誤也。《御覽》引無「萬」字。蘇輿曰：《御覽・地部二》引有「萬」字。已耕者曰田。畢沅曰：鄭康成注《尚書・禹貢》曰：「地當陰陽之中，能吐生萬物者曰土。據人功力作，競得而田之，則謂之田。」田，填也，五稼填滿其中也。畢沅曰：「五稼」，《齊民要術》引作「五穀」。案杜預注左傳莊七年「無麥苗」云：「平地出水，漂殺熟麥及五稼之苗。」五稼之語實本諸此。《御覽》引，「中」下有「心」字，俱不從。葉德炯曰：《爾雅・釋文》引李巡注：「田，陳也，謂陳列種穀之處。」

壤，䑋也，肥䑋意也。畢沅曰：兩「䑋」字今本一作「瀼」，一作「濡」，瀼字《説文》所無，濡字音不近，皆非也。《説文》：「益州鄙言人盛，諱其肥，謂之䑋。从月，襄聲。」《方言》：「凡人言盛，及其所愛，諱其肥晠，謂之䑋。」郭璞注：「肥䑋多肉。」《漢書・鄒陽傳》：「壤子王梁代。」晉灼引《方言》，以䑋爲壤，知二字義同，亦得通用，此切證也。故竝改正。王啟原曰：吴校作「壤，瀼也，瀼瀼肥濡意也」。

元・王禎《農書・農桑通訣集五・種植篇》 司馬遷《貨殖傳》曰，山居千章之楸，安邑千樹棗，燕秦千樹栗，蜀漢江陵千樹橘，齊魯千樹桑，此其人皆與千户侯等，其言種植之利博矣。觀柳子厚《郭橐駝傳》，稱駝所種樹，或移徙，無不活，且碩茂，早實以蕃，他人效之，莫能如也，又知種樹之不可無法也。考之於《詩》，「帝省其山，柞棫斯拔，松栢斯兑」，周之所以受命也。「樹之榛栗，椅桐梓漆」，衛文公之所以興其國也。夫以王侯之富且貴，猶以種樹爲功，況於民乎？《周禮》「太宰」以九職任萬民，一曰三農先九穀，二曰園圃毓草木；園圃之職，次於三農，事綦重矣。然則種植之務，其可緩乎？

又《農器圖譜五・銍艾門》《傳》曰，種曰「稼」，斂曰「穡」。稼爲農之本，穡爲農之末；本輕而末重，先緩而後急。故農法曰，熟欲速穫。此銍、艾等器，所以爲田農收斂之要務也。仍以斧、鋸等附，亦農事之不可緩者。

明・宋應星《天工開物》卷上《乃粒》 宋子曰，上古神農氏若存若亡，然味其徽號，兩言至今存矣。生人不能久生，而五穀生之；五穀不能自生，而生人生之。土脈歷時代而異，種性隨水土而分。不然，神農去陶唐，粒食已千年矣。耒耜之利，以教天下，豈有隱焉。而紛紛嘉種，必待后稷詳明，其故何也？紈褲之子，以赭衣視笠蓑；經生之家，以農夫爲詬詈。晨炊晚饟，知其味而忘其源者衆矣！夫先農而繫之以神，豈人力之所爲哉！

又《粹精》 宋子曰，天生五穀以育民，美在其中，有黄裳之意焉。稻以糠爲甲，麥以麩爲衣，粟、粱、黍、稷毛羽隱然。播精而擇粹，其道寧終秘也？飲食而知味者，食不厭精。杵臼之利，萬民以濟，蓋取諸《小過》。爲此者豈非人貌而天者哉？

論説

漢・氾勝之《氾勝之書・雜項》 神農之教，雖有石城湯池，帶甲百萬，而無粟者，弗能守也。大穀帛實天下之命。衛尉前上蠶法，今上農事，人所忽略，衛尉勸之，可謂忠國憂民之至。

農士惰勤，其功力相什倍。

吴王濞開茱萸溝，通運至海陵倉，北有茱萸村，以村立名。故史記云：「邗溝即吴王夫差所開，漕運以通上國。」

北魏・賈思勰《齊民要術序》 《史記》曰：「齊民無蓋藏。」如淳注曰：「齊，無貴賤，故謂之齊民者，若今言平民也。」

蓋神農爲耒耜，以利天下；堯命四子，敬授民時；舜命后稷，食爲政首；禹制土田，萬國作乂；殷周之盛，詩書所述，要在安民，富而教之。

《管子》曰：「一農不耕，民有飢者；一女不織，民有寒者。」「倉廩實，知禮節；衣食足，知榮辱。」丈人曰：「四體不勤，五穀不分，孰爲夫子？」傳曰：「人生在勤，勤則不匱。」古語曰：「力能勝貧，謹能勝禍。」蓋言勤力可以不貧，謹身可以避禍。故李悝爲魏文侯作盡地力之教，國以富强；秦孝公用商君，急耕戰之賞，傾奪鄰國而雄諸侯。

《淮南子》曰：「聖人不耻身之賤也，愧道之不行也；不憂命之長短，而憂百姓之窮。是故禹爲治水，以身解於陽盱之河；湯由苦旱，以身禱於桑林之祭。【略】神農憔悴，堯瘦癯，舜黎黑，禹胼胝。由此觀之，則聖人之憂勞百姓亦甚矣。故自天子以下，至於庶人，四肢不勤，思慮不用，而事治求贍者，未之聞也。」「故田者不强，囷倉不盈；將相不强，功烈不成。」

《仲長子》曰：「天爲之時，而我不農，穀亦不可得而取之。青春至焉，時雨降焉，始之耕田，終之簠、簋，惰者釜之，勤者鍾之。矧夫不爲，而尚乎食也哉？」《譙子》曰：「朝發而夕異宿，勤則菜盈傾筐。且苟無羽毛，不織不衣；不能茹草飲水，不耕不食。安可以不自力哉？」

晁錯曰：「聖王在上，而民不凍不飢者，非能耕而食之，織而衣之，爲開其資財之道也。【略】夫寒之於衣，不待輕煖；飢之於食，不待甘旨。飢寒至身，不顧廉耻。一日不再食則飢，終歲不製衣則寒。夫腹飢不得食，體寒不得衣，慈母不能保其子，君亦安能以有民？【略】夫珠、玉、金、銀，飢不可食，寒不可衣。【略】粟、米、布、帛，【略】一日不得而飢寒至。是故明君貴五穀而賤金玉。」劉陶曰：「民可百年無貨，不可一朝有飢，故食爲至急。」陳思王曰：「寒者不貪尺玉而思短褐，飢者不顧千金而美一食。千金、尺玉至貴，而不若一食、短褐之惡者，物時有所急也。」誠哉言乎！

神農、倉頡，聖人者也；其於事也，有所不能矣。故趙過始爲牛耕，實勝耒耜之利；蔡倫立意造紙，豈方縑、牘之煩？且耿壽昌之常平倉，桑弘羊之均輸法，益國利民，不朽之術也。諺曰：「智如禹、湯，不如嘗更。」是以樊遲請學稼，孔子答曰：「吾不如老農。」然則聖賢之智，猶有所未達，而況於凡庸者乎？

猗頓，魯窮士，聞陶朱公富，問術焉。告之曰：「欲速富，畜五牸。」乃畜牛羊，子息萬計。九真、廬江，不知牛耕，每致困乏。任延、王景，乃令鑄作田器，教之墾闢，歲歲開廣，百姓充給。燉煌不曉作耬犁；及種，人牛功力既費，而收穀更少。皇甫隆乃教作耬犁，所省庸力過半，得穀加五。又燉煌俗，婦女作裙，攣縮如羊腸，用布一匹。隆又禁改之，所省復不貲。茨充爲桂陽令，俗不種桑，無蠶織絲麻之利，類皆以麻枲頭貯衣。民惰窳羊主切，少麤履，足多剖裂血出，盛冬皆然火燎炙。充教民益種桑、柘，養蠶，織履，復令種紵麻。數年之間，大賴其利，衣履温暖。今江南知桑蠶織履，皆充之教也。五原土宜麻枲，而俗不知織績；民冬月無衣，積細草，卧其中，見吏則衣草而出。崔寔爲作紡績、織絍之具以教，民得以免寒苦。安在不教乎？

黄霸爲潁川，使郵亭、鄉官，皆畜雞、豚，以贍鰥、寡、貧窮者；及務耕桑，節用，殖財，種樹。鰥、寡、孤、獨，有死無以葬者，鄉部書言，霸具爲區處：某所大木，可以爲棺；某亭豚子，可以祭。吏往皆如言。龔遂爲渤海，勸民務農桑，令口種一樹榆，百本䪥，五十本葱，一畦韭，家二母彘，五雞。民有帶持刀劍者，使賣劍買牛，賣刀買犢，曰：「何爲帶牛佩犢？」春夏不得不趣田畝，秋冬課收斂，益蓄果實、菱、芡。吏民皆富實。召信臣爲南陽，好爲民興利，務在富之。躬勸農耕，出入阡陌，止舍離鄉亭，稀有安居。時行視郡中水泉，開通溝瀆，起水門、提閼，凡數十處，以廣溉灌，民得其利，蓄積有餘。禁止嫁娶送終奢靡，務出於儉約。郡中莫不耕稼力田。吏民親愛信臣，號曰「召父」。僮种爲不其令，率民養一豬，雌雞四頭，以供祭祀，死買棺木。顔斐爲京兆，乃令整阡陌，樹桑果；又課以閑月取材，使得轉相教匠作車；又課民無牛者，令畜豬，投貴時賣，以買牛。始者民以爲煩，一二年間，家有丁車、大牛，整頓豐足。王丹家累千金，好施與，周人之急。每歲時農收後，察其强力收多者，輒歷載酒肴，從而勞之，便於田頭樹下飲食勸勉之，因留其餘肴而去；其惰孏者，獨不見勞，各自耻不能致丹，其後無不力田者，聚落以至殷富。杜畿爲河東，課民畜牸牛、草馬，下逮雞、豚，皆有章程，家家豐實。此等豈好爲煩擾而輕費損哉？蓋以庸人之性，率之則自力，

縱之則惰窳耳。

故《仲長子》曰：「叢林之下，爲倉庾之坻；魚鼈之堀，爲耕稼之場者，此君長所用心也。是以太公封而斥鹵播嘉穀，鄭、白成而關中無飢年。蓋食魚鼈而藪澤之形可見，觀草木而肥墝之勢可知。」又曰：「稼穡不修，桑果不茂，畜産不肥，鞭之可也；杝落不完，垣牆不牢，掃除不浄，笞之可也。」此督課之方也。且天子親耕，皇后親蠶，況夫田父而懷窳惰乎？

李衡於武陵龍陽汎洲上作宅，種甘橘千樹。臨死勑兒曰：「吾州里有千頭木奴，不責汝衣食，歲上一匹絹，亦可足用矣。」吴末，甘橘成，歲得絹數千匹。恒稱太史公所謂「江陵千樹橘，與千户侯等」者也。樊重欲作器物，先種梓、漆，時人嗤之。然積以歲月，皆得其用，向之笑者，咸求假焉。此種殖之不可已已也。諺曰：「一年之計，莫如樹穀；十年之計，莫如樹木。」此之謂也。

《書》曰：「稼穡之艱難。」《孝經》曰：「用天之道，因地之利，謹身節用，以養父母。」《論語》曰：「百姓不足，君孰與足？」漢文帝曰：「朕爲天下守財矣，安敢妄用哉！」孔子曰：「居家理，治可移於官。」然則家猶國，國猶家，是以家貧則思良妻，國亂則思良相，其義一也。

夫財貨之生，既艱難矣，用之又無節；凡人之性，好懶惰矣，率之又不篤；加以政令失所，水旱爲災，一穀不登，胔腐相繼：古今同患，所不能止也，嗟乎！且飢者有過甚之願，渴者有兼量之情。既飽而後輕食，既暖而後輕衣。或由年穀豐穰，而忽於蓄積；或由布帛優贍，而輕於施與：窮窘之來，所由有漸。故《管子》曰：「桀有天下，而用不足；湯有七十二里，而用有餘，天非獨爲湯雨菽、粟也。」蓋言用之以節。

《仲長子》曰：「鮑魚之肆，不自以氣爲臭；四夷之人，不自以食爲異：生習使之然也。居積習之中，見生然之事，夫孰自知非者也？斯何異蓼中之蟲，而不知藍之甘乎？」

今採捃經傳，爰及歌謡，詢之老成，驗之行事，起自耕農，終於醯、醢，資生之業，靡不畢書，號曰《齊民要術》。凡九十二篇，束爲十卷。卷首皆有目録，於文雖煩，尋覽差易。其有五穀、果、蓏非中國所殖者，存其名目而已；種蒔之法，蓋無聞焉。捨本逐末，賢哲所非，日富歲貧，飢寒之漸，故商賈之事，闕而不録。花草之流，可以悦目，徒有春花，而無秋實，匹諸浮僞，蓋不足存。

鄙意曉示家童，未敢聞之有識，故丁寧周至，言提其耳，每事指斥，不尚浮辭。覽者無或嗤焉。

元・孟祺等《農桑輯要》卷一《典訓》

農功起本

《周書》曰：「神農之時，天雨粟，神農遂耕而種之。」

《白虎通》：「古之人民，皆食禽獸肉。至於神農，【略】因天之時，分地之利，制耒耜，教民農作。神而化之，使民宜之，故謂之『神農』。」

《典語》：「神農嘗草別穀，烝民乃粒食。」

《世本》：「倕作耒耜。」「倕，神農之臣也。」

《周本紀》：「棄爲兒時，【略】其遊戲，好種植麻、麥，【略】及爲成人，遂好耕農，相地之宜，宜穀者稼穡之。民皆法之。堯舉以爲農師。」

《漢・食貨志》：「后稷始甽田，以二耜爲耦。」甽，畎同，壠也。

《藝文志》：「農九家，百一十四篇。農家者流，蓋出農稷之官。播百穀，勸耕桑，以足衣食。」

蠶事起本

《漢・食貨志》：「嘉穀【略】布帛【略】二者，生民之本，興自神農之世。」

《易・繫辭》：「神農氏没，黄帝、堯、舜氏作，通其變，使民不倦，【略】垂衣裳而天下治。蓋取諸乾坤。」疏：「黄帝已上，衣鳥獸之皮。其後人多獸少，事或窮乏，故以絲、麻、布、帛而制衣裳，【略】使民得宜也。」

《通典》：「周制，【略】享先蠶【略】。先蠶，天駟也。【略】蠶與馬同氣。【略】漢制，祭蠶神曰『苑窳羊主反。婦人』、『寓氏公主』。……北齊，……先蠶祠黄帝軒轅氏，【略】如先農禮。」

「後周，【略】祭先蠶西陵氏。」

經史法言

《書・洪範》：「八政：一曰食，教民使勤農業也。【略】人不食則死，食於人最急，故教爲先也。【略】食則勤農以求之。二曰貨。教民使求資用也。【略】衣則蠶績以求之。」

《無逸》：「周公曰：『嗚呼！君子所其無逸。先知稼穡之艱難，乃逸，則知小人之依。』稼穡，農夫之艱難事，先知之，乃謀逸豫，則知小人之所依怙。」

《禮記・王制》：「國無九年之蓄，曰不足；無六年之蓄，曰急；無三年之蓄，曰國非其國也。三年耕，必有一年之食；九年耕，必有三年之食。以三十年之通，雖有凶、旱、水溢，民無菜色。」

《孝經・庶人章》：「用天之道，春則耕種，夏則芸苗，秋則穫刈，冬則入廩。分地之利，分別五土之高下，隨所宜而播種之。謹身節用，身恭謹則遠耻辱，用節省財免飢寒。以養父母，此庶人之孝也。」

《史記》：「太史公曰：【略】居之一歲，種之以穀；十歲，樹之以木；百歲，來之以德。德者，人物之謂也。今有無秩禄之奉，爵邑之人，而樂與之比者，命曰『素封』。【略】故曰：陸地，牧馬二百蹄，《漢書音義》曰：「五十疋。」牛蹄、角乎，《漢書音義》曰：「百六十七頭也，馬貴而牛賤，以此爲率。」千足羊，澤中，千足彘，韋昭曰：「二百五十頭。」水居，千石魚陂，徐廣曰：「魚以斤兩爲計也。」山居，千章之材，安邑千樹棗；燕、秦千樹栗；蜀、漢、江陵千樹橘；淮北、常山已南河、濟之間千樹萩，陳、夏千畝漆；齊、魯千畝桑、麻，渭川千畝竹；及名國萬家之城，帶郭千畝畝鍾之出；徐廣曰：「六斜四斗也。」若千畝卮、茜；徐廣曰：「卮，音支，鮮支也。茜，音倩，一名紅藍，其花染繒赤黃也。」千畦薑、韭，徐廣曰：「千畦，二十五畝。」駰按：韋昭曰：「畦猶壠也。」此其人皆與千户侯等。然是富給之資也，不窺市井，不行異邑，坐而待收，身有處士之義而取給焉。【略】豈非所謂『素封』者耶？」

《前漢・食貨志》：「周制，種穀必雜五種，以備灾害。「五種」即五穀，謂黍、稷、麻、麥、豆也。【略】還廬樹桑，菜茹有畦，瓜、瓠、果、蓏，殖於疆場。雞、豚、狗、彘，毋失其時，女脩蠶織，則五十可衣帛，七十可以食肉。【略】」

「入者必持薪樵，輕重相分，班白不提挈。冬，民既入，婦人同巷，相從夜績，女工一月得四十五日。服虔曰：「一月之中，又得夜半爲十五日，凡四十五日也。」必相從者，所以省費燎力嶠反。火，同巧拙而合習俗也。」

《管子》：「民無所游食則必農，民事農則田墾，田墾則粟多，粟多則國富。」

《齊民要術》：「《傳》曰：『人生在勤，勤則不匱。』古語曰：『力能勝貧，謹能勝禍。』蓋言勤力可以不貧，謹身可以避禍。【略】庸人之性，率之則自力，縱之則惰窳耳。【略】」

「『稼穡不修，桑果不茂，畜産不肥，鞭之可也；杝落不完，垣牆不牢，掃除不淨，笞之可也。』此督課之方也。且天子親耕，皇后親蠶，況夫田父而懷窳情乎？」

元・王禎《農書・自序》 農，天下之大本也。「一夫不耕，或授之飢，一女不織，或授之寒」。古先聖哲敬民事也，首重農，其教民耕、織、種植、畜養，至纖至悉。禎不揆愚陋，搜輯舊聞，爲集三十有七，爲目二百有七十。嗚呼備矣！躬任民事者，儻有取於斯與？皇慶癸丑三月望日東魯王禎書。

明・徐光啟《農政全書》卷一《農本・經史典故》 神農氏曰炎帝，以火名官。斲木爲耜，揉木爲耒，耒耨之用，以教萬人。始教耕，故號神農氏。

《白虎通》云：古之人民，皆食禽獸肉。至於神農，用天之時，分地之利，制耒耜，教民農作。神而化之，使民宜之，故謂之神農。

《典語》云：「神農嘗草別穀，烝民粒食。」後世至今賴之。農丈人一星，在斗西南，老農主稼穡也。其占與糠略同。與箕宿邊杵星相近。蓋人事作乎下，天象應乎上，農星其殆始於此也。

后稷名曰棄。棄爲兒時，如巨人之志。共遊戲，好種植麻麥。及爲成人，遂好耕農。相地之宜，宜穀者稼穡之。民皆法之。帝堯聞之，舉爲農師。帝舜曰：「棄，黎民阻饑，汝后稷，播時百穀。」《詩》曰：「思文后稷，克配彼天；立我烝民，莫匪爾極。帝命率育。奄有下國，俾民稼穡。」《豳風・七月》之詩，陳王業之艱難。蓋周家以農事開國，實祖於后稷。所謂配天社而祭者，皆後世仰其功德，尊之之禮，實萬世不廢之典也。

嘗聞古之耕者用耒耜，以二耜爲耦而耕，皆人力也。至春秋之間，始有牛耕，用犂。《山海經》曰：「后稷之孫叔均，始作牛耕，」是也。嘗考之，牛之有星，在二十八宿丑位，其來著矣。謂牛生於丑，宜以是月致祭牛宿，及令各加蔬豆養牛，以備春耕。

漢《食貨志》：后稷始甽田，以二耜爲耦。

《藝文志》：「農九家百四十一篇。農家者流，蓋出農稷之官，播百穀，勸耕桑，以足衣食。」

《書・洪範・八政》：「一曰食、二曰貨。」玄扈先生曰：生之者衆，食之者寡，此言食也。爲之者疾，用之者舒，此言貨也。

周公曰：「嗚呼！君子所其無逸，先知稼穡之艱難，乃逸，則知小人之依。」

《禮・王制》：「國無九年之蓄，曰不足；無六年之蓄，曰急；無三年之蓄，曰國非其國也。三年耕，必有一年之食；九年耕，必有三年之食。以三十年之通，雖有凶旱水溢，民無菜色。」

《孝經・庶人》章：「用天之道，春則耕種，夏則芸苗，秋則穫刈，冬則入廩。分地之利，分別五土之高下，隨所宜而播種之。謹身節用，身恭謹則遠恥辱，用節省則免飢寒。以養父母。此庶人之孝也。」

周制：「種穀，必雜五種，以備災害。種即五穀：謂黍、稷、麻、麥、豆也。還廬樹

桑，菜茹有畦，瓜瓠果蓏，殖於疆場。雞豚狗彘，毋失其時。女修蠶織，則五十可以衣帛，七十可以食肉。人者必持薪樵，輕重相分，斑白不提挈。冬，民既入，婦人同巷，相從夜績，女工一月得四十五日。服虔曰：一月之中，又得夜。半，爲十五日，凡四十五日。必相從者，所以省費燎火，同巧拙而合習俗也。」

《管子》：「民無所游食必農，民事農則田墾，田墾則粟多，粟多則國富。」玄扈先生曰：有所游食必不農，今世是也。

管仲相齊，與俗同好惡。其稱曰：「倉廩實而知禮節，衣食足而知榮辱。」

《莊子》長梧封人曰：「昔予爲禾稼，而鹵莽種之，其實亦鹵莽而報予；芸而滅裂之，其實亦滅裂而報予。來年深其耕而熟耰之，其禾繁以滋，予終年厭飧。」

李悝爲魏文侯作盡地力之教。以爲地方百里，提封九萬頃，除山澤邑居三分去一，爲田六百萬畮。治田勤謹，則畮益三升；臣瓚曰：當言三斗，謂治田勤，則畮加三斗也。不勤，則損亦如之。地方百里之增減，輒爲粟百八十萬石矣。又曰：糴甚貴傷民，甚賤傷農。民傷則離散，農傷則國貧。故甚貴與甚賤，其傷一也。

《氾勝之書》：「湯有旱災，伊尹作爲區田，教民糞種，負水澆稼。」氾，扶嚴反，水名，又姓，出燉煌、濟北二望。本姓凡氏，避地於氾水，因改焉。

《史記》太史公曰：「居之一歲，種之以穀；十歲，樹之以木；百歲，來之以德。德者，人物之謂也。今有無秩祿之奉，爵邑之入，而樂與之比者，命曰素封。故曰陸地牧馬二百蹄，《漢書音義》曰：五十疋。牛蹄角千，《漢書音義》曰：百六十七頭也。馬貴而牛賤，以此爲率。千足羊，澤中千足彘，韋昭曰：二百五十頭。水居千石魚陂，徐廣曰：魚以斤兩爲計也。山居千章之材，安邑千樹棗，燕秦千樹栗，蜀漢江陵千樹橘，淮北常山已南河濟之間千樹萩，陳夏千畝漆，齊魯千畝桑麻，渭川千畝竹。及名國萬家之城，帶郭千畝，畝鍾之田，徐廣曰：六斛四斗也。若千畝卮茜，徐廣曰：卮，音支，鮮支也。茜，音倩：一名紅藍，其花染繒赤黃也。千畦薑韭。徐廣曰：千畦二十五畝。駰案：韋昭曰：畦，猶壠也。此其人，皆與千户侯等。」

漢文帝時，賈誼説上曰：「漢之爲漢，幾四十年矣。公私之積，猶可哀痛。即不幸有方二三千里之旱，國胡以相恤？卒然邊境有急，數十百萬之衆，國胡以餽之？夫積貯者，天下之大命也，苟粟多而財有餘，何爲而不成？以攻則取，以守則固，以戰則勝；懷敵附遠，何招而不至？今敺民而歸之農，使天下各食其力，末技游食之人，轉而緣南畝，則蓄積足而人樂其所矣。」

張堪拜漁陽太守，漁陽猶在乎？開稻田八千餘頃，勸民耕種，以致殷富。百姓歌曰：桑無附枝，麥穗兩歧。張君爲政，樂不可支。

王符曰：「一夫不耕，天下受其飢；一婦不織，天下受其寒。今舉俗舍本農，趨商賈，是則一大耕，百人食之，一婦桑，百人衣之。以一奉百，孰能供之？」

劉陶曰：「民可百年無貨，不可一朝有饑。故食爲至急也。」

仇覽爲蒲亭長，勸人生業。爲制科令，至於果菜爲限，雞豚有數。農事既畢，乃令子弟羣居就學，其剽輕游恣者，皆役以田桑，嚴設科罰。躬助喪事，振恤窮寡，期年，稱大化。

唐張全義爲河南尹。經黃巢之亂，繼以秦宗權、孫儒殘暴，居民不滿百户，四境俱無耕者。全義招懷流散，勸之樹藝。數年之後，都城坊曲，漸復舊制，諸縣户口，率皆歸復。桑麻蔚然，野無曠土。全義出，見田疇美者，輒下馬與僚佐共觀之。召田主，勞以酒食。有蠶麥善收者，或親至其家，悉呼出老幼，賜以茶綵、衣物。民間言張公不喜聲伎，見之未嘗笑，獨見佳麥良繭則笑耳。有田荒穢者，則集衆杖之。或訴以乏人牛，乃召其鄰里，責之曰：彼誠乏人牛，何不助之？衆皆謝，乃釋之。由是鄰里有無相助。故比户皆有蓄積，凶年不饑，遂成富庶焉。

李襲譽嘗謂子孫曰：「吾負京有田十頃，能耕之，足以食。河内千樹桑，事之可以衣。能勤此，無資於人矣。」

又·卷二《農本·諸家雜論下》

馬一龍《農説》曰：農爲治本，食乃民天，天畀所生，人食其力。《周書·無逸》曰：「君子所其無逸，爰知稼穡之艱難，則知小人之依。」故聖人治天下，必本於農。神農之教，歷山不改其業，禹稷之後，莘野猶振其風。蓋斯民之生，以食爲天；而人無穀氣，七日則死者，其天絶也。天之生人，必賦以資生之物，稼穡是也。物産於地，人得爲食，力不致者，資生不茂矣。故世有游食之民，則民窮而財盡。況以供無厭之欲，而欲天下安生樂業以無叛也，得乎？古者，一夫受田百畝，不奪其時，仰事頫育，皆有賴也。其上不求，其民不争，以力足食而已。至於後世，人皆厭於力食，而務以其力食人，是以獸相食矣，而天下嘗不治。嗚呼！君以民爲重，民以食爲天；食以農爲本，農以力爲功。所因如此，而司農之官，教農之法，勸農之政，憂農之心，見諸詩書者惓惓焉。力不失時，則食不困。知時不先，終歲僕僕爾。故知時爲上，知土次之。知其所宜，用其不可棄。知其所宜，避其不可爲。力足以勝天矣。知不踰力者，雖勞無功。此總言用力體要。時，言天時。土，言地脈。所宜，主稼穡。力之所施，視以爲用，不可棄。若欲棄之而不可也。不可爲，亦然。合天時、地脈、物性之宜，而無所差失，則事半而功倍矣，知其可不先乎？故畜陽不極，發生乃微。此以下詳説知時之義，皆用不可棄、避不可爲之事。上云

時者，主陰陽之候而言。陽主發生，陰主斂息，物之生息，隨氣生降。故冬至之後，一陽起於下，則羣陰推而漸出，寒凝固結於上，所以遏其洩耳。及陽氣出地，物生呈露，流衍、布濩而不窮，畜之盛大致然。是以桃李冬花，無冰不殺草，《春秋》紀之，以病愆陽。農家者有云：「冬耕宜早，春耕宜遲。云早，其在冬至之前；云遲，其在春分之後。冬至前者，地中陽氣未生也；春分後者，陽氣半於土之上下也。其意皆在陽榮陰衛，欲使微陽之氣不洩，求具壯盛而已。於此不知所避，一則初升而踣其踵，一則方啓而裂其膚，豈非童而牿，未壯盛而先亢者乎？亢則害，牿則亡，傷氣殆盡，其生安得不微乎？畜陽之意，不止於冬。凡日爲陽，雨爲陰；和暢爲陽，沍結爲陰；展伸爲陽，斂詘爲陰；動爲陽，靜爲陰；淺爲陽，深爲陰；晝爲陽，夜爲陰。繁殖之道，惟欲陽含土中，運而不息，陰乘其外，謹瑟而不出。若陽洩於外，而陰入其中，生機轉爲殺機矣。」凝陰在土，其氣固嗇。歲久不耕之地，純陰固結，非假太陽之力追攝，何以得散？又冬春二時，不見天陽，亦猶是耳。今夫摶埴之土，未嘗生物，正以內不含陽，陰不外固。而火煅之地，藏冰不融者，絶其地脈，而中無陽氣來至也。竊窺神化之玅，陽根陰，物之所以生也；陰根陽，物之所以成也。生者謂之化，成者謂之變。玄扈先生曰：火煅藏冰，别有理。今藏熱炭之甕，暑月可藏冰，豈亦絶地脈耶？陽自下起，發其內之一本以出於外。諸陰皆死者。陰自下起，斂其外之散齊以入於內。諸陽皆生者。此陰陽二氣始終之定理也。諸陽，謂自復以至夬也。復，十一月之卦也。夬，三月之卦也。十二月爲臨，正月爲泰，二月爲大壯。復自坤中來，一陽始生，成位於冬至。至泰而開，開而壯，壯而夬。四月復全乎乾矣。諸陰謂自姤以至剥也。姤，五月之卦也；剥，九月之卦也。六月爲遯，七月爲否，八月爲觀。姤自乾中來，一陰始生，成位於夏至。至否而塞，塞而觀，觀而剥。十月復全乎坤矣。上下者，乾坤分别之位；升降者，陰陽往來之氣；內外者，神化合辟之玅；斂發者，萬物生成之機；出入者，循環無窮之端，一本散殊，相禪以爲始終者也。大抵二氣陰陽之至，當主日月爲義。春秋二分，晝夜相半，氣之平也。春分後，晝漸永，日在地下之刻少；秋分後，夜漸水，日在地下之刻多。陰陽消長，係於是矣。陽上而不抑，遂以精泆；陰下而不濟，亦難以形堅。損有餘，補不足，則精不泆而形可堅矣。天地之間，陽常有餘，陰常不足。然扶陽抑陰，古聖至言。《易》曰：「亢龍有悔。」又曰：「下濟而光。」以是見陽之精泆，由於不抑；陰之形脆者，由於無所濟也。今有上農，土地饒，糞多而力勤，其苗勃然興之矣。其後徒有美穎，而無實粟，俗名肥腸。此正不知抑損其過而精泆者耳。其法何？以斷其浮根，剪其附葉，去田中積汚以燥裂其膚理則抑矣。及其總秸俱成，農功已畢，或土力既衰，潤滋不繼，淫濁未去，清氣有傷，此正不知補助，故粒米有空頭、估幹、粉黛諸病也。是故含生者，陽以陰化；達生者，陰以陽變。察陰陽之故，參變化之機，其知生物之功乎？生則化，成則變。然必成而後有生，陽根陰也；生而後有成，陰根陽也。成者謂之變，脱其本根，易其故體。生者謂之化，融液所畜，暢茂其緒。故冬至之後，生意皆含。夏至之後，生色皆達。含者化之機，達者變之漸。陰陽互爲其根。求其所以然，微妙而難悉也。一化一變，理不盡顯，物自相形。機緘所存，非審察參詳，則天地生物之功，莫之有知矣。夫含生者，先天也，以後天爲之體。達生者，後天也，以先天爲之神。養生家欲求先天之氣，當思化裏一變。非化不能變，非變，則化者終於化矣。推之事理亦然。凡事之立，其始甚幾微，充廣必盛大。盛必衰，衰必敝，敝則變，不變則毁，毁則熄。此知道者之所深憂乎！圖善變而不毁者，其諸取法於農。故聖人推日星，定四時，分節候，而示民以則。陰陽列於四時，早晚見於節候，歲氣係於日星，期三百有六旬有六日也。日窮於次，月離於紀，星回於天，此一歲之終也。日行速而月遲，故有餘日，而以閏月收之。天行健，而日月不能及，故有歲差，而以六十年約之。一歲之中，春而夏，夏而秋，秋而冬，四時順布也。四時有八節：立春、春分、立夏、夏至、立秋、秋分、立冬、冬至也。冬至以後，陽漸長。立春，陽之出也。春分，陽氣之中也。立夏得陽三之二，至夏至而極矣。夏至以後陰漸長。立秋，陰之出也。秋分，陰氣之中也。立冬得陰三之二，至冬至而極矣。堯命羲和，日中星鳥，以殷仲春。日永星火，以正仲夏。宵中星虚，以殷仲秋。日短星昴，以正仲冬。不詳其餘者，以一中一極，前後測之耳。冬至一陽生，主生主長；夏至一陰生，主殺主成。故曰：生者陽也，成者陰也。含雖未見其生，達雖未見其殺，而幾已在矣。夫發其生者，與其晚也寧早，收其成者，與其早也寧晚。此陽進而前，陰退而後之道也。衆知膏瘠，不如原隰，衆知蕪平，不如淺深。肥饒爲膏，砂瘦爲瘠。高者爲原，下者爲隰。蕪，荒而不治者也。平，成熟也。農家栽禾，啓土九寸爲深，三寸爲淺。土之生物，膏則茂，瘠則不茂。而人之相地，成熟則美，荒廢則不美。此皆易知而莫不知也。至如地之高下，有氣脈所行，而生氣鍾其下者；有氣脈所不鍾，而假天陽以爲生氣者。故原之下多土骨，而隰之下皆積泥。啓原宜深，啓隰宜淺。深以接其生氣，淺以就其天陽。蓋土骨如人身之經絡，而積泥如人身之餘肉耳。經絡者，氣血流行之所。餘肉者，塊然附贅之區也。常治者氣必衰，再易者功必倍。患因無備，命在有滋。將衰而沃之，助其力也。欲倍而壯焉，收其全矣。沃莫玅於滋源，壯須求其固本。此因土材而以人力輔相之。衰者，土力衰也。倍者，所穫倍也。患，言水暵蟲傷之類。溝堰陂洫，桔槔蓑笠，潤燥以時，濟及浚築制造爲之預者，則有備而無患矣。命，言生發收藏之元。所滋之事有二：以人力者，灌溉鋤耘塗盪也；以物力者，泥糞灰粃稿卉也。禾苗資土以生，土力乏則衰。沃之所以助土力之乏。易田併兩歲之力。不壯，則不能兼收所生以致倍。然沃助其衰，壯求其倍，勢也。猶有不待其衰，未禾而先沃之白塊之間者，此《素問》所謂滋化源之意（此説至當）耳。滋其衰者，過滋或至於不能勝而病矣。滋源則無是也。固本者要令其根深入土中。法：在禾苗初旺之時斷去浮面絲根，略燥根下土皮，俾頂根直生向下，則根深而氣壯，可以任其土力之發生，實穎實粟矣。亢而過泄者，水奪。此謂獨陽不長者，濟之以陰也。何謂亢？如既穫之後，犂土在田，冬春二時，皆無雨雪，太陽燥烈，破塊之間盡爲枯體。陰不外周，陽不內畜，氣之過洩矣。水奪者，以水奪之也。奪其過洩之陽，藉其潤澤之液，包含融結，以成發生之功。蓋天一生水，水爲陰氣之微，遇火俱化。化則合併爲用，不惟

不爲害，而反爲利焉。故君子貴不驕，富不侈，賢智不先人，處崇高而憂，履盛滿而戒。不待以水奪之，而自然不至於亢也。斂而固結者，火攻。此謂獨陰不生者，濟之以陽也。何爲斂？失於鋤墾，蕪翳蔽其天陽，汚濁淫其膚理，陰沍久而不開，生意塞而不達，氣之固結矣。火攻者，以火攻之也。攻其固結之陰，假其焚燎之力，疏道蒸騰，以宣發育之氣。蓋地二生火，火爲陽氣之微，遇水俱變。變則轉易死氣以爲生，亦不害矣。水云奪者，必久浸而後可奪。火云攻者，必猛烈而後可攻。然奪之，欲其過洩於外者返；而攻之，欲其固結於内者去也。陰陽善惡，其用舍去留之分，有不可誣者如此。鎡錤寸隙，不立一毛。鬱蒸所至，竝鍾五賊。此又揭工力、時氣所害爲甚者言也。鎡錤寸隙，墾之不遍也。雖所餘徑寸，他日禾根適當之，則詰屈不入，葉雖叢生，亦必以漸消盡，而至於濯濯然。今俗云縮科是已。故犂鋤者，必使翻抄數過，田無不畊之土，則土無不毛之病。五賊，食禾之蟲也。熱氣積於土塊之間，暴得雨水，醞釀蒸濕，未經信宿，則其氣不去，禾根受之，遂生蟊。烈日之下，忽生細雨，灌入葉底，留注節幹；或當晝汲太陽之氣，得水激射，熱與濕相蒸，遂生蟚。朝露浥日，濛雨日中，點綴葉間，單則化氣，合則化形，遂生蟠。熱踵根下，濕行於稿，爽日與雨，外薄其膚，遂生螟。歲交熱化，不雨不暘，晝晦夜暍，而風氣不行，遂生蚩。五賊不去，則嘉禾不興。故灌田者先須以水遍過，收其熱氣，旋即去之，然後易以新水，栽禾無害。不過一遍易去者，雖久浸不免。日中雨露，或以長牽，或以疎齒披拂，勿以凝着，則蟲不生。近者田家治蟲之法，多以石灰桐油，布於葉上，亦可殺也。知天之時，識地之宜，昧其苞命，亦無以善其後。此承上以起下也。苞命見下。故祖氣不足，母胎有虧。其踵不踵，胎氣不完。其胎不胎，雖成必敗。蓋親下之本，既久去地而傷母之體，豈能全天哉？祖氣，主穀子之在秸者言也。母胎，主穀子之脱秸者言也。祖氣不足，謂未及冬至而先刈者，其一成之氣，既未充足，以之爲種，母胎有虧矣。草木之生，其命在土，生成化變，不離土氣，踵踵相接，生生無已焉。若脱土久，氣不連屬，生之雖具於胎，成之則不全其數。或半途而剥，或成穗而粃。故收種者，當於冬至之後，熱治高土，散布其上，覆以疎草，障蔽鳥雀。壅以盦灰，滋潤燥枯。至清明時，沃之使芽。除草濩糞，頻助其長，此第一義也。其次，草裹美種，縣之風簷，季春之始，置諸深汪，勿令近泥。半月氣足，布地而芽，此雖不傷，已落第二義矣。但世俗浸種，晝沉夜哴，盦釀鬱蒸，逼之使速。胎中受病，拔不可去。長芽嫩脆，抛撒下田，跌蹼折損，種種不免。迷而不悟，不知何見耳。夫善本者斯圖末，慮終者貴謀始。推陳而致新，氣以交併積盛。脱胎而洗髓，精以剥換化生。上言天時、土性、人力、種穀備矣。此下言治禾也。種，得水始芽。芽，得土始苗。移苗置之别土，二土之氣，交併於一苗，生氣積盛矣。然其胎不脱，則陳腐之體猶存。髓不洗，則濁淫之氣終在。欲其稚而壯，壯而盛，盛而不衰也，得乎？故天地之間，氣之積盛者，力在交併；精之化生者，功在剥換。不然，同類而異形，一本而殊末，果何故哉？此在交併與剥換者，得不得之差耳。達順則豐，覆逆乃稿。縱横成列，紀律不違。密遢爲儔，尺寸如范。栽苗者，當如是也。先以一指搪泥，然後以二指嵌苗置其中，則苗根順而不逆。縱横之列整，則易於耘盪。疎密各因其地之肥瘠爲儔，疎者每畝約七千二百科，密則數踰於萬。地肥而密，所收倍於疎者矣。地肥更不宜密。農書曰：瘠田欲稠。但害生於蓈莠，法謹於芟耘。與其滋蔓而難圖，孰若先務於決去。故上農者治未萌，其次治已萌矣。已萌不治，農其農何？蓈莠，惡草之害苗者。芟耘，皆去草之事。蔓，草之延生也。滋，益甚也。蔓，難圖也。出《左氏》。皆務決去，而求必得之，亦古語。引此以見惡不可縱，漸不可長之意。上農，深於農理，勤於農事者也。未萌，根株在土也。上農者，智力兼至，知蓈莠之害苗，不惟不容其延蔓，於根株未萌之時，先有以治之矣。是以用力少而成功多，不使其害及於苗。所養至，而所以生全者大也。已萌而治之，其功次於是矣。已萌而不治者，必至於蔓而不可圖。爲農也，何以謂之農哉？歎而哀之之詞，知道者可以深長思也。夫薙草之法，數與草齊。南稉北黍，天所生，地所宜，人所賴以養者，種之良也。物之良者必貴。貴非賤等，良畏惡朋。薙，治也。惡草之害苗者，不可勝數。而其爲物也，尤易生焉。所治之法不多，則不可去。天生五穀，所以養人，可貴之物也。貴者，難成而易傷。賤者，易起而難制。於此辨之不早，竢其潛滋暗長而後治之，則其根株深固，枝葉暢茂，盤結而輔翼者，勢盛於苗矣。雖其上農，亦無如之何。故農家者流，思其力不足以盡圖之，備假諸物：其始也直木而耒，其次也横木而耜，又其次編木而齒，曲木末而鏟，鑿木首而鋤。繼之以掇，終之以塗，無不加以鐵焉。以木直而鐵堅也，攻之無遺類矣。草之滋生無窮，而人之用力有限，不能不假於物以爲力勝之具耳。今之耒而耕者，有大畊、小畊，開挑罨掄，大抵勤與惰之殊也。翻抄遍過之説，已見於前。其耙者，亦多不求細熟平整；粗塊臃泥，凸則曝日先燥，窪則注水過深。是以一塭之間，禾之豐瘁頓異。且又妙在旋抄旋耙，旋耙旋蒔，則燥濕和均，渾水澄泥，聚於根坎，有壅培之力也。多苗新土，黄色轉青，乃用搗盪。搗盪雖以去草，實以固苗。蓋田之浮泥，易行横根，而下之實土，難入頂本。頂本入土不深，横根布於泥面，則得土之生氣不厚，枝葉雖繁，抽心不茂矣。搗欲斷其泥面横根，使其頂根入土，深受積厚多生之氣。其後抽心始高，而結穗長碩也。鏟鋤，皆削草器。掇，以手拾去餘草。塗，以泥壅蔽田皮。既掇則泄，去多水，留少水在田。夾泥爲塗，塗時以手捻去禾心宿水。候田中有燥裂，即上水灌之。禾心宿水既去，燥時免其濕釀。漬入新水，又助潤滋清氣矣。養苗至此，除草已盡，物不能再假，力不可再加，然意外之處，尚不保其無也。玄扈先生曰：至哉言矣！鋤棉鋤桑，斷其横根，皆此理也。説者謂種樹不實，斷具直根，非也。正宜留直根去横根耳。但樹大者，宜漸去之。如是而猶存者，可不畏夫！此又申言蓈莠之難去，可畏之甚也。蓋惡草賤而易生，有一根踵遺於地，忽不覺其蔓矣。衛生固難，成功亦不易。華而欲實，風雨不作。時將穫矣，燥則多損，浸以成腐。此言養之係於人，而成之係於天也。稻花必在日色中始放。雨久，則

閉其竅而不花。風烈，則損其花而不實。二者皆粃穀之患也。及其成穀將穫，土太燥，則米粒乾損，水多而過浸，則斑黑成腐。二者又皆毀成之病也。陰晴燥濕，是豈人力可致哉？農家至此，猶不得自盡，況以委之蕪翳，而求其不敗也可乎？故可貴之物，不産非時，不安非類，欲其至足以遂斯民之天，而農也如之何不力！此總結通篇旨意，蓋穀不足，則食不足。食不足，則民之所天不遂。物之可貴如此。苟非順時調護，何以得之？農者當知自力矣。

綜述

《周禮·地官·草人》 草人掌土化之灋以物地，相其宜而爲之種。土化之法，化之使美，若氾勝之術也。以物地，占其形色爲之種，黄白宜以種禾之屬。疏：注云「土化之法，化之使美」者，此亦注用今字作「法」也。土化之法，即草人之官法。謂土地磽瘠，則察其土質所含異同贏朒，糞擁和齊，而變其質，化之使和美也。云「若氾勝之術也」者，《漢書·藝文志》：「農家，《氾(勝)[書]》之十八篇。」本注云：「成帝時爲議郎。」顔注引劉向《别録》云：「使教田三輔，有好田者師之，徙爲御史。」案：《氾書》今佚。賈思勰《齊民要術》引《氾書》云：「凡耕之本，在於趨時，和土務糞澤。」有强土弱之，弱土强之之説甚詳。又有溲種法，亦其一隅也。云「以物地占其形色爲之種」者，《載師》「物地事」，注云：「物，物色之以知其所宜之事。」《左》成二年傳：「國佐曰：先王疆理天下，物土之宜，而布其利。」杜注云：「播殖之物，各從土宜。」此與彼義同。占者，《廣雅·釋詁》云：「視也，諗也。」謂諗視其土之形色，以定其所宜之種。種即《職方氏》豫州宜五種，兖州宜四種之等是也。《詩·小雅·大田》箋云：「將稼者，必先相地之宜，而擇其種。」爲種與擇種，義亦同。云「黄白宜以種禾之屬」者，賈疏謂依《孝經緯·援神契》而言。案文見《載師》疏。禾者，即九穀之粱也。凡糞種，騂剛用牛，赤緹用羊，墳壤用麋，渴澤用鹿，鹹潟用貆，勃壤用狐，埴壚用豕，彊檗用蕡，輕爂用犬。凡所以糞種者，皆謂煑取汁也。赤緹，縓色也。渴澤，故水處也。潟，鹵也。貆，貒也。勃壤，粉解者。埴壚，黏疏者。彊檗，强堅者。輕爂，輕脃者。故書騂爲挈，墳作盆。杜子春挈讀爲騂。謂地色赤而土剛强也。鄭司農云：「用牛，以牛骨汁漬其種也，謂之糞種。墳壤，多盆鼠也。壤，白色。蕡，麻也。」玄謂墳壤，潤解。」疏：「凡糞種」者，糞，《釋文》作「糞」，云「本亦作糞」。案：《説文·革部》云：「𡊄，棄除也。从収，推華棄采也。官溥説，似米而非米者矢字。」嚴可均云：「𡊄作糞，蓋隸變。漢碑有糞字，《釋文》作糞，不體。」案：嚴説是也。糞種即土化之法。《月令季夏》云：「可以糞田疇。」孔疏云：「糞，壅苗之根也。」案：依二鄭義，則此爲糞穀之子種，或子種苗根兩壅之與？云「彊檗用蕡」者，彊檗，《釋文》作疆檗，云「檗，本又作堅」。俗注疏本彊亦作疆，《羣經音辨》同。嚴可均云：「《釋文》『疆，其兩反』。轉寫之誤，疆不得音『其兩』也。」《月令》『可以美土彊』，鄭彼注引作『强檗』。强與彊同，蓋讀如倔强之强，故此注爲彊堅者矣。」案：嚴説亦是也。云「輕爂用犬」者，爂不體，《釋文》作「爂」。阮元云：「《釋文》與篆體合。」孔廣森云：「注於《大司徒》五物九等，即引此騂剛赤緹之屬當之。《管子·地員》九州之土爲九十物，則又因九等而區别之，上土三十物，中土三十物，下土三十物。此經鹹潟次於渴澤，赤緹次於騂剛，皆從色狀相似者類列之，不以土物上下爲次。」案：孔説是也。《地員》之九十物，與此九土，大致相同，並詳後。疏：注云「凡所以糞種者，皆謂煑取汁也」者，《荀子·富國篇》云：「多糞肥田。」《廣雅·釋詁》云：「糞，饒也。」謂煑取汁，壅培諸穀種，使之肥饒。《漢書·郊祀志》載王莽種五粱米於殿中，鬻毒冒犀玉二十餘物漬種。《齊民要術》引《氾勝之書》，有剉馬牛羊豬麋鹿骨，煑取汁溲種法，云「骨汁肥使稼耐旱」，是鄭所本也。云「赤緹，縓色也」者，《酒正》「緹齊」注云：「緹者，成而紅赤。」《説文·系部》云：「緹，帛丹黄色也。縓，帛赤黄色。」《廣雅·釋器》云：「縓謂之紅。緹，赤色也。」《喪服記》鄭注云：「縓，淺絳也。」《爾雅·釋器》云：「一染謂之縓，再染謂之竀，三染謂之纁。」蓋赤爲竀纁之通語。緹即縓，爲赤之淺者，乃一染之專名，故鄭直釋爲縓色。《釋名·釋地》云：「土赤曰鼠肝，似鼠肝色也。」孔廣森云：「《地員》『五弘，其色如鼠肝』，所謂赤緹者也。」云「渴澤，故水處也」者，《説文·水部》云：「渴，盡也。」《爾雅·釋詁》云：「涸，渴也。」案：渴今通作竭字，與訓欲飲之㵣别。渴澤猶竭澤也。澤故有水，今涸竭則無水，而可耕種，故云故水處。《禹貢》揚荆二州，厥土惟塗泥，近此所謂渴澤，《管子·乘馬篇》亦云「涸澤百而當一」是也。云「潟，鹵也」者，《説文·鹵部》云：「鹵，西方鹹地也。安定有鹵縣，東方謂之㡿，西方謂之鹵。」此潟即㡿之俗。《禹貢》「海濱廣斥」，《史記·夏本紀》《漢書·地理志》「斥」並作「潟」。《史記集解》引徐廣云，「潟又作斥」。又引鄭《書注》云，「斥謂地鹹鹵」。《史記·河渠書》云「澤鹵」，《索隱》云：「澤一作潟，本或作斥。」又《貨殖傳》云「潟鹵」，《漢書·溝洫志》作「舄鹵」，顔注云：「舄鹵即斥鹵也，謂鹹鹵之地也。」《文選》木華《海賦》云「襄陵廣舄」，李注云：「《尚書》『廣斥』，《史記》『斥』爲『舄』，古今字也。」案：據《説文》，則鹹潟正字當作㡿，㡿隸變爲斥，或叚舄爲之，或又加水爲潟，實一字也。《左》襄二十五年傳「表淳鹵」，孔疏引賈逵云：「淳，鹹也。」淳鹵即此鹹潟。惠士奇、孔廣森、吕飛鵬並以《地員》所云「五桀之狀，甚鹹以苦」爲鹹潟是也。孔又以《地員》之「五臯」，亦即此鹹潟，然則彼臯字或即舄之譌與？云「貆，貒也」者，讀貆爲貛也。賈疏云：「案《爾雅》云貈子貆，或曰貆，故以貆貒爲一也。」案：賈説非也。《釋獸》云：「貈子貆，貒子貗。」郭注云：「貒，豚也，一名貛。」《説文·豸部》云：「貆，貈之類。貒，獸也。貛，野豕也。」《爾雅·釋文》引《字林》云：「貒似豕而肥。」據《釋獸》則貆貒非一獸。郝懿行云：「《方言》云：『貛，關西謂之貒。』郭注：『貛，豚也。』《廣雅》：『貒，貛也。』貒貛同，故古通名。《草人》注：『貆，貒也。』《淮南·齊俗訓》云：『貆貉得埵防，弗去而緣。』高注：『貆，貆豚也。』是皆借貆爲貛，賈疏失之。」案：郝説是也。王念孫説同。《詩·魏風·伐檀》箋云「貉子曰貆」，不云貒，則此注以貆爲貛之借字明

云：「地之起者曰郣。」《一切經音義》引《通俗文》云：「垺土曰坌。」勃、郣、垺，聲類並同。《大司徒》注云：「壤，和緩之貌。」地勃發而和緩，則解釋如粉，故云粉解。《說苑・復恩篇》，淳於髡曰「蟹堁者宜禾」，蟹即解之叚字。蟹堁即粉解也。呂飛鵬以《地員》「五沙之狀，粟焉如屑塵厲」爲勃壤是也。云「埴壚，黏疏者」，《考工記・總叙》注云：「埴，黏土也。」《禹貢》：徐州「厥土赤埴墳」。《考工記》賈疏引鄭《書注》說同。又豫州「下土墳壚」，僞孔傳云：「壚，疏也。」此注蓋亦以黏訓埴，以疏訓壚也。《釋名・釋地》云：「土黄而細密曰埴，埴，膱也，黏胒如脂之膱也。土黑曰盧，盧然解散也。」案：盧與壚通。《淮南子・墬形訓》亦云「盧土」，劉以膱釋埴，以解散釋盧，亦與黏疏義相應；但釋埴爲細密，則與壚疏不合。《說文・土部》又云：「壚，黑剛土也。」鄭、許、劉各偏舉一義，不能强同也。《呂氏春秋・辨土篇》云：「凡耕之道，必始於壚，爲其寡澤而後枯。」又云「壚埴冥色」。《齊民要術》引《氾勝之書》云：「春地氣通，可耕堅硬强地黑壚土。」《玉燭寶典》引崔寔《四民月令》云：「雨水中，急蓄强土黑壚之田。」是皆壚爲黑剛土之證。《六韜・戰車篇》云：「圮下漸澤，黑土黏埴者，車之勞地也。」黑土黏埴，殆所謂埴壚矣。呂飛鵬云：「《地員》『五纑之狀，强力剛堅。五殖之狀，甚澤以疏離，坼以臞脊』。纑壚、殖埴同聲，蓋言壚埴也。」案：呂説是也。惠孔説同。《地員》又有斥埴、黑埴及五蘟黑土黑落，蓋亦埴壚之屬。云「彊檃，强堅者」者，宋本及注疏本彊作强，宋婺州本强又作彊，未知孰是。惟嘉靖本述經作彊，釋義作强，今姑從之。《釋文》載經别本檃作「塈」。《廣韻・四十九敢》云：「塈，土地之堅也。」檃同，引《周禮注》云：「强檃地之堅者。」《集韻・四十九敢》云：「檃，堅土也。或作壏，亦書作塈。」案：以字形考之，檃當即壏之變體，俗又作壏。堅壏與堅亦一聲之轉，故注訓爲堅。《廣韻》引《周禮注》，疑馬、干諸家佚義，亦與鄭同。《說文・臤部》云：「堅，剛也。」《九章算術・商功篇》云：「穿地四，爲壤五，爲堅三。」蓋堅者謂之檃，與解者謂之壤正相反也。《月令》季夏「可以美土彊」。注云：「彊，强檃之地。」孔疏云：「强是不軟，檃是鏬鬬，並謂礋礰磊磈之地也。」又《左傳》襄二十五年「數疆潦」，孔疏云：「賈逵以疆爲彊檃磽确之地，蓋土强則磽确。」賈、鄭義亦同。惠氏、孔氏、呂氏並引《地員》「五壏之狀，芬焉若糠以肥」説此彊檃，是也。《地員》又云「五态之狀，廪焉如壏」，疑亦彊檃之類，尹注云：「壏猶强也。」義即本此經。又案：此以强堅釋彊檃，經注字異。《月令》注强檃字同。攷《說文・弓部》云：「彊，弓有力也。」《虫部》云：「强，蚚也。」《力部》云：「勥，迫也。」今字並借作强。通校全經六篇，《遂人》「彊予」字，經注並作彊。《司諫》「强之道藝」，《車人》「强不足」，《弓人》「目也者必强强者在内」，「維幹强之」，經注並作强。《梓人》「强飲强食」經同。《掌次》《禁暴氏》《輿人》注亦並作强。諸文錯出，必有譌舛。以意求之，疑此及《司諫》《遂人》皆當經作彊，注作强，即經用古字，注用今字之例。惟《考工記》字例，與五官不甚同，或自作强，則未可定耳。云「輕爂，輕脃」者，爂亦當作爂。丁晏云：「《說文・火部》：『爂，火飛也。』《廣韻・四宵》：『爂今作票，同。』引申之爲輕票之意。《釋名・釋地》：『土白曰漂。漂，輕飛散也。』漂票聲相近。」案：丁説是也。《漢書・五行志》，谷永言成帝「崇聚輕票無誼之人」，與此義同。爂漂聲類同。《說文・水部》云：「漂，浮也。」土性輕浮，則不韌𥿻，故鄭以輕脃釋之。《玉燭寶典》引《四民月令》云「三月可菑沙白輕土之田」，可證《釋名》「土白曰漂」之説。惠士奇謂爂與剽通，引《地員》「五剽」爲釋，孔、呂説並同。案：《地員》説五剽云「如芬以脤」，脤當即脃字，形近而誤。云「故書騂爲挈」者，段玉裁云：「《說文・馬部》無騂字，徐鉉新附字作騂，云『從馬，觲省聲』。案：《土部》曰：『垟，赤剛土也。從土，觲省聲。』此《周禮》騂剛正字。且《牧人》『騂牲』，《魯頌》『騂剛』，皆宜借用從土之垟。今皆從馬，則爲倒置。」徐養原云：「騂剛之騂，本作垟，垟觲音同，故又借用觲。《說文・角部》『觲，角低仰便也』，引《詩》曰『觲觲角弓』。又有㹊字，『一角仰也，从角㓞聲』，引《易》曰『其牛㹊』。今《易》作掣。蓋觲與㹊義類相近，故觲字轉爲㹊。㹊與挈俱从㓞，挈與掣俱从手，挈㹊掣三字其音亦相近，是其輾轉相變之因也。」云「墳作坌」者，聲近叚借字。徐養原云：「坌與墳古字通。《春秋・左氏經》『叔弓帥師敗莒師於蚡泉』，《穀梁》作『賁泉』，是賁與蚡同也。蚡即坌字。凡古書多假借，今書多用本字。故書借坌爲墳，坌壤猶曰墳壤。當以後鄭之説爲長。」云「杜子春挈讀爲騂，謂地色赤而土剛强也」者，杜讀與《說文》垟字説解同，依其義，則騂剛土色與赤緹略同，惟以剛强爲異。呂飛鵬云：「《地員篇》『赤壚歷强肥，五種無不宜』，蓋言垟剛也。」案：呂説是也。《地員》又有五粟，云「剛而不觳」，孔氏以當此騂剛，亦通。鄭司農云「用牛，以牛骨汁漬其種也，謂之糞種」者，此即氾勝之法，與後鄭前説同。江永云：「『種』字當讀去聲。凡糞種，謂糞其地以種禾也。後鄭謂煮取汁，先鄭謂用汁漬其種，是讀種爲上聲。凡糞，當施之土；如用獸，則以骨灰洒諸田；用麻子，則用擣過麻油之渣布諸田；若土未化，但以汁漬其種，如何能使其土化惡爲美，此物理之易明者。今人糞田，未見有煮汁漬種者。農家歲歲糞田，欲其肥美多穀也。若騂剛諸土，未經變化，恐非一歲所能化，況又惟漬其種乎。」案：江説本項安世，於義近是。經説糞種而辨九等土宜之異，則糞宜謂施之土者。若然，此糞種，宜讀如「黄白宜以種禾」之種，與上經「爲之種」之種不同。但二鄭漬種之説，自是古農家遺法，今雖不承用，未敢輕破也。云「墳壤，多蚡鼠也」者，段玉裁校改「墳壤」爲「坌壤」云：「此依故書作坌，如其字解之，今各本云『墳壤多坌鼠』，殊誤。」案：段説是也。坌鼠者，《爾雅・釋獸》「鼢鼠」，郭注云：「地中行者。」《釋文》云：「字亦作蚡。」《說文・鼠部》云：「鼢，地中行鼠，伯勞所作也。一曰偃鼠。重文蚡，或從虫分。」坌與蚡同。《本艸・名醫别録》云：「鼹鼠在土中行。」陶注云：「俗中一名隱鼠，一名鼢鼠，形如鼠，大而無尾，黑色長鼻，甚强，常穿地中行，討掘即得。」《方言》云：「蚍蜉犁鼠之場，謂之坻。」郭注云：「犁鼠，蚡鼠也。」《穀梁》隱三年傳：「吐者外壤，食者内壤。」楊疏云：「壤，徐邈亦作場。麋信云：『齊魯之閒謂鑿地出土、鼠作穴出土，皆曰場。』」先鄭意坌壤謂坌鼠穴行地中，起土上出，浮解成壤，即方言所謂犁鼠之場。《莊子・天道篇》亦云「鼠壤有餘蔬」是也。此乃望文爲訓，故後鄭不從。云「壤白色」者，《禹貢》冀州「厥土惟白壤」，先鄭蓋據彼爲説。賈疏云：「《禹貢》有黄壤，則此壤不得專據色白解之，故不從也。」云「蕡，麻也」者，《廣雅・釋艸》云：「蘏，麻也。」蘏正字，蕡叚借字。《薙人》注云：「蕡，枲實也。」云「玄謂墳壤，潤解」者，段玉裁云：「鄭君則依今書作墳，釋墳壤爲潤解，潤訓墳，壤訓解，别於勃壤爲粉解。」詒讓

案：《禹貢》：兖州「厥土黑墳」，僞孔傳云：「色黑而墳起。」《釋文》引馬融云：「墳，有膏肥也。」冀州白壤，僞孔傳云：「無塊曰壤。」《説文・土部》云：「壤，柔土也。」案馬云有膏肥，即所謂潤；孔云無塊，即所謂解也。呂飛鵬云：「《地員》『五壤之狀，芬然若澤若屯土』。注言其土得澤，則墳起爲堆，故曰屯土，蓋言墳壤也。」案：呂説是也。孔氏説同。

又《稻人》 稻人掌稼下地。以水澤之地種穀也。謂之稼者，有似嫁女相生。

疏：「掌稼下地」者，掌隰農稼穡之事。下地即澤地，亦即《左》襄二十五年傳之隰皋，與《小司徒》、《遂人》三等地之「下地」義異。注云「以水澤之地種穀也」者，水澤謂澤地之有水者，對《草人》「渴澤」爲無水者也。《載師》賈疏引《考經・援神契》云：「洿泉宜種稻。」《説苑・辯物篇》云：「高者黍，中者稷，下者秔。」又《復恩篇》云：「下田洿邪，得穀百車。」下地即洿泉下田。凡稻皆種於水田，内則有「陸稻」，《管子・地員篇》謂之「陵稻」，《齊民要術》謂之「旱稻」，則稻之别種也。云「謂之稼者，有似嫁女相生」者，《叙官》注云：「種穀曰稼，如嫁女以有所生。」與此義同。

以豬畜水，以防止水，以溝蕩水，以遂均水，以列舍水，以澮寫水，以涉揚其芟作田。鄭司農説豬防以《春秋傳》曰「町原防，規偃豬」。以列舍水，列者非一，道以去水也。以涉揚其芟，以其水寫，故得行其田中，舉其芟鉤也。杜子春讀蕩爲和蕩，謂以溝行水也。玄謂偃豬者，畜流水之陂也。防，豬旁隄也。遂，田首受水小溝也。列，田之畦埒也。澮，田尾去水大溝。作，猶治也。開遂舍水於列中，因涉之，揚去前年所芟之草，而治田種稻。疏：「以豬畜水」者，以下並掌下地治水之事。云「以澮寫水」者，《説文・宀部》云：「寫，置物也。」引申爲輸寫之義。《廣雅・釋詁》云：「寫，除也。」俗輸寫字作瀉，非。云「以涉揚其芟作田」者，此於澤地芟草治田之事，與上六者爲禦水行水事異。程瑶田云：「稻人掌稼下地，即所云稼澤也。蓋水澤下隰之地，一遇淫雨，漫没隨之，内水難出，外水易入，無減水之法，斯不得與水争地。於是豬以畜之，使其出者有所歸；防以止之，使其入者不内汎。夫然後疆理其地爲遂，於是每夫之田首，則水之偏鍾於最下之地者，今皆以共遂分而受之，所謂均水也。其水之在百畝中者，則爲畛以居之。畛必成列，是謂以列舍水。遂中之水，受之以溝，溝深於遂，水乃流行無所滯，是曰蕩水。而澮又深於溝，其承溝水也，隨納隨消，是曰寫水。如此則以澮承溝，以溝承遂，以遂承列，遞相受焉，水乃不爲田害，而因以涉揚其芟以作田也。此治溝澮，亦專爲除水害。蓋芒種雖資於水，而大浸亦必傷其稼。故稻人之治之也，既先有事於豬防，以去其漫没之大患，而後爲溝澮，使水盡由地中行，水由地中，田乃可作。涉揚其芟，蓋治溝澮之餘事，順而摭者也。」注云「鄭司農説豬防以《春秋傳》曰，町原防，規偃豬」者，《左》襄二十五年傳文。杜注云：「偃豬，下濕之地。規度其受水多少。廣平曰原。防，隄也。隄防閒地，不得方正如井田，别爲小頃町。」先鄭意，此經之豬防二者，與彼正同，故引以爲説。云「以列舍水，列者非一，道以去水也」者，《説文・刀部》云：「列，分解也。」《廣雅・釋詁》云：「列，布也。」《國語・楚語》韋注云：「舍，去也。」先鄭意，水道分布衆多，泄之外出，因謂之列也。賈疏云：「先鄭以舍爲舍去之舍。後鄭以爲止舍之舍，以澮是寫去水，以舍爲止水於其中，故不從先鄭也。」云「以涉揚其芟，以其水寫，故得行其田中，舉其芟鉤也」者，《説文・沝部》云：「𣻜，徒行厲水也。重文涉，篆文从水。」《艸部》云：「芟，刈草也。」《詩・鄘風・載馳》傳云：「水行曰涉。」《小爾雅・廣言》云：「揚，舉也。」《肆師》注云：「芟，芟草除田也。」先鄭意，涉爲行田中之稱，冢澮寫水爲文，以田水既寫去，則泥淺可以徒行，乃得舉芟鉤以去草也。《國語・齊語》韋注云：「芟，大鎌，所以芟草也。」芟鉤即謂鉤鎌，所以迫地芟草，詳《薙氏》疏。江永云：「下地之田，田中常有水，足涉水，揚舉除草之器以芟之。若水盡寫，不得謂之涉。」案：江説是也。云「杜子春讀蕩爲和蕩」者，段玉裁云：「和蕩如滌器之盪，摇動而令之去也。」云「謂以溝行水也」者，《釋名・釋言語》云：「蕩，盪也，排盪去穢垢也。」以溝行水，亦排盪使去，故謂之蕩水也。云「玄謂偃豬者，畜流水之陂也」者，後鄭從先鄭説以豬爲偃豬，而申其義。《書・禹貢》「滎波既豬」，孔傳釋爲「遏豬」，遏偃一聲之轉。《書・釋文》又引馬融云：「水所停止深者曰豬。」《水經・涑水》酈注云：「水澤所聚謂之都，亦曰豬。」《宫人》注云：「匽豬謂霤下之池，受畜水而流之者。」與此事異而義同。凡五溝皆以通水，此豬則以雍障停畜，故云畜流水之陂也。《廣雅・釋地》云：「陂，池也。」《月令》注云：「畜水曰陂。」偃，詳《宫人》疏。云「防，豬旁隄也」者，《説文・𨸏部》云：「防，隄也。隄，唐也。」《月令》季春「脩利隄防」。鄭意隄防所以障止水，使蓄於豬而不外泄，故經云以防止水。防字俗作坊，《經解》云：「坊止水之所自來。」《郊特牲》「蜡祭坊與水庸」。水庸即蕩水之溝也。防，詳《匠人》疏。江永云：「後鄭解防字未確。此職專掌稼下地，凡下地常憂潦，田閒之水欲其易出，外流之水欲其不入。以豬畜水，所以分減内水也；以防止水，所以堵截外水也。《匠人》云：『凡行奠水，磬折以參伍，欲爲淵則句於矩。』此豬即所謂淵也。於溝中作之，視其地勢，句曲過於矩之處，掘深之，令水洄復畜聚於此而成淵。溝中爲淵之處多，則田中之水減矣。下地常濱大川大澤，必爲隄以闌之，今江南之圍田是也。後鄭解爲豬旁隄，則是陂塘之隄，畜水以備灌溉，此平原憂旱之地，非下澤憂潦之地矣。」案：江説是也。云「遂，田首受水小溝也」者，即《遂人》云「夫閒有遂」是也。匠人爲溝洫，田首廣二尺，深二尺，謂之遂，故云田首受水小溝，五溝以遂爲最小也。云「列，田之畦埒也」者，《莊子・天地篇》釋文引李頤云：「埒中曰畦。」《楚辭・招魂》王注云：「畦，區也。」《廣雅・釋丘》云：「埒，厓也。」㽟即埒之俗。田中爲區畛，厓畔分列，故謂之列。《説文・土部》云：「塍，稻田畦也。」列蓋即塍。程瑶田謂即畛，亦是也。沈夢蘭謂《大戴禮・主言篇》云：「三井而句烈。」烈通作列，水道也，即此以列舍水，言三井而一溝也。案：沈説可備一解。但井田之法，三夫共一遂，九夫共一溝，此經溝遂列並出，則列非即溝遂也。《大戴》所言，與井田溝洫兩制並不相應，所未詳也。云「澮，田尾去水大溝」者，即《遂人》云「千夫有澮」是也。《匠人》云：「同閒廣二尋，深二仞，謂之澮。」溝洫之法，始於遂，終於澮，澮則達川矣。對遂爲田首小溝言之，故云田尾大溝。五溝自遂注溝，自溝注洫，自洫注澮，自澮注川。此經唯舉遂溝澮而無洫者，洫亦晐於溝澮也。云「作猶治也」者，《説文・人部》云：「作，起也。」引申爲治作。《淮南子・主術訓》高注云：「治猶作也。」云「開遂舍水於列中，因涉之，揚去前年所芟之草，而治田種稻」者，此破先鄭説也。《司戈盾》注

云：「舍，止也。」後鄭意，此芟即下文「夏以水殄草而芟夷之」之芟，謂開遂放水，使入止於田畦埒，因涉水，播揚前年夏所芟之宿草，而後可以治田種稻也。《詩王風》《唐風》並云「揚之水」，箋云：「波流湍疾，洗去垢濁。」此揚與《詩》義略同，皆激揚播盪之意。依先鄭説，則田故有水，寫之令出，而後可以芟新生之草；依後鄭説，則田故無水，放之令入，而可以播揚所已芟之宿草。二説迥異。　凡稼澤，夏以水殄草而芟夷之。　殄，病也，絶也。鄭司農説芟夷以《春秋傳》曰「芟夷蕰崇之」。今時謂禾下麥爲夷下麥，言芟刈其禾，於下種麥也。玄謂將以澤地爲稼者，必於夏六月之時，大雨時行，以水病絶草之後生者，至秋水涸，芟之，明年乃稼。疏：「凡稼澤」者，謂農民於澤地受田而耕稼，即《角人》《羽人》《掌葛》之「澤農」是也。云「夏以水殄草而芟夷之」者，夷，《唐石經》及各刻本並作「荑」，《釋文》同。惟宋婺州本及明錢求赤所藏宋本、宋注疏本作「夷」，與注及《薙氏》文合，今據正。此亦謂澤地必先芟草，乃可種稻，與薙氏爲官聯。薙氏夏夷秋芟，分屬二時，此不分者，通言之其義同也。注云「殄，病也，絶也」者，《國語·魯語》云：「固民之殄病是待。」殄即病也。又《越語》云：「疾疹貧病。」《詩·大雅·雲漢篇》「胡寧瘨我以旱」，箋云：「瘨，病也。」《釋文》：「瘨，《韓詩》作疹。」殄與疹瘨，聲類並相近。又《爾雅·釋詁》云：「殄，絶也。」故鄭兼二義爲釋。凡陸艸不耐濕，故可以水病絶之。《毛詩·曹風·下泉》傳云：「稂童粱，非溉草，得水而病。」亦其義也。云「鄭司農説芟夷以《春秋傳》曰，芟夷蕰崇之」者，隱六年《左傳》云：「鄭伯請成於陳，陳侯不許，五父諫曰：『周任有言曰：爲國家者見惡，如農夫之務去草焉，芟夷蕰崇之，絶其本根，勿使能殖。』」杜注云：「芟，刈也。夷，殺也。蕰，積也。崇，聚也。」先鄭引彼證此經芟夷即刈草，義與杜同。《説文·艸部》云：「發，以足蹋夷艸。《春秋傳》曰：發夷蕰崇之。」據《説文》，則許所見《左傳》古文作「發夷」。據先鄭此注，則所見《左傳》自作「芟夷」，與此職及《肆師》、《薙氏》諸文同。許鄭本自不同也。芟夷，互詳《秋官》《叙官》及《薙氏》疏。云「今時謂禾下麥爲夷下麥，言芟刈其禾，於下種麥也」者，亦證夷爲刈草之義。段玉裁云：「司農於《薙氏》曰：『今俗間謂麥下爲夷下，言芟夷其麥，以其下種禾豆也。』文互相足。」云「玄謂將以澤地爲稼者，必於夏六月之時，大雨時行，以水病絶草之後生者」者，據《月令·季夏》云：「大雨時行，燒薙行水利以殺草，如以熱湯。」明以水殄草必在六月也。凡殺草，蓋於夏初先芟夷之，《薙氏》所謂「夏日至而夷之」。《管子·度地篇》亦云「大暑至，利以疾耨殺草薉」是也。芟夷之後，恐有復生者，故於六月更行水以病絶之，故云絶病草之後生者也。江永云：「夏月草盛長，乘其水熱殄草之時芟夷之，則根易絶，明年可稼也。」案：此即《薙氏》所謂以水火變之也，詳彼疏。云「至秋水涸，芟之，明年乃稼」者，此謂夏以水殄草之後，如尚有未殄之草，則秋時水涸更芟之，此第二次芟也。既經水殄，復有此二芟，則無不殄之草，則土亦肥，故明年可稼也。　澤草所生，種之芒種。　鄭司農云：「澤草之所生，其地可種芒種。芒種，稻麥也。」疏：注鄭司農云「澤草之所生，其地可種芒種」者，賈疏云：「但水鍾曰澤，有水及鹹鹵，皆不生草，即不得芒種，故云草所生。」云「芒種，稻麥也」者，《説文·艸部》云：「芒，草耑。」芒種，謂有芒束之種也。《漢書·東方朔傳》顔注云：「稻，有芒之穀總稱也。」《説文·麥部》云：「麥，芒穀，秋種厚薶，故謂之麥。」《來部》云：「來，周所受瑞麥來麰，一來二縫，象芒束之形，天所來也。」《詩·周頌·思文》孔疏引鄭《書·大誓》注云：「《禮説》曰『武王赤烏穀芒應穀』，蓋牟麥也。」案：麥宜於陸地，而亦有宜於澤地者，故《孝經叙》邢疏引鄭《孝經注》云：「下田宜稻麥。」《公羊》昭元年何注亦云「隰宜麥。」九穀之茪，亦宜澤地，經不言者，以茪非常用之穀，所種較稻麥爲少，文不具也。　旱暵，共其雩斂。　稻人共雩斂，稻急水者也。鄭司農云：「雩事所發斂。」疏：「旱暵，共其雩斂」者，《舞師》注云：「暵，熱氣也。」《司巫》注云：「雩，旱祭也。」案：禮有正雩，有旱雩，經云旱暵，則謂夏五月、六月、七月遇旱而雩，非四月之正雩。正雩之財用，取之官，不斂於民。賈疏謂旱雩及四月龍見而雩，二種雩皆供雩斂，非也。二雩禮，詳《司巫》疏。注云「稻人共雩斂，稻急水者也」者，《月令》孔疏引服虔《左傳注》云：「雩，遠也，遠爲百穀祈膏雨。」是雩之爲祭，兼爲百穀。而稻爲水穀，待水尤急，故此官特共旱雩之斂也。鄭司農云「雩事所發斂」者，脩雩所需財用，官不能盡共，則斂之民，故曰雩斂。《晏子春秋·諫上篇》云：「齊大旱逾時，景公召羣臣問曰：『天不雨久矣。吾使人卜，云祟在高山廣水。寡人欲少賦斂以祠靈山，可乎？』」殆即所謂雩斂矣。　喪紀，共其葦事。　葦以闉壙，禦濕之物。疏：「喪紀，共其葦事」者，此因掌稼澤，并使共澤艸，與澤虞爲官聯也。

又《夏官·土方氏》　土方氏掌土圭之灋，【略】以辨土宜土化之灋，而授任地者。　土宜，謂九穀植稺所宜也。土化，地之輕重糞種所宜用也。任地者，載師之屬。疏：「以辨土宜土化之灋」者，亦此官之官法，與草人爲官聯也。云「而授任地者」者，此與鄉師、遂師、閭師、縣師、載師爲官聯也。賈疏云：「謂以書作法授之。」注云「土宜謂九穀植稺所宜也」者，稺，宋附釋音本、余仁仲本並作「稺」。《詩·魯頌·閟宮》云「稙稺菽麥」，毛傳云：「先種曰稙，後種曰稺。」《釋文》引《韓詩》云：「稙，長稼也。稺，幼稺也。」稺即稺之俗。前九州各有所宜穀，而九穀中又各有此稙稺二種，亦辨其宜而種之。此注專據穀土而言。《大司徒》云：「以土宜之灋，辨十有二土之名物，以相民宅，而知其利害，以阜人民，以蕃鳥獸，以毓草木，以任土事。」彼土宜通人民、鳥獸、草木所宜而言，與此經異，互詳彼疏。云「土化，地之輕重糞種所宜用也」者，並據《草人》文。彼注云「土化之法，化之使美」是也。地輕重，謂若騂剛輕燢，堅土則重，壤土則輕。糞種所宜用，若用牛用羊之等。云「任地者，載師之屬」者，《載師職》云「掌任土之法」，注云「任土者，任其力勢所能生育且以制貢賦」是也。

漢·氾勝之《氾勝之書·耕田》　春凍解，地氣始通，土一和解。夏至，天氣始暑，陰氣始盛，土復解。夏至後九十日，晝夜分，天地氣和。以此時耕田，一而當五，名曰膏澤，皆得時功。

春地氣通，可耕堅硬强地黑壚土，輒平摩其塊，以生草，草生復耕之，天有小雨復耕和之，勿令有塊以待時。所謂强土而弱之也。

春候地氣始通：椓橛木長尺二寸，埋尺，見其二寸；立春後，土塊散，上没橛，陳根可拔。此時二十日以後，和氣去，即土剛。以時耕，一而當四。和氣去耕，四不當一。

杏始華榮，輒耕輕土弱土。望杏花落，復耕。耕輒藺之。草生，有雨澤，耕重藺之。土甚輕者，以牛羊踐之。如此則土强。此謂弱土而强之也。

春氣未通，則土歷適不保澤，終歲不宜稼，非糞不解。慎無旱耕。須草生，至可耕時，有雨即耕，土相親，苗獨生，草穢爛，皆成良田。此一耕而當五也。不如此而旱耕，塊硬，苗穢同孔出，不可鋤治，反爲敗田。秋無雨而耕，絶土氣，土堅垎，名曰腊田。及盛冬耕，泄陰氣，土枯燥，名曰脯田。脯田與腊田，皆傷田，二歲不起稼，則一歲休之。

凡麥田，常以五月耕，六月再耕，七月勿耕，謹摩平以待種時。五月耕，一當三。六月耕，一當再。若七月耕，五不當一。

冬雨雪止，輒以藺之，掩地雪，勿使從風飛去；後雪復藺之；則立春保澤，凍蟲死，來年宜稼。

得時之和，適地之宜，田雖薄惡，收可畝十石。

又《收種》 牽馬令就穀堆食數日，以馬踐過爲種，無虸蚄，厭虸蚄蟲也。

種傷濕鬱熱則生蟲也。

取麥種，候熟可穫，擇穗大彊者，斬束立場中之高燥處，曝使極燥。無令有白魚，有輒揚治之。取乾艾雜藏之，麥一石，艾一把；藏以瓦器竹器。順時種之，則收常倍。

取禾種，擇高大者，斬一節下，把懸高燥處，苗則不敗。

欲知歲所宜，以布囊盛粟等諸物種，平量之，埋陰地。冬至後五十日，發取量之。息最多者，歲所宜也。

蟲食桃者粟貴。

又《溲種法》 薄田不能糞者，以原蠶矢，雜禾種種之，則禾不蟲。

又馬骨剉一石，以水三石，煮之三沸；漉去滓，以汁漬附子五枚；三四日，去附子，以汁和蠶矢羊矢各等分，撓令洞洞如稠粥。先種二十日時，以溲種如麥飯狀。常天旱燥時溲之，立乾；薄布數撓，令易乾。明日復溲。天陰雨則勿溲。六七溲而止。輒曝謹藏，勿令復濕。至可種時，以餘汁溲而種之。則禾不蝗蟲。無馬骨，亦可用雪汁，雪汁者，五穀之精也，使稼耐旱。常以冬藏雪汁，器盛埋於地中。治種如此，則收常倍。

驗美田至十九石，中田十三石，薄田一十石，尹擇取減法，神農復加之。骨汁糞汁溲種。剉馬骨牛羊猪麋鹿骨一斗，以雪汁三斗，煮之三沸。以汁漬附子，率汁一斗，附子五枚，漬之五日，去附子。擣麋鹿羊矢等分，置汁中熟撓和之。候晏温，又溲曝，狀如后稷法，皆溲汁乾乃止。若無骨，煮繰蛹汁和溲。如此則以區種，大旱澆之，其收至畝百石以上，十倍於后稷。此言馬蠶皆蟲之先也，及附子令稼不蝗蟲；骨汁及繰蛹汁皆肥，使稼耐旱，終歲不失於穫。

又《區田法》 區田以糞氣爲美，非必須良田也。諸山陵近邑高危傾阪及丘城上，皆可爲區田。

區田不耕旁地，庶盡地力。

凡區種，不先治地，便荒地爲之。

以畝爲率，令一畝之地，長十八丈，廣四丈八尺；當横分十八丈作十五町；町間分十四道，以通人行，道廣一尺五寸；町皆廣一丈五寸，長四丈八尺。尺直横鑿町作溝，溝一尺，深亦一尺。積壤於溝間，相去亦一尺。嘗悉以一尺地積壤，不相受，令弘作二尺地以積壤。

種禾黍於溝間，夾溝爲兩行，去溝兩邊各二寸半，中央相去五寸，旁行相去亦五寸。一溝容四十四株。一畝合萬五千七百五十株。種禾黍，令上有一寸土，不可令過一寸，亦不可令減一寸。

凡區種麥，令相去二寸一行。一行容五十二株。一畝凡九萬三千五百五十株。麥上土令厚二寸。

凡區種大豆，令相去一尺二寸。一行容九株。一畝凡六千四百八十株。區種荏，令相去三尺。

胡麻相去一尺。

區種，天旱常溉之，一畝常收百斛。

上農夫區，方深各六寸，間相去九寸。一畝三千七百區。一日作千區。區種粟二十粒；美糞一升，合土和之。畝用種二升。秋收區别三升粟，畝收百斛。丁男長女治十畝。十畝收千石。歲食三十六石，支二十六年。

中農夫區，方九寸，深六寸，相去二尺。一畝千二十七區。用種一升。收粟五十一石。一日作三百區。

下農夫區，方九寸，深六寸，相去三尺。一畝五百六十七區。用種半升。收

二十八石。一日作二百區。

區中草生，芟之。區間草以剗剗之，若以鋤鋤。苗長不能耘之者，以刨鑠比地刈其草矣。

又《禾》 種禾無期，因地爲時。三月榆莢時雨，高地强土可種禾。

小豆忌卯，稻麻忌辰，禾忌丙，黍忌丑，秫忌寅未，小麥忌戌，大麥忌子，大豆忌申卯。凡九穀有忌日，種之不避其忌，則多傷敗，此非虚語也。其自然者，燒黍穰則害瓠。

稙禾，夏至後八十九十日，常夜半候之，天有霜若白露下，以平明時，令兩人持長索相對，各持一端，以槩禾中，去霜露，日出乃止。如此，禾稼五穀不傷矣。

穫不可不速，常以急疾爲務。芒張葉黄，捷穫之無疑。

穫禾之法，熟過半斷之。

又《黍》 黍者暑也，種者必待暑。先夏至二十日，此時有雨，彊土可種黍。一畝三升。

黍心未生，雨灌其心，心傷無實。

黍心初生，畏天露。令兩人對持長索，搜去其露，日出乃止。

凡種黍，覆土鋤治，皆如禾法；欲疎於禾。

又《麥》 凡田有六道，麥爲首種。種麥得時無不善。夏至後七十日，可種宿麥。

早種則蟲而有節，晚種則穗小而少實。

當種麥，若天旱無雨澤，則薄漬麥種以酢漿并蠶矢，夜半漬，向晨速投之，令與白露俱下。酢漿令麥耐旱，蠶矢令麥忍寒。

麥生黄色，傷於太稠。稠者鋤而稀之。

秋鋤以棘柴耬之，以壅麥根。故諺曰：「子欲富，黄金覆。」黄金覆者，謂秋鋤麥曳柴壅麥根也。至春凍解，棘柴曳之，突絶其乾葉。須麥生復鋤之。到榆莢時，注雨止，候土白背復鋤。如此則收必倍。

冬雨雪止，以物輒藺麥上，掩其雪，勿令從風飛去。後雪復如此。則麥耐旱、多實。

春凍解，耕和土，種旋麥。麥生根茂盛，莽鋤如宿麥。

區種麥，區大小如土農夫區。禾收，區種。凡種一畝，用子二升；覆土厚二寸，以足踐之，令種土相親。麥生根成，鋤區間秋草。緣以棘柴律土壅麥根。秋旱，則以桑落時澆之。秋雨澤適，勿澆之。春凍解，棘柴律之，突絶去其枯葉。區間草生鋤之。大男大女治十畝，至五月收，區一畝。得百石以上，十畝得千石以上。

小麥忌戌，大麥忌子，除日不中種。

又《稻》 種稻，春凍解，耕反其土。種稻區不欲大，大則水深淺不適。冬至後一百一十日可種稻。稻地美，用種畝四升。始種稻欲温，温者缺其塍，令水道相直；夏至後大熱，令水道錯。

三月種秔稻，四月種秫稻。

又《稗》 稗既堪水旱，種無不熟之時，又特滋茂盛，易生蕪穢。良田畝得二三十斛。宜種之備凶年。

稗中有米，熟時擣取米炊食之，不減粱米；又可釀作酒。

又《大豆》 大豆保歲易爲，宜古之所以備凶年也。謹計家口數，種大豆，率人五畝，此田之本也。

三月榆莢時有雨，高田可種大豆。土和無塊，畝五升；土不和，則益之。種大豆，夏至後二十日尚可種。戴甲而生，不用深耕。種之上，土纔令蔽豆耳。厚則折項，不能上達，屈於土中而死。

大豆須均而稀。

豆花憎見日，見日則黄爛而根焦也。

穫豆之法，莢黑而莖蒼，輒收無疑；其實將落，反失之。故曰，豆熟於場。於場穫豆。即青莢在上，黑莢在下。

區種大豆法：坎方深各六寸，相去二尺，一畝得千二百八十坎。其坎成，取羹糞一升，合坎中土攪和，以内坎中。臨種沃之，坎三升水。坎内豆三粒；覆上土，勿厚，以掌抑之，令種與土相親。一畝用種二升，用糞十二石八斗。豆生五六葉，鋤之。旱者溉之，坎三升水。丁夫一人，可治五畝。至秋收，一畝中十六石。

又《小豆》 小豆不保歲，難得。

椹黑時，注雨種，畝五升。豆生布葉，鋤之；生五六葉，又鋤之。

大豆小豆不可盡治也。古所以不盡治者，豆生布葉，豆有膏，盡治之則傷膏，傷則不成。而民盡治，故其收耗折也。故曰，豆不可盡治。

養美田，畝可十石；以薄田，尚可畝收五石。

又《枲》 種枲：春凍解，耕治其土。春草生，布糞田，復耕，平摩之。

種枲太早，則剛堅、厚皮、多節；晚則皮不堅。寧失於早，不失於晚。穫麻之法，穗勃勃如灰，拔之。夏至後二十日漚枲，枲和如絲。

又《麻》 種麻，豫調和田。二月下旬，三月上旬，傍雨種之。麻生布葉，鋤之。率九尺一樹。樹高一尺，以蠶矢糞之，樹三升；無蠶矢，以溷中熟糞糞之亦善，樹一升。天旱，以流水澆之，樹五升；無流水，曝井水，殺其寒氣以澆之。雨澤時適，勿澆。澆不欲數。養麻如此，美田則畝五十石，及百石，薄田尚三十石。穫麻之法，霜下實成，速斫之；其樹大者，以鋸鋸之。

又《瓜》 區種瓜：一畝爲二十四科。區方圓三尺，深五寸。一科用一石糞，糞與土合和，令相半。以三斗瓦甕埋著科中央，令甕口上與地平，盛水甕中，令滿。種瓜甕四面各一子。以瓦蓋甕口。水或減，輒增，常令水滿，種常以冬至後九十日、百日，得戊辰日種之。又種薤十根，令周迴甕，居瓜子外。至五月瓜熟，薤可拔賣之，與瓜相避。又可種小豆於瓜中，畝四五升，其藿可賣，此法宜平地，瓜收畝萬錢。

又《瓠》 種瓠法，以三月耕良田十畝。作區方深一尺。以杵築之，令可居澤。相去一步。區種四實，蠶矢一斗，與土糞合。澆之，水二升，所乾處，復澆之。

著三實，以馬箠散其心，勿令蔓延；多實，實細。以藁薦其下，無令親土多瘡瘢。度可作瓢，以手摩其實，從蒂至底，去其毛，不復長，且厚。八月微霜下，收取。

掘地深一丈，薦以藁，四邊各厚一尺。以實置孔中，令底下向。瓠一行，覆上土厚三尺。二十日出，黃色好，破以爲瓢。其中白膚，以養豬致肥；其瓣，以作燭致明。

一本三實，一區十二實，一畝得二千八百八十實，十畝凡得五萬七千六百瓢。瓢直十錢，并直五十七萬六千文。用蠶矢二百石，牛耕、功力，直二萬六千文。餘有五十五萬。肥豬、明燭，利在其外。

區種瓠法，收種子須大者。若先受一斗者，得收一石；受一石者，得收十石。先掘地作坑，方圓、深各三尺。用蠶沙與土相和，令中半，著坑中，足躡令堅。以水沃之。候水盡，即下瓠子十顆；復以前糞覆之。既生，長二尺餘，便總聚十莖一處，以布纏之五寸許，復用泥泥之。不過數日，纏處便合爲一莖。留强者，餘悉掐去。引蔓結子。子外之條，亦掐去之，勿令蔓延。留子法，初生二、三子不佳，去之；取第四、五、六子，留三子即足。旱時須澆之，坑畔周匝小渠子，深四五寸，以水停之，令其遥潤，不得坑中下水。

又《芋》 種芋，區方深皆三尺。取豆萁內區中，足踐之，厚尺五寸。取區上濕土與糞和之，內區中萁上，令厚尺二寸，以水澆之，足踐令保澤。取五芋子置四角及中央，足踐之。旱數澆之。萁爛。芋生子，皆長三尺。一區收三石。

又種芋法，宜擇肥緩土近水處，和柔糞之。二月注雨，可種芋，率二尺下一本。芋生根欲深。劚其旁以緩其土。旱則澆之。有草鋤之，不厭數多。治芋如此，其收常倍。

又《桑》 種桑法，五月取椹著水中，即以手潰之，以水灌洗，取子陰乾。治肥田十畝，荒田久不耕者尤善，好耕治之。每畝以黍、椹子各三升合種之。黍、桑當俱生，鋤之，桑令稀疏調適。黍熟穫之。桑生正與黍高平，因以利鎌摩地刈之，曝令燥；後有風調，放火燒之，常逆風起火。桑至春生。一畝食三箔蠶。

北魏・賈思勰《齊民要術》卷一 耕田第一

凡開荒山澤田，皆七月芟艾之，至春而開墾。根朽省功。其林木大者劉烏更反殺之，葉死不扇，便任耕種。三歲後，根枯莖朽，以火燒之。入地盡矣。耕荒畢，以鐵齒鎘楱再遍杷之，漫擲黍穄，勞亦再遍。明年，乃中爲穀田。

凡耕高下田，不問春秋，必須燥濕得所爲佳。若水旱不調，寧燥不濕。燥耕雖塊，一經得雨，地則粉解。濕耕堅垎，數年不佳。諺曰：「濕耕澤鋤，不如歸去。」言無益而有損。濕耕者，白背速鎘楱之，亦無傷；否則大惡也。春耕尋手勞，古曰「耰」，今曰「勞」。《說文》曰：「耰，摩田器。」今人亦名勞曰「摩」，鄙語曰：「耕田摩勞」也。秋耕待白背勞。春既多風，若不尋勞，地必虛燥。秋田塌（長劫反）實，濕勞令地硬。諺曰：「耕而不勞，不如作暴」。蓋言澤難遇，喜天時故也。桓寬《鹽鐵論》曰：「茂木之下無豐草，大塊之間無美苗。」

凡秋耕欲深，春夏欲淺。犁欲廉，勞欲再。犁廉耕細，牛復不疲；再勞地熟，旱亦保澤也。秋耕䅖一感反青者爲上。比至冬月，青草復生者，其美與小豆同也。初耕欲深，轉地欲淺。耕不深，地不熟；轉不淺，動生土也。菅茅之地，宜縱牛羊踐之，踐則根浮。七月耕之則死。非七月，復生矣。

凡美田之法，緑豆爲上，小豆、胡麻次之。悉皆五、六月中穊羹懿反種，七月、八月犁䅖殺之，爲春穀田，則畝收十石，其美與蠶矢、熟糞同。

凡秋收之後，牛力弱，未及即秋耕者，穀、黍、穄、粱、秫茇方末反之下，即移羸速鋒之，地恒潤澤而不堅硬。乃至初冬，常得耕勞，不患枯旱。若牛力少者，但九月、十月一勞之，至春穡湯歷反種亦得。

又　卷三　雜説第三十

夫治生之道，不仕則農；若昧於田疇，則多匱乏。只如稼穡之力，雖未逮於老農；規畫之間，竊自同於「后稷」。所爲之術，條列後行。

凡人家營田，須量己力，寧可少好，不可多惡。假如一具牛，總營得小畝三頃——據齊地大畝，一頃三十五畝也。每年一易，必莫頻種。其雜田地，即是來年穀資。

欲善其事，先利其器。悦以使人，人忘其勞。且須調習器械，務令快利；秣飼牛畜，事須肥健；撫恤其人，常遣歡悦。

觀其地勢，乾濕得所，禾秋收了，先耕蕎麥地，次耕餘地。務遣深細，不得趁多。看乾濕，隨時蓋磨著切。見世人耕了，仰著土塊，並待孟春蓋，若冬乏水雪，連夏亢陽，徒道秋耕不堪下種。無問耕得多少，皆須旋蓋磨如法。

如一具牛，兩箇月秋耕，計得小畝三頃。經冬加料餵。至十二月内，即須排比農具使足。一入正月初，未開陽氣上，即更蓋所耕得地一徧。

凡田地中有良有薄者，即須加糞糞之。

其踏糞法：凡人家秋收治田後，場上所有穰、穀穢等，並須收貯一處。每日布牛脚下，三寸厚；每平旦收聚堆積之；還依前布之，經宿即堆聚。計經冬一具牛，踏成三十車糞。至十二月、正月之間，即載糞糞地。計小畝畝别用五車，計糞得六畝。匀攤，耕，蓋著，未須轉起。

自地亢後，但所耕地，隨餉蓋之；待一段總轉了，即横蓋一徧。計正月、二月兩箇月，又轉一徧。

然後看地宜納粟：先種黑地、微帶下地，即種糙種；然後種高壤白地。其白地，候寒食後榆莢盛時納種。以次種大豆、油麻等田。

然後轉所糞得地，耕五、六徧。每耕一徧，蓋兩徧，最後蓋三徧。還縱横蓋之。候昏房、心中，下黍種無問。

穀，小畝一升下子，則稀概得所。

候黍、粟苗未與壠齊，即鋤一徧。黍經五日，更報鋤第二徧。候未蠶老畢，報鋤第三徧。如無力，即止；如有餘力，秀後更鋤第四徧。油麻、大豆，並鋤兩徧止，亦不厭早鋤。穀，第一徧便科定，每科只留兩莖，更不得留多。每科相去一尺。兩壠頭空，務欲深細。第一徧鋤，未可全深；第二徧，唯深是求；第三徧，較淺於第二徧；第四徧較淺。

凡蕎麥，五月耕；經二十五日，草爛得轉；並種，耕三徧。立秋前後，皆十日内種之。假如耕地三徧，即三重著子。下兩重子黑，上頭一重子白，皆是白汁，滿似如濃，即須收刈之。但對梢相答鋪之，其白者日漸盡變爲黑，如此乃爲得所。若待上頭總黑，半已下黑子，盡總落矣。

其所糞種黍地，亦刈黍了，即耕兩徧，熟蓋，下糠麥。至春，鋤三徧止。

凡種小麥地，以五月内耕一徧，看乾濕轉之，耕三徧爲度。亦秋社後即種。至春，能鋤得兩徧最好。

凡種麻地，須耕五、六徧，倍蓋之。以夏至前十日下子。亦鋤兩徧。仍須用心細意抽拔全稠鬧細弱不堪留者，即去却。

一切但依此法，除蟲災外，小小旱，不至全損。何者？緣蓋磨數多故也。又鋤耨以時。諺曰：「鋤頭三寸澤」，此之謂也。堯湯旱澇之年，則不敢保。雖然，此乃常式。古人云：「耕鋤不以水旱息功，必獲豐年之收。」

如去城郭近，務須多種瓜、菜、茄子等，且得供家，有餘出賣。只如十畝之地，灼然良沃者，選得五畝，二畝半種葱，二畝半種諸雜菜；似校平者種瓜、蘿蔔。其菜每至春二月内，選良沃地二畝熟，種葵、萵苣。作畦，栽蔓菁，收子。至五月、六月，拔諸菜先熟者，並須盛裹，亦收子訖。應空閑地種蔓菁、萵苣、蘿蔔等，看稀稠鋤其科。至七月六日、十四日，如有車牛，盡割賣之；如自無車牛，輸與人。即取地種秋菜。

葱，四月種。蘿蔔及葵，六月種。蔓菁，七月種。芥，八月種。瓜，二月種；如擬種瓜四畝，留四月種，並鋤十徧。蔓菁、芥子，並鋤兩徧。葵、蘿蔔，鋤三徧。葱，但培鋤四徧。白豆、小豆，一時種，齊熟，且免摘角。但能依此方法，即萬不失一。

宋・張邦基《墨莊漫録》卷三　壓沙寺梨栽接術

北京壓沙寺梨，謂之御園。其栽接之故，先植棠梨木，與棗木相近，以鵝梨條接於棠梨木上，候始生枝條，又於棗木大枝上鑿一竅度，接活梨條於其中，不一二年即生，合乃砍去棗之上枝。又斷棠梨下幹根脉，即梨條已接於棗本矣。結實所以甘而美者以此。

頃又見北人云：「以胡桃條接於柳木，易活而速實。」

宋・秦觀《蠶書》 予閒居，婦善蠶，從婦論蠶，作《蠶書》。

考之《禹貢》，揚、梁、幽、雍不貢繭物，兗篚織文，徐篚玄纖縞，荆篚玄纁璣組，豫篚纖纊，青篚檿絲，皆繭物也。而桑土既蠶，獨言於兗，然則九州蠶事，兗爲最乎？予游濟河之閒，見蠶者豫事時作，一婦不蠶，比屋詈之，故知兗人可爲蠶師。今予所書，有與吳中蠶家不同者，皆得之兗人也。

種變

臘之日，聚蠶種，沃以牛溲，浴於川，毋傷其籍，迺縣之。始雷，臥之五日，色青，六日白，七日蠶，已蠶尚臥而不傷。

時食

蠶生明日，桑或柘葉，風戾以食之，寸二十分，晝夜五食，九日，不食一日一夜，謂之初眠。又七日，再眠如初。既食，葉寸十分，晝夜六食。又七日，三眠如再。又七日若五日，不食二日，謂之大眠。食半葉，晝夜八食。又三日，健食，乃食全葉，晝夜十食，不三日遂繭。凡眠已初食，布葉勿擲，擲則蠶驚，毋食二葉。

制居

種變方尺，及乎將繭，乃方四丈，織萑葦，範以蒼筤竹，長七尺，廣五尺，以爲筐。建四木宮，梁之以爲槌，縣筐中間九寸。凡槌十縣，以居食蠶，時分其居，糞其葉餘，以時去之。萑葉爲籬勿密，屈稾之長二尺者，自後茨之爲簇，以居繭蠶。凡繭七日而採之，居蠶欲温，居繭欲涼，故以萑鋪繭，寒之以風，以緩蛾變。

化治

當令煑繭之鼎，湯如蟹眼，必以筯，其緒附於先引，謂之餵頭。毋過三系，過則系麤，不及則脃，其審舉之。凡系自鼎道錢眼升於鏁星，星應車動，以過添梯，乃至於車。

錢眼

爲板長過鼎面，廣三寸，厚九黍，中其厚，插大錢一，出其端，横之鼎耳，復鎮以石，緒總錢眼而上之，謂之錢眼。

鏁星

爲三蘆管，管長四寸，樞以圓木，建兩竹夾鼎耳，縛樞於竹，中管子轉以車，下直錢眼，謂之鏁星。

添梯

車之左端，置環繩，其前尺有五寸，當車牀左足之上，連柄長寸有半，匼柄爲鼓，鼓生其寅以受環繩。繩應連運，如環無端，鼓因以旋。鼓上爲魚，魚半出鼓，其出之中，建柄半寸，上承添梯。添梯者，二尺五寸片竹也。其上揉竹爲鉤以防系，竅左端以應柄。對鼓爲耳，方其穿以閑添梯，故車運以牽環繩，繩簇鼓，鼓以舞魚，魚振添梯，故系不過偏。

車

制車如轆轤，必活其兩輻，以利脱系。

禱神

卧種之日，升香以禱天駟先蠶也。割雞設醴，以禱苑窳婦人寓氏公主，蓋蠶神也。毋治堰，毋誅草，毋沃灰，毋室入外人，四者神實惡之。

戎治

唐史載於闐初無桑，匄鄰國不肯出，其王即求置婚，許之。將迎，乃告曰，國無帛，可持蠶自爲衣。女聞，置蠶帽絮中，關守不敢驗。自是始有蠶。女刻石約無殺蠶，蛾飛盡乃得治繭。言蠶爲衣，則治繭可爲絲矣。世傳繭之未蛾而竅者不可爲絲，頃見鄰家誤以竅繭雜全繭治之，皆成系焉。疑蛾蜕之繭也，欲以爲絲，而其中空不復可治。嗚呼，世有知於闐治絲法者，肯以教人，則貸蠶之死，可勝計哉！予作《蠶書》，哀蠶有功而不免，故録唐史所載，以俟博物者。

穀粟、繭絲之利一也。高沙之俗，耕而不蠶，雖當有年，穀賤而帛貴，民甚病之。訪諸父老，云，土薄水淺，不可以蓺桑。予竊以爲然。一日，郡太守汪公，取秦淮海蠶書示予曰，子謂高沙不可以蠶，此書何爲而作乎？豈昔可爲而今不可爲耶？豈秦氏之婦獨能之，而他人不能耶？乃命鋟木，俾與農書竝傳焉。且公以天子命，出守邊障，方將脩城郭，備器械，訓兵積穀，以從事於功名，其志可謂大矣，豈區區繭絲之足言哉！而是書之傳，所以拳拳爲爾民計者，乃復切至如此，然則爲高沙之民者，盍亦仰體公之善意，而毋愧於淮海之書云。

嘉定甲戌，臘月下旬三日，寓郡齋雙溪孫鏞謹書。

元・孟祺等《農桑輯要》卷二《耕墾》 《齊民要術》：春耕尋手勞，古曰「耰」，今曰「勞」。《説文》曰：「耰，摩田器。」今人亦名「勞」曰「摩」。秋耕待白背勞。春既多風，若不尋勞，地必虚燥。秋田㙇實，濕勞令地硬。諺曰：「耕而不勞，不如竹暴。」蓋言澤難遇，喜天時故也。桓寬《鹽鐵論》曰：「茂木之下無豐草，大塊之間無美苗。」㙇，直輒反，田實也。暴，音曝，耗也。

凡秋耕欲深，春夏欲淺。犂欲廉，勞欲再。犂廉耕細，牛復不疲，再勞地熟，旱亦

保澤也。秋耕䅖掩同。青者爲上。比至冬月，青草復生者，其美與小豆同。初耕欲深，轉地欲淺。耕不深，地不熟；轉不淺，動生土也。菅茅之地，宜縱牛羊踐之，踐則根浮。七月耕之則死。非七月，復生矣。

凡美田之法，緑豆爲上，小豆、胡麻次之。悉皆五、六月中穊漫種也。種，七月、八月犂䅖殺之，爲春穀田，則畝收十石，一石大約今二斗七升，十石今二石七斗有餘也。後《齊民要術》中石斗倣此。其美與蠶矢、熟糞同。

《氾勝之書》曰：凡耕之本，在於趣時和土，務糞、澤，早鋤，早穫。春凍解，地氣始通，土一和解；夏至，天氣始暑，陰氣始盛，上復解；夏至後九十日，晝夜分，天地氣和：以此時耕田，一而當五，名曰「膏澤」，皆得時功。

春地氣通，可耕堅硬强地黑壚土，輒平摩其塊以生草，草生，復耕之；天有小雨，復耕和之，勿令有塊，以待時。所謂强土而弱之。

春候地氣始通：土塊散，陳根可拔。此時二十日以後，和氣去，即土岡。以時耕，一而當四；和氣去耕，四不當一。

杏始華榮，輒耕輕土、弱土。望杏花落，復耕。耕輒勞之。草生，有雨澤，耕，重勞之。土甚輕者，以牛羊踐之。如此則土强。此謂弱土而强之也。

《雜説》曰：凡人家管田，須量己力，寧可少好，不可多惡。

凡地有薄者，即須加糞糞之。

其踏糞法：秋收治田後，場上所有穀穰等，並須收貯一處。每日布牛脚下，三寸厚；古一尺，大約今一尺三寸有餘。後《齊民要術》尺寸倣此。每平旦收聚堆積之；還依前布之，經宿即堆聚。至十二月、正月之間，即載糞糞地。

《種蒔直説》：古農法，犂一櫳六。今人只知犂深爲功，不知欄細爲全功。罷功不到，土麤不實。下種後，雖見苗，立根在麤土，根土不相着，不耐旱，有懸死、蟲咬、乾死等諸病。耙功到，土細又實，立根在細實土中。又碾過，根土相着，自耐旱，不生諸病。

《韓氏直説》：爲農大綱，一則牛欺地，二則人欺苗。牛欺地，則所種不失其時；人欺苗，則省力易辦，反是則徒勞無益矣。

凡地除種麥外，並宜秋耕。先以鐵齒耙縱横耙之，然後插犂細耕，隨耕隨榜。至地大白背時，更耙兩徧。至來春地氣透時，待日高復耙四五徧；其地爽潤，上有油土四指許，春雖無雨，時至便可下種；秋耕之地，荒草自少，極省鋤工。如牛力不及，不能盡，秋耕者，除種粟地外，其餘黍、豆等地，春耕亦可。

大抵秋耕宜早，春耕宜遲。秋耕宜早者，乘天氣未寒，將陽和之氣掩在地中，共苗易榮，過秋天氣寒令，有霜時，必待日高，方可耕地，恐掩寒氣在内，令地薄不收子粒。春耕宜遲者，亦待春氣和暖，日高時依前耕耙。

又 卷二《論九穀風土時月及苧麻木綿》

九穀風土及種時時月

穀之爲品不一，風土各有所宜。種藝之時，早晚又各不同。

按《書・禹貢》：冀州，厥土惟白壤，厥田惟中中；兗州，厥土黑墳，厥田惟中下；青州，厥土惟白墳，厥田惟上下；徐州，厥土赤埴墳，厥田惟上中；揚州，厥土惟塗泥，厥田惟下下；荆州，厥土惟塗泥，厥田惟下中；豫州，厥土惟壤，下土墳壚，厥田惟中上；梁州，厥土青黎，厥田惟下上；雍州，厥土惟黄壤，厥田惟上上。又《周禮・職方氏》：揚州，其穀宜稻；豫州，其穀宜五種；黍、稷、菽、麥、稻。青州，其穀宜稻；兗州，其穀宜四種；黍、稷、稻、麥。雍州，其穀宜黍、稷；幽州，其穀宜三種；黍、稷、稻。冀州，其穀宜黍、稷；并州，其穀宜五種。合二經觀之。雖幽、并、徐、梁，互闕所載，而九州風土之宜，其大凡可見矣。

然一州之内，風土又各有所不同，但條目繁多，書不盡言耳。觸類而求之，苟泥塗所在，厥田中、下。稻即可種，不必拘以荆、揚，土壤黄、白，厥田中、上，黍、稷、粱、菽即可種，不必限於雍、冀；墳、壚、黏埴，田雜三品，麥即可種，又不必以并、青、兗、豫爲定也。

若夫時之早晚，按《齊民要術》有上、中、下三時，大率以洛陽土中爲準。此亦舉一隅之義爾。以周公土圭之法推之，洛南千里，其地多暑；洛北千里，其地多寒。暑既名矣，種藝之時，不得不加早；寒既多矣，種藝之時，不得不加遲。

又山、川高下之不一，原、隰廣隘之不齊，雖南乎洛，其間山原高曠，景氣積濆，與北方同寒者有焉；雖北乎洛，山限掩抱，風日和昫，與南土同暑者有焉。東西以是爲差。

苟比而同之，殆類夫膠柱而鼓瑟矣。氾勝之有言：「種無期，因地爲時。」此不刊之論也。表而出之，庶覽者有所折衷焉。

苧麻木綿

大哉造物！發生之理，無乎不在。苧麻本南方之物，木綿亦西城所産，近歲以來，苧麻藝於河南，木綿種於陝右，滋茂繁盛，與本土無異。二方之民，深荷其利。遂即已試之効，令所在種之。悠悠之論，率以風土不宜爲解。蓋不知中國

之物，出於異方者非一，以古言之，胡桃、西瓜，是不產於流沙，葱嶺之外乎？以今言之，甘蔗、茗芽，是不產於牂柯、邛、笮之表乎？然皆爲中國珍用，奚獨至於麻、綿而疑之？

雖然，託之風土，種藝之不謹者有之；抑種藝雖謹，不得其法者亦有之。故特列其種植之方於右，庶勤於生業者，有所取法焉。他日功效有成，當暑而被織絺之衣，盛冬而襲麗密之服，然後知其不爲無補矣。

元・王禎《農書・農桑通訣集之一・地利篇》《周禮・遂人》以歲時稽其人民而授之田野，教之稼穡。凡治野以土宜教甿。今去古已遠，疆野散闊，在上者可不稽諸古而驗於今，而以教之民哉？夫封畛之別，地勢遼絶，其間物產所宜者，亦往往而異焉。何則？風行地上，各有方位，東方谷風，東南方清明風，南方凱風，西南方涼風，西方閶闔風，西北方不周風，北方廣莫風，東北方融風。土性所宜，因隨氣化，所以遠近彼此之間風土各有別也。自黄帝畫野分州，得百里之國萬區；至帝嚳，創制九州，統領萬國。堯遭洪水，天下分絶，使禹治之；水土既平，舜分爲十二州，尋復爲九州。禹既平水土可事種蓺，乃命棄曰：「黎民阻飢，汝后稷，播時百穀」是水平之後，始播百穀者，稷也。孟子謂，后稷教民稼穡，樹蓺五穀，謂之「教民」，意者不止教以耕耘播種而已，其亦因九州之别、土性之異，視其土宜而教之歟？

今按《禹貢》，冀州厥土惟白壤，厥田惟中中；兖州厥土黑墳，厥田惟中下；青州厥土白墳，厥田惟上下；徐州厥土赤埴墳，厥田惟上中；揚州厥土惟塗泥，厥田惟下下；荆州厥土惟塗泥，厥田惟下中；豫州厥土惟壤下土墳壚，厥田惟中上；梁州厥土青黎，厥田惟下上；雍州厥土黄壤，厥田惟上上。由是觀之，九州之内，田各有等，土各有差；山川阻隔，風氣不同，凡物之種，各有所宜；故宜於冀兗者，不可以青徐論，宜於荆揚者，不可以雍豫擬，此聖人所謂「分地之利」者也。《農書》云，穀之爲品不一，風土各有所宜。《周禮・職方氏》云，揚州其穀宜稻，荆州其穀宜稻，豫州其穀宜五種，黍、稷、菽、麥、稻。青州其穀宜稻麥，兖州其穀宜四種，黍、稷、稻、麥。雍州其穀宜黍稷，幽州其穀宜三種，黍、稷、稻。冀州其穀宜黍稷，并州，其穀宜五種。雖徐梁闕所紀載，而九州風土之宜，其大概可見矣。《書序》稱，九州之《志》，謂之《九丘》，言九州所有，土地所生，風氣所宜，皆聚此書。孔子述職方，以除《九丘》，蓋謂此也。此言九州之域，種蓺之法也。

今國家區宇之大，人民之衆，際所覆載，皆爲所有，非九州所能限也。嘗以大體考之，天下地土，南北高下相半。且以江淮南北論之，江淮以北，高田平曠，所種宜黍稷等稼；江淮以南，下土塗泥，所種宜稻秫。又南北漸遠，寒暖殊別，故所種早晚不同；惟東西寒暖稍平，所種雜錯，然亦有南北高下之殊。其約論如此。然又以十二州十二分野土壤名物論之，不無少異。所謂十二分野，上應二十八宿，各有度數。[九]州郡度數躔次云：角、亢、氐。鄭。兖州。東郡入角一度，東平、任城、山陰入角六度，濟北、陳留入亢五度，濟陰入氐一度，東平入氐七度，泰山入角十二度。房、心。宋。豫州。潁川入房一度，汝南入房二度，沛郡入房四度，梁國入房五度，淮陽入心一度，魯國入心三度，楚國入心四度。尾、箕。燕。幽州。涼州入箕中十度，上谷入尾一度，漁陽入尾三度，右北平入尾七度，西河、上郡、北地、遼西東入尾十度，涿郡入尾十六度，渤海入箕一度，樂浪入箕三度，元菟入箕六度，廣陽入箕九度。斗、牽牛、須女。吴、越。揚州。九江入斗一度，廬江入斗六度，豫章入斗十度，丹陽入斗十六度，會稽入牛一度，臨淮入牛四度，廣陵入牛八度，泗水入女一度，六安入女六度。虚、危。齊。青州。齊國入虚六度，北海入虚九度，濟南入危一度，樂安入危四度，東萊入危九度，平原入危十一度，菑川入危十四度。營室、東壁。衛。并州。安定入營室一度，天水入營室八度，隴西入營室四度，酒泉入營室十一度，張掖入營室十二度，武都入東壁一度，金城入東壁四度，武威入東壁六度，燉煌入東壁八度。奎、婁、胃。魯。徐州。東海入奎一度，琅琊入奎六度，高密入婁一度，城陽入婁九度，膠東入胃一度。昴、畢。趙。冀州。魏郡入昴一度，鉅鹿入昴三度，常山入昴五度，廣平入昴七度，中山入昴八度，清河入昴九度，信都入畢三度，趙郡入畢八度，安平入畢四度，河間入畢十度，真定入畢十三度。觜、參。魏。益州。廣漢人觜一度，越巂入觜三度，蜀郡入參一度，犍爲入參三度，牂牁入參五度，巴蜀入參八度，漢中入參九度，益州入參七度。東井、輿鬼。秦。雍州。雲中入東井一度，定襄入東井八度，鴈門入東井十六度，代郡入東井二十八度，太原入東井二十九度，上黨入輿鬼二度。柳、七星、張。周。三輔。弘農入柳一度，河南入七星三度，河東入張一度，河内入張九度，翼、軫。楚。荆州。南陽入翼六度，南郡入翼十度，江夏入翼十二度，零陵入軫十一度，桂陽入軫六度，武陵入軫十度，長沙入軫十六度。其土產名物，各有證驗。此天地覆載一定，古今不可易者，蓋其土地之廣，不外乎是。但所屬邊裔，不無遼絶；若能自内而求外，由近而及遠，則土產之物，皆可推而知之矣。

大抵風土之説，總而言之，則方域之大，多有不同，詳而言之，雖一州之域，亦有五土之分，似無多異。《周禮・大司徒》以土會之法，辨五地之物生，一曰山林，二曰川澤，三曰丘陵，四曰墳衍，五曰原隰；以土宜之法，辨十有二土之名物，十二分野之土，各有所宜，辨其名、調白壤黑墳之類，辨其物、謂所生之物。以相民宅而知其利害，以阜人民，以蕃鳥獸，以育草木，以任土事；辨十有二壤之物，而知其種，以教稼穡樹藝。遂以教民春耕秋穡。然稼穡樹藝，又有《周禮・草人》掌土化之

法，以物土相其宜，以爲之種。凡糞種，騂剛用牛，赤緹用羊，墳壤用麋，渴澤用鹿，鹹潟用貆，胡官反。勃壤用狐，埴壚用豕，彊㯺呼覽切，堅也。用蕡，扶云切。輕㶁乎照切，脆也。用犬，凡所以糞種者，皆謂煑取汁也。此謂占地形色爲之種者，一取牛羊等汁以溲種而化之使美，則得其宜矣。若今之善農者，審方域田壤之異以分其類，參土化土會之法以辨其種，如此可不失種土之宜，而能盡稼穡之利。

是圖之成，非獨使民視爲訓則，抑亦望當世之在民上者，按圖考傳，隨地所在，悉知風土所別，種藝所宜，雖萬里而遥，四海之廣，舉在目前，如指掌上，庶乎得天下農種之總要，國家教民之先務。此圖之所以作也，幸試覽之！

又《農桑通訣集之二·播種篇》　《書》稱：「黎民阻飢，汝后稷，播時百穀！」《詩》言：「降之穜稑，稙穉菽麥，奄有下國，俾民稼穡。」蓋言天相后稷之功也。後之農家者流皆組述之，以至於今，其法悉備。《周禮·司稼》掌巡邦野之稼而辨其穜稑之種，周知其名與其所宜地，以爲法，而縣於邑閭。按，農書九穀之種，黍、稷、秫、稻、麻、大麥、小麥、大豆、小豆。凡種，浥鬱則不生，生亦尋死。種雜者，禾生早晚不均，舂復減而難熟，特宜存意揀選。常歲别收好穗純色者，劁音樵。刈懸之。又有粒而或簞或窖者。將種前二十許日，取出曬之，令燥，種之。氾勝之曰，牽馬令就穀堆食數口，以馬踐過，爲種，無虸蚄等蟲也。種或傷濕浥鬱，則生蟲也。或取馬骨剉一石，以水三石煑之，三沸，漉去滓，以汁漬附子五枚。三四日，去附子，以汁和蠶矢、羊矢各等分，攪令洞洞如稠粥。先種二十日，以溲種，如麥飯狀。當天旱燥時溲之，立乾，薄布，數攪，令乾。明日復溲。陰雨則勿溲。六七溲而曝乾，謹藏，勿令復濕。至可種時，以餘汁溲而種之，則禾稼不生蟲也。無馬骨亦可用雪汁。雪汁者，五穀之精，使稼又耐旱也。麥種宜與剉碎蒼耳或艾暑日曝乾，熱收，藏以瓦器，順時種之，無不茂。

凡欲知歲所宜穀，以布囊盛粟等諸物種，平量之，以冬至日埋於陰地。冬至後五十日，發取量之，息最多者，歲所宜也。又《師曠占術》曰，五木者，五穀之先也，欲知五穀，但視五木。擇其木盛者，來年多種之，萬不失一。故《雜陰陽書》曰，禾生於棗或楊，大麥生於杏，小麥生於桃，稻生於柳或楊，黍生於榆，【略】。

若夫種蒔之法，姑略陳之。凡種蔬蓏，必先燥曝其子。地不厭良，薄、即糞之；鋤不厭頻，旱即灌之；用力既多，收利必倍。大抵蔬宜畦種，蓏宜區種。畦地長丈餘，廣三尺，先種數日，劚起宿土，雜以蒿草，火燎之，以絶蟲類，併得爲糞。臨種益以他糞，治畦種之。區種如區田法，區深廣可一尺許，臨種以熟糞和土拌勻，納子糞中，候苗出，料視稀稠去留之。又有芽種。凡種子先用「水」淘淨，頓瓠瓢中，覆以濕巾，三日後芽生，長可指許，然後下種。先於熟畦内以水飲地，勻摻芽種，復篩細糞土覆之，以防日曝。此法，菜既出齊，草又不生。凡菜有蟲，擣苦參根併石灰水潑之即死。苟能依上法種蒔，非止家可足食，餘者亦可爲資生之利。昔龔遂勸農，口種葱五十本，薤百本，韭一畦，渤海之民，緣是致足。

又《農桑通訣集之三·糞壤篇》　田有良薄，土有肥磽，耕農之事，糞壤爲急。糞壤者，所以變薄田爲良田，化磽土爲肥土也。古者分田之制，上地、家百畝，歲一耕之；中地、家二百畝，間歲耕其半；下地、家三百畝，歲耕百畝，三歲一周。蓋以中下之地，瘠薄磽确，苟不息其地力，則禾稼不蕃。後世井田之法變，强弱多寡不均，所有之田，歲歲種之，土敝氣衰，生物不遂，爲農者必儲糞朽以糞之，則地方常新壯而收穫不減。《孟子》所謂「百畝之糞，上農夫食九人」也。

踏糞之法：凡人家秋收後，場上所有穰穢等，並須收貯一處，每日布牛之脚下三寸厚，經宿，牛以蹂踐便溺成糞，平旦收聚，除置院内堆積之。每日俱如前法，至春可得糞三十餘車。至五月之間，即載糞糞地，畝用五車，計三十車可糞六畝；勻攤耕蓋，即地肥沃，兼可堆糞桑行。又有苗糞、草糞、火糞、泥糞之類。苗糞者，按《齊民要術》云，美田之法，緑豆爲上，小豆、胡麻次之，悉皆五六月穊種，七八月，犂掩殺之，爲春穀田，則畝收十石，其美與蠶矢、熟糞同。此江淮迤北用爲常法。草糞者，於草木茂盛時芟倒，就地内掩罨腐爛也。記禮者曰，仲夏之月，利以殺草，可以糞田疇，可以美土疆。今農夫不知此，乃以其耘除之草棄置他處，殊不知和泥渥灑，深埋禾苗根下，漚罨既久，則草腐而土肥美也。江南三月草長，則刈以踏稻田，歲歲如此，地方常盛。《農書》云，種穀必先治田。積腐藁敗葉，剗薙枯朽根荄，遍鋪而燒之，即土暖而爽，及初春，再三耕耙，而以窖罨之，肥壤壅之。麻籸舒榛反。穀殼，皆可與火糞窖罨，穀殼朽腐，最宜秧田，必先渥漉精熟，然後踏糞入泥，盪平田面，乃可撒種。其火糞，積土，同草木堆叠燒之；土熱冷定，用碌碡碾細用之。江南水多地冷，故用火糞，種麥種蔬尤佳。又凡退下一切禽獸毛羽親肌之物，最爲肥澤，積之爲糞，勝於草木。下田水冷，亦有用石灰爲糞，則土暖而苗易發。然糞田之法，得其中則可，若驟用生糞，及布糞過多，糞力峻熱，即燒殺物，反爲害矣。大糞力壯，南方治田之家，常於田頭置塼檻，窨熟而後用之，其田甚美。北方農家亦宜效此，利可十倍。又有泥

糞，於溝港内乘船，以竹夾取青泥，枕潑岸上，凝定，裁成塊子，擔去同大糞和用，比常糞得力甚多。或用小便，亦可澆灌，但生者立見損壞，不可不知。

《農書・糞壤篇》云，土壤氣脈，其類不一，肥沃磽确，美惡不同，治之各有宜也。夫黑壤之地信美矣，然肥沃之過，不有生土以解之，則苗茂而實不堅。磽确之土信惡矣，然糞壤滋培，則苗蕃秀而實堅栗。土壤雖異，治得其宜，皆可種植。今田家謂之「糞藥」，言用糞猶用藥也。

凡農居之側，必置糞屋，低爲簷楹，以避風雨飄浸。屋中必鑿深池，甃以磚甓，凡埽除之土，燒燃之灰，簸揚之糠粃，斷藁落葉，積而焚之，沃以肥液，積久乃多。凡欲播種，篩去瓦石，取其細者，和匀種子，疎耙撮之，待其苗長，又撒以壅之，何物不收？爲圃之家，以厨棧之下深闊鑿一池，細甃使不滲洩，每舂米，則聚礱簸穀殼及腐草敗葉，漚漬其中，以收滌器肥水與滲漉泔淀，漚久自然腐爛。一歲三四次，出以糞苧，因以肥桑，愈久愈茂，而無荒廢枯摧之患矣。

又有一法。凡農圃之家欲要計置糞壤，須用一人一牛或驢，駕雙輪小車一輛，諸處搬運積糞，月日既久，積少成多，施之種藝，稼穡倍收，桑果愈茂，歲有增羨，此肥稼之計也。

夫埽除之猥，腐朽之物，人視之而輕忽，田得之爲膏潤，唯務本者知之，所謂惜糞如惜金也，故能變惡爲美，種少收多。諺云，糞田勝如買田，信斯言也。凡區宇之間，善於稼者，相其各處，地理所宜而用之，庶得乎土化漸漬之法，沃壤滋生之效，俾業擅上農矣。

又《農桑通訣集之五・種植篇》

又有去蠹之法。凡桑果不無蟲蠹宜務去之。其法，用鐵線作鉤取之。一法，用硫黄及雄黄作烟熏之，即死。或用桐油紙燃塞之，亦驗。夫既已種植，復接博之，既接博矣，復剔其蟲蠹，柳子所謂，吾問養樹，得養人術，此長民爲國者，所當則傚也。

又《農桑通訣集之六・蠶繅篇》《淮南王蠶經》云，黄帝元妃西陵氏始蠶，蓋黄帝制作衣裳，因此始也。其後禹平水土，《禹貢》所爲「桑土既蠶」，其利漸廣。《禮月令》曰，古者，天子諸侯，必有公桑蠶室。季春之月，具曲植音值。籧筐，后妃齊戒，親東鄉音向。躬桑，禁婦女毋觀，去聲。省婦使，以勸蠶事。蠶事既登，分繭稱絲效功，以供郊廟之服，無有敢惰。及考之歷代皇后與諸侯夫人親蠶之事，昭然可見；況庶人之婦，可不務乎？

夫育蠶之法，始於擇種收種。繭種取簇之中、向陽明淨厚實者。蛾出第一日者名「苗蛾」，末後出者名「末蛾」，皆不可用。次日以後出者取之，鋪連於槌箔，蠶連、蠶槌見《農器譜》。雌雄相配，至暮，拋去雄蛾，將母蛾於連上匀布，所生子，環堆者皆不用。生子數足，更就連上令覆養三五日。掛時，須蠶子向外，恐有風磨損其子。冬節及臘八日浴時，無令水極凍；浸二日取出復掛。年節後、甕内豎連須使玲瓏，每十數日日高時一出，每陰雨後即便曬曝。蠶子變色，要在遲速由己，勿致損傷自變。桑葉已生，自辰巳間，將甕内「連」取出，舒捲提掇，亦無度數，但要第一日變三分，第二日變七分，却用紙密糊封了，還甕内收藏。至第三日午時，又出連舒卷，須要變至十分。其蠶屋、火倉、蠶箔見《農器譜》。並須預備。蠶屋宜高廣，牕户虚明，易辨眠起；仍上於行捧各置照牕，每臨早暮，以助高明下就；附地列置風竇，令可啓閉，以除濕鬱。若新泥濕壁，用熱火薫乾，牕上用淨白紙新糊，門牕各掛葦簾藁薦。下蟻之時，勿用雞翎等物掃拂；惟在詳款稀匀，不至驚傷稠疊。生齊，取葉、著懷中令煖，用利刀切極細，簁於器内蓐紙之上匀薄；將連合於葉上，蟻聞葉香自下。或過時不下連，及緣上連背者，並連棄之。養蠶蟻時，先辟東間一間，四角挫壘空龕，狀如三星，以均火候，謂屋小則易收火氣也。停眠前後則撤去擇日安槌。每槌上[中]下閑鋪三箔，上承塵埃，下隔濕潤，鋪砌碎稈草於上；中箔以備分擡。用細切搗軟稈草匀鋪爲蓐，又揉淨紙，黏成一片，鋪蓐上安蠶。初生色黑，漸漸加食。三日後漸變白，則向食，宜少加厚。變青則正食，宜益加厚。復變白，則慢食，宜少減。變黄則短，食宜愈減。純黄則停食，謂之「正眠」。眠起自黄而白，自白而青，自青復白，自白而黄，又一眠也。每眠如此，候之、以加減食。凡葉不可以帶雨露及風日所乾或浥臭者食之，令生諸病。常收三日葉，以備霖雨，則蠶常不食濕葉，且不失飢。採葉歸，必疎爽於室中；待濕氣退，乃與良。

蠶時，晝夜之間，大槩亦分四時，朝暮類春秋，正晝如夏，夜深如冬，寒暄不一；雖有熟火，各合斟量多少，不宜一例。自初生至兩眠，正要温煖。蠶母須著單衣，以爲體測，自覺身寒，則蠶必寒，使添熟火；自覺身熱，蠶亦必熱，約量去火。一眠之後，但天氣晴明，巳午之間，暫揭起牕間簾薦，以通風日。南風則捲北牕，北風則捲南牕，放入倒溜風氣，則不傷蠶。大眠起後，飼罷三頓，剪開牕紙透風日，必不頓驚生病。大眠之後，捲簾薦，去牕紙；天氣炎熱，門口置甕，旋添新水，以生涼氣。如遇風雨夜涼，却當將簾薦放下。其間自小至老，蠶滋長則分之，沙燠厚，則擡之；失分則稠疊，失擡則蒸濕。蠶、柔輭而兖切。之物，不禁揉

觸；小而分擡，人知愛護，大而分擡，或懶倦而不知顧惜，久堆亂積，遠擲高抛，損傷生疾，多由於此。

蠶自大眠後十五六頓即老，得絲多少，全在此數。北蠶多是三眠，南蠶俱是四眠。日見有老者，量分數減飼；候十蠶九老，方可入簇。值雨則壞繭。南方例皆屋簇，北方例皆外簇。然南簇在屋，以其蠶少易辦，多則不任；北方蠶多露簇，率多損壓壅閼，音遏。南北簇法，俱未得中。今有善蠶者一說：南北之間，蠶少，疎開牕户，屋簇之則可。蠶多，選於院内搆長脊草廈，内制蠶簇，週以木架，平鋪蒿梢，布蠶於上，用蓆箔圍護，自無蠶病，實良策也。蠶簇，見《農器譜》。又有夏蠶、秋蠶。夏蠶自蟻至老俱宜涼，惟忌蠅蟲。秋蠶，初宜涼，漸漸宜煖，亦因天時漸涼故也，簇與繅絲，法同春蠶。南方夏蠶不中繅絲，惟堪綿纊而已。

《周禮》忌原蠶。歲再登，非不利也，然王者法禁之，謂其殘桑也。然則夏蠶最不宜多育。

《務本新書》云，凡繭，宜併手忙，擇涼處薄攤，蛾自遲出，免使抽繅相逼。恐有不及，則有瓮浥籠蒸之法。瓮浥、籠蒸並見《農器譜》。《士農必用》云，繅絲之訣，惟在細、圓、勻、緊，使無褊慢節核，麤惡不勻也。繅絲有熱釜冷盆之異，然皆必有繅車絲軠，然後可用，熱釜要大，置於釜上，接一盆甑，添水至甑中八分滿，甑中用一板欄斷，可容二人對繅也。水須常熱，旋旋下繭；多下則繅不及，煮損此可繅麄絲單繳者。雙繳者亦可，但不如冷盆所繅潔净光瑩也。冷盆要大，先泥其外，用時添水八九分。水宜温煖長勻，無令乍寒乍熱，可繅全繳細絲。中等繭可繅雙繳，比熱釜者有精神而又堅韌也。

南北蠶繅之事，擇其精妙，筆之於書，以爲必效之法。叢蠶者取其要訣，歲歲必得。庶上以廣府庫之貨資，下以備生民之纊帛，開利之源，莫此爲大。

又《百穀譜集之一・穀屬》

粟

《春秋説題》辭曰，粟之爲言續也。粟五變：一變而以陽生，爲苗，二變而秀爲禾，三變而粲然，謂之粟，四變入臼，米出甲，五變而蒸飯可食。宋均注云，粟受五行氣而五變乃成，故可食。陽以一立爲法，故粟積大一分，穗長一尺；文以七列，精以五立。西者「金」所立，米者「陽」精，故「西」字合「米」而爲「粟」。愚按，粟之爲名不一，或因姓氏，或因形似，隨義賦名；是故早則有「高居黄」「百日糧」之類，晚則有「鴟脚穀」「鴈頭青」之類；其餘名字，不可偏數，今畧載於此。

《齊民要術》云，夫粟，成熟有早晚，苗稈有高下，收實有多少，質性有彊弱，米味有美惡，粒實有息耗，地勢有良薄，山澤有異宜；順天時，量地利，則用力少而成功多，任情反道，勞而無獲。凡粟田，緑豆、小豆底爲上，麻、黍、胡麻次之，蕪菁、大豆爲下。故種粟，春種欲深，夏種欲淺，其種時，雨後爲佳，遇小雨宜接濕種，遇大雨，待薉生；小雨不接濕無以生禾苗，大雨不待白背，溼輾則令苗瘦。薉若盛者，先鋤一遍，然後納種佳也。春若遇旱，秋耕之地得仰壟待雨，春耕者不中也。夏若仰壟，匪直盪汰不生，兼與草薉俱出。凡田欲早晚相雜，防歲道有所宜。有閏之歲，節氣近後，宜晚田。然大率欲早，早田倍多於晚田。早田淨而易治，晚者蕪薉難治。其收之多少，從歲所宜，非關早晚，然早穀米實而多，晚穀皮厚米少而虚也。《氾勝之書》曰，種無期，因地爲時。三月榆莢時雨，膏地彊，可種禾。稙禾，夏至後八九十日，常夜半候之，天有霜，若白露下，以平明時，令兩人持長索，相對各持一端，以槩禾中，去霜露，日出乃止。如此，禾稼王穀不傷矣。

又必待苗生如馬耳，則鏃鋤。稀豁之處，鋤而補之。五穀惟小鋤之爲良。苗出壠則深鋤。鋤不厭數，周而復始，勿以無草而暫停。鋤者，非止除草，蓋地熟而實多，糠薄而米息，鋤得十遍，便得八米也。春鋤起地，夏而除草。春鋤不用觸溼，六月以後，雖溼亦無嫌。《吕氏春秋》曰，苗，其弱也欲孤，其長也欲相與俱，其熟也欲相扶，是故三以爲族，乃多粟。族，聚也。吾苗有行，故速長；弱不相害，故速大；横行必得，從行必術，正其行，通其風也。耘苗之法，其凡有四。第一次曰「撮苗」，第二次曰「布」，第三次曰「壅」，第四次曰「復」；俗曰「添米」。一功不至，則稂莠之害，秕糠之雜入之矣。撮苗後，用一驢帶籠觜挽之；初用一人牽之，慣熟不用，止一人輕扶，入之二三寸，其深痛過鋤力三倍，所辦之田，日不啻二十畝。今燕趙多用之，名曰「劐子」。

《食貨志》云，力耕數耘，收穫如盗賊之至。故熟速刈，乾速積，刈早則鎌傷，刈晚則穗折，遇風則收減，溼積則稾爛，積晚則損耗，連雨則生耳，所以收穫不可緩也。《記》曰，種而不耨，耨而不穫，譏其不能圖功攸終也。是知收穫者，農事之終，爲農者可不趣時致力以成其終，而自廢其前功乎？《七月》詩云，「九月築場圃，十月納禾稼」，言農功之備也。《載芟》之詩云：「載穫濟濟，有實其積，萬億及秭。」

水稻

稻之名不一，隨人所呼，不必縷數。稻有粳秫之别；粳性踈而可炊飯，秫性粘而可釀酒。然非水則無以生，故種藝之法，宜選上流出水，便其性也。《春秋説題[辭]》曰，稻之爲言「藉」也，稻含水盛，其德也；稻，太陰精，含水漸洳，乃能化也。《淮南子》亦曰，江水肥而宜稻。南方下土塗泥，皆宜水種。治稻者蓄陂塘以瀦之，置隄閘以止之。故周官制典，「稻人」掌稼下地，以瀦蓄水，以防止水。

《齊民要術》云，三月種者爲上時，四月上旬種者爲中時，中旬爲下時。先放水，十日後，曳碌碡十遍；地既熟，浄淘種子，漬，經三宿，漉出，内草篅中，裛芽長二分，一畝三升種之。苗長，陳草復起，以鎌浸水芟之。稻苗漸長，復須薅之。薅訖，去水，曝根令堅，量時水旱而溉之。又有作爲畦埂，耕耙既熟，放水匀停，擲種於内；候苗生五六寸，拔而秧之。今江南皆用此法。苗高七八寸則耘之。爪耘、爬耘見《農器譜》。耘畢，放水熇之。欲秀，復用水浸之。苗既長茂，復事薅拔，以去稂莠。薅馬，見《農器譜》。農家收穫，尤當及時。江南上雨下水，收稻必用喬扦、笐架，乃不遺失。喬扦、笐架，見《農器譜》。蓋刈早則米青而不堅，刈晚則零落而損收，又恐爲風雨損壞，此九月築場，十月納稼，工夫次第，不可失也。

大抵稻，穀之美種，江淮以南，直徹海外，皆宜此稼。舂而爲米，潔白可愛；炊爲飯食，尤爲香美。孔子云，食夫稻，衣夫錦；蓋食之於稻，衣之於錦，無以加也。故生民蓄積而禦飢，國家饋運而濟乏，誠穀中之上品，世間之珍藏也。

大小麥

然貯藏之法，尤不可不明。大凡曬大小麥，須六月掃場地；候地毒熱，衆手薄攤，取蒼耳碎剉拌曬。至「未」時，趁熱收，可二年不蛀。更欲曬，亦止在「立秋」前；若「立秋」後，則已有蟲生，恐無益矣。

又《百穀譜集之三·蓏屬》

甜瓜黄瓜附

凡種瓜，常以二月上旬爲上時，三月上旬爲中時，四月上旬爲下時；至五六月，止可種藏瓜耳。秋瓜小實，中醬藏食。種宜陽地，暖則易長，杜詩所謂「陽坡可種瓜」者是也。法，先以水浄淘瓜子，以鹽拌之。鹽和則不籠死。坑深可五寸，口大如斗，納瓜子四箇，大豆三箇，以熟糞土覆之。瓜生數葉，掐去豆。瓜性弱，以豆爲之起土。瓜生掐豆，汁出，更成良潤。行陣宜整，兩行微相近，兩行外相遠，中通步道。近以就糞，遠以通行。瓜生，比至初花，三四次鋤之，勿令生草；草生、脅瓜無子。蔓長，宜用乾柴枝就地引之，則子多。摘時，引手摘取之，勿令踏瓜蔓及翻覆之。踏則瓜爛，翻則瓜死，宜慎之。又「區種」法：兩步爲一區，口大如盆，以土壅其畔，區中躡令平，内瓜子、大豆各十枚，如前法，糞覆之。十月種者，大雪時壅雪坑上；春草生，瓜亦生矣。又法：加甕蓄水，埋於科中央，口與地平，常令水滿，四畔種瓜，則不畏旱，亦良法也。凡收子宜用本母子瓜，截去兩頭者，取中央子。本母子瓜生數葉便結子，子亦早熟。中輩蔓長二三尺方生子，後者蔓足方生子。用兩頭子者，瓜曲而細，短而喎。瓜生蟻，用羊骨置其旁，引棄之。此種藝之法也。

瓠

《氾勝之書》云，先掘地作坑，方、圓、深各三尺，圉蠶沙，和土令匀，無蠶沙，牛糞亦可。著坑中，足踐令堅平，以水沃之。水盡，下子十顆，復以前糞覆之。既生，長二尺餘，便總聚十莖一處，以布纏之五寸許，以泥封護。俟纏處合爲一莖，擇彊者留之，餘悉掐去，引蔓結子。子外之條，亦掐去之。凡留子，初生二三子不佳，取第四五者，區留三子即足用，餘旋食之。又《四時類要》云，坑深四五尺，坑底填油麻、緑豆藍及爛草糞各一重，上著糞土，以子十顆種之。待成，揀彊者四莖，每兩莖相貼纏之；待其相著，各除一頭。又取所留兩莖，如前法相貼；活後，惟留一頭，著子則揀留兩子。如此則一斗變爲盛一石矣。《莊子》魏惠王大瓠之種種之，實五石，其亦以此法歟？

芋

種宜軟白沙地，近水爲善。芋畏旱，故宜近水。區深可三尺許，區行欲寬，寬則過風。芋本欲深，深則根大。率二尺一根，漸漸加土壅之。春宜種，秋宜壅。立夏種，不生卵，秋失壅，面瘦不肥。霜降，捩其葉，使收液以美其實，則芋愈大而愈肥。《氾勝之書》云，區方深各三尺，下實豆萁尺有五寸，以糞著其上，深如其萁。一區種五本，復以糞土上覆之。旁四本，中一本，漸漸培之。芋成其爛，皆長三尺。此亦良法。今之農不然，但於淺土秧子，俟苗成，移就區種，故其利亦薄，其可不知此法？

蔓菁

《齊民要術》云，種不求多，惟須良地，新糞、壞垣墻乃佳。糞若以灰，令厚一寸，灰多則燥，不生也。耕地欲熟，宜加糞，往復匀蓋。七月初種之，畝，子三升，漫撒

而勢。種不用溼，溼則葉焦。既生不鋤。九月末收葉。六月種者，根大而葉蠹，七月末種者，葉美而根小，惟七月初者根葉俱得。仍留根取子。十月中犂麄哷，拾取耕出者，不則留多而英不茂、實不繁也。擬賣者純種「九英」，「九英」根大而味不美。春夏用畦種，如葵法。剪訖復種。取根者用大小麥底，六月中種，十月將凍，取出之。一畝可得數車。早出者根細。

蘿蔔

種同蔓菁法。每子一升，可種二十畦。畦可長一丈二尺，闊四尺。擇地宜生，耕地宜熟。地生則不蠹，耕熟則草少。凡種，先用熟糞勻布畦內，仍用火糞和之令勻，撒種之。俟苗出成葉，視稀稠、去留之。其去之者，亦可供食。以疎爲良。疎則根大而美，密則反是。尺地約可二三窠，厚加培壅，其利自倍。欲收種子，宜用九月、十月收者，擇其良，去鬚，帶葉移栽之。澆灌得所，至春二月收子，可備時種。宿根在地，不經移種者爲斜子，種之、疥而不肥。

薑

《齊民要術》曰，中國多寒，土不宜薑，所種僅可擬藥物耳。九月中掘出，置屋中，宜作窖，穀稈合埋之。今南方地暖，不用窖。至小雪前，以不經霜爲上，拔，去土，就日曬過，用篛篰盛貯架起，下用火薰三日夜，令其溼氣出盡。却掩篰口，仍高架起，下用火薰，令常暖，勿令凍損。至春，擇其芽之大者，如前法種之，爲效速而利益倍。養洋種薑，子利相當。

又《百穀譜集之四·蓏屬》

菌子

種菌法：《四時類要》云，三月種菌子，取爛楮木及葉，於地埋之，常以泔澆灌之，三兩日即生。又法：畦中下爛糞，取楮，可長六七寸，截斷槌碎，如種菜法，勻布、土蓋，日澆潤之，令長溼；隨生隨食，可供常饌。今山中種香蕈，亦如此法。但取向陰地，擇其所宜木楓、楮、栲等樹。伐倒，用斧碎斫成坎，以土覆壓之。經年樹朽，以蕈碎剉，勻布坎內，以蒿葉及土覆之，時用泔澆灌，越數時，則以槌棒擊樹，謂之「驚蕈」。雨露之餘，天氣蒸暖，則蕈生矣。雖踰年而獲利，利則甚博。採訖，遺種在內，來歲仍發復。相地之宜，易歲代種。

蔥

凡種法：收蔥子必薄布陰乾，勿令浥鬱。蔥性熱，浥則不出矣。擬種之地，必須春種綠豆，五月掩殺之；比至七月，耕數遍。一畝用子四升，炒穀拌和種之。蔥子性澀，不以穀和、下不均，不炒穀則草穢生。兩耬重耩，竅瓠下之，以批契上「撇」、下「屑」。繫腰、曳之。七月納種，至四月始鋤。鋤遍仍剪，剪與地平。高留則無葉，深剪則傷根。剪欲旦起，避熱時。良地三剪，薄地再剪，八月止。不剪則不茂，剪過則根跳。八月不止，則蔥無袍而損白。十二月、盡掃去枯葉枯袍，不去枯袍，春葉不茂。二月三月出，移種之。收子者、別留之。又法：先以子畦種，移栽，却作溝壟，糞壅之；俱成大蔥；皆高尺許，白亦如之。宿根在地，來春併得作種移栽之。

又《百穀譜集之五·蓏屬》

葫荽

漢張騫自西域得其種，莖葉皆細，可同邪蒿食及作羹，良。并人呼爲「香荽」，即此也。《本草》云，味辛溫，殺蟲去毒。

《事類全書》云，葫荽必用月晦日晚下種。《齊民要術》云，葫荽宜黑輭青沙良地，三遍熟耕。春種者用秋耕地，開春凍解，地起有潤澤時，急接澤種之。疎密正好。六七月種，先曬燥。欲種時，布子於堅地，一升子與一掬溼土和之，以脚蹉子，破作兩段。以磚瓦搓之亦得，以木礱礱之亦得。於旦暮潤時，以耬耩作壠，以手撒子，即勞令平。菜生二三寸，鋤去概者供食。十月足霜、乃收之。取子者、仍留根，間拔令稀，概即不生。以草覆上。覆者得供生食，又不凍。此菜旱種，非連雨不生，所以不同春月要求溼。麥底地亦得種，止須急耕調熟。雖名秋種，會在六月，連雨生，則根彊科大。七月種者，雨多亦得，雨少則生不盡，但根細科小，不同於六月種者。若留冬食，則以草覆之，得竟冬食。其春種、小小供食者，自可畦種，一如葵法，挼子、沃水、生芽種之。晝用箔蓋，夜則去之。晝不蓋、熟、不生，夜不去、則有蟲。凡種菜子難生者，皆水沃，令芽生，無不即生矣。

又《百穀譜集之六·果屬》

梨

梨樹亦可種亦可插。《齊民要術》云，種法：梨熟時、全埋之，經年，至春、地釋，分栽之。多著熟糞及水。至冬，葉落，附地刈殺之，以炭火燒頭，二年即結子。若穭生及種而不栽者，則著於遲。每梨有十許子，惟二子生梨，餘皆生杜。插者彌疾。插法：用棠、杜。棠、梨大而細理，杜次之，桑梨大惡。石榴上插得者爲上，梨雖活，十收得一二也。杜如臂以上者任插。當先種杜，經年後插之。主客俱下亦得，然俱下者，杜死則不生。杜樹大者插五枝，小者或三或二。梨葉微動爲上時，將欲開莩爲下時。

先作麻紉，尼真切。纏十數匝，以鋸截杜，令去地五六寸，不纏恐插時皮披。留杜高者，梨枝繁茂，遇大風則披。其高留杜者，梨樹早成，然宜作蒿葷盛杜，以土築之，令没，風時以籠盛梨，則免披耳。斜攕音尖。竹爲籤，刺皮木之際，令深一寸許。折取其美梨枝，陽中者，陰中枝則實少。長五六寸，亦斜攕之，令過心；大小長短與籤等，以刀微劉鳥更切。梨枝斜攕之際，剥去黑皮。勿令傷青皮，青皮傷即死。拔去竹籤，即插梨至劉處，木邊向木，皮還近皮。插訖，以綿幕杜頭，封熟泥於上，以土培覆，令梨枝僅得出頭。以土壅四畔。當梨上沃水，水盡，以土覆之，勿令堅涸。百不失一。梨枝甚脆，培土時宜慎之，勿令掌撥，掌撥則折。其十字破杜者，十不收一。所以然者，木裂皮開，虚燥故也。梨既生，杜旁有葉輒去之。又曰，凡插梨，園中者用旁枝，庭前者中心。旁枝樹下易收，中心上聳不妨。用根蒂小枝，樹形可喜。五年方結子。鳩脚老枝，三年即結子而樹醜。又曰，凡遠道取梨枝者，下根即燒三四寸，亦可行數百里猶生。藏梨法：初霜後即收。霜多即不得經夏。於屋下掘作深廕坑，底無令潤濕；收梨置中，不須覆蓋，便得經夏。摘時必令好接，勿令損傷。又曰，凡醋梨，易水熟煮，則甜美而不損人也。

桃

《齊民要術》曰，種桃法：桃熟時，合肉全埋糞地中，直置凡地則不生，生亦不茂。桃性早實，三歲便結子，故不求栽也。至春既生，移栽實地。若仍處糞中，則實小而苦。栽法，以鍬合土掘移之。桃性易種難栽，若離本土，率多死矣。又法：桃熟時，於牆南陽中煖處深寬爲坑，選取好桃數十枚，擘破核，即内牛糞中，頭向上；取好爛糞和土厚覆之，令厚尺餘。至春，桃始動時，徐徐撥去糞土，皆應生芽，合取核種之，萬不失一。其餘以熟糞糞之，則益桃味。桃性皮急，四年以上，宜以刀豎劚其皮。不劚，皮急即死。七八年便老，老則子細。十年即死。是以宜歲歲常種之。又法，候其子細，便附土斫去枿上生者，復爲少桃。桃酢且故切。法：桃爛自零者，收取，内之甕中，以物蓋口。七日後既爛，漉去皮核，密封閉之；三七日酢成，香美可食。

李

《齊民要術》曰，李性耐久，樹得三十年，老雖枝枯，子亦不細。嫁李法：正月一日或十五日，以磚石著李樹岐中，令實繁。又臘月中以杖微打歧問，正月晦日復打，亦足子。又法：以煮寒食醴酪火標著樹問，亦良。桃李樹下並欲鋤去草穢，而不用耕墾。耕則肥而無實，據下犁撥亦死。桃李率方兩步一根。太概連陰，則子細而味亦不佳。作白李法：用夏李，色黄，便摘取，於鹽中挼之，鹽入汁出，然後合鹽曬令萎，手捻之令扁，復晒極扁乃止。曝使乾，飲酒時以湯浇之，漉著蜜中，可以薦酒。

又《百穀譜集之七・果屬》

柰林檎

《齊民要術》曰，柰、林檎不種，但栽之。種之雖生，而味不佳。取栽如壓桑法。此果根不浮藏，栽故難求，是以須壓也。又法：於樹旁數尺許掘坑，洩其根頭，則栽易生矣。凡樹栽者皆然。栽如桃李法。林檎樹以正月、二月中翻斧斑駁椎之，則饒子。

棗

《齊民要術》曰，旱澇之地，不任耕稼者，歷落種棗則任矣，棗性燥故也。又曰，常選好味者留栽之，候棗葉始生而移之，棗性硬，故生晚，栽早者堅格生遲也。三步一樹，行欲相當。地不耕也。欲令牛馬踐履令净。棗性堅彊，不宜苗稼，若耕荒穢則蟲生，須净地堅饒實，故宜踐也。正月一日日出時，反斧斑駁椎之，名曰「稼棗」。不推則花而無實，斫則子萎而落。候大蠶入簇，以杖擊其枝間，振去狂花。不打，花繁，不實不成。全赤即收。收法：日日撼而落之爲上。半赤而收者，肉味充滿，乾則色黄而皮皺，將赤，味亦不佳，全赤，久不收則皮硬，復有鳥鳥之耗。

又《百穀譜集之八・果屬》

橘柑附

種植之法：種子及栽皆可，枳樹截接或撥栽，尤易成。但宜於肥地種之。冬收實後，須以火糞培壅，則明年花實俱茂。乾旱時以米泔灌溉，則實不損落。惟皮與核堪入藥用。皮之陳者最良。

又《百穀譜集之九・竹木》

竹筍附

種竹宜高平之地，近山阜尤是所宜。下田得水即死。黄白軟土爲良。正月二月中，斸取西南引根，并莖芟去葉，於園内東北角種之。令阬深二尺許，覆土，厚五寸。竹性愛向西南引，故於園東北角種之，數歲之後，自當滿園。諺云，東家種竹，西家治地，爲滋蔓而來生也。其居東北角者，老竹，種不生，生亦不能滋茂，故須取其西南引少根也。稻麥糠糞之，二糠各自堪糞，不令和雜。不用水澆，澆則淹死。勿令六畜入園。三月食淡竹筍，四月、五月食苦竹筍。其欲作器者，經年乃堪殺。未經年者，軟未成也。

移竹多用「辰」日，又用臘月；非此時移栽則不活。惟五月十三日謂之「竹醉日」，又謂之「竹迷日」，栽竹則茂盛。

種竹宜去梢葉，作稀泥於坑中，下竹栽，以土覆之，杵築定，勿令脚踏，土厚五寸。竹忌手把及洗手面脂水澆，著即枯死。月庵種竹法：深闊掘溝，以乾馬糞和細泥填高一尺；無馬糞，礱糠亦得；夏月稀，冬月稠，然後種竹。須三四莖作一叢，亦須土鬆淺種，不可增土於株上。泥若用钁打實，則筍不生。夢溪云，種竹但林外取向陽者，向北而栽。蓋根無不向南，必用雨下，遇「火」日及有西風則不可。花木亦然。諺云，種竹無時，雨下便移，多留宿土，記取南枝。

又《百穀譜集之十・雜類》

苧麻

苧麻有二種，一種紫麻，一種白苧。其根，舊不載所出州土，本南方之物，近河南亦多蓺之，不可以風土所宜例論也。皮可以績布。苗高七八尺，葉如楮，葉面或青或紫，背則皆白，有短毛。夏秋間著細穗青花。其根黄白而輕虚。又有一種山苧，亦頗相似。

《農桑輯要》云，栽種苧麻法：三四月種子者，初用沙薄地爲上，兩和地爲次，園圃内種之。如無園者，瀕河處亦得。先倒斸地一二遍，然後作畦，闊半步，長四步；再斸一遍，用溼潤畦土半升、子粒一合相和匀撒。子一合可種六七畦。撒畢不用土覆，土覆則不出，於畦内用極細梢杖三四根撥刺令平。可畦搭二三尺高棚，上用細箔遮蓋；五六月炎熱時，箔上用苫加覆；惟要陰密，不致曬死。稍乾，用炊帚細灑水於棚上，常令其下溼潤。如遇天陰及早夜，撒去覆箔。苗出，有草即拔。苗高三指，不須用棚。如地稍乾，用微水輕澆。約長三寸，却擇比前稍壯地別作畦移栽。臨移時，隔宿先將有苗畦澆過，明早亦將做下空畦澆過，將苧麻苗用刃器帶土撅出，轉移在内。相離四寸一栽。務要頻鋤，三五日一澆。如此愛護，二十日後，十日、半月一澆。至十月後，用驢馬生糞厚蓋。按，陸璣《草木疏》云，苧，一科數十莖，宿根在地中，至春自生，不須栽種。荆揚問歲三刈。

每刈時須根傍小芽出土高五分，其大麻即可割。大麻既割，小麻榮長，即是下次再割麻也。大麻不割，不惟小芽不旺，又失已成之麻。大約五月初一鎌，六月半一鎌，八月一鎌。鎌畢，剥取其皮，用竹刀或鐵刀從梢分批開，用手剥下皮，即以刀刮其白瓤，共浮上皺皮自去。其漚暴之法，刮製之具，亦嘗具述。見《叢器圖譜》。若值陰雨，即於屋底風道内搭凉，去聲。恐經雨黑漬故也。

或又謂孕婦胎損方所須，又主白丹濃煮水浴之，日四三瘥。韋宙療廱疽，發背初覺，未成膿者，以苧根葉熟擣敷上，日夜數易之，腫消則瘥矣。

夫苧，初種若成，宿根自在；土培之，糞壅之，又加以鋤治之工，有三刈之可收，實一勞而永利。按之《本草》，根葉亦足療人，績爲布衣，寒暑俱可被體，其利溥哉！

明・陸容《菽園雜記》卷一二 新昌、嵊縣有冷田，不宜早禾，夏至前後始插秧。秧已成科，更不用水，任烈日暴土坼裂，不恤也。至七月盡，八月初，得雨，則土蘇爛而禾茂長。此時無雨，然後汲水灌之。若日暴未久，而得水太早，則稻科冷瘦，多不叢生。予初不知其故，偶見近水可汲之田如是，怪而問之。農者云，始知觀風問俗，不可後也。山陰會稽有田，灌鹽滷，或壅鹽草灰，不然不茂。寧波、台州近海處，田禾犯鹹潮則死，故作碶堰以拒之。嚴州壅田多用石灰，台州則煅螺蚌蠣蛤之灰，不用人畜糞，云人畜糞壅田，禾草皆茂，蠣灰則草死而禾茂，故用之。

嚴州山中灌田之法，有水輪。其制，約水面至岸高若干尺，如其度爲輪，輪之輻以細木幹爲之。每輻出枸處，繫一竹筒，但微繫其腰，使兩頭活動，可以俯仰。置軸半岸，貫輪其上，岸上近輪處，置木槽以承水。溪水散緩，則以石約歸輪下使急，水急則輪轉如飛。每筒得水，則底重口仰，及轉至上，則筒口向下，水瀉木槽，分流田中。不勞人力，而水利自足，蓋利器也。夫桔槔隨處有之，或運以手，或運以足，或運以牛，機器之巧，無踰此矣。山中深溪高岸，桔槔之巧，莫能施矣，於是乎有水輪之制焉。蓋制器利用，苟有益於斯世，則君子取焉。漢陰抱甕之説，特憤世疾邪之所爲，未足以喻廣大也。

明・李詡《戒庵老人漫筆》卷六 糞田日

糞田宜火日，若金水日則不肥，圂圊溲亦不肥。氣之通塞鬱暢，不容掩也。

明・徐光啟《農政全書》卷一《農本・諸家雜論上》 《管子》曰：夫管仲之匡天下也，其施七尺。瀆田悉徙，五種無不宜。其立後而手實，其木宜蚖菕與杜松，其草宜楚棘。見是土也，命之曰五施，五七三十五尺而至於泉，呼音中角。其水倉，其民彊。赤壚歷强肥，五種無不宜。其麻白，其布黄，其草宜白茅與雚，其木宜赤棠。見是土也，命之曰四施，四七二十八尺而至於泉，呼音中商。其水白而甘，其民壽。黄唐，無宜也，唯宜黍秫也。宜縣澤，行廧同牆落，地潤數毁，難

以立邑置廧。其草宜黍秫與茅，其木宜櫄榎桑。見是土也，命之曰三施，三七二十一尺而至於泉，呼音中宮。其泉黃而糗，流徙。斥埴，宜大菽與麥，其草宜萯雚，其木宜杞。見是土也，命之曰再施，二七十四尺而至於泉，呼音中羽。其泉鹹，水流徙。黑埴，宜稻麥，其草宜蘋蓨，其木宜白棠。見是土也，命之曰一施，七尺而至於泉，呼音中徵。其水黑而苦。

凡聽徵，如負豬豕，覺而駭。凡聽羽，如鳴馬在野。一作鳴鳥在樹。凡聽宮，如牛鳴窌中。凡聽商，如離羣羊。凡聽角，如雉登木以鳴，音疾以清。凡將起五音，凡首，先主一而三之，四開以合九九，以是生黃鍾小素之首以成宮。三分而益之以一，爲百有八爲徵；不無有三分而去其乘適足，以是生商，有三分而復於其所，以是成羽。有三分而去其乘適足，以是生角。

墳延者，六施，六七四十二尺而至於泉。陝之芀，七施，七七四十九尺而至於泉。祀陝，八施，八七五十六尺而至於泉。杜陵，九施，七九六十三尺而至於泉。延陵，十施，七十尺而至於泉。環陵，十一施，七十七尺而至於泉。蔓山，十二施，八十四尺而至於泉。付山，十三施，九十一尺而至於泉。付山白徒，十四施，九十八尺而至於泉。中陵，十五施，百五尺而至於泉。青山，十六施，百一十二尺而至於泉。青龍之所居。庚泥，不可得泉。赤壤㝯山，十七施，百一十九尺而至於泉。其下青商，不可得泉。陞山白壤，十八施，百二十六尺而至於泉。其下騂石，不可得泉。徙山，十九施，百三十三尺而至於泉。其下有灰壤，不可得泉。高陵土山，二十施，百四十尺而至於泉。

山之上，命之曰縣泉。其地不乾，其草如茅與走，其木乃樠，鑿之二尺乃至於泉。山之上，命曰復呂。其草魚腸與蕕，其木乃柳，鑿之三尺而至於泉。山之上，命曰泉英。其草蘄白昌，其木乃楊。鑿之五尺而至於泉。山之材，其草兢與薔，其木乃格。鑿之二七十四尺而至於泉。山之側，其草葍與蔞，其木乃品榆。鑿之三七二十一尺而至於泉。

凡草土之道，各有穀造，或高或下，各有草木。葉下於䓈，䓈下於莧，莧下於蒲，蒲下於葦，葦下於雚，雚下於蔞，蔞下於荓，荓下於蕭，蕭下於薜，薜下於萑，萑下於茅。凡彼草物，有十二衰，各有所歸。

九州之土，爲九十物。每州有常而物有次。

羣土之長，是爲五粟。五粟之物，或赤或青或黑或黃或白。五粟五章。五粟之狀，淖而不肕，剛而不觳，不濘車輪，不汙手足。其種大重，細重，白莖白秀，無不宜也。五粟之土，若在陵在山，在隫在衍，其陰其陽，盡宜桐柞，莫不秀長。其榆其柳，其檿其桑，其柘其櫟，其槐其楊，羣木蕃滋，數大條直以長。其澤則多魚，牧則宜牛羊。其地其樊，俱宜竹箭，藻龜楢檀，五臭生之。薛荔白芷麋蕪椒連。五臭所校，寡疾難老，士女皆好，其民工巧。其泉黃白，其人夷姤。五粟之土，乾而不格，湛而不澤，無高下葆澤以處，是謂粟土。

粟土之次，曰五沃。五沃之物，或赤或青或黃或白或黑。五沃之物，各有異則。五沃之狀，剽忞橐土，蟲易全處。忞剽不白，下乃以澤。其種大苗、細苗，赨莖黑秀，箭長。五沃之土，若在邱在山在陵在岡，若在陬陵之陽，其左其右，宜彼羣木，桐柞扶櫄，及彼白梓。其梅其杏，其桃其李，其秀生莖起。其棘其棠，其槐其楊，其榆其桑，其杞其枋，羣木數大，條直以長。其陰則生，又之楂梨。其陽則安，樹之五麻。若高若下，不擇疇所。其麻大者，如箭如葦，大長以美。其細者，如雚如蒸，欲有與名。大者不類，小者則治，揣而藏之，若衆練絲。五臭疇生，蓮與蘪蕪，藁本白芷。其澤則多魚，牧則宜牛羊。其泉白青，其人堅勁。寡有疥騷，終無痟酲。五沃之土，乾而不斥，湛而不澤，無高下葆澤以處，是謂沃土。

沃土之次，曰五位。五位之物，五色雜英，各有異章。五位之狀，不塥不灰，青忞以落。其種大葦無、細葦無，赨莖白秀。五位之土，若在岡在陵，在隫在衍，在邱在山，皆宜竹箭。求黽楢檀。其山之淺，有龍與斥，羣木安逐，條長數大。其桑其松，其杞其茸，種木胥容。榆桃柳楝，羣藥安生，姜與桔梗，小辛大蒙。其山之梟，多桔符榆。其山之末，有箭與苑。其山之傍，有彼黃蝱，及彼白昌，山藜葦芒，羣藥安聚，以圉民殃。其林其漉，其槐其楝，其柞其穀，羣木安逐，鳥獸安施，既有麋麃，又且多鹿。其泉青黑，其人輕直，省事少食。無高下葆澤以處，是謂位土。

位土之次，曰五蘟。五蘟之狀，黑土黑洎，青怵以肥，芬然若灰。其種櫑葛，赨莖黃秀，恚目，其葉若苑。以蓄殖果木。不若三土以十分之二。是謂蘟土。

蘟土之次，曰五壤。五壤之狀，芬然若澤若屯土。其種大水腸、細水腸，赨莖黃秀以慈。忍水旱，無不宜也。蓄殖果木，不若三上以十分之二。是謂壤土。

壤土之次，曰五浮。五浮之狀，捍然如米，以葆澤，不離不坼。其種忍蘟，忍葉如雚葉以長狐茸，黃莖黑莖黑秀，其粟大，無不宜也。蓄殖果木，不如三土以十分之二。

凡上上三十物，種十二物。

中土，曰五忞。五忞之狀，廩焉如壏，潤濕以處。其種大稷、細稷，赨莖黃秀以慈，忍水旱。細粟如麻。蓄殖果木，不若三土以十分之三。

忞土之次，曰五纑。五纑之狀，强力剛堅。其種大邯鄲、細邯鄲，莖葉如扶櫄，其粟大。蓄殖果木，不若三土以十分之三。

纑土之次，曰五壏。五壏之狀，芬焉若糠以肥。其種大荔、細荔，青莖黃秀。蓄殖果木，不若三土以十分之三。

壏土之次，曰五剽。五剽之狀，華然如芬以脤。其種大秬、細秬，黑莖青秀。蓄殖果木，不若三土以十分之四。

剽土之次，曰五沙。五沙之狀，粟焉如屑塵厲。其種大萯、細萯，白莖青秀以蔓。蓄殖果木，不若三土以十分之四。

沙土之次，曰五塥。五塥之狀，纍然如僕累。不忍水旱。其種大樛杞、細樛杞，黑莖黑秀。蓄殖果木，不若三土以十分之四。

凡中土三十物，種十二物。

下土曰五猶。五猶之狀如糞。其種大華、細華，白莖黑秀。蓄殖果木，不如三土以十分之五。

猶十之次，曰五弘。五弘之狀，如鼠肝。其種青粱，黑莖黑秀。蓄殖果木，不如三土以十分之五。

弘土之次，曰五殖。五殖之狀，甚澤以疏，離坼以臞塉。其種雁膳，黑實；朱跗，黃實。蓄殖果木，不如三土以十分之六。

五殖之次，曰五觳。五觳之狀，婁婁然，不忍水旱。其種大菽、細菽，多白實。蓄殖果木，不如三土以十分之六。

觳土之次，曰五鳧。五鳧之狀，堅而不骼。其種陵稻，黑鵝、馬夫。蓄殖果木，不如三土以十分之七。

鳧土之次，曰五桀。五桀之狀，甚鹹以苦。其物爲下。其種白稻，長狹。蓄殖果木，不如三土以十分之七。

凡下土三十物，其種十二物。

凡上物九十，其種三十六。

「野與市争民，金與粟争貴」。又曰：「狄，諸侯畝鍾之國也，故粟十鍾而錙金。程，諸侯出東之國也，故粟五釜而錙金。」

《商子》曰：「金生而粟死，粟死而金生。金一兩生於境內，粟十二石死於境外。粟十二石生於境內，金一兩死於境外。好生金於境內，則金粟兩死，倉府兩虛，國弱。好生粟於境內，則金粟兩生，倉府兩盈，國强。」

《呂覽》曰：玄扈先生曰：古農家之書甚多，於今罕傳。呂相所集諸篇，概有所本，亦可覩見一二矣。凡農之道，厚之爲寶。斬木不時，不折必穗。稼就而不穫，必遇天菑。夫稼，爲之者人也，生之者地也，養之者天也。是以人稼之容足，耨之容耰，據之容手，此之謂耕道。是以得時之禾，長稠而穗，大本而莖殺，蔬穖而穗大，其粟圓而薄糠，其米多沃而食之彊。如此者不風。先時者，莖葉帶芒以短衡，穗秬而芳奪，秮米而不香，後時者，莖葉帶芒而末衡，穗閲而青零，多粃而不滿。得時之黍，芒莖而徼下，穗芒以長，摶米而薄糠，舂之易而食之不噮而香如此者不飴。先時者，大本而華，莖殺而不遂，葉藁短穗，後時者，小莖而麻長，短穗而厚糠，小米鉗而不香。得時之稻，大本而莖葆，長稠疏穖，穗如馬尾，大粒無芒，摶米而薄糠，舂之易而食之香。如此者不益。先時者，大本而莖葉格對，短稠短穗，多粃厚糠，薄米多芒。後時者，纖莖而不滋，厚糠多粃，庛辟米，不得待定熟，卬天而死。得時之麻，必芒以長，疎節而色陽，小本而莖堅，厚枲以均，後熟多榮，日夜分復生。如此者不蝗。得時之菽，長莖而短足，其莢二七以爲族，多枝數節，競葉蕃實。大菽則圓，小菽則摶以芳，稱之重，食之息以香。如此者不蟲。先時者，必長以蔓，浮葉疎節，小莢不實。後時者，短莖疎節，本虛不實。得時之麥，稠長而莖黑，二七以爲行，而服薄糕而赤色。稱之重，食之致香以息，使人肌澤且有力。如此者不蚼蛆。先時者，暑雨未至，胕動蚼蛆而多疾，其次羊以節。後時者，弱苗而穗蒼狼，薄色而美芒。是故得時之稼興，失時之稼約。莖相若，稱之，得時者重，粟之多。量粟相若而舂之，得時者多米。量米相若而食之，得時者忍饑。是故得時之稼，其臭香，其味甘，其氣章。百日食之，耳目聰明，心意叡智，四衛變彊，殈氣不入，身無苛殃。黄帝曰：「四時之不正也，正五穀而已矣。」《審時篇》。

《后稷》曰：子能以窐爲突乎？子能藏其惡而揖之以陰乎？子能使吾土靖而甽浴土乎？子能使保溼安地而處乎？子能使雚夷毋淫乎？子能使子之野盡爲泠風乎？子能使藁數節而莖堅乎？子能使穗大而堅均乎？子能使粟圜而薄糠乎？子能使米多沃而食之彊乎？無之若何？凡耕之大方，力者欲柔，柔者欲力；息者欲勞，勞者欲息；棘者欲肥，肥者欲棘；急者欲緩，緩者欲急；濕者欲

燥，燥者欲濕。上田棄畝，下田棄甽。五耕五耨，必審以盡。其深殖之度，陰土必得。大草不生，又無螟蜮。今兹美禾，來兹美麥。是以六尺口耜，所以成畝也。其博八寸，所以成甽也。耨柄尺，此其度也。其耨六寸，所以間稼也。地可使肥，又可使棘。人肥必以澤，使苗堅而地隙。人耨必以呈，使地肥而土緩。草端大月。冬至後五旬七日，菖始生。菖者，百草之先生者也，於是始耕。孟夏之昔，殺三葉而穫大麥。日至，苦菜死而資生，而樹麻與菽，此告民地寶盡死。凡草生藏日中出，稀首生而麥無葉，而從事於蓄藏，此告民究也。五時，見生而樹生，見死而穫死。天下時，地生財，不與民謀。有年瘞土，無年瘞土。無失民時，無使之治。下知貧富利器，皆時至而作，渴時而止。是以老弱之力可盡起。其用曰半，其功可使倍。不知事者，時未至而逆之，時既往而慕之，當時而薄之，使其民而郄之。民既郄乃以良時慕，此從事之下也。操事則苦，不知高下，民乃逾處。種稑禾不爲稑，種重禾不爲重，是以粟少而失功《任地篇》。

凡耕之道：必始於壚，爲其寡澤而後枯。必後其勒，爲其唯厚而及。䬹者䕀之，堅者耕之，澤其靹而後之。上田則被其處，下田則盡其汙。無與三盜任地。夫四序參發，大甽小畝爲青魚胠，苗若直獵，地竊之也。既種而無行，耕而不長，則苗相竊也。弗除則蕪，除之則虛，則草竊之也。故去此三盜者，而後粟可多也。所謂今之耕也，營而無獲者，其蚤者先時，晚者不及時，寒暑不節，稼乃多菑實。其爲畮也，高而危則澤奪，陂則埒，見風則㷂，高培則拔，寒則雕，熱則修，一時而五六死，故不能爲來。不俱生而俱死，虛稼先死，衆盜乃竊。望之似有餘，就之則虛。農夫知其田之易也，不知其稼之疏而不適也；知其田之際也，不知其稼居地之虛也。不除則蕪，除之則虛，此稼之傷也。故畮欲廣以平，甽欲小以深，下得陰，上得陽，然後咸生。稼欲生於塵，而殖於堅者。慎其種，勿使數，亦無使疎。於其施土，無使不足，亦無使有餘。熟有耰也，必務其培。其耰也植，植者其生也必先。其施土也均，均者其生也必堅。是以畮廣以平，則不喪本，莖生於地者，五分之以地。莖生有行，故遬長，弱不相害，故遬大。衡行必得，縱行必術；正其行，通其風，夬心中央，帥爲冷風。苗，其弱也欲孤，長也欲相與居，其熟也欲相扶。是故三以爲族，乃多粟。凡禾之患，不俱生而俱死。是以先生者美米，後生者爲粃。是故其耨也，長其兄而去其弟。樹肥無使扶疎，樹境不欲專生而族居。肥而扶疎則多粃，境而專居則多死。不知稼者，其耨也，去其兄而養其弟，不收其粟而收其粃，上下不安，則禾多死。厚土則孽不通，薄土則蕃輜而不發。壚埴冥色，剛土柔種，免耕殺匿，使農事得。《辨土篇》。

又 事不龔，敚之以土功，是謂大凶。凡稼，蚤者先時，暮者不及時，寒暑不節，稼乃生災。冬至已後五旬有七日而菖生，於是乎始耕。事農之道，見生而藝生，是死而穫死。天發時，地產財，不與人期。有年祀上，無年祀土，無失人時。迨時而作，遇時而止，老弱之力，可使盡起。不知時者，未至而逆之，既往而慕之，當其時而薄之，此從事之下也。夫耨必以旱，使地肥而土緩。稼欲產於塵土，而殖於地堅者。慎其種，勿使數，亦無使疎。於其施土，無使不足，亦無使有餘。畎欲深以端，畝欲沃以平，下得陰，上得陽，然後咸生。立苗有行故速長。强弱不相害故速大，正其行，通其中，疎爲冷風，（千古要論）則有收而多功。率稼，望之有餘，就之則疎，是地之竊也。不除則蕪，除之則虛，是事之傷也。苗，其弱也欲孤，其長也欲相與居，其熟也欲相與扶。三以爲族，稼乃多穀。凡苗之患，不俱生而俱死，是以先生者美米，後生者爲粃。是故其耨也，長其兄而去其弟，樹肥無使扶疎，樹境不欲專生而獨居，肥而扶疎則多粃，境而專居則多死。不知耨者，去其兄而養其弟，不收其粟而收其粃，上下不安，則稼多死。得時之禾，長稢而大穗，圜粟而薄糠，米飴而香，舂之易而食之强，失時之禾，深芒而小莖，穗銳多粃而青蕭。得時之黍，穗不芒以長，團米而寡糠。失時之黍，大本華莖，葉膏短穗。得時之稻，莖葆長稢，穗如馬尾。失時之稻，纖莖而不滋，厚糠而菑死。得時之麻，疎節而色陽，堅枲而小本。失時之麻，蕃柯短莖，岸節而葉蟲。得時之菽，長莖而短足，其莢二七以爲族，多枝數節，競葉繁實，稱之重，食之息。失時之菽，必長以蔓，浮葉虛本，疎節而小莢。得時之麥，長稢而頸族，二七以爲行，薄翼而䵃色，食之使人肥且有力。失時之麥，胕腫多病，弱苗而翜穗，是故得時之稼豐，失時之稼約。庶穀盡宜，從而食之，使人四衛變强，耳目聰明，凶氣不入，身無苛殃。善乎孔子之言，冬飽則身温，夏飽則身涼，夫温涼時適，則人無病疢。人無病疢，是疫癘不行，疫癘不行，咸得遂其天年。故曰：穀者人之天。是以興王務農，王不務農，是棄人也。王而棄人，將何國哉？《農道篇》。

戴埴論曰：玄扈先生曰：《書》不删《無逸》，《詩》不删《豳風》。夫子告須之辭，亦猶孟子不欲並耕之意耳。樊遲學稼學圃，夫子固以須無志於大而鄙之。然夫子所謂不如老農圃，則是真實之辭。古者，人各有一業，一事一物，皆有傳授。問樂必須夔，問刑必須皋，農事非后稷不可。禾麻菽麥秬秠穈芑，各有土地之宜；方苞種褎發秀穎栗，各有前後之序。本末源流，特概見於《生民》《七月》。《周禮》欲

職事曰：稼穡樹藝，及任農以耕事，任圃以樹事，是各有職。老農老圃，蓋習聞其故家遺俗，窮耕植之理者也。此許行所以學農家。今以所傳《齊民要術》，亦可想農圃之梗概。《管子·地員》一篇，載土地所宜，比《禹貢》尤詳悉。《亢倉子》説農道，大有意義。稼容足，耨容耰，耘容手，謂之耕道。人耨以旱，使地肥而土緩。稼欲産於塵，而殖於堅。其種勿使數，亦無使疏。施土無使不足，亦無使有餘。畎欲深而端，畝欲廣以平，下得陰，上得陽，然後盛生。吾苗有行故速長，强弱不相害故速大。苗，其弱也欲孤，其長也欲相與居，其熟也欲相扶，其耨也長其兄而去其弟。樹肥無扶疎，樹墝不欲專生而獨居。肥而扶疎則多粃，墝而專居則多死。其説禾黍稻麻菽麥，得時失時尤詳。且悉與《呂氏春秋》大概略同。

又 卷二《農本·諸家雜論下》閻閎序王禎《農桑通訣》曰：巡撫山東右副都御史安州邵公，得元王禎氏《農書》，顧右布政使長興顧公謂：茲實大關民事，而政之首也。當轉寫善本，即布政使司刻之，以廣流布。示吾民：勤衣食之原，而期享樂利之休，盛心也。刻半，左布政使固始李公至，乃趣完刻。余爲言，以著公意。言曰：天之生也，與以所長，則限之以短。其於人也，賦性獨靈，而制生養之材甚艱。人之欲生也，固不待聖人有作，孰不求所以自活？而聖人者，亦人之欲生者也（惟聖能前民用）。今無論羲、農、軒、堯以來，想巢、燧之初，觀時造始，實求自永其生，而天遂命之，人遂宗之。君臣道興，衣食之原，漸以開矣。是故耕穫、鉏耨，陰陽蚤莫之節宜順也。高下遼隰，燥濕寒燠之氣宜候也，洩制生化，土木金石之物宜悉也。糞灌培蒔，剛柔疎密之性宜辨也。水旱蟲盜，捍禦守視之役宜力也。采摘修捋，生熟急緩之度宜中也。飲飼閑放，好惡新故之情宜調也。牝牡生息，老嫩去留之班宜審也。堆稷攤曬，風雨霧露之防宜豫也。碾礴碓磑，精麤篩簸之計宜準也。倉窖轉般，鼠雀浥漏之虞宜察也。積散出內，盈縮低翔之數宜算也。是故農事修，則食用贏，衣用裕，器用精，財用饒，而生養遂矣。是故天子，則君人養人者也。士以上，皆裨君長民者也。君不知稼穡，逞欲殄物，民因以極。民火動，而元命搭。醫論且然，況君以民爲命者乎？故君知稼穡，則知懼。長民而斁民事，衣食縣官，不宜心力，猶傭者懈，主人將轉傭。君子當廉勤自樹，忍以穀恥乎？故仕知民事，則知媿。是故聖人之重衣食也，王公躬藉以先耕，后夫人親蠶以先織。卿大夫士以及內子，胥與事焉，而治本重矣。故曰：民事不可緩也。今簡王氏書，首以《通訣》，繼以《器譜》，而終以諸種。民事通諸上下者，蓋備矣。是故得嘉種而缺利器，則難播與失種同；制利器而昧要訣，則逆時與無器同。故得其訣，器可假而使也；利諸器，種可糴而下也。度要訣以達沖和之化。儲利器以運制用之機。富嘉種以取十千之報，比屋上農矣。吾又恐浮食末作，未緣南畝，藝將孰載？方農之殷，使輒不時，則功孰與成？今民不但六也，盡歸而農，誠未即得，盍若寬見農而不妨其務，俾自趨利而樂生乎？是故解內之遠重也，點集之煩數也，迎候之紛沓也，力役之勤悴也，守戍之隔離也，讞報之留滯也。六者，於古已然，而害農一也。嗚呼！是書據六經，該羣史，旁兼諸子百家，以及殊方異俗咸著，亦用心矣。從政者無害農，皆以此利農者訓農，則王氏撰述之初意，邵公刊布之盛心，當惠徧吾人，豈有窮乎？雖然，以今昏旦之中考農祥則失度，西涼白麥之熟較南夏則違時。故雪而迅霆，桃源之夫呼凍雷。父椎牛骨，而子漸之，谿峒土人數十年而食假鬼。或贏馬驢耕，或鴨羣鉏稻。稻，一熟也，或三熟。蕎，秋種也，或春種。是以有老嫗插秧，有少婦列肆。有以蕨肥田，又淋其灰汁作菹。南河之南，有車鐵輪。野馬之川，牛服鞍。甌越之儌，塗篋釜。或隔年見如樹，或二月食櫻桃。蜑家於舟，苗獨藏穗，關隴之野尚營窟而土處。則九域民事物候，固多端而難律也。中土耕，一犂三牛。水田水牛，故一犂一牛。一牛三犂，樓犂也，而載之《墾耕篇》則誤矣。王氏又謂餘甘獨泉産也，往泛昆明則食之。是猶賈思勰《要術》附槃多、摩廚，徒示博耳。故擊壤食葵，今俗所少。葛籠牧笛，取具事目。聞之農老曰：必毋倉、生炁卜種，則一年可耕之日少，余亦嘗曰：必草人法糞田，亦恐渴澤不得鹿，墳壤之不得麋也。故曰：通其變，使民不倦。神而明之，存乎其人，真知農哉！邵公名錫，李公名緋，顧公名應祥，皆以進士顯。余往給事中，邵公則都給事中云。

又 於永清序鄺廷瑞《便民圖纂》曰：昔漢太子家令晁錯，紓籌計邊事，募民徙塞，實廣虛以威匈奴，先爲居室，置田具器，相其陰陽之和，流泉之味，土地之宜，草木之饒，使民樂其業，有長居心，無他使之也。上谷雲中，壤接三輔，扆漢控胡，巍然西北重鎮，於今稱絶塞焉，虜款以來，烽燧無警者二十餘年矣，完固阜殷，宜益倍曩昔。乃閑陌耗敝，罄懸杼倚。蒲、贏、潑襪，不給於南畝。而庚、艄、韋、複，告匱於北山。關以北。石田敝土，蕪穢汚萊，無耕桑林澤之業。一切機利，悉倒制於借壤鴈民。白登以西，計文讕滿。羼名規役，租積逋且萬計。尺伍執殳之夫，雕劬脱巾。單産孱民，飴堇荼，練緼不銖於體，乃裔徼習皆窳，猥云輸財效力，疆腹殊共。藉令方內有數千里水旱之災，大庾之金，不輦於塞，林林

寄生之衆，將安所哺啜褸裡，慰啼號哉？《氾勝》《齊民》之術，顧安可置弗講也？鄺廷瑞《便民圖纂》，凡三卷，分類凡一十有一，列條凡八百六十有六。自樹藝占法，以及祈涓之事，起居調攝之節，蒭牧之宜，微瑣製造之事，捆摭該備，大要以衣食生人爲本，是故繪圖篇首，而附纂其後。歌詠嗟嘆，以勸勉服習其艱難。一切日用飲食治生之具，展卷臚列，無煩咨諏，所稱便民者非耶？雖然，是便民者也，非民所能自便者也。長民者衣食縣官，受若值而斁民事，不幾以穀恥乎？其務宜厥心力，以惠綏拊循若人。期會必審，毋奪時；徵發有度，毋盡力；約束有章，毋煩令。故曰：表地掩畝，刺草殖穀，農夫庶衆之事也；和濟百姓，使民不偷，將率之事也。農夫庶衆之事，《圖纂》既纚纏詳之矣，將率之事，長人者其勗諸！

又 大抵風土之説，總而言之，則方域之多，大有不同。詳而言之，雖一州之域，亦有五土之分，似無多異。《周禮・大司徒》以土會之法，辨五地之物生，一曰山林，二曰川澤，三曰丘陵，四曰墳衍，五曰原隰。以土宜之法，辨十有二土之名物，十二分野之土，各有所宜，辨其名，謂白壤，黑墳之類； 辨其物，謂所生之物。以相民宅，而知其利害，以阜人民，以蕃鳥獸，以育草木，以任土事。辨十有二壤之物，而知其種，以教稼穡樹藝。遂以教民，春耕秋穡。然稼穡、樹藝，只有《周禮・草人》掌土化之法，以物土相其宜，以爲之種。凡糞種：騂剛用牛，赤緹用羊，墳壤用麋，渴澤用鹿，鹹潟用貆，勃壤用狐，埴壚用豕，强檕用蕡，輕爂用犬。凡所以糞種者，皆謂煮取汁也。此謂占地形色，爲之種者一。取牛羊等汁以溲種，而化之使美，則得其宜矣。若今之善農者，審方域田壤之異，以分其類，參土化土會之法，以辨其種。如此可不失種土之宜，而能盡稼穡之利。是圖之成，非獨使民視爲訓則，抑亦望當世之在民上者，按圖考傳，隨地所在，悉知風土所別，種藝所宜，雖萬里而遥，四海之廣，舉在目前，如指掌上。庶乎得天下農種之總要與國家教民之先務，此圖之所以作也。幸試覽之。

玄扈先生曰：五地十二壤，《周官》舊法，此可通變用之者也。若謂土地所宜，一定不易，此則必無之理。立論若斯，固後世惰窳之吏，游閒之民，媮不事事者之口實耳。古來蔬果，如頗稜、安石榴、海棠、蒜之屬，自外國來者多矣。今薑、荸薺之屬，移栽北方，其種特盛，亦向時所謂土地不宜者也。凡地方所無，皆是昔無此種；或有之，而偶絶。果若盡力樹蓺，殆無不可宜者。就令不宜，或是天時未合，人力未至耳。試爲之，無事空言抵捍也。第其中亦有不宜者，則是寒暖相違，天氣所絶，無關於地。若荔枝龍眼，不能踰嶺，橘柚橙柑，不能過淮；他若蘭茉莉之類，亦千百中之一二。故此書載二十八宿周天經度，甚無謂。吾意欲載南北緯度，如云某地北極出地若干度，令知寒暖之宜，以辨土物，以興樹藝，庶爲得之。

又 卷六《農事・營治上》 《齊民要術》曰：凡人家營田，須量己力，寧可少好，不可多惡。假如一犋牛，總營得小畝三頃，（據齊地，大畝一頃三十五畝也。）每年一易，必須頻種。其雜田地，即是來年穀資。欲善其事，先利其器；悦以使人，人忘其勞。且須調習器械，務令快利。秣飼牛畜，常須肥健。撫恤其人，常遣歡悦。觀其地勢，乾濕得所。凡秋收了，先耕蕎麥地，次耕餘地，務遣深細，不得趁多。看乾濕，隨時蓋磨著。切見世人耕了，仰著土塊，竝待孟春蓋。若冬乏水雪，連夏亢陽，徒道秋耕，不堪下種，無問耕得多少，皆須旋蓋磨如法。如一犋牛，兩個月秋耕，計得小畝三頃，經冬加料餧。至十二月内，即須排比農具，使足。一入正月初未，開陽氣上，即更蓋所耕得地一遍。凡田地中，有良有薄者，即須加糞糞之。其踏糞法：凡人家秋收後，治糧場上所有穰穀穖等，竝須收貯一處。每日布牛脚下，三寸厚。每平旦收聚，堆積之。還依前布之，經宿即堆聚。計經冬，一具牛踏成三十車糞。玄扈先生曰：不止牛也，凡猪羊皆倣此作，而以灰及雜草藏布之。至十二月正月之間，即載糞糞地。計小畝畝别用五車，計糞得六畝。匀攤耕蓋著，未須轉起。自地亢後，但所耕地，隨向蓋之，待一段總轉了，即横蓋一遍。計正月二月兩個月，又轉一遍。然後，看地宜納粟，先種黑地，微帶下地，即種糙種，然後種高壤白地。其白地，候寒食後，榆莢盛時納種。以次種大豆，油麻等田。然後轉所糞得所，耕五六遍。每耕一遍，蓋兩遍，最後蓋三遍。還縱横蓋之。候昏房心中，下黍種，無問。穀，小畝一升下子，則稀概得所。候黍粟苗未與壠齊，即鋤一遍。黍經五日，更報鋤第二遍。候未蠶老畢，報鋤第三遍。如無力，即止。如有餘力，秀後更鋤第四遍。油麻大豆竝鋤兩遍止，亦不厭早鋤。穀第一遍耕科定，每科只留兩莖，更不得留多。每科相去一尺，玄扈先生曰：古一尺；大約今一尺三寸有餘，後《齊民要術》中尺寸倣此。兩壠頭空。務欲深細。第一遍鋤，未可全深。第二遍，唯深是求。第三遍，較淺於第一遍。第四遍，較淺。

《齊民要術・耕田》篇曰：田，陳也。樹穀曰田。象形從囗從十，阡陌之制也。耕，種也。從耒，井聲。一曰古者井田。劉熙《釋名》曰：田，填也。五穀填

滿其中。犂，利也。利發土絶草根。耨，似鉏，以薅禾也。斸，誅也。主以誅鉏根株也。凡開荒山澤田，皆七月芟艾之。草乾，即放火。至春而開墾。其林木大者，劙殺之，葉死不扇，便任耕種。三歲後，根枯莖朽，以火燒之。耕荒畢，以鐵齒錋楱再徧杷之。漫擲黍穄，勞亦再徧。明年，乃中爲穀田。

凡耕：高下田，不問春秋，必須燥濕得所爲佳。若水旱不調，寧燥不濕。燥雖耕塊，一經得雨，地則粉解。濕耕堅垎［瑚洛］，數年不佳。諺曰：「濕耕擇鋤，不如歸去。」言無益而有損。濕耕者，白背連錋楱之，亦無傷；否則大惡也。春耕，尋手勞。古曰耰，今曰勞。《說文》曰：耰，摩田器。今人亦名勞曰摩。秋耕，待白背勞。秋多風，若不尋勞，地必虛燥，秋田塌實，塌勞令地硬。諺曰：「耕而不勞，不如作暴。」蓋言澤難遇，喜天時故也。桓寬《鹽鐵論》曰：茂木之下無豐草，大塊之間無美苗。凡秋耕欲深，春夏欲淺，犂欲廉，勞欲再。犂廉耕細，牛復不疲。再勞，地熟，旱亦保澤也。秋耕，𥝩青者爲上。比至冬月，青草復生者，其美與小豆同也。初耕欲深，轉地欲淺。耕不深，地不熟；轉不淺，動生土也。菅茅之地，宜縱牛羊踐之。踐則浮根。七月耕之則死。非七月，復生矣。

凡美田之法，綠豆爲上，小豆胡麻次之，悉皆五六月中穊美懿反，漫種也。種。七月八月，犂𥝩殺之。爲春穀田，則畝收十石。《農桑輯要》曰：一石大約今一斗七升。十石，今二石七斗有奇也。後《齊民要術》中石斗倣此。其美與蠶矢熟糞同。凡秋收之後，牛力弱，未及即秋耕者，穀黍穄粱秫茇之下，即移羸。速鋒之，也恒潤澤而不堅硬。乃至冬初，嘗得耕勞，不患枯旱。若牛力少者，但九月十月一勞之，至春穡桓亦得。

魏文侯曰：「民，春以力耕，夏以鋤耘，秋以收斂。」

《雜陰陽書》曰：「亥爲天倉，耕之始。」《呂氏春秋》曰：「冬至後五旬七日，菖生。菖者，百草之先生者也。於是始耕。」高誘注曰：「菖，菖蒲，水草也。」

《淮南子》曰：「耕之爲事也勞，織之爲事也擾。擾勞之事，而民不舍者，知其可以衣食也。人之情，不能無衣食。衣食之道，必始於耕織之物。若耕織始初甚勞，終必利也衆。」又曰：「不能耕而欲黍粱，不能織而喜縫裳，無其事而求其功，難矣。」

《氾勝之書》曰：凡耕之本，在於趣時，和土，務糞澤，早鋤穫。春凍解，地氣始通，土一和解。夏至，天氣始暑，陰氣始盛，土復解。夏至後九十日，晝夜分，天地氣和。以此時耕田，一而當五。名曰膏澤，皆得時功。春地氣通，可耕堅硬強地黑壚土。輒平摩其塊以生草，草生，復耕之。天有小雨，復耕。和之，勿令有塊，以待時，所謂強土而弱之也。春候地氣始通，椓橛木，長尺二寸。埋尺，見其二寸。立春後，土塊散，上沒橛，陳根可拔。此時，二十日以後，和氣去，即土剛。以此時耕，一而當四；和氣去，耕，四不當一。杏始華榮，輒耕輕土弱土。望杏花落，復耕，耕輒藺之。草生，有雨澤，耕重藺之。土甚輕者，以牛羊踐之。如此，則土強。此謂弱土而強之也。春氣未通，則土歷適不保澤，終歲不宜稼，非糞不解。慎無旱耕。須草生。至可種時，有雨即種。土相親，苗獨生，草穢爛，皆成良田。此一耕而當五也。不如此而旱耕，塊硬，苗穢同孔出，不可鋤治，反爲敗田。

秋，無雨而耕，絶土氣，土堅垎，名曰脂田。及盛冬耕，泄陰氣，土枯燥，名曰脯田。脯田與脂田，皆傷田，二歲不起稼，則一歲休之。凡愛田，常以五月耕，六月再耕，七月勿耕。玄扈先生曰：古治田者歲易，故可夏耕。今居廣虛之地者，宜仍用古法。若麥田種秋苗，自然五六月耕，不待論也。謹摩平以待種時。五月耕，一當三；六月耕，一當再；若七月耕，五不當一。

冬雨雪止，輒以藺之，掩地雪，勿使從風飛去。後雪，復藺之，則立春保澤，凍蟲死，來年宜稼。得時之和，適地之宜，田雖薄惡，收可畝十石。

崔寔《四民月令》曰：正月，地氣上騰，上長冒橛，陳根可拔，急菑強土黑壚之田。二月，陰凍畢澤，可菑美田，緩土，及河渚水處。三月，杏華勝，可菑沙白輕土之田。五月六月，可菑麥田。

崔寔《政論》曰：武帝以趙過爲搜粟都尉，教民耕殖。其法：三犂共一牛，一人將之，下種，挽耬，皆取備焉，日種一頃。至今三輔猶賴其利。今遼東耕犂，轅長四尺，迴轉相妨，既用兩牛，兩人牽之，一人將耕，一人下種，二人挽耬。凡用兩牛六人，一日纔種二十五畝，其縣絶如此。按：三犂共一牛，若今三腳耬矣。未知耕法如何？今自濟州迤西，猶用受轅犂，兩腳耬。長轅，耕平地尚可，於山澗之間則不任用。且迴轉至難，費力。未若齊人蔚犂之柔便也。兩腳耬種瓏穊，亦不如一腳耬之得中也。

《農桑通訣·墾耕篇》曰：墾耕者，農功之第一義也。墾，除荒也。耕，犂也。古文耕作畊，蓋古井田之制，今從耒，井聲；故作井。凡墾闢荒地，春曰燎荒，如平原草萊深者，至春燒荒，趁地氣通潤，草芽欲發，根荄柔脆，易爲開墾。夏曰𥝩青，夏日草茂時開，謂之「𥝩青」。可當草糞，但根鬚壯密，須藉強牛乃可。蓋莫若春爲上。秋曰芟夷。其次秋暮，草木叢密時，先用鐵刀，徧地芟倒。暴乾，放火。至春而開墾，乃省力。如泊下蘆

葦地內，必用劚刀引之，犂鑱隨耕，起撥音伐特易，牛乃省力。沾山或老荒地內，科木多者，必須用钁劚去。餘有不盡根科，俗謂之「埋頭根」也。當使熟鐵煅成鑱尖，套於退舊生鐵鑱上。縱遇根株，不至擘缺，妨誤工力。或地段廣闊，不可偏劚，則就斫枝莖，覆於本根上，候乾焚之，其根即死而易朽。又有經暑雨後，用牛曳碌碡，或輥子之所斫根查上，和泥碾之，乾則挣死。一、二歲後，皆可耕種。其林木大者，則劉殺之。謂剥斷樹皮，其樹立死。葉死不扇，便任種蒔。三歲後，根株莖朽，以火燒之，則通爲熟田矣。《周禮》：「薙氏掌殺草，春始生而萌之，夏日至而夷之，秋繩去聲而芟之，冬日至而耜之。」書薙作夷；謂芟草也。又：「柞氏掌攻草木，及林麓。夏日至，令刊陽木而火之。冬日至，令剥陰木而水之。」注云：「刊剥謂斫去次地之皮」，即此謂除木也。《詩》曰：「載芟載柞，其耕澤澤。」蓋謂芟草除木，而後可耕也。大凡開荒，必趁雨後，又要調停犂道淺深麄細。淺則務盡草根，深則不至塞墢，麄則貪生費力，細則貪熟少功，唯得中則可。耕荒畢，以鐵鹵鎘鎊，鎘鎊過。漫種黍稷，或脂麻緑豆，耙勞再偏。明年，乃中爲穀田。今漢沔淮潁上，率多創開荒地。當年多種脂麻等種，有痛收至盈溢倉箱速富者。如舊稻塍內，開耕畢，便撒稻種，直至成熟，不須薅拔。緣新開地內，草根既死，無荒可生。若諸色種子，年年埭浄，別無稗莠，數年之間，可無荒歲，所收常倍於熟田。蓋曠閑既久，地力有餘，苗稼鬯茂，子粒蕃息也。」諺云：「坐賈行商，不如開荒。」言其獲利多也。除荒墾闢之功如此。若夫耕犂之事，又有本末。上古聖人，制耒相以教耕耨。三代以上，皆耦耕。謂兩人合二耜而耕之。《詩》曰：「亦服爾耕，十千維耦」者，此也。春秋之時，后稷之裔孫叔均始作牛耕。至漢趙過，增其制度，三犂一牛，則力省而功倍。今之耕者，大率祖此。玄扈先生曰：三犂一牛者，耬犂，非耕犂也。《周禮》：「遂人治野，以時器勸甿」，言農夫之耕，當先利其器也。故《詩》曰：「三之日於耜，四之日舉趾。」又曰：「有略其耜，俶載南畝。」《周禮》：「車人爲耒耜，」，耜有三等。今易耒耜而爲犂，不問地之堅强輕弱，莫不任使。欲淺欲深，求之犂箭，箭一而已。欲廉欲猛，取之「犂稍」，稍一而已。然則犂之爲器，豈不簡易而利用哉？耕地之法，未耕曰生，已耕曰熟，初耕曰塌，再耕曰轉。生者欲深而猛。熟者欲淺而廉。此其略也。農書云：旱田穫刈纔畢，隨即耕治曬暴，加糞壅培，而種豆麥蔬茹，因而熟土壤而肥沃之，以省來歲功役。其所收，又足以助歲計。晚田，宜待春乃耕，爲其藁秸堅韌，必待其朽腐，易爲牛力也。北方農俗所傳：春宜早晚耕，夏宜兼夜耕，秋宜日高耕。中原地皆平曠，旱田陸地，犂必用兩牛三牛或四牛，以一人執之。量牛强弱，耕地多少，其耕皆有定法。所耕地內，先並耕兩犂，墢皆內向，合爲一壠，謂之浮疄。自浮疄爲始，向外繳耕，終此一段，謂之一繳之外。又間作一繳，耕畢，於三繳之間，歇下繳；卻自外繳耕至中心，御作一暘。蓋二繳，中成一暘也。其餘欲耕平原，率皆倣比。南方水田泥耕，其田高下闊狹不等。以一犂用一牛挽之，作止回旋，惟人所使。高田早熟，八月燥耕而熯之，以種二麥。其法：起墢爲疄，兩疄之間，自成一甽。一段耕畢，以鋤横截其疄，洩利其水，謂之腰清，二麥既收，熟後平溝甽，蓄水深耕，俗謂之再熟田也。下田熟晚，十月收刈既畢，即乘天晴無水而耕之。節其水之淺深，常令塊墢半出水面，日曝雪凍，土乃酥碎。仲春土膏脈起，即再耕治。又有一等水田，泥淖極深，能陷牛畜，則以禾打横瓦田中，人立其上而鐵之。南方人畜耐暑，其耕，四時皆以中晝。此南北地勢之異宜也。古者分田之制，一夫一婦，受田百畝。以其地有肥墝，故有不易、一易、再易之別。不易之地，家百畝，謂可以歲耕之也。一易之地，家二百畝，謂歲耕其半也。再易之地，家三百畝，謂歲耕百畝，三歲而一周也。先王之制如此，非獨以爲土敝則草木不長；氣衰則生物不遂也；抑欲其財力有餘，深耕易耨，而歲可常稔。今之農夫，既不如古，往往租人之田而耕之。苟能量其財力之相稱，而無鹵莽滅裂之患，則豐壤可以力致，而仰事俯育之樂可必矣。今備述經傳所載農事之法，秉高原、下田地勢之宜，自北自南，習俗不通，曰墾曰耕，作事亦異。通變謂道，無泥一方，則田功修，而稼穡之務，可以次第而舉矣。

《種蒔直説》云：古農法，犂一檑六。今人只知犂深爲功，不知檑細爲全功。檑功不到，土麄不實，下種後，雖見苗，立根在麄土，根土不相着，不耐旱，有懸死蟲咬乾死等諸病。檑功到，土細又實，立根在細實土中，又碾過，根土相着，自耐旱，不生諸病。

《韓氏直説》曰：爲農大綱，一則牛欺地，二則人欺苗。牛欺地，則所種不失其時。人欺苗，則省力易辦。反是，則徒勞無益矣。凡地除種麥外，竝宜秋耕。先以鐵齒檑，縱横檑之，然後插犂細耕，隨耕隨撈，至地大白背時，更檑兩徧。至來春，地氣透時，待日高，復檑四五徧。其地爽潤；上有油土四指許，春雖無雨，時至，便可下種。秋耕之地，荒草自少，極省鋤工。如牛力不及，不能盡秋耕者，除種粟地外，其餘黍豆等地，春耕亦可。大抵秋耕宜早，春耕宜遲。秋耕宜早者，乘大氣未寒，將陽和之氣，掩在地中，其苗易榮。文扈先生曰：《月令》「地氣沮泄之説」爲近。若寒暖之氣，豈能掩在地中乎？遇秋天氣寒冷，有霜時，必待日

高，方可耕地，恐掩寒氣在内，令地薄不收子粒。春耕宜遲者，亦待春氣和暖，日高時，依前耕攏。

《農桑通訣・耙勞篇》曰：凡治田之法，犂耕既畢，則有耙勞。耙有渠疏之義，勞有蓋磨之功。今人呼耙曰渠疏，勞曰蓋磨，皆因其用以名之。所以散撥去芟，平土壤也。桓寬《鹽鐵論》曰：茂木之下無豐草，大塊之間無美苗。耙勞之功不至，而望禾稼之秀茂實栗難矣。《齊民要術》云：耕荒畢，以鐵齒鎘鏵再徧耙之。蓋鐵齒鎘鏵，已爲之先，再用耙鎘鏵而後勞之也。今人但耕地畢，破其塊墢，而後用勞平磨，乃爲得也。《齊民要術》云：耕地深細，不得趁多，看乾濕隨時蓋磨，待一段總轉了，横蓋一徧，每耕一徧，蓋兩徧，最後蓋三徧，還縱横蓋之。種麥地，以五月耕三徧。種麻地，耕五六徧，倍蓋之。但依此法。除蟲災外，小小旱乾，不至全損，緣蓋磨數多故也。又云：春耕，隨手勞。秋耕，待白背勞。蓋春多風，不即勞則致地虚燥。秋田濕，濕速勞則恐致地堙。又曰：耕欲廉，勞欲再。凡已耕耙欲受種之地，非勞不可。諺曰：「耕而不勞，不如作暴。」切見世人耕了，仰著土塊，並待孟春蓋。若冬乏冰雪，連夏亢陽，徒道秋耕，不堪下種也。然耙勞之功，非但施於納種之前，亦有用於種苗之後者。《齊民要術》曰：穀田既出壠，每一遇雨，白背時，蓋以帖齒鎘鏵，縱横耙而勞之。耙法：令人坐上，數以手斷其草，草塞齒，則傷苗。如此，令地熟軟，易鋤省力。此用於種苗之後也。南方水田，轉畢則耙，耙畢即抄，抄見農器譜。故不用勞。其耕種陸地者，犂而耙之。欲其土細，再犂再耙，後用勞，乃無遺功也。北方又有所謂撻者，與勞相類。《齊民要術》云：春種欲深，宜曳重撻。春氣冷，生遲，不曳撻則根虚，雖生輒死。雖生夏氣熱而速。曳撻，隨雨必致堅垎。春澤多者，或亦不須撻。必欲撻者，須待白背，濕撻令地堅硬也。又用曳打場圃，極爲平實。今人凡下種耬種後，惟用砘車碾之。然執耬種者，亦須腰繫輕撻曳之，使壠土覆種稍深也。或耕過田畝，土性虚浮者，亦宜撻之，打令土實也。今當耕種用之，故附於耙勞之末。然南人未嘗識此，蓋南北習俗不同，故不知用撻之功。至於北方遠近之間，亦有不同。有用耙而不知用勞，有用勞而不知用耙。亦有不知用撻者，今並載之。使南北通知，隨宜而用，無使偏廢。然後治田之法，可得論其全功也。

《農桑輯要》曰：治秧田，須殘年開墾，待冰凍過則土酥，來春易平，且不生草，平後，必曬乾，入水澄清，方可撒種，則種不陷土中，易出。玄扈先生曰：落秧，宜清，易拔；落散，宜濁，易生根。壅田，或河泥，或麻豆餅，或灰糞，各隨其地土所宜。麻豆餅，畝三十斤，和灰糞。棉餅，畝三百斤。插禾前一日，將棉餅化開，勻攤田内，耖然後插禾。或草。

《齊民要術・收種》篇曰：凡五穀種子，浥鬱則不生。生者，亦尋死。種雜者，禾則早晚不均，舂復減而難熟，糶賣以雜糅見疵，炊爨失生熟之節。所以特宜存意，不可徒然。粟黍穄粱秫，常歲歲別收，選好穗絶色者，劁刈，高懸之。玄扈先生曰：收種，特宜密藏。晉人云：「函封多不生」，謬也。至春，治取別種，以擬明年種子。耬耩㭫種，一斗可種一畝。量其家田所須種子多少種之。其別種種子，嘗須加鋤。鋤多則無秕也。先治而別埋。先治，場净，不雜。窖埋，又勝器盛。還以所治穰草蔽窖。玄扈先生曰：窖藏爲佳者，土中恒受生氣故。將種前二十許日，開出水洮，浮秕去則無莠。即曬令燥，種之。依《周官》相地所宜，而糞種之。《周官》曰：草人，掌土化之法。以物地相其宜而爲之種。鄭玄注曰：土化之法，化之使美。以物地占其形色爲之種。黄白宜以種禾之屬。凡糞種，騂剛用牛，赤緹用羊，墳壤用麋，渴澤用鹿，鹹潟用貆，勃壤用狐，埴壚用豕，彊檃用蕡，輕爂用犬。此草人職。鄭玄注曰，凡所以糞種者，皆謂煮取汁也，赤緹縓色也。渴澤，故小處也。潟，鹵也，貆，貒也。勃壤，分屏者。埴壚，粘疏者。彊檃，彊堅者。輕爂，輕脆者。故書騂爲挈，墳作盆。杜子春挈讀爲騂，爲地色赤而土剛强也。鄭司農云：用牛，以牛骨汁漬其種也，謂之糞種。墳壤，多蚠鼠也。壤，白色。蕡，麻也。玄謂墳壤，潤解。《氾勝之書》曰：種傷濕鬱，熱則生蟲也。取麥種，候熟可穫，擇穗大彊者，斬束立場中之高燥處。曝使極燥。無令有白魚，有輒揚治之。取乾艾雜藏之，麥一石，艾一把，藏以瓦器竹器。順時種之，則收常倍。取禾種，擇高大者，斬一節下，把懸高燥處。苗則不敗。

《農桑輯要》曰：《氾勝之書》曰：牽馬，令就穀堆食數口，以馬踐過爲種，無虸蚄等蟲也。薄田不能糞者，以原蠶矢雜禾種種之，則禾不蟲。又取馬骨剉一石，以水三石煑之。三沸，漉去滓，以汁漬附子五枚。玄扈先生曰：如此，農家宜種附子。今成都彰明縣民間多種之，不營他業也。三四日，去附子，以汁和蠶矢羊矢各等分，撓令洞洞如稠粥。先種二十日時，以溲種如麥飯狀。當天旱燥時，溲之立乾。薄布數撓令乾，明日復溲。天陰雨則勿溲。六七溲而止。輒曝謹藏，勿令復濕。至可種時，以餘汁溲而種之，則禾稼不蝗蟲。無馬骨亦可用雪汁。雪汁者，五穀之精也，使稼耐旱。常以冬藏雪汁，器盛埋於地中。治穀如此，則收常倍。玄扈先生曰：北方斥山鹵地，最宜積雪，地方多春旱故也。

《農桑通訣・播種篇》曰：《書》稱：黎民阻饑，汝后稷，播時百穀。《詩》

言：降之穜稑，植穉菽麥，奄有下國，俾民稼穡。蓋言天相后稷之功也。後之農家者流，皆祖述之，以至於今，其法悉備。《周禮》：司稼，掌巡邦野之稼，而辯其穜稑之種。周知其名，與其所宜地，以爲法，而縣於邑閭。

農書云：種蒔之事，各有攸序。能知時宜，不違先後之序，則相繼以生成，相資以利用，種無虚日，收無虚月。何匱乏之足患，凍餒之足憂哉？正月種麻枲。二月種粟。脂麻有早晚二種，三月種早麻。四月種豆。五月中旬種晚麻。七夕以後種萊服菘芥。八月社前，即可種麥。經兩社，即倍收而堅好。如此，則種之有次第，所謂順天之時也。地勢有良薄，山澤有異宜。故良田宜種晚，薄田宜種早。良田非獨宜晚，早亦無害。薄田種晚，必不成實。山田宜種强苗，以避風霜。澤田種弱苗，以求華實。《孝經援神契》曰：黄白土宜禾、黑墳宜麥，赤土宜菽，汙泉宜稻。所謂因地之宜也。南方水稻，具名不一。大概爲類有三：早熟而緊細者，曰秈，晚熟而香潤者，曰粳；早晚適中，米白而黏者，曰稬。三者有種同時。每歲收種，取其熟好堅栗，無秕不難穀了，曬乾蔀藏，置高爽處。至清明節取出，以盆盎別貯。浸之三日，漉出納草篅中。晴則暴暖，浥以水，日三數。遇陰寒，則浥以温湯。候芽白齊透，然後下種。須先擇美田，耕治令熟，泥沃而水清。以既芽之穀漫撒，稀稠得所。秧生既長，小滿芒種之間，分而蒔之。旬日高下皆遍。北土高原，本無陂澤，遂一曲而田者，納種如前法。既生七八寸，拔而栽之。凡下種之法，有漫種、耬種、瓠種、區種之別。漫種者，用斗斛盛種，挾左腋間，右手料取而撒之，隨撒隨行，約行三步許，即再料取。務要布種均匀，則苗生稀稠得所。秦晉之間，皆用此法，南方惟種大麥，則點種。其餘粟豆麻小麥之類，亦用漫種。其法甚備。《齊民要術》云：凡種，欲牛遲緩行，種人令促步，以足躡壠底，欲土實，種易生也。今人製造砘車，隨耬種子後，循壠碾過，使根土相著，功力甚速而當。瓠種者，竅瓠貯種，隨行隨種，務使均匀。犂隨掩過，覆土既深，雖暴雨不至抱撻，暑夏最爲耐旱。日便於撮鋤。今燕趙間多用之。又曰：菜茹有畦，瓜瓠果蓏，殖於疆埸。則是五穀之外，蔬蓏亦不可闕者。故穀不熟曰飢，菜不熟曰饉。《物理論》云：百穀者，三穀各二十種，菜果各二十種，共爲百穀。蓋蔬果之實，所以助穀之不及也。是故烹葵食瓜，乃繫之《豳風》農桑之詩，畜菜取蔬，互見於《月令》收斂之後。然地有肥瘠，能者擇焉。時有先後，勤者務焉。若夫種蒔之法，姑略陳之。凡種蔬蓏，必先燥爆其子，地不厭良，薄即糞之。鋤不厭頻，旱即灌之。用力既多，收利必倍。大抵蔬宜畦種，蓏宜區種。畦地長丈餘，廣三尺，必種數日，劚起宿土，雜以蒿草，火燎之，以絶蟲類，併得爲糞。臨種，益以地糞，治畦種之。區種如區田法。區深廣可一尺許。臨種，以熟糞和土拌匀，納子糞中，候苗出，料視稀稠去留之。又有芽種，凡種子先用淘浄，頓瓠瓢中，覆以濕巾。三日後，芽生長可指許，然後下種。先於熟畦內，以水飲地，匀摻芽種，復篩細糞土覆之，以防日曝。此法菜既出齊，草又不生。

玄扈先生曰：非草不生也。草生遲於菜，不得同孔而出，少而易鋤矣。

凡菜有蟲，搗苦參根，併石灰水潑之，即死。苟能依上法種蒔，非止家可足食，餘者亦可爲資生之利。

又 卷七《農事·營治下》 《農桑通訣·糞壤篇》曰：田有良薄，土有肥磽。耕農之事，糞壤爲急。糞壤者，所以變薄田爲良田，化磽土爲肥土也。玄扈先生曰：田附郭多肥饒，以糞多故。村落中民居稠密處亦然。凡通水處，多肥饒，以糞壅便故。古者分田之制，上地，家百畝，歲一耕之；中地，家二百畝，間歲耕其半；下地，家三百畝，歲耕百畝，三歲一周。蓋以中下之地，瘠薄磽确，苟不息其地力，則禾稼不蕃。後世井田之法變，强弱多寡不均。非爲田不均，亦爲人不均。所以稠密之地，農人多無立錐。廣虚之野，即又務廣地而荒之。所有之田，歲歲種之，土敝氣衰，生物不遂。爲農者必儲糞朽以糞之，則地力常新壯，而收穫不減。《孟子》所謂百畝之糞，上農夫食九人也。踏糞之法：凡人家於秋收場上，所有穰穢等，並須收貯一處。每日布牛之脚下三寸厚，經宿牛以蹂踐便溺成糞。平旦收聚，除置院内堆積之。每日亦如前法。至春，可得糞三十餘車。至夏月之間，即載糞糞地。地畝用五車，計三十車，可糞六畝。匀攤耕蓋，即地肥沃，兼可堆糞行。又有苗糞、草糞、火糞、泥糞之類。苗糞者，緑豆爲上，小豆胡麻次之。蠶豆大麥皆好。悉皆五六月穊種，七八月犂掩殺之，爲春穀田，則畝收十石。其美與蠶矢熟糞同。此江淮迤北用爲常法。草糞者，於草木茂盛時，芟倒就地内掩罨腐爛也。《禮記》有曰：仲夏之月，利以殺草，可以糞田疇，可以美土疆。今農夫不知此，乃以其耘除之草，棄置他處，殊不知和泥渥漉，深埋禾苗根下，漚罨既久，則草腐而土肥美也。江南三月草長，則刈以踏稻田，歲歲如此，地力常盛。江南壅田者，如翹蕘、陵苕，皆特種之，非野草也。恐苜蓿亦可壅稻。農書云：種穀必先治田，積腐藁敗葉，剗薙枯朽根荄，遍鋪而燒之，即土暖而爽。及初春再三耕耙，而以窖罨之，肥壤壅之。麻枿舒棒反。穀殼，皆可與火糞窖罨。穀殼朽腐，最宜秧田。必

先渥漉精熟，然後踏糞入泥，盪平田面，乃可撮種。其火糞積上，同草木堆疊燒之。土熱冷定，用碌軸碾細用之。江南水地多冷，故用火糞。種麥、種蔬尤佳。毛羽和撏湯積之，久則潰腐，如欲速潰，置韭菜，握其中，明日爛盡矣。又凡退下一切禽獸毛羽親肌之物，最爲肥澤。積之爲糞，勝於草木。下田水冷，不論下田，近泉源處即冷。亦有用石灰爲糞治，則土煖而苗易發。下田水不得冷，惟山田泉水，未經日色則冷。閩廣用骨及蚌蛤灰糞田，亦因山田水冷故也。爲山田者，宜委曲導水，使先經日色，然後入田，則苗不壞。然糞田之法，得其中則可。若驟用生糞，及布糞過多，糞力峻熱，即燒殺物，反爲害矣。火糞力壯，南方治田之家，常於田頭置塼檻，窖熟而後用之，雖熟亦不得過多。多用者，須臘月下之。其田甚美。北方農家，亦宜效此，利可十倍。又有泥糞，於溝港內，乘船以竹夾取青泥，杴撥岸上。凝定，裁成塊了，擔去同火糞和用，比常糞得力甚多。或用小便，亦可澆灌。但生者立見損壞。不可不知。土壤氣脈，其類不一，肥沃磽确，美惡不同。治之，各有宜也。夫黑壤之地信美矣，然肥沃之過，不有生土以解之，則苗茂而實不堅。磽确之土信惡矣；然糞壤滋培，則苗蕃秀而實堅栗。土壤雖異，治得其宜，皆可種植。今田家謂之糞藥，言用糞猶用藥也。凡農居之側，必置糞屋，低爲簷楹，以避風雨飄浸。屋中必鑿深池，甃以磚甓。凡掃除之草薉，燒燃之灰，簸揚之糠秕，斷藁落葉，積而焚之，沃以肥液，積久乃多。凡欲播種，篩去瓦石，取其細者，和勻種子，疎把撮之。待其苗長，又撒以壅之。何物不收？爲圃之家，於廚棧下，深闊鑿一池，細甃使不滲泄，細甃有良法，宜用水庫法造之。每舂米，則聚礱簸穀殼，及腐草敗葉，漚漬其中，以收滌器肥水，與滲漉泔淀。漚久，自然腐爛。一歲三四次，出以糞苧，因以肥桑。愈久愈茂，而無荒廢枯摧之患矣。又有一法，凡農圃之家，欲要計置糞壤，須用一人一牛，或驢駕雙輪小車一輛，諸處搬運積糞。月日既久，積少成多，施之種藝，稼穡倍收，桑果愈茂，歲有增羨，此肥稼之計也。北土不用糞壤，作此甚有益。夫掃除之猥，腐朽之物，人視之而輕忽，田得之爲膏潤。唯務本者知之，所謂惜糞如惜金也。故能變惡爲美，種少收多。諺云：「糞田勝如買田。」信斯言也。凡區宇之間，善於稼者，相其各各地理所宜而用之，庶得乎土化漸漬之法，沃壤滋生之效，俾業擅上農矣。

明・宋應星《天工開物》卷上《乃粒》

總名

凡穀無定名，百穀指成數言。五穀則麻、菽、麥、稷、黍，獨遺稻者，以著書聖賢起自西北也。今天下育民人者，稻居什七，而來、牟、黍、稷居什三。麻、菽二者，功用已全入蔬、餌、膏、饌之中，而猶繫之穀者，從其朔也。

稻

凡稻種最多。不粘者，禾曰秔，米曰粳。粘者，禾曰稌，米曰糯。南方無粘黍，酒皆糯米所爲。質本粳而晚收帶粘，俗名婺源光之類。不可爲酒，只可爲粥者，又一種性也。凡稻穀形有長芒、短芒、江南名長芒者曰瀏陽早，短芒者曰吉安早。長粒、尖粒、圓頂、扁面不一。其中米色有雪白、牙黃、大赤、半紫、雜黑不一。

濕種之期，最早者春分以前，名爲社種。遇天寒有凍死不生者。最遲者後於清明。凡播種，先以稻麥藁包浸數日，俟其生芽，撒於田中，生出寸許，其名曰秧。秧過期，老而長節，即栽於畝中，生穀數粒，結果而已。凡秧田一畝所生秧，供移栽二十五畝。

凡秧既分栽後，早者七十日即收穫，粳有救公饑、喉下急，糯有金包銀之類，方語百千，不可殫述。最遲者曆夏及冬二百日方收穫。其冬季播種、仲夏即收者，則廣南之稻，地無霜雪之故。

凡稻旬日失水，即愁旱乾。夏種冬收之穀，必山間源水不絕之畝，其種穀亦耐久，其土脈亦寒，不催苗也。湖濱之田，待夏潦已過，六月方栽者，其秧立夏播種，撒藏高畝之上，以待時也。南方平原，田多一歲兩栽兩獲者。其再栽秧，俗名晚糯，非粳類也。六月刈初禾，耕治老藁田，插再生秧。其秧清明時已偕早秧撒佈。早秧一日無水即死，此秧曆四、五兩月，任從烈日暵乾無憂，此一異也。

凡再植稻，遇秋多晴，則汲灌與稻相終始。農家勤苦，爲春酒之需也。凡稻旬日失水則死期至，幻出旱稻一種，粳而不粘者，即高山而插，又一異也。香稻一種，取其芳氣以供貴人，收實甚少，滋益全無，不足尚也。

稻宜

凡稻，土脈焦枯，則穗實蕭索。勤農糞田，多方以助之。人畜穢遺，榨油枯餅，枯者，以去膏而得名也。胡麻、萊菔子爲上，芸薹次之，大眼桐又次之，樟、柏、棉花又次之。草皮、木葉，以佐生機，普天之所同也。南方磨緑豆粉者，取溲漿灌田肥甚。豆賤之時，撒黃豆於田，一粒爛土方三寸，得穀之息倍焉。

土性帶冷漿者，宜骨灰蘸秧根，凡禽獸骨。石灰淹苗足，向陽暖土不宜也。

土脈堅緊者，宜耕隴，疊塊壓薪而燒之，埴墳鬆土不宜也。

稻工　耕　耙　磨耙　耘耔

凡稻田刈獲不再種者，土宜本秋耕墾，使宿稾化爛，敵糞力一倍。或秋旱無水及怠農春耕，則收穫損薄也。凡糞田若撒枯澆澤，恐霖雨至，過水來，肥質隨漂而去。謹視天時，在老農心計也。凡一耕之後，勤者再耕三耕，然後施耙，則土質匀碎，而其中膏脈釋化也。

凡牛力窮者，兩人以扛懸耜，項背相望而起土。兩人竟日僅敵一牛之力。若耕後牛窮，製成磨耙，兩人肩手磨軋，則一日敵三牛之力也。凡牛，中國惟水、黄兩種。水牛力倍於黄。但畜水牛者，冬與土室禦寒，夏與池塘浴水，畜養心計亦倍於黄牛也。凡牛春前力耕汗出，切忌雨點，將雨則疾驅入室。候過穀雨，則任從風雨不懼也。

吴郡力田者，以鋤代耜，不借牛力。愚見貧農之家，會計牛值與水草之資，竊盜死病之變，不若人力亦便。假如有牛者，供辦十畝。無牛用鋤而勤者半之。既已無牛，則秋獲之後，田中無復芻牧之患，而菽麥麻蔬諸種，紛紛可種，以再穫償半荒之畝，似亦相當也。

凡稻分秧之後數日，舊葉萎黄而更生新葉。青葉既長，則耔可施焉。俗名橽禾。植杖於手，以足扶泥壅根，併屈宿田水草，使不生也。凡宿田□草之類，遇耔而屈折。而稊、稗與茶蓼非足力所可除者，則耘以繼之。耘者苦在腰手，辨在兩眸。非類既去，而嘉穀茂焉。從此泄以防潦，溉以防旱，旬月而奄觀銍刈矣。

稻災

凡早稻種，秋初收藏，當午曬過烈日火氣在內，入倉廩中關閉太急，則其穀粘帶暑氣。勤農之家，偏受此患。明年田有糞肥，土脈發燒，東南風助暖，則盡發炎火，大壞苗穗，此一災也。若種穀晚涼入廩，或冬至數九天，收貯雪水、冰水一甕，交春即不驗。清明濕種時，每石以數碗激灑，立解暑氣，則任從東南風暖，而此苗清秀異常矣。祟在種內，反怨鬼神。

凡稻撒種時，或水浮數寸，其穀未即沉下，驟發狂風，堆積一隅，此二災也。謹視風定而後撒，則沉匀成秧矣。凡穀種生秧之後，防雀鳥聚食，此三災也。立標飄揚鷹俑，則雀可驅矣。凡秧沉腳未定，陰雨連綿，則損折過半，此四災也。邀天晴霽三日，則粒粒旨生矣。凡苗既函之後，畝上肥澤連發，南風薰熱，函內生蟲，形似蠶繭。此五災也。邀天遇西風雨一陣，則蟲化而穀生矣。

凡苗吐穡之後，暮夜鬼火遊燒。此六災也。此火乃朽木腹中放出。凡木母火子，子藏母腹，母身未壞，子性千秋不滅。每逢多雨之年，孤野墳墓多被狐狸穿塌。其中棺板爲水浸，朽爛之極，所謂母質壞也。火子無附，脱母飛揚。然陰火不見陽光，直待日没黄昏，此火衝隙而出，其力不能上騰，飄遊不定，數尺而止。凡禾穡葉遇之立刻焦炎。逐火之人則他處樹根放光，以爲鬼也。奮梃擊之，反有鬼變枯柴之説。不知向來鬼火，見燈光而已化矣。凡火未經人間燈傳者，總屬陰火，故見燈即滅。

凡苗自函活以至穎栗，早者食水三斗，晚者食水五斗，失水即枯，將刈之時少水一升，穀數雖存，米粒縮小，入碾臼中亦多斷碎。此七災也。汲灌之智，人巧已無餘矣。

凡稻成熟之時，遇狂風吹粒殞落，或陰雨竟旬，穀粒沾濕自爛，此八災也。然風災不越三十里，陰雨災不越三百里，偏方厄難亦不廣被。風落不可爲。若貧困之家，苦於無霽，將濕谷升於鍋內，燃薪其下，炸去糠膜，收炒糗以充饑，亦補助造化之一端矣。

水利筒車　牛車　踏車　拔車　桔槔

凡稻防旱借水，獨甚五穀。厥土沙、泥、磽、膩，隨方不一，有三日即乾者，有半月後乾者。天澤不降，則人力挽水以濟。凡河濱有製筒車者，堰陂障流，繞於車下，激輪使轉，挽水入筒，一一傾於梘內，流入畝中。晝夜不息，百畝無憂。不用水時，拴木礙止，使輪不轉動。其湖池不流水，或以牛力轉盤，或聚數人踏轉。車身長者二丈，短者半之。其内用龍骨拴串板，關水逆流而上。大抵一人竟日之力，灌田五畝，而牛則倍之。

其淺池、小澮，不載長車者，則數尺之車，一人兩手疾轉，竟日之功，可灌二畝而已。揚郡以風帆數扇，俟風轉車，風息則止。此車爲救潦，欲去澤水，以便栽種。蓋去水非取水也，不適濟旱。用桔槔、轆轤，功勞又甚細已。

麥

凡麥有數種，小麥曰來，麥之長也；大麥曰牟、曰穬；雜麥曰雀、曰蕎；皆以播種同時，花形相似，粉食同功，而得麥名也。

四海之内，燕、秦、晉、豫、齊、魯諸道，烝民粒食，小麥居半，而黍、稷、稻、粱僅居半。西極川、雲，東至閩、浙、吴、楚腹焉，方長六千里中，種小麥者，二十分而一，磨麵以爲捻頭、環餌、饅首、湯料之需，而饔飧不及焉。種余麥者，五十分而一，閭閻作苦以充朝膳，而貴介不與焉。穬麥獨産陝西，一名青稞，即大麥，隨

土而變。而皮成青黑色者，秦人專以飼馬，饑荒人乃食之。大麥亦有粘者，河洛用以釀酒。雀麥細穗，穗中又分十數細子，間亦野生。蕎麥實非麥類，然以其爲粉療饑，傳名爲麥，則麥之而已。

凡北方小麥，歷四時之氣，自秋播種，明年初夏方收。南方者種與收期，時日差短。江南麥花夜發，江北麥花晝發，亦一異也。大麥種獲期與小麥相同，蕎麥則秋半下種，不兩月而即收。其苗遇霜即殺，邀天降霜遲遲，則有收矣。

麥工 北耕種　耨

凡麥與稻初耕墾土則同，播種以後，則耘耔諸勤苦皆屬稻，麥惟施耨而已。

凡北方厥土墳壚易解釋者，種麥之法耕具差異，耕即兼種。其服牛起土者，耒不用耕，並列兩鐵於橫木之上，其具方語曰鏹。鏹中間盛一小斗，貯麥種於內，其斗底空梅花眼。牛行摇動，種子即從眼中撒下。欲密而多，則鞭牛疾走，子撒必多；欲稀而少，則緩其牛，撒種即少。既播種後，用驢駕兩小石團，壓土埋麥。凡麥種緊壓方生。南方地不北同者，多耕多耙之後，然後以灰拌種，手指拈而種之。種過之後，隨以腳根壓土使緊，以代北方驢石也。

耕種之後，勤議耨鋤。凡耨草用闊面大鎛，麥苗生後，耨不厭勤，有三過四過者。余草生機盡誅鋤下，則竟畝精華盡聚嘉實矣。功勤易耨，南與北同也。凡糞麥田，既種以後，糞無可施，爲計在先爲也。陝、洛之間憂蟲蝕者，或以砒霜拌種子，南方所用惟炊燼也。俗名地灰。南方稻田，有種肥者麥者，不糞麥實。當春小麥、小麥青青之時，耕殺田中，蒸罨土性，秋收稻穀必加倍也。

凡麥收空隙，可再種他物。自初夏至季秋，時日亦半載，擇土宜而爲之，惟人所取也。南方大麥有既刈之後乃種遲生粳稻者。勤農作苦，明賜無不及也。凡蕎麥，南方必刈稻，北方必刈菽、稷而後種。其性稍吸肥腴，能使土瘦。然計其穫入，業償半穀有餘，勤農之家何妨再糞也。

麥災

凡麥妨(防)患抵稻三分之一。播種以後，雪、霜、晴、潦皆非所計。麥性食水甚少，北土中春再沐雨水一升，則秀華成嘉粒矣。荆、揚以南唯患霉雨。倘成熟之時晴乾旬日，則倉廩皆盈，不可勝食。揚州諺云寸麥不怕尺水，謂麥初長時，任水滅頂無傷。尺麥只怕寸水，謂成熟時，寸水軟根，倒莖沾泥，則麥粒盡爛於地面也。

江南有雀一種，有肉無骨，飛食麥田，數盈千萬，然不廣及，罹害者數十里而止。江北蝗生，則大祲之歲也。

黍稷粱粟

凡糧食，米而不粉者種類甚多。相去數百里，則色、味、形、質，隨方而變，大同小異，千百其名。北人唯以大米呼粳稻，而其餘概以小米名之。

凡黍與稷同類，粱與粟同類。黍有粘有不粘，粘者爲酒。稷有粳無粘。凡粘黍、粘粟統名曰秫，非二種外更有秫也。黍色赤、白、黄、黑皆有，而或專以黑色爲稷，未是。至以稷米爲先他穀熟，堪供祭祀，則當以早熟者爲稷，則近之矣。凡黍在《詩》《書》有虋、芑、秬、秠等名，在今方語有牛毛、燕頷、馬革、驢皮、稻尾等名。種以三月爲上時，五月熟；四月爲中時，七月熟；五月爲下時，八月熟。揚花結穗總與來、牟不相見也。凡黍粒大小，總視土地肥磽，時令害育。宋儒拘定以某方黍定律，未是也。

凡粟與粱統名黄米。粘粟可爲酒，而蘆粟一種，名曰高粱者，以其身高七尺如蘆、荻也。粱粟種類名號之多，視黍稷猶甚，其命名或因姓氏、山水，或以形似，時令，揔之不可枚舉。山東人唯以穀子呼之，并不知粱粟之名也。已上四米，皆春種秋獲，耕耨之法與來、牟同，而種收之候則相懸絶云。

麻

凡麻可粒可油者，惟火麻、胡麻二種。胡麻即脂麻，相傳西漢始自大宛來。古者以麻爲五穀之一，若專以火麻當之，義豈有當哉？竊意《詩》《書》五穀之麻，或其種已滅，或即菽、粟之中別種，而漸訛其名號，皆未可知也。

今胡麻味美而功高，即以冠百穀不爲過。火麻子粒壓油無多，皮爲疏惡布，其值幾何？胡麻數龠充腸，移時不餒。粔餌、飴餳得粘其粒，味高而品貴。其爲油也，發得之而澤，腹得之而膏，腥膻得之而芳，毒厲得之而解。農家能廣種，厚實可勝言哉。

種胡麻法，或治畦圃，或壟田畝。土碎草净之極，然後以地灰微濕，拌匀麻子而撒種之。早者三月種，遲者不出大暑前。早種者，花實亦待中秋乃結。耨草之功，唯鋤是視。其色有黑、白、赤三者。其結角長寸許，有四棱者，房小而子少，八棱者，房大而子多。皆因肥瘠所致，非種性也。收子榨油每石得四十觔餘，其枯用以肥田。若饑荒之年，則留供人食。

菽

凡菽種類之多，與稻、黍相等，播種收穫之期，四季相承。果腹之功，在人日

用，蓋與飲食相終始。

一種大豆，有黑、黄兩色，下種不出清明前後。黄者有五月黄、六月爆、冬黄三種。五月黄收粒少，而冬黄必倍之。黑者刻期八月收。淮北長征騾馬，必食黑豆，筋力乃强。

凡大豆視土地肥磽、耨草勤怠、雨露足慳，分收入多少。凡爲豉、爲醬、爲腐，皆於大豆中取質焉。江南又有高腳黄，六月刈早稻方再種，九、十月收穫。江西吉郡種法甚妙：其刈稻田，竟不耕墾，每禾藁頭中拈豆三四粒，以指扱之，其藁凝露水以滋豆，豆性克發，復浸爛藁根以滋。已生苗之後，遇無雨亢乾，則汲水一升以灌之。一灌之後，再耨之餘，收穫甚多。凡大豆入土未出芽時，防鳩雀害，驅之惟人。

一種緑豆，圓小如珠。緑豆必小暑方種，未及小暑而種，則其苗蔓延數尺，結莢甚稀。若過期至於處暑，則隨時開花結莢，顆粒亦少。豆種亦有二：一曰摘緑，莢先老者先摘，人逐日而取之；一曰拔緑，則至期老足，竟畝拔取也。凡緑豆磨澄曬乾爲粉，盪片搓索，食家珍貴。做粉溲漿灌田甚肥。凡畜藏緑豆種子，或用地灰、石灰、馬蓼，或用黄土拌收，則四、五月間不愁空蛀。勤者逢晴頻曬，亦免蛀。凡已刈稻田，夏秋種緑豆，必長接斧柄，擊碎土塊，發生乃多。

凡種緑豆，一日之内遇大雨扳土則不復生。既生之後，防雨水浸，疏溝澮以洩之。凡耕緑豆及大豆田地，耒耜欲淺，不宜深入。蓋豆質根短而苗直，耕土既深，土塊曲壓，則不生者半矣。「深耕」二字不可施之菽類。此先農之所未發者。

一種豌豆：此豆有黑斑點，形圓同緑豆，而大則過之。其種十月下，來年五月收。凡樹木葉遲者，其下亦可種。

一種蠶豆：其莢似蠶形，豆粒大於大豆。八月下種，來年四月收。西浙桑樹之下遍繁種之。蓋凡物樹葉遮露則不生，此豆與豌豆，樹葉茂時，彼已結莢而成實矣。襄、漢上流，此豆甚多而賤，果腹之功不啻黍稷也。

一種小豆：赤小豆入藥有奇功，白小豆一名飯豆。當餐助嘉穀。夏至下種，九月收穫，種盛江淮之間。

一種穭音吕。豆：此豆古者野生田間，今則北土盛種。成粉盪皮，可敵緑豆。燕京負販者，終朝呼穭豆皮，則其産必多矣。

一種白扁豆：乃沿籬蔓生者，一名蛾眉豆。

其他豇豆、虎斑豆、刀豆，與大豆中分青皮、褐色之類，間繁一方者，猶不能盡述。皆充蔬代穀以粒烝民者，博物者其可忽諸！

又《粹精》

攻稻

凡稻刈獲之後，離藁取粒。束藁於手而擊取者半，聚藁於場而曳牛滚石以取者半。凡束手而擊者，受擊之物，或用木桶，或用石板。收穫之時雨多霽少，田稻交濕，不可登場者，以木桶就田擊取。晴霽稻乾，則用石板甚便也。凡服牛曳石滚壓場中，視人手擊取者力省三倍。但作種之穀，恐磨去殼尖，減削生機，故南方多種之家，場禾多借牛力，而來年作種者則寧向石板擊取也。

凡稻最佳者九穰一秕，倘風雨不時，耘耔失節，則六穰四秕者容有之。凡去秕，南方盡用風車扇去。北方稻少，用颺法，即以颺麥、黍者颺稻，蓋不若風車之便也。

凡稻去殼用礱，去膜用舂、用碾。然水碓主舂，則兼併礱功。燥乾之穀入碾亦省礱也。凡礱有二種：一用木爲之，截木尺許，質多用松。斫合成大磨形，兩扇皆鑿縱斜齒，下合植筍穿貫上合，空中受穀。木礱攻米二千餘石，其身乃盡。凡木礱，穀不甚燥者入礱亦不碎，故入貢軍國，漕儲千萬，皆出此中也。一土礱，析竹匡圍成圈，實潔净黄土於内，上下兩面各嵌竹齒。上合篘空受穀，其量倍於木礱。穀稍滋濕者，入其中即碎斷。土礱攻米二百石，其身乃朽。凡木礱必用健夫，土礱即孱婦弱子可勝其任。庶民饔飧皆出此中也。

凡既礱，則風扇以去糠秕，傾入篩中團轉。穀未剖破者浮出篩面，重復入礱。凡篩，大者圍五尺，小者半之。大者其中心偃隆而起，健夫利用；小者弦高二寸，其中平窪，婦子所需也。

凡稻米既篩之後，入臼而舂。臼亦兩種。八口以上之家，堀地藏石臼其上。臼量大者容五斗，小者半之。横木穿插碓頭，碓嘴冶鐵爲之，用醋滓合上。足踏其末而舂之。不及則粗，太過則粉，精糧從此出焉。晨炊無多者，斷木爲手杵，其臼或木或石，以受舂也。既舂以後，皮膜成粉，名曰細糠，以供犬豕之豢。荒歉之歲，人亦可食也。細糠隨風扇播颺分去，則膜塵净而粹精見矣。

凡水碓，山國之人居河濱者之所爲也。攻稻之法省人力十倍，人樂爲之。

引水成功，即筒車灌田同一制度也。設臼多寡不一，值流水少而地窄者，或兩三臼；流水洪而地室寬者，即並列十臼無憂也。江南信郡，水碓之法巧絶。蓋水碓所愁者，埋臼之地，卑則洪潦爲患，高則承流不及。信郡造法，即以一舟爲地，橛樁維之。築土舟中，陷臼於其上，中流微堰石梁，而碓已造成，不煩椓木壅坡之力也。又有一舉而三用者，激水轉輪頭，一節轉磨成麵，二節運碓成米，三節引水灌於稻田，此心計無遺者之所爲也。凡河濱水碓之國，有老死不見礱者，去糠去膜皆以臼相終始。惟風篩之法則無不同也。

凡碾，砌石爲之，承藉、轉輪皆用石。牛犢馬駒，惟人所使，蓋一牛之力，日可得五人。但入其中者，必極燥之穀，稍潤則碎斷也。

攻麥颺 磨 羅

凡小麥，其質爲麵。蓋精之至者，稻中再舂之米；粹之至者，麥中重羅之麵也。

小麥收穫時，束稾擊取，如擊稻法。其去秕法，北土用颺，蓋風扇流傳未遍率土也。凡颺不在宇下，必待風至而後爲之。風不至，雨不收，皆不可爲也。凡小麥既颺之後，以水淘洗塵垢净盡，又復曬乾，然後入磨。

凡小麥有紫、黃二種，紫勝於黃。凡佳者每石得麪一百二十觔，劣者損三分之一也。

凡磨大小無定形，大者用肥健力牛曳轉，其牛曳磨時用桐殼掩眸，不然則眩暈，其腹繫桶以盛遺，不然則穢也。次者用驢磨，觔兩稍輕。又次小磨，則止用人推挨者。

凡力牛一日攻麥二石，驢半之。人則强者攻三斗，弱者半之。若水磨之法，其詳已載《攻稻·水碓》中，制度相同，其便利又三倍於牛犢也。凡牛、馬與水磨，皆懸袋磨上，上寬下窄，貯麥數斗於中，溜入磨眼。人力所挨則不必也。

凡磨石有兩種，麵品由石而分。江南少粹白上麵者，以石懷沙滓，相磨發燒，則其麩併破，故黑疵參和麵中，無從羅去也。江北石性冷膩，而產於池郡之九華山者，美更甚。以此石製磨，石不發燒，其麩壓至扁秕之極不破，則黑疵一毫不入，而麵成至白也。凡江南磨二十日即斷齒，江北者經半載方斷。南磨破麩得麪百斤，北磨只得八十斤，故上面之值增十之二，然麵筋、小粉皆從彼磨出，則衡數已足，得值更多焉。

凡麥經磨之後，幾番入羅，勤者不厭重復。羅匡之底用絲織羅地絹爲之。湖絲所織者，羅麵千石不損，若他方黃絲所爲，經百石而已朽也。凡麵既成後，寒天可經三月，春夏不出二十日則郁壞。爲食適口，貴及時也。

凡大麥則就舂去膜，炊飯而食，爲粉者十無一焉。蕎麥則微加舂杵去衣，然後或舂或磨以成粉而後食之。蓋此類之視小麥，精粗貴賤大徑庭也。

攻黍稷粟粱麻菽

凡攻治小米，颺得其實，舂得其精，磨得其粹。風颺、車扇而外，簸法生焉。其法篾織爲圓盤，鋪米其中，擠匀揚播。輕者居前，楪棄地下。重者在後，嘉實存焉。

凡小米舂、磨、揚、播製器，已詳《稻》《麥》之中。唯小碾一製在《稻》《麥》之外。北方攻小米者，家置石墩，中高邊下，邊沿不開槽。鋪米墩上，婦子兩人相向接手而碾之。其碾石圓長如牛趕石，而兩頭插木柄。米墮邊時，隨手以小篲掃上。家有此具，杵臼竟懸也。

凡胡麻刈穫，於烈日中曬乾，束爲小把，兩手執把相擊，麻粒綻落，承藉以簟席也。凡麻篩與米篩小者同形，而目密五倍。麻從目中落，葉殘角屑皆浮篩上而棄之。

凡豆菽刈穫，少者用枷，多而省力者仍鋪場，烈日曬乾，牛曳石趕而壓落之。凡打豆枷，竹木竿爲柄，其端錐圓眼，拴木一條長三尺許，鋪豆於場，執柄而擊之。凡豆擊之後，用風扇颺去莢葉，篩以繼之，嘉實灑然入稟矣。是故，舂磨不及麻，礎、碾不及菽也。

清·顧祖禹《讀史方輿紀要》卷七三《四川八》 和水，司南四十里。《勝覽》云：「源出蠻界羈縻羅岩州是也，東流經司境，又東入雅州界合於平羌江。」硫黃溪，在司東三十里。溪水作硫黃氣，浸灌瘠田，禾苗特盛。

佚名《調鼎集》卷二《鋪設戲席部》 茶葉，取紹興上竈者，味厚，可泡三次，他處不及也。然葉取色白者上。世有以桑梍灰稍拌，僞作白色，不久即變。茶以紫紅、菊雪爲第一。凡茶葉，淡後即入罈封固，絲毫沾不得潮氣。即黴，並不可日曬。

藏茶法，茶葉每斤作四包，入大黃沙罈內，罈底放整石灰一塊。將包鋪平，緊蓋罈口，不令走氣。用時取包，另裝小瓶，三、四年後，其色仍然碧緑。

又 卷八《茶酒部》 茶酒單

七碗生風，一杯忘世，非飲用六清不可。作茶酒單。空心酒（忘）［忌］飲，宜

飯後。戒冷茶。

茶

慾治好茶，先藏好水。求中冷泉、惠泉，人家何能置驛而(辨)[辦]？然天泉水、雪水，力能藏之。水新則味辣，陳則味甘。嘗盡天下之茶，以武夷山頂所生，沖開白色者爲第一。然入貢尚不能多，況民間乎？其次莫如龍井。清明前者號蓮心，太覺味淡以多用爲妙。雨前最好，一旗一槍，緑如碧玉。收法，須用小紙包，每包四兩，放石灰罈中，過十日則換石灰。上用紙蓋，紮住，否則氣出而味全變矣！烹時用武火，用穿心罐一滾，久則水味變矣。停則滾，再泡則葉浮矣。一泡便飲，以蓋掩之，則味之變矣。此中清妙，不容發也。近見士大夫生長杭州，一入官場，便吃熬茶。其苦如藥，其色如血。此不過腸肥腦滿之人吃檳榔法也，俗矣哉！武夷、龍井外而以爲可飲者，臚列於後。

洞庭君山茶　常州陽羨茶　六安銀針茶　當塗塗茶　天臺雲霧茶　雁蕩山茶　太白山茶　上江梅片茶　會稽山茶

此外，如六安毛尖、武夷熬片，概行黜落。

龍井蓮心茶，出武林，茶之上品。用砂壺，滚水沖，又用微火略燉，始出味。

春茶，出會稽。平水、安村、上壬、紫洪、陳村、官培尖、烏鑊，沿山諸處者佳。

六安茶，香而養人。

花煮茶，錫瓶冶茗，雜花其中。梅、蘭、桂、菊、蓮、玫瑰、薔薇之類，摘其半含半放，香氣全者，三停茶，一停花。其花須去枝、蒂、塵垢、蟲蟻，用磁罐投，間至滿，紙箬紮固，隔水煮之，一沸即起，將此點茶甚美。茶性淫，觸物即染其氣。伴花，用茶之次等者，借花之清芬，別饒佳趣。若上品龍井、松羅、梅片拌入各卉，真味反爲花奪。煮出待冷，紙包焙乾用。諸花片瓣用，隔者不爛。

菊花茶，中等芽茶，用瓷罐先鋪花一層，加茶一層，逐層貯滿，又以花覆面。曬十餘次，放鍋內，淺水浸，火蒸，候罐極熱取出，冷透開罐，去花，以茶用紙包，曬乾。每一罐分三、四罐。如此換花，蒸，曬三次尤妙。曬時不時開包，抖擻令匀則易乾。

蓮花茶，日初出時，就池沼中將蓮花蕊略綻者，以手指撥開，入茶葉填滿蕊中，將麻絲紮定。經一宿，次早摘下，取出茶，用紙包，曬乾或火焙，如此三次，用錫瓶收藏。

煎茶，砂銚煮水，候蟹眼動，貯以別器，茶葉傾入銚內，加前水少許蓋好，俟浸茶濕透，將銚置火上。盡傾前水，聽水有聲便取起。少頃再置火上，略沸即可啜，極妙。

清茶，茶汁，石榴米四粒、松仁四粒。或加花生仁、青豆泡茶。

泡茶，茶葉內加曬乾玫瑰花、梅花三瓣同泡，頗香。

三友茶，茶葉、胡桃仁去衣、洋糖，清晨沖滚水。

冰杏花，冰糖、杏仁研碎，滚水沖細茶。

橄欖茶，橄欖數枚，木錘敲碎，鐵敲黑鏽并刀(醒)[腥]。同茶入小砂壺，注滚水，蓋好，少(可)停可飲。花紅同。

芝麻茶，芝麻微妙香，磨碎，加水濾去渣，取汁煮熟，入洋糖(熟)[熱]飲。煎濃普洱茶沖冰糖飲。

金豆茶，金豆去核，浸以洋糖。入口香美，點茶絶勝。

千里茶，洋糖四兩、茯苓三兩、薄荷四兩、甘草一兩，共研末，煉蜜爲丸如棗大，一丸含口，永日不渴。

奶子茶，粗茶葉煎濃汁，木勺揚之，俟紅色，用酥油及研細末芝麻去渣，加鹽或糖，熱飲。

香茶餅，孩兒茶、芽茶各四錢，檀香一錢二分，白豆蔻一錢半，麝香一分，砂仁五錢，沉香二分半，片腦四分，甘草膏和糯米粉糊(搜)[溲]餅。

餞花茶，取各種初開整朵花，蜜餞，貯瓶，點茶。

香水茶，取熟水半杯，上放竹紙一層，穿數孔。采初開茉莉花，綴於孔，再用紙封，不令洩氣。明晨其水甚香，可點茶。又，取半開茉莉花，用滾湯一碗停冷，花浸水中，封固，次早去花。取浸花□半盞，另沖開水，滿壺皆香。

錫瓶收茶，上置浮炭數塊，濕不入。曬茶晾冷入瓶，色不變黃。茶瓶口朝下，懸空中，茶不黰。緣黰氣自上而下也。

[去茶跡]壺內茶跡，入冷水令滿，加堿三、四分，煮滚，茶跡自去。

柏葉茶，嫩柏葉揀淨，縛懸大甕中，用紙封口，三十日勿見風，見風即黃。候乾取出。如未乾透，更閉之至乾，研末收貯。夜話飲之，醒酒，益人。

又，菊葉晾乾，亦可代茶，色香俱美。

又，玫瑰花。將石灰打碎，鋪罈底，放竹紙兩層，花鋪紙面，封固。候花極乾

取出，另裝磁瓶點茶。諸花同。

暗香茶，臘月早梅，清晨用箸摘下半開花朵，連蒂入磁瓶。每一兩用炒鹽一兩(曬)[灑]入，勿經手，厚紙(蜜)[密]封，入夏取用。先置蜜炒少許於杯，加花三、四朵，滾水注，花開如生。

芝麻茶，先用芝麻，去皮炒香、磨碎。先取一酒杯下碗，入鹽少許，用筷子順打，至稠硬不開。再下鹽水，順打至稀稠，約有半碗多，然後用紅茶熬熬釅，候略温，調入半碗，可作四碗用之。

又，用牛乳隔水燉二、三滾，取起晾冷，結皮揭盡厄，配碗和芝麻茶用。

炸茶葉，取上號新茶葉，拌米粉、洋糖，油炸。

清・吴其濬《植物名實圖考長編》卷一《穀類》 《氾勝之書》曰：凡田有六道，麥爲首種，種麥得時，無不善。夏至後七十日可種宿麥，早種則蟲而有節，晚種則穗小而少實。常種麥若天旱無雨澤，則薄漬麥種以酢且故反。漿并蠶矢，夜半漬，向晨速投之，令與白露俱下。酢漿令麥耐旱，蠶矢令麥忍寒。

紀事

《周禮・地官・大司徒》 大司徒之職，掌建邦之土地之圖與其人民之數，以佐王安擾邦國。【略】以土宜之灋辨十有二土之名物，以相民宅，而知其利害，以阜人民，以蕃鳥獸，以毓草木，以任土事。十二土分野十二邦，上繫十二次，各有所宜也。相，占視也。阜猶盛也。蕃，蕃息也。育，生也。任謂就地所生，因民所能。疏：「以土宜之灋辨十有二土之名物」者，即辨各土人民、鳥獸、草木所宜之法也。此經土宜兼辨地形高下營建都邑之事言之。《草人》云：「掌土化之灋，以物地相其宜而爲之種。」《土方氏》云：「以辨土宜土化之灋而授任地者。」注云：「土宜謂九穀稙稺所宜也。」彼二職土宜與土化並舉，故鄭專以穀土所宜爲釋，與此經義小異。云「以任土事」者，猶《小司徒》云「以任地事」。彼注云「地事謂農牧衡虞」是也。賈疏謂任人性居之，失之。注云「十二土分野十二邦，上繫十二次，各有所宜也」者，謂此十二土，即依《保章氏》之星土所屬，分爲十二也。十二邦上繫十二次，若吴越屬星紀、齊屬玄枵之屬，並詳《保章氏》注。李淳風《乙巳占分野篇》引《春秋内事》云：「天有十二次，日月之所躔也。地有十二分，王侯之所國也。」賈疏云：「《周語》，伶州鳩云：『昔武王伐商，歲在鶉火。』又云『歲之所在，則我有周之分野』。故知分野十二邦上繫十二次，各有所宜也。若然，唐虞及夏萬國，殷周千七百七十三國，皆依附十二邦以繫十二次，若吴、越同次之類也。凡繫星之法，皆因王者所命屬焉。故昭元年《左傳》云：『晉侯有疾，鄭公孫僑如晉聘，且問疾。叔向問焉，曰：「寡君之疾病，卜人曰實沈、臺駘爲祟。史莫之知，敢問此何神也？」子産曰：「昔高辛氏有二子，伯曰閼伯，季曰實沈，居於曠林，不相能也，日尋干戈，以相征討。后帝不臧，遷閼伯於商丘，主辰，商人是因，故辰爲商星。遷實沈於大夏，主參，唐人是因，以服事夏商。」』又云：『及成王滅唐而封大叔焉，故參爲晉星。』又襄九年『晉士弱云：陶唐氏之火正閼伯居商丘，祀大火，相土因之，故商主大火。』是皆先王命祀之法也。案：《元命包》云：『國君王者對，上應列星之位。』注云：『若角、亢爲鄭，房、心爲宋。』若然，附庸不繫星，其餘皆繫星也。」《玉海天文》引《三禮義宗》云：「星分所主，各有由序。晉屬實沈者，高辛之子，主祀參星。宋屬大火者，閼伯之墟，主祀大辰。齊祀玄枵者，逢公託食。其餘國非所悉。九州之中，國數非一，是以吴越同次，燕陳共分。」案：古者侯國祀其分星，崔氏以分野本於命祀之星，則可互通。賈氏此疏亦從其説。《保章氏》蔬又謂「皆其國受封之日，歲星所在之辰」，與此疏義違。夫一次之中，其國非一，豈得對日皆同。況萬國並建，興廢不常，則易姓更封，分星宜隨歲而改，何以十二次之星野古今不易？其不可通明矣。云「相，占視也」者，《爾雅釋詁》云：「相，視也。」《方言》云：「占視，視也。自江而北，凡相候謂之占，相民宅亦謂候視之，故云占視也。」《尚書召誥》説營雒之事云：「惟太保先周公相宅。」《史記周本紀集解》引鄭《書注》亦云：「相，視也。」此相民宅與彼義同。云「阜猶盛也」者，《大宰》注義同。云「蕃，蕃息也」者，《掌畜》注義同。《説文艸部》云：「蕃，艸茂也。」引申之，凡鳥獸孳乳蕃息亦謂之蕃。《國語魯語》云「蕃庶物也」，韋注云：「蕃，息也。」云「育，生也」者，舊本育作毓，非。今據宋岳珂、余仁仲本正。《説文云部》，育，重文毓，云「育或从每」。漢時蓋習用育。此經作毓，注作育，亦經用古字，注用今字之例也。《廣雅釋詁》云：「育，生也。」《國語魯語》韋注云：「毓即育字，生也。」云「任謂就地所生，因民所能」者，《大宰》注云：「任猶傳也。」案：任傳並有立義。謂就地之力勢所生，民之材力所能，傳立之以成其功事也。辨十有二壤之物，而知其種，以教稼穡樹蓺。壤亦土也，變言耳。以萬物自生焉則言土，土猶吐也；以人所耕而樹蓺焉則言壤，壤，和緩之貌。《詩》云「樹之榛栗」。又曰「我蓺黍稷」。蓺猶蒔也。疏：「辨十有二壤之物而知其種」者，此即辨土宜而任土事也。注云「壤亦土也，變言耳」者，《説文土部》云：「壤，柔土也。」是壤與土義同。賈疏云：「此十二壤即上十二土。上經論居人物之事，此經辨其種殖所宜，故變其文。」云「以萬物自生焉則言土，土猶吐也」者，明土爲地之大名，土吐聲類同。《書禹貢》九州有厥土厥田之異，孔疏引鄭《書注》云：「地當陰陽之中，能吐生萬物者曰土；據人功作力競得而田之，則謂之田。」與此注義同，此經之壤即可田之土也。丁晏云：「《説文土部》：『土，地之吐生萬物者也。』《白虎通義五行篇》：『土，主吐含萬物，土之爲言吐也。』《釋名釋地》：『土，吐也，吐生萬物也。』《太平御覽地部》引《春秋元命包》：『土之爲言吐也，言子成父道吐也。』」云「以人所耕而樹蓺焉則言壤，壤，和緩之貌」者，和緩即柔土之義。《釋名釋地》云：

「壤，膿也，肥膿意也。」《書禹貢》，冀州「厥土惟白壤」。《釋文》引馬融云：「壤，天性和美也。」《九章算術・商功篇》云：「穿地四，爲壤五，爲堅三。」劉徽注云：「壤謂息土，堅謂築土。」蓋地率爲堅土，既經人所耕種，則解散和緩，故謂之壤。《管子・臣乘馬篇》云：「一農之量壤百畝也。」壤即熟田也。引《詩》云「樹之榛栗」者，《鄘風・定之方中篇》文。引以證經樹爲種果木也。云「又曰我蓺黍稷」者，《小雅・楚茨篇》文。引以證經蓺爲種穀也。然此經樹蓺實當爲一事，鄭公爲二，非也。後文十二職事，「一曰稼穡」即《大宰》九職之「三農生九穀」，「二曰樹蓺」即九職之「園圃毓草木」。彼先鄭注分別甚明，後鄭亦無異説，此文與彼同，不宜兩訓，然則稼穡爲種穀、樹蓺爲種果木明矣。後鄭忘檢彼文，乃以稼穡爲耕，而分樹屬圃，蓺屬農，故上云「耕而樹蓺」，又引《詩》以證蓺穀；不知種穀雖得稱蓺，而此經樹蓺則不涉種穀之事，本職自有塙證也。云「蓺猶蒔也」者，《國語周語》韋注同，亦釋蓺爲種穀也。《説文・丮部》云：「埶，種也。」蓺即埶之俗。又《艸部》云：「蒔，更別種也。」《廣雅・釋地》云：「埶、蒔，種也。」《書・堯典》「播時百穀」，《詩・周頌・思文》孔疏引鄭《書注》云：「時讀曰蒔，種蒔五穀也。」是埶蒔同訓種。然此經之蓺，則當爲種菜茹瓜蓏之事。《左》昭六年傳云：「不樵樹，不采蓺。」彼云樹即果木也，蓺即菜茹也。

漢・氾勝之《氾勝之書・區田法》　湯有旱災，伊尹作爲區田，教民糞種，負水澆稼。

元・孟祺等《農桑輯要》卷一《典訓》　先賢務農

《孟子》：「后稷教民稼穡，樹藝五穀。五穀熟而民人育。」

《氾勝之書》：「湯有旱災，伊尹作爲區田，教民糞種，負水澆稼。」氾，扶嚴反，水名。又姓，出燉煌、濟北二望，本姓凡氏，避地於氾水，因改焉。

《史記》：「管仲【略】相齊，【略】與俗同好惡。其稱曰：『倉廩實而知禮節，衣食足而知榮辱。』」

猗頓，魯窮士，聞陶朱公富，問術焉。告之曰：「欲速富，養五牸。」乃畜牛羊，子息萬計，貲擬王公。

《莊子》：長梧封人曰：「昔予爲禾稼而鹵莽種之，其實亦鹵莽而報予，芸而滅裂之，其實亦滅裂而報予。來年深其耕而熟耰之，其禾繁以滋，予終年厭飧。」

《前漢・食貨志》：「李悝爲魏文侯作盡地力之教，師古曰：「李悝，文侯臣也。悝音恢。」以爲『地方百里，提封九萬頃，除山、澤、邑居，參分去一，爲田六百萬畮。治田勤謹，則畮益三升，服虔曰：「與之三升也。」臣瓚曰：「當言三斗。謂治田勤，則畮加三斗也。」師古曰：「計數而言，字當爲斗。瓚説是也。」不勤則損亦如之。地方百里之增減，輒爲粟百八十萬石矣。』」

又曰：「糴甚貴傷民，韋昭曰：「此民謂士、工、商也。」甚賤傷農；民傷則離散，農傷則國貧。故甚貴與甚賤，其傷一也。」

漢文帝時賈誼説上曰：「《管子》曰：『倉廩實而知禮節。』民不足而可治者，自古及今，未之嘗聞。【略】漢之爲漢，幾四十年矣，公私之積，猶可哀痛。【略】世之有飢穰，天之行也，禹、湯被之矣。即不幸有方二三千里之旱，國胡以相懺？卒然邊境有急，數十百萬之衆，國胡以餽之？【略】」

「夫積貯者，天下之大命也。苟粟多而財有餘，何爲而不成？以攻則取，以守則固，以戰則勝。懷敵附遠，何招而不至？今敺民而歸之農，【略】使天下各食其力，末技游食之人，轉而緣南畮，則蓄積足，而人樂其所矣。」

前漢「宣曲任氏，【略】楚漢相距於滎陽，【略】米石至萬，而豪傑金玉盡歸任氏，【略】以此起富。【略】折節爲儉，力田畜。【略】人争取賤賈，任氏獨取貴善。富者數世。然任公家約，非田畜所生不衣食，公事不畢，則身不得飲酒食肉。以此爲閭里率，故富而主上重之。」

趙過爲搜粟都尉，能爲代田，以故田多墾闢，用力少而得穀多。

黄霸爲潁川，使郵亭、鄉官，皆畜雞、豚，以贍鰥、寡、貧窮者；及務耕桑，節用，殖財，種樹，畜養，去浮淫之費，治爲天下第一。

龔遂爲渤海，勸民務農桑，令口種一株榆，百本韰，五十本葱，一畦韭，家二母彘，五雞。民有帶持刀劍者，使賣劍買牛，賣刀買犢，曰：「何爲帶牛佩犢？」春夏不得不趣田畝，秋冬課收斂，益蓄果實、菱、芡。吏民皆富實。

何武爲刺史，行部必問墾田頃畝，五穀美惡。

召信臣爲南陽，好爲民興利，務在富之。躬勸耕農，出入阡陌，止舍離鄉亭，稀有安居。時行視郡中水泉，開通溝瀆，起水門、提閼，凡數十處，以廣溉灌，歲歲增加，多至三萬頃。民得其利，蓄積有餘。信臣爲民作「均水約束」，刻石立於田畔，以防分争。禁止嫁娶送終奢靡，務出於儉約。郡中莫不耕稼力田。吏民親愛信臣，號曰「召父」。

後漢三丹，家累千金，好施與，周人之急。每歲時農收後，察其强力收多者，輒歷載酒肴，從而勞之，便於田頭樹下飲食勸勉之，因留其餘肴而去。其惰嬾者，獨不見勞，各自耻不能致丹，其後無不力田者。聚落以至殷富。

杜詩爲南陽，省愛民役，廣拓土田，郡内比室殷足。爲之語曰：「前有召父，

後有杜母。」

任延爲九真太守。九真俗以射獵爲業，不知牛耕，每致困乏。延乃令鑄作田器，教之墾闢，歲歲開廣，百姓充給。

茨充爲桂陽令，俗不種桑，無蠶織絲麻之利，類皆以麻枲頭貯衣。民惰窳，少麤履，足多剖裂血出，盛冬皆然火燎炙。充教民益種桑、柘，養蠶，織履，復令種苧麻。數年之間，大賴其利，衣履温煖。今江南知桑蠶織履，皆充之教也。

張堪拜漁陽太守，開稻田八千餘頃，勸民耕種，以致殷富。百姓歌曰：「桑無附枝，麥穗兩岐，張君爲政，樂不可支。」

樊重，字君雲，謚壽張敬侯。世善農稼，好貨殖。重性温厚，有法度，三世共財，子孫朝夕禮敬，常若公家。其營理産業，物無所棄，課役童隸，各得其宜。故能上下戮力，財利歲倍，至乃開廣田土三百餘頃。其所起廬舍，皆有重堂高閣，陂渠灌注；又池魚、牧畜，有求必給。嘗欲作器物，先種梓、漆，時人嗤之。然積以歲月，皆得其用，向之笑者，咸求假焉。貲至巨萬，而賑贍宗族，恩加鄉閭。外孫何氏兄弟争財，重耻之，以田二頃，解其忿訟，縣中稱美。其素所假貸人間數百萬，遺令焚削文契。責家聞者皆慚，争往償之。常戒其子曰：「富貴盈溢，未有能終者。吾非不喜榮執也，天道惡滿而好謙，前世貴戚，皆明戒也。保身全己，豈不樂哉！」

王景爲廬江太守，百姓不知牛耕，致地力有餘，而食常不足。景乃教民用犂耕，墾闢倍多，境内豐給。又訓令蠶織，爲作法制，著於鄉亭。

王符曰：「一夫不耕，天下受其飢；一婦不織，天下受其寒。今舉俗舍本農，趍商賈，【略】是則一夫耕，百人食之，一婦桑，百人衣之；以一奉百，孰能供之？」

崔寔爲五原，土宜麻枲，而俗不知織績；民冬月無衣，積細草，卧其中，見吏則衣草而出。寔爲作紡績、織紝之具以教，民得以免寒苦。

劉陶曰：「民可百年無貨，不可一朝有飢，故食爲至急也。」

仇覽爲蒲亭長，勸人生業，爲制科令，至於果菜爲限，雞豕有數；農事既畢，乃令子弟羣居就學。其剽輕游恣者，皆役以田桑，嚴設科罰。躬助喪事，賑恤窮寡。朞年稱大化。

杜畿爲河東，勸耕桑，課民畜牸牛、草馬，下逮雞、豚，皆有章程，家家豐實。然後興學校，學孝悌。河東遂安。

童恢除不其令，若吏稱其職，人行善事，皆賜酒肴以勸勵之。耕織種收，皆有條章。一境清静。

《齊民要術》：皇甫隆爲燉煌。「燉煌俗不曉作耬犂；及種，人力功力既費，而收穀更少。隆乃教作耬犂，所省傭力過半，得穀加五。又燉煌俗，婦女作裙，攣縮如羊腸，用布一疋。隆又禁改之，所省復不貲。」

「僮種爲不其令，率民養一豬，雌雞四頭，以供祭祀，死買棺木。」

「顔斐爲京兆，乃令整阡陌，樹桑果；又課以閑月取材，使得轉相教匠作車，又課民無牛者，令畜豬，投貴時賣，以買牛。始者民以爲煩，一二年間，家有丁車、大牛，整頓豐足。」

「《譙子》曰：『朝發而夕異宿，勤則菜盈傾筐。且苟無羽毛，不織不衣，不能茹草飲水，不耕不食。安可以不自力哉？』」

「李衡於武陵龍陽洲上作宅，種甘橘千樹。【略】勑兒曰：『吾州里有千頭木奴，不責汝衣食，歲上一疋絹，亦可足用矣。』【略】橘成，歲得絹數千疋。」

「《仲長子》曰：『天爲之時，而我不農，穀亦不可得而取之。青春至焉，時雨降焉，始之耕田，終之簠、簋，惰者釜之，勤者鍾之。時及不爲，而尚乎食也哉？』」

北魏辛纂拜河内刺史，督勸農桑，親自撿視，勤者資以物帛，惰者加以罪。

魏陳思王曰：「寒者不貪尺玉，而思短褐，飢者不願千金，而美一食。」

晉桓宣鎮襄陽，勸課農桑，或載鉏耒於軺軒，或親芸、穫於壠畝。

唐張全義爲河南尹。經黄巢之亂，繼以秦宗權、孫儒殘暴，居民不滿百户，四野俱無耕者。全義招懷流散，勸之樹藝。數年之後，都城坊曲，漸復舊制；諸縣户口，率皆歸復；桑麻蔚然，野無曠土。全義明察，人不能欺，而爲政寬簡。出見田疇美者，輒下馬與僚佐共觀之，召田主勞以酒食。有蠶麥善收者，或親至其家，悉呼出老幼，賜以茶綵衣物。民間言「張公不喜聲伎，見之未嘗笑，獨見佳麥、良繭則笑耳。」有田荒穢者，則集衆杖之；或訴以「乏人牛」，乃召其鄰里責之曰：「彼誠乏人牛，何不助之？」衆皆謝，乃釋之。由是鄰里有無相助，故比户皆有舊積，凶年不飢，遂成富庶焉。

李襲譽嘗謂子孫曰：「吾負京有田十頃，能耕之，足以食；河内千樹桑，事之，可以衣。能勤此，無資於人矣。」

東漢農事畫像磚《四川漢畫像磚》圖版一一七

東漢桑園畫像磚《四川漢畫像磚》圖版一二一

元·王禎《農書·農器圖譜集之一·田制門》圍田、築土作圍，以繞田也。蓋江淮之間，地多藪澤，或瀕水，不時渰没，妨於耕種。其有力之家，度視地形，築土作堤，環而不斷，内容頃畝千百，皆爲稼地。後值諸將屯戍，因令兵衆分工起土，亦做此制，故官民異屬。復有「圩田」，謂疊爲圩岸，扞護外水，與此相類；雖有水旱，皆可救禦。凡一熟之餘，不惟本境足食，又可贍及鄰郡。實近古之上法，將來之永利，富國富民，無越於此。

詩云：度地置圍田，相兼水陸全，萬夫興力役，千頃入周旋。俯納環城地，穹懸覆幕天，中藏仙洞祕，外繞月宫圓。蟠亘參淮甸，紆回際海壖，官民皆紀號，遠近不相緣，守望將同井，寬平却類川，隰桑宜葉沃，堤柳要根駢。交往無多逕，高居各一廛，偶因成土著，元不異民編。生業團鄉社，囂塵隔市廛，溝渠通灌溉，塍埂互連延。俱樂耕耘便，猶防水旱偏，翻車能沃槁，瀽穴可抽泉。擁綠秧鋤後，均黄刈穫前，總沾新税籍，素表屢豐年，黍稌及億秭，倉箱累萬千，折償依市直，輸納帶逋懸。歲計仍餘羨，牙商許懋遷，補添他郡食，販入外江船。課最勸農職，治優都水權，富民兹有要，「陸海」豈無邊？祈奏《載芟》詠，報歌《良耜》篇，降穰今若此，蒙利敢安然。壤土常增築，風濤每慮穿，積儲趁日用，防備廢宵眠，擊鼓供惟急，苫廬守獨專，本爲憑禦護，或未免災愆。誰念農功苦？徒知粒食鮮。併將圖譜事，編記作詩傳。

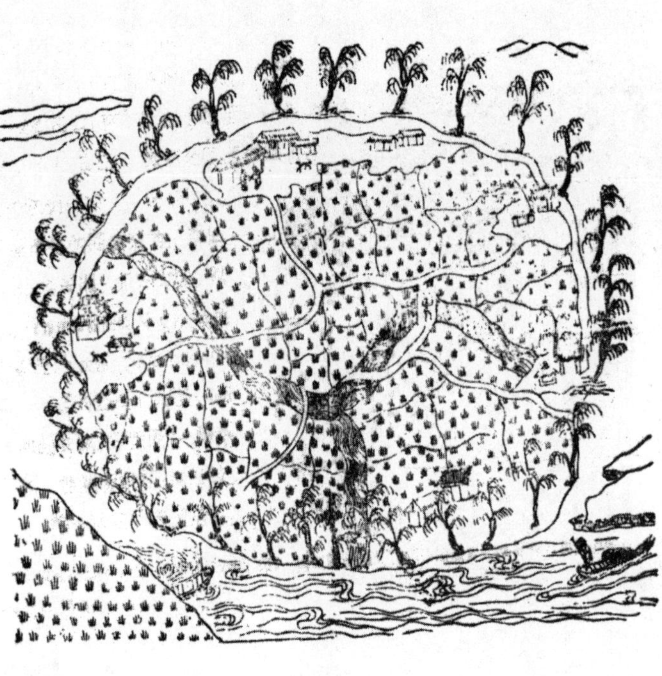

圍田

又《農器圖譜集之六·杷朳門》擊壤 《釋名》曰，擊壤、野老之戲，蓋擊塊壤之具，因以爲戲也。《藝苑》曰，擊壤、古戲也。又曰，壤以木爲之，前廣後鋭，長尺四寸，闊三寸，其形如履。將戲，先側一壤於地，遥於三四十步以手中壤敲之，中去聲。者爲上。《風土記》曰，擊壤以木爲之，其形如履，臘節、僮少以爲戲，分部如摘博也。玄晏先生皇甫謐號玄晏先生。曰，十七年、與姑從子果柳等擊壤

擊壤

於路。此非直野老僮少之戲，至於逸人隱士，亦有時而爲此戲也。《逸士傳》曰，堯時有壤父五十人擊壤於康衢，觀者曰，大哉，堯之爲君！壤父作色曰，吾日出而作，日入而息，鑿井而飲，耕田而食，帝何力於我哉？此有以見其時平歲熟，不知樂之所自。信哉！堯之德蕩蕩乎！民無能名焉，宜壤父有此荅也。吴盛彦《擊壤賦》云，「論衆戲之爲樂，獨擊壤之可娱，因風托勢，罪一殺兩。」《藝文》曰，以塼二枚，長七寸，相去三十步立爲標，或以塊壤爲標，蓋田夫擊壤之意也。各以博一枚，方圓一尺，擲之。主人擲籌隨多少，甲先擲破，則得一籌，後破則奪先破者。又今村陌中張梃爲戲者，皆其遺制歟？

詩云，泰和民如何？戲適因塊壤，相從雜稚耋，峙立越尋丈，乘平初側一，得雋終殺兩，徒歌足懽愉，至意自融盎。帝力既不知，大德日蕩蕩，爾來幾千年，古俗遂長往。雖云遺制在，漓風邈難想，誰能陶真樂，返古如指掌。懷哉壤父歌！三復有遺響。

又《農器圖譜集之八·蓧蕢門》 笹 《集韻》云，盛穀器，或作「囤」，又「籧」也。北方以荆柳或蒿卉制成圖樣，南方判竹編草，或用籧篨空洞作圍，各用貯穀；南北通呼曰「笹」，兼「篅」、「䉛」而言也。笹多露置，可用貯糧；篅、䉛在室，可用盛種；皆農家收穀所先具者，故併次之。

笹

篅 《說文》云，判竹圜以盛穀，笹類也。篅或作「圌」。此「䉛」與「篅」皆笹之別名，但大小有差，亦蓧蕢之舊制，不可遺也。

䉛 《集韻》云，䉛筐、盛種器。蓋連底小笹，便於移用。䉛章恕切。作「藷」，又作「䉛」。

詩云：農家屯糧元有具，以「笹」爲名須用竹；體圓制密塗墍茨，正則能容傾則覆。南北由來無異名，露置當陽安用屋。樂歲先爲歉歲防，一年耕有三年蓄。但令積粟比任生，未必指囷無魯肅。先民作器兼細巨，下逮人間篅與䉛；篅與䉛，笹小毋慮，酌量出納宜朝暮。日計不足月有餘，徒頓東西無定處，家存户置多貯儲，貴可無憂賤無蠹。便當封作富民侯，彼腹緌饑吾腹飫，國不空虛倉廩助，歲歲豐年歌黍稌。

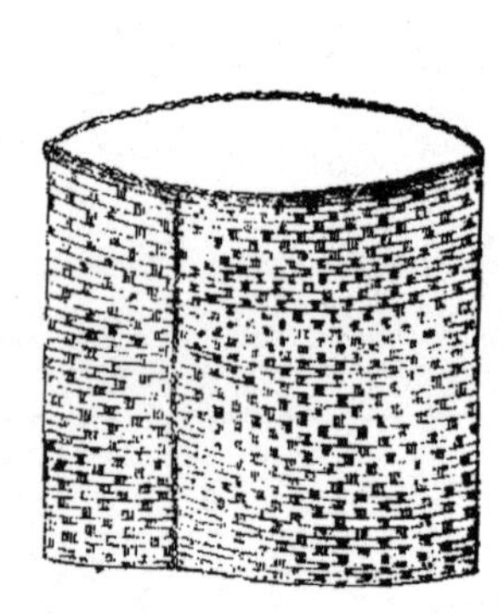

篅

穀匣、盛穀方木層匣也。用板四葉，相嵌而方，大小不等，高下隨宜，下作底足，疊累數層，上作頂蓋，貯穀於內。置穴於下，可以啓閉。用之多在屋室，亦可露置，以瓦覆之。比之囤京，可以移頓，較之篅䉛，可以增減；既無雀鼠之耗，又無溼浥之虞，實穀藏之佳者。

詩云：取制異囷京，初憑梓匠成，虛中元有受，正立乃無傾。封鐍開還瀉，方層貯每盈，家家能置此，亦號小「常平」。

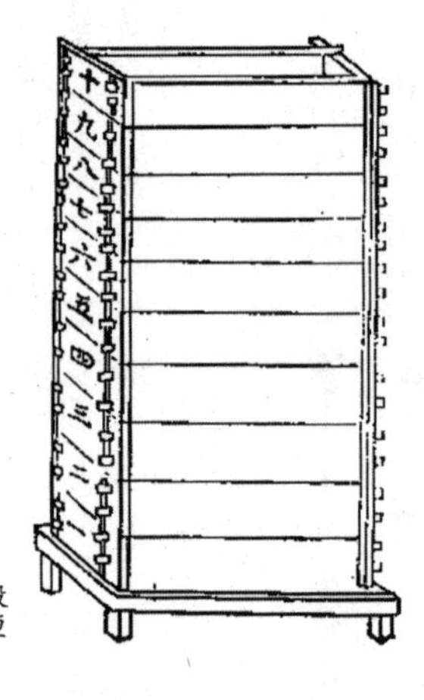

穀匣

籮

籮、析竹爲之，上圓下方，挈米穀器，量可一斛。《方言》籮所以注斛，陳魏宋楚之間謂之「篙」，自關而西謂之「注箕」，皆籮之別名也。

䈌 亦籮屬，比籮稍匾而小，用亦不同。䈌則造酒、造飯，用之漉米，又可盛食物。蓋籮盛其粗者，而䈌盛其精者，精粗各適所受，不可易也。

詩云：匾小即云䈌。圓大則爲籮，從「竹」皆盛器，協音豈異科？販夫挑自

便，田舍用還多，今歲租糧畢，空虛奈爾何！

篅

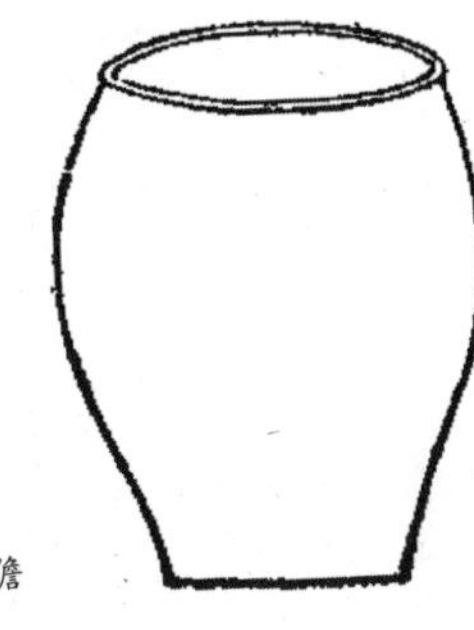
儋

儋　貯米器也。《漢書》揚雄無儋石之儲，晉劉毅家無儋石之儲。應劭曰，齊人名甖爲「儋」，受二斛。顏師古曰，儋者，一人所負擔也。《方言》云，罃、陳魏宋楚之間曰「甀」，或曰「瓶」，燕之東北、朝鮮洌水之間謂之「瓺」，周洛韓鄭之間謂之「甄」。儋或作「甔」，字從「瓦」，瓦器也。今江淮間農家造泥爲甕，披以麻草，用貯食米，可以代儋，細民甚便之。

又《農器圖譜集之九・杵臼門》　昔聖人教民杵臼，而粒食資焉。後乃增廣制度而爲碓，爲碾，爲礱，爲輾等具，皆本於此。蓋聖人開端，後人蹈襲，得其變也。孔融謂後世機巧勝於聖人，過矣，今特辯之，使知本末云。

杵臼

杵臼，舂也。《易・繫辭》曰，「黃帝堯舜氏作」，「斷木爲杵，掘地爲臼，杵臼之利，萬民以濟。」按，古舂之制，秳，常隻切。百二十斤。稻重一秳爲粟二十斗爲米十斗曰「毇」；爲米六斗大半斗曰「粲」，又曰「糲」；米一石、舂爲九斗曰「糳」；糳、米之精者。斯古舂之制，自杵臼始也。

【略】

礱　礧穀器，所以去穀殼也。淮人謂之「礱」，江浙之間謂之「礱」。編竹作圍，內貯泥土狀如小磨；仍以竹木排爲密齒，破穀不致損米。就用拐木竅貫礱上掉軸，以繩懸檁上，衆力運肘轉之，日可破穀四十餘斛。北方謂之「木礧」，石鑿者謂之「石木礧」。礱、礧，字從「石」初本用石，今竹木代者亦便。又有礱磨，上級甚薄，可代穀礱，亦不損米，或人或畜轉之，謂之「礱磨」。復有畜力挽行大

礱磨

木輪軸，以皮弦或大繩繞輪兩周，復交於礱之上級，輪轉上聲。則繩轉，繩轉則礱亦隨轉；計輪轉一周，則礱轉十五餘周，比用人工既速且省。

礱

石碾

輾 《通俗文》曰，石碢轢穀曰輾。《後魏書》曰，崔亮在雍州讀《杜預傳》，見其爲八磨，嘉其有濟時用，因教民爲輾。今以礪石甃爲圓槽，周或數丈，高逾二尺，中央作臺，植以簨軸，上穿榦木，貫以石碢。有用前後二碢相逐，前備撞木，不致相擊，仍隨帶攪杷。畜力輓行，循槽轉碾，日可穀米三十餘斛。

近有法製輾槽，法製用沙石芹泥，與糯粥同膠和之，以爲圓槽；候浥下，以木棰緩築令實，直至乾透可用。轢米特易，可加前數。此又輾之巧便者。

詩云：欲兼杵臼坊，制輾中去聲。規式，勞勩畜代人，圓轉智勝力。朝夕課量數，公私饒粒食，更令水輪轉，上聲。後世工巧極。

輥古本切。輾，世呼曰「海青輾」，喻其速也。但比常輾減去圓槽，就碢幹栝以石輥，輥徑可三尺，長可五尺。上置板檻，隨輾榦圓轉，作簸下穀，不計多寡，旋輾旋收，易於得米；較之碢輾疾過數倍，故比於鷙鳥之尤者，人皆便之。

詩云：制輾應嫌杵臼遲，豈知輾制有遺機，頓教粒食從今易，別轉上聲。礌車疾似飛。

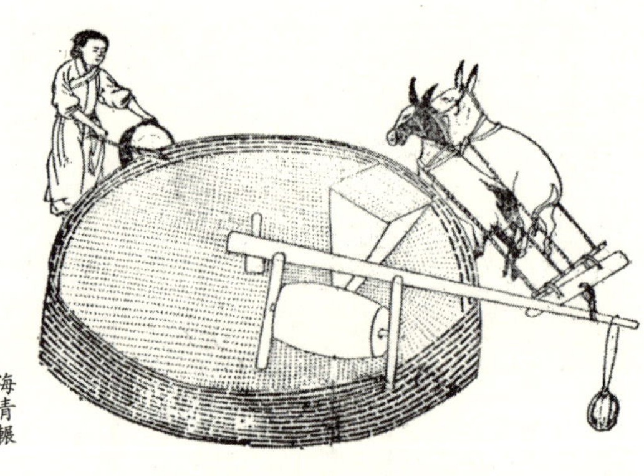
海青輾

颺扇

颺扇 《集韻》云，颺，風飛也。揚穀器。其制，中置簨軸，列穿四扇或六扇，用薄板，或糊竹爲之。復有立扇、卧扇之別，各帶掉軸。或手轉足躡，扇即隨轉。凡舂輾之際，以糠米貯之高檻，檻底通作匾縫，下瀉均細如簾，即將機軸掉轉搧之，糠粞既去，乃得淨米。又有舁之場圃間用之者，謂之「扇車」。凡蹂打麥禾等稼，穰秠相雜，亦須用此風扇比之杴擲箕簸，其功多倍。

梅聖俞詩云：「颺扇非團扇，每來場圃見，因風吹糠秕，編竹破筠箭，任從高下手，不爲寒暄變，去粗而得精，持之莫言倦。」

礳 《唐韻》作「磨」，磑也，「礳」同。《說文》云，「礳，石磑也」。《世本》曰，公輸班作磑。《方言》或謂之「𥕢」。《字說》云，礳從「石」從「靡」，礳之而靡焉。今皆作「磨」，字既從「石」，又從「磨」平聲。之義，特易曉也。《通俗文云》填礳曰「硐」，磨床曰「摘」。今又謂主磨曰「臍」，注磨曰「眼」，轉磨曰「榦」，承磨曰「槊」，載磨曰「床」。多用畜力輓行，或借水輪；或掘地架木，下置鐏軸，

亦轉以畜力，謂之。「旱水磨」，比之常磨，特爲省力。凡磨上皆用漏斗盛麥，下之「眼」中，則利齒旋轉，上聲。破麥作麩，然後收之篩羅，乃得成麪。世間餅餌，自此始矣。

詩云：斲圓山骨舊胚胎，動静乾坤有自來，利齒細噴常日雪，旋平聲。機深殷音隱。不雲雷。臨流須借水輪轉，役畜豈勞人力推？一自世間多餅食，便知元是濟民材。

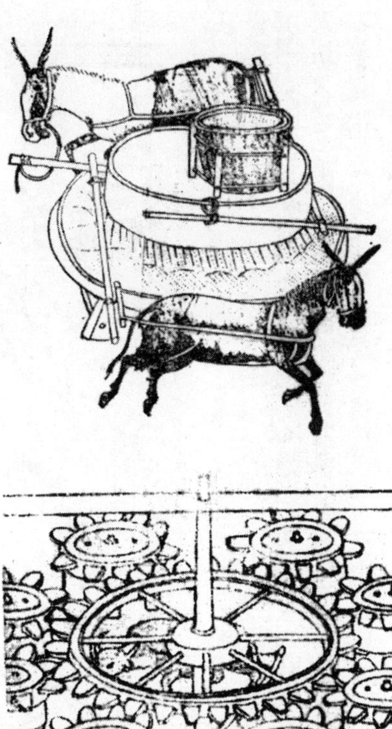
礲

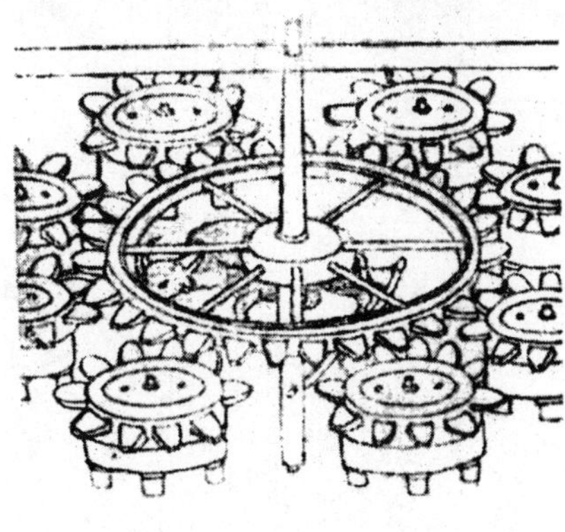
連磨

連磨、連轉　磨也。其制，中置巨輪，輪軸上貫架木，下承鐏臼，復於輪之周圍列遶八磨，輪輻，適與各磨木齒相間；一牛拽轉，則八磨隨輪輻俱轉，用力少而見功多。《後魏書》亮在雍州讀《杜預傳》，見其爲八磨，嘉其有濟時用。劉景宣作磨，奇巧特異，策一牛之任，轉八磨之重。竊謂此雖並載前史，然世罕有傳者，今乃尋繹搜索，度其可用，述此制度；既圖於前，復叙於後，庶來者效之，以廣食利。

嵇含《八磨賦》云，外兄劉景宣作磨奇巧，因賦之云：「方木矩峙，圓質規旋，下静似坤，上動似乾，巨輪內建，八部外連。」

油榨，取油具也。用堅大四木，各圍可五尺，長可丈餘，疊作卧枋於地；其上作槽，其下用厚板嵌作底槃；槃上圜鑿小溝，下通槽口，以備註油於器。凡欲造油，先用大鑊爨炒芝麻，既熟，既用碓舂，或輾碾令爛，上甑蒸過；理草爲衣，貯之圈內，累積在槽，横用枋桯相拶，復竪插長楔，高處舉碓或椎擊，擗之極緊，則油從槽出。此横榨，謂之「卧槽」；立木爲之者謂之「立槽」，傍用擊楔，或上用壓樑，得油甚速。

今燕趙間創法，有以鐵爲炕面，就接蒸釜爨項，乃傾芝麻於上，執杴匀攪，待熟，入磨，下之即爛，比鑊炒及舂碾省力數倍。南北農家歲用既多，尤宜則傚。

詩云：巨材成榨床，細溜刻槃口，麻爛入重圈，機械應心手。取之亦多方，脂膏竟誰有？回顧室中婦，何嘗潤蓬首！

油榨

又《農器圖譜集之十·倉廩門》　穀盅　《集韻》云，虚器也。又謂之「氣籠」。編竹作圍，徑可一尺，高或二丈，底足稍大，易於竪立，內置木撑數層。乃先列倉中，每間或五或六，亦量積穀多少，高低大小而制之。

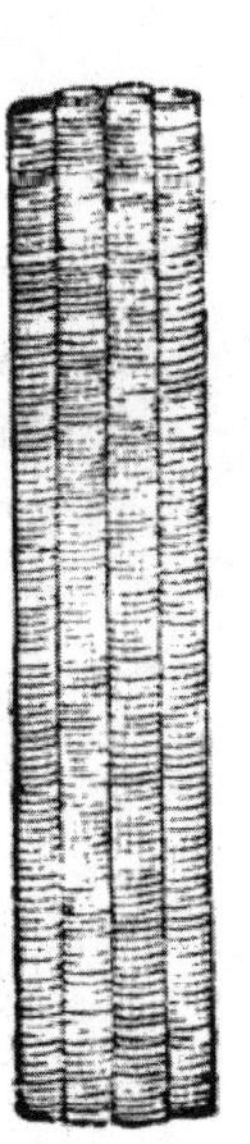
穀盅

嘗見倉、廩、囷、京等，所貯米穀蒸溼，結厚數尺，謂之「矇頭」，以致壓奩變黄，漸成浥腐，往往耗損元數，公私坐致陷害，誠甚可惜。今置此器，使鬱氣升通，米得堅燥，免罹前弊，實濟物之良法，凡儲蓄之家，不可闕也。

詩云：虚中絜外丈餘身，厠跡囷倉氣可伸，要識有功能積久，陳陳從此更相因。

窖　藏穀穴也。《史記·貨殖傳》曰，宣曲任氏，秦之敗也，豪傑皆争取金玉，任氏獨窖倉粟。楚漢相拒滎陽，民不得耕，米石至數萬，而豪傑金玉盡歸任

氏，任氏以是起富。嘗謂穀之所在，民命是寄；今藏置地中，緩急可恃。且風、蟲、水、旱，十年之內，儉居五六，安可不預備凶災？

夫穴地爲窖，小可數斛，大至數百斛。先投柴棘，燒令其土焦燥，然後周以糠穩，貯粟於內。五穀之中，惟粟耐陳，可歷遠年。有於窖上栽樹，大至合抱，内若變浥，樹必先驗；驗謂葉必萎黄，又擣別窖。北地土厚，皆宜作此。江淮高峻土厚處，或宜倣之。既無風、雨、雀、鼠之耗，又無水、火、盜賊之慮，雖篋笥之珍，府藏之富，未可埒也。

詩云：作窖良有法，貯穀期不腐，焦確擬陶爐，穰秸襯壤土，厚瘞防水潦，深藏勝倉庾，却嗟金玉家，無能備饑苦。

窖

又《農器圖譜集之十三・灌溉門》　水閘、開閉水門也。間有地形高下，水陸不均，則必跨據津要，高築堤堰水；前立斗門，甃石爲壁，疊木作障，以備啓閉。如遇旱涸，則撤水灌田，民賴其利；又得通濟舟楫，轉激碾磑，實水利之總揆也。

詩云：陂也人呼古閘頭，萬夫工役見重修，禹門侶是崇三級，巫峽還同束衆流。少擘溝渠供碾磑，每通膏澤到田疇。休將層閾輕抽去，恐有他時旱暵憂。

翻車　今人謂「龍骨車」也。《魏略》曰，馬鈞居京都，城内有地可爲園無水以灌之，乃作翻車，令兒童轉上聲。之，而灌水自覆。漢靈帝使畢嵐作翻車，設機引水灑南北郊路。則翻車之制，又起於畢嵐矣。

今農家用之溉田。其車之制，除壓欄木及列檻樁外，車身用板作槽，長可二丈，闊則不等，或四寸，至七寸，高約一尺。槽中架行道板一條，隨槽闊狹，比槽板兩頭俱短一尺，用置大小輪軸。同行道板上下通週以龍骨板葉。其在上大軸兩端，各帶拐木四莖，置於岸上木架之間。人憑架上，踏動拐木，則龍骨板隨轉去聲。循環，行道板刮水上岸。此車關棙頗多，必用木匠，可易成造。

翻車

水閘

其起水之法，若岸高三丈有餘，可用三車；中間小池，倒水上之，足救三丈已上高旱之田。凡臨水地段，皆可置用，但田高則多費人力。如數家相助，計日趨工，俱可濟旱。水具中機械巧捷，惟此爲最。

東坡詩云：「翻翻聯聯銜尾鴉，犖犖确确蜕骨蛇，分畦翠浪走雲陣，刺水緑秧抽稻芽。洞庭五月欲飛沙，鼉鳴窟中如打衙，天公不念老農泣，喚取阿香推雷車。」

水磨　凡欲置此磨，必當選擇用水地所，先儘並蒲浪切。岸擗水激輪。或別引溝渠，掘地棧木。棧上置磨，以軸轉磨中，下徹棧底，就作卧輪，以水激之，磨隨輪轉，比之陸磨，功力數倍。此「卧輪磨」也。

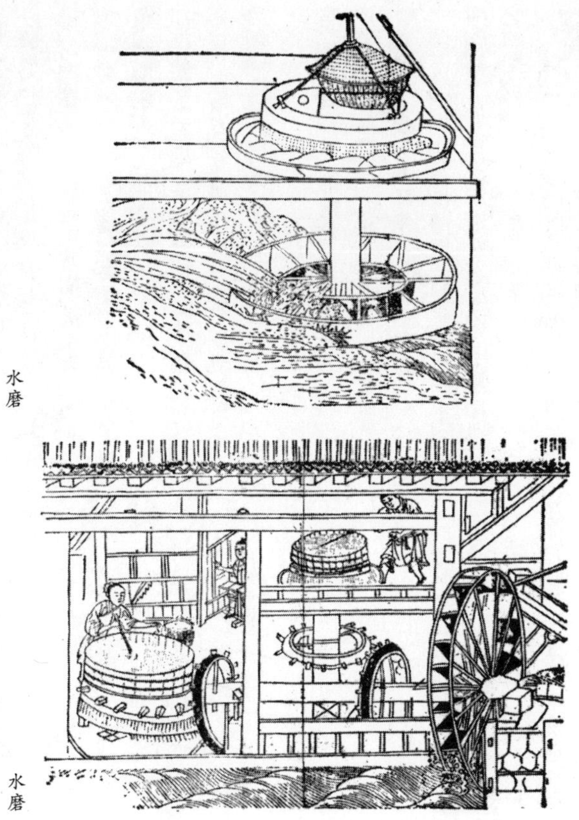
水磨

水磨

又有引水置閘，甃爲峻槽，槽上兩傍植木作架，以承水激輪軸。軸腰别作竪輪，用擊在上卧輪一磨；其軸末一輪，傍撥周圍木齒一磨。既引水注槽，激動水輪，則上傍二磨隨輪俱轉。此水機巧異，又勝獨磨。此「立輪連二磨」也。

復有兩船相傍，蒲浪切。上立四楹，以茆竹爲屋，各置一磨，用索纜於急水中流；船頭仍斜插板木湊水，抛以鐵爪，使不横斜。水激立輪，其輪軸通長，旁撥二磨。或遇泛漲，則遷之近岸；可許移借，比之他所，又爲「活法磨」也。庶興利者度而用之！

詩云：用水良有法，假物役機智，夫碓固利民，復以水爲利，湍流激輪轉，坤軸發樞祕，星墜化石圓，風旋疑鬼製。動静法陽陰，造化出精粹，造化動静間，乾坤具兹器。人唯盜物巧，越古入極致，今看益世功，機事詎同視。

水礱　水轉礱也。礱制、上同，但下置輪軸，以水激之，一如水磨。日夜所破穀數，可倍人畜之力。水利中未有此制，今特造立，庶臨流之家以憑做用，可爲水利。

水礱

詩云：旋輪糲穀入輕礱，役水還將與碓五對切。同，粒米精粗來有自，輪樞日復轉無窮。工傭給貯何多暇？杵臼承舂祇牛功。仰去聲。食老農方聽説，江鄉新制要相通。

水輪三事謂水轉輪軸可兼三事，磨、礱、碾也。初則置立水磨，變麥作麪，一如常法。復於磨之外周造碾圓槽。如欲毇米，惟就水輪軸首易磨置礱，既得糲米，則去礱置碾，碢榦循槽碾之，乃成熟米。夫一機三事，始終俱備，變而能通，兼而不乏，省而有要，誠便民之活法，造物之潛機。今創此制，

幸識者述焉！

詩云：制磨元憑一水輪，就加礱碾巧相因，軸端更平聲。置皆從省，穀物兼成豈憚頻？餅食已供無匱乏，米珠重造得圓勻，濟民有要無人識，農譜圖中擬細陳。

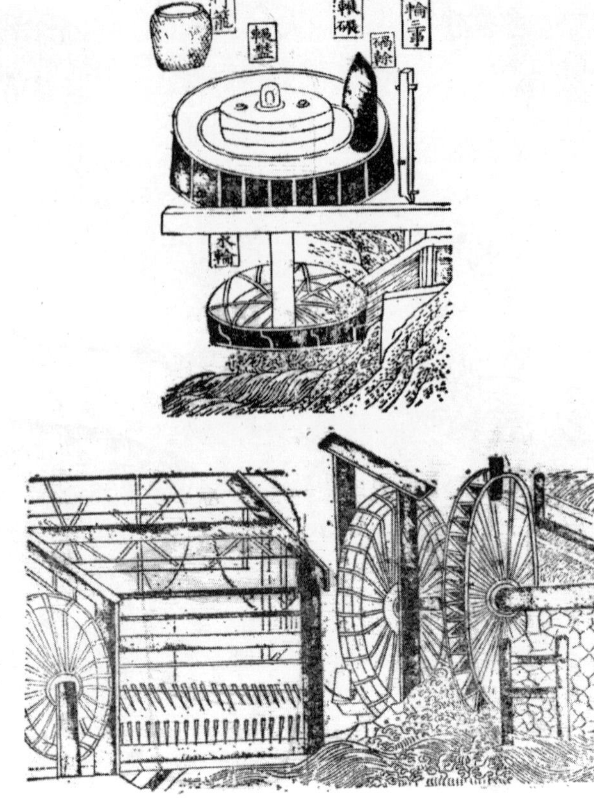

水轉大紡車

水轉大紡車。此車之制，見《麻苧門》，茲不具述，但加所轉上聲。水輪，與水轉輾磨之法俱同。中原麻苧之鄉，凡臨流處所多置之。今特圖寫，庶他方績紡之家倣此機械，比用陸車愈便且省，庶同獲其利。

詩云：車紡工多日百觔，更憑水力捷如神，世間麻苧鄉中地，好就臨流置此輪。

明・宋應星《天工開物》卷上《乃粒》

耕

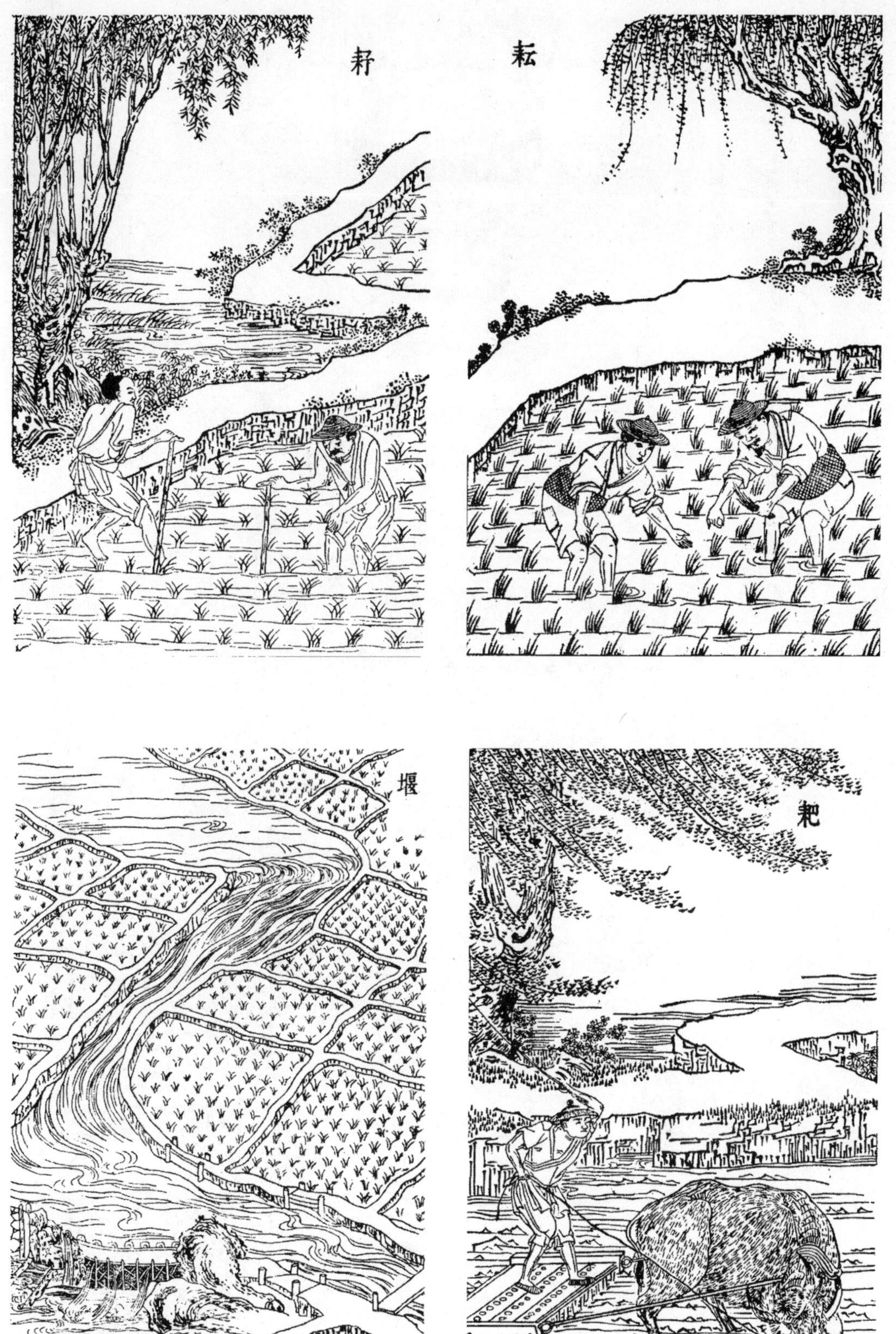
耔
耘
堰
耙

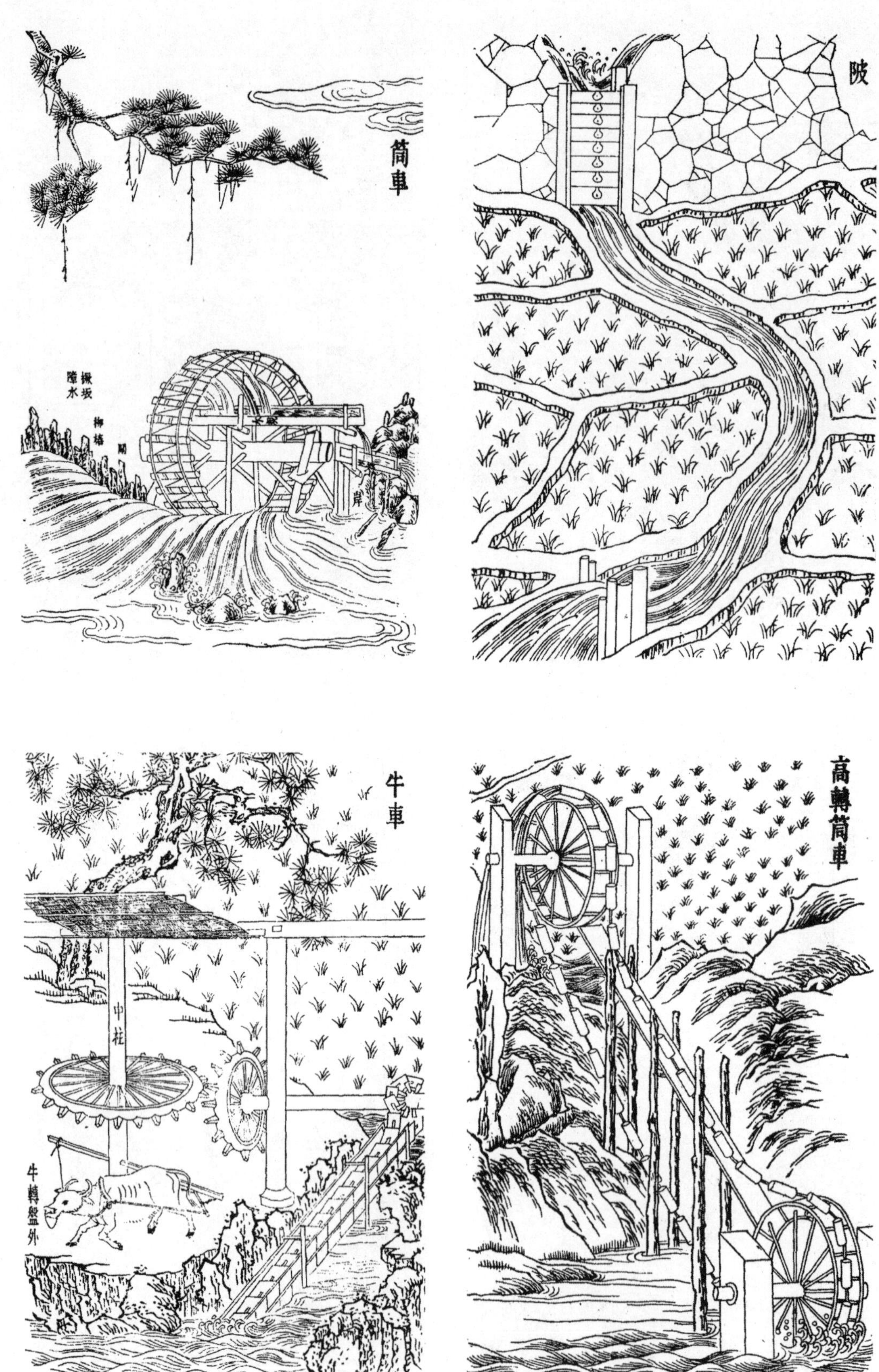
筒車
撥坂
隆水
柳椿
陂
牛車
中柱
牛轉盤外
高轉筒車

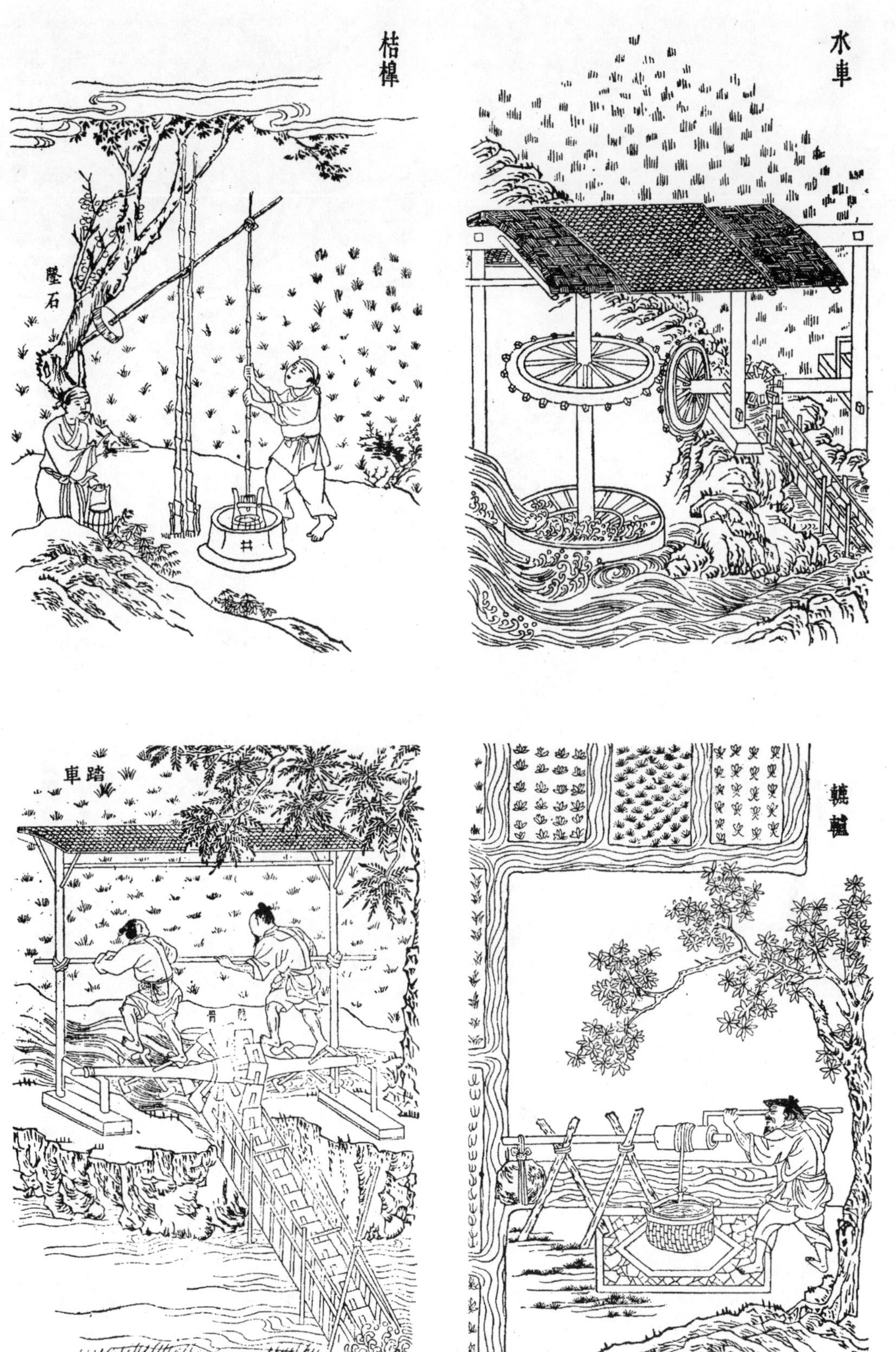
桔槔
墜石
井
水車
踏車
轆轤

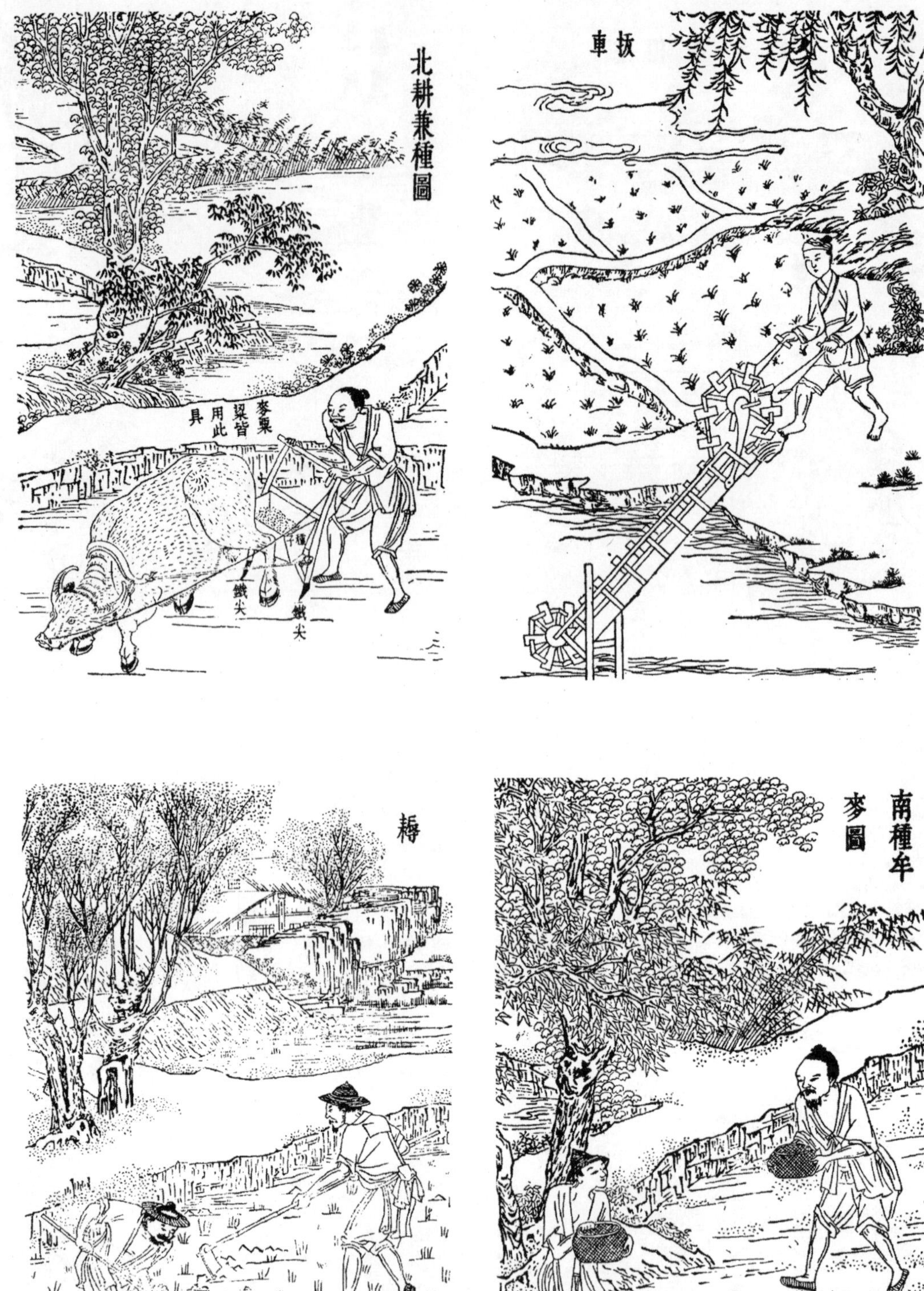
北耕兼種圖
麥粱皆用此具
種
鐵尖
鐵尖
拔車
耨
南種牟麥圖
壅力蓋緊

又《粹精》

打枷圖

風車

篩穀

礱

颺扇

木礱

土礱

水碓
蓋利
用茅
碓
水礳
礳

小輾
粱粟穄黍皆用此碾
礱磨
水輾
石輾

雜録

宋・葉廷珪《海録碎事》卷一七《農田部・農門》 藨蔉《選》：藨蔉致功，必有豐殷。注：藨，耘草。蔉，瘞田也。張茂先詩 焚枯魚田家何所有？酌醴焚枯魚。應璩詩 東菑連陰盛農節，簦笠聚東菑。謝玄暉詩 把鉏犁不能效沮溺，相隨把鉏犁。王仲宣詩 白丁《隋書》：樂平公主曰：「李敏，一白丁耳。」 斗酒自勞田家作苦，斗酒自勞。楊惲書 穀父蠶母《續仙傳》：三川饑，有青衣童子語人曰：「世人厭棄五穀，地司已收五穀之神矣。可相率祈謝穀父蠶母，當致豐穰也。」 土膏黑健犢春耕土膏黑。李賀詩 瘽身從事今農瘽身從事，而有租稅之賦。漢文帝詔 敖民四民陳力受職，故邑無敖民，地無曠土。注：敖謂逸游也。漢志 地着理民之道，地着爲本。《漢・食貨志》 受田歸田民年二十受田，六十歸田。七十以上，上所養也；十歲以下，上所長；十一以上，上所强也。《食貨志》 穫如寇盜力耕數耘，收穫如寇盜之至。《食貨志》 工巧奴趙過使大農置工巧奴，爲作田器。《食貨志》 寥翹餉婦寥翹布領寒，牧童擁茸蓑衣濕。 力耕乏牛，故以力耕。

金釵負米《竹枝辭》：山上層層桃李花，雲間煙火是人家。銀釧金釵來負米，長刀短笠去燒畬。　翔貴穀價翔貴。注：猶鳥之回翔，言不離於貴也。若暴貴稱騰踊之類。《漢・食貨志》　農扈春秦皇但求蓬島藥，豈思農扈春。李白詩　耘耔耘，除草。耔，附根也。因耨隴草，潰其土以附根。　熕山封水熕山封水，保爲家利。許氣反。　草馬杜畿爲河東，教民畜牸牛、草馬。　始爲牛耕趙過始爲牛耕，實勝耒耜之利。《齊民要術》　作耬犁皇甫隆爲燉煌，教民作耬犁，所省庸力過半，得穀加倍。　機春機春潺湲力，吹籤颸颸精。韓退之詩　農節連陰盛農節。耕時也。謝玄暉詩。　擊壤歌《逸士傳》：堯時老人《擊壤歌》曰：「日出而作，日入而息，鑿井而飲，耕田而食，帝何力於我哉！」　田奴俗諺云：耕則問田奴，絹則問織婢。

宋・吴曾《能改齋漫録》卷一《事始》　麥秋

黄朝英《緗素雜記》云：「宋子京有帝幸南園觀刈麥詩云：『農扈方迎夏，官田首告秋。』注云：『臣謹按，物成熟者謂之秋，取揫斂之義。故謂四月爲麥秋。』余按：《北史・蘇綽傳》云：『布種既訖，嘉苗須理。麥秋在野，蠶停於室。』則麥秋之説，其來舊矣。」已上皆朝英説。予考麥秋之始，在禮記月令，自有成説，何必引蘇綽説耶？釋其義，則景文之説尤盡。及觀王荆公絶句云：「荷葉初開筍漸抽，東陂南蕩正堪遊，無端隴上翛翛麥，横起寒風占作秋。」此又何也？然景文所注，本出蔡邕《月令章句》曰：「百穀各以其初生爲春，熟爲秋。故麥以孟夏爲秋。」

宋・王楙《野客叢書》卷八　種田養蠶

嵇叔夜《養生論》曰：「夫田種者，一畝十斛謂之良田，此天下之通稱也，不知區種可百餘斛。」安有一畝收百斛米之理？《前漢・食貨志》曰：「治田勤則畝益三升，不勤，損亦如之。」一畝而損益三升，又何其寡也？僕嘗以二説而折之理，俱有一字之失，嵇之所謂「斛」、《漢書》之所謂「升」，皆「斗」字耳。蓋漢之隸文書「斗」爲「叶」字，文絶似「升」字，漢史書「斗」字爲「㪷」字，字文又近於「斛」字，恐皆傳寫之誤。左太沖《吴都賦》曰：「國税再熟之稻，鄉貢八蠶之緜。」注謂有蠶一歲八育。僕按《廣記》，日南一歲八蠶，以其地暖故爾。俞益期牋曰：「日南蠶八熟。」張文昌《桂州詩》曰：「有地多生桂，無時不養蠶。」此言可驗矣。而《海物異名記》乃謂八蠶共作一緜，與前説異。

清・顧禄《清嘉録》卷一

秤水

自歲朝至十二日，以瓶汲水，秤其輕重，以卜歲中水旱。

案：王得臣《麈史》：「江湖間人常於歲除汲江水秤，與元日又秤，重則大水。」又《研北雜志》：「浙西人以正月三日爲田本命，秤水，以重爲有年。」盧《志》云：「自元旦至十二日當一歲之月，以瓶汲水，準其輕重，重則其月多水，輕則旱。」

驗水表

十五夜，月明時立一尺五寸之表於地。至夜子正一刻候之，以卜旱澇。

案：韓鄂《四時纂要》：「楚俗，立春月立八尺表，占候日景。景短則爲旱，長則爲水。」吴占則於正月望夜，《負暄野録》云：「大約據表之長而中分之，爲七寸半者二。若景適及七寸半爲中正，則是歲雨暘時若。又以兩七寸半各十分，影在七半以下爲不及，主旱。影在七寸半以上爲有餘，主水。極有準的。」九縣《志》皆載：「正月望夜，月中建表，候雨暘。」

又　卷三

田雞報三月溝底白莎草變成麥。

三日，農民聽蛙聲於午前後，以卜豐稔，謂之「田雞報」。諺云：「田雞叫拉午時前延先切，大讀作渡年在高田。田雞叫拉午時後，低田弗要愁。」俗又以是月晴，宜麥。諺云：「三月溝底白，莎草變成麥。」

案：范成大詩：「薄暮蛙聲連晚鬧，今年田稻十分秋。」褚人穫《堅瓠集》云：「吴中以上巳蛙鳴，則無水患。諺云：『三月三個蝦蟇，禁口難開。』」又九縣《志》皆載占諺云：「午前鳴，高田熟。午後鳴，低田熟。」並載唐人詩云：「田家無五行，水旱卜蛙聲。」沈嘉轍《南宋雜事詩》云：「家鄉風物嗜鳴蛙。」葉紹翁《四朝聞見録》云：「杭人嗜田雞如炙，即蛙也。」今吾鄉亦名蛙爲田雞，多喜嗜之。長、元、吴《志》又皆載「三月溝底白」之諺。《崑新合志》並云：「是日晴，三青賤。俗云：『雨打石頭徧，葉子三錢片。』」

插楊柳

清明日，滿街叫賣楊柳，人家買之，插於門上。農人以插柳日晴雨占水旱，若雨主水。諺云：「檐前插柳青，農夫休望晴。」

案：《五代・後周序》：江淮間，寒食日家家楊柳插門。吴自牧《夢粱録》云：「清明日，家家以柳條插門上。」又周密《乾淳歲時記》：「清明前三日，家家插柳，大家則加棗餬於柳上。」又喻正己《詩話雋永》：「賈秋壑詩云：『寒食家家插柳枝。』」又史梅溪《飲緑齋詞》有「柳户清明」之句。九縣《志》亦皆載

「清明日，插柳於檐」。《崑新合志》又云：「寒食日，插麥葉於門户。」並云：「是日宜雨。諺云：『雨打墓頭田，高低好種田。』」

又　卷四

小滿動三車

小滿乍來，蠶婦煮繭，治車繅絲，晝夜操作。郊外菜花，至是亦皆結實，取其子，至車坊磨油，以俟估客販賣。插秧之人，又各帶土分科。設遇梅雨泛溢，則集桔槔以救之。旱則用連車遞引溪河之水，傳戽入田，謂之「踏水車」。號曰「小滿動三車」，謂絲車、油車、田車也。蔣士煐《南園戽水謡》云：「日脚杲杲曬平地，東家插秧西家莳。養苗蓄水水易乾，農夫踏車聲如沸。車軸欲折心摇摇，脚跟皸裂皮膚焦。隄水如汗汗如雨，中田依舊成槁土。農夫爾弗憂，天心或憐汝。爾不見南門已閡鐵冶閉，即看好雨西疇至。」

案：徐炬《事物原始》云：「西陵氏制繅車，以繅絲。」《震澤志》：「黄繭緒粗，不中織染，另繅以爲絲縛。惟細長而瑩白者，留種繭外，乃繅細絲。」又云：「歲既穫，即播菜麥。至夏初，則摘菜薹以爲蔬，春菜子以爲油，斬菜萁以爲薪，磨麥穗以爲麪，雜以蠶豆，名曰『春熟』。郡人又謂之『小滿見三新』。」長、元《志》皆云：「油坊，以菜子壓油，在婁、葑兩門。」《吳縣志》云：「在新郭、横塘、仙人塘。」並云：「吳農治田，男女皆效力。春耕饁餉，夏耘踏車，老幼俱前。人力少者，僱單丁以襄其事。或長僱、或短僱，總名曰長工，又曰忙工。厚其酒肉以飼之。即《詩》所云：『侯彊侯以之意也。』」

麥秀寒

夏初，天氣清和，人衣單袷。忽陰雨經旬，重御棉衣。人以其時之寒，在麥秀之際，謂之「麥秀寒」。王鳴鳳《初夏村居雜詠》云：「鶻鵃催晨曉月殘，數聲布穀報春闌。棉衣欲换情偏懶，見説江南麥秀寒。」

案：范石湖詩：「五月吴江麥秀寒。」楊誠齋詩云：「麥黄秧碧百家衣，已熱猶寒四月時。」陸泳《吳下田家志》亦云：「四月麥秀寒，五月温和暖。」鄉人以麥宜寒，蠶宜温，惟同在四月之際，兩者必有一偏，嘗有歌云：「做天難做四月天，蠶要温和麥要寒。種菜哥兒要落雨，采桑娘子要晴乾。」

七日八夜

農人以初八夜雨，主傷小麥。諺云：「小麥不怕神共鬼，只怕七日八夜雨。」

案：長、元、吳《志》皆載：「四月八日夜雨，則傷小麥。」並載是諺。

四月十六

土俗於十六日望晴雨以候歲。晴則水，雨則旱，惟陰雲爲佳。諺云：「有穀無穀，但看四月十六。」

案：江、震《志》皆載此占。又諺云：「四月十六，天上有雲，地上有穀。」

又　卷五

黄梅天

芒種後遇壬爲入黴，俗有「芒種逢壬便入黴」之語。而人即以入黴日數，度黴頭之高下。如芒種一日遇壬，則黴高一尺。至第十日遇壬，則黴高一丈。庋物過夜，便生黴點。謂之「黄梅天」。又以其時忽晴忽雨，諺有云：「黄梅天，十八變。」又謂天寒主旱，諺云：「黄梅寒，井底乾。」夏至後遇庚爲出黴。小暑日爲斷黴。過此，則無蒸濕之患。俗又忌小暑日雷鳴，主潦。俗呼「倒黄梅」。諺云：「小暑一聲雷，依舊倒黄梅。」農人又以入霉日雨，主旱。諺云：「高田只怕迎霉雨。」又以入霉日雨，主陰；出霉日雨，主旱。諺云：「雨打黄霉頭，四十五日無日頭。雨打黄霉脚，四十五日赤晤晤。」又以入霉日雨，主水。諺云：「迎梅一寸，送梅一尺。」

案：施真卿《叢話》謂：「淮、浙以芒種節氣後爲梅雨。」周處《風土記》云：「夏至前，名黄梅雨。」《庚溪詩話》：「江南五月梅熟時，霖雨連旬，謂之黄梅雨。」陸佃《埤雅》云：「湘、浙四五月間，梅黄欲落，蒸鬱成雨，謂之黄梅雨。沾衣多腐爛。」崔寔《農家諺》：「黄梅雨未過，冬青花未破。冬青花已開，黄梅雨不來。」項甌東謂：「江南以三月爲迎梅雨，五月爲送梅雨，遇雷電爲斷霉。」或言古語「黄梅時節家家雨」，張蒙溪謂：「梅當作霉，雨中暑氣也。霉雨善汙衣服，故又云霉涴，言其爲梅所壞也。」《字典》：「霉，義與黴通。」許慎《説文》：「黴，物中久雨青黑也。」《玉篇》謂：「面垢也。」《淮南子·修務訓》：「舜黴黑。」又劉向《九歎》：「顔黴黧以沮敗兮。」桂未谷《札樸》謂：「物傷濕曰溦，音微，義同。」《府志》：「一説梅作塺，塵塺也。」《楚詞·九懷》：「霾土忽兮塺塺。」塵也，義異。長、元、吳《志》皆載「處暑一聲雷，依舊倒黄梅」之諺。但考芒種距處暑，凡七十五日，既云夏至後遇庚出梅，豈歷三月之久，再復黄梅之理。舊占「處暑日忌雷鳴」，當是「小暑日忌雷鳴」耳。蔡鐵翁詩：「怕聞小暑一聲雷。」《吳縣志》亦載度黴之法。

分龍雨

二十日爲分龍，俗以分龍之次日雨，謂之「分龍雨」。主雨暘調順，歲必有秋，有「二十分龍廿一雨，水車擱拉街堂裏」之諺。又云：「二十分龍廿一雨，石頭縫裏都是米。」自是以後，分方行雨，俗謂之「夏雨隔爿讀如辨，平聲。田。」蔡雲《吴歈》云：「南阡朗日帶長虹，北陌頑雲鬭疾風。偶湊分龍得新雨，山村水蕩説年豐。」

案：陸放翁《避暑録》：「吴俗，以五月二十日爲分龍日。前此夏雨時行，所及必徧。自分龍以後，或及或不及，若有命而分之者。故五、六月間，每雷起雲簇，而不移時，謂之過雲雨。雖二、三里，亦有不同。」長、元、吴《志》皆作「夏雨隔田晴」。又云：「四月二十日爲小分龍，五月二十日爲大分龍。分龍次日雨，主豐稔。」

又　卷七

秋穀碌收粃穀天收

立秋日雷鳴，主稻秀不實。諺云：「秋殺碌，收粃穀。」又以稻秀時，濃霧大作，中有白虹横貫者，俗呼「白鬣」，亦主穫粃穀，謂之「天收」。蔡雲《吴歈》云：「雨灑風飄日又晴，先秋十日借秋聲。雪瓜火酒迎新爽，怕聽天邊玉虎鳴。」

案：盧《志》：「立秋日忌雷聲，諺云『秋孛鹿，損萬斛』。」范石湖《秋雷歎》云：「立秋之雷損萬斛，吴儂記此占年穀。汰哉豐隆無藉在，政用此時鳴孛轆。向來夏旱連三月，吁嗟上訴聲滿屋。訟風未愸復占雷，助魃爲妖天更酷。我雖閒寂忝祠史，家請官供尚倉粟。塵甑貧交滿目前，卒歲將何救枵腹。但願吴儂言不驗，共割黄雲炊白玉。天人遠近叵戲論，禆竈安能屍禍福。」范《志》又云：「立秋後虹見爲『天收』，雖大稔，亦減分數。」《農桑要覽》：「虹，俗呼鬣，以形如鬣魚背，故名也。」蔡鐵翁詩：「一秋無鬣慰村農。」江、震《志》云：「立秋後丁卯日忌雨，諺云：『雨打秋丁卯，田中穫爛稻。』」

齋田頭

中元，農家祀田神，各具粉糰、雞黍、瓜蔬之屬，於田間十字路口再拜而祝，謂之「齋田頭」。

案：韓昌黎詩：「共向田頭樂社神。」又云：「願爲同社人，雞豚宴春秋。」《周禮疏》云：「社者，五土之總神。又爲田神之所依。」則是今之七月十五日之祀，猶古之秋社耳。

棉花生日

二十日，俗傳棉花生日，忌雨。諺云：「雨打七月念，棉花弗上店。」

案：《歲時瑣事》：「七月二十日，諺謂『陳棉花生日』，喜晴。」

又　卷八

稻生日

農人以是日爲稻生日。雨則蕒多腐。諺云：「燒乾柴，吃白米。」

案：九邑《志》皆載：「八月二十四日，爲稻蕒生日，忌雨。」又《歲時瑣事》：「稻蕒日雨，則雖得蕒亦腐。」

處暑十八盆　白露身弗露　處暑若還天不雨，縱然結實也難收

白露白迷迷，秋分稻秀齊　稻秀只怕風來擺，麥秀只怕雨來霖

分後社白米偏天下，社後分白米像錦墩　寒露没青稻，霜降一齊倒　霜降見霜，米爛陳倉未霜見霜糶米人像霸王。

土俗，以處暑後天氣猶暄，約再歷十八日而始涼，諺有云「處暑十八盆」，謂沐浴十八日也。又諺云「白露身弗露」，言至是天氣乃肅，可以授衣耳。又以處暑日宜雨，諺云：「處暑若還天不雨，縱然結實也難收。」又以白露前後霧，主稻穗易實，諺云：「白露白迷迷，秋分稻秀齊。」又以稻秀時忌風，諺云：「稻秀只怕風來擺，麥秀只怕雨來霖。」又以秋分在社前，主年豐；秋分在社後，主歲歉，諺云：「分後社，白米偏天下；社後分，白米像錦墩。」稻田收割，又皆以霜降爲候。蓋寒露乍來，稻穗已黄，至霜降乃刈之，諺云：「寒露没讀如驀音，平聲。青稻，霜降一齊倒。」又以霜降日宜霜，主來歲豐稔，諺云：「霜降見霜，米爛陳倉。」若未霜而霜，主來歲饑，諺云：「未霜見霜，糶米人像霸王。」

案：長、元、吴《志》皆載：「秋分在社前，則田有收而穀賤；分在社後，則無收而穀貴。」又《歲時廣記》載諺云：「秋分在社前，斗米换斗錢；秋分在社後，斗米换斗豆。」江、震《志》云：「冬至日無霜，主來歲荒歉。諺云：『冬至無霜，碓杵無糠。』」

又　卷九

祭釘靴

十三日，俗祭釘靴，占一冬晴雨。晴則冬無雨、雪，諺云：「九月十三晴，釘

靴掛斷繩。」

案：《歲時瑣事》：「九月十三日，爲釘靴生日，是日宜晴。」江、震《志》皆云：「是日晴，主一冬少雨，利收穫。諺云：『九月十三晴，不用蓋稻亭。』」

又　卷二

臘雪

臘月雪，謂之「臘雪」。亦曰「瑞雪」。殺蝗蟲子，主來歲豐稔。諺云：「臘天一寸雪，蝗蟲入地深一尺。」又以臘中得雪三次，宜麥。諺云：「若要麥，見三白。」又云：「臘雪是個被，春雪是個鬼。」

案：九縣《志》皆云：「十二月喜雪，殺蝗蟲子，主來年豐。」長、元《志》皆載諺云：「一寸雪入泥一尺，一尺雪入泥一丈。」又蘇東坡詩：「遺蝗入地應千尺。」《吳縣志》又云：「冬至後第三戌爲臘，臘前三番雪，名曰『三白』。張鷟《朝野僉載》云：『一臘見三白，田公笑嚇嚇。』」

製茶分部

題解

佚名《爾雅・釋木》　檟，苦荼。樹小如梔子，冬生葉可煮作羹飲。今呼早采者爲荼，晚取者爲茗。一名荈，蜀人名之苦荼。疏：「檟，苦荼。」釋曰：檟，一名苦荼。郭云：「樹小似梔子，冬生葉可煮作羹飲。今呼早采者爲荼，晚取者爲茗。一名荈，蜀人名之苦荼。」

漢・許慎《說文解字・艸部》　荼　苦荼也。从艸，余聲。同都切。臣鉉等曰：「此即今之茶字。」

唐・陸羽《茶經》卷上《一之源》　茶者，南方之嘉木也。一尺、二尺迺至數十尺。其巴山峽川，有兩人合抱者，伐而掇之。其樹如瓜蘆，葉如梔子，花如白薔薇，實如栟櫚，蒂如丁香，根如胡桃。瓜蘆木出廣州，似茶，至苦澀。栟櫚，蒲葵之屬，其子似茶。胡桃與茶，根皆下孕，兆至瓦礫，苗木上抽。

其字，或從草，或從木，或草木并。從草，當作「茶」，其字出《開元文字音義》；從木，當作「梌」，其字出《本草》；草木并，作「荼」，其字出《爾雅》。

其名，一曰茶，二曰檟，三曰蔎，四曰茗，五曰荈。周公云：「檟，苦荼。」揚執戟云：「蜀西南人謂茶曰蔎。」郭弘農云：「早取爲茶，晚取爲茗，或一曰荈耳。」

其地，上者生爛石，中者生礫壤，下者生黃土。凡藝而不實，植而罕茂，法如種瓜，三歲可採。野者上，園者次。陽崖陰林，紫者上，綠者次；筍者上，牙者次；葉卷上，葉舒次。陰山坡谷者，不堪採掇，性凝滯，結瘕疾。

茶之爲用，味至寒，爲飲，最宜精行儉德之人。若熱渴、凝悶，腦疼、目澁，四支煩、百節不舒，聊四五啜，與醍醐、甘露抗衡也。

採不時，造不精，雜以卉莽，飲之成疾。茶爲累也，亦猶人參。上者生上黨，中者生百濟、新羅，下者生高麗。有生澤州、易州、幽州、檀州者，爲藥無効，況非此者？設服薺苨，使六疾不瘳，知人參爲累，則茶累盡矣。

論說

唐・陸羽《茶經》卷下《六之飲》　翼而飛，毛而走，呿而言。此三者俱生於天地間，飲啄以活，飲之時義遠矣哉！至若救渴，飲之以漿；蠲憂忿，飲之以酒；蕩昏寐，飲之以茶。

茶之爲飲，發乎神農氏，聞於魯周公。齊有晏嬰，漢有揚雄、司馬相如，吳有韋曜，晉有劉琨、張載、遠祖納、謝安、左思之徒，皆飲焉。滂時浸俗，盛於國朝，兩都并荊渝間，以爲比屋之飲。

飲有觕茶、散茶、末茶、餅茶者，乃斫、乃熬、乃煬、乃舂，貯於瓶缶之中，以湯沃焉，謂之痷茶。或用葱、薑、棗、橘皮、茱萸、薄荷之等，煮之百沸，或揚令滑，或煮去沫。斯溝渠間棄水耳，而習俗不已。

於戲！天育萬物，皆有至妙。人之所工，但獵淺易。所庇者屋，屋精極；所著者衣，衣精極；所飽者飲食，食與酒皆精極之。茶有九難：一曰造，二曰別，三曰器，四曰火，五曰水，六曰炙，七曰末，八曰煮，九曰飲。陰採夜焙，非造也；嚼味嗅香，非別也；羶鼎腥甌，非器也；膏薪庖炭，非火也；飛湍壅潦，非水也；外熟內生，非炙也；碧粉縹塵，非末也；操艱攪遽，非煮也；夏興冬廢，非飲也。

夫瑹鮮馥烈者，其盌數三；次之者，盌數五。若坐客數至五，行三盌；至七，行五盌；若六人已下，不約盌數，但闕一人而已，其雋永補所闕人。

《宋史・食貨志》　先是，天聖中，有上書者言茶、鹽課虧，帝謂執政曰：「茶鹽民所食，而强設法以禁之，致犯者衆。顧經費尚廣，未能弛禁爾！」景祐中，葉清臣上疏曰：

山澤有産，天資惠民。兵食不充，財臣兼利，草芽不萌，私不得專，封園置吏，隨處立筦。一切官禁，人犯則刑，既奪其資，又加之罪，黥流日報，踰冒不悛。誠有厚利重貲，能濟國用，聖仁恤隱，矜赦非辜，猶將弛禁緩刑，爲民除害。度支費用甚大，榷易所收甚薄，刳剥園户，資奉商人，使朝廷有聚斂之名，官曹滋虐濫之罰，虚張名數，刻蠹黎元。

建國以來，法敝輒改，載詳改法之由：非有爲國之實，皆商吏協計，倒持利權，幸在更張，倍求奇羡。富人豪族，坐以賈贏，薄販下估，日皆朘削，官私之際，俱非遠策。臣竊嘗校計茶利所入，以景祐元年爲率，除本錢外，實收息錢五十九萬餘緡，又天下所售食茶，并本息歲課亦衹及三十四萬緡，而茶商見通行六十五州軍，所收税錢已及五十七萬緡。若令天下通商，衹收税錢，自及數倍，即榷務、山場及食茶之利，盡可籠取。又況不費度支之本，不置榷易之官，不興輦運之勞，不濫徒黥之辟。

臣意生民之弊，有時而窮，盛德之事，俟聖不惑。議者謂榷賣有定率，征税無彝準，通商之後，必虧歲計。臣按管氏鹽鐵法，計口受賦，茶爲人用，與鹽鐵均，必令天下通行，以口定賦，民獲善利，又去嚴刑，口數出錢，人不厭取。景祐元年，天下户千二十九萬六千五百六十五，丁二千六百二十萬五千四百四十一，三分其一爲産茶州軍，内外郭鄉又居五分之一，丁賦錢三十，村鄉丁賦二十，不産茶州軍郭鄉村鄉如前計之，又第損十錢，歲計已及緡錢四十萬。榷茶之利，凡止九十餘萬緡，通商收税，且以三倍舊税爲率，可得一百七十餘萬緡，更加口賦之入，乃有二百一十餘萬緡，或更於收税則例，微加增益，即所增至寡，所聚逾厚，比於官自榷易，驅民就刑，利病相須，炳然可察。

時下三司議，皆以爲不可行。

明・文震亨《長物志》卷一二　品茶

古今論茶事者，無慮數十家，若鴻漸之《經》，君謨之《録》，可謂盡善。然其時法用熟碾爲丸、爲挺，故所稱有「龍鳳團」「小龍團」「密雲龍」「瑞雲翔龍」。至宣和間，始以茶色白者爲貴。漕臣鄭可聞，始創爲「銀絲冰芽」，以茶剔葉取心，清泉漬之，去龍腦諸香，惟新胯小龍蜿蜒其上，稱「龍團勝雪」，當時以爲不更之法。而吾朝所尚又不同，其烹試之法，亦與前人異，然簡便異常，天趣悉備，可謂盡茶之真味矣。至於洗茶、候湯、擇器，皆各有法，寧特侈言烏府、雲屯、苦節、建城等目而已哉。

明・方以智《通雅》卷三九《飲食》　茶飲之妙，古不如今。元美曰：「建州之北苑、先春、龍焙；洪州之西山、白露、鶴嶺；穆州之鳩阬；東川之獸目；綿州之松嶺；福州之柏巖；雅州之露芽；南康之雲居；婺州之舉岩、碧乳；宣城之陽坡、横紋；饒池之僊芝、福合、禄合、蓮合、慶合；蜀州之雀舌、鳥觜、片甲、蟬翼；潭州之獨行、靈草；彭州之僊崖、石蒼；臨江之玉津；袁州之金片、緑英；龍安之騎火；涪州之賓化；建安之青鳳髓；岳州之黄翎毛；建安之石巖白；岳陽之金膏冷，此唐宋時産茶地及名也。」曰唐茶不重建，以建未有奇産也。至南唐，初造研膏，繼造蠟面，又佳者號京挺。宋初置龍鳳模，號石乳；又有的乳、白乳，而蠟面始下矣。丁晉公進龍鳳團，至蔡君謨又進小龍團。神宗時，復製密雲龍，即東坡供佳客者。哲宗改爲瑞雲，翔龍，則益精，而小龍團下矣。徽宗品茶，以白茶第一，又制三色細芽，而瑞雲、翔龍下矣。宣和庚子，漕臣鄭可聞始創爲銀絲冰芽；蓋將已檢熟芽，再剔去，衹取其心一縷，用清泉漬之，光瑩如銀絲，方寸新胯，小龍蜿蜒其上，號龍團勝雪。去龍腦諸香。詳趙長白《茶史》。宋黄儒《茶品要録》曰：「精者曰鬭，曰亞鬭。」《西溪叢話》曰：建茶嫩者，曰烏帶，曰白合，有十綱，以前後分之。郭相奎引《學林新編》云：「茶佳者造於社前，其次火前，謂寒食前，其下則雨前，穀雨前也。齊已詩曰：『高人愛惜藏巖裏，白甀封題寄火前。』已亦未知社前佳也。今人製茶，精不在嫩，故不貴社前，火前耳。」元美又言：「虎丘天池高於岕，而六安龍井下矣。」宜興老廟後之岕片，豈非第一乎？六安貢尖多，致者不一二掬，更能養人而又香白，若松蘿，則動火矣。蜀之蒙頂，建之的乳，已不必問，又況竊山東之石苔，而元美無功猶信以爲茶耶？

綜述

唐・陸羽《茶經》卷上《三之造》　凡採茶在二月、三月、四月之間。茶之筍

者，生爛石沃土，長四五寸，若薇蕨始抽，淩露採焉。茶之牙者，發於藂薄之上，有三枝、四枝、五枝者，選其中枝穎拔者採焉。其日有雨不採，晴有雲不採。晴，採之，蒸之，擣之，拍之，焙之，穿之，封之，茶之乾矣。

茶有千萬狀，鹵莽而言，如胡人鞾者，蹙縮然；京錐文也。犎牛臆者，廉襜然；浮雲出山者，輪囷然；輕飈拂水者，涵澹然。有如陶家之子，羅膏土以水澄泚之謂澄泥也。又如新治地者，遇暴雨流潦之所經。此皆茶之精腴。有如竹籜者，枝幹堅實，艱於蒸擣，故其形籭簁然。上離下師。有如霜荷者，莖葉凋沮，易其狀貌，故厥狀委悴然。此皆茶之瘠老者也。

自採至於封七經目，自胡靴至於霜荷八等。或以光黑平正言嘉者，斯鑒之下也；以皺黃坳垤言佳者，鑒之次也；若皆言嘉及皆言不嘉者，鑒之上也。何者？出膏者光，含膏者皺；宿製者則黑，日成者則黃；蒸壓則平正，縱之則坳垤。此茶與草木葉一也。茶之否臧，存於口訣。

又 卷下《五之煮》 凡炙茶，慎勿於風燼間炙，熛焰如鑽，使炎涼不均。持以逼火，屢其飜正，候炮普教反出培塿，狀蝦蟇背，然後去火五寸。卷而舒，則本其始又炙之。若火乾者，以氣熟止；日乾者，以柔止。

其始，若茶之至嫩者，蒸罷熱擣，葉爛而牙筍存焉。假以力者，持千鈞杵亦不之爛。如漆科珠，壯士接之，不能駐其指。及就，則似無穰骨也。炙之，則其節若倪倪，如嬰兒之臂耳。既而承熱用紙囊貯之，精華之氣無所散越，候寒末之。末之上者，其屑如細米。末之下者，其屑如菱角。

其火用炭，次用勁薪。謂桑、槐、桐、櫪之類也。其炭，曾經燔炙，爲膻膩所及，及膏木、敗器不用之。膏木爲柏、桂、檜也，敗器謂朽廢器也。古人有勞薪之味，信哉。

其水，用山水上，江水次，井水下。《荈賦》所謂：「水則岷方之注，挹彼清流。」其山水，揀乳泉、石池慢流者上；其瀑涌湍漱，勿食之，久食令人有頸疾。又多別流於山谷者，澄浸不洩，自火天至霜郊以前，或潛龍蓄毒於其間，飲者可決之，以流其惡，使新泉涓涓然，酌之。其江水取去人遠者，井取汲多者。

其沸如魚目，微有聲，爲一沸。緣邊如湧泉連珠，爲二沸。騰波鼓浪，爲三沸。已上水老，不可食也。初沸，則水合量調之以鹽味，謂棄其啜餘。啜，嘗也，市稅反，又市悅反。無迺䶢䵂而鍾其一味乎？上古暫反，下吐濫反。無味也。第二沸出水一瓢，以竹筴環激湯心，則量末當中心而下。有頃，勢若奔濤濺沫，以所出水止之，而育其華也。

凡酌，置諸盌，令沫餑均。字書并《本草》：餑，茗沫也。蒲笏反。沫餑，湯之華也。華之薄者曰沫，厚者曰餑。細輕者曰花，如棗花漂漂然於環池之上；又如迴潭曲渚青萍之始生；又如晴天爽朗有浮雲鱗然。其沫者，若綠錢浮於水渭，又如菊英墮於鐏俎之中。餑者，以滓煮之，及沸，則重華累沫，皤皤然若積雪耳。《荈賦》所謂「煥如積雪，燁若春藪」，有之。

第一煮水沸，而棄其沫，之上有水膜，如黑雲母，飲之則其味不正。其第一者爲雋永，徐縣、全縣二反。至美者曰雋永。雋，味也；永，長也。味長曰雋永。《漢書》：蒯通著《雋永》二十篇也。或留熟盂以貯之，以備育華救沸之用。諸第一與第二、第三盌次之。第四、第五盌外，非渴甚莫之飲。凡煮水一升，酌分五盌。盌數少至三，多至五。若人多至十，加兩爐。乘熱連飲之，以重濁凝其下，精英浮其上。如冷，則精英隨氣而竭，飲啜不消亦然矣。

茶性儉，不宜廣，廣則其味黯澹。且如一滿盌，啜半而味寡，況其廣乎！其色緗也。其馨欽也。香至美曰欽，欽音使。其味甘，檟也；不甘而苦，荈也；啜苦咽甘，茶也。《本草》云：其味苦而不甘，檟也；甘而不苦，荈也。

又 卷下《八之出》 山南，以峽州上，峽州生遠安、宜都、夷陵三縣山谷。襄州、荆州次，襄州生南漳縣山谷，荆州生江陵縣山谷。衡州下，生衡山、茶陵二縣山谷。金州、梁州又下。金州生西城、安康二縣山谷，梁州生褒城、金牛二縣山谷。

淮南，以光州上，生光山縣黄頭港者，與峽州同。義陽郡、舒州次，生義陽縣鍾山者與襄州同，舒州生太湖縣潛山者與荆州同。壽州下，盛唐縣生霍山者與衡山同也。蘄州、黄州又下。蘄州生黄梅縣山谷，黄州生麻城縣山谷，並與金州、梁州同也。

浙西，以湖州上，湖州，生長城縣顧渚山谷，與峽州、光州同；生山桑、儒師二塢、白茅山懸脚嶺，與襄州、荆州、義陽郡同；生鳳亭山伏翼閣飛雲、曲水二寺、啄木嶺，與壽州、衡州同；生安吉、武康二縣山谷，與金州、梁州同。常州次，常州義興縣生君山懸脚嶺北峰下，與荆州、義陽郡同；生圈嶺善權寺、石亭山，與舒州同。宣州、杭州、睦州、歙州下，宣州生宣城縣雅山，與蘄州同；太平縣生上睦、臨睦，與黄州同；杭州，臨安、於潛二縣生天目山，與舒州同；錢塘生天竺、靈隱二寺，睦州生桐廬縣山谷，歙州生婺源山谷，與衡州同。潤州、蘇州又下。潤州江寧縣生傲山，蘇州長洲縣生洞庭山，與金州、蘄州、梁州同。

劍南，以彭州上，生九隴縣馬鞍山至德寺、棚口，與襄州同。綿州、蜀州次，綿州龍安縣生松嶺關，與荆州同；其西昌、昌明、神泉縣西山者並佳，有過松嶺者不堪採。蜀州青城

縣生丈人山，與綿州同。青城縣有散茶、木茶。邛州次，雅州、瀘州下，雅州百丈山，名山，瀘州瀘川者，與金州同也。眉州、漢州又下。眉州丹稜縣生鐵山者，漢州綿竹縣生竹山者，與潤州同。

浙東，以越州上，餘姚縣生瀑布泉嶺曰仙茗，大者殊異，小者與襄州同。明州、婺州次，明州貿縣生榆筴村，婺州東陽縣東白山與荆州同。台州下。台州始豐縣生赤城者，與歙州同。

黔中，生思州、播州、費州、夷州。

江南，生鄂州、袁州、吉州。

嶺南，生福州、建州、韶州、象州。福州生閩縣方山之陰也。

其思、播、費、夷、鄂、袁、吉、福、建、韶、象十一州未詳，往往得之，其味極佳。

宋・沈括《夢溪筆談》卷二四《雜誌一》　茶芽，古人謂之雀舌、麥顆，言其至嫩也。今茶之美者，其質素良，而所植之土又美，則新芽一發，便長寸餘，其細如針。唯芽長爲上品，以其質榦、土力皆有餘故也。如雀舌、麥顆者，極下材耳。乃北人不識，誤爲品題。予山居有《茶論》，《嘗茶詩》云：「誰把嫩香名雀舌，定(來)[知]北客未曾嘗。不知靈草天然異，一夜風吹一寸長。」

宋・蔡襄《茶録・序》　臣前因奏事，伏蒙陛下諭臣先任福建轉運使日，所進上品龍茶最爲精好。臣退念草木之微，首辱陛下知鑒，若處之得地，則能盡其材。昔陸羽《茶經》不第建安之品，丁謂《茶圖》獨論採造之本，至於烹試，曾未有聞。臣輒條數事，簡而易明，勒成二篇，名曰《茶録》，伏惟清閒之宴或賜觀采，臣不勝惶懼榮幸之至。謹序。

又　上篇《論茶》

色

茶色貴白，而餅茶多以珍膏油去聲。其面，故有青、黄、紫、黑之異，善别茶者，正如相工之眎人氣色也，隱然察之於内，以肉理潤者爲上，顔色次之。黄白者受水昏重，青白者受水詳明，故建安人鬪試，以青白勝黄白。

香

茶有真香，而入貢者微以龍腦和膏，欲助其香。建安民間試茶，皆不入香，恐奪其真。若烹點之際，又雜珍果香草，其奪益甚，正當不用。

味

茶味主於甘滑，惟北苑鳳皇山連屬諸焙所産者味佳。隔溪諸山雖及時加意製作，色味皆重，莫能及也。又有水泉不甘，能損茶味。前世之論水品者，以此。

藏茶

茶宜蒻葉而畏香藥，喜温燥而忌濕冷。故收藏之家以蒻葉封裹，入焙中兩三日，一次用火常如人體温，温則禦濕潤，若火多，則茶焦不可食。

炙茶

茶或經年，則香色味皆陳。於净器中，以沸湯漬之，刮去膏油一兩重乃止，以鈐箝之，微火炙乾，然後碎碾。若當年新茶，則不用此説。

碾茶

碾茶，先以净紙密裹，搥碎，然後熟碾。其大要，旋碾，則色白，或經宿，則色已昏矣。

羅茶

羅細則茶浮，麤則水浮。

候湯

候湯最難。未熟則沫浮，過熟則茶沈。前世謂之蟹眼者，過熟湯也，沈瓶中，煮之不可辯。故曰候湯最難。

熁盞

凡欲點茶，先須熁盞，令熱冷，則茶不浮。

點茶

茶少湯多，則雲脚散。湯少茶多，則粥面聚。建人謂之雲脚、粥面。鈔茶一錢匕，先注湯，調令極勻。又添注，入環迴擊，拂湯上盞可四分則止。眂其面色鮮白，著盞無水痕爲絶佳。建安鬪試，以水痕先者爲負，耐久者爲勝。故較勝負之説，曰相去一水、兩水。

宋・黄儒《品茶要録》

總論

説者常怪陸羽《茶經》不第建安之品，蓋前此茶事未甚興，靈芽真筍往往委翳消腐，而人不知惜。自國初以來，士大夫沐浴膏澤詠歌昇平之日久矣，夫體勢灑落，神觀沖淡，惟兹茗飲爲可喜，園林亦相與摘英夸異，制捲鬻新，而趨時之好，故殊絶之品始得自出於蓁莽之間，而其名遂冠天下。借使陸羽復起，閲其金餅，味其雲腴，當爽然自失矣。因念草木之材，一有負環偉絶特者，未嘗不遇時而後興，況於人乎！然士大夫間爲珍藏精試之具，非會雅好真，未嘗輒出。其

好事者又嘗論其采制之出入，器用之宜否，較試之湯火，圖於縑素，傳翫於時，獨未有補於賞鑒之明爾。蓋園民射利，膏油其面，色、品、味易辨而難評。予因收閲之暇，爲原采造之得失，較試之低昂，次爲十説，以中其病，題曰《品茶要録》云。

一采造過時

茶事起於驚蟄前，其采芽如鷹爪，初造曰試焙，又曰一火，次曰二火。二火之茶已次一火矣。故市茶芽者，惟同出於三火前者爲最佳，尤喜薄寒氣候，陰不至於凍，芽茶尤畏霜，有造於一火、二火，皆遇霜，而三火霜霽，則三火之茶勝矣。晴不至於暄，則穀芽含養約勒而滋長有漸，采工亦優爲矣。凡試時泛色鮮白，隱於薄霧者，得於佳時而然也。有造於積雨者，其色昏黄，或氣候暴暄，茶芽蒸發，采工汗手熏漬，揀摘不給，則製造雖多，皆爲常品矣。試時色非鮮白，水脚微紅者，過時之病也。

二白合盗葉

茶之精絶者，曰鬭，曰亞鬭，其次揀芽。茶芽鬭品雖最上，園户或止一株。蓋天材間有特異，非能皆然也。且物之變勢無窮，而人之耳目有盡，故造鬭品之家，有昔優而今劣，前負而後勝者。雖工有至，有不至，亦造化推移，不可得而擅也。其造，一火曰鬭，二火曰亞鬭，不過十數銙而已。揀芽則不然，徧園隴中，擇其精英者爾。其或貪多務得，又滋色澤，往往以白合盗葉間之。試時色雖鮮白，其味澀淡者，間白合盗葉之病也。一鷹爪之芽，有兩小葉抱而生者，白合也。新條葉之抱生而色白者，盗葉也。造揀芽，常剔取鷹爪而白合不用，況盗葉乎！

三入雜

物固不可以容僞，況飲食之物，尤不可也。故茶有入他葉者，建人號爲入雜。銙列，入柿葉，常品入桴檻葉二葉易致，又滋色澤，園民欺售直而爲之。試時無栗紋甘香，盞面浮散隱如微毛，或星星如纖絮者，入雜之病也。善茶品者，側盞視之，所入之多寡，從可知矣。嚮上下品有之，近雖銙列亦或勾使。

四蒸不熟

穀芽初采，不過盈箱而已，趣時争新之勢然也。既采而蒸，既蒸而研，蒸有不熟之病，有過熟之病。蒸不熟，則雖精芽，所損已多。試時色青易沉，味爲挑入之氣者，不蒸熟之病也。唯正熟者，味甘香。

五過熟

茶芽方蒸，以氣爲候，視之不可以不謹也。試時色黄而栗紋大者，過熟之病也。然雖過熟，愈於不熟，甘香之味勝也。故君謨論色，則以青白勝黄白。余論味，則以黄白勝青白。

六焦釜

茶蒸不可以逾久。久而過熟，又久則湯乾，而焦釜之氣上。茶工有乏新湯以益之，是致熏損茶黄。試時色多昏紅，氣焦味惡者，焦釜之病也。建人號爲熱鍋氣。

七壓黄

茶，已蒸者爲黄。黄細，則已入捲模制之矣。蓋清潔鮮明，則香色如之。故采佳品者，常於半曉間衝蒙雲霧，或以罐汲新泉懸胸間，得必投其中，蓋欲鮮也。其或日氣烘爍，茶芽暴長，工力不給，其芽已陳而不及蒸，蒸而不及研，研或出宿而後製，試時色不鮮明，薄如壞卵氣者，壓黄也。

八清膏

茶餅光黄又如蔭潤者，榨不乾也。榨欲盡去其膏，膏盡則有如乾竹葉之色。惟飾首面者，故榨不欲乾，以利易售。試時色雖鮮白，其味帶苦者，漬膏之病也。

九傷焙

夫茶，本以芽葉之物就之捲模，既出卷，上笪焙之，用火務令通徹，即以灰覆之，虚其中，以熱火氣。然茶民不喜用實炭，號爲冷火，以茶餅新温，欲速乾，以見售，故用火常帶烟焰。烟焰既多，稍失看候，以故熏損茶餅。試時其色昏紅，氣味帶焦者，傷焰之病也。

十辯壑源沙溪

壑源沙溪，其地相背，而中隔一嶺。其勢無數里之遠，然茶産頓殊。有能出火，移栽植之，亦爲土氣所化。竊嘗怪茶之爲草一物爾，其勢必由得地而後異，豈水絡地脉，偏鍾粹於壑源，抑御焙占此大岡巍隴，神物伏護，得其餘蔭耶？何其甘芳精至，而獨擅天下也！觀夫春雷一驚，筠籠纔起，售者已擔簦挈橐於其門，或先期而散留金錢，或茶纔入笪而争酬所直。故壑源之茶，常不足客所求，其有桀滑之園民，陰取沙溪茶黄，雜就家捲而製之。人徒趣其名，睨其規模之相，若不能原其實者，蓋有之矣。凡壑源之茶售以十，則沙溪之茶售以五，其直大率放此。然沙溪之園民亦勇於爲利，或雜以松黄飾其首面。凡肉理怯薄，體輕而色黄，試時雖鮮白不能久泛，香薄而味短者，沙溪之品也。凡肉理實厚，體堅而色紫，試時泛盞凝久，香滑而味長者，壑源之品也。

後論

余嘗論茶之精絶者，白合未開，其細如麥，蓋得青陽之輕清者也。又其山多帶砂石，而號嘉品者，皆在山南，蓋得朝陽之和者也。余嘗事閒乘晷景之明浄，適軒亭之瀟灑，一取佳品嘗試，即而求水生於華池，愈甘而清，其有助乎！然建安之茶，散天下者不爲少，而得建安之精品不爲多。蓋有得之者，不能辯矣。或不善於烹試，善烹試矣。或非其時，猶不善也，况非其賓乎！然未有主賢而賓愚者也。夫惟知此，然後盡茶之事。昔者陸羽號爲知茶，然羽之所知者，皆今所謂草茶。何哉？如鴻漸所論，蒸笋并葉，畏流其膏，蓋草茶味短而淡，故常恐去膏。建茶力厚而甘，故惟欲去膏。又論福建爲未詳，往往得之其味極佳，由是觀之，鴻漸未嘗到建安歟。

附**宋・蘇軾《書黄道輔品茶要録後》** 物有畛而理無方，窮天下之辯，不足以盡一物之理。達者寓物以發其辯，則一物之變，可以盡南山之竹。學者觀物之極，而游於物之表，則何求而不得！故輪扁行年七十而老於斲輪，庖丁自技而進乎道，由此其選也。黄君道輔諱儒，建安人，博學能文，淡然精深有道之士也。作《品茶要録》十篇，委曲微妙，皆陸鴻漸以來論茶者所未及！非至静無求，虚中不留，烏能察物之情如此其詳哉！昔張機有精理而韻不能高，故卒爲名醫。今道輔無所發其辯，而寓之於茶，爲世外淡泊之好，此以高韻輔精理者。予悲其不幸早亡，獨此書傳於世，故發其篇末云。

宋・高承《事物紀原》卷九《酒醴飲食部》

蠟茶

楊文公談苑云：蠟茶出建州，陸羽《茶經》尚未知之，但言福建等州，未詳。往往得之，其味極佳。江左日近方有蠟而之號，丁謂《北苑茶録》曰：脅造之始，莫有知者，質之三館檢討杜鎬，亦曰在江左日，始記有研膏茶。歐陽修《歸田録》亦云出福建，不言所起。按唐氏諸家説中，往往有蠟面茶之語，則是自唐有之也。

龍茶

談苑曰：龍鳳石乳茶，宋朝太宗皇帝令造，江左乃有研膏茶供御，即龍茶之品也。《北苑茶録》曰：太宗太平興國二年，遣使造之，規取像類，以別庶飲也。

小團

歐陽修《歸田録》曰：茶之品，莫貴於龍鳳，謂之團茶。慶曆中，蔡君謨爲福建漕，始造小片龍茶以進，其品絶精，謂之小團。又《龍茶録後序》曰：團茶爲茶之至精，而小團又團茶之精者，蔡君謨始造歲貢云。

京鋌

談苑曰：江左李氏別令取茶之乳作片，或號京鋌、的乳及骨子等，是則京鋌之品，自南唐始也。《苑録》曰：的乳以降，以下品雜鍊售之，唯京師去者至真不雜，爲時所貴，意其名由此得也。又云：或曰開寶末方有此茶，當時識者云金陵僭國，唯曰都下而以朝廷爲京師，今忽有此名，其將歸京師乎？

宋・熊蕃《宣和北苑貢茶録》 陸羽《茶經》，裴汶《茶述》，皆不第建品。説者但謂二子未嘗至閩，而不知物之發也，固自有時。蓋昔者山川尚閟，靈芽未露，至於唐末，然後北苑出爲之最。是時僞蜀詞臣毛文錫作《茶譜》，亦第言建有紫笋，而臘面乃産於福。五代之季建屬南唐，南唐保大三年，俘王延政而得其地。歲率諸縣民採茶，北苑初造研膏，繼造臘面，丁晉公《茶録》載，泉南老僧清錫年八十四，嘗示以所得李國主書寄研膏茶，隔兩歲方得臘面。此其實也。至景祐中，監察御史丘荷撰《御泉亭記》，乃云，唐季敕福建罷貢橄欖，但贄臘面茶，即臘面産於建安明矣。荷不知臘面之號始於福，其後建安始爲之。按唐地里志，福州貢茶及橄欖，建州惟貢練練，未嘗貢茶。前所謂罷供橄欖，惟贄臘面茶，皆爲福也。慶歷初，林世程作《閩中記》，言福茶所産在閩縣十里，且言往時建茶未盛，本土有之，今則土人皆食建茶。世程之説，蓋得其實，而晉公所記臘面起於南唐，乃建茶也。既有製，其佳者號曰京鋌。其狀如貢神金、白金之鋌。聖朝開寶末下南唐，太平興國初特置龍鳳模，遣使即北苑造團茶，以別庶飲，龍鳳茶蓋始於此。按《宋史・食貨志》載，建寧臘茶，北苑爲第一。其最佳者曰社前，次曰火前，又曰雨前，所以供玉食，備賜予。太平興國始置，大觀以後製愈精，數愈多，胯式屢變，而品不一。歲貢片茶二十一萬六千斤。又《建安志》：太平興國二年始置龍焙，造龍鳳茶。漕臣柯適爲之記云。又一種茶，叢生石崖，枝葉尤茂。至道初，有詔造之，別號石乳。又一種號的乳，按馬令《南唐書》：嗣主李璟命建州茶製的乳茶，號曰京鋌。臘茶之貢自此始，罷貢陽羨茶。又一種號白乳。蓋自龍鳳與石、的、白四種繼出，而臘面降爲下矣。楊文公億《談苑》所記龍茶以供乘輿及賜執政親王長主，其餘皇族學士將帥皆得鳳茶，舍人近臣賜金鋌、的乳，而白乳賜館閣，惟臘面不在賜品。按《建安志》載《談苑》云，京鋌、的乳賜舍人近臣，白乳、的乳賜館閣。疑京鋌悮金鋌，白乳下遺的乳。蓋龍鳳等茶皆太宗朝所制，至咸平初，丁晉公漕閩始載之於《茶録》，人多言龍鳳團起於晉公，故張氏《畫墁録》云，晉公漕閩，始創爲龍鳳團。此説得於傳聞，非其實也。慶曆中蔡君謨將漕創造小龍團以進，旨仍歲貢之。君謨《北苑造茶》詩自序云，其年改造上品龍茶二十八片，纔一斤，尤極精妙，

被旨仍歲貢之。歐陽文忠公《歸田録》云，茶之品，莫貴於龍鳳，謂之小團，凡二十八片重一斤，其價直金二兩。然金可有，而茶不可得。嘗南郊致齋，兩府共賜一餅，四人分之。宫人往往縷金花其上，蓋貴重如此。自小團出，而龍鳳遂爲次矣。元豐間，有旨造密雲龍，其品又加於小團之上。昔人詩云，小壁雲龍不入香，元豐龍焙乘詔作。蓋謂此也。按，此詩乃山谷和楊王休點密雲龍詩。紹聖間，改爲瑞雲翔龍，至大觀初，今上親製《茶論》二十篇，以白茶與常茶不同，偶然生，出非人力可致，於是白茶遂爲第一。慶曆初，吴興劉異爲《北苑拾遺》云，官園中有白茶五六株，而壅培不甚至。茶户唯有王免者家一巨株，向春常造浮屋以障風日。其後有宋子安者，作《東溪試茶録》，亦言白茶民間大重，出於近歲，芽葉如紙，建人以爲茶瑞。則知白茶可貴自慶曆始，至大觀而盛也。

既又製三色細芽，及試新銙，大觀二年造御苑玉芽、萬壽龍芽，四年又造無比壽芽，及試新銙。按《宋史·食貨志》，銙，作胯。貢新銙，政和三年造貢新銙式，新貢皆創爲，此獻在歲額之外。自三色細芽出，而瑞雲翔龍顧居下矣。凡茶芽，數品最上，曰小芽，如雀舌、鷹爪，以其勁直纖鋭，故號芽茶。次曰中芽，乃一芽帶一葉者，號一鎗一旗。次曰紫芽，其一芽帶兩葉者，號一鎗兩旗。其帶三葉、四葉，皆漸老矣。芽茶早春極少。景德中，建守周絳爲補《茶經》言芽茶只作早茶，馳奉萬乘嘗之可矣。如一鎗一旗，可謂奇茶也。故一鎗一旗號揀芽，最爲挺特先正。舒王送人官閩中詩云，新茗齋中試，一旗謂揀芽也。或者，乃謂茶芽未展爲鎗，已展爲旗，指舒王此詩爲誤。蓋不知有所謂揀芽也。今上聖製《茶論》曰，一旗一槍爲揀芽。又見王岐公珪詩云，北苑和香品最新，緑芽未雨帶旗新。故相韓康公絳詩云，一鎗已笑將成葉，百草皆羞未敢花。此皆詠揀芽，與舒王之意同。夫揀芽猶貴如此，而況芽茶以供天子之新嘗者乎！芽茶絶矣！至於水芽，則曠古未之聞也。宣和庚子歲，漕臣鄭公可簡按，《潛確類書》作鄭可聞。始創爲緑線水芽，蓋將已揀熟芽再剔去，祇取其心一縷，用珍器貯清泉漬之，光明瑩潔若銀線。然其制方寸新銙，有小龍蜿蜒其上，號龍園勝雪。按《建安志》云，此茶蓋於白合中取一嫩條如絲髮大者，用御泉水研造成，分試其色如乳，其味腴而美。又園字，《潛確類書》作團，今仍從原本，而附識於此。又廢白、的、石三乳鼎，造花銙二十餘色。初，貢茶皆入龍腦，蔡君謨《茶録》云，茶有真香，而入貢者微以龍腦和膏，欲助其香。至是慮奪真味，始不用焉。蓋茶之妙，至勝雪極矣！故合爲首冠，然猶在白茶之次者，以白茶上所好也。異時郡人黄儒撰《品茶要録》，極稱當時靈芽之富，謂使陸羽數子見之，必爽然自失。蕃亦謂，使黄君而閲今日，則前乎此者未足詫焉。然焙初興，貢數殊少，太平興國初，纔貢五十斤。累增至於元符，以片計者一萬八千，視初已加數倍而猶未盛。今則爲四萬七千一百片有奇矣。此數皆見范逵所著《龍焙美成茶録》。逵，茶官也。

宋·蔡絛《鐵圍山叢談》卷六

建谿龍茶，始江南李氏，號「北苑龍焙」者，在一山之中間，其周遭則諸葉地也。居是山，號「正焙」，一出是山之外，則曰「外焙」。「正焙」「外焙」，色香必迥殊，此亦山秀地靈所鍾之，有異色已。張本「色」作「也」。「龍焙」又號「官焙」，始但有龍鳳、大團二品而已。仁廟朝，伯父君謨名知茶，因進小龍團，爲詩珍貴，因有大團、小團之別。小龍團見於歐陽文忠公《歸田録》。至神祖時即「龍焙」，又進「密雲龍」。「密雲龍」者，其雲紋細密，更精絶於小龍團也。及哲宗朝，益復進「瑞雲翔龍」者，御府歲止得十二餅焉。其後，祐陵雅好尚，故大觀初「龍焙」於歲貢色目外，乃進御苑玉芽、萬壽龍芽，政和間且增以長壽玉圭。玉圭凡廑盈寸，大抵北苑絶品曾不過是，歲但可十百餅。然名益新，品益出，而舊格遞降於凡劣爾。又茶茁其芽，貴在於社前則已進御。自是迤邐宣和間，皆占冬至而嘗新茗，是率人力爲之，反不近自然矣。茶之尚，蓋自唐人始，至本朝爲盛；而本朝又至祐陵時益窮極新出，而無以加矣。

宋·吴曾《能改齋漫録》卷一五《方物》

綿州緑茶

茶之貴白，東坡能言之。獨綿州彰明縣茶色緑，白樂天詩云：「渴嘗一盞緑昌明。」彰明即唐昌明縣。盧仝詩云：「天子初嘗陽羨茶。」當時建茶未有名也。

貢茶貴早

貢茶以早爲貴。李郢《茶山貢焙歌》云：「陵煙觸露不停採，官家赤印連帖催。」劉禹錫《試茶歌》云：「何況蒙山顧渚春，白泥赤印走風塵。」袁高《茶山作》云：「陰嶺茅未吐，使者牒已頻。」三詩皆及赤印與牒也。

建茶

建茶務，仁宗初歲，造小龍小鳳各三十斤，大龍大鳳各三百斤，入香不入香京挺共二百斤，蠟茶一萬五千斤。小龍小鳳，初因蔡君謨爲建漕，造十斤獻之。朝廷以其額外免勘。明年，詔第一綱盡爲之。故東坡志林載温公曰：「君謨亦爲此耶？」

茶品

張芸叟《畫墁録》云：「有唐茶品，以陽羡爲上供，建溪、北苑未著也。貞元中，常衮爲建州刺史，始蒸焙而研之，謂之膏茶；其後始爲餅樣，貫其中，故謂之一串。陸羽所烹，惟是草茗爾。迨至本朝，建溪獨盛。丁晉公爲轉運使，始製爲

鳳團，後又爲龍團，歲貢不過四十餅。天聖中，又爲小團，其餅迴加於大團。熙寧末，神宗有旨，下建州置密雲龍，其餅又加於小團。」已上皆《畫墁録》所載。余按，五代史：「當後唐天成四年五月七日，中書門下奏：『朝臣時有乞假覲省者，欲量賜茶藥。』奉勅宜依者，各令據官品等第指揮，文班自左右常侍、諫議、給、舍下至侍郎，宜各賜蜀茶三斤、臘面茶二斤、草豆蔻一百枚、肉豆蔻一百枚、青木香二斤，以次武班官各有差。」以此知建茶以蠟面爲上供，自唐末已然矣。第龍鳳之制，至本朝有加焉。

宋・曾敏行《獨醒雜誌》卷九　北苑産茶，有四十六所，廣袤三十餘里，分內外園。江南李氏初置使，本朝丁晉公行漕事，始製龍鳳團以進，然歲不過四十餅。慶曆中，蔡端明爲漕，復有增益。元豐中，神宗有旨造密雲龍，其品又高於小龍團。今歲貢三等，十有二綱，四萬九千餘銙。

宋・羅願《爾雅翼》卷一二《釋木四》【茶】　茶綜述

今人飲茶，未知所始。《釋木》云：「檟，苦茶。」郭璞云：「樹小似梔子，冬生葉，可煑作羹飲。」今呼早采者爲茶，晚采者爲茗，一名荈，蜀人名之苦茶。然則古蓋用之矣。《埤蒼》作「搽」，今通謂之茶，茶荼聲近。《春秋》「齊君荼」。《漢・地理志》「荼陵」，陸顔皆入「茶」音。《茶經》曰：「茶者，南方嘉木。木如瓜蘆，葉如梔子，花如白薔薇，實如栟櫚，蔕如丁香，根如胡桃。其名一曰茶，二曰檟，三曰蔎，四曰茗，五曰荈。」又曰：「茶之别者，有枳殼、枸杞、枇杷、皂莢、槐、柳、芽，上春摘其芽和茶作之，故今南人輸官茶，往往雜以衆葉。山中草木芽藥皆可入，椿柿尤奇。《唐風》「山有栲」，陸璣《疏》云：「山樗，吴人以其葉爲茗。」《南越志》：「龍川縣有皋蘆，葉似茗。南人煑爲飲，一名瓜蘆。」

宋・趙汝礪《北苑别録》　建安之東三十里，有山曰鳳凰，其下直北苑，旁聯諸焙，厥土赤壤，厥茶惟上。太平興國中，初御焙，歲龍鳳，以羞貢篚，益表珍異。慶曆中，漕臺益重其事，品數日增，制度日精。厥今茶自北苑上者，獨冠天下，非人間所可得也。方其春蟲震蟄，千夫雷動，一時之盛，誠爲偉觀。故建人謂，至建安而不詣北苑，與不至者同。僕因攝事，遂得研究其始末，姑摭其大槩，條爲十餘類，目之曰《北苑别録》云。

御園

九窠十二隴，按《建安志》茶隴註云，九窠十二隴，即山之凹凸處，凹爲窠，凸爲隴。麥窠，按宋子安《試茶録》作麥園，言其土壤沃，並宜麰麥也，與此作麥窠異。壤園，龍遊窠，小苦竹，苦竹裏，鷄藪窠，按宋子安《試茶録》小苦竹園，又西至大園絶尾，疎竹蓊翳，多飛雉，故曰鷄藪窠。苦竹，苦竹源，鼯鼠窠，按宋子安《試茶録》，直西定山之隈，土石迴向如窠然，泉流積陰之處，多飛鼠，故曰鼯鼠窠。教煉壠，鳳凰山，大小焊，橫坑，猿遊龍，按宋子安《試茶録》，鳳凰山東南至於袁雲壠，又南至於張坑，言昔有袁氏、張氏居於此，因名其地焉。與此作猿遊隴異。張坑，帶園，焙東，中歷，按宋子安《試茶録》作中歷坑。東際，西際，官平，上下官坑，石碎窠，虎膝窠，樓隴，蕉窠，新園，夫樓基，按《建安志》作大樓基。阮坑，曾坑，黄際，馬鞍山，林園，和尚園，黄淡窠，吴彦山，羅漢山，水桑窠，師姑園，銅場，靈滋，范馬園，高畬，大窠頭，小山。右四十六所，廣袤三十餘里，自官平而上爲內園官坑，而下爲外園。方春靈芽莩坼常先民焙十餘日，如九窠十二隴、龍遊窠、小苦竹、張坑、西際又爲禁園之先也。

開焙

驚蟄節萬物始萌，每歲常以前三日開焙，遇閏則反之。以其氣候少遲故也。按《建安志》，候當驚蟄，萬物始萌，漕司常先三日開焙，令春夫喊山以助和氣，遇閏則後二日。

採茶

採茶之法，須是侵晨不可見日。侵晨則夜露未晞，茶芽肥潤。見日則爲陽氣所薄，使芽之膏腴内耗，至受水而不鮮明。故每日常以五更撾鼓，集羣夫於鳳凰門，山有打鼓亭。監採官人給一牌入山。至辰刻，則復鳴鑼以聚之，恐其踰時貪多務得也。大抵採茶亦須習熟，募夫之際，必擇土著及諳曉之人，非特識茶發早晚所在，而於採摘亦知其指要。蓋以指而不以甲，則多温而易損。以甲而不以指，則速斷而不柔。從舊説也。故採夫欲其習熟政爲是耳。採夫日役二百二十五人。

揀茶

茶，有小芽，有中芽，有紫芽，有白合，有烏蔕，此不可不辨。小芽者，其小如鷹爪，初造龍園勝雪、白茶，以其芽先次蒸熟，置之水盆中，剔取其精英，僅如針小，謂之水芽，是芽中之最精者也。中芽，古謂一槍一旗是也。紫牙，葉以紫者是也。白合，乃小芽有兩葉抱而生者是也。烏蔕，茶之蔕頭是也。凡茶以水芽爲上，小芽次之，中芽又次之。紫芽、白合、烏蔕，皆在所取，使其擇焉而精，則茶之色味無不佳。萬一雜之，以所不取，則首面不匀，色濁而味重也。

蒸茶

茶芽再四洗滌，取令潔浄，然後入甑，俟湯沸蒸之。然蒸有過熟之患，有不

熟之患。過熟則色黃而味淡，不熟則色青易沉，而有草木之氣。唯在得中之爲當也。

榨茶

茶既熟，謂茶黃，須淋洗數過，欲其冷也。方入小榨以去其水，又入大榨出其膏。水芽則以馬榨壓之，以其芽嫩故也。先是包以布帛，束以竹皮，然後入大榨壓之，至中夜取出，揉勻，復如前入榨，謂之翻榨，徹曉奮擊，必至於乾凈而後已。蓋建茶味遠而力厚，非江茶之比。江茶畏流其膏，建茶唯恐其膏之不盡，膏不盡則色味重濁矣。

研茶

研茶之具，以柯爲杵，以瓦爲盆，分團酌水，亦皆有數。上而勝雪白茶，以十六水。下而揀芽之水六，小龍鳳四，大龍鳳二，其餘皆以十二焉。自十二水以上，日研一團。自六水而下，日研三團至七團，每水研之，必至於水乾茶熟而後已。水不乾則茶不熟，茶不熟則首面不勻，煎試易沉，故研夫尤貴於强有力者也。嘗謂天下之理，未有不相須而成者。有北苑之芽，而後有龍井之水。龍井之水其深不以丈尺，清而且甘，晝夜酌之而不竭，凡茶自北苑上者皆資焉。亦猶綿之於蜀，江膠之於阿井，詎不信然。

造茶

造茶舊分四局，匠者起好勝之心，彼此相誇，不能無弊，遂并而爲二焉。故茶堂有東局、西局之名，茶銙有東作、西作之號。凡茶之初出，研盆盪之，欲其勻。揉之，欲其膩。然後入圈製銙，隨笪過黃，有方銙，有花銙，有大龍，有小龍，品色不同，其名亦異，故隨綱繫之於貢茶云。

過黃

茶之過黃，初入烈火焙之，次過沸湯爁之，凡如是者三，而後宿一火至翌日，遂過煙焙焉。然煙焙之火不欲烈，烈則面炮而色黑。又不欲煙，煙則香盡而味焦，但取其溫溫而已。凡火數之多寡，皆視其銙之厚薄。銙之厚者，有十火至於十五火。銙之薄者，亦八火至於六火。火數既足，然後過湯上出色。出色之後，當置之密室，急以扇扇之，則澤自然光瑩矣。

細茶第一綱

龍焙貢新水芽，十二水，十宿火，正貢三十銙，創添二十銙。按《建安志》云，頭綱用社前三日進發，或稍遲亦不過社後三日。第二綱以後，只候火數足發，多不過十日。麤色雖於五旬内製畢，却候細綱貢絶，以次進發。第一綱拜，其餘不拜，謂非享上之物也。

細茶第二綱

龍焙試新水芽，十二水，十宿火，正貢一百銙，創添五十銙。按《建安志》云，數有正貢，有添貢，有續添。正貢之外，皆起於鄭可簡爲漕日增。

細色第三綱

龍園勝雪，按《建安志》云，龍園勝雪用十六水，十二宿火。白茶用十六水，七宿火。勝雪係驚蟄後採造，茶葉稍壯，故耐火。白茶無培壅之力，茶葉如紙，故火候止七宿。水取其多，則研夫力勝而色白。至火力則但取其適，然後不損真味。水芽，十六水，十二宿火，正貢三十銙，續添三十銙，創添六十銙。白茶，水芽，十六水，七宿火，正貢三十銙，續添十五銙，創添八十銙。御苑玉芽，按《建安志》云，自御苑玉芽下凡十四品，係細色第三綱。其製之也，皆以十二水，唯玉芽、龍芽二色，火候止八宿，蓋二色茶日數比諸茶差早，不敢多用火力。小芽，十二水，八宿火，正貢一百片。萬壽龍芽小芽，十二水，八宿火，正貢一百片。上林第一，按《建安志》云，雪英以下六品，火用七宿，則是茶力既强，不必火候太多。自上林第一，至啓沃承恩，凡六品，日子之製同，故量日力以用火力，大抵欲其適當，不論採摘日子之淺深，而水皆十二，研工多則茶色白故耳。小芽，十二水，十宿火，正貢一百銙。乙夜供清小芽，十二水，十宿火，正貢一百銙。承平雅玩小芽，十二水，十宿火，正貢一百銙。龍鳳英華小芽，十二水，十宿火，正貢一百銙。玉除清賞小芽，十二水，十宿火，正貢一百銙。啓沃承恩小芽，十二水，十宿火，正貢一百銙。雪英小芽，十二水，七宿火，正貢一百片。雲葉小芽，十二水，七宿火，正貢一百片。蜀葵小芽，十二水，七宿火，正貢一百片。金錢小芽，十二水，七宿火，正貢一百片。玉葉小芽，十二水，七宿火，正貢一百片。寸金小芽，十二水，九宿火，正貢一百銙。

細色第四綱

龍園勝雪，已見前。正貢一百五十銙。無比壽芽小芽，十二水，十五宿火，正貢五十銙，創添五十銙。萬春銀葉小芽，十二水，十宿火，正貢四十片，創添六十片。宜年寶玉小芽，十二水，十二宿火，正貢四十片，創添六十片。

玉清慶雲小芽，十二水，九宿火，正貢四十片，創添六十片。無疆壽龍小芽，十二水，十五宿火，正貢四十片，創添六十片。玉葉長春小芽，十二水，七宿火，正貢一百片。瑞雲翔龍小芽，十二水，九宿火，正貢一百八片。

長壽玉圭小芽，十二水，九宿火，正貢二百片。興國巖銙巖屬南劍州，頃遭兵火

廢。今以北苑芽代之。中芽十二水，十宿火，正貢二百七十銙。香口焙銙中芽，十二水，十宿火，正貢五百銙。上品揀芽小芽，十二水，十宿火，正貢一百片。新收揀芽中芽，十二水，十宿火，正貢六百片。

細色第五綱

太平嘉瑞小芽，十二水，九宿火，正貢三百片。龍苑報春小芽，十二水，九宿火，正貢六百片，創添六十片。南山應瑞小芽，十二水，十五宿火，正貢六十銙，創添六十銙。興國巖揀芽中芽，十二水，十宿火，正貢五百一十片。興國巖小龍中芽，十二水，十五宿火，正貢七百五十斤。興國巖小鳳中芽，十二水，十五宿火，正貢五十片。

先春兩色

太平嘉瑞，已見前。正貢二百片。長壽玉圭，已見前。正貢一百片。

續入額四色

御苑玉芽，已見前。正貢一百片。萬壽龍芽，已見前。正貢一百片。無比壽芽，已見前。正貢一百片。瑞雲祥龍，已見前。正貢一百片。

麤色第一綱

正貢：不入腦子上品揀芽，小龍一千二百片，按《建安志》云，入腦茶，水須差多，研工勝則香味與茶相入。不入腦茶，水須差省，以其色不必白，但欲火候深，則茶味出耳。六水，十宿火。入腦子小龍，七百片，四水，十五宿火。增添：不入腦子上品揀芽，小龍一千二百片。入腦子小龍，七百片。建寧府附發小龍茶八百四十斤。

麤色第二綱

正貢：不入腦子上品揀芽，小龍六百四十片。入腦子小龍，六百七十二片。入腦子小鳳，一千三百四十四片，四水，十五宿火。入腦子大龍，七百二十片，二水，十五宿火。入腦子大鳳，七百二十片，二水，十五宿火。增添：不入腦子上品揀芽，小龍一千二百片。入腦子小龍，七百片。建寧府附發小鳳茶一千二百片。

麤色第三綱

正貢：不入腦子上品揀芽，小龍六百四十片。入腦子小龍，六百四十四片。入腦子小鳳，六百七十二片。入腦子大龍，一千八片。入腦子大鳳，一千八片。增添：不入腦子上品揀芽，小龍一千二百片。入腦子小龍，七百片。建寧府附發大龍茶四百片，大鳳茶四百片。

麤色第四綱

正貢：不入腦子上品揀芽，小龍六百片。入腦子小龍，三百三十六片。入腦子小鳳，三百三十六片。入腦子大龍，一千二百四十片。入腦子大鳳，一千二百四十片。建寧府附發大龍茶四百片，大鳳茶四百片。

麤色第五綱

正貢：入腦子大龍，一千三百六十八片。入腦子大鳳，一千三百六十八片。京鋌改造大龍，一千六片。建寧府附發大龍茶八百片，大鳳茶八百片。

麤色第六綱

正貢：入腦子大龍，一千三百六十片。入腦子大鳳，一千三百六十片。京鋌改造大龍，一千六百片。建寧府附發京鋌改造大龍，一千三百片。

麤色第七綱

正貢：入腦子大龍，一千二百四十片。入腦子大鳳，一千二百四十片。京鋌改造大龍，二千三百五十二片。建寧府附發大龍茶，二百四十片。大鳳茶，二百四十片。京鋌改造大龍，四百八十片。

細色五綱按《建安志》云，細色五綱，凡四十三品，形式各異。其間貢新、試新、龍園勝雪、白茶、御苑玉芽，此五品中水揀第一，生揀次之。

貢新爲最(止)[上]，後開焙十日入貢。龍園勝雪爲最精，而建人有直四萬錢之語。夫茶之入貢，圈以箬葉，内以黄斗，盛以花箱，護以重篚，按《建安志》載，護以重篚下有扃以銀鑰，疑此脱去。花箱内外又有黄羅冪之，可謂什襲之珍矣。

麤色七綱按《建安志》云，麤色七綱凡五品，大小龍鳳并揀芽，悉入腦和膏爲團，共四萬餅，即雨前茶。閩中地煖，穀雨前茶已老而味重。

揀芽以四十餅爲角，小龍鳳以二十餅爲角，大龍鳳以八餅爲角，圈以箬葉，束以紅縷，包以紅楮，緘以蒨綾。惟揀芽俱以黄焉。

開畬

草木至夏益盛，故欲導生長之氣，以滲雨露之澤，每歲六月興工，虛其本，培其土，滋蔓之草，遏鬱之木，悉用除之，政所以導生長之氣，而滲雨露之澤也，此之謂開畬。按《建安志》云，開畬，茶園惡草每遇夏日最烈，時用衆鋤治殺，去草根以糞茶根，名曰開畬。若私家開畬，即夏半初秋各用工一次，故私園最茂，但地不及焙之勝耳。唯桐木則留焉。桐木之性與茶相宜，而又茶至冬則畏寒，桐木望秋而先落，茶至夏而畏日，桐木至春而漸茂，理亦然也。

外焙

石門，乳吉，香口，右三焙常後北苑五七日興工，每日採茶蒸榨以過黃，悉送北苑併造。

舍人熊公，博古洽聞，嘗於經史之暇，緝其先君所著《北苑貢茶録》，鋟諸木以垂後。漕使、侍講、王公得其書而悦之，將命摹勒以廣其傳。汝礪白之公曰，是書紀貢事之源委與制作之更沿，固要且備矣，惟水數有贏縮，火候有淹亟，綱次有後先，品色有多寡，亦不可以或闕。公曰，然。遂摭書肆所刊修《貢録》，曰幾水，曰火幾宿，曰某綱，曰其品若干云者，條列之。又以其所採擇、製造諸説，併麗於編末，目曰《北苑别録》，俾開卷之頃，盡知其詳，亦不爲無補。淳熙丙午孟夏望日，門生從政郎福建路轉運司主管帳司趙汝礪敬書。

宋·周煇《清波雜志》卷四

焦坑茶

先人嘗從張晉彦覓茶，張答以二小詩：「内家新賜『密雲龍』，只到調元六七公。賴有家山供小草，猶堪詩老薦春風。」「仇池詩中識『焦坑』，風味官焙可抗衡。鑽餘權倖亦及我，十輩遣前公試烹！」時總得偶病，此詩俾其子代書，後誤刊在《于湖集》中。「焦坑」産庾嶺下，味苦硬，久方回甘。「浮石已乾霜後水，焦坑新試雨前茶」，坡南遷回，至章貢顯聖寺詩也。後屢得之，初非精品，特彼人自以爲重。「包裹鑽權倖」，亦豈能望「建谿」之勝！

密雲龍

煇出疆時，見三節人，或攜建茶，沿塗備用。而虜中非絶品不顧，蓋榷場客販坌集，且能品第精粗。中下者彼既不售，乃齎以歸。夷狄尚爾，矧中國士大夫好事，宜乎珍尚鑒别，每相詩詡，唯恐汲泉不活，潑乳不多，啜嘗而乏詩情也。自熙寧後，始貴「密雲龍」，每歲頭綱修貢，奉宗廟及供玉食外，賚及臣下無幾。戚里貴近，丐賜尤繁。宣仁一日慨歎曰：「令建州今後不得造『密雲龍』，受他人煎炒不得也！出來道我要『密雲龍』，不要團茶。揀好茶喫了，生得甚意智！」此語既傳播於縉紳間，由是「密雲龍」之名益著。淳熙間，親黨許仲啓官麻沙，得《北苑修貢録》，序以刊行。其間載歲貢十有二綱，凡三等，四十有一名。第一綱曰「龍焙貢新」，止五十餘夸，貴重如此，獨遺所謂「密雲龍」。豈以「貢新」易其名，或别爲一種，又居「密雲龍」之上耶？葉石林云：「熙寧中賈青爲福建轉運使，取小團之精者爲『密雲龍』，以二十餅爲斤，而雙袋，謂之『雙角』，大小團袋皆緋，通以爲賜，『密雲龍』獨用黄」云。

拆洗惠山泉

煇家惠山，泉石皆爲几案物。親舊東來，數聞松竹平安信，且時致陸子泉，茗盌殊不落莫。然頃歲亦可致於汴都，但未免瓶盎氣，用細沙淋過，則如新汲時，號「拆洗惠山泉」。天台山竹瀝水，斷竹梢屈而取之盈瓮，若雜以他水則亟敗。蘇才翁與蔡君謨鬭茶，蔡茶精，用惠山泉；蘇茶少劣，用竹瀝水煎，遂能取勝。此説見江鄰幾所著《嘉祐雜志》。果爾，今喜擊拂者，曾無一語及之，何也？「雙井」因山谷而重，蘇魏公嘗云：「平生薦舉不知幾何人，唯孟安序朝奉，分寧人，歲以『雙井』一斤爲餉。」蓋公不納苞苴，顧獨受此，其亦珍之耶？

宋·周去非《嶺外代答》卷六《食用門》 茶

静江府修仁縣産茶，土人製爲方銙。方二寸許而差厚，有「供神仙」三字者，上也；方五六寸而差薄者，次也；大而粗且薄者，下矣。修仁其名乃甚彰。煮而飲之，其色慘黑，其味嚴重，能愈頭風。古縣亦産茶，味與修仁不殊。

《宋史·食貨志》 茶有二類，曰片茶，曰散茶。片茶蒸造，實棬模中串之，唯建、劍則既蒸而研，編竹爲格，置焙室中，最爲精潔，他處不能造。有龍、鳳、石乳、白乳之類十二等，以充歲貢及邦國之用。其出虔袁饒池光歙潭岳辰澧州、江陵府、興國臨江軍，有仙芝、玉津、先春、緑芽之類二十六等，兩浙及宣、江、鼎州又以上中下或第一至第五爲號。散茶出淮南、歸州、江南、荆湖，有龍溪、雨前、雨後之類十一等，江、浙又有以上中下或第一至第五爲號者。買臘茶斤自二十錢至一百九十錢有十六等，片茶大片自六十五錢至二百五錢有五十五等，散茶斤自十六錢至三十八錢五分有五十九等；鬻臘茶斤自四十七錢至四百二十錢有十二等，片茶自十七錢至九百一十七錢有六十五等，散茶自十五錢至一百二十一錢有一百九等。

治平中，歲入臘茶四十八萬九千餘斤，散茶二十五萬五千餘斤，茶户租錢三十二萬九千八百五十五緡，又儲本錢四十七萬四千三百二十一緡，而内外總入茶税錢四十九萬八千六百緡，推是可見茶法得失矣。自天聖以來，茶法屢易，嘉祐始行通商，雖議者或以爲不便，而更法之意則主於優民。

建寧臘茶，北苑爲第一，其最佳者曰社前，次曰火前，又曰雨前，所以供玉食，備賜予。太平興國始置，大觀以後製愈精，數愈多，胯式屢變，而品不一，歲貢片茶二十一萬六千斤。

蜀茶之細者，其品視南方已下，惟廣漢之趙坡，合州之水南，峨眉之白牙，雅安之蒙頂，土人亦珍之，但所產甚微，非江、建比也。

元・孟祺等《農桑輯要》卷六《藥草》 茶

《四時類要》：熟時收取子，和濕沙土拌，筐籠盛之，穰草蓋。不爾，即凍不生。至二月中，出種之。

於樹下或北陰之地開坎，圓三尺，深一尺，熟劚，著糞和土。每阬中種六七十顆子，蓋土厚一寸强。任生草，不得耘。相去二尺種一方。旱時以米泔澆。此物畏日，桑下、竹陰地種之皆可。二年外，方可耘治。以小便、稀糞、蠶沙澆擁之；又不可太多，恐根嫩故也。

大槩宜山中帶坡峻，若於平地，即於兩畔深開溝壟洩水。水浸根，必死。三年後，收茶。

元・忽思慧《飲膳正要》卷二《諸般湯煎》

枸杞茶　枸杞五斗，水淘洗淨，去浮麥，焙乾，用白布筒淨，去蒂萼、黑色，選揀紅熟者，先用雀舌茶展溲碾子，茶芽不用，次碾枸杞爲細末。每日空心用□匙頭，入酥油攪勻，溫酒調下，白湯亦可。忌與酪同食。

玉磨茶　上等紫筍五十斤，篩筒淨，蘇門炒米五十斤，篩筒淨，一同拌和勻，入玉磨內，磨之成茶。

金字茶　係江南湖州造進末茶。

范殿帥茶　係江浙慶元路造進茶芽，味色絶勝諸茶。

紫筍雀舌茶　選新嫩芽蒸過，爲紫筍。有先春、次春、探春，味皆不及紫筍雀舌。

女須兒　出直北地面，味溫甘。

西番茶　出本土，味苦澀，煎用酥油。

川茶、藤茶、夸茶　皆出四川。

燕尾茶　出江浙、江西。

孩兒茶　出廣南。

溫桑茶　出黑峪。

凡諸茶，味甘苦微寒，無毒。去痰熱，止渴，利小便，消食下氣，清神少睡。

清茶　先用水滚過濾淨，下茶芽，少時煎成。

炒茶　用鐵鍋燒赤，以馬思哥油、牛奶子、茶芽同炒成。

蘭膏　玉磨末茶三匙頭，麵、酥油同攪成膏，沸湯點之。

酥簽　金字末茶兩匙頭，入酥油同攪，沸湯點服。

建湯　玉磨末茶一匙，入碗内研勻，百沸湯點之。

香茶　白茶一袋，龍腦成片者三錢，百藥煎半錢，麝香二錢。同研細，用香粳米熬成粥，和成劑，印作餅。

元・王禎《農書・百穀譜集之十・雜類》 茶

《茶經》云：「一曰『茶』，二曰『檟』，三曰『蔎』，舒列切。四曰『茗』，五曰『荈』。音舛。」早採曰「茶」，次曰「檟」，又其次曰「蔎」，晚曰「茗」，至「荈」，則老葉矣。蓋以早爲貴也。《爾雅》云：「檟，苦茶。」注云：樹似梔子，早採爲「茶」，晚曰「茗」，蜀人名「苦茶」。六經中無「茶」字，蓋「茶」即茶也。《詩》云：「誰謂茶苦，其甘如薺」，以其苦而甘味也。閩浙蜀荆江湖淮南皆有之，惟建溪北苑所產爲勝。

《四時類要》云：茶熟時，收取子，和溼土拌勻，筐籠盛之。穰草蓋覆，不即凍死不生。至二月中，出種之樹下，或北陰之地。開坎、圓三尺，深一尺，熟劚，著糞土，每坑中種六七十顆，畏日，宜桑下竹陰地種之。二年外方可芸治。微以火糞薄壅之，多則傷根。峻坡爲宜，平地則兩畔深溝以洩水，水浸即死。種之三年，即收其利。此種蓺之法。

茶之爲物，釋滯去垢，破睡除煩，功則著矣。其或採造藏貯之無法，碾焙煎試之失宜，則雖建芽浙茗，祇爲常品。故採之宜早，率以清明穀雨前者爲佳，過此不及。然茶之美者，質良而植茂，新芽一發，便長寸餘，其細如針，斯爲上品。如雀舌、麥顆，特次材耳。採訖，以甑微蒸，生熟得所。生則味澀，熟則味減。蒸已，用筐箔薄攤，乘溼略揉之，入焙勻佈，火烘令乾，勿使焦。編竹爲焙，裹篛覆之，以收火氣。茶性畏溼，故宜篛，收藏者必以篛籠，剪篛，雜貯之，則久而不浥。宜置頓高處，令常近火爲佳。凡煎試須用活水活火烹之。故東坡云「活水仍將活火烹」者是也。活水謂山泉水爲上，江水次之，井水爲下；活火謂炭火之有焰者。當使湯無妄沸，始則蟹眼，中則魚目，纍然如珠，終則泉湧皷浪，此候湯之法，非活火不能爾。東坡云「蟹眼已過魚眼生，颼颼欲作松風聲」，盡之矣。

茶之用有三：曰茗茶，曰末茶，曰蠟茶。凡茗煎者擇嫩芽，先以湯泡去熏氣，以湯煎飲之。今南方多效此。然末子茶尤妙。先焙芽令燥，入磨細碾，以供點試。凡點，湯多茶少則雲脚散，湯少茶多則粥面聚。鈔茶一錢七，先注湯，調極勻，又添注入，迴環擊拂，視其色鮮白，著盞無水痕爲度。其茶既甘而滑。南

方雖産茶，而識此法者甚少。蠟茶最貴，而製作亦不凡。擇上等嫩芽，細碾入羅，雜腦子諸香膏油，調劑如法，印作餅子，製樣任巧。候乾，仍以香膏油潤飾之。其製有大小龍團帶胯之異。此品惟充貢獻，民間罕見之。始於宋丁晉公，成於蔡端明。間有他造者，色、香、味，俱不及。蠟茶珍藏既久，點時先用温水微漬去膏油，以紙裹槌碎，用茶鈐微炙，旋入碾羅。旋碾則白色，經宿則色昏，新者不用漬。茶鈐，屈金鐵爲之，砧用石，椎用木。

茶之用芼，核桃、松實、脂麻、杏仁、栗任用；雖失正味，亦供咀嚼。然茶性冷，多飲則能消陽，山谷益以薑鹽煎飲，其亦以是歟？因併及之。

夫茶，靈草也，種之則利博，飲之則神清，上而王公貴人之所尚，下而小夫賤隸之所不可闕，誠生民日用之所資，國家課利之一助也。

明・李詡《戒庵老人漫筆》卷五　茶槍旗

昔人論茶，以槍旗爲美，而不取雀舌麥顆，蓋牙細則易雜他樹之葉而難辨耳。槍旗者猶今稱壺蜂翅是也。

明・王世懋《閩部疏》　余始入建安，見山麓間多種茶，而稍高大，枝幹槎枒，不類吴中産。問之知爲茶油，非蔡君謨貢品也。已歷汀、延、邵，愈益彌被山谷，高者可一二丈，大者可拱把。餘以冬華以春實，榨其實爲油，可鐙可膏可釜，閩人大都用之。然獨汀之連城爲第一，閩之人能别其品。

明・田汝成《西湖遊覽志餘》卷三《偏安佚豫》　仲春上旬，福建漕司進第一綱臘茶，名北苑試新，皆方寸小夸，進御止百夸，護以黄羅軟盝，藉以青篛，裹以黄羅夾複，臣封朱印，外用朱漆小匣，鍍金鎖，又以細竹篾絲織笈貯之，凡數重。此乃雀舌水芽所造，一夸直四十萬，僅可供數甌之啜耳。或以一二賜外邸，則以生綫分解轉遺，好事以爲奇玩。茶之初進御也，翰林司例有品嘗之費，皆漕司邸吏賂之，間不滿欲，則入鹽少許，茗花爲之散漫，而味亦漓矣。禁中大慶賀，則用大鍍金甃，以五色韻果簇飣龍鳳，謂之繡茶，不過悦目。亦有專工者，外人罕知。

明・高濂《遵生八箋・飲饌服食箋上・茶泉類》　論茶品

茶之産於天下多矣，若劍南有蒙頂石花，湖州有顧渚紫筍，峡州有碧澗明月，邛州有火井思安，渠江有薄片，巴東有真香，福州有柏巖，洪州有白露，常之陽羨，婺之舉巖，丫山之陽坡，龍安之騎火，黔陽之都濡高株，瀘州之納溪梅嶺。之數者，其名皆著，品第之，則石花最上，紫筍次之，又次則碧澗明月之類是也，惜皆不可致耳。若近時虎丘山茶，亦可稱奇，惜不多得。若天池茶，在穀雨前收細芽，炒得法者，青翠芳馨，嗅亦消渴。若真岕茶，其價甚重，兩倍天池，惜乎難得，須用自己令人採收方妙。又如浙之六安，茶品亦精，但不善炒，不能發香而色苦，茶之本性實佳。如杭之龍泓即龍井也茶，真者天池不能及也，山中僅有一二家，炒法甚精，近有山僧焙者亦妙，但出龍井者方妙。而龍井之山，不過十數畝，外此有茶，似皆不及，附近假充，猶之可也，至於北山西溪，俱充龍井，即杭人識龍井茶味者亦少，以亂真多耳。意者，天開龍井美泉，山靈特生佳茗以副之耳。不得其遠者，當以天池龍井爲最，外此，天竺、靈隱，爲龍井之次，臨安、於潛，生於天目山者，與舒州同，亦次品也。

茶自浙以北皆較勝，惟閩廣以南，不惟水不可輕飲，而茶亦宜慎。昔鴻漸未詳嶺南諸茶，乃云嶺南茶味極佳。孰知嶺南之地，多瘴癘之氣，染着草木，北人食之，多致成疾，故當慎之。要當採時，待其日出山霽，霧障山嵐收净，採之可也。

茶團茶片，皆出碾磑，大失真味。茶以日曬者佳甚，青翠香潔，更勝火炒多矣。

采茶

團黄有一旗一鎗之號，言一葉一芽也。凡早取爲茶，晚取爲荈。穀雨前後收者爲佳，粗細皆可用。惟在採摘之時，天色晴明，炒焙適中，盛貯如法。

藏茶

茶宜蒻葉，而畏香藥，喜温燥而忌冷濕。故收藏之家，以蒻葉封裹入焙中，兩三日一次。用火當如人體温，温則去濕潤，若火多，則茶焦不可食矣。

又云：以中罈盛茶，十斤一瓶，每年燒稻草灰入大桶，茶瓶座桶中，以灰四面填桶，瓶上覆灰築實。每用撥灰開瓶，取茶些少，仍復覆灰，再無蒸壞。次年换灰爲之。

又云：空樓中懸架，將茶瓶口朝下放，不蒸。緣蒸氣自天而下，故宜倒放。

若上二種芽茶，除以清泉烹外，花香雜果，俱不容入。人有好以花拌茶者，此用平等細茶拌之，庶茶味不減，花香盈頰，終不脱俗，如橙茶、蓮花茶，於日未出時，將半含蓮花撥開，放細茶一撮，納滿蕊中，以麻皮略縶，令其經宿，次早摘花傾出茶葉，用建紙包茶，焙乾，再如前法，又將茶葉入别蕊中，如此者數次，取其焙乾收用，不勝香美。

木樨、茉莉、玫瑰、薔薇、蘭蕙、橘花、梔子、木香、梅花，皆可作茶。諸花開時，摘其半含半放蕊之香氣全者，量其茶葉多少，摘花爲拌。花多則太香而脫茶韻，花少則不香而不盡美，三停茶葉一停花始稱。假如木樨花，須去其枝蒂及塵垢、蟲蟻，用磁罐，一層花，一層茶，投間至滿，紙箬縶固，入鍋，重湯煮之，取出待冷，用紙封裹，置火上焙乾收用。諸花倣此。

明・屠隆《考槃餘事》卷四

焙茶

茶採時，先用帶鍋灶入山，別租一室，擇茶工之尤良者，倍其僱值，戒其搓摩，勿使生硬，勿令過焦，細細炒燥，扇冷方貯罌中。

藏茶

茶宜箬葉而畏香藥，喜温燥而忌冷濕，故收藏之家，先於清明時收買箬葉，揀其最青者，預焙極燥。以竹絲編之，每四片編爲一塊聽用。又買宜興新堅大罌，可容茶十斤以上者，洗淨焙乾聽用。山中焙茶，回復焙一番，去其茶子、老葉、枯焦者，及梗屑，以大盆埋伏生炭，覆以灶中敲細赤火，既不坐煙，又不易過。置茶焙下焙之，約以二斤作一焙，別用炭火入大爐內，將罌懸架其上，至燥極而止。以編箬襯於罌底，茶燥者，扇冷，方先入罌。茶之燥，以拈起即成末爲驗，隨焙隨入。既滿，又以箬葉覆於罌上，每茶一斤，約用箬二兩。口用尺八紙焙燥封固，約六七層，摠以方厚白木板一塊，亦取焙燥者，然後於向明淨室高閣之。用時以新燥宜興小瓶取出，約可受四五兩，隨即包整。夏至後三日，再焙一次，秋分後三日，又焙一次，一陽後三日，又焙之。連山中共五焙，直至交新，色味如一。罌中用淺，更以燥箬葉貯滿之，則久而不浥。

又法

以中罈盛茶，十斤一瓶，每瓶燒稻草灰入於大桶，將茶瓶座桶中，以灰四面填桶，瓶上覆灰築實。每用，撥開瓶，取茶些少，仍復覆灰。再無蒸壞，次年換灰。

又法

空樓中懸架，將茶瓶口朝下放。不蒸，緣蒸氣自天而下也。

諸花花

蓮花茶。於日未出時，將半含白蓮花撥開，放細茶一撮，納滿蘂中，以麻皮略縶，令其經宿。次早摘花，傾出茶葉，用建紙包茶焙乾。再如前法，隨意以別蘂製之，焙乾收用，不勝香美。

橙茶。將橙皮切作細絲一斤，以好茶五斤焙乾，入橙絲間和，用密麻布襯墊火廂，置茶於上烘熱。以淨綿被罨之三兩時，隨用建連紙袋封裹，仍以被罨烘乾收用。

木樨、玫瑰、薔薇、蘭蕙、橘花、梔子、木香、梅花，皆可作茶。諸花開時，摘其半含半放，蘂之香氣全者，量其茶之多少，摘花爲伴。花多則太香而脫茶韻，花少則不香而不盡美。三停茶葉一停花，始稱。假如木樨花，須去其枝蒂，及塵垢蟲蟻，用磁礶，一層茶一層花，投間至滿。紙箬縶固，入鍋重湯煮之，取出待冷，用紙封裹，置火上焙乾收用。則花香滿頰，茶味不減，諸花倣此。已上俱平等細茶拌之，可也。茗花入茶，本色香味尤嘉。

茉莉花。以熟水半杯放冷，鋪竹紙一層，上穿數孔。晚時採初開茉莉花，綴於孔內，上用紙封，不令泄氣，明晨取花簪之，水香可點茶。

明・謝肇淛《五雜俎》卷一一《物部三》 古人造茶，多舂令細末而蒸之。唐詩「家僮隔竹敲茶臼」是也。至宋始用碾。揉而焙之，則自本朝始也。但揉者，恐不若細末之耐藏耳。

宋初閩茶，北苑爲之，最初造研膏，繼造臘面；既又製其佳者爲京挺，後造龍鳳團而臘面廢；及蔡君謨造小龍團，而龍鳳團又爲次矣。當時上供者，非兩府禁近不得賜，而人家亦珍重愛惜。如王東城有茶囊，惟楊大年至，則取以具茶，它客莫敢望也。元豐間造密雲龍，其品又在小團之上。今造團之法皆不傳，而建茶之品亦遠出吳會諸品之下。其武夷、清源二種，雖與上國爭衡，而所產不多，十九饞鼎，故遂令聲價靡不復振。

今茶品之上者，松蘿也，虎丘也，羅岕也，龍井也，陽羡也，天池也，而吾閩武夷、清源、鼓山三種可與角勝。六合、鴈蕩、蒙山三種，祛滯有功，而色香不稱，當是藥籠中物，非文房佳品也。

閩，方山、太姥、支提，俱産佳茗，而製造不如法，故名不出里閈。余嘗過松蘿，遇一製茶僧，詢其法，曰：「茶之香原不甚相遠，惟焙者火候極難調耳。茶葉尖者太嫩，而蒂多老。至火候匀時，尖者已焦，而蒂尚未熟。二者雜之，茶安得佳？」松蘿茶製者，每葉皆剪去其尖蒂，但留中段，故茶皆一色，而功力煩矣，宜其價之高也。閩人急於售利，每觔不過百錢，安得費工如許？即價稍高，亦無市者矣。故近來建茶所以不振也。

宋初團茶，多用名香雜之，蒸以成餅；至大觀、宣和間，始製三色芽茶，漕臣

鄭可聞製銀絲冰芽，始不用香，名爲勝雪。此茶品之極也。然製法方寸新銙，有小龍蜿蜒其上，則蒸團之法尚如故耳。又有所謂白茶者；又在勝雪之上，不知製法云何，但云崖林之間，偶然生出，非人力可到，焙者不過四五家，家不過四五株，所造止於一二銙而已。進御若此，人家何由得見？恐亦菖歜之嗜，非正味也。

文獻通考：「茗有片有散。片者即龍團舊法，散者則不蒸而乾之，如今之茶也。」始知南渡之後，茶漸以不蒸爲貴矣。

古時之茶，曰煮，曰烹，曰煎。須湯如蟹眼，茶味方中。今之茶惟用沸湯投之，稍着火，即色黄而味澀，不中飲矣。迺知古今之法亦自不同也。

薛能茶詩云：「鹽損添常戒，薑宜煮更黄。」則唐人煮茶多用薑、鹽，味安得佳？此或竟陵翁未品題之先也。至東坡和寄茶詩云：「老妻稚子不知愛，一半已入薑、鹽煎。」則業覺其非矣。而此習猶在也。今江右及楚尚，人有以薑煎茶者，雖云古風，終覺未典。

昔人謂：「揚子江心水，蒙山頂上味。」蒙山在蜀雅州，其中峯頂尤極險穢，蛇虺虎狼所居，得採其茶，可蠲百疾。今山東人以蒙陰山下石衣爲茶當之，非矣。然蒙陰茶性亦冷，可治胃熱之病。

明·何喬遠《閩書》卷一五〇《南產志》 茶

宋時，建州之茶名天下，以建安北苑爲第一，而今武夷貴矣。北苑茶，語具建寧鳳凰山下。咸平初，丁謂爲閩漕，撰《建安茶録》，劉异慶曆初在吴興撰《北苑拾遺》以補之。祥符初，周絳知建州，以陸羽《茶經》不載建安，作《補茶經》。皇祐中，蔡襄有《試茶録》進御，歐陽公跋其後。朱子安拾丁、蔡之遺，作《東溪試茶録》。東溪，建安地名也。吕惠卿有《建安茶記》。建陽熊蕃叔茂撰《宣和北苑貢茶録》。蕃子克義茂，益寫其形製而傳之。建安黄儒撰《品茶要録》，元祐中，蘇東坡跋其後。蔡襄進録序：「臣前因奏事，伏蒙陛下諭臣：先任福建轉運使日，所進上品龍茶最爲精好。臣退念：草木之微，首辱陛下知鑒，若處之得地，則能盡其材。昔陸羽《茶經》不第建安之品，丁謂《茶圖》獨論採造之本，至於烹試，曾未有聞。臣輒條數事，簡而易明，勒成二篇，名曰《茶録》，伏惟清閑之宴，或賜觀采，臣不勝惶恐榮幸之至。」上篇論茶色。茶色貴白，而餅茶多以珍膏油去聲。其面，故有青黄紫黑之異。善別茶湯，正如相工之視人氣色也，隱然察之於內，以肉理潤者爲上。既已，末之黄白者受水昏重，青白者受水鮮明，故建安人鬬試以青白勝黄白。香：茶有真香，而入貢者微以龍腦和膏，欲助其香。建安民間試茶，皆不入香，恐奪其真。若烹點之際又雜，珍果香草其奪益甚，永不當用。味：茶味主於甘滑，惟北苑鳳凰山連屬諸焙所產者味佳。隔溪諸山雖及時加意製作，色味皆重，莫能及也。又有水泉不甘，能損茶味，前世之論水品者以此。藏茶：茶宜蒻葉，而畏香藥，喜温燥，而忌濕冷。故收藏之家以蒻葉封裹入焙中，兩三日一次，用火當如人體温温，則禦濕潤，若火多，則茶焦不可食。炙茶：茶或經年，則香色味皆陳，於浄器中以沸湯漬之，刮去膏油一兩重乃止，以鈐箝之，微火炙乾，然後碎碾。若當年新茶，則不用此說。碾茶：碾茶先以浄紙密裹槌碎，然後熟碾。其大要，旋碾則色白，或經宿則色已昏矣。羅茶：羅細則茶浮，粗則水浮。候湯：候湯最難，未熟則沫浮，過熟則茶沉。前世謂之蟹眼湯者，過熟湯也。況餅中煮之不可碎，故曰候湯最難。熁盞：凡甌點茶，先須熁盞令熱冷，則茶不浮。點茶：茶少湯多，則雲脚散，湯少茶多，則粥面聚。建人謂之雲脚粥面。抄茶一錢，先注湯，調極均，又添注入，環迴擊沸湯上盞，可四分則止。視其面色鮮白，著盞無水痕爲絶佳。建安鬬茶，以水痕先没者爲負，侯久者爲勝。故古較勝負之說，曰相去一水兩水。下篇論茶器。茶焙：茶焙編竹爲之，裹以蒻葉，蓋其上以收火也，隔其中以有容也。納火其下，去茶久許常温温然，所以養茶色香味也。茶籠：茶不入焙者，宜密封裹，以蒻籠盛之高處，不近濕氣。砧椎：砧椎蓋以碎茶。砧以木爲之，椎或金或鐵，取於便用。茶鈐：茶鈐屈金鐵爲之，用以炙茶。茶碾：茶碾以銀或鐵爲之。黄金性柔，銅及鍮石皆能生鉎，不入用。茶羅：茶羅以絶細爲佳，羅底用蜀東川鵝溪畫絹之密者，投湯中揉洗以羃之。茶盞：茶色白，宜黑盞。建安所造者紺黑，紋如兔毫，其坯微厚，熁之久熱難冷，最爲要用。出他處者或薄或色紫，皆不及也。其青白盞，鬬試家自不用。茶匙：茶匙要用擊拂有力，黄金爲上。人間以銀鐵爲之。竹者輕，建茶不取。湯瓶：瓶要小者，易候湯，又點茶注湯有準。黄金爲上，人間以銀鐵或瓷石爲之。歐陽公跋：「茶爲物之至精，而小團又其精者，録序所謂上品，龍茶者是也，蓋自君謨始造而歲貢焉。仁宗尤所珍惜，雖輔相之臣，未嘗輒賜。惟南郊大禮致齋之夕，中書、樞密院各四人共賜一餅，宫人剪金爲龍鳳花草貼其上，兩府八家分割以歸，不敢碾試。宰相家藏以爲寶，時有佳客，出而傳玩爾。嘉祐七年，親享明堂齋夕，始人賜一餅。余亦忝與，至今藏之。余自以諫官供奉仗內，至登二

府，二十餘年纔一獲賜，而丹成龍駕，舐鼎莫及，每一捧翫，清血交零而已。因君謨著録，輒附於後，庶知小團自君謨始，而可貴如此。」而蘇東坡又有《葉嘉傳》，若韓文公傳毛穎者。蓋蔡忠惠所録建安之茶，而蘇文忠傳則武夷茶也。按：宋時，貢茶製造品式多端，而皇朝武夷不過貢茶斤耳。嘉靖中又變價造解，列聖不貴遠物之意，不跨千古以上哉。又有茶油之茶，建、劍、汀、邵多有之，而連城爲第一。

明・文震亨《長物志》卷一二

虎丘　天池

虎丘最號精絶，爲天下冠，惜不多産，又爲官司所據，寂寞山家，得一壺兩壺，便爲奇品，然其味實亞於岕。天池，出龍池一帶者佳，出南山一帶者最早，微帶草氣。

岕

浙之長興者佳，價亦甚高，今所最重。荆溪稍下。採茶不必太細，細則芽初萌而味欠足。不必太青，青則茶已老而味欠嫩。惟成梗蔕，葉緑色而圓厚者爲上。不宜以日曬，炭火焙過，扇冷，以箬葉襯罌貯高處。蓋茶最喜温燥，而忌冷濕也。

六合

宜入藥品，但不善炒，不能發香而味苦，茶之本性實佳。

松蘿

十數畝外，皆非真松蘿茶，山中亦僅有一二家炒法甚精。近有山僧手焙者，更妙。真者在洞山之下，天池之上，新安人最重之。兩都曲中亦尚此，以易於烹煮，且香烈故耳。

龍井　天目

山中早寒，冬來多雪，故茶之萌芽較晚，採焙得法，亦可與天池并。

明・方以智《通雅》卷四三《植物・木》　茶即茶，臯盧，苦艼也。　以茶之美，而古人不一及耶？升菴曰：「『誰謂荼苦，其甘如薺』，即茶。」信然。但未發明古音家麻入魚模耳。如家爲姑，衙爲予，野爲暑，下爲户之類，余音韻中論之詳矣。茶改從木以别之。《漢地理志》：長沙有荼陵。注：師古曰：「荼音式奢反，即今之茶陵。」或曰荼之名，見於王褒《僮約》，蓋未讀《爾雅》耳。《爾雅》有五，《詩》用三焉。菅茅之華曰荼。《既夕禮》「茵著用荼」。《周官》「荼人掌聚荼以共喪事」。鄭玄曰：「茅秀也。」《詩》「有女如茶」，《吴語》：「吴王白常白旗白羽之繒，望之如茶」，言白茅花輕而白也。亦爲茶毒之茶。《詩》：「堇茶如飴。」又曰：「以薅茶蓼」，注云：「苦菜，或曰苦藜，非苦苣也。」三則今之茗。又有「蒤，虎杖；蒤，委葉。」亦與茶通。《爾雅》曰：「檟，苦茶。」《茶經》：「一曰茶，二曰檟，三曰蔎，音設。四曰茗，五曰荈。」古取爲飲，鴻漸至今方精耳。合溪取《集韻》之梌，今廣東賣楂者以梌木爲上，此乃大木，何得以爲茶耶？廣人又飲苦艼茶。按臯盧葉苦平。《南越志》曰：「龍川縣出臯盧葉，葉大而澀，南海謂之過羅，今呼爲苦艼。」艼見《廣韻》。《綱目》作薆。又按《硯北雜志》：「李仲賓學士言：『交趾茶如緑苔，味辛烈，名之曰登。』」《范石湖集》曰：「修江出欒茶，治頭風」，蓋石楠樹葉也。毛文錫《茶譜》云：「湘人四月采楊桐汁作飯。則必采石楠芽作茶，乃能去風」，故知范説欒茶指此。

又方以智《物理小識・飲食類》　茶　答載《神農食經》：古茶即茶。漢志茶陵音茶，詳《通雅》。韓翃謝茶啓云，吴主置茗，晉人分茶，晏子三茗，自古已然。惟桑苧以製顯耳。宓山約之曰，種以多子，稍長即遂。大即難遂。灌汁遠沁，山宜西南，以受露多也。采宜穀雨前後，羅岕立夏開園。中復曰，雨前芽嫩，摘以指甲，勿傷老節。夏不如春或秋一摘，俗盡下其老葉，以明年再生也。樹老則燒之，其根自發，宜糠與焦土，種惡停水。製有三法。摘葉貴晴，候其發香，熱鍋擣青，使人旁扇。傾出煩挼，再焙至三而燥。一法沸湯微爆眼乾，綿紙藉而焙之。一法蒸葉眼乾，再以火焙，收貴錫缾，或箬藉，或沙甕，礬黏入炭箬封固。倒庋閣上，承以新甎，以溼蒸自上而下也。紙、木、香藥、食藥諸氣近則受染，慎之哉。中通曰，箬能隔溼，下路方磚莫沙，沙下鋪箬，乃不上潮。故竹絲編箬盛茶，外黏封，不受烟。而近竈閣之不壞，甕泑亦生潤，故用沙甕。以礬、礜黏其外最妙。是處産茶，焙製斯異。名茶皆炒，岕以蒸焙，趙長白《茶史》載事耳。龍團、鳳餅、紫茸、鷩芽何爲乎？松蘿去尖與柄與筋，畏其先焦也。炒薪宜枝，不用幹葉。文火武催，急翻，半熟爲度，生則黑矣。旁扇祛熱，乃免黄褐。掀出磁盤，尤須急扇，乃重揉之，再以文炒，或三乃乾。帶潤覆之，則氣罨鬱，更一焙焉。待冷上霜，優劣定於始鐺，清濁係乎末火，確矣。馮可賓曰，白巖、烏瞻、青東、顧渚、篠浦皆岕，而羅氏居小秦王廟後洞山向陽，蒸以葉之老嫩定蒸之遲速。皮梗碎，色帶赤其候也。太熟失鮮，茶焙歲修，别茶熏乾，焙簾勿用新竹，烟炭剔去，上摇大扇，火氣旋轉乃匀耳。中履曰，林确垒梅川種茶，亦製岕片。北源藏溪法，六安貢尖近亦能用諸法。大界微爆後泡，今先洗葉炒之，香亦相

似。山泉上，江水中，井下。山足泉重於頂，砂冽於石。永叔曰，張又新載劉伯芻七等，陸羽語李季卿二十種，多反《茶經》辨南零特恠，其又新附之耶。王禹偁贊谷簾湯中能稱三疊。《茶經》忌湍瀑，此非瀑邪？其收潭邪，甕置溪石，紗覆承露，梅雨投，伏龍肝變，則火洗可也。《芷園日記》曰，天水都好，須器中久，俟其色變蟲去色香味始尠。山泉留亦變也。湯最忌烟，紅炭瓦鐺，急扇勿停。小砂壺數具，時分三投，冬下投，春中投，夏上投。何計銀銚龔春邪。蘇廙十六湯，文瀾俊語也。李南金用背二涉三爲合量，羅寉林欲於松風澗水後，遂餅去火而瀹之。羅廩曰，湯老矣，去火何救哉！愚者曰，上池水以淡爲甘，山泉重冽，宜多一沸。沸之與止，代錯無窮，各取當機耳。色白香沖，味恬而滑，絕非艸氣，不較花芳，此最上乘。雲林香花收茶，清閟集曰，早取將開蕋，入茶封之，烘乾，取茶入瓶。久夫綃紙苴花納茶，潤藉紙裹，或瓶收花香，去花貯茶。皆第二義也。許次抒、葉清臣、邢士襄、聞龍、張源諸公箋録，各圖快語，灑濯玄味，須遇其人，自非眠雲漱石，何暇領此哉。姚士麟曰，關中油酥點飲，永順烹以艸果，番人膜拜迎茶，此茶馬御史所以設也。馬眼光照人全身，齒少，毛附掌，粘者無病。上馬給茶百二十斤，中七十，下五十。商每芽引三錢，葉引二錢，闌出者死。漢中野茶長簍曰篦，上馬給茶十五篦，常馬不過六篦。吳麟長曰，南楚熏曝成茶，目雜樹葉，出塞即香。蓋地寒則艸香發，羶酪賴此去病，故貴之。苦登䔲廣蒙頂，乃苔也。普雨茶蒸之成團，狗西番市之，最能化物，與六安同。修江出欒茶，治頭風，乃石楠葉也。

清・顧祖禹《讀史方輿紀要》卷六八《四川三》　思依堡，在縣西。志云：縣境之堡凡百有八，兵亂時居民聚守處也。　盤龍水驛，在縣東二十五里，今屬廣安州。又柳邊馬驛，在縣西百二十里。志云：　縣東百里有長寧舊茶驛，縣北二十五里有保寧茶鹽場，今皆廢。

清・劉獻廷《廣陽雜記》卷二　武夷茶佳甚。天下茶品，當以陽羨老廟後爲第一，武夷次之，他不入格矣。

清・黃任等《泉州府志》卷一九《物産・貨之屬》　茶

晉江出者，曰清源。南安出者，曰英山。安溪出者，曰清水，曰留山。《泉南雜志》：　清源山茶超軼天池之上，南安縣英山茶。精者可亞虎邱，惜所産不如清源之多也。閩地氣暖，桃李冬花，故茶較吳中差早。吾閩清源山茶可與松羅虎邱龍井、楊羨角勝，而所産不多。按清源茶舊甚著名，今幾無有。南安英山及他處所産不多，唯安溪茶差盛，然亦非佳品也。《國朝阮旻錫安溪茶歌》：安溪之山鬱嵯峨，其陰長濕生蘖茶。居人清明采嫩葉，爲價甚賤供萬家。邇來武夷漳人製，素白二毫粟粒芽。西洋番舶歲來買，王錢不論憑官牙。溪茶遂倣巖茶様，先炒後焙不争差。真僞混襍人瞶瞶，世道如此良可嗟。吾衰肺病日增加，蔗漿茗飲當餐霞。仙山道人久不至，井坑香澗路途賒。江天極目浮雲遮，且向閒闃埽落花，無暇爲君辨正邪。

清・袁枚《隨園食單・茶酒單》　茶

欲治好茶，先藏好水。水求中泠、惠泉。人家中何能置驛而辦？然天泉水、雪水，力能藏之。水新則味辣，陳則味甘。嘗盡天下之茶，以武夷山頂所生，沖開白色者爲第一。然入貢尚不能多，況民間乎？其次，莫如龍井。清明前者，號「蓮心」，太覺味淡，以多用爲妙；雨前最好，一旗一槍，緑如碧玉。收法須用小紙包，每包四兩，放石灰罎中，過十日則換石灰，上用紙蓋札住，否則氣出而色味全變矣。烹時用武火，用穿心罐，一滾便泡，滾久則水味變矣。停滾再泡，則葉浮矣。一泡便飲，用蓋掩之則味又變矣。此中消息，間不容髮也。山西裴中丞嘗謂人曰：「余昨日過隨園，才吃一杯好茶。」嗚呼！公山西人也，能爲此言。而我見士大夫生長杭州，一入宦場便吃熬茶，其苦如藥，其色如血。此不過腸肥腦滿之人吃檳榔法也。俗矣！除吾鄉龍井外，余以爲可飲者，臚列於後。

武夷茶

余向不喜武夷茶，嫌其濃苦如飲藥。然丙午秋，余游武夷到曼亭峰、天游寺諸處。僧道争以茶獻。杯小如胡桃，壺小如香櫞，每斟無一兩。上口不忍遽咽，先嗅其香，再試其味，徐徐咀嚼而體貼之。果然清芬撲鼻，舌有餘甘，一杯之後，再試一二杯，令人釋躁平矜，怡情悦性。始覺龍井雖清而味薄矣，陽羨雖佳而韵遜矣。頗有玉與水晶，品格不同之故。故武夷享天下盛名，真乃不忝。且可以瀹至三次，而其味猶未盡。

龍井茶

杭州山茶，處處皆清，不過以龍井爲最耳。每還鄉上冢，見管墳人家送一杯茶，水清茶緑，富貴人所不能吃者也。

常州陽羨茶

陽羨茶，深碧色，形如雀舌，又如巨米。味較龍井略濃。

洞庭君山茶

洞庭君山出茶，色味與龍井相同。葉微寬而緑過之。采掇最少。方毓川撫軍曾惠兩瓶，果然佳絶。後有送者，俱非真君山物矣。

此外如六安、銀針、毛尖、梅片、安化，概行黜落。

清・梁章鉅《歸田瑣記》卷七

品茶

余僑寓浦城，艱於得酒，而易於得茶。蓋浦城本與武夷接壤，即浦産亦未嘗不佳，而武夷焙法，實甲天下。浦茶之佳者，往往轉運至武夷加焙，而其味較勝，其價亦頓增。其實古人品茶，初不重武夷，亦不精焙法也。《畫墁録》云：「有唐茶品以陽羨爲上供，建溪、北苑不著也。貞元中，常衮爲建州刺史，始蒸焙而研之，謂之研膏茶。丁晉公爲福建轉運使，始製爲鳳團。」今考北苑雖隸建州，然其名爲鳳凰山，其旁爲壑，源沙溪，非武夷也。東坡作《鳳咮硯銘》有云：「帝規武夷作茶囿，山爲孤鳳翔且嗅。」又作《荔支歎》云：「君不見武夷溪邊粟粒芽，前丁後蔡相籠加。」直以北苑之名鳳凰山者爲武夷。《漁隱叢話》辨之甚詳，謂北苑自有一溪，南流至富沙城下，方與西來武夷溪水合流，東去劍溪。然又稱武夷未嘗有茶，則亦非是。按《武夷雜記》云：「武夷茶賞自蔡君謨，始謂其過北苑龍團，周右父極抑之。蓋緣山中不曉焙製法，一味計多狥利之過。」是宋時武夷已非無茶，特焙法不佳，而世不甚貴爾。元時始於武夷置場官二員，茶園百有二所，設焙局於四曲溪，今御茶園、喊山臺其遺迹並存，沿至近日，則武夷之茶，不脛而走四方。且粵東歲運，番舶通之外夷，而北苑之名遂泯矣。武夷九曲之末爲星村，鬻茶者駢集交易於此。多有販他處所産，學其焙法，以贋充者，即武夷山下人亦不能辨也。余嘗再游武夷，信宿天游觀中，每與静參羽士夜談茶事。静參謂茶名有四等，茶品亦有四等，今城中州府官廨及豪富人家競尚武夷茶，最著者曰花香，其由花香等而上者曰小種而已。山中則以小種爲常品，其等而上者曰名種，此山以下所不可多得，即泉州、厦門人所講工夫茶，號稱名種者，實僅得小種也。又等而上之曰奇種，如雪梅、木瓜之類，即山中亦不可多得。大約茶樹與梅花相近者，即引得梅花之味，與木瓜相近者，即引得木瓜之味，他可類推。此亦必須山中之水，方能發其精英，閲持稍久，而其味亦即消退，三十六峯中，不過數峯有之。各寺觀所藏，每種不能滿一斤，用極小之錫瓶貯之，裝在名種大瓶中間，遇貴客名流到山，始出少許，鄭重瀹之。其用小瓶裝贈者，亦題奇種，實皆名種，雜以木瓜、梅花等物以助其香，非真奇種也。至茶品之四等，一曰香，花香、小種之類皆有之。今之品茶者，以此爲無上妙諦矣，不知等而上之，則曰清，香而不清，猶凡品也。再等而上之，則曰甘，清而不甘，則苦茗也。再等而上之，則曰活，甘而不活，亦不過好茶而已。活之一字，須從舌本辨之，微乎微矣，然亦必瀹以山中之水，方能悟此消息。此等語，余屢爲人述之，則皆聞所未聞者，且恐陸鴻漸《茶經》未曾夢及此矣。憶吾鄉林越亭先生《武夷雜詩》中有句云：「他時詑朋輩，真飲玉漿回。」非身到山中，鮮不以爲欺人語也。

品泉

唐、宋以還，古人多講求茗飲，一切湯火之候，瓶盞之細，無不考索周詳，著之爲書。然所謂龍團、鳳餅，皆須碾碎方可入飲，非惟煩瑣弗便，即茶之真味，恐亦無存。其直取茗芽，投以瀹水即飲者，不知始自何時。沈德符《野獲編》云：「國初四方供茶，以建寧、陽羨爲上，時猶仍宋制，所進者俱碾而揉之爲大小龍團。至洪武二十四年九月，上以重勞民力，罷造龍團，惟採茶芽以進。其品有四：曰採春，曰先春，曰次春，曰紫筍。置茶户五百，充其徭役。」乃知今法實自明祖創之，真可令陸鴻漸、蔡君謨心服。憶余嘗再游武夷，在各山頂寺觀中取上品者，以巖中瀑水烹之，其芳甘百倍於常。時固由茶佳，亦由泉勝也。按品泉始於陸鴻漸，然不及我朝之精。記在京師恭讀純廟御製《玉泉山天下第一泉記》云：「嘗製銀斗較之，京師玉泉之水斗重一兩，塞上伊遜之水亦斗重一兩，濟南珍珠泉斗重一兩二釐，揚子金山泉斗重一兩三釐，則較玉泉重二釐或三釐矣。至惠山、虎跑，則各重玉泉四釐，平山重六釐，清涼山、白沙、虎邱及西山之碧雲寺各重玉泉一分。然則更無輕於玉泉者乎？曰有，乃雪水也。常收積素而烹之，較玉泉斗輕三釐，雪水不可恒得。則凡出山下而有冽者，誠無過京師之玉泉，故定爲天下第一泉。」

清・徐珂《清稗類鈔・工藝類》

製緑茶

緑茶之製法，將採下之嫩葉入蒸籠蒸之，或置釜中炒之。至葉帶黏而發香時，即取出平鋪，以扇扇之使冷，復入焙爐，且焙且揉，使漸乾燥，再移於火力稍弱之焙爐，反覆揉擦，至十分乾燥而後已。

祁門、婺源、建平三縣向産緑茶，其製法之順序凡五：一晾青，二搓揉，三

發酵，四焙烘，五篩分。

製烏龍茶

烏龍茶，閩、粵等處所産之紅茶也。當生葉曬乾變黄後，置槽内揉之，烘之使熱，再移於微火之釜而揉結之，以布掩覆，使醱酵變紅而成。香味濃郁，爲茶中上品。

傳記

唐・李肇《國史補》卷中《陸羽得姓氏》 竟陵有僧於水濱得嬰兒者，育爲弟子，稍長，自筮得蹇之漸，繇曰：「鴻漸於陸，其羽可用爲儀」，乃令姓陸名羽，字鴻漸。羽有文學，多意思，恥一物不盡其妙，茶術尤著。鞏縣陶者多爲甆偶人，號陸鴻漸，買數十茶器得一鴻漸，市人沽茗不利，輒灌注之。羽於江湖稱竟陵子，於南越稱桑苧翁。與顔魯公厚善，及玄真子張志和爲友。羽少事竟陵禪師智積，異日他處聞禪師去世，哭之甚哀，乃作詩寄情，其略曰：「不羨白玉盞，不羨黄金罍。亦不羨朝入省，亦不羨暮入臺。千羨萬羨西江水，竟向竟陵城下來。」貞元末卒。

唐・趙璘《因話録》卷三《商部下》 太子陸文學鴻漸，名羽。其先不知何許人，竟陵龍蓋寺僧姓陸，於堤上得一初生兒，收育之。遂以陸爲氏。及長，聰俊多能，學贍辭逸，詼諧縱辯，蓋東方曼倩之儔。與余外祖户曹府君外族柳氏，外祖洪府户曹，諱澹，字中庸，別有傳。交契深至，外祖有箋事狀，陸君所撰。性嗜茶，始創煎茶法。至今鬻茶之家陶爲其像，置於煬器之間，云宜茶足利。余幼年尚記識，復州老僧，是陸僧弟子，常諷其歌云：「不羨黄金罍，不羨白玉杯。不羨朝入省，不羨暮入臺。千羨萬羨西江水，曾向竟陵城下來。」又有追感陸僧詩至多。

《新唐書・陸羽傳》 陸羽，字鴻漸，一名疾，字季疵，復州竟陵人，不知所生，或言有僧得諸水濱，畜之。既長，以《易》自筮，得「蹇」之「漸」，曰：「鴻漸於陸，其羽可用爲儀」，乃以陸爲氏，名而字之。

幼時，其師教以旁行書，答曰：「終鮮兄弟，而絶後嗣，得爲孝乎？」師怒，使執糞除污墁以苦之，又使牧牛三十，羽潛以竹畫牛背爲字。得張衡《南都賦》不能讀，危坐效羣兒囁嚅，若成誦狀，師拘之，令薙草莽。當其記文字，懵懵若有所遺，過日不作，主者鞭苦，因歎曰：「歲月往矣，奈何不知書！」嗚咽不自勝，因亡去，匿爲優人，作詼諧數千言。

天寶中，州人酺，吏署羽伶師，太守李齊物見，異之，授以書，遂廬火門山。

貌侻陋，口吃而辯。聞人善，若在己，見有過者，規切至忤人，朋友燕處，意有所行輒去，人疑其多嗔。與人期，雨雪虎狼不避也。

上元初，更隱苕溪，自稱桑苧翁，闔門著書。或獨行野中，誦詩擊木，裴回不得意，或慟哭而歸，故時謂今接輿也。久之，詔拜羽太子文學，徙太常寺太祝，不就職。貞元末，卒。

羽嗜茶，著經三篇，言茶之原、之法、之具尤備，天下益知飲茶矣。時鬻茶者，至陶羽形置煬突間，祀爲茶神。有常伯熊者，因羽論復廣著茶之功。御史大夫李季卿宣慰江南，次臨淮，知伯熊善煮茶，召之，伯熊執器前，季卿爲再舉杯。至江南，又有薦羽者，召之，羽衣野服，挈具而入，季卿不爲禮，羽愧之，更著《毁茶論》。

其後，尚茶成風，時回紇入朝，始驅馬市茶。

宋・李昉等《文苑英華》卷七九三《陸文學自傳》 陸子，名羽，字鴻漸，不知何許人也。或云字羽名鴻漸，未知孰是。有仲宣、孟陽之貌陋，相如、子雲之口吃，而爲人才辯，爲性褊躁，多自用意，朋友規諫，豁然不惑。凡與人宴處，意有所適一作擇，不言而去，人或疑之，謂生多瞋。又與人爲信，縱冰雪千里，虎狼當道，而不諐也。

上元初，結廬於苕溪之湄，閉關讀書，不雜非類，名僧高士，談讌永日。常扁舟往來山寺，隨身唯紗巾、藤鞵、短褐、犢鼻。往往獨行野中，誦佛經，吟古詩，杖擊林木，手弄流水，夷猶徘徊，自曙達暮，至日黑興盡，號泣而歸。故楚人相謂，陸子蓋今之接輿也。

始三歲，一作載惸露，育於竟陵大師積公之禪院。自九歲學屬文，積公示以佛書出世之業。子答曰：「終鮮兄弟，無復後嗣，染衣削髮，號爲釋氏，使儒者聞之，得稱爲孝乎？羽將授孔聖之文。」公曰：「善哉！子爲孝，殊不知西方染削之道，其名大矣。」公執釋典不屈，子執儒典不屈。公因矯憐撫愛，歷試賤務，掃寺地，潔僧廁，踐泥污牆，負瓦施屋，牧牛一百二十蹄。

竟陵西湖無紙，學書以竹畫牛背爲字。他日於學者得張衡《南都賦》，不識

其字，但於牧所倣青衿小兒，危坐展卷，口動而已。公知之，恐漸漬外典，去道日曠，又束於寺中，令芟剪卉莽，以門人之伯主焉。或時心記文字，懵然若有所遺，灰心木立，過日不作，主者以爲慵墮，鞭之。因歎云：「恐歲月往矣，不知其書」，嗚呼不自勝。主者以爲蓄怒，又鞭其背，折其楚乃釋。因倦所役，捨主者而去。卷衣詣伶黨，著《謔談》三篇，以身爲伶正，弄木人、假吏、藏珠之戲。公追之曰：「念爾道喪，惜哉！吾本師有言：我弟子十二時中，許一時外學，令降伏外道也。以吾門人衆多，今從爾所欲，可捐樂工書。」

天寶中，郢人酺於滄浪，邑吏召子爲伶正之師。時河南尹李公齊物黜守，見異，提手撫背，親授詩集，於是漢沔之俗亦異焉。後負書於火門山鄒夫子別墅，屬禮部郎中崔公國輔出守竟陵，因與之遊處，凡三年。贈白驢烏幫一作犎，下同。牛一頭，文槐書函一枚。「白驢幫牛，襄陽太守李憕一云澄，一云棖。見遺，文槐函，故盧黃門侍郎所與。此物皆已之所惜也。宜野人乘蓄，故特以相贈。」

洎至德初，秦人過江，子亦過江，與吳興釋皎然爲緇素忘年之交。少好屬文，多所諷諭。見人爲善，若己有之；見人不善，若己羞之。忠言逆耳，無所迴避，繇是俗人多忌之。

自禄山亂中原，爲《四悲詩》，劉展窺江淮，作《天之未明賦》，皆見感激，當時行哭涕泗。著《君臣契》三卷，《源解》三十卷，《江表四姓譜》八卷，《南北人物志》十卷，《吳興歷官記》三卷，《湖州刺史記》一卷，《茶經》三卷，《占夢》上、中、下三卷，並貯於褐布囊。

上元年辛丑歲子陽秋二十有九日。

宋・李昉等《太平廣記》卷二〇一《陸鴻漸》 太子文學陸鴻漸，名羽。其生不知何許人。竟陵龍蓋寺僧姓陸，於堤上得一初生兒，收育之，遂以陸爲氏。及長，聰俊多聞，學贍辭逸，詼諧縱辯，若東方曼倩之儔。鴻漸性嗜茶，始創煎茶法。至今鬻茶之家，陶爲其像，置於錫器之間，云宜茶足利。至太和，復州有一老僧，云是陸生弟子，常諷歌云：「不羨黃金罍，不羨白玉杯。不羨朝入省，不羨暮入臺。唯羨西江水，曾向竟陵城下來。」鴻漸又撰《茶經》二卷，行於代。今爲鴻漸形者，因目爲茶神，有交易則茶祭之，無以釜湯沃之。出傳載（按，即《大唐傳載》）。

宋・計有功《唐詩紀事》卷四〇《陸鴻漸》 太子文學陸鴻漸，名羽，其先不知何許人。景陵龍蓋寺僧姓陸，於堤上得初生兒，收育之，遂以陸爲氏。及長，聰俊多聞，學贍辭逸，恢諧辨捷。性嗜茶，始創煎茶法，至今鬻茶之家，陶爲其像，置於煬器之間，云宜茶足利。至大和中，復州有一老僧，云是陸僧弟子，常諷其歌云：「不羨黃金罍，不羨白玉杯。不羨朝入省，不羨暮入臺。唯羨西江水，曾向竟陵城下來。」鴻漸又撰《茶經》三卷，行於代。今爲鴻漸形，因目爲茶神。有售則祭之，無則以釜湯沃之。

元・辛文房《唐才子傳》卷三《陸羽》 羽，字鴻漸，不知所生。初，竟陵禪師智積得嬰兒於水濱，育爲弟子。及長，恥從削髮，以《易》自筮，得「蹇」之「漸」曰：「鴻漸於陸，其羽可用爲儀。」始爲姓名。有學，愧一事不盡其妙。性詼諧。少年匿優人中，撰《談笑》萬言。天寶間，署羽伶師，後遁去。古人謂潔其行而穢其跡者也。上元初，結廬苕溪上，閉門讀書。名僧高士，談讌終日。貌寢，口吃而辯，聞人善若在己，與人期，雖阻虎狼不避也。自稱桑苧翁，又號東岡子。工古調歌詩，興極閒雅，著書甚多。扁舟往來山寺，唯紗巾、藤鞋、短褐、犢鼻，擊林木，弄流水。或行曠野中，誦古詩，裴回至月黑，興盡慟哭而返。當時以比接輿也。與皎然上人爲忘言之交。有詔拜太子文學。羽嗜茶，造妙理，著《茶經》三卷，言茶之原、之法、之具，時號「茶仙」，天下益知飲茶矣。鬻茶家以瓷陶羽形，祀爲神，買十茶器，得一「鴻漸」。初，御使大夫李季卿宣慰江南，喜茶，知羽，召之，羽野服挈具而入。李曰：「陸君善茶，天下所知。揚子中泠，水又殊絕。今二妙千載一遇，山人不可輕失也。」茶畢，命奴子與錢，羽愧之，更著《毀茶論》。與皇甫補闕善，時鮑尚書防在越，羽往依焉。冉送以序曰：「君子究孔、釋之名理，窮歌詩之麗則。遠墅孤島，通舟必行；魚梁釣磯，隨意而往。夫越地稱山水之鄉，轅門當節鉞之重。鮑侯知子愛子者，將解衣推食，豈徒嘗鏡水之魚，宿耶溪之月而已！」集並《茶經》今傳。

著録

宋・陳師道《茶經序》《後山集》卷一一 陸羽《茶經》，家傳一卷，畢氏、王氏書三卷，張氏書四卷，內外書十有一卷。其文繁簡不同，王、畢氏書繁雜，意其舊文；張氏書簡明與家書合，而多脱誤；家書近古，可考正，自七之事，其下亡。

乃合三書以成之，録爲二篇，藏於家。

夫茶之著書自羽始，其用於世亦自羽始，羽誠有功於茶者也。上自宮省，下迨邑里，外及戎夷蠻狄，賓祀燕享，預陳於前，山澤以成市，商賈以起家，又有功於人者也，可謂智矣。

《經》曰：「茶之否臧，存之口訣。」則書之所載，猶其粗也。夫茶之爲藝下矣，至其精微，書有不盡，況天下之至理，而欲求之文字紙墨之間，其有得乎？昔先王因人而教，同欲而治，凡有益於人者，皆不廢也。世人之説，曰先王詩書道德而已，此乃世外執方之論，枯槁自守之行，不可羣天下而居也。史稱羽持具飲李季卿，季卿不爲賓主，又著論以毀之。大藝者，君子有之，德成而後及，乃所以同於民也。不務本而趨末，故業成而下也。學者謹之！

明・魯彭《刻茶經叙》 粤昔己亥，上南狩郢，置荆西道。無何，上以監察御史青陽柯公來涖厥職。越明年，百廢修舉，迺觀風竟陵，訪唐處士陸羽故處龍蓋寺。公喟然曰：「昔桑苧翁名於唐，足迹徧天下，誰謂其産茲土耶！」因慨茶井失所在，迺即今井亭而存其故，已復構亭其北，曰茶亭焉。他日，公再徃索羽所著《茶經》三篇，僧真清者，業録而謀梓也，獻焉。公曰：「嗟，井亭矣！而《經》可無刻乎？」遂命刻諸寺。夫茶之爲經，要矣，行於世，膾炙千古。迺今見之《百川學海》集中，茲復刻者，便覽爾，刻於竟陵者，表羽之爲竟陵人也。

按羽生甚異，類令尹子文，人謂子文賢而仕，羽雖賢，卒以不仕。又謂楚之生賢大類后稷云。今觀《茶經》三篇，其大都曰源、曰具、曰造、曰飲之類，則固具體用之學者。其曰「伊公羹，陸氏茶」，取而比之，寔以自況，所謂易地皆然者，非歟？向使羽就文學、太祝之召，誰謂其事不伊且稷也！而卒以不仕，何哉？昔人有自謂不堪流俗，非薄湯武者，羽之意，豈亦以是乎？厥後茗飲之風行於中外，而回紇亦以馬易茶，由宋迄今，大爲邊助，則羽之功固在萬世，仕不仕奚足論也！

或曰酒之用視茶爲要，故北山亦有《酒經》三篇，曰酒始諸祀，然而妹也已有酒禍，惟茶不爲敗，故其既也《酒經》不傳焉。

羽器業顛末，具見於傳。其水味品鑒優劣之辨，又互見於張、歐浮槎等記，則並附之《經》，故不贅。僧真清，新安之歙人，嘗新其寺，以嗜茶，故業《茶經》云。

皇明嘉靖二十一年，歲在壬寅秋重九日，景陵後學魯彭叙。

明・陳文燭《茶經序》 先通奉公論吾沔人物，首陸鴻漸，蓋有味乎《茶經》也。夫茗久服，令人有力悦志，見《神農食經》，而曇濟道人與子尚設茗八公山中，以爲甘露，是茶用於古，羽神而明之耳。人莫不飲食也，鮮能知味也。稷樹藝五穀而天下知食，羽辨水煮茶而天下知飲，羽之功不在稷下，雖與稷並祠可也。及讀《自傳》，清風隱隱起四座，所著《君臣契》等書，不行於世，豈自悲遇不禹稷若哉！竊謂禹稷、陸羽，易地則皆然。昔之刻《茶經》、作郡志者，豈未見茲篇耶？今刻於《經》首，次《六羨歌》，則羽之品流概見矣。玉山程孟孺善書法，書《茶經》刻焉，王孫貞吉繪茶具，校之者，余與郭次甫。結夏金山寺，飲中泠第一泉。

明萬曆戊子夏日，郡後學陳文燭玉叔撰

明・王寅《茶經序》 茶未得載於《禹貢》、《周禮》而得載於《本草》，載非神農，至唐始得附入之。陸羽著《茶經》三篇，故人多知飲茶，而茶之名爲益顯。

噫！人之嗜各有所好也，而好由於性若之。好茶者難以悉數，必其人之泊澹玄素者而茶迺好，不啻於金莖玉露羹之，以其性與茶類也。好肥甘而溺腥羶者，不知茶之爲何物，以其性與茶異也。

《茶經》失而不傳久矣，幸而羽之龍蓋寺尚有遺經焉，迺寺僧真清所手録也。吾郡倜儻生孫伯符者，博雅士也，每有茶癖，以爲作聖迺始於羽，而使遺經不傳，亦大雅之罪人也。迺撿齋頭藏本，仍附《茶具圖讚》全梓以傳，用視海内好事君子。噫！若伯符者，可謂有功於茶而能振羽之流風矣。又以經不口於茶之所産、水之所品而已，至於時用，或有未備而多不合，再采《茶譜》兼集唐宋篇什切於今人日用者，合爲一編，付諸梓。人毋論其詣，即意致足嘉也。由是古今製作之法，悉得考見於千載之下，其爲幸於後來，不亦大哉！

予性好茶爲獨甚，每咲盧仝七盌不能任，而以大盧君自號，以貶仝。今已買山南原而種茶以終老。伯符當弱冠亦好茶而同於予，又能表而出之，其嗜好亦可謂精博矣。伯符於予有交道也，故以其序請之於予。倜儻生迺予知伯符而贈者，予故樂聞不辭而序諸首簡。

萬曆戊子年七夕，十嶽山人王寅撰併書

明・徐同氣《茶經序》 余曾以屈、陸二子之書付諸梓，而毀於燹，計再有事。而屈，郡人。陸，里人也，故先鐫《茶經》。

客曰：「子之於《茶經》奚取？」曰：「取其文而已。陸子之文，奥質奇離，有似《貨殖傳》者，有似《考工記》者，有似《周王傳》者，有似《山海》《方輿》諸記者。其簡而賅，則《檀弓》也。其辨而纖，則《爾雅》也。亦似之而已，如是以爲文，而能無取乎？」

客曰：「其文遂可爲經乎？」曰：「經者，以言乎其常也。水以源之盈竭而變，泉以土脈之甘澀而變，瓷以壤之脆堅、焰之浮燼而變，器以時代之刓削、事工之巧利而變，其騖之爲經者，亦以其文而已。」

客曰：「陸子之文，如《君臣契》《源解》《南北人物志》及《四悲歌》《天之未明賦》諸書，而蔽之以《茶經》，何哉？」曰：「諸書或多感憤，列之經傳者，猶有猥冠、傖父氣。《茶經》則雜於方技，迫於物理，肆而不厭，傲而不忤，陸子終古以此顯，足矣。」

客曰：「引經以繩茶，可乎？」曰：「凡經者，可例百世，而不可繩一時者也。孔子作《春秋》，七十子惟口授傳其旨，故《經》曰：『茶之臧否，存之口訣』，則書之所載，猶其粗者也。抑取其文而已。」

客曰：「文則美矣，何取於茶乎？」曰：「茶何所不取乎？神農取其悦志，周公取其解酲，華佗取其益意，壺居士取其羽化，巴東人取其不眠，而不可概於經也。陸子之經，陸子之文也。」

明・樂元聲《茶引》 余漫昧不辨淄澠，浮慕竟陵氏之爲人。已而得苕溪編有欣賞備茶事圖記，致足觀也。余惟作聖乃始季疵，獨其遺經不多行於世，博雅君子蹤跡之無繇也。齋頭藏本，每置席間，津津有味不能去。竊不自揣，新之梓，人敢曰附臭味於達者，用以傳諸好事云爾。

檇李長水縣樂元聲書。

明・李維楨《茶經序》 温陵林明甫，治邑之三年，政通人和。討求邑故實而表章之，於唐得處士陸鴻漸，井泉無恙，而《茶經》漶滅不可讀，取善本復校，鋟諸梓，而不佞爲之序。

蓋茶名見於《爾雅》，而《神農食經》、華佗《食論》、壺居士《食忌》、桐君及陶弘景録，《魏王花木志》胥載之，然不專茶也。晉杜育《荈賦》、唐顧況《茶論》，然不稱經也。韓翃《謝茶啓》云：吴主禮賢置茗，晉人愛客分茶，其時賜已千五百串。常魯使西番，番人以諸方產示之，茶之用已廣，然不居功也。其筆諸書，尊爲經而人又以功歸之，實自鴻漸始。

夫揚子雲、王文中一代大儒，《法言》中説，自可鼓吹六經，而以擬經之故，爲世詬病。鴻漸品茶小技，與六經相提而論，安得人無異議？故溺其好者，謂「窮《春秋》，演河圖，不如載茗一車」，稱引並於禹、稷。而鄙其事者，使與傭保雜作，不具賓主禮。《氾論訓》曰：「伯成子高辭諸侯而耕，天下高之。」今之時，辭官而隱處爲鄉邑下，於古爲義，於今爲笑矣，豈可同哉。鴻漸混迹牧豎優伶，不就文學、太祝之拜，自以爲高者，難爲俗人言也。

所著《君臣契》三卷、《源解》三十卷、《江表四姓譜》十卷、《南北人物志》十卷、《占夢》三卷，不盡傳，而獨傳《茶經》，豈以他書人所時有，此爲觭長，易於取名，如承蜩、養雞、解牛、飛鳶、弄丸、削鐻之屬，驚世駭俗耶？李季卿直技視之，能無辱乎哉！無論季卿，曾明仲《隱逸傳》且不收矣。費袞云：鞏縣有瓷偶人，號陸鴻漸，市沽茗不利，輒灌注之，以爲偏好者戒。李石云：鴻漸爲《茶論》並煎炙法，常伯熊廣之，飲茶過度，遂患風氣，北人飲者，多腰疾偏死。是無論儒流，即小人且多求矣。後鴻漸而同姓魯望嗜茶，置園顧渚山下，歲收租，自判品第，不聞以技取辱。

鴻漸問張子同：「孰爲往來？」子同曰：「大虛爲室，明月爲燭，與四海諸公共處，未嘗稍別，何有往來？」兩人皆以隱名，曾無尤悔。僧晝對鴻漸，使有宣尼博識，胥臣多聞，終日目前，矜道侈義，適足以伐其性。豈若松巖雲月，禪坐相偶，無言而道合，志静而性同。吾將入杼山矣，遂束所著燬之。度鴻漸不勝伎倆磊塊，沾沾自喜，意奮氣揚，體大節疏，彼夫外飾邊幅，内設城府，寧見客耶？聖人無名，得時則澤及天下，不知誰氏。非時則自埋於名，自藏於畔，生無爵，死無謚。有名則愛憎、是非、雌雄片合紛起。鴻漸殆以名誨詬耶？雖然牧豎優伶，可與浮沈，復何嫌於傭保？古人玩世不恭，不失爲聖，鴻漸有執以成名，亦寄傲耳！宋子京言，放利之徒，假隱自名，以詭禄仕，肩摩於道，終南嵩山，仕途捷徑。如鴻漸輩各保其素，可貴慕也。

太史公曰：富貴而名磨滅，不可勝數，惟俶儻非常之人稱焉。鴻漸窮厄終身，而遺書遺迹，百世之下寶愛之，以爲山川邑里重，其風足以廉頑立懦，胡可少哉！夫酒食禽魚，博塞樗蒲，諸名經者夥矣，茶之有經也，奚怪焉！

明・童承叙《陸羽贊》 余嘗過竟陵，憩羽故寺，訪雁橋，觀茶井，慨然想見其爲人。少厭髡緇，篤嗜墳索，本非忘世者。卒乃寄號桑苧，遁蹤苕溪，嘯歌獨行，繼以慟哭，其意必有所在，乃比之接輿，豈知羽者哉！至其惟甘茗荈，味辨

淄澠，清風雅趣，膾炙古今。張顛之於酒也，昌黎以爲有所託而逃，羽亦以爲夫！

又《童内方與夢野論茶經書》 十二日承叙再拜言，比歸，兩枉道從，既多簡略，日苦塵務，又缺趨候，愧罪如何。叙潦倒蹇拙，自分與林澤相宜，頃修舊廬，買新畬，日事農圃，已遣人持疏入告矣。天下且多事，惟望公等蚤出，共濟時艱耳！不盡，不盡。《茶經》刻良佳，尊序尤典覈，叙所校本大都相同，惟唐皮公日休、宋陳公師道俱有序，茲令兒子抄奉，若再刻之於前，亦足重此書也。天下之善政不必己出，叙可以無梓矣。暇日令人持紙來印百餘部如何？匆匆不多具。

明・汪可立《茶經後序》 侍御青陽柯公雙華，莅荆西道之三年，化行政洽，乃訪先賢遺逸而追崇之。巡行所至郡邑，至景陵之西禪寺，問陸羽《茶經》，時僧真清類寫成册以進，屬校讎於余。將完，柯公又來命修茶亭。噫！千載嘉會也。按陸羽之生也，其事類后稷之於稼穡，羽之於茶，是皆有相之道存乎我者也。后稷教民稼穡，至周武王有天下，萬世賴粒食者，春之祈，秋之報，至今祀不衰矣。夫飲猶食也，陸之烈猶稷也。不千餘年遺跡堙滅，其《茶經》僅存諸殘編斷簡中，是不可慨哉！及考諸經，爲目凡十，其要則品水土之宜，利器用之備，嚴採造之法，酌煮飲之節，務聚其精腴致美，以致其雋永焉。其味於茶也，不既深乎？矧乃文字類古拙而實細膩，類質殼而實華腴，蓋得之性成者不誣，是可以弗傳耶？余聞昔之鬻茶者陶陸羽形，祀之爲茶神，是亦祀稷之遺意耳。何今之不爾也？雖然道有顯晦，待人而彰，斯理之在人心不死有如此者。柯公《茶經》之問、茶亭之樹，豈偶然之故哉？今經既壽諸梓，名史之贊，又得儒先之論，羣哲之聲詩，彙集而彰厥美焉。要皆好德之彝有不容默默焉者也，予敢自附同志之末云。

嘉靖壬寅冬十月朔，祁邑芝山汪可立書。

明・吳旦《茶經跋》 予聞陸羽著《茶經》舊矣，惜未之見。客景陵，於龍蓋寺僧真清處見之，三復披閱，大有益於人。欲刻之而力未逮。迺率同志程子伯容，共壽諸梓，以公於天下，使冀之者無遺憾焉。刻完敬叙數語，紀歲節於未簡。

嘉靖壬寅歲一陽節望日，新安縣令後學吳旦識。

明・張睿卿《茶經跋》 余嘗讀東坡《汲江煎茶》詩，愛其得鴻漸風味，再讀孫山人太初《夜起煮茶》詩，又愛其得東坡風味。試於二詩三詠之，兩腋風生，雲霞泉石，磊塊胸次矣。要之不越鴻漸《茶經》中。《經》舊刻入《百川學海》。竟陵龍蓋寺有茶井在焉，寺僧真清嗜茶，復掇張、歐浮槎等記並唐宋題詠附刻於《經》。但《學海》刻非全本，而竟陵本更煩穢，余故刪次雕於埒參軒。時於松風竹月，宴坐行吟，眠雲吸花，清譚展卷，興自不減東坡、太初，奚止「六腑睡神去，數朝詩思清」哉！以茶侶者，當以余言解頤。

西吳張睿卿書

清・曾元邁《茶經序》 人生最切於日用者有二：曰飲，曰食。自炎帝製耒耜，后稷教稼穡，烝民乃粒，萬世永賴，無俟覼縷矣。惟飲之爲道，酒正著於《周禮》，茶事詳於季疵。然禹惡旨酒，先王避酒禍，我皇上萬言諭曰：酒之爲物，能亂人心志，求其所以除痟去癘，風生兩腋者，莫韻於茶。茶之事其來已舊，而茶之著書始於吾竟陵陸子，其利用於世亦始於陸子。由唐迄今，無論賓祀燕饗，宫省邑里，荒陬窮谷，膾炙千古。逮茗飲之風行於中外，而回紇亦以馬易茶，大爲邊助。不有陸子品鑒水味，爲之分其源，製其具，教其造與飲之類，神而明之，筆之於書而尊爲經，後之人烏從而飲其和哉！

余性嗜茶，喜吾友王子閑園宅枕西湖，其所築儀鴻堂竹木陰森，與桑苧舊趾相望。月夕花晨，余每過從，賞析之餘，常以西塔爲遺懷之地，或把袂偕往，或放舟同濟，汲泉煎茶，與之共酌。於茶醉亭之上，憑弔季疵當年，披閲所著《茶經》，穆然想見其爲人。昔人謂其功不稷下，其信然與！邇時余即忻然相訂有重刻《茶經》之約，而貲斧難辦。厥後予以一官匏繫金臺，今秋奉命典試江南，復蒙恩旨歸籍省覲，得與王子焚香煮茗，共話十餘載離緒。王子出平昔考訂音韻，正其差譌，親手楷書《茶經》一帙示余，欲重刻以廣其傳，而問序於余。余肅然曰，《茶經》之刻，嚮來每多脱誤，且漶滅不可讀，余甚憾之。非吾子好學深思，留心風雅韻事，何能周悉詳核至此。亟宜授之梓人，公諸天下，後世豈不使茗飲遠勝於酒，而與食並重之，爲最切於日用者哉！同人聞之，應無不樂勸盛事，以誌不朽者。是爲序。

雍正四年歲次丙午仲冬秋月之既望日。

清・徐篁《茶經跋》 茶何以經乎？曰：聞諸余先子矣。先子於楚産得屈子之騷、陸子之茶、杜陵之詩、周元公之太極。騷也，茶也而經矣，杜詩則史也，太極則圖也。古人視圖、史猶刺經也。河洛奥府，圖也，《尚書》《春秋》，史也。

《太玄》中説：「何經之有？」則僭矣。雖然，禽也、宅相也、水也、山海也、六博也，皆經矣。經者，常也，即物命則爲後起之不能易耳。夫茶也，茶也，檟也，古無以别，則神農不識其名矣。衣之有木綿也，穀之有占粒也。皆季世耳。茶之減價，自君謨始。抑茶爲南方之嘉木，古中國北地將漿醫之飲，無挈瓶專官者耶？陸子，竟陵人，故邑人如魯孝廉、陳太理、李宗伯皆爲之立説。近人鍾學使、譚徵君曾無所發明，豈亦如皮日休怪其不形於詩乎？陸子豈不能詩？以技掩耳。兩先生吾鄉篤行君子，而以詩掩其行。詩亦技耳！余因先子有未就讀陸子《四悲詩》而謹志焉。

紀事

唐・陸羽《茶經》卷上《二之具》 籯加追反，一曰籃，一曰籠，一曰筥，以竹織之，受五升，或一斗、二斗、三斗者，茶人負以採茶也。籯，《漢書》音盈，所謂「黄金滿籯，不如一經。」顔師古云：「籯，竹器也，受四升耳。」

竈，無用突者，釜，用唇口者。

甑，或木或瓦，匪腰而泥，籃以箄之，篾以繫之。始其蒸也，入乎箄；既其熟也，出乎箄。釜涸，注於甑中。甑，不帶而泥之。又以穀木枝三椏者製之，散所蒸牙筍并葉，畏流其膏。

杵臼，一曰碓，惟恒用者佳。

規，一曰模，一曰棬，以鐵製之，或圓，或方，或花。

承，一曰臺，一曰砧，以石爲之。不然，以槐桑木半埋地中，遣無所摇動。

檐，一曰衣，以油絹或雨衫，單服敗者爲之。以檐置承上，又以規置檐上，以造茶也。茶成，舉而易之。

芘莉音杷离，一曰籯子，一曰筹筤。以二小竹，長三赤，軀二赤五寸，柄五寸。以篾織方眼，如圃人土羅，闊二赤以列茶也。

棨，一曰錐刀。柄以堅木爲之，用穿茶也。

撲，一曰鞭。以竹爲之，穿茶以解茶也。

焙，鑿地深二尺，闊二尺五寸，長一丈。上作短墻，高二尺，泥之。

貫，削竹爲之，長二尺五寸，以貫茶焙之。

棚，一曰棧。以木構於焙上，編木兩層，高一尺，以焙茶也。茶之半乾，昇下棚，全乾，昇上棚。

穿音釧，江東、淮南剖竹爲之。巴川峽山紉穀皮爲之。江東以一斤爲上穿，半斤爲中穿，四兩五兩爲小穿。峽中以一百二十斤爲上穿，八十斤爲中穿，五十斤爲小穿。字舊作釵釧之「釧」字，或作貫串。今則不然，如磨、扇、彈、鑽、縫五字，文以平聲書之，義以去聲呼之，其字以穿名之。

育，以木製之，以竹編之，以紙糊之。中有隔，上有覆，下有床，傍有門，掩一扇。中置一器，貯塘煨火，令煴煴然。江南梅雨時，焚之以火。育者，以其藏育爲名。

又 卷中《四之器》 風爐灰承。

風爐以銅鐵鑄之，如古鼎形，厚三分，緣闊九分，令六分虚中，致其杇墁。凡三足，古文書二十一字。一足云：「坎上巽下离於中」；一足云：「體均五行去百疾」；一足云：「聖唐滅胡明年鑄。」其三足之間，設三窗。底一窗以爲通飇漏燼之所。上並古文書六字，一窗之上書「伊公」二字，一窗之上書「羹陸」二字，一窗之上書「氏茶」二字。所謂「伊公羹，陸氏茶」也。置墆埭於其内，設三格：其一格有翟焉，翟者，火禽也，畫一卦曰离；其一格有彪焉，彪者，風獸也，畫一卦曰巽；其一格有魚焉，魚者，水蟲也，畫一卦曰坎。巽主風，离主火，坎主水，風能興火，火能熟水，故備其三卦焉。其飾，以連葩、垂蔓、曲水、方文之類。其爐，或鍛鐵爲之，或運泥爲之。其灰承，作三足鐵柈檯之。

筥

筥，以竹織之，高一尺二寸，徑闊七寸。或用藤，作木楦如筥形織之，六出圓眼。其底蓋若利篋口，鑠之。

炭檛

炭檛，以鐵六稜製之，長一尺，鋭上豐中，執細頭繫一小鍬以飾檛也，若今之河隴軍人木吾也。或作鎚，或作斧，隨其便也。

火筴

火筴，一名筯，若常用者，圓直一尺三寸，頂平截，無葱臺勾鏁之屬，以鐵或熟銅製之。

鍑音輔，或作釜，或作鬴。

鍑，以生鐵爲之。今人有業冶者，所謂急鐵，其鐵以耕刀之趄，鍊而鑄之。

内模土而外模沙。土滑於内，易其摩滌；沙澁於外，吸其炎焰。方其耳，以正令也。廣其緣，以務遠也。長其臍，以守中也。臍長，則沸中；沸中，則末易揚；末易揚，則其味淳也。洪州以瓷爲之，萊州以石爲之。瓷與石皆雅器也，性非堅實，難可持久。用銀爲之，至潔，但涉於侈麗。雅則雅矣，潔亦潔矣，若用之恒，而卒歸於銀也。

交床

交床，以十字交之，剜中令虚，以支鍑也。

夾

夾，以小青竹爲之，長一尺二寸。令一寸有節，節已上剖之，以炙茶也。彼竹之篠，津潤於火，假其香潔以益茶味，恐非林谷間莫之致。或用精鐵熟銅之類，取其久也。

紙囊

紙囊，以剡藤紙白厚者夾縫之。以貯所炙茶，使不泄其香也。

碾拂末。

碾，以橘木爲之，次以梨、桑、桐、柘爲之。内圓而外方。内圓備於運行也，外方制其傾危也。内容墮而外無餘木。墮，形如車輪，不輻而軸焉。長九寸，闊一寸七分。墮徑三寸八分，中厚一寸，邊厚半寸，軸中方而執圓。其拂末以鳥羽製之。

羅合

羅末，以合蓋貯之，以則置合中。用巨竹剖而屈之，以紗絹衣之。其合以竹節爲之，或屈杉以漆之，高三寸，蓋一寸，底二寸，口徑四寸。

則

則，以海貝、蠣蛤之屬，或以銅、鐵、竹匕策之類。則者，量也，準也，度也。凡煮水一升，用末方寸匕。若好薄者，減之，嗜濃者，增之，故云則也。

水方

水方，以椆木、槐、楸、梓等合之，其裏并外縫漆之，受一斗。

漉水囊

漉水囊，若常用者，其格以生銅鑄之，以備水濕，無有苔穢腥澁意。以熟銅苔穢，鐵腥澁也。林栖谷隱者，或用之竹木。木與竹非持久涉遠之具，故用之生銅。其囊，織青竹以捲之，裁碧縑以縫之，紐翠鈿以綴之。又作綠油囊以貯之，圓徑五寸，柄一寸五分。

瓢

瓢，一曰犧杓。剖瓠爲之。或刊木爲之。晉舍人杜育《荈賦》云：「酌之以匏。」匏，瓢也。口闊，脛薄，柄短。永嘉中，餘姚人虞洪入瀑布山採茗，遇一道上，云：「吾，丹丘子，祈子他日甌犧之餘，乞相遺也。」犧，木杓也。今常用以梨木爲之。

竹筴

竹筴，或以桃、柳、蒲葵木爲之，或以柿心木爲之。長一尺，銀裹兩頭。

鹺簋揭。

鹺簋，以瓷爲之。圓徑四寸，若合形，或瓶，或罍，貯鹽花也。其揭，竹製，長四寸一分，闊九分。揭，策也。

熟盂

熟盂，以貯熟水，或瓷，或沙，受二升。

盌

盌，越州上，鼎州次，婺州次，岳州次，壽州、洪州次。或者以邢州處越州上，殊爲不然。若邢瓷類銀，越瓷類玉，邢不如越一也；若邢瓷類雪，則越瓷類冰，邢不如越二也；邢瓷白而茶色丹，越瓷青而茶色綠，邢不如越三也。晉杜育《荈賦》所謂：「器澤陶簡，出自東甌。」甌，越也。甌，越州上，口唇不卷，底卷而淺，受半升已下。越州瓷、岳瓷皆青，青則益茶。茶作白紅之色。邢州瓷白，茶色紅；壽州瓷黄，茶色紫；洪州瓷褐，茶色黑；悉不宜茶。

畚紙帊。

畚，以白蒲捲而編之，可貯盌十枚。或用筥。其紙帊以剡紙夾縫，令方，亦十之也。

札

札，緝栟櫚皮以茱萸木夾而縛之，或截竹束而管之，若巨筆形。

滌方

滌方，以貯滌洗之餘，用楸木合之，製如水方，受八升。

滓方

滓方，以集諸滓，製如滌方，處五升。

巾

巾，以絁布爲之，長二尺，作二枚，互用之，以潔諸器。

具列

具列，或作床，或作架。或純木、純竹而製之，或木，或竹，黄黑可扃而漆者。長三尺，闊二尺，高六寸。具列者，悉斂諸器物，悉以陳列也。

都籃

都籃，以悉設諸器而名之。以竹篾内作三角方眼，外以雙篾闊者經之，以單篾纖者縛之，遞壓雙經，作方眼，使玲瓏。高一尺五寸，底闊一尺、高二寸，長二尺四寸，闊二尺。

又　卷下《九之略》　其造具，若方春禁火之時，於野寺山園，叢手而掇，乃蒸，乃舂，乃拍，以火乾之，則又棨、撲、焙、貫、棚、穿、育等七事皆廢。其煮器，若松間石上可坐，則具列廢。用槁薪、鼎鑩之屬，則風爐、灰承、炭檛、火筴、交床等廢。若瞰泉臨澗，則水方、滌方、漉水囊廢。若五人已下，茶可末而精者，則羅合廢。若援藟躋嵓，引絙入洞，於山口炙而末之，或紙包合貯，則碾、拂末等廢。既瓢、盌、竹筴、札、熟盂、鹾簋悉以一筥盛之，則都籃廢。

但城邑之中，王公之門，二十四器闕一，則茶廢矣。

又《十之圖》　以絹素或四幅或六幅，分布寫之，陳諸座隅，則茶之源、之具、之造、之器、之煮、之飲、之事、之出、之略目擊而存，於是《茶經》之始終備焉。

宋・沈括《夢溪筆談・補筆談》卷二《官政》　忠定張尚書曾令鄂州崇陽縣。崇陽多曠土，民不務耕織，唯以植茶爲業。忠定令民伐去茶園，誘之使種桑麻。自此茶園漸少，而桑麻特盛於鄂、岳之間。至嘉祐中改茶法，湖、湘之民，苦於茶租，獨崇陽茶租最少，民監他邑，思公之惠，立廟以報之。民有入市買菜者，公召諭之曰：「邑居之民，無地種植，且有他業，買菜可也。汝村民，皆有土田，何不自種而費錢買菜？」笞而遣之。自後人家皆置圃，至今謂蘆菔爲「張知縣菜」。

宋・蔡襄《茶録》下篇　論茶器

茶焙

茶焙，編竹爲之，裹以蒻葉，蓋其上以收火也，隔其中以有容也。納火其下，去茶尺許，常温温然，所以養茶色香味也。

茶籠

茶不入焙者，宜密封，裹以蒻，籠盛之，置高處，不近濕氣。

砧椎

砧椎，蓋以砧茶。砧以木爲之。椎，或金或鐵，取於便用。

茶鈐

茶鈐，屈金鐵爲之，用以炙茶。

茶碾

茶碾，以銀或鐵爲之。黄金性柔，銅及碖石皆能生鉎，音星。不入用。

茶羅

茶羅以絶細爲佳，羅底用蜀東川鵝溪畫絹之密者，投湯中揉洗，以冪之。

茶盞

茶色白，宜黑盞。建安所造者，紺黑，紋如兔毫。其杯微厚，熁之久熱難冷，最爲要用。出他處者，或薄，或色紫，皆不及也。其青白盞，鬭試家自不用。

茶匙

茶匙，要重，擊拂有力，黄金爲上。人間以銀、鐵爲之。竹者輕，建茶不取。

湯瓶

瓶要小者，易候湯，又點茶、注湯有準。黄金爲上，人間以銀、鐵或瓷、石爲之。

臣皇祐中脩《起居注》，奏事仁宗皇帝，屢承天問以建安貢茶，并所以試茶之狀。臣謂，論茶雖禁中語，無事於密造《茶録》二篇上進。後知福州，爲掌書記竊去藏稾，不復能記。知懷安縣樊紀購得之，遂以刊勒行於好事者，然多舛謬。臣追念先帝顧遇之恩，攬本流涕，輒加正定，書之於石，以永其傳。治平元年五月二十六日三司使給事中臣蔡襄謹記。

宋・朱弁《曲洧舊聞》卷三　温公驚蜀公有茶器

蜀公與温公同遊嵩山，各携茶以行。温公以紙爲貼，蜀公用小黑木合子盛之。温公見之，驚曰：「景仁乃有茶器也！」蜀公聞其言，留合與寺僧而去。後來士大夫茶器精麗，極世間之工巧，而心猶未厭。晁以道嘗以此語客，客曰：「使温公見今日茶器，不知云何也。」

宋・周煇《清波雜志》卷四　茶器

長沙匠者造茶器極精緻，工直之厚，等所用白金之數。士夫家多有之，寘几案間，但知以侈靡相夸，初不常用也。司馬温公偕范蜀公游嵩山，各攜茶往。温

公以紙爲貼，蜀公盛以小黑合。温公見之，驚曰：「景仁乃有茶器！」蜀公聞其言，遂留合與寺僧。茶宜錫，竊意若以錫爲合，適用而不侈；貼以紙，則茶味易損。豈亦出雜以消風散意，欲矯時弊耶？《邵氏聞見録》云：温公嘗同范景仁登嵩頂，由轘轅道至龍門，涉伊水，至香山，憩石樓，臨八節灘，凡所經從，多有詩什，自作序曰《遊山録》。攜茶遊山，當是此時。

呂申公茶羅

張芸叟云：呂申公名知人，故多得於下僚。家有茶羅子，一金飾，一銀，一棕櫚。方接客，索銀羅子，常客也；金羅子，禁近也；棕櫚，則公輔必矣。家人常挨排於屏間以候之。申公，温公同時人，而待客茗飲之器顧飾以金銀分等差，益知温公儉德，世無其比。

宋・程大昌《演繁露續集》卷二《制度》 收茶征聽民自賣茶

馬殷據湖南，判官高郁，請聽民自采茶，賣於北客，收其征以贍軍。殷從之。

宋・周密《癸辛雜識》前集 長沙茶具

長沙茶具，精妙甲天下。每副用白金三百星或五百星，凡茶之具悉備，外則以大縷銀合貯之。趙南仲丞相帥潭日，嘗以黄金千兩爲之，以進上方，穆陵大喜，蓋内院之工所不能爲也。因記司馬公與范蜀公游嵩山，各攜茶以往。温公以紙爲貼，蜀公盛以小黑合。温公見之，曰：「景仁乃有茶具耶？」蜀公聞之，因留合與寺僧而歸。向使二公見此，當驚倒矣。

《宋史・食貨志》 茶

宋榷茶之制，擇要會之地，曰江陵府，曰真州，曰海州，曰漢陽軍，曰無爲軍，曰蘄州之蘄口，爲榷貨務六。初，京城、建安、襄復州皆置務，後建安、襄復州務廢，京城務雖存，但會給交鈔往還，而不積茶貨。在淮南則蘄、黄、廬、舒、光、壽六州，官自爲場，置吏總之，謂之山場者十三；六州采茶之民皆隸焉，謂之園户。歲課作茶輸租，餘則官悉市之。其售於官者，皆先受錢而後入茶，謂之本錢；又民歲輸税願折茶者，謂之折税茶。總爲歲課八百六十五萬餘斤，其出鬻皆就本場。在江南則宣、歙、江、池、饒、信、洪、撫、筠、袁十州，廣德、興國、臨江、建昌、南康五軍；兩浙則杭、蘇、明、越、婺、處、温、台、湖、常、衢、睦十二州；荆湖則江陵府，潭、澧、鼎、鄂、岳、歸、峽七州，荆門軍；福建則建、劍二州，歲如山場輸租折税。總爲歲課江南千二十七萬餘斤，兩浙百二十七萬九千餘斤，荆湖二百四十七萬餘斤，福建三十九萬三千餘斤，悉送六榷務鬻之。

茶之爲利甚博，商賈轉致於西北，利嘗至數倍。雍熙後用兵，切於饋餉，多令商人入芻糧塞下，酌地之遠近而爲其直，取市價而厚增之，授以要券，謂之交引，至京師給以緡錢，又移文江、淮、荆湖給以茶及顆、末鹽。端拱二年，置折中倉，聽商人輸粟京師，優其直，給茶鹽於江、淮。

初，官既榷茶，民私蓄盜販皆有禁，臘茶之禁又嚴於他茶，犯者其罪尤重，凡告捕私茶皆有賞。然約束愈密而冒禁愈繁，歲報刑辟，不可勝數。園户困於征取，官司並緣侵擾，因陷罪戾至破産逃匿者，歲比有之。又茶法屢變，歲課日削。至和中，歲市茶淮南纔四百二十二萬餘斤，江南三百七十五萬餘斤，兩浙二十三萬餘斤，荆湖二百六萬餘斤，唯福建天聖末增至五十萬斤，詔特損五萬，至是增至七十九萬餘斤，歲售錢并本息計之，纔百六十七萬二千餘緡。官茶所在陳積，縣官獲利無幾，論者皆謂宜弛禁便。

宋初，經理蜀茶，置互市於原、渭、德順三郡，以市蕃夷之馬；熙寧間，又置場於熙河。南渡以來，文、黎、珍、叙、南平、長寧、階、和凡八場，其間盧甘蕃馬歲一至焉，洮州蕃馬或一月或兩月一至焉，疊州蕃馬或半年或三月一至焉，皆良馬也。其他諸蕃馬多駑，大率皆以互市爲利，宋朝曲示懷遠之恩，亦以是羈縻之。紹興二十四年，復黎州及雅州碉門靈西砦易馬場，乾道初，川、秦八場馬額九千餘匹，淳熙以來，爲額萬二千九百九十四匹，自後所市未嘗及焉。

佚名《元典章》卷九《吏部・官制・場務官》 茶場窠闕處所

江西等處榷茶都轉運司：

所轄茶提舉司十五處：

龍興，興國，寧國，杭州，平江，建寧，岳州，常德，潭州，臨江，廬州，静江，江州，常州等處，古田建安等處。

批引所二處：

真州，太平蕪湖。

明・葉子奇《草木子》卷三《雜制篇》 元朝於江西及湖廣立提舉司。使之産茶路分賣引。照茶以行。批驗所驗引無弊。即放行。至賣處收税。

御茶則建寧茶山別造以貢。謂之嘓山茶。山下有泉一穴。遇造茶則出。造茶畢即竭矣。比之宋朝蔡京所製龍鳳團。費則約矣。民間止用江西末茶。各處葉茶。

明・高濂《遵生八箋・飲饌服食箋上・茶泉類》　煎茶四要

一、擇水

凡水泉不甘，能損茶味，故古人擇水最爲切要，山水上，江水次，井水下。山水，乳泉，漫流者爲上，瀑湧湍激勿食，食久令人有頸疾。江水，取去人遠者。井水，取汲多者，如蟹黄混濁鹹苦者，皆勿用。若杭湖心水，吴山第一泉，郭璞井，虎跑泉，龍井，葛仙翁井，俱佳。

二、洗茶

凡烹茶，先以熱湯洗茶葉，去其塵垢冷氣，烹之則美。

三、候湯

凡茶須緩火炙，活火煎。活火，謂炭火之有焰者。當使湯無妄沸，庶可養茶。始則魚目散布，微微有聲；中則四邊泉湧，纍纍連珠；終則騰波鼓浪，水氣全消，謂之老湯。三沸之法，非活火不能成也。最忌柴葉烟薰煎茶，爲此，《清異録》云五賊六魔湯也。

凡茶少湯多，則雲脚散；湯少茶多，則乳面聚。

四、擇品

凡瓶要小者，易候湯，又點茶注湯相應。若瓶大啜存，停久味過，則不佳矣。茶銚、茶瓶，磁砂爲上，銅錫次之。磁壺注茶，砂銚煮水爲上。《清異録》云：富貴湯，當以銀銚煮湯，佳甚；銅銚煮水，錫壺注茶次之。

茶盞惟宣窑壇盞爲最，質厚白瑩，樣式占雅。有等宣窑，印花白甌，式樣得中，而瑩然如玉，次則嘉窑，心内茶字小盞爲美。欲試茶色黄白，豈容青花亂之？注酒亦然，惟純白色器皿爲最上乘品，餘皆不取。

試茶三要

一、滌器

茶瓶茶盞茶匙生鉎音星，致損茶味，必須先時洗潔則美。

二、熁盞

凡點茶，先須熁盞令熱，則茶面聚乳，冷則茶色不浮。

三、擇果

茶有真香，有佳味，有正色，烹點之際，不宜以珍果香草雜之。奪其香者，松子、柑橙、蓮心、木瓜、梅花、茉莉、薔薇、木樨之類是也。奪其味者，牛乳、番桃、荔枝、圓眼、枇杷之類是也。奪其色者，柿餅、膠棗、火桃、楊梅、橙橘之類是也。

凡飲佳茶，去果方覺清絶，雜之則無辯矣。若欲用之所宜，核桃、榛子、瓜仁、杏仁、欖仁、栗子、雞頭、銀杏之類，或可用也。

茶效

人飲真茶，能止渴消食，除痰少睡，利水道，明目益思出《本草拾遺》，除煩去膩。人固不可一日無茶，然或有忌而不飲。每食已，輒以濃茶漱口，煩膩既去，而脾胃不損。凡肉之在齒間者，得茶漱滌之，乃盡消縮，不覺脱去，不煩刺挑也。而齒性便苦，緣此漸堅密，蠹毒自已矣。然率用中茶。出蘇文

茶具十六器

茶具十六器，收貯於器局供役，苦節君者，故立名管之，蓋欲歸統於一，以其素有貞心雅操，而自能守之也。

商象古石鼎也，用以煎茶。

歸潔竹筅箒也，用以滌壺。

分盈杓也，用以量水斤兩。

遞火銅火斗也，用以搬火。

降紅銅火筯也，用以簇火。

執權準茶秤也。每杓水二升，用茶一兩。

團風素竹扇也，用以發火。

漉塵茶洗也，用以洗茶。

静沸竹架，即《茶經》支腹也。

注春磁瓦壺也，用以注茶。

運鋒劖果刀也，用以切果。

甘鈍木碪墩也。

啜香磁瓦甌也，用以啜茶。

撩雲竹茶匙也，用以取果。

納敬竹茶橐也，用以放盞。

受污拭抹布也，用以潔甌。

總貯茶器七具

苦節君煮茶作爐也，用以煎茶，更有行者收藏。

建城以篛爲籠，封茶以貯高閣。

雲屯磁瓶，用以杓泉，以供煮也。

烏府以竹爲籃，用以盛炭，爲煎茶之資。

水曹即磁缸瓦缶，用以貯泉，以供火鼎。

器局竹編爲方箱，用以收茶具者。

外有品司竹編圓橦提合，用以收貯各品茶葉，以待烹品者也。

明·屠隆《考槃餘事》卷四　茶具

苦節君，湘竹風罏。建城，藏茶箬籠。湘筠焙，焙茶箱蓋其上，以收火氣也，隔其中以有容也，納火其下，去茶尺許，所以養茶色香味也。雲屯，泉缶。烏府，盛炭籃。水曹，滌器桶。鳴泉，煮茶礶。品司，編竹爲撞，收貯各品茶葉。沉垢，古茶洗。分盈，水杓，即《茶經》水則，每兩升用茶一兩。執權，準茶秤，每茶一兩用水二升。合香，藏日支茶瓶以貯司品者。歸潔，竹筅箒用以滌壺。漉塵，洗茶籃。商象，古石鼎。遞火，銅火斗。降紅，銅火筯不用聯索。團風，湘竹扇。注春，茶壺。静沸，竹架，即《茶經》支腹。運鋒，鑱果刀。啜香，茶甌。撩雲，竹茶匙。甘鈍，木碪墩。納敬，湘竹茶橐。易持，納茶漆雕秘閣。受污，拭抹布。

明·文震亨《長物志》卷一二

洗茶

先以滚湯候少温洗茶，去其塵垢，以定碗盛之，俟冷點茶，則香氣自發。

候湯

緩火炙，活火煎。活火，謂炭火之有焰者，始如魚目爲「一沸」，緣邊泉湧爲「二沸」，奔濤濺沫爲「三沸」。若薪火方交，水釜纔熾，急取旋傾，水氣未消，謂之「嫩」，若水踰十沸，湯已失性，謂之「老」，皆不能發茶香。

滌器

茶瓶、茶盞不潔，皆損茶味，須先時洗滌，净布拭之，以備用。

茶洗

以砂爲之，製如碗式，上下二層。上層底穿數孔，用洗茶，沙垢悉從孔中流出，最便。

茶罏湯瓶

茶罏，有姜鑄銅饕餮獸面火罏，及純素者，有銅鑄如鼎彝者，皆可用。湯瓶，鉛者爲上，錫者次之，銅者亦可用。形如竹筒者，既不漏火，又易點注。磁瓶雖不奪湯氣，然不適用，亦不雅觀。

茶壺

壺以砂者爲上，蓋既不奪香，又無熟湯氣。「供春」最貴，第形不雅，亦無差小者，時大彬所製，又太小。若得受水半升，而形製古潔者，取以注茶，更爲適用。其「提梁」「卧瓜」「雙桃」「扇面」「八棱細花」「夾錫茶替」「青花白地」諸俗式者，俱不可用。錫壺有趙良璧者，亦佳，然宜冬月間用。近時吴中「歸錫」、嘉禾「黄錫」，價皆最高，然製小而俗。金、銀俱入品。

茶盞

宣廟有尖足茶盞，料精式雅，質厚難冷，潔白如玉，可試茶色，盞中第一。世廟有壇盞，中有茶湯果酒，後有「金籙大醮壇用」等字者，亦佳。他如白定等窑，藏爲玩器，不宜日用。蓋點茶須熁盞令熱，則茶面聚乳，舊窑器熁熱則易損，不可不知。又有一種名「崔公窑」，差大，可置果實，果亦僅可用榛、松、新筍、雞豆、蓮實，不奪香味者。他如柑、橙、茉莉、木樨之類，斷不可用。

擇炭

湯最惡煙，非炭不可。落葉、竹篠、樹梢、松子之類，雖爲雅談，實不可用。又如暴炭、膏薪，濃煙蔽室，更爲茶魔。炭以長興茶山出者，名金炭，大小最適用，以麩火引之，可稱湯友。

清·龍文彬《明會要》卷五五《食貨三·茶法》　明制：有官茶、有商茶，皆貯邊易馬。官茶間徵課鈔。商茶輸課，略如鹽制。初，太祖令商人於産茶地買茶，納錢請引，引茶百斤，輸錢二百。不及引曰畸零，别置由貼給之。無由引及茶引相離者，人得告捕。置茶局批驗所，稱較茶引不相當，即爲私茶。凡犯私茶者，與私鹽同罪。《食貨志》。

洪武初，令賣茶之地，宣課司三十取一。户部言：「陝西、四川茶宜十取其一，以易番馬。」從之。於是諸産茶地設茶課司，定税額。設茶馬司於秦、洮、河、雅諸州，自碉門、黎雅抵朵甘、烏斯藏，行茶之地五千餘里。西方諸部落無不以馬售者。《三編》。

三十年，改設秦州茶馬司於西寧。敕右軍都督曰：「近者，私茶出境，互市者少。馬日貴而茶日賤，啓番人玩侮之心。檄秦、蜀二府發都司官軍於松潘、碉門、黎雅、河州、臨洮及入西番關口外，巡禁私茶之出境者。」《食貨志》。

永樂七年，申茶禁。洪武中，以茶易馬，上馬給茶八十斤，中、下以次減之。帝初年招徠遠人，遞增其數。至是，碉門茶馬司至用茶八萬餘斤，僅易馬七十四，且多瘦損。乃申嚴茶禁，增設茶馬司。後又特遣御史巡督。《三編》。

文彬按：《明史兵志》：「洪武中，聽西番納馬易茶。上馬茶百二十斤，中馬七十斤，下馬五十斤。」證之《食貨志》、《明會典》皆同，與《三編》所載互異。蓋洪武五年置茶馬司，二十三年定茶馬例。《志》與《會典》所載，據二十三年例。《三編》據初制言之，本之實録。

先是，洪武末，置成都、重慶、保寧、播州茶倉四所，令商人納米中茶。宣德中，中茶者赴甘州、西寧而支鹽於淮、浙。商人持文憑，恣私販，官課數年不完。正統初，都御史羅亨信言其弊，乃罷運茶支鹽例，令官運如故。《通典》。

成化三年，命御史巡茶陝西。番人不樂御史，馬至日少。乃取回御史，仍遣行人，且令按察使巡察。已而巡察不專，兵部言其害。乃復遣御史一員，歲一更，著爲令。又以歲饑待振，復令商納粟中茶。

弘治十二年，御史王憲言：「自中茶禁開，私茶莫遏，易馬不利。」遂停中茶之制。

十六年，都御史楊一清兼理馬政，復議開中，言：「召商買茶，官貿其三之一。每歲茶五六十萬斤，可得馬萬匹。」帝從所請。

正德元年，一清又建議：商人不願領價者，以半與商令自賣。遂著爲例，永行焉。已上《食貨志》。

嘉靖十五年六月，巡茶御史劉良卿言：「律例：『私茶出境，與關隘失察者，竝淩遲處死。』蓋西陲藩籬，莫切於諸番。番人恃茶以生，故嚴法以禁之，易馬以酬之，以制番人之死命，壯中國之藩籬，斷匈奴之右臂，非可以常法論也。洪武初例，民間蓄茶不得過一月之用。弘治中，召商中茶，或以備振，或以儲邊，然未嘗禁内地之民使不得食茶也。今減通番之罪止於充軍，禁内地之茶使不得食，又使商私課茶悉聚於三茶馬司。夫茶司與番爲鄰，私販易通，而禁復嚴於内郡，是毆民爲私販而授之資也。以故，大姦闌出而漏網，小民負升斗而罹法。今計三茶馬司所貯，洮河足三年，西寧足二年，而商私課茶又日益增，積久腐爛而無所用。茶法之弊如此。番地多馬而無所市，吾茶有禁而不得通，其勢必相求，而制之之機在我。今茶司居民竊易番馬以待商販，歲無虚日。及官易時而馬反耗矣。請敕三茶馬司，止留二年之用。每年易馬，當發若干正茶之外，分毫無得夾帶；令茶價踴貴。番人受制，良馬將不可勝用。且多開商茶，通行内地，官榷其半以備軍餉。而河、蘭、階、岷諸近番地禁賣如故，更重通番之刑，如律例。洮、岷、河責邊備道，臨洮、蘭州責隴右分巡，西寧責兵備，各選官防守。失察者以罷輭論。」奏上，報可。於是茶法稍飭矣。《實録》。

三十六年，户部以全陝災震，邊餉告急，國用大絀，上言：「先時，正額茶易馬之外，多開中以佐公家，有至五百萬斤者。近者御史劉良卿亦開百萬，後止開正額八十萬斤，并課茶、私茶通計僅九十餘萬。宜下巡茶御史議，召商多中。」御史楊美益言：「歲祲民貧，即正額尚多虧損，安有贏羨？今第宜守每年九十萬斤招番易馬之規。凡逋内地以息私販，增開中以備振荒，悉宜停罷，毋使與馬分利。」户部以帑藏方匱，請如弘治六年例，易馬外仍開百萬斤，召納邊鎮，以備軍餉。詔從之。

萬曆二十九年，陝西巡按御史畢三才言：「課茶徵輸，歲有定額。先因茶多餘積，園户解納艱難，以此改折，令商人絶跡，五司茶空。請令漢中五州縣仍輸本色，每歲招商中五百引，可得馬萬一千九百餘匹。」部議：西寧、河、洮、岷、甘、莊浪六茶司共易馬九千六百匹。著爲令。

明初，嚴禁私販。久而奸弊日生。洎乎末造，商人正引之外，多給賞由票，使得私行。番人上駟盡入姦商，茶司所市者乃其中下也。番得茶，叛服自由；而將吏又以私馬竄番馬，冒支上茶。茶法、馬政、邊防於是俱壞矣。已上《食貨志》。

又 卷五七《食貨五・雜課》 土貢

洪武元年四月，蘄州進竹簟，卻之。命四方毋妄獻。《本紀》。

二十四年九月，詔：「建寧歲貢上供茶，聽茶户採進，有司勿與敕。」天下産茶之處，歲貢皆有定額，而建寧茶品爲上。其所進者，必碾而揉之，壓以銀板，爲大小龍團。上以重勞民，罷造龍團，惟採茶芽以進。其品有四，曰：探春，先春，次春，紫筍。王圻考。

清・顧禄《清嘉録》卷三 茶貢

穀雨節前，邑侯采辦洞庭東山碧螺春茶入貢，謂之「茶貢」。

案：《府志》：「茶出吴縣西山，以穀雨前爲貴。」王應奎《柳南隨筆》云：「洞庭東山碧螺峰石壁，産野茶數株，每歲土人持竹筐采歸，以供日用，歷數十年如是，未見其異也。康熙某年，按候采者如故，而其葉較多，筐不勝貯，因置懷間，茶得熱氣，異香忽發，采茶者争呼『嚇殺人香』。『嚇殺人』者，吴中方言也，因遂以名是茶云。自是以後，每值采茶，土人男女長幼，務必沐浴更衣，盡室而往，貯不用筐，悉置懷間，而土人朱正元獨精製法，出自其家，尤稱妙品。康熙已卯，車駕南巡，幸太湖，巡撫宋犖購此茶以進。上以其名不雅馴，題之曰『碧螺春』。自

是地方大吏，歲必采辦，而售者往往以僞亂真。正元没，製法不傳，即真者亦不及曩時矣。」

又　卷四　注夏

俗以入夏眠食不服，曰「注夏」。凡以魘注夏之疾者，則於立夏日取隔歲撑門炭烹茶以飲，茶葉則索諸左右鄰舍，謂之「七家茶」。或小兒嗜貓狗食餘，俗名「貓狗飯」。是日雖寒，必著紗衣一襲，並戒坐戶檻，俱令人夏中壯健。

案：田汝成《西湖游覽志》：「立夏之日，人家各烹新茶，配以諸色細果，餽送親戚、比鄰，謂之『七家茶』。」與郡俗不同。錢思元《吴門補乘》：「立夏，飲七家茶，免疰夏。」盧《志》：「夏至食李，以解注夏之疾。」王鏊《姑蘇志》作端午日。王志：「夏至，以束粿之草，繫手足而祝之，名曰『健粿』，以解注夏之疾。」張寅《太倉州志》：「立夏日，煮麥豆和糖食之，曰不注夏。」《南郭州志》則云：「夏至，用蠶豆、小麥煮飯，名夏至飯。戒坐戶檻，云犯得注夏之疾。」江、震舊《志》：「立夏，男女各試葛衣，云解蛀夏之疾。」《常昭合志》：「立夏日，煮麥、豆和糖食之，曰不疰夏。」蓋疰夏之説，已見《元池説林》：「立夏日，俗尚啖李，則不蛀夏。」家治齋云：「疰與注，當作蛀。入夏不健，如樹木之爲蟲蛀也。」《西溪叢話》：「南人不善乘船，曰『苦船』。北人曰『苦車』。苦，音庫。」吴下人語音如「注」。又謂所厭惡之人，亦曰注，皆苦之譌，患苦之也。今謂入夏眠食不服，曰「注夏」，猶是意爾。

又顧禄《桐橋倚棹録》卷一〇　虎丘茶坊，多門臨塘河，不下十餘處，皆築危樓杰閣，妝點書畫，以迎游客，而以斟酌橋東情園爲最。春秋花市及競渡市，裙屐爭集，湖光山色，逐人眉宇。木樨開時，香滿樓中，尤令人流連不置。又虎丘山寺碑亭後一同館，雖不甚修葺，而軒窗爽塏，憑欄遠眺，吴城煙樹，歷歷在目。費參詩云：「過盡迴欄即講堂，老僧前揖話興亡。行行小幔邀人坐，依舊茶坊其酒坊。」

圖録

宋·蘇頌等《圖經本草·木部》　茗　苦𣘻，舊不著所出州郡，今閩、浙、蜀、荊、江、湖、淮南山中皆有之。《爾雅》所謂檟、苦𣘻。郭璞云，木小似梔子，冬生葉可煮作羹飲。今呼早采者爲茶，晚取者爲茗。茗、荈，蜀人謂之苦茶是也。今通謂之茶。茶、茶聲近，故呼之。春中始生嫩葉，蒸焙去苦水，末之乃可飲。與古所食殊不同也。《茶經》曰，茶者，南方佳木。自一尺、二尺至數十尺，其巴川峽山有兩人合抱者，伐而掇之。木如瓜蘆，葉如梔子，花如白薔薇，實如栟櫚，蒂如丁香，根如胡桃。其名一曰茶，二曰檟，三曰蔎，四曰茗，五曰荈。又曰，茶之別者，有枳殼芽，枸杞芽，枇杷芽，皆治風疾。又有皂莢芽，槐芽，柳芽，乃上春摘其芽，和茶作之。故今南人輸官茶，往往雜以衆葉，惟茅蘆、竹箬之類不可入，自餘山中草木芽葉，皆可和合。椿、柿尤奇。真茶性極冷，惟雅州蒙山出者温而主疾。《茶譜》云，蒙山有五頂，頂有茶園，其中頂曰上清峰。昔有僧人病冷且久，遇一老父謂曰，蒙之中頂茶，當以春分之先後，多搆人力，俟雷之發聲，並手採摘，三日而止。若獲一兩，以本處水煎服，即能祛宿疾，二兩當眼前無疾，三兩固以換骨，四兩即爲地仙矣。其僧如説，獲一兩餘，服未盡而病差。其四頂茶園，採摘不廢。惟中峰草木繁密，雲霧蔽虧，鷙獸時出，故人跡不到矣。近歲稍貴此品，製作亦精於他處，其性似不甚冷。大都飲茶少則醒神思，過多則致疾病，故唐毋景《茶飲序》云，釋滯消壅，一日之利暫佳，瘠氣侵精，終身之累斯大是也。

茗　苦𣘻

宋·熊蕃《宣和北苑貢茶録》　自白茶、勝雪以次，厥名實繁，今列於左，使好事者得以觀焉。

貢新銙，大觀二年造。試新銙，政和二年造。白茶，政和三年造。龍園勝雪，宣和二年造。御苑玉芽，大觀二年造。萬壽龍芽，大觀二年造。上林第一，宣和二年造。乙夜供清，宣和二年造。承平雅玩，宣和二年造。龍鳳英華，宣和二年造。玉除清賞，宣

和二年造。啓沃承恩，宣和二年造。雪英，宣和三年造。雲葉，宣和三年造。蜀葵，宣和三年造。金錢，宣和三年造。玉華，宣和三年造。寸金，宣和三年造。無比壽芽，大觀四年造。萬春銀葉，宣和二年造。宜年寶玉，宣和二年造。玉清慶雲，宣和二年造。無疆壽龍，宣和二年造。玉葉長春，宣和四年造。瑞雲翔龍，紹聖二年造。長壽玉圭，政和二年造。興國巖銙，香口焙銙，上品揀芽，紹聖二年造。新收揀芽，太平嘉瑞，政和二年造。龍苑報春，宣和四年造。南山應瑞，宣和四年造。興國巖揀芽，興國巖小龍，興國巖小鳳。已上號細色。揀芽，小龍，小鳳，大龍，大鳳。已上號麤色。又有瓊林毓粹，浴雪呈祥，壑源拱秀，貢篚推先，價倍南金，暘谷先春，壽巖都勝，延平石乳，清白可鑒，風韻甚高凡十色，皆宣和二年所製，越五歲省去。右歲分十餘綱，惟白茶與勝雪自驚蟄前興役浹日乃成，飛騎疾馳，不出中春已至京師，號爲頭綱玉芽。以下即先後以次發，逮貢足時，夏過半矣。歐陽文忠公詩曰，建安三千五百里，京師三月嘗新茶。蓋異時如此。以今較昔，又爲最早。因念草木之微有環奇卓異，亦必逢時而後出，而況爲士者哉。昔昌黎先生感二鳥之蒙採擢而自悼，其不如今蕃於是茶也。焉敢效昌黎之感賦，姑務自警，而堅其守以待時而已。

貢新銙 竹圈

試新銙 竹圈

龍園勝雪 竹圈 銀模

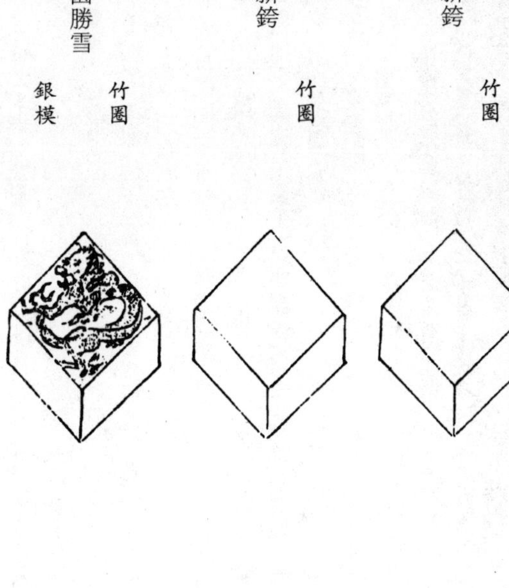

白茶 竹圈 銀模

御苑玉芽 銀圈 銀模

萬壽龍芽 銀圈 銀模

上林第一 按此條原本闕圈模

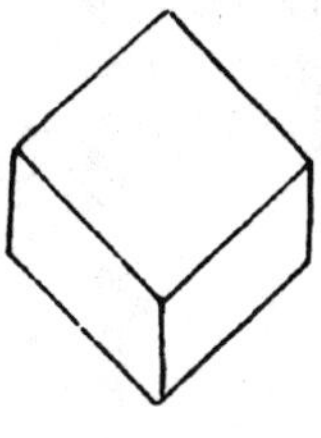

乙夜供清 竹圈

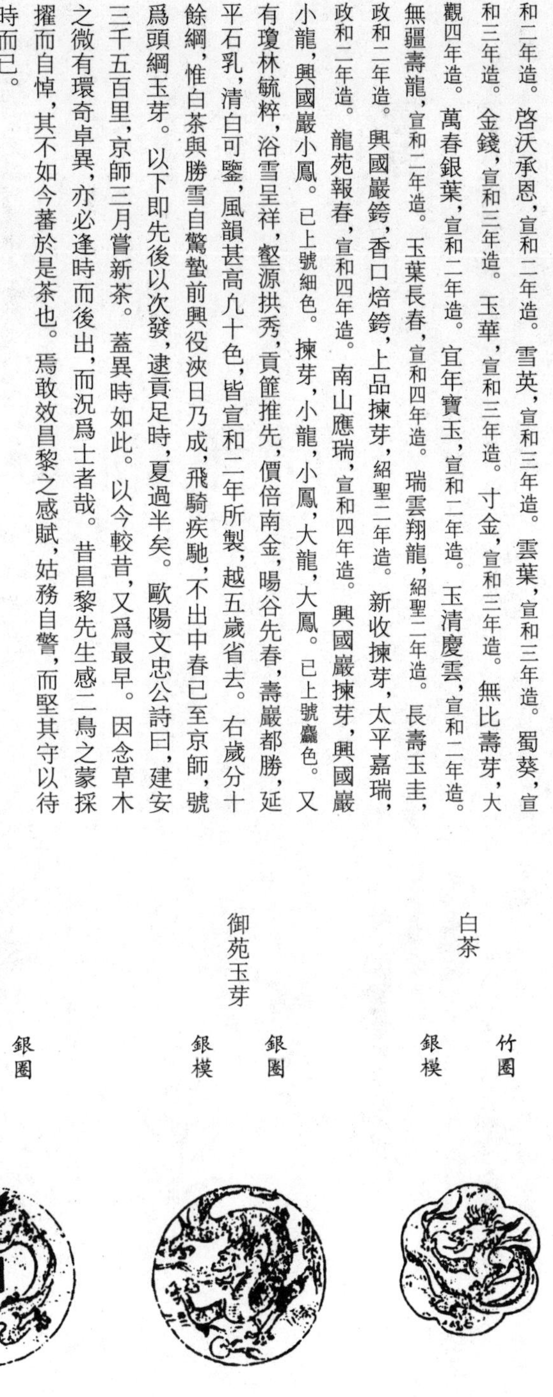

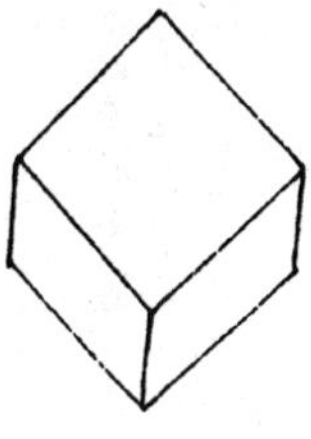

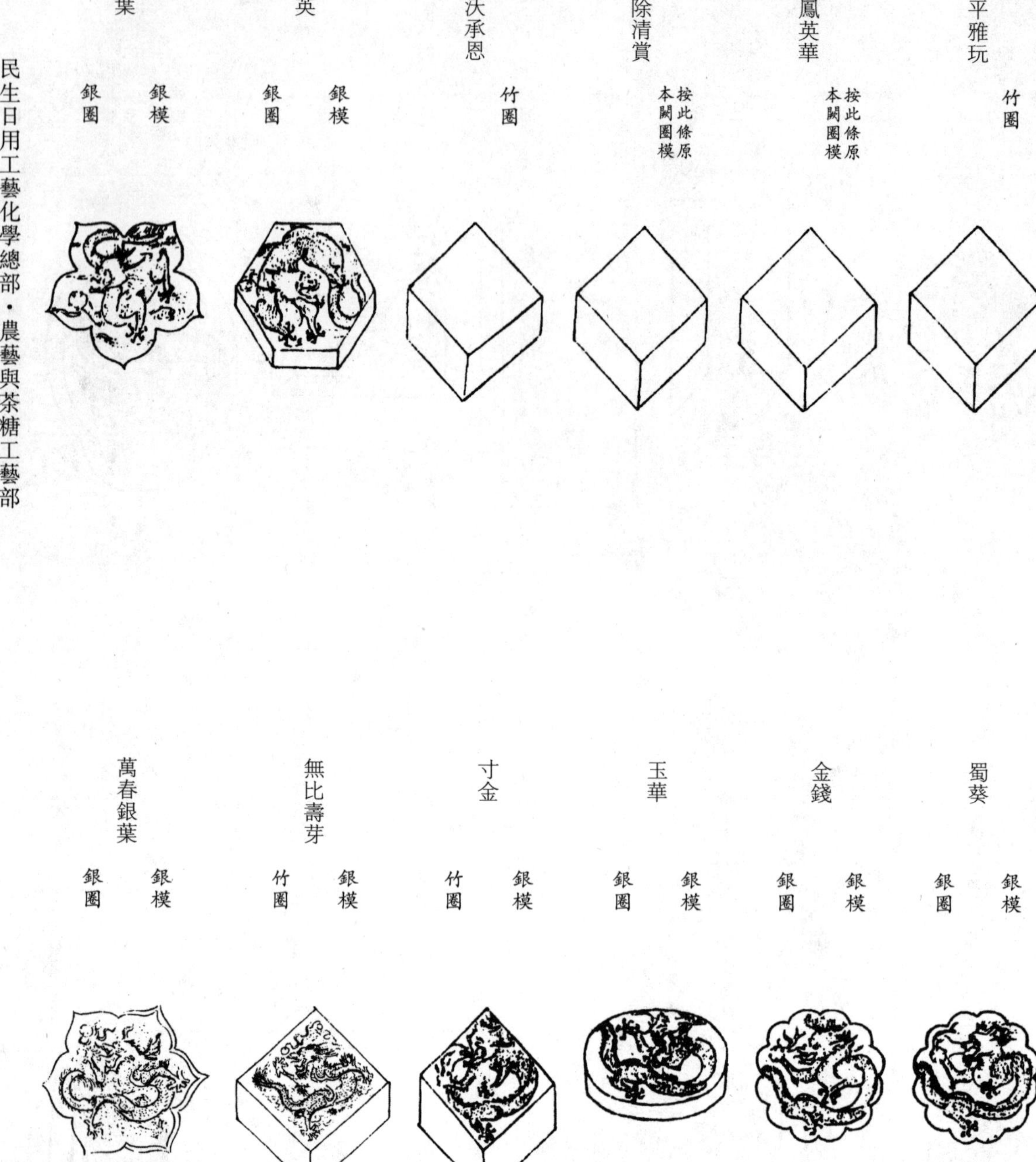
承平雅玩
竹圈
龍鳳英華
按此條原本闕圖模
玉除清賞
按此條原本闕圖模
啓沃承恩
竹圈
雪英
銀模
銀圈
雲葉
銀模
銀圈
蜀葵
銀模
銀圈
金錢
銀模
銀圈
玉華
銀模
銀圈
寸金
銀模
竹圈
無比壽芽
銀模
竹圈
萬春銀葉
銀模
銀圈

宜年寶玉

銀模
銀圈

玉清慶雲

銀模
銀圈

無疆壽龍

銀模
竹圈

玉葉長春

竹圈

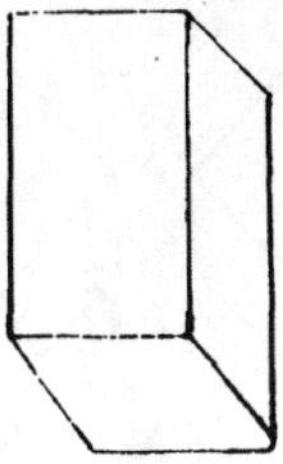

瑞雪翔龍

銀模
銅圈

長壽玉圭

銀模
銅圈

興國巖銙

竹圈

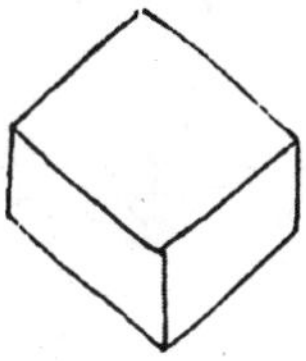

香口焙銙

竹圈

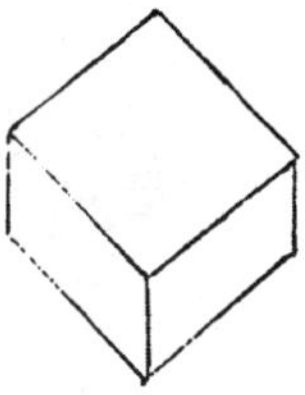

上品揀芽

銀模
銅圈

新收揀芽

銀模
銅圈

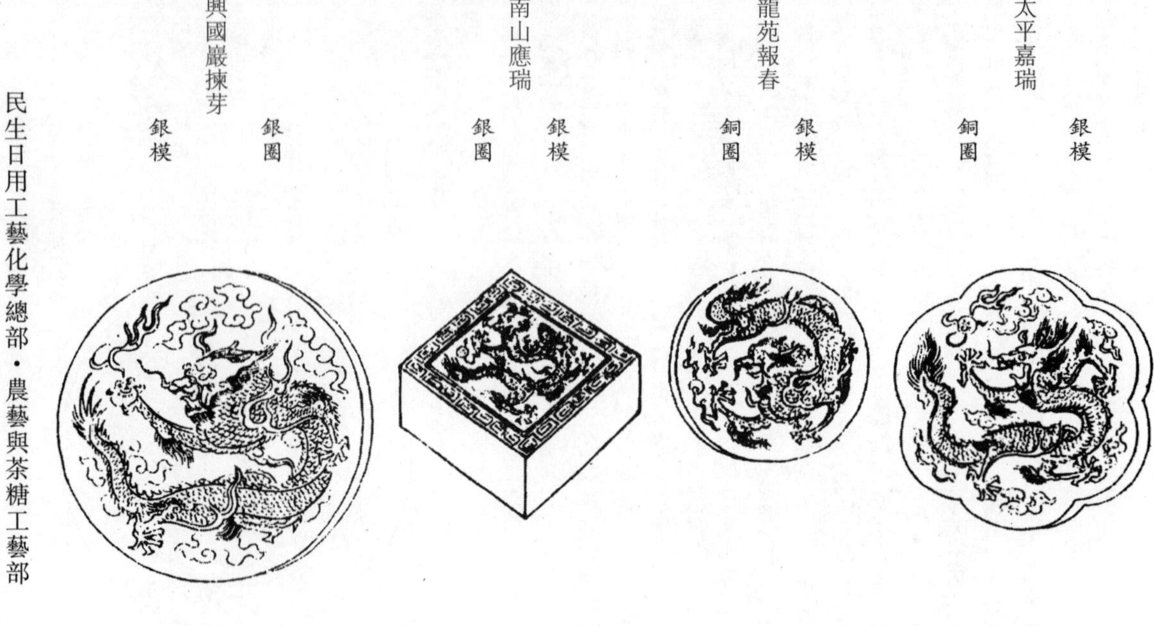
太平嘉瑞
銀模
銅圈
龍苑報春
銀模
銅圈
南山應瑞
銀模
銀圈
興國巖揀芽
銀圈
銀模

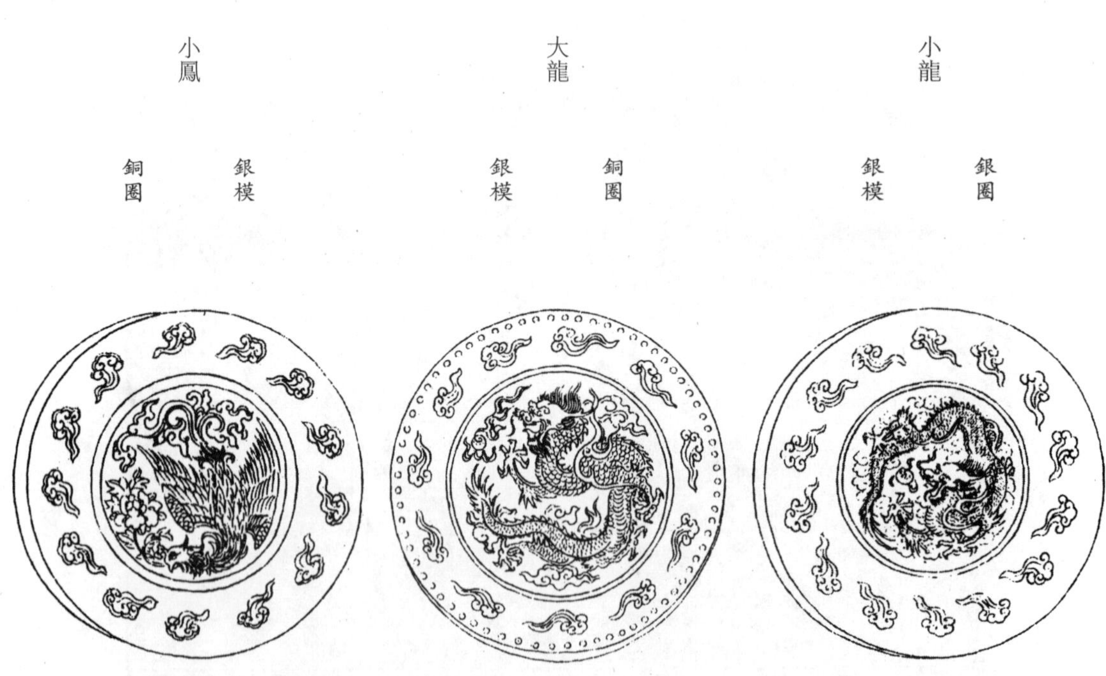
小龍
銀圈
銀模
大龍
銅圈
銀模
小鳳
銀模
銅圈

大鳳

銀模

銅圈

按建安志載，銙式有方圖大小式，無龍鳳則以竹爲圈，其製有龍鳳者始用銀銅爲圈。【略】

先人作《茶録》，當貢茶極盛之時，次序亦同，惟躋龍園勝雪於白茶之上，及無興國巖小龍、小鳳。蓋建炎南渡，有旨罷貢三之一而省去也。按《建安志》載靖康初詔減歲貢三分之一，紹興間復減大龍及京鋌之半，十六年又去京鋌，改造大龍團。至三十二年，凡工用之費，篚羞之式，皆令漕臣耑之，且減其數。雖府貢龍鳳茶亦附漕綱以進，與此小異。先人但著名號，克今更寫其形製，庶覽之者無遺恨焉。先是壬子春漕司再葺茶政，越十三載，乃復舊額，且用政和故事，補種茶二萬株。政和間曾種三萬株。次年，益虔貢職遂創增之目，仍改京鋌爲大龍團，由是大龍多於大鳳之數。凡此皆近事，或者猶未知之也。先人又嘗作《貢茶歌》十首，讀之可想見異時之事，故併取以附於末。三月初，吉男克北苑寓舍書。

北苑貢茶最盛，然前輩所録止於慶曆以上，自元豐之密雲龍，紹聖之瑞雲龍相繼挺出，制精於舊，而未有好事者記焉，但見於詩人句中，及大觀以來增創新銙，亦猶用揀芽。蓋水芽至宣和始有，故龍園勝雪與白茶角立，歲充首貢。復自御苑玉芽以下，厥名實繁。先子親見時事，悉能記之，成編具存。今閩中漕臺新刊《茶録》未備，此書庶幾補其缺云。淳熙九年冬十二月四日，朝散郎行秘書郎兼國史編脩官學士院權直熊克謹記。

宋・劉松年《茗園賭市圖》

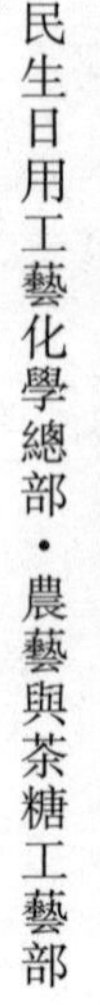

又《撵茶圖》臺北故宫博物院藏。

元・趙孟頫《鬥茶圖》

遼墓壁畫《備茶圖》《河北宣化遼代壁畫墓》

遼墓壁畫《備茶圖》《宣化遼墓》。

遼墓壁畫《備茶圖》《宣化遼墓》。

遼墓壁畫《備茶圖》《河北宣化遼代壁畫墓》

明・朱橚《救荒本草・木部・茶樹》　茶樹𣘻《本草》有茗、苦𣘻與茶字同。《圖經》云：生山南漢中山谷，閩、浙、蜀、荆、江、湖、淮南山中皆有之；惟建州北苑數處産者，性味獨與諸方不同。今密縣梁家衝山谷間，亦有之。其樹大小皆類梔子。春初生芽，爲雀舌、麥顆；又有新芽，一發便長寸餘，微麁如針，漸至環脚、軟枝條之類。葉老則似水茶臼葉而長；又似初生青岡橡葉而小，光澤。又云：冬生葉，可作羹飲。巨呼早採者爲𣘻與茶字同，晚取者爲茗，一名荈音喘。蜀人謂之苦𣘻，今通謂之茶。茶、茶聲近，故呼之。又有研治作餅，名爲臘茶者，皆味甘、苦，性微寒，無毒。加茱萸、葱、姜等良。又别有一種，蒙山中頂上清峰茶，云春分前後，多聚人力，候雷初發聲，並手齊採，若得四兩，服之即爲地仙。

救饑　採嫩葉或冬生葉，可煮作羹食。或蒸焙作茶，皆可。

治病　文具《本草》本部「茗、苦𣘻」條下。

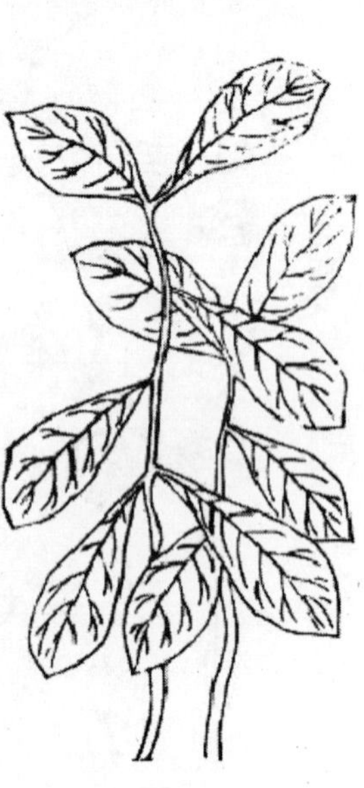

茶樹

明・王圻　王思義《三才圖會・草木八・木類》

茶樹

茶樹，《本草》名苦𣘻。其樹大小皆類梔子，春初生芽，可作羹飲。世呼早採者爲茶，晚取者爲茗，一名荈，蜀謂之苦𣘻，今通謂之茶，皆味甘苦，性微寒，無毒，主瘻瘡，利小便，去痰熱，渴，令人少睡。苦𣘻，主下氣，消宿食。

茶樹

清・吴其濬《植物名實圖考》卷三四《木類》　雲葉　《救荒本草》，雲葉生密縣山野中。其樹枝葉皆類桑，但其葉如雲頭花叉；又似木欒樹葉微闊。開細青黄花，其葉味微苦，採嫩葉煠熟，換水浸淘去苦味，油鹽調食。或蒸曬作茶尤佳。

黄楝樹　《救荒本草》，黄楝樹生鄭州南山野中，葉似初生椿樹葉而極小；又似楝葉，色微帶黄，開花紫赤色，結子如豌豆大，生青，熟亦紫赤色。葉味苦，採嫩芽葉煠熟，換水浸去苦味，油鹽調食。蒸芽曝乾，亦可作茶煮飲。

又　卷三五《木類》

茶　茶，《唐本草》始著録。《爾雅》檟、苦荼。《注》，早采爲荼，晚爲茗。陸羽茶經，源委朗晰，故備載之。

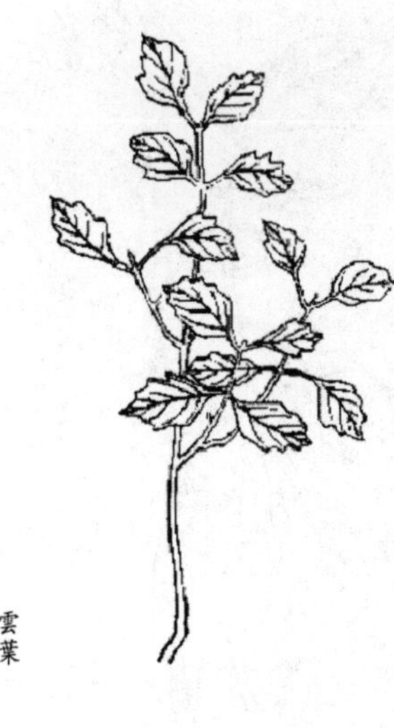
雲葉

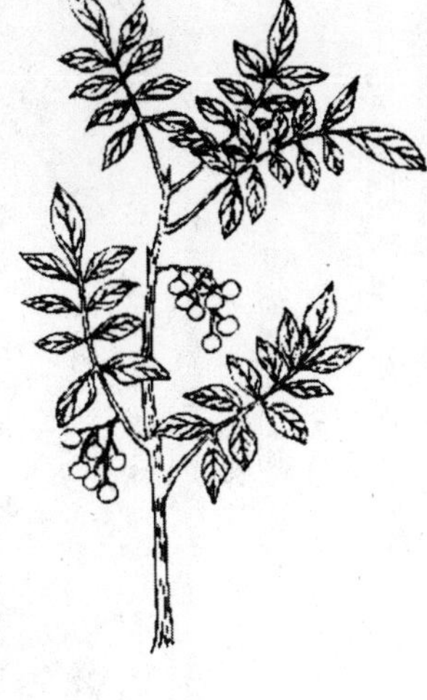
黄楝樹

茶

山茶　山茶，《本草綱目》始著録。《救荒本草》，葉可食，及作茶飲。其單瓣結實者，用以擣油。山地種之。花治血證。

山茶

藝文

晉·杜預《荈賦》《藝文類聚》卷八二　靈山惟嶽，奇産所鍾。厥生荈草，彌谷被崗。承豐壤之滋潤，受甘靈之霄降。月惟初秋，農功少休，結偶同旅，是采是求。水則岷方之注，挹彼清流，器澤陶簡，出自東隅。酌之以匏，取式《公劉》。惟茲初成，沫沉華浮。煥如積雪，曄若春敷。

唐·顧況《茶賦》《全唐文》卷五二八　稽天地之不平兮，蘭何爲兮早秀，菊何爲兮遲榮？皇天既孕此靈物兮，厚地復糅之而萌。惜下國之偏多，嗟上林之不生。至如羅玳筵，展瑶席，凝藻思，開靈液，賜名臣，留上客。谷鶯囀，宫女嚬，泛濃華，漱芳津，出恒品，先衆珍。君門九重，聖壽萬春。此茶上達於天子也。滋飯蔬之精素，攻肉食之羶膩，發當暑之清吟，滌通宵之昏寐。杏樹桃花之深洞，竹林草堂之古寺。乘槎海上來，飛錫雲中至。此茶下被於幽人也。雅曰不知我者，謂我何求。可憐翠澗陰，中有碧泉流。舒鐵如金之鼎，越泥似玉之甌。輕煙細沫靄然浮，爽氣淡煙風雨秋。夢裏還錢，懷中贈橘，雖神秘而焉求。

唐·皮日休《茶中雜詠並序》《松陵集》卷四　案，《周禮》酒正之職辨四飲之物，其三曰漿，又漿人之職，供王之六飲，水、漿、醴、涼、醫、酏，入於酒府。鄭司

農云：以水和酒也。蓋當時人率以酒醴爲飲，謂乎六漿，酒之醨者也，何得姬公製？《爾雅》云：檟，苦茶。即不擷而飲之，豈聖人之純於用乎？草木之濟人，取捨有時也。

自周已降及於國朝茶事，竟陵子陸季疵言之詳矣。然季疵以前，稱茗飲者，必渾以烹之，與夫瀹蔬而啜者無異也。季疵之始爲《經》三卷，繇是分其源，製其具，教其造，設其器，命其煮，俾飲之者，除痟而去癘，雖疾醫之，不若也。其爲利也，於人豈小哉！

余始得季疵書，以爲備矣。後又獲其《顧渚山記》二篇，其中多茶事；後又太原温從雲、武威段碣之各補茶事十數節，並存於方册。茶之事，繇周至於今，竟無纖遺矣。

昔晉杜育有《荈賦》，季疵有《茶歌》，余缺然於懷者，謂有其具而不形於詩，亦季疵之餘恨也。遂爲十詠，寄天隨子。

茶塢

閒尋堯氏山，遂入深深塢。種荈已成園，栽葭寧記畝。石窪泉似掬，岩罅雲如縷。好是夏初時，白花滿烟雨。《茶經》云，其花白如薔薇。

茶人

生於顧渚山，老在漫石塢。語氣爲茶荈，衣香是烟霧。庭從纇子遮，女耿反。其木如玉色，渚人以爲杖。果任獳師虜。日晚相笑歸，腰間佩輕簍。

茶筍

褎然三五寸，生必依岩洞。寒恐結紅鉛，暖疑銷紫汞。圓如玉軸光，脆似瓊英凍。每爲遇之疎，南山挂幽夢。

茶籝

筤篣曉攜去，驀個山桑塢。開時送紫茗，負處沾清露。歇把傍雲泉，歸將挂烟樹。滿此是生涯，黄金何足數。

茶舍

陽崖枕白屋，幾口嬉嬉活。棚上汲紅泉，焙前蒸紫蕨。乃翁研茗後，中婦拍茶歇。相向掩紫扉，清香滿山月。

茶竈

南山茶事動，竈起岩根傍。水煮石髮氣，薪然杉脂香。青瓊蒸後凝，緑髓炊來光。如何重辛苦，一一輸膏粱。

茶焙

鑿彼碧岩下，恰應深二尺。泥易帶雲根，燒難礙石脉。初能燥金餅，漸見乾瓊液。九里共杉林，皆焙名。相望在山側。

茶鼎

龍舒有良匠，鑄此佳樣成。立作菌蠢勢，煎爲潺湲聲。草堂暮雲陰，松窓殘雪明。此時勺複茗，野語知逾清。

茶甌

邢客與越人，皆能造兹器。圓似月魂墮，輕如雲魄起。棗花勢旋眼，蘋沫香沾齒。松下時一看，支公亦如此。

煮茶

香泉一合乳，煎作連珠沸。時看蟹目濺，乍見魚鱗起。聲疑帶松雨，餑恐生烟翠。儻把瀝中山，必無千日醉。

唐·陸龜蒙《奉和茶具十詠》《松陵集》卷四

茶塢

茗地曲隈回，野行多繚繞。向陽就中密，背澗差還少。遥盤雲髻慢，亂簇香篝小。何處好幽期，滿巖春露曉。

茶人

天賦識靈草，自然鍾野姿。閒來北山下，似與東風期。雨後探芳去，雲間幽路危。唯應報春鳥，得共斯人知。顧渚山有報春鳥。

茶筍

所孕和氣深，時抽玉苕短。輕烟漸結華，嫩蘂初成管。尋來青靄曙，欲去紅雲煖。秀色自難逢，傾筐不曾滿。

茶籝

金刀劈翠筠，織似波文斜。製作自野老，攜持伴山娃。昨日鬬烟粒，今朝貯緑華。争歌調笑曲，日暮方還家。

茶舍

旋取山上材，架爲山下屋。門因水勢斜，壁任岩隈曲。朝隨鳥俱散，暮與雲同宿。不憚採掇勞，衹憂官未足。

茶竈《經》云，茶竈無突。

無突抱輕嵐，有烟映初旭。盈鍋玉泉沸，滿甑雲牙熟。奇香襲春桂，嫩色凌

秋菊。煬者若吾徒，年年看不足。

茶焙

左右擣凝膏，朝昏布烟縷。方圓隨樣拍，次苐依層取。山謡縱高下，火候還文武。見説焙前人，時時炙花脯。紫花焙，人以花爲脯。

茶鼎

新泉氣味良，古鐵形狀醜。那堪風雪夜，更值烟霞友。曾過頳石下，又住清溪口。頳石、清溪皆江南出茶處。且共薦臯盧，茶名。何勞傾斗酒。

茶甌

昔人謝塸埞，徒爲妍詞飾。劉孝成集有謝塸埞啓。豈如珪璧姿，又有烟嵐色。光參筠席上，韻雅金罍側。直使於闐君，從來未嘗識。

煮茶

閒來松間坐，看煑松上雪。時於浪花裏，併下藍英末。傾餘精爽健，忽似氛埃滅。不合别觀書，但宜窺玉札。

宋·蘇軾《試院煎茶》《蘇軾詩集》卷八　蟹眼已過魚眼生，［王註任居實曰］蔡君謨作《茶辨》，辨水泉，煎飲等，極爲詳備，有蟹眼、魚眼、用湯之法。《茶經》云：凡候湯有三沸。如魚眼微有聲，爲一沸。緣邊如湧泉連珠，爲二沸。騰波鼓浪，爲三沸，則湯老。颼颼欲作松風鳴。［查註］吳許次杼《茶疏》：水一入銚，便須急煮，候有松聲即去。［合註］《水經注》：風颼颼而颾颾。蒙茸出磨細珠落，眩轉遶甌飛雪輕。銀瓶瀉湯誇第二，［王註續曰］惠山泉，煎茶爲第二。［次公曰］此乃是尋常點茶時，先略傾瓶中湯，方點，謂之第二湯也。未識古人煎水意。［公自註］古語云：煎水不煎茶。君不見昔時李生好客手自煎，［合註］《史記·馮讙傳》：聞孟嘗君好客。貴從活火發新泉。［王註］《因話録》：李約嗜茶，能自煎，謂人曰：「茶須緩火炙，活火煎。」活火，謂炭之有焰方熾者。又不見今時潞公煎茶學西蜀，［合註］潞公煎茶事，無考。定州花瓷琢紅玉。［查註］《茶疏》：茶甌取古定窑兔毛花者，亦磑碾茶用之宜耳。其在今日，純白爲佳，兼貴於小定窑。我今貧病常苦飢，分無玉盌捧蛾眉。且學公家作茗飲，塼爐石銚行相隨。［合註］《廣韻》：銚，燒器。不用撐腸拄腹文字五千卷，［王註］盧仝《謝孟諫議寄新茶》詩：三椀搜枯腸，惟有文字五千卷。但願一甌常及睡足日高時。［王註］盧仝《新茶》詩：日高丈五睡正濃，軍將打門驚周公。［合註］鄭谷詩：顧渚一甌春有味。［翁方綱云］是時甫用王安石議，改取士之法，罷詩賦、帖經、墨義，專以策，限定千言。故先生呈諸試官詩云：聊欲廢書眠，秋濤春午枕。正與此篇末句意同。「未識古人煎水意，且學公家作茗飲」，亦皆此意。

又《月兔茶》《蘇軾詩集》卷九

［查註］《黄山谷集》有都濡月兔茶。按涪州有廢都濡縣，月兔茶此地所産。

環非環，玦非玦，［合註］《爾雅·釋器》：肉好若一謂之環。中有迷離玉兔兒。［合註］盧士開《日月如合璧賦》：金烏共色，玉兔增輝。一似佳人裙上月，月圓還缺缺還圓，［王註］《禮記·禮運》：大月三五而盈，三五而闕。此月一缺圓何年。君不見鬬茶公子不忍鬬小團，［邵註］歐陽公有《鬬茶歌》。上有雙銜綬帶雙飛鸞。［王註次公曰］唐制，詔書有鶻銜綬帶、雁銜威儀之别。［合註］《唐書·車服志》：賜節度使鶻銜綬帶，謂其有威儀也。又，袍襖之制，三品以上服綾，以鶻銜瑞草，雁銜綬帶。非言詔書也。

又《遊諸佛舍，一日飲釅茶七盞，戲書勤師壁》《蘇軾詩集》卷一〇

［查註］《傳燈録·夾山偈》云：釅茶三五椀，意在钁頭邊。

示病維摩元不病，［施註］《維摩經》：維摩詰言：從癡有愛，則我病生；以一切衆生病，是故我病：若一切衆生得不病者，則我病滅。在家靈運已忘家。［施註］《傳燈録》：烏窠禪師曰：「汝若了浄智妙圓體自空寂，即其出家，何假外相，汝當爲在家菩薩戒施俱修，如謝靈運之流也。」何須魏帝一丸藥，［施註］《宋·樂志》：魏文《折楊柳行》：西山一何高，高高殊無極。上有兩仙童，不飲亦不食。賜我一丸藥，光耀有五色。服之四五日，身體生羽翼。且盡盧仝七椀茶。［王註］盧仝《謝孟諫議寄新茶》詩：一椀喉吻潤；二椀破孤悶；三椀搜枯腸，惟有文字五千卷；四椀發輕汗，平生不平事，盡向毛孔散；五椀肌骨清；六椀通仙靈；七椀喫不得也，惟覺兩腋習習清風生。

又《和錢安道寄惠建茶》《蘇軾詩集》卷一一

［查註］錢安道，名顗。《輿地廣記》：建州，秦屬閩中郡。吳永安三年，分置建安郡。唐武德四年，立建州。宋升建寧軍，有茶山，屬建安縣。熊蕃《北苑貢茶録》：陸羽《茶經》、裴汶《茶述》皆不第建品，至唐末，然後北苑茶出，爲之最。［合註］《夢溪筆談》：古人論茶，未言建溪，然唐人重串茶，已近建餅。建茶皆喬木，吳、蜀、淮南，惟叢茇而已。

我官於南今幾時，嘗盡溪茶與山茗。胸中似記故人面，口不能言心自省。爲君細説我未暇，試評其略差可聽。【誥案】錢顗、劉琦力攻王安石、曾公亮，並請罷斥，被逐。顗將山臺，於衆座罵御史孫昌齡曰：「君以奴事安石，得爲御史，自謂得策，即我視君，犬彘之不若也。」遂拂衣上馬。以上史傳所載。公此詩雖和寄茶，特有意搭入錢顗并作，故於首節提清脈絡如此。建溪所産雖不同，一一天與君子性。森然可愛不可慢，［合註］

郭璞《桂讚》：森然雲挺。骨清肉膩和且正。雪花雨脚何足道，［王註子仁曰］雪花、雨脚，謂茶也。見《駢珠集》。啜過始知真味永。縱復苦硬終可録，汲黯少戇寬饒猛。［王註］《漢書》：汲黯曰：「陛下内多欲，而外施仁義。」上怒，變色而罷朝。退謂人曰：「甚矣，汲黯之戇也。」《蓋寬饒傳》：爲司隸校尉，好言事，奸犯上意，自剄北闕下。又，鄭昌訟寬饒曰：「山有猛獸，藜藿爲之不採。」草茶無賴空有名，高者妖邪次頑懭。［查註］《品茶要録》：陸羽號爲知茶，然所知者，皆今之所謂草茶。蓋草茶味短而淡，故嘗恐去膏，建茶力厚而甘，故惟欲去膏。體輕雖復强浮沉，性滯偏工嘔酸冷。其間絶品豈不佳，張禹縱賢非骨鯁。［王註］《漢書》：張禹罷相家居。永始、元延之間，日食、地震尤數。吏民多上書，言災異之應，譏切王氏專政所致。成帝以示禹，禹曰：「春秋日食、地震，或爲諸侯相殺，或夷狄侵中國，新學小生，亂道誤人，宜無信用。」上由此不疑王氏。《贊》曰：禹以儒宗，居宰相位，其醖藉可也。然持禄保位，被阿諛之譏。［合註］《史記·專諸傳》：無骨鯁之臣。【誥案】紀昀曰：將人比物，脱盡用事之痕，開後人多少法門。葵花玉銙不易致，［查註］建安貢茶，方者爲銙，葵花乃其形製也。道路幽險隔雲嶺。［合註］江逌詩：鴻雁薄雲嶺。誰知使者來自西，開緘磊落收百餅。［王註］盧仝《謝孟諫議新茶》詩：開緘宛見諫議面，手閲月團三百片。嗅香嚼味本非别，透紙自覺光炯炯。粃糠團鳳友小龍，［王註］《歸田録》：茶品莫貴於龍鳳，謂之團茶，大者凡八餅，重一斤。慶曆中，蔡君謨爲福建轉運使，始造小品龍茶以進，其品精絶，謂之小團，凡二十餅重一斤。每南郊致齋，中書、樞密各賜一餅，宫人縷金花於其上，其貴重如此。［合註］《莊子·逍遥遊篇》：是其塵垢粃糠。奴隸日注臣雙井。［王註］《歸田録》：草茶盛於兩浙，兩浙之品，且注爲第一。自景祐以後，洪州雙井白芽漸盛，近歲制作尤精，其品遠出日注上，遂爲草茶第一。［查註］施宿《會稽志》：日鑄嶺在會稽縣，其陽坡名油車，朝暮常有日色，産茶絶奇，故謂之日鑄。《避暑録》：草茶極品雙井，在分寧縣黄氏。收藏愛惜待佳客，不敢包裹鑚權倖。［王註］《漢書》：商鞅挾三術，以鑽孝公。［合註］《唐書·韋陟傳》：頗餉謝權倖，欲自結。此詩有味君勿傳，空使時人怒生癭。［王註］《三國志》：賈逵在弘農，與典農校尉争，公事不得理，發憤生癭。［查註］《烏臺詩案》：熙寧六年，軾任杭州通判日，因本路運司差往潤州勾當公事，經過秀州，錢顗在秀州監酒税，曾作臺官，始於秀州與之相見。顗作詩一首，送茶與軾，軾復與詩一首謝之。除無譏諷外，「草茶無賴空有名」二句，以譏世之小人，乍得權用，不知上下之分，若不諂媚妖邪，即須頑獷狠劣。又「體輕」二句云云，亦以譏世之小人，體輕浮而性滯泥也。又「其間」二句云云，亦以譏世之小人，如張禹雖有學問，細行謹防，終非骨鯁之臣。又「收藏愛惜」四句，以譏世之小人，有以好茶鑽貴要者，聞此詩當大怒也。上件係降到册子内。

又《和蔣夔寄茶》《蘇軾詩集》卷一三

［施註］夔赴代州教授，子由有送行詩。［查註］本集有《送蔣夔赴代州學官》詩。［合註］《續通鑑長編》：元豐二年正月，京兆府學教授蔣夔言，釋奠，顔子與孔子無少異，而九人之像，坐於兩旁，樽酒豆肉不及，乞下禮官詳定。禮官言，九人各設籩豆俎簠簋爵，命官分獻，從之。竊意夔必熙寧末先任代州，元豐二年調任京兆。至其鄉里及熙寧八九年事，則無可考矣。【誥案】公與子由送蔣夔赴代州學官作詩，乃熙寧十年在汴京事。前註所引，皆後事也。

我生百事常隨緣，四方水陸無不便。扁舟渡江適吴越，三年飲食窮芳鮮。金虀玉膾飯炊雪，［施註］《大業拾遺》：吴郡獻松江鱸魚膾，須八九月霜下之時。鱸魚白如雪，取三尺以下者作之，以香菜花葉相間，和以細縷金橙食之，所謂金虀玉膾，東南之佳味也。［合註］杜子美《孟冬》詩：香稻雪翻匙。海螯江柱初脱泉。［王註厚曰］海螯，言蟹也。江柱，江瑶柱也。［施註］白樂天《放魚》詩：脱泉雖已久，得水猶可蘇。臨風飽食甘寢罷，一甌花乳浮輕圓。自從捨舟入東武，［施註］《漢·地理志》：琅琊郡東武縣。沃野便到桑麻川。［王註子仁曰］先生《超然臺記》云：余自錢唐，移守膠西。釋舟楫之安，而服車馬之勞；去雕牆之美，而蔽采椽之居；背湖山之觀，而行桑麻之野。即此詩中意也。［施註］《文選》張平子《西京賦》：廣衍沃野，厥田上上。剪毛胡羊大如馬，［合註］張平子《東京賦》：射不剪毛。誰記鹿角腥盤筵。［王註子仁曰］鹿角，小魚也。先生詩嘗云：聊將充鹿角。［合註］白樂天詩：盤筵占地施。廚中蒸粟堆飯甕，［王註子仁曰］山東人埋肉於飯下而食之，謂之飯甕。大杓更取酸生涎。［公自註］山東喜食粟飯，飲酸醬。［施註］《世説》：諸阮飲酒，不復用常杯斟酌，以大甕盛酒，圜坐相向，大杓更飲之。柘羅銅碾棄不用，［查註］蔡君謨《茶録》：茶羅以絶細爲佳，羅底用東川鵝溪絹之密者，投湯中，揉洗以羃之。茶碾，以銀或鐵爲之。黄金性柔，銅及鍮石皆能生鉎，不入用。脂麻白土須盆研。［王註師曰］蜀人以脂麻白土煎茶。故人猶作舊眼看，［王註］《吴志·吕蒙傳》：士别三日，即更刮目相待。謂我好尚如當年。［合註］《蜀志·法正傳》雖好尚不同。沙溪、北苑强分别，［施註］丁謂《茶録》：北苑，里名。官焙曰龍焙，蓋造御茶也。吕仲吉《茶記》：壑源其别有八，沙溪其一也。［查註］黄儒《品茶要録》：壑源、沙溪，其地相背，中隔一嶺，無數里之遠，然茶産頓殊。凡壑源之茶售以十，則沙溪之茶售以五。《石林避暑録》：北苑茶土所産爲曾坑，謂之正焙。非曾坑爲沙溪，謂之外焙。按壑源、沙溪，皆北苑地名。水脚一綫争誰行。［施註］蔡君謨《茶録》：建安鬭試，以水痕先者爲負，耐久者爲勝。故較勝負之説曰，相去一水兩水。清詩兩幅寄千里，紫金百餅費萬錢。［合註］杜子美《飲中八仙歌》詩：左相日興費萬錢。吟哦烹噍兩奇絶，［合註］《説文》：噍，齧也。只恐偷乞煩封纏。老妻穉子不知愛，一半已入薑鹽煎。［王註師民瞻曰］薑鹽煎茶，

亦蜀中風俗。[查註]本集《題薛能茶詩後》云：唐人煎茶用薑。故能詩云：鹽慎添長戒，薑宜著更誇。據此，則又有用鹽者矣。近世亦有用此二物者，輒大笑之，然茶之中等者，用薑煎信佳也，鹽則不可。人生所遇無不可，南北嗜好知誰賢。死生禍福久不擇，更論甘苦争蚩妍。[合註]趙壹《疾邪賦》：孰知辨其蚩妍？知君窮旅不自釋，因詩寄謝聊相鐫。

又《記夢回文二首　并叙》《蘇軾詩集》卷二一　十二月二十五日，大雪始晴。夢人以雪水烹小團茶，使美人歌以飲。余夢中爲作《回文》詩，覺而記其一句云：亂點餘花唾碧衫。意用飛燕唾花故事也。乃續之，爲二絶句云。

其一

酡顔玉盌捧纖纖，[王註]《楚辭》宋玉《招魂》：美人既醉，朱顔酡些。韓退之《會合聯句》：孟郊云：雪絃寂寂聽，茗盌纖纖捧。[任居實曰]「纖纖」當作「攕攕」，音師咸切，亦好手貌，乃與韻相葉，恐傳寫誤。亂點餘花唾碧衫。[王註]《趙飛燕外傳》：后與其妹倢伃坐，后誤唾倢伃袖。倢伃曰：「姊唾染人紺褎，正似石上花，假令尚方爲之，未能如此衣之華。」以爲石華廣袖。歌咽水雲凝静院，夢驚松雪落空巖。[王註]杜子美《謁真諦寺禪師》詩：晴雪落長松。[施註]《文選》顔延年《贈王太常》詩：山明望松雪。

其二

空花落盡酒傾缸，【詁案】此「空花」字借作雪解，猶言自空而落也。日上山融雪漲江。紅焙淺甌新火活，龍團小碾鬭晴窗。

又《黄魯直以詩餽雙井茶，次韻爲謝》《蘇軾詩集》卷二八

[查註]《茶事雜録》：雙井在寧州西三十里，黄山谷所居也。其南溪心有二井，土人汲以造茶，爲草茶第一。《清波雜志》：雙井因山谷乃重。《山谷集·雙井茶送子瞻》詩云：人間風月不到處，天上玉堂森寶書。想見東坡舊居士，揮毫百斛寫明珠。我家江南摘雲腴，落磑霏霏雪不如。爲公唤起黄州夢，獨載扁舟向五湖。【詁案】此詩施編不載，查註從邵本補編上卷元年十一月詩前。今改編於此，餘詳案中。[案]總案云：合註謂《山谷集·送雙井茶》詩，編於二年，則次韻詩亦爲二年所作。今考雙井茶，乃其家間所産，則所餽者必新茶也。因改編二年春，則兩地皆合矣。

江夏無雙種奇茗，汝陰六一誇新書。[合註]指歐陽永叔也。見詩末自註。磨成不敢付僮僕，自看雪湯生璣珠。列仙之儒瘠不腴，只有病渴同相如。[馮註]《史記》：相如口吃而善著書，常有消渴疾。明年我欲東南去，畫舫何妨宿太湖。[公自註]《歸出録》：草茶以雙井爲第一。畫舫宿太湖，顧渚貢茶故事。[查註]白樂天詩：十隻畫船何處泊？洞庭山脚太湖心。

又《新茶送簽判程朝奉，以饋其母，有詩相謝，次韻答之》《蘇軾詩集》卷三二

[施註]程朝奉，名遵彦，字之邵。舉進士。簽書杭州節度判官，文學吏事，皆有可觀。事母孝謹，有絶人者。在東坡幕府二年，替還，有詩送赴闕。公再入翰林，薦之於朝，擢宗正丞。後使廣西，入爲祠部郎，提點兩浙刑獄。[合註]《續通鑑長編》元豐七年四月載：詔廣南西路總署司勾當公事宣德郎程遵彦爲通直郎。

縫衣付與溧陽尉，[王註次公曰]孟郊爲溧陽尉，有《游子吟》云：慈母手中線，游子身上衣。臨行密密縫，意恐遲遲歸。[施註]《唐·孟郊傳》：字東野。年五十登進士第，調溧陽尉。舍肉懷歸潁谷封。聞道平反供一笑，會須難老待千鍾。[施註]《毛詩·魯頌·泮水》：既飲旨酒，永錫難老。《莊子·寓言篇》：曾子再仕，而心再化，曰：「吾及親仕三釜而心樂，後仕三千鍾不洎，吾心悲。」火前試焙分新胯，[王註]《品茶要録》云：茶事起於驚蟄前，其初造曰試焙，又曰一火，共次曰三火。故市茶者，唯伺出於三火之前者，爲最佳。[查註]《苕溪漁隱叢話》：水揀茶，即社前者；生揀茶，即火前者；粗色茶，即雨前者。熊蕃《北苑茶録》有貢新胯、試新胯之名。雪裏頭綱輟賜龍。[施註]《茶録》：福建貢茶，每若干計綱以進。國朝故事，第一綱團茶至，即分賜近臣。從此升堂是兄弟，[施註]《三國·吴·周瑜傳》：孫策與瑜同年，獨相友善，升堂拜母，有無通共。《張昭傳》：孫策創業，命昭爲長史，升堂拜母，如比肩之舊。一甌林下記相逢。[合註]程爲先生同縣人，故末句云然。

又《種茶》《蘇軾詩集》卷四〇　松間旅生茶，[施註]《後漢·光武紀》：野穀旅生。註：旅，寄也。已與松俱瘦。茨棘尚未容，蒙翳争交構。天公所遺棄，百歲仍穉幼。紫筍雖不長，[王註]陸羽《茶經》：紫者上，緣者次；筍者上，芹者次。又《茶譜》：袁州之界橋，其名甚著，不若湖州之研膏、紫筍。孤根乃獨壽。移栽白鶴嶺，土軟春雨後。彌旬得連陰，似許晚遂茂。能忘流轉苦，[王註]杜子美《曲江》詩：寄語風光共流轉，暫時相賞莫相違。戢戢出鳥咮。[王註厚曰]《茶譜》：蜀州雀舌、鳥觜、麥顆，蓋取其嫩芽所造，以其芽似之也。未任供春磨，且可資摘嗅。千團輸太官，[施註]《漢·百官表》：太官七丞，主天子飲食。[合註]《漢書·表》：少府掌山海地澤之税，以給共養。屬官有太官七丞。註：少府以養天子，太官主膳食。百餅衒私鬭。[王註次公曰]南中以茶相勝，謂之鬭茶。《茶經》云：建人以鬭茶爲茗戰。何如此一啜，有味出吾囿。【詁案】紀昀曰：委曲真樸，説得苦樂相關。

又《汲江煎茶》《蘇軾詩集》卷四三　活水還須活火烹，［公自註］唐人云：茶須緩火炙，活火煎。［施註］《因話録》：活火，謂炭之焰也。［查註］《蛩溪詩話》：唐趙璘述《因話録》載：其家兵部，性嗜茶，能自煎，嘗謂人曰：「茶須緩火炙，活火煎。」坡有「活火還須緩火煎」，恐亦用此。施氏原註亦引此條，末云：「活火，謂炭之焰也。」自臨釣石取深清。大瓢貯月歸春甕，小杓分江入夜瓶。茶雨已翻煎處脚，［王註次公曰］烹茶論脚者尚矣。《茶譜》：袁州之界橋，其茶名甚著，不若湖州之研膏、紫筍，烹之有緑脚垂下也。［施註］《茶録》：凡茶，湯多茶少則脚散，湯少茶多則脚聚。松風忽作瀉時聲。枯腸未易禁三椀，坐聽荒城長短更。［王註次公曰］言其撾數之寡者爲短，多者爲長也。［查註］楊誠齋極賞此詩，謂一篇之中，句句皆奇，一句之中，字字皆奇。【誥案】紀昀曰：細膩而出以脱灑，細膩易於粘滯，如此脱灑爲難。

宋·黃庭堅《黃庭堅詩集注·山谷詩集注》卷二《謝送碾壑源揀芽》　矞雲從龍小蒼璧，元豐至今人未識。《西京雜記》曰：雲外赤内青，謂之矞雲。雲二色曰矞，亦瑞雲也。「矞」音以律反。《易》曰：雲從龍。按張舜民小説云：熙寧末，神廟有旨，下建州，製密雲龍，其品又高於小團。壑源包貢第一春，緗奩碾香供玉食。「第一春」謂元豐元年，建州茶以北苑壑源爲上，沙溪爲下。《書》曰：厥包橘柚錫貢。又曰：惟辟玉食。睿思殿東金井欄，甘露薦椀天開顔。［睿思］蓋神宗便殿，在垂拱殿後。太白詩：絡緯秋啼金井欄。按戴延之《西征記》曰：太極殿上有金井蘭，金博山，鹿盧，蛟龍負山於井上。陸羽《顧渚山記》載王智深《宋録》曰：豫章王子尚訪曇清道人於八公山，道人設茶茗，子尚味之曰：「此甘露也，何言茶茗焉。」老杜詩：天顔有喜近臣知。選詩：開顔披心胸。橋山事嚴庀百局，補衮諸公省中宿。《史記》：黃帝葬橋山。注曰：橋山在上郡。此句謂作神宗裕陵也。《孟子注》曰：事嚴喪事急。《左傳》曰：官庀其司。老杜詩：諸公衮衮登臺省。《魏都賦》曰：禁臺省中，建闔對廊。《詩》：衮職有闕，惟仲山甫補之。中人傳賜夜未央，雨露恩光照宫燭。《庭燎》詩曰：夜如何其，夜未央。又《蓼蕭》箋曰：露者，天所以潤萬物，喻王者恩澤，不爲遠則不及也。杜詩：氣得神仙迥，恩承雨露低。退之詩：宫燭驪山醒。按《周禮·宫正》曰：宫中廟中則執燭。右丞似是李元禮，好事風流有涇渭。「右丞」謂李清臣。《後漢書·黨錮傳序》：學中語曰：「天下模楷李元禮。」元禮名膺，事具本傳。《晉書·王徹之傳》曰：似是馬曹。老杜詩：偶坐似是商山翁。「好事」見《孟子》及《漢書·楊雄傳》。「風流」謂得前賢之流風遺俗，故《前漢書·趙充國等贊》曰：風聲氣俗，自古而然。今之歌謡，慷慨風流猶存耳。嵇康《琴賦》亦曰：體制風流，莫不相襲。而李善注引《淮南子》及仲長統《昌言》，似非佳語。善又注沈休文所作《謝靈運傳論》曰：在下祖習，如風之散，如水之流。蓋此兩字或美或惡，隨所用之意何如耳。任彦昇詩：伊人有涇渭，非余揚濁清。按《谷風詩》注曰：涇渭相入而清濁異。肯憐天禄校書郎，親敕家庭遣分似。《漢書·揚雄傳》：校書天禄閣。上敕謂戒敕也。退之詩曰：寫吾此詩持送似。春風飽識太官羊，不慣腐儒湯餅腸。「春風」謂茶。《國史·職官志》：太官令屬光禄寺，掌膳羞割烹之事。老杜詩：百年粗糲腐儒飡。又云：老樹飽經霜。《漢紀》：高祖曰：「腐儒幾敗乃翁事。」搜攪十年燈火讀，令我胸中書傳香。盧仝《茶歌》曰：三椀搜枯腸，惟有文字五千卷。退之詩曰：炎風日搜攪。《南史·沈攸之傳》曰：早知窮達有命，恨不十年讀書。退之詩：燈火稍可親，簡編可卷舒。《北史·崔㥄傳》：鄭伯猷歎曰：「胸中貯千卷書，使人那得不畏服。」《史記·趙奢傳》曰：括徒能讀其父書傳。已戒應門老馬走，客來問字莫載酒。《莊子》曰：杖藜而應門。晉李密《陳情表》曰：内無應門五尺之僮。又《文選》司馬遷書曰：太史公牛馬走。李善注云：走猶僕也，言爲太史公掌牛馬之僕。《漢書·揚雄傳》：劉棻嘗從雄學作奇字。又曰：有時有好事者，載酒肴，從游學。

又《以小團龍及半挺贈無咎并詩用前韻爲戲》　《談苑》曰：建州茶，李氏別令取其乳作片，或號曰金挺。

我持玄圭與蒼璧，以暗投人渠不識。《書》曰：禹錫玄圭。《周禮》曰：以蒼璧禮天。柳子厚《新茶詩》：圓方麗奇色，圭璧無纖瑕。「暗投」見《鄒陽傳》，具上注。「渠」猶晉人言伊，蓋梁、陳以來語，庾信詩有「無事教渠更相失」之句。老杜《憶弟詩》亦云：吟詩正憶渠。城南窮巷有佳人，不索賓郎常晏食。「佳人」謂無咎，山谷後詩有云：城南晁正字。《南史》：劉穆之少貧，好往妻兄江氏家乞食，食畢求檳榔。江氏戲之曰：「檳榔消食，君乃常飢，何忽須此？」穆之爲丹陽尹，乃令厨人以金柈貯檳榔一斛以進妻兄弟。《戰國策》：顔斶曰：「晚食以當肉。」赤銅茗椀雨斑斑，銀粟翻光解破顔。韓、孟《聯句》曰：茗椀纖纖捧。歐公詩：輕寒漠漠侵駞揭，小雨斑斑作燕泥。「銀粟」謂茗花。老杜詩：將軍且莫破愁顔。樂天詩：一放狂歌一破顔。上有龍文下棋局，探囊贈君諾已宿。「棋局」謂團茶下隱隱有此文，蓋篾痕。《莊子》曰：胠篋探囊。此借用其字。《魯論》曰：子路無宿諾。此物已是元豐春，先皇聖功調玉燭。《易·蒙卦》曰：蒙以養正，聖功也。《爾雅》曰：四氣和謂之玉燭。注云：道光照。晁子胸中開典禮，平生自期莘與渭。《易·繫辭》曰：觀其會通，以行其典禮。此借用，言典章文物，開陳於胸次也。《孟子》曰：伊尹耕於有莘之野。《史記·齊世家》：西伯遇太公於渭之陽。老杜詩：自比稷與契。故用澆君磊隗胸，莫令鬢毛雪相似。「澆胸」見上注。老杜詩：更憶鬢毛斑。退之詩：兩鬢雪白趨埃塵。劉禹錫詩：今宵帝城月，一望雪相似。曲几團蒲聽煮湯，煎成車聲繞羊腸。柳子厚有《斬曲几文》。王介甫詩：獨坐隱團蒲。《文選》魏武《苦寒行》曰：羊腸

阪詰曲，車輪爲之摧。注引《呂氏春秋·九山》曰：太行羊腸，其山盤紆如羊腸，在太原晉陽北。樂天詩：夢尋來路繞羊腸。《王立之詩語》曰：東坡見山谷此句，云：「黄九恁地怎得不窮。」故晁無咎復和云：「車聲出鼎繞九盤，如此佳句誰能識。」雞蘇胡麻留渴羌，不應亂我官焙香。《本草》：水蘇一名雞蘇，胡麻一名巨勝。東坡云：即今油麻也。俗人煮茶，多以此二物雜之。《拾遺記》曰：晉有羌人姚馥，但言渴於酒，羣輩呼爲渴羌。肥如瓠壺鼻雷吼，幸君飲此勿飲酒。《蜀志·張裔傳》：雍闓假鬼教曰：「張府君如瓠壺、外雖澤，而内實粗。」退之《石鼎聯句序》曰：道士倚墻，鼻息如雷鳴。元稹詩：鼻息吼春雷。

又《謝公擇舅分賜茶三首》

其一

外家新賜蒼龍璧，北焙風煙天上來。明日蓬山破寒月，先甘和夢聽春雷。

「外家」謂母家。《史記·吕后紀》曰：吕氏皆以外家惡而幾危宗廟。「北焙」謂建溪北苑官焙。《後漢·竇章傳》：學者稱東觀爲老氏藏室，道家蓬萊山。盧仝《茶歌》曰：手閲月團三百片。退之詩：新月憐半破。又《石鼎聯句·序》云：道士倚墻睡，鼻息如雷鳴。元稹詩：鼻息吼春雷。

其二

文書滿案惟生睡，夢裏鳴鳩喚雨來。乞與降魔大圓鏡，真成破柱作驚雷。

《漢書·刑法志》曰：文書盈於几閣。《文選》嵇康書曰：人間多事，堆案盈几。「魔」以言睡，「鏡」以比茶。「降魔」見佛書，如《楞嚴經》優波離言「親見如來降服諸魔，制諸外道」是也。《楞嚴經》又曰：立大圓鏡，空如來藏。《世説》曰：夏侯玄嘗倚柱讀書，時暴雨，霹靂破所倚柱，玄色無變。《楚辭》曰：凌驚雷，軼駭電。「乞」字作去聲讀。○梁元帝《金樓子》：有人讀書，握卷即睡。梁人謂書爲黄妳，言其怡神養性如乳媪也。東坡詩：引睡文書信手翻。

其三

細題葉字包青箬，割取丘郎春信來。拚洗一春湯餅睡，亦知清夜有蚊雷。

隋蕭大圜《竹花賦》曰：縹枝承露，緗箬來風。《説文注》曰：楚謂竹皮曰箬。音而勺反。《玉篇》云：竹葉也。秦少游作《李公擇行狀》曰：次女適郊祀齋郎丘楫。詩言此茶本欲留遺其婿，今乃見分也。退之詩：割取乖龍左耳來。《選》詩：清夜游西園。《漢書·中山靖王傳》曰：聚蟲成雷。○柳子厚詩：青箬裹鹽歸洞客。

又　卷六《雙井茶送子瞻》雙井在洪州分寧縣，山谷所居也。

人間風日不到處，天上玉堂森寶書。《梁四公記》曰：羅子春爲梁武帝入龍洞求珠，得食如花藥膏飴，食之香美，賫食至京師，得人間風日，乃堅如石，不可食。此句全用其字。《龍濟頌》云：日月不到處，特地好乾坤。「玉堂」見上注。《文選》江淹《擬休上人詩》曰：寶書爲君掩。李善注引《道學傳》曰：夏禹撰真靈之玄要，集天官之寶書。想見東坡舊居士，揮毫百斛瀉明珠。蘇公元豐二年謫黄州，築室於東坡，自號東坡居士。老杜《八仙歌》曰：揮毫落紙如雲煙。盧綝《四注起事》曰：張方劫晉帝四遷，輦真珠百餘斛。我家江南摘雲腴，落磑霏霏雪不如。《神仙傳》：太真夫人曰：「九轉丹四名朱光，雲碧之腴。」《文選·苦寒行》：雪落何霏霏。李善注引《詩》曰：雨雪霏霏。老杜詩：新詩錦不如。爲君唤起黄州夢，獨載扁舟向五湖。老杜詩：衆雛爛熳睡，唤起霑盤飧。杜牧詩：十年一覺楊州夢，贏得青樓薄倖名。《越語》曰：范蠡乘輕舟，以浮於五湖。此云「獨載」，言不與西子俱也。

省中烹茶懷子瞻用前韻

閣門井不落第二，竟陵谷簾定誤書。舊本云：「閣門井似谷簾水，可憐不載竟陵書。」○《東京記》曰：文德殿兩掖有東西上閤門，予嘗聞故老云：「東上閤門之東，有井絶佳。」《傳燈録》：潙山曰：「思而知之，落在第二頭。」《唐書·陸羽傳》：羽字鴻漸，復州竟陵人，羽嗜茶，著《經》三篇。陳舜俞《盧山記》曰：康王谷有水簾，飛泉被巖而下者，二三十派，其高不可計，其廣七十餘尺，陸鴻漸《茶經》嘗第其水爲天下第一。按張又新《煎茶水記》載，爲李季卿論水次第，有二十種，以盧山康王谷水第一。歐公作《大明水記》，頗疑其與羽經相反云。思公煮茗共湯鼎，蚯蚓竅生魚眼珠。退之集《彌明石鼎聯句》曰：時於蚯蚓竅，微作蒼蠅鳴。《茶經》：侯湯有三沸，如魚目，微有聲，爲一沸。《選》詩：魚目笑明月，李善注引《雒書》曰：秦失金鏡，魚目入珠。置身九州之上腴，争名燄中沃焚如。「上腴」謂京師。班固《西都賦》曰：華實之毛，則九州之上腴。《法華經》曰：澍日露法雨，滅除煩惱焰。夫朝市争名之士，肝肺内熱，何異爲烈焰焚炙哉。《易·離卦》之九四曰：突如其來如焚如。但恐次山胸磊隗，終便酒舫石魚湖。元注云：「元次山《石魚湖歌》曰：石魚湖，似洞庭，夏水欲滿君山青。疾風三日作大浪，不能廢人運酒舫。」詩意謂東坡無争名之病，不用飲茶，而胸中磊隗，政須以酒澆之耳。「磊隗」用阮籍事，見上注。「便」字作平聲讀。

以雙井茶送孔常父

校經同省並門居，無日不聞公讀書。故持茗椀澆舌本，要聽六經如貫珠。按《實録》：元祐元年五月，以秘書省正字孔武仲爲校書郎。古樂府《東飛伯勞歌》曰：誰家女兒對門居。《晉書·殷仲堪傳》曰：三日不讀《道德經》，便覺舌本間强。《樂記》曰：歌者纍纍乎端如貫珠。心知韻勝舌知腴，何似寶雲與真如。《史記·呂不韋傳》曰：子楚心知所謂。《文選·頭陀寺碑》曰：道勝之韻，虚往實歸。歐公《雙井茶詩》曰：實雲目注非不精，争新棄舊世人情。○柳文：脱細故於胸中，味道腴於舌端。湯餅作魔應午寢，慰公渴夢吞江湖。「作魔」謂睡魔也。《傳燈録·降魔藏禪師傳》：秀師曰：「此無山精木

怪，汝翻作魔耶？」《唐文粹》有《何諷夢渴賦》曰：奔九江，走五湖。末句曰：以吾此夕之一夢，見自古不足者之心。左太沖《吳都賦》曰：或吞江而納漢。

又　卷八《博士王揚休碾密雲龍同事十三人飲之戲作》　亂雲蒼璧小盤龍，貢包新樣出元豐。並見上注。王郎坦腹飯牀東，太官分物來婦翁。《晉書・王羲之傳》：郗鑒使門生求女婿於王導。導令就東廂，徧觀子弟門生。歸曰：「一人在東牀坦腹食，獨若不聞。」鑒曰：「正此佳婿邪！」訪之，乃羲之也。遂妻之。《國史・職官志》：翰林司，掌供果實茶茗，屬太官令。棘圍深鎖武成宮，談天進士雕虛空。國朝試進士，多在武成王廟。熙豐間，進士高談性命，溺於虛無。元祐初，其習猶在。《史記・荀卿傳》曰：騶衍之術迂大而閎辯；騶奭文具難施。故齊人頌曰：「談天衍，雕龍奭。」佛氏《婆沙論》曰：欲畫虛空，令成五色，只益自勞。鳴鳩欲雨喚雌雄，南嶺北嶺宮祉同。言程文聲調一律也。歐公詩曰：天將陰，鳴鳩逐婦鳴中林，鳩婦怒啼無好音。午窗欲眠視濛濛，喜君開包碾春風。注湯官焙香出籠。「官焙」即建谿北焙。非君灌頂甘露椀，幾爲談天乾舌本。《蓮經》偈云：世尊慧燈明，我聞受記音。心歡喜充滿，如甘露見灌。《華嚴經》頌云：則蒙十方一切佛手，以甘露灌其頂。「甘露」及「舌本」並見上注。《晉書・蔡謨傳》：謝尚曰：「卿讀《爾雅》不熟，幾爲勤學死。」

答黃冕仲索煎雙井并簡揚休冕仲名裳。

江夏無雙乃吾宗，同舍頗似王安豐。《後漢・黃香傳》：博學能文章，京師號曰：「天下無雙，江夏黃童。」老杜詩：吾宗老孫子。李邕詩亦云：吾宗固神秀。《漢書・直不疑傳》曰：其同舍有告歸。《晉書》：王戎封安豐侯，善發談端，賞其要會。此引用，以屬王揚休。能澆茗椀湔祓我，風袂欲挹浮丘翁。「湔祓」見上注。《文選》郭璞《游仙詩》云：左挹浮丘袖，右拍洪崖肩。李善注引《列仙傳》曰：浮丘公接王子喬，以上嵩高山。吾宗落筆賞幽事，秋月下照澄江空。「落筆」見上注。老杜詩：幽事頗相關。又云：幽事亦可悅，秋月澄江言。詩之清絕如此。家山鷹爪是小草，敢與好賜雲龍同。山谷家於雙井。歐公《雙井茶詩》云：西江水道江石老，石上生茶如鳳爪。此云「鷹爪」，亦其比也。「小草」見上注。《周禮・天官・玉府》曰：凡王之好賜，共其貨賄。注謂有所善則賜予之。不嫌水厄幸來辱，寒泉湯鼎聽松風。夜堂朱墨小燈籠。《伽藍記》曰：王濛好茶，人至輒飲之，士大夫甚以爲苦。每欲候濛，必云：「今日有水厄。」東坡《試院煎茶詩》曰：蟹眼已過魚眼生，颼颼欲作松風鳴。《北史》：蘇綽制文案程式，朱出墨入之法。此借用。《南史・宋武帝紀》：壁上掛葛燈籠。惜無纖纖來捧椀，惟倚新詩可傳本。韓孟《聯句》云：茗椀纖纖捧。

又　卷一六《戲答荊州王充道烹茶四首》　舊本云：居士酒徒，不喜茗飲，故多戲句。

其一

二徑雖鋤客自稀，醉鄉安穩更何之。老翁更把春風椀，靈府清寒要作詩。老杜詩：草茅無徑欲教鋤。又詩：幕下郎官安隱無。又詩：舍此復何之。「靈府」謂心也，見上注。退之《李花詩》曰：清寒瑩骨肝膽醒，一生思慮無由邪。

其二

茗椀難加酒椀醇，暫時扶起藉糟人。何須忍垢不濯足，苦學梁州陰子春。「茗椀」見上注。《世說》：江盧奴直喚人取酒，自飲一椀。老杜詩：間道暫時人。《晉書・劉伶傳》：《酒德頌》曰：「枕麴藉糟。」充道不喜茗飲，無從洗濯塵昏，故以陰子春戲之。按《南史・陰子春傳》：身服垢汙，脚數年，洗，言每洗則失財敗事，云在梁州，以洗足致梁州敗。曹子建《責躬詩表》曰：忍垢苟全，則犯詩人胡顏之譏。

其三

香從靈堅蘢上發，味自白石源中生。爲公喚覺荊州夢，可待南柯一夢成。《黃庭內景經》曰：鼻神玉蘢字靈堅。又曰：呼吸元氣以求仙，朱鳥吐縮白石源。蓋言舌與齒也。杜牧之詩：十年一覺揚州夢，贏得青樓薄倖名。「南柯」見上注。

其四

龍焙東風魚眼湯，箇中即是白雲鄉。更煎雙井蒼鷹爪，始耐落花春日長。《趙飛燕外傳》：成帝曰：「不能倣武皇帝，求白雲鄉也。」春晝多睡，故末句云爾。王隨詩：一聲啼鳥禁門靜，滿地落花春日長。

又　卷二〇《戲答歐陽誠發奉議謝余送茶歌》　歐陽子，出陽山。山奇水怪有異氣，生此突兀熊豹顏。退之《送區册序》曰：陽山，天下之窮處也，陸有丘陵之險，水有江流悍急橫波之石。又《送廖道士序》曰：郴之爲州，當中州清淑之氣，蜿蟺扶輿，磅礴而鬱積，其水土之所生，神氣之所感，必有魁奇忠信才德之民生於其間。又《送張道士詩》曰：張侯嵩高來，面有熊豹姿。按陽山隸連州。飲如江入洞庭野，詩成十手不供寫。唐人詩：酒腸俱逐洞庭寬。《莊子》曰：帝張樂於洞庭之野。老杜詩《石硯歌》曰：揮灑容數人，十手可對面。老來抱璞向涪翁，東坡元是知音者。「抱璞」用卞和事，見上注。《後漢・方術郭玉傳》：有老父漁釣涪水，因號涪翁。山谷謫涪州別駕，亦嘗以自稱。或云涪皤。蒼龍璧，官焙香。焙翁投贈非世味，自許詩情合得嘗。退之詩：吾老世味薄。東坡詩亦云：吾衰向老世味薄，所好未衰唯飲茶。薛能《謝王彥威寄茶詩》云：粗官乞與真拋却，賴有詩情合得嘗。却思翰林來餽光祿酒，兩家水鑑共寒光。「翰林」謂東坡。按《唐・志》光祿卿有良醖署。「水鏡」見上注。予乃安敢比東坡，有如玉槃金叵羅，直相千萬不啻過。《漢書・曹參傳》：惠帝曰：「朕乃安敢望先帝。」此用其語律。應劭《漢官

儀》曰：封禪壇南有玉盤。《北史》：祖珽竊金叵羅，藏髻中，李太白詩：蒲萄酒，金叵羅。《孟子》曰：或相千萬。老杜詩：方駕曹劉不啻過。愛公好詩又能多，老夫何有更横戈，柰此于思百戰何。退之詩云：四句意能多。又詩：文戰誰與敵，浩汗横戈鋋。《左傳》：華元巡功，城者謳曰：「于思于思，棄甲復來。」使其驂乘謂之曰：「牛則有皮，犀兕尚多，棄甲則那？」注云：于思，多鬚之貌。歐陽君必多髯，故用此事。

又《以椰子茶缾寄德孺二首》

其一

碩果買林梢，可以代懸匏。携持二十年，煮茗當酒肴。我今禦魑魅，學打衲僧包。聊持堅重器，遺我金石交。《祖庭事苑》載打包説曰：《毗柰耶雜事》云：佛言苾蒭，應以袋盛衣。今禪人腰囊，亦承佛之制也。詩中所用字，並見上注。《左傳》：《祈招之詩》曰：「式如玉，式如金。」注云：取其堅重。劉師服《石鼎聯句》云：徒爾堅重性。

其二

炎丘椰木實，入用隨茗椀。譬如楛矢砮，但貴從來遠。《家語》：孔子在陳，有隼集陳侯之庭而死，楛矢貫之石砮，其長尺有咫。惠公使人持隼如孔子館而問焉。孔子曰：「隼之來遠矣。此肅慎氏之矢。」注云：楛，木名；砮，箭鏃。《韓詩外傳》曰：黄鵠無五德，君猶貴之，以其所從來者遠矣。往時萬里物，今在籬落間。知公一拂拭，想我瘴霧顔。上兩句山谷自況。《世説》：桓玄就桓崖求桃，不得佳者。玄與殷仲文書曰：「德之休明，則肅慎氏貢其楛矢，如其不爾，籬壁間物亦不可得。」此借用。「籬落」見上注。

又《山谷外集詩注》卷一五

以潞公所惠揀芽送公擇次舊韻

《前集》有《謝公擇分賜茶三絶句》，今次前韻。

慶雲十六升龍様，《前漢・志》：若煙非煙，若雲非雲。郁郁紛紛，蕭索輪囷。是謂慶雲。國老元年密賜來。《左傳》：國老皆賀子文。《北苑貢茶録》云：慶曆中，蔡君謨造小鳳團，自小團出，而龍鳳遂爲次。元豐有旨，造密雲龍，其品又加於小團之上。披拂龍紋射牛斗，外家英鑒似張雷。謂張華、雷焕也。

吏部蘇尚書右選胡侍郎皆和鄙句次韻道謝

不待烹茶唤睡回，天官兩宰和詩來。清如接筧以竹通水。通春溜，快似揮刀斫怒雷。「天官」，吏部也，冢宰以喻尚書，其屬有太宰卿一人，比侍郎。

奉同公擇作揀芽詠

《貢茶録》云：茶芽最上曰小芽，如雀舌、鷹爪；次曰中芽，乃一芽帶一葉者，號一槍一旗。一槍一旗號揀芽，最爲挺特。

赤囊歲上雙龍璧，元注云：囊貢小團亦單疊，唯揀芽雙疊。曾見前朝盛事來。想得天香隨御所，延春閣道轉輕雷。元注云：元豐末作延春閣。○張平子《西京賦》：複陸重閣，轉石成雷。複陸，複閣道也，於上轉石，以象雷聲。

今歲官茶極妙而難爲賞音者戲作兩詩用前韻

其一

雞蘇狗蝨難同味，《煎茶賦》云：或濟以鹽，勾賊破家，滑竅走水，又況雞蘇之與胡麻。「雞蘇」俗呼紫蘇，胡麻一名狗蝨，皆見《本草》。懷取君恩歸去來。青箬湖邊尋顧陸，「箬溪」在湖州。「顧陸」謂顧野王、陸羽。按《寰宇記》：湖州長興縣，箬溪在縣南，一名顧渚。顧野王《輿地志》云：夾溪悉生箭箬，南岸曰上箬，北岸曰下箬，村人取下箬水釀酒醇美，俗稱箬下酒。陸鴻漸名羽，有《顧渚山記》二篇，盛言顧渚茶之美，爲江左第一。陸龜蒙嗜茶，置園顧渚山下，歲取茶租，自判品第。張彦遠《名畫記》有論顧、陸、張、吴用筆一篇，謂顧愷之、陸探微，非此詩所引。白蓮社裏覓宗雷。「白蓮社」在江州廬山，晉慧遠法師故事也。同社十八人，宗炳字少文、雷次宗字仲倫與焉。

其二

乳花翻椀正眉開，時苦渴羌衝熱來。《拾遺記》：晉有羌人姚馥，但言渴於酒，羣輩呼爲渴羌。《初學記》：程曉《伏日》詩云：「今世褦襶子，觸熱到人家。摇扇髀中疼，流汗正滂沱。」褦襶謂不曉事，渴羌亦此流也。知味者誰心已許，維摩雖默語如雷。《維摩詰經》：時維摩詰默然無言，文殊師利歎曰：「善哉，善哉，乃至無有文字、語言，是真入不二法門。」《莊子》：淵默而雷聲。

公擇用前韻嘲戲雙井

萬仞峰前雙井塢，山谷所居雙井，隸洪州分寧縣。婆娑曾占早春來。如今摸索蒼龍璧，許敬宗曰：若遇曹、劉、沈、謝，暗中摸索著亦可識。借用其字。沉井銅缾漫學雷。老杜《銅缾詩》：亂後碧井廢，時清瑶殿深。銅瓶未失水，百丈有哀音。

又戲爲雙井解嘲

山芽落磑風回雪，曾爲尚書破睡來。勿以姬姜棄顦顇，逢時瓦釜亦鳴雷。「雖有姬姜，無棄顦顇」，見《左傳》。《文選》屈平《卜居》云：黄鍾毁棄，瓦釜雷鳴。

奉同六舅尚書詠茶碾煎烹三首

其一

要及新香碾一盃，不應傳寶到雲來。見上。碎身粉骨方餘味，莫厭聲喧萬壑雷。李白《蜀道難》，砯崖轉石萬壑雷。「碎身粉骨」，如老杜《詠丁香》云「晚墮蘭麝中，休懷粉身念」也。

其二

風爐小鼎不須催，魚眼長隨蟹眼來。深注寒泉收第一，亦防枵腹爆乾雷。稽康《養生論》：終朝未餐，則囂然思食。枵、囂皆言空腹。「蟹眼」見上。

其三

乳粥瓊糜霧脚回，色香味觸映根來。六根：眼、耳、鼻、舌、身、意，即色、聲、香、味、觸、法。見《楞嚴經》。《茶録》：有色、香、味。「瓊糜」見上。睡魔有耳不及掩，石曼卿詩：更被陰晴長睡魔。《唐・李靖傳》：兵機事以速爲神，震霆不及掩耳。直拂繩床過疾雷。

謝人惠茶

一規蒼玉琢蜿蜑，此言龍團。退之《南海神碑》云：蜿蜿蜑蜑，來慕飲食。藉有佳人錦段鮮。張平子《四愁詩》云：美人贈我錦繡段。莫笑持歸淮海去，爲君重試大明泉。唐張又新《水記》云：水之與茶宜者凡七品，淮南路揚州大明寺水第五。

又　卷一六《謝曹子方惠二物二首》

博山爐

飛來海上峰，地理書云：錢塘縣郭下有靈隱山。昔梵僧云：「自天竺鷲山飛來。」琢出華陰碧。華岳三峰也。注香上裹裹，映我鼻端白。《楞嚴經》：世尊教我觀鼻端白，我初諦觀，經三七日，見鼻中氣出入如煙，身心内明，圓洞世界，偏成虛浄，猶如琉璃。煙相漸銷，鼻息成白，心開漏盡，諸出入息化爲光明，照十方界，得阿羅漢。蘇養直詩：閉門聊想鼻端白，宴坐倏移窗日紅。聽公談昨夢，沙暗雨矢石。今此非夢耶，煙寒已無迹。

煎茶餅

短喙可候煎，枵腹不停塵。《莊子》言：魏王大瓠，非不呺然大也。注云：呺然，虛大貌。稽康《養生論》：終朝術餐，則囂然思食。呺、囂皆言空腹，山谷屢用此，皆作「枵」字。柳子厚《祭裴令文》云：枵然其量，廓爾其宇。蟹眼時探穴，龍文已碎身。《茶録》云：候湯最難，未熟則沫浮，過熟則茶沉。前世謂之蟹眼者，過熟湯也。「龍文」謂龍團。茗椀有何好，《孟嘉傳》：酒有何好，而卿嗜之？此摘其字。煮餅被寵珍。《茶録》：又云：餅中煮之不可辯，故曰候湯難。《文選》劉公幹詩：北面自寵珍。言茶餅亦爲人所貴也。石交諒如此，湔祓長日新。蘇秦曰：「此所謂棄仇雠而得石交者也。」「湔祓」見上。

又　《山谷詩外集補》卷三

寄新茶與南禪師熙寧元年葉縣作。

筠焙熟香茶，能醫病眼花。因甘野夫食，聊寄法王家。石鉢收雲液，銅瓶煮露華。一甌資舌本，吾欲問三車。

公益嘗茶元豐元年北京作。

子雲窗下草玄經，寒雀争喧户晝扃。好事應無攜酒榼，相過聊欲煮茶餅。

宋・周煇《清波雜誌》卷五　茶山詩「似病元非病，求閑方得閑。殘僧六七輩，敗屋兩三間。野外無供給，城中斷往還。同行木上座，相與住茶山。」乃曾吉甫侍郎詩。茶山，上饒名刹也。煇在上饒三四年，日從寓士遊，徧歷溪山奇勝。廖明略、徐師川、吕居仁、鄭顧道、曾宏甫諸公，風流未遠，邦人類能道之。煇嘗欲裒集賦詠爲一編，目爲《玉溪唱酬》，以侈一時人物之盛，因循不克成。

宋・熊蕃《宣和北苑貢茶録》　御苑採茶歌十首并序　先朝曹司封修睦。自號退士，嘗作《御苑採茶歌》十首，傳在人口。今龍園所制，視昔尤盛，惜乎退士不見也。蕃謹摭故事，亦賦十首，獻之漕使，仍用退士元韻，以見仰慕前修之意。

雲腴貢使手親調，旋放春天採玉條。伐鼓危亭驚曉夢，嘯呼齊上苑東橋。

采采東方尚未明，玉芽同護見心誠。時歌一曲青山裹，便是春風陌上聲。

共抽靈草報天恩，貢令分明龍焙造茶，依御厨法。使指尊。邏卒日循雲塹繞，山靈亦守御園門。

紛綸争徑蹂新苔，回首龍園曉色開。一尉鳴鉦三令趣，急持煙籠下山來。采茶不許見日出。

紅日新升氣轉和，翠籃相逐下層坡。茶官正要靈芽潤，不管新來帶露多。採新芽不折水。

翠虬新範絳紗籠，看罷春生玉節風。葉氣雲蒸千嶂緑，歡聲雷震萬山紅。

鳳山日日滃非煙，賸得三春雨露天。棠坼淺紅酣一笑，柳垂淡緑困三眠。紅雲島上多海棠，兩堤官柳最盛。

龍焙夕薰凝紫霧，鳳池曉濯帶蒼煙。水芽只自宣和有，一洗槍旗二百年。

脩貢年年採萬株，只今勝雪與初殊。宣和殿裹春風好，喜動天顔是玉腴。

外臺慶曆有仙官，龍鳳纔聞制小團。按《建安志》，慶曆間蔡公端明爲漕使，始改造小團龍茶。此詩蓋指此。争得似金模寸璧，春風第一薦宸餐。

宋・吴曾《能改齋漫録》卷一七《樂府》　茶詞　豫章先生少時，嘗爲茶詞，寄滿庭芳云：「北苑龍團，江南鷹爪，萬里名動京關。碾深維細，瓊蘂冷生烟。一種風流氣味，如甘露，不染塵煩。纖纖捧，冰瓷弄影，金縷鷓鴣斑。相如方病酒、銀瓶蟹眼，驚鷺濤翻。爲扶起尊前，醉玉頽山。飲罷風生兩袖，醒魂到明月輪邊。歸來晚，文君未寢，相對小窗前。」其後增損其詞，止詠建茶云：「北苑研膏，方圭圓璧，萬里名動天關。碎身粉骨，功合在凌烟。尊俎風流戰勝，降春夢，開拓愁邊。纖纖捧，香泉濺乳，金樓鷓鴣斑。相如

雖病渴，一觴一詠，賓有羣賢。便扶起燈前，醉玉頹山。搜攬胸中萬卷，還傾動三峽詞源，歸來晚，文君未寢，相對小妝殘。」詞意益工也。後山陳無已同韻和之云：「北苑先春，琅函寶報，帝所分落人間。綺窗纖手，一樓破變團。雲裏遊龍舞鳳，香霧靄，飛入琱盤。華堂靜，松風雲竹，金鼎沸潺湲。門闌車馬動，浮黄嫩白，小袖高鬟。便胸臆輪囷，肺腑生寒。唤起謫仙醉倒，飜湖海傾寫濤瀾，笙歌散，風簾月幕，禪榻鬢絲斑。」

明·李詡《戒庵老人漫筆》卷八　佳茗比佳人

佳茗比佳人，未經人道，惟東坡有詩曰：「仙山靈雨溼行雲，洗徧香肌粉未勻。明日來投玉川子，清風吹破武陵春。要知玉雪心腸好，不是膏油首面新。戲作小詩君一笑，從來佳茗似佳人。」比花用美丈夫者，如「蓮花似六郎佞語」之類，全篇絶少。黄山谷《詠酴醾》詩曰：「肌膚冰雪薰沈水，百草千花莫比方。露溼何郎試湯餅，日烘荀令炷鑪香。風流徹骨成春酒，夢寐宜人入枕囊。輸與能詩王主簿，瑶臺影裏據胡牀。」與東坡同一格調。然李商隱已有「謝郎衣袖初翻雪，荀令薰鑪更换香。」不免經人道過。黄東發云：「『從來佳茗似佳人』，恰與『若把西湖比西子』是天生之對。」

雜録

唐·陸羽《茶經》卷下《七之事》

三皇　炎帝神農氏

周　魯周公旦，齊相晏嬰

漢　仙人丹丘子，黄山君，司馬文園令相如，揚執戟雄

吴　歸命侯，韋太傅弘嗣

晉　惠帝，劉司空琨，琨兄子兖州刺史演，張黄門孟陽，傅司隸咸，江洗馬統，孫參軍楚，左記室太沖，陸吴興納，納兄子會稽内史俶，謝冠軍安石，郭弘農璞，桓揚州温，杜舍人育，武康小山寺釋法瑶，沛國夏侯愷，餘姚虞洪，北地傅巽，丹陽弘君舉，樂安任育長，宣城秦精，燉煌單道開，剡縣陳務妻，廣陵老姥，河内山謙之

後魏　瑯琊王肅

宋　新安王子鸞，鸞兄豫章王子尚，鮑昭妹令暉，八公山沙門曇濟

齊　世祖武帝

梁　劉廷尉，陶先生弘景

皇朝　徐英公勣

《神農食經》：「茶茗久服，令人有力，悦志。」

周公《爾雅》：「檟，苦荼。」《廣雅》云：「荆、巴間採葉作餅，葉老者，餅成，以米膏出之。欲煮茗飲，先炙令赤色，搗末置瓷器中，以湯澆覆之，用葱、薑、橘子芼之。其飲醒酒，令人不眠。」

《晏子春秋》：「嬰相齊景公時，食脱粟之飯，炙三弋、五卯，茗菜而已。」

司馬相如《凡將篇》：「烏喙、桔梗、芫華、款冬、貝母、木蘗、蔞、芩草、芍藥、桂、漏蘆、蜚廉、雚菌、荈詫、白斂、白芷、菖蒲、芒消、莞椒、茱萸。」

《方言》：「蜀西南人謂茶曰蔎。」

《吴志·韋曜傳》：「孫皓每饗宴，坐席無不率以七勝爲限，雖不盡入口，皆澆灌取盡。曜飲酒不過二升。皓初禮異，密賜茶荈以代酒。」

《晉中興書》：「陸納爲吴興太守時，衛將軍謝安常欲詣納。《晉書》云：納爲吏部尚書。納兄子俶怪納無所備，不敢問之，乃私蓄十數人饌。安既至，所設唯茶果而已。俶遂陳盛饌，珍羞必具。及安去，納杖俶四十，云：『汝既不能光益叔父，柰何穢吾素業？』」

《晉書》：「桓温爲揚州牧，性儉，每讌飲，唯下七奠柈茶果而已。」

《搜神記》：「夏侯愷因疾死。宗人字苟奴察見鬼神。見愷來收馬，并病其妻。著平上幘，單衣，入坐生時西壁大床，就人覓茶飲。」

劉琨《與兄子南兖州刺史演書》云：「前得安州乾薑一斤，桂一斤，黄芩一斤，皆所須也。吾體中憒悶，常仰真茶，汝可置之。」

傅咸《司隸教》曰：「聞南市有蜀嫗作茶粥賣，爲廉事打破其器具，後又賣餅於市。而禁茶粥以困蜀姥，何哉？」

《神異記》：「餘姚人虞洪入山採茗，遇一道士，牽三青牛，引洪至瀑布山曰：『吾，丹丘子也。聞子善具飲，常思見惠。山中有大茗，可以相給。祈子他日有甌犧之餘，乞相遺也。』因立奠祀，後常令家人入山，獲大茗焉。」

左思《嬌女詩》：「吾家有嬌女，皎皎頗白皙。小字爲紈素，口齒自清歷。有姊字惠芳，眉目粲如畫。馳騖翔園林，果下皆生摘。貪華風雨中，倏忽數百適。心爲茶荈劇，吹噓對鼎鑑。」

張孟陽《登成都樓》詩云：「借問揚子舍，想見長卿廬。程卓累千金，驕侈擬五侯。門有連騎客，翠帶腰吴鉤。鼎食隨時進，百和妙且殊。披林採秋橘，臨江釣春魚，黑子過龍醢，果饌踰蟹蝑。芳茶冠六清，溢味播九區。人生苟安樂，兹土聊可娱。」

傅巽《七誨》：「蒲桃宛柰，齊柿燕栗，峘陽黄梨，巫山朱橘，南中茶子，西極石蜜。」

弘君舉《食檄》：「寒温既畢，應下霜華之茗；三爵而終，應下諸蔗、木瓜、元李、楊梅、五味、橄欖、懸豹、葵羹各一杯。」

孫楚《歌》：「茱萸出芳樹顛，鯉魚出洛水泉。白鹽出河東，美豉出魯淵。薑、桂、茶荈出巴蜀，椒、橘、木蘭出高山。蓼蘇出溝渠，精稗出中田。」

華佗《食論》：「苦茶久食，益意思。」

壺居士《食忌》：「苦茶久食，羽化；與韭同食，令人體重。」

郭璞《爾雅注》云：「樹小似梔子，冬生，葉可煮羹飲。今呼早取爲茶，晚取爲茗，或一曰荈，蜀人名之苦茶。」

《世説》：「任瞻，字育長，少時有令名，自過江失志。既下飲，問人云：『此爲茶？爲茗？』覺人有怪色，乃自申明云：『向問飲爲熱爲冷。』」

《續搜神記》：「晉武帝世，宣城人秦精，常入武昌山採茗。遇一毛人，長丈餘，引精至山下，示以蘗茗而去。俄而復還，乃探懷中橘以遺精。精怖，負茗而歸。」

《晉四王起事》：「惠帝蒙塵還洛陽，黄門以瓦盂盛茶上至尊。」

《異苑》：「剡縣陳務妻，少與二子寡居，好飲茶茗。以宅中有古塚，每飲輒先祀之。二子患之曰：『古塚何知？徒以勞意。』欲掘去之。母苦禁而止。其夜，夢一人云：『吾止此塚三百餘年，卿二子恒欲見毁，賴相保護，又享吾佳茗，雖潛壤朽骨，豈忘翳桑之報。』及曉，於庭中獲錢十萬，似久埋者，但貫新耳。母告二子，慚之，從是禱饋愈甚。」

《廣陵耆老傳》：「晉元帝時有老姥，每旦獨提一器茗，往市鬻之，市人競買。自旦至夕，其器不減。所得錢散路傍孤貧乞人，人或異之。州法曹縶之獄中。至夜，老姥執所鬻茗器，從獄牖中飛出。」

《藝術傳》：「燉煌人單道開，不畏寒暑，常服小石子。所服藥有松、桂、蜜之氣，所飲茶蘇而已。」

釋道説《續名僧傳》：「宋釋法瑶，姓楊氏，河東人。元嘉中過江，遇沈臺真，請真君武康小山寺，年垂懸車，飯所飲茶。大明中，敕吴興禮致上京，年七十九。」

宋《江氏家傳》：「江統，字應元，遷愍懷太子洗馬，常上疏，諫云：『今西園賣醯、麪、藍子、菜、茶之屬，虧敗國體。』」

《宋録》：「新安王子鸞、豫章王子尚詣曇濟道人於八公山，道人設茶茗。子尚味之曰：『此甘露也，何言茶茗。』」

王微《雜詩》：「寂寂掩高閣，寥寥空廣厦。待君竟不歸，收領今就檟。」

鮑昭妹令暉著《香茗賦》。

南齊世祖武皇帝遺詔：「我靈座上慎勿以牲爲祭，但設餅果、茶飲、乾飯、酒脯而已。」

梁劉孝綽《謝晉安王餉米等啓》：「傳詔李孟孫宣教旨，垂賜米、酒、瓜、筍、菹、脯、酢、茗八種。氣苾新城，味芳雲松。江潭抽節，邁昌荇之珍；壃場擢翹，越葺精之美。羞非純束野麏，裛似雪之驢；鮓異陶瓶河鯉，操如瓊之粲。茗同食粲，酢類望柑。免千里宿舂，省三月糧聚。小人懷惠，大懿難忘。」

陶弘景《雜録》：「苦茶輕身换骨，昔丹丘子、黄山君服之。」

《後魏録》：「瑯琊王肅仕南朝，好茗飲、蓴羹。及還北地，又好羊肉、酪漿。人或問之：『茗何如酪？』肅曰：『茗不堪與酪爲奴。』」

《桐君録》：「西陽、武昌、廬江、晉陵好茗，皆東人作清茗。茗有餑，飲之宜人。凡可飲之物，皆多取其葉。天門冬、拔揳取根，皆益人。又巴東別有真茗茶，煎飲令人不眠。俗中多煮檀葉并大皁李作茶，並冷。又南方有瓜蘆木，亦似茗，至苦澁，取爲屑茶飲，亦可通夜不眠。煮鹽人但資此飲，而交、廣最重，客來先設，乃加以香芼輩。」

《坤元録》：「辰州溆浦縣西北三百五十里無射山，云蠻俗當吉慶之時，親族集會歌舞於山上。山多茶樹。」

《括地圖》：「臨蒸縣東一百四十里有茶溪。」

山謙之《吴興記》：「烏程縣西二十里，有温山，出御荈。」

《夷陵圖經》：「黄牛、荆門、女觀、望州等山，茶茗出焉。」

《永嘉圖經》：「永嘉縣東三百里有白茶山。」

《淮陰圖經》：「山陽縣南二十里有茶坡。」

《茶陵圖經》云：「茶陵者，所謂陵谷生茶茗焉。」

《本草·木部》：「茗，苦茶。味甘苦，微寒，無毒。主瘻瘡，利小便，去痰渴熱，令人少睡。秋採之苦，主下氣消食。」注云：「春採之。」

《本草·菜部》：「苦菜，一名茶，一名選，一名游冬，生益州川谷，山陵道傍，淩冬不死。三月三日採，乾。」注云：「疑此即是今茶，一名荼，令人不眠。」《本草》注：「按《詩》云『誰謂茶苦』，又云『菫茶如飴』，皆苦菜也。陶謂之苦茶，木類，非菜流。茗春採，謂之苦𣗪途遐反。」

《枕中方》：「療積年瘻，苦茶、蜈蚣並炙，令香熟，等分，搗篩，煮甘草湯洗，以末傅之。」

《儒子方》：「療小兒無故驚蹶，以苦茶、葱鬚煮服之。」

宋·葉廷珪《海録碎事》卷六《飲食器用部·食門》 紫荀茶 清明日，湖州進紫荀茶。《荆楚歲時記》。 茗一車 權紓《茗讚》云：窮《春秋》，演《河圖》，不如載茗一車。 雲水滯 陸羽品第水，以雪水第二十，云：煎茶滯而太冷也。 茶癖酒狂 鄧剡云：陸羽茶既爲癖，酒亦稱狂。 水厄 晉王濛好飲賓客茶，每欲往候，則云：「今日有水厄。」《世説》。 蒙頂 蜀之雅州有蒙山，上有五頂，各有茶園。中頂曰上清峰，亦通呼五頂。 煮水處士 越僧囊有數編書，張君房抽一通，卷末題云：「煮水處士」，卷中言水品第。 瑟瑟塵 《茶》詩：石碾輕飛瑟瑟塵。林逋。 茶靄 潏潏藥泉來石實，霏霏茶靄出松梢。上。 煮晚濃 紙軸敲晴響，茶鐺煮晚濃。上。 茶風酒禿 見《酒門》。 茶仙 杜牧《池州茶山病不飲酒》詩云：誰知病太守，猶得作茶仙。 蟾背蝦目 《茶賦》：候蟾背之芳香，觀蝦目之沸湧。 蝦蟆背 《茶經》：凡炙茶，候炮出培塿狀如蝦蟆，即去火。 魚目 《茶經》：其沸如魚目，微如有聲，爲一沸；緣邊如湧泉連珠，爲二沸，騰波鼓浪，爲三沸。過是老矣。 酪蒼頭 豈可爲酪蒼頭使，令代酒從事。言茶也。 茗戰 茗戰。《茶録》。 細漚 細漚花泛，浮餑雲騰。言茶。《茶録》。 苦茶 《爾雅》曰：「檟，苦茶。」注云：檟一名苦茶。郭云：樹小似梔子，冬生，葉可煮作羹飲。今呼早采者爲茶，晚取者爲茗，一名荈，蜀人名之苦茶。 茶治熱 故老云：五十年前，多患熱黄，坊曲有專以烙黄爲業者。灞滻諸水中，常有晝坐至暮，爲之浸黄。近代悉用。而病腰脚者，多飲茶所致。《國史補》。 石花紫筍 皆茶名也。劍南有蒙頂石花，湖州有顧渚紫筍，峽有碧澗、明月。上。 斛二瘕 《續搜神記》：有人能茗飲，至一斛二斗。忽飲過量數勝，吐出一物，如牛肺。以茗澆之，容一斛二斗，因名之斛二瘕。《封氏聞見記》。 茗粥 茶，古不聞食。晉宋已降，吴人採葉煮之，名爲茗粥。《茶録》。 瑠璃眼 皇孫奉節王好詩。初，煎茶如酥椒之類，求詩，泌戲云：「旋沫番成碧玉池，添酥散出瑠璃眼。」奉節王，即德宗。《鄴侯家傳》。 煎茶博士 御史大夫李季卿宣慰江南，召陸鴻漸煎茶。鴻漸爲壺藝，既畢，命奴子取錢三十文酬煎茶博士。鴻漸羞，復著《毁茶論》。《語林》。 毁茶論 見上。 貢焙 唐制：湖州造茶最多，謂之顧渚貢焙，歲造一萬八千四百八斤。《南部新書》。 仙人掌茶 仙人掌茶出荆州玉泉寺，拳然重疊，其狀如手，故號仙人掌茶。玉泉真公採而食之，年八十餘歲，顔色如桃花。此茗清香滑熱異於他者，所以能還童振枯，扶人壽。 茶煙 茶煙輕颺落花風。杜牧之。 滌煩子 茶爲滌煩子，酒爲忘憂君。施肩吾。 白茶山 《圖經》云：永嘉縣東有白茶山。 壺居士 壺居士著《食忌》云：茶久食羽化，不可與韭同食，令耳聾。

宋·林洪《山居清供》卷下 茶供

茶即藥也，煎服則去滯而化食，以湯點之，則反滯膈而損脾胃。蓋世之利者多採葉雜以爲末，既又怠於煎煮，宜有害也。今法，採芽，或用碎夸以活水火煎之，飯後必少頃乃服。東坡詩云，活水須將活火烹。又云，飯後茶甌未要深。此煎法也。陸羽《經》亦以江水爲上，山與井俱次之。今世不惟不擇水，且入鹽及茶果，殊失正味。不知惟葱去昏，梅去倦，如不昏不倦，亦何必用。古之嗜茶者無如玉川子，惟聞煎喫，如以湯點，則安能及也七碗乎？山谷詞云，湯響松風，早減了七分酒病。倘知此，則口不能言，心下快活，自省知禪參透。

宋·王楙《野客叢書》卷二一 蘭茶二種

世言春蘭秋蘭各有異芬，不知秋蘭之香尤甚於春蘭也。蘭有二種，邵伯温曰：細葉者春花，花少，闊葉者秋花，花多。《離騷》「紉秋蘭以爲佩」，又曰「秋蘭兮青青，緑葉兮紫莖。」今沅澧間所生，在春則黄，在秋則紫，然春黄不若秋紫之芬郁也。世謂古之茶即今之茶，不知茶有數種，非一端也。詩曰「誰謂茶苦，其甘如薺」者，乃苦菜之茶，如今苦苣之類；《周禮》「掌茶」、《毛詩》「有女如茶」者，乃苕茶之茶也，正萑葦之屬；惟茶檟之茶，乃今之茶也。世但知蘭、茶而莫辨，故辨之。

宋·周煇《清波雜誌》卷八 茶圖記

先人三弟，季字德紹，與煇同庚同月，煇先十三日。自幼從竹林遊，德性敏而静，中年後文筆加進。嘗題《玉川碾茶圖》絶句云：「獨抱遺經舌本乾，笑呼赤脚碾龍團。但知兩腋清風起，未識捧甌春笋寒。」頗有唐人風製。死已十年，遺

藁失於收拾，但宗族間傳得一二。

又　卷一二　四川茶馬

紹興四年，復置茶馬司，買到四尺五寸以上堪披帶馬，每一千匹與轉一官。舊有主管茶馬、同提舉茶馬、都大提舉茶馬三等，今併廢，止留其一。高宗留意馬政，因韓世忠獻一駿馬，詔：「朕無用此，卿可自留，以備出入。」世忠曰：「今和議已定，豈復有戰陣事？」上曰：「不然。虜雖講和，戰守之備，何可少弛？朕方復置茶馬司，若更得西馬數萬匹，分撥諸將，乘此閑暇，廣武備以戒不虞。和議豈足深恃乎？」後又詔：「吴璘軍以川陜茶博馬價珠及紅髮之類，艱難之際，戰馬爲急。」又曰：「以茶博易珠玉、紅髮、毛段之物，悉痛朕心。」議者謂一西馬至江淛數千里遠，在塗除倒斃外，及至飼養調習，久之可充披帶用者能有幾？不知費縣官幾許財用。若夫官吏論賞增秩，抑末耳。

宋・吴自牧《夢粱録》卷一六《茶肆》　汴京熟食店張挂名畫，所以勾引觀者，畱連食客。今杭城茶肆亦如之，插四時花，挂名人畫，裝點店面。四時賣奇茶異湯，冬月添賣七寶擂茶、饊子、葱茶，或賣鹽豉湯。暑天添賣雪泡梅花酒，或縮脾飲暑藥之屬。向紹興年間賣梅花酒之肆，以鼓樂吹梅花引曲破，賣之用銀盂、杓、盞子，亦如酒肆論一角、二角。今之茶肆列花架安頓奇松異檜等物，於其上裝飾店面，敲打響盞歌賣，止用瓷盞漆托，供賣則無銀盂物也。夜市於大街有車擔，設浮鋪點茶湯，以便遊觀之人。大凡茶樓多有富室子弟、諸司下直等人，會聚習學樂器，上教曲賺之類，謂之挂牌兒人情。茶肆本非以點茶湯爲業，但將此爲由多覓茶金耳。又有茶肆專是五奴打聚處，亦有諸行借工賣伎人會聚，行老謂之市頭。大街有三五家開茶肆，樓上專安著妓女，名曰花茶坊。如市西坊南潘節幹俞七郎茶坊，保佑坊北朱骷髏茶坊，太平坊郭四郎茶坊，太平坊北首張七相幹茶坊，蓋此五處多有炒鬧，非君子駐足之地也。更有張賣麵店隔壁黄尖嘴蹴毬茶坊，又中瓦内王媽媽家茶肆，名一窟鬼茶坊，大街車兒茶肆，蔣檢閲茶肆，皆士大夫期朋約友會聚之處。蒼陌街坊自有提茶瓶沿門點茶，或朔望日如遇吉凶二事，點送鄰里茶水，倩其往來傳語。又有一等街司衙兵百司人，以茶水點送門面鋪席，乞覓錢物，謂之齪茶。僧道頭陀欲行題注，先以茶水沿門點送，以爲進身之階。

又　卷一八　茶：寶雲茶，香林茶，白雲茶。又寶嚴院垂雲亭亦産。東坡以詩戲云，妙供來香積，珍烹具大官。揀芽分雀舌，賜茗出龍團。蓋南北兩山、七邑諸山皆産，徑山採穀雨前茗，以小缶貯饋之。

明・田汝成《西湖遊覽志餘》卷二〇《熙朝樂事》　杭州先年有酒館而無茶坊，然富家燕會，猶有專供茶事之人，謂之茶博士。王希範西湖贈沈茶博詩云：「百斛美醪終日醺，碧甌偏喜試先春，煙生石鼎飛青靄，香滿金盤起緑塵。詩社已無孤悶客，醉鄉還有獨醒人。因思爆直鑾坡夜，特賜龍團出紫宸。」嘉靖二十六年三月，有李氏者，忽開茶坊，飲客雲集，獲利甚厚，遠近倣之。旬日之間，開茶坊者五十餘所，然特以茶爲名耳，沈湎酣歌，無殊酒館也。

明・李詡《戒庵老人漫筆》卷五　茶事引酪奴

《事文類聚》及《韻府羣玉》論茶事，皆引《洛陽伽藍記》，王肅云：「惟酪不中，與茗爲奴。明日，魏彭城王勰爲設邾、莒之食，亦有酪，因呼茗爲酪奴。」若如此言，似輕酪而重茗，宜呼酪爲茗奴，不宜呼茗爲酪奴也。故陰中夫疑爲失本文之意。今觀《伽藍記》，云齊王肅初入中國，不食羊肉及酪漿等，常飯鯽魚羹，渴飲茗汁。後魏高祖與肅殿會，食羊肉酪粥甚多，高祖怪，問之曰：「卿中國之味羊肉何如魚羹？茗飲何如酪漿？」對曰：「羊比齊、魯，大邦，魚比邾、莒，小國。惟茗不中，與酪爲奴。」皆謙遜之辭也。高祖大笑。又彭城王爲肅設邾、莒之食，亦有酪奴，因此復號茗爲酪奴。審此，是引者之誤，而失其義耳。當從本書爲正。

明・謝肇淛《五雜俎》卷一一《物部三》　蘇才翁與蔡君謨鬬茶，蔡用惠山泉水，蘇茶稍劣，改用竹瀝水煎，遂能取勝。然竹瀝水豈能勝惠泉乎？竹瀝水出天台，云彼人將竹少屈，而取之盈瓮，則竹露，非竹瀝也。若醫家火過取瀝，斷不宜茶矣。

閩人苦山泉難得，多用雨水，其味甘，不及山泉，而清過之。然自淮而北，則雨水苦黑，不堪烹茶矣。惟雪水，冬月藏之，入夏用，乃絶佳，夫雪固雨所凝也，宜雪而不宜雨，何故？或曰：北地屋瓦不浄，多穢泥塗塞故耳。

昔人喜鬬茶，故稱茗戰。錢氏子弟取霅上瓜，各言子之的數，剖之以觀勝負，謂之瓜戰。然茗猶堪戰，瓜則俗矣。

以緑豆微炒，投沸湯中，傾之，其色正緑，香味亦不減新茗。宿村中覓茗不得者，可以此代。北方柳芽初茁者，采之入湯，云其味勝茶。曲阜孔林楷木，其芽可烹。閩中佛手柑、橄欖爲湯，飲之清香，色味亦旗槍之亞也。

又　卷一二《物部四》　范蜀公與温公遊嵩山，以黑木合盛茶。温公見之，驚

曰：「景仁乃有茶具耶？」夫一木合盛茶，何損清介？而至驚駭？宋人腐爛乃爾。

明·方以智《通雅》卷四八《金石》 烏丁泥，孫兒茶也。一作烏疊，一作烏爹，出爪哇、暹羅諸國，今雲南老撾暮雲場造之，以茶入竹筒，埋汙泥中，日久取出。洪州載榜葛剌貢烏爹泥。

清·顧禄《清嘉録》卷五 梅水

居人於梅雨時，備缸甕，收蓄雨水，以供烹茶之需，名曰「梅水」。徐士鋐《吴中竹枝詞》云：「陰晴不定是黄梅，暑氣薰蒸潤緑苔。瓷甕競裝天雨水，烹茶時候客初來。」

案：長、元、吴《志》皆載：「梅天多雨，雨水極佳。蓄之甕中，水味經年不變。」又《崑新合志》云：「人於初交霉時，備缸甕貯雨，以其甘滑勝山泉，嗜茶者所珍也。」

製糖分部

題解

漢·揚雄《方言》第一三 餳謂之餦餭。即乾飴也。飴謂之餧。音該。餹謂之餚。以豆屑雜餳也。音髓。餳謂之餹。江東皆言餹，音唐。凡飴謂之餳，自關而東陳、楚、宋、衛之通語也。

漢·許慎《説文解字·食部》 飴 [篆文] 米蘗煎也。从食，台聲。與之切。

[篆文] 籀文飴，从異省。

餳 [篆文] 飴和饊者也。从食，昜(易)聲。徐盈切。

又《蚰部》

蠠 [篆文] 蜜 蠠甘飴也。一曰：螟子。从蚰，鼏聲。彌必切。

[篆文] 蠠，或从宓。

明·王志堅《表異録》卷八《植物部·花果類》 甘蔗，一名諸蔗，出《相如賦》。一名都蔗，出曹子建詩。亦作邯𤻕。出《神異經》。

論説

宋·史繩祖《學齋占畢》卷四 煎糖始於漢，不始於唐 《老學庵筆記》其中一條云，聞人茂德博學士也，言沙糖中國本無之，唐太宗時，外國貢至，問其使人，此何物，云，以甘蔗汁煎。用其法煎成，與外國者等。自此中國方有沙糖。凡唐以前書傳及糖者，皆糟耳。是未之深考也。聞人固不足責，老學庵何至信其説而筆之！余按宋玉《大招》已有柘漿字，是取蔗汁已始於先秦也。前漢《郊祀歌》：柘漿析朝酲，注謂取甘蔗汁以爲飴也。又孫亮取交州，所獻甘蔗餳而二禮注飴字俱云，煎米蘗也，一名餳。則是煎蔗爲糖，已見於漢時甚明。而《説文》及《集韻》並以糖爲蔗飴，曰飴曰餳，皆是堅凝可含之物，非糟之謂。其曰糟字，止訓酒粕，不以訓糖。何可謂煎蔗始於太宗時，而前止是糟耶！余故引經注漢傳而證其誤云。

綜述

《禮記·内則》 子事父母，【略】饘、酏、酒、醴、芼、羹、菽、麥、蕡、稻、黍、粱、秫唯所欲，棗、栗、飴、蜜以甘之，堇、荁、枌、榆、免、薨、滫、瀡以滑之，脂、膏以膏之，父母舅姑必嘗之而后退。《釋文》：燠，本又作「奥」，同於六反。苛音何。養，本又作「癢」，以想反。少，詩召反，後皆同。奉，芳勇反，本或作「捧」。長，丁丈反。温，本又作「藴」，又作「愠」，同於運反。饘，之然反。酏，羊支反。芼，毛報反。蕡，字又作「黂」，扶云反，徐扶畏反。秫音述。飴，羊之反。堇音謹。荁音丸。枌，扶云反。免音問。薨，字又作「槀」，苦老反。滫，思酒反。瀡音髓。膏之，古報反。

鄭氏曰：怡，説也。苛，疥也。抑，按。搔，摩也。先後之，隨時便也。槃，承盥水者。巾以涚手。温，藉也，承尊者必和顔色。酏，粥也。芼，菜也。蕡，熬枲實。甘之、滑之、膏之，謂用調和飲食也。荁，堇類。冬用堇，夏用荁。榆白曰枌。免，新生者。薨，乾也。秦人溲曰滫，齊人滑曰瀡。父母舅姑必嘗之而後退，敬也。孔氏曰：「苛」與「癢」連文，故知是疥。藉者，所以承藉於

物，言子事父母，當和柔顔色，承藉父母，若藻藉承玉然。酏是粥之薄者，則饘爲厚者。《公食禮》三牲皆有芼，「牛藿、羊苦、豕薇」，用菜雜肉爲羹也。《釋草》云：「黂，枲實也。」菽豆以下，供尊者所食，悉皆須熟，故云「熬枲實」也。以甘之者，以此棗、栗、飴、蜜以甘和飲食。《士虞禮記》「夏用葵，冬用荁」，鄭云：「荁，堇類也，乾則滑。夏秋用生葵，冬春用乾荁。」此經「堇」「荁」相對，故知冬用堇，夏用荁也。《釋木》云「榆，白枌」，孫炎云：「榆白者名枌。」《庖人》云「共鱻、薨之物」，「鱻」「薨」相對。此經以「免」對「薨」，薨既是乾，故知免爲新生也。鱻、薨，《周禮》據肉爲言，此則以堇、荁等爲免、薨。以滑之者，言以此數物相和，滫瀡之令柔滑也。凝者爲脂，釋者爲膏。以膏之者，以膏沃之，使之香美。此等總爲調和飲食。　陸氏德明曰：荁似堇而葉大。　方氏慤曰：以甘之，《周官》所謂「調以甘」，以滑之，《周官》所謂「調以滑」，以膏之，《周官》所謂「膏香」「膏臊」之類也。　愚謂槃以承盥水，其盛水蓋以匜，《左傳》「奉匜沃、盥」是也。槃輕，故少者奉之；水重，故長者奉之。飴，餳也，米糵煎成，亦謂之糖，《方言》「餳謂之糖」是也。《爾雅》：「秫，黏粟也。」然凡黍稻之黏者皆謂之秫，不獨粟也。《爾雅》「蘦，苦堇」，郭氏云：「今堇茶也。子如米，汋食之滑。」《唐本草》云：「俗謂之莖菜，葉似蕺，花紫色。」邢氏云：「《本草》云『味甘』，云『苦』者，古人語倒，猶甘草謂之大苦也。」荁，堇類。榆，刺榆也，一名樞，又名荎。陸璣云：「樞葉如榆，爲茹美，滑於白榆。」是枌爲白榆，榆爲刺榆，枌、榆之葉皆可爲茹，而刺榆尤美也。下云「命士父子異宮，昧爽而朝」，則此不命之士，至父母舅姑之所未昧爽也。又下言「命士以上，昧爽而朝，慈以旨甘」，「日入而夕，慈以旨甘」，此不命之士，父子同宮，在父母之所無時焉，不可以朝夕限也。若日入而慈以旨甘，則亦當與命士同，此不言者，文略爾。　陳氏澔曰：此篇所記飲食珍羞諸物，古今異制，風土異宜，不能盡曉，然亦可見古人察物之精，用物之詳也。

漢・崔寔《四民月令・十月》　是月也，可別大葱。先冰凍作涼餳，煮暴飴。

漢・劉熙《釋名・釋飲食》　餳，洋也。煮米消爛，洋洋然也。葉德炯曰：《急就章》云：「棗杏瓜棣饊飴餳。」《説文》：「餳，飴和饊者也。」《方言》十三：「餳謂之餦餭。」

飴，蘇輿曰：此下當有「怡也」二字。小弱於餳，形怡怡然也。葉德炯曰：《説文》：「飴，米糵煎也。」即此物。《方言》十三：「凡飴謂之餳。」

餔，哺也，如餳而濁可哺也。畢沅曰：《齊民要術》有「煮白餳黑餳法」，又有「煮餔法」，大略相同。成蓉鏡曰：《御覽》八百五十二引《四王起事》云：「惠帝到華陰，河間王遣上甘菓甘餔二百幡。」

晉・嵇含《南方草木狀》卷上　諸蔗，一曰甘蔗。交趾所生者，圍數寸，長丈餘，頗似竹。斷而食之，甚甘。笮取其汁，曝數日成飴，入口消釋，彼人謂之石蜜。吴孫亮使黄門以銀椀并蓋就中藏吏取交州所獻甘蔗餳，黄門先恨藏吏，以鼠屎投餳中，啟言吏不謹。亮呼吏持餳器入，問曰，此器既蓋之，且有油覆，無緣有此。黄門將有恨汝？吏叩頭曰，嘗從臣求莞席，臣以席有數，不敢與。亮曰，必是此。問之具服。南人云，甘蔗可消酒，又名干蔗。司馬相如《樂歌》曰，泰尊柘漿析朝醒，是其義也。泰康六年，扶南國貢諸蔗，一丈三節。

梁・陶弘景《本草經集註》卷六《蟲獸三品・上品》　石蜜　味甘，平，微温，無毒。主治心腹邪氣，諸驚癇痓，安五藏，諸不足，益氣，補中，止痛，解毒，除衆病，和百藥。養脾氣，除心煩，食飲不下，止腸澼，肌中疼痛，口瘡，明耳目。久服强志，輕身，不飢，不老，延年神仙。一名石飴。生武都山谷、河源山谷及諸山石中，色白如膏者良。

石蜜即崖蜜也。高山巖石間作之，色青、赤，味小醶，食之心煩。其蜂黑色似虻。又木蜜，呼爲食蜜，懸樹枝作之，色青白，樹空及人家養作之者，亦白而濃厚，味美。凡蜂作蜜，皆須人小便以釀諸花，乃得和熟，狀似作飴須糵也。又有土蜜，於土中作之，色青白，味醶。今出晉安檀崖者，多土蜜，云最勝。出東陽臨海諸處多木蜜；出於潛、懷安諸縣多崖蜜，亦有雜木蜜及人家養者，例皆被添，殆無淳者，必須親自看取之，乃無雜爾，且又多被煎煮。其江南向西諸蜜，皆是木蜜，添雜最多，不可爲藥用。道家丸餌，莫不須之。仙方亦單煉服之。致長生不老也。

蜜蠟　味甘，微温，無毒。主治下痢膿血，補中，續絶傷，金瘡，益氣，不飢，耐老。白蠟，治久洩澼，後重，見白膿，補絶傷，利小兒。久服輕身，不飢。生武都山谷。生於蜜房木石間。惡芫花、齊蛤。

此蜜蠟爾，生於蜜中，故謂蜜蠟。蜂皆先以此爲蜜蹠，煎蜜亦得之。初時極香軟，人更煮煉，或加少醋酒，便黄赤，以作燭色爲好。今藥家皆應用白蠟，但取削之，於夏月日曝百日許自然白；卒用之，亦可烊内水中十餘過亦白。世方惟以合治下丸，而《仙經》斷穀最爲要用，今人但嚼食方寸者，亦一日不飢也。

又 卷七《果部藥物・中品》 甘蔗 味甘，平，無毒。主下氣，和中，補脾氣，利大腸。

今出江東爲勝，廬陵亦有好者。廣州人種，數年生，皆如大竹，長丈餘，取汁以爲沙糖，甚益人。又有荻蔗，節疏而細，亦可噉也。

又《米食部藥物・上品》 飴糖 味甘，微溫。主補虛乏，止渴，去血。

方家用飴糖，乃云膠飴，皆是濕糖如厚蜜者，建中湯多用之。其凝强及牽白者，不入藥。又胡麻亦可作糖彌甘補。今酒用麴，糖用蘖，猶同是米、麥，而爲中、上之異。糖當以和潤爲優，酒以熏亂爲劣。

又陶弘景《名醫别録・中品》卷二 甘蔗 味甘，平，無毒。主下氣，和中補脾氣，利大腸。

北魏・賈思勰《齊民要術》卷九

醴酪第八十五

煮醴酪：昔介子推怨晉文公賞從亡之勞不及己，乃隱於介休縣緜上山中。其門人憐之，懸書於公門。文公寤而求之，不獲，乃以火焚山。推遂抱樹而死。文公以緜上之地封之，以旌善人。於今介山林木，遥望盡黑，如火燒狀，又有抱樹之形。世世祠祀，頗有神驗。百姓哀之，忌日爲之斷火，煮醴酪而食之，名曰「寒食」，蓋清明節前一日是也。中國流行，遂爲常俗。然麥粥自可禦暑，不必要在寒食。世有能此粥者，聊復録耳。

治釜令不渝法：常於諳信處買取最初鑄者，鐵精不渝，輕利易燃。其渝黑難燃者，皆是鐵滓鈍濁所致。治令不渝法：以繩急束蒿，斬兩頭令齊。著水釜中，以乾牛屎燃釜，湯暖，以蒿三徧净洗。抒却水，乾燃使熱。買肥豬肉脂合皮大如手者三四段，以脂處處徧揩拭釜，察作聲。復著水痛疏洗，視汁黑如墨，抒却。更脂拭，疏洗。如是十徧許，汁清無復黑，乃止；則不復渝。煮杏酪，煮餳，煮地黄染，皆須先治釜，不爾則黑惡。

煮醴法：與煮黑餳同。然須調其色澤，令汁味淳濃，赤色足者良。尤宜緩火，急則焦臭。傳曰：「小人之交甘若醴」，疑謂此，非醴酒也。

煮杏酪粥法：用宿穬麥，其春種者則不中。預前一月，事麥折令精，細簸揀。作五六等，必使别均調，勿令麤細相雜，其大如胡豆者，麤細正得所。曝令極乾。如上治釜訖，先煮一釜麤粥，然後净洗用之。打取杏人，以湯脱去黄皮，熟研，以水和之，絹濾取汁。汁唯淳濃便美，水多則味薄。用乾牛糞燃火，先煮杏人汁，數沸，上作豚腦皺，然後下穬麥米。唯須緩火，以匕徐徐攪之，勿令住。煮令極熟，剛淖得所，然後出之。預前多買新瓦盆子容受二斗者，抒粥著盆子中，仰頭勿蓋。粥色白如凝脂，米粒有類青玉。停至四月八日亦不動。渝釜令粥黑，火急則焦苦，舊盆則不滲水，覆蓋則解離。其大盆盛者，數捲居萬反亦生水也。

又 餳餔第八十九

史游《急就篇》云：「饊生但反、飴、餳。」

《楚辭》曰：「粔籹、蜜餌，有餦餭。」餦餭亦餳也。

柳下惠見飴曰：「可以養老。」然則飴餔可以養老自幼，故録之也。

煮白餳法：用白芽散蘖佳；其成餅者，則不中用。用不渝釜，渝則餳黑。釜必磨治令白净，勿使有膩氣。釜上加甑，以防沸溢。乾蘖末五升，殺米一石。米必細師，數十徧净淘，炊爲飯。攤去熱氣，及暖於盆中以蘖末和之，使均調。卧於酮甕中，勿以手按，撥平而已。以被覆盆甕，令暖，冬則穰茹。冬須竟日，夏即半日許，看米消減離甕，作魚眼沸湯以淋之，令糟上水深一尺許，乃上下水洽訖，向一食頃，使拔酮取汁煮之。

每沸，輒益兩杓。尤宜緩火，火急則焦氣。盆中汁盡，量不復溢，便下甑。一人專以杓揚之，勿令住手，手住則餳黑。量熟，止火。良久，向冷，然後出之。

用粱米、稷米者，餳如水精色。

黑餳法：用青芽成餅蘖。蘖末一斗，殺米一石。餘法同前。

琥珀餳法：小餅如碁石，内外明徹，色如琥珀。用大麥蘖末一斗，殺米一石。餘並同前法。

煮餔法：用黑餳蘖末一斗六升，殺米一石。卧、煮如法。但以蓬子押取汁，以匕匙紇紇攪之，不須揚。

《食經》作飴法：「取黍米一石，炊作黍，著盆中。蘖末一斗攪和。一宿，則得一斛五斗。煎成飴。」

崔寔曰：「十月，先冰凍，作京餳，煮暴飴。」

《食次》曰：「白繭糖法：熟炊秫稻米飯，及熱於杵臼净者舂之爲糌，須令極熟，勿令有米粒。幹爲餅：法，厚二分許。日曝小燥，刀直劆爲長條，廣二分；乃斜裁之，大如棗核，兩頭尖。更曝令極燥，膏油煮之。熟，出，糖聚丸之；一丸不過五六枚。」又云：「手索糌，麤細如箭簳。日曝小燥，刀斜截，大如棗核。

煮，丸，如上法。丸大如桃核。半奠，不滿之。」

黄藺糖：白秫米，精舂，不簸淅，以梔子漬米取色。炊、舂爲糍；糍加蜜。餘一如白糍。作藺，煮，及奠，如前。

唐・孫思邈《千金要方》卷一 酥髓、乳酪、醍醐、石蜜、沙糖、飴糖、酒醋膠麴蘗豉等藥。

右件藥依時收採以貯藏之。

藥酥髓乳酪醍醐石蜜沙糖飴糖酒醋膠麴蘗豉等藥。

右件藥依時收採以貯藏之。蟲豸之。藥不收採也。

卷一四 治舌腫强滿方：滿口含糖醋良。

又 卷一八 治舌腫强滿口方：滿口含糖酢少許，時熱通即止。

又 卷三八 堅中湯，治虛勞内傷寒熱嘔逆吐血方：糖三斤，芍藥、半夏、生薑、甘草各三兩，桂心二兩，大棗五十枚。

右七味㕮咀，以水二斗，煮取七升分七服，日五夜二。《千金翼》無甘草。

澤蘭湯，治傷中裏急，胷脇攣痛欲嘔血，時寒時熱，小便赤黄，此傷於房勞故也。主之方：澤蘭、糖各一斤，桂心、桑根白皮、人參各三兩，遠志二兩，生薑五兩，麻仁一升。右八味㕮咀，以淳酒一斗五升，煮取七升，去滓内糖，食前服一升，日三夜一，勿勞動。

食前服一升，日三夜一，勿勞動。

又 卷四五 又方：治心氣不足，腹背相引痛，不能俛仰方：或作傷心湯。茯神、黄芩、遠志、乾地黄各三兩，麥門冬、石膏各四兩，半夏、附子、桂心、生薑各二兩，甘草、阿膠、糖各一兩，大棗三十枚。

右十四味㕮咀，以水一斗，煮取三升，去滓，内糖及膠，更煎，取二升，二合分三服。

又 卷五三 治吞金銀鐶及釵方：白糖二斤，一頓漸漸食之，多食益佳也。

又 卷五四 治肺寒損傷氣嗽及涕唾鼻塞方：棗肉二升研作脂，杏仁一升，熬研爲脂，酥、生薑汁、白糖、白蜜、生百部汁各一升。

右七味合和，微火煎，常攪，作一炊久，下之細細温清酒服，二合日二。

又 卷五五 治讀誦勞極疲乏困頓方：酥、油、糖、酒、白蜜各二升。

右五味合於銅器中，微火煎二十沸下之爲準，七日七夜服令盡，宜慎生冷。

又 卷五七 治咳嗽胷脇支滿多唾上氣方【略】又方：薑汁一升半，沙糖五合。

右二味，煎薑汁減半，内糖，更煎服之。

又方：白糖五分，皂莢末一方寸匕。

右二味，先微煖糖令消，内皂莢末合和相得，丸如小豆，先食服二丸。

又方，治忽暴嗽失聲語不出方：杏仁、薑汁、砂糖、蜜各一升，五味子、紫菀各三兩，通草、貝母各四兩，桑根白皮五兩。

右九味㕮咀，以水九升煮取三升，去滓，内杏仁脂，薑汁、蜜、糖和攪，微火煎取四升，初服三合，日再夜一，後稍加。

治上氣咳嗽喘息喉中有物唾血方：生薑汁、杏仁各二升，糖、蜜各一升，猪膏二合。

右五味，先以猪膏煎杏仁色黄出之，以紙拭令浄，擣如膏，合薑汁、糖、蜜等合煎，令可丸。每服如杏核一枚，日夜六七服，漸漸增加。

又 卷六〇 前胡建中湯，治大勞虛劣，寒熱嘔逆，下焦虛熱，小便赤痛，客熱上熏頭目及骨肉疼痛口乾方：前胡三兩，黄耆、芍藥、當歸、茯苓、桂心各二兩，甘草一兩，生薑八兩，白糖六兩，人參、半夏各六分。

右十一味㕮咀，以水一斗二升煮取四升，去滓，内糖，分四服。

又 卷七一 小槐實圓治五十年者方：槐子三斤，白糖二斤，礬石、流黄各一斤，大黄、乾漆、龍骨各十兩。

右七味，四味擣篩，其二種石及糖並細切内銅器中，一石米下蒸之，以綿絞取汁以和藥末，併手丸如梧子大。陰乾，酒服二十丸日三，稍增至三十丸。

唐・孟詵《食療本草》清羅振玉《敦煌石室碎金・食療本草殘卷》 石蜜，寒。右心腹脹熱，口乾渴。波斯者良。注少許於目中，除去熱膜，明目。蜀川者爲次。今東吴亦有，並不如波斯。此皆是煎甘蔗汁，及牛膝汁煎則細白耳。又和棗肉及巨勝，人作末爲丸，每食後含一丸如李核大，咽之，津潤肺氣，助五藏津。

沙糖，寒。右功體與石蜜同也。多食令人心痛，養三蟲，消肌肉，損牙齒，發疳䘌。不可多服之。又不可與鯽魚同食，成疳蟲。又不可共笋食之，笋不消成癥，病心腹痛，重不能行。

唐・道宣《續高僧傳》卷四《玄奘》 又勅王玄策等二十餘人隨往大夏，并贈綾帛千有餘段。王及僧等數各有差，并就菩提寺僧召石蜜匠。乃遣匠二人、僧

八人，俱到東夏，尋勅往越州，就甘蔗造之皆得成就。

唐・歐陽詢《藝文類聚》卷八七《菓部下・甘蔗》　《說文》曰，諸蔗也。《廣志》曰，干蔗，其餳爲石蜜。《神異經》曰，南方荒内，有盱睹林焉，其高百丈，圍三丈八尺，促節多汁，甜如蜜。魏文帝《典論》曰，常與平虜將軍劉勳、奮威鄧展等共飲，宿聞展有手臂，曉五兵，余與論劍良久，謂余言，將軍法非也，求與余對。酒酣耳熱，方食干蔗，便以爲杖，下殿數交，三中其臂，左右大笑。《江表傳》曰，孫亮使黄門，以銀椀并蓋，就中藏吏取交州所獻甘蔗餳。黄門先恨藏吏，以鼠矢投餳中，啓言吏不謹。亮呼吏持餳器入，問曰，此器既蓋之，有油覆，無緣有此。黄門將有恨汝耶？吏叩頭曰，嘗從某求官莞席，席有數，不敢與。亮曰，必是此也。問之具服。《南中八郡志》曰，交阯有甘蔗，圍數寸，長丈餘，頗似竹，斷而食之，甚甘。笮取汁，曝數時成飴，入口消釋，彼人謂之石蜜。沈約《宋書》曰，魏主致意安北，遠來疲乏，若有甘蔗及酒，可見分惠。世祖遣人荅曰，知行路多乏，今付酒二器，甘蔗百挺也。《漢書》：百味皆酒布蘭生，太尊柘漿析醒。（《太平御覽》九百七十四醒上有朝字。）《騷》：臑鼈炮焦有柘漿。《世說》曰，顧凱之爲虎頭將軍，每食蔗，自尾至本。人或間，曰，漸入佳境。又曰，扶南蔗一丈三節，見日即消，風吹即折。詩：魏陳王曹植詩曰，都蔗雖甘，杖之必折。巧言雖美，用之必滅。賦：晉張協《都蔗賦》曰，若乃九秋良朝，玄酎初出，黄華浮觴，酣飲累日，挫斯蔗而療渴，若嗽醴而含蜜。清滋津於紫梨，流液豐於朱橘。擇蘇妙而不逮，何況沙棠與椰實！

唐・蘇敬等《新修本草・米部》上　飴糖，味甘，微温。主補虚乏，止渴，去血。

方家用飴糖，乃云膠飴，皆是濕糖如厚蜜者，建中湯多用之。其凝强及牽白者，不入藥。又胡麻亦可作糖彌甘補。今酒用曲，糖用蘖，猶同是米、麥，而爲中、上之異。糖當以和潤爲優，酒以熏亂爲劣。

唐・玄應《一切經音義》卷四　［竿蔗　古寒反，下諸夜反。《通俗文》：荆州出竿蔗。則甘蔗是也。］

又　卷六　甘蔗　之夜反。案諸書或作竿蔗，或作藷柘，或作甘柘，同一種也。藷音諸。

又　卷八　干蔗　經文又作竿柘，同。諸夜反。《通俗文》：荆州竿蔗。或言甘柘，一物也。

又　卷九　［竿蔗　古寒、諸夜反。甘蔗也。《通俗文》「西域出蒲萄，荆州出竿蔗」是也。］

又　卷一〇　干柘　支夜反。或作甘蔗，或作竿蔗，［此既西國語］，隨作無定體也。

又　卷一四　竿蔗　音干。下又作柘，同。諸夜反。［《廣志》作竿蔗］。今蜀人謂之竿蔗。［《上林賦》曰諸柘。《巴豆集》注曰：諸柘，甘柘也］。甘蔗，通語耳。

唐・慧琳《一切經音義》卷二　甘遮　之夜反。《字書》：蔗，藷也。

又　卷五　甘蔗　支夜反。後准此。

又　卷六　甘蔗　之夜反。《文字釋訓》云：甘蔗，美草名也。汁可煎爲砂糖。《說文》：藷也。從草從遮省聲也。

又　卷八　甘遮　之夜反。美草也。

又　卷一五　甘遮　之夜反。或作蔗。

苷蔗　上音甘，下之夜反。或作遮。蚶草煎汁爲糖，即砂糖蜜繽等是也。

又　卷一六　干蔗　經文或作芊柘，亦同。下之夜反。《通俗文》：荆州干蔗。或言甘蔗，一物也。經文從辵作遮，非也。

又　卷二〇　甘蔗　遮舍反。王逸注《楚辭》云：蔗，藷也。《蜀都賦》所謂甘蔗是也。《說文》云：從草庶聲。

又　卷二四　苷蔗　上音甘，下之夜反。《本草》云：能下氣治中，利大腸，止渴，去煩熱，解酒毒。《說文》：蔗，藷也。從艸庶聲。苷或作甘也。

又　卷二七　甘蔗　之夜反。諸書有云芊蔗，或云藉柘，或作柘，皆同一物也。

又　卷三四　竿蔗　古寒反，下諸夜反。《通俗文》「荆州出竿蔗，則甘柘」是也。

又　卷五二　干柘　支夜反。或有作甘蔗，或作竿蔗。此既西國語，隨作無定體也。

又　卷五四　甘蔗　下支夜反。

又　卷五九　竿蔗　音干。下又作柘，同。諸夜反。今蜀人謂之竿蔗。甘蔗，通語耳。

又　卷七六　甘蔗　下遮夜反。

又 卷七八 甘蔗 下遮夜反。《考聲》云：蔗，草名也。今謂之甘蔗也。《楚辭》亦草名。其汁甘也。《古今正字》：藷，蔗也。從草庶聲。藷音諸。

唐·段成式《酉陽雜俎》前集卷七《酒食》 賫字五色餅法 刻木蓮花，藉禽獸形按成之，合中累積五色竪作道，名爲鬬釘。色作一合者皆糖蜜，副起粄法、湯胘法、沙碁法、甘口法。

《新唐書·西域傳上》 摩揭它，一曰摩伽陀，本中天竺屬國。環五千里，土沃宜稼穡，有異稻巨粒，號供大人米。王居拘闍揭羅布羅城，或曰俱蘇摩補羅，曰波吒釐子城，北瀕殑伽河。貞觀二十一年，始遣使者自通於天子，獻波羅樹，樹類白楊。太宗遣使取熬糖法，即詔揚州上諸蔗，拃瀋如其劑，色味愈西域遠甚。

五代·馮贄《雲仙散録》卷八 洗心糖

《幽燕記異》曰：茅地經冬，燒去枝梗，至春，取土中餘根白如玉者搗汁，煎之至甘，可爲洗心糖。

宋·陶穀《清異録》卷上《百果門·青灰蔗》 甘蔗盛於吴中，亦有精粗，如崑崙蔗、夾苗蔗、青灰蔗，皆可煉糖。桄榔蔗，乃次品。糖坊中人盗取未煎蔗液，盈盌啜之，功德漿即此物也。

又 《九天材料》 一時之果，品類幾何，惟假蜂蔗、川糖、白鹽、藥物，煎釀曝糝，各隨所宜。郭崇韜家最善乎此，知味者稱爲九天材料。

宋·王溥《唐會要》卷一〇〇《雜録》 西蕃胡國出石蜜，中國貴之，太宗遣使至摩伽佗國取其法，令揚州煎蔗之汁，於中廚自造焉，色味逾於西域所出者。

宋·李昉等《太平御覽》卷八五七《飲食部一五·石蜜》 魏文帝《與孫權書》曰：今因趙諮奉石蜜五餅。

又《與朝臣詔》曰：南方龍眼、荔支，甯比西國葡萄、石蜜？

又曰：新城孟太守道：蜀豬肫雞鶩，味皆淡，故蜀人作食喜著飴蜜。

又 《沙餳》 張衡《七辯》曰：沙餳、飴、石蜜，遠國貢儲。

盛翁子《與劉頌書》曰：沙餳，西垂之産。

宋·王欽若等《册府元龜》卷九七〇《外臣部·朝貢》 西蕃胡國，出石密，中國貴之，帝遣使至摩伽陀國取其法，令揚州煎諸蔗之汁，於中廚自造，色味逾於西域所出。

宋·孔平仲《孔氏談苑》卷一《收冰法》 收冰之法，冬至前所收者堅而奈久，冬至後所收者多不堅也。黄河亦必以冬至前凍合，冬至後雖凍不復合矣。川中乳糖獅子，冬至前造者色白不壞，冬至後者易敗多蛀。陽氣入物，其理如此。

宋·龐元英《文昌雜録》卷一 今歲時人家作餳蜜油煎花果之類，蓋亦舊矣。《楚辭·招魂》云：「粔籹蜜餌，有餦餭些。」粔籹，以蜜和米麵煎熬。餦餭，餳也。中書趙舍人云：「方言：『餌，餻也。』」今餈餻是。

宋·洪邁《容齋隨筆·四筆》卷二 北人重甘蔗

甘蔗只生於南方，北人嗜之，而不可得。魏太武至彭城，遣人於武陵王處求酒及甘蔗。郭汾陽在汾上，代宗賜甘蔗二十條。《子虚賦》所云：「諸柘巴且。」諸柘者，甘柘也。蓋相如指言楚雲夢之物。漢《郊祀歌》「泰尊柘漿」，亦謂取甘蔗汁以爲飲。

又 《容齋隨筆·五筆》卷六 糖霜譜

糖霜之名，唐以前無所見，自古食蔗者始爲蔗漿，宋玉《招魂》所謂「胹鱉炮羔有柘漿」是也。其後爲蔗餳，孫亮使黄門就中藏吏取交州獻甘蔗餳是也。後又爲石蜜，《南中八郡志》云：「笮甘蔗汁，曝成飴，謂之石蜜。」《本草》亦云「煉糖和乳爲石蜜」是也。後又爲蔗酒，唐赤土國用甘蔗作酒，雜以紫瓜根是也。唐太宗遣使至摩揭陀國，取熬糖法，即詔揚州上諸蔗，榨瀋如其劑，色味愈於西域遠甚，然只是今之沙糖。蔗之技盡於此，不言作霜，然則糖霜非古也。歷世詩人模奇寫異，亦無一章一句言之，唯東坡公過金山寺，作詩送遂寧僧圓寶云：「涪江與中泠，共此一味水。冰盤薦琥珀，何似糖霜美。」黄魯直在戎州，作頌答梓州雍熙長老寄糖霜云：「遠寄蔗霜知有味，勝於崔子水晶鹽。正宗掃地從誰說，我舌猶能及鼻尖。」則遂寧糖霜見於文字者，實始二公。甘蔗所在皆植，獨福唐、四明、番禺、廣漢、遂寧有糖冰，而遂寧爲冠。四郡所産甚微，而顆碎色淺味薄，纔比遂之最下者，亦皆起於近世。唐大曆中，有鄒和尚者，始來小溪之繖山，教民黄氏以造霜之法。繖山在縣北二十里，山前後爲蔗田者十之四，糖霜户十之三。蔗有四色，曰杜蔗，曰西蔗，曰艻蔗，《本草》所謂荻蔗也，曰紅蔗，《本草》崑崙蔗也。紅蔗止堪生噉，艻蔗可作沙糖，西蔗可作霜，色淺，土人不甚貴，杜蔗紫嫩，味極厚，專用作霜。凡蔗最困地方，今年爲蔗田者，明年改種五穀以息之。霜户器用，曰蔗削，曰蔗鎌，曰蔗凳，曰蔗碾，曰榨斗，曰榨床，曰漆甕，各有制度。凡霜，一甕中品色亦自不同，堆疊如假山者爲上，團枝次之，甕鑑次之，小顆塊次

之，沙脚爲下。紫爲上，深琥珀次之，淺黄又次之，淺白爲下。宣和初，王黼創應奉司，遂寧常貢外，歲别進數千斤。是時，所産益奇，牆壁或方寸，應奉司罷，乃不再見。當時因之大擾，敗本業者居半，久而未復。遂寧王灼作《糖霜譜》七篇，具載其説，予采取之以廣聞見。

宋·葉廷珪《海録碎事》卷六《飲食器用部·食門》 蔗漿 濡鼈炮羔有蔗漿。

又《醯醬門》 朱蜜 《漢武内傳》：上藥有中華紫蜜、雲山朱蜜。於巖崖高峻處。

崖蜜 《本草》：石蜜即崖蜜也。其蜂黑色，作房於巖崖高峻處。

形糖 高飣形糖，滿傾甘酪。

蔗胎 糖，一名蔗胎。《集韻》。

石蜜 魏文帝詔羣臣：南方有龍眼荔枝，寧比西國蒲萄石蜜。石蜜，乳糖也。

宋·陸游《老學庵筆記》卷六 聞人茂德言：「沙糖中國本無之。唐太宗時外國貢至，問其使人：『此何物？』云：『以甘蔗汁煎。』用其法煎成，與外國者等。自此中國方有沙糖。」

唐以前書傳，凡言及糖者皆糟耳，如糖蟹、糖薑皆是。

宋·王灼《糖霜譜》 原委

第一，糖霜一名糖冰，福唐、四明、番禺、廣漢、遂寧有之，獨遂寧爲冠。四郡所産甚微而碎，色淺味薄，纔比遂寧之最下者。凡物以希有難致見珍，故查梨、橙、柑、荔枝、楊梅，四方不盡出，乃貴重於世。若甘蔗所在皆植，所植皆善，非異物也。至結蔗爲霜，則中國之大，止此五郡，又遂寧專美焉。外之夷狄戎蠻，皆有佳蔗，而糖霜無聞，此物理之不可詰也。先是唐大曆間，有僧號鄒和尚，不知所從來，跨白驢登繖山，結茅以居，須鹽米薪菜之屬，即書付紙，繫錢遣驢負至市區，人知爲鄒也，取平直挂物於鞍，縱驢歸。一日驢犯山下黄氏者蔗苗，黄請償於鄒。鄒曰，汝未知窨蔗糖爲霜，利當十倍。吾語女，塞責可乎？試之果信。自是流傳其法。糖霜户近山或望繖山者皆如意，不然，萬方終無成。鄒末年棄而北走通泉縣靈鷲山龕中，其徒追躡及之，但見一文殊石像。衆始知大士化身，而白驢者，獅子也。鄒結茅處，今爲楞嚴院，糖霜户猶畫鄒像事之，擬文殊云。敷文閣待制蘇公仲虎嘗守遂寧，謂蜀士指眉陽水秀，普慈石秀，乃不知此邦平衍清麗之爲土秀也。土宜稼穡，稼穡作甘。糖霜之甘擅天下，非土之特秀也歟！

第二，自古食蔗者始爲蔗漿，宋玉作《招魂》，所謂胹鼈炮羔，有柘漿是也。王逸註，柘藷蔗也，又云，柘一作蔗。其後爲蔗餳。孫亮使黄門就中藏吏取交州所獻甘蔗餳，是也。其後又爲石蜜。《廣志》云，蔗餳爲石蜜。《南中八郡志》：笮甘蔗汁曝成餳，謂之石密。《本草》亦云，煉糖和乳爲石蜜，是也。唐史載，太宗遣使至摩揭陀國，取熬糖法，即詔陽州上諸蔗柞瀋如其劑，色味愈西域遠甚。按，《集韻》酢、笮、醢、醋通用，而《玉篇》：柞，側板切。疑字誤。熬糖瀋作劑，似是今之沙糖也。蔗之技盡於此，不言作霜。然則糖霜非古也。戰國後，論吴蜀方物，如左太沖《三都賦》。論旨味，如宋玉《招魂》、景差《大招》、枚乘《七發》、傅毅《七激》、崔駰《七依》、李尤《七疑》、元鱗《七説》、張衡《七辨》、曹植《七啓》、徐幹《七喻》、劉邵《七華》、張協《七命》、陸機《七徵》、湛方生《七歡》、蕭子範《七誘》，水、陸、動、植之産，搜羅殆盡，未有及此者。歷世詩人，摸奇寫異，不可勝數，亦無一章一句。至本朝元祐間，大蘇公過潤州金山寺，作詩送遂寧僧圓寶，有云，涪江與中泠，共此一味水。冰盤薦琥珀，何似糖霜美。元符間，黄魯直在戎州作頌，答梓州雍熙光長老寄糖霜，有云，遠寄蔗霜知有味，勝於崔浩水晶鹽。正宗掃地從誰説，我舌猶能及鼻尖。遂寧糖霜見於文字，實於二公。然則糖霜果非古也，吾意四郡所産，亦起近世耳。

第三，繖山在小溪縣涪江東二十里，孤秀可喜，山前後爲蔗田者，十之四，糖霜户十之三。蔗有四色：曰杜蔗，曰西蔗，曰艻蔗，《本草》所謂荻蔗也，曰紅蔗，《本草》所謂崑崙蔗也。紅蔗止堪生噉，艻蔗可作沙糖，西蔗可作霜，色淺，土人不甚貴。杜蔗紫嫩，味極厚，專用作霜藏。種法擇取短者，芽生節間，短則節密而多芽。掘坑深二尺，闊狹從便，斷去尾，倒立坑中，土蓋之。不倒則雨水入夾葉，久必壞。凡蔗田，十一月後，深耕把摟，燥土縱横摩勞令熟，如開渠闊尺餘，深尺五，兩旁立土壠。上元後，二月初，區種行布，相傀灰薄蓋之。又蓋土不過二寸。清明及端午，前後兩次以猪牛糞細和灰薄蓋之，蓋土常使露芽。六月半，再使溷糞，餘用前法。草不厭數耘，土不厭數添，但常使露芽。候高成叢，用大鋤翻壠上土盡蓋。十月收刈。凡蔗最因地力，不可雜他種。而今年爲蔗田者，明年改種五穀，以休地力。田有餘者，至爲改種三年。糖霜成處，山下曰禮佛壩，五里曰乾灘壩，十里曰石溪壩，江西與山對望曰鳳臺鎮，大率近三百餘家。每家多者數十甕，少者一二甕。山左曰張村，曰巷口。山後曰濡池，曰吴村。江西與山對望曰

法寶院，曰馬鞍山，亦近百家。然霜成皆中下品。張村屬蓬溪縣，鳳臺鎮屬長江縣。並山一帶曰白水鎮，曰土橋，雖多蔗田，不能成霜。歲壓糖水，賣山前諸家。

第四，糖霜户器用，曰蔗削，如破竹刀而稍輕。曰蔗鎌，以削蔗，闊四寸，長尺許，勢微彎。曰蔗凳，如小杌子，一角鑿孔立木叉，束蔗三五挺閣叉上，斜跨凳剉之。曰蔗碾，駕牛以碾所剉之蔗，大硬石爲之，高六七尺，重千餘斤。下以硬石作槽底，循環丈餘。曰榨斗，又名竹袋，以壓蔗。高四尺，編當年慈竹爲之。曰棗杵，以築蔗入榨斗。曰榨盤，以安斗，類今酒槽底。曰榨牀，以安盤，牀上架巨木，下轉軸引索壓之。曰漆甕，表裏漆，以收糖水，防津漏。凡治蔗用，十月至十一月，先削去皮，次剉如錢。上户削剉至一二十人，兩人削，供一人剉，次入碾，碾闕則舂。碾訖，號曰泊，次烝，泊烝透出甑入榨，取盡糖水，投釜煎，仍上烝。生泊約糖水七分熟，權入甕，則所烝泊亦堪榨。如是煎、烝相接，事竟，歇三日。過期則醾。再取所寄收糖水煎，又候九分熟，稠如餳，十分太稠，則成沙脚。沙音嗄。插竹徧甕中，始正入甕，簸箕覆之，此造糖霜法也。已榨之後，別入生水重榨，作醋極酸。

第五，糖水入甕兩日後，甕面如粥文，染指視之如細沙。上元後結小塊，或綴竹梢如粟穗，漸次增大如豆，至如指節，甚者成座如假山，俗謂隨果子結實。至五月，春生夏長之氣已備，不復增大，乃瀝甕。過初伏不瀝，則化爲水。下户急欲前四月瀝。霜雖結，糖水猶在，瀝甕者戽出糖水，取霜瀝乾。其竹梢上團枝隨長短剪出就瀝，瀝定曝烈日中極乾，收甕。四周循環連綴生者，曰甕鑑，顆塊層出如崖洞間鍾乳，但側生耳，不可遽瀝，瀝須就甕曝數日令乾硬，徐以鐵鏟分作數片出之。凡霜，一甕中品色亦自不同，堆疊如假山者爲上，團枝次之，甕鑑次之，小顆塊次之，沙脚爲下。紫爲上，深琥珀次之，淺黄色又次之，淺白爲下。不以大小，尤貴牆壁密排，俗號馬齒。霜面帶沙脚者，刷去之。亦有大塊，或十斤或二十斤，最異者三十斤，然中藏沙脚，號曰含。凡沙霜性易銷化，畏陰濕及風，遇曝時風吹無傷也。收藏法，乾大小麥鋪甕底，麥上安竹筦，密排笋皮，盛貯綿絮，復筦簸箕覆甕，寄遠即瓶底著石灰數小塊，隔紙盛貯，原封瓶口。

第六，糖霜户治良田種佳蔗，利器用，謹土作，一也，而收功每異。自耕田至瀝甕，殆一年半，開甕之日，或無銖兩之獲，或數十斤，或近百斤。有暴富者，村俗以卜家道盛衰。霜全不結，賣糖水與自熬沙糖，猶取善價，於本柄亦未甚損也。其得糖者，水或餘半，亦以賣，或自熬沙糖。惟全甕沙脚者，水耗十之九，春中先瀝甕曝乾，少緩則化爲水。宣和初，宰相王黼創應奉司，遂寧常貢外，歲進糖霜數千斤。是時所産益奇，牆壁或方寸，應奉司罷不再見。豈天出珍異，不爲凡庶設乎！然當時州縣，因之大擾，敗本業者居半，至今未復。又有巧營利者，破荻竹，編狻猊燈毬狀，投糖水甕中，霜或就結，比常霜益數倍之直。第不能必其成，又懼州縣强索無以應矣，近歲不作。

第七，《本草》稱甘蔗消痰止渴，除心煩熱，今糖霜亦如之。然沙糖招痰飲，殊不可曉也。有作湯者，作餅者，并附其法。對金湯，糖霜、乾山藥等分細研。鳳髓湯，糖霜、乾蓮子、乾山藥等分細研。内蓮子去赤皮。妙香湯，糖霜一斤細研，別研吴氏龍涎香七分，餅和之。糖霜餅不以斤兩，細研，劈松子或胡桃肉，研和勻如酥蜜食，模脱成。模方圓雕花各隨意，口不過寸，研糖霜必擇顆塊者，沙脚即膠粘不堪用。

范蔚宗作《香譜》，蔡君謨作荔支、茶兩譜，皆極盡物理，舉世皆以爲當。晦叔作《糖霜譜》，余聞之且久，偶獲七篇，盡讀於大慈之方丈院，將見與范、蔡之文並馳而争先矣。紹興二十四年甲戌，季春初六，卧雲菴守元書。

宋・羅願《爾雅翼》卷二六《釋蟲三》 蜜蠭

蜜蠭，似蠭而小，工作蜜。《説文》蜜字作䗪，云「蠭，甘飴也」。蓋若鼎氣焉而羃之。《山海經》曰：「穀城之上，是蜂蜜之廬。」今土木之蠭，亦各有蜜。北方地燥，多在土中，故多土蜜。南方地濕，多在木中，故多木蜜。今人家畜者，質小而微黄，大率腰腹相稱，如蠅蟬也。喜事者以窾木容數斛，置蜂其中養之，開小孔，纔容出入。《永嘉地記》曰：「七八月中，常有蜜蜂羣過，有一蜂先飛，覓止泊處。人知輒内木桶中，以蜜塗桶中。飛者聞蜜氣或停，不過三四來，便舉羣悉至。」今人家所養蜂，或羣逸以千百數，中有大者爲王，羣蜂舁之，從其所往，人收而養之。一日兩出而聚鳴，號爲兩衙。其出採花者，取花鬚上粉置兩髀；或採無所得，經宿花中不敢歸。房中蜂多，則復分爲隊，雀及蜻蛉好捕食之。冬寒則割蜜。今宛陵有黄連蜜，則色黄而味小苦。雍洛間有犁花蜜，色如凝脂。亳州太清宫有檜花蜜，色小赤。南京柘城縣有何首烏蜜，色更赤。各隨所採花色，而性之温凉亦相近。蜜脾底爲蠟，有蜜香氣，然蜜極甘而蠟至淡，獨爲一異。《孝經援神契》曰：「蜂蠆垂芒。」《釋蟲》曰：「蠭醜螸。」謂垂其腴。腴，即腹下螫毒也。今細腰螫人，皆復引其芒去。蜜蜂螫人，芒入人肉，不可復出，蜂亦尋死。傳言尹吉甫妻取蜂去毒繫衣上，以譖伯奇，即此也。古稱蜂蠆有毒，今蜂近

其房，輒羣起攻人，故古稱蠭起之將。戰國有蠭旗，軍行用之。又軍行卒逢羣蜂及飛蝱多者，必驚於藏伏之賊。王莽時，九江連率賈萌守郡不降，有飛蜂附萌車，爲漢兵所誅。晉陶侃表袁謙爲高涼太守，未至百餘里，浦中有蜜蜂蔽日而下謙船，已而皆不利。《洪範五行傳》：「秦昭王時，上郡大飢，草木盡死，蜂食田苗。」《關尹子》：「聖人師蜂立君臣。」

宋・程大昌《演繁露》卷二　石蜜

《太平御覽・異物志》曰，交趾甘滋，大者數寸，煎之凝如冰，破如博棊，謂之石蜜。《涼州異物志》曰，石蜜之滋，甜於浮萍，非石之類，假石之名，實出甘柘，變而凝輕。注云，甘柘似竹，煮而曝之，則凝如石而甚輕。又魏文帝詔曰，南方龍眼、荔枝，寧比西國蒲萄、石蜜。合此數説觀之，既曰柘漿所凝，其狀如冰，而名又爲石，則今之糖霜是矣。又有崖蜜者，蜂之釀蜜，即峻崖懸真其窠，使人不可攀取也。而人之用智者，伺其窠蜜成熟，用長竿繫木桶，度可相及，則以竿刺窠，窠破，蜜注桶中，是名崖蜜也。

宋・王楙《野客叢書》卷一七　崖蜜

東坡《橄欖詩》曰：「待得微甘回齒頰，已輸崖蜜十分甜。」《冷齋夜話》謂事見《鬼谷子》，崖蜜，櫻桃也。漫叟、漁隱諸公，引《本草》「石崖間蜂蜜」爲證。僕謂坡詩爲橄欖而作，疑以櫻桃對言。世謂棗與橄欖爭曰：「待你回味，我已甜了。」正用此意，蜂蜜則非其類也。固自有言蜂蜜處，如張衡《七辯》云「沙餳石蜜」，乃其等類；閩王遺高祖石蜜十斛，此亦一石蜜也。僕嘗考之，石蜜有數種，《本草》謂「崖石間蜂蜜爲石蜜」，又有所謂「乳餳爲石蜜」者，《廣志》謂「蔗汁爲石蜜」，其不一如此。「崖」「石」一義，又安知古人不以櫻桃爲石蜜乎？觀魏文帝詔曰：「南方有龍眼荔枝，不比西園蒲萄石蜜。」以龍眼荔枝相對而言，此正櫻桃耳！豈餳蜜之謂邪？坡詩所言，當以此爲證。

宋・王象之《輿地紀勝》卷一五五《遂寧府》　糖霜

《容齋五筆》：「宣和初，王黼剏應奉司，遂寧常貢外，歲別進數千斤。是時，所産益奇，墻壁或方寸，應奉司罷，乃不再見。當時因之大擾，敗本業者過半，久而未復。遂寧王灼作《糖霜譜》七篇，具載其説。」又馬成《望江南》云：「不待千年成琥珀，直疑六月凍瓊漿。」

宋・謝采伯《密齋筆記》卷三　遂甯糖冰，正字劉望之賦，以爲傘子山異僧所授。其法，醉蔗成漿，貯以甕缶，列閒屋中。閱冬而後，發之成矣。其略曰，逮白露之既凝，室人告余其亦霜。獵珊瑚於海底，綴珠琲於枯篁。吸三危之秋氣，陋萬蘂之蜂房，碎玲瓏於齒牙，韻亢爽於壺觴。米帖云，治咽喉諸疾。廣南盛有，不知始於何時。

宋・吴自牧《夢粱録》卷一八《物産》　甘蔗，臨平小林産，以土窖藏至春夏，味猶不變。小如蘆者，名荻蔗，亦甜。

元・孟祺等《農桑輯要》卷六《藥草》　甘蔗

[新添]栽種法：用肥壯糞地。每歲春間，耕轉四徧，耕多更好。擺去柴草，使地净、熟，蓋下土頭。

如大都天氣，宜三月内下種；迤南暄熱，二月内亦得。

每栽子一箇，截長五寸許有節者——中須帶三兩節發芽於節上。畦寬一尺，下種處微壅土高，兩邊低下；相離五寸，卧栽一根，覆土厚二寸。栽畢，用水遶澆，止令濕潤根脉，無致渰没栽封。

旱則三二日澆一徧，如雨水調勻，每一十日澆一徧。其苗高二尺餘，頻用水廣澆之。荒則鋤耘。並不開花結子。

直至九月霜後，品嘗稭稈，酸甜者成熟，味苦者未成熟。將成熟者附根刈倒，依法即便煎熬外，將所留栽子稭稈，斬去虚梢；深撅窖阬，窖底用草襯藉；將稭稈竪立收藏，於上用板蓋，土覆之，毋令透風及凍損。直至來春，依時出窖，截栽如前法。

大抵栽種者多用上半截，儘堪作種；其下截肥好者，留熬沙糖。若用肥好者作種，尤佳。

煎熬法：若刈倒放十許日，即不中煎熬。將初刈倒稭稈，去梢、葉，截長二寸，碓擣碎，用密筐或布袋盛頓，壓擠取汁。即用銅鍋内——斟酌多寡——以文武火煎熬。其鍋隔牆安置，牆外燒火，無令烟火近鍋。專一令人看視。熬至稠粘似黑棗，合色。

用瓦盆一隻，底上鑽箸頭大竅眼一箇，盆下用甕承接。將熬成汁用瓢豁於盆内，極好者澄於盆；流於甕内者，止可調渴水飲用。將好者止就用有竅眼盆盛頓，或倒在瓦甖内亦可，以物覆蓋之。食則從便。慎勿置於熱炕上，恐熱開化。

大抵煎熬者，止取下截肥好者，有力糖多，若連上截用之，亦得。

又　卷七《禽魚》　蜜蜂

[新添]人家多於山野古窯中收取。蓋小房，或編荆囤，兩頭泥封，開一二小

竅，使通出入。另開一小門，泥封——時時開却，掃除常淨——不令他物所侵。秋花彫盡，留冬月可食蜜，脾割取作蜜、蠟。

至春三月，掃除如前。常於蜂竅前置水一器，不致渴損。春月蜂盛，有數箇蜂王，當審多少、壯與不壯，若可分爲兩竅，止留蜂王兩箇，其餘摘去；如不壯，除舊蜂王外，其餘蜂王，盡行摘去。竅，烏禾反，穴居也。

元・周達觀《真臘風土記》 醞釀

酒有四等：第一等原脱等字，據《郛》甲本增。唐人呼爲蜜《百川》本誤作密。糖酒，用藥麴，以蜜及水中半陳本改爲拌。爲之。其次者，土《集成》本誤作主。人呼爲朋牙四，以樹葉爲之。朋牙四者，乃一等樹葉之名也。又其次，以米或剩飯爲之，名曰包稜角。蓋包稜角者米也。其下有糖鑑酒，以糖爲之。又入文津本誤作如。港濱水，又《郛》甲本作人。有茭漿《郛》甲本誤作醬。酒；蓋有一等茭葉生於水濱，其漿可以釀酒。

元・王禎《農書・農桑通訣集之五・畜養篇》 養蜜蜂類

人家多於山野古窯中收取，蓋小房，或編荆囤，兩頭泥封，開一二小竅通出入，另開一小門，泥封，時時開却，掃除常淨，不令他物所侵及。於家院掃除蛛網，及關防山蜂、土蜂，不使相傷。秋花彫盡，留冬月可食蜜脾，餘者割取作蜜蠟。至春三月，掃除如前。常於蜂窠前置水一器，不致渴損。春月蜂盛，一窠留一王，其餘摘之。其有蜂王分窠，羣蜂飛去，撒碎土以收之，別置一窠，其蜂即止。

春夏合蜂及蠟，每窠可得大絹一疋。有收養分息數百窠者，不必他求而可致富也。

元・忽思慧《飲膳正要》卷三《米穀品》 餳 味甘，微温，無毒。補虚乏，止渴，去血，健脾，治嗽。

小兒誤吞錢，取一斤，漸漸盡食之即出。

蜜 味甘，平，微温，無毒。主心腹邪氣，諸驚癇，補五藏不足，益中氣，止痛，解毒，明耳目，和百藥，除衆病。

元・楊瑀《山居新語》卷一 李朵兒只左丞至元閒爲處州路總管。本處所產荻蔗，每歲供給杭州砂餹局煎熬之用。餹官皆主鶻、回回富商也，需索不一，爲害滋甚。李公一日遣人來杭果木鋪買砂餹十斤，取其鋪單，因計其價，比之官費有數十部之遠。遂呈省革罷之。

明・劉基《多能鄙事》卷二《飲食類》 糖霜法

造餳霜，用好糖三十斤爲率，淨水一桶，同入釜中煑沸，不要攪動。入雞卵四箇，同煑少頃，直滓盡在面上。候冷，輕輕挹去之。先取淨黄泥，水和，置別所，用樟木作桶，桶底作一小孔，以木綿塞之。入糖其中，用綿布蓋面，取所和黄泥水攤中，上壓七日，看糖色如未凝未白，再壓。直過四七日，其糖淨白，始再熬過，分入小罐中，約一斤或半斤，以竹篾布罐内，於淨地上平鋪，以稻糠埋其罐，氣熱則成透白，可得霜十斤。

明・周瑛 黄仲昭《興化府志》卷一二《貨殖志》 黑糖，煑蔗爲之。冬月蔗成後，取而斷之，入碓搗爛，用大桶裝貯。桶底旁側爲竅，每納蔗一層，以灰薄灑之，皆築實及蒲，用熱湯自上淋下，別用大桶自下承之，旋取入釜烹煉。火候既足，蔗漿漸稠，乃取油滓點化之。別用大方盤挹置盤内，遂凝結成糖。其面光潔如漆，其脚粒粒如沙，故又名沙糖。又按宋志，以今蔗爲竹蔗，別有荻蔗煎成水糖，今不復有矣。白糖，每歲正月内煉沙糖爲之。取乾好沙糖，置大釜中烹煉。用鴨卵連清、黄攪之，使查滓上浮，用鐵笊籬撇取乾淨，看火候足，別用兩器上下相乘，上曰圂，胡困切。下曰窩。圂下尖而有竅，窩内虚而底實。乃以草塞竅，取煉成。糖漿置圂中，以物乘熱攪之。及冷，糖凝定，糖油墜入窩中。三月梅雨作，乃用赤泥封之，約半月後又易封之，則糖油盡抽入窩。至大小暑月，乃破泥取糖。其近上者全白，近下者稍黑。遂曝乾之，用木桶裝貯。九月，各處客商皆來販賣。其糖油鄉人自買。彭志云，舊出東泉州，正統間莆人有鄭立者，學得其法，始自爲之。今上下習奢，販賣甚廣。此外又有蜂糖。蜂糖，今蜜也。宋志云，蜜有三種：曰石蜜、木蜜、土蜜。以今考之，石蜜，乃一種黑蜂作蜜崖石間，人欲取之，以繩縋腰，下崖石半，乃可得。其味頗苦。木蜜、土蜜，即人家所養蜂分窩而出者。或飛入山林，於木孔中作蜜，名木蜜。或飛入土穴中作蜜，名土蜜。

又 卷一三《户紀七・山物考・果部》 甘蔗 以水田作壠種之，葉如菅茅，其莖有節，春種秋成，搗其汁煮之，則成黑糖。又以黑糖煮之，則成白糖。莆人趁利者多種之。近爲癡風所損，故稍止。

明・李詡《戒庵老人漫筆》卷三 甘蔗

甘蔗出閩中，以糖漬之，可以寄遠。形如鎖陽而氣近黄精，味酸。

明・李時珍《本草綱目・水部》 甘露蜜《拾遺》。

集解 藏器曰，生巴西絶域中，狀如餳也。時珍曰，按《方國志》云，大食國

秋時收露，朝陽曝之，即成糖霜，蓋此物也。又《一統志》云，撒馬兒罕地在西番，有小草叢生，葉細如藍，秋露凝其上，味如蜜，可熬爲餳。夷人呼爲達，即古賔蓋甘露也。此與刺蜜相近，又見果部。

氣味 甘平，無毒。主治胷膈諸熱，明目止渴。藏器。

又《果部》 甘蔗音柘，《別録》：中品。

釋名 竿蔗，《草木狀》。藷。音遮。時珍曰，按野史云，吕惠卿言，凡草皆正生嫡出，惟蔗側種，根上庶出，故字從庶也。嵇含作竿蔗，謂其莖如竹竿也。《離騷》《漢書》皆作柘，字通用也。藷字出許慎《説文》，蓋蔗音之轉也。

集解 弘景曰，蔗出江東爲勝，廬陵亦有好者。廣州一種數年生，皆大如竹，長丈餘，取汁爲沙餹，甚益人。又有荻蔗，節疎而細，亦可噉也。頌曰，今江、浙、閩、廣湖南，蜀川所生，大者亦高丈許，其葉似荻，有二種：荻蔗，莖細短而節疎，但堪生噉，亦可煎稀餹。竹蔗，莖粗而長，可笮汁爲沙餹。泉、福、吉、廣諸州多作之鍊沙餹。和牛乳爲乳餹，惟蜀川作之，南人販至北地者，荻蔗多而竹蔗少也。詵曰，蔗有赤色者，名崑崙蔗。白色者，名荻蔗。竹蔗以蜀及嶺南者爲勝，江東雖有，而劣於蜀産。會稽所作乳餹，殆勝於蜀。時珍曰，蔗皆畦種叢生，最困地力。莖似竹而内實，大者圍數寸，長六七尺，根下節密以漸而疎，抽葉如蘆葉而大，長三四尺，扶疎四垂。八九月收莖，可留過春，充果食。按王灼《餹霜譜》云，蔗有四色：曰杜蔗，即竹蔗也，緑嫩薄皮，味極醇厚，專用作霜。曰西蔗，作霜色淺。曰艻蔗，亦名蠟蔗，即荻蔗也，亦可作沙餹。曰紅蔗，亦名紫蔗，即崑崙蔗也，止可生啖，不堪作餹。凡蔗榨漿飲固佳，又不若咀嚼之味雋永也。

蔗，氣味甘平、濇，無毒。大明曰，冷。詵曰，共酒食發痰。瑞曰，多食發虚熱，動衄血。《相感志》云，同榧子食則渣軟。

【略】

發明 時珍曰，蔗，脾之果也。其漿甘寒，能瀉火熱，《素問》所謂甘温除大熱之意。煎鍊成餹，則甘温而助濕熱，所謂積温成熱也。蔗漿消渴解酒，自古稱之。故《漢書》郊祀歌云，百味旨酒布蘭生，泰尊柘漿析朝酲。唐王維櫻桃詩云，飽食不須愁内熱，大官還有蔗漿寒，是矣。而孟詵乃謂共酒食發痰者，豈不知其有解酒除熱之功耶？《日華子》：大明又謂沙餹能解酒毒，則不知既經煎鍊，便能助酒爲熱，與生漿之性異矣。按晁氏《客話》云，甘草遇火則熱，麻油遇火則冷。甘蔗煎飴則熱，水成湯則冷，此物性之異，醫者可不知乎！又野史云，盧絳中病痁疾疲瘵，忽夢白衣婦人云，食蔗可愈。乃旦，買蔗數挺食之，翌日疾愈。此亦助脾和中之驗與。

沙餹《唐本草》。

集解 恭曰，波餹出蜀地，西戎、江東並有之，笮甘蔗汁煎成紫色。瑞曰，稀者爲蔗餹，乾者爲沙餹，毬者爲毬餹，餅者爲餹餅。沙餹中凝結如石，破之如沙，透明白者爲餹霜。時珍曰，此紫沙餹也。法出西域，唐太宗始遣人傳其法入中國，以蔗汁過樟木槽取而煎成，清者爲蔗餳，凝結有沙者爲沙餹，漆甕造成，如石、如霜、如冰者爲石蜜、爲餹霜、爲冰餹也。紫餹亦可煎化，印成鳥獸果物之狀，以充席獻。今之貨者，又多雜以米餹諸物，不可不知。

氣味 甘寒，無毒。恭曰，冷利過於石蜜。詵曰，性温，不冷，多食令人心痛，生長虫，消肌肉，損齒，發疳䘌。與鯽魚同食成疳虫，與葵同食生流澼，與笋同食不消成癥，身重不能行。

【略】

發明 宗奭曰，蔗汁清，故費煎鍊，致紫黑色，今醫家治暴熱多用爲先導，兼啖駝馬解熱。小兒多食則損齒生蟲者，土制水，倮蟲屬土，得甘即生也。震亨曰，餹生胃火，乃濕土生熱，故能損齒生。與食棗病䶛同意，非土制水也。時珍曰，沙餹性温，殊於蔗漿，故不宜多食。與魚、笋之類同食，皆不益人。今人每用爲調和，徒取其適口，而不言陰受其害也。但其性能和脾緩肝，故治脾胃及瀉肝藥用爲先導。本草言其性寒，蘇恭謂其冷利，皆昧此理。

石蜜《唐本草》。

釋名白沙餹。恭曰，石蜜即乳餹也。與虫部石蜜同名。時珍曰，按萬震《涼州異物志》云，石蜜非石類，假石之名也，實乃甘蔗汁，煎而曝之則凝如石，而體甚輕，故謂之石蜜也。

集解 志約曰，石蜜出益州及西戎，煎鍊沙餹爲之，可作餅塊，黄白色。恭曰，石蜜用水牛乳、米粉和煎成塊，作餅堅重。西戎來者佳，江左亦有，殆勝於蜀。詵曰，自蜀中、波斯來者良。東吴亦有，不及兩處者。皆煎蔗汁、牛乳，則易細白耳。宗奭曰，石蜜，川、浙者最佳，其味厚，他處皆次之。煎鍊以銅象物，達京師。至夏月及久陰雨多，自消化。土人先以竹葉及紙裹包，外用石夾埋之，不得見風，遂可免。今人謂之乳餹，其作餅，黄白色者謂之捻餹，易消化，入藥至妙。時珍曰，石蜜，即白沙餹也。凝結作餅塊，如石者爲石蜜，輕白如霜者爲餹

霜，堅白如冰者爲冰餹，皆一物，有精粗之異也。以白餹煎化，模印成人物獅象之形者，爲饗餹。《後漢書》註所謂猊餹是也。以石蜜和諸果仁，及橙、橘皮、縮砂、薄荷之類作成餅塊者，爲餹纏。以石蜜和牛乳、酥酪作成餅塊者，爲乳餹。皆一物數變也。唐本草明言，石蜜煎沙餹爲之，而諸註皆以乳餹即爲石蜜，殊欠分明。按王灼《餹霜譜》云，古者惟飲蔗漿，其後煎爲蔗餳，又曝爲石蜜。唐初以蔗爲酒，而餹霜則自大曆間有鄒和尚者來住蜀之遂寧繖山，始傳造法。故甘蔗所在植之，獨有福建四明、番禺、廣漢遂寧有冰餹，他處皆顆碎，色淺，味薄。惟竹蔗綠嫩味厚，作霜最佳。西蔗次之。凡霜一甕，其中各色亦自不同。惟疊如假山者爲上，團枝次之，甕缺次之，小顆塊又次之，沙脚爲下。紫色及如水晶色者爲上，深琥珀色次之，淺黃又次之，淺白爲下。

氣味　甘寒，冷利，無毒。主治心腹熱脹，口乾渴。唐本。治目中熱膜，明目。和棗肉、巨勝末爲丸噙之，潤肺氣，助五臟生津。孟詵。潤心肺燥熱，治嗽消痰，解酒和中，助脾氣，緩肝氣。時珍。

發明　震亨曰，石蜜甘，喜入脾，食多則害必生於脾。西北地高多燥，得之有益。東南地下多濕，得之未有不病者，亦兼氣之厚薄不同耳。時珍曰，石蜜、餹霜、冰餹，比之紫沙餹性稍平，功用相同，入藥勝之。然不冷利，若久食，則助熱損齒，生虫之害，同也。

刺蜜《拾遺》。　校正自草部移入此。

釋名　草蜜，《拾遺》。給敦羅。

集解　藏器曰，交河沙中有草，頭上有毛，毛中生蜜，胡人名爲給敦羅。時珍曰，按李延壽《北史》云，高昌有草，名羊刺，其上生蜜，味甚甘美。又梁四公子記云，高昌貢刺蜜。杰公云，南平城羊刺無葉，其蜜色白而味甘。鹽城羊刺葉大，其蜜色青而味薄也。高昌，即交河，在西番，今爲火州。又段成式《酉陽雜俎》云，北天竺國有蜜草，蔓生，大葉，秋冬不死，因受霜露，遂成蜜也。又《大明一統志》云，西番撒馬兒罕地有小草叢生，葉細如藍，秋露凝其上，味甘如蜜，可熬爲餳，土人呼爲達，即古賨，蓋甘露也。按此二說，皆草蜜也，但不知其草即羊刺否也。又有䤄齊樹，亦出蜜，云可入藥，而不得其詳，今附於左。

附録　䤄齊　音別。按段成式云，䤄齊出波斯國，拂林國亦有之，名頃敦梨佗。頃音奪。樹長丈餘，皮色青薄、光淨，葉似阿魏，生於枝端，一枝三葉。八月伐之，臘月更抽新條。七月斷其枝，有黃汁如蜜，微香，可以入藥療病也。

氣味　甘平，無毒。主治骨蒸發熱、痰嗽，暴痢下血。開胃，止渴，除煩。藏器。

明・王世懋《閩部疏》　蔗有二種。飴蔗，節疎而短小。食蔗，節密而長大。凡飴蔗，擣之入釜，徑煉爲赤糖。赤糖再煉燥而成霜，爲白糖。白糖再煅而凝則曰冰糖。

明・徐光啟《農政全書》卷三〇《樹藝・果部下》　甘蔗

《說文》曰：諸蔗也。或爲竿蔗，或干蔗，或邯藷，或甘蔗，或都蔗，所在不同。《漢書》《離騷》俱作柘。有數種：曰杜蔗，即竹蔗。綠嫩薄皮，味極醇厚，專用作霜。曰白蔗，一名荻蔗，一名芳蔗，一名蠟蔗。可作糖，江東爲勝。今江浙閩廣蜀川湖南所生，大者圍數寸，高丈許。又扶風蔗，一丈三節，見日則消，遇風則折。交阯蔗，長丈餘，取汁曝之，數日成飴，入口即消，彼人謂之石蜜。叢生，莖似竹，內實，直理，有節無枝。長者六七尺，短者三四尺。八九月收莖，可留至來年春夏。玄扈先生曰：甘蔗、糖蔗，是二種。

《農桑輯要》曰：種法：用肥壯糞地。每歲春間，耕轉四遍，耕多更好。擺去柴草，使地淨熟，蓋下上頭。宜三月內下種，迤南暄熱，二月內亦得。每栽子一個，截長五寸許，有節者，中須帶三兩節。發芽於節上。畦寬一尺。下種處，微壅上高，兩邊低下。相離五寸，卧栽一根，覆土厚二寸。栽畢，用水繞澆，止令濕潤根脈，無致渰没栽封。旱則二三日澆一遍；如雨水調勻，每一十日澆一遍。其苗高二尺餘，頻用水廣澆之，荒則鋤之。無不開花結子。直至九月霜後，品嘗稭稈：酸甜者，成熟；味苦者，未成熟。將成熟者，附根刈倒，依法即便煎熬。外將所留栽子稭稈，斬去虛梢。深㙮窖阬，窖底用草襯藉，將稭稈竪立，收藏於上，用板蓋，土覆之，毋令透風及凍損。直至來春，依時出窖，截栽如前法。大抵栽種者，多用上半截，儘堪作種；其下截肥好者，留熬沙糖。若用肥好者作種，尤佳。

煎熬法：若刈倒放十許日，即不中煎熬。將初刈倒稭稈，去梢葉，截長二寸，碓搗碎。用密筐或布袋盛頓，壓擠取汁。即用銅鍋，內斟酌多寡，以文武火煎熬。其鍋，隔牆安置，牆外燒火，無令煙火近鍋。專令一人看視，熬至稠粘，似黑棗合色。用瓦盆一隻，底上鑽箸頭大竅眼一個；盆下，用甕承接。將熬成汁，用瓢豁於盆內。極好者，澄於盆，流於甕內者，止可調渴水飲用。將好者，止就用有竅眼盆盛頓；或倒在瓦罌內亦可。以物覆蓋之。食則從便，慎勿置於熱炕上。恐熱開花。大抵煎熬者，止取下截肥好者，有力糖多，若連上截用之，亦得。玄扈先生曰：熬糖法，未盡於此。

《家政法》曰：三月可種甘蔗。

雩都縣，土壤肥沃，偏宜甘蔗，味及菜色，餘縣所無，一節數寸長，供獻御。

明・高濂《遵生八箋》卷一三《飲饌服食箋》卷下　甜食類五十八種

起糖滷法凡做甜食，先起糖滷，此内府秘方也。

白糖十斤，或多或少任意，今以十斤爲率。用行竈安大鍋，先用涼水二杓半，若杓小糖多，斟酌加水在鍋内，用木杷攪碎，微火一滚，用牛乳另調水二杓點之。如無牛乳，雞子清調水亦可。但滚起即點，却抽柴熄火，蓋鍋悶一頓飯時，揭開鍋，將竈内一邊燒火，待一邊滚，但滚即點。數滚如此點之，糖内泥泡沫滚在一邊，將漏杓撈出泥泡。鍋邊滚的沫子又恐焦了，將刷兒蘸前調的水頻刷。第二次再滚的泥泡聚在一邊，將漏杓撈出。第三次用緊火將白水點滚處，沫子、牛乳滚在一邊，聚一頓飯時，沫子撈得乾净，黑沫去盡白花見方好，用净棉布濾過入瓶。凡家伙俱要潔净，怕油膩不潔。凡做甜食，若用黑沙糖，先須不拘多少，入鍋熬大滚，用細夏布濾過，方好作用；白糖霜預先曬乾方可。

炒麪方

白麪要重羅三次，將入大鍋内，以木杷炒得大熟，上卓，古轆槌碾細，再羅一次，方好做甜食。凡用酥油，須要新鮮，如陳了，不堪用矣。

松子餅方

松子餅，計一料：酥油六兩，白糖滷六兩，白麪一斤。先將酥化開，温入瓦合内，傾入糖滷擦勻。次將白麪和之，揉擦勻净，置卓上擀平，用銅圈印成餅子，上栽松仁，入拖盤，熯燥用。

麵和油法

不拘斤兩，用小鍋，糖滷用二杓。隨意多少酥油，下小鍋煎過，紐布濾净，用生麪隨手下，不稀不稠，用小杷兒炒至麪熟方好。先將糖滷熬得有絲，棍蘸起視之，可斟酌傾入油麵，鍋内打勻，掇起鍋，乘熱潑在案上，擀開，切象眼塊。

松子海囉嚹方核桃仁、瓜仁同用。

糖滷入小鍋，熬一頓飯時，攪冷，隨手下炒麪，後下剸碎松子仁，攪勻。案上抹酥油，潑在案上擀開，切象眼塊子。凡切塊要乘温切，若冷硬，難切恐碎。

白閏方

糖滷少加酥油同熬，炒麪隨手下，攪勻，上案擀開，切象眼塊子。若用銅圈印之，即爲甘露餅。

雪花酥方

油下小鍋，化開濾過，將炒麪隨手下，攪勻，不稀不稠，掇鍋離火，灑白糖末，下在炒麪内，攪勻，和成一處，上案擀開，切象眼塊。

芰什麻方

糖滷下小鍋，熬至有絲。先將芝蔴去皮曬乾，或微炒乾，碾成末，隨手下在糖内攪勻，和成一處，不稀不稠。案上先灑芝蔴末，使不沾，乘熱潑在案面上，仍著芝蔴末，使不沾，古轆槌擀開，切象眼塊。

黄閏方

家常亦同。黑沙糖濾過，同糖滷一處熬，蜂蜜少許。熬成晾冷，隨手下炒麪。案上仍着酥油，擀開，切象眼塊。

薄荷切方

薄荷曬乾，碾成細末。將糖滷下小鍋，熬至有絲，先下炒麪少許，後下薄荷末，和成一處。案上先灑薄荷末，乘熱上案面上，仍用薄荷末，擀開，切象眼塊。

一窩絲方用細石板上一片抹熟香油，又用炒麪羅净預備。

糖滷下鍋，熬成老絲，傾在石板上，用切刀二把，轉遭掠起，待冷將稠，用手揉拔扯長，雙摺一處，越拔越白。若冷硬，於火上烘之。拔至數十次，轉成雙圈上案，却用炒麪放上，一人對扯順轉，炒麪隨手傾上，拔扯數十次，成細絲，却用力切斷分開，綰成小窩。其拔糖上案時，轉摺成圈，扯開又轉摺成圈，如此數十遭，即成細絲。

酥兒印方

用生麪攙豆粉同和，用手擀成條，如筯頭大，切二分長，逐個用小梳掠印齒花，收起，用酥油鍋内煠熟，漏杓撈起來，熱灑白沙糖細末拌之。

蕎麥花方

先將蕎麥炒成花，量多少將糖滷加蜂蜜少許，一同下鍋，不要動，熬至有絲，略大些。却將蕎麥花隨手下在鍋内攪勻，不要稀了。案上鋪蕎麥花，使不沾。將鍋内糖花潑在案上擀開，切象眼塊。

羊髓方

用羊乳子或牛乳子半瓶，攙水半鍾，入白麪三撮，濾過下鍋，微微火熬之，待滚，隨手下白沙糖，或糖霜亦可。然後用緊火將木杷打一會，看得熟了，再濾過入壺，傾在碗内入供。

黑閏方

黑沙糖熬過濾净，與糖滷對半相攙，下鍋熬一頓飯時，將酥油半甌在内共熬一回，用炒麪隨手加花椒末少許，和成一塊上案，切象眼塊。

灑粹你方

用熬蘑菇料熬成，不用核桃，舀上案攤開，用江米末圍定，銅圈印之，即是灑粹你。切象眼者，即名白糖塊。

五香糕方

上白糯米和粳米二六分，芡實乾一分，人參、白朮、茯苓、砂仁總一分，磨極細篩過，用白沙糖滚湯拌匀上甑。粉一斗，加芡實四兩，白朮二兩，茯苓二兩，人參一兩，砂仁一錢，共爲細末和之，白糖一升拌入。

鬆糕方

陳粳米一斗，沙糖三斤，米淘極浄烘乾，和糖灑水，入臼舂碎。於内留二分米拌。舂其粗令盡。或和蜜，或純粉，則擇去黑色米。凡蒸糕須候湯沸，漸漸上粉，要使湯氣直上，不可外泄，不可中阻。其布宜疏，或稻草攤甑中。

裹糕方

糯米蒸軟熟，和糖拌匀，用箬葉裹作小角兒再蒸。

凡用香頭法

沙糖一斤，大蒜三囊，大者切三分；帶根葱白七莖，生薑七片，麝香如豆大一粒。置各件瓶底，次置糖在上，先以花箬扎之，次以油單紙封，重湯内煮週時，經年不壞。臨用，旋取少許便香。

煮砂團方

沙糖入赤豆，或緑豆，煮成一團，外以生糯米粉裹作大團蒸，或滚湯内煮亦可。

明・宋詡《竹嶼山房雜部》卷六

赤砂餹

甘蔗擣漿，入鍋慢火煎，少續水，不令作焦。以石灰少許投調，遂凝厚爲餹。

白砂餹二制。

每赤砂餹百斤，水百斤，匀和。先以竹器盛山白土，用餹水淋下，濾潔，入鍋煎凝白砂餹。閩土則宜。用水調匀，復煎入模，則脱爲猊餹之類，今曰響餹。

餹霜

又曰餹冰。黄涪翁荅雍熙長老詩云，遠寄蔗霜知有味，勝如崔子水晶鹽。楊廷秀詩云，亦非崖密亦非餳，青女吹霜凍作冰。透骨清寒輕著齒，嚼成人迹板橋聲。

皮餹

每上等白砂餹十斤，用水五斤，慢火煎熬，以滴水成珠，再候堅柔停匀爲則。先取瓷罐，截小竹板二十餘枝，縱横置其腹間，乃入。以所煎之餘，過一宿，以罐覆碗上，令其滴盡餹水，半月兩旬視罐中餹霜凝結竹板之上，則擊罐而取之。滴下者再煎得，所置新瓦上，以兩杖皷臂抽擊，遂爲皮餹也。皮餹以餑致遠不粘。

明・陳懋仁《泉南雜誌》卷上　甘蔗幹小而長，居民磨以煮糖，泛海售焉。其地爲稻利薄，庶利厚，往往有改稻田種蔗者。故稻米益乏，皆仰給於浙直海販。莅茲土者，當設法禁之，驟似不情，惠後甚溥。

造白沙糖，法用甘蔗汁煮黑糖，烹煉成白，劈鴨卵攪之，使渣滓上浮。按《老學庵筆記》云，閩人茂德言，沙糖，中國本無之。唐太宗時，外國國貢至，問其使人此何物，云甘蔗汁煎。用其法煎成，與外國等。自此中國方有沙糖。茂德乃宋勑局勘定官，余郡人也。

明・何喬遠《閩書》卷一五〇《南産志》　甘蔗

吕惠卿言：凡草皆正生嫡出，惟蔗側種，根上庶出，故字從庶也。嵇含作竿蔗，謂其竿如竹竿。《離騷》《漢書》皆作柘，字通用也。許慎《説文》作蔗，蓋音之轉也。《本草圖經》：有兩種，赤色名崑崙蔗，白色名荻蔗。出福州以上，皮節紅而淡，出泉、漳者皮節緑而甘。其幹小而長者名菅蔗，又名蓬蔗，居民研汁煮糖，泛海鬻吴越間。糖有二種，曰黑糖，曰白糖，有雙清，有潔白，煉之有糖霜，亦曰冰糖。有蜜片，亦曰牛皮糖，其法先取蔗汁煮之，攪以白灰，成黑糖矣，仍置之大甆漏中，候出水盡時，覆以細滑黄土，凡三遍，其色改白。有三等，上白名清糖，中白名官糖，下名奮尾。其所出之水名糖水矣。官糖取之再行烹煉，劈鷄卵攪之，令渣滓上浮，復置瓷漏中，覆土如前，其色加白，名潔白糖也。其所出之水名潔水矣。又取烹煉成糖霜，蜜片矣。甆漏器如帽盔，底穿一眼，出水其處也。初，人莫知有覆土法。元時，南安有黄長者，爲宅煑糖，宅垣忽壞，壓於漏端，色白異常，遂獲厚貲。後遂効之他糖。諸郡皆有潔冰，蜜片獨出於泉。蜜片，元人名沙裡別，胡語也。

明・董斯張《廣博物志》卷四一　赤土國，物産多同於交阯。以甘蔗作酒，雜以紫瓜根，酒色黄赤，味亦香美。《隋書》。

又　卷四三　南荒山有甘蔗之林，其高百丈，圍三尺八寸，促節多汁，甜如

蜜。咋嚙其汁，令人潤澤，可以節蚘蟲。人腹中蚘蟲其狀如蚓，此消穀蟲也，多則傷人，少則穀不消。是甘蔗能減益多少。《神異經》

扶南甘蔗一丈三節，白日炙便銷，清風吹即折。安定之梨皮薄味厚，一歲三花，一枚二升。梁吳均《食移》。

蔗有二種，赤者名崑崙蔗，白者名荻蔗。

昔有二人共種甘蔗，而作誓言，種好者賞，其不好者當重罰之。時二人中一者，念言甘蔗極甜，若壓取汁還灌甘蔗樹，必得勝。既取汁溉，冀望滋味，反敗種子所有，甘蔗一切都失。世人亦爾，欲求善福，恃己豪貴，倚形挾勢，逼脅下民，陵奪財物，用作福善。不知將來反獲其殃，如壓甘蔗，彼此都失。《法苑珠林》

明·宋應星《天工開物》卷上《甘嗜》 宋子曰：氣至於芳，色至於艷，味至於甘，人之大欲存焉。芳而烈，艷而絶，甘而甜，則造物有尤異之思矣。世間作甘之味，什八產於草木，而飛蟲竭力爭衡，採取百花，釀成佳味，使草木無全功。孰主張是，而頤養遍於天下哉？

蔗種

凡甘蔗有二種，產繁閩、廣間，他方合併得其什一而已。似竹而大者爲果蔗，截斷生噉，取汁適口，不可以造糖。似荻而小者爲糖蔗，口噉即棘傷唇舌，人不敢食，白霜、紅砂皆從此出。凡蔗古來中國不知造糖，唐大曆間，西僧鄒和尚游蜀中遂寧始傳其法。今蜀中種盛，亦自西域漸來也。

凡種荻蔗，冬初霜將至，將蔗斫伐，去杪與根，埋藏土內。土忌窪聚水濕處。雨水前五六日，天色晴明即開出，去外殼，斫斷約五六寸，以兩個節爲率。密布地上，微以土掩之，頭尾相枕，若魚鱗然。兩芽平放，不得一上一下，致芽向土難發。芽長一二寸，頻以清糞水澆之，俟長六七寸，鋤起分栽。

凡栽蔗必用夾沙土，河濱洲土爲第一。試驗土色，掘坑尺五許，將沙土入口嘗味，味苦者不可栽蔗。凡洲土近深山上流河濱者，即土味甘，亦不可種。蓋山氣凝寒，則他日糖味亦焦苦。去山四五十裡，平陽洲土擇佳而爲之。黃泥腳地毫不可爲。

凡栽蔗治畦，行闊四尺，犁溝深四寸。蔗栽溝內，約七尺列三叢，掩土寸許，土太厚則芽發稀少也。芽發三、四個或六七個時，漸漸下土，遇鋤耨時加之。加土漸厚，則身長根深，庶免欹倒之患。

凡鋤耨不厭勤過，澆糞多少視土地肥磽。長至一二尺，則將胡麻或芸薹枯浸和水灌，灌肥欲施行內。高二三尺則用牛進行內耕之。半月一耕，用犁一次墾土斷傍根，一次掩土培根，九月初培土護根，以防斫後霜雪。

蔗品

凡荻蔗造糖，有凝冰、白霜、紅砂三品。糖品之分，分於蔗漿之老嫩。凡蔗性至秋漸轉紅黑色，冬至以後由紅轉褐，以成至白。五嶺以南無霜國土，蓄蔗不伐以取糖霜。若韶、雄以北，十月霜侵，蔗質遇霜即殺，其身不能久待以成白色，故速伐以取紅糖也。凡取紅糖，窮十日之力而爲之。十日以前其漿尚未滿足，十日以後，恐霜氣逼侵，前功盡棄。故種蔗十畝之家，即製車釜一副，以供急用。若廣南無霜，遲早惟人也。

造糖

凡造糖車，製用橫板二片，長五尺，厚五寸，闊二尺，兩頭鑿眼安柱，上筍出少許，下筍出板二三尺，埋築土內，使安穩不搖。上板中鑿二眼，並列巨軸兩根，木用至堅重者。軸木大七尺圍方妙。兩軸一長三尺，一長四尺五寸，其長者出筍安犁擔。擔用屈木，長一丈五尺，以便駕牛團轉走。軸上鑿齒分配雌雄，其合縫處須直而圓，圓而縫合。夾蔗於中，一軋而過，與棉花趕車同義。蔗過漿流，再拾其滓，向軸上鴨嘴扱入，再軋，又三軋之，其汁盡矣，其滓爲薪。其下板承軸鑿眼，只深一寸五分，使軸腳不穿透，以便板上受汁也。其軸腳嵌安鐵錠於中，以便捩轉。

凡汁漿流板有槽，梘汁入於缸內。每汁一石下石灰五合於中。凡取汁煎糖，並列三鍋如品字，先將稠汁聚入一鍋，然後逐加稀汁兩鍋之內。若火力少束薪，其糖即成頑糖，起沫不中用。

造白糖

凡閩、廣南方經冬老蔗，用車同前法。榨汁入缸，看水花爲火色。其花煎至細嫩，如煮羹沸，以手捻試，粘手則信來矣。此時尚黃黑色，將桶盛貯，凝成黑沙。然後以瓦溜教陶家燒造。置缸上。其溜上寬下尖，底有一小孔，將草塞住，傾桶中黑沙於內。待黑沙結定，然後去孔中塞草，用黃泥水淋下。其中黑滓入缸內，溜內盡成白霜。最上一層厚五寸許，潔白異常，名曰洋糖。西洋糖絶白美，故名。下者稍黃褐。

造冰糖者將洋糖煎化，蛋青澄去浮滓，候視火色。將新青竹破成篾片，寸斬撒入其中。經過一霄，即成天然冰塊。

造獅、象、人物等，質料精粗由人。

凡白糖有五品，石山爲上，團枝次之，甕鑒次之，小顆又次，沙腳爲下。

附造獸糖

凡造獸糖者，每巨釜一口，受糖五十斤。其下發火慢煎，火從一角燒灼，則糖頭滾旋而起。若釜心發火，則盡盡沸溢於地。每釜用雞子三個，去黃取青，入冷水五升化解。逐匙滴下用火糖頭之上，則浮漚黑滓盡起水面，以笊籬撈去，其糖清白之甚。然後打入銅銚，下用自風慢火温之，看定火色然後入模。凡獅象糖模，兩合如瓦爲之，杓瀉糖入，隨手覆轉傾下。模冷糖燒，自有糖一膜靠模凝結，名曰享糖，華宴用之。

蜂蜜

凡釀蜜蜂普天皆有，唯蔗盛之鄉則蜜蜂自然減少。蜂造之蜜出山岩土穴者十居其八，而人家招蜂造釀而割取者，十居其二也。凡蜜無定色，或青或白，或黄或褐，皆隨方土花性而變。如菜花蜜、禾花蜜之類，百千其名不止也。

凡蜂不論於家於野，皆有蜂王。王之所居，造一臺如桃大，王之子世爲王。王生而不採花，每日羣蜂輪值，分班採花供王。王每日出遊兩度，春夏造蜜時。遊則八蜂輪值以待。蜂王自至孔隙口，四蜂以頭頂腹，四蜂傍翼飛翔而去，遊數刻而返，翼頂如前。

畜家蜂者或懸桶簷端，或置箱牖下，皆錐圓孔眼數十，俟其進入。凡家人殺一蜂二蜂皆無恙，殺至三蜂則羣起螫人，謂之蜂反。凡蝙蝠最喜食蜂，投隙入中，吞噬無限。殺一蝙蝠懸於蜂前，則不敢食，俗謂之梟令。凡家蓄蜂，東鄰分而之西舍，必分王之子去而爲君，去時如鋪扇擁衛。鄉人有撒酒糟香而招之者。

凡蜂釀蜜，造成蜜脾，其形鬣鬣然。咀嚼花心汁，吐積而成。潤以人小遺，則甘芳並至，所謂臭腐神奇也。凡割脾取蜜，蜂子多死其中。其底則爲黄蠟。凡深山崖石上有經數載未割者，其蜜已經時自熟，土人以長竿刺取，蜜即流下。或未經年而攀緣可取者，割煉與家蜜同也。土穴所釀多出北方，南方卑濕，有崖蜜而無穴蜜。凡蜜脾一斤煉取十二兩。西北半天下，蓋與蔗漿分勝云。

飴餳

凡飴餳，稻、麥、黍、粟皆可爲之。《洪範》云：稼穡作甘。及此乃窮其理。其法用稻麥之類浸濕，生芽暴乾，然後煎煉調化而成。色以白者爲上，赤色者名曰膠飴，一時宫中尚之，含於口内即溶化，形如琥珀。南方造餅餌者謂飴餳爲小糖，蓋對蔗漿而得名也。飴餳人巧千方，以供甘旨，不可枚述。惟尚方用者名一窩絲，或流傳後代不可知也。

明·方以智《通雅》卷三九《飲食》 冰糖，糖霜之凝者；繭糖，窠絲糖也。見《齊民要術》。煎甘蔗成糖霜，凝爲冰糖。窠絲糖，今内府有之。《後漢·顯宗紀》有「猊糖」，獅子乳糖也。乳糖今曰吹糖。王灼有《糖霜譜》。遂寧有糖冰。

蜀有竹密，石崖有白蜜，高昌國有刺蜜。《梁四公子記》：高昌國貢蜜杰。音曷。按是沈約所造。公曰：「刺蜜是鹽城所産，非南平城者。竹蜜，於竹上結窠者。今火州産羊刺，刺上生蜜。」揚州人避楊行密名，故呼蜜爲蜂糖。劉夢得以蜜名甘少府。郭璞注《方言》：「黑蜂穿竹木作孔，亦有蜜者，或呼笛師蜜。」藏器曰：「《方言》『竹蜂留師』」，誤也。《本草》遂列留師蜜。

又 卷四四《植物·木》 甘蔗亦曰藷蔗，曰諸柘，或作玕蔗。曹子建有《都蔗詩》，《六帖》云：「張協有《都蔗賦》。」吴氏《林下偶談》曰：「甘蔗亦謂之諸蔗。」智按《説文》：「藷，藷蔗也。」箋曰：「甘蔗一名甘藷。」智以古無麻韻，遮與庶音近，故後人合諸遮稱之。相如賦：「諸柘巴且」，諸柘，即蔗也。東方朔説：「南方有玕蔗林。」皆假作者臆造也。

又方以智《物理小識·飲食類》 餳 以一斗糯蒸飯，以十二兩乾麥芽舂成麵和之，如拍酒式，飯上之水，可厚三寸。造此者於釜中，竈用温火，後漸加煖蓋之，上更以綿絮壓之，凡二閲時而化。化則榨之，其糟不用，專取水煎之，以竹片攪之，攪不可歇，其成糖也。竈火宜細，取糖就熱牽之，則白。一曰臨熱以荸薺末灑之，則香脆。一曰芝麻花末糁之佳。於司直曰，内府窩絲上料細牽，次煉琥珀糖，加芨汁滴水成珠爲度。

造白糖法 煑甘蔗汁，以石灰少許投，調成赤沙糖，再以竹器盛白土，以赤糖淋下鍋，煉成白沙糖。劈鴨卵攪之，使渣滓上浮。《老學菴》曰，聞茂德言，中國無沙糖。唐太宗時外國貢至，問之，甘蔗汁煎，用其法遂精。茂德乃宋勅局勘定官，余郡人。

糖霜 唐大曆間，鄒和尚在蜀遂寧繖山，始傳此法，今盛於閩廣。智聞余賡之座師曰，雙清糖霜爲上，漢尾爲下。十月濾蔗，其汁乃凝，入釜煑定，以鋭底瓦罌穴其下，而盛之置大缸中，俟穴下滴，而上以鮮黄土作餅蓋之，下滴久乃盡，其上之滓，於是極白，是爲雙清。次清屢滴蓋除而餘者，近黑則所謂漢尾。造皮糖者，甕置竹片，熬糖入之，反甕使滴，餘乾於竹上者爲皮糖。《神隱》曰，糖霜和燈心收則不潤。

明·王象晉《二如亭羣芳譜·果譜四·甘蔗》 甘蔗，叢生，莖似竹，内實，直，理有節，無枝。長者六七尺，短者三四尺。根下節密，以漸而疎。葉如蘆而大，聚頂上，扶疎四垂。八九月收莖，可留至來年春夏。有數種：曰杜蔗，即竹蔗，緑嫩薄皮，味極醇厚，專用作霜。曰白蔗，一名荻蔗，一名芀蔗，一名蠟蔗，可作糖。曰西蔗，作霜色淺。曰紅蔗，亦名紫蔗，即崑崙蔗也，止可生啖，不堪作糖。江東爲勝。今江、浙、閩、廣、蜀用、湖南所生，大者圍數寸，高丈許。又扶風蔗一丈三節，見日則消，遇風則折。交趾蔗長丈餘，取汁曝之，數日成飴，入口即消，彼人謂之石蜜。多食蔗，衄血。燒其滓烟，入目則眼暗。

種植：穀雨内於沃土横種之，節間生苗，去其繁冗。至七月，取土封壅其根，加以糞穢。俟長成，收取。雖常灌水，但俾水勢流滿潤濕，則已不宜久蓄。

製用：蔗脾家果，漿甘寒，能瀉火熱。《素問》所謂甘温除大熱者也煎煉成糖則甘温而助濕熱矣。石蜜，即白沙糖凝結作塊如石者。輕白如霜者，爲糖霜。堅白如冰者，爲冰糖。以白糖煎化，印成人物之形者，爲饗糖。以石蜜和牛乳、酥酪作成餅塊，爲乳糖。以石蜜和諸色果類融成塊，爲糖纏、糖煎。總之，皆自甘蔗出也。蔗糖以蜀及嶺南者爲勝。江東雖有，劣於蜀産。會稽所作乳糖，視蜀更勝。沙糖，多食損齒發疳䘌。與鯽魚同食成疳，與葵同食成流澼，與笋同食成瘕。

療治：發熱、口乾、小便赤澀。甘蔗去皮，嚼汁嚥之，飲漿亦可。反胃吐食：甘蔗汁七升，生姜汁一升，和匀，日日細呷之。乾嘔不息：蔗汁温服半升，日二次，入姜汁更佳。痁瘧疲瘵：食蔗數根即愈。眼暴赤腫澀痛：甘蔗汁二合，黄蓮半兩，入銅器内慢火養濃，去滓，點之。虛熱欬嗽、口乾涕唾：甘蔗汁一升半，青粱米四合，煑粥，日食二次，極潤心肺。小兒口疳：蔗皮燒灰，研，摻之。下痢禁口：沙糖半斤，烏梅一箇，水二碗，煎一碗，時時飲。腹中緊脹：白糖，以酒三升煑服之，不過再。痘不落痂：沙糖調新汲水一杯服之。白湯調亦可，日二服。虎傷瘡：水化沙糖一椀，服并塗之。上氣喘嗽、煩熱、食即吐逆：沙糖、姜汁等分相和，慢火煎二十沸，每嚥半是取效。食韭口臭：沙糖解之。

【略】

譜：糖霜之名，唐以前無所見。自古食蔗者，始爲蔗漿。宋玉《招魂》所謂胹鼈炰羔有蔗漿是也。其後爲蔗餳。孫亮使黄門，就中藏吏取交州所獻甘蔗餳是也。後又爲石蜜。《南中八郡志》云，榨甘蔗汁，曝成飴，謂之石蜜。本草亦云，煉糖和爲石蜜是也。後又爲蔗酒。唐赤土國用甘蔗作酒，雜以紫瓜根是也。唐太宗遣使至摩竭陀國，取熬糖法，即詔揚州上諸蔗榨瀋如其劑，色味愈於西域遠甚。然只是今之沙糖，蔗之技盡於此，不言作霜。然則糖霜非古也。歷世詩人摸奇寫異，亦無一章一句言之。惟東坡公過金山寺，作詩送遂寧僧圓寶，云：涪江與中泠，共此一味水。冰盤薦琥珀，何似糖霜美。黄魯直在戎州，作頌答梓州雍熙長老寄糖霜云：遠寄蔗霜知有味，勝於崔子水晶鹽。正宗掃地從誰說，我舌猶能及鼻尖。則遂寧糖霜見於文字者，實始二公。甘蔗所在皆植，獨福塘、四明、番禺、廣漢、遂寧有糖冰，而遂寧爲冠。四郡所産甚微，而顆碎色淺味薄，纔比遂之最下者，亦皆起於近世。唐大曆中，有鄒和尚者，始來小溪之繖山，教民黄氏以造霜之法。繖山在縣北二十里，山前後爲蔗田者十之四，糖霜户十之三。蔗有四色：曰甘蔗，曰西蔗，曰芀蔗，本草所謂荻蔗也，曰紅蔗，本草所謂崑崙蔗也。紅蔗止堪生噉，芀蔗可作砂糖，西蔗可作霜，色淺，土不甚貴。杜蔗緑嫩，味極厚，專用作霜。凡蔗最困地力，今年爲蔗田者，明年改種五穀以息之。霜户器用，曰蔗削，曰蔗鎌，曰蔗凳，曰蔗碾，曰榨斗，曰桼甕，各有製度。凡霜一甕，中品色亦自不同。堆疊如假山者爲上，團枝次之，甕鑑次之，小顆塊次之，沙脚爲下。紫爲上，深琥珀次之，淺黄又次之，淺白爲下。宣和初王黼創應奉司遂寧常貢外，歲別進數千斤。是時所産益奇，穡壁成方寸。應奉司罷，乃不再見。當時因之大擾，敗本業者居半，久而未復。遂寧王灼作《糖霜譜》七篇，具載其說。予採取之，以廣聞見。

清·劉獻廷《廣陽雜記》卷二 涵齋言，嘉靖以前世無白糖。閩人所熬，皆黑糖也。嘉靖中，一糖局偶值屋瓦墮泥於漏斗中，視之，糖之在上者，色白如霜雪，味甘美異於平日。中則黄糖，下則黑糖也。異之，遂取泥壓糖上，百試不爽。白糖自此始見於世。繼莊曰，宇宙之中，萬美畢具。人靈渺小，不能發其蘊。如地圓之說，直到利氏西來而始知之。硝硫木炭和合而爲火藥，方濟伯偶試而得之。以此知造化之妙，伏而未見者，非算數譬喻所能盡。而世人之所知者，特其一二端倪耳。吾知千世而後，必有大聖人者出而發其覆也。

清·魯曾煜等《福州府志》卷二六《物産》 糖

《閩書》《本草圖經》：蔗有兩種。赤色，名昆侖蔗；白色，名荻蔗。出福州以上，皮節紅而淡，出泉、漳者，皮節緑而甘。其幹小而長者，名菅蔗，又名蓬蔗。居民研汁煮糖，泛海鬻吳越間。糖有二種：曰黑糖，曰白糖。有雙清、有潔白。煉之，有糖霜，亦曰冰糖。有蜜片，亦曰牛皮糖，其法：先以蔗汁煮之，攪以白灰

成黑糖矣，仍置之大瓷漏中，候出水盡時，覆以細滑黄土，凡三遍，其色改白。有三等：上白名清糖，中白名官糖，下名奮尾，其所出之水，名糖水矣。官糖取之，再行烹煉，劈雞卵攪之，令渣滓上浮，復置瓷漏中，覆土如前，其色加白，名潔白糖。其所出之水，名潔水矣。又取烹煉，成糖霜蜜片矣。瓷漏器如帽盔，底串一眼，出水其處也。初，人莫知有覆土法。元時，南安有黄長者，爲宅煮糖，宅垣忽壞，壓於漏端，色白異常，因獲厚貲，後人遂效之。

清・黄任等《泉州府志》卷一九《物産・貨之屬》 糖　有黑砂糖，有白砂糖。白糖有三種，上白曰清糖，次白曰官糖，又次曰販尾。其響糖、冰糖、牛皮糖，皆煮白砂糖爲之。晉江爲多，南安、惠安、同安、安溪俱有。（閩人茂德言）砂糖中國本無之，唐太宗時，外國貢至，問其使人此何物，云，甘蔗汁煎。用其法煎成，與外國等。自此中國方有砂糖。　按《泉南雜志》載煮糖法誤，凡甘蔗汁，煮之爲黑糖，蓋以溪泥即成白糖。煮冰糖，乃以鴨蛋攪之。盛黑糖者曰□，下有孔，置於小缸上上，置泥則下注濕，是爲糖水。其清者爲潔水，盛冰糖以砵擊。其底而注濕爲霜水，不用蓋泥。初，人不知蓋泥法，相傳元時南安有一黄姓，牆塌壓糖，去土而糖白，後人遂效之。

清・田雯《黔書》卷四 刺梨

埜生，夏葩秋實，幹如蒺藜，多芒刺。葩如荼蘼，實如安石榴而較小。味甘而微酸，食之可以已悶，亦可消滯。漬其汁煎之以蜜，可作膏，正不減於梨楂也。然亦有貴賤。瓣之單者，土人以之插籬而代槿。胎之重者，名爲送春歸，春深吐艷，大於菊，密萼繇英，紅紫相間而成色，實尤美。黔之四封悉産，移之他境則不生。豈亦畫疆之雉，過淮之橘耶！又普定烏撒梨，不下建陽宣城，亦有梨膏，佳者不下河間。

清・吴其濬《植物名實圖考長編》卷二《穀類》 飴餹

《别録》：飴餹味甘，微温。主補虚乏，止渴，去血。陶隱居云：方家用飴餹，乃云膠飴，皆是沙糖如厚蜜者，建中湯多用之。其凝結及牽白者，不入藥。今酒用麴，糖用糵，猶同是米麥，而爲中上之異。糖當以和潤爲優，酒以醺亂爲劣也。蜀本《圖經》云：飴即軟糖也，北人謂之餳。粳米、粟米、大麻、白术、黄精、枳椇子等，並堪作之，惟以糯米作者入藥。

《食療本草》：飴糖主吐血、健脾，凝强者爲良。主打損瘀血，熬令焦黄，酒服之，能下惡血。又傷寒大毒嗽，於蔓菁薤汁中煮一沸，頓服之。

《本草衍義》：飴糖即餳是也，多食動脾風，今醫家用以和藥。糯與粟米作者佳，餘不堪用，蜀黍米亦可造。不思食人少食之，亦使脾胃氣和。唐白樂天詩：「一楪較牙餳」者，是此。

《集異記》云：邢曹進，河朔健將也。爲飛矢中目，拔矢而鏃留於中，鉗之不動，痛困俟死。忽夢胡僧，令以米汁注之必愈。廣詢於人，無悟者。一日，一僧丐食，肖所夢者，叩之，僧云：但以寒食餳點之如法。用之清涼，頓減酸楚。至夜瘡痒，用力一鉗而出，旬日而瘥。

《齊民要術》史游《急就篇》云：錬殊飴餳。《楚辭》曰：粔籹蜜餌有餦餭，餦餭亦餳也。柳下惠見飴曰：可以養老，然則餳餔可以養老育幼，故録之也。煮白餳法，用白牙散糵佳。其成餅者，則不中用。用不渝，則餳黑。釜必磨治令白净，勿使有膩氣，釜上加甑，以防沸溢。乾糵末五升，殺米一石，米必細師數十徧，净淘炊爲飯，攤去熱氣，及暖，於盆中以糵末和之使均調，臥於醑甕中，勿以手按，撥平而已，以被覆盆甕令暖，冬則穰茹。冬須竟日，夏即半日許。看米消減離甕，作魚眼沸湯以淋之。令糟上水深一尺許乃止。下水冷訖，向一食頃，使拔醑取汁。取汁煮之，每沸輒益兩杓，尤緩火，火急則焦氣。盆中汁盡，量不復溢，便下甑，一人專以杓揚之，勿令住手，手住則餳黑，量熟止。火良久向冷，然後出之。用粱米者，餳如水精色。黑餳法，用青牙成餅。糵末一斗，殺米一石，餘法同前。琥珀餳法，小餅如碁石，内外明徹，色如琥珀。用大麥糵末一斗，殺米一石，餘並同前法。煮餔法，用黑餳，糵末一斗六升，殺米一石，臥煮如法，但以蓬子押取汁，以匕匙紇紇攪之，不須揚。《食經》作飴法，取黍米一石，炊作飯，著盆中；糵末一斗，攪和一宿，則得一斛五斗，煎成飴。崔寔曰：十月先冰凍，作京餳煮暴飴食。次日：白繭糖法，熟炊秫稻米飯，及熱於杵臼，净者舂之爲餎，須令極熱，勿令有米粒幹。爲餅法，厚二分許，日曝小燥，刀直爲長條，廣二分，乃斜裁之，大如棗核，兩頭尖，更曝令極燥，膏油煮之。熟出，糖聚圓之，一圓不過五六枚。又云：手索餎，粗細如箭簳，日曝，小曝燥，刀斜截如棗核煮，圓如上法。圓大如桃核，半奠不滿之。黄繭糖，白秫米精舂不簸，淅以梔子，漬米取色炊，舂爲餎糖，加蜜。餘一如白餎作繭煮，及奠如前。

《説文解字》注：飴，米糵煎者也，者字今補。米部曰：糵，芽米也。火部曰：煎，熬也，以芽米熬之爲飴，今俗用大麥。《釋名》曰：餳，洋也，煮米消爛，洋洋然也；飴小弱於餳，形怡怡也。《内則》曰：飴，蜜以甘之，从食，台聲，與之

切，一部。㚇，籀文飴，从異省，異省聲，餳飴和饊者也。不和饊謂之飴，和饊謂之餳。故成國云：飴弱於餳也。《方言》曰：凡飴謂之餳，自關而東，陳楚宋衛之間通語也。楊子渾言之，許析言之。《周禮·小師》注：管如今賣飴餳所吹者。《周頌箋》亦云：从食，昜聲。各本篆作餳，云易聲。今正。案餳，从昜聲，故音陽，亦音唐，在十部。《釋名》曰：餳，洋也，李軌《周禮》音唐是也。其陸氏音義《周禮》，辭盈反，《毛詩》夕清反，因之《唐韻》徐盈切。此十部，音轉入於十一部，如行庚觥等字之入庚韻。郭璞《三蒼解詁》曰：楊音盈，協韻。晉灼《漢書音義》反楊惲爲由嬰，其理正同耳，淺人乃易其諧聲之偏旁。《玉篇》《廣韻》皆誤从易。然《玉篇》曰：餳，徒當切。《廣韻》十一唐曰：糖飴也，十四清曰：餳飴也，皆可使學者知餳、糖一字，不當从易。至於《集韻》，始以餳入唐韻，餳入清韻，畫分二字，使人真贋不分，其誤更甚，猶賴《類篇》正之。餳，古音如洋，語之轉如唐，故《方言》曰：餳謂之餹。郭云：江東皆言餹音唐，饊熬稻粻餭也。餭依韻會从食，各本作程，蓋因許書無餭改之耳。《楚辭》《方言》皆作餦餭，古字蓋當作張皇。《招魂》「有餦餭些」，王曰：餦餭，餳也。《方言》曰：餳謂之餦餭。郭云：即乾飴也。諸家渾言之，許析言之。熬，乾煎也。稻，稌也，稌者今之稉米，米之黏者。鬻稉米爲張皇。張皇者，肥美之意也。既又乾煎之，若今煎粢飯然。是曰饊飴者，熬米成液爲之。米，謂禾黍之米也；饊者，謂乾熬稻米之張皇爲之；兩者，一濡一小乾相盉合，則曰餳，此許意也。楊王郭以餳飴釋餭餦，渾言之也。豆飴謂之登，見豆部，从食，㪅聲，穌旱切，十四部。

清·顧祿《清嘉録》卷六　餳糖

土人以麥芽熬米爲糖，名曰「餳糖」。寒宵擔賣，鑼聲鏗然，凄絶街巷。蔡雲《吴歈》云：「昏昏迷露已三朝，準備西風入夜驕。深巷賣餳寒意到，敲鉦渾不似吹簫。」

案：《楚詞》注：「餳，謂之飴。即古之餦餭也。」吴人呼爲糖。蓋冬時風燥糖脆，利人牙齒。《府志》：「出常熟直塘市者，名『葱管糖』。出崑山如三角糉者，名『麻糉糖』。」蔡鐵翁《吴歈》注云：「寒宵多賣餳者，夜作人資以療饑。」嘉善錢竹西詩：「餳挑夜擔聞鑼賣。」

清·徐珂《清稗類鈔·工藝類》　製糖稈

出義烏城西，至佛堂鎮，迤邐三十里，彌望皆糖稈也。糖稈爲甘蔗之别種，莖幹較細，水分亦多，其所含糖分不及唐樓及廣東之所産者。惟土人種作殊勤，四月下種，十月刈之，以菜餅爲肥料。其地以溪流近旁爲適，蓋土多沙質，輕鬆柔軟，地下莖易於發育也。刈時，婦孺均出，削其尖端及外包之葉，捆送於製糖之廠。廠屋極樸陋，且塵滓滿地，不加潔除。器皆木造，以堅木製螺旋之二軸，外附以活動之木孔，糖稈自孔中入兩軸之間，用兩牛之力，旋轉其軸，軸動則稈被壓，糖汁下流，導之入溝，灌注於埋土之缸中，盛滿入於尖底鍋，煎熬成糖。糖色紅褐，味亦不惡，土人常以雜物羼之。其煎鍋不用平底，且深逾尺半，故蒸發較難。而竈又劣，旁無煙囱，以至炭養氣不能排出，旋繞鍋底，而徒耗燃料也。

著録

《四庫全書提要·子部九·糖霜譜》　臣等謹案：《糖霜譜》一卷，宋王灼撰。灼字晦叔，號頤堂，遂寧人。紹興中嘗爲幕官。是編凡分七篇。惟首篇題《原委第一》，叙唐大歷中鄒和尚始創糖霜之事。自第二篇以下，則皆無標題。今以其文考之，第二篇言以蔗爲糖始末，言蔗漿始見《楚詞》，而蔗餳始見《三國志》。第三篇言種蔗。第四篇言造糖之器。第五篇言結霜之法。第六篇言糖霜或結或不結，似有運命，因及於宣和中供御諸事。第七篇則糖霜之性味，及製食諸法也。蓋宋時産糖霜者凡福唐、四明、番禺、廣漢、遂寧五地，而遂寧爲最。灼生於遂寧，故爲此譜。所考古人題咏，始於蘇、黄。案古人謂糟爲糖。《晉書·何曾傳》所云蟹之將糖，躁擾彌甚是也。《説文》有飴字，無糖字。徐鉉新附字中乃有之，然亦訓爲飴，不言蔗造。鉉，五代宋初人也，尚不知蔗糖事。則灼所徵故實，始於元祐，非疎漏矣。惟灼稱糖霜以紫色爲上，白色爲下。而今日所尚，乃貴白而賤紫。灼稱糖霜須一年有半乃結。其結也以自然，今則製之甚易，其法亦不相同。是亦今古異宜，未可執後來追議前人也。乾隆四十六年十二月恭校上。

紀事

《魏書·西域列傳》　波斯國，都宿利城，在忸密西，古條支國也。去代二萬四千二百二十八里。城方十里，户十餘萬，河經其城中南流。土地平正，出金、銀、鍮石、珊瑚、琥珀、車渠、馬腦，多大真珠、頗梨、瑠璃、水精、瑟瑟、金剛、

火齊、鑌鐵、銅、錫、朱砂、水銀、綾、錦、疊、毾、氍毹、毾㲪、赤麈皮，及薰陸、鬱金、蘇合、青木等香，胡椒，畢撥，石蜜，千年棗、香附子、訶梨勒、無食子、鹽緑、雌黄等物。

唐・李匡文《資暇集》卷下　李環餳

蘇乳所煎之輕餳，咸云十年來始有，出河中。余實知其由，此武臣李環家之法也。余弱冠前步月洛之綏福里，方見夜作，問之，云乳餳。時新開是肆，每斤六十文。明日市得而歸，不三數月，滿洛陽盛傳矣。開成初，余從叔聽之鎮河中，自洛招致餳者，居於蒲，蒲土因有是餳。其法甯聞傳得，唯奉天軍人竊得法之十八九，故今奉天亦出輕餳，然而劣於蒲者，不盡其妙焉。

《舊唐書・西戎傳》　康國，即漢康居之國也。其王姓温，月氏人。先居張掖祁連山北昭武城，爲突厥所破，南依葱嶺，遂有其地。枝庶皆以昭武爲姓氏，不忘本也。其人皆深目高鼻，多鬚髯。丈夫翦髮或辮髮。其王冠氈帽，飾以金寶。婦人盤髻，幪以皁巾，飾以金花。人多嗜酒，好歌舞於道路。生子必以石蜜納口中，明膠置掌内，欲其成長口常甘言，掌持錢如膠之黏物。

《新唐書・地理志》　成都府蜀郡，赤。至德二載曰南京，爲府，上元元年罷京。土貢：錦，單絲羅、高杼布、麻、蔗糖、梅煎、生春酒。户十六萬九百五十，口九十二萬八千一百九十九。縣十。

宋・贊寧《宋高僧傳》卷一四《唐揚州大雲寺鑒真傳》　釋鑑真，姓淳于氏，廣陵江陽縣人也。總丱俊明，器度宏博，能典謁矣。隨父入大雲寺，見佛像感動夙心，因白父求出家；父奇其志，許焉。登便就智滿禪師，循其獎訓。屬天后長安元年，詔於天下度僧，乃爲息慈，配住本寺，後改爲龍興。殆中宗孝和帝神龍元年，從道岸律師受菩薩戒。景龍元年，詣長安，至二年三月二十八日，於實際寺依荆州恒景律師邊得戒，雖新發意，有老成風。觀光兩京，名師陶誘；三藏教法，數稔該通。動必研幾，曾無矜伐；言旋淮海，以戒律化誘，鬱爲一方宗首。冰池印月，適足清明；貌座揚音，良多響答。時日本國有沙門榮叡、普照等，東來募法，用補缺然，於開元中達於揚州，爰來請問。【略】真乃慕比丘思託等一十四人，買舟自廣陵齎經律法離岸，乃天寶二載六月也，至越州浦，止署風山，真夜夢甚靈異。

附**《唐大和上東征傳》**　於是巡避官所，俱至大和上所計量。大和上曰：「不須愁，宜求方便，必遂本願。」仍出正爐八十貫錢，買得嶺南道採訪使劉[巨鱗]之軍舟一隻，雇得舟人等十八口。備辦海糧：[落]脂紅緑米一百石，甜豉三十石，牛蘇一百八十斤，麪五十石，乾胡餅二車，乾蒸餅一車，乾薄餅一萬，番[捻]頭一半車，漆合子盤卅具，兼將[畫]五頂像一鋪，寶像一鋪，金[漆]泥像一軀，六扇佛菩薩障子一具，金字《華嚴經》一部，金字《大品經》一部，金字《大集經》一部，金字《大涅槃經》一部，雜經、章疏等都一百部；月令[障]子一具，行天[障]子一具，道場幡一百廿口，珠幡十四條，玉環手幡八口；螺鈿經函五十口，銅瓶廿口；花氈廿四領，袈裟一千領，[裙]衫一千對，坐具一千床；大銅[盂]四口[竹葉盂]卌口，大銅盤廿面，中銅盤廿面，小銅盤四十四面，一尺銅疊八十面，少銅疊二百面；白籐簟十六領，五[色]籐簟六領；麝香廿[劑]，沉香、甲香、甘松香、龍腦、香胆、唐香、安息香、棧香、零陵香、青木香、薰陸香都有六百餘斤；又有畢鉢，訶梨勒、胡椒、阿魏，石蜜、蔗餹等五百餘斤，蜂蜜十斛，甘蔗八十束；青錢十千貫，正爐錢十千[貫]，紫邊錢五[千]貫，羅襆頭二千枚，麻靴卅量，廗冒卅箇。

明・葉子奇《草木子》卷三《雜制篇》　糖霜始於宋，自蜀遂寧州入貢宜和始。葡萄酒答剌吉酒自元朝始。

《元史・廉希憲傳》　希憲嘗有疾，帝遣醫三人診視，醫言須用沙糖作飲，時最艱得，家人求於外，阿合馬與之二斤，且致密意。希憲却之曰：「使此物果能活人，吾終不以奸人所與求活也。」帝聞而遣賜之。

明・王世貞《弇山堂别集》卷一三　考滿非常恩賜

永樂中，尚書凡三年滿，有賜羊一牽酒十瓶鈔千貫者，九年滿，有賜敕獎諭賜宴内殿者。其後獎諭賜宴，惟内閣大臣一品九年滿有之。而六年滿，於羊酒鈔錠之外，又有加賜白金五十兩、大紅麒麟段衣一襲及酒饌一卓者，則自張永嘉始，夏貴溪、嚴分宜、徐華亭俱有之。張江陵九年滿，於羊酒鈔錠外，及銀兩表裏俱以爲常賜，復加賜白金二百兩、坐蟒蟒衣各一襲，綵段八表裏，陞左柱國、太傅，予三代誥命，廕子尚寶司丞，錫宴禮部，辭太傅而已。最後十二年滿，上爲召吏、禮部傳諭：「元輔居正，受先帝顧命，夙夜在公，任事任怨。雖稱十二年考滿，實在閣辦事十五年，忠勳與常不同，應得恩廕等項著從厚會議來看。」尋遣司禮監太監張誠賜銀三百兩，蟒衣一襲，紵絲四十表裏，羊十隻，酒六十瓶，鈔十萬貫，酒飯五卓，雞十隻，鵝五隻，猪肉一百五十斤，湯五品，白麵一百二十斤，香油三百二十斤，白糖一百斤，黑糖一百四十斤，蜜二十五斤，燭一百對，柴三百扛，蓮肉二十斤，荔枝十斤，圓眼十斤，膠棗紅棗各二十斤，栗子三十斤，冬筍二十斤，蘇菇香菌花椒胡椒各五斤。尋敕諭：「元輔卿親受先帝遺屬，輔朕十年，四

海昇平，四夷賓服，實賴卿匡弼之功。精忠大勳，朕言不能述，官不能酬。茲歷十五年考績，特於常典之外，賜銀二百兩，坐蟒蟒衣各一襲，歲加禄米二百石。薄示褒眷，先生其欽承之。」該吏、禮二部疏上，加上柱國、太傅，支伯爵俸，蔭子尚寶司丞，給四代誥命。仍賜敕奬諭，錫宴禮部。疏辭上柱國、伯爵俸而已。

圖録

敦煌遺書・伯希和三三〇三　西天五印度出三般甘蔗一般苗長八尺造沙唐多不妙第二挍一二尺矩造好沙唐及造最上煞割令第三般亦好初造之時取甘蔗莖棄却椋葉五寸截斷着大木臼牛拽抄出汁於瓮中承取將於十五個鐺中煎旋寫一鐺着筋瘨小許冷定打若斷者熟也便成沙唐不折不熟又煎若造煞割令却於鐺中煎了於竹甑内盛之禄水下閇門滿十五日開却着瓮承取水竹甑内煞割令禄出乾後手遂一處亦散去曰煞割令其下來水造酒也其甘蔗苗莖似沙州高昌糜無子取莖一尺截埋於犁壠便生其種甘蔗時用十二月

伯希和三三〇三

宋・蘇頌等《圖經本草・果部》　甘蔗石蜜、沙糖附

甘蔗，舊不著所出州土。陶隱居云，今江東者爲勝，廬陵亦有好者。廣州一種，數年生，皆如大竹，長丈餘。今江、浙、閩、廣、蜀川所生大者亦高丈許。葉有二種，一種似荻，節疏而細短，謂之荻蔗。一種似竹，粗長，榨其汁以爲沙糖皆用竹蔗。泉、福、吉、廣州多作之，煉砂糖和牛乳爲石蜜，惟蜀川作之。荻蔗但堪啖，或云亦可煎稀糖，商人販貨至都下者，荻蔗多而竹蔗少也。

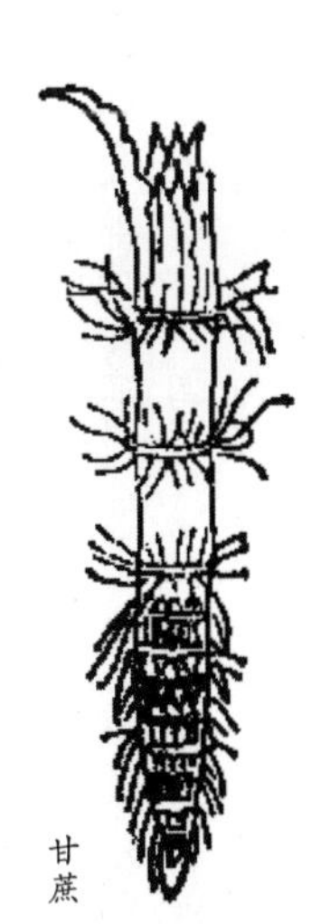

甘蔗

元・忽思慧《飲膳正要》卷三《果品》　沙糖　味甘，寒，無毒。主心腹熱脹，止渴，明目。即甘蔗汁熬成沙糖。

沙糖

明・李時珍《本草綱目・圖》卷中之下

甘蔗

明・王圻　王思義《三才圖會・草木一一・果類》　甘蔗　甘蔗生江東者爲勝。廣州一種數年生者，如大竹，長丈餘，葉有二種，一種似荻，節踈而細短，謂之荻蔗；一種似竹，麄長，笮其汁以爲沙糖，鍊沙糖和牛乳爲石蜜，即乳糖也。味甘平，主下氣，和中助脾氣，利大腸。

明・宋應星《天工開物》卷上《甘嗜》 凡造獸糖者，每巨釜一口，受糖五十斤。其下發火慢煎，火從一角燒灼，則糖頭滚旋而起。若釜心發火，則盡盡沸溢於地。每釜用雞子三個，去黃取青，入冷水五升化解，逐匙滴下。用火糖頭之上，則浮漚黑滓，盡起水面。以笊籬撈去，其糖清白之甚，然後打入銅銚，下用自風，慢火温之。看定火色，然後入模。凡獅象糖模，兩合如瓦爲之。杓寫糖入，隨手覆轉傾下。模冷糖燒，自有糖一膜，靠模凝結。名曰享糖，華筵用之。

甘蔗

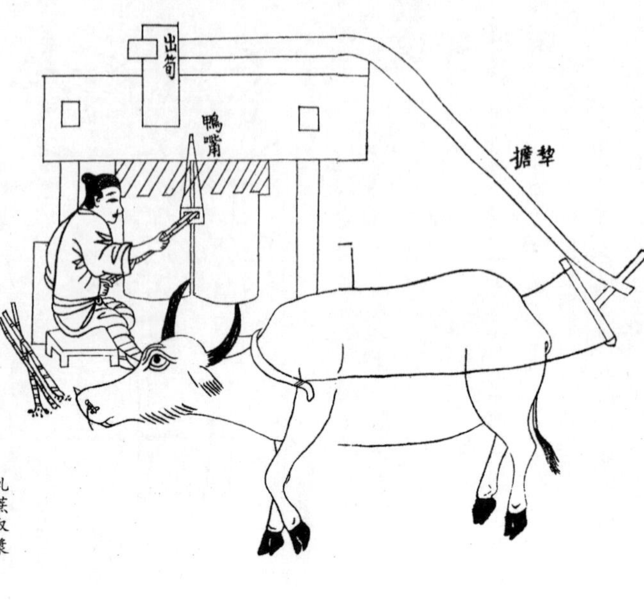

軋蔗取漿

清・吴其濬《植物名實圖考》卷三二《果類》 甘蔗 甘蔗，《別録》中品。《糖霜譜》博核，録以資考。

雩婁農曰：竿蔗、南産也。閩、粤河畔，沙礫不穀，種之彌望，行者拔以療渴，不較也。章貢間，閩人僑居者業之，就其地置竈與磨以煎餹，必主人先芟刈，而後里鄰得取其遺秉滯穗焉，否則罰。利重故稍吝之矣，而邑人亦以擅其邑利爲嫉。余嘗以訊其邑子，皆以不善植爲詞，頗詫之。頃過汝南郾許，時見薄冰，而原野有青蔥林立如叢篁密篠，滿畦被隴者，就視之，乃蔗也。衣稍赤。

澄結糖霜瓦器

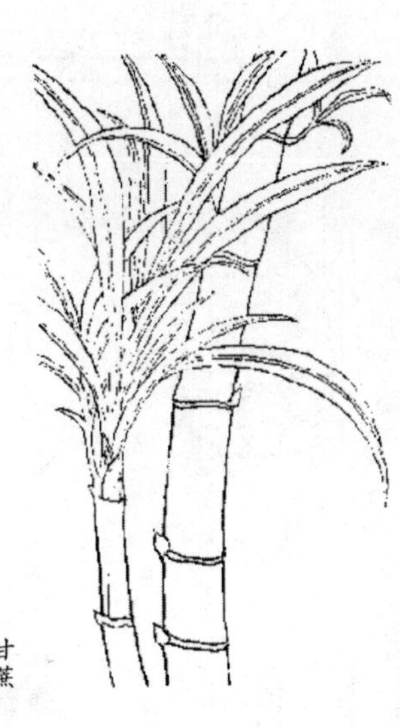
甘蔗

藝文

《楚辭·招魂》 胹鼈炮羔，羔，羊子也。胹，一作臑。《釋文》作濡，而朱切。五臣云：濡，煑也。[補]曰：濡，《集韻》音而，亨肉和湆也。炮，蒲交切，合毛炙物。一曰囊物燒。有柘漿些。柘，藷蔗也。言復以飴蜜胹鼈炮羔，令之爛熟，取藷蔗之汁，爲漿飲也。或曰：血鼈炮羔，和牛五藏爲羔臛，鶩爲羹者也。柘，一作蔗。一注云：胹鼈炮羔，和牛五藏臛爲羹者也。按：孫詒讓《札迻》卷十二曰：注或曰以下有譌，寄校文義，或本正文羔蓋作羹，注當云，或曰胹鼈炮羹和牛五藏爲羹臛者也。今本羹誤涉正文作羔，又衍鶩爲羹三字，遂不可通。録以備參。[補]曰：相如賦云：諸柘巴苴。注云：柘，甘柘也。

佚名《漢樂府詩集》卷一《郊廟歌辭·漢郊祀歌·景星》 一曰《寶鼎歌》。《漢書·武帝紀》曰：「元鼎四年夏六月，得寶鼎后土祠旁，作《寶鼎之歌》。」《禮樂志》曰：「《景星》，元鼎五年，得鼎汾陰作。」如淳曰：「景星者，德星也。見無常，常出有道之國。」

景星顯見，信星彪列，象載昭庭，日親以察。參侔開闔，爰推本紀，汾脽出鼎，皇祐元始。五音六律，依韋饗昭，雜變並會，雅聲遠姚。空桑琴瑟結信成，四興遞代八風生。殷殷鍾石羽籥鳴。河龍供鯉醇犧牲。百末旨酒布蘭生。泰尊柘漿析朝酲。微感心攸通修名，周流常羊思所并。穰穰復正直往甯，馮蠵切和疏寫平。上天布施后土成，穰穰豐年四時榮。

梁·何遜《七召》明王志慶《古儷府》卷一二 銅瓶玉井，金釜桂薪，六穀九鼎，百葉千珍。熊蹯虛掌，雞跖猩脣，鰽魚兩味，玄犀五肉。拾卵鳳巢，剖胎豹腹，三鸞甘口，七葅愜目。蒸餅十字，湯官五熟。梅椒魯豉，河鹽蜀薑。劑水火而調和，糅蘇蔱以芬芳。脯追復而不盡，犢魚稍割其何傷，黿羹流歠，蚳醬先嘗。鱠温湖之美蚶，切丙穴之嘉魴。落俎霞散，逐刃飛揚，輕同曳繭，白似飛霜。蔗有盈丈之名，桃表兼斤之實。杏積魏國之貢，菱爲鉅野所出。衡曲黃梨，汶垂蒼栗。隴西白榛，湘南朱橘，荔枝沙棠，蒲萄石蜜，瓜稱素腕之美，棗有細腰之質，並抗吻以除煩，亦咀牙而消疾。於是三雅陳席，百味開印，玉机星稀，蘭英縹潤，既夷志於坎壈，亦忘懷於鄙悋。

唐·王泠然《蘇合山賦》《全唐文》卷二九四 飲食安樂兮，不易明說。君子行之兮，斯道不闕。英髦俊彥兮，攢轡結轍。華堂洞開兮，綺饌齊列。雖珍膳芳鮮，而蘇山奇絕，原其所營，妙實難名。味兼金房之蜜，勢盡美人之情。素手淋瀝而象起，元冬涸沍而體成。足同夫露結霜凝，不異乎水積冰生。盤根趾於一器，擬崖崿於四明。厥狀相類，高深殊致，或峻或危，其勢參差。隱映陸離，疑雪岫之坐窺。乍輝乍煥，其色璀璨，灼爍皓旰，與玉臺兮相亂。縱天台揭起而陵霞，太華削成而浸漢。雖萬仞之奇特，非四座之榮觀。豈若茲山，俎豆之間，裝綵樹而形綺，雜紅花而色斑。吮其味則峰巒入口，玩其象則瓊瑶在顔。隨玉箸而必進，非固非悋，觸皓齒而便消。是津是潤，儻君子之留賞，甘捐軀而自徇。

唐·李頎《送劉四赴夏縣》《全唐詩》卷一三三 九霄特立紅鸞姿，萬仞孤生玉樹枝。劉侯致身能若此，天骨自然多歎美。聲名播揚二十年，足下長途幾千里。舉世皆親丞相閣，我心獨愛伊川水。脱略勢利猶埃塵。嘯傲時人而已矣。新詩數歲即文雄，上書昔召蓬萊宫。明主拜官麒麟閣，光車駿馬看玉童。高人往來廬山遠，隱士往來張長公。扶南甘蔗甜如蜜，雜以荔枝龍州橘。赤縣繁詞滿劇曹，白雲孤峯暉永日。朝持手板望飛鳥，暮誦楞伽對空室。一朝出宰汾河間，明府下車人吏閒。端坐訟庭更無事，開一作閒門咫尺巫咸山。男耕女織蒙惠化，麥熟雉鳴長秋稼。明年九府議功時，五辟三徵當在茲。聞道桐鄉有遺老，邑中還欲置生祠。

又《送山陰姚丞攜妓之任兼寄蘇少府》 東風香草路，南客心容與。白皙吳王孫，青蛾柳家女。都門數騎出，河口片帆舉。夜簟眠橘洲，春衫傍楓嶼。山陰政簡甚從容，到罷惟求物外蹤。落日花邊剡溪水，晴煙竹裏會稽峯。才子風流蘇伯玉，同官曉暮應相逐。加餐共愛鱸魚肥，醒酒仍憐甘蔗熟。知君練思本

清新，季子如今得爲鄰。他日知尋始寧墅，題詩早晚寄西人。

唐・杜甫《遣興五首》《全唐詩》卷二一八　遣興五首黃鶴本以我今日夜憂、蓬生非無根、昔在洛陽時三首入地用莫如馬後。

天用莫如龍，有時繫扶桑。頓轡海徒涌，神人身更長。性命苟不存，英雄徒自强。吞聲勿復道，真宰意茫茫。

地用莫如馬，無良復誰記。此日千里鳴，追風可君意。君看渥洼種，態與駑駘異。不雜一作在蹄齧間，逍遥有能事。

陶潛避俗翁，未必能達道。觀其著詩集，頗亦恨枯槁。達生豈是足，默識蓋不早。有子賢與愚，何其挂懷抱。

賀公雅吴語，在位常清狂。上疏乞骸骨，黄冠歸故鄉。爽氣不可致，斯人今則亡。山陰一茅宇，江一作淮海日淒涼。

吾憐孟浩然，裋褐即長夜。賦詩何必多，往往凌鮑謝。清江空舊魚，一作舊魚美。春雨餘甘蔗。每望東南雲，令人幾悲吒。

又《發秦州》原注，乾元二年。自秦州赴同谷縣紀行。　我衰更懶拙，生事不白謀。無食問樂土，無衣思南州。漢源十月交，天氣涼如一作如涼秋。草木未黄落，況聞山水一作東幽。栗亭同谷有栗亭鎮名更佳，下有良田疇。充腸多薯蕷，崖蜜亦易求。密竹復冬筍，清池可方舟。雖傷一作云旅寓遠，庶遂平生遊。此邦俯要衝，實恐人事稠。應接非本性，登臨未銷憂。谿谷無異石，一作名。塞田始微收。豈復慰老夫，一作大。惘一作炯然難久留。日色隱孤戍，烏啼滿城頭。中宵驅車去，飲馬寒塘流。磊落星月高，蒼茫雲霧浮。大哉乾坤内，吾道長悠悠。

又《進艇》《全唐詩》卷二二六　南京久客耕南畝，北望傷神坐一作臥北窗。晝引老妻乘小艇。晴看稚子浴清江。俱飛蛺蝶元相逐，並蒂芙蓉本自雙。茗飲蔗漿攜所有，瓷甖無謝玉爲缸。

唐・司空曙《長林令衛象錫絲結歌》《全唐詩》卷二九三　主人琱盤盤素絲，寒女眷眷墨子悲。乃言一作答乃假使錫爲之，八珍重沓失顔色。手援玉筯不敢持，始狀芙蓉新出水。仰坼重衣傾萬蕊，又如合歡交亂枝。紅茸向暮花參差，吴蠶絡繭抽尚絶。細縷纖毫看欲滅，雪髮羞垂倭墮鬟。繡囊畏並茱萸結，我愛此絲巧，妙絶世間無，爲君作歌陳座隅。

唐・元稹《酬樂天江樓夜吟稹詩，因成三十韻》《全唐詩》卷四八八　忽見君新句，君吟我舊篇。見當巴徼外，吟在楚江前。思鄙寧通律，聲清遂扣玄。三都時覺重，一顧世稱妍。排韻曾遥答，分題幾共聊。昔憑銀翰寫，今賴玉音宣。布鼓隨椎響，坯泥仰匠圓。鈴因風斷續，珠與調牽縣。阮籍驚長嘯，商陵怨别弦。猿羞啼月峽，鶴讓警秋天。志士潛興感，高僧暫廢禪。興飄滄海動，氣合碧雲連。點綴工微者，吹噓勢特然。休文徒倚檻，彦伯浪回船。伎樂當筵唱，兒童滿巷傳。改張思婦錦，騰躍賈人牋。魏拙虚教出，曹風敢望痊。定遭才子笑，恐賺學生癲。裁什情何厚，飛書信不專。隼猜鴻蓄縮，虎横犬迍邅。水墨看雖久，瓊瑶喜尚全。繞從魚裏得，便向市頭懸。夜置堂東序，朝鋪座右邊。手尋韋欲絶，淚滴紙渾穿。甘蔗銷殘醉，醍醐醒早眠。深藏那遽滅，同詠苦無緣。雅羨詩能聖，終嗟藥未仙。五千誠遠道，四十已中年。諸葛亮云，揚州萬里，潯陽向餘五千。僕今年忽已四十一。暗魄多相夢，衰容每自憐。卒章還慟哭，蚊蚋溢山川。

唐・薛能《留題》《全唐詩》卷五六八　茶興復詩心，一甌還一吟。壓春甘蔗冷，喧雨荔枝深。驟去無遺恨，幽棲已徧尋。蛾眉不可到，高處望千岑。

宋・蘇軾《送金山鄉僧歸蜀開堂》《蘇軾詩集》卷二四　[查註]鄉僧，遂寧僧圓寶也。見《糖霜譜》。

撞鐘浮玉山，[查註]《金山志》：客問：何爲浮玉？答云：此出《仙經》。上仙居浮玉山，朝上帝，則山自浮去，因金、焦俱在水上，故名。迎我三千指。衆中聞謦欬，未語知鄉里。我非箇中人，何以默識子。振衣忽歸去，[施註]《文選》陸機詩：撫枕不能寐，振衣獨長想。隻影千山裏。[合註]韓退之《祭十二郎文》：形單影隻。涪江與中泠，[王註縯曰]涪水，出龍州徼外，經縣梓，遂合，右内嘉陵水。[次公曰]涪江，以言梓州之江，鄉僧必梓州人也。中泠，以言金山之水，取其身見在金山也。[查註]《方輿勝覽》：涪江自思州上費溪發源，經五十八節名灘，方至黔州。溉自黔州。溉與施州江會流，凡五百餘里，與蜀江會於涪水之東。以其出於黔州，又名黔江。清澈可鑑毛髮。唐張又新《水記》云：劉伯芻以揚子江水爲第一，李秀卿以揚子江南零水爲第七。《名勝志》：金山下，有泉曰中泠，亦曰南零。共此一味水。冰盤薦琥珀，何似糖霜美。[查註]洪邁曰：自古食蔗者，始爲蔗漿。宋玉《招魂》所謂「胹鼈炰羔有柘漿」是也。孫亮時，交州獻甘蔗餳。《南中八郡志》：笮甘蔗汁曝成飴，謂之石蜜。唐太宗遣使至摩揭陀國，取熬糖法，即詔揚州上諸蔗榨，瀋如其劑，色味美於西域。然只是今之沙糖，不言作霜。惟東坡詩云：冰盤薦琥珀，何似糖霜美。黄魯直在戎州，作頌《答梓州雍熙長老寄糖霜》云：遠寄蔗霜知有味，勝於崔(原註一作雀)子水晶鹽。則遂寧糖霜見於文字者，實始二公。甘蔗所在皆植，獨福、唐、四明、番禺、廣漢、遂寧有糖冰，而遂寧爲冠。誥案：公在海南，程天侔饋糖冰，似皆始於唐時也。

又《次韻正輔同遊白水山》《蘇軾詩集》卷三九　祇知楚越爲天涯，不知肝膽

非一家。此身如綫自縈繞，左旋右轉隨繅車。誤抛山林入朝市，平地咫尺千褒斜。［王註］《梁州記》：萬古城，泝漢上七里，有褒谷口，南口曰褒，北口曰斜。白樂天詩云：塗窮平谷險，舉足劇褒斜。欲從稚川隱羅浮，先與靈運開永嘉。［王註］《南史》：謝靈運爲永嘉守，有名山水，肆意遊遨。嘗自始寧南山，伐木開徑，直至臨海。首參虞舜款韶石，次謁六祖登南華。仙山一見五色羽，［王註次公曰］言五色雀也，廣南有之。雪樹兩摘南枝花。［王註次公曰］南枝言梅也。【詰案】公自云：見於南華寺。羅浮亦有之。赤魚白蟹箸屢下，黄柑緑橘籩常加。［王註］《周禮·天官》：籩人掌四籩之實，加籩之實，菱芡栗脯。糖霜不待蜀客寄，［王註次公曰］東蜀梓州有糖霜，而廣南亦有。［李註］《物産志》：糖霜出遂寧，宋時入貢。詰案：廣蔗率高八九尺，若與杭産較，其高過半，但其質惋惡，亦不似杭之細膩耳。東莞石瀧鎮，在惠州孔道，此糖賈之所聚，每坊累資巨萬，彼中乃糖霜出處也。荔支莫信閩人誇。［王註］《荔支譜》云：廣南及梓、夔之間所出，大率早熟，其精好者，僅比東閩之下等。恣傾白蜜收五稜，［王註厚曰］《南嶺録》：隴州山中多紫石英，其大小皆五稜兩頭如箭鏃者，水飲之，煖而無毒。［次公曰］白蜜，以言酒也。廣南以田畝爲稜，收五稜，則所種酒稻也。［翁方綱註］廣東有羊桃，一曰洋桃。其樹高五六丈，花紅色，一蔕數子，七八月間熟，色如蠟。一曰三歛，亦曰山歛，土語謂稜爲歛也。有五稜者，名五歛，以糯米水澆之則甜，名糯洋桃。粤人以爲蔬，能辟嵐瘴之毒，以白蜜漬之，持至北方，可已瘧。蘇詩「恣傾白蜜收五歛」，謂此也。［合註］盧文弨説亦同。考《本草》：五歛子，名五稜子，又名陽桃。李時珍註：南人呼稜爲歛。五歛子出嶺南及閩中，其味初酸，以蜜漬之，甘酢而美。據此，則羊桃之解自確也。詰案：物之有廉角者爲稜，洋桃四面起脊，用刀斷之，則片片皆有五角，故曰五稜，亦名山歛。以其味酸澁，故曰歛也。作三歛即非。粤音呼歛爲妍。詰居粤三十載，所蓄僕婢千指有餘，作官語曰洋桃，講土話曰山妍，而山帶沙音，皆一轍也。其呼稜作渾，畧帶横王之音，不能以稜通歛也。凡所見洋桃樹結實者，高二三丈而止，王註非是。翁註、合註是矣而語多不確，故爲正之。細劚黄土栽三椏。［公自註］正輔分人參一苗，歸種韶陽。來詩本用砑字，惠州無書，不見此字所出，故且從木奉和。［合註］先生《與程正輔書》云：已和得白水山詩，録呈爲笑，砑字輒用椏字，蓋攀例也。［王註次公曰］人參，生在黄土中。朱明洞裏得靈草，翩然放杖凌蒼霞。［王註］韓退之詩：攝身凌蒼霞。豈無軒車駕熟鹿，亦有鼓吹號寒蛙。山人勸酒不用勺，石上自有樽罍窪。［王註］元次山《窊樽銘序》：道州城東有左湖，湖東二十步有小名山，山巓有窊石，可以爲樽。［查註］《羅浮山記》：蝴蝶洞在麻姑臺西，前爲水簾洞，其下有流杯池，相傳八仙會飲於此。徑從此路朝玉闕，［合註］《水經注》：金臺玉闕。千里莫遣毫釐差。［王註］《漢書·司馬遷傳》：《易》曰：差以毫釐，謬以千里。故人日夜望我歸，相迎欲到長風沙。［王註］李太白《長干行》：相迎不道遠，直至長風沙。按《同安志》：長風沙鎮，在懷寧縣。［查註］《名勝志》：長沙白小孤山來安慶城，西南繞東而下池州，接無爲州界，凡百餘里，中央是長風沙鎮。豈知乘槎天女側，獨倚雲機看織紗。［王註］《博物志》：天河與海通，有居海島者，每年見浮槎來往不失期。人異之，遂齎糧乘槎，忽至一處，望宫中多織婦，俄見一丈夫牽牛渚次飲之。後復返，至蜀，問嚴君平。君平曰：「某年月日，有客星犯牛宿。」計年月，正是此人到天河時也。世間誰似老兄弟，篤愛不復相疵瑕。［合註］《韓詩外傳》：篤愛而不奪疵瑕。相攜行到水窮處，［王註］王維詩：行到水窮處。詰案：補點題面。庶幾一見留子嗟。千年枸杞常夜吠，無數草棘工藏遮。但令凡心一洗濯，神人仙藥不我遐。山中歸來萬想滅，豈復回顧雙雲鴉。［李註］雙雲鴉，似指失偶事。先生前詩有兩鰥之語，玩「洗凡心」及「萬想滅」二語，可見雲鴉即所云雲鬟鴉髮也。作飛鴉解，非。

宋·黄庭堅《答雍熙光老頌二首》《全宋詩》卷一〇二四 獨弄參軍無鼓笛，右軍池裏泛漁舟。豈知劍外雍熙老，收得黄巢折劍頭。

又《答寄糖霜頌》 遠寄蔗霜知有味，勝於崔浩水精鹽。正宗掃地從誰説，我舌猶能及鼻尖。

宋·舒亶《詠蔗》《全宋詩》卷八九〇 瑶池宴罷王母還，九芝飛入三仙山。空餘絳節留人間，雲封露洗無時閒。節旄落盡何斕斑，野翁提攜出茅菅。吴刀戛戛鳴雙環，截斷寒冰詩又存作水何潺潺。相如賦就空上林，倦遊渴病長相侵。劉伶愛酒真荒淫，狂來欲倒滄溟深。此時一嚼輕千金，壚邊何用文君琴。五斗一石安足斟，坐想毛髮生清陰。蕭瑟甘滋欲誰讓，相梨橘柚紛殊狀。冷氣相射杯盤上，顧郎不見休惆悵。佳境到頭還不妄，詩成雖愧陽春唱，全勝乞與將軍杖。

宋·鄧肅《從昭祖乞糖霜》《全宋詩》卷一七七〇 甜滿中邊一夜冰，璀璀璨璨自天成。冷香入骨追瓊液，秀色當筵瑩水晶。絳闕不須餐沆瀣，玉池何事養胎津。從公乞取洗蒸鬱，一馭寒風上太清。

元·耶律楚材《湛然居士集》卷六《西域河中十詠》 寂寞河中府，連甍及萬家。葡萄親釀酒，杷欖看開花。飽啖雞舌肉，分餐馬首瓜。土産瓜大如馬首。人生唯口腹，何礙過流沙。

【略】

其十

寂寞河中府，遺民自足糧。黄橙調蜜煎，白餅糝糖霜。漱旱河爲雨，無衣壠種羊。一從西到此，更不憶吾鄉。

元·洪希文《糖霜》《古今圖書集成·食貨典·糖部》 春餘甘蔗榨爲漿，色美鵝兒淺淺黄。金掌飛仙承瑞露，板僑行客履新霜。擕來已見堅冰漸，嚼過誰傳餐玉方。輪與雪堂老居士，牙盤瑪瑙妙稱揚。

明·徐伯齡《蟫精隽》卷八《詠物奇切》 宋楊廷秀《萬里詠糖霜》云，亦非崖蜜亦非餳，青女吹霜凍作冰。透骨清寒輕著齒，嚼成人跡板橋聲。

明·王象晉《二如亭羣芳譜·果譜四·甘蔗》 麗藻散語：江南郡蔗，釀液豐沛。張載。漱醴而含蜜。張協。都蔗雖甘，杖之必折。巧言雖美，用之必滅。僃植。臑鼈炮羔有蔗漿。《楚詞》。詩五言：春雨餘甘蔗。杜甫。甘蔗消殘醉。元稹。偶然存蔗芋，幸各對筠松。杜甫。七言：上官仍有蔗漿寒，茗飲蔗漿携所有，瓷甖無謝玉爲缸，亦非崖蜜亦非餳。青女吹霜凍作冰。透骨清寒輕着齒，嚼成人跡板僑聲。蔗漿歸厨金盌凍，洗滌煩熱，足以寧吾軀。杜甫。蔗漿玉椀冰泠泠。顧阿英。瑶池宴罷王母還，九芝飛入三仙山。空餘絳節留人間，雲封露洗無時閑。節旄落盡何斕斑，野翁提携出茅菅。吴刀戛戛鳴雙環，截斷寒冰何潺潺。相如賦就空上林，倦遊渴病長相侵。劉伶愛酒真荒淫，狂來欲倒滄溟深。此時一嚼輕千金，壚邊何用文君琴。五斗一石安足斟，坐想毛髮生青陰。蕭瑟甘滋欲誰讓，相梨橘柚紛殊狀。冷氣相射杯盤上，顧郎不見休惆悵。佳境到頭還不妄，詩成雖愧陽春唱，全勝乞與將軍杖。

雜録

漢·劉安《淮南子·説林訓》 湯沐具而蟣蝨相弔，大厦成而燕雀相賀，厦，屋也。憂樂别也。柳下惠見飴，曰可以養老；盜跖見飴，曰可以黏牡；見物同，而用之異。柳下惠，魯大夫展無駭之子，名獲，字禽。家有大柳樹，惠德，因號柳下惠。一曰：柳下，邑。牡，門户籥牡也。莊逵吉云：柳下惠義，《藝文類聚》以爲許脅注。陶方琦云：《藝文類聚》八十九、《御覽》九百五十七、《事類賦·柳部》引許注：「展禽之家有柳樹，身行惠德，因號柳下惠。一曰：邑名。」案：二注文署異，然乃許注羼入高注中者。《藝文類聚》引許注，亦與今高注詳署不同。寧案：唐本《玉篇·食部》引作「曾子見餳，可以養老；盜跖見餳，可以黏牡：須也」。有脱文。疑常作「各有所須也」。「須」通「需」。本篇乃高本，作「柳下惠見飴」，則當是許本作「曾子見餳」。然《藝文類聚》、《太平御覽》《事類賦》引注釋柳下惠，豈類書誤高爲許也？又案：注「惠德」上，當據類書引補「身行」二字。《吕氏春秋·異用篇》：「仁人之得飴，以養疾侍老也；跖與企足得飴，以開閉取揵也。」即《淮南》文所本。

南朝·劉義慶《世説新語·汰侈》 王君夫以粭精澳釜，「箋疏」：程炎震云：「《晉書》三十三《崇傳》無精字。《音義》出粭澳二字。精是乾飯，疑衍此字。《晉書音義》：『粭，與之反。』考《玉篇》《廣韻》皆無粭字。而《廣韻》飴字正切與之。蓋粭、飴同字。又《廣韻》：『澳，烏到切。』澳釜，以水添釜，則字當從火。」石季倫用蠟燭作炊。君夫作紫絲布步障碧綾裏四十里，石崇作錦步障五十里以敵之。石以椒爲泥，王以赤石脂泥壁。《晉諸公贊》曰：「王愷字君夫，東海人，王肅子也。雖無檢行，而少以才力見名，有在公之稱。既自以外戚，晉氏政寬，又性至豪。舊制，鴆不得過江，爲其羽櫟酒中，必殺人。愷爲翊軍時，得鴆於石崇而養之，其大如鵝，喙長尺餘，純食蛇虺。司隸奏按愷、崇，詔悉原之，即燒於都街。愷肆其意色，無所忌憚。爲後軍將軍，卒謚曰醜。」

又《排調》 顧長康噉甘蔗，先食尾。問所以，云：「漸至佳境。」「箋疏」嘉錫案：《類聚》八十七引《世説》曰：「顧愷之爲虎頭將軍，每食蔗，自尾至本。人或問，曰：『漸入佳境。』」與今本不同。考《晉書·職官志》無虎頭將軍之號，亦絶不見於他書。宋人修《太平御覽》，多採用《類聚》，而其九百七十四甘蔗門改引《晉書》「顧愷之每食蔗」云云，則《類聚》之誤審矣。宋吴曾《能改齋漫録》五引《世説》，與《類聚》全同。然曾所徵引，往往即從類書販稗得之，未必所見《世説》果有異於今本也。《歷代名畫記》五曰：「顧愷之字長康，小字虎頭。」然則虎頭是小字，而非官名。及叙其仕履，僅云：「義熙初，爲散騎常侍。」且自注其下曰：「見《晉史》《中興書》、檀道鸞《續晉陽秋》、劉義慶《世説》及《顧集》。」可見愷之並未嘗爲將軍也。孫志祖《讀書脞録》五亦云虎頭將軍，未悉其爲何等官屬。仍當以《名畫記》爲正。

唐·薛用弱《集異記》 邢曹進 贈工部尚書邢曹進，至德以來，名爲河朔之健將也。守職魏郡，爲田承嗣所縻。曾因討叛，飛矢中目。左右與之拔箭，而鏃留於骨，微露其末焉。即以鐵鉗，遣有力者挾而出之，痛毒則極，其鏃堅然不可揺動。曹進痛楚，計無所施。妻孥輩但爲廣脩佛事，用希慈蔭。數日，則又以索縛身於床，復命出之，而特牢如故。曹進呻吟忍耐，俟死而已。忽因晝寢，夢見胡僧入於庭中，曹進則以所苦訴之。胡僧久而謂曰：「能以米汁注於其中，當自愈矣。」及寤，登言於醫工，醫工曰：「米汁即泔也，豈宜潰瘡哉？」遂令廣詢於人，人莫諭者。明日忽有胡僧詣門丐食，因遽召入。而曹進中堂遥見，乃昨之所夢者矣。即延之俯近，告以危苦。胡僧曰：「何不灌以寒食餳，當知其神驗也。」曹進遂悟餳爲米汁。况所見復肖夢中，則取之，如法以點，應手清涼，頓減酸楚。然既夜，其瘡稍癢，即令如前繃縛，用力以拔。鉗纔及瞼，鏃已突然而出。後傅藥，不旬月而差矣。吁！西方聖人，思祐顯灼，乃若此之明徵邪！

五代・馮贄《雲仙散録》卷六　錢龍宴

《妝樓記》曰：洛陽人有妓樂者，三月三日結錢爲龍爲簾，作「錢龍宴」。四圍則撒真珠，厚盈數寸，以斑螺令妓女酌之，仍各具數，得雙者爲吉，妓乃作「雙珠宴」以勞主人。又令各作錫綬帶，以一丸錫舒之，可長三尺者，賞金菱角，不然，罰酒。

宋・沈括《夢溪筆談》卷二四《雜誌一》　宋明帝好食蜜漬鱁鮧，一食數升。鱁鮧乃今之烏鰂腸也，如何以蜜漬食之？大業中，吴郡貢蜜蟹二千頭、蜜擁劍四瓮。又何〔嗣〕〔胤〕嗜糖蟹。大抵南人嗜鹹，北人嗜甘。魚蟹加糖蜜，蓋便於北俗也。如今之北方人，喜用麻油煎物，不問何物，皆用油煎。慶曆中，羣學士會於玉堂，使人置得生蛤蜊一簣，令饔人烹之。久且不至，客訝之，使人檢視，則曰：「煎之已焦黑，而尚未爛。」坐客莫不大笑。予嘗過親家設饌，有油煎法魚，鱗鬣虯然，無下筯處。主人則捧而横嚙，終不能咀嚼而罷。

宋・龐元英《文昌雜録》卷一　禮部王員外言：昔在金陵，有一士子爲魚鯁所苦，累日不能飲食。忽見賣白餳者，因買食之，頓覺無恙，然後知餳能治魚鯁也。後見孫真人書，已有此方矣。余知安州，有鼎州通判柳應辰爲余傳治魚鯁法：以倒流水半盞，先問其人使之應，吸其氣入水中，面東誦元、亨、利、貞七遍，吸氣入水，飲少許即差。亦嘗試之，甚驗。

宋・黄朝英《靖康緗素雜記》卷九　餳粥

《劉夢得嘉話》云：「爲詩用僻字，須有來處。宋考功詩云：『馬上逢寒食，春來不見餳。』餳：徐盈切。嘗疑此字。因讀《毛詩》鄭箋，説吹簫處云：『即今賣餳人家物。』《六經》中惟此注中有餳字。後輩業詩，即須有據不可學常人率焉而道也。」又本朝宋子京《寒食》詩云：「草色引開盤馬路，簫聲吹暖賣餳天。」其亦用鄭箋「吹簫賣餳」之義，然詞致騷雅，勝考功遠矣。余嘗考《嘉話》所載「眷來不見餳」，云是宋考功詩，比因閲沈雲卿《詠驩州不作寒食》詩，云：「海外無寒食，春來不見餳。洛陽新甲子，何日是清明？花柳争朝發，軒車滿路迎。帝鄉遥可念，腸斷報親情。」是時沈謫驩州，故有是詩，但未見宋全篇耳。考其詞意，似是雲卿之詩，蓋沈、宋俱仕武后朝，故所傳容有訛謬，所未詳也。李義山詩云：「粥香餳白杏花天，省對流鶯坐綺筵。」又宋子京《途中清明》詩云：「漠漠輕花着早桐，客甌餳粥對禺中。」寒食清明，多用餳粥事。

宋・孟元老《東京夢華録》卷二　飲食果子

凡店内賣下酒厨子，謂之茶飯量酒博士。至店中小兒子皆通，謂之大伯。更有街坊婦人，腰繫青花布手巾，綰危髻，爲酒客换湯斟酒，俗謂之焌糟。更有百姓入酒肆，見子弟少年輩飲酒，近前小心供過使令，買物命妓，取送錢物之類，謂之閑漢。又有向前换湯斟酒歌唱，或獻菓子香藥之類，客散得錢，謂之廝波。又有下等妓女，不呼自來筵前歌唱，臨時以些小錢物贈之而去，謂之劄客亦謂之打酒坐。又有賣藥或果實、蘿蔔之類，不問酒客買與不買，散與坐客然後得錢，謂之撒暫。如此處處有之。唯州橋炭張家、乳酪張家，不放前項人入店亦不賣下酒，唯以好淹藏菜蔬，賣一色好酒，所謂茶飯者。乃百味羹，頭羹，新法鵪子羹，三脆羹，二色腰子、蝦蕈雞蕈渾砲等羹，旋索粉玉碁子羣仙羹，假河鲀、白渫案：渫應作煠。齏、貨鱖魚、假元魚、决明兜子、決明湯齏、肉醋托胎襯腸、沙魚兩熟、紫蘇魚、假蛤蜊、白肉夾面子、茸割肉胡餅、湯骨頭乳炊羊、肫案：肫同炖。羊、鬧廳羊、角炙案：炙同炙。腰子、鵝鴨排蒸、荔枝腰子、還元腰子、燒臆子、入爐細項蓮花鴨簽、酒炙肚胘、虚汁垂絲羊頭、入爐羊、羊頭簽、鵝鴨簽、雞簽、盤兔、炒兔、葱潑兔、假野狐、金絲肚羹、石肚羹、假炙獐、煎鵪子、生炒肺、炒蛤蜊、炒蟹、煠蟹、洗手蟹之類。逐時旋行索唤，不許一味有闕。或别呼索變造下酒亦即時供應。又有外來托賣炙雞、爊鴨、羊脚子、點羊頭、脆筋巴子、薑蝦、酒蟹、獐巴、鹿脯，從食蒸作。海鮮時菓，旋切萵苣生菜、西京笋。又有小兒子着白虔布衫，青花手巾，挾白磁缸子，賣辣菜。又有托小盤賣乾菓子，乃旋炒銀杏、栗子、河北鵝梨、梨條、梨乾、梨肉、膠棗、棗圈、梨圈、桃圈、核桃、肉牙棗、海紅、嘉慶子、林檎旋、烏李、李子旋、櫻桃煎。西京雪梨、夫梨、甘棠梨、鳳栖梨、鎮府濁梨、河陰石榴、河陽查子、查條、沙苑温桲、回馬孛萄、西川乳糖、獅子糖、霜蜂兒、橄欖、温柑、綿棖金橘、龍眼、荔枝、召白藕、甘蔗、漉梨、林檎乾、枝頭乾、芭蕉乾、人面子、巴覽子、榛子、榧子、蝦具之類。諸般蜜煎香藥。菓子罐子。黨梅。柿膏兒，香藥，小元兒，小臈茶，鵬沙元之類。更外賣軟羊諸色包子，猪羊荷包。燒肉乾脯。玉板鮓犯。鮓片醬之類。其餘小酒店，亦賣下酒如煎魚、鴨子、炒雞兔、煎燠肉、梅汁、血羹、粉羹之類，每分不過十五錢。諸酒店必有廳院，廊廡掩映。排列小閤子，吊窗花竹，各垂簾幙，命妓歌笑，各得穩便。

宋・莊綽《雞肋編》卷中　白樂天詩云：「歲盞後推藍尾酒，辛盤先勸膠牙餳。」又云：「三杯藍尾酒，一楪膠牙餳。」而東坡亦云「藍尾忽驚新火後，樂天《寒食》詩云「三杯藍尾酒」。遨頭要及浣花前。」成都太守自正月二日出游，至四月十九日浣花乃止。皆用藍字。余嘗見唐小説，載有翁姥共食一餅，忽有客至，云「使秀才婪

尾」，於是二人所啖甚微，末乃授客，其得獨多，故用貪婪之字。如歲盞屠蘇酒，自小飲至大，老人最後，所餘爲多，則亦有貪婪之意。以餳膠牙，俗亦於歲旦嚼琥珀餳，以驗齒之堅脱，故或用較字。然二者又施之寒食，豈唐世與今異乎？

宋葉廷珪《海録碎事》卷六《飲食器用部・醯醬門》　蜜房《蜀都賦》：蜜房都毓被其阜。

卉醴　卉　醴陁花物外香，清濃標格勝椒漿。注：《仙經》呼蜜爲卉醴。

宋・陸遊《老學庵筆記》卷二　亳州太清宫檜至多。檜花開時，蜜蜂飛集其間，不可勝數。作蜜極香而味帶微苦，謂之檜花蜜，真奇物也。歐陽公守亳時，有詩曰：「蜂採檜花村落香。」則亦不獨太清而已。

又　卷七　族伯父彦遠言：少時識仲殊長老，東坡爲作《安州老人食蜜歌》者。一日，與數客過之，所食皆蜜也。豆腐、麪觔、牛乳之類，皆漬蜜食之，客多不能下箸。惟東坡性亦酷嗜蜜，能與之共飽。崇寧中，忽上堂辭衆。是夕，閉方丈門自縊死。及火化，舍利五色不可勝計。鄒忠公爲作詩云：「逆行天莫測，雉作瀆中經。漚滅風前質，蓮開火後形。鉢盂殘蜜白，爐篆冷烟青。空有誰家曲，人間得細聽。」彦遠又云：「殊少爲士人，遊蕩不羈。爲妻投毒羹胾中，幾死，啖蜜而解。醫言復食肉則毒發，不可復療，遂棄家爲浮屠。鄒公所謂『誰家曲』者，謂其雅工於樂府詞，猶有不羈之餘習也。」

宋・王楙《野客叢書》卷七　二書中言餳字

劉禹錫嘗曰：「詩用僻字，須有來處。宋考功詩云：『馬上逢寒食，春來不見餳。』疑此字僻，因讀《毛詩・有瞽》注，乃知《六經》中惟此注有『餳』字。」僕觀揚雄《方言》有此一字，觀《樊儵傳》「三歲獻甘醪膏餳」，知漢人嘗有此語。又考《周禮》「少師掌教簫」注，亦有「餳」字，則是「餳」字《六經》中不但《詩》注有此一字，又見於《周禮》注矣。

又　卷二〇　殍飴二字

沈存中《筆談》曰：「唐士人專以小詩著名，而讀書滅裂。如樂天《題坐隅詩》『俱化爲餓殍』，作『夫』字押。杜牧之《杜秋娘詩》『厭飫不能飴』，飴乃餳，非飲食也。」僕觀『晉王薈以私粟作粥飴饑者』，『郗鑒甚窮，鄉人共飴之』，飴字豈不作飲食用？然考晉音，乃音「嗣」，非「貽」字也。僕謂牧之用作「貽」字，必別有所據。又觀《後漢・許楊傳》舉謡歌曰「飴我大豆亨芋魁」，飴字無音，乃知牧之用字有所祖也。餓殍之「殍」作「夫」字用，按：《唐韻》敷字韻收，撫俱切，又平表切，皆言餓死也。是則「殍」字有二音，樂天所押，蓋從《唐韻》之平聲者，二字皆有所據。存中自不深考，安可以「讀書滅裂」非之。揚雄箴曰「野有餓殍」。」

宋・吴自牧《夢粱録》卷一三《夜市》　杭城大街，買賣晝夜不絶。夜交三四鼓，遊人始稀。五鼓鐘鳴，賣早市者，又開店矣。大街關撲，如糖蜜糕灌藕，時新果子，像生花果，【略】又有蝦鬚賣糖，福公個背張婆賣糖，洪進唱曲兒賣糖，又有擔水斛兒，内魚龜頂傀儡面兒舞賣糖，有白鬚老兒看親箭披鬧盤賣糖，有標竿十般賣糖，效學京師古本十般糖，賞新樓前仙姑賣食藥，又有經紀人擔瑜石釘鉸金裝架兒，共十架在孝仁坊紅杈子賣皂兒膏，澄沙糰子，乳糖澆，壽安坊賣十色沙糰，衆安橋賣澄沙膏，十色花花糖，市西坊賣蚫螺滴酥，觀橋大街賣豆兒糕，糕作膏。輕餳，太平坊賣麝香糖，蜜糕，金鋌裹蒸兒。廟巷口，賣楊梅糖，杏仁膏，薄荷膏，十般膏子糖，内前杈子裏賣五色法豆，使五色紙袋兒盛之，通江橋賣雪泡豆兒，水荔支膏，中瓦子前賣十色糖，更有瑜石車子賣糖，糜乳糕澆，俱曾經宣唤，皆效京師叫聲。

又　《諸色雜貨》　賣品物最多，不能盡述。及小兒戲耍家事兒，如戲劇糖果之類，行嬌惜，宜娘子，鞦韆稠糖，葫蘆，火齋郎果子，吹糖麻婆子，孩兒等糕粉，孩兒鳥獸像生花朵，風糖餅，十般糖，花花糖，荔支膏，縮砂糖，五色糖。【略】又沿街叫賣小兒諸般食件：麻糖，鎚子糖，鼓兒餳，鐵麻糖，芝麻糖，小麻糖，破麻酥，沙團，箕豆，法豆，山黄，褐青豆，鹽豆兒，豆兒黄糖，楊梅糖，荆芥糖，榧子，蒸梨兒，棗兒，米食羊兒，狗兒，蹄兒，蟹兒，栗粽，豆團，糍糕，麻糰，湯糰，水糰，湯丸，餶飿兒，吹餅槌，栗炒槌，山裏棗，山裏果子，蓮肉，數珠，苦槌，荻蔗，甘蔗，茅洋，跳山婆栗，茅蜜屈律等物，並於小街後巷叫賣。

元・忽思慧《飲膳正要》卷三《米穀品》　餳味甘，微温，無毒。補虚乏，止渴，去血，建脾，治嗽。小兒誤吞錢，取一斤，漸漸盡食之，即出。

蜜味甘平，微温，無毒。主心腹邪氣，諸驚癎，補五藏不足氣，益中，止痛解毒，明耳目，和百藥，除衆病。

明・王世懋《閩部疏》　凡福之紬絲，漳之紗絹，泉之藍，福延之鐵，福漳之橘，福興之荔枝，泉漳之糖，順昌之紙，無日不走分水嶺，及浦城小關，下吴越如流水。其航大海而去者，尤不可計，皆衣被天下。所仰給它省，獨湖絲耳，紅不逮京口。閩人貨湖絲者，往往染翠紅而歸織之。

閩山所産，松杉而外，有竹、茶、烏臼之饒。竹可紙，茶可油，烏臼可燭也。

福州而南，藍甲天下。海錯飴餳，實稱利筦。

明・王象晉《二如亭羣芳譜・果譜四・甘蔗》 典故：顧愷之爲虎頭將軍，每啖蔗，自尾至本。或問之，曰，漸入佳境。《世説》。齊宜都王鑑取甘蔗，插百步，射之十發十中。元嘉二十七年，魏太武引兵攻彭城，求甘蔗於武陵王駿，駿命與之。《魏史》。郭汾陽在汾上，代宗賜甘蔗二十條。《唐史》。唐大曆間，有僧號鄒和尚，跨白驢登繖山，結茅以居。須塩米薪菜之屬，書寸紙繫錢緡，遣驢負至市。人知爲鄒也，取平值掛物於鞍，縱歸。一日驢犯山下黄氏蔗苗，黄請償於鄒。鄒曰，汝未知因蔗糖爲霜，利當十倍。吾語汝，塞責可乎？試之，果信。自此流傳其法。王灼譜。湖南馬氏有雞狗坊，長能種子母蔗。《格物論》。宋神宗問吕惠卿曰，何草不庶生，獨於蔗庶出，何也？對曰，凡草植之則正生，此嫡出也。甘蔗以斜生，所謂庶出也。《野史》。盧絳中痁疾疲瘵，夢一白衣婦人，頗有姿色，謂之曰，子之疾食蔗即愈。詰朝見鬻蔗者，揣囊中無一鏹，唯有唐山一册，請易之。其人曰，吾負販者，將此安用。哀君欲之，遂貽數挺。絳食之，旦而疾愈。《野史》。

明・謝肇淛《五雜俎》卷一〇《物部二》 吕惠卿對神宗言：「凡草木，皆正生嫡出，惟蔗側種，根上庶出，故字從庶。」然薯、蕷亦側種旁出也。嵇含草木狀作竿蔗，謂其挺直如竹竿也，今人乃作甘蔗，誤矣。

清・顧禄《清嘉録》卷七 巧果

七夕前，市上已賣巧果，有以麪白和糖，綰作苧結之形，油氽令脆者，俗呼爲「苧結」。至是，或偕花果、陳香蠟於庭或露臺之上，禮拜雙星以乞巧。蔡雲《吴歈》云：「幾多女伴拜前庭，豔説銀河駕鵲翎。巧果堆盤卿負腹，年年乞巧靳雙星。」

案：王鏊《姑蘇志》云：「七夕，市上賣巧果。」又九縣《志》皆云：「七夕，以麪和糖，油煎令脆食之，名曰『巧果』。蓋以喫巧果葉乞巧也。」沈朝初《憶江南》詞云：「蘇州好，乞巧望雙星。果切雲盤堆玉縷，針抛金井汲銀瓶。新月掛疏櫺。」然孟元老《東京夢華録》亦云：「七夕，以油、麪、糖蜜造爲笑靨兒，謂之『果食』，花樣奇巧。」又陸啓浤《北京歲華記》云：「七夕，市上賣巧果。」又吴曼雲《江鄉節物詞》小序云：「杭俗，七夕設時果祀雙星，謂之『巧果』。或以花儷之，爲閨房韻事。」詩云：「乞巧誰從貸聘錢，瓜花穀板獻初筵。阿儂采得同心果，不爲雙星證夙緣。」吴中舊俗，七夕陳瓜果，焚香中庭，僧尼各聚男女燒香者爲會。見《吴縣志》。又范《志》：「七夕，亦有乞巧會，令兒女輩悉與，謂之『女兒節』。」又王《志》：「七夕，以青竹戴緑荷繫於庭，作承露盤，男女羅拜月下，飣果皆曰『巧』。又以綫刺針孔辨目力。明日視盤中蜘蛛含絲者，謂之『得巧』。餘皆舉露飲之。」今俗皆廢。《字彙》：「氽，土懇切，音呑，上聲。水推物也。」《字林撮要》：「氽，在水上爲氽。」吴語爲以水推物曰氽。

製鹽部

題解

漢・許慎《說文解字・西部》 鹽 鹹也。从鹵，監聲。古者，宿沙初作煑海鹽。凡鹽之屬皆从鹽。

鹼 鹵也。从鹽省，僉聲。

論說

《呂氏春秋・孝行覽第二・本味》 調和之事，必以甘酸苦辛鹹，先後多少，其齊甚微，皆有自起。鼎中之變，精妙微纖，口弗能言，志不能喻。若射御之微，陰陽之化，四時之數。故久而不弊，熟而不爛，甘而不噥，酸而不酷，鹹而不減，辛而不烈，澹而不薄，肥而不腴。

《管子・海王》 桓公問於管子曰：「吾欲藉於臺雉，何如？」管子對曰：「此毀成也。」「吾欲藉於樹木。」管子對曰：「此伐生也。」「吾欲藉於六畜。」管子對曰：「此殺生也。」「吾欲藉於人，何如？」管子對曰：「此隱情也。」桓公曰：「然則吾何以爲國？」管子對曰：「唯官山海爲可耳。」桓公曰：「何謂官山海？」管子對曰：「海王之國，謹正鹽筴。」海王，言以負海之利而王其業。桓公曰：「何謂正鹽筴？」正，稅也。管子對曰：「十口之家十人食鹽，百口之家百人食鹽。終月，大男食鹽五升少半，大女食鹽三升少半，吾子食鹽二升少半。少半，猶劣薄也。吾子，謂小男小女也。此其大曆也。曆，數。鹽百升而釜。鹽十二兩七銖一黍十分之一爲升，當米六合四勺也。百升之鹽，七十六斤十二兩十九銖二纍。爲釜，當米六斗四升。今鹽之重升加分彊，釜五十也。分彊，半彊也。今使鹽官稅其鹽之重，每一升加半合爲彊而取之，則一釜之鹽得五十合而爲之彊。升加一彊，釜百也。升加二彊，釜二百也。鍾二千，十釜之鹽，七百六十八斤。爲鍾，當米六斛四斗是也。十鍾二萬，百鍾二十萬，千鍾二百萬。萬乘之國，人數開口千萬也。舉其大數而言之也。開口，謂大男大女之所食鹽也。禺筴之，商日二百萬，禺，讀爲偶。偶，對也。商，計也。對其大男大女食鹽者之口數而立筴，以計所稅之鹽。一日計二百萬合，爲二百鍾。十日二千萬，一月六千萬。萬乘之國正九百萬也。萬乘之國，大男大女食鹽者千萬人，而稅之鹽一日二百鍾，十日二千鍾，一月六千鍾也。今又施其稅數以千萬人如九百萬人之數，則所稅之鹽一日百八十鍾，十日千八百鍾，一月五千四百鍾。月人三十錢之籍，爲錢三千萬。又變其五千四百鍾之鹽而籍其錢，計一月每人籍錢三十，凡千萬人，爲錢三萬萬矣。以籍之數而比其常籍，則當一國而有三千萬人矣。今吾非籍之諸君吾子，而有二國之籍者六千萬。諸君，謂老男老女也。六十已上爲老男，五十已上爲老女也。既不籍於老男老女，又不籍於小男小女，乃能以千萬人而當三千萬人者，蓋鹽官之利耳。鹽官之利既然，則鐵官之利可知也。鹽官之利當一國而三萬人，鐵官之利當一國而三萬人焉，故能有二國之籍者六千萬人耳。其常籍人之數猶在此外。使君施令曰『吾將籍於諸君吾子』，則必囂號。今夫給之鹽筴，則百倍歸於上，人無以避此者，數也。」

又《地數》 桓公問於管子曰：「今亦可以行此乎？」管子對曰：「可。」夫楚有汝、漢之金，齊有渠展之鹽，燕有遼東之煮。此三者，亦可以當武王之數。十口之家，十人咶鹽。百口之家，百人咶鹽。凡食鹽之數，一月丈夫五升少半，婦人三升少半，嬰兒二升少半。鹽之重，升加分耗而釜五十，升加一耗而釜百，升加什耗而釜千。君伐菹薪，煮沸水爲鹽，正而積之三萬鍾。至陽春，請籍於時。桓公曰：「何謂籍於時？」管子曰：「陽春農事方作，令民毋得築垣牆，毋得繕冢墓。丈夫毋得治宮室，毋得立臺榭。北海之衆毋得聚庸而煮鹽。然，鹽之賈必四什倍。君以四什之賈，脩河、濟之流，南輸梁、趙、宋、衛、濮陽。惡食無鹽則腫。守圉之本，其用鹽獨重。君伐菹薪，煮沸水以籍於天下，然則天下不減矣。」

漢・王充《論衡・別通》 潤下作鹹，水之滋味也。《禹貢》曰：「水曰潤下，潤下作鹹。」東海水鹹，流廣大也；西州鹽井，源泉深也。裴矩《西域記》：「鹽水在西州高昌縣東。」《書抄》一四六引「大」作「潤」，「西」下有「海」字，「深」下有「潤」字。并非。人或無井而食，或穿井不得泉，有鹽井之利乎？

宋・王溥《唐會要》卷八八《鹽鐵》 開元元年十二月，河中尹姜師度以安邑鹽池漸涸，開拓疏決水道，置爲鹽屯，公私大收其利。其年十一月五日，左拾遺劉彤論鹽鐵，上表曰：「臣聞漢孝武爲政，廐馬三十萬，後宮數萬人，外討戎夷，內興宮室，殫費之甚，實百當今。然而古費多而貨有餘，今用少而財不足者，何

也？豈非古取山澤，而今取貧民哉！取山澤，則公利厚而人歸于農；取貧民，則公利薄而人去其業。故先王之作法也，山海有官，虞衡有職，輕重有術，禁發有時。一則專農，二則饒國，濟民盛事也，臣實爲當今宜之。夫煮海爲鹽，採山鑄錢，伐木爲室，豐餘之輩也。寒而無衣，飢而無食，傭賃自資者，窮苦之流也。若能收山海厚利，奪豐餘之人，蠲調斂重徭，免窮苦之子，所謂損有餘而益不足，帝王之道，可不謂然乎？然臣願陛下詔鹽、鐵、木等官，各收其利，貿遷于人，則不及數年，府有餘儲矣。然後下寬大之令，蠲窮獨之徭，可以惠羣生，可以柔荒服。雖戎狄降服，堯、湯水旱，無足虞也。奉天適變，惟在陛下行之。」上令宰臣議其可否；咸以鹽鐵之利，甚益國用。遂令將作大匠姜師度、户部侍郎强循俱攝御史中丞，與諸道按察使檢校海内鹽鐵之課。至十年八月十日，勅：「諸州所造鹽鐵，每年合有官課，比令使人勾當，除此更無別求。在外不細委知，如聞稍有侵尅，宜令本州刺史、上佐一人檢校，依令式收税。如有落帳欺没，仍委按察糾覺奏聞。其姜師度除蒲州鹽池以外，自餘處更不須巡檢。」

宋・王欽若等《册府元龜》卷四九三《邦計部・山澤一》 管仲爲齊相，謂桓公曰：「海王之國，海王者，言以負海之利而王其業者。王音于況切。謹正鹽筴。正，税也。音征。十口之家，十人食鹽；百口之家，百人食鹽。每終月，大男食鹽五升少半，少半，猶劣薄也。大女食鹽三升少半，吾子食鹽二升少半。吾子，猶言小男、小女也。此其大歷也。歷，數也。鹽百升而釜。鹽十二兩七銖一黍十分之一爲升，當米六合四勺也。百升之鹽，七十六斤。十二兩十九銖一累爲釜，當米六門四升者是也。合鹽之重，升加分强，釜五十也。分强，半强也。今使鹽官税其鹽之重，每一升加半合爲强而取之，則一釜之鹽，得五十合而爲之强。升加一强，釜一百也；升加二强，釜二百也。鍾二千，十釜之鹽，七百六十八斤爲鍾，當米六斛四斗是也。十鍾二萬，百鍾二十萬，千鍾二百萬。萬乘之國，人數開口千萬也。舉其大數而言之也。開口，謂大男、小女之所食鹽也。禺筴之商，日二百萬，禺，讀爲偶，對也。商，計也。對其大男、小女食鹽之口數，而立筴以計所税之鹽。一日計二百萬，合爲二百鍾也。十日二千萬，一月六千萬。萬乘之國，正九百萬也。萬乘之國，大男、大女食鹽者千萬人，而税之鹽，一日二百鍾，十日二千鍾，一月六千鍾。今又施其税數，以千萬人如九百萬人之數，則所税之鹽，一日百八十鍾，十日千八百鍾，一月五千四百鍾。月人三十錢之籍，爲錢三千萬。又變其五千四百鍾之鹽，而籍其錢，計一月每人籍錢三十。凡千萬人爲錢三萬矣！以此籍之數，比其常籍，則當一國而有三千萬人矣。今吾非籍之諸君、吾子，而有二國之籍者六千萬。諸君，謂老男、老女也。六十以上爲老男，五十以上爲老女。既不籍於老男、老女，又不籍於小男、小女，乃能以千萬人當三千萬者，蓋鹽官之利耳。鹽官之利既然，則鐵官之利可知也。鹽官之利，當一國而三萬人；鐵官利當一國三萬人焉，故能有二國之籍者六千萬人耳。常籍人之數，猶百在此外。使君施令曰：『吾將籍於諸君、吾子』，則必囂號。今夫給之鹽筴，則百倍歸於上，人無以避此者數也。今鐵官之數，曰一女必有一鍼一刀，若其事立；耕者必有一耒、一耜、一銚，若其事立；大鋤謂之銚，羊昭切。行服連輂名，所以載作器，人挽者也。軺輂者，軺，音羊昭切。輂，音居玉切。大車駕馬者也。必有一斤、一鋸、一錐、一鑿，若其事立。不爾而成事者，天下無有。今鍼之重加一也，三十鍼一人之籍；鍼之重，每十分加一分，以爲强而取之，則一女之籍，得三十鍼。刀之重加六，五六三十，五刀一人之籍也。刀之重，每十分加六分，以爲强而取之，五六爲三十，則一女之籍，得五刀也。耜鐵之重加七，三耜鐵一人之籍也。耜鐵之重，每十分加七分，以爲强而取之。則一農之籍，得三耜鐵也。其餘輕重，皆準此而行，其器彌重，其加彌多。然則舉臂勝音升。事，無不服籍者。」

又 王莽時，羲和魯匡言：「名山大澤，鹽鐵錢布帛，五均賒貸，斡在縣官。斡，謂主領也。」於是置命士督五均六斡，郡有數人，皆用富賈。洛陽薛子仲、張長叔，臨淄姓偉等，姓姓，名偉也。乘傳求利，交錯天下。因與郡縣通姦，多張空簿。簿，計簿也。府藏不實，百姓俞病。莽知民苦之，復下詔曰：「夫鹽，食肴之將；將，大也。一説爲食肴之將帥。酒，百藥之長，嘉會之好；鐵，田農之本。名山大澤，饒衍之藏，五均賒貸，百姓所取。平印以給澹，鐵布銅冶，通行有無，備民用也。此六者，非編户齊民，所能家作，家，謂家家自作也。必仰於市，雖貴數倍，不得不買。豪民富賈，即要貧弱，先聖知其然也，故斡之。每一斡爲設科條防禁，犯者罪至死。姦吏猾民，并侵衆庶，各不安生。」

又 唐玄宗開元元年十一月，河中尹姜師度，以安邑鹽池漸涸，師度開拓疏決水道，置爲鹽池，公私大收其利。是月，左拾遺劉彤上表曰：「臣聞漢孝武爲政，厩馬三十萬，後宮數萬人，外討戎夷，内興宫室，殫費之甚，實百當今。而古費多而貨有餘，今用少而財不足，何也？豈非古取山澤，而今取貧民哉？取山澤則公利厚，而人歸於農；取貧民則公利薄，而人去其業。故先王作法也，山海有官，虞衡有職，輕重有術，禁發有時。一則專農，二則饒國。夫煮海爲鹽，採山鑄錢，伐木爲室，農餘之輩，寒而無衣，饑而無食，傭賃自資者，窮苦之流也。若能取山海厚利，奪農餘之人；調斂重徭，免窮苦之子，所謂損有餘而益不足，帝王

之道，可不謂然乎？臣願陛下，詔鹽、鐵、木等官，收其利貿遷於人，則不及數年，府有餘儲矣。然後下寬大之令，蠲窮獨之徭，可以惠羣生，可以柔荒服。雖戎狄降伏，堯湯水災，無足虞也。奉天適變，唯陛下行之。」帝令宰臣議可否，咸以鹽鐵之利，甚益國用，遂令將作大匠姜師度、户部侍郎强循，俱攝御史中丞，與諸道按察使檢校海内鹽鐵之課，比令使人勾當，除此更無别求，在外不細委知。如聞稱有侵刻，宜令本州刺史上佐一人檢校。依令式收税，如有落帳欺没，仍委按察糾覺奏聞。其姜師度除蒲州鹽池以外，自餘處更不須巡檢。

元・陳椿《熬波圖序》 浙之西，華亭東百里，實爲下砂，濱大海，枕黄浦，距大塘，襟帶吴松、楊子二江，直走東南，皆斥鹵之地。煮海作鹽，其來尚矣。宋建炎中，始立鹽監。地有瞿氏、唐氏之祖，爲監場、爲提幹者。至元丙子，又爲土著相副管勾，官皆無其任者也。提幹諱守仁，號樂山，弟守義，號鶴山，詩禮傳家，襟懷慷慨。二公行義，表表可儀，而鶴山尤爲温克，端有古人風度。輔聖朝開海道策，上動膺宣命，授忠顯校尉海道運糧千户，深知煮海淵源、風土異同、法度終始，命工繪爲長卷，名曰《熬波圖》，將使後人知煎鹽之法、工役之勞，而垂於無窮也。惜乎辭世之急。僕曩吏下砂場鹽司，暇日訪其子，諱天禧，號敬齋，於衆緑園堂出示其父所圖草卷，披覽之餘，瞭然在目，如示諸掌。嗚呼！信知仁民之心如是其大乎！抑嘗觀淮甸陳曄通州《鬻海録》，恨其未詳，僅載西亭、豐利、金沙、餘慶、石堰五場安置處所捎灰刺溜、澳滷試蓮、煎鹽採薪之大畧耳。今觀斯圖，真可謂得其情，備而詳矣。然而浙東竹盤之殊，改法立倉之異，猶未及焉。敬齊慨然屬椿而言曰，成先君之功者，子也。子其爲我全其帙而成其美云。椿辭不獲已，敬爲畧者詳之，闕者補之。圖幾成，而敬齋不世。至順庚午，始得大備，行録諸梓，垂於不朽，上以美鶴山存心之仁、用功之勤，下以表敬齋繼志之勇、托付之得人也。有意於愛民者，將有感於斯圖，必能出長策以甦民力，於國家之治政，未必無小補云。旹元統甲戌三月，上巳天台後學陳椿誌。

明・宋應星《天工開物》卷上《作鹹》 宋子曰：天有五氣，是生五味。潤下作鹹，王訪箕子而首聞其義焉。口之于味也，辛酸甘苦經年絶一無恙，獨食鹽禁戒旬日，則縛雞勝匹倦怠懨然。豈非「天一生水」，而此味爲生人生氣之源哉？四海之中，五服而外，爲蔬爲穀，皆有寂滅之鄉，而斥鹵則巧生以待，孰知其所以然？

清・孫承澤《春明夢餘録》卷三五《户部一・鹽法》 户部尚書李汝華疏：國家財賦所稱鹽法居半者，蓋歲計所入止四百萬，半屬民賦，其半則取給於鹽策（筴）。兩淮歲解六十八萬有奇，長蘆十八萬，山東八萬，兩浙十五萬，福建二萬，廣東二萬，雲南三萬八千各有奇，除河東十二萬，及川、陝鹽課雖不解太倉，併其銀數，實共該鹽課銀二百四十餘萬兩。又各邊商所中鹽糧銀，淮、浙、蘆、東共該銀六十餘萬兩，總鹽課、鹽糧二頃（項）併舊額新添計之，實有二百餘萬之數。每歲完不缺額，庶合民賦，牽補邊計，猶少二十餘萬，乃今竟何如也？蓋我朝鹽法自正德迄今凡三壅，而今爲甚。正德末年，權閹占窩，淮鹽大壅。至嘉靖初年，爲小鹽之法以疏之。嘉靖末年，鄢懋卿增行引三十五萬，淮鹽復大壅。至隆慶初年，龐尚鵬倣小鹽之法以疏之。迄今十餘年來，璫課横行，淮鹽復益大壅。謂亦宜倣小鹽之法，師其意以疏之。臣兹不揣，竊謂今日兩淮鹽法須以急救二商爲主，以急復祖制爲經，以正行見引附疏積引爲題目，以預闕引目改行小鹽倣前人已事爲方畧。預闕引目，所以行新引也；改行小鹽，所以疏積引也；見行正引而帶疏積引，如見徵正賦而帶徵夙逋，所以復祖制也。祖制復而二商蘇矣，二商蘇而國計舉矣。蓋新引之利，人人所攘臂而争趨焉者，惟是舊引日積，無法疏通，則併新引之利而捐之。今有法于此，令得新引之厚息，而又併沾舊引之微貲，人其舍諸？蓋舊引、新引皆以一商合併而行，其虧本者少而其獲利者多，故積壅漸疏而新課無套搭之憂，倉鈔盛行而邊引無不售之嘆也。

鹽道袁世振綱法議：今查淮南紅字簿中納過餘銀之數，凡三十一單，該有二百六十餘萬引。内除消乏銀者納六十餘萬引，其實數僅有二百萬稍縮耳。本道剞心極慮，爲衆商設爲綱法，遵照鹽院紅字簿，挨資順序，刊定一册，分爲十綱，每綱扣定納過餘銀者整二十萬引。以聖、德、超、千、古、皇、風、扇、九、圍十字編爲册號。每年以一綱行舊引，九綱行新引。行舊引者，止于收舊引本息，而不令有新引拖累之苦；行新引者，止于速新引超掣，而更不貽舊引套搭之害。兩不相涉，各得其利。如今丁巳年，爲第一聖字綱應行舊引之年，止令行木綱二十萬舊引，不令行新引一張。其新引派于淮南者凡四十八萬六千五百九十六引，却分派與九綱共行之，又加以掛掣附綱十餘萬引，每正綱算派新引五萬一千二百引，附綱算派新引二萬五千六百引，是在向也以四十八萬有零新引，而責行於二十萬舊引之商，今也以四十八萬有零新引，而散行于二百餘萬超掣之商。其在僉點之中者，既不苦于力量之難支；其在僉點之外者，又不苦于冷坐而難待。至明年戊午年，爲第二德字綱應行舊引之年，亦止令行舊引，不行新引，却

令第三超字綱以至第一聖字九綱及附綱、照窩數派行新引。己未已後，俱照此行。從此以往，行至丙寅，凡九年而舊引盡净，即掛掣之引是年亦盡，却令漸加新引以補淮北暫停新引之數。此十字綱册自今刊定以後，即留與衆商，永永百年，據爲窩本，每年照册上舊數派行新引。其册上無名者，又誰得鑽入而與之争鶩哉？此法至輕便，至明白，至公普，至饒益，利無不收，弊無不除，不待行之數年而即今鹽法已一旦豁然大通矣。若行于數年之後，不但歲額無停，可以漸爲增加，即運司庫中亦從此大有餘積矣。昔人論行鹽法，惟劉晏知取予，謂知所以取民不怨，知所以予民不乏也。今兩淮數十年來所以征商者，稍急之而怨讟叢至，稍緩之而匱缺多虞，取予之謂何？

保舉縣丞沈時鹽法疏：向之官鹽，鹽賤輕而雜費少，今之官鹽，有引價，有餘銀，有割没，復有遼餉、挑河、募兵、賑濟、常例等項種種重費，每一引共出本三兩八錢，投之水商，止得銀三兩。若私鹽每引止須鹽本五錢，即有上下賄通之需，不及輸官者十分之四，奸人遂以私行爲得計，且行之地方。官鹽價高而難售，私鹽價賤而易施，所以私鹽之利十倍于官，而官鹽之壅百不售十也。是今日之鹽政，私鹽則公行之，而官鹽反私匿之，使二百萬引餘鹽之利悉供奸人竊取，而朝廷不得過而問焉。在計國者，惟日增鹽課以爲生，不知名雖增，奸民善避之而旁走，求多益寡。是故帝王之生財與民不同，謂之大道。大者，略其小而忽其微，務其寬大廣博。寬大一分，則國日增益一分，廣博一分，則國日擴充一分。惠雖在下，而利實總歸于上。今欲將二百餘萬引之私鹽立變而輸官課，惟祈皇上特簡重臣之最清廉才望者專責前往兩淮疏理，將三十鹽場舊制滷地、草場一一清結竈丁而厚恤之，每年煎鹽務盡其物力之所出，除正鹽七十餘萬外，其餘餘鹽，即將本額正賦銀兩照時值工本給價，官收而貯倉，官賣每包額定五百觔爲一引，新舊派足三萬引之數，每一引除商人引價五錢外，止取鹽税九錢，悉去餘設遼餉、助工、南北新窩等費計一兩四錢外，再加鹽本五錢。在商人，一引止輸銀一兩九錢，較前三兩八錢之數則減其半。官收餘鹽，則竈丁不窮，課額減半，則商人不困。竈丁敢私匿一引，而奸人敢私販一引，犯出，授與受，即立時處絞，家産籍没入官。如此力行，如塞決者水無傍流，扼喉者氣無傍出，餘鹽盡入于官，則私鹽不禁而自止。私販止，則遍天下皆官鹽也。食鹽功績之名，悉行除去。在竈丁，知官收之價不減于私，則何樂就私；在奸人，知私賄之費不減于官，則何苦避官而陷不測之罪哉？臣計三百萬引之輕賤，可得銀四百二十萬兩，除舊額一百四十九萬七千餘兩，頓增二百七十萬三千兩。且奸商化爲良賈，千萬家私販頑户化爲良民。而行鹽地方，南極湖廣，西抵河南，東海數千里人民咸享賤鹽之利。兩淮若此，合各運司行之，可勝計哉！收餘鹽減正價之説，按嘉靖十三年給事中管懷理先言之矣。其疏云：欲通鹽法，須先處餘鹽；欲處餘鹽，必多減正價。大抵正鹽賤則私販自息，私販息則正鹽自行，此不易之定論也。今雖不能法祖宗時八分一斗之制，宜斟酌開中。每正鹽一引，定價五錢或四錢，餘鹽一引，定價二錢五分或二錢；俱令在邊照時上納粟米、豆料、草束，每年差給事中或御史一員赴邊趁時開中，禁革一應買窩、占中等弊，正鹽給與引目，餘鹽給與小票，正鹽下場支給，餘鹽徑自收買，正鹽一引許中餘鹽三四引或五六引，務以盡收竈丁餘鹽爲止。若或未盡，再添一二倍亦無不可。如此，正鹽價輕，既有以利乎商人；餘鹽盡收，又有以利乎貧竈。國課不集而自足，私鹽不禁而自止。沈疏即此意也。

崇禎十一年，張慎言疏：計天下之鹽法，河東不同于長蘆；長蘆不同于兩淮；兩淮不同于兩浙。乃其要領，則可一言而盡，曰恤商而已。猶之足賦者，在盡地之利。欲盡地之利者，在得農之情，而農得竭其利(力)。欲得農之情而竭力，在去其農之苦。鹽法亦然。欲課之無虧者，在得商之情而去其商之害。故策鹽者不必官別尋一整齊之法，即以行鹽之法仍曲詢于商，若何而行，若何而可以經久，若何而可使私販不禁而自止。因其勢而利導之，即有奸商積弊，但去其太甚，使之樂而喜從事，自下令于流水之源矣。猶記萬曆末年，有袁世振者，行綱法，行之半年，新舊之引帶銷而課之解太倉者幾倍于曩時。其後，法既效，而世振誤用羣小，敗，人去而法已更矣。其所謂綱法者，臣不知其詳，然淮之父老必有能悉之者。其時世振爲官，另設于運使之外，今但重運使權而慎其選，令御史提綱于上，訪世振之法而輕重布之，不必再設多官足矣。

清·顧祖禹《讀史方輿紀要》卷一三《北直四》 拓跋世衰，羣盗競起，眈眈虎視，恒在瀛州。豈非以海曲隩阻，魚鹽沃饒，利則進攻，不利則退守，地勢爲可恃乎？【略】至于碣石之烽烟晨舉，黎陽之鼙鼓宵馳，而籌國事者，若未遑措意於河間也，謂之何哉？説者曰：郡境陂澤沃衍，宜於耕植。宋人屯田關南，歲收數倍。且地濱滄海，鹽鹺之利，軍府所資。又舟車通利，四方供億，皆取給焉。誠京師之南府，天下之津途也。

又顧祖禹《南直方輿紀要序》 以東南之形勢而能與天下相權衡者，南直而

已。【略】蓋彭城、邳、泗，北連青、齊，西道梁、宋，與中原形援相及，呼吸相聞，自古及今要會之處也。聖人舉動，一日而周百世之防，一方而通天下之勢，其以此矣。至於江、淮之間，五方之所聚也，百貨之所集也，田疇沃衍之利，山川藪澤之富，遠近不能及也。漢吴王濞以鑄山煮海，國用富饒，招致亡命，倡爲七國之禍。太史公曰：「夫吴東有海鹽之饒，章山之銅，三江、五湖之利，江東一都會也。」魏、晉之際，戍守淮南，用劉馥、鄧艾之策，興陂堰，事耕屯，則轉輸不勞，而軍用饒給。吴人於江南廢郡縣之吏，置典農督農之官，則穀粟充溢，雖疆場多事，恒無饑乏之慮。六朝時往往修其故轍。自古未有不事民生而可以立國者，況揚州富庶常甲天下，自唐及五季稱爲「揚一益二」。今魚鹽穀粟布帛絲絮之饒，商賈百工技藝之衆，及陂塘隄堰畊屯種植之宜，於古未有改也。用以聚糗糧，厚資儲，則奔走天下，不患無具矣。豈褊淺瘠弱僅固一隅者可以同日語哉？或者曰淮北風氣雜揉，類多頑梗，朱温以碭山羣盗而擅于唐祚，劉福通之徒皆以妖術惑衆騷動天下，今其餘風或未殄也。夫聲教一新，則觀感自易，其然豈其然乎？

又　卷二三《南直五》　揚州府，東至海三百六十里，南渡江至鎮江府五十里，西至滁州二百六十里，西北至鳳陽府泗州二百十里，北至淮安府三百二十里，自府治至應天府二百二十里，至京師二千三百二十里。【略】

府根柢淮左，遮蔽金陵，自昔爲東南都會。賈誼曰：「漢以江、淮爲奉地，蓋魚鹽穀帛多出東南，廣陵又其都會也。」吴王濞稱兵於此，漢室幾爲動摇。孫權不得廣陵，雖數争淮南，而終以長江爲限。東晉以後，皆建爲重鎮。梁末没於高齊，而烽火照於闕下。隋人命賀若弼鎮廣陵，陳祚不可復保也。李子通竊取江都，亦復南據京口，規有數郡。唐時淮南雄鎮莫若揚州，及高駢擁節自雄，外成巢、温之毒，内釀畢、吕之禍。楊行密收其餘燼，猶能并孫儒，却朱温，繕兵積粟，保固江、淮，沿及南唐，尚爲强國。及周世宗克揚州，江南於是日蹙矣。宋室南遷，以揚州枕江臂淮，倚爲襟要。趙范曰：「揚州者國之北門，一以統淮，一以蔽江，一以守運河，皆不可無備。」王應麟曰：「揚州俯江湄，瞰京口，南躡鉅海之滸，北壓長淮之流，必揚州有備，而後淮東可守。」西山真氏曰：「維揚、合肥，兩淮之根本。」又魯氏涣曰：「淮東控扼有六，一曰海陵，二曰喻口，三曰鹽城，四曰寶應，五曰清口，六曰盱眙，而皆以揚州爲根本。」

又　卷三七《山東八》　遼東都指揮使司，東至鴨緑江五百六十里，南至旅順海口七百三十里，西至山海關一千一十五里，西北至大寧廢衛八百六十里，東北至建州衛七百九十里，自都司至布政司二千三百三十里，至京師一千七百里。

古冀、青二州地。舜分冀東北爲幽州，即今廣寧以西地；青東北爲營州，即今廣寧以東司控馭戎、貉，限隔海島，漢劉歆議「孝武東伐朝鮮，起玄菟、樂浪以斷匈奴之左臂」者也。後漢之季，東陲日漸多事，及晉失其綱，慕容氏并有遼東，遂蠶食幽、薊，爲中原禍。蓋其地憑恃險遠，鹽鐵之饒，原隰之廣，足以自封而招徠旁郡，驅率奚、羯，乘間抵隙，不能無倒植之勢矣。【略】成化二十年邊將鄧鈺言：「永樂時築邊墻於遼河内，自廣寧東抵開元七百餘里。若就遼河迤西徑抵廣寧，不過四百里。以七百里邊塹堡寨移守四百里，若遇入寇，應接甚易。」弘治六年按臣李善亦言：「邊墻阻遼河爲固。濱河之地，延壘八百餘里，土脈鹹鹵，秋修春頹，動費巨萬。夏旱水淺，不及馬腹；冬寒冰凍，如履平地。所在城堡畏賊深入。遂將良田數萬頃棄而不佃。況道路低窪，每遇雨水，泥濘不通，倘開元有警，則錦、義、廣寧之兵不過遥望浩歎而已。臣詢之故老，云有陸行舊路自廣寧抵開元，約三百餘里，兼程不二日可到，地形高阜，土脈滋潤，有古顯州城池遺址。即遼濱城，見瀋陽衛。計莫若開舊路展築邊墻，起廣寧碁盤山，直抵開元平頂山。二山在塞外。移分守八百里之兵，聚守三百里之地，錦、義爲西路，廣寧爲中路，遼陽爲東路，開元爲北路，四路聲援相接如率然之勢，庶廟堂可寬東顧之憂矣。」議格不行。《邊防攷》：「河西一帶隨山起築，多用石砌。廣寧以東地勢平衍，惟藉版築。」弘治中科臣鄒文盛嘗言：「沿邊野草繁茂，水土便益，甚利陶冶。若以歲役丁夫燒磚修砌邊墻，除山谷深峻不必修砌者，約千餘里，及時督成，可爲金湯之固。」議格不用。說者曰：司負山面海，水深土衍，草木豐茂，魚鹽饒給。正德三年，撫臣劉瓛言：「遼東邊儲，止是屯糧，歲用不給。二十五衛俱有鹽場，每年例該煎鹽三百八十五萬六千四百三十斤，給軍食用。但鹽場去衛頗遠，運道甚艱，莫若召商開中糴買糧料爲便。」從之。三岔河南北數百里，木葉、白雲之間，大定故城在焉，見北直大寧廢衛。乃委以畀敵，俾得進據腹心，限隔東西。寧前、高平諸處一線之險，形援易阻，保邊長策，得毋坐失之哉！

又　卷五二《陝西一》　唐大曆中劉晏爲轉運使，以江、汴、河、渭水力不同，各隨便宜，緣水置倉，轉相受給，江船不入汴，汴船不入河，河船不入渭；江船之運積河陰，今河南河陰縣。河船之運積渭口，渭船之運入太倉，歲輸粟百餘萬，無升斗溺者。宋以陝西用兵，歐陽修謂宜按唐裴耀卿之迹，不憚十餘里陸運之勞，裴耀卿置倉三門東西，亦見河南名山底柱。則河漕通而物可致，且紓陝西之困。明天

順中延，綏多故，楊鼎請循河通餉；且議摘漕糧數千石赴陝，謂河南陝州。就令教習山、陝、河南之人，待舟楫通後乃許回運；且可順攜解鹽數十萬以充淮課，則國利大有益。鄭曉曰：「河自蒲州北至龍西海，在西寧衛西三百餘里。闞駰曰：「西海東去西平郡二百五十里。」亦曰僊海，酈道元曰：「古西僊之地也。」亦曰青海，亦曰卑禾羌海，闞駰曰：「金城臨羌縣西有卑禾羌海。」亦曰鮮水海，亦曰允谷鹽池，西海則其總名也。海方數百里。漢元鼎四年先零羌與匈奴通，攻令居，見西寧衛。圍枹罕，遣將李息、徐自爲擊平之，始置護羌校尉，羌乃去湟中依西海、鹽池。神爵初西羌叛，酒泉太守辛武賢請擊罕幵在鮮水上者。又趙充國請治湟陿以西道橋七十所，令可至鮮水左右。元始四年，王莽誘塞外羌獻鮮水海允谷鹽池，置西海郡。後漢永元中，護羌校尉周鮪等擊滅叛羌，西海及大、小榆谷見西寧衛。無復羌寇。隃麋相曹鳳言：「自建武以來，諸羌犯法者常從燒當種起。所以然者，以其居大、小榆谷，土地肥美，有西海魚鹽之利，阻大河以爲固，故彊人，常雄諸種。今者衰困亡逃，宜及此時建復西海郡縣，規固二榆，廣治屯田，隔塞其交關之路。又植穀富邊，省委輸之役，國家可以無西方之憂。」從之，乃繕修故西海郡。晉隆安四年後涼楊軌叛，起兵攻姑臧，兵敗屯廉川，降於禿髮烏見雍州之大都矣。又永建初隴西羌反，校尉馬賢擊降之。四年虞詡上疏曰：「《禹貢》雍州厥田惟上，沃野千里，又有龜茲鹽池，今見故寧夏後衛。以爲民利，水草豐美，土宜產牧，因渠以溉，水春河漕，用功省而軍糧足，故孝武、光武築朔方，開河西置上郡，皆爲此也。」乃復三郡，使繕城郭，激河浚渠爲屯田，省內部費歲一億計。

又　卷六六《四川一》　志稱蜀川土沃民殷，貨貝充溢，自秦、漢以來迄於南宋賦稅皆爲天下最。又地多鹽井，朱提出銀，嚴道、邛都出銅，武陽、南安、臨邛、江陽皆出鐵。漢置鹽鐵官。鄧艾破蜀，議煮鹽興冶爲軍農要用，併作舟船爲順流伐吳之計，蓋功雖成於王濬，而規模實自艾創之也。後唐天成三年孟知祥與董璋爭鹽利。胡氏曰：「唐之盛時邛、眉、嘉有鹽井十五，屬西川；梓、遂、綿、合、昌、渝、瀘、資、榮、陵、簡有鹽井四百六十，屬東川。東川鹽利多於西川者數倍，故知祥爭之也。」今上地比於唐、宋之舊豈少殺歟？鹽井之迹豈盡堙歟？銅鐵之饒豈衰歇歟？向之供億幾半天下者，今境內之資儲乃虞不給，何歟？或者曰風氣變遷，吾未敢信也。

又　卷八九《浙江一》　按浙江之地，崇山巨浸，包絡四維，而臨安實爲都會，右峙重山，左連大澤，水陸輳集，居然形勝。嘉興則接壤蘇、松，運道之咽喉也。然而湖州一隅，北踰震澤則迫毘陵，走陽羨，可以震建康；西出安吉則道廣德，指東壩，亦可以問金陵矣。是用嘉興不如用湖州之爲利便也。溫州海澳，可以捷渡福寧；處州山藪，可以疾走建安。然而衢州之壤，自江山以越仙霞則全閩之要害舉，自常山以趣廣信則鄱陽之屏蔽傾，自開化而走婺源則宣、歙之藩籬壞。以一郡之地，而動三路之權，未可謂三衢之要害後于吳興也。若夫嚴州密邇臨安，西連歙郡，誠爲控馭之地。而寧、紹、台諸州皆濱于海澨，風帆一舉，上可以問江、淮，下可以問閩、粵，浙江之形勝，豈淺鮮哉？防險說曰：「浙江之防有三說焉，曰海洋，曰江湖，曰礦山。往者倭寇結巢金山，柘林，青南等地，俱見南直松江府。貽害浙之昌化、富陽。寇犯乍浦、石墩、魚浦，各區流突，直抵金陵重地，此海洋之患也。沿江多盜，夜劫客船，湖漾鹽徒，肆行出没，此江湖之患也。礦寇之擾，路出多岐，若休寧之馬金，今嚴州府開化縣有馬金嶺。歙縣之街口，今街口巡司。婺源之大庸，今婺源縣有大鏞山。常山之草坪，今草坪驛。江山之清湖，縣南有清湖渡。龍游之灰坪，縣南有灰坪巡司，通處州府遂昌縣。蘭溪之太平街，在縣西。淳安之白馬村，在縣西，通徽州府境。開化之華埠在縣西南。直達雲霧諸山，或云即淳安縣南之雲濛山。嚴州之白沙府西有白沙洲。直入壽昌諸處，皆賊所必由之路，此礦山之患也。噫，以天下之大，據全盛之時，寄兩浙之命者，吾嘗見其憂倭夷內犯，拮據定海之舟航矣；憂鹽徒奸宄，焦勞黃巖之城郭矣；憂礦盜充斥，紛紜慶元之藪澤矣。謂之明見未然也，豈其然乎？」

又顧祖禹《雲南方輿紀要序》　雲南古蠻瘴之鄉，去中原最遠，有事天下者，勢不能先及於此。然而雲南之於天下，非無與於利害之數者也。其地曠遠，可畊可牧，魚鹽之饒，甲於南服。石桑之弓，出鶴慶、永寧二府境。黑水之矢，爨夷居黑水內，善造毒矢，著膚立死。今其種散居諸郡山谷間。儸、僚、爨、僰之人，率之以爭衡天下，無不可爲也。

又　卷一二七《川瀆四》　兩河議兩河，謂黃、淮也。見明季《河工奏議》。曰：「高堰去寶應高丈八尺有奇，去高郵高二丈二尺有奇。寶應堤去興化、泰州田高丈許，或八九尺有奇，去高堰不啻卑三丈有奇矣。昔人築堰使淮不南下而北趨者，亦因勢而導之。不然淮一南下，因三丈餘之地勢，灌千里之平原，安得有淮南數郡縣儼然一都會耶？萬曆二十一年淮漫高堰堤上且數尺，周家橋口原自通行，又加決焉。決高良澗至七十餘丈，南奔之勢若倒海，高、寶、邵伯諸湖堤一日崩者百十餘處，於時泗城亦復灌溢，而所減之水不過尺許。則以淮南之地，自

高、寶而東則下，由邵伯而南則有昂，自興、鹽以東濱海諸鹽場，比內地亦復昂也。泗州之地比高堰爲下，與高、寶諸州縣皆若釜底然，安能免淮之浸哉？」

綜述

《尚書·説命下》 若作和羹，爾惟鹽梅。鹽，鹹；梅，醋。羹須鹹醋以和之。羹音庚，一音衡。鹽，余廉反。梅，亦作「楳」。醋，七故反。和，如字，又胡卧反。

漢·許慎《説文解字·西部》 鹵 西方鹹地也。从西省，象鹽形。安定有鹵縣。東方謂之㡿，西方謂之鹵。凡鹵之屬皆从鹵。

鹺 鹹也。从鹵，差省聲。河内謂之鹺，沛人言若虘。

鹹 銜也。北方味也。从鹵，咸聲。

鹽 河東鹽池。袤五十一里，廣七里，周百十六里。从鹽省，古聲。

晉·常璩《華陽國志》卷三《蜀志》 臨邛舊各本作卬，廖本作邛。縣，郡西南二百里。本有邛民。秦始皇徙此字，錢寫本作空格。張、吴、何、王、浙本作從。《函海》同，而注云：「劉李本作徙。」上郡民原脱民字。實之。有布濮水，從布濮來合［文］火井江。廖本譌作文井江。有火井，夜時光映上昭。民欲其火［先］光，元豐本與廖本作先，屬下句。非。他各本作光。以家火投之，頃許，如雷聲，火焰出，通耀數十錢寫作千。里。以竹筒盛其光當作氣。藏當作然。之，可拽行終日不滅也。井有二水，廖本注「二」下云「當有誤」。今按：二水，當作齊水。謂鹽水也。已詳6章之注。蓋火井之民，習于省寫齊字，但用字頭，常氏用之，傳譌爲二也。取井火煮之，一斛水得五㪷鹽。家火煮之，得無幾也。

又 卷四《南中志》 連然縣，有鹽泉，南中共仰之。

又 晉寧郡，本［益州］滇國也。【略】有鸚鵡、孔雀、鹽池、田、漁之饒。

北魏·賈思勰《齊民要術》卷八 常滿鹽、花鹽第六十九

造常滿鹽法：以不津瓮受十石者一口，置庭中石上，以白鹽滿之，以甘水沃之，令上恒有游水。須用時，挹取，煎，即成鹽。還以甘水添之，取一升，添一升。日曝之，熱盛，還即成鹽，永不窮盡。風塵陰雨則蓋，天晴净，還仰。若用黄鹽、鹹水者，鹽汁則苦，是以必須白鹽、甘水。

造花鹽、印鹽法：五、六月中旱時，取水二斗，以鹽一斗投水中，令消盡；又以鹽投之，水鹹極，則鹽不復消融。易器淘治沙汰之，澄去垢土，瀉清汁於净器中。鹽滓甚白，不廢常用。又一石還得八斗汁，亦無多損。

好日無風塵時，日中曝令成鹽，浮即接取，便是花鹽，厚薄光澤似鍾乳。久不接取，即成印鹽，大如豆，正四方，千百相似。成印輒沈，漉取之。花、印二鹽，白如珂雪，其味又美。

《舊唐書·文宗本紀》 三月丁巳朔，度支奏：「京兆府奉先縣界鹵池側近百姓，取水柏柴燒灰煎鹽，每一石灰得鹽一十二斤一兩，亂法甚於鹹土，請行禁絶。今後犯者據灰計鹽，一如兩池鹽法條例科斷。」從之。

宋·李昉等《太平廣記》卷三九九《水井附》

火井

火井一所，縱廣五尺，深二三丈，在蜀都者，時以竹板木投之以取火，諸葛丞相往觀視後，火轉盛熱，以盆著井上煮鹽，得鹽。後人以家燭火投井中，即滅息，至今不復然也。出《博物志》。

鹽井

陵州鹽井，後漢仙者沛國張道陵之所開鑿。周迴四丈，深五百五百二字原闕，據明鈔本補。四十尺。置竈煮鹽，一分入官，二分入百姓家。因利所以聚人，因人所以成邑。萬歲通天二年，右補闕郭文簡奏賣水，一日一夜，得四十五萬貫。百姓貪其利，人用失業。井上又有玉女廟，古老傳云，比十二玉女，嘗與張道陵指地開井，遂奉以爲神。又俗稱井底有靈，不得以火投及穢污。曾有汲水，誤以火墜，即吼沸湧，煙氣衝上，濺泥漂石，甚爲可畏。或云，泉脈通東海，時有敗船木浮出。出《陵州圖經》。

宋·王欽若等《册府元龜》卷四九三《邦計部·山澤一》 後周太祖初爲魏相，創制六官，掌鹽，掌四鹽之政令。一曰散鹽，煮海以成之；二曰監鹽，引池以化之；三曰形鹽，掘地以出之；四曰飴鹽，於戎以取之。凡監鹽、形鹽，每地爲之禁，百姓取之，皆税焉。

代宗大曆八年六月癸亥，户部侍郎、判度支韓滉上旨：「安邑縣鹽池生乳鹽，其狀鮮麗。」七月乙亥，解縣、安邑兩池生乳鹽，户部侍郎、判度支韓滉上言曰：「臣頃進漫生鹽，故老相傳，已稱靈瑞。今乳鹽新出，特表非常。伏請薦於清廟，編之史册。」從之。仍頒賜宰相以下有差。時鹽池爲潦水所入，滉詐奏爲瑞。

又 卷四九四《邦計部·山澤二》 唐文宗太和二年三月丁巳朔，度支奏：

「京兆府奉先縣鹵池側近陂、泊、池、井應有水柏，柴燒作灰煎鹽等，臣勘案，先據兩池榷鹽使，申長慶三年二月十五日，於奉先縣界，捉獲水柏柴灰四十石六斗二升數內，取一石，煎得鹽一十二斤一兩。使司恐是盜刮鹻土，妄稱是水柏柴灰，重收採水柏柴三十斤，燒得灰二斗二升，煎得鹽二斤一十二兩。緣從前未有明敕禁斷，所以百姓故有抵犯。伏以柏柴灰比曾煎試，據所獲灰，準舊試例，約得鹽一斗八升。比類鹻土煎鹽所收鹽分數較多。其鹻土已有敕條禁止，其水柏柴灰亂法，甚於鹹土，不可因循。臣今商量，從今已後，捉獲盜採水柏柴灰重一十二斤，即計鹽一斤，犯灰一斗，即計鹽一斤四兩。并準兩池例，八斤計折同犯刮鹻土煎鹽。敕條節級科罰，所冀鹽法齊一，榷課免虧。」從之。

宋・沈括《夢溪筆談》卷三《辨證一》 解州鹽澤方百二十里。久雨，四山之水悉注其中，未嘗溢；大旱未嘗涸。滷色正赤，在版泉之下，俚俗謂之「蚩尤血」。唯中間有一泉，乃是甘泉，得此水然後可以聚人。其北有堯梢梢，音消。水，亦謂之巫咸河。大滷之水，不得甘泉和之，不能成鹽。唯巫鹹水入，則鹽不復結，故人謂之「無鹹河」，爲鹽澤之患，築大堤以防之，甚於備寇盜。原其理，蓋巫咸乃濁水，入滷中，則淤澱鹵脈，鹽遂不成，非有他異也。

又 卷一一《官政一》 深州舊治靖安，其地鹻滷，不可藝植，井泉悉是惡滷。景德中，議遷州，時傳潛家在李晏，乃奏請遷州於李晏，今深州是也。土之不毛，無以異於舊州，鹽鹻殆與土半，城郭朝補暮壞；至於薪芻，亦資於他邑。唯胡盧水籠給居民，然原自外來，亦非邊城之利。舊州之北，有安平、饒陽兩邑，田野饒沃，人物繁庶，正當徐村之口，與祁州、永寧犬牙相望。不移州於此，而恤其私利，亟城李晏者，潛之罪也。

又 卷一三《權智》 陵州鹽井，深五百餘尺，皆石也，上下甚寬廣，獨中間稍狹，謂之「杖鼓腰」。舊自井底用柏木爲幹，上出井口，自木幹垂綆而下，方能至水，井側設大車絞之。歲久井幹摧敗，屢欲新之，而井中陰氣襲人，入者輒死，無緣措手。惟候有雨入井，則陰氣隨雨而下，稍可施工；雨晴復止。後有人以一木盤，滿中貯水，盤底爲小竅，釃水一如雨點，設於井上，謂之「雨盤」，令水下終日不絶，如此數月，井幹爲之一新，而陵井之利復舊。

宋・蘇軾《東坡志林》卷四《筒井用水鞴法》 蜀去海遠，取鹽於井。陵州井最古，淯井、富順鹽亦久矣，惟邛州蒲江縣井，乃祥符中民王鸞所開，利入至厚。自慶曆、皇祐以來，蜀始創「筒井」，用圜刃鑿如碗大，深者數十丈，以巨竹去節，牝牡相銜爲井，以隔橫入淡水，則鹹泉自上。又以竹之差小者出入井中爲桶，無底而竅其上，懸熟皮數寸，出入水中，氣自呼吸而啓閉之，一筒致水數斗。凡筒井皆用機械，利之所在，人無不知。《後漢書》有「水鞴」，此法惟蜀中鐵冶用之，大略似鹽井取水筒。太子賢不識，妄以意解，非也。

宋・釋文瑩《玉壺清話》卷三 陵州鹽井，舊深五十餘丈，鑿石而入。其井上土下石，石之上凡二十餘丈，以梗柟木四面鎖疊，用障其土。土下即鹽脈，自石而出。僞蜀置監，歲煉八十萬斤。

宋・寇宗奭《本草衍義》卷五 食鹽

《素問》曰：鹹走血。故東方食魚鹽之人多黑色，走血之驗，故可知矣。病嗽及水者宜全禁之。北狄用以淹屍，取其不壞也，至今如此。若中蚯蚓毒，當以鹽洗沃，亦宜湯化飲汁。其燒剥金銀，鎔汁作藥，仍須解州池鹽爲佳。齒縫中多血出，常以鹽湯漱，即已。益齒走血之驗也。

又 卷六

大鹽

新者不苦，久則鹹苦。今解州鹽池所出者，皆成斗子，其形大小不等，久亦苦。海水煎成者，但味和。二鹽互有得失。入藥及金銀作，多用大鹽及解鹽。傍海之人多黑色，蓋日食魚鹽，此走血之驗也。齒縫中血出，鹽湯嗽之，及接藥入腎。北虜以鹽淹尸，使不腐。

戎鹽

成垛，裁之如枕，細白，味甘鹹，亦功在却血。入腎，治目中瘀赤、澀昏。

宋・方勺《泊宅編》卷中 西安州即唐鹽州，西至流沙六日，沙深細，没馬脛，無水源，但乾沙爾。又二日至西海，水味不甚鹹，中有顆鹽，大者重三四斤，其色紅瑩，軍中以和食飲。

西安州有池産顆鹽，周回三十里，四旁皆山，上列勁兵屯守。池中役夫三千餘，悉亡命卒也，日支鐵錢四百，每多竊鹽私貿。蓋絶塞難得鹽，自熙、河、蘭、鄯以西，仰給於此。初得此地，戎人歲入寇，今則拓地六十里，斥候尤謹，邊患遂絶。

宋・葉廷珪《海録碎事》卷六《飲食器用部・醯醬門》 玉華鹽 胡中有鹽，瑩徹如水精，謂之玉華鹽，以供王厨。

胡鹽 魏太武送九種鹽，內胡鹽治目病。

五色鹽 五色鹽，出安息國。

食肴將　鹽，食肴之將；酒，百藥之長。《西漢志》。

白鹽如玉　白鹽如玉，赤鹽如朱。［出］高昌國。

九種鹽　魏太武征彭城，遣送九種鹽并胡豉，求黄甘。

宋・趙彦衛《雲麓漫鈔》卷二　鹽池在中條山之北，處四高中下之地，東西五十里，南北七十里。《公羊傳》：「河千里一曲。」唐梁肅謂：「河自崑崙來會，溟漲九里，在鹽泉谷。」又唐崔教謂：「鹽池之數有九，一在幽朔，二在河東。」所謂河東者，大梁之東也。「一在鹽州，一在解梁」。蓋河勞屈曲回抱，而中有鹽泉，水性至曲而折，鹽性至折而聚。《洪範》曰：「潤下作鹹。」積千里之潤，去海既遠，是以伏脈地中，聚而作鹹，此鹽水之所自由也。解州鹽池自解縣東抵安邑之南，凡五十里，南北廣七十里，中隨兩邑之境分之，曰解池、安邑。其雇於官而種鹽者曰攬户，治畦其旁，盛夏引水灌畦而種之，得東南風，一息而成，取而暴之，已乃入之庵中，其外作重堰，邏卒百人，曰護寶都，以防盗者。《圖經》引《穆天子傳》有「安邑觀鹽」之語；《春秋傳》魯成公六年：晉人謀去故絳，諸大夫曰：「必居郇、瑕之地，沃饒而近鹽。」即此地也。淮浙煎鹽，布灰於地。引海水灌之，遇東南風，一宿鹽上聚灰，暴乾，鑿地以水淋灰，謂之鹽滷。投乾蓮實以試之，隨投即泛，則滷有力，鹽佳。值雨多即滷稀，不可用。取滷水入盆，煎成鹽牢。盆之制不一，有用鐵者，以數片鐵合成，中疊甎爲柱以承之；亦有以竹爲盆者。鹽户謂之亭户，煎夫穿木履立於盆下，上以大木杴抄和，鹽氣酷烈，熏蒸多成疾。

《宋史・食貨志》　鹽之類有二：引池而成者，曰顆鹽，《周官》所謂盬鹽也；鬻海、鬻井、鬻鹻而成者，曰末鹽，《周官》所謂散鹽也。宋自削平諸國，天下鹽利皆歸縣官。官鬻、通商，隨州郡所宜，然亦變革不常，而尤重私販之禁。

引池爲鹽，曰解州解縣、安邑兩池。墾地爲畦，引池水沃之，謂之種鹽，水耗則鹽成。籍民户爲畦夫，官廪給之，復其家。募巡邏之兵百人，目爲護寶都。歲二月一日墾畦，四月始種，八月乃止。安邑池每歲種鹽千席，解池減二十席，以給本州及三京，京東之濟兖、曹、濮、單、鄆州，廣濟軍，京西之滑、鄭、陳、潁、汝、許、孟州，陝西之河中府、陝虢州、慶成軍，河東之晉、絳、慈、隰州，淮南之宿、亳州，河北之懷州及澶州諸縣之在河南者。凡禁榷之地，官立標識、候望以曉民。其通商之地，京西則蔡襄鄧隨唐金房均郢州、光化信陽軍，陝西則京兆鳳翔府、同華耀乾商涇原邠寧儀渭鄜坊丹延環慶秦隴鳳階成州、保安鎮戎軍，及澶州諸縣之在河北者。顆、末鹽皆以五斤爲斗，顆鹽之直每斤自四十四至三十四錢，有三等。至道二年，兩池得鹽三十七萬三千五百四十五席，席一百一十六斤半。三年，鬻錢七十二萬八千餘貫。

青白鹽出烏、白兩池，西羌擅其利。

崇寧元年，解州賈瓦南北圓池修治畦眼，拍磨布種，通得鹽百七十八萬二千七百餘斤。初，解梁東有大鹽澤，綿亙百餘里，歲得億萬計。自元符初，霖潦池壞，至是，乃議修復；四年，池成。凡開二千四百餘畦，百官皆賀。内侍王仲千者董其役，以課額敷溢爲功。然議者謂解池灌水盈尺，暴以烈日，鼓以南風，須臾成鹽，其利固博；苟欲溢額，不俟風日之便，厚灌以水，積水而成，味苦不適口。

六年，兩池漫生鹽，募人倍力採取，且議加賞；繼生紅鹽，百官皆賀，制置解鹽使李百禄等第賞有差。七年，議復行解鹽，時童貫宣撫關、河，實主之。詔解鹽地見行東北鹽，復盡收入官，官給其直，在京於平貨，在外於市易務椿管，如解鹽法鬻之；不自陳，如私鹽法。重和元年，詔復行解鹽舊法。鬻海爲鹽，曰京東、河北、兩浙、淮南、福建、廣南，凡六路。其鬻鹽之地曰亭場，民曰亭户，或謂之竈户。户有鹽丁，歲課入官，受錢或折租賦，皆無常數，兩浙又役軍士定課鬻焉。諸路鹽場廢置，皆視其利之厚薄，價之贏縮，亦未嘗有一定之制。末鹽之直，斤自四十七至八錢，有二十一等。至道三年，鬻錢總一百六十三萬二千餘貫。

其在京東曰密州濤洛場，一歲鬻三萬二千餘石，以給本州及沂、濰州，唯登、萊州則通商，後增登州四場。舊南京及曹、濮、濟、兖、單、鄆、廣濟七州軍食池鹽，餘皆食二州鹽，官自鬻之。慶曆元年冬，以淄、濰、青、齊、沂、密、徐、淮陽八州軍仍歲凶菑，乃詔弛禁，聽人貿易，官收其算，而罷密、登歲課，第令户輸租錢。其後兖、鄆皆以壤地相接，罷食池鹽，得通海鹽，收算如淄、濰等州。自是諸州官不貯鹽，而百姓蠶鹽歲皆罷給，然使輸錢如故。至和中，始詔百姓輸錢以十分爲率，聽減三分。

其在河北曰濱州場，一歲鬻二萬一千餘石，以給本州及棣、祁州雜支，并京東之青、淄、齊州，若大名、真定府，貝、冀、相、衛、邢、洺、深、趙、滄、磁、德、博、濱、棣、祁、定、保、瀛、莫、雄、霸州，德清、通利、永静、乾寧、定遠、保定、廣信、安定、安肅軍則通商。後濱州分四務，又增滄州三務，歲課九千一百四十五石，以

給一路，而京東之淄、青、齊既通商，乃不復給。

其在兩浙曰杭州場，歲鬻七萬七千餘石，明州昌國東、西兩監二十萬一千餘石，秀州場二十萬八千餘石，温州天富南北監、密鸚永嘉二場，七萬四千餘石，台州黄巖監一萬五千餘石，以給本州及越、處、衢、婺州。天聖中，杭、秀、温、台、明各監一，温州又領場三，而一路歲課視舊減六萬八千石，以給本路及江東之歙州。

異時竈户鬻鹽，與官爲市，鹽場不時償其直，竈户益困。秉先請儲發運司錢及雜錢百萬緡以待償，而諸場皆定分數：錢塘縣楊村場上接睦、歙等州，與越州錢清場等，水勢稍淡，以六分爲額；楊村下接仁和之湯村爲七分；鹽官場爲八分；並海而東爲越州餘姚縣石堰場、明州慈溪縣鳴鶴場皆九分；至岱山、昌國，又東南爲温州雙穗、南天富、北天富場爲十分。蓋其分數約得鹽多寡而爲之節。自岱山以及二天富煉以海水，所得爲最多。由鳴鶴西南及湯村則刮鹻淋鹵，十得六七。鹽官、湯村用鐵盤，故鹽色青白；楊村及錢清場織竹爲盤，塗以石灰，故色少黄；石堰以東近海水鹹，故雖用竹盤，而鹽色尤白。

其在淮南曰楚州鹽城監，歲鬻四十一萬七千餘石，通州利豐監四十八萬九千餘石，泰州海陵監如皋倉小海場六十五萬六千餘石，各給本州及淮南之廬和舒蘄黄州、無爲軍，江南之江寧府、宣洪袁吉筠江池太平饒信歙撫州、廣德臨江軍，兩浙之常、潤、湖、睦州，荆湖之江陵府、安復潭鼎鄂岳衡永州、漢陽軍。海州板浦、惠澤、洛要三場歲鬻四十七萬七千餘石，漣水軍海口場十一萬五千餘石，各給本州軍及京東之徐州，淮南之光、泗、濠、壽州，兩浙之杭蘇湖常潤州、江陰軍。天聖中，通、楚州場各七，泰州場八，海州場二，漣水軍場一，歲鬻視舊減六十九萬七千五百四十餘石，以給本路及江南東西、荆湖南北四路，舊并給兩浙路，天聖七年始罷。

五年，朱熠復言：「鹽之爲利博矣。以蜀、廣、浙數路言之，皆不及淮鹽額之半。蓋以斥鹵彌望，可以供煎烹，蘆葦阜繁，可以備燔燎。故環海之湄，有亭户，有鍋户，有正鹽，有浮鹽。正鹽出於亭户，歸之公上者也。浮鹽出於鍋户，鬻之商販者也。正鹽居其四，浮鹽居其一。端平之初，朝廷不欲使浮鹽之利散而歸之於下，於是分置十局，以收買浮鹽，以歲額計之，二千七百九十三萬斤。」

其在福建曰福州長清場，歲鬻十萬三百石，以給本路。天聖以來，福漳泉州、興化軍皆鬻鹽，歲視舊額增四萬八千九百八石。

紹興元年三月，南恩州陽江縣土生鹹，募民墾之，置竈六十七，産鹽七十萬八千四百斤，收息錢三萬餘緡。十有二月，復置廣西茶鹽司。

鬻鹻爲鹽，曰并州永利監，歲鬻十二萬五千餘石，以給本州及忻、代、石、嵐、憲、遼、澤、潞、麟、府州，威勝、岢嵐、火山、平定、寧化、保德軍，許商人販鬻，不得出境。仁宗時，分永利東、西兩監，東隸并州，西隸汾州。籍州民之有鹻土者爲鐺户，户歲輸鹽於官，謂之課鹽，餘則官以錢售之，謂之中賣。鹽法亦與海鹽同，歲鬻視舊額減三千四百三十七石。河東唯晉、絳、慈、隰食池鹽，餘皆食永利鹽。其入官，斤爲八錢或六錢，出爲錢三十六，歲課緡錢十八萬九千有奇。

鬻井爲鹽，曰益、梓、夔、利，凡四路。益州路一監九十八井，歲鬻八萬四千五百二十二石；梓州路二監三百八十五井，十四萬一千七百八十石；夔州路三監二十井，八萬四千八百八十石；利州路一百二十九井，一萬二千二百石。各以給本路。大爲監，小爲井，監則官掌，井則土民幹鬻，如其數輸課。聽往旁境販賣，唯不得出川峽。初，川峽承舊制，官自鬻鹽。開寶七年，詔斤減十錢，令幹鬻者有羨利但輸十之九。

孝宗淳熙六年，四川制置胡元質、總領程價言：「推排四路鹽井二千三百七十五，場四百五，除井一千一百七十四、場一百五十依舊額煎輸，其自陳或糾決增額者井一百二十五、場二十四，并今渲淘舊井亦願入籍者四百七十九，其無鹽之井，即與剗除，不敷而抱輸者，即與量減，共減錢引四十萬九千八百八十八道，而增收錢引十三萬七千三百四十九道，庶井户免困重額。」七年，元質又言：「鹽井推排，所以增有餘減不足，有司務求贏餘，盈者過取，涸者略減，盡出私心。今後凡遇推排，以增補虧，不得踰已減之數。」十一年，以京西轉運副使江溥言金州帥司置場拘買商鹽，高價科賣，致商旅坐困，民食貴鹽，詔金州依法聽商人從便買賣，不得置場拘催。

元・楊瑀《山居新語》卷一　朔方缐缐州，其西南有二石洞，一洞出石鹽，皆紅色，今湮没矣；洞出青黑色者，尚存。缐人皆食之。石文龐礪如南方青石，然調味甚適口。他處亦皆有撈鹽海子，或出青鹽，或紅鹽，或方而堅，或碎而鬆，或大塊可旋成盤者。大營盤處亦以此爲課程抽分。不假人力，乃天成也。予友完者經歷、夏石巖經歷皆曾以此鹽遺余，彼亦嘗親歷其地。缐缐州即今南城缐州營，是其子孫也。自大都至彼一萬四千里，與怯里吉思爲鄰境，過此即海都家望高處也。

明·陸容《菽園雜記》卷一　環慶之墟有鹽池，產鹽皆方塊如骰子，色瑩然明徹。蓋即所謂水晶鹽也。池底又有鹽根如石，土人取之，規爲盤盂。凡煮肉貯其中抄匀，皆有鹽味。用之年久，則日漸銷薄。甘肅靈夏之地，又有青黃紅鹽三種，皆生池中。

又　卷一二　兩浙鹽運司所轄共三十五場，清浦等一十三場在蘇松。嘉興地居浙之西，而天賜一場，隔涉崇明縣海面，西興等二十場在紹寧。温、台地居浙之東，而玉泉一場，隔涉象山縣海面，其杭州府仁和、許村二場，雖居浙西，場分則歸浙東。凡浙東鹽共一十萬七千五百餘引，除水鄉納銀外，該鹽一十萬六千一百九十餘引，浙西鹽共一十一萬四千八百餘引，除水鄉納銀外，該鹽七萬二千六百餘引。各以一半折價解京，一半存留給客。浙西多平野廣澤，宜於舟楫，鹽易發散，故其利厚，解京銀每一大引折銀六錢。浙東多阻山隔嶺，舟楫少通，不便商旅，故其利薄，解京銀每一大引折銀三錢五分。俱便竈户。凡鹽利之成，須藉滷水，然滷之淋取，又各不同。有沙土漏過，不能成鹹者，必須燒草爲灰，布在攤場，然後以海水漬之，俟曬結浮白，掃而復淋。有泥土細潤常涵鹹氣者，止用刮取浮泥，搬在攤場，仍以海水澆之，俟曬過乾堅，聚而復淋。夏用二日，冬則倍之。始鹹可用，於是將曬過鹹泥，約五六十担，挑積高阜，修爲方丈池，槽旁下掘成井口，用管陰通，再以海水傾漬池中鹹泥，使滷水流入井口。然後以重三分蓮子試之，先將小竹筒裝滷，入蓮子於中，若浮而横倒者，則滷極鹹，乃可煎燒。若立浮於面者，稍淡，若沈而不起者，全淡，俱棄不用。此蓋海有新泥及遇雨水之故也。

凡煎燒之器，必有鍋盤。鍋盤之中，又各不同，大盤八九尺，小者四五尺。俱用鐵鑄，大止六片，小則全塊。鍋有鐵鑄，寬淺者謂之鏾盤，竹編成者謂之篾盤。鏾盤用石灰粘其縫隙，支以磚塊，篾盤用石灰塗其裏外，懸以繩索。然後裝盛滷水，用火煎熬，一晝一夜可煎三乾。大盤一乾，可得鹽二百斤之上，小鍋一乾，可得鹽二三十斤之上。若能勤煎，可得四乾。大盤難壞而用柴多，便於人衆，浙西場分多有之。小盤易壞而用柴少，便於自己，浙東場分多有之。蓋土俗各有所宜也。

明·李時珍《本草綱目·水部》　鹽膽水《拾遺》。

釋名　鹵水。藏器曰：此乃鹽初熟，槽中瀝下黑汁也。時珍曰：鹽下瀝水，則味苦不堪食，今人用此水收豆腐。獨孤滔云：鹽膽煮四黄，銲物。

又《金石部》　食鹽宋《嘉祐》。

校正　志曰：元在米部，今移入此。時珍曰：併入《本經》大鹽。

釋名　鹺音醝。時珍曰：鹽字，象器中煎鹵之形。《禮記》：鹽，曰鹹鹺。《爾雅》云：天生曰鹵，人生曰鹽。許慎《説文》云：鹽，鹹也。東方謂之斥，西方謂之鹵，河東謂之鹹。黄帝之臣宿沙氏，初煮海水爲鹽。《本經》大鹽，即今解池顆鹽也。《别録》重出食鹽，今並爲一。方士呼鹽爲海砂。

集解　《别録》曰：大鹽出邯鄲及河東池澤。恭曰：大鹽，即河東印鹽也，人之常食者，形粗於食鹽。弘景曰：有東海鹽、北海鹽、南海鹽、河東鹽池、梁益鹽井、西羌山鹽、胡中樹鹽，色類不同，以河東者爲勝。東海鹽官鹽白草粒細，北海鹽黄草粒粗。以作魚鮓及鹹菹，乃言北勝，而藏繭必用鹽官者。蜀中鹽小淡，廣州鹽鹹苦，不知其爲療體複有優劣否？藏器曰：四海之内何外無之，惟西南諸夷稍少，人皆燒竹及木鹽當之。頌曰：並州末鹽，乃刮鹼煎煉者，不甚佳，所謂鹵鹼是也。大鹽生河東池澤，粗於末鹽，即今解鹽也。解州安邑兩池取鹽，於池旁耕地，沃以池水，每得南風急，則宿夕成鹽滿畦，彼人謂之種鹽，最爲精好。東海、北海、南海鹽者，今滄、密、楚、秀、温、臺、明、泉、福、廣、瓊、化諸州，煮海水作之，謂之澤鹽，醫方謂之海鹽。海邊掘坑，上布竹木，覆以蓬茅，積沙於上。每潮汐冲沙，則鹵鹼淋於坑中。水退則以火炬照之，鹵氣冲火皆滅。因取海鹵貯盤中煎之，頃刻而就。其煮鹽之器，漢謂之牢盆，今或鼓鐵爲之，南海人編竹爲之，上下遇以蜃灰，横丈深尺，平底，置於竈背，謂之鹽盤。梁益鹽井者，今歸州及四川諸郡皆有鹽井，汲其水以煎作鹽，如煮海法。又濱州有土鹽，煎煉草土而成，其色最粗黑，不堪入藥。通、泰、海州並有停户刮鹼煎鹽輸官，如並州末鹽之類，而味更優，以供給江湖，極爲饒衍。時珍曰：鹽品甚多：海鹽取海鹵煎煉而成，今遼冀、山東、兩淮、閩浙、廣南所出是也。井鹽取井鹵煎煉而成，今四川、雲南所出是也。池鹽出河東安邑、西夏靈州，今惟解州種之。疏鹵地爲畦隴，而塹圍之。引清水注入，久則色赤。待夏秋南風大起，則一夜結成，謂之鹽南風。如南風不起，則鹽失利。亦忌濁水淤澱鹽脈也。海豐、深州者，亦引海水入池曬成。並州、河北所出，皆鹼鹽也，刮取鹼土，煎煉而成。階、成、鳳州所出，皆崖鹽也，生於土崖之間，狀如白礬，亦名生鹽。此五種皆食鹽也，上供國課，下濟民用。海鹽、井鹽、鹼鹽三者出於人，池鹽、崖鹽二者出於天。《周禮》云：鹽人掌鹽之政令。祭祀供其苦鹽、散鹽；賓客供其形鹽；王之膳羞，供其飴鹽。苦鹽，

即顆鹽也，出於池，其鹽爲顆，未煉治，其味鹹苦。散鹽，即末鹽，出於海及井，並煮鹼而成者，其鹽皆散末也。形鹽，即印鹽，或以鹽刻作虎形也；或云積鹵所結，其形如虎也。飴鹽，以飴拌成者；或云生於戎地，味甜而美也。此外又有崖鹽生於山崖，戎鹽生於土中，傘子鹽生於井，石鹽生於石，木鹽生於樹，蓬鹽生於草。造化生物之妙，誠難殫知也。

修治　時珍曰：凡鹽，人多以礬、硝、灰、石之類雜之。入藥須以水化，澄去脚滓，煎煉白色，乃良。

大鹽氣味　甘、咸，寒，無毒。《别録》曰：食鹽：咸，温，無毒。多食傷肺，喜咳。權曰：有小毒。時珍曰：咸、微辛，寒，無毒。保昇曰：多食令人失色膚黑，損筋力。之才曰：漏蘆爲之使。斅曰：敝箅淡鹵，烏賊骨亦淡鹵。

【略】

發明　弘景曰：五味之中，惟此不可缺。西北方人食不耐咸，而多壽少病好顔色；東南方人食絶欲咸，而少壽多病，便是損人傷肺之效。然以浸魚肉，則能經久不敗；以沾布帛，則易致朽爛，所施各有所宜也。宗奭曰：《素問》云：咸走血。故東方食魚鹽之人多黑色，走血之驗可知。病喘嗽人及水腫者，宜全禁之。北狄用以淹屍，取其不壞也。其燒剥金銀熔汁作藥，仍須解州大鹽爲佳。時珍曰：《洪範》：水曰潤下作咸。《素問》曰：水生咸。此鹽之根源也。夫水周流於天地之間，潤下之性無所不在，其味作咸凝結爲鹽亦無所不在。在人則血脈應之。鹽之氣味咸腥，人之血亦咸腥。咸走血，血病無多食咸，多食則脈凝泣而變色，從其類也。煎鹽者用皂角收之，故鹽之味微辛。辛走肺，咸走腎。喘嗽水腫消渴者，鹽爲大忌。或引痰吐，或泣血脈，或助水邪故也。然鹽爲百病之主，百病無不用之。故服補腎藥用鹽湯者，咸歸腎，引藥氣入本臟也。補心藥用炒鹽者，心苦虚，以咸補之也。補脾藥用炒鹽者，虚則補其母，脾乃心之子也。治積聚結核用之者，咸能軟堅也。諸癰疽眼目及血病用之者，咸走血也。諸風熱病用之者，寒勝熱也。大小便病用之者，咸能潤下也。骨病齒病用之者，腎主骨，咸入骨也。吐藥用之者，咸引水聚也。能收豆腐與此同義。諸蠱及蟲傷用之者，取其解毒也。頌曰：唐柳柳州纂《救三死方》云：元和十一年十月，得霍亂，上不可吐，下不可利，出冷汗三大鬥許，氣即絶。河南房偉傳此方，入口即吐，絶氣復通。其法用鹽一大匙，熬令黄，童子小便一升，合和温服，少頃吐下，即愈也。

明·朱國禎《湧幢小品》卷二《鹽政》　宋姚寬監台州杜瀆鹽場日，以蓮子試滷，擇蓮子重者用之，滷浮三蓮。四蓮，味重。五蓮，尤重。蓮子取其浮而直，若二蓮直，或一直一横，即味差薄。若滷更薄，即蓮沉於底，而煎鹽不成。閩中之法，以雞子、桃仁試之。滷味重，則正浮在上。鹹淡相半，則二物俱沉，與此相類。

明·宋應星《天工開物》卷上《作鹹》　鹽産

凡鹽産最不一，海、池、井、土、崖、砂石，畧分六種，而東夷樹葉，西戎光明不與焉。赤縣之内，海鹵居十之八，而其二爲井、池、土鹻。或假人力，或由天造。總之，一經舟車窮窘，則造物應付出焉。

海水鹽

凡海水自具咸質，海濱地高者名潮墩，下者名草蕩，地皆産鹽。同一海鹵傳神，而取法則異。一法高堰地，潮波不没者，地可種鹽。種户各有區畫經界，不相侵越。度詰朝無雨，則今日廣布稻麥藁灰及蘆茅灰寸許于地上，壓使平匀。明晨露氣衝騰，則其下鹽茅勃發，日中晴霽，灰、鹽一併掃起淋煎。一法潮波淺被地，不用灰壓。候潮一過，明日天晴，半日曬出鹽霜，疾趨掃起煎煉。一法逼海潮深地，先堀深坑，横架竹木，上鋪席葦，又鋪沙于葦席之上。

俟潮滅頂冲過，鹵氣由沙滲下坑中，撤去沙、葦，以燈燭之，鹵氣衝燈即滅，取鹵水煎煉。總之功在晴霽，若淫雨連旬，則謂之鹽荒。又淮場地面有日曬自然生霜如馬牙者，謂之大曬鹽。不由煎煉，掃起即食。海水順風飄來斷草，勾取煎煉名蓬鹽。凡淋煎法，掘坑二個，一淺一深。淺者尺許，以竹木架蘆席于上，將掃來鹽料不論有灰無灰，淋法皆同。鋪于席上。四圍隆起作一隄壋形，中以海水灌淋，滲下淺坑中。深者深七八尺，受淺坑所淋之汁，然後入鍋煎煉。凡煎鹽鍋古謂之牢盆，亦有兩種制度。其盆周闊數丈，徑亦丈許。用鐵者以鐵打成葉片，鐵釘栓合，其底平如盂，其四周高尺二寸，其合縫處一經鹵汁結塞，永無隙漏。其下列竈燃薪，多者十二三眼，少者七八眼，共煎此盤。南海有編竹爲者，將竹編成闊丈深尺，糊以蜃灰，附于釜背。火燃釜底，滚沸延及成鹽。亦名鹽盆，然不若鐵葉鑲成之便也。凡煎鹵未即凝結，將皂角椎碎，和粟米糠二味，鹵沸之時投入其中攪和，鹽即頃刻結成。蓋皂角結鹽猶石膏之結腐也。凡鹽淮揚場者，質重而黑。其他質輕而白。以量較之。淮場者

一升重十兩，則廣、浙、長蘆者只重六七兩。凡蓬草鹽不可常期，或數年一至，或一月數至。凡鹽見水即化，見風即鹵，見火愈堅。凡收藏不必用倉廩，鹽性畏風不畏濕，地下疊藁三寸，任從卑濕無傷。周遭以土磚泥隙，上蓋茅草尺許，百年如故也。

池鹽

凡池鹽，宇内有二，一出寧夏，供食邊鎮；一出山西解池，供晉、豫諸郡縣。解池界安邑、猗氏、臨晉之間，其池外有城堞，周遭禁禦。池水深聚處，其色緑沉。土人種鹽者池傍耕地爲畦隴，引清水入所耕畦中，忌濁水，參入即淤澱鹽脈。凡引水種鹽，春間即爲之，久則水成赤色。待夏秋之交，南風大起，則一宵結成，名曰顆鹽，即古志所謂大鹽也。以海水煎者細碎，而此成粒顆，故得大名。其鹽凝結之後，掃起即成食味。種鹽之人。積掃一石交官，得錢數十文而已。其海豐、深州引海水入池曬成者，凝結之時掃食不加人力，與解鹽同。但成鹽時日，與不藉南風則大異也。

井鹽

凡滇、蜀兩省遠離海濱，舟車艱通，形勢高上，其鹹脈即韞藏地中。凡蜀中石山去河不遠者，多可造井取鹽。鹽井周圍不過數寸，其上口一小盂覆之有餘，深必十丈以外乃得鹵信，故造井功費甚難。其器冶鐵錐，如碓嘴形，其尖使極剛利，向石山舂鑿成孔。其身破竹纏繩，夾懸此錐。每舂深入數尺，則又以竹接其身使引而長。初入丈許，或以足踏碓稍，如舂米形。太深則用手捧持頓下。所舂石成碎粉，隨以長竹接引，懸鐵盞穵之而上。大抵深者半載，淺者月餘，乃得一井成就。蓋井中空闊，則鹵氣遊散，不克結鹽故也。井及泉後，擇美竹長丈者，鑿淨其中節，留底不去。其喉下安消息，吸水入筩，用長縆繫竹沉下，其中水滿。井上懸桔槔、轆轤諸具，制盤駕牛。牛曳盤轉，轆轤絞縆，汲水而上。入於釜中煎煉，只用中釜，不用牢盆。頃刻結鹽，色成至白。西川有火井，事奇甚。其井居然冷水，絶無火氣，但以長竹剖開去節合縫漆布，一頭插入井底，其上曲接，以口緊對釜臍，注鹵水釜中。只見火意烘烘，水即滚沸。啓竹而視之，絶無半點焦炎意。未見火形而用火神，此世間大奇事也。凡川、滇鹽井逃課掩蓋至易，不可窮詰。

末鹽

凡地鹼煎鹽，除并州末鹽外，長蘆分司地土人，亦有刮削煎成者，帶雜黑色，味不甚佳。

崖鹽

凡西省階、鳳等州邑，海井交窮。其岩穴自生鹽，色如紅土，恣人刮取，不假煎煉。

明・方以智《通雅》卷一七《地輿・釋地》 鹽䴚，鹵澤也。 《水經注》：「膠水北歷土山，山悉鹽坑。」箋云：「坑，當作䴚。」按《玉篇》音亢，云鹽澤也。《北史》：「楊義臣以遼東還兵，入豆子䴚討賊。」譌作䴚，省作坑耳。存中言：堯梢水，乃解澤之濁水敗鹽者也。

又 卷二七《事制・貨賄》 堨水，解池取鹽法也。 山西解池，周一百四十里，紫色，水出石鹽，自然印成，惟暴雨則耗。公私共堨水徑，防其淫濫，謂之堨水。《山海經》所謂「鹽販之澤」。池西又有一池曰女鹽澤。今説以南風成鹽。《後志》注：「河東池有別御鹽，四面刻如印齒文章。」《唐志》有鹽池十八，共六百四十，負海在外，業鹽者爲亭户。

渠展，齊鹽也。 《管子》：「禺筴之商，終月，大男食鹽五升少半，大女食鹽三升少半，吾子食鹽二升少半。」禺讀爲偶，少半、猶劣弱也，吾子、小男小女也。「渠展之鹽，煮水爲之，十月至正月成三萬六千鍾，下令曰：『孟春農事起，無得煮鹽。』」此則坐長十倍，桓公糴之得成金萬一千餘斤。

又 卷四八《金石》 太陰、玄精，鹽根也。 天下所用玄精，乃絳州山中絳石耳。《水經注》曰：「魚腹縣有鹽石，即鹽陽石。」即盛弘以爲廩君射鹽神化神女處也。《蜀志》云：「鹽母謂鹽石。」《緯略》曰：「河東有鹽田，玄精乃池中鹽根，生解池大滷中，薄渠土内得之，大者如杏葉，小者如魚鱗，悉皆尖角，端正如龜甲，其裙襴小撱，其前則不剡，正如穿山甲相掩之處，全是龜甲，更無異也。色緑而瑩徹，叩之則直理而折。火燒過則悉解折，薄如柳葉，片片相離，白潔可愛。」沈括曰：「此乃稟積陰之氣凝結，故皆六角也。」淮安鹽城古鹽倉下土中又有一物，六棱，如馬牙硝，彼方亦名太陰玄精，然喜暴，潤如鹻。熊公云：「蜀鹽井煎鹽處亦有玄英石，成六角文，正是玄精石。」又戎鹽部中有鹽藥，似芒消。崔昉《爐火書》言「鹹鹵煎成餤消石」，據此，則與烏場青消石，今用之朴硝，凡三種矣。

君王鹽，水精鹽也。 陸鹽，無水生末者也。 青赤鹽，戎鹽也。 櫢鹽，鹽霜果，樹鹽也。 朱餘，越鹽官也。 風鹽，解澤也。 堯梢壞鹽，爲其濁也。 繖子鹽，朐

朐井鹽也。北魏太武至瓜州，餉武陵王以九種鹽，其白鹽曰君王鹽，即賜崔浩之水精鹽也。《酉陽雜俎》曰：「昆吾有陸鹽，其澤無水，自生末鹽，月滿則味甘。」《博物志》曰：「戎鹽累卵。即青鹽之大顆者也。」《涼州異物志》載：「姜賴之墟，生赤黑鹽，」今寧夏衛鹽井即青鹽山。丹衛即張掖，有池産紅鹽。《元史》瓌州紅鹽，皆戎鹽。而今醫家用青者。《越絶書》有「朱餘」，注：「越人謂鹽曰餘。」陳藏器曰：「鹽麩樹一名叛奴鹽，蜀人謂之酸桶，其穗曰盅。」《一統志》載：「女直鹽生木枝上。中國有橵鹽，生吴蜀，雲南有鹽霜果。朐朐井名繖子鹽，形如傘，今萬流驛是也。」存中曰：「解州鹽澤，北有堯梢水，一曰巫咸河，大滷水須甘泉和之乃成鹽，堯梢水濁，一入則壞。」智聞南風成鹽，雨則壞。淮北則日曬成鹽，色白。淮南則煎竈所成，稍黑。浙鹽白而淡。廣鹽稍黑，亦煎成者。東坡曰：「蜀井陵州最古，淯井富順鹽亦久，惟邛州蒲江縣井乃祥符中民王鸞所開。自皇祐來，蜀始用筒井法，圓刃鑿而盌大，深者數十丈，以巨竹去節，復以小竹插其中，以機械吸水。」温州南天富北天富至岱山，皆熬波也，自鴻鶴湯村則刮鹻以淋鹵。姚令威曰：「用鐵盤淋者色青白，曬灰者少黑，竹盤塗石灰以淋者少黄。」徐度《卻掃編》：「鹽場編竹泥之，火燒不焚。」智謂鹽屬火，與同類也。

又方以智《物理小識·金石類》 鹽 鹹者，生于火也。地中得火，遇水成鹽，如火然薪，木既已成灰，冰淋灌之即成灰鹵。蓋燥乾之極，遇水即鹹，此其驗也。鹹性下墜，五味辛甘酸苦皆寄草木，獨是鹼味寄于海水。足徵四味浮輕，鹹性沉重矣。蜀中鹽井，先鑿得淡水，深乃得鹽。三晉鹽池，雨多水亦淡，洩去淡水，下乃得鹽。海于地中爲最卑，諸鹹就之，積鹹既多，淡入亦化，故海中無處非鹽。且火因于日，日遍大地，地中亦無不有鹽也。鹵積則能載物，故淘土爲巨器，泛中流必無沉溺。姚寬曰，煑海試鹵者，杓鹵而置蓮子數枚，三浮五沉者淡，七八浮則淳鹵矣，取其浮而直。閩人以雞子、桃仁試之，飯豆亦可試也。以解池、邛井爲上。消物剥煉金銀，宜戎鹽大顆鹽。而洗眼宜青者。梁杰公驗遠貢鹽云，若南燒羊山鹽，文理粗。北燒羊山鹽，文理密。月望收之，其徹如冰，以氈橐煑之。交河出磧，下有紫鹽，鮮而甘。李時珍曰，今醫但知青鹽，而不知青赤皆戎鹽也。《北户録》言，張掖桃花鹽與杰公紫鹽，即赤鹽也。《本草》：戎鹽南海青，北海赤，謂西海之南北耳。《抱朴子》作赤鹽法，此嶺南之染成紅鹽也。智按《張暘傳》，魏餉九種鹽，言黑者療腹脹，胡鹽療目痛，柔鹽療馬春，赤鹽、駮臭鹽、馬鹵鹽不中食。則赤黑之性。有分矣。又按《元史》，寧夏有韋、紅二鹽，陝西環州紅鹽味甘而價賤。豈《南史》之訛記，抑古之稱謂通借耶？在魏以極遠者，曰胡鹽。在中國，則九種鹽皆戎鹽也。光明鹽出鹽州五原鹽池，正方徹明。蘇頌曰，階州出石鹽，生山石中，不假煎錬，甚明瑩。吴録曰，天竺有新淘水石鹽，如水晶。金幼孜《北征録》：北有鹽海，出白鹽如水晶。忽魯謨斯在赤道北二十七度，地悉是鹽，否則硫也。有山五色皆鹽，土人鑿石，鏇以爲器。高昌、鄯善二國，平磧掘七天見紫鹽，味甜美，其色鮮，食之止痛。泑澤即蒲昌海龍城千里，其鹽堅剛，能深金之色。昆吾鹽陸地産，十餘里無水自生，月滿如積雪。又清鹽池，其鹽正方廣半寸，似石人耕池旁地，取池水沃種之，去勿回即生。又張掖池百步，其鹽多少隨月增減。《襄沔記》云，龍巢山有鹽池，水色白，上有青紫稜，四邊皆青泥，約二十里，冬月草上如霜，嘗之是鹽，世謂鹽花山。又臨邛一火井，一鹽井，以火井火煑鹽井水，斛得鹽四石。若家火，則一二斗矣。高州、夔州鹽白，井研鹽黑，山西解池則南風結成者。天津花馬池、惠安堡池皆曬成者，畏雨不畏風。山東煎成，淮北曬成。淮南竈户取地上草燒灰，敷鹵地，過宿掠上鐵鏊。鐵片而以牛糞爲堤。煎出鹵再煎，加皂角汁，乃成鹽。其地以雨而晴爲潤也。廣東稻稈鹽，田草澆海，燒灰淋煎。浙則編竹塗石灰而煎之，其竹不焦。鹽、火同類也。濱州土鹽煎十草而成，樹鹽則結五構之鹽敷樹。

戎鹽累卵法 即青鹽、紫鹽之類，以水化之，塗雞子，則累之而不墮。

鹽母 久積鹽場下者。鹽母或成龜文，以水浸盆中，而暴烈日，則乾處皆鹽。又溢以水，相繼而生。

鹽能潔冰 藏冰不論污濁，但灑以鹽，開時自潔。

鹽能禦火 凡火爆，灑鹽則止，石炭撒鹽則焰發。戈船鹽其帆則火不燒，木栅泥鹽亦可禦火。

鹵氣滅火 海邊出坑，布竹木覆茅沙于上，潮汐衝沙，則鹵淋于坑中。水退以火炬照之，鹵氣衝火皆滅。

又《飲食類》 形鹽 淮南煎鹽黑，淮北曬鹽白。解池風鹽白而堅，浙鹽白而淡。古有形鹽者，飛鹽也，以水煑鹽而乾之，則白。

清·談遷《棗林雜俎智集·逸典》 富民争買竈籍，實非竈也。兩淮鹽，歲七十萬五千一百八十引。

長蘆鹽，凡近海俱鹽坑，築灘如治畦，鱗次而下。其旁爲大塹，潮上則塹皆平。潮退挹水注上畦中，風之日之，又注一畦。風之日之，又注如初。投以石

蓮，立而不仆，則水氣盡，鹵醇如飴。東北風至，水上凝鹽如雪花。雨則鹽減，粒大而甘。孫廷銓記。

河東解鹽鹽池，但候南風凝結，不假人力。

四川鹽井提舉司，洪武間鹽井二百七十八，額課一千六百零五萬九千三十斤。永樂十八年，雲南商人汪浩言，上流鹵井課少水多。遣官於永通等九井擁出鹽七十五萬一千二百二十斤，列之正額，名曰「新增鹽」。上流通海，擁出鹽五十萬八千九百九十一斤，補入額數。後提舉顏納發之，名曰「埋没鹽」。二十二年，福興等井户別等小井並貼，擁出鹽七萬四千六十六斤，名曰「添辦鹽」。宣德間，富義等井户亦尋井開煎，擁出鹽一萬五千三百八十八斤，名曰「争羨鹽」。景泰間，户部主事汪回顯復課新舊鹽井，共一千二百八十竈，一萬五千三百八十八丁，歲辦鹽八引，每引二百井，歲額鹽二千一百三十五萬三千七百四十三斤五兩三錢。貯鹽倉，井大者汲以革囊，小者竹筒，每鹹水一斛，可得鹽十五斤。《四川通志》。

清·顧祖禹《讀史方輿紀要》卷七《歷代州域形勢七》　利豐監，本通州鹽場，宋置監於此，在今通州南三里。

海陵監，本泰州鹽場，宋置監於此，亦曰西溪鹽倉，在今泰州東北百里。

又　卷一一《北直二》　大通關，在州南張家灣之長店，百貨彙集處也。其相近有廣利閘提舉司及鹽場批驗所。

寶坻縣，州東南百二十里。北至薊州九十里，南至天津衛百六十里。漢泉州縣地，後唐於此置鹽倉。金初爲新倉鎮，大定十二年置寶坻縣，承安三年升爲盈州，尋復爲寶坻縣，以境内産鹽而名。元隸大都路，明初改今屬。

滑鹽廢縣，在縣西北。漢縣，屬漁陽郡。後漢縣廢，明帝時謂之鹽田，世謂之斛鹽城。北魏時有斛鹽戍。《水經注》：「大榆河自密雲東南流經斛鹽城，西北去傿夷鎮三百里。」孝昌三年，安州石離、穴城、斛鹽三戍兵反，應上谷賊杜洛周，洛周自松硎赴之。石離、穴城二戍蓋在斛鹽戍西。松硎，《唐志》：「營州西北百里有松陘嶺。」或曰在今延慶州界。其地多長松，即今松林地也。《括地志》：「滑鹽地宜五穀，有鹽池之利。」

又　卷一三《北直四》　房淵，縣北三十里。《水經注》以爲漳水所決入也。志云：淵方三百里。石勒時水忽變赤。慕容儁時水忽生鹽，形如印，一日再長再減，不失其度。

鹹水沽，在天津衛東六十里，即古豆子䴚也。《括地志》：「自勃海至平原，其間濱海煮鹽之處，土人多謂之豆子䴚。」隋大業十二年，河間賊帥格謙據豆子䴚稱燕王，王世充擊斬之。《隋書》：平原東有豆子䴚，負海帶河，地形深阻，自高齊以來羣盜多匿其中。大業七年，劉霸道聚衆於此，既而格謙亦據其地。王氏曰：「豆子䴚在平原、勃海、河間三郡之交，環帶河海，形勢阻深，兼有鹽鹺之利。今大河南徙，其地不可攷矣。」羅氏曰：「河間之豆子䴚，今鹹水沽是也。沽東去海四十里，地斥鹵，廣數十里。宋時亦置戍於此。」又衛東北四十里有塌河淀，周百里。

竈兒坡，縣東北百里。居民於此煮鹽爲業，因名。

長蘆鎮，即故長蘆縣。明初置長蘆都轉鹽運使司，在今州治西南。領鹽課司二十四，在州境者十二，在山東青州府境者亦十二，每歲額辦大引折小引鹽十八萬八百引有奇。又長蘆巡司及遞運所、税課局，俱置於此。

鹽山，縣東南八十里。地産鹽，因名。晉大興初，段匹磾據薊，爲段末柸所攻，將南奔樂陵太守邵續，石勒遣將石越邀敗之於鹽山，即此。

海，縣東七十里。潮汐所至，土皆鹹鹵，煮而爲鹽，其利甚廣。今沿海有場，設官司之。長蘆鹽利，出於縣者十之五六。

漂榆津，縣東北百里。晉咸康四年石虎擊段遼於令支，使王華帥舟師十萬出漂榆津。《水經》：「清河東北過漂榆邑入於海。」酈道元曰：「漂榆故城俗謂之角飛城，《趙記》『石勒使王述煮鹽於角飛』是矣。《魏氏土地記》『高城縣東北百里，北盡漂榆，東臨巨海，民咸煮販，藉鹽爲業』，即此城也。清河自是入於海。」蓋與静海縣接界。

無棣溝，在縣南。相傳春秋時即有此溝，分大河支流東注於海。隋開皇中因以名縣，大業末溝漸填廢。唐永徽初薛大鼎爲滄州刺史，奏開之，外引魚鹽，海商騈至，百姓歌曰：「新河得通舟楫利，直達滄海魚鹽至。嚮日徒行今騁駟，美哉薛公滂澤被。」今堙。　八會口，《齊乘》云：「在縣北。水流交會處也。」自滄州大連澱南至縣境百餘里，有大河、沙河，皆瀕古堤會流於此，合於陷河。

月明沽，縣東北七十里，東接馬谷山。瀕海煮鹽處也。

又　卷一四《北直五》　洚水，在縣治南。自廣宗縣流入界，東北流入冀州界。亦曰洚河枯瀆。《河渠攷》：「縣地卑下，環以大防，逶迤至冀州以備水患。其後洚河久塞，堤防亦廢，夏秋淫潦，溢水由縣西虹江口入境，渰没舊縣民田數

十頃，每漳河決入，舊縣遂爲巨壑，而冀州城外亦有汪洋決嚙之患矣。」又破塘，在縣東北二十里。或曰即洚河所經也。　黄路河，在縣南八十里。志云：上流自清河縣城北流入境，疑即故清河矣。今堙廢。其地斥鹵，潦水數集。

洚水，在縣南。自冀州北流入縣境，洚水東岸即武邑縣界也。又東北流，經武邑縣北而入於漳水。　鹽河，在縣南。志云：自冀州城東浮溝口迤北流通漳河，至縣西南二里許水流常涸，生鹽，俗名鹽河。

又　卷一五《北直六》　廣阿澤，縣北五里。亦曰大陸，亦曰鉅鹿，接趙州隆平縣界。《呂氏春秋》：「晉之大陸，趙之鉅鹿也。」《十三州志》：「廣阿澤，即唐、虞時大麓地，東西廣二十里，南北三十里，葭葦魚蟹之利，充牣其中。澤畔又有鹽泉，煮而成鹽，百姓資之。亦名沃洲。瀦而復流，即寧晉之胡盧河也。」《食貨攷》：「漢堂陽縣有鹽官，蓋以地近廣阿澤云。」

又　卷一七《北直八》　蒲泊，縣南二十五里。源出縣東二十里海眼山，旁近諸山溪之水皆流合焉，歷惠民場東南而入於海。志云：蒲泊有鹽場，即惠民場也。在縣南二十八里。

濟民鹽場，在州西南。志云：府境有鹽場四，俱屬於户部分司。一曰濟民場，距分司七十里，南濱海，東極潮河，接石碑鹽場，西跨運河，連豐潤縣越支場，亘百三十五里；一曰石碑鹽場，在濟民東七十里，距分司百四十里，在今樂亭縣西，南濱海，亘百七十里；一曰惠民鹽場，在石碑東百五十里，距分司二百九十里，在撫寧縣西南，南濱海，亘二百二十里；一曰歸化鹽場，在惠民東南百四十里，距分司四百五十里，南濱海，東抵山海關，亘二百里。皆産鹽，屬於分司，而統於長蘆鹽運司。分司署在府城内也。

又　卷一八《北直九》　炭山，司西百二十里。灤水源於此。《遼史》：「歸化州有炭山，謂之陘頭，契丹嘗遊獵於此。有涼殿，承天皇后納涼所也。山東北三十里有新涼殿，爲景宗納涼處，惟松棚數陘而已。」山有斷雲嶺，極高峻。宋咸平六年，高陽關將王繼忠爲契丹所獲，見契丹主隆緒于炭山，即此。或以爲後魏滑鹽縣地也。《五代史》：「契丹阿保機告其部落，請帥漢人居古漢城，別爲一部。」歐陽修曰：「漢城在炭山東南灤河上，有鹽鐵之利，乃後魏滑鹽縣。其地可植五穀，阿保機率漢人耕種，爲治城郭邑屋廛市，如幽州制度，漢人安之。」宋白曰：「漢城在檀城西北五百五十里，城北有龍門山，山北有炭山，炭山西即是契丹、室韋二界相連之地。其地在灤河上源，西有鹽泊之利，即後魏滑鹽縣也。」按：滑鹽本漢縣，屬漁陽郡，《後魏志》不載滑鹽縣，宋氏悮矣。今大寧以東皆漢北平、遼西二郡地，地肥饒，宜五穀，有鹽灤、鹽場，所謂漢城，亦槩言之耳。

苦脱孫地，在應昌東北。李文忠敗元處也。相近有落馬河，即偏將孫虎戰死處。史言開平東南百里有敖目舊地，四圍皆山，壁立如削，林木茂密，其中平衍，周百里，水斥鹵可煮鹽，土肥饒可屯種。

大定廢縣，舊爲衛治。志云：漢遼西郡之新安平縣也，後漢縣廢。隋末地没於奚，唐太宗置饒樂都督府於此，以授降諸部長。唐末没於契丹。宋景德四年，契丹始建中京大定府，并置大定縣爲府治。宋王曾《上契丹事》：「遼上京城垣卑小，方圓纔四里許，門垣重屋而已。其南曰朱夏門，内有步廊市樓，城外一望皆長松深谷，所産多青鹽、黄豕。」是也。金、元仍曰大定縣，明初改置衛，尋廢。《邊録》：「大寧城即遼、金時故址，洪武二十二年改拓。」

又　卷二一《南直三》　埇橋，州北二十五里。亦名符離橋，今名永濟橋，跨汴水上。《輿地記》：「隋氏鑿汴以來，徐州南控埇橋以扼汴路，故其鎮尤重。唐於其地置鹽鐵院。」

又　卷二二《南直四》　鹽城縣，府東南二百三十里。西南至高郵州二百四十里，北至安東縣二百里。漢鹽瀆縣，屬臨淮郡，後漢屬廣陵郡，三國時廢。晉復置，仍屬廣陵郡，義熙中改曰鹽城縣。劉宋屬山陽郡，齊、梁因之。高齊置射陽郡，陳改曰鹽城郡，後周因之。隋初郡廢，仍曰鹽城縣，屬楚州，大業初改屬江都郡。唐仍屬楚州，南唐屬泰州。宋復屬楚州，紹興初屬漣水軍，尋復舊。元屬淮安路。

海，在縣東。白海浦東北出洋凡五十里，相傳元時漕運繇此港出海以達直沽。有隄在東門外二里，謂之捍海堰。唐大曆中李承爲淮南節度判官，謂海潮漫爲鹽鹵，良田必廢，因自縣東北接山陽縣南抵通、泰海門，築堤障岸，綿亘數百里。宋天聖初張綸刺泰州，留意修復。時范仲淹監西溪鹽倉，力贊之。議移堤勢稍西，壘石以固其外，迤邐如坡，不與水争，雖洪濤不能衝擊。五年堤成，長一百四十三里有奇，俗謂之塘潮岸。淳熙八年，淮東提舉趙伯昌言：「捍海堰遮護民田，屏蔽鹽竈，其功甚大。今日就頽圮，每風潮泛溢，輒渰没田廬，毁壞亭竈，自宣和、紹興以來屢被其害。望勅有司隨時修葺，務令堅久。」從之。亦謂之范公堤。於是濱海沮洳瀉鹵之地復爲良田，民得奠居。元詹士龍爲興化宰，復加

修葺，民被其利。明景泰三年重修。嘉靖中倭賊從山陽大海口闌入縣境，官軍據岸遏之，賊不能前，蓋不特田疇攸賴，而亦守禦所資也。

運河，在縣西南七十里。志云：通、泰以北諸水，經縣西南八十里爲東、西界河，與興化縣中流分界，西入大蹤湖，自界河分流北出爲舊運河。又有新運河在縣東南五十里，流經縣東南三十里伍祐鹽場西北合於舊運河，又西北注於東塘河。又有官河亦自大蹤湖引流而北，至縣西五十里注東塘河，謂之鹽河。

鹽城監，在縣南。古鹽亭也，歷代海岸煎鹽之所。南唐置監，管鹽亭百二十三。《寰宇記》：「南唐立鹽城鎮，周平江淮，因之不改，管鹽場九所：曰伍祐，曰紫莊，曰南八遊，曰北八遊，曰丁溪，曰竹子，曰新興，曰七惠，曰四安，俱在縣南北三五十里之間。」邑志：縣人以煎鹽爲業，不耕種而富饒，公私商運，舳艫千計，此吳濞所以富國强兵，而抗衡漢室也。今府境之鹽場凡十，而在鹽城者四：曰白駒，曰劉莊，曰伍祐，曰新興；在山陽者一：曰廟灣；在海州者三：曰板浦，曰莞瀆，曰臨洪；在安東者凡二：曰興莊團，曰徐浦瀆。皆民生所賴，而國用所資也。

朦朧鎮，縣北百八十里。志云：廣洋、射陽諸湖下流，昔時俱經朦朧、喻口出廟灣入海。又伍祐鎮在縣東南三十里，新興鎮在縣北十八里，即伍祐、新興二鹽場也。又沙溝鎮在縣西百四十里，又縣西七十里有大岡鎮，又西十里爲唐橋鎮，皆商民輳集之所。姚家蕩，在縣西北。商賈輳集，爲濱海大鎮。

官河，縣北三十里。一名漕河。《唐會要》：「垂拱四年開泗州漣水縣新漕渠以通海、沂、密等州，南入於淮。」宋元符初，工部言：「淮南開修楚州支家河，導漣水與淮通。」賜名通漣河，即此河也。今自西漣南通中漣，至縣東北百里接遏蠻等河，南入淮，北通海州諸鹽場，爲商旅輳集之道。

薔薇河，州治西一里。東北通海，西北通贛榆，南通新壩，直抵淮陰，内接市河，入州城。先時漕運繇此入淮，北場鹽課亦從此達安東，後以潮汐往來，旋濬旋塞。志云：河源出州西北百里之羽山，過州北八里獨樹浦達石湫河。其石湫河在州南二十里，舊時州境之水，多匯於此以達海云。

漣河，在州西南。上引沂、沭及桑墟湖之水，經石湫鎮及縣東南三十里之黑土灣渡入海。又有景濟河，在州東南二十里，爲運鹽通道。官河，在州西十里。即唐垂拱中所開漕河，自沂、密達州至漣水縣入淮者也。

于公浦，州北十里，産鹽，以漢于公爲名。自此而北有白溝等十餘浦，皆通湖汐，居民以煎鹽爲業。又徐瀆浦，在州東北四十餘里，上接巨平諸山之水入海。有徐瀆浦場。

板浦鎮，州東南四十里。有板浦堰壩，以運鹽。河隨海湖注洩，易於澱淤，乃設堰壩，以北障海潮，南蓄河流，鹽場在焉，爲商賈輻輳之所。《輿程記》：「自板浦渡海口至州城道五十里。」臨洪鎮，在州北十里，有臨洪鹽場。又莞瀆浦鎮，在州東南百四十里，有莞瀆鹽場。

又　卷二三《南直五》　茱萸灣，府東北十五里。【略】兵攻灣頭是也。舊志：揚州北十五里有灣頭鎮。又運鹽河即灣頭河之支分也，繇灣頭而東七十里至斗門入泰州界，又東百六十里至海安入如皋界，又東南百十里至白蒲入通州界，又東七十里至新寨入海門界，又東八十里達呂四場。其支派通各鹽場。

運鹽河，在州城東北。一名閘河，亦曰東河。東流八十里抵興化縣河口鎮，又東接泰州運河，又東至白駒、劉莊二閘。其西通新開河。宋紹熙五年淮東提舉陳損之言「自高郵、興化至鹽城二百四十里，其堤岸傍開一新河以通舟船，仍存舊堤，以捍風浪」，即此河也。志云：城南有城子河，東抵各鹽場，北達城東二里之燒香港，又北抵運鹽河。

丁溪閘，在縣東一百三里，即丁溪鹽場也。又東北七里爲少海、草堰二場。又縣東北百二十里曰白駒場。又北曰劉莊場，接鹽城縣界。天啓二年興化知縣邊之靖修攔潮五閘，明年淮、湖大漲，自高、寶而東俱繇五閘匯流入海，公私利之。又捍海堰，在縣東。上接鹽城，下至海門，即唐李承所創，宋范仲淹所修也。

捍海堰，在州東。《宋史》：「海陵有古堰，亘百五十里，久廢不治，秋濤漲溢，每冒民田。天聖中監西溪鹽税范仲淹謀於發運副使張綸，請修復之。自北海寨東南至景莊，修築凡一百八十里，於運河置閘納潮以通漕。又淳熙三年州守張子正復築月堰以遏潮水，五年又築桑子河堰，自是潮不爲灾。」

胡逗洲，《寰宇記》：「在州東南二百八十三里海中。東西八十里，南北三十五里。上多流人，煮鹽爲業。」梁承聖初侯景敗走，自滬瀆下海，欲向蒙山。其下羊鯤謀誅之，因景晝寢，語舟師直向京口，至湖逗洲，景覺大驚，爲鯤所殺。蒙山，見山東費縣。逗，一作「豆」。

海陵監，州東北百二十里。宋爲西溪鹽倉。州産鹽，因置監於此以司其利。明鹺使分司於泰州者，駐西溪東北之東臺場，所轄富安、安豐、梁垛、東臺、何垛、

丁溪、草堰、少海、角斜、拼茶等場，謂之中十場，皆分列於州東及興化、如皋之境，而西溪鎮爲商賈輳集之道。今有西溪鎮巡司，在州東北百二十里。又寧鄉巡司，在州北六十里。拼茶場，在州東百十里，有寨。又東三十里即大海矣。又丁溪場閘，在州東北百四十里；又北三十八里爲白駒閘；皆接興化縣界。

海門島，在州東南海中。《宋長編》云：「國初以來犯死獲貸者配隸登州沙門島及通州海門島，有屯兵使者領護。而海門島有兩處：一在崇明鎮，居豪强難制者；一在東布洲，居懦弱者；皆令煮海納官。興國五年始令配役者隸鹽亭役使，而沙門島如故。」

布洲夾，州南四十里。有南布洲、東布洲，大海中沙漲爲洲也。五代周顯德五年取唐淮南，駐軍迎鑾鎮，聞唐戰艦數百艘泊東布洲，將趨海口扼蘇、杭路，周主遣慕容延釗等將水陸兩軍循江而下擊破之。《紀勝》云：「大安鎮即東布洲也。本海中沙島，後漲成陸地，民户頗繁。」又南布洲，舊亦淼然，大海沙漲成場，即今金沙場，在州東三十里。宋時煮鹽其中，本場鹽額歲十八萬石。

運鹽河，在州西北。自江都灣頭經泰州如皋縣流入界，至州東北三十里接西亭河。有西亭鹽場，巡司戍守。近場有賣魚灣。嘉靖三十八年倭自海門縣七星港登岸，流劫西亭、金沙等場，將犯揚州，叅將丘陞敗之於鄧家莊。賊沿海覓舟，官軍尾之於劉家橋、白駒沙諸處，皆敗之。又追敗之於七竈莊、茅花墩，賊盡殲焉。其地皆近州北境。

范公堤，在州東北。志云：堤起自海門吕四場，迄於鹽城之徐瀆，遶三十鹽場之西，去海遠者百里，近者數十里。堤之外俱竈户煎鹽之地，淡水出則鹽課消，故堤以護之。堤以内俱係民户耕種之田，潮水入則田租損，故堤以防之。中間有洩水入海之路，白駒閘口及牛灣河、瓦龍岡是也。

利豐監，州南三里。宋置鹽監於此，管金沙、西亭、馬塘、石港、豐利、利和、餘慶、吕四等八場。今通州分司轄豐利、馬塘、掘岡、石岡、西亭、金沙、餘西、餘東、餘中、吕四，爲上十場。豐樂鎮，在州東。《五代史》：「楊吴使東洲、静海都鎮遏使姚彦洪修城池官廨，改東洲爲豐樂鎮。」或曰即今利豐監。又裏河鎮，在洲東六十里。舊接海門縣境，今皆堙於海。

又 卷二四《南直六》　鹽鐵塘，在縣西十五里。從外岡中分，亦有南、北鹽鐵塘之名。南接陸皎鋪抵吴淞江，北貫練祁塘，經葛隆鎮達於劉河。又謂之西横瀝。宋、元以來屢經修治。元季海運從鹽鐵塘東北出婁江達海。明永樂十三年罷海運，以北鹽鐵、西練祁爲運河。志云：從鹽鐵而西爲吴塘，又西爲顧浦，又西爲徐公鋪，三河形如川字，而練祁直貫其中。最西爲安亭涇，與崑山縣分界，亦東南通顧浦，北出雞鳴塘。走馬塘，在縣東南二十里。西通横瀝，東南繇江灣浦入吴淞江。

鹽鐵塘，在州城北。舊經城中，南越婁江，流十二里入嘉定縣界，又南注吴淞江，北流四十里入常熟縣界，又北注白茅塘。昔時每浚此以通婁江澱淤，南北羣川亦多匯流於此。今南北二水門塞，水不復貫城而出，舊道堙没者逾半矣。又横塘，在州城東。北逕楊林、七浦入常熟縣界，其南亦通于吴塘。今堙。横瀝，在州南。郟亶曰：「横瀝南徹松江，北過常熟。又有小塘貫横瀝而東西流，或二里，或三里，多謂之門，若錢門、張堽門、沙堰門、斗門之類。大抵南北其塘則爲横瀝，東西其塘則爲堽門、堰門、斗門，昔人置此以蓄洩旱潦，溉高卬之田之遺制也。」志云：州境又有東、西横瀝，谿徑頗煩，互相融注，以達於海。今堽門大抵廢壞，而名迹僅存。

長沙，今縣治建於此。旁連十餘沙，最爲雄壯。又東北曰亭沙，其相連者曰吴家沙，皆水鹹不可耕，居民煎鹽以給，而吴家沙復多柴蘆之利。

鹽鐵塘，在府東南。又南入於黄浦，過蕭塘港，又南絶諸涇港至捍海塘爲漕涇。相傳五代時吴越運鹽鐵於此。志云：郡有運鹽河三：一在府東南九十八里青村西，曰運鹽河；一在府南五十四里，曰新運鹽河，自金山衛北流至張堰鎮西爲張涇，初在查山東，後以風濤之險改濬於此，人呼其東爲舊河，志亦作西運鹽河；又東運鹽河，在府南三十六里亭林鎮，南通鹽鐵塘。皆商販所經也。

海，縣東七十里。北起嘉定，南抵華亭，爲縣所轄。松江與黄浦合流入焉，混茫無際。東接諸蕃，惟日本最近。宋、元間入貢皆繇青龍市舶司，後漸徙於四明，貢者不復取道。沿海皆灘淺，物産鮮少，俗號「窮海」，獨鹽利爲饒。自清水灣以南，較川沙以北水鹹宜鹽，故舊置鹽場。近有沙堤壅隔，水味寖淡，滷薄難就，而煮海之利亦微。元時潮汐繇吴淞口入，朔望以子午爲信。萬曆八年潮決李家洪，去故道南二十里，潮汐遂早數刻，颿舶出没甚便，不可無備云。

下沙浦，縣東南六十里。舊名鹽鐵塘，相傳五代時吴越運鹽鐵於此。宋紹興十五年秀州判曹泳開顧匯浦，又濬鹽鐵塘，舟楫通利，因改名下沙浦。自浦北流爲鹽塘，絶沈莊、周浦、三林諸塘，而北出匯諸河港，下流亦入於黄浦。志云：

縣境又有運鹽河二：一自東南青村鹽倉而北，會東西諸涇港；一自下沙場而東循海塘北行，析爲支渠，通諸團鹽運，并達青浦縣境。今通塞不一矣。

川沙堡，縣東南五十四里。産鹽，商賈輻輳，地名八團鎮，有三場鹽課司。嘉靖三十六年撫臣趙忻等奏置川沙堡，築城周四里，屯設官兵，以備倭寇，自是商民輻集，屹爲巨鎮。

下沙鎮，縣東南六十里。一名鶴沙鎮。峙邑南而近海，因名。宋置下沙鹽場，舊有鹽課司，後遷新場鎮，而鹽倉則自周浦徙於此。今亦廢。新場鎮，在下沙南九里。一名南下沙。元初置鹽場於此，場賦爲兩浙最，賈販甚盛。嘉靖三十二年倭賊據新場，大爲東南患。又東南二十里曰一團鎮，商販多聚於此。志云：下沙捍海塘外有石筍灘，距海三十餘里。沙中有石如筍，因名。一名分水港，以潮汐遇石筍而分流也。

周浦鎮，縣東南三十六里。一名杜浦。元置下沙鹽場及杜浦巡司於此，後鹽場既遷，巡司亦廢，民物則繁阜有加。明嘉靖三十四年倭賊自柘林移據周浦，官軍敗却之。

又　卷二七《南直九》　姑孰城，今府治。漢丹陽縣地也，迫臨江渚，商賈湊集，魚鹽所聚。東晉時置城戍守，并積鹽米於此。城南臨姑孰溪，因曰姑孰城。咸和二年歷陽内史蘇峻據郡叛，使其將韓晃等襲陷姑孰，取鹽米。

又　卷三〇《山東一》　濟水，舊自河南流入境，其上源曰沇水。《禹貢》：「導沇水，東流爲濟。」又曰：「浮於濟、漯，縣北，又北逕利津縣東而東北入於海。繇安山牐而下，皆謂之大清河。近志：元人始於寧陽縣北築堽城壩，遏汶水入洸，以通運河。永樂中又於東平州東築戴村壩，盡遏汶水入會通河。今之大清河，乃自平陰縣南之柳溝諸泉，繇東平州北門外過，西折而東北，夏秋運河泛漲，則張秋迤南東岸，張秋即安平鎮，見東阿縣。有減水閘分流來合而東北出，此即今鹽運所經。鹽船自濼口故關由大清河而上，泊於魚山，又南則由河渠至於東平，西則由小鹽河至於張秋，故大清河有鹽河之名。即濟水之故道，説者謂大清河古濟而今汶者也。」

又　卷三一《山東二》　蛤垛城，在州南。有鹽池，歲出鹽數十萬斛。唐建中初棣州隸淄青，既而歸於朱滔，又歸於王武俊，惟蛤垛猶爲淄青帥李納所據，因城而戍之，以專鹽利。貞元八年納死，子師古襲位，武俊引兵屯德、棣，將取蛤垛及德州之三汊城，師古遣兵拒之。有詔詔武俊罷兵，乃引去。

無棣溝，縣西北十五里。舊合鬲津河，東入海。唐永徽初，滄州刺史薛大鼎開鬲津河，因疏無棣溝故道，以通濱海魚鹽之利。亦曰無棣河。今淤。餘詳北直滄州。

濱州，府東北三百五十里。東至海九十里，西南至武定州百里，西北至北直滄州百二十里。

春秋、戰國時齊地，秦屬齊郡，漢屬千乘郡，後漢因之，魏、晉屬樂陵國。劉宋仍屬樂陵郡，後魏因之。隋屬棣州，唐仍舊。五代唐置榷鹽務，漢改贍國軍。周顯德三年升爲濱州，宋因之。亦曰渤海郡。金屬益都路。元亦曰濱州，屬濟南路，明初以州治渤海縣省入。

州濱海爲險，魚鹽饒給，固景、滄之屏藩，連遼、碣之形援，蓋海道之噤喉，三齊之户牖也。

利津縣，州東六十里。【略】

官竈城，在縣南。舊爲煮鹽之所。金時嘗屯兵於此，因置城戍守。今遺址猶存。

海，縣東北三十里。産鹽，居民資其利。有豐國、寧海、永阜三場，設官掌之，屬於山東都轉運使司。志云：豐國鎮在縣東北七十里，兼置豐國鎮巡司於此。又寧海場，在縣北三十里。永阜場，在縣東北五十里。

大清河，在縣東。

霑化縣，州西北六十里。西南至陽信縣五十里。【略】

海，縣東北六十里。濱海有富國、豐國、利國三鎮，亦煮鹽之所也。志云：富國場在縣東七十里，豐國場在縣北七十里，利國場在縣東九十里。

大清河，在縣北。

海，縣東百四十里。海畔有沙阜，高一丈，周迴二里，俗呼關口澱，舊爲濟水入海之處。海潮與濟相觸，故名澱。上有井，可食。海潮雖大，澱終不没，居民於其下煮鹽。

又　卷三五《山東六》　小清河，在縣南八里。自濟南府新城縣界流經高苑縣至此，又東流入樂安縣界。【略】歷下以東、臨淄以北諸水，大都由此入海。僞齊劉豫時分流爲小清河，下與烏河合流，凡海上鹽場傍河州縣，其貨物皆得達歷下入大清河，抵張秋以至大名。其後淤廢。【略】《寰宇記》：濟水北去海百步，東北流入海。其入海水口謂之海浦，在縣東北二百里。

渤海，縣東北百十里。與壽光、博興縣接界，府境之水皆歸於此。志云：縣境濱海有三鹽場，曰王家岡、新鎮、高家港也。

日照縣，州東南百五十里。南至南直贛榆縣百六十里，北至諸城縣百七十里。漢爲海曲縣地，置鹽官於此，名曰日照。魏、晉以後俱爲莒縣地。金始置日照縣，屬莒州。

海，縣東二十里，接膠州及南直海州界。有濤雒鹽場。

又 卷三六《山東七》 寧海州，府東二百二十里。北至海五十里。

春秋、戰國時齊地，《通志》：「春秋牟國地，本在壽光縣界，齊逼遷牟子於此。」似未可據。漢屬東萊郡，後漢、魏、晉及劉宋因之。後魏屬東牟郡，北齊屬長廣郡。隋屬牟州，大業初屬東萊郡。唐武德四年置牟州於此，貞觀初州廢，仍屬萊州，尋屬登州。《舊唐書》：「如意元年置登州，治牟平。神龍三年移登州治蓬萊，以牟平縣屬焉。」宋因之。金天會中劉豫置寧海軍，大定二十二年升爲州，元因之。明洪武初以州治牟平縣省入，屬萊州府，九年改屬登州府。領縣一。

州北控遼海，南拱江、淮，憑島嶼之險，擅鹽鐵之利，《漢書》：「東牟有鐵官、鹽官。」風帆絡繹，以成山爲表識，州亦東道之雄矣。

登州府，東至海七十里，西南至萊州府二百四十里，北至海三里，由海道東北至遼東旅順口五百里，自府治至布政司九百里，至京師千七百里。

【略】

府僻在東陲，三面距海，利擅魚鹽。且北指旅順，則扼遼左之噤喉，南出成山，則控江、淮之門户，形險未可輕也。

密水，出府南密神山，北流入城東小水門與黑水會。黑水出府西南十里黑石山，東北流入府城南上水門合於密水，出城西下水門北流入海。 之罘水，在府南十五里。源出羽山，有石門水流合焉。石門水出石門山，流合之罘水，北注於海。志云：府城東北有鹹泉池，居民取以爲鹽。

福山，縣北五里。縣以此名。

海，縣東北三十里，有海洋山後海口。又縣北十五里有城後海口，登寧場置於此，居民皆以煮鹽爲業。縣北四十里又有之罘海口，西北四十里又有八角海口。《宋史》：「淳化四年遣陳靖等使高麗，自東牟趣八角海口是也。」又有海洋、宫家、潘家、胡家、韓家諸島，俱在縣北海中。

背陰寨堡，衛西北十五里。又西北有平山堡、八角湖堡，衛南百二十里有五十寨堡，又衛東北九十里有排山寨，東二百五十里有岫巖寨。 鹽、鐵場，志云：衛西四十里有鹽場百户所，北九十里有鐵場百户所。

盤谷堡，衛東二十里。其東南又有富川、秀山、臨溪三堡。又牟官砦堡，在衛西四十里。衛東南八十里又有胡十八砦堡。 鹽、鐵場，志云：鹽場百户所在衛西四十二里，鐵場百户所在衛北九十里。

石河堡，衛北八十里。衛西南六十里又有木場堡。又紅嘴堡，在衛東八十里。衛東北七十里有歸服堡，又東北三十餘里有黄骨島堡。 鹽、鐵場，志云：衛東北百三十里有鹽場百户所，衛東百三十里有鐵場百户所。《邊防考》：「衛西北二十里有鹽場島。」

大茂堡，衛東北四十里。其南曰流水堡，有葦子溝，可以按伏。自堡而東接義州之大定堡。 年豐堡，在衛東四十里。《一統志》：衛境自東轉南有廣齊、順陽、常豐、仁和、人有、廣盈、嘉禾、順寧、樂安、豐稷、春華、西杏、西和、永豐、臨川、富有、錦昌、豐稔、興稼、得安、南陽、福寧、秀穎、蔡家、西寧，凡二十五堡。又衛境鹽、鐵場凡四，其鹽場百户所一在城南六十里，一在城南八十里；鐵場百户所一在城西六十里，一在城南百里。

黑林堡，衛西北五里。又衛東南有河通堡。《一統志》：「自衛境東北折而南有枯樹、東海、枯淩河、檳榔、常豐、女真等六堡。又鹽場百户所，在衛南二十里。鐵場百户所，在衛東五十里。」

横嶺，衛北二十里。又北十里曰分水嶺、青石嶺。衛東北四十里又有白石嶺。又長嶺，在衛西三十里。其相接者曰高嶺。又西四十里曰歡喜嶺。 麻子峪，在衛西四十里，鐵場百户所置於此。又山口峪，在衛東南七十里，鹽場百户所置於此。又衛西北四十里有寺兒峪。

寨兒山堡，衛北二十里。堡東爲鷹窠山，可屯兵。堡西爲横嶺，可按伏。又灰山堡，在寨兒山堡東。 松山寺堡，在衛東北四十里。堡東有廟兒山，可屯兵。又沙河寨堡，在衛東北四十餘里。又東北即長嶺山堡也。又椵木衝堡，在衛東北六十里。又東接錦州西境之大興堡。志云：衛有鹽場百户所，在城南二十五里；鐵場百户所，在城南十八里麻子峪。

武靖堡，衛西南七十里。又衛南六十里有永盈堡。志云：衛南又有常豐、慶稔、嘉禾、大有、土母河五堡。 會安堡，在撫順所東十餘里。所西南又有渾河、塔下二堡。志云：衛西有高墩屯，弘治中嘗議建營堡於此。又有鐵場百户

所，在衛東九十里安平山。山屬定遼衛。又有鹽場百户所，在海州之梁房口。

梁房口關，衛西南七十里。又東南九十里即蓋州也。海運之舟由旅順口達者，於此入於遼河。旁有鹽場三，其二屬瀋陽衛，一屬遼海衛，各置百户所屯戍。

石城山，衛東北十五里。上有石城，城中有泉。相傳唐太宗征高麗，士人築此城以避兵。又平山，在衛北五十里。三萬衛鹽場百户所置於此。又北十里有關山。

鴨渌江，衛東南五百里，與朝鮮分界。　八角湖，在衛西，近海。　鐵嶺衛鹽場百户所置於此。

海陽城，在衛東。《遼志》：「漢海陽縣地，屬遼西郡。瀕海多鹻鹵，置鹽場於此。」

又　卷三九《山西一》　鹽池。附見。

鹽池，在平陽府解州東三里。又安邑縣西南二十里亦有鹽池，與解爲兩池。蓋一池而分東西二池也。《春秋》成六年：「晉人謀去故絳，諸大夫皆曰：『必居郇、瑕之地，沃饒而近盬。』韓獻子曰：『山澤林盬，國之寶也。』」杜預曰：「盬，鹽池也。」《漢志》：「池在安邑西南。」許慎謂之盬鹽池，長五十一里，廣六里，周一百一十四里。吕忱曰：「宿沙氏煮海謂之鹽，宿沙，炎帝時諸侯，始煮海爲鹽，富溢他國。河東鹽池謂之盬。」今池水東西七十里，南北七里，紫色澄渟，渾而不流。水出石鹽，自然凝成，朝取夕復，終無減損；惟暴雨霖澍，潢潦奔軼，則鹽池用耗。公私共揭水徑，防其淫濫，謂之揭水。其廣狹淺深，古今盈縮時有不同。又有女鹽池，在解州西北三里，東西二十五里，南北二十里。其西南爲静林等澗。服虔曰：「土人引水沃畦，水耗土自成鹽處也。」亦謂之鹽鹺，味小苦，不及大池。或號爲女澤鹽，亦曰鹽田鹽。俗言此池亢旱鹽即凝結，如逢霖雨鹽則不生。舊志：女鹽池在猗氏故城南。《水經注》：「鹽水出東南薄山，即中條之異名。西北流經巫咸山北，又徑安邑故城南，又西流注於鹽池。」自漢武元狩四年用桑弘羊等言，興鹽鐵之利，天下鹽官凡二十八都，而河東安邑爲首。後漢元和三年帝幸安邑觀鹽池。《外紀》云：「周穆王亦至安邑觀鹽池。」初平中放散鹽禁。建安四年曹操從衛覬言，復遣謁者僕射監鹽官，以其利招服關中，其後皆設鹽官董之。晉亂，鹽利亦耗，後魏復立法征之。景明初從中尉甄琛請，弛鹽池之禁。既而其利皆爲富强所專，四年復收鹽池利入公，神龜初復申鹽池之禁。孝昌三年蕭寶寅反長安，正平今聞喜縣。民薛脩義等聚衆河東，分據鹽池，攻圍蒲坂以應之。時長孫稚奉命西討，遣别將楊侃擊平脩義等。會有詔廢鹽池税，稚上言：「鹽池天産之貨，密邇京畿，惟應寶而守之，均贍以理。今四方多虞，府藏罄竭，以鹽税凖絹而言，一年不上三十萬匹。臣不先討關賊，徑解河東者，非緩長安而急蒲坂，恐一失鹽池，三軍乏食也，請依常收税。」從之。《唐食貨志》：「鹽池凡十八，井六百四十，惟安邑有池五，總謂之兩池，皆隸鹽鐵，置官榷之。」貞觀十二年幸柳谷，觀鹽池。其小池曰女池，開元中置女鹽監，後以水淡監廢。大曆八年兩池生乳鹽，十二年賜名寶應靈慶池。《唐紀》：「大曆十二年，先是秋霖，河中府池鹽多敗。户部侍郎判度支韓滉恐鹽户減税。奏雨雖多不害鹽，仍有瑞鹽生。上疑其不然，遣諫議大夫蔣鎮往視之。鎮還妄對，果如滉言，因賜號寶應靈慶池。」咸通以後藩鎮益强，河中帥得專鹽池之利。光啓初宦者田令孜用事，以安邑、解縣兩鹽池爲河中帥王重榮所專，歲止獻三十車供國用，請復舊制隸鹽鐵，因自兼兩池榷鹽使。《會要》：「元和十五年改税鹽使爲榷鹽使。」收其利以贍軍。重榮不可，令孜因徙重榮鎮泰寧，重榮遂與李克用合謀舉兵犯闕討令孜。後唐同光二年河中帥李繼麟請榷安邑、解兩池鹽，每季輸省課。從之。」《宋志》：「鹽之類有二，引池而化者，《周官》所謂盬鹽也；俗曰顆鹽。煮海煮井煮鹻而成者，《周官》所謂散鹽也。亦曰末鹽。解州解、安邑兩鹽池，墾地爲畦，引水沃之，水耗鹽成。每歲二月墾畦，四月引水，八月而止，得鹽百餘萬。又前代鹽皆自生，唐開元中池涸，河中尹姜師度始有畦夫管種之課。宋張席上言鹽漫生之利，遂罷畦夫。」《鹽池考》：「中條山在池南，自蒲州接太行，形如卧弓，環池而繞之，山頂有桃花洞水流入鹽池，池與安邑池爲兩池，官置使以領之。又中池北百步許有淡泉一區，味甚甘洌，俗謂鹽得此水方成也。又西北十五里有硝池六，一曰賈瓦，二曰金井，三曰團，四曰熨斗，味皆淡；五曰夾凹，六曰蘇老，味皆鹹。天旱則生。自鹽池而南層山墻立，天巖雲秀，地谷泉深，亦天下形勝之處矣。」《鹽池圖説》：「今池東西長五十五里，南北闊七里，周百四十四里。宋分爲東西兩池，各置鹽場二。明初并爲東西二場，成化二十一年增置中場。其池亦分爲三，近安邑者爲東池，近安邑西二十里路村者爲中池，近解州者爲西池，三場亦以是爲次也。池底淤泥滋生，鹽根形如水晶。夏月驕陽薰蒸，南風動盪，上結鹽板，光潔堅厚，可勝行立。板上水約三寸，翻騰浪花，落板即成顆粒，古謂之漫生鹽，今謂之斗粒鹽。更時霖小雨，則色愈鮮明，故曰顆鹽。宜及時撈採，若遇大雨，鹽復解散。秋冬地冷池枯，不能生鹽，間或有之，硝鹻相雜，味亦不正。其西北七里即女鹽池，據地高阜，其鹽淡，或苦不可食。時或生硝，亦名硝

池。而六小池及静林諸澗，每水溢則奔趨女鹽池，爲鹽患。又安邑東有苦池，於鹽池亦切近。宋元符、崇寧間觀察使王仲先於池東西南三面築七郎等十一堰衛之，所以拒溢水之入也。崔敖曰：『鹽池乃黄河陰潛之功，浸淫中條，融爲巨浸。』蓋大河從西北來，至蒲州折而東向，轉曲之間漸漬蓄匯，有此奥衍。今陝西花馬池亦近黄河折流處也，然鹽藉主水而生，緣客水而敗，故治水即所以治鹽。鹽池南枕條山，雨水易迫，然非淵泉所出，且横亘有護寶堤，爲仞高厚，依山有桑園、龍王、趙家灣、大小李、西姚諸堰，縱有飛瀑，阻遏猶易。北面多曠壤平丘，與水隔絶，故二隅無足爲慮。若東西盡處則俱逼禁堰，一墻已外即客水所鍾。次東禁堰者有壁水、月堰及黑龍堰，次西禁堰者有卓刀、七郎、硝池堰，各從東西自高而下，禁堰不能受則入池矣。黑龍堰之受害原於苦池，苦池乃姚暹渠蓄而復流之水也。渠出自夏縣，經巫咸谷北合洪洛渠，東合李綽渠，經苦池而迤邐西向，自安邑歷解州抵臨晋入五姓湖，由孟盟橋而注黄河。姚暹渠首及中股皆狹，至安邑與李綽、洪洛之水並注於苦池，苦池不能受，勢必東北泛溢於黑龍，入黑龍則壁水、小堰、月堰不能支，而竟衝東禁堰矣。硝池即女鹽池也，其受害原於涑水。涑水在姚暹渠北，源出自絳縣爲絳水，西經聞喜縣爲涑水，又西受稷王、孤山、峨嵋坡諸水，經猗氏抵臨晋，亦入五姓湖而注黄河。涑水中尾多窄，至臨晋山溪諸水合注之，勢不能受，必自西北横溢，破姚暹而奔騰於硝池，入硝池則黄牛、七郎、卓刀不能支，而竟衝決西禁堰矣。况東北又有湧金泉亦注於黑龍。西北又有長樂灘亦注於七郎，故築東禁以及黑龍，築西禁以及硝池，治其標者也。浚姚暹以導苦池，浚涑水并歸五姓湖，治其本者也。緩於南北而急於東西，先於根本而後於標末，則客水不浸，而主水無恙矣。」

又 卷四一《山西三》 解州，府西南三百四十里。南至河南陝州百五十里，西南至陝西華州二百四十里，西至蒲州百二十里。

春秋時晋地，戰國屬魏。秦爲河東郡地，兩漢及魏、晋因之。後魏仍爲河東郡地。隋、唐爲蒲州地。五代漢乾祐初始置解州，宋因之。金仍爲解州，《金志》：「初置解梁郡軍，尋罷爲陝郡，貞祐三年又升爲寶昌軍，興定四年徙治平陸。」元復故。元改屬平陽路，明初以州治解縣省入。領縣五。

州面石門而背鳴條，外控底柱之險，内擅鹽池之利，河東奥區也。《國賦考》：「解鹽歲額凡四十二萬引，都轉鹽運使駐於河東。」《戰國策》：「秦有安邑則韓必無上黨。」三晋之禍蓋始於失河外，而成於亡安邑。

廢解縣，今州治。漢解縣地，後魏太和初析置安定縣，屬河東郡，西魏改曰南解，又改曰綏化，尋曰虞鄉。隋因之，屬蒲州。唐初改爲解縣，屬虞州。貞觀十七年省，二十二年復置，仍屬蒲州。五代漢爲解州治，宋以後因之，明初省。今州城周九里有奇。

鹽池，州東三里，接安邑縣界。其鹽不勞人力，自然凝結，盛於夏秋，殺於冬春，國賦邊儲，所資甚大。又有女鹽城，亦曰硝池，在州西北十五里。池分爲六，有鹹淡之異。

姚暹水，州北十五里，即永豐渠也。自安邑縣流入，又西入臨晋縣界。《宋國史》：「天聖五年詔陝西漕臣脩永豐渠。」自後魏正始四年都水校尉元清引中條山下平坑水爲渠，西入黄河以運鹽，名曰永豐，周、齊間廢，隋大業中都水監姚暹浚渠，自陝郊西入解縣，民賴其利。唐末湮没，鹽運大艱。【略】

司鹽城，縣西二十里。《括地志》：「故鹽氏城也。」《秦紀》：「昭襄王十一年齊、韓、魏、趙、宋、中山共攻秦，至鹽氏而還。」漢有司鹽都尉治此，因名司鹽城。或曰唐大曆中於縣西南三十里置鹽治，因築城於此。今其地亦名路村，河東、陝西都轉運鹽司署在焉。

鹽池，在縣西南二十里。所謂安邑鹽池也，與解池爲一。詳見前。

苦池，縣東北一十里。姚暹渠自夏縣合衆渠之水匯流於此，亦名苦池灘，又西入解州境。龍池，在縣南二十里。與鹽池相近，一名黑龍潭。姚暹渠漲溢往往自苦池灌注於此，池不能受，衝入鹽池。今爲堰以防之，曰黑龍堰。今亦詳見鹽池。又淡泉，在縣西南十八里鹽池之北。他水皆鹽，此泉獨淡，亦曰甘泉。

又 卷五三《陝西二》 運木渠，在府南。唐大曆元年京兆尹黎幹請開漕渠，自南山谷口引潤水直抵景風、延喜二門入苑，以漕薪炭，謂之運木渠。久之不就。又鹽渠，在故長安城南。唐武德七年長安古城鹽渠水生鹽，色紅白，謂之瑞鹽。今皆湮廢。

清水陂，縣西南十里，多水族之利。志云：縣南十五里有煮鹽澤，多鹽鹵，苻秦於此煮鹽，周迴二十里。

又 卷五四《陝西三》 重泉城，縣東南五十里。《史記》「秦簡公塹洛城重泉」即此。漢置縣，屬左馮翊。後漢因之。晋仍屬馮翊郡，後魏廢。《寰宇記》：「唐奉先城距今縣治三十里，即故蒲城縣；其地有晋城，相傳晋公子重耳所築；

俱在縣東南。」賈城，在縣西南十八里。古賈國也。《左傳》桓九年「芮伯、梁伯、賈伯伐曲沃」，此即賈伯城矣。又西南二十二里有魯王宮城，《大統記》以爲魯哀王城，板築之迹猶存。或曰魯當作「滷」，王當作「潢」，蓋昔煮鹽之處。

西鹵池，縣西四十里。《長安志》：「白鹵鹽池東入沮水，闊五十丈，深二丈。」蓋鹵水泛漲流注，故曰鹵渠。又有東鹵池，在縣南二十里。《漢書》「宣帝微時困於蓮勺鹵中」，謂此池也。唐至德後，鹽不復生。

又　卷五七《陝西六》　綏德州，【略】州控扼高深，形勢雄勝，爲鄜、延之門户。自秦置上郡而邊陲之患始遠，漢因其制以斥逐匈奴，關輔日以完固，後漢虞詡所云「安定、北地、上郡山川險隘，沃野千里，土宜畜牧」者也。隋、唐以來，皆爲藩衛重地。宋种諤復綏州，漸規横山以西，功雖不成，而寇患益少。蓋横山，朔方大磧也。今延、綏邊有山崖高峻，連延千里，即横山也。余子俊剷山爲墻，即横山故址。或以爲橋山北麓云。沈括言：「盡城横山，瞰平夏，則彼不得絶磧爲寇。」种諤亦言：「横山延袤千里，多馬宜稼，人物勁悍善戰，且有鹽鐵之利，夏人恃以爲生。其城壘皆控險，足以守禦。」

鹹河，在方渠廢縣境。《唐志》：「鹹河從土橋、歸德川、同家谷三處發源，鹹苦不可食。」又有甜河，在城西三里。從蕃部鼻家族北界來，供人飲食。亦曰甜水溝，流注環河。

鹽倉，在州西。唐大曆八年，涇原節度馬璘與吐蕃戰於鹽倉，敗績。蓋是時運鹽儲此以供軍，故有鹽倉之名。

又　卷五九《陝西八》　漳縣，府南七十里。【略】

鹽井，在縣城内。舊有井煮水成鹽，宋因置鹽川寨。

西漢水，在縣北一里。自秦州廢天水縣流入境。亦謂之鹽官水，以縣境舊置鹽官也。西南流入成縣境。《水經注》：「漢水西南逕祁山軍南，西流與建安川水會。」是也。

鹽井，縣東北八十里。煮水成鹽，民資其利。　九龍泉，在縣西八里。四時湛然，水旱如一，夏涼冬温，居民引以灌溉。

水南城，在縣西南二十里。後魏太平真君二年置水南縣於此，爲天水郡治。後周郡廢，并廢縣入長道縣。　鹽官城，在縣東三十里。志云：有鹽井，水與岸齊，味甘美。漢時嘗置鹽官於此，唐亦謂之鹽官鎮。

仇池城，在縣西北百里仇池山上。辛氏《三秦記》：「山在倉、洛二谷間，常爲水所衝激，故下石而上土，形如覆壺。上有池百頃，池左右悉白馬氏。惟東西二門，盤道可七里。上則岡阜低昂，泉源交灌，煮土成鹽，居人蓋以萬數。」《水經注》：「仇池山一名瞿堆。漢水東南流逕瞿堆西，又屈經瞿堆南。絶壁峭峙，孤險雲高，登其巔約二十餘里，羊腸盤道三十六迴。」《開山圖》謂之鞬夷，所謂「積石嵯峨，嶔岑隱阿」者也。上有平田百頃，煮土成鹽，因以百頃爲號。山上豐水泉，所謂清泉湧沸，潤氣上流者也。

又　卷六一《陝西一〇》　榆林鎮，東至山西偏頭關百六十里，西至寧夏後衛七百二十里，南至延安府綏德州三百里，北至黄河千餘里，自鎮治至布政司一千一百二十里，至京師二千五百里。

數百里，山川環列，原田沃饒。黄河自寧夏横城繞入北地，至山西老牛灣入中國。其中地與關中郊圻相接，若畫地而守之，每年防禦，唯在冬春四閱月，較易爲力。今棄爲異域，使寇雄長其中，南犯榆林則關、陝戒嚴，東犯偏關則晉、雲驚擾。唐築受降城能遏敵於河外，今守榆林乃養敵於套中，誠不知計所出也。又套以内地廣田腴，亦有鹽池、海子，初時敵少過河，軍士多耕牧套内，益以樵採圍獵之利，故諸堡皆稱豐庶。【略】

烏延城，在廢夏州西南。唐長慶四年李祐爲朔方節度使，築烏延、祐川、臨塞、陰河、陶子等五城於蘆子關北，以護塞外。亦謂之五城。志云：五城俱在朔方縣境。或曰烏延城一名烏水城，亦曰烏城。唐武德八年突厥屯河南，入塞圍烏城，即此城矣。《唐志》朔方有烏水城。王氏曰：「烏城蓋在鹽州五原縣烏鹽池旁。」

胡落地，在鎮北境。《唐食貨志》：「安北都護有胡落池，歲得鹽萬四千斛，給振武、天德兩軍。」《郡縣志》云：「宥州長澤縣亦有胡落鹽池。」《遼志》豐州有大鹽濼，蓋緣河多鹵地也。又鹽澤，亦在鎮北境。《漢志》：「朔方縣南有金連鹽澤及清鹽澤。」今堙廢。

紅鹽池，鎮西北三百五十里。成化中套寇入寧夏，韋州總督王越知其屯於紅鹽池，乃從安邊營北境紅山兒出邊，晝夜兼行百八十里，至白鹽灘，又行百五十里至紅鹽池，寇大創，渡河北遁。紅山兒，王復云：「自花馬池東走環慶之道也。」

又　卷六二《陝西一一》　鹽池，在鎮界。《唐食貨志》：「靈州有温泉、兩井、長尾、五原、紅桃、回樂、弘静池。」今五原池見後衛，回樂池舊在靈州所餘當

在衛界。《通志》：「今在衛北四十里曰大鹽池，衛北百七十里者曰小鹽池，衛城東南者紅鹽池，衛城西者曰長鹽池，然皆湮廢。」

萌城堡，在所東南二百二十里。《輿程記》：「所南四十里有大沙井堡，亦曰大沙井驛，又東南四十里爲石溝驛，又六十里爲小鹽池，亦曰鹽池驛，」【略】

寧夏後衛，東北至榆林鎮七百二十里，南至慶陽府五百里，西南至固原鎮六百二十里，西北至寧夏鎮三百六十里，自衛治至布政司一千一百二十里，至京師三千三百七十里。

古羌、戎地，秦屬北地郡，兩漢因之。晉仍屬北地郡，後爲赫連夏所據。後魏置大興郡，西魏改爲五原郡，兼置西安州，尋改爲鹽州。隋初郡廢，大業初又改州爲鹽川郡。唐初爲梁師都所據，貞觀二年復置鹽州，《舊唐書》：「武德初鹽州及五原縣俱寄治靈州，貞觀初州縣俱廢。明年平梁師都，復於舊城置鹽州及五原縣。」天寶初曰五原郡，乾元初復故。貞元二年陷於吐蕃，《唐史》：「時吐蕃陷鹽州及夏州。」八年收復。明年置鹽州節度，尋廢。十七年又陷於吐蕃，旋復得之。《唐志》：「貞元十九年置保塞軍於此。」五代時亦曰鹽州。宋初因之，咸平以後爲西夏所據。元以其地屬環州。明初屬慶陽府，正統九年置花馬池營，成化中爲守禦花馬池千户所，正德元年改置寧夏後衛，隸陝西都司。今爲寧夏所。

衛控扼朔方，翼蔽内郡，北面之險也。赫連氏桀驁於統萬，梁師都倔强於夏州，皆取途於此，以窺伺關中。唐失鹽州而塞防無復保障，吐蕃往往繇此阻絶靈武，侵迫鄜、坊。貞元八年復城鹽州，繼又增立軍府。由是靈武、銀、夏、河西獲安。五代梁乾化初保塞節度使高萬興奏取鹽州，先是開平三年鹽州屬李茂貞，朔方帥韓遜附全忠攻取之，至是爲高行存所據，自爲刺史，萬興遣將攻降之。其略曰：鹽州與吐蕃、黨項犬牙相接，爲二境咽喉，地又有烏池鹽鹺之利，戎、羌意未嘗息。唐建中初爲吐蕃所陷，砥其墉而去，繇是銀、夏、寧、延暨於靈武【略】

白池城，在衛西。本興寧縣也，隋末析五原縣置，屬鹽川郡。唐初亦寄治靈州，仍屬鹽州。貞觀初廢，龍朔三年復置於舊治。後改爲白池縣，以近白鹽池而名也。宋陷於西夏，縣廢。

龜茲城，在衛東北。漢縣，屬上郡。顔師古曰：「龜茲讀丘慈。」時龜茲國人來降附者，處之於此，因名。亦爲上郡屬國都尉治，有鹽官。後漢曰龜茲屬國。永壽初南匈奴別部叛，寇美稷，東羌復應之，安定屬國都尉張奐勒兵出長城，遣將王衛招誘東羌，因據龜茲縣，使南匈奴不得與東羌交通是也。又《西羌傳》「雍州有龜茲鹽池，爲民利」，即今大小兩鹽池矣。晉廢。後魏主燾太延五年伐姑臧，自雲中濟河至上郡屬國城，即故龜茲城也。

方山，在衛東北百餘里。正德九年寇入花馬池，掠官馬而去。參將尹清追之，戰於方山，敗没。翳犢山，在衛東北。後魏主嗣泰常五年如翳犢山，遂至瀉滷池。李延壽曰：「山在五原東。」胡氏曰：「瀉鹵池即唐鹽州之鹽池。」

鹽池，在衛城西北。舊亦屬慶陽府，去府城五百里，北至寧夏鎮三百五十里。池周迴八十里，謂之大鹽池。《魏土地記》：「大鹽池鹽色青白，名曰青鹽，又名戎鹽。」晉太元十六年魏主珪破劉衛辰軍於鹽池，自河以南諸部悉降。宋白曰：「即唐鹽州五原縣青、白鹽池也。」《唐志》：「鹽州管四池，曰烏池、白池、瓦窑池、細項池。」又云：「青白鹽出烏、白兩池，亦曰青、白鹽池，在鹽州北。」唐元和十五年吐蕃入寇鹽州，營於烏、白池，未幾復圍烏、白池。宋至道二年夏州、延州行營言兩路合勢破賊於烏、白池，賊首李繼遷遁去。既而西羌擅以爲利。明時邊儲多取給於此。其地亦名三山兒。

小鹽池，在衛西二百里。池周二十七里，自慶陽至寧夏此爲中頓之地。《五邊考》：「小鹽池與萌城驛爲寧夏後衛、靈州所及慶陽府環縣三境之要會，套寇入犯，往往以此爲捷徑。弘治十三年官軍敗寇於此。池西北去靈州所百二十里，去寧夏衛三百七十里，與大鹽池皆不假人力自凝爲鹽。」西魏置鹽州，蓋以邊鹽池而名也。

天池，在衛西。成化九年撫臣馬文升議築堡於此，接興武千户所界。又紅柳池在衛東南，亦去慶陽府五百里，周迴二十六里。又有石溝池在其西，蓮花池在其東，相近者又有東小池與馬槽等池，俱産鹽硝。

温池廢縣，在衛治東南。漢北地郡富平縣地，隋爲弘静縣地。《通典》：「後魏薄骨律鎮倉城在此。唐神龍初置温池縣，屬靈州。廣德後没於吐蕃，大中間收復，改置威州。」胡氏曰：「温池縣有鹽池，唐大中四年以温池鹽利可贍邊陲，委度支制置。」是也。宋没於西夏，縣廢。

祖厲河，在城東，又北注於河。其水苦惡不可食。《水經注》：「水出祖厲南山，北流經祖厲縣，又北注於河。」漢元鼎五年幸雍，遂踰隴，登崆峒，西臨祖厲河而還是也。《唐史》：「祖厲城西有河池，因雨生鹽。」衛志：城中無清泉，祖厲水復鹹苦，汲者必涉祖厲而後達於河取以供日用，一遇雨潦，即漲溢不可渡。乃量工命役，截其上流，去衛五里地有江嘴，決而導之，使北入河，於是故道堙平，往

來便易。

又　卷六三《陝西一二》　崑崙山，在衛西南二百五十里，南與甘州山連。其巔峻極，經夏積雪不消，俗呼雪山。志云：山有崑崙之體，因以爲名。或曰即《禹貢》之西戎崑崙也。周穆王西巡至崙丘，見西王母於此。漢平帝時金城塞外羌獻魚鹽之地，遂得西王母石室云。或謂之小崑崙。　九龍山，在衛南二百里。《通典》酒泉縣有九龍山，是也。又有獨登山，志云：在廢玉門縣北，有鹽出巖石上，美於海鹽。其相近者又有神雨山。

永寧堡，在衛東。又衛南有衛安、永清等堡，衛東南有永定、鹽池等堡。志云：鹽池堡在衛東百三十里。亦曰鹽池驛，接鎮夷千户所。

紅鹽池，在衛北五百里，池産紅鹽。又居延澤旁亦有池，産白鹽，采之不竭。

恩宿川，在衛西。晉太元初苻秦將苟萇等伐涼至河西，遣别將馬暉等西出恩宿邀張天錫走路，期會姑臧，暉等行澤中，值水失期處也。　暖泉，在衛西南三十五里。二穴湧出，四時嘗温，東北流入水磨川。《通志》：「衛東北有白鹽池、青鹽池。」

新中沙白鹽池，在衛東五十里。志云：衛東四十里有小池，衛南三十里有三墒白鹽池，衛西二百二十里有鴛鴦白鹽池，又有小鹽池，俱産鹽。

黑河，在城南四里，有黑水渡。即古張掖河也，流經硤口入居延海。志云：所境有永豐等渠二十，分流溉田。又有鹽池，在所西四十里，産白鹽。

又　卷六四《陝西一三》　榆谷，在衛西。《水經注》：「河水逕西海郡南，又東逕允川，西歷大、小榆谷北。」二榆土地肥美，本先零羌所依阻險麋相曹鳳上言：「西羌爲寇，常居大、小榆谷，土地肥美，有西海魚鹽之利，阻大河以爲固，緑山濱水，可廣田畜，故强大常雄諸種。請及時規固二榆，屯田積穀，隔塞羌、胡交關之路。」從之，永初中以羌亂復罷。

西海，在衛西三百餘里。一名青海，亦曰鮮水，又爲允谷鹽池，周圍數百里，中有龍駒島。

湟水，在衛北。《漢志》：「臨羌西北至塞外，有西王母石室、僊海、鹽池，則湟水所出。」

鹽池，在衛西三百里。《漢志》金城臨羌縣有鹽池。《十三州志》：「卑禾羌海北有鹽池。」唐貞觀八年分道討吐谷渾，使高甑生出鹽澤道，謂鹽池也。

蒲昌海，在玉門、陽關以西三百里。一名鹽澤，廣袤三四百里，則葱嶺、于闐兩河之所注。漢太初中自敦煌西至鹽澤，往往起亭鄣。漢張騫言：「于闐之西水皆西流注西海，其東水東流注鹽澤。」《西域傳》：「鹽澤一名蒲昌海，其水亭居，冬夏不增減。」《括地志》：「鹽澤亦名泑澤，亦名輔日海，亦名穿蘭，亦名臨海，在沙州西南。」《唐志》：「蒲昌海在蒲昌縣東。」是也。亦謂之蒲類海。

又　卷六五《陝西一四》　鹽水，火州東有道，從水中行。裴矩《西域記》：「鹽水在西州高昌縣東，東南去瓜州一千三百里，並沙磧地，道路不可準，惟以人畜骸骨及駝馬糞爲標驗。」顔師古曰：「敦煌西北有惡磧砂，磧中不生草木，水又鹹苦，謂之鹽水。」漢太初二年使使取宛善馬，宛王謂漢去我遠，而鹽水中數敗是也。既而李廣利伐大宛，過鹽水而西。高居誨云：「自伊吾廬而西至大屯城，又西始涉鹽磧，無水，掘地得濕沙，人貯之胸以止渴，又西乃度陷河」云。

又　卷六七《四川二》　鹽井關，在縣西白沙河北。又有水西關，在白沙河南。元人修都江堰，謂鹽井關限其西北，水西關據其西南，即此。

玉屏山，縣西二十里。羣山環聚，玉屏爲之冠。又金華山，在縣北百十里。山下有池廣數十畝，左有卧龍山，右有仙牛山。　麗甘山，在縣東南二十里。山下有鹽井，産鹽甚甘。相傳山神十二玉女所開，因名。今井竈猶存。

鹽井，在治南少西。有艷陽洞，亦曰焰陽，即鹹泉之源也。亦曰陵井，亦曰仙井，宋置監於此。志曰：府境有鹽井，大小不一，惟仁壽及簡州所出至多，民資其利。　有仙泉井鹽課司，在縣治南半里。

珠江，在縣治南，即雒江所經也。自簡州東南流入境。又東四十里爲資江，水深百尺，爲羣川總會之流，入内江縣界。志云：縣境有蒙溪、鴛鴦石等堰六十一處，皆分引珠江下流以溉田。　羅泉井，在縣西百二十里。産鹽，有鹽課司。

玉帶溪，縣西二里，下流合於中江。又長堰池，在縣南三十里，有灌溉之利。池北爲天生堰，亦引水灌田處也。　黄市井，在縣西南二十里。産鹽。《宋志》云：「内江有六十六鹽井，此其一也。」今有黄市井鹽課司。

簡州，府東南百五十里。東北至潼川州安岳縣百八十里，東南至資縣二百里，西南至眉州百八十里。【略】州密邇成都，江山殊勝，處於高印，魚稻常饒。西川鹽利，簡州爲最，沃饒之稱，良有以也。

上流井，州北十里。産鹽，有鹽課司。又牛鞞井，在州城内，亦産鹽。又平泉井，在廢平泉縣。市民日汲於此，給百餘家。

鹽泉廢縣，州東百十里。本魏城縣地，唐武德三年析置鹽泉縣，屬綿州，宋因之，元省。《寰宇記》：「鹽泉縣有鹽井，居民得採漉，四方賈貿者走集焉。」

當狗城，在州西。城當白羌之路，故名。其西北有鹽川城、唐廣德二年劍南節度嚴武破吐蕃，拔當狗城，又拔其鹽川城。《唐志》：「維州舊有鹽溪縣，貞觀中置，産鹽，永徽初省入定廉縣」，疑即鹽川矣。

定廉山，州東南四十五里。有鹽溪出其陽，流至鹽溪村，民得採漉之利，唐鹽溪縣以此名。

又　卷六八《四川三》　新井廢縣，縣東北四十里。漢充國縣地，晉安帝嘗置新安縣，爲新巴郡治，宋、齊因之，後廢。唐武德初析南部、晉安二縣地置新井縣，以其界内有鹽井而名，屬閬州。

順慶府，東至重慶府忠州五百六十里，【略】府江山襟帶，民物阜繁，居三巴之間，爲要膂之地。《舊圖經》：「果州田疇沃衍，川澤流通，饒五穀，多鹽利，西上成都，東下夔峽，資儲常取給焉。若其形勢，則北控劍閣，南臨墊江，指臂相依，走集甚易，馭之得其道，可以雄視四維也。」

昆井，府西六十里。志云：昆井，大井也，即古鹽井云。又府境州縣俱有鹽井，産鹽甚衆。

又　卷六九《四川四》　青苗陂，在瞿唐東。蓄水溉田，民賴其利。又有天池，浸可千頃。志云：在奉節、巫山兩縣間。　鹽泉，在府南。《荆州圖副》「八陣圖下東南三里有一磧，東西百步，南北四十步。磧上有鹽泉井五口，以木爲桶，昔嘗取鹽，即時沙壅，冬出夏没」云。

大寧縣，府東北三百二十里。北至湖廣竹谿縣三百五十里。本大昌縣地，宋開寶六年以縣之鹽井地置大寧監，元至元二十年升爲大寧州，明洪武九年降爲縣。

大寧城，縣北八里，宋鹽監初置於此。

鳳山，縣治東。一名東山，木石蒼翠，景物幽絶。又石鐘山，在縣東北十五里，與二仙山相望。上有大石如鐘，因名。志云：二仙山在縣東北十七里鹽泉側。山高百餘丈，上下皆峭壁。

寶源山，縣北二十五里。氣象盤蔚，大寧諸山此獨雄峻。山半有石穴，出泉如瀑，即鹽泉也。

袁溪鎮，縣東北二十里。有巡司戍守。又縣北二十里有大寧鹽課司，掌鹽税。

雲安監城，縣西北三十里。劉昫曰：「雲安多有鹽利，自漢以來皆置官司之。」唐末置雲安監。五代唐長興初時雲安、大昌、南浦皆有鹽官，屬東川。孟知祥請割雲安十三監隸西川，以鹽直贍寧江軍屯兵，時西川分兵屯夔州以拒荆南也。明年知祥將李仁罕陷萬州及雲安監。宋亦置監於此，屬雲安軍，熙寧四年以雲安監户口析置安義縣，八年户還隸雲安，縣復爲監。元并入雲安軍，明置雲安鹽課司，即故監城矣。

馬嶺山，縣北二十九里，與三牛山相對。漢初扶嘉言：「三牛對馬嶺，不出貴人出鹽井。」今三牛山去馬嶺十里，皆近鹽井。

湯溪，在縣東，接奉節縣界。常璩曰：「水源出縣北六百餘里上庸縣界，南流歷縣，翼帶鹽井一百所，巴川資以自給。粒大者方寸，中央隆起，形如張繖，因名繖子鹽。有不成者形亦必方，異於常鹽。」王隱《晉書地道記》：「入湯口四十三里有石煮以爲鹽，大者如升，小者如拳，煮之水竭鹽成，蓋蜀火井之倫，水火相得乃佳矣。」湯溪下與檀溪水合，上承巴渠水。巴渠南歷檀井溪，檀井入湯水，湯水又南入於江，所謂湯口也。

集賢驛，在縣東五里，水驛也。又周溪水驛在縣東五十里，瀼塗水驛在縣西北百里。《輿程記》：「自忠州水程東行九十里至漕溪驛，又六十里至瀼途驛，又六十里至集賢驛，又六十里即周溪驛也。」舊志以漕溪爲巴郡、巴東之界，今屬忠州。　分水公館，在縣西百里。志云：弘治末建。又遞運所在縣東二十里。縣治東又有鹽廠，商賈輳集處也。

墊江，縣南四十里。源出梁山縣之高梁山，春夏泛漲，人多墊溺，流經渠口浦入於開江，亦謂之濁水。　三潮溪，在縣東北五十里温湯井側。志云：井有三水，曰杉木，曰柏木，曰龍馬，皆開湔鹽課。溪水經其旁，一日三潮，冬温夏涼，頗爲神異。

花石溪，縣東三十里。下流合於嘉陵江。又苦竹溪，在縣南二十里，兩岸多苦竹；又鹽灘溪，在縣南十五里，舊有鹽泉；其下流皆注於涪江。

安西砦，在州西。宋末張珏守重慶，城陷，順流走至涪，元人以舟師邀之，遂被執，至安西死之。又白馬砦，在州南。宋置。旁有白馬鹽場。大觀四年砦廢。

獨勇寨山，縣東三十里。山險峻，昔人避亂居此，蠻獠不敢攻。又歌羅山，在縣東北四十九里，回旋起伏，如歌羅然。蠻獠多依阻於此。縣東二百四十里

又有伏牛山，左右皆有鹽井。

又　卷七〇《四川五》　鹽井，在縣治南。劉昫曰：「縣界有富世鹽井。井深二百五十尺以達鹽泉，俗呼玉女泉。以其井出鹽最多，人獲厚利，故曰富世。」《郡國志》：「劍南鹽井，富順爲最大。舊日爲額八百餘斤，今日爲額千五百餘斤。宋置富井監，專掌鹽税。」今有富義鹽課司在治南，新羅鹽課司及税課局在縣西。

淯井，在縣治北。泉有二脈，一鹹一淡，取以煎鹽。塞其一，則皆不流，又謂之雌雄井。宋置淯井監以收鹽利，祥符六年瀘戎蠻酋斗望寇淯井監，奪鹽井。轉運使寇瑊合兩路兵至江安，誘溪、藍十一州長吏及八姓烏蠻首領進討，緣淯井溪與斗望鬬，凡十一戰大破之，賊多墜崖死。七年更城淯井監，濬三濠以環之。今城即其遺址。《會典》：「縣有鹽水壩巡司。」

又　卷七一《四川六》　郪江，縣東南十五里。源出銅官山下赤岸溪，東北流，會中江水東入州界。一名武水，以中江有玄武江之名也。又有小郪江，出縣南蓮池鄉，東流六十里入郪江，故有大郪水、小郪水之稱。　鹽井，在縣界。《宋志》：縣有鹽井。又飛烏縣有五鹽井，銅山有銅冶是也。

沈水，縣東南八十里。後漢建武十一年岑彭等討公孫述，别將臧宫從涪水上平曲，述將延岑盛兵沈水以拒，宫擊破之，斬溺萬餘，逐北至平陽鄉。《水經注》：「沈水出廣漢縣，下入涪水。」《寰宇記》：「通泉縣北有沈水，即臧宫破延岑處。」可波水，在縣東，流入鹽泉縣界合梓潼水。又鹽井，在縣界。《宋志》：「射洪縣有鹽井。」又通泉縣有三鐵冶。

鹽井，在縣東。《宋志》：「縣有鹽井六。」又縣與射洪縣舊皆産鐵，其利屬於官。

黄虎城，在州北。涪水所經。晉時李氏據蜀，嘗置戍守於此。其後譙縱叛，亦置戍焉。義熙四年劉裕使劉敬宣討縱，泝涪江而上至黄虎，去成都五百里，縱遣譙道福悉衆拒險，相持六十餘日，不得進而還。胡氏云：「黄虎近涪城。或曰當在今遂寧縣西北。」　廢富國監，在州南九十里。本郪縣新井鹽場，宋置監領之，後廢。《宋志》：「梓州所領縣皆有鹽井，而最多者涪城則二十七鹽井，郪縣則三十四鹽井，蓋置監領鹽税也。」或云監蓋五代時所置。今有華池鹽課司，在州西三十里。

相臺山，州西八十里，即火井令袁天綱登山相視縣治處。山之西南即火井也。《華陽國志》：「火井有二，一燥一水。取井水以井火煮之，一斛水得五斗鹽，家火煮之不過二三斗耳。民欲其火，先以家火投之，頃許如雷聲，火焰出，通耀數十里，以竹筒盛其光，藏之可拽行，終日不滅。」《博物志》：「臨邛火井，諸葛丞相往視之，後火轉盛。」《蜀都賦》「火井沉熒於幽泉」是矣。其井深二三丈，以竹木投取火。後人以火燭投井中，火即滅絶不復然。隋、唐間於其地置火井縣云。

東湖池，州治東一里。志云：孟昶所鑿。又有西湖池，在州西十里白鶴山之左。　鹽井，《元史》：「邛州有二鹽井，宋名金鳳、芳池。天曆初地震，鹽水湧溢，州民侯坤願作什器煮鹽，而輸課於官，詔四川鹽運司主之。」今廢。

長秋山，縣東二十里。山高聳，一名主簿山，以昔有主簿王興者得仙於此而名。《寰宇記》謂之小可慕山。又九仙山，在縣西三十里。山有九峰，如列屏然。　金釜山，在縣南八里。下有鹽井，亦以金釜爲名。《宋志》：「縣有鹽井監及鹽井寨，以此。」

又　卷七二《四川七》　公井廢縣，縣東三十五里。劉昫曰：「唐武德元年割資州之大牢、威遠二縣地於公井鎮置榮州，以界内榮德山爲名。是年改鎮爲公井縣，六年州移治大牢，公井屬焉。」宋初因之，熙寧四年省爲公井鎮，入榮德縣。《宋志》：「公井有鹽場一，端平三年廢。」

資官廢縣，縣西南百二十里。本南安縣地，晉義熙十年置冶官縣，屬犍爲郡，宋、齊因之，後周省。隋末復置，改曰資官。唐武德初屬嘉州，六年改屬資州。縣有鹽有鐵，故曰資官也。宋仍屬榮州，元省。邑志：縣治西一里有榮王城，宋寶慶初築以封弟與芮，周一里有奇。元末隳。

又　卷七三《四川八》　泥溪，府西二里。源出叙州府宜賓縣，流入馬湖江。又三公溪在府西五里，黄龍溪在府西四十里，金魚溪在府南三里；又有悔泥溪在府東十五里，源出寶屏山；皆流注於馬湖江。　鹽井渦，在府北四里。其水鹹滷，可以煎鹽。

却佐溪，府西百五十里。下流入白水江。又勿食料溪，在府北百八十里。源出樂安山，西流入白水江。又黄水溪，在府東北二百四十里。下流入勿食料溪。　沱泊溪，在府治西。源出山澗，下流入納冲河。志云：府北百八十里有鹽泉二，其水俱可以煎鹽。

又　卷七四《四川九》　鹽井衛軍民指揮使司，都司城西北三百里。東至寧

番衛界百三十里，西至雲南麗江府界五百里，西北至雲南永寧府界三百里。

漢越嶲郡地，晉、宋因之，蕭齊以後没於蠻獠。後周屬嚴州，隋屬嶲州，南詔置香城郡。宋時蠻名賀頭甸，屬大理國。元初爲落蘭部，至元十四年立鹽井管民千户，十七年改爲閏鹽州，二十七年立柏興府。隸羅羅斯宣慰司。明初因之，尋改爲柏興州，洪武二十五年改爲柏興千户所，二十七年改置鹽井衛，屬行都司。領千户所一，長官司一。今亦置鹽井衛。

衛迫臨邊陲，通道滇、蜀，地饒給多鹽利，西陲之屏翰，而建昌之根底也。

定筰廢縣，在衛治南。漢縣，屬越嶲郡，郡都尉治焉。文穎曰：「古筰彝所居也。」《華陽國志》云：「摩沙彝所居。」後漢仍屬越嶲郡，晉因之。劉宋亦爲定筰縣，蕭齊以後廢。後周置定筰鎮，隋因之。唐武德二年改置昆明縣，仍屬嶲州。天寶末没於吐蕃，貞元中收復。後又没於南詔，置香城郡。大理時曰賀頭甸，後附於元，尋置閏鹽州，以州西獵鹿蠻部爲普樂州，俱隸德平路。至元二十七年并普樂、閏鹽二州爲閏鹽縣，以境内有鹽井也，置柏興府治焉。

昆明城，在衛西南。本漢定筰縣地，以南接昆明彝而名。顔師古曰：「昆明在嶲州西南。」漢武求身毒道，南方閉嶲、昆明。元封六年復欲通大夏，遣使十餘輩皆閉昆明，乃命將郭昌擊之，斬首數十萬，後復遣使，竟不得通。後周爲定筰鎮地。唐置昆明縣，蓋以漢昆明地而名。天寶中置昆明軍。後吐蕃亦置城於此。貞元十一年南詔攻吐蕃昆明城，取之，尋復没於吐蕃。十五年吐蕃謀襲南詔，屯於昆明，又遣兵屯西貢川。十七年韋皋遣軍攻昆明城，不下。胡氏曰：「昆明在西爨西北，有鹽地之利。」似悮。又鹽城，亦在衛西南。志云：昆明縣有鹽有鐵，築城以衛之，因名。

鹽井，在衛治東。有黑、白二井。《漢志》：「定筰出鹽。」元因以閏鹽名縣。今黑鹽井鹽課司置於此。又有鹽井遞運所，在衛東百里。

又 卷七七《湖廣三》 蒙惠二泉，州西二里。泉出蒙山之麓，分二派，北曰蒙，南曰惠，蒙泉常寒，惠泉常溫。宋知州彭承引爲三沼，合流至竹陂河入漢江。居民分引溉田，甚賴其利。志云：州東九十里有百頃山，有溫冷二泉，溉田百頃。又州北二十里有南泉，源出靈鷲山，溉田數百頃。鹽井，在州北九十里。産鹽味苦。

涔水，在州東北。《水經注》：「涔水出作唐西北天門郡界，南流經涔坪屯，屯堨涔水溉田數千頃，又東南流注于澧水。」又茹溪，在州西北百六十里，源出龍茹山。昔楚莊辛説楚王飲茹溪之水，即此。鹽井，在州北八十里，水鹹苦。明初立場煎鹽，不成而廢。

又 卷七九《湖廣五》 白龍潭，在太和山北五龍峰之頂。有水曰靈池，流爲黑虎澗，匯爲白龍潭，注于磨針澗。明末鄖陽賊據險處也。又州西南百里有鹽池，以水氣襲草如鹽也。

又 卷八二《湖廣八》 湨溪，在州西南。源出古城巖，流達于渠河。又有六王溪，在州南五十里，亦流合于渠水。龍井澗，在縣北十里。源出飛山，繞流經城西達于渠河。又洗馬池在飛山上，味鹹，可煮爲鹽。

又 卷九一《浙江三》 乍浦，縣東南二十里，與海鹽縣接界。縣南鏡諸水悉匯於此。志云：乍浦之水，舊自官河入海，元至正間番舶皆萃於此。明洪武中築城浦上，以爲備禦，今海鹽之乍浦所是也。嘉靖三十二年倭據乍浦犯杭州，官軍敗却之。又潘港，在縣東南，與乍浦相接。嘉靖中指揮劉岱敗倭於此。蘆瀝浦，在縣東北三十八里。舊志：在海鹽縣東北七十里是也。縣北境之水悉匯於此。有蘆瀝鹽場。

乍浦鎮，縣東南三十六里。志云：鎮舊在縣西南二十七里，元置市舶司於此。又有顧邑巡司，宋、元時置於故邑内。洪武十四年置乍浦鎮，改今名。十九年移而東南，即今司也。又白沙灣巡司，在縣東二十七里。元置蘆瀝巡司於廣陳鎮，洪武十九年移置白沙灣，改今名。二司舊皆有屯堡，嘉靖中改築小城，爲戍守處。蘆瀝市，在縣東北三十九里。宋、元時俱置鹽場於此。明初吴元年并鹽場於縣東南十五里之獨山鹽場，改置嘉興鹽運分司於此。洪武元年復置蘆瀝場鹽課司。

湯山，縣東北三十六里。高七十丈，周五里。上有烽堠，與乍浦所相接。嘉靖三十二年參將湯克寬破倭賊於此。又獨山，在縣東北五十四里。高五十丈，周六里，孤立不與諸山接。上置烽堠，以防海寇。舊置鹽場於此下。

澉浦，縣南三十六里。縣西南境之水由此入海。《水經》：澉浦之水通於巨海。宋開禧初置澉浦水軍。元時居民漸集，海商往來，遂成聚落。洪武中築城浦上，置澉浦所及巡司於此。志云：澉浦鎮山灣潮峻，爲南面之衝是也。藍田浦，在縣南三里。浦口有藍田寨，因名。宋咸平六年縣令魯宗道重開以通海潮，由白塔港入運河以灌民田，因名魯公浦，亦曰魯浦。紹熙三年縣令李直養重濬，自藍田開十八里南抵鮑郎鹽場，以通鹽運、灌民田。今多堙淤。

鮑郎市，縣西南二十里。晉隆安中孫恩作亂，縣令鮑陋遣其子嗣之禦之，追賊被殺處。其地舊有鮑郎浦。今澉浦西門外曰鮑郎鹽場，置鹽課司於此，蓋宋、元時舊制也。

守禦澉浦千户所，在海鹽縣南三十六里。志云：唐開元五年吴郡刺史張廷珪奏置海鹽縣澉浦鎮，天寶十載太守趙居貞奏置海鹽縣寧海鎮。吴越時澉浦、乍浦皆設鎮遏使。宋開禧元年置澉浦水軍，淳祐中復調許浦卒歲百人更番守澉浦。咸淳末以蒙古南下，益增沿海戍令，於乍浦亦置水軍，設統制領之。及蒙古帥董文炳帥兵自海道至，二鎮軍相繼降下。元亦設兵於澉浦鎮。尋以澉浦盜起，遣將鎮守。至元十八年遣兵侵倭，留後兵分戍澉浦海口。明始置所。邑志云：宋置澉浦鎮，并置榷務於此。元亦爲澉浦務。明初置巡司，并置税課局於此。洪武十九年建所。有城，永樂十六年甃以磚石，正統四年增修，嘉靖中復營繕，周八里有奇。

又　卷九二《浙江四》　赤城驛，在府治東南。宋置丹丘驛，明朝改今名。又泰安驛，在府西北四十七里；横溪驛，在府東北五十里；皆宋置，尋廢。杜瀆場鹽課司，在縣東百里。宋熙寧五年置場，元曰杜瀆監，明初改鹽課司。志云：府東南二里有台州鹽倉批驗所。又新亭鹽場，在府東南六十里。宋置，尋廢。

梅嶴鎮，縣南百里。【略】築城置戍，爲濱海之備。志云：宋、元時縣境有【略】又長亭鹽課司，在長亭巡司東三十里。宋置鹽場，在縣東十五里港頭鎮，大觀三年移置此，今因之。又縣南海游山下有海游鎮，洪武初置税課局，正統三年廢。

鹹池匯，在縣東南八里，即姚江所匯也。江流至此，紆迴數曲，每曲約十餘里，數曲間陸行不過十餘里，而舟行則數十里。下壩，在縣西四十里。一名新壩，石甃，西去中壩十八里。左江右河，河高於江丈有五尺，爲舟楫所必經之道。亦謂之江口壩。又李家閘，在縣東南三十五里，大蘭諸山之水匯爲楊溪，慈谿縣石門山之水亦流合焉，北入姚江，東達慈谿縣爲藍溪上游。宋建隆三年吴越置閘於揚溪西北以節水。元置巡司於此，爲四明之門户。今廢。又石堰，在縣東北二十里，有石堰場鹽課司。

梁湖堰，縣西三十里。王氏云：「浦陽江有南津埭、梁胡堰。」是也。六朝時置税官於此。亦曰梁湖壩，壩之西即曹娥江東岸，爲往來必由之道。風潮衝齧，移置不常。元至元中以潰圮重建。明朝嘉靖間江潮西徙，漲沙約七里，令鄭芸濬爲河，移灘江邊，仍舊名。有曹娥場鹽課司。

鳴鶴山，縣西北六十里。下有鶴鳴場鹽課司。又西十里則觀海衛城也，城内有磨石、浪港二山。稍北爲廟山，其相近者爲瓜誓、桑嶼、箬嶴諸山，皆際海中。又十里有大忌、小忌二山對峙，則海中危石，行舟之所忌也。今已近岸。岸東有向頭山，如龍頭尾相向狀，龍頭以東屬定海，龍尾以西屬餘姚，二山捍潮其中，漲塗漸與山相接，爲海濱要地。志云：向頭山在縣西北八十里。舊有海塘閘，今爲漁鹽之地，禾黍菽麥彌望。西北百里又有泥横山，俗名掘泥，在海中。今亦連大岸。

長山寨，縣南四十里。舊爲海内東寨，明朝洪武初徙長山鹽場之右，曰長山巡司，二十七年徙今所，嘉靖中廢。今縣東南四十里有長山鹽課司。舊志：縣南十五里有長山，東南七十里有長山岡，寨因以名。又穿山巡司，在縣南九十里。宋建炎中置白峰巡司，紹興中漸徙而南，明朝洪武初徙穿山旁，改穿山巡司，二十八年徙縣東南百二十里，亦嘉靖中廢。今有穿山所及穿山鹽課司。又霞嶼巡司，在縣南百里。舊爲海内西寨，宋嘉定間徙於縣南，明朝洪武初改崎頭巡司，正統十三年又改今名，嘉靖中亦廢。

管界寨，縣西北六十里。宋曰水陸管界巡簡寨，在縣城内，嘉祐中遷瀶浦上，改今名。洪武二十年徙於縣西四十里。又上岸太平嶴巡司，在縣南六十里，正統十三年置，亦曰太平巡司；又甬東巡司，在縣東南十五里甬東橋旁，志云舊置於府東五里甬東隅，洪武二十年徙竹山海口，與招寶山相對；又大嵩巡司，舊置於縣東南大嵩港，洪武十七年移置縣南梅山；嘉靖中皆廢。《通志》：「甬東、大嵩二司本屬鄞縣，而地連定海。」又清泉場鹽課司在縣南十里，龍頭場鹽課司在伏龍山西十里，大嵩場鹽課司在大嵩所，與長山、穿山二鹽課司所謂縣境五鹽場也。

遊仙寨，在爵溪所南。嘉靖三十一年倭賊寇遊仙寨，爵溪百户秦彪曰：「遊仙與爵溪唇齒，無遊仙是無爵溪也。」直前赴救，戰死。玉泉場鹽課司，在縣東南十五里。

長浦寨，縣東南四十里。有巡司，本曰界首巡司，洪武二十年立海門衛移置於此，改曰長浦，築城戍守。又路橋鎮，在縣東三十里。宋初爲新安鎮，後改今名。今亦爲戍守處。縣東南四十里又有旋井市，亦曰泉井鎮。丹崖驛，在縣

治東。舊在縣東北三里，宋曰永寧驛，乾道三年又改爲仁風驛，元因之，明初改今名。又白嶧驛，在縣南四十五里。宋置，尋廢。《輿程記》：「縣南六十里至樂清縣之領店驛，又南至窑嶴驛六十里。」又黄巖場鹽課司，在縣東南六十里。宋曰遷浦鹽場，元曰黄巖場監，元貞初升鹽司，明初改今名。

又　卷九四《浙江六》【略】永昌堡，府東五十里。嘉靖三十七年創築，以防倭患，并遷中界巡司於此。城周五里有奇。又永嘉堡，在府東南五十五里。本永嘉鹽場，嘉靖三十七年建堡築城，周四里。

白沙寨，在縣東五里。有白沙嶺，爲水陸要害。或云漢遣下瀨將軍出白沙擊東越，即此。恐悮。明初自玉環山遷天富北監場鹽課司於此。

黄華水寨，在縣西南盤石衛東三十里，東接大海大小門、霓嶴，南枕港口，乃温州之咽喉也。水哨南會飛雲，北會白巖塘，備禦最切。【略】《海防攷》：「縣西四十里有白塔山，其地謂之塔頭。有長林鹽場，宋政和中置，元爲司令司，明初曰鹽課司。又西南即岐頭也，海舟經此，必艤舟而後行，謂之轉岐。」

又　卷九六《福建二》　海壇山，縣東南七十里海中。周七百里。其山如壇，南北長而東西狹。上多雲氣，亦名東嵐山。唐牧馬地，後漸有寺宇。宋初置牧監，尋以駑駻罷。皇祐中許民耕墾，淳熙中有三千餘户。其山南曰黄崎，曰紫闌，曰牧上，曰砦頭，曰沆頭，曰大、小鼇網，有三十六派湖環繞，峰巒如畫，宣和以後大雨雹，湖皆決入於海。近塢有大小場、滸頭及錢藏，皆爲泊船澳。迤東高者爲軍山，王氏時謫戍多居此。其間曰浚門，曰獺步，曰廣州埕，曰流水，隔東江曰小墻，小墻北曰十二藍焦，東墻北曰白兵焦、大桑、小桑，兩桑間曰桑門，而兩墻間爲鸕鷀門，是外極東之島，而舟不可行矣。迤南有南匿里，亦曰南匿嶼，舊産鹽，宋於此設巡司。其北有沙澳，亦曰蘇澳，又有水溪，行一日皆沙，而澳當海口爲寨。又五里西抵鍾門，亦曰鍾山嶼，玲瓏如鍾，菰蒲四圍，海水鹽鹵，而此泉獨淡。

海口鎮，縣東十里。宋里人林遷創建。有城，亦曰海口鎮民城，周四里有奇。明朝嘉靖三十四年倭寇來攻，以城壞，爲倭所陷，尋改築之。自是倭夷屢犯鎮，以城堅得免。志云：鎮東北倚龍山，鎮南二里即瑞巖山也。元置海口務於城内，明初改爲海口税課局，并置河泊所於此。又有海口場鹽課司，元延祐六年建。本名司令司，明初改爲運鹽分司，洪武二十年改鹽課司。又牛田場鹽課司，在縣東南三十里，建置同海口鹽課司。

古田廢縣，縣西南三十里。宋太平興國五年徙縣於水口，就津陸之要，即今水口鎮也。端拱中復還舊治。今爲水口驛，東南至府城百八十里，延津上游，此爲鎖鑰之口。志云：宋遷縣後，設監鎮官涖此，元革。今鹽運分司設焉，有浮橋横於江津，朝夕驗收。亦曰水口關。自水口而上五里有塔嶺亭，西往南平，北往古田，分岐於此。

涵頭鎮，府東北二十里。亦曰涵頭市，路通永福、尤溪諸徑。洪武初置莆田税課局於此，莆田河泊所亦置焉。《鹽鹺考》：「元至元十六年於涵頭市設管勾司，董鹺事，延祐二年改爲司令司，明朝洪武二年改爲福建都轉運鹽使司分司，分統上里等場鹽課司，所轄凡二十四團，皆産鹽處也。」

温麻驛，州西五里，又西有鹽田驛，又州東有倒流溪驛、飯溪驛，州北有桐山、分水二驛，俱宋乾德初置，元廢。今州治東有館驛，舊置於西門内，正統七年改置今所。又州西南四十里有鹽田公館，州西北八十餘里有杯溪公館，俱成化中置。

又　卷九九《福建五》　彭湖嶼，在府東南海中。山形平衍，東西約十五里，南北約二十里，周圍小嶼頗多。自府城東出海，舟行三日可至。又有東、西二碇山，亦在海中。自東碇開洋一日夜可至。其海水號彭湖溝水，分東西流，西達漳、泉，東達吕宋。《海防考》：「隋開皇中嘗遣虎賁陳稜略彭湖地。其嶼屹立巨浸中，環島三十有六，如排衙。居民以苫茅爲廬舍，推年大者爲長，以畋漁爲業。地宜牧牛羊，散食山谷間，各剺耳爲記。」《元志》云：「三十六島，巨細相間，坡隴相望，有七澳居其間。大約有土無木，土瘠不宜禾稼，産胡麻、菉豆、山羊。尤多居人，煮海爲鹽，釀秫爲酒，採魚蝦螺蛤以佐食。」

晉安驛，府治西肅清門内。元曰清源站，明朝洪武九年改置驛，并設遞運所於其東，以驛兼領。志云：府治西南有清源驛，元置，尋廢。又府南二十里塘市有元置晉江税務，明朝洪武六年徙於城西南，更爲税課局，正統初省。十二年復置，嘉靖十六年廢。又有河泊所，洪武十四年置於城南門外，嘉靖間移置城内。潯渼場，在縣東南六十里，産鹽。元置管勾司，後改司令司，洪武初改爲場，二十五年又改設鹽課司。相近又有洒洲場，亦元置，明朝改。

魚腸嶼，縣東南三十里海中，相近爲竹嶼，居民數百家，歲獲魚鹽之利。

洪前鹽泉，在縣東東山浮洋中，海潮所不到。每風日晴明輒有小泉自沙土中出，鄉人取而淋之，可煎成鹽。

又　卷一〇一《廣東二》　博臘砦，在縣境。《宋志》：「縣有海口、海陵、博臘、遂訓四砦，蓋皆濱海戍守處也。」【略】雙恩場，在海朗所西南，産鹽。宋、元時設管勾官於此，明洪武二十年改設鹽課司。

寶安廢縣，縣南二百五十里。本東官鹽場，三國吴甘露二年置司鹽都尉於此。晉改置縣，並立東官郡，亦曰東官城。隋郡廢而縣如故。

大奚山，縣南三百餘里大海中，環三十六嶼，週迴三百餘里，民居以漁鹽爲生。《宋史》：「慶元三年提舉鹽茶徐安國以捕私鹽致亂，知廣州錢之望遣兵殲之，遂墟其地，後生息漸繁。」

香山鎮，在縣北大欖村。舊爲香山砦，洪武二年改置巡司。又小黄圃巡司，在縣北百二十里。弘治九年置。金斗場，在縣南百五十里，地名濠潭，即宋金斗鹽場也。今廢。

大隆山，縣西南百二十里。有傜寨，舊爲盜藪。又縣南百六十里曰龍溪山，山險峻，上有石室。上川山，在縣南二百三十里海中。山多香蠟材木，居民煮鹽者多取木於此。又下川山，在縣南三百里海中，亦有香蠟竹藤之利。《一統志》：「上川石山，下川土山，居民舊以賈海爲業。」

又　卷一〇四《廣東五》　特思山，縣西南七十里。山勢特兀，爲衆山最。又有高山，在縣西八十里。峰巒崒嵂，因名。特呈山，在縣南六十里。山勢秀拔，竦立海中，與雷州府遂溪縣平樂海嶺相鄰。山北有茂暉場，産鹽。

零洞水，在廢零禄縣西三十里。源出縣西境零洞山，下流入海。一名零禄水。《通志》：「零禄水在縣西百二十里，一名零烈水，源出廉州府境，東南流入海。」官寨港，在縣西南百二十里。源出廉州府廢石康縣之六牛山，南流二十里入永安大海。近官砦鹽場，因名。

海，府東十里。亦曰東洋海，極目無際，南通瓊、崖，西通對落、楊梅二珠池，東北通閩、廣。中有思靈島，産米豆。又有瀧洲，在府東南百八十里，崛起海中，周五十餘里。上有田，頗腴沃。又府西南境之海亦曰西洋海，中有卯洲，地常暖，鳥多伏卵於其上。又有邵洲，在府西南百十里海中，周圍六十里，居民皆煮鹽爲生。其地本荒棄，有邵姓者闢而居之，因名。

廉州府，東至高州府二百六十里，南至海岸八十里，西至廣西上思州界五百三十里，北至廣西横州三百里，西北至廣西南寧府三百五十里，東北至廣西博白縣二百里，自府治至布政司一千二百六十里，至京師九千六十五里。

古百越地，秦爲象郡。漢初屬南越國，武帝平南越屬合浦郡，郡治徐聞縣。後漢因之。郡治合浦縣。三國吴黄武七年改曰珠官郡，尋復故。晉亦曰合浦郡。宋置越州，志：泰始七年置州，并領合浦、臨漳等郡。齊因之，志：越州治臨漳郡，而合浦郡還治徐聞。梁爲越州治。《通志》：「梁省臨漳郡入合浦郡，還治合浦，仍移越州治焉。」隋平陳廢郡存州，大業初改爲禄州，尋又改爲合州，三年復曰合浦郡。唐武德四年仍置越州，亦曰南越州。貞觀八年改爲廉州，以郡有大廉洞而名。天寶初曰合浦郡，乾元初復曰廉州。南漢因之。宋仍爲廉州，亦曰合浦郡。太平興國八年改曰太平軍，咸平元年復故。元曰廉州路。明洪武初改爲廉州府，尋降爲州，屬雷州府。十四年復爲府。領州一，縣二。今因之。

府南濱大海，西距交阯，固兩粤之藩籬，控蠻僚之襟要，珠官之富，鹽池之饒，雄於南服。

石康廢縣，府東北三十里。本合浦縣地，南漢咸亨初置常樂州，領博電、零禄、鹽場三縣。宋開寶五年州縣俱廢，改置石康縣。【略】《廣志》云：「鹽場廢縣，亦在府東南。」

又　卷一〇五《廣東六》　臨川廢縣，州東南百三十里。劉昫曰：「隋所置縣也，屬崖州。」或曰本臨振故縣，隋開皇十年以臨振縣賜高涼冼夫人爲湯沐邑，即此。後廢。唐曰臨川縣，屬振州，南漢廢入寧遠縣，宋爲臨川鎮。鎮東北有故鹽場，亦宋置。

又　卷一〇七《廣西二》　臨源嶺，縣北三里。即越城嶺也，亦曰始安嶠。舊志「越王城在湘水南五十里」，《一統志》「越城嶺西南有越王城」，蓋即越城嶺之訛矣。詳見前名山越城嶺。石康嶺，在縣西，周八十里，逶迤而東，繞出縣後。其下源泉四出，灌田甚廣。又鹽砂巖，在縣西六里。有砂與鹽相似，鬻鹽者多取亂真。

又　卷一一四《雲南二》　呀峻山，在州西北五里，州之主山也。山有煎鹽水。《漢志》：「連然有鹽官。」《華陽國志》：「連然縣有鹽泉，南中所共仰。」《滇程記》：「安寧民食馬蹄鹽，鹽産象池井。」今州治西古阿寧地有鹽課提舉司，轄鹽井四，列於司治之東西。

鹽井，在州治西。志云：安寧提舉司有大井、石井、河中井、大界井、新井，其新井舊無，今有，故止稱四井。

禄脿驛，州西五十五里，兼置巡司於此。亦曰禄嶸。地食釜鹽，産黑井中。

又　卷一一六《雲南四》　楚雄府，東至雲南府禄豐縣一百八十里，南至元江軍民府三百里，西至景東府四百里，西北至大理府四百二十里，北至姚安軍民府百九十里，自府治至京師一萬一千五十里，至布政司六百里。【略】府當四達之衝，東衛滇郡，西連大理，南控交趾，北接姚安，山川清秀，土壤肥饒，鹽井之利，商民走集，稱爲大郡。

波羅澗，在府西八里。志云：其麓有夜合榆，榆下有滷水，元至正間設官開井煎鹽輸課，今廢。

東山，在縣治東，勢若魚躍。又東三里曰高登山，元時有鹽井，建鹽司於此。今廢。亦名鹽倉山。

阿陋井，在捨資村中，又有猴井，俱産鹽。置鹽課大使，屬黑鹽井提舉司。志云：縣産鹽之井凡四十七區，俱環鹽課司四旁，或以人名，或以地名，今多湮没，總以奇與大井爲名。

黄蓮池，縣東南五里，廣二里許。池嘗産黄花如蓮。又龍馬池，在縣西南五里，方廣四里。相傳有龍馬現池中。志云：近城有浪溪，産鹽泉。

黑鹽井，縣東七十里。有釜鹽，有提舉司。其産鹽之井曰復隆井，舊名巖泉。又有大井、東井，凡三井。其東又有琅井，亦産鹽。元李源道《記》云：「滇池西走六驛有郡曰威楚。東北五舍沿浪山入長谷，有鹺井取雄於一方。井西里許有山曰萬春，墻立壁峙，東龍江之水，踞虎嶺之麓，爲最勝處。」又環黑井上者曰金榜山，近琅井者曰筆架山。今爲黑鹽井及琅井兩鹽課提舉司。又有黑鹽井、琅井二巡司。志云：琅井提舉司本名安寧，在雲南府安寧州治西。天啓三年移置於縣界，改曰琅井。

寶關山，在府北百二十里，東去鹽井提舉司一里。山高百仞，以通鹽要路，因名。

白鹽井，府北百二十里。本大姚縣地，有鹽課提舉司。旁有九井，曰觀音，曰舊，曰界，曰中，曰灰，曰尾，曰白石谷，曰阿拜，曰小，皆産鹽，爲公私之利。《滇略》「羝羊石在司西里許，蒙氏時有羝餂土，驅之不去，掘地得滷泉，因名白羊井，後訛爲白鹽」云。明初土爨自久作亂，官軍敗之於白鹽井，遂進敗賊於東山箐。今有白鹽井巡司。

只舊鹽井，志云：距州百六十里。又草起鹽井，距州二百里。俱産鹽，以爲民利。

筧泉，在府北衛城内。洪武中建衛，城中無井泉，指揮袁賢以竹筧引蒙樂山泉入城，甃池瀦之，上覆以亭，取汲於此，因曰筧泉。又府有土井，産鹽。

波弄山，在府治西。山勢起伏，形如波浪。山之上下有鹽井六所。土人掘地爲坑，深三尺許，納薪其中焚之，俟成灰，取井中之滷澆灰上，明日皆化爲鹽，鹽色黑白相雜而味苦，俗呼爲白雞糞鹽，用以交易。

又　卷一一七《雲南五》　安寧城，在縣北。唐天寶八載巂州都督何履光以兵定南詔安寧城及五鹽井，復立馬援銅柱是也。

五鹽井，在縣西北三百里，即唐天寶中何履光收復之地。明朝洪武十六年建五井鹽課提舉司於此。志云：五井，一曰洛馬井，一曰石縫井，一曰河邊井，一曰石門井，一曰山井，俱在縣界及雲龍州之境。亦曰上五井，兼置巡司於此。

蘇溪，在州西北。與浪穹縣五井鹽課司接界，下流入於瀾滄江。

諾鄧井，州西北三十五里，鹽井也。置鹽課大使於此，所轄又有石門一井。又大井，在州東南三十五里，産鹽。所轄又有山井及天耳井。又師井，在州西北百三十里；順盪井，在州西北二百五十里；俱有鹽課大使。舊屬五井提舉司，萬曆末廢提舉司改屬州。其井新舊互異，仍與浪穹境内洛馬鹽課使統爲五井云。

彌沙鹽井。在州西南百五十里彌沙鄉。有鹽課司大使，轄産鹽井二，曰大井、小井。

又　卷一一九《雲南七》　谷寶江，在州境。自遮遇甸流至州，下流合瀾滄江，亦謂之威遠江。正統五年麓川叛酋思任發自鎮沅之者章硬寨敗遁威遠州，知州刁蓋扼之於威遠江，敗之，即此。又南堆江，亦在州境。莫家寨河，在州境。汲其水澆炭火上煉之，即成鹽，居人恃以爲利。

清・檀萃《滇海虞衡志》卷二《志金石》　鹽附於志金石部後者，從《本草》例，以鹽入石部也。滇南大政，惟銅與鹽。鹽皆井鹽，設提舉司三。其不歸提舉者，歸州縣官。黑井、白井，井各五，琅井一。黑鹽歸省店，行二十一州縣。商販銷白琅鹽，行二十六州縣。官督銷統歸三提舉，雲龍井八，行八州縣。安寧井五，行三州縣，歸州牧徵。阿陋井十一，行二府縣，歸大使徵。景東井四，行五處，歸廳徵。彌沙井二，行二處，大使徵。只舊草溪各一，行二處，阿陋大使兼管。按版四，恩耕七，抱母九，香鹽十一，麗江七，磨黑七，猛野二，烏得四，或由州縣官與大使，或聽民自銷上課。此其大較也。考雍正間額，煎鹽二千七百二

十八萬七千四百餘斤，正課銀二十七萬八千餘兩，盈餘銀共四萬七千七百餘兩，如是而已。後來公私交迫，總歸鹽、銅加煎加銷，至餘於倍，鹽政大壞，民力不堪。奸民乘之而起，圍城綑官，剮眼投火，總以鹽爲藉口。此有鹽地方，所以愈不可爲也。竊惟滇南遼闊，其幅員可以包乎江浙兩省，而地丁錢糧曾不及大府之一。江浙山郡甚多，亦如滇南，而賦役懸殊者，則不均之故也。地方官無漕糧出辨，不得不假鹽課以轉動之，大吏又視行鹽之區爲利藪。官累日深，民怨滋起，職是之故。夫滇之兵米僅足養兵猶且不支，鹽課銀以支兵餉與官俸猶且不足，歲仰於各省協濟，銀累巨萬。疲內郡以濟邊方，幾成爲甌脱無用之地。惟開滇時田賦甚輕，數百年來相習以爲固然，一旦清釐，其勢有不能行。況於鹽務，畧一加煎加派，羣呼而起，禍幾不測。方今正額且不能銷，所加化爲烏有。愈貪者愈貧，由計之不審也。惟是因仍原額，與之休息，尚可以支撑。故詳志諸井，使有所考焉。

井神，龍也，雍正二年，封靈源普澤龍王。

白井鹽甚白，名人頭鹽、團鹽也，經女手始成。

安豐井，黑，名鍋鹽，重百二十斤。

黑井鹽亦黑，爲鍋鹽，或模成磚，名磚鹽，以餽送。

寧洱有鹽，紅而甘甜，殆飴鹽也。生於戎地，即戎鹽也。故崖鹽生於山崖，戎鹽生於土中，傘子鹽生於井，石鹽生於石，木鹽生於樹，蓬鹽生於草。今出口外，行數千里，有古長城，非秦築之長城也。城壁生鹽，如水晶，甚甘，即水晶鹽也。皆石氣之所散見，古人入鹽於石部，以此。

清・嚴如熤《三省邊防備覽》卷九《山貨》　四川之貨殖最鉅者爲鹽。川北之南部、西充、射洪、樂至、蓬溪；川南之犍爲、富順、榮縣、資州、井研；川東之忠州、雲陽、開縣、大寧、彭水；川西之簡州上。川南之鹽源州縣，著名產鹽者二十餘處，而地出鹹水，可以熬鹽，閭閻私井不外賣者，不在此數。大鹽廠如犍富等縣，竈户、傭作、商販各項，每廠之人，以數十萬計。即沿邊之大寧、開縣等廠，衆亦以萬計。竈户煮鹽，煤户、柴行、供井用商行，引張小行，販肩挑貿易，或出貲本取利，或自食其力，各營生計，無所謂事端也。自商販相爭，商占行消，口岸販趨透漏徑路，利之所在，走險如騖。此攔彼拒邊徼多一防維矣。

川北沿邊通南巴廣，四處無鹽井，鹽之行陝西者，廣元爲要道，商販間有爭競。

太平縣明通井，在萬山中，鹽竈所出，日不及千觔，路極崎嶇，商販不前，供就近山民日食而已。

城口產鹽之處，有兩三處，近本地客長有議開竈者，以在老林中，防其聚衆滋事，禁不準開。

開縣之温湯井，舊本三井口，温湯、膏谷、裕泉。行本境東里一路，井在東溪，東西岸逼近溪流，夏秋水漲則井浸水中，商人添開二井，稍高，然亦防水患也。井作方形，每面寬三四尺，深一丈二尺至五六尺不等，用竹竿置井曳水灌大木桶中，再用竹竿安木桶中灌上層木桶，以次而上，再用竹筒接長，分注各竈。先將鹹水和泥作團烤乾，曰泥鹺；挖槽，安泥鹺；再用鹹水浸之。泥散沉槽底，面浮清水。熬之緣其井水不甚鹹，必和泥團煉之始成鹺，而可用也。熬鹽，舊用薪柴，老林漸遠，取柴甚難，近於十里内外出煤窑，煤户用四輪小車推之溪側，小船運載至竈廠中。井廠所用夫匠，水陸運煤及商販運背之人，井旺時，日以萬計。其鹽行至太平，暨定遠、紫陽南，境背用木架鹽，用竹、篾包，安架上以背負之，撑手有丁字木棒。小憩用木棒撑架，遭雨水輒不能行。至定遠，不過六日程，鹽背必半月，所負重常二百四十觔。包高出肩背，上重下輕，石崎樹角，偶一失足，墜陡坡深澗，則人斃包爛。此等自食其力之夫，極勤且苦，所獲僅足餬口，則亦當矜恤者也。

雲陽縣之雲安廠，額設鹽井一百一十六眼，榷投三百四十九課，煎鍋三百四十九口，額引行雲達、新開、南卬、大崇、彭蒲、巫東、石鶴宣十五廳州縣，本爲川東大鹽廠，設有鹽大使一員經理。自元年後，賊匪滋事，雲廠被賊焚燬，向之行消雲廠鹽者，無鹽可配，陸續改配犍富、蓬溪等廠，至九年賊匪平定，商竈户漸次復業，廠中器具經雲開、新達、四縣商人重修，拽紅井二十六眼，煎鍋二百三十三口，而梁東等十一廳州縣改配已久，不復來廠配鹽。本廠井鍋雖復舊額，但以十五屬之鹽，只配四縣。四縣中，又未免各有私鹽。鹽積日多，以四縣商人之力，供十五屬商人之工本，商力未免疲乏。商不能供給竈户之私賣、私販，以濟其用者，勢所難禁。商與竈户不能無參差矣。議者擬仍復輪垣，鍋鹽盡歸垣，而以次輪配，固可不至透漏。苐以十五屬輪配行消之鹽，而以四屬輪配行消，詎能配能消。鹽積垣中，日久雨水淋浸消化，而工本愈虧。該廠商人，屢請飭十一處之商，照原額分配，而他廠鹽包於正鹽一百三十五觔之外，餘鹽至三四十觔，雲廠則以工本較重，餘鹽即一二觔亦不能增。且四縣商人以修復廠業費有工本，於

他商赴垣採配，每包另取幫錢，人情趨利，孰肯捨餘鹽數十觔而配無餘鹽之廠，更爲出幫項者，此所爲飭令歸配之檄，雖愷切森嚴，其裹足不前者，自若也。邊境之中，惟該廠難以調停妥協，亟思辦理之方，未能也。

大寧鹽廠，爲白龍泉。相傳唐時有袁氏子逐鹿至此，鹿匿穴中，袁用鋤挖之，泉水湧出，其色白，其味鹹，遂因之而成鹽井。石山壁立，安石龍頭泉從龍口噴出，大可尺許，龍頭下砌石井，井安鐵管六十八根，從鐵管注長竹筒，竹筒接至數十丈、一二百丈，半由溪北接至溪南，每竹筒一根安巨竹纜三根，繫筒於繩幫之，令筒不至中斷下墜，竹筒之水徑至各竈，額設竈二百零一座，每竈煎鍋三口，共煎鍋六百零三口，每鍋三晝夜出鹽三百數十觔。共配大寧、巫山及湖鶴峯、長樂、宣恩五州縣。水引一千九百四張，陸引二千三百九十一張，每水引一張配鹽五十包，陸引一張配鹽四包，每包合正耗鹽一百三十五觔。大寧鹽運至譚家墩，巫山鹽運至巴霧河，奉節鹽運至茨竹溝，發賣鶴峯，長樂鹽則運至各該地發賣。白龍泉之水較溫湯、雲安清而更鹹，無挽曳之勞，泉水四季皆旺，無旁洩、旁滲之苦。逼近老林，薪柴甚便。近年來，譚家墩口出有煤洞，煤載小舟順流而下，更爲便當。天不愛寶，養活無數生命，故大寧商人不須大有工本，亦能開設也。惟巫山、奉節例消雲安之鹽，則雲安之相近者，民食尚多，而鶴峯、長樂商人，行銷運本頗艱，只就本處行銷，未免有滯積之虞。陝西平利、安康鹽，課歸地丁。房竹興歸，山内重岡叠巘，官鹽運行不至，山民之肩挑背負赴廠買鹽者，冬春之間，日常數千人。廠中舊例，每鹽一背，給商引錢六十文，引課不虧，而無攔截拒捕之事，則法之變而得宜者。

鹽政有井課，竈課，有引課。井課、竈課，由出鹽地方徵完。引課由行鹽州縣徵完，分邊引、計引計。引行本境所謂計口而食也，邊引行黔中、思州、思南、楚中、施南、永順各處邊境。水引一張，每年額徵税銀十兩；陸引一張，徵税銀八錢。計引每張年徵税銀七錢六分八釐。

犍爲、富順、南部、蓬溪各鹽廠，産鹽最旺，距邊界稍遠，廣南通巴，與陝西連境，各邑均不産鹽，犍富之鹽，行至各縣，並行至陝邊西鄉、寧羌等處。

犍富之井，皆係鑿成。相其地脈，出鹽者鑿之，與溫湯、白龍、自湧、鹹泉者不同。鹽井沿山皆有高下，深淺不一，自百數十丈至三四百丈，井口大如碗，用鐵爪粗可把握，長丈餘繫繩搗之。每開一井，或二三年，或四五年，工費甚鉅，竟有鑿之十餘年而不及泉者。井體以石爲貴，遇沙泥、淡水則淘汰難成。鑿井匠作，皆黔省人。偶墜物件，能以竹竿撿取；遇井内有滲漏，能補塞之。洵稱絶技。《鑿井》。取水用大斑竹，長二丈餘，去内節謂之筒竹。筒底以牛皮爲機關，入井則皮内吸水，即入筒挈走，則皮自閉而水不放。筒顛繫篾條，接續代繩以吸引。井上立木架，設轆轤，繫篾條於上，使筒竹轉輾入井，旁設盤車，左右轉旋，或用牛馬盤旋如磨，或用人推挽之，收繞篾條，挈提筒竹出井。以鐵鉤觸機，水即傾注，盤車回旋，則筒竹復下。每水一筒約石餘。《引水》。井水色微黑，有臭氣，鹹淡不一。有井初鹹而漸淡者，有初淡而漸鹹者，大抵井愈深，水愈鹹。水質鹹淡不同，每水一觔，煎鹽自一兩四五錢至二兩一二錢不等。《水質》。鹽鍋坦如盤，厚四寸許，深五寸許，鍋邊之上編竹和泥圍之，曰鹽邊煎法。正鍋之旁另設一鍋，謂之溫鍋，先入水於溫鍋煎沸，然後舀入正鍋，水與滷邊齊視，水煎及滷邊之半，用生豆漿注入，若點腐然，候水大沸即成。白鹽味淡而稍苦，謂之花鹽。隨煎隨撮，水乾沸止。鍋内之鹽凝結而色黑，厚三寸餘，其味鹹，謂之巴鹽，貴於花鹽。每鹽一鍋煎三晝夜，大鍋可得巴鹽四百數十觔，小鍋三百數十觔。《煎鹽》。竈旁泥土與盛鹽篾包、繩索之類，用淡水泡洗，去渣滓入小鍋煎一晝夜，點以豆漿亦成。鹽白色而味淡澀，價更賤於花鹽，民買食之，攙入花鹽，莫可辨也。《渣鹽》。陝西西鄉、定遠、紫陽各處，民間餵猪，多醃成火腿。所用之鹽，必擇巴鹽，以其質重味鹹。《古山》。

凡産鹽之處，未有不産煤者，水火相濟，天所以育羣生也。川中古傳火井，有盛有歇，近來犍富各縣，火井大旺，較之昔，年可省煤十之三。火井與水井同，開鑿時不知有火。及見火。初只有氣，復淘至二三丈，火始旺。泥封井口，插竹筒導火入竈，以煎鹽。極旺之井，分售於他井，頗獲其利。嗅之有硫磺氣，貯以猪尿胞，可寄遠，刺小孔，以陽火引之，氣出如縷，暗室生光，火井中仍出鹹水，亦一奇也。《古山》。

水井之内，更有井油，色與水同。汲水入，筒油浮水面，若膩脂，舀起盛盎，夜間煎鹽，用之燃燈，微有硫磺氣，令人不耐。其性極寒，小兒頭面熱、癤初起，塗之即消。《古山》。

川中産鹽最盛之區，額設井竈固多，私井亦數倍，於官各井之鹽，舊有本地商引配銷鹽販一項。貧民自食其力，赴井挑負，於就近州縣地方，零星發賣。從前商人各照定地行銷，即有鹽販賣私，與商引無損，不致爭競。自增引改配之後，始有打鹽店、結夥拒捕等案，而川東尤甚。嘉慶十九年夏間，廣元寧羌幾釀

事端，改配之議因川北井枯課虧，改配代銷，名曰通融調劑。嗣即援以爲例，各州縣舊額，本地之商殷實者少，大半皆西南租引代銷，認給引課，然後察地方之光景，改配引張之多寡。本商貪得引利，西商之增引於彼，無涉所配，鹽勅不特浮於定額，且有重照兩三次之弊。大概增引之地，皆屬水，次以便船載，如重慶以下水次之江北、長壽、涪州、酆都、石砫、忠州，皆增有引張。就數廳州縣本地而論，未必能銷加增之引，不過藉在水次，引鹽船載而下，可由川江達荆宜，或由石砫至施南、永順各路銷。售至私販所賣之鹽，距各廠近者，固買自竈户。其途路，或相隔數百里，決不能從各竈挑負而來，不過就鄰近州縣鹽店販買轉易。是鹽販所賣仍係商人私鹽，論其事，係此邑買引之商與彼邑買商鹽之販争利。乃商人改配之引既多，各欲自顧口岸，即以別縣販子挑至者爲私鹽，設立巡丁，遇零星鹽販捕拏到官，輒以私販充斥阻滯官引爲詞。地方官課税爲重，不得不爲禁止，鹽販懷怨於商，遂有打鹽店之事。又慮巡丁捕拏，因之結夥成羣而行，是販子日聚日多，肆無忌憚，實商人激之使然也。商人如果照原引定地配鹽，則禁私尚爲有詞，今商人未免挾私而專欲禁販，是以燕伐燕矣，所患者鹽販爲商人逼迫，既已結夥而行，時存格鬬之心，若再加之嚴法，結怨愈深，勢必拒捕，釀成事端。各州縣皆有販子，其中無賴、惡少不少，或竟激而蜂起，必先擾害地方。商人棄資本有限，而百姓之受害甚大，其關於邊防者，非淺鮮也。《述軒》

大利所在，害常伏焉。陝西南山，利在木鐵各廠，患在停工歇業。十八年，岐郿之匪匪，其顯徵也。然木鐵廠之衆，通計不過數萬而已，非如川中鹽廠，匠作轉運各色之人，至不可紀計也。海濱前鹽取薪草，蕩蜀井開近山林，有煤有火出自井，其煎熬視海鹽爲易潞，鹽風過而掃，蒙鹽水中自撈，其成鹽亦易。而西北陸運，以肩挑，以騾駝行數百里、千餘里，而費不貲。川鹽則處處運以舟。淮鹽亦以舟運，而泝流而上，不如川運順流而下之便當。工本運脚既較省於海鹽，故其價常賤，而消售甚易。消售既易，業鹽之人愈繁。川中沃饒，爲各省流徙之所聚，其他陸路來者，無論已。即大江拉把手，每歲逗留川中者，不下十餘萬人，歲增一歲，人衆不可紀計。豈山中墾荒、平疇、傭工所能存活，幸井竈亦歲盛一歲，所用匠作轉運人夫，實繁有徒，轉徙逗留之衆，得食其力，不至流而爲匪。故川中近年邊腹地之安靖，得力於鹽井之盛爲多也。但私販既干例禁，賺銷尤功令所嚴，將來消鹽之地，隘鹽積於無用，則竈井漸次歇業，而此藉鹽營生不可紀計之人，將何所安措。井竈盛，則私販之患生；井竈衰。而歇業之患大。是他省之爲引課計者，專在鹽利；川省之爲商販慮者，尤在邊防。通籌合計，俾利存而害不生，殊非易易矣。

清·吴鼎立《自流井風物名實説》《富順縣志》卷三〇 同治十年夏，立權攝富篆，秋八月案牘稍清，且恐妨秋穫不事追呼，得以此隙赴自流井，藉覽其山川人物，訪諸紳商，循名核實，備書於左，用廣耳目。

邑西北有鹽井五：曰太源井，曰詹井，曰王井，曰徐井，四井有鹽水，無火無油，最著而生油生火者，爲富義井，一名自流井。

或曰謂邱壋之始，與長壋、龍壋交界新橋下、下橋上，名爲火井。沱河岸有井自流鹽水，故曰自流。或曰，有不見功之井，倏然湧出，非關人力，以是得名。其竈謂之鍋口，報明在案者，五百零八口半。各火其火，水其水，烹飪、燈燭、爐炭，皆資井之氣爲之，其利溥矣哉，蓋亦有天意存乎其間焉。銼之矣，或久不見功。功見矣，或力太微，或更一主而衰旺特異，竟有枯井而霎時沸騰湧出横流者，謂之噴。好事者附會其詞，曰，某也，有隱德。某也，有至行。朝饜藜藿夕齒肥美者，往往而然不可謂非天也。

井之分段五，其名謂之壋。由大小垇口、豆芽灣，至半邊街、韭菜園、齊家坪，曰桐發壋。由大冲至香爐寺過河，曰龍壋。由東嶽廟橋頭至大安、久安二砦，由砦至斜石搭轉至馬冲口、高洞、沙魚壩，曰仙騾壋，俗名新壋。由川主廟内柴口，至大灣井，曰長發壋。隔岸里許踞小溪場者，曰邱發壋。邱壋尤近，西與榮廠毗連。五壋延袤幾四十餘里。

廠上有董事焉，總理井之公件。宣上令，通下情者，其名謂之壋首。竈上有理事焉，領東家本銀，以辦井及竈及號，其名謂之掌櫃。其分理外事及接待賓客，其名謂之外場。廠下有傭儈焉，謹守出納之管，媒合行商低昂鹽價，其名謂之經紀。有執役綦久，終其事不更易以成鹽竈者，其名謂之竈頭。有雜於傭伍，作器具以補化工者，其名謂之山匠。有長於心計，能提調山匠，使作器治井者，其名謂之管事。

井口岔岔，如釜上氣，見黑水、見油者尤甚，謂之鹵氣。氣入鼻，即暈倒，以扇搧鼻孔，乃甦。其氣得火即然，始則爲一竈用，既而以竹筒引之百步、千步，或供十竈、二十竈之用。竹筒過氣，妙在於竹無傷。火性炎上，必據上升之地引之。火有大小之別，淺井之火，多則十餘口，少則七八口、三五口，甚有

不足一口者。其色白而不紅，其質柔而不剛。深井之火，有二百一二十丈，鹵氣甚大，與黑水之氣無異，燻人眼目。坐竈管事以及燒鹽者，均要帶水晶靉靆。深井之大火，則在二百四五十丈，或七八十丈，此火並不燻人，亦無鹵氣，火勢强旺，可以供數百口竈之用。有以火寄遠道者，以牛脬盛其氣，用錢串括之，再將脬口折轉又括之。每日以燒酒或白水噴濕其脬，可寄至一月之路。先將脬口頭一折錢串取開，用竹管插入，留一節在外，用泥塗之，留一孔，方取錢串，得火即燃，亦可供一時之玩。除供鍋口外，恐火勢漫療，安一大木竹朝天，謂之冲天梘，以洩旺氣，其聲轟然聞數里。

搗井謂之銼，除泥謂之搧，汲水謂之推，挪錢謂之㲉，押佃謂之穩，井穩謂之押山。水火油得其一者，謂之見功。通行謂之暢，阻滯謂之疲。

井之津液，爲油。米湯油色白，綠豆油色青，梔子油色黃墨。漆油色元白者，爲上選。

油有淺深之别。淺者五六十丈，深者百餘丈，或二百六七十丈不等。多者，推出皆屬净油。少者，油水相攙，油浮水面，取時以竹器搧之。再少者，以穀草揉之，油即出焉。氣味燻人如琉磺，不可嚮邇。可以代燭，光明無比。用牛馬糞爲餅，曬乾，以此油浸之，浮水面，火不熄，可以燒灘石，亦可攻輪船。咸豐年間，江南大憲曾委員到井採買，癬疥癩疾搽之即愈。近地尚不見效，遠地搽之，其效如神。《本草》謂之石脂，即此類歟。然善霉衣飾，惟赤金不褪色，餘皆褪色。

運水謂之梘。

竈踞井，遠則一里，近則二三百步。挹彼注兹，病於夏畦，則剖大竹通其節，外以蔴約之，流水於中。三節、五節，以至十節、二十節，謂之梘。横斜左右，望之如雁字一行，井水注竈，無爲而成。

覆竈之屋曰竈房，覆井者曰碓房，統謂之廊廠。汲水者爲纖藤，以竹爲之，繞於車盤，以四頭牛周行，謂之推。

井淺則用三牛，井深則用四牛，井深水多，則用五牛。無牛者，以人推之。邛壋井淺，多黃水，可用人力。四壋多黑水，而井深，人力不及牛力。推井之人蓬首垢面，傳聞有老死不去者。君子是以知利縛之善縛也。

汲水之輪曰天車。

其盤踞井口四五丈，輪闊四丈八或五丈二，統謂之天滾子。距天滾子丈許，置一大車輪，謂之地滾子。維之篾索，由地滾以達於天滾，繫筒下推。

車上之輪曰天滾。

天滾置於天車之上，天車以兩大木作正梗，矗立於井口之上。高者十一二丈，次者七八丈，次五六丈不等。正梗附以小木，用吸水之舊索捆綁，加以縴子，而兩正梗之端，横置樹木一節，名曰天篐頭。篐頭上鑿眼，豎挾板二塊，而天滾子即安置於挾板之中。又於正梗兩端下丈許，用樹木一節横縛之，名曰斗檔。前後俱用樹木斜繫於斗檔撐定，復用風篾牽藤係於正梗兩端。天篐頭處周圍分作六方斜牽，埋樁於地以係之，防風拔偃也。又置一輪，較大於天滾，名曰地滾。用樹木二節，長三四尺，豎於地。復以樹木一節，横篐於上，名曰地篐頭。其用挾板承地滾，亦如天滾式。又有抬滾。又置一大車輪，輪周三、四、五丈不等，名曰車子。其車子豎過擔一根，過擔中捆厚木板一塊，謂之天平。鑿一眼以管車心之上魚尾，地下用大石一方，名曰海底石，石中鑿兩寸方眼，打方鉄板一塊，板心微凹，嵌入石眼，車心下魚尾即豎於微凹上。車心以尺大過心堅木爲之，週圍鑿眼，用木穿襯十六方或十四方，用長大斑竹剖開錘碎，圍車子三面，謂之拭篾。放車其快如箭，收車其穩如山。

汲水謂之推。

用索子盤於車上，由胎滾上面復由地滾下穿過，直達天滾上。繫筒，放井内取水。其筒以堅紉斑竹或楠竹，除皮而削中。除皮欲其輕，削中欲其通。筒之顛有鉄挺焉，所以使之墜。筒之底有牛皮錢焉，半翕半張，方放下時，水激錢張，水盈筒内。車上一推，水由筒内下墜，而錢之張者亦翕矣。推出井口，以鉄鈎頂開皮錢，水直注木盆，謂之地楻桶。以木板鑲圓盆，近井一面高一尺，背面高二尺，大四五尺。安竹引水入楻桶，一木板圓踱大川心一丈六七尺，深八九尺。全井之水，均停此内以備用。

鉄謂之銼，木謂之梁，竹謂之篾，繩謂之索。汲水者謂之索，繫銼者謂之篾。以索、篾維井四週者，謂之風篾。

平地開井用銼，上鋭中闊，其(未)[末]斜而寬，謂之魚尾銼。長柄大木如銀錠，謂之太平銼。太平銼重百餘觔，長一丈二尺。魚尾銼重倍之，長一丈。

銼之名不 。有大銼、銀錠銼、財神銼、馬蹄銼。有一皮草、四楞子、八王鞭、列子松、虬子蘿、布頭、二水列子、三水列子，有半邊馬蹄、半邊銀錠者，名爲墊根子，有長條。

純淡者，白水。不及五六分者，鹹淡水。稍鹹者，草皮水。得鹽者，統謂之黄水。半鹹者，謂之假黑水。惟黑水爲井功。

黑水每碗煎鹽輕者二兩一二，重者二兩四五。黄水半之，草皮水一兩有奇，或八錢，或七錢，或五六錢。不及五六錢者，鹹淡水也。白水無鹽。

井口謂之舷，舷中謂之木竹。

井之始開也，先須相定地勢，然後雇石匠鑽銼，大口寬徑三四尺，鑽銼八九丈下，即閉氣。甚有白水過多，人不能往下再銼，即購堅石爲井之舷，名曰石圖，外方内圓。舷口不過一尺一二寸，層叠砌好，謂之爲大口。即置花滚子踩架，中用一堅實之木以稱大銼，謂之碓板。人即在踩架上跳去跳來，謂之搗銼，又謂之搗碓。新井則以二人在碓上，以一人在井口轉銼。深井則以三人或四人在碓上，仍以一人在井口轉銼。若不時刻轉之，其井不圓，或褊或彎，即成病井。均係晝夜輪班分搗，大口之深淺不計丈尺，總以下面不添白水爲度。中用木竹，以隔白水。木竹以尺餘大之木，剖成二塊，中則挖空，合之。内外皆圓，以雙蔴絲縛之，油灰以膩之，爲費頗(距)[鉅]，而深淺亦不一，有八九丈，有十餘丈、二十餘丈，以至三十餘丈。淺者猶可以松木爲之，若深，則必用柏木。取其堅硬，方免崩漏之病。作得堅固，亦能數十年不壞。木竹下好，即銼小眼。老井則二寸四五，大者三寸二三。惟邱壋之井半多黄水，小眼則四五寸爲度。銼井之篾，或用斑竹，或用楠竹，剖成八塊或六塊，削净竹節，用穀草火烘之，以發汗。接續其笋，用火蔴捆縛，外包牛皮，以防擦壞。篾則由車子達於地滚之下，由地滚達於花滚之上，吊銼一管。銼之上有一鉄挺，名曰轉曹子，長四五尺，上大下細，底包一鉄殻，係活動之物，名雞蛋殻。入銼之把手中，以試蛋門，方知銼曾否攏底。把手即斑竹破成四塊，紥於銼之上，長一尺許。又有鉄挺，長有八九尺者，形如轉曹子，名曰挺子。凡搧泥，暨用療井病之鉄器，則須以此挺繫於其上，所以鎮之使墜，亦所以試蛋門也。

山匠之巧者，腔正井利。一有不正，改舷而更張之。

井下木竹既定，此下須吊銼下搗，其下又有麻姑石岩、緑豆石岩，又鉄板腔岩。至鉄板腔之石，較鉄尤堅，必搗過鉄板腔，或數尺數丈，近十丈，則可望見功矣。

二十勺爲碗，二百數十碗爲擔，征收謂之課，得利謂之鴻息。

凡井之病四：有走岩，有崩腔，有流沙，有冒白。有一病必停工，謂之掛井。其無岩、無崩及諸病者，謂之一根笋，井之上者也。用器不過魚尾、太平二銼，及竹搧泥焉。

凡療井病，有提鬚子焉。上如圭頂，三其楞，其末作三叉，中多倒鬚，以療井之落筒者。有羊蹄子焉，其柄與提鬚子等，均長五尺，重數十觔，其末如環之玦，中有倒笋，以療井之落銼者，其長六尺。

有柳穿魚焉，柄薄而闊，下有三叉，左右反張，以療井之落篾者，其長七尺。井中並落筒銼者，用雙瓦口。並落索篾者，用單瓦口。皆長九尺，重百觔。筒索並落者，用連環提鬚。筒篾並落者，用月亮提鬚。井筒、銼、索篾俱落者，用以上各器輪流取之。惟井礌銼偏必改銼者，用長條挺子，其長二丈，重數百觔，皆以鉄爲之。此皆可以意會，不可言傳，隨其所落之物，思有以療其病而制爲器具，非天下之至巧，不足以語於斯。

走岩、崩腔，油灰作丸，以彌縫其闕，無不應者。惟邱壋多流沙，流沙者，水爲沙閉遏也，必下木窗以隔之。若冒白，則成廢井，法不可醫。走岩、崩腔，近來有用油灰可以補好。至流沙、冒白，則成廢井。其流沙，惟邱壋之井，至一百六七十丈，即多遇此。療井病之鉄器尤多，如落索，則有單刀、雙刀。如落蔑，則有用柳穿魚、蹄鬚子、吊脚蹄鬚。如落筒，則用木龍、吊殻柳穿魚、吊殻蹄鬚。如落銼，則用偏肩羊蹄子、掃鐮烏龜背。如淘取渣浪，則用五股鬚、四股鬚。如劖巖，則用蛇皮列子。如落銼，腦殻喫緊岩邊，則用單瓦口、雙瓦口。諸器皆以鉄爲之，惟神而明之，化而裁之，變而通之。其器不一，其名不一，其形難載。

凡放車，勢如飄風驟雨，一或不戒，車木下擊，人畜立成韲粉，故觀井者恒遠避之。

又　附燒鹽法

其以黄水十之六，配黑水十之四，合貯木桶内。於竈上安置千觔重鉄鹽鍋，四邊用枕枕平，約高六寸，繞以土磚，高等鍋弦。上用鹽水坭，井鹽泡炭灰踩溶，扶抹六七寸高。先以火烘圈子令乾，乃由竹梘運水至鍋。其水不得過鍋牙，過則滲漏。俟水碾齊，始下老水二勺，撮去涎泡，隨下渣鹽三勺半，又下荳漿數勺，將水提清，扣蓋。鍋面火大，其蓋必離鍋指許，燒下壪子，即須撤去一蓋。既渣，將蓋全撤。火小則蓋，必扣滿無隙。渣現，仍將蓋全撤掃乾起鹽。外安石礌

一，上胎木杠二，又其上置鹽簍，其鹽起，存簍内。俟鍋中生水燒鹹渣已化净，以荳漿提清，是爲花水。即以此水淋所起之鹽四五度，汰去其鹻，鹽乃雪白匀净。此自流井井火燒花鹽之法也。炭竈燒鹽倣此。

其以黄黑二水，兑一兩七八鹹頭，貯木桶内。於竈上安置鹽鍋，四邊用枕枕平，約五寸高，環以鹵邊，外用土磚堆砌，高與鹵邊等，圓亦如之。腰枕其中，使通火氣，隆隆然直上。其土磚隙處，用鹽水坭井鹽泡炭灰踏溶扶抹，至扶鹵邊縫口外，則用鹽泡子坭，内則用渣鹽，并將脚根砌穩，撥火烘乾圈子，即放生鹽水洗渣。渣洗净，陸續放水起煎。水放至半，再查鍋内有渣與否，無則放渣，保着圈子，俟水碾滿，燒至次日辰刻，即以荳漿將水提清，又燒至夜半，短水燒兩晝夜起鹽，則設一空鹽鍋貯之，然後泡鹺。此自流井井火燒花鍋巴鹽，上白下黑之法也。燒一色黑鍋巴之法倣此。只不提去面子。總之，水宜清，乃成瓦灰色。

小溪無黑水，以黄水一兩四五鹹頭起燒，用枕將鹽鍋枕平，約五寸高。朋用火口二層叠用。鹵邊二層，至火口與鹵邊相繫處，圍砌瓦片一週。火口上加牛牛一，鹵邊上又加最重鹵邊一，高與牛牛等。牛牛極上四圍安置岩笠子一道，中通火氣，使易上騰。其鹵邊外，以鹽水坭井鹽泡踩溶扶抹，内則以渣鹽彌其縫口，砌穩脚根，然後撥火烘乾圈子，即下生鹽水洗渣。渣洗净，陸續放水，水放至半，再查鍋内有渣與否。無，則放渣保着圈子，燒齊鹵邊縫口，不可即放生水。遲緩一時，俟水燒鹹生有鹽幹，將鹵邊縫口生穩，始下生水。水既碾滿，驗渣多少，知鹽粗細。總宜不多不少，燒至次日辰刻，即下荳漿提清。又一對晝，短水燒至現渣，即用竈笠將渣提出存渣包内。外安石磏一，上胎木杠二，置包其上，所有渣水即流入石磏。仍將渣水運回鍋内掃乾，放闌，則巴鹽自破。連鍋抄來，用鹽水將鹽洗净。此小溪與自井燒鹽之法微異也。

梘説

邱墻多水，龍新兩墻多火。邱墻距龍新墻十餘里，邱墻之斜石塔有黄水，亦隔火井十餘里。雇人搬運甚難，且不足以濟火，均由各處安梘，以通水運。邱墻至龍新二墻，中隔大河，沿途高山，以大班竹或楠竹打通竹節，用公母笋接逗，外用細麻、油灰纏縛。明暗高低，相地勢而爲之。或此山與對山若高數尺，即將梘埋土内，由此山達彼山，謂之冒水梘，不藉人工馬力，亦可冒六七里許。如無對山，不能冒水，則相山之高下，修造馬車數座，翻山越嶺，由河底穿過。馬車以大木四根，四方矗立，中以小木横逗至頂，鎮樓覆之，以瓦車盤斗子，用馬推之，水即運上。其車盤倣鐘錶之車子，斗子倣吊鐘之鍊子，一上一下，水即由此升。地勢之低者，則以木條竪立，上用一横木頂穩梘竹。地勢彎者，用大木桶一，或石缸，大二三尺，謂之梘窩。以竹梘逗之，即可曲安過去。水之多者，一窩三梘，即安竹三根也。沿梘地主數十家，或百家，均立承出二約，憑中相地之遠近，議立佃價若干。一佃六載，限滿之日，照原約續佃。近因修整馬車，梘竹費用太繁，改爲十年一佃。

清・徐珂《清稗類鈔・工藝類》 製鹽

鹽以滷成，無論爲煎爲曬，不能自由製造，竈户持有舍帖，版户持有版照，以爲製鹽之憑證。

又《礦物類》

充俄里産鹽鐵

蒙古阿巴海部之充俄里，有泡子河，産天然鹽，生水中，如層冰，厚四五寸許，鑿取成磚，不煎而可食，其味較之内地食鹽稍淡。亦有産於高山者，彌望如雪，人跡不能到，則用强弓仰射以取之。又産精鐵，色如白銀，上用之鳥鎗，皆採此鐵以製之。

火井　鹽井

蜀中火井、鹽井，所在悉有，俱用土法穿鑿，有穿至數百丈始得者。鹽井水有微鹹、極鹹之分。火井所出之火，乃陰火也，色純白無燄，以竹筒引之，銜接數里，分裝鐵管，供炊爨，歲收其值。鐵管可隨時啓閉，用時啓管，燃以火，則赫然熏灼，不用則閉之，熄矣。煎鹽、製糖，皆賴此火。

鹽

鹽，我國久有之利源也，産處分海、池、井三類。海鹽乘潮而取，沿海隨處皆有。池鹽多在内陸，如解縣鹽池、羅布泊、青海、吉蘭太池等處，凝結俱厚。井鹽在地層中，如南嶺西端、西康山彙及天山斜面皆有。惟天山地層常因雨水冲出，餘皆須鑿井而取。平原則岷、沱間最多，面積約一萬數千方里，鑿井易而所獲豐也。海灘産鹽之地，則直隸之永平、遵化、天津、山東之武定、青州、萊州，江蘇之海州、淮安、揚州、通州、海門，浙江之嘉興、紹興、寧波、台州、温州，福建之福寧、福州、興化、泉州、漳州，廣東之潮州、惠州、廣州、高州、瓊州爲最盛。

鹽塊

鹽之種類不一，南方所用海鹽、井鹽，皆須煎烹熬煉，山西解州鹽池，如畊者之疏爲畦隴，引水灌其中，俟夏秋南風一起，即結成鹽印，故昔人以爲海鹽、井鹽資於人，解鹽資於天也。獨阿霸垓部落及張家口外牧園之地，有鹽一種，出水澤中，不待煎熬而自成，亦不待南風而始結，土人就近取之，其塊大小不等，色青黑，味甚佳，不減於内地所産。

山東産鹽區域調查記

山東鹽場凡七處，溝灘二百九十七副，井灘一千三百三十一副，大小池一千二百二十六副，斗子五百十一副，産鹽總額，歲計四萬萬斤。

官台場在壽光縣侯鎮，鹽質之優劣，視天時之陰晴，如風雨稀少，鹵厚水鹹，産鹽必色白粒大，否則粒碎質輕。

王岡場在樂安縣治，溝産味淡粒大，井産味厚粒小。

水利場在海豐縣石家廟，顆粒細碎，色則黄白黑不一。

濤雒場在日照縣濤雒鎮，顆粒細碎，色白者爲新鹽，色黑者爲陳鹽。

石河場在即墨縣金口鎮，色白粒堅。

西繇場在掖縣西繇莊，溝産質輕色白，粒小味淡，井産質重色青，粒大味厚。又有一種粒小味淡色白者，曰茉鹽。

富國場在昌邑縣治，粒額大小不等。

紀事

《周禮・天官・鹽人》鹽人掌鹽之政令，以共百事之鹽。政令謂受入教所處置，求者所當得。疏：「以共百事之鹽」者，謂祭祀、賓客、膳羞等用鹽爲和，其事衆多，言百以咳之。　注云「政令謂受入教所處置」者，凡海鹽産鹽之處，以鹽來入，此官並受之，又區其種別，處置其所，則教令之。云「求者所當得」者，謂求鹽共用，各依其所當得者與之。若祭祀當得苦鹽、散鹽，賓客當得形鹽、散鹽，膳羞當得飴鹽是也。　祭祀，共其苦鹽、散鹽。杜子春讀苦爲盬，謂出鹽直用不湅治。鄭司農云：「散鹽，湅治者。」玄謂散鹽，鬻水爲鹽。　疏：注云「杜子春讀苦爲盬」者，苦盬聲類同，故杜讀從之。《典婦功》先鄭讀同。《説文・鹽部》云：「盬，河東鹽池也。袤五十一里，廣七里，周百十六里。」《史記・貨殖傳》索隱引伊説云：「盬鹽，河東大鹽。」案：小司馬所引，即伊氏《周禮注》佚義也。賈疏云：「盬謂出於鹽池，今之顆鹽是也。」段玉裁云：「凡《周禮》苦讀爲盬者甚多，故杜比例知之也。」魏了翁云：「苦鹽自對下文飴鹽，不改爲盬亦可。」案：魏説亦通。《水經・涑水注》説鹽池云：「土人鄉俗引裂沃麻，分灌川野，畦水耗竭，土自成鹽，即所謂鹹鹺也，而味苦，號曰鹽田。鹽盬之名，殆資是矣。」案：《曲禮》云「凡祭宗廟之禮，鹽曰鹹鹺。」注云：「大鹹曰鹺。」然則祭祀之鹽，貴其大鹹。《爾雅・釋言》云：「鹹，苦也。」郭注云：「苦即大鹹。」《淮南子・墬形訓》云：「鍊苦生鹹。」苦鹽即大鹹也。酈道元謂河東鹽池，鹽盬味苦。然則苦鹽盬鹽，義本兩通，不必破字矣。《宋史・食貨志》云：「引池而成者曰顆鹽，《周官》所謂盬鹽也。」與賈説同。蓋以味言則曰苦鹽，以形言則曰顆鹽也。互詳《典婦功》疏。云「謂出鹽直用不湅治」者，《説文・水部》云：「湅，𤅢也。」賈疏云：「對下經鬻鹽是湅治者也。」鄭司農云「散鹽湅治者」者，《史記》索隱引伊説云：「散鹽，東海煮水爲鹽也。」案：伊亦用鄭義。賈疏云：「下經自有鬻鹽是湅治，故後鄭不從。」云「玄謂散鹽鬻水爲鹽」者，對上鹽盬非鬻水所爲鹽也。《釋文》於下經鬻鹽，始發音，疑此注鬻字本作「煮」，注例用今字也。互詳《肆師》疏。《説文・鹽部》云：「鹽，鹹也。古者夙沙初作鬻海鹽。」釋玄應《一切經音義》引《説文》云：「天生曰鹵，人生曰鹽。」《管子・地數篇》云：「請君伐菹薪，煮沸水爲鹽。」案：鬻海水爲鹽，所謂人生者也。《宋史・食貨志》云：「鬻海鬻井鬻鹻而成者，曰末鹽，《周官》所謂散鹽也。」案：《禹貢》青州貢鹽，《職方氏》幽州其利魚鹽，皆鬻海之鹽也。又案：苦鹽味大鹹，爲鹽之最貴者。散鹽則味微淡，用多而品略賤，祭祀則次於苦鹽，賓客則次於形鹽，故謂之散，散之爲言襍也。《説文・肉部》云：「散，襍肉也。」散即散之隸變。此經凡言散者，皆麤沽猥襍，亞次於上之義。故《屨人》散屨次於功屨；《巾車》散車次於良車；《充人》之散祭祀，别於五帝先王之祭；《旄人》之散樂，别於雅樂；《司弓矢》之散射，别於師田之射。事異而義並相近也。　賓客，共其形鹽、散鹽。形鹽，鹽之似虎形。疏：「賓客，共其形鹽、散鹽」者，依《左傳》三十年傳説，則惟饗大賓客有形鹽，其燕食及小賓客並用散鹽也。又《籩人》祭祀朝事之籩，亦有形鹽。上祭祀不言共者，文略。　注云「形鹽，鹽之似虎形」者，《籩人》注同。　王之膳羞，共飴鹽，后及世子亦如之。飴鹽，鹽之恬者，今戎鹽有焉。疏：「王之膳羞共飴鹽」者，饋食尚褻味，故鹽以甘爲貴也。注云「飴鹽，鹽之恬者」者，《廣雅・釋器》云：「飴，餳也。」《内則》「棗栗飴蜜以甘之」。飴味甘，故鹽味甘者亦謂之飴鹽。又《内則》説人君燕食有卵鹽，疑即此。恬即甛字，詳《酒正》疏。云「今戎鹽有焉」者，《神農本草經》云：「戎鹽味鹹，一名胡鹽。生胡鹽山及西羌、北地、酒泉福禄城東南角。」賈疏云：「即石鹽是也。」惠士奇云：「《御覽・飲食部》引《涼州記》曰：『青鹽池出鹽，正方半寸，其形似石，甚甛美。』《涼州・異物志》曰：『鹽山二岳，三色爲質，赤者如丹，黑者如漆，作獸辟惡，佩之爲吉，名曰戎鹽，可以療疾。』則戎鹽不徒供膳羞，兼可療疾病。又土人鏤爲虎形，大小如意，明鹽人形鹽，亦用戎鹽也。」詒讓案：依鄭説，則戎鹽蓋鹹而微甛，《呂氏春秋・本味篇》云：「伊尹曰：和之美者，大夏之鹽。」殆即戎鹽與？凡齊事，鬻盬

以待戒令。齊事，和五味之事，鬻鹽湅治之。疏：注云「齊事，和五味之事」者，若食醫掌和王之六膳、百羞、百醬、八珍之齊，須調和五味者，皆用鹽以爲鹹也。齊和，詳《内饔》疏。云「鬻鹽湅治之」者，鬻，注例當作「煮」，凡注複述經文，亦不用古字。《説文・弼部》云：「鬻，亯也。重文煑，鬻或從火。」此鬻鹽通上苦鹽等言之。呂飛鵬云：「鹽出鹽池，凡出鹽之所，皆得稱鹽，故未煎之鹽亦稱鹽。《郊特牲》『煎鹽之尚』，疏云『煎者，煎此自然之鹽，鍊治之也。』此注云湅治之，殆即所謂煎鹽與？」

漢・桓寬《鹽鐵論》卷一　復古第六

往者，豪强大家，得管山海之利，採鐵石鼓鑄，煮海爲鹽。一家聚衆，或至千餘人，大抵盡收放流人民也。遠去鄉里，棄墳墓，依倚大家，聚深山窮澤之中，成姦僞之業，遂朋黨之權，其輕爲非亦大矣！今者，廣進賢之途，練擇守尉，不待去鹽、鐵而安民也。

《魏書・食貨志》　自遷鄴後，於滄、瀛、幽、青四州之境，傍海煑鹽。滄州置竈一千四百八十四，瀛州置竈四百五十二，幽州置竈一百八十，青州置竈五百四十六，又於邯鄲置竈四，計終歲合收鹽二十萬九千七百二斛四升。軍國所資，得以周贍矣。

晉・常璩《華陽國志》卷三《蜀志》　赧王五年，【略】成都縣本治赤里街。若徙置少城。内城營廣府舍，置鹽鐵市官並長、丞。

《隋書・食貨志》　後周太祖作相，創制六官。【略】掌鹽掌四鹽之政令。一曰散鹽，煑海以成之；二曰盬鹽，引池以化之；三曰形鹽，物地以出之；四曰飴鹽，於戎以取之。凡盬鹽形鹽，每地爲之禁，百姓取之，皆税焉。司倉掌辨九穀之物，以量國用。國用足，即蓄其餘，以待凶荒。

開皇三年正月，帝入新宫。初令軍人以二十一成丁。減十二番每歲爲二十日役，減調絹一疋爲二丈。先是尚依周末之弊，官置酒坊收利，鹽池鹽井，皆禁百姓採用。至是罷酒坊，通鹽池鹽井與百姓共之。遠近大悦。

《舊五代史・食貨志》　唐同光二年二月，詔曰：「會計之重，鹹鹺居先，矧彼兩池，實有豐利。頃自兵戈擾攘，民庶流離，既場務以隳殘，致程課之虧失。重兹葺理，須仗規模，將立事以成功，在從長而就便。宜令河中節度使冀王李繼麟兼充制置度支安邑、解縣兩池榷鹽使，便可制一一條貫。」按《五代會要》：同光三年二月，勅：「魏府每年所徵隨絲鹽錢，每兩與減放五文；逐年俵賣蠶鹽、食鹽、大鹽、甜次冷鹽，每斗與減五十；樂鹽與減二十。」天成元年四月，勅：「諸州府百姓合散蠶鹽，今後每年祇二月内一度俵散，依夏税限納錢。」長興四年五月七日，諸道鹽鐵轉運便奏：「諸道州府鹽法條流元末，一概定奪，謹具如後：應食顆鹽州府，省司各置榷糶折博場院。應是鄉村，並通私商興販。所有折博并每年人户蠶鹽，並不許將帶一斤一兩入城，侵奪榷糶課利。如違犯者，一兩已上至一斤，買賣人各杖六十；一斤已上至三斤，買賣人各杖七十；三斤已上至五斤，買賣人各杖八十；五斤已上至十斤，買賣人各徒二年；十斤已上，不計多少，買賣人各決脊杖二十，處死。所有犯鹽人隨行錢物、驢畜等，並納入官。所有元本家業莊田，如是全家逃走者，即行點納。仍許般載脚户、經過店主并脚下人力等糾告，等第支與優給。如知情不告，與賣鹽人同罪。其犯鹽人經過處，地分門司、廂界巡檢、節級所由并諸色關連人等，不專覺察；委本州臨時斷訖報省。如是門司關津口鋪，捉獲私鹽，即依下項等第，支給一半賞錢，一斤以上至十斤，支賞錢二十千；五十斤已上至一百斤，支賞錢三十千；一百斤已上，支賞錢五十千。應食末鹽地界，州府縣鎮並有榷糶場院，久來内外禁法，即未一概條流。應刮鹹煎鹽，不計多少斤兩，並處極法，兼許四鄰及諸色人等陳告，等第支給賞錢。欲指揮此後犯一兩已上至一斤，買賣人各杖六十；一斤已上至二斤，買賣人各杖七十；二斤以上至三斤，買賣人各徒一年；三斤以上至五斤，買賣人各徒二年；五斤已上，買賣人各決脊杖二十，處死。如是收到鹹土鹽水，即委本處煎鍊鹽數，準條科斷。或有已曾違犯，不至死刑，經斷後公然不懼條流再犯者，不計斤兩多少，所犯人並處極法。其有榷糶場院員僚節級人力、煎鹽池客竈户、般鹽船綱、押綱軍將衙官梢工等，具知鹽法，如有公然偷盗官鹽，或將貨賣，其買賣人及窩盤主人知情不告，並依前項刮鹹例，五斤已上處死。其諸色關連人等，並合支賞錢，即準洛京、邢、鎮條流事例指揮。顆、末、青、白等鹽，元不許界分參雜。其顆鹽先許通商之時指揮，不得將帶入末鹽地界。如有違犯，一斤一兩，並處極法，所有隨行物色，除鹽外，一半納官，一半與捉事人充賞。其餘鹽色，未有畫一條流。其洛京并鎮、定、邢州管内，多北京末鹽入界，捉獲並依洛京條流科斷。欲指揮此後但是顆、末、青、白諸色鹽侵界參雜，捉獲並準洛京條流施行。」「一應諸道，今後若捉獲犯私鹽麴人，罪犯分明，正該條法，便仰斷遣訖奏。若稍涉疑誤，祇須申奏取裁。」

周廣順元年九月，詔改鹽法，凡犯五斤已上者處死，煎鹹鹽犯一斤已上者處死。先是漢法不計斤兩多少，並處極刑，至是始革之。

三年三月，詔曰：「青白池務，素有定規，祇自近年，頗乖循守。比來青鹽一石，抽税錢八百文足陌、鹽一斗；白鹽一石，抽税錢五百文、鹽五升。其後青鹽一石，抽錢一千、鹽一斗。訪問更改已來，不便商販，蕃人漢户，求利艱難，宜與優饒，庶令存濟。今後每青鹽一石，依舊抽税錢八百文，以八十五爲陌，鹽一斗；白鹽一石，抽税錢五百，鹽五升。此外更不得別有邀求。訪聞邊上鎮鋪，於蕃漢户市易糶糴，私有抽税，今後一切止絶。」

顯德元年十二月，世宗謂侍臣曰：「朕覽食末鹽州郡，犯私鹽多於顆鹽界

分，蓋卑濕之地，易爲刮鹹煎造，豈唯違我榷法，兼又污我好鹽。況末鹽煎鍊，般運費用，倍於顆鹽。今宜分割十餘州，令食顆鹽，不唯輦運省力，兼且少人犯禁。」自是曹、宋已西十餘州，皆盡食顆鹽。

宋・王欽若等《册府元龜》卷四九三《邦計部・山澤一》 和帝以章和二年二月即位，四月戊寅，詔曰：「昔孝武皇帝致誅胡越，故權收鹽鐵之利，以奉師旅之費。自中興以來，匈奴未賓，永平末年，復修征伐。先帝即位，務休力役。然猶深思遠慮，安不忘危。探觀舊典，復收鹽鐵，欲以防備不虞，寧安邊境。而吏多不良，動失其便，以違上意，先帝恨之，故遺戒郡國，罷鹽鐵之禁，縱民煮鑄，入稅縣官，如故事。縣官爲天子。 其申敕刺史二千石，奉順聖旨，勉弘德化，布告天下，使明知朕意。」

又 蜀先生定益州，置鹽府校尉。鹽鐵之利，利之甚多，有裨國用。

又 卷四九四《邦計部・山澤二》 漢高祖入汴之年，屬戎虜猾夏之後，國用尤窘，故鹽鐵之禁甚峻。明年，李守貞叛於河中，傳檄於鄰藩，以疏漢之不道。云：「鹹鹾不通，從銖兩者遭刑；農器不行，務耕耘者束手。」則漢之立法可知矣。

宋・沈括《夢溪筆談・補筆談》卷二《官政》 孫伯純史館知海州日，發運司議置洛要、板浦、惠澤三鹽場，孫以爲非便，發運使親行郡，決欲爲之，孫抗論排沮甚堅。百姓遮孫自言置鹽場爲便，孫曉之曰：「汝愚民不知遠計。官買鹽雖有近利；官鹽患在不售，不患鹽不足。鹽多而不售，遺患在三十年後。」至孫罷郡，卒置三場。近歲連、海閒刑獄、盜賊、差徭，比舊浸繁多，緣三鹽場所置積鹽如山，運賣不行，虧失欠負，動輒破人產業，民始患之。朝廷調發軍器，有弩樁箭幹之類，海州素無此物，民甚苦之，請以鰾膠充折。孫謂之曰：「弩樁箭幹，共知非海州所產，蓋一時所須耳。若以土產物代之，恐汝歲被科無已時也。」其遠慮多類此。

宋・高承《事物紀原》卷一《利源調度部》

榷鹽

其始原于唐第五琦，及劉晏代其任，大曆末，一歲征賦所入之鹽，當天下大半之賦。

鹽鈔

《筆談》曰：陝西顆鹽，舊法官自般運，置務拘賣。兵部員外郎范祥始爲鈔法，令商人就邊郡入錢，至解池請，任私賣，得錢以實塞下。行之既久，鹽價時有低昂，又于京師置都鹽院也。

又 卷九《酒醴飲食部》 煮鹽

《世本》曰：宿沙氏煮海水爲鹽。宋衷曰：宿沙衛，齊靈公臣。齊近海，故衛爲漁鹽之利。或曰：宿沙氏，炎帝時諸侯。《唐韻》曰：古者，宿沙初作，煮海爲鹽。

宋・方勺《泊宅編》卷中 元豐初，盧秉提點兩浙刑獄，會朝廷議鹽法。秉請自錢塘縣楊村上流接睦、歙等州，與越州錢清場等水勢稍澹，以六分爲額，楊村下接仁和縣湯村爲七分；鹽官場爲八分；並海而東爲越州餘姚縣石堰場、明州慈溪縣鳴鶴場，皆九分；至岱山、昌國，又東南爲溫州雙穗、南天富場，北天富場十分；著爲定數。蓋自岱山及二天富，皆取海水煉鹽，所謂熬波者也。自鳴鶴西南及湯村則刮鹻以淋鹵，以分計之，十得八九而已。鹽官、湯村用鐵盤，故鹽色青白，而鹽官鹽色或少黑，由曬灰故也。楊村及錢清場織竹爲盤，塗以石灰，故色少黃，竹勢不及鐵，則黃色爲嫩，青白爲上，色黑即多鹵，或有泥石，不宜久停。若石堰以東，雖用竹盤，鹽色尤白，以近海水鹹故亦佳。後來法雖少變，公私所便，大抵不易盧法。且水性以潤下爲鹹，其勢不曲折，則終不可成鹽。安邑鹽池，以濁河曲折，故因終南山南風以成。若明、越、溫、杭、秀、泰、滄等州，爲海水隈奧曲折，故可成鹽。其數亦不等，唯隈奧多處則鹽多，故二浙產鹽尤盛他路。自溫州界東南止閩、廣，鹽升五錢，比淮、浙賤數倍。蓋以東南最逼海，潤下之勢既如此，故可作而爲鹹，不必曲折也。

宋・周去非《嶺外代答》卷五《財計門》

廣右漕計

今日廣右漕計，在鹽而已。鹽場濱海，以舟運於廉州石康倉。客販西鹽者，自廉州陸運至鬱林州，而後可以舟運。斤兩重於東鹽，而商人猶艱之。自改行官賣，運使姚孝資頤重，實當是任。乃置十萬倉於鬱林州，官以牛車自廉州石康倉運鹽貯之，庶一水可散於諸州。凡請鹽之州，曰靜江府、融、宜、邕、賓、橫、柳、象、貴、鬱林、昭、賀、梧、藤、潯、容州，各以歲額來請。

廣西鹽法

廣西土瘠民貧，並邊多寇。自儂智高平，朝廷歲賜湖北衣絹四萬二千匹，湖南絁一萬五千匹，綿一萬兩，廣東米一萬二千石，提鹽司鹽一千五百萬斤，韶州涔水場銅五十萬斤，付本路鑄錢一十五萬緡，總計諸處贍給廣西，凡一百一

十餘萬緡。祖宗蓋以廣右西南二邊，接近化外，養兵積威，不可不素具，故使常有餘力也。自南渡以來，廣西以鹽自給。宣和五年，已詔廣東、西路，各置提舉官，歲賣鹽固無定額，至是漕司乃得取其贏餘。紹興八年，詔二廣鹽，通行客鈔，專置提舉一員於廣州，盡領兩路鹽事。又以西路遠闊，又令廣西提刑兼領西路鹽事。

邕州永平寨博易場

邕州左江永平寨，與交阯爲境，隔一澗耳。其北有交阯驛，其南有宣和亭，就爲博易場。永平知寨主管博易。交人日以名香、犀象、金銀、鹽、錢，與吾商易綾、錦、羅、布而去。凡來永平者，皆峒落交人，遵陸而來，所賫必貴細，惟鹽粗重。然鹽止可易布爾。以二十五斤爲一籮，布以邕州武緣縣所産狹幅者。

《宋史·食貨志》 咸平中，度支使梁鼎言：「陝西沿邊解鹽請勿通商，官自鬻之。」詔以鼎爲陝西制置使，又以内殿崇班杜承睿同制置陝西青白鹽事。承睿言：「鄜、延、環、慶、儀、渭等州洎禁青鹽之後，令商人入芻粟，運解鹽於邊貨鬻，其直與青鹽不至相懸，是以民食賤鹽，須至畏法，而蕃部青鹽難售。今聞運解鹽於邊，欲與内地同價，邊民必冒法圖利，卻入蕃界私販青鹽，是助寇資而結民怨矣。」繼又有上疏言其不便者，鼎請候至邊部幹運，及乘傳至解池即禁止商販。旋運鹽赴邊，公私大有煩費，而邊民頓無入中，物論紛擾。於是命判鹽鐵勾院林特，知永興軍張詠詳議，以爲公私非便，請復舊商販。詔切責鼎，罷度支使。大中祥符九年，陝西轉運使張象中言：「兩池所貯鹽計直二千一百七十六萬一千八十貫，慮尚有遺利，望行條約。」真宗曰：「地利之阜，此亦至矣，過求增羨，慮有時而闕。」不許。

先是，五代時鹽法太峻。建隆二年，始定官鹽闌入法，禁地貿易至十斤、鬻鹻鹽至三斤者乃坐死，民所受蠶鹽以入城市三十斤以上者，上請。三年，增闌入至三十斤，鬻鹻至十斤坐死，蠶鹽入城市百斤以上，奏裁。自乾德四年後，每詔優寬。太平興國二年，乃詔闌入至二百斤以上，鬻鹻及主吏盜販至百斤以上，蠶鹽入城市五百斤以上，並黥面送闕下。至淳化五年，改前所犯者止配本州牢城。代州寶興軍之民私市契丹骨堆渡及桃山鹽，雍熙四年，詔犯者自一斤論罪有差，五十斤加役流，百斤以上部送闕下。

天聖以來，兩池畦户總三百八十，以本州及旁州之民爲之，户歲出夫二人，人給米日二升，歲給户錢四萬。爲鹽歲百五十二萬六千四百二十九石，石五十斤，以席計，爲六十五萬五千一百二十席，席百一十六斤。禁榷之地，皆官役鄉户衙前及民夫，謂之帖頭，水陸漕運。而通商州軍並邊秦、延、環、慶、渭、原、保安、鎮戎、德順，又募人入中芻粟，以鹽償之。

凡通商州軍，在京西者爲南鹽，在陝西者爲西鹽，若禁鹽地則爲東鹽，各有經界，以防侵越。天聖初，計置司議茶鹽利害，因言：「兩池舊募商人售南鹽者，入錢京師榷貨務。乾興元年，歲入纔二十三萬緡，視天禧三年數損十四萬。請一切罷之，專令入中並邊芻粟，及爲之增約束、申防禁，以絶私販之弊。」久之，復詔入錢京師，從商人所便。

十月，詔罷三京、二十八州軍榷法，聽商人入錢若金銀京師榷貨務，受鹽兩池。行之一年，視天聖七年，增緡錢十五萬。其後歲課減耗，命翰林學士宋庠等以天聖九年至寶元二年新法較之，視乾興至天聖八年舊法，歲課損二百三十六萬緡。康定元年，詔京師、南京及京東州軍，淮南宿、亳州，皆禁如舊。未幾，復弛京師榷法，并詔三司議通淮南鹽給京東等八州，於是兗、鄆、宿、亳皆食淮南鹽矣。

自元昊反，聚兵西鄙，並邊入中芻粟者寡。縣官急於兵食，調發不足，因聽入中芻粟，予券趨京師榷貨務受錢若金銀；入中它貨，予券償以池鹽。繇是羽毛、筋角、膠漆、鐵炭、瓦木之類，一切以鹽易之。猾商貪吏，表裏爲姦，至入椽木二，估錢千，給鹽一大席，爲鹽二百二十斤。虚費池鹽，不可勝計，鹽直益賤，販者不行，公私無利。慶曆二年，復京師榷法，凡商人虚估受券及已受鹽未鬻者，皆計直輸虧官錢。内地州軍民間鹽，悉收市入官，官爲置場增價出之。復禁永興、同、華、耀、河中、陝、虢、解、晉、絳、慶成十一州軍商鹽，官自輦運，以衙前主之。又禁商鹽私入蜀，置折博務於永興、鳳翔，聽人入錢若蜀貨，易鹽趨蜀中以售。久之，東、南鹽地悉復禁榷，兵民輦運，不勝其苦，州郡騷然。所得鹽利，不足以佐縣官之急。並邊務誘人入中芻粟，皆爲虚估，騰踴至數倍，大耗京師錢幣，帑藏益虚。

太常博士范祥，關中人也，熟其利害，常謂兩池之利甚博，而不能少助邊計者，公私侵漁之害也；儻一變法，歲可省度支緡錢數十百萬。乃畫策以獻。是時韓琦爲樞密副使，與知制誥田況皆請用祥策。四年，詔祥馳傳與陝西都轉運使程戡議之，而戡議與祥不合，祥尋亦遭喪去。八年，祥復申其説，乃以爲陝西

提點刑獄兼制置解鹽事，使推行之。其法：舊禁鹽地一切通商，聽鹽入蜀；罷九州軍入中芻粟，令入實錢，償以鹽，視入錢州軍遠近及所指東、西、南鹽，第優其直；東、南鹽又聽入錢永興、鳳翔、河中；歲課入錢總爲鹽三十七萬五千大席，授以要券，即池驗券，按數而出，盡弛兵民輦運之役。又以延、慶、環、渭、原、保安、鎮戎、德順地近烏、白池，姦人私以青白鹽入塞，侵利亂法。乃募人入中池鹽，予券優其估，還，以池鹽償之；以所入鹽官自出鬻，禁人私售，峻青白鹽之禁。並邊舊令人中鐵、炭、瓦、木之類，皆重爲法以絶之。其先以虚估受券及已受鹽未鬻者，悉計直使輸虧官錢。又令三京及河中、河陽、陝、虢、解、晉、絳、濮、慶成、廣濟官仍鬻鹽，須商賈流通乃止。以所入緡錢市並邊九州軍芻粟，悉留榷貨務錢幣以實中都。行之數年，黠商貪賈，無所僥倖，關内之民，得安其業，公私便之。

舊制，河南北曹、濮以西，秦、鳳以東，皆食解鹽。自仁宗時，解鹽通商，官不復榷；熙寧中，市易司始榷開封、曹濮等州。八年，大理寺丞張景温提舉出賣解鹽，於是開封府界陽武、酸棗、封丘、考城、東明、白馬、中牟、陳留、長垣、胙城、韋城，曹濮澶懷濟單解州、河中府等州縣，皆官自賣。未幾，復用商人議，以唐鄧襄均房商蔡郢隨金晉絳虢陳許汝潁隰州、西京、信陽軍通商，畿縣及澶、曹、濮、懷、衛、濟、單、解、同、華、陝、河中府、南京、河陽，令提舉解鹽司運鹽貨鬻，仍詔三司講求利害。

初，神宗時，官賣解鹽，京西則通商。有沈希顔者爲轉運使，更爲榷法，請假常平錢二十萬緡，自買解鹽，賣之本路，民已買解鹽盡買入官，掊克牟利，商旅苦之。哲宗即位，殿中侍御史黄降劾希顔罪，元祐元年，京西始復舊制通商，然猶官賣，元符元年乃罷之。永興軍渭河北高陵、櫟陽、涇陽等縣，如同、華等六州軍，官仍自賣鹽，而禁官司於折博務買解鹽販易規利。俄以水壞解池，聽河中府解州小池鹽、同華等州私土鹽、階州石鹽、通遠軍岷州官井鹽鬻於本路，而京東、河北鹽亦通行焉。三年，詔陝西轉運副使兼制置解鹽使馬城，提舉措置催促陝西、河東木栰薛嗣昌，提舉開修解州鹽池。

熙寧以來，杭、秀、温、台、明五州共領監六、場十有四，然鹽價苦高，私販者衆，轉爲盜賊，課額大失。二年，有萬奇者獻言欲撲兩浙鹽而興民，乃遣奇從發運使薛向詢度利害。神宗以問王安石，對曰：「趙抃言衢州撲鹽，所收課敵兩浙路，抃但見衢、湖可撲，不知衢鹽侵饒、信，湖鹽侵廣德、昇州，故課可增，如蘇、常則難比衢、湖。今宜制置煎鹽亭户及差鹽地人户督捕私販，般運以時，嚴察拌和，則鹽法自舉，毋事改制。」

凡鹽之入，置倉以受之，通、楚州各一，泰州三，以受三州鹽。又置轉般倉二，一於真州，以受通、泰、楚五倉鹽；一於漣水軍，以受海州漣水鹽。江南、荆湖歲漕米至淮南，受鹽以歸，東南鹽利，視天下爲最厚。鹽之入官，淮南、福建、兩浙之温台明斤爲錢四，杭、秀爲錢六，廣南爲錢五。其出，視去鹽道里遠近而上下其估，利有至十倍者。

嘉祐以來，或請商販廣南鹽入虔、汀，所過州縣收算；或請放虔、汀、漳、循、梅、潮、惠七州鹽通商；或謂第歲運淮南鹽七百萬斤至虔，二百萬斤至汀，民間足鹽，寇盜自息；或請官自置鋪役兵卒，運廣南、福建鹽至虔、汀州，論者不一。先嘗遣職方員外郎黄炳乘傳會所屬監司及知州、通判議，謂虔州食淮南鹽已久，不可改，第損近歲所增官估，斤爲錢四十，以十縣五等户夏秋税率百錢令糴鹽二斤，隨夏税入錢償官。繼命提點鑄錢沈扶覆視可否，扶等請選江西漕船團爲十綱，以三班使臣部之，直取通、泰、楚都倉鹽。詔用炳等策，然歲纔增糶六十餘萬斤。

初，荆湖亦病鹽惡，且歲漕常不足，治平二年，纔及二十五萬餘石。三年，撥淮西二十四綱及傭客舟載鹽以往，是歲運及四十萬石。四年，至五十三萬餘石。

初，鹽鈔法之行，積鹽于解池，積錢于京師榷貨務，積鈔于陝西沿邊諸郡，商賈以物斛至邊入中，請鈔以歸。物斛至邊有數倍之息，惟息無回貨，故極利於得鈔，徑請鹽於解池，而解鹽通行地甚寬；或請錢于京師，每鈔六千二百，登時給與，但輸頭子等錢數十而已。以此所由州縣，貿易者甚衆。崇寧間，蔡京始變法，俾商人先輸錢請鈔，赴産鹽郡授鹽，欲囊括四方之錢，盡入中都，以進羨要寵，鈔法遂廢，商賈不通，邊儲失備；東南鹽禁加密，犯法被罪者多，民間食鹽，雜以灰土，解池天産美利，乃與糞壤俱積矣。大概常使見行之法售給才通，輒復變易，名對帶法，季年又變對帶爲循環。循環者，已賣鈔，未授鹽，復更鈔；已更鈔，鹽未給，復貼輸錢，凡三輸錢，始獲一直之貨。民無貲更鈔，已輸錢悉乾没，數十萬券一夕廢棄，朝爲豪商，夕儕流丐，有赴水投繯而死者。

孝宗乾道六年，户部侍郎葉衡奏：「今日財賦，鬻海之利居其半，年來課入

不增，商賈不行，皆私販害之也。且以淮東、二浙鹽出入之數言之，淮東鹽竈四百一十二所，歲額鹽二百六十八萬三千餘石，去年兩務場賣淮鹽六十七萬二千三百餘袋，收錢二千一百九十六萬三千餘貫；二浙課額一百九十七萬餘石，去年兩務場賣浙鹽二十萬二千餘袋，收錢五百一萬二千餘貫，而鹽竈乃計二千四百餘所。以鹽額論之，淮東之數多於二浙五之一，以去歲賣鹽錢數論之，淮東多於二浙三之二，及以竈之多寡論之，兩浙反多淮東四之三，蓋二浙無非私販故也。欲望遣官分路措置。」

淳熙八年，詔住賣帶賣積鹽，以朝廷徒有帶賣之名，總所未免有借撥之弊故也。十年，先是湖北鹽商吳傳言：「國家鬻海之利，以三分爲率，淮東居其二。通、泰、楚隸買鹽場十六，催煎場十二，竈四百十二。紹興初，竈煎鹽多止十一籌，籌爲鹽一百斤；淳熙初，亭户得嘗試鹵水之法，竈煎至二十五籌至三十籌，增舊額之半。緣此，鹽場買亭户鹽，籌增稱鹽二十斤至三十斤爲浮鹽。日買鹽一萬餘籌，其浮鹽止以二十斤爲則，有二十萬斤，爲二千籌，籌爲錢一貫八百三十文，內除船脚錢二百文，有一貫六百三十文。其鹽並再中入官，爲鈔錢四百五十一萬七千五百餘緡。又綱取鹽一袋并諸窠名等，及賣又多稱斤兩，亭户饑寒，不免私賣。若朝廷嚴究，還其本錢，而後可以盡革私賣之弊。」至是，詔還通、泰等州諸鹽場欠亭户鹽本錢一百一十萬貫。

南渡，二廣之鹽皆屬於漕司，量諸州歲用而給之鹽。然廣東俗富，猶可通商；廣西地廣莫而彫瘁，食鹽有限，商賈難行。自東廣而出，乘大水無灘磧，其勢甚易；自西廣而出，水小多灘磧，其勢甚難。建炎末鬻鈔，未幾復止，然官般、客鈔，亦屢有更革，東、西兩漕，屢有分合。

又《葉衡傳》 時鹽課大虧，衡奏：「年來課入不增，私販害之也，宜自責鹽之地爲之制，司火之起伏，稽竈之多寡，亭户本錢以時給之，鹽之委積以時收之，擇廉能吏察之，私販自絶矣。」仍命措置官三人，淮南於通州，浙東於明州，浙西於秀州。

元・馮福京《昌國州圖志》卷三《敘賦》

食鹽

始於至元二十七年抄數之後，應諸色人户計口請買，歲該二千五引一百四十三斤二兩四錢，每引中統鈔五十貫。民户間有逃移物故，鄉都凋瘵，實艱於錢。大德元年，馮州判沿郡檄至行省，適上司增添鹽價，每引通該六十五貫。州判謂州民貧乏，而鹽價頓增，甚非海鄉之利。具以聞諸省，蒙歲減十分之二，實賣一千六百四引一百一十四斤。海鄉之民既寬一年之內。【略】若將來鹽法流通，則横增之數必在削去，仍辦八分之數矣。省劄減鹽旨揮江浙等處行中書省，該據昌國州判官馮福京呈本，州坐落海心，所轄四鄉一十九都，除富都鄉九都與本州連陸外，其餘三鄉十都並各散在海洋，止是小小山島，並無膏腴田土。其間百姓止靠捕魚爲活，别無賣買生理，鈔兩實爲艱得，每年計口請買食鹽，勾追笞責，重費經營。自二十七年抄數諸色户計有二萬二千四百餘户，計一十萬三千五百餘口，歲買食鹽二千零五引一百餘斤，無問大小，每口月該食鹽一十餘兩。因此近年以來，逃亡事故民户比元數已虧，而鹽額如故，多是里正主首及見在户口代爲閉買。年復一年，已皆靠損，兼海島别無蔬菜，惟食鹹水魚鮮，貧户無鹽亦可度日。況今鹽價每引增上二十五貫，則二千零五引比舊該增六百餘，定必致愈見生受。蓋海山之民多無常産，若不從宜均定，不惟失悮官課，將恐民不聊生，流爲盜賊，深繫利害。乞照詳。事得此行，據兩浙都轉運司申照，得昌國州週歲該鹽二千五引一百四十三斤二兩四錢，今擬十分中量減二分，該鹽四百一引二十八斤一十兩八分外，實該辦鹽一千六百四引一百一十四斤八兩三錢二分，委爲官民兩便。省府除已行下兩浙運司準申外，合下仰照驗行，下合屬驗本州管下鄉都元派食鹽數目，以十分爲率，從實普例均減二分，毋得因而作弊椿配。仍嚴切禁治，不致買食私鹽，侵視官課，違錯須至劄付者。

漁鹽

歲辦不等，舊實無之。蓋附海之民，歲造魚鮝，多買有引客鹽爲用，官未嘗置局也。自至元三十年，昉於燕參政南康人。之奏，於海邊捕魚時分，令船户各驗船料大小，赴局買鹽，淹浥魚鮝。然船户亦有不爲漁者，非官司驅迫，鮮有樂於請買。自是歲嚴一歲，買數愈增。大德元年至買及八百餘引。

佚名《元典章》卷九《吏部・官制・場務官》

鹽場額辦引數

周歲内外額辦計一百七十一萬六千六百七十引。

腹裏：

大都　二萬引。

(江南)[河間]　二十五萬引，竈三千五百六十五户。

山東　二十四萬引，　竈二千七百八十户。

行省都轉運鹽使司：

兩淮　六十五萬二千四百七十五引，竈一萬四百三十二户。

兩浙　三十五萬引，竈一萬五千八百九户。

陝西　七萬四千引，竈二千户。

四川　一萬四千六百九十五引，竈六千三百五十一户。

福建　七萬引，竈一萬一千七百八十二户。

廣東鹽提舉二萬一千五百引。

廣海鹽提舉二萬四千引。

鹽場窠闕處所

大都運司鹽場，大德七年三月併入河間運司：　惠民場、濟民、石碑、越支、蘆臺、三汊沽。

河間運司十六處：　利國、阜民、[嚴]鎮場、利民、海豐、富民、海潤、阜財、富國、厚財、興國、豐財、海盈、潤國、益民、海阜。

陝西運司解鹽場。

四川鹽茶運司一十處：　簡鹽、隆鹽、嘉定、順慶、保寧、大寧、長寧、潼川、紹慶、雲安。

遼陽路鹽司三處：管勾正九。　瑞錦等處、卲蒙場、大寧鹽引。

山東鹽運司：

濱鹽司七處：從五品，管勾正九。　永利場、寧海、永阜、豐國、富國、豐民、利國。

樂鹽司五處：從五品，管勾正九。　官臺場、高家港、新鎮、王家崗、箇堤。

膠萊鹽司八處：管勾正九。　西田場、海滄、登寧、行村、信陽、即墨、石河滄頭、濤洛。

兩淮鹽運司，揚州置司。　官五員。正三品二員，正四、正五、正六各一員。

各鹽場司三十一處：司令從七，司丞從八，管勾從九。　馬塘、掘港、西亭、餘東、餘中、餘西、金沙、石港、江口西、豐利、白駒、東臺、梁垛、小海、草堰、劉莊、小陶、角斜、富安、河垛、拼茶、丁溪、板浦、天賜、臨洪、五祐、新興、莞瀆、徐瀆浦、白硯、廟灣。今併。

鹽倉三處：　通州、泰州、淮安路。

檢校秤鹽二處：　揚州東門、真州新城。

廣盈庫。提領從八，大使從九。

江海巡鹽官。從九。

兩浙鹽運司，揚州置司。　官五員。品同兩淮。

浙東鹽司場二十五處：　三江、曹娥、蘆花、石堰東、石堰西、岱嵩、龍頭、東江、鳴鶴東、鳴鶴西、黄巖、雙穗、長亭、天福南、天福北、清泉、永和、杜瀆、昌國正監、岱山、穿山、長林、玉女溪、高南泉、海内不同。長山玉泉。

浙西鹽司場十一處：　江灣、黄窑、浦東、横浦、袁浦、鮑郎、下沙、青村、蘆瀝、沙腰、海沙。

杭州鹽司場九處：　茶槽、仁和、北栅、許村、南路、西興、錢清、錢塘、西路。

檢校秤鹽三處：　杭州、慶元、(加)[嘉]興。

福建鹽運司：

鹽司二處：　福建、興化。

鹽場十八處：管勾正九，同管勾從九。　海口、牛田、嶺口、南鄉、北鄉、潯美、惠安、港據、東坂、馬欄、(梧州)[浯洲]監、吴慣、洒(州)[洲]下里、涵頭上里、中册木櫝、長溪南鄉、漣江。

廣東：

東莞等處鹽司十二處：管勾正九。　都料、海宴、矬烔、歸德、小江、東莞、招收、疊福、雙恩、石橋、黄甸、静康。

惠州等處淡水鹽司：　古隆、淡水。

潮州小江等處鹽司：　井隆。

南恩州鹽司：　鹹水。

鹽管勾減資

至元三十一年九月，中書吏部：

承奉中書省判送本部元呈：「奉省劄：『兩淮運司管下三鹽司俱擬革罷，所設鹽場管勾，擬陞正管勾作從七品，同管勾作從八品，副管勾從九品，於流官内選充，依倉官例陞一等資品。』本部除已依上陞轉選注外，照得江南兩浙接連，并腹裏河間、山東、大都等處運司，所轄鹽場甚多，即目俱設管勾正九、同管勾從九，副管勾根脚淺短者量授部劄。今兩淮管勾俱合例應注代，若便依上銓注，慮恐其餘運司所轄鹽場管勾指例陞等銓注，豈惟銓選不一，有礙遷調。參詳：　兩淮鹽司管勾若於流官選注，任回別無粘帶，擬減一資陞轉。元係雜職人員注充，止理本等月日，庶望易得調選。」呈奉都堂鈞旨：「送本部，依上施行。」

又　卷二二《户部·課程》

鹽課

設立常平鹽局

至元二十二年□月，江淮行省準中書省咨：

至元二十一年十二月初一日奏過事件：「鹽的體例，一引鹽根底，官司處一十五兩買了，國家不多要課程。賣這鹽呵，本待教百姓都得販鹽喫來。如今官員豪富有氣力的人每，詭名兒教人買出鹽來，把柄着行市，掯勒百姓，多要利錢賣有。十八年，潭州一引鹽賣一百八十兩，江西賣一百七十兩。一個月前，這大都一引鹽也賣一百二十兩來。爲這上頭，皇帝少要課程的聖恩，不曾到百姓身上。爲這般上，窮百姓多有不得鹽喫的有。咱每的鹽引，二百萬引鹽根底教客旅興販，一百萬引鹽諸路運將去放者，立常平鹽局。販鹽底人每若時貴呵，咱官司賤賣。那般做呵，百姓每都得鹽喫，國家更有利錢。」奏呵，奉聖旨：「那般者。」欽此。所有合行事理，逐一區處于後，咨請欽依施行。

一，鹽局官，從各處官司於近上户計内選保有抵業人、通商賈、信實不作過犯之人充。每局大使一員，副使一員，本路出給付身，委用勾當，開具花名，保結申宣慰司，呈報行省。腹裏路分，申部照會。

一，鹽局房舍，於各處係官房内從便標撥。如無，係官錢内起蓋，合用夫匠，本處就便差發。

一，合賣年銷鹽數，驗各處人户多寡，斟酌可用鹽袋，開坐數目，行移宣慰司、總管府各差管押官一員，賫擎公文，將引各處局官，前去合干運司開引支撥，須要交割明白。到局若有短少，着落元關局官賠償。如是在場鹽數不敷，分作兩次搬運。合用脚力，運司就便和雇。行下鹽轉運司依上施行，仍將賣過鹽引逐旋繳申提點官批鑿訖，申覆本路，轉申省部。

一，發賣鹽價，如今鹽袋不問價例，平和聽從民便發賣。如無客旅興販，鹽價增添時分，官爲發賣。價直雖高，每行不過一錢，須要一斤至二斤三斤各作一裹，預先如法多廣包裹。如遇人户買鹽，即便驗價支發，免致逐旋秤盤，停滯買户。據賣到價錢，本局明附文曆，每日分豁本息，具單狀申報提點官司印押，每旬開申本路，轉申宣慰司，呈「行」省。比及次月終，須要開咨到省。腹裏路分，每局申部呈省。據每月賣到數目，不過次月初五日申解本路送納。

一，本處正官提點催趕發賣，毋致闕誤，亦不得尅減斤兩，虧損百姓。

一，合設鹽局，除各縣置立一處外，各路并户多州郡及人煙輳集鎮官市可以添設去處，本路就便斟酌設立訖，開具各各數目，保結申宣慰司，呈行省。腹裏路分申部。

一，合用攢典、秤子、合干人，從本路斟酌賣鹽多寡，就便定奪，於酌中户内差撥，毋致多餘濫設。仍將設定人數申部，保結申宣慰司，具呈行省。

一，局官俸給、攢典秤子工食錢，隨後另行定奪。

一，各處運司至元二十二年額煎鹽數，先儘常平鹽袋。如遇各道宣慰司、各路差官賫公文關撥，隨即先行依資次關引支查，本司和雇脚力，運立局去處。如是見在不敷，先儘實有見在，均俵分作兩處般運，毋致短少斤重，刁蹬停滯。具關訖鹽貨并用過脚力，保結申宣慰司，呈行省，腹裏路分申部。若有客旅關賣鹽貨，等候官鹽了畢支查。

一，各運司額辦鹽數，催督各場管勾竈秤人等趁時煎造，毋致闕誤支發。

立都提舉司辦鹽課

至元二十九年，中書省：

今照到辦課聖旨條畫，開立于後。

一，隨路應管公事官吏，并軍民人匠打捕諸色頭目人等，常切禁約，毋得縱令不干礙人虛椿飾詞，妄行扇惑，攪擾沮壞見辦課程。如有違犯之人，並行斷罪。

一，蒙古、漢軍、探馬赤、打捕鷹房、站赤諸色人等，一體買食官鹽，不得私煎販賣，及不得私造酒麴，偷匿商税。辦課其間，諸衙門毋得妄生事端攪擾，擅勾辦課官吏人員。如有違犯，或提點官禁治不嚴，並欽依累降聖旨斷遣施行。

一，近年各處轉運鹽使司所用皆非其人，省降鹽引多爲勢力之家賒買，賫引下場，攙驀資次，多查斤兩，遮當客旅，把握行市，以致鹽法不行，公私兩不便當。今後見錢賣引，照依資次支發鹽袋，監臨主守官吏並不得賒買，違者其價與鹽俱没官。詭名盜買者，仍徵倍贓，官解見任，司吏勒停。

一，各位下并權豪勢要之家，納課買引，赴場查鹽，不得攙越資次，恃賴氣力，逼勒場官，多要斤重。如有違犯之人，取問是實，依條斷罪。

一，運司煎鹽地面内，如有係官山場、草蕩、煎鹽草地，諸人不得侵佔斫伐及牧放頭疋，胤火燒燃。仰所在官司常切用心關防禁治，如有違犯之人，斷罪

陪償。

一，諸人販賣鹽貨，除官定袋法每引四百斤之外，夾帶多餘斤重者，同私鹽法科斷。

一，巡禁私鹽者，附場百里之內，從運司選委相應人員巡捉。其餘府州司縣行鹽去處，摘委鹽司正官員，與管民正官一同巡捉。

一，行鹽地面路府州縣私立鹽牙行大秤，有壞鹽法，仰所在官司截日罷去。違者捉拿到官，痛行治罪。

一，竈户煎到鹽數，在先當該官吏多取餘鹽，尅減工本，或以他物準折，致使生受。今後從實給散，但有依前尅減準折，虧損竈户，嚴行斷罪，仍勒倍償。

一，諸人興販鹽貨，務要兩平發賣，不得中間插和灰土，違者嚴行斷罪。

一，諸犯私鹽者，照依已降聖旨，科徒二年，決杖七十，財産一半没官。決訖，發下鹽司帶鐐居役，滿日疏放。若有人告捕得獲，於没官物内一半充賞。犯界鹽貨，減犯私鹽罪一等。仍委自州縣長官提點禁治。知道賣私鹽的人每根底拿去時分，拿去的人每根底相迎着厮殺的根底，敲了。二次做伴當爲從厮閧的，斷没家緣，流遠。又他每之下做伴當來的每根底，家緣斷没了，鐐着，三年竈户裏使用。如竈户人等私賣鹽者，同私鹽法科斷。兩鄰知而不首者，減犯人罪一等。場官失覺察者，初犯笞四十，再犯杖八十，三犯杖一百，除名。場官知情貨賣者，與犯人同罪。管民提點正官不爲用心禁治捉拿，縱令百姓買食私鹽，與場官同罪。如經過關隘港汊去處，管軍官不爲用心盤捉，與管民提點官一體斷罪。如有通同縱放貨賣私鹽者，與犯私鹽人同罪。

一，兩淮、兩浙運司，欽依聖旨，辦課其間，諸衙門無得攪擾沮壞，亦不得將辦課官吏擅自差占勾攝。如有沮壞之人，取問是實，從行省就便斷罪。

一，隨路運司官吏，若有虧兑官課不公之人，問當得實，截日罷去。據本官拖欠課程，依數追徵，須管日近補納數足，別差有産業、不作過犯、信實人員補闕勾當。今後若有故意挾仇，妄生飾詞，因而胡亂陳言，沮壞課程者，諸衙門無得受理。如是委有侵欺官錢，憑準堪信文憑，明注月日，等候年終考較，前來陳言，一同對證歸斷施行。如違，嚴行治罪。

一，附場百里之内村莊鎮店城廓人户食用鹽貨，官爲置局發賣，驗各家食鹽月日，從運司出給印信，憑驗關防，無致私鹽生發。如是過期，却有附餘鹽貨，別無由關，同私鹽法科斷。

一，諸人賣過鹽引，欽奉聖旨，限五日赴所在官司繳納。隨路管民官每月用心拘刷，每季繳申行省照勘。如不用心拘刷，縱令客旅違限不納，夾帶私鹽，影射使用，從行省究治。

一，兩淮、兩浙運鹽綱船車輛，并辦課官吏、巡鹽弓手騎坐馬疋，欽依聖旨，諸人不得奪要拘撮。如有違犯之人，從行省就便斷罪。

新降鹽法事理

大德四年十一月，兩淮都轉運鹽使司承奉中書省劄付：

欽奉聖旨節該：「中書省奏：『諸處鹽課，兩淮爲重。比年以來，諸人盜賣私鹽，權豪多帶斤重，辦課官吏賄賂交通，軍官民官巡禁不嚴，以致侵襯官課，宜從新設法關防，乞降聖旨』事。准奏。自大德四年爲始，立倉查運，撥袋支發，以革前弊。真州采石依舊設官批驗，置軍巡捉，江淮海口私鹽出没去處，添撥車船。附場閑雜船隻，不許往來灣泊。軍民捕盜等官，常切用心防禁，毋致私鹽生發。欽此。所有立法合行事理，命中書省定立條畫。上江下流諸衙門大小官吏人等，各務遵守奉行。若有滅裂沮壞之人，照依已降聖旨究治。」欽此。又於大德四年十二月二十日聞奏過：「兩淮鹽法爲不定體的上頭，合整治的法度，張參政題説來。在後海道運糧朱參政也依那言語題説呵，上位奏過，提調整治的，教(來)〔朱〕參政、更一個姓郝的漢兒人、省裏行來的張都事等去來。他每到那裏，合行的勾當就便行了，更有幾件合整治的題説有。數内一件：『應有合整治事理，行聖旨，怎生？』説有。俺商量來，上位奏過，省裏行文書呵，怎生？」奏呵，奉聖旨：「那般者。」欽此。都省欽依聖旨事意，通行參考，議立條畫，開坐于後，仰欽依施行。

一，淮東揚州、淮安地面，以遠就近，分立六倉，給雇綱船，設官押運，赴場查鹽，入倉收貯，撥袋發賣。今後客旅納課買引，赴倉關鹽，照依資次，晝時支付。運司以下，無得非理取擾，仍前作弊，違者依條追斷。

一，兩淮運司歲辦鹽課六十五萬七十(五)引，雖是周歲立額，例於九個月攢辦。自二月爲頭煎燒，十月終足備，月該煎鹽七萬二千二百三十引。所據運鹽綱船，亦須春首河開查運，比及冬月河凍水涸儹運了畢。其煎鹽運鹽，俱在九個月之間。今依驗諸場日煎月辦課額多寡、地里遠近、河水淺深、倉場裝卸往回日程，以遠就近，通立四十綱，每綱設官一員，分運前項月煎鹽袋。中間或有上中下則月分，煎鹽多寡不等，及河道通塞不一，亦須於九個月内增虧相補，

務要齊足。仍多方預積柴滷，雖連陰數月，並不許申報陰雨妨工，以爲久遠常例。

一，諸倉遇客支鹽，若留難不給，隨即理斷。因而受財者，並從枉法科斷。其運官人等給散工本、脚價及席索等錢而有侵尅者，各如之。

一，諸王、公主、駙馬位下行運斡脱人等，及官豪勢要之家，今後納課買引，赴倉支鹽，不得欺淩倉官，攙越資次。如到發賣去處，亦不得恃勢攙奪行市。若有違犯之人，依條斷罪，仍具姓名呈省。

一，綱船運到鹽袋，須要入倉排垛收貯。如遇客旅關鹽，添席重包，然後支發，不許就船兑撥。違者，倉官、監運各決三十七下，解見任，期年後别行求仕。運官有失關防，罪亦及之。通同縱放者，與同罪。

一，裝鹽席索，運司較勘樣製，各於立倉拘該州縣撥户織造，務要堅密牢壯。諸倉就管收支，州縣官司添力催辦，仍將席户籍定姓名，諸人不許私織私賣，違者決杖五十七下。倉官不依元様，受錢濫收，或依様故行刁蹬，因而受財，並同枉法科斷。運官有失關防者，亦行究治。

一，鹽運赴場查鹽，就廩裝打硬袋，每引帶席索，通秤四百一十斤出場。袋法之外，餘有十斤，以充在船坐倉走滷折耗，內諸倉破耗六斤，監運破耗四斤。綱船運鹽到倉，倉官、監運眼同交收。耗例之外，若有短少斤重，如在四百斤之内者，即令綱頭、船户陪償，就於脚錢內照依官價捎除，另行解官，監運、船户約量治罪。短鹽十斤之上者，附簿申報運司，捕足支發。其侵偷盜賣者，依私鹽法。如四百一十斤之上，但有多帶餘鹽，亦仰倉官置簿，從實附寫，畫時申報運司，當該監運、監查場官各決三十七下，解見任，期年後降先職一等。倉官通同不報者，與同罪。運司官有失關防，罪亦及之。

一，諸綱運鹽船隻，每歲住運之後，督責船主趁時修船，整辦浮動，不許擅自離綱。私離綱者，決杖五十七下。

一，在先場官捎勒竈户，多取斛面，以通鹽商，支查大鹽。今既立倉，依法裝袋，已積鹽廩必有附餘。若不關防，恐致場官通同竈户虚過鹽籌，冒關工本。仰諸綱監運到場查鹽，並要互相覺察，一廩支盡積出餘鹽數目，場官、監運連銜保結，隨即開申運司，置簿銷附。通同漏報者，許諸人首告是實，場官、監運各決三十七下，解見任，期年後别行求仕。仍自大德五年爲始，竈户赴場納鹽，置簿明白附寫某字號，一廩自幾年月日竈户某人納鹽爲始，至幾年月日竈户某人納鹽爲尾，計鹽一千引，各開備細花名鹽數。已後查盡積出餘鹽，照依各各納鹽分數，依例支給工本。

一，運司泛濫差人下場，必要祗待齋發。在先客旅就場查鹽，多帶斤重取要分例，場官有以支持。既已在倉，革除前弊，若又泛濫差人，必是侵漁竈户。今後運司凡有下場文字，須要入遞發行。其有照勘追會公事，運官散本之時就便理會。諸場月報實煎鹽袋，隨月比較，虧兑者依例決罰。若有問出竈户、場官通同發賣私鹽，必須差人勾追，須明給差劄，立限幹辦，違期不至者問罪。

一，諸場煎鹽柴地，舊來官爲分撥，初非竈户己業。亡宋時禁治豪民不許典賣，亦不許人租佃開耕。今知各場富上竈户往往多餘冒占，貧窮之人内多買柴煎鹽，私相典賣，開耕租佃，一切無禁。今後運司嚴加禁治，更爲差官體究，若有似此情弊，即仰依理歸着。無柴去處，從公分撥，務要貧富有柴煎鹽，不得似前違錯。

一，凡獲私鹽、犯界鹽貨，須先從實挨問監賣鹽場，罪及場官。經過把隘去處，罪及鎮守軍官。轉行貨賣地面，罪及路府州縣提點捕盜等官。或通同作弊，或有失覺察，並從運司照依已降聖旨條畫科斷。其軍民鹽場捕盜等官能自敗獲者，止罪元賣竈户、正犯鹽徒。管民官、鹽場官、捕盜官獲到私鹽、犯界鹽貨各各起數，任滿於解由内開寫，量加遷擢。鎮守把隘巡鹽軍官，若能周歲之内所獲私鹽并犯界鹽貨，百户有及三百引、千户五百引、萬户千引之上者，並各陞官一等。親獲之人，應捕者每鹽一引賞鈔一十五兩，不干礙人賞鈔二十五兩，所在官司就便畫時支給。雖獲私鹽而不獲鹽徒者，不在理準之限。

一，敗獲鹽徒，多係累經配斷，視爲尋常，不改前過。一番事發，一遍詐人，諸場富上竈户、有司殷實良民，多被妄行通指。此等之徒，紛亂淮甸。今後犯鹽經斷賊徒，各於門首粉壁，大字書寫「犯鹽經斷賊徒」六字，官爲籍記姓名。責令巡尉、捕盜等官，每月一次點名撫治，務要改過，别求生理。出入往回，須使鄰佑得知。三日之外不歸者，即報捕盜官究問。三年不犯，鄰佑保舉，方許除籍。

一，附場百里之内，在先設立官局一十七處，拘該一府四州一十一縣，歲賣官鹽四千六百餘引。中間夾帶私鹽，擾害百姓，有名無實，奸弊多端，於官無濟，於民有損。今擬附場十里之內人户，取見實有口數，責令買食官鹽。十里之外，

盡作行鹽地面，許令客旅通行興販，以便公私。若革罷局鹽之後，城鎮無賣鹽鋪户，鄉村無販鹽客旅，又少有拘到退引，即是管民捕盗把隘軍官不爲用心，以致私鹽生發，運司從長施行。

一，諸人賣過鹽引，鋪户、牙人私相隱匿，影射私鹽，侵襯官課。仰督責各路提點正官，先將立倉已前應發舊引盡數拘刷到官，牒發運司。如無不盡數目，亦仰保結牒呈。改法之後賣過退引，依期拘收，每季牒發，諸官府無得存留。各處行省若有在先已收退引，亦仰盡數發付運司。其運司拘到退引，即係元降法物。若擬存留别用，及或久頓在庫，中間必生奸弊。運司正官點勘見數，並仰當官燒燬，已後無得停留。

一，采石依舊設官，批驗引目，摘撥軍船，一同盤捉私鹽。今後前去上流販鹽船隻，須由彼中批驗，另無夾帶私鹽，方許經行。匿不批引者，同私鹽法科斷。其海船、海仙鶴、鐵頭船，采石之上不許放過，違者決杖五十七下，其船没官。若軍官、批引官通同脱放者，與犯人同罪。

一，煎鹽之所，皆爲禁地。在前諸人閑雜船隻通行往來，因而搬販私鹽。今後除竈户般運柴滷等船，運鹽綱船、巡鹽船隻，運司印烙行使外，其餘諸人船隻，並不許於附場江淮海口并場邊港汊往來灣泊。違者捉拿到官，犯人決杖五十七下，斷訖牒發元籍，仍將船隻拘没入官。其運鹽大河内買賣民船，雖由場邊經過，却不得因而當攔搔擾。

一，賣引支鹽批驗關防：

客人入狀運司買引，自大德五年爲始，每引納官中統鈔六十七兩五錢。

正課鈔六十五兩。帶收鈔二兩五錢：綱船水脚一兩一錢，裝鹽席索錢七錢，倉場子脚錢六錢。

運官監視，挨次交檢數足，送庫收訖，支引出庫。隨於引面上書填客名，次於引背上墨印批鑿「兩淮都轉運鹽使司發引，赴某處鹽倉支鹽」，於墨印上再用本司正印訖，出給下倉勘合，同引當官給付客旅，赴倉關鹽。本司另置花名銷簿，於上附寫一貼「幾年月日某人買鹽若干，幾年月日用某字號勘合」，行下某倉放支，仍於貼項後餘留空紙。已後鹽倉、批驗所申到出倉賣過月日，並於本客名下相續銷附。

鹽倉從運司置立關防號簿，每號餘留空紙半張，印押過，預發諸倉收掌。如承運司勘合，比對元發字號相同，辨驗引上客名印信别無詐冒漏落，即於簿上附寫「幾年月日，承奉運司幾年月日某字幾號勘合，放支客人某人鹽若干」，然後照依資次。撥袋支鹽。如鹽商欲往真州發賣者，即將客名、鹽數、出倉月日，關發真州批驗所發賣。如鹽商不到真州，徑去淮東、淮西貨賣者，本倉依例就收批引牙錢中統鈔四錢，並於引上皆使出倉批驗印記，付客從便興販。食魚局鹽一體批收。仍將出倉月日、客名、鹽數、收到官錢，各於前簿本客名下銷付，每月一次，開申運司照驗。

真州批驗所從運司置立關防文簿，印押過，發付本所收掌。如承鹽倉關到客人出倉鹽袋，即於簿上附寫「幾年月日某倉關到某人出倉鹽若干」，仍於客名後餘留空紙。每日賣過鹽數，牙人、鹽商齎引同赴本所批鑿。如鹽過岸上江發賣者，依例每引收要中統鈔一錢，牙錢鈔一錢，即將客名、鹽數開發采石，再行批驗。如過岸不到采石，徑去江東、淮西州郡就賣者，每引全收批引中統鈔三錢，牙錢鈔一錢。如不過岸上，就江北、淮東發賣者，亦仰全收批引牙錢，並於引上背使各各關防青印，付客從便興販。應鹽倉關發真州客鹽，須到真州批驗發賣。如匿不批引，私自發賣者，依條追斷。仍將鹽倉元關客名、鹽數，賣過花名月日、收到官錢數目，隨於前簿本客名下銷附，每月一次開申運司照驗。

采石批驗所從運司置立關防文簿，仰伸過，發付本所收掌。如承真州批驗所關發客人鹽船到岸，即於簿上附寫「幾年月日關文發到某人販去上江鹽若干」，仍於客名後餘留空紙，隨於引上背使關防青印。依例每引收要批引中統鈔二錢，點檢别無夾帶私鹽，即便放行。其真州全收官錢，江東、淮西就賣客鹽，而有復過采石者，亦仰驗真州鹽引，更爲依例批鑿放訖，移關真州批驗所會問，以防其弊。應真州關發采石客鹽，須到采石再行批驗了畢，然後通放，并本處發賣。如匿不批引而先發賣者，依條追斷。仍將真州元關客名、鹽數、批驗過月日同收到官錢數目，各於前簿本客名下銷附，每月一次開申運司照驗。

諸路拘該到退引，内多不行批毁，中間爲弊最深。既立倉之後，應賣鹽引上改給條印，明白批鑿關防，其隨路拘收退引亦合改給印記，從新批毁，法令歸一，庶革奸弊。仰運司議立關防批毁條印，粘連行移拘該路分，委自提點長官監視，依樣置造，發付司縣提點正官收掌。依期拘收退引到官，隨於引上正面批使，入庫對收，每季牒發運司比較。如有滅裂不行用意拘收，及漏用批退印記，並行

究問。

一，淮東真州，南北商旅聚集去處，故於彼中設立批驗所。官府專責批鑿鹽引，發運辦課，欲使無擾鹽商，交易快便。不謂近年以來，批驗所以爲作弊要錢之司，除通同牙人取要分例外，縱令攢典、合干、門下家丁人等私立名色，紛擾鹽商，取要錢物，其於鹽法一毫無補。又所設鹽牙，皆非從公選擇，濫用無藉破落之徒，各名下别帶小牙、秀才、勾當人等，百數成羣，結攬鹽商，把柄行市，多取牙錢，坑陷客旅。今次立倉改法，從新整治，已令真州官司於本土諸行鋪户内，選到有抵業、慎行止、不作過犯(者)、知商賈、信實之人，以充鹽總部轄，專一説合賣鹽交易。運司常加用心關防鈐束，務要盡革前弊。已後批驗官吏、鹽總部轄人等，敢有似前取要分例、多取牙錢、擾害鹽商作弊之人，運司隨事追問。運官通同看循，罪亦及之。議到關防合行事理：

鹽總部轄擬設四名，專一説合賣鹽交易。如無過犯，不得擅自更換。其在下掌附文曆，接手協力之人，並從部轄入狀保用。如或陷害鹽商，作弊敗事者，正犯人嚴行斷遣，元保部轄亦行斷罪。

已前應有鹽牙，盡行革去。除今次額設鹽總部轄外，敢有私充牙人，及已罷舊來潑皮鹽牙，仍前結攬鹽商、暗行交易者，許諸人首捉到官，犯人決杖六十七下，仍於名下各追中統鈔五定，付告人充賞。

新立部轄，每日止於批驗所，與買主、賣主對面説合交易，不許他處暗地成交。如有違犯之人，許諸人首告是實，各決四十七下，仍於各名下追中統鈔伍定，給付告人充賞。

一，真州江口，係兩淮運司發鹽總會去處，擬立部轄四名，説合賣鹽，關防批驗。其餘行鹽地面，上江諸路，如鄉例須用牙人説合，從各路提點長官，照依真州，依例於土居信實、不作過犯、有抵業、通曉商賈諸行鋪户内從公選差，出給文憑，立部轄，專一説合賣鹽交易。如鄂州、龍興、潭州、江陵、吉州等路聚鹽去處，擬設二名，其餘去處止設一名。凡遇客旅到彼，須於賣鹽處所，買主、賣主對面成交。牙錢每引不過中統鈔一錢，餘上不得多取。如有似前多取牙錢，許鹽商諸人首告是實，犯人決杖六十七下，違法多取牙錢盡給告人充賞。除額設部轄外，其餘濫設私牙，截日盡行罷去。敢有私充鹽牙，及已罷牙人結攬鹽商私相交易者，決杖六十七下，門前粉壁，毋令再犯，仍於名下各徵中統鈔伍定，給付告人充賞。提點官有失關防，罪亦及之。

一，體知行鹽地面諸路官府，多將上司官員并自己販到鹽貨添荅價錢，攙先發賣，使無勢力鹽商不得成交。縱然分賒在地，其鹽牙索到價錢，止還權勢之家，因而客旅虧折錢本。今後各處提點正官常加關防，毋致似前作弊，陷害鹽商，違者並行究治。

一，諸路鹽牙鋪户人等經手賣過客鹽，如有未還價鈔，分司運官到處，先行取會見數，及令鹽商自行首告，督責各處提點官吏，盡時監徵給主，無使停滯。怠(謾)[慢]去處，就便究治。

一，行鹽地面，拘該行省、宣慰司官各一員專一提調。路府州縣提調正官、鎮守把隘軍官、巡鹽、捕盜等官，若有奉行不至者，許廉訪司糾彈究治。事關各省爲例事理，仰運司直呈都省。

一，該載不盡，凡於官司不便事理，運司官欽依已降聖旨，就便從長規畫，無致虧兑。

申明鹽課條畫

延祐五年三月十六日，長生天氣力裏，大福蔭護助裏，皇帝聖旨(裏)：

中書省、御史臺官人每根底，宣慰司、轉運司、廉訪司官人每根底，管城子達魯花赤官人每根底，軍官每根底，軍人每根底，各枝兒頭目每根底，大小諸衙門官人每根底，打捕户昔寶赤每根底，站赤每根底，衆百姓每根底，宣諭的聖旨：中書省奏：「諸處鹽課，兩淮爲重。大德四年改法立倉，撥袋支發，定立條畫，宣諭諸司，各另遵守。比來所司弛於奉行，宜申舊制宣諭。乞降聖旨」事意。准奏。所有條畫，隨列于後。

一，隨處所辦課程，依舊例，管民正官提點，若有差出，以次官提點。若有沮壞虧兑，取問得實，依例究治。

一，諸王、公主、駙馬位下行運幹脱人等，及官豪勢要之家，今後辦課買引，赴倉支鹽，不得欺淩倉官，攙越資次。如到發賣去處，亦不得恃勢攙奪行市。若有違犯之人，依條斷罪，仍具姓名呈省。

一，各處運司辦課其間，諸衙門官吏人等無得縱令歹人虚椿飾詞，妄行扇惑，搔擾沮壞。若果有言告鹽司場官人等不公等事，從運司依例科斷。如理斷不應，許監察御史、廉訪司糾彈。運司官若有非違，[申臺]呈省。辦課人員無得擅自勾擾。

一，行鹽地面，拘該行省、宣慰司官各一員專一提調。路府州縣提調正官、

鎮守把隘軍官、巡鹽、捕盜等官若有奉行不至者，許廉訪司糾彈究治。事關各省爲例事理，運司直呈都省。

一，隨處河邊，舊有釘立樁橛，阻礙運司船隻，沿河官親行點視拔去。若有因而沮壞販鹽船隻，其工本一切損失之物，當處官司陪償，仍行斷罪。

一，鹽商、竈户、綱船、工脚、鑄盤、織蓆之家，運司常加照管，無令有司拖拿搔擾，違者究問。

一，凡於官課不便事理，運司就便從長規劃，無致虧兑。

一，管民提點正官常切提調關防，嚴加禁治。如不爲用心，(至)[致]有私鹽并犯界鹽貨，初犯笞四十，再犯[杖]八十，三犯[杖]一百，除名。通同縱放者，與犯人同罪。

一，關津隘口守把軍官軍人、(當)[及]巡尉弓兵人等，本以機察奸僞而設。比聞各處私鹽、犯界[鹽貨]，白晝公行，無所畏忌，蓋是不遵法禁，以至如此。今後嚴加關防，往來盤捉，無至似前透漏[違犯]。如因仍舊弊，不爲用心盤捉，致有走透]私鹽并犯界鹽貨，初犯笞四十，再犯[杖]八十，三犯[杖]一百、除名。

一，凡獲私鹽并犯界鹽貨，須先從實挨問(盜)[監]賣鹽場，罪及場官。經過把隘去處，罪及鎮守軍官。轉行貨賣地面，罪及路府州縣提點、捕盜官司。通同作弊，有失覺察者，與犯人同罪。

一，淹浥魚鮝，各有破鹽定例，又係商販之物，不拘行鹽地方，許令諸處興販，投税貨[賣]。其有因而夾帶私鹽者，依例科斷。

一，煎熬燒草，每年常有野火燒延，靠損草地，及有斫伐柴薪之人，以至失(悟)[誤]用度。仰本處鄰接官司，委自管民正官，專一關防禁治。但犯杖八十，因而闕用者，奏取敕裁。

一，諸客旅并行鋪之家賣訖官鹽，限五日赴所屬州司縣繳納引[目]。如違限，匿而不批納者，同私鹽法。仍委提調官置簿關防，無致停藏卧引，影射私鹽。拘到退引，當官隨即毁抹，每季申解運司收管。運司官所至之處，先行檢舉，不如法者，就便究問。

一，客旅買到官鹽并官司綱運鹽貨經由河道，其關津、渡口、橋梁妄生事故邀阻者，取問得實，杖一百。因而乞取財物者，徒二年。官司取受故縱者，與同罪。失覺察笞五十。如有拘當客旅取利者，徒二年，鹽付本主，買價没官。

一，轉運司辨課其間，諸衙門人等不得攪擾沮壞。運司官吏人等却不得因而分外生事，侵擾官府，樁配百姓。

一，該載不盡事理，照依累降聖旨事意施行。

鹽法通例

延祐六年八月十三日，承奉上司旨揮，承奉江浙等處行中書省劄付：准中書省咨：

來咨：「據兩浙運司申：『延祐元年八月十八日，有中書省差來官直省舍人欽賫御寶聖旨開讀節該：經國之費，鹽課爲重。比歲以來，所司失於關防，以致私鹽、犯界鹽貨生發，侵礙官課，澀滯鈔法。仰所在管民官、管軍官常切用心提調，關防禁治，毋致似前違犯。所有條畫，開列于後。欽此。除遵依外，照得頒降條畫一十一款，内有該載未盡、其餘干犯等罪名，若候申禀通例，至日施行，却緣每日各處解到違犯私鹽起數甚衆，切恐日積月增，不無久淹停禁。卑司除將窮問私鹽犯人無疑者，照依今次坐到條畫科斷外，據該載未盡干犯等項罪名，取問明白，審録是實，權依舊例斷決。外，若蒙省府開咨都省，令合干部分通行，一一讞擬定，付下遵依，似望輕重得倫，法令歸一。』本省合行咨請照詳。」准此。送據刑部呈：「約請户部侍郎楊中議一同議擬間，又準户部關：『奉省劄：山東鹽運使張太中言：諸偷犯私鹽不曾貨賣，自行食用，依例斷罪。再犯以上，依貨賣私鹽例。諸偷販私鹽貨賣，初犯，依例斷配。再犯，全籍家産，決杖一百七下，仍於手背刺鹽徒二字，發付淘金、(怙)[鐵]冶等處，配役三年。三犯以上，比賊徒出軍例論。諸人但犯持杖般偷私鹽，拒捕的、殺傷的、燒燬房舍的，比依强盜論罪等事。本部議得，前項所言，事干刑名。如今刑部約會本部官，一同從長商議，明白議擬相應。都省准擬。關請依上施行。』准此。請户部侍郎王中憲到部，一同議擬到下項事理，開呈照詳。」得此。都省咨請依上施行。

一，本省咨禀：

一，「見欽奉聖旨内一款節該：『諸犯私鹽者，科徒二年，決七十，財産一半没官。決訖，發下鹽場鐐役。兩鄰知而不首者，決六十。買食私鹽者，杖六十。轉行貨賣博易諸物者，同私鹽法。正犯鹽徒再犯，加等斷罪，居役。三犯，斷訖，發付邊遠屯田。』前件，除欽遵外，照得：『大德八年八月十二日，也

可扎魯忽赤奏準：與省官、院官、臺官衆人商量來：舊賊每根底兩遍做了賊，經刺來的賊每拿獲呵，是第三遍有，將這的每交出軍。三遍做了賊，經刺來的賊每拿獲呵，是第四遍有，將這的每也交出軍。色目人有合出軍的，明白問了，無隱諱呵，令各路官司依例斷遣。漢兒人、蠻子人申解遼陽省發付出軍，色目、高麗（及）［人］申解湖廣省發付出軍。得此。都省準擬，仰依上施行。』奉此。切詳斷遣鹽徒，即與斷遣賊人條例相似。未審鹽徒先當經犯，取訖招伏，斷配間遇赦疏放，今次拿獲，是否作再犯論罪？其三犯者，止言斷訖發付邊遠屯田，不見定到杖數多少，發付是何近遠處所。色目人煎販私鹽，別無所坐罪名。及婦女犯私鹽拿獲本司，止是單衣受刑，杖七十，抄財產，免鐐役。今後婦女犯此罪者，未審如何處斷？又博易諸物同私鹽法，謂如有將私鹽博易諸物段疋、布帛、衣服、孳畜。或有博易喫食、酒肉、瓜果、五穀、草鞋、蓑笠、柴草等微賤之物，若不論其多寡，俱同鹽法一概斷配，似涉輕重不倫。乞照詳。』刑部一同議得：私鹽事發到官，取訖招伏，合以赦後爲坐。其三犯者，與再犯一體斷罪。蒙古、色目人發付兩廣、海南，漢人、南人發付遼陽屯田。色目人煎販私鹽者，依例科斷。婦人有犯，單衣受刑，例合免徒。轉行貨賣，博易諸物者，不以物巨細，價之多寡，依例全科相應。——前件，依準部擬。

一，「見欽奉聖旨内一款節該：『諸人捕獲私鹽，其告首親獲之人，於犯人没官家產内一半充賞。若犯人貧窮，無產可藉，雖（是）［有］不酬其功者，每私鹽一引，官給中統鈔伍拾貫，應捕人減半。不及引者，同一引例。於運司係官錢内支給。』前件，切詳一起私鹽内，有獲正犯人二名至十餘名者，及指問出煎賣私鹽竈户一二家，俱各斷没一半財產。是否盡將一起内應有斷没到各家没官一半財產再分一半，都與首告親獲之人，（准）［唯］復止將一起正犯人内，從斷没多者一名財產内分付，將一半給賞。又私鹽不及引者同一引，運司給賞中統鈔五十貫。原其鹽每引例重四百斤，有獲二百斤已上者，同一引論賞則可，或有止捉獲二百斤以下，并十斤三二斤者，未審依上全給？乞照驗。」刑部一同議得：諸（各）［告］首親獲私鹽之人，擬合將各家没官財產，依例一半付告人充賞。其展轉指出者，不在諸賞之限。外，據不及引者，無問多寡，同一引給賞相應。——前件，依準部擬。

一，「見欽奉聖旨節該：『管民提點正官、關津渡口守把軍官軍人巡尉弓兵人等，致有私鹽、犯界鹽貨走透私鹽，初犯笞四十，再犯杖八十，三犯杖一百，仍除名。通同縱放者，與犯人同罪。』前件，照得軍民官員人等通同縱放私鹽，事發到官，取問是實，照依犯私鹽人應得罪名，將軍民官員人等斷決。外據財產并鐐役一節，若依犯人一體抄配，誠爲尤重。乞照詳。」刑部一同議得：管民提點正官、關津渡口守把軍官軍人巡尉弓手人等通同縱放者，既與犯人同科，止坐其罪相應。——前件，依準部擬。

一，「諸犯私鹽淹浥魚鰕鮝鮚、竹筍貨賣，或自家食用，及博易諸物者。前件，照得每年本（同）［司］於額辦鹽内提豁七八千引，分俵兩浙，召募瀕海漁户人家請買，給引支查，淹浥海鮮魚蝦鮝鮚、竹筍，檢據給程發賣。若有私鹽淹浥者捉獲，本司比同私鹽法科斷。正犯人杖七十，財產一半没官，鐐役二年。挑擔受寄爲牙引領之人，杖六十。食用者，笞五十七下。終非都省定到通例，今次未審若何。乞照詳。」刑部一同議得：私鹽淹浥魚鰕者，合依運司所擬，比同私鹽法科斷藉配。所據挑擔受寄爲牙引領并食用之人，知情者依上科斷，不知情者依例革撥。——前件，議得：私鹽淹浥魚鰕鮝鮚、竹筍貨賣，或自家食用，及博易諸物犯人罪名，合依運司元呈。餘準所擬。

一，「諸犯私滷，刮取鹹土。前件，照得在先有百姓於竈户處買到滷水歸家，以私自煎鹽貨賣，被獲，同私鹽法科斷。終非成鹽，本司量情將買賣之人各杖六十，挑擔撑載受寄爲牙引領之人，減等笞五十。潛地偷取滷水者，止坐偷滷之人。買食私滷、切取鹹土淋滷食用者，各笞四十七下。終非都省定到通例，今次未審若何，乞照詳。」刑部一同議得：諸人於竈户處買到滷水歸家，欲以私自煎鹽貨賣，被捉到官，合準運司所擬。所據潛地偷取滷水之人，買食私（鹽）［滷］、切取鹹土淋滷食用者，照得至元八年刑部準中書省劄付：日照縣人户馬青等偷掃鹹土。舊例，掃刮鹹土食用者，與採（賣）［買］穗草燒灰淋滷，難同私鹽。量笞卌七下相應。——前件，議得：挑擔撑載受寄爲牙引領犯人罪名，合依運司元呈。餘準部擬。

一，「掃取、敲打納官零鹽。前件，有守倉（園）［團］軍人或百姓竈户，於官倉敖外裝袋畢撒鹽在地，及竈户（排）［挑］鹽送納（蘿白）［籮内］漏下鹽貨，掃聚取（撥）［撮］包裹，歸家食用，本司俱各量情決斷二十七下。或於野泊拾得無犯人私鹽食用者，笞五十七下。終非都省定到通例，今次未審若何。乞照

詳。」刑部一同議得：依準運司所擬相應。——前件，議得：掃取、敲打收撥納官等鹽歸家食用者，量笞一十七下。野泊拾得無主私鹽，不即首告，自行食用之人，笞決二十七下。

一，「挑擔撐載受寄爲牙引領，貨賣私鹽干犯人。前件，本司將挑擔撐載受寄并引領爲牙貨賣私鹽者，比正犯減等，杖六十。及受寄買食私鹽人雇倩挑載，受寄私鹽者，又比買食人減等。終非都省定到通例，今次未審若何。乞照詳。」刑部一同議得：依準所擬相應。——前件，依準部擬。

一，「守把團倉敖巡防軍官軍人，於場官、司秤、竈户、滷丁處乞取煎到官鹽。前件，照得在先有軍人索取鹽貨責，本司申奉省府劄付，決杖六十七下，發付本役，依舊當軍。切詳軍官軍人(持)[挾]勢求取官鹽私下貨賣者，合無照依私鹽法斷；所食用者，減等斷決六十；與鹽之人，笞五十七下。乞賜定奪可否付下。伏乞照詳。」刑部一同議得：依準運司所擬相應。——前件，議得：軍官軍人所犯，依準運司所擬。

一，承奉中書省判送：「江浙省咨：『據兩浙運司申：延祐四年正月初二日欽奉聖旨節該：從新拯治歲辦課額，照依累降聖旨，依例恢辦者。又辦課其間，諸衙門不以是誰，横枝兒休侵犯者。這般宣諭了，它每的勾當其間侵犯的人，有罪過者。欽此。會驗延祐元年八月十八日欽奉聖旨條畫内一款節該：關津隘口守把軍官軍人，及巡尉弓兵人等，本以機察奸僞而設。比(間)[聞]各處私鹽，犯界鹽貨，白晝公行，無所畏忌。蓋是不遵法守，以致如此。今後嚴加關防，往來盤捉，無致似前透漏違犯。如因仍舊弊，不爲用心盤捉，致有走透私鹽併犯界鹽貨，初犯笞四十，再犯杖八十，三犯杖一百，仍除名。通同縱放者，與犯人同罪。又會驗先欽奉聖旨條畫内一款節該：若有不便事理，運司從長規畫。欽此。除遵依外，照得延祐三年正月至年終各處解到私鹽内，無犯人二百餘起。數内略舉一起：錢百四等(犯)[私]鹽返問出起内：杭州路仁和縣城東巡檢司弓兵相先、貼書陸榮祖捉獲犯人錢百四、周顯保、王三十八私鹽一十二擔，將錢百四停留在家，教令指攀平民潘萬四等貨賣私鹽，要訖王三十八、周顯保中統鈔三定二十五兩入己，將各人脱放，止將錢百四解官。又一起：陳壽一等私鹽，浙西分司返問出松江萬户府軍人俞勝、徐福狀招：延祐三年五月十一日，捉獲犯人陳壽一、李萬七私鹽四草包，停留五日，接受陳壽一中統鈔五十兩，於金山鎮守官張百户處打話，將犯人脱放，作無犯人私鹽申解。又一起：(加)[嘉]興邳州萬户府軍人王馬兒捉獲犯人王千四等私鹽一袋，解赴千户所引過，差劉百户與軍人王馬兒、劉淵等一同赴解間，有金三、夏屠於本所典史節洪、該吏劉克寬、首領官樊提領等處説合，用財計會换扣文解，作無犯人私鹽分付劉百户等。解至海鹽州嚴慶一家，劉百户等又行接受錢物，將鹽博换鷄酒食用，縱放王(一)[千]四等還家。解另行返問到其餘起數：或申巡至鄉村田畈江海河漢，見有男子挑擔私鹽，或用船裝載，向前捉拿，犯人懼怕，棄鹽走透；或因天色夜晚昏暗，或稱跳水登岸走透，不知去向，無處根捕；或曠野草場，見有草柴遮蓋無主私鹽。似此弊倖多端，本司止行各處常川根捕，至日申解，未曾勾獲一起到官。今來參詳，兩浙鹽課歲辦五十萬引，課鈔壹佰伍拾萬定，不爲不重。行鹽地面撥山帶嶺，瀕湖靠海，南抵福建，北接大江，出没私鹽，港汊數多。若各處鎮守把隘軍民捕盗等官嚴加關防，肯心盤捉，則外方私鹽不禁自絶。近年以軍民捕盗提點等官不以國課爲重，視爲泛常，縱然獲到私鹽犯人，有受財脱放者，虚稱在逃者，除尅斤重者，往往止作無犯人私鹽申解。運司更不追究，止行常川根捕。由是大開倖門，一年之内，無犯人者二百餘起。若不從新拯治，實於鹽法有礙。至如强切盗賊，捕獲者給賞，不獲者定立三限刑責。今私鹽既獲犯人理賞，不獲犯人者亦合有罪。今後各處所捕軍民官司，但獲有犯人私鹽，依例給賞，無犯人，擬合比依切盗例三限根捉，庶革奸弊私貪。然此，申乞照詳明降。得此。本省參詳，若依運司所擬，别無遵守通例，咨請照詳，希咨回示。』批奉都堂鈞旨，送刑部，依已批照擬連呈。」奉此。前件，照得欽奉聖旨節該：「管民提點正官、關津渡口守把軍官軍人、巡尉弓兵人等，致有私鹽、犯界鹽貨走透私鹽，初犯笞四十，再犯杖八十，三犯杖一百，仍除名。通同縱放者，與犯人同罪。」欽此。又照得欽奉聖旨條畫内一款節該：「諸人捕獲私鹽，其告首親獲之人，於犯人没官家産内一半充賞。若犯人貧窮，無産可藉，雖有不酬其功者，每私鹽一引，官給中統鈔五十貫，應捕人減半。不及引者，同一引。例於運司係官錢内支給。」欽此。議得：軍民官司捕獲私鹽罪賞，擬合欽依已降聖旨事意施行相應。——前件，依準部擬。

一，準户部關：「承奉中書省劄付：『本部呈：奉省判：山東鹽運司張大中言：本司歲辦鹽課浩大，供給國用，不爲不重。近年以來，諸人往往攪擾沮壞澀滯鹽法，不能辦集。略舉合行事理，開坐照詳。奉此。本部議得下項事理，乞照詳。得此。都省議到下項事理，開坐前去，合下仰照驗，就便行移依上

施行。奉此。除外，數内一項：諸犯私鹽，科徒二年，決杖七十，財産一半没官，決訖，發下鹽司帶鐐居役，滿日疏放。若有人告捕得獲，於没官物内一半充賞。如獲犯界鹽貨，減犯私鹽罪一等。仍委自州縣長官提點禁治私鹽及犯界鹽貨，如禁治不嚴，致有私鹽并犯界鹽貨生發，初犯笞四十，再犯杖八十，三犯以上開具申省，聞奏定罪。欽此。量擬到下項事理于後：諸偷犯私鹽，不曾貨賣，自行食用，依例斷罪。再犯以上，比依貨賣私鹽例。諸偷犯私鹽貨賣：初犯，依例斷配；再犯，全籍家産，決杖一百七下，仍於手背刺鹽徒二字，發付淘金、鐵冶等處配役三年；三犯以上，比依賊徒出軍例論。諸刮鹹淋滷私煎鹽，賣與不賣：初犯，依例斷配；再犯，全籍家産，決杖一百七下，仍於手背刺鹽徒二字，發付淘金、鐵冶等處配役三年；三犯以上，比依賊徒出軍例論。諸人但犯持杖般偷私鹽，拒捕的、殺傷的、燒燬房舍的，比依强盗論罪。前件，本部議得：前項所言，事干刑名。如令刑部會本部官一同從長通行講究，明白議擬相應。都省準擬，仰就便施行。』關請依上議擬，就便施行。」前件，照得鹽法條畫内一款：「諸犯私鹽者，科徒二年，決杖七十，財産一半没官，決訖發下鹽場鐐役。兩鄰知而不首者，決六十。買食私鹽者，杖六十。轉行貨賣博易諸物者，同私鹽(鹽)法。正犯鹽徒再犯，加等斷罪，居役；三犯，斷訖發付邊遠屯田。」欽此。又照得至元八年刑部呈：「準中書省劄付：日照縣人户馬青等偷取鹹土。舊例，掃取鹹土食用者，與採買穗草燒灰淋滷，難同私鹽，量笞三十七下。」奉(比)[此]。議得，諸犯私鹽并刮鹹土之人，合依前例區處相應。——前件，依準部擬。

鹽袋每引四百斤

至大四年閏七月，行臺準御史臺咨：奉中書省劄付：

户部呈：「切詳國家經理錢糧，鹽課實爲重事。若恢辦得宜，法行無弊，官民俱有所益。照得鹽課價錢，中統、至元年間每引一十四兩，至元二十二年每引二十兩，已後遞添，至元貞二年一引作中統鈔六十五兩結課。此時中統一兩，可買鹽四斤上下。至大二年尚書省奉準，每鹽一引改作至大銀鈔四兩，該至元鈔二十兩，折中統鈔一百兩。較之元價，(徒)[陡]添三分之一，比之流轉民間食用，價直已是不輕。近聞知各處運司上下不依元定法度裝查，每遇客旅到場，削減斤重支發。每引大者不及三百七八十斤，小者三百三十斤。其裝鹽袋法，以四百斤爲則，多則虧官，少則損民。運官營鈔之徒，惟欲鹽貴，别有冀望，加之商旅又因添課，亦欲增價，把持行市，不肯輕易貨賣，以致民間鹽價，一向騰湧。至元實鈔二錢不能買鹽一斤，實爲損民。即目各處運司正是發秤查鹽時月，若不嚴加禁治，切恐辦課人員蹈襲前弊不已，重困下民。以此參詳，合令行省、腹裏各處運司設法關防，用心鈐束場官、秤子人等，須要依法，每引鹽四百斤。出場已後，宜從都省選官前去掣挈秤閘，若有短少，運官及倉場官等依條追斷，仍議黜降，似望少革其弊。如準所呈，遍行合屬照會相應。具呈照詳。」得此。仰依上體察施行。

添支煎曬鹽本

至元二十九年正月，江西行省：

準中書省咨該：「至元二十八年十月十四日奏準事内一件：『煎鹽的竈户哏生受有。在先一引鹽賣三十兩時分，一引鹽五兩工本鈔與來。如今添了二十兩，賣一定呵，也則與五兩有，虧着他每的一般，合添有。麽道，説將來有。俺衆人商量來，是的一般有。江南地面裏的，這裏的，添了三兩，做八兩呵，怎生？商量來。』麽道，奏呵，『依着您的言語者。』麽道，聖旨了也。都省移咨，欽依施行。」准此。本省照得，曬鹽不用柴薪，若便與煎鹽一體增添，慮恐差池。扣算比附得煎鹽工本，每引元支中統鈔五兩，今添支三兩，每兩該添六錢。曬鹽工本四兩，每兩添支六錢，每引該添二兩四錢。除已移咨中書省照驗外，仰將煎鹽工本，欽依聖旨事意施行。所據曬鹽，權行比附添支二兩四錢，通作六兩四錢支給。仰具依準文狀申省。

禁治砂鹽

大德五年，江浙行省：

據福建運司申：「照得先爲鹽課澀滯，不能通流，本司用心規劃，設法關防，從此恢辦。兩載之間，課程預期成就，鹽法通行，民亦無擾。參詳，週歲合辦鹽額，嚴立限次，監督煎曬，各場俱差把團軍人日夜巡禁，沿海地面，又有各該萬户將引軍人巡捉私鹽。加之設法，每引用篭四隻裝查，官司自行發船攢運，差人坐押鹽船，直至福、興、漳、泉四路鹽倉交割，運官親臨重復掣(摯)[挈]。若有多餘，跑取還官，依例結課；如無餘欠，盤卸上倉，依驗本司支鹽半印勘合資次放支。因此鹽法流行，竈户、鹽丁人等往昔之弊悉不能爲。然世間之事，法立弊生。切緣所轄十場，除煎四場外，曬鹽六場所辦課程，全憑日色曬曝成鹽，色與净砂無異，名曰砂鹽。今體知得一等貪圖厚利客商小販之徒販鹽，散處貨賣，爲

見市價稍貴，於曬鹽内插和砂土，色澤一般，實難辨別，夾帶斤重，添覓價錢，虧損百姓。民間莫知其情，但云運司辦鹽如此。非惟官司虚受謗言，抑恐鹽法因而損壞。除已行下各場，監督鹽丁、竈户煎曬鹽貨，須要潔凈，不致帶和砂土納官，如違，將官吏與犯人一體斷罪外，乞明榜禁治。」省府除外，今將榜文九道隨此發去，仰行下合屬，收管張掛，更爲出榜禁治。

鹽乾魚難同私鹽

至元十六年五月，行中書省：

來呈：「據壽春府申：『轉運司[牒]：據巡鹽官郭德呈：近有歸德、鄧州等處客旅，俱係黄河間採捕收買魚貨，止用清滄濱樂鹽淹乾魚，搬販直至江南諸州軍等處貨賣，侵襯官課。仰行下禁治。奉此。今據渦河渡拿到客人冀秀等，買到濱鹽淹造乾魚二萬斤，裝載前來犯界。取到冀秀狀稱：將亳州濱鹽淹造乾魚，搬載於陵州，道過於長蘆倉，鹽司劉提控等爲秀犯界，勒訖鈔七十八兩二錢。告到樞密院，呈奉都堂鈞旨：送户部擬得：客旅興販乾魚，難同私鹽斷没。行下河間路都運司，於劉提控等追鈔回付外。得此。今將中書户部符文抄連，乞照驗。』參詳，若準省部元擬，客旅興販乾魚，難同私鹽斷没相應。除將乾魚分付各人，從便發賣。」省府準呈，合下，仰依上施行。

私鹽合醬

大德七年四月，江浙行省：

據兩浙運司申：「松江萬户府千户鄒武義捉獲章慶二等買訖私鹽三十九斤、鹽滷四擔，合醬貨賣，比依私鹽淹浥魚鯗笋乾、買食私鹽私滷例斷訖。今廉訪司照刷前項文卷，取訖松江萬户府首領官吏、巡鹽官千户鄒武義別無許令巡醬明文違錯招伏，斷罰。慮恐諸人聞知，故行盜賣私鹽、私滷合醬，侵襯官課不便，擬合遍行禁治。」緣係爲例事理，移準中書省咨：「刑部議得：『巡禁私鹽已有定例，民間合醬合用官鹽，如無私鹽顯證，毋得因而擾民。如蒙移咨浙省，依上禁治相應。』都省準呈施行。」

鹽場官陞等

至治元年四月□日，中書[省]：

吏部約會户部邢郎中一同議得：「運司鹽課已有定額，各處煎撈，難易不同。擬到增虧陞降等第，開坐照詳。」得此。都省準擬，除外，開坐前去，仰依上施行。

各處運司親臨場分得替人員煎辦鹽課，以元額十分爲率，增及一分從優定奪，二分減一資歷，三分陞一等，四分之上陞二等。虧及一分添一資，二分降一等，三分之上降二等，皆須追陪斷罪。

運司守司運官、首領官，總行措辦發賣鹽袋，驗課鈔到官，鹽袋出場，方許結課。以十分爲率，增賣及一分者給賞，二分之上優加陞用，三分減一資，四分之上陞一等。虧及一分添一資，二分之上降一等，三分者降二等，鐫勒倍償斷罪。煎鹽其間，立法關防恢辦，務要有增。若是虧煎，比例一體黜降斷罪。分催煎辦官驗各場分，除增虧相補外，十分爲率，增及一分從優定奪，二分之上減一資，三分陞一等，四分之上陞二等。虧一分添一資，二分降一等，三分之上降二等，亦行追陪斷罪。

河東陝西運司撈鹽，即與其餘去處煎造不同。除另行議擬外，據發賣鹽引，驗課鈔到官、鹽袋出場，以十分爲率，若有增虧鹽課，比例一體陞賞，追陪斷罪。

明·葉子奇《草木子·雜製篇》 元世祖立鹽法。瀕海州郡立場。差官主治。差鹽亭户丁煮鹽。至十月結場住煎。及額而止。鹽商於各省府運司買引。就各處鹽場支鹽。後鹽積而不售。均派户口收買。令其入錢縣官收市。其中貧富不等。皆令入錢。胥吏並緣爲姦。民甚苦之。嗷然皆言其不便。事尋罷。復命富商收市。嘗考歷世鹽法。在夏禹時惟止入貢。至齊管仲始煮鹽以富國。及漢武始立榷法。爲牢盆之制。自是歷代皆踵行之。計其利。於軍國之費略於其半。唐宋及元因之。有加無瘳。大抵率由養兵多而資費廣。故不能革也。

清·孫承澤《春明夢餘録》卷三五《户部一》 鹽法

天下鹽課，惟兩淮爲多，浙次之，長蘆次之。福建無巡差，以行無遠地。河南場無運官，以出有專所。廣場兼之，故巡運俱無。總計天下設轉運司者六，提舉司者七，歲辦舊額一百一十七萬六千五百二十五引，每引五百五十觔。多五觔以下照例割没，五觔之上照夾帶律問擬。初制，每引納銀八分，粟二斗五升，商人納粟于邊，受鹽于場，無守支之苦。嚴禁食禄之家不得牟商利，一切請乞悉絶之，私賣阻亂者處死。竈丁給以滷地、草場，每引給工本鈔二貫五百文，復其雜役。有餘鹽，官自出鈔收之。下以資竈户，上以攬利柄，故鹽法行。自正統中有常股存積之法，常股七分以爲常，而存積三分以待塞下之急，倍賈開中，越次支放，又引價日增，需索日繁，而鹽法大壞。且易粟而爲銀，不之塞下而之鹽司，

於是塞地盡荒，邊儲俱匱，而邊事亦大壞。造其議者户部尚書葉淇，允其請者内閣徐溥也。

清・談遷《棗林雜俎智集・逸典》 食鹽

官吏食鹽每人十二斤，市民六斤，納鈔一貫。鄉民人二斤二兩五錢，每斤納米四升三合二勺二抄五撮。景泰中，官納至三十口，吏至十五口。成化二年定官十五口、吏七口爲率。又永樂二年，大口鈔十二貫，小口六貫，蓋以鹽給民，故徵鈔。今官不給鹽而鈔徵如故，其弊不知所始。南唐昇元初，賦正苗一斛，别輸三斗，授鹽二斤，曰「鹽米」。元宗交泰初，淮甸鹽場入於周，遂不支鹽而輸米如初。南唐偏安，何足論；而全盛如今日，何流弊至不復問也。

《平涼府志》曰：「平涼食鹽鈔銀，其始也，因官有鹽以市民，披籍計口，取其直。而里長公具牛車輸之里中，仍計口給鹽。」是官授鹽而民資食也，上下相資，非牟利也。上自王府，下及官吏貧民，皆有食鹽，無復買鹽於商者。而官復召商中鹽，商將何所賣之？緣弘治以後，雖計口收鈔，惟王府及達官支鹽，而司府吏民皆莫或運支，第市商鹽而食。故民虚納銀於官，復市鹽於市，官收倍利，民獲二害，其鈔銀乃以給宗室折俸。今百官折俸，例皆虚名，未有實支。而宗室復得鈔銀以折俸，往往知其弊，亦莫肯實輸鈔銀，而宗室折俸亦不冀其必得也。姑以文符市諸奸，得估五之一焉，所獲亦甚微。估符者必下所司，嚴徵於民，與奸宄之民各分其重。困黎民而利斯人，予不知其何説也。趙時春記。

浙鹽每引四百斤，官給工本鈔，每引二貫五百文，故稱「鹽鈔」。當時法嚴鈔貴，竈丁得利。後鈔法不行，竈得鈔無所用，煎鹽窮苦，因利納銀，告攀水鄉竈户。水鄉竈户初制募民爲竈，準免一死。故富民争買竈籍，實非竈也。兩淮鹽，歲七十萬五千一百八十引。

清・吴鼎立《自流井風物名實説》《富順縣志》卷三〇

分井謂之班

每井分晝夜三十班，有占一二日，以及十餘日者。其拼湊工本，視日分之多少爲度。每日之工，又視每日全井之用度以爲準。得息者謂之鴻利，鴻利瓜分不平者，齗齗如也。漢律三章，未足以斷此獄，必仰壋首稟復，始成定讞。

附桐龍新長四壋地主與客人所做客井子孫井三十班井規

其井作爲三十股，生意照每月三十天分派。初立佃約時，主客議明，客出押山銀錢，或數拾金，或百金。主人立出佃字約，客人立承佃字約，末書合同，主客各執一紙。所佃井基，地主出井眼天地二車，櫃竈、牛棚、鹽倉一切基址，每月得地脈日分或四五六七天不等。客出銼井一切費用，每月得客日分二十二、三、四天不等。承首邀夥之人，或在客日分内，或地脈日分内，各撥一天，或共撥一天，不出工本銼搗，謂之乾日分。其全井年限，方銼井時與見微功時，俱不起班，俟井見功水足，四口大約八拾擔，火足二十餘口，始行分班，起限推煎或十二年、十六年、二十年。限滿，全井交還地主。此客井情形也。其子孫井，押山銀錢地脈日分、客日分、乾日分，均與客井相同，惟井見功不必水足四口、火二十餘口，分班之規祇要本井所出之息，除繳井有餘，地主即照地脈日分派分利息。但既經進夥，以後如此井銼搗下脈及修造廊廠，一切俱歸三十班出錢，主客均係子孫，永遠管業，並無限滿歸還地主之説。此子孫業情形也。

邱壋謂之日分

凡井，每月三十天，即名三十班。其承出佃字有云，主客以水火四口起班者，火四口，即火足供四竈之用。水口之説，以火竈每日須煎水二十擔，見工之水足供四竈之用，四口者即八十擔也。與主人起班，即按照地脈日分推煎分鴻利也。

附邱壋小溪地主與客人二十四口子孫井規

立佃約時，每井議明押山銀錢，將三十日作爲鍋分二十四口，即二十四股生意也。地主出井眼、廊廠一切基址，得地脈鍋分三、四口。客人出資，搗銼成功，得開鍋十八口、浮鍋二三口。開鍋者出錢做井，分息之股分也。浮鍋者出力辦事，承首邀夥之人所得，此只出力不出錢而分鴻息之股分也。井成功時，將廊廠修成一切費用推足，地主始得進夥。概係子孫基業，並無年滿交還之説。邱壋之鳳凰壩等處，亦有客井規矩，與該四壋客井相同。

附上中下節井規

其同爲客人合夥做井，始議每人佔井分若干，天鍋分若干口，出錢交與承首人辦理，按月用錢若干，各照所佔井分鍋分繳出。或井久不見功，抑或僅見微功尚須往下搗銼，有力不能逗錢者，即將所佔日分鍋分出頂與人，即名爲上節。承頂人即名爲下節，以後做井工本歸下節派出。或將錢絶頂，日後此井成功，上節不得分息。如未絶頂，上節工本未經收回，日後井成功時，上節有僅歸工本若干者，有與下節人各分一半鴻息者，有上節僅分二三成者，下節多分至七八成者。

蓋上節搗井淺，費本無多，即少分鴻息。下節搗井深，費本甚鉅，即多分鴻息。如井久不成功，下節力又不支，轉頂與人接辦，則前此之下節作爲中節，現在出錢銼井人爲下節，井成時，中節亦有歸工本若干者，或共分鴻息者。或同井俱無力前銼，二十四天十八口概行出頂與人做下節，提留上節工本日分，或一半，或數天，或數口，上節人等所得提回日分，仍與前夥照二十四天十八口分派鴻息。其井若合夥人多，則力每不齊，輾轉出頂，上、中、下節不一而足。兼之年久，則人愈多而難清理。其已經出頂井分之合同，則爲故紙。井一成功，往往有執故約而混爭日分者。如清理日分，必須查伊原佃承出二約，原夥某人若干井分，經某人如何轉頂，曾否批明承出，佃約有無某人日分出頂某人字樣。倘能指出原佔日分若干，經某人如何轉頂提留，上節若干與原佃約及原夥日分不致有多，方可給與提留日分。自井廠規大畧相同，亦多各別，總以主客原佃、承出二約爲憑。佃約如何議定，即照佃約辦理，所謂萬變不離乎本宗也。明於三十班之日分，上中下之三節，考其證據，以斷其訟，瞭如指掌，庶可免窮困井黎之訟累，而董事者亦莫能上下其手爲左右袒。

富義之興利也，自漢之王、梅始也。廠中之有委紳也，自辦水釐金始也。垱首之納鍋課也，自雍正年始也。子井之救母也，自林鹽憲始也。自流井之有圖說，以纂入邑乘也，自榮令謝伯春之詔立始也。

井神無專祠，以古金川廟爲祠，中奉王、梅二公之神，其鹽井之鼻祖歟。馨香牢醴，卜筮走望，咸在焉，謂之井祖。

國初鍋課，地主上納，其井之水足供若干竈，報明註册時，則有五百零八口半，既而井老水枯，無力完課，官吏疲於比追，商竈困於桁楊，垱首周旋，以現煎之竈多寡攤派，正供仍不克足。乾隆五十八年，鹽道林公名儁，臨廠履勘，諭開新眼，以彌補舊井，謂之子井。以新填舊，地主不納課銀，每垱設垱首二人，於現煎。

鍋口派課。井人尸祝之，附祀王、梅二神之右。

同治十年，督憲吴奏咨分楚岸以行川鹽，奉兩湖督憲李復奏準，行楚之鄂省安陸府、荆州府、襄陽府、鄖陽府、宜昌府、荆門州、湘省之澧州，共七州府，於是乃免掛井之憂，鹽務始暢。

十一年春，邑志脱稿，適立同鄉謝公靄亭奉諱由榮過境，立敦請筆削，始增自流井圖及説焉。

清・龍文彬《明會要》卷五五《食貨三》 鹽法

吴元年二月，置兩浙都轉運鹽司於杭州，設三十六場。《大政記》。

太祖初起，即立鹽法，置局設官。令商人販鹽，二十取一，以資軍餉。後於產鹽之地，次第設官。其鹽一引歲額多隨時酌辦。因所產之地，制法不同，故課亦各有多少。《通典》。

洪武三年五月，山西行省言：「大同糧儲自陵縣運至太和嶺，路遠費煩。請令商人於大同倉入米一石，太原倉入米一石三斗，給淮鹽一小引。商人鬻畢，即以原引赴所在官司繳之。如此，則運費省而邊儲充。」帝從之，請召商輸糧而與之鹽，謂之「開中」。其後各行省邊境，多召商中鹽，以備邊儲。計道里遠近，自五石至一石有差。《三編》。

三十年二月，工部尚書嚴震直疏言：「廣東舊運鹽八十五萬餘引，於廣西召商中買。今終歲所運纔十之一。請分三十萬八千餘引貯廣東，別募商入粟廣西乏糧衛所，而支鹽廣東，鬻之江西之南安、贛州、吉安、臨江四府，便。」帝從之。廣鹽行於江西，自此始。《嚴震直傳》。

成祖即位，以北京諸衛糧乏，悉停天下中鹽，專於京衛開中。唯雲南金齒衛、楚雄府，四川鹽井衛，陝西甘州衛開中如故。不數年，京衛糧米充羨。而大軍征安南，多費。甘肅軍糧不敷，百姓疲轉運。迨安南新附，餉益難繼。於是諸所復召商中鹽，他邊地復以次及矣。

仁宗立，以鈔法不通，議所以斂之之道。户部尚書夏原吉請令有鈔之家中鹽。宣德元年，停中鈔例。已上《通典》。

正統元年，始命侍郎何文淵、王佐，副都御史朱與言，提督兩淮、長蘆、兩浙鹽課。未幾召還。遂令御史視鹺，依巡按例，歲更代以爲常。《食貨志》。

三年，寧夏總兵官史昭以邊軍缺馬，而延慶、平涼官吏軍民多養馬。乃奏請納馬中鹽。中馬之始，驗馬乃掣鹽。既而納銀於官以市馬。銀入布政司，宗祿、屯糧，脩邊、振濟，展轉支銷。銀盡而馬不至，而邊儲亦自此告匱矣。於是召商中淮、浙、長蘆鹽以納之。令甘肅中鹽者，淮鹽十七，浙鹽十三。淮鹽惟納米麥，浙鹽兼收豌豆、青稞。因淮鹽直貴，商多趨之，故令淮、浙兼中。然舊例：中鹽，户部出榜召商。無徑奏者。富人吕銘等託勢要，中兩淮存積鹽。中旨允之。户部尚書馬昂不能執正。鹽法之壞自此始。勢豪多攙中，商人失利，江南、北私販愈多，課亦漸減。《通典》。

弘治元年，以鹽法日壞，邊儲匱乏，户部尚書李敏請簡風憲大臣整理。上以刑部侍郎彭韶方在浙，即命韶理浙鹽，而别遣户部侍郎李嗣清理兩淮鹽法。嗣至淮，請令商人置餘鹽，補官引。且停各邊開中。俟逋課完日，官爲賣鹽，三分價值，二充邊儲，而留其一以補商人未交鹽價。由是以餘鹽補充正課，而鹽法小變。韶以浙商苦抑配，爲定折價額，蠲逋負。憫竈户煎辦徵賠折閲之困，繪八圖以上。條其利弊奏行之。《實録》。

五年，商人困守支。户部尚書葉淇請召商納銀運司，類解太倉，分給各邊。每引輸銀三四錢有差。視國初中米置加倍，而商無守支之苦。一時太倉銀累至百餘萬。然赴邊開中之法廢，商屯撤業，菽粟翔貴，邊儲日虚矣。《食貨志》。

《三編發明》曰：「葉淇召商納銀之議，論者多咎其更開中法，以致邊儲日匱。而不知明代邊儲之匱，自在屯政不脩，而不盡關於鹽法。其鹽法之壞，又在勢家乞中，而不關淇之變法也。蓋産鹽有盈有絀，邊地不能懸知，則但知召商開中，而初不爲支鹽計。故守支之弊，在永樂時已不免。逮憲宗之時，勢家爭先奏乞，所賜鹽引動以萬計，且許其越場支鹽，不限年次。於是商人益困守支，而鹽亦壅遏不行。夫商人輓輸數千里外，守支至數十年之久，而不得鹽。及既得鹽，復爲奏乞鹽所壅閼，而不獲速售。然則商人病開中亦極矣。雖曰下令招之，其誰應哉？淇見報中之怠，乃爲更制以利商。商利則報中多，報中多則國課裕，是亦救弊之策也。如云：『商屯撤業，邊粟翔貴，』獨不思塞下之地，商可屯，軍不可屯乎？明《食貨志》稱：『成化時，屯田法廢。戍卒多役於私家，子粒不歸於公廩。』論者不深咎此，而徒責其變法，亦昧於輕重之計者矣。」

正德十一年，梁儲奏：「近年鹽法太壞，由奏討數多，客商守支艱難，日漸貧困。今太監劉允差往烏斯藏，奏討長蘆運司見鹽一萬引，兩淮運司見鹽六萬引，跟隨人役各支一萬引，乃夾帶至八九萬引。以此載運船隻，填滿河道，南北官商舟楫一切阻塞。非惟有壞鹽法，抑恐激成他變。乞亟將劉允取回。今後凡有奏討鹽引者，一概不與。」疏入，帝不納。《明臣奏議》。

十三年十月，南贛巡撫王守仁請疏通鹽法。初，廣鹽止行於南贛，而淮鹽行於袁、臨、吉三府。因灘高，民苦乏鹽。守仁乃上議，以爲廣鹽行則商税集而軍餉足，廣鹽止則私販興而奸弊滋，請復開廣鹽便。從之。《王圻考》。

嘉靖四年，奸商逯俊等夤緣近倖，以奏買殘鹽開中宣府。户部秦金言：「淮、浙、長蘆等處引鹽，俱爲供邊之用。必邊臣奏討，經部覆允。未有商人擅自奏討及專開淮鹽者。故弘治間，存積鹽甚多。正德間，權奸用事，奏開殘鹽，遂使鹽法大壞。皇上登極詔：首命裁革，鹽法疏通。今以奸商之奏，復開兩淮額鹽三十萬引於宣府。臣恐奸人占中淮鹽，賣窩罔利，使山東、長蘆等鹽别無搭配，積之無用。虧國用，誤邊儲，莫此爲甚。」御史高世魁亦争之。詔减淮引十萬，分兩浙、長蘆給之。金復執奏：「宣、大俱重鎮。不宜令奸商自擇便利，但中宣府。」上然之。已而俊等請以十六人中宣府、十一人中大同。竟從其請。《實録》。

五年二月乙丑，户科給事中管律言：「兩淮鹽課，舊制七十二萬引有奇。其常股四分，以給工役振濟之需；其存積六分，非國家大事邊鎮有警未嘗擅開。糧草皆輸本色，未嘗濫收銀價。正德中，改常股、存積皆爲正課。破例生奸，遂令商人自請開中。又皆折收銀價，緩急無備。請自嘉靖五年始，盡復舊規。」户部覆議，從之。同上。

時，延、綏用兵，遼左缺餉，盡發兩淮餘鹽之引於二邊開中。自是餘鹽行。又設處置科罰名色，於是正鹽未派，先估餘鹽，商竈俱困。給事中管懷理言：「鹽法之壞，其弊有六：開中不時，米價騰貴，召糴之難也；勢豪大家，專擅利權，報中之難也；官司科罰，吏胥侵索，輸納之難也；下場挨掣，動以數年，守支之難也；定價太昂，息不償本，取贏之難也；私鹽四出，官鹽不行，市易之難也。有此六難，正課壅矣。而司計者因設餘鹽以佐之。餘鹽利厚，商固樂從。然不以開邊，而以解部。雖歲入鉅萬，無益軍需。嘗考祖宗時，商人中鹽，納價甚輕。而竈户煎鹽，工本甚厚。今鹽價十倍於前，而工本不能十一，何以禁私鹽使不行也？故欲通鹽法，必先處餘鹽。欲處餘鹽，必多减正價。大抵正鹽賤則私販自息。定價之後，不必解赴太倉，俱令開中關支。餘鹽以盡收爲度。正鹽價輕，既利於商。餘鹽收盡，又利於竈。未有商竈既利而國課不充者也。」事下所司。户部覆以爲餘鹽銀仍解部如故，而邊餉虚矣。《食貨志》。

二十一年正月，户部尚書李如圭條上鹽法四事：「一，革餘鹽；一，禁權勢囑託及占窩買賣之弊；一，商人報中，俱置印信簿籍，行各邊郎中或巡撫收掌，收納事完，轉行巡鹽御史查驗；一，各邊急缺糧草者，方令商人上納，其孤城遠堡不得以兑支爲名，致多侵冒。」時，御史吴瓊又請各邊中鹽者皆輸本色。詔皆從之。然令甫下，而尚書許瓚復請開餘鹽以足邊用。部議從之。於是餘鹽卒不能禁。《實録》。

江西故行淮鹽三十九萬引。後，南安、贛州、吉安改行廣鹽。既而私販盛行，袁州、臨江、瑞州三府私食廣鹽，撫州、建昌、廣信三府私食閩鹽，於是淮鹽僅行十六萬引，國計大絀。巡撫都御史馬森疏其害，請於峽江縣建橋設關，扼閩、廣要津，盡復淮鹽額，增至四十七萬引。《食貨志》

四十一年十一月壬寅，巡鹽御史徐爌言：「兩淮餘鹽額徵六十萬兩。後開工本鹽，增至九十萬。總理鹽法鄢懋卿復增至百萬，每半年解銀五十萬。商人苦之。夫正鹽之外，加以餘鹽；餘鹽之外，又加工本；工本不足，乃有添單；添單不足，又加添引。懋卿趨利目前，不顧其後，是誤國亂政之尤者。方今災荒疊告，鹽場渰没。若欲取盈百萬，必致逃亡。弦急欲絶，莫棘於此。」於是悉罷懋卿所增者。《實録》

四十四年九月庚申，罷工本鹽。自工本例開，增收鹽課至三十五萬引。户部以國用方絀，藉以抵年例，不能罷也。至是，巡鹽御史朱炳如言：「工本鹽不罷，不惟無益邊餉，而商竈兩困，並往時正鹽常例，一切失之。蓋逋欠日多，有名無實也。」下户部議，請自明年爲始，悉數停罷。同上。

隆慶二年九月，屯鹽都御史龐尚鵬疏言：「邊商報中，内商守支，事本相須。但内商安坐，邊商遠輸，勞逸不均，故掣河鹽者以惠邊商也。然河鹽既行，淮鹽必滯，内商無所得利，則邊商之引不售。今宜停掣河鹽，酌定邊商引價。邊商倉鈔已到，内商不得留難。蓋河鹽停則淮鹽暢，引價定則開中自多。邊商、内商各得其願矣。」詔從之。《食貨志》

萬曆二十六年，以鴻臚寺主簿田應璧奏，命中官魯保鬻没官餘鹽。給事中包見捷極陳利害。不聽。保既視事，遂議開存積鹽。户部尚書楊俊民言：「明旨鬻没官鹽，而存積非没官也。額外加徵，必虧正課。保奏不可從。」御史馬從聘亦争之。俱不聽。保乃開存積鹽，越次超掣，壓正鹽不行。商民大擾，而姦人争起。董璉、吴應麒等争言鹽利。山西、福建諸税監皆領鹽課，而鹽法更壞。《通典》

巡鹽御史龍遇奇立鹽政綱法，以舊引附見引行。淮南編爲十綱，淮北編爲十四綱。計十餘年，則舊引盡行。從之。《食貨志》

清・徐珂《清稗類鈔・農商類》 鹺業招牌

凡鹺業，必以招牌貿鹽鬻販。道光以前，每塊值六七百金，可販鹽五六十引。每引爲二包，每包爲二百斤，加包索二十七斤。

圖録

東漢製鹽畫像磚《四川漢畫像磚》圖版一一〇

宋・蘇頌《本草圖經・食鹽》

宋·唐慎微《證類本草》卷四

元・王禎《農書・農器圖譜・鼎釜門》 甑，炊器也。《集韻》云，甑，甗也。籀文作「鬵」或作「䰝」。《周禮》「陶人」爲甑，實二鬴，厚半寸，脣寸。《説文》曰，「窐，甑空也」。《爾雅》曰，「䰝謂之鬵」。《方言》「或謂之『酢餾』。」《漢書》：項羽渡河，破釜甑。又任文公知有王莽之變，悉賣奇物，惟存銅甑。以此知古人用甑，雖軍旅及反側之際不可廢者。或謂釜甑舉世皆用，今作農器，何也？蓋民之力田，必資火食，非釜甑不成，以此起農事之始。及穀物既登，爨以釜甑，又爲農事之終。所需莫急於此，故附農器之內。

贊云：日用炊爨，甑也爲先，窐作一空，底或七穿。編箄爲隔，甄帶周纏，覆盆莫照，跨釜能專。中成至味，外示陶埏，餅餌作蒸，饙餾非饘。匪此爲飫，民食曷天？

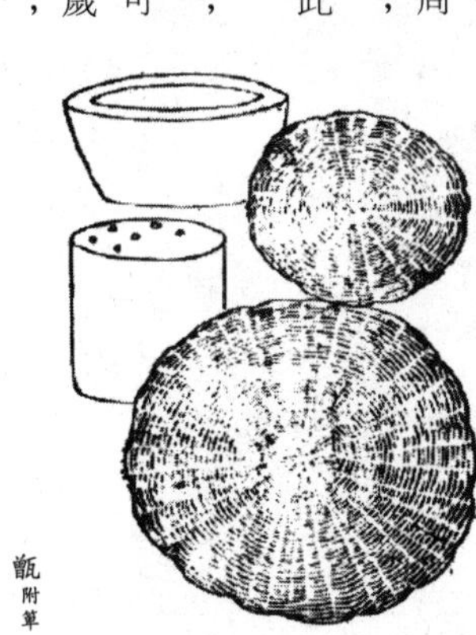

甑附箄

箄，甑箄也。《説文》云，箄，蔽也，所以蔽甑底也。《淮南子》曰，明鏡可以鑑形，蒸食不如竹箄。孔融《同歲論》曰，弊箄徑尺，不能救鹽池之鹹矣，箄弊可以止鹹故也。又曰，弊箄甑甄，在旃茵之上，雖貪者不搏，此言易得之物也。字從「竹」。或無竹處，以荆柳代之，用不殊也。

詩云：甑或乏七穿，編竹以爲箄，有緣取象圓，無底此能蔽。巧偷蛛網功，深爲餅餌計。孰謂材有餘？止鹹猶用弊。

元・陳椿《熬波圖》卷上

各團竈座圖第一

築壘圍墻圖第二

起蓋竈舍圖第三

團内便倉圖第四

裹築灰淋圖第五

築疊池井圖第六

蓋池井屋圖第七原圖缺。

開河通海圖第八

垻堰蓄水圖第九原圖缺。

就海引潮圖第十原圖缺。

築護海岸圖第十一

車接海潮圖第十二

疏浚潮溝圖第十三原圖缺。

開闢攤場圖第十四

車水耕平圖第十五原圖缺。

敲泥拾草圖第十六

海潮浸灌圖第十七

削土取平圖第十八

棹水潑水圖第十九

擔灰攤曬圖第二十

篠灰取勻圖第二十一

各團竈座：歸併竈座，建團立盤，或三竈合一團，或兩竈爲一團，四向築疊圍墻，外向遠匝濠塹，團内築鑿池井，盛貯滷水，蓋造鹽倉、柈屋，置關立鎖，復撥官軍守把巡警。

東海有大利，斯民不敢争。並海立官舍兵衛森軍營。私鬻官有禁，私鬻官有刑，團廳嚴且肅，立法無弊生。

築疊圍墻：團圍四向，墻堵上置乳頭，彷彿城池，以絶姦僞。或遇坍摧，隨時築壘。其土皆用蕩内生田土。塹蓋傍海，不時風潮大作，非堅實，不足以禦之。

立團定界址，分團圍短墻，壘土爲之限，開溝爲之防。版築已完固，厥土燥且剛。團門慎出入，北軍守其旁。

起蓋竈舍：既立團列竈，自春至冬照，依三則火伏煎燒，晨夕不住，必須於柈上蓋造舍屋，以庇風雨。雇募人夫工匠，填築基址令高，收買木植、鐵丁等物料。屋在壯而不在麗，故簷楹、垂地梁柱、椽桷俱用巨木，縛蘆爲稕，鋪其上，以茅苫蓋後，築短墻圍裹。内設出生灰之處，前向容着竈丁執爨煎鹽。夏月多起東南風，故其屋俱朝東南，風順可燒火，竈丁則免烟，薰火炙之患。

築團未脱手，柈舍又興工，運茆上高屋，畚泥矮墻東。所喜手脚健，敢言腰背慵。何以門東南，蓋以朝其風。

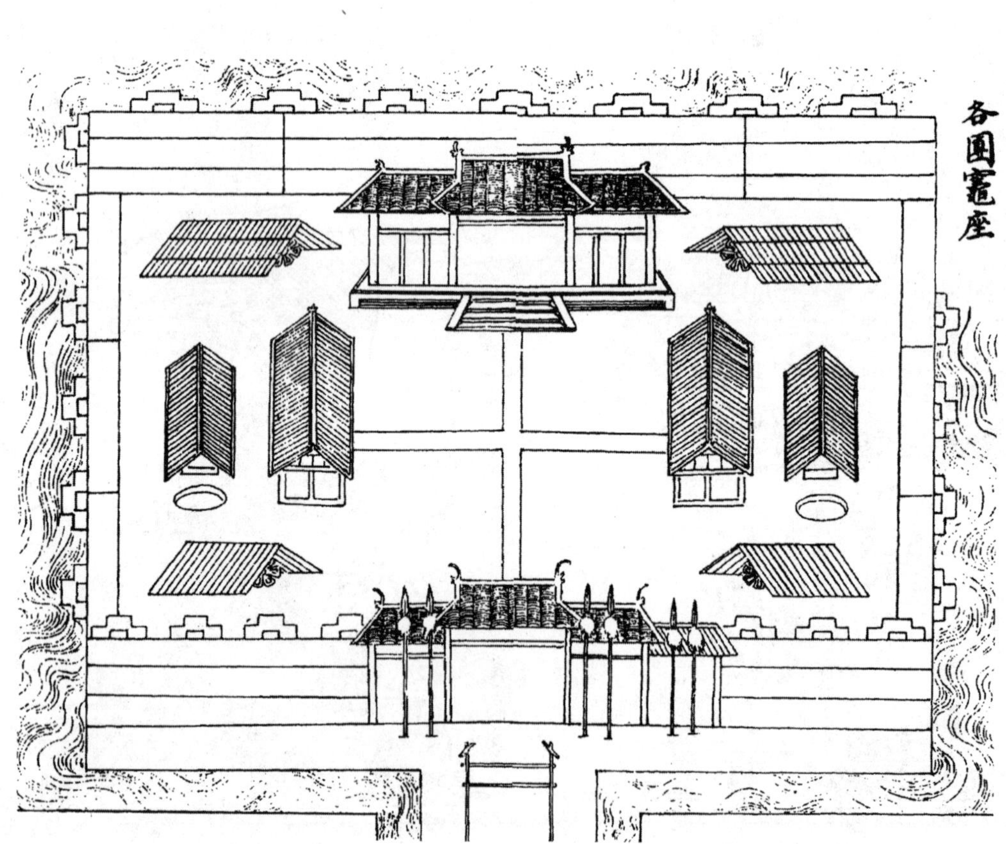

築壘圍墻

起蓋竈舍

團内便倉：各團所辦鹽額，多寡不同。多者萬引，少者不下五七千引。每日煎到火伏鹽數，爲因相離總倉近則往回八七十里，遠者往回二百餘里，或河道缺水，或值聚雨所阻，豈能繼即起運！各竈户自備木植、磚瓦、鐵丁、石灰、工食等項物料，就團内起蓋倉房，或五間，或七間，以便收貯，公私皆便，故以便倉名之。

便倉以便民，規模在經始。地土既高燥，水港亦通濟。磚壁連屋山，瓦溝建瓴水。衆竈各設倉，公利私亦利。

裹築灰淋：灰淋，一名灰墶，其法，於攤場邊近高阜處，掘四方土窟一個，深二尺許，廣五六尺。先用牛於濕草地内踏煉筋韌熟泥，用鐵鏵鍬掘成四方土塊，名曰生田。人夫搬擔，逐塊排砌淋底，築踏平實，四圍亦壘築如墻，用木槌草索鞭打無縱，務要繞圍及底下堅實，以防泄漏。仍於灰淋側掘一滷井，深廣可六尺，亦用土塊築壘，如灰淋法。埋一小竹管於灰淋底下，與井相通，使流滷入井内。

百煉無生泥，萬杵皆實地。池井既堅牢，裹築又完備。作勞口舌乾，鹹水覺有味。早知作農夫，豈不太容易。

築疊池井：灰場上及團内築疊成滷池井，方長者爲池，如覃樸，掘深八九尺，闊六七尺，長丈餘。井則圓。井之名有二：大者爲井，小者爲缸頭。大可廣六尺，小廣三尺，深若池之數。天晴，則用水澆濕草地，將牛踏煉筋韌熟泥，用鐵鍬掘成四方土塊，方厚尺許，逐塊搬擔，排砌築壘池底并四向墻壁，將木槌草索鞭打，繞圍上下泥縫堅實，不致滲漏。井亦如之。池與缸頭下底埋竹管相通，用滷則缸頭内浣舀上桴。

鑿井以潴滷，井欲實且堅。又恐風雨至，煉泥包四邊。小塊少者抱，大塊壯者肩。臨歸鞭又鞭，恐爲螻蛄穿。

蓋池井屋原圖缺。

蓋池井屋：池井築疊既完，又忌雨損，故於上造房屋以覆之。收買竹爲桷椽，木爲梁柱，織蘆爲芭，束茆爲苫，工食之費，時時修葺，以防雨漏。若入生水浸淡，又須再别淋過，然後可以煎鹽。

穿鑿池井完，上蓋數椽屋，老婦挽茅柴，壯丁擔竹木。簷楹苫着地，難用擎天柱。固非人所居，但防天雨雨。

褁築灰淋

築疊池井

開河通海：曬灰煎鹽，灌潑攤場，通船運滷，全賴海水。每團各竈須開通海河道港口作垻，令開月河，候取遠汛，以接海潮。每爲沙泥壅漲淤塞，每歲亦須頻頻撈洗以深之。

平地海可通，要非一日勢。成雲舉萬鍤，落地連千鍬。水性元潤下，滿溝來滔滔。海水無盡時，要在人煎熬。

垻堰蓄水原圖缺。

垻堰蓄水：辦鹽全賴海潮，雖是各竈開挑通海河港，必於港口築捺垻堰，置辦工具，雇募人夫看守。每遇大汛，人夫俱於海邊港口，風雨不移，徹夜守候。潮來，則開月河通放，候河滿，仍舊運土堅捺蓄水，以備朝暮灌潑曬灰。潮湧，則渰没攤場，水少則妨悮攤曬。

今晨海多風，潮水來浩瀚。未作西頭垻，先捺東頭堰。蓄水不患多，將以備烹煉。復防有泛溢，適中乃爲善。

就海引潮原圖缺。

就海引潮：攤場周圍雖有蓄水河溝，每日澆潑灰淋滷，漸見淺涸，六七月久晴，分外用水浩大，海潮雖遇大汛，亦不入港，必須雇夫將帶工具，就海開河，引潮入港，用車戽接。

人言隻手河可塞，我見衆力海可通。東南財賦大淵藪，貨財所殖源無窮。海波萬頃取無禁，千夫奔鍤來如風。須臾引海出平地，非人之力天之功。

築護海岸：每歲七八月間多起大東北風，海潮甚大，慮恐湧漲渰没灰場時，急不能乾，有妨攤曬。才被渰浸，縱晴亦不下六七日不能施功，每每多雇人夫，高築堤岸，以防不測。潮汛長落，又恐海濤衝激損壞，時常巡視，有損即補，疊以護之。

去海無十里，水可狎而玩。曾聞十年前，沸騰無畔岸。所以預隄防，不獨爲水患。煮海且富國，民力惜有限。

車接海潮：五六七八月間，天道久晴，正當酷熱之時，雖大汛潮不抵岸，溝港乾涸，缺水曬灰，只得雇倩人夫將帶工具，就海三五里開河。多用水車，逐級接高，車戽鹹潮入港。所以備竈丁掉水灌潑攤場，淋灰取滷。

翻翻聯聯犖确确，東海巨蛇才脱殼。滔滔車腹水逆行，輥輥車聲雷大作。能消幾部旱龍骨，翻得陽侯波欲涸。誰家少婦急工程，徑上車頭泥兩脚。

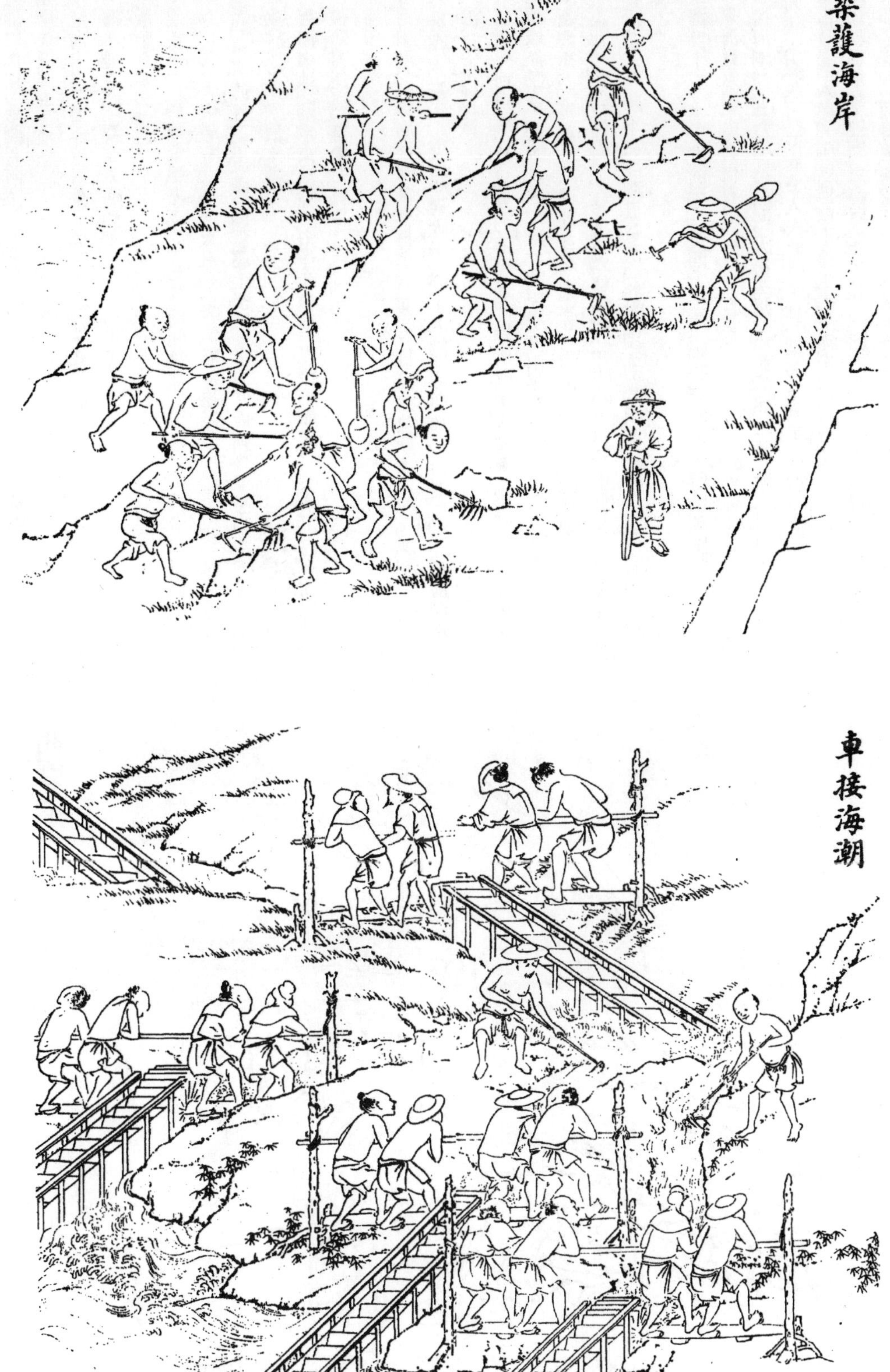
築護海岸
車接海潮

疏浚潮溝原圖缺。

疏浚潮溝：團竈通潮河港，因渾潮上落沙泥淤塞，不時雇工開浚。

潮來溝水滿，潮落三寸泥。十日泥三尺，溝與兩岸無高低。長柄枕桷短柄鍬，開深八尺過人頭。但得朝朝水滿溝，一生甘作泥中鰲。

開闢攤場：辨鹽各隨風土。浙東削土，浙西下砂，等場止是曬灰取滷，攤場最爲急務。擇傍海附團鹻地，先行雇募人夫，牛犁翻耕數次，四圍開挑蓄水圍溝，每淋須廣二十四步，長八十步，分作三片或四片。但此等法度甚爲艱辛，故逐一圖之于後。

鹽事有先後，首當開攤場。深犁闢兩岸，堅塹壅四傍。細草不留根，鹹波無清光。但恐人力疲，牛疲亦何傷。

車水耕平原圖缺。

車水耕平：初闢灰場，自數次翻耕之後，雇募人夫，水車、牛力於上耕墾，將高就低，丁工亦各用鐵搭鋤勻，務要平正。車海内鹹潮灌浸，如此數次，令鹹味入骨。水乾，然後敲泥拾草。

場面有凸凹，水力均浸灌。車聲接海聲，鴉尾銜欲斷。將來曬灰時，恐有不平患。但願天公平，無水亦無旱。

敲泥拾草：車水灌浸之後，候乾，雇募人夫，須用鐵鋤將草根起拾，去雜草根荄乾净。如有土塊，仍用木槌一一敲碎如粉，漸葺平正。

拾草草葉空，敲泥泥粉碎。雖如鏡面平，猶恐蟻穴壞。十指盡皸瘃，那復問肩背！抛却犁與鋤，平地且拾芥。

海潮浸灌：敲泥拾草之後，漸已平净，又須於攤場四畔添做圍岸，車戽海潮滿滿渰浸。須伺日久地土弔鹹水乾，則扒削開渠取平。

浙東把土刮，浙西將灰淋。開得攤場成，車引海潮浸。土潤鹹花生，地瘠鹹波滲。煎鹽工力繁，惟此艱難甚。

削土取平：潮浸既久，又須日曬土乾，工丁不問老幼，各用扒銛鋤頭剗去細草，分爲片段，以一淋爲率，或三片、四片，於中及四圍通開淺淺小渠引水而已。却就港邊做潰頭，每日棹水，自港頭放入小渠，分流四圍，以供早晚澆潑。其場地宛如鏡面光净，四下坦平，方可攤灰曬之。如有凹凸，遇雨則凹處遲乾，潑水則凸處不積。

敲泥拾草

海潮浸灌

削土取平

潮泥不厭搗，細草不厭剗，四方貴勻净，一孔防漏綻。牛間卧碌碡，鹿過絶町畽。不日即興煎，鹽事不可緩。

棹水潑水：攤場四圍淺開通水小渠，竈插不分男女，每日午後收灰入淋之後，場地已空，晚下用繩索劄縛了水桶，名曰棹桶，兩人將棹桶相對，於港邊棹水上岸，自潢頭内流入灰場四圍渠内。隨以杴蒲潑水灌濕攤場，浥露一夜，次日絶早攤灰。

灰場欲潤不欲乾，長繩戽海海水翻。分溝通流護場面，平鋪灰了攤復攤。就場棹水仍潑水，却恐風來一掃間。健婦肩灰何火急，不顧飢兒扳擔泣。

擔灰攤曬：灰乃墶内淋過滷水殘灰，及栟内半滅不過帶性生灰。每墶日添生灰兩擔，收擔入淋之時，一擔鋪底，一擔蓋面。竈丁每日侵晨看天色晴霽，逐擔挑開於攤場上，用闊木杴，一名杴蒲，逐一杴開攤遍。男子、婦人，若老若幼，夏日苦熱，赤日行天，則汗血淋漓。嚴冬朔風，則履霜躡冰，手足皴裂。悉登場竈，無敢閑惰。

海天無風雲色開，相呼上場早曬灰。滿場大堆仍小堆，前擔未了後擔催。少婦勤作亦可哀，草間終日眠嬰孩。正苦飢腹鳴如雷，轉頭饁婦從西來。

篠灰取勻：篠竿以竹爲之，大竹一竿爲柄，長六尺，上縛小竹三根，或兩根。凡曬灰，先用闊木杴攤之，後各用篠竿，分頭於所攤灰處，篠開均勻不致厚薄，易於結鹹。若篠不勻，則厚薄不能成鹹。

築場纔罷隨上灰，灰如細塵地如席。更持長篠輕拂拂，灰中莫有塊與核。一片灰場幾經手，壯者尩羸肥者瘠。飛揚最怕海邊風，不怕天邊日頭赤。

又　卷下

棹水潑水
擔灰攤曬

篠灰取匀

束縛柴薪圖第三十一
砍斫柴生圖第三十二
場車輻車圖第三十三
人車運柴圖第三十四
輻車運柴圖第三十五
鐵盤模様圖第三十六
鑄造鐵柈圖第三十七
砌柱承柈圖第三十八
排湊盤面圖第三十九
煉打草灰圖第四十
裝泥柈縫圖第四十一
上滷煎鹽圖第四十二
撈曬撩鹽圖第四十三
乾柈起鹽圖第四十四
出扒生灰圖第四十五
日收散鹽圖第四十六
起運散鹽圖第四十七

篩水曬灰： 攤灰篠勻之後，遇有風起，必致吹刮。竈丁用長柄浣料舀水，於上風颺水篩潑周遍，令灰沾地，庶免風吹失散。

風日太燥灰欲飛，灰底太濕生地衣。老丁調停視乾濕，或曬或灑隨其宜。長撩取水信手潑，灰不至死長含濕。水勻不燥亦不濕，明朝鹵成鹹到骨。

扒掃聚灰： 竈丁曬灰纔至午後，灰已成鹹。丁工老幼男女分佈場上，用掃帚、木扒掃閉推聚成堆。夏月一日成鹹，冬月二三日方得成功。

掃開掃閉秃千帚，推去扒來穿兩肘。百堆千堆亂人行，一嘗再嘗鹻人口。千夫上場爭曬灰，曬灰亦有高低手。爾曹慎勿歎苦辛，明日成鹽此其母。

擔灰入淋： 灰已掃聚成堆，纍纍滿場，每淋約三十擔，以灰場闊狹、淋墶大小爲則，各各挑擔入淋。先用生灰一擔鋪底，却着所曬鹹灰傾入滿了，又用生灰一擔蓋面，用脚踏踏堅實。實則滷易流，虚則滷不下。却束草一把於上，然後以浣料舀鹹水，自東草上澆淋，使灰不爲水衝動。用水之多少，酌量灰之鹹淡爲準。

篩水晒灰

扒掃聚灰

一淋灰半濕，再淋灰欲泣。三淋四淋灰底透，竹筧通池如雨集。閒投石蓮就滷試，三蓮四蓮直沉入。丁夫閒少辛苦多，却恐無灰可相接。

淋灰取滷：　所收鹹灰入淋，澆水足，則下滷流入淋邊井内。要知滷之鹹淡，必用蓮管秤試，如四蓮俱起，其滷爲上淋。過淡，灰次日再曬。管蓮之法，採石蓮先於淤泥内浸過，用四等滷分，浸四處。最鹹麹滷浸一處，第一等。三分滷浸一分水浸一處，第二等。一半水一半滷浸一處，第三等。一分滷浸二分水浸一處。第四等。後用一竹管，盛此四等所浸蓮子四，放於竹管内，上用竹絲隔定竹管口，不令蓮子漾出。以蓮管汲滷試之，視四管蓮子之浮沉，以別滷鹹淡之等。

扒灰上擔去復還，傾灰滿淋高如山。小池畜水待澆潑，外面雖濕中央乾。灰如命脈滷如血，血與命脈相流連。便須載滷入團去，官司明日催裝料。

滷船鹽舠：　滷船運滷入團，鹽舠載鹽上倉。滷船其身淺，易於牽運。鹽舠上有摧槽橄板鎖封關防，船艕艕同榜，竝船也。官爲印烙。

大舠舠音貂，吴船也。小舠名雖共，鹽舠滷船各適用。滷船淺淺搆作艙，鹽舠實實裝其艟。艟音洞，博雅舟名。灰滷附團便且輕，鹽艖到倉遠而重。也無橈槳與風帆，篾纜牛牽運防送。

打滷入船：　摔運滷船至灰場邊河内泊住，工丁用浣料將井内淋到滷水，用竹管引流放入船，用牛牽運至團。

大池小池無着處，相呼上滷入團去。舶船滿載百餘石，艚船塞港百餘隻。看船人丁暫得閑，牽牛從此無餘力。最喜長年老怕事，滿船不敢偷涓滴。

擔載運滷：　攤場有遠有近，有高有低。不通船隻，則桶擔挑負。河港便當，則用牛船搬載。

擔夫負擔赬兩肩，兩牛拽船行且鞭。人力不甘牛有力，岸傍水底争相先。牛肥且健不惜力，擔夫惟愁桶底穿。日西比及到團前，牛却長嘆人無言。

打滷入團：　牛船載滷，至團邊港内泊住。工丁將綰料就船舀起滷水，傾於墻脚下元置竹管内引放入團中，從各枝分小渠内流入各池中停頓。

團前運滷船銜尾，上滷分溝入團裏。長筧短筧斷復連，行地滔滔如注水。今年天道好曬灰，那更淋灰清徹底。試來入口十分鹹，守煎歡賞管煎喜。

淋灰取滷

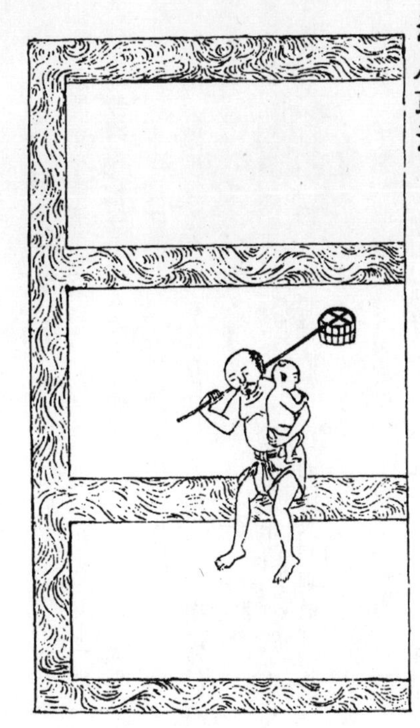

滷船鹽船

打滷入船

擔載運滷

樵斫柴薪：辦鹽柴爲本，向者額輕蕩多，今則額重蕩少。爲因鹽額愈增，而蕩如舊故也。春首柴苗方出，漸次長茂，雇人看守，不得人牛踐踏，謂之看青。及過五月小暑、梅雨後，方可樵斫。間有缺柴之家，未待四月柴方長尺許，已斫之矣。雇募人夫入蕩砍斫，人夫手將鐵鐄，鐄音横，《廣韻》：鎌也。脚着木履，爲蕩内柴根刺足，難於行立也。上則月分滷鹹，每鹽一引，用柴百束。下則時月滷淡，用柴倍其數。至如四五月乏柴，則買大小麥稈柴接濟煎燒。浙西爲有官蕩，每引工本比浙東減五兩。

黄茆白葦地，一望百餘里。長鐄瑩如雪，動手即披靡。縱横卧荒野，海風吹不起。雖有菅與蒯，亦毋棄憔悴。

束縛柴薪：雇募夫丁砍斫柴薪，用草叉翻曬三兩日，候乾，用木朳朳與鈲同。《説文》徐鍇曰，三稜爲柧。兒聚，方用茅撚束縛成箇。每箇六尺圍圓，逐箇搬擔堆沓在蕩。別雇人夫、牛車搬運。遇雨則柴腐爛不敖火力，用茅撚，以軟細茅柴攬爲單股繩索，長七尺餘。

平明加束縛，委地何紛紛。一畝當幾束，一束當幾斤。一際萬餘束，際際俗呼一堆爲一際。連青雲。餘草任狼藉，待與樵者分。

砍斫柴生：亡宋年間，官撥草蕩，此時鹽數少。近年累蒙官司增添鹽額，別無添撥草蕩，以是每歲煎鹽不敷，才至起火，便行缺柴。三四月間柴苗方長尺許，已是開蕩樵斫。至八九月，内已無接濟。不免多募人丁、工具，將蕩内茅根生生字字書、韻書俱不載，未詳。柴再行刮削砍斫，用茅撚三務縛束，名曰横包柴。搬擔堆垛，陸續搬運入團。

黄茅斫盡鹽未足，官司敖敖催火伏。有錢可買鄰場柴，無錢之家守鹽哭。茅根得雨力未衰，昨日猶短今日齊。亂包急束少作堆，三寸五寸尋柴生。

塌車轜車：運柴必用轜轜字字書、韻書俱不載，未詳。車。車、塌車，二車大小各隨其製，皆用樟榆等硬木做造，方可耐久。管車輪軸頭處，每輛用生鐵鑄成鐵管四箇，穿套在車機内，籠軸其中，庶耐轉軸，名曰團穿。有力之家則造轜車，無力之家用塌車。蓋轜車用費牛力，倍於塌車數倍故也。

千牛密攢蹄，車聲雷長堤。擔夫欲争道，長驅與之齊。束草如山高，牧子猶嫌低。陸地行尚可，可憐行深泥。

樵斫柴薪

束縛柴薪

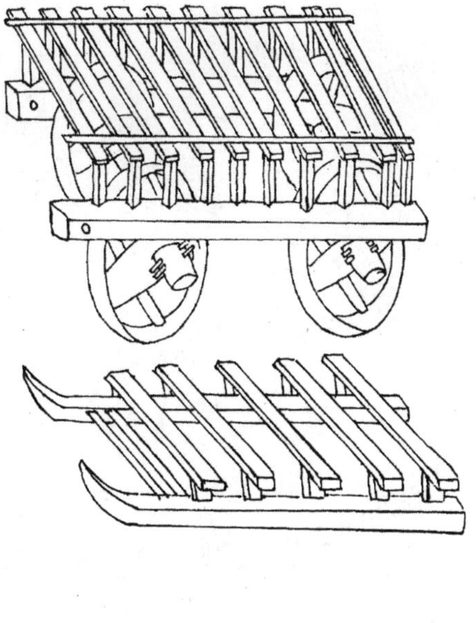

人車運柴：各柈爲日責火伏鹽，所拘柴薪搬運不迭。若無積柴，則陰雨缺爲燒用，縱有團外柴薪，卒急不得入團。團内若還多積，各柈舉皆起火，地段窄狹，恐引延燎之患。自早至暮，夜以繼日，丁工車輛交馳運趕，柈尚慮不敷。自非廣募丁工，安能成效。

塌車無兩輪，陸地行如飛。肩拖與背負，右挽仍左推。家家牛正忙，不念人力疲。運柴恐不迭，一日知幾回。

輴車運柴：附團塗蕩值雨，則遠近浸濘或深，蕩隔涉溝港塌車，人擔難於搬夯，夯，呼講切。近鼇上聲。人用力以堅舉物也。一曰北音讀如抗。輴車輪軸團轉，易於牽運，每輛可運柴五十束，塌車止載十五束。

平明驅羣牛，駕以大小車。車上何所有，束束黄茅柴。行行亦良苦，牧竪不停撾。空車晚歸去，牛背載寒鴉。

鐵盤模樣：盤有大小闊狹，薄則易裂，厚則耐久。浙東以竹編，浙西以鐵鑄。或篾或鐵，各隨其宜。柈大，塊數則多。少者，盤縫却省邊際竈脚。靠閣柈墻以篾爲者，止可用三二日。焚煅繼成棄物，則應酬官事而已。終不如鐵鑄者，可熬烈火烹鍊也。

人車運柴

轜車運柴

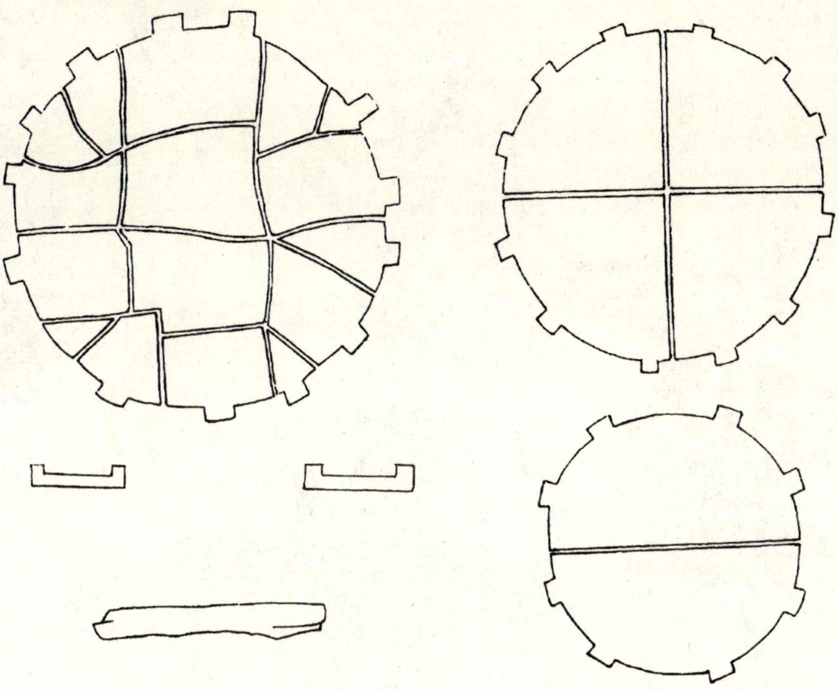

鐵盤模樣

方盤雖薄容易裂，圓鑊雖深又難熱。不方不圓合而分，樣自兩淮行兩浙。洪爐一鼓焰掀天，收盡九州無寸鐵。明朝火冷合而觀，疑是沅江九肋鼈。

鑄造鐵柈：　鎔鑄柈，各隨所鑄大小，用工鑄造，以舊破鍋鑊鐵爲上。先築鑪，用瓶砂、白礁、炭屑、小麥穗和泥實，築爲鑪。其鐵柈沉重，難秤斤兩，只以秤鐵入爐爲則。每鐵一斤，用炭一斤。總計其數，鼓鞴煽鎔成汁。候鐵鎔盡爲度，用柳木棒，鑽爐臍爲一小竅，煉熟泥爲溜，放汁入柈模內，逐一塊依所欲模樣瀉鑄。如要汁止，用小麥穗和泥一塊，於杖頭上抹塞之，即止。柈一面，亦用生鐵一二萬斤。合用鑄冶，工食所費不多。

大柈大小十餘片，中盤四片小盤二。誰將紅爐生鐵汁，瀉入模中隨巨細。神槌擊後皆有用，良冶收功在零碎。閒看爐鞴棄荒郊，當時鬧熱今如水。

砌柱承柈：　裝柈之時，每一柈先用大磚一千餘片，向竈肚中間砌磚柱二行。昔者鐵鑄爲柱，竈口前後，各砌二磚柱爲門。柈外周圍用土墼疊爲墻壁，從地高二尺餘，堅固築打閣柈於上，三五日一次，別換砌裝。

灰泥煉得如蒸土，巨磚爲馳石爲虎。四垠打就圍火城，中間屹立承柈柱。此時築打不加工，他日難禁大火聚。滿盤白雪積如山，不比金莖但承露。

排湊盤面：　盤有大小不等，或如木梳片，或三角，或四方，或長條，或小碎。工丁數十人，用扛索杪木，奮力舉鐵塊排揍成盤，周圍閣所築土墻上。其中各磚柱上或有短小鐵塊，閣不及磚柱者，先用鐵打成塊臂模樣，名曰柈駝，以曲頭搭兩旁大鐵塊上，以凹身閣小片，湊補成圓，堵敼堵字，疑𢭃字之訛。敼，《廣韻》：私盍切，音僊，豉起也。平正。

形模本渾淪，何乃散而聚。世無烏獲力，萬鈞未易舉。片段合湊成，冶工費鎔錮。雖曰小鐵駝，能補空缺處。

煉打草灰：　如遇裝柈，先用茆柴絞成大索，却寸寸剁碎，和生灰，署入少滷潤灰，不令飛動。却教竈丁遶圍羣坐，各將木棒於草灰上不住手鞭打三二日。臨用時，再和石灰二斛，加以醎滷打和稠黏，以塗柈縫。

草灰將何用，鞭打不停手。明朝裝柈時，泥䈰護柈口。壯夫打鞭千百折，煉得白灰成黑雪。誰知只是爐與篾，泥向盤邊堅似鐵。

裝泥柈縫：　鐵柈既湊完備，縫闊者四五寸，狹者一二寸，先束小柴把塞滿縫內，以小竹扦穿定。次上滷和所打熟灰，逐縫塗滿，周遭乃用蘆䈰高五六寸圍轉，亦用草灰裹塗其內。以大牛骨篦硏掠光實，署以十餘束柴焚火，使灰署堅，

鑄造鐵柈

砌柱承柈

排湊袢面
煉打草灰

却拔去竹扦，又用骨篦蘸滷再砑。竹川孔無縫，頻以草帚蘸滷刷縫，使骨篦頻砑，一面燒火，候縫稍堅，即上滷矣。必三五日再裝一次。

三長四短鑄盤片，五合六聚湊盤面。老丁自有生鉺藥，灰日千春泥百煉。

深深抹縫工補插，五六烏金小駝健。補虛架滿苟目前，安得天地爲爐陰陽炭！

上滷煎鹽：栟面裝泥已完，滷丁輪定栟次上滷，用上竹管相接於池邊缸頭內，將浣料舀滷，自竹管內流放上栟滷池。稍遠者，愈添竹管引之。栟縫設或滲漏，用牛糞和石灰掩捺即止。

竹筩瀉滷初上盤，今日起火齊著團。日煎月煉不得閒，却愁火急栟易乾。炎炎火窨，去地三尺許，海波頃刻熬出素。烹煎不顧寒與暑，半是竈丁流汗雨。

撈灑撩鹽：煎鹽旺月，滷多味鹹，則易成就。先安四方矮木架一二箇，名撩床。廣五六尺，上鋪竹篋，看栟上滷滾後，將掃帚於滾栟內頻掃，木扒推閉，用鐵剗撈漉欲成未結糊塗濕鹽，逐一剗挑起撩床竹篋之上，瀝去滷水，乃成乾鹽。又擈生鹵，頻撈鹽，頻添滷，如此則晝夜出鹽不息。比同逐一栟燒乾出鹽，倍省工力。若滷太鹹，則灑水澆，否則栟上生藥，如飯鍋中生塼，焦通寸許厚，須用大鐵槌，一名栟槌。逐星敲打剗去了。否則爲藥所隔，非但滷難成鹽，又且火緊，致損盤鐵。

火伏上則鹽易結，日烈風高勝他月。欲成未成乾又濕，撩上撩床便成雪。盤中滷乾時時添，要使栟中常不絕。人面如灰汗如血，終朝徹夜不得歇。

乾栟起鹽：下中則月滷水淡薄，結鹽稍遲，難施撩鹽之法。直須待栟上滷乾，已結成鹽，用鐵剗起。其栟厚重，卒未可冷，丁工着木履於熱栟上行走，以掃帚聚而收之。

大栟未冷火初歇，輕輕剗栟休剗鐵。有如昨夜未完月，妖蟆食破圓還缺。又如水晶三角片，又如蒸餅十字裂。正愁天上多苦霧，却喜海濱有鹹雪。

出扒生灰：攤灰所曬鹹灰，須日增添。生灰刺和爲母，當燒火時扒扒，《集韻》：布拔切，音八。《史記》：掊視得鼎。《索隱》曰，掊，扒也。出栟肚生灰半滅未過者，以水澆潑存性。工丁不分男婦，逐擔挑出攤場頭堆積。以多爲貴，準備每日消用。

死灰不復燃，生灰猶未死。昨朝火窨中，今日冷如水。莫嫌灰擔重，積灰那忍棄。曬乾再下淋，又作還魂鬼。

日收散鹽：竈丁接栟煎鹽，輪當栟次，周而復始。且如一户煎鹽了畢，主户則斛收見數入團内倉房收頓。依驗多寡，俵付工本口糧，以勵勤惰。

一日煎幾何，一日收幾多？但憂辦不上，不獨遭譏訶。日課有工程，官事無蹉跎。月月無虛申，不敢違司鹺。

起運散鹽：各團日煎散鹽數多，栟竈内及倉廒盈滿，必隨時起運，赴總倉以備支裝。每日丁工擔挑下船，各家用印關防，官設軍人輪流沿途防送，到倉交收。

散鹽如積雪，地上數百堆。關防少不密，團門或夜開。多備牛與船，加以人力推。總倉有統攝，不招還自來。

乾拌起鹽

出扒生灰

日收散鹽

起運散鹽

海鹽

池鹽

井鹽

石鹽

明·宋應星《天工開物》卷上《作鹹》

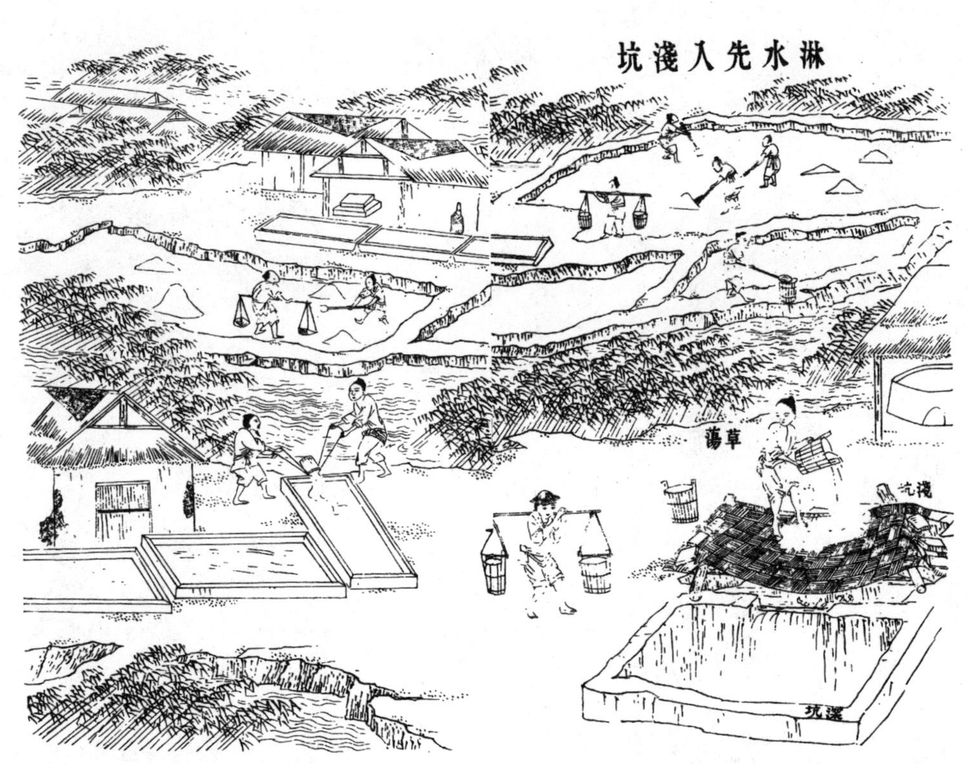

量較收藏

海鹵煎煉
牢盆

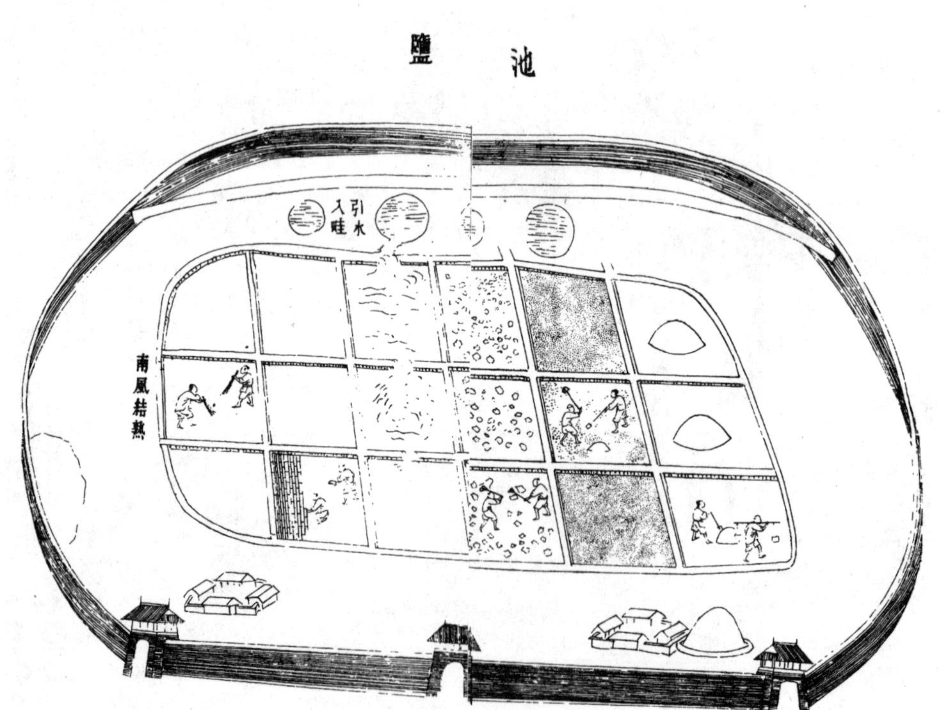
池鹽
引水入畦
南風結熟

下石圈

開井口
蜀省井鹽

鑿井

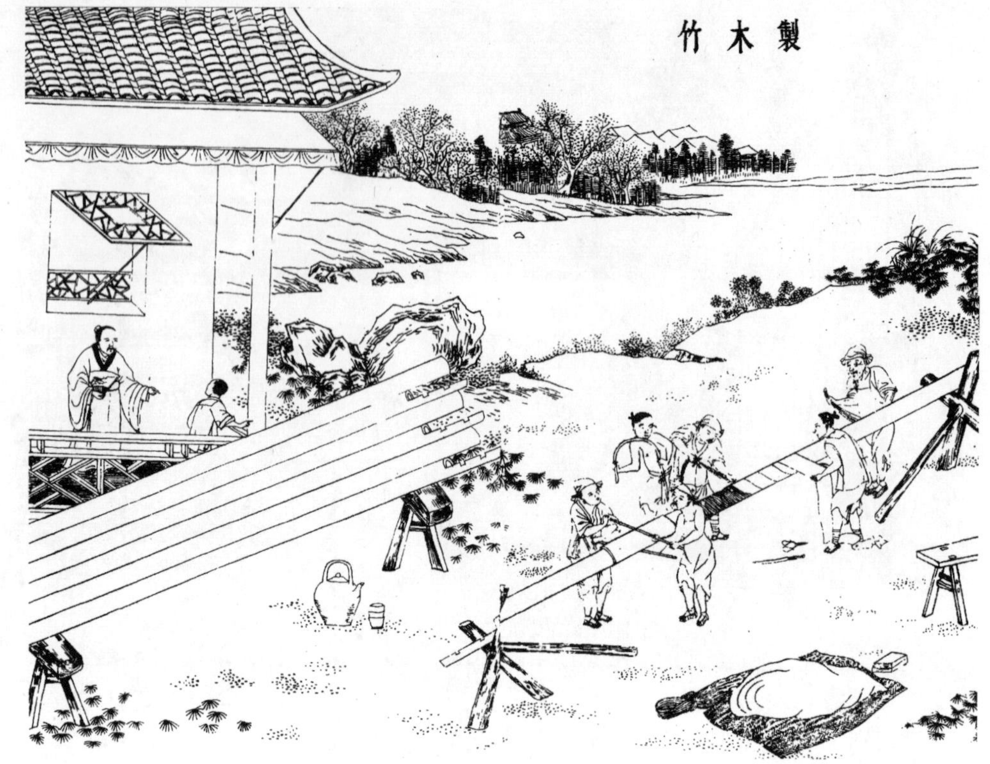
製木竹

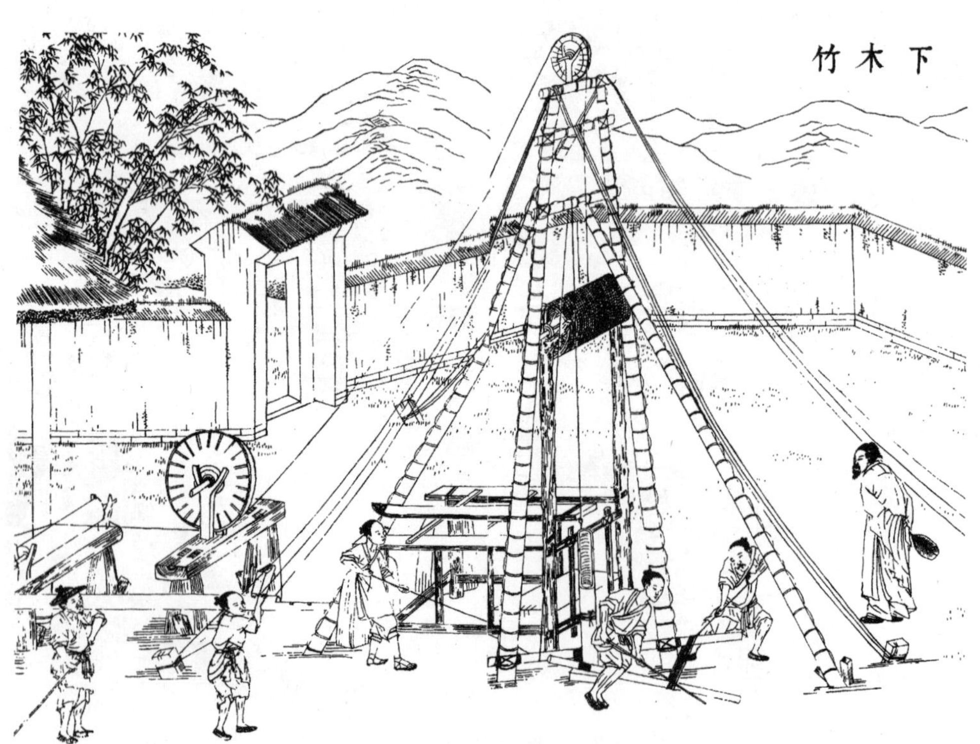
下木竹

汲鹵

場竈煮鹽

井火煮鹽

川滇載運

自流井小溪圖

清・吳鼎立《自流井小溪圖考》《富順縣志》卷一

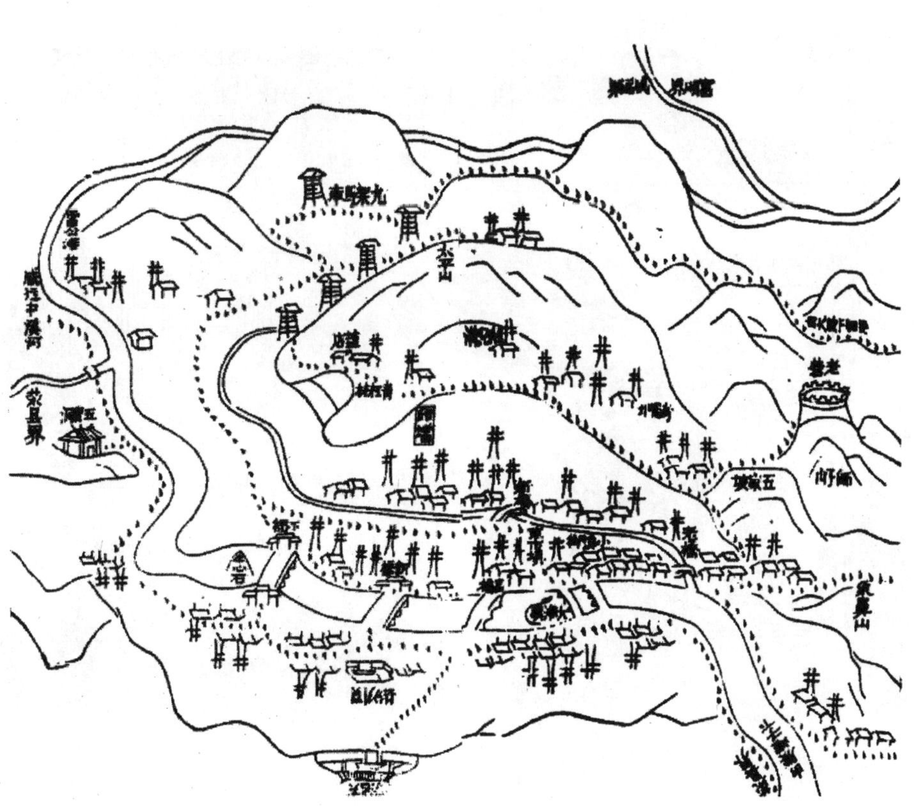

初開井口圖

《天涯聞見録》：益州産鹽數十縣，鹹泉自湧者温湯、開縣。白龍、大寧。自流井、富順。諸廠外，餘皆鑿地成者也。《自流井記》：凡鑿井坎，徑地三尺，圍九尺。按，開井宜擇山四旁有井者，居中度地焉。曰看榜樣。夙匠就地擷草拾土嗅之，即知下宜有水火，始鳩工。除地。曰初開草皮。初開口，口宜寬，曰開大口。否則浮泥易圮，或礙施工。泥淺則擔出，稍深則架木，上置轆轤，下繫竹器，兩人轉而上之。曰橋架。

鑿石圖

《天涯聞見録》：井體以石爲上，堅壤次之，沙泥爲下。《南部縣志》：其初掘地，寬約數尺，淺或丈許，深或數丈，見石底爲止。《風物名實説注》：鑽銼大口，寬徑三四尺。《自流井記》：凡鑿井，須審地中之巖。井銼初下爲紅巖，次瓦灰巖，次黄薑巖見油，次草白巖，次黄沙巖見草皮火，次青沙巖，次白沙巖見黄水，次煤炭巖，次麻箍巖，次黑煙巖，次緑豆巖見黑水。凡井諸巖不備見，惟黄薑、緑豆必有之。間有遇綿巖者，鑿最艱，一丈可鑿一年。按，泥盡有數尺見石者，有數丈始見石者。數丈須用錯，數尺者先用石工。椎鑿之石屑多，仍以木架轉出之。所引書中，銼字義爲鍑，於此無取。取與石相厲，應作錯，相沿久，不能改，仍之。後凡俗字仿此。

下石圈圖

《自流井記》：初下鑿石爲臼穴，其底積臼相銜，深可十丈。《風物名實説注》：鑽銼八九尺，下即閉氣。甚有白水過多，不能往下再銼，即購堅石，爲井之舷，名曰石圈。外方内圓，舷口不過一尺一二寸，層疊砌好，謂之爲大口。按，石圈方二三尺，中穿圓徑八九寸，或尺一二寸，累數石至數十石，爲隔白水。巖際水横出不鹹者，曰白水。及崩巖墜石，則下易施銼也。石重不易下，置木架二，上横短木，再用長木曰槁竿，又曰提竿。衡其上，繩繫石圈木末，載重石綴木杪，類桔槔，又如權稱物。徐揚其末而下之，以省人力累。與地平，旁用土石堅築之。

銼大口圖

《風物名實説注》：舷口砌好，即置花滚子踩架中，用一堅實之木，以稱大銼，謂之碓板。人在踩架上往來跳躍，謂之搗銼，又謂之搗碓。新井則以二人在碓上，以一人在井口轉銼。深井則以三人或四人在碓上，仍以一人在井口轉銼。若不時時轉之，其井不圓、不直，即爲井病。《南部縣志》：上建木架，設一機板，

鑿石圖

下石圈圖

聯以麻鞭，轉環徑寸。斑篾下懸丈餘鐵幹，首大末小，約重三百餘觔，幹頭堅鑄方棱，擲入石圈，人乘板上，左右易足踏之，隨機轉築，碎石如泥。易者日夜可深數尺，難者數日不能一寸。若築尺餘，沙泥淤塞，必拔出大鐵幹，另用小鐵幹約數十觔，幹下懸一梯子，墜井中，探取泥沙。復用大鐵幹築鑿，二幹循環相用，其下淺深不一，總以陽水盡處爲度。此名大竅，亦曰麻頭。按，銼井者，先銼大口，利用大銼由石圈下搗。銼繫於轉槽子，轉槽子繫於篾，篾上由花滚下達於地滚，環繞車盤。大口，自八九丈銼至二三十丈不等。大口以下，視崖有白水，則急下木竹以格之。

製木竹圖

《鹽井圖記》：竹有木竹、桿竹二種。木竹，剞大木二，以麻合其縫，以油灰彌其隙。桿竹出馬湖山中。《風物名實説注》：木竹以隔白水，淺者數丈，深者至三十餘丈。淺者以松木爲之，深者必用柏木，取其質堅，免崩漏之病。按，白水，俗曰冒白，銼井最忌。木竹外束以布，繼纏以麻，以桐子油舂灰融傅之，使無滲漏。井眼大幾何，木竹如之。續處牝牡相銜，本末相接。或曰，木中空若竹然，故曰木竹云。

下木竹圖

《東坡志林》：慶曆皇祐以來，蜀始用筒井。用圜刃鑿如盌大，深者數十丈，以巨竹去節，牝牡相銜爲井，以隔橫入淡水，則鹹泉自上。《蓬溪縣志》：深至二三丈，先得淡水名陽水。陽水之下，試有堅石，鑿之亦盌大，用大竹四五竿，鑿通接之，使長接處纏麻，膠以油灰，名隔竿，下井中，至所鑿堅石穴內，使陽水不得下滲。再用大石板鑿。井口扣定隔竹，以竹繫鐵錐入隔竹中銼之。按此是卓筒小井，上不置石圈者。《南部縣志》：其下或見紅沙巖，或見白沙巖，然後用堅木剖爲二，挖空如竹，合而束之，密佈椶皮、青麻、簑草，和礦灰、桐油塗傅，以隔陽水。間亦有用布者。竅之深淺，竹之長短因之，倘下竹，築小竅甫丈餘，又有陽水旁出，必盡，挑起木竹，仍用大幹築。過此，竅有再挑，再下而成者，有三挑三下而成者。《自流井記》：石臼下十丈，再下，合木爲柱，剞其中，積柱以相銜，深可三十丈，所以隔白水也。按，木竹下井，先立天車，卓兩巨木相向，各距井口八九尺許。曰正樁。高或五六尺，至丈二尺，視井之深淺，兩木杪聯以横木，曰籠頭。旁建斜木，前後搘拄之。前曰倒挂，後曰支竿。後微高，前微低下，再横數木，中鑿竅，以前後斜木上承竅下，斜卓去井口丈許，令穩固。又天車絶高，别於兩

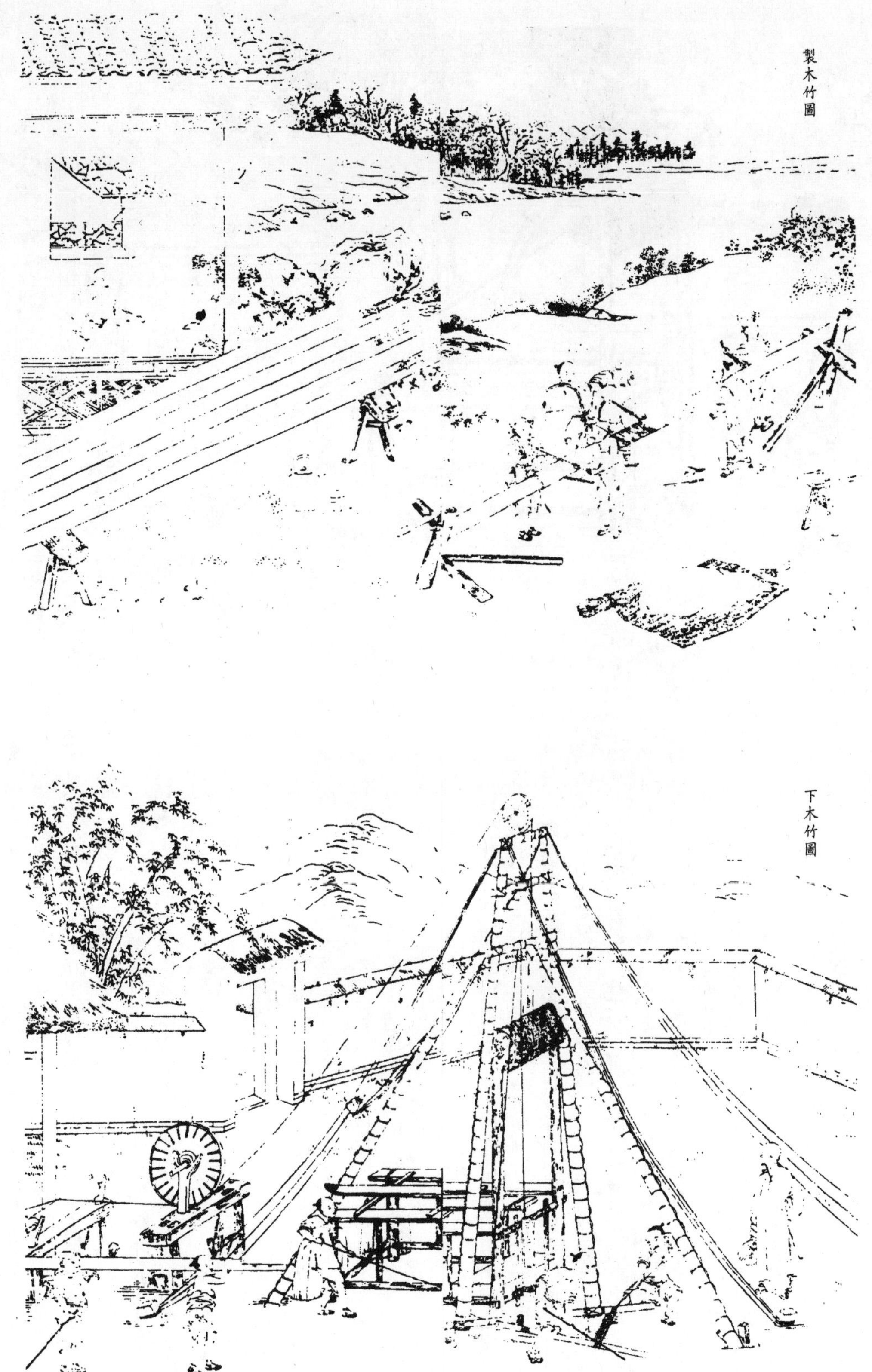

製木竹圖

下木竹圖

巨木側，植兩木相維持高及半。俗曰肘脚。天車高視井，井深者汲水筒長。絶頂横木上置小輪，曰天滚子。以圓木二片夾之，以約篾。又有木架，曰踩架。前建兩木，高丈二尺許。曰將軍柱。後用兩木，曰後骰。前後皆寬五尺，四旁聯以横木。復剖圓木爲二，取其活脱，置架上以閣機板。機板者，長丈許，井淺亦有八九尺者，宜堅木，兩端微昂，中微凹，首闊而末削，末束以麻，取足踏其上不滑，數人舂之若碓，故曰碓板也。將軍柱上中置一輪，與上天滚遥相承。曰花滚子。又於架後二丈許置一輪。曰地滚。又後二丈許置一巨輪。曰車盤。巨輪者，以堅木一作軸，黄連樹爲宜。長可六七尺，圓徑六七寸，或八九寸至尺一二寸。曰車心。環軸兩端鑿方竅，或十二、十四、十六不一。以木爲輻，欑貫之，長丈二三尺，或丈六七尺。四圍復用直木，長與直軸等，仍上下鑿竅受輻，上架巨木一，曰過擔。中鑿竅置鐵管，以受軸上端。下承巨石爲趺，凹中置鐵以受軸下端。然後以篾繞輪，度地滚上達天滚，下接花滚，自下木竹銼井，至汲鹵，皆缺一不可。此與後汲鹵説内風物名實説略同，因此圖内有天車，故分著之。木竹先下其一，餘三尺許於井口外，以花滚篾繫之，令勿墜。又以堅木二先約其一端，横縛於天車兩柱，張如翦，以木竹挾持其中。再約其一端，一人以鐵杖轃兩木令緊，一人繩束之令穩，乃加一木竹於上，續牝牡筍傅灰束麻訖，稍燥，則盡下。下其一，又續其一如前法。

扇泥圖

《鹽井圖記》：銼井初則灌水鑿之，及二三丈許，泉四出，不用灌水。無論大小，釬觸處俱爲泥水。每鑿一二尺，起釬，用筒竹一約丈餘，通節，以繩繫其梢，筒下爲皮錢，掩其底。操繩以縮皮，泥水翕入。浥滿提出，漸盡復下釬鑿焉。按，凡所鑿泥沙，積一二日下竹筒曰吞筒。吸出之。曰扇泥。吸時用篾繫筒懸井中，兩三人於踩架後地滚前攀篾條低昂摇曳作勢，自能將泥沙吸入筒中。吸滿取出，再入吸，吸盡又銼。

埘補井

《風物名實説》：凡井之病四，有走巖，有崩腔，有流沙，有冒白。有一病，必停工，謂之挂井。其無巖、無崩及諸病者，謂之一根筍，井之上者也。注，走巖、崩腔，油灰作丸以彌縫其闕，無不應者。惟邱墻多流沙，流沙者，水爲沙閉遏也，必下木窗以隔之。若冒白，則成廢井，法不可醫。走巖、崩腔，近用油灰補。按，井有巖石，初銼第空其中，久之旁巖往往墜出，陷爲穴，曰空腔，又曰走腔，曰崩腔。所謂麻姑巖、拳石巖、緑豆巖、黄泥巖，尤易陷，宜亟以油灰補之。然穴率口

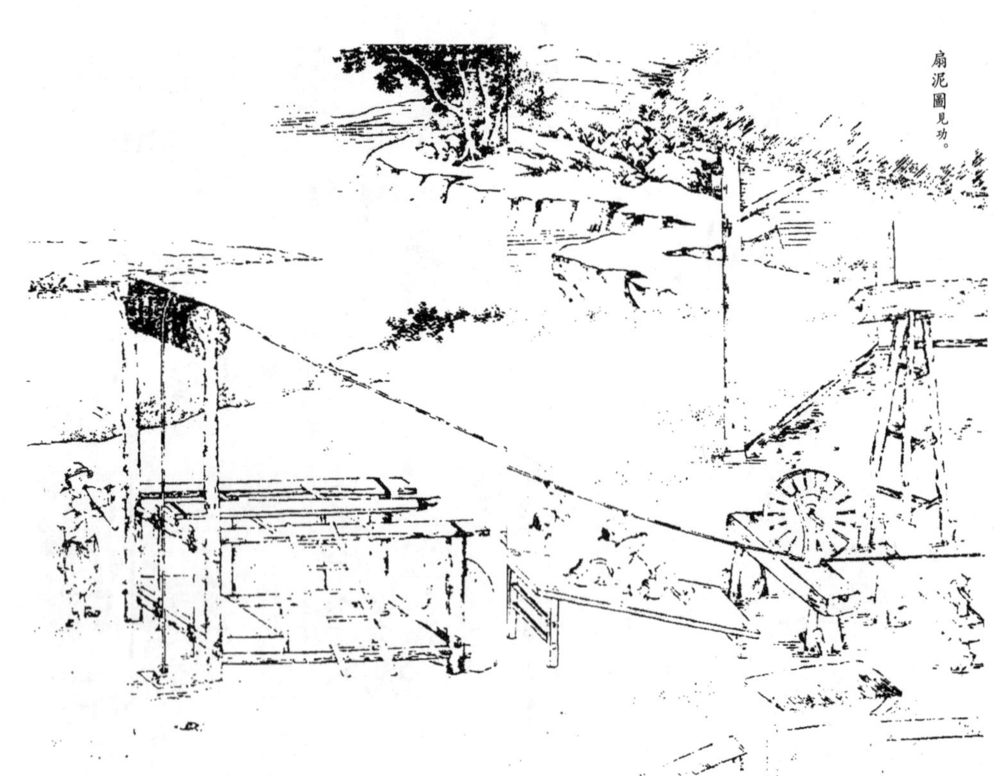

小中大，灰不易入。法，宜先拓口令寬，以鐵梗末鋭，中置二鉤，曰獨脚棒。剖竹四片，反縛鉤際而弸其中，反張若雨繖然。又以麻約竹端，内歛，較井口稍縮，再以片竹略加長同縛其端，與麻拒則懸梗下至底，其一竹上觸麻褪而四竹張，因挈梗徐上。計至穴，竹端必發入，試按抑令下竹，爲穴抵牾不得下，知爲穴所在。數下撞，即可令穴下口漸寬，曰腔盤。而簿記之。又挈梗上。再有穴，亦如之，如是則下口拓矣。然上口未拓，灰猶未易入也。則仍剖竹縛梗如前法，惟改竹端向上，不用麻約。蓋竹端向上，入井其勢順，自爲井所約，遇穴竹自張。因數往上提，竹亦抵牾不得上。久之，即可令穴上口漸寬。俗曰腔頂。如是則穴必外闊於中，然後以油灰下補之。盛灰之器，以巨竹可七八尺，上束把手，把手説見器具。下破爲二，盛油灰其中而合焉。以輭竹片託下口，輕束之，使灰不墜。於是先束草爲結，實井中在穴下，始懸灰同下。度已至穴，即將繫筒篾上下作勢，令託下口竹褪脱，灰即自出。下有草，藉使灰不墜，平積穴内外，則以提鬢帶竹殻，見器具説。置麻筋於殻内，入井，以提鬢將油灰撞實穴内。不實，則又下灰補平如上。有穴，仍實草藉灰補如前法。補過三四旬後，度油灰乾透，始用銼將實草銼通。如穴淺，在三四丈内，或用石灰炭灰黄泥和舂曰三合土。補之。

銼小口圖見功。

《鹽井圖記》：下盡全竹，四障淡水不能浸淫，乃截去大釺，换小釺。《南部縣志》：陽水既隔，又別鑄小鐵幹，一入竹腹中，用力深鑿，中有腰脈，水下之多寡鹹淡，即此可驗。再深數十丈，可得真鹽水。《風物名實説注》：井下木竹既定，須弔銼搗其下。又有麻姑石巖、緑豆石巖，又鐵板腔巖，至鐵板腔之石，較鐵尤堅，必搗過鐵板腔或數尺、數丈、近十丈，則可望見功。又木竹下好即銼小眼，老井眼徑二寸四五，大者三寸二三。惟富順邱墇之井，多半黄水，小眼則四五寸爲度。又，水火油得其一者，謂之見功。純淡者，白水。不及五六分者，鹹淡水。稍鹹者，草皮水。得鹽者，統謂之黄水。半鹹者，謂之假黑水，惟黑水爲井功。黑水每碗煎鹽輕者二兩一二，重者二兩四五。黄水半之，草皮水一兩有奇，或八錢，或七錢，或五六錢。不及五六錢者，鹹淡水也。白水無鹽。《自流井記》：常程可四五年，或十餘年，有數十年，更數姓而見功者。若深及三百丈，而鹹水不旺，謂之棄井。按，既下木竹，又於木竹下銼小口焉。曰開小口，又曰抽小眼。蓋製木竹時，豫度小口大約幾何，凡老井口恒小，新井口稍大，約徑三寸數分，即接木竹下銼。銼之小者，曰銀錠，法如前。銼大口式，皆以山匠輪班晝夜爲之，以見

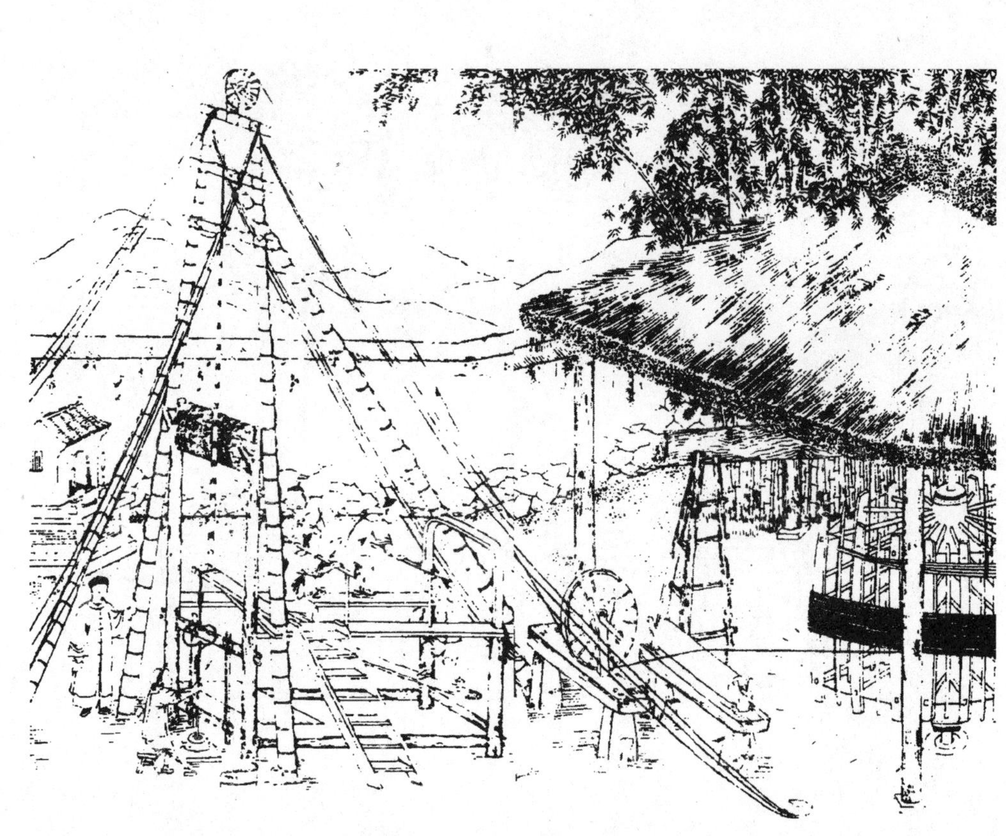
銼小口圖

功爲度。見功者，見鹹也。然隨見鹹，仍隨下銼。見鹹時，主者爲之祀井，稱慶井。淺者鹹輕，深者鹹重。黄水鹹輕，黑水鹹重。百一二十丈見黄水者，碗鹹可一兩一二錢。百五六十丈見黄水者，鹹可一兩五六錢。銼至二百丈，常有出火者，至二百數十丈，或見黑水，其鹹可二兩有奇。大抵淺出黄水，深出黑水，又深出大火。又有祇出水、祇出火者。兼出者恒少，今惟富廠有之。出火淺，僅給一二十鍋，或三四十鍋不等。至二百八九十丈，近三百丈，見火必大，可給五六百鍋，少亦百餘鍋。井上上費或數萬金，少亦萬餘金。其水火有久而不竭者，利倍蓰。有見功未幾即竭者，利足償所費而已。有銼至百數十丈，略見黄水數石，或二百數十丈，見黑水數石而止者。并有深至二百數十丈，水火俱無而廢者。一無所獲，而所費已不貲矣。

汲鹵圖

《天涯聞見録》：開縣温湯井逼東溪旁，溪漲則井浸水中，井形方，面闊三四尺，深再倍之。用竹鑿去内節，斜置井中，曳水灌大木桶内。其桶疊累而上，竹亦鱗上以曳而灌，將近巖巔，則用竹筒牝牡相銜綴續，分注各竈。大寧白龍泉，山皆石壁峭立，鍊鐵龍頭於其上，俾水從龍口歕出大尺許，下甃石井，井置鐵管六十有八，從鐵管注竹筒，筒以斑竹連綴至數十丈，或二三百丈，半由溪北接至溪南。竹筒之下盛以四足竹架，繫以篾繩，防其墜也。《南部縣志》：井成之後，製車房於上。車有十六輪，左右立小樁，車架其上。旁樹木杆，名曰樓架。四圍繫之以繩，杆頂横擔一木，木上二叉架一天滚，以爲井索上下之軸。貯水用大竹筒，數竿相續，通其中節。筒底用皮錢掩覆，使水汲而能入，滿不能溢。繩繫於筒，隨車轉移。其由上而下，車則左旋一篾，以勒其勢。其由下而上，車則右轉。兩人共挽其輪，按此蓋小井，故不用牛馬，而以人挽。筒出井口，順架直立，一人握其筒底，鉤啓皮錢，則鹽水盡出。《蓬溪縣志》：井上樹三木，約長三四丈，上尖下闊，如鼎足。尖上置轉輪，名樓架。按此當即前天滚，或稱名各從俗耳。去稍遠，復以木爲圓架，中安樞紐如磨盤，名盤車。將繩度過樓架轉輪，繫於盤車。汲水使上，則驅牛拽盤車旋轉以牽引其繩。放繩使下，則解盤車之牛繩，隨筒自下。凡井日夜有水而味鹹者，謂之廣水井。一日之内按時有水者，謂之歇水井。水少而味淡者，謂之淡水井。廣水鹽多，歇井、淡井鹽少。按此乃卓筒小井，今州縣此類甚多。《風物名實説》：汲水者爲緯藤以竹爲之，繞於車盤，以四頭牛周行，謂之推注。井淺則用三牛，深則用四牛、或五牛。無牛者，以人推之。邱壋井淺，

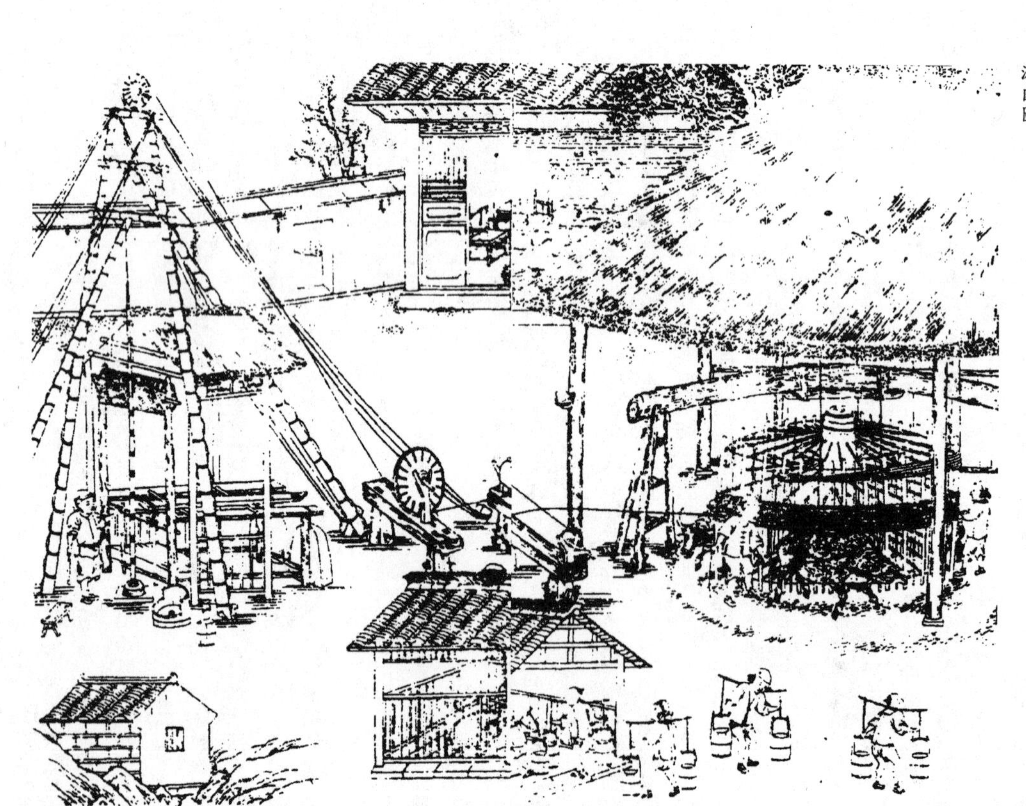
汲鹵圖

多黄水，可用人力。四墻多黑水，而井深，人力不及牛力，其盤距井口四五丈，輪闊四丈八或五丈二，統謂之天滚，置天車上。天車以兩大木爲正柱，立井口，高者十一二丈，次七八丈，次五六丈不等。正柱附以小木，正柱之端横置木一，曰天箍頭。箍頭上鑿眼，樹夾板二，天滚在夾板中。又於正柱兩端下丈許，横縛木一，曰斗檔，前後以木斜繫於斗檔，撑定，復用風篾緯藤係於正柱兩端天箍頭處，周圍分作六方斜埋樁於地以係之。又置一輪，較大於天滚，曰地滚。用木二，長三四尺，樹於地。復以木一横箍於上，曰地箍頭，以夾板承地滚，亦如天滚式。又有擡滚。又置一大車輪，輪周三四五丈不等，曰車子。其車子樹過擔一，中加厚木板一，曰天平。鑿一竅，以管車心之上魚尾。地下以大石一方，曰海底石，中鑿方竅，可兩寸，嵌方鐵一，中微凹，車心下魚尾即植其中。車心以逕尺堅木爲之，周圍鑿眼，貫木十六方，或十四方。用長大斑竹剖開，椎碎，圍車子三面，謂之拭篾，盤於車上，由地滚下穿過，直達天滚，上繫筒，放井内。取水，推出井口，以鐵鉤頂開皮錢，水直注木盆，謂之地皇桶。旁置木盆一，近井一面高一尺，背面高二尺，大徑四五尺，置竹梘引水入皇桶。桶亦以木爲之，徑一丈六七尺，深八九尺。全井之水均貯此内以備用。按，井既見功，可以汲鹵，是曰推水。推水筒，以巨竹相續成之。井深者，可十餘竹，高與天車等。繫筒之篾，上由天滚下達地滚，其端環繞車盤。筒入水，水滿筒，則鞭牛轉車盤以拽篾。篾盡而筒起，井旁一人急擊榛，鞭牛者聞聲止不拽。一車盤有牯牛二至五六牛不等，率三汲一易牛。井淺天車低，筒短者可用黄牛。小井出水一二擔者，或傭貧人挽之。井上置轆轤，一二人就井旁轉之。牛食料多用蠶豆，芻牧鞭策，又復需人費不貲，鹽直貴賤恒因之。黄牛稍省，初有用羸馬者力弱，四牛之車，六羸乃勝。又數牛一牧，羸則前後各一人。故今率不用羸。貧者庸力挽筒水只給數錢，以此食力者頗夥。按，挽水用人，先年有庸其力而戕其生者，害最甚。一爲樂山牛華溪井户，常以利誘失業遊民，至則重扃之，日給十許錢，兩日三餐，分晝夜輪次挽水，曰人車。雖病不得息，否輒施鞭箠有死者。管事初給草履小菜，藉扣庸值。猶有支欠，一欠即不得辭，償又無力，其人皆蓬頭赤體，面無人色，至謂之班房車。先是道光十九年，謫置樂山縣知縣毛輝鳳得檄察覈，令各井户具結以上。同治十三年，直隸知州田立慈赴犍樂察勘鹽井廉得實，始發其弊，資遣扃錮貧民數十人。爲定章程六條，歲春秋兩次，由建昌道及嘉定府遣官稽察取鹽總結，以上弊始除。一爲彭水郁山鎮後竈在鎮東一里，有新興、正興、雞鳴、皮袋、鵓鳩五井，地僻遠，井户以井付囚徒，曰喊人頭，日責水千筒，餘者歸之凶徒。因遣其黨曰二卯首，於百里外誘致遠方貧民庸工，始至則藉飲食諸費重，取之不足，則借貸以盤剥之，因而挾持虐使之推水。亦分晝夜兩班，無片刻息。息則敲扑無已時，重者至死，輕者廢折。逃者其黨追回，輒煮桐子油沸而灌之。責工益劇，人皆偃卧井旁亂草中，雨淋日炙，身無寸縷，役之若畜，然百無一生者。光緒六年，官運方行有司始上其事，乃取凶徒懲創之，責令井户改用牛車云。又聞有冒水井者，鹵最旺，自下噴出若潮汐然，無待推挽。噴出時高可三四丈，晝夜可積千餘擔。於井口平地置石板，寬三四丈，就地置石槽引水注井口壩。又或井口置一盆如火井之盆，旁置陰梘，水冒出即由桶注梘達皇桶房。此井利最大，然不常遇，遇者蓋十無一二焉。以上各有鹽州縣略同，特井有淺深，鹵有多寡，則規模亦異。惟開縣温湯井在平地，以竹平筧取。大寧縣井由山半下注，以竹續鐵筧取。鹽源縣黑鹽井出山洞注於塘，又以巨木作筧筧取，與他廠異。

附井油

《蜀語》：似溝中臭水而緑，然之光亦青微臭，遇水不滅，更增其燄。報人爲燭，馬上執之，得雨亦然。浸乾馬矢，或燒柴草於上流，然之置江中，可以燒敵船。正德閒犍爲嘉定出。《天涯聞見録》：井油桐緑色，汲入筒，水與油并浮水上。有能測其入筒深淺者，於筒下井時，如其淺深吸之，則油充牣其中，無滴水舀起。盛盎然之，與桐膏若，惟氣稍雜硫黄。《自流井記》：井油凡四色：米湯油色白，緑豆油色青，梔子油色黄，墨漆油色黑。青黄黑三者氣熏人如硫黄，白者氣較輕，光較明。曬牛馬糞爲乾餅，以此油浸之，浮水不息。又能療癬癩，價昂，時一觔可值八十錢。按，井有水油兼出者，有水火兼出者，出油多在井數十丈閒，太深則無油。油水兼出者，汲出瀉於器，水重而沈，油輕而浮，用竹木器輕挹出，用以然鐙。如油泡多，不能即然，則用稻草一束浸油内，取出揉搓之，油即澄清。油色暗緑，味臭。江中鑿灘石，率用油燒之，石輒裂。

炭火煮鹽圖

《犍爲縣志》：前明惟鐵山煤産，亦不廣。邇者五通橋鹽泉大旺，日需煤數十萬觔。三聖站下逮炭壩口，袤延百里，愈掘愈旺，水陸運負，日活數萬人，爲利甚溥。《雲安場風土記》：窮簷婦孺以拾煤爲生計，有蓬首垢面終日坐於塗炭，而嘻嘻然不自知其苦者。《南部縣志》：南部苦不出炭，幸水道可通，炭自廣元載舟而來。貧民瘠土無以爲業，人物負運得以養生，竈民藉此稍得省力。按，炭煮不止此三縣，録此可概其餘。《風物名實説》：覆竈之屋曰竈房，覆井者曰碓房，統謂之廊廠。按，今産鹽州縣大約煤煮者居多，潼川屬及彭水或用草煤。盛以

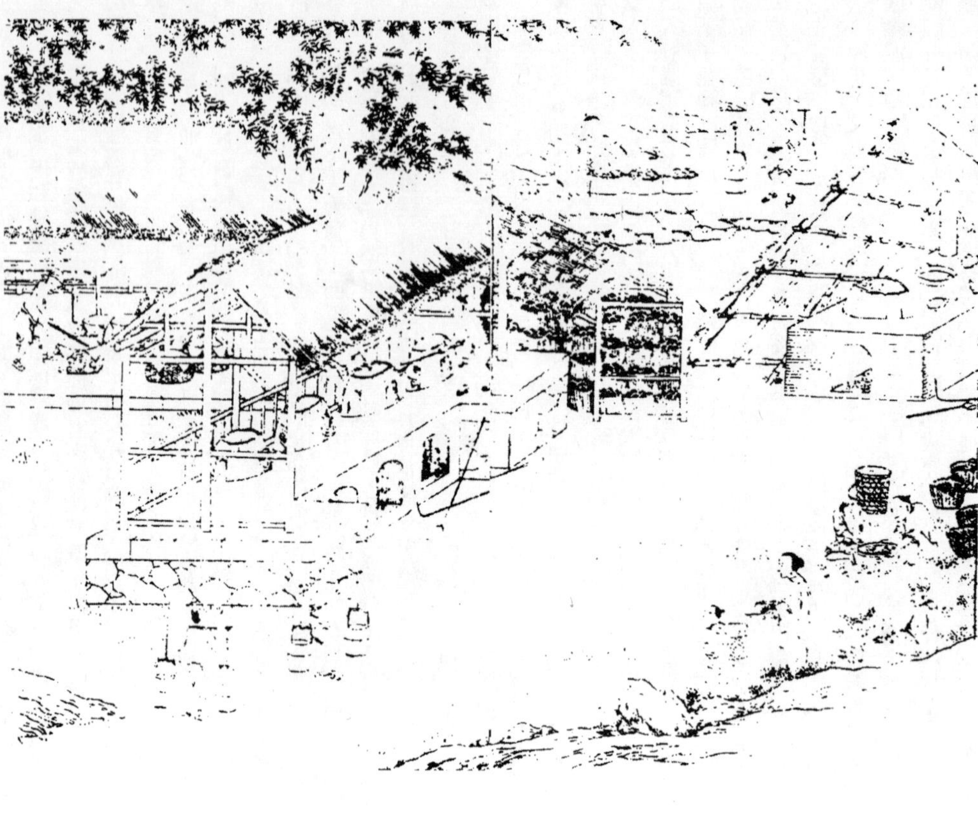
炭火煮鹽圖

竹器，置別室，充棟山積，煮鹽功倍於井火，而得鹽不及半焉。棄餘之煤，猶有貧户婦孺拾取以爨。其木桶所貯者，鹹土水也。別結草爲棚，置鍋竈，而差小者煮鹽渣也。

煮花鹽

《富順縣志》：以黄水十之六，配黑水十之四，合貯於桶。竈上置千觔鍋，四旁枕平。枕高六寸，環以土塼，高與鍋等。用鹽水泡泥及炭灰，傅六七寸，先以火烘乾，乃由竹梘運水入鍋，毋使溢出。俟水有細鹽，曰鹽渣，則續下生水。如未有渣，下水亦漏也。既碾齊，始下老水二勺，撮其鹽泡，隨下渣鹽二勺半，入豆漿數勺，將水提清。加蓋於鍋，火大則蓋離鍋一指許，水稍結去，一蓋見渣則盡去。蓋火小則蓋不留隙，渣見亦去蓋。乾即起鹽，外置石槽一，加二木於上，上置鹽簍，起鹽盛簍内。俟鍋内水煮鹹渣凈，入豆漿澄過，是爲花水。即以沃簍中鹽四五度汰其鹻，鹽乃白而匀。《天涯聞見録》：煎鹽鍋坦如盤，厚寸有四，深如之，寬十倍焉。其邊編竹和泥圍之，高於鍋寸許。正鍋旁别置一鍋，曰温鍋，先入水於内，俟沸，乃舀入正鍋，其水成鹵，與邊齊，則必用生豆漿注入，其鹽始成。約十分其鹵去九，以爲用漿之數，沸起，遂成白鹽。味淡稍苦，此花鹽也。按，苦者惟開射、大寧數廠，寧廠則味與巴等。温湯則先將鹹水和泥成餅，烤焦，曰泥鹺，決地深尺許，爲槽，貯諸内。復用鹹水浸一日，數次攪焉。俾泥散沈底，始取其浮面清汁煮之，乃成鹽。《鹽法議略》：煎鹽用煤者多。潼川府廠則用草，其地泉脈稍淡，汲鹵於井煎之，使鹹潑浸於草灰中，別以井鹵漉之，然後成鹽。按，今潼川亦多用煤，他廠亦有間用草者，不僅潼川也。按，花鹽又曰魚子鹽，色白粒大者佳。將煮時，置鍋繚以土塼，再用泥灰圍鍋口高二寸許。曰泥圍子。火炙少堅燥，始注水滿鍋，勿令溢水。十分，黄者七，黑者三，煮許時，稍減火勢，以勺挹。視水有鹽花稍縮，又加新水，數加而鹽性定。不縮，即入豆汁澄之，又煮許時，渣滓皆浮聚於面，隨挹出。又入豆汁二三次，渣凈水澄，用母子渣鹽兩勺許，不宜多，多則鹽粒過細，煮至竭而鹽成，曰母子鹽。所謂母子渣者，別煮水，下豆汁澄凈後，即減火力，用微火温焨，久之水面鹽結成片，如雪花。待彼鍋鹽水煮老，澄清，挹此入之鹽，即成粒鹽。成一鍋，可百餘觔，或百觔，兩鍋可得鹽一包。在井火旺者，一晝夜可煮兩鍋。火微者，晝夜一鍋，至兩晝夜一鍋不等。取出置竹器内，曰篾淵。用花水沃數次，鹻隨水出，粒匀而色白，類梅花、冰片，是爲凈水鹽。花水者，別用鹽水久煮，入豆汁後即起之水也。稍次者，不甚成粒，色亦不潔，爲

中等花鹽。又次者，爲桶子鹽。蓋鹽沸騰溢出，浸入竈土，即取土盛桶内，曰鹹土，用白水浸得鹹水，仍和黑水，下渣如前法，煮成，去盡鹺水亦佳。亦有只用鹹土水，不加黑水，惟和綿鹽，以微火徐徐煮成。色必黄，嗅其氣亦微濁，此爲花鹽之最下者。蓋煮渣鹽皆以鹵淡，故其他廠有鹵本淡輒漉土以煮者，即類是。潼屬而外，開縣温湯井最甚。温井鹽脈出河心磴石瀦之久雨水泛，輒停煮，挹去淡水，始可用石旁竅，而置竹就地高下筧水達竈。置釜煮水，竈後築土與竈平，中空，高廣如竈而長。俗曰墈。下作三穴以達火氣，則取水和泥炭屑，刳木作笵。笵之形，圓而長，曬乾，再用炭火烘焦，取釜中水日三沃，鹹透則碎之，仍漬鹹水，取出漉净，入釜且煮、且沃，至六七日而笵泥盡。曰小翻身。十三四日則并竈後所築土悉碎而漬之。曰大翻身。再築再煮。先年煮以薪，道光末，薪少，始改用石炭。其初，炭佳火力猛，十四五日可得鹽五千餘觔。除工炭食費，可赢錢三四十緡。今炭挽運頗艱，力弱，衹出鹽三千觔而已。凡花鹽多行本省，計岸及商運濟楚。舊制，凡配邊鹽，各廠煮巴鹽九引，兼煮花鹽一引給本縣食，不許多煮，防漏楚侵淮引地也。

煮巴鹽

《富順縣志》：以黄黑二水調匀，一兩七八鹹頭貯桶内。鍋用枕約五寸許，環以鹵邊，外用磚砌，與鹵邊等，圓如之。枕中使通火氣，磚隙用鹽水泥及炭灰融傅。鹵邊外用鹽泡子泥，内用渣鹽砌穩。火烘乾圈子，入生鹽水洗渣。渣净，續入水。煎水至半，視鍋内渣有無，無則再入渣，以保圈子。俟水滿，煮至次日，即入豆漿，復煮至夜半，水短，越兩晝夜起鹽，别以一鍋貯之，然後泡鹺。此燒上白下黑花鍋巴鹽法。其一色黑鍋巴鹽，倣此，只不提去面子。總之，水宜清，乃成瓦灰色。按，各有井州縣煮鹽法不盡同，而莫備於富順自流井。即自流井與富順小溪煮法亦微異，以小溪有黄水，無黑水也。姑不具録，録此以概其餘。按，煮巴鹽者，亦用黑水三成，黄水七成。先煮渣，本鹽貯於别鍋，然後用鐵塊，曰鹵邊。裹鍋四旁，鍋淺欲令深也。又以鹽水浸泥塗之，使無罅漏。又用土磚支鍋四旁，與鐵塊等，亦塗以鹽泥。待火炙泥結，先將母鹽渣本於鍋内滲匀，曰洗渣。徐下子水煮二三日，或四五日，視火力之大小。待鹽凝如鍋笵，成厚四五寸許，大徑四尺，重可五百觔。如子母鹽未滲匀，或微歇火，與鹽鍋不佳者，如弔肚濫鍋等。則上下雖凝，而中疏散。曰夾沙餅。此則煎工不良故至。有鹽結於鍋，兩日鹽如炭，色如火，曰紅鹽。暫不令起，遽以鹺水沃之。少乾取出，可重十餘觔。曰炕膽。其甚者，注鹺水盈盆，取紅鹽入盆浸時許取出，至重數十觔。曰泡膽。弊最難除，近舉行官運，令廠局與竈户約，令罷諸弊，商人稍利。巴鹽色目頗不一。有黑巴、白巴，亦曰花老鴉巴。雄黄巴、黑巴，有二炭煮者，其色自黑井火煮者略下。窑煙同煮，將成時，用熟豬脂一勺，從鍋四旁融入鹽口，尤光致。蓋銷地有宜黑巴者，故假色取易售耳。白巴花老鴉巴者，煮鹽功及半。如應煮兩日者，於一日後。應煮三日者，日半後。用豆汁提净鍋面鹽渣，故上白而下黑。草白者，煮時不用豆漿提其色，微汙如草灰，故云。雄黄巴較少，大率井水硝鹺重者，煮成色必黄。各廠多純煮一色，富順則兼有之。又有厚巴、薄巴。厚者黑多於白，渣重味澀。薄者白多於黑，渣輕味甘。其銷地亦各有所宜，黑巴宜於黔邊涪岸及酉、秀、黔、彭各計岸，草白巴宜瀘州、合江各計岸，白巴宜黔邊仁綦各岸，雄黄巴出富順小溪者，宜涪州羊角磧。

井火煮鹽圖

《富順縣志》：火井深四五丈，寬徑五六寸，中無鹽水氣如霧上騰，以竹去節入井中，用泥塗口，家火引之即發。周圍砌竈置鍋煮鹽，亘晝夜不息。如不用，以水沃之即滅。淺井之火，其色白而不紅。深井之火，有二百一二十丈，鹵氣甚大，熏人眼目，火勢强旺，可供數百竈之用。猶恐火勢蔓燎，别安一大木竹以洩旺氣，謂之衝天梘。《自流井記》：火以鍋口計，火一口，年可租四十餘金。極旺者，可燒至六七百口，以次減至數十口、數口。火梘遠者，可至百餘丈，以次減至數十丈、數丈。蜀中各邑産鹽，惟火井燒鹽之法最精，澄水下漿，提渣去鹺，花鹽經晝夜而成雪白匀净，其味鮮美。巴鹽經兩晝夜而成，融結爲餅，色不甚白，味則勝於花鹽。按，用井火煮鹽者，凡火井成，井口尚陷地丈許，上用虚底木桶罩之，曰炕盆。桶式下闊而上狹，大小視火之强弱。桶上覆以木板，中留小竅，上覆片席。席上置木箱一，亦下闊上狹而方，與下井口相承，氣由席上達箱。曰冷箱，又曰衝天梘。箱口不見火，惟有氣。若在釜上，接以家火，光輒上騰，能毁物。故火井常繚以垣，置邏者守之。此惟有火無水之井，如水火兼有之井，則不用冷箱。其桶旁鑿竅，以梘端接穿地中，將至竈外户，又作一桶，鑿竅置梘如前，達於竈圈側小氣桶，又由氣桶置鐵梘達竈内。石火罏先用陽火引之，鍋下四旁用泥作枕，高六七寸，以支鍋。竈隅置鹽水桶，竈房外置皇桶房，先擔鹽水注梘窩，由梘瀉皇桶，皇桶房一人踞上層，旁置一筧窩，用修綆汲上入梘窩，注竈隅桶内，又梘注於鍋内煮之。

井火煮鹽圖

票鹽小販圖

票鹽小販圖

按，凡計岸近廠州縣招商無應者，其引白截留庫，率由小販攜錢或負米豆雜物，赴廠易鹽，回售給食。舊制，仿老少貧民之例，人不得過四十觔。至行官運後爲改，設票鳌局，奏定人以八十觔爲率。別有零鹽不用包盛，以竹器入市。零售者曰敞口鹽。

鹽成入載圖

鹽成入載圖

按，凡花鹽，成包，荷以人。巴鹽入筋，馱以羸馬。運至馬頭，由官般驗後入船載運各岸。其船官商皆有，以行楚、滇、黔各岸沿江各廠。近以富順爲大鄧井闢，設有官運船行，由委員驗船之堅朽。犍爲大河壩亦盛，雲寧等廠次之。

又 卷三《井廠三·器具圖說》

魚尾錐

《風物名實說》：平地開井用錐，上銳中闊，其末斜而寬，曰魚尾錐，長一丈。按，其末廣博八九寸，大者尺一二寸，小大因井。柄長六七尺，或八九尺。柄中作環，或方或圓。曰窩弓。爲山匠用手轉旋地錐，上繫竹繩，曲屈旋柄而上，交於繫錐之篾。慮用力猛錐，偶折，繫之使不脱也。重百二十觔，或百七八十觔。下石圈後用此錐大口，自八九尺至三十餘丈，然後下木竹焉。

銀錠錐

《風物名實說》：小錐，長柄，大末如銀錠，謂之太平錐。重百餘觔，長丈二尺。又半邊銀錠者，名爲墊根子。按，其柄上方下圓，剖斑竹或南竹四片，長可二尺，束方柄上。口把手。上用轉槽子，或梃子納把手上口內，束其口，可上下提挈。後凡用把手者視此。銀錠一曰吉字錠，高可六七寸，或八九寸，前後橢圓，左右中削。曰泥槽。錐井時有泥沙，可讓由中出，則錐易下。柄長丈二尺，小者七八尺，重八九十觔，或百三四十觔，視井深淺，深宜輕，重則墮。淺宜重，輕無力。下木竹後，錐小口至底皆用此。

財神銼

按，廣博三寸，厚五分寸之一，中曲詰作紐，旁有齒柄。有把手，與銀錠銼畧同，長丈餘，圓徑一寸二三分，重百二十觔。開大口後，井中走巖遺竹絞泥沙，則下此搗之可碎作泥，非是不恒用也。

馬蹄銼單馬蹄，雙馬蹄。

按，柄及把手畧同銀錠，惟銼作馬蹄式。單者僅起半形，雙者兩面皆具。銼井不圓，則下此。或井中遺石大如鵝卵，小爲蝌眼，須搗如泥，乃能用吞筒吸出。銀錠銼小，石易走。馬蹄形圓，著處無遺。又如井底半輭半堅，慮井眼欹斜，則用半邊馬蹄銼其堅者。

長條

按，鑄鐵爲梗圓徑寸許，長丈五六尺。凡器多用作柄用何器，即綴何器於末。井上皆置冶鑪，臨時接針改用，則截去別接用以取物，其梗必視所取物長可三尺乃適宜。

二水鑷子

按，柄用長條把手，具丈五六尺，重百四五十觔。鑷子末大上以漸而殺，中屈曲作紐，俗又謂之小大鑷子。四旁密齒。凡井走巖，巖渣中窒下有遺物，用以疏浚，再用他器下取。如井底有巖渣，可用搗如泥，始用吞筒出之。

轉槽子

按，凡銼皆繫轉槽子，下轉槽子，上即懸於花滚篾條，其器鑄鐵爲梗，上廣博二指許，取篾片合而束之，有鉤，距著繩穩固不脱。末大作方楞，下微橢，俗曰四楞鶏脚桿。以入把手方口束其上。又鑄鐵圓而橢，中空如懸鐘，約梗上活脱能高下轉動俗曰蜇門，又曰鵝公泡，又曰雞蛋殼。其末。既入銼，把手下井中銼及底，則把手上撞梗上鐵，必上下作聲。如篾短而銼懸，與篾長委井底，則鐵無聲，即知銼不曾下。或鐵空處爲泥沙淤塞，亦無聲，必取而除之，然後復入銼。蓋恃此爲消息也。器長四五尺，重可四十觔。

梃子

《風物名實注》：長八九尺，畧如轉槽子。凡扇泥暨用療井病之鐵器，必以此梃繫其上鎮之使下墜。按，轉槽子柄末製方，而此圜徑六七分。俗曰雞脚桿。轉槽子上扁，而此仍用把手，柄上仍約鐵令作聲，重五六十觔，或七八十觔，用法畧如轉槽子。必兩具者，轉槽子較輕，或遺物有窒礙者，須重乃能陷入，輕則浮故也。

提鬚子

《風物名實說注》：落篾則用柳穿魚提鬚子、弔脚提鬚。提鬚子上剡如圭，下三楞，末作三叉，以療井之落筒者。按，重十四五觔，長四尺，大徑七八分，上用把手，中剖竹四片束之。曰一籠雞，又曰竹殼子。上狹而下闊，曰灑拉口。後凡竹殼皆視此。以取物挈而上，慮旁觸物必墜，則擊梃子使竹片徐脱下罩之。故竹片下柄有一珠，以距竹口，使適與器齊，不盡脱也。竹下攢六齒，再下一齒，末一齒，左右列齒，皆向上，以取井中篾索者。又有羊蹶子者，柄與提鬚畧同。長五六尺，重倍之。其末如環之玦中有倒筍，以療井之落銼者。提鬚柄三楞，羊蹶柄扁。羊蹶上尺許，剖竹之半銜柄其中。凡井遺竹片與銼與長條，皆用此取之。未圖。

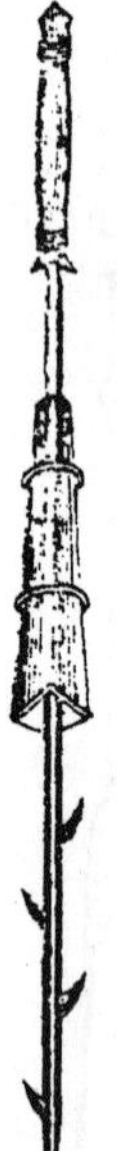

提鬚刀

按，重十四五觔，長四尺許，柄用鐵，大徑七八分。上用把手，中束竹片，下以次列四刃，刃向上。入井以斷篾索，輕重長短畧如提鬚子。

平頭提鬚

按，柄上把手竹殼一如前提鬚，惟六齒攢柄末向上，如遺篾渣麻筋等積井底，以此繫梃子下擊，齒順陷入，復逆挈之，諸物隨起。又有月亮提鬚，形圓。連環提鬚，分而爲二，以取筒索并遺者。未圖。

柳穿魚

《風物名實説》：柄扁而闊，下有三叉，左右反張，以療井之落篾者。按，長四五尺，重十七八觔，鋭下，柄圜，徑寸。上具把手，中攢六齒，又下兩駢齒，末一齒，齒向上，左右錯出。凡井走巖中，爲泥沙横塞者，用此上下左右疏剔之，曰打空腔。泥沙乃下。如墜篾太多實井底，末鋭入齒隨之順下。而逆取篾，雖重縋不得，遽上亦可提散，再易提鬚木龍等物取之，并翻渣浪亦用此。

穿魚刀

按，重十四五觔，長可四尺，柄圓徑七八分，鋭下，上具把手，三刃左右錯出，刃向上，爲割篾索用。

單刀

按，長與重畧如穿魚刀，把手具用亦同，惟柳穿魚柄三齒，此只一齒。井遺筒帶繩者，柳穿魚齒多，轉膠轕則用單刀帶起。如繩結滯不得上，則擊梃子，索爲刀斷，作數次取出。

雙刀

按，一曰騎馬刀，重與長一如單刀，把手具，惟柄下截分兩岔，中錯列二刃。井中遺篾索及筒，單刀、柳穿魚齒側不能致者，用此挾取之。結而滯者，仍割斷作數次取出。

獨脚棒

按，觔重、形製一如單刀，惟單刀柄圓，此上圓下扁，廣博可二指。單刀柄一刃，此二刃駢列，不參差。剖半竹銜柄，其中前露刃，竹長可四尺。井遺篾索，下此探取之。又補井、拓腔亦用此。束篾其上。

筍殼瓦口

按，瓦口者，末如瓦，凹其裏，而凸其外。筍殼瓦口者，剡上而長，類筍葉，其柄用鐵梗，絶長可一丈四五尺，大徑寸，重百四五十觔，把手具。井爲巖沙敝銼淤塞過甚者，用此半銜銼柄，或銜銼末下搗，搗散再用偏尖或木龍取之。如用雙瓦口，則兩瓦口并下，以取筒銼，單瓦口只取索篾。

拐脚瓦口

按，輕重、大小、用法皆與筍殼瓦口同，惟末屈曲向外，上嵌鐵齒爲鏟銼用。又別有牛耳瓦口，末如牛耳，用亦同。未圖。

偏尖

按，偏尖者，末鋭而偏，上峭厲，又如鉤，以形似名。鍊鋼爲之，其柄扁而長，可四尺，把手具。中束四竹片，柄有暗槽，槽中嵌一刃，刃尖外出在竹之下、偏尖之上，以取墜井之鐵銼長條。其置刃者，慮所墜物或爲泥沙鐵麻陷没，偏尖鋭入亦陷其中，則數用梃子下撞，久之偏尖竹片所繫麻紉爲刃割開，竹殻遂張刃盡出，即可將偏尖挈起。

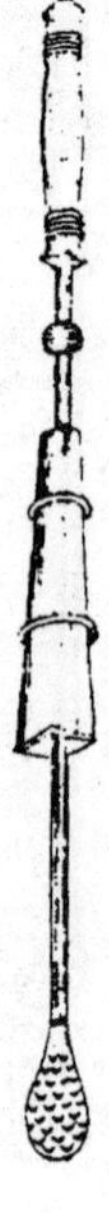

木龍

按，削堅木爲之，亦有鐵鑄者。柄木橢而大，上有鐵齒，皆逆捲。重十四五觔，柄長四尺許，大徑七八分，把手具，中束竹片。井中遺銼與長條梃子，皆用此取之。

掃鐮

按，重十四五觔，長四尺許，柄寬博，把手具，末半屈如鉤，又如農家所用腰鐮。井中遺銼，或斜欹空腔内，則用鐮四旁攪取，用鉤扶正，再用他器下取。遺銼柄篾索皆用此。

一皮草

按，柄用長條，把手具，尺度、觔重皆畧如鑷子，惟廣博而扁，下鋭如草一葉，旁有齒，齒半向上，半向下。不作紐，以搗井泥篾渣兼往上提，令勿結。用法與鑷子畧同。

松毬子

按，柄用長條，把手具，尺度、觔重與一皮草同，惟末微橢圓，如松樹所結實，曰松毬。用法與鑷子及一皮草畧同。

繫子

按，重十七八觔，長四尺許，柄圓，徑八分，把手具，下束竹片，再下用一鐵珠，曰棋子。末又垂一珠。曰鐵錠。以取遺井銼柄及小鐵器用。

四股鬚

按，重十六七觔，長三尺七八寸，柄圓，徑八分，把手具，下分四股爲鬚，大如指，一鬚置倒鉤二。井遺渣滓，下此取之。

五股鬚

《鹽井圖記》：鑄鐵爲五爪，如覆手狀，爪背入木數寸，以竹三尺許，劈碎，一尺纏扼爪木令堅緻，上一尺亦劈碎，則活釺半墮或止墮釺頭者，下此取之。

按，此與四股鬚同，惟柄稍大，可徑一寸許，長四尺，多一鬚，用法皆同。

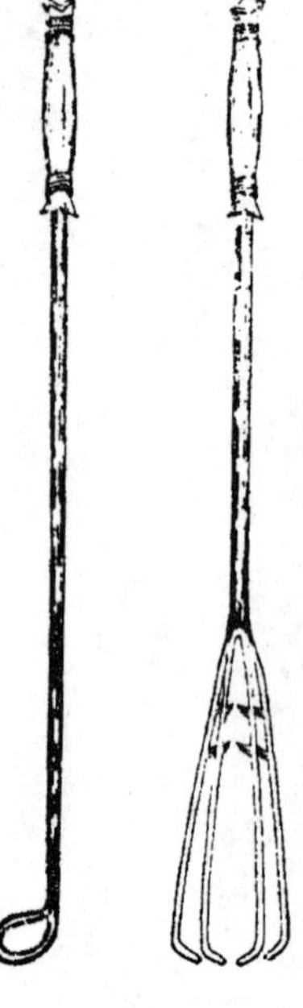

抱爪 催子

按，一切與四股鬚同，惟四股鬚末四齒向上，此略向下。四股鬚内斂，此外

張。用時外又有長條一，末屈鐵作一圈，曰催子。蓋鬚下井皆張，俟將遺物撮起，則用催子由柄套下鬚，即斂抱物不遺。

四楞子

按，重百四五十觔，柄用長條丈五尺，大徑寸，把手具。末橢圓而長，畧如冬瓜。四楞，楞有齒向上，開槽眼用。或曰井遺鐵器，已搗破，而平積井底，他器大者搗不入，則用四楞子搗之，尚大，再易三楞子，必搗作坎，方可取之。三楞子製畧同。未圖。

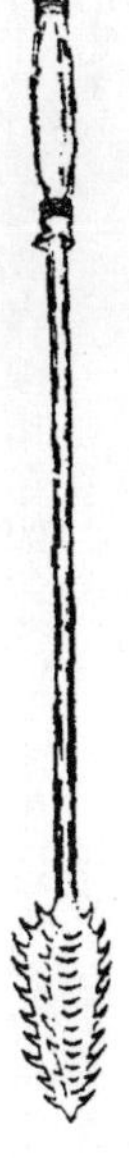

虎舌

按，重百四五十觔，柄用長條丈五六尺，圓徑寸，末寬博，下如舌而鋭，四面有鐵齒，用以撥鐵器并堅石。俗又名芝蔴稈。

霸王鞭

按，重百四五十觔，柄長丈五六尺，圓徑一寸，把手具。末屈曲作數紐，長一尺許，紐皆有齒，力重，能深入。下此尤易見功，或遺梃銼，爲篾索填塞，亦用此取之。

草鞋板

按，重百四五十觔，柄用長條丈四五尺，把手具。末一鐵板，半屈，中偏微彎，略以形似名。兩面皆有齒，遺銼及梃子諸鐵器，與巖渣、篾渣雜塞井中，平結一片，則用此搗之。所遺鐵器觸齒皆損，便可搗開一隙，然後由此設法取之。

蘿蔔頭

按，柄用長條丈四五尺，把手具。末一器橢圜形，似蘿蔔，四旁有齒。如遺零鐵塞井底，則用此搗之，使中分，或偏積一邊。俗曰化鐵，然後以他器取之。

烏龜背

按，柄用長條可丈四五尺，把手具。末於左旁屈鐵作半環，中直，旁有齒如鋸，以其半圓而凸，故以龜背名。凡井遺鐵器，或斷銼頭斜欹井底，則用以扶正，始用他器下取。

蛇皮

按，蛇皮長尺餘，寬一尺，厚數分，以鐵爲之。錬鋼作齒，兩端用麻束銼柄上，或用四片或兩片，以備井眼不圓，或銼井轉動不匀中稍狹者。俗曰緊口子。或井側留一梗不平，俗曰幹子。則於銼柄帶蛇皮而下，皆可治之。深者或別用長條。束蛇皮於上，專治之。

吞筒子

按，上用把手及柄如各式，下用鐵片捲作兩半竹形，上連中分下斷，其末各置兩齒。泥渣粗不能入吞筒，則下此，合勢取之。抑井中巖口黏有膠泥，亦可鏟下。

夾籤子

按，柄下用二鐵條分張之，末鋭，其右稍長，平屈交於左，中置兩齒向上。篾索遺井，則用此鉤取之。

泥孩兒木孩兒

按，泥孩兒專爲試走巖，其名蓋承木孩兒云，其形製則殊。銼井最忌走巖漏白水，然少能免此者，其要在能補。先於銼井時日，下幾尺或幾寸，皆簿記焉。

如此井甲日前已銼下三十丈，乙日又下二尺，晚扇泥猶燥，則簿記無水。及丙日又下二尺，晚扇泥而濕，則知三十丈有四尺，必走巖。然走巖在何方，以及白水之多寡，不知也。於是以此試之。曰試腔。百年前相傳用木孩兒，今改用泥孩兒。曰泥娃娃。削木爲杵，長可三四尺半，傅泥，外束以麻，大與井眼相若而稍縮，度絙懸而下如三十丈有四尺，絙亦如之。至走巖處，頓許時，取出，視其濕，即知其方溼，寬者即知其腔口大，溼深者即知其水力勁。然後據以補之。木孩兒者，鑿木略如孩兒狀，用其柄懸井中，度尺寸，詳試孩兒手足略可運動，遇滲漏處必有溼痕，遇腔口處手足忽入必多膠轕，亦可揣白水所在而補之。以其不甚確，今多不用。未具圖。

推水筒

《東坡志林》：又以竹之差小者，小於井。出入井中，爲桶無底而竅，其上懸熟皮數寸，出入水中，氣自呼吸而啓閉之。一筒致水數斗。《風物名實說》：取堅紉斑竹或南竹，除皮，通中，筒顛有鐵梃使之墜，筒底有牛皮如錢半翕半張。方入水時，水激錢張，水盈筒内。車一推，則水下墜而錢仍翕。按，凡汲水者水，率自上入，此獨由下入，故曰吞筒。俗曰推水筒。筒無底，置牛革一片，綴筒底，半用繩繫固，半啓閉。筒下，水激錢張，而水入。筒起，水墜錢閉，而水仍不洩。筒之長，各廠不一，大率度井之深淺而作天車，又視天車高低而製水筒，竹短，則用數竹作牝牡筍，用麻綴續之。其筒杪綴鐵梗長三四尺，重二三十觔。俗曰筒閂子。筒巨者，可盛水一石五六分，黑水鹹尤重，用數牯牛始能挽上。俗曰推水。

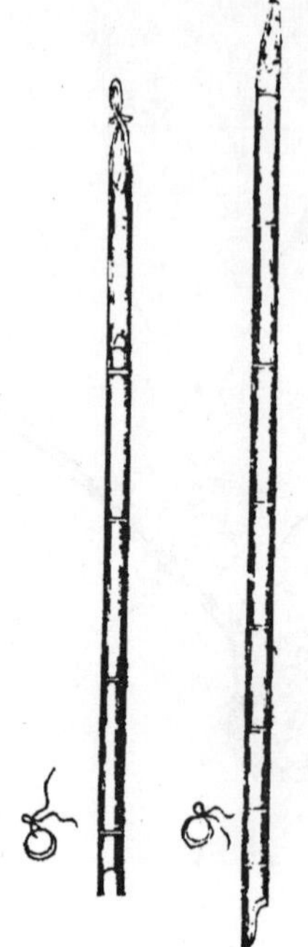

扇泥筒

按，與推水筒略同，惟水筒下用韋作錢，此用布作錢，小異。又曰吞筒，《鹽井圖記》曰刮筒。

皇桶

按，桶以瀦鹽水，木爲之。最巨者，梘户用於上塘收水，馬車運於下塘賣水。屋以覆之，柵以守之，曰皇桶房，可瀦水一二千石。次者井旁、竈旁皆有，大小不一。小者亦可瀦一二十石，亦有用石者，形製稍殊。

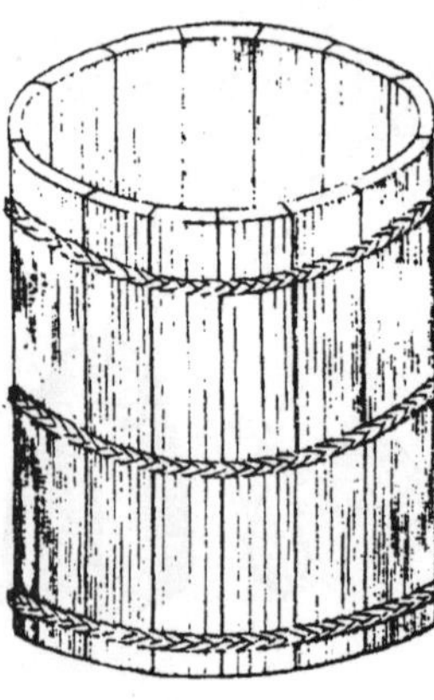

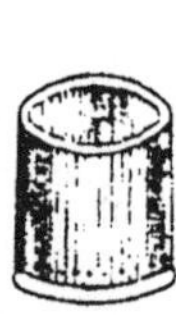

鹽水椀

按，截巨竹爲之，留節作底椀。水鹹重幾何，積椀幾何爲一擔，今富順廠以三百椀爲一擔。皆有定則，各廠不一。

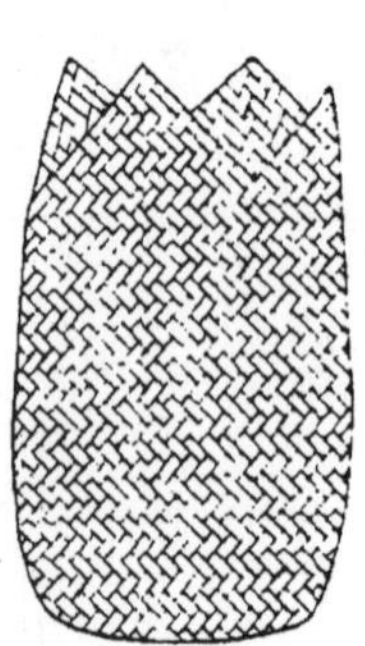

花鹽篾包

按，析竹爲縷，織成密不漏粒，一包貯花鹽二百觔，耗鹽二十觔。五十包爲一引，一引一萬一千觔。包用兩層，裏層由竈户盛出，外層商人加包懼損也。

巴鹽簕子

按，編竹爲之，高一尺八寸，上闊下狹。上口橫徑一尺，下徑四寸許。一簕

盛巴鹽一百六十觔，耗鹽一觔。五十筋爲一引，一引八千又五十觔。筋重五觔，皆有定則。

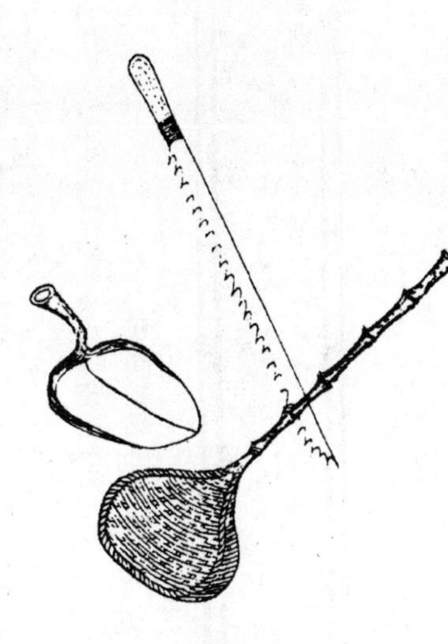

筲箕

按，析竹爲之，鍋內取鹽渣用，離水而得渣。又曰竈笠子。

鋸子

按，鍊鐵爲之，錯作齒，以木爲柄，用解敞口花鹽。

鏟子

按，以鐵爲之，畧如蕉葉，曲柄，鏟花鹽、渣鹽用。

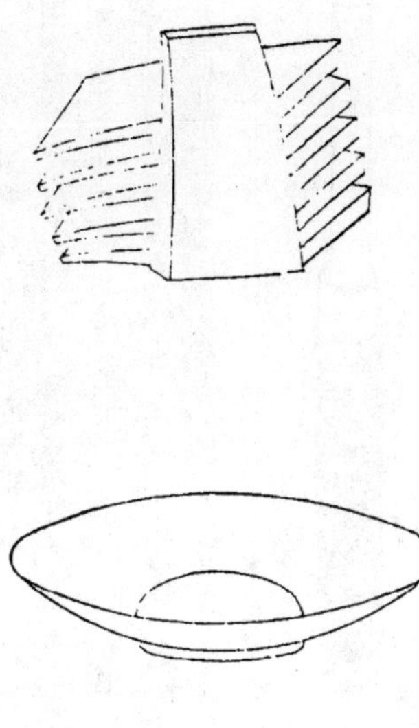

鹽鍋鹵邊

按，鎔生熟鐵各半合鑄之。絕大者曰千觔鍋，口圓一丈二尺，逕三分其圓之一，深十七分圓之一，邊厚一寸，底心厚一寸有半。鍋厚而重，勢不能鑄深。煮鹽時用鐵塊十二塊，重可二十觔，高九寸，上狹下闊，中可一尺，上薄下厚，薄可一分，厚五倍之，曰鹵邊。植鍋四圍，鹽和泥塗其隙。一鍋，巴鹽可五十煮，輒敞。傅以灰泥，加鐵塊，可再煮，五十鍋內鹽較良，曰紅鍋鹽。五十鍋後鹽較惡。曰弔肚鹽。久煮鍋裂，則賤售小竈户煮渣鹽。再敞，則還之鍋廠，仍可融生鐵鼓鑄。鍋出江津真武場者佳，一鍋直四十餘金。大率煮巴鹽者易敞，煮花鹽者，一鍋可用一年。次大者曰温鍋，重可三百觔。又次者曰牛頭鍋，重五六十觔。小者曰金盆鍋，重可三四十觔。此則瀘州、酆都等處皆有鑄者，竈户用煖鹽水暨煮渣鹽。洪適《隸續》：巴官鐵盆，銘廠巴官三百五十斤永平七年，第廿七西十六字。建中靖國初，黄魯直自戎州東歸，厥弟叔向攝邑巫山，有大鹽盆積水堂下以植蓮芡，魯直去其泥而識之，其文鑄出鐵上。《輿地紀勝》：大寧監景物鹹泉，注引《輿地廣記圖經舊志》云，漢永平七年，嘗引此泉於巫山，以鐵牢盆盛之。今巫山縣齊有鐵盆。又《夔州碑記》云，漢鹽鐵盆記在巫山縣，黄太史石刻云，余弟嗣直來攝邑事，堂下有大鹽鐵盆，有款識，蓋漢時物也。其末曰永平七年。

火罈子枕子

按，鑿石爲之，高七寸，口圓徑三寸五分。置火井竈內，接梘火，由口出，達鍋底。外用泥條三，高六寸五分，方一寸八分，曰枕子。用以支鍋。

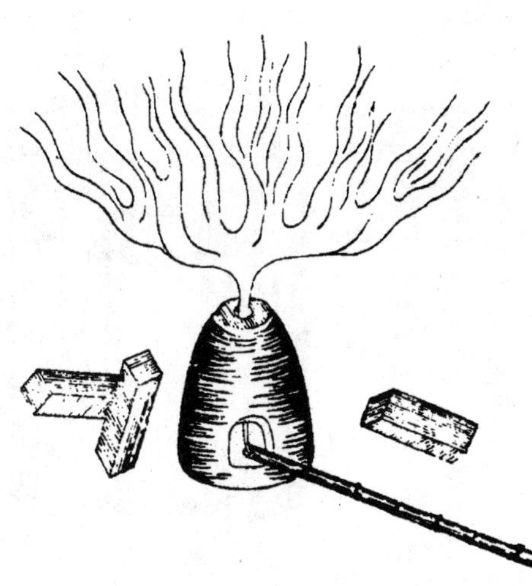

渣淵

按，破竹密編成，如漉米籔。井廠用以漉鹽渣。

石槽子

按，鑿石爲之，形方而長，大小深淺不一。置井旁，水筒出井口，即瀉槽内，由漕注梘，達皇桶。

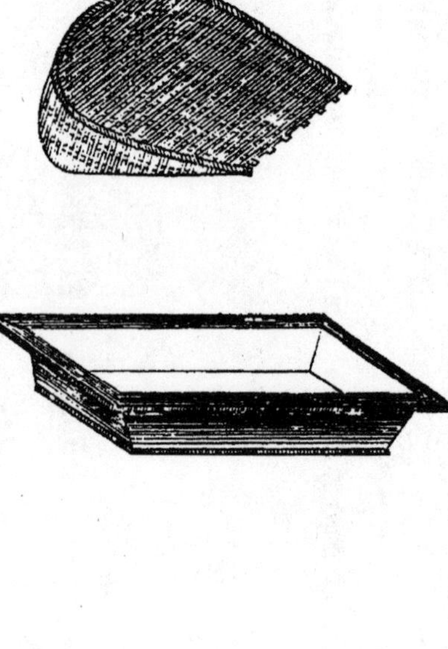

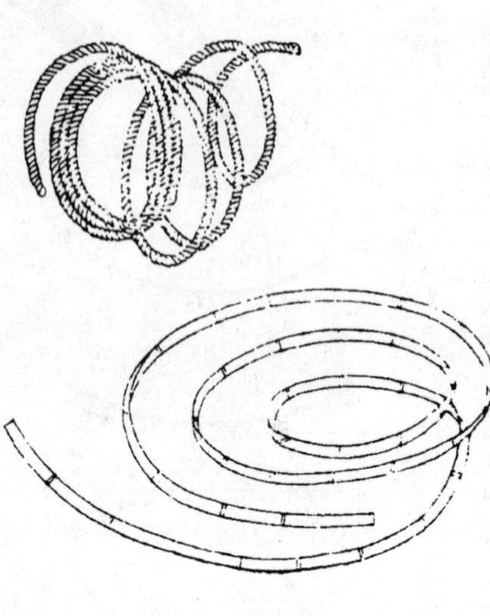

篾

《風物名實説》：或用斑竹，若南竹破爲八或六，去節，穀草然火炙之，曰發汗。削兩端以麻縛而續之，外包牛革，以防磨損。由車子達於地滚下，又達於花滚上，懸銼銼井。按，篾寬一寸數分，用麻綴續之。長自十丈至一二百丈不等，視井深淺。

索

按，析竹或麻或椶爲之，隨處皆用，花鹽包用尤多。

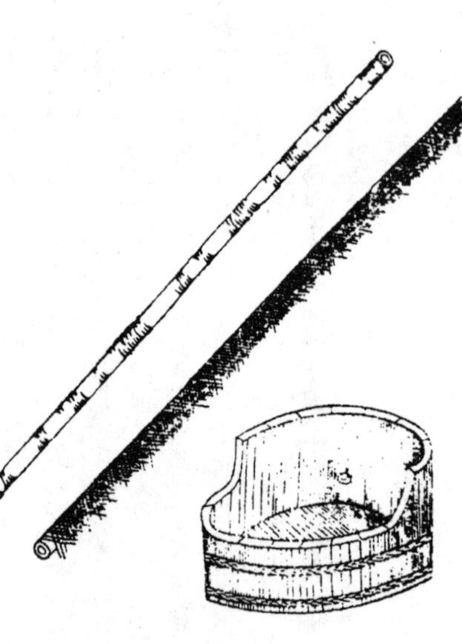

竹梘

按，整竹中通，外傅油灰，束以麻，或有析竹爲縷束之者，兩製皆適用。注鹽水由此達彼多行地中，有沿山置架，高下紆折，行一二十里者。有置河底，覆以石槽，潛注彼岸者，前馬車圖已詳。運用絶巧。

梘窩

按，鑿石或木爲之，凡置梘，接筍轉折處必用之，所以停蓄鹽水，達於四旁也。

火井蓋盆

《自流井記》：井火之發，覆以木盆，其盆高一丈，徑一丈，圍三丈餘，上狹而下豐，以束其氣。按，井見火後，上置巨桶，製以木，底用木條横斜穿作疎欞。

視井火大小爲之，桶面列竹梘數十，引火達竈。說見前。桶面覆木留穴，上用冷箱洩氣。其井及桶及梘人不能見，故圖以出之。

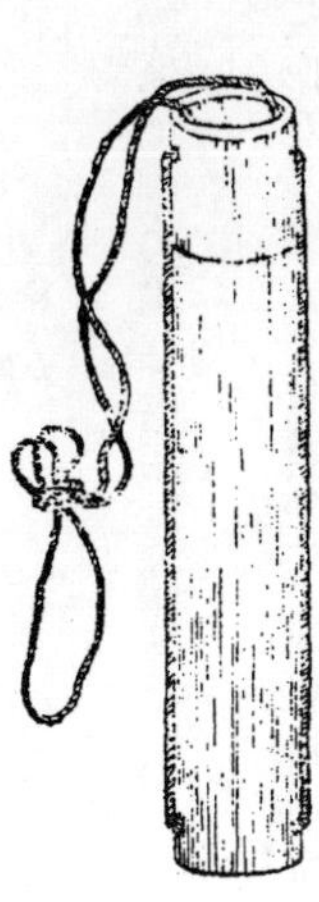

引筒

按，以竹爲之，筒與蓋長相若，表裏相銜，外髹漆，繩貫兩耳。商人恒用綴身旁，納引其中，若行水引鹽即沈没，筒輒浮，引亦不濡。

藝文

晉・王廙《洛都賦》唐虞世南《北堂書鈔》卷一四六　王(冀)[廙]洛都賦云，東有鹽池，玉潔冰鮮，不勞煮泼，成之自然。

晉・郭璞《鹽池賦》　水潤下以作咸，莫斯鹽之最靈，傍峻岳以發源，池茫爾而海渟，嗟玄液之潛洞，羌莫知其所生，狀委蛇其若漢，流漫漫以漭漭，籲鑿鑿以粲粲，色暠然而雪朗，揚赤波之焕爛，光旰旰以晃晃，隆陽映而不燋，洪涔沃而不長，磊崔録碓，鍔剡棋方，玉潤膏津，雪白凌岡，粲如散璽，焕若布璋，爛然漢明，晃爾霞赤，望之絳承，即之雪積，翠塗内映，赬液外冪，動而愈生，損而兹益，若乃煎海鑠泉，或凍或漉，所贍不過一鄉，所營不過鍾斛，飴戎見珍於西鄰，火井擅奇乎巴濮，豈若兹池之所産，帶神邑之名嶽，吸靈潤於河汾，總膏液乎澮涑。

宋・王禹偁《小畜外集》卷七《鹽池十八韻并序》　鹽池之大古無題者，有城，都長安，河東爲近輔地實屬焉，名人奇士遊者多矣。遷都建郡已來，亦在千里之内。凡所臨莅，率皆儒臣，竟無一辭以紀勝槩！天寔惠我，使之補亡。淳化四年孟夏月，始自移于解梁，會宗人太常博士伺，且領池事，遊覽之際，憤然成章。章三十六句，雖不虞於前輩，豈敢誣于後生。人或繼之，實自予始。

極望似江沱，漫漫起素波。兩池泉不竭，萬古利還多。場吏輸豐額，畦丁奉月課。收時車併載，種處地先磨。碎顆珠淩亂，乾聲玉切瑳。岸平開雪苑，渠滲拆銀河。衆鵠齊翔舞，羣羊自寢訛。本源皆瀉滷，異端亦鹹鹾。沫訝浮鷗鷺，津堪漬蚌螺。煮勞輕渤澥，煎苦笑牂牁。雨打重歸水，菴盛更覆蓑。鹽風吹作片，烈日曬成垜。丁戈切。海末知難及，蕃青不的過。惠人飡罔闕，均口賦無頗。涿鹿城雖近，蚩尤血若何。世相傳皆云，鹽池是蚩尤血。又有史傳不載鹽池水有時一如一。有時紅爛漫，是處白嵯峨。潤下終資國，靈長任酌蠡。江梅須待我，金鼎始能和。

宋・柳永《鬻海歌》元馮福京《昌國州圖志》卷六《敍人・名宦》　柳永字耆卿，嘗爲曉峯鹽場官，其《鬻海歌》云：

鬻海之民何所營，婦無蠶織夫無耕。衣食之原太寥落，牢盆鬻就汝輸征。年年春夏潮盈浦，潮退刮泥成島嶼。風乾日曝鹹味加，始灌潮波塯成滷。滷濃鹹澹未得閑，採樵深入無窮山。豹蹤虎跡不敢避，朝陽出去夕陽還。船載肩擎未皇歇，投入巨竈炎炎熱。晨燒暮爍堆積高，才得波濤變成雪。自從瀦滷至飛霜，無非假貸充餱糧。秤入官中得微直，一緡往往十緡償。周而復始無休息，官租未了私租逼。驅妻逐子課工程，雖作人形俱菜色。鬻海之民何苦辛，安得母富子不貧！本朝一物不失所，願廣皇仁到海濱。甲兵净洗征輪輟，君民餘財罷鹽鐵。太平相業爾惟鹽，化作夏商周時節。

清・汪中《汪中集・文集》卷五《哀鹽船文并序》　《哀鹽船文》者，江都汪中之所作也。中早學六義，又好深湛之思，故指事類情，申其雅志。采遺製于《大

招》，激哀音于變徵，可謂驚心動魄，一字千金者矣！

或疑中方學古之道，其言必期於有用，若此文，將何用邪？

荅曰：「中目擊異災，迫于其所不忍，而飾之以文藻。當人心肅然震動之時，爲之發其哀矜痛苦，而不忘天之降罰，且閔死者之無辜，而吁嗟噫歆！散其冤抑之氣，使人無逢其災害，是《小雅》之旨也，君子故有取焉。」

若夫污爲故楮，識李華之精思；傳之都下，寫左思之賦本。文章遇合之事，又末而無足數也。仁和杭世駿序。

乾隆三十五年十二月乙卯，儀徵鹽船火。壞船百有三十，焚及溺死者千有四百。

是時鹽綱皆直達，東自泰州，西極于漢陽，轉運半天下焉，惟儀徵綰其口。列檣蔽空，束江而立，望之隱若城郭。一夕併命，鬱爲枯腊，烈烈厄運，可不悲邪！

于時玄冥告成，萬物休息。窮陰涸凝，寒威凜慄。黑眚拔來，陽光西匿。羣飽方嬉，歌咢宴食。死氣交纏，視面惟墨。夜漏始下，驚飆勃發。萬竅怒號，地脈盪決。

大聲發于空廓，而水波山立。于斯時也，有火作焉。摩木自生，星星如血。炎光一灼，百舫盡赤。青烟睒睒，熛若沃雪。蒸雲氣以爲霞，炙陰崖而焦爇。始連檝以下碇，乃焚如以俱没。跳躑火中，明見毛髮。痛暑田田，狂呼氣竭。轉側張皇，生塗未絶！

倏陽焰之騰高，鼓腥風而一吷。洎埃霧之重開，遂聲銷而形滅。齊千命于一瞬，指人世以長訣。發冤氣之焄蒿，合游氛而障日。行當午而迷方，揚沙礫之嫖疾。衣繒敗絮，墨查炭屑。浮江而下，至于海不絶。

亦有没者善游，操舟若神。死喪之威，從井有仁。旋入雷淵，并爲波臣。又或擇音無門，投身急瀨。知蹈水之必濡，猶入險而思濟。挾驚浪以雷奔，勢若隮而終墜。逃灼爛之須臾，乃同歸乎死地。積哀怨于靈臺，乘精爽而爲厲。出寒流以浹辰，目眴眴而猶視。知天屬之來撫，愁流血以盈眥。訴强死之悲心，口不言而以意。若其焚剥支離，漫漶莫别。圜者如圈，破者如玦。積埃填竅，攦指失節。嗟貍首之殘形，聚誰何而同穴？收然灰之一抔，辨焚餘之白骨。

嗚呼哀哉！且夫衆生乘化，是云天常。妻孥環之，絶氣寢床。以死衛上，用登明堂。離而不懲，祀爲國殤。兹也無名，又非其命。天乎何辜？罹此冤横。遊魂不歸，居人心絶。麥飯壺漿，臨江嗚咽。日墮天昏，淒淒鬼語。守哭連遭，心期冥遇。惟血嗣之相依，尚騰哀而屬路。或舉族之沈波，終狐祥而無主。悲夫！叢冢有坎，泰厲有祀。强飲强食，馮其氣類。尚羣遊之樂，而無爲妖祟。人逢其凶也邪，天降其酷也邪，夫何爲而至于此極哉？

雜録

宋・沈括《夢溪筆談》卷五《樂律一》 唐之杖鼓，本謂之「兩杖鼓」。兩頭皆用杖，今之杖鼓一頭以手拊之，則唐之「漢震第二鼓」也。明帝、宋開府皆善此鼓，其曲多獨奏，如鼓笛曲是也。今時杖鼓，常時只是打拍，鮮有專門獨奏之妙。古曲悉皆散亡，頃年王師南征，得《黄帝炎》一曲於交趾，乃杖鼓曲也。炎或作「鹽」。唐曲有《突厥鹽》《阿鵲鹽》，施肩吾詩云：「顛狂楚客歌成雪，嫵媚吴娘笑是鹽。」蓋當時語也。今杖鼓譜中有炎杖聲。

宋・王得臣《麈史》卷下《占驗》 舜治天下，彈五絃琴而歌南風之詩，蓋長養之音也。《詩》亦曰：「凱風自南，吹彼棘心。」今解梁盛夏以池水入畦，謂之「種鹽」，不得南風則鹽不成，俗謂之「鹽風」。荆湖間夏有大風，朝起夕止，連日如此，土人曰「𩗬風」，音「諒」，有則大旱，陂澤立涸，稻田多裂，又名「杓風」，如杓勺水也。

宋・孔平仲《孔氏談苑》卷三《石學士鹽》 石曼卿，王氏壻也。以館職通判海州。官滿，載私鹽兩船至壽春，託知州王子野貨之。時禁網寬賒，曼卿亦不爲人所忌，於是市中公然賣學士鹽。

《宋史・食貨志》 康定元年，淮南提點刑獄郭維言：「川峽素不産銀，而募人以銀易鹽，又鹽酒場主者亦以銀折歲課，故販者趨京師及陝西市銀以歸，而官得銀復輦置京師，公私勞費。請聽入銀京師榷貨務或陝西並邊州軍，給券受鹽於川峽，或以折鹽酒歲課，願入錢，二千當銀一兩。」詔行之。既而入銀陝西者少，議鹽百斤加二十斤予之，并募入中鳳翔、永興。會西方用兵，軍食不足，又詔入芻粟並邊，俟有備而止。芻粟虚估高，鹽直賤，商賈利之，西方既無事，猶入中如故。夔州轉運使蔣賁以爲入中十餘年，虚費夔鹽計直二十餘萬緡，今陝西用池鹽之利，軍儲有備，請如初。詔許之。

佚名《元典章》卷二二《户部・課程》

林勳鹽梅

延祐六年九月□日，御史臺咨：奉中書省劄付：送據刑部呈：「（的）［約］請户部侍郎王中憲一同議得：各處鹽貨恢辦關防，累奉條例行之已久。今福建鹽運司始因埠頭郭榮告訐林勳鹽梅，信從展轉指攀收買私鹽用度，雖有取到各各招伏，別無真正（確）［榷］貨，擬合革撥，改正疎放，元籍財産合行給主。運司擅斷懷安縣官吏一節，終是招贓明白，及林勳等既已斷訖，別無定奪。今後干礙官吏取受，發付廉訪司歸結，運司無得似前擅斷。其淹（鹽）［梅］之家合用鹽貨，量擬三十斤已上至百斤，並行入狀請買，鹽司出給公據，其餘行鹽地面（所）［聽］買有引官鹽，有司給憑。若用私鹽淹浥，果有私鹽（確）［榷］貨明白顯跡，準運司元言，同私鹽法科斷。即雖明白（確）［榷］貨，而無官司憑據，臨時詳酌輕重斷罪。如蒙準呈，爲例遵守相應。外據監察御史糾呈運使朵兒栢臺蠹法害民一節，都省選官奏代。具呈照詳。」得此。都省準呈。除外，仰照驗施行。

鹽魚許令諸處投税貨賣

至治二年抄到。江浙行省延祐六年十月日準中書省咨：來咨：「備兩浙運司申：『會驗延祐五年三月初八日奏準聖旨條畫内一款：淹浥魚鮝，各有破鹽定例，又係商販之物，不拘行鹽地方，許令諸處興販，其有因而夾帶私鹽者，依例科斷。欽此。參詳：兩浙每引淹浥魚鮝一千六十六斤，其兩淮運司每引淹魚二千［一百］三十二斤，比之兩浙多淹魚鮝一半。彼此用鹽一體，若依都省定例，實有不倫。尚且兩浙破鹽定例，扣納官課，淹魚例從檢校所秤盤，別無夾帶拘收引目，投税貨賣山東、兩淮、（萊蕪）［來無］引據，賣不秤驗，課程不納，奸弊滋生，委實以小浸大。兩浙鹽課目下虧兑，宜令合幹部分定立歸一明白通例，付下遵守相應。』得此。本省參詳：如準運司所擬相應。請照詳。」準此。送據刑部呈：「與户部員外郎嚴奉政議得：兩浙運司所言，本司淹浥魚鮝每引一千六十六斤，兩淮運司每引淹鮝二千一百三十二斤，前來兩浙地面發賣，有侵大課。緣欽奉聖旨節該：『魚鮝不拘行鹽地方，許令諸處投税貨賣。』理合另買魚鹽引目，若有前來兩浙地面貨賣，預報運司，差官點視封賭，須經檢校所秤盤，方許投税，庶幾少絶私鹽侵襯。以此參詳：淮、浙運司恢辦鹽法并發賣魚鹽，各有定例，行之已久。其淹浥魚鮝，聽從民便，不拘地方，貨賣納税，即係奏準通例。若準所言，輕議更張，中間澀滯商旅，有礙鹽法，事涉不便。擬合依舊從便發賣，如有夾帶私鹽，依例科斷相應。具呈照詳。」得此。都省準呈。除外，咨請依上施行。

明・朱國禎《湧幢小品》卷二《鹽政》 蜀鹽出於井，井之大僅可如竹，號曰竹井。鑿之五六十丈，得滄水。至百丈，始得鹹。鑿甚艱，入甚深，汲甚苦。有鐵釬、漕釬、刮筩、石筩等制，纖悉俱備。非若池鹽、海鹽之易煮也。屬鹽井之外，又有火井，故煎熬甚易。

國朝蔡私鹽，買官鹽，而又賦民鹽課鈔，想亦謂私鹽之不可盡絶也。聞順天府每歲註皇上課鈔一名，蓋祖制以天子爲百姓榜様，未知果否。京官原有食鹽，後頗累及充役支解者。陸五臺言於太宰嚴文靖公革去，惟户部如故。據此，當是嘉靖年間事。然考之弘治年間，始革各衙門食鹽，惟十三道如故。而余在京拜一同年官臺中者，見有送到官鹽一引。則前説似未可據，並存之。

又 杜中立爲義武節度使，舊傜，車三千乘，歲挽鹽海濱，民苦之。中立置飛雪將數百人，具舟以載，民不勞而軍食足。飛雪二字，妙，妙！

又 卷一五《鹹水泉》 萊州府濰縣有鹹水泉，在濰東三十里劉邨，地勢甚高。平泉流數十步，伏流於地，他水在左右者皆淡，惟此泉獨鹹。因甃爲池，立祠祀之。其地去海近，豈一竇所通而然，亦奇。

明・曹學佺《蜀中廣記》卷六六 方物記第八

鹽譜

《世本》曰，廩君乘土船至鹽陽，鹽水神女子止廩君，廩君不聽。鹽神爲飛蟲，諸神從而飛，蔽日，日爲之晦。廩君不知東西所向者七日七夜，乃以青縷遺鹽神曰，纓此，與爾俱生。鹽神受而纓之，廩君應青縷而射鹽神死。按，廩君宕渠巴賨之先世也。《後漢書》曰，成、哀間，成都羅裒訾至鉅萬，初賈京師，隨身數十百萬，爲平陵石氏持錢，其人彊力，石氏訾次如苴親信，厚資遺之，令往來巴蜀，數年間致千餘萬。裒舉其半，賂遺曲陽定陵侯，依其權力賒貸，郡國人莫敢負。擅鹽井之利，朞年所得自倍，遂殖其貨焉。

川西井

《蜀都賦》：家有鹽泉之利。《華陽國志》：蜀郡廣都縣有鹽井，又有小井十數所，犍爲郡牛鞞縣有陽明鹽井。又云，李冰識齊水脈，穿廣都鹽井諸陂池，蜀於是盛有養生之饒焉。《郡國志》云，唐武德二年，分魏城，置鹽泉縣，以地有

鹽井，民得採漉，爲四方買售之地。按，廣都，今雙流。牛鞞，今簡州。魏城，今屬左綿也。《陵井監圖經》：漢時有山神，號十二玉女，爲道人張陵指陵上開鹽井，因此陵上有井，故名陵州。《雲笈七籤》云，張天師經行陵州山中，有十二玉女來謁，願奉箕箒。天師知其地下陰神也，謂之曰，汝等何以爲獻，將觀厚薄而納焉。玉女各獻玉環，徑皆數寸。天師曰，獻同，奈何？乃化十二環爲一環，徑尺，投入地，約曰，有得者即納之。投地，地陷成井，玉女争脱衣入井以探環。天師取其衣藏石匱中，玉女遂不得出，即陵井也。井直下五百七十尺，透兩重大石方及鹹水。今每年一淘洗，須歌唱喧聒，然後入，否則必見玉女裸居井中，不利淘。時或絙索斷損、皮囊墜落，唯於天師前炷香良久，自有爲挂結者，云是玉女之靈也。十二玉女，戌亥二神在天，餘十支在井。煎鹽至戌亥時，水必歇。《寰宇記》云，益部鹽井最多，而陵井最大，在仁壽縣，縱廣三十丈，深八十丈，汲以大牛皮囊，刑徒充役，甚苦。後廢陵井，更開狼毒井，今之賣井是也。又云，仁壽縣五井，二井存：曰營井，在縣南二十五里。隋大業元年開，水淡遂廢。至宋乾德三年重開，日收鹽四十斤。曰蒲井，在縣南四十里。唐武德初開，水淡遂廢。至宋太平興國三年重開，日收鹽三十八斤五兩。三井廢：曰賴賓井、石羊井、賴因井。有麗甘井，取玉女美麗，其鹽味甘爲名。又有聶甘井，古鹽井也。其傍有神廟，謂之聶社云。又貴平縣一井，曰上平，在陵州東北九十三里。唐朝日收鹽一石七斗五升，與百姓分利。僞蜀廢。乾德三年重開，日收鹽一百七十斤。《益州記》：貴平有主井，官有兩竈二十八鑊，一日一夜收鹽四石，如霜雪也。《輿地紀勝》云，唱車廟在貴平舊縣南九里，漢朱辰爲巴郡守，有恩於人，及罷，吏人送辰到蜀，回至此，又爲立廟。以其山近鹹井，聞推車唱歌之聲，爲廟號。《寰宇記》云，井研縣二十一井，曰研井，在陵州南百三十三里，唐時日收鹽八斗。貞觀二十一年崩壞，總章二年重修，僞蜀淺塞，宋乾德三年重開，日收鹽四十九斤。曰思陵井，在州南一百九里，唐時官私日收鹽五斗五升，龍朔元年壞，上元元年重開，僞蜀淺塞，乾德二年重開，日收鹽三十斤一十兩。曰稜井，在州南百里，日收鹽五十三斤八兩。曰律井，在州南九十里，日收鹽五十五斤。曰田井，在州南百五十一里，日收鹽三十六斤，俱乾德重開。已上五井存。曰獠母，曰還，曰賴倫，曰石烈，曰茫，曰宋，曰桶，曰柳泉，曰賴郎，曰遮，曰新，曰董村，曰潘令，曰小羅，曰依郎，曰帶，已上十六井廢。《井研志》：縣北二里井鑊山神，唐僖宗入蜀時見，命祠之。其山俯臨鑊井，因以爲名，蓋鹽神也。《寰宇記》：始建縣七井，曰羅泉井，舊廢，至宋乾德三年重開，日收鹽三十五斤，今存。曰塔泥井、石縫井、賴胡儒井、赤石井、賴子井、賴溲井，已上六井廢。《文同丹淵集》云，井研縣自慶曆已來，始因土人鑿地植竹，謂之卓筒井，以取鹹泉鬻鍊鹽色。後來其民盡能此法，爲者甚衆，遂與官中略出少月課，乃倚之爲姦，恣用鐫琢，廣專山澤之利，以供侈靡之費。豪家至有一二十井，其次亦不減七八。曏時朝廷嘗亦知其如此創置無已，深慮寖久，事有不便，遂下本路轉運司，止絶不許開造。今本縣界内已僅及百家。其所謂卓筒井者，以其臨時易爲藏掩，官司悉不能知其的實多少數目。每一家須役工匠四五十人，至三二十人，皆是他州別縣浮浪無根著之徒，抵罪捕逃，變易名姓，來此傭身賃力，平居無事則俯伏低折，與主人營作。一不如意，則遁相扇誘，羣黨譁譟，筭索工直，偃蹇求去。聚墟落入，鎮市飲博姦盜，靡所不至。已復，又投一處，習以爲常。按始建，今入井研縣。

《陵井監圖經》云，井有玉女廟，號靈真夫人，乃監司奏立者。若以火投井中，即雷吼沸湧，煙氣上衝，濺泥漂石，甚可畏也。或謂井泉傍通江海，微有敗船木浮出云。《郡國志》：張道陵於此得鹽源，因投紙排車，引役人唱《排車樂》，祀玉女於井內。俗傳玉女無夫，歲取一少年擲井中配之，否則水竭。又云，狼毒井有毒龍藏井中，及鹽神玉女十二爲祟。天師以道力驅出毒龍，禁玉女於井下，然後人獲鹹泉之利。及周平蜀，宇文貴爲益州總管，聞玉女之事，乃曰，吾爲媒，以嫁玉女，可乎？於是擇日張樂，迎玉女像置於西山神祠，云將玉女配山神也。是時成都西山有蟒害，土人祠之，歲用一童女置祠中，蟒吸去則吉，不然則亂傷人云。

《雲笈七籤》：天師初以陵地荒梗，無人安居，山川不可耕植，化鹽井以救窮民。民聚居井傍，户口日衆，遂置州統之。以天師名，故曰陵州。師誓曰，我所化井，以養貧民，若官奪其利，千年外井當陷。又云，項年陵井屬東川，有張常侍主鹽務，於事稍怠而課不登。交替後，縻留不得解去。替人素崇道，與虔告於天師，願借神力增加所出，爲其填納。自是每日所煎水數如常，而鹽數羨溢，五六日内課足。仍煎，如舊數，無復增矣。

沈存中《夢溪筆談》云，陵州鹽井深五百餘尺，皆石也。上下甚寬廣，獨中間稍狹，謂之杖鼓腰。舊自井底用柏木爲幹，上出井口，自木幹垂綆而下，方能至水井。側設大車絞之，歲久井幹摧敗，屢欲新之，而井中陰氣襲人，入者輒死，無緣措手。惟候天雨，則陰氣隨雨而下，稍可施工，雨晴復止。後有人作木盤，蓋

井上滿中貯水，盤底穿小竅，灑水一如雨點，謂之雨盤。令水下終日不絕，如此數月，井幹爲之一新，而利復舊。

文同奏避張陵名狀云，臣到本州，求所以得名之由，據地志，梁以前常爲懷仁郡，西魏時始改爲陵州，因境内有陵井，故名焉。陵井始後漢張陵開興，因陵以名井，後復因井以名州。隋易爲隆山郡，唐改仁壽郡，至乾元中，復爲陵州，遂因仍至今矣。按，陵本沛人，世有別傳，載其異事者尤多。臣不敢以聞，然觀其爲井之功，實非常人所能建置。此州之民既賴之以爲生，復畏之以爲神，凡過其祠廟，及道其所以昔日爲井之事，皆懍然如肅，不敢少懈，如在其上與其前後，若是之恭也。國家亦殊仰其所利以贍給諸郡，凡三載郊禮，頒賞軍校，一切皆於此取之，是所謂有功於國，而有利及民者也。但今以其名配井與州，而使其下負薪芻操瓢囊者，無男子、婦人、稚幼耈老之屬，日日道其名，千萬在口，臣愚竊謂州取其名於國體固無嫌，若屬之斯民，臣恐於義或有未安者已。臣聞晉羊祜開府南夏，惠流百姓，後人諱其名，併改户曹爲祠曹。王舒除會稽，内史上言其父名會，求换他郡，朝議以字同音異，不許。舒云，音雖異而字同，乃特命以會爲鄶，授之。唐陽城號卓行，陽山道中有驛曰陽城，元稹過其處，易之，爲避賢。孟浩然獨能詩，襄陽有浩然亭。鄭誠爲刺史，更其題曰孟亭。此意皆謂賢者之名當與隱避，不欲使其下常斥之也。同又奏免陵州井納柴狀，云，臣自至當州，訪問得所以爲民之深害，久而不能去者，惟管内仁壽等四縣百姓，每歲輸陵井監煎鹽木柴，共計三十八萬四千二百餘束。當時立法，但以五等人户每税錢上以二文一分，科令納柴一束。故其等高者不下千束，雖下户亦三二十束矣。其柴若常時私下貨賣，自可每束直三四十文足錢，官中鼎亦以其不易，每束更支鹽六兩。後來常見其虧損，百姓不復支鹽，却改每束與見錢七文五分，是官中大約破九文已來貼折民下三四十文柴一束，其百姓所得貼錢，悉爲出旁引攬之人諸頭銷使，尋亦隨手散盡。又官中科配盡須要納乾柴，其百姓自入夏已來，以蠶、麥務忙，不暇豫先營置，放令乾燥，皆於二税欲起之時，若本家田内所産乏少，則須望林回買生濕雜木翦截，齎擎上州赴場送納。依自來體例，願以兩束折納一束，是三四十文一束之柴，又只得四文有餘矣。加此倍之，則近納七八十萬束生濕柴也。偏州小縣，盡是山坡，田土瘠薄，別無他産，而每年於二税送納疋帛、斛斗，并科買紅花紫草，出助役、還青苗外，又復有此七八十萬束木柴之役，比諸他州，此方之民實被其苦。臣子細體問，得二三十年已前，本州止有官井數處，所燒柴茆若不甚費，其價亦不至高大。自許人開鑿卓筒之後，郡下至今已及數百井，故栽種林木，不能供得公私採斫，以至山谷童秃，極望如赭，縱有餘蘖，纔及丈尺，已爲刀斧所環，争相翦伐，去輸官矣。臣今管見，輒謂官中雖有陵井，止能供得成都府一路州軍公使軍食等鹽外，並無畧有所獲。雖言招召客人將絲絹展博，其本監日煎鹽色，皆是先已支過諸州軍每年所定合銷綱數，更無贏餘見在以備客人入中。臣愚欲乞朝廷特下指揮，令本路轉運提刑司一就用出賣酒坊體例，先爲相度擘劃諸州軍公使并軍食等鹽，乞不於本監支給，召人買撲。上件陵井監官中，自可端然收納羡利。臣嘗試約之，除餘利可以霑及買撲人外，依卓筒小井課利，用五分折納錢絹，官中並無糜費，歲可獲一萬三千八百餘疋絹帛，并見大錢七千二百餘貫，及免得酬與監中主當公人等，一十一處場務及監内諸般銷費，共一萬八百餘貫，其餘外州軍盤鹽綱役酬奬尚不在其數内。如此則七八十萬束之柴能害於民者盡去，而五六萬貫之錢能利於國者盡得矣。

川南井

《華陽國志》：南安縣有鹽溉灘，李冰所平也，在漢有鹽井。按，今嘉州之紅崖，是其故處矣。《寰宇記》云，榮州有鹽井五十七所。《朝野雜記》云，彭山有瑞應井，味稍硝，得隆榮鹵餅雜煎之，然後成。元豐、崇寧兩嘗禁止，以食者多病故也。杜預《益州記》云，益州有卓王孫井，舊常於此井取水煑鹽。又火井縣西五里，有静邊鹽井，皆卭州地。《華陽國志》：孝宣帝地節中，穿蒲江鹽井二十所，增置鹽鐵官。《寰宇記》：蒲江縣金釜等八井，見歲出課鹽六萬三千斤。《東坡志林》云，蜀去海遠，取鹽於井。陵州井最古，淯井、富順監亦久矣。惟卭州蒲江縣井，乃祥符中民王鸞所開，利人爲至厚焉。《雅安志》：州南十五里多白石鹽，土人鑽取之，名曰鹽崖。

《華陽國志》：江陽縣有富義鹽井，以其出鹽最多，商旅輻輳，言百姓得其饒富，故名。按，此井深二百五十尺，鑿石以達鹹泉口，俗亦稱玉女泉也。乾德四年割爲富順監而縣廢管。鹽井大小六歲出鹽貨三十餘萬貫。《勝覽》云，鹽井惟富順監最大，舊日爲額八百餘斤，今日額千五百餘斤。楊光《清操堂記》三榮、富順産鹽，其地號爲貪泉矣。《富順志》云，富義井在縣西一里，近年爲淡水滲溢，竈丁淘遠近舊井賠課，而此井遂廢。今鹽井十四，曰鄧、漆園、秦家、富小、新羅、米謝家、來周泉、狗、鳴鶴、圓埧、羅芹、月岩、溪口、石欄相者是。《九域志》云，古金川廟，鹽井神也。舊志在郭下，井神王姓，井主梅澤，神梅姓，本夷人，晉

太康初見石上出泉，飲之鹹，乃鑿至二百尺，鹹泉湧出，煎，成鹽。及死，官爲立祠祀之。長寧縣淯井，在縣北寶屏山下。古老云，昔諸葛孔明登山，謂此處當出一寶，否則產英賢。及下山見井，曰此足以當之矣。《輿地紀勝》云，淯井脈有二，一自對溪報恩寺山趾度溪而入，嘗夜有光，如虹，亂流而濟，直至井所。一自寶屏隨山而入。謂之雌雄水。初，人未知有井，夷人羅氏、漢人黃姓者，因牧而辨其鹹，僉議刻竹爲牌，浮於溪流，約得之者以井歸之。漢人得牌，聞於官，井遂爲漢有。後人立廟，祀黃、羅二神。按，《十州五團記》，羈縻十州，獻其鹽池，官後爲淯井監。《一統志》亦云，長寧治北淯井二脈，一鹹一淡，取以煎鹽。塞其一，則皆不流，謂之雌雄井矣。唐貞觀五年，置南通州，析置鹽泉縣以隸之。王象之謂，敘州近邊之地，別無鹽泉。意者即今長寧之境，則唐初必輸官矣。元歲課辦鹽三十萬斤，今歲課辦鹽四十二萬五千五百斤。按，唐筠州下有鹽水縣者，是志云，筠連縣南二十五里亭臺山，像若亭臺狀，溪邊有鹽井，即木桶井。

吉州劉立之通判瀘州，州有鹽井。蜀大姓王蒙正者，請歲倍輸，以自占。蒙正與莊獻明肅太后連姻，轉運使等皆不敢予奪。君曰，倍輸於國家，猶秋毫耳，奈何使貧民失業！遂執不與。見《歐陽修傳》。《華陽國志》：定筰縣渡瀘水賓剛徼白摩沙夷，有鹽池，積薪以齊水灌，而後焚之成鹽。漢末夷皆錮之。張嶷往爭，夷帥岑槃木明不肯服，嶷擒而殺之，厚賞餘類，乃安。今北沙河是也。

川東井

《華陽國志》：巴郡臨江縣枳東西百里，接朐䏰，有鹽官，在監、塗二溪，一郡所仰。其豪門亦家有鹽井。《水經注》云，江水又東逕臨江縣南，王莽之鹽江縣也。自縣北入鹽井溪，有鹽井營户。沿注，溪井水矣。郡志云，武隆縣距白馬津東三十餘里，江岸有鹹泉。初，康定間有程運使舟次鶻岸，聞江中有硫黃氣襲人，謂此必有鹹泉。駐舟，召工開之，果得鹹脈。是時兩岸薪蒸贍足，民未知烹煎之法，乃於忠州遷井竈户十餘家，教以煑鹽之法。未幾有四百餘竈，由是兩岸林木芟薙童然。《寰宇記》：彭水縣東九十里有鹽井一，今煎。昌元縣南北五十里，井。九山側亦有鹽井。

《荊州圖副》云，八陣圖東南三里有一磧，東西百步，南北廣四十步，磧上有鹽泉井五口。《寰宇記》云，夔州永安宫南磧上鹽井，以木爲桶，昔常取鹽，即時沙壅，冬出夏没。又云，諸葛鹽井有十四，自山下至山上，其十三井常空。盛夏水漲，則鹽泉迤邐遷去於江水之所不及。東坡詩：五行水本鹹，安擇江與井，如何不相入，此意復誰省。人心固難足，物理偶相逞。猶嫌取未多，井上無閒綆。《荊州記》云，朐䏰縣北岸有陽溪，溪南有鹽井百二十所。按，陽溪水源出雲安縣北六百里。又《水經注》：朐䏰縣翼帶鹽井一百所，巴川資以自給。粒大者方寸，中央隆起，形如張傘，故因名之曰傘子鹽。有不成者，形亦必方，異於常鹽。王隱《晉書地道記》曰，入湯口四十三里有鹹石，大者如升，小者如拳，煑之水竭而鹽成。蓋蜀火井之倫，水火相得乃佳矣。《水經注》：建平郡北井縣南有鹽井，井在縣北，故縣名北井。建平一郡之所資也。

宋開寶六年，以夔州大昌縣鹽井鎮置大寧監，治距寶山十有七里，距大昌六十九里。其土多石，剛裂不受陶冶，官民屋宇多覆茅竹及板，以瓦者無幾。突小不謹，輒火。飲食旋給，不憂凍餒，不織不耕，恃鹽以易衣食。按，《朝野裸記》，大寧監寶山有洞穴，鹹泉流出如瀑，故老相傳，其初屬民袁氏因獵於山下，逐一白鹿入洞不見，得泉飲之，自後置鑊煎鹽，蓋神所啓云。

《夔志》曰，袁氏遇泉，雖不知始於何時，然代不乏嗣。有坤貴者，藏遺殘誥命三四幅，一幅置制防禦使牌前，缺。官袁定立補缺職。唐僖宗廣明年物一幅，勅荊南峽中鹽務院，大昌置制所牒，驅使官袁定立，準勅補催遣官。昭宗乾寧年物一幅，寧江軍節度安居鎮新補巡檢將袁萬恭，後蜀孟昶廣政二十四年物。大寧井廟三，一曰鹽溪龍王，二曰鹽水龍王，三曰古祠龍王。淳化中，將作監丞雷説知監事，見井場人户争汲，强弱相淩，多抵于訟，乃于穴傍捌石爲池，以瀦水，外設横板，穿三十竅，承以脩竹，謂之筧筒。蓋鹹泉初出，勢暴不可遏，故疏池爲墟，而三殺之。泉流既平，均節入筧，無復奔衝不平之患矣。至嘉定中，歲久弊滋，事聞於朝，遣榮州資官令孔嗣宗按置窮訪民瘼，有不便者，皆除之。泉自穴入筧，跨溪爲篊而分之，南得十三，北視南加二，各立長以司其平，歲一易筧。其法視舊益詳矣。民爲立祠，號孔長官祠。

段氏《遊蜀記》云，通、開二州有鹽漆之利，宣漢長腰井場鹹源出大江龍骨窟中，灘名羊門，兩岸峭峻，鹹源自出，遂煎成鹽。《寰宇記》曰，開縣溫湯其井有三，曰栢木，曰龍馬，曰杉木，俱出白鹽。

川北井

《華陽國志》：巴西郡南充國縣，和帝時置有鹽井。《蜀都賦註》：充國縣有鹽井數十。《益州記》曰，南充縣西南六十里，有昆井，即古鹽井也。《南部

志》：縣西五十里寶馬寺，有寶井出鹽，日可易一馬，人共寶之，故名。《寰宇記》云，新井縣，武德元年割南部晉安地置界，頗有鹽井，因斯立名。

晉太康地記曰，梓潼縣出傘子鹽。《九州要記》云，玄武縣鹽井二，近江，水淡，煎鹽不成。飛烏縣管井七，見煎三井，餘塞。《寰宇》云，郪縣鹽井四十三眼，二十二眼見煎，餘廢。志云，梓州舊無鹽井，有僧一新者，不知何代人，指地教人鑿井，鹹泉湧出，爲利無窮。及卒，土人置寺，奉其遺軀爲塔，祀之。每歲暮春，鸚鵡羣飛塔上，至宋猶然。

《寰宇》云，涪城縣管鹽井五十五所，十眼煎，餘塞。又云，富國監者，本梓州郪縣富國鎮新井煎鹽之場也，宋置監以董其事，兼領通井、飛烏等井，地去梓州九十里。又云，通泉縣管鹽井七十四所。

《蜀記》云，靈江東鹽亭井，古方安縣也。周《地圖記》：梁大同元年，於此立亭，因井名縣，管鹽井三，煎一。有女徒山，在縣東二十五里，從閬州新井縣界來，故老相傳，昔有女徒千人，於通泉縣康督井配役，遇賊於此，乃於山頂置柵禦捍，遂破賊。俗爲之置祠。今富順鹽井皆婦人推車汲水。由此而論，則女徒之山可録矣。《寰宇記》：東關縣管鹽井四，見煎三井，餘廢。永泰縣管鹽井五。

《蓬溪志》云，常鐵冠，不知何許人，天聖間寓蓬溪赤城山。縣東五里有鹽井，或鹹水短少，井民勾氏以告。常曰，此一蝦蟆作祟，塞水眼耳。即爲出儀文三卷，醮之。其水如血者累日，鹹源復通。後用其儀文禱井，屢驗。

井課

杜氏《通典》云，蜀道陵、綿等十州鹽井，總九十所，每年課鹽都當錢八千五十八貫。註云，陵州鹽井一所，課都當錢二千六十一貫。綿州井四所，都當錢二百九十二貫。資州井二十八所，都當錢一千八十三貫。瀘州井五所，都當錢一千八百五十貫。榮州井十三所，都當錢四百貫。梓州都當錢七百一十七貫，遂州四百一十五貫，閬州一千七百貫，普州二百七貫，果州二十六貫。

《圖經》云，唐萬歲通天二年，右補闕郭文簡奏，陵井監賣水，一日夜得四十五函半，百姓貪利失業。長安二年停，賣水依舊税鹽。先天二年加課利，歲有三千六百二貫。僞蜀時，井塞。宋乾德三年平蜀，陵州通判賈璉重開舊井，一晝夜汲水七十五函，每函煎鹽四十斤，日獲三千斤。至雍熙元年，春冬日收三千八百一十七斤，秋夏日收三千四百四十七斤，蓋水源之有長短也。

《朝野雜記》：仙井，歲産鹽二百餘萬斤，隸轉運司。蒲江亞之，隸總領所。大寧監二百五十餘萬斤，歲取其四分，隸總領所。淯井鹽四十餘萬斤，歲取其贏五萬餘緡，爲軍食之用。自祖宗以來，民間自煑鹽，歲輸課利錢八十萬緡。趙應祥變鹽法，增至四百餘萬緡。又逃絶之井，許人增其額，以承認。鹽既益多，遂不可售。紹熙三年，楊嗣勳總計棧閣助筒二千，鹽由是頓易。自後井户稍紓，而民間食鹽愈貴矣。

太平興國初，有司言昌州鹽歲收虚額十一萬八千五百餘斤。及開寶中，知州李佩率意掊斂以希課，最於歲額外別役部民煑鹽，民甚以爲苦。轉運使以聞，詔悉除之。《夔府舊志》：昔大寧鹽井隸監，淳熙甲辰部使者楊公輔更法，歸之漕司，監不復與。熙寧中，歲額四百餘萬斤。紹興中，以二百四十萬斤爲額，閏年加十萬斤，爲二百五十萬斤。

《宋史》：熙寧中，蜀鹽私販者衆，禁不能止。欲盡實私井，運解池鹽以足之。議未決，神宗以問修《起居注》沈括，對曰，私井既容其穙買，則不得無私易，一切實之，而運解池鹽使一出於官售，此亦省刑罰、籠遺利之一端。然忠、萬、戎、瀘間，夷界小井尤多，止之實難。若列堠加警，恐所得不酬所費。議遂寢。按括本傳云，市易司患蜀鹽不禁，欲盡實私井，而輦解池鹽給之。言者論二事如織，皆不省。沈括侍側，帝顧曰，卿知籍車乎？曰，知之。帝曰，何如？對曰，敢問欲何用？帝曰，北邊以馬取勝，非車不足以當之。括曰，古人所謂兵車者，輕車也。五御折旋，利於速。今民間輜車重大，日不能三十里，世謂之太平車。但可施於無事之日爾。帝曰，人言無及此者。遂問蜀鹽事。對曰，臣恐得不足償費。帝頷之。明日二事俱寢。

井法

《類要》云，鹽泉有絞⿱⺮濱，引泉踏溪，每一筧用一⿱⺮濱，其筧與⿱⺮濱每年十月旦日以新易陳。郡守作樂臨之，井民相慶，謂之絞⿱⺮濱節。

《志林》云，慶曆皇祐以來，蜀始開筒井。用圜刃鑿如盌大，深者數十丈，以巨竹去節，牝牡相銜，爲井以隔，横入淡水，則鹹泉自上。又以竹之差小者，出入井中。爲桶，無底而竅，其上懸熟皮數寸，出入水中，氣自呼吸而啓閉之，一筒可致水數斗。凡筒井，皆用機械，利之所在，人無不知。《後漢書》：有水鞴，此法唯蜀中鐵冶用之，大畧似鹽井取水筒。太子賢不識，妄以意解，非也。近時射洪士人馬驥，譔《鹽井圖説》云，鹽井其來舊矣，先世嘗爲皮袋井，圍徑三五尺許，底

有大塘，利饒課重，工力浩鉅，非一載弗克竣。今皆湮没殆盡，不可考。民循故業，以納課，率多從竹井制。其施爲次第，在井匠董之。凡匠氏相井地，多於兩河夾岸山形險急得沙勢處，鳩工立石圈，盡去面上浮土，不計丈尺，以見堅石爲度，而鑿大小竅焉。大竅，大鐵釺主之。小竅，小鐵釺主之。釺，一也，大釺，則有釺頭，扁竟七寸，有輪鋒，利穿鑿。興井日，北口傍樹兩木，横一木於上，有小木滚子，以火掌繩釺，末附於横木滚子上，離井六七步，爲一木樁，糾火掌篾而耦舂之，滚竹運釺，自上下相乘矣。匠氏掌釺篾，坐井口傍，週遭圜轉，令其竅圓直。初，則灌水鑿之，及二三丈許，泉蒙四出，不用客水。無論(上)[土]石，釺觸處俱爲泥水。每鑿一二尺，匠氏命起釺，用筒竹一根，約丈餘，通節，以繩繫其梢，筒末爲皮錢掩其底，至泥水所在，匠氏揉繩伸縮，皮歙水入，挹滿攪出泥水漸盡，復下釺鑿焉。次第疏鑿，不計功程力。大較至二三十丈許，見紅石岩口，大竅告成矣。隨議下竹。竹有木竹、樺竹二種。木竹取堅也，剖木二片，以麻合其縫，以油灰釁其隙。樺竹出馬湖山中，亦以麻裹之。木竹末爲大蘇頭纍纍節合，下盡全竹，四潰淡水障阻，不能浸淫，迺截去大釺頭，用釺梢鑿小竅，法如大竅然。鑿至二十丈，中見白沙，數丈有鹹水數擔，名曰腰脈水，去鹹水不遠。尋鑿之，而鹹水淵涓自見也。水有廣水，晝夜力汲不竭，然味近淡。有鹹水，晝夜計有數，然味亦不齊。有一擔而煑鹽五六斤者，有八九斤至十二三斤者，顧遇何如耳。厥工既就，始樹樓架高，可似敵樓，上爲天滚，有轆轤聲制筒索吸水，如前吸泥水法，而樞軸則管於車床也。床横木爲槃，槃有兩耳，作曲池狀，左右低昂逆施，左揖地右伸，右揖地左伸，循環用力，索盡筒出，鹹水就灰笆潑水而煎燒有緒矣。轉轆轤者，蓋三人爲之。力厚者，則制牛車。車狀大，力逸而功倍也。此自成井而論耳，若掘鑿之際，釺偶中折而墜其中者，或遭淤泥作阻者，其出法亦巧，而爲器亦異。釺帶火掌篾而墮者，以攬鐮鉤出，爲力易易。惟釺半墮，或止墮釺頭者，取之之法，制爲鐵五爪如覆手狀，爪背入木數寸，以竹三尺許劈碎，一尺纏扼爪木令堅緻，上一尺亦劈碎則活繫撞子釺，不令拘泥偏向。中一尺通其節，以待撞子釺假道撻伐，垂爪入井，爪定所墮釺頭，匠氏從上督索撞子釺，由筒中擊木，木擊五爪，數擊則爪攫剿釺頭者，牢不可以游滑自匿，雖欲不出，不可得矣。若被淤泥填溢大小竅，猶關格症然甚者，製爲搜子，以和解其膠密。搜子者，鐵條之有嚙齒者也。未甚者製爲漕釺，以衝擊其脂凝。漕釺者，撞子釺之有嚙齒者也。支解既析，則爲刮筒以取其泥。利筒之制，與鹽筒殊科，不通其節，而每節之始鑿爲方口，投井中吸泥，亦如汲水式。蓋水可以疏通翕，受泥則踰節不可，是則匠氏作法意也。嗟乎！一井之成，其次第節目如此，亦云勞矣。乃勞歸竈丁，利歸商販。富竈任逸，傭竈任力，終歲窮日疲竭若何，而徵輸又告急矣。至有坍塌而乾賠國課者，有逋負而逃、徙流離者，是在上之人寬一分，則民受一分之賜云。

火井油井

《蜀都賦》云，火井沉熒于幽泉，高焰飛煽于天垂，王逸少與周益州書，彼鹽井火井皆有否？足下目見，不爲欲廣異聞異苑云，蜀郡臨卭縣有火井，漢室之隆，則炎赫彌熾，暨桓靈之際，火勢漸微。諸葛亮一瞰，而更盛矣。

《博物志》云，臨卭火井一所，從廣五尺，深二三丈，在縣南百里。《十道要記》云，火井有水，郡人以竹筒盛之照路，接其光，而無炭。常璩云，蜀郡臨卭縣有布濮水，從布濮來合。火井江有火井，夜時光映上昭。民欲其火光，以家火投之，頃許如雷聲，火焰出，通耀數十里。以竹筒盛其光，藏之，可拽行，終日不滅也。井有二水，取井火煑之，一斛水得五斗鹽。家火煑之，得無幾也。

《方輿》云，長江縣火井，在客館鎮之北二里伏龍山下，地窪若池，以火引之，則有聲隱隱然發於池中，少頃熾炎。夏月積雨停水則焰生水上，水爲之沸，而寒如故。水涸，則土上有焰，觀者至，焚其衣裾。

蓬池火井，在縣西南三十里，水涸時投火其中，焰從地出，移時方滅。若掘深一二丈，頗有水出。

陸游跋火池碑云，予昔在征西幙府，嘗得小校，言火山軍池枯燥不可鉏犂，及地不及尺，烈火隨出。今江吴間穿地尺餘則見水，北人聞之亦未必信也。夜讀蜀彭君火井碑，乃知天地間何所不有！亦喜彭君之善記事也。嘉泰壬戌閏月十有五日。

《通志》云，國朝正德末年，嘉州開鹽井，偶得油水，可以照夜。其光加倍，沃之以水，則焰彌甚。撲之以灰，則滅。作雄硫氣，土人呼爲雄黄油，亦曰硫黄油。近復開出數井，官司主之。此是石油，但出於井爾。蓋由與産雄、硫、石脂諸處源脈相通，故有此物。《益部談資》：油井，嘉、眉青神井，研、洪、雅、犍爲諸縣有之，居人皆用以燃燈。官長夜行，則以竹筒貯而當炬，一筒可行數里，價減常油之半，而光明無異。予以辛亥齎捧過犍爲，得井油少許，令人試之，信然。但其性暴烈，不可嚮邇。傳火之時，稍不及避，則焚其手。因爲匡廬僧持去，以廣山

中聞見。

明・方以智《物理小識・飲食類》 用鹽 鹽能留物者，殺物也。冬食鹽湯即吐。作醬須攪之，恐定則沈耳。煎鹽盆中，能煮飯，不攪動則不鹹也。凡物易敗者，得鹽不敗。不敗者，得鹽則敗，鹽物惡其鹹，可以糟解之。

清・顧祖禹《讀史方輿紀要》卷四九《河南四》 三臺，在故鄴城内西北隅。因城爲基，巍然若山，漢建安十五年曹公所築。【略】

以上家屬寘三臺，因脅之以戰，若不捷則焚臺，可背城一決。不果。周主入鄴，詔毁三臺宫殿。大象二年楊堅焚燒鄴都，樓臺盡毁，唯土阜存焉。李善云：「銅雀園西有三臺：中央銅雀臺，高十丈，有屋一百一間，亦曰中臺；南有金虎臺，高八丈，有屋一百九間，亦曰南臺；北則冰井臺，亦高八丈，亦曰北臺，有屋一百四十五間。上有冰室，室有數井藏冰及石墨。又有粟窖及鹽窖。」《春秋古地》云：「葵丘，今鄴西臺是也。」棘津，見前胙城縣。

又 卷六七《四川二》 石矩山，縣東北八里。亦名石城山。有石壁如城，絶頂望見峨眉。西魏末江州刺史陸騰討陵州叛獠，獠因山爲城，攻之難拔。騰陳伎樂於城下一面，獠棄兵携妻子臨城觀之。騰潛師三面俱上，叛獠遂平。唱車山，在縣東北六十里。志云：在舊貴平縣南八里，自巴郡至蜀之通道也。山近鹽井，聞推車歌唱之聲，因名。

清・法式善《陶廬雜録》卷五 陸深處置鹽法事宜疏。今天下榷鹽之地。兩淮爲上。兩浙次之。而弊端亦於二處爲多。然其大壞鹽法之端有二焉。其一竈丁苦於兼并。其一則今勢要之侵利是也。然於兩浙。又微不同。大抵壞兩淮之鹽法者多勢要。壞兩浙之鹽法者多私販。而竈丁之苦。則一而已矣。蓋淮、浙之鹽。出於人力。非若河東天造地設。不勞之利也。其法在於曬土爲鹵。煮鹵成鹽。以鹽納官。然而逋負多而國課損者何也。夫欲曬土。必有攤場。欲煮鹵。必有草蕩。今之場蕩。悉爲總催者所并。而鹽課又爲總催者所欺。竈丁不過總催家一傭工而已。煎煮之法。名存實亡。而總催者下欺竈户。上負國課。百計遷延。以覬一赦而已。伊欲處之。在於盡復竈丁之場蕩。而盡懲總催之奸欺。則其弊可息矣。浙中私販之徒。以拒捕爲常。以殺人爲戲。聚不可翦。則比之勢要。差爲易處。苟使出鹽之地。捕其買者之市家。行鹽之地。捕其賣者之市行。而悉置於法。則其黨可空矣。非若勢要之家。蛇盤卵翼。不可一旦去也。夫今日得侵兩淮長蘆之鹽利者。雖曰朝廷業已許之。然終非法。臣意以爲與其壞天下之大法。寧傷數人之私恩。必使小人之奸。無所容而後已。夫上之支中。盡歸於商賈。下之場蕩。盡歸於竈丁。則商通課足。而鹽法不行者。未之有也。

食品與醃漬部

題解

宋・葉廷珪《海録碎事》卷六《飲食器用部・煎和門》 大苦 《九辯》云：大苦鹹酸，辛甘行。注：大苦，豉；鹹，鹽；酸，酢；辛，薑；甘，蜜也。適鹹調辛 玄冥適鹹，薦收調辛。《七啓》 火劑 凡諸火劑，並皆始熟，一時珍羞，莫不畢備。火劑，言煎熟滋味也。

明・高濂《遵生八箋・飲饌服食箋上》 高子曰：飲食，活人之本也，是以一身之中，陰陽運用，五行相生，莫不由於飲食。故飲食進則穀氣充，穀氣充則血氣盛，血氣盛則筋力強。脾胃者，五臟之宗，四臟之氣皆禀於脾，四時以胃氣爲本。由飲食以資氣，生氣以益精，生精以養氣，氣足以生神，神足以全身，相須以爲用者也。人於日用養生，務尚澹薄，勿令生我者害我，俾五味得爲五內賊，是得養生之道矣。余集，首茶水，次粥糜、蔬菜，薄叙脯饌醇醴，麪粉糕餅；果實之類，惟取適用，無事異常。若彼烹炙生靈，椒馨珍味，自有大官之厨，爲天人之供，非我山人所宜，悉迸不録。其他仙經服餌，利益世人，歷有成驗諸方，製而用之有法，神而明之在人，擇其可餌録之，以爲却病延年之助。惟人量己陰臟陽臟之殊，乃進或寒或熱之藥，務令氣性和平，嗜慾簡默，則服食之力，種種奏功。設若六慾方熾，五官失調，雖餌仙方，終落鬼籍，服之果何益哉？識者當自商確。編成，牋曰《飲饌服食》。

論説

《禮記・內則》 凡食齊視春時，羹齊視夏時，醬齊視秋時，飲齊視冬時。《釋文》：食音嗣。齊，才細反。

鄭氏曰：食宜温，羹宜熱，醬宜涼，飲宜寒。

凡和，春多酸，夏多苦，秋多辛，冬多鹹，調以滑甘。

鄭氏曰：多其時味以養氣也。《周禮》註曰：「各尚其時味，而甘以成之，猶木、火、金、水之成於土。」孔氏曰：《經方》「春不食酸，夏不食苦，秋不食辛，冬不食鹹」，謂時氣壯者，減其時味以殺盛氣。此恐氣虛羸，故多其時味以養氣也。

牛宜稌，羊宜黍，豕宜稷，犬宜粱，鴈宜麥，魚宜苽。

鄭氏曰：言其氣味相成。孔氏曰：上云「折稌用犬羹」，此云「牛宜稌」，「犬宜粱」者，此據尊者正食，上據人君燕食以滋味爲美，故不同。自「食齊視春時」至此，皆《周禮・食醫》文，而記者載之，論調和飲食之法。劉氏彝曰：《周官食醫》「掌和王之六食、六飲、六膳、百羞、百醬、八珍之齊」，而曰「凡君子之食恆放焉」。此大司徒以施諸教，人子皆視此以養親也。

春宜羔、豚，膳膏薌；夏宜腒、鱐，膳膏臊；秋宜犢、麛，膳膏腥；冬宜鮮、羽，膳膏羶。《釋文》：薌音香。腒，其居反。鱐，本又作「鏽」，所求反。臊，素刀反。腥音星，《説文》作「胜」。羶，升然反。

鄭氏曰：腒，乾雉也。鱐，乾魚。鮮，生魚。羽，鴈也。此八物，四時肥美，爲其大盛，煎以休廢之膏，節其氣也。牛膏薌，犬膏臊，雞膏腥，羊膏羶。鄭註《周禮・庖人》曰：「牛屬司徒，土也。雞屬宗伯，木也。犬屬司寇，金也。羊屬司馬，火也。」孔氏曰：此記庖人論四時煎和膳食之宜，以王、相、休、廢相參，其味乃善。春爲木王，牛中央土畜，春東方木，木剋土，木盛則土休廢。犬屬西方金，夏南方火，火剋金，火盛則金休廢。雞屬東方木，秋西方金，金剋木，金盛則木休廢。羊屬南方火，冬水王，水剋火，水盛則火休廢。《周禮》鄭註云：「羔、豚物生而肥，犢、麛物成而充，腒、鱐暵熱而乾，魚、鴈水涸而性定。此八物者，得四時之氣尤盛，爲人食之弗勝，是以用休廢之脂膏煎和膳之。」義與此同。《士相見禮》云「冬執雉，夏執腒」，故知腒爲乾雉。《周禮・籩人》云「膴、鮑魚、鱐」，「鱐」與「鮑」相對，鮑爲溼魚，故知鱐是乾魚也。鱐既爲乾魚，故鮮爲生魚也。《月令》云「季冬獻魚」，又《王制》「獺祭魚，然後漁人入澤梁」，是冬魚成也。羽族既多，而冬來可食者唯鴈，故知羽，鴈也。《周禮》云「行」，謂行用，此云「宜」，謂氣味相宜，其事同也。賈氏公彦曰：殺牲謂之用，煎和謂之膳。五行：春，木王火相，土死金囚，水爲休廢。夏，火王土相，金死水囚，木爲休廢。以下推之，可知王所剋者死，相所剋者囚，新謝者爲休廢。若然，鄉所膳膏，皆是死之脂膏。鄭云「休廢」者，相對死與休廢，別散則死亦爲

休廢，故鄭以「休廢」言之。

《尚書・洪範》「一，五行：一曰水，二曰火，三曰木，四曰金，五曰土。皆其生數。水曰潤下，火曰炎上，言其自然之常性。炎，榮鉗反。上，時掌反，又如字，下同。木曰曲直，金曰從革，木可以揉曲直，金可以改更。揉，如酉反。土爰稼穡。種曰稼，斂曰穡。土可以種，可以斂。潤下作鹹，水鹵所生。鹹音咸。鹵音魯。炎上作苦，焦氣之味。曲直作酸，木實之性。從革作辛，金之氣味。稼穡作甘。甘味生於百穀。五行以下，箕子所陳。」

疏：「一五行」至「作甘」　此以下箕子所演陳，禹所第。疇名於上條列，説以成之。此章所演文有三重，第一言其名次，第二言其體性，第三言其氣味。言五者性異而味别，各爲人之用。《書傳》云：「水、火者，百姓之所飲食也；金、木者，百姓之所興作也；土者，萬物之所資生也。」是爲人用五行，即五材也。襄二十七年《左傳》云：「天生五材，民並用之。」言五者各有材幹也。謂之「行」者，若在天，則五氣流行；在地，世所行用也。

傳「皆其生數」　《易・繫辭》曰：「天一地二，天三地四，天五地六，天七地八，天九地十。」此即是五行生成之數。天一生水，地二生火，天三生木，地四生金，天五生土，此其生數也。如此則陽無匹，陰無偶，故地六成水，天七成火，地八成木，天九成金，地十成土。於是陰陽各有匹偶，而物得成焉，故謂之成數也。《易・繫辭》又曰：「天數五，地數五，五位相得而各有合，此所以成變化而行鬼神。」謂此也。又數之所起，起於陰陽。陰陽往來，在於日道。十一月冬至日南極，陽來而陰往。冬，水位也。以一陽生爲水數。五月夏至日北極，陰進而陽退。夏，火位也。當以一陰生爲火數，但陰不名奇，數必以偶，故以六月二陰生爲火數也。是故《易》説稱乾貞於十一月子，坤貞於六月未，而皆左行，由此也。冬至以及於夏至，當爲陽來。正月爲春，木位也。三陽已生，故三爲木數。夏至以及冬至，當爲陰進。八月爲秋，金位也。四陰已生，故四爲金數。三月春之季，四季土位也。五陽已生，故五爲土數。此其生數之由也。又萬物之本，有生於無，著生於微。及其成形，亦以微著爲漸。五行先後，亦以微著爲次。五行之體，水最微，爲一；火漸著，爲二；木形實，爲三；金體固，爲四；土質大，爲五，亦是次之宜。大劉與顧氏皆以爲水、火、木、金，得土數而成，故水成數六，火成數七，木成數八，金成數九，土成數十。義亦然也。

傳「言其自然之常性」　《易・文言》云：「水流濕，火就燥。」王肅曰：「水之性潤萬物而退下，火之性炎盛而升上。」是潤下、炎上，言其自然之本性。

傳「木可」至「改更」　此亦言其性也。揉曲直者，爲器有須曲直也。可改更者，可銷鑄以爲器也。木可以揉令曲直；金可以從人改更，言其可爲人用之意也。由此而觀，水則潤下，可用以灌溉；火則炎上，可用以炊爨，亦可知也。水既純陰，故潤下趣陰。火是純陽，故炎上趣陽。木、金陰陽相雜，故可曲直改更也。

傳「種曰」至「以斂」　鄭玄《周禮》注云：「種穀曰稼，若嫁女之有所生。」然則穡是惜也，言聚畜之可惜也。共爲治田之事，分爲種、斂二名耳。土上所爲，故爲土性。上文潤下、炎上、曲直、從革，即是水、火、木、金體有本性。其稼穡以人事爲名，非是土之本性。生物是土之本性，其稼穡非土本性也。爰，亦曰也。變「曰」言「爰」，以見此異也。六府以土、穀爲二，由其體異故也。

傳「水鹵所生」　水性本甘，久浸其地，變而爲鹵。鹵味乃鹹。《説文》云：「鹵，西方鹹地。東方謂之斥，西方謂之鹵。」《禹貢》云「海濱廣斥」，是海浸其旁地，使之鹹也。《月令》冬云「其味鹹，其臭朽」是也。上言「曰」者，言其本性；此言「作」者，從其發見。指其體則稱「曰」，致其類即言「作」。下五事庶徵言「曰」「作」者，義亦然也。

傳「焦氣之味」　火性炎上，焚物則焦，焦是苦氣。《月令》夏云「其臭焦，其味苦」，苦爲焦味，故云「焦氣之味」也。嗅之曰氣，在口曰味。

傳「木實之性」　木生子實，其味多酸。五果之味雖殊，其爲酸一也。是木實之性然也。《月令》春云「其味酸，其臭羶」是也。

傳「金之氣味」　金之在火，别有腥氣，非苦非酸，其味近辛，故「辛」爲「金之氣味」。《月令》秋云「其味辛，其臭腥」是也。

傳「甘味生於百穀」　甘味生於百穀，穀是土之所生，故甘爲土之味也。《月令》中央云「其味甘，其臭香」是也。

元・忽思慧《飲膳正要序》　天之所生，地之所養，天地合氣，人以稟天地氣生，並而爲三才。三才者，天地人。人而有生，所重乎者心也。心爲一身之主宰，萬事之根本，故身安則心能應萬變，主宰萬事，非保養何以能安其身。保養之法，莫若守中，守中則無過與不及之病。調順四時，節慎飲食，起居不妄，使以五味調和五藏。五藏和平則血氣資榮，精神健爽，心志安定，諸邪自不能入，寒

暑不能襲，人乃怡安。夫上古聖人治未病不治已病，故重食輕貨，蓋有所取也。故云：食不厭精，鱠不厭細。魚餒肉敗者，色惡者，臭惡者，失飪不時者，皆不可食。然雖食飲，非聖人口腹之欲哉！蓋以養氣養體，不以有傷也。若食氣相惡則傷精，若食味不調則損形。形受五味以成體，是以聖人先用食禁以存性，後制藥以防命。蓋以藥性有大毒，有大毒者治病，十去其六；常毒治病，十去其七；小毒治病，十去其八；無毒治病，十去其九。然後穀肉菓菜，十養一儘之，無使過之，是以傷其正。雖飲食百味，要其精粹，審其有補益助養之宜，新陳之異，温涼寒熱之性，五味偏走之病。若滋味偏嗜，新陳不擇，製造失度，俱皆致疾。可者行之，不可者忌之。如妊婦不慎行，乳母不忌口，則子受患。若貪爽口而忘避忌，則疾病潛生，而中不悟，百年之身，而忘於一時之味，其可惜哉！孫思邈曰：謂其醫者，先曉病源，知其所犯，先以食療，不瘥，然後命藥，十去其九。故善養生者，謹先行之。攝生之法，豈不爲有裕矣。

明・李濂《重刻救荒本草序》 《淮南子》曰「神農嘗百艸之滋味，一日而七十毒」，由是《本艸》興焉。陶隱居、徐之才、陳藏器、日華子、唐慎微之徒，代有演述，皆爲療病也。嗣後，孟詵有《食療本艸》，陳士良有《食性本艸》，皆因飲饌以調攝人，非爲救荒也。《救荒本艸》二卷，乃永樂間周藩集録而刻之者，今亡其板。濂家食時，訪求善本，自汴攜來。晉臺按察使石岡蔡公，見而嘉之，以告於巡撫都御史蒙齋畢公。公曰：「是有裨荒政者。」乃下令刊布，命濂序之。按《周禮》大司徒以荒政十二聚萬民，五曰舍禁。夫舍禁者，謂舍其虞澤之厲禁，縱民采取以濟饑也。若沿江瀕湖諸郡邑，皆有魚蝦螺蜆菱芡茭藻之饒，饑者猶有賴焉。齊梁秦晉之墟，平原坦野，彌望千里，一遇大侵，而鵠形鳥面之殍，枕藉於道路，吁可悲已！後漢永興二年，詔令郡國種蕪菁以助食，然五方之風氣異宜，而物産之質異狀，名彙既繁，真贗難別，使不圖列而詳説之，鮮有不以虺床當蘼蕪，薺苨亂人參者，其弊至於殺人，此《救荒本艸》之所以作也。是書有圖有説，圖以肖其形，説以著其用。首言産生之壤，同異之名；次言寒熱之性，甘苦之味；終言淘浸烹煑蒸曬調和之法。艸木野菜，凡四百一十四種，見舊本艸者一百三十八種，新增者二百七十六種云。或遇荒歲，按圖而求之，隨地皆有，無艱得者。苟如法采食，可以活命。是書也，有功於生民大矣。昔李文靖爲相，每奏對常以四方水旱爲言；范文正爲江淮宣撫使，見民以野艸煑食，即奏而獻之。畢、蔡二公刊布之盛心，其類是夫！嘉靖四年歲次乙酉春二月之吉。

明・高濂《遵生八箋・飲饌服食箋上・序古諸論》 真人曰：脾能母養餘臟，養生家謂之黄婆。司馬子微教人存黄氣入泥丸，能致長生。太倉公言：安穀過期，不安穀不及期。以此知脾胃全固，百疾不生。江南一老人，年七十三歲，壯如少者。人問所養，無他術，平生不習飲湯水耳。常人日飲數升，吾日減數合，但只沾唇而已。脾胃惡濕，飲少，胃强氣盛液行，自然不濕。或冒遠行，亦不念水。此可謂至言不煩。

食飲以時，飢飽得中，水穀變化，冲氣融合，精血以生，榮衛以行，臟腑調平，神志安寧。正氣冲實於内，元真通會於外，内外邪沴，莫之能干，一切疾患，無從而作也。

飲食之宜，當候已饑而進食，食不厭熟嚼；仍候焦渴而引飲，飲不厭細呷。無待饑甚而食，食勿過飽；時覺渴甚而飲，飲勿太頻。食不厭精細，飲不厭温熱。

太乙真人《七禁文》其六曰：美飲食，養胃氣。彭鶴林曰：夫脾爲臟，胃爲腑，脾胃二氣，互相表裏。胃爲水穀之海，主受水穀；脾爲中央，磨而消之，化爲血氣，以滋養一身，灌溉五臟，故修身之士，不可以不美其飲食。所謂美者，非水陸畢備，異品珍羞之謂也，要在乎生冷勿食，粗硬勿食；勿强食，勿强飲；先饑而食，食不過飽；先渴而飲，飲不過多；以至孔氏所謂食饐而餲，魚餒而肉敗不食等語。凡此數端，皆損胃氣，非惟致疾，亦乃傷生，欲希長年，此宜深戒，而亦養老奉親，與觀頤自養者之所當知也。

黄山谷云：爛蒸同州羔，灌以杏酪，食之以匕不以箸。南都撥心麪，作槐芽温淘。糝以襄邑抹猪。炊共城香稻薦以蒸子鵝。吴興庖人，斫松江鱸鱠，繼以廬山康王谷水，烹曾坑鬭品。少焉，解衣仰卧，使人誦東坡赤壁前後賦，亦足以一笑也。此雖山谷之寓言，然想像其食味之美，安得聚之以奉老人之旨甘。

東坡《老饕賦》云：庖丁鼓刀，易牙烹熬，水欲新而釜欲潔，火惡陳而薪惡勞。九蒸暴而日燥，百上下而湯鏖。嘗項上之一臠，嚼霜前之兩螯。爛櫻珠之煎蜜，滃杏酪之蒸羔。蛤半熟以含酒，蟹微生而帶糟。蓋聚物之夭美，以養吾之老饕。婉彼姬姜，顔如李桃。彈湘妃之玉瑟，鼓帝子之雲璈。命仙人之萼緑華，舞古曲之鬱輪袍。引南海之玻璃，酌涼州之蒲萄。願先生之耆壽，分餘瀝於兩髦。

候紅潮於玉頰，驚暖響於檀槽。忽纍珠之妙曲，抽獨繭之長繰。閔手倦而少休，疑吻燥而當膏。倒一缸之雪乳，列百柁之瓊艘。各眼灔於秋水，咸骨碎於春醪。美人告去，已而雲散，先生方兀然而禪逃。響松風於蟹眼，浮雪花於兔毫。先生一笑而起，渺海闊而天高。

吴郡鱸魚鱠。八九月霜下時，收鱸三尺以下，劈作鱠，浸洗布包，瀝水令盡，散置盤内。取香柔花葉，相間細切，和鱠拌令勾。霜鱸肉白如雪，且不作腥，謂之金虀玉鱠，東南佳味。

《雜俎》曰：名食有蕭家餫飩，漉去其湯不肥，可以瀹茗。庾家粽子，白瑩如玉。韓約作櫻桃饆饠，其色不變；能造冷胡突，鱠鱧魚臆，連蒸鹿麞皮，索餅。將軍曲良翰，能爲驢騣駝峰炙。

何胤侈於味，食必方丈，後稍去，猶食白魚、䱇臘、糖蟹。鍾岏議曰：䱇之就臘，驟於屈伸，蟹之將糖，躁擾彌甚。仁人用意，深懷惻怛。至於車螯、蚶、蠣，眉目内缺，慚渾沌之奇，脣吻外緘，非金人之慎，不榮不悴，曾艸木不若；無聲無臭，與瓦礫何異？故宜長充庖厨，永爲口實。

後漢茅容，字季偉，郭林宗曾寓宿焉。及明旦，容殺雞爲饌，林宗意爲己設。既而，容獨以供母，自與宗共蔬藿同飯。林宗因起拜之曰：卿賢乎哉！後竟以孝成德。

《苕溪漁隱》曰：東坡於飲食，作詩賦以寫之，往往皆臻其妙，如《老饕賦》《豆粥詩》是也。《豆粥詩》云：江頭千頃雪色蘆，茅簷出没晨煙孤。地碓舂秔光似玉，砂瓶煮豆軟如酥。我老此身無著處，賣書來問東家住。卧聽雞鳴粥熟時，蓬頭曳履君家去。又《寒具詩》云：纖手搓來玉數尋，碧油煎出嫩黄深。夜來春睡無輕重，壓扁佳人纏臂金。寒具，乃捻頭也，出劉禹錫《佳話》。過子忽出新意，以山芋作玉糝羹，色香味皆奇絶，天酥陀則不可知，人間決無此味也。詩云：香似龍涎仍釅白，味如牛乳更全清；莫將北海金虀鱠，輕比東坡玉糝羹。誠齋《菜羹詩》亦云：雲子香抄玉色鮮，菜羹新煮翠茸纖。人間膾炙無此味，天上酥陀恐爾甜。宋太宗命蘇易簡講《文中子》，有楊素遺子《食經》羹藜含糗之説。上因問，食品何物最珍？對曰：物無定味，適口者珍。臣止知虀汁爲美。臣憶一夕寒甚，擁爐痛飲，夜半吻燥，中庭月明，殘雪中覆一虀盂，連咀數根，臣此時自謂上界仙厨，鸞脯鳳胎，殆恐不及，屢欲作《冰壺先生傳》紀其事，因循未果也。上笑而然之。

唐劉晏五鼓入朝，時寒，中路見賣蒸胡處，熱氣騰輝，使人買，以袍袖包裙褐底，啗謂同列曰：美不可言。此亦物無定味。適口者珍之意也。

倪正父思云：魯直作《食時五觀》，其言深切，可謂知慚愧者矣。余嘗入一佛寺，見僧持戒者，每食先淡吃三口。第一，以知飯之正味，人食多以五味雜之，未有知正味者；若淡食則本自甘美，初不假外味也。第二，思衣食之從來。第三，思農夫之艱苦。此則《五觀》中已備其義，每食，用此爲法，極爲簡易。且先吃三口白飯，已過半矣，後所食者，雖無羹蔬，亦自可了，處貧之道也。

王逢原《思歸賦》云：吾父八十，母髮亦素；尚爾爲吏，敻焉遐路。嗷嗷晨烏，其子反哺；我豈不如，鬱其誰訴？惟秋之氣，慘慄感人；日興愁思，側睇江濱。憶爲童子，當此凜辰，百果始就，迭進其珍。時則有紫菱長腰，紅芡圓實。牛心緑蒂之柿，獨包黄膚之栗。青芋連區，烏椑五出。鴨脚受彩乎微核，木瓜鏤丹而成質。青乳之梨，頳壺之橘。蜂蛹醃鹺，榠樝漬蜜。膳羞則有，鳷鶄野鴈，澤鳧鳴鶉。清江之膏蟹，寒水之鮮鱗。冒以紫薑，雜以茭首。鱎浮莢菊，俎薦菁韭。坐溪山之松篁，掃門前之桐柳。僮僕不譁，圖書左右。或静默以終日，或歡言以對友。信吾親之所樂，安閭里其滋久。切切余懷，欲辭印綬，固非效淵明之偏心，耻折腰於五斗。

明・謝肇淛《五雜俎》卷一一《物部三》 今人之食，既自苟簡，而庖人爲政，一切調和，醴齊醯醢之屬皆無分辨，宴客之時，恆以大鑊，合而烹之，及登俎而後分，雖易牙不能别其味也。至於火候生熟之節，又無論已。不知物性各有所宜，亦各有所忌。如鷄宜薑，而冢則忌之；魚宜蒜，而羊則忌之。古人腥臊膻香，死生鱻薨，炮炙酺醢，秩然有條，不相紊亂。至於食齊宜春，羹齊宜夏，醬齊宜秋，飲齊宜冬。凡和，則春多酸，夏多苦，秋多辛，冬多鹹。順四時之氣以節宣之，非徒爲口腹已也。今江南人尚多列釜竈，諸品不淆，然官廚已不能守其法矣，況北方乎？

綜述

《禮記・内則》 飯：黍、稷、稻、粱、白黍、黄粱，稰、穛。《釋文》：稰，思吕反。穛，側角反。

鄭氏曰：飯，目諸飯也。孰穫曰稰，生穫曰穛。孔氏曰：此飯凡有六種。下云「白黍」，則上「黍」是黃黍也。下云「黃粱」，則上「粱」是白粱也。穛是斂縮之名，以其生穫，故斂縮也。「稰」既對「穛」，故爲孰穫。愚謂：稰、穛者，言六種之飯，其穀皆有生穫孰穫之異也。孔氏曰：案《玉藻》，諸侯朔食四簋：黍、稷、稻、粱。此則據諸侯，其天子則加以麥、苽爲六。愚謂：諸侯朔食四簋，天子六簋，皆黍、稷也。蓋食以黍、稷爲正，以稻、粱爲加，四簋六簋，惟據其正者言之，其加者不在此數也。《膳夫》天子「食用六穀」，則朔食自當有麥、苽，但不在六簋之數耳。

膳：膷、臐、膮、醢、牛炙、醢、牛胾、醢、牛膾、羊炙、羊胾、醢、豕炙、醢、豕胾、芥醬、魚膾、雉、兔、鶉鷃。《釋文》：膷音香。臐，許云反。膮，許堯反，《字林》火攸反。鶉，順倫反。鷃音晏。

鄭氏曰：膳，目諸膳也。此上大夫之禮，庶羞二十豆也。以《公食大夫禮》校之，則「膮」「牛炙」間不得有「醢」，「醢」衍字也。又以「鷃」爲「鴽」。孔氏曰：案《公食大夫禮》二十豆：膷一，謂牛臛也。臐二，謂羊臛也。膮三，謂豕臛也。牛炙四。四物共爲一行，最在於北，從西爲始。醢五，謂肉醬也。牛胾六，謂切牛肉。醢七，牛膾八。四物爲第二行，從東爲始。羊炙九，羊胾十，醢十一，豕炙十二。四物爲第三行，從西爲始。醢十三，豕胾十四，芥醬十五，魚膾十六。四物爲第四行，從東爲始，以上十六豆，是下大夫之禮也。雉十七，兔十八，鶉十九，鷃二十。四物爲第五行，從西爲始。此是上大夫所加二十豆，《公食大夫禮》以「鷃」爲「鴽」。鴽，鴾母也。愚謂醢、醬皆所以配胾、膾也。此饌績設之：膷、臐、膮、牛炙最在北，牛炙南醢，醢西牛胾，醢爲牛胾設也。牛胾西醢，醢西牛膾，醢爲牛膾設也。牛膾南羊炙，羊炙東羊胾，羊胾東醢，醢爲羊胾設也。羊胾東豕炙，豕炙南醢，醢西豕胾，醢爲豕胾設也。胾西芥醬，醬西魚膾，芥醬爲魚膾設也。《公食大夫記》云：「凡炙無醬。」

羞：糗餌、粉酏。《釋文》：糗，起九反，又昌糾反。餌音二。酏讀曰餈，又作「餰」，之然反，又之善反。

鄭氏曰：羞，目諸羞也。《周禮》「羞籩之實，糗餌、粉餈」；「羞豆之實，酏食、糝食」。此《記》似脱。酏當爲「餈」，以稻米與狼臅膏爲餈是也。孔氏曰：案《周禮》「羞籩之實，糗餌、粉餈」，鄭註云：「合蒸曰餌，餅之曰餈。此二物皆粉稻米、黍米爲之。糗者，擣粉熬大豆。爲餌、餈之黏著，故以粉、糗擣之。」《周禮》「粉」下有「餈」，今無者，記人脱漏，更以「酏」益之。酏者，於《周禮》羞豆之實也，自當作「餈」。若黍酏則是粥，非膳羞之用。此「酏」與「糝食」文連，則是糝類。八珍內作「糝」與「餈」，其事亦相連，故知「酏」當作「餈」。且餈雖雜以狼臅膏，亦粥之般類。愚謂羞有庶羞、內羞，上文「膳」是庶羞，此言內羞也。此云「羞」，蓋總籩、豆之內羞而言之，當云「糗餌、粉餈、酏食、糝食」，而「粉」下脱去一字，「酏」下脱去三字也。

食：蝸醢而苽食、雉羹，麥食、脯羹、鷄羹，折稌、犬羹、兔羹，和糝不蓼，濡豚包苦實蓼，濡鷄醢醬實蓼，濡魚卵醬實蓼，濡鼈醢醬實蓼，腶脩、蚳醢，脯羹、兔醢，麋膚、魚醢，魚膾、芥醬，麋腥、醢、醬，桃諸、梅諸、卵鹽。《釋文》：食音嗣。蝸，力戈反。苽音孤，字又作「菰」，同。折，之列反。稌音杜，徐他古反。和，和卧反。糝，三敢反。蓼音了。濡音而。醢，一本作「醢」。卵醬，依註音鯤，古門反。腶，丁亂反。蚳，直其反。卵鹽，力管反。鄭註：卵，或作「攔」。膚，或爲「胖」。

鄭氏曰：食，目人君燕食所用也。苽，彫胡也。稌，稻也。凡羹齊宜五味之和，米屑之糝，蓼則不矣。此脯，所謂「析乾牛羊肉」也。凡濡，謂亨之以汁和也。苦，苦荼也，以包豚，殺其氣也。卵讀爲鯤，魚子也。腶脩，捶脯施薑桂也。蚳，蚍蜉子也。膚，切肉也。卵鹽，大鹽也。自「蝸醢」至此二十六物，似皆人君燕所食也。其饌則亂。孔氏曰：此節總明人君燕食所用，以蝸爲醢，以苽米爲飯，以雉爲羹，三者味相宜。以麥爲飯，析脯爲羹，又以鷄爲羹，三者亦味相宜。細折稻米爲飯，以犬、兔爲羹，此三者亦味相宜。和糝不蓼者，此等之羹，宜以五味調和米屑爲糝，不須加蓼也。濡，烹煮之，以其汁調和也。知卵讀爲鯤者，鳥卵非爲醬之物，蚳醢是蚍蜉之子，「卵醬」承「濡魚」之下，宜是魚之般類，故讀爲鯤。鯤，魚子也。濡豚包裹以苦菜，殺其惡氣，濡鷄加以醢及醬，濡魚以魚子爲醬，濡鼈亦加醢及醬，四者皆破開其腹，實蓼於其中，更縫而合之以煮也。食腶脩以蚳醢配之，食脯羹以兔醢配之，食麋膚以魚醢配之，食魚膾以芥醬配之，食麋腥以麋醢配之，食桃諸、梅諸以卵鹽配之。麋膚，孰肉。麋腥，生肉也。諸，菹也。桃菹、梅菹，今之藏桃、藏梅也。欲藏之，必先乾之，故《周禮》謂之「乾䕩」，鄭云「桃諸、梅諸」是也。自「蝸醢」至此二十六物，蝸醢一，苽食二，雉羹三，麥食四，脯羹五，雞羹六，析稌七，犬羹八，兔羹九，濡豚十，濡雞十一，濡魚十二，濡鼈十三。自此以上，醢、醬皆和調，濡漬雞豚之屬，故不數；自此以下，醢及醬各自爲物，但相配而食，故數之。腶

脩十四，蚳醢十五，脯羹重出，兔醢十六，麋膚十七，魚醢十八，魚膾十九，芥醬二十，麋腥二十一，醢二十二，醬二十三，桃諸二十四，梅諸二十五，卵鹽二十六。《掌客》諸侯相食，皆鼎、簋十有二，其正饌與此不同，其食臣下，則《公食大夫禮》具有其文，與此又異，故疑是人君燕食。上陳庶羞，依牲大小先後，此不依牲之次第，又飯食在簋，醢羹之屬在豆，是上下雜亂也。愚謂人君燕食，得用此諸物，然每用自有常數，非一食盡用之也。濡雞醢醬實蓼，「醢醬」承「濡雞」之下，即雞之之醢醬也。濡鱉之醢醬，即鱉之醢醬也。麋腥醢醬，即麋之醢醬也。腶脩乃籩實，不用於食。此與下「大夫有脯無膾」，皆以脯用於食者。案八珍中之熬，有濡食、乾食之異，熬捶而加薑桂，鄭氏以爲若今之火脯。是脯脩有濡食之法，則其用於食者也。其皆釋而煮之以醢，而盛之則以豆與？麋腥，謂生切麋肉，以醢釀之，即下文「麋、鹿、魚爲菹」是也。《周禮》之「乾穛」亦籩實，此桃諸、梅諸，孔氏以爲菹，蓋亦用醢釀之者，故用之於食也。

又 膾，春用葱，秋用芥。豚，春用韭，秋用蓼。脂用葱，膏用薤，三牲用藙，和用醯，獸用梅。鶉羹、鷄羹、鴽，釀之蓼；魴、鱮烝，雛燒，雉，薌，無蓼。《釋文》：䪥，户界反，俗本多作「薤」，非也。藙，魚氣反。和，户卧反。鶉、鷄羹，本又作「鶉羹、鷄羹」。魴音房。鱮音叙。雛，仕俱反，又匠俱反。燒，如字，一音焦。按皇氏「烝」字「燒」字「雉」字「薌」字爲句，賀氏讀「魴、鱮、烝雛」爲句。孔氏同皇，今從之。

鄭氏曰：此言調和菜釀之所宜也。芥，芥醬也。藙，煎茱萸也。漢律，會稽獻焉。《爾雅》謂之榝。三牲和用醯，畜與家物自相和也。獸用梅，亦野物自相和。釀，謂切雜之也。「鴽」在「羹」下，烝之不羹也。薌，蘇荏之屬也。燒，煙於火中也。孔氏曰：上云「魚膾、芥醬」，則謂秋時用芥，芥辛，於秋宜也。鶉、鷄羹者，謂用鶉用鷄爲羹，鴽唯烝煮之，不以爲羹，故文在「羹」下，三者皆釀之以蓼。魴、鱮二魚，皆烝熟之。雛是鳥之小者，火中燒之，然後調和，若今之臘也。雉或烝或燒，或可爲羹，其用無定，故直云「雉」。言魴、鱮烝及雛燒并雉三者，調和唯以蘇荏之屬，無用蓼也。愚謂此論調和之宜，與魚膾、芥醬食時相配者不同也。膾，春用葱，即下文云「肉腥，細者爲膾」，「切葱若薤，實諸醢以柔之」是也。若秋則用芥。豚，秋用蓼，即上文「濡豚包苦實蓼」是也。若春則用韭。自「葱」至「藙」五者，皆用以釀，醢及梅則用以和也。用菜謂之釀，用醢酸之屬謂之和。釀者雜之以亨煮，和則既熟而和之也。

又 淳熬：煎醢加於陸稻上，沃之以膏，曰淳熬。《釋文》：淳，之純反。熬，五羔反。

孔氏曰：淳，沃也。熬，煎也。陸稻，陸地之稻也。以陸地稻米爲飯，煎醢使熬，加於飯上，恐其味薄，更沃之以膏，使味相湛漬。以沃之以膏，故曰淳；煎醢，故曰熬。

淳毋：煎醢加於黍食上，沃之以膏，曰淳毋。《釋文》：毋，依註音模。食音嗣。

鄭氏曰：毋讀曰模，模，象也。作此象淳熬。孔氏曰：淳毋，法象淳熬爲之，但用黍爲異耳。食，飯也，謂以黍米爲飯。不言「陸」者，黍皆在陸，無在水之嫌。

炮：取豚若將，刲之刳之，實棗於其腹中，編萑以苴之，塗之以謹塗。炮之，塗皆乾，擘之，濯手以摩之，去其皽，爲稻粉，糔、溲之以爲酏，以付豚，煎諸膏，膏必滅之。鉅鑊湯，以小鼎，薌脯於其中，使其湯毋滅鼎，三日三夜毋絶火，而後調之以醯醢。《釋文》：炮，步交反。將，依註音牂，子郎反。刲，苦圭反。刳，口孤反，又口侯反。編，必縣反，又步典反。萑音丸。苴，子餘反。謹，依註作「墐」，音斤。塗，本亦作「涂」。擘，必麥反。去，起吕反。皽，章善反。糔，息酒反，又相流反，又息了反。溲，所九反。付，徐音賦。鑊，户郭反。使湯，一本作「使其湯」。

鄭氏曰：炮者，以塗燒之爲名也。將當爲「牂」，牂羊也。刲、刳，博異語也。謹當爲「墐」，墐塗，塗有穰艸也。皽，謂皮肉之上魄莫也。糔、溲，亦博異語也。糔，讀與「滫瀡」之滫同。薌脯，謂煮豚若羊於小鼎中，使之香美也。謂之脯者，既去皽，則解析其肉使薄，如爲脯然，唯豚全耳。豚、羊入鼎三日，乃内醯醢，可食也。孔氏曰：萑，薍艸也。苴，裹也。爲炮之法，或取豚，或取牂，刲刳其腹，實香棗於腹中，編連薍艸，以裹匝豚、牂。裹之既畢，以穰艸相和之塗塗之。炮之，塗皆乾，擘去乾塗也。濯手以摩之，去其皽者，手既擘塗，不净，其肉又熱，故濯手摩之，去其皽莫也。爲稻粉，糔、溲之以爲酏，付全豚之外，若牂，則解析其肉，以粥和之。滅，没也。小鼎盛膏，以膏煎豚、牂於鼎中，膏必没此豚、牂也。鉅鑊湯，以小鼎，薌脯於其中者，謂用大鑊盛湯，以小鼎薌脯置於大鑊湯中也。使其湯毋滅鼎者，若湯入鼎中，則令食壞也。三日三夜毋絶火者，欲其微熱勢不絶。《周禮》有毛炮之豚。豚形既小，故知全體。《周禮》鄭註云：「毛炮豚者，爛去其毛而炮之。」豚既毛炮，則此牂亦當毛炮。愚謂裹物而燒之謂之炮。糔、溲，謂溲釋其粉也。付，傅也。此牂實不爲脯，以擘去乾塗之後，薄析其肉，有似脯然，故曰「薌脯」。上曰「付豚」，則知豚之

置於鼎中者亦全體也，下曰「薌脯」，則知牂之用酏付之者亦薄析者也，互見之爾。

擣珍：取牛、羊、麋、鹿、麕之肉，必脄，每物與牛若一，捶反側之，去其餌，孰，出之，去其皾，柔其肉。《釋文》：脄音每，徐亡代反。餌音二，本或作「皾」，下句作「餌」。

鄭氏曰：脄，脊側肉也。捶，擣之也。餌，筋腱也。柔，汁和也。汁和亦醓醢與？愚謂脄與脢同，背肉也。《易》曰：「咸其脢。」

漬：取牛肉，必新殺者，薄切之，必絶其理，湛諸美酒，期朝而食之以醢若醯、醷。《釋文》：湛，子潛反，又直蔭反，又將鴆反。期音朞。

絶其理，謂横斷其肌理也。湛亦漬也。期朝，匝一日也。

爲熬：捶之，去其皾，編萑，布牛肉焉。屑桂與薑，以灑諸上而鹽之，乾而食之。施羊亦如之。施麋、施鹿、施麕皆如牛羊。欲濡肉，則釋而煎之以醢；欲乾肉，則捶而食之。《釋文》：灑，所買反，徐西見反。鹽音艷，又如字。乾而食之，一本無「而食之」三字。濡音儒。鄭註：醢或爲「醓」。

鄭氏曰：熬，於火上爲之，今之火脯似矣。欲濡欲乾，人自由也。此七者，《周禮》「八珍」，其一肝膋是也。孔氏曰：七者，第一淳熬，第二淳毋，第三、第四炮豚若牂，第五擣珍，第六漬，第七熬也。其一肝膋，則此「糝」下「肝膋」也。但作《記》之人，文不依次，故在「糝」下。愚謂鄭氏以淳熬等八物爲八珍，因擣珍之名，以推其餘也。「肝膋」宜在「糝」上，簡錯在下耳。《王制》曰「八十常珍」，「九十者，天子欲有問焉，以珍從」，《文王世子》「養老之珍具」，則珍物者，老者之所需也。

糝：取牛、羊、豕之肉，三如一，小切之，與稻米，稻米二，肉一，合以爲餌，煎之。

鄭氏曰：此《周禮》「糝食」也。

肝膋：取狗肝一，幪之以其膋，濡炙之，舉燋其膋，不蓼。《釋文》：幪音蒙。焦，字又作「燋」，子消反。

鄭註：舉或爲「巨」。膋，腸間脂也。炙，謂抗於火上而燒之也。濡炙之者，謂用膋濡潤其肝而炙之。舉，皆也。舉燋，謂徧皆燋也。其膋不蓼，則其肝當實蓼矣。

取稻米，舉糔、溲之，小切狼臅膏，以與稻米爲酏。《釋文》：臅，昌録反，徐又音燭。酏讀爲餰，之然反，又之善反。

鄭氏曰：狼臅膏，臆中膏也。此《周禮》「酏食」也。酏當從「餰」。愚謂「餰」與「饘」字同。餰與酏皆粥，而厚薄不同。酏用於六飲，則不可用爲豆實，故知此當作「餰」。餰食以稻米合狼臅膏爲之，則亦粥之類，但視粥差厚，故名曰「餰食」，言在食、粥之間爾。自「淳熬」至此，記八珍及内羞之名物，當上與「士於坫一」相屬，説已見篇首。蓋飲食者，人子之所以孝養其親，故自「飯黍稷」至此，備言其品節制度，而因以著夫貴賤等級之差，如趙氏之所言也。

漢・劉熙《釋名・釋飲食》 餅，并也，溲麪使合并也。畢沅曰：《初學記》引「麪」上有「麥」字，《御覽》引「麪」字作「麥」。

胡餅作之，大漫沍也。畢沅曰：《説文》無「漫」字，此當作「蔄胡」。案鄭注《周禮・鼈人》云：「互物，謂有甲蔄胡龜鼈之屬。」則蔄胡乃外甲兩面周圍蒙合之狀，胡餅之形似之，故取名也。葉德炯曰：漫沍即麯餬之轉聲也。《原本・玉篇・食部》「𩚬」下云：「𩚬，餬也。」即此沍字。蘇輿曰：《御覽・飲食》十八引「漫沍」作「漫汗」。亦言以胡麻著上也。畢沅曰：「上」《初學記》引作「之」。成蓉鏡曰：胡餅，《藝文類聚》七十二引《三輔決録》云：「趙岐避難至北海，於市中販胡餅。」《魏志》略同。《御覽》八百六十引《續漢書》云：「漢靈帝好胡餅，京師皆食胡餅。」又引《英雄記》云：「作萬枚胡餅，先持勞客。」而《初學記》二十六合璧事類四十六引崔鴻《前趙録》：「前」當作「後」。「石季龍諱胡，改胡餅曰麻餅。」尤與本書後一義合。

蒸餅、湯餅、蝎餅、髓餅。畢沅曰：《齊民要術》云：「截餅，一名蝎子，蓋即蝎餅也。」《齊民要術》有「作髓餅法」，以髓脂蜜合和麪，厚四五分，廣六七寸，便著胡餅罏中，令熟，勿令反覆。餅肥美，可經久。成蓉鏡曰：蒸餅，《晉書・何曾傳》：「帝輒命取共食，蒸餅上不坼作十字，不食。」《御覽》引《晉陽秋》云：「王歡耽學貧窶，或人惠蒸餅一顆，以充一日。」又引繆襲《祭儀》云：「夏祀以蒸餅、湯餅。」《藝文類聚》七十二引束晳《餅賦》云：「充虚解戰，湯餅爲最。」《御覽》引《語林》云：「何平叔面絶白，魏文帝疑其著粉，正夏月，唤來與熱湯餅。」《世説》畧同。《荆楚歲時記》云：「六月伏日，並作湯餅、蝎餅、髓餅。」《初學記》引盧諶《祭法》云：「春祠用曼頭、湯餅、髓餅、牢九，夏秋冬亦爲之。」《御覽》引作「湯餅、髓餅、牢丸。」《事文類聚續集》十七引作「餲餅、餳餅」。餲餅、餳餅皆蝎餅之誤。《御覽》引《雜五行書》云：「食經有髓餅法，以髓脂合和麪。」

金餅、索餅之屬。成蓉鏡曰：索餅，疑即水引餅，今江淮間謂之切麪。

皆隨形而名之也。畢沅曰：「皆」《一切經音義》引作「各」。

糁，黏也。畢沅曰：今人所謂飯糁，亦或曰飯黏子。

相黏數也。畢沅曰：案《說文》無數字，「數」疑當作「䵒」。《御覽》引作「黍，數也，相黏數也。」蓋別是一條而亡逸者與？不敢據改，而以入補遺中可也。王啓原曰：《方言》：「䵒數，黏也。齊魯青徐自關而東。或曰䵒，或曰數。」《廣雅》：「數、䵒，黏也。」成國青州人，其方言如此。

餌，而也，相黏而也。成蓉鏡曰：本書以「溲麪使合并」訓餅，而此文云：「餌，而也，相黏而也。」蓋謂溲麥屑蒸之曰餅，溲米屑蒸之曰餌，劃然爲二。《說文》：「餅，麪餈也，从食，并聲。」「鬻，粉餅也，从䰜，耳聲。」餌或从食耳，麪謂麥麪，粉謂米粉也。《方言》：「餅謂之飥，或謂之餦餭。」《廣雅》：「餛飩，餅也。」從《疏證》本。皆謂麥麪所爲。《方言》：「餌謂之餻，或謂之餈，或謂之餄，或謂之餣，或謂之䬣。」《廣雅》：「餻、饝、餄、餣、䬣，餌也。」皆謂米粉所爲。《釋名》以餅爲溲麥麪，則餌爲溲米粉可知。故小顏注《急就章》「餅餌」云：「溲米而蒸之則爲餌，餌之言而也，相黏而也。溲麪而蒸熟之則爲餅，餅之言并也。」自賈思勰著《齊民要術》，米粉麥麪皆入之餅法，而後世言食經者，鮮知其分矣。

兗豫曰溏浹。畢沅曰：二字《說文》所無，鄉俗之語，未詳何義。

就形名之也。成蓉鏡曰：案「溏浹」疑即「餹䬾」之譌。《集韻》：「䬾，餌也，兗豫謂之餹䬾。」當本此。《御覽》八百六十引本書「兗豫曰溏浹」。注：「或作夷。」蓋䬾或省作弟，而弟又誤作夷也。葉德炯曰：「溏」疑「餹」之假借，「浹」謂融浹。《說文》：「而，須毛也。」此當是《齊民要術》之䕩糖，一名窠絲糖者，故云「就形名之」。

餈，漬也，烝燥屑，使相潤漬。畢沅曰：今本「烝」譌作「丞」，據《御覽》引改。餅之也。畢沅曰：《周禮・籩人》：「羞籩之實，糗餌粉餈。」康成注：「此二物皆粉，稻米黍米所爲也，合烝曰餌，餅之曰餈。糗者擣粉熬大豆爲餌，餈之黏著以粉之爾。」餌言糗，餈言粉，互相足。

饙，分也，衆粒各自分也。畢沅曰：《詩泂酌正義》引《說文》：「饙，一烝米也。」案，米纔一烝則未黏合，故曰「衆粒各自分」。《御覽》引作「飯，分也，使其粒各自分也。」飯字誤。

飧，散也，投水於中解散也。畢沅曰：《御覽》引作「投飯於水中各散也」。《詩伐檀正義》引《說文》：「飧，水澆飯也，从夕食。」

羹，汪也，汁汪郎也。畢沅曰：「羹」今本譌作「歎」，據《初學記》《御覽》引改。《儀禮・士昏禮》：「有大羹湆。」湆，汁也，則羹多汁者也，故曰汁汪郎。《廣雅》：「羹謂之湆。」蘇輿曰：《釋器》：「肉謂之羹。」《御覽・飲食》十九引《爾雅》舊說：「肉有汁曰羹。」

膗，蒿也，香氣蒿蒿也。畢沅曰：今本「膗」作「䐧」，俗字也。《御覽》引作「膗」，據改。葉德炯曰：《禮祭義》：「君蒿悽愴。」注：「蒿謂氣蒸出貌也。」

糜，煮米使糜爛也。畢沅曰：《說文》：「爢，爛也。」此當云「糜，爢也，煮米使爢爛也」。

粥，濁於糜，粥粥然也。畢沅曰：今本「濁」作「濯」，據《御覽》引改。葉德炯曰：《釋言》：「鬻，糜也。」《釋文》引孫炎注：「鬻，淖糜也。」《禮儒行》：「粥粥，若無能也。」疏云：「是柔弱專愚之貌。」正取此義。

漿，將也，飲之，寒温多少與體相將順也。先謙曰：《孝經》：「將順其美。」注：「將，行也。」《廣雅・釋詁》：「將，養也。」

湯，熱湯湯也。先謙曰：《說文》：「湯，熱水也。」

酪，澤也。畢沅曰：酪於《說文》在新附字中，疑古者借用洛字。葉德炯曰：《御覽・飲食部》引服虔《通俗文》「煏羊乳曰酪」，是漢時有酪字，許書未收。

乳汁所作，使人肥澤也。畢沅曰：「乳汁所作」今本誤作「乳作汁所」，據《藝文類聚》《御覽》引改。

齏，濟也，與諸味相濟成也。畢沅曰：鄭注《周禮・醢人》云：「凡醢醬所和，細切爲齏，全物若牒爲菹。」是齏必用醢醬諸味相濟成也。葉德炯曰：《北堂書鈔・酒食部》五引作「齊，濟也，與諸味相濟成也。」案齊、齏本通。《周禮・醢人》「五齊」注：「齊當爲齏。」

菹，阻也，生釀之，遂使阻於寒温之間，不得爛也。畢沅曰：《禮記・少儀》：「麋鹿爲菹，野豕爲軒，皆聶而不切；麕爲辟雞，兔爲宛脾，皆聶而切之；切葱若薤實之，醯以柔之。」鄭注：「此軒、辟雞、宛脾，皆菹類也。其作之狀以醯與葷菜，淹之殺肉及腥氣也。」是生釀之者也。

𨡬，投也，味相投成也。畢沅曰：《說文》「𨡬，醬𨡬也。」醬𨡬，榆醬也。《齊民要術》有「作榆子醬」法：治榆子仁一升，擣末篩之，清酒一升，醬五升，合和，一月可食之。

醢，晦也。畢沅曰：「晦」，今本譌作「海」，據義改。

晦，冥也，封塗使密冥乃成也。畢沅曰：鄭注《周禮・醢人》云：「作醢及臡者，必先膊乾其肉，乃後莝之，雜以粱麴及鹽，漬以美酒，塗置甀中，百日則成矣。」

醢多汁者曰監。畢沅曰：鄭注《周禮・醢人》云：「監，肉汁也。」今本「監」作「醢」，誤。王啓原曰：《説文》：「肬，肉汁滓也，从肉，冘聲。」則字當作「肬」。醢，血醢也，别一義。然《詩行葦》「醢醢以薦。」《周禮・醢人》：「深蒲醢醢。」《儀禮・公食大夫禮》：「醢醢昌。」本皆假醢爲肬。

監，瀋也，宋魯人皆謂汁爲瀋。畢沅曰：《説文》：「瀋，汁也。」哀三年《左傳》：「無備而官辦者，猶拾瀋也。」此魯大夫富父槐之言也。

醢有骨者曰臡。畢沅曰：《爾雅》：「肉謂之醢，有骨者謂之臡。」

臡，昵也，骨肉相傳昵無汁也。

豉，嗜也。畢沅曰：《説文・尗部》：「枝，配鹽幽尗也。」今本作「豉」，俗。

五味調和，須之而成，乃可甘嗜也。畢沅曰：《御覽》引作「須之而成」。《博物志》云：「外國有豉法，以苦酒浸豆，曝令極燥，以麻油蒸，蒸訖，復曝三過乃止，然後細擣椒屑，隨多少合之。中國謂之康伯，能下氣調和者也。」

故齊人謂豉，聲如嗜也。畢沅曰：「如」何本作「而」，《北堂書鈔》《御覽》皆引作「如」，雖如、而字通，毋寧從如。

鮓。畢沅曰：《説文》無鮓字，以音求之，疑當借用䰼。

菹也。畢沅曰：今本作「滓也」，據《廣韻》《御覽》引改。

以鹽米釀魚以爲菹。畢沅曰：今本作「以鹽米釀之如菹」，據《廣韻》引改。蘇輿曰：《御覽・飲食》二十亦作「以鹽米釀之如菹。」

熟而食之也。畢沅曰：《齊民要術》有作裹鮓、蒲鮓、魚鮓、乾魚鮓等法：用魚臠切之，乃以鹽散之，又炊秔米飯爲糝，并茱萸橘皮好酒以合和之。

腊，乾昔也。畢沅曰：《説文》：「昔，乾肉也，从殘肉，日以晞之，與俎同意，籀文昔下从夕。」

脯，搏也，乾燥相搏著也。畢沅曰：「搏」，義當爲「傅」。《初學記》《御覽》皆作「搏」，姑仍之。

又曰脩。脩，縮也，乾燥而縮也。畢沅曰：《説文》：「脯，乾肉也。」「脩，脯也。」王啓原曰：《周禮・臘人》注：「薄析曰脯，捶之而施薑桂曰腶脩。」搏即薄也。《詩中谷有蓷》：「暵其脩矣。」《傳》云：「脩，且乾也。」

膊，迫也，薄椓肉迫著物使燥也。畢沅曰：《説文》：「膊，薄脯，膊之屋上，从肉，尃聲。」葉德炯曰：此暴肉也。《方言》七：「膊，暴也，燕之外郊、朝鮮洌水之間，凡暴肉發人之私，披牛羊之五藏，謂之膊。」《説文》「薄脯，膊之屋上」，謂切薄肉暴之屋上也。《淮南・繆稱訓》有云：「嗜厚膊。」則此有薄膊矣，亦有以火炙者。《淮南・説林訓》「一膊炭熯」是也。椓，《説文》「擊也」。蘇輿曰：《儀禮・士喪禮》：「兩胉亞」，鄭注：「今文胉爲迫。」《周禮・醢人》：「豚拍魚醢。」司農注：「鄭大夫、杜子春皆以爲拍爲膊。」膊、胉、迫、拍竝同字。

膾，會也，細切肉，令散分其赤白異切之，已乃會合和之也。畢沅曰：《禮記・内則》曰：「肉腥，細者爲膾，大者爲軒。」鄭注：「言大切細切異名也。膾者必先軒之，所謂聶而切之也。」又《少儀》曰：「牛羊與魚之腥，聶而切之爲膾。」鄭注：「聶之言牒也，先藿葉切之，復報切之，則成膾。」蘇輿曰：《御覽・飲食》二十引「散」上無「令」字，末句作「乃會和之也」。《説文》：「膾，細切肉也。」

炙。畢沅曰：之夜反，火熟之肉也。後「脯炙」「釜炙」「脂炙」「銜炙」「貊炙」皆同。

炙也。畢沅曰：炙，之亦反，下「炙於火上」及後「炙之」皆同。

炙於火上也。畢沅曰：《説文》「炙，炮肉也，从肉在火上」。

脯炙，以餳蜜豉汁淹之，脯脯然也。先謙曰：脯脯無義，「淹之」六字《吴校》作「淹而炙之如脯然也」。

釜炙，於釜汁中和熟之也。蘇輿曰：《御覽・飲食》二十一引作「於釜中汁和熟之也」。

脂炙。畢沅曰：今本無此二字，據前後諸條，並據下文釋「脂」爲「銜」，合增此二字。

脂，銜也。銜炙，細密肉，「密」，《御覽・飲食部》引作「掾」。先謙曰：《吴校》云：「銜炙」二字衍，「密」作「切」。

和以薑椒鹽豉，已乃以肉銜，裹其表而炙之也。畢沅曰：《齊民要術》有「銜炙法」：取極肥子鵝一隻，净治煮，令半熟，去骨剉之，和大豆酢五合，瓜菹三合，薑橘皮各半合，切小蒜一合，魚醬汁二合，椒數十粒，作屑合和更剉，令調取好白魚肉細琢，裹作串炙之。

貊炙，全體炙之，各自以刀割出，於胡貊之爲也。畢沅曰：貊，《説文》作

貉。蘇輿曰：《御覽》八百五十九引《搜神記》云：「羌煮貊炙，翟之食也，自太始以來，中國尚之。」先謙曰：即今之燒猪。

膾，細切。細切猪羊馬肉，使如膾也。畢沅曰：膾已見上，此則名「膾，細切」，或「膾」字爲衍。「細切」二字舊不重，今案當重，上舉其名，下言其法，下文云「一分膾，二分細切」，則細切之爲名審矣。

生脠，以一分膾，二分細切，合和挻攪之也。畢沅曰：《說文》：「脠，生肉醬也，从肉延聲。」《齊民要術》有「作生脠」法：羊肉一斤，猪肉白四兩，豆醬清漬之，縷切生薑雞子，春秋用蘇蓼著之。

血䐄。畢沅曰：《說文》：「衉，羊凝血也，从血臽聲。」今本作「䐄」，別也，蘇輿曰：《御覽・飲食》十七引「䐄」作「䘏」，音苦濫反，引《說文》云：「羊血曰䘏。」以血作之，增其酢豉之味，「酢」，《御覽飲食部》引作「酸」。使甚苦以消酒也。

膏饡。畢沅曰：今本脱此二字，案下文有如膏饡之語，即謂此也，今據補。

消膏，而加菹其中，亦以消酒也。畢沅曰：《御覽》引上條「以消酒也」誤作「以消膏而加菹其中，亦以消酒也」，是有脱誤，而合二條爲一矣。據上條云「以消酒也」，此云「亦以消酒也」，文正相承，當分爲二條，使相從。

生瀹葱薤曰兑，言其柔滑兑兑然也。畢沅曰：《御覽》引「兑」皆作「瓮」，未知孰是。孫詒讓曰：《一切經音義》一引《通俗文》云：「淹韭曰韲，淹薤曰韲。」兑疑即韲，音近字通。

韓羊、韓兔、韓雞，本法出韓國所爲也。先謙曰：此三韓國所爲，若今言高麗肉之比。

猶酒言宜成醪、蒼梧清之屬也。畢沅曰：《周禮・酒正疏》引曹植《酒賦》云：「宜城醴醪，蒼梧縹清。」《文選》陸韓卿《詩注》引陳思王《酒賦》云：「酒有宜城濃醪，蒼梧漂清。」又《七命注》引張華《輕薄篇》云：「蒼梧竹葉清，宜城九醖酒。」

腆。畢沅曰：奥加月傍，俗字也。《禮記・内則》有「鴇奥」。鄭注云：「脾脛也。」奥不从肉。

奥也，藏肉於奥内。畢沅曰：「藏」本作「臧」，俗加艸。

稍出用之也。畢沅曰：《禮記正義》云：「奥謂藏之深奥處。」正與此合。然則奥以深奥爲名，字不當從肉。孫詒讓曰：《荀子・大略篇》：「曾子食魚有餘，曰：『泔之。』門人曰：『泔之傷人，不如奥之。』」賈思勰《齊民要術》及段公路《北户録》引南朝食品，竝有奥肉法。

脬，赴也，夏月赴疾作之，久則臭也。畢沅曰：《說文》：「脬，旁光也。」《淮南・說林訓》：「旁光不升俎。」今人亦不以旁光供食，茲以列《飲食篇》，當別是一物。先謙曰：今取脬吹張實肉，和香味其中，乾之，名香肚，蘇州、粤東皆有之，當是也。

分乾，切猪肉以梧，分乾其中，而和之也。畢沅曰：「梧」疑當作「悟」。《說文》：「午，悟也。」案午有交横之義。《儀禮・特牲饋食禮》：「心舌皆去本末，午割之。」此當與之同。「其中」上似有脱文。葉德炯曰：畢説非是，梧當讀爲枝梧之梧，謂斜解也。《史記・項羽紀》：「莫敢枝梧。」《集解》引臣瓚曰：「斜柱曰梧。」

肺膭。畢沅曰：今本「膭」作「撰」，俗謁字也，據《御覽》引改。《說文》：「膭，切肉内於血中和也。」讀若遜。

膭，饡也，以米糝之，如膏饡也。畢沅曰：《禮記・内則》云：「取稻米舉糔溲之，小切狼臅膏，以與稻米爲酏。」鄭注：「狼臅膏，臆中膏也，以煎稻米，則似今膏䭣矣。」案膏䭣即膏饡也。蘇輿曰：《御覽・飲食》十七引無「膭」字，「以」作「全」。盧諶《祭法》云：「四時祠皆用肺膭。」亦見《御覽》引。

雞纖。細擗其腊，令纖，然後漬以酢也，兔纖亦如之。王啓原曰：此云細擗，則纖其本義；下云漬酢，則又當爲瀸。《說文》：「瀸，漬也。」本無正名，隨所命之，舉一則義不全，故《齊民要術》別謂之「雞臘」。其言云：「腤雞一名焦雞，以渾鹽豉葱白中，截乾蘇微火炙，生蘇不炙，與成治渾雞俱下水中熟煮，出雞及葱，漉出汁中蘇豉，澄令清，擘肉廣寸餘，奠之，以煖汁沃之。肉若冷，將奠蒸令煖，滿奠。」又云：「葱蘇鹽豉汁與雞煮，既熟，擘奠與汁，葱蘇在上，莫按下，可增葱白，令細也。」其言作法至詳，而不言漬酢。漢至後魏經時已久，故法小異，名亦微變。《廣雅》始出「臘」字，云：「美也。」《玉篇》則訓「臘」爲「羹」。

寒粥。畢沅曰：字本作鬻，今本省。

末稻米投寒水中育育然也。畢沅曰：《御覽》引作「寒粥，投米寒水中也」。

干飯。畢沅曰：干與乾音同，得相假借，《御覽》引即作「乾」。

飯而曝乾之也。成蓉鏡曰：司馬彪《續漢書》：「羊陟拜河内尹，常食乾飯。」謝承《後漢書》：「左雄爲冀州刺史，常食乾飯；羊茂爲東郡太守，常食乾飯；胡劭爲淮南太守，使鈐下閣外吹曝，作乾飯。」竝見《御覽》八百五十，亦通作

「干飯」。《後漢書・獨行傳》：「明堂之奠，干飯寒水。」

糗，齲也，飯而磨散之，使齲碎也。畢沅曰：今本脱「散」字，據《御覽》引補。《齊民要術》有「作秔米糗精法」：取秔米沃灑作飯，曝令燥，擣細磨，粗細作兩種折。

餱，候也，候人飢者以食之也。葉德炯曰：《説文》：「餱，乾食也。」「餥，餱也，陳楚之間相謁食麥飯曰餥，楚人相謁食麥曰飵，秦人謂相謁食麥曰饍饐。」據此，是古人以麥食作乾糧矣。《魏志・袁術傳》注引《吴書》云：「袁術士衆絶糧，問廚下，尚有麥屑二十斛，時盛暑，欲得蜜漿，又無蜜，坐櫺牀上歎息。」此亦以麥爲乾糧之證。云「候人飢者食之」，即相謁食麥之義也。相謁留食，正以其行道阻飢耳。《詩》：「民之食德，乾餱以愆。」正謂相謁而不設食，遂爲愆尤也。

煮麥曰麩。麩亦齲也，煮熟則齲壞也。畢沅曰：今本「麩」作「麵」，訛，據《御覽》引改。《説文》：「麩，麥甘鬻也。」與煮麥義亦合。

柰油，擣柰實，和以塗繒，上燥而發之，形似油也，杏油亦如之。畢沅曰：今本末句「杏油」亦作「柰油」，誤也。據《御覽》引改正。案柰實不聞可爲油，據《齊民要術》説棗油法稱：鄭康成云：「棗油，擣棗實，和以塗繒，上燥而形似油也，乃成之。」與此相似，雖非引本書，亦得證此之誤。又《齊民要術》引本書云：「杏可以爲油。」蓋據此文「杏油亦如之」之言而云，然本書實未有杏可以爲油之言也。

桃濫，水漬而藏之，其味濫濫然酢也。畢沅曰：鄭注《禮記・内則》説「濫」云：「以諸和水也，紀莒之間名諸爲濫。」《釋文》：「乾桃乾梅皆曰諸。」然則桃濫以水漬桃諸爲之也。

柰脯，切柰曝乾之，如脯也。畢沅曰：《齊民要術》説棗脯法：切棗曝之，乾如脯也。又説作柰脯法：柰熟時，中破，曝乾，即成矣。二法相仿，此似當作棗脯，據《御覽》引則實是柰脯。

鮑魚。鮑，腐也，埋藏淹使腐臭也。畢沅曰：《説文》：「鮑，饐魚也。」鄭注《周禮・籩人》云：「鮑者，於楅室中糗乾之，出於江淮也。」顔注《漢書・貨殖傳》云：「鮑，今之鯘魚也，秦始皇載鮑，亂臭，則是鯘魚耳。」鄭説非也。先謙曰：《吴校》「淹」作「奄」，下有「之」字。

蟹胥，取蟹藏之，使骨肉解，胥胥然也。畢沅曰：今本「解」下有「之」字，據義似衍，删之。《説文》：「胥，蟹醢也。」鄭康成注《周禮・庖人》「供祭祀之好羞」云：「若青州之蟹胥。」《字林》云：「蟹醬也。」

蟹虀，去其匡虀，熟擣之，令如虀也。畢沅曰：「匡」下「虀」字衍，據《北堂書鈔》《御覽》引皆無。段云當作「加虀」，脱「加」字。

桃諸，藏桃也。諸，儲也，藏以爲儲，待給冬月用之也。畢沅曰：《禮記・内則》有「桃諸」、「梅諸」。然則「梅諸」亦藏以待用者也。「用之」疑當作「之用」。

瓠，蓄皮瓠以爲脯，畢沅曰：剥其皮曰皮。《説文》：「剥取獸革者謂之皮。」《戰國策》：「聶政皮面抉眼。」成蓉鏡曰：《晉書・祖逖傳》：「耆老歌元酒，忘勞甘瓠脯。」

蓄積以待冬月時用之也。畢沅曰：《齊民要術》所引，月下無「時」字，「用」下無「之」字。

梁・陶弘景《本草經集註》卷六《蟲獸三品・上品》 酪酥 微寒。主補五藏，利大腸，主治口瘡。

酥出外國，亦從益州來，本是牛羊乳所爲，作之自有法。佛經稱乳成酪，酪成酥，酥成醍醐。醍醐色黄白作餅甚甘肥，亦時至江南。

又 卷七《米食部藥物・中品》 豉 味苦，寒，無毒。主治傷寒頭痛寒熱，瘴氣惡毒，煩躁滿悶，虚勞喘吸，兩脚疼冷。又殺六畜胎子諸毒。

豉，食中之常用。春夏天氣不和，蒸炒以酒漬服之，至佳。暑熱煩悶，冷水漬飲二三升。依康伯法，先以酢酒溲蒸曝燥，麻油和，又蒸曝，凡三過，乃末椒、乾薑屑合和，以進食，勝今作油豉也。患脚人恒將其酒浸以滓敷脚，皆差。好者出襄陽、錢塘，香美而濃，取中心彌善也。

又 《下品》 醬 味鹹，酸，冷利。主除熱，止煩滿，殺藥及火毒。

醬多以豆作，純麥者少。今此當是豆者，亦以久久者彌好。又有肉醬、魚醬，皆呼爲醢，不入藥用也。

北魏・賈思勰《齊民要術》卷八

作醬等法第七十

【略】十二月、正月爲上時，二月爲中時，三月爲下時。用不津甕，甕津則壞醬。嘗爲菹，酢者，亦不中用之。置日中高處石上。夏雨，無令水浸甕底。以一鉎鍬，一本作「生縮」鐵釘子，背「歲殺」釘著甕底石下，後雖有妊娠婦人食之，醬亦不壞爛也。

用春種烏豆，春豆粒小而均，晚豆粒大而雜。於大甑中燥蒸之。氣餾半日許，復貯出更裝之，迴在上者居下，不爾，則生熟不多調均也。氣餾周徧，以灰覆之，經宿無令火絶。取乾牛屎，圓累，令中央空，燃之不煙，勢類好炭。若能多收，常用作食，既

無灰塵，又不失火，勝於艸遠矣。齧看：豆黃色黑極熟，乃下，日曝取乾。夜則聚、覆，無令潤濕。臨欲舂去皮，更裝入甑中蒸，令氣餾則下，一日曝之。明旦起，净簸擇，滿臼舂之而不碎。若不重餾，碎而難净。簸揀去碎者。作熱湯，於大盆中浸豆黃。良久，淘汰，挼去黑皮，湯少則添，慎勿易湯；易湯則走失豆味，令醬不美也。漉而蒸之。淘豆湯汁，即煮碎豆作醬，以供旋食。大醬則不用汁。一炊頃，下置净席上，攤令極冷。

預前，日曝白鹽、黃蒸、艸蒿、麥麴，令極乾燥。鹽色黃者發醬苦，鹽若潤濕令醬壞。黃蒸令醬赤美。艸蒿令醬芬芳；蒿，挼，簸去艸土。麴及黃蒸，各別擣末細簁——馬尾羅彌好。大率豆黃三斗，麴末一斗，黃蒸末一斗，白鹽五升，蒿子三指一撮。鹽少令醬酢；後雖加鹽，無復美味。其用神麴者，一升當笨麴四升，殺多故也。豆黃堆量不槩，鹽、麴輕量平槩。三種量訖，於盆中面向「太歲」和之，向「太歲」，則無蛆蟲也。攪令均調，以手痛挼，皆令潤徹。亦面向「太歲」內著甕中，手挼令堅，以滿爲限；半則難熟。盆蓋，密泥，無令漏氣。

熟便開之，臘月五七日，正月、二月四七日，三月三七日。當縱橫裂，周迴離甕，徹底生衣。悉貯出，搦破塊，兩甕分爲三甕。日未出前汲井花水，於盆中以燥鹽和之，率一石水，用鹽三斗，澄取清汁。又取黃蒸於小盆內減鹽汁浸之，挼取黃瀋，漉去滓。合鹽汁瀉著甕中。率十石醬，用黃蒸三斗。鹽水多少，亦無定方，醬如薄粥便止：豆乾飲水故也。

仰甕口曝之。諺曰：「萎蕤葵，日乾醬。」言其美矣。十日內，每日數度以杷徹底攪之。十日後，每日輒一攪，三十日止。雨即蓋甕，無令水入。水入則生蟲。每經雨後，輒須一攪。解後二十日堪食；然要百日始熟耳。

《術》曰：「若爲妊娠婦人壞醬者，取白葉棘子著甕中，則還好。俗人用孝杖攪醬，及炙甕，醬雖迴而胎損。乞人醬時，以新汲水一盞，和而與之，令醬不壞。」

肉醬法：牛、羊、麞、鹿、兔肉皆得作。取良殺新肉，去脂，細剉。陳肉乾者不任用。合脂令醬膩。曬麴令燥，熟擣，絹簁。大率肉一斗，麴末五升，白鹽兩升半，黃蒸一升，曝乾，熟擣，絹簁。盤上和令均調，內甕子中。有骨者，和訖先擣，然後盛之。骨多髓，既肥膩，醬亦然也。泥封，日曝。寒月作之。宜埋之於黍穰積中。二七日開看，醬出無麴氣，便熟矣。買新殺雉煮之，令極爛，肉銷盡，去骨取汁，待冷解醬。雞汁亦得。勿用陳肉，令醬苦膩。無雞、雉，好酒解之。還著日中。

作卒成肉醬法：牛、羊、麞、鹿、兔、生魚，皆得作。細剉肉一斗，好酒一斗，麴末五升，黃蒸末一升，白鹽一升，麴及黃蒸，並曝乾絹簁。唯一月三十日停，是以不須鹹，鹹則不美。盤上調和令均，擣使熟，還擘破如棗大。作浪中坑，火燒令赤，去灰，水澆，以艸厚蔽之，令坩中纔容醬瓶。大釜中湯煮空瓶，令極熱，出，乾。掬肉內瓶中，令去瓶口三寸許，滿則近口者焦。椀蓋瓶口，熟泥密封。內艸中，下土厚七八寸。土薄火熾，則令醬焦；熟遲氣味美好。是以寧冷不焦；焦，食雖便，不復中食也。於上燃乾牛糞火，通夜勿絶。明日周時，醬出，便熟。若醬未熟者，還覆置，更燃如初。臨食，細切葱白，著麻油炒葱令熟，以和肉醬，甜美異常也。

作魚醬法：鯉魚、鯖魚第一好；鱧魚亦中。鱭魚、鮐魚即全作，不用切。去鱗，净洗，拭令乾，如膾法披破縷切之，去骨。大率成魚一斗，用黃衣三升，一升全用，二升作末。白鹽二升，黃鹽則苦。乾薑一升，末之。橘皮一合，縷切之。和令調均，內甕子中，泥密封，日曝。勿令漏氣。熟以好酒解之。

凡作魚醬、肉醬，皆以十二月作之，則經夏無蟲。餘月亦得作，但喜生蟲，不得度夏耳。

乾鱭魚醬法：一名刀魚。六月、七月，取乾鱭魚，盆中水浸，置屋裏，一日三度易水。三日好净，漉，洗去鱗，全作勿切。率魚一斗，麴末四升，黃蒸末一升——無蒸，用麥櫱末亦得——白鹽二升半，於盤中和令均調，布置甕子，泥封，勿令漏氣。二七日便熟。味香美，與生者無殊異。

《食經》作麥醬法：「小麥一石，漬一宿，炊，卧之，令生黃衣。以水一石六斗，鹽三升，煮作鹵，澄取八斗，著甕中。炊小麥投之，攪令調均。覆著日中，十日可食。」

作榆子醬法：治榆子人一升，擣末，篩之。清酒一升，醬五升，合和。一月可食之。

又魚醬法：成膾魚一斗，以麴五升，清酒二升，鹽三升，橘皮二葉，合和，於瓶內封。一日可食。甚美。

作蝦醬法：蝦一斗，飯三升爲糝，鹽二升，水五升，和調。日中曝之。經春夏不敗。

作燥脠法：羊肉二斤，豬肉一斤，合煮令熟，細切之。生薑五合，橘皮兩葉，雞子十五枚，生羊肉一斤，豆醬清五合。先取熟肉著甑上蒸令熱，和生肉；醬清、薑、橘和之。

生脠法：羊肉一斤，豬肉白四兩，豆醬清漬之，縷切。生薑、雞子，春、秋用

蘇、蓼，著之。

崔寔曰：「正月，可作諸醬，肉醬、清醬。四月，立夏后，鲖魚作醬。五月，可爲醬。上旬鬺豆，中庚煮之。以碎豆作『末都』。至六月、七月之交，分以藏瓜。可作魚醬。」

作鱁鮧法：昔漢武帝逐夷至於海濱，聞有香氣而不見物。令人推求，乃是漁父造魚腸於坑中，以至土覆之，香氣上達。取而食之，以爲滋味。逐夷得此物，因名之，蓋魚腸醬也。取石首魚、魦魚、鯔魚三種腸、肚、胞，齊净洗，空著白鹽，令小倚鹹，內器中，密封，置日中。夏二十日，春秋五十日，冬百日，乃好熟。食時下薑、酢等。

藏蟹法：九月內，取母蟹，母蟹臍大圓，竟腹下；公蟹狹而長。得則著水中，勿令傷損及死者。一宿則腹中净。久則吐黃，吐黃則不好。先煮薄餹，餹，薄餳。著活蟹於冷餹甕中一宿。煮蓼湯，和白鹽，特須極鹹。待冷，甕盛半汁，取餹中蟹內著鹽蓼汁中，便死，蓼宜少著，蓼多則爛。泥封。二十日。出之，舉蟹臍，著薑末，還復臍如初。內著坩甕中，百箇各一器，以前鹽蓼汁澆之，令没。密封，勿令漏氣，便成矣。特忌風裏，風則壞而不美也。

又法：直煮鹽蓼湯，甕盛，詣河所，得蟹則內鹽汁裏，滿便泥封。雖不及前味，亦好。慎風如前法。食時下薑末調黃，盞盛薑酢。

又　作豉法第七十二

作豉法：先作暖蔭屋，坎地深三二尺。屋必以艸蓋，瓦則不佳。密泥塞屋牖，無令風及蟲鼠入也。開小户，僅得容人出入。厚作藁籬以閉户。

四月、五月爲上時，七月二十日後八月爲中時；餘月亦皆得作，然冬夏大寒大熱，極難調適。大都每四時交會之際，節氣未定，亦難得所。常以四孟月十日後作者，易成而好。大率常欲令溫如人腋下爲佳。若等不調，寧傷冷，不傷熱；冷則穰覆還暖，熱則臭敗矣。

三間屋，得作百石豆。二十石爲一聚。常作者，番次相續，恒有熱氣，春秋冬夏，皆不須穰覆。作少者，唯須冬月乃穰覆豆耳。極少者，猶須十石爲一聚；若三五石，不自暖，難得所，故須以十石爲率。

用陳豆彌好；新豆尚濕，生熟難均故也。净揚簸，大釜煮之，申舒如飼牛豆，掐軟便止，傷熟則豉爛。漉著净地撣之，冬宜小暖，夏須極冷，乃內蔭屋中聚置。一日再入，以手刺豆堆中候看：如人腋下暖，便須翻之。翻法：以杷枚略取堆裏冷豆爲新堆之心，以次更略，乃至於盡。冷者自然在內，暖者自然居外。還作尖堆，勿令婆陀。一日再候，中暖更翻，還如前法作尖堆。若熱湯人手者，即爲失節傷熱矣。凡四五度翻，內外均暖，微著白衣，於新翻訖時，便小撥峯頭令平，團團如車輪，豆輪厚二尺許乃止。復以手候，暖則還翻。翻訖，以杷平豆，令漸薄，厚一尺五寸許。第三翻，一尺；第四翻，厚六寸。豆便內外均暖，悉著白衣，豉爲粗定。從此以後，乃生黃衣。復撣豆令厚三寸，便閉户三日。自此以前，一日再入。

三日開户，復以枚東西作壠耩豆，如穀壠形，令稀穊均調。坎劙法，必令至地——豆若著地，即便爛矣。耩遍，以杷耩豆，常令厚三寸。間日耩之。後豆著黃衣，色均足，出豆於屋外，净揚簸去衣。布豆尺寸之數，蓋是大率中平之言矣。冷即須微厚，熱則須微薄，尤須以意斟量之。

揚簸訖，以大甕盛半甕水，內豆著甕中，以杷急抨之使净。若初煮豆傷熟者，急手抨净即漉出；若初煮豆微生，則抨净宜小停之。使豆小軟則難熟，太軟則豉爛。水多則難净，是以正須半甕爾。漉出，著筐中，令半筐許，一人捉筐，一人便汲水於甕上就筐中淋之，急斗擻筐，令極净，水清乃止。淘不净，令豉苦。漉水盡，委著席上。

先多收穀藏，於此時內穀藏於蔭屋窖中，掊穀藏作窖底，厚二三尺許，以蘧蒢蔽窖。內豆於窖中，使一人在窖中以脚躡豆，令堅實。內豆盡，掩席覆之，以穀藏埋席上，厚二三尺許，復躡令堅實。夏停十日，春秋十二三日，冬十五日，便熟。過此以往則傷苦；日數少者，豉白而用費；唯合熟，自然香美矣。若自食欲久留不能數作者，豉熟則出曝之，令乾，亦得周年。

豉法難好易壞，必須細意人，常一日再看之。失節傷熱，臭爛如泥，豬狗亦不食；其傷冷者，雖還復暖，豉味亦惡：是以又須留意，冷暖宜適，難於調酒。

如冬月初作者，須先以穀藏燒地令暖，勿焦，乃净掃。內豆於蔭屋中，則用湯澆黍穄穰令暖潤，以覆豆堆。每翻竟，還以初用黍穰周匝覆蓋。若冬作，豉少屋冷，穰覆亦不得暖者，乃須於蔭屋之中，內微燃烟火，令早暖，不爾則傷寒矣。春秋量其寒暖，冷亦宜覆之。每人出，皆還謹密閉户，勿令泄其暖熱之氣也。

《食經》作豉法：「常夏五月至八月，是時月也。率一石豆，熟澡之，漬一宿。明日，出，蒸之，手捻其皮破則可，便敷於地——地惡者，亦可席上敷之——令厚二寸許。豆須通冷，以青茅覆之，亦厚二寸許。三日視之，要須通得黃爲可。去茅，又薄撣之，以手指畫之，作耕壟。一日再三如此。凡三日作此，可止。更煮

豆，取濃汁，并秫米女麴五升，鹽五升，合此豉中。以豆汁灑溲之，令調，以手搏，令汁出指間，以此爲度。畢，納瓶中，若不滿瓶，以矯桑葉滿之，勿抑。乃密泥之中庭。二十七日，出，排曝令燥。更蒸之時，煮矯桑葉汁灑溲之，乃蒸如炊熟久，可復排之。此三蒸曝則成。」

作家理食豉法：隨作多少，精擇豆，浸一宿，旦炊之，與炊米同。若作一石豉，炊一石豆。熟，取生茅卧之，如作女麴形。二七日，豆生黄衣，簸去之，更曝令燥。後以水浸令濕，手搏之，使汁出——從指歧間出——爲佳，以著瓮器中。掘地作埳，令足容瓮器。燒埳中令熱，内瓮著埳中。以桑葉蓋豉上，厚三寸許，以物蓋瓮頭，令密塗之。十許日成，出，曝之，令浥浥然。又蒸熟，又曝。如此三徧，成矣。

作麥豉法：七月、八月中作之，餘月則不佳。師治小麥，細磨爲麵，以水拌而蒸之。氣餾好熟，乃下，攤之令冷，手挼令碎。布置覆蓋，一如麥䴷、黄蒸法。七日衣足，亦勿簸揚，以鹽湯周徧灑潤之。更蒸，氣餾極熟，乃下，攤去熱氣，及暖内甕中，盆蓋，於蘘糞中燠之。二七日，色黑，氣香，味美，便熟。摶作小餅，如神麴形，繩穿爲貫，屋裏懸之。紙袋盛籠，以防青蠅、塵垢之污。用時，全餅著湯中煮之，色足漉出。削去皮粕，還舉。一餅得數遍煮用。熱、香、美，乃勝豆豉。打破，湯浸研用亦得；然汁濁，不如全煮汁清也。

八和齏第七十三

蒜一，薑二，橘三，白梅四，熟栗黄五，粳米飯六，鹽七，酢八。

齏臼欲重，不則傾動起塵，蒜復跳出也。底欲平寬而圓。底尖擣不著，則蒜有麤成。以檀木爲齏杵臼，檀木硬而不染汗。杵頭大小，令與白底相安可，杵頭著處廣者，省手力，而齏易熟，蒜復不跳也。杵長四尺。入臼七八寸圓之；以上，八稜作。平立，急春之。春緩則葷臭。久則易人。春齏宜久熟，不可倉卒。久坐疲倦，動則塵起；又辛氣葷灼，揮汗或能灑污，是以須立春之。

蒜：净剥，掐去强根，不去則苦。嘗經渡水者，蒜味甜美，剥即用；未嘗渡水者，宜以魚眼湯湓銀洽反。半許半生用。朝歌大蒜，辛辣異常，宜分破去心——全心——用之，不然辣則失其食味也。

生薑：削去皮，細切，以冷水和之，生布絞去苦汁。苦汁可以香魚羹。無生薑，用乾薑。五升齏，用生薑一兩，乾薑則減半兩耳。

橘皮：新者直用，陳者以湯洗去陳垢。無橘皮，可用艸橘子；馬芹子亦得用。五升齏，用一兩。艸橘、馬芹，准此爲度。薑、橘取其香氣，不須多，多則味苦。

白梅：作白梅法，在《梅杏篇》。用時合核用。五升齏，用八枚足矣。

熟栗黄：諺曰：「金齏玉膾」，橘皮多則不美，故加栗黄，取其金色，又益味甜。五升齏，用十枚栗。用黄軟者；硬黑者，即不中使用也。

秔米飯：膾齏必須濃，故諺曰：「倍著齏。」蒜多則辣，故加飯，取其甜美耳。五升齏，用飯如雞子許大。

先擣白梅、薑、橘皮爲末，貯出之。次擣栗、飯使熟；以漸下生蒜，蒜頓難熟，故宜以漸。生蒜難擣，故須先下。春令熟；次下湓蒜。齏熟，下鹽復春，令沫起。然後下白梅、薑、橘末復春，令相得。下醋解之。白梅、薑、橘，不先擣則不熟；不貯出，則爲蒜所殺，無復香氣，是以臨熟乃下之。醋必須好，惡則齏苦。大醋經年釀者，先以水調和，令得所，然後下之。慎勿著生水於中，令齏辣而苦。純著大醋，不與水調醋，復不得美也。

右件法，止爲膾齏耳。餘即薄作，不求濃。

膾魚，肉裏長一尺者第一好；大則皮厚肉硬，不任食，止可作鮓魚耳。切膾人，雖訖亦不得洗手，洗手則膾濕；要待食罷，然後洗也。洗手則膾濕，物有自然相厭，蓋亦「燒穰殺瓠」之流，其理難彰矣。

《食經》曰：「冬日橘蒜齏，夏日白梅蒜齏。肉膾不用梅。」

作芥子醬法：先曝芥子令乾；濕則用不密也。净淘沙，研令極熟。多作者，可碓擣，下絹簁，然後水和，更研之也。令悉著盆，合著掃帚上少時，殺其苦氣——多停則令無復辛味矣，不停則太辛苦。摶作丸，大如李，或餅子，任在人意也。復曝乾。然後盛以絹囊，沈之於美醬中，須則取食。

其爲齏者，初殺訖，即下美酢解之。

《食經》作芥醬法：「熟擣芥子，細篩取屑，著甌裏，蟹眼湯洗之。澄去上清，後洗之。如此三過，而去其苦。微火上攪之，少熇，覆甌瓦上，以灰圍甌邊。一宿即成。以薄酢解，厚薄任意。」

崔寔曰：「八月，收韭菁，作擣齏。」

作魚鮓第七十四

凡作鮓，春秋爲時，冬夏不佳。寒時難熟。熱則非鹹不成，鹹復無味，兼生蛆；宜作裛鮓也。

取新鯉魚，魚唯大爲佳。瘦魚彌勝，肥者雖美而不耐久。肉長尺半以上，皮骨堅硬，不

任爲膾者，皆堪爲鮓也。去鱗訖，則臠。臠形長二寸，廣一寸，厚五分，皆使臠別有皮。臠大者，外以過熟傷醋，不成任食；中始可噉；近骨上，生腥不堪食：常三分收一耳。臠小則均熟。寸數者，大率言耳，亦不可要。然脊骨宜方斬，其肉厚處薄收皮，肉薄處，小復厚取皮。臠別斬過，皆使有皮，不宜令有無皮臠也。手擲著盆水中，浸洗去血。臠訖，漉出，更於清水中净洗。漉著盤中，又白鹽散之。盛著籠中，平板石上迮去水。世名「逐水」。鹽水不盡，令鮓臠爛。經宿迮之，亦無嫌也。水盡，炙一片，嘗鹹淡。淡則更以鹽和糝；鹹則空下糝，不復以鹽按之。

炊秔米飯爲糝，飯欲剛，不宜弱；弱則爛鮓。并茱萸、橘皮、好酒，於盆中合和之。攪令糝著魚乃佳。茱萸全用，橘皮細切：並取香氣，不求多也。無橘皮，艸橘子亦得用。酒，辟諸邪惡，令鮓美而速熟。率一斗鮓，用酒半升，惡酒不用。

布魚於瓮子中，一行魚，一行糝，以滿爲限。腹腴居上。肥則不能久，熟須先食故也。魚上多與糝。以竹篛交横帖上，八重乃止。無篛，菰、蘆葉並可用。春冬無葉時，可破葦代之。削竹插瓮子口内，交横絡之。無竹者，用荆也。著屋中。著日中、火邊者，患臭而不美。寒月穰厚茹，勿令凍也。赤漿出，傾却。白漿出，味酸，便熟。食時手擘，刀切則腥。

作裹鮓法：臠魚，洗訖，則鹽和糝。十臠爲裹，以荷葉裹之，唯厚爲佳，穿破則蟲入。不復須水浸、鎮迮之事。只三二日便熟，名曰「暴鮓」。荷葉別有一種香，奇相發起香氣，又勝凡鮓。有茱萸、橘皮則用，無亦無嫌也。

《食經》作蒲鮓法：「取鯉魚二尺以上，削，净治之。用米三合，鹽二合，醃一宿。厚與糝。」

作魚鮓法：剉魚畢，便鹽醃。一食頃，漉汁令盡，更净洗魚，與飯裹，不用鹽也。

作長沙蒲鮓法：治大魚，洗令净，厚鹽，令魚不見。四五宿，洗去鹽，炊白飯，漬清水中。鹽飯釀。多飯無苦。

作夏月魚鮓法：臠一斗，鹽一升八合，精米三升，炊作飯，酒二合，橘皮、薑半合，茱萸二十顆，抑著器中。多少以此爲率。

作乾魚鮓法：尤宜春夏。取好乾魚——若爛者不中，截却頭尾，暖湯净疏洗，去鱗，訖，復以冷水浸。一宿一易水。數日肉起，漉出，方四寸斬。炊粳米飯爲糝，嘗鹹淡得所；取生茱萸葉布甕子底；少取生茱萸子和飯——取香而已，不必多，多則苦。一重魚，一重飯，飯倍多早熟。手按令堅實。荷葉閉口，無荷葉，取蘆葉；無蘆葉，乾葦葉亦得。泥封，勿令漏氣，置日中。春秋一月，夏二十日便熟，久而彌好。酒、食俱入。酥塗火炙特精，脏之尤美也。

作豬肉鮓法：用豬肥豵肉。净爓治訖，剔去骨，作條，廣五寸。三易水煮之，令熟爲佳，勿令太爛。熟，出，待乾，切如鮓臠；片之皆令帶皮。炊粳米飯爲糝，以茱萸子、白鹽調和。布置一如魚鮓法。糝欲倍多，令早熟。泥封，置日中，一月熟。蒜、虀、薑、鮓，任意所便。脏之尤美，炙之珍好。

脯腊第七十五

作五味脯法：正月、二月、九月、十月爲佳。用牛、羊、麞、鹿、野豬、家豬肉。或作條，或作片，罷。凡破肉，皆須順理，不用斜斷。各自別搥牛羊骨令碎，熟煮取汁，掠去浮沫，停之使清。取香美豉，別以冷水淘去塵穢。用骨汁煮豉，色足味調，漉去滓。待冷，下：鹽；適口而已，勿使過鹹。細切葱白，擣令熟；椒、薑、橘皮，皆末之，量多少。以浸脯，手揉令徹。片脯三宿則出，條脯須嘗看味徹乃出。皆細繩穿，於屋北簷下陰乾。條脯浥浥時，數以手搦令堅實。脯成，置虚静庫中，著煙氣則味苦。紙袋籠而懸之。置於甕則鬱浥；若不籠，則青蠅、塵污。臘月中作條者，名曰「瘃脯」，堪度夏。每取時，先取其肥者。肥者膩，不耐久。

作度夏白脯法：臘月作最佳。正月、二月、三月，亦得作之。用牛、羊、麞、鹿肉之精者。雜膩則不耐久。破作片，罷，冷水浸，搦去血，水清乃止。以冷水淘白鹽，停取清，下椒末，浸。再宿出，陰乾。浥浥時，以木棒輕打，令堅實。僅使堅實而已，慎勿令碎肉出。瘦死牛羊及羔犢彌精。小羔子，全浸之。先用暖湯净洗，無復腥氣，乃浸之。

作甜脆脯法：臘月取麞、鹿肉，片，厚薄如手掌。直陰乾，不著鹽。脆如淩雪也。

作鱧魚脯法：一名鮦魚也。十一月初，至十二月末作之。不鱗不破，直以杖刺口中，令到尾。杖尖頭作樗蒲之形。作鹹湯，令極鹹，多下薑、椒末，灌魚口，以滿爲度。竹杖穿眼，十箇一貫，口向上，於屋北簷下懸之，經冬令瘃。至二月三月，魚成。生刳取五臟，酸醋浸食之，儁美乃勝「逐夷」。其魚，艸裹泥封，煻灰中爊之。去泥艸，以皮、布裹而搥之。白如珂雪，味又絶倫，過飯下酒，極是珍美也。

五味腊法：臘月初作。用鵝、鴈、雞、鴨、鶬、鴇、鳧、雉、兔、鴿鶉、生魚，皆得作。乃净治，去腥竅及翠上「脂瓶」。留「脂瓶」則臊也。全浸，勿四破。別煮牛羊骨肉取汁，牛羊則得一種，不須並用。浸豉，調和，一同五味脯法。浸四五日，嘗味

徹，便出，置箔上陰乾。火炙，熟搥。亦名「瘃腊」，亦名「瘃魚」，亦名「魚腊」。雞、雉、鶉三物，直去腥藏，勿開臆。

作脆腊法：臘月初作。任爲五味腊者，皆中作，唯魚不中耳。白湯熟煮，接去浮沫；欲出釜時，尤須急火，急火則易燥。置箔上陰乾之。甜脆殊常。

作浥魚法：四時皆得作之。凡生魚悉中用，唯除鮎、鱯耳。去直鰓，破腹作鮍，净疏洗，不須鱗。夏月特須多著鹽；春秋及冬，調適而已，亦須倚鹹；兩兩相合。冬直積置，以席覆之；夏須甕盛泥封，勿令蠅蛆。甕須鑽底數孔，拔引去腥汁，汁盡還塞。肉紅赤色便熟。食時洗却鹽，煮、蒸、炮任意，美於常魚。作鮓、醬、爊、煎悉得。

羹臛法第七十六

《食經》作芋子酸臛法：「豬羊肉各一斤，水一斗，煮令熟。成治芋子一升——别蒸之——葱白一升，著肉中合煮，使熟。粳米三合，鹽一合，豉汁一升，苦酒五合，口調其味，生薑十兩。得臛一斗。」

作鴨臛法：用小鴨六頭，羊肉二斤，大鴨五頭。葱三升，芋二十株，橘皮三葉，木蘭五寸，生薑十兩，豉汁五合，米一升，口調其味。得臛一斗。先以八升酒煮鴨也。

作鼈臛法：鼈且完全煮，去甲藏。羊肉一斤，葱三升，豉五合，粳米半合，薑五兩，木蘭一寸，酒二升，煮鼈。鹽、苦酒，口調其味也。

作豬蹄酸羹一斛法：豬蹄三具，煮令爛，擘去大骨。乃下葱、豉汁、苦酒、鹽，口調其味。舊法用餳六斤，今除也。

作羊蹄臛法：羊蹄七具，羊肉十五斤。葱三升，豉汁五升，米一升，口調其味，生薑十兩，橘皮三葉也。

作兔臛法：兔一頭，斷，大如棗。水三升，酒一升，木蘭五分，葱三升，米一合，鹽、豉、苦酒，口調其味也。

作酸羹法：用羊腸二具，餳六斤，瓠葉六斤。葱頭二升，小蒜三升，麵三升，豉汁、生薑、橘皮，口調之。

作胡羹法：用羊脇六斤，又肉四斤，水四升，煮；出脇，切之。葱頭一斤，胡荽一兩，安石榴汁數合，口調其味。

作胡麻羹法：用胡麻一斗，擣，煮令熟，研取汁三升。葱頭二升，米二合，著火上。葱頭、米熟，得二升半在。

作瓠葉羹法：用瓠葉五斤，羊肉三斤。葱二升，鹽蟻五合，口調其味。

作雞羹法：雞一頭，解骨肉相離，切肉，琢骨，煮使熟。漉去骨，以葱頭二升，棗三十枚合煮。羹一斗五升。

作笋䈽鴨羹法：肥鴨一隻，净治如糝羹法，臠亦如此。䈽四升，洗令極净；鹽净，别水煮數沸，出之，更洗。小蒜白及葱白、豉汁等下之，令沸便熟也。

肺膜法：羊肺一具，煮令熟，細切。别作羊肉臛，以粳米二合，生薑煮之。

作羊盤腸雌解法：取羊血五升，去中脈麻跡，裂之。細切羊胳肪二升，切生薑一斤，橘皮三葉，椒末一合，豆醬清一升，豉汁五合，麵一升五合和米一升作糝，都合和，更以水三升澆之。解大腸，淘汰，復以白酒一過洗腸中，屈申以和灌腸。屈長五寸，煮之，視血不出，便熟。寸切，以苦酒、醬食之也。

羊節解法：羊肶一枚，以水雜生米三升，葱一虎口，煮之，令半熟。取肥鴨肉一斤，羊肉一斤，豬肉半斤，合剉，作臛，下蜜令甜。以向熟羊肶投臛裏，更煮，得兩沸便熟。

治羊，合皮如豬豘法：善矣。

羌煮法：好鹿頭，純煮令熟。著水中洗，治作臠，如兩指大。豬肉，琢，作臛。下葱白，長二寸一虎口，細琢薑及橘皮各半合，椒少許；下苦酒、鹽、豉適口。一鹿頭，用二斤豬肉作臛。

食膾魚蓴羹：芼羹之菜，蓴爲第一。四月蓴生，莖而未葉，名作「雉尾蓴」，第一肥美。葉舒長足，名曰「絲蓴」。五月六月用絲蓴。入七月，盡九月十月內，不中食，蓴有蝸蟲著故也。蟲甚微細，與蓴一體，不可識别，食之損人。十月，水凍蟲死，蓴還可食。從十月盡至三月，皆食「瓌蓴」。瓌蓴者，根上頭、絲蓴下茇也。絲蓴既死，上有根茇，形似珊瑚，一寸許肥滑處任用；深取即苦澀。

凡絲蓴，陂池種者，色黄肥好，直净洗則用；野取，色青，須别鐺中熱湯暫煠之，然後用，不煠則苦澀。絲蓴、瓌蓴，悉長用不切。

魚、蓴等並冷水下。若無蓴者，春中可用蕪菁英，秋夏可畦種芮菘、蕪菁葉，冬用薺葉以芼之。蕪菁等宜待沸，接去上沫，然後下之。皆少著，不用多，多則失羹味。乾蕪菁無味，不中用。豉汁於别鐺中湯煮一沸，漉出滓，澄而用之。勿以杓抳，抳則羹濁——過不清。煮豉但作新琥珀色而已，勿令過黑，黑則鹼苦。唯蓴芼而不得著葱、䪥及米糝、菹、醋等。蓴尤不宜鹹。羹熟即下清冷水，大率羹一斗，用水一升，多則加之，益羹清儁甜美。下菜、豉、鹽，悉不得攪，攪則魚蓴

碎，令羹濁而不能好。

《食經》曰：「蓴羹：魚長二寸，唯蓴不切。鱧魚，冷水入蓴；白魚，冷水入蓴，沸入魚。與鹹豉。」又云：「魚長三寸，廣二寸半。」又云：「蓴細擇，以湯沙之。中破鱧魚，邪截令薄，准廣二寸，横盡也，魚半體。煮三沸，渾下蓴。與豉汁、漬鹽。」

醋菹鵝鴨羹：方寸准，熬之。與豉汁、米汁。細切醋菹與之，下鹽。半奠。不醋，與菹汁。

菰菌魚羹：「魚，方寸准。菌，湯沙中出，擘。先煮菌令沸，下魚。」又云：「先下，與魚、菌、茉、糝、葱、豉。」又云：「洗，不沙。肥肉亦可用。半奠之。」

筍簹魚羹：簹，湯漬令釋，細擘。先煮簹，令煮沸。下魚、鹽、豉。半奠之。

鱧魚臛：用極大者，一尺已下不合用。湯鱗治，邪截，臛葉方寸半准。豉汁與魚，俱下水中。與研米汁。煮熟，與鹽、薑、橘皮、椒末、酒。鱧澀，故須米汁也。

鯉魚臛：用大者。鱗治，方寸，厚五分。煮，和，如鱧臛。與全米糝。奠時，去米粒，半奠。若過米奠，不合法也。

臉膱：用豬腸。經湯出，三寸斷之，決破，細切，熬。與水，沸，下豉清、破米汁，葱、薑、椒、胡芹、小蒜、芥——並細切鍛。下鹽、醋。蒜子細切血，將奠與之——早與血則變。大可增米奠。

鱧魚湯：𤎖，用大鱧，一尺已下不合用。净鱗治，及霍葉斜截爲方寸半，厚三寸。豉汁與魚，俱下水中。與白米糝。糝煮熟，與鹽、薑、椒、橘皮屑末。半奠時，勿令有糝。

鮑臛：湯燖，去腹中，净洗，中解，五寸斷之，煮沸，令變色。出，方寸分准，熬之。與豉清、研汁，煮令極熟。葱、薑、橘皮、胡芹、小蒜，並細切鍛與之。下鹽、醋。半奠。

槧淡：用肥鵝鴨肉，渾煮。研爲候，長二寸，廣一寸，厚四分許。去大骨。白湯别煮槧，經半日久，漉出，淅箕中杓迮去令盡。羊肉，下汁中煮，與鹽、豉。將熟，細切鍛胡芹、小蒜與之。生熟如爛，不與醋。若無槧，用菰菌——用地菌，黑裏不中。槧，大者中破，小者渾用。槧者，樹根下生木耳，要復接地生，不黑者乃中用。米奠也。

損腎：用牛羊百葉，净治令白，䪥葉切，長四寸，下鹽、豉中，不令大沸——大熟則肕，但令小卷止。與二寸蘇，薑末，和肉。漉取汁，盤滿奠。又用腎，切長二寸，廣寸，厚五分，作如上。奠，亦用八。薑、䪥，别奠隨之也。

爛熟：爛熟肉，諧令勝刀，切長三寸，廣半寸，厚三寸半。將用，肉汁中葱、薑、椒、橘皮、胡芹、小蒜並細切鍛，並鹽、醋與之，别作臛。臨用，寫臛中和奠。有沈，將用乃下，肉候汁中小久則變，大可增之。

治羹臛傷鹹法：取車轍中乾土末，綿篩，以兩重帛作袋子盛之，繩繫令堅堅，沈著鐺中。須臾則淡，便引出。

蒸缹方九切。法第七十七

《食經》曰：「蒸熊法：取三升肉，熊一頭，净治，煮令不能半熟，以豉清漬之一宿。生秫米二升，勿近水，净拭，以豉汁濃者二升漬米，令色黄赤，炊作飯。以葱白長三寸一升，細切薑、橘皮各二升，鹽三合，合和之，著甑中蒸之，取熟。」「蒸羊、肫、鵝、鴨，悉如此。」

一本：「用豬膏三升，豉汁一升，合灑之。用橘皮一升。」

蒸肫法：好肥肫一頭，净洗垢，煮令半熟，以豉汁漬之。生秫米一升，勿令近水，濃豉汁漬米，令黄色，炊作饙，復以豉汁灑之。細切薑、橘皮各一升，葱白三寸四升，橘葉一升，合著甑中，密覆，蒸兩三炊久。復以豬膏三升，合豉汁一升灑，便熟也。

蒸熊、羊如肫法，鵝亦如此。

蒸雞法：肥雞一頭，净治；豬肉一斤，香豉一升，鹽五合，葱白半虎口，蘇葉一寸圍，豉汁三升，著鹽。安甑中，蒸令極熟。

缹豬肉法：净燖豬訖，更以熱湯遍洗之，毛孔中即有垢出，以艸痛揩，如此三遍，梳洗令净。四破，於大釜煮之。以杓接取浮脂，别著瓮中；稍稍添水，數數接脂。脂盡，漉出，破爲四方寸臠，易水更煮。下酒二升，以殺腥臊——青、白皆得。若無酒，以酢漿代之。添水接脂，一如上法。脂盡，無復腥氣，漉出，板切，於銅鐺中缹之。一行肉，一行擘葱，渾豉、白鹽、薑、椒。如是次第布訖，下水缹之，肉作琥珀色乃止。恣意飽食，亦不䬴，乃勝燖肉。欲得著冬瓜、甘瓠者，於銅器中布肉時下之。其盆中脂，練白如珂雪，可以供餘用者焉。

缹豚法：肥豚一頭十五斤，水三斗，甘酒三升，合煮令熟。漉出，擘之。用稻米四升，炊一裝；薑一升，橘皮二葉，葱白三升，豉汁涑饙，作糝，令用醬清調味。蒸之，炊一石米頃，下之也。

缹鵝法：肥鵝，治，解，臠切之，長二寸。率十五斤肉，秫米四升爲糝——先裝如缹豚法，訖，和以豉汁、橘皮、葱白、醬清、生薑。蒸之，如炊一石米頃，下之。

胡炮肉法：肥白羊肉——生始周年者，殺，則生縷切如細葉，脂亦切。著渾豉、鹽、擘葱白、薑、椒、蓽撥、胡椒，令調適。净洗羊肚，翻之。以切肉脂内於肚中，以向滿爲限，縫合。作浪中坑，火燒使赤，却灰火。内肚著坑中，還以灰火覆之，於上更燃火，炊一石米頃，便熟。香美異常，非煮、炙之例。

蒸羊法：縷切羊肉一斤，豉汁和之，葱白一升著上，合蒸。熟，出，可食之。

蒸豬頭法：取生豬頭，去其骨，煮一沸，刀細切，水中治之。以清酒、鹽、肉，蒸，皆口調和。熟，以乾薑、椒著上食之。

作懸熟法：豬肉十斤，去皮，切臠。葱白一升，生薑五合，橘皮二葉，秫米三升，豉汁五合，調味。若蒸七斗米頃下。

《食次》曰：「熊蒸：大，剥，大爛。小者去頭脚。開腹，渾覆蒸。熟，擘之，片大如手。——又云：方二寸許。——豉汁煮秫米；薤白寸斷，橘皮、胡芹、小蒜並細切，鹽，和糝。更蒸：肉一重，間米，盡令爛熟。方六寸，厚一寸。奠，合糝。」

又云：「秫米、鹽、豉、葱、薤、薑，切鍛爲屑，内熊腹中，蒸。熟，擘奠，糝在下，肉在上。」

又云：「四破，蒸令小熟。糝用饙，葱、鹽、豉和之。宜肉下，更蒸。蒸熟，擘，糝在下；乾薑、椒、橘皮、糝，在上。」

「豚蒸，如蒸熊。」

「鵝蒸，去頭，如豚。」

「裹蒸生魚：方七寸准。——又云：五寸准。——豉汁煮秫米如蒸熊。生薑、橘皮、胡芹、小蒜，鹽，細切，熬糝。膏油塗箬，十字裹之，糝在上，復以糝屈牖篸之。——又云：鹽和糝，上下與。細切生薑、橘皮、葱白、胡芹、小蒜置上。篸箬蒸之。——既奠，開箬，褚邊奠上。」

「毛蒸魚菜：白魚、鯿音賓魚最上。净治，不去鱗。一尺已還，渾。鹽、豉、胡芹、小蒜，細切，著魚中，與菜，並蒸。」

又[云]：「魚方寸准——亦云『五六寸』——下鹽、豉汁中。即出，菜上蒸之。奠，亦菜上。」又云：「竹籃盛魚，菜上，蒸。」又云：「竹蒸並奠。」

「蒸藕法：水和稻穰，糠，揩令净，斫去節，與蜜灌孔裏，使滿，溲蘇麪，封下頭，蒸。熟，除麪，寫去蜜，削去皮，以刀截，奠之。」又云：「夏生冬熟。雙奠亦得。」

脠、腤、煎、消法第七十八

脠魚鮓法：先下水、鹽、渾豉、擘葱，次下豬、羊、牛三種肉，腤兩沸，下鮓。打破雞子四枚，瀉中，如瀹雞子法。雞子浮，便熟，食之。

《食經》脠鮓法：「破生雞子，豉汁，鮓，俱煮沸，即奠。」又云：「渾用豉。奠訖，以雞子、豉怗。」又云：「鮓沸，湯中與豉汁、渾葱白，破雞子寫中。奠二升。用雞子，衆物是停也。」

五侯脠法：用食板零揬，雜鮓，肉，合水煮，如作羹法。

純脠魚法：「一名缹魚。用鯖魚。治腹裏，去腮不去鱗。以鹹豉、葱、薑、橘皮、酢，細切，合煮。沸，乃渾下魚。葱白渾用。——又云：下魚中煮。沸，與豉汁、渾葱白。將熟，下酢。又云：切生薑令長。——奠時，葱在上。大，奠一；小，奠二。若大魚，成治准此。」

腤雞：「一名『缹雞』，一名『雞臐』。以渾。鹽，豉，葱白中截，乾蘇微火炙——生蘇不炙——與成治渾雞，俱下水中，熟煮。出雞及葱，漉出汁中蘇、豉，澄令清。擘肉，廣寸餘，奠之，以暖汁沃之。肉若冷，將奠，蒸令暖。滿奠。」又云：「葱、蘇、鹽、豉汁，與雞俱煮。既熟，擘奠，與汁，葱、蘇在上，莫安下。可增葱白，擘令細也。」

腤白肉：「一名『白缹肉』。鹽、豉煮，令向熟，薄切：長二寸半，廣一寸準，甚薄。下新水中，與渾葱白、小蒜、鹽、豉清。」又：「薤葉切，長三寸。與葱、薑，不與小蒜，薤亦可。」

腤豬法：一名「缹豬肉」，一名「豬肉鹽豉」。一如缹白肉之法。

腤魚法：用鯽魚，渾用。軟體魚不用。鱗治。刀細切葱，與豉、葱俱下，葱長四寸。將熟，細切薑、胡芹、小蒜與之。汁色欲黑。無酢者，不用椒。若大魚，方寸准得用。軟體之魚，大魚不好也。

蜜純煎魚法：用鯽魚，治復中，不鱗。苦酒、蜜中半，和鹽漬魚，一炊久，漉出。膏油熬之，令赤。渾奠焉。

勒鴨消：細研熬如餅臛，熬之令小熟。薑、橘、椒、胡芹、小蒜，並細切，熬黍米糝。鹽、豉汁下肉中復熬，令似熟，色黑。平滿奠。兔、雉肉，次好。凡肉，

赤理皆可用。勒鴨之小者，大如鳩、鴿，色白也。

鴨煎法：用新成子鴨極肥者，其大如雉。去頭，爛治，却腥翠、五藏，又净洗，細剉如籠肉。細切葱白，下鹽、豉汁，炒令極熟。下椒、薑末食之。

菹緑第七十九

《食經》曰：「白菹：鵝、鴨、雞白煮者，鹿骨，斫爲准：長三寸，廣一寸。下杯中，以成清紫菜三四片加上，鹽、醋和肉汁沃之。」又云：「亦細切，蘇加上。」又云：「准訖，肉汁中更煮，亦啖。少與米糝。凡不醋，不紫菜。滿奠焉。」

菹肖法：用豬肉、羊、鹿肥者，䪥葉細切，熬之，與鹽、豉汁。細切菜菹葉，細如小蟲絲，長至五寸，下肉裏。多與菹汁令酢。

蟬脯菹法：「搥之，火炙令熟。細擘，下酢。」又云：「蒸之。細切香菜置上。」又云：「下沸湯中，即出，擘，如上香菜蓼法。」

緑肉法：用豬、雞、鴨肉，方寸准，熬之。與鹽、豉汁煮之。葱、薑、橘、胡芹、小蒜，細切與之，下醋。切肉名曰「緑肉」，豬、雞、名曰「酸」。

白瀹豚法：用乳下肥豚。作魚眼湯，下冷水和之，攣豚令净，罷。若有麤毛，鑷子拔却，柔毛則剔之。茅蒿葉揩洗，刀刮削令極净。净揩釜，勿令渝，釜渝則豚黑。絹袋盛豚，酢漿水煮之。繫小石，勿使浮出。上有浮沫，數接去。兩沸，急出之，及熱以冷水沃豚。又以茅蒿葉揩令極白净。以少許麵，和水爲麵漿；復絹袋盛豚，繫石，於麵漿中煮之。接去浮沫，一如上法。好熟，出，著盆中，以冷水和煮豚麵漿使暖暖，於盆中浸之。然後擘食。皮如玉色，滑而且美。

酸豚法：用乳下豚。燖治訖，并骨斬臠之，令片别帶皮。細切葱白，豉汁炒之，香，微下水，爛煮爲佳。下粳米爲糝。細擘葱白，并豉汁下之。熟，下椒、醋，大美。

又　卷九

炙法第八十

炙豚法：用乳下豚極肥者，豶、牸俱得。攣治一如煮法，揩洗、刮削，令極净。小開腹，去五藏，又净洗。以茅茹腹令滿，柞木穿，緩火遥炙，急轉勿住。轉常使周匝，不匝則偏焦也。清酒數塗以發色。色足便止。取新豬膏極白净者，塗拭勿住。若無新豬膏，净麻油亦得。色同琥珀，又類真金。入口則消，狀若淩雪，含漿膏潤，特異凡常也。

捧或作棒。炙：大牛用膂，小犢用脚肉亦得。逼火偏炙一面，色白便割；割徧又炙一面。含漿滑美。若四面俱熟然後割，則澀惡不中食也。

腩炙：羊、牛、麞、鹿肉皆得。方寸臠切。葱白研令碎，和鹽、豉汁，僅令相淹。少時便炙，若汁多久漬，則肕。撥火開，痛逼火，迴轉急炙。色白熱食，含漿滑美。若舉而復下，下而復上，膏盡肉乾，不復中食。

肝炙：牛、羊、豬肝皆得。臠長寸半，廣五分，亦以葱、鹽、豉汁腩之。以羊絡肚𦚢脂裹，横穿炙之。

牛胘炙：老牛胘，厚而脆。剗穿，痛蹙令聚，逼火急炙，令上劈裂，然後割之，則脆而甚美。若挽令舒申，微火遥炙，則薄而且肕。

灌腸法：取羊盤腸，净洗治。細剉羊肉，令如籠肉，細切葱白，鹽、豉汁、薑、椒末調和，令鹹淡適口，以灌腸。兩條夾而炙之。割食甚香美。

《食經》曰：「作跳丸炙法：羊肉十斤，豬肉十斤，縷切之，生薑三升，橘皮五葉，藏瓜二升，葱白五升，合擣，令如彈丸。别以五斤羊肉作𦞦，乃下丸炙煮之，作丸也。」

膞炙豘法：小形豘一頭，膞開，去骨，去厚處，安就薄處，令調。取肥豘肉三斤，肥鴨二斤，合細琢。魚醬汁三合，琢葱白二升，薑一合，橘皮半合，和二種肉，著豘上，令調平。以竹弗弗之，相去二寸下弗。以竹箬著上，以板覆上，重物迮之。得一宿。明旦，微火炙。以蜜一升合和，時時刷之。黄赤色便熟。先以雞子黄塗之，今世不復用也。

擣炙法：取肥子鵝肉二斤，剉之，不須細剉。好醋三合，瓜菹一合，葱白一合，薑、橘皮各半合，椒二十枚作屑，合和之，更剉令調。裹著充竹弗上。破雞子十枚，别取白，先摩之令調，復以雞子黄塗之。唯急火急炙之，使焦，汁出便熟。作一挺，用物如上；若多作，倍之。若無鵝，用肥豘亦得也。

銜炙法：取極肥子鵝一頭，净治，煮令半熟，去骨，剉之。和大豆酢五合，瓜菹三合，薑、橘皮各半合，切小蒜一合，魚醬汁二合，椒數十粒作屑。合和，更剉令調。取好白魚肉細琢，裹作弗，炙之。

作餅炙法：取好白魚，净治，除骨取肉，琢得三升。熟豬肉肥者一升，細琢。酢五合，葱、瓜菹各二合，薑、橘皮各半合，魚醬汁三合，看鹹淡、多少，鹽之適口。取足作餅，如升盞大，厚五分。熟油微火煎之，色赤便熟，可食。一本：「用椒十枚，作屑和之。」

釀炙白魚法：白魚長二尺，净治，勿破腹。洗之竟，破背，以鹽之。取肥子

鴨一頭，洗治，去骨，細剉；酢一升，瓜菹五合，魚醬汁三合，薑、橘各一合，葱二合，豉汁一合，和，炙之令熟。合取從背，入著腹中，弗之如常炙魚法，微火炙半熟，復以少苦酒雜魚醬、豉汁，更刷魚上，便成。

腩炙法：肥鴨，净治洗，去骨，作臠。酒五合，魚醬汁五合，薑、葱、橘皮半合，豉汁五合，合和，漬一炊久，便中炙。子鵝作亦然。

豬肉鮓法：好肥豬肉作臠，鹽令鹹淡適口。以飯作糝，如作鮓法。看有酸氣，便可食。

《食次》曰：「腤炙：用鵝、鴨、羊、犢、麞、鹿、豬肉肥者，赤白半，細研熬之。以酸瓜菹、筍菹、薑、椒、橘皮、葱、胡芹細切，鹽、豉汁，合和肉，丸之。手搦汝角切爲寸半方，以羊、豬胳肚饊裹之。兩歧簇兩條簇炙之——簇兩臠——令極熟。奠，四臠。牛、雞肉不中用。」

擣炙：一名筒炙，一名黄炙。用鵝、鴨、麞、鹿、豬、羊肉。細研熬和調如「腤炙」。若解離不成，與少麵。竹筒六寸圍，長三尺，削去青皮，節悉净去。以肉薄之，空下頭，令手捉，炙之。欲熟，——小乾，不著手——豎堰中，以雞鴨子白手灌之。若不均，可再上白。猶不平者，刀削之。更炙，白燥，與鴨子黄；若無，用雞子黄，加少朱，助赤色。上黄用雞鴨翅毛刷之。急手數轉，緩則壞。既熟，渾脱，去兩頭，六寸斷之。促奠二。若不即用，以蘆荻苞之，束兩頭——布蘆間可五分——可經三五日，不爾則壞。與麵則味少，酢多則難著矣。

餅炙：「用生魚，白魚最好，鮎、鱧不中用。下魚片：離脊肋，仰柵几上，手按大頭，以鈍刀向尾割取肉，至皮即止。净洗，臼中熟舂之，勿令蒜氣。與薑、椒、橘皮、鹽、豉和。以竹木作圓範，格四寸面，油塗絹藉之。絹從格上下以裝之，按令均平，手捉絹，倒餅膏油中煎之。出鐺，及熱置柈上，盌子底按之令拗。將奠，翻仰之。若盌子奠，仰與盌子相應。」又云：「用白肉、生魚等分，細研熬和如上，手團作餅，膏油煎，如作雞子餅。十字解奠之，還令相就如全奠。小者二寸半，奠二。葱、胡芹生物不得用，用則斑，可增。衆物若是，先停此；若無，亦可用此物助諸物。」

範炙：用鵝、鴨臆肉。如渾，椎令骨碎。與薑、椒、橘皮、葱、胡芹、小蒜、鹽、豉，切，和，塗肉，渾炙之。斫取臆肉，去骨，奠如白煮之者。

炙蚶：鐵鍋上炙之。汁出，去半殼，以小銅柈奠之。大，奠六；小，奠八。仰奠。別奠酢隨之。

炙蠣：似炙蚶。汁出，去半殼，三肉共奠。如蚶，別奠酢隨之。

炙車熬：炙如蠣。汁出，去半殼，去屎，三肉一殼。與薑、橘屑，重炙令暖。仰奠四，酢隨之。勿太熟——則肕。

炙魚：用小鯖，白魚最勝。渾用。鱗治，刀細謹。無小用大，爲方寸準，不謹。薑、橘、椒、葱、胡芹、小蒜、蘇、欓，細切鍛，鹽、豉、酢和，以漬魚。可經宿。炙時以雜香菜汁灌之。燥復與之，熟而止。色赤則好。雙奠，不惟用一。

作脺、奥、糟、苞第八十一

作脺肉法：驢、馬、豬肉皆得。臘月中作者良，經夏無蟲；餘月作者，必須覆護，不密則蟲生。麤臠肉，有骨者，合骨麤剉。鹽、麴、麥䴷合和，多少量意斟裁，然須鹽、麴二物等分，麥䴷倍少於麴。和訖，内甕中，密泥封頭，日曝之。二七日便熟。煮供朝夕食，可以當醬。

作奥肉法：先養宿豬令肥，臘月中殺之。擊訖，以火燒之令黄，用暖水梳洗之，削刮令净，剞去五藏。豬肪煼取脂。内臠方五六寸作，令皮肉相兼，著水令相淹漬，於釜中煼之。肉熟，水氣盡，更以向所煼肪膏煮肉。大率脂一升，酒二升，鹽三升，令脂没肉，緩火煮半日許乃佳。漉出甕中，餘膏仍瀉肉甕中，令相淹漬。食時，水煮令熟，而調和之如常肉法。尤宜新韭「爛拌」。亦中炙噉。其二歲豬，肉未堅，爛壞不任作也。

作糟肉法：春夏秋冬皆得作。以水和酒糟，搦之如粥，著鹽令鹹。内捧炙肉於糟中。著屋下陰地。飲酒食飯，皆炙噉之。暑月得十日不臭。

苞肉法：十二月中殺豬，經宿，汁盡浥浥時，割作捧炙形，茅、菅中苞之。無菅、茅，稻稈亦得。用厚泥封，勿令裂；裂復上泥。懸著屋外北陰中，得至七八月，如新殺肉。

《食經》曰：「作犬牒徒攝反。法：犬肉三十斤，小麥六升，白酒六升，煮之令三沸。易湯，更以小麥、白酒各三升，煮令肉離骨，乃擘。雞子三十枚著肉中。便裹肉，甑中蒸，令雞子得乾。以石迮之。一宿出，可食。名曰『犬牒』。」

《食次》曰：「苞牒法：用牛、鹿頭，肫蹄，白煮。柳葉細切，擇去耳、口、鼻、舌，又去惡者，蒸之。別切豬蹄——蒸熟，方寸切——熟雞鴨卵、薑、椒、橘皮、鹽，就甑中和之。仍復蒸之，令極爛熟。一升肉，可與三鴨子，別復蒸令軟。以苞之：用散茅爲束附之，相連必致令裹。大如鞾雍，小如人脚蹲腸。大，長二尺；小，長尺半。大木迮之，令平正，唯重爲佳。冬則不入水。夏作，小者不迮，

用小板挾之：一處與板兩重，都有四板，以繩通體纏之，兩頭與楔楔蘇結反之兩板之間，楔宜長薄，令中交度，如楔車軸法，强打不容則止。懸井中，去水一尺許。若急待，內水中。用時去上白皮。名曰『水䐑』。」

又云：「用牛、豬肉，煮切之如上。蒸熟，出置白茅上，以熟煮雞子白三重間之，即以茅苞，細繩概束，以兩小板挾之，急束兩頭，懸井水中。經一日許，方得。」

又云：「藿葉薄切，蒸。將熟，破生雞子，并細切薑、橘，就甑中和之。蒸、苞如初。奠如『白䐑』——一名『迮䐑』是也。」

餅法第八十二

《食經》曰：「作餅酵法：酸漿一斗，煎取七升；用粳米一升著漿，遲下火，如作粥。」

「六月時，溲一石麵，著二升；冬時，著四升作。」

作白餅法：麵一石。白米七八升，作粥，以白酒六七升酵中，著火上。酒魚眼沸，絞去滓，以和麵。麵起可作。

作燒餅法：麵一斗。羊肉二斤，葱白一合，豉汁及鹽，熬令熟，炙之。麵當令起。

髓餅法：以髓脂、蜜，合和麵。厚四五分，廣六七寸。便著胡餅鑪中，令熟。勿令反覆。餅肥美，可經久。

《食次》曰：「粲：一名『亂積』。用秫稻米，絹羅之。蜜和水，水蜜中半，以和米屑。厚薄令竹杓中下——先試，不下，更與水蜜。作竹杓：容一升許，其下節，概作孔。竹杓中，下瀝五升鐺裏，膏脂煮之。熟，三分之一鐺中也。」

膏環：一名「粔籹」。用秫稻米屑，水、蜜溲之，强澤如湯餅麵。手搦團，可長八寸許，屈令兩頭相就，膏油煮之。

雞鴨子餅：破寫甌中，不與鹽。鍋鐺中膏油煎之，令成團餅，厚二分。全奠一。

細環餅、截餅：環餅一名「寒具」。截餅一名「蝎子」。皆須以蜜調水溲麵；若無蜜，煮棗取汁；牛羊脂膏亦得；用牛羊乳亦好，令餅美脆。截餅純用乳溲者，入口即碎，脆如淩雪。

餢鍮：起麵如上法。盤水中浸劑，於漆盤背上水作者，省脂，亦得十日軟，然久停則堅。乾劑於腕上手挽作，勿著勃。入脂浮出，即急翻，以杖周正之，但任其起，勿刺令穿。熟乃出之，一面白，一面赤，輪緣亦赤，軟而可愛。久停亦不堅。若待熟始翻，杖刺作孔者，洩其潤氣，堅硬不好。法須甕盛，濕布蓋口，則常有潤澤，甚佳。任意所便，滑而且美。

水引、餺飥法：細絹篩麵，以成調肉臛汁，待冷溲之。

水引：挼如箸大，一尺一斷，盤中盛水浸，宜以手臨鐺上，挼令薄如韭葉，逐沸煮。

餺飥：挼如大指許，二寸一斷，著水盆中浸，宜以手向盆旁挼使極薄，皆急火逐沸熟煮。非直光白可愛，亦自滑美殊常。

切麵粥、一名「碁子麵」。𪍿𪎊蘇貨反。粥法：剛溲麵，揉令熟，大作劑，挼餅麤細如小指大。重縈於乾麵中，更挼如麤箸大。截斷，切作方碁。簸去勃，甑裏蒸之。氣餾，勃盡，下著陰地淨席上，薄攤令冷，挼散，勿令相黏。袋盛，舉置。須即湯煮，別作臛澆，堅而不泥。冬天一作得十日。

𪍿𪎊：以粟飯饙，水浸，即漉著麵中，以手向簸箕痛挼，令均如胡豆。揀取均者，熟蒸，曝乾。須即湯煮，笊籬漉出，別作臛澆，甚滑美。得一月日停。

粉餅法：以成調肉臛汁，接沸溲英粉，若用麤粉，脆而不美；不以湯溲，則生不中食。如環餅麵，先剛溲，以手痛揉，令極軟熟；更以臛汁溲，令極澤鑠鑠然。割取牛角，似匙面大，鑽作六七小孔，僅容麤麻綫。若作「水引」形者，更割牛角，開四五孔，僅容韭葉。取新帛細紬兩段，各方尺半，依角大小，鑿去中央，綴角著紬。以鑽鑽之，密綴勿令漏粉。用訖，洗，舉，得二十年用。裹盛溲粉，斂四角，臨沸湯上搦出，熟煮。臛澆。若著酪中及胡麻飲中者，真類玉色，稹稹著牙，與好麵不殊。一名「搦餅」。著酪中者，直用白湯溲之，不須肉汁。

豚皮餅法：一名「撥餅」。湯溲粉，令如薄粥。大鐺中煮湯；以小杓子挹粉著銅鉢內，頓鉢著沸湯中，以指急旋鉢，令粉悉著鉢中四畔。餅既成，仍挹鉢傾餅著湯中，煮熟。令漉出，著冷水中。酷似豚皮。臛澆、麻、酪任意，滑而且美。

治麵砂墋法：簸小麥，使無頭角，水浸令液。漉出，去水，瀉著麵中，拌使均調。於布巾中良久挺動之，土末悉著麥，於麵無損。一石麵，用麥三升。

《雜五行書》曰：「十月亥日食餅，令人無病。」

糉糧法第八十三

《風土記》注云：「俗先以二節一日，用菰葉裹黍米，以淳濃灰汁煮之，令爛

熟，於五月五日、夏至啖之。黏黍一名『糭』，一曰『角黍』，蓋取陰陽尚相裹未分散之時象也。」

《食經》云：「粟黍法：先取稻，漬之使釋。計二升米，以成粟一斗，著竹篡内，米一行，粟一行，裹，以繩縛。其繩相去寸所一行。須釜中煮，可炊十石米間，黍熟。」

《食次》曰：「糉：用秫稻米末，絹羅，水、蜜溲之，如强湯餅麵。手搦之，令長尺餘，廣二寸餘。四破，以棗、栗肉上下著之徧，與油塗竹箬裹之，爛蒸。奠二，箬不開，破去兩頭，解去束附。」

煮糗或作搝。第八十四

煮糗：《食次》曰：「宿客足，作糗粍蘇革反。糗末一升，以沸湯一升沃之；不用膩器。斷箕漉出滓，以糗箒舂取勃。勃，别出一器中。折米白煮，取汁爲白飲，以飲二升投糗汁中。——又云：合勃下飲訖，出勃。糗汁復悉寫釜中，與白飲合煮，令一沸，與鹽。白飲不可過一□。——折米弱炊，令相著，盛飯甌中，半奠，杓抑令偏著一邊，以糗汁沃之，與勃。」

又云：「糗末以二升，小器中沸湯漬之。折米煮爲飯，沸，取飯中汁升半。折箕漉糗出，以飲汁當向糗汁上淋之，以糗箒舂取勃，出别勃置。復著折米瀋汁爲白飲，以糗汁投中。鮭奠如常，食之。」

又云：「若作倉卒難造者，得停西□糗最勝。」

又云：「以勃少許投白飲中；勃若散壞，不得和白飲，但單用糗汁焉。」

又 飧飯第八十六

作粟飧法：師米欲細而不碎。碎則濁而不美。師訖即炊。經宿則澀。淘必宜净。十徧以上彌佳。香漿和暖水浸饋，少時，以手挼，無令有塊。復小停，然後壯。凡停饋，冬宜久，夏少時，蓋以人意消息之。若不停饋，則飯堅也。投飧時，先調漿令甜酢適口，下熱飯於漿中，尖出便止。宜少時住，勿使撓攪，待其自解散，然後撈盛，飧便滑美。若下飯即覺，令飯澀。

折粟米法：取香美好穀脱粟米一石，勿令有碎雜。於木槽内，以湯淘，脚踏；瀉去瀋，更踏；如此十徧，隱約有七斗米在，便止。漉出，曝乾。炊時，又净淘。下饋時，於大盆中多著冷水，必令冷徹米心，以手挼饋，良久停之。折米堅實，必須弱炊故也，不停則硬。投飯調漿，一如上法。粒似青玉，滑而且美。又甚堅實，竟日不饑。弱炊作酪粥者，美於粳米。

作寒食漿法：以三月中清明前，夜炊飯，雞向鳴，下熟熱飯於甕中，以向滿爲限。數日後便酢，中飲。因家常炊次，三四日輒以新炊飯一椀酘之。每取漿，隨多少即新汲冷水添之。訖夏，飧漿並不敗而常滿，所以爲異。以二升，得解水一升，水冷清俊，有殊於凡。

令夏月飯甕、井口邊無蟲法：清明節前二日夜，雞鳴時，炊黍熟，取釜湯遍洗井口、甕邊地，則無馬蚿，百蟲不近井、甕矣。甚是神驗。

治旱稻赤米令飯白法：莫問冬夏，常以熱湯浸米，一食久，然後以手挼之。湯冷，瀉去，即以冷水淘汰，挼取白乃止。飯色潔白，無異清流之米。

又，師赤稻一臼，米裏著蒿葉一把，白鹽一把，合師之，即絶白。

《食經》曰：「作麵飯法：用麵五升，先乾蒸，攪使冷。用水一升。留一升麵，減水三合；以七合水，溲四升麵，以手擘解。以飯，一升麵粉粉乾下。稍切取，大如粟顆。訖，蒸熟。下著節中，更蒸之。」

作粳米糗糒法：取粳米，汰灑，作飯，曝令燥。擣細，磨，麤細作兩種折。

粳米棗糒法：炊飯熟爛，曝令乾，細篩。用棗蒸熟，迮取膏，溲糒。率一升糒，用棗一升。

崔寔曰：「五月多作糒，以供出入之糧。」

菰米飯法：菰穀盛韋囊中；擣瓷器爲屑，勿令作末，内韋囊中令滿，板上揉之取米。一作可用升半。炊如稻米。

素食第八十七

《食次》曰：「葱韭羹法：下油水中煮葱、韭——五分切，沸俱下。與胡芹、鹽、豉、研米糝——粒大如粟米。」

瓠羹：下油水中煮極熟——瓠體横切，厚三分，沸而下。與鹽、豉、胡芹。累奠之。

油豉：豉三合，油一升，酢五升，薑、橘皮、葱、胡芹、鹽，合和，蒸。蒸熟，更以油五升，就氣上灑之。訖，即合甑覆瀉甕中。

膏煎紫菜：以燥菜下油中煎之，可食則止。擘奠如脯。

薤白蒸：秫米一石，熟舂師，令米毛，不淅。以豉三升煮之，淅箕漉取汁，用沃米，令上諧可走蝦。米釋，漉出——停米豉中，夏可半日，冬可一日，出米。葱、薤等寸切，令得一石許，胡芹寸切，令得一升許，油五升，合和蒸之，可分爲兩甑蒸之。氣餾，以豉汁五升灑之。凡三過三灑，可經一炊久。三灑豉汁，半

熟，更以油五升灑之，即下。用熱食。若不即食，重蒸，取氣出。灑油之後，不得停竈上；則漏去油。重蒸不宜久，久亦漏油。奠訖，以薑、椒末粉之。溲餌亦然。

䐑托飯：托二斗，水一石。熬白米三升，令黄黑，合托，三沸。絹漉取汁，澄清，以䐑一升投中。無䐑，與油二升，䐑托好。一升，次「檀托」，一名「托中價」。

蜜薑：生薑一斤，净洗，刮去皮，竿子切，不患長，大如細漆箸。以水二升，煮令沸，去沫。與蜜二升煮，復令沸，更去沫。椀子盛，合汁減半奠；用箸，二人共。無生薑，用乾薑，法如前，唯切欲極細。

缹瓜瓠法：冬瓜、越冬、瓠，用毛未脱者，毛脱即堅。漢瓜用極大饒肉者，皆削去皮，作方臠，廣一寸，長三寸。偏宜豬肉，肥羊肉亦佳；肉須别煮令熟，薄切。蘇油亦好。特宜菘菜。蕪菁、肥葵、韭等皆得。蘇油，宜大用莧菜。細擘葱白，葱白欲得多於菜。無葱，薤白代之。渾豉、白鹽、椒末。先佈菜於銅鐺底，次肉，無肉以蘇油代之。次瓜，次瓠，次葱白、鹽、豉、椒末，如是次第重布，向滿爲限。少下水，僅令相淹漬。缹令熟。

又缹漢瓜法：直以香醬、葱白、麻油缹之。勿下水亦好。

缹菌法：菌，一名「地雞」，口未開，内外全白者佳；其口開裏黑者，臭不堪食。其多取欲經冬者，收取，鹽汁洗去土，蒸令氣餾，下著屋北陰乾之。當時隨食者，取即湯煠去腥氣，擘破。先細切葱白，和麻油，蘇亦好。熬令香；復多擘葱白，渾豉、鹽、椒末，與菌俱下，缹之。宜肥羊肉；雞、豬肉亦得。肉缹者，不須蘇油。肉亦先熟煮，重重布之如「缹瓜瓠法」，唯不著菜也。

缹瓜瓠、菌，雖有肉、素兩法，然此物多充素食，故附素條中。

缹茄子法：用子未成者，子成則不好也。以竹刀骨刀四破之，用鐵則渝黑。湯煠去腥氣。細切葱白，熬油令香；蘇彌好。香醬清、擘葱白與茄子俱下，缹令熟。下椒、薑末。

作菹、藏生菜法第八十八

葵、菘、蕪菁、蜀芥鹹菹法：收菜時，即擇取好者，菅、蒲束之。作鹽水，令極鹹，於鹽水中洗菜，即内甕中。若先用淡水洗者，菹爛。其洗菜鹽水，澄取清者，瀉著甕中，令没菜把即止，不復調和。菹色仍青，以水洗去鹹汁，煮爲茹，與生菜不殊。

其蕪菁、蜀芥二種，三日抒出之。粉黍米，作粥清；擣麥䴷作末，絹篩。佈菜一行，以䴷末薄坌之，即下熱粥清。重重如此，以滿甕爲限。其布菜法：每行必莖葉顛倒安之。舊鹽汁還瀉甕中。菹色黄而味美。

作淡菹，用黍米粥清，及麥䴷末，味亦勝。

作湯菹法：菘菜佳，蕪菁亦得。收好菜，擇訖，即於熱湯中煠出之。若菜已萎者，水洗，漉出，經宿生之，然後湯煠。煠訖，冷水中濯之，鹽、醋中。熬胡麻油著，香而且脆。多作者，亦得至春不敗。

蘸菹法：菹，菜也。一曰：菹不切曰「蘸菹」。用乾蔓菁，正月中作。以熱湯浸菜冷柔軟，解辮，擇治，净洗。沸湯煠，即出，於水中净洗，復作鹽水暫度，出著箔上。經宿，菜色生好。粉黍米粥清，亦用絹篩麥䴷末，澆菹佈菜，如前法；然後粥清不用大熱。其汁纔令相淹，不用過多。泥頭七日，便熟。菹甕以穰茹之，如釀酒法。

作卒菹法：以酢漿煮葵菜，擘之，下酢，即成菹矣。

藏生菜法：九月、十月中，於牆南日陽中掘作坑，深四五尺。取雜菜，種别布之，一行菜，一行土，去坎一尺許，便止。以穰厚覆之，得經冬。須即取，粲然與夏菜不殊。

《食經》作葵菹法：「擇燥葵五斛，鹽二斗，水五斗，大麥乾飯四斗，合瀨：案葵一行，鹽、飯一行，清水澆滿。七日黄，便成矣。」

作菘鹹菹法：水四斗，鹽三升，攪之，令殺菜。又法：菘一行，女麴間之。

作酢菹法：三石甕。用米一斗，擣，攪取汁三升；煮滓作三升粥。令内菜甕中，輒以生漬汁及粥灌之。一宿，以青蒿、薤白各一行，作麻沸湯，澆之，便成。

作菹消法：用羊肉二十斤，肥豬肉十斤，縷切之。菹二升，菹根五升，豉汁七升半，切葱頭五升。

蒲菹：《詩義疏》曰：「蒲，深蒲也。《周禮》以爲菹。謂蒲始生，取其中心入地者，蒻，大如匕柄，正白，生噉之，甘脆；又煮，以苦酒浸之，如食筍法，大美。今吴人以爲菹，又以爲鮓。」

世人作葵菹不好，皆由葵大脆故也。菹菘，以社前二十日種之；葵，社前三十日種之。使葵至藏，皆欲生花乃佳耳。葵經十朝苦霜，乃採之。秫米爲飯，令冷。取葵著甕中，以向飯沃之。欲令色黄，煮小麥時䊆之。

崔寔曰：「九月，作葵菹。其歲温，即待十月。」

《食經》曰：「藏瓜法：取白米一斗，鑊中熬之，以作糜。下鹽，使鹹淡適口，調寒熱。熟拭瓜，以投其中，密塗甕。此蜀人方，美好。又法：取小瓜百枚，豉五升，鹽三升。破，去瓜子，以鹽布瓜片中，次著甕中，綿其口。三日豉氣盡，可食之。」

《食經》藏越瓜法：「糟一斗，鹽三升，淹瓜三宿。出，以布拭之，復淹如此。凡瓜欲得完，慎勿傷，傷便爛，以布囊就取之，佳。豫章郡人晚種越瓜，所以味亦異。」

《食經》藏梅瓜法：「先取霜下老白冬瓜，削去皮，取肉方正薄切如手板。細施灰，羅瓜著上，復以灰覆之。煮杬皮、烏梅汁著器中。細切瓜，令方三分，長二寸，熟煤之，以投梅汁。數日可食。以醋石榴子著中，并佳也。」

《食經》曰：「樂安令徐肅藏瓜法：取越瓜細者，不操拭，勿使近水，鹽之令鹹。十日許，出，拭之，小陰乾熇之，仍内著盆中。作和法：以三升赤小豆，三升秫米，並炒之，令黄，合舂，以三斗好酒解之。以瓜投中，密塗。乃經年不敗。」

崔寔曰：「大暑後六日，可藏瓜。」

《食次》曰：「女麴：秫稻米三升，净淅，炊爲飯——軟炊。停令極冷，以麴範中用手餅之。以青蒿上下奄之，置牀上，如作麥麴法。三七二十一日，開看，偏有黄衣則止。三七日無衣，乃停，要須衣偏乃止。出，日中曝之。燥則用。」

釀瓜菹酒法：秫稻米一石，麥麴成剉隆隆二斗，女麴成剉平一斗。釀法：須消化，復以五升米酘之；消化，復以五升米酘之。再酘酒熟，則用，不迮出。瓜，鹽揩，日中曝令皺，鹽和暴糟中停三宿，宿内女麴酒中爲佳。

「瓜菹法：採越瓜，刀子割，摘取，勿令傷皮。鹽揩數徧，日曝令皺。先取四月白酒糟鹽和，藏之。數日，又過著大酒糟中，鹽、蜜、女麴和糟，又藏泥甌中，唯久佳。」又云：「不入白酒糟亦得。」又云：「大酒接出清，用醅，若一石，與鹽三升，女麴三升，蜜三升。女麴曝令燥，手拃令解，渾用。女麴者，麥黄衣也。」又云：「瓜净洗，令燥，鹽揩之。以鹽和酒糟，令有鹽味，不須多，合藏之，密泥甌口。軟而黄，便可食。大者六破，小者四破，五寸斷之，廣狹盡瓜之形。」又云：「長四寸，廣一寸。仰奠四片。瓜用小而直者，不可用喎。」

瓜芥菹：用冬瓜，切長三寸，廣一寸，厚二分。芥子，少與胡芹子，合熟研，去滓，與好酢，鹽之，下瓜。唯久益佳也。

湯菹法：用少菘、蕪菁，去根，暫經沸湯，及熱與鹽、酢。渾長者，依杯截。與酢，并和菜汁；不爾，太酢。滿奠之。

苦笋紫菜菹法：笋去皮，三寸斷之，細縷切之；小者手捉小頭，刀削大頭，唯細薄，隨置水中。削訖，漉出，細切紫菜和之。與鹽、酢、乳。用半奠。紫菜，冷水漬，少久自解。但洗時勿用湯，湯洗則失味矣。

竹菜菹法：菜生竹林下，似芹，科大而莖葉細，生極概。净洗，暫經沸湯，速出，下冷水中，即搦去水，細切。又胡芹、小蒜，亦暫經沸湯，細切，和之。與鹽、醋。半奠。春用至四月。

蕺菹法：蕺去土、毛、黑惡者，不洗，暫經沸湯即出。多少與鹽。一升，以暖米清瀋汁净洗之，及暖即出，漉下鹽、酢中。若不及熱，則赤壞之。又，湯撩葱白，即入冷水，漉出，置蕺中，並寸切，用米。若椀子奠，去蕺節，料理接奠，各在一邊，令滿。

菘根榼菹法：菘，净洗徧體，須長切，方如筭子，長三寸許。束根，入沸湯，小停出，及熱與鹽、酢。細縷切橘皮和之。料理，半奠之。

熯菹法：净洗，縷切三寸長許，束爲小把，大如筆管。暫經沸湯，速出之，及熱與鹽、酢，上加胡芹子與之。料理令直，滿奠之。

胡芹小蒜菹法：並暫經小沸湯出，下冷水中，出之。胡芹細切，小蒜寸切，與鹽、酢。分半奠，青白各在一邊。若不各在一邊，不即入於水中，則黄壞，滿奠。

菘根蘿蔔菹法：净洗通體，細切長縷，束爲把，大如十張紙卷。暫經沸湯即出，多與鹽，二升暖湯合把手按之。又，細縷切，暫經沸湯，與橘皮和，及暖與則黄壞。料理滿奠。熅菘、葱、蕪菁根悉可用。

紫菜菹法：取紫菜，冷水漬令釋，與葱菹合盛，各在一邊，與鹽、酢。滿奠。

「蜜薑法：用生薑，净洗，削治，十月酒糟中藏之。泥頭十日，熟。出，水洗，内蜜中。大者中解，小者渾用。竪奠四。」又云：「卒作：削治，蜜中煮之，亦可用。」

「梅瓜法：用大冬瓜，去皮、穰，筭子細切，長三寸，麤細如研餅。生布薄絞去汁，即下杬汁，令小暖。經宿，漉出。煮一升烏梅，與水二升，取一升餘，出梅，令汁清澄。與蜜三升，杬汁三升，生橘二十枚——去皮核取汁——復和之，合煮兩沸，去上沫，清澄令冷。内瓜訖，與石榴酸者、懸鉤子、廉薑屑。石榴、懸鉤，一杯可下十度。皮嘗看，若不大澀，杬子汁至一升。」又云：「烏梅漬汁淘奠。石

榴、懸鉤，一奠不過五六。煮熟，去皮。杭一升，與水三升，煮取升半，澄清。」

「梨菹法：先作漤：用小梨，瓶中水漬，泥頭，自秋至春。至冬中，須亦可用。——又云：一月日可用。——將用，去皮，通體薄切，奠之，以梨漤汁，投少蜜，令甜酢。以泥封之。若卒作，切梨如上，五梨半用苦酒二升，湯二升，合和之，温令少熱，下，盛。一奠五六片，汁沃上，至半。以篸置杯旁。夏停不過五日。又云：卒作，煮棗亦可用之。」

木耳菹：取棗、桑、榆、柳樹邊生猶軟濕者，乾即不中用。柞木耳亦得。煮五沸，去腥汁，出置冷水中，净洮。又著酢漿水中，洗出，細縷切。訖，胡荽、葱白，少著，取香而已。下豉汁、醬清及酢，調和適口，下薑、椒末。甚滑美。

蘧菹法：《毛詩》曰：「薄言采芑。」毛云：「菜也。」《詩義疏》曰：「蘧，似苦菜，莖青；摘去葉，白汁出。甘脆可食，亦可爲茹。青州謂之『芑』。西河、鴈門蘧尤美，時人戀戀，不能出塞。」

《食經》曰：「藏蕨法：先洗蕨，把著器中，蕨一行，鹽一行，薄粥沃之。一法：以薄灰淹之，一宿，出，蟹眼湯瀹之。出熇，内糟中。可至蕨時。」

「蕨菹：取蕨，暫經湯出；小蒜亦然。令細切，與鹽、酢。」又云：「蒜、蕨俱寸切之。」

荇：字或作莕。《爾雅》曰：「莕，接余。其葉，苻。」郭璞注曰：「叢生水中，葉圓，在莖端，長短隨水深淺。江東菹食之。」

《毛詩·周南·國風》曰：「參差荇菜，左右流之。」毛注云：「接余也。」《詩義疏》曰：「接余，其莖白；葉紫赤，正圓，徑寸餘，浮在水上；根在水底。莖與水深淺等，大如釵股，上青下白，以苦酒浸之爲菹，脆美，可案酒。其華爲蒲黄色。」

唐·蘇敬等《新修本草·米部中》 豉，味苦，寒，無毒。主傷寒頭痛寒熱，瘴氣惡毒，煩躁滿悶，虚勞喘吸，兩脚疼冷。又殺六畜胎子諸毒。

豉，食中之常用。春夏天氣不和，蒸炒以酒漬服之，至佳。暑熱煩悶，冷水漬飲二三升。依康伯法，先以醋酒溲曝燥，以麻油和，又蒸曝之，凡三過，乃末椒、乾薑屑合和，以進食，勝今作油豉也。患脚人恒將其酒浸以滓敷脚，皆瘥。好者出襄陽、錢塘，香美而濃，取中心彌善也。

又《米部下》 醬，味鹹、酸，冷利，主除熱，止煩滿，殺百藥熱湯及火毒。醬多以豆作，純麥者少。今此當是豆者，亦以久久者彌好。又有肉醬、魚醬，皆呼爲醢，不入藥用也。［謹案］又有榆人醬，亦辛美，利大小便。芜荑醬大美，殺三蟲，雖有少臭氣，亦辛好。

唐·段成式《酉陽雜俎》前集卷七《酒食》

五味　三材　九沸　九變　三醲　七菹　具酸

楚酪　芍藥之醬　秋黄之蘇　楚苗　山膚太一作大。苦　挫槽

甘而不噮，酸而不嗾，鹹而不減，辛而不耀，淡而不薄，肥而不腴。

猩脣　獲炙　觾翠　搊腴　糜腱

述蕩之擎　旄象之約　桂蠹　石鰒　河隈之蘇

鞏洛之鱒　洞庭之鮒　灌水之鯉一作鰩　珠翠之珍　菜黄之鮐

臑鼈　炮羔　臇凫　蟦臛　御宿青祭一作粲

瓜州紅菱　冀野之粱　芳菰　精稗　會稽之菰

不周之稻　玄山之禾　楊山之穄　南海之秬　壽木之華

玄木之葉　夢澤之芹　具區之菁　楊樸之薑　招摇之桂

越酪之菌　長澤之卵　三危之露　崑崙之井　黄頷臛

醒酒鯖　餅餬餦餭　粔籹　寒具　小蛳

熟蜆　炙糌　蛆子　蟹蝂　葫精

細烏賊　細飄一作魚鰾　梨酳　鱟醬　乾栗

曲阿酒　麻酒　㧖酒　新鰌子　石耳

蒲葉菘　西捭　竹根粟　菰首　鰡子魶

熊蒸　麻胡麥　藏荔支　緑施笋　紫鷠

千里蓴　鱠曰萬丈　蝨一作蟲足　紅綷精細曰萬　鑿百錬

蠅首如蚳　張掖九蒸豉　一丈三節蔗　一歲二花梨　行米

丈松　窯鯺　蚶醬　蘇膏　糖頹雌子

新烏蝍　䜌釀法　樂浪酒法　二月二日法酒　醬釀法

緑酃法　猪骸羮　白羮　麻羮　鴿臛

隔冒法　肚銅法　大貊炙　蜀檮炙　路時腊

棋腊　攫天腊　細麪法　飛麪法　薄演法

籠上牢丸　湯中牢丸　櫻桃餡　蝎餅　阿韓特餅

凡當餅　兜猪肉　懸熟　杏炙　蛙炙

脂血　大扁餳　馬鞍餳　黄醜　白醜

白龍舍　黃龍舍　荆餳　竿炙　羌煑一作炙

疏餅　餅餬餅

餅謂之托，或謂之餦餛。飴謂之餹。一作餷。飽餩謂之餚。一作餶。䬫、飵，鮎。鮎本二字皆從魚。茹、嘰，食也。膜、一作餤。膎、腩、脤、膰，肉也。膠、腸，膜也。腨、臏、一作膹。䐪，臛也。格、糈、粰、粇，饊也。餜、一作餺。餚、脺、饎、飪，餌也。醪、醶、酮、醿，醋也。酪、酨、醇，漿也。䤈、醭、醲、鷂，鹽也。醯、醨、醶、醞、醬，醬也。

折粟米法　取簡勝粟一石，加粟奴五斗舂之，粟奴能令馨香。乳煑羊胯利法　檳榔簷闊一寸，長一寸半，胡飯皮。鯉鮒鮓法　次第以竹枝賁頭置日中，書復爲記。

賁字五色餅法　刻木蓮花，藉禽獸形按成之，合中累積五色豎作道，名爲鬥釘。色作一合者皆糖蜜，副起板法、湯胘法、沙碁法、甘口法。

蔓菁薤菹法　飽霜柄者，合眼掘取作樗蒲形。

蒸餅法　用大例麪一升，練猪膏三合。梨漤法、腴肉法、脺肉法、瀹鮎法。治犢頭，去月骨，舌本近喉，有骨如月。木耳鱠、漢瓜菹切用骨刀、豆牙菹、肺餅法、覆肝法、起起肝如起魚菹。菹族並乙去法一作升。

又鱠法　鯉一尺，鯽八寸，去排泥之羽，鯽員天肉腮後鬐前，用腹腴拭刀，亦用魚腦，皆能令鱠縷不着刀。

魚肉凍䏘法　渌肉酸䏘，用鯽魚、白鯉、魴、鯸、鱖、鮍，煮驢馬肉用助底。鬱驢肉。驢作鱸貯反。炙肉，鱝魚第一，白其次，已前日味。

今衣冠家名食，有蕭家餛飩，漉去湯肥，可以瀹茗。庾家粽子，白瑩如玉。韓約能作櫻桃餺饠，其色不變。又能造冷胡突、鱠醴魚、臆連蒸詐艸艸，一本無蒸字，艸艸作□□。皮索餅。將軍曲良翰，能爲驢騣駝峯炙。

貞元中，有一將軍家出飯食，每説物無不堪喫，唯在火候，善均五味。嘗取敗障泥胡禄，一作鹿。修理食之，其味極佳。

道流陳景思説，敕使齊日昇養櫻桃，至五月中，皮皺如鴻柿不落，其味數倍，人不測其法。

宋·高承《事物紀原》卷九《酒醴飲食部》

五穀

《周書》曰：神農之時，天雨粟。是則初有五穀之始也。《高氏小史》云：炎帝種五穀，故謂之神農。

穀食

賈誼《雜説》曰：神農嘗百艸之實，教民食穀。《藝文類聚》曰：神農時，民始食穀，加於燒石之上而食。

醴酪

《古史考》曰：古有醴酪。《禮運》曰：昔先王未有火化，後聖有作，然後修火之利，以爲醴酪。注云：烝釀之也，酪酢截。蓋其物出自燧人作火之後爾。

石乳

《北苑茶録》曰：石乳，太宗皇帝至道二年詔造也。

炙

《周書》曰：黃帝始燔肉爲炙。

炰

《古史考》曰：燧人鑽火，人始裹肉面燔之曰炰也。

食熟

《古史考》曰：古初之人，未有火化，飲血茹毛。有聖人以火德王，造作鑽燧出火，教人熟食，號曰燧人。禮含文嘉曰：燧人始鑽木以取火，炰生爲熟也。《拾遺記》曰：庖犧變茹腥之食。《高氏小史》：燧人氏時，茹生，人多病，乃鑽燧改火，化生爲熟。

食卵

《瑞應圖》曰：有虞氏馴百禽，夏后之世，民始食卵，鳳皇乃去。此蓋食卵之始也。

飯

《周書》：黃帝始蒸穀爲飯也。

粥

又曰：黃帝始烹穀爲粥。

餻

《周禮籩人》：羞籩之實，糗餌粉餈。鄭康成云：二物皆粉稻黍米所爲，合蒸曰餌，餅之曰餈。蓋餌即餻也。《玉燭寶典》曰：秋食餌者，其時黍秫並收，因以粘米佳味，觸類嘗新，遂成積習。《禮月令》有嘗新之事，疑周制也。《西京雜記》曰：戚夫人侍兒賈佩蘭説宮内時九月九日食餌，令人長壽。故今人以爲

俗。《方言》曰：餌餻，或謂之餈。《續事始》引干寶注曰：糗餌者或屑而蒸之，以棗豆之味同食。

麥餻

《鄴中記》云：并州之俗，冬至一百五日，爲介子推冷食，作乾粥食之，故謂之寒食。乾粥，即今之麥餻是也。世俗每至清明，以麥成秫，以杏酪煮爲薑粥，俟其凝冷，裁作薄葉，沃以餳若蜜而食之，謂之麥餻，此即其起也。《玉燭寶典》曰：今人研杏仁爲酪，以煮麥粥，以餳沃之，即此也。

糉

一名角黍。《風土記》曰：仲夏端午，端，初也，以菰葉裹粘米，以栗棗灰汁煮之令熟，節日啖，取陰陽尚包裹之象。一曰因屈原也。《齊諧記》曰：原以五月五日投汨羅，楚人哀之，每至此日，以筒貯米祭之。今市俗置米於新竹筒中蒸食之，謂之裝筒，其遺事，亦曰筒糉。《齊諧》又記曰：今世人五月五日作糉，汨羅之遺風也。《異苑》曰：糉，屈原姊所作。

饅頭

《稗官小説》云：諸葛武侯之征孟獲，人曰蠻地多邪術，須禱於神，假陰兵以助之。然蠻俗必殺人，以其首祭之，神則嚮之，爲出兵也。武侯不從，因雜用羊豕之肉，而包之以麵，象人頭以祠，神亦嚮焉，而爲出兵。後人由此爲饅頭。至晉盧諶《祭法》，春祠用饅頭，始列於祭祀之品。而束晳《餅賦》亦有其説。則饅頭疑自武侯始也。

餅

晉束晳《餅賦》曰：禮，仲春天子食餻，而朝事之籩，煮麥爲麪。《内則》諸饌不説餅，然則餅之作，其來遠矣。按《漢書・百官表》，少府屬有易官，主餅餌。又宣帝微時每買餅，所從買者輒大售。《説苑》叙戰國事。則餅蓋起於七國之時也。

胡餅

《續漢書》曰：靈帝好胡餅，京師皆食胡餅。胡餅之起，疑自此始也。然則餅有胡漢之異矣，胡餅，蓋今俗所爲者是，而漢餅疑是今餅也。後趙石勒諱胡，改爲麻餅。

蒸餅

秦、漢逮今，世所食，初有餅、胡餅、蒸餅、湯餅之四品。惟蒸餅至晉何曾所食，非作十字折，則不下箸，方一見於此。以是推之，當出自漢、魏以來也。

湯餅

魏、晉之代，世尚食湯餅，今索餅是也。《語林》有魏文帝與何晏熱湯餅。即是其物出於漢、魏之間也。

不托

束晳《餅賦》曰：朝事之籩，煮麥爲麪。則麪之名，蓋自此而出也。魏世食湯餅，晉以來有不托之號，意不托之作，緣湯餅而務簡矣。今訛爲餺飥，亦直曰麪也。

黄兒

《唐五行志》曰：黄巢未入京時，都人以黄米及黑豆屑蒸食之，謂之黄賊打黑賊。唐都長安，今自陝而西，以黄米爲粉團棗蒸之曰黄兒，其蕎麥麪者曰黑兒，蓋出於此也。

鹽豉

《廣雅》曰：苦李作豉。《廣志》曰：苦秦豉。則豉自一物爾。謝承《後漢書》：羊續爲南陽太守，鹽豉共器。《三輔決録》曰：南陽舊語曰：「前隊太守范仲公，鹽豉蒜葉共一筩。」《史記・貨殖傳》曰：糵、麴，鹽豉、千荅。蓋四物也。今京俗謂豉曰鹽豉，或因此云然。晉世已爲此名。《世説》：武子云千里蓴羹，未下鹽豉。

宋・葉廷珪《海録碎事》卷六《飲食器用部・食門》

藜藿　藜藿羹：注：黎艸似蓬。藿，豆葉也。《史遹子》。　糲粱食　糲粱食，張晏云：「一斛粟七斗米爲糲。」糲音賴。《漢書》注。　奇羞　後主：百品盛奇羞。　椒糈　巫咸將久降兮，懷椒糈而要之。音所米切。《楚詞》。　瓊靡　折瓊枝以爲羞，精瓊靡以爲粻。音靡，屑也。粻音張，糧也。　蕙蒸蘭藉　《九歌》：蕙肴蒸兮蘭藉，奠桂酒兮椒漿。　吴羹　和酸若苦陳吴羹。　蔗漿　濡鼈炮羔有蔗漿。　腐腸藥　甘脆肥醲，命曰腐腸之藥。枚乘《七發》。　犓牛腴　犓牛之腴，菜以筍蒲。　折芰燔枯　折芰燔枯，注：枯，乾魚也。任彦升表。　羅闍　《異物志》云：高昌僻土，有異於華，寒服冷水，暑歠羅闍。注云：高昌郡人呼粥爲羅闍也。　鬻魚額　語曰：寧去累世宅，不去鬻魚額。《雜俎》。　合瀾蠣　語曰：得合瀾蠣，雖不足豪，亦足以高。　彫胡飯　主人女爲臣炊彫胡之飯，烹露葵之羹，披白縠之單衫，垂珠步摇，來排臣户。相如《諷

賦》。　露葵羹　見上。　杬子　杬子，音元，鹽鴨子也。以其用杬木皮汁和鹽漬之。　含肚羹　石首魚鹽淹曝乾，謂之「含肚羹」。　熊白　熊當心有白脂如玉，味甚羹，俗呼熊白。《淮南子》。　甘狗羹　楚人烹猴，召其鄰，以爲狗羹而甘之。《山海經》。　艸具　范雎見須賈，使舍食艸具。《史記》。　善飯　趙使曰：「廉將軍雖老尚善飯。然與臣坐，頃之三遺矢矣。」《史記》本傳。　食蛙瘦　見《光景門》。　蓬池鱠　李德裕《述夢詩》云：「荷静蓬池鱠，冰寒郢水醪。」注：學士初上賜食，皆蓬萊池鱠。夏至頒冰及酒。以酒味濃，和冰而飲。禁中有郢酒坊。　安成食　南朝安成公何勗，無忌之子，臨汝公孟靈休，昶之子，以肴膳器服車馬相高，都下語曰：「安成食，臨汝飾。」　五侯鯖　漢婁君卿歷遊五侯之門，每旦，五侯遺餉之，君卿合爲鯖，世傳五侯鯖。音征，煎和之名。　佳設　羊曼在丹陽，客來早者得佳設。　高陽食　高陽一食，直我千日。《洛陽伽藍記》。　燒尾食　唐景龍中，初拜官者例各進食，名曰燒尾食。　下食客　謝惠連父方明。族子靈運謂曰：「阿連才悟如此，而以常兒待之；何長瑜當今仲宣，而飴以下客之食。」　羞煮　羞煮宜羊，貊煮宜犢。《語林》。　清酒特炙　陸機：百年歌清酒，特炙奈樂何。古樂府。　杏酪麥粥　孫楚《祭子推文》云：「黍飯一盤，杏酪二盃。清泉甘水，充君之厨。」今寒食杏酪、麥粥，即其類也。《荆楚歲時記》。　山膳　若擬嘗山膳，相隨折晚菘。陶詩。　太牢具　項王使者來，爲太牢具，舉欲進之。《西漢·志》。　惡食　以惡食食項王使者。　爭奏酒炙　延壽被誅，老小扶持車轂，爭羹酒炙。　麪起餅　齊永明九年，詔太廟四時薦麪起餅，疑今之蒸餅也。　蓴黽　蓴羹絶美，江東人謂之蓴黽。《雜俎》。　炊金饌玉　駱賓王謂盛饌曰炊金饌玉。　乳糜香飯　晉劉孝威啓曰：　乳糜香飯，素粽糗漿。　蒸葫蘆　鄭餘慶處分厨家：「爛蒸去毛，莫拗折項。」客以爲必是鵝鴨，乃是爛蒸葫蘆。商芸《小説》。　飯三升　聞駟性能多食，一飯至三升乃飽。　治具　魏其夫妻治具，至今未敢嘗食。《灌夫傳》。　毋食馬肝　食肉無食馬肝，未爲不知味也。注：馬肝有毒，食之善殺人。《西漢·志》。　桂蠹　南越王獻桂蠹一器。注：蟲食桂，故味辛，而漬之以蜜食之也。前《南粤王傳》。　家鹿　《倦遊録》：廣南人食鼠，謂之家鹿。　落頭鮮　《送人鄖鄉》：無慙折腰吏，勉食落頭鮮。注：鄖人相尚食腐魚，故俗傳爲落頭鮮。　囚犢奪乳　囚犢奪乳，劫蜂食蜜，又以油引出艸上之蟲而食，謂之三奪食。出佛書。　三奪食　見上。　庖霜淅玉　庖霜淅玉膾，玄鯽炊香粳。魯直詩。　酒車　酒車酌醴，方駕授饔。左氏注：熟曰饔。《西京賦》。　修薄具　修薄具而自設。注：具，肴饌也。《長門賦》。　甘臇　飯食則温淳甘臇。美也，吕芮反。《七發》。　芼山膚　肥狗之和，冒以山膚。注：熊白也。冒與芼同。上　楚苗　楚苗之食，安胡之飯。或云彫胡。上　熊蹯　熊蹯之臑。　豢豹胎　豢豹胎。言所養豹。　小飯大歠　小飯大歠，如湯沃雪。　蟬翼剖　蟬翼剖。言其切之薄也。　蓴收調辛　蓴收調辛，玄冥適鹹。　極陸毛　極陸毛，窮海錯。《七命》。　晨鳧露鵠　晨鳧露鵠。言味之美。　封熊蹯　封熊之蹯，翰音之跖。　凈饌　凈饌素餐。見《藝文》。　象白　象白，猶熊白也。　鶤髀猩脣　鶤髀猩脣，薄米反。《七命》。　命支離　命支離，飛霜鍔。紅肌綺散，素膚雪落。注：支離，古之屠人。《七命》。　膚寸肴脩　《選》應休璉書：接武茅茨，涼過大厦。膚寸肴脩，味踰方丈。注：四指爲膚。

又《米麵門》　粱甫銀泥　吴均《餌説》云：細如華山玉屑，白似粱甫銀泥。　蜜餌　粔籹蜜餌有餦餭。宋玉《招魂》。　五里香　魏文帝《與朝臣書》云：江表唯長沙名有好米，風吹之，五里聞香。　通腸米　《南楚新聞》：荆南孫儒之亂，斗米四十千。持金寶換易，纔得一撮一合，謂之「通腸米」，言饑人不可食他物，唯煎米飲之，可以稍通腸胃。

又《煎和門》　越裳梅　鱔以大厦之薑，酢以越裳之梅。崔駰《七依》。　齊蘭梅　河黿之羹，齊以蘭梅。　燀秋橙　燀以秋橙，和以春梅。燀，煮也。《七命》。　陽樸薑　滋以陽樸之薑。

又《脯醬門》　魚醢　魚醢、魚䤈，皆魚醬也。　嬰脯　嬰脯，堯時厨中自生，肉薄如嬰，摇鼓生風，食物不臭。《諸集拾遺》。　醒酒鯖　虞悰獻齊武醒酒鯖鮓方。　糟蟹　何胤侈於食味，稍除去其太甚者，猶有醢醋糟蟹。陸詩云：「自是揚雄知郭索，且非何胤敢餦餭。」《集韻》：「餦餭，餌也。」

宋·林洪《山居清供》卷下　蜜漬梅花

楊誠齋詩云，甕澄雪水釀春寒，蜜點梅花帶露飡。句裏略無烟火氣，更教誰上少陵壇。剥白梅肉少許，浸雪水，以梅花釀醖之，露一宿取出，蜜漬之，可薦酒。較之掃雪烹茶，風味不殊也。

宋·陸遊《老學庵筆記》卷五　《齊民要術》有鹹杬子法，用杬木皮漬鴨卵。今吴人用虎杖根漬之，亦古遺法。

又 卷六《北户録》云：「廣人於山間掘取大蟻卵爲醬，名蟻子醬。」按，此即《禮》所謂「蚳醢」也，三代以前固以爲食矣。然則漢人以蠹祭宗廟，何足怪哉！

宋·吴曾《能改齋漫録》卷一《事始》 鹽豉

鹽豉，古來未有也。《禮記·内則》炮豚之法云：「調之以醯醢。」《尚書·説命篇》：「若作和羹，爾惟鹽梅。」《左傳》：「晏子曰：『水火醯醢鹽梅，以烹魚肉。』」是古人調鼎用梅醢也。而言不及豉，古人未有豉也，止用醬耳。《禮記·内則》《楚辭·招魂》備論飲食，而言不及豉。史游《急就篇》乃有「蕪荑鹽豉」。《史記·貨殖傳》曰：「蘖麴鹽豉千合。」及《三輔决録》曰：「前隊大夫范仲公，鹽豉蒜果共一筩。」蓋秦漢已來，始爲之耳。

又 卷一五《方物》

橄欖有五種

橄欖，嶺外有五種，一曰丁香橄欖，此以其形；二曰故橄欖；三曰蠻橄欖，此以其所出呼之；四曰新婦橄欖，以其短矮而小；五曰絲橄欖，此以其子緊小，唯出桂府陽朔縣。土人食之，必去兩頭，云有大熱。

苦筍甜鹹虀淡

廬山簡寂觀，乃陸脩静之居也。觀出苦筍，而味反甜。歸宗寺造鹹虀，而味反淡。蓋山中佳物也。山中人語云：「簡寂觀前甜苦筍，歸宗寺裏淡鹹虀。」蓋紀實耳。張芸叟《簡寂觀詩》云：「偃松拂盡煎茶石，苦筍撑開禮斗壇。」《歸宗寺詩》云：「淡虀苦筍千人供，青磬華香一谷傳。」亦所以紀事也。

胡麻餅

《釋名》云：「餅，并也。溲麪使合并也。胡餅，言以胡麻著之也。」《晉書》云：「王長文在市中齧胡餅。」肅宗《實録》云：「楊國忠自入市，衣袖中盛胡餅。」劉禹錫《嘉話》云：「劉晏入朝，見賣蒸胡餅之處，買啗之。」此胡餅，皆胡麻之餅也。《緗素雜記》謂：「張公所論市井有鬻胡餅者，不曉名之所謂，乃易其爲爐餅。」論引爲誤，誠然。

辨湯餅

黄朝英《緗素雜記》云：「煮餅謂之湯餅，其來舊矣。案，後漢梁冀傳云：『進鴆如煮餅。』世説載何平叔面白，魏文帝食以湯餅。又，梁吴均稱餅德，曰湯餅爲最。又，《荆楚記》：『六月伏日，並作湯餅，名爲辟惡。』又，齊高帝好食水引麪。又，《唐書·王皇后傳》云：『獨不念阿忠脱紫半臂，易斗麪，爲生日湯餅耶？』《倦遊雜録》，乃謂今人呼煮麪爲湯餅，誤矣。」以上皆黄説。予謂黄不見束晳賦，故爲是紛紛。束晳湯《餅賦》云：「元冬猛寒，清晨之會。涕凍鼻中，霜凝口外。充虚解戰，湯餅爲最。弱似春綿，白若秋練。氣勃鬱以揚布，香飛散而遠徧。行人失涎於下風，童僕空噍而斜眄。擎器者舐唇，立侍者乾咽」云云。乃知煮麪之爲湯餅，無可疑者。倦遊雜録與黄朝英皆不見此賦，惜哉。

千里蓴羹未下鹽豉

黄朝英《緗素雜記》云：「陸機云：『千里蓴羹，未下鹽豉。』史所載止此而已。或以爲千里、未下皆地名，是未嘗讀世説而妄爲之論也。《世説》云：『千里蓴羹，但未下鹽豉耳。』蓋洛中去吴有千里之遠，吴中蓴羹，自可敵羊酪。第以其地遠，未可卒致，故云但未下鹽豉耳。意謂蓴羹得鹽豉尤美也。」以上皆黄説。予謂黄引《世説》，以攻未下爲地名之論，甚當。但推尋句意未盡，何者？或人以未下爲地名，正以史削去「但」一字而已。使其不削「但」一字，或人之疑亦無從而起矣。予以黄論未詳明，故推而明之。

採橄欖

王立之《詩話》云：「東坡橄欖詩『紛紛青子落紅鹽』之句，范景仁言：『橄欖木高大難採，以鹽擦木身，則其實自落，此所以有紅鹽之句也。』」予按，江鄰幾《嘉祐雜志》云：「橄欖木，其花如樗。將採其實，剥其皮，以薑汁塗之，則盡落。」范説乃爾，何耶？豈鹹辣皆可用歟？

煮湯餅

范侍讀仲元長言，其父淳甫，元祐間爲東平府直講。每日供膳所食，湯餅異常。因造外廚，訊諸庖者，見几上有金錢數十，審其安用。對曰：「凡麪入湯之後，每遇一沸，必下一錢，錢盡而後已。」故其説曰：「硬作熟溲，湯深煮久。」

又 《逸文》《永樂大典》殘卷七三二八引 今市中所賣姜豉，以細抹猪肉凍而爲之，自唐以來有也。《朝野僉載》：「姜悔爲吏部侍郎，眼不識字，手不解書。濫掌銓衡，曾無分别。選人歌曰：『今年選數恰相當，抑由坐主無文章。案後一腔凍猪肉，所以名爲姜豉郎。』」七千三百二十八引。

宋·范成大《桂海虞衡志·志花》 裹梅花 即木槿。有紅、白二種，葉似蜀葵。采紅者連葉包裹黄梅，鹽漬，曝乾，以薦酒，故名。

又《志果》 蕉子 芭蕉極大者，淩冬不凋，腹中抽幹，長數尺，節節有花，花褪葉根有實。去皮取肉，軟爛如緑柿，極甘冷，四季實。土人或以飼小兒，云性涼去客熱。以梅汁漬，暴乾，按令褊音吡，味甘酸，有微霜。世謂芭蕉乾者是也。又名牛蕉子。亦四季實。

紅鹽艸果 取生艸豆蔻，入梅汁，鹽漬，令色紅，暴乾，以薦酒。

鸚哥舌 即紅鹽艸，果之珍者。實始結，即擷取，紅鹽乾之，纔如小舌。

宋・張世南《遊宦紀聞》卷二 唐、鄧間多大柿。初生澀，堅實如石。凡百十柿，以一榠楂置其中，則紅爛如泥而可食。榅桲亦可代榠楂用，此歐公《歸田録》所載。但江南人不識榅桲，世南侍親官蜀，至梁、益間，方識之。大者如梨，味甜而香，用刀切，則味損而黑。凡食時，先以巾拭去毛，以巾包，於柱上擊碎，其味甚佳。蜀人以榅桲切去頂，剜去心，納檀香、沈香末，並麝少許。覆所切之頂，線縛蒸爛。取出俟冷，研如泥。入腦子少許，和勻，作小餅燒之，香味不減龍涎。

淮南人藏鹽酒蟹，凡一器十隻，以皁莢半挺置其中，則經歲不壞。世南向侍親至四明，鹽白而廉。僕輩貪利，以篭盛貯。邸翁曰：「塗中走滷，將若之何？授汝一法，可煨皁莢一挺置其中，則無慮矣。」試之，果然。

又 卷九 橄欖，閩、蜀俱有之。閩中丁香一品，極小，雋永，其味勝於蜀產。家君嘗手植核於小圃，伺其萌茁，再歲而樹壯。畏霜，覆以屋。又三歲，高二丈許。始實，初如菉豆，凡兩月漸大。有墮地者，視之，木患子也。皮可洗衣，功不讓皁角，核則人以爲念珠者。

嗚呼！地土風氣之能移物性如是耶？橘踰淮而北爲枳，鸜鵒不踰濟，貉踰汶則死。地氣使然，無足多怪。

元・孟祺等《農桑輯要》卷五《瓜菜》

豆豉

《四時類要》：六月，造豆豉：黑豆不限多少，三二斗亦得。淨淘，宿浸，漉出，瀝乾。蒸之令熟，於簟上攤，候如人體，蒿覆，一如黄衣法。三日一看，候黄衣上徧即得，又不可太過。簸去黄，曝乾，以水浸拌之，不得令太濕，又不得令太乾，但以手捉之，使汁從指間出爲候。安甕中，實築，桑葉覆之，厚可三寸。以物蓋甕口，密泥於日中。七日，開之，曝乾。又以水拌，却入甕中，一如前法。六、七度。候好顔色，即蒸過，攤却大氣，又入甕中，實築之，封泥。即成矣。

麩豉

《四時類要》：六月，造麩豉：麥麩不限多少，以水勻拌，熟蒸，攤如人體，蒿艾罨取黄衣徧，出，攤曬令乾。即以水拌令浥浥，却入缸甕中，實捺，安於庭中，倒合在地，以灰圍之。七日外，取出，攤曬。若顔色未深，又拌，依前法，入甕中。色好爲度。色好黑後，又蒸令熱，及熱入甕中，築，泥却。一冬取喫，温暖勝豆豉。捺，乃遏切，搦也。

元・忽思慧《飲膳正要序》卷一《聚珍異饌》

馬思荅吉湯 補益，温中，順氣。

羊肉一脚子，卸成事件，艸果五箇，官桂二錢，回回豆子半升。搗碎，去皮。

右件，一同熬成湯，濾淨，下熟回回豆子二合，香粳米一升，馬思荅吉一錢，鹽少許，調和勻，下事件肉、芫荽葉。

大麥湯 温中下氣，壯脾胃，止煩渴，破冷氣，去腹脹。

羊肉一脚子，卸成事件，艸果五箇，大麥仁二升，滚水淘洗淨，微煮熟。

右件，熬成湯，濾淨，下大麥仁，熬熟，鹽少許，調和令勻，下事件肉。

八兒不湯 係西天茶飯名。補中，下氣，寬胷膈。

羊肉一脚子，卸成事件，艸果五箇，回回豆子半升，搗碎，去皮，蘿蔔二箇。

右件，一同熬成湯，濾淨，湯内下羊肉，切如色數大，熟蘿蔔切如色數大，咱夫蘭一錢，薑黄二錢，胡椒二錢，哈昔泥半錢，芫荽葉，鹽少許，調和勻，對香粳米乾飯食之，入醋少許。

沙乞某兒湯 補中，下氣，和脾胃。

羊肉一脚子，卸成事件，艸果五箇，回回豆子半升，搗碎，去皮，沙乞某兒五箇，係蔓菁。

右件，一同熬成湯，濾淨，下熟回回豆子二合，香粳米一升。熟沙乞某兒切如色數大，下事件肉，鹽少許，調和令勻。

苦豆湯 補下元，理腰膝，温中，順氣。

羊肉一脚子，卸成事件，艸果五箇，苦豆一兩，係葫蘆巴。

右件，一同熬成湯，濾淨，下河西兀麻食或米心餜子，哈昔泥半錢，鹽少許，調和。

木瓜湯 補中，順氣，治腰膝疼痛，脚氣不仁。

羊肉一脚子，卸成事件，艸果五箇，回回豆子半升，搗碎，去皮。

右件，一同熬成湯，濾净，下香粳米一升，熟回回豆子二合，肉彈兒木瓜二斤，取汁，沙糖四兩，鹽少許，調和，或下事件肉。

鹿頭湯　補益，止煩渴，治脚膝疼痛。

鹿頭蹄一副，退洗净，卸作塊。

右件，用哈昔泥豆子大，研如泥，與鹿頭蹄肉同拌匀，用回回小油四兩同炒，入滚水熬令軟，下胡椒三錢，哈昔泥二錢，蓽撥一錢，牛奶子一盞，生薑汁一合，鹽少許，調和。一法用鹿尾取汁，入薑末、鹽，同調和。

松黄湯　補中益氣，壯筋骨。

羊肉一脚子，卸成事件，艸果五箇，回回豆子半升，搗碎，去皮。

右件，同熬成湯，濾净，熟羊胷子一箇，切作色數大，松黄汁二合，生薑汁半合，一同下炒，葱、鹽、醋、芫荽葉，調和匀。對經捲兒食之。

粆湯　補中益氣，健脾胃。

羊肉一脚子，卸成事件，艸果五箇，回回豆子半升，去皮。

右件，同熬成湯，濾净，熟乾羊胷子一箇，切片，粆三升，白菜或蕁麻菜，一同下鍋，鹽調和匀。

大麥筭子粉　補中益氣，健脾胃。

羊肉一脚子，卸成事件，艸果五箇，回回豆子半升，去皮。

右件，同熬成湯，濾净，大麥粉三斤，豆粉一斤，同作粉。羊肉炒細乞馬，生薑汁二合，芫荽葉，鹽、醋調和。

大麥片粉　補中益氣，健脾胃。

羊肉一脚子，卸成事件，艸果五箇，良薑二錢。

右件，同熬成湯，濾净，下羊肝醬，取清汁，胡椒五錢，熟羊肉切作甲葉，糟薑二兩，瓜虀一兩，切如甲葉，鹽、醋調和，或渾汁亦可。

糯米粉搊粉　補中益氣。

羊肉一脚子，卸成事件，艸果五箇，良薑二錢。

右件，同熬成湯，濾净，用羊肝醬熬取清汁，下胡椒五錢，糯米粉二斤，與豆粉一斤，同作搊粉，羊肉切細乞馬，入鹽、醋調和，渾汁亦可。

河豘羹　補中益氣。

羊肉一脚子，卸成事件，艸果五箇。

右件，同熬成湯，濾净，用羊肉切細乞馬，陳皮五錢，去白，葱二兩，細切，料物二錢，鹽、醬拌餡兒，皮用白麵三斤，作河豘，小油煠熟，下湯内，入鹽調和，或清汁亦可。

阿菜湯　補中益氣。

羊肉一脚子，卸成事件，艸果五箇，良薑二錢。

右件，同熬成湯，濾净，下羊肝醬，同取清汁，入胡椒五錢。另羊肉切片，羊尾子一箇，羊舌一箇，羊腰子一副，各切甲葉。蘑菰二兩，白菜，一同下，清汁、鹽、醋調和。

雞頭粉雀舌餌子　補中，益精氣。

羊肉一脚子，卸成事件，艸果五箇，回回豆子半斤，搗碎，去皮。

右件，同熬成湯，濾净，用雞頭粉二斤，豆粉一斤，同和，切作餌子，羊肉切細乞馬，生薑汁一合，炒葱調和。

雞頭粉血粉　補中，益精氣。

羊肉一脚子，卸成事件，艸果五箇，回回豆子半升，搗碎，去皮。

右件，同熬成湯，濾净，用雞頭粉二斤，豆粉一斤，羊血和作搊粉，羊肉切細乞馬炒，葱、醋一同調和。

雞頭粉撧麵　補中，益精氣。

羊肉一脚子，卸成事件，艸果五箇，回回豆子半升，搗碎，去皮。

右件，同熬成湯，濾净，用雞頭粉二斤，豆粉一斤，白麵一斤，同作麵。羊肉切片兒乞馬入炒，葱、醋一同調和。

雞頭粉搊粉　補中，益精氣。

羊肉一脚子，卸成事件，艸果五箇，良薑二錢。

右件，同熬成湯，濾净，用羊肝醬同取清汁，入胡椒一兩，次用雞頭粉二斤，豆粉一斤，同作搊粉，羊肉切細乞馬，下鹽、醋調和。

雞頭粉餛飩　補中益氣。

羊肉一脚子，卸成事件，艸果五箇，回回豆子半升，搗碎，去皮。

右件，同熬成湯，濾净，用羊肉切作餡，下陳皮一錢，去白，生薑一錢，細切，五味和匀，次用雞頭粉二斤，豆粉一斤，作枕頭餛飩。湯内下香粳米一升，回回豆子二合，生薑汁二合，木瓜汁一合，同炒，葱、鹽調和匀。

雜羹　補中益氣。

羊肉一脚子，卸成事件，艸果五箇，回回豆子半升，搗碎，去皮。

右件，同熬成湯，濾净，羊頭洗净二箇，羊肚、肺各二具，羊白血雙腸兒一副，並煮熟切，次用豆粉三斤，作粉，蘑菰半斤，杏泥半斤，胡椒一兩，入青菜、芫荽炒，葱、鹽、醋調和。

葷素羹　補中益氣。

羊肉一脚子，卸成事件，艸果五箇，回回豆子半升，搗碎，去皮。

右件，同熬成湯，濾净，豆粉三斤，作片粉，精羊肉切條道乞馬，山藥一斤，糟薑二塊，瓜虀一塊，乳餅一箇，胡蘿蔔十箇，蘑菰半斤，生薑四兩，各切，雞子十箇，打煎餅，切，用麻泥一斤，杏泥半斤，同炒，葱、鹽、醋調和。

珍珠粉　補中益氣。

羊肉一脚子，卸成事件，艸果五箇，回回豆子半升，搗碎，去皮。

右件，同熬成湯，濾净，羊肉切乞馬，心、肝、肚、肺各一具，生薑二兩，糟薑四兩，瓜虀一兩，胡蘿蔔十箇，山藥一斤，乳餅一箇，雞子十箇，作煎餅，各切，次用麻泥一斤，同炒，葱、鹽、醋調和。

黄湯　補中益氣。

羊肉一脚子，卸成事件，艸果五箇，回回豆子半升，搗碎，去皮。

右件，同熬成湯，濾净，下熟回回豆子二合，香粳米一升，胡蘿蔔五箇，切，用羊後脚肉丸肉彈兒，肋枝一箇，切，寸金薑黄三錢，薑末五錢，咱夫蘭一錢，芫荽葉同鹽、醋調和。

三下鍋　補中益氣。

羊肉一脚子，卸成事件，艸果五箇，良薑二錢。

右件，同熬成湯，濾净，用羊後脚肉丸肉彈兒，丁頭餜子，羊肉指甲匾食，胡椒一兩，同鹽、醋調和。

葵菜羹　順氣。治癃閉不通。性寒，不可多食。今與諸物同製造，其性稍温。

羊肉一脚子，卸成事件，艸果五箇，良薑二錢。

右件，同熬成湯，熟羊肚、肺各一具，切，蘑菰半斤，切，胡椒五錢，白麵一斤，拌雞爪麵，下葵菜炒，葱、鹽、醋調和。

瓠子湯　性寒。主消渴，利水道。

羊肉一脚子，卸成事件，艸果五箇。

右件，同熬成湯，濾净，用瓠子六箇，去穰皮，切掠，熟羊肉，切片，生薑汁半合，白麵二兩，作麵絲同炒，葱、鹽、醋調和。

團魚湯　主傷中，益氣，補不足。

羊肉一脚子，卸成事件，艸果五箇。

右件，熬成湯，濾净，團魚五六箇，煮熟，去皮、骨，切作塊，用麵二兩，作麵絲，生薑汁一合，胡椒一兩，同炒，葱、鹽、醋調和。

盞蒸　補中益氣。

羯羊背皮或羊肉三脚子，卸成事件，艸果五箇，良薑二錢，陳皮二錢，去白，小椒二錢。

右件，用杏泥一斤，松黄二合，生薑汁二合，同炒，葱、鹽五味調匀，入盞内蒸令軟熟，對經捲兒食之。

臺苗羹　補中益氣。

羊肉一脚子，卸成事件，艸果五箇，良薑二錢。

右件，熬成湯，濾净，用羊肝下醬，取清汁，豆粉五斤，作粉，乳餅一箇，山藥一斤，胡蘿蔔十箇，羊尾子一箇，羊肉等，各切細，入臺子菜、韭菜、胡椒一兩，鹽、醋調和。

熊湯　治風痹不仁，脚氣。

熊肉二脚子，煮熟，切塊，艸果三箇。

右件，用胡椒三錢，哈昔泥一錢，薑黄二錢，縮砂二錢，咱夫蘭一錢，葱、鹽、醬一同調和。

鯉魚湯　治黄疸。止渴，安胎。有宿瘕者，不可食之。

大新鯉魚十頭，去鱗肚，洗净，小椒末五錢。

右件，用芫荽末五錢，葱二兩，切，酒少許，鹽一同淹，拌清汁内，下魚，次下胡椒末五錢，生薑末三錢，蓽撥末三錢，鹽、醋調和。

炒狼湯　古本艸不載狼肉，今云性熱，治虚弱。然食之未聞有毒。今製造用料物以助其味，暖五藏，温中。

狼肉一脚子，卸成事件，艸果三箇，胡椒五錢，哈昔泥一錢，蓽撥二錢，縮砂二錢，薑黄二錢，咱夫蘭一錢。

右件，熬成湯，用葱、醬、鹽、醋一同調和。

圍像　補益五藏。

羊肉一脚子，煮熟，切細，羊尾子二箇，熟，切細，藕二枚，蒲笋二斤，黄瓜五

箇，生薑半斤，乳餅二箇，糟薑四兩，瓜虀半斤，雞子一十箇，煎作餅，蘑菰一斤，蔓菁菜、韮菜各切條道。

右件，用好肉湯，調麻泥二斤、薑末半斤，同炒。葱、鹽、醋調和，對胡餅食之。

春盤麵　補中益氣。

白麵六斤，切細麵，羊肉二脚子，煮熟，切條道乞馬，羊肚肺各一箇，煮熟切，雞子五箇，煎作餅，裁旛，生薑四兩，切，韮黄半斤，蘑菰四兩，臺子菜，蓼牙，胭脂。

右件，用清汁下胡椒一兩，鹽、醋調和。

皂羮麵　補中益氣。

白麵六斤，切細麵，羊胷子二箇，退洗净，煮熟，切如色數塊。

右件，用紅麴三錢，淹拌，熬令軟，同入清汁内，下胡椒一兩，鹽、醋調和。

山藥麵　補虚羸，益元氣。

白麵六斤，雞子十箇，取白，生薑汁二合，豆粉四兩。

右件，用山藥三斤，煮熟，研泥，同和麵，羊肉二脚子，切丁頭乞馬，用好肉湯下炒，葱、鹽調和。

掛麵　補中益氣。

羊肉一脚子，切細乞馬，掛麵六斤，蘑菰半斤，洗净，切，雞子五箇，煎作餅，糟薑一兩，切，瓜虀一兩，切。

右件，用清汁，下胡椒一兩，鹽、醋調和。

經帶麵　補中益氣。

羊肉一脚子，炒焦肉乞馬，蘑菰半斤，洗净，切。

右件，用清汁，下胡椒一兩，鹽、醋調和。

羊皮麵　補中益氣。

羊皮二箇，撏洗净，煮軟，羊舌二箇，熟，羊腰子四箇，熟，各切如中葉，蘑菰一斤，洗净，糟薑四兩，各切如甲葉。

右件，用好肉釃湯或清汁，下胡椒一兩，鹽、醋調和。

秃秃麻食係手撇麵。　補中益氣。

白面六斤，作秃秃麻食，羊肉一脚子，炒焦肉乞馬。

右件，用好肉湯下炒葱，調和勻，下蒜酪、香菜末。

細水滑細邊水滑一同。　補中益氣。

白麵六斤，作水滑，羊肉二脚子，炒焦肉乞馬，雞兒一箇，熟，切絲，蘑菰半斤，洗净，切。

右件，用清汁，下胡椒一兩，鹽、醋調和。

水龍餌子　補中益氣。

羊肉二脚子，熟，切作乞馬，白麵六斤，切作錢眼餌子，雞子十箇，山藥一斤，糟薑四兩，胡蘿蔔五箇，瓜虀二兩，各切細，三色彈兒内一色肉彈兒，外二色粉，雞子彈兒。

右件，用清汁，下胡椒二兩，鹽、醋調和。

馬乞係手搓麵。或糯米粉，雞頭粉亦可。　補中益氣。

白麵六斤，作乞馬，羊肉二脚子，熟，切乞馬。

右件，用好肉湯炒，葱、醋、鹽一同調和。

搠羅脱因係畏兀兒茶飯。　補中益氣。

白麵六斤，和，按作錢樣，羊肉二脚子，熟切，羊舌二箇，熟切，山藥一斤，蘑菰半斤，胡蘿蔔五箇，糟薑四兩，切。

右件，用好釃肉湯同下，炒，葱、醋調和。

乞馬粥　補脾胃，益氣力。

羊肉一脚子，卸成事件，熬成湯，濾净，粱米二升，淘洗净。

右件，用精肉切碎乞馬，先將米下湯内，次下乞馬、米、葱、鹽，熬成粥，或下圓米，或折米，或渴米皆可。

湯粥　補脾胃，益腎氣。

羊肉一脚子，卸成事件。

右件，熬成湯，濾净，次下粱米三升，作粥熟，下米、葱、鹽，或下圓米、渴米、折米皆可。

粱米淡粥　補中益氣。

粱米二升。

右先將水滚過，澄清，濾净，次將米淘洗三、五遍，熬成粥，或下圓米、渴米、折米皆可。

河西米湯粥　補中益氣。

羊肉一脚子，卸成事件，河西米二升。

右熬成湯，濾净，下河西米，淘洗净，次下細乞馬、米、葱、鹽，同熬成粥，或不用乞馬亦可。

撒速湯係西天茶飯名。 治元藏虛冷，腹内冷痛，腰脊酸疼。

羊肉二脚子，頭蹄一副，艸果四箇，官桂三兩，生薑半斤，哈昔泥如回回豆子兩箇大。

右件，用水一鐵絡，熬成湯，於石頭鍋内盛頓，下石榴子一斤，胡椒二兩，鹽少許，炮石榴子用小油一杓，哈昔泥如豌豆一塊，炒鵝黄色微黑，湯末子油去净，澄清，用甲香、甘松、哈昔泥、酥油燒煙薰瓶，封貯任意。

炙羊心 治心氣驚悸，鬱結不樂。

羊心一箇，帶系桶，咱夫蘭三錢。

右件，用玫瑰水一盞，浸取汁，入鹽少許，簽子簽羊心，於火上炙，將咱夫蘭汁徐徐塗之，汁盡爲度，食之。安寧心氣，令人多喜。

炙羊腰 治卒患腰眼疼痛者。

羊腰一對，咱夫蘭一錢。

右件，用玫瑰水一杓，浸取汁，入鹽少許，簽子簽腰子火上炙。將咱夫蘭汁徐徐塗之，汁盡爲度，食之。甚有效驗。

攢雞兒

肥雞兒十箇，撏洗净，熟切攢，生薑汁一合，葱二兩，切，薑末半斤，小椒末四兩，麵二兩，作麵絲。

右件，用煮雞兒湯炒，葱、醋入薑汁調和。

炒鵪鶉

鵪鶉二十箇，切成事件，蘿蔔二箇，切，薑末四兩，羊尾子一箇，各切如色數，麵二兩，作麵絲。

右件，用煮鵪鶉湯炒，葱、醋調和。

盤兔

兔兒二箇，切作事件，蘿蔔二箇，切，羊尾子一箇，切片，細料物二錢。

右件，用炒，葱、醋調和，下麵絲二兩，調和。

河西肺

羊肺一箇，韭六斤，取汁，麵二斤，打糊，酥油半斤，胡椒二兩，生薑汁二合。

右件，用鹽調和匀，灌肺，煮熟，用汁澆食之。

薑黄腱子

羊腱子一箇，熟，羊肋枝二箇，截作長塊，豆粉一斤，白麵一斤，咱夫蘭二錢，梔子五錢。

右件，用鹽、料物調和，搽腱子，下小油煠。

鼓兒簽子

羊肉五斤，切細，羊尾子一箇，切細，雞子十五箇，生薑二錢，葱二兩，切，陳皮二錢，去白，料物三錢。

右件，調和匀，入羊白腸内，煮熟切作鼓樣，用豆粉一斤，白麵一斤，咱夫蘭一錢，梔子三錢，取汁，同拌鼓兒簽子，入小油煠。

帶花羊頭

羊頭三箇，熟切，羊腰四箇，羊肚肺各一具，煮熟切，攢胭脂染，生薑四兩，糟薑二兩，各切，雞子五箇，作花樣，蘿蔔三箇，作花樣。

右件，用好肉湯炒，葱、鹽、醋調和。

魚彈兒

大鯉魚十箇，去皮、骨、頭、尾，羊尾子二箇，同剁爲泥，生薑一兩，切細，葱二兩，切細，陳皮末三錢，胡椒末一兩，哈昔泥二錢。

右件，下鹽，入魚肉内拌匀，丸如彈兒，用小油煠。

芙蓉雞

雞兒十箇，熟攢，羊肚、肺各一具，熟切，生薑四兩，切，胡蘿蔔十箇，切，雞子二十箇，煎作餅，刻花樣，赤根、芫荽打糝，胭脂、梔子染，杏泥一斤。

右件，用好肉湯炒，葱、醋調和。

肉餅兒

精羊肉十斤，去脂膜筋，搥爲泥，哈昔泥三錢，胡椒二兩，蓽撥一兩，芫荽末一兩。

右件，用鹽調和匀，捻餅，入小油煠。

鹽腸

羊苦腸水洗净。

右件，用鹽拌匀，風乾，入小油煠。

腦瓦剌

熟羊胸子二箇，切薄片，雞子二十箇，熟。

右件，用諸般生菜，一同捲餅。

薑黄魚

鯉魚十箇，去皮鱗，白麵二斤，豆粉一斤，芫荽末二兩。

右件，用鹽、料物淹拌過搽魚，入小油煠熟，用生薑二兩，切絲。芫荽葉，胭脂染，蘿蔔絲炒，葱調和。

攢鴈

鴈五箇，煮熟，切攢，薑末半斤。

右用好肉湯炒，葱、鹽調和。

猪頭薑豉

猪頭二箇，洗浄，切成塊，陳皮二錢，去白，良薑二錢，小椒二錢，官桂二錢，艸果五箇，小油一斤，蜜半斤。

右件，一同熬成，次下芥末炒，葱、醋、鹽調和。

蒲黄瓜虀

浄羊肉十斤，煮熟，切如瓜虀，小椒一兩，蒲黄半斤。

右件，用細料物一兩，鹽同拌匀。

攢羊頭

羊頭五箇，煮熟攢，薑末四兩，胡椒一兩。

右件，用好肉湯炒，葱、鹽、醋調和。

攢牛蹄馬蹄、熊掌一同。

牛蹄一副，煮熟，攢，薑末二兩。

右件，用好肉湯同炒，葱、鹽調和。

細乞思哥

羊肉一脚子，煮熟，切細，蘿蔔二箇，熟，切細，羊尾子一箇，熟切，哈夫兒二錢。

右件用好肉湯同炒，葱調和。

肝生

羊肝一箇，水浸，切細絲，生薑四兩，切細絲，蘿蔔二箇，切細絲，香菜、蓼子各二兩，切細絲。

右件，用鹽、醋、芥末調和。

馬肚盤

馬肚腸一副，煮熟，切，芥末半斤。

右件，將白血灌腸，刻花樣，澀脾，和脂剁心子攢成炒，葱、鹽、醋、芥末調和。

煠腜兒係細項。

腜兒二箇，卸成各一節，哈昔泥一錢，葱一兩，切細。

右件，同鹽一同淹拌，少時，入小油煠熟。次用咱夫蘭二錢，水浸汁，下料物、芫荽末，同糝拌。

熬蹄兒

羊蹄五副，退洗浄，煮軟，切成塊，薑末一兩，料物五錢。

右件，下麵絲炒，葱、醋、鹽調和。

熬羊胷子

羊胷子二箇，退毛洗浄，煮軟，切作色數塊，薑末二兩，料物五錢。

右件，用好肉湯，下麵絲炒，葱、鹽、醋調和。

魚鱠

新鯉魚五箇，去皮、骨、頭、尾，生薑二兩，蘿蔔二箇，葱一兩，香菜、蓼子各切如絲，胭脂打糝。

右件，下芥末炒，葱、鹽、醋調和。

紅絲

羊血同白麵依法煮熟，生薑四兩，蘿蔔一箇，香菜、蓼子各一兩，切細絲。

右件，用鹽、醋、芥末調和。

燒鴈燒鶿鵝、燒鴨子等同。

鴈一箇，去毛、腸、肚，浄，羊肚一箇，退洗浄，包鴈，葱二兩，芫荽末一兩。

右件，用鹽同調，入鴈腹内燒之。

燒水札

水札十箇，撏洗浄，芫荽末一兩，葱十莖，料物五錢。

右件，用鹽同拌匀燒，或以肥麵包水扎，就籠内蒸熟亦可。或以酥油水和面包水扎，入爐鏊内爐熟亦可。

柳蒸羊

羊一口，帶毛。

右件，於地上作爐，三尺深，周回以石，燒令通赤，用鐵芭盛羊上，用柳子蓋覆，土封，以熟爲度。

倉饅頭

羊肉、羊脂、葱、生薑、陳皮各切細。

右件，入料物、鹽、醬，拌和爲餡。

鹿奶肪饅頭或作倉饅頭，或做皮薄饅頭皆可。

鹿奶肪、羊尾子各切如指甲片，生薑、陳皮各切細。

右件，入料物、鹽，拌和爲餡。

茄子饅頭

羊肉、羊脂、羊尾子、葱、陳皮各切細，嫩茄子去穰。

右件，同肉作餡，却入茄子内蒸，下蒜酪、香菜末，食之。

剪花饅頭

羊肉、羊脂、羊尾子、葱、陳皮各切細。

右件，依法入料物、鹽、醬拌餡包饅頭，用剪子剪諸般花樣，蒸，用胭脂染花。

水晶角兒

羊肉、羊脂、羊尾子、葱、陳皮、生薑各切細。

右件，入細料物、鹽、醬拌匀，用豆粉作皮包之。

酥皮奄子

羊肉、羊脂、羊尾子、葱、陳皮、生薑各切細或下瓜哈孫——係山丹根。

右件，入料物、鹽、醬拌匀，用小油、米粉與麵，同和作皮。

撇列角兒

羊肉、羊脂、羊尾子、新韮各切細。

右件，入料物、鹽、醬拌匀，白麵作皮，鏊上炮熟，次用酥油、蜜，或以葫蘆瓠子作餡亦可。

蒔蘿角兒

羊肉、羊脂、羊尾子、葱、陳皮、生薑各切細。

右件，入料物、鹽、醬拌匀，用白麵，蜜與小油拌入鍋内，滚水攪熟作皮。

天花包子或作蟹黄亦可。藤花包子一同。

羊肉、羊脂、羊尾子、葱、陳皮、生薑各切細，天花滚水燙熟，洗净，切細。

右件，入料物、鹽、醬拌餡，白麵作薄皮，蒸。

荷蓮兜子

羊肉三脚子，切，羊尾子二箇，切，雞頭仁八兩，松黄八兩，八檐仁四兩，蘑菰八兩，杏泥一斤，胡桃仁八兩，必思荅仁四兩，胭脂一兩，梔子四錢，小油二斤，生薑八兩，豆粉四斤，山藥三斤，雞子三十箇，羊肚肺各二副，苦腸一副，葱四兩，醋半餅，芫荽葉。

右件，用鹽、醬、五味調和匀，豆粉作皮，入盞内蒸，用松黄汁澆食。

黑子兒燒餅

白麵五斤，牛奶子二升，酥油一斤，黑子兒一兩，微炒。

右件，用鹽、減少許，同和麵作燒餅。

牛奶子燒餅

白麵五斤，牛奶子二斤，酥油一斤，茴香一兩，微炒。

右件，用鹽、減少許，同和麵作燒餅。

飣餅經捲見一同。

白麵十斤，小油一斤，小椒一兩，炒去汗，茴香一兩，炒。

右件，隔宿用酵子、鹽、減、温水，一同和麵。次日入麵接肥，再和成麵。每斤作二箇，入籠内蒸。

頗兒必湯即羊辟膝骨。　主男女虚勞，寒中，羸瘦，陰氣不足。利血脈，益經氣。

頗兒必三四十箇，水洗净。

右件，用水一鐵絡，同熬。四分中熬取一分，澄濾净，去油去滓，再凝定。如欲食，任意多少。

米哈訥關列孫　治五勞七傷，藏氣虚冷。常服補中益氣。

羊後脚一箇去筋膜，切碎。

右件，用净鍋内乾爁熟。令蓋封閉，不透氣，後用净布絞紐取汁。

又　卷二《諸般湯煎》

桂漿　生津止渴，益氣和中，去濕逐飲。

生薑三斤，取汁，熟水二斗，赤茯苓三兩，去皮，爲末，桂三兩，去皮，爲末，麴末半斤，杏仁一百箇，湯洗，去皮，尖，生研爲泥，大麥糵半兩，爲末，白沙蜜三斤，煉净。

右用前藥，蜜水拌和匀，入磁罐内，油紙封口數重，泥固濟，冰窖内放三日方熟。綿濾冰浸，暑月飲之。

桂沉漿　去濕逐飲，生津止渴，順氣。

紫蘇葉一兩，剉，沉香三錢，剉，烏梅一兩，取肉，沙糖六兩。

右件四味，用水五六椀，熬至三椀，濾去滓，入桂漿一升，合和作漿飲之。

荔枝膏　生津止渴，去煩。

烏梅半斤，取肉，桂一十兩，去皮，剉，沙糖二十六兩，麝香半錢，研，生薑汁

五兩，熟蜜一十四兩，右用水一斗五升，熬至一半，濾去滓，下沙糖、生薑汁，再熬去滓，澄定少時，入麝香攪勻，澄清如常，任意服。

梅子丸　生津止渴，解化酒毒，去濕。

烏梅一兩半，取肉，白梅一兩半，取肉，乾木瓜一兩半，紫蘇葉一兩半，甘艸一兩，炙，檀香二錢，麝香一錢，研。

右爲末，入麝香和勻，沙糖爲丸如彈大。每服一丸，噙化。

五味子湯代葡萄酒飲。　生津止渴，暖精益氣。

北五味一斤，净肉。紫蘇葉六兩，人參四兩，去蘆，剉，沙糖二斤。

右件，用水二斗，熬至一斗，濾去滓，澄清，任意服之。

人參湯代酒飲。　順氣，開胷膈，止渴生津。

新羅參四兩，去蘆，剉，橘皮一兩，去白，紫蘇葉二兩，沙糖一斤。

右件，用水二斗，熬至一斗，去滓，澄清，任意飲之。

仙朮湯　去一切不正之氣，温脾胃，進飲食，辟瘟疫，除寒濕。

蒼朮一斤，米泔浸三日，竹刀子切片，涪乾，爲末，茴香二兩，炒，爲末，甘艸二兩，炒，爲末，白麵一斤，炒，乾棗二升，焙乾，爲末，鹽四兩，炒。

右件，一同和勻。每日空心白湯點服。

杏霜湯　調順肺氣，利胷膈，治欬嗽。

粟米五升，炒，爲麵，杏仁二升，去皮、尖，麩炒，研，鹽三兩，炒。

右件拌勻。每日空心白湯調一錢。入酥少許尤佳。

山藥湯　補虛益氣，温中潤肺。

山藥一斤，煮熟，粟米半升，炒，爲麵，杏仁二斤，炒令過熟，去皮、尖，切如米。

右件，每日空心白湯調二錢，入酥油少許，山藥任意。

四和湯　治腹内冷痛，脾胃不和。

白麵一斤，炒，芝麻一斤，炒，茴香二兩，炒，鹽一兩，妙。

右件，並爲末。每日空心白湯點服。

棗薑湯　和脾胃，進飲食。

生薑一斤，切作片，棗三升，去核，炒，甘艸二兩，炒，鹽二兩，炒。

右件爲末，一處拌勻。每日空心白湯點服。

茴香湯　治元藏虛弱，臍腹冷痛。

茴香一斤，炒，川楝子半斤，陳皮半斤，去白，甘艸四兩，炒，鹽半斤，炒。

右件爲細末，相和勻。每日空心白湯點服。

破氣湯　治元藏虛弱，腹痛，胷膈閉悶。

杏仁一斤，去皮、尖，麩炒，别研，茴香四兩，炒，良薑一兩，蓽澄茄二兩，陳皮二兩，去白，桂花半斤，薑黄一兩，木香一兩，丁香一兩，甘艸半斤，鹽半斤。

右件爲細末。空心白湯點服。

白梅湯　治中熱，五心煩躁，霍亂嘔吐，乾喝，津液不通。

白梅肉一斤，白檀四兩，甘艸四兩，鹽半斤。

右件爲細末。每服一錢，入生薑汁少許，白湯調下。

木瓜湯　治脚氣不仁，膝勞冷痺疼痛。

木瓜四箇，蒸熟，去皮，研爛如泥，白沙蜜二斤，煉净。

右件二味，調和勻，入净磁器内盛之。空心白湯點服。

橘皮醒酲湯　治酒醉不解，嘔噫吞酸。

香橙皮一斤，去白，陳橘皮一斤，去白，檀香四兩，葛花半斤，緑豆花半斤，人參二兩，去蘆，白豆蔻仁二兩，鹽六兩，炒。

右件爲細末。每日空心白湯點服。

湯式餅兒　生津止渴，治嗽。

渴式一兩二錢，新羅參一兩，去蘆，菖蒲一錢，各爲細末，白納八三兩，研，係沙糖。

右件，將渴式用葡萄酒化成膏，和上項藥末，令勻爲劑，印作餅。每用一餅，徐徐噙化。

官桂渴式餅兒　生津，止寒嗽。

官桂二錢，爲末，渴式一兩二錢，新羅參一兩二錢，去蘆，爲末，白納八三兩，研。

右件，將渴式用玫瑰水化成膏，和藥末爲劑，用訶子油印作餅子。每用一餅，徐徐噙化。

荅必納餅兒　清頭目，利咽膈，生津止渴，治嗽。

荅必納二錢爲末，即艸龍膽，新羅參一兩二錢，去蘆，爲末，白納八五兩，研。

右件，用赤赤哈納即北地酸角兒，熬成膏，和藥末爲劑，印作餅兒。每用一餅，徐徐噙化。

橙香餅兒　寬中順氣，清利頭目。

新橙皮一兩，焙，去白，沉香五錢，白檀五錢，縮砂五錢，白豆蔻仁五錢，蓽澄茄三錢，南硼砂三錢，别研，龍腦二錢，别研，麝香二錢，别研。

右件爲細末，甘艸膏和劑印餅。每用一餅，徐徐噙化。

牛髓膏子　補精髓，壯筋骨，和血氣，延年益壽。

黄精膏五兩，地黄膏三兩，天門冬膏一兩，牛骨頭内取油二兩。

右件，將黄精膏、地黄膏、天門冬膏與牛骨油一同不住手用銀匙攪，令冷定和匀成膏。每日空心温酒調一匙頭。

木瓜煎

木瓜十箇，去皮穰，取汁，熬水盡。白沙糖十斤，煉净。

右件，一同再熬成煎。

香圓煎

香圓二十箇，去皮取肉，白沙糖十斤，煉净。

右件，一同再熬成煎。

株子煎

株子一百箇，取净肉，白沙糖五斤，煉净。

右件，同熬成煎。

紫蘇煎

紫蘇葉五斤，乾木瓜五斤，白沙糖十斤，煉净。

右件，一同熬成煎。

金橘煎

金橘五十箇，去子取皮，白沙糖三斤。

右件，一同熬成煎。

櫻桃煎

櫻桃五十斤，取汁，白沙糖二十五斤。

右件，同熬成煎。

桃煎

大桃一百箇，去皮，切片取汁，白沙蜜二十斤，煉净。

右件，一同熬成煎。

石榴漿

石榴子十斤，取汁，白沙糖十斤，煉净。

右件，一同熬成煎。

小石榴煎

小石榴二斗，蒸熟去子，研爲泥，白沙蜜十斤，煉净。

右件，一同熬成煎。

五味子舍兒别

新北五味十斤，去子，水浸取汁，白沙糖八斤，煉净。

右件，一同熬成煎。

赤赤哈納即酸刺

赤赤哈納不以多少，水浸取汁。

右件，用銀石器内熬成膏。

松子油

松子不以多少，去皮，搗研爲泥。

右件，水絞取汁熬成，取净清油綿濾净，再熬澄清。

杏子油

杏子，不以多少，連皮搗碎。

右件，水煮熬，取浮油，綿濾净，再熬成油。

酥油　牛乳中取净凝，熬而爲酥。

醍醐油　取上等酥油，約重千斤之上者，煎熬過濾净，用大磁甕貯之，冬月取甕中心不凍者，謂之醍醐。

馬思哥油　取净牛奶子不住手用阿赤即打油木器也。打取浮凝者爲馬思哥油。今亦云白酥油。

枸杞茶　枸杞五斗，水淘洗净，去浮麥，焙乾，用白布筒净，去蒂萼、黑色，選揀紅熟者，先用雀舌茶展溲碾子，茶芽不用，次碾枸杞爲細末。每日空心用□匙頭，入酥油攪匀，温酒調下，白湯亦可。忌與酪同食。

玉磨茶　上等紫筍五十斤，篩筒净，蘇門炒米五十斤，篩筒净，一同拌和匀，入玉磨内，磨之成茶。

金字茶　係江南湖州造進末茶。

范殿帥茶　係江浙慶元路造進茶芽，味色絶勝諸茶。

紫筍雀舌茶　選新嫩芽蒸過，爲紫筍。有先春、次春、探春，味皆不及紫筍雀舌。

女須兒出直北地面，味温甘。　西番茶出本土，味苦澀，煎用酥油。　川茶　藤茶　夸茶皆出四川。　燕尾茶出江浙、江西。　孩兒茶出廣南。　温桑茶出黑峪。

凡諸茶，味甘苦微寒，無毒。去痰熱，止渴，利小便，消食下氣，清神少睡。

清茶　先用水滚過濾净，下茶芽，少時煎成。

炒茶　用鐵鍋燒赤，以馬思哥油、牛奶子、茶芽同炒成。

蘭膏　玉磨末茶三匙頭，麵、酥油同攪成膏，沸湯點之。

酥簽　金字末茶兩匙頭，入酥油同攪，沸湯點服。

建湯　玉磨末茶一匙，入碗内研匀，百沸湯點之。

香茶

白茶一袋，龍腦成片者三錢，百藥煎半錢，麝香二錢。同研細，用香粳米熬成粥，和成劑，印作餅。

又《四時所宜》　春三月，此謂發陳，天地俱生，萬物以榮，夜卧早起，廣步於庭，被髮緩行，以使志生，生而勿殺，予而勿奪，賞而勿罰，此春氣之應，養生之道也。逆之則傷肝，夏爲寒變，奉長者少。

春氣温，宜食麥，以涼之，不可一於温也。禁温飲食及熱衣服。

夏三月，此謂蕃秀，天地氣交，萬物華實，夜卧早起，無厭於日，使志無怒，使華英成秀，使氣得泄，若所愛在外，此夏氣之應，養長之道也。逆之則傷心，秋爲痎瘧，奉收者少，冬至重病。

夏氣熱，宜食菽，以寒之，不可一於熱也。禁温飲食，飽食，濕地，濡衣服。

秋三月，此謂容平，天氣以急，地氣以明，早卧早起，與雞俱興，使志安寧，以緩秋刑，收斂神氣，使秋氣平，無外其志，使肺氣清，此秋氣之應，養收之道也。逆之則傷肺，冬爲飧泄，奉藏者少。

秋氣燥，宜食麻，以潤其燥。禁寒飲食，寒衣服。

冬三月，此謂閉藏，水冰地坼，無擾乎陽，早卧晚起，必待日光，使志若伏若匿，若有私意，若已有得，去寒就温，無泄皮膚，使氣亟奪，此冬氣之應，養藏之道也。逆之則傷腎，春爲痿厥，奉生者少。

冬氣寒，宜食黍，以熱性治其寒。禁熱飲食，温炙衣服。

又　卷三《米穀品》　醬　味鹹酸，冷，無毒。除熱止煩，殺百藥、熱湯火毒，殺一切魚、肉、菜蔬毒。豆醬主治勝麵醬。陳久者尤良。

豉　味苦，寒，無毒。主傷寒，頭痛，煩躁，滿悶。

元・王禎《農書・百穀譜集之一・穀屬》

大豆豍豆附

大豆有白、黑、黄三種。《廣雅》曰，大豆，菽也。《爾雅》曰，「戎菽謂之荏菽。」春大豆次稙穀之後，二月中旬爲上時，一畝用子八升；三月上旬爲中時，畝用子一斗；四月上旬爲下時，畝用子一斗二升。歲宜晚者，五六月亦得，然時晚則種子當稍加，地不求熟故也。尤當及時鋤治，使之葉蔽其根，庶不畏旱。崔寔曰，正月可種豍豆，二月可種大豆。又曰，三月桑椹赤，可種大豆。又曰，四月時雨降，可種大小豆。大槩美田欲稀，薄田欲稠也。

穫豆之法貴晚，蓋早則零落而損實也。

其大豆之黑者，食而充飢，可備凶年；豐年可供牛馬料食。黄豆可作豆腐，可作醬料。白豆，粥飯，皆可拌食。三豆色異而用别，皆濟世之穀也。

小豆

《廣雅》曰，小豆，荅也。《本艸經》云，張騫往外國，得胡豆。今世小豆有菉豆、赤豆、白豆、豇豆、鷰豆，皆小豆類也。

種豆於夏至後十日者爲上時，畝用子八升；初伏斷手爲中時，畝用子一斗；中伏斷手爲下時，畝用子一斗二升；中伏以後則晚矣。熟耕耬下以爲良，澤多者，耬耩漫擲而勞之，如種麻法。《氾勝之書》云，豆生布葉，鋤之；生五六葉，又鋤之。然亦不可盡治。古所以不盡治者，豆有膏，盡治之則傷，膏傷則不成，而其收耗折也。夫收割之法，待其可收則刈。豆角三青兩黄，拔而倒竪籠藂之，則生熟皆均，不畏嚴霜，從本至末，全無秕減。

北方惟用菉豆最多，農家種之亦廣。人俱作豆粥豆飯，或作餌爲炙，或磨而爲粉，或作麴材；其味甘而不熱，頗解藥毒，乃濟世之良穀也。南方亦間種之。

又《百穀譜集之三・蓏屬》

甜瓜黄瓜附

【略】一種胡瓜色黄，即「黄瓜」也。亦有青白者。又越瓜色白，即「白瓜」，皆菜瓜也。種同前瓜法。黄瓜則以樹枝引蔓，延緣而生；白瓜則就地延蔓生子而已。畏旱，宜常灌溉之。生熟皆可食，烹飪隨宜，實夏秋之嘉蔬也。或以醬藏爲豉，鹽漬爲霜瓜，則又兼蔬蓏之用矣。

蔓菁

蔓菁一名「蕪菁」，《爾雅》曰「葑」，《説文》，蕪菁也，即《詩》「采葑采菲」之

「葑」也。河東太原所出者根極大，他皆不及。又出吐谷「渾」中，故北地多種此。葉似菘而根不同。四時均有，春食苗，夏食心，謂之「薹子」，秋可爲葅，冬、根宜蒸食。菜中之最有益者，常食通中益氣，令人肥健。諸葛亮所止，必令兵士種蔓菁，取其纔出甲，可生啖，一也，葉舒，可煮食，二也，久居隨以滋長，三也，棄去不惜，四也，回則易尋而採之，五也，冬有根可斸食，六也，故川蜀人呼爲「諸葛菜」。其子九蒸九曝，可擣爲粉，塗帛者資之，亦可爲油，陝西唯食此油，燃燈甚明，能變蒜髮。

冬瓜

冬瓜，以其冬熟也。《廣志》謂之「蔬距」。《神仙本艸》曰，一名「水芝」，一名「白瓜」，生嵩高平澤，今在處園圃皆時之。其實生苗蔓下，大者如斗而更長，皮厚而有毛。初生正青綠，經霜則白如塗粉。其中肉及子亦白，故謂之「白瓜」。

《齊民要術》曰，種冬瓜法：傍墻陰地作區，圓二尺，深五寸，以熟糞及土相和，正月晦日種。二月、三月亦可。既生，以柴木倚墻，令其緣上。旱則澆之。八月，斷其梢，減其實，一本但留五六枚。多留則不成也。十月霜足，收之。早收則爛。冬瓜、越瓜十月「區種」如種瓜法，冬則推雪著區上爲堆，潤澤，肥好勝春種。又曰，削去皮子，於芥子醬中或美豆醬中藏之，佳。《荊楚歲時記》曰，七月採瓜犀，以爲面脂。《本艸圖經》曰，犀，瓣也。瓤亦堪作澡豆。

按：蔬果中，瓜之爲種至夥也，獨此瓜耐久，經霜乃熟，又可藏之彌年不壞。今人亦用爲蜜煎，其犀用爲茶果，則兼蔬果之用矣。

茄子

茄子一名「落蘇」，隋煬帝改茄子爲「崑崙瓜」。一種出自新羅國者，其色微紫，蒂長味甘，今之紫茄，黄山谷所謂「紫膨脝」者是也，今在在有之。又有青茄、白茄，白者爲勝，亦名「銀茄」。又一種白者，謂之「渤海茄」。又一種白花、青色、稍匾，一種白而匾者，皆謂之「番茄」，甘脆不澀，生熟可食。又一種「水茄」，其形稍長，甘而多水，可以止渴。此數種，中土頗多，南方罕得，亦宜種之。

凡收種，於九月黄熟時摘取，擘開，水淘洗，去浮者，曝乾，至春二月種，如葵法。常澆潤之，旱即乾死。俟著四五葉，高可五寸許，帶土移栽之。凡栽根株宜築實，不實則死。區中不宜有浮土，恐雨泥濺葉，則莠而難茂。栽時得晴爲宜，早晚澆灌之；鋤治培壅，勤者務焉。《務本新書》云，茄開花，斟酌窠數，削去枝葉，再長晚茄。老圃云，種茄二十科，糞壅得所，可供一人食。昔張浮休頌之云，「身纍百贅，頸附千疣，採之不勤，茹之頗柔」，善於形容者也。茄視他菜爲最耐久，供膳之餘，糟醃豉腊，無不宜者。須廣種之。

又《百穀譜集之六·果屬》

李

李有數種。《爾雅》曰：「休、無實李。痤，椄慮李。駁，赤李」。註曰，休、無實李，一名「趙李」。痤、椄慮李，即今之「麥李」，細實，有溝道，與麥同熟，故名。駁、赤李，其實赤者是也。《廣志》曰，有「黄建李」「青皮李」「馬肝李」「赤陵李」。有「餻李」，肥黏似餻。有「柰李」，離核，李似柰。有「劈李」，熟必劈破。有「經李」，一名「老李」，數年即枯。有「杏李」，味小，酢似杏。有「黄扁李」。有夏李，冬李，冬十一月熟。有春季李，冬花春實。愚嘗見北方一種，謂之「御黄」，其重踰兩，肉厚核小，食之甘香而美，李中之嘉種也。江南建寧有一種名「均亭李」，紫色，極肥大，味甘如蜜；南方之李，此實爲最。

【略】作白李法：用夏李，色黄，便摘取，於鹽中挼之，鹽入汁出，然後合鹽曬令萎，手捻之令扁，復曬極扁乃止。曝使乾，飲酒時以湯澆之，漉著蜜中，可以薦酒。

梅吉

梅與杏，二果也。《爾雅》曰，梅，柟也。柟，奴含反，俗作楠。《西京雜記》曰，「侯梅」「朱梅」「同心梅」「紫蔕梅」「燕脂梅」「麗枝梅」。《本艸圖經》曰，梅實生漢川山谷，今襄、漢、川、蜀、江、湖、淮、嶺皆有之。杏類梅者味酢，旦故反。類桃者味甘。《廣志》曰，滎陽有白杏，鄴中有赤杏，有黄杏，有柰杏。《西京雜記》曰，「文杏」、材有文彩。「蓬萊杏」、東海都尉于台獻一株，花雜五色，云是仙人所食杏也。《本艸》曰，黄而圓者名「金杏」，相傳云，種出濟南郡之分流山，彼人謂之「漢帝杏」，今近都多傳之。熟最早。其扁而青黄者名「木杏」，味酢，不及金杏。愚嘗見北方有一種杏，甚佳，赤色，大而稍扁，肉厚，謂之「肉杏」，又謂之「金剛拳」，言其大也。

《齊民要術》曰，栽種法與桃李同。作白梅法：梅子酸、核初成時，摘取，夜以鹽汁漬之，晝則日曝，凡作十宿，十浸十曝，則成矣。調鼎和齏，所在多入也。又作烏梅法，亦以梅子核初成時摘取，籠盛，於突上薰之，即成矣。「烏梅」入藥，不任調食。《食經》曰，蜀中藏梅法：取梅極大者，剥皮陰乾，勿令得風；經二宿，去鹽汁，內蜜中月許，更易蜜，經年如新。作烏梅令不蠹法：濃燒穰，以湯沃之，取汁，以梅

投中使澤，乃出蒸之。作杏李麨法：麨，充小反，糗也。杏李熟時，多取爛者，盆中研之，生布絞取濃汁塗盆中，日曝乾，以手摩刮取之，可和水爲漿及和米麨，所入任意也。按，《書》《説命》曰，「若作和羹，爾惟鹽梅」。梅之貴也尚矣，杏又其次也。曹孟德一指梅林而解三軍之渴，虛言猶若此，況即其境者乎？《嵩高山記》亦云，牛山多杏，自中國喪亂，百姓飢餓，皆資此爲命，人人充飽。由是而觀，梅杏之功，殆伯仲耳。

又《百穀譜集之七・果屬》

柰林檎

柰與林檎，二果而相類也。《廣志》曰，柰有白、青、赤三種，張掖有白柰，酒泉有赤柰。西方例多柰，家以爲脯，數十百斛，以爲蓄積，如收藏棗栗。《西京雜記》曰，紫柰、緑柰。別有素柰、朱柰。陶隱居云，江東有之，而北國最豐，皆作脯。有林檎相似而小。林檎一名「來禽」。洪玉父曰，以味甘，來衆禽也。《本艸圖經》曰，木似柰，實比柰差圓，亦有甘酢二種，甘者早熟而味脆美，酢者差晚，須熟爛堪噉。

【略】

作柰脯法：柰熟時，中破曝乾，即成矣。

作柰麨法：拾爛柰，内瓮中，盆合口，勿令蠅入，六七日許當大爛，以酒淹，痛拌之，令如粥狀。下水更拌，以羅漉之，去皮子。良久澄清，瀉去汁，置布於上，以灰飲汁，如作米粉法。汁盡，刀劚，大如梳掌，於日中曝乾，研作末，便成。甘酸得所，芳香非常。

作林檎麨法：林檎赤熟時，劈破，去心、子、蔕，日曬令乾，或磨或擣，下細絹篩；麄者更磨擣，以細盡爲限。以方寸匕投於椀中，即成美漿。不去蔕則太苦，合子則不度夏，留心則太酸。若乾噉者，以林檎麨一升和米麪二升，味正調適。

按：《本艸》陳士良云，大長者爲柰，圓者爲林檎，夏熟；小者味澀爲梣，昨今反，青皮木。秋熟。若是則柰之與林檎，形相似也，氣味相近也。然柰性寒，林檎性溫，則有不同者。至若二果可以薦新，可以作脯，食而不乏，亦未嘗不同焉。誦潘安仁「二柰丹白」之賦，觀王羲之「來禽青李」之帖，豈非古人之所重哉？

棗

棗類最多。《爾雅》曰，壺棗，邊要棗，櫅白棗，樲酸棗，遵羊棗，楊徹齊棗，洗大棗，煮填棗，蹶泄苦棗，皙無實棗，還味棯棗。郭璞註：江東呼棗大而鋭上者爲「壺」，壺猶「瓠」也。要，細棗今謂之「鹿盧棗」。精即今棗子白熟。樲，樹小實酢。遵，實小而圓，紫黑色，俗呼「羊矢棗」。洗今河東猗氏縣出，大棗如雞卵。蹶泄，子味苦。皙，不著子。還味，短味也。楊徹、煮，未詳。《廣志》曰，河東安邑棗，東郡穀城紫棗，長二寸。「西王母棗」，大如李核，三月熟。河東汲郡棗，一名「墟棗」。東海「蒸棗」，洛陽「夏白棗」，安平信都大棗，梁國「夫人棗」，大白棗，一名「蹙咨」，小核多肥。「三星棗」「駢白棗」「灌棗」。又有「狗牙」「雞心」「牛頭」「羊矢」「獼猴」「細腰」之名。又有「氐棗」「木棗」「崎廉棗」「桂棗」「夕棗」。《西京雜記》曰，有弱枝棗、玉門棗、「棠棗」、青花棗、赤心棗。潘岳《閒居賦》有「周文弱枝之棗」，丹棗。青州有樂氏棗，豐肌細核，多膏肥美，世傳樂毅從燕齎來所種也。

東坡詩云，「龍眼與荔枝，異出同父祖，端如柑與橘，未易相可否。」夫龍眼與荔枝齊名，味亦甚美，登盤俎而充歲貢，稱於魏文之詔，詠於左思之賦，又豈凡果之可比哉？故附《穀譜》「荔枝」之後。

又《百穀譜集之八・果屬》

橄欖餘甘子附

橄欖生嶺南及閩廣州郡，性畏寒，江浙難種。樹大數圍，實長寸許，形如訶子而無稜瓣。其子、先生者向下，後生者漸高。有野生者，樹峻，不可梯緣；但刻其根，方寸許，内鹽於其中，一夕，子皆自落。蜜藏極甜，生噉及煮食之，並消酒，解諸毒。誤食鯸鮐魚肝迷悶欲死者，飲其汁，立解。以其木作楫，撥著魚，皆浮出。物之相畏，有如此者。

此果，南人尤重之，可作茶果。其味苦酸而澀，食久，味方回甘，故昔人名爲「諫果」。然消酒解毒，亦果中之有益於人者。

餘甘惟泉州有之，乃深山窮谷自生之物，非人家所種。其樹稍高，其子梭形，又如梅實，兩頭鋭。始嚼，味酸澀，飲水乃甘。九月採。比之橄欖，酷相似。以蜜藏之亦佳。劉彦冲詩云，「炎方橄欖佳，餘甘豈苗裔？風姿雖小殊，氣韻乃酷似。騂顔澀吻餘，髣髴清甘至。侯門收寸長，粉骨成珍劑。」誠哉言也！

木瓜

木瓜，《爾雅》曰「楙」，注曰，「實如小瓜，酢，可食。」《詩》曰，「投我以木瓜」。毛公曰，楙也。《疏義》曰，楙，葉似柰，實如小瓠，瓜上黄似著粉，山陰蘭亭尤多，西京亦有之，而宣城者爲佳。宣城人種蒔最謹，始實則簇紙花薄其上，夜露日

曝，漸而變紅，花文如生。本州以充土貢，故有「天下宣城花木瓜」之稱。

【略】

凡食啖勿誤取和圓子。其色樣、外形真似木瓜，但木瓜皮薄，微赤黄，香甘，酸而不澀，向裏子頭尖，一面方。若和圓子則微黄，蔕麄，子小圓，味澀微酸，傷人氣，不可不辨。此物入肝，益筋與血，入藥絶有功，病腰腎脚膝者，服食不宜闕。以蜜漬食，亦甚益人。蜜漬之法：先切去皮，煑令熟，著水中，拔去酸味，却以蜜熬成煎藏之。又宜去子爛蒸，擂作泥，入蜜與薑，作「煎」飲用，冬月尤美。夫木瓜得木之正，故入筋。試以鈆霜塗之，則失酸味，受「金」之制也。五行相剋之義，於此蓋亦可驗。此果既能愈疾，又宜飲啖，兼用有益，誠可貴焉。

銀杏

銀杏之得名，以其實之白；一名「鴨脚」，取其葉之似。其木多歷年歲，其大或至連抱，可作棟梁。夫樹有雌雄，雌者結果。其實亦有雌雄之異，種時須合種之，臨池而種，照影成實。春分前後移栽，先掘深坑，水攪成稀泥，然後下栽子。掘取時，連土封用艸包或麻繩纏束，則不致碎破土封。其子至秋而熟。初收時，小兒不宜食，食則昏霍。惟炮煮作顆食爲美，以澣油，甚良。顆如緑李，積而腐之，惟取其核，即銀杏也。梅聖俞詩云：「北人見鴨脚，南人見胡桃，識内不識外，疑若橡栗韜」，正謂是耳。今人以其多而易得，往往賤之。然絳囊入貢，玉椀薦酒，其初名價，亦豈減於蒲萄、安石榴哉？

【略】

曬棗法：先治地令净，有艸萊令棗臭。布棗於箔上，以朳兵拔反，無齒杷。聚而復散之，一日中二十度乃佳。夜仍不聚。得霜露氣速成，陰雨時乃聚而苫蓋之。五六日，別擇取紅軟者，上高廚而暴之，廚上者已乾，雖厚一尺亦不壞。去胮溥江切。爛者。胮者水不乾，留之徒污棗。其未乾者，曬曝如法。

《食經》曰，作乾棗法：新菰蔣露於庭，以棗著上，厚三寸，復以新蔣覆之，凡三日三夜，撤覆，露之畢日，曝取乾，納屋中。率一石以酒一升漱著器中，密泥之，經數年不敗。《本艸衍義》曰，青州棗去皮核，焙乾，爲棗圈，尤爲奇果。

棗油法：鄭玄曰，擣棗實，和以塗繒，上燥而形似油也。棗脯法：切棗曝之，乾如脯也。

作酸棗麨法：多收紅軟者，箔上日曝令乾，大釜中煑之，水僅自淹。一沸即漉出，盆研之，生布絞取濃汁，塗盤上或盆中。盛暑日曝使乾，漸以手摩挲，取爲末，以方寸匕投一椀中，甜酸味足，即成美漿，遠行用和米麨，飢渴俱當也。

夫棗，咏於《詩》，記於《禮》，不特爲可薦之果，用以入藥，調和胃氣，其功不少。今南北皆有之。然南棗堅燥，不如北棗肥美。生於青晉絳州者尤佳。太史公稱安邑千樹棗，其人與千户侯等，則棗之爲利，顧不溥哉？

柿

柿多種。《本艸》云，黄柿出近京州郡，紅柿，南北通有之；朱柿出華山，似紅柿而皮薄，更甘珍。諸柿食之皆善而益人。《衍義》曰，柿有「著蓋柿」，於蔕下別生一重，有「牛心柿」「蒸餅柿」，皆以形得名。華州有一等朱柿，比諸品中最小，深紅色。有一種「塔柿」，亦大於諸柿。又有「椑柿」，生江淮南，似柿而青黑，潘岳《閒居賦》曰「梁侯烏椑之柿」是也。

《齊民要術》曰，柿有小者，栽之，無小者，取枝於㮕而兖反，紅藍、棗似柿。棗根上插之，如插梨法。

《食經》曰，以灰汁澡柿再三，度乾，令汁絶，著器中，經十日可食。《本艸衍義》云，生則澀，以温水養之，需澀去可食。又有「烘柿」，器内盛之，待其紅軟，其澀自去，味甘如蜜。《圖經》曰，乾柿火乾者，謂之「烏柿」，出宣州、越州。愚按：作柿乾法：生柿撛去厚皮，捻扁，向日曝乾，内於瓮中，待柿霜俱出可食，甚涼。其霜收之，甘涼如蜜，可醫口瘡及咽喉熱積。

若論柿之性，日乾者温，火乾者熱，生者彌冷，一果而不同如此。《本艸》稱其「善而益人」，又何以異哉？

龍眼

龍眼，花與荔枝同開，樹亦如荔枝，但枝葉稍小。殻青黄色，形如彈丸。核如木梡子，而不堅。肉白而帶漿，其甘如蜜。熟於八月，白露後，方可採摘。一朶五六十顆，作一穗。荔枝過即龍眼熟，故謂之「荔枝奴」。福州、興化、泉州有之，比荔枝特罕。木性畏寒，北方亦無此種，今充歲貢焉。

曬龍眼法：採下，用梅鹵浸一宿，取出曬乾，用火焙之，以核乾硬爲度，如荔枝法，收藏之。成朶。乾者名「龍眼錦」。

橘柑附

橘生南山川谷，及江浙荆襄皆有之。木高可丈許，刺出於莖間。夏初生白花，至冬，實黄。《禹貢》曰「厥包橘柚錫貢」，注云，大曰柚，小曰橘。然自是兩種。郭璞曰，柚似橙而大於橘，北地無此種，故橘逾淮而成枳，地氣使然也。橘

有數種，有綠橘，有紅橘，有蜜橘，有金橘，而洞庭橘爲勝，今充土貢。

種植之法：種子及栽皆可，枳樹截接或掇栽，尤易成。但宜於肥地種之。冬收實後，須以火糞培壅，則明年花實俱茂。乾旱時以米泔灌溉，則實不損落。惟皮與核堪入藥用。皮之陳者最良，又宜作食料。其肉、味甘酸，食之多痰，不益人。以蜜煎之爲「煎」則佳。《食貨志》云，蜀漢江陵千樹橘，其人與千户侯等。夫橘，南方之珍果，味則可口，皮核愈疾，近升盤俎，遠備方物，而種植之獲利又倍焉，其利世益人，故非可與它果同日語也。

柑，甘也，橘之甘者也，莖葉無異於橘，但無刺爲異耳。種植與橘同法。生江漢唐鄧間，而泥山者名「乳柑」，地不彌一里所，其柑大倍常，皮薄味珍，脈不粘瓣，食不留滓，一顆之核纔一二，間有全無者。然又有「生枝柑」，有「乳柑」，有「海紅柑」，有「衢柑」，雖品不同，而温台之柑最良，歲充土貢焉。江浙之間，種之甚廣，利亦殊博。昔李衡於武陵龍陽洲上種柑千樹，謂其子曰，吾州里有千頭木奴，不責汝衣食，歲上一疋絹，亦足用矣。及柑成，歲輸絹數千疋。故史游《急就篇》註云，「木奴千，無凶年」，蓋言可以市易穀帛也。

柑之大者，擘破、氣如霜霧。故老杜云，「破柑霜落爪」，是也。庾肩吾云，王逸爲賦，取對荔枝，張衡製辭，用連石蜜，足使萍實非甜，蒲萄猶餌。其貴重如此。

橙

橙似橘樹而有刺，葉大而形圓，大於橘，皮甚香，厚而皺，其瓤味酸，不堪食。以瓤洗去酸汁，細切，和蜜鹽煎成「煎」，食之亦佳。唐鄧間多有之，江南尤甚。北地亦無此種。今人取橙皮合湯，香味殊美。栽植無異於橘，而其香則橘又不得比焉。劉彦冲詩云，「橙橘甘酸各有能，南包橘柚不同升，果中亦抱遺才歎，有客攀條氣拂膺。」昔人橙詩云，「吴姬三日手猶香」。故橙之爲果，可以熏袖，可以芼鮮，可以漬蜜，真佳實也。

樝子

樝，梨之小者。《爾雅》云，「樝似梨而酢澀」。陶隱居注《本艸》「木瓜」條乃云，木瓜利筋脛。又有榠樝，大而黄，可進酒去痰。樝子澀，斷痢。《禮記》云，「柤梨曰攢之」，鄭公不識樝，乃云是梨之不臧者。然《淮南子》曰，樹柤梨橘，食之則美，嗅之則香。《莊子》曰，柤梨橘柚，皆可於口者。蓋古人以樝列於名果，今人罕食之耳。西川唐鄧多種此，亦足濟用。然樝味比之梨與木瓜雖爲稍劣，而以之入蜜作湯，煎，則香美過之，亦可珍也。

又《百穀譜集之九・竹木》

竹筍附

【略】

筍。陸佃云，字從「勹」從「日」，包之日爲筍，解之日爲竹。又曰，字從「竹」、從「旬」，旬内爲筍，旬外爲竹。採筍之法，視其叢中斜密者芟取之；竹鞭方行處不宜採，採則竹不繁。採時可避露，日出後，掘深土取之，半折取鞭根旋得，投密器中，以油單覆之。勿令見風，風吹則堅。

筍味甘美，有毒，惟香油與薑能殺其毒。煮宜久熟，生則損人。然食品之中，最爲珍貴。故《禮》云，加豆之實，筍菹魚醢。《詩》云，「其蔌伊何？維筍及蒲。」蓋貴之也。

又《百穀譜集之十一・飲食類》備荒論

蓋聞天災流行，國家代有。堯有九年之水，湯有七年之旱，雖二聖人亦不能逃其適至之數也。春秋二百四十二年，書「大有年」僅二，而水、旱、螽、蟲，屢書不絶。然則年穀之豐，蓋亦罕見。爲民父母者，當爲思患豫防之計。故古者三年耕，必有一年之食，九年耕，必有三年之食，以三十年之通制國用，雖有旱乾水溢，而民無菜色者，蓄積多而備先具也。

其蓄積之法，北方高亢多粟，宜用竇窖，可以久藏，南方墊溼多稻，宜用倉廩，亦可歷遠年。倉、庫、竇、窖，詳見《農器譜》。其備旱荒之法，則莫如「區田」。區田者，起於湯旱時，伊尹所制。斸地爲區，布種而灌溉之。救水荒之法，莫如「櫃田」。櫃田者，於下澤沮洳之地，四圍築土，形高如櫃，種藝其中，水多浸淫，則用水車出之。可種黄綠稻，地形高處，亦可陸種諸物。區田、櫃田，詳見《農器譜》。此皆救水旱、永遠之計也。備蟲荒之法，惟捕之乃不爲災。然蝗之所至，凡艸木葉靡有遺者，獨不食芋、桑，與水中菱、芡，宜廣種此。其餘則果食之脯，米豆之麨，棲於山者有葛粉，取葛根肉爲粉。蕨萁，取蕨根擣碎，以水淘汰，停粉爲萁。蒟蒻、橡、栗之利，瀕於水者有魚、鱉、蝦、蟹、蛤、螺、芹、藻之饒，皆可以濟饑救儉。

其或懷金立鵠，易子炊骸，荒饑之極，則「辟穀」之法，亦可用之。「辟穀方」者，出於晉惠帝時，黄門侍郎劉景先遇太白山隱士所傳，曾見石本，後人用之多驗，今録於此：昔晉惠帝時，永寧二年，黄門侍郎劉景先表奏，臣遇太白山隱士，傳濟饑辟穀僊方，上進。言、臣家大小七十餘口，更不食別物，惟水一色。若不如斯，臣一家甘受刑戮。今將其方鏤板廣傳。見下，大豆五斗，净淘洗，蒸三遍，

去皮。又用大麻子三斗，浸一宿，漉出，蒸三遍，令口開。右件二味，豆黄搗爲末，麻仁亦細擣，漸下豆黄同搗，令匀，作團子如拳大，入甑内蒸。從初更進火，蒸至夜半子時住火，直至寅時出甑。午時曬乾，搗爲末，乾服之，以飽爲度。不得食一切物。第一頓得七日不饑，第二頓得四十九日不饑，第三頓得三百日不饑，第四頓得二千四百日不饑；更不服，永不饑也。不問老少，但依法服食，令人强壯，容貌紅白，永不憔悴。渴即研大麻子湯飲之，轉更滋潤臟腑。若要重喫物，用葵子三合許爲末，煎，冷服，取下其藥如金色，任喫諸物，並無所損。前知隨州朱頔教民用之有驗，序其首尾，勒石於漢陽軍大别山太平興國寺。

又傳寫方：用黑豆五斗，淘净，蒸三遍，曬乾去皮，細末；秋麻子三斗，温浸一宿，去皮，曬乾爲細末；細糯米三斗，做粥熟，和搗前二味爲劑。右件三味合搗，作團如拳大，入甑中蒸一宿，從一更發火，蒸至寅時日出，方才取出甑，曬至日午令乾，再搗爲末，用小棗五斗，煮去皮核，同前三味爲劑，如拳頭大，再入甑中蒸一夜服之，以飽爲度。如渴者，淘麻子水飲之，便更滋潤臟腑。無芝麻汁，白湯亦得。少飲，不得别食一切之物。

又許真君方，武當山李道人傳，累試有驗。避難歇食方：用白麪六兩，黄蠟三兩，白膠香五兩，右件將麪冷水煉令熟，如打麪一同。然後爲圓，如黑豆大，日曬乾，再將蠟溶成汁了，將圓子投入内，打令匀。候冷，罩子裹，安在净處。如服時，每日早晨空心可服三五十丸；冷水嚥下，不得熱食。如要喫物，任意不妨。

又服蒼术方：用蒼术一斤，好白芝麻香油半斤，右件將术用白米泔浸一宿，取出，切成片子，用香油炒令熟，用瓶盛取。每日空心服一撮，用冷水湯嚥下，大能壯氣、駐顔色、辟邪，又能行履，饑即服之。

詳此數方，其間所用品味雖不出乎穀，而民間亦難卒得。若官中預蓄品味，饑歲荒年，給賜饑民，無資糧賑濟之勞，而可延餓殍時月之命，實益世之方。安可秘而不流傳哉？

元・陶宗儀《南村輟耕録》卷七　鹹杬子

今人以米湯和入鹽艸灰以團鴨卵，謂曰鹹杬子。按《齊民要術》，用杬木皮淹漬，故名之。若作圓字寫，則誤矣。

明・劉基《多能鄙事》卷一《飲食類》　醬法

熟黄醬方

以豆揀净，炒熟，去皮，磨細。每末一斗，入麪三斗，以湯和匀，切片蒸熟，攤蘆蓆上，用麥點蒼耳葉盒，發熱作黄衣了，翻轉，烈日攤愈好。每乾黄一斤，用鹽四兩，井花水下，高於黄一拳曬之。

生黄醬方

三伏中，不拘黄黑豆，（楝）〔揀〕净，水浸一宿漉出，入鍋煑熟爛，取出，攤令極冷。白麪不拘多少，拌匀，攤蘆蓆上用麥稈蒼耳葉盒，發熱作黄衣了，翻轉，烈日曬愈好。每乾黄一斤，用鹽四兩，井花水下，高於黄一拳曬之。

小豆醬方

小豆不拘多少，（楝）〔揀〕净，磨碎，簸去皮，再磨細。水浸半晝，控乾，擦去皮盡。至來早，水淘净，控乾。和麪捺作團，盒蓋，候一月方發過。用大眼籃懸通風處，至來年二月中旬，用密封口泥固，曬七七日爲度，不可入水瓜茄中，自然汁出也。鹽無分兩，相度斟量用之。

鹹豆方

黑豆一斗，蒸晷熟，取起曬一日，用瓜二十條，茄四十斤，先切，令小乾。紫蘇、陳皮各切碎拌匀，用茴香四錢，炒鹽四兩和得中，醃之三越日。然後用好酒遍灑令匀，再晷蒸過，再用鹽四兩拌之。又用好酒微灑，日中攤曬一日，却入小磁缸内，緊築數重紙封，烈日暴之。

淡豆豉方

大黑豆不拘多少，甑蒸香爲度。取出，攤置笨蘭中，乘温熱，以架子每一層盛一笨蘭，頓在無風處。四圍上下用青艸穰緊護之。數日取開，見豆上生黄衣已遍，然後取出曬一日。次日温湯漉洗，以紫蘇葉切碎拌和之，烈日暴十分乾，後用磁器收貯，密封，泥固之。

麩豉方

小麥細磨爲麪，以拌浥浥，入甑蒸，候氣焰好熟，乃取下攤之，令極冷。以手挼碎，蘆蓆上以蒼耳之類蓋七日過，上黄衣乃攤去熱氣，却裝入甕中，盆蓋口，以艸穰燠七日，黑色，氣味香美，便乘熱捻作餅，中穿一孔，以繩貫之。紙袋裹其外，用時全餅著湯中煑色足，漉出，削去外皮。一餅用數次，香美大勝豆豉。只打破湯浸研用亦可，但汁濁，不如全煑汁清也。須七八月中造。

收臘豉法

取香好豆豉，於臘日用川芎頭、橘皮、生姜、絲酒灑蒸，焙乾，收貯净磁器中，雖久如新。

瓜豉方

大菜瓜二十枚，去穰，切作條，闊厚一寸，長二許，不可經水。用鹽八兩，醃二宿，漉出，暴乾。用頭醋五升，豆豉一升。用鹽汁煎四五沸，去豆豉，以所煎之醋放冷，入糖四兩。蒔蘿、茴香、川椒、紫蘇、橘皮絲，同瓜兒箬入醋内浸一宿，漉出，曬待乾，又浸，又曬，以浥盡糖醋乾爲度。造時須三伏中。

魚鮓方

每大魚一斤，切作臠，不得犯水。以净布拭去涎血乾净，用鹽一兩半，冬月一兩，待片時醃魚出水，再漉乾。用薑橘絲、蒔蘿、紅麴、饋飯、葱油拌匀，入磁罐捺實。箬蓋竹簽插定，覆罐去滷盡即熟。用或礬水綽過，肉緊而脆。

王版鮓

青魚、鯉魚，大者皆可。取净肉，隨意切片。每斤用鹽一兩醃，過夜控乾。入川椒、蒔蘿、生薑、橘皮絲、葱絲、熟油半兩，橘葉數片，茴香少許，(硬)[粳]飯三兩匙，再入鹽少許，調和入瓶，箬封，泥固之。

真御法

净魚肉十斤，切臠。用酒半升，鹽六兩，醃過夜。去鹵汁，入薑、橘絲各二兩，川椒、蒔蘿各半兩，茴香二錢，紅麴三合，葱絲四兩，粳米飯一升半，鹽四兩，酒半升，拌匀，入磁器内，箬蓋，篾簽，候滷出，傾去。入熟油四兩，澆其面，泥封之。

省力鮓

青魚、鯉魚皆可。切作三指大，治净，每五斤用炒鹽、熟油各四兩，薑、橘絲各半兩，川椒末三錢，酒一盞，醋半盞，葱絲少許，拌匀。磁罐内實捺，箬蓋，竹簽插，五七日熟。

海棠鮓

猪羊肉皆可。造須盡去皮骨，沸湯焯過，細切。每肉一斤，用鹽一兩，葱白五莖爲絲，香油半兩，微煎。炒之，入川椒、馬芹各一錢，紅麴三錢，小麥黄一兩，並爲末。酒醋各半盞，粳米飯三匙，一同拌匀，入磁封固之。冬半月，夏七日熟。

鱘鰉魚鮓

鱘皇魚去皮骨、尾鬣，諸大魚皆可。取肉，洗去血盡，控乾。用紅麴拌鹽，每肉三十斤，醃七日夜，温水洗净，控乾。入生香油一斤，炒硬米粉一升半，葱白二斤，劈碎川椒皮二兩，茴香、蒔蘿各一兩，桂皮、紅豆各五錢，杏仁一兩，去皮。陳皮、乾生姜各一兩，爲末，拌匀。用木桶盛，荷箬葉蓋面緊，用石壓之，滷汁上即熟。

黄雀鮓

每雀百枚，治净，用酒半升洗，拭乾，不犯生水。用麥黄蘖、紅麴各一兩，鹽半兩，葱絲，拌匀，將雀逐箇平鋪罐内，以料物糝一層，裝滿，用箬蓋，竹篾插，候鹵出，傾去。入醇酒密封，泥固之。

鵞鮓

肥鵞，用净肉，細切。每五斤入鹽二兩，酒一大椀醃過宿，去滷，用葱絲二兩，薑絲四兩，橘皮絲一兩，椒皮末半兩，蒔蘿、茴香、馬芹各少許，紅麴末一合，酒半升，拌匀，入罐實捺，箬封，竹插，泥固之。猪羊精肉皆可依此。

金溪鮓

鵞鴨肥者皆可。治净肉，薄切，以四分爲率，入猪脂一分。每斤炒鹽八錢，葱白十莖切絲，馬芹、川椒末各半錢，紅麴二錢，粳米飯三匙，醋半合，同和匀，入鉼封之。

逡巡鮓

諸般皆可，但净肉薄切，入圓椒、馬芹、杏仁、薑、橘葉、花鹽、米粉、紅麴拌匀，用笋籜裹，入甑蒸半熟取出，以醋少許，鍋内炒過可用。

羊肉鮓

精羊肉一斤，細切。用鹽一兩，紅麴末一兩，馬芹、葱、薑絲隨意多少，飯一掬，温漿水灑拌匀，入罐緊捺，以箬笋籜蓋，春夏日暴，秋冬火煨，五日熟。

蟶鮓

蟶肉治净，每斤用鹽一兩醃一伏時，再净洗，控乾，布裹石壓，入酒少許，拌。用熟油、薑絲各半兩，鹽一錢，葱絲一兩，飯一合，紅麴、馬芹、茴香少許，拌匀入瓶，泥封，十日熟。

蛤蜊醬

生蛤蜊一斤，將原滷洗去埿沙，布裹石壓一宿，入鹽二兩，紅麴末一兩，麥黄末二合，入罐裝，酒少許，泥封固。

玉鈎鰕鮓

生大鰕，剥去皮、鬚脚，布裹壓乾。每一斤用鹽一兩，又看天氣冷煖增減，生香油一兩，蛤殼少許，椒三十粒，葱、薑各少許，飯半盞，令拌匀，入鉼，實捺封。候香可食。

清涼蝦鮓

蝦不拘多少，用鹽水浸去鹹汁，壓乾。入紅麴、川椒、蒔蘿、茴香、葱白、糯米飯少許，鹽拌和，入瓶緊捺，以好酒灑面上，箬蓋，密封。乾，則加酒，可留兩月。

凡鮓，若要急熟，則置竈頭煖處，或日中暴之。

凡鮓中用茴香，夏月當勿用此物，要酸。

凡雀、鵞、魚鮓，過時和猪肉作餛飩甚妙。

糟醬醃藏法

法魚

大鯽魚，洗净，控乾一宿。破去肚腸，留子、鱗、腮。腮切一刀，再拭乾。每十斤，用炒鹽二十兩，麥黄末十五兩，神麴末二十兩，川椒二兩，蒔蘿一兩半，馬芹一兩，紅麴八兩，拌勻，入腮，實滿，更填魚腹中，餘者糝魚身。入缸罐中，排平，入好酒浸沒二指，泥封固。臘月造。

醃魚法

臘月取大魚，去鱗、雜首尾，劈開，洗去涎血，布拭乾。炒鹽醃七日，就用鹽水刷洗魚明净，籃懸當風處七七日，魚極乾，取下，割作大方塊，用臘糟，以臘月酒脚和稀，相魚多少，下炒茴香、蒔蘿、葱油、鹽，與糟拌勻，塗魚逐塊，入净罈中。一層魚，一層糟，以滿爲度。泥封固七七日，開之。如遇南風，不可開。

紅魚方

鯽魚去腸，每一斤，净，用鹽一兩，醃半日，净洗去涎血，控乾。每用鹽一兩，糝魚肉上，紅麴末二兩，葱白絲二莖，蒔蘿少許，川椒百粒，酒半盞，入缾封固，五日可食。

醃魚又法

鯆、鯉、鯎魚皆可。臘月作乾，至正月切作段，洗净。每斤用鹽二兩，却以糯米白麴造成酒醅，以紅麴入醅内，清油、蒔蘿、茴香、薑、椒拌和，一層魚一層糟醅，密封固，可交新。

魚醬

每净肉切碎，一斤用鹽三兩，炒川椒末，乾生薑末，馬芹各一錢，神麴末二錢，細紅麴半兩，葱絲一握，好酒，同拌勻入缾。

酒魚脯

大鯉魚治净，布拭乾。每斤用鹽一兩，葱、椒、蒔蘿、薑絲、好酒同醃，令酒高魚一指，逐日翻動，候滋味透，取出曬乾，削食。臘月造。

酒麴魚

大魚治净，一斤切作手掌大片，用鹽二兩，神麴末四兩，川椒百粒，葱一握，酒一升，拌勻，密封。冬月七日，夏一宿，可食。

魚頭醬

魚頭，去眼睛及頰顋、硬骨，不拘多少，先用鹽、酒、醋出水，控乾。碎剉如骰子大，每斤用鹽一兩半，炒米粗末，薑、葱絲，椒，蒔蘿、橘皮，拌勻，入缾實捺，封固。

醃藏肉法

新猪肉，切成段塊，用煑小麥滚湯淋過，控乾。每斤用鹽一兩，捺置缸中，三日一翻。半月後，用好酒糟醃兩宿，出缸。用原缸滷净洗，懸無煙處净室中。二十日後半乾，以故紙封裹，用淋過净灰，於大甕中，一重灰，一重肉，埋訖，盤蓋，置涼處。經歲如新，煑時以米泔浸一炊時，洗刷净，下清水鍋中，盆蓋，慢火煑，候沸，即撤薪停火一時，再發火煑滚，住火良久，取出食。此法之妙，全在早醃。須臘月前十日作，得臘氣乃佳，遲則不佳矣。牛羊馬驢等肉皆可，同此法。

臘肉法

肉三斤，作一塊，每斤用鹽一兩挼，令勻。入缸醃數日，每日翻二三遍。却入酒醋中，停再醃三五日，日翻三五次，取出控乾。先備百沸湯一鍋，真麻油一器，將肉逐塊署入湯蘸即提起，趂熱以油勻刷，掛烟頭薰之。日後再用臘糟加酒，拌勻再醃十日。諸肉並可依此法。

四時臘法

臘月醃肉滷净，器收貯，泥封之。要用，則取一椀，臘水一椀，鹽三兩，和勻，將肉去骨，切三指厚，五寸闊，用鹽料勻拌半日，入滷水内浸一宿，次日臘味與臘月者無異。

肉脯法

諸般獸肉皆可。一斤切作十六條，好酒一大盞，醋一盞，净鹽四兩，馬芹、蒔蘿各少許，慢火熬酒醋乾，收之。

醃猪舌

猪舌一斤，鹽半兩，酒一盞，川椒、蒔蘿、茴香各少許，細切葱白，醃五日，日

翻三四次。用細索掛當風處。候乾，用紙袋盛掛之。

紅羊脯

肥羊肉十五斤，以半斤切作一條，用鹽十五兩醃三伏時，取出。糟三斤，鹽三兩，拌勻，再醃三宿取出，不去糟。於竈上猛柴煙薰乾，次年五六月洗剥净，煑食。

鹿獐羊等肉

或作條，或作片，去筋膜脂帶，每斤用鹽二兩，天氣暖則加一分半，醃半日，入酒一升半，醋一盞，經宿取出，焙乾。

牛羊肉

去骨，打作小長條，精肥相間，三四條作一垜，布裹石壓，經宿。每斤用鹽八錢，酒二盞，醃三五日，每日翻一次，醃至十日後，日曬至晚，復入滷汁，但汁盡爲度。候乾，掛厨煙上。臘月可造。

牛豬鹿脩

好肉去筋膜，切作條，或作片，每二斤用鹽六錢半，川椒三十粒，葱三莖細切，一大碗同醃三五日，日翻六七次，曬乾。猪羊倣此。

醃鹿脯

净肉十斤，去筋膜，打作條。用鹽五兩，川椒三錢，蒔蘿半兩，葱白四兩，好酒二升，和肉拌醃，每日翻二次，冬三日。

酒蟹方

九月中，揀肥壯者，十斤用炒鹽一斤四兩，明礬末一兩五錢，先將蟹净洗，用稀篾封貯，懸當風半日或一日，以蟹乾爲度。用好醋酒五升拌勻，和鹽、礬，令蟹入酒内良久取出。每一枚斡開臍，入罐捺實收貯。更以花椒糝其上，以紙兩三重蓋口，紙中納韶粉一粒，如小豆大，箬封泥固。取時勿見燈，或用好酒破開，臘糟五升拌鹽、礬亦可。

醬醋蟹

圓臍大蟹，麻皮扎定，於温鍋内放，令吐出沫了，每斤用鹽七錢半，醋半升，香油二兩，葱白五握，炒作熟葱油，榆仁醬半兩，茴香、川椒末、薑、橘絲各一錢，與醋、酒同拌勻，將蟹排在净器内，傾酒醋入浸之，半月可食。底下安皂角一寸。

法蟹

大蟹十枚，洗净，經宿用鹽二兩半，麥黄末二兩，紅麴末一兩半，仰置蟹在罐内，以好酒二升，白芷末二錢，川椒、蒔蘿、薑、橘絲、茴香等物入罐，封半月熟。

糟蟹

團臍蟹三十枚，净洗，布拭乾。糟五斤，鹽十二兩，好醋半升，好酒半升，拌糟，依法收貯，七日可食，留至明年。

又法，蒸熟蟹糟之甚妙。

醬蟹

團臍蟹百枚，净洗，控乾。逐箇臍内滿填鹽，用線縛定，仰疊磁器中。法醬二斤，斫渾川椒一兩，好酒一斗，拌醬椒勻，浸令過蟹一指。酒少再添，密封，泥固，冬二十日熟。

肉豉法

猪肉精肥逐項切小塊，同羊脂微炒，以酒、醋水用川椒、鹽、杏泥、硇砂、木香、阿魏、甘艸同煑，頻焯去沫。候熟，收之。

又法，精肉一片，骰子塊切，鹽一兩，拌勻，曬去腥。生薑四兩，薄切，煠，用猪脂爛剉，炒過，淡豉一斤，取濃汁兩椀，馬芹半兩，椒皮一錢，先下肉於鍋内炒，次用豉、薑、橘絲、馬芹，候炒乾，焙收之。

又法，羊肉五斤，連皮脇皆可。醋三升，芫荽子一合，絹袋貯，鹽二兩，酒三盞，蒜瓣三兩，同煑，慢火養熟，壓成塊，切，曬乾，收之。

又法，精肉切塊或條，每斤用鹽半兩，酒、醋各一椀，硇砂仁、良薑、椒、葱、橘皮各少許，慢火煑汁盡，曬乾。可留三箇月。

鵪雀兔魚醬

右等治净，每一斤用白鹽、白麴末各四兩，葱三根，切一寸長，酒三合，胡椒、蒔蘿、川椒、乾薑爲細末各一錢，紅麴末二兩，同拌勻。每十斤入熟油十兩，再拌入餅，箬蓋，泥封。臘月造，三月開，著四月熟。

又　**卷二《飲食類》**　造酪

牛乳不拘多少，於釜中慢火熬之，緊火則底焦煿。馬糞火爲上。常以杓揚，勿令溢出，時復徹底從横攪之，勿圓攪，若斷，勿用口吹，吹則解散。候四五沸，便止，瀉入盆中，勿揚動。待小冷，掠去浮皮，著別器中，乃真酥也。餘者用生絹袋濾，入乾净磁餅中收之。酪餅須用火炙乾，候冷，則無潤氣，亦不斷。若酪斷不成，必是屋中有蛇及蝦蟇之故。宜燒人髮，或牛羊角辟之。其熟乳，待温如人體爲候，若熱入則酸，冷又難成。濾了，先以甜酪爲酵。大率熟乳一升，用甜酪

半匙，着杓中，以匙極攪開散，入熟乳中，仍以杓攪勻。以氈絮之類覆餅，令暖良久，換生單布蓋之。明旦酪成，或無舊甜酪，則用漿水一合代之，不可多。六七月造者，只令如人體，置於冷地，勿蓋焐。冬月造者，令熱於人體。

曬乾酪

七八月間造，烈日炙酪，酪上皮成，掠取，更炙。又掠，至肥盡無皮乃止。其皮於鍋中炒少時，即出，盆盛暴乾，浥浥時圓起如梨大，又暴，令極乾，收之，經年不壞。

造乳餅

牛乳一斗爲率，絹濾，入鍋煎三五沸水，解醋點入乳內，漸漸結成，漉出布裹，以石壓之。

造乳團

酪五升，下鍋燒滚，入冷醋漿水半升，自成塊。如未成，更添漿水一盞，決成。以布裹團搦如乳餅様，春秋月，酪滚，提下鍋用漿就之。夏月置漿水盆中，酪滚，以酪置傾漿中。

酸湯

烏梅不拘多少，用醋熬爛，去核，再入沙鍋，下蜜，嘗酸甜得中，下擂爛松子胡桃肉酪熬之，胡桃見梅酸必黑，此汁須用肉汁再調味，同煑爛羊肋寸骨肉丸、回回豆供之。

八耳搭

水一大碗，燒滚，下蜜半斤，去沫。用豆粉六兩，調糊下鍋，看稀稠添水。熟，用盤子，香油抹底盛。油刀裁片，酥澆食。

哈兒尾

乾麪炒熟，羅過，再炒。下蜜，少加水，攪成。按，作片，以刀裁之。

古剌赤

鷄子清、豆粉、酪攪勻，攤煎餅一層，白糖末、松子、胡桃肉一層，又餅又料，如此三四層，上用回回油調，蜜澆之，甚好。

又　卷三《飲食類》　造糖蜜果法

蜜煎諸果

凡果酸者，用朴硝破水。大段硬酸者，用湯化朴硝，放冷，浸去酸味。漉去，淘過，控乾。煉蜜，放冷水，再入舊蜜，煎如琥珀色，却收去，净器中煉蜜養之。其果軟嫩者，只煉蜜放冷，澆淹一宿，換蜜煎，煎不用鐵器。

又法，應午煎果，先用湯泡白梅肉，候冷浸之，却控乾，煉蜜浸。

冬瓜煎

經霜老冬瓜，去青皮，用近青邊肉切片，沸湯焯過，放冷。以石灰湯浸一宿，去灰水，以蜜放銀石器内熬熟，下瓜片煎數沸，漉出。別用蜜，蜜煎候瓜色微黄傾出，待冷，以磁罐收，煉蜜養之。

生姜煎

社前嫩姜，不令見水，用生布拭净，用蜜煎。去頭水，換蜜煎，令金色，净磁器收之。

笋煎

笋、新米和殼煮七分熟，去皮，隨意雕切。每十斤，以蜜半斤，浸半日，漉乾，則用蜜三斤煎成收之。

蜜梅杏亦可。

梅子青者，或去核，或不去核，或金縷花，或切片，皆可。先用鹽水浸一宿，次日漉乾，用蜜浸之。日中以盆貯曬，日愈烈愈佳，但嘗蜜酸苦，即換，以甜爲度，收之至來年。換蜜又曬，或經一兩月開看，但覺略有動變，即換蜜曬收，久藏彌佳。有用銅青入蜜浸者，色雖有青，而味不佳，不必用也。

糖醋梅

青梅，但核以堅硬便可，雖苦者不妨，只不要黄熟。切去兩頭，以刀分勢作細路，每個用胡粉少許，手指蘸擦切處，不要多。以糖和醋，每梅一百，用好糖一斤半，極可久藏。周年一換糖醋，半年一開視之，畧有動作，便換糖醋。不動作，不必換。

糖椒梅

梅子半青黄者，搥破核，以鹽淹一日。净瓦罐中鋪梅一層，入砂糖，用椒、姜絲和勻一層，重重鋪罐内，八分滿，以物蓋，蒸一遍。再用生紗蒙罐口，暴十日可用。

椒梅

黄梅一百個爲率，用盆硝少許焯過，漉出，控乾搥碎。入生姜絲一斤，甘艸四兩，川椒皮一兩，磁盆拌勻。又入炒鹽半斤同曬，如欲作梅湯，曬放稀。欲作餅子，曬放乾。曬時兩三日攪吹。

糖燒李子

李子一斗，鹽二兩，糖三斤，先將李子用鹽水浸一宿，曬乾。先以鹽泥泥罐四面，炙令乾，入糖拌李在内，以瓦片蓋泥封，用糖皮燒一宿，開收之。

燒栗子

栗肉一斗，鹽水浸一宿，曬乾入新甕內。用白蜜五斤，椒皮一兩，文武火燒一夜，明日早收，入糖二斤再燒，候冷，別器收之。

燒木瓜一法，木瓜薄切拖麪酥煎紫。

木瓜去皮、瓤，用鹽淹，裁艸少許作色，控乾入瓶，以糖層層間放，微火燒一宿，收之。

糖煎藕

大藕五斤，切二寸長，又碎切之。日曬出水氣，以沙糖五斤，金莖末一兩，同入磁器內。又入蜜一斤，用泥封磁器口，慢火煮一伏時，口待冷開用。

糖蘇木瓜

木瓜大者一雙，去皮，切作瓣。白鹽一兩，新紫蘇葉二兩，净洗，切根，曬乾，切細，同淹小時。入生姜絲四兩，糖二十兩拌勻，磁器貯。日中暴之，時時抄勻，以乾爲度。

五味醬

五味子一兩爲率，滾湯浸一宿，取汁。黑豆濃煎汁，相和取色恰好，煉熟蜜合和，嘗味甘酸適中，慢火同熬收之，涼熱任用。

香糖醬

好糖一斤，水一盞半，藿香半錢，甘松一塊，生姜十斤，同煎。以姜熟爲度，濾净，磁器收之。入麝末一緑豆大，白檀末半兩，入井沈或冰水尤佳。

治蔬菜法

菜脯

鹽虀菜去梗，用葉鋪開，如薄餅大，用料物糝之。料物用陳皮、縮砂、杏仁、甘艸、時羅、回香、川椒、炒米，同爲細末，糝菜上。更鋪葉一重，又糝料物，如此鋪糝五重，以平石壓之，籠内蒸過，切作小塊。調豆粉稠水蘸之，入油煠熟，冷定，瓷器收之。

香瓜

菜瓜薄切，鹽一宿，漉起。用元滷煎湯焯過，曬乾。用好醋煎滾，候冷，調砂糖、姜絲、紫蘇、時蘿、茴香拌勻，用瓷器貯日中。

糖醋茄

新嫩茄切三角塊，沸湯焯過，粗布包壓乾，鹽淹一宿，暴乾。用姜絲、橘皮絲、紫蘇絲拌勻，煎滾糖醋澆，暴乾收之。

香蘿蔔

蘿蔔切骰子大塊，鹽醃一宿，日中曬乾。用姜橘絲、時蘿、茴香拌勻，煎滾醋澆，磁器盛，暴乾收之。

乾菜

大窠菘芥菜，洗净，畧曬過。沸湯内煠五六分熟，曬乾，用鹽、醬、時蘿、茴香、花椒、陳砂糖同煮熟，曬乾，再蒸少時，收貯。用時以油拌，微入醋，飯上蒸熟。

糟菜瓜

菜瓜，用石灰、白礬煎湯，冷浸一伏時。用煮酒泡糟、鹽，入銅錢百餘文，拌勻，醃十日，限出拭乾。別換好糟入鹽，嘗味適中，煮酒泡再拌，入罈收貯。箬葉扎口，泥封。鹽之日，每十斤，要用錢百文。

糖糟茄

八九月嫩茄，線抽去蒂，用活水煎湯，冷定，糟、鹽拌勻，入罈，泥封之。每糟一斤，茄一斤，用鹽二兩適。

鵪鶉茄

嫩茄切兩半，以刀縷細，勿令透。沸湯焯過，控乾，用鹽、醬、花椒、時蘿、茴香、甘艸、橘皮、杏仁、紅豆研細，抹入縷縫。曬乾蒸過，收貯。用時以沸湯蘸香過油煠熟。

脆姜

嫩生姜去皮，以甘艸、白芷、零陵香少許，同煮熟，切片食之，真極美。

燒通艸

通艸實者，刻作物像，以紫灰淋汁煮，用水浸去灰脚，以砂糖瓦器煎之。

沙栗

栗不拘多少，沙銚或熨斗中，入細油紙撚一個同炒，甚美。

木香餅

木香二兩，爲極細末，用水三升，煎至二升。入牛乳半斤，蜜二兩，於銀、石器内，煎如稀糊，即入羅過粳米粉半合，又煮。候米熟稠硬，捍作薄餅，切成棋子，晾乾收之。

燒杏仁

杏仁，用香油煠焦胡色爲度，用鐵結絡兜出，候冷定，極肥美。

法製栢枝

嫩栢枝，洗净控乾，入梅滷乾，以甘艸、桂心爲細末，貯净器中。一層嫩栢枝，一層藥末，緊封藏之，久不開，則上鹽花上小楪一枝，可玩可食。

法製杏仁

杏仁一斤，用滚灰水焯過，曬乾。麪炒熟，煉蜜拌勻，下後項藥末拌之。縮砂、陳皮、茴香、人參、薄荷、白豆蔻、檀香二錢，松、甘艸三錢，炙過，同爲細末，以拌杏仁食之，治肺氣喘促，心似腹脹悶。

水楊梅法

先和鹽水浸梅於盆，鹽多則浮，鹽少則沈，著中則味佳。留之若要妙不損，連瓶貯鹽水，於樹上摘，入瓶中浸，甚妙。

乾楊梅法

用鹽醃少時，入生姜去皮，切絲四兩，砂糖二十兩拌勻，瓷器中日暴之。時時抄勻，以乾爲度。

蜜藕一法，蜜煎藕先用鹽水浸去黑汁，煎又白。

初秋新藕，沸湯焯過五分熟，去皮，切作條或片，每一斤，用白梅四兩，湯浸取汁一大碗，候冷浸一時許，漉出控乾。用蜜六兩浸，去滷水，別以蜜十兩慢火煎，令琥珀色，放冷收之。

糖楊梅

以梅三斤爲率，用鹽一兩醃半日，用沸湯浸一宿控乾。糖二斤，輕手拌勻，日暴汁乾收。

蜜煎金橘

金橘，以刀勻剺細路，法酒煮候冷，以針挑去核，捏匾，酒汁浸，每一斤，用蜜半斤，煎去酸苦水，再以蜜半斤煎，入器收之。

法製木瓜

取初收木瓜，於湯内煠過，令白色，取出放冷。於頭上開蓋尖，取出瓤子，便入鹽一小匙。候水出，即入桂心、白芷、槀、細辛、藿香、川芎、胡椒、益智仁、縮砂，等分，細末。一個木瓜入藥一小匙，以木瓜内鹽水調勻，日暴，候木瓜乾，入熟蜜令滿，又暴。直以蜜乾爲度。

白梅

梅子擇肥大紅臉者，摘下勿搯損。每一百個，用鹽汁三四碗，浸過兩宿，漉出控乾。別用鹽一百兩，重瀼湯浥開，薄紙濾取清汁，寛浸，日中曬之，候鹽汁凝霜爲熟。又不如爐灰粥浸一宿，洗曬乾淹，曬汁乾爲度。

五美姜

嫩姜一斤，切薄片，用白梅半斤，打碎去仁，入炒鹽二兩拌勻，曬三日取出。甘松三錢，甘艸五錢，檀末二錢，再拌勻，曬三日後收貯。

糟姜

嫩姜，天晴時採，去葉，陰乾五日。以粗布拭去紅殼，每一斤用鹽二兩，糟三斤，醃七日取出。再以布净揩，別用鹽二十兩拌姜勻，法糟五斤搽之，隨意作幾罐，先取核桃兩枚，搥碎，安下底，然後入姜，平糟面，以小熟栗末糝上，如常法封固泥之。如要色紅，入牽牛花拌糟内，栗末則姜無渣，核桃則姜不辣。

醋姜

姜不可以多，少炒，鹽醃一宿。用滷入米醋同煮數沸，候冷，入姜，箬扎，泥封之。或用糖醋亦可。

蒜醋茄

深秋小茄，擘去蒂，抹净，用常醋一碗合煎微沸。將茄焯過控乾，擣蒜并鹽和，冷定醋水以浸著爲度，内缾中。小黄瓜依上造。

蒜冬瓜

冬瓜大者，留至冬至前後，去皮，切作一指闊條。以白礬灰煎湯，焯過控乾，每一斤用鹽二兩，蒜瓣三兩，同搗碎，拌勻入瓶，留熬過好醋浸之。

醃韭花

韭花半結子時收採，去蒂梗。梅一斤，用鹽三兩同擣爛，入瓶中。或就中醃小茄、小黄瓜，先別用鹽醃去水，時二三日入韭花中拌勻，用銅錢三四枚著瓶底，却入韭花。

鹽韭

霜前無黄稍肥韭，净洗控乾，於磁盆内鋪韭一層，糝鹽一層，醃二三宿，翻數次，裝入瓶，用元滷加些香油浸之。

醬瓜茄

麪醬、黄瓜、茄，不拘多少，先以醬黄鋪在磁缸内，次以鮮瓜、茄鋪一層，糝鹽一層，又鋪醬黄一層，瓜茄一層，鹽一層，如此層層相醃，七日夜，烈日暴之。欲作乾瓜，取出暴之，不必用水。

胡蘿蔔虀

胡蘿蔔切片，同芥菜入醋内畧焯，食之美。仍前胡椒、時蘿、茴香、姜、鹽拌匀。

胡蘿蔔鮓

胡蘿蔔切片，畧焯過，控乾。入葱絲、時蘿、茴香、川椒、紅麯研爛，并鹽拌匀，醃一時食。

菱白鮓、笋鮓，如胡蘿蔔法。

蒲筍鮓

生蒲笋一斤，寸截，沸湯焯過，布裹壓乾。姜絲、熟油、橘絲、紅麯、粳米飯、花椒、茴香、葱絲，同拌匀，入瓶一宿，可食。

藕梢鮓

生藕梢寸截，沸湯焯過，鹽醃去水。葱油少許，姜絲、時蘿、茴香、粳米飯、紅麯，研細拌匀，荷葉包之隔宿。

虀菜

先將菜去黄者，净洗，控去水。每菜一秤，用鹽十兩，湯化候温，逐窠洗過，就入缸。看天色温凉，温，則來日即倒下者居上。以元鹽水浸之，一層菜，一層搗碎老姜，或剉碎片亦可。約菜百斤，老姜二斤。天寒，遲一日倒，倒了以石壓，令水渰過菜。

蘿蔔虀

蘿蔔切作片，萵苣條，或嫩蔓菁，白菜，切大小同，各以鹽醃之，良久，用沸湯焯過，入新水中。然後煎酸醬泡之，以碗蓋，入瓶中浸冷。

芥末茄

嫩茄切作條，不須洗便曬乾，多着油鍋内加鹽炒熟，入磁盆中，攤開候冷。用乾菜末糝拌匀，磁瓶收貯之。

瓜虀

甜瓜生者，用竹簽穿透，每瓜十枚，用鹽四兩淹。瀝去瓜水，令乾，用醬十兩拌匀，烈日暴，翻轉又暴，令乾，入新碗器内收之。用鹽，用醬，又看瓜大小，斟量用之。

燒茄

乾鍋内澆香油三兩，茄兒去蒂十個，排鍋内。盆熓發火燒，候軟如泥，研鹽、醬，料物麻香泥蒜酪。

收乾藥苗作菜

枸杞、地黄、牛膝、青□、甘菊、槐芽、椿芽、白朮、車前黄精、合歡、知商陸、決明、黄連、樹芽之類，皆可。

右各取嫩心煠之，醬水澤了，以鹽汁浸。握去汁，暴乾，收於竹器中。以紙包之，勿令風塵入中。欲令暖湯漬，令軟净澤，去惡汁，更以别湯煮熟，隨意調和。

蕨乾

嫩蕨蒸熟，以乾灰拌，同曬乾，洗去灰，又暴乾收。欲用，以湯浸軟了，物料炒之。

乾蒜臺

肥嫩蒜臺，用鹽湯焯過，暴乾。用時以湯浸軟。

乾藤花

藤花半盞大盛開者，去枝蒂，鹽湯洗，拌匀入甑蒸熟，暴乾收之。用作麨食餡，葷素皆可。或以鹽醋浸作菜，亦佳。

乾笋

鮓笋去皮切，沸湯焯過，曬乾收貯。以米泔浸用，或以鹽湯焯亦可。

紅花子膏

紅花子淘去浮者，搗碎入湯浥汁，更搗，更煎汁，鍋内沸，入醋點，絹挹之，似肥肉。

豆芽菜

緑豆揀净，用水浸兩宿，候漲，以新水淘，控乾。掃净地，水温，鋪紙一重，匀糝豆，用器覆蓋之。日兩次灑水，候芽長寸，淘去皮爲茹。

赤小豆亦可。

糟瓜

糟瓜，每五斤用鹽七兩，和糟拌匀淹。用古錢五十，逐層頓，十餘日取出，去錢并舊糟，依前用鹽之，入甕收之。

法製姜

製姜之法，先須釀花。其法隔宿煎沸湯八升，入鹽三斤打匀，次早别取清水，以白梅半斤搥碎和浸，同前鹽水合和貯頓，逐日採牽牛花，去白蒂，隨多少投水中。候水色深濃，盡去其花。取嫩姜十斤，拭去紅殼，隨意切塊片，先用白鹽

五兩，白礬五兩，沸湯五碗，化開澄清，以姜浸之。微嚮日影中曬二日，將姜漉出，入花汁中浸，直透紅，漉出曬乾，再入少鹽拌和，置烈日中曬，以姜上白鹽凝燥爲度，入器收之。

琥珀瓜

五甘瓜隨瓣切開，去瓤不去皮，於百沸湯中焯起。每十斤，用鹽五兩，撥翻轉。豆豉米半斤，麪醬一斤半，馬芹、川椒、橘皮、姜米、茴香各半兩，蕪荑二兩，並爲細末，同瓜拌匀，入甕淹壓，別冷，遅半月後熟，色如琥珀而味美。

黄葱虀

葱多採，積頓陰室中，根須靠内，候根畔迸出嫩黄，摘取寸截，盛以甌鉢之屬，覆小器蓋之，令可透水。將沸湯從蓋上澆下，以乾下急漉起，以滷汁供之。

糟茄

茄子，天晴時亭午摘，去蒂，用麥麩煮粥浸一宿夜，取出，以軟帛拭乾，每十斤用鹽二十兩，飛過白礬末一兩，法糟十斤，拌匀，如常法收之。久而茄色愈黄透，不黑。

青白菜虀

大菘菜作十字劈勞，擇緊小蘿蔔，破作兩片，日月中曬去水。將二物俱切作薄方片，入净罐中，以馬芹、茴香、雜酒、醋、水調白鹽澆之。隨手舉罐，撼摇五六十次，密蓋罐口，置竈上温處。仍日一次依摇之，三日可。茄色青白相間盡佳。

糟藏法

凡糟藏淹時，先用鹽、糟過十數日。收，須别用一項鹽糟。其先、次所淹糟，須盡拭去，不犯生水。大抵花醭，多因初糟内未淹出宿水之故。

又法，糟茄於罈面平，其糟上作一次穴，貯以清水，則茄熟透明真美。

香蘇

紫蘇嫩心長三寸許，采擇洗净控乾，每實撩一中筲箕許，用鹽三兩淹一宿，再用梅滷浸三宿，曬乾。入甘艸、甘松、白芷、桂术匀糁，收之。

藏芥菜

芥菜擇肥美者，亭午採，勿見水。就沸湯焯過，控乾。將元湯再煮沸，杓置缸中，候冷，内菜浸。冷過緊封缸口，用則旋開還封之，可經年。

糟笋

笋大者，五十莖，帶皮。用鹽三十兩，沸湯化，浸笋三日，取出曬乾，入磁鉢内。用糟五斤，以鹽拌匀糟之，以鹽化水二碗，藏於盆内。

淹蘿蔔

蘿蔔採之停數日，以烏豆一升炒。春去黑皮了，相内水約高三指許，候熟取用。

醋蒜

净蒜瓣一斤，用石灰、礬湯焯過，曬乾。用鹽三錢淹一宿，漉出，再曬乾。用鹽七錢炒乾，以頭醋投入，炒鹽内，煎一二沸，候冷，入瓶泥封，經年不壞。

糟蒜

每一斤，亦用灰礬沸湯輕焯過，眼去水痕，鹽一兩半，糟一斤半，拌匀，入瓶内泥封，兩月後方可食。

冬瓜煎

好冬瓜切作片子，滚湯焯過，鹽、醋同生芥菜拌匀，同浸三日，次漉出冬瓜，入熬熟冷蜜内，瓶貯，緊封閉，十日後可喫。

橄欖煎

用水，於瓦上擦去厚皮，銅刀界破，入蜜一半沸湯浸了，煮一炊時，自然去核。候乾，煉蜜再煎數沸，收之。

收藏果物宜忌

凡收梨、橘、柑、橙，切不可近酒及糯米，近之必爛。【略】

凡收茶，不可與川椒相近，椒極能奪茶味。

生姜與大蒜俱曬令斷温，同器收之，姜蒜俱可芽，可久留。

松子以布袋掛起，與防風同收，松子不油，防風亦不壞。以粗布袋掛當處不膩。

冬瓜置芥子中不壞。

梅仁、松子仁、瓜仁之類，以燈心剪碎雜和，置净磁罐中，安燥處，不蒸。

榧子，以舊茶甕貯之不損。

糖霜以新罐收，箬封口，覆懸竈上，雖久不溶。

又法，用燈心寸剪，重重相間次。

冬瓜，取染房淋退灰，曬乾埋中，具至冬如新。

栗，霜後老者，水泛去浮者，漉出，新布拭乾。日曬片時，令全無水脈，用新瓶罐，先入炒乾冷定細沙，將栗裝入。一層栗，一層沙，約九分滿，以沙蓋上。每瓶只可三四百枚，不可滿。用箬一層蓋之，竹篾按定，掃一燥净地，覆瓶以黄土

封之，逐漸取用。不可近酒，可不損，得留至夏。

又法，栗一石，用鹽二斤，水泡浸栗一宿，漉出曬乾。用油麻二碩拌匀，前囤貯久不壞。

又法，取大竹剖開，一片盛沙，一片盛栗，仍舊合上。竹篾緊扎，横放乾地上，可經年。

又法，連外刺皮入甕缸中，覆置地上，不壞。

紅棗，以大缸一隻，刷洗净拭乾，燒熟米醋潑缸内，蕩令匀，拭乾。用熟香油匀擦缸口，於缸底鋪栗桿一重，下棗一重，中心四圍，亦以生乾棗曬乾了。須於甑上畧炊，蓋棗蟲在肉内，炊之則死，然後更曬乾，新罐亦可貯。

生棗侵

生棗侵晨採，入瓶甕中，逐層置淡打枝、古錢數枚，白礬少許，新汲水浸，密封瓶口，懸之井中，可留經年。

石榴連

諸般青果，用十二月收貯下臘水，入些少銅青末，果收之，顔色不變。凡有青梅、枇杷、林禽、小棗、蒲萄、菱、芡、甘瓜、橙、蓮、橄欖、李、柰，皆可。

石榴連枝摘下，用新瓦罐安排在内，用紙十餘重，密封之。

又法，取未裂者，以米泔煮沸，焯過數，逐個排竹籃中，勿用相擠。掛當風，可經夏。

梨，取不空心大蘿蔔，揀不損大梨，以柄插上，紙包，放煖處，春深不壞。帶枝柑橘同。

橄欖，用錫打有蓋盒，擇完好者裝滿，紙封其縫。置净地上，至五六月不損。

筍菜未出土者，日曬去温水，勿去殼。逐個切去老根，溶黄臘封之，頓新缸中，以根向上，煮粳米稀粥飲，漉去米糝，每斗米粥，入炒鹽半兩，枯礬末三錢，和匀澆浸，令滿。溶臘蓋面，以油紙，厚箬緊封之，石灰塗，置净燥不見日處。至秋冬取出之，如新好。

茄擇肥美者，亭午摘下，剥去蒂，鎔臘蘸剥處，先於密籃中用箬藉底厚鋪炭灰，一層茄，一層炭灰，再用箬蓋面。懸當風處，候月餘，再别取炭灰换鋪，至春取之，如新。

乾荔枝，以新磁缸貯。每放一層，即取白梅三五個，以箬包如粽，置中密封缸口，至冬新不蛀壞。

乾鹵曬燥，納箬籃中，每放一層，即剪碎箬葉鋪一層，隨多少積壓收之，可留經年。

桃取未大熟者，用小麥磨連麩煮粥。入鹽少許，候冷，傾入新缸，以桃内其中，密封缸口，至冬如新。

林禽每百顆内，取二十個，搥碎入水煎，候冷，入缸中浸，以之尖浸者爲度，密封缸口，久留儘佳。

柑橘，橙鋪棕松毛間，收頓不近酒處，多不壞。

又法，柑橘、橙、金柑，藏緑豆中，不近酒米不壞。

又法，頓銀錫器中，以油麻埋之，佳。

梨、栗、柑橘等果，取二石缸，實以河泥、井水，撒緑豆於上，用竹篾安缸内，内去泥二寸，以菓置上，密蓋封泥固之。豆芽長棗菓上，經年色味如新。

梨用紙包，同北棗藏罨中，可到遠。

桃、李、杏，用生竹鑿一孔，投其中，以木塞孔，泥封之，久留不壞。

紅柿未熟者，以冷鹽湯浸之，可周歲。

乳餅置鹽甕底，不拘年月，欲用則取出洗净，蒸軟用之，如新。

小麥曬簸了，置缸中或桶，以辨蓼和，并取蝦蟇二三枚，可作乾，入其中，蓋封之，蛾不蛀。

江茶，用硫黄一塊，安在其中，即不蒸亦不藥氣。

治壞果物法

柑橘久留中乾者，以針刺十許孔，取沸湯化蜜，候冷，浸一宿如新。

松子仁之類，蒸壞者，攏竹紙上焙之，還好。

煎蜜果經酸者，置其器於温沙中，則味自正。

糖霜溶而味變者，以冷水浸洗之，焙乾。

猴子陳者，水浸一宿，烈火焙之，皮皆帖其殼，食之如新。

陳荔枝、膠棗净洗之，焙乾蒸之。

銀杏乾壞者，净洗以粉醬，色如新。

荔枝乾變者，用蜜水先於殼上刺十許孔，而後浸之，銀盂盛於湯罐頭上蒸透，即肉滿。

又烹飪法

煮猪羊，以故竹籬上篾一把同煮，立軟。

煮臘肉，過梅後必塵，可隔箬以田中泥合塗一宿，次日洗净而煮，味美而色白。

老雞，以赤錫兩塊安鍋内，立軟。

炒肺入糖少許，則無味。

煎魚，用乾麪少許糝皮上，自然黄焦而皮不破。

洗猪頭肥膩，割耳尖蘸皂角末洗之，自净。

洗猪羊肚，以茶少許揉洗，無臭氣。

煎鴨子餅，調時着少冷水，不粘。

茶湯法

枸杞茶

深秋採紅枸杞子，同乾麪拌和成劑，捏作餅，暴乾研細末，每末二兩，用江茶一兩和匀，入煉化酥油三兩，旋添湯攪成稠膏，入鹽少許，下鍋煎熟，飲之。久服明目。

枸杞菊花茶

枸杞子四兩，净。　甘菊花一兩，净。　川椒皮二錢八分，　縮砂仁一兩五錢八分，重□。　細芽茶五兩，或川江茶亦可。　甘艸炙一兩，　油麻，去皮炒熟一兩五錢研細。　白米一升。作粉。　右爲細末拌匀煎，或點湯服。

擂茶

芽茶用湯浸軟，脂麻炒熟去皮，用擂極細。入川椒末、酥、鹽、油餅，再擂。如乾，旋添浸茶湯。無油餅，則以乾麪代之。入鍋煎熱，隨意入松子、胡桃、栗皆可。

蘭膏茶

上等紅茶研細，一兩爲率，先將好酥一兩半溶化，傾入茶末内，不住手攪。夏月漸漸添水攪，水不可多添，只一二匙尖足矣。頻添無妨，務要攪匀，直至雪白爲度。冬月漸漸添滚湯攪，春秋添温湯攪，入鹽些少。

酥簽茶

好酥，於銀石器内溶化，傾入紅茶末攪匀，旋旋添湯，攪成稀膏，散在盞内。却以沸湯澆供之，茶於酥，相客多少，用桓酥多爲茶爲佳。四時皆用湯造，冬月造在風爐上。

腦子茶

好茶研細，以薄紙包梅花片腦埋茶中，經宿則有腦子氣味，極妙。

天香茶

白木樨盛開時，清晨帶露用杖打下，花以布被盛之，揀净，頓磁器中。候積多少了，用砂盆研爛如泥，每一斤入鹽一兩炒，粉甘艸二兩，炙爲末，拌匀，置瓶中密封，暴七日，沸湯點服。

暗香湯

梅花將開時，清旦摘取半開花頭，連蒂置瓶内，每一兩重，用炒鹽一兩，灑之不可用手觸壞，以厚紙數重密封，置陰處，次年取時，先置蜜於盞内，然後取花二三朵，置於滚湯一泡，花頭自開。

杏湯

杏仁三兩半，用百沸湯二升浸蓋之。候冷，又换沸湯，如是五度了，逐個掐去皮尖細研，用蜜一斤，煉二三沸，看湧即掇退。候半冷，旋傾入杏泥又研，如是旋深，入研極細，湯成。

鳳腿湯理肺病

松子仁、胡桃肉各一兩，煉蜜半兩。

右研二味，入蜜和匀，沸湯點服。

醍醐湯

烏梅一斤，搥碎。四碗熬一碗，澄清，不犯鐵器。　縮砂半斤，碾細。　白檀香二錢，　麝香，一字。　蜜五斤。

右梅水及蜜縮砂細末，於銀、石、瓦器内，熬赤色爲度，候冷下白檀、麝香。

水芝湯可常服

乾蓮子一斤，帶外皮擣，羅取細。　粉甘艸一兩，微炒。

右爲細末，入鹽沸湯點服。過飢氣乏，服之最良。

香橙湯

大橙三斤，夾肉。　生姜五兩，　甘艸二兩，　檀香半兩。

右將橙、姜各爛研，絹捩取細膏，入甘艸、檀香細末，和作餅暴乾，用時研細，入鹽點服。

解醒湯治中酒

白豆蔻半兩　白茯苓一錢半，　木香一錢，　陳皮去白。一錢，　青皮三錢，　澤瀉二錢，　縮砂仁半兩，　神麯二錢，炒黄。　葛花半兩，　乾生姜二錢，　猪苓去黑皮。一錢半　白术二錢，　人參去蘆。一錢

右爲細末和匀，每服二錢用白湯調服但得微汗酒病便去。

木瓜湯

木瓜去皮穰。一斤，蒸熟研細泥。　蜜二斤，煉。　□末一兩。

右件同和，入砂石器内，熬數沸，嘗之如蜜。如欠辣，則加姜直條匀適，再熬收之。加白檀腦、麝諸香亦可。

熟梅湯

黄梅十斤，　鹽一斤，　青椒四兩，　甘艸末六兩，　生姜汁一碗。

右拌匀，日曬半月，收之。

又梅湯方：黄梅不拘多少，先將二三十枚於甆鍋内煮，令滷汁出，逐漸添梅不添水，只乾煮熟，净罐收之，不犯銅鐵。用時旋切細姜絲、花椒、甘艸，鹽隨意入之。

荔枝香

烏梅半斤，　沙糖二斤，　桂末三錢，　丁香末一錢，　乾生姜末半兩。

右將烏梅洗净，熬濾去滓，沙糖熟水化，濾去滓，合和，入砂石器熬令耗一半，然後入丁香末、桂末，再熬成膏，收之。

温棗湯

棗一斤，去核。　生姜汁，　蜜。

右先將棗用水五升熬，濾去皮，絞取膏，合姜、蜜和調，嘗味得中，收貯。沸湯點服。

香蘇湯

乾棗一斗，去核擘碎。　木瓜五個，去皮後搗碎。　紫蘇葉半錢。

右件一處再擣匀分肉，將一分匀攤竹籮内，一滚湯淋汁，嘗至棗無味，再换一分，淋至味盡爲度。將所淋汁銀石器内慢火熬成膏，候冷收之。

地黄膏

主地黄，秋末冬初採，洗净，入石臼中搗爛，壓取汁，石小器瓦熬，有浮珠便掠去。熬至三分，又别换銀石器熬，以滴水不散爲度。甆瓶收，隨意入香末，以酒及湯調服，不可見銅鐵器。

沃雪湯

雞蘇葉三兩，　縮砂仁一兩，　甘艸半兩，　荆芥穗一兩半，　天花粉。胡粉二錢半。

右爲細末和匀，湯點服。

一枝花

木樨花，及諸有香無毒之花皆可。

右用新磁器，下著煉蜜一層，入花一層，去核白梅肉一層，上又澆蜜一層，層多不拘，封泥之。欲用，取一枝入盞，輕輕以湯澆之，其花採時須取半開者，帶露煎，少枝去葉。

青梅湯

青消梅，小滿前採，不犯手，以竹夾之。搥破去仁，攤篩中令水脈畧乾，甘艸生用不見火，生姜去皮不見水，一半切細絲，一半研碎，不犯手摘青椒不帶葉，旋採曬乾，炒鹽待冷。以竹筯拌匀，抄入磁器内收，以少炒鹽糁面，用油單夾厚紙一層，封扎收之。不可用大器，不便於取用。

造漿水法

熟炊粟飯，乘熟傾(玉)[入]冷水中，以缸盛浸五七日。酸便可飲，夏月用逐日看，纔酸便用，過酸則不中。

虀水

菘菜洗净，湯中畧焯過。入麪湯内，以缸盛。看菜與麪湯多少相稱，菜不必多。候至七日，酸可喫。如有虀，却一小碗，只一日便可用。冬月畧近火湯，熟菜皆可造。

香水

沈香水，用净瓦片燒微紅，置平地上，焙香，以瓶器蓋定。約香氣竭，便翻瓶，以沸湯傾入蓋之。

香水，用丁香五個，竹葉七片炙，同投沸湯中，密封片時可用之。豆蔻水，用白豆蔻殼净，投入沸湯，瓶中密封。少時用之。每次只用七個，多用則香不清。

紫蘇水，取蘇葉用紙隔焙，勿翻。候香泡一次，急傾，再泡，合和用之。

凡造熟水，須先傾百沸湯在瓶内，然後以用物投之，密封其口。若先置物以湯泡之，則不甚香。若木樨、紫蘇葉隔年者，須畧炙用之。

孩兒香茶

細孩兒茶一斤，研細羅過。　白豆蔻四錢，研細末。　蓽澄茄三錢，研細末。　百藥煎五錢，研細末。　粉甘艸炙，三錢，爲細末。以上俱封固，勿令泄味。

另沈香半兩劈成一片，插入鵞梨内，用紙裹。水温過，灰火畧煨，梨熟爲度，取出。沈香曬乾爲細末，其梨取汁，製麝香，再用梅花片腦三錢，與製過寒水石同研。米腦亦可。水石半斤，炭火煅紅，先將薄荷葉四兩水浸濕透，鋪紙上，將煅過寒水石放葉上裹了，放冷取出，秤五錢與腦同研，餘者收後次用，其葉棄去不用。此死腦

子法也。麝香三錢，揀去毛净，研開，同先製沈香梨汁和爲泥，攤磁盞内，或銀器内。用紙糊盞口，針鑽十餘孔，慢火焙乾，研細末，再於盞内焙熟，合和前料。

右用上等潔白糯米一升，煮極爛稠粥，擂細冷定，用絹絞取濃汁和劑，須要糊盞，便於净搥帛石上搥數千下，搥不厭多。却用白檀煎油抹印脱造成，懸透風處，二三別光收之。

薰花茶

用錫打連蓋四層盒一個，下層裝上等高江茶半盒，中一層鑽筋頭大孔數十個，薄紙封裝花，次上一層亦鑽小孔，薄紙封，鬆裝茶，以蓋蓋定。紙封經宿開，去舊花，換新花，如此三度。四時但有香無毒之花皆可。只要曬乾，不可帶濕。

足味茶

乾葉茶十斤半，生蒸磨碎，入甘艸三兩，若三四兩，炒緑豆四斤，磨細粉合和之。

荔枝醬

烏豆，半煎。 浙桂，去皮，三兩。 丁香二分， 縮砂仁三兩，搥碎，煎汁一升。 生姜汁半盞。

右件澄清相和匀，入糖二斤半，銀石器熬，濾去滓，再熬，令稠濃用。

木瓜醬

木瓜一個，切下頂去心，滿入蜜。還以頂蓋竹簽，放甑上蒸，軟熟傾去蜜，削皮，用蜜煉過半盞，入姜汁同研如泥，以熟水三大碗調匀，濾去滓，瓶貯，入井底沈冷用之。

明・田汝成《西湖遊覽志餘》卷三《偏安佚豫》 紹興十三年，張俊解兵柄，封清河郡王，敕建甲第。二十一年冬十月，高宗幸其第，供進御筵。初坐，

繡花高飣一行 香圓 真柑 石榴 棖子 鵝梨 乳梨 榠樝 花木瓜 樂仙乾果子 叉袋兒一行 荔枝 圓眼 香蓮 榧子 榛子 松子 銀杏 梨肉 棗圈 蓮子肉 林檎旋 大蒸棗 縷金香藥一行 腦子花兒 甘艸花兒 硃砂圓子 木香丁香 水龍腦 史君子 縮砂花兒 官桂花兒 白朮人參 雕花蜜煎一行 雕花梅毬兒 紅消兒 雕花筍 蜜冬瓜魚兒 雕花紅團花 木瓜大段花 雕花金橘青梅荷葉兒 雕花薑 蜜筍花兒 雕花橙子 木瓜方花兒 砌香鹹酸一行 香藥木瓜 椒梅 香藥藤花 砌香櫻桃 砌香萱艸拂兒 紫蘇柰香 砌香葡萄 甘艸花兒 梅肉餅兒 薑絲梅 雜絲梅餅兒 水紅薑 脯腊一行 線肉條子 皁角鋌子 蝦腊 雲夢豝兒 肉腊 妳房 旋鮓 金山鹹豉 酒醋肉 肉瓜虀 垂手八盤子 揀蜂兒 番葡萄 香蓮事件念珠 巴欖子 大金橘 新椰子象牙板 小橄欖 榆柑子 再坐，切時果一行 春藕 鵝梨餅子 甘蔗 紅柿 切棖子 切緑橘 乳梨月兒 生藕鋌兒 時新果子一行 金橘 藏楊梅 新羅葛 切蜜蕈 切脆棖 榆柑子 新椰子 切宜母子 甘蔗柰香 梨五花兒 藕鋌兒 新柑子 雕花蜜煎一行 砌香鹹酸一行，俱同前。 瓏纏果子一行 荔枝甘露餅 荔枝蓼花 荔枝好郎君 瓏纏桃條 酥胡桃 纏棗圈 纏梨肉 香蓮事件 香藥葡萄 纏松子 糖霜玉蜂兒 白纏桃條 脯腊一行，同前。

下酒，十五盞：第一盞 花炊鵪子 荔枝白腰子 第二盞 妳房簽 三脆羹 第三盞 羊舌簽 萌芽肚胘 第四盞 肫掌簽 鵪子羹 第五盞 肚胘膾、鴛鴦煠肚 第六盞 沙魚膾 炒沙魚襯湯 第七盞 鱔魚、炒鱟、鵝肫掌湯虀 第八盞 螃蟹釀棖 妳房玉蕊羹 第九盞 鮮蝦蹄子膾 南炒鱔 第十盞 洗手蟹 鯚魚假蛤蜊 第十一盞 五珍膾 螃蟹清羹 第十二盞 鵪子水晶膾 豬肚假江鰩 第十三盞 蝦棖膾 鰕魚湯虀 第十四盞 水母膾 二色繭兒羹 第十五盞 蛤蜊生 血粉羹 插食 炒白腰子 炙肚胘 炙鵪子脯 潤雞 潤兔 炙炊餅 不炙炊餅臠骨

勸酒，果子庫十番：砌香果子 雕花蜜煎 時新果子 獨裝巴欖子 裝大金橘小橄欖 鹹酸蜜煎 對裝揀松番葡萄 獨裝新椰子 對裝春藕陳公梨 四色時果 廚勸酒十味 江鰩煠肚 江鰩生 蝤蛑簽 薑醋香螺 香螺煠肚 薑酸假公權 煨牡蠣 牡蠣煠肚 蟑蚷煠肚 準備上細壘四卓 又次細壘二卓內蜜煎鹹酸時新脯腊等。 對食十盞二十分 蓮花鴨簽 繭兒羹 三珍膾 南炒鱔 水母膾 鵪子羹 鯚魚膾 三脆羹 洗手蟹 煠肚胘 對展每分時果五盤 晚食五十分名件 二色繭兒 肚子羹 笑靨兒 小頭羹飯 脯腊雞 脯鴨 直殿官大煠下酒 鴨簽 水母膾 鮮蝦蹄子羹 糟蟹 野鴨 紅生水晶膾 五珍膾 蛤蜊羹 直殿官合子食 脯雞 油飽兒 野鴨 二色薑豉 雜爊 入糙雞 凍魚 麻脯雞臓 炙焦 片羊頭 菜羹一葫蘆 直殿官果子 時果十隔楪

外官食次，第一等太師秦檜 燒羊一口 滴粥 燒餅 食十味 大椀百味羹 餻兒盤勸 簇五十饅頭 燒羊頭雙下 雜簇從食五十事 肚羹 大膀子雙下 羊舌託胎羹 三脆羹 鋪羊粉飯 大簇飣 鮓糕鵪子 蜜煎三十楪

時果一盒、切榨十楪 酒三十瓶 少保秦熺 燒羊一口 滴粥 燒餅 食十味 蜜煎一盒 時果一盒 酒十瓶 第二等少師楊存中等六人 各食十味 蜜煎一盒 切榨一盒 燒羊一盤 酒六瓶 第三等吏部尚書陳誠之等二十八人 各食七味 蜜煎一盒 時果一盒 酒四瓶 第四等、第五等右監門居間等一百二十五人 各食三味 酒二瓶 中官五十人 各食五味 斬羊一斤 饅頭五十箇 角子一箇 鋪薑粉飯 下飯鹹豉 酒一瓶 進奉寶器 御樂帶一 玉池面帶一 玉獅蠻樂仙帶一 玉鶻兔帶三 玉璧環二 玉素鍾子一 玉花高足鍾子一 玉枝梗瓜盃一 玉瓜盃一 玉東西盃一 玉香鼎二蓋全 玉盆一 玉古劍璏等十七件 玉圓臨安樣楪兒一 玉靶獨帶刀子二 玉並三靶刀子四 玉犀牛盒簪兒一 金器一千兩 珠子十二號共六萬九千五百九顆 珠子念珠一串一百八顆 馬價珠金鑲束帶一 翠毛二百盒 白玻瓈圓盤子 玻瓈花瓶七 玻瓈椀四 瑪瑙椀大小共二十件 龍文鼎一 商彝二 高足商彝一 商父彝一 周盤一 周敦二 周舉罍一 有蓋獸耳周罍一 汝窑酒瓶一對 洗一 香爐一 香盒一 香毬一 盞四隻 盂子二 出香一對 大匳一 小匳一 螺鈿盒一十具 織金錦褥子全 犀皮盒一十具、織金錦褥子全 有御寶畫十軸 曹霸五花驄 馮瑾霽煙長景 易元吉寫生花 黄居寶雀竹 吴道子天王 張萱竹叢 邊鸞萱艸山鷓 黄筌萱艸山鷓 宗婦曹氏蓼岸 杜庭睦明皇斫膾 無寶有御書九軸 趙昌躑躅鵪鶉 梅竹思躑躅母雞 杜霄撲蝶 巨然嵐鎖翠峯 徐熙牡丹 易元吉寫生枇杷 董元夏山早行二軸 僞主李煜林泉渡水人物 無御寶畫 荆浩山水 吴元俞紫氣星 撚金錦五十疋 素綠錦百五十疋 木錦二百疋 生花番羅二百疋 隨駕官知雀御帶 御藥門司直殿官 紫羅五百疋 雜色纈羅五百疋 馬下目子錢一萬貫文 禁衛一行祇應人等 錢二萬貫文 炊餅二萬箇 熟猪肉三千斤 爊爆三十盒 酒二千瓶

明・高濂《遵生八箋・飲饌服食箋上・湯品類》

青脆梅湯

用青翠梅三斤十二兩，生甘艸末四兩，炒鹽一斤，生薑一斤四兩，青椒三兩，紅乾椒半兩。將梅去核，擘開兩片。大率青梅湯家家有方，其分兩亦大同小異。初造之時，香味亦同，藏至經月，便爛熟如黄梅湯耳。蓋有説焉：一者青梅須在小滿前採，搥碎核，去仁，不得犯手，用乾木匙撥去，打拌亦然。搥碎之後，攤在篩上，令水略乾。二用生甘艸。三用炒鹽，須待冷。四用生薑，不經水浸，擂碎。五用青椒，旋摘，晾乾。前件一齊抄拌，仍用木匙抄入新瓶内，止可藏十餘盞湯料者，乃留些鹽摻面，用雙重油紙，再紙緊扎瓶口，如此方得一脆字也。梅與薑或略犯手，切作絲亦可。

黄梅湯

肥大黄梅，蒸熟，去核，净肉一斤，炒鹽三錢，乾薑末一錢半，乾紫蘇二兩，甘艸、檀香末隨意拌匀，置磁器中曬之，收貯，加糖點服。夏月調水更妙。

鳳池湯

烏梅，去仁留核，一斤，甘艸四兩，炒鹽一兩。水煎成膏。

一法：各等分三味，杵爲末，拌匀，實按入瓶。臘月或伏中合，半年後，焙乾爲末。點服，或用水煎成膏亦可。

橘湯

橘一斤，去殼與中白穰膜，以皮細切，同橘肉搗碎，炒鹽一兩，甘艸一兩，生薑一兩，搗汁和匀。橙子同法，曝乾，密封。取以點湯服之，妙甚。

杏湯

杏仁不拘多少，煮去皮尖，浸水中一宿。如磨綠豆粉法，掛去水，或加薑汁少許，酥蜜點。又，杏仁三兩，生薑二兩，炒鹽一兩，甘艸爲末一兩，同擣。

茴香湯

茴香、椒皮六錢，炒鹽二錢，熟芝麻半升，炒麪一斤。同爲末，熱滚湯點服。

梅蘇湯

烏梅一斤半，炒鹽四兩，甘艸二兩，紫蘇葉十兩，檀香半兩，炒麪十二兩，均和點服。

天香湯

白木樨盛開時，清晨帶露，用杖打下花，以布被盛之，揀去蒂、萼，頓在净器内，新盆搗爛如泥，榨乾甚收起。每一斤，加甘艸一兩，鹽梅十個，搗爲餅，入磁罈封固。用沸湯點服。

暗香湯

梅花將開時，清旦摘取半開花頭，連蒂置磁瓶内，每一兩重，用炒鹽一兩灑之，不可用手漉壞。以厚紙數重，密封置陰處。次年春夏取開，先置蜜少許於盞内，然後用花二三朵置於中，滚湯一泡，花頭自開，如生可愛，充茶香甚。一云蝎

點花蕊，陰乾，如上加湯亦可。

須問湯

東坡居士《歌括》云：三錢生薑乾用。一升棗，乾用，去核。二兩白鹽炒黃。一兩艸。炙，去皮。丁香、木香各半錢，約量陳皮一處搗。去白。煎也好，點也好，紅白容顔直到老。

杏酪湯

板杏仁用三兩半，百沸湯二升浸，蓋却，候冷，即便换沸湯。如是五度了，逐個掐去皮尖，入小砂盆内細研。次用好蜜一斤，於銚子内煉三沸，看滚掇起，候半冷，旋傾入杏泥，又研。如是旋添入研和匀，以之點湯服。

鳳髓湯　潤肺療咳嗽。

松子仁、胡桃肉湯浸去皮。各用一兩。蜜半兩。

右件研爛，次入蜜和匀。每用，沸湯點服。

醍醐湯　止渴生津。

烏梅一斤，搥碎，用水兩大碗，同熬作一碗，澄清，不犯鐵器。縮砂二兩，碾末。白檀末一錢，麝香一字，蜜三斤。

右將梅水、硇砂、蜜，三件一處，於砂石器内熬之，候赤色爲度。冷定，入白檀、麝香。每用一二匙，點湯服。

水芝湯　通心氣，益精髓。

乾蓮實一斤，帶皮炒極燥，搗，羅爲細末。粉艸一兩。微炒。

右爲細末，每二錢入鹽少許，沸湯點服。蓮實搗羅，至黑皮如鐵，不可搗，則去之。世人用蓮實，去黑皮，多不知也。此湯，夜坐過饑，氣乏，不欲取食，則飲一盞，大能補虚助氣。

茉莉湯

將蜜調塗在碗中心，抹匀，不令洋流。每於凌晨，采摘茉莉花三二十朵，將蜜碗蓋花，取其香氣薰之。午間去花，點湯甚香。

香橙湯　寬中，快氣，消酒。

大橙子二斤，去核，切作片子，連皮用。檀香末半兩。生薑一兩，切半片子，焙乾。甘艸末一兩。鹽三錢。

右二件，用净砂盆内碾爛如泥。次入白檀末、甘艸末，並和作餅子，焙乾，碾爲細末。每用一錢，沸湯點服。

橄欖湯　止渴生津。

百藥煎一兩，白芷一錢，檀香五錢，甘艸炙五錢。

右件搗爲細末，沸湯點服。

豆蔻湯

治一切冷氣，心腹脹滿，胸膈痞滯，噦逆嘔吐，泄瀉虚滑，水穀不消，困倦少力，不思飲食。出《局方》。

肉豆蔻仁一斤，麪裹煨。甘艸炒，四兩。白麪炒，一斤。丁香枝梗只用枝，五錢。鹽炒，二兩。

右爲末，每服貳錢，沸湯點服，食前服妙。

解醒湯　中酒後服。

白茯苓一錢半，白豆蔻仁五錢，木香三錢，橘紅一錢半，蓮花青皮一分，澤瀉一錢，神麴一錢炒黄，縮砂三錢，葛花半兩，猪苓去黑皮，一錢半，乾薑一錢，白术二錢。

右爲細末和匀，每服二錢，白湯調下。但得微汗，酒疾去矣。不可多食。

木瓜湯　除濕，止渴，快氣。

乾木瓜去皮净，四兩。白檀五錢。沉香三錢。茴香炒，五錢。白豆蔻五錢。縮砂五錢。粉艸一兩半。乾生薑半兩。

右爲極細末，每用半錢，加鹽，沸湯點服。

無塵湯

水晶糖霜二兩，梅花片腦二分。

右將糖霜乳細羅過，入腦子再碾匀。每用一錢，沸湯點服。不可多，多則人厭也。

緑雲湯　食魚不可飲此湯。

荆芥穗四兩，白术二兩，粉艸二兩。

右爲細末，入鹽點用。

柏葉湯

採嫩柏葉，線繫，垂掛一大甕中，紙糊其口，經月取用。如未甚乾，更閉之，至乾，取爲末，如嫩艸色。不用甕，只密室中亦可，但不及甕中者青翠，若見風則黄矣。此湯可以代茶夜話，飲之尤醒睡。飲茶多則傷人，耗精氣，害脾胃，柏葉湯甚有益。又不如新採洗净點更爲上。

三妙湯

地黄、枸杞實，各取汁一升，蜜半升，銀器中同煎如稀餳。每服一大匙，湯

調、酒調皆可。實氣養血，久服益人。

乾荔枝湯

白糖二斤。大烏梅肉五兩，用湯蒸去澀水。桂末少許。生薑絲少許。甘艸少許。

右將糖與烏梅肉等搗爛，以湯調用。

清韻湯

硇砂末三兩，石菖蒲末一兩，甘艸末五錢，入鹽少許，白湯點用。

橙湯

橙子五十個，乾山藥末一兩，甘艸末一兩，白梅肉四兩。

右搗爛，焙乾，捏成餅子，白湯用。

桂花湯

桂花焙乾爲末，四兩。乾薑少許。甘艸少許。

右爲末，和勻，量入鹽少許，貯磁罐中，莫令出氣。時常用，白湯點用。

洞庭湯

陳皮去皮，四兩。生薑四兩。

右將薑與橘皮同淹一宿，曬乾，入甘艸末六錢，白梅肉三十個，炒鹽五錢和勻，沸湯點用。

木瓜湯又方

木瓜十兩，生薑末二兩，炒鹽二兩，甘艸末二兩，紫蘇末十兩。

右五味和勻，沸湯點用。手足酸，服之妙。

又一方：加硇砂二兩爲末，山藥末三兩，消食化氣壯脾。

參麥湯

人參一錢，門冬六分，五味三分。入小罐煎成湯服。

綠豆湯

將綠豆淘净，下鍋，加水，大火一滾，取湯停冷。色碧，食之解暑。如多滾則色濁，不堪食矣。

熟水類十二種

稻葉熟水

採禾苗曬乾，每用，滾湯入壺中，燒稻葉，帶焰投入，蓋密。少頃瀉服，香甚。

橘葉熟水

采取曬乾，如上法泡用。

桂葉熟水

采取曬乾，如上法泡用。

紫蘇熟水

取葉，火上隔紙烘焙，不可翻動，候香收起。每用，以滾湯洗泡一次，傾去，將泡過紫蘇入壺，傾入滾水。服之能寬胸導滯。

沉香熟水

用上好沉香一二小塊，爐燒煙，以壺口覆爐，不令煙氣旁出。煙盡，急以滾水投入壺內，蓋密，瀉服。

丁香熟水

用丁香一二粒，搥碎，入壺，傾上滾水。其香鬱然，但少熱耳。

砂仁熟水

用砂仁三五顆，甘艸一二錢，碾碎入壺中，加滾湯泡上。其香可食，甚消壅隔，去胸膈鬱滯。

花香熟水

採茉莉、玫瑰，摘半開蕊頭，用滾湯一碗，停冷，將花蕊浸水中，蓋碗密封。次早用時，去花，先裝滾湯一壺，入浸花水一二小盞，則壺湯皆香靄可服。

檀香熟水

如沉香熟水方法

豆蔻熟水

用豆蔻一錢，甘艸三錢，石菖蒲五分，爲細片，入净瓦壺，澆以滾水食之。如味濃，再加熱水可用。

桂漿

官桂一兩，爲末。白蜜二碗。

先將水二斗煮作一斗多，入磁罈中，候冷，入桂、蜜二物，攪二百餘遍。初用油紙一層，外加綿紙數層，密封罈口五七日，其水可服。或以木楔罈口密封，置井中三五日，冰涼可口。每服一二杯。祛暑解煩，去熱生涼，百病不作。

香櫞湯

用大香櫞不拘多少，以二十個爲規，切開，將內穰以竹刀刮出去，囊袋並筋收起。將皮刮去白，細細切碎，笊籬熱滾湯中焯一二次，榨乾收起，入前穰內，加炒鹽四兩，甘艸末一兩，檀香末三錢，沉香末一錢，不用亦可，白豆仁末二錢和

勻，用瓶密封，可久藏用。每以筯挑一二匙，充白滾湯服。胸膈脹滿、膨氣，醒酒化食，導痰開鬱，妙不可言。不可多服，恐傷元氣。

粥糜類四十種

芡實粥

用芡實去殼三合，新者研成膏，陳者作粉，和粳米三合煮粥食之，益精氣，强智力，聰耳目。

又《飲饌服食牋中・家蔬類皆余手製，曾經知味者牋入，非漫録也。或傳有不同，悉聽製度》

配鹽瓜菽

老瓜、嫩茄，合五十斤，每斤用净鹽二兩半，先用半兩醃瓜、茄一宿，出水。次用橘皮五斤，新紫蘇連根三斤，生薑絲三斤，去皮杏仁二斤，桂花四兩，甘艸二兩，黄豆壹斗，煮酒五斤，同拌入甕，合滿捺實。箬五層，竹片捺定，箬裹泥封，曬日中。兩月取出，入大椒半斤，茴香、砂仁各半斤，勻，晾曬在日内，發熱乃酥美。黄豆須揀大者，煮爛，以麩皮罨熱，去麩皮，净用。

糖蒸茄

牛奶茄嫩而大者，不去蒂，直切成六稜。每五十斤用鹽一兩拌勻，下湯焯令變色，瀝乾。用薄荷、茴香末夾在内，砂糖二斤，醋半鍾，浸三宿。曬乾還鹵，直至鹵盡茄乾，壓扁收藏之。

蒜梅

青硬梅子二斤，大蒜一斤，或囊剥净，炒鹽三兩，酌量水煎湯，停冷浸之。候五十日後，鹵水將變色，傾出，再煎其水，停冷浸之，入瓶，至七月後食，梅無酸味，蒜無葷氣也。

釀瓜

青瓜堅老而大者，切作兩片，去穰。略用鹽，出其水，生薑、陳皮、薄荷、紫蘇，俱切作絲，茴香、炒砂仁、砂糖拌勻，入瓜内，用線扎成個，入醬缸内。五六日取出，連瓜曬乾，收貯。切碎了曬。

蒜瓜

秋間小黄瓜一斤，石灰白礬湯焯過，控乾，鹽半兩，醃一宿。又鹽半兩，剥大蒜瓣三兩，搗爲泥，與瓜拌勻，傾入醃下水中。熬好酒醋，浸着涼處頓放。冬瓜、茄子同法。

三煮瓜

青瓜堅老者，切作兩片，每一斤用鹽半兩，醬一兩，紫蘇、甘艸少許，醃伏時，連鹵夜煮日曬，凡三次，煮後曬，至雨天留甑上蒸之，曬乾收貯。

蒜苗乾

蒜苗切寸段一斤，鹽一兩，醃出臭水。略晾乾，拌醬、糖少許，蒸熟，曬乾收藏。

藏芥

芥菜肥者，不犯水，曬至六七分乾，去葉，每斤鹽四兩，醃一宿，取出。每莖扎成小把，置小瓶中，倒瀝盡其水，並前醃出水，同煎取清汁，待冷，入瓶封固，夏月食。

緑豆芽

將緑豆冷水浸兩宿，候漲換水，淘兩次，烘乾。預掃地潔净，以水灑濕，鋪紙一層，置豆於紙上，以盆蓋之，一日兩次灑水。候芽長，淘去殼，沸湯略焯，薑醋和之，肉炒尤宜。

芥辣

二年陳芥子，碾細水調，捺實碗内，韌紙封固。沸湯三五次，泡出黄水，覆冷地上，頃後有氣，入淡醋。解開，布濾去渣。又法：加細辛二三分，更辣。

醬佛手、香櫞、梨子

梨子帶皮入醬缸内，久而不壞。香櫞去穰醬皮。佛手全醬。新橘皮、石花、麪筋皆可醬食，其味更佳。

糟茄子法

五茄六糟鹽十七，更加河水甜如蜜。茄子五斤，糟六斤，鹽十七兩，河水兩小碗，拌糟，其茄味自甜。此藏茄法也，非暴用者。又方：中樣晚茄，水浸一宿，每斤用鹽四兩，糟一斤，亦妙。

糟薑方

薑一斤，糟一斤，鹽五兩，揀社日前可糟。不要見水，不可損了薑皮，用乾布擦去泥，曬半乾後，糟、鹽拌之，入甕。

糖醋瓜

用六月伏旋摘白生瓜，以五十斤爲率，破作兩片，去其練，切作寸許大、厚三分三刀塊子，然後將籮盛於水，洗净。每十斤用鹽五兩，缸内鹽之，約一個時，翻轉，再過半時，瀝起，攤在蘆蓆上，猛日中曬令半乾。先切橘皮絲、薑絲，花椒皮、炒鹽篩净，將好醋下鍋煎沸。每十斤用醋二十二兩五錢、好砂糖十兩，入鹽醋

內，頃於器中，候冷，將瓜乾、薑、椒等，入醋拌勻，過宿翻轉，又一宿再翻後收藏。只要泡洗器具乾净，斷水跡，向陰處收藏。

素麩鮓

用好麩六七個，扯如小指大條子，稱五斤，入湯内煮三四沸，捺在筲箕内，帶熱榨乾。先焙蒔蘿、茴香共半合，碾碎，不可細了；揀花椒片小半合，赤麯米大半合，以湯泡軟；披葱頭鬚半碗；杏仁一合許，去皮尖，擂碎，用酒調蕩。熬油二兩於鍋内，候熟住火，先傾杏仁入油沸過，次下麩及料物，用鐵鏟頻翻三四轉，嘗其鹹淡，逐漸笊於器中。將温赤麯旋摻入，捺實，以荷葉蓋上，用竹片拴定，以石壓之，三四個時辰可用。

又笋鮓方

春間取嫩笋，剥净，去老頭，切作四分大，一寸長塊，上籠蒸熟，以布包裹，榨作極乾，投於器中，下油用。製造與麩鮓同。

糟蘿蔔方

蘿蔔一斤，鹽三兩，以蘿蔔不要見水，揩净，帶鬚半根曬乾。糟與鹽拌過，次入蘿蔔，又拌過，入甕。此方非暴吃者。

做蒜苗方

苗用些少鹽醃一宿，晾乾，湯焯過，又晾乾。以甘艸湯拌過，上甑蒸之，曬乾入甕。

三和菜

淡醋一分，酒一分，水一分，鹽、甘艸，調和其味得所，煎滚下菜。薑絲、橘皮絲各少許，白芷一二小片，糝菜上，重湯頓，勿令開，至熟食之。

暴虀

菘菜嫩莖，湯焯半熟，扭乾，切作碎段，少加油，略炒過，入器内，加醋些少，停少頃，食之。

胡蘿蔔菜

取紅細胡蘿蔔切片，同切芥菜，入醋，略醃片時，食之甚脆。仍用鹽些少，大小茴香、薑、橘皮絲同醋共拌，醃食。

胡蘿蔔鮓俗名紅蘿蔔也。

切作片子，滚湯略焯，控乾，入少許葱花、大小茴香、薑、橘絲、花椒末，紅麯研爛，同鹽拌勻，罨一時食之。

又方

白蘿蔔、茭白生切，笋煮熟，三物俱同此法，作鮓可供。

曬淡笋乾

鮮笋猫兒頭，不拘多少，去皮，切片條，沸湯焯過，曬乾收貯。用時米泔水浸軟，色白如銀，鹽湯焯，即醃笋矣。

蒜菜

用嫩白冬菜，切寸段，每十斤用炒鹽四兩，每醋一碗，水兩碗，浸菜於甕内。

做瓜法

用堅硬生瓜，切開去穰，揩乾，不要犯水，切三角小塊。以十斤爲率，用鹽半斤，放在大盆内浸一宿，明早以麻布袋之，用石壓乾。蒔蘿、茴香、花椒、橘皮、紫蘇、生薑各五錢，俱切絲，和瓜拌勻。好砂糖十兩，以醋二碗，碾糖極爛，以磁器盛之，把在日中曬，頻翻轉，以汁盡爲度，乾則入瓶收貯。

淡茄乾方

用大茄洗净，鍋内煮過，不要見水，擘開，用石壓乾。趁日色晴，先把瓦曬熱，攤茄子於瓦上，以乾爲度。藏至正二月内，和物勻食，其味如新茄之味。

十香鹹豉方

生瓜並茄子相半，每十斤爲率，用鹽十二兩，先將内四兩醃一宿，瀝乾。生薑絲半斤，活紫蘇連梗切斷半斤，甘艸末半兩，花椒揀去梗核，碾碎二兩，茴香一兩，蒔蘿一兩，砂仁二兩，藿葉半兩，如無亦罷。先五日，將大黄豆一升煮爛，用炒麩皮一升拌，罨做黄子。待熟過，篩去麩皮，止用豆豉。用酒一瓶，醋糟大半碗，與前物共和打拌，泡乾净甕入之，捺實。用箬四五重蓋之，竹片廿字扦定，再將紙箬扎甕口，泥封曬日中，至四十日取出，略晾乾，入甕收之。如曬可二十日，轉過甕，使日色週遍。

又造芥辣法

用芥菜子一合，入擂盆碾細，用醋一小盞，以水和之。再用細絹擠出汁，置水缸涼處。臨用時，再加醬油、醋調勻，其辣無比，其味極妙。

芝麻醬方

熟芝麻一斗，搗爛，用六月六日水煎滚晾冷，用罈調勻，水淹一手指，封口。曬五七日後開罈，將黑皮去後，加好酒釀糟三碗，好醬油三碗，好酒二碗，紅麯末一升，炒緑豆一升，炒米一升，小茴香末一兩，和勻，過二七日後用。

盤醬瓜茄法

黄子一斤，瓜一斤，鹽四兩，將瓜擦，原醃瓜水拌匀醬、黄。每日盤二次，七七四十九日入罈。

乾閉甕菜

菜十斤，炒鹽四十兩，用缸醃菜。一層菜，一層鹽，醃三日。取起菜，入盆内揉一次，將另過一缸，鹽鹵收起聽用。又過三日，又將菜取起，又揉一次，將菜另過一缸，留鹽汁聽用。如此九遍完，入甕内，一層菜上，灑花椒、小茴香一層，又裝菜。如此緊緊實實裝好，將前留起菜鹵，每罈澆三碗，泥起，過年可吃。

撒拌和菜

將麻油入花椒，先時熬一二滚，收起。臨用時，將油倒一碗，入醬油、醋、白糖些少，調和得法，安起。凡物用油拌的，即倒上些少拌吃，絶妙。如拌白菜、豆芽、水芹，須將菜入滚水焯熟，入清水漂着，臨用時榨乾，拌油方吃。菜色青翠不黑，又脆可口。

水豆豉法

好黄子十斤，好鹽四十兩，金華甜酒十碗。先日用滚湯二十碗，充調鹽作鹵，留冷淀清聽用。將黄子下缸，入酒，入鹽水，曬四十九日完，方下大小茴香各三兩，艸果五錢，官桂五錢，木香三錢，陳皮絲一兩，花椒一兩，乾薑絲半斤，杏仁一斤，各料加入缸内，又曬又打三日，將罈裝起。隔年吃方好，蘸肉吃更妙。

倒纛菜

每菜一百斤，用鹽五十兩醃了，入罈裝實。用鹽鹵調毛灰如乾麪，糊口上，攤過封好，不必艸塞。

辣芥菜清燒

用芥菜，不要落水，晾乾軟了，用滚湯一焯就起，笊籬撈在篩子内晾冷。將焯菜湯晾冷，將篩子内菜用鬆鹽些少撒拌，入瓶後，加晾冷菜鹵澆上包好，安頓冷地上。

蒸乾菜

將大窠好菜擇洗乾净，入沸湯内焯五六分熟，曬乾；用鹽醬、蒔蘿、花椒、砂糖、橘皮同煮極熟，又曬乾，並蒸片時，以磁器收貯。用時着香油揉，微用醋，飯上蒸食。

鵪鶉茄

揀嫩茄切作細縷，沸湯焯過，控乾。用鹽、醬、花椒、蒔蘿、茴香、甘艸、陳皮、杏仁、紅豆研細末，拌匀曬乾，蒸過收之。用時以滚湯泡軟，蘸香油煠之。

食香瓜茄

不拘多少，切作棋子，每斤用鹽八錢，食香同瓜拌匀，於缸内醃一二日，取出控乾，日曬，晚復入鹵水内，次日又取出曬，凡經三次，勿令太乾，裝入罈内用。

糟瓜茄

瓜茄等物，每五斤，鹽十兩，和糟拌匀。用銅錢五十文，逐層鋪上，經十日取錢，不用别换糟。入瓶收久翠色如新。

茭白鮓

鮮茭，切作片子，焯過控乾。以細葱絲、蒔蘿、茴香、花椒、紅麯研爛，並鹽拌匀，同醃一時食。藕梢鮓同此造法。

糖醋茄

取新嫩茄，切三角塊，沸湯漉過，布包榨乾，鹽醃一宿，曬乾。用薑絲、紫蘇拌匀，煎滚，糖醋潑浸，收入磁器内。瓜同此法。

糟薑

社前取嫩薑，不拘多少，去蘆擦净，用酒和糟鹽拌匀，入磁罈中，上加砂糖一塊，箬葉扎口，泥封。七日可食。

醃鹽菜

白菜削去根及黄老葉，洗净控乾。每菜十斤用鹽十兩，甘艸數莖，以净甕盛之。將鹽撒入菜丫内，擺於甕中，入蒔蘿少許，以手按實，至半甕，再入甘艸數莖，候滿甕，用磚石壓定。醃三日後，將菜倒過，扭去鹵水，於乾净器内另放，忌生水，却將鹵水澆菜内。候七日，依前法再倒，用新汲水淹浸，仍用磚石壓之，其菜味美香脆。若至春間食不盡者，於沸湯内焯過，曬乾收之。夏間將菜温水浸過，壓乾，入香油拌匀，以磁碗盛於飯上，蒸過食之。

蒜冬瓜

揀大者，去皮穰，切如一指闊，以白礬、石灰煎湯焯過，漉出控乾。每斤用鹽二兩，蒜瓣三兩，搗碎，同冬瓜裝入磁器，添以熬過好醋浸之。

醃鹽韭法

霜前揀肥韭無黄梢者，擇净，洗，控乾。於磁盆内鋪韭一層，糁鹽一層，候

鹽、韭勻，鋪盡爲度，醃一二宿。翻數次，裝入磁器內，用原鹵加香油少許尤妙。或就韭內醃小黄瓜、小茄兒，别用鹽醃去水，韭內拌勻收貯。

造穀菜法

用春不老菜薹去葉洗净，切碎如錢眼子大，曬乾水氣，勿令太乾，以薑絲炒黄豆瓣，每菜一斤，用鹽一兩，入食香相停，揉回鹵性，裝入罐內，候熟隨用。

黄芽菜

將白菜割去梗葉，止留菜心，離地二寸許，以糞土壅平，用大缸覆之，缸外以土密壅，勿令透氣。半月後取食，其味最佳。黄芽韭、薑芽、蘿蔔芽、川芎芽，其法亦同。

酒豆豉方

黄子一斗五升，篩去麫，令净，茄五斤，瓜十二斤，薑斤十四兩，橘絲隨放，小茴香一升，炒鹽四斤六兩，青椒一斤，一處拌入甕中，捺實，傾金花酒或酒娘，醃過各物兩寸許，紙箬扎縛，泥封，露四十九日，罈上寫東西字記號。輪曬日滿，傾大盆內，曬乾爲度，以黄艸布罩蓋。

紅鹽豆

先將鹽霜梅一個，安在鍋底下，淘净大粒青豆蓋梅，又將豆中作一窩，下鹽在內。用蘇木煎水，入白礬些少，沿鍋四邊澆下，平豆爲度。用火燒乾，豆熟，鹽又不泛而紅。

五美薑

嫩薑一斤，切片，用白梅半斤，打碎去仁，入炒鹽二兩拌勻，曬三日。次入甘松一錢，甘艸五錢，檀香末二錢，又拌，曬三日收用。

醃芥菜每菜十斤，用鹽八兩爲則。

十月內，採鮮嫩芥菜切碎，湯焯帶水撈於盆內，與生萵苣、熟麻油、芥花、芝麻、鹽拌勻，實於甕內三五日吃，至春不變。

食香蘿蔔每蘿蔔十斤，用鹽八兩醃之。

切作骰子大，鹽醃一宿，日中曬乾。切薑、橘絲、大小茴香，拌勻煎滾，熟醋澆上，用磁盆盛，日中曬乾收貯。

糟蘿蔔茭白笋菜瓜茄等物

用石灰白礬煎湯，冷定，將前物浸一伏時，將酒滾熱，泡糟入鹽，又入銅錢一二文，量糟多少加入。醃十日，取起，另换好糟，入鹽酒拌，入罈內收貯，箬扎泥封。

五辣醋方

醬一匙，醋一錢，白糖一錢，花椒五七粒，胡椒一二粒，生薑一分，或加大蒜一二蒲，更妙。

野蔬類余所選者，與王西樓遠甚，皆人所知可食者，方敢録存，非王所擇，有所爲而然也。

黄香萱

夏時採花洗净，用湯焯，拌料可食，入燒素品，如豆腐之類極佳。凡欲食此野菜品者，須要採洗潔净，仍看葉背心科小蟲，不令誤食。先辦料頭，每醋一大酒鍾，入甘艸末三分，白糖霜一錢，麻油半盞，和起作拌菜料頭。或加搗薑些少，又是一製。凡花菜採來洗净，滚湯焯起，速入水漂一時，然後取起榨乾，拌料供食。其色青翠，不變如生，且又脆嫩不爛，更多風味。家菜亦如此法。他若炙煿作虀，不在此製。

甘菊苗

甘菊花春夏旺苗嫩頭，採來湯焯如前法食之。以甘艸水和山藥粉，拖苗油煠，其香美佳甚。

枸杞頭

枸杞子嫩葉及苗頭，採取如上食法，可用以煮粥更妙。四時惟冬食子。

菱科

夏秋採之，去葉去根，惟留梗上圓科，如上法，熟食亦佳，糟食更美，野菜中第一品也。

蓴菜

四月採之，滚水一焯，落水漂用。以薑、醋食之亦可，作肉羹亦可。

野莧菜

夏採，熟食、拌料、炒食俱可，比家莧更美。

野白薺

四時採嫩者，生、熟可食。

野蘿蔔

菜似蘿蔔，可採根、苗熟食。

蔞蒿

春初採心苗，入茶最香，葉可熟食。夏秋莖可作虀。

黄連頭

即藥中黄連，採頭鹽醃，曬乾入茶最佳，或以熟食亦美。

水芹菜

春月採取，滚水焯過，薑、醋、麻油拌食，香甚。或湯内加鹽，焯過曬乾；或就入茶供亦妙。

茉莉葉

茉莉花嫩葉，採，洗净，同豆腐熝食，絶品。

鵝脚花

採單瓣者可食，千瓣者傷人。湯焯，加鹽拌料，亦可熝食，如入瓜虀炒食俱可。春時食苗。

梔子花一名薝蔔

採花洗净，水漂去腥，用麪入糖、鹽作糊，花拖油煠食。

金豆兒即決明子

採豆湯焯，可供茶料，香美甘口。

金雀花

春初採花，鹽湯焯，可充茶料，拌料亦可供饌。

紫花兒

花、葉皆可食。

香春芽

採頭芽，湯焯，少加鹽，曬乾可留年餘，以芝麻拌供。新者可入茶，最宜妙麪筋食，佳。熝豆腐素菜，無一不可。

蓬蒿

採嫩頭，二、三月中方盛，取來洗净，加鹽少醃，和粉作餅，油煠，香美可食。

灰莧菜

採成科，熟食、煎炒俱可，比家莧更美。

桑菌　柳菌

俱可食，採以同素品熝食。

鵝腸艸粗者是

採，可焯熟拌料食之。

雞腸艸

同上食。

綿絮頭

色白，生田埂上，採，洗净，搗如綿，同粉麪作餅食。

蕎麥葉

八九月採初出嫩葉，熟食。

西洋太紫

七八月採葉，熝豆腐妙品。

蘑菇

採取曬乾，生食作羹，美不可言，素食中之佳品也。

竹茹

此更鮮美，熟食無不可者。

金蓮花

夏採葉梗，浮水面。湯焯，薑、醋、油拌食之。

天茄兒

鹽焯供茶，薑、醋拌供饌。

看麥娘

隨麥生隴上。春採，熟食。

狗脚跡

生霜降時，葉如狗脚，採以熟食。

斜蒿

三四月生，小者全科可用，大者摘嫩頭，湯中焯過，曬乾。食時再用湯泡，料拌食之。

眼子菜

六七月採。生水澤中，青葉紫背，莖柔滑細，長數尺。採以湯焯，熟食。

地踏菜

一名地耳，春夏中生雨中，雨後採，用薑、醋熟食。日出即没而乾枝。

窩螺薺

正二月採之，熟食。

馬齒莧

初夏採，沸湯焯過，曬乾。冬用旋食。

馬蘭頭

二三月叢生。熟食，又可作虀。

茵陳蒿即青蒿兒

春時採之，和麪作餅，炊食。

雁兒腸

二月生，如豆芽菜。熟食，生亦可食。

野茭白菜

初夏生水澤旁，即茭芽兒也，熟食。

倒灌薺

採之熟食，亦可作虀。

苦麻薹

三月採，用葉，搗，和麪作餅食之。

黄花兒

正二月採，熟食。

野荸薺

四時採，生、熟可食。

野緑豆

葉莖似緑豆而小，生野田，多藤蔓。生、熟皆可食。

油灼灼

生水邊，葉光澤。生、熟皆可食，又可醃作乾菜蒸食。

板蕎蕎

正二月採之炊食，三四月不可食矣。

碎米薺

三月採，止可作虀。

天藕兒

根如藕而小，炊熟作藕菜，拌料食之。葉不可食。

鷺豆苗

二月採爲茹，麻油炒，下鹽醬煮之，少加薑、葱。

蒼耳菜

採嫩葉洗焯，以薑、鹽、苦酒拌食，去風濕。子可雜米粉爲糗。

芙蓉花

採花，去心、蒂，滚湯泡一二次，同豆腐少加胡椒，紅白可愛。

葵菜比蜀葵叢短而葉大，性温

採葉，與作菜羹同法食。

丹桂花

採花，灑以甘艸水，和米舂粉作糕，清香滿頰。

萵苣菜

採梗，去葉去皮，寸切，以滚湯泡之，加薑、油、糖、醋拌之。

牛蒡子

十月採根，洗凈，煮毋太甚，取起搥碎，扁壓乾。以鹽、醬、蘿、薑、椒、熟油諸料拌，浸一二日，收起焙乾，如肉脯味。

槐角葉

採嫩葉細凈者，搗爲汁，和麪作淘，以醋、醬爲熟虀食。

椿樹根

秋前採根，搗篩，和麪作小麪塊，清水煮服。

百合根

採根瓣曬乾，和麪作湯餅蒸食，甚益氣血。

栝蔞根

深掘大根，削皮至白，寸切水浸，一日一换，至五七日後，收起，搗爲漿末，以絹濾其細漿粉，候乾爲粉，和粳米爲粥，加以乳酪，食之甚補。

凋菰米

凋菰，即今胡穄也。曝乾，礱洗造飯，香不可言。

錦帶花

採花作羹，柔脆可食。

菖蒲

石菖蒲、白术煮爲末，每一斤用山藥三斤，煉蜜水和入麪內，作餅蒸食。

李子

取大李子，剜去核，用白梅、甘艸泡滚湯焯之，以白糖和松子、欖仁研末填入，甑上蒸熟食之。

山芋頭

採芋爲片，用榧子煮過，去苦。杏仁爲末，少加醬水或鹽和麪，將芋片拖煎

食之。

東風薺即薺菜也

採薺一二升，洗浄，入淘米三合，水三升，生薑一芽頭搥碎，同入釜中和勻，上澆麻油一蜆殻，再不可動，以火煮之。動則生油氣也。不着一些鹽醋。若知此味，海陸八珍皆可厭也。

玉簪花

採半開蕊，分作二片或四片，拖麪煎食。若少加鹽、白糖，入麪調勻拖之，味甚香美。

梔子花又一法，再録。

採半開花，礬水焯過，入細葱絲、大小茴香、花椒、紅麯、黄米飯，研爛，同鹽拌勻，醃壓半日食之。用礬焯過，用蜜煎之，其味亦美。

木菌

用朽桑木、樟木、楠木，截成一尺長段，臘月掃爛葉，擇肥陰地，和木埋於深畦，如種菜法。春月用米泔水澆灌，不時菌出，逐日灌以三次，即大如拳。採，同素菜炒食、作脯俱美。木上生者，且不傷人。

藤花

採花洗浄，鹽湯灑拌勻，入甑蒸熟，曬乾。可作食餡子，美甚；葷用亦佳。

江薺

生臘月，生熟皆可食。花時勿食，但可作虀。

商陸

採苗莖洗浄，熟蒸，食加鹽料。紫色者味佳。

牛膝

採苗如剪韭法，可食。

湖藕

採生者，截作寸塊，湯焯，鹽醃去水。葱、油少許，薑、橘絲、大小茴香，黄米飯研爛細拌，荷葉包壓，隔宿食之。

防風

採苗，可作菜食。湯焯料拌，極去風。

芭蕉

蕉有二種，根粘者爲糯蕉，可食。取根，切作手大片子，灰汁煮令熟，去灰汁，又以清水煮，易以二次，令灰味盡。取壓乾，以鹽、醬、大、小茴香、花、胡椒、乾薑、熟油，研拌蕉根，入缸鉢中，醃一二日，取出少焙，略敲令軟，食之全似肥肉。

水菜

狀似白菜，七八月間生田頭水岸，叢聚色青。湯焯、醬煮可食。

蓮房

取嫩，去皮子並蒂，入灰煮，又以清水煮去灰味。同蕉脯法焙乾，石壓令扁，作片食之。

苦益菜即胡麻

取嫩葉作羹，大甘脆滑。

葱花蕊

採去赤皮，取嫩白者，蜜漬之，略燒令蜜熟，勿太熟，極香脆美。

白芷

採嫩根，蜜漬、糟藏，皆可食。

防風芽

採芽如胭脂色者，如常菜料拌食之。

天門冬芽

川芎芽，水藻芽，牛膝芽，菊花芽，荇菜芽，同上拌料熟食。

水苔

春初採嫩者，淘擇令極浄，更要去沙石、蟲子，以石壓乾，入鹽、油、花椒，切韭菜同拌入瓶，再加醋、薑，食之甚美。又可油炒，加鹽、醬亦善。

蒲蘆芽

採嫩芽，切斷，以湯焯，布裹壓乾，加料如前作鮓，妙甚。

鳳仙花梗

採梗肥大者，去皮，削令乾浄，早入糟，午間食之。

紅花子

採子，淘去浮者，碓内搗碎，入湯泡汁，更搗；更煎汁，鍋内沸，入醋點住，絹挹之。似肥肉，入素食極精。

金雀花

春初開，形狀金雀，朵朵可摘，用湯焯，作茶供。或以糖霜、油、醋拌之，可作菜，甚清。

寒豆芽

用寒豆淘净，將蒲包趁濕包裹，春冬置炕傍近火處，夏秋不必。日以水噴之，芽出，去殼洗净。湯焯入茶供，芽長作菜食。

黄豆芽

大黄豆如上法，待其出芽些少許，取起淘去殼，洗净煮熟，加以杏、薑、橙絲、木耳、佛手、柑絲拌匀，多著麻油，糖霜，入醋拌供。

又《飲饌服食箋下・甜食類》

椒鹽餅方

白麪二斤，香油半斤，鹽半兩，好椒皮一兩，茴香半兩。三分爲率，以一分純用油、椒、鹽、茴香和麪爲穰，更入芝麻粗屑尤好。每一餅夾穰一塊，捏薄入爐。

又法：用湯與油對半，内用糖與芝麻屑並油爲穰。

酥餅方

油酥四兩，蜜一兩，白麪一斤。抻成劑，入印作餅上爐。或用猪油亦可，蜜用二兩尤好。

風消餅方

用糯米二升，搗極細爲粉，作四分。一分作粹，一分和水作餅煮熟，和見在二分粉，一小盞蜜，半盞正發酒醅，兩塊白餳，同頓溶開，與粉餅擀作春餅樣薄皮。破不妨，鏊盤上熯過，勿令焦，掛當風處。遇用，量多少入猪油中煠之，煠時用筯撥動。另用白糖，炒麪拌和得所，生麻布擦細糝餅上。

又一法：只用細熟粉少許同煮擀扯，攤於篩上，曬至十分乾。凡粉一斗，用芋末十二兩。此法簡妙。

肉油餅方

白麪一斤，熟油一兩。羊猪脂各一兩，切如小豆大。酒二盞，與麪搜和，分作十劑，擀開，裹精肉，入爐内熯熟。

素油餅方

白麪一斤，真麻油一兩。搜和成劑，隨意加沙糖餡，印脱花様，爐内炕熟。

雪花餅方

用十分頭羅雪白麪，蒸熟，十分白色。凡用麪一斤，猪油六兩，香油半斤。將猪脂切作骰子塊，和少水，鍋内熬烊，莫待油盡，見黄焦色，逐漸笊出。未盡再熬，再笊，如此則油白。和麪爲餅，底鏊盤上略放艸柴灰，上面鋪紙一層，放餅在上熯。

芋餅方

生芋奶搗碎，和糯米粉爲餅，油煎，或夾糖、豆沙在内亦可，或用椒鹽、糖，拌核桃、橙絲俱可。

韭餅方

帶膘猪肉作燥子，油炒半熟。韭生用，切細。羊脂剁碎，花椒、砂仁、醬拌匀。擀薄餅兩個，夾餡子熯之。薺菜同法。

白酥燒餅方

麪一個，油二兩。好酒醅作酵，候十分發起即用，揉令十分似芝麻糖者，如前法。每麪一個，糖二兩，可做十六個熯。

黄精餅方

用黄精蒸熟者，去衣鬚，和炒熟黄豆，去殼，搗爲末，加白糖滷，揉爲團，作餅食，甚清。

捲煎餅方

餅與薄餅同。餡用猪肉二斤，猪脂一斤，或雞肉亦可。大概如饅頭餡，須多用葱白或笋乾之類。裝在餅内，捲作一條，兩頭以麪糊粘住，浮油煎令紅焦色，或只熯熟，五辣醋供。素餡同法。

糖榧方

白麪入酵，待發，滚湯搜成劑，切作榧子様。下十分滚油煠過，取出，糖麪内纏之。其纏糖，與麪對和成劑。

肉餅方

每麪一斤，用油六兩，餡子與捲煎餅同。拖盤熯，用餳糖煎色刷面。

油餤兒方

麪搜劑，包餡作餤兒，油煎熟。餡同肉餅法。

麻膩餅子方

肥鵝一隻，煮熟去骨，精肥各切作條子，用焯熟韭菜、生薑絲、茭白絲，焯過木耳絲，笋乾絲，各排碗内蒸熟，麻膩並鵝汁熱滚澆。餅似春餅稍厚而小，每捲納前味食之。

粽子法

用糯米淘净，夾棗、栗、柿乾、銀杏、赤豆，以茭葉或箬葉裹之。一法：以艾葉浸米裹，謂之艾香粽子。凡煮粽子，必用稻柴灰淋汁煮，亦有用些許石灰煮

者，欲其茭葉青而香也。

玉灌肺方

真粉、油餅、芝蔴、松子、胡桃、茴香，六味拌和成卷，入甑蒸熟，切作塊子，供食美甚。不用油，入各物粉或麪同拌蒸，亦妙。

燥子肉麪法

猪肉嫩者，去筋、皮、骨，精肥相半，切作骰子塊，約量水與酒，煮半熟，用胰脂研成膏，和醬傾入，次下香、椒、砂仁，調和其味得所。煮水與酒不可多。其肉先下肥，又次下葱白，不可帶青葉。臨鍋調綠豆粉作糨。

餛飩方

白麪一斤，鹽三錢，和如落索麪，更頻入水搜和爲餅劑，少頃操百遍，摘爲小塊，擀開，綠豆粉爲粰，四邊要薄，入餡其皮堅。膘脂不可搭在精肉。用葱白先以油炒熟，則不葷氣。花椒、薑末、杏仁、砂仁、醬，調和得所，更宜笋菜、煠過萊菔之類，或蝦肉、蟹肉、藤花、諸魚肉尤妙。下鍋煮時，先用湯攪動，置竹篠在湯内，沸，頻頻灑水，令湯常如魚津樣滚則不破，其皮堅而滑。

水滑麪法

用十分白麪，揉抻成劑，一斤作十數塊，放在水内，候其麪性發得十分滿足，逐塊抽拽下湯煮熟，抽拽得闊薄乃好。麻膩、杏仁膩、鹹笋乾、醬瓜、糟茄、薑、醃韭、黄瓜絲作虀頭，或加煎肉尤妙。

到口酥方

用酥油十兩，白糖七兩，白麪一斤。將酥化開傾盆内，入白糖和勻，用手揉擦半個時辰，入麪和作一處，令勻。擀爲長條，分爲小燒餅，拖爐微微火熯熟食之。

柿霜清膈餅方

用柿霜二斤四兩，橘皮八兩，桔梗四兩，薄荷六兩，乾葛二兩，防風四兩，片腦一錢。共爲末，甘艸膏和，作印餅食。一方：加川百藥煎一兩。

雞酥餅方

白梅肉十兩，麥門冬六兩，白糖一斤，紫蘇六兩，百藥煎四兩，人參二兩，烏梅二兩，薄荷葉四兩。共爲末，甘艸膏和勻，爲餅或丸，上加白糖爲衣。

梅蘇丸方

烏梅肉二兩，乾葛六錢，檀香一錢，紫蘇葉三錢，炒鹽一錢，白糖一斤。右爲末。將烏梅肉研如泥，和料，作小丸子用。

水明角兒方

白麪一斤，用滚湯内逐漸撒下，不住手攪成稠糊，分作一二十塊，冷水浸至雪白，放桌上攤出水。入豆粉對配，抻作薄皮，内加糖菓爲餡，籠蒸食之，妙甚。

造粟腐法

罌粟和水研細，先布後絹，濾去殼，入湯中，如豆腐漿下鍋，令滚，入綠豆粉攪成腐。凡粟二分，豆粉一分。芝麻同法。

麩鮓

麩切作細條一斤，紅麯末染過。雜料物一升，笋乾、紅蘿蔔、葱白皆用絲。熟芝麻、花椒二錢，砂仁、蒔蘿、茴香各半錢，鹽少許，香油熟者三兩，拌勻供之。用各物拌之下油鍋，炒爲虀亦可。

煎麩

上籠麩坯，不用石壓，蒸熟切作大片，料物、酒、醬，煮透晾乾，油鍋内浮煎用之。

神仙富貴餅

用白朮一斤，菖蒲一斤，米泔水浸，刮去黑皮，切作片子，加石灰一小塊同煮，去苦水，曝乾。加山藥四斤，共爲末，和麪對配，作餅蒸食。或加白糖同和，擀作薄餅，蒸熯皆可。自有物外清香富貴。

造酥油法

用牛乳，下鍋滚一二沸，傾在盆内，候冷定，面上結成酪皮。將酪皮鍋内煎油出，去粗傾碗内，即是酥油。

光燒餅方

燒餅，每麪一斤，入油兩半，炒鹽一錢。冷水和抻，骨魯槌研開，鏊上煿。待硬，緩火内燒熟用，極脆美。

復爐燒餅法

核桃肉，退去皮者一斤，剁碎。入蜜一斤，以爐燒酥油餅一斤爲末拌勻，捏作小團，仍用酥油餅劑包之作餅，入爐内燒熟。

糖薄脆法

白糖一斤四兩，清油一斤四兩，水二碗，白麪五斤，加酥油、椒、鹽水少許，搜和成劑，擀薄如酒鍾口大，上用去皮芝蔴撒勻，入爐燒熟，食之香脆。

酥黃獨方

熟芋切片，用杏仁、榧子爲末，和麪拌，醬拖芋片，入油鍋内煠食，香美可人。

高麗栗糕方

栗子不拘多少，陰乾去殼，擣爲粉。三分之一加糯米粉拌勻，蜜水拌潤，蒸熟食之，以白糖和入妙甚。

荆芥糖方

用荆芥細枝扎如花朵，蘸糖滷一層，蘸芝麻一層，焙乾用。

花紅餅方

用大花紅，批去皮，曬二日，用手壓扁。又曬，蒸熟收藏，硬大者方好。須用刀花作瓜稜。

豆膏餅方

大黄豆炒去皮，爲末，入白糖、芝麻、香頭和勻，爲印餅食之。

法製藥品類二十四種

法製半夏

開胃健脾，止嘔吐，去胸中痰滿，兼下肺氣。

半夏半斤，圓白者，切二片，晉州絳礬四兩，丁皮三兩，艸豆蔻二兩，生薑五兩，切成片。

右件，洗半夏，去滑焙乾。三藥粗剉，以大口瓶盛生薑片、前藥一處，用好酒三升浸，春夏三七日，秋冬一月，却取出半夏，水洗焙乾，餘藥不用。不拘時候，細嚼一二枚，服至半月，咽喉自然香甘。

法製橘皮

日華子云：皮煖，消痰止嗽，破癥瘕痃癖。

橘皮半斤，去穰。白檀一兩，青鹽一兩，茴香一兩。

右件四味，用長流水二大碗同煎，水乾爲度。揀出橘皮，放於磁器内，以物覆之，勿令透氣。每日空心取三五片細嚼，白湯下。

法製杏仁

療肺氣咳嗽，上氣喘促，腹脾不通，心腹煩悶。

板杏一斤，滾灰水焯過，曬乾，麩炒熟，煉蜜拌杏仁勻，用下藥末拌。

茴香炒，人參、縮砂仁各二錢，粉艸三錢，陳皮三錢，白豆蔻、木香各二錢。

右爲細末，拌杏仁令勻。每用七枚，食後服之。

酥杏仁法

杏仁不拘多少，香油煠焦煳色爲度，用鐵絲結作網兜搭起，候冷定食，極脆美。

法製硇砂

消化水穀，温煖脾胃。

硇砂十兩，去皮，以朴硝水浸一宿，眼乾，以蔴油焙燥，香熟爲度。桂花、粉艸各一錢半。以上共碾爲細末。

右件，和勻爲丸，遇酒食後細嚼。

醉鄉寶屑

解醒，寬中，化痰。

陳皮四兩，硇砂四兩，紅豆一兩六錢，粉艸二兩四錢，生薑、丁香一錢，剉，葛根三兩，已上並㕮咀，白豆蔻仁一兩，剉，鹽一兩，巴豆十四粒，不去皮殼，用鐵絲穿。

右件，用水二碗煮，耗乾爲度，去巴豆，曬乾。細嚼，白湯下。

木香煎

木香二兩，搗羅細末，用水三升，煎至二升，入乳汁半升，蜜二兩，再入銀石器中，煎如稀麪糊，即入羅過粳米粉半合又煎。候米熟稠硬，擀爲薄餅，切成棋子，曬乾爲度。

法製木瓜

取初收木瓜，於湯内煠過，令白色，取出放冷。於頭上開爲蓋子，以尖刀取去穰了，便入鹽一小匙，候水出，即入香藥：官桂、白芷、藁本、細辛、藿香、川芎、胡椒、益智子、砂仁。

右件藥搗爲細末，一個木瓜，入藥一小匙，以木瓜内鹽水調勻更曝。候水乾，又入熟蜜令滿，曝，直候蜜乾爲度。

法製蝦米

蝦米一斤，去皮殼，用青鹽、酒炒，酒乾再添再炒，香熟爲度。真蛤蚧，青鹽、酒炙，酥脆爲度。茴香，青鹽、酒炒四兩，净椒皮四兩，青皮酒炒，不可過濁。煮酒約二升，用青鹽調和爲製。

右先用蛤蚧、椒皮、茴香三味製蝦米，以酒盡爲度。候香熟，取上件和前三味一併拌勻，再用南木香粗末二兩同和，乘熱入器盦，四圍封固，候冷取用。每

一兩，空心鹽酒嚼下。益精壯陽，不可盡述。

香茶餅子

孩兒茶、芽茶四錢，檀香一錢二分，白豆蔻一錢半，麝香一分，砂仁五錢，沉香二分半，片腦四分，甘艸膏和糯米糊搜餅。

法製芽茶

芽茶二兩一錢作母；豆蔻一錢，麝香一分，片腦一分半，檀香一錢，細末，入甘艸內纏之。

透頂香丸

孩兒茶、芽茶各四錢，白豆蔻一錢五分，麝香五分，檀香一錢四分，甘艸膏子丸。

硼砂丸

片腦五分，麝香四分，硼砂二錢，寒水石六兩，甘艸膏丸，硃砂二錢爲衣。

山楂膏

山東大山楂，刮去皮、核，每斤入白糖霜四兩，搗爲膏，明亮如琥珀。再加檀屑一錢，香美可供，又可放久。

甘露丸

百藥煎一兩，甘松、訶子各一錢二分半，麝香半分，薄荷二兩，檀香一錢六分，甘艸末一兩二錢五分，水撥丸，曬乾，用甘艸膏子入麝香爲衣。

鹹杏仁法

用杏仁連皮，以秋石和湯作滷微拌，火上炒香燥，食之亦妙。

香橙餅子

用黄香橙皮四兩，加木香、檀香各三錢，白豆仁一兩，沉香一錢，蓽澄茄一錢，冰片五分，共搗爲末，甘艸膏和成餅子入供。

蓮子纏

用蓮肉一斤，煮熟去皮心，拌以薄荷霜二兩，白糖二兩裹身，烘焙乾入供。杏仁、欖仁、核桃，可同此製。

法製榧子

將榧子用磁瓦刮黑皮，每斤净用薄荷霜、白糖熬汁拌，炒香燥入供。

法製瓜子

燕中大瓜子，用秋石化滷拌，炒香燥入供。

橄欖丸

百藥煎五錢，烏梅八錢，木瓜、乾葛各一錢，檀香五分，甘艸末五錢。甘艸膏爲丸，曬乾用。

法製豆蔻

白豆蔻一兩六錢，腦子一分，麝香半分，檀香七分五釐。甘艸膏、豆蔻作母，腦麝爲衣。

又製橘皮

塘南橘皮二十兩，鹽煮過。茯苓四錢，丁皮四錢，甘艸末七錢，砂仁三錢，共爲末拌皮，焙乾入供。

煎甘艸膏子法

粉艸一斤，剉碎，沸湯浸一宿，盡入鍋内，滿用水，煎至半，濾去渣，紐乾取汁。再入鍋，慢火熬至三碗。換大砂鍋，炭火慢熬至一碗，以成膏子爲度。其渣減水煎三兩次，取入頭汁内併煎。

明・謝肇淛《五雜俎》卷九《物部一》 河豚最毒，能殺人，閩、廣所産甚小，然貓、犬、烏、鳶之屬，食之無不立死者。而三吴之人，以爲珍品。其脂名西施乳，乃其肝尤美，所忌血與子耳。其子亦有食者，少以鹽漬之，用燕脂染不紅者，即有毒，紅者無毒，可食。一云：「烹時用傘遮蓋，塵墜其中，則殺人。中毒者，橄欖汁及蔗漿解之。」然千百中無一二也。

又 卷一〇《物部二》 古人重口實，故梅被横差調羹，芍藥、杏、桂屈作醬酪。自唐而後，稍稍爲花神吐氣矣，然徒賞其華，而不知究其用。古人所以忘秋實之歎也。傳記所載盧懷慎作竹粉湯，藺先生作蘭香粥，劉禹錫作菊苗虀，今人有以玫瑰、荼蘼、牡丹諸花片蜜漬而啖之者。芙蓉可作粥，亦可作湯。閩建陽人多取蘭花，以少鹽水漬三四宿，取出洗之，以點茶，絶不俗。又菊蕊將綻時，以蠟塗其口，俟過時，摘以入湯，則蠟化而花茁，馨香酷烈，尤奇品也。但蘭根，食之能殺人，不可不慎。

菌、蕈之屬多生深山窮谷中，蛇虺之氣薰蒸，易中其毒，西湖志載：「宋吴山寺産菰，大如盤，五色光潤，寺僧以獻張循王。王以進高宗。高宗復詔還寺。往返既久，有汁流下，犬舐之，立斃，始大驚戒，瘞之。」又有笑菌，食者笑不止，名「笑矣乎」，柳子厚有文紀之。今閩人多取菌，煎油作菜油，市人食者，輒大吐委頓，其毒甚者，遂至殺人，不可不慎也。

又　卷一一《物部三》　禮有醓醬、卵醬、芥醬、豆醬，用之各有所宜，故聖人不得其醬不食。今江南尚有豆醬，北地則但熟麵爲之而已，寧辦多種耶？又桓譚新論有脡醬；漢武帝有魚腸醬；南越有蒟醬；晉武帝與山濤書，致魚醬；枚乘七發有芍藥之醬；宋孝武詩有匏醬；又漢武内傳有連珠雲醬、玉津金醬；神仙食經有十二香醬；今閩中蠣醬、鱟醬、蛤蜊醬、蝦醬；嶺南有蟻醬。則凡聶而切之醃藏者概謂之醬矣，乃古之醢，非醬也。

明·方以智《通雅》卷三九《飲食》　不托，餅也；薄夜，薄餅也；起溲，今之蒸酥也。　《方言》：「餅謂之飥。」《齊民要術》：「青稞麥麵，堪作飯及餅飥。」《五代史李茂真傳》：「朕與宫人，一日食粥，一日食不托。」不托，當時語也，後加飦飥，又作餺飥。王闢之《澠水燕談》曰：「筵饌以飦飥在水飯前，近蒲左丞相坐，先食之，曰：『世謂飦飥爲頭食。』」范堯夫謫居永州，以書寄人曰：「此中羊麵，無異北方，每日飡餺飥，不知身之在遠。」束晳言：「春饅頭，夏薄托，秋起溲，冬湯餅。」起溲，即今發酵入油糖之酥也。

看食，飣坐也。角子，小粽也。錮子，粘果油燋物。膸餅，餢鑼也。　《老學菴筆記》曰：「淳熙閒，集英殿宴金國人使，九盞：第一肉鹹豉，第二爆肉雙下角子，第三蓮花油餅骨頭，第四白肉糊餅，第五羣仙炙大平畢羅，第六假圓魚，第七柰花索粉，第八假沙魚，第九水飦，鹹豉旋鮓瓜薑。看食：棗錮子、膸餅、白胡餅，環餅。」智按蜀人以蒸餅爲餢。音堆。《雲溪友議》曰：「李日新題仙娥驛詩曰：『商山食店大悠悠，陳黯餢鑼古餕頭；更有高中牛肉炙，尚盤數臠紫光毬。』餕頭，即捻頭也。」看食，今人列圍卓上者，古稱飣坐，謂飣而不食者，唐崔遠人目爲飣坐梨。　宋祁《益部方物圖》云：「海紅豆，蜀人用爲果飣。」稽含曰：「人面子仁，南海用爲飣餖。」

輕高麪，發酵起麪也。　蕭子顯《齊書》曰：「永胡九年正月，詔大廟四時祭薦宣皇帝，起麪餅。」注曰：「今發酵也」。智按韋巨源《食單》，有婆羅門輕高麪，正籠蒸饅頭，發酵浮起者也。賈公彦解「酏食爲起膠餅」，即此。《遼元志》有「酵課」。按：《齊民要術》奇字有酵、餢、餉、糉、糧、糧、粍、飾、漤，元美亦抄之，并云無音，其别條乃云「餢餉，起麪也」。陳懋仁曰：「《海篇》作『倍偷』，餅也。」元美書多今客纂集，得毋誤見上文之「酵起麪也」而遂以下文之「餢餉」合之乎？以義論之，賈氏嘗以「酻鰸」爲泡起，而轉其字爲「餢餉」，蓋亦發酵之類是也。

幽菽、具染，豆豉也。　《説文》謂：「豉爲配鹽幽菽」者，鹹豉也。《吕覽》有「具染」，注：「醬豆豉也。」史游始言蕪荑鹽豉。《史貨殖》言：「鹽豉千答。」《決録》言「前隊大夫范仲公鹽豉蒜果供一廛」。善幽者，不外醋鹽醬。柯古曰：「醶酮醲，醅也；醑醙釀醽，鹽也；醓醶醶醶醬，醬也。」此唐人字書所編。醅，謂酸酒也。

冥果、蜜煎藏果也。　《三蒼》曰：「艶，冥果，青色也」。冥果，蜜煎果也，以銅青浸之，加蜜而冥於缶中，故曰冥果，與幽菽同。按古以冥爲鼏，猶幕之也。故《大招》用「鼏勺」，《長揚》用「爆蠡」。鼏，從鼎，而蓋之，省作冥耳，非冥漠意。

祭青，今之蜜青梅類也。杏炙，今之杏酪也。　成式《食品》有「祭青、杏炙」，即今之杏酪也。陸翽《鄴中記》曰：「寒食三日，煮粳米及麥爲酪，擣杏仁煮粥。」《玉燭寶典》曰：「今人麥粥，研杏仁爲酪。」今京師助戚猶然。

汁謂之湆，湆滓曰肬，湆凝曰定。　《公食大夫禮》云：「賓三飯以湆醬。」鄭云：「每飯歠湆，以殽擩醬食，正饌也。湆，肉汁也，亦曰定；大羹之定，言肉汁凝定也。湆音泣。」《博雅》曰：「臇謂之肬，造肬並造臇也。」《集韻》因作湆，曰：「當從泣肉，不當從水音，因《説文》『湆幽濕也。』」徐鍇曰：『今人多言浥湆』，《韵略》以湆爲肉羹，誤矣。」然則《十三經》監本之湆，亦誤矣。今章黼《韻學集成》從之。《説文》：「监，血醢也，他感切。」《禮記》有「监醢」，以牛乾脯梁麴鹽酒也。鉉曰：「肬肉汁滓也。」智斷曰：肬即湆之滓，定乃湆之凝者，湆蓋汁之通稱。

烏翅，乾脯也；煦煆，即腵脩也。　《庖人》注、《士虞禮》注皆曰：「今涼州烏翅。」疏曰：「漢時乾脯似之，如今閩中千里脯，色黝紫；江楚醬脯色黑，類也。」《方言》曰：「吴越曰煦煆，乾熮也。」《禮》注：「薄析曰脯，棰而施薑桂曰腵脩。」「左朐」，朐謂中屈也。《天官·庖人》注：「腒乾雉，鱐，乾魚，刑膴，膴肉大臠。」而《腊人膴胖》注，則曰：「魚之反覆」，可謂無定解矣。《説文》：「膴，無骨腊也。揚雄説：『烏腊也。』《周禮》有膴判。」判即胖誤也。腒字曰：「北方謂鳥腊曰腒。《傳》曰：『堯如腊，舜如腒。』」智謂此言其乾瘠也，總不必分。烏腊雉腒，皆指乾肉。腊以析言，腒即中屈之朐。漢曰解肆，見《周禮·乾肉》注疏。

膾，大者曰軒，細者曰劗，亦曰纖。　《南史》「趙鬼食鴨劗，諸鬼盡著調。」劗與調叶，當音蕭，細剉肉，糅以薑桂也。蓋即《説文》「膷膷」之膷，鄭玄誤解，定爲乾魚耳。「軒」見《内則》。「鷄纖，細擗其腊令纖，兔亦如之。」見《釋名》。今謂之鷄膍、肉膍、魚膍。《筆乘》曰：「《特牲饋食》：『佐食舉幹』注：『牲肉長脇也。』」可證幹訛爲軒。又《禮記考異》：「軒或作胖。」

鮨即鮓，魚鮓曰藏魚，蟹醢曰蟹胥。《爾雅》鮨音耆，乃鮓字也。《說文》「鮓，藏魚也。」《周禮・庖人》注曰：「若荆州之鮓魚，青州之蟹胥。」《說文》：「胥，蟹醢也。」《雜俎》有「蟹蛷」。

豆乳、脂酥，即豆腐也。　《物性志》曰：「豆以爲腐，傳自淮南王，以豆爲乳，脂爲酥。」唐宋《本艸》止有豆黄卷，乃以生豆爲芽蘖也，宋時稱之。按《老學菴筆記》：「仲殊長老，上堂辭衆自縊，而舍利五色。性嗜蜜，豆腐、麪觔、牛乳皆蜜漬。東坡爲作《安州老人食蜜歌》。」

又　卷四三《植物・木》　椑柹、緑柹，即漆柹也。　椑，柹同類。柹實赤，而椑烏緑，故謂烏椑。以染罾扇曰柹漆。其牛奶柹，則梬遷子也。柯古言：「柹有七絶。」陸文裕曰：「今清化之異柹，衢州之橘田，皆異他産。饒信之間柏亦異，冬初葉落，結子放蠟，作十字裂若梅花。柹有紋稜者，治癰最神。」《本艸》醂音覽。柹，謂以鹽漬之，今見嶺南大烏欖，以鹽漬之，亦呼欖柹。

梅枏古有異名，時英則今之梅花也。　孫炎曰：「荆州曰梅，揚州曰枏。」智按：今無此稱。《蜀志》曰：「蜀名梅爲藤」，此因《禮記》而言也。其實凡乾果皆可曰藤，後漢長沙王「煮艸爲藤」是也。《西京雜記》：上林苑有燕梅、侯栗、侯梅，馮嗣宗謂即《詩》之「侯栗」「侯梅」，此誤矣。侯，發聲也。《爾雅》三釋梅，時英梅，注以爲「雀梅，似梅而小者也。」智以「時英」正言梅花之梅，與「摽梅」同。蓋古梅作某，而枏則名梅，故又曰梅枏。其曰朹槊梅，則山查糖毬也。《說文》既以梅爲酸，又謂梅枏爲可飡，誤矣。

南威、味諫，皆橄欖名，吳曾言有五種；羅晃、餘甘，則其似者也。　《太平廣記》，橄欖名南威。《吳録地理志》：「高涼安寧縣餘甘，初苦後甘。」山谷《詩》注：「餘甘，一名味諫」，今稱諫果。元美言「餘甘子，梭形，疑是橄欖。」則未見之故也。餘甘之名，正言回味也。升菴言有餘甘子煎。《廣州記》：「木威子如橄欖而堅」，《酉陽雜俎》云：「珠崖橄欖獨抱枝，東向曰木威，南向曰橄欖，吳時歲貢，本朝自泰康後亦如之。」周益公言：「餘甘子或號菴勒。」吳曾言：「橄欖有五種：一丁香欖，二故欖，三蠻欖，四新婦欖，五絲欖。」范成大言：「有烏欖、方欖、或三角、四角。羅晃子如橄欖。皮七重。」智按何子元稱「青子」，今江南呼「青果」。自閩來者小而香，入沸水中色淡碧；入廣，如法泡之，色黄味不香，乃知皆餘甘子，木威之種也。大者曰欖柹，即絲欖，尤可厭。取欖者鑿樹以鹽納之，其欖盡落。張孟奇辨餘甘子爲油柑子。《說文》：「棪遫其也」，《箋》曰：「與欖同，即椴棪。」則《山海經》「堂庭山之棪」亦欖耶？郭璞云，實似柰，亦可食。

又　卷四四《植物・穀蔬》　朹，槊梅，山查也。　《爾雅》：「朹，即梂。槊音計。梅」，郭注：「了赤如指頭，可食。」東璧曰：「山樝似樝，故名。」蘇頌云：「棠梂子，朹訛也。」陳藏器曰：「赤爪，即鼠樝梂也。」智按今大者呼餹球。

藊、胡麻，黑脂麻也。　章黼《韻》：「藊即巨勝。」《筆談》：「古止有火麻，曰漢麻，張騫得油麻種來，故曰胡麻。」智按九穀八穀皆有麻，《素問》即以麻、麥、稷、黍、豆爲五穀，以麻爲首；豈漢以前，中國饘賁熬菓實，但食火麻子乎？火麻子甚不可食，何以爲珍，當五穀之首乎？必其時已有油麻，而張騫乃得八稜黑麻來耳。《爾雅翼》曰：「巨勝，胡麻之黑者。」宋《嘉祐本艸》立白油麻一條，可證也。仁宗注意修書，麻穀之間，必有稽察。存中亦曰胡麻有八稜六稜者，當是中國本有四稜者耳。古人言枲即麻，安知「菓實」非白油麻乎？若據今《綱目》，則枲爲雄麻，安得有實耶？青蘘，其苗也；巨勝，言其大而勝也。今大同專有一種巨勝，大而黄色。《廣雅》曰「藤弘」，《別録》曰「鴻藏」，公紹曰「茲蕂，胡麻」。杜寶《拾遺》曰：「隋大業四年改胡麻曰交麻，其曰檾麻，蕒麻也；一作茼，但可爲繩。」《爾雅》：「蔄芋熒」，注：「未詳」，智疑是苧檾之訛。

胥餘即楈枒，椰子也。仁頻，檳榔。　《史記・上林賦》：「留落胥餘」，六臣作胥邪。平子賦「周楈枒」，郭璞曰：「楈枒似栟櫚。」智以爲即椰子，嵇含所稱「越王頭」也。檳榔稍長者曰大腹；李當之曰：「一名賓門。」相如《賦》「仁頻」，即檳榔也。《蒙筌》謂日食檳榔爲引斧自伐。蓋兩廣不烹茶，檳榔爲便；大家或用苦薆，上客乃煎茶。江淮飲茶，亦清利也。兩廣檳榔，以灰蔞散之；然病用承氣湯即脱不治。又考六朝時，江東好此，豫章王嶷遺言：「惟陳於飯、檳榔。」任昉母嗜之，故終身不食。劉穆之以金盤盛檳榔，其來遠矣。北京勳戚子弟，無不袖檳榔包食之，不知此風何自而起？《羅浮山疏》有「小檳榔，一名蒳子。」六臣注《選》，引《仙藥録》曰：「檳榔一名椶然。」又馬檳榔訛爲馮金囊，生滇金齒沅江諸地，蔓生，結實紫色，味甜不可當。

又方以智《物理小識・飲食類》

三黄糟　三伏中糯米一斗，罨作黄子，以一斗用酒藥造成白酒漿，以一斗炊作耎飯。合此三者，拌勻入甕，泥箬密封日曬，至秋冬用，或和在醬内。

三和采　淡醋一分，酒一分，水一分，鹽甘艸調和之，煎滾，乘熱下菜。與薑絲、橘皮絲各少許，白芷一二片，摻菜上重湯頓，勿令開，至熟。

水菜　京口箭幹白，一科數十斤，墮地碎者畦起即洗，而風半月乾之，乃以炒鹽、川椒、細切薑，或加蒔蘿小茴。入腦心，就以菜秒自捃之，入甕內。甕空十分之六，以沸水冷而浸之，閉之。春夏取啖，如水晶，每水菜十斤，炒鹽四兩。《神隱方》：醃菜入甘艸淹三日，倒翻其菜，去其鹵水，仍忌生水，倒後還灌鹵水，七日又倒之。

十香瓜豉　浸豆一夕，煑熟俟温，和麪遏生黄衣，暴乾收貯，四季可作豉也。杏仁熟煑去皮，再浸七日，瓜取略苦者，水淬榨乾作丁，加官桂、良薑、薑絲、陳皮、蘹香、川椒、紫蘇、薄荷，酒釀倍之，同豆麪黄封甕中。以豆描即爛爲度，其桂椒、良薑、陳皮皆末之。

包瓜　墨瓜從近蒂剜蓋去瓤，覆滴餘水，乃以十香料和麪筋、腐乾如粟，而仍蓋之，縛定投醬缸一月，可取瓜中物食之甚㪍。此法起於泰州。

醍醐酥酪抱螺　牛湩貯甕立十字木鑽，兩人對牽發，其精液在面者杓之，復墊其濃者，煎撇去焦沫，遂凝爲酥。其清而少凝者，曰醍醐，惟雞卵及壺蘆可貯不漏。有苴白餹爲餅者，有作乳線者，或少加羊脂烘，和蜜滴旋水中，曰抱螺，皆寒月造。切萊菔一二片，去其羶。

豆腐　朱子詩：種豆豆苗稀，力竭心已腐，早知淮南術，安坐獲泉布。蓋《本艸》言豆腐爲淮南王劉安所作者也。黄豆斗，加緑豆升，磨調油滓，瀝煑後，點石羔者㪍。入萊菔一二片，即不成腐。漿合鹽醋入釜，化紅水。豆油衣揭乾者，先浸泔水，後熱之爛。中履曰，陳者以林粉或麥芽屑染而煑爛，黴則不爛，揭而捲之，曰豆腐燭。

加色腐　仙人艸取汁入米，則成緑豆腐，延平人好食之。薜荔果羸名石蓮蓬，取汁加胭脂則成紅豆腐。橡斗栗磨之定粉則成黄豆腐，蕨粉爲黑腐，蒟蒻磨汁爲褐腐，其作罌粟腐則與芝蔴腐同法，研細絹濾，去殼入湯中。如豆腐漿下鍋，入緑豆粉攪成丸，粟二分，豆粉一分，染色任意。

紅腐乳　細豆腐少壓切塊煑過，攤置無風處覆之，生黄緑毛長寸許，以竹挺簽入，透心爲度，乃拭去毛，以飛鹽及茴香、時蘿、川椒、陳皮層層淹之，甕口餘三分，以紅麯上酒濃底浸百日用。暄曰，耎腐爲之，可以不毛。又法，壓乾鹽淹，略曬一二日，浸半年開用，可以不毛。

蛋　鴨蛋以硇砂畫花及寫字，候乾以頭髮灰汁洗之，則黄直透内。《老學菴筆記》、《齊民要術》有鹹杬子法，以杬皮漬鴨卵。今吴人用虎杖根漬之，猶古遺法。智按，池州出變蛋，以五種樹灰鹽之，大約以蕎麥殼灰則黄白雜揉，加爐炭石灰則緑而堅韌。中惠曰，牛膽寫畫鴨卵，乾後煑熟皆青文。望日灰鹽鴨卵，則黄居中。以金桐根煑鵝卵，白皆紅。中通曰，今人作花蛋者，黄蠟火化以筆醮畫之，乃入醋浸，則有蠟處其色即變，煑之成花。暄曰，刻蛋以生漆和樟腦畫之，乾而醯之。

生薑　生薑社前收無筋，製薑用蟬蜕則無筋，以梅與薑相間作餹，則梅不酸，薑不辣。

收茄　以爐灰藏之可至四五月，若煑過石壓，先暴瓦熱而列茄略乾，則永藏至正二月。和物調食，味如新，又可作糖乾。

冥果　用銅青煑之則色緑，永嘉雕梅，謂之梅籃。先浸石灰，後用銅器淪之，乃以蜜暴收之。礬水濯青梅，及鹽滷、梅醬淹桂花，不變色。梅滷可醃梔子花、萱艸花、牽牛花、林擒、藕、冬瓜、葫蘆，更入紫蘇葉㪍。凡蜜惟夏蜜甘，煎果覺酸當換蜜，收藏者以細辛放頂上。

洗麵觔法　麵十斤，鹽兩半，半温水和之。俟其發起，挼之挏之，牽開有觔，則入水洗之，可得半成。餘滓澄爲小粉，無鹽則無觔矣。市以麩爲之，入肥皂則不成。

飯　入朴硝在内，則自各粒而不相粘，陳飯再蒸，不揭蓋過夜，暑亦不餿。馮應京曰，生莧菜鋪飰上，經宿不餿。

爛物法　枳實烹鮮骨耎，薄荷不腥，蜜塗郭索煑之則青，柿蒂同煑亦青。醉見燈沙，宜置皂角，或醋或蒜，或用茱萸一粒，置蝌腨中，經年不沙。杏仁糜羊，胡桃去臊，銅器煑則男損陽，女暴下，酒灌封燒可也。荷花蒂煑肉，精者浮，肥者沈。急性熟鵝，白梅瀹雞，竈取瓦一片同煑，老物皆爛。《神隱》曰，羊滚湯下，蓋定慢火。獐鹿冷水下，不蓋。鵝用櫻桃葉數片。陸游《家世舊聞》曰，楚公陸佃農師北使攜貔歸，爲隙炎所射輒死，性能糜肉。《燕山録》曰，以鼦煑鼈，以蚊煑犬，省力易熟。《俗詮》曰，舊籬篾入鍋熟物，或楮實同煑，封口易爛。今庖用沙仁，以益脾也。其驛遞官廚有祕方，則乾蛆末也。凡大小溲最爛物，而蛆又其化者，其曰沆瀣漿，乃以甘蔗、蘿蔔切塊煑爛者也。至於鐵烙鵝掌，艾炙鼈腹，何乃爲腴口計，而暴殄若是乎！古人遇物理則記之耳，切忌侈靡爲飲食之人。

火體薦　勿見水，以醋洗鹽壓五日，縣風中，瘞竈灰中。若三伏中，如前揉壓三日，每斤加鹽五錢，石灰湯冷洗之，浥以香油，裂日燥之，熏以竹枝煙，不生蟲。此瀫水法。中德曰，夏月内與鮝魚包乾，留不壞。且鮝不招蜈蚣。中履曰，煑臘物，投

紅炭淬之，則不籢。

清・李化楠《醒園録》卷上

做米醬法

用飯米舂粉，澆水，作餅子，放蒸籠内蒸熟。候冷，鋪艸、蓋艸、加扁，七日過，取出曬乾，刷毛，不用舂碎。每斤配鹽四兩，水十大碗。鹽水先煎滚，候冷澄清，泡黄攪爛，約五六日後，用細篩磨擦下落盆内。付日中大曬四十日，收貯聽用。

按，此黄雖系飯米，一經發黄，内中鬆動，用水一泡，加以早晚翻攪，安有不化之理？似可不用篩磨以省沾染之費，更爲捷便。

又法　用糯米與飯米對配，作法同前。

又法　白米不論何米，江米更妙。用滚水煮幾滚，帶生撈起，不可大熟。蒸飯透熟，不透不妙。取起用蓆攤開寸半厚，俟冷，上面不拘用何東西蓋密，至七日過，曬乾，總以毛多爲妙。如遇好天氣，用冷茶湯拌濕，再曬乾。每米黄一斤，配鹽半斤，水四斤。鹽水煮滚，澄清去渣底，候水冷，將米入於鹽水内，曬至四十九日，不時用竹片攪勻。倘日天氣太大，曬至期過於乾者，須用冷茶湯和勻。不乾不用。俟四十九天之後，將米並水俱收起，磨極細，即米醬矣。或用細篩擦細爛亦可。以後或仍曬或蓋密置於當日處俱可。如醬乾些，可加冷茶和勻再曬。凡要攪時，當看天氣清亮，方可動手。若遇陰天，不必打破醬面。

做甜醬法

白麵十斤，以滚水做成餅子，不可太厚，中挖一孔，令其透氣蒸熟。於暖房内，上下用稻艸鋪排，艸上加蓆，放麵餅於上，覆以蓆子，勿令見風。俟七日後，發黄取出，候冷、曬乾。每十斤配鹽二斤八兩，用滚水泡半日，候冷，澄清去渾底，下黄時，以木扒子打攪令爛。每早未出日時翻攪極透。曬至紅色，用磨磨過，放大鍋内煎之。每一鍋放紅糖一兩，不住手攪，熬至顔色極紅爲度。裝入罈内，俟冷封口，仍放日地曬之。鮮美味佳。

按，醬曬至紅色後，可以不用磨，只在合鹽水時攪打，用手擦摩極爛或將黄先行杵破，粗篩篩過，以鹽水泡之，自然融化。兼可不用鍋内煎，只用大盆盛置鍋内，隔湯煮之，亦加紅糖，不住手攪至紅色裝起，似略簡。

又法　做清醬亦用此黄，見後條。

先用白飯米泡水，隔宿撈起舂粉，篩就曬乾。或碎米亦好。次用黄豆洗净，約十五斤米麵可配黄豆一㪷。和水滿鍋，慢火煮至一日，歇火悶蓋隔宿，次早連汁取出，大盆内同麵拌勻，用手揣揉，聶成塊子，鋪排艸蓆上，仍用艸蓋住至黴，少七天，多十天取出，擺開曬乾，刷去黄毛，杵碎，與鹽對醋和勻，裝入盆内。每黄一斤，配好西瓜六斤。削去青皮，用木架於盛黄盆上，刮開取瓤，揉爛帶汁子，一併下去。白皮切作薄片，仍用刀横紮細碎攪勻。此醬所重者瓜汁，一點勿輕棄。將盆開口，付日中大曬，日攪四五次，至四十日裝入罈内聽用。若要作菜碟下稀飯單用者，候一個月時，另取一小罈，用老薑或嫩薑切絲多下。加杏仁，去皮尖，用豆油先煮至透，攪勻再曬十多天收貯，可當淡豉之用。

又法　每㪷黄豆，配乾白麵十五斤。先用鹽滚水泡化，澄去沙底，曬乾，净重十二斤。將豆下大鍋，水配滿，煮至一天，歇火收蓋隔宿。次早，連汁取入大盆内，同乾麵拌勻。用手撮起，排蘆蓆上，艸蓋令發黴。少七天，多十天，取出擺開，曬乾研碎下缸，將鹽泡水和下。欲乾，水少些；欲稀，水多些。日曬，每早用棍子攪翻，十天或半月可用。

按，此法用多水。依後方，作醬油亦佳。

做麵醬法

用小麥麵，不拘多少，和水成塊，切作片子，約厚四五分，蒸熟。先於空房内，用青蒿鋪地，或鮮荷葉亦可。加用乾稻艸或穀艸，上面再鋪蓆子，然後將蒸熟麵片鋪艸蓆上。鋪畢，復用穀稻艸上加蓆子，蓋至半月後，變發生毛，亦有七日者。取出曬乾，以透爲度，將毛刷去，用新瓷器收貯候用。臨用時，研成細麵，每十斤配鹽二斤半，應將大鹽預先研細，同净水煎滚，候冷，澄清去渾脚，和黄入缸或加紅糖亦可，以水較醬黄約高寸許爲度。乃付大日中曬月餘，每早日出時翻攪極透，自成好醬。

又法　重羅白麵，每㪷得黄酒糟一飯碗，泛麵做劑子，如一斤一個。蒸熟晾冷，拾成一堆，用布包袱蓋好，十日後皮作黄色，内泛起如蜂窩眼爲度。分開小塊曬乾，用石碾碾爛，汲新井水調和，不乾不濕，還可抓成團。每麵一㪷，約用鹽四斤六兩，調勻下缸。大晴天曬五日，即泛漲如粥。醬皮有紅色如油，用木扒兜底掏轉，仍照前一㪷之數，再加鹽三斤半，調和後，按五日一次掏轉，曬至四十五日即成醬可食矣。切忌：醬曬熟時，不可亂動。

做清醬法

黑豆先煮極爛，撈起候略温，加白麵拌勻，每豆一㪷配麵三斤，多不過五斤。攤

開有半寸厚，上用布蓋密，不拘蓆艸皆可。候發黴生毛，至七天過曬乾，天氣熱不過五六日，涼不過六七日爲期，總以生毛多爲妙。然不可使爛。如遇好天氣，用冷茶湯拌濕再曬乾。用茶湯拌者，欲其味甘，不拘幾次，越多越好。每豆黃一斤，配鹽十四兩，水四斤，鹽同水煮滾，澄清去渾底，晾冷，將豆黃入鹽水內，泡曬至四十九日。如要香，可加香蕈、大茴、花椒、薑絲、芝麻各少許。撈出二貨豆渣，合鹽水再熬，酌量加水。每水一斤，加鹽三兩。再撈出三貨豆渣，並再加鹽水再熬。去渣。然後將一二次之水，隨便合作一處拌勻，或再曬幾天，或用糠火薰滾皆可。其豆渣尚可作家常小菜用也。

按，豆渣曬微乾，加香料，即可作香豆豉。詳見豆豉類。

又法　每揀净黃豆一斗，用水過頭，煮熟，豆色以紅爲度。連豆汁盛起。每斗豆用白麵二十四斤，連湯豆拌勻。或用竹籩及柳籩分盛，攤開泊按實。將籩安放無風屋內，上覆蓋稻艸，黴至七日後，去艸，連籩搬出日曬，晚間收進，次日又曬，曬足十四天。如過陰雨，須補足十四天之數，總以極乾爲度，此作醬黃之法也。黴好醬黃一斗，先用井水五斗，量準，注入缸內，再每斗醬黃用生鹽十五斤，秤足，將鹽盛在竹籃內，或竹淘籮內。在水內溶化入缸，去其底下渣滓，然後將醬黃入缸曬三日，到第四日早，用木扒兜底掏轉。曬熱時切不可動。又過二日，如法再打轉，如是者三四次。曬至二十天即成清醬可食矣。

至逼清醬之法，以竹絲編成圓筒，有周圍而無底口，南方人名醬篘，京中花兒市有賣。並蓋缸篾編箬紮，大小缸蓋，俱可向花兒市買。臨逼時，將醬篘置之缸中，俟篘坐實缸底時，將篘中渾醬不住挖出，漸漸見底乃已。篘上用磚頭一塊壓住，以防醬篘浮起，缸底流入渾醬。至次早啓蓋視之，則篘中俱屬清醬。可用碗緩緩挖起，另注潔净缸罈內，仍安放有日色處，再曬半月。罈口須用紗或麻布包好，以心蒼蠅投入。如欲多做，可將豆麵水鹽照數加增。清醬已成，未篘時，先將浮面豆渣撈起一半曬乾，可作香豆豉用。

又法　將前法醬黃整塊，醬黃，即做甜醬所用者是也，已見前篇。先用飯湯候冷，逐塊揾濕，曬乾如法。再揾再曬，日四五度。若日炎，可乾六七次更妙，至赤色乃止。黃每斤配鹽四兩，水十大碗，鹽水先煎滾，澄清候冷，泡醬黃，付日大曬乾，即添滾水至原泡分量爲準。不時略攪，但毋攪破醬黃塊耳。至赤色，將滷濾起，下鍋加香菰、八角、茴、花椒，俱整蕊用。芝麻，用口袋盛之。同煎三四滾，加好老酒一小瓶再滾，裝入罐內聽用。其渣再酌量加鹽，煎水如前法，再曬至赤色，下鍋煎數滾，收貯以備煮物作料之用。

做麥油法即清醬

將小麥洗净，用水下鍋煮熟悶乾取起，鋪大扁內，付日中曬之，不時用筷子翻攪，至半乾，將扁抬入陰房內，上面用扁蓋密。三日後，如天氣太熱，麥氣大旺，日間將扁揭開，夜間仍舊蓋密，若天不熱，麥氣不甚旺盛，不過日間將扁脫開縫就好；倘天氣雖熱而麥氣不熱，即當密蓋爲是，切毋洩氣。至七日後取出曬乾。若一斗出有加倍，即爲盡發。將作就麥黃，不必如作豆油以飯泔漂曬，即帶綠毛。每斤配鹽四兩，水十六碗。鹽水先煎滾，澄清候冷，泡麥黃，付大日中曬至乾，再添滾水至原泡分量爲準。不時略攪，至赤色，將滷濾起，下鍋內，加香菰、八角、茴，俱整蕊用。芝麻，口袋盛之。同煎三四滾，加好老酒一小瓶再滾，裝入罐內聽用。其渣再酌量加鹽煎水如前法，再至赤色，下鍋煎數滾，收貯以備煮物作料之需。

又法　做麥黃與前同。但曬乾時，用手搓摩，揚簸去黴，磨成細麵。每黃十斤，配鹽三斤，水十斤。鹽同水煎滾，澄去渾脚，合黃麵做一大塊，揉得不硬不軟，如做餑餑樣就好，裝入缸內，蓋藏令發。次日掀開，用一手捧水，節節灑下，付日大曬一天，加水一次，至用棍子可攪得活活就止。即或遇雨，不致生蛆。

醬下生蟲法

用芥子研碎入豆醬內不生蟲。或用川椒亦可。

醬油不用煎

醬油濾出上甕，將瓦盆蓋口，以石灰封好，日日曬之，倍勝於煎。

做醬諸忌

一下醬忌辛日；一防不潔净身子眼目；一忌缸罈泡洗未净；一防生雨點入缸內；一醬曬得極熱時，不可攪動，晚間不可即蓋。過應攪之日，務於清早。上蓋必待夜靜涼冷。下雨時缸蓋亦當用木棍撐起，若悶住恐翻黃。

做醬用水

須臘月內，擇極涼日煮滾水，放天井空處冷透收存待夏。泡醬及油用此臘水最益人，又不生蛆蟲，且經久不壞。

又云，造醬要三熟：謂熟水調麵，蒸熟麵餅，熟水浸鹽也。每黃十斤，配鹽三斤，水十斤，乃做醬一定之法。斟酌加減，隨宜而用。水內入鹽。須攪過二三次澄清，用竹籬淋過，去盡泥脚。試鹽水之法，將雞蛋下去，浮有二指高，即極

鹹矣。

做香豆豉法

每豆一斗，用過頭水煮熟，將水逼乾，用白麵二十斤拌勻。徽法與上做清醬法同。徽好，用杏仁、瓜子仁、薑絲、紫蘇、八角、茴香、小茴香、花椒、白糖、陳皮、瓜塊、燒酒內陳皮須煮出苦水。拌勻，盛潔凈磁瓶內，將瓶口泥好，曬至一月，即成香豉矣。

若有前方清醬之餘豆，則此方之黃，可以不用另做。

又法　預備黑豆，水煮熟，晾微乾，收藏空房內，蓋密。發黃至半個月，取出曬乾，揚去綠衣。每日用清冷飯滾湯拌濕令透，曬極乾，再拌再曬，不拘日數，總以豆顆松破爲準，或夜間漂露更妙。曬極乾，凈重五斤。大杏仁一斤半或二斤亦可。水浸，勿搖動，去皮尖，晾乾，用久陳皮，切細絲八兩，四制的亦可。老薑，二斤洗凈，連皮切細絲，晾微乾。以上備齊，總秤若干重，欲淡，每十兩配鹽一兩；欲鹹，每十兩配鹽二兩，或一兩五錢。臨合時，用西瓜汁泡化，澄清去砂脚和入。初次總合諸料時，用大西瓜二枚，取肉汁子揉爛和入，但當記得留汁泡鹽去沙爲要。大曬至極乾，再下一枚和入，再曬至極乾，然後另用家蘇葉、一兩。薄荷葉、一兩。厚樸、一兩半，薑汁炒。甘艸、一兩。烏梅肉、二兩半。小茴香、一兩。川貝母、一兩。密桔梗、一兩半。入水二十碗，煎至十二碗，濾出頭汁。再入水煎，約渣水十五碗，煎至八碗去渣。二汁合拌。前料曬乾，再另用大粉艸、八錢。家紫蘇、八錢。薄荷、八錢八。小茴、八錢八。大茴、八錢。川貝母、五錢八。砂仁、六錢八。花椒、六錢八。柿霜，二兩。各研細末拌入和好，老酒拌濕，冷透。當令有餘瀝以爲曬日乾燥地步，迨曬去餘瀝，不致乾燥，用小口磁罐裝貯，布塞極緊，勿使漏氣，輪轉曬二十天。若太濕，曬至一月可用。罐口或用豬尿包，或泥封固均可。若藏久太乾，當用老酒拌濕，再曬幾天，自然再潤。

又云：　若要自用，西瓜用三次更妙。倘要賣的，西瓜只用一次。藥汁中加烏糖八兩亦可。瓜用三次者，初次之瓜，只單取汁，子肉不用，至二三次才將瓜瓤切作指頭大塊。按，所配藥料，不無太輕意，當以加倍爲妥。拌酒之法，每豆豉一斤，加老酒四兩八錢。

做水豆豉法

做就黑豆黃十斤，配鹽四十兩，金華甜酒十碗。先用滚湯二十碗，泡鹽作滷，候冷澄清，將黃下缸，入鹽水並酒，曬四十九日，下大小茴香，紫蘇葉、薄荷葉各一兩，剉粗末，甘艸粉、陳皮絲各一兩，花椒一兩，乾薑絲半斤，杏仁去皮尖一斤，各料和入缸內再攪，曬二三日，用罈裝起，泥封固。隔年吃極妙，蘸肉吃更好。

按，陳、椒、薑、杏四味，當同黃一齊下曬，或候曬至二十多天下去亦可。若待隔年吃之，即當照原法曬爲妥。

又法　發就豆黃一斤，好西瓜瓤一斤，好老酒一斤，鹽半斤，先用酒將鹽澆化澄沙，合黃與瓜瓤攪勻，裝入罈內封固，俟四十天可吃。不曬日。

豆腐乳法

將豆腐切作方塊，用鹽醃三四天，出曬兩天，置蒸籠內，蒸至極熟，出曬一天和便醬，下酒少許，蓋密曬之。或加小茴末和曬更佳。

醬豆腐乳法

前法麵醬黃做就研成細麵，用鮮豆腐十斤，配鹽二斤，切成扁塊，一重鹽，一重豆腐，醃五六天撈起，留滷候用。將豆腐鋪排蒸籠內蒸熟，連籠空房中約半個月，候豆腐變發生毛，將毛抹倒，微微晾乾，再秤豆腐與黃對配，乃將留存腐滷澄清去渾脚，泡黃成醬，一層醬，一層豆腐，一層香油，加整個花椒數顆，層層裝入罈內，泥封固，付日中曬之，一月可吃。香油即麻油，每只可四兩爲準。

又法　先將前法做就麵黃研成細麵，用鮮豆腐十斤，配鹽一斤半，豆腐切作小方塊，一重鹽，一重豆腐，醃五六天撈起，鋪排蒸籠內蒸熟，連籠置空房中約半個月，俟豆腐變發生毛，將毛抹倒，晾微乾，一層醬麵，一層豆腐，裝入罈內，仍加整花椒數顆，逐塊皆要離曠，不可相挨，中留一大孔透底裝滿，上面仍用醬麵厚厚蓋之，以好老酒作汁，灌下封密，日曬一個月可用。

糟豆腐乳法

每鮮豆腐十斤，配鹽二斤半，鹽三分之中，當留一小分，俟裝罈時拌入糟膏內。將豆腐一塊，切作兩塊，一重鹽，一重豆腐，裝入盆內，用木板蓋之，上用小石壓之，但不可太重。醃二日洗撈起，曬之至晚，蒸之。次日復曬復蒸，再切寸方塊配白糯米五升，洗淘乾凈煮爛，撈飯候冷。蒸飯未免太乾，定當煮撈脂膏，自可多取爲要。用白麯五塊，研末拌勻，裝入桶盆內，用手輕壓抹光，以巾布蓋塞極密，次早開看起發，用手節次刨放米籮擦之，次早刨擦，未免太早，當三天爲妥。下用盆承接脂膏，其糟粕不用，和好老酒一大瓶，紅麯末少許拌勻。一重糟，一重豆腐，分裝小罐內，只可七分滿就好。以防沸溢。蓋密，外用布或泥封固，收藏四十天方可吃用，不可曬日。紅粬末多些好看，裝時當加白麯末少許才松破。若太乾，酒當多添，俾膏酒略

淹豆腐爲妙。

又法　用鮮豆腐切成四方塊子，加一或加一五鹽醃之，付滾水煮一二滾，取起，用前方拌就。糯米飯與豆腐對配，重重裝入罈内，用酒作水，密封。候二十天過可用。

又法　與醬豆腐乳之法約略相同，但須於酒内酌量添鹽。

凍豆腐法

將冬天所凍豆腐，放背陰房内，候次年冰水化盡，入大磁甕内，埋背陰土中，到六月取出會食，真佳品也。

做米醋法

赤米不用舂，洗净蒸飯，拌麯發香，用水或用酒潑皆可發，越久越好。乃將酒渣節節添入，即熬酒之熬桶尾。候月餘可用。如有發黴，用鐵火針燒極紅淬之，每日一二次，仍連罈取出曬之。

又法　糙米一斗，浸過夜，取出蒸熟成飯，晾冷透裝入罈内，三日酸透，入涼水三十斤，用柳條每日攪數次。七日後不須攪。過一月不動，俟其成醋，濾去糟粕，入花椒、黄柏少許，煎數滾收罈内聽用。

極酸醋法

五月午時，用做就粽子七個，每個内各夾白麯一塊，外加生艾心七個，紅麴一把，合爲一處，裝入甕内，用井水灌之，約七八分滿就好。甕口以布塞得極緊，置背陰地方，候三五日過，早晚用棍子攪之。嘗看至有醋味，然後用烏糖四五圓打碎，和燒酒四五壺，隔湯燉至糖化，取起候冷，傾入醋内，早晚仍不時攪之，俟極酸了可用。要用時，取起醋汁一罐，换燒酒一罐下去，永吃不完，酸亦不退。

千里醋法

烏梅去核一斤，以釅醋五升，浸一伏時，曬乾，再浸再曬，以醋取盡爲度。醋浸蒸餅，和之爲丸，如芡實大。欲食時，投一二丸於水中，即成好醋矣。

焦飯做醋法

蒸飯後鍋底鏟起焦飯，俗名鍋巴。投入白水罈裝，置近火暖熱處。時常用棍子攪之。七日後，便成醋矣。

凡酒酸不可飲者，投以鍋巴，依前法作醋。用紹興酸酒更好。

醃火腿法

每十斤猪脚，配鹽十二兩，極多加至十四兩。將鹽炒過，加皮硝末少許，乘豬鹽兩熱，擦之令勻。置入桶内，上面用大石壓之，五日一翻。候一個月，將腿取起，晾於風處，四五個月可用。

又法　金華人做火腿，每斤豬脚配炒鹽三兩，或云，原方配六兩，不無太鹹。用手將鹽擦完，石壓之。三天取出，用手極力揉之，肉軟爲度。翻轉再壓再揉，至肉軟如棉，取出掛之風處，約當於小雪後起，至立春後方可掛風不凍。

醃豬肉法

每豬肉十斤，配鹽一斤。肉先作條片，用手掌打四五次，然後將鹽炒熱擦上，用石塊壓緊。俟次日水出，下硝少許，一天翻一天，醃六七天撈起，夏天晾風，冬天曬日，均俟微乾收用。

又法　先將豬肉切成條片，用冷水泡浸半天或一天，撈起。每肉一層，配稀薄食鹽一層，裝入盆内，上面用重物壓之。蓋密，永勿搬動。要用，照層次取起，仍留鹽水。

若要薰吃，照前法。用鹽浸過三天撈起，曬微乾，用甘蔗渣同米糠布放竈鍋底，將肉鋪排籠内，蓋密，安置鍋上，粗糠慢火焙之，以蔗、米煙薰入肉内，油滴下，味香，取起掛於風處。要用時，白水微煮，甚佳。

醃熟肉法

凡有事，餘剩之熟雞、豬等肉，欲久留以等客，雞當破作兩半，豬肉切作條子，中間剖開數刀，用鹽於内外及剖縫處搓得極勻，但不可太鹹。裝入盆内，用蒜頭搗爛，和好米醋泡之。以石壓其上，一日須翻一遍，二三日撈起，晾略乾，將鐵鍋抬起，用竹片搭十字架於竈内。或鐵絲編成更妙。將肉鋪排竹上，仍以鍋覆之，塞勿出煙。竈内用粗糠或濕甘蔗粕生火薰之，竈門用磚堵塞，不時翻轉，總以乾香爲度。取起收入新罈内，口蓋緊，日久不壞而且香。

酒燉肉法

新鮮肉一斤，刮洗乾净，入水煮滾一二次即取出，刀改成大方塊。先以酒同水燉有七八分熟，加醬油一杯，花椒、□料、蔥、薑、桂皮一小片，不可蓋鍋。俟其將熟，蓋鍋以悶之，總以煨火爲主。或先用油薑煮滾，下肉煮之，令皮略赤，然後用酒燉之，加醬油、椒、蔥、香蕈之類。又，或將肉切成塊，先用甜醬擦過，才下油烹之。

醬肉法

豬肉用白水煮熟，去白肉並油絲，務令净盡，取純精的，切寸方塊子，醃入好

豆醬内曬之。

火腿醬法

用南火腿煮熟，切碎丁，如火腿過鹹，即當用水先泡淡些，然後煮之。去皮，單取精肉。用火將鍋燒得滾熱，將香油先下滾香，次下甜醬、白糖、甜酒，同滾煉好，然後下火腿丁及松子、核桃、瓜子等仁，速炒翻取起，磁罐收貯。

其法，每火腿一隻，用好麵醬一斤、香油一斤、白糖一斤、核桃仁四兩、去皮打碎。花生仁、四兩，炒去膜，打碎。松子仁四兩、瓜子仁二兩、桂皮五分、砂仁五分。

醃肉法與前醃肉二條參看

豬宰完，破開，切成二斤或斤半塊子，取去骨頭，將鹽研末，以手搵抹擦肉皮一遍。再將所取之骨，鋪於缸底，先下整花椒，拌鹽一層，後下肉一層，其肉皮當向下，總以一層肉，一層鹽、椒，下完，面上多蓋鹽椒，用紙封固，過十餘天可吃。如吃時取出，仍用紙封固，勿令出氣。其肉缸放不冷不暖之處方好。醃豬頭亦如是，其骨棄之。

糟魚法

將魚破開，不下水，用鹽醃之。每魚一斤，約用鹽二三兩，醃二日，即於滷内洗净，再以清水擺净，去鱗翅及頭尾，於日中曬之。候魚半乾，不可太乾。砍作四塊或八塊，肉厚處再剖開。取做就之糟即前法所云：擠酒之糟，加鹽少許，裝入罈内，候發香糟物者是也。聽用。每魚一層，蓋糟一層，上加整花椒，逐層用糟及椒安放罈内。加糟汁少，微覺乾，便取好甜酒酌量傾入，用泥封罈口，四十天後可吃。臨吃時，取魚帶糟，用豬板油細丁，拌入碗盛蒸之。

糟豬雞等肉同法。但魚用生的入糟，豬、雞等肉須煮熟乃可。

酥魚法

不拘何魚，即鯽魚亦可。凡魚，不去鱗不破肚，洗净。先用大蔥厚鋪鍋底下，一重魚，鋪一重蔥，魚下完，加清醬少許，用好香油作汁，淹魚一指，鍋蓋密。用高粱杆火煮之，至鍋裏不響爲度。取起吃之甚美，且可久藏不壞。

夏天熟物不臭法

大甕一個，擇其口寬大者，中間以梗灰乾鋪於底，將碗盛物放在上面。甕口將小布棉褥蓋之。再以方磚壓之，勿令透風定氣。經宿雖盛暑不臭。明日將要取用，先燒熱鍋，先燒熱鍋，即傾入重熱，若少停，便變味。

又 卷下

醃鹽蛋法

用蘆艸灰、木炭灰或稻艸灰亦可。二灰用六成、七成，黄土用四成、三成，有粘性，可粘住就好。灰土拌成一塊。每三升土灰配鹽一升，酒和泥，塑蛋。大頭向上，小頭向下，密排罈内。十多天或半月可吃。合泥切不可用水，一用水，即蛋白堅實難吃矣。

變蛋法

用石灰、木炭灰、松柏枝灰、礱糠灰四件，石灰須少，不可與各灰平等。加鹽拌匀，用老粗茶葉煎濃汁調拌不硬不軟，裹蛋，裝入罈内，泥封固，百天可用。其鹽每蛋只可用二分，多則太鹹。

又法　用蘆艸、稻艸灰各二分，石灰各一分，先用柏葉帶子搗極細，泥和入三灰内，加礱糠拌匀，和濃茶汁，塑蛋，裝罈内半月。二十天可以吃。

醬雞蛋法

用雞蛋帶殼洗極净，醃入醬内，一月可吃，但不用煮，取黄生吃之甚美，其清化如水，可搵物，當豆油用之。

取乳皮法

將乳裝入缽内，安滾水中燙滾，用扇打之，令面上結皮，取起。再扇再取，令盡。棄其清乳不用，將皮再下滾水，置火中煎化，約每入配水一碗。下好茶滷一大杯，加芝麻、胡桃仁，各研極細，篩過調匀，吃了甚好。若要鹹，加鹽鹵少許。若將乳皮單吃，補益之功更大。

做乳餅法

初次，用乳一盞，配好米醋半盞，和匀，放滾水中燙熱，用手捏之，自然成餅。二次，將成餅原水，只下乳一盞，不用加醋。三、四次，各加米醋少許，原水不可丟棄。後仿此。其乳餅若要吃鹹些，仍留原汁，加鹽少許亦可；或將乳、醋各加盛一碗，置滾水中，預先燙熱，然後量乳一杯，和醋少許捏之成餅。二、三次時，乳中之汁，若剩至太多，即當傾去，只留少許。

芝麻茶法

先用芝麻去皮，炒香磨細，先取一酒杯下碗，入鹽少許，用筷子順手打至稠。硬不開，再下鹽水順打至稀稠，約有半碗多。然後用紅茶熬釅，俟略温，調入半碗，可作四碗吃之。

又法　用牛乳隔水頓二三滾，取起，涼冷結皮，將皮揭盡，配碗和芝麻茶吃。

杏仁漿法作茶吃

先將杏仁泡水，去皮尖，與上白米飯米對配，磨漿墜水，加糖燉熟，作茶吃之，甚爲潤肺。或單用杏仁磨漿加糖亦可。或用杏仁爲君，米用三分之一，無小磨，用臼搗爛，布濾。

千里茶法

白沙糖四兩，白茯苓三兩，薄荷葉四兩，甘艸一兩，共爲細末，煉蜜爲丸，如棗子大。每用一丸噙化，可行千里之程不渴。

桂花糖法

用白糖十斤，先煮至滴水不散，下粉漿二斤，粉漿即以麥麩做麵筋，麵筋成後所餘之水是也。再煮至如龍眼肉樣，下桂花滷，梅桂滷亦可。再煮傾起候冷，用麵趕攤開，整領剪塊。若要煮明糖，候煮硬些取起，上下用芝麻鋪壓，以麵趕攤開。按，西瓜糕及此桂花糖内，均可量加飴糖。

東洋醬瓜法

先用好麵十斤炒過，大豆粉二升，或秤重二斤亦可。二共冷水作餅，蒸熟候冷。餅約二指厚，兩掌大。於不透風暖處罨之，下用蘆蓆鋪勻，餅上用葉厚蓋，罨至黄衣上爲度。去葉翻轉，黄透曬乾，漂露愈久愈妙。瓜每斤配食鹽四兩，此獨用鹽多者，以鹽鹵下醬之故。醃四五天，將瓜撈起，曬微乾。瓜滷候澄清，去底下渾脚後，即將清滷攪前麵豆餅作醬，餅須搗極細，或磨過更妙。醬與瓜對配，裝入磁罐内，不用曬日，候一月可開。

乾醬瓜法

二三月天，先將小麥洗磨略碎，不過篩（若要做細醬麵，以磨細篩過爲是），和滾水做成磚條塊子，蓋於暖處，令其發黴務透，曬乾收貯。候瓜熟，買來剖作兩瓣，銅錢刮去瓤，用滾透熟冷水洗净，布拭乾。再用石灰一斤，亦用滾透熟冷水泡，澄去渾底，將瓜泡下，只過夜。次早洗净取起，用布拭乾，用大口高盆子將黄先研細麵篩過，先裝盆底一重，次裝瓜一重，又裝鹽一重，重重裝入。上面仍用醬麵蓋之，不用水。用麻布蓋曬，於初伏日起，日曬夜收，一月可吃。

凡曬醬，切不可著一點生水，以致易壞生白。每料瓜四十九斤，醬麵四十五斤，鹽九斤，石灰一斤。醬麵、鹽、灰俱研細候用。

醃紅甜薑法

揀大塊嫩生薑，擦去粗皮，切成一分多厚片子，置瓷盆内。用研細白鹽少許，或將鹽打滷，澄去泥沙净，下鍋再煎成鹽，用之更妙。稍醃一二時辰，即逼出鹽水。約每斤加白醃梅乾十餘個，拌入薑片内，隔一宿，俟梅乾漲，薑片軟，撈起去酸鹹水，仍入瓷盆。每斤可加白糖五六兩。染鋪所有好紅花汁半酒杯拌勻，曬一日，至次日嘗之，若有鹹酸水仍逼去，再加白糖，紅花一二次，總以味甜色清紅爲度。仍置日色處曬二三日，即可入瓶。曬時，務將瓷盆口用紗蒙紮，以防螞蟻、蒼蠅投入。

醃青梅法

青梅買來，即用石灰加水潮濕，手搓翻一遍。隔宿，將水添滿，泡一天嘗看，酸澀之味去有七八爲度。如未，當再换薄灰水再泡，洗净撈起，鋪開晾風，略乾就好。不可太乾以致皺縮。每梅十斤，配鹽七八兩，先拌醃一宿，然後用冰糖清灌下令滿，隔三四天傾出，煎滾加些白糖，候冷，仍灌下，隔十天八天，再傾再煎，才可裝貯罐内，庶可久存不壞。如日久或雨後發黴，即當再煎爲要。甜薑法同。

醃鹹梅杏法

當梅杏成熟之時，擇其黄大有肉者，每斤配鹽四兩，先下點水，將鹽梅杏同。一齊下盆内，用手順順翻攪，令鹽化盡爲度。每日不時攪之，切勿傷破其皮。上面用物輕輕壓之。三天後裝儲甕内，有病時吃之甚美。若欲曬乾，每斤只加鹽二兩五錢，醃壓六七天取起曬之，晚用物壓之使扁。

醃蒜頭法

新出蒜頭，乘未甚乾實者更妙，去桿及根，用清水泡兩三天，嘗看辛辣之味去有七八就好。如未，即再换清水再泡，洗净撈起，用鹽水加醋醃之。若要吃鹹的，每斤蒜用二兩鹽，三兩醋，先醃二三日，才添水至滿，封貯可久存不壞。倘要吃半鹹半甜，當灰水中撈起時，先用薄鹽醃一兩天，然後用糖醋煎滾，候冷灌之。若太淡，加鹽。不甜，加糖也可。

醃蘿蔔乾法

七八月時候，拔嫩水蘿蔔，揀五個指頭大的就好。不要太大，亦不可太老。以七八月正是時候。去梗葉根，整個洗净，曬五六分乾，收起秤重。每斤配鹽一兩，拌揉至水出蔔軟，裝入罈内蓋密。次早取起，嚮日色處半曬半風，去水氣。日過卜冷，再極力揉至水出蔔軟色赤，又裝入罈内蓋密。次早，仍取出風曬去水氣，收來再極力揉至潮濕軟紅，用小口罐分裝，務令結實。用稻艸打直塞口極

緊，勿令透氣漏風。將罐覆放陰涼地面，不可曬日。一月後香脆可吃。先開吃一罐，然後再開別罐，庶不致壞。若要作小葉菜碟用，先將蘿蔔洗净，切作小指頭大條，約二分厚，一寸二三分長就好，曬至五六分乾。以下作法，與整蘿蔔同。

醃落花生法

將落花生連殼下鍋，用水煮熟，下鹽再煮一二滚，連汁裝入缸盆內，三四天可吃。

又法　用水煮熟，撈乾棄水，醃入鹽菜滷內，亦三四天可吃。

又法　將落花生同菜滷一齊下鍋煮熟，連滷裝入缸盆，登時可吃。若要出門，撈乾包帶作路菜不壞。按：後法雖然便，但豆皮不能擠去。若用前法，豆皮一擠就去，雪白好象。

醃芥菜法

整叢芥菜，取來將菜頭老處先行砍起另煮外，其菜身剖作兩半，若大叢的，當剖作四半，曬至乾軟涼得兩天。收脚盆內。每菜十斤，當配鹽三斤。若要淡些，加二斤半亦可。將鹽先撥一半，撒在菜內，以手揉至鹽盡菜軟，收入大桶內，上用大石壓之。過三天，先將净脚盆安放平穩地方，盆上橫以木板，用米籃架上，將菜撈入籃內，上面仍用大石壓至汁出盡。一面將汁煮滚，候冷澄清；一面將菜纏作把子。將原留之鹽，重重配裝甕內。上面用十字竹板結之，以結實爲要，才將清汁灌下，以淹密爲度。甕口用泥封固。甕只可小的，不必太大。吃完一甕，再開別甕，久久不壞。

做霉乾菜法

將介菜砍曬二日足，每十斤配鹽一斤，拌揉出汁，裝入盆內，用重石壓之六七天。要撈起時，用原滷擺沉洗去沙，曬極乾，蒸之務令極透。晾冷，極力揉軟，再曬再蒸再揉四五次爲度。纏作把子，收裝罈內，塞緊候用。或要蒸時，每次用老酒濕之，更爲加料無比矣。

做辣菜法

取芥菜之旁芽内葉並心尾二三節，曬兩日半。其心節當剖開曬，曬好切節，以寸爲度。用清水比菜略多些，將水下鍋，煮至鍋邊響時下菜，用勺翻兩三遍，急取起，壓去水氣，用薑絲、淡鹽花作速合拌，收入磁罐內，裝塞極緊，勿令稀鬆。其罐嘴用芥葉滚水微燙過，二三重封固，將嘴倒覆竈上二三時入，移覆地下，一周日開用。好吃鹹的，用鹽、醋、豬油或麻油拌吃。好吃甜的，用糖、醋、油拌吃。

甜辣菜法

用白菜幫帶心葉一併切寸許長下飯籮，俟水將滚有聲時候落去一抄，取起晾乾。用好米醋和白糖加細薑絲、花椒、芥末、麻油少許調匀，傾入菜內，拌匀裝入罈。三四天可吃，甚美。

經年芥辣法

芥菜取心，不著水，掛曬至六七分乾，切作短條子，每十斤約用鹽半斤，好米醋三斤。先將鹽醋煮滚候冷，乃下生芥心拌匀，用磁瓶分裝好，泥封固一年可吃。臨吃時，加油、醬等料。

做香乾菜法一名窨菜

用生芥心並葉梗皆可，切短條子約寸許長，若嫩心，即整枝用更妙，老的切不可下去。如冬瓜片子様。日曬極乾，淡鹽少許，揉得極軟，裝入小口罐內，用稻艸打直塞緊，將罐倒覆地下。不必曬日，一月可吃，或乾吃，或拌老酒，或酸醋皆美。按，鹽太淡即發黴易爛。每斤菜當加鹽一兩，少亦得七八錢。

做甕菜法

每菜十斤，配炒鹽四十兩。將菜、鹽層層隔鋪，揉匀入缸醃，壓三日取起就好。入盆内手揉一遍，換過一缸，鹽滷留用。過三日又將菜取起，再揉一遍，又換一缸，留滷候用。如是九遍，乃裝甕內。每層菜上，各撒花椒、小茴香，如此結實裝好。將留存菜滷，每罈入三碗，泥封。過年可吃，甚美。按，留存菜滷，若先下鍋煮數滚，取起候冷，澄清去渾底，然後加入更妙。

做小香菜法

用生芥心或葉並梗皆可，先切碎約一寸長，日曬極乾，加鹽少許，揉得極軟，裝入罐內，以好老酒罐下作汁，封口付日中曬之。如乾，再加酒。

做五香菜法

每十斤菜，配研細净鹽六兩四錢。先將菜逐葉披開，桿頭厚處撕碎或先切作寸許，分曬至六七分乾，下鹽。揉至發香極軟，加花椒、小茴、陳皮絲拌匀，裝入罈內，用艸塞口極緊，勿令洩氣爲妙。覆藏勿仰，一月可吃。

攪芥末法

用將滚之水調匀得宜，蓋密，置竈上，略得溫氣，半日後或隔宿開用。

煮菜配物法

芥菜心將老皮去盡，切片，用煮肉之湯煎滚，放下煮一二滚撈起，置冷水中

泡冷取起，候配物同煮至熟，其青翠之色仍舊也，不變黃亦不過爛，甚爲好看。

做酸白菜法

用整白菜，下滚湯燙透就好，不可至熟。取起，先時收貯。煮麵湯留存至酸，然後可燙菜裝入罈内，用麵湯灌之，淹密爲度，十多天可吃。要吃時，横切一箍。若無麵湯，以飯湯作酸亦可。

又法　將白菜披開切短斷，入滚水中只一湯取起，要取得快才好。即刻入罈，用燙菜之水灌下，隨手將罈口封固，勿令洩氣。次日即可開吃。菜既酸脆，汁亦不渾。

醬芹菜法

芹菜揀嫩而長大者，去葉去梍，將大頭剖開作三四瓣，曬微乾梍軟，每瓣取來纏作二寸長把子，即醃入吃完醬瓜之舊醬内。俟二十日可吃。要吃時，取出用手將醬攄舒散净，切寸許長，青翠香美。不可下水洗。若無舊醬，即將纏把芹菜，每斤配鹽一兩二錢，逐層醃入盤内，二三天取出，用原滷洗净，曬微乾，將醃菜之滷澄清去渾脚，傾入醬瓜黄内，黄，即東洋醬瓜所用，已見前。泡攪作醬，醬與芹菜對配，如醬瓜法。層層裝入罈内封固，不用曬日，二十天可吃矣。

醃黄小菜法

用黄芽白菜整個，水洗净，掛繩上，陰半乾，以葉黄爲度，切斷約五分長，用鹽揉匀，隔宿取出，擠去菜汁，入整花椒、小茴、橘皮、黄酒拌匀，不可過鹹，亦不可太濕。裝入小罈封固，三日後可吃。若要久放，必將菜汁去盡，乃不可變味。

清・袁枚《隨園食單》　須知單學問之道，先知而後行，飲食亦然。作《須知單》。

先天須知

凡物各有先天，如人各有資稟。人性下愚，雖孔、孟教之，無益也；物性不良，雖易牙烹之，亦無味也。指其大略：猪宜皮薄，不可腥臊；雞宜騸嫩，不可老稚；鯽魚以扁身白肚爲佳，烏背者，必崛强於盤中；鰻魚以湖溪游泳爲貴，江生者，必槎枒其骨節；穀餵之鴨，其膘肥而白色；壅土之笋，其節少而甘鮮；同一火腿也，而好醜判若天淵；同一臺鯗也，而美惡分爲冰炭；其他雜物，可以類推。大抵一席佳肴，司厨之功居其六，買辦之功居其四。

作料須知

厨者之作料，如婦人之衣服首飾也。雖有天姿，雖善塗抹，而敝衣藍縷，西子亦難以爲容。善烹調者，醬用伏醬，先嘗甘否；油用香油，須審生熟；酒用酒釀，應去糟粕；醋用米醋，須求清冽。且醬有清濃之分，油有葷素之别，酒有酸甜之異，醋有陳新之殊，不可絲毫錯誤。其他葱、椒、姜、桂、糖、鹽，雖用之不多，而俱宜選擇上品。蘇州店賣秋油，有上、中、下三等。鎮江醋顔色雖佳，味不甚酸，失醋之本旨矣。以板浦醋爲第一，浦口醋次之。

獨用須知

味太濃重者，只宜獨用，不可搭配。如李贊皇、張江陵一流，須專用之，方盡其才。食物中，鰻也，鼈也，蟹也，鰣魚也，牛羊也，皆宜獨食，不可加搭配。何也？此數物者味甚厚，力量甚大，而流弊亦甚多，用五味調和，全力治之，方能取其長而去其弊。何暇舍其本題，别生枝節哉？金陵人好以海參配甲魚，魚翅配蟹粉，我見輒攢眉。覺甲魚、蟹粉之味，海參、魚翅分之而不足；海參、魚翅之弊，甲魚、蟹粉染之而有餘。

火候須知

熟物之法，最重火候。有須武火者，煎炒是也；火弱則物疲矣。有須文火者，煨煮是也；火猛則物枯矣。有先用武火而後用文火者，收湯之物是也；性急則皮焦而裏不熟矣。有愈煮愈嫩者，腰子、雞蛋之類是也。有略煮即不嫩者，鮮魚、蚶蛤之類是也。肉起遲則紅色變黑，魚起遲則活肉變死。屢開鍋蓋，則多沫而少香。火熄再燒，則走油而味失。道人以丹成九轉爲仙，儒家以無過、不及爲中。司厨者，能知火候而謹伺之，則幾於道矣。魚臨食時，色白如玉，凝而不散者，活肉也；色白如粉，不相膠粘者，死肉也。明明鮮魚，而使之不鮮，可恨已極。

洗刷須知

洗刷之法，燕窩去毛，海參去泥，魚翅去沙，鹿筋去臊。肉有筋瓣，剔之則酥；鴨有腎臊，削之則净；魚膽破，而全盤皆苦；鰻涎存，而滿碗多腥；韭删葉而白存，菜棄邊而心出。《内則》曰：「魚去乙，鱉去醜。」此之謂也。諺云：「若要魚好吃，洗得白筋出。」亦此之謂也。

調劑須知

調劑之法，相物而施。有酒水兼用者，有專用酒不用水者，有專用水不用酒者；有鹽醬并用者，有專用清醬不用鹽者，有用鹽不用醬者；有物太膩，要用油先炙者；有氣太腥，要用醋先噴者；有取鮮必用冰糖者；有以乾燥爲貴者，使其味入於内，煎炒之物是也；有以湯多爲貴者，使其味溢於外，清浮之物是也。

配搭須知

諺曰：「相女配夫。」《記》曰：「儗人必於其倫。」烹調之法，何以異焉？凡一物烹成，必需輔佐。要使清者配清，濃者配濃，柔者配柔，剛者配剛，方有和合之妙。其中可葷可素者，蘑菰、鮮笋、冬瓜是也。可葷不可素者，葱韭、茴香、新蒜是也。可素不可葷者，芹菜、百合、刀豆是也。常見人置蟹粉於燕窩之中，放百合於雞、猪之肉，毋乃唐堯與蘇峻對坐，不太悖乎？亦有交互見功者，炒葷菜，用素油，炒素菜，用葷油是也。

色臭須知

目與鼻，口之鄰也，亦口之媒介也。嘉肴到目、到鼻，色臭便有不同。或净若秋雲，或艷如琥珀，其芬芳之氣亦撲鼻而來，不必齒決之，舌嘗之，而後知其妙也。然求色艷不可用糖炒，求香不可用香料。一涉粉飾便傷至味。

變換須知

一物有一物之味，不可混而同之。猶如聖人設教，因才樂育，不拘一律。所謂君子成人之美也。今見俗厨，動以雞、鴨、猪、鵝一湯同滚，遂令千手雷同，味同嚼蠟。吾恐雞、猪、鵝、鴨有靈，必到枉死城中告狀矣。善治菜者，須多設鍋、竈、盂、鉢之類，使一物各獻一性，一碗各成一味。嗜者舌本應接不暇，自覺心花頓開。

器具須知

古語云：美食不如美器。斯語是也。然宣、成、嘉、萬窑器太貴，頗悉損傷，不如竟用御窑，已覺雅麗。惟是宜碗者碗，宜盤者盤，宜大者大，宜小者小，參錯其間，方覺生色。若板板於十碗八盤之説，便嫌笨俗。大抵物貴者器宜大，物賤者器宜小。煎炒宜盤，湯羹宜碗，煎炒宜鐵鍋，煨煮宜砂罐。

上菜須知

上菜之法，鹽者宜先，淡者宜後；濃者宜先，薄者宜後；無湯者宜先，有湯者宜後。且天下原有五味，不可以鹹之一味概之。度客食飽，則脾困矣，須用辛辣以振動之；慮客酒多，則胃疲矣，須用酸甘以提醒之。

時節須知

夏日長而熱，宰殺太早，則肉敗矣。冬日短而寒，烹飪稍遲，則物生矣。冬宜食牛羊，移之於夏，非其時也。夏宜食乾臘，移之於冬，非其時也。輔佐之物，夏宜用芥末，冬宜用胡椒。當三伏天而得冬腌菜，賤物也，而竟成至寶矣。當秋涼時而得行鞭笋，亦賤物也，而視若珍饈矣。有先時而見好者，三月食鰣魚是也。有後時而見好者，四月食芋艿按：原誤爲「奶」。是也。其他亦可類推。有過時而不可吃者，蘿蔔過時則心空，山笋過時則味苦，刀鱭過時則骨硬。所謂四時之序，成功者退，精華已竭，褰裳去之也。

多寡須知

用貴物宜多，用賤物宜少。煎炒之物多，則火力不透，肉亦不鬆。故用肉不得過半斤，用雞、魚不得過六兩。或問：食之不足如何？曰：俟食畢後另炒可也。以多爲貴者，白煮肉，非二十斤以外，則淡而無味。粥亦然，非斗米則汁漿不厚，且須扣水，水多物少，則味亦薄矣。

潔净須知

切葱之刀，不可以切笋；擣椒之臼，不可以擣粉。聞菜有抹布氣者，由其布之不潔也；聞菜有砧板氣者，由其板之不净也。「工欲善其事，必先利其器。」良厨先多磨刀，多换布，多刮板，多洗手，然後治菜。至於口吸之烟灰，頭上之汗汁，竈上之蠅蟻，鍋上之烟煤，一玷入菜中，雖絶好烹庖，如西子蒙不潔，人皆掩鼻而過之矣。

用縴須知

俗名豆粉爲縴者，即拉船用縴也，須顧名思義。因治肉者要作團而不能合，要作羹而不能膩，故用粉以牽合之。煎炒之時，慮肉貼鍋，必至焦老，故用粉以護持之。此縴義也。能解此義用縴，縴必恰當，否則亂用可笑，但覺一片糊塗。漢制考齊呼麯麩爲媒，媒則縴矣。

選用須知

選用之法，小炒肉用後臀，做肉圓用前夾心，煨肉用硬短勒。炒魚片用青魚、季魚，做魚松用鯶魚、鯉魚。蒸雞用雛雞，煨雞用騸雞，取雞汁用老雞；雞用雌才嫩，鴨用雄才肥；蒓菜用頭，芹韭用根；皆一定之理。餘可類推。

疑似須知

味要濃厚，不可油膩；味要清鮮，不可淡薄。此疑似之間，差之毫釐，失以千里。濃厚者，取精多而糟粕去之，謂也若徒貪肥膩，不如專食猪油矣。清鮮者，真味出而俗塵無之謂也；若徒貪淡薄，則不如飲水矣。

補救須知

名手調羹，鹹淡合宜，老嫩如式，原無需補救。不得已爲中人説法，則調味者，寧淡毋鹹；淡可加鹽以救之，鹹則不能使之再淡矣。烹魚者，寧嫩毋老，嫩

可加火候以補之，老則不能强之再嫩矣。此中消息，於一切下作料時，靜觀火色便可參詳。

本分須知

滿洲菜多燒煮，漢人菜多羹湯，童而習之，故擅長也。漢請滿人，滿請漢人，各用所長之菜，轉覺入口新鮮，不失邯鄲故步。今人忘其本分，而要格外討好。漢請滿人用滿菜，滿請漢人用漢菜，反致依樣葫蘆，有名無實，畫虎不成反類犬矣。秀才下場，專作自己文字，務極其工，自有遇合。若逢一宗師而摹仿之，逢一主考而摹仿之，則掇皮無真，終身不中矣。

又 戒單爲政者興一利，不如除一弊，能除飲食之弊則思過半矣，作《戒單》。

戒外加油

俗厨製菜，動熬猪油一鍋，臨上菜時，勺取而分澆之，以爲肥膩。甚至燕窩至清之物，亦復受此玷污。而俗人不知，長吞大嚼，以爲得油水入腹。故知前生是餓鬼投來。

戒同鍋熟

同鍋熟之弊，已載前「變换須知」一條中。

戒穿鑿

物有本性，不可穿鑿爲之。自成小巧，即知燕窩佳矣，何必捶以爲團？海參可矣，何必熬之爲醬？西瓜被切，略遲不鮮，竟有製以爲糕者。蘋果太熟，上口不脆，竟有蒸之以爲脯者。他如《尊生八箋》之秋藤餅，李笠翁之玉蘭糕，都是矯揉造作，以杞柳爲杯棬，全失大方。譬如庸德庸行，做到家便是聖人，何必索隱行怪乎？

戒停頓

物味取鮮，全在起鍋時極鋒而試，略爲停頓，便如霉過衣裳，雖錦綉綺羅，亦晦悶而舊氣可憎矣。嘗見性急主人，每擺菜必一齊搬出。於是厨人將一席之菜，都放蒸籠中，候主人催取，通行齊上。此中尚得有佳味哉？在善烹飪者，一盤一碗，費盡心思；在吃者，鹵莽暴戾，囫圇吞下，真所謂得哀家梨，仍復蒸食者矣。余到粵東，食楊蘭坡明府鱔羹而美，訪其故，曰：「不過現殺現烹、現熟現吃，不停頓而已。」他物皆可類推。

戒暴殄

暴者不恤人功，殄者不惜物力。雞、魚、鵝、鴨自首至尾，俱有味存，不必少取多棄也。嘗見烹甲魚者，專取其裙而不知味在肉中；蒸鰣魚者，專取其肚而不知鮮在背上。至賤莫如腌蛋，其佳處雖在黄不在白，然全去其白而專取其黄，則食者亦覺索然矣。且予爲此言，并非俗人惜福之謂，假使暴殄而有益於飲食，猶之可也。暴殄而反累於飲食，又何苦爲之？至於烈炭以炙活鵝之掌，剸刀以取生雞之肝，皆君子所不爲也。何也？物爲人用，使之死可也，使之求死不得不可也。

戒縱酒

事之是非，惟醒人能知之；味之美惡，亦惟醒人能知之。伊尹曰：「味之精微，口不能言也。」口且不能言，豈有呼呶酗酒之人，能知味者乎？往往見拇戰之徒，啖佳菜如啖木屑，心不存焉。所謂惟酒是務，焉知其餘，而治味之道掃地矣。萬不得已，先於正席嘗菜之味，後於撤席逞酒之能，庶乎其兩可也。

戒火鍋

冬日宴客，慣用火鍋，對客喧騰，已屬可厭；且各菜之味，有一定火候，宜文宜武，宜撤宜添，瞬息難差。今一例以火逼之，其味尚可問哉？近人用燒酒代炭，以爲得計，而不知物經多滚總能變味。或問：菜冷奈何？曰：以起鍋滚熱之菜，不使客登時食盡，而尚能留之以至於冷，則其味之惡劣可知矣。

戒走油

凡魚、肉、雞、鴨雖極肥之物，總要使其油在肉中，不落湯中，其味方存而不散。若肉中之油，半落湯中，則湯中之味反在肉外矣。推原其病有三：一誤於火太猛，滚急水乾，重番加水；一誤於火勢忽停，既斷復續；一病在於太要相度，屢起鍋蓋，則油必走。

戒混濁

混濁者，并非濃厚之謂。同一湯也，望去非黑非白，如缸中攪渾之水。同一滷也，食之不清不膩，如染缸倒出之漿。此種色味令人難耐。救之之法，總在洗净本身，善加作料，伺察水火，體驗酸鹹，不使食者舌上有隔皮隔膜之嫌。庾子山論文云：「索索無真氣，昏昏有俗心。」是即混濁之謂也。

戒苟且

凡事不宜苟且，而於飲食尤甚。厨者，皆小人下材，一日不加賞罰，則一日必生怠玩。火齊未到而姑且下咽，則明日之菜必更加生。真味已失而含忍不言，則下次之羹必加舛率。且又不止空賞空罰而已也。其佳者，必指示

其所以能佳之由；其劣者，必尋求其所以致劣之故。鹹淡必適其中，不可絲毫加減，久暫必得其當，不可任意登盤。廚者偷安，吃者隨便，皆飲食之大弊。審問慎思明辨，爲學之方也；隨時指點，教學相長，作師之道也。於是味何獨不然？

又 海鮮單古八珍并無海鮮之説，今世俗尚之，不得不吾從衆，作《海鮮單》。

燕窩

燕窩貴物，原不輕用。如用之，每碗必須二兩，先用天泉滚水泡之，將銀針挑去黑絲。用嫩雞湯、好火腿湯、新蘑菰三樣湯滚之，看燕窩變成玉色爲度。此物至清，不可以油膩雜之；此物至文，不可以武物串之。今人用肉絲、雞絲雜之，是吃雞絲、肉絲，非吃燕窩也。且徒務其名，往往以三錢生燕窩蓋碗面，如白髮數莖，使客一撩不見，空剩粗物滿碗。真乞兒賣富，反露貧相。不得已則蘑菰絲、笋尖絲、鯽魚肚、野雞嫩片尚可用也。余到粤東，陽明府冬瓜燕窩甚佳，以柔配柔，以清入清，重用雞汁、蘑菰汁而已。燕窩皆作玉色，不純白也。或打作團，或敲成麵，俱屬穿鑿。

海參三法

海參無味之物，沙多氣腥，最難討好。然天性濃重，斷不可以清湯煨也。須檢小刺參，先泡去沙泥，用肉湯滚泡三次，然後以雞、肉兩汁紅煨極爛。輔佐則用香蕈、木耳，以其色黑相似也。大抵明日請客，則先一日要煨，海參才爛。嘗見錢觀察家，夏日用芥末、雞汁拌冷海參絲甚佳。或切小碎丁，用笋丁、香蕈丁入雞湯煨作羹。蔣侍郎家用豆腐皮、雞腿、蘑菰煨海參亦佳。

魚翅二法

魚翅難爛，須煮兩日，才能摧剛爲柔。用有二法：一用好火腿、好雞湯，如鮮笋、冰糖錢許煨爛，此一法也；一純用雞湯串細蘿蔔絲，拆碎鱗翅攙和其中，飄浮碗面，令食者不能辨其爲蘿蔔絲、爲魚翅，此又一法也。用火腿者，湯宜少；用蘿蔔絲者，湯宜多。總以融洽柔膩爲佳。若海參觸鼻，魚翅跳盤，便成笑話。吴道士家做魚翅，不用下鱗，單用上半原根，亦有風味。蘿蔔絲須出水二次，其臭才去。嘗在郭耕禮家吃魚翅炒菜，妙絶！惜未傳其方法。

鰒魚

鰒魚炒薄片甚佳，楊中丞家削片入雞湯豆腐中，號稱「鰒魚豆腐」；上加陳糟油澆之。莊太守用大塊鰒魚煨整鴨，亦別有風趣。但其性堅，終不能齒決。火煨三日，才拆得碎。

淡菜

淡菜煨肉加湯，頗鮮，取肉去心，酒炒亦可。

又 江鮮單郭璞《江賦》魚族甚繁，今擇其常有者治之。作《江鮮單》。

刀魚二法

刀魚用蜜酒釀、清醬放盤中，如鰣魚法蒸之最佳。不必加水。如嫌刺多，則將極快刀刮取魚片，用鉗抽去其刺。用火腿湯、雞湯、笋湯煨之，鮮妙絶倫。金陵人畏其多刺，竟油炙極枯，然後煎之。諺曰：「駝背夾直，其人不活。」此之謂也。或用快刀將魚背斜切之，使碎骨盡斷，再下鍋煎黄，加作料，臨食時竟不知有骨：蕪湖陶大太法也。

鰣魚

鰣魚用蜜酒蒸食，如治刀魚之法便佳。或竟用油煎，加清醬、酒釀亦佳。萬不可切成碎塊加雞湯煮，或去其背，專取肚皮，則真味全失矣。

鱘魚

尹文端公，自詡治鱘鰉最佳。然煨之太熟，頗嫌重濁。惟在蘇州唐氏，吃炒鰉魚片甚佳。其法切片油炮，加酒、秋油滚三十次，下水再滚起鍋，加作料，重用瓜、姜、葱花。又一法，將魚白水煮十滚，去大骨，肉切小方塊，取明骨切小方塊；雞湯去沫，先煨明骨八分熟，下酒、秋油，再下魚肉，煨二分爛起鍋，加葱、椒，韭，重用姜汁一大杯。

黄魚

黄魚切小塊，醬酒鬱一個時辰。瀝乾。入鍋爆炒兩面黄，加金華豆豉一茶杯，甜酒一碗，秋油一小杯，同滚。候滷乾色紅，加糖，加瓜、姜收起，有沉浸濃郁之妙。又一法，將黄魚拆碎入雞湯作羹，微用甜醬水、縴粉收起之，亦佳。大抵黄魚亦係濃厚之物，不可以清治之也。

班魚

班魚最嫩，剥皮去穢，分肝肉二種，以雞湯煨之，下酒三分、水二分、秋油一分；起鍋時加姜汁一大碗，葱數莖，殺去腥氣。

假蟹

煮黄魚二條，取肉去骨，加生鹽蛋四個，調碎，不拌入魚肉；起油鍋炮，下雞湯滚，將鹽蛋攪勻，加香蕈、葱、姜汁、酒，吃時酌用醋。

又 特牲單猪用最多，可稱「廣大教主」。宜古人有特豚饋食之禮。作《特牲單》。

猪頭二法

洗净五斤重者，用甜酒三斤；七八斤者，用甜酒五斤。先將猪頭下鍋同酒煮，下葱三十根、八角三錢，煮二百餘滾；下秋油一大杯、糖一兩，候熟後嘗鹹淡，再將秋油加減；添開水要漫過猪頭一寸，上壓重物，大火澆一炷香；退出大火，用文火細煨，收乾以膩爲度；爛後即開鍋蓋，遲則走油。一法打木桶一個，中用銅簾隔開，將猪頭洗净，加作料悶入桶中，用文火隔湯蒸之，猪頭熟爛，而其膩垢悉從桶外流出亦妙。

猪蹄四法

蹄膀一隻，不用爪，白水煮爛，去湯，好酒一斤，清醬酒杯半，陳皮一錢，紅棗四五個，煨爛。起鍋時，用葱、椒、酒潑入，去陳皮、紅棗，此一法也。又一法：先用蝦米煎湯代水，加酒、秋油煨之。又一法：用蹄膀一隻，先煮熟，用素油灼皺其皮，再加作料紅煨。有土人好先掇食其皮，號稱「揭單被」。又一法：用蹄膀一個，兩鉢合之，加酒，加秋油，隔水蒸之，以二枝香爲度，號「神仙肉」。錢觀察家製最精。

紅煨肉三法

或用甜醬，或用秋油，或竟不用秋油、甜醬。每肉一斤，用鹽三錢，純酒煨之；亦有用水者，但須熬乾水氣。三種治法皆紅如琥珀，不可加糖炒色。早起鍋則黄，當可則紅，過遲則紅色變紫，而精肉轉硬。常起鍋蓋，則油走而味都在油中矣。大抵割肉雖方，以爛到不見鋒稜，上口而精肉俱化爲妙。全以火候爲主。諺云：「緊火粥，慢火肉。」至哉言乎！

醬肉

先微腌，用麵醬醬之，或單用秋油拌鬱，風乾。

糟肉

先微腌，再加米糟。

暴腌肉

微鹽擦揉，三日内即用。以上三味，皆冬月菜也。春夏不宜。

尹文端公家風肉

殺猪一口，斬成八塊，每塊炒鹽四錢，細細揉擦，使之無微不到。然後高掛有風無日處。偶有蟲蝕，以香油塗之。夏日取用，先放水中泡一宵，再煮，水亦不可太多太少，以蓋肉面爲度。削片時，用快刀横切，不可順肉絲而斬也。此物惟尹府至精，常以進貢。今徐州風肉不及，亦不知何故。

黄芽菜煨火腿

用好火腿削下外皮，去油存肉。先用雞湯將皮煨酥，再將肉煨酥，放黄芽菜心，連根切段，約二寸許長；加蜜、酒釀及水，連煨半日。上口甘鮮，肉菜俱化，而菜根及菜心絲毫不散。湯亦美極。朝天宫道士法也。

蜜火腿

取好火腿，連皮切大方塊，用蜜酒煨極爛，最佳。但火腿好醜、高低，判若天淵。雖出金華、蘭溪、義烏三處，而有名無實者多。其不佳者，反不如腌肉矣。惟杭州忠清里王三房家，四錢一斤者佳。余在尹文端公蘇州公館吃過一次，其香隔户便至，甘鮮異常。此後不能再遇此尤物矣。

又 雜牲單牛、羊、鹿三牲，非南人家常時有之物。然製法不可不知，作《雜牲單》。

牛肉

買牛肉法，先下各鋪定錢，湊取腿筋夾肉處，不精不肥。然後帶回家中，剔去皮膜，用三分酒、二分水清煨，極爛；再加秋油收湯。此太牢獨味孤行者也，不可加别物配搭。

牛舌

牛舌最佳。去皮、撕膜、切片，入肉中同煨。亦有冬腌風乾者，隔年食之，極似好火腿。

羊頭

羊頭毛要去净；如去不净，用火燒之。洗净切開，煮爛去骨。其口内老皮俱要去净。將眼睛切成二塊，去黑皮，眼珠不用，切成碎丁。取老肥母雞湯煮之，加香蕈、笋丁，甜酒四兩，秋油一杯。如吃辣，用小胡椒十二顆、葱花十二段；如吃酸，用好米醋一杯。

又 羽族單雞功最巨，諸菜賴之。如善人積陰德而人不知，故令領羽族之首，而以他禽附之，作《羽族單》。

雲林鵝

《倪雲林集》中載製鵝法。整鵝一隻，洗净後用鹽三錢擦其腹内，塞葱一帚填實其中，外將蜜拌酒通身滿塗之，鍋中一大碗酒、一大碗水蒸之，用竹箸架之，不使鵝身近水。竈内用山茅二束，緩緩燒盡爲度。俟鍋蓋冷後揭開鍋蓋，將鵝

翻身，仍將鍋蓋封好蒸之，再用茅柴一束燒盡爲度；柴俟其自盡，不可挑撥。鍋蓋用綿紙糊封，逼燥裂縫，以水潤之。起鍋時，不但鵝爛如泥，湯亦鮮美。以此法製鴨，味美亦同。每茅柴一束，重一斤八兩。擦鹽時，串入葱、椒末子，以酒和匀。《雲林集》中，載食品甚多：只此一法，試之頗效，餘俱附會。

又 水族有鱗單魚皆去鱗，惟鰣魚不去。我道有鱗而魚形始全，作《水族有鱗單》。

台鯗

台鯗好醜不一。出台州松門者爲佳，肉軟而鮮肥。生時拆之，便可當作小菜，不必煮食也；用鮮肉同煨，須肉爛時放鯗，否則鯗消化不見矣，凍之即爲鯗凍：紹興人法也。

糟鯗

冬日用大鯉魚，腌而乾之，入酒糟，置罎中，封口。夏日食之。不可燒酒作泡。用燒酒者，不無辣味。

蝦子勒鯗

夏日選白净帶子勒鯗，放水中一日，泡去鹽味，太陽曬乾，入鍋油煎一面黄取起，以一面未黄者鋪上蝦子，放盤中，加白糖蒸之，以一炷香爲度。三伏日食之絶妙。

魚脯

活青魚去頭尾，斬小方塊，鹽腌透，風乾，入鍋油煎；加作料收滷，再炒芝麻滚拌起鍋：蘇州法也。

又 水族無鱗單魚無鱗者，其腥加倍，須加意烹飪：以姜、桂勝之。作《水族無鱗單》。

湯鰻

鰻魚最忌出骨。因此物性本腥重，不可過於擺佈，失其天真，猶鰣魚之不可去鱗也。清煨者，以河鰻一條，洗去滑涎，斬寸爲段，入磁罐中，用酒水煨爛，下秋油起鍋，加冬腌新芥菜作湯，重用葱、姜之類，以殺其腥。常熟顧比部家，用纖粉、山藥乾煨，亦妙。或加作料直置盤中蒸之，不用水。家致華分司蒸鰻最佳。秋油、酒四六兑，務使湯浮於本身。起籠時，尤要恰好，遲則皮皺味失。

紅煨鰻

鰻魚用酒、水煨爛，加甜醬代秋油，入鍋收湯煨乾，加茴香大料起鍋。有三病宜戒者：一皮有皺紋，皮便不酥；一肉散碗中，箸夾不起；一早下鹽豉，入口不化。揚州朱分司家製之最精。大抵紅煨者以乾爲貴，使滷味收入鰻肉中。

又 雜素菜單菜有葷素，猶衣有裹裏也。富貴之人嗜素甚於嗜葷。作《素菜單》。

蔣侍郎豆腐

豆腐兩面去皮，每塊切成十六片，晾乾用猪油熬清煙起才下豆腐，略灑鹽花一撮，翻身後，用好甜酒一茶杯，大蝦米一百二十個；如無大蝦米，用小蝦米三百個；先將蝦米滚泡一個時辰，秋油一小杯，再滚一回，加糖一撮，再滚一回，用細葱半寸許長，一百二十段，緩緩起鍋。

楊中丞豆腐

用嫩豆腐煮去豆氣，入雞湯，同鰒魚片滚數刻，加糟油、香蕈起鍋。雞汁須濃，魚片要薄。

張愷豆腐

將蝦米搗碎，入豆腐中，起油鍋，加作料乾炒。

慶元豆腐

將豆豉一茶杯，水泡爛，入豆腐同炒起鍋。

芙蓉豆腐

用腐腦放井水泡三次，去豆氣，入雞湯中滚，起鍋時加紫菜、蝦肉。

王太守八寶豆腐

用嫩片切粉碎，加香蕈屑、蘑菰屑、松子仁屑、瓜子仁屑、雞屑、火腿屑，同入濃雞汁中，炒滚起鍋。用腐腦亦可。用瓢不用箸。孟亭太守云：「此聖祖賜徐健庵尚書方也。尚書取方時，御膳房費一千兩。」太守之祖樓村先生爲尚書門生，故得之。

程立萬豆腐

乾隆廿三年，同金壽門在揚州程立萬家食煎豆腐，精絶無雙。其腐兩面黄乾，無絲毫滷汁，微有蛼螯鮮味。然盤中并無蛼螯及他雜物也。次日告查宣門，查曰：「我能之！我當特請。」已而，同杭董莆同食於查家，則上箸大笑；乃純是雞雀腦爲之，并非真豆腐，肥膩難耐矣。其費十倍於程，而味遠不及也。惜其時余以妹喪急歸，不及向程求方。程逾年亡。至今悔之。仍存其名，以俟再訪。

凍豆腐

將豆腐凍一夜，切方塊，滚去豆味，加雞湯汁、火腿汁、肉汁煨之。上桌時，撤去雞火腿之類，單留香蕈、冬笋。豆腐煨久則鬆，面起蜂窩，如凍腐矣。故炒

腐宜嫩，煨者宜老。家致華分司，用蘑菰煮豆腐，雖夏月亦照凍腐之法，甚佳。切不可加葷湯，致失清味。

蝦油豆腐

取陳蝦油，代清醬炒豆腐。須兩面熯黃。油鍋要熱，用猪油、葱、椒。

蘑菰

蘑菰不止作湯，炒食亦佳。但口蘑最易藏沙，更易受霉，須藏之得法，製之得宜。雞腿蘑便易收拾，亦復討好。

松菌按：乾隆校本作「松蕈」。

松菌加口蘑炒最佳。或單用秋油泡食，亦妙。惟不便久留耳，置各菜中，俱能助鮮，可入燕窩作底墊，以其嫩也。

麵筋三法

一法麵筋入油鍋炙枯，再用雞湯、蘑菰清煨。一法不炙，用水泡，切條入濃雞汁炒之，加冬笋、天花。章淮樹觀察家製之最精。上盤時宜毛撕，不宜光切。如蝦米泡汁，甜醬炒之，甚佳。

茄二法

吴小谷廣文家，將整茄子削皮，滚水泡去苦汁，猪油炙之。炙時須待泡水乾後，用甜醬水乾煨，甚佳。盧八太爺家，切茄作小塊，不去皮，入油灼微黃，加秋油炮炒，亦佳。是二法者，俱學之而未盡其妙，惟蒸爛劃開，用麻油、米醋拌，則夏間亦頗可食。或煨乾作脯，置盤中。

芋羹

芋性柔膩，入葷入素俱可。或切碎作鴨羹，或煨肉，或同豆腐加醬水煨。徐兆璜明府家，選小芋子，入嫩雞煨湯，妙極！惜其製法未傳。大抵只用作料，不用水。

豆腐皮

將腐皮泡軟，加秋油、醋、蝦米拌之，宜於夏日。蔣侍郎家入海參用，頗妙。加紫菜、蝦肉作湯，亦相宜。或用蘑菰、笋煨清湯，亦佳。以爛爲度。蕪湖敬修和尚，將腐皮捲筒切段，油中微炙，入蘑菰煨爛，極佳。不可加雞湯。

又 小菜單小菜佐食，如府史胥徒佐六官也，醒脾解濁，全在於斯，作《小菜單》。

笋脯

笋脯出處最多，以家園所烘爲第一。取鮮笋加鹽煮熟，上籃烘之。須晝夜環看，稍火不旺則溲矣。用清醬者，色微黑。春笋、冬笋皆可爲之。

天目笋

天目笋多在蘇州發賣。其簍中蓋面者最佳，下二寸便攙入老根硬節矣。須出重價，專買其蓋面者數十條，如集狐成腋之義。

玉蘭片

以冬笋烘片，微加蜜焉。蘇州孫春楊家有鹽、甜二種，以鹽者爲佳。

素火腿

處州笋脯，號「素火腿」，即處片也。久之太硬，不如買毛笋自烘之爲妙。

宣城笋脯

宣城笋尖，色黑而肥，與天目笋大同小異，極佳。

人參笋

製細笋如人參形，微加蜜水。揚州人重之，故價頗貴。

笋油

笋十斤，蒸一日一夜，穿通其節，鋪板上，如作豆腐法，上加一板壓而榨之，使汁水流出，加炒鹽一兩，便是笋油。其笋曬乾仍可作脯。天台僧製以送人。

糟油

糟油出太倉州，愈陳愈佳。

蝦油

買蝦子數斤，同秋油入鍋熬之，起鍋用布瀝出秋油，乃將布包蝦子，同放罐中盛油。

喇虎醬

秦椒搗爛，和甜醬蒸之，可用蝦米攙入。

熏魚子

熏魚子色如琥珀，以油重爲貴。出蘇州孫春楊家，愈新愈妙，陳則味變而油枯。

腌冬菜、黄芽菜

腌冬菜、黄芽菜，淡則味鮮，鹹則味惡。然欲久放，則非鹽不可。常腌一大罎，三伏時開之，上半截雖臭、爛，而下半截香美異常，色白如玉，甚矣！相士之不可但觀皮毛也。

萵苣

食萵苣有二法：新醬者，鬆脆可愛。或腌之爲脯，切片食甚鮮。然必以淡

爲貴，鹹則味惡矣。

香乾菜

春芥心風乾，取梗淡腌，曬乾，加酒、加糖、加秋油，拌後再加蒸之，風乾入瓶。

冬芥

冬芥名雪裏紅。一法整腌，以淡爲佳；一法取心風乾，斬碎，腌入瓶中，熟後雜魚羹中，極鮮。或用醋煨，入鍋中作辣菜亦可，煮鰻、煮鯽魚最佳。

春芥

取芥心風乾、斬碎，腌熟入瓶，號稱「挪菜」。

芥頭

芥根切片，入菜同腌，食之甚脆。或整腌曬乾作脯，食之尤妙。

芝麻菜

腌芥曬乾，斬之碎極，蒸而食之，號「芝麻菜」。老人所宜。

腐乾絲

將好腐乾切絲極細，以蝦子、秋油拌之。

風瘪菜

將冬菜取心風乾，腌後榨出滷，小瓶裝之，泥封其口，倒放灰上。夏食之，其色黄，其臭香。

糟菜

取腌過風瘪菜，以菜葉包之，每一小包，鋪一面香糟，重叠放罎內。取食時，開包食之，糟不沾菜，而菜得糟味。

酸菜

冬菜心風乾微腌，加糖、醋、芥末，帶滷入罐中，微加秋油亦可。席間醉飽之餘，食之醒脾解酒。

臺菜心

取春日臺菜心腌之，榨出其滷，裝小瓶之中，夏日食之。風乾其花，即名菜花頭，可以烹肉。

大頭菜

大頭菜出南京承恩寺，愈陳愈佳。入葷菜中，最能發鮮。

蘿蔔

蘿蔔取肥大者，醬一二日即吃，甜脆可愛。有侯尼能製爲鮝，煎片如蝴蝶，長至丈許，連翩不斷，亦一奇也。承恩寺有賣者，用醋爲之，以陳爲妙。

乳腐

乳腐，以蘇州温將軍廟前者爲佳，黑色而味鮮。有乾濕二種，有蝦子腐亦鮮，微嫌腥耳。廣西白乳腐最佳。王庫官家製亦妙。

醬炒三果

核桃、杏仁去皮，榛子不必去皮。先用油炮脆，再下醬，不可太焦。醬之多少，亦須相物而行。

醬石花

將石花洗净入醬中，臨吃時再洗。一名麒麟菜。

石花糕

將石花熬爛作膏，仍用刀劃開，色如蜜蠟。

小松菌按：乾隆校本作「小松艸」。

將清醬同松菌入鍋滚熟，收起，加麻油入罐中。可食二日，久則味變。

吐蛈

吐蛈出興化、泰興。有生成極嫩者，用酒釀浸之，加糖則自吐其油，名爲泥螺，以無泥爲佳。

海蟄

用嫩海蟄，甜酒浸之，頗有風味。其光者名爲白皮，作絲，酒醋同拌。

蝦子魚

子魚出蘇州。小魚生而有子。生時烹食之，較美於鮝。

醬姜

生姜取嫩者微腌，先用粗醬套之，再用細醬套之，凡三套而始成。古法用蟬退一個入醬，則姜久而不老。

醬瓜

將瓜腌後，風乾入醬，如醬姜之法。不難其甜，而難其脆。杭州施魯箴家製之最佳。據云：醬後曬乾又醬，故皮薄而皺，上口脆。

新蠶豆

新蠶豆之嫩者，以腌芥菜炒之甚妙。隨採隨食方佳。

腌蛋

腌蛋以高郵爲佳，顔色紅而油多。高文端公最喜食之。席間先夾取以敬

客。放盤中，總宜切開帶殼，黄白兼用；不可存黄去白，使味不全，油亦走散。

混套

將雞蛋外殼微敲一小洞，將清黄倒出，去黄用清，加濃雞滷煨就者拌入，用箸打良久，使之融化，仍裝入蛋殼中，上用紙封好，飯鍋蒸熟，剥去外殼，仍渾然一雞卵，此味極鮮。

茭瓜脯

茭瓜入醬，取起風乾，切片成脯，與笋脯相似。

牛首腐乾

豆腐乾以牛首僧製者爲佳。但山下賣此物者有七家，惟曉堂和尚家所製方妙。

醬王瓜

王瓜初生時，擇細者腌之入醬，脆而鮮。

又 點心單 梁昭明以點心爲小食，鄭傪嫂勸叔且點心，由來舊矣。作《點心單》。

鰻麵

大鰻一條蒸爛，拆肉去骨，和入麵中，入雞湯清揉之，擀成麵皮，小刀劃成細條，入雞汁、火腿汁、蘑菰汁滚。

温麵

將細麵下湯瀝乾，放碗中，用雞肉、香蕈濃鹵，臨吃，各自取瓢加上。

鱔麵

熬鱔成滷，加麵再滚。此杭州法。

裙帶麵

以小刀截麵成條，微寬，則號「裙帶麵」。大概作麵，總以湯多爲佳，在碗中望不見麵爲妙。寧使食畢再加，以便引人入勝。此法揚州盛行，恰甚有道理。

糖餅又名麵衣。

糖水溲面，起油鍋令熱，用箸夾入；其作成餅形者，號「軟鍋餅」：杭州法也。

燒餅

用松子、胡桃仁敲碎，加糖屑、脂油和麵炙之，以兩面熯黄爲度，而加芝麻。扣兒會做，麵羅至四五次，則白如雪矣。須用兩面鍋，上下放火，得奶酥更佳。

千層饅頭

楊參戎家製饅頭，其白如雪，揭之如有千層。金陵人不能也。其法揚州得半，常州、無錫亦得其半。

麵茶

熬粗茶汁，炒麵兑入，加芝麻醬亦可，加牛乳亦可，微加一撮鹽。無乳則加奶酥、奶皮亦可。

杏酪按：「杏」字據乾隆校本補。

捶杏仁作漿，挍去渣，拌米粉，加糖熬之。

雪蒸糕法

每磨細粉，用糯米二分，粳米八分爲則，一拌粉，將粉置盤中，用涼水細細灑之，以捏則如團、撒則如砂爲度。將粗麻篩篩出，其剩下塊搓碎，仍於篩上盡出之，前後和匀，使乾濕不偏枯，以巾覆之，勿令風乾日燥，聽用。水中酌加上洋糖則更有味，拌粉與市中枕兒糕法同。一錫圈及錫錢，俱宜洗剔極净，臨時略將香油和水，布蘸拭之。每一蒸後，必一洗一拭。一錫圈内，將錫錢置妥，先鬆裝粉一小半，將果餡輕置當中，後將粉鬆裝滿圈，輕輕攩平，套湯瓶上蓋之，視蓋口氣直衝爲度。取出覆之，先去圈，後去錢，飾以胭脂。兩圈更遞爲用。一湯瓶宜洗净，置湯分寸以及肩爲度。然多滚則湯易涸，宜留心看視，備熱水頻添。

作酥餅法

冷定脂油一碗，開水一碗，先將油同水攪匀，入生麵，儘揉要軟，如擀餅一樣，外用蒸熟麵入脂油，合作一處，不要硬了。然後將生麵做團子，如核桃大，將熟麵亦作團子，略小一暈，再將熟麵團子包在生麵團子中，擀成長餅，長可八寸，寬二三寸許，然後摺叠如碗樣，包上穰子。

天然餅

涇陽張荷塘明府家製天然餅，用上白飛麵，加微糖及脂油爲酥，隨意搦成餅樣，如碗大，不拘方圓，厚二分許。用潔净小鵝子石襯而熯之，隨其自爲凹凸，色半黄便起，鬆美異常。或用鹽亦可。

花邊月餅

明府家製花邊月餅，不在山東劉方伯之下。余常以轎迎其女厨來園製造，看用飛麵拌生猪油子團百搦，才用棗肉嵌入爲餡，裁如碗大，以手搦其四邊菱花樣。用火盆兩個，上下覆而炙之。棗不去皮，取其鮮也；油不先熬，取其生也。

含之上口而化，甘而不膩，鬆而不滯，其工夫全在搦中，愈多愈妙。

製饅頭法

偶食新明府饅頭，白細如雪，面有銀光，以爲是北麵之故。龍云不然。麵不分南北，只要羅得極細。羅篩至五次，則自然白細。不必北麵也。惟做酵最難。請其庖人來教，學之卒不能鬆散。按：「散」疑爲「軟」之誤。

揚州洪府粽子

洪府製粽，取頂高糯米，撿其完善長白者，去其半顆散碎者，淘之極熟，用大箬葉裹之，中放好火腿一大塊，封鍋悶煨一日一夜，柴薪不斷。食之滑膩温柔，肉與米化。或云：即用火腿肥者斬碎，散置米中。

又 飯粥單粥飯本也，餘菜末也，本立而道生。作《飯粥單》。

飯

王莽云：「鹽者，百肴之將。」余則曰：「飯者，百味之本。」《詩》稱：「釋之溲溲，蒸之浮浮。」是古人亦吃蒸飯。然終嫌米汁不在飯中。善煮飯者，雖煮如蒸，依舊顆粒分明，入口軟糯。其訣有四：一要米好，或「香稻」，或「冬霜」，或「晚米」，或「觀音秈」，或「桃花秈」，春之極熟，霉天風攤播之，不使惹霉發疹。一要善淘，淘米時不惜工夫，用手揉擦，使水從籮中淋出，竟成清水，無復米色。一要用火先武後文，悶起得宜。一要相米放水，不多不少，燥濕得宜。往往見富貴人家，講菜不講飯。逐末忘本，真爲可笑。余不喜湯澆飯，惡失飯之本味故也。湯果佳，寧一口吃湯，一口喫飯，分前後食之，方兩全其美。不得已，則用茶、用開水淘之，猶不奪飯之正味。飯之甘，在百味之上，知味者，遇好飯不必用菜。

粥

見水不見米，非粥也；見米不見水，非粥也。必使水米融洽，柔膩如一，而後謂之粥。尹文端公曰：「寧人等粥，毋粥等人。」此真名言，防停頓而味變湯乾故也。近有爲鴨粥者，入以葷腥；爲八寶粥者，入以果品：俱失粥之正味。不得已，則夏用綠豆，冬用黍米，以五穀入五穀，尚屬不妨。余常食於某觀察家，諸菜尚可，而飯粥粗糲，勉强咽下，歸而大病。嘗戲語人曰：「此是五臟神暴落難。」是故自禁受不得。

清·嚴如熤《三省邊防備覽》卷九《山貨》 川中財貨之饒，甲於西南，而在山中，則綺羅珠璣之類，皆無有焉。所産者，木耳、香蕈、藥材爲多。木耳、香蕈廠，其蓄樹作架，摘取之方，與南山無異；藥材之地，道行遠者，爲厚樸，黃連兩種。老林久闢，厚樸、黃連之野生者絶少。厚樸樹，則係栽成於小坡、平壩中，有筆筒厚樸，言其小也。樹至數年、十數年如杯、如盌，則好厚樸矣。黃連於既闢老林、山凹、山溝中栽種，商人寫地數十里，徧栽之，須十年方成。常年佃棚户守，連一廠輒數十家。大抵山愈高，谷愈深，則所産更好。雪泡山、靈官廟一帶，連廠甚多。

木耳廠，擇山内八九年、五六年花栗、青棡、梓樹用之，不必過大。每年十月内將樹伐倒，縱横山坡上，雨淋日曬，至次年二三月間，將木立起，二三十根攢一架，再經淋曬，四五月内即結木耳。第一年結耳尚少，二年最旺，三年後木朽爛，不出耳矣。採耳遇天晴，則曬晾；陰雨，用火焙乾，然後打包。

香蕈廠，於秋冬砍伐花栗青、棡梓樹、杪櫂等木，山樹必擇大者，小不堪用。將木放倒，不去傍枝，即就山頭坡上任其堆積。雨淋日曬，至次年樹身上點花，三年後即結蕈，可收七八年至十年，後樹朽壞，不復出蕈。蕈於每年三四月收採，先用火烘乾，再上烝籠烝過，然後裝桶。

清·梁章鉅《浪跡續談》卷四

燕窩

燕窩出廣東，陽江縣最多，或云海燕採小魚營集，疑當爲「巢」。故名燕窩，或云海燕啄食螺肉，肉化而筋不化，並精液吐出，結爲小窩，啣飛過海，倦則漂水上暫息，小頃又銜以飛，人依時拾之。《閩小紀》云：「燕窩有烏、白、紅三種，紅者最難得，可治小孩痘疹，白者愈痰。」今閩、廣入貢者，鮮白無纖翳，云係人力折製所成，非天然如是也。吾鄉許青巖方伯松佶云：「燕窩産海島中，窮巖邃谷，足力繩竿之所不及，估舶養小猿之善解人意者，以小布囊繫猿背上，縱之往，升木躡崖，盡剥塞貯囊以歸。猿之去也，苦不得食，三數日始返，估客以果餌充囊中，俾之遠出不饑，拙者出即剥塞囊中，歸而傾囊，不過數片，爲果餌占地也，黠者將果餌傾巖竇間，剥塞滿囊，往返數四，尤爲便捷，此一猿值數百金，價數倍於拙者。」許謹齋黄門志進每晨起，用燕窩合蔗漿蒸食之，以融軟爲度，謂他人皆生食也，可終日不溺云。

熊掌

熊掌味洵美，余在甘肅，曾同時購得十副，以兩副寄福州家中，聞家人不知製法，過夏遂爲蟲蛀盡，不堪用矣。記得《茶餘客話》有一條云：「熊掌用石灰沸湯剥净，以布纏煮熟，或糟尤佳，曩見陳春暉邦彦故第牆外，磚砌烟筒高四、五尺，上口僅容一碗，不知何用，云是當日製熊掌處，以掌入碗封固，置口上，其下

點蠟燭一枝，微火熏一晝夜，湯汁不耗，而掌已化矣。」

豆腐

余每治饌，必精製豆腐一品，至温州亦時以此餉客，郡中同人遂亦效爲之，前此所未有也，然其可口與否，亦會逢其適，並無相傳一定之方。前閱宋牧仲《筠廊隨筆》，載康熙年間，南巡至蘇州，曾以内製豆腐賜巡撫宋犖，且勅御廚親至巡撫廚下傳授製法，以爲該撫後半輩受用，惜當時不將製法附載書中。近閲《隨園詩話》，亦有一條云：「蔣戟門觀察招飲，珍羞羅列，忽問余：『曾喫我手製豆腐乎？』曰：『未也。』公即着犢鼻裙，親赴廚下，良久擎出，果一切盤飧盡廢，因求公賜烹飪法，公命向上三揖，如其言，始口授方，歸家試作，賓客咸誇美。」卻亦未詳載製法，想《隨園食單》中，必覼縷及此，手邊無此書，容再考之，惟記得所最忌者二事，謂用銅鐵刀切及合鍋蓋烹也。

麪筋

今素食中有麪筋，若得佳廚精製之，可與豆腐同稱佳品，惟烹製之難，亦與豆腐同。余在桂林時，廚子最精此味，以餉同人，無不詫爲稀有，而吾鄉人多不食之，家人尤相率戒此，詰其故，則以店中製麪筋者，率以兩足底踹之，此誠不能保其必無，若係家廚自製，則斷無此弊。此物自古即重之，《夢溪筆談》云：「凡鐵之有鋼者，如麪中有筋，濯盡柔麪，則麪筋乃見。鍊鋼亦然。」《老學菴筆記》云：「仲殊性嗜蜜，豆腐、麪筋皆用蜜漬。」近人《一斑録》中，亦有製麪筋乾一法，亦雅人清致，非俗子所知也。

不食物單

《隨園食單》所講求烹調之法，率皆常味蔬菜，並無山海奇珍，不失雅人清致。余由寒儉起家，更何敢學製食單，徒取老饕之誚，而恰有生平所深戒及所深惡者，列爲不食物單，聊示家人，兼飭廚子，以省口舌之煩云。

牛肉、犬肉。以上兩物，係守祖戒，十數傳至今，别房子姪，或有出入，而余本支從未破戒也。水雞、一名石鱗，一名骨凍，亦名烏反，惟南省山中有之，種類極多，而皆可於口。脚魚、廣西山中有極大省，名曰山菜。白鱔、黄鱔。以上四物皆近年始戒。鰉魚骨、一稱明骨，一稱緑脆，質甚潔白，而了無餘味可尋，徒借他物作羹材而已。其價甚昂，故廚子侈爲珍品，因之有偶爲者，其他味則同。羊肝肺、羊腰同。猪頭肉、燒肝花、大肉丸、雞蛋湯、排骨、香腸、雞捲、鐵雀。以上皆葷品。

葛仙米。產自廣西，而通行於各省，余在桂林五年，並未嘗一以餉客也。百合。揚州人最喜用之，其味署苦，余素未下箸也。蓴菜。此江、浙雅品，不食之未免不韻，然不能强所不好也。黄瓜。北人最嗜之，新出嫩條者尤所珍貴。金瓜。最毒，聞取絶大金瓜藏貯月餘日，腹中便生蛇子。紅蘿卜、香椿、延荽、鍋渣。以上皆素品。

又 《浪跡三談》卷五

火腿

今人饋送食物單中，有火腿者，率開蘭薰幾肘，初笑其造作不典，而不知其名乃自古有之。趙學敏《本艸綱目拾遺》云：「蘭薰，俗名火腿，出金華，六屬皆有，出東陽、浦江者更佳，有冬腿、春腿之分，前腿、後腿之别，冬腿可久留不壞，春腿交夏即變味，久則蛆腐。」蓋金華人多以木甑撈米作飯，其飯湯醲厚，專以飼猪，兼飼豆渣、糠屑，或煮粥以食之，夏則兼飼瓜皮、菜葉，故肉細而體香，凡茅船漁户，所養尤佳，名船腿，較小於他腿，味更香美，煮食之，其香滿室。《東陽縣志》云：「薰蹏，俗名火腿，其實煙薰，非火也。所醃之鹽，必台鹽，所薰之煙，必松煙。又一種名風蹄，不用鹽漬，名曰淡腿，浦江爲盛。」陳達夫《藥鑒》云：「浦江淡腿，小於鹽腿，味頗淡，可以點茶，名茶腿，陳者止血痢，開胃如神。」或傳數十條火腿中，必有一條狗腿，蓋初醃腿時，非雜以狗腿，則不成，故貨腿人亦甚珍惜之，不肯與人，偶有得者，則其味尤美，此説不知何所據。余素不吃狗肉，即得之，亦不知其味也。按志乘中所載火腿頗詳，而此物之緣起，則從未有考證，即古今人亦絶無吟咏及之者。惟記亡友吴巢松侍講詩集中，有《咏花猪肉》五古，甚博雅，惜手邊無此書也。

海參魚翅

《隨園食單》言海參、魚翅皆難爛，大凡明日請客，須先一日煨之，方能融洽柔膩，若海參觸鼻，魚翅跳盤，便成笑語，可謂言之透切。憶官山左時，有幕客赴席回，余戲問肴饌如何，客笑曰：「海參圖脱拒捕，魚翅扎傷事主。」合座爲之軒渠不已。惟隨園謂魚翅須用雞湯攙和蘿蔔絲飄浮碗面，使食者不能辨原誤爲「便」其爲蘿蔔絲爲魚翅，此似是欺人語，不必從也。隨園又謂某家製魚翅，不疑當作「單」。用下刺，單疑當作「不」。用上半厚根，則亦是前數十年前舊話。近日淮、揚富家觴客，無不用根者，謂之肉翅，揚州人最擅長此品，真有沈浸醲郁之概，可謂天下無雙，似當日隨園無此口福也。

鹿尾

《隨園食單》謂尹文端公品味，以鹿尾爲第一，此固不待尹公而始知之也，特

南方人未嘗此味者，直不知耳。余入直樞禁，每冬間，輒得飽啖，自爾口福。外宦後，由清江浦及山左、吴門，亦皆得朵頤，時清河夫人皆隨任，並親手奏刀而薄切之，不煩厨子也。迨擢撫嶺西，雖去京師愈遠，而本署摺弁往來，携帶尤易，並可與幕客共嘗之。余嘗有句云：「寒夜何人還細切，春明此味最難忘。」桂林人傳爲名句，俯仰今昔，不勝感慨係之，自歸田以後，徒勞夢想而已。

燕窩

《隨園》論味，最薄燕窩，以爲但取其貴，則滿貯珍珠寶石於碗，豈不更貴？自是快論，而其撰《食單》又云：「燕窩貴物，原不輕用，如用之，每碗必須三兩。」則不但取其貴，而且取其多，未免自相矛盾矣。今人徒務其名，用三錢或五錢生燕窩鋪於碗面，而以肉絲雜物襯之，竟似白髮數莖，一撩不見，固形其醜，而必以三兩爲限，則無與於味之美劣，徒以財力相誇而已。今京師好厨子包辦酒席，惟格外取好燕窩一兩，重用雞湯、火腿湯、磨菰湯三種淪之，不必再攙他作料，自然名貴無已，即再加數錢以見豐盛，斷無須加至二兩，若三兩之説行，則徒爲厨子生發，爲厨下留餘，何益於事。至言在廣東食冬瓜燕窩，甚佳，則亦不可信。冬瓜無本性，亦無本味，不得謂之以柔配柔，以清配清。近人更以鴿蛋圍其碗邊，亦取柔配柔、清配清之意，皆於真味不加毫末，更無謂矣！按燕窩一物，美劣懸殊，價值亦異，如廣東澳門及吾閩厦門所産，潔白不待言，而其絲之長，至與箸等，祇須一兩，即可充一碗而有餘，此須相物爲之，如此燕窩必以三兩塞一碗，則反討太多之厭矣。

黄羊

余在蘭州，飽食黄羊，所謂迆北八珍也。僉謂口外之黄羊，則更肥美，元楊允孚《灤京雜詩》，云「北陲異品是黄羊」，即此。其狀絶不類羊，而與麞相似。許圭塘詩「無魂亦似麞」，亦即此。惟麞角大而黄羊角小，又其尾短而根白色，爲差異。戴侗《六書故》直以黄羊爲麞，誤矣。按漢陰子方祀竈用黄羊，竊謂陰是貧家，祀竈安得此異品？考《爾雅·釋畜》「羳羊黄腹」，陰所祀當是羳羊，而邵二雲先生《爾雅正義》直以今之黄羊當之，恐誤。《周禮》疏：「《爾雅》：『在野曰獸，在家曰畜。』」黄羊其可畜乎？

靖遠魚

甘肅靖遠縣黄河邊，瘠區也。冬季黄河中所出小魚，長不過三寸，縣官取而臘之，歲底，則以分餉省中各大吏及同官院司，每署二百尾，道署、府署，每署百尾，餘以次而殺，歲以爲常。省中每以此爲獻歲美品，余循例收之，惟某制府獨峻卻焉。越日，余偶留制府晚餐，出此佐酒，制府食之而美，而譽不容口，並詰所從來。次日即遣家丁向余索此魚，余合署食之已過半矣，乃以剩餘五十尾獻之，當時從縣志中繙出其名，今久忘之，但呼爲靖遠魚云。

黄河鯉

黄河鯉魚，足以壓倒鱗族，然非親到黄河邊，活烹而啖之，不知其果美也。余以擢桂撫，入覲京師，至潼關，即欲渡河，城中同官皆出迎，争留作晨餐，余曰：「今日出門，甫行二十里，不須早食，擬再行二十里，方及前驛午餐爲宜。」費鶴江觀察曰：「緣此間河鯉最佳，爲他處所不及，且烹製亦最得法，不可虚過耳。」余乃從所請，入候館，食之果佳，當爲生平口福第一，至今不忘。吾鄉惟鰣魚可與之敵，而嫌其多刺，故當遜一籌也。京師酒館中醋溜活鯉亦極佳，然風味尚不及潼關，殆以距黄河稍遠耳。《隨園食單》中獨遺此味，實不可解，潼關固隨園行縢所未到，而京中之活鯉，豈亦不足繫其懷來乎？

土參

距温州府城數十里，爲永嘉場濱海斥鹵地，出一物，似鰒魚，無頭無足，色青，而質亦較嫩，或云即小鮑魚，又似無刺之小海參，據土人云，其腹中具腑臟，須盡剔去，製食脆美，土人名之曰土參，以比之海參也。適與朋好作飣餖會，人各二味，重複者有罰，廖菊屏出此品，則不但從未入口，並從未聞名，署中多濱海客，携歸示之，亦各不能識，其物當爲海錯志所不收也。

波稜菜

波稜菜，亦呼波菜，菜之至無味者也，而偏入《隨園食單》，亦不可解。以余從不下箸，故家厨中亦鮮購此物。自官京師，入樞直，官厨乃頓頓有此，余以素不食，置之不論，而樞直前輩，有由外省大僚入覲者，往往留飯直廬中，則無不詢及此菜者，如姚亮甫、康蘭皋二先生，尤喜食之，謂此乃樞直中一佳品，相傳數十年如是，及余同輩，無知此者，惟程春廬大理尚能述其説。蓋删盡旁枝，專留肥幹，加以濃油，復多用上好乾蝦米炒之，其美處乃非常菜可比，余自是始得味而喜食之。偶還家，索之厨下，則其無味如故。蓋既不用濃油，又無多好蝦米，且以爲常菜，忽之，擷之不精，淪之不净，又何能發其精英乎！前明説部中載成祖微行民間，食黄面豆腐乾及此菜而甘之，詢其名，店傭以「金磚白玉板，紅嘴緑鸚哥」對，白玉板謂腐乾，緑鸚哥即此菜，而《隨園食單》中於「波菜」條下，謂杭人名

此爲「金鑲白玉板」，自是偶誤，以杭人述語，不應如此舛訛也。

蕨菜

陶雲汀先生最喜食蕨菜，或云其乾者，即吉祥菜，余亦喜食之。憶與同官吴門時，每飯必具，而烹製尚未得其法，《隨園食單》謂用蕨菜不可愛惜，須盡去其枝葉，單取直根洗净煨爛，再用雞肉湯，或煨或炒，自別有風味。按《食物本艸》云：「此味甘滑，令人消陽道，眼昏腹脹，非良物也。」陶公嗜此，未必不受其累。又此物不可生食，《搜神記》載郗鑒鎮丹徒，二月出獵，有甲士折一枝食之，覺心中淡淡，成疾後，吐出一小蛇，懸屋前，漸乾成蕨，此生食之患，不可不知。

白菜

北方白菜，以安肅縣所出爲最，聞縣境每冬必産大菜一本，大可專車，俗名之曰菜王，必馳以首供玉食，然後各園以次摘取。山左所産猶佳，迆南則其味遞減，惟吾鄉浦城所産，尚具體而微，廣西柳州所出，亦略與北地相仿。近吾鄉永福亦産此，俗呼爲永福白，較勝於浦城。去冬余薄游温州，有以山東白菜相餽者，皆以永福白充數，蓋福州由海舶來者，南風三日即至，而天津、山東之海舶，向不入甌江也。此菜以吴紅生太守所製爲最著，同人皆賞其菜中尚帶辣味，而不知其暗攙生蘿蔔耳。

瓢兒菜

瓢兒菜惟江西與南京有之，其質與北方白菜相似，而風味各別，近人烹製多不得法，即《隨園食單》盛稱乾炒菜心之佳，亦未盡其味也。余在京師，與同年作消寒會，惟南昌黄俊民觀察煨此獨美，與煨白菜略同，自出京後，此味遂成《廣陵散》矣。

芥藍菜

芥藍菜本閩産蔬品中之最佳者，而他省無之，然吾鄉人仕宦所至，率多於廨中隙地種植，近聞京官宅中，亦多種此，他省人亦喜食之。按《羣芳譜》載：「擘藍一名芥藍，芥屬，南方人謂之芥藍，葉可擘食，故北人謂之擘藍。葉大於菘，根大於芥薹，苗大於白芥，子大於蔓菁，花淡黄色。」余就養東甌，曾從吾鄉人吴雲峰乞得數根，種於後圃，每觴客，輒出此佐食，衆以爲美。或曰此即《鹿鳴》詩所謂蒿也，未知然否。《羣芳譜》引蘇詩云：「芥藍如菌蕈。」亦未知即此物否，客中無書，俱無以考之。

鮰魚

廖菊屏守備連日招客看花，皆郡署中同人也。余適新獲江鮰一尾，即以贈之，俾佐一觴，並疊前韻索和云：「莫嫌一尾到珊珊，助爾歡場錦簇團。此物由來關宦味，卅年世態静中看。」「眼福還兼口福忙，醉鄉勝否黑甜鄉？嘉魚名卉偏多刺，莫怪題詩易感傷。」憶自卅餘年外宦後，凡遇鮰魚，率皆屬吏争先呈獻，即同人往復投贈，亦取自官中而已足，從未破費囊中一錢，辭官以來乃反是，故前詩三、四句戲及之，又薔薇多刺，鮰魚亦多刺，二物巧值一時，故後詩三、四句戲及之。

又《歸田瑣記》卷七

豆腐

豆腐，古謂之菽乳，相傳爲淮南王劉安所造，亦莫得其詳。又相傳朱子不食豆腐，以謂初造豆腐時，用豆若干，水若干，雜料若干，合秤之，共重若干，及造成，往往溢於原秤之數，格其理而不得，故不食。今四海九州，至邊外絶域，無不有此。凡遠客之不服水土者，服此即安。家常日用，至與菽粟等，故虞道園有豆腐三德讚之製。惟其烹調之法，則精拙懸殊，有不可以層次計者。宋牧仲《西陂類稿》中有恭紀蘇撫任内迎鑾盛事云：「某日，有内臣頒賜食品，並傳諭云：『宋犖是老臣，與衆巡撫不同，著照將軍、總督一樣頒賜。』計活羊四隻、糟雞八隻、糟鹿尾八箇、糟鹿舌六箇、鹿肉乾二十四束、鱘蝗魚乾四束、野雞乾一束。並傳旨云：『朕有日用豆腐一品，與尋常不同，因巡撫是有年紀的人，可令御廚太監傳授與巡撫廚子，爲後半世受用』等語。」今人率以豆腐爲家厨最寒儉之品，且或專屬之廣文食不足之家，以爲笑柄。詎知一物之微，直上關萬乘至尊之注意，且恐封疆元老不諳烹製之法，而鄭重以將之如此。惜此法不傳於外。記余掌教南浦書院時，有廣文劉印潭學師瑞紫之門斗作豆腐極佳，不但甲於浦城，即他處極講烹飪者，皆未能出其右。余嘗晨至學署，坐索早餐，即咄嗟立辦，然再三詢訪，不能得其下手之方。聞此人今尚在，已篤老矣。又余在山東臬任，公暇與龔季思學政守正、訥近堂藩伯訥爾經額、恩樸菴運使恩特亨額、鍾雲亭太守鍾祥同飲於大明湖之薛荔館，時侯理亭太守燮堂爲歷城令，亦在座，供饌即其所辦也。食半，忽各進一小碟，每碟二方塊，食之極佳，衆皆愕然，不辨爲何物。理亭曰：「此豆腐耳。」方擬於飣餖會，次第仿其法，而余旋升任以去，忽忽忘之。此後此味則遂如《廣陵散》，杳不可追矣。因思口腹細故，往往過而即忘，而偶一觸及，則饞涎輒不可耐。近年僑居浦城，間遇觴客，必極力講求此味，同人尚疑其有祕傳也。

小炒肉

乾隆乙卯，余留京過夏，主游彤卣侍御光繹家。時同居者爲葉蓮山太史大觀，黄星嚴奎光、陳研農羲二邑侯，王虚谷錫齡、陳德羽鵬飛二孝廉，談次，各舉所嗜之饌品，侍御以小炒肉爲最佳，衆皆笑之。然侍御厨中所出之小炒肉，則實可於口，無怪其侈爲俊味。未幾而林樾亭先生至京，飲讌間有以此語告者，先生曰：「彤卣尚是講究家，若我則所嗜惟肉，生平行滕所經，無論天涯地角，但是有酒可頎，有肉可飽處，便足陶然。酒不論精粗，肉亦不論煮法也。」侍御與先生皆巨人長德，故不苛求飲饌如此。余每飯，必與厨子磨牙，小炒肉一味，余但呼之爲寸炒錢繩，頗不下箸。厨子手段固拙，而余則有愧鄉先哲，未免爲飲食之人矣。憶在京中聞一故事云：年羹堯由大將軍貶爲杭州將軍後，姬妾皆星散。有杭州秀才，適得其姬，聞係年府專司飲饌者，自云但專管小炒肉一味，凡將軍每飯，必於前一日呈進食單，若點到小炒肉，則我須忙得半日，但數月不過一二次，他手所不能辦，他事亦不相關也。秀才曰：「何不爲我一試之？」姬哂曰：「酸秀才，談何容易，府中一盤肉，須一隻肥豬，任我擇其最精處一塊用之。今君家每市肉，率以斤計，從何下手？」秀才爲之嗒然。一日，秀才喜，告姬曰：「此村中每年有賽神會，每會例用一豬，今年係我值首，此一豬應歸我處分，卿可以奏技矣。」姬諾之。届期，果抬一全豬回，姬詫曰：「我在府中所用係活豬，若已死者，則味當大減。今無奈何，姑試之。」乃勉强割取一塊，自入厨下，令秀才先在房中煮酒以待。久之，捧進一碟，囑秀才先嘗之，而仍至厨下，摒擋雜物。少頃入房，見秀才委頓於地，僅一息奄奄，細察之，肉已入喉，並舌皆吞下矣。按吾鄉俗諺，有每嘗美味者，必先將舌頭用線繫住，即此故事所由來也。聞者蓋無不發一大噱云。

佚名《調鼎集》卷一《調和作料部》

醬

醬不生蟲：面上灑芥末或川椒末，則蟲不生。

辟蠅蚋：面上灑小茴末，再用雞翎沾生香油抹缸口，則蠅蚋不入。凡生白衣與醬油渾脚，用次等氈帽頭，稀面不緊者，濾之則净。醋同。

造醬用臘水：頭年臘水揀極凍日煮滚，水放天井空處冷定存。俟夏月泡醬，是爲臘水。最益人，不生蟲，經久不壞。造醬油同。

又，六月六日取水，净甕盛之。用以作醬、醋、醃物，一年不壞。

造醬要三熟：熟水調麵作餅；熟麵作黄，將餅蒸過用艸罨。熟水浸鹽，鹽用滚水煎。造醬油同。

濾鹽渣：凡鹽，入滚水攪三、四次，澄清，濾去泥脚，艸屑用。造醬油同。

造甜醬：宜三伏天取麵粉，入炒熟蠶豆屑，不拘多少。滚水和成餅，厚二指，大如指掌，蒸篛熟冷定，楮葉厚蓋，放不透風處，七日上黄。曬一、二日搗碎，滚水下鹽濾過。泡成醬。每黄子十斤，用鹽三斤。又，每麵粉一石，蒸熟作餅，放黄子七十五斤。不論乾濕，每黄一斤，用鹽四兩。將鹽用滚水化開，下缸即用棍攪，不使留。若有塊，出復上磨。蘇州甜醬，每黄豆一石，用麵一百六十斤。揚州甜醬，每豆一石，用麵四百斤。又，曬甜醬加炒熟芝麻少許，滋潤而味鮮，用以醬物更佳。

又，黄子一百斤，用鹽二十五斤，水六十斤，曬三十日。須每日換缸曬之，然後攪轉。長曬愈曬愈紅愈甜。黄用乾麵一百斤，曬透净存八十斤，成醬可還原一百斤。鹽加曬熟可得一百三十斤。醬黄内入七分開之梅花，香。

造甕醬：白豆炒磨極細粉，投麵，水和作餅，入湯煮熟，切片曬乾，同黄子槌碎入甕，加鹽滚水，泥封十個月成醬，味極甜。

造酒醬：糯米一斗，做成白酒漿。加炒鹽四兩，淡豆豉半斤、花椒一兩、胡椒二錢、大小茴香各一兩、生薑一兩，和匀細磨，即成美醬。

造麩醬：每小麥麩一斗，用鹽三斤。少則淡，易酸。先將麥煮熟取起，待温，用粉拌。攤蘆席上一寸厚，七日上黄，曬乾(蘑)[磨]碎，每碎十斤，加鹽三斤、熟水三十斤下缸，入糯米冷飯一碗，攪匀成醬，任醬各物皆(了)[可]。凡醬物須醃去水，晾乾投醬内，一復時可用。

芝麻醬：熟芝麻一斗，搗爛。六月六日將滚水晾冷，用罈凋匀，水高芝麻一指許，封口曬七日，開罈將黑皮去盡，加酒釀糟三碗、醬油三碗、酒二碗、紅麴末一升、(妙)[炒]緑豆一升、小茴一兩，和匀，半月後用。

烏梅醬：烏梅一斤，洗净連核打碎，入沙糖五斤，拌匀，隔湯煮一炷香，伏天取用消暑。

玫瑰醬：甜醬碟内入玫瑰花蕊蘸用。多投入缸内，醬物亦好。

甜醬鹵：即甜醬稀汁。以之燒肉，色甚佳。蘸白肉、拌黄菜俱妙。

米醬：白米舂粉，燒水作餅子。蒸熟候冷，鋪艸上，以艸蓋之，七日取出曬乾，刷去毛，不必搗碎。每斤配鹽四兩，水十大碗。鹽、水先煎滚，候冷，澄清泡

黃。早、晚翻攪，曬四十日，收貯聽用。又，糯米與白米對配，作同前。又，不論何米，江米更好，用幾煎幾滾，帶生撈起，不可太熟，蒸透不透不妨。取起，用蓆攤開寸半厚，俟冷蓋密，至七日曬乾。如遇好天，用冷茶拌濕再曬。每米黃一斤，配鹽一斤、水四斤。鹽、水煮滾，澄清去渣。候冷，將米入鹽水，曬四十九□，不時用竹棍攪勻。倘日色太烈。曬至期過乾，用冷茶和勻，不乾不用。俟四十九日後，將米餅水俱收起，磨極細即成米醬。或用細篩磨爛亦可。以後或曬，或蓋密，直當日處，任便加醬。乾可加冷茶，和勻再曬。凡攪時看天氣，晴明動手。如過陰天，則不可攪。

西瓜甜醬：做醬油水用此黃。用白飯米泡水，隔宿澇起舂粉，篩就曬乾，或碎米亦可。次用黃豆淘盡米粉十五斤，配黃豆亦可。和水和滿鍋，慢火，煮一日歇火悶一復時。次早連汁取出，入大盆內同粉拌勻，用手揣揉，撚成塊子，鋪蘆蓆上，仍用艸蓋，少則七日，多則十日，取出攤門上，曬乾刷去毛，杵碎與鹽對配前去黃子十斤，用鹽二斤八兩。和勻裝盆。每黃一斤，配好西瓜六斤，削去青皮。用木板架於盛黃盆上，切開瓤，揉爛帶汁子一併下去。白皮切作薄片，仍用力橫括細碎，攪勻。此醬所重者瓜汁，一點勿輕棄。將盆口開嚮日中大曬，攪四、五次，至四十日，裝罈聽用。若欲作菜，俟一月時，另取小罐，用老薑或嫩薑切絲，多下杏仁，去皮、尖。如要入菜油，先煮透，攪勻再曬十餘□收貯，可當淡豆豉用。

麵甜醬：白麵十斤，以滾水作成餅子，不可太厚。中挖一孔令透氣，蒸熟放暖屋，用稻艸鋪遍。艸上加蓆，放麵於上，覆以蓆，勿令見風。俟七日發黃，取出俟冷，曬乾。每十斤配鹽二斤八兩。滾水將鹽泡半日，候冷澄去渾脚。下黃時以木扒攪令爛，每早日未[出]時翻攪極透，曬紅取出，磨過放大鍋煎之。每一鍋放紅糖一兩，不住手攪熬，至顏色極紅裝罈，候冷封口，仍曬之，味甚鮮美。一云醬曬至紅色，可以不磨，只在合鹽水時攪打，用手摩擦極爛。或先行杵碎，粗篩篩過，以水泡之，自然隔化，兼可不用鍋煎，只用大盆盛，置鍋內，隔湯煮之。亦加紅糖，不住手攪，至紅色裝起。此法似略簡。

又，小麥蒸粉，不拘多少，和水成塊，切片約厚四、五分，蒸。先於空房內用青蒿鋪地，鮮荷葉亦可。加乾稻艸，上面再鋪蓆。將熟麵片排艸上，覆以稻艸蓋上，至半月後發黃取出，曬乾，將毛刷去，用新磁器收存。臨用研成細粉，每十斤配鹽二斤八兩。將大鹽預先(桿)[擀]碎，凈水煎過，澄去渾脚，和黃入缸。或加紅糖亦可。以水較醬黃約高寸許，大日曬月餘，每早日未出時，翻轉極透，自成好醬。

又，白麵粉每斗得黃酒糟一飯碗入麵。做劑子一斤一個，蒸熟，晾冷收。或一堆，用布袍袱蓋好，十日後，皮作黃色，內泛起如蜂窩。分開小塊，曬乾研爛，新汲井水調和，不乾不濕便可卷成團。每麵一(斤)[斗]，約用鹽四斤六兩，調勻下缸。大晴天曬五日，即泛漲如粥，醬皮紅色如油。用木扒兜底掏轉，仍照前一斗之數，再加鹽三斤半調和。後按五日一次掏轉，曬至四十五日即成醬矣。醬油熱時，不可亂動，切忌。

又，黃豆五升，配乾麵粉十五斤。先將鹽用滾水泡開，澄去渾脚，曬乾，凈用十二斤。將豆下大鍋，水配滿，煮一夜歇火，次早汁取入大盆，用麵粉拌勻，用手撚起，排蘆蓆上，蓋艸令發黴。少則七日，多則十日，取出攤開曬乾，研碎下缸。將鹽泡水和下，欲乾，少加水。欲稀，多加水。日曬，每早用木棍翻攪，十日或半月可用。一云，多用水，依前小麥麵方作醬油亦佳。

又，白麵粉和劑，切成片蒸熟，用各樹葉罨七日，曬久搗碎。每十斤用鹽三斤，熟水二十斤，曬，每日攪之，色紅而甜。

又，生白麵粉，水和作餅，罨黃曬松。每十斤用鹽五斤，水二十斤，曬成收入，作調粉極佳。

又，小麥二斗，泡二□取出，淋凈蒸熟，晾冷鋪蓆上，用艸蓋好，黰七日，俟冷，取出曬極乾，簸其黃衣磨粉，不必篩。用白糯米八升煮稀粥，晾冷。將麥麵每斤用鹽六兩，同粥和勻，放淺缸內，四面攤開，曬七日。俟冷取出，即可醬物。其醬於七日後分作二股，一半醬頭落，一半留入罈。又，每麥糯米三升，用鹽五十八兩。如有酸味，再味糯米粥、鹽。

自然甜醬：先將大醬尊一個，入白麵幾十斤，每斤用水一斤，用手拌之。如醬黃成，即起別處。將麵用水，以手拌之。又起，如此拌完。不(温)[濕]不乾，以艸蓋好。熱過七日，將黃(冲)[舂]碎，篩細如粉。取熱鹽鹵入麵內，不濕不乾，入薄薄罈內，以手壓實，一層麵一層鹽，至頂而止。夏布紮口，外用鍬子樽蓋頂。不必露天，放有日處。不必去看，亦不畏雨，一月即好。多日更紅、更甜。數年俱可留得，永絕蠅蛆之患。

蠶豆醬：蠶豆炒過，磨成粉，一半面，三斤和勻，切片罨黃曬。每十斤鹽五斤臘水，曬成收入。近不炒，磨去殼煮，子糜而已。亦有不去殼者。

黃豆醬：黃豆磨净，和麵罨，再磨。每十斤鹽五斤臘水，曬成收之。

黑豆醬：黑豆一斗炒熟，水浸半日，煮爛，入大麥麵二十斤，拌匀和劑，切片蒸熟，罨黃曬搗。每一斗，鹽二斤，井水八斤。曬成，黑，甜而色清。

用醬各條：凡烹調用醬，取冷水凋稀，勿用熱水。澄清，去醬渣，入鍋略熬，亦無醬氣。

八寶醬：甜醬加沙糖，用熬熟香油炒透。將冬筍曬乾，香芃、(沙)[砂]仁、乾薑、桔皮片俱研末，和匀收貯。又，或不研末，和冬筍及各種(菜)[果]仁、砂仁、醬瓜、薑同。

炒千里醬：陳甜醬五斤、炒芝麻二斤，薑絲五兩、杏仁、(炒)[砂]仁各二兩、桔皮四兩、椒末二兩、洋糖四兩，以熬過菜油，用前物炒乾收貯，暑月行千里不壞。又，雞肉丁、筍丁、大椒、香芃、脂油，用甜醬炒，貯用，亦千里醬。

又，各物用醬油煮，臨用衝開水。

炒芝麻醬：芝麻炒熟去皮，和細肉丁、甜醬同炒。醬内入大椒末，醬各種菜另有一種辣味。麻油、甜醬用鮮汁和，熬成濾清用。

醬油

造醬油用三伏黃道日，除危定執皆黃道日。浸豆，黃道日拌黃。又，端午日取桃枝入缸。又，火日晚間(照)[造]醬，俱不生蟲。不拘黃豆、黑豆，照法煮爛入麵，連豆汁灑和，或散或塊，或楮葉，或青蒿，或麥秸，於不透風處罨七日，上黃搥碎用。

造醬禁忌

下醬忌辛日。

水日造醬必蟲。

孕婦造醬必苦。

防雨點入缸。

防不潔身子、眼目。

忌缸罎泡法不净。

醬曬得極熱時不可攪動。晚間不可即蓋，應攪之日務於清晨上蓋，必待夜静晾冷。下雨時蓋缸，亦當用木棍撐起，若悶住，黃必翻。又，日(巳)[未]出，或日已没，下醬無蠅。又，橙合醬不酸。又，雷時合醬令人(復)[腹]鳴。又，月上、下弦之候，觸醬輒。

試鹽水法

(式)[試]鹽水成淡，用雞子一枚入鹽水内，若鹹適中，蛋浮八分。淡則下沉，鹹則浮起二指，絲毫不爽也。每黃十斤，配鹽三斤，水十斤，乃做醬油一定之法。斟酌加減，隨宜而用。

制鹽水法

鹽入水順攪二、三次，澄清，濾去泥渣，二次下鹽再曬。色淡加麥糖汁、甘艸水。但加顔色，須防春發黴，秋、冬無礙。

制醬油法

做醬油愈陳愈好，有留至十年者極佳。腐乳同。每罎醬油澆入麻油少許更香。又，醬油濾出入甕，用瓦盆蓋口，以石灰封口，日日曬之，倍勝於煮。

做醬油豆多味鮮，麵多味甜。北豆有力，湘豆無力。

醬油缸内，於中秋後入甘艸汁一杯，不生花。又，日色曬足，亦不起花。未至中秋，不可入。用清明柳條，止醬、醋潮濕。

做醬油，頭年臘月，貯存河水，俟伏日用，味鮮。或用臘月滚水。醬味不正，取米雹一、二斗入甕，或取冬月霜，投之即佳。

醬油自六月起，至八月止。懸一粉牌，寫初一至三十日。遇晴日，每日下加一圈，扣定九十日，其味始足，名三伏秋油。又，醬油罎用艸烏六、七個，每個切作四塊，排罎底，四邊及中心有蟲即死，永不再生。若加百(倍)[部]尤(炒)[妙]。

蘇州醬油：每缸，黃一百二十斤、鹽一百二十斤、水四百五十斤，曬六十日，篘油三百五十斤。少曬生花，多曬折耗，故以六十日爲準。二油每缸加鹽一百斤、水四百斤，六十日，抽油三百斤。

揚州醬油：每缸，黃二百二十斤、鹽一百五十斤，水五百五十斤，曬三個月，篘油三百五十斤。二油。

黃豆醬油：每豆三斗，晚間煮熟，停一時攪轉再煮，蓋過夜。次早將熟豆連汁取出，放缸内，用麵粉一擔拌匀，於不通風處將蘆艸鋪匀，楮葉厚蓋，七日上黃，刷盡曬乾。每黃一斤，用鹽一斤，入熟水七斤。浸透半月後可用。又，黃子十斤，鹽三斤，水十斤，伏日下缸。又，黃豆一擔，麵粉一擔，半水十六擔，用火日下缸。又，先曬水，後曬鹽，入黃子，日曬夜露，一月可成。

蠶豆醬油：五月内取蠶豆一斗，煮熟去殼，用麵三斗，滚水六斗，曬七日，

入鹽十八斤，濾凈入黃，二十日可麵熟拌勻作餅，艸卷七日上黃，刷盡曬，曬松捶碎用。如天陰，須二十餘日才得箍盡。二油加鹽再曬。又，蠶豆三斗煮糜，白麵粉二十四斤，攪、曬成油。

套油：醬油代水，加黃再曬。或二料並作一料，名夾缸油。油曬出，味自濃厚。

白醬油：豆多麵少，其色即白。如用豆一擔加至二擔，麵用一擔，只用五斗。

麥醬油：小麥二斗，泡二日蒸熟，取出晾冷。大黃豆一斗，煮過夜，令極爛，冷透伴麵十斤，罨七日，取出曬乾。以冷水少許拌和黃子，加力揉。如用，下鋪鹽一碗，將黃鋪勻蓋定，再放鹽一碗，以艸圍緊，勿令透風，七日取出，再曬二、三日，每黃十斤，水下四十斤，鹽七斤半，攪勻曬之，色黑味甜。第二落鹽，水減半，曬至色濃爲度。前後二油，煎一二滾入罈曬之，又每黃十斤，煎甘艸湯一兩入內，不出蟲而味甜。炒飴糖熬湯下，色更濃。又，不拘黃豆、黑豆，俱揀凈，煮爛，晾冷。每豆一斗，拌麵十五斤，作小圓塊，以葦薄攤貯，上加稻艸蓋好，周圍必須透風。過七日取出，曬乾去黃衣。至七、八月間，每黃十斤，水四十斤，白鹽五、六斤，曬月餘，濾起再曬，過月餘便可入罈。

花椒醬油：黃十斤，鹽六斤，水四十斤，加鮮花椒四斤，共入罈，滾水，灌滿，泥封曬半月即成。醬渣入水磨下再加鹽，可(將)[醬]各種小菜。大約水十斤，鹽一斤。

麩皮醬油：麩皮二斗、腐渣十斤，二物拌勻，不宜太濕，濕則不顛。蒸過取起，如合醬法。七日後曬乾，每一斤，水十五斤，鹽二斤半，清晨下，次日榨出。二次水減半，鹽二斤，如前沼之二油，並曬，色黑味濃，再煮一、二滾入罈。顛過取出，再以水拌入罈。封二七日更好。

米油：白糯米一斗，泡七日，瀝乾淋盡，蒸熟取起，以滾水多遍潑之，放盆內，攤開稍冷，拌紅麴米一斤入罈。次日用醬油四斤、炒鹽八兩、花椒粒二兩，共入攪勻，面蓋燒酒、香油各二斤，泥封兩月後可用。燉熱蘸諸物絕佳。其所潑滾水，一併入罈。

小麥醬油：將小麥淘凈，下鍋煮熟，悶乾取起，攤鋪大籩內日曬，不時用筷翻攪，半乾將籩揭開，晚房上用籩蓋蜜，三日。如天氣太熱、麥氣太旺，日間將籩撬入空間，仍蓋(蜜)[密]。若天氣不熱，麥氣不旺，則日間將籩開縫就好。倘天氣雖熱，而麥氣不旺，即當蓋(蜜)[密]爲是，切勿透風氣。七日後取出曬乾。若一斗出有加倍，即爲盡發。將做就麥黃，以飯泔漂灑，即帶綠色。每斤配四兩[鹽]，水十大碗。鹽水先煎滾，澄清候冷，泡麥黃，日曬至乾，再添滾水，至原泡分量爲准。不時略攪，至赤色，將鹵濾起下鍋，加香艽、大茴，整之。芝麻襄，袋裝。同入三、四滾，加好老黃酒一小瓶，再滾，裝罐聽用。其渣酌量加鹽，煎水如前法，再至赤色，下鍋煎數滾收貯，以備煮物作料之用。又，麥黃與前同，但曬乾時用手搓摩，揚簸去黴，磨成細麵。每黃十斤，配鹽三斤，水十斤。鹽同水煎滾，澄去渾脚，合黃、麵做一大塊，揉得不硬不軟，如餑餑式，裝缸蓋緊令發。次日掀開，用一手掬水，颺颺下曬，加一次□，至用木棍攪得活轉就止。或遇雨，亦不致生蛆。

黑豆醬油：黑豆先煮極爛，撈起候略溫，加白麵粉(拘)[攪]拌勻，每豆一斗，配麵二斤或五斤。攤開了半寸厚，用布蓋(蜜)[密]，或蓆艸亦可，候發黴，至七日曬乾。天氣熱，不過五、六日。涼則六、七日，總以多生黃衣爲妙，然不可過爛。如遇天色晴明，用冷茶拌濕，再曬乾。用冷茶拌者，欲其味甘，不拘幾次，愈多愈妙。每黃豆一斤，配鹽十四兩，水四斤。鹽和水煮滾，澄清去渾脚，晾冷，將豆黃入鹽水泡，曬四十九日，要加香艽、大茴、花椒、薑絲、芝麻各少許。撈出兩次豆渣，加鹽水再熬，酌量加水，每水十斤，加鹽二兩。再撈出三次豆渣，加鹽水再熬，去渣。然將一、二次之水隨便合作一處拌勻，或再曬幾日，或用糠火煨滾皆可。其豆渣微乾，加香料即名香豉，可作家常小菜也。

黃豆醬油：每揀凈黃豆一斗，用水煮熟，須慢火煮，以豆色紅爲度，連豆汁盛起。每斗豆用白麵二十四斤，連汁並豆拌勻，或(柳)用竹籩，或柳籩分盛攤薄，按實。將籩放無風處，上覆稻艸，顛七日，去艸，日晚間收，次日又曬，至十四日。遇陰天算數補之，總以極乾爲度，此作醬黃之法也。顛好醬黃一斗，先用井水五斗，量準傾缸內。每斗醬黃用生鹽十五斤稱足，將鹽盛竹籃或竹筲箕，溶化入缸，去其底渣。將醬黃加入，曬三日，至第四日早晨，用木扒兜底掏轉。熱曬時，不可動。又過二日，如法再掏轉，如此者三、四次，至二十日即成醬油。至瀝醬油之法，以竹絲編成圓筒，有周圍而無有底、口，名曰醬篘，坐實缸底，篘中渾醬(住不)[不住]挖出，見底乃已。篘上用磚壓住，以防醬篘浮起。缸底流入渾醬，次早則篘中則俱屬清醬，緩緩舀起，另(住)[注]潔凈缸內，仍放有日處再曬半月。缸口用紗或麻布包好，以免蒼蠅投入。如欲多做，將豆、麵、鹽水照數加

增。末窮時，其浮面豆渣撈出一半，曬乾可作乾豆豉用。又，將前醬黄整塊，醬黄即做甜醬所用者。先將飯湯候冷，逐塊搵濕，曬乾再搵，再曬四、五度。若日炎，可乾六、七次更妙，至色赤乃止。黄每斤配鹽四兩，水十大碗。鹽、水先煎滚澄清，候冷泡醬黄，曬乾即添滚水，至原泡份量爲準，不時略攪，但不可攪破醬黄塊。曬至赤色，醬鹵濾起下鍋，加香艽、大茴、花椒，整粒用。芝麻用袋裝同入，三、四滚，加好老黄酒一小瓶，再滚，裝罐聽用。其渣再酌量加鹽煎水，如煎水如前法，再曬至赤色，下鍋再煮數滚，收貯以備煮物作料之用。

千里醬油：揀厚大香艽一斤，入醬油五斤，日曬日浸乾透收貯，行遠作醬油用。又，醬油内入陳大頭菜，切碎裝袋，浸之發鮮。或蝦米、金鉤亦可。胡椒亦發鮮。又，棉花入伏油，曬乾，用時多寡隨意。

清·顧禄《清嘉録》卷一

黄連頭　叫雞

獻歲，鄉農沿門吟賣黄連頭、叫雞，絡繹不絶。

案：長、元《志》皆載：「黄連樹，村落間俱有，極高大，其苗可食。今鄉農於四五月間摘取其頭，以甘艸汁醃之，謂小兒食之，可解内熱。」吴穀人祭酒《新年雜詠》小序云：「吹雞，揭竿縛艸以處雞羣，口銜篘管巡街吹賣。其音曰『哺、哺、哺』，故名『哺哺雞』，亦名『叫雞』。」詩云：「曉日一雞唱，春風正滿閭。居然生羽翼，大要借吹噓。功豈養成候，聲疑伏卵餘。兒童能起舞，壯志定何如。」

春餅

春前一月，市上已插標供買春餅，居人相餽貺。賣者自署其標曰「應時春餅」。蔣耀宗、范來宗《詠春餅》聯句云：「十字瓊肌貴，蔣。吴儂製不同。易教廚婢習，范。難語餅師功。舊典堪徵數，蔣。新嘗豈盡充。匀平霜雪白，范。熨貼火爐紅。薄本裁圓月，蔣。柔還捲細筒。紛藏絲縷縷，范。饞嚼味融融。今節傳柑候，蔣。明燈促席中。登盤争覺美，范。下箸輒能空。觸手書防涴，蔣。抽毫賦孰工。酒停枵腹果，范。茗佐渴喉通。風物家園好，蔣。春筵歲事豐。紅綾懷昔賜，范。牙齒已成翁。蔣。」

案：孫國敉《燕都遊覽志》：「立春日，於午門賜百官春餅。」陳迦陵詞：「争覓取，金盤咬。」注：「立春日啖春餅謂之『咬春』。」《四時寶鏡》：「立春日，春餅、生菜，號『春盤』。」《府志》亦以迎春日啖春餅。又江、震《志》：「宴集以春餅爲上供，謂即古五辛盤遺意。」吴穀人祭酒《詠春餅》詩云：「薦新羣愛樣團欒，複疊如堆月一盤。次第咬春宜酒配，縱横映字趁燈看。記逢人日煎曾約，莫信吾家説不刊。回首紅綾飄昨夢，茅檐無恙且加餐。」

圓子油䭔

上元，市人簸米粉爲丸，曰「圓子」。用粉下酵裹餡，製如餅式，油煎，曰「油䭔」，爲居民祀神、享先節物。

案：江、震《志》：「元夕會飲，以米粉作丸子、油䭔之屬食之。」蓋始於永樂十年元夕，以糖圓、油餅爲節食，歲以爲常。見《皇明通紀》。厲静香《事物異名録》引《表異録》載「宇文護置毒糖䭔」，謂今之元宵子。周必大有《元宵浮圓子》詩：「時節三吴重，圓匀萬里同。」又范成大《上元記吴下節物》「撚粉團欒意」，即今之圓子也。吴匏庵《粉丸》詩：「既飽有人頻咳唾，席間往往落珠璣。」杭人謂之「上燈圓子」。《正字通》呼蒸餅爲䭔，俗以油煎爲䭔，亦通。

又　卷二　牚腰糕

是日，以隔年糕油煎食之，謂之「牚腰糕」。蔡雲《吴歈》云：「二月二日春正饒，牚腰相勸啖花糕。支持柴米憑身健，莫惜終年筋骨勞。」又徐士鋐《吴中竹枝詞》云：「片切年糕作短條，碧油煎出嫩黄嬌。年年牚得風難擺，怪道吴孃少細腰。」

案：劉若愚《蕪史》：「燕俗，二月二日，用黍麪棗糕以油熬之，曰『薰蟲』。」吴曼雲《汀鄉節物詞》小序云：「杭俗：二日，煎糕，熓豆，以祀土地。」謂即春祭社之禮。有「糕花凝白豆萁紅」之句。方以智《通雅》：「𣥺即跟，一作牚，雌争反。」《集韻》：「支柱也。」《崑新合志》：「二月二日，食門腰糕。」門，字書無此字，俗呼雌鎗反，去聲。

又　卷三　青糰焐熟藕

市上賣青糰、焐熟藕，爲居人清明祀先之品。徐達源《吴門竹枝詞》云：「相傳百五禁廚煙，紅藕青糰各薦先。熟食安能通氣臭，家家燒筍又烹鮮。」

案：盧《志》：「寒食祭先，以稠餳、冷粉糰。」並引吕希哲《歲時雜記》謂：「兩浙民俗，以養火蠶，故於此日禁火。」今俗用青糰、紅藕，皆可冷食，猶循禁火遺風。然與鬼神享氣之義不合，故仍復有燒筍、烹魚以享者。蔡鐵翁詩：「燒筍烹魚例薦先。」然江、震《志》又皆云：「寒食祭先，用角粽、青糰。」青糰，鄉人擣䵚麥汁搜粉爲之。」《集韻》、《類篇》：焐，並「烏卧切」，音涴，猶言暖也。吴語，謂煮食物得暖氣而易爛曰「焐」。

又　卷六　合醬

謂造醬餡曰「罨醬黄」。餡成之後，擇上下火日合醬。俗忌雷鳴，諺云：「雷鳴不合醬。」郭麐《合醬》詩云：「籩豆《周官》重，卵魚《内則》諳。食齊醬用八，執饋老尊三。數典和羮得，齊民近製參。重羅麪如雪，轢釜豆留泔。溲作牢丸大，烝成餺飥甘。黄添雲子色，藉用白茅函。曝處分窶藪，先時滌石甑。吴霜飛暑路，新水汲澄潭。汎溢波初沸，浸淫味已含。三投比麴蘖，幾宿自沈酣。盎盎疑無滓，霎霎慮有滃。斗杓投木杼，圓蓋像筠籃。醲郁緣沈浸，清深或淡涵。食單元異劑，列器各分坩。利用羣生徧，稱名異物覃。椒辛來自北，蒟美遂通南。烏鰂登槃塹，黄梅消渴堪。胡麻研瑣瑣，勺藥和醃醃。間及嘉蔬漬，能令下箸貪。薑芽紅斂指，玉版緑抽篸。蔓實餘瓜果，谿毛擷藻蕈。均分鹽法志，足使醢人慙。邇者桓寬議，争先榷酤探。高官司操刺，大賈飽酣婪。編户常忘味，海氓竊負擔。井疆區晉楚，迫逐互戈鋑。地本鹽官接，人皆淡食妉。趁虚聊裹箬，覆瓿孰盈墁。隸事非徵博，陳風當劇譚。酸鹹君辨否，有味亦醰醰。」

案：崔寔《農家諺》云：「上火不落，下火滴沰。」俗以曆日中有兩火相連者，曰上下火日，本此。《風俗通》云：「雷鳴不得作醬。」今亦有此忌。蔡鐵翁詩：「選火避雷忙作醬。」《廣韻》：「罨，烏合切，音遏。」吴語謂覆物使不漏風曰罨。

又　卷八

月餅

人家餽貽月餅爲中秋節物。十五夜，則偕瓜果以供祭月筵前。祁啓蓴《月餅》詩云：「中秋節物未爲低，火熯羅羅出釜齊。一様餅師新製得，佳名先向月中題。」

案：《吴縣志》：「中秋賣餅，謂之月餅。」又《常昭合志》：「中秋以月餅相餽貽。」然馮慕岡《月令廣義》亦云：「燕都士庶，中秋餽遺月餅、西瓜之屬，名『看月會』。」田汝成《西湖遊覽志》：「中秋民間以月餅相遺，取團圓之義。」又吴曼雲《江鄉節物詞》小序：「杭俗，中秋食月餅，夜設祭月，取人月雙圓意。」詩云：「粉膏圓影月分光，不是紅綾亦飽嘗。只恐團圞空説餅，征人多少未還鄉。」

瓷糰

二十四日，煮糯米和赤豆作糰祀竈，謂之「瓷糰」。人家小女子皆擇是日裹足，謂食糍糰纏脚，能令脛軟。蔡雲《吴歈》云：「白露迷迷稻秀匀，粳糰户户已嘗新。可憐繡閣雙丫女，初試弓鞋不染塵。」

案：許慎《説文》：「瓷，稻餅。」謂炊半爛擣之，不爲粉也。長、元、吴《志》及《常昭合志》皆云：「二十四日，以新秫米爲餣糰祀竈。」瓷又作糍，見吴自牧《夢粱録》：「懷信坊，俗呼糍糰巷。」是糍糰之名舊已。

又　卷九　重陽糕夜作。

居人食米粉五色糕，名「重陽糕」。自是以後，百工入夜操作，謂之「做夜作」。蔡雲《吴歈》云：「蒸出棗糕滿店香，依然風雨古重陽。織工一飲登高酒，篝火鳴機夜作忙。」

案：謝肇淛《五雜俎》引吕公忌云：「九日天明時，以片糕搭兒女頭額，更祝曰『願兒百事俱高。』此古人九日作糕之意。」邵博《聞見後録》：「劉夢得作九日詩，欲用糕字，以五經中無之，輟不復爲。宋子京以爲不然，故子京九日食糕有詠云：『飇館輕霜拂曙袍，糗餈花飲鬭分曹。劉郎不敢題糕字，空負詩中一世豪。』」吕希哲《歲時雜記》云：「二社重陽尚糕食，而重陽爲盛。以棗爲之，或加以栗，亦有用肉者。」崔正言詩：「歸去釀錢煩里社，買糕沽酒作重陽。」孫國敉《燕都游覽志》：「重九日，敕賜百官花糕宴。」又劉侗《帝京景物略》：「九日，父母家必迎女歸寧，食花糕。」皆重陽糕也。《吴郡志》：「九月九日，食重陽糕。」范《志》：「重九，以菊花、茱萸，嘗新酒，食栗糉花糕。」《雅志》：「重陽日，蒸五色糕相餉，謂之『重陽糕』。」《吴縣志》：「九日，賣糕作黄色，名『重陽糕』。」《崑新合志》云：「用麪發豐糕，糝百果於其上。」江、震《志》云：「以麪裹肉炊之。」《常昭合志》云：「用麪和脂而蒸之。」王《志》又謂之「駱駝蹄」，蓋舊俗用麪裹肉炊之，形如駝蹄，故名。長、元《志》又皆云「今以糕代，名『重陽糕』。」

又　卷一〇　鹽菜

比户鹽藏菘菜於缸甕，爲御冬之旨蓄，皆去其心，呼爲「藏菜」，亦曰「鹽菜」。有經水滴而淡者，名曰「水菜」。或以所去之菜心，剖菔薆爲條，兩者各寸斷，鹽拌酒漬入瓶，倒埋灰窖，過冬不壞，俗名「春不老」。孫晉灝《鹽菜》詩云：「寒菘秀晚色，油油一畦緑。殘年咬菜根，嗜此亦稱酷。所少園官送，絶喜野人劚。壓肩一擔霜，百錢買十束。結繩戾嚴風，攤檐暴晴旭。飛白撒晶鹽，殺青斷蒼玉。但覺兩眼饞，那顧雙手瘃。酸醬醡中滴，醯雞甕中浴。每飯飽黄虀，鐺焦就廚緑。誰信苜蓿盤，至味等菽粟。旨蓄在室中，御冬亦已足。」又蔡雲《吴歈》云：「晶鹽透漬打霜菘，瓶甕分裝足禦冬。寒溜滴殘成雋味，解酲留待酒闌供。」

案：《南史·江泌傳》：「菜不食心，以其有生意也。惟食老葉而已。」

長，元、吴《志》皆載：「藏菜，即箭稈菜，經霜煮食甚美。秋種肥白而長，冬日醃藏，以備歲需。」莫旦《蘇州賦》注：「吴下比屋鹽虀，爲御冬之旨蓄。」吴曼雲《江鄉節物詞》小序則云：「杭俗，醃菜例以冬至開缸，先祀而後食，故居節物之一。」詩云：「吴鹽勻灑密加封，甕底春回菜甲鬆。碎剪冰條付殘齒，貧家一樣過肥冬。」《禮記・内則》：「屑桂與薑，以灑諸上，而鹽之。」吴語謂以鹺醃物曰「鹽」。桂未谷《札樸》謂「鹽藏魚菜曰腌」，義異。

又 卷一一 乳酪

寒冬，鄉農畜乳牛，取乳汁入瓶，日擔於城，鬻於主顧之家，呼爲「乳酪」。

案：《府志》及《吴縣志》皆載：「牛乳出光福諸山，田家畜乳牛，冬日取其乳，如菽乳法點之，名曰『乳餅』。别點其精者爲酥，或作泡螺、酥膏、酥花。」莫旦《蘇州賦》注：「吴縣顧搭村出乳餅最佳。」錢思元《吴門補乘》云：「北街安雅堂酏酪，爲郡城第一。」

又 卷一二

臘八粥

八日爲臘八，居民以菜果入米煮粥，謂之「臘八粥」。或有餽自僧尼者，名曰「佛粥」。李福《臘八粥》詩云：「臘月八日粥，傳自梵王國。七寶美調和，五味香糝入。用以供尹蒲，藉之作功德。僧尼多好事，踵事增華飾。此風未汰除，歉歲尚沿襲。今晨或饋遺，啜之不能食。吾家住城南，饑民兩寺集。時開元、瑞光兩寺，官設粥廠，救濟貧民。男女叫號喧，老少街衢塞。失足命須臾，當風膚迸裂。怯者蒙面走，一路吞聲泣。問爾泣何爲，答言我無得。此景親見之，令我心凄惻。荒政十有二，蠲賑最下策。慳囊未易破，胥吏弊何極。所以經費艱，安能按户給。吾佛好施舍，君子貴周急。願言借粟多，蒼生免菜色。此志虚莫償，嗟歎復何益。安得布地金，憑仗大慈力。睠焉對是粥，跂望蒸民粒。」

案：《荆楚歲時記》：「十二月初八日爲臘日。」《魏臺訪議》：「漢以戌臘，魏以丑臘。」是臘非定以初八日也。又《西域諸國志》云：「天竺國，以十二月十六日爲臘。」而《唐書・曆志》以十二月爲臘月，故八日爲臘八。吴自牧《夢粱録》云：「十二月八日，寺院謂之臘八。大刹等寺，俱設五味粥，名曰『臘八粥』。」又孟元老《東京夢華録》：「十二月初八日，諸僧寺送七寶五味粥於門徒闕飲，謂之『臘八粥』。」一名「佛粥」，陸放翁詩：「今朝佛粥更相餽，反覺江村節物新。」周密《武林舊事》云：「寺院及人家，皆有臘八粥，用胡桃、松子、乳蕈、柿栗之類爲之。」又孫國敉《燕都游覽志》云：「十二月八日，民間作臘八粥，以米果雜成，多者爲勝。」又吴曼雲《江鄉節物詞》小序云：「杭俗，臘八粥一名七寶粥，本僧家齋供，今則居室者亦爲之矣。」詩云：「雙弓學得僧厨法，瓦鉢分盛和蔗餳。莫笑今年榛栗少，記曾畫粥斷虀來。」而九縣《志》亦皆云：「十二月八日，以菜果入米煮粥，名曰臘八粥。」

年糕

黍粉和糖爲糕，曰「年糕」。有黄白之别。大徑尺而形方，俗稱「方頭糕」，爲元寶式者，曰「糕元寶」。黄白磊砢，俱以備年夜祀神，歲朝供先，及饋貽親朋之需。其賞賚僕婢者，則形狹而長，俗稱「條頭糕」。稍闊者，曰「條半糕」。富家或僱糕工至家磨粉自蒸，若就簡之家，皆買諸市。春前一二十日，糕肆門市如雲。蔡雲《吴歈》云：「臘中步碓太喧嘈，小户米囤大户廒。施罷僧家七寶粥，又聞年節要題糕。」又李福《年糕》詩云：「珍重題糕字，風光又一年。爲儲春糗餌，預聽磨盤旋。篩細堆檐雪，蒸浮裊竈煙。吉祥同饌熟，摩按勝粢堅。甘許糖調蔗，香應稻識蓮。尺量丰待琢，寸斷綫頻牽。外倩瓜仁剥，中容棗實填。狹看持石笏，方擬運花磚。品佐酬神饌，盤添壓歲錢。餽遺親誼厚，賚賞大家便。回首重陽酒，掌腰二月天。人情還可笑，黄白肖形偏。」

案：《周官》籩人職曰：「羞籩之實，糗餌粉餈。」注：「《方言》：『餌謂之糕，或謂之餈。』糕，搗黍爲之。」《楚詞》有「粔黍」，注曰：「環餅，吴人謂糕曰『膏環』。」亦謂之「寒具」。《方言》謂之「糕」。楊循吉《除夜雜詠》云：「鄰里餽糕通。」吴穀人有《糕元寶》詩云：「世人皆愛寶，名字及糕餈。口腹奢如比，金銀餌豈知。老饞争炙熱，一飽已傾貲。轉笑堆成屋，何曾會療飢。」

口數粥

二十五日，以赤豆雜米作粥，大小偏餐，有出外者亦覆貯待之，雖襁褓小兒、貓、犬之屬亦預，名曰「口數粥」，以辟瘟氣。或雜豆渣食之，能免罪過。

案：《荆楚歲時記》云：「共工氏有不才子，以冬至日死，爲疫鬼，畏赤小豆，故冬至作粥以禳之。」《雜陰陽書》又以正月七日男吞赤豆七粒，女吞十四粒，令疫病不相染。然皆非十二月二十五日。惟吴自牧《夢粱録》云：「二十五日，士庶家煮赤豆粥祀食神，名曰『人口粥』，有貓、狗者，亦預焉。」又周密《武林舊事》則以二十四日「作糖豆粥，謂之『口數』」。江、震《志》云：「二十五日食口數粥，今間有行之。」又云：「或有以餅代者，至新正三日乃食，及獻異

居異姓尊長，示一家之意。」石湖《口數粥》詞云：「家家臘月二十五，淅米如珠和豆煮。大杓轑鐺分口數，疫鬼聞香走無處。鋑薑屑桂澆蔗糖，滑甘無比勝黄粱。全家團欒罷晚飯，在遠行人亦留分。褓中孩子强教嘗，餘波徧霑獲與臧。新元協氣調玉燭，天行已過來萬福。物無疵癘年穀熟，長向臘中分豆粥。」陳藻《平江臘月二十五夜》詩云：「今宵洗豆俗爲糜。」韓桂舲《萬安舟中臘月二十四日作》云：「不知豆粥家庖下，留得行人口分無。」江、震《志》又皆載辟瘟之俗云：「二十四夜，人家早寢，謂疫鬼行瘟，故安静以避之。」

清・吴其濬《植物名實圖考長編》卷一《穀類》

豉附

《别録》：豉，味苦，寒，無毒。主傷寒，頭痛寒熱，瘴氣惡毒，煩躁滿悶，虚勞喘吸，兩脚疼冷。又殺六畜胎子諸毒。

陶隱居云：豉，食中之常用。春夏天氣不和，蒸炒以酒漬服之，至佳。依康伯法，先以醋酒溲蒸暴燥，以麻油和，又蒸暴之，凡三過，乃末椒、乾薑屑，合和以進食，勝今作油豉也。患脚人常將其酒浸以滓傅脚，皆差。好者出襄陽、錢塘，香美而濃，取中心者彌善。

《藥性論》云：豆豉得醯良，殺六畜毒。味苦甘。主下血痢如刺者，豉一升，水漬纔令相淹，煎一兩沸，絞汁頓服。不差，可再服。又傷寒暴痢腹痛者，豉一升，薤白一握，切，以水三升先煮薤，内豉更煮，湯色黑，去豉，分爲二服。不差，再服。熬末能止汗，主除煩躁，治時疾熱病，發汗。又治陰莖上瘡痛，爛豉一分，蚯蚓濕泥二分，水研和塗上，乾易，禁熱食、酒、芥、蒜。又寒熱風胸中瘡生者，可擣爲丸服，良。

《本艸拾遺》：蒲州豉味鹹，無毒。主解煩熱熱毒，寒熱虚勞，調中，發汗，通關節，殺腥氣，傷寒鼻塞。作法與諸豉不同，其味烈。陝州又有豉汁，經年不敗，大除煩熱，入藥並不如今之豉心，爲其無鹽故也。

《食療本艸》：陝府豉汁甚勝於常豉，以大豆爲黄蒸，每一㪷加鹽四升，椒四兩，春三日，夏兩日，冬五日，即成。半熟加生薑五兩，既潔且精，勝埋於馬糞中。無黄蒸以好豉心代之。

《齊東野語》：昔傳江西一士求見楊誠齋，頗以該洽自負。越數日，誠齋簡之云：聞公自江西來，配鹽幽菽，欲求少許。士人茫然莫曉，亟往謝曰：某讀書不多，實不知爲何物。誠齋徐檢《禮部韻略》豉字示之。注云：配鹽幽菽也，然其義亦未可深曉。《楚詞》曰：大苦、鹹、酸、辛、甘行。説者曰：大苦，豉也，言取豆汁調以鹹酢椒薑飴蜜，則辛甘之味皆發而行。然古無豆豉，史《急就篇》乃有蕪荑鹽豉，《史記・貨殖傳》有蘖麴鹽豉千荅。《三輔決録》曰：前對大夫范仲公鹽豉、蒜果共一筩。蓋秦漢以來始有之。

豆腐附

《本艸綱目》李時珍曰：豆腐之法，始於漢淮南王劉安。凡黑豆、黄豆及白豆、泥豆、豌豆、緑豆之類，皆可爲之。造法，水浸磑碎，濾去滓，煎成，以鹽鹵汁或山礬葉、或酸漿醋澱，就釜收之。又有入缸内以石膏末收者。大抵得鹹、苦、酸、辛之物，皆可收斂爾。其面上凝結者，揭取晾乾，名豆腐皮，入饌甚佳也。按《延壽書》云：有人好食豆腐，中毒，醫不能治。作腐家言，萊菔入湯中則腐不成，遂以萊菔湯下藥而愈。大抵暑月，恐有人汗，尤宜慎之。又休息久痢，白豆腐醋煎食之即愈。杖瘡青腫，豆腐切片貼之，頻易。一法以燒酒煮貼之，色紅即易，不紅乃已。燒酒醉死，心頭熱者，用熱豆腐細切片，遍身貼之，貼冷即换之，甦省乃止。

醬附

《别録》：醬味鹹酸冷利。主除熱，止煩滿，殺百藥熱湯及火毒。陶隱居云：醬多以豆作，純麥者少。今此當是豆者，亦以久久者彌好。又有肉醬，魚醬，皆呼爲醢，不入藥用。

《日華子》云：醬無毒，殺一切魚、肉、菜蔬、蕈毒，並治蛀蟲蜂蠆等毒。

清・徐珂《清稗類鈔・工藝類》 製花梅

兩浙所屬引地歲銷，向以梅鹽爲大宗，蓋全國通行之糖梅必先經過鹽製而成，專門製造者均至自蘇州，設作坊於杭州艮山門外之半山鎮，以其地爲出産之中心點也。極盛時代，常年營業價銀五百萬元，宣統時銷數減，遂停製矣。花梅以女工雕刻，式極精，專供祭品及朝會之用。

紀事

《周禮・天官・膳夫》 膳夫掌王之食飲膳羞，以養王及后、世子。食，飯也。飲，酒漿也。膳，牲肉也。羞，有滋味者。凡養之具，大略有四。疏：「掌王之食飲膳羞」者，掌其等數政令，分令饎人、酒人、漿人、庖人、籩人、醢人等共之。云「以養王及后、世子」者，

《春秋》僖五年《穀梁傳》云：「天子世子，世天下也。」《公羊傳》云：「世子猶世世子也。」《白虎通義爵篇》云：「父在稱世子何？繫於君也。所以名之爲世子何？言欲其世世不絶也。何以知天子之子亦稱世子也？《春秋傳》曰：『公會王世子於首止。』或曰天子之子稱太子，《尚書》曰：『太子發升於舟。』」案：世大字通，此經竝稱世子，唯《諸子職》云「國有大事，則帥國子而致於大子」，明世大得互稱也。又《司市》「世子爲國君之子」，與此異。賈疏云：「舉尊者而言，其實羣臣及三夫人以下亦養之。」案：賈兼及羣臣者，謂貴近諸臣食於官者，若《左》襄二十八年傳說齊卿有公膳是也。膳夫當亦掌其膳羞之法數，其退食於家，則非此官所掌也。注云「食，飯也」者，《釋文》云：「飯，依字作飰。」案：《說文・食部》云：「食，米也。飯，食也。」飰即飯之俗，陸說非。《淮南子・主術訓》高注云：「穀食曰食。」此食即六穀之飯，《食醫》謂之六食。《内則》云「飯，黍、稷、稻、粱、白黍、黄粱，稰、穛。食，蝸醢而苽食雉羹，麥食脯羹雞羹，析稌犬羹兔羹」是也。云「飲，酒漿也」者，《說文・㱃部》云：「㱃，歠也。」飲即㱃之隸變。《釋名・釋飲食》云：「飲，奄也，以口奄而引咽之也。」案：酒即《酒正》之三酒，漿即下六清。而六清内之醴醫，亦通爲酒，並所以供飲，故通謂之飲。云「膳，牲肉也」者，《廣雅・釋器》云：「膳，肉也。」謂正饌皆六牲之肉。云「羞，有滋味者」者，《庖人》注義同。庶羞百有二十品，皆肉及菜果之有滋味者，故於膳之外別言之。案：《内則》載上大夫庶羞二十豆，目之爲膳。彼庶羞即此羞。六牲之外，有雉兔鶉鴽，亦名膳者，蓋散文得通。云「凡養之具，大略有四」者，賈疏云：「下文仍有珍用八物，醬用百有二十罋，不言之者，此舉大者。珍醬是饋之小者，略而不言。」凡王之饋，食用六穀，膳用六牲，飲用六清，羞用百有二十品，珍用八物，醬用百有二十罋。進物於尊者曰饋。此饋之盛者，王舉之饌也。六牲，馬牛羊豕犬雞也。羞，出於牲及禽獸，以備滋味，謂之庶羞。《公食大夫禮》《内則》下大夫十六，上大夫二十，其物數備焉。天子諸侯有其數，而物未得盡聞。珍謂淳熬、淳毋、炮豚、炮牂、擣珍、漬、熬、肝膋也。醬謂醯醢也。王舉則醢人共醢六十罋，以五齊、七醢、七菹、三臡實之。醯人共齊菹醯物六十罋。鄭司農云：「羞，進也。六穀，稌、黍、稷、粱、麥、苽。苽，彫胡也。六清，水、漿、醴、涼、醫、酏。」疏：「凡王之饋」者，此王饋食之大數也。王舉則此官依法數共而親饋之。注云「進物於尊者曰饋」者，賈疏云：「據此文云王之饋，及《少牢》《特牲》皆云饋食，是進物於尊者曰饋。鄭注《玉府》云通行曰饋者，彼對獻是進物於尊，則饋是通行也。」詒讓案：此謂膳夫親進饋於王也。《說文・食部》云：「饋，餉也。」《淮南子・詮言訓》許慎注云：「饋，進食也。」《士虞禮》「特豕饋食」，注云：「饋猶歸也。」凡經典於生人飲食，鬼神祭享通謂之饋，亦並取進餉之義，本不辨尊卑，鄭緣文爲訓耳。云「此饋之盛者，王舉之饌也」者，食膳飲羞珍醬六者咸備其物，是饋饌之至盛者，故下注云「殺牲盛饌曰舉」。但此皆通舉大數，不必盡用；其常食亦取具於是，而數尤少，唯王所欲而進之。云「六牲，馬牛羊豕犬雞也」者，《牧人》注義同。《說文・牛部》云：「牲，牛完全也。」引申爲凡畜之稱。鄭意此六牲即《庖人》之六畜，故彼注云「始養之曰畜，將用之曰牲」是也。王引之云：「此六牲與《牧人》不同。《牧人》之六牲謂馬牛羊豕犬雞，此六牲則牛羊豕犬鴈魚也。蓋膳夫之食飲膳羞，與食醫之六食六飲六膳百羞相應。《食醫職》曰：『凡會膳食之宜，牛宜稌，羊宜黍，豕宜稷，犬宜粱，鴈宜麥，魚宜苽。』牛、羊、豕、犬、鴈、魚，所謂六膳也。稌、黍、稷、粱、麥、苽，所謂六食也。鄭司農以稌黍稷粱麥苽爲六穀，其說洵不可易。由是推之，則牛羊豕犬鴈魚，亦膳夫之六牲明矣。鴈謂鵝也。《堯典》『二生一死贄』，馬融以二生爲羔鴈。《史記・封禪書》《漢書・郊祀志》並作『二牲』，蓋羔與鵝皆常畜之物，故謂之牲也。魚亦可畜之池，故亦謂之牲。《大司馬》『大祭祀饗食羞牲魚』，鄭司農曰『大司馬主進魚牲』是也。牛宜稌，羊宜黍，豕宜稷，犬宜粱，鴈宜麥，魚宜苽，猶《月令》食麥與羊，食菽與雞，食稷與牛，食麻與犬，食黍與彘，皆以牲配穀。鄭未考《食醫》之文，故說之未確。」案：王說是也。姜兆錫說同。此經所用者，生人膳食之六牲；牧人所掌者，鬼神祭祀之六牲也。馬尤爲大牲，不以供膳羞，惟大司馬喪祭奉之，明其不常用也。云「羞出於牲及禽獸，以備滋味，謂之庶羞」者，《公食大夫禮》「士羞庶羞」，注云：「庶，衆也。進衆珍味可進者也。」案：庶羞者，别於正饌之言。凡祭禮、食禮，三牲骨體、腸胃、膚、魚、腊並在俎，肉羹湆在鉶，及豆醬之醯醢，是爲正饌。此外三牲胾炙，及他禽獸蟲魚菜果衆物在籩豆者，並謂之庶羞，是爲加饌，所以備極珍味，故其數特多也。賈疏云：「案《公食大夫》，下大夫十六豆中，從膷臐膮已下，皆出於牲，不見有出禽獸者。上大夫加以雉、兔、鶉、鴽，此則出禽獸也。」案：據《内則》，庶羞尚有出於蟲魚菜果者，鄭、賈不言，亦文不具也。又案：此羞百二十品，據共王饋食庶豆之大數言之。其飲酒則又有籩，二者通爲百二十。王與賓客饗食燕，蓋亦用之，而數則有隆殺不同。其祭禮朝事饋食之豆籩，加豆籩羞籩，亦通謂之薦羞。詳《宰夫》《籩人》《醢人》疏。云「《公食大夫禮》《内則》下大夫十六，上大夫二十，其物數備焉」者，《公食禮》載國君食下大夫之庶羞：膷一，臐二，膮三，牛炙四，醢五，牛胾六，醢七，牛鮨八，羊炙九，羊胾十，醢十一，豕炙十二，醢十三，豕胾十四，芥醬十五，魚膾十六，所謂下大夫十六豆也。《公食禮》又云：「上大夫庶羞二十，加於下大夫以雉兔鶉鴽。」則雉十七，兔十八，鶉十九，鴽二十也。《内則》文與《公食禮》同，惟以牛鮨爲牛膾，鴽爲鷃，所謂上大夫二十豆也。是上下大夫禮其物數備於彼二經也。云「天子諸侯有其數，而物未得盡聞」者，賈疏云：「此經云百有二十者，是天子有其數。《掌客》云『上公食四十，侯伯三十二，子男二十四』，是諸侯有其數也。天子諸侯之數，皆從上大夫二十豆上加之。《内則》云『牛脩及爵、鷃、蜩、范、芝栭』已下三十一物，鄭注云『皆人君燕食所加庶羞也』。《周禮》天子羞用百有二十品，記者不能次録，亦是有其物未盡聞也。」案：賈謂天子庶羞百二十品，以籩豆分之，則六十豆也。凡食有正豆，有庶羞之豆。《掌客》致飧正豆謂之豆，庶羞謂之食，其數正等。以次差之，天子正豆與庶羞，蓋皆六十。此經醬用百二十罋，正豆即在其内。饋食之庶羞唯有豆，其見於《掌客》《公食大夫禮》者，並爲豆而無籩。而《内則》牛脩等三十一物，鄭並以爲庶羞，内有脩脯蔆棗栗榛，皆見於《籩人》，則鄭謂庶羞亦有籩，蓋燕飲之所用也。《禮器》云：「天子之豆二十有六，諸公十有六，諸侯十有二，上大夫八，下大夫六。」鄭彼注及《掌客》注謂彼皆堂上正豆，孔疏引熊安生說以爲正羞醯醢百二十罋之等是也。彼疏又引皇侃云：「天子庶羞百

二十品，籩豆各六十。今云二十六者，説堂上數也。堂下東西夾各十七，兩十七合三十四，三十四就二十六，故合六十也。」案：皇氏以彼爲庶羞，與鄭注及《公食禮》不合，孔亦席其非是。其謂天子庶羞籩豆各六十，則與鄭、賈説同。是則下大夫正豆十六，堂上六，庶羞亦十六豆；上大夫正豆二十，堂上八，庶羞亦二十豆；子男正豆二十四，堂上十二，庶羞亦二十四；侯伯正豆三十二，堂上亦十二，庶羞亦三十二；諸公正豆四十，堂上十六，庶羞亦四十；天子正豆六十，堂上二十六，庶羞亦六十也。但天子正豆東西夾各十七，即違「鼎俎奇籩豆偶」之義；故王引之席其非，而謂天子當四十八豆，堂上二十，東西夾各十四，其説較通，然與《禮器》不合。竊疑天子或當五十豆，堂上二十六，東西夾各十二，經有六十者，亦備其數，不盡用也。庶豆亦五十，籩如之，故《内饔》《食醫》並云百羞，《國語·周語》云百籩。《荀子·正論篇》説天子食禮云「執薦者百人侍西房」，似亦指進庶羞言之。云「珍謂淳熬、淳毋、炮豚、炮牂、擣珍、漬熬、肝膋也」者，並據《内則》爲説。彼文云「淳熬，煎醢加於陸稻上，沃之以膏，曰淳熬」。鄭彼注云：「淳，沃也。熬亦煎也。沃煎成之，以爲名。」又「淳毋，煎醢加於黍食上，沃之以膏，曰淳毋」。注云：「毋讀曰模。模，象也。作此象淳熬。」又「炮，取豚若將，封之刲之，實棗於其腹中，編萑以苴之，塗之以謹塗，炮之。塗皆乾，擘之，濯手以摩之，去其皽。爲稻粉，糔溲之以爲酏，以付豚，煎諸膏，膏必滅之。鉅鑊湯，以小鼎薌脯於其中，使其湯毋滅鼎，三日三夜毋絶火，而後調之以醯醢」。注云：「炮者，以塗燒之爲名也。將當爲牂。牂，牝羊也。封、刲，博異語也。謹當爲墐，聲之誤也。墐塗，塗有穰艸也。皽謂皮肉之上魄莫也。糔、溲，亦博異語也。糔讀與滫瀡之滫同。薌脯，謂煮豚若羊於小鼎中，使之香美也。謂之脯者，既去皽，則解析其肉使薄，如爲脯然，唯豚全耳。豚羊入鼎三日，乃内醯醢可食也。」又「擣珍，取牛羊麋鹿麕之肉，必脄，每物與牛若一。捶反側之，去其餌，孰出之，去其皽，柔其肉」。注云：「脄，脊側肉也。捶，擣之也。餌，筋腱也。柔之，爲汁和也。汁和，亦醯醢與？」又「漬，取牛肉，必新殺者，薄切之，必絶其理，湛諸美酒，期朝而食之，以醢若醯醷」。注云：「湛亦漬也。」又「爲熬，捶之，去其皽，編萑，布牛肉焉，屑桂與薑，以灑諸上而鹽之，乾而食之」。注云：「熬，於火上爲之也。今之火脯似矣。」又「肝膋，取狗肝一，幪之以其膋，濡炙之，舉焦其膋，不蓼」。注云：「膋，腸閒脂。」賈疏云：「是爲八珍。彼有糝與酏，彼是羞豆之實，非珍，故不取。」云「醬謂醯醢也」者，據《醢人》共醢六十罋，《醢人》共醢物六十罋，《掌客》上公饔餼醯醢百二十罋，即此醬之數也。《説文·酉部》云：「醬，醢也。从肉、酉，酒以龢醬也。爿聲。」案：醬即酱之俗。醢亦含齏菹臡等言之，故《論語·鄉黨》皇疏云：「古者醬、齊、菹三者通名也。」江永云：「醬者，醯醢之總名。醢之物有七。醓醢，豕肉作之。又陸産之物有蚳、兔、鴈，水産之物有蝸、蠯、魚，或閒有之，未必皆備。《内則》有卵醬，亦魚醢之類；有芥醬，則《醯人》七菹之類漬諸醯而成者也。醬物以醯醢爲主，或於烹魚肉時以醬和之，濡雞濡鼈醢醬，濡魚卵醬是也。或於食魚肉膾脯時以醬配之，腶脩蚳醢，脯羹兔醢，麋膚魚醢，魚膾芥醬，麋腥醢醬是也。凡稱醢醬，或單言醢者，醓醢也。言醢醬者，以醢和醬也。濡豚不用醬，而三牲和用醢。用梅醬作之者，爲醷醢。醷主酸，醢主鹹。《公食禮》『凡炙無醬』，注云『已有鹹和』是也。」案：江説甚覈。唯王舉用大牢，則醢醢當兼有羊牛豕肉之醢。互詳《醢人》疏。云「王舉則醢人共醢六十罋，以五齏、七醢、七菹、三臡實之，醢人共齏菹醯物六十罋」者，據《醢人》《醢人》文。醯醢各六十罋，合之正百有二十罋，證醬即醯醢也。罋者甕之隸變。《説文·缶部》云：「甕，汲缾也。」《既夕禮》注云：「甕，瓦器，其容蓋一觳。」《廣雅·釋器》云：「甗，瓶也。」甕、甗並甕之俗。聶氏《三禮圖》引舊圖云：「罋以盛醯醢，高一尺，受二斗。」案：依《陶人》注，則觳受斗二升，故賈《聘禮》疏謂罋與簋同受斗二升。《禮圖》説與《既夕》注義不合，恐誤。鄭司農云「羞，進也」者，《爾雅·釋詁》文。《説文·羊部》云：「羞，進獻也。」《大司徒》《牛人》《小子》《司士》注並同。云「六穀，稌黍稷粱麥苽」者，據《食醫》文。《大宰》有九穀，此止用六者，與《倉人》注之六米同，皆謂穀之有米可爲飯者。九穀中有麻與大小豆，並不成米，不可爲飯，故不用。先鄭釋《大宰》九穀，有稷無粱，則非也。《玉藻》説諸侯法云「朔月四簋」，依注當爲黍稷稻粱，孔疏云：「以此而推，天子朔月大牢，當六簋，黍稷稻粱麥苽各一簋也。」案：據孔説，則天子唯朔食備用六穀，常食亦止四簋，與諸侯朔食同也。云「苽，彫胡也」者，《食醫》注同。《説文·艸部》云：「苽，彫苽，一名蔣。」《西京雜記》云：「菰之有米者，長安人謂之彫胡。」《廣雅·釋艸》云：「菰，蔣也。其米謂之彫胡。」《淮南子·原道訓》高注云：「菰者，蔣實也。其米曰彫胡。」《楚辭·大招》「五穀六仞，設菰粱只」。王逸注云：「菰粱，蔣實，謂彫葫也。」案：苽、菰、彫、蓬、胡、葫，字並同。唐慎微《證類本艸》引蘇頌《圖經》云：「菰即江南人呼爲茭艸者。生水中，葉如蒲葦。其苗有根梗者謂之菰蔣艸，至秋結實，乃彫胡米也。」程瑶田云：「茭艸有牝牡之異。根成菌者爲牡，秋末抽莖，吐秀結實。」案：程説甚覈。《淮南子·詮言訓》云「菰飯犓牛，弗能甘也」，《古文苑》宋玉《諷賦》云「爲炊彫胡之飯」，是古人有以苽米爲飯。《内則》云「苽食」。《論語·鄉黨篇》云「雖疏食菜羹苽祭，必齊如也」。故二鄭以充六穀之一。但苽非常食，劉向《列女傳·母儀篇》云「精五飯」，蓋以六穀去苽是爲五飯矣。云「六清，水漿醴涼醫酏」者，《釋文》云：「醇，本又作涼。又酏作酏。」案：此即《漿人》之六飲也。彼文醇亦作涼。酏即酏之俗，陸本非。彼六飲中，醴、醫、酏並有清糟。據彼注，漿涼亦當清糟兩有。此云六清者，以水唯有清無糟，又飲以清爲主故也。

又《腊人》

腊人掌乾肉，凡田獸之脯腊膴胖之事。大物解肆乾之，謂之乾肉，若今涼州烏翅矣。薄析曰脯，捶之而施薑桂曰鍛脩。腊，小物全乾。疏：「掌乾肉」者，通牲獸言之也。云「凡田獸之脯腊膴胖之事」者，田獸即《庖人》六獸之屬，獸人所入者也。蓋此官本正掌共田獸之肉，田獸不皆生得，其肉鮮少乾多，以其習於乾肉之事，故并使掌家牲之乾肉。若家牲之腥肉，則自有庖人、内外饔共之，非此官所掌也。其獸肉則腥乾兼掌，故賈疏引《鄭志》云：「趙商問：腊人掌凡乾肉，而有膴胖何？鄭荅：雖鮮亦屬腊人。」姜兆錫云：「牢鼎之實，腊與鮮腊爲二鼎，則腊人掌乾肉，自有枯潤之不同也。」案：姜説是也。《士昏禮》及《聘禮》《公食大夫禮》並有鮮腊，《既夕禮》又謂之鮮獸，注云「鮮，新殺者」。此膴胖蓋亦以獸肉之新殺者制之矣。阮元云：「『膴胖之事』四字疑衍文，下經『膴胖』始有注。若於此先言膴

胖，二鄭、杜氏、康成當於此下注矣。《釋文》出胖字音於『豆脯』之下，則陸本尚未誤衍。此疏引趙商問腊人掌凡乾肉而有膴胖何，亦據下文言之。」案：阮據《釋文》校，於義近是。《甸祝》疏亦引此經「掌凡田獸之脯腊」，而此疏標起止，則有「之事」二字，或是後人竄改，非賈氏之舊。但有此四字，於義亦尚可通，未敢專輒删定也。

注云「大物解肆乾之，謂之乾肉」者，凡牲獸大者不易乾，故必解肆其骨體而後乾之，以爲俎實，《禮經》謂之乾肉折俎。解肆謂亦若腥牲有豚解七體、體解二十一體之等也。詳《内饔》疏。散文通言，凡脯腊之屬，並爲乾肉，大物乾肉亦通謂之腊，《少牢饋食禮》云「腊用麋」是也。對文析言，則乾肉之異於腊者，一解肆，一全乾也。又異於脯脩者，一體折爲俎實，一薄析爲籩實也。姜兆錫云：「首句言乾肉，而下句乃指田獸言之，則是牲肉。」案：此乾肉鄭不别牲獸，賈謂專屬獸肉，姜則謂專屬牲肉。今諦審經言凡田獸以下爲區别之文，則乾肉自當兼含牲獸，賈、姜二義，相兼乃備。《禮經》所言者，則皆三牲之肉。《士冠禮》始醮再醮有脯醢，三醮乃有乾肉折俎。注云：「乾肉，牲體之脯也。折其體以爲俎。」《士虞記》注義同。然則此官牲獸兼掌乾肉之義，與《禮經》亦不異也。云「若今涼州烏翅矣」者，《士虞記》「乾肉」注義同。烏翅，蓋漢時涼州所出乾肉，亦解肆牲體而乾之，故鄭以爲況。烏翅名義未詳。云「薄析曰脯」者，《説文·肉部》云：「脯，乾肉也。」《内則》注云：「脯皆析乾肉也。」案：散文脯與乾肉亦通稱。凡脯，牲獸兩有。《内則》有鹿脯、田豕脯、麇脯、麕脯，此獸脯也。又有脯羹，注謂析乾牛羊肉，此牲脯也。《齊民要術》作脯法云：「用牛羊麞鹿野豕豬肉，或作條，或作片。」鄭云薄析，即謂作片，故後注謂胖之言片析肉意。《鄉射禮記》云：「薦脯用籩五膱，膱長尺二寸。」膱，《鄉飲酒記》又謂之脡，皆片析之名，其長逾尺，則雖片析，又近於條矣。云「捶之而施薑桂曰鍛脩」者，《内饔》注云：「脩，鍛脯也。」《郊特牲》云：「大饗尚鍛脩而已矣。」《有司徹》注云：「鍛脩，擣肉之脯。」又《内則》注云：「鍛脩，捶脯施薑桂也。」又云：「捶，擣之也。」案：腶即鍛之俗，《昏義》字又省作「段」。《淮南子·道應訓》高注云：「捶，鍛擊也。」蓋脩亦薄析乾之，與脯同，故《少儀》「束脩」孔疏謂即十脡脯。是亦片析爲膱之證。但既析乾之後，又捶擣之使堅實而加薑桂，以助其辛烈之味，是曰鍛脩。《内則》説八珍之熬，亦先捶之而屑薑桂洒諸上而鹽之，乾而食之。作鍛脩法，蓋與彼略同。凡脩亦牲獸兩有，互詳《膳夫》《内饔》疏。云「腊，小物全乾」者，《説文·日部》云：「昔，乾肉也。重文𦠆，籀文从肉。」《釋名·釋飲食》云：『腊，乾肉也。』案：小物全乾，謂小禽獸之屬不解肆者，若《庖人》注云「腒乾雉」，《既夕禮》注云「士腊用兔」是也。賈疏云：「案《特牲》云『陳鼎于門外，棜在其南，南順，實獸于上』，又云『宗人舉獸尾』，是其全者。士用兔，是其小物全乾。少牢用麋，不云舉獸尾，則未全。若然，則天子諸侯之所用雖無文，其獸必大，亦不必全。今云全者，據有全者耳。」案：賈説是也。《易·噬嗑》六三爻辭云「噬腊肉」，又六五云「噬乾肉」，彼釋文引馬融云：「晞於陽而煬於火曰腊肉。」是腊與乾肉不同。但《禮經》凡言腊者，皆田獸。田獸之中，若麋鹿之屬，亦有大物，自當解肆乾之，不必皆全，則亦通謂之腊，故《莊子·外物篇》説任公子得大魚離而腊之，是即析乾者也。散文腊乾義通，故許、劉並以乾肉詁昔矣。

凡祭祀，共豆脯，薦脯、膴、胖，凡腊物。

脯非豆實，豆當爲羞，聲之誤也。鄭司農云：「膴，膺肉。」鄭大夫云：「胖讀爲判。」杜子春讀胖爲版，又云「膴胖皆謂夾脊肉」。又云「禮家以胖爲半體」。玄謂《公食大夫禮》曰「庶羞皆有大」。《有司》曰「主人亦一魚，加膴祭于其上」。《内則》曰「麋鹿田豕麕皆有胖」。足相參正也。大者，胾之大臠。膴者魚之反覆。膴又詁曰大，二者同矣，則是膴亦牒肉大臠。胖宜爲脯而腥，胖之言片也，析肉意也。禮固有腥腍爓，雖其有爲孰之，皆先制乃亨。疏：「凡腊物」者，即獸腊載於俎者也。

注云「脯非豆實，豆當爲羞，聲之誤也」者，以豆盛濡物，與脯爲乾肉不相應也。古音豆在侯部，羞在尤幽部，合音相近，故云聲之誤。賈疏云：「案《籩人職》有栗脯，則脯是籩實，故云脯非豆實也。知豆當爲羞者，案《籩人職》云：『凡祭祀共其籩薦羞之實。』鄭云：『未飲未食曰薦，已飲已食曰羞。』羞薦相對，下既言薦脯，明上當言羞脯也。」案：依鄭、賈説，則羞脯者謂加籩羞籩之實，薦脯者謂朝事饋食之籩實，則二者皆主籩而言也。據《爾雅·釋器》云：「竹豆謂之籩。」是籩亦可稱豆。而鄭必破豆爲羞者，以此經凡言籩豆者，皆塙爲二器，不相叚借，不可援彼釋此也。易祓、陳友仁、姜兆錫、江永竝據《王制》天子歲三田一爲乾豆之文，證此豆脯不必破字。攷《王制》鄭注云：「乾豆謂腊之以爲祭祀豆實也。」賈《醢人》《甸祝》及《鄉射禮》疏、《王制》孔疏，並謂脯非豆實，而别據《醢人》注云「作醢及臡者，必先膊乾其肉」，釋乾豆之義，此與易、陳諸説可互通。惠士奇又據《内則》脯羹，證脯可爲豆實。依諸家説，則脯雖不盛於豆，而以脯爲醢爲羹，則不妨爲豆實。此皆不破字，而説尚可通，附著之以廣異義。鄭司農云「膴，膺肉」者，《内饔》注同。鄭大夫云「胖讀爲判」，杜子春讀胖爲版者，段玉裁云：「判、版、胖，古音同在元寒桓删山先部，兩『讀爲』疑當作『讀如』，此擬其音，不必易其字。其字從肉，則正字也。《説文·半部》：胖字下曰『半體肉也』。膴字下曰『《周禮》有膴判』。」案：段謂兩「讀爲」當作「讀如」是也。《説文·肉部》引《周禮》作判者，依鄭大夫讀；《半部》胖訓半體者，據《儀禮》。二文不相妨也。又云「膴胖皆謂夾脊肉」者，此讀膴爲脢也。《内饔》先鄭注亦以膴爲夾脊肉，詳彼疏。胖者，《内則》「鵠鴞胖」，鄭注云：「胖謂脅側薄肉也。」脅側薄肉即夾脊肉也。又云「禮家以胖爲半體」者，禮凡用成牲者皆胖升。《少牢饋食禮》云：「司馬升羊右胖，髀不升。肩、臂、臑、膊、骼，正脊一，脡脊一，横脊一，短脅一，正脅一，代脅一，皆二骨以並。」又司士升豕右胖，文與升羊同。又《既夕禮》云：「厥明，陳鼎五于門外，其實羊左胖，髀不升。」是《禮經》所謂胖者，並謂半體。凡吉禮牲皆用右胖，變禮反吉，用左胖。《説文》亦以胖爲半體肉。《廣雅·釋詁》云：「胖，半也。」並與禮家説同。後鄭則謂此膴胖義與左右胖異，故亦不從其説。云「玄謂《公食大夫禮》曰庶羞皆有大」者，鄭彼注云：「大，以肥美者特爲臠，所以祭也。魚或謂之膴，膴，大也。唯醢醬無大。」引之者，證牲獸肉本名大也。又引《有司》曰「主人亦一魚加膴，祭于其上」者，此證膴本爲割魚大臠之名也。鄭彼注云：「膴讀如『殷冔』之冔，刳魚時，割其腹以爲大臠也，可用祭也。」案：《禮經》本作「侑主人皆一魚」，此鄭所省改。引《内則》曰「麋鹿田豕麕皆有胖」者，《内則》文胖本作「軒」，鄭彼注云：「軒讀爲憲，憲謂藿葉切也。軒或爲胖。」此鄭依或本引之。案彼上文云「鹿脯田豕脯麇脯麕脯」，而云「皆有胖」，明脯乾胖腥，文正相對，足證胖如脯而腥之義。又彼下文云：「肉腥細者爲膾，大

者爲軒。」又云：「野豕爲軒。」注「軒亦或作胖」。《少儀》說野豕爲軒云「聶而不切」，則知《內則》之胖不爲半體矣。云「足相參正也」者，謂《有司徹》之大，可證此經之膴。《公食禮》之膴，雖與此膴異物，而同爲大臠，亦足相證。據《內則》，知此胖與禮家半體之胖不同，皆足相參正也。云「大者胾之大臠」者，釋《公食禮》文。《說文・肉部》云：「胾，大臠也。」案：此謂三牲鳥獸之腥肉也。云「膴者，魚之反覆」者，釋《有司徹》文。《少儀》注云：「膴，大臠，謂刳魚腹也。」案：膴覆聲近，鄭意刳魚腹取大臠反覆之，故謂之膴。此膴之本義。《籩人》朝事之籩有「膴鮑魚鱐」，注云「膴，牒生魚爲大臠」是也。云「膴又詁曰大，二者同矣」者，《爾雅・釋詁》云：「幠，大也。」膴與幠音義並同。言此者，明膴與大雖以魚肉異名，義則同也。云「則是膴亦牒肉大臠」者，明此膴即《公食禮》之大，叚牒魚大臠之名以名牒肉大臠，不當如先鄭及杜子春說也。《內饔》注義亦同。又《說文・肉部》云：「膴，無骨腊也。揚雄說鳥腊。《周禮》有膴判。」許意蓋以此經膴胖與脯腊同掌，故亦釋爲腊物。膴爲無骨腊者，蓋即謂牒肉大臠之乾昔者。此疑本賈侍中說，亦足備一義也。云「胖宜爲脯而腥」者，《內饔》注義同。云「胖之言片也，析肉意也」者，胖與膴同爲腥肉，胖又薄析之，不爲大臠，即《內側》注所謂藿葉切之也。《廣雅・釋詁》云：「片、胖，半也。」《說文・片部》云：「片，判木也。」胖判片聲並相近，片絕之乾，以此爲異。阮元云：「《玉篇・肉部》引作『胖之言半也』。古書片半通用，其音義皆同。」云「禮固有腥膴爓，雖其有爲孰之，皆先制乃亨」者，賈疏云：「祭祀之禮，肫解而腥之，又有體解而爓之，又有薦孰之禮。《禮經》固有此三者，皆當先制爲胖。言此者，證胖與膴不同，破諸家之意。」案：賈說非也。《郊特牲》云：「腥肆爓腍祭。」鄭彼注云：「腍，熟也。」又《祭義》云「爓祭祭腥而退。」注云：「爓祭祭腥，爓肉腥肉也。湯肉曰爓。」細繹鄭意，蓋謂禮有腥腍爓之薦，腥是生肉，爓是半生半熟之肉，腍是孰肉。然雖有孰薦，亦必先以生肉依法制割而後亨之。明此腊人所掌膴胖，亦是未亨之前制之，或牒爲大臠，或薄析之，故得爲腥肉也。賈乃謂證胖與膴不同，失其恉矣。賓客、喪紀，共其脯腊，凡乾肉之事。疏：「共有脯腊，凡乾肉之事」者，賈疏云：「此所共者，共內外饔也。」

又《醢人》

醢人掌四豆之實。朝事之豆，其實韭菹、醓醢，昌本、麋臡，菁菹、鹿臡，茆菹、麇臡。醢，肉汁也。昌本，昌蒲根，切之四寸爲菹。三臡亦醢也。作醢及臡者，必先膊乾其肉，乃後莝之，雜以粱麴及鹽，漬以美酒，塗置甀中百日則成矣。鄭司農云：「麋臡，麋骭髓醢。或曰麇臡，醬也。有骨爲臡，無骨爲醢。菁菹，韭菹。」鄭大夫讀茆爲茅。茅菹，茅初生。或曰茆，水艸。杜子春讀茆爲卯。玄謂菁，蔓菁也。茆，鳧葵也。凡菹醢皆以氣味相成，其狀未聞。疏：「掌四豆之實」者，此並與籩人、醢人爲官聯也。《說文・豆部》云：「豆，古食肉器也。梪，木豆謂之梪。」《詩・大雅・生民篇》「于豆于登」，毛傳云：「木曰豆，瓦曰登。豆，薦菹醢也。登，大羹也。」王涇《大唐郊祀錄》引《三禮圖》云：「豆，以木爲之，受四升，高尺二寸，黍亦中。」案：此四豆以盛菹醢，則皆木豆也，與旊人所爲瓦豆異。正字皆作梪，經典通作豆。凡祭祀，以豆盛濡物，亦分四次薦之。朝事、饋食加豆皆八豆，羞豆則二豆，與籩人四籩數正相當也。賈疏云：「言四豆之實者，豆與籩並設，節數與四籩同時，亦謂朝事饋食加豆羞豆之實是也。」云「朝事之豆」者，賈疏云：「亦謂朝踐節八豆，並後設之。」云「其實韭菹醓醢，昌本麋臡，菁菹麋臡，茆菹麋臡」者，《釋文》云：「醓，本又作盜。」案：盜即監之譌，詳後。賈疏云：「於豆內齏菹之類，菜肉通全物若牒爲菹，細切爲齏。又不言菹者，皆是齏，則昌本之類是也。」詒讓案：此第一豆亦最尊，故《左》僖三十年傳，魯饗周公閱，辭昌歜。《禮經》惟《聘禮》致饔餼，全用此八豆。《公食大夫禮》六豆，則無茆菹麋臡。上大夫八豆，注謂因六豆而加以葵菹、蝸醢。《少牢饋食禮》則用韭菹醓醢，葵菹蠃醢，皆參用饋食之豆。《有司徹》上大夫賓尸，則唯用韭菹醢、昌菹醢。皆不備用，亦禮之殺也。又案《郊特牲》云：「恆豆之菹，水艸之和氣也；其醢，陸產之物也。加豆，陸產也；其醢，水物也。」注云：「此謂諸侯也。天子朝事之豆，有昌本麋臡，茆菹麇臡。饋食之豆，有葵菹蠃醢，豚拍魚醢。其餘則有雜錯云也。」《詩・大雅・既醉》孔疏云：「《記》言恆豆、加豆，鄭引朝事、饋食，則以朝事爲恆，饋食爲加，取其水陸相配與記同者而證之，以恆加相亞，宜爲朝事與饋食，故不爲饋外之加焉。其餘錯雜者，於《醢人》云朝事之豆，有韭菹菁菹，非水艸也；饋食之豆，有蜃蚳醢，蜃非陸產，蚳非水物，故言雜錯也。」案：依《郊特牲》注說，則四豆惟朝事爲恆豆，饋食以下三豆並爲加豆，與此經加豆爲第三豆異。《郊特牲》孔疏謂彼加豆，亦即此經第四豆，與《詩疏》俛異，於義雖可通，然非鄭恉也。但此經四豆之實，水陸錯出，與《禮記》所說，亦不相應。鄭以爲天子禮異，理或然矣。注云「醢，肉汁也」者，《說文・肉部》云：「肬，肉汁滓也。」又《血部》云：「監，血醢也。《禮》有監醢，以牛乾脯粱䊤鹽酒也。」無醓字。《聘禮》注云：「醓，醢汁也。」又《公食大夫禮》注云：「醓醢，醢有醓。」畢沅校本《釋名・釋飲食》云：「醓，多汁者曰醓。醓，瀋也。宋魯人皆謂汁爲瀋。」《毛詩・小雅・行葦》傳云：「以肉曰醓醢。」案：《說文》云「禮有監醢者」，許所見《儀禮》《周禮》經文，並作監醢也。二徐本作《禮記》，非。今從段玉裁校刪。依許說，則肬爲肉汁滓，監爲血醢，二義不同。然《禮經》無血醢，而鄭說醓醢，正與《許書》肬字說解同。竊謂正字當本作肬，監乃後來孳生字。二《禮》及《毛詩》並作醓，此經別本又作盜，皆監之變體。漢時禮家說，蓋有以醓爲血醢者，許遂別以監隸《血部》，實則與肬是一字也。凡《禮經》單言醢，不著牲獸者，並即三牲之醓醢，是肉非血，許說未塙。段玉裁云：「許云汁滓者，謂醢不同湆也。凡醢臡皆有汁，而牛乾脯獨得監名者，六畜不言牲名，他醢臡不言監，立文錯見之法。汁即鹽酒所成，言皆勝物，非有孰汁也。毛傳云『以肉曰醓醢』，大鄭云『醓醢肉醬也』，皆言肉以包汁。不言何肉者，蓋謂《周禮》六牲之肉，下文醓臡麋鹿麇兔鴈，在六獸六禽內可證也。許但言牛乾脯者，舉六牲之一以包其餘也。」案：段說是也。凡醢皆有汁，故實於豆。《行葦》孔疏謂「肉醢特有多汁，故以醓名。其無汁者，自以所用之肉魚鴈之屬爲名」，非也。又《內則》記大夫庶羞二十，牛炙、牛胾，羊胾、豕炙之下，並有醢。孔疏引熊氏云：「此經承牛羊之下，則是牛肉羊肉之醢。以其庶羞，故得用三牲爲醢。若其正羞，則不得用牲，故《醢人職》無云牲之醢也。」今案：熊說亦非也。此經醓醢，即是三牲之醢，安得謂《醢

人職》無牲醢乎？云「昌本，昌蒲根」者，《公食大夫禮》注云：「昌本，昌蒲本菹也。」《呂氏春秋・任地篇》云：「冬至後五旬七日，菖始生。」高注云：「菖，菖蒲，水艸也。」又《克己篇》注云：「本，根也。」昌蒲根菹，又謂之昌歜。《左僖》三十年傳云：「饗有昌【略】」云「三臡亦醢也」者，對文則有骨爲臡，無骨爲醢，散文則通。《有司徹》凡臡亦並通曰醢。云「作醢及臡者，必先膊乾其肉，乃後莝之，雜以粱麴及鹽，漬以美酒，塗置甀中，百日則成矣」者，此釋作醢及臡之法。膊乾者，《説文・肉部》云：「膊，薄脯，脯之屋上。」《方言》云：「膊，暴也。燕之外郊，朝鮮洌水之閒，凡暴肉謂之膊。」《釋名・釋飲食》云：「膊，迫也，薄椓肉，迫著物使燥也。」莝者，《説文・艸部》云「斬芻也」。《急就篇》顔注云「細斫稾也」。此引申爲細切肉之稱。蓋先析肉爲薄片，暴乾之爲脯，復細切之，和粱麴等物以爲之。《説文》説作醢醢法，與此正同。粱麴者，以粱米爲麴。《漢書・平當傳》如淳注引《漢律》云：「粟米一斗，得酒一斗，爲下。」此粱麴，即粟米所作之麴也。甀者，小口甖，詳《淩人》疏。賈疏云：「案《王制》云『一爲乾豆』，鄭注云：『謂腊之以爲祭祀豆實也。』脯非豆實，亦謂作醢始得在豆，與此先膊乾其肉義合。」鄭司農云「麋臡，麋骭髓醢」者，《説文・骨部》云：「骭，骹也。髓，骨中脂也。」《爾雅・釋訓》郭注云：「骭，脚脛。」案：髓即膸之變體。若依此説，則鹿麋諸臡，並骭髓醢矣。此於經無論，故後鄭不從。云「或曰麋臡醬也」者，《説文・酉部》云：「醢，肉醬也。」《廣雅釋器》云：「醢，醬也。」此又一説，直謂麋肉爲之，與前麋骭髓醢説異。以諸醢通例校之，後説爲是。云「有骨爲臡，無骨爲醢」者，亦或説也。謂臡醢但以有骨無骨爲異，不用骭髓也。《爾雅・釋器》云：「肉謂之醢，有骨謂之臡。」郭注云：「醢，肉醬。臡，裸骨醬。」《説文・肉部》云：「腝，有骨醢也。重文臡，腝或从難。」《釋名・釋飲食》云：「醢有骨者曰臡。臡，昵也，骨肉相傳昵無汁也。醢，晦也。晦，冥也，封塗使密冥乃成也。」《公食大夫禮》後鄭注云：「醢有骨謂之臡。」與先鄭説同。云「菁菹，韭菹」者，《説文・艸部》云：「菁，韭華也。」又《韭部》云：「韭，菜名。一種而久者，故謂之韭。」《廣雅・釋艸》云：「韭，其華謂之菁。」《玉燭寶典》引《四民月令》云：「八月收韭菁，作擣齏。」賈疏云：「以菁爲韭菁，於義不可，後鄭不從。若爲菲字，菲則蔓菁，於義爲是，後鄭不應破之，明本作韭，不作菲也。」阮元云：「考疏云『以菁爲韭菁，於義不可，後鄭不從』。據此，是先鄭作『菁菹，韭菁菹也』。韭華謂之韭菁，漢人語尚如此。後人奪下菁字，賈時不誤。」案：阮説是也。上已有韭菹，不當複出，故先鄭以韭菁菹爲釋，別於上文韭菹爲韭葉也。賈所見別本，蓋作「菲菁菹」。疏當云「菲菁則蔓菁」。蓋菲韭形近，菲菁又與韭菁聲相轉，故互誤。今本有挩字。《説文》訓菁爲韭華，知不作韭華菹者，以別本作菲，若爲菲華，則義不可通，賈不宜云於義爲是也。《爾雅・釋艸》云「菲，芴」，郭注云：「即土瓜也。」又「菲，蒠菜」，注云：「菲艸，生下溼地，似蕪菁，華紫赤色，可食。」據郭説，則菲似蕪菁，而實非一物。惟段公路《北户録》云「蕪菁，《小學篇》曰芴菁」，與《釋艸》菲芴字同，故賈云即蔓菁也。云「鄭大夫讀茆爲茅，茅菹，茅初生」者，茆茅聲相近。《鄉師》「大祭祀共茅蒩」。杜注云：「蒩當爲菹，以茅爲菹。」案：茅初生，所謂荑也。《毛詩・邶風・静女》傳云：「荑，茅之始生也。」《玉燭寶典》引《夏小正》云：「二月時有見荑。始收荑也者，取以爲豆實也。」今《大戴禮記》荑作「稊」，誤。又引《詩艸木疏》云：「正月始生，其心似麥欲秀，其中正白，長數寸，食之甘美。」蓋茅初生可作菹，故《小正》取爲豆實矣。賈疏謂茅不可食，誤。云「或曰茆，水艸」者，即後鄭所謂鳧葵也。《祭統》「水艸之菹」，鄭注云「芹茆之屬」。段玉裁云：「此大夫所引或説不改字，又一説也。」云「杜子春讀茆爲卯」者，段玉裁改卯爲茆，云：「杜子春以茆不見於經傳，易爲《魯頌》『薄採其茆』之茆。鄭申之曰鳧葵。知鄭必申杜者，若非杜説，則鄭當云『茆當爲茆，鳧葵也』。且今本杜説讀茆爲卯，殊不可通。若云讀茆如卯，亦當訓爲何物。惟杜破字作茆，則鳧葵之解，已在其中，鄭特明言之耳。陸氏作《釋文》，賈氏作《正義》時，注文已譌繆。又不知卯丣本二聲，茆茆必二字，誤謂本一字，故不能諟正。《周禮・釋文》『茆音卯，北人音柳』，《魯頌釋文》『茆音卯，徐音柳』，皆混茆茆爲一字。《泮水》本是茆字，訓鳧葵，《説文・艸部》可證。韋昭音萌藻反，則韋時丣已誤爲茆矣。《漢律曆志》『冒茆於卯』，茆字僅見於此。」又云：「按杜不云茆當爲茆，而云讀爲茆者，古音卯聲丣聲同在尤幽部。凡易其字而音韻同部者，皆曰讀爲也。」案：段據《説文》定茆字當爲茆，諧丣聲，不當從卯，其説自是。但杜、鄭説字形聲正别，不盡與許同。證以《漢志》冒茆之文及韋昭萌藻之讀，蓋漢時自有從艸卯聲之字，至許君乃定其字爲諧丣聲。然丣卯古音同部，未必卯聲之必不可諧也。竊疑杜、鄭自作茆字，此當云「讀茆如卯」，非正其字，乃擬其音耳。《管子・五行篇》「卯菱」，尹注云：「卯，鳧葵，早春而生也。」字亦作卯可證。云「玄謂菁，蔓菁也」者，《書・禹貢》孔疏引此注「蔓」作「萛」。鄭《坊記》注云：「葑，蔓菁也。陳宋之閒謂之葑。」《方言》云：「蘴蕘，蕪菁也。關之東西謂之蕪菁，陳楚之郊謂之蘴。」郭注云：「蘴，在江東音嵩，字作菘也。」《公食大夫禮》「菁菹」，注云：「菁，萛菁菹也。」蔓、蕪、萛，竝一聲之轉。《詩・邶風・谷風・釋文》引《艸木疏》云：「葑，蕪菁也。」郭璞云：「今菘菜也。」案：《齊民要術》有作蕪菁菹法。又云：「菘菜，似蕪菁，無毛而大。」《説文・艸部》云：「蘆菔似蕪菁，實如小尗者。」則蕪菁乃蘆菔之類，似非即菘也。《本艸》陶注云：「蘆菔是今溫菘，其根可食，葉不中噉。蕪菁根乃細於溫菘，而葉似菘，好食。其子與溫菘甚相似，小細爾。俗人蒸其根及作菹，皆好，但小薰臭爾。」又引唐本注云：「蕪菁，北人又名蔓菁，根葉及子乃是菘類，與蘆菔全别。」陶及《唐本艸》説亦小異。綜校諸説，蕪菁殆即蘆菔之細而長者，葉似菘而實非菘，郭説之誤明矣。云「茆，鳧葵也」者，茆，段玉裁亦改爲茆。《詩・魯頌・泮水篇》「薄採其茆」，毛傳云：「茆，鳧葵也。」《説文・艸部》及《廣雅・釋艸》竝同。《詩》孔疏引《艸木疏》云：「茆與荇菜相似。葉大如手，赤圓有肥者，箸手中滑不得停，莖大如匕柄，葉可以生食，又可鬻，滑美。江南人謂之蓴菜，或謂之水葵。諸陂澤水中皆有。」《魯頌釋文》云：「茆，干寶云：『今之鯢鯱艸，堪爲菹，江東有之。』何承天云：『此菜出東海，堪爲菹醬也。』鄭小同云：『江南人名之蓴菜，生陂澤中。』《艸木疏》同。又云『或名水葵。一云今之浮菜即猪蓴也』。《本艸》有鳧葵，陶弘景以入有名無用品。解者不同，未詳其正。沈以小同及《艸木疏》所説爲得。」詒讓案：據鄭小同、陸璣、沈重説，鳧葵即蓴菜。而《後漢書・馬融傳》李注云：「鳧葵，葉團似蓴，生水中，今俗名水葵。」《證類本艸・菜類》，蓴下引蜀本《圖經》亦云「葉似鳧葵」。此並分鳧葵與蓴爲二，與鄭、陸説異。

又《本艸經》云：「鳧葵生水中，即莕菜也。」又引唐本注及《圖經》，並云「即荇菜」。莕荇字同。今攷《詩·周南·關雎》孔疏引陸疏，說「荇菜浮在水上」。顏之推《家訓·書證篇》亦說荇菜，云「黄華似蓴，江南俗亦名爲猪蓴」。若然，荇菜本浮生，又別名猪蓴。是陸引一云浮菜即猪蓴者，即以鳧葵爲荇菜，與《本艸經》說同也。故《證類本艸·艸類》鳧葵下引唐本注，云「南人名猪蓴」。又引別本注駁之，云「猪蓴與鳧葵，全不相似」。蓋魏晉以來釋鳧葵者，或謂即蓴，或謂是荇菜，則似蓴而非蓴。諸說舛異，要不出此二者。以《詩》攷之，荇見《關雎》，茆見《泮水》，傳箋及陸疏並分別釋之，則鳧葵是蓴，而與荇不同物，殆可無疑矣。云「凡菹醢皆以氣味相成，其狀未聞」者，賈疏云：「經云韭菹醓醢已下，兩兩相配者，皆是氣味相成，之狀不可知，故云其狀未聞。」饋食之豆，其實葵菹、蠃醢，脾析、蠯醢，蜃、蚳醢，豚拍、魚醢。蠃，螔蝓。蜃，大蛤。蚳，蛾子。鄭司農云：「脾析，牛百葉也。蠯，蛤也。」鄭大夫、杜子春皆以拍爲膊，謂脅也。或曰豚拍，肩也。今河閒名豚脅聲如鍛鎛。疏：「饋食之豆」者，賈疏云：「亦與饋食之籩同時而薦。」云「其實葵菹蠃醢」者，《說文·艸部》：「⿱艸癸，菜也。」葵即⿱艸癸之隸變。《齊民要術》引《四民月令》云：「九月可作葵菹。」金鶚云：「葵類最多。《爾雅·釋艸》云：『莃，菟葵。芹，楚葵。』《說文》云：『茆，鳧葵。蘻，鳧葵。』又《爾雅》『齧，苦堇』，郭注云：『今堇葵也。』又『荍，蚍衃』，注云：『今荊葵也。』又『菺，戎葵』，注云：『今蜀葵。』此六者皆有葵名，亦以其可食而味滑也。然皆似葵，爲葵之類，非即葵也。今秋葵，一名側金盞，六月放花，大如椀，鵝黄色，紫心六瓣，朝開暮落，隨即結子。諸葵惟蜀葵根苗嫩時可食，秋葵嫩時食之尤佳。鮑昭《葵賦》云『豚耳鴨掌』，今觀秋葵，其葉如鴨掌，則秋葵即葵菜之葵，明矣。」云「脾析蠯醢，蜃蚳醢，豚拍魚醢」者，賈疏云：「此八豆之內，脾析、蜃、豚拍三者不言菹，皆齏也。」詒讓案：《士冠》再醮、《士喪》大斂奠、《士虞》《特牲》，二豆並用葵菹蠃醢。《士喪》大遣奠四豆，又加以脾析蜱醢。亦士禮殺，不得全用八豆也。注云「蠃，螔蝓，蜃，大蛤，蚳，蛾子」者，《鼈人》注並同。《大戴禮記·夏小正》云：「二月抵蚳。蚳，螘卵也，爲祭醢也。」鄭司農云「脾析，牛百葉也」者，《既夕》注云：「脾讀爲雞脾肶之脾。脾析，百葉也。」《說文·肉部》云：「脾，土藏也。膍，牛百葉也。一曰鳥膍胵。胵，鳥胃也。」段玉裁云：「《既夕》注云：『脾讀爲雞脾肶之脾。』《內則》『鴇奧』注：『奧，脾肶也。』肶與斯，斯與析，音近，故釋脾析爲脾肶。雞鴇皆有脾肶，謂胃也，即許所謂鳥膍胵也。鄭與許字異而音義同。謂之百葉者，胃薄如葉，碎切之故云百葉。未切爲膍胵，既切則謂之脾析，謂之百葉也。此胃也，而經注何以謂之脾？蓋如今人俗語脾胃連言，故以脾之名加於胃也。經文脾析，說禮家容有讀爲膍者，故許從之，不欲與土藏同名也。《莊子·庚桑楚》『臘者之有膍胲』，司馬云『膍，牛百葉也』是也。《大雅》『加肴脾臄』，脾蓋亦謂百葉。許以牛百葉系諸獸，系諸已成之豆實，故以鳥膍胵爲別一義，實則皆謂胃也。《廣雅》云『百葉謂之膍胵』，渾言之也。」案：段說是也。鄭《既夕》注必讀脾爲雞脾肶者，以別於土藏之脾，許君則徑定其字爲膍，與鄭義小異。又《說文·肉部》云：「胘，牛百葉也。」《廣雅·釋器》云：「胃謂之胘。」然則脾析也，脾肶也，膍胵也，百葉也，胘也，五者皆胃之異名。《既夕》注止云百葉，不云牛，賈彼疏云：「《醢人》，天子禮，容有牛。此用少牢，無牛，當是羊百葉，故不云牛。」然則凡牲胃並有百葉之稱，不徒牛矣。云「蠯，蛤也」者，《鼈人》先鄭注同。云「鄭大夫、杜子春皆以拍爲膊，謂脅也」者，段玉裁云：「以拍爲膊，即讀拍爲膊也，易其字而訓爲脅。」詒讓案：《士喪禮》「特豚而胉」，鄭彼注云：「胉，脅也。今文胉爲迫。」《文選·東京賦》「毛炰豚胉」，李注引此經作胉，蓋兼據《禮》古文改。《山海經·西山經》「有窮鬼居之，各在一搏」。郭注云：「搏猶脅也。」案：《說文》無胉字，古蓋無正字，故叚借作拍、胉、迫及膊、搏，聲類並相近也。凡成牲體解，左右脅各分爲三，前曰代脅，次曰長脅，後曰短脅。豚未成牲，則唯解左右脅爲二，《禮》所謂兩胉是也。云「或曰豚拍，肩也」者，段玉裁云：「此又一說，不易字而訓爲肩，拍不得訓肩，此是讀拍爲髆。《說文》曰：『髆，肩甲也。』」案：段說是也。惠士奇說同。《士喪禮》小斂奠云：「兩肩亞，兩胉亞。」此拍與胉字同。彼肩拍相亞，則拍非肩明矣，故後鄭不從。云「今河閒名豚脅聲如鍛鎛」者，段玉裁云：「此鄭君援方言以證前說之是也。河閒謂豚脅爲鎛，則易拍爲膊，訓脅宜矣。膊訓薄，脯膊之屋上，非謂脅也。而依河閒語言，則字用膊訓脅可矣。拍古音與膊、鎛同，鍛鎛即段氏爲鎛器也。古段鍛通用。」加豆之實，芹菹、兔醢，深蒲、醓醢，箈菹、鴈醢，筍菹、魚醢。芹，楚葵也。鄭司農云：「深蒲，蒲蒻入水深，故曰深蒲。或曰深蒲，桑耳。醓醢，肉醬也。箈，水中魚衣。」故書鴈或爲鶉。杜子春云「當爲鴈」。玄謂深蒲，蒲始生水中子。箈，箭萌。筍，竹萌。疏：「加豆之實」者，《國語·周語》韋注云：「加豆，謂既食之後所加之豆也。」賈疏云：「此加豆之實，亦與加籩之實同時設之。」詒讓案：加豆，亦爲加爵時，內宗所薦之豆，在正獻之後。鄭《司尊彝》注，謂在九獻第八獻時所薦，誤也。詳《籩人》疏。云「深蒲醓醢」者，賈疏云：「醓醢與朝事之豆同。」云「筍菹魚醢」者，魚醢亦與饋食同，猶籩人加籩之實栗與饋食同也。注云「芹，楚葵也」者，《爾雅·釋艸》文。郭注云：「今水中芹菜。」《說文·艸部》云：「芹，楚葵也。」又「菦，菜類蒿。《周禮》有菦菹」。《詩·魯頌·泮水》「薄菜其芹」，箋云：「芹，水菜也。」案：鄭、郭並以芹爲楚葵，即水芹也。許則以此芹菹，字當爲菦，而楚葵之芹，別一艸。未知孰是。水菜之芹，《神農本艸經》又作水靳，陶注云：「其二月三月作英時，可作菹。及孰，爚食之。又有樝芹，可爲生菜，亦可生噉，俗中皆作芹字。」案：芹正字，靳俗作，陶說誤。鄭司農云「深蒲，蒲蒻入水深，故曰深蒲」者，《說文·艸部》云：「⿰氵⿱艹罙，蒲蒻之類也。」又「蒲，水艸也。可以作席」。深即⿰氵⿱艹罙之段借字。《詩·大雅·韓奕》毛傳云：「蒲，蒲蒻也。」《齊民要術》引《詩義疏》云：「蒲，深蒲也。《周禮》以爲菹。謂蒲始生，取其中心入地者蒻，大如匕柄，正白，生噉之，甘肥。又煮而以苦酒浸之，如食筍法，大美。今吳人以爲菹。」《輪人》注云：「今人謂蒲本在水中者爲弱。」案：弱蒻字同。深蒲蓋蒲始生，嫩葉未出水者，故可爲菹。許以⿰氵⿱艹罙爲蒲蒻之類，則不以爲一物，與二鄭說異。云「或曰深蒲，桑耳」者，《神農本艸經》有桑耳。《名醫別錄》云：「味甘，一名桑菌，一名木麥。」《說文·艸部》云：「蕈，桑萸也。萸，木耳也。」案：桑耳即桑萸，謂木耳之生於桑者，《齊民要術》云「作木耳菹，取棗桑榆柳樹邊生者」是也。《內

則》燕食庶羞有芝栭，孔疏引庾蔚之云：「無華葉而生者曰芝栭，今春夏生於木，可用爲菹。」盧植云：「芝，木芝也。」王肅云：「無華而實者名栭，栭即萸也。」然桑耳爲深蒲，其説無據，故後鄭亦不從。云「醓醢，肉醬也」者，言肉以包汁，與後鄭前注義同。云「菭，水中魚衣」者，段玉裁云：「《説文・艸部》曰：『菭，水青衣也。从艸治聲。』此先鄭説也。然則先鄭本作菭。今本經文作箈，混誤不成字。」洪頤煊云：「《詩・采菽・正義》引此作菭菹。」案：段、洪校是也。《祭統》孔疏引經亦作菭。《説文》菭字注，今本作「水衣」，段從《爾雅音義》引《説文》校改。又《釋艸》云：「藫，石衣。」郭注云：「水苔也。一名石髮，江東食之。」魚衣、水衣、石衣，蓋異名同物。然則經先鄭本固當作菭，後鄭本則自作箈，故釋爲箭萌。蓋二鄭本自不同，注偶未別白釋之耳。孔引作菭，則與後鄭説不合，今不據改。云「故書鴈或爲鶉」者，《説文・隹部》云：「雗，鴽屬也。」鶉即雗之借字。《公食大夫禮》，上大夫庶羞有雉兔鶉鴽。杜子春云「當爲鴈」者，段玉裁云：「『爲』宜作『從』，故書本不畫一，杜從其長者也。」云「玄謂深蒲，蒲始生水中子」者，子亦謂蒲嫩葉也。《説文・艸部》云：「蒻，蒲子，可以爲平席。」蓋深蒲即蒲之少者，故謂之子。可作席，其初生者可爲菹。後鄭説與先鄭及許同，但先鄭不云蒲子，故增成其義。云「箈，箭萌」者，不從先鄭本作菭也。箈即䈚之俗。《爾雅・釋艸》云：「䈚，箭萌。」郭注云「萌，筍屬也」，引「《周禮》曰：䈚菹鴈醢」。《説文・竹部》云：「䈚，竹萌也。箭，矢竹也。」《御覽・兵部》引《字統》云：「箭者，竹之別，大身小葉曰竹，小身大葉曰箭，箭竹主爲矢，因謂矢爲箭。」案：郭引此經作䈚者，從《爾雅》文改也。《釋文》出箈字，云「《爾雅》作䈚」，則經本不與《釋艸》同可知。云「筍，竹萌」者，亦《爾雅・釋艸》文。竹謂大竹也。《詩・大雅・韓奕》孔疏引孫炎云：「竹初萌生謂之筍。」又陸璣疏云：「筍，竹萌也。皆四月生，唯巴竹筍，八月九月生，始出地，長數寸，鬻以苦酒，豉汁浸之，可以就酒及食。」《説文・竹部》云：「筍，竹胎也。」段玉裁云：「許意筍䈚不以大竹小竹分別。筍謂掘諸地中者，如今之冬筍；䈚謂已抽出者，如今之春筍。與鄭説不同也。」羞豆之實，酏食、糁食。鄭司農云：「酏食，以酒酏爲餅。糁食，菜餗蒸。」玄謂酏，餈也。《内則》曰：「取稻米舉糔溲之，小切狼臅膏，以與稻米爲餈。」又曰：「糁，取牛羊豕之肉三如一，小切之，與稻米，稻米二肉一，合以爲餌，煎之。」疏：「羞豆之實」者，此亦謂房中之羞也。賈疏云：「此羞豆之實，亦與羞籩之實同時設之。」云「酏食糁食」者，賈疏云：「謂餈與糁食爲二豆。」注鄭司農云「酏食，以酒酏爲餅」者，賈疏云：「酏，粥也。以酒酏爲餅，若今起膠餅。文無所出，故後鄭不從。」案：賈云起膠餅，膠即教也。《漢書・李陵傳》注引孟康云：「媒，酒教。」《玉篇・酉部》有酵字，云「酒酵」。酵即教之俗。程瑶田云：「起膠餅，《齊書》永明閒詔，太廟四時祭薦，宣皇帝起麪餅，即此也。蓋蒸餅饅頭之類，可充籩實。而以爲豆實，宜後鄭不從也。」云「糁食，菜餗蒸」者，《説文・米部》云：「糂，以米和羹也。一曰粒也。重文糁，古文糂从參。」又《鬲部》云：「鬻，鼎實，惟葦及蒲。陳留謂健爲鬻。重文餗，鬻或从食束。」《釋名・釋飲食》云：「糁，黏也，相黏敎也。」餗字又作蔌。《爾雅・釋器》云：「菜謂之蔌。」《詩・大雅・韓奕》：「其蔌維何，維筍及蒲。」毛傳云：「蔌，菜殽也。」案：依《説文》《爾雅》，則菜餗同物，但唯蒸菜不得稱糁。諦審先鄭此注，

似用《許書》後一義，以餗爲健。《易・鼎》「覆公餗」，《釋文》引馬融亦云「餗，健也」。《穀梁》僖二十四年楊士勛疏又引馬云「謂糜也」。蓋先鄭意以菜與健粥合蒸之，是謂糁食。凡以米和菜，通謂之糁。但菜多而米專用屑者爲羹，《内則》説羹有和糁。鄭注云：「凡羹齊，宜五味之和，米屑之糁是也。」菜少而米或用屑或用粒者則爲糜，故《説文》糁亦訓粒，又《米部》云「糜，糁也。糟，米和也」是也。凡羹糜皆煮之，而先鄭云蒸之者，以糜多淖，必蒸之乃可爲豆實也。後鄭別取《内則》爲釋，故不從先鄭。云「玄謂酏，餈也」者，《説文・鬻部》云：「鬻，鬻也。重文餰，鬻或从食衍聲。」賈疏云：「案《雜問志》云：《内則》餈次糁，《周禮》酏次糁。又酏在六飲中，不合在豆。且《内則》有餈無酏，《周禮》有酏無餈，明酏餈是一也。故破酏從餈也。」段玉裁云：「此鄭君破酏字從《内則》之餈也。酏與餈皆粥也，而酏薄餈厚，小切狼臅膏與稻米爲餈，尤餈之至厚者。《説文》鬻或作餰，鬻也。酏，賈侍中説爲鬻清。鄭注四飲曰：『酏，今之粥。酏飲，粥稀者之精也。』然則酏餰各物者，析言之。《周禮》謂餈爲酏者，統言之。鄭云：『酏，餈也。』且餰字，今音諸延切，古當讀衍，平聲，與酏雙聲，故《周禮》以酏爲餈也。酏食之酏，與四飲之酏異，猶《内則》羞糗餌粉酏之酏，與黍酏之酏異。」引《内則》曰「取稻米，舉糔溲之，小切狼臅膏，以與稻米爲餈」者，《内則》餈本作「酏」。鄭彼注云：「糔溲，博異語也。糔讀爲滫瀡之滫同。狼臅膏，臆中膏也。以煎稻米，則似今膏屠矣。此《周禮》酏食也。此酏當從餰。」彼注義與此同。段玉裁云：「據《襍問志》，則《内則》本作餈字。注中『此酏當從餈』，謂《周禮》此酏字，當從《内則》作餈字。言此酏者，以別於六飲之酏也。今本《内則》作酏，淺人所改。」案：段説是也。阮元説同。呂飛鵬云：「《攷工記》注『瓚讀餈屠之屠』，屠，古文饡字，餈與饡似爲一物。然《釋名》云『肺膜，膜，饡也。以米糁之如膏饡也』。則饡爲糁食矣。蓋以膏煎米則爲餈，以糁和肉則爲屠矣。」云「又曰，糁，取牛羊豕之肉三如一，小切之，與稻米，稻米二肉一，合以爲餌煎之」者，鄭彼注云：「此《周禮》糁食也。」賈疏云：「『三如一』者，三肉等分。小切之者，謂細切之。稻米二肉一者，謂米二分，肉一分，合以爲餌煎之也。」餈糁二者皆有《内則》文，故不從先鄭。然則上有糗餌，彼餌無肉，則入籩。此餌，米肉俱有，名之爲糁，即入豆。」案：《易・鼎卦》九四：「鼎折足，覆公餗，其刑剭，凶。」鄭注云：「糁謂之餗。《震》爲竹。竹萌曰筍。筍者，餗之爲菜也，是八珍之食。臣下曠官，失君之美道，當刑之於屋中。」案：上《膳夫》注，八珍取肝膋，不敢糁；鄭注《易》，糁又入八珍中者，以其糁若有菜，則入八珍，不須肝膋；若糁無菜，則入羞豆，此文所引是也。八珍則數肝膋，故注不同。凡祭祀，共薦羞之豆實，賓客、喪紀亦如之。爲王及后、世子共其内羞。王舉，則共醢六十罋，以五齊、七醢、七菹、三臡實之。齊當爲齏。五齏，昌本、脾析、蜃、豚拍、深蒲也。七醢，醓、蠃、蠯、蚳、魚、兔、鴈醢。七菹，韭、菁、茆、葵、芹、箈、筍菹。三臡，麋、鹿、麇臡也。凡醯醬所和，細切爲齏，全物若牒爲菹。《少儀》曰：「麋鹿爲菹，野豕爲軒，皆牒而不切。麇爲辟雞，兔爲宛脾，皆牒而切之。切葱若薤實之，醯以柔之。」由此言之，則齏菹之稱，菜肉通。疏：「凡祭祀，共薦羞之豆實」者，薦豆，朝事饋食之豆也。羞豆，加豆羞豆也。《禮經》又

有膷、臐、膮、胾、炙，謂之庶羞。又《膳夫》羞用百有二十品，亦爲庶羞，其半爲豆，亦此官所共。以羞豆恆法，故經不具也。云「賓客、喪紀亦如之」者，賓客謂饗食燕及致飧饔餼。喪紀謂殷奠及虞祔等，又《既夕禮》，明器有罋醯醢。《檀弓》云：「宋襄公葬其夫人，醯醢百罋。」王禮亦當有之。云「王舉則共醢六十罋，以五齊、七醢、七菹、三臡實之」者，此與膳夫、醢人爲官聯也。賈疏云：「凡祭至內羞，一與籩人同。王舉則共醢六十罋，此以下與籩人異，以其王舉不共籩實，唯有豆實。王舉，謂王日一舉，鼎有十二，則醢人共醢六十罋，以醢爲主，其實有五齏、七菹等。」淩廷堪云：「《禮經》通例，食禮則有豆無籩，飲酒之禮則豆籩皆有。故《公食大夫》有豆無籩，《鄉飲》《鄉射》《燕禮》《大射》豆籩皆有。《特牲》尸入九飯，有豆無籩，主婦亞獻，主人獻賓，豆籩皆有。《少牢》尸入十一飯，有豆無籩，《有司徹》祭畢賓尸，豆籩皆有。」案：王舉用食禮，故有豆無籩。淩說足與賈說相證。析言之則齏菹臡與醢別，統言之則齏菹臡得通稱醢，故五齏七醢七菹三臡，總爲醢六十罋也。又案：《禮器》云：「天子之豆二十有六，諸公十有六，諸侯十有二，上大夫八，下大夫六。」鄭注謂天子朔食之豆。孫希旦云：「醢人朝事之豆八，饋食之豆八，加豆八，羞豆二，合爲二十六。天子全用之，而公以下遞減焉。」案：依孫說，則王大舉正饌，亦即此四種豆，於數頗合，亦足備一義也。注云「齊當爲齏」者，明此與酒正五齊異也。《說文·韭部》云：「䪢，墜也。从韭，次𠂔皆聲。重文齏，䪢或从㑒。」是齏即䪢之或體，從齊得聲。《曲禮》「飯齊」「醬齊」並以齊爲齏字。段玉裁云：「此定爲聲之誤也，故曰當爲。」云「五齏，昌本、脾析、蜃、豚拍、深蒲也」者，賈疏云：「此據豆內不言菹者，皆是齏，以次數之，有此五而已。」云「七醢，醓、蠃、蠯、蚳、魚、兔、鴈醢，七菹，韭、菁、茆、葵、芹、箈、筍菹，三臡，麋、鹿、麇臡也」者，並據上經去復重計之。云「凡醯醬所和」者，據《膳夫》云醬用百有二十罋，通醯醢言之。但此官共醢六十罋，與醯人共醯物六十罋別職，則此齊醢菹臡之屬，皆未和醯者也。蓋齊菹等雖皆以醢作之，作成之後，亦仍有和醯不和醯之別。鄭言醯醬所和，明醬物調和之通法耳。云「細切爲齏」者，《釋名·釋飲食》云：「齏，濟也，與諸味相濟成也。」《莊子·列御寇篇》云「䪢粉」，又《大宗師篇·釋文》引司馬彪云「䪢，碎也」。是齏爲切和細碎之名，故菜肉之細切者通謂之齏。細切，即《少儀》注所云「報切之」是也。云「全物若䐑爲菹」者，《說文·艸部》云：「菹，酢菜也。」又《血部》云：「𧖴，醢也。」又《肉部》云：「䐑，薄切肉也。」《釋名·釋飲食》云：「菹，阻也，生釀之，遂使阻於寒溫之閒不得爛也。」《一切經音義》引《通俗文》云：「全物爲菹。」案：全物謂小物不及四寸者，全而不切。䐑謂薄切之，但不細切耳。此經昌本爲五齏之一，而前注云切之四寸爲菹，是細切、䐑切皆以四寸爲度。細切者，蓋若今之肉絲。䐑切者，即《內則》《少儀》注所謂藿葉切之，蓋若今之肉片。《士喪禮》「大斂奠毼豆，兩其實，葵菹芋」。注云：「齊人或名全菹爲芋。」蓋葵長過四寸以爲菹，當䐑切之，今喪奠禮略，亦全而不切，故《禮經》特著芋文，明非恆法也。互詳《內饔》疏。引《少儀》曰「麋鹿爲菹，野豕爲軒，皆䐑而不切，麇爲辟雞，兔爲宛脾，皆䐑而切之，切葱若薤，實之，醯以柔之」者，舊本麋麇互譌。今據宋董氏本及注疏本正。《釋文》出「皆䐑」云：「本或作臑，下同。」案《禮記》文，䐑並作「聶」。鄭注云：「聶之言䐑也。此軒、辟雞、宛脾皆菹類也。其作之狀，以醯與葷菜淹之，殺肉及腥氣也。」《內則》亦有此文。案此注作䐑者，薄切肉之正字。《少儀》作聶者，聲近假借字。《釋文》作「臑」者，又聶之異文。鄭引彼文者，明彼菹軒即此七菹之屬，辟雞宛脾即此五齏之屬也。云「由此言之，則齏菹之稱菜肉通」者，賈疏云：「鄭案三豆之內，七菹皆菜無肉。五齏之內，菜肉相兼。若據《少儀》齏菹之稱，菜肉通也。」詒讓案：鄭因此七菹皆菜，而《少儀》云「麋鹿爲菹」，故又據彼明齏菹惟以細切不細切爲別，不分菜肉也。依《說文》，則菹爲酢菜之專名，《少儀》麋鹿之菹，似當爲𧖴之借字，與鄭義少異。　賓客之禮，共醢五十罋。致饔餼時。疏：「賓客之禮，共醢五十罋」者，賈疏云：「賓客謂五等諸侯來朝也。天子致饔餼，與之醢。」詒讓案：客內亦兼侯國卿大夫來聘者，其致饔餼亦共醢也。注云「致饔餼時」者，賈疏云：「案《掌客》，上公之禮，醯醢百有二十罋，侯伯百罋，子男八十罋。此共醢五十罋，并醯人所共醯五十罋，共爲百罋。此據侯伯饔餼之禮，舉中言之，明兼有上公與子男。若然，則上公百二十罋，與王數同者，據二王之後，王所尊敬者而言。其同姓諸侯，唯魯得與二王後同，其餘同姓，雖車服如上公，從侯伯百罋而已。又案《掌客》，上公已下，並是諸侯自相待法，天子待諸侯亦與之同。又案《聘禮》，待聘臣亦云醯醢百罋，得與諸侯同者，彼別爲臣禮，禮有損之而益，故子男之卿百罋，其數多於君。」案：子男卿，醯醢不得多於君，賈說未允，詳《掌客》疏。凡事，共醢。

又《醯人》　醯人掌共五齊七菹，凡醯物。以共祭祀之齊菹，凡醯醬之物。賓客亦如之。齊菹醬屬醯人者，皆須醯成味。疏：「掌共五齊七菹，凡醯物」者，此亦共豆實，與醢人爲聯事也。五齊，齊亦當爲齏，下齊菹同。凡醯人共齊菹，此官則以醯和之以成其味也。云「以共祭祀之齊菹，凡醯醬之物」者，賈疏云：「醯人連言醬者，并豆醬亦掌。」詒讓案：經言共五齊七菹而云凡醯物，則醯物即指齊菹之和醯者。此祭祀云凡醯醬之物者，醯亦即和醯之齊菹，醬即未和醯之醢也。凡經言醬者，多爲醯醢之通名，若《膳夫》云「醬用百有二十罋」，《內饔》云「醬物」是也。此職醯醬並言，則醯及醬爲二物。但醬有二，有和醯不和醯之別。《士昏禮》：「饌於房中，醯醬二豆。」注云：「醯醬者，以醯和醬，生人尚褻味。」又《公食大夫禮》「宰夫自東房授醯醬」。賈彼疏云：「祭祀無此法。以生人尚褻味，故有之。」據鄭、賈說，則和醯之醬爲褻味，祭祀所無；此醯醬之物共祭祀之用，則醯與醬各自共之，非和醯之醬明矣。故賈別以醬爲豆醬，豆醬即醢人豆實之醢，未和醯者也。云「賓客亦如之」者，此當并共和醯之醬，而云如祭祀者，明其法數略同。賈疏云：「上經云賓客之禮，據饔餼，此云賓客，據饗食致之。」　注云「齊菹醬屬醯人者，皆須醯成味」者，《內則》說麋鹿魚爲菹等，並切葱若薤，實諸醯以柔之。注謂「釀菜而柔之以醯，殺腥肉及其氣」。至將食時，又有以醯和醬。是齊菹醬之類，並須醯以柔之，且成其酢味，故醯人兼掌之也。　王舉，則共齊菹醯物六十罋，共后及世子之醬齊菹。　賓客之禮，共醯五十罋。　凡事，共醯。疏：「王舉則共齊菹醯物六十罋」者，明醯物即齊菹之和醯者，六十罋內無徒醯也。王舉尚褻味，明當有和醯之醬矣。賈疏云：「共齊菹醯物六十罋者，并醢人六十罋，即《膳夫》醬用百有二十罋是也。」

云「共后及世子之醬齊菹」者，賈疏云：「案《醢人》共有内羞不言齊菹，此云齊菹，以其與醢人共掌齊菹，須甕，故就醢人爲言。」詒讓案：后、世子所共甕數，經無文，以禮等推之，疑后數當與王同，世子當與《掌客》上公同，亦皆六十甕與？云「賓客之禮共醢五十甕」者，賈疏云：「與醢人五十甕，揔共爲百甕，亦據侯伯舉中言之。」

《禮記・内則》 大夫燕食，有膾無脯，有脯無膾；士不貳羹、胾；庶人耆老不徒食。

燕食，謂朝夕常食。《周禮・膳夫》「王燕食則奉膳贊祭」，賈疏「燕食，朝夕常食」，是也。孔氏分燕食與朝夕常食爲二，非是。脯爲籩實，凡食無籩，惟飲酒有之。此大夫燕食乃有脯者，蓋燕食，物不必備，或偶無膾，則得以脯代之。蓋釋而煎之以醢，而盛之則以豆也。貳，重也。士燕食得有羹、胾，而不得重設也。胾出於牲，士朔食惟特豚，則不得貳胾矣。六十曰耆。庶人耆老不徒食者，六十非肉不飽，食得有胾，非六十者不得食也。羹則庶人皆有之，下云「羹食無等」是也。

《論語・鄉黨》 齊必變食，注：孔曰：「改常饌。」《注》：「改常饌。」 正義曰：《周官・膳夫》：「王日一舉，王齊日三舉。」注：「鄭司農云：『齊必變食。』」賈疏：「齊謂散齊、致齊，齊必變食，故加牲體至三太牢。」案：古人日三食，王日一舉，謂朝時用一太牢，並日中、夕皆食之。至齊時，則日中及夕皆特殺，與平時常饌異，所謂「變食」者也。淩氏曙《典故覈》云：「變食者，謂盛饌也。君子敬其事則盛其禮，故不餕餘也。《國語》曰：『大夫舉以特牲，士食魚炙。』然則夫子之變食，或特牲而不餕餘焉。」案：《莊子・人間世》：「顏回曰：『回之家貧，惟不飲酒、不茹葷者數月矣。若此，則可以爲齊乎？』曰：『是祭祀之齊，非心齊也。』」據《周語》言耕籍前五日，王入齊宫，飲醴。醴味醇淡，與酒不同，故《莊子》言「不飲酒」也。「不茹葷者」，《禮・玉藻》注：「葷者，薑及辛菜也。」《荀子・哀公篇》：「夫端衣玄裳，絻而乘路者，志不在於食葷。」端衣玄裳即是齊服。楊倞注：「葷，葱薤之屬也。」不飲酒，不茹葷，是異常饌。解者誤以葷爲肉食，而凡齊皆禁用之，與《禮》意悖矣。《士喪禮記》言人子「養疾皆齊」，而《曲禮》言「父母有疾，食肉不至變味，飲酒不至變貌」。齊時或可飲酒，則謂齊禁肉食，於古無徵矣。高誘注《呂覽・孟春紀》引「齊必變食」二句，云：「自禋潔也。」「禋潔」亦不餕餘之意。居必遷坐。注：孔曰：「易常處。」 注：「易常處。」 正義曰：《説文》：「㘸，止也。」「坐」，古文「㘸」。《釋名・釋姿容》：「坐，挫也。骨節挫屈也。」江氏《永圖考》曰：「古人之坐，兩膝著地而坐於足，與跪相似。但跪者直身，又謂之跽。跽危而坐安，此跪坐之别也。」案：「居」與「凥」同，「居」即是「坐」。言「遷坐」者，謂所居之處耳。胡氏培翬《燕寢考》：「《既夕記》『士處適寢』，又云：『有疾，疾者齊。』注云：『適寢者不齊，不居其室。』《禮記・檀弓》曰：『君子非致齊也，非疾也，不晝夜居於内。』注：『内，正寢之中。』《玉藻》云：『將適公所，宿齊戒，居外寢。』外寢，正寢也。《穀梁傳》云：『公薨於路寢。』路寢，正寢也。寢疾居正寢，正也。《大戴禮・明堂篇》云：『此天子之路寢也，不齊不居其室。』古者自天子以至於士，常居皆在燕寢，惟齊及疾乃居於正寢，《鄉黨》所云『齊，居必遷坐』以此。孔注云：『易常處。』蓋常處在燕寢，至齊必遷居正寢。」今案：皇疏引范寧云：「齊以敬潔爲主，以期神明之享，故改常之食，遷居齊室也。」齊室即適寢。既居在適寢，則宿亦在適寢。《論語》無文，從可知也。食不厭精，膾不厭細。 正義曰：張栻解：「厭當作平聲。言不待精細者而後屬厭也。」案：《周語》「不可厭也」，韋注：「厭，足也。」《晉語》「民志無厭」，韋注：「厭，極也。」夫子疏食飲水，樂在其中，又以士恥惡食爲不足與議，故於食膾皆不厭精細也。精者，善米也。《中山經》：「糈用五種之精。」郭注以爲「五穀之美」。《九章算術》：「糲米率三十，粺米二十七，鑿米二十四，侍御二十一。」是侍御爲米之極精矣。「膾」者，《説文》云：「膾，細切肉也。」《釋名・釋飲食》：「膾，會也。細切肉，散分其赤白，異切之，乃會和之也。」《少儀》云：「牛與羊魚之腥，聶而切之爲膾。」注云：「聶之言牒也。先藿葉切之，後報切之，則成膾。」又《内則》云：「肉腥細者爲膾，大者爲軒。」注云：「言大切、細切異名也。膾者必先軒之，所謂聶而切之也。」李氏惇《羣經識小》謂「其制與今之肉絲相似」。《釋文》：「膾，本又作鱠。」食饐而餲，注：孔曰：「饐餲，臭味變。」魚餒而肉敗，不食。注：魚敗曰餒。 正義曰：朱氏彬《經傳考證》解此文云：「而與若同，猶與也。」《釋文》：「餒，本又作餧。」《史記・世家》作「餧」。「敗」者，《説文》云：「毀也。」《爾雅・釋器》：「肉謂之敗。」郭注以爲「臭腐」。 注：「饐餲，臭味變。」 正義曰：《爾雅・釋器》：「饐謂之餲。」郭注：「飯饖臭。」《説文》：「饐，飯傷溼也。餲，飯餲也。」《字林》：「饐，飯傷熱溼也。餲，食敗也。」「饐」與「餲」爲淺深之異。《廣雅・釋詁》：「胺，敗也。」《釋器》：「餲，臭也。」「胺」、「餲」一聲之轉。段氏玉裁《説文注》：「皇侃云：『饐謂飲食經久而腐臭也，餲謂經久而味惡也。』是則孔注本作『饐，臭。餲，味變也』。今本誤倒。」 注：「魚敗曰餒。」 正義曰：皇本此注作「孔曰」。《爾雅》云：「魚謂之餒。」郭注：「肉爛。」《説文》「餒」下「一曰魚敗曰餒」。《論語・釋文》引《字書》作「餧」。《廣雅・釋詁》：「餧，敗也。」《釋器》：「餧，臭也。」義訓並同。色惡，不食。臭惡，不食。正義曰：「色惡」、「臭惡」，謂凡生熟物色味有變也。《月令》：「春，其臭羶；夏，其臭焦；中央，土其臭者；秋，其臭腥；冬，其臭朽。」皆謂味也。皇本作「臰惡」，此後出俗字。《周官・内饔職》：「辨腥、臊、羶、香之不可食者，牛夜鳴，則庮。羊冷毛而毳，羶。犬赤股而躁，臊。鳥皫色而沙鳴，貍。豕盲眂而交睫，腥。馬黑脊而般臂，螻。」注云：「腥、臊、羶、香，可食者，是别其不可食者，則所謂者皆臭味也。冷毛，毛長總結也。皫，失色不澤美也。沙，澌也。交睫腥，腥當爲星，聲之誤。肉有如米者似星。般臂，臂毛有文。鄭司農云：『庮，朽木臭也。螻，螻蛄臭也。』」賈疏引此文「色惡」、「臭惡」説之。失飪，不食。注：孔曰：「失飪，失生熟之節。」不時，不食。注：鄭曰：「不時，非朝、夕、日中時。」 注：「失飪，失生熟之節。」 正義曰：《方言》：「飪，熟也。徐、揚之間曰飪。」《説文》：「飪，大熟也。」《廣雅・釋詁》作「餁」，同。鄭注《文王世子》云：「飪，生熟之節。」此孔所本。《爾雅》：「摶者謂之糷。米者謂之糪。」郭注：「糷，飯相著。糪，飯中有腥。」「腥」與「胜」同，即生字。《説文》：「胜，不

熟也。」江氏永曰：「失飪，有過熟，有不熟。不熟者，尤害人也。《爾雅》惟言飯之失飪，肉物亦有之。肉之過熟者，亦謂糜爛；半腥半熟者，謂之爛。祭禮：腥法上古，爓法中古，熟之爲腍進，後世之食。若生人之食，不可不熟也。」案：過熟無傷於人，夫子不食，專指未熟言。

注：「不時，非朝、夕、日中時。」正義曰：方氏觀旭《偶記》：「《左傳》卜楚丘云：『食日爲二。』是一日之中，食有常時也。閻没、女寬云：『或賜二人酒，不夕食。』謂不及待夕之時而食也。《禮・内則》云：『孺子食無時。』則成人以上，食必有時也。《詩・蝃蝀・傳》云：『從旦至食時爲終朝。』《孟子》云：『朝不食，夕不食。』《淮南子》云：『臨於曾泉，是謂蚤食；次於桑野，是謂晏食。』並是食時之證。」又云：「鄭以朝、夕、日中爲三時，亦大略言之。其實貴賤猶有分别，天子食則四時，諸侯三時，大夫以下，惟朝夕二時。四時者，《白虎通》云：『王者平旦食，晝食，晡食，暮食。』三時者，《玉藻》云：『諸侯朝服以食，特牲三俎，祭肺，夕深衣，祭牢肉。』注：『天子言日中，諸侯言夕；天子言餕，諸侯言祭牢肉，互相挾。』則特牲三俎在朝時，日中又餕之。二食者，《内則》云：『由命士以上，昧爽而朝，慈以旨甘。日入而夕，慈以旨甘。』又云：『父母在，朝夕恒食，子婦佐餕。』是也。」今按：《周官・膳夫》：「王齊日三舉。」齊是盛禮，不過三舉，則天子三食可知。《既夕記》：「燕養、饋羞、湯沐之饌，如他日。」注云：「饋，朝夕食也。」疏云：「鄭注《鄉黨》云：『不時，非朝、夕、日中時。』一日之中三時食。今注云『朝夕』，不言『日中』者，或鄭略之，亦有日中也。或以死後略去日中，直有朝夕食也。」此賈據鄭注「朝、夕、日中時」爲上下通禮，非有四食、三食、再食之異。《論語》太師摯等爲殷人，或者殷禮天子四時食也，經傳多略。「日中」者，舉日中則朝夕可知，惟《既夕》之「饋」，當無日中，賈疏後説是也。疏云「一日之中三時食」，此句未知爲鄭注，抑賈釋鄭義。今臧、宋輯本列入注中，稍失闕疑之意。《公羊》僖三十三年傳：「十有二月，實霜不殺艸，李梅實，何以書？記異也。何異爾？不時也。」《王制》：「五穀不時，果食未熟，不粥於市。」又《漢書・召信臣傳》：「太官園種冬生葱韮菜茹，覆以屋廡，晝夜爇蘊火，待温氣乃生。信臣以爲此皆不時之物，有傷於人，不宜以奉供養。」《後漢書・鄧皇后紀》：「詔曰：『凡供薦新味，多非其節，或鬱養□□，或穿掘萌芽，味無所至，而夭折生長，豈所以順時育物乎？傳曰：「非其時不食。」自今當奉祠陵廟及給御者，皆須時乃上。』」三説並爲不時，解者多據以釋此文，亦通。割不正，不食。不得其醬，不食。注：馬曰：「魚膾非芥醬不食。」正義曰：《爾雅・釋言》：「割，裂也。」《周官・内饔》注：「割，肆解也。」《少牢・饋食禮》：「牢心舌載於肵俎，心皆安下切上，午割勿没。其載於肵俎。末在上，舌皆切本末，亦午割勿没。」注云：「牢，羊豕也。安，平也。平割其下，於載便也。凡割本末，食必正也。」彼文是言祭禮割法。賈疏引此文説之，則意孔子燕食，其割法略得同矣。邢疏云：「割不正，謂折解牲體脊、脅、臂、臑之屬，禮有正數，若解割不得其正，則不食也。」毛氏奇齡、淩氏廷堪並主其説。毛云：「此與《周禮》掌割烹之事必先辨體名，《少牢禮》辨羊豕必分前體後體，自肩、臂、臑、膊，及三脊三脅，凡十一體，所謂諸子『正六牲之體』者，不特大祭祀有之。」淩云：「如《鄉飲酒》賓俎脊、脅、肩、肺，主人俎脊、脅、臂、肺，肩尊臂卑，是正數也。若賓俎用臂，主人俎用肩，則尊卑倒置，即爲割不正。」此説亦通。但淩謂「牲體爲割，胾膾爲切，《少牢》所云是『切』非『割』」，譏賈疏引《鄉黨》文爲誤，則《少牢》文上言「切」，下言「午割」，割、切通言，賈未誤也。江氏永《圖考》曰：「凡割切皆當有法，肉體亦有不能盡割以正者，聖人惟食其正者耳。」又《羣經補義》曰：「食肉惟取其方正者，則不正之割，自不來前矣。配食之醬如醯醢，皆不設，此家人進食者之小過，夫子偶一不食，微示其意，後自知設醬得宜矣。凡此皆未嘗形於言，怒於色，庶幾不失聖人氣象。」注：「魚膾非芥醬不食。」正義曰：《説文》云：「醬，醢也，酒以和醬也。醢，肉醬也。」《周官・膳夫》注：「醬謂醯醢也。」汪氏烜《四書詮義》：「醬者，醯醢鹽梅之總名。古人設食，皆以醢與殽相間，如《内則》『牛炙醢，牛胾醢，牛膾、羊炙、羊胾醢，豕炙醢，豕胾，芥醬，魚膾，雉兔，鶉鷃』一節。又如『服脩蚳醢，脯羹兔醢，麋膚魚醢，魚膾芥醬，麋腥醢醬，桃諸、梅諸，卵鹽。』又《周禮》『韮菹醯醢，昌本麋臡，菁菹鹿臡，茆菹麇臡，葵菹蠃醢，脾析蠯醢，蜃蚳醢，豚拍魚醢，芹菹兔醢，深蒲醯醢，箈菹鴈醢，筍菹魚醢』之類。此皆必以氣味相宜，或性相制，故相配而設，皆所謂『得其醬』也。殽與醢並設食，則以其物濡醢而食之。蓋此節乃侍御陳設者之失，非烹調之失。説者多以《内則》『濡雞醢醬，濡魚卵醬』條實此，失之矣。濡雞濡魚有失，則失飪之事，非陳設之不備也。」案：汪説甚備。此注但言「魚膾芥醬」，亦是舉一以概其餘。肉雖多，不使勝食氣。唯酒無量，不及亂。沽酒市脯，不食。不撤姜食，不多食。

宋・蔡條《鐵圍山叢談》卷六 開寶末，吳越王錢俶始來朝。垂至，太祖謂大官：「錢王，浙人也。來朝宿共帳内殿矣，宜創作南食一二以燕衎之。」於是大官倉卒被命，一夕取羊爲醢，別本「羊」上竝有「肥」字。以獻焉，因號「旋鮓」。至今大宴，首薦是味，爲本朝故事。

佚名《元典章》卷二二《户部・課程・鹽課》 私鹽合醬

大德七年四月，江浙行省：

據兩浙運司申：「松江萬户府千户鄒武義捉獲章慶二等買訖私鹽三十九斤、鹽滷四擔，合醬貨賣，比依私鹽淹浥魚鮝笋乾、買食私鹽私鹵例斷訖。今廉訪司照刷前項文卷，取訖松江萬户府首領官吏、巡鹽官千户鄒武義别無許令巡醬明文違錯招伏，斷罰。慮恐諸人聞知，故行盜賣私鹽、私滷合醬，侵礙官課不便，擬合遍行禁治。」緣係爲例事理，移準中書省咨：「刑部議得：『巡禁私鹽已有定例，民間合醬合用官鹽，如無私鹽顯證，毋得因而擾民。如蒙移咨浙省，依上禁治相應。』都省準呈施行。」

清・梁章鉅《浪跡續談》卷一 孫春陽 京中人講求飲饌，無不推蘇州孫春陽店之小菜爲精品。或因余官吳門久，欲知其詳者，余以所聞告之曰：孫春陽

係前明人，祖居寧波，萬曆中應童子試不售，遂棄舉子業，爲貿遷之術，始來吴門，開一小鋪，在今吴趨坊北口。其地爲唐六如讀書處，有梓樹一株，其大合抱，僅存皮骨，實舊物也。鋪中形制，學州縣衙署，分爲六房，曰南貨房，曰北貨房，曰海貨房，曰醃臘房，曰蜜餞房，曰蠟燭房。售者由外櫃給錢，取一小票，自往各房領貨。而管總者掌其綱，一日一小結，一月一總結，一年一大結，自明至今，已二百四十餘年，子孫尚食其利，無他姓頂代者。吴門五方雜處，爲東南一大都會，羣貨萃集，何啻數萬户，而惟孫春陽鋪爲前明舊家，著聞海内，鋪中之物，歲入貢單。其店規之嚴，選製之精，合郡所未有也。國初趙吉士載入《寄園》書中，余澹心《板橋雜記》亦録之，近時袁簡齋《隨園食單》亦有其名，但皆未詳其顛末耳。

著録

明・方以智《通雅》卷三九《飲食》 《食單》《食經》，好事者爲之；茶酒之書，《筆乘》詳矣。何曾有《安平公食單》，韋僕射巨源有《燒尾宴食單》，段丞相文昌有《食經》五十卷，號《鄒平公食憲艸》；庖榜曰煉珍堂，在途曰行珍館。虞悰有《食方》，謝諷有《食經》各十卷。孟蜀《食典》一百卷，酉陽泗水所載，隨時自創耳。《筆乘》曰：「癸未讀田子藝《日札》載：『宋大隱朱翼中《北山酒經》三卷。』乃知即翼中作。然又有李保《續北山酒經》三卷。前此更有汝陽王璡《甘露經》，王績追焦革釀法爲《酒經》；又采儀狄杜康以來善釀者爲《酒譜》。竇子野亦有《酒譜酒録》一卷。胡節還《醉鄉小略》五卷，《白酒方》一卷，《食圖四時酒要》一卷，《藏釀方》一卷。劉炫《酒孝經》一卷，《貞元飲略》三卷。皇甫崧《醉鄉日月》三卷。陽曾鼂《令圃芝蘭集》一卷，《小酒令》一卷。同塵先生《庭萱譜》一卷。近又有《酒史》三卷。田汝成《醉鄉律令》一卷。陸羽《茶經》三卷，《茶記》三卷。皎然《茶訣》三卷。陸魯望《茶品》一篇。温庭筠《採茶録》三卷。張又新《煎茶水記》一卷。蜀毛錫《茶譜》一卷。丁謂《北苑茶録》三卷，又《北苑拾遺》一卷。蔡宗顔《茶山接對》一卷，又《茶譜遺事》一卷，《北苑煎法》一卷。曾伉《茶苑總録》十四卷，《茶法易覽》十卷。蔡襄有《進茶録》。黄儒有《品茶要録》。熊蕃有《宣化北苑・貢茶録》。熊客有《北苑別録》。田藝蘅有《煮茶小品》。《客坐贅語》載近時茶酒之名頗夥。」

圖録

東漢庖廚畫像磚《四川漢畫像磚》圖版一三四

又　庖廚畫像磚《四川漢畫像磚》圖版一三五

元・忽思慧《飲膳正要》卷一

又　卷二

春宜食麥

夏宜食菉荳

秋宜食麻

冬宜食黍

食物相反

五味偏走

食物中毒

食物利害

明・高濂《遵生八箋》卷一三《飲饌服食箋下・甜食類》

升煉玉露霜方

用真豆粉半斤，入鍋火焙無豆腥。先用乾净龍腦薄荷一斤，入甑中，用細絹隔住，上置豆粉，將甑封蓋，上鍋蒸至頂熱甚，霜以成矣。收起粉霜，每八兩配白糖四兩，煉蜜四兩，拌勻搗膩，印餅或丸含之。消痰降火，更可當茶，兼治火症。

升霜圖

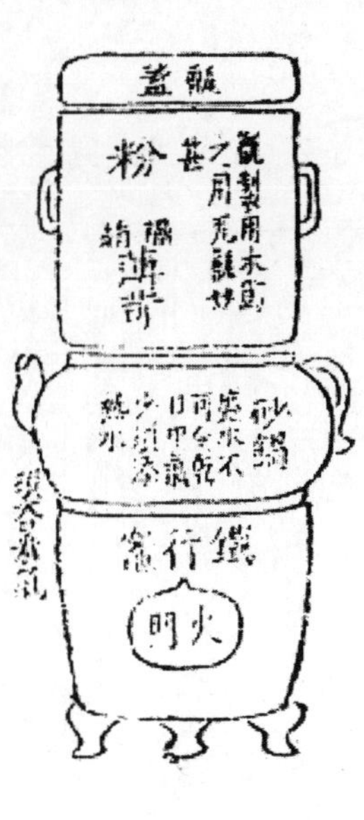

蓋上火熱，手不可按。急急收粉，隨以合子密封子口。勿令出氣。遲則氣走成餅。莫曬，陰乾爲妙梅。月勿製多黴。

明・宋應星《天工開物》卷上《粹精》

藝文

《楚辭・招魂》 室家遂宗，宗，衆也。［補］曰：宗，尊也。食多方些。方，道也。言君九族室家，遂以衆盛，人人曉味，故飲食之和，多方道也。五臣云：營造飲食，亦多方略。稻粢穱麥，稻，稌。粢，稷。穱，擇也。擇麥中先熟者也。［補］曰：顔師古云：《本艸》所謂稻米者，今之稉米耳。《説文》云：稻，稌也。又《急就篇》云：稻黍秫稷。左太冲《蜀都賦》云：粳稻漭漠。益知稻即稉，共粳竝出矣。粢，子夷切。《本艸》云：稷，即穄也。今楚人謂之稷。穱，音捉。稻處種麥也。挐黄粱些。挐，糅也。言飯則以秔稻糅稷，擇新麥糅以黄粱，和而柔嬬，且香滑也。［補］曰：挐，女居切。《記》云：飯黍稷稻粱白黍黄粱。《本艸》：黄粱出蜀、漢，商、浙閒亦種之，香美逾於諸粱，號爲竹根黄。大苦醎酸，大苦，豉也。醎，一作鹹。五臣云：鹹，鹽也。酸，酢也。大苦鹹酸辛甘，皆和之，使其味行。［補］曰：《本艸》：豉味苦，故逸以大苦爲豉。然説左氏者曰：醯醢鹽梅，不及豉。古人未有豉也，《内則》及《招魂》，備論飲食，言不及豉。史游《急就篇》曰：及有無夷鹽豉，蓋秦、漢以來始爲之耳。據此，則逸説非也。又《爾雅》云：蘦，大苦。郭氏以爲甘艸。又《詩》云：隰有

苓。陸璣《艸木蟲魚疏》云：苓，大苦也，可爲乾菜。此所謂大苦，蓋苦味之甚者爾。辛甘行些。辛，謂椒薑也。甘，謂飴蜜也。言取豉汁和以椒薑，鹹酢和以飴蜜，則辛甘之味，皆發而行也。肥牛之腱，腱，筋頭也。五臣云：腱，筋肉。[補]曰：腱，居言切，脅腱肉也。一曰筋之大者。臑若芳些。臑若，熟爛也。言取肥牛之腱，爛熟之，則肥濡䐣美也。若，一作弱。臑，一作臑，一作胹。臑，仁珠切。臑，音耎。胹，音而。《釋文》作𤆍，而兖切。[補]曰：《集韻》腝、𤆍、胹、臑，皆有而音。《説文》云：爛也。一曰臑，嫩耎貌。䐣，蘇本切。和酸若苦，陳吴羹些。言吴人工作羹，和調甘酸，其味若苦而復甘也。五臣云：酸苦皆得中。[補]曰：若，猶及也。羹，音郎，臛也。《集韻》云：《魯頌》《楚辭》《急就篇》，羹與房漿爲韻。《淮南》曰：荆吴芬馨以嚂其口。嚂，音藍。又云：煎熬焚炙調齊和之適，以窮荆吴甘酸之變。注云：二國善鹹酸之和。胹鼈炮羔，羔，羊子也。胹，一作臑。《釋文》作濡，而朱切。五臣云：濡，煮也。[補]曰：濡，《集韻》音而，亨肉和湆也。炮，蒲交切，合毛炙物。一曰裹物燒。有柘漿些。柘，藷蔗也。言復以飴蜜胹鼈炮羔，令之爛熟，取藷蔗之汁，爲漿飲也。或曰：血鼈炮羔，和牛五藏爲羔臛，鶩爲羹者也。柘，一作蔗。一注云：胹鼈炮羔，和牛五藏臛爲羹者也。[按：孫詒讓《札迻》卷十二曰：注或曰以下有譌，審校文義，或本正文羔蓋作羹，注當云，或曰胹鼈炮羹和牛五藏爲羹臛者也。今本羹誤涉正文作羔，又衍鶩爲羹三字，遂不可通。録以備參。][補]曰：相如賦云：諸柘巴苴。注云：柘，甘柘也。鵠酸臇鳧，臇，小臛也。[補]曰：臇，子兖切。臛，少汁也。鳧，野鴨也。煎鴻鶬些。鴻，鴻鴈也。鶬，鶬鶴也。言復以酸酢烹鵠爲羹，小臇臛鳧煎熬鴻鶬令之肥美也。[補]曰：鶬，音倉，麋鴰也。此言以酢漿烹鵠鳧爲羹，用膏煎鴻鶬也。露雞臛蠵，露雞，露棲之雞也。有菜曰羹，無菜曰臛。蠵，大龜之屬也。蠵，一作蠵。[補]曰：《鹽鐵論》曰：煎魚切肝，羊淹雞寒。臛，字書作臛，呼各切。又音霍，肉羹也。《集韻》：涪陵郡出大龜，一名靈蠵。音攜，又以規切。厲而不爽些。厲，烈也。爽，敗也。楚人名羹敗曰爽。言乃復烹露棲之肥雞，臛蠵龜之肉，則其味清烈不敗也。[補]曰：爽，音霜，協韻。《老子》曰：五味令人口爽。粔籹蜜餌，有餦餭些。餦餭，餳也。言以蜜和米麪熬煎作粔籹，擣黍作餌，又有美餳，衆味甘美也。擣黍，一作擣麥，一作採米。[補]曰：粔，音巨。籹，音女，又音汝。粔籹，蜜餌也。吴謂之膏環餌，粉餅也。《方言》曰：餌謂之餻，餳謂之餦餭。注云：即乾飴也。音張皇。一曰餅也，一曰餌也。瑶漿蜜勺，瑶，玉也。勺，沾也。古本蜜作蠠。[補]曰：勺，音酌。一云丁狄、時斫二切。沾，音添。實羽觴些。實，滿也。羽，翠羽也。觴，觚也。言食已復有玉漿以蜜沾之，滿於羽觴，以漱口也。五臣云：勺，和也。觴，酒器也。插羽於上。[補]曰：杯上綴羽，以速飲也。一云：作生爵形，實曰觴，虚曰觶。挫糟凍飲，挫，捉也。凍，冰也。五臣云：糟，酒滓也。可以凍飲。李善云：凍，冷也。[補]曰：挫，宗卧切。酎清涼些。酎，醇酒也。言盛夏則爲覆蹙乾釀，提去其糟，但取清醇，居之冰上，然後飲之。酒寒涼，又長味，好飲也。[補]曰：酎，直又切。三重釀酒。《月令》：孟夏，天子飲酎。注云：春酒至此始成。華酌既陳，酌，酒斗也。陳，一作敶。五臣云：華酌，謂置華於酒中。[補]曰：華，採也。《説文》云：酌，盛酒行觴也。有瓊漿些。言酒罇在前，華酌陳列，復有玉漿，恣意所用也。歸來反故室，敬而無妨些。妨，害也。言君魂急來歸還，反所居故室，子孫承事恭敬，長無禍害也。一云：歸來歸來。一云：歸反故室。無[來]字。肴羞未通，魚肉爲肴。羞，進也。[補]曰：肴，骨體，又葅也。致滋味爲羞。女樂羅些。言肴膳已具，進舉在前，賓主之禮，殷勤未通，則女樂倡蕩，羅列在堂下也。敶鐘按鼓，按，徐。敶，一作陳。按，一作桉。五臣云：按，猶擊也。造新歌些。言乃奏樂作音，而撞鐘，徐鼓，造爲新曲之歌，與衆絶異也。《涉江》《采菱》，發《揚荷》些。楚人歌曲也。言已涉渡大江，南入湖池，采取菱芰，發揚荷葉。喻屈原背去朝堂，隱伏艸澤，失其所也。菱，一作蔆。《文選》作陽荷。注云：荷，當作阿。《涉江》、《采菱》、《陽阿》皆楚歌名。[補]曰：《淮南》云：歌《采菱》，發《揚阿》。又云：足蹀陽阿之舞。注云：陽阿，古之名倡。又云：欲美和者必先始於《陽阿》《采菱》。注云：《陽阿》《采菱》，樂曲之和聲。美人既醉，朱顔酡些。朱，赤也。酡，著也。言美女飲啗醉飽，則面著赤色面鮮好也。酡，一作酡。一本云：當作袉，徒何切，著也。爲酡者非。[補]曰：酡，音馱，飲而赭色著面。

宋·蘇軾《橄欖》《蘇軾詩集》卷二二

查註：段公路《北户雜録》：橄欖子八九月熟。《廣志》：有大如雞子者。高涼有銀坑橄欖子，細長，味美於他郡産者。江鄰幾《雜志》：橄欖木并花如樗。誥案：嶺外橄欖，小於閩中，無雞子之説也。此果味在回甘，而其俗通以鹽漬之，名曰鹹欖，失諫果之義矣。

紛紛青子落紅鹽，[王註次公曰]江南有紅鹽橄欖，樹高，以紅鹽塗其樹，而子自落。見范景仁《東齋記》。[沈曰]《物類相感志》：橄欖、酸棗，皆高數丈。其子深秋熟，但刻其根下方寸許，内鹽於刻痕中，其子皆自然落也。[施註]《歸叟詩話》：范景仁云：橄欖木高大難採，以鹽擦木身，則實自落。[查註]江鄰幾《雜志》云：將採其實，剥其皮，以薑汁塗之，則盡落。胡仔《苕溪漁隱叢話》辨之曰：余在嶺南七年，見土人採橄欖，未嘗以鹽擦樹身，只以梯採之，或以杖擊之。東坡語，蓋自別出小説也。正味森森苦且嚴。[施註]《莊子·齊物論篇》：孰知正味？待得微甘回齒頰，已輸崖蜜十分甜。[施註]《本艸》：崖蜜又名石蜜，别有土蜜、木蜜。[顧禧註]記得《小説》：南人誇橄欖於河東人云：「此有回味。」東人云：「不若我棗。比至你回味，我已甜久矣。」棗，一作柿。[查註]《演繁露》云：蜂之釀蜜，即峻崖懸置其窠，是名崖蜜。[合註]何焯曰：班固《終南頌》，蜜房留其巔。左思《蜀都賦》：

蜜房郁毓被其阜。即所謂崖蜜也。

又 《劉監倉家煎米粉作餅子，余云爲甚酥。潘邠老家造梭巡酒，余飲之，云：莫作醋，錯著水來否？後數日，攜家飲郊外，因作小詩戲劉公，求之》

查註：劉監倉，名唐年，時爲黄州主簿。張文潛《宛丘集·潘大臨文集序》云：大臨，字邠老。故閩人，後家黄州。嘗舉於有司，無知其才而力振之於困者。後客死於蘄春。《潘子真詩話》：潘邠老，唐太僕卿季荀之後，衢之曾孫，鯁之子，寓居齊安。得句法於東坡，年未五十，殁。[誥案]潘大臨，乃革之孫，昌言之長子也。查註所引詩話、文序，與《昌言墓誌》同。此詩施編載遺詩中，查註補編。

野飲花間百物無，杖頭惟掛一葫蘆。合註：《太平御覽》引崔豹《古今注》云：瓠，壺蘆也。已傾潘子錯著水，更覓君家爲甚酥。合註：《竹坡詩話》：東坡在黄州時，嘗赴何秀才會，食油果甚酥。因問主人，此名爲何，主人對以無名。東坡又問爲甚酥？坐客皆曰：「是可以爲名矣。」又：潘長官以東坡不能飲，每爲設醴。坡笑曰：「此必錯著水也。」他日忽思油果，作小詩求之。

宋·朱熹《次劉秀野蔬食十三詩韻》《全宋詩》卷二三八五

乳餅

清朝薦疎四庫本、朝鮮本作蔬。盤，乳鉢《永樂大典》卷二四〇七作餅。有真味。不用精瓊糜，無勞爛羊胃。

新笋

翛翛江上林，白日暗風雨。下有萬玉虯，三冬卧寒上。

紫蕈

誰將紫芝苗，種此槎上《永樂大典》作下。土。便學商山翁，風餐謝肥羜。

子薑《本艸》云：薑久食去臭氣，通神明。或云傷心氣不可多食者，非是。

薑云能損心，此謗誰與雪。請論去穢功，神明看朝徹。

茭筍

寒茭翳秋塘，風葉自長短。刳心一飽餘，并得牀敷軟。

南芥

黄龍記昔遊，園客有佳遺。不謂洛生吟，輟餐時擁鼻。

焯菜

小艸有貞性，託根寒《永樂大典》作南。澗幽。懦夫曾一啜，感憤不能休。

木耳

蔬腸久自安，異味非所謬。《永樂大典》作咤。樹耳黑垂聃，登盤今亦乍。

蘿蔔

紛敷剪翠叢，津潤擢《永樂大典》作灌。玉本。寂寞病文園，吟餘得深齯。

芋魁

沃野無凶年，正得蹲鴟力。區種萬葉清，深煨奉朝食。

筍脯

南山春笋多，萬里行《永樂大典》作乃。枯腊。不落盤餐中，今知緑如簀。

豆腐世傳豆腐本乃淮南王術。

種豆豆苗稀，力竭心已腐。早知淮王《永樂大典》作南。術，安坐獲泉布。

白蕈

聞説閩風苑，瓊田産玉芝。不《永樂大典》作一。收雲表露，烹瀹詎相宜。

明·李詡《戒庵老人漫筆》卷七 豆腐詩

豆腐起於漢淮南王劉安之術，朱文公《豆腐詩》曰：「種豆豆苗稀，力竭心已苦。早知淮南術，安坐獲泉布。」蘇雪溪平詩曰：「傳得淮南術最佳，皮膚褪盡見精華。一輪磨上流瓊液，百沸湯中滚雪花。瓦缶浸來蟾有影，金刀剖破玉無瑕。箇中滋味誰知得，多在僧家與道家。」余邑先達孫司業大雅先生嫌豆腐之名不雅，改名菽乳，賦詩云：「淮南信佳士，思僊築高臺。入老變童顔，鴻寶枕中開。異方營齊去聲。味，數度真琦瑰。作羹傳世人，令我憶蓬萊。茹葷厭葱韭，此物乃呈才。戎菽來南山，清漪浣浮埃。轉身一旋磨，流膏入盆罍。大釜氣浮浮，小眼湯洄洄。頃待晴浪翻，坐見雪華皚。青鹽化液滷，絳蠟竄煙煤。霍霍磨昆吾，白玉大片裁。烹煎適吾口，不畏老齒摧。蒸豚亦何爲，人乳聖所哀。萬錢同一飽，斯言匪俳詼。」

清·梁章鉅《浪跡三談》卷五 甌江海味雜詩

余就養東甌已踰年，所嘗海味殆徧，實皆鄉味也，以久宦於外，乃久不得嘗耳。昔朱竹垞先生客永嘉數日，有《海味雜詠》十六首，余曷敢比竹垞，而口腹之好同之，因亦隨物綴以小詩，而名號各殊，並各贅數言爲小引，俾觀者有所考焉。

王瓜魚　此魚以四月王瓜生時出，吾鄉因呼爲王瓜，亦稱瓜魚，而他鄉人多呼爲黄瓜魚，因復稱爲黄魚，皆誤也，其實古名石首魚。瓜魚乃常饌，甘美而清真。長年有如此，何煩夢鱸蓴？甌江長年有此，即吾閩亦不能也。

鰻魚　此海鰻也，甌人多不敢食，小者間以充饌，稍大即羹之，故大鮮鰻頗難得也。河鰻我所戒，河鰻即白鱔，吾鄉呼爲壯鰻，近年始與黄鱔同入戒單云。海鰻我所嗜。甌人戒鮮食，咄或不知味！

鮒魚　鮒魚冬出者愈美，吾鄉間亦有之，昔人謂鮒魚以夏時出而名，疏矣。余今歲於重陽前，對菊花置酒賞之，足增詩事矣。蒸鮒賞牡丹，吾鄉每以四時土物與四季名花一一相配，置酒賞之，爲韻事，如鮒魚配牡丹，荔枝配荷花，蟹配菊花，螺配梅花也。吾鄉樂事僅。奇哉菊花天，兼有持螯韻。

帶魚　此與吾鄉同，而闊且厚者頗難得。帶魚如帶長，我但求其寬。烹製倘如鮒，美堪佐春盤。此魚家人率以常饌忽之，余嘗爲友人留飲，以白糟猪脂，同蒸鮒法治之，乃美不可言。

鮇魚　鮇魚俗名鍋蓋魚，肖其形也，其美全在肝，他鄉人鮮知味者，此間厨子亦剔去之。鱗族乃無鱗，厥形亦可嚇。誰知美在肝，不減河豚白。肝金黄色，其味酷似河豚白，其性亦略相同，余嘗呼爲鮇魚黄，恰可對河豚白也。

鱠殘魚　吾閩長樂、福清有之，别有土名，有聲無辭，莫能譯以上紙也，此間乃呼爲龍頭魚。鱠殘名最古，《方言》莫能收。冰肌復玉質，如何稱龍頭？《正字通》有此名，吾鄉乾者亦名龍頭䱗。

鱟　甌人多不敢食，嫌其形也，烹法亦難，厨子多爲之束手。鱟帆如便面，離奇形可憎。烹製亦實難，安得天厨星？鱟尾最佳，然烹製實難得好手。

蠣　此吾鄉所謂石蠣，濱海皆有之，總不及長樂所産之豐美，而其味則略同，入秋即登市也。蠣房海之美，當冠《加恩簿》。吴航與新溪，甲乙未易譜。蠣房自以吾長樂縣海壖所種爲最美，而《天中記》稱樂清縣新溪口有蠣嶼，方圓四十畝，四面皆蠣，其味偏美。余至温州匝年，並未得嘗，以問樂清尹蔡琪，亦莫能答也。

蟶　此與吾閩同，而其質較小。憶小住揚州時，楊竹圃親家由鹽城寄惠玉箸蟶，食之絶美，今一海相通，而此味渺不可得矣。蟶味次於蠣，佐饌亦所宜。獨惜水晶人，繼見竟無期。在揚州時，以玉箸蟶分餉吴笏菴京兆，承和詩，以「白角衫裹水晶人」爲比。

蚶　甌江多蚶，入秋即登市，但豐美不及奉化所産耳。甌江頗多蚶，登盤甫新秋。但不及奉化，飽餐敢多求？

石蛄　郭景純以上三字原誤爲「郭京純云」四字。《江賦》云：「石蛄應候而揚葩。」注引《南越志》云：「石蛄形如鼃脚，得春雨則生花原無此字，據《文選》注補。」江淹賦云，一名紫薑；《平陽縣志》云，一名仙掌，皆肖其形也。石蛄即鼃脚，其形似筆架。粗皮裹妍肉，難免厨子詫。上層如筆，下層皮甚粗，剥之則内肉絶白而嫩，温州厨子不諳製法，詭言海中所無，强之，始購於市也。

蟳　蟳爲海蟹，蟹爲湖蟹，蟳性甘平，蟹性峭冷，人人知之，而甌人羣呼蟳爲蝤蛑，且變其聲爲蝤蠓，則殊可笑也。蟳乃海中蟹，其性殊甘平。沿訛稱蝤蛑，坡公語可憑。坡公嘗言，讀山谷詩文，如食蝤蛑，令人發風動氣，今食蟳者，殊無此患。又吕亢《蟹圖記》稱，蟹有十二種，一曰蝤蛑，兩螯大而有細毛，八足亦有微毛，今蟳二螯八足，皆極紅潤，無毛，是蟳與蝤蛑迥爲二種，不能强合，特著之以正告甌人云。

蠘　蠘與蟳相似，亦産於海，而性獨冷，其味亦少遜於蟳，若以椒鹽拌之爲腥，則殊可口。蠘亦海蟹族，性異美復减。腥盤加椒鹽，風味轉不淺。可以酒醉，可以糟醃，加之椒末，不嫌其冷。

蛇血　此真蛇血也，閩、甌海中皆有之，若吾鄉所謂蛇血，則海蜇之腹下紅肉，與此迥别。此物鮮者未得見，臘之可以行遠，外人不知爲何物矣。水母且有血，《食單》所未詳。甌俗亦珍此，令人夢江鄉。

烏賊　即墨魚，浙東濱海最尚此，臘以行遠，其利尤重，其味亦較鮮食者爲佳。烏賊即烏鰂，吾鄉稱墨魚。沿訛作明府，縣官亦何辜！甌人呼此爲明府，初不知其故，或以爲腹中有墨，比縣官之貪墨者，以縣官率稱明府也，余已於《叢談》中辨之。頃閲《七修類稿》，云烏賊魚暴乾，俗呼螟脯，乃知此稱前明已然，今人不考，但循其聲訛爲明府耳。

雜録

唐・段成式《酉陽雜俎》前集卷七《酒食》　何胤侈於味，食必方丈，後稍欲去其甚者，猶食白魚、䱉腊、糖蟹，使門人議之。學士鍾岏一作屼議曰：「䱉之就腊，驟於屈伸，而蟹之將糖，躁擾彌甚。仁人用意，深懷如怛。至於車螯母蠣，眉目内闕，慚渾沌之奇，脣吻外緘，非金人之慎。不榮不悴，曾艸木之不若；無馨無臭，與瓦礫而何異？故宜長充庖厨，永爲口實。」

後梁韋琳，京兆人，南遷於襄陽。天保中爲舍人，涉獵有才藻，善劇談，嘗爲䱉表以譏刺時人。其詞曰：「臣䱉言：伏見除書，以臣爲粽一作糝熬將軍、油蒸

校尉，攡州刺史，脯腊如故。肅承將命，含灰屏息。憑籠臨鼎，載兢載惕。臣美愧夏鱣，味慚冬鯉。常懷鮐腹之誚，每懼鼈巖之譏。是以嗽流湖底，枕石泥中。不意高賞殊私，曲蒙鈎拔，遂得超升綺席，忝預玉盤。遠廁玳筵，猥頒象筯，澤覃紫膳一作膄。恩加黄腹。方當鳴薑動椒，紆蘇佩欓。輕瓢纔動，則樞盤如煙。濃汁暫停，則蘭殺成列。宛轉緑虀之中，逍遥朱唇之內。銜恩噬澤，九殞弗辭。不任屏營之誠，謹到銅鎗門，奉表以聞。」詔答曰：「省表具知，卿池沼搢紳，陂池俊乂。穿蒲入荇，肥滑有聞。允堪兹選，無勞謝也。」

伊尹干湯，言天子可具三羣之蟲，謂水居者腥，肉攫者臊，艸食者羶也。

宋・葉廷珪《海録碎事》卷六《飲食器用部・庖厨門》 五熟釜 魏文帝在東宮，賜鍾繇五熟釜而銘之。 中厨 嘉賓填城闕，豐膳出中厨。曹子建詩。

櫻筍厨 四月十五日，自堂厨至百司厨通謂之「櫻筍厨」。《荆楚歲時記》。

孟嘗鑊 青州南城佛寺有二大鑊，大者容四十石，小者容三十石。舊傳寺即孟嘗君宅，鑊即用以待食客者。李伾毁爲兵器。《封氏聞見記》。 三隅竈 《詩》：「樵彼桑薪，卬烘於煁」郭璞云：「煁，三隅竈也。」 佐祭得嘗 佐祭得嘗，佐鬬得傷。《淮南子》。

宋・陸遊《老學庵筆記》卷一 集英殿宴金國人使，九盞：第一肉鹹豉，第二爆肉雙下角子，第三蓮花肉油餅骨頭，第四白肉胡餅，第五羣仙炙太平畢羅，第六假圓魚，第七柰花索粉，第八假沙魚，第九水飯鹹豉旋鮓瓜薑。看食：棗餬子、膸餅、白胡餅、饅餅。淳熙。

又 卷二 《北户録》云：「嶺南俗家富者，婦産三日或足月，洗兒，作團油飯，以煎魚蝦、雞鵝、猪羊灌腸、蕉子，薑、桂、鹽豉爲之。據此，即東坡先生所記盤遊飯也。二字語相近，必傳者之誤。」

宋・吴曾《能改齋漫録》卷二《事始》

點心

世俗例以早晨小食爲點心，自唐時已有此語。按，唐鄭傪爲江淮留後，家人備夫人晨饌，夫人顧其弟曰：「治妝未畢，我未及餐，爾且可點心。」其弟舉甌已罄，俄而女僕請飯庫鑰匙，備夫人點心。傪詬曰：「適已給了，何得又請」云云。

飲席酹酒之始

飲席酹酒之始。唐僕射孫會宗集内外親表開宴。有一甥姪，間朝官後至。及中門，見緋衣官人，衣襟前皆是酒涴，咄咄而出，不相識。洎即席，説於主人，咸訝無此官。沈思之，乃是行酒時於階上酹酒，艸艸傾潑也。自此每酹酒，令側身恭跪，一酹而已，自孫氏始也。今人三酹，非也。出《北夢瑣言》。

宋・王楙《野客叢書》卷一〇 千里蓴羹

《晉書》載：陸機造王武子，武子置羊酪，指示陸曰：「卿吴中何以敵此？」陸曰：「千里蓴羹，未下鹽豉。」或者謂千里、末下皆地名，蓴、豉所出之地。而《世説》載此語，則曰：「千里蓴羹，但末下鹽豉耳。」觀此語，似非地名。東坡詩曰：「每憐蓴菜下鹽豉。」又曰：「未肯將鹽下蓴菜。」坡意正協《世説》。然杜子美詩曰：「我思岷下芋，君思千里蓴。」張鉅山詩亦曰：「一出修門道，重嘗末下蓴。」觀二公所云，是又以千里、末下爲地名矣。前輩諸公之見不同如此。僕嘗見湖人陳和之，言千里地名，在建康境上，其地所産蓴菜甚佳，計末下亦必地名。《緗素雜記》《漁隱叢話》皆引《世説》之言，以謂末下當云未下。而漁隱謂千里者湖名，且引《酉陽雜俎》酒食品亦有千里之蓴。僕謂末下少見出處，千里蓴言者甚多。如《南北史》載沈文季謂崔祖思曰：「千里蓴羹，非關魯、衛。」梁太子啓曰：「吴愧千里之蓴，蜀慚七菜之賦。」吴均移曰：「千里蓴羹，萬丈名膾。」千里之蓴，其見稱如此。

元・楊瑀《山居新語》卷四 杭州開元宫住持元覽真人王眉叟壽衍有銅水滴一枚，貯水在内，遇潮汛則水湧應。時欲以此進上，後攜至都，潮候不應，遂已之。可見氣候不同。浙間凡造醬酣糟淹之物，收藏不避潮汛，則及時必須湧出。至有封泥瓶瓮者，亦爲之破裂。或取清明日門上所插柳條，寘之瓶上，禳之，其湧即止。江北則無此説。所以見方貢土物藥材，道地之分，凡事豈可一槩論之。漫書於此，以爲仕宦中固執己見、不察地方、不順人情者，補其聞見之萬一云。

明・陸容《菽園雜記》卷一 朝廷每端午節賜朝官喫糕糉於午門外，酒數行而出。文職大臣仍從駕幸後苑，觀武臣射柳，事畢皆出。上迎母后幸内沼，看劃龍船，炮聲不絶。蓋宣德以來故事也。丙戌歲，礮聲無聞，人疑之。後聞供奉者云：是日内官奏放礮，上止之云：「酸子聞之，便有許多議論也。」上之顧恤人言如此，可以仰見聖德矣。

各鎮戍鎮守内官，競以所在土物進奉，謂之孝順。陝西有木實名榅桲，肉色似桃，而上下平正如柿，其氣甚香，其味酸澀，上蜜制之，歲爲進貢，然終非佳味也。太監王敏鎮守陝西時，始奏罷之，省費頗多。敏本漢府軍餘，善蹋鞠，宣廟愛而閹之。常熟知縣郭南，上虞人。虞山出軟栗，民有獻南者，南亟命種者悉拔

去。云：「異日必有以此殃害常熟之民者。」其爲民遠慮如此，因類記之。

陝西布政司本唐宰相府。前堂屏扆後有方石池，中刻波浪紋，云是宰相冰果之器。後堂簷下有一石池，中地稍高，四周有走水渠，云是宰相用以割羊。又有釘官石，石理中斷釘歷歷可見，云唐舉子以此自占。凡釘入者，終身利達，不入者不利，往往有驗云。

居庸關外抵宣府，驛遞官皆百户爲之。陝西環縣以北抵寧夏亦然。蓋其地無府州縣故也。然居庸以北，水甘美，穀菜皆多。環縣之北皆鹻地，其水味苦，飲之或至泄利。驛官於冬月取雪實窖中，化水以供上官，尋常使客罕能得也。

又　卷二　吴中民家，計一歲食米若干石，至冬月，舂臼以蓄之，名冬舂米。嘗疑開春農務將興，不暇爲此，及冬預爲之。聞之老農云：不特爲此。春氣動則米芽浮起，米粒亦不堅。此時舂者多碎而爲粞，折耗頗多。冬月米堅，折耗少，故及冬舂之。

又　卷三　江西民俗勤儉，每事各有節制之法，然亦各有一名。如喫飯，先一盌不許喫菜，第二盌纔以菜助之，名曰「齋打底」。饌品好買猪雜臟，名曰「狗静坐」，以其無骨可遺也。勸酒菓品，以木雕刻彩色飾之，中惟時菓一品可食，名曰「子孫菓盒」。獻神牲品，賃於食店，獻畢還之，名曰「人没分」。節儉至此，可謂極矣。學生讀書，人各獨坐一木榻，不許設長凳，恐其睡也，名曰「没得睡」，此法可取。

又　卷四　宣府、大同之墟産黄鼠，秋高時肥美，土人以爲珍饌。守臣歲以貢獻，及餽送朝貴，則下令軍中捕之。價騰貴，一鼠可值銀一錢，頗爲地方貽害。凡捕鼠者，必畜鬆尾鼠數隻，名夜猴兒，能嗅黄鼠穴，知其有無，有則入齧其鼻而出。蓋物各有所制，如蜀人養烏鬼以捕魚也。

朱子註詩云：黍，穀名。苗似蘆，高丈餘，穗黑色，實圓重。稷，亦穀也，一名穄。似黍而小。嘗與北人論辨黍之形似，乃知所謂苗似蘆高丈餘者，即今南方名蘆粟，北方名薥秫，其榦名秫稭者是已。蓋自是一種，非黍也。其所謂一名穄，似黍而小者，此乃是黍，非稷也。今北人謂黍爲黄穄，又名黄米，粘膩可釀酒，則黍之名穄明矣。稷與黍甚相似，但不可釀酒耳。其註「鴇」云，頂赤身白，頸尾黑。黑羽實生於翅，非尾。此皆一時之誤。

又　卷五　岳季方能畫葡萄，嘗作《畫葡萄説》。近於宣府李士常家見其自書一通，筆畫清勁不俗。其言葡萄本中國名果，重自上古，神農九種，功力爲最。世謂得之大宛，歸種漢宫，皆未之考。意者初不經見，而博望、貳師之所得者，又將特異，遂附會之。此説有見。又云：「其榦臞者廉也，節堅者剛也，枝弱者謙也，葉多蔭者仁也，蔓而不附者和也，實中果可啖者才也，味甘平無毒、入藥，力勝者用也，屈伸以時者道也，其德之全有如此者。」予謂中果入藥分才用，似未穩。屈伸以時，人亦難之。蓋京師種葡萄者，冬則盤屈其榦而庇覆之，春則發其庇而引之架上，故云。然此蓋或種於庭，或種於園，所種不多，故爲之屈伸如此。若山西及甘、涼等處深山大谷中，徧地皆是，誰復屈之伸之。

青州生員古清，恃才妄作，凌虐鄉里。死葬後，人發其屍，支解之，懸於林木。濬縣王都憲越之父，既葬被發，而喪其元，求之不得，乃刻木以代而葬之。後食醬至甕底，其元在焉。王以是終身不食醬。嘗聞之僚長張文謹云。

《詩》「蝃蝀在東」，釋者以爲天地之淫氣，或以爲日光射雨氣而成然。今人露置酒醬於庭，見虹則急掩蓋之，不爾則致消耗。相傳虹能食此。嘗聞廣西杜監生云：其家舍旁眢井，時時出虹，叔父頗健狠，率僮掘之，深丈餘，見一肉塊，大如釜，無首尾，蝡蝡而動，欲煮之，家人不可。乃舉而投水中，自是此處不復出虹矣。虹蜺蝃蝀。字皆從蟲，古人制字必有所見。又虹字北方人讀作岡去聲，今吴中名鞭撻痕，亦用此音，其即此字耶？

又　卷六　【略】成化辛丑歲，西胡撒馬兒罕進二獅子，至嘉峪關，奏乞遣大臣迎接，沿途撥軍護送。事下兵部，予謂進貢禮部事，兵部不過行文撥軍護送而已。時河間陳公鉞爲尚書，必欲爲覆奏。予艸奏，大略言獅子固是奇獸，然在郊廟不可以爲犧牲，在乘輿不可以備驂服，蓋無用之物，不宜受。且引珍禽奇獸不育中國，不貴異物賤用物等語爲律，力言當却之；如或閔其重譯而來，嘉其奉藩之謹，則當聽其自至，斯盡進貢之禮。若遣大臣迎接，是求之也。古者天王求車求金於諸侯，《春秋》譏之，况以中國萬乘之尊，而求異物於外夷，寧不詒笑於天下後世！

爲人上者言動不可不謹，否則下人承謁踵誤，不勝其弊矣。丁酉歲，予有考牧之役，至遷安，適同年劉御史廷珪按其地，遣人招飲。予戲語云：「饌有驢板腸即赴。」蓋京師朋輩相戲，各有指斥風土所諱以爲詬者。如蘇浙云鹽豆，江西云臘鷄，湖廣云乾魚之類是已。河南人諱偷驢，廷珪，河南衛輝人，而舊傳有「西風一陣板腸香」之句，故以戲之。日暮歸，縣官率吏人捧熟饌以進。問之，云：「聞公嗜驢板腸，故以奉也。」予以實告而遣之，既而自悔，自是不敢戲言。

嘗登嶧山，山僧作水飯爲供。食一蔬味佳，問之，云：「張留兒菜。」令採觀之，乃商陸也。餘姚人每言其鄉水族有彈塗，味甚美，詳問其狀，乃吾鄉所謂望潮郎耳。此物吾鄉極貧者亦不食，彼以爲珍味。商陸在吾鄉牛羊亦不食，彼以爲旨蓄，正猶河豚在吴中爲珍異，直沽漁人刳其肝而棄之。時魚尤吴人所珍，而江西人以爲瘟魚不食。世之遇不遇，豈惟人爲然，夫物亦有然者矣。仲裒聞張留乃樟柳也。

菘菜，北方種之。初年半爲蕪菁，二年菘種都絶。蕪菁，南方種之亦然。蓋菘之不生北土，猶橘之變於淮北也。此説見《蘇州志》。按菘菜即白菜，今京師每秋末，比屋醃藏以禦冬，其名箭幹者，不亞蘇州所産。聞之老者云：永樂間，南方花木蔬菜，種之皆不發生，發生者亦不盛。近來南方蔬菜，無一不有，非復昔時矣。橘不踰淮，貉不踰汶，鸜鵒不踰濟，此成説也。今吴菘之盛生於燕，不復變而爲蕪菁，豈在昔未得種藝之法，而今得之邪？抑亦氣運之變，物類隨之而美邪。將非橘柚之可比邪？

户部尚書夏忠靖公原吉，長沙人，德量寬厚，喜怒不形。永樂間，嘗以治水至崑山，寓千墩禪寺。所居不設儀從，鄉民數人入寺遊觀，公方坐室中觀書，不意其爲夏公也，雜坐其旁。既而它之，問僧云：「尚書何在？」僧云：「室中觀書者是也。」民懼，乃奔去。公好食爊豬肝，一日，膳夫供具，公飯盡而肝如故，怪之。已而分食，乃知入鹽過多，鹹不可食也。人服其量。楊東里作公神道碑，記隸污織金賜衣，吏碎所愛硯，皆無怒意。謂其有王子明、韓稚圭之度，非過稱也。

鯇魚字一作鯶，味美而子有毒，不減何魨子，食之能殺人。聞蛇亦能化鱉。凡鱉在旱地得者，不宜食，下水則無毒矣。

嘗與鄭介庵會飲，介庵問魚餒肉敗，不直曰魚爛肉腐，而云然，何如？予不能對，因請教。曰：「魚之爛自内始，如腹之餒；肉之腐自外入，如軍之敗。」請問何出？云：「不知所出，嘗聞之先輩張伯緒如此。」後讀程沙隨《思問録》，中具此説，始知出於程。嘗見晦庵先生稱沙隨爲程丈，蓋前輩也。《思問録》於《論》《孟》多所發明。

又　卷八　成化十三年，福建長樂縣平地長起一山，長三日而止。度之，高二丈餘，横廣八丈。其旁一池，忽生大蜆，民取食之，味甚美。乃争取食，食者不數日患痢，死者千餘人。

正統間，楊文貞公自江西還朝，所過饋送，一切不受。耿清惠公時爲淮揚鹽

運使，餽雞四翼，茄一盤，楊公受之。且攜手而行，其激揚之意，默寓於交際如此。先奉直公時客淮揚，親聞其事。

急須，飲器也，以其應急而用，故名。趙襄子殺智伯，漆其頭以爲飲器。註云：「飲，於禁反，溺器也。」今人以暖酒器爲急須，飲字誤之耳。吴音須與蘇同，今稱煖熟食具爲僕憎，言僕者不得侵漁，故憎之。王宗銓御史嘗見内府揭帖，令工部製步甑，云即此器，乃知僕憎之名傳譌耳。

又　卷九　「大甓子中消白日，小車兒上看青天。」此邵康節先生詩。今人呼盛茶酒器爲甓，有自來矣。然此字亦後人方言所增，韻書無之。

梅聖俞《河魨詩》云：「春洲生荻芽，春岸飛楊花，河魨當此時，貴不數魚鰕。」而吾鄉俗語則云：「蘆青長一尺，莫與河魨作主客。」蘆青即荻芽也。荻芽長，河魨已過時矣，而聖俞云然，予嘗疑之。後觀范石湖《吴郡志》，始知此魚至春，則泝江而上，蘇、常、江陰居江下流，故春初已盛出，真、潤則在二月。若金陵上下，則在二三月之交。池陽以上，暮春始有之。聖俞所云，殆池陽、當塗之俗；而歐公所謂「羣游水上，食絮而肥」，南人多以荻芽爲羹，則又附會之説，非真知河魨者也。

又　卷一〇　南方寺觀及人家庭院中多種芭蕉，但可資觀美而已，實無所用。或以其葉代荷葉，襯蒸麪食。然婦人有癥瘕及血氣病者，感其氣則益甚，是亦不可用也。聞豬瘟者，以其根飼之，魚泛者，以其榦剉投池中則已，未之試也。

蕎麥之蕎，韻書無之，《本艸》有之，蓋宋人所增耳。《道藏》中有《藥石爾雅》一卷，乃唐元和間梅彪所集諸藥隱名，以粟、黍、蕎、豆、麥爲五芽，則此字之來亦久矣。

又　卷一二　蘇東坡有云：「紫李黄瓜村落香。」黄瓜，今四五月淹爲葅者是也。《月令》：「四月王瓜生，苦菜秀。」王瓜非今作葅之瓜，其實小而有毛，《本艸》名菝葜，京師人呼爲赤包兒。謂之瓜者，以其根相似耳。今人以其與苦菜並稱，遂疑即今黄瓜，而反以黄字爲訛。木綿花生南越，樹高四五丈，花紅似山茶，子如楮實，綿出子中，可貯茵褥，蘇州人稱攀枝花者是也。今紡織以爲布者，止可名綿花。《雲間通志》以爲木綿花，蓋踵蔡氏誤耳。又嘗見一士人家《葵軒卷》中記序題詠，皆形狀今蜀葵花。蓋不知傾陽衛足，自是冬葵可食者。《詩·七月》「烹葵及菽」，公儀休拔園葵皆是也。古人文字中記載名物，必攷覈精詳，故少有此失。

又 卷一三 石首魚，四五月有之。浙東温、台、寧波近海之民，歲駕船出海，直抵金山、太倉近處網之。蓋此處太湖淡水東注，魚皆聚之。它如健跳千户所等處固有之，不如此之多也。金山、太倉近海之民，僅取以供時新耳。温、台、寧波之民，取以爲鮝，又取其膠，用廣而利博。予嘗謂瀕海以魚鹽爲利，使一切禁之，誠非所便。但今日之利，皆勢力之家專之，貧民不過得其受雇之直耳。其船出海，得魚而還則已，否則遇有魚之船，勢可奪，則盡殺其人而奪之，此又不可不禁者也。若私通外蕃，以啓邊患，如閩、廣之弊則無之。其采取淡菜龜脚鹿角菜之類，非至日本相近山島則不可得，或有啓患之理。此固職巡徼者所當知也。

又 卷一四 陳某者，常熟塗松人。家頗饒，然夸奢無節，每設廣席，殽飣如雞鵞之類，每一人前，必欲具頭尾。嘗泊舟蘇城沙盆潭，買蟹作蟹鳌湯，以鳌小不堪，盡棄之水。狎一妓，爲製金銀首飾，妓哂其吝，悉抛水中，重令易製。積歲負租及官物料價頗多，官府追償，因而蕩産。乃僦屋以居，手藝蔬，妻辟纑自給。隣翁憐其勞苦，持白酒一壺，荳腐一盂饋之，一嚼而病泄累日。妻問

香蕈，惟深山至陰之處有之。其法，用乾心木、橄欖木，名曰蕈樼。先就深山下斫倒仆地，用斧班駁剉木皮上，候淹濕，經二年始間出。至第三年，蕈乃偏出。每經立春後，地氣發洩，雷雨震動，則交出木上，始採取。以竹篾穿掛，焙乾，至秋冬之交，再用工徧木敲擊。其蕈間出，名曰驚蕈。惟經雨則出多，所製亦如春法，但不若春蕈之厚耳。大率厚而小者，香味俱勝。又有一種，適當清明向日處間出小蕈，就木上自乾，名曰日蕈。此蕈尤佳，但不可多得。今春蕈用日曬乾，同謂之日蕈，香味亦佳。

又 卷一五 嘗記正統十年，予家祖園新竹二本，皆自數節以上分兩岐，交翠可愛。家僕俟其老，斫而芟去旁枝，用以叉取藴艸飼豬。景泰二年，新居後園，黄瓜一蔓生五條，結蒂與脱花處分張爲五，瓜之背則相連附。園丁採入，衆玩一過，兒童擘而食之。後仕於朝，有以《瑞竹瑞瓜圖》求題詠者，閲之，則皆予家所嘗有也。況它竹之瑞一本，予家並生二本。它瓜僅二三，又非連理，予家五瓜連理，不尤瑞乎！使當時長老父兄有造言喜事者，諂諛歸之府縣，誇艷歸之家庭。動衆傷財，其爲不靖多矣。惟其悃愊無華，故人之所謂祥瑞，一切不知動其心。惟不知動其心，故驕侈不形，而災害不作，可以保其家於悠久也。傳曰：天下本無事，庸人自擾之。其斯之謂歟！

清・梁章鉅《浪跡三談》卷五 食單四約

郎仁寶曰：「食爲人生大計，況年老者尤所宜講，嘗見一書云：『食爛則易咀嚼，熱則不失香味。』余更爲益二語云：『潔則動其食興，少則不致饜飫。』盡之矣。」憶余藩牧吴中時，韓桂舲尚書與石琢堂廉訪、朱蘭坡侍講舉消寒會，有食單四約，云早、少、爛、熱，即與前人之論恰合，潔字所不待言，而早字尤與老年爲宜也。是時韓與石皆大年，善頤養，約同人各以詩紀之，余詩云：「振衣難俟日高春，速客盤筵禮數恭。朝氣最佳宜燕衎，寒庖能儉亦從容。午餐遲笑雷鳴腹，卯飲清如雪飫胸。觸我春明舊時夢，禁廬會食正晨鐘。早。」「百年不厭腐儒餐，方丈能無愧此官？五簋好遵先輩約，萬錢休議古人單。艱難食貨應加節，直率賓朋易盡歡。願與吴儂返淳樸，豈徒物命慎摧殘。少。」「無煩礪齒要和脾，老去都存輭飽思。莫等熊蹯滋口實，何妨羊胃混時宜。調和烹飪皆歸禮，歌詠燔炰本入詩。仙訣也須憑火候，漫誇煮石便忘饑。爛。」「大都作法不宜涼，何況尊生服食方。悦口本無嫌炙手，平心剛好稱披腸。殘杯世界春常駐，冷竈門風客共忘。獨有名場慚翕翕，年來肝肺已知霜。韓文「不爲翕翕熱」，杜詩「回首肝肺熱」。熱。」時吴棣華同年亦有作，與余詩皆爲吴民傳誦。

又 《歸田瑣記》卷七

少食少睡

今人以飽食安眠爲有生樂事，不知多食則氣滯，多睡則神昏，養生家所忌也。昔應璩詩言中叟得壽之由曰量腹節所受。《博物志》言所食愈少，心逾開，年愈益；所食愈多，心愈塞，年愈損。孫思邈《方書》云：「口中言少，心中事少，腹裡食少，自然睡少，依此三少，神仙訣了。」馬總《意林》引《道書》云：「欲得長生腹中清，欲得不死腹無屎。」此皆古人相傳養生之訣，而余於今人亦得其證。記在京日，侍戴可亭師，請示卻病延年之術，師曰：「我督學四川時，得疾似怯證，或薦峩眉山道士治之。道士謂與余有緣，能治斯疾。因與對坐五日，教以吐納之方，疾頓愈，至今數十年，乃强健勝昔也。」時師年已八十餘，風采步履，只如六十許人。自言每日早起，但食精粥一大碗，晡時食人乳一茶杯。或傳師家畜一乳娘，每隔帳吸乳嚥之，乳盡輒易人，蓋已廿餘年，師諱而不言也。余偶問曰：「即此已飽乎？」師大聲曰：「人須喫飽乎！」又聞黄左田師談：「我直南齋、直樞廷已四十年，每夜早起，不以爲苦，惟亥子二時得睡即足耳。在樞廷日，每於黎明視奏摺小字，不用燈光，其目力遠勝少年人。」後師引年歸，甫得高卧，

至日高時始起，而兩眼驟昏矣。

厨子

徐興公《榕陰新檢》中載吾鄉曹能始先生學佺與二友同上公車，惟先生攜一僕，凡途中飲饌之事，皆先生主之。僕善烹飪，二友食而甘之，而微嫌其費，頗有煩言。一日，僕請先生與二友分爨，曰：「我實不能伺候三人，先生不肯，僕即請去。」先生曰：「我實不能以僕故而開罪於友人。」聽之。臨行，請曰：「我即當回閩，但乞一信帶呈家中人，俾知並非負咎被逐耳。」與之信。時方行到蘇州，比先生至京，而此僕早已抵閩，蓋即蘇州發信之次日也。家中人詰其故，曰：「我實天上之天厨星也，吾家主人，乃天上仙官，我應給其任使。彼二客者，何福以當之。」語畢，遂不知所之。聞此二客後亦客享大年，蓋月餘日飽飫天厨之效云。按袁簡齋《續齊諧》中亦載曹能始先生飲饌極精，厨人董桃媚者，尤善烹調，先生宴客，非董侍則不懽。先生同年某，督學蜀中，乏作饌者，乞董偕行，先生許之。遣董，董不往，怒逐之。董跪而言曰：「桃媚，天厨星也。因公本仙官，故來奉侍，督學凡人，豈能享天厨之福乎！」言畢，升堂向西去，良久不見。二書所載各異，而皆屬之能始先生。且徐興公與先生同時人，見聞尤近，必非無因矣。余家有陳東標者，頗能烹調，輒以此誇於衆，衆因戲呼之爲天厨星，實則庸手而已。余於能始先生，無能爲役，則陳東標之於董桃媚，又豈止仙凡之判哉！

清·顧禄《清嘉録》卷四

立夏見三新

立夏日，家設櫻桃、青梅、穭麥，供神享先，名曰「立夏見三新」。宴飲則有燒酒、酒釀、海螄、饅頭、麪筋、芥菜、白笋、鹹鴨蛋等品爲佐。蠶豆亦於是日嘗新。酒肆餽遺於主顧，以酒釀、燒酒，謂之餽節。蔡雲《吴歈》云：「消梅鬆脆鶯桃熟，穭麥甘香蠶豆鮮。鴨子調鹽剖紅玉，海螄入饌數青錢。」

案：《崑新合志》：「立夏日，家設櫻桃、青梅、麥蠶窨餻等物，飲燒酒，名曰『立夏見三新』。」與郡俗略異。

賣時新

蔬果、鮮魚諸品，應候迭出。市人擔賣，四時不絶於市。而夏初尤盛，號爲「賣時新」。趙筠《吴門竹枝詞》云：「山中鮮果海中鱗，落索瓜茄次第陳。佳品盡爲吴地有，一年四季賣時新。」

案：王鏊《姑蘇志》：「三、四月賣時新，率五日而更一品，如王瓜、茄、諸色豆、諸海鮮，枇杷、楊梅迭出。後時者，價下二三倍。」沈朝初《憶江南》詞有詠四時食物，摘録數闋於此。詞云：「蘇州好，香笋出陽山。纖手剥來渾似玉，銀刀劈處氣如蘭。鮮嫩砌磁盤。蘭花笋。」「蘇州好，光福紫楊梅。色比火珠還徑寸，味同甘露降瑶臺。小嚼沁桃腮。楊梅。」「蘇州好，沙上枇杷黄。寵罩青絲堆蜜蠟，皮含紫核結丁香。甘液勝瓊漿。枇杷。」「蘇州好，葑水種雞頭。瑩潤每疑珠十斛，柔香偏愛乳盈甌。細剥小庭幽。雞頭。」「蘇州好，朱橘洞庭香。滿樹紅霜甘液冷，一團絳雪玉津涼。酒後倍思量。橘。」「蘇州好，玉疊結梅酸。夢起細含消病渴，繡餘低嗅沁心寒。青脆小如丸。梅實。」「蘇州好，新夏食櫻桃。異種舊傳崖蜜勝，淺紅新様口脂嬌。小核味偏饒。櫻桃。」「蘇州好，豆莢喚新蠶。花底摘來和筍嫩，僧房煮後伴茶鮮。團坐牡丹前。蠶豆。」「蘇州好，湖面半菱窠。緑蒂戈窑長蕩美，中秋沙角虎丘多。滋味賽蘋婆。諸菱。」「蘇州好，魚味愛三春。刀鱭去鱗光錯落，河魨剖乳腹膨脝。新韭帶薑烹。江鱭、河魨。」「蘇州好，夏月食冰鮮。石首帶黄荷葉裹，鰣魚似雪柳條穿。到處接鮮船。黄魚、鰣魚。」「蘇州好，蒓鱠憶秋風。巨口細鱸和酒嫩，雙螯紫蟹帶糟紅。菘菜點羹濃。銀鱸、紫蟹。」「蘇州好，冬日五侯鯖。蜜蠟拖油鱘骨鮓，水晶雲片鯽魚羹。糟熟截毛鷹。鱘鰉、鯽魚。」

又　卷一二　暖鍋

年夜祀先分歲，筵中皆用冰盆，或八、或十二、或十六，中央則置以銅錫之鍋，雜投食物於中，鑪而烹之，謂之「暖鍋」。譚大中《暖鍋》詩云：「範金爲器利羣生，物理居然寓聖情。持滿能平流不溢，虚中有竅火微明。嘘寒變燠鹽梅濟，取坎交離鼎鼐成。黍谷暄回人盡飽，萬方應與頌和羹。」又云：「紅鉛九轉器初成，十萬錢輸選饌精。次蠟廚邊湯乍沸，肉屏風畔婢初擎。添來鑪火寒威解，味入丹田暖氣生。尚有寄居蕭寺客，齏鹽風味耐孤清。」

又顧禄《桐橋倚棹録》卷一〇　市廛

酒樓，以斟酌橋三山館爲最久，創於國初，壺觴有限，只一飯歇鋪而已，舊名白堤老店。有往來過客道經虎丘者，設遇風雨，不及入城，即止宿於是。趙姓數世操是業，烹飪之技，爲時所稱，遂改置凉亭、暖閣，游者多聚飲於其家。乾隆某年，戴人倫於引善橋旁，即接駕樓遺址築山景園酒樓，疏泉叠石，略具林亭之勝。亭曰「坐花醉月」，堂曰「勺水卷石之堂」。上有飛閣，接翠流丹，額曰「留仙」，聯曰：「鶯花幾緉屐，蝦菜一扁舟。」又，柱聯曰：「竹外山影，花間水香。」皆吴雲

書。左樓三楹，扁曰「一樓山向酒人青」，程振甲書，摘吳薗次《飲虎丘酒樓》詩句也。右樓曰「涵翠」、「筆鋒」、「白雪陽春閣」。冰盤牙箸，美酒精肴。客至則先饗以佳荈，此風實開吳市酒樓之先。金閶園館，所在皆有。山景園、三山館築近丘南，址連塔影，點綴溪山景致，未始非潤色太平之一助，且地當孔道，凡宴會祖餞，春秋覽古，尤便駐足。嘉慶二年，任太守兆坰建白公祠於蔣氏塔影園故址，祠前築塔影橋，於是橋畔有李姓者增設酒樓，名曰「李家館」，亦杰閣連甍，與山景園、三山館鼎峙矣。今更名爲「聚景」，門停畫舫，屋沂名園，頗爲海涌增色。三山館四時不斷烹庖，以山前後居民有婚喪宴會之事，多資於是，非若山景園、聚景園只招市會游屐。每歲清明前始開爐安鍋，碧檻紅欄，華燈璀璨。過十月朝節，席冷樽寒，圍爐乏侶，青望乃收矣。是以昔人有「佳節待過十月朝，山塘寂靜漸無聊」之句。所賣滿漢大菜及湯炒小喫，則有燒小豬、哈兒巴肉、燒肉、燒鴨、燒鷄、燒肝、紅燉肉、萸香肉、木犀肉、口蘑肉、金銀肉、高麗肉、東坡肉、香菜肉、果子肉、麻酥肉、火夾肉、白切肉、白片肉、酒燜蹱、硝鹽蹱、風魚蹱、緺紗蹱、爊火蹱、蜜炙火蹱、葱椒火蹱、醬蹱、大肉圓、煠圓子、溜圓子、拌圓子、上三鮮、湯三鮮、炒三鮮、小炒、爊火腿、爊火爪、煠排骨、煠紫蓋、煠八塊、煠裏脊、煠腸、燴腸、爆肚、湯爆肚、醋溜肚、芥辣肚、燴肚絲、片肝、十絲大菜、魚翅三絲、湯三絲、拌三絲、黃芽三絲、清燉鷄、黃燜鷄、麻酥鷄、口蘑鷄、溜滲鷄、片火鷄、火夾鷄、海參鷄、芥辣鷄、白片鷄、手撕鷄、風魚鷄、滑鷄片、鷄尾搧、燉鴨、火夾鴨、海參鴨、八寶鴨、黃燜鴨、風魚鴨、口蘑鴨、香菜鴨、京冬菜鴨、胡葱鴨、鴨羹、湯野鴨、醬汁野鴨、炒野鷄、醋溜魚、爆參魚、參糟魚、煎糟魚、豆豉魚、炒魚片、燉江鱭、煎江鱭、燉鮰魚、湯鮰魚、剥皮黃魚、湯黃魚、煎黃魚、湯着甲、黃燜着甲、斑魚湯、蟹粉湯、炒蟹斑、湯蟹斑、魚翅蟹粉、魚翅肉絲、清湯魚翅、燴魚翅、黃燜魚翅、拌魚翅、炒魚翅、燴魚肚、燴海參、十景海參、蝴蝶海參、炒海參、拌海參、燴鴨掌、拌鴨掌、炒腰子、炒蝦仁、炒蝦腰、拆燉、燉吊子、黃菜、溜卞蛋、芙蓉蛋、金銀蛋、蛋膏、燴口蘑、炒口蘑、蘑菰湯、燴帶絲、炒筍、萸肉、湯素、炒素、鴨腐、鷄粥、十錦豆腐、杏酪豆腐、炒肫乾、煠肫乾、爛熓脚魚、出骨脚魚、生爆脚魚、煠麵筋、拌胡菜、口蘑細湯。點心則有八寶飯、水餃子、燒賣、饅頭、包子、清湯麵、鹵子麵、清油餅、夾油餅、合子餅、葱花餅、餡兒餅、家常餅、荷葉餅、荷葉饒蒸、薄餅、片兒湯、餑餑、拉糕、扁豆糕、蜜橙糕、米豐糕、壽桃、韭合、春餻、油餃等，不可勝紀。盆碟則十二、十六之分，統謂之「團仙」，言其團於八仙桌上，故有是名也。其菜則有八盆四菜、四大八小、五菜、四葷八拆，以及五簋、六菜、八菜、十大碗之別。每席必七折錢一兩起至十餘兩碼不等。沈朝初《憶江南》詞云：「蘇州好，酒肆半朱樓。遲日芳樽開檻畔，月明燈火照街頭。雅坐列珍羞。」又，吳綺《飲虎丘酒樓》詩云：「新晴春色滿漁汀，小憩黃壚畫槳停。七里水環花市緑，一樓山向酒人青。綺羅堆裏神仙劍，簫鼓聲中老客星。一曲高歌情不淺，吳姬莫惜倒銀瓶。」又，趙翼《山塘酒樓》詩云：「清簟疏簾軟水舟，老人無事愛清游。承平光景風流地，燈火山塘舊酒樓。」又，顧我樂絶句云：「斟酌橋邊舊酒樓，昔年曾此數觥籌。重來已覺風情減，忍見飛花逐水流。」又，吳周鈐《飲虎丘山景園》詩云：「樹未雕霜水疊鱗，秋來泛棹記初巡。爲呼緑酒憑高閣，恰對青山似故人。絃管漸隨華月減，園林催鬬晚香新。眼前風景堪留醉，且喜偷閒半日身。」

釀造工藝部

題解

漢・劉熙《釋名・釋飲食》 麴，朽也，鬱之，使生衣朽敗也。畢沅曰：《齊民要術》説作女麴如作麥麴法，以青蒿上下奄之，置牀上，三七二十一日開，看徧有黄衣則止，三七日無衣乃停，要須衣徧乃止。出，日日曝之，燥則用。

蘖，缺也，漬麥覆之，使生芽開缺也。畢沅曰：《齊民要術》有「作蘖法」：八月中作，盆中浸小麥，即傾去水，日曝之，一日一度著水，即去之，腳生，布麥於席上，厚二寸，一日一度以水澆之，芽生便止。

酒，酉也，畢沅曰：《説文》：「酒，就也，从水，从酉，酉亦聲。」酉亦訓就。釀之米麴酉澤，畢沅曰：酉澤，酋繹也。《説文》「酋」下訓云：「繹酒也，从酉，水半見於上。」《禮記・郊特牲》曰：「猶明清與醆酒，於舊澤之酒也。」是澤亦繹義也。《初學記》「澤」引作「懌」，誤。久而味美也。畢沅曰：《初學記》引無「久」字，非。亦言跛也，能否皆强相跛，持飲之也。畢沅曰：「持」今本譌作「待」，據《初學記》引改。蘇輿曰：《御覽・飲食》一引無「飲之」二字。又入口咽之，皆跛其面也。

緹齊，色赤如緹也。畢沅曰：《周禮・酒正》辨五齊之名，其四曰「緹齊」。鄭注：「緹者成而紅赤，如今下酒矣。」《説文》：「緹帛，丹黄色。」案：丹黄色近赤矣。

盎齊，盎滃也，畢沅曰：今本無「滃也」二字，據《周禮注》增。注見下。滃滃然濁色也。畢沅曰：鄭注《周禮・酒正》云：「盎，猶翁也，成而翁翁然蔥白色，如今酇白矣。」

汎齊，浮蟻在上汎汎然也。畢沅曰：《周禮》作「泛齊」。鄭注：「泛者，成而滓浮泛泛然。如今宜成醪矣。」《説文》：「汎，浮貌。」「泛，浮也。」汎、泛義相近。葉德炯曰：此元酒也。書顧命：「麻冕蟻裳。」《御覽・服章部》引鄭注：「蟻，謂色玄也。」

沈齊，濁滓沈下，汁清在上也。畢沅曰：鄭注《周禮》「沈齊」云：「沈者成而滓沈，如今造清矣。」

醴齊，醴，禮也，釀之一宿而成禮，有酒味而已也。畢沅曰：「禮」當皆爲「體」字之誤也。鄭注《周禮》：「醴，猶體也。成而汁滓相將，如今恬酒矣。」《説文》：「醴，酒一宿孰也。」

醳酒，久釀酉澤也。畢沅曰：此《禮記》所謂「舊繹之酒」也。「醳」當作「繹」，从糸，睪聲，俗从酉，非。「酉澤」，從《説文》當作「酋繹」。

事酒，有事而釀之酒也。畢沅曰：《周禮・酒正》云：「凡爲公酒者。」鄭注：「謂鄉射飲酒，以公事作酒者。」此有事而釀之酒也。《酒正》又云：「辨三酒之物，一曰事酒。」

苦酒，淳毒甚者酢苦也。畢沅曰：《御覽》引作「淳毒者，酢且苦也」。成蓉鏡曰：案《晏子春秋》：「蘭本三年而成湛之苦酒。則君子不近，庶人不佩。」《御覽》六百六十六引《魏名臣奏》曰：「今官販苦酒，與百姓争錐刀之末。」苦酒即醯也。故《吴録地理志》曰：「吴王築城以貯醯，今俗呼苦酒城。」亦見《御覽》。賈思勰《齊民要術》九引陸璣《草木鳥獸蟲魚疏》云：「接余以苦酒，浸之爲葅。」

漢・許慎《説文解字・酉部》 酉 酉 就也。就，高也。《律書》曰：酉者，萬物之老也。《律曆志》曰：留孰於酉。《天文訓》曰：酉者，飽也。《釋名》曰：酉，秀也。秀者，物皆成也。八月黍成，可爲酎酒。此舉一物以言就。黍以大暑而種，至八月而成，猶禾之八月而孰也。不言禾者，爲酒多用黍也。酎者，三重酒也。必言酒者，古酒可用酉爲之。故其義同曰就也。凡从酒之字當别酒部。解曰：从酒省。許合之，疏矣。象古文酉之形也。古文酉謂丣也。防佛丣字之形而製酉篆。此與弟从古文弟之形，民从古文民之形，革从古文革之形爲一例。周伯琦乃謂不可解矣。凡酉之屬皆从酉。丣 丣，古文酉，从丣。从丣，一以閉之。丣爲春門，萬物已出。丣爲秋門，萬物已入。一，閉門象也。《管子・幼官》篇：春三卯同事，秋三卯同事。惠氏士奇云：春當作三丣。秋當作三丣。取許書爲説也。虞翻别傳曰：翻奏鄭玄解《尚書》違失云：古太篆丣字，讀當爲桺。古桺丣同字，而以爲昧，甚違不知蓋闕之義。玉裁按：壁中古文《尚書》作昧谷，鄭注《尚書》依之。今文《尚書》作桺穀，鄭注《周禮》縫人取之。今文古文本有斷難合一者也。鄭本不誤，而仲翔謂其改丣爲昧，其他三事亦皆仲翔誤會。説詳古文《尚書》撰異。凡畱桺聊劉字从丣。

酒 酒 就也，所吕就人性之善惡。賓主百拜者，酒也。淫酗者，亦酒也。从水酉，以水泉於酉月爲之。酉亦聲。一曰造也，造古讀如就。吉凶所造起也。古者儀狄作酒醪，禹嘗之而美，遂疏儀狄。見《戰國策》。杜康作秫酒。又見《巾部》。曰少康作箕帚秫酒。少康者，杜康也。按：許書事物原始皆用《世本》。此皆出《世本》。

釀 釀 醞也。作酒曰釀。《周禮》：酒人掌爲五齊三酒。爲猶作也。从酉襄聲。

醞 醞 釀也。引申爲醞藉。《詩・小宛》箋、《禮記》禮器注、《漢書・匡張孔馬傳贊》皆曰醞藉。師古云：謂如醞釀及薦藉，道其寬博重厚也。今人多作蘊藉，失之遠矣。毛詩叚借温字。从酉𥁕聲。

酴 酴 酒母也。《米部》𥻸，酒母也。此酴亦訓酒母，則今之酵也。《玉篇》曰：麥

酒，不去滓飲也。从酉余聲，讀若廬。

醴　酒一宿孰也。《周禮·酒正》注曰：醴猶體也。成而汁滓相將，如今恬酒矣。按：汁滓相將，蓋如今江東人家之白酒。滓即糟也。滓多，故酌醴者用柶。醴甘，故曰如今恬酒。恬即甛也。許云一宿孰，則此酒易成與。《禮經》以醴敬賓曰醴賓，注多改爲禮賓。从酉豊聲。

醪　汁滓酒也。《米部》曰：糟，酒滓也。許意此爲汁滓相將之酒，醴爲一宿孰之酒。與鄭異。从酉翏聲。魯刀切。

醇　不澆酒也。澆，沃也。凡酒沃之以水則薄，不襍以水則曰醇。故厚薄曰醇澆。醇襍亦即此字。一色成體謂之醇。純其叚借字。从酉𦎫聲。醕，古文。

醹　厚酒也。《大雅》：酒醴維醹。傳曰：醹，厚也。此以疊韵爲訓。从酉需聲。《詩》曰：「酒醴維醹。」

酎　三重醇酒也。《廣韵》作三重釀酒，當从之。謂用酒爲水釀之，是再重之酒也。次又用再重之酒爲水釀之，是三重之酒也。杜預注《左傳》曰：酒之新孰重者曰耐。鄭注《月令》曰：酎之言醇也。謂重釀之酒也。醇者其義，釀者其事實。金壇于氏明季時以此法爲酒。从酉，肘省聲。各本作从時省，誤。紂㽙篆皆曰肘省聲。今據正。《廣韵》音冑。李仁甫本同，除帘切。《明堂月令》曰：孟秋，天子歓酎。秋當作夏。天子飲酎，《月令·孟夏》文也。諸侯嘗酎，見《左傳》。

醠　濁酒也。醠，《周禮》作盎，古文叚借也。鄭曰：盎猶翁也。成而翁翁葱白色，如今酇白矣。《釋文》云：酇白，今之白醝酒也。宜作醝。按：鄭曰五齊泛醴尤濁，縮酌者，盎發下差清。此非與許不合也。但云差清，則固濁也。盎清於醴而濁於緹、沈，即緹、沈亦非全清也。《淮南·説林訓》：清醠之美。高注：醠，清酒。亦與鄭意同。从酉盎聲。

醲　厚酒也。《鴻範》：次三曰：農用八政。鄭曰：農讀爲醲。然則凡厚皆得爲醲也。从酉農聲。

酤　重釀酒也。从酉耳聲。此篆各本作醋，解云酒也。从酉茸聲。而容切。《廣韵》《玉篇》皆有酤無醋，解云重釀也。《玉篇》列字正與《説文》次弟相合，然則古本《説文》作酤可知矣。《廣雅》亦云酤汝吏切。今據以更正。又按：《艸部》之茸亦耳聲也，則酤可而容切。

酤　一宿酒也。《商頌》：既載清酤。傳曰：酤，酒也。《小雅》：無酒酤我。傳曰：酤，一宿酒也。一曰買酒也。《論語》鄉黨作沽。从酉古聲。

醬　酒味淫也。淫者，浸淫隨理也。謂酒味淫液深長。从酉，𩰪省聲。讀若《春秋傳》曰「美而豔」。見《左傳》桓元年、文十六年。謂讀同豔。

酷　酒厚味也。依《廣韵》訂。引申爲已甚之義。《白虎通》曰：酷，極也。教令窮極也。从酉告聲。

酓　酒味苦也。《廣韵》《玉篇》《集韵》、小徐本皆同。汲古閣所據宋本奪此篆此解，而毛扆補之於部末。《夏本紀》用爲「檿」字，叚借也。从酉今聲。

醰　酒味長也。《廣韵》《玉篇》皆云：酒味不長也。不是膡字。《集韵》云：酒味苦也。由宋時《説文》以酓義系醰篆而奪酓之故耳，汲古初刻時正如此。或曰古酓覃同部，疑無二字。然小徐本分列書然，小徐作甛長味也。按：《洞簫賦》良醰醰而有味。李注引《字林》醰甛同長味也。同是膡字。从酉覃聲。按：《文選》注大含切。

醂　酒色也。謂酒之顔色也。《廣韵》曰：酒氣。从酉朩聲。

配　酒色也。本義如是。後人借爲妃字。而本義廢矣。妃者，匹也。从酉己聲。己非聲也。當本是妃省聲，故叚爲妃字。又別具音妃平，配去。

酏　酒色也。从酉弋聲。

醋　客酌主人也。瓠葉傳曰：酢，報也。《彤弓》箋曰：主人獻賓，賓酢主人，主人又飲而酌賓，謂之醻。从酉昔聲。按：諸經多以酢爲醋，惟《禮經》尚仍其舊。後人醋酢互易，如穜種互易。

醨　薄酒也。薄對厚言。上文醪醇醹酎皆謂厚酒，故謂厚薄爲醇醨。今人作漓，乃俗字也。屈原賦曰：何不餔其糟而歠其醨。从酉离聲，讀若離。

醶　酢也。二字雙聲。从酉韱聲。

酸　酢也。《月令》：春三月，其味酸。《(鴻)[洪]範》：曲直作酸。从酉夋聲。關東謂酢曰酸。䤨，籀文酸，从畯。畯聲也。

䣼　酢漿也。《水部》「漿」下曰：酢漿也。酢漿謂䣼也。䣼漿二篆爲轉注。鄭注《内則》曰：漿，酢䣼也。許書漿下當是酢䣼也，後人改之耳。鄭注《周禮》四飲曰：將，今之䣼漿也。絫言之曰䣼漿。从酉𢦏聲。

醶　酢㯈也。漿䣼醶三者同物。从酉僉聲。今俗作釅。

酢　醶也。酢本䣼漿之名。引申之，凡味酸者皆謂之酢。上文醶，酢也。酸，酢也，皆用酢引申之義也。从酉乍聲。今俗皆用醋，以此爲醻酢字。

酏　黍酒也。《周禮》四飲：四曰酏。注曰：今之粥也。酏飲粥稀者之清也。《禮記》《内則》黍酏注曰：酏，粥也。或以酏爲醴。注曰：釀粥爲醴也。按：飲非酒也。故五齊三酒掌於酒人，六飲掌於漿人。而許「酏」下曰黍酒，醫下曰醫酒。蓋許意與鄭説不同。故賈侍中酏爲粥清，爲別一説。賈與鄭合也。从酉也聲。《釋文》以支反。一曰甛

也。謂恬酒。賈侍中說：酏爲鬻清。鬻，健也。俗作粥耳。鄭云酏飲粥稀者之清也，本此。凡鬻稀者謂之酏，用爲六飲之一。厚者謂之餰。取稻米舉糔溲之，小切狼臅膏以與稻米爲餰，用爲《醢人》羞豆之實。《周禮》謂餰爲酏，鄭既援《內則》以正之矣。

宋・何剡《酒爾雅》 酴，酒母也。醾，酒本也。醱，重醞酒也。酎，醞酒也。醅，未泲之酒也。醪汁，滓酒也。醑，厚酒也。醨，薄酒也。醴，一宿酒也。醆，酒微清而濁也。黄封，官酒也。醥，清酒也。酏，清而甜也。醠，濁酒也。醋，苦酒也。醍，紅酒也。醽，緑酒也。醝，白酒也。玄鬯，醇酒也。上尊，糯米酒也。中尊，稷米酒也。下尊，粟米酒也。玄酒，明水也。四酎，四重釀也。三友者，樂天以詩、酒、琴爲三友，今人指三友爲酒，音同之訛也。爊蠡，乾酪也。

酒者，酉也，釀之米麯，酉澤久而味美也。亦言踧也，能否皆强相踧持也。又入口咽之，皆踧其間也。

酒者，就也，所以就人性之善惡也。亦言造也，吉凶所由造也。

飲食者，所以合歡也。

酒以成禮，不繼以滛叉也。以君成禮，弗納於滛，仁也。酒者，天之美禄，帝王所以頤養天下，享祀祈福，扶衰養疾，百福之會。

夫酒之設，合禮致情，遍體歸性，禮終而退，此和之至。主意未殫，賓有餘豪，可以致醉，無致於亂。

宋・竇苹《酒譜》《説郛》卷六六 酒之名二

《春秋斗運樞》曰，酒之言乳也，所以柔身扶老也。許慎《説文》云，酒，就也，所以就人性之善惡也。一曰造也，吉凶所造起。《釋名》曰，酒，酉也。釀之米麴，酉繹而成也，其味美。亦言踧踖也，能否皆强相踧持也。予謂古之所以名是物，以聲相命取别而已，猶今方言在在各殊，形之於文，則其字日滋，未必皆有意謂也。舉吴楚之音而語於齊人，不能知者十有八九。妄者欲探古名物造聲之意，以示博聞，則予笑之矣。

《説文》曰酴，酒母也。醴，一宿成也。醪，滓汁酒也。酎，三重酒也。醨，薄酒也。醑，旨酒也。

昔人謂酒爲歡伯，其義見《易林》，蓋其可愛無貴賤、賢不肖，華夏夷戎共甘而樂之，故其稱謂亦廣。

造作謂之釀，亦曰醞，賣曰沽，當肆者曰鑪，釀之再者曰酘，漉酒曰釃，酒之清者曰醥，白酒曰醝，厚酒曰醹，甚白曰醙，相飲曰配，相强曰浮，飲盡曰釂，使酒曰酗，甚亂曰醟，飲而面赤曰酡，病酒曰酲，主人進酒於客曰酬，客酌主人曰酢，酌而無酬酢曰醮，合錢共飲曰醵，賜民共飲曰酺，不醉而怒曰奰，羨酒曰醁，其言廣博不可殫舉。

《周官》酒人掌酒政，令辨五齊三酒之名：一曰泛齊，二曰醴齊，三曰盎齊，四曰醍齊，五曰沉齊；一曰事酒，二曰昔酒，三曰清酒。此蓋當時厚薄之差，而《經》無其説，傳註悉度而解之，未必得其真，故曰酒之言也略。《西京雜記》有漂玉酒，而不著其説。枚乘賦云，尊盈漂玉之酒，爵獻金漿之醪。云梁人作藷蔗酒名金漿，不釋漂玉之義。然此賦亦非乘之辭，後人假附之耳。《輿地志》云，村人取若下水以釀而極美，故世傳若下酒。張協作《七命》云，荆州烏程，豫章竹葉。烏程於九州屬揚州，而言荆州，未詳。西漢尤重上尊酒，以賜近臣。註云，糯米爲上尊，稷爲中尊，粟爲下尊。顔籀曰，此説非是。酒以醇醴，乃分上中下之名，非因米也。稷粟同物而分爲二，大繆矣。《抱朴子》所謂玄鬯者，醇酒也。

皮日休詩云，明朝有物充君信，擂酒三缾寄夜航。擂酒，江外酒名。亦見《沈約文集》。

張藉詩云，釀酒愛乾和，即今人不入水也。并汾間以爲貴品，名之曰乾酢酒。

宋之問詩云，尊溢宜城酒，笙裁曲沃匏。宜城在襄陽，古之羅國也。

酒之名最古，於今不廢。唐人言酒之美者，有鄂之富水，滎陽土窟春、石凍春，劍南燒春，河東乾和，蒲東桃博，嶺南靈溪，博羅宜城九醞，潯陽湓水，京城西市空蝦蟇陵，其事見《國史譜》。又有浮蟻、榴花諸美酒，雜見於傳記者甚衆。

宋・龔萍《酒譜》 酒名

《説文》曰：酴，酒母也。醴，一宿酒也。醪，滓汁酒也。酎，三重酒也。醨，薄酒也。醑，茜酒也。

明・方以智《通雅》卷三九《飲食》 曰酎、曰醞，酘也。酘，以酒重投之也。《字林》曰：「酘，音豆。重醞也」，誤也。《廣韻》曰：「酘，重釀酒也。」宋朱翼仲《酒經》言：「《齊民要術》『桑落酒有六七投』，故知五酘，五投也。」梁元帝《樂府》：「宜城投酒今行熟，停鞍駐馬暫棲宿。」是張華九醞酒，所謂多投。漢之酎酒，三重酒也。酎酒一曰九醞，張華取其名耳。馬永卿之七舅何乃以五酘當五木解樂天杭州之詩，致永卿亦疑蘇秀道中之五木耶？《輦下歲時記》：「寒食鈔火後鑽火，賜宰臣以下酴醾酒。」《白帖》：「賜李絳酴醾」，即重釀酒也。荼蘼花

因酒得名，而人反謂酒以花得名。

論説

漢・劉安《淮南子・説林訓》 清醠之美，始於耒耜；醠，清酒。《周禮》「醠齊」是。醠讀瓮㼜之「㼜」也。　寧案：《説文》：「醠，濁酒也。」今本《周禮・天官》作「盎」，古文叚借也。鄭曰：「自醴以上尤濁縮酌者，盎以下差清。」故高注曰清酒。此非與許不合也，但言差清，則固濁也。盎清於醴，而濁於緹、沈，即緹、沈亦非全清也。

漢・桓寬《鹽鐵論》卷六 散不足第二十九

古者，燔黍食稗，而捭豚以相饗。其後，鄉人飲酒，老者重豆，少者立食，一醬一肉，旅飲而已。及其後，賓婚相召，則豆羹白飯，綦膾熟肉。今民間酒食，殽旅重疊，燔炙滿案，臑鼈膾鯉，麑卵鶉鷃橙枸，飴醴醠醠，衆物雜味。

宋・朱肱《酒經》《説郛》卷九四 酒之作尚矣，儀狄作酒醪，杜康秫酒，豈以善釀得名，蓋抑始於此耶。

酒味甘辛，大熱有毒，雖可忘憂然能作疾，所謂腐腸爛胃，潰髓蒸筋，而劉詞養生論酒所以醉人者，麴蘗氣之故爾。麴蘗氣消，皆化爲水。昔先王《誥》：庶邦、庶士，無彝酒。又曰，祀茲酒。言天之命民作酒，惟祀而已。六彝有舟，所以戒其覆；六尊有罍，所以戒其淫。陶侃劇飲，亦自制其限。後世以酒爲漿，不醉反耻。豈知百藥之長，黄帝所以治疾耶？大率晉人嗜酒。孔羣作書族人，今年秫得七百斛，不了麴蘗事。王忱三日不飲酒，覺形神不復相親。至於劉、殷、嵇、阮之徒，尤不可一日無此，要之酣放自肆，託於麴蘗以逃世網，未必真得酒中趣爾。

古之所謂得全於酒者，正不如此。是知狂藥自有妙理，豈特澆其磊磈者耶。五斗先生棄官而歸耕於東皋之野，浪遊醉鄉，没身不返，以謂結繩之政已薄矣。雖黄帝華胥之遊，殆未有以過之。繇此觀之，酒之境界，豈餔歠者所能與知哉！儒學之士，如韓愈者，猶不足以知此，反悲醉鄉之徒爲不遇。大哉，酒之於世也！禮天地、事鬼神、射鄉之飲、《鹿鳴》之歌，賓主百拜，左右秩秩。上至縉紳，下逮閭里，詩人墨客，漁夫樵婦，無一可以缺此。投閑自放，攘襟露腹，便然酣卧於江湖之上。扶頭解酲，忽然而醒。雖道術之士，鍊陽消陰，飢腸如筋，而熟穀之液，亦不能去。唯胡人禪律，以此爲戒。嗜者至於濡首敗性，失理傷生，往往屏爵棄卮，焚罍折榼，終身不復知其味者。

酒復何過耶？平居無事，汙罇斗酒，發狂蕩之思，助江山之興，亦未足以知麴蘗之力，稻米之功。至於流離放逐，秋聲暮雨，朝登糟丘，暮遊麴封，禦魑魅於煙嵐，轉炎荒爲淨土，酒之功力，其近於道耶！與酒遊者，死生驚懼交於前而不知，其視窮泰違順特戲事爾。彼飢餓其身，焦勞其思，牛衣發兒女之感，澤畔有可憐之色，又烏足以議此哉！鴟夷丈人以酒爲名，含垢受侮，與世浮沉。而彼騷人高自標持，分别黑白，且不足以全身遠害，猶以爲惟我獨醒。善乎，酒之移人也！慘舒陰陽，平治險阻。剛愎者薰然而慈仁，懦弱者感慨而激烈。陵轢王公，紿玩妻妾，滑稽不窮，斟酌自如。識量之高，風味之爛，足以還澆薄而發猥瑣，豈特此哉！夙夜在公，《有駜》。豈樂飲酒，《魚藻》。酌以大斗，《行葦》。不醉無歸，《湛露》。君臣相遇，播於聲詩，亦未足以語太平之盛。至於黎民休息，日用飲食，祝史無求，神具醉止斯，可謂至德之世矣。

然則伯倫之頌德，樂天之論功，蓋未必有以形容之。夫其道深遠，非冥搜不足以發其義；其術精微，非三昧不足以善其事。昔唐逸人追術焦革酒法，立祠配享，又採自古以來善酒者以爲譜。雖其書脱略卑陋，聞者垂涎，酣適之士口誦而心醉，非酒之董狐，其孰能爲之哉！昔人有齋中酒、廳事酒、猥酒，雖均以麴蘗爲之，而有聖有賢，清濁不同。《周官・酒正》：以式法授酒材，辨五齊之名、三酒之物。歲終以酒式誅賞。《月令》：乃命大酋，音緧。大酋，酒之官長也。秫稻必齊，麴蘗必時，湛饎必潔，水泉必香，陶器必良，火齊必得。六者盡善，更得醯漿，則酒人之事過半矣。《周官・漿人》：掌共王之六飲：水、漿、醴、涼、醫、酏，入於酒府。而漿最爲先。

古語有之：空桑穢飯，醖以稷麥，以成醇醪。酒之始也。《説文》：酒白謂之醙。醙者，壞飯也。醙者，老也。飯老即壞，飯不壞則酒不甜。又曰：烏梅女䴷，胡板切。甜醹九醖，澄清百品。酒之終也。麴之於黍，猶鉛之於汞，陰陽相制，變化自然。《春秋緯》曰：麥，陰也。黍，陽也。先漬麴而投黍，是陽得陰而沸。後世麯有用藥者，所以治疾也。

麴用豆亦佳。神農氏赤小豆飲汁，愈酒病。酒有熱，得豆爲良，但硬薄少醖藉耳。古者醴酒在室，醍酒在堂，澄酒在下。而酒以醇厚爲上，飲家須察黍性陳新，天氣冷暖。春夏及黍性新軟，則先湯平聲。而後米酒，人謂之倒湯。去聲。秋冬及黍性陳硬，則先米而後湯酒，人謂之正湯。醖釀須酴米偷酸。《説文》：酴，酒

母也。酴音途。酘醽偷甜。浙人不善偷酸，所以酒熟入灰。北人不善偷甜，所以飲多令人膈上懊憹。桓公所謂青州從事、平原督郵者，此也。

酒甘易釀，味辛難醞。《釋名》：酒者，酉也。酉者，陰中也。酉用事而爲收。收者，甘也。卯用事而爲散。散者，辛也。酒之名以甘辛爲義，金木間隔以土爲媒，自酸之甘，自甘之辛，而酒成焉。酴米所以要酸，酘醽所以要甜。所謂以土之甘，合水作酸；以木之酸，合水作辛，然後知酘者所以作辛也。《説文》：酘者，再釀也。張華有「九醞酒」。《齊民要術》：桑落酒有六七酘者。酒以酘多爲善，要在麴力相及。醁酒所以有韻者，亦以其再酘故也。過度亦多術，尤忌見日。若太陽出即酒多不中。後魏賈思勰亦以夜半蒸炊，昧旦下釀，所謂以陰制陽，其義如此。著水無多少，拌和黍麥，以勻爲度。張籍詩「釀酒愛乾和」，即今人不入定酒也，晉人謂之乾榨酒。大抵用水隨其湯去聲。黍之大小斟酌之，若酘多，水寬亦不妨。要之，米力勝於麴，麴力勝於水，即善矣。北人不用酵，秖用刷案水，謂之信水。然信水非酵也。酒人以此體候冷暖爾。凡醞，不用酵即酒難發，醅來遲則腳不正，秖用正發酒醅最良。不然，則掉取醅面，絞令稍乾，和以麴蘖，掛於衡茅，謂之乾酵。用酵四時不同，寒即多用，温即減之。酒人冬月用酵緊，用麴少，夏日用麴多、用酵緩。天氣極熱，置甕於深屋。冬月温室多用氈毯圍遶之。《語林》云：抱甕冬醪。言冬月釀酒，令人抱甕速成，而味好。大抵冬月蓋覆，即陽氣在内而酒不凍。夏月閉藏，即陰氣在内而酒不動。非深得卯酉出入之義，孰能知此哉？

於戲！酒之梗槩，曲盡於此。若夫心手之用，不傳文字，固有父子一法而氣味不同，一手自釀而色澤殊絶。此雖酒人亦不能自知也。

宋·竇革《酒譜》《説郛》卷六六　酒之源一

世言酒之所自者，其説有三。其一曰，儀狄始作酒，與禹同時。又曰，堯酒千鍾。則酒始作於堯，非禹之世也。其二曰，《神農本草》著酒之性味，《黄帝内經》亦言酒之致病，則非始於儀狄也。其三曰，天有酒星，酒之作也，其與天地並矣。予以謂是三者皆不足以考據而多其贅説也。況夫儀狄之名，不見於經，而獨出於《世本》，《世本》非信書也。其言曰，昔儀狄始作酒醪，以變五味。少康始作秫酒。其後趙邠卿之徒遂曰儀狄作酒，禹飲而甘之，遂絶旨酒而疏儀狄，曰，後世其有以酒敗國者乎！夫禹之勤儉，固嘗惡旨酒而樂讜言，附之以前所云，則贅矣。或者又曰，非儀狄也，乃杜康也。魏武帝《樂府》亦曰，何以消憂，惟有杜康。予謂杜氏系出於劉累，在商爲豕韋氏，武王封之於杜，傳國至杜伯，爲宣王所誅，子孫奔晉，遂以杜爲氏者。士會亦其後也。或者康以善釀酒，得名於世乎？是未可知也。謂酒始於康，果非也。堯酒千鍾，其言本出於《孔叢子》，蓋委巷之説，孔文舉遂徵之以責曹公，固已不取矣。《本草》雖傳自炎帝氏，亦有近世之物。始附見者不觀其辨藥所生出，皆以二漢郡國名其地，則知不必皆炎帝之書也。《内經》言天地生育，五行休旺，人之壽夭繫焉，信三墳之書也。然考其文章，知卒成是書者，六國秦漢之際也。故言酒不可據以爲炎帝之始造也。酒三星在女御之側，後世爲天宫者或考焉。予謂星麗乎天，雖自混元之判則有之，然事作乎下而應乎上，推其驗於某星，此隨世之變而著之也。如宦者墳墓弧矢河鼓皆太古所無，而天有是星，推之可以知其類，然則酒果誰始乎？予謂知者作之，天下後世循之，而莫能廢。聖人不絶人之所同好，用於郊廟享燕，以爲禮之常，亦安知其始於誰乎！古者食飲必祭先酒，亦未嘗言所祭者爲誰，玆可見矣。《夏書》述大禹之戒歌辭曰，酣酒嗜味。《孟子》曰，禹惡旨酒而好善言。《夏書》所記當時之事，《孟子》所言，追道在昔之事。聖賢之書可信者，無先於此。雖然，酒未必於此始造也。若斷以必然之論，則誕謾而無以取信於世矣。

明·宋應星《天工開物》卷下《麴蘖》　宋子曰：獄訟日繁，酒流生禍，其源則何辜！祀天追遠，沉吟《商頌》、《周雅》之間，若作酒醴之資麴蘖也，殆聖作而明述矣。惟是五穀菁華變幻，得水而凝，感風而化，供用岐黄者神其名，而堅固食羞者丹其色。君臣自古配合日新，眉壽介而宿痼怯，其功不可殫述。自非炎黄作祖、末流聰明，烏能竟其方術哉。

清·童嶽薦《調鼎集》卷八《酒譜序》　吾鄉紹酒，明以上未之前聞。此時不特不脛而走，幾遍天下矣。緣天下之酒，有灰者甚多，飲之令人發渴，而紹酒獨無。天下之酒，甜者居多，飲之令人停中滿悶。而紹酒之性，芳香醇烈，走而不守，故嗜之者以爲上品，非私評也。余生長於紹，戚友之藉以生活者不一。山，會之製造，又各不同。居恒留心採問，詳其始終，節目爲縷述之，號曰《酒譜》。蓋余雖未親歷其間，而循則，而治之，當可引繩批根，而神明其意也。

會稽北硯童嶽薦書。

清·徐珂《清稗類鈔·飲食類》　黄九煙論飲酒

《酒社芻言》，黄九煙所著者也。九煙雖有劉伶、李白之癖，而飲酒不亂，爲世所稱。其文云：「古云酒以成禮，又云酒以合歡。既以禮爲名，則必無傖野之

禮。以歡爲主，則必無愁苦之歎矣。若角鬭紛爭，攘臂讙呶，可謂禮乎？虐令苛嬈，兢兢救過，可謂歡乎？斯二者，不待智者而辨之矣。而愚更請進一言於君子之前曰，飲酒者，乃學問之事，非飲食之事也。何也？我輩生性好學，作止語默，無非學問。而其中最親切而有益者，莫過於飲酒之頃。蓋知己會聚，形骸禮法，一切都忘，惟有縱横往復，大可暢叙情懷。而釣詩掃愁之具，生趣復觸發無窮。不特説書論文也，凡談及宇宙古今、山川人物，無一非文章，則無一非學問。即下至恆言謔語，如聽村謳，觀稗史，亦未始不可益意智而廣見聞。何乃不惜此可惜之時，用心於無用之地，棄禮而從野，舍歡而覓愁乎？愚有慨於中久矣，謹勒三章之戒，冀成四美之賢。

一，戒苛令　世俗之行苛令，無非爲勸飲計耳。而不知飲酒之人有三種，其善飲者不待勸，其絶飲者不能勸，惟有一種能飲而故不飲者，宜用勸。然能飲而故不飲，彼先已自欺矣，吾亦何爲勸之哉。故愚謂不問作主作客，惟當率真稱量而飲，人我皆不須勸。既不須勸矣，苛令何爲？

一，戒説酒底字　説酒底者，將以觀人之博慧也。然聖賢所謂博與慧者，似不在此。況我輩終日兀坐編摩，形神攣悴，全賴此區區杯中之物以解之。若復苦心焦思，搜索枯腸，何如不飲之爲愈乎？更有一種狂黠之徒，往往借觴政以逞聰明，假席糾以作威福，此非吕雉之宴，豈許軍法行酒乎？若不幸逢此輩，惟有掉頭拂衣而已。

一，戒拳閧　佐飲之具多矣，古人設爲瓊畟即骰子。以行酒，五白六赤，一聽於天，何其文而理也。即藏鈎、握子、射覆、續麻諸戲，猶不失雅人之致。而世俗率用拇陣虎膺，以逞雄角勝，捋拳奮臂，叫號喧爭。如許聲態，亦何異於市井之夫、輿儓之輩乎？愚嘗謂天下事無雅俗，皆有學問存焉。若此種學問，則斂手未敢奉教。

「以上三條，乃世俗相沿習而不察者，故拈出爲戒。他如四五篇之約盟，百十條之飲律，則昔賢言之詳矣，何俟愚贅。」

綜述

《尚書·商書·説命下》 自河徂亳，暨厥終罔顯。自河往居亳，與今其終，故遂無顯明之德。爾惟訓於朕志。言汝當教訓於我，使我志通達。若作酒醴，爾惟麴糵。酒醴須麴糵以成，亦言我須汝以成。

《禮記·内則》 飲：重醴，稻醴清、糟，黍醴清、糟，粱醴清、糟。或以酏爲醴，黍酏、漿、水、醷、濫。《釋文》：重，直龍反。糟，子曹反。徐徂到反。醷，本又作「臆」，於紀反，徐於力反。濫，力暫反。

鄭氏曰：飲目諸飲也。重，陪也。糟，醇也。清，沸也。致飲有醇者，有沸者，陪設之也。以酏爲醴，釀粥爲醴也。漿，酢截也。醷，梅漿也。濫，以諸和水也。以《周禮》「六飲」校之，則濫，涼也。紀、莒之間，名諸爲濫。孔氏曰：《漿人》「六飲」有「涼」，註云：「涼，今寒粥，若糗飯雜水也。」康成以涼與濫爲一物，則此以諸和水，謂以諸雜糗飯之屬和水也。諸者，衆雜之名。案《漿人》「六飲」：一曰水，則此經「水」一也。二曰漿，則此經「漿」一也。三曰醴，則此經「重醴」一也。四曰涼，則此經「濫」一也。五曰醫，則此經「或以酏爲醴」一也。六曰酏，則此經「黍酏」一也。六飲之外，此經别有「醷」，若鄭司農之意，醷與醫爲一物，即以酏爲醴者，非康成義也。康成以醷爲梅漿者，見下文云「調之以醢」，「若醢醷」，則醷是醢之類，又云「獸用梅」，故知梅漿也。愚謂或以酏爲醴，此即上文之「重醴」而爲之異法者。康成注《漿人》以此爲醫，非是。蓋醷爲梅漿，當從康成；醫、醷一物，當從司農。黍酏，以黍爲粥也。水，即井水也。此飲凡六物，與《漿人》「六飲」相當：醴一，酏二，漿三，水四，醷五，即《漿人》之「醫」，濫六，即《漿人》之「涼」也。

酒：清、白。

鄭氏曰：酒，目諸酒也。白，事酒、昔酒也。孔氏曰：清，謂清酒。事酒、昔酒俱白，故以一「白」標之，配清酒則爲三酒。此無「五齊」者，五齊祭祀所用，非人常用故也。

又 薙，實諸醢以柔之。《釋文》：腥音星，《字林》作「胜」。辟，必益反，徐芳益反。宛，于晚反。脾，婢支反。醢，本或作「醓」。鄭註：軒或爲「胖」。宛或作「鬱」。

鄭氏曰：細者爲膾，大者爲軒，言大切、細切異名也。膾者必先軒之，所謂「聶而切之」也。軒、辟雞、宛脾，皆菹類也。釀菜而柔之以醢，殺腥肉及其氣，今益州有鹿㲼者，近由此爲之矣。《釋文》云：益州人殺鹿埋地中令臭，乃出食之，名鹿㲼。㲼，於僞反。菹、軒，聶而不切。辟雞、宛脾，聶而切之。孔氏曰：凡大切，若全物爲菹，細切者爲齏。性體大者菹之，小者齏之。麋、鹿、魚爲

菹，野豕爲軒，是菹也。辟雞、宛脾，是齏也。《少儀》曰：「麋鹿爲菹，野豕爲軒，皆䐑而不切。麕爲辟雞，兔爲宛脾，皆䐑而切之。」是菹大而齏小也。《少儀》不云「魚」，此云「魚」者，記者異聞也。此魚與麋、鹿並言，是魚之大者。肉及葱薤置之醋中，悉皆濡孰，故曰「柔之」。其辟雞、宛脾及軒之名，其義未聞。愚謂肉腥，謂用生肉釀而食之也。細者爲膾，大者爲軒，此謂不辨牲之大小，凡細切者皆爲膾，大切者皆爲軒也。或者之説，則謂切肉之名，牲各不同，故又記之。鄭註《周禮》云：「全物若䐑爲菹，細切爲齏。」此謂切菜大小之異名，故《醢人》云：「掌五齏七菹。」此專謂菜爲齏、菹也。然齏、菹之名，菜肉通，故此言菹與軒，皆菹也；辟雞、宛脾，皆齏也。齏、菹雖異，然皆是以醯釀牲肉，故鄭云「軒、辟雞、宛脾，皆菹類也」。

《世本・作篇》　儀狄造酒。《尚書・酒誥》正義。　儀狄始作酒醪，辨五味。《初學記》二十六、《御覽》八百四十三。

夏禹之臣。《書》正義引《世本》，今定爲注。

杜康造酒。《書》正義仝上。

少康作秫酒。《北堂書鈔》酒食部、《初學記》仝、《御覽》八百四十三。

《黄帝内經・素問・湯液醪醴論篇》　黄帝問曰：爲五穀湯液及醪醴奈何？

岐伯對曰：必以稻米，炊之稻薪。稻米者完，稻薪者堅。

帝曰：何以然？

岐伯曰：此得天地之和，高下之宜，故能至完，伐取得時，故能至堅也。

漢・許慎《説文解字・巾部・帚》　帚　糞也。从又持巾埽冂内。古者少康初作箕、帚、秫酒。少康，杜康也，葬長垣。

北魏・賈思勰《齊民要術》卷七

造神麴并酒第六十四

作三斛麥麴法：蒸、炒、生，各一斛。炒麥：黄，莫令焦。生麥：擇治甚令精好。種各别磨。磨欲細。磨訖，合和之。

七月取中寅日，使童子著青衣，日未出時，面向殺地，汲水二十斛。勿令人潑水，水長亦可瀉却，莫令人用。其和麴之時，面向殺地和之，令使絶强。團麴之人，皆是童子小兒，亦面向殺地，有污穢者不使。不得令人室近。團麴，當日使訖，不得隔宿。屋用草屋，勿使瓦屋。地須浄掃，不得穢惡；勿令濕。畫地爲阡陌，周成四巷。作「麴人」，各置巷中，假置「麴王」，王者五人。麴餅隨阡陌比肩相布。

布訖，使主人家一人爲主，莫令奴客爲主。與「王」酒脯之法：濕「麴王」手中爲椀，椀中盛酒、脯、湯餅。主人三徧讀文，各再拜。

其房欲得板户，密泥塗之，勿令風入。至七日開，當處翻之，還令泥户。至二七日，聚麴，還令塗户，莫使風入。至三七日，出之，盛著甕中，塗頭。至四七日，穿孔，繩貫，日中曝，欲得使乾，然後内之。其麴餅，手團二寸半，厚九分。

祝麴文：東方青帝土公、青帝威神，南方赤帝土公、赤帝威神，西方白帝土公、白帝威神，北方黑帝土公、黑帝威神，中央黄帝土公、黄帝威神，某年、月，某日、辰，朝日，敬啓五方五土之神：

主人某甲，謹以七月上辰，造作麥麴數千百餅，阡陌縱横，以辨疆界，須建立五王，各布封境。酒、脯之薦，以相祈請，願垂神力，勤鑒所領：使蟲類絶蹤，穴蟲潛影；衣色錦布，或蔚或炳。殺熱火熯，以烈以猛；芳越薰椒，味超和鼎。飲利君子，既醉既逞；惠彼小人，亦恭亦静。敬告再三，格言斯整。神之聽之，福應自冥。人願無違，希從畢永。急急如律令。

祝三徧，各再拜。

造酒法：全餅麴，曬經五日許，日三過以炊帚刷治之，絶令使浄。若遇好日，可三日曬。然後細剉，布帊盛，高屋廚上曬經一日，莫使風土穢污。乃平量麴一斗，臼中擣令碎。若浸麴一斗，與五升水。浸麴三日，如魚眼湯沸，酘米。其米絶令精細。淘米可二十徧。酒飯，人狗不令噉。淘米及炊釜中水，爲酒之具有所洗浣者，悉用河水佳也。

若作秫、黍米酒，一斗麴，殺米二石一斗：第一酘，米三斗；停一宿，酘米五斗；又停再宿，酘米一石；又停三宿，酘米三斗。其酒飯，欲得弱炊，炊如食飯法，舒使極冷，然後納之。

若作糯米酒，一斗麴，殺米一石八斗。唯三過酘米畢。其炊飯法，直下饙，不須報蒸。其下饙法：出饙甕中，取釜下沸湯澆之，僅没飯便止。此元僕射家法。

又造神麴法：其麥蒸、炒、生三種齊等，與前同；但無復阡陌、酒脯、湯餅、祭麴王及童子手團之事矣。

預前事麥三種，合和細磨之。七月上寅日作麴。溲欲剛，擣欲精細，作熟。

餅用圓鐵範，令徑五寸，厚一寸五分，於平板上，令壯士熟踏之。以杙刺作孔。淨掃東向開户屋，布麴餅於地，閉塞窗户，密泥縫隙，勿令通風。滿七日翻之，二七日聚之，皆還密泥。三七日出外，日中曝令燥，麴成矣。任意舉、閣，亦不用甕盛。甕盛者則麴烏腸，烏腸者，繞孔黑爛。若欲多作者任人耳，但須三麥齊等，不以三石爲限。

此麴一斗，殺米三石；笨麴一斗，殺米六斗：省費懸絶如此。用七月七日焦麥麴及春酒麴，皆笨麴法。

造神麴黍米酒方：細剉麴，燥曝之。麴一斗，水九斗，米三石。須多作者，率以此加之。其甕大小任人耳。桑欲落時作，可得周年停。初下用米一石，次酘五斗，又四斗，又三斗，以漸待米消即酘，無令勢不相及。味足沸定爲熟。氣味雖正，沸未息者，麴勢未盡，宜更酘之；不酘則酒味苦、薄矣。得所者，酒味輕香，實勝凡麴。初釀此酒者，率多傷薄，何者？猶以凡麴之意忖度之，蓋用米既少，麴勢未盡故也，所以傷薄耳。不得令雞狗見。所以專取桑落時作者，黍必令極冷也。

又神麴法：以七月上寅日造。不得令雞狗見及食。看麥多少，分爲三分：蒸、炒二分正等；其生者一分，一石上加一斗半。各細磨，和之。溲時微令剛，足手熟揉爲佳。使童男小兒餅之，廣三寸，厚二寸。須西廂東向開户屋中，淨掃地，地上布麴：十字立巷，令通人行；四角各造「麴奴」一枚。訖，泥户勿令泄氣。七日開户翻麴，還塞户。二七日聚，又塞之。三七日出之。作酒時，治麴如常法，細剉爲佳。

造酒法：用黍米二斛，神麴一斗，水八斗。初下米五斗，米必令五六十遍淘之。第二酘七斗米。三酘八斗米。滿二石米以外，任意斟裁。然要須米微多，米少酒則不佳。冷暖之法，悉如常釀，要在精細也。

神麴粳米醪法：春月釀之。燥麴一斗，用水七斗，粳米兩石四斗。浸麴發如魚眼湯。淨淘米八斗，炊作飯，舒令極冷。以毛袋漉去麴滓，又以絹濾麴汁於甕中，即酘飯。候米消，又酘八斗；消盡，又酘八斗。凡三酘，畢。若猶苦者，更以二斗酘之。此酒合醅飲之可也。

又作神麴方：以七月中旬以前作麴爲上時，亦不必要須寅日；二十日以後作者，麴漸弱。凡屋皆得作，亦不必要須東向開户草屋也。大率小麥生、炒、蒸三種等分，曝蒸者令乾，三種合和，碓昉。淨簸擇，細磨。羅取麩，更重磨，唯細爲良，麤則不好。剉胡葉，煮三沸湯。待冷，接取清者，溲麴。以相著爲限，大都欲小剛，勿令太澤。擣令可團便止，亦不必滿千杵。以手團之，大小厚薄如蒸餅劑，令下微浥浥。刺作孔。丈夫婦人皆團之，不必須童男。

其屋，預前數日著猫，塞鼠窟，泥壁，令淨掃地。布麴餅於地上，作行伍，勿令相逼，當中十字通阡陌，使容人行。作「麴王」五人，置之於四方及中央：中央者面南，四方者面皆向内。酒脯祭與不祭，亦相似，今從省。

布麴訖，閉户密泥之，勿使漏氣。一七日，開户翻麴，還著本處，泥閉如初。二七日聚之：若止三石麥麴者，但作一聚，多則分爲兩三聚；泥閉如初。三七日，以麻繩穿之，五十餅爲一貫，懸著户内，開户，勿令見日。五日後，出著外許懸之。晝日曬，夜受露霜，不須覆蓋。久停亦爾，但不用被雨。此麴得三年停，陳者彌好。

神麴酒方：淨掃刷麴令淨，有土處，刀削去，必使極淨。反斧背椎破，令大小如棗、栗；斧刃則殺小。用故紙糊席，曝之。夜乃勿收，令受霜露。風、陰則收之，恐土污及雨潤故也。若急須者，麴乾則得；從容者，經二十日許受霜露，彌令酒香。麴必須乾，潤濕則酒惡。

春秋二時釀者，皆得過夏；然桑落時作者，乃勝於春。桑落時稍冷，初浸麴，與春同；及下釀，則茹甕——止取微暖，勿太厚，太厚則傷熱。春則不須，置甕於塼上。

秋以九月九日或十九日收水，春以正月十五日，或以晦日，及二月二日收水，當日即浸麴。此四日爲上時，餘日非不得作，恐不耐久。收水法，河水第一好；遠河者取極甘井水，小鹹則不佳。

漬麴法：春十日或十五日，秋十五或二十日。所以爾者，寒暖有早晚故也。但候麴香沫起，便下釀。過久麴生衣，則爲失候；失候則酒重鈍，不復輕香。

米必細昉，淨淘三十許遍；若淘米不淨，則酒色重濁。大率麴一斗，春用水八斗，秋用水七斗；秋殺米三石，春殺米四石。初下釀，用黍米四斗，再餾弱炊，必令均熟，勿使堅剛、生減也。於席上攤黍飯令極冷，貯出麴汁，於盆中調和，以手搦破之，無塊，然後内甕中。春以兩重布覆，秋於布上加氈，若值天寒，亦可加草。一宿、再宿，候米消，更酘六斗。第三酘用米或七八斗。第四、第五、第六酘，用米多少，皆候麴勢强弱加減之，亦無定法。或再宿一酘，三宿一酘，無定

准，惟須消化乃酘之。每酘皆挹取甕中汁調和之，僅得和黍破塊而已，不盡貯出。每酘即以酒杷遍攪令均調，然後蓋甕。

雖言春秋二時殺米三石、四石，然要須善候麴勢：麴勢未窮，米猶消化者，便加米，唯多爲良。世人云：「米過酒甜。」此乃不解法候。酒冷沸止，米有不消者，便是麴勢盡。

酒若熟矣，押出，清澄。竟夏直以單布覆甕口，斬席蓋布上，慎勿甕泥；甕泥封交即酢壞。

冬亦得釀，但不及春秋耳。冬釀者，必須厚茹甕、覆蓋。初下釀，則黍小暖下之。一發之後，重酘時，還攤黍使冷——酒發極暖，重釀暖黍，亦酢矣。

其大甕多釀者，依法倍加之。其糠、瀋雜用，一切無忌。

河東神麴方：七月初治麥，七日作麴。七日未得作者，七月二十日前亦得。麥一石者，六斗炒，三斗蒸，一斗生，細磨之。桑葉五分，蒼耳一分，艾一分，茱萸一分——若無茱萸，野蓼亦得用——合煮取汁，令如酒色。漉去滓，待冷，以和麴，勿令太澤。擣千杵。餅如凡餅，方範作之。

卧麴法：先以麥䴷布地，然後著麴訖，又以麥䴷覆之。多作者，可以用箔、槌，如養蠶法。覆訖，閉户。七日，翻麴，還以麥䴷覆之。二七日，聚麴，亦還覆之。三七日，甕盛。後經七日，然後出曝之。

造酒法：用黍米。麴一斗，殺米一石。秫米令酒薄，不任事。治麴必使表裏，四畔、孔内，悉皆浄削，然後細剉，令如棗、栗。曝使極乾。一斗麴，用水二斗五升。

十月桑落初凍則收水釀者爲上時。春酒正月晦日收水爲中時。春酒，河南地暖，二月作；河北地寒，三月作；大率用清明節前後耳。初凍後，盡年暮，水脈既定，收取則用；其春酒及餘月，皆須煮水爲五沸湯，待冷浸麴，不然則動。十月初凍尚暖，未須茹甕；十一月、十二月，須黍穰茹之。

浸麴，冬十日，春七日，候麴發，氣香沫起，便釀。隆冬寒厲，雖日茹甕，麴汁猶凍，臨下釀時，宜漉出凍凌，於釜中融之——取液而已，不得令熱。凌液盡，還瀉著甕中，然後下黍，不爾則傷冷。假令甕受五石米者，初下釀，止用米一石。淘米須極浄，水清乃止。炊爲饙，下著空甕中，以釜中炊湯，及熱沃之，令饙上水深一寸餘便止。以盆合頭。良久水盡，饙極熟軟，便於席上攤之使冷。貯汁於盆中，搦黍令破，瀉著甕中，復以酒杷攪之。每酘皆然。唯十一月、十二月天寒水凍，黍須人體暖下之；桑落、春酒，悉皆冷下。初冷下者，酘亦冷；初暖下者，酘亦暖；不得迴易冷熱相雜。次酘八斗，次酘七斗，皆須候麴蘖强弱增減耳，亦無定數。

大率中分米：半前作沃饙，半後作再餾黍。純作沃饙，酒便鈍；再餾黍，酒便輕香：是以須中半耳。

冬釀六七酘，春作八九酘。冬欲温暖，春欲清凉。酘米太多則傷熱，不能久。春以單布覆甕，冬用薦蓋之。冬，初下釀時，以炭火擲著甕中，拔刀横於甕上。酒熟乃去之。冬釀十五日熟，春釀十日熟。

至五月中，甕别椀盛，於日中炙之，好者不動，惡者色變。色變者宜先飲，好者留過夏。但合醅停須臾便押出，還得與桑落時相接。地窖著酒，令酒土氣，唯連簷草屋中居之爲佳。瓦屋亦熱。作麴，浸麴，炊，釀，一切悉用河水。無手力之家，乃用甘井水耳。

《淮南萬畢術》曰：「酒薄復厚，漬以莞蒲。」斷蒲漬酒中，有頃出之，酒則厚矣。」

凡冬月釀酒，中冷不發者，以瓦瓶盛熱湯，堅塞口，又於釜湯中煮瓶，令極熱，引出，著酒甕中，須臾即發。

白醪麴第六十五皇甫吏部家法。

作白醪麴法：取小麥三石，一石熬之，一石蒸之，一石生。三等合和，細磨作屑。煮胡葉湯，經宿使冷，和麥屑，擣令熟。踏作餅：圓鐵作範，徑五寸，厚一寸餘。牀上置箔，箔上安蘧蒢，蘧蒢上置桑薪灰，厚二寸。作胡葉湯令沸，籠子中盛麴五六餅許，著湯中，少時出，卧置灰中，用生胡葉覆上——以經宿，勿令露濕——特覆麴薄遍而已。七日翻，二七日聚，三七日收，曝令乾。作麴屋，密泥户，勿令風入。若以牀小，不得多著麴者，可四角頭竪槌，重置椽箔如養蠶法。七月作之。

釀白醪法：取糯米一石，冷水浄淘，漉出著甕中，作魚眼沸湯浸之。經一宿，米欲絶酢，炊作一餾飯，攤令絶冷。取魚眼湯沃浸米泔二斗，煎取六升，著甕中，以竹掃衝之，如茗渤。復取水六斗，細羅麴末一斗，合飯一時内甕中，和攪令飯散。以氈物裹甕，并口覆之。經宿米消，取生疏布漉出糟。別炊好糯米一斗作飯，熱著酒中爲汛，以單布覆甕。經一宿，汛米消散，酒味備矣。若天冷，停三五日彌善。

一釀一斛米，一斗麴末，六斗水，六升浸米漿。若欲多釀，依法別甕中作，不

得併在一甕中。四月、五月、六月、七月皆得作之。共麴預三日以水洗令浄，曝乾用之。

笨麴并酒第六十六

作秦州春酒麴法：七月作之，節氣早者，望前作；節氣晚者，望後作。用小麥不蟲者，於大鑊釜中炒之。炒法：釘大橛，以繩緩縛長柄匕匙著橛上，緩火微炒。其匕匙如挽棹法，連疾攪之，不得暫停，停則生熟不均。候麥香黄便出，不用過焦。然後簸擇，治令浄。磨不求細；細者酒不斷麤，剛强難押。

預前數日刈艾，擇去雜草，曝之令萎，勿使有水露氣。溲麴欲剛，灑水欲均。初溲時，手搦不相著者佳。溲訖，聚置經宿，來晨熟擣。作木範之：令餅方一尺，厚二寸。使壯士熟踏之。餅成，刺作孔。竪槌，布艾椽上，卧麴餅艾上，以艾覆之。大率下艾欲厚，上艾稍薄。密閉窗、户。三七日麴成。打破，看餅内乾燥，五色衣成，便出曝之；如餅中未燥，五色衣未成，更停三五日，然後出。反覆日曬，令極乾，然後高廚上積之。此麴一斗，殺米七斗。

作春酒法：治麴欲浄，剉麴欲細，曝麴欲乾。以正月晦日，多收河水；井水若鹹，不堪淘米，下饋亦不得。

大率一斗麴，殺米七斗，用水四斗，率以此加減之。十七石甕，惟得釀十石米，多則溢出。作甕隨大小，依法加減。浸麴七八日，始發，便下釀。假令甕受十石米者，初下以炊米兩石爲再餾黍，黍熟，以浄席薄攤令冷，塊大者擘破，然後下之。没水而已，勿更撓勞。待至明旦，以酒杷攪之，自然解散也。初下即搦者，酒喜厚濁。下黍訖，以席蓋之。

以後，間一日輒更酘，皆如初下法。第二酘用米一石七斗，第三酘用米一石四斗，第四酘用米一石一斗，第五酘用米一石，第六酘、第七酘各用米九斗：計滿九石，作三五日停。嘗看之，氣味足者乃罷。若猶少味者，更酘三四斗。數日復嘗，仍未足者，更酘三二斗。數日復嘗，麴勢壯，酒乃苦者，亦可過十石米，但取味足而已，不必要止十石。然必須看候，勿使米過，過則酒甜。其七酘以前，每欲酘時，酒薄霍霍者，是麴勢盛也，酘時宜加米，與次前酘等——雖勢極盛，亦不得過次前一酘斛斗也。勢弱酒厚者，須減米三斗。勢盛不加，便爲失候；勢弱不減，剛强不消。加減之間，必須存意。

若多作五甕以上者，每炊熟，即須均分熟黍，令諸甕偏得；若偏酘一甕令足，則餘甕比候黍熟，已失酘矣。酘，常令寒食前得再酘乃佳，過此便稍晚。若邂逅不得早釀者，春水雖臭，仍自中用。

淘米必須極浄。常洗手剔甲，勿令手有鹹氣；則令酒動，不得過夏。

作頤麴法：斷理麥艾布置法，悉與春酒麴同；然以九月中作之。大凡作麴，七月最良；然七月多忙，無暇及此，且頤麴，然此麴九月作，亦自無嫌。若不營春酒麴者，自可七月中作之。俗人多以七月七日作之。崔寔亦曰：「六月六日、七月七日，可作麴。」

其殺米多少，與春酒麴同。但不中爲春酒：喜動。以春酒麴作頤酒，彌佳也。

作頤酒法：八月、九月中作者，水未定，難調適，宜煎湯三四沸，待冷然後浸麴，酒無不佳。大率用水多少，酘米之節，略準春酒，而須以意消息之。十月桑落時者，酒氣味頗類春酒。

河東頤白酒法：六月、七月作。用笨麴，陳者彌佳，刬治，細剉。麴一斗，熟水三斗，黍米七斗。麴殺多少，各隨門法。常於甕中釀。無好甕者，用先釀酒大甕，浄洗曝乾，側甕著地作之。

旦起，煮甘水，至日午，令湯色白乃止。量取三斗，着盆中。日西，淘米四斗，使浄，即浸。夜半炊作再餾飯，令四更中熟，下黍飯席上，薄攤，令極冷。於黍飯初熟時浸麴，向曉昧旦日未出時，下釀，以手搦破塊，仰置勿蓋。日西更淘三斗米浸，炊還令四更中稍熟，攤極冷，日未出前酘之，亦搦塊破。明日便熟。押出之。酒氣香美，乃勝桑落時作者。

六月中，唯得作一石米。酒停得三五日。七月半後，稍稍多作。於北向户大屋中作之第一。如無北向户屋，於清涼處亦得。然要須日未出前清涼時下黍；日出以後熱，即不成。一石米者，前炊五斗半，後炊四斗半。

笨麴桑落酒法：預前浄刬麴，細剉，曝乾。作釀池，以藁茹甕，不茹甕則酒甜，用穰則太熱。黍米淘須極浄。以九月九日日未出前，收水九斗，浸麴九斗。當日即炊米九斗爲饋。下饋著空甕中，以釜内炊湯及熱沃之，令饋上游水深一寸餘便止。以盆合頭。良久水盡，饋熟極軟，瀉著席上，攤之令冷。挹取麴汁，於甕中搦黍令破，瀉甕中，復以酒杷攪之。每酘皆然。兩重布蓋甕口。七日一酘，每酘皆用米九斗。隨甕大小，以滿爲限。假令六酘，半前三酘，皆用沃饋；半後三酘，作再餾黍。其七酘者，四炊沃饋，三炊黍飯。甕滿好熟，然後押出。

香美勢力，倍勝常酒。

笨麴白醪酒法：浄削治麴，曝令燥。漬麴必須累餅置水中，以水没餅爲候。七日許，搦令破，漉去滓。炊糯米爲黍，攤令極冷，以意酘之。且飲且酘，乃至盡。秔米亦得作。作時必須寒食前令得一酘之也。

蜀人作酴酒法：十二月朝，取流水五斗，漬小麥麴二斤，密泥封。至正月、二月凍釋，發，漉去滓，但取汁三斗，殺米三斗。炊作飯，調强軟。合和，復密封。數十日便熟。合滓餐之，甘、辛、滑如甜酒味，不能醉人。多啖，温温小暖而面熱也。

粱米酒法：凡粱米皆得用；赤粱、白粱者佳。春秋冬夏，四時皆得作。浄治麴如上法。笨麴一斗，殺米六斗；神麴彌勝。用神麴，量殺多少，以意消息。春、秋，桑葉落時，麴皆細剉；冬則擣末，下絹簁。大率一石米，用水三斗。春、秋，桑落三時，冷水浸麴，麴發，漉去滓。冬即蒸甕使熱，穰茹之；以所量水，煮少許粱米薄粥，攤待温温以浸麴；一宿麴發，便炊，下釀，不去滓。

看釀多少，皆平分米作三分，一分一炊。浄淘，弱炊爲再餾，攤令温温暖於人體，便下，以杷攪之。盆合，泥封。夏一宿，春秋再宿，冬三宿，看米好消，更炊酘之，還泥封。第三酘，亦如之。三酘畢，後十日，便好熟。押出。酒色漂漂與銀光一體，薑辛、桂辣、蜜甜、膽苦，悉在其中，芬芳酷烈，輕儁遒爽，超然獨異，非黍、秫之儔也。

穄米酎法：浄治麴如上法。笨麴一斗，殺米六斗；神麴彌勝。用神麴者，隨麴殺多少，以意消息。麴，擣作末，下絹簁。計六斗米，用水一斗。從釀多少，率以此加之。

米必須師，浄淘，水清乃止，即經宿浸置。明旦，碓擣作粉，稍稍箕簸，取細者如餻粉法。訖，以所量水煮少許穄粉作薄粥。自餘粉悉於甑中乾蒸，令氣好餾，下之，攤令冷，以麴末和之，極令調均。粥温温如人體時，於甕中和粉，痛抨使均柔，令相著；亦可椎打，如椎麴法。擘破塊，内著甕中。盆合，泥封。裂則更泥，勿令漏氣。

正月作，至五月大雨後，夜暫開看，有清中飲，還泥封。至七月，好熟。接飲，不押。三年停之，亦不動。一石米，不過一斗糟，悉著甕底。酒盡出時，冰硬糟脆，欲似石灰。酒色似麻油，甚釅。先能飲好酒一斗者，唯禁得升半。飲三升，大醉。三升不澆，必死。

凡人大醉，酩酊無知，身體壯熱如火者，作熱湯，以冷水解——名曰「生熟湯」，湯令均均小熱，得通人手——以澆醉人。湯淋處即冷，不過數斛湯，迴轉翻覆，通頭面痛淋，須臾起坐。與人此酒，先問飲多少，裁量與之。若不語其法，口美不能自節，無不死矣。一斗酒，醉二十人。得者無不傳餉親知以爲樂。

黍米酎法：亦以正月作，七月熟。浄治麴，擣末，絹簁，如上法。笨麴一斗，殺米六斗；用神麴彌佳，亦隨麴殺多少，以意消息。米細師，浄淘，弱炊再餾黍，攤冷。以麴末於甕中和之，挼令調均，擘破塊，著甕中。盆合，泥封。五月暫開，悉同穄酎法。芬香美釅，皆亦相似。

釀此二醞，常宜謹慎：多，喜殺人；以飲少，不言醉死，正疑藥殺，尤須節量，勿輕飲之。

粟米酒法：唯正月得作，餘月悉不成。用笨麴，不用神麴。粟米皆得作酒，然青穀米最佳。治麴、淘米，必須細、浄。

以正月一日日未出前取水。日出，即曬麴。至正月十五日，擣麴作末，即浸之。大率麴末一斗——堆量之——水八斗，殺米一石。米，平量之。隨甕大小，率以此加，以向滿爲度。隨米多少，皆平分爲四分，從初至熟，四炊而已。

預前經宿浸米令液，以正月晦日向暮炊釀，正作饙耳，不爲再餾。飯欲熟時，預前作泥置甕邊，饙熟即舉甑，就甕下之，速以酒杷就甕中攪作三兩遍，即以盆合甕口，泥密封，勿令漏氣。看有裂處，更泥封。七日一酘，皆如初法。四酘畢，四七二十八日，酒熟。

此酒要須用夜，不得白日。四度酘者，及初押酒時，皆迴身映火，勿使燭明及甕。酒熟，便堪飲。未急待，且封置，至四五月押之彌佳。押訖，還泥封，須便擇取蔭屋貯置，亦得度夏。氣味香美，不減黍米酒。貧薄之家，所宜用之，黍米貴而難得故也。

又造粟米酒法：預前細剉麴，曝令乾，末之。正月晦日日未出時，收水浸麴。一斗麴，用水七斗。麴發便下釀，不限日數，米足便休爲異耳。自餘法用，一與前同。

作粟米爐酒法：五月、六月、七月中作之倍美。受二石以下甕子，以石子二三升蔽甕底。夜炊粟米飯，即攤之令冷，夜得露氣，雞鳴乃和之。大率米一石，殺，麴末一斗，春酒糟末一斗，粟米飯五斗。麴殺若少，計須減飯。和法：痛

挼令相雜，填滿甕爲限。以紙蓋口，塼押上，勿泥之，泥則傷熱。五六日後，以手內甕中，看冷無熱氣，便熟矣。酒停亦得二十許日。以冷水澆。筒飲之。䤖出者，歇而不美。

魏武帝上九醖法，奏曰：「臣縣故令九醖春酒法：用麴三十斤，流水五石，臘月二日漬麴。正月凍解，用好稻米，漉去麴滓便釀。法引曰：『譬諸蟲，雖久多完。』三日一釀，滿九石米止。臣得法，釀之常善。其上清，滓亦可飲。若以九醖苦，難飲，增爲十釀，易飲不病。」

九醖用米九斛，十醖用米十斛，俱用麴三十斤，但米有多少耳。治麴淘米，一如春酒法。

浸藥酒法：——以此酒浸五茄木皮，及一切藥，皆有益，神効。——用春酒麴及笨麴，不用神麴。糠、瀋埋藏之，勿使六畜食。治麴法：須斫去四緣、四角，上下兩面，皆三分去一，孔中亦剜去。然後細剉，燥曝，末之。大率麴末一斗，用水一斗半。多作依此加之。釀用黍，必須細師，淘欲極淨，水清乃止。用米亦無定方，準量麴勢强弱。然其米要須均分爲七分，一日一酘，莫令空闕，闕即折麴勢力。七酘畢，便止。熟即押出之。春秋冬夏皆得作。茹甕厚薄之宜，一與春酒同，但黍飯攤使極冷，冬即須物覆甕。其斫去之麴，猶有力，不廢餘用耳。

《博物志》胡椒酒法：「以好春酒五升；乾薑一兩，胡椒七十枚，皆擣末；好美安石榴五枚，押取汁。皆以薑、椒末，及安石榴汁，悉內著酒中，火暖取温。亦可冷飲，亦可熱飲之。温中下氣。若病酒，苦覺體中不調，飲之，能者四五升，不能者可二三升從意。若欲增薑、椒亦可；若嫌多，欲減亦可。欲多作者，當以此爲率。若飲不盡，可停數日。此胡人所謂蓽撥酒也。」

《食經》作白醪酒法：「生秫米一石。方麴二斤，細剉，以泉水漬麴，密蓋。再宿，麴浮，起。炊米三斗酘之，使和調，蓋。滿五日，乃好。酒甘如乳。九月半後不作也。」

作白醪酒法：用方麴五斤，細剉，以流水三斗五升，漬之再宿。炊米四斗，冷，酘之。令得七斗汁。凡三酘。濟令清。又炊一斗米酘酒中，攪令和解，封。四五日，黍浮，縹色上，便可飲矣。

冬米明酒法：九月，漬精稻米一斗，擣令碎末，沸湯一石澆之。麴一斤，末，攪和。三日極酢，合三斗釀米炊之，氣刺人鼻，便爲大發，攪成。用方麴十五斤酘之。米三斗，水四斗，合和釀之也。

夏米明酒法：秫米一石。麴三斤，水三斗漬之。炊三斗米酘之，凡三。濟出，炊一斗，酘酒中。再宿，黍浮，便可飲之。

朗陵何公夏封清酒法：細剉麴如雀頭，先布甕底。以黍一斗，次第間水五升澆之。泥著日中，七日熟。

愈瘧酒法：四月八日作。用米一石，麴一斤，擣作末，俱酘水中。須酢，煎一石，取七斗。以麴四斤，須漿冷，酘麴。一宿，上生白沫，起。炊秫一石，冷，酘中。三日酒成。

作鄶酒法：以九月中，取秫米一石六斗，炊作飯。以水一石，宿漬麴七斤。炊飯令冷，酘麴汁中。覆甕多用荷、箬，令酒香。燥復易之。

作和酒法：酒一斗；胡椒六十枚，乾薑一分，雞舌香一分，蓽撥六枚，下簁，絹囊盛，內酒中。一宿，蜜一升和之。

作夏雞鳴酒法：秫米二斗，煮作糜；麴二斤，擣，合米和，令調。以水五斗漬之，封頭。今日作，明旦雞鳴便熟。

作橎酒法：四月取橎葉，合花挼之，還，即急抑著甕中。六七日，悉使烏熟，曝之，煮三四沸，去滓，內甕中，下麴。炊五斗米，日中可燥，手一兩抑之。一宿，復炊五斗米酘之，便熟。

柯柂酒法：二月二日取水，三月三日煎之，先攪麴中水。一宿，乃炊秫米飯。日中曝之，酒成也。

法酒第六十七釀法酒，皆用春酒麴。其米、糠、瀋汁、饙、飯，皆不用人及狗鼠食之。

黍米法酒：預剉麴，曝之令極燥。三月三日，秤麴三斤三兩，取水三斗三升浸麴。經七日，麴發，細泡起，然後取黍米三斗三升，淨淘——凡酒米，皆欲極淨，水清乃止，法酒尤宜存意，淘米不得淨，則酒黑——炊作再餾飯。攤使冷，著麴汁中，搦黍令散。兩重布蓋甕口。候米消盡，更炊四斗半米酘之。每酘皆搦令散。第三酘，炊米六斗。自此以後，每酘以漸加米。甕無大小，以滿爲限。酒味醇美，宜合醅飲之。飲半，更炊米重酘如初，不著水、麴，唯以漸加米，還得滿甕。竟夏飲之，不能窮盡，所謂神異矣。

作當梁法酒：當梁下置甕，故曰「當梁」。以三月三日日未出時，取水三斗三升，乾麴末三斗三升，炊黍米三斗三升爲再餾黍，攤使極冷；水、麴、黍俱時下之。三月六日，炊米六斗酘之。三月九日，炊米九斗酘之。自此以後，米之多

少，無復斗數，任意酘之，滿甕便止。若欲取者，但言「偷酒」，勿云取酒。假令出一石，還炊一石米酘之，甕還復滿，亦爲神異。其糠、瀋悉瀉坑中，勿令狗鼠食之。

秔米法酒：糯米大佳。三月三日，取井花水三斗三升，絹簁麴末三斗三升，秔米三斗三升——稻米佳，無者，旱稻米亦得充事——再餾弱炊，攤令小冷，先下水、麴，然後酘飯。七日更酘，用米六斗六升。二七日更酘，用米一石三斗二升。三七日更酘，用米二石六斗四升，乃止——量酒備足，便止。合醅飲者，不復封泥。令清者，以盆蓋，密泥封之。經七日，便極清澄。接取清者，然後押之。

《食經》七月七日作法酒方：「一石麴作『燠餅』：編竹甕下，羅餅竹上，密泥甕頭。二七日出餅，曝令燥，還内甕中。一石米，合得三石酒也。」

又法酒方：焦麥麴末一石，曝令乾，煎湯一石，黍一石，合糅，令甚熟。以二月二日收水，即預煎湯，停之令冷。初酘之時，十日一酘，不得使狗鼠近之。於後無若或八日、六日一酘，會以偶日酘之，不得隻日。二月中即酘令足。常預煎湯停之，酘畢，以五升洗手，蕩甕。其米多少，依焦麴殺之。

三九酒法：以三月三日，收水九斗，米九斗，焦麴末九斗——先曝乾之：一時和之，揉和令極熟。九日一酘，後五日一酘，後三日一酘。勿令狗鼠近之。會以隻日酘，不得以偶日也。使三月中，即令酘足。常預作湯，甕中停之，酘畢，輒取五升洗手，蕩甕，傾於酒甕中也。

治酒酢法：若十石米酒，炒三升小麥，令甚黑，以絳帛再重爲袋，用盛之，周築令硬如石，安在甕底。經二七日後，飲之，即迴。

大州白墮麴方餅法：穀三石：蒸兩石，生一石，别磑之令細，然後合和之也。桑葉、胡葈葉、艾，各二尺圍，長二尺許，合煮之使爛。去滓取汁，以冷水和之，如酒色，和麴。燥濕以意酌之。日中擣三千六百杵，訖，餅之。安置暖屋牀上：先布麥稭厚二寸，然後置麴，上亦與稭二寸覆之。閉户勿使露見風日。一七日，冷水濕手拭之令遍，即翻之。至二七日，一例側之。三七日，籠之。四七日，出置日中，曝令乾。

作酒之法，净削刮去垢，打碎，末，令乾燥。十斤麴，殺米一石五斗。

作桑落酒法：麴末一斗，熟米二斗。其米令精細，净淘，水清爲度。用熟水一斗。限三酘便止。漬麴，候麴向發便酘，不得失時。勿令小兒人狗食黍。

作春酒，以冷水漬麴，餘各同冬酒。

又 卷八 作酢法第七十一 凡醋甕下，皆須安塼石，以離濕潤。爲妊娠婦人所壞者，車轍中乾土末一掬著甕中，即還好。

作大酢法：七月七日取水作之。大率麥䴬一斗，勿揚簸；水三斗；粟米熟飯三斗，攤令冷。任甕大小，依法加之，以滿爲限。先下麥䴬，次下水，次下飯，直置勿攪之。以綿幕甕口，拔刀横甕上。一七日，旦，著井花水一椀。三七日，旦，又著一椀，便熟。常置一瓠瓢於甕，以挹酢；若用濕器、鹹器内甕中，則壞酢味也。

又法：亦以七月七日取水。大率麥䴬一斗，水三斗，粟米熟飯三斗。隨甕大小，以向滿爲度。水及黄衣，當日頓下之。其飯分爲三分：七日初作時下一分，當夜即沸；又三七日，更炊一分投之；又三日，復投一分。但綿幕甕口，無横刀、益水之事。溢即加甑。

又法：亦七月七日作。大率麥䴬一升，水九升，粟飯九升，一時頓下，亦向滿爲限。綿幕甕口。三七日熟。

前件三種酢，例清少澱多。至十月中，如壓酒法，毛袋壓出，則貯之。其糟，别甕水澄，壓取先食也。

秫米神酢法：七月七日作。置甕於屋下。大率麥䴬一斗，水一石，秫米三斗，——無秫者，黏黍米亦中用。隨甕大小，以向滿爲限。先量水，浸麥䴬訖；然後净淘米，炊爲再餾，攤令冷，細擘麴破，勿令有塊子，一頓下釀，更不重投。又以手就甕裏弱破小塊，痛攪令和，如粥乃止，以綿幕口。一七日，一攪；二七日，一攪；三七日，亦一攪。一月日，極熟。十石甕，不過五斗澱。得數年停，久爲驗。其淘米泔即瀉去，勿令狗鼠得食。饙黍亦不得人啖之。

粟米、麴作酢法：七月、三月向末爲上時，八月、四月亦得作。大率笨麴末一斗，井花水一石，粟米飯一石。明旦作酢，今夜炊飯，薄攤使冷。日未出前，汲井花水，斗量著甕中。量飯著盆中，或栲栳中，然後瀉飯著甕中。瀉時直傾下，勿以手撥飯。尖量麴末，瀉著飯上，慎勿撓攪，亦勿移動。綿幕甕口。三七日熟。美釅少澱，久停彌好。凡酢未熟、已熟而移甕者，率多壞矣；熟則無忌。接取清，别甕著之。

秫米酢法：五月五日作，七月七日熟。入五月則多收粟米飯醋漿，以擬和釀，不用水也。漿以極醋爲佳。末乾麴，下絹篩。經用粳、秫米爲第一，黍米亦

佳。米一石，用麴末一斗，麴多則醋不美。米唯再餾。淘不用多遍。初淘瀋汁瀉却。其第二淘泔，即留以浸饙，令飲泔汁盡，重裝作再餾飯。下，揮去熱氣，令如人體，於盆中和之，擘破飯塊，以麴拌之，必令均調。下醋漿，更搦破，令如薄粥。粥稠即酢剋，稀則味薄。內著甕中，隨甕大小，以滿爲限。七日間，一日一度攪之；七日以外，十日一攪，三十日止。初置甕於北蔭中風涼之處，勿令見日。時時汲冷水遍澆甕外，引去熱氣，但勿令生水入甕中。取十石甕，不過五六斗糟耳。接取清，别甕貯之，得停數年也。

大麥酢法：七月七日作。若七日不得作者，必須收藏取七日水，十五日作。除此兩日則不成。於屋裏近户裏邊置甕。大率小麥䴷一石，水三石，大麥細造一石——不用作米則利嚴，是以用造。簸訖，淨淘，炊作再餾飯。揮令小暖如人體，下釀，以杷攪之，綿幕甕口。三日便發。發時數攪，不攪則生白醭，生白醭則不好。以棘子徹底攪之；恐有人髮落中，則壞醋。凡醋悉爾，亦去髮則還好。六七日，淨淘粟米五升，米亦不用過細，炊作再餾飯，亦揮如人體投之，杷攪，綿幕。三四日，看米消，攪而嘗之，味甜美則罷；若苦者，更炊二三升粟米投之，以意斟量。二七日可食，三七日好熟。香美淳嚴，一盞醋，和水一椀，乃可食之。八月中，接取清，别甕貯之，盆合，泥頭，得停數年。未熟時，二日三日，須以冷水澆甕外，引去熱氣，勿令生水入甕中。若用黍、秫米投彌佳，白、蒼粟米亦得。

燒餅作酢法：亦七月七日作。大率麥䴷一斗，水三斗，亦隨甕大小，任人增加。水、䴷亦當日頓下。初作日，軟溲數升麵，作燒餅，待冷下之。經宿，看餅漸消盡，更作燒餅投。凡四五投，當味美沸定便止。有薄餅緣諸麵餅，但是燒煿者，皆得投之。

迴酒酢法：凡釀酒失所味醋者，或初好後動未壓者，皆宜迴作醋。大率五石米酒醅，更著麴末一斗，麥䴷一斗，井花水一石；粟米飯兩石，揮令冷如人體投之，杷攪，綿幕甕口。每日再度攪之。春夏七日熟，秋冬稍遲，皆美香。清澄後一月，接取，别器貯之。

動酒酢法：春酒壓訖而動不中飲者，皆可作醋。大率酒一斗，用水三斗，合甕盛，置日中曝之。雨則盆蓋之，勿令水入；晴還去盆。七日後當臭，衣生，勿得怪也，但停置，勿移動、撓攪之。數十日，醋成，衣沈，反更香美。日久彌佳。

又方：大率酒兩石，麥䴷一斗，粟米飯六斗，小暖投之，杷攪，綿幕甕口。二七日熟，美釅殊常矣。

神酢法：要用七月七日合和。甕須好。蒸乾黄蒸一斛，熟蒸麩三斛：凡二物，温温暖，便和之。水多少，要使相淹漬，水多則酢薄不好。甕中卧經再宿，三日便壓之，如壓酒法。壓訖，澄清，內大甕中。經二三日，甕熱，必須以冷水澆；不爾，酢壞。其上有白醭浮，接去之。滿一月，酢成可食。初熟，忌澆熱食，犯之必壞酢。若無黄蒸及麩者，用麥䴷一石，粟米飯三斛合和之。方與黄蒸同。盛置如前法。甕常以綿幕之，不得蓋。

作糟糠酢法：置甕於屋內。春秋冬夏，皆以穰茹甕下，不茹則臭。大率酒糟、粟糠中半。麤糠不任用，細則泥，唯中間收者佳。和糟、糠，必令均調，勿令有塊。先內荆、竹簟於甕中，然後下糠、糟於簟外，均平以手按之，去甕口一尺許便止。汲冷水，繞簟外均澆之，候簟中水深淺半糟便止。以蓋覆甕口。每日四五度，以椀挹取簟中汁，澆四畔糠糟上。三日後，糟熟，發香氣。夏七日，冬二七日，嘗酢極甜美，無糟糠氣，便熟矣。猶小苦者，是未熟，更澆如初。候好熟，乃挹取簟中淳濃者，别器盛。更汲冷水澆淋，味薄乃止。淋法，令當日即了。糟任飼豬。其初挹淳濃者，夏得二十日，冬得六十日；後淋澆者，止得三五日供食也。

酒糟酢法：春酒糟則釅，頤酒糟亦中用。然欲作酢者，糟常濕下；壓糟極燥者，酢味薄。作法：用石磑子辣穀令破，以水拌而蒸之。熟便下，揮去熱氣，與糟相拌，必令其均調，大率糟常居多。和訖，卧於酮甕中，以向滿爲限，以綿幕甕口。七日後，酢香熟，便下水，令相淹漬。經宿，酮孔子下之。夏日作者，宜冷水淋；春秋作者，宜温卧，以穰茹甕，湯淋之。以意消息之。

作糟酢法：用春糟，以水和，搦破塊，使厚薄如未壓酒。經三日，壓取清汁兩石許，著熟粟米飯四斗投之，盆覆，密泥。三七日酢熟，美釅，得經夏停之。甕置屋下陰地。

《食經》作大豆千歲苦酒法：「用大豆一斗，熟汰之，漬令澤。炊，曝極燥。以酒醅灌之。任性多少，以此爲率。」

作小豆千歲苦酒法：用生小豆五斗，水汰，著甕中。黍米作饙，覆豆上。酒三石灌之，綿幕甕口。二十日，苦酢成。

作小麥苦酒法：小麥三斗，炊令熟，著堈中，以布密封其口。七日開之，以

二石薄酒沃之，可久長不敗也。

水苦酒法：女麴、麤米各二斗，清水一石，漬之一宿，泲取汁。炊米麴飯令熟，及熱酘甕中。以漬米汁隨甕邊稍稍沃之，勿使麴發飯起。土泥邊，開中央，板蓋其上。夏月，十三日便醋。

卒成苦酒法：取黍米一斗，水五斗，煮作粥。麴一斤，燒令黄，搥破，著甕底。以熟好泥。二日便醋。

已嘗經試，直醋亦不美。以粟米飯一斗投之，二七日後，清澄美釅，與大醋不殊也。

烏梅苦酒法：烏梅去核一升許肉，以五升苦酒漬數日，曝乾，擣作屑。欲食，輒投水中，即成醋爾。

蜜苦酒法：水一石，蜜一斗，攪使調和，密蓋甕口。著日中，二十日可熟也。

外國苦酒法：蜜一升，水三合，封著器中；與少胡荽子著中，以辟，得不生蟲。正月旦作，九月九日熟。以一銅七水添之，可三十人食。

崔寔曰：「四月四日可作酢。五月五日亦可作酢。」

《隋書·赤土國傳》 冬夏常温，雨多霽少，種植無時，特宜稻、穄、白豆、黑麻，自餘物産多同於交阯。以甘蔗作酒，雜以紫瓜根。酒色黄赤，味亦香美。亦名椰漿爲酒。

唐·蘇敬等《新修本草·果部》上 葡萄 味甘，平，無毒。主筋骨濕痺，益氣倍力，强志，令人肥健，耐饑，忍風寒，久服輕身不老，延年。可作酒，逐水，利小便。生隴西五原敦煌山谷。

魏國使人多賚來，狀如五味子而甘美，可作酒，云用其籐汁殊美好。北國人多肥健耐寒，蓋食斯乎？不植淮南，亦如橘之變於河北矣。人説即是此間蘡薁，恐如彼之枳類橘耶？[謹案]蘡薁與葡萄亦同，然蘡薁是千歲虆。葡萄作酒法，總收取子汁釀之自成酒。蘡薁，山葡萄，亦堪爲酒。陶景言用籐汁爲酒，謬矣。

又《米部》中 丹黍米，味苦，微温，無毒。主咳逆，霍亂，止洩，除熱，止煩渴。

此則即赤黍也，亦出北間，江東時有種，而非土所宜，多入神藥用。又黑黍名秬，供釀酒祭祀用之。

秫米，味甘，微寒。止寒熱，利大腸，療漆瘡。

此人以作酒及煮糖者，肥軟而易消；方藥不正用，惟嚼以塗漆瘡，及釀諸藥醪。[謹案]此米，功能是稻秫也。今大都呼粟糯爲秫稻，秫爲糯矣。北土亦多，以粟秫釀酒，而汁少於黍米。粟秫應有别功，但《本草》不載。凡黍稷、粟秫、秔糯，此三谷之秈秫也。

陳廪米，味鹹，酸，温，無毒。主下氣，除煩渴，調胃，止洩。

此今久入倉陳赤者，湯中多用之。人以作酢酒，勝於新粳米。

酒，味苦、甘、辛，大熱，有毒。主行藥勢，殺百邪惡毒氣。

大寒凝海，惟酒不冰，明其熱性獨冠群物。藥家多須，以行其勢。人飲之，使體弊神昏，是其有毒故也。昔三人晨行觸霧，一人健、一人病、一人死。健者飲酒，病者食粥，死者空腹。此酒勢辟惡，勝於食。[謹案]酒，有葡萄、秫、黍、秔、粟、曲、蜜等，作酒醴以曲爲。而葡萄、蜜等，獨不用曲。飲葡萄酒，能消痰破澼。諸酒醇醨不同，惟米酒入藥用。

又《米部》下 黍米，味甘，温，無毒。主益氣，補中，多熱，令人煩。

荆、郢州及江北皆種此。其苗如蘆而異於粟，粒亦大。粟而多是秫，今人又呼秫粟爲黍，非也。北人作黍飯，方藥釀黍米酒，則皆用秫黍也。又有穄米與黍米相似，而粒殊大，食之不宜人，乃言發宿病。[謹案]黍有數種，已備註前條，今此通論黄黑黍米耳，亦全不似蘆，雖似粟而非粟也。穄即稷也，具釋後條。

稷米，味甘，無毒。主益氣，補不足。

稷米亦不識，書多云黍稷，稷恐與黍相似。又有稌，亦不知是何米。《詩》云：黍、稷、稻、粱、禾、麻、菽、麥，此即八谷也，俗人莫能證辨，如此谷稼尚弗能明，而況芝英乎？案氾勝之《種植書》有黍，即如前説。無稷有稻，猶是粳米，粱是秫，禾即是粟。董仲舒云，禾是粟苗名耳，麻是胡麻，枲是大麻，菽是大豆。大豆有兩種；小豆一名荅，有三四種。麥有大、小穬，即宿麥，亦謂種麥。如此，諸谷之限也。菰米一名雕胡，可作餅。又漢中有一種名枲粱，粒如粟而皮黑，亦可食；釀爲酒，甚消玉。又有烏禾，生野中如稗，荒年代糧而殺蟲，煮以沃地，螻蚓皆死。稗亦可食。凡此之類，復有數種耳。[謹案]《呂氏春秋》云，飯之美者，有陽山之穄。高誘曰：關西謂之糜，冀州謂之𪎭，《廣雅》云，𪎭，穄也。《禮記》云，祭宗廟，稷曰明粢。《穆天子傳》云，赤烏之人。獻穄麥百載。《説文》云，稷，五穀長，田正也，自商已來，周棄主之。此官名，非穀號也。又案先儒以爲粟類，

或言粟之上者。《爾雅》云，粢，稷也。《傳》云，粢盛，解云黍稷爲粢。泛勝之《種植書》又不言稷。陶云入谷者，黍、稷、稻、粱、禾、麻、菽、麥，俗人尚不能辨，況芝英乎？既有稷禾，明非粟也。《本草》有稷，不載穄，稷即穄也。今楚人謂之稷，關中謂之糜，呼其米爲黄米，與黍爲僊秫，故其苗與黍同類。陶又引《詩》云，稷恐與黍相似斯並得之矣。儒家但説其義，不知其實。尋鄭玄注《禮》：王瓜云是菝葜，謂楂爲梨之不藏者。周官瘍人主祝藥，云祝當爲注，義如附著，此尺有所短耳。

醋，味酸，温，無毒。主消癰腫，散水氣，殺邪毒。

醋酒爲用，無所不入，逾久逾良，亦謂之醯。以有苦味，俗呼苦酒。丹家又加余物，謂爲華池左味，但不可多食之，損人肌藏耳。［謹案］醋有數種，此言米醋。若蜜醋、麥醋、曲醋、桃醋、葡萄、大棗、蘡薁等諸雜果醋，及糠糟等醋會意者，亦極酸烈，止可啖之，不可入藥用也。

唐・李肇《國史補》卷下　酒則有郢州之富水，烏程之若下，滎陽之土窟春，富平之石凍春，劍南之燒春，河東之乾和蒲萄，嶺南之靈谿，博羅，宜城之九醖，潯陽之湓水，京城之西市腔，蝦蟆陵郎官清，阿婆清。又有三勒漿類酒，法出波斯。三勒者謂菴摩勒、毗梨勒、訶梨勒。一本作富平之石梁春，劍南之燒香春。

唐・房千里《投荒雜録》《太平廣記》卷二三三《酒》　南方酒

新州多美酒。南方酒不用麴糵，杵米爲粉，以衆草葉胡蔓草汁溲，南人呼野葛爲胡蔓草。大如卵，置蓬蒿中蔭蔽，經月而成，用此合糯爲酒。故劇飲之後，即醒，猶頭熱涔涔，有毒草故也。南方飲既燒，即實酒滿甕，泥其上，以火燒方熟，不然，不中飲。既燒，即揭甌趨虚，泥固猶存。沽者無能知美惡，就泥上鑽小穴可容筯，以細筩插穴中，沽者就吮筩上，以嘗酒味，俗謂之滴淋。無賴小民空手入市，徧就酒家滴淋，皆言不中，取醉而返。南人有女數歲，即大醸酒。既漉，候冬陂池水竭時，寘酒甖，密固其上，瘞於陂中。至春漲水滿，不復發矣。候女將嫁，因決陂水，取供賀客，南人謂之女酒。味絶美，居常不可致也。出《投荒雜録》。

唐・段成式《酉陽雜俎前集》卷一八《木篇》　蒲萄，俗言蒲萄蔓好引于西南。庾信謂魏使尉瑾曰：「我在鄴，遂大得蒲萄，奇有滋味。」陳昭一作招。曰：「作何形狀？」徐君房曰：「有類軟棗。」信曰：「君殊不體物，何得不言似生荔枝？」魏肇師曰：「魏武有言，末夏涉秋，尚有餘暑，酒醉宿醒，掩露而食，甘而不飴，酸而不酢。道之固以流沫稱奇，況親食之者。」瑾曰：「此物實出於大宛，張騫所致。有黄、白、黑三種，成熟之時，子實逼側，星編珠聚，西域多醸以爲酒，每來歲貢。在漢西京，似亦不少。杜陵田五十畝，中有蒲萄百樹。今在京兆，非直止禁林也。」信曰：「乃園種户植，接蔭連架。」昭曰：「其味何如橘柚？」信曰：「津液奇勝，芬芳減之。」瑾曰：「金衣素裏，見苞作貢。向齒自消，良應不及。」

唐・韓鄂《四時纂要・夏令卷・四月》　造醋：　四日爲良日。

《舊唐書・南蠻西南蠻傳》　林邑國，漢日南象林之地，在交州南千餘里。其國延袤數千里，北與驩州接。地氣冬温，不識冰雪，常多霧雨。【略】俗以二月爲歲首，稻歲再熟。自此以南，草木冬榮，四時皆食生菜，以檳榔汁爲酒。

訶陵國，在南方海中洲上居，東與婆利、西與墮婆登、北與真臘接，南臨大海。竪木爲城，作大屋重閣，以椶櫚皮覆之，王坐其中，悉用象牙爲牀。食不用匙筯，以手而撮。亦有文字，頗識星曆。俗以椰樹花爲酒，其樹生花，長三尺餘，大如人膊，割之取汁以成酒，味甘，飲之亦醉。

又《六月》　黄蒸：　䴷春也。生小麥，細磨，水溲，蒸之。氣溜下，攤冷，蒿蓋之，一如黄衣法。勿揚簸之。

罨黄衣：　净淘小麥，於瓮中浸令醋，漉出，熟蒸之。於箔上鋪席，攤，厚二寸許。先一日刈蒿，或荆葉、構葉皆得，薄覆蓋之。待黄衣上遍，便出曝之，令乾。去葉，慎勿揚簸，凡合造，以仰黄衣爲熱爾。

六日造法麴：　小麥三石：一石生，一石蒸，曬乾；一石炒，炒勿令焦。各別磨，羅取麵。其麩留取入麴使。取蒼耳、蓼，爛擣，絞取汁，溲和。五更和，取了。若天明後則無力。溲欲剛，擣欲熟。於平板上以範子緊踏，脱之。净掃東向户室，密牕牖，泥封隙，使不通風。地上鋪蒿草厚三五寸，竪麴如隔子眼，以草覆之令厚。若立秋前削平鋪上，及開取大日，嘗陷入地，乃知力大而實重。閉户，封泥之。二七日開，翻之。至二七日，聚之。一宿，明日出曝曬。夜則露之。遇雨則收，極乾乃止。

七月上寅日作亦得。

造神麴法：　小麥三石，生、蒸、炒各一石，同前法。但不用羅麵。生麥擣，特須精細。先擣蒼耳等汁，又六月上寅日或七月上寅日日未出時，使童子著青衣面向殺地，破地汲水二十斛。使水不盡却瀉却，慎勿令使用，忌之。面向殺地

和絶硬，搗令熟。入屋室内，浄掃，勿令地濕。【略】

煞米法：神麴末一斗，煞黍秫米二石一斗，神麴末一斗，煞糯米一石八斗。

法麴：第一年一斗米用麴八兩，二年一斗米用麴四兩，第三年一石米用麴一斤。

又《秋令卷・七月》 上寅造麴。法已具六月中。

敗酒作醋：春酒停貯失味不中飲者，但一斗酒，以一斗水合和，入瓮中，置日中曝之，雨即蓋，晴即去蓋；或生衣，勿攪動，待衣沉，則香美成醋。

凡釀酒失味不中者，便以熱飯投之，密封泥，即成好醋。

米醋法：又，先六月中取糙米三五斗，炊了，細磨，取蒼耳汁和溲，踏作麴，一如麥麴法。又取三五斗糙米，炊了，隔宿於瓮中熱湯浸，來日早蒸，蒸了，攤開，蒿覆如黄衣法。至造醋時，又炒糙米三五斗，向星露下，以沸湯潑，經宿，來日蒸之，亦無剩水，依常炊飯。候熟，每斗用湯一斗，亦蒸米了，便下湯中。待如人體，即下黄衣及麴末，大約每斗米用黄衣、麴末共二斤。三七日成。放至四十九日成，更佳。造用寅、辰、戌日。

暴米醋：糙米一斗，炒令黄，湯浸軟後，熟蒸。水一斗，麴末一升，攪和。下潔浄瓮器，稍熱爲妙。夏一月，冬兩月。密封頭。日未足，不可開。

醫醋：凡醋瓮下須安磚石，以隔濕氣。又忌雜手取。又忌生水器取及鹹器貯。皆致易敗。

又醋因妊娠女人所壞者，取車轍中土一掬著瓮中，即還好。

麥醋：取大麥一石，舂取一糙，——取一半完人，一半帶皮便止。取五斗爛蒸，罨黄，一如作黄衣法。五斗炒令黄，熟浸一宿，明日爛蒸，攤如人體，并前黄衣一時入瓮中，以蒸水沃之，拌令勻。其水於麥上深三五寸即得。密封蓋。七月便香熟。即中心著篘取之，頭者别收貯。餘以水淋，旋喫之。

《齊民要術》云：「造麥醋，米酘之。」此恐難成，成亦不堪，蓋失其類矣。

暴麥醋：大麥一斗，熟舂插，炒令香、焦、黄，磨中掣破。水拌濕後，熟水一斗五升冷如人體，以麴一升攪和，入罌瓮中，封頭斷氣。二七日熟。淋如前法。

醋泉：麵一石，七月六日造：淡溲，作餢飳，熟煮，漉出，箔上攤瞭，令乾。勿令蟲鼠喫著。收餢飳湯八斗已來，小麥麴末二大斗，結尖量，於二石瓷中，先下餢飳一重，即下麴末一重，又下餢飳，麴末，如此重重下之，以盡爲度。即一時瀉餢飳湯八斗入瓮中，更不得動著。仍先以磚石碑瓮底。夏月令日照著。先以七介紙單子：初下日，一重紙單子蓋頭，密繫之；一七日，加一重；至四十九日，七重足。又七日，去一重厚衣。以竹刀割作二孔，南北對開，須帖瓮脣。每以胡蘆杓南邊取一杓，北邊入一杓新汲水。每日長出五升，即入水五升。如此至三十年不竭。

然則須一手取，切忌殗污，立壞。又初造時，忌人喫著餢飳片子，切防家人背食之，即不成矣。造多少，在臨時。

又《八月》 乾酒法：乾酒治百病方：

糯米五斗，炊；好麴七斤半。

附子五介，生烏頭五介，生乾薑、桂心、蜀椒各五兩。

右件搗合爲末，如釀酒法，封頭七日，酒成。壓取糟，蜜溲爲丸，如雞子大。投一斗水中，立成美酒。春酒時造，更好。

地黄酒：地黄酒變白速效方：

肥地黄切一大斗，搗碎；糯米五升，爛炊；麴一大升。

右件三味，於盆中熟揉相入，内不津器中，封泥。春夏三七日，秋冬五七日。日滿開，有一盞渌液，是其精華，宜先飲之。餘用生布絞，貯之。如稀餳，極甘美。不過三劑，髮當如漆。若以牛膝汁拌炊飯，更妙。切忌三白。

又《冬令卷・十月》 鹿骨酒：治百體虚勞、大風、諸風、虚損諸疾，久服長骨留年，久久自知。

枸杞二十斤，浄洗，歇乾，剉碎。鹿骨一具，剉碎。

右件以水四石，煎取一石五斗，去滓。經宿，浄掠去脂沫，澄淀，取如常水浸麴。投糯米二石：分爲三、四酘。候熟，壓取飲之。

枸杞子酒：補虚、長肌肉、益顔色。肥健延年方：枸杞子二升，好酒二斗，搦碎，浸七日，濾去滓。日飲三合。

鍾乳酒：主補骨髓、益氣力。逐濕方：

乾地黄八分，巨勝一升，熬，别爛搗。牛膝、五茄皮、地骨皮各四兩，桂心、防風各二兩，仙靈脾三兩，鍾乳五兩。甘草湯浸三宿，以半斤牛乳，瓷瓶中復炊，於炊飯上蒸之。牛乳盡，出，以暖水浄淘洗，碎如麻豆。

右件諸藥，並細剉，布袋子貯，用好酒三斗浸五日後，可取飲。出一升，即入一升清酒，量其藥味減則止，即出去藥。起十月一日，服至立春止。忌生葱、陳臭物。

地黃煎：

生地黃十斤，淨洗，漉出，一宿後，搗壓取汁；鹿角膠一斤，紫蘇子二大升，好蘇一斤半，生薑半斤，絞取汁。蜜二大升，好酒四升。

右先以文武火煎地黃汁，數揚；即以酒研蘇子，濾取汁，下之；又煎二十沸已來，下膠；膠消盡，下蘇，蜜同煎。良久，候稠如餳，貯淨潔器中。

每日空心，暖酒調一匙頭飲之。甘美而補虛，益顏色，髮白更黑，充健不極。忌三白。

又《十二月》 造臘酒：臘日取水一石，置不津器中，浸麴末三斗，便下四斗米飯。至來年正月十五日，又下三斗米飯。又至二月二日，又下三斗米飯。至四月二十八日外開之。其瓮但露著，不用穰草，則三伏停之，不敗。

屠蘇酒：

大黃，蜀椒，苦梗，桂心，防風各半兩，白朮，虎杖各一兩，烏頭半分。

右八味，剉，以絳囊貯。歲除日薄晚，掛井中，令至泥。正旦出之，和囊浸於酒中，東向飲之，從少起至大，逐人各飲少許，則一家無病。候三日，棄囊并藥於井中。此軒轅黃帝之神方矣。

宋·王溥《唐會要》卷一〇〇《雜録》 葡萄酒，西域有之，前世或有貢獻，及破高昌，收馬乳葡萄實，於苑中種之，并得其酒法，自損益造酒，酒成，凡有八色，芳香酷烈，味兼醍醐，既頒賜羣臣，京中始識其味。

宋·田錫《麴本草》 廣西蛇酒，罈上有蛇數寸許，言能去風。其麴乃山中取草所造，良，毒不能無慮。

江西麻姑酒，以泉得名。今其泉亦少，其麴乃羣藥所造。浙江等處亦造此酒，不入水者味勝麻姑，以其米好也。然皆用百藥麴，均不足尚。

淮安菉豆酒，麴有菉豆，乃解毒良物，固佳，但服藥飲之藥無，乃亦有灰，不美。

南京瓶酒，麯米無釀，以其水有醶，亦着少灰，味太甜，多飲留中聚痰。

山東秋露，白色純味冽。

蘇州小瓶酒，麴有葱及川烏、紅豆之類，飲之頭痛、口渴。

處州金盆露，清水入少薑汁造麴，以浮飲法造酒，醇美可尚。香色味俱劣於東陽，以其水不及也。

東陽酒，其水最佳，稱之重於他。其酒自古擅名，《事林廣記》所載釀法，麯亦入藥，今則絶無，惟用麩麴。蓼汁拌造，假其辛辣之力，蓼性解毒亦無甚碍俗人因其水好，競造薄酒，味雖少酸，一種清香遠達，入門就聞，雖鄰邑所造，俱不然也。好事者清水和麩麯造麯，米多水少，造酒其味辛而不厲，美而不甜，色復金黃瑩徹，天香風味奇絶，飲醉並不頭痛、口乾，此皆水土之美故也。

暹羅酒，以燒酒復燒一次，入珍貴異香，每罈一箇，用檀香十數斤，燒煙薰之如漆肢，後入酒蠟封，埋土中二三年，絶去燒氣，取出用之。有帶至船上者，能飲之人，三四盃即醉。價值比常數十倍，有疾病者飲一二盃即愈，且殺蠱。予親見二人飲此酒，打下活蟲長二寸許，謂之鞋底魚蠱。

枸杞酒，補虛損，去勞熱，長肌肉，益顏色。肥健人止肝虛目淚。

菊花酒，清頭風，明耳目，去痿痹，開胃健脾，煖陰起陽，消百病。

葡萄酒，補氣調中，然性熱，北人宜，南人多不宜也。桑椹酒，補五臟，明耳目。

狗肉酒，大補然性大熱，若陰虛人及無冷病人飲，七成病。

豆淋酒，以黑豆炒熟，用熱酒淋之，療男婦諸風，産後一切惡疾。酒不可與乳同飲，令氣急。白酒用牛肉食，腹內生蟲。

宋·王欽若等《册府元龜》卷九七〇《外臣部·朝貢》 三月，帝以遠夷各貢方物，珍果咸至，其草木雜物，有異於常者，詔皆使詳録焉。葉護獻馬乳蒲桃一房，長二尺餘，子亦稍大，其色紫。【略】

前代或有貢獻，人皆不識，及破高昌，收馬乳蒲桃實於苑中種之，并得其酒法，帝自損益，造酒成。凡有八色，芳辛酷烈，味兼緹盎。既頒賜群臣，京師始識其味。

宋·龔萍《酒譜》

檸酒

皮日休詩云：「明朝有物充君信，檸酒三瓶寄夜航。」檸酒，江外酒名。

劉白墮

江東人劉白墮善釀，六月以甖盛酒於日中，經旬味不動而愈香美，使人久醉。朝士千里相饋，號白鶴觴，亦名騎驢酒。

崑崙觴

魏賈鏘有奴，善別水。嘗乘舟於黃河中流，以匏瓠接河源水七八升，經宿色如絳。以釀酒，名崑崙觴，芳味絶妙。

安石榴

頓孫國有安石榴，取汁停盆中，數日成美酒。

宋・蘇軾《東坡酒經》　南方之氓以糯與秔雜，以卉藥而爲餅，嗅之香，嚼之辣，揣之枵然而輕，此餅之良者也。吾始取麪而起肥之，和之以薑汁，蒸之使十裂，繩穿而風戾之，愈久而益悍，此麴之精者也。米五斗爲率，而五分之爲三斗者一，爲五升者四，三斗者以釀，五升者以投，三投而止，尚有五升之贏也。始釀，以四兩之餅，而每投以三兩之麪，皆澤以少水，足以解散而匀停也。釀者必甕按而井泓之，三日而井溢。此吾酒之萌也。酒之始萌也，甚烈而微苦，蓋三投而後平也。凡餅烈而麴和，投者必屢嘗而增損之，以舌爲權衡也。既溢之，三日乃投，九日三投，通十有五日而後定。既定，乃注以斗水。凡水，必熟冷者也。凡釀與投，必寒之而後下，此炎州之令也。既水五日乃篘，得三斗有半，此吾酒之正也。先篘半日，取所謂贏者爲粥，米一而水三之，揉以餅麴，凡四兩，二物并也。投之糟中，熟潤而再釀之。五日壓得斗有半，此吾酒之少勁者也。勁正合爲五斗，又五日而飲，則和而力、嚴而猛也。篘不旋踵而粥投之，少留則糟枯中風而酒病也。釀久者，酒醇而豐，速者反是，故吾酒三十日而成也。

宋・朱翼中《酒經・總論》《説郛》卷九四

頓遞祠祭麴	香泉麴	
香桂麴已上罨麴。	瑶泉麴	
金波麴	滑臺麴	
豆花麴已上風麴。	玉友麴	
白醪麴	小酒麴	
真一麴	蓮子麴已上醁麴。	
卧漿	淘漿	煎漿
蒸醋漉米	湯米	用麴
合酵	蒸甜糜	投醹
酴米酴米海母也今人謂之脚飯。		酒器
上糟	收酒	煮酒
火道酒	曝酒法	白羊酒
地黄酒	菊花酒	酴醾酒
蒲菊酒法	煨酒	神仙酒法
武陵桃源酒法		真人變髭髮方
時中麴法	冷泉酒法	
續添麴法		
酴醾麴	華亭麴造思堂林。	瓊液麴
青水麴造雲腴。	麸麴造雲腴并合酵用。	

宋・朱肱《北山酒經》上

總論

麴於六月三伏中踏造，先造峭汁：每甕用甜水三石五㪷，蒼耳一百斤，蛇麻、辣蓼各二十斤，剉碎，爛搗，入甕内，同煎五七日，天陰至十日。用盆蓋覆，每日用杷子攪兩次，濾去滓，以和麪。此法本爲造麴多處設，要之，不若取自然汁爲佳。若秖造三五百斤麪，取上三物爛搗，入井花水裂取自然汁，則酒味辛辣。内法，酒庫杏仁麴止是用杏仁研取汁，即酒味醇甜。麴用香藥，大抵辛香發散而已。每片可重一斤四兩，乾時可得一斤。直須實踏，若虚則不中。造麴，水多則糖心；水脈不匀，則心内青黑色；傷熱則心紅；傷冷則發不透而體重。惟是體輕，心内黄白或上面有花衣，乃是好麴。自踏造日爲始，約一月餘，日出場子，且於當風處井欄垛起，更候十餘日打開，心内無濕處，方於日中曝乾，候冷乃收之。收麴要高燥處，不得近地氣及陰潤屋舍。盛貯，仍防蟲鼠穢污。四十九日後方可用。

頓遞祠祭麴

小麥一石，磨白麪六十斤，分作兩栲栳。使道人頭、蛇麻花水共七升，拌和似麥飯，入下項藥：

白术二兩半，川芎一兩，白附子半兩，瓜蒂一字，木香一錢半。

已上藥搗羅爲細末，匀在六十斤麪内。

道人頭十六斤，蛇麻八斤。一名辣母藤。

已上草揀擇、剉碎，爛搗，用大盆盛新汲水浸，攪拌似藍澱水濃爲度。秖收一㪷四升，將前麪拌和令匀。

右件藥麪，拌時須乾濕得所，不可貪水。「握得聚，撲得散」，是其訣也。便用麤篩隔過，所貴不作塊，按令實，用厚複蓋之，令煖三四時辰，水脈匀，或經宿夜氣留潤亦佳，方入模子，用布包裹實踏。仍預治浄室，無風處安排下場子。先用板隔地氣，下鋪麥（麥貟）約一尺浮。上鋪箔，箔上鋪麴，看遠近用草人子爲

栔，音至。上用麥(麥貟)蓋之。又鋪箔，箔上又鋪麴，依前鋪麥(麥貟)，四面用麥(麥貟)劄實風道，上面更以黃蒿稀壓定，須一日兩次覷步體當發得緊慢。傷熱則心紅；傷冷則體重。若發得熱，周遭麥(麥貟)微濕，則減去上面蓋者麥(麥貟)，并取去四面劄塞，令透風氣約三兩時辰，或半日許，依前蓋覆。若發得太熱，即再蓋減麥(麥貟)令薄；如冷不發，即添麥(麥貟)，厚蓋催趁之。約發及十餘日已來，將麴側起，兩兩相對，再如前罨之。蘸、瓦日足，然後出草。

香泉麴

白麪一百斤，分作三分。共使下項藥：川芎七兩，白附子半兩，白朮三兩半，瓜蒂二錢。

已上藥共搗羅爲末，用馬尾羅篩過，亦分作三分，與前項麪一處拌和，令勻。每一分用井水八升。其踏罨與頓遞祠祭法同。

香桂麴

每麪一百斤，分作五處。木香一兩，官桂一兩，防風一兩，道人頭一兩，白朮一兩，杏仁一兩。去皮尖，細研。

右件爲末，將藥亦分作五處，拌入麪中。次用蒼耳二十斤，虵麻一十五斤，擇淨，剉碎，入石臼搗爛，入新汲井花水二㪷，一處揉如藍相似，取汁二㪷四升。每一分使汁四升七合，竹簸落內一處拌和。其踏罨與頓遞祠祭法同。

杏仁麴

每麪一百斤。使杏仁十二兩去皮尖，湯浸於砂盆內，研爛如乳酪相似，用冷熟水二㪷四升浸杏仁爲汁，分作五處拌麪。其踏罨如頓遞祠祭法同。

已上罨麴。

瑶泉麴

白麪六十斤，上甑蒸。糯米粉四十斤。一㪷米粉秤得六斤半。

已上粉麪先拌令勻，次入下項藥：白朮一兩，防風半兩，白附子半兩，官桂二兩，瓜蒂一分，檳榔半兩，胡椒一兩，桂花半兩，丁香半兩，人參一兩，天南星半兩，茯苓一兩，香白芷一兩，川芎一兩，肉豆蔻一兩。

右件藥並爲細末，與粉麪拌和訖，再入杏仁三斤，去皮尖，磨細，入井花水一㪷八升調勻，旋灑於前項粉麪內，拌勻。復用麤篩隔過，實踏，用桑葉裹盛於紙袋中，用繩繫定，即時掛起，不得積下。仍單行懸之二七日，去桑葉，秪是紙袋，兩月可收。

金波麴

木香三兩，川芎六兩，白朮九兩，白附子半斤，官桂七兩，防風二兩，黑附子二兩，炮，去皮。瓜蒂半兩。

右件藥都搗羅爲末，每料用糯米粉、白麪共三百斤，使上件藥拌和令勻。更用杏仁二斤，去皮尖，入砂盆內爛研，濾去滓。然後用水蓼一斤，道人頭半斤，虵麻一斤，同搗爛，以新汲水五㪷揉取濃汁和溲，入盆內，以手拌勻，於淨席上堆放。如法蓋覆一宿，次日早辰用模踏造，堆實爲妙。踏成，用穀葉裹盛在紙袋中，掛閣透風處，半月去穀葉，秪置於紙袋中，兩月方可用。

滑臺麴

白麪一百斤，糯米粉一百斤。

已上粉、麪先拌和令勻，次入下項藥：

白朮四兩，官桂二兩，胡椒二兩，川芎二兩，白芷二兩，天南星二兩，瓜蒂半兩，杏仁二斤。用溫湯浸去皮尖，更冷水淘三兩遍，入砂盆內研，旋入井花水，取濃汁二㪷。

右件搗羅爲細末。將粉、麪并藥一處拌和令勻。然後將杏仁汁旋灑於前項粉、麪內拌揉，亦須乾濕得所，握得聚，撲得散，即用麤篩隔過，於淨席上堆放。如法蓋三四時辰，候水脈勻，入模子內實踏，用刀子分爲四片，逐片印風字訖，用紙袋子包裹，掛無日透風處，四十九日踏下。便入紙袋盛掛起，不得積下。掛時相離着，不得廝沓，恐熱不透風。每一石米用麴一百二十兩，隔年陳麴有力，秪可使十兩。

豆花麴

白麪五㪷，赤豆七升，杏仁三兩，川烏頭三兩，官桂二兩，麥蘖四兩。焙乾。

右除豆、麪外，並爲細末。却用蒼耳、辣蓼、勒母藤三味各一大握，搗取濃汁，浸豆一伏時，漉出豆，蒸以糜爛爲度。豆須是煑爛成沙，控乾，放冷方堪用。若煮不爛即造酒出，有豆腥氣。却將浸豆汁煎數沸，別頓放，候煮豆熟，放冷，溲和白麪並藥末，硬軟得所，帶軟爲佳。如硬，更入少浸豆汁。緊踏作片子，秪用紙裹，以麻皮寬縛定，掛透風處，四十日取出，曝乾即可用。須先露五七夜後使。七八月已後，方可使。每㪷用六兩，隔年者用四兩。此麴謂之「錯着水」。李都尉玉漿乃用此麴，但不用蒼耳、辣蓼、勒母藤三種耳。又一法，只用三種草汁浸米一夕，搗粉，每㪷爛煑赤豆三升，入白麪九斤拌和，踏，桑葉裹，入紙袋，當風掛之，即不用香藥耳。

已上風麴。

玉友麴

辣蓼、勒母藤、蒼耳各二斤，青蒿、桑葉各減半，並取近上稍嫩者，用石臼爛擣，布絞取自然汁。更以杏仁百粒，去皮尖，細研入汁内。先將糯米揀簸一㪷，急淘浄，控極乾，爲細粉，更曒令乾，以藥汁逐旋匀灑，拌和，乾濕得所，乾濕不可過，以意量度。摶成餅子，以舊麴末逐箇爲衣，各排在篩子内。於不透風處浄室内，先鋪乾草，一方用青蒿鋪蓋。厚三寸許，安篩子在上，更以草厚四寸許覆之。覆時須匀，不可令有厚薄。一兩日間，不住以手探之，候餅子上稍熱，仍有白衣，即去覆者草。明日取出，通風處安卓子，上須稍乾，旋旋逐箇揭之，令離篩子。更數日，以篚子懸通風處，一月可用。罨餅子須熱透，又不可過候，此爲最難。未乾，見日即裂。夏月造易蛀，唯八月造可備一秋及來春之用。四月至九月可釀，九月後寒，即不發。

白醪麴

粳米三升，糯米一升，浄淘洗，爲細粉。川芎一兩，峽椒一兩，爲末。麴母末一兩，與米粉藥末等拌匀。蓼葉一束，桑葉一把，蒼耳葉一把。

右爛擣，入新汲水破，令得所濾汁拌米粉，無令濕。捻成團，須是緊實，更以麴母遍身糝過爲衣。以穀樹葉鋪底，仍蓋一宿，候白衣上，揭去。更候五七日，曒乾，以籃盛掛風頭。每㪷三兩，過半年以後即使二兩半。

小酒麴

每糯米一㪷作粉，用蓼汁和匀。次入肉桂、甘草、杏仁、川烏頭、川芎、生薑，與杏仁同研汁，各用一分作餅子。用穰草蓋，勿令見風。熱透後翻，依玉友罨法。出場，當風懸之。每造酒一㪷用四兩。

真一麴

上等白麵一㪷，以生薑五兩研取汁，灑拌揉和，依常法起酵作蒸餅，切作片子，掛透風處，一月輕乾可用。

蓮子麴

糯米二㪷，淘浄，少時蒸飯，攤了。

先用麵三㪷，細切生薑半斤，如豆大，和麵，微炒令黄，放冷，隔宿亦攤之。候飯温拌令匀，勿令作塊。放蘆席上，攤以蒿草，罨作黄子，勿令黄子黑，但白衣上即去草翻轉。

更半日，將日影中曒乾，入紙袋盛掛在梁上風吹。

已上醪麴。

又《北山酒經》下

卧漿

六月三伏時，用小麥一㪷，煑粥爲脚，日間懸胎蓋，夜間實蓋之。逐日侵熱麵漿，或飲湯不妨給用，但不得犯生水。造酒最在漿，其漿不可才酸便用，須是味重。酴米偷酸，全在於漿。大法，漿不酸即不可醖酒，蓋造酒以漿爲祖。無漿處或以水解醋，入葱椒等煎，謂之「合新漿」。如用已曾浸米漿，以水解之，入葱椒等煎，謂之「傳舊漿」，今人呼爲「酒漿」是也。酒漿多漿臭而無香辣之味，以此知須是六月三伏時造下漿，免用酒漿也。酒漿寒凉時猶可用，温熱時即須用卧漿。寒時如卧漿闕，絶不得已，亦須且合新漿用也。

淘米

造酒治糯爲先。須令揀擇，不可有粳米。若旋揀實爲費力，要須自種糯穀，即全無粳米，免更揀擇。古人種秫，蓋爲此。凡米不從淘中取浄，從揀中取浄，緣水秖去得塵土，不能去砂石、鼠糞之類。要須旋舂簸，令潔白，走水一淘，大忌久浸。蓋揀簸既浄，則淘數少而漿入。但先傾米入籮，約度添水，用杷子靠定籮唇，取力直下，不住手急打斡，使水米運轉自然匀浄，才水清即住。如此則米已潔浄，亦無陳氣。仍須隔宿淘控，方始可用。蓋控得極乾，即漿入而易酸。此爲大法。

煎漿

假令米一石，用卧漿水一石五㪷。卧漿者，夏月所造酸漿也，非用已曾浸米酒漿也。仍先須子細刷洗鍋器三四遍。先煎三四沸，以笊籬漉去白沫，更候一兩沸，然後入葱一大握，祠祭以薤代葱。椒一兩、油二兩、麵一盞，以漿半椀調麵，打成薄水，同煎六七沸。煎時不住手攪，不攪則有偏沸，及有煿着處。葱熟即便漉去葱、椒等。如漿酸，亦須約分數以水解之。漿味淡，即更入釅醋。要之，湯米漿以酸美爲十分。若用九分味酸者，則每漿九㪷入水一㪷解之，餘皆倣此。寒時用九分至八分，温凉時用六分至七分，熱時用五分至四分。大凡漿要四時改破：冬漿濃而涎，春漿清而涎，夏不用苦涎，秋漿如春漿。造酒看漿是大事，古諺云：看米不如看麴，看麴不如看酒，看酒不如看漿。

湯米

一石甕埋入地一尺。先用湯湯甕，然後拗漿逐旋入甕。不可一併入生甕，

恐損甕器。便用棹篦攪出大氣，然後下米。米新即倒湯，米陳即正湯，湯字去聲切。倒湯者，坐漿湯米也。正湯者，先傾米在甕內，傾漿入也。其湯須接續傾入，不住手攪。湯太熱則米爛成塊，湯慢即湯去聲切。不倒而米澁，但漿酸而米淡。寧可熱，不可冷。冷即湯米不酸，兼無涎生。亦須看時候及米性新陳。春間用插手湯，夏間用宜似熱湯，秋間即魚眼湯，比插手差熱。冬間須用沸湯。若冬月却用温湯，則漿水力慢，不能發脱。夏月若用熱湯，則漿水力緊，湯損，亦不能發脱。所貴四時漿水温熱得所。

湯米時逐旋傾湯，接續入甕，急令二人用棹篦連底抹起三五百下，米滑及顔色光粲乃止。如米未滑，於合用湯數外，更加湯數斗湯之，不妨秖以米滑爲度。須是連底攪轉，不得停手。若攪少，非特湯米不滑，兼上面一重米湯破，下面米湯不匀，有如爛粥相似。直候米滑漿温，即住手，以蓆薦圍蓋之，令有煖氣，不令透氣。夏月亦蓋，但不須厚爾。如早辰湯米，晚間又攪一遍；晚間湯米，來早又復再攪。每攪不下一二百轉。次日再入湯，又攪，謂之「接湯」。接湯後漸漸發起泡沫，如魚眼、蝦跳之類，大約三日後必醋矣。尋常湯米後第二日生漿泡，如水上浮漚。第三日生漿衣，寒時如餅，煖時稍薄。第四日便嘗，若已酸美有涎，即先以笊籬掉去漿面，以手連底攪轉，令米粒相離，恐有結米，蒸時成塊，氣難透也。夏月秖隔宿可用，春間兩日，冬間三宿。要之，須候漿如牛涎，米心酸，用手一撚便碎，然後漉出，亦不可拘日數也。惟夏月漿米熱，後經四五宿漸漸淡薄，謂之「倒了」。蓋夏月熱，後發過罨損。況漿味自有死活。若漿面有花衣浡，白色，明快，涎黏，米粒圓明鬆利，嚼着味酸，甕内温煖，乃是漿活。若無花沫，漿碧色，不明快，米嚼碎不酸。或有氣息，甕内冷，乃是漿死，蓋是湯時不活絡。善知此者，嘗米不嘗漿；不知此者，嘗漿不嘗米。大抵米酸則無事於漿。漿死，却須用杓盡撇出元漿，入鍋重煎再湯，緊慢比前來減三分，謂之「接漿」，依前蓋了，當宿即醋。或秖撇出元漿，不用漉出米，以新水衝過，出却惡氣，上甑炊時，别煎好酸漿，潑饋下脚亦得。要之，不若接漿爲愈。然亦在看天氣寒温，隨時體當。

蒸醋糜

欲蒸糜，隔日漉出漿衣，出米置淋甕，滴盡水脈，以手試之，入手散蔌蔌地，便堪蒸。若濕時，即有結糜。先取合使潑糜漿，以水解，依四時定分數，依前入蔥、椒等同煎。用篦不住攪，令匀沸。若不攪，則有偏沸及㷮，竈釜處多致鐵腥。漿香熟，别用盆甕内放冷，下脚使用。一面添水、燒竈、安甑箄，勿令偏側。若刷釜不浄，置箄偏仄或破損，并氣未上便裝，箄漏下生米，及竈内湯太滿，可八分滿。則多致湯溢出衝箄，氣直上突，酒人謂之「甑達」，則糜有生熟不匀。急傾少生油入釜，其沸自止。須候釜沸氣上，將控乾酸米，逐旋以杓輕手續續趁氣撒裝，勿令壓實。一石米約作三次裝，一層氣透，又上一層。每一次上米，用炊箒掠撥周回上下生米在氣出處，直候氣匀，無生米，掠撥不動。更看氣緊慢不匀處，用米杴子撥開慢處，擁在緊處，謂之「撥溜」。若箄子周遭氣小，須從外撥來，向上如鏊背相似。時復用氣杖子試之，劄處若實，即是氣流；劄處若虚，必有生米，即用杴子翻起撥匀。候氣圓，用木拍或蓆蓋之。更候大氣上，以手拍之，如不黏手，權住火，即用杴子攪斡盤摺，將煎下冷漿二斗，隨棹灑潑，每一石米，湯用冷漿二斗。如要醇濃，即少用水，饋酒自然稠厚。便用棹篦拍擊，令米心匀破成糜。緑漿米既已浸透，又更蒸熟，所以棹篦拍着，便見皮拆心破，裏外爬爛成糜。再用木拍或蓆蓋之，微留少火，泣定水脈。即以餘漿洗案，令潔浄。出糜在案上，攤開令冷，翻梢一兩遍。脚糜若炊得稀薄如粥，即造酒尤醇。溲拌入麴時却縮水，勝如旋入别水也。四時並同。洗案刷甕之類，並用熟漿，不得入生水。

用麴

古法，先浸麴，發如魚眼湯；浄淘米，炊作飯，令極冷；以絹袋濾去麴滓，取麴汁於甕中，即投飯。近世不然，吹飯冷，同麴溲拌入甕。麴有陳新。陳麴力緊，每斗米用十兩；新麴十二兩或十三兩。臘脚酒用麴宜重。大抵麴力勝則可存留，寒暑不能侵。米石百兩，是爲氣平。十之上則苦，十之下則甘，要在隨人所嗜而增損之。凡用麴，日曝夜露。《齊民要術》：夜乃不收，令受霜露。須看風陰，恐雨潤故也。若急用，則麴乾亦可不必露也。受霜露二十日許，彌令酒香。麴須極乾，若潤濕則酒惡矣。新麴未經百日，心未乾者，須擘破炕焙，未得便擣；須放隔宿，若不隔宿，則造酒定有炕麴氣。大約每斗用麴八兩，須用小麴一兩，易發無失。善用小麴，雖覔酒亦色白，今之玉友麴用二桑葉者是也。

酒要辣，更於酘飯中入麴，放冷下，此要訣也。張進造供御法酒，使兩色麴，每糯米一石，用杏仁罨麴六十兩，香桂罨麴四十兩。一法醖酒，罨麴、風麴各半，亦良法也。四時麴麤細不同。春冬醖造日多，即擣作小塊子，如骰子或皁子大，則發斷有力而味醇釅；秋夏醖造日淺，則差細，欲其麴米早相見而就熟。要之，麴細則味甜美；麴麤則硬辣；若麤細不匀，則發得不齊，酒味不定。大抵寒時化遲，不妨宜用麤麴；暖時麴欲得疾發，宜用細末。雖然，酒人亦不執。或醅

緊，恐酒味太辣，則添入米一二蚪；若發太慢，恐酒甜，即添麴三四斤。定酒味，全此時，亦無固必也。供御祠祭用麴，並在酴米内盡用之，酘飯更不入麴。一法，將一半麴於酘飯内分，使氣味芳烈，却須並爲細末也。唯羔兒酒盡於脚飯内着麴，不可不知也。

合酵

北人造酒不用酵，然冬月天寒，酒難得發，多攧了。所以要取醅面正發醅爲酵最妙。其法，用酒甕正發醅，撇取面上浮米糝控乾，用麴末拌，令濕匀，透風陰乾，謂之乾酵。凡造酒時，於漿米中先取一升已來，用本漿煮成粥，放冷，冬月微溫。用乾酵一合，麴末一斤，攪拌令匀，放暖處，候次日溲飯時，入釀飯甕中同拌。大約申時。欲溲飯，須早辰先發下酵，直候酵來多時，發過方可用。蓋酵才來，未有力也。酵肥爲來，酵塌可用。又況用酵四時不同，須是體襯天氣，天寒用湯發，天熱用水發，不在用酵多少也。不然，衹取正發酒醅二三杓拌和尤捷，酒人謂之傳醅，免用酵也。

酴米酴米，酒母也，今人謂之脚飯。

蒸米成糜，策在案上，頻頻翻，不可令上乾而下濕。大要在體襯天氣，温涼時放微冷，熱時令極冷，寒時如人體。金波法：一石糜用麥蘖四兩，炒令冷，麥蘖咬盡米粒，酒乃醇醲。糝在糜上，然後入麴、酵一處，衆手揉，務令麴與糜匀。若糜稠硬，即旋入少冷漿同揉。亦在隨時相度，大率溲糜衹要拌得麴與糜匀足矣，亦不須溲如糕糜。京醞溲得不見麴飯，所以太甜。麴不須極細，麴細則甜美，麴麤則硬辣。麤細不等，則發得不齊，酒味不定。大抵寒時化遲，不妨宜用麤麴，可投子大。暖時宜用細末，欲得疾發。大約每一蚪米使大麴八兩，小麴一兩，易發無失，並於脚飯内下之，不得旋入生麴。雖三酘酒，亦盡於脚飯中下。計筭斤兩，溲拌麴糜匀，即般入甕。甕底先糝麴末，更留四五兩麴蓋面。將糜逐段排垛，用手緊按甕邊四畔，拍令實。中心剜作坑子，入刷案上麴水三升或五升已來，微温，入在坑中，並潑在醅面上，以爲信水。

大凡醞造，須是五更初下手，不令見日。此過度法也。下時東方未明要了。若太陽出，即酒多不中。一伏時歇開甕，如滲信水不盡，便添薦蓆圍裹之。如泣盡信水，發得匀，即用杷子攪動，依前蓋之，頻頻揩汗。三日後用手捺破，頭尾緊，即連底掩攪令匀；若更緊，即便摘開，分減入別甕，貴不發過；一面炊甜米便酘，不可隔宿，恐發過無力，酒人謂之「摘脚」。脚緊多由糜熱，大約兩三日後必動。如信水滲盡，醅面當心夯起，有裂紋，多者十餘條，少者五七條，即是發緊，須便分減。大抵冬月醅脚厚不妨；夏月醅脚要薄。如信水未乾，醅面不裂，即是發慢，須更添薦圍裹。候一二日，如尚未發，每醅一石，用杓取出二蚪以來，入熱蒸糜一蚪在内，却傾取出者醅在上面蓋之，以手按平。候一二日發動，據後來所入熱糜，計合用麴，入甕一處拌匀。更候發緊，掩捺，謂之接醅。若下脚後依前發慢，即用熱湯湯臂膊，入甕攪掩，令冷熱匀停。須頻蘸臂膊，貴要接助熱氣。或以一二升小瓶貯熱湯，密封口，置在甕底，候發則急去之，謂之追魂。或倒出在案上，與熱甜糜拌，再入甕，厚蓋合。且候隔兩夜，方始攪撥，依前緊蓋合。一依投抹，次第體當，漸成醅，謂之搭引。或衹入正發醅脚一蚪許在甕當心，却撥慢醅蓋合，次日發起，攪撥，亦謂之搭引。造酒要脚正，大忌發慢，所以多方救助。冬月置甕在温暖處，用薦蓆圍裹之，入麥（麥貟）、黍穰之類，涼時去之。夏月，置甕在深屋底下透日氣處，天氣極熱，日間不得掀開，用磚鼎足閣起，恐地氣。此爲大法。

蒸甜糜不經酸漿浸，故曰甜糜。

凡蒸酘糜，先用新汲水浸破米心，浄淘，令水脈微透。庶蒸時易軟。脚米走水淘，恐水透，漿不入，難得酸。投飯不湯，故欲浸透也。然後控乾，候甑氣上，撒米、裝甜米，比醋糜鬆利易炊。候裝徹氣上，用木篦、枕篇掠撥甑周回生米在氣出緊處，掠撥平整。候氣匀溜，用篦翻攪再溜。氣匀，用湯潑之，謂之小潑。再候氣匀，用篦翻攪，候米匀熟，又用湯潑，謂之大潑。復用木篦攪斡，隨篦潑湯。候匀軟稀稠得所，取出盆内以湯微灑，以一器蓋之。候滲盡，出在案上，翻梢三兩遍，放令極冷。四時並同。其撥溜盤棹，並同蒸脚糜法，唯是不犯漿，秪用葱、椒、油、麪，比前減半，同煎白湯潑之。每蚪不過潑二升。拍擊，米心匀破成糜，亦如上法。

酘醹

酘醹最要厮應，不可過，不可不及。脚熱發緊，不分摘開，發過無力方酘，非特酒味薄，不醇美，兼麴末少，咬甜糜不住，頭脚不厮應，多致味酸。若脚嫩力小，酘早，甜糜冷，不能發脱，折斷，多致涎慢，酒人謂之攧了。須是發緊，迎甜便酘。

寒時四六酘，温涼時中停酘，熱時三七酘。《醞法總論》：天暖時，二分爲脚，一分酘。天寒時，中停酘。如極寒時，一分爲脚，二分酘。大熱或更不酘。一法，衹看醅脚緊慢加減酘，亦治法也。若醅脚發得恰好，即用甜飯依數投之。

若用黃米造酒，秖以醋糜一半投之，謂之脚搭脚。如此醞造，暖時尤穩。若發得太緊，恐酒味太辣，即添入米一二㪷。若發得太慢，恐酒太甜，即添入麴三四斤。定酒味全在此時也。四時並須放冷。《齊民要術》：所以專取桑落時造者，黍必令極冷故也。酘飯極冷，即酒味方辣，所謂偷甜也。酘飯寒時爛揉，温涼時不須令爛，熱時秖可拌和停匀，恐傷人氣。北人秋冬酘飯，衹取脚醅一半，於案上共酘飯一處溲拌令匀入甕，却以舊醅蓋之。緣有一半舊醅在甕。夏月脚醅須盡取出，案上溲拌，務要出却脚糜中酸氣。一法，脚緊案上溲，脚慢甕中溲亦佳。寒時用薦蓋，温熱時用蓆。若天氣大熱發緊，秖用布罩之。逐日用手連底掩拌，務要甕邊冷醅來中心。寒時以湯洗手臂助暖氣，熱時秖用木杷攪之。不拘四時，頻用托布抹汗。五日已後，更不須攪掩也。如米粒消化而沸未止，麴力大，更酘爲佳。《齊民要術》：初下用米一石，次酘五㪷，又四斗，又三斗，以漸待來消既酘，無令勢不相及。味足沸定爲熟。氣味雖正，沸未息者，麴勢未盡，宜更酘之，不酘則酒苦薄矣。第四、第五六酘，用米多少，皆候麴勢强弱加減之，亦無定法。惟須米粒消化乃酘之。要在善候麴勢，麴勢未窮，米粒已消，多酘爲良。世人云：米過酒甜，此乃不解體候耳。酒冷沸止，米有不消化者，便是麴力盡也。若沸止醅塌，即便封泥起，不令透氣。夏月十餘日，冬深四十日，春秋二十三四日可上槽。大抵要體當天氣冷暖與南北氣候，即知酒熟有早晚，亦不可拘定日數。酒人看醅生熟，以手試之，若撥動有聲，即是未熟。若醅面乾如蜂窠眼子，撥撲有酒湧起，即是熟也。供御祠祭，十月造酘，後二十日熟。十一月造酘，後一月熟。十二月造酘，後五十日熟。

酒器

東南多瓷甕，洗刷浄便可用。西北無之，多用瓦甕。若新甕，用炭火五七斤，罩甕其上，候通熱，以油蠟徧塗之。若舊甕，冬初用時，須薰過，其法，用半頭塼鐺脚安放，合甕塼上，用乾黍穰文武火薰，於甑釜上蒸，以甕邊黑汁出爲度，然後水洗三五遍，候乾用之。更用漆之尤佳。

上槽

造酒，寒時須是過熟，即酒清數多，渾頭白酵少。温涼時并熱時，須是合熟便壓，恐酒醅過熟，又糟内易熱，多致酸變。大約造酒自下脚至熟，寒時二十四五日，温涼時半月，熱時七八日便可上槽。仍須匀裝停鋪，手安壓板，正下砧簟，所貴壓得匀乾，並無箭失。轉酒入甕，須垂手傾下，免見濯損酒味。寒時用草薦麥(麥㚁)圍蓋。温涼時去了，以單布蓋之。候三五日，澄折清酒入瓶。

收酒

上榨以器就滴，恐滴遠損酒，或以小杖子引下亦可。壓下酒須先湯洗瓶器，令浄，控乾。二三日一次折澄去盡脚，才有白絲即渾，直候澄折得清爲度，即酒味倍佳。便用蠟紙封閉，務在滿裝。瓶不在大，以物閣起，恐地氣發動酒脚失酒味。仍不許頻頻移動。大抵酒澄得清，更滿裝，雖不煮，夏月亦可存留。內酒庫水酒，夏月不煮，秖是過熟，上榨澄清收。

煮酒

凡煮酒，每㪷入蠟二錢，竹葉五片，官局天南星丸半粒，化入酒中，如法封繫，置在甑中，第二次煮酒不用前來湯，別須用冷水下。然後發火。候甑簞上酒香透，酒溢出倒流，便揭起甑蓋，取一瓶開看，酒滚即熟矣，便住火。良久方取下，置於石灰中，不得頻移動。

白酒須潑得清，然後煮，煮時瓶用桑葉冥之。金波兼使白酒麴，才榨下槽，略澄折，二三日便蒸，雖煮酒，亦白色。

火迫酒

取清酒，澄三五日後，據酒多少取甕一口，先浄刷洗訖，以火烘乾，於底旁鑽一竅子，如筯麤細，以柳屑子定。將酒入在甕，入黃蠟半斤，甕口以油單子蓋繫定。別泥一間浄室，不得令通風，門子可才入得甕。置甕在當中，間以塼五重襯甕底。於當門裏着炭三秤，籠令實，於中心着半斤許熟火便用。閉門，門外更懸蓆簾。七日後方開，又七日方取喫。取時以細竹子一條，頭邊夾少新綿，款款抽屑子，以器承之。以綿竹子遍於甕底攪纏，盡着底濁物，清即休纏。每取時，却入一竹筒子，如醋淋子，旋取之，即耐停不損，全勝於煮酒也。

曝酒法

平旦起，先煎下甘水三四升，放冷，着盆中。日西將衠正純糯一㪷，用水浄淘至水清，浸良久方漉出，瀝令米乾。炊再餾飯，約四更飯熟，即卸在案桌上，薄攤令極冷。昧旦日未出前，用冷湯二椀拌飯，令飯粒散不成塊。每㪷用藥二兩，玉友、白醪、小酒、真一麴同。秖槌碎爲小塊并末，用手糝拌入飯中，令粒粒有麴，即逐段拍在甕四畔，不須令太實，唯中間開一井子，直見底，却以麴末糝醅面，即以濕布蓋之。如布乾，又漬潤之。常令布濕，乃其訣也。又不可令布太濕，恐滴水入。候漿來，井中滿，時時酌澆四邊，直候漿來極多，方用水一盞，調大酒麴一兩投井漿中，然後用竹刀界醅作六七片，擘碎翻轉。醅面上有白衣宜去之。即下新汲水二

椀，依前濕布罨之，更不得動。少時自然結面，醅在上，漿在下。即別淘糯米，以先下脚米筭數，天涼對酘，天熱半酘。隔夜浸破米心，次日晚(西)[夕]炊飯放冷，至夜酘之。再入蘗二兩。取甕中漿來拌勻，捺在甕底，以舊醅蓋之，次日即大發。候酘飯消化，沸止方熟，乃用竹篘篘之。若酒面帶酸，篘時先以手掠去酸面，然後以竹篘插入缸中心取酒。其酒甕用木架起，須安置涼處，仍畏濕地。此法夏中可作，稍寒不成。

白羊酒

臘月取絶肥嫩羯羊肉三十斤，肉三十斤，内要肥膘十斤。連骨，使水六㪷已來，入鍋煑肉，令極軟。漉出骨，將肉絲擘碎，留着肉汁。炊蒸酒飯時，勻撒脂肉於飯上，蒸令軟，依常盤攪。使盡肉汁六㪷，潑饙了再蒸，良久卸案上，攤令温冷得所。揀好脚醅，依前法酘拌。更使肉汁二升以來，收拾案上及充壓面水。依尋常大酒法日數，但麴盡於酴米中用爾。一法，脚醅發，秪於酘飯内方煑肉，取脚醅一處溲拌入甕。

地黄酒

地黄擇肥實大者。每米一㪷，生地黄一斤，用竹刀切，略於木石臼中擣碎，同米拌和，上甑蒸熟，依常法入醞。黄精，亦依此法。

菊花酒

九月，取菊花曝乾揉碎，入米饙中，蒸令熟。醖酒如地黄法。

酴醿酒

七分開酴醿，摘取頭子，去青萼，用沸湯焯過，扭乾，浸法酒一升，經宿漉去花頭，勻入九升酒内。此洛中法。

蒲萄酒法

酸米入甑蒸，氣上，用杏仁五兩，去皮尖。蒲萄二斤半，浴過，乾，去子、皮。與杏仁同於砂盆内一處，用熟漿三㪷逐旋研盡爲度，以生絹濾過。其三㪷熟漿潑飯軟，蓋良久，出飯，攤於案上，依常法候温，入麴溲拌。

猥酒

每石糟用米一㪷煑粥，入正發醅一升以來，拌和糟，令温。候一二日如蟹眼發動，方入麴三斤，麥蘗末四兩，溲拌，蓋覆。直候熟，却將前來黄頭并折澄酒脚傾在甕中，打轉上榨。

武陵桃源酒法

取神麴二十兩，細剉如棗核大，曝乾；取河水一㪷澄清，浸待發。取一㪷好糯米，淘三二十遍，令浄，以水清爲度。三餾炊飯令極軟爛，攤冷，以四時氣候消息之，投入麴汁中，熟攪令似爛粥。候發，即更炊二㪷米，依前法更投二㪷。嘗之，其味或不似酒味，勿恠之。候發，又炊二㪷米投之。候發，更投三㪷。待冷，依前投之，其酒即成。四酘通用米一石。如天氣稍冷，即煖和。熟後三五日，甕頭有澄清者，先取飲之。蠲除萬病，令人輕健，縱令酣酌，無所傷。此本於武陵桃源中得之，久服延年益壽，後被《齊民要術》中採綴編録，時人縱傳之，皆失其妙。此方蓋桃源中真本也。

今商量以空水浸麴末爲妙。每造一㪷米，先取一合以水煑，取一升澄取清汁浸麴，待發。經一日炊飯候冷，即出甕中，以麴熟和，還入甕内。每酘皆如此。其第三、第五皆待酒發後，經一日酘之。五酘畢，待發定訖，更一兩日，然後可壓漉，即滓太半化爲酒。如味硬，即每一㪷酒蒸三升糯米，取大麥麴蘗一大匙，神麴末一大分，熟攪和，盛葛袋中，内入酒瓶，候甘美，即去却袋。

凡造諸色酒，北地寒，即如人氣投之。南中氣暖，即須至冷爲佳，不然則醋矣。已北造往往不發，緣地寒故也，雖料理得發，味終不堪。但密泥頭，經春暖後，即一甕自成美酒矣。

真人變髭髮方

糯米二㪷，浄簸擇，不得令有雜米。地黄二㪷，其地黄先浄洗，候水脈盡，以竹刀切如豆顆大，勃堆疊二㪷。不可犯鐵器。母薑四斤，生用。以新布巾揩之，去皮，須見肉，細切秤之。法麴二斤。若常麴四斤，擣爲末。

右取糯米，以清水淘令浄，一依常法炊之。良久，即不饙，入地黄、生薑相重炊，待熟，便置於盆中，熟攪如粥。候冷，即入麴末，置於通油瓷缾甕中醞造。密泥頭，更不得動。夏三十日，秋冬四十日，每飢即飲，常服尤妙。

妙理麴法

白麪不計多少。先浄洗辣蓼，爛擣，以新布絞取汁，以新刷箒洒於麪中，勿令太濕，但只踏得就爲度。候踏實，每個以紙袋掛風中，一月後方可取，日中晒曬，然後收用。

時中麴法

每緑豆一㪷，揀浄，水淘，候水清，浸一宿，蒸豆極爛，攤在案上，候冷。用白麪十五斤，辣蓼末一升，蓼曝乾，擣爲末，須旱地上生者，極辣。豆、麪大㪷用大秤，省㪷用省秤。將豆、麪、辣蓼一處拌勻，入臼内擣，極相乳入。如乾，入少蒸豆水。不可太乾，

不可太濕，如乾麥飯爲度。用布包，踏成圓麴，中心留一眼，要索穿。以麥稈穰草罨一七日，先用穰草鋪在地上，及用穰草繫成束，排成間。起麴，令懸空。取出以索穿，當風懸掛，不可見日，一月方乾。用時每㪷用麴四兩，須搗成末，焙乾用。

冷泉酒法

每糯米五㪷，先取五升淘浄蒸飯。次將四斗五升米淘浄，入甕内。用梢箕盛蒸飯五升坐在生米上，入水五斗浸之，候漿酸飯浮，約一兩日。取出，用麴五兩拌和匀，先入甕底。

次取所浸米四㪷五升控乾，蒸飯，軟硬得所，攤令極冷，用麴末十五兩，取浸漿，每㪷米用五升。拌飯與麴，令極匀，不令成塊，按令面平，罨浮飯在底，不可攪拌。以麴少許糝面，用盆蓋甕口，紙封口，縫兩重，再用泥封紙縫，勿令透氣。夏五日，春秋七八日。

宋・李保《續北山酒經》 大隱先生朱翼中，壯年勇退，著書、釀酒，僑居西湖上而老焉。屢朝廷大興醫學，求深於道術者爲之，官師乃起公爲博士，與余爲同僚。明年翼中坐東坡詩貶達州，又明年以官祠還。未至，余一旦夢翼中相過，且誦詩云：投老南遷愧轉蓬，會令浄土變夷風。由來祀許杯中物，萬事從渠醉眼中。明日理書帙，得翼中北山酒經法而讀之，蓋有禦魑魅於煙嵐，轉炎荒爲浄土之語，與夢頗契。余甚異，乃作此詩以志之。他時見翼中，當以是問之，其果夢之非耶。政和七年正月二十五日也。赤子含得天所均，日漸月化滋澆淳，惟帝哀矜憫之民，爲作醪醴發其蒸。炊香釀玉爲物春，投糯酴米授之神。成此美禄功非人，酣適安在味甘辛。一醉徑與羲皇隣，薰然盈腹皆慈仁。陶冶窮愁孰知貧，頌德不獨有伯倫。先生作經賢聖分，獨醒正侣非全身。全德不許世人聞，夢中作詩語所親。不願萬户誤國恩，乞取醉鄉作封君。幾乎道已敢紀之。

醞酒法

思春堂酒	雲腴酒	瓊液酒
秋前麴法	銀波麴法	石室麴法
藍橋麴法	玉漿麴法	麫麴法
緑豆麴法	蓮花麴法	香藥麴法
清白泉麴法	相州碎玉法	玉露麴法
薑麴法	銀花麴法	碧香麴法
雙投酒法	麥麴法	真珠麴法
醉鄉奇法	白酒麴法	瓊漿麴法
蓮花白麴法	石室鄭家麴法	
知州公庫白酒麴法		芙蓉麴法
南安庫宜城麴法		三柪麴法
玉醅麴法	玉液麴法	竹葉清麴法
清泉麴法	木香麴法	木豆麴法
岷州大潭縣麴法		冷仙麴法
耀州譚道士傳異麴法		羊羔麴法
蜜酒法	雪花肉酒法	酴醾酒法
四明碧香酒麴法		春紅酒法
軟春酒法		

宋・高承《事物紀原》卷九《酒醴飲食部》

醴酪

《古史考》曰：古有醴酪。《禮運》曰：昔先王未有火化，後聖有作，然後修火之利，以爲醴酪。注云：烝釀之也，酪酢截。蓋其物出自燧人作火之後爾。

酒

《酒經》曰：空桑穢飯，醞以稷麥，以成醇醪，此酒之始也。《吕氏春秋》曰：儀狄作酒醪，變五味。《戰國策》曰：儀狄，帝女，造酒進之於禹，甘之，遂疏儀狄。《古史考》亦曰：儀狄造酒。《博物志》曰：杜康造酒。魏武帝詩曰：何以解我憂，惟有杜康酒。《玉篇》曰：酒，杜康所作。《陶潛集述酒詩・序》曰：儀狄造酒，杜康潤色之。而《黄帝内傳》：王母會帝於嵩山，飲帝以護神養氣金液流暉之酒，又有延洪壽光之酒。然黄帝時已有其物，但不知杜康何世人，而古今多言其始造酒也，一曰少康作秫酒。

宋・寇宗奭《本草衍義》卷一八 豆蔻 草豆蔻也。氣味極辛，微香。此是對肉豆蔻而名之。若作果，則味不和。不知前人之意，編入果部有何意義？性温而調散冷氣，力甚速。花性熱，淹置京師，然味不甚美，微苦。必爲能消酒毒，故爲果。花乾則色淡紫。

葡萄 先朝，西夏持師子來獻，使人兼賫葡萄遺州郡，比中國者皆相似。最難乾，不乾不可收，仍酸澌不可食。李白所謂胡人歲獻葡萄酒者是此。瘡疱不出，食之盡出。多食皆昏人眼。波斯國所出大者如鷄卵。

又 卷二〇　秫米　初搗出淡黃白色，經久色如糯，用作酒者是此米，亦不堪爲飯。最粘，故宜酒。

酒　《呂氏春秋》曰：儀狄造酒。《戰國策》曰：帝女、儀狄造酒，進之於禹。然《本草》中已著酒名，信非儀狄明矣。又讀《素問》首言以妄爲常，以酒爲漿。如此則酒自黃帝始，非儀狄也。古方用酒，有醇酒、春酒、社壇餘胙酒、槽下酒、白酒、清酒、好酒、美酒、葡萄酒、秫黍酒、粳酒、蜜酒、有灰酒、新熟無灰酒、地黃酒。今有糯酒、煮酒、小豆麴酒、香藥麴酒、鹿頭酒、羔兒等酒。今江浙、湖南、北，又以糯米粉入衆藥，和合爲麴，曰餅子酒。至於官務中，亦用四夷酒，更別中國不可取以爲法。今醫家所用酒，正宜斟酌。但飲家惟取其味，不顧入藥如何爾。然久之未見不作疾者，蓋此物損益兼行，可不謹歟。漢賜丞相上樽酒，糯爲上，稷爲中，粟爲下者。今入藥佐使，專以糯米，用清水、白麪麴所造爲正。古人造麴，未見入諸藥合和者，如此則功力和厚，皆剩餘酒。今人又以麥蘖造者，蓋止是醴爾，非酒也。《書》曰：若作酒醴，爾惟麴蘖。酒則須用麴，醴故用蘖。蓋酒與醴，其氣味甚相遼，治療豈不殊也。

稻米　今造酒者是此。水田米皆謂之稻，前既言粳米，即此稻米乃糯稻無疑。温，故可以爲酒。酒爲陽，故多熱。又令人大便堅，非糯稻孰能與於此。《西域記》：天竺國土溽熱，稻歲四熟，亦可驗矣。

醋　酒糟爲之，乞鄰者是此物。然有米醋、麥醋、棗醋。米醋最釅，入藥多用。穀氣全也，故勝糟醋。産婦房中常得醋氣則爲佳，酸益血也。磨雄黃塗蜂蠆，亦取其收而不散也。今人食酸則齒軟，謂其水生木，水氣弱，木氣盛，故如是。造靴皮須得此而紋皺，故知其性收斂，不負酸收之説。

宋・張能臣《酒名記》　后妃家：高太皇香泉，向太后天醇，張温成皇后醽醁，朱太妃瓊酥，劉明達皇后瑶池，鄭皇后坤儀，曹太后瀛玉，宰相蔡太師慶會，王太傅膏露，何太宰親賢。親王家：鄆王瓊腴，肅王蘭芷、五正位、椿齡、嘉琬醑，濮安懿王重醖，建安郡王玉瀝。戚里：李和文駙馬獻卿金波，王晉卿碧香，張駙馬敦禮醽醁，曹駙馬詩字公雅成春，郭駙馬獻卿香瓊，大王駙馬瑶琮，錢駙馬清醇。内臣家：童貫宣撫褒公，又光忠。梁開府嘉義，楊開府美誠。府寺：開封府瑶泉。市店：豐樂樓眉壽，又和旨。即白礬樓也。忻樂樓仙醪，即任店也。和樂樓瓊漿，即莊樓也。遇仙樓玉液，玉樓，玉醞。鐵薛樓瑶醽，仁和樓瓊漿，高陽店流霞，清風，玉髓，會仙樓玉醑，八仙樓仙醪，時樓碧光，班樓瓊波，潘樓瓊液，千春樓仙醇。今廢爲舖。中山園子店千日春，今廢爲邸。銀王店延壽，蠻王園子正店玉漿，朱宅園子正店瑶光，邵宅園子正店法清大桶，張宅園子正店醽醁，方宅園子正店瓊酥，姜宅園子正店羊羔，梁宅園子正店美禄，郭小齊園子正店瓊液，楊皇后園子正店法清，三京、北京香桂，又法酒南京桂香，又北庫西京玉液，又酴醾香。四輔：澶州中和堂許州潩泉，鄭州金泉河，北真定府銀光，河間府金波，又玉醞。保定軍知訓堂又杏仁，定州中山堂又九醞，保州巡邊銀條又錯著水，德州碧琳，濱州石門又宜城，博州宜城又蓮花，衛州柏泉，棣州延相堂，恩州揀米，又細酒。洛州玉瑞堂，夷白堂又玉友，邢州沙醅金波，磁州風麴法酒，深州玉醅，趙州瑶波，相州銀光，懷州宜城，又香桂，又定州瓜麴，又錯著水。河東太原府玉液，又静制堂。汾州甘露堂，隰州瓊漿，代州金波，又瓊酥。陝西鳳翔府橐泉，河中府天禄，又舜泉。陝府蒙泉，華州蓮花，又冰堂上尊。邠州静照堂，又玉泉。慶州江漢堂，又瑶泉。同州清洛，又清心堂。淮南楊州百桃，廬州金城，又金斗城，又杏仁。江南東西宣州琳腴，又雙溪。江寧府芙蓉，又百桃，又清心堂。處州谷簾，洪州雙泉，又金波。杭州竹葉清，又碧香，又白酒。蘇州木蘭堂，又白雲泉。明州金波，越州蓬萊，潤州蒜山堂，湖州碧蘭堂，又雪溪。秀州月波。三州：成都府忠臣堂，又玉髓，又錦江春，又浣花堂。梓州瓊波，又竹葉清。劒州東溪，漢州簾泉，合州金波，又長春。渠州葡萄，果州香桂，又銀液。閬州仙醇，峽州重麋、至喜泉，夔州法醽，又法醖。荆南：湖北荆南金蓮堂，鼎州白玉泉，辰州法酒，歸州瑶光，又香桂。福建泉州竹葉，廣南廣□十八仙，韶州换骨玉泉，京東：青州揀米，齊州舜泉、近泉，又清燕堂，又真珠泉。第一也。兖州蓮花清，曹州銀光，又三酘，又白羊，又荷花。鄆州風麴白佛泉，又香桂。濰州重醖，登州朝霞，萊州玉液，徐州壽泉，濟州宜城，濮州宜城，又細波。單州宜城，又杏仁。京西：汝州揀米，滑州風麴，又冰堂。金州清虚堂，郢州漢泉，又香桂。隨州白雲樓，唐州淮源，又泌泉。蔡州銀光、香桂，房州瓊酥，襄州金沙，又宜城，又檀溪，又竹葉清。鄧州香泉，又寒泉，又香菊，又甘露。潁州銀條，又風麴。均州仙醇。河外：府州歲寒堂。

宋・張邦基《墨莊漫録》卷五　東坡釀蜜酒法

東坡性喜飲，而飲亦不多。在黄州，嘗以蜜爲釀，又作《蜜酒歌》，人罕傳其法。

每蜜用四斤煉熟，入熟湯，相攪成一斗，入好麪麯二兩，南方曰酒餅子米麯

一兩半，搗細，生絹袋盛，都置一器中，密封之。大暑中，冷下。稍涼，温下。天冷，即熱下。一二日即沸，又數日沸定，酒即清可飲。初全帶蜜味，澄之半月，渾是佳酎。方沸時，又煉蜜半斤，冷投之，尤妙。

予嘗試爲之，味甜如醇醪。善飲之人，恐非其好也。

宋・范成大《桂海虞衡志・志酒》 余性不能酒，士友之飲少者莫予若也，然知酒者亦莫予若也。頃數仕於朝，游王公貴人家，未始得見名酒。使虜至燕山，得其宮中酒號金蘭者，乃大佳。燕西有金蘭山，汲其泉以釀。及來桂林，而飲瑞露，乃盡酒之妙，聲震湖廣，則雖金蘭之勝，未必能頡頏也。

瑞露。帥司公厨酒也。經撫廳前有井清洌，汲以釀，遂有名。今南庫中自出一泉。近年只用庫井酒，仍佳。

古辣泉。古辣本賓、横間墟名。以墟中泉釀酒，既熟，不煮，埋之地中，日足取出。

老酒。以麥麴釀酒，密封藏之，可數年。士人家尤貴重。每歲臘中，家家造鮓，使可爲卒歲計。有貴客，則設老酒、冬鮓以示勤，婚娶以老酒爲厚禮。

宋・周煇《清波雜誌》卷一〇 雪醅

醖法言人人殊，故色香味亦不等，醇厚、清勁，復繫人之嗜好。泰州雪醅著名，惟舊蓋用州治客次井蠏黄水，蠏黄不堪他用，止可供釀。紹興間，有呼匠輩至都下，用西湖水釀成，頗不逮。有詰之者，云蠏黄水重，西湖水輕，嘗較以權衡得之。煇向還鄉郡，飲所謂雪醅，亦未見超勝。豈秫米日損、水泉日增而致然耶？抑醖法久失其傳？大抵今號兵厨皆有此弊，不但泰之雪醅也。

宋・黄震《黄氏日抄》卷六七《桂海虞衡志》 八桂有瑞露，石湖用其法釀於成都，名萬里春，其法具存。

宋・林洪《山家清供》卷下

胡麻酒

舊聞有胡麻飯，未聞有胡麻酒。盛夏張整齋賴招飲竹閣，正午各飲一巨觥。清風颯然，絶無暑氣。其法，贖麻子二升，煮熟，略炒，加生薑二兩，龍腦、薄荷一握，同入砂器細研，投以煮酒五升，濾粗去，水浸飲之，大有益。因賦之曰，何須更覔胡麻飯，六月清涼却是渠。《本草》名巨勝子，桃源所飯胡麻，即此物也。恐虚誕者自異其説云。

新豐酒法

初用麵一斗，糟醋三升，水二擔，煎漿及沸，投以麻油、川椒、葱白，候熟，浸米一石，越三日，蒸飯熟，及以元漿煎强半及沸，去沫。又（没）〔投〕以川椒及油，候熟，注缸面，入斗許飯，及麵末十斤、醇半升。暨曉，以元飯貯別缸，却以元醇飯同下，入水二擔，麴二斤，熟踏覆之。既曉，攪以木擺，越三日止，四五日可熟。其初，餘漿又加以水浸米，每值酒熟，則取酵以相接續，不必灰其麴，只磨麥和皮用，清水搜作餅，令堅如石。初無他藥，僕嘗從危巽齋子駿之新豐之故，知其詳。危居此，時嘗禁竊酵，以顓所釀，戒懷生粒，以（金）〔全〕所釀。且給新屨以潔所所酵誘客舟以通所釀。故所釀日佳而利不虧。是以知酒政之微，危亦究心矣。昔人丹陽道中詩云，乍造新豐酒，猶聞舊酒香。抱琴沽一醉，盡日卧斜陽。正其地也。沛中自有舊豐馬周獨酌之地，乃長安效新豐也。

宋・葉廷珪《海録碎事》卷六《飲食器用部・醯醬門》 苦酒

《魏名臣傳》：官販苦酒，與百姓争錐刀之末，宜停之。注：苦酒者，醋也。

宋・王楙《野客叢書》卷一〇 石凍春

東坡云：唐人名酒，多以春名，退之詩：「勸買抛青春。」《國史補注》：「滎陽土窟春、富平石凍春、劒南燒春。」子美詩：「雲安麴米春。」僕觀鄭谷《贈富平宰詩》曰：「易博連宵醉，千缸石凍春。」知富平石凍春信矣。觀白樂天詩有「青旗沽酒聽梨花」之句，注：「杭人其俗釀酒，聽梨花時熟，號爲梨花春。」是又有梨花春之名。李白詩「甕中百斛金陵春。」劉夢得詩：「鸚鵡杯中若下春。」

宋・趙希鵠《調燮類編》卷三《清飲》 金銀藤，夏月採花，供茗味絶，香勝且益人，釀酒尤良。

菊花舒時，採莖葉雜黍米釀之，至來年重九始熟，名菊花酒。

桂花、玫瑰、柑橘、木瓜、五加皮，俱可浸酒。藥酒方雖多，莫如歸、圓爲妙。

救酸酒，每大瓶用赤小豆一升，炒焦袋盛，放酒中即解。又韶粉去酒中酸味。

宋・趙彦衛《雲麓漫鈔》卷三 《周禮》有五齊三酒，五齊以供祭祀，三酒以酌有事者。今臨安歲供祠祭酒一千六百餘瓶壜，又供天章閣、景靈宮及取賜酒一萬四千二百餘瓶壜，其酒名則曰「玉練槌真珠」、「中和堂」、「有美堂」等，「玉槌真珠」，名既不典，而「中和」、「有美」乃守臣便坐，因以名酒，遂以供御及祭祀，失禮甚矣。予嘗言之，今曰祠祭酒，宜酌五齊之名，以供祠祭；三酒之名，以酌有

事者；取賜酒則别爲一名，庶幾名正理順。

宋·周密《癸辛雜識》續集上

梨酒

仲賓又云：「向其家有梨園，其樹之大者，每株收梨二車。忽一歲盛生，觸處皆然，數倍常年，以此不可售，甚至用以飼猪，其賤可知。有所謂山梨者，味極佳，意頗惜之，漫用大甕儲數百枚，以缶蓋而泥其口，意欲久藏，旋取食之。久則忘之。及半歲後，因至園中，忽聞酒氣熏人，疑守舍者醸熟，因索之，則無有也。因啓觀所藏梨，則化而爲水，清冷可愛，湛然甘美，真佳醖也，飲之輒醉。回回國葡萄酒止用葡萄釀之，初不雜以他物。始知梨可釀，前所未聞也。」

種葡萄法

有傳種葡萄法，於正月末取葡萄嫩枝長四五尺者，捲爲小圈，令緊，先治地土鬆而沃之以肥，種之止留二節在外。異時春氣發動，衆萌競吐，而土中之節不能條達，則盡萃華於出土之二節。不二年，成大棚，其實大如棗，而且多液，此亦奇法也。

又　續集下　冬至前造酒

凡造酒，冬至前最佳，勝於臘中，蓋氣未動故也。今造鹽菜者亦必於冬至前，則可以久留矣。此説極有理。李静仙云。

宋·朱輔《溪蠻叢笑》　釣藤酒，酒以火成，不醡不蒭，兩缶東西以藤吸取，名釣藤酒。

宋·陳元靚《事林廣記别集》卷八《酒麴類》　酒醴總叙

昔儀狄造酒而美，進之於禹，禹飲而甘之，遂疏儀狄。然酒可以供祭祀，可以奉賓客，皆禮之所不廢者。如《詩》所謂爲酒爲醴，以治百禮，又謂我有旨酒，以燕樂嘉賓之心，皆是物也。至於養生伐病，世或資之，則日用飲食之間，亦不容闕。今取其品味之美者載於前，醸法之良者備於後，諒亦好事者之樂聞也。

造麴法

東陽酒麴方　白麪一百斤，桃仁廿兩，緑豆廿斤，杏仁二十兩，皆去皮，研爲泥。川烏廿兩，砲去皮臍。蓮花二十朵，熟甜瓜三十個，去皮，擂爲泥。蒼耳心二十斤，竦母藤嫩頭二十斤，竦蓼嫩葉二十斤。二桑葉二十斤，淡竹葉二十斤。

右將五葉皆裝在大缸内，用水三擔浸，日曬七日，用木杷如打澱壯打下，以罩籬漉去枝梗。用此水煮豆極爛，先將生桃杏泥等與麵豆和成硬劑，踏成片，二桑葉裹外，再用紙裹，掛於不透風處。三五日後，將麴房上寬帘扯去，令透風。不爾恐燒了。此麴自至元三十年宣徽院差人就杭州路造十數萬斤，不絶以爲常例。

造紅麯法凡造紅麯，皆先造麯母。

造麯母　白糯米一斗，用上等好紅麯二斤，先將秫米淘浄，烝熟作飯，用水升合如造酒法摉和匀，下瓮。冬七日，春秋五日，夏三日，不過以酒熟爲度。入盆中擂爲稠糊相似，每粳米一斗，止用此母二升。此一料母可造上等紅麯一石五斗。

造紅麯　白粳米一石五斗，水淘洗，浸一宿，次日烝作八分熟飯，分作十五處。每一處入上項麯二斤，用手如法搓揉，要十分匀停了，共井作一堆。冬天以布帛物蓋之，上用厚薦壓定，下用草鋪作底。全在此時看冷熱，如熱則燒壞了。若覔太熱，便與去覆蓋之物，攤開堆面。微覔温，便當急准起依元覆蓋。如温熱得中，勿動。此一夜不可睡，常令照顧。次日日中時分作三堆，過一時分作五堆，又過一兩時辰，却作一堆。又過一兩時分，作十五堆。既分之後，稍覔不熱，又并作一堆。俟一兩時辰覔熱，又分開。如此數次。第三日，用大桶盛新汲井水，以竹籮盛麯，作五六分，渾醮濕，便提起醮盡，又總作一堆，似稍熱，依前散開，作十數處攤開，候三兩時，又併作一堆，一兩時又撒開。第四日，將麯分作五七處，裝入籮，依上用井花水中醮，其麯自浮不沉。如半沉半浮，再依前法堆起，攤開一日，次日再入新汲水内醮，自然盡浮。日中曬乾，造酒用。

東陽醖法

白糯米一石爲率，隔日將缸盛水，浸米，水須高過米面五寸，次日將米踏洗去濃泔，將籮盛起，放别缸上，再用清水淋洗浄，却上甑中炊以十分熟爲度。先將前東陽麯五斤搗爛，篩過，匀撒，放團箕中。然後將飯傾出，攤去氣，就將紅麯二斗，於籮内攪洗。再用清水淋之，無渾方止。天色煖，則飯放冷。天色冷，放温。先用水七斗，傾在缸内。次將飯及麯拌匀爲度，留些麯撒在面上。至四五日，沸定翻轉，再過三日，上醡壓之。

上槽　造酒，寒須是過熟，即酒清數多，渾頭白酵少。温涼時并熱時，須是合熟便壓，恐酒醅過熟。又槽内易熟，多致酸變。大約造酒自下脚至熟，寒時二十四五日，温涼時半月，熱時七八日便可。上槽仍須均裝停鋪，手安壓板，正下砧簟所貴壓得均乾，並元湔失。轉酒入瓮，須垂手傾下，免見濯損酒味。寒時用

草薦、麥麵圍蓋。温涼時去了，以單布蓋之。候三五日，澄折清酒入瓶。

收酒　上榨，以器就滴。恐滴遠損酒，或以小竹子引下亦可。壓下酒須是湯洗瓶器令浄，控乾二三日，次候折澄去盡脚纔有白緣則渾，直候澄折得清爲度，則酒味倍佳。便用蠟紙封閉，務在滿裝。瓶不在大，以物閣起，恐地氣發動酒脚，失酒味。仍不許頻頻移動。大抵酒澄得清，更滿裝，雖不煑，夏月亦可存留。

煑酒　凡煑酒，每斗入蠟二錢，竹葉五片。官局天南星員半粒，化入酒中，如法封繫，置在甑中。秋冬用天南星丸，春夏用鱉并竹葉。然後發火，候甑箄上酒香透，酒溢出倒流，便揭起甑蓋，取一瓶開看，酒衮即熟矣。便住火，良久，方取下置於石灰中，不得頻頻移動。白酒須臘得清，然後煑。煑時瓶用桑葉冥之，庶使香氣不絶。

止酸酒法

每酒一斗，瓶着生鷄子一個，石膏半兩，搗碎，縮砂仁七枚，封三日便佳。

又法：每酒一埕，用黑錫一斤，炙令熱，投於酒中，停於日，酸味盡去。其錫可再用。

又法：甘草一兩，桂二銖，白芷、縮砂各一銖，右件並搗爲末，取三銖入酒，酸即去。

治酒不沸法

釀酒失冷，有三四日不發者，即撥開飯中央豁，入成熟酒醅三四椀，須臾便發。如無酒醅，即將好酒傾入一二升，即時便有動意，不爾則作甜。

收雜酒成美醖法

如人家有喜愛事情，諸家携酒來慶，味之美惡，不齊者，理必然也。共聚作一缸，折澄清，將陳皮一把約三兩許，撮入瓮内，浸三日，漉去，再撒入一把，如此三次，其味香美。

收酒不損壞法

將酒折澄極清，先於瓮底安好麯一塊，約一斤，在上以浄物壓定。將清酒欵欵傾入，封閉，其味永不壞。

酒麯秘方

白麪一百斤，緑豆五斗，辣蓼末五兩，杏仁十兩。去皮，研爲泥。

右用蓼汁浸緑豆一宿，次日同煑極爛，攤冷，和麯。次入杏泥、蓼末等，作一處拌勻，踏成餅子，帋裹，出當風處。須三伏中造，約四十餘日，然後去紙衣、塵土極浄，曬乾收起。

淘米浸米　每米須搗令極白，篩去碎者，用水如法，淘洗浄，淋見極清水方止。傾入缸，水浸過米二三寸。天氣熱浸五日，天涼浸七日。

浮飯　浸米時，每一石約取二升熟炊，畧攤，氣過，用麴三兩拌勻，用小蘿盛了，將缸中米深開一孔，安上項籮子在内，准前法，候飯浮動，却發酵。

焙麯　發酵前一日，將麯搗碎，米篩篩過，焙籠中漫火焙去濕氣，用手抄轉，如竟燥，即住火。不可太猛，恐焙過麯力，酒不能發。

酵　每造酒一石，先一日取前所浸米約五升許，炊飯攤冷，用焙麯四兩，水五升，正發酒醅半椀，并前浮米飯用小缸拌勻蓋了。如次日醖酒早，則不須打轉。晚，則略打轉。若造酒二石，則依此加用。

醖　發酵後一日，再瀝取所浸米約八斗許，炊飯攤令温冷得所，天氣熱則發冷，天氣冷則放熱。用麯二十三兩，水四斗五升，捻飯令碎，入前酵拌勻，蓋覆。或天氣熱，放開一邊三二寸縫。或天氣冷，則全蓋定。約一晝夜打轉。謂如午時造，則次日午時打。如竟發得猛時，至晚打轉一次。如不甚發，則晚間不須打轉，次日天明再打一次，晚又打一次。如發得猛，午間再添打一次。每打轉時，須浄拭瓮口邊汗。

報飯即投也。　第三日天明再打轉了，至辰巳時間，却將前所浸，余剩米盡炊作飯，攤温冷得所，逐旋入缸，按開，再打勻，如前蓋定。若申酉間報，則晚間不須打轉。第四、第五日各天明晚間打轉一次。第六、第七日，只須天明打轉一次，此後不須每日打。再候六七日後略打轉一次，更過十日又打轉一次，直至一月足方榨。

灰　每用炭灰，如茶房中所賣爐灰，尤潔浄，紗帛羅過，飯飲團成盞樣，陰乾，入竈内熟燒通紅，取出候冷，研細，再羅過。每米一石，入灰一茶盞拌勻，方上榨。

白酒麯方

木香、當歸、縮砂仁、藿香、零苓香、川椒、白木、已上各一兩。桂三兩，檀香、吴茱萸、白芷、甘草各一兩。杏仁。一兩，別研爲泥。

右件藥味並爲細末，用白糯米一斗淘洗極浄，舂爲細末，入前和勻。用青辣蓼取自然汁搜拌，乾温得所。搗六七百杵，圓如雞子大，中心捺一竅，以白藥爲

衣，稈草去葉，覰天氣寒煖，蓋閉一二日。有青白孛，將草換了，用新草蓋。有全孛，將草去訖，七日聚作一處，逐旋放開，斟酌發乾三七日。日用筐盛頓懸掛，日曝夜露。每糯米一斗，一兩五錢重蘇，濕破者不用。

釀法

新白糯米不漿，浸陳糯米水浸一宿，淘以水清爲度。燒滾鍋，甑內氣上，漸次裝米烝熟。不可太軟，但如硬飯，取匀熟而已。飯熟，就炊單挦下傾入竹筽內，下面以木桶承之，棧定，以新汲水澆。看天氣，夏極冷，冬放温。澆畢，以麯先糝瓮中，如飯五斗，先用二斗麯末同拌極匀，次下米與麯拌匀，中心跑開見瓮底，周圍按實，待隔宿有漿，採約一椀，則用小杓澆於四圍。如漿未來，須待漿來而後澆。要辣，則隨下水。欲甜，更隔一宿下水。每採一石，可下水六七斗。如此則酒味佳。天寒覆蓋稍厚，夏四日，冬七日熟。在瓮時有漿來即澆，不限遍數。用小杓豁起漿，在四邊澆潑。下水了，不須澆。

用水法

每造米一石，内留五升，用水八斗半熬作希粥，候冷，報入醅內。此即用水法也。

候漿法

下了脚，須至一伏時揭起，於所蓋薦外聽聞索索然有聲，即是漿來了。後又隔兩日下水，仍先將糟十字打開，番過，下水不攪，仍由作窩，更待二三日，方可上榨。

雞鳴酒　甘泉六椀，酒三升，做粥温，和麯半斤，三兩餳稀，二兩酵，一抄麥蘗，要調匀。黄昏時候安排了，來朝便喫瓮頭春。

右先將糯米三升，浄淘，水六升，同下鍋煮成稠粥，夏攤冷，春秋温，冬微熱。麯酵、麥蘗皆搗爲末，同餳稀下在粥內拌匀，冬五日，春秋三日，夏二日成熟，爲好酒矣。

又法：　就此料内加入官桂、胡椒、良姜、細辛、甘草、川烏、炮川芎、丁香，已上各半錢爲細末，和粥時一同攪匀在內，其味尤極香美。

蓮花麯　麵二十斤，蓮花開者連鬚去心，一斤，細切。緑豆一斗，碾破，水浸去皮，辣蓼汁煮熟爛，漉出控乾。細辛、木香各一兩，□末。甜瓜三個，杏仁四兩。

右件一處拌匀，揉擦極細，團作拳大，布裹踏實。先將桑葉裹，次用紙一重裹，繩懸通風處，掛一月，乾，可用。再以日曬極乾，妙。每米一斗，用麯四兩，造依常法。

臘脚春酒　臘月内烝兩石漿米，或白飯亦可，攤案上，凍得三五分，使麴四十斤爲末，一齊糝在飯上，用宿熟水和匀。擇不浸滲好瓮，將宿飯投入瓮中，以脚實踏之。以宿熟米三斗蓋面，交凍定後，用盆蓋，使泥泥了，令周密，不得出了氣。直候向去花發，開盆取醅分使，用一瓮分爲十瓮，將十瓮醅分作百瓮，百瓮分作千瓮。醅熟酐下酒清，一年内不酸。此法甚妙，若盛夏用此脚造酒，永不酸臭。秘惜可也。

秦中蜜醖　白沙蜜一斤，用麵麯五兩搥碎，熟湯四椀放冷，匀蜜麯調同入乾浄缾器中，密封七日，熟。秦、鳳、階、成、龍、文諸州並用此法。

蜜醖隔瓶香長安道人傳，試之極妙。

官桂、胡椒、良姜、紅豆、縮砂仁，已上各□末爲細，好白沙蜜二斤半，以水一斗慢火熬及百沸，以上，雞翎掠去滓沫，再熬，沫盡爲度。

右熬下蜜水，依四時下之。先下前藥末八錢，次下乾麴末四兩，後下蜜水，用油單子封。次笋葉等五七重，密封。冬二七日，春秋十日，夏七日熟。

李仙醖　糯米五升淘浄，入水一斗五升，煮如稠粥，伺冷，入白蜜一斤半，乾酵末、麥蘖各二兩伍錢重，川烏、炮胡椒、紅豆各一錢半爲細末，攪匀，注缸中，以布蓋。候發定，却封缸口，七日可熟。

蜜酒法　白沙蜜三斤，水一斗，同煎，入瓶内。候温，入細麴末二兩，白酵二兩，帋封口，放浄處。春秋十日，夏七日，冬十五日，自然爲上等好酒一斗。如夜静飲一二盞，以助道力，兼除百病。此酒霍清甫侍御常造，余飲之二三次，極妙。

餅子酒法　糯米一斗，熟烝。生姜、杏仁各研爛，和麪薄擀作餅，慢火煿令香熟，却將餅焙乾爲末，淘飯，將餅末於箕上拌和入瓮，手壓實，中留一竅至底，候漿滿，却添水二升，放冷。入夏以紗絹片蓋口，冬以單蓋。五日取極妙。

羊羔酒　宣和化成殿方。米一石，如常法浸漿，肥羊肉七斤，麴十四兩。將羊肉切作四方塊，爛煮。杏仁一斤，同煮，留汁七斗許，拌米飯。麴用木香一兩同醖，毋犯水十日熟，味極甘滑。

荼蘼酒　法酒一斗，用木香一塊，以酒一盃，於砂盆内約磨下半錢許，用細絹濾，入瓶蜜封包，臨飲取荼蘼百英，浮沉酒面，人不能辨查。花和露紅小蓓取十個，去枝葉，用生紗袋盛掛於瓶口近酒面一寸許，密封瓶口，三兩日可飲。或以湯柑皮旋滴汁數點於酒盞内亦佳。

百花春色　沙蜜一斤，煉去。糈米一升，蒸作飯，以水五升，法麴四兩，同納

器中，密封之五七日，可漉泛。香味醇美，甚佳。

洞庭春色　橙子取十分登熟者，净刮去穰，白，取皮，每煑酒，臨封，次以片許納器中，開飲香味可人。

雞子線酒　溥酒鍋内沸了，雞子一箇，開一小竅子，入鹽井椒末，皆用筯攪令匀，旋攪酒令轉，傾雞子入鍋内，迤邐傾之，令如線樣，然後投好酒供之。

拙婦甕酒法　陳糙米一斗，水浸過宿，炒作硬飯。大麥二升，慢火炒，令微燋。二項趂熱急用臘糟半瓮許拌匀，以湯滿澆之，密封瓮口，至五七日後取食，味釅而香烈。臘水造尤佳。

諸醋方

麥黄醋　小麥不計，净淘，用清水浸三日，漉出控乾，烝熟。於暖處攤開，閣起蘆席上，楮葉蓋之，三五日黄衣上去，乘日中曬極乾，簸净，下入缸内，水拌匀。上面可留一拳，水封閉，四十日可熟。

糟醋法　臈糟一石，水泡。巃糖三斗，麥麩二斗，右件和匀，温暖處放，罨蓋，勤拌擦，發熱時，須用撥開，恐至太熱，則壞了。候氣香，咂嘗有醋味，依常法製造淋之。按四時添減，春秋用糠四斗半，麩二斗半。夏糠三斗，麩二斗。冬糠五斗，麩三斗。覷天氣加減造。

梅子醋法　烏梅去核，一升許，以釅醋五升浸，曬乾爲末。欲用，以少許投水中，成香醋，甚美。

一了百當　甜醬一斤半，臘糟一斤，麻油七兩，鹽十兩，川椒、馬芹、茴香、胡椒、杏仁、姜桂等分爲末，先以油就鍋内熬香，將料末同糟醬炒熟，入器收。遇修饌，隨意挑用，料足味全，甚便行餥。

麩醋　每料用麥麩三斗，温糟一斗，粟米一升，水一斗，煎作米湯，熱用麩糟拌匀，裝在瓮内或盆中，按令極實。每日攪拌三次，直候苦味盡，煎水二斗澆下醋爲度。秋冬三日，夏二日可出頭醋，再出一次尚妙。

餳糖醋　餳稀一斤，水三斤，先將水入鍋煎數沸，豁出，傾入餳攪匀，俟温入白麯末二兩同攪匀，裝净瓶内，帋封，日曬。春秋一月，冬四十五日，夏二十日熟，甚香美。下了到二十日之上有一層白濮面子，休攪動。至自落時，乃成熟也。若不日曬，只安頓静處，勿得動摇，任其自然尤好。

又法　於臈月内下雪時，廣收净雪，實踏，約一石許，入缸裝約五寸厚，入餳稀一層，再踏入雪，又澆餳稀，至十斤净爲度。以盆蓋泥封，至向前四月八日開，其味極是香美。餳稀，即餳母也。此醋愈久愈酸。

收醋法　將頭醋裝入瓶，每瓶燒紅木炭火一塊，約二寸許，急投入瓶中，糝入炒小麥一撮，箬葉包瓶口，帋封泥頭，永不壞。或有入燒鹽者，反淡了醋味。

長生醋法　大麥五斗，磨擂作麯片子，發過後搗爲細末，次用良姜三兩，又胡椒三兩，水一擔，入甕内封就，日曒三七日後方熟。每取時，三升醋却還水三升入甕，更入姜椒些少，甚香美，須用五六月造。

千里酸法　無糖蒸餅曝乾，投釅醋中浸透，取出再曝，再浸。大約蒸餅三枚，用醋一斗，以滲盡爲度，曝令内外通燥，收之。每行醋用，即擘少許，以水研開，供之。令軍成間率用此法。

《宋史·食貨志》　陳滑蔡潁隨郢鄧金房州、信陽軍舊皆不榷。太平興國初，京西轉運使程能請榷之，所在置官吏局署，取民租米麥給釀，以官錢市薪槱及吏工奉料。歲計獲無幾，而主吏規其盈羨，及醖齊不良，酒多醨薄，至課民婚葬，量户大小令酤，民甚被其害。歲儉物貴，殆不償其費。太宗知其弊，淳化五年，詔募民自釀，輸官錢减常課三之二，使其易辦；民有應募者，檢視其貲産，長吏及大姓共保之，後課不登則均償。是歲，取諸州歲課錢少者四百七十二處，募民自酤，或官賣麴收其直。其後民應募者寡，猶多官釀。

自春至秋，醖成即鬻，謂之「小酒」，其價自五錢至三十錢，有二十六等；臘釀蒸鬻，候夏而出，謂之「大酒」，自八錢至四十八錢，有二十三等。凡醖用秔、糯、粟、黍、麥等及麴法、酒式，皆從水土所宜。諸州官釀所費穀麥，準常糴以給，不得用倉儲。酒匠、役人當受糧者給錢。凡官麴，麥一斗爲麴六斤四兩。賣麴價：東京、南京斤直錢百五十五，西京減五。

元·宋伯仁《酒小史》

春秋椒漿酒　　西京金漿醪
杭城秋露白　　相州碎玉
薊州薏苡仁酒　　金華府金華酒
高郵五加皮酒　　長安新豐市酒
汀州謝家紅　　南唐臘酒
處州金盤露　　廣南香蚍酒
黄州茅柴酒　　燕京内法酒
漢時桐馬酒　　關中桑落酒

平陽襄陵酒　山西蒲州酒
山西太原酒　郫縣郫筒酒
淮安苦蒿酒　雲安麯米酒
成都刺麻酒　建章麻姑酒
滎陽土窟春　富平石凍春
池州池陽酒　宜城九醖酒
杭州梨花酒　博羅縣桂醑
劍南燒春　江北擂酒
唐時玉練槌　灞陵崔家酒
汾州乾和酒　山西羊羔酒
安成宜春酒　潞州珍珠紅
魏徵醽醁翠濤　閩中霹靂春
嶺南瓊琯酎　蒼梧寄生酒
唐憲宗李花釀　宋昌王八桂酒
晉阮籍步兵厨　曹湜介壽
劉后瑶池　馮翊含春
隋煬帝玉薤　孫思邈酴酥
王公權荔枝緑　廖致平緑荔枝
謝侍郎章丘酒　王莽進椒菊酒
楊世昌密酒　肅王蘭香酒
漢武蘭生酒　蔡攸棣花酒
陸士衡松醪　淮南緑豆酒
華氏蕩口酒　顧氏三白酒
鳳州清白酒　劉拾遺玉露春
曹晟保平　宋劉后玉腴
王師約瑶源　秦檜表勳
宋開封瑶泉　梁簡文鳧花
宋高后香泉　劉孝標雲液
宋德隆月波　安定郡王洞庭春色
東坡羅浮春　范至能萬里春

段成式湘東美品　魏賈將崑崙觴
劉白墮擒奸　燕昭王瑞珉膏
洪梁縣洪梁酒　高祖菊蕚酒
梁孝王縹玉酒　漢武百味旨酒
扶南石榴酒　宸溪釣籐酒
梁州諸蔗酒　蘭溪河清酒
蘇祿國蔗酒　南粵食蒙枸醬
高麗國林慮醬　訶陵國柳花酒
西域葡萄酒　烏孫國青田酒
彭坑釀漿爲酒　東西竺以椰子爲酒
北胡消腸酒　南蠻檳榔酒

答剌國釀茭樟爲酒。

真蠟國有酒五：一曰蜜糖酒，一曰朋牙四，一曰包稜角，一曰糖鑑酒，一曰茭漿酒。

暹羅國釀秫爲酒，假馬里丁釀蔗爲酒。

元·忽思慧《飲膳正要》卷三《米穀品》　醋味酸，温，無毒。消癰腫，散水氣，殺邪毒，破血運除癥塊堅積。醋有數種。酒醋，桃醋，麥醋，葡萄醋，棗醋。米醋爲上，入藥用。

酒味苦甘辣，大熱有毒。主行藥勢，殺百邪，通血脈，厚腸胃，潤皮膚，消憂愁。多飲損壽傷神，易人本性。酒有數般，唯醖釀以隨其性。

虎骨酒，以酥炙虎骨搗碎釀酒。治骨節疼痛，風疰、冷痺痛。

枸杞酒，以甘州枸杞依法釀酒。補虚弱，長肌肉，益精氣，去冷風，壯陽道。

地黄酒，以地黄絞汁釀酒。治虚弱，壯筋骨，通血脈，治腹内痛。

松節酒，仙方以五月五日採松節剉碎，煮水釀酒。治冷風虚、骨弱、脚不能履地。

茯苓酒，仙方依法茯苓釀酒。治虚勞，壯筋骨，延年益壽。

松根酒，以松樹下撅坑，置瓮，取松根津液釀酒。治風，壯筋骨。

羊羔酒，依法作酒，大補益人。

五加皮酒，五加皮浸酒，或依法釀酒。治骨弱不能行走，久服壯筋骨，延年不老。

膃肭臍，治腎虚弱，壯腰膝，大補益人。

小黄米酒，性熱，不宜多飲，昏人五藏，煩熱多睡。

葡萄酒，益氣調中，耐飢强志。酒有數等，有西番者，有哈剌火者，有平陽太原者，其味都不及哈剌火者，田地酒最佳。

阿剌吉酒，味甘、辣，大熱，有大毒。主消冷堅積去寒氣。用好酒蒸熬取露，成阿剌吉。

速兒麻酒，又名撥糟，味微甘、辣，主益氣，止渴。多飲冷人膨脹生痰。

元·楊瑀《山居新語》卷三　尚醖蒲萄酒，有至元、大德閒所進者尚存，聞者疑之。余觀西漢《大宛傳》，富人藏蒲萄酒萬石，數十年不敗。自古有之矣。

元·熊夢祥《析津志·物産》　葡萄酒　出火州窮邊極陲之地。醖之時，取葡萄帶青者。其醖也，在三五間磚石甃砌乾净地上，作甃甕缺嵌入地中，欲其低凹以聚，其甕可容數石者。然後取青葡萄，不以數計，堆積如山，鋪開，用以人足揉踐之使平，却以大木壓之，覆以羊皮並氊毯之類，欲其重厚，别無麯蘗。壓後出閉其門，十日半月後窺見原壓低下，此其驗也。方入室，衆力摒下氊木，搬開而觀，則酒已盈甕矣。乃取清者入别甕貯之，此謂頭酒。復以足躡平葡萄滓，仍如其法蓋，復閉户而去。又數日，如前法取酒。窨之如此者有三次，故有頭酒、二酒、三酒之類。直似其消盡，却以其滓逐旋澄之清爲度。上等酒，一二盃可醉人數日。復有取此酒燒作哈剌吉，尤毒人。

棗酒　京南真定爲之，仍用些少麯蘗，燒作哈剌吉，微煙氣甚甘，能飽人。

椹子酒　微黑色。京南真定等處咸有之。大熱有毒，飲之後能令人腹内飽滿。若口、齒、唇、舌，久則皆黧。軍中皆食之，以作餱糧，乾者可以致遠。以上並見《順天府志》引《析津志》。

明·葉子奇《草木子》卷三下　法酒

用器燒酒之精液取之，名曰哈剌基。酒極醲烈，其清如水，蓋酒露也。每歲於冀寧等路造葡萄酒，八月至大行山中，辨其真僞。真者不冰，傾之則流注。僞者雜水即冰凌而腹堅矣。其久藏者，中有一塊，雖極寒，其餘皆冰而此不冰。蓋葡萄酒之精液也，飲之則令人透液而死。二三年宿葡萄酒，飲之有大毒，亦令人死。此皆元朝之法酒，古無有也。

明·王佐《新增格古要論》卷八《異木論》　椰杯木後增

椰杯，出兩廣、安南，類瓢且厚，實黄黑色，肉白可食，鋸開，中有酒，微酸，謂之椰子酒。或漆或銀，鑲作酒杯，小者最貴而難得，大者作酒壺、勸盤、酒注、水杓之類。或云，酒傾入，有毒則爆，故出路人多帶之。椰子木，出廣西梧州府鬱林州。廣西方輿云，樹似檳榔，實大如瓜，堪爲飲器。《文選》曰：「檳榔無枝，椰葉無陰。」

明·李時珍《本草綱目·穀部·造釀類》

女麴《拾遺》。　校正原附小麥下，今分出。

釋名　䴷子，音桓。黄子。時珍曰，此乃女人以完麥罨成黄子，故有諸名。

集解　恭曰，女麴，完小麥爲飯，和成罨之，待上黄衣取曬。

氣味　甘温無毒，主治消食下氣，止洩痢，下胎破冷血。蘇頌。

黄蒸《拾遺》。　校正原附小麥下，今分出。

釋名　黄衣、蘇恭。麥黄。時珍曰，此乃以米麥粉和罨，待其薰蒸成黄，故有諸名。

集解　恭曰黄蒸，磨小麥粉，拌水和成餅，麻葉裹，待上黄衣，取曬。藏器曰，黄蒸與䴷子不殊。北人以小麥，南人以粳米，六七月作之，生緑塵者佳。時珍曰，女麴，蒸麥飯罨成。黄蒸，磨米麥粉罨成，稍有不同也。

氣味　主治並同女麴。蘇恭。温補能消諸生物，藏器。温中下氣，消食除煩，《日華》。治食黄黄汗。時珍。

附方：新一。　陰黄疸疾。或黄汗染衣，涕唾皆黄，用好黄蒸二升，每夜以水二升浸，微暖於銅器中，平旦絞汁半升，極效。《必效方》。

麴宋嘉祐。

釋名　酒母。時珍曰，麴以米麥包罨而成，故字從麥、從米、從包，省文會意也。酒非麴不生，故曰酒母。《書》云，若作酒醴，爾惟麴蘗，是矣。劉熙《釋名》云，麴，朽也，鬱使生衣，敗朽也。

集解　藏器曰，麴，六月作者良。入藥須陳久者，炒香用。時珍曰，麴有麥麪、米造者，不一，皆酒醋所須，俱能消導，功不甚遠。造大小麥麴法，用大麥米，或小麥連皮，井水淘净，曬乾，六月六日磨碎，以淘麥水和作塊，楮葉包紮，懸風處，七十日可用矣。造麪麴法，三伏時用白麪五斤，绿豆五斤，以蓼汁煮爛。辣蓼末五兩，杏仁泥十兩，和踏成餅。楮葉裹，懸風處，候生黄，收之。造白麴法，用麪五斤，糯米粉一斗，水拌，微濕篩過，踏餅，楮葉包，掛風處五十日，成矣。又米麴法，用糯米粉一斗，自然蓼汁和作圓丸，楮葉包，掛風處七七日，曬收。此數十麴皆可入藥。其各地有入諸藥草，及毒藥者，皆有毒，惟可造酒，

不可入藥也。

小麥麴

氣味　甘温，無毒。震亨曰：麩皮麴涼，入大腸經。

主治　消穀止痢，《别録》。平胃氣，消食、痔，治小兒食癎，蘇恭。調中下氣，開胃，療臟腑中風寒，藏器。主霍亂心膈氣痰逆，除煩，破癥結，孟詵。補虚去冷氣，除腸胃中塞不下食，令人有顔色，吴瑞。落胎，并下鬼胎，《日華》。止河魚之疾。梁簡帝《勸醫文》。

大麥麴

氣味　同前。

主治　消食和中，下生胎，破血。取五升，以水一斗煮三沸，分五服，其子如糜，令母肥盛。時珍。

麪麴、米麴

氣味　同前。

主治　消食積、酒積、糯米積，研末，酒服，立愈。餘功同小麥麴。時珍，出《千金》。

附方舊五，新四。　米穀食積，炒麴末，白湯調服二錢，日三服。三焦滯氣，陳麴炒，萊菔子炒，等分，每用三錢，水煎，入麝香少許服。《普濟》。小腹堅大，如盤胸滿食不能消化，用麴末湯服方寸匕，日三[服]。《千金》。水痢百起，六月六日麴，炒黄馬藺子，等分爲末，米飲服，方寸匕。無馬藺子，用牛骨灰代之。《普濟方》。赤白痢下，水穀不消，以麴熬粟米粥，服方寸匕，日四五服。《肘后方》。酒毒便血，麴一塊，濕紙包，煨爲末，空心米飲服二錢，神效。傷寒食復，麴一餅，煮汁飲之良。《類要方》。胎動不安，或上搶心下血者，生麴餅研末，水和，絞汁服三升。《肘后》。狐刺尿瘡。麴末和獨頭蒜，杵如麥粒，納瘡孔中，蟲生，愈。《古今録驗》。

神麴《藥性論》。

釋名、集解　時珍曰：昔人用麴，多是造酒之麴，後醫乃造神麴，專以供藥，力更勝之。蓋取諸神聚會之日造之，故得神名。賈思勰《齊民要術》雖有造神麴古法，繁瑣不便。近時造法更簡易也。葉氏《水雲録》云：五月五日，或六月六日，或三伏日，用白麪百斤，青蒿自然汁三升，赤小豆末、杏仁泥各三升，蒼耳自然汁，野蓼自然汁各三升，以配白虎、青龍、朱雀、玄武、勾陳、螣蛇六神，用汁和麪、豆、杏仁作餅，麻葉或楮葉包罯，如造醬黄法，待生黄衣，曬收之。

氣味　甘辛，温，無毒。元素曰：陽中之陽也，入足陽明經。凡用，須火炒黄，以助土氣。陳久者良。

主治　化水穀宿食癥結積滯，健脾暖胃，藥性。養胃氣，治赤白痢，元素。消食下氣，除痰逆、霍亂泄痢、脹滿諸疾，其功與麴同。閃挫腰痛者，煅過淬酒，温服有效。婦人産後欲回乳者，炒、研，酒服二錢，日二即止，甚驗。時珍。

發明　時珍曰：按倪維德《啓微集》云：神麴，治目病，生用能發其生氣，熟用能斂其暴氣也。

紅麴《丹溪補遺》。

集解　時珍曰：紅麴本草不載，法出近世，亦奇術也。其法，白粳米一石五斗，水淘，浸一宿作飯，分作十五處，入麴母三斤，搓揉令匀，併作一處，以帛密覆，熱即去帛，攤開，覺温急堆起，又密覆。次日日中又作三堆，過一時分作五堆，再一時合作一堆，又過一時分作十五堆。稍温，又作一堆。如此數次。第三日用大桶盛新汲水，以竹籮盛麴，作五六分，蘸濕完，又作一堆，如前法作一次。第四日如前，又蘸。若麴半沈半浮，再依前法作一次，又蘸。若盡浮，則成矣。取出，日乾收之。其米過心者，謂之生黄，入酒及鮓醢中，鮮紅可愛。未過心者不甚佳，入藥以陳久者良。

氣味　甘温無毒。瑞曰：釀酒則辛熱有小毒，發腸風、痔瘻、脚氣、哮喘、痰嗽諸疾。

主治　消食，活血，健脾燥胃，治赤白痢，下水穀。震亨。釀酒破血行藥勢，殺山嵐瘴氣，治打撲傷損，吴瑞。治女人血氣痛，及産後惡血不盡。擂，酒飲之良。時珍。

發明　時珍曰：人之水穀入於胃，受中焦濕熱薰蒸，游溢精氣，日化爲紅，散布臟腑經絡，是爲營血，此造化自然之微妙也。造紅麴者，以白米飯受濕熱，鬱蒸變而爲紅，即成真色，久亦不渝。此乃人窺造化之巧者也。故紅麴有治脾胃營血之功，得同氣相求之理。

蘖米《别録》中品。

釋名　弘景曰：此是以米作蘖，非别米名也。恭曰：蘖，猶孽也，生不以理之名也。皆當以可生之物生之，取其蘖中之米入藥。按食經，用稻蘖。稻即穬穀之總名。陶謂以米作蘖，非矣。米豈能更生乎？

集解　宗奭曰：蘖米，粟蘖也。時珍曰：《别録》止云蘖米，不云粟作也。蘇恭言，凡穀皆可生者，是矣。有粟黍穀麥豆諸蘖，皆水浸脹，候生芽，曝乾，去鬚，

取其中米炒，研麪用其功，皆主消導。余併集於左方。《日華子》謂蘗米爲作醋黄子者，亦誤矣。

粟蘗一名粟芽。

氣味　苦温無毒。宗奭曰，今穀神散中用之，性温於麥蘗。

主治　寒中，下氣除熱。《别録》。除煩，消宿食，開胃。《日華》。爲末和脂傅面，令皮膚悦澤。陶弘景。

穬麥蘗一名麥芽。

氣味　甘温無毒。

主治　快脾開胃，下氣和中，消食化積。時珍。

稻蘗一名穀芽。

氣味　鹹温無毒。

主治　消食和中。《别録》。破冷氣，去心腹脹滿。藥性。開胃，止霍亂，除煩悶，消痰飲，破癥結，能催生落胎。《日華》。補脾胃虚，寬腸下氣，腹鳴者用之。元素。消化一切米麪諸果食積。時珍。

發明　好古曰，麥芽、神麴二藥，胃氣虚人宜服之，以代戊巳腐熟水穀。豆蔻、縮砂、烏梅、木瓜、芍藥、五味子爲之使。時珍曰，麥蘗、穀芽、粟蘗皆能消導米麪諸果食積。觀造餳者用之，可以類推矣。但有積者能消化無積，而久服則消人元氣也，不可不知。若久服者，須同白术諸藥兼用，則無害也矣。

醋《别録》下品。

釋名　酢音醋。醯音兮。苦酒。弘景曰，醋、酒爲用，無所不入，愈久愈良。亦謂之醯，以有苦味，俗呼苦酒。丹家又加餘物，謂爲華池左味。時珍曰，劉熙《釋名》云，醋，措也。能措置食毒也。古方多用酢字也。

集解　恭曰，醋有數種：有米醋，麥醋，麴醋，糠醋，糟醋，餳醋，桃醋，葡萄、大棗、蘡薁等諸雜果醋。會意者亦極酸烈，惟米醋二三年者入藥，餘止可噉，不可入藥也。詵曰，北人多爲糟醋，江河人多爲米醋、小麥醋，不及糟醋爲多，妨忌也。大麥醋良。藏器曰，蘇言葡萄、大棗諸果堪作醋，緑渠是荆楚人，土地儉嗇，果敗則以釀酒也。糟醋猶不入藥，況於果乎？時珍曰，米醋，三伏時用倉米一斗淘净，蒸飯，攤冷。盦黄曬簸水淋净，别以倉米二斗蒸飯，和勻入甕，以水淹過，密封，暖處三七日成矣。糯米醋，秋社日用。糯米一斗，淘蒸，用六月六日造成小麥大麴和勻，用水二斗，入甕封釀，三七日成矣。粟米醋，用陳粟米一斗，淘浸七日再蒸，淘熟，入甕密封，日夕攪之，七日成矣。小麥醋，用小麥水浸三日，蒸熟，盦黄入甕，水淹，七七日成矣。大麥醋，用大麥米一斗，水浸，蒸飯，盦黄，曬乾，水淋過。再以麥飯二斗和勻，入水封閉，三七日成矣。餳醋，用餳一斤，水三升煎化，入白麴末二兩，瓶封，曬成。其餘糟糠等醋，皆不入藥，不能盡紀也。

米醋

氣味　酸苦，温，無毒。詵曰，大麥醋微寒，餘醋並同。弘景曰，多食損人肌臓。藏器曰，多食損筋骨，亦損胃，不益男子。損人顔色。醋發諸藥不可同食。時珍曰，酸屬木，脾病，毋多食酸，酸傷脾，肉腸而唇揭。服茯苓、丹參人，不可食醋。鏡源曰，米醋煮制四黄、丹砂、膽礬、常山諸藥也。

主治　消癰腫，散水氣，殺邪毒。《别録》。理諸藥消毒，扁鵲。治産後血運，除癥塊、堅積，消食，殺惡毒，破結氣心中，酸水痰飲，藏器。下氣除煩，治婦人心痛血氣，并産後及傷損，金瘡出血，昏運，殺一切魚肉菜毒。《日華》。醋，磨青木香，止卒心痛，血氣痛。浸黄蘗含之，治口瘡。調大黄末塗腫毒。煎生大黄服，治痃癖甚良。孟詵。散瘀血，治黄疸、黄汗。好古曰，張仲景治黄汗，有黄芪、芍藥、桂枝苦酒湯。治黄疸，有麻黄醇酒湯。用苦酒、清酒方見《金匱要畧》。

發明　宗奭曰，米醋比諸醋最釅，入藥多用之。穀氣全也，故勝糟醋。産婦房中，常以火炭沃醋氣爲佳。酸益血也，以磨雄黄塗蜂蠆毒，亦取其收而不散之義。今人食酸則齒軟，謂其水生木，水氣弱，木氣强，故如是。造靴皮者，須得醋而紋發，故知其性收斂，不負酸收之意。時珍曰，按孫光憲《北夢瑣言》云，一婢抱兒落炭火上，燒灼以醋泥傅之，旋愈無痕。又一少年眼中常見一鏡，趙卿謂之曰，來晨以魚鱠奉候。及期延至，從容久之。少年飢甚，見臺上一甌芥醋，旋旋啜之，遂覺胸中豁然，眼花不見。卿云，君喫魚鱠太多。魚畏芥醋，故權誑而愈其疾也。觀此二事，可證《别録》治癰腫、殺邪毒之驗也。大抵醋治諸瘡腫、積塊、心腹疼痛、痰水血病，殺魚肉菜及諸蟲毒氣，無非取其酸收之意，而又有散瘀解毒之功。李廷飛云，醋能少飲，辟邪勝酒。王戩自幼喜食醋，年踰八十，猶能臨陣也。

酒《别録》中品。　校正《拾遺》：糟筍酒、社酒，今併爲一。

釋名　時珍曰，按許氏《説文》云，酒，就也，所以就人之善惡也。一説，酒字篆文象酒在卣中之狀。飲饍標題云，酒之清者曰釀，濁者曰盎，厚曰醇，薄曰醨，重釀曰酎，一宿曰醴，美曰醑，未榨曰醅，紅曰醍，緑曰醽，白曰醝。

集解　恭曰，酒有黍、秫、粳、糯、粟、麴、蜜、葡萄等色。凡作酒醴須麴，而葡萄、蜜等酒獨不用麴。諸酒醇醨不同，惟米酒入藥用。藏器曰，凡好酒，欲熟時皆能候風潮而轉，此是合陰陽也。詵曰，酒有紫酒、薑酒、桑椹酒、葱豉酒、葡萄酒、蜜酒，及地黄、牛膝、虎骨、牛蒡、大豆、枸杞、通草、仙靈脾、狗肉等，皆可和釀作酒，俱各有方。宗奭曰，《戰國策》云，帝女儀狄造酒，進之於禹。《説文》云，少康造酒，即杜康也。然《本草》已著酒名，《素問》亦有酒漿，則酒自黄帝始，非儀狄矣。古方用酒，有醇酒、春酒、白酒、清酒、美酒、糟下酒、粳酒、秫黍酒、葡萄酒、地黄酒、蜜酒，有灰酒、新熟無灰酒、社壇餘胙酒。今人所用，有糯酒、煮酒、小豆麴酒、香藥麴酒、鹿頭酒、羔兒等酒。江、浙、湖南北又以糯粉入衆藥和爲麴，曰餅子酒。至於官務中亦有。四夷酒中國不可取，以爲法令。醫家所用，正宜斟酌。但飲酒惟取其味，不顧入藥，何如爾。然久之未見不作疾者。蓋此物損益兼行，可不慎歟！漢賜丞相上尊酒。糯爲上，稷爲中，粟爲下。今入藥佐使，專用糯米，以清水、白麪麴所造爲正。古人造麴，未見入諸藥，所以功力和厚，皆勝餘酒。今人又以蘗造者，蓋止是醴，非酒也。《書》云，若作酒醴，爾惟麴蘗。酒則用麴，醴則用蘗，氣味甚相遼，治療豈不殊也！頴曰，入藥用東陽酒最佳，其酒自古擅名。《事林廣記》所載釀法，其麴亦用藥，今則絶無。惟用麩麪、蓼汁拌造，假其辛辣之力。蓼亦解毒，清香遠達，色復金黄，飲之至醉，不頭痛，不口乾，不作瀉。其水秤之重於他水，鄰邑所造俱不然，皆水土之美也。處州金盆露水和薑汁造麴，以浮飯造釀，醇美可尚，而色香劣於東陽，以其水不及也。江西麻姑酒，以泉得名，而麴有羣藥。金陵瓶酒，麴米無嫌，而水有鹼，且用灰，味太甘，多能聚痰。山東秋露白，色純味烈。蘇州小瓶酒，麴有葱及紅豆、川烏之類，飲之頭痛、口渴。淮南緑豆酒，麴有緑豆，能解毒，然亦有灰，不美。時珍曰，東陽酒，即金華酒，古蘭陵也。李太白詩所謂蘭陵美酒鬱金香，即此。常飲、入藥俱良。山西襄陵酒，薊州薏苡酒，皆清烈，但麴中亦有藥物。黄酒有灰。秦蜀有咂嘛酒，用稻、麥、黍、秫、藥麴小罌封釀而成，以筒吸飲。穀氣既雜，酒不清美，並不可入藥。

米酒

氣味　苦甘、辛，大熱有毒。詵曰，久飲傷神損壽，軟筋骨，動氣痢。醉卧當風，則成癜風。醉浴冷水成痛痺，服丹砂人飲之，頭痛、吐、熱。士良曰，凡服丹砂、北庭、石亭脂、鍾乳諸石，生薑，並不可長用酒下，能引石藥氣入四肢，滯血化爲癰疽。藏器曰，凡酒，忌諸甜物。酒漿照人無影，不可飲。祭酒自耗不可飲。酒合乳飲，令人氣結，同牛肉食，令人生蟲。酒後卧黍穰，食猪肉，患大風。時珍曰，酒後食芥及辣物，緩人筋骨。酒後飲茶，傷腎臟，腰脚重墜，膀胱冷痛，兼患痰飲、水腫、消渴攣痛之疾。一切毒藥因酒得者，難治。又酒得鹹而解者，水制火也。酒性上，而鹹潤下也。又畏枳、椇、葛花、赤豆花，緑豆粉者，寒勝熱也。

主治　行藥勢，殺百邪惡毒氣。《别録》。通血脈，厚腸胃，潤皮膚，散濕氣，消憂發怒，宣言暢意。藏器。養脾氣，扶肝，除風下氣。孟詵。解馬肉、桐油毒，丹石發動諸病熱，飲之甚良。時珍。

糟底酒三年臘糟下取之。

開胃下食，暖水臟，温腸胃，消宿食，禦風寒，殺一切蔬菜毒。《日華》。止嘔噦，摩風瘙腰膝疼痛。孫思邈。

老酒臘月釀造者，可經數十年不壞。

和血養氣，暖胃辟寒，發痰動火。時珍。

春酒清明釀造者，亦可經久。

常服令人肥白。孟詵。蠼螋尿瘡，飲之至醉，須臾蟲出如米也。《李絳兵部手集》。

社壇餘胙酒《拾遺》。

治小兒語遲，納口中佳。又以噴屋四角，辟蚊子。藏器。飲之，治聾。時珍曰，按《海録碎事》云，俗傳社酒治聾，故李濤有社翁今日没心情，爲寄治聾酒一瓶之句。

糟筍節中酒

氣味　鹹，平無毒。主治：飲之，主噦氣嘔逆。或加小兒乳，及牛乳同服，又摩癧瘍風。藏器。

東陽酒

氣味　甘辛無毒，主治：用制諸藥良。

發明　弘景曰，大寒凝海，惟酒不冰，明其性熱，獨冠羣物。藥家多用以行其勢，人飲多則體弊神昏，是其有毒故也。《博物志》云，王肅、張衡、馬均三人冒霧晨行，一人飲酒，一人飽食，一人空腹。空腹者死，飽食者病，飲酒者健。此酒勢辟惡勝於他食之效也。好古曰，酒能引諸經，不止與附子相同，味之辛者，能散苦者，能下甘者，能居中。而緩用爲導引，可以通行一身之表，至極高分。味淡者，則利小便而速下也。古人惟以麥造麴，釀黍已爲辛熱有毒。今之醞者，加

以烏頭、巴豆、砒霜、薑桂、石灰、竈灰之類，大毒大熱之藥，以增其氣味，豈不傷沖和，損精神，涸榮衛，竭天癸而夭人壽耶！震亨曰，本草止言酒熱而有毒，不言其濕中發熱近於相火。醉後振寒戰慄可見矣。又性喜升，氣必隨之，痰鬱於上，溺澀於下，恣飲，寒涼其熱內鬱，肺氣大傷，其始也病淺，或嘔吐，或自汗，或瘡疥，或鼻皶，或泄利，或心脾痛，尚可散而去之。其久也病深，或消渴，或內疽，或肺痿，或鼓脹，或失明，或哮喘，或勞瘵，或癲癇，或痔漏，爲難名之病，非具眼未易處也。夫醇酒性大熱，飲者適口不自覺也。理宜冷飲，有三益焉。過於肺，入於胃，然後微温。肺得温中之意，可以補氣，次得寒中之温，可以養胃。冷酒行遲傳化以漸，人不得恣飲也。今則不然，圖取快喉舌焉。潁曰，人知戒早飲，而不知夜飲更甚。既醉既飽，睡而就枕，熱擁傷心傷目。夜氣收斂，酒以發之，亂其清明，勞其脾胃，停濕生瘡，動火助慾，因而致病者多矣。朱子云，以醉爲節，可也。機曰，按扁鵲云，過飲腐腸爛胃，潰髓蒸筋，傷神損壽。昔有客訪周顗，出美酒二石。顗飲一石二斗，客飲八斗。次明顗無所苦，客已脇穿而死矣。豈非犯扁鵲之戒乎。時珍曰，酒，天之美禄也。麪麴之酒，少飲則和血行氣，壯神禦寒，消愁遣興，痛飲則傷神耗血，損胃亡精，生痰動火。邵堯夫詩云，美酒飲教微醉後。此得飲酒之妙，所謂醉中趣、壺中天者也。若夫沈湎無度，醉以爲常者，輕則致疾敗行，甚則喪邦亡家而隕軀命，其害可勝言哉！此大禹所以疏儀狄，周公所以著《酒誥》爲世範戒也。

【略】附諸酒方。時珍曰，本草及諸書並有治病釀酒諸方，今輯其簡要者，以備參考。藥品多者不能盡録。

愈瘧酒　治諸瘧疾，頻頻温飲之。四月八日水一石，麴一斤爲末，俱投水中，待酢，煎之。一石取七斗，待冷，入麴四斤，一宿上生白沫，起。炊秫一石，冷，投，三日酒成。賈思勰《齊民要術》。

屠蘇酒　陳延之小品方云，此華佗方也。元旦飲之，辟疫癘一切不正之氣。造法：用赤木桂心七錢五分，防風一兩，菝葜五錢，蜀椒、桔梗、大黄五錢七分，烏頭二錢五分，赤小豆十四枚，以三角絳囊盛之，除夜懸井底，元旦取出，置酒中煎數沸，舉家東向，從少至長次第飲之。藥滓還投井中。歲飲此水，一世無病。時珍曰，蘇魁，鬼名。此藥屠割鬼爽故名，或云草庵名也。

逡巡酒　補虚益氣，去一切風痺濕氣，久服益壽耐老，好顔色。造法：三月三日收桃花三兩三錢，五月五日收馬藺花五兩五錢，六月六日收脂麻花六兩六錢，九月九日收黄甘菊花九兩九錢，陰乾。十二月八日取臘水三斗，待春分取桃仁四十九枚好者，去皮尖。白麪十斤，正同前花和作麴，紙包四十九日。用時白水一瓶，麴一丸，麪一塊，封良久成矣。如淡，再加一丸。

五加皮酒　去一切風濕痿痺，壯筋骨，填精髓。用五加皮洗刮去骨煎汁，和麴米釀成飲之。或切碎，袋盛浸酒，煮飲。或加當歸、牛膝、地榆諸藥。

白楊皮酒　治風毒、脚氣、腹中痰癖如石。以白楊皮切片，浸酒起飲。

女貞皮酒　治風虚，補腰膝。女貞皮切片浸酒，煮飲之。

仙靈脾酒　治偏風不遂，强筋堅骨。仙靈脾一斤，袋盛，浸無灰酒二斗，密封三日，飲之。《聖惠方》。

薏苡仁酒　去風濕，强筋骨，健脾胃。用絶好薏苡仁粉，同麴、米，釀酒，或袋盛煮酒飲。

天門冬酒　潤五臟，和血脈。久服除五勞七傷，癲癇，惡疾。常令酒氣相接，勿令大醉。忌生冷。十日當出風疹毒氣，三十日乃已，五十日不知風吹也。冬月，用天門冬去心，煮汁，同麴米釀成。初熟微酸，久乃味佳。《千金方》。

百靈藤酒　治諸風。百靈藤十斤，水一石，煎汁三斗。入糯米三斗，神麴九斤，如常釀成。三五日更炊糯飯投之，即熟，澄清。日飲以汗出爲效。《聖惠方》。

白石英酒　治風濕周痺，肢節濕痛，及腎虚，耳聾。用白石英、磁石煅，醋淬七次，各五兩，絹袋盛，浸酒中五六日，温飲。酒少，更添之。《聖濟總録》。

地黄酒　補虚弱，壯筋骨，通血脈，治腹痛，變白髮。用生肥地黄絞汁，同麴米封密器中，五七日啓之，中有緑汁，真精英也，宜先飲之。乃濾汁藏貯，加牛膝汁，效更速。亦有加羣藥者。

牛膝酒　壯筋骨，治痿痺，補虚損，除久瘧。用牛膝煎汁，和麴、米釀酒。或切碎袋盛，浸酒煮飲。

當歸酒　和血脈，堅筋骨，止諸痛，調經水。當歸煎汁，或釀或浸，並如上法。

菖蒲酒　治三十六風、一十二痺，通血脈，治骨痿。久服耳目聰明。石菖蒲煎汁，或釀或浸，並如上法。

枸杞酒　補虚弱，益精氣，去冷風，壯陽道，止目淚，健腰脚。用甘州枸杞子，煮爛搗汁，和麴米釀酒。或以子同生地黄袋盛，浸酒煮飲。

人參酒　補中益氣，通治諸虚。用人參末，同麴、米釀酒，或袋盛浸酒煮飲。

薯蕷酒　治諸風眩運，益精髓，壯脾胃。用薯蕷粉同麴、米釀酒，或同山茱

萸、五味子、人參諸藥，浸酒煮飲。

茯苓酒　治頭風虛眩，暖腰膝，主五勞七傷。用茯苓粉同麴、米釀酒飲之。

菊花酒　治頭風，明耳目，去痿痹，消百病。用甘菊花煎汁，同麴、米釀酒。或加地黄、當歸、枸杞諸藥亦佳。

黄精酒　壯筋骨，益精髓，變白髮，治百病。用黄精、蒼术各四斤，枸杞根、柏葉各五斤，天門冬三斤，煮汁一石，同麴十斤、糯米一石，如常釀酒飲。

桑椹酒　補五臟，明耳目，治水腫，不下則滿，下之則虛，大腹，則十無一活。用桑椹搗汁，煎過，同麴、米如常釀酒飲。

術酒　治一切風濕筋骨諸病，駐顔色，耐寒暑。用術三十斤，去皮，搗。以東流水三石，漬三十日，取汁露一夜，浸麴、米釀成飲。

蜜酒　孫真人曰，治風疹風癬。用沙蜜一斤，糯飯一升，麪麴五兩，熟水五升，同入瓶内，封七日成酒。尋以蜜入酒代之，亦良。

蓼酒　久服聰明耳目，脾胃健壯。以蓼煎汁和麴、米釀酒飲。

薑酒　詵曰，治偏風中、惡疰忤心腹冷痛。以薑浸酒，煖服一椀，即止。一法，用薑汁和麴造酒，如常服之佳。

葱豉酒　詵曰，解煩熱，補虛勞，治傷寒、頭痛、寒熱，及冷痢腸痛，解肌發汗。並以葱根、豆豉浸酒煮飲。

茴香酒　治卒，腎氣痛，偏墜牽引，及心腹痛。茴香浸酒，煮飲之。舶茴尤妙。

縮砂酒　消食，和中下氣，止心腹痛。砂仁炒、研，袋盛，浸酒煮飲。

莎根酒　治心中客熱，膀胱、脇下氣鬱，常憂不樂。以莎根一斤，切，熬香。袋盛浸酒，日夜服之，當令酒氣相續。

茵陳酒　治風疾、筋骨攣急。用茵蔯蒿炙黄一斤，秫米一石，麴三斤，如常釀酒飲。

青蒿酒　治虛勞久瘧。青蒿搗汁煎過，如常釀酒飲。

百部酒　治一切久近咳嗽。百部根切、炒，袋盛浸酒，頻頻飲之。

海藻酒　治癭氣。海藻一斤，洗浄，浸酒，日夜細飲。

黄藥酒　治諸癭氣。萬州黄藥切片，袋盛，浸酒煮飲。

仙茆酒　治精氣虛寒、陽痿、膝弱、腰痛、痹緩諸虛之病。用仙茆九蒸九曬，浸酒飲。

通草酒　續五臟氣，通十二經脈，利三焦。通草子煎汁，同麴、米釀酒飲。

南藤酒　治風虛，逐冷氣，除痺痛，强腰脚。石南藤煎汁，同麴、米釀酒飲。

松液酒　治一切風痺、脚氣。於大松下掘坑，置甕承取其津液。一斤釀糯米五斗，取酒飲之。

松節酒　治冷風虛弱，筋骨攣痛，脚氣緩痺。松節煮汁，同麴、米釀酒飲。松葉煎汁亦可。

柏葉酒　治風痺、歷節作痛。東向側柏葉煮汁，同麴、米釀酒飲。

椒柏酒　元旦飲之，辟一切疫癘不正之氣。除夕以椒三七粒，東向側柏葉七枝，浸酒一瓶飲。

竹葉酒　治諸風熱病，清心暢意。淡竹葉煎汁，如常釀酒飲。

槐枝酒　治大麻痿痺。槐枝煮汁，如常釀酒飲。

枳茹酒　治中風身直口僻眼急。用枳殼刮茹，浸酒飲之。

牛蒡酒　治諸風毒，利腰脚。用牛蒡根切片，浸酒飲之。

巨勝酒　治風虛痺弱，腰膝疼痛。用巨勝子二升，炒香。薏苡仁二升，生地黄半斤，袋盛，浸酒飲。

麻仁酒　治骨髓風毒痛不能動者。取大麻子中仁炒香，袋盛，浸酒飲之。

桃皮酒　治水腫，利小便。桃皮煎汁，同秫米釀酒飲。

紅麴酒　治腹中及産後瘀血。紅麴浸酒，煮飲。

神麴酒　治閃肭腰痛。神麴燒赤，淬酒飲之。

柘根酒　治耳聾。方具柘根下。

磁石酒　治腎虛耳聾。用磁石、木通、菖蒲等分，袋盛，酒浸日飲。

蠶沙酒　治風緩頑痺，諸節不隨，腹内宿痛。用原蠶沙炒黄，袋盛，浸酒飲。

花蛇酒　治諸風，頑痺癱緩，攣急疼痛，惡瘡疥癩。用白花蛇肉一條，袋盛，同麴置於缸底，糯飯蓋之三七日，取酒飲。又有群藥煮酒方甚多。

烏蛇酒　治療、釀法同上。

蚺蛇酒　治諸風痛痺，殺蟲辟瘴，治癩風、疥癬、惡瘡。用蚺蛇肉一片，羌活一兩，袋盛，同麴置於缸底。糯飯蓋之，釀成酒，飲。亦可浸酒。詳見本條。頴曰，廣西蛇酒，罈上安蛇，數寸，其麴則採山中草藥，不能無毒也。

蝮蛇酒　治惡瘡、諸瘻、惡風頑痺、癲疾。取活蝮蛇一條，同醇酒一斗，封埋馬溺處，周年取出。蛇已消化，每服數杯，當身體習習而愈也。

紫酒　治卒風，口偏不語，及角弓反張，煩亂欲死，及鼓脹不消。以雞屎白

一升，炒焦，投酒中。待紫色，去滓，頻飲。

豆淋酒　破血去風，治男子中風口喎，陰毒腹痛，及小便尿血；婦人産後一切中風諸病。用黑豆炒焦，以酒淋之，温飲。

霹靂酒　治疝氣偏墜，婦人崩中下血，胎産不下。以鐵器燒赤，浸酒飲之。

龜肉酒　治十年咳嗽。釀法詳見龜條。

虎骨酒　治臂脛疼痛，歷節風，腎虚，膀胱寒痛。虎脛骨一具，炙黄槌碎，同麴、米如常釀酒，飲亦可。浸酒詳見虎條。

麋骨酒　治陰虚腎弱，久服令人肥白。麋骨煮汁，同麴、米如常釀酒，飲之。

鹿頭酒　治虚勞不足，消渴，夜夢鬼物，補益精氣。鹿頭煮爛，搗泥，連汁和麴、米釀酒飲。少入葱、椒。

鹿茸酒　治陽虚痿弱，小便頻數，勞損諸虚。用鹿茸、山藥浸酒服。詳見鹿茸下。

戊戌酒　詵曰：大補元陽。頴曰：其性大熱，陰虚無冷病人不宜飲之。用黄狗肉一隻，煮糜，連汁和麴、米釀酒，飲之。

羊羔酒　大補元氣，健脾胃，益腰腎。宣和化成殿真方：用米一石，如常浸漿。嫩肥羊肉七斤，麴十四兩，杏仁一斤，同煮爛，連汁拌，末入木香一兩，同釀，勿犯水，十日熟，極甘滑。一法：羊肉五斤，蒸爛，酒浸一宿，入消梨七個，同搗取汁，和麴、米釀酒，飲之。

膃肭臍酒　助陽氣，益精髓，破癥結冷氣，大補益人。膃肭臍酒浸，擂爛，同麴、米如常釀酒飲。

燒酒《綱目》

釋名　火酒，《綱目》。阿剌吉酒。《飲膳正要》。

集解　時珍曰：燒酒，非古法也。自元時始創，其法用濃酒和糟入甑蒸，令氣上，用器承取滴露。凡酸壞之酒，皆可蒸燒。近時惟以糯米，或粳米，或黍或秫，或大麥，蒸熟和麴，釀甕中七日，以甑蒸取。其清如水，味極濃烈，蓋酒露也。頴曰：暹羅酒，以燒酒復燒二次，入珍寶異香，其壜每個以檀香十數斤燒烟薰令如漆，然後入酒，蠟封，埋土中二三年，絶去燒氣，取出用之。曾有人携至舶，能飲三四盃即醉，價直數倍也。有積病，飲一二盃即愈，且殺蠱。予親見二人飲此，打下活蟲長二寸許，謂之魚蠱云。

氣味　辛甘，大熱，有大毒。時珍曰：過飲敗胃傷膽，喪心損壽，甚則黑腸腐胃而死。與薑蒜同食，令人生痔。鹽冷水、緑豆粉解其毒。

主治　消冷積寒氣燥濕痰，開鬱結，止水泄，治霍亂瘧疾、噎膈、心腹冷痛、陰毒欲死，殺蟲辟瘴，利小便，堅大便，洗赤目腫痛有效。時珍。

發明　時珍曰：燒酒，純陽毒物也。面有細花者爲真，與火同性，得火即然，同乎焰消。北人四時飲之，南人止暑月飲之。其味辛甘，升揚發散，其氣燥熱，勝濕祛寒，故能開怫鬱而消沈積，通膈噎而散痰飲，治泄瘧而止冷痛也。辛先入肺，和水飲之，則抑使下行，通調水道，而小便長白。熱能燥金耗血，大腸受刑，故令大便燥結，與薑蒜同飲，即生痔也。若夫暑月飲之，汗出而膈快身涼。赤目洗之，淚出而腫消赤散。此乃從治之方焉。過飲不節，殺人頃刻。近之市沽又加以砒石、草烏、辣灰、香藥，助而引之，是假盗以方矣。善攝生者宜戒之。按劉克用《病機賦》云：有人病赤目，以燒酒入鹽飲之，而痛止腫消。蓋燒酒性走，引鹽通行經絡，使鬱結開而邪熱散，此亦反治劫劑也。

附方【略】

葡萄酒《綱目》

集解　詵曰：葡萄可釀酒，藤汁亦佳。時珍曰：葡萄酒有二樣，釀成者味佳，有如燒酒法者，有大毒。釀者取汁，同麴如常釀糯米飯法。無汁，用乾葡萄末亦可。魏文帝所謂葡萄釀酒甘於麴、米，醉而易醒者也。燒者取葡萄數十斤，同大麴釀酢，取入甑蒸之，以器承其滴露，紅色可愛。古者西域造之，唐時破高昌，始得其法。按梁四公記云：高昌獻蒲桃乾凍酒。杰公曰：蒲桃皮薄者味美，皮厚者味苦。八風谷凍成之酒，終年不壞。葉子奇《草木子》云：元朝於冀寧等路造蒲桃酒，八月至太行山辨其真僞。真者下水即流，僞者得水即冰凍矣。久藏者中有一塊，雖極寒，其餘皆冰，獨此不冰，乃酒之精液也，飲之令人透腋而死。酒至二三年，亦有大毒。《飲膳正要》云：酒有數等。出哈喇火者最烈，西番者次之，平陽太原者又次之。或云：葡萄久貯亦自成酒，芳甘酷烈，此真葡萄酒也。

釀酒

氣味　甘辛，熱，微毒。時珍曰：有熱疾、齒疾、瘡疹人，不可飲之。

主治　暖腰腎，駐顔色，耐寒。時珍。

燒酒

氣味　辛甘，大熱，有大毒。時珍曰：大熱、大毒甚於燒酒。北人習而不覺，南人切不可輕生飲之。

主治　益氣調中，耐饑强志。《正要》。消痰破癖。汪穎。

糟《綱目》。

釋名　粕。《綱目》。

集解　時珍曰：糯、秫、黍、麥皆可蒸釀酒醋，熬煎餳飴，化成糟粕。酒糟須用臘月及清明重陽造者，瀝乾，入少鹽收之。藏物不敗，揉物能軟，若榨乾者，無味矣。醋糟用三伏造者良。

酒糟

氣味　甘辛，無毒。主治：温中消食，除冷氣，殺腥去草菜毒，潤皮膚，調臟腑，蘇恭。罯撲損瘀血，浸水洗凍瘡，擣傅蛇咬蜂叮毒。《日華》。

發明　時珍曰：酒糟有麴蘖之性，能活血，行經止痛，故治傷損有功。按許叔微本事方云：治腕折傷筋骨痛不可忍者，用生地黄一斤，藏瓜薑糟一斤，生薑四兩，都炒熟，布裹，罨傷處，冷即易之。曾有人傷折，醫令捕一生龜，將殺用之。夜夢龜，傳此方，用之而愈也。又《類編》所載，只用藏瓜薑糟一物，入赤小豆末和勻，罨於斷傷處。以杉片或白桐片夾之。云不過三日，即痊可也。

大麥醋糟

氣味　酸，微寒，無毒。主治：氣滯風壅，手背脚膝痛。炒熱，布裹熨之，三兩換當愈。孟詵。

乾餳糟

氣味　甘温，無毒。

主治　反胃吐食，暖脾胃，化飲食，益氣緩中。時珍。

發明　時珍曰：餳以蘖成，暖而消導，故其糟能化滯緩中，養脾止吐也。按繼洪澹寮方云：甘露湯治反胃嘔吐不止，服此利胸膈，養脾胃，進飲食。用乾餳糟六兩，生薑四兩，二味同搗作餅，或焙或曬，入炙甘草末二兩，鹽少許，點湯服之。常熟一富人病反胃，往京口甘露寺設水陸，泊舟岸下，夢一僧持湯一盃與之，飲罷便覺胸快。次早入寺，供湯者乃夢中所見僧，常以此湯待賓，故易名曰甘露湯。予在臨汀，療一小吏旋愈。切勿忽之。

明・高濂《遵生八箋・飲饌服食箋中・醞造類》此皆山人家養生之酒，非甜即藥，與常品迥異，豪飲者勿共語也。

桃源酒

白麴二十兩，剉如棗核。水一斗，浸之待發。糯米一斗，淘極浄，炊作爛飯，攤冷，以四時消息氣候，投放麴汁中，攪如稠粥。候發，即更投二斗米飯，嘗之或不似酒，勿怪。候發，又二斗米飯，其酒即成矣。如天氣稍煖，熟後三五日，甕頭有澄清者，先取飲之，縱令酣酌，亦無傷也。此本武陵桃源中得之，後被《齊民要術》中採掇編録，皆失其妙，此獨真本也。今商議以空水浸米尤妙。每造，一斗水煮取一升，澄清汁，浸麴俟發。經一日，炊飯候冷，即出甕中，以麴麥和，還入甕中。每投皆如此，其第三第五，皆待酒發後，經一日投之。五投畢，待發定，訖一二日可壓，即大半化爲酒。如味硬，即每一斗蒸三升糯米，取大麥蘖麴一大匙，白麴末一大分，熟攪和，盛葛布袋中，納入酒甕，候甘美，即去其袋。然造酒北方地寒，即如人氣投之，南方地煖，即須至冷爲佳也。

香雪酒

用糯米一石，先取九斗，淘淋極清，無渾脚爲度。以桶量米准。作數，米與水對充，水宜多一斗，以補米脚，浸於缸内。後用一斗米，如前淘淋炊飯，埋米上，草蓋覆缸口二十餘日。候浮，先瀝飯殼，次瀝起米，控乾炊飯，乘熟，用原浸米水澄去水脚，白麪作小塊，二十斤拌勻，米殼蒸熟，放缸底。如天氣熱，略出火氣，打拌勻後，蓋缸口一週時，打頭杷，打後不用蓋。半週時，打第二杷。如天氣熱，須再打出熱氣。三杷打絶，仍蓋缸口，候熟，如用常法。大抵米要精白，淘淋要清浄，杷要打得熱氣透，則不致敗耳。

碧香酒

糯米一斗，淘淋清浄，内將九升浸甕内，一升炊飯。拌白麴末四兩，用篘埋所浸米内，候飯浮，撈起。蒸九升米飯，拌白麴末十六兩。先將浄飯置甕底，次以浸米飯置甕内，以原淘米漿水十斤或二十斤，以紙四五重，密封甕口。春數日，如天寒，一月熟。

臘酒

用糯米二石，水與酵二百斤足秤，白麴四十斤足秤，酸飯二斗，或用米二斗起酵，其味釅而辣。正臘中造煮時，大眼籃二個，輪置酒瓶在湯内，與湯齊滚，取出。

建昌紅酒

用好糯米一石，淘浄傾缸内，中留一窩，内傾下水一石二斗。另取糯米二斗，煮飯攤冷，作一團放窩内，蓋訖。待二十餘日，飯浮漿酸，摝去浮飯，瀝乾浸米。先將米五斗淘浄，鋪於甑底，將濕米次第上去，米熟，略攤氣絶，翻在缸内中蓋下。取浸米漿八斗，花椒一兩，煎沸出鍋，待冷。用白麴三斤搥細，好酵母三

碗，飯多少如常酒放酵法，不要厚了。天道極冷，放暖處，用草圍一宿，明日早，將飯分作五處，每放小缸中，用紅麯一升，白麯半升。取酵亦作五分，每分和前麯飯同拌勻，踏在缸內，將餘在熟盡放面上蓋定，候二日打扒。如面厚，三五日打一遍；打後，面浮漲足，再打一遍，仍蓋下。十一月，二十日熟。十二月，一月熟。正月，二十日熟。餘月不宜造。榨取澄清，並入白檀少許，包裹泥定。頭糟用熟水隨意副入，多二宿，便可榨。

五香燒酒

每料糯米五斗，細麯十五斤，白燒酒三大罈。檀香、木香、乳香、川芎、没藥各一兩五錢，丁香五錢，人參四兩，各爲末。白糖霜十五斤，胡桃肉二百個，紅棗三升去核。先將米蒸熟晾冷，照常下酒法則，要落在甕口缸內，好封口。待發微熱，入糖並燒酒、香料、桃、棗等物在內，將缸口厚封，不令出氣。每七日開打一次，仍封，至七七日，上榨如常。服一二杯，以醃物壓之，有春風和煦之妙。

山芋酒

用山藥一斤，酥油三兩，蓮肉三兩，冰片半分，同研如彈。每酒一壺，投藥一二丸，熱服有益。

葡萄酒

法用葡萄子取汁一斗，用麯四兩，攪勻入甕中，封口，自然成酒，更有異香。又一法：用蜜三斤，水一斗，同煎入瓶內，候溫，入麯末二兩，白酵二兩，濕紙封口，放淨處，春秋五日，夏三日，冬七日，自然成酒且佳。行功導引之時，飲一二杯，百脈流暢，氣運無滯，助道所當不廢。

黃精酒

用黃精四斤，天門冬去心三斤，松針六斤，白术四斤，枸杞五斤，俱生用，納釜中，以水三石煮之一日，去渣，以清汁浸麯，如家醖法。酒熟取清，任意食之，主除百病，延年，變鬚髮，生齒牙，功妙無量。

白术酒

白术二十五斤，切片，以東流水二石五斗，浸缸中二十日，去渣，傾汁大盆中，夜露天井中五夜，汁變成血，取以浸麯作酒。取清服，除病延年，變髮堅齒，面有光澤，久服長年。

地黃酒

用肥大地黃切一大斗，搗碎，糯米五升作飯，麯一大升，三物於盆中揉熟相勻，傾入甕中，泥封，春夏二十一日，秋冬須二十五日。滿日開看，上有一盞綠液，是其精華，先取飲之，餘以生布絞汁如飴，收貯。味極甘美，功効同前。

菖蒲酒

取九節菖蒲生搗，絞汁五斗，糯米五斗，炊飯，細麯五斤，相拌令勻，入磁罈，密蓋二十一日即開。溫服，日三服之。通血脈，滋榮衛，治風痺骨立痿黃，醫不能治。眼一劑，百日後，顏色光彩，足力倍常，耳目聰明，髮白變黑，齒落更生，夜有光明，延年益壽，功不盡述。

羊羔酒

糯米一石，如常法浸漿。肥羊肉七斤，麯十四兩。杏仁一斤，煮去苦水，又同羊肉多湯煮爛，留汁七斗，拌前米飯，加木香一兩同醖，不得犯水。十日可吃，味極甘滑。

天門冬酒

醇酒一斗，用六月六日麯末一升，好糯米五升作飲，天門冬煎五升。米須淘訖曬乾，取天門冬汁浸。先將酒浸麯，如常法候熟；炊飯適寒溫，用煎汁和飯，令相入投之。春夏七日，勤看勿令熱，秋冬十日熟。東坡詩云：天門冬熟新年喜，麯米春香並舍聞是也。

松花酒

三月取松花如鼠尾者，細挫一升，用絹袋盛之。造白酒熟時，投袋於酒中心，井內浸三日，取出漉酒飲之，其味清香甘美。

菊花酒

十月採甘菊花，去蒂，只取花二斤，擇淨，入醅內攪勻，次早榨，則味香清冽。凡一切有香之花，如桂花、蘭花、薔薇，皆可倣此爲之。

五加皮三骰酒

法用五加根莖、牛膝、丹參、枸杞根、金銀花、松節、枳殼枝葉，各用一大斗，以水三大石，於大釜中煮取六大斗，去滓澄清水，準幾水數浸麯。即用米五大斗炊飯，取生地黃一斗，搗如泥，拌下。二次用米五斗炊飯，取牛蒡子根細切二斗，搗如泥，拌飯下。三次用米二斗炊飯，大革麻子一斗，熬搗令細，拌飯下之。候稍冷熱，一依常法。酒味好，即去糟飲之；酒冷不發，加以麯末投之，味苦薄，再炊米二斗投之；若飯乾不發，取諸藥物煎汁熱投。候熟去糟，時常飲之，多少常

令有酒氣。男女可服，亦無所忌。服之去風勞冷氣，身中積滯宿疾，令人肥健，行如奔馬，功妙更多。

麴類造酒美惡，全在麴精水潔，故麴爲要藥。若麴失其妙，酒何取焉，故録麴之妙方於後。

白麴

白麪一擔，糯米粉一斗，水拌，令乾濕調匀，篩子格過，踏成餅子。紙包，掛當風處五十日取下，日曬夜露。每米一斗，下麴十兩。

内府秘傳麴方

白麪一百斤，黄米四斗，緑豆三斗。先將豆磨去殼，將殼簸出，水浸，放置一處聽用。次將黄米磨末，入麪並豆末和作一處，將收起豆殼浸水，傾入米麪豆末内和起。如乾，再加浸豆殼水，以可捻成塊爲準，踏作方麴，以實爲佳，以粗卓曬六十日。三伏内作，方好造酒，每石入麴七斤，不可多放。其酒清冽。

蓮花麴

蓮花三斤，白麪一百五十兩，緑豆三斗，糯米三斗，俱磨爲末。川椒八兩，如常造踏。

金莖露麴

麪十五斤，緑豆三斗，糯米三斗。爲末，踏。

襄陵麴

麪一百五十斤，糯米三斗，磨末。蜜五斤，川椒八兩。

紅白酒藥

用草菓五個，青皮、官桂、砂仁、良薑、茱萸、光烏各二斤，陳皮、黄柏、香附子、蒼朮、乾薑、甘菊花、杏仁各一斤，薑黄、薄荷各半斤，每藥料共稱一斤，配糯米粉一斗，辣蓼二斤或五斤，水薑二斤搗汁，和滑石末一斤四兩，如常法盦之。上料更加畢撥、丁香、細辛、三賴、益智、丁皮、砂仁各四兩。

東陽酒麴

白麪一百斤，桃仁三斤，杏仁三斤，草烏一斤，烏頭三斤，去皮可減去其半。緑豆五升煮熟。木香四兩，官桂八兩，辣蓼十斤，水浸七日。瀝母藤十斤，蒼耳草十斤，桑葉包。同蓼草三味，入鍋煎煮緑豆。每石米内，放麴十斤，多則不妙。

蓼麴

用糯米不拘多少，以蓼搗汁，浸一宿，漉出，以麪拌匀。少頃，篩出浮麪，用厚紙袋盛之，掛通風處。夏月製之，兩月後可用。以之造酒，極醇美可佳。

明·謝肇淛《五雜俎》卷一一《物部三》 酒以淡爲上，苦冽次之，甘者最下。青州從事，向擅聲稱，今所傳者，色味殊劣，不勝平原督郵也。然從事之名，因青州有齊郡，借以爲名耳。今遂以青州酒當之，恐非作者本意。

京師有薏酒，用薏苡實釀之，淡而有風致，然不足快酒人之吸也。易州酒勝之，而淡愈甚。不知荆高輩所從遊，果此物耶？襄陵甚冽，而潞酒奇苦。南和之刁氏，濟上之露，東郡之桑落，釀淡不同，漸於甘矣，故衆口雖調，聲價不振。

京師之燒刀，與棣之純綿也，然其性兇憯，不啻無刃之斧斤。大内之造酒，閹豎之菽粟也，而其品猥凡，僅當不羶之酥酪羊羔。以脂入釀，呷麻以口爲手，幾於夷矣，此又儀狄之罪人也。

江南之三白，不脛而走半九州矣，然吴興造者勝於金昌，蘇人急於求售，水米不能精擇故也。泉冽則酒香。吴興碧浪湖、半月泉、黄龍洞諸泉皆甘冽異常，富民之家多至惠山載泉以釀，故自奇勝。

「雪酒金盤露」，虚得名者也，然尚未墮恶道；至蘭溪而濫恶極矣。所以然者，醇釀有餘，而風韻不足故也。譬之美人，豐肉而寡態者耳。然太真肥婢，寵冠椒房，金華酤肆，户外之屨常滿也，故知味者實難。

閩中酒無佳品。往者，順昌擅場，近則建陽爲冠。順酒卑卑無論，建之色味欲與吴興抗衡矣，所微乏者，風力耳。

北方有葡萄酒、梨酒、棗酒、馬奶酒，南方有蜜酒、樹汁酒、椰漿酒，《酉陽雜俎》載有青田酒：此皆不用麴蘖，自然而成者，亦能醉人，良可怪也。

荔支汁可作酒，然皆燒酒也。作時，酒則甘，而易敗。邢子愿取佛手柑作酒，名佛香碧，初出亦自馨烈奇絶，而亦不耐藏。江右之麻姑，建州之白酒，如飲湯然，果腹而已。

稻有水、旱二種，又有秫田，其性粘軟，故謂之糯米，食之令人筋緩多睡，其性懦也。作酒之外，産婦宜食之。又謂之江米。陶彭澤公田五十畝，悉令種秫，蓋亂離之世，藉酒以度日耳。然督郵一至，便爾解綬，所種秫田，未嘗得升合之入也。所謂「張公吃酒李公醉」者耶？書此以發一笑。

明·宋應星《天工開物》卷下《麴蘖》

酒母

凡釀酒必資麴藥成信。無麴即佳米珍黍，空造不成。古來麴造酒，蘖造醴，

後世厭醴味薄，遂至失傳，則并蘖法亦亡。凡麴，麥、米、麪隨方土造，南北不同，其義則一。凡麥麴，大、小麥皆可用。造者將麥連皮，井水淘净，曬乾，時宜盛暑天。磨碎，即以淘麥水和作塊，用楮葉包紮，懸風處，或用稻稭罨黃，經四十九日取用。

造麪麴用白麪伍斤、黃豆五升，以蓼汁煮爛，再用辣蓼末五兩、杏仁泥十兩和踏成餅，楮葉包懸與稻稭罨黃，法亦同前。其用糯米粉與自然蓼汁溲和成餅，生黃收用者，罨法與時日，亦無不同也。其入諸般君臣與草藥，少者數味，多者百味，則各土各法，亦不可殫述。近代燕京，則以薏苡仁爲君，入麴造薏酒。浙中寧、紹則以緑豆爲君，入麴造豆酒。二酒頗擅天下佳雄。別載《酒經》。

凡造酒母家，生黃未足，視候不勤，盥拭不潔，則疵蘖數丸動輒敗人石米。故市麴之家必信著名聞，而後不負釀者。凡燕、齊黃酒麴蘖，多從淮郡造成，載於舟車北市。南方麴酒，釀出即成紅色者，用麴與淮郡所造相同，統名火麴。但淮郡市者打成磚片，而南方則用餅團。其麴一味，蓼身爲氣脈，而米、麥爲質料，但必用已成麴、酒糟爲媒合。此糟不知相承起自何代，猶之燒礬之必用舊礬滓云。

神麴

凡造神麴所以入藥，乃醫家別於酒母者。法起唐時，其麴不通釀用也。造者專用白麪，每百斤入青蒿自然汁、馬蓼、蒼耳自然汁相和作餅，麻葉或楮葉包罨如造醬黃法。待生黃衣，即曬收之。其用他藥配合，則聽好醫者增入，苦無定方也。

丹麴

凡丹麴一種，法出近代。其義臭腐神奇，其法氣精變化。世間魚肉最朽腐物，而此物薄施涂抹，能固其質於炎暑之中，經歷旬日蛆蠅不敢近，色味不離初，蓋奇藥也。

凡造法用秈稻米，不拘早晚。舂杵極其精細，水浸一七日，其氣臭惡不可聞，則取入長流河水漂净。必用山河流水，大江者不可用。漂後惡臭猶不可解，入甑蒸飯則轉成香氣，其香芬甚。凡蒸此米成飯，初一蒸半生即止，不及其熟。出離釜中，以冷水一沃，氣冷再蒸，則令極熟矣。熟後，數石共積一堆拌信。

凡麴信必用絶佳紅酒糟爲料，每糟一斗入馬蓼自然汁三升，明礬水和化。每麴飯一石入信二斤，乘飯熱時，數人捷手拌匀，初熱拌至冷。候視麴信入飯，久復微温，則信至矣。凡飯拌信後，傾入籮內，過礬水一次，然後分散入篾盤，登架乘風。後此風力爲政，水火無功。凡飯拌信後，傾入籮內，過礬水一次，然後分散入篾盤，登架乘風。後此風力爲政，水火無功。

凡麴飯入盤，每盤約載五升。其屋室宜高大，妨瓦上暑氣侵逼。室面宜向南，防西曬。一個時中翻拌約三次。候視者七日之中，即坐臥盤架之下，眠不敢安，中宵數起。其初時雪白色，經一二日成至黑色。黑轉褐，褐轉代赭，赭轉紅，紅極復轉微黃。目擊風中變幻，名曰生黃麴，則其價與入物之力皆倍於凡麴也。凡黑色轉竭，竭轉紅，皆過水一度。紅則不復入水。凡造此物，麴工盥手與洗净盤簟，皆令極潔。一毫滓穢，則敗乃事也。

明・方以智《通雅》卷三四《雜用諸器》 黏斗，古之貯黏麴器也。 趙希鵠言：「有古銅小提卣，有提梁索股，有蓋盛，乃古之黏斗也。」

又 卷三九《飲食》 上尊，玄鬯也。 《漢書》：「賜丞相養牛上尊。」注：「糯米酒一斗爲上尊，稷爲中，粟爲下。」師古非之，是也。自有醇醴，豈分米耶？「劉弘都督荆州，舊有齋中酒、聽事酒、猥酒三品，弘禁之。」齋中，上尊也。《抱朴子》云：「玄鬯，醇酒也。」《周禮》：「三酒」注：「事酒，酌有事者之酒，其酒則今之醳酒也。黄酒，今之酋久白酒，所謂舊醳者也。清酒，今中山之釀，接夏而成。」《内則》「酒清白」，《儀禮》之「醙」，白酒也。

濁醪，今浮滓酒也。 恬酒，即甜酒。 鄼白，若縹清，白醝酒也。 下酒，謂曹床酒也。 造清，陳釀也。 《酒正》「五齊」：「泛者，如今宜城醪也。醴，猶體也，成而汁滓相將，如今恬酒也。盎，猶翁也，如今鄼白矣。緹者，成而紅赤，如今下酒矣。」疏曰：「曹植《酒賦》曰：『宜成醴醪，蒼梧縹清。』若馬融所云今之宜城。會稽稻米，清似宜城，以爲酒名。恬酒於五齊中爲恬。鄼白，蕭何所封地，名鄼。下酒，謂曹床；下酒，其色紅赤，故以緹名之。漢時造清。熟則滓沈，故以況沈齊也。」按鄼白，《釋文》所謂白醝酒也，鄼有鄌字音嵯，故借之。謂鄼地出酒，非也。古酉時爲丣，而酉即酒字。酋即糟字，曹床、糟床也。恬即甜字，辨才設缸面酒，即今之甕頭蟻浮甘酒也。《説文》：「𨠎，芳萬切，酒疾熟也。」孫愐作：「𨠎，一宿酒也。」䤑即繫切，酮也，今作瀝。

漂玉，漂醪，漂言其清也。 枚乘賦：「尊盈漂玉，爵獻金漿。」梁人藷蔗酒

也，不釋漂玉。漂玉見《西京雜記》。「元魏太武賜崔浩漂醪。」酒清曰漂。

蘭陵酒，即曲阿酒，非金華也。　李東壁曰，「東陽酒，即金華酒，古蘭陵也，太白所謂即此」，非矣。舊傳曲阿美酒，今之丹徒武進也，又名蘭陵。《圖經》言，「高麗山原因女神覆酒，沉入曲阿」，誕矣。曲阿後湖水，及高驪覆船山馬陵溪水，味甘，釀酒醇烈。其稱蘭陵酒，即曲阿也。或以嶧縣名蘭陵，李白在山東咏之，此説亦非。大約詩人隨興不必苦註也。《疑耀》曰：「蘭溪河清酒，自宋元已有名；第其時已有甘滯不快之訾。見范成大《驂鸞録》。」

酃渌，因作醽緑，醽醁。　《廣韵》訓醽爲渌酒，則以渌爲清酒矣。按衡陽縣有酃湖，今之酃縣也，土人取以釀。晉武平吴，薦醽酒於太廟。《荆州記》云：「渌水出豫章康樂縣，其閒烏程縣有井，官取水爲酒，與湘東酃酒，年常獻之。」《吴都賦》：「飛瓊觴而酌酃醁。」《雜俎》有「緑醽法」。《集韻》作「酴渌」。《水經注》言：「郴縣有緑水，注於耒，謂之程鄉，置官醞，獻同酃也。」此説近是。或曰酃湖水緑，故名酃緑，加西爲醁醽耳。若烏程在西浙湖州，秦時有程林、烏金二家善釀；南岸曰上箬，北岸曰下箬，故名箬下酒。豈與豫章之水相近耶？今廣東又有程鄉縣，今《一統志》兩載之。彬州《興寧縣志》有程鄉水、醽醁泉，則並稱醽醁。

阿剌吉酒，燒酒也。　《飲膳正要》：「燒酒之法，自元始有。」無功引「暹羅國以燒酒復燒，入異香，二三年，入飲三盃即醉。此法即碧琳腴，今曰密林檎」。宋竇苹《酒譜》有「橎酒燒春」。升菴特賞燒春之名，余謂是燒酒耳。橎酒見沈約詩。又皮日休詩云：「橎酒三瓶寄夜航。」《五色線》引《廣韻》「橎，式徑反，木名」。《山海經》：「木甘爲酒。」式徑反，則與楁近。升菴以楁音瓻，鄺氏以橎音汁。孟奇引樂天曰：「荔枝新熟雞冠色，燒酒初開琥珀香。」今廬州有鏡面燒，廣州尚荔枝燒。

蘆酒，咂嘛酒也。　謂置蘆植管於中而羣飲也。今陝西家家以此款客，洞蠻名此爲鈎藤酒。杜詩：「黄羊飫不羶，蘆酒還多醉。」何子元曰：「謂之瑣力麻酒。」

百末，當是百味。　《漢景星歌》曰：「百末旨酒布蘭生。」師古曰：「百草華之末。」《龍城録》曰：「太宗賜魏徵詩：『醽渌稱蘭生，翠濤過玉薤。』玉薤，隋煬帝酒名。醽渌、翠濤，皆魏左相酒名，蘭生乃漢武之百味旨酒也。」駱賓王用「百味」，將愛百末新耶？漢時酒名，如《拾遺記》之「洪梁」，《大招注》之「楚瀝」，《巵言》未載。若西涼蒲萄，蒼梧竹葉，秦時之二箬，與曲阿、宜城、郫筒、西市、睦郎、官清等，多以地名。《洞冥》之「瑶琨酒」，安期之「玄碧酒」，王母「飲帝以金液壽光之酒」，穆王「薦琬琰之膏以爲酒」，則造名耳。汶人竇苹《酒譜》，《説郛》刻爲竇革，或作平，按字子野，則是苹。稱唐名酒有瓊花露、薔薇露、玉窟春、石煉春、燒春、金陵春、洞庭春、蓬萊春、錦波春。又如裴晉公魚兒酒，武宗起望仙臺，薦無憂酒。宋名酒有「向恭伯玉井秋香、鄰林秋露、段子新嬌黄、范才元萼緑香、易毅夫瓮中雲、胡長文銀光、范至能雲露、楊萬里桂子香、冷冽香。無功載周弁翁秋玉、永叔冰壺春，東坡稱雪釀，陸友仁稱瀑釀」。通曰：今稱南茶北酒。京師薏内易滄浹水，皆醇妙。刀酒則太甘，羊膏醍醐則濃，青州從事、桑落，猶存古名。紹興豆酒青，金華麻姑紅，高郵蒿酒苦。蘇州蔣家三白，蕪陰水楊充之。而蘇人但飲老酒。江北楚中皆有數十年臘酒，但以地名，不必讓此。

麯麩，酒母。　麩，魚列切。《周禮·媒氏》注：「今齊人名麴麩曰媒。」《漢書注》：孟康曰：「媒酒教。」小顔亦引「齊人以麴餅爲媒」。《書》曰：「爾惟麴蘖。」蘖即麩也。《李陵傳》：「媒蘖其短。」字本作酶，正謂釀成禍隙也。《釋名》：「麯朽也。」今北方呼酒麴爲丘，上聲。《説文》麩，昨哉切；䴬，空谷切；麲，户八切。俱訓「餅䴭也」。蘖，牙米也。䴭即麴，俗作麯。金文宗天曆元年額外課，十八曰酵，泰和四年定糟酵錢，酵即孟康之教。糟，鄭司農作莤。《齊民要術》曰：「女麴，小麴也。」今人以朽塊爲大麴，麴丸爲小麴。《釋名》一作朽。《轉注略》收「麴，丘上聲，鬱鬱使衣生朽敗也」。則以杇爲朽字。細論丘上聲，即曲音之轉，猶鞠之爲毬，丘之與區也。米友石家以麪造麯，不用馬蓼等藥，釀酒極醇。

積稘，止酒之程也。　積，奇之切；稘，已俱切。《説文》：「稽稘，止也。一曰木名。」《通釋》云：「積稘者，詘曲不伸之意。」《字書》曰：「曲枝，果也。」枳椇，枝上作房，似珊瑚，核在其端，曰木密。其木近酒，能薄酒味，蓋象枳椇之詘曲，爲酒經程，寓止酒之義。殷俎亦似椇，故《急就》曰「稽棨程棨」，乃稘之訛耳。《韓詩外傳》：「齊桓置酒，令大夫後者飲一經程，管仲後當飲一經程，飲其半而棄其半。」趙德麟曰：「陶器有酒經，晉安郡人餉酒云：一經二經，至五乃五缾也。」「修酌。」注：「齊人命浩酒曰滌，如今號酒也。」

又　卷四二《植物·草》　薢茩，草決明也。　王逸許慎以爲芰、蔆，非矣。《嬾真子》曰：「士人簡尺，以『解茩』易『邂逅』，非也。《離騷》『芰荷』，王逸注。

「芰，蔆也。秦人作薢茩，音皆苟」；僕仕關陝，不聞此呼。後讀《爾雅》「薢茩芙光」，注：「芙，明也，或云蔆。關西謂薢茩。」僕謂芙光，今草芙明，初可爲茹，子治目疾，其以解去垢穢名乎？又《爾雅》「蔆蕨攈」，注：「水中蔆芰」，則蔆自不亂薢茩也。然則古誤乎？曰：古者信傳信，疑傳疑，郭璞引《騷》，承王逸之疑耳。」按《爾雅》「薢茩芙光」。郭注曰「草決明也」，何待《嬾真子》辨耶？今有馬蹄、決明，青葙子亦名草決明。一種類茳芒子，秋開澹黄花，結角如豇豆長，中有子，此馬蹄也。一種茳芒決明，《救荒本草》所言小扁豆也；稍小，不晝開夜合，皆入麯，曰獨占豇。升菴以「芰爲芡」，謬矣；黄芪亦名芰草，將曰菱芰耶？解后通邂逅，用茩則誤。

又 卷四四《植物・穀蔬》 稌即稻。 音相轉耳。或以稌即糯。《詩》「十月穫稻」，今晚稻也。六月收者曰早稻、秈稻、占稻；七八月收者曰菊花秈。唐玄宗時，揚州生穭稻，自生稻也。細名甚多，不可枚舉。自江淮以南，田多三收。《隋書》婆登國有月熟之稻，一月一熟。《一統志》：「雷陽界稻，十一月下種，揚雪耕耘，四月熟。」智笑此語，雷州安得有雪耶？稻故爲通名，東璧專以糯爲稻，殆泥「穫稻」之注乎？晚稻未必盡是糯也。又引《詩》「黍稷稻粱」「禾麻菽麥」。故以稻爲糯，而以禾爲粳耳。今《詩》本文作重穋。又《内則》曰「菽、麥、蕡、稻、黍、粱、秫，惟所欲七者」，以稻與秫稱。秫爲糯，稻爲粳，粳即秔；淵明種秫以取酒是也。有此确證，可以正《本草》之誤矣。《七修類稿》曰：「宋真宗聞占城稻早，求種分給，故作秥。」曰粱者，良也，米粒長大皆稱粱。宜陸，故曰高粱；稻宜水，言其滔而濕也。黍、稷、稻、粱、麥爲五，加菽爲六，分二麥爲七，分二菽爲八，加麻爲九，皆舉大略也。

又方以智《物理小識・飲食類》 酒麯 麪百斤，緑豆斗二升，杏仁十二兩，夏擷辣蓼枝葉煎汁，以溲前三味，置箱壓實。每片以稻稈護縣乾醒，晝暴夜露，足七日收臘乃傳酵。北京内府麯，則有紅蔻、藿香、白芷草、果仁、杏仁、竹葉、白蓮，以辣蓼、蒼耳、緑豆汁苴餅。又雪香麯，以糯粉五斤、麪六斤和匀，計一升，布苴壓實爲餅。至臘釀時，糯一石、麴一餅，貯潘瀾百二十斤。米友石家法，麪和成甄，置畬二七，暴之爲麯，初不用藥。凡釀米五斗，水四斗半，麯二斤半。

釀 重酘曰酎，浮蟻曰酵。凡醖傷熱則酸，傷冷則甜。東風至而酒湛溢，故貴臘醅。煑酒少沸，不得過也。畢萬曰，新蒲漬酒味厚，以高粱莖煑酒色紅，以青枳煑酒氣香色碧，或以竹葉蠟入酒煑之。諸穀諸藥，皆可入釀。以藥浸酒，不如以藥入麯。紫藤、角仁熬香入酒，則不敗，不必砒甕也。韶粉入酒去酸，或以火灰，或入炒赤豆，或鎔鉛傾入酒中。虚舟曰，酒中置茄子柴灰，則酒到夜成水。凡酒中火焰，以青布拂之滅。暄曰，冬釀酒難熟，以麥蒿浸温，鋪覆缸内，酒母立至。

叩甕辨酒 聲清而長者佳，重而短者酒苦，不響者酒必壞。

燒酒 元時始創其法，名阿刺吉，稻黍雜糧等皆可燒。先煑熟，鋪地候冷，和麯蓋之，對晝則發熱炙手，攤之，取入礶中，泥封其口，或三朝或七日，乃蒸而取其氣水。其三日者麯藥迅也，七日者君臣藥也，或以麥芽如糖法，但不下水。《雜記》曰，醋入火酒，味如常酒，不復酸。《飲膳正要》云，葡萄燒酒出哈喇火者最烈。際波里島蒲萄酒可度入十年。燒酒畏鹽，鹽化燒酒爲水。暄曰，紙蘸燒酒然之，火去而溼存，可徵雷升雨降之理。

香酒法 作格縣繫茉莉於甕口，離酒一指許，紙封之，旬日香徹矣。暹羅以香薰壜如漆而貯酒。

賽葡萄釀 黑豆去皮磨碎，於銀器水煑，加數烏梅，少許明礬熬，冷，色黑，濾潔，調以酒蜜而盛瓶中。密封一宿飲。

藥釀 一分燒酒，二分窨芋，袋盛藥浸之。或煑三炷香，然不若藥和麯釀之妙也。祕法，羊藿、地黄、山羊血、五加入卵伏如法，合麪麯釀以燒酒拍水煑，窨三年妙甚。藥隨宜增。

紅麯 石半白粳飯，分十五處，入麯母三斤，揉匀。以帛密覆，熱即攤開，覺温，急堆起，又密覆。次朝日中，又作三堆，過一時分作五堆，再一時合作一堆，又過一時分十五堆，稍温又作一堆，如此數次。第三日用大桶盛新汲水，以竹籮盛麯作五六分，蘸溼完，又作一堆如前法。第四日如前又蘸，若麴半沈半浮，再依前法作之又蘸，若盡浮則成矣。曝乾收之，其米過心者謂之生黄，入酒及鮓醢中鮮紅可愛。一曰造紅麴用秔米煑熟爛飯，煎赤靈芝草汁，溲爲團，中穿一穴，上下擷辣蓼葉覆藉三五日。如未紅，再煎芝草汁，常灌之，常浴之，仍以蓼覆，以紅爲度，曬乾收。七八月可造麴母，即赤芝、辣蓼，遏飭積多次之精者，此方近世乃出。向來瑞金造紅麴，福州古田最紅，其麴母出沙縣。李昌谷詩：酒滴珍珠紅。夏彦剛曰，江南人造紅麴酒，則古有之矣。中通曰，紅麯母法：蒸白粘米飯一斗，倍上麯，拌匀。如造酒法下甕，冬七日，春秋五日，夏三日，如酒熟爲度。入盆中擂如稠糊，每粳米一斗，止用此母二升。此一料母可造紅麯石半。

酒油　酒釀脚十斤，加麯八兩，川椒二兩，閉之數月，其浮者即爲油。中德曰，宋其武年伯云，以礶蒙紗入糟埕中，從春過夏取出，在礶中者即爲糟油。凡酒脚十斤，加酒麯二斤。馮道濟曰，以竹作篘，置糟埕下，其在篘下者爲油，亦須冬收，過夏乃取。

醋　社醋、七醋，皆以麫麯和之，浸熱而酸。神仙醋則以火逼連攪成者，米醋内入炒鹽則不生白衣。孕婦造醋必苦，山查棗子皆可作醋，最養人。愚者於醬醋悟變化之理焉。中通曰，米醋結蓋，取出以鹽淹之，可治發背。陳景昭曰，蒸糯飯熱入埕中，上半糊飯，四圍而中空之，汲冷水浸二七，乃以柳枝攪至三七，即成白醋。再鍋熬之，即成紅醋。伏天最佳，四季皆可。

醬　煑豆和麫，覆楮生毛，暴燥曰醬黄。與瓜菜同入甕而泥之，以暴三伏，開時味紗。瓜不可鹽曬入醬，但拭凈，以石灰水浸之，取同醬黄香料入甕。豆醬取油，餘仍充醬。諺曰：伏水宜醬，臘水宜酒。小蕪荑醞醬，山榆仁也，能殺蟲。又曰，伏中合醬，麯不生蟲。日未出汲水下醬，不引蠅子。清明柳條止醬醋潮溢。醬内生蟲，以馬鞭草碎切入之，或川椒、百部，蟲即死。雷不覆醬，食之腹鳴。月上下弦，觸醬醬壞。以熟水下醬味者，以生水下醬，則雨點不妨。中通曰，大抵水少則不酸，黄子攤薄則不發熱，且色黄。若厚則黑爛矣。下缸後遇陰雨，小棓撑起缸蓋，以出其氣也。鹽停冷摻其面，天晴一二日，便翻轉，令白。頻翻令匀，且出熱氣。

清・談遷《棗林雜俎和集・叢贅》

古醋

延平府城東北報國寺，五代唐時建。初開山僧當留醋一缶，經數百年色味不變。

酒

桑落酒，秦人訛「桑」爲「喪」，改稱秦酒。徐宗伯學謨曰：「予憶十五年前，京師貴人席最珍喪落酒，當是時已多避忌，亦未聞避『桑』作何稱者。而今秦酒之名，爲俑者誰哉？痛乎人情，蓋習軟媚世，江河下矣。且桑落酒名極雅，本無所獨犯，而且易之，又何有於他事哉！可發一噱。」《海隅集》。

瓊州人醞酒不用麯糵。有木曰嚴樹，搗其皮葉，浸以清水，以粳釀和之，或取石榴葉花和釀醞之，數日成酒，能醉人。

清・袁枚《隨園食單・茶酒單》

酒

余性不近酒，故律酒過嚴，轉能深知酒味。今海内動行紹興，然滄酒之清，潯酒之洌，川酒之鮮，豈在紹興下哉！大概酒似耆老宿儒，越陳越貴，以初開罎者爲佳，諺所謂「酒頭茶脚」是也。炖法不及則涼，太過則老，近火則味變，須隔水炖，而謹塞其出氣處才佳。取可飲者，開列於後。

金壇於酒

于文襄公家所造，有甜澀二種，以澀者爲佳。一清徹骨，色若松花。其味略似紹興，而清洌過之。

德州盧酒

盧雅雨轉運家所造，色如於酒，而味略厚。

四川郫筒酒

郫筒酒，清洌徹底，飲之如梨汁蔗漿，不知其爲酒也。但從四川萬里而來，鮮有不味變者。余七飲郫筒，惟楊笠湖刺史木簰上所帶爲佳。

紹興酒

紹興酒，如清官廉吏，不參一毫假，而其味方真。又如名士耆英，長留人間，閱盡世故，而其質愈厚。故紹興酒，不過五年者不可飲，參水者亦不能過五年。余常稱紹興爲名士，燒酒爲光棍。

湖州南潯酒

湖州南潯酒，味似紹興，而清辣過之。亦以過三年者爲佳。

常州蘭陵酒

唐詩有「蘭陵美酒鬱金香，玉碗盛來琥珀光」之句。余過常州，相國劉文定公飲以八年陳酒，果有琥珀之光。然味太濃厚，不復有清遠之意矣。宜興有蜀山酒，亦復相似。至於無錫酒，用天下第二泉所作，本是佳品，而被市井人苟且爲之，遂至澆淳散樸，殊可惜也。據云有佳者，恰未曾飲過。

溧陽烏飯酒

余素不飲。丙戌年，在溧水葉比部家，飲烏飯酒至十六杯，傍人大駭，來相勸止。而余猶頹然，未忍釋手。其色黑，其味甘鮮，口不能言其妙。據云溧水風俗：生一女，必造酒一罎，以青精飯爲之。俟嫁此女，才飲此酒。以故極早亦須十五六年。打甕時只剩半罎，質能膠口，香聞室外。

蘇州陳三白

乾隆三十年，余飲於蘇州周慕庵家。酒味鮮美，上口粘唇，在杯滿而不溢。飲至十四杯，而不知是何酒，問之，主人曰：「陳十餘年之三白酒也。」因余愛之，次日再送一罎來，則全然不是矣。甚矣！世間尤物之難多得也。按鄭康成《周

官》注盎齊云：「盎者翁翁然。」如今酇白，疑即此酒。

金華酒

金華酒，有紹興之清，無其澀；有女貞之甜，無其俗。亦以陳者爲佳。蓋金華一路水清之故也。

山西汾酒

既吃燒酒，以狠爲佳。汾酒乃燒酒之至狠者。余謂燒酒者，人中之光棍，縣中之酷吏也。打擂臺，非光棍不可；除盗賊，非酷吏不可；驅風寒、消積滯，非燒酒不可。汾酒之下，山東（膏）［高］粱燒次之，能藏至十年，則酒色變緑，上口轉甜，亦猶光棍做久，便無火氣，殊可交也。嘗見童二樹家泡燒酒十斤，用枸杞四兩、蒼术二兩、巴戟天一兩，布扎一月，開甕甚香。如吃猪頭、羊尾、「跳神肉」之類，非燒酒不可。亦各有所宜也。

此外如蘇州之女貞、福貞、元燥，宣州之豆酒，通州之棗兒紅，俱不入流品；至不堪者，揚州之木瓜也，上口便俗。

清・嚴如熤《三省邊防備覽》卷八《民食》　《志》稱梁洋民好飲食，平壩民用秫米烝者，即糯穀。曰撈糟、曰黄酒，小村店必開黄酒館，或挑至村中賣之，三四月，山中會場張布棚。擺矮桌、低杌，男女沽飲，極其混雜。山內無糯穀，則用包米烝酒，包米難化，採草藥作麯，藥性最烈，和烝米七日成酒，名曰七日紅，飲少輒醉，癲狂迷性，往往搬刀弄杖，山內鬭案十有九醉，竟有醉至死者，有司屢行嚴禁，不能止也。川東鄉民，親朋讌集皆用咂酒，以高粱爲之，置於罈，遇讌者透，仍裝罈內，用咂管輪咂飲，頗爲價廉省事。包穀不可久貯，每歲至三四月必發青，久之中空無米，背負市鎮價值不足給路費，山中多包穀之家，取包穀煮酒，其糟喂猪，一户中喂猪十餘口，賣之客販，或趕赴市集，所得青蚨以爲山家鹽布，慶吊終歲之用。

穀之屬

黍　「維秬維秠。」《大雅》。「豐年多黍、多稌。」《周頌》。「秬，黑黍也。秠，一稃二米也。」《毛傳》。秬是黑黍之大者，秠是黑黍之中有二米者，别名爲秠。孔疏《爾雅翼》曰：「以大暑而種，故謂之黍。」孟秋熟，故庶人薦。黍有露仁、矮人、馬尾、黑穀、罩粒五種，大約飯黍、酒黍兩品而已。

稷　「黍稷重穋。」《豳風》。「黍稷茂止。」《周頌》。「先種後熟，謂之重；後種先熟，謂之穋。」《周禮鄭註》。《爾雅翼》曰：「稷，百穀之長也后。稷播百穀，獨以稷名；其播穀之地，亦曰稷山；其祀百穀以配社，不曰他，而曰稷，蓋舉稷，黍、稷、稻、粱之屬，皆該之也。稷有竹葉青，有牛尾黄，有紫稈禾，有棒杵穗，有櫟花穀，有狼尾，有驢尾，其類多於百穀，大率黏、不黏兩種而已。黏者，釀酒；不黏者，炊飯。」

粟　有椒粟、草粟、薄地襯、狗尾、柳眼青、猫爪粟、棕蓑。

稻　「十月穫稻。」《豳風》。「滮池北流，浸彼稻田。」《小雅》。「京兆貢稻。」《唐書・地理志》。一名稌，其類有數十種。有蓋草黄，色白，味美，粒長；有安南黏，色紅，味佳；有冷水穀，百日穀，麻黏穀，銀珠穀，香穀。黄秧，早金線，早黄瓜，早紅米，早望，水白，青幹黏、土黄黏、葉裡藏、大紅穀、小紅穀等爲飯稻。百莖糯、黄殼糯、柳條糯、釣魚竿、香兒糯、虎皮糯、寸穀、矮脚黄、三百顆、麻殼糯等爲酒稻。

粱　「維穈維芑。」《詩經・大雅》。「穈，赤粱，粟也；芑白粱，粟也。」《朱子集傳》。「犬宜粱。」《周禮・天官》。「犬宜粱者，犬味酸而温，粱米味甘而微寒，氣味相成，故云犬宜粱。」《賈疏》。「粱者，良也，穀之良者也；或云種出粱州，故得粱名。」《本草綱目》。今處處有之，穀穗有毛，比他穀益胃，但性微寒，其聲爲涼米。青者，爲青粱，夏日食之清涼；米白者爲白粱，形如芝麻。亦曰芝麻粱。古白粱謂之芑，赤粱謂之虋，黄粱穗大毛長謂之竹根黄。今赤粱少，青粱黄粱有之，炊飯釀酒，味極美。

小麥　「貽我來牟。」《詩經・周頌》。「來，即秾，今之小麥也。」《韻會》。「京兆貢麥，豐州九原郡貢白麥。」《唐書・地理志》。《爾雅翼》曰：「麥者，接絶續乏之穀，最先熟。」又曰：「小麥生於桃，二百四十日秀。秀後六十日成。蓋秋種冬長，春秀夏實，具四時之氣，寒温冷熱兼備之矣。」

大麥　「春麥也。」《玉篇》。「京兆貢麰。」《唐書・地理志》。《爾雅翼》曰：「麰者，周后稷所受瑞。麥，來牟也，一作牟，即今之大麥。蓋生於杏，二百日而秀，秀後五十日成，宜爲飯，又可爲醋，其蘖可爲餳。」

青稞麥　青稞似大麥，較衆麥先熟，久服黑髮。

穬麥　「有二種，一類小麥而大，一類大麥而大。」《圖經本草》。味甘，微寒，久服力健。

蕎麥　「有甜、苦二種。苦蕎味苦，性涼；甜蕎有三稜，麵白、味甘。」《别録》。

燕麥　「一名雀麥。苗葉似小麥而弱，實似穬麥而細。」《唐本草》。

蕃麥　「苗葉較衆麥稍高，實類小麥而大，性硬，造酒、作饅佳。」《別録》。

蜀黍　一名蜀秫，一名高粱。莖粗高丈餘，狀似蘆荻而内實。葉亦似蘆穗，大如帚粒，大如椒，紅黑色；米性堅實，黄赤色，有黏、不黏二種。

玉黍　俗名包穀。幹葉類蜀黍而肥矮，亦似薏苡。苗高四五尺，六七月開花成穗，如秕麥狀，苗心别出一苞如椶，魚形苞上出白鬚，如紅絨，久則子堅，大如芡實，性畏寒；若秋霖連綿則清風不實。

清・梁章鉅《浪跡叢談》卷八

神仙酒

神仙酒乃國初江南趙尚書傳自康親王者，當日王統大軍征西藏，有道士詣軍中獻仙方，造酒以飲三軍，可驅除瘴癘，且多服能延年。方開燒酒十斤，醋一斤半，黑糖一斤半，河水二斤，川烏一枚，草烏一枚，用麵包裹煨熟切片，淡片葉三錢，菊花三錢，用小袋裝藥，將糖水調酒入罈，擇無雞犬處治理，其火候以炷香爲刻。王初見此方，了無異處，以道士爲妄，扶出，道士遂不見，王始驚異，依方製造，果有效。當時王與趙尚書契好，趙素患瘋疾，得此方飲之，宿疾頓除，夫婦俱年臻九十餘，此方遂徧傳於人，以療瘋疾，無不應者。

雄黄酒

吾鄉每過端午節，家家必飲雄黄燒酒，近始知其非宜也。《一斑録》云：「雄黄能解蛇虺諸毒，而其性最烈，用以愈疾，多外治，若内服，只可分釐之少，更不可銜燒酒飲之。有表親錢某，於端午大飲雄黄燒酒，少時腹痛，如服砒信，家衆誤認爲痧，百計治之，有知者云：雄黄性烈，得燒酒而愈烈，飲又太多，是亦爲患也。急覓解法，而已無及矣。」

又《浪跡續談》卷四

酒名

今人嗜酒者，稱酒爲天禄，憎飲者，又呼酒爲黄湯，不知古人但稱杯中物，無咎無譽，最爲質實。余生平屢戒飲而屢破戒，憶《事類合璧》中，載吳衍戒飲，阮修以拳毆其背曰：「看看老逼凝漢，忍斷杯中物耶？」此語若預爲我捧喝者，懸車以後，遂止不戒，且無日不與酒爲緣。按陶淵明詩云：「天運苟如此，且進杯中物。」孟襄陽詩云：「且樂杯中物，誰論世上名！」杜老詩云：「賴有杯中物，還同海上鷗。」又云：「忍斷杯中物，祇看座右銘。」高達夫詩云：「長歌達者杯中物，大笑前人身外名。」知自古名流，皆不能忘情此物者，故口吻如一，非必有故實相傳也。

燒酒

燒酒之名，古無所攷，始見白香山詩：「燒酒初開琥珀光。」則係赤色，非如今之白酒也。元人謂之汗酒，李宗表稱阿剌古酒，作詩云：「年深始得汗酒法，以一當十味且濃。」則真今之燒酒矣。今人謂之氣酒，即汗酒也。今各地皆有燒酒，而以高粱所釀爲最正，北方之沛酒、潞酒、汾酒，皆高粱所爲，而水味不同，酒力亦因之各判。嘗聞外番人言，中國有一至寶，而人不知服食，即謂高粱燒酒也，並教人服食之法，須於每夜亥、子之間，從朦朧睡夢中起服此酒一杯，以薄肴佐之，服畢仍復睡去，大有補益。余以仕宦勞碌之身，亥、子間未必都能就枕，且温酒庀肴，起居扶侍，亦難得此恰當之人，適山左有屬令，授以夜半服燒酒之法，製一小銀瓶，略如洋煙壺，口用螺絲轉蓋，以暖酒灌滿，懷於汗衫兜肚之夾裏，酒可通夜不涼，兼以小銀盒貯薄肴，置於枕側，夜中隨起隨服，隨服隨寢，不煩人力而恬適自如，最爲簡易。余自山左即如法行之，迄今將二十年，凡遇知交，即以此法語之，信從者亦衆，每當寒宵長夜，服此尤有風趣，非黨家羊羔會中人所知也。

紹興酒

今紹興酒通行海内，可謂酒之正宗，而亦有横生訾議者，其於紹興酒之致佳者，實未曾到口也。世人每笑紹興有三通行，皆名過其實者，如刑名錢穀之學，本非人人皆擅絶技，而竟以此横行各直省，恰似真有秘傳。州人口音實同鴂舌，亦竟以此通行遠邇，無一人肯習官話而不操土音者。即酒亦不過常酒，而販運竟徧寰區，且遠達於新疆絶域。平心而論，惟口音一層，萬無可解，刑錢亦究竟尚有師傳，至酒之通行，則實無他酒足以相抗。蓋山陰、會稽之間，水最宜酒，易地則不能爲良，故他府皆有紹興人如法製釀，而水既不同，味即遠遜。即紹興本地，佳酒亦不易得，惟所販愈遠則愈佳，蓋非致佳者亦不能行遠。余嘗藩甘、隴，撫桂林，所得酒皆絶美，聞嘉峪關以外則益佳，若中土近地，則非藏蓄數年者，不堪入口。最佳者名女兒酒，相傳富家養女，初彌月，即開釀數罈，直至此女出門，即以此酒陪嫁，則至近亦十許年，其罈率以綵繢，名曰花雕，近作僞者多，竟有用花罈裝凡酒以欺人者。凡辨酒之法，罈以輕爲貴，蓋酒愈陳則愈縮斂，甚有縮至半罈者，從罈旁以椎敲之，真者其聲必清越，僞而敗者其響必不揚，甚有以小錐刺罈，斟出好酒，而以水灌還之者，視其外依然花雕，而一文

不值矣。凡蓄酒之法，必擇平實之地，用木板襯之，若在浮地，屢搖之，則踰月即壞，又忌居濕地，久則酒味易變。凡煮酒之法，必用熱水溫之，貯酒以銀瓶爲上，甆瓶次之，錫瓶爲下。凡酒以初溫爲美，重溫則味減，若急切供客，隔火溫之，其味雖勝，而其性較熱，於口體非宜，至北人多冷呷，據云可得酒之真味，則於脾家愈有礙。凡此皆嗜飲者所宜知也。今醫家配藥用酒，必注明無灰酒，僉言惟紹興酒有灰，近聞之紹興人，力辨紹酒無灰，其偶有灰者，以酒味將離，用灰制之，非常法也，語似可信。

滄酒

滄酒之著名，尚在紹酒之前，而今人則但知有紹酒，而鮮言及滄酒者，蓋末流之釀法，漸不知其初耳。阮吾山謂滄州酒，止吴氏、劉氏、戴氏諸家，餘不盡佳，蓋藏至十年者，味始清洌云云。試思酒至十年，雖凡酒亦未有不佳者，何必滄酒耶？相傳滄州城外酒樓，皆背城面河，列屋而居，明末有三老人，至樓上劇飲，醉去，不與值，次日復來飲，酒家亦不問也，三老復醉，臨行以餘酒傾潑門外河中，水色漸變，以之釀酒，味芳洌勝他處，中間僅數武，過此，南北水皆不佳，滄酒之得名以此。劉紫亭鳳翔爲阮吾山述之甚確，載在《茶餘客話》。余初次由運河舟旋，過滄州，至村中極意訪之，始購得一壺歸，飲之果佳，此後屢過其地，則皆飭僕往沽，無一如前味者矣。

浦酒

浦城土物，以紅酒爲最，浦人最珍惜之，餉客以此爲敬，然三巡後，必以他釀易之，謂此酒性熱，不宜多飲，其實不盡然，乃惜酒之故也。余僑居五年，始得暢飲。浦人言此酒不能移動，稍易地即恐變味，然余官粤西，長女筠如自浦來署省視，途經三千里，時閲兩月餘，姑帶此酒一罈，到日發之，甘美如故，蓋亦初意所不及料也。酒色如琥珀，真所謂色香味兼之者，若能於釀時，即選泉加米，復貯至十年，恐海内之佳醖，無能出其右者矣。

又《浪跡三談》卷五

酒品

隨園老人性不近酒，而自稱能深知酒味，其稱紹興酒如清官循吏，不參一毫造作，而其味方真，又如名士耆英長留人間，閲盡世故而其質愈厚，故紹興酒不過五年者不可飲，攙水者亦不能過五年，此真深知紹興酒之言矣。是則品天下酒者，自宜以紹興爲第一，而《食單》所列酒名，則首爲金壇於酒，次以德州盧酒，仍不免標榜達官之故態，又次以四川郫筒酒，則又未免依附古人之陋習。據稱郫筒酒清洌徹底，飲之如梨汁蔗漿，不知其爲酒，然則竟飲梨汁蔗漿可矣，又奚煩飲酒乎？大凡酒以水爲質，而必藉他物以出之，又必變他物之本味，以成爲酒之精英，即如釀米爲酒，而但求飲之者如飯汁粥湯，不知其爲酒，可乎？西北口外馬乳、蒲桃，置於暖處，每日用箸縱横攪之，數日味如酸漿，力可敵酒，名曰七格，然則隨園所飲之郫筒酒，得無即此物乎？

惠泉酒

隨園稱惠泉酒用天下第二泉所作，自是佳品，而被市井人苟且爲之，遂至澆淳散樸，殊爲可惜，據云有佳者，恰未飲過。余記得三十許歲時，曾從徐望欽同年家飲所藏陳年惠泉酒，絶美，初不知何酒，據云其叔父十年前從無錫帶回者，蓋酒底本佳，歷年復久，宜其超凡入聖矣。此後官大江南北者十餘年，往來九龍山下者廿餘次，不能一再遇之，然究竟領略一次，足以傲隨園矣。

蘭陵酒

唐詩稱「蘭陵美酒鬱金香，玉碗盛來琥珀光」，今常州實無此酒，隨園老人自誇飲過蘭陵美酒，或偶遇之，而必屬之相國劉文定公家，則又是標榜達官故態矣。余謂必求琥珀光者，惟浦城之紅酒足以當之，似此色香味俱佳，再得藏至五年以外者，當妙絶天下矣，語詳《浪跡續談》第四卷。此則隨園老人所不及知也。

千日酒

左太沖《魏都賦》云：「醇酎中山，流湎千日。」《博物志》亦載劉元石千日酒事，皆沿誤也。《周禮》酒正注云：「清酒，今中山冬釀，接夏而成。」疏云：「昔酒爲久，冬釀接春，清酒久於昔酒。」是酒名千日者，極言其釀日之久，後人乃附會爲一醉千日之説耳。酒貴久釀，亦貴重釀。憶余在蘭州時，爲齊禮堂提軍招飲，席半，别出一酒嘗之，色如清水，味微甘香，余不知其名，禮堂曰：「此蒙古人所釀蒲桃酒也，其名爲阿爾氣。」余微嫌其薄，禮堂曰：「此其初釀也，若略加酸乳，入鍋重蒸之，名阿爾占，則味較濃。三釀者爲和爾占，四釀者爲德普舒爾，五釀者爲沾普舒爾，六釀者爲薫舒爾。多一釀則色加濃而味益厚，香益洌，以足下之量，飲至十鍾，無不沾醉矣。」蓋田園中所出之物，物不可以釀酒，而蒲桃之性，尤與酒相宜。余在蘭州所食之蒲桃，至長不過二寸餘，嘗聞口外人説，吐魯番之蒲桃，長至三、四寸，可以切爲四瓣，則以此釀酒，其性

有不釀厚者哉！

燒酒

凡酒皆愈陳愈貴，燒酒亦然。《隨園》言燒酒乃人中之光棍，縣中之酷吏，打擂臺非光棍不可，除盜賊非酷吏不可，驅風寒、消積滯非燒酒不可。燒酒若藏至十年，則酒色變緑，上口轉甜，亦猶光棍變爲良民，便無火氣，殊可交也，但不可使洩氣耳。

攙水酒

酒之攙水，可以法分之，惟攙過多，如六分酒四分水，使無法可施，若七分酒三分水，只須於嚴冬日將酒罈用薄紙封好，夜中露天庋之，次早將罈打開，其上必結薄冰一層，將冰去盡，則所存者皆酒矣。余官京師時，每夜輒用大碗將此法施之，則次日所飲，無非醇酒也。

紹興酒

紹興酒之梗概，已於《續談》中詳之，昨魏默深州牧詢余，紹興酒始於何時，余無以應，惟記得梁元帝《金樓子》云：「銀瓶貯山陰甜酒，時復進之。」則知六代以前，此酒已盛行矣。彼時即名爲甜酒，其醇美可知。若今時所造，則或過而辣，或不及而淡，斷不能以甜酒二字概之。聞彼處初製時，即有路酒、家酒之分，路酒者，可以行遠者也，家酒則只供家常之用，而美惡分焉矣。

女兒酒

相傳紹興富家養女，甫彌月，必開釀好酒數罈，直至此女出門，即以此酒陪嫁，余已載其説於《浪跡續談》中。近聞杭人言是男家所釀，直至娶婦時，以此酒爲納幣之需，故謂之女兒酒，則其説微有不同。嗣閲《格致鏡原》所引《投荒雜録》云：「南人有女數歲，即大釀酒，既漉，候冬陂池水竭時，真酒罌，密固其上，瘞於陂中，至春漲水滿不復發矣，候女將嫁，因決陂水，取供賀客，謂之女酒，味絶美，居常不可致也。」似即世所傳女兒酒矣。惟紹興舊志載，有荳酒、薏苡酒、地黄酒、鯽魚酒諸名，而荳酒之名最著，其法以緑豆爲麴，統名之曰老酒。又有名蕭釀者，蕭山縣金井，爲徐氏園，邑人釀酒多汲此水，是以蕭釀與越釀並重。《名酒記》云：「越州蓬萊酒，蓋即今之紹興酒，今人鮮有能舉其名者矣。」

又《歸田瑣記》卷七　百歲酒

余在甘肅，晤齊禮堂軍門慎，授一藥酒方，謂可治聾明目，黑髮駐顔。余服之一月，目力頓覺勝前。其方用蜜炙箭芪二兩，當歸一兩二錢，茯神二兩，黨參一兩，麥冬一兩，茯苓一兩，白术一兩，熟地一兩二錢，生地一兩二錢，肉桂六錢，五味八錢，棗皮一兩，川芎一兩，龜膠一兩，羌活八錢，防風一兩，枸杞一兩，廣皮一兩，凡十八味，外加紅棗二斤，冰糖二斤，泡高粱燒酒二十斤，煮一柱香時，或埋土中七日更好，隨量飲之。軍門云：「此名周公百歲酒，其方得自塞上，周翁自言服此方四十年，壽已踰百歲。翁家三代皆服此酒，相承無七十歲以下人。」余至粵西刊布此方，僚寀軍民服者皆有效，遂名梁公酒。有名醫熟玩此方，久而憬然曰：「水火既濟，真是良方，其制勝全在羌活一味。此所謂小無不入，大無不通，非神識神手莫能用此也。」自是而日三服，至今已八年。未幾余引疾歸田，僑居南浦，有患三年瘧者，乞此酒一小瓶飲之，前後凡兩人，皆應手霍然。而浦人不甚以爲然，至有訾其方者曰：「此十八味平平無奇，而羌活一味，尤不宜輕服。」與粵西名醫之言正相反，余聞之，爲齒冷而已。余同懷弟灌雲廣文素嗜飲，中年以後，已成酒癆，每日啜粥不過一勺，顔色憔悴，骨立如柴，醫家皆望而却走。適其長子元辰在余桂林署中，録此方寄之。灌雲素不飲燒酒，不得已，以紹酒代之，日飲數杯，以次遞加，半月後，眠食漸進，一月後，遂復元。客秋余回福州相見，則清健較勝十年前，而豪飲如故。據言並未服他藥，只常服此酒，日約三斤，已五年矣。大紹酒之力固不及燒酒之厚，然服燒酒者，日以兩計，服紹酒者，日以斤計，則其力亦足相敵，故其效並同也。余五十餘歲時，鬢髮早白，鬚亦蒼然，自服此酒之後，白髮竟爲之稍變，初亦不覺，惟剃頭時，自見所落髮針不似從前之白，始知黑髮已有可據，惟白鬚如舊。細思其理，酒氣向上，故於髮易見功，而下垂之鬚，酒力未必能到，此理甚明也。

佚名《調鼎集》卷一《調和作料部》　醋

取其酸而香，陳者色紅。米醋爲上，糖醋次之。鎮江醋色黑味鮮。醋不酸，用大麥炒焦，投入包固，即將得味。又，米醋不入炒鹽，不生白衣。

神仙醋　五月初一日，取飯(鍋)捏成團，置筐内懸起，日投一個。至來年午日，捶碎簸净，和水入罈，封口，七日成醋，色紅而味酸。又，老黄米一斗蒸飯，酒麴一斤四兩，打碎，拌勻入甕。一斗飯、二斗水，置静處勿動，一月即成。又，硬米一斗，浸一宿，蒸飯，晾冷入罈。三日後，入河水三十斤，以柳條每日攪數次。七日後，不須攪，一月成醋。濾去渣，加花椒少許，煎滚收貯。又，五月二十一日掬米，每日掬米一次，至七次，蒸熟晾冷入甕，青布紮口，置陰處，將甕

架起，不可著地。至六月六日，取下加水，大約每飯一碗，加水二碗，納甕七日，日攪一次，至七日傾入煎滾，又加炒黑米半升於甕底，復灌滿入甕，封固六十五日即成。

佛醋　清明，糙秈一斗，水浸七日；加柳枝頭七個，浸第八日，將米撈起裝蒲包內，襯荷葉數片。懸風前人來人往之處，二七後解下，曬至四月初八日入罈。米一斗，用水三斗，再加耗水。碗置向太陽處，或竈門口。每日用柳棍，四十九次攪之，酸榨出，米渣澄清入鍋，每斗加鹽半斤，椒、茴各少許，封口聽用。

糯米醋　六月六日，取小麥二升，磨碎不篩，汲新井水和作餅，不宜過濕。傷濕則心發青，蒸不堅實則易生蟲。皮紙包固，懸風透處陰乾，聽其自發，至八月社日，用糯米一斗，淘濕蒸飯，同麴餅搗碎，拌勻入甕，以蒸飯水四斗，冷定澆入。如不足，生水加上。紙甕口針刺數孔於紙上，此時用淨器備用。一月滿後，榨醋煮熟。另用早稻一升，舂半殼半米，炒焦色，乘熱投醋中，入淨器封固窖之，則醋色黑，味酸。頭醋煎藏，二、三、四次之醋，加麥滾水冷下。又，糯米五斗，舂五分熟，六月初一日入水浸之，至初六日濾乾，蒸飯下罈。將飯捺實，每罈加滚水兩大碗，夏布包口，七日傾大缸內，用冷井水五斗拌勻，分裝七罈，早、晚順攪二次，過十四日每早攪一次，澄清不必再攪。過五十日查看，如有白花，用紅炭淬，攪至無花而止。兩月上榨，榨後即煎。鍋要乾燥，每一鍋加鹽鹵半茶杯。如無鹵鹽，鹽一撮，趁熱入罈即泥封，其罈須先用熱灰洗浄，熱醋一蕩始可用，即一切傢伙，著生水，其醋即壞。排列簷下曬之。

大麥醋　大麥仁二斗，蒸一斗，炒一斗，晾冷，用麵拌勻入甕，滚水四十斤灌滿，夏布蓋面，外一日下曬，七日成醋。

烏梅醋　出路用，名千里醋。烏梅去核一斤，捶碎。釅醋五斤，傾入烏梅浸一復時，曬乾，再浸再曬，以醋收盡爲度。研成細末，和之爲丸，如芡實大收(收)貯。用一二丸於湯中即成醋矣。

五辣醋　醬一匙，醋一錢，白糖一錢，花椒七粒，胡椒二粒，生薑一錢、大蒜二瓣。又，薑花、胡椒、桔皮絲，蒜，亦名五辣醋。

五香醋　甜醬、黃酒、桔皮、花椒、小茴。又，花椒、小茴、蒔蘿，丁香炒鹽、醬爲五香醋。

白酒醋　三白酒用花椒四兩，炒鹽半斤，入罈內即成醋。紹興酒做醋，饅頭一個，烏(枚)[梅]二十四個，放罈內，半月即成。又，凡酸酒，入熱飯團如碗大，七日成醋。

濃醋脚　以之擦錫器、銅器易亮。入烹炮易結底。

二落醋糟　拌脂油、鹽可作飯菜。

焦飯醋　飯後鍋底鏟起鍋粑，投入白水罈，置近火暖熱處，常用木棍攪之，七日便成醋矣。又，凡酒醋不飲者，投以鍋粑，依前法做醋。用紹興酸酒更好。

米醋　赤米不用舂，淘浄蒸飯，拌麴發香，用水或用酒潑皆可。其麴發時，愈久愈好。乃將酒渣篩篩添入，即熬酒之熬桶尾。俟月餘可用。如黴，用鐵火鉗燒紅淬之，每日一二次，仍連罈取出曬之。又，糙米一斗，浸過夜，取出蒸熟，晾冷裝罈。三日酸透，入涼水三十斤，用柳條每日攪數次，七日後不必攪，過一月不動。候其成醋，濾去槽粕，入花椒、黃柏少許，煎數滾，收罈貯用。

極酸醋　五月午時，用做就粽子七個，每個內夾白麵一塊，外加生艾心七個，紅麴粉一把，合爲一處，裝甕、罐，井水七、八分滿，甕口以布塞得極緊，置背[陰]地方候三、五日，早晚用木棍攪之。嘗有酸味，再用黑糖四、五圓打碎，和燒酒四、五壺，隔湯燉，糖化取起，候冷，傾入醋內，早晚仍不時攪之，俟極酸可用。要用時，取起酸汁一罐，換燒酒一罐下去，再用不完，酸亦不(腿)[退]。

又　神仙醋　糙糯米或秈米，每米一斗五升，泡七日，揚起淋浄蒸飯，候冷，用飴糖六斤，與飯拌勻入力，再加河水三斗，以清明棍每日早晚攪之，曬日中，或透風高處。初起七日，須在陰地。原方，米一斗，糖七斤，一月即熟。清明前後做皆可。又，不拘何米，清明起日泡，至第八日，將米撈起，鋪蘆蓆上晾乾，以蒲包收貯，藏至四月八日。每米一斗五升，加水三斗，入罈封好，放陰處，八月可榨。又，三伏時用倉米一斗，淘盡蒸飯，攤冷，盦黃，曬簸，投水淋盡。別以倉米二斗蒸飯，和勻入甕，以水淹滿，(蜜)[密]封貯暖處，二七日成。又，糯米醋，秋社日，用糯米一斗淘浄，浸一宿，蒸過，用六月六日做成小麥麵和勻，加水二斗，入甕封。釀三七日成。蒸後以水淋過。

錫醋　米錫每一斤，水三斤煎化，白麯末二兩，瓶封曬收。

粟米醋，陳粟米一斗，淘盡，浸七日，蒸過淋浄，俟冷入甕(蜜)[密]封，日夕攪之，七日即成。

小麥醋　小麥水浸三日，蒸熟，盦黃入甕，七七日成。

大麥醋　大麥、小麥米各一斗，水浸，蒸熟，盦黃，曬乾淋過，再以麥米煮二斗和勻，加水封(開)[閉]，三七日成。

又　卷六《襍菜部》　浙江魯氏酒法

［造麴］，造麴在伏天，將上白早米一斗，白麵三升，水浸米一時取起，稍乾拌面。紙造二十六封掛南樑通氣處，一月取下搗，擦，曬，露四十九日夜，收貯。

造餅藥，七、八月以早稻米磨粉，用蓼汁爲丸梅子大，用新稻草墊，以蒿覆或以竹葉代，再加稻草（蜜）［密］覆七日，曬乾收貯。

造酵，造酵用小缸，如做白酒罈，每斗用藥二丸或三丸，多則味老，少則味甘。俟三日漿足，入大缸如後法造。用米一石三斗，水浸四、五日撈起，蒸飯，攤冷，用前酵，以米七斗，共入麴末十八斤，餅藥八兩，下水一石二斗，（蜜）［密］蓋厚圍，俟發響揭開，仍蓋一日打扒一次，連打六日，足，用方榨。

金罈酒造麴，用白秈米，布包踏碎，稻草蓋罨七日，曬乾收貯。釀如前酵三斗，俟漿足，用粘米七斗，以滾水沃之，急用冷水灌之，浸一宿，取起炊飯，攤冷，用麪十四斤，同酵下缸，入水一百二十斤，如前打扒，足月榨。

秋露白酒，用米三斗，用餅藥作白酒。七日後入米麴末三兩，入米拌勻三十六斤，火酒半斤，封缸，（遂）［逐］日打扒，澄缸即可飲。夏月亦可造。

又　卷八《茶酒部》　酒

聞之蚓髯論酒云，酒以苦爲上，辣次之，酸猶可也，甜斯下矣。可爲至論。苦辣之酒必清，酸甜之酒必濁。論味，而清濁在其中矣。求其味甘、色清、氣香、力醇之上品，唯陳陳紹興酒爲第一。然滄酒之清，潯酒之冽，川酒之鮮，豈在紹興酒下哉！大慨酒以耆老、宿儒，越陳越貴。以初開罈爲貴，所謂酒頭茶脚是也。燉法不及則涼，太過則老，近火則味變。須隔水燉，而緊塞其出氣處才佳。除川、潯、滄、紹、四須外，可飲者開列於後。

鎮江苦露酒　鎮江百花酒陳則與紹興酒無異，惜力量不及矣。　宣州豆酒
常郡蘭陵酒　蘇州三白酒　蘇州艾貞酒　蘇州福真酒
高郵稀蔹酒　溧水鳥飯酒　無錫蕩山酒　金華酒
金罈於酒　宜興蜀山酒　德州羅酒　浦酒
衡酒　沛縣膏糧酒　山西汾州酒　通州棗兒紅酒

此外如揚州木瓜酒，蘇州元燥，概從（檳葉）［擯棄］。

［甜酒］　甜酒不失之嬌嫩，則失之傖俗，只可供女子，供鄉人，供烹庖之用，不可登席。

紹興酒　山陰名東浦者，水力厚，煎酒用鑊，不取酒油，較勝於會稽諸處。

其妙，再多飲不上頭，不中滿，不害酒，是紹興酒之良德也。忌火燉，亦忌水中久燉；忌過熱，亦忌冷飲；忌速飲，亦忌流飲。三、五知己，薄暮之時，正務已畢，偶然相值，隨意銜杯。賞奇晰疑，殺刀射復，飲至八分而止。否則，燈下，月下，花下，攤書一本，獨自飲之，亦一快事。

燒酒　黄河以北味皆圓，黄河以南味皆削。燒酒爍精耗血，最宜少飲。若埋土中，日久則無火氣。加入藥料，尤宜埋土。

荷葉釀酒　敗荷葉搓碎，拌米蒸飲，釀酒味更清美。

酴醾花釀酒　或云，即重釀酒也。兼旬可開，香聞百步。野薔薇亦最香。

花香酒　酒罈以箬包。酒罈口置桂花或玫瑰花於箬上，泥封，香氣自能透下。

又香酒　架格，系茉莉花於甕口，離酒一指許，紙封之，旬日其香入酒。暹羅人取瓶，以香熏，如漆，而貯酒。

露酒　每酒一斤，入玫瑰露或薔薇露少許。

梅子酒　青、黄梅子，不拘多少，入瓶，加冰糖、薄荷少許，封固一月可飲。

荸薺酒　荸薺蒸露，入酒甚香。諸果皆可仿製。

鯽魚酒　熟黄酒入罈，即投活鯽魚一、二尾，泥封。

葡萄酒　葡萄揉汁入酒，名天酒。若加薏仁，更覺味厚。

又，蔗汁入酒，名蔗酒。

又，賽葡萄釀，黑豆去皮，磨碎，放銀器水中煮，加烏梅數個，明礬少許熬，冷，色黑，濾浄，調以酒物，貯瓶封一宿飲。

素酒　冰糖、桔餅沖開水，供素客。

狀元紅　青梅合玫瑰花同浸，其色愈紅。

百果酒　百果聚樽，日久成酒。供素客。

又，桑椹酒，有六、七□酸者佳。

犧酒　整罈黄酒，用黄牛屎周圍塗厚，埋地窖一日，罈内即作響聲，匝月可飲。飲時香氣撲鼻，但酒耗甚大，約去半罈。冬日，紹酒内入糯米飯二、三升，紮一月飲，味厚而香，與酒合酒作法同。

摇酒聽酒聲　試酒，每鑽泥頭，用過山龍吸而嘗之，未嘗不确，但多此一番啓開。若摇罈聽（敢），辨味殊易。其法，以兩手抱罈，急手一摇，聽之聲極清碎，似碎竹聲音，酒必清冽。次作金聲者，亦佳。作木聲者，多翻酸，若聲音模糊及無聲者，起花結面，不可用矣。

又叩甕辨美惡　用物擊罈，聲清而長者佳，重而短者苦，不響者，酒必敗。

凡酒，傷熱則酸，傷冷則甜。東風至而酒泛溢，故貴臘醅。以藥浸酒，不如以藥入麯。紫藤角仁熬熬香，入酒則不敗。

【略】

冰雪酒　冰糖二斤，雪梨二十枚，可浸頂好燒酒三十斤。

三花酒　玫瑰花、金銀花、緑豆、冰糖、脂油，窨一月。

寬胸酒　麥芽糖十斤，大麥燒酒百斤，浸一月用。

舒氣酒　川鬱金二兩，沉香三錢，浸燒酒二十斤。泥封，隔水煮一炷香。飲時和木瓜酒一半。

蕎麥酒　蕎麥酒可治一切病症。

神仙酒　杏仁、細辛、木瓜、茯苓各三錢，檳榔、菊花、木香、洋參、白豆蔻、桂花、辣蓼各三錢，金銀花四錢，胡椒二十一粒，川烏一錢，官桂一兩，共爲末。用糯米三升蒸熟，同米泔將藥拌勻，入磁盆内蓋緊，連盆曬五日，春、秋七日，冬十日。取出爲丸，如彈子大。臨用，滚水一壺，頃刻成醞，其藥做酒更妙。

[製陳紹酒法]　新紹酒氣暴而味辣，(飯)[飲]後口發渴。每酒三十斤，和高郵五斤加皮酒六斤，與陳紹酒無二。

[花酒]　凡酒醅將熟，每缸用金菊二斤，去蒂、萼，入醅拌勻，次早榨出，香氣襲人。桂花、玫瑰同。

又，每甑内用布袋裝淡竹葉三、五錢同蒸，用時另有種清趣。

[存酒法]　凡放酒罈處，有日影如錢大照之，其酒必壞。須置透風處而不黴顆，並平地(熱)[墊]高者才佳。黄酒、白酒少入燒酒，經宿不壞。錫器貯酒，久能殺人，以有砒毒也。錫者砒之苗，更不宜用銅器裝酒過夜。

[除酸酒法]　酒酸，用赤小豆即細紅豆。炒焦，每大罈内約一升。或取頭、二蠶砂曬乾，二兩，絹袋入罈，封三日。或牡蠣、甘草等分，大罈四兩，絹袋入罈，過夜，重湯煮熟。或用鉛一、二斤，燒極熱投入，則酸氣盡去。

清明泉水造酒佳。

木日做麯必酸。梅花曬麯。

鍋粑紹酒　加色，用紅麴或胭脂，浸酒和入，再加酒漿，味即濃厚。或加梅花片，或入爛木瓜，可稱梅花酒，木瓜酒。

[燒酒畏鹽]　燒酒自元時始。燒酒畏鹽，鹽化燒酒爲水。

燈草試燒酒　燈草寸許，放燈草上，視沉處高下，即知酒之成數。蓋燈草遇水氣即浮，而不沉也。

[兑酒法]　醋入燒酒，味如常酒，不復酸。酒客以酸酒對入燒酒貨之。揚城又以木瓜酒和酸紹酒。

天香酒　每(碗)酒一斗，鮮桂花三升，揀淨蒂葉。入酒泥封。三月後，每黄酒一罈，加燒酒三小鐘。

琥珀光酒　燒酒五十斤，洋糖二斤，紅麴一斤半研末，薄荷一斤三兩。先將薄荷、紅麴同酒滚好，色濃入罈，去渣加洋糖。加金銀花更妙。

藥酒　枸杞子、當歸、圓眼、菊花浸酒。

又桂圓殼浸酒　色作淡黄，極佳。

花釀酒　采各種香花，加冰糖、薄荷少許，入罈封固，一月可飲。

三花酒　薔薇，玫瑰，金銀花。

錯認水　冰糖、荸薺浸燒酒，其清如水，夏日最宜。

金酒　紅花、紅麴、冰糖浸燒酒。加酒釀，味更濃粘。凡制藥酒，俱當加入。

緑豆酒　生脂油二斤，去膜切丁。緑豆淘盡，一升裝袋，浸燒酒十斤。泥封月餘，油化即可飲。或泡松羅茶葉四兩，可浸燒酒五十斤，亦放脂油丁。

雪梨燒酒　秋白梨或福桔、蘋果入酒，半月可飲。

五香燒酒　丁香、速香、檀香、白芷浸酒。

高(粱)[粱]滴燒　每日於五更時，燉熱飲三分杯，通體融暢，百脈同開舒，於人最益。

又出路帶酒　取高粱滴燒糝饅頭粉，隨糝隨乾，乾後再糝，多少隨意。用時即將此乾粉，沖百滚湯飲之，與燒酒無異。

論水

造酒必藉乎水。但水有清、濁、鹹、淡、輕、重之不同。如泉水之清者，可以煮茶。河水之濁者，可以常用。海水之鹹者，可以燒鹽。而皆不利於酒。蓋淡、清者必過輕，鹹、濁者必過重。何地無水？何處無酒？總不免過輕過重之弊，而且性有温寒之別。寒者必須用灰以調理，飲之者每多發渴。惟吾越則不然，越州所屬八縣，山、會、肖、諸、余、上、新、嵊，獨山、會之酒，遍行天下，名之曰紹興，水使然也。如山陰之東浦、潞莊，會稽之吴融、孫(塹)[墮]，皆出酒之數。其味清淡而兼重，而不温不冷，推爲第一，不必用灰。《本草》所(爲)[謂]無灰酒也。

其水合流芳斗斛六折，每斗計重十二斤八兩。新、嵊亦有是酒，而却不同。新昌以井水，嵊縣以溪水。井水從沙土而出，未免寧静。欓缸開爬之時，冷熱莫測，須留心制度，尚不致壞。溪水流而不息，未免輕薄，造之雖好，不能久存。總不如山、會之輕清香美也。

渾水不能做酒。鄙見以白礬打之，第未曾試過。

井泉酒，越之新昌，以井水造酒。其性冷、熱不常，倘一時驟勢不可過，須急去缸蓋，用爬多擢。加頂好老酒，每缸一罈，或二罈亦可，總以温和、寧静爲主。

論麥

麥有粗、細、圓、長之別。大凡圓者必粗，長者必細，總以堅實爲主。最粗圓者不必盦麯，一則價錢重大，二則粉氣太重，酒多渾脚。即或長細，而身子堅實，其縫亦細，斤兩不致過輕。但恐力薄，每十擔可加早米二擔，磨粉另存。盦時，每箱以加二攙和。

麥麯以嵊縣者爲最佳，山、會者次之，淮麥更次之。然有時因本地年歲不足，或身分有不及淮麥者，故用之。麥出淮者宜白，麥出南者宜紅。

盦麯

造酒先須盦麯，盦麯必先置麥。五月間，新麥出市。擇其光、圓、粗大者收買，曬燥入缸。缸底用碧糠斗許，以防潮氣。缸面用稻草灰煞口，省得走氣。至七月間再曬一回，名曰拔秋。八月鳩工磨粉，不必太細。九月天氣少涼，(使)[便]可盦矣。以榨箱作套，每套五斗，加大麥粉二、三斗，不加亦可。每箱切作十二塊，以新稻草和裹。每裹貯麯四塊，緊縛成捆。以亂稻草鋪地，次第直豎，有空隙處用稻草塞緊，不可歪斜，恐氣不能上升，必(至)[致](梅)[黴]爛。酒味有濕麯之弊，即此之故。(滲)[諺]云，麯得濕，豎得直。信不誣也。如有陳麯，須於陳麯春、夏之間曬好，(椿)[舂]碎，用乾净罈盛貯，封固，不致蛀壞，下半年可與新麯攙用。蓋陳麯造酒，其色太紅，且究竟力[弱]，是以只可與新攙用，用至十分之三足矣。京酒麯粉要粗，粗則吃水少，酒色必白，渾脚亦少。家酒麴粉要細，細則吃水多，色必紅。因家酒喜紅故也。

盦麯房以響亮、乾燥之所爲妙，樓上更好。

向例，盦麯原系用麥，價昂貴，將早米對和亦可。早米代麥，其粉要(系)[細]米有肉無皮，較麥性爲堅硬，粗則不能吃水。水不吃則米不化，反有無力之病。然亦因麥少而代之，且酒多渾脚非造酒之正宗也。

論米

米色不同，必須揀擇光圓、潔浄者爲第一，紅斑、青秧者次之。尚有出處之分，變白、癡粳之別。大凡新、嵊所出者，變白居多，余、上所出者，雖亦變白，不能如新、嵊之光圓潔浄也。山、會所出者，亦有變白，糠細纏縠，而且要和水，並有加鹹鹺，最不堪也。糴時必須仔細斟酌。至於癡(硬)[粳]，亦有和水，不能如變白之多受。只恐粳米較賤，攙入在內。青秧則無力，紅斑則不化。至於運槽丹陽所出之貨，米骨稍松，而却無水。凡屬買者，皆用斗斛。斗斛之弊不一。諺云，只有加一手，没有加一斗。自己眼力不濟，不若將米量起若干，秤定斤兩，以後照數秤稱算。寧波者有一種過海米，細而輕鬆，切不可用。新、嵊之晚米，其性雖不能如糯米之純糯，而却有似乎糯米，竟可造酒。但只可現做現賣。

浸米

凡米三十擔爲一作，計二十缸。挑水、搧糠，並浸，共約二工。但路有遠近，不可概論。東浦以上，二十缸爲一作，亦有十缸爲一作者，各家規例不同。

用米擔半一缸，指本地家酒而言。京酒每加一，然米亦然。米亦有好歹、乾濕不同，總以稱飯爲主。京酒每缸三百六十斤，廣秤。連籮、索，因京酒要趕糧船，日子不足，不過三十餘天之内。家酒可停五、六十日之久，每缸連籮、索三百三十斤也。籮、索約重七斤。東浦養酒八十日之久，時多米白，作熱水重鑊煎，不取酒油，故佳。

酒娘俗呼酒酵。

冬天每缸兩攙斗，春天折半。但須看天時之冷暖，用酵之多少。凡造酒之初，無所藉乎，惟用陳老酒兩攙斗，酒藥三、四枚，共麯和飯而成矣。用酒娘之法，全憑天時。如點水成凍，即要四攙斗，天暖則半攙斗足矣。

蒸飯是日，晚間備豬肉斤餘，祀酒仙，祭畢即給酒工散胙，冬天(日)夜長，三鼓時候便須動手。先將淘鑊水燒滾，墊好，以空(烝)[甑]放鑊上，先貯米七、八斗，俟其氣攛起，漸次加上，以滿而熟爲度。用簸匾蓋之。麯先撒，去簟將飯倒出，用樺楫攤開，少頃轉面，俟稍涼盛貯於籮，每缸秤三百三十斤。如出外之酒，加上三十斤，用麯四斗，酒娘兩攙斗，以小樺楫搗散飯之大塊，次用大樺楫，前後左右，次第搗之，如稀飯一般便好。上用缸蓋蓋之，外面稻草圍繞。春天不必，大約八、九個時辰，即能發覺。八、九個[時]辰亦尋常而言，熱作三、四個時辰即

可開爬。冷作十多日俱不可定，務須加意留神，預備火俱、燈籠，以便隨時起看。其氣觸鼻，便是旺足，即用草肘將缸蓋竪起二、三寸高，總看天寒、熱，以定竪草之高。古云，下缸要熱，揭飯要熱。

先一日，將作水挑齊，一面抽米，一面舂麯八擔，用袋盛貯，以便次日蒸飯之用。冬水三漿，三水，春水三漿。盆入缸內，如(竦)[疏]忽，則滿足矣。熱作者流必快，其味輕清香醇。冷作者其流必慢，其味重濁。如自己無榨，色氣給於人，每擔給錢十四、十六文不等，仍吃本家之飯。榨出之日，須將細袋查看。

或云，榨酒不宜割清，因浮面之酒無力，恐其色昏。如不割清，糟、酒一同榨出，統歸澄清矣。此説亦可。

白糟

糟有燥、濕之説。燥則宜於緩燒，濕則宜於速燒。如欲速燒，將糟存貯缸內，些微踏之，兩、三日便可動手，其酒不(至)[致]減少。如欲緩燒，將糟盛貯於缸內，用力踏實，數十日後，自然轉潮，即可便燒，燒酒亦多。出袋時必須督看，以杜偷運並留於袋角之(嫳)[弊]。踏時用新蒲鞋一對，畢時仍掛該處，庶免糟踏帶出。白糟存貯缸內之時，如有雞、鵝、魚、肉之類，後用鹽擦，浮放面上，便有香處。如欲久存，只要用鹽(樁)[舂]熟，入磁罈內封固，泥好，放在太陽曬到之處，要用開取，制度食物最好。倘有跌閃，炒熱，同竈窩煤搗勻，罨患處，功效立見。雪水與烊雪之水，俱不宜做酒，其性太寒。即欲做酒，必須格外留神，下缸之飯要熱，酒娘要多，不做爲四水漿。三水即三桶漿、三桶水之謂也。每桶東關斗三斗。東關斗即官斗，較昌安米行相仿。

開爬

開爬有熱作、冷作之分。缸面有細裂縫，即是熱作。或無裂縫，更熱。先用手蘸嘗味，甜時即可開爬。若到泚苦開爬，即酸矣。如果勢太猛，疊次打爬，恐或誤事，須用陳老酒倒入，以勢平爲度。缸面裂縫太大，即是冷作，不可開動。甚至月餘而開者，往往而有之。至於水管水，飯管飯，便爲凍死。急用好燒酒一茶壺，約四、五斤，燉熱，連茶壺沉入缸底，自然起發如故。熱作酒氣旺，故力足而味香。冷作酒氣弱而味木。

初開之時，其氣尚嫩，可以醉魚。

榨酒

出外者已經加飯，四十日可榨。家酒六十日，先用小籮割清，次用細袋盛貯，以箬縛口，放入榨內，竹笏間之，加紬袋，多餘之頂，夫可用樣簽插邊。俟其流榨套，樣簽可去。然後用千金加上蝴蝶，再等一回，逐漸加上石塊，但必須次第加增，庶免裂破。迨晚發出，解去其箬，將袋三摺，仍放入榨，竪起俟列，照前式。此次可將石塊一齊壓上，至榨桶之清水。須時留心爲妙。

糟燒

白糟四、五十斤，以礱(糖)[糠]拌勻，第次入蒸。上加鑞烝貯水，名曰天湖，中有子口出酒。其天湖之水，每烝二放、三放不等，看流酒之長短、時候之冷熱。大約花散而味淡即止。將糟倒入石臼，如存缸者不可放水。隨便用者，將烝下熱湯傾入兩攙斗，名曰假乾頭。倘行飯則不然，必須另燒滚湯倒入。自己帶櫳下米攙入，木碓搗熟。本屬每籮兩烝，行販以籮半作兩烝，便於出賣。時騙人仍云兩烝。烝下熱湯，盆出，即將裹鑊水盤入，其裹鑊以天湖放落之水補之，所謂行敗另燒水者，即裏鑊水也。烝半而曰兩烝煮，名曰割頭，此行販人皆是，主人不管也。買糟之人，每人給酒工二、三文，名曰脚錢，行販亦如是。維糟之正價，則行要少於土著，尚須吃飯一餐，不過貪其銷貨之多耳。燒酒瓶要時刻留心，倘或滿出，流至竈下，便有火燭之虞。

如兩口烝，冬月可烝十八烝或二十烝，春天可加四烝。一口烝者，折半。兩口蒸只可使草，須得二人動手。獨口可用柴，只要一人，不必起早。

燒酒

碧清堆細花者，頂高。花粗而(竦)[疏]者次之，名曰朝奉花。無花而渾者下之，加上酒油仍能化作好酒。近有一月餘不散，不可不察。無花之酒，不能作假。過花者，燒時清而少。過花者，即無花也。只要加上清水，便有細堆花。如水過多，則又無花而渾矣。又，作爲藥必須之物。

煎酒

煎酒之先一日，預煉黃泥，用蘊頭糠和。如遇冰雪，用草蓋之，並(淜)[涮]湯。灰白罈更將壓底，放於清缸，不致渾脚泛上。即用鑞罈，將酒盛貯，以便起早舉火。冬月三更起來，春日日長，只要亮時。每作兩日，每日兩人。如外出之酒，須加一人包泥。先將鑞罈放於陶鑊，以帽頭蓋好，用碗抽接油。油急而氣直沖出，其酒自清而熟，可以抬起換生冷鑞罈，放下即無過生、過熟之弊。即生翻白花之謂。如出外之酒，不宜去油。去其帽頭，以鑞蓋蓋之。罈必(烝)[蒸]透，既透，用牌印寫字號。以乾淨白布仔細擦抹。或罈於未烝時用印，有云，更清而堅。

灌酒時必須留心，不致傾潑於地。且必雙灌，以免淺弊。灌酒之後，先用荷葉，次用竹箬，以篾縛緊，剪去四邊，將黃泥泥好。其泥頭如外出者，要高而大，家酒不拘。出外之酒，其罈要用瓦燈盞，亦有用瓦片者。

缸底渾脚，(烝)[蒸]熟加糟可吃。或潑在白糟上，一樣燒。燒酒起早落夜，必須新燈。好燭則亮，酒無傾出之弊。新燈則酒氣不致沖入，免火燭之患。

酒油

酒油者，老酒之油也，清而無花佳。煎時從帽頭而出，所得無幾，爲醬酸油必須之物。凡燒酒無花者，此物加入，即能有花。花之粗者能變細堆。攙入清水則有花，若不攙售，入照燒酒加二提昇。

糟

未燒者爲白糟，已燒者爲燒糟，可以喂牲畜，亦可壅田而養池魚。醋糟用灰拌過，亦可壅田。

醫酒

酒有酸翻，亦有有力、[無力]之別。有力酸者，飯足水短，開爬不得其時，或天氣冷熱不均，(至)[致]有此病。其酒輕味厚，交冬時候，將酒倒於缸內，嘗其味之輕重，用燥粉治之。去其酸，加以酒油，與隨常好者一樣，仍用罈盛貯，包泥。但急需發賣，春氣動必致於壞也。無力酸者，酸味更動於有力，且有似乎將翻之狀，治法同前，但須多加酒油翻之。有力者緣煎之不熟，或煎時誤入生水，其色微白，氣重有花。只要將花濾浄，每大罈加黑棗八、九枚，一、二日內便發。若發賣遲則無救。至於無力之翻，狀如桐油，色如米泔，氣不可聞，無可救矣。好酒之聞者有翻意，無關有力、無力，此罈之不乾浄故也。

有用赤小豆一升，炒焦袋盛，入酒罈中，則如舊。又，酸酒每罈用鉛一、二斤，燒極熱投酒，則酸氣盡去。

酒合酒，以老酒作水，加入麯飯便是。

過糟酒，未榨者爲糟酒，如有酸酒，每糟，酒缸內可倒入一、二罈，和勻共榨，但切不可多，多則恐將好糟帶酸。

酸酒倒入糟酒缸，必須用燥粉治過爲妙。

泥頭，家有泥頭，俟稍乾便可堆起。如出外之酒，須過二、三日，並用罈樹界尺周圍，敲其光堅，上面用磐紅圓印邊，用名字鈐記。如有大太陽，須挑出攤曬。否則多用稻草厚蓋，不致於冰凍。倘遇下(兩)[雨]月用簟覆蓋。

做篾絡

凡出外者，必須做篾絡。竹匠帶篾而來，大酒每缸約五文零，小酒約三文零。工錢在內，仍給便飯、點心，但只須看竹價之貴賤。

論缸

缸有新、陳，有損有開，有胚漏，有大、小，須詳細察之。新、陳原無二致，然新者不無耗，不如陳者之爲妙也。損不過細徑，而開甚大，須用鐵鏴鏴好，敷以鐵砂，可保無虞。至於橫斷之開，即用鐵鏴鏴沙，終屬無用，須檢棄之。陳缸之漏，或由於砂疤。新缸之漏，或由於沙子，皆可修補。胚漏者，本身之土原松，滲漏之處，在在皆有，無從著手，如何可修？即勉强修之，亦屬無益，急宜撿去。至缸底猶爲要緊，若少(竦)[疏]忽，漏必磬盡。既經修補明白，即用油灰擦上，水灰蓋之，腰笂、□笂以毛竹爲之，尤爲結實。

空缸存貯，如過大水，即以水灌滿，便無妨礙。漏酒罈不宜浸水，浸水必壞。

論罈

罈有新、陳、開、損、胚漏、大小，而且有輕重之別。燉洲亦當留意。新陳、開損、胚漏，其制度大約與缸一例。而大小、輕重則有所別。加大者，罈之頂大者也，約流芳斗七折斗可貯五斗之外，此家酒所用。而京幫掛頭，亦間有之。一名大四斗，流芳七折斗約四斗餘升。蘇、揚、京、廣等處，所謂大酒是也。建罈專發閩者，流芳七折斛，約二斗餘，今揚州亦間有之。至小四斗，一名金剛腿，即京酒罈是也。流芳七折，不過一斗餘。出外者新罈爲妙，惟家酒可用陳罈，一則不至折耗，究竟可以多洲多洗。外出之酒，限於工夫，故不能加洲洗之工。陳罈宜於伏天貯水，俟臭換水。用草灰，每個約一手把，三晝夜，洗浄倒出，再進清水。又，次日洗過倒出，以石灰粉好。不可曬，曬則反松而易落。陰乾者堅固且亮，即號明昇斗。用釘將本坊名字畫於肩上，名曰灰馬。存貯屋內，便可上烝，寫字號。如隆冬時，不論新陳、大小，勿須洲洗。倘過嚴冬，寧令倒出，候天氣稍□再行灌進，庶不致有冰壞之弊。此小費力不可惜也。如不過稍寒，可用竹杠探入，將水倒出少許，罈口用稻草作肘塞緊，即可無礙。或尚恐其凍面，上厚鋪稻草，以簟覆之。如做新罈，先將罈挑至河邊，以便灌水，既經灌滿，即移挨其地，則罈底吃住之水，另有分曉。次日用木棒將罈身重敲幾下，則其罈底細隙含水之處，逐細塗明，以便沙鏴修補。如沙已堅老，照式再辦一回，謂之轉探。然後用細灰擦上，俟燥，以水灰粉之，雙度更妙。隆冬雨雪，罈身甚冷，油灰不能擦抹，須用

缸竈，淘鍋圈燒水（烝）［蒸］熱，便可擦矣。金華罈有數種，出自石子山者第一，匀而光潤。南棗田者亦可。

上罈頭者，厚而重，但多旱點。

有一種下港貨，亦叫金華罈，其貨（其）［甚］次。港貨亦有二處，出横巷堂，薄而尖。小缸窯者，而薄，胚漏居多，個頭甚小。金華罈如下港貨，反不如嵊縣之馬鞍窯多矣。

諸暨罈身分，比各處總大些，樣子猶似乎金華，個頭亦匀浄，但有好歹不同。嵊縣罈有數宗，馬鞍窯者爲第一。不過不能好如金華，石子山之上下，匀浄光潤，壞却多。有一宗山口者，大罅點甚多。縱極修治，較馬鞍不如，加工一半，尚不討好。有一宗仙苗寺出者，其式有似乎山口，油水略覺光潤，然亦多有壞點。有一宗（淘）［陶］家莊者，其色似乎馬鞍而薄脆。有一宗大荒田者，油水覺紅，其式亦似山口，而兼似淘家莊，總非正路貨也。各窯俱要伏貨。罈必堆，如遇大水，將堆折開，水灌之滿便好。

論竈

如酒做二百缸，只要大淘竈一乘，小淘竈一乘。大者用大蜘蛛兩口，小者用小淘鑊兩口，其稍鑊頭可合一只，只要尺八鑊可矣。其竈丁字樣打法，名曰蝦籠式。小竈要有神仙竈之説，便燒柴也。去其方門，而用直圈。

蜘蛛淘在昌安門外三脚橋下，易姓一家所造。

舂米

每人每日四、五、六石不等。不必太白，大約七、八分成色。如米真燥，必（跪）［蹦］出，加水礱糠一把便好。東圃造酒，大約乾米舂，每天（謹）［僅］舂二、三石之間，故米白。孫墪俱用水潮即有乾米，亦和水而舂，每天可舂四、五石，故米糙。米白則酒鮮，米糙則酒味木。

合糟

將酒燒出之後，一時不能售出，用木碓煉熱，不可放水，倒存缸内踏實，上用空缸覆蓋，其合縫處，以鹵鹺和黄泥（椿）［舂］匀封之。如家常零星需用，以罈盛貯築實，不可太滿，口内約三、四寸用灰撒入，或用草肘塞緊，倒篤，不但不壞，而且隨時可取。至立冬之後，可以開缸，以鐵（揪）［鍬］起之。

存酒

房屋須明亮、臨風，忌濕暗。地勢宜高不宜低窪，泥地則不乾，低窪恐遇大水，則搬移不及。先將地調停平穩，凸者去之，凹者補之處尚須舂實。以小樣者作底，大樣者居上。大酒每舂三個，小酒每舂四個，均須平宜，不可歪斜。倘有空隙，用草肘塞緊，庶不致有卸舂之弊。每年過舂兩次，五、六、八、九等月是也。黴爛、滲漏，均可撿出。黴爛者即發罈也。滲者浸潤而不漏，其酒尚不至於壞。如大漏，則有翻不翻之患。

雜説

酸酒改醋　每酸酒十五、六罈，盛貯缸内。用糯米二斗煮飯，趁（熟）［熱］踏實，和麯四、五斗，放入，用蓋蓋好，上下四面均圍稻草，至半月之久必酸，此二、三月可爲也。再，酸酒不多，不必用缸。每缸放麥糖二、三斤，紅火添，每天打三、四回便成醋。如要色紅，用白糖半斤炒焦，以黑爲度放水。不可過焦，焦則苦而不□。亦不可過嫩，嫩則甜而色淡。

白酒　用米一斗，冬日浸周時，春日浸一日，烝熟，將飯傾入竹籮，以水淋冷後，用熱水還熱，盛貯小缸内，以酒藥一兩二錢，搗碎，匀入。

附各種酒

緑豆酒，鍋粑酒，高糧酒，鯽魚酒，黄酒。史國公酒，桂花酒，黄酒。金桔酒，桂花酒，黄酒。竹葉酒。

煎酒時，布包淡竹葉五錢，入甑（烝）［蒸］好取出，灌罈泥封，久之開用，另有一種清香氣。又，孫墪、吴融酒，不用錫甑，而用鍋煎，可與東蒲酒匹敵。東蒲酒較勝於他處者，取市心水，斤兩更重，而能於缸中養一百日，精華約作出，氣味濃郁。他家三、四十日即榨，故不及也。

又，酒煎好灌罈時，每罈入白糯米一大團，灌滿泥封，飲之更覺味厚。

附各種造酒盦麯法

桃源酒　白麯十二兩，剉如棗核，浸水一斗待發。糯米一斗，淘極浄，炊作爛飯，攤冷，以四時消息氣候投放麯汁中，攪如稠粥，候發，更投二斗米飯，嘗之，或不似酒，勿怪。候發，又投二斗米飯，其酒即成矣。如天氣稍暖，熟時候三、五日，甕頭有澄清者，先取飲之，酣酌亦無傷也。此本五陵桃源中得之，今商議以定空水浸米尤妙。每一斗米，煮取一斗澄清，浸麯俟發。（紅）［經］一日炊，候冷，即出甕中，以麯和麥，還入甕中。每投皆如此，其第三、第五皆待酒發後，經一日投之。五投畢，待發足，定訖一、二日可壓，即大半化爲酒。如味硬，每一斗烝三升糯米，取大麥糵麯一大匙，白麯末一大分，熟攪和，盛葛布袋中，納入酒甕，候甘美即去袋。

然做酒，北方地寒，即如人氣投之。南方地暖，即須至冷爲佳也。

碧香酒　糯米一斗，淘淋清浄。内將九升浸甕内，一升炊飯，拌白麴末四兩，用篘埋水浸米内，候飯浮撈起，烝九升米飯，拌白麴末十六兩。先將浄飯置甕底，次以浸米飯置甕内，以原淘米漿水十斤或二十斤，以紙四、五重(蜜)[密]封甕口，春數日。如天寒，一月熟。

臘酒　糯米二石，水與酵二百斤足秤，白麴四十斤足秤，酸飯二斗，或用米二斗起酵，其味濃而辣。正臘中做。煮時，大眼籃二個，輪置酒瓶在湯内，與湯齊滚，取出。

建昌紅酒　糯米一擔淘盡，傾缸内，中留一窩，傾水一石二斗。另取糯米二斗，煮飯攤冷，作一團放窩内，蓋訖。二十餘日，飯浮漿酸，撈起，去浮飯瀝乾。浸米，先將米五斗淘浄，鋪入甑底，將濕米次第上去，米熟，略攤氣絶，翻在缸内，蓋，下取浸米漿。花椒一兩，煎沸出鑊，待冷，用白麪麴三斤搥細，好酵母三碗，飯多飯少如常酒酵法，不要太厚。天遭極冷，放暖處，用草圍一宿。明日早，將飯分作五處，每放小缸中，用紅面一斤，白麴半斤，酵亦作五分，每分和前麪、麴、飯拌勻，踏在缸内，其餘盡放面上，蓋定，候二日打爬。如面厚，三、五日打不遍，打後面浮漲足，再打一遍，仍蓋下。十一月二十日熟，十二月一日熟，正月二十日熟，餘月不宜造。榨取澄清，併入白檀末少許，包裹，泥定。糟用熟水，隨意加入，則只二宿可榨。

五香燒酒　每料糯米五斗，細麴十五斤，白燒酒三大罈，檀香、木香、乳香、川芎、没藥，各一兩五錢，丁香五錢，各爲末。白糖霜十五斤，胡桃肉二百個，紅棗三升去核。先將米烝熟，晾冷，照常下酒法，落在甕口缸内，好封口。待發微(熟)[熱]，入糖並燒酒、香料、桃、棗等物，缸口厚封，不令出氣。每七日開打一次，封至七七日，上榨如常。服一、二杯，以醃物玉之，有春風和煦之妙。

山藥酒　山藥一□、酥油三兩、蓮肉三兩，冰片半分，同研如彈，每酒一壺，投藥一、二丸，熱服。

葡萄酒　法用葡萄子取汁一斗，用麴四兩攪勻，入甕中，封口，自然成酒，更有異香。又法，加蜜三斤，水一斗同煎入瓶，候温入麴末二兩，白酵二兩，濕紙封口，放浄處。春秋五日，夏三日，冬七日，自然成酒，且佳。(黄精酒)

黄精酒　黄精四斤，天門冬去心三斤，松針六斤，白术四斤，枸杞五斤，俱生用。納釜中，以水三石煮之一日，去渣，以清汁浸麴，如家醖法熟。取清任意食之。主除百病，延年，變鬚髮，生齒牙，功妙無量。

白术酒　白术二十五斤切片，以東流水二石五斗浸缸，二十日去滓，傾汁大盆中，夜露天井，五夜，汁變成血，取以浸麴作酒，取清服，除百病，延年，變髮堅齒，面有光澤，久服長年。

地黄酒　肥大地黄切一大斗，搗碎。糯米五升作飯，麴一大升。三物於盆中揉熟相勻，傾入甕内泥封。春夏二十一日，秋冬二十五日。滿日開看，上有一盞緑液，是其精華，先取出飲之。以生布絞汁如飴，收貯，味極甘美。

菖蒲酒　取九節菖蒲生搗，絞汁五斗。糯米五斗炊飯，細麴五斤拌勻，入磁罈(蜜)[密]蓋，二十一日即開，温服，日三次，通血脈，滋榮胃，治風痹骨立痿黄，醫不能治，服一劑，百日後顔色光彩，足力倍長，耳目聰明，髮白變黑，齒落更生，夜有光明，延年益壽，功不盡述。

羊羔酒　糯米一石如常法浸漿，肥羊肉七斤，麴十四兩，杏仁一斤煮去苦水，同羊肉多湯煮爛，留汁七斗，拌前米飯，加木香一兩同醖，不得犯水，十日可吃，味極甘清。

天門冬酒　酵酒一斗，用六月十六日麴末一升，糯米五升作飯。天門冬煎五升，米須淘訖曬乾，取天門冬汁浸。先將酒浸麴如常法，候熟炊飯，適寒温，用煎汁和飯，相入投之，春夏七日，勤看，勿令熱。秋冬十日熟。東坡詩云，天門冬熟新年喜，麴末春香並舍聞是也。

松花酒　三月取松花如鼠尾者，細挫一斤，絹袋盛之。造白酒時，熟時投袋於水中心，浸三日取出漉酒飲之，其味清香甘美。

菊花酒　十月取甘菊花去蒂二斤，擇浄入醅，攪勻，次早榨，具味清洌。凡一切有香花之酒，花如桂花、蘭花、薔薇花皆可做爲。

五加皮三骰酒　法用五加根莖、牛膝、丹參、枸杞根、金銀花、松節、枳殼枝葉各一大斗，用水三大石，於大釜中煮，取六大斗去渣澄清水，准水數浸麴，即用米五大斗炊飯。取生地黄一斗搗如泥，拌下。二次用米五斗炊飯，取牛蒡子根細切二斗，搗如泥拌飯下。三次用米二斗炊飯，大萞麻子一斗熬搗令細，拌飯下之。候稍冷，一依常法，酒味好，即去糟飲之。酒冷不發，加以麴末投之。味若薄，再炊米二斗投之，若飯乾不發，取諸藥物煎汁，熱投。候熟去糟，時常飲之，去風勞冷氣，身中積滯宿食痰，令人肥健，行如奔馬，功妙更多，男女可服。

白麯　白(麯)[麪]一石，糯米粉一斗，水拌，令乾濕調勻。篩格過，踏成餅子，紙包掛當風處五十日，取下，日曬夜露。每米一斗，下(麪)[麯]十兩。

內府秘傳麯　白(麯)[麪]一百斤，黄米四斗，綠豆三斗，先將豆磨去殻，將殻簸出，水浸聽用。次將黄米磨末，入面餅，豆末和作一處，將收起豆殻浸水，傾入米麪，豆末內和起，如乾，再加浸豆殻水，可捍成塊爲准，踏作方曲，以實爲佳。以粗草曬六十日，三伏內方好造酒，入麯七斤，不可多放，其酒清冽。

蓮花麯　蓮花三斤，白麪百五十兩，綠豆三斗，糯米三斗，俱磨爲末。川椒八兩，如常造踏。

金莖露麯　麪十五斤，綠豆三斗，糯米三斗，爲末踏。

襄陵麯　麪一百五十斤，糯米三斗，磨末。蜜五斤。

紅白酒藥　用草果五個，青皮、官桂、砂仁、良薑、茱萸草、烏梅各二斤，陳皮、黄柏、香附子、蒼朮、乾薑、甘葛花、杏仁各一斤，薑黄、薄荷各半斤，每藥料共秤一斤，配糯米粉一斗，辣蓼三斤或五斤，水薑二斤搗汁，和滑石末一斤四兩，如常法盦之。上料更加蓽澄，丁香、細辛、三賴、益智、丁皮、砂仁各四兩。

東陽酒麴　白(麯)[麪]一百斤，桃仁三斤，杏仁五斤，草烏一斤，烏頭一斤半，去皮綠豆五升煮熟，木香四兩，官桂八兩，辣蓼十斤，水浸七日，瀝母藤十斤，蒼耳草十斤，二桑葉包。用蓼草三味入鍋，煎煮綠豆。每石米內放麯十斤，多則不妙。

蓼麯　用糯米不拘多少，以蓼搗汁浸一日，漉出，用麪拌勻，少頃篩出，淳而厚。紙袋盛之，掛當風處。夏日制之，兩月復可以用之，做酒極醇。

封缸酒　占米三斗，淘過烝熟，拌藥丸做成白酒。俟酒滿中倉，澆燒酒三斤，澆四邊勿澆中間。過一日，入火酒二十斤，再過一、二日，澆冷水三十斤，封起缸來。七日後，用麻布濾出酒入罈，嘗窨之。其渣再入井水二十斤，又過十四日，所有白酒亦與市賣不同。

酒釀　亦用占米一斗，白酒藥一丸，盛於净器內，中做一窩，一復時滿中倉。外用草蓋草圍，宜暖。酒滿取出，仍蓋好，再滿又取。

黄酒　酒米二斗，小麯二斤，酵水隨手將飯拌勻，加花椒一兩，六安茶一兩，七日滿塘。燒開水，帶溫入糟內，榨出清酒，即火酒五斤，封罈窨之。如嫌酒淡，再入火酒五斤亦可。

粥酒　占米一斗，作二鍋煮稠。預備麯塊，一斗米用一斤麯，碾細，俟粥五、六分冷入麯末，不住手攪冷，即入火酒五斤，灌入罈內封固，七日後可用。如嫌酒多□淡，再加(大)[火]酒。

琥珀光酒　紅麴三兩，洋糖三兩，(檑)[檀]香末五錢，當歸五錢，燒酒十二斤，入水三斤，絹袋盛，浸七日用。又，燒酒十二斤，洋糖一斤，紅麴一兩，當歸五錢，圓眼半斤，薄荷三錢，沉香五錢，或用(檑)[檀]香末。用絹袋盛，浸七日浸用。

冰糖(百)[柏]葉酒　燒酒二十斤，入柏葉一斤，冰糖三斤，或二斤亦可。

玫瑰酒　玫瑰花去蒂，須百朵。火酒十五斤，洋糖四斤，窨之。

鄭公酒麴　白麪三十斤，綠豆一斗煮爛，退砂，(末)[木]香一兩爲末，官桂一兩爲末，蓮花蕊三十朵，用須並瓣不用房，碎搗。甜瓜搗爛，用粗布絞肉約一碗。揭辣蓼自然汁，和前拌勻，乾濕得中，用布包，脚踏令實，二朵葉包裹，麻皮紮，懸風梁上。一月後取出，去朵葉，刷净，日曬夜露約一月，入瓦土甕(蜜)[密]封，每麯三十斤，約餅七十個。

釀酒　糯米，河水淘極净，浸十日許漉起，再以河水淋之。淋米水溜澄清用。每糯米一擔，存一斗作飯，可遲三日浸。每米一斗，用淋米水八斤，(麪)[麯]每石用五斤或四斤，作清酒只用三斤，每斤可釀米一石。將麯搗碎和飯，分作分，逐一分。先以小缸入水少許，搜拌令勻，逐一入缸，以手捺實，以木杓襯水澆之，以蘆蓆、稻草□一宿後，看缸面有尖裂縫者，以手襯覺濕熱，用扒打。待三次打扒後，即入投飯，仍用釀少許解飯，開傾入缸內再蓋，打勻，再蓋，約一月餘熟。每二石用灰八團，一半入釀，作別袋榨之。一半以袋入酒汁中，澄清去脚。澄二次，入餅煮之。清酒不要投飯。

灰法　雜灰、標灰、炭灰，篩過如湯糰小盞大。又，炭團火(蝦)[煅]紅三、四次，研末用之。

燒酒花色　燒酒花色，平常者，每缸加折榨清，每缸有大罈十五罈，海酒二大罈，其花可高一色。亦有每缸內加水三大斗，用龍骨、陳麥爲末，一酒杯酒油調和，去渣攙入，其花可二色。但須臨時用之，一月以後竟可無花，以其發透故也，故須熟按酒務者始能辨。大酒做花者辨法有三種，真者色清而潔，假者色白而渾。真者其味甜净，假者其味辛辣。真者缸面清潔，假者缸面有細絲，名曰龍筋。

節氣遲速看冷暖，米有(有)[好]歹酒即高低。

屋內屋外有冷暖。屋內有風，屋外無風，可差半月天氣，開爬時酌之。

酒有缸面酸，缸底不酸者，不可用爬，用入中間探取嘗之。

清・吳其濬《植物名實圖考》卷一《穀類》　附蜀黍即稷辯

蜀黍非惟經傳無聞，即《本草》亦不載。惟《博物志》始著其名，《食物本草》著其用，而又謂南人呼爲蘆穄，今亦不聞有呼蘆穄者。《九穀考》刱謂即稷，引據博奥，一掃舊説；《廣雅疏證》《説文解字》注皆主之。段氏之言曰：漢人皆冒粱爲稷，而稷爲秫秫，鄙人能通其語者，士大夫不能舉其字，可謂撥雲霧而覩青天矣。尊崇獨至，亦蜀黍之大幸也。但北地呼蜀黍，音重即爲秫秫，如蜀葵亦呼爲淑頦，阮儀徵相國所謂淑氣是也。《九穀考》以《説文》秫稷之粘者，遂以蜀黍定爲秫，而蜀黍之不黏者，别無異名，不得不謂不黏者亦通呼爲秫秫。夫穀多有黏、不黏二種，稻黏爲糯，不粘爲秈，稷之黏者爲秫，不應不黏者亦爲秫也。《九穀考》又謂天下之人呼高粱爲秫秫，呼其稭爲秫稭，舊名在人口中世世相受。夫以蜀黍音同秫秫，定爲黏稷之秫，彼以稷、穄雙聲，指穄爲稷，亦西北之人至今相承語也。蜀黍有黍名，不得指爲黍；高粱有粱名，不得定爲粱；獨可以其秫秫之稱，而即定爲稷之名秫者耶？《説文解字》注謂以穄爲稷，誤始蘇恭。蘇氏之誤多矣，如以青稞爲大麥，則大、小麥幾不能辨；獨其以穄爲稷，則尚有説。考《本草》有稷無穄，或即以穄爲黍，而《齊民要術》備列北方之穀，獨謂稷爲穀。其云凡黍穄田黍黏者收薄，穄味美者亦薄，刈穄欲早，刈黍欲遲，黍與穄，或一類，或二種，皆在疑似之間。而《説文》秫下即曰穄，也糜，二字相厠，梨爲黍穰，穰爲黍梨，已治者皆不連綴，而凡黍之字皆從黍，則曰糜，穄也，則謂穄爲稷，謂穄爲黍。以近日治《説文》之法求之，二者皆可相通，果孰從耶？獨是蘇氏謂稷與黍爲秈秫，故其苗同類，是誠考之未審。古以黍、稷爲二穀，若同類而分秈、秫，則稻之糯、粳，亦將别爲二種乎？且以今之種黍子、穄子者驗之，則黍穗斂束，穄穗觰沙；黍粒長，穄粒圓或扁；黍用多而穄用少。大凡北地之穀，種粱者什七，種黍者什二，種穄者什或不得一焉。三者初生皆相似，而穎栗苞秀則漸異，農家分畦别隴，蓋取用不同也。李時珍承蘇氏及羅氏之説，但謂黍爲稷之黏者，爾後紀載，轉相沿襲，不復目驗而心究，其爲諸通人所厭菲而吐棄，誠無足怪。而吾謂秫之爲稷，穄之爲黍，其説亦不自《九穀考》始。《經典釋文》謂北方自有秫穀，全與粟相似，米黏用之釀酒，其莖稈似禾而粗大。按其形，惟蜀黍之通呼秫秫者，可以當之。《珍珠船》訾徐鉉説，楚人謂之稷，關中謂之糜，其米爲黄米，爲認黍爲稷。是即《九穀考》以糜爲黄黍之嚆矢。乃獨以稷爲粟米，考《爾雅注》：今江東呼粟爲粢，説經者斥爲六朝謬説，通於彼而又窒於此矣。而《爾雅正義》詳繹其説，謂黄米與稷相似，而垂穗較疎，則黄米與穄又别爲種，與蘇氏諸人之説稍異。而其釋稷粢也，直云北方所謂稷米，又不著其形狀，豈以同時方掊擊穄之爲稷，而以稷易穄耶？抑穄稷實有兩種耶？余遍詢直隸、山西人，皆謂糜穄爲一，與《説文》同，而以軟硬爲黍穄之分。且云穄無黏者，則是秫爲黏稷，不惟無其名，亦失其種。段氏注《説文》，多云爲淺人更改或佚脱，此秫字下即非竄移，又求其説而不得，則不敢不托蓋闕之義。夫諸儒上下千古，研貫百家，持論閎矣。余少便鞅掌王務，所見卷軸，何能半袁豹？但諸儒以俗呼秫秫爲稷之黏秫，而於俗呼糜之米爲稷米則斥之，謂晉人以粟爲稷爲誤，而並以漢人之説稷者爲皆不識稷，且以《管子》黍秫之始。一言滋惑，疑爲後人所加，則自三代迄今，舉無可從，惟俗語爲徵信。而俗語之言稷者不足信，獨言秫者爲足信，是亦未能折服昔賢，而使天下後世俱以高粱爲稷而無敢異議也。余既植黍與穄而審别之，縱不可以穄冒稷，而斷不能信以蜀黍爲稷。夫北地之呼粟、黍、穄者，皆曰小米耳。統言之，幾無不可通，而細究之，則古無今有、古有今無者，曷可勝數？以余所見，乃太倉稊米而已。段氏有言，草木之名實多同異，雖大儒亦不能無誤，此論允矣。故《長編》中諸説備載，而不復置辯。

按《齊民要術》，穀者總名，非止爲粟也。然今人專以稷爲穀，望俗名之耳，即引孫、郭諸人稷粟之説。又云：按今世粟名，多以人姓字爲名目云云，臚列近百種，俱有穀粟糧稷名，而别白精粗。其云今人俗名者，恐即指江東呼粟爲粢及稷粟之説，而特疑其籠統。觀其言種穀法，至詳至悉，夏種黍穄，與植穀同時，地必欲熟；種粱秫法，則欲薄地種，與植稷同。一曰植穀，一曰植稷，穀、稷互見，又非盡書穀。而粱秫欲薄地，或即《釋文》所云北方秫種似禾而高大者，否則當以秫入穀，不應别立條。細繹賈氏之意，蓋以粱、粟、稷皆爲穀，今人專以稷爲穀，乃俗名，非正也。《農政全書》遂謂古所謂稷，今通謂穀，或稱粟，粱與秫則稷之别種，是真以稷、粱爲一矣。獨其所謂穄爲黍之别種，今人以音相近，誤稱爲稷，此《九穀考》以穄爲黍之所本。又《閩書》：稷，明祀用之。《歐冶遺事》：穄米與黍相似而粒大，按此説是蜀黍也。直省志書載稷者多有，都無形狀。惟《歙縣志》物産穄有黑穄、秈穄也。赤穄、糯穄也，長如蘆葦號蘆穄，皆古之稷，此皆《九穀考》以蜀黍爲稷之説。而程氏，歙人也，蓋其里先有是言而益推衍之，以《説文》爲歸宿，非首發難端耳。《農政全書》載有《齊民要術》種蜀黍一條，文義不類，恐

沿上一條種粱秫而誤書。又曰遺其本書，當是《農書》中語耳。

又按《說文》孫炎、郭璞諸說，蓋皆傳聞異辭，各存別名。《九穀考》謂近人無呼粟爲秫者，是誠然矣。又謂他穀之黏者亦假借通稱曰秫，則黏粟、黏稷，皆可名秫，孫、郭之說，已不爲謬。《古今注》謂秫爲糯稻。今南方通呼秈、秔、糯，不聞有呼秫稻者；則不呼秫粟，亦猶秬、秠、虋、芑，今亦無是稱也。余嘗謂江左諸儒，足跡不至北地，徒以偏傍音訓，推求經傳名物，往往不得确詁，顔黄門所辨者皆是也。程徵君久僑燕薊，就北方之音聲以駁文士之講說，所見正與余同，而於北音尚有未盡然者。段氏《說文》注榆字云：《齊民要術》分姑榆、山榆、刺榆爲三種，依許說，山榆即刺榆，賈氏言植物皆種植得諸目驗，豈許有未諦云云，則段氏亦曾以賈氏之言爲可據矣。按《齊民要術》種粱秫法與植稷同，則非謂秫即稷。細繹前說，黍黏收薄，穄美亦收薄，種秫與稷同；不云與穄同，恐亦以穄爲黍穄無黏者，故但言美，美則軟似黍耳。言其美，則亦非一種。蘇氏獨云黄米，亦偏矣。鄭司農注九穀，稷、秫並舉，固不以秫爲稷。後鄭不從，恐亦未必即以秫、稷爲一物。以粟易秫，粱可兼秫，秫不可兼粱，未知後鄭意如何？漢儒多家西北，且嘗躬耕，其於稷種蓋習見，以爲人人皆知，無煩訓詁。故鄭氏《三禮注》《詩箋》，獨不詳稷之形狀，而班固、服虔諸儒，亦何至不知其土宜，如周子之不辨菽麥乎？如蓬蒿諸草，漢儒多不詳其形狀，遂啓後人辨證，未必漢儒皆不知也。叔重，汝南人，吾同郡也。漢時種菽，吾不能知，今則以稻、麥、豆、高粱、穀子爲大田，非惟不植穄，亦無識黍者。大抵農人逐利，與時貴賤，古所重而今棄者良多；今西北植穄者亦少，恐異時並其種而失之矣。諸儒但謂高粱爲北種，不知漳泉皆曰番黍，而黔中苗寨蓺植無隙地也。又如玉蜀黍一種，於古無徵，今遍種矣。《留青日札》謂爲御麥；《平涼縣志》謂爲番麥，一曰西天麥；《雲南志》曰：玉麥；陝、蜀、黔、湖皆曰包穀，山氓恃以爲命。大河南北皆曰玉露秫秫，其種絶非蜀黍類。名以麥而非麥，名以穀而非穀，若據河南、北方言以爲秫，則亦得爲稷之別種耶？

按漢儒以粟爲稷，至晉不易。陶隱居亦云：粟粒細於粱，或呼爲粢米。蘇恭曰：粟與粱有別，今農人種小米者，猶曰某穀、曰某粟，其穗粒俱不同，一望而知，不似黍穄之分，尚須細別也。《齊民要術》備列粟名，曰朱穀、黄聒穀、加支穀、李穀、白鹺穀、調母粱、赤巴粱，則穀、粱、粟洵一類矣，而獨系以今人專以稷爲穀一語。玩其詞意，殆以穀是總名，稷本一種，而今人以爲穀，則稷、粟、粱同有穀名，遂皆並載。惟既云專以稷爲穀，則所載名穀者乃是稷，而別名粱者必非稷矣。蘇恭知粱、粟有別，而斥陶呼粢之非，則粟不爲稷自蘇氏始，亦非近時諸儒刱論。但蘇非謂粟即是粱。李時珍乃謂粟，粱也，則粟之爲粱，乃自李氏始。蘇、李之說固不必與漢儒注經相校，但即以《別録》論之，白粱、青粱、黄粱皆云味甘，粟別一條，云味鹹。一類以大細爲別，不應甘鹹異味。陶但云粟春熟令白，亦以當白粱，則未嘗以爲真粱，又曰：粱是粟類，亦概言之耳。《別録》分別性味，有粟、有粱、有稷、有秫，陶以粟爲粢，則無以釋稷，故云不識而臆爲黍稷相似之語，此大誤也。其釋秫云：北人以作酒，亦不指爲何物。《齊民要術》以種植爲主，故凡俗之呼穀者，皆雜録於右，曰穀、曰粱、曰稷、曰粟，但隨俗呼名，不復識別。正如今人曰小米、曰穀子，其類乃不可究詰，夫豈一種哉！愚夫愚婦展轉相傳，物以音變，音以地殊，凡古物在今不能指名者皆是也。南人之言，余不能譯。今山西以高粱爲茭子，以青稞爲莜麥，以荏爲葱，售於市、書於牘，無異辭；不覩其物，無由識之，安得以其俗語改古訓哉？《別録》即漢以來名醫所録，既分載稷、粟，何得謂漢儒皆以粟冒稷？《氾勝之書》，粱爲秫粟，秫之通稱，漢時已然。《說文》黏稷，蓋以稷爲穀長，姑舉一類，以統其餘。《匡謬正俗》謂秫似黍米而粒小，此殆是《說文》黏稷也。大抵稷秫以黏、不黏爲別，而粱粟即以秫、不秫爲別，舉稷之名秫，以爲凡黏穀之名，此乃所謂穀長矣。惟農家統以穀名，粱與粟、與稷，三種久已混淆，而秫、粟音尤相近，當時必有以秫、粟爲一者；諸儒相承，即以粟、稷互訓。或因俗稱，或傳寫以聲而訛，而欲別稷者，仍當於俗呼穀粟之類別之。特古訓遺其形狀，難爲識別。蘇氏以穄爲稷，遂至謂稷無黏者；孫、郭以秫爲黏粟，遂致以秫爲黏粟之定名，而未考《氾勝之書》粱爲秫粟，是則偶未細檢，而措語稍偏。李氏之說則正言直斷，敢於信矣，諸儒詆之，職此之由。余謂以穄爲稷，誠非有本之言，而以蜀黍之俗呼秫秫者定爲黏稷，則《詩集注》之黍，似即指蜀黍；而鄉閭塾師，輒以高粱爲粱，一物而數名，吾誰適從？若以蜀黍種早，指爲首種，今北地春而種麥，滇南蜀黍宿根自生，此豈可以訂古訓哉！

又按《齊民要術》，種粱秫並欲薄地，與植稷同；一本稷作穀，益信賈氏之所謂穀者确是稷，而粱、秫、稷三種，判然可知矣。粱爲秫粟，秫不得爲黏，粱而與植稷同時，則秫或即爲黏稷，與《說文》同。稷不黏而秫黏，一種二名，其性異，其狀未必異也。《氾勝之書》粱爲秫粟，粱粟二名，其性異，其狀亦不應異也。農家

貴糯，種秫粱爲常植，《圖經》謂能盡地力，故植薄地。漢晉人以稷爲穀，穀與粟皆總名，名以穀並名以粟，而與粱之不黏者同名而滋混矣。《爾雅翼》謂圓而細者爲粱之粟，吾疑圓而細者，乃前儒所謂稷而得粟名者也。粱以大粒長毛與諸穀異，其不黏者亦不應穗粒圓細。且今之粱自有黏、不黏二種，不黏者即粟矣，而又有粟一種，此粟非即稷乎？諸儒皆斥前人以粟冒稷，吾謂粱與稷同有粟名，而《本草》注不復細別，遂專以粟屬粱，並以稷之名粟者亦爲粱。吾非爲漢晉諸儒作調人，特以今之通呼穀，與魏晉人之呼穀一也。魏晉之穀，粱、粟、稷皆厠其中，今日之穀，種亦繁矣，何得謂無稷也？湖南有稷子，苗似粱而穗散粒大，乃甚似高粱。藋粱一名木稷，其以此歟？

又吳其濬《植物名實圖考長編》卷一《穀類》 麴即神麴。《嘉祐本草》：麴，味甘，大暖。療藏腑中風氣，調中下氣，開胃消宿食。主霍亂，心膈氣痰逆，除煩，破癥結，及補虛去冷氣。除腸胃中寒，不下食，令人有顔色。六月作者良。陳久者入藥用之，當炒令香，六畜食米脹欲死者，煮麴汁灌之立消。落胎，并下鬼胎。又神麴使無毒，能化水穀宿食，癥氣，健脾，暖胃。

又 卷二《穀類》 醋附。《別録》：醋味酸，溫無毒。主消癰腫，散水氣，殺邪毒。陶隱居云：醋酒爲用，無所不入，逾久逾良，亦謂之醯。以有苦味，俗呼爲苦酒。丹家又加餘物，謂爲華池左味，但不可多食之，損人肌臟。

《唐本草注》：醋有數種，此言米醋。苦蜜醋，麥醋，麴醋，桃醋，葡萄、大棗、蘡薁等諸雜果醋，及糠糟等醋會意者，亦極酸烈，止可噉之，不可入藥也。

《本草拾遺》：醋破血運，除癥塊堅積，消食，殺惡毒，破結氣，心中酸水，痰飲，多食損筋骨。然藥中用之，當取二、三年米酢良。蘇云：葡萄、大棗，皆堪作酢。緣渠是荊楚人，土地儉嗇，果敗猶取以釀醋，糟醋猶不入藥，況於果乎？

《食療本草》：醋多食損人胃。消諸毒氣，能治婦人産後血氣運，取美清醋，熱煎，稍稍含之，即愈。又人口有瘡，以黄蘗皮醋漬含之，即愈。又牛馬疫病，和灌之服諸藥。不可多食，不可與蛤肉同食，相反。又江南人多爲米醋，北人多爲糟醋，發諸藥，不可同食。研青木香服之，止卒心痛，血氣等。調大黄，塗腫毒，米醋，飛丹用之。

《日華子》：醋治産後婦人，并傷損及金瘡、血運，下氣，除煩，破癥結，治婦人心痛。助諸藥力，殺一切魚肉菜毒。又云：米醋功用同。醋多食，不益男子，損人顔色。

《北夢瑣言》云：有少年眼中常見一鏡子，趙卿診之曰：來晨以魚鱠奉候。及期，延於閫内，從容久飢，候客退，方得攀接。俄而臺上施一甌芥醋，更無他味。少年飢甚，聞芥醋香，輕啜之；逡巡再啜，遂覺胸中豁然，眼花不見。卿云：君喫魚膾太多，魚畏芥醋，故權誑而愈其疾也。

又云：孫光憲家婢，抱小兒，不覺落炭火上，便以醋泥傅之，無痕。

酒附。《別録》：酒味苦，甘辛，大熱，有毒。主行藥勢，殺百邪惡毒氣。陶隱居云：大寒凝海，惟酒不冰，明其性熱，獨冠羣物。藥家多須，以行其勢。人飲之，使體弊神惛，是其有毒故也。昔三人晨行觸霧，一人健，一人病，一人死。健者飲酒，病者食粥，死者空腹。此酒勢辟惡，勝於他食。

《本草拾遺》：酒本功外，殺百邪，去惡氣，通血脈，厚腸胃，潤皮膚，散冷氣，消憂發怒，宣言暢意。《書》曰：若作酒醴，爾惟麴蘗。蘇恭乃廣引葡萄蜜等爲之，此乃以僞亂真，殊非酒本稱。至於入藥，更亦不堪。凡好酒欲熟，皆能候風潮而轉，此是合陰陽矣。又云：諸米酒有毒，酒漿照人無影，不可飲。酒不可合乳飲之，令人氣結。白酒食牛肉，令腹内生蟲。酒後不得卧。黍穰食猪肉，令人患大風。凡酒忌諸甜物。又云：甜糟味鹹溫，無毒。主溫中冷氣，消食，殺腥，去草菜毒藏物，不敗揉物，能軟潤皮膚，調五臟。三歲已下有酒，以物承之，堪磨風瘙，止嘔噦，及煎煑魚菜。取臘月酒糟，以黄衣和粥成之。

《食療本草》：酒味苦，主百邪毒，行百藥。當酒卧以扇扇，或中惡風，久飲傷神，損壽。謹按：中惡疰忤，熱煖薑酒一椀，服即止。及通脈，養脾氣，扶肝。陶隱居云：大寒凝海，惟酒不冰，量其熱性故也。久服之，厚腸胃，化筋。初服之時，甚動氣痢，與百藥相宜。祇服丹砂人飲之，即頭痛吐熱。又服丹石人，胸背急悶熱者，可以大豆一升，熬令汗出，簸去灰塵，投二升酒中，久時，頓服之，少頃即汗出，差。朝朝服之，甚去一切風。婦人産後諸風，亦可服之。又熬雞屎，如豆淋酒法作，名曰紫酒，卒不語、口偏者，服之甚效。昔有人常服春酒，令人肥白矣。

《日華子》云：酒通血脈，厚腸胃，除風及下氣。又云：社壇餘酢酒，治孩兒語遲。以少許喫，吐酒噴屋四角，辟蚊子。又云：糟署撲損瘀血，浸洗凍瘡，及傳蛇蜂叮毒。又云：糟下酒暖，開胃下食。暖水藏，溫腸胃，消宿食，禦風寒，殺一切蔬菜毒。多食微毒。

《本草衍義》曰：酒，《呂氏春秋》曰：儀狄造酒，《戰國策》曰：帝女儀狄

造酒，進之於禹。然《本草》中已著酒名，信非儀狄明矣。又讀《素問》，首言以妄爲常，以酒爲漿，如此，則酒自黄帝始，非儀狄也。古方用酒，有醇酒、春酒、社壇餘酢酒、糟下酒、白酒、清酒、好酒、美酒、葡萄酒、秫黍酒、杭酒、蜜酒、有灰酒、新熟無灰酒、地黄酒。今有糯酒、煮酒、小豆麴酒、香藥麴酒、鹿頭酒、羔兒等酒。今江、浙、湖南、北，又以糯米粉入衆藥，和合爲麴，曰餅子酒。至於官務中，亦用四夷酒，更別中國，不可取以爲法。今醫家所用酒，正宜斟酌，但飲家惟取其味，不顧入藥如何爾。然久之未見不作疾者。蓋此物損益兼行，可不謹歟！漢賜丞相上樽酒，糯爲上，稷爲中，粟爲下者。今入藥佐使，專以糯米，用清水白麪麴所造爲正。古人造麴，未見入諸藥合和者，如此則功力和厚，皆勝餘酒。今人又以麥糵造者，蓋止是醴爾，非酒也。《書》曰：若作酒醴，爾爲麴糵。酒則須用麴，醴故用糵。蓋酒與醴，其氣味甚相遠，治療豈不殊也。

又　卷五《蔬類》　造甘藷酒法

藷根不拘多少，寸截斷，曬、晾半乾，上甑炊熟，取出揉爛，入瓶中，用酒藥研細，搜和按實，中間作小坎，候漿到，看老嫩，如法下水，用絹袋漉過，或生或煮熟任用。其入缸寒暖，酒藥分兩，下水升斗，或用麯糵，或加藥物、香料，悉與米酒同法。若造燒酒，或即用藷酒入鍋，蓋以錫兜鍪蒸煮滴糟，成頭子燒酒，或用藷糟，依法造成常用燒酒，亦與米酒米糟造燒酒同法。

又　卷一六《果類》　樹頭酒

《寰宇記》云：緬甸在滇南，有樹類椶，高五六丈，結實如椰子。土人以罐盛麯，懸於實下，劃其實汁流於罐中以成酒，名樹頭酒。或不用麯，惟取汁熬爲白糖。其樹即貝樹也。緬人取其葉寫書。

按：樹頭酒實如椰子，則與椰爲二物。或云：緬使齎來者，實形一頭隆起三棱，而仍光圓，近蒂如瓜，殼硬，淡赭色，其殼亦可作瓢。土司尋常信函則書其葉。《滇志》但録《寰宇記》於永昌府，唯思茅廳採訪云：形類草果而甚大，外有皮包裹，中有核如瓠，色黑，或有圓有方，以及三棱四棱者不等。剖之而酒出焉，土人謂之天酒，遇佳客至，以之相待，味甚甘美。其核堅硬異常，可鏤作飲器。蓋近緬土司地亦有之。若椰實，則但有圓形，無方形及三棱四棱也。

清・顧禄《清嘉録》卷一〇　冬釀酒

鄉田人家以草藥釀酒，謂之「冬釀酒」。有秋露白、杜茅柴、靠壁清、竹葉清諸名。十月造者，名「十月白」。以白麪造麴，用泉水浸白米釀成者，名「三白酒」。其釀而未煮，旋即可飲者，名「生泔酒」。蔡雲《吴歈》云：「冬釀名高十月白，請看柴帚掛當檐。一時佐酒論風味，不愛團臍只愛尖。」

案：崔寔《四民月令》：「十月上辛，命典饋清麴，釀冬酒，供臘祀。」《内則》有稻醴、黍醴、粱醴。《左傳・哀十一年》：「進稻醴。」《釋文》云：「以稻米爲醴酒。」桂未谷《札樸》云：「糯米爲甜酒，俗呼『白酒』，即稻醴也。」長、元、吴《志》皆云：「以草藥釀成，置壁間月餘，色清香冽，謂之『靠壁清』，亦名『竹葉清』，又名『秋露白』，鄉間人謂之『杜茅柴』，以十月釀成者尤佳，謂之『十月白』。」沈朝初《憶江南》詞注云：「蘇城俱於臘底釀酒，四月中窨清，色味俱佳。」又有「酒娘新搭杜茅柴」之句。

清・徐珂《清稗類鈔・工藝類》

釀葡萄酒

煙臺張裕釀酒公司主人，風雅士也。光緒乙未，創公司於煙臺，自赴歐美，採購葡萄佳種運至煙臺，闢地數千畝以栽之。於是構廠屋，置機器，設地窖，並建玻璃廠，自造瓶盎。聘奥國著名技師駐煙臺之奥國領事哇務男爵駐廠，按西法製造，貲本凡二十餘萬。宣統己酉，赴賽南洋勸業會，得有超等獎憑，並向政府註册，准免税釐三年。

製汾酒

汾酒之製造法與他酒不同，他酒原料下缸，七八日之醖釀，一次過淨，酒糟齊出矣。汾酒醖釀最緩，原料下缸後須經四次，歷月餘，始能完全排出。且其性最易揮發，存積稍久，則變色減秤，暗耗不貲。

又《飲食類》

京師之酒

京師酒肆有三種，酒品亦最繁。一種爲南酒店，所售者女貞、花雕、紹興及竹葉青，肴核則火腿、糟魚、蟹、松花蛋、蜜糕之屬。一種爲京酒店，則山左人所設，所售之酒爲雪酒、冬酒、淶酒、木瓜、乾榨，而又各分清濁。清者，鄭康成所謂一夕酒也。又有良鄉酒，出良鄉縣，都人亦能造，冬月有之，入春則酸，即煮爲乾榨矣。其佐酒者，則煑鹹栗肉、乾落花生、核桃、榛仁、蜜棗、山查、鴨蛋、酥魚、兔脯。別有一種藥酒店，則爲燒酒以花蒸成，其名極繁，如玫瑰露、茵陳露、蘋果露、山查露、葡萄露、五茄皮、蓮花白之屬。凡以花果所釀者，皆可名露。售此者

無肴核，須自買於市。而凡嗜飲藥酒之人，輒頻往，向他食肆另買也。凡京酒店飲酒，以半盌爲程，而實四兩，若一盌，則半斤矣。

蓮花白

瀛臺種荷萬柄，青盤翠蓋，一望無涯。孝欽后每令小閹採其蕊，加藥料，製爲佳釀，名蓮花白，注於瓷器，上蓋黄雲緞袱，以賞親信之臣。其味清醇，玉液瓊漿不能過也。

紹興酒

越釀著稱於通國，出紹興，膾炙人口久矣。故稱之者不曰紹興酒，而曰紹興。以春浦之水所醖者爲尤佳。其運至京師者，必上品，謂之京莊。至所謂陳陳者，有年資也。所謂本色者，不加色也。各處之仿紹，贋鼎耳，可亂真者惟楚酒。

百花酒

吴中土産，有福真、元燒二種，味皆甜熟不可飲。惟常、鎮間有百花酒，甜而有勁，頗能出紹興酒之間道以制勝。産鎮江者，世稱之曰京口百花。

燒酒

燒酒性烈味香，高粱所製曰高粱燒，麥米糟所製曰麥米糟燒，而以各種植物攙入之者，統名之曰藥燒，如五茄皮、楊梅、木瓜、玫瑰、茉莉、桂、菊等皆是也。而北人之飲酒，必高粱，且以直隸之梁各莊、奉天之牛莊、山西之汾河所出者爲良。其尤佳者，甫入口，即有熱氣直沁心脾，非大户，不必三蕉，醉矣。

張文襄公嘗因置酒，問坐客以燒酒始於何時。時侯官陳石遺學部衍亦在坐，則起而對曰：「今燒酒，殆元人所謂汗酒也。」文襄曰：「不然，晉已有之。陶淵明傳云，五十畝種秫，五十畝種稻。稻以造黄酒，秫以造燒酒也。」陳曰：「若然，則秫稻必齊，《月令》早言之矣。」文襄急稱秫稻必齊者再，且曰：「吾奈何忘之！」

滄州酒

滄州酒，王文簡公謂之麻姑酒。然土人實無稱，而著名已久，論者頗有異同。蓋舟行往來，皆沽於岸上肆中，村醪薄醨，不足辱杯斝，且土人防官吏之徵求無饜，相戒不以真酒應，雖倍其價，不欲出，即笞捶，亦不獻也。

其酒非市井所能釀，必舊家世族，代相授受，始能得其水火之節候。水雖取於衛河，而濁流不可以爲酒，必於南川樓下，如金山取江心泉法，以錫罌沈至河底，取其所湧之清泉，始有沖虚之致。其收貯也，畏寒畏暑，畏濕畏蒸，犯之則其味敗。新者不甚佳，必庋至十年外，乃爲上品。或運於他處，無論車運舟運，稍一揺動，味即變。運至之後，必於安静處沈澱半月，其味乃復。取飲時，注之壺，當以杓平挹。數撥，則味亦變，再沈澱數日乃復。

其驗真僞法，南川樓水所釀者，雖極醉，膈不作惡。次日醉，亦不病涌，但覺四肢暢適，怡然高卧而已。若以衛河普通之水釀者則否。驗新陳法，凡庋二年者可再温一次，十年者温十次，十一次則味變矣。一年者再温即變，二年者三温即變，毫釐不能假借也。

沈梅村飲女兒酒

熊元昌餉沈梅村大令以越釀一盛，外施藻繪，絶異常罇。詢之，曰：「此女兒酒也。」凡越人遣嫁之夕，必以羊酒先之，故名女兒酒。此即其壻家轉遺者，視他酒尤佳。梅村飲而甘之，贊不絶口。

舒鐵雲飲女兒酒

舒鐵雲嘗於河東都轉劉松嵐席上飲女兒酒。時松嵐將出京，鐵雲爲詩紀之，並以送行。詩曰：「越女作酒酒如雨，不重生男重生女。女兒家住東湖東，春槽夜滴真珠紅。舊説越女天下白，玉缸忽作桃花色。不須漢水醱葡萄，畧似蘭陵盛琥珀。不知何處女兒家，三十三天散酒花。題詩幸免入醋甕，娶婦有時逢麴車。勸君更盡一杯酒，此夜曲中聞折柳。先生飲水我飲醇，老女不嫁空生口。」

女酒窨酒

黔之苗，育女，及數歲，必釀酒。既漉，至寒月，取陂池中水，密封於罌，瘞陂中。至春漲水滿，亦不發。俟女於歸日，決陂取之，以供賓客。味甘美，不可常得，謂之女酒。又有窨酒，色紅碧可愛，初飲之，經日頭熱，蓋胡蔓草汁所溲也。

奶子酒

奶子酒，以牛馬乳所造之酒也，蒙古諸部皆有之。

三投酒

三投酒者，即蒙古之波爾打拉酥也。初投者，謂之阿爾占。再投者，謂之廓爾占。三投者，謂之波爾打拉酥。其法以羊胎和高粱造之。

頃刻酒

頃刻酒者，臺灣之澎湖人採樹葉裹糯米少許，吐之盆，頃刻成酒。初飲，淡泊無味，少頃，酩酊而歸，謂之頃刻酒。

葡萄酒

葡萄酒爲葡萄汁所製，外國輸入甚多，有數種。不去皮者色赤，爲赤葡萄酒，能除腸中障害。去皮者色白微黃，爲白葡萄酒，能助腸之運動。別有一種葡萄，産西班牙，糖分極多，其酒無色透明，謂之甜葡萄酒，最宜病人，能令精神速復。煙臺之張裕釀酒公司能仿造之。其實漢、唐時已有葡萄酒，亦來自西域。唐破高昌，收馬乳葡萄，實於苑中，種之，並得其釀酒之術也。

麥酒

麥酒者，以大麥爲主要原料。釀製之酒，又名啤酒，亦稱皮酒。貯藏時，尚稍稍醱酵，生炭酸氣，故開瓶時小泡突出。飲後，有止胃中食物腐敗之效，與他不同。後漢范冉與王奂善，奂選漢陽太守，將行，冉與弟協步齎麥酒，於道側設壇以待之。是麥酒之名，我國古已有之。蔣觀雲大令智由在滬，每入酒樓，輒飲之。

梁晉竹品酒

嘉慶癸酉，錢塘梁晉竹孝廉紹壬在杭，偶憩於西湖之雲林寺。次日，獨游弢光，遇老僧致虚，以其善氣迎人，與之談，頗相得。坐久，梁欲下山，僧曰：「居士飢否？蔬酌可乎？」梁方謙謝，僧已指揮徒衆，立具伊蒲饌。泥甕新開，酒香滿室，蓋預知梁之好飲也。一杯入口，甘芳浚冽，凡酒之病無不蠲，而酒之美無弗備。詢之，曰：「此本山泉所釀也，陳五年矣。」僧蓋略知釀法，而又喜談米汁禪。此蓋自奉之外，藏以待客者。於是觥斝對酌，薄暮始散。又乞得一壺，擕至山下，及夕小酌。次日，僧又贈一瓻，歸而飲於家，靡不贊歎欲絶。

梁嘗曰：「是爲生平所嘗第一次好酒，此外不得不推山西之汾酒、潞酒矣。然稟性剛烈，弱者恧焉，故南人弗尚也。於是不得不推紹興之女兒酒。女兒酒者，鄉人於女子初生之年，便釀此酒，出嫁時始開之。各家祕藏，不以出售，其花罎大酒，悉是贋本。其後人家蕭索，釀此者亦寥寥，能得其以真東浦水作骨而三四年陳者，已是無等等咒矣。道光甲申，歸自京師，汪小米拉飲庚申酒。庚申酒者，小米之叔號眷西者所家藏者也。眷西尊人舊貯二十罎，歿後，其家亦胥忘之。眷西又汴游十餘載，遂無人問鼎。而藏酒室又極邃密，終日扃牡，更無人知而窺之者。以故二十年來，丸泥如故。眷西歸，始發之，所存止及罎之半，正袁子才所謂『罎高三尺酒一尺，去盡酒魂存酒魄』者是也。色香俱美，味則淡如。因以好新酒四分攙之，則芳香透腦，膠錫殘底，其穠厚有過於弢光酒，而微苦不冽，是其小病。此生平所嘗第二次好酒也。僕逢麴流涎，所至不肯輕過。聞之人云：『不喫奔牛酒，枉在江湖走。』余過其地，沽而試焉。嗚呼！天下有如此名過其實、庸惡陋劣之名士乎？論其品格，亦止如蘇州之福貞，惠泉之三白，宜興之紅友，揚州之木瓜，鎮江之苦露，邵寶之百花，苕溪之下若。而其甜膩，則又過之，此真醉鄉之魔道也。其中矯矯獨出者，則有松江之三白，色微黃，極清，香沁肌骨，惟稍烈耳。某年游蕭山，梧里主人周鎮祁極款洽，作平原十日之留。一日，出一種酒，曰梨花春，俗名酒做酒曰梨花，蓋三套矣。飲一杯，主人即將杯奪去。主人量甚巨，亦止飲二小杯。是日，余竟沈醉一日。因思古人所謂千日九醖者，亦即此類。特其一年三年之醉，則未免神奇其説耳。余居廣東始興一年有餘，彼處有所謂冬酒者，味雖薄而不甚甜，故尚可入口。中秋以後方有，來年二三月便不可得。詢之土人，曰：『此煮酒也。今日入甕，第三日即可飲，半月壞矣。』一日，有曾某邀余山中小酌，舉杯相勸。視之，淺緑色，飲之，清而極鮮，淡而彌旨，香味之妙，其來皆有遠致。詫以爲得未曾有，急詢何酒，曰：『冬酒也。』問那得如許佳，曰：『陳六年矣。』余又叩以鄉人不能久藏之言，曰：『鄉人貪飲而惜費，夫安得有佳者！此酒始釀，須墨江某山前一里内之水，不可雜以他流，再選名麴佳糵，合而成之，何患其不能陳耶。余家釀此五十餘年，他族省嗇，不肯效之。』此余生平所嘗第三次好酒也。余三十年來沈湎於酒，臟腑之地，受病已深，近日損之又損以至於無，而結習所存，不能忘也，因歷憶生平飲境而一紀之。」

著録

元・韋孟《酒乘》《説郛》卷九四

周公作《酒誥》一篇

衛武公作《賔筵詩》一章

汝陽王璡《甘露經》，又《酒譜》一卷

宋志《酒録》一卷，又《白酒方》一卷，《四時酒要》一卷，《秘修藏釀方》一卷

王績《酒經》，又《酒譜》二卷

劉炫《酒孝經》《貞元飲畧》三卷

竇子野《酒譜》一卷，又《酒録》一卷

朱翼中《酒經》三卷

胡節《還醉鄉小畧》五卷，《白酒方》一卷

胡氏《醉鄉小畧》一卷

皇甫崧《醉鄉日月》三卷，《條剌飲事》三十篇

臨安徐炬《酒譜》

侯白《酒律》

《東坡釀酒經》一章

陽曾龜《令譜芝蘭》一卷

同塵先生《小酒令》一卷

焦革《酒譜》一卷

高允《酒訓》一卷

劉乙《百悔經》

紀事

《周禮・天官・酒正》 酒正掌酒之政令，以式灋授酒材。式法，作酒之法式。作酒既有米麴之數，又有功沽之巧。《月令》曰：「乃命大酋，秫稻必齊，麴蘖必時，湛饎必絜，水泉必香，陶器必良，火齊必得。」鄭司農云：「授酒材，授酒人以其材。」疏：「掌酒之政令」者，謂作酒及共授之政令。此官不掌酒禁，以酒禁别有萍氏掌之也。賈疏云：「酒正辨四飲，則漿之政令亦掌之。今直言掌酒之政令不言漿之政令者，但據酒之尊者而言，其實漿亦掌之。」云「以式法授酒材」者，賈疏云：「酒材即米麴蘖，授與酒人，使酒人造酒。既言兼掌漿人，則漿之法式及漿材亦授之。不言者，亦舉尊言也。」注云「式法，作酒之法式」者，此亦注用今字作「法」也。作酒法式即後文之酒式。《大宰》九式有羞服之式，此酒式蓋又羞式中之一耑與？云「作酒既有米麴之數，又有功沽之巧」者，《説文・米部》云：「䊡，酒母也。」麴即䊡之俗。凡造酒爲麴，所用米不同。《聘禮》注云「凡酒，稻爲上，黍次之，粱次之」是也。又用米多少，亦有劑數。《漢書・平當傳》如淳注引《漢律》云：「稻米一斗，得酒一斗，爲上尊；稷米一斗，得酒一斗，爲中尊；粟米一斗，得酒一斗，爲下尊。」是也。功沽者，猶後注云作酒之善惡。《司兵》注云：「等，謂功沽上下。」義與此同。《國語》《齊語》云：「辨其功苦。」《管子・小匡篇》及《荀子・王制篇》，亦並有功苦之語。苦與沽亦聲類同。蓋凡器物飲食之精者並謂之功，粗者並謂之沽。作酒之法同，而作之則有詳略久速，故亦有功沽之巧，二者並法式所晐也。引《月令》者，《仲冬令》文。彼文饎作「熾」。鄭彼注云：「酒孰曰酋。大酋者，酒官之長也。於周則爲酒人。秫稻必齊，謂孰成也。湛，漬也。熾，炊也。火齊，腥孰之調也。古者穫稻而漬米麴，至春而爲酒。」案：《月令》注以大酋爲酒人，與此注異，當以此注爲正。彼大酋爲酒官之長，此酒正亦與酒人漿人爲長，正與彼相應，故此注引彼文爲釋。彼注蓋偶通長屬言之，未及别白耳。《吕氏春秋・仲冬紀》高注亦云：「大酋，主酒官也。酋醖米麴，使之化熟，故謂之酋，於《周禮》爲酒正。」亦與此注義同。《月令》孔疏乃云「酒正掌酒之政令及酒出入之事，不親監作，此大酋監作，故爲酒人」，欲以調停鄭兩注之差互，非也。鄭司農云「授酒材，授酒人以其材」者，嫌酒正自授其所屬胥徒等，故特釋之。凡爲公酒者亦如之。謂鄉射飲酒以公事作酒者，亦以式法及酒材授之，使自釀之。疏：注云「謂鄉射飲酒以公事作酒者」者，《牛人》注云：「公猶官也。」此與《閽人》「公器」，《牛人》「公牛」，《巾車》「公車」，《馭夫》「公馬」義同，謂爲官所作之酒也。賈疏云：「謂鄉飲酒、鄉射飲酒。鄉飲酒中，有黨正飲酒，賓賢能飲酒。鄉射飲酒中，有州長春秋習射於序，又有鄉大夫三年賓賢能後，以五物詢衆庶，用州長射禮，並是鄉射飲酒。此數事者，皆爲國行禮，不可横斂於民，故得公酒。其百家爲族，不得公酒，族祭步神之時，合錢飲酒。」吴廷華云：「此亦有祭祀之酒。」云「亦以式法及酒材授之，使自釀之」者，明此不授酒人，但授其鄉之有司，使自釀之也。辨五齊之名，一曰泛齊，二曰醴齊，三曰盎齊，四曰緹齊，五曰沈齊。泛者，成而滓浮泛泛然，如今宜成醪矣。醴猶體也，成而汁滓相將，如今恬酒矣。盎猶翁也，成而翁翁然，葱白色，如今酇白矣。緹者，成而紅赤，如今下酒矣。沈者，成而滓沈，如今造清矣。自醴以上尤濁，縮酌者。盎以下差清。其象類則然，古之法式，未可盡聞。杜子春讀齊皆爲粢。又《禮器》曰：「緹酒之用，玄酒之尚。」玄謂齊者，每有祭祀，以度量節作之。疏：「辨五齊之名」者，五齊有滓未泲之酒也。注云「泛者，成而滓浮泛泛然」者，《釋名・釋飲食》云：「汎齊，浮蟻在上，汎汎然也。」《説文・水部》云：「泛，浮也。汎，浮皃。」二字音義相近。《郊特牲》「明水涚齊」。注云：「涚齊，或爲汎齊。」《禮記釋文》亦云：「汎，本又作泛，同。」《説文・米部》云：「糟，酒滓也。」成而滓浮，謂酒孰而糟上浮。又謂之醠，《説文・酉部》云：「醠，泛齊，行酒也。」行酒蓋謂薄酒。《九章算術・盈不足篇》云：「醇酒一斗直錢五十，行酒一斗直錢一十。」泛齊味薄，故謂之行酒。醠又疑即《内則》之濫，互詳《漿人》疏。云「如今宜成醪矣」者，賈疏云：「宜成，説以爲地名，故曹植《酒賦》曰：『宜成醴醪，蒼梧縹清。』若馬融所云『今之宜成，會稽稻米，清

似宜成』，以爲酒名。故劉杳《要雅》亦以宜成爲酒名。二者未知孰是。今鄭云宜成醪矣，亦未知鄭意酒名地名。類下酇白，則爲地名。」王聘珍云：「《釋名・釋飲食》云：『酒言宜成醪、蒼梧清之屬。』《文選・七命》李注引張華《輕薄篇》云：『蒼梧竹葉清，宜城九醖醝。』據此則宜城之爲地名無疑。《續漢書・郡國志》南郡有宜城侯國。」丁晏云：「《初學記・酒類》，有劉孝儀《謝晉安王賜宜城酒啓》。《後漢・杜根傳》『爲宜城山中酒家保』。李賢注：『宜城縣故城，在今襄州率道縣南，其地出美酒。』今湖廣襄陽府宜城縣。」林頤山云：「《漢地理志》，濟南郡有宜成。《續漢志》已省。宜城醪當出南郡宜城也。《文選》張平子《南都賦》：『酒則醪敷徑寸，浮蟻若蓱。』醪酒有滓浮在上，與泛齊同，故舉以相況。」案：王、丁、林説是也。樂史《太平寰宇記》云：「山南東道襄州宜城出美酒，俗號爲竹葉杯。」《北堂書鈔・酒部》引傅玄《七謨》云「甘醪貢於宜城」。又《酒賦》云「比蒼梧與宜城」。字並作城，可證。《釋名》與此注並作「成」，蓋偶用省叚字也。《説文酉部》云：「醪，汁滓酒也。」《御覽・飲食部》引《禮記外傳》云：「泛齊，俗爲白醪。」《齊民要術》引《食經》，有作白醪法，以秫米與麴合作之，云「酒甘如乳」，則泛齊與醴齊，同爲甛酒，但稍濁耳。云「醴猶體也，成而汁滓相將」者，謂醴之不泲者，汁與糟相將未分，故《禮》酌醴必用柶。若泲而去其糟，則別爲醴清，入四飲内，不爲齊也。《説文・酉部》云：「醴，酒一宿孰也。」《釋名・釋飲食》云：「醴齊，醴，體也，釀之一宿而成，體有酒味而已也。」許、劉言醴成之速，鄭言醴成之濁，各舉一端，義不異也。《御覽・飲食部》引《禮記外傳》云：「醴齊，汁滓相將，同一體也。」即本鄭義。《吕氏春秋・重已篇》高注云：「醴以蘖與黍相體，不以鞠也。」高氏似亦釋醴爲體，而云以蘖與黍作之。《山海經・中山經》云：「其祠蘖釀。」郭注亦云「以蘖作醴」。《韓詩》及《漢書》顔注則謂醴，少麴多米，與高説不同，未知孰是。云「如今恬酒矣」者，恬即甛之借字，《鹽人》注亦以恬爲甛。舊本《北堂書鈔・酒食部》引《韓詩》云：「甛而不泲，少麴多米曰醴。」《漢書・楚元王傳》顔注云：「醴，甘酒也。少麴多米，一宿而孰，不齊之。」《吕氏春秋》高注亦云：「醴濁而甛」。賈疏云：「此醴齊，作時恬於餘齊，與酒味稍殊，故亦入於六飲。」云「盎猶翁也，成而翁翁然葱白色」者，《釋名・釋飲食》云：「盎齊，盎，滃也，滃滃然濁色也。」《説文・酉部》云：「醠，濁酒也。」又《水部》云：「滃，雲氣起也。泱，滃也。」盎翁即醠滃之借字，盎與翁亦雙聲義近，猶泱訓滃也。盎齊，《禮運》《禮器》並謂之醆，詳後疏。云「如今酇白矣」者，賈疏云：「漢時蕭何所封南陽地名酇。」《釋文》云：「酇白即今之白醝酒也。宜作醝。作酇，假借也。」案：《續漢書・郡國志》，酇縣有二：一屬南陽郡，一屬沛國。蕭何初封在沛，其字本作鄼，故《説文・邑部》云：「鄼，沛國縣。」今酇縣。後高后封何夫人，則在南陽酇。鄼酇異字異音，《續漢志》始誤爲一字。與醝同音者，自是鄼字。《史記・蕭相國世家》索隱引鄒誕生云：「酇，屬沛郡，音嵯；屬南陽，音贊。」鄒氏雖亦以鄼爲酇，而音則不誤。賈以此注酇爲南陽地名，非也。依陸説，則酇爲醝之借字，説與賈異。《御覽》引《禮記外傳》云：「盎齊今之白醝酒也。」亦與陸同。惠士奇申陸説云：「酇讀爲醝，《廣雅・釋器》『醝，酒也』。《南史・王玄謨傳》宋孝武《四時詩》，所謂白醝解冬寒也。」黄以周説同。丁晏亦云：「《玉篇・酉部》：『醝，白酒也。』《一切經音義》引《通俗文》『白酒曰醝』。賈疏以酇爲地名，非也。」案：惠、丁説是也。《北堂書鈔・酒部》引孫詵《三公山下禊賦》，亦云「九醖白醝」。據張華云「宜城九醖醝」，則白醝似亦出宜城。沛國之鄼，南陽之酇，皆不聞出美酒，其爲聲近叚借字明矣。云「緹者，成而紅赤」者，《釋名・釋飲食》云：「緹齊，色赤如緹也。」《説文・糸部》云：「緹，帛丹黄色。紅，帛赤白色。」《廣雅・釋器》云：「緹，赤也。」蓋酒成而淺赤色，故謂之緹齊矣。云「如今下酒矣」者，賈疏云：「下酒謂曹床下酒，其色紅赤，故以緹名之。」惠士奇云：「《詩》『釃酒有衍』。《説文・酉部》云：『釃，下酒也。』謂漉酒以筐。」汪文臺説同。案：惠、汪説是也。賈云：「曹床下酒」，曹當作糟。下酒，蓋糟床漉下之酒。緹齊於盎齊益清，故鄭以下酒爲釋。云「沈者，成而滓沈」者，《釋名・釋飲食》云：「沈齊，濁滓沈下，汁清在上也。」案：沈齊雖有滓而沈，故其酒稍清。《禮運》《坊記》並謂之澄，《禮器》又謂之清矣。云「如今造清矣」者，《釋名》有「蒼梧清」，即造清也。惠士奇云：「《文選》張衡《南都賦》『十旬兼清』，疑即此。」云「自醴以上尤濁，縮酌者」者，賈疏云：「言自醴以上，唯有泛齊。泛齊滓浮，則濁於醴齊汁滓相將者。此二者皆以茅泲之，故《司尊彝》云『醴齊縮酌』。《郊特牲》云『縮酌用茅，明酌也』。謂以事酒之上清明者和醴齊，以茅泲之，使可酌。鄭彼注云泛從醴，是二者皆縮酌，故云自醴已上尤濁縮酌也。」云「盎以下差清」者，賈疏云：「案《司尊彝》云『盎齊涗酌』。鄭注：『涗，清也。』謂以清酒泲之，則不用茅，以其盎已清故也。鄭彼注又云『緹沈從盎』，則亦用清酒泲之。」吕飛鵬云：「五齊皆酒之濁者。後鄭謂盎以下差清，但較泛齊、醴齊爲稍清耳，其實皆濁酒也。」案：吕説是也。《淮南子・説林訓》云：「清醠之美，始於耒耜。」高注云：「醠，清酒，《周禮》醠齊是。」《廣雅・釋器》云：「清、英，酒也。」醠、英，並與盎聲類同。鄭及高誘並以盎齊爲清，於濁齊之中爲差清也。故《郊特牲》「涗齊」注云：「涗猶清也。五齊濁，泲之使清，謂之涗齊。」是鄭謂五齊皆濁，與許君訓醴爲濁酒，並不相悟也。云「其象類則然，古之法式未可盡聞」者，周人作五齊三酒，分齊法式，經傳無文，鄭略依其清濁象類説之，故云未可盡聞也。云「杜子春讀齊皆爲粢」者，《司尊彝》鬱齊、醴齊、盎齊，杜讀同。賈疏云：「子春意，見《禮運》云『粢醍在堂』，粢穀爲緹酒，則其餘四齊皆以粢穀爲之，故讀齊皆爲粢。」詒讓案：齊正字，粢叚借字。杜轉讀齊爲粢者，蓋兼據《司尊彝》故書粢爲齍，齍粢字同也。《禮運》注云：「粢讀爲齊，聲之誤也。」後鄭説與杜正相反，故不從杜讀。孔疏云：「《爾雅》：『粢，稷也。』作酒用黍，不用稷，故粢當爲齊。」今案：杜讀齊爲粢，惟取聲類同耳，非必取以稷作酒之義，賈説不若孔説之當。云「又《禮器》曰，緹酒之用，玄酒之尚」者，賈疏述注，「又」作「云」，疑當作「又云」，今本似誤。《禮器》元文，「緹酒」實作「醴酒」。此引作緹，與彼文異。杜引之者，證此緹齊也。云「玄謂齊者，每有祭祀，以度量節作之」者，後鄭蓋讀齊與《月令》「秫稻必齊」之齊同。《司尊彝》先鄭注，讀齊爲齊和之齊，與後鄭此注正同。《亨人》注云：「齊，多少之量度。」量即謂米麴水火之數量也。《御覽》引《禮記外傳》云：「齊者，酒人和合之分劑之名也。」劑齊字同。賈疏云：「謂祭有大小，齊有多少，謂若祫祭備五齊，禘祭備四齊，時祭備二齊，是以度量節作之。不從子春爲粢者，《禮運》唯有醍齊稱粢，於此五者皆稱齊，子春破五齊從一粢，於義不可，故鄭於《禮運》注『粢當爲

齊」，破一粢從五齊，於義可也。此五齊與下三酒及春官鬯人所造鬯酒所以異者，五齊三酒俱用秫稻麴蘖，又三酒味厚，人所飲者也，五齊味薄，所以祭者也，是以下經鄭注云『祭祀必用五齊者，至敬不尚味而貴多品』。五齊對三酒，酒與齊異；通而言之，五齊亦曰酒，故《禮坊記》云『醴酒在室，醍酒在堂』是也。其鬯酒者，自用黑黍爲之，與此別也。」案：賈説祫禘時祭用齊多少，本崔靈恩説，詳後及《司尊彝》疏。然賈以祭大小齊多少釋此注，則非鄭意。又賈謂五齊三酒，並秫稻所作，與《鬯人》鬯酒爲秬黍所作異，《表記》孔疏謂五齊之酒即鬯酒，以秬黍爲之，二説差異。程瑶田則據《內則》醴兼用稻粱黍三米，又《聘禮》夫人使下大夫歸禮，酸黍清皆兩壺，明五齊非秬鬯，三酒亦不皆用秫稻。案：程説甚塙。蓋五齊，酒人所作；秬鬯，鬯人所作。分掌二職，不可并而爲一。《司尊彝》鬱齊，亦在五齊之外，足證其非同齊。鄭《禮》注既絶無秬鬯即五齊之説，而前注引《月令》證作酒之事，亦非謂齊酒二者皆必用秫稻，賈、孔説並不足據。辨三酒之物，一曰事酒，二曰昔酒，三曰清酒。鄭司農云：「事酒，有事而飲也。昔酒，無事而飲也。清酒，祭祀之酒。」玄謂事酒，酌有事者之酒，其酒則今之醳酒也。昔酒，今之酋久白酒，所謂舊醳者也。清酒，今中山冬釀，接夏而成。疏：「辨三酒之物」者，三酒，已泲去滓之酒也。上五齊言名，此三酒言物，名物相將，兩文互相備也。物即謂酒之種别。賈疏謂「物者，材也。以三酒所成有時，故豫給材令作之」，非也。云「一曰事酒，二曰昔酒，三曰清酒」者，賈疏云：「此三酒並人所飲，故下云共王四飲三酒也。但事酒酌有事人飲之，故以事上名酒也。昔酒者，久釀乃熟，故以昔酒爲名，酌無事之人飲之。清酒者，此酒更久於昔，故以清爲號，祭祀用之。此昔酒、清酒，皆以酒上爲名也。」《御覽·飲食部》引《禮記外傳》云：「三酒者列於堂下，臣下相酌，酬酢之用。」吳廷華云：「三酒不第共祭祀，如若《郊特牲》《少牢饋食禮》凡諸執事之人，不與尸爲獻酬者也。」賈疏云：「謂於祭祀之時，下王及后、世子、賓客、孤老、士庶子皆用之。」注鄭司農云「事酒，有事而飲也」者，有事，謂乃至卑賤執事之人，祭末並得飲之。」云「昔酒，無事而飲也」者，賈疏云：「亦於祭末，羣臣陪位不得行事者，並得飲之。」云「清酒，祭祀之酒」者，賈疏云：「亦於祭祀之時，賓長獻尸，尸酢賓長，不敢與王之神共器尊，同酌齊，故酌清以自酢。故《司尊彝》云『皆有罍，諸臣之所酢』。此三酒，皆盛於罍，尊在堂下。但此清酒受尸酢，故以祭祀言之。」案：《禮運》孔疏引崔靈恩，謂「天子祫禘時祭，尸酢王與后，還用所獻之齊；賓長酳尸酢用清酒，加爵亦用三酒」。即賈説所本。《郊特牲》疏引崔氏，則云「以清酒酢王，昔酒酢后」，與前説小異，《通典·吉禮》亦從其義。孔駁之云：「案《司尊彝》云：『皆有罍，諸臣之所酢也。』鄭注云：『酌罍以自酢，不敢與王之神靈共尊。』罍盛三酒，唯云諸臣所酢，不言酢王酢后，崔氏所説，於義疑也。」案：孔説深得鄭指。但三酒所用，經本無明文，二鄭及崔、杜，並以意推之，於經咸無塙證。先鄭之義與後鄭亦未必盡同，其以清酒爲祭祀之酒，似謂即獻尸之酒。而賈以尸酢賓長釋之者，以《司尊彝》注説獻尸用五齊，不得用三酒也。然酢賓仍是酢臣，不得獨爲祭祀。惟加爵酌尸，或足當之耳。但此自是後鄭及崔氏之義，與先鄭意亦未知合否。黄以周云：「清酒既爲祭祀之酒，宜崇於助祭之酒，何爲事酒、昔酒反在祭酒之上？事酒、昔酒，《內則》謂之白酒。鄭注《聘禮》『酸黍清』云：『酸，白酒也。』先言酸白酒尊，而謂祭祀用其酒之下，不用其尊，無是禮也。然則執事之酒，雖亦用事酒、昔酒，要不得謂事酒、昔酒不用諸祭祀矣。」案：黄紏三酒尊卑差次之舛迕，是也。以此經齊酒通例言之，本皆濁尊於清，後注云「至敬不尚味」是也。而依鄭此注義，則以清酒最尊，昔酒次之，事酒又次之，先鄭及賈、孔説並如是。崔靈恩説以清酒酢王，昔酒酢后，明亦以清酒尊於昔酒也。然後鄭《聘禮》注説，則又以白酒尊於清酒。鄭二《禮》注義既自不同，今亦無可質正，未敢肊定也。云「玄謂事酒，酌有事者之酒」者，賈疏云：「先鄭云『有事而飲』，據有事時飲之。後鄭云『酌有事者之酒』，謂有事之人，但是有事之人，雖不當祭時，亦酌酒與之。是就足先鄭義也。」《御覽》引《禮記外傳》云：「事酒新成者，酌飲有事，謂廟中助祭親事者也。廟中以有事者爲榮。」《釋名釋飲食》云：「事酒，有事而釀之酒也。」案：二鄭以飲有事釋事酒，望文生訓，義本不甚塙。劉説與二鄭異，而義實長。《郊特牲》孔疏説事酒云「謂爲事而新作者」，亦與劉同。郝敬、方苞、蔣載康、黄以周並據《少牢》「宰命爲酒」，釋此事酒，義證尤塙。俞樾云：「事酒者，謂臨事而釀者也。三酒以新舊爲次，疏謂昔酒久釀乃孰，清酒更久於昔。然則事酒最在前，其爲新酒可知也。」云「其酒則今之醳酒也」者，《郊特牲》注亦云「事酒，今之醳酒，皆新成也」。孔疏云：「醳是和醳醞釀之名，即今卒造之酒也。」惠士奇云：「醳酒有舊有新，舊爲昔酒，則新爲事酒矣。」案：惠説是也。事酒有事而釀，則隨時可釀。但五齊不必酋醳，事酒則必待酋醳而後孰，故亦謂之醳酒，明酋醳而不甚久者也。賈疏謂事酒亦冬釀夏成，似非。云「昔酒，今之酋久白酒」者，賈疏云：「言昔爲久，酋亦遠久之義，故以漢之酋久白酒況之。但昔酒對事酒爲清，若對清酒則爲白，故云酋久白酒也。故《晉語》云『味厚實昔毒』，酒久則毒也。」案：鄭《郊特牲》注，以味厚腊毒，釋昔酒之義，故賈亦引《國語》爲釋，而以「腊毒」爲「昔毒」，文小異。今韋本作「厚味實腊毒」，注云：「腊，亟也，讀若廟，昔酒。」《文選·七命》李注引賈逵《國語注》云：「腊，久也。」又《鄭語》云：「毒之酋腊者，其殺也滋速。」依《説文·日部》，腊即昔之籀文，其字本同，亦皆有久義，鄭、韋訓讀可互證也。《説文·酋部》云：「酋，繹酒也。」《釋名·釋飲食》云：「酒，酋也，釀之米麴酋澤，久而美味也。醳酒，久釀酋澤也。」醳、澤、繹，字並同。《説文》所謂繹酒，蓋兼事酒、昔酒言之，二酒皆酋繹，但以醳之新舊爲異。《釋名》所謂醳酒，蓋專指舊醳言之，即此注之酋久白酒也。《方言》云：「酋，熟也。自河以北，趙魏之閒，久熟曰酋。」蓋事酒酋繹而不必久，昔酒必酋繹之久而後成，故亦謂之酋久白酒。《內則》「酒清白」，注云：「白，事酒昔酒也。」是事酒、昔酒，並白而不清，但昔酒酋繹較久，故獨得昔名。事酒、昔酒，《聘禮》亦謂之酸，《士虞記》又作浚酒。《聘禮》之酸清，猶《內則》云清白矣。云「所謂舊醳者也」者，《郊特牲》云：「猶明清與醆酒於舊澤之酒也。」彼注云：「澤讀爲醳，舊醳之酒，謂昔酒也。泲清酒以舊醳之酒者，爲其味厚腊毒也。」賈疏云：「案彼上注云『明酌者，事酒之上也』。醆酒盎齊，泲於舊醳之酒。三酒除事酒、清酒，則云舊醳，是昔酒可知也。對事酒爲新醳，昔酒爲舊醳，清酒不得醳名。」云「清酒，今中山冬釀接夏而成」者，清酒，酋繹之尤久者也。《北堂書鈔·酒

部》引《袁子正論》云：「中山清酤。」《說文・酉部》云：「醲，醞也。作酒曰釀。」賈疏云：「以昔酒爲久，冬釀接春，明此清酒久於昔酒，自然接夏也。中山，郡名，故《魏都賦》云：『醇酎中山，沈湎千日。』」丁晏云：「《文選・魏都賦》劉淵林注：『中山出好酎酒。』《初學記・酒類》引晉張載《酃酒賦》『中山冬啓，醇酎秋發』，即鄭所云中山冬釀也。」詒讓案：統校經注，凡齊酒，並濁者成速，清者成遲。五齊最濁，成最速，故《說文》以醴爲一宿孰。三酒之中，事酒較濁，亦隨時釀之，酋繹即孰。昔酒較清，則冬釀春孰。清酒尤清，則冬釀夏孰。《月令》命大酋爲酒，在仲冬。鄭彼注云：「古者穫稻而漬米麴，而春而爲酒。」又別引《王居明堂禮》云：「季冬命國爲酒，以合三族。」《逸禮》與記文相較一月，其爲冬釀一也。《詩・豳風・七月》云：「十月穫稻，爲此春酒。」毛傳云：「春酒，凍醪也。」孔疏以爲凍時釀之，故稱凍醪。又謂即此注所謂中山冬釀。然依鄭義，則冬釀春成，是爲春酒，即三酒之昔酒；此清酒接夏乃成，則更久於春酒。孔疏謂春酒即中山冬釀，非也。又《月令・孟夏》云「天子飲酎」，注云：「酎之言醇也，謂重釀之酒也，春酒至此始成。」彼酎酒以春酒重釀之，故夏成；此清酒夏成，非重釀，與彼亦異。

辨四飲之物，一曰清，二曰醫，三曰漿，四曰酏。

清，謂醴之泲者。醫，《內則》所謂或以酏爲醴。凡醴濁，釀酏爲之，則少清矣。醫之字，從殹從酉省也。漿，今之截漿也。酏，今之粥。《內則》有黍酏。酏飲，粥稀者之清也。鄭司農說以《內則》曰「飲重醴，稻醴清莤，黍醴清莤，粱醴清莤，或以酏爲醴，漿、水、臆」。后致飲於賓客之禮，有醫酏糟。糟音聲與莤相似，醫與臆亦相似，文字不同，記之者各異耳，此皆一物。疏：「辨四飲之物」者，賈疏云：「案《漿人》有六飲，此言四者，以《漿人》注『酒正不辨水涼者，無厚薄之齊』，故此唯辨四飲之物也。」注云「清謂醴之泲者」者，以別於五齊之醴爲汁滓相將不泲者也。凡泲，皆謂去其滓。《士冠禮》云：「凡醴事，質者用糟，文者用清。」賈疏云：「此鄭據《漿人》解之。《漿人》云醴，此云清，故云清謂醴之泲者。」江永云：「醴有清有糟，而四飲惟有清者，蓋糟醴與醴齊同，已於五齊中辨之也。」云「醫，《內則》所謂或以酏爲醴」者，彼注云「釀粥爲醴」。江永云：「今時北方造黃酒之法，先煮黃米爲粥，乃入麴糵釀之成酒，正與《內則》注合。此惟黃米可釀粥，而秫稻則否。黃米蓋即古之黃粱。又《內則》重醴中亦有粱醴。蓋炊飯而釀者爲醴，煮粥而釀者以酏爲醴也。」云「凡醴濁，釀酏爲之則少清矣」者，明醫雖亦是醴，而清濁小異。凡醴濁，必泲之乃清；若以酏爲醴，則雖不泲，亦少清於醴，以酏本含水多也。然鄭云少清，則醫之糟者，雖清於未泲之醴齊，而校之已泲之醴清則仍少濁也。云「醫之字，從殹從酉省也」者，《釋文》云：「從殹，烏兮反。徐烏例反。本或作毉。」臧琳云：「醫字正從殹從酉，不當言從酉省。考賈疏云『從殹省者去羽，從酉省者去水』；則賈疏本作『從醫從酒省也』。《釋文》音烏兮反，蓋已誤作殹。或作毉，即醫之俗字。徐仙民音烏例反，當作蔽翳之翳，與賈疏本同。今賈疏亦作『從醫從酉』，幸有去羽去水之言可考也。《說文・酉部》云：『醫，治病工也。殹，惡姿也。醫之性然，得酒而使，从酉。王育說，一曰殹，病聲，酒所以治病也。《周禮》有醫酒。』據《說文》則殹爲病容，一曰病聲，皆取會意，不從翳省。而鄭云從翳省者，鄭以醫爲諧聲字。凡醞釀醴醇等字皆從酉，酉即酒也。《說文》醫下云『从酉，醫之性得酒而使』，又云『酒所以治病也』，亦以酉爲酒。鄭云從酒省，則凡從酒字，皆因省從酉，是酉酒不同矣。」惠棟云：「文當云：从殹从酒省。」段玉裁亦改酉爲酒，云：「鄭意此字俗用爲醫藥字，而其字上從殹，下從酒省，則四飲之一，乃此字本義也。鄭不言從酒省殹聲者，殹翳緊字在古音脂微齊皆灰部，醫字古音在之咍部，與《內則》臆字同物同音。」案：惠、段說是也。臧氏謂徐音及賈疏本並作「從翳從酒省」，亦足正今本之誤。然徐、賈所見，仍是晉宋以後之誤本，非鄭君之舊。又案：後鄭言此者，取醫於文從酒省，證其爲酒醴之屬耳。許引此經云醫酒，則亦以醫爲酒醴，《玉藻》五飲之酒即此。《素問》有《湯液醪醴論篇》，醫酒即醪醴，與湯液異。五齊三酒，皆可治病，四飲之醫，雖亦名醫酒，然治病之酒，實不必專用醫也。云「漿今之截漿也」者，鄭《內則》注亦云「漿，酢截」。《說文・水部》漿，《酉部》截。並云「酢漿也」。漿即漿之正字。《釋名・釋飲食》云：「漿，將也，飲之寒溫多少，與體相將順也。」《廣雅・釋詁》云：「酪、截、醇，漿也。」案：漿截同物，絫言之則曰截漿，蓋亦釀糟爲之，但味微酢耳。《內則》又有醷，注以爲梅漿，蓋亦截漿之別，此漿內通含之矣。賈疏云：「此漿亦是酒類，截之言載，米汁相載，漢時名爲截漿也。」云「酏，今之粥，《內則》有黍酏，酏飲，粥稀者之清也」者，《說文・酉部》云：「酏，黍酒也。一曰甛也。賈侍中說酏爲鬻清。」許所云黍酒，蓋即《內則》之以酏爲醴。鄭以爲四飲之醫，賈侍中云「酏爲粥清」，則即此四飲之酏，賈說與鄭同也。云「鄭司農說以《內則》曰，飲重醴，稻醴清莤，黍醴清莤，粱醴清莤，或以酏爲醴，漿、水、臆」者，舊本「臆」作「醷」，宋建陽本、注疏本並作「臆」。《釋文》云：「臆，本又作醷。」案：建本與陸合，今從之。《內則》「莤」並作「糟」，「臆」亦作「醷」。鄭彼注云：「重，陪也。糟，醇也。清，泲也。致飲有醇者，有泲者，陪設之也。水，清新。醷，梅漿。」案：二鄭說諸飲，並以此經及《內則》參校爲說，而義各異。後鄭以彼三醴當此經之清及《漿人》之醴，彼酏醴當此經之醫，而彼之臆則即此經漿之屬。先鄭則以彼酏醴與三醴，同當此經之清，而以彼之臆當此經之醫，並與後鄭義異。惟謂彼黍酏與漿，即此經之漿與酏，水即《漿人》之水，則與後鄭說同。《內則》又有濫，後鄭以當六飲之涼，此先鄭不引之，疑亦同後鄭說矣。云「后致飲於賓客之禮有醫酏糟」者，于，注例當作「於」，各本並誤。先鄭據此經下文，明與《內則》臆莤，物同而字異也。云「糟音聲與莤相似，醫與臆亦相似」者，臆，舊本亦作「醷」，今從注疏本。段玉裁云：「今《內則》『莤』作『糟』，疑是用《周禮》改也。司農云『糟音聲與莤相似』。謂之相似，則非一字也。莤之本義，當是草類，從草酒聲，故沈重音子由反。糟，曹聲，古讀如揫。同在尤幽部。糟是正字，莤是假借字。又云醫與臆音聲亦相似，蓋同在之咍部，今本《內則》作醷者，俗製也。」江永云：「先鄭以醷釋醫，別爲一義，未确。下言后夫人致禮，醫亦有糟，醷爲梅漿，安得有糟乎！」案：江說是也。《內則》八珍，食漬以醢若醯醷，則醷爲醯類明矣。故後鄭彼注以爲梅漿，此注則以醫與酏醴是一，皆不從司農說也。云「文字不同，記之者各異耳，此皆一物」者，謂《內則》之莤，與下文糟爲一物，臆與此醫爲一物，依後鄭說，則莤糟同物，而臆醫不同物。此引之者，廣異義也。

掌其厚薄之齊，以共王之四飲三酒之饌，及后、世子之飲與其酒。后、世子不言饌，

其饋食不必具設之。五齊正用醴爲飲者，取醴恬與酒味異也。其餘四齊，味皆似酒。疏：「掌其厚薄之齊，以共王之四飲三酒之饌」者，賈疏云：「從五齊已下，非酒正所造，並是酒人、漿人所作，故直辨其厚薄之齊。饌者，謂饌陳具設之也。」注云「后、世子不言饌，其饋食不必具設之」者，《說文・食部》云：「籑，具食也。重文饌，籑或从巽。」是物具爲饌。此王饋食，主於備品物，具設四飲三酒，故云饌。后、世子則不具設，故不云饌也。云「五齊正用醴爲飲者，取醴恬與酒味異也」者，明經不云共五齊，以漿人醴入六飲，亦即上四飲之清，餘四齊皆非常飲所用也。凡酒以苦爲正，故《疾醫》注以酒屬五味之苦。醴則濁而味甛，與它酒異，故於五齊之中，特取此備六飲之一也。云「其餘四齊味皆似酒」者，賈疏云：「三酒味厚，五齊味薄，故言似酒。醴恬，全與酒味別也。」凡祭祀，以灋共五齊三酒，以實八尊。大祭三貳，中祭再貳，小祭壹貳，皆有酌數。唯齊酒不貳，皆有器量。酌，器所用注尊中者，數量之多少未聞。鄭司農云：「三貳，三益副之也。大祭天地，中祭宗廟，小祭五祀。齊酒不貳，爲尊者質，不敢副益也。」杜子春云：「齊酒不貳，謂五齊以祭不益也。其三酒，人所飲者，益也。《弟子職》曰：『周旋而貳，唯嗛之視。』」玄謂大祭者，王服大裘、衮冕所祭也。中祭者，王服鷩冕、毳冕所祭也。小祭者，王服希冕、玄冕所祭也。三貳再貳一貳者，謂就三酒之尊而益之也。《禮運》曰：「玄酒在室，醴醆在户，粢醍在堂，澄酒在下。」澄酒是三酒也。益之者，以飲諸臣，若今常滿尊也。祭祀必用五齊者，至敬不尚味，而貴多品。疏：「凡祭祀以灋共五齊三酒」者，亦酒正之官法也。賈疏云：「謂天地及宗廟等總目之言。但祭有小大，齊有多少，各有常法。」云「以實八尊」者，五齊則盛以六尊，三酒則盛以罍尊，各隨其事而用之也。賈疏云：「五齊五尊，三酒三尊，此除明水、玄酒。若五齊加明水，三酒加玄酒，此八尊爲十六尊。不言之者，舉其正尊而言也。」《禮運》孔疏云：「周禮，大祫於大廟，則備五齊三酒。大禘則用四齊三酒者，醴齊以下悉用之，故《禮運》云『玄酒在室，醴醆在户，粢醍在堂，澄酒在下』。四時之祭，唯二齊三酒，則自祫禘以下至四時祭，皆通用也。二齊，醴、盎也，故鄭注《司尊彝》『四時祭法』，但云醴盎而已。其祫祭之法，既備五齊三酒，以實八尊。祫祭在秋。案《司尊彝》，秋嘗冬烝，朝獻用兩著尊，饋獻用兩壺尊。則泛齊、醴齊各以著尊盛之，盎齊、醍齊、沈齊各以壺尊盛之，凡五尊也。又五齊各有明水之尊，凡十尊也。三酒三尊，各加玄酒，凡六尊也。通斝彝盛明水，黄彝盛鬱鬯，凡有十八尊，故崔氏云：大祫祭凡十八尊。」案：依崔、孔義，則大祫十八尊，大禘十六尊，時祭十二尊。《司尊彝》賈疏説，亦同。此云實八尊者，以崔、孔所推大祫禮言之，則一著尊盛泛齊，一著尊盛醴齊，一壺尊盛盎齊，一壺尊盛醍齊，以上四尊，皆陳於堂上。一壺尊盛沈齊，一罍尊盛事酒，一罍尊盛昔酒，一罍尊盛清酒，以上四尊，皆陳於堂下。此並據五齊三酒之正尊言之，不數鬱鬯及明水、玄酒等尊也。又案鄭《司尊彝》注，謂大祫備五齊，崔靈恩推之以爲禘用四齊，時祭用二齊。賈前疏及《郊特牲》疏引皇侃説、《禮運》疏説並同。江永則云：「『凡祭祀，酒正以法共五齊三酒，以實八尊』。通言之，非一祭中具備也。觀《司尊彝》六尊不並用，可見漢儒謂祫大於禘，故疏家云『祫備五齊，禘備四齊』，此以意言之耳。《禮運》諸篇，雜陳天子諸侯宗廟之祭，未有及泛齊者，則泛齊唯用之祀天地。」案：江謂祫亦不得備五齊，與鄭義不同，以《司尊彝》六尊不並用推之，似亦可通。然經無明文，未敢定也。互詳《司尊彝》疏。云「大祭三貳」者，賈疏云：「就三酒人所飲者，三度副益之。」云「中祭再貳，小祭壹貳」者，經例凡列次分別數，曰一曰二；積絫增益數，曰壹曰再。中祭小祭禮殺，獻酬數校少，故正酌之外，止再度壹度益之也。云「皆有酌數」者，賈疏云：「謂三酒之祭，副益等尊，皆有酌器盛酒。益尊數者，謂多少之數。」注云「酌，器所用注尊中者」者，《說文・酉部》云：「酌，盛酒行觴也。」凌廷堪云：「凡斞酒之器曰勺。《士冠禮》注：『勺，尊斗，所以斞酒也。』考《鄉飲酒》，兩壺加二勺；《鄉射》，兩壺，左玄酒，皆加勺；《大射》，方壺膳尊，亦云加勺。《特牲饋食記》，兩壺加勺；《士冠禮》，醮用酒，尊亦加勺。蓋酒在尊中，必以勺斞之，然後實於爵也。《士冠禮》，側尊一甒醴，有篚，實勺觶角柶；《士虞禮》，兩甒醴酒，加勺。是醴亦用勺也。」詒讓案：此酌，即《梓人》之勺。凡斞酒以注之尊，斞尊以注之爵，皆用勺，故《說文・勺部》云：「勺，挹取也。」勺以酌酒，則亦通謂之酌，故《楚辭・招魂》王注云：「酌，酒斗也。」此三酒與五齊，雖有貳不貳之異，而其用勺注尊則同。經於酒言酌，於齊言器者，互文見義也。云「數量之多少未聞」者，酌數，若《士昏禮》酌玄酒三屬於尊之類。《梓人》云「勺一升」，即其容量。而鄭云未聞者，謂初注尊及後貳益，酌數量數皆未聞。酒言數，齊言量，亦互文也。鄭司農云「三貳，三益副之也」者，《說文・貝部》云：「貳，副益也。」《王制》「七十貳膳」，注云：「貳，副也。」《文選》張衡《西京賦》「膳夫馳騎，察貳廉空」，薛綜注云：「貳爲兼重也。」賈疏云：「先鄭之意，注酒於尊中爲副，子春、後鄭亦與之同。」案：賈説是也。杜及二鄭並以加益訓貳，副貳義亦同也。其備加益，亦別有尊。故《易坎》六四云「樽酒簋貳」，李鼎祚《集解》引虞翻云：「貳，副也。禮有副樽。」虞所説副樽，即備加益之尊。《韓詩外傳》：「范昭謂齊景公曰：願君之倅樽以爲壽。」倅尊亦即副尊也。然此經三貳、再貳、壹貳，自是就正尊加益之數，與副尊不相涉也。云「大祭天地」者，《肆師》「立大祀，用玉帛牲牷。立次祀，用牲幣。立小祀，用牲」。先鄭彼注云：「大祀天地，次祀日月星辰，小祀司命已下。」依彼注義，則先鄭謂天神亦分三等。此天地在大祭中，則專指圜丘、方丘、南北郊及五帝而言，非謂天神並爲大祭也。後鄭説同。《通典・吉禮》引崔靈恩説，圜丘用五齊，餘感帝、迎氣、神州等，並自醴齊而下四齊而已。案：依崔説，則唯圜丘備八尊，與大祫同；其南北郊、迎氣等，並與大禘同，不得備八尊。方丘，崔無説，當亦同圜丘備八尊。蓋二丘與大祫尊數相等，二郊與大禘尊數亦相等，但無二彝爲異也。云「中祭宗廟」者，先鄭意宗廟人鬼，先王先公，並爲中祭。後鄭則以先王爲大祭，先公爲中祭，與先鄭異。云「小祭五祀者」，《大宗伯》地示之五祀也。後鄭説亦同。云「齊酒不貳，爲尊者質，不敢副益也」者，齊酒，尸所飲，主於尊神，故尚質不副益也。賈疏云：「以其主獻尸，所用少，故不副益。」杜子春云「齊酒不貳，謂五齊以祭不益也，其三酒人所飲者益也」者，説亦與先鄭同。三酒人所飲，主於文，故有三益、再益、一益之差。引《弟子職》曰「周旋而貳，唯嗛之視」者，證貳爲副益之義。《漢書・藝文志・弟子職》一篇，在《孝經》家。今在《管子》第五十九篇。彼文云：「左執虛豆，右執挾匕，周還

而貳，唯嗛之視，同嗛以齒，周則有始。」尹知章注云：「貳謂再益。食盡曰嗛。」周還，此引作周旋，字通。彼文本以益食爲貳，與此經益酒爲貳義同。賈疏謂彼周旋而貳亦爲副益酒尊，失之。云「玄謂大祭者，王服大裘、衮冕所祭也」者，賈疏云：「已下至玄冕所祭，並據《司服》六冕差之。冕服有六，天地宗廟各有三等，故以六冕配之。按《司服》，王祀昊天上帝，則服大裘而冕，祀五帝亦如之，祀先王則衮冕，祭地亦用大裘，是天地宗廟皆有大祭，一也。」云「中祭者，王服鷩冕、毳冕所祭也」者，賈疏云：「案《司服》，先公則鷩冕，四望山川則毳冕，是地與宗廟次祭，二也。但天之次祀不見衣服者，日月是天之次祀，以其大報天，主日，配以月，服大裘；春分朝日，秋分夕月，兼服玄冕，故天之次祀中不見衣服。」詒讓案：後鄭《肆師》注，以大祀爲天地、宗廟，中祀爲日月、星辰、社稷、五祀、五嶽，則大祀有先公，中祀有社稷、五祀而無先公，並與此注義異。金鶚據彼注糾此云：「鄭既以宗廟爲大祭，鷩冕以享先公，獨非宗廟之祭乎？何又以鷩冕所祭爲中祭也？」吴廷華亦云：「先王先公之祭，其禮原無隆殺，其分衮冕、鷩冕者，不過視先王先公之服以爲服，所謂不敢以已之尊服臨先公，非以此爲中祭也。蓋先公之祭若在親廟之中，則與先王之祭何別，若在禘祫，則尤爲大祭，況據《中庸》上祀先公以天子之禮，是先公之祀等於先王也。」案：金、吴説是也。《禮器》注謂祭先公七獻，亦未塙，詳《司尊彝》疏。云「小祭者，王服希冕、玄冕所祭也」者，《釋文》云：「希，本又作絺。」案：作絺者，依《司服》注讀改，非鄭之舊。《司服》《弁師》注説希冕，並依經作希，不改字。賈疏云：「按《司服》『社稷五祀則希冕，羣小祀則玄冕』。鄭彼注『山林川澤之屬』。鄭雖不言風師、雨師等，『之屬』中兼之也。雖見天地小祭，不見宗廟小祭者，馬融以爲宗廟小祭謂祭殤是也。祭殤之時，或可亦用玄冕。若然，則《禮器》云『一獻質』，謂祭羣小祀，當玄冕；『三獻文』，謂祭社稷五祀，當希冕；『五獻察』，謂祭四望山川，當毳冕；『七獻神』，謂祭先公，當鷩冕。雖不言九獻，下云『大饗，其王事與』？大饗謂祫祭先王，爲九獻，當衮冕。《禮器》下文云『大饗不足以大旅』。大旅當大裘。據此一獻至九獻，以此獻數約之，故六服差爲三。按《司服》，四望山川服毳冕，五獻，社稷服希冕，三獻，社稷在山川下。按《大宗伯》『以血祭祭社稷、五祀、五嶽』，而社稷在五嶽上者，五嶽與土地異形，若畿外諸侯，服獻則尊於王朝之臣；社稷號曰土神，似若王朝之臣，服獻則卑於五嶽而在五嶽上者，似若王人雖微，猶叙諸侯之上。按《王制》『宗廟之牛角握』，《國語》『山川之牛角尺』。社稷尊於五嶽者，彼自從國中之神莫貴於社，故與宗廟同角握。」詒讓案：《小司徒》《舞師》後鄭注並云「小祭祀，王玄冕所祭」，則謂小祭惟據玄冕祭，不兼希冕祭。又《肆師》「小祀」，後鄭注以爲司中、司命、風師、雨師、山川百物，則又謂有山川無社稷五祀，義並與此注異。吴廷華云：「《司服》明云祭羣小祀則玄冕，是小祭只有玄冕。若希冕則在羣小祀之上也。鄭以希冕、玄冕俱爲小祭，與《司服》經悖。」案：吴説是也。金鶚説亦同。然鄭此注及《肆師》注所定祭祀差次，岐迕殊甚，今亦無以質其是否，詳《肆師》及《大司樂》疏。云「三貳、再貳、一貳者，謂就三酒之尊而益之也」者，凡經作「壹」，注例並作，亦古今字也。此説與杜及先鄭同，謂以勺斛酒，就三酒之尊，注而益之，如其數也。引《禮運》曰「玄酒在室，醴醆在户，粢醍在堂，澄酒在下」者，《釋文》云：「醍，本亦作緹。」案：《禮運》作「醍」，《釋文》或本作「緹」者，疑依上經文改。緹醍字同。《司尊彝》注亦引此文釋之作緹，與此別本同。鄭《禮運》注云：「粢讀爲齊，聲之誤也。《周禮》五齊，字雖異，醆與盎，澄與沈，蓋同物也。奠之不同處，重古略近也。」案：《禮運》此文，謂齊酒等所陳位次。此引之者，欲證三酒卑在堂下也。凡齊酒陳位，詳《司尊彝》疏。云「澄酒是三酒也」者，此專釋酒字，不釋澄也。其澄自如《禮運》注説，與沈齊同物。《禮運》疏云：「此注澄是沈齊。案《酒正》注，澄酒是三酒。二注不同，故趙商疑而致問。鄭荅之云：『此本不誤，轉寫益澄字耳。』如鄭所荅，是轉寫《酒正》之文，誤益澄字，當云『酒，三酒也』，則是與《禮運》注同。然案《坊記》云：『醴酒在室，醍酒在堂，澄酒在下。』注又以澄爲清酒，田瓊疑而致問。鄭荅之云：『《禮運》云醴醆醍澄，各是一物，皆不言酒，故推其意澄爲沈齊。酒爲三酒，《坊記》云醴也，醍也，澄也。皆言酒，故因注云澄酒，清酒也。其實沈齊也。』如鄭此言，《坊記》所云醴酒醆酒，五齊亦言酒，則澄酒是沈齊也。是五者最清，故云澄酒，非爲三酒之中清酒也，是與《禮運》不異也。」賈疏亦云：「案《鄭志》趙商問，《禮運》注澄是沈齊，今此注澄酒是三酒何？鄭荅今解可去澄字。若然，鄭本於此注時，直云酒是三酒，無澄字，有澄字者誤，當云酒是三酒。」段玉裁云：「按鄭作注時，謂澄酒之酒字是三酒，以別於上文玄酒之酒字。趙商不善讀鄭荅語，蓋忘其有澄字之意矣。而賈徑云本無澄字，有者誤也，是賈誤矣。」云「益之者，以飲諸臣」者，與子春説同。賈疏云：「案《司尊彝》云『皆有罍，諸臣之所酢』。是飲諸臣也。」云「若今常滿尊也」者，據漢法爲況，蓋亦常副益之，使酌之不罄。《後漢書・馬融傳・廣成頌》云「山罍常滿」，《藝文類・聚雜器物部》有宋何偃《常滿尊銘》，即此。云「祭祀必用五齊者，至敬不尚味而貴多品」者，不尚味謂齊甛而酒苦，貴多品謂酒三而齊五也。《郊特牲》云：「籩豆之薦，水土之品也。不敢用常褻味而貴多品，所以交於神明之義也，非食味之道也。」彼主籩豆言，鄭以祭祀用五齊，義與彼相類，故約彼文爲説。

共賓客之禮酒，共后之致飲於賓客之禮醫酏糟，皆使其士奉之。

禮酒，王所致酒也。王致酒，后致飲，夫婦之義。糟，醫酏不泲者。泲曰清，不泲曰糟。后致飲，無醴醫酏不清者，與王同體，屈也，亦因以少爲貴。士謂酒人、漿人、奄士。

疏：「共賓客之禮酒」者，以下皆致朝聘賓之酒也。禮酒，謂致饗燕之酒。凡致酒皆盛於壺，其數未聞。云「共后之致飲於賓客之禮醫酏糟」者，此后致飲，亦與王致饗燕禮相儗。《掌客》諸侯相朝，夫人於侯伯有致饗，於上公又兼致饗食，亦其比例也。據《掌客》《聘禮》，夫人於朝賓聘使致饔餼，有壺酒。后亦當同。此不言者，文略，亦共之可知。賈疏云：「醫酏糟者，言致飲之中，取二飲以致之。」云「皆使其士奉之」者，《天府》注云：「奉猶送也。」江永云：「酒人、漿人與酒正奉之之文雖同，而所奉則異。酒人、漿人奉之於酒正者也。酒正奉之，奉之於王朝者也。」案：江説是也。《内宰》云：「致后之賓客之禮。」注云：「謂諸侯來朝覲及女賓之賓客。」然則后致飲於賓客，酒正奉之，内宰致之。注云「禮酒，王所致酒也」者，《酒人》注云：「禮酒，饗燕之酒，王不親饗燕，不親食，而使人各以其爵以酬幣侑幣致之，則從而以酒往。」是也。賈疏云：「下《酒人》云『賓客之陳酒』。彼言陳，謂若致饔

餼，列陳於客館中。言禮酒不言陳，謂饗燕之酒，王當親饗燕，王有故，則使人就館以酬幣致之。」案：賈説是也。凡王致賓客之禮，有積，有飧，有饔餼。唯積無致酒之文，餘皆有之。鄭知此禮酒非飧饔餼者，以彼二禮《酒人》謂之陳酒，與禮酒文別，故知爲饗燕之酒也。鄭又知非王親饗燕之酒者，以下云「王之燕飲酒，酒正奉之」。彼文含有賓客燕飲之酒，若饗禮更盛於燕。儻王親饗，則宜酒正自奉其酒，不當反使其士奉之，禮轉殺於燕飲酒也。致酒，詳《酒人》疏。云「王致酒，后致飲，夫婦之義」者，明王致饗燕，則有酒無飲，后致饗燕則有飲無酒，互相備也。賈疏云：「酒是陽，故王致之。飲是陰，故后致之。是陰陽相成，故云夫婦之義。」云「糟，醫酏不泲者，泲曰清，不泲曰糟」者，《説文·米部》云：「糟，酒滓也。」糟即糟之隸變。凡醫酏作成時，並汁滓相將，亦通謂之糟。泲去其滓，取其汁，則謂之清。此經醫酏下特著糟字，則是不泲者也。云「后致飲，無醴醫酏不清者，與王同體屈也」者，賈疏云：「對下《漿人》『共夫人致飲於賓客之禮，清醴醫酏糟而奉之』，謂夫人卑於后，致三飲醫酏糟上，加之以清醴。今后尊，唯有醫酏二飲，無清醴。既無清醴，醫酏當清，今皆不清者，以其后尊，夫妻片合，與王同體，故屈。夫人卑，與王不同體，得申，故加之以清醴也。」案：王國致飲於賓客，后少夫人多者，養賓之禮，尊者可略，卑者宜詳也。鄭、賈謂以與王同體而屈，似非經意。云「亦因以少爲貴」者，賈疏云：「案《禮器》云：『有以少爲貴者，天子無介，祭天特牲。』是以少爲貴。則夫人三飲，后二飲，是因以少爲貴。」云「士謂酒人、漿人，奄士」者，賈疏云：「酒使酒人，漿使漿人，皆奄士。案《序官》，酒人奄十人，漿人奄五人，皆不言士。此經注皆士者，爲官首當是士。但非賢，故不言士。內小臣是奄而稱士，鄭云異其賢。」王昭禹云：「酒正中士四人，下士八人。所謂酒正則中士也，所謂士則下士也。」吴廷華云：「注以酒漿奄士訓經，蓋見酒漿二職，於賓客酒皆曰奉，與此經奉字合，遂以內小臣奄士，合酒漿之奄人，爲此經士字作詁。賈又以『非賢故不言士』釋之，其説似是而非。蓋《序官》，士大夫皆以爵言。酒人止奄十人，漿人止奄五人，使酒漿奄人果是士，《序官》何得無士名？且使酒漿奄人果不賢，故不言士，則此經又何得以士目之？況此經言后，酒漿二職不言后，則此經奉之之人何必即是酒人漿人。竊謂酒正一官，中士四人，下士八人。據《序官·大宰》注云『自大宰至旅下士，轉相副貳』。如其説，是一官之中，自有副貳。酒正，中士，正也；下士則其副貳也。下節王燕飲，酒正奉之，謂中士四人也。此經奉賓客之禮酒，當是下士，故曰使其士奉之也。若以士爲奄士，則酒漿奄人既不言士，內小臣奄士又非奉禮酒之職，所謂奄士者，又安指邪？」案：王、吴説是也。魏校、姜兆錫、方苞、江永、蔣載康、黄以周説並同。凡王之燕飲酒，共其計，酒正奉之。共其計者，獻酬多少，度當足也。故書「酒正」無酒字。鄭司農云：「正奉之，酒正奉之也。」疏：「凡王之燕飲酒，共其計」者，燕飲酒與《膳夫》義同，亦兼燕賓客及諸臣言之。賈疏謂惟指王與羣臣燕飲之酒，説殊未晐。共計者，共酒之時，并具計簿奉之。云「酒正奉之」者，此燕飲酒，王親與，故酒正自奉之，異於致賓客之禮酒，使其士奉之也。注云「共其計者，獻酬多少度當足也」者，計謂其數量著於秩籍者。凡燕飲酒，主人進賓之酒，謂之獻。賓報主人之酒，謂之酢。主人先飲以勸賓之酒，謂之酬。正獻既畢之酒，謂之旅酬。旅酬既畢之酒，謂之無算爵。其多少，皆計數量共之當足也。云「故書酒正無酒字，鄭司農云正奉之，酒正奉之也」者，先鄭依故書無酒字，則官名未著，故特釋之。後鄭則以故書今書義並通，而有酒字，文尤詳備，故不從故書也。黄以周云：「《酒人》於共賓客之禮酒、飲酒，《漿人》於共夫人致飲於賓客之禮清醴醫酏糟，並曰而奉之，不復舉其官，爲奉者即其官可知也。此曰正奉之，對上文共賓客之禮酒及后致飲於賓客，使士奉之爲文。」凡饗士庶子，饗耆老孤子，皆共其酒，無酌數。要以醉爲度。疏：「凡饗士庶子，饗耆老孤子」者，此皆於學行之，詳《外饗》疏。耆老亦通四等之老言之。《王制》孔疏引皇侃云：「饗有四種。一是諸侯來朝，天子饗之，則《大行人職》云『上公之禮，其饗禮九獻』是也。其牲則體薦。體薦有房烝，《國語》云『王公立飫，則有房烝』。其所云飫，即是饗也。二是王親戚及諸侯之臣來聘，王饗之。其酌數亦當依命。其牲折俎，亦曰殽烝也。三是戎狄之君使來，王饗之。其禮則委饗也。其來聘賤，故王不親饗之，但以牲全體委與之是也。四是饗宿衛及耆老孤子，則以醉爲度。故《酒正》云『凡饗士庶子，饗耆老孤子，皆共其酒，無酌數』。」又云：「饗致仕之老，則當用正饗之禮，以其有賢德者，不可以褻禮待之。其饗死事之老，不必有德，又是老人，不宜久立，當用折俎之饗。」案：皇説饗致仕之老與死事之老異，《禮經》無明文，未知然否。但致仕之老，尊卑命數不同，死事之老，或無爵秩，雖用房烝殽烝之禮，而酌數不能依命數，則亦當無酌數，皇説與經義自不迕也。注云「要以醉爲度」者，不豫限酌數，要以及醉而止，亦不及亂也。掌酒之賜頒，皆有灋以行之。法，尊卑之差。疏：「掌酒之賜頒」者，謂王賜頒諸臣及宿衛士庶子等之酒。賜謂好賜，頒謂常賜，與《膳夫》肉脩之頒賜義同，詳彼疏。云「皆有灋以行之」者，皆依《大宰》九式之法行之。好賜則有好用之式，常賜則有匪頒之式也。行與《司裘》《羅氏》「行羽物」義同，彼注云「行謂賦賜」是也。注云「法，尊卑之差」者，此亦注用今字也。以爵秩之尊卑，爲賜頒之差數，必與法式相應也。凡有秩酒者，以書契授之。鄭司農云：「有秩酒者，給事中予之酒。秩，常也。常受酒者，《國語》曰：至於今秩之。」玄謂所秩者，謂老臣。《王制》曰：「七十不俟朝，八十月告存，九十日有秩。」疏：「凡有秩酒者，以書契授之」者，《小宰》八成云：「聽取予以書契。」注云：「書契，謂出予受入之凡要。」此書契即出予之凡要也。蓋凡有秩酒者，此官則案其當得之數，爲書契以授其人；至其人來取酒，又案視書契，而後依數授之。賈疏謂酒正授使者酒，書之多少以爲契要而與之。是授酒之時，復與以書契，非經義也。注鄭司農云「有秩酒者，給事中予之酒」者，賈疏云：「司農之意，謂在朝羣臣，親近於王，總名給事中，王常以酒與之。」詒讓案：給事中謂給事王宮中官吏。《春官·世婦》注云：「女宮，刑女給宮中事者。」《晏子春秋·外篇》云：「擁札摻筆，給事宮殿中。」並與此義同。《漢書·百官公卿表》有給事中加官，與此異。云「秩，常也，常受酒者」者，秩常，《爾雅·釋詁》文。《鄉師》注同。引《國語》曰「至於今秩之」者，《楚語》云：「鬭且廷語其弟曰：昔鬭子文三舍令尹，無一日之積。成王聞子文之朝不及夕也，於是乎每朝設脯一束，糗

一筐，以羞子文。至於今令尹秩之。」韋注亦訓秩爲常也。此引無「令尹」二字者，先鄭所删。彼秩謂脯糗，不云有酒，先鄭引之證常秩之義耳。云「玄謂所秩者，謂老臣」者，破先鄭給事中予酒之説也。《内則》云：「大夫無秩膳。」彼注云：「謂年五十始命，未甚老也。」此秩酒，與秩膳事同，明非老臣不得有，故不從先鄭説。引《王制》曰「七十不俟朝，八十月告存，九十日有秩」者，鄭彼注云：「不俟朝，君揖則退。月告存，每月致膳。日有秩，秩，常也，有常膳。」引之者，明彼云有秩膳，亦有秩酒也。酒正之出，日入其成，月入其要，小宰聽之。出謂授酒材及用酒之多少也。受用酒者，日言其計於酒正，酒正月盡言於小宰。疏：「日入其成」者，以下正酒府之成要，所謂官成也。《宰夫》云：「月終則令正月要，旬終則令正日成。」蓋酒人每日計用酒之多少，著之簿書，至浹旬，則總計十日之成，言之酒正，正受而聽之也。云「月入其要」者，賈疏云：「謂酒正得酒人日計文書，日計其月要，至月盡，以月計文書入於小宰。」云「小宰聽之」者，《小宰》云「聽出入以要會」是也。賈疏云：「小宰將酒正文書，聽斷之，知其得失。」注云「出謂授酒材」者，賈疏云：「謂授酒人以其材，《酒正職》首所言者是也。」云「及用酒之多少也」者，賈疏云：「謂若共五齊三酒以下是也。」云「受用酒者，日言其計於酒正」者，日計，每日計之，其事輕數少，不必言於小宰，故知酒人受酒材及用酒之有司，各言其計於酒正也。云「酒正月盡言於小宰」者，酒正總計一月授用酒之數爲月要，而言之小宰，故《小宰》云「月終則以官府之叙，受羣吏之要」。彼不云受日成，是小宰唯聽月要，日成則酒正自聽之也。歲終則會，唯王及后之飲酒不會。以酒式誅賞。誅賞作酒之善惡者。疏：「歲終則會」者，此止酒府之歲會，亦官成也。亦以十二月之要，總會計之。《小宰》云「贊冢宰受歲會」，是歲會當小宰贊大宰聽之，經文不具也。云「唯王及后之飲酒不會」者，賈疏云：「不云世子，以其酒與膳異。膳羞食之正，則世子亦不會。膳禽食之加，世子會之，酒亦爲加，故亦會之。」云「以酒式誅賞」者，此酒正之官計也。式即上文灋式。凡所作之酒，如式者爲善，不如式者爲惡，亦當言於大宰小宰而誅賞之。注云「誅賞作酒之善惡者」，謂計攷酒人等所作之善惡，即上注所謂功沽之巧是也。

又《酒人》 酒人掌爲五齊三酒，祭祀則共奉之，以役世婦。世婦謂宫卿之官，掌女宫之宿戒，及祭祀，比其具。酒人共酒，因留與其奚爲世婦役，亦官聯。疏：「祭祀則共奉之以役世婦」者，謂共具齊酒，又親奉致之世婦，遂共其役也。注云「世婦謂宫卿之官」者，賈疏云：「謂《春官》云每宫卿二人。」案鄭、賈意，此世婦非《天官》之世婦也。然二世婦内外異而職掌略同，祭祀皆掌饌具，則此世婦不專指春官宫卿明矣。《縫人職》云：「掌王宫之縫線之事，以役女御。」是亦奄官得爲内嬪婦役之例。鄭、賈説未晐。互詳《叙官》疏。云「掌女宫之宿戒，及祭祀，比其具」者，亦《春官・世婦職》文。引之者，明彼具内含有五齊三酒，又掌宿戒，故有役使之事也。云「酒人共酒，因留與其奚爲世婦役」者，賈疏云：「酒人以奚送酒至世婦，因爲世婦所役使。」詒讓案：《叙官》，酒人有奚三百人。人數衆多，故此官率領之，留爲世婦役。不言女酒者，女酒掌爲酒，不掌共送饌具之事也。云「亦官聯」者，聯，黄丕烈校改「連」是也。舊本並誤，詳《大宰》疏。賈疏云：「即《小宰》云祭祀之聯事是也。」共賓客之禮酒、飲酒而奉之。酒正使之也。禮酒，饗燕之酒。飲酒，食之酒。此謂給賓客之稍，王不親饗燕，不親食，而使人各以其爵，以酬幣侑幣致之，則從而以酒往。疏：注云「酒正使之也」者，賈疏云：「《酒正》云『共賓客之禮酒，使其士奉之。』士即此酒人也。彼不言飲酒者，禮酒中可以兼之矣。」吴廷華云：「《酒正》言士奉之，此經亦言奉者，蓋謂酒人奉於酒正，而酒正之士奉於賓客。疏仍主《酒正》注奄士説，非也。」案：吴説是也。黄以周説同。互詳《酒正》疏。云「禮酒，饗燕之酒」者，此謂三酒也，凡饗燕獻酬用之。王於賓客饗食燕，通謂之禮，故《覲禮》云「饗禮乃歸」。但此及酒正之禮酒，並謂致之客館者，故《酒正》注又云「王所致酒也」。云「飲酒，食之酒」者，賈疏云：「謂食時有酒者，《曲禮》云『酒漿處右』，則此非獻酬酒，是酳口之酒也。」詒讓案：此謂四飲之醴清也。《公食大夫禮》云：「飲酒、漿飲俟於東房。」注云：「飲酒，清酒也。飲酒先言飲，明非獻酬之酒也。」蓋食禮無獻酬，唯有酳口，故别謂之飲酒。《公食》注清酒，賈彼疏謂即三酒之清酒。吴廷華、褚寅亮、黄以周謂當爲四飲之清，是也。此四飲，《漿人》六飲，並無三酒。云「此謂給賓客之稍」者，猶《漿人》共六飲云「共賓客之稍禮」，别於下陳酒爲致饔餼也。《掌客》云：「賓客有喪，唯芻稍之受。」注云：「稍，人稟也。」《聘禮記》注亦以稍爲稟食。此下注謂不親饗食歸幣之酒，則與稟食别，而云稍者，以其歸於客館，有似稟食，亦得通稱稍。故賈疏云：「此禮酒飲酒，總言王若不親燕飲食，則使人致之於客館，任賓客稍稍用之，故云給賓客之稍。」云「王不親饗燕，不親食，而使人各以其爵以酬幣侑幣致之」者，《聘禮》云：「若不親食，使大夫各以其爵朝服，致之以侑幣，致饗以酬幣亦如之。」鄭彼注云：「君不親食，謂有疾及他故也。必致之，不廢其禮也。致之必使同班敵者，易以相親敬也。酬幣，饗禮酬賓勸酒之幣也。」又《公食大夫禮》云：「賓三飯，公受宰夫束帛以侑。若不親食，使大夫各以其爵朝服，以侑幣致之。」注云：「侑猶勸也。主國君以爲食賓殷勤之意未至，復發幣以勸之，欲用深安賓也。」賈疏云：「彼雖無致燕法，案：《鹿鳴》燕羣臣嘉賓，有實幣帛，則致燕亦以酬幣致之，與饗同。各以其爵者，則諸侯來朝，遣三公致饗；卿來聘，遣卿大夫致饗。燕以酬幣，致食以侑幣。」案：賈説是也。《聘禮》「公於賓壹食再饗，燕與羞、俶賜無常數。」彼爲諸侯使卿自相聘之禮，禮殺。食饗有常數，而燕無常數，故亦無不親燕致幣之文。此天子待來朝諸侯，據《掌客》上公三饗、三食、三燕諸文下，總云「若弗酌則以幣致之」，是燕有常數，與饗食同，則不親燕亦有致幣可知，故鄭、賈並兼言燕也。賈《掌客》疏謂「燕禮褻，不酌，蓋不致幣」。《聘禮》疏亦謂「天子諸侯燕皆無酬幣」，與此疏説自相抵牾，不足據。胡承珙云：「《周語》言先王之燕，『體解節折而共飲食之，於是乎折俎加豆，酬幣宴貨，以示容合好』，則燕亦未嘗不用酬幣也。」案：胡説本陳祥道，是也。《詩・小雅・鹿鳴》孔疏亦謂燕當有幣。今《燕禮》不言者，文略。互詳《掌客》疏。又案：鄭知此禮酒非王親饗燕食之酒者，以酒正饗士庶子、耆老等皆共其酒，則三饗賓客，亦當酒人從酒正共之，不當直使酒人共之也。云「則從而以酒往」者，賈疏云：「謂酒人以酒從使人往客館，授與賓

客。」案：此當謂奉之於酒正，鄭、賈說亦誤。凡事，共酒而入於酒府。入于酒正之府者，是王燕飲之酒，酒正當奉之。疏：注云「入于酒正之府者，是王燕飲之酒酒正當奉之」者，于，注例當作「於」，各本並誤。賈疏云：「此謂酒正所奉者，則《酒正》云『凡王之燕飲酒，酒正奉之』。并共王之四飲三酒之饌，亦是酒正奉之。以其事非一，故言凡事共酒入於酒正之府。」惠士奇云：「《宰夫職》云：『府掌官契以治藏。』《酒正職》云：『凡有秩酒者，以書契授之。酒正之出，日入其成，月入其要。』成要即書契，府實掌而藏之。酒正府二人，酒人、漿人無府。故《酒人》共五齊三酒，《漿人》共六飲，皆曰入于酒府，謂入于酒正之府，日入其成，月入其要也。」案：惠說是也。酒人共酒，漿人共漿，入於酒府，固謂入酒漿之物。然亦兼入書契，以備成要，惠說足補注義。凡祭祀，共酒以往。不言奉，小祭祀。疏：注云「不言奉，小祭祀」者，賈疏云：「上云祭祀共奉之，謂大祭、次祭。此不言奉，謂小祭祀，王希冕、玄冕所祭者，故云共酒以往。」詒讓案：大祭祀之酒，正親奉之。小祭祀不言奉者，酒人使人以酒往，致主祭祀之有司，不親奉之也。賓客之陳酒亦如之。謂若歸饔餼之酒，亦自有奉之者，以酒從往。疏：注云「謂若歸饔餼之酒」者，賈疏云：「謂上公饔餼九牢之等。案《聘禮》云，卿韋弁歸饔餼牲牢及芻薪米禾等，並歸於客館。彼八壺設於西序，北上。天子致禮於諸侯，亦當陳於西序，故云賓客之陳酒。經直云賓客陳酒，不指斥言饔餼，鄭不敢正言，故言若饔餼之酒。」案：《聘禮》歸饔餼，堂上八壺，設於西序，北上，二以並，南陳；西夾六壺，西上，二以並，東陳；又東夾亦六壺，東上，西陳。即鄭所據也。賈唯舉西序所陳，未晐。又《聘禮》致飧，亦有堂上八壺，西夾六壺。《掌客》諸侯相致飧之禮，則上公壺四十，侯伯壺三十有二，子男壺二十有四。此陳酒內當亦含致飧，鄭不言者，文不具也。云「亦自有奉之者」者，以經亦不言奉，明酒人不自奉之。賈疏云：「謂使卿韋弁歸之者是也。」云「以酒從往」者，賈疏云：「謂卿韋弁歸饔餼等之時，亦使人以此酒從往致之。」

漿人掌共王之六飲，水、漿、醴、涼、醫、酏，入于酒府。王之六飲，亦酒正當奉之。醴，醴清也。鄭司農云：「涼，以水和酒也。」玄謂涼，今寒粥，若糗飯雜水也。酒正不辨水涼者，無厚薄之齊。疏：「掌共王之六飲，水、漿、醴、涼、醫、酏」者，此與膳夫爲官聯也。六飲自水外，並有清有糟，而以清爲尤善，故膳夫謂之六清。《玉藻》云：「五飲，上水、漿、酒、醴、酏。」彼酒蓋即此醫。無涼者，涼依先鄭說則晐於酒，依後鄭說則晐於酏漿，故略之也。漿、醫、酏，並詳《酒正》疏。云「入于酒府」者，賈疏云：「亦入於酒正之府，與三酒同以共酒正奉之故也。」注云「王之六飲，亦酒正當奉之」者，賈疏云：「亦如酒人共酒入於酒府，酒正奉之。言當者，《酒正》所云有不自奉者，唯共王乃奉之。」云「醴，醴清也」者，據《內則》，醴本有清糟二種。《酒正》四飲，一曰清。《膳夫》又云六清。此六飲之醴，雖不言清，以《酒正》例之，則此醴亦謂醴之清者可知，故云醴清也。賈疏謂此醴是不泲者，未達鄭恉。鄭司農云「涼，以水和酒也」者，《說文·水部》云：「涼，薄也。」以水和酒則味薄。黄以周云：「醴爲醇酒，涼爲薄酒，先鄭義如此。」詒讓案：依《郊特牲》及《司尊彝》文，惟明水涗齊，與凡酒脩酌祭祀之酒，有以水和。若常人所飲，不當以水和酒，故後鄭不從。云「玄謂涼今寒粥，若糗飯雜水也」者，《廣雅·釋器》云：「䣼，漿也。」呂飛鵬云：「《說文·酉部》云：『䣼，雜味也。』則䣼爲正字，故《膳夫》六清注作䣼。涼乃假借字。」王聘珍云：「《釋名·釋飲食》云：『寒粥，末稻米，投寒水中，育育然也。糗，齲也，飯而磨散之，使齲碎也。』」詒讓案：糗與飯爲二物，又以米乾熬之謂之糗，浚水烝炊之謂之飯。糗飯雜水，謂先熬炊諸米，而更和以水，與寒粥小異。《國語·楚語》韋注云：「糗，寒粥也。」《穆天子傳》郭注同。韋、郭所謂寒粥，蓋即此注糗飯雜水所爲矣。糗，詳《籩人》疏。又以諸和水亦謂之涼，《內則》諸飲有醷及濫，鄭彼注云：「醷，梅漿。濫，以諸和水也。以《周禮》六飲校之，則濫，涼也。紀莒之間，名諸爲濫。」孔疏云：「康成以涼與濫是一物，則此以諸和水，謂以諸雜糗飯之屬和水也。諸者，衆雜之辭。」黄以周云：「諸謂梅諸。或以桃諸爲之，謂之桃濫。《釋名》：『桃濫，水漬而藏之，其味濫濫然酢也。』孔、賈中鄭並以諸爲衆辭，非鄭意。」案：黄糾孔、賈之誤是也。但諦審《內則》注意，醷者，煮梅取其汁爲酢漿，即六飲漿之别，故云梅漿。濫則以乾藷漬水成味，故云以諸和水。此與寒粥及糗飯雜水異。孔合爲一，非鄭恉也。綜校許、鄭諸說，蓋涼本爲寒飲，故《呂氏春秋·節喪篇》高注又云：「以冰置水漿於中爲濫。」是飲本宜寒，而涼濫又六飲中之最寒涼者，其味雜和衆物，唯意所欲。故或寒粥，或糗飯雜水，或以諸和水，三者雖不同物，以其並是寒水雜和米物，故同得涼稱。許以雜味詁䣼，義足通晐。鄭二《禮》注似歧異，而實可互相備也。許、鄭並以涼爲和水，與酒不同。唯《說文·酉部》有「⿰酉監」字，云「泛齊，行酒也」。疑漢時禮家說，有以《內則》之濫爲酒名者，故字或作⿰酉監，猶涼亦作䣼也。《楚辭·招魂》「挫糟凍飲酎清涼」，王逸注云：「盛夏之時，覆甕乾釀，提去其糟，但取清醇，居之冰上，然後飲之，酒寒涼，又長味好飲也。」惠士奇、孔廣森並據彼以證涼濫爲寒涼之飲。但依王注，則彼爲涼酒，此與《說文》訓⿰酉監爲泛齊義略相近。然依鄭說，則濫無厚薄之齊，與酒迥異也。云「酒正不辨水涼者，無厚薄之齊」者，賈疏云：「此文六飲，并有水涼。酒正辨四飲，無水涼，以其水則臨時取用，涼則至用乃和，二者並不須豫辨，故言無厚薄之齊。」詒讓案：水涼無厚薄之齊，謂非醖釀所成，與酒絕異，故酒正不辨之也。共賓客之稍禮。稍禮，非飧饔之禮，留閒，王稍所給賓客者。漿人所給亦六飲而已。疏：注云「稍禮非飧饔之禮，留閒，王稍所給賓客者」者，賈疏云：「謂賓未去，留閒，王稍稍所給賓者也，故以稍言之。」詒讓案：此注釋稍，爲留閒王稍所給，猶《大府》注釋稍秣爲稍用之物也。《聘禮記》云：「既致饔，旬而稍。」鄭彼注云：「稍，稟食也。」賈彼疏謂以共賓客之道，十日爲正。行聘禮既訖，合歸；一旬之後，或逢凶變，或主人留之，不得時反，即有稍禮。蓋凡朝聘賓客，始至則有飧，既行禮則有饔。若其有事留閒，則別給稟食，其禮殺於飧饔，蓋有米穀酒漿而無牲牢，故鄭《聘禮》注以稟食爲釋。又《酒人》「共賓客之禮酒、飲酒而奉之」。注云：「此謂給賓客之稍。」又謂王不親饗食而致幣以酒從往。然則賓禮自致飧饔正禮外，凡致飲食於客館，不必稟食，並得稱稍矣。云「漿人所給亦六飲而已」者，賈疏云：「漿人不主酒齊，唯主飲，故知此稍禮所給六飲而已。」共夫人致飲於賓客之禮，

清醴醫酏糟，而奉之。亦酒正使之。三物有清有糟。夫人不體王，得備之。禮，飲醴用柶者糟也，不用柶者清也。疏：「共夫人致飲於賓客之禮」者，賈疏云：「夫人，謂三夫人。致飲於賓客之禮，助王養賓，亦致於客館。」詒讓案：三夫人，詳《敘官》疏。《掌客》，五等諸侯相朝，夫人致禮，有壺豆籩壺，即盛酒漿之器也。彼夫人爲諸侯夫人，與此王后下之夫人異，而致禮賓客則略同。云「而奉之」者，黄以周云：「謂奉之酒正。」注云「亦酒正使之」者，賈疏云：「亦謂酒正使酒人漿人奄士也。故《酒正》云『醫酏糟，皆使其士奉之』。彼注『士，酒人漿人奄士』。故知亦酒正使之。」案鄭意，酒正使漿人奉之賓客，其説非也。酒人、漿人之奄士，亦不當稱士，賈襲《酒正》注之誤，詳《酒正》《酒人》疏。云「三物有清有糟」者，明經清糟，通醴醫酏三者言之。醴有清糟，《内則》所謂重醴，彼注云：「重，陪也。致飲有醇者，有沸者，陪設之也。」醫即釀酏爲醴，故亦有清有糟。酏爲粥清，不釀，亦有糟者。凡泲者爲清，不泲者其滓即爲糟也。黄以周云：「黍酏，煮黍爲鬻。其稀而清者，謂之酏；其厚而有滓者，所謂酏糟也。」云「夫人不體王，得備之」者，賈疏云：「對后體王，屈，故醫酏糟而無清醴也。」案：夫人致飲備於后者，卑者之禮賓宜詳也。鄭、賈説未審，亦詳《酒正》疏。《掌客》，致禮公侯伯八壺，子男六壺。此夫人所致無文。五等諸侯，宜有降殺，其備三飲則同。云「禮飲醴用柶者糟者，不用柶者清也」者，《士冠禮》云：「賓醴冠者，贊者洗於房中，側酌醴，加柶，覆之，面葉。」又「醴賓以一獻之禮」。鄭彼注云：「醴賓不用柶者，泲其醴。凡醴事，質者用糟，文者用清。」是醴有糟用柶，清無糟不用柶之事。柶者，角柶，所以扱醴，祭之，啐之。詳《玉府》疏。賈疏云：「案柶只爲糟設，醴既泲而清，則不假柶，則此經清醴是也。」凡飲共之。謂非食時。疏：注云「謂非食時」者，謂共渴時之飲，非食時酳口、漱口之飲也。賈疏云：「上共王六飲，食時以共訖；此又云凡飲共之，故云謂非食時。」孫希旦云：「食畢飲酒謂之酳，飲漿謂之漱。祭祀，尸食畢而獻之謂之酳。《士昏禮》『合巹而酳』。《樂記》云『食三老五更於大學，天子執爵而酳』。此皆用酒者也。《士昏》《特牲》《少牢》，漿皆不設。《公食禮》兼設酒漿，而賓但飲漿。《弟子職》曰『左酒右漿』。又曰『先生已食，弟子乃徹，趨走進漱』。亦但飲漿而已。是則禮之重者，食畢用酒以酳而無漿，輕者兼設酒漿，而食畢但飲漿也。」案：孫説甚覈。凡六飲全以共飲。食時雖有飲以酳漱，然唯用酒漿二物，不全共也。上言共王之六飲，雖據王舉言之，然亦通舉大數，不全用也。此云凡飲則所含亦甚廣，但非王舉耳。而鄭以非食時解之者，明此亦具六飲與上同，而與食禮唯用酒漿異也。《公食大夫禮》「飲酒漿飲」，鄭彼注云：「漿飲先言漿，别於六飲也。」彼漿飲，是食時漱口之飲。而謂其别於六飲者，明不兼餘四飲也。若然，此注云非食時，謂通共六飲可知矣。

又《冬官考工記·梓人》 梓人爲飲器，勺一升，爵一升，觚三升。獻以爵而酬以觚，一獻而三酬，則一豆矣。勺，尊升也。觚、豆，字聲之誤，觚當爲觶，豆當爲斗。疏：「爲飲器」者，飲酒所用之器也。勺所以斟，爵觚所以飲，二者通爲飲器。云「勺一升」者，《説文·勺部》云：「勺，挹取也，象形，中有實。」《明堂位》云：「夏后氏以龍勺，殷以疏勺，周以蒲勺。」鄭注云：「龍，龍頭也。疏，通刻其頭。蒲，合蒲如鳧頭也。」聶氏《三禮圖》引《舊圖》云：「龍勺，柄長二尺四寸，受五升，士大夫漆赤中，諸侯以白金飾，天子以黄金飾。疏勺長二尺四寸，受一升，漆赤中，丹柄端。蒲勺所受同。」案：《舊禮圖》説疏勺、蒲勺所受，與此經同；而龍勺則容五升，所贏太多，殆誤以洗勺容量釋尊枓與？《禮器》有「樿勺」，《士喪禮》有「素勺」，亦並以木爲之，與蒲勺略同。又案：《漢書·律曆志》云：「十合爲升。」此勺一升，即容十合也。《孫子算經》云：「十勺爲合。」彼爲量之微數，與尊枓亦異也。云「爵一升，觚三升」者，《聶圖》及《御覽·器物部》引《三禮舊圖》云：「觚受三升，鋭下方足，漆赤中，畫青雲氣通飾，其巵、爵、觚、觶、角、散諸觴皆形同，升數則異。」案：爵形制，詳《大宰》疏。云「獻以爵而酬以觚」者，《説文·酉部》云：「醻，主人進客也，重文酬，醻或从州。」《詩·小雅·彤弓》箋云：「飲酒之禮，主人獻賓，賓酢主人，主人又飲而酌賓，謂之醻。醻猶厚也，勸也。」觚當依鄭作「觶」，凡酬皆用觶。凌廷堪云：「《鄉飲酒記》：『獻用爵，其他用觶。』《鄉射記》同。此爲鄉飲酒、鄉射而言也。若燕禮、大射，雖獻亦用觚，宰夫爲主人，避君也。至於酬、旅酬、無算爵，則同用觶矣。」云「一獻而三酬則一豆矣」者，劉敞云：「獻以一升，酬以三升也，并而計之爲四升。四升爲豆。豆雖非飲器，其計數則然。」戴震亦云：「合獻酬共一豆酒。其曰一獻而三酬者，爵一升以之獻，觶三升以之酬，蒙上省文。」詒讓案：一獻三酬，合爲一豆。馬、鄭並破豆爲「斗」。是以一獻三酬，一三並爲獻酬之次數，一獻得一升，三酬得九升，則一斗也。然於《禮》無據。《禮器》孔疏云：「案《燕禮》『獻以觚』，又《燕禮》『四舉酬』。熊氏云：『此一獻三酬，是士之饗禮也。若是君燕禮，則行無算爵，非唯三酬而已。若是大夫以上饗禮，則獻數又多，不唯一獻也。故知士之饗禮也。』」案熊、孔申鄭説，謂此是士之饗禮，臆説無左證。且梓人制器，必準之士禮，義亦無取。劉敞謂一升獻而三升酬，一三非謂獻酬次數，故書作豆可通，不煩破字。其説甚塙。陳祥道及近儒多從其説。陳喬樅云：「攷《儀禮·士冠禮》『乃醴賓以壹獻之禮』，注：『壹獻者，獻酢酬，賓主人各兩爵而禮成。』案：賓兩爵，謂獻飲一爵而酬飲一觶；主人兩爵，謂酢飲一爵而酬飲一觶也。然主人之酢酒，若有介酢者，則酢酒不止一爵。今《梓人》言獻酬，非言酢酬，知一爵一觶但就賓客而言，不指主人言也。又攷《鄉飲酒》《鄉射》並行壹獻之禮者，壹獻之禮始於獻，而成於酬，賓、介、衆賓各得一獻一酬焉。自獻賓以迄旅酬皆是也。《鄉飲酒禮》，迎賓，拜至，主人取爵於篚，實爵獻賓，賓拜受，坐卒爵。此主人獻賓而賓飲一爵也。賓實爵，酢主人畢，主人實觶酬賓，賓奠觶於薦東，則賓雖受酬而未飲矣。主人又實爵獻介，介拜受，坐卒爵。此主人獻介而介飲一爵也。介洗爵授主人，主人酌酢畢，又實爵獻衆賓，衆賓之長升拜受者三人，立卒爵，授主人爵，衆賓獻則不拜授爵。此主人獻衆賓各飲一爵也。衆賓不酢主人。鄉射無介，則衆賓之長一人酢，既畢獻，主人以虚爵降奠於篚，而獻酬之爵遂不復用焉。於是一人舉觶於賓，賓受奠觶於其所，舉觶者降，是賓仍受觶而未飲也。至正歌告備，旅酬方起，賓乃取俎西之觶，阼階上酬主人，卒觶，賓實之，授主人觶，揖復席。此賓酢主人而飲一觶，以爲旅酬之始也。主人以所受賓酬之觶，西階上酬介，如賓酬主人之禮，主人揖復席。司正升，相旅曰『某子受酬』，受酬者自介右。此介

受主人酬而飲一觶以酬衆賓之長也。衆賓長又以所受介酬之觶酬衆賓，皆如賓酬主人之禮。衆受酬者受自左辯，卒受者以虛觶降，奠於篚。此衆賓以次行酬而各飲一觶也。至是旅酬事畢，而壹獻之禮終矣。賓若有遵者諸公大夫，則既一人舉觶乃入，主人獻遵者，遵者皆飲一爵。《鄉射禮》云，遵酢主人，鄉射無介，其旅酬也，賓酬主人，主人酬遵者，遵酢衆賓。然則鄉飲酒禮若有遵者，當主人酬介，介酬遵者，遵酬衆賓也。賓、介、遵者及衆賓並獻爵之外，不多一爵；酬觶之外，不多一觶。據此，則壹獻之禮，賓皆飲酒一爵一觶。爵受一升，觶受三升。獻酬二者共四升，與《梓人》言一獻三酬當豆相合，不當改字，斯亦足以明矣。」案：陳説是也。

注云「勺，尊升也」者，段玉裁改升爲斗，云：「斗與枓同。《説文》：『枓，勺也。』尊枓，謂挹取尊中之枓也。今本作『尊升』，誤。魏晉人書斗多作『什』，故易譌『升』。」案：段校甚塙。《士冠禮》云「實勺觶角柶」，注亦云：「勺尊斗所以斞酒也。」賈彼疏云：「案《少牢》云『罍水有枓』，與此勺爲一物，故云尊斗，對彼是罍枓所以斞水，則此爲尊斗斞酒者也。」案：賈説是也。今本《儀禮》注亦譌斗爲升，與此注同。鄭言此者，別於《𣊟人》「大洌設斗」爲挹水之枓也。《聶圖》引《舊圖》云「洗勺受五升」，彼即罍枓，與此勺異。云「觚、豆，字聲之誤，觚當爲觶，豆當爲斗」者，此依馬融説也。賈疏云：「觶字爲觚，是字之誤；斗字爲豆，是聲之誤。」又疏及《燕禮》疏、《禮器》孔疏引《五經異義爵制篇》云：「今《韓詩》説：『一升曰爵，二升曰觚，三升曰觶，四升曰角，五升曰散，總名曰爵，其實曰觴。』古《周禮》説：『爵一升，觚三升，獻以爵而酬以觚，一獻而三酬，則一豆矣。』許慎謹案：《周禮》云一獻三酬當一豆，即觚二升，不滿一豆矣。」鄭玄駁之云：「《周禮》：『獻以爵而酬以觚。』觶字角旁著辰，汝潁之閒師讀所作。今《禮》角旁單，古書或作角旁氏。角旁氏則與觚字相近。學者多聞觚，寡聞觝，寫此書亂之而作觚耳。又南郡大守馬季長説，一獻而三酬則一豆，觚當爲觶，豆當爲斗，與一爵三觶相應。」賈疏又云：「《禮器制度》云：『觚大二升，觶大三升。』是故鄭從二升觚，三升觶也。」案：各疏引《異義》，互有誤挩删改，今參合校正。古《周禮》説「觚三升」，賈、孔所見本並誤作「二升」，與此不合，今從程瑶田、陳壽祺校正。觶字角旁辰，今本賈疏誤作「角旁友」，臧琳改爲「角旁支」，與《古今韻會》及《周禮訂義》引王氏《詳説》同，然字書無此字。段玉裁改爲「角旁辰」，字見《説文·角部》，較有根據，今從之。鄭駁所引馬季長説，蓋《周禮傳》佚文，亦從《韓詩》説。《論語·雍也篇》「觚不觚」，《集解》引馬注義同。鄭此注及《禮器》注並本之。臧琳云：「《儀禮·燕禮》『坐取觚洗，賓少進，辭洗，主人坐奠觚于篚』，注：『古文皆爲觶。』『士長升拜受觶』『主人拜觶』，注：『今文觶作觚。』『媵觚于公』，注：『此當言「媵觶」，酬之禮皆用觶，言觚者，字之誤也。古者觶字或作角旁氏，由此誤爾。』『賓降洗象觶』，注：『今文曰洗象觚。』『公坐取賓所媵觶興』，注：『今文觶又爲觚。』《大射儀》『士長升拜受觶』，注：『今文觶作觚。』『媵觶于公』，注：『今文觶爲觚。』『洗象觚』，注：『此觚當爲觶。』據此，知觝觚二字形相近，《儀禮》古文多作觶，今文多作觚。鄭參校古今文，以義言之。義當作觶者，從古文，則云『今文作觚』；義當作觚者，從今文，則云『古文作觶』。亦有古文觶字反爲觚者，如《燕禮》『媵觚于公』，《大射儀》『洗象觚』及《梓人》『獻以爵而酬以觚』是也，鄭俱云『觚當爲觶』，精審之至也。許叔重不知觶觚易溷，皆作如字讀，觚爲三升，則觶爲四升。故《説文·角部》云：『觶，鄉飲酒角也，受四升。觗，觶或从辰。觝，《禮經》觶。觚，鄉飲酒之爵也，一曰，觴受三升者謂之觚。』此許自用其説，非古義也。《儀禮注》《駁異義》皆云『觶字，古書或作角旁氏』，與《説文》『觝，《禮經》觶』正合。」陳喬樅云：「許君《異義》從古《周禮》説，觚三升，則以一獻三酬當一豆，爲以一升獻，以三升酬者，當亦古《周禮》説如此。鄭君參攷《禮經》酬皆用觶，定《梓人》觚當爲觶。又據馬氏説，改豆爲斗，謂與一爵三觶相應，然則馬氏以前無爲此説者矣。」今案：許從此經故書舊説，定爲觚三升，觶四升。馬、鄭從《韓詩》及《漢禮》説，觚二升，觶三升，而破經字以合之。審校兩説，實互有是非。許讀豆如字，是也；其謂觚三升，墨守《周禮》故書，與《韓詩》、《漢禮》並不合，則不若鄭説之長。鄭讀觚爲觶，是也；而破豆爲斗，則與經文不合，又不若許讀如字之塙矣。云「豆當爲斗」者，鄭亦謂聲之誤。今案：當讀如字。

食一豆肉，飲一豆酒，中人之食也。一豆酒，又聲之誤，當爲「斗」。疏：「食一豆肉，飲一豆酒」者，易祓云：「《坊記》曰『觴酒豆肉』。豆所以盛肉也，故曰豆肉。」注云「一豆酒，又聲之誤，當爲斗」者，冢前注破豆爲斗，謂此經豆字兩見，後一豆字亦當改爲斗也。一豆肉之豆不破之者，以肉本爲豆實，《小子》有「肉豆」，則義自可通，故仍之。今攷「一豆酒」，豆似亦可讀如字，《大戴禮記·曾子事父母篇》云「執觴觚杯豆而不醉」，則古或亦以豆盛酒矣。

凡試梓，飲器鄉衡而實不盡，梓師罪之。鄭司農云：「梓師罪也。衡謂麋衡也。《曲禮》『執君器齊衡』。」玄謂衡，平也。平爵鄉口酒不盡，則梓人之長罪於梓人焉。疏：「凡試梓，飲器鄉衡而實不盡，梓師罪之」者，罪，前經五篇並用古字作「辠」，此作「罪」者，疑亦經記字例之異。梓師，蓋司空之屬，工官之一。古者器成，工官必考試之，以校其功事之巧拙，《管子·七法篇》云「成器不課不用，不試不藏」是也。試梓，猶《稾人》「試弓弩，以下上其食而誅賞之」，亦工官之官計宮刑也。

注鄭司農云「梓師罪也」者，賈疏云：「謂梓師身自得罪。後鄭不從者，梓師是梓官之長，不可自受罪，故爲梓師罪梓人也。」云「衡謂麋衡也」者，麋眉聲近段借字。《士冠禮》「眉壽」，注云：「古文爲麋壽。」程瑶田云：「《王莽傳》『盱衡厲色』，注：『孟康曰：眉上曰衡。盱衡，舉眉揚目也。』《蔡邕傳》『揚衡含笑』，注云：『衡，眉目之閒也。』衡皆指眉言。鄉衡者，飲酒之禮，必立而飲之。《賈子·容經》經立之容，固頤正視，則不能昂其首矣。試舉古銅爵飲之，爵之兩柱適至於眉，首不昂而實自盡。衡指眉言，兩柱向之，故得謂之鄉衡也。由是觀之，兩柱蓋節飲酒之容，而驗梓人之巧拙也。」案：程説深得經恉。引《曲禮》「執君器齊衡」者，證麋衡之訓。彼文云：「執天子之器上衡，國君則平衡。」鄭彼注云：「衡謂與心平。」不爲麋衡。先鄭蓋據禮家舊詁，故與後鄭異。云「玄謂衡，平也」者，《地官·叙官》注同，此破先鄭麋衡之義也。云「平爵鄉口酒不盡」者，後鄭意，凡飲酒，舉爵鄉口，平横而酒適盡，乃爲中法。若平横而尚有餘瀝，則是制器不應程法，非良工也。程瑶田云：「後鄭衡指爵之平，是衡而鄉之，非鄉衡也。」案：程説是也。云「則梓人之長罪於梓人焉」者，亦破先鄭罪梓師之義也。《天官·叙官》注云「師猶長也」，故梓人之官長謂之梓師，猶匠人之官長

謂之匠師也。梓人制器不應程法，則長當施以罪。若《月令》「孟冬命工師効功，功有不當，必行其罪，以窮其情」是也。

《戰國策・魏策二》 梁王魏嬰觴諸侯於范臺酒酣，請魯君舉觴。魯君興，避席擇言曰：「昔者，帝女令儀狄作酒而美，進之禹，禹飲而甘之，遂疏儀狄，絶旨酒，曰：『後世必有以酒亡其國者。』齊桓公夜半不嗛，易牙乃煎敖燔炙，和調五味而進之，桓公食之而飽，至旦不覺，曰：『後世必有以味亡其國者。』晉文公得南之威，三日不聽朝，遂推南之威而遠之，曰：『後世必有以色亡其國者。』楚王登强臺而望崩山，左江而右湖，以臨彷徨，其樂忘死，遂盟强臺而弗登，曰：『後世必有以高臺陂池亡其國者。』今主君之尊，儀狄之酒也；主君之味，易牙之調也；左白台而右閭須，南威之美也；前夾林而後蘭臺，强臺之樂也。有一於此，足以亡其國。今主君兼此四者，可無戒與！」梁王稱善相屬。

唐・陸德明《經典釋文第八・周禮音義上》 酒正　功沽音古。　大酋將由反。下同。　秫稻音述。　必齊咸才細反。下皆同。一讀此如字。　麴糵魚列反。　湛接廉反。　饎昌志反。　自釀女亮反。　泛芳劒反。　盎烏浪反。　緹音體。　醪魯刀反。　猶翁嗚動反。下同。一音於勇反。　鄭白即今之白醝酒也。宜作「醝」，作「鄭」假借也，在何反。　差酒初賣反。　醳音亦，徐音昔。　曰醫於已反，徐於計反。　注同。　酏以支反。　泲者子禮反。下同。　從毆烏兮反，徐烏例反。本或作「毉」。　省也所景反。　截昨再反。　之粥之六反，劉音育。　稀者音希。　清醑音糟。下同。　沈子由反。　臆本又作「醷」，於紀反，徐於力反。　三貳徐音二。下同。　爲尊于僞反。　唯嗛苦簟反。　衮古本反。　鷩必列反，徐、劉方利反。　毳充芮反。　希冕本又作「絺」，同張里反。　醆側産反。　粢才計反。　醍音體。本亦作「緹」。　以飲於鴆反。　度當徒洛反。　佚朝直遥反。

酒人　比其戚必履反，又毗志反，徐扶利反。　親食音嗣。　侑音又。

漿人　若糗丘酉反，又昌紹反。　留間如字，徐音澗。　用柶音四。

宋・王溥《唐會要》卷八八《榷酤》 貞元二年十二月，度支奏：「請於京城及畿縣行榷酒之法，每斗榷酒錢百五十文，其酒户與免雜差役。」從之。

元和六年，京兆府奏：「榷酒錢除由正酒户外，一切隨兩税青苗錢據貫均率。」從之。

十二年四月，户部奏：「準勅文，如配户出榷酒錢處，即不待更置官店榷酤，其中或恐諸州府先有不配户出錢者，即須榷酤，請委州府長官，據當處錢額，約米麴時價收利，應額足即止，仍限起請到後一月日内處置。」

十四年七月，湖州刺史李應奏：「先是，官中酤酒，代百姓納榷，歲月既久，爲弊滋深。伏望許令百姓自酤，取舊額，仍許入兩税，隨貫均出，依舊例折納輕貨送上都。」許之。

大和八年二月九日勅節文：「京邑之内，本無酤榷。自貞元用兵之後，費用稍廣，始定户店等第，令其納榷，殊非惠民，今後特宜停廢。」

會昌六年九月勅：「揚州等八道州府，置榷麴并置官店酤酒，代百姓納榷酒錢，并充資助軍用，各有榷許，限揚州、陳許、汴州、襄州、河東五處榷麴，浙西、浙東、鄂岳三處，置官店酤酒。如聞禁止私酤，過聞嚴酷，一人違犯，連累數家，閭里之間，不免咨怨。宜從今已後，如有人私酤酒及置私麴者，但許罪止一身，并所由容縱，任據罪處分，鄉井之内，如不知情，並不得追擾。其所犯之人，任用重典，兼不得没入家産。」

宋・竇革《酒譜》《説郛》卷六六

酒之事三

《詩》云，有酒醑我，無酒酤我。而孔子不食酤酒者，蓋孔子當亂世惡姦僞之害己，故疑而不飲也。

《韓非子》云，宋人沽酒，懸幟甚高。酒市有旗，始見於此。或謂之簾，近世文士有賦之者，中有警策之辭云，無小無大，一尺之布可縫。或素或青，十室之邑必有。

古之善飲者多至石餘，由唐以來遂無其人。蓋自隋室更制度量，而斗石倍大爾。

紂爲長夜之飲，而失其甲子。問於百官，皆莫知。問於箕子，箕子曰，國君而失其日，其國危矣。國人不知，而我獨知之，我其危矣。辭以醉而不知。

魏正始中，鄭公慤避暑歷城之北林，取大蓮葉置硯格上，貯酒三升，以簪通其柄，屈莖如象鼻，傳噏之，名爲碧筒杯。事見《酉陽雜俎》。晉阮藉常以百錢掛杖頭，遇店即酣暢。

山簡有荆襄，每飲於習家，池人歌曰，日暮竟醉歸倒着，白接羅接羅巾也。

揚雄嗜酒而貧，好事者或載酒飲之。

陶潛貧而嗜酒，人亦多就飲之。既醉而去，曾不悋情。嘗以九日無酒，獨於

菊花中徘徊，俄見白衣人至，乃王弘遣人送酒也，遂盡醉而返。

《魏氏春秋》云，阮藉以步兵營人善釀，廚多美酒，求爲步兵校尉。

唐王無功，以美酒之故求爲大樂丞。丞最爲冗職，自無功居之，後遂爲清流。

北齊李元中大率嘗醉，家事大小了不關心。每言寧無食，不可無酒。

酒之功四

勾踐思刷會稽之恥，欲士之致死力，得酒而流之於江，與之同醉。

秦穆公伐晉，及河，將勞師而醪惟一鍾。蹇叔勸之曰，雖一米可投之於河而釀也。乃投之於河，三軍皆醉。

孔文舉云，趙之走卒東迎其主，非卮酒無以辨卮之事。《史記》及《後漢書》皆不載，惟見於《楚漢春秋》。

王莽時，瑯琊海曲有呂母者，子爲小吏，犯微法，令枉殺之。母家素豐財，乃多釀酒，少年來沽，必倍售之，終歲多不取其直。久之，家稍乏，諸少年議償之。母泣曰，所以辱諸君，以令不道，枉殺吾子，託君復讐耳，豈望報乎。少年義之，相與聚，誅令。後其衆入赤眉。

晉時荆州公廚有齋中酒、廳事酒、猥酒，優劣三品。劉弘作牧，始命合爲一，不必分別，人伏其平。

河東人劉白墮善釀，六月以甖盛酒，曝於日中，經旬味不動而愈香美，使人久醉。朝士千里相饋，號曰鶴觴，亦名騎驢酒。永熙中，南青州刺史毛鴻賓齎酒之藩，路逢盜刦之，皆醉，因執之，乃名擒姦酒。時人語曰，不畏張弓拔刀，惟畏白墮春醪。見《洛陽伽藍記》。

宋・龔萍《酒譜》

祖台州書

晉祖台州與王荆州書：古人以酒爲戒，願君屏爵棄卮，焚罍毁榼，殛儀狄於羽山，放杜康於三危。

般若湯

北僧謂爲般若湯，蓋廋詞以避法禁。

宋・方勺《泊宅編》卷一〇　諸路酒税，唯兩浙所入最多。熙寧末年，本路税收六十萬五千九百八十四貫七百十五文，酒收一百六十萬八千八百三十四貫一百九十八文。

宋・趙珣《熙寧酒課》

四十萬貫以上

東京　成都二十八務

三十萬貫以上

開封三十五務　秦十八務　杭十務

二十萬貫以上

京兆二十三務　延十二務　鳳翔二十五務　渭十三務　蘇七務

十萬貫以上

西京二十三務　北京二十七務　齊二十六務　鄆十一務

徐七務　許十三務　滄二十三務　真定八務

定六務　華十務　慶十三務　鎮戎六務

太原十一務　亳十二務　鄜六務　宿十三務

楚五務　泗七務　真務　越十務

湖六務　婺九務　秀十七務　江寧六務

常九務　江陵十五務　綿十四務　漢十尾務

邛十九務　果二務　梓十八務　閬四十三務

五萬貫以上

南京九務　青十務　密五務　萊四務

淄七務　淮陽四務　兗九務　濟六務

單四務　濮七務　襄八務　鄧八務

孟五務　蔡二十二務　陳六務　潁七務

鄭八務　澶九務　冀十四務　瀛十務

博十四務　棣十三務　德十六務　思十一務

濱八務　相七務　邢十二務　洛十一務

深五務　趙七務　河中七務　陝十五務

同十一務　耀五務　邠五務　寧八務

環二十五務　保安二務　涇六務　隴十務

階六務　德順　通遠　晉十二務

儀七務　絳八務　隰八務　汾四務

揚九務　秦八務　壽十六務　廬三務

舒十九務　無爲十務　潤六務　明五務

温七務　台八務　衢四務　睦七務

宣七務　信八務　潭八務　鄂八務

鼎五務　眉十六務　蜀八務　彭八務

嘉三務　遂四務　合九務　興元三十六務

建十二務

五萬貫以上

沂六務　濰三務　曹四務　光化一務

汝十務　滑四務　永静六務　懷十務

磁十一務　衛五務　祁三務　保一務

通利六務　解四務　虢六務　商八務

坊四務　鳳五務　岷　乾七務

忻二務　嵐四務　保德一務　岢嵐二務

石二務　海四務　通四務　蘄八務

和五務　光七務　黄八務　漣水一務

高郵三務　太平六務　江六務　洪七務

饒九　在城　五縣　石頭　景德　興利　興國三務　安五務

澧二務　岳四務　簡十五務　資十六務

懷安十二務　劒三務

三萬貫以下

廣濟一務　隨二務　金一務　均三務

郢三務　唐五務　莫四務　雄一務

乾寧二務　瀛四務　安肅一務　永寧二務

廣信一務　順安一務　丹三務　北平一務

熙一務　成三務　路十務　府一務

代七務　威勝軍八務　平定軍四務　澤五務

憲一務　慈三務　遼三務　滁六務

濠七務　處八務　歙六務　南康四務

廣德二務　虔十三務　池六務　撫一務

筠一務　臨江三務　建昌三務　衡六務

漢陽三務　陸井監二十務　永康八務　荆門一務

昌四務　普四十三務　榮六務　渠一務

廣安三務　利六務　南劒十五務　三泉一務

蓬七務　興一務　洋五務

一萬貫以下

登三務　信陽二務　信安一務　保定一務

房三務　慶成三務　寧化軍一務　南安二務

吉九務　袁四務　永三務　邵二務

峽一務　歸一務　雅七務　瀘

巴十四務　邵武四務　文一務

五千貫以下

原十一務　開寶監　火山軍一務　道一務

郴一務　全一務　桂陽六務　戎三務

富順監一務　龍三務　集二務　壁二務

大寧監一務　渝四務　萬一務　忠一務

無定額

萊蕪監　利國監　河　康定軍

沙苑監　太平監　司竹監　大通監

麟　豐永平監　辰　沅

湞州監　黎　茂　威

劒門關

無榷

夔　黔　達　開

施　涪　雲安　梁山

福　汀　泉　漳

興化　廣南東西兩路州軍

宋·王栐《燕翼詒謀録》卷三　官榷酒酤，其來久矣。太宗皇帝深恐病民，淳化五年三月戊申，詔曰：「天下酒榷，先遣使者監筦，宜募民掌之。減常課之十二，使其易辨，吏勿復預。」蓋民自鬻則取利輕，吉凶聚集，人易得酒，則有爲生之樂，官無譏察警捕之勞，而課額一定，無敢違欠，公私兩便。然

所入無贏餘，官吏所不便也。新法既行，悉歸於公，上散青苗錢於設廳，而置酒肆於譙門，民持錢而出者，誘之使飲，十費其二三矣。又恐其不顧也，則命娼女坐肆作樂以蠱惑之。小民無知，争競鬬毆，官不能禁，則又差兵官列枷杖以彈壓之，名曰：「設法賣酒。」此「設法」之名所由始也。太宗之愛民，寧損上以益下，新法惟剥下奉上，而且誘民爲惡，陷民於罪，豈爲民父母之意乎？今官賣酒用妓樂如故，無復彈壓之制，而「設法」之名不改，州縣間無一肯釐正之者，何耶？

又 祖宗舊制，州郡公使庫錢酒，專饋士大夫入京往來與之官、罷任旅費。所饋之厚薄，隨其官品之高下、妻孥之多寡。此損有餘補不足，周急不繼富之意也。其講睦鄰之好，不過以酒相遺，彼此交易，復還公帑。苟私用之，則有刑矣。治平元年知鳳翔府陳希亮自首，曾以鄰州公使酒私用，貶太常少卿，分司西京，乃申嚴其禁：公使酒相遺，不得私用，並入公帑。其後祖無擇坐以公使酒三百小瓶遺親，故自直學士謫授散官安置，況他物乎。故先世所歷州郡，得鄰郡酒皆歸之公帑，换易答之，一瓶不敢自飲也。

宋・周煇《清波雜志》卷四 賜監生酒

元豐間，駕往國子監，出起居，有旨：人賜酒二升。諸齋往往置以益之，曰：「奉聖旨得飲。」遂自肆，致有乘醉登樓擊鼓者。因是遇賜酒即拘賣，以錢均給。以是知自昔國學有酒禁也。

宋・趙彦衛《雲麓漫鈔》卷一〇 今之民間所納夏秋二税，蓋唐大中間，取一年諸色科斂最重者，定爲二税，則諸色科斂已在其間。後唐天成三年七月十三日敕：「應三京鄰都諸道州府鄉村人户，自今年七月後，於夏秋田苗上，每畝納麴錢伍文足陌，一任造麴酒貨賣。」則是再增酒麴錢矣。又置坊户，以三年爲界，界滿必增錢，實封投狀，百日限滿拆封，給價高人，上户增價攘奪。洎其久也，課高難辦，又創萬户酒之説，將一坊酒額盡均苗頭上。舊坊户既有醞具，其上户亦有力造酒酤賣，五等下户白令出錢，數且零細，家至户到，貽害良農。目今浙東、湖北皆有斯弊，悉緣達官慕愛民之虚名，忘久遠之利病，爲無窮之害。予向在漢東，偶有爲此舉，力争得免，故書以告來者。

《宋史・食貨志》 酒

宋榷酤之法：諸州城内皆置務釀酒，縣、鎮、鄉、閭或許民釀而定其歲課，若有遺利，所在多請官酤。三京官造麴，聽民納直以取。陝西雖榷酤，而尚多遺利。咸平五年，度支員外郎李士衡請增課以助邊費，乃歲增十一萬餘貫。兩浙舊募民掌榷，雍熙初，以民多私釀，遂蠲其禁，其榷酤歲課如麴錢之制，附兩税均率。二年，詔曰：「有司請罷杭州榷酤，乃使豪舉之家坐專其利，貧弱之户歲責所輸，本欲惠民，乃成侵擾。宜仍舊榷酒，罷納所均錢。」天禧四年，轉運副使方仲荀言：「本道酒課舊額十四萬貫，遺利尚多。」乃歲增課九萬八千貫。

川峽承舊制，賣麴價重，開寶二年，詔減十之二。既而頗興榷酤，言事者多陳其非便，太平興國七年罷，仍舊賣麴。自是，惟夔達開施瀘黔涪黎威州、梁山雲安軍，及河東之麟、府州，荆湖之辰州，福建之福泉汀漳州、興化軍，廣南東、西路不禁。

咸平末，江、淮制置增榷酤錢，頗爲煩刻。景德二年，詔毋增榷，自後制置使不得兼領酒榷。四年，又詔中外不得更議增課以圖恩奬。天禧初，著作郎張師德使淮南，上言：「鄉村酒户年額少者，望並停廢。」從之。

至道二年，兩京諸州收榷課銅錢一百二十一萬四千餘貫、鐵錢一百五十六萬五千餘貫，京城賣麴錢四十八萬餘貫。天禧末，榷課銅錢增七百七十九萬六千餘貫，鐵錢增一百三十五萬四千餘貫，麴錢增三十九萬一千餘貫。

五代漢初，犯私麴者並棄市；周，至五斤者死。建隆二年，以周法太峻，犯私麴至十五斤、以私酒入城至三斗者始處極刑，餘論罪有差；私市酒、麴者減造人罪之半。三年，再下酒、麴之禁，凡私造差定其罪：城郭二十斤、鄉閭三十斤，棄市；民持私酒入京城五十里、西京及諸州城二十里者，至五斗處死；所定里數外，有官署酤酒而私酒入其地一石，棄市。乾德四年，詔比建隆之禁第減之：凡至城郭五十斤以上、鄉閭百斤以上、私酒入禁地二石三石以上、至有官署處四石五石以上者，乃死。法益輕而犯者鮮矣。

端拱二年令：民買麴釀酒酤者，縣鎮十里如州城二十里之禁。天聖以後，北京售麴如三京法，官售酒、麴亦畫疆界，戒相侵越，犯者有法。其不禁之地，大概與宋初同，唯增永興軍、大通監，川峽之茂州、富順監。

時天下承平既久，户口寖蕃，爲酒醪以靡穀者益衆。乾興初，言者謂：「諸路酒課，月比歲增，無有藝極，非古者禁羣飲、教節用之義。」遂詔：「鄉村毋得增置酒場，已募民主之者，期三年；他人雖欲增課以售，勿聽；主者自欲增課，委官吏度異時不至虧額負課，然後上聞。」既而御史中丞晏殊請酒場利薄者悉

禁增課。

天聖七年，詔：「民間有吉凶事酤酒，舊聽自便，毋抑配，而江、淮、荆湖、兩浙酒户往往豪制良民，至出引目，抑使多售。其嚴禁止，犯者聽人告，募人代之。」慶曆初，三司言：「陝西用兵，軍費不給，尤資榷酤之利。請較監臨官歲課，增者第賞之。」繼令蕭定基、王琪等商度利害。

元豐元年，增在京酒户麴錢，較年額損麴三十萬斤，閏年益造萬斤。二年，詔：「在京鬻麴，歲以百二十萬斤爲額，斤直錢二百五十，俟鬻及舊額，令復舊價。酒户負糟、糯錢，更期以二年帶輸，并蠲未請麴數十萬斤。」先是，京師麴法，自熙寧四年更定後，多不能償，雖屢閣未請麴數，及損歲額爲百五十萬斤，斤增錢至二百四十，未免逋負。至是，命畢仲衍與周直孺講求利病，請：「損額增直，均給七十店，令月輸錢，周歲而足，月輸不及數，計所負倍罰；其炊醖非時、擅益器量及用私麴，皆立告賞法。」悉施行之，而裁其價。三年，詔：「帶輸舊麴錢及倍罰錢，仍寬以半歲，未經免罰者蠲三之一。」五年，外居宗室酒，止許於舊宫院尊長及近屬寄醖。增永興軍乾祐縣十酒場。酒户負糟、糯錢，更令三年之内均月限以輸，並除限内罰息，其倍罰麴錢已蠲三之一，下户更免一分。

十年，罷措置贍軍酒庫所，官吏悉歸户部，以左曹郎中兼領，以點檢贍軍酒庫爲名，與本路漕臣共其事。十五年，弛夔路酒禁。以南北十一庫並充贍軍激賞酒庫，隸左右司。十七年，省四川清酒務監官，成都府二員，興元遂寧府、漢綿邛蜀彭簡果州、富順監并漢州綿竹縣各一員。

二十一年，詔諸軍買撲酒坊監官賞格依舊。四萬、三萬貫已上場務：增及一倍，減一年磨勘，二倍減二年磨勘，三倍減三年磨勘，四倍減四年磨勘。二萬、一萬貫已上場務：增及一倍，減三季磨勘，二倍減一年磨勘，三倍減三年磨勘。七千貫以上場務：增及一倍，升三季名次，二倍減一年磨勘，三倍減一年半磨勘，四倍減二年磨勘。七千貫以下場務：增及一萬貫，減一年磨勘，二萬貫減二年磨勘，三萬貫減三年磨勘，四萬貫減四年磨勘。二十五年，罷諸路漕司寄造酒，二十七年，以隔槽酒擾民，許買撲以便民，罷官監，後復置之。

三十年，以點檢措置贍軍酒庫改隸户部。既而户部侍郎邵大受等言：「歲計賴經、總制，窠名至多，今諸路歲虧二百萬，皆緣諸州公使庫廣造，別置店酤賣，以致酒務例皆敗壞。」詔罷諸州別置酒庫，如軍糧酒庫、防月庫、月椿庫之類，并省務寄造酒及帥司激賞酒庫，凡未分隸經、總制錢處，並立額分隸，補趁虧額。三十一年，殿帥趙密以諸軍酒坊六十六歸之户部，見九年。同安郡王楊存中罷殿帥，復以私撲酒坊九上之；歲通收息六十萬緡有奇，以十分爲率，七分輸送行在，三分給漕計。蓋自軍興以來，諸帥擅榷酤之利，由是，縣官始得資之以佐經費焉。

佚名《元典章》卷二二《户部·課程》

江南諸色課程

至元十三年十月，行中書省：

會驗欽奉聖旨條畫節該：「茶鹽酒醋商税、金銀鐵冶(行)[竹]貨湖泊大小課程，從實恢辦」等事。欽此。已經行下各道宣慰使司，欽奉聖旨，設立院務恢辦課程。去後，爲各處不曾申到，及不用心恢辦，擬令本路達魯花赤、總管不妨本職，專一提點，照依坐去事理，常切用心窮究推辦，根挨本處殘宋辦課次第、炊盪石斗文曆，照勘舊額數目，比之今日見辦課程到官數目，須要逐月增羡，依期比附羡餘申報。仍先取委官對□□行文狀，呈省施行。

一，酒醋課程，須酌量居民多寡，然後鼇勒各官置赤曆，開寫每月炊盪漿米石斗、可用麯貨斤重、造到清酒味醇薄、發賣價直，除工本外每月實辦息錢鈔、每石可留息若干，當日晚具單狀，於已委定提調官處呈照。十日一次呈押赤曆，每月一次打勘辦到課程，不過次月初五日呈省。據辦到課程數目，每月解赴宣慰司，每季差官起運赴省交納施行。

【略】

一，體知得隨處多有勢要之家，設立酒庫，恃勢少認辦到課額，恣意多造酤酒發賣。辦到息錢，除認納定官錢外，餘上盡行入己，實是侵襯官課。仰截日盡行罷去，止委總管府選差人員造酒，依例從實辦課。據罷訖酒庫應有見在米麯、漿米、酒醋，浸清酒并一切什物，官爲拘收作本。合該價錢，官吏保結，申省定奪，支撥施行。

一，各處應據辦到諸色課程，仰各道宣慰司并各路總管府，非奉省府明文，不得動支，亦不得移易、借貸、借俸鈔等。如有動支去處，定勒判署官吏陪償治罪。

一，照得欽奉聖旨條畫節該：「犯私鹽酒麯貨者，科徒二年，決杖七十，財産一半没官。決訖，發下鹽司帶鐐居役，滿日疏放。若有告捕得獲，於没官[物]内

一半充賞。」欽此。已經行下各處禁治。外，仰提調官常切用心禁約體察，如有違犯，告捕到官，欽奉聖旨事理，就便取招斷没施行。

酒課

葡萄酒三十分取一

至元十年四月，中書户部：

承奉中書省劄付：「御史臺呈：『體察得大都酒使司，不依舊抽分葡萄酒貨體例三十分取要一分，却於十分中取要一分，不要本色酒貨，只要鈔兩。問得賣葡萄酒客人白英并酒使司吏趙守信等詞因。又問得酒使司申：於已先各界舊經手勾當人處會問得，自戊午年至至元五年，每葡萄酒一十斤數勾抽分一斤，至至元六年、七年，有荅失蠻一周歲六十兩抱認了當。又照得衆酒户見納課程，正糯夾糯米衮二石賣鈔八兩，每石鈔四兩，内納官課鈔一兩。葡萄酒貨每斤一錢，每一千斤該鈔一百兩，納官課鈔六兩，每四兩止納二錢四分四氂。此係(确)[榷]貨，難同商税，止合依酒户一體納課』事。」省部議得：葡萄酒漿雖以酒爲名，其實不用米麴，難同醖造丕酒一體辦課。又兼在先制府已曾斷令三十分取一，及至[元]六年、七年定立課額，葡萄酒漿止是三十分取一。以此參詳，擬合改正，依舊例三十分取一，驗所賣價直折收寶鈔納官。呈奉都堂鈞旨，送本部，准呈施行。

禁治私造酒

至元十五年七月，行中書省准中書省咨：

(中)[北]京路行中書省咨：「心舍歹兒説二月初十日聖旨：『做私酒來的，爲頭的人殺者。家筵抄上了呵，官司收拾者。』麽道，聖旨了也。欽此。據北京路申：『准按察司牒：省部斷大都造酒底人七十七下，飲酒底人一十七下，抄到錢財衣物没官。』俱係一體事理，咨請定奪」事。都省於七月十六日聞奏，聖旨：「造酒底，除本人夫妻二人隻身外，應有老小財産，盡行斷没了者。」欽此。

鄉村百姓許(盒)[盦]醋

至元二十二年二月，欽奉聖旨條畫内一款節該：「諸處村莊農民盦醋者有數，在前有司與城市一體收課。今後聽從各處農民造醋食用，官司並免收課。」欽此。

鄉村百姓許造酒

「至元二十二年二月，欽奉聖旨：江南府州縣鄉村鎮店一體榷酤，腹裏除州城外，鄉村鎮店榷具依舊行來。如今講究課程來的官人每與部家商量，若村裏的不以江南一般榷辦呵，恐怕私酒生發，侵襯着城裏課程，難辦有。除大都、河西務、楊村所管州城依例官司榷酤外，有腹裏大都上都、江南福建兩廣鄉村地面裏，交百姓自行造酒辦課呵，怎生？」奉聖旨：「課程底勾當，您理會得，那般行者。」欽此。

添辦酒課

至元二十九年三月，江西行省准中書省咨：

至元二十九年正月初五日奏過事内一件：「阿老瓦丁説來的五件勾當内：『杭州省酒課一年額辦二十七萬餘定有。湖廣、龍興省兩省的酒課一年都辦九萬定有。俺的重有。』麽道，『拾分裏減二分、辦八分』麽道，説有。俺也商量來，他的言語是的一般有。減了二分呵，該四萬一千四百餘定有。這減下來的數目，却交湖廣、龍興、南京這幾省裏分俵與辦呵，均匀的一般有。商量來。」麽道，奏呵，「那般者。」麽道，聖旨了也。欽此。都省與各處行省議擬定合添數目，至元二十九年依例恢辦，請欽依聖旨事意，驗數均辦施行。

寺院酒店課程

至元三十一年正月，江西行省准中書省咨：

至元三十年十月初九日欽奉聖旨：「屬寺家的酒店、做買賣的店裏出辦的課程，更阿你哥的酒店裏出辦的錢，盡數都交收拾者。」麽道，聖旨了也。又：「揚州有的屬寺家酒店，并其餘税課程，誰説來：『那的也交收拾者』道來。您收拾來。」麽道，聖旨有呵，「是俺説來，『未曾收拾裏，和宣政院官人每衆人同一處奏』麽道説來。」奏呵，「休疑惑，都交收拾了者。不是咱每的言語，是在先已定體例的勾當有。他每根底休與者，無那體例。荅失蠻那的每根底説者。」麽道，聖旨了也。又奏：「『阿你哥的酒店裏的錢，今春交别收拾者』麽道，聖旨有呵，另交收拾來。」奏呵，「不索另收拾，您每收拾者。」麽道，聖旨了也。欽此。

犯界酒課不便

大德五年，江浙行省：

據左右司都事趙承事呈：「見照算大德四年一應收支錢糧。除外，查照出建康路獲到李再興、方雄犯界煮酒五千五百一十五瓶，取訖各人招伏，依例斷

決，各罰中統鈔一定。外據元獲酒數，給還元主。及常州路録事司獲到軍人何定犯界酒一十五瓶，除賣訖酒一十二瓶外，賣不盡酒三瓶，被獲到官，依例斷遣，止罰到中統鈔二十兩，將捉獲酒貨没官了當。照得元准中書省咨：『檢會到至元十三年十一月内，保定路准真定河南都漕運司牒：承奉中書省户部符文：承奉中書省劄付：准北京路行省咨該：合失歹村下認辦酒課，私將入城，其務官胡撒馬丁將酒斷没。緣斷没錢物已行納官，即不見將酒入城，如何歸斷。又據户部備濟南路：捉獲犯界酒人孫福，於大槐樹趙胡處買酒四瓶，前來四關賣訖。又於趙胡處買到酒八瓶，夤夜入城貨賣。都省議得，今後犯界酒一十瓶以下，追罰鈔一十兩，決二十七下。一十瓶以上，追罰鈔四十兩，決四十七下。酒雖多，止杖六十，追鈔五十兩。』今照得各路捉到犯界酒貨，有斷没入官者，有給付元主者，前後歸斷不一，及追罰到鈔數不同，具呈照詳。」省府相度，都省元議犯界酒貨，已有斷決追罰定例。據所獲酒數，擬合給主，仍勒出境，毋致侵襯課程。仰行下，依上施行。

私造酒麯依匿税例科斷

延祐六年五月□日，承奉行中書省：准中書省咨：

刑部呈：「奉省判：『江浙省咨：據杭州路申：切詳化民易俗，以教化爲先，非本於刑。前代有象刑而治者，古人作刑，使民無犯，去惡趨善而已。昔舜、臯陶期於無刑，長惡不悛，而必加刑，出於不得已也。照得至元二十五年三月欽奉聖旨條畫内一款：犯私酒麯者，科徒二年，決杖七十，財産一半没官，於没官[物]内一半付告人充賞。又大德七年禁酒聖旨條畫内一款：醞造私酒、速魯麻并葡萄酒犯人，七十七下，追中統鈔一百貫，付告人充賞。及至元二十四年五月建寧榷茶提舉司先奉中書省降到條畫内一款：但犯私茶者，杖七十，所犯私茶一半没官，一半付告人充賞，應捕人亦同。如茶園磨户犯者，及運茶車船主知情夾帶裝載無引私茶，一體科斷。本處官司禁治不嚴，致有私茶生發去處，仰將本處當該官吏勾斷。又欽奉聖旨條畫内一款：諸販賣私鹽，正犯人科徒二年，決杖七十，財産一半没官，決訖發下鹽場，帶鐐居役。欽此。除欽遵外，府司參詳，國家立法禁斷私犯酒麯茶鹽，本爲侵襯官課，理宜原其所犯，詳情定罪。茶鹽官課，另立運司等官，設法恢辦。酒醋課程元係官務榷辦，目今本路已有上户自包認，其它路分門攤散辦，課額不虧。本路見獲私酒數起，犯人(正)[止]招不合用鈔糴買米(麵)[麯]，醞造私酒，於打發到認户酒内夾帶影射沽賣，不過營求微利糊口而已。俱照至元二十五年官辦時分禁斷私犯酒麯例，科徒二年，決杖七十，財産一半没官，與犯私鹽無異。其鹽徒動輒百十結連群黨，持把器仗，專一私販。每遇巡捕，拒傷官兵，背法欺官，莫甚於此。由斯言之，情既不同，罪難一體。如蒙照依大德七年禁酒例，決杖七十七下，追中統鈔一百貫付告人充賞，庶幾刑法得中。然此，申乞照詳，斟酌施行。得此。本省看詳：杭州路所言犯酒事例不一，繫干通例，宜從合干部分定擬相應。咨請照驗。批奉都堂鈞旨，送刑部定擬呈省。』奉此。本部議得，即係干礙課程事理，合令户部與本部一同議擬相應。呈奉都堂鈞旨：『送刑部，與户部一同議擬明白，擬定連呈。』奉此。施行間，又奉中書省判送，亦爲此事。依上約請户部員外郎王承直。又於别卷内照得承奉中書省判送：『湖廣省咨：據常德路申：承准嶺南湖北道肅政廉訪司牒：來牒：本路副達魯花赤哈珊太中關：自榷沽之法已廢，酒醋課程散入民間恢辦，諸人皆得造酒，止驗米數赴務投税。其不税者，與匿税無異。即今官司依舊例決杖七十，籍没一半財産。比年以來水旱相仍，小民無知，誤犯刑憲。雖有籍没之名，其家貧小户能有幾何？今後有匿税[酒]者，如蒙減輕，依匿税例科斷，似望刑法得中，不失恤刑之美意。緣事干通例，伏請照詳施行。准此。照得延祐四年十一月二十二日，准本路副達魯花赤哈珊太中關：檢照中統二年欽奉聖旨條畫節該：諸犯私鹽酒麯貨者，徒二年，決杖七十，財産一半没官，於没官物内一半付告人充賞。又一款：諸犯匿税者，笞五十，所犯物貨一半没官，内一半付告人充賞。欽此。除欽遵外，竊惟聖朝推好生之仁，廣恤刑之意，法貴得中，刑宜從薄。始立榷沽之時，官設酒庫，出備米(麵)[麯]工本造酒發賣，諸人皆不得私自醞造，亦猶鹽場支用官本，竈户煎鹽，發賣辦課，故犯酒禁者與犯鹽之法同。已後廢榷沽之法，酒醋課程散入民間恢辦，諸人皆得造酒。有地之家納門攤酒課者，許令造酒食用。造酒發賣者，止驗米數赴務投税。其造[酒]發賣而不税者，是與匿税無異。即今官司往往將犯人依舊例決杖七十，籍没一半財産。若富有之家造酒沽賣，安肯吝惜些小税錢，當此重罪？皆因比年以來水旱相仍，多係小民爲無生理，沽賣酒漿過活，愚而無知，以致匿税，誤犯刑憲。事發到官，無問斗升之米，一體科斷。雖有籍没之名，其貧家小户財産能有幾何？況犯私茶者，亦止斷没所犯物貨。以此校之，中間輕重似有不倫。今後有匿税酒者，如蒙減輕，依匿税例科斷，(以)[似]望刑法得中，

不失恤刑之美意。閤請會議施行。准此。看詳：刑法乃天下之平，苟有偏重，則民無所措手足。今副達魯花赤哈珊太中體聖上寬仁欽恤之意，參酌先後事理，所言誠爲允當。緣事干通例，申乞照詳施行。得此。本省看詳，如准[副]達魯花赤哈珊所言，似爲便益。咨請照驗。批奉都堂鈞旨，送刑部照擬連呈。』奉此。今奉前因，本部與户部員外郎王承直一同講議得：榷沽之法既已改革，酒醋課程普散於民。除認納門攤，許令醖造飲用外，其諸人自備工本，踏造酒麯貨賣，不行赴務包認關由者，若與私煎販賣鹽貨一體科斷徒配，似涉太重。以此參詳，合准湖廣行省并常德路副達魯花赤哈珊所言，依匿税例科斷，庶使刑法得中。如蒙准呈，遍行照會相應。具呈照詳。」得此。都省准呈。除外，咨請依上施行。

元・王惲《玉堂嘉話》卷一《爲春旱禁酒詔》　至元十四年丁丑歲春二月庚申朔，復授翰林待制，是日赴院供職。

爲《春旱禁酒詔》：「漢賜大酺，歲有常數；周申文誥，飲戒無彝。況糜粟者莫甚於斯，崇飲者刑則無赦。近緣春旱，朝議上陳，宜禁市酤，以豐民食。朕詳來奏，寔爲腆民，可自今年某月日，民間毋得醖造酒醴，俾暴殄天物，重傷時和。故茲詔示，想宜知悉。」

明・田汝成《西湖遊覽志餘》卷三《偏安佚豫》　行都官酒庫，每歲清明前開煮，中秋前賣新。先期，諸庫呈樣點檢所，所以呈府；既中，擇日開沽，以白布三丈餘揭竹竿頂，題曰：「某庫選到酒匠某人，醖造上等醲辣無比高酒。」三五人扶之而行，以鼓樂、妓女、雜技前導，聯鑣穿市，觀者如堵。酒匠則新巾紫衣，乘馬從之，以府中所賞綵帛、錢、會、銀碗，駝負馬前，謂之迎酒。楊炎正詩云：「錢唐妓女顔如玉，一一紅粧新結束，問渠結束何所爲？八月皇都酒新熟。酒新熟，浮蛆香，十三庫中誰最强？臨安大尹索酒嘗，舊有故事須迎將。翠翹金鳳烏雲髻，雕鞍玉勒三千騎，金鞭争道萬人看，香塵冉冉沙河市。琉璃盃深琥珀濃，新翻曲調聲摩空，使君一笑賜金帛，今年酒賽真珠紅。畫樓突兀臨官道，處處繡旗誇酒好，五陵年少事豪華，一斗十千誰復校？黄金爐下謾徜徉，何曾見此大堤娼，惜無顔公三十萬，往醉金釵十二行。」又賽酒，則往酹諸廟，謂之乞利市。高九萬詩云：「賽罷祠山賽二郎，酒行明日欲開張，愚民可是多忘本，香火何曾到杜康？」

明・李日華《蓬櫳夜話》　黄山多猿猱，春夏採雜花果於石窪中，醖釀成酒，香氣溢發，聞數百步。野樵深入者或得偷飲之，不可多，多即減酒痕，覺之，衆猱伺得人，必嬲死之。

明・謝肇淛《五雜俎》卷一一《物部三》　鄱陽爲酒賦，曰：「清者爲酒，濁酒爲醴。清者聖明，濁者頑騃。」此唐人中聖之言所自出也。但醴酒醇甘，古人以享上客。楚元王嘗爲穆生設醴，豈得謂之頑騃？蓋善飲酒者，惡甘故也。

唐肅宗張皇后以鵶腦酒進帝，欲其健忘也。順宗時，處士伊初玄入宫，飲龍膏酒，令人神爽也。此二者正相反。《酉陽雜俎》：鶻生三子，一爲鴞，即鵰字。

古人量酒多以升、斗、石爲言，不知所受幾何。或云米數，或云衡數。但善飲有至一石者，其非一石米及百斤明矣。按朱翌《雜記》云：「准以南酒皆計升：一升曰爵，二升曰瓢，三升曰觶。」此言較近。蓋一爵爲升，十爵爲斗，百爵爲石。以今人飲量較之，不甚相遠耳。

清・孫承澤《春明夢餘録》卷一七《太廟・祼灌》　洪武三年，禮臣崔亮奏：《周禮・大宗伯》：以吉禮事邦國之神鬼，以肆獻祼享先王。灌以鬱鬯，謂始迎尸求神時也。《禮記・郊特牲》曰：魂氣升於天，體魄歸於地，故祭有求諸陰陽之義，殷人先求諸陰聲是也。祭統云：祭之屬莫重於灌，凡大祭有三始，宗廟以樂爲致神始，以祼爲歆神始，以腥爲陳饌始。按《説文》：祼，祭也，從示，果聲，酌鬯以灌地。夏氏曰灌者，謂以圭瓚酌爵以獻尸，尸受酒而不飲，因灌於地，故謂之灌也。鬯，《説文》曰：鬯以秬釀鬱金草，芬芳攸服，以降神也。徐氏曰：秬，黑黍也；服，服事也。周人尚臭，祼用鬱鬯，以秬黍擣鬱金草，取汁而用之和釀，其氣芬香，調鬯，故謂之秬鬯。陸佃云：秬者，百穀之華；鬯者，百草之英，故先王煮以合鬯圭瓚。《禮書》云：圭，柄也；瓚，杓也。徐氏曰：瓚，亦圭也，圭狀，剡上，邪鋭之於其首，爲杓形，謂之瓚，於其柄爲注水道，所以灌。瓚之言進也，以進於神。今定擬宗廟之祭，奠帛之前宜舉用祼禮，所用圭瓚，宜依周禮以玉爲之。瓚，口徑四寸，深至圭二寸，通長一尺二寸，博二寸五分，厚五分，鼻一寸，作龍形，流空五分。瓚槃用金爲之，口徑九寸，深五分，足徑七寸，高九分。其鬱鬯，用糯米代黑黍爲酒，以鬱金汁和之。是年之冬，享廟，行家人禮。次年，始行灌禮。

清・屈大均《廣東新語》卷二一《獸語》　猿

大庾嶺有白猿洞，洞多梅樹，白猿嘗攀掛其上，花與猿，皓然莫辨也。行者聞風生，始知爲白猿吟嘯，復有緋猿善啼，啼必三聲。高州青山鎮，其

山多猿，有黃緋者絶大，毛彩殷鮮。有黃色玉面者，有身面俱黑者。羅浮則有金絲猿，毛如織絨，其啼聲絶大。瓊州多猿，射之輒騰躍樹杪。於四周伐去竹木，然後張網得之。嘗於石巖深處得猿酒，蓋猿以稻米雜百花所造，一石穴輒有五六升許。味最辣，然絶難得。

清・陸祚蕃《粤西偶記》 平樂等府深山中，猿猴極多，善採百花釀酒。樵子入山得其巢穴者，其酒多至數石，飲之香美異常，名曰猿酒。

清・袁枚《子不語》卷二〇 猢猻酒

曹學士洛禋爲予言：康熙甲申春，與友人潘錫疇游黃山，至文殊院，與僧雪莊對食。忽不見席中人，僅各露一頂，僧曰：「此雲過也。」

次日入雲峰洞，有一老人，身長九尺，美鬚髯，衲衣草履，坐石床。曹向之索茶，老人笑曰：「此間安得茶？」曹帶炒米，獻老人，老人曰：「六十餘年未嘗此味矣。」曹叩其姓氏，曰：「余姓周，名執，官總兵，明末隱此，百三十年。此猿洞也，爲虎所據，諸猿患之，招余殺虎，殪其類，因得居此。」床置二劍，光如沃雪，臺上供河洛二圖、六十四卦，地堆虎皮數十張，笑謂曹曰：「明日諸猿來壽我，頗可觀。」言未已，有數小猿至洞前，見有人，驚跳去。老人曰：「自虎害除，猿感我恩，每日輪班來供使令。」因呼曰：「我將請客，可拾薪煨芋。」猿躍去。少頃，捧薪至，煮芋與曹共啖。曹私憶此間得酒更佳，老人已知，引至一崖，有石覆小凹，澄碧而香，曰：「此猢猻酒也。」酌而共飲。

清・龍文彬《明會要》卷五七《食貨五・雜課》 令甲所載，凡客商匿税，及賣酒醋之家不納課程者，笞五十，物貨酒醋一半入官。其造酒醋自用者，不在此限。

太祖初，徵酒醋之税。洪武十三年，詔自今軍民嫁娶、喪祭之物，舟車、絲布之類，皆勿税。明年，令以野獸皮輸魚課，製裘以給邊卒。《食貨志》。

清・徐珂《清稗類鈔・飲食類》 金粟香陸武園飲猿酒 粤西平樂等府山中多猿，善採百花釀酒。樵子入山，得其巢穴者，其酒多至數百石。飲之，香美異常，名曰猿酒。灕江兩岸間猿尤多，粤寇時，沿江礮火震驚，猿遷越深山邃谷間，罕有至江岸者。江陰金粟香、平湖陸武園皆嘗飲之。粟香有句云：「巖暖猨搜花釀酒，林深貍攫果爲糧。」武園亦有句云：「猨入深山爲避亂，桃源何地屬秦人？」

圖録

東漢宴飲畫像磚《四川漢畫像磚》圖版八〇

東漢釀酒畫像磚《四川漢畫像磚》圖版一二六

東漢羊尊酒肆畫像磚《四川漢畫像磚》圖版一二七

東漢酒肆畫像磚《四川漢畫像磚》圖版一二八

佚名《唐人宴飲圖》趙力光　王久剛《長安縣南里王村唐壁畫墓・圖版三》

宋·呂大臨《考古圖》卷四

［商周青銅酒器圖］

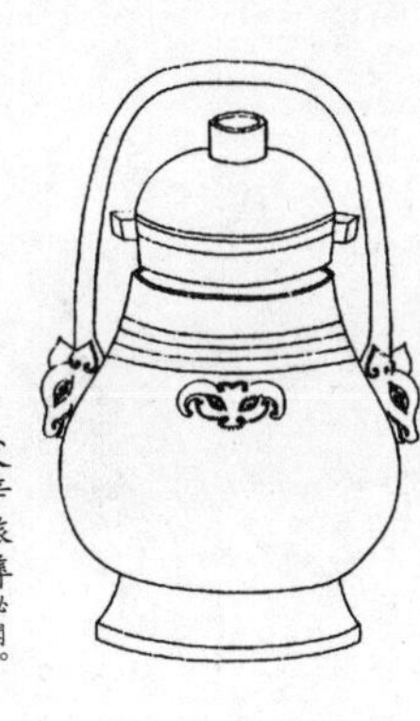
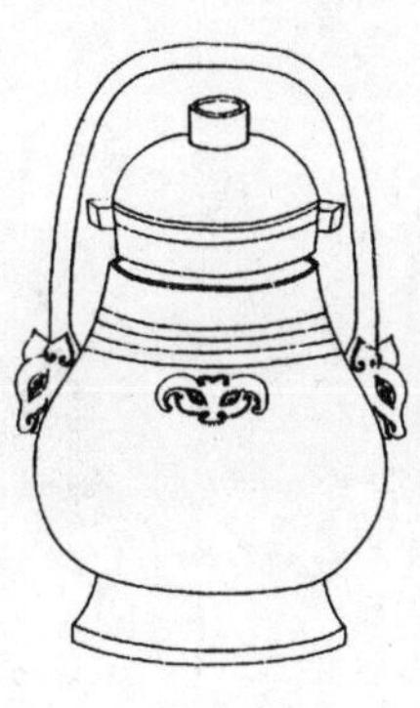
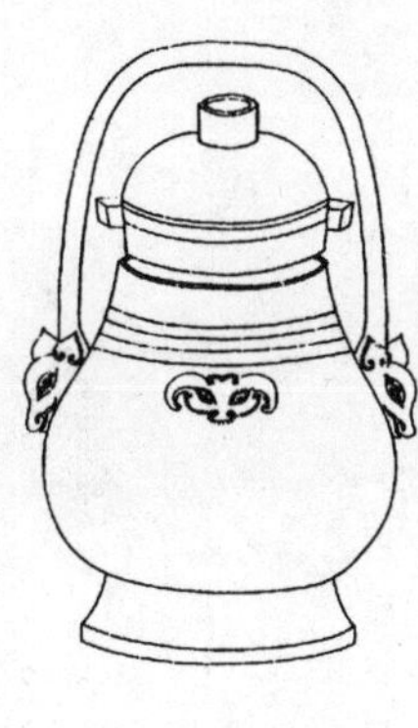
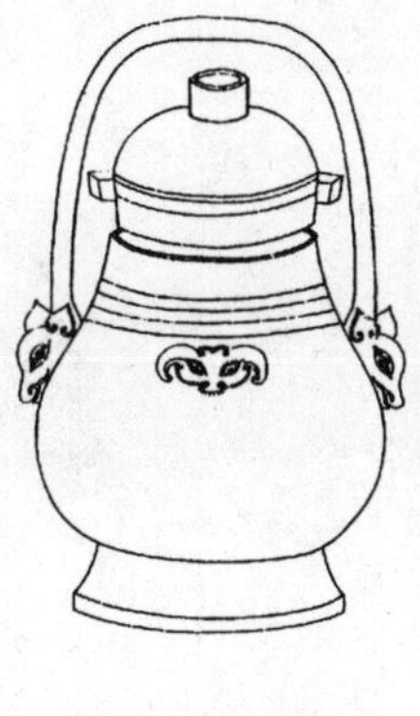
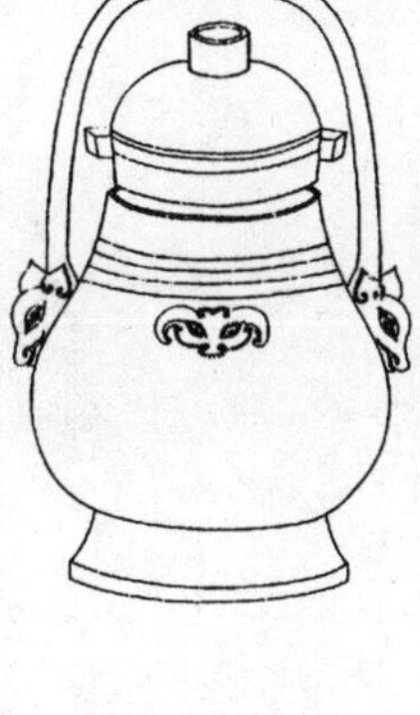

父辛旅彝秘閣。

立戈父已卣洛陽曾氏。

父乙卣

獸環細文壺一廬江李氏。

鞁作父辛 旅彝 亞

子立戈形 父已

愍謂當 子孫父乙 析作祈

獸環細文壺二京兆呂氏。

又 卷五

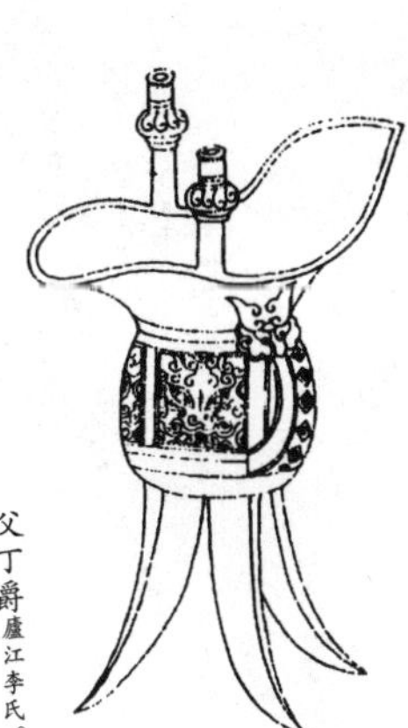

父丁爵廬江李氏。

主人舉爵新平張氏。

亶甲觚河南王氏。

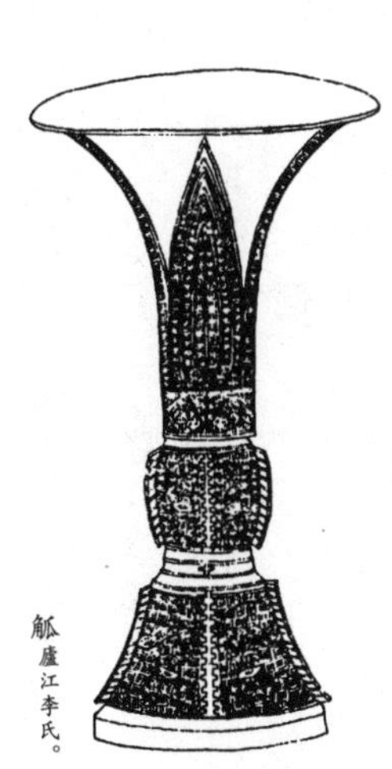

觚廬江李氏。

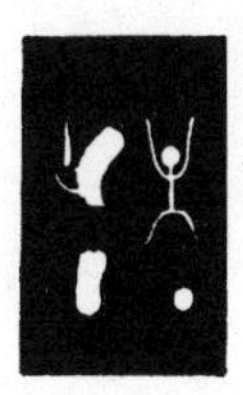

舉 主人

婦[illegible]

宋・趙九成《續考古圖》卷二

兕觥

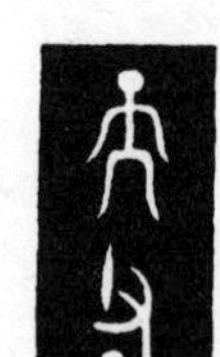

又 卷四

盉

趙周臣所收，無銘刻，制作甚精，有柄有流，蓋盉也，三足中空無蓋。以黍尺校量之，身高八寸半，流長三寸半，縱廣六寸，橫徑五寸，容四升半。

又 卷五

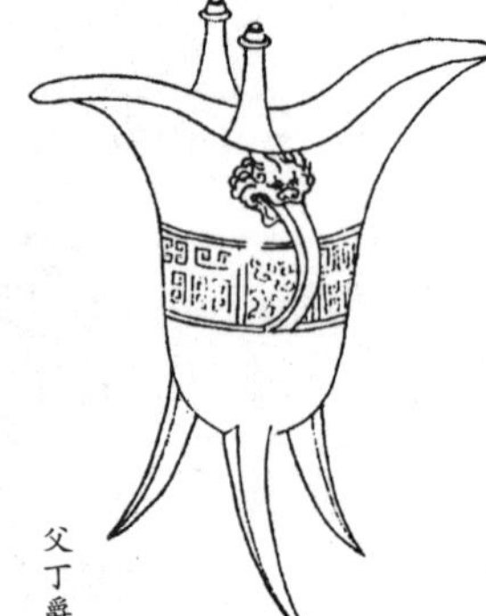

父丁爵

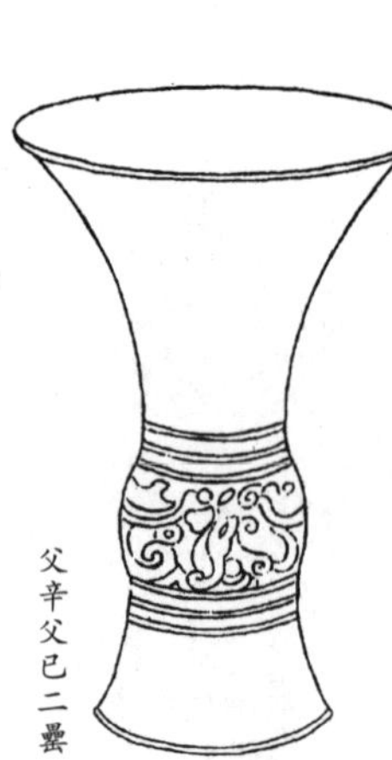

父辛父己二罍

宋·王黼《重修宣和博古圖》卷六

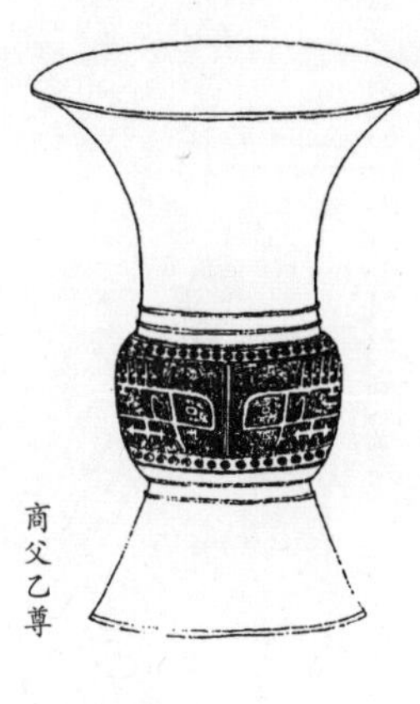

商父乙尊

孫
冊冊
父乙

又 卷九

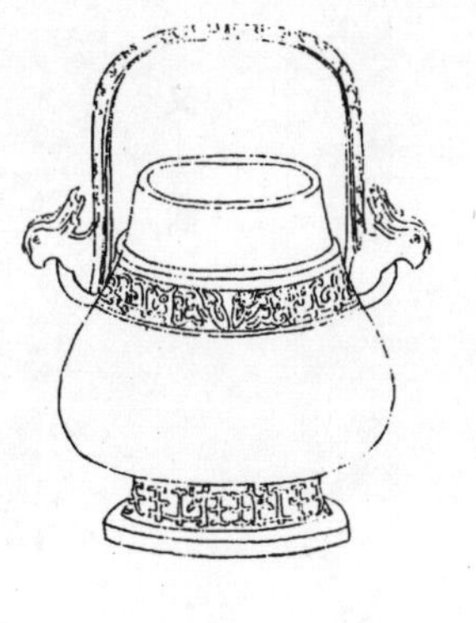

商卦象卣

蓋

卦象

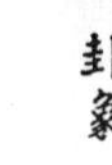

器

音釋同

又 卷一五

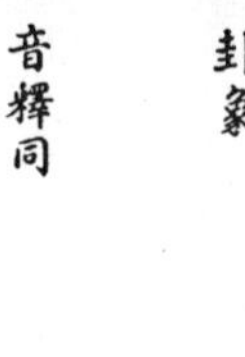

漢獸耳方壺一

宋·陳元靚《事林廣記》續集卷六 飲酒對局圖

元・忽思慧《飲膳正要》卷一《飲酒避忌》

明・宋應星《天工開物》卷下《麴蘖》

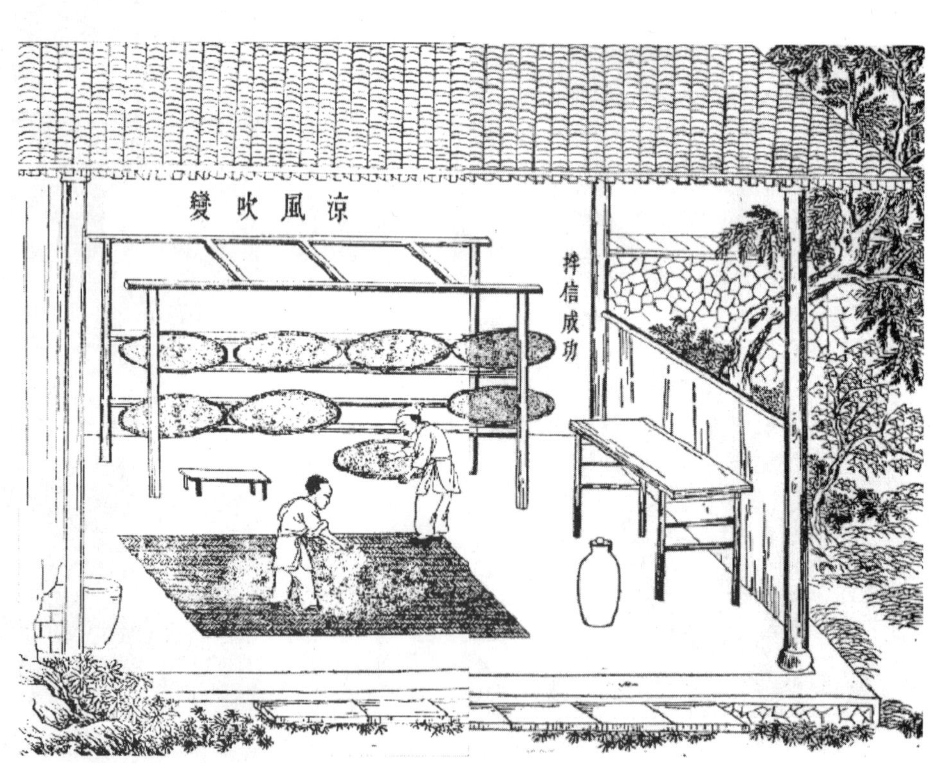

明・萬邦治《醉飲圖卷》《中國美術全集・繪畫編・明代繪畫上》一六九

清・吴其濬《植物名實圖考》卷一《穀類》 大麥 大麥，《别録》中品。陶隱居謂爲稞麥，《唐本草》遂云出關中，即青稞麥，《本草拾遺》已斥之。今青稞出西北塞外，性黏尤寒，與大麥異種。大麥北地爲粥極滑，初熟時用碾半破，和餹食之，曰碾黏子；爲麵、爲餳、爲酢、爲酒，用至廣。大、小麥用殊而苗相類，大麥葉肥，小麥葉瘦；大麥芒上束，小麥芒旁散。諺曰：穀三年，麥六十。得時之麥，粒逾六十，此其數矣。

大麥

穬麥 穬麥，《别録》中品。蘇恭以爲大麥，陳藏器以爲麥穀，《圖經》以爲有大、小二種，言人人殊。今山西多種之，與大麥無異。熟時不用打碾，仁即離殼；但仁外有薄皮如麩，打不能去。《山西通志》：穬麥皮肉相連似稻，土人謂之草麥，造麯用之，亦有碾其皮以食者。考《齊民要術》，穬麥、大麥類，早晚無常。《九穀考》以爲大麥之别種，是也。《説文》：穬，芒粟也。麥爲芒穀，不應此種獨名穬。西北志書多載露仁麥，似即穬麥。又或以爲青稞，《説文》：稞，穀之善者，一曰無皮穀。青稞與穬麥迥異，然皆不需碾打而殼自落，疑穬麥即稞麥一聲之轉，而青稞以色青獨著。《唐書》謂吐蕃出青稞，而《齊民要術》已有青稞之

穬麥

名，與穬麥用同。蓋外國方言皆無正字，如山西之呼莜、呼油，皆本蒙古人語；而作《唐書》者以中國之産譯爲青稞，非必來自外國也。《天工開物》謂穬麥獨産陝西，一名青稞，即大麥，隨土而變，皮成青黑色。此則糅雜臆斷，不由目覩也。

粱　粱，《别録》中品。種有黄、白、青各色。蘇頌謂粟、粱一類，粟雖粒細，而功用無别，是以粒大者爲粱，細者爲粟。李時珍謂穗大而毛長、粒粗者爲粱，穗小而毛短、粒細者爲粟，其説相符。然二者迥别，而種尤繁，今北地通呼穀子，亦有粘、不粘之分。《氾勝之書》粱爲秫，粟也。西北皆呼小米，固始呼粟爲野人毛，正肖其形，其稈爲秫，牧者以其豐歉爲繁羸也。

粱

雩婁農曰：穀粟皆粒食總名，《周禮》注以粟爲稷，《齊民要術》從之，蓋以稷爲穀長，故獨以粟名。後世以穀爲粱，以粟爲粱之細穗者，此自俗間稱謂，不可以訂古經也。秫爲粱粟之黏者，《説文》以爲稷，《爾雅》注以爲粟，《圖經》以爲黍，《古今注》以爲稻，説各不同。按糯爲稻之黏者，而他穀之黏者亦多曰糯，即藥草亦然，則秫似亦可通稱也。

稻　稻，《别録》下品，曰糯、曰粳、曰秈。凡宜稻之區，種類輒别；志乘所紀，不可殫悉。然細者粒光，粗者毛長，早者耐旱，晚者廣收，其大較也。粳，中品。

雩婁農曰：《本經》不載稻，《别録》列下品。《説文》：沛國謂糯爲稻，蓋糯性滯，不易消，故養生者慎食之。抑大河以北宜麥粟，民有終身不嘗稻者，性亦弗喜。中原九穀並用，江以南則唯稻是飫，注《本草》者，以粳與秈皆附於稻爲下品，殆未解古人意歟？然《生民》一詩，述后稷之穡，曰荏菽、曰禾役、曰麻麥、曰秬秠、曰穈芑，而獨不及稌稻，豈粒食之始，尚缺水耕火耨邪？抑下地之稼，其性果出黍稷下耶？雖然稻味至美，故居憂者弗食。膏粱厭飫，則精力委薾。君子欲志氣清明，固宜尚粗糲而屏滑甘。《别録》厠稻於下品，夫亦謂所以交於神明者，非食味之道也。

稻

《天工開物》云：五穀遺稻者，以古者著書聖賢，皆在西北。按《職方氏》，并州宜五種，幽州宜三種，鄭康成注皆云黍、稷、稻。雍州、冀州獨宜黍、稷。然《豳風》穫稻，豐年多稌，汧渭之間，未嘗無滮池也。今渭南韓城爲關中上腴。《史記·河渠書》，鄭國鑿涇溉鹵澤之田，徐伯穿渭通漕，肥地得穀；而河東守番係言引汾溉皮氏、汾陰下，引河溉汾陰、蒲坂下，實爲山西水利之始。舊志聞喜、臨汾、文水産粳糯，今太原、晉水、趙城、霍泉，稻田尤饒；其緣滹沱、汾、澮州縣，及沃泉、曲沃以泉得名。瀡泉、清源等處皆平地湧泉。澗溪瀾汋，無不穿地廝渠。而塞外天鎮、陽高、大同，亦間引溜灌注，勺澤蹄涔，惜如甘醴。然歲常苦暵，夏潦未降，經瀆千里，輒不能濡軌。惟漳、沁所從來者高，難潴爲利。聞河内舊有沁渠，昔西門豹引漳灌鄴，或疑沙壖地不可爲稼，蓋未知西北所溉者，大抵麥、菽、禾、黍，如澆園蔬。俗曰：飲田不盡，稻生止水也。蒲解間往往穿井作輪車，駕牛馬以汲，殆井渠之遺？然不宜稻。

雀麥　雀麥，《唐本草》始著録。《救荒本草》圖説極晰，與燕麥異，前人多合

爲一種。按《爾雅》：蘥，雀麥，《説文》作爵麥，别無異名；郭注乃以爲即燕麥。今燕麥附莖結實，離離下垂，尚似青稞。雀麥一莖十餘，小穗，乃微似穄。二種皆與麥同時，而葉相似，其實殊非麥類。《唐本草》僅以催乳録之，又云一名燕麥，他方祇云雀麥。古謂食燕麥令人脚弱，其性蓋下行。但旅生穀實熟即落，故古歌云：「道傍燕麥，何嘗可穫」。醫者取其易生易落，以治難産，則二種應可通用。或謂《七發》：「穱麥服處」，即此雀麥，段氏《説文》注已駁之。

雀麥

青稞　青稞即莜麥，一作油麥。《本草拾遺》謂青稞似大麥，天生皮肉相離，秦隴以西種之是也。山西、蒙古皆産之，形如燕麥，離離下垂，耐寒遲收，收時苗葉尚有青者。雲南近西藏界亦産，或即呼爲燕麥。《麗江志》誤以爲雀麥。《維西聞見録》：青稞質類蕎麥，莖葉類黍，耐霜雪，阿墩子及高寒之地皆種之，經年一熟；七月種，六月穫，夷人炒而舂麵，入酥爲糌粑。今山西以四、五月種，七、八月收，其味如蕎麥而細，耐饑，窮黎嗜之。性寒，食之者多飲燒酒、寢火坑，以解其凝滯，南人在西北者不敢餌也。將熟時，忽有稞粒皆黑者，俗名厭麥；亟拔去，否則雜入種中，來歲與豆同畦，則豆皆華而不實，老農謂厭麥能食豆云。滇南麗江府粉爲乾餱，水調充服。考《唐書》，吐蕃出青稞麥。《西藏記》，拉撒穀屬産青稞，亦釀酒，淡而微酸，名曰噜其。裏塘臺地寒，不産五穀，喇嘛皆由中甸、麗江攜青稞售賣，則沿西内外産青稞者良多。《唐本草》注誤以大麥爲青稞，宜爲陳藏器所訶。《山西志》但載油麥，《咸陽志》謂大麥露仁者爲青稞，皆不如《維西聞見録》之詳核也。

蜀黍　蜀黍，《食物本草》始著録，北地通呼曰高粱，釋經者或誤爲黍類。《農政全書》備載其功用，然大要以釀酒爲貴。不畏潦，過頂則枯。水所浸處，即生白根，摘而醬之，脆美無倫。

青稞

蜀黍

雩婁農曰：吾嘗雨後夜行，有聲出於田間如裂帛，驚聽久之。輿人曰：此蜀秫拔節聲也，久旱而澍，則禾驟長，一夜幾逾尺。昔人謂鹿養茸數日便角，其生機速於草木，若蜀秫之勃發，顧何如者？又見婦稚相率入禾中褫其葉，以爲疎

之使茂實耳，詢之則織爲簟也，緝爲蓑也，篾爲笠也，爇爲炊也，一葉之用如此。若其稈則薄之堅於葦，揞以柴而床焉；籬之密於竹，樊於圃而壁焉。煨爐則掘其根爲榾柮，搓棉則斷其梢爲葶軸。聯之爲筐，則櫛比而方，婦紅所賴以盛也；析之爲筊，則穤踈而皙，稚子所戲以籠也。卬田足穀之家，如崇如墉，蓋有不可一日闕者。顧其米澀，不雜以麥與豆則棘口，而造酒乃醇以勁。利膈達腹，喻之以刀；敵雪衝風，比之以襖。利之所生，凡釀者、販者，皆譏而稅其什一，其不脛而走達於江、淮、閩、粵者，益美烈而加馨，嗜者每以得其涓滴爲快，而常慮其贋，且或羼以他酎。故青旗之標，出畿輔者曰京東；出山西者曰汾潞；出江北者曰沛；出遼左而泛海者曰牛莊，皆都會也。惟蜀秫之名，不見於經，《博物志》謂種蜀黍地多蛇。北地固少虺蜴，亦未稔其即此穀與否？而利民用如此其溥，殆古所謂木禾、木稷者歟？然稻蟹之鄉，既不插蒔，而河朔以其易生而廣收，亦目爲粗稼。有以麥與蜀秫麪合爲薄夜相餉者，表罨罨如積雪，而背殷紅侔丹砂焉。吾戲謂曰：宗軍人粗食如此甘美，其所矜精鑿者，必崑圃之珠塵玉屑耶？木稷見《廣雅》。《山西通志》：高粱土人又稱茭子，在太原屬者，苗低穗緊；在汾州屬者，苗高穗鬆；在平陽絳州諸屬者，有早秫、晚秫二種。早秫有大老漢、小老漢諸種；晚秫有紅、黑、黃、白、蓬頭諸種。蓬頭穗下垂，紅、黑、白三種穗上生，黃穗四面分披。粒無設者，米硬可爲粥；粒有殼者，米軟可爲酒醋。按高粱之類，此爲詳盡。

又　卷二《穀類》　川穀　《救荒本草》：川穀生汜水縣田野中，苗高三、四尺，葉似初生蜀秫葉微小，葉間叢開小黄白花，結子似草珠兒微小，味甘。採子搗爲米，生用冷水淘淨後，以滚水湯三、五次；去水下鍋，或作粥，或作炊飯食皆可。亦堪造酒。

川穀

玉蜀黍　玉蜀黍，《本草綱目》始入穀部，川、陜、兩湖凡山田皆種之，俗呼包穀。山農之糧，視其豐歉；釀酒磨粉，用均米麥；瓤煮以飼豕，稈乾以供炊，無棄物。

玉蜀黍

藝文

《尚書·周書》　酒誥康叔監殷民，殷民化紂嗜酒，故以戒酒誥。　嗜，市志反。

疏：傳「康叔」至「酒誥」　以《梓材》云「若茲監」，故云「康叔監殷民」也。鄭以爲連屬之，「監」則爲牧而言。然康叔時實爲牧，而所戒爲居殷墟化紂餘民，不主於牧。下篇云「監」，監亦指爲君言之也。明「監」即國君監一國，故此言「監殷民」，不言監一州，若大宰之建牧立監也。

王若曰：「明大命於妹邦。周公以成王命誥康叔，順其事而言之，欲令明施大教命於妹國。妹，地名，紂所都朝歌以北是。　王若，馬本作「成王若曰」，注云：「言『成王』者，未聞也，俗儒以爲成王骨節始成，故曰『成王』。或曰：以成王爲少成二聖之功，生號曰成王，没因爲謚。衛、賈以爲戒成康叔以慎酒，成就人之道也，故曰成。此三者，吾無取焉。吾以爲後録書者加之，未敢專從，故曰未聞也。」妹邦，馬云：「妹邦，即牧養之地。」欲令，力呈反。下「始令」「勿令」同。乃穆考文王，肇國在西土。父昭子穆，文王第稱穆。將言始國於西

土，西土，岐周之政。文王第稱穆，周自后稷而封爲始祖。后稷生不窋爲昭，鞠陶爲穆；公劉爲昭，慶節爲穆；黄僕爲昭，羌弗爲穆；毁揄爲昭，公非爲穆；高圉爲昭，亞圉爲穆；諸盩爲昭，大王爲穆；王季爲昭，文王爲穆。故《左傳》宫之奇云：「大伯、虞仲，大王之昭也；虢仲、虢叔，王季之穆也。」又富辰云：「管、蔡已下十六國，文之昭也。」昭，一音韶。窋音竹律反。揄音投。盩音張流反。大並音太。厥誥毖庶邦庶士越少正、御事，朝夕曰祀兹酒。文王其所告慎衆國衆士於少正官、御治事吏，朝夕敕之，惟祭祀而用此酒，不常飲。毖音祕。少正，上詩照反。惟天降命，肇我民，惟元祀。惟天下教命，始令我民知作酒者，惟爲祭祀。爲祭，上于僞反。下同。天降威，我民用大亂喪德，亦罔非酒惟行。天下威罰，使民亂德，亦無非以酒爲行者，言酒本爲祭祀，亦爲亂行。惟行，下孟反，注及下注「之行」同。越小、大邦用喪，亦罔非酒惟辜。於小大之國所用喪亡，亦無不以酒爲罪也。

疏：「王若」至「惟辜」　周公以王命誥康叔順其事，而言曰：汝當明施大教命於妹國，而戒之以酒。所以須戒酒者，以汝父於廟次穆考文王，始國在西土岐周爲政也，其誥慎所職衆國衆士於少正官、御治事吏，朝夕敕之曰：惟祭祀而用此酒，不常爲飲也。所以不常爲飲者，以惟天之下教命，始令我民知作酒者，惟爲大祭祀，故以酒爲祭、不主飲。故天下威罰於我民，用使之大爲亂，以喪其德，亦無非以酒爲行而用之。故於小、大之國用使之喪亡，亦無非以酒爲罪。以此，衆士少正皆須戒酒也。是文王以酒爲重戒，汝不可不法也。

傳「周公」至「北是」　此爲下之目，故言「明施大教命於妹國」。此妹與沬，一也。故沬爲地名，紂所都朝歌以北。但妹爲朝歌之所居也，朝歌近妹邑之南，故云「以北是」。《詩》又云「沬之東矣」，「沬之鄉矣」，即東與北爲鄉也。妹屬鄘，紂所都在妹，又在北與東，是地不方平，偏在鄘多故也。馬、鄭、王本以文涉三家，而有「成」字。鄭玄云：「成王，言成道之王。三家云王年長，骨節成立，皆爲妄也。」

傳「父昭」至「之政」　以「穆」連「考」，故以昭穆言之。文王廟次爲穆，以周自后稷以至文王十五世。案《世本》云：「后稷生不窋，爲昭；不窋生鞠陶，爲穆；鞠陶生公劉，爲昭；公劉生慶節，爲穆；慶節生皇僕，爲昭；皇僕生羌弗，爲穆；羌弗生毁揄，爲昭；毁揄生公飛，爲穆；公飛生高圉，爲昭；高圉生亞圉，爲穆；亞圉生組紺，爲昭；組紺生大王亶父，爲穆；亶父生季歷，爲昭；季歷生文王，爲穆。」據世次偶爲穆也。《左傳》曰：「大伯、虞仲，大王之昭。」言大王爲穆而子爲昭。又曰：「虢仲、虢叔，王季之穆。」亦王季爲昭而子爲穆，與文王同穆也。又管、蔡、郕、霍等十六國亦曰文王之昭，則以文王爲穆，其子與武王爲昭。又曰：「邘、晉、應、韓，武之穆。」以繼武王爲昭也。「將言始國在西土，西土岐周之政」者，據今本先，故言始，謂初始爲政。然則居豐前故云「西土」，欲將言道文王「誥毖庶邦」以下之政，故先本之云「肇國在西土」。

傳「文王」至「常飲」　告敕使之敬慎，故曰「告慎」。其「衆國」，即衆多國君。「衆士」，朝臣也。既總呼爲士，則卿大夫俱在内。少正御治事，以其卑賤，更別目之。「朝夕敕之」，丁寧慎之至也。

傳「惟天」至「祭祀」　《世本》云：「儀狄造酒，夏禹之臣。」又云：「杜康造酒。」則人自意所爲。言「天下教命」者，以天非人，不因人爲者，亦天之所使，故凡造立皆云本之天。「元祀」者，言酒惟用於大祭祀，見戒酒之深也。顧氏云：「元，大也。」《洛誥》稱秩元祀」，孔以爲舉秩大祀。大劉以「元」爲始，誤也。

傳「天下」至「亂行」　民自飲酒致亂，以被威罰。言「天下威」者，亦如上言天之「下教命」，令民作酒也。爲亂而罪，天理當然，故曰「天討有罪，五刑五用哉」。俗本云「不爲亂行」，定本云「亦爲亂行」，俗本誤也。

傳「於小」至「爲罪也」　「小、大之國」，謂諸侯之國有小、大也。上言「民用大亂」，指其身爲罪；此言「邦用喪」，言其邦國喪滅。上文總謂貴賤之人，此則專指諸侯之身故也。惟行用酒，惟罪身得罪，亦互相通也。

「文王誥教小子、有正、有事無彝酒。小子，民之子孫也。正官治事，謂下羣吏。教之皆無常飲酒。越庶國飲惟祀，德將無醉。於所治衆國，飲酒惟當因祭祀，以德自將，無令至醉。惟曰我民迪小子惟土物愛，厥心臧。文王化我民教道子孫，惟土地所生之物皆愛惜之，則其心善。聰聽祖考之彝訓，越小大德，小子惟一。」言子孫皆聰聽父祖之常教，於小大之人皆念德，則子孫惟專一。

疏：「文王」至「惟一」　前文王戒酒，以爲所供當重飲之，則有滅亡之害，此更戒之，令以德自將，不可常飲，故又云文王誥教其民之小子，與正官之下有職事之人，謂羣吏，汝等無得常飲酒也。於所治衆國之君臣民衆等，言飲酒惟當因祭祀，以德自將，無令至醉。又自申文王之教小子者，不但身自教之，又化民使自教其子弟。惟教其民曰：惟我民等，當教道子孫小子，令土地所生之物皆愛惜之，則其心善矣。以愛物則不爲酒而損耗故也。既父祖稟文王之教以化其子孫，而子孫能聰審聽用祖考之常訓，言愛物以戒酒也。不但民之小子爲然，其於小大德之士大夫等，亦皆能念行文王之德以教其子孫，故子孫亦聰

聽之。小子惟皆專一而戒其酒。其民及在位不問貴賤，子孫皆化，則至成長爲德可知也。

傳「小子」至「飲酒」　知「小子」謂「民之子孫」者，以下文云「我民迪小子」，又云「奔走事厥考、厥長」，故知「小子」謂民之子孫也。知「有正、有事」非士大夫，而云「正官治事謂下羣吏」者，以文與「小子」相連，故知是正官下治事之羣吏。

傳「於所」至「至醉」　以述上文内外雙舉，此爲小子及民與士大夫，可知其外宜有國君，故下云指戒康叔爲國之事。故總言衆國惟於祭祀得飲酒，猶「以德自將，無令至醉」。《大傳》因此言宗室將有事，族人皆入侍，得有醉與不醉而出與不出之事，而「以德自將，無令至醉」，亦一隅之驗。文王爲諸侯而云「衆國」者，文王爲西伯，又三分有二諸侯，故得戒衆國也。

傳「文王」至「心善」　以「惟曰」爲教辭，故言文王化我民愛惜土物而不損耗，則不嗜酒，故心善。

「妹土嗣爾股肱，純其藝黍、稷，奔走事厥考、厥長，今往，當使妹土之人繼汝股肱之教，爲純一之行。其當勤種黍、稷，奔走事其父兄。厥長，丁丈反，下注『長官』『諸侯之長』同。肇牽車牛，遠服賈，用孝養厥父母。農功既畢，始牽車牛，載其所有，求易所無，遠行賈賣，用其所得珍異，孝養其父母。賈音古。養，羊亮反。厥父母慶，自洗，腆致用酒。其父母善子之行，子乃自絜，厚致用酒養也。洗，先典反，馬云：『盡也。』腆，他典反。庶士有正越庶伯、君子，其爾典聽朕教。衆伯君子、長官、大夫統衆士有正者，其汝常聽我教，勿違犯。爾大克羞耇，惟君，爾乃飲食醉飽。汝大能進老成人之道，則爲君矣。如此，汝乃飲食醉飽之道。先戒羣吏以聽教，次戒康叔以君義。丕惟曰：爾克永觀省，作稽中德。我大惟教汝曰：汝能長觀省古道，爲考中正之德，則君道成矣。省，悉井反。爾尚克羞饋祀，爾乃自介用逸。能考中德，則汝庶幾能進饋祀於祖考矣。能進饋祀，則汝乃能自大用逸之道。饋，其位反。茲乃允惟王正事之臣，汝能以進老成人爲醉飽，考中德爲用逸，則此乃信任王者正事之大臣。信任音壬。茲亦惟天若元德，永不忘在王家。」言此非但正事之臣，亦惟天順其大德而佑之，長不見忘在王家。

疏：「妹土」至「王家」　既上言文王之教，今指戒康叔之身，實如汝當法文王斷酒之法，故今往當使妹土之人繼爾股肱之教，爲純一之行。其當勤於耕種黍稷，奔馳趨走，供事其父與兄。其農功既畢，始牽車牛，遠行賈賣，用其所得珍異，孝養其父母。父母以子如此，善子之行，子乃自洗絜謹敬，厚致用酒以養。此亦小子土物愛也。又謂汝衆士有正之人，及於衆伯君子、長官大夫統衆士有正者，其汝亦常聽用我斷酒之教，勿違犯也。汝康叔大能進行老成人之道，則惟可爲君矣。如此，汝乃爲飲食醉飽之道。由須進行老成人，故我大惟教汝曰：汝能長觀省古道，所爲考行中正之德，即是進行老成人，惟堪爲君。能考中德，則汝庶幾能進饋祀於祖考矣。以能進饋祀，人神所助，則汝乃能自大用逸之道。如此用逸，則乃信惟王正事之大臣。不但正事大臣如此，亦惟天順其大德而佑助之，長不見遺忘在王家矣，可不務乎？

傳「今往」至「父兄」　以妹土爲所封之都，故言「今往」。「繼汝股肱之教」者，君爲元首，臣作股肱，君倡臣行，施由股肱，故言繼其教也。言「奔走」者，顧氏云：「勤種黍稷，奔馳趨走也。」

傳「農功」至「父母」　若當農功，則有所廢，故知既畢乃行，故云「始牽車牛」，即牽將大車，載有易無，遠求盈利。所得珍異而本不損，故可孝養其父母，亦愛土物之義也。

傳「其父」至「酒養也」　以人父母欲家生之富者，若非盈利，雖得其養，有喪家資，則父母所不善。今勤商得利，富而得養，所以善子之行也。

傳「衆伯」至「違犯」　「衆伯君子」統衆士有正者，經云「庶士有正者」。戒其慎酒，從卑至尊，故先教子孫，乃及庶士衆伯君子。

傳「汝大」至「君義」　《釋詁》云：「羞，進也。」既以慎酒立教，是大能進行老成人之道，是惟可爲人君矣。以人君若治不得所，民事可憂，雖得酒食，不能醉飽。若能進德，民事可平，故爲飲食可醉飽之道。以羣臣言，聽教即爲臣義，不過慎酒進德。次戒康叔以君義，亦有聽教，明爲互矣。

傳「我大」至「成矣」　以言「曰」，故以爲教辭，即教以「大克羞耇」。長省古道，是老成人之德。考其中正，是能大進行，可以惟爲君，故云「則君道成矣」。

傳「能考」至「之道」　以聖人爲能饗帝，孝子爲能饗親，考德爲君，則人治之已成。民事可以祭神，故考中德能進饋祀於祖考。人愛神助，可以無爲，故大用逸之道，即上云「飲食醉飽之道」也。鄭以爲助祭於君，亦非其義勢也。以下云「茲亦惟天據人事」，是惟王正事大臣本天理，故天順其大德，不見忘在於王家，反覆相成之勢也。

王曰：「封，我西土棐徂邦君、御事、小子尚克用文王教，不腆於酒，我文王在西土，輔訓往日國君及御治事者、下民子孫，皆庶幾能用上教，不厚於酒，言不常飲。故我至

於今克受殷之命。」以不厚於酒，故我周家至於今能受殷之王命。

疏：「王曰封我西」至「之命」　於此乃總言不可不用文王慎酒之教。　王命之曰：封，我文王本在西土，以道輔訓往日國君，及治事之臣大夫士與其民之小子，其此等皆庶幾能用文王教而不厚於酒，故我周家至於今能受殷之王命。以此故，不可不用其教以斷酒。

傳「我文」至「常飲」　「棐」，輔也。「徂」，往也。以事已過，故言「往日」。恐嗜酒不成其德，故以斷酒輔成之。其「御事」，謂國君之下衆臣也。「不厚於酒」，即「無彝酒」也，故云「不常飲」。　總述上也。

王曰：「封，我聞惟曰：　在昔殷先哲王迪畏天，顯小民，聞之於古。殷先智王，謂湯。蹈道畏天，明著小民。　經德秉哲。　自成湯咸至於帝乙，成王畏相。　能常德持智。從湯至帝乙，中間之王猶保成其王道，畏敬輔相之臣，不敢爲非。　畏相，息亮反，下同。惟御事厥棐有恭，不敢自暇自逸，惟殷御治事之臣，其輔佐畏相之君，有恭敬之德，不敢自寬暇自逸豫。　暇，遐嫁反。　矧曰其敢崇飲？崇，聚也。自暇自逸猶不敢，況敢聚會飲酒乎？明無也。　越在外服，侯、甸、男、衛、邦伯；於在外國，侯服、甸服、男服、衛服。國伯，諸侯之長。言皆化湯畏相之德。　越在內服，百僚庶尹、惟亞、惟服、宗工，於在內服，治事百官衆正，及次大夫，服事尊官，亦不自逸。　越百姓、里居，於百官族姓，及卿大夫致仕居田里者。　罔敢湎於酒。　湎，面善反。　不惟不敢，亦不暇。　自外服至里居，皆無敢沈湎於酒。非徒不敢，志在助君敬法，亦不暇飲酒。　惟助成王德顯，越尹人祗辟。」所以不暇飲酒，惟助其君成王道，明其德。於正人之道，必正身敬法。其身正，不令而行。　祗辟，扶亦反。

疏：「王曰封我聞」至「祗辟」　以周受於殷，文王之前，殷代也，今又衛居殷地，故舉殷代以酒興亡得失而爲戒。　王命之曰：　封，我聞於古，所聞惟曰殷之先代智道之王成湯於上蹈道以畏天威，於下明著加於小民，即能常德持智，以爲政教。　自成湯之後皆然，以至於帝乙，猶保成其王道，畏敬輔相之臣。　其君既然，惟殷御治事之臣其輔相於君，有恭敬之德，不敢自寬暇，自逸豫，況曰其敢聚會羣飲酒乎？於是在外之服侯、甸、男、衛、國君之長；於是在內之服治事百官衆正，惟次大夫，惟服事尊官，於百官族姓及致仕在田里而居者，皆無敢沈湎於酒。　不惟不敢，亦自不暇飲。　所以不暇者，惟以助其君成其王道，令德顯明，又於正人之道，必正身敬法，正身以化下，不令而行，故不暇飲。　是亦可以爲法也。

傳「聞之」至「小民」　言「聞之於古」，是事明衆見也。　下言「自成湯」，知此別道湯事也。　王者上承天下恤民，皆由蹈行於道，畏天之罰己故也。　又以道教民，故明德著小民。

傳「能常」至「爲非」　德在於身，智在於心，故能常德持智，即上「迪畏天，顯小民」，爲自湯後皆爾。

傳「惟殷」至「逸豫」　此事當公卿，故下別云「越在內服百僚庶尹」也。　爲君畏相，故輔之。　若寬暇與逸豫，則不恭敬，故不敢爲也。

傳「崇聚」至「明無也」　《釋詁》云：「崇，充也。」充實則集聚，故「崇」爲「聚」也。　飲必待暇逸。　猶尚不敢暇逸，故言「況敢聚集飲酒乎」，明無也。

傳「於在」至「之德」　以公卿與國爲體，承君共事，故先言之。　然後見廣，故自外及內。　舉四者以總六服，又因衛爲蕃衛，故不言采也。　「國」謂國君，「伯」言長。　連屬卒牧，皆是見遍在外爲君，故言「化湯畏相之德」。

傳「於在」至「白逸」　畿外有服數，畿內無服數，故爲服治事也。　言「百官衆正」，爲總之文，但百官衆正除六卿，亦有大夫及士，士亦有官首而爲政者。　「惟亞」，傳云「次大夫」者，謂雖爲大夫，不爲官首者。　亞次官首，故云亞。　舉大夫尊者爲言，其實士亦爲亞次之官。　必知「惟亞」兼士者，以此經文上下，更無別見士之文，故知兼之。　「惟服宗工」，總上「百僚庶尹」及「惟亞」言。　服治職事，尊官之故，亦不自逸。　惟亞等雖不爲官首，亦助上服治政事。　或可非官首者，服事在上之尊官，亦不自逸。

傳「於百」至「里者」　每言「於」者，繼上君與御事爲「於」。　此不言「在」，從上內服故也。　「百官族姓」，謂其每官之族姓，而與「里居」爲總，故云「卿大夫致仕居田里者」也。

傳「自外」至「飲酒」　自外服至里居，皆「無敢沈湎」，亦上御事云「亦不暇」。　不暇則不逸，可知「助君敬法」。　逆探下經也。

「我聞亦惟曰：　在今後嗣王酣身，嗣王，紂也。酣樂其身，不憂政事。　酣，户甘反。　樂音洛。　厥命罔顯於民，祗保越怨，不易。　言紂暴虐，施其政令於民，無顯明之德。所敬所安，皆在於怨，不可變易。　不易，如字，馬以豉反。　誕惟厥縱淫泆於非彝，用燕喪威儀，民罔不衋傷心。　紂大惟其縱淫泆於非常，用燕安喪其威儀，民無不衋然痛傷其心。　縱，子用反。　注同。　泆音溢，又作「逸」，亦作「佚」。　衋，許力反。　惟荒腆於酒，不惟自息乃逸。　言紂大厚於酒，晝夜不念自息乃過差。　差，初佳反，又初賣反。　厥心疾很，不克畏死。　紂疾很其心，不能畏死，言無忌憚。　很，胡懇反。　辜在商邑，越殷國滅無罹。　紂聚罪人在都邑而

任之，於殷國滅亡無憂懼。弗惟德馨香祀登聞於天，誕惟民怨。紂不念發聞其德，使祀見享升聞於天，大行淫虐，惟爲民所怨咎。庶羣自酒，腥聞在上，故天降喪於殷，罔愛於殷，惟逸。紂衆羣臣用酒沈荒，腥穢聞在上天，故天下喪亡於殷，無愛於殷，惟以紂奢逸故。腥聞音問。天非虐，惟民自速辜。」言凡爲天所亡，天非虐民，惟民行惡自召罪。

疏：「我聞」至「速辜」 既言帝乙以上慎酒以存，故又言紂嗜酒而滅。我聞亦惟曰：殷之在今帝乙後嗣之謂紂王，酣樂其身，不憂於政事，施其政令，無顯明之德於民。所敬所安，皆在於怨，不可變易。大惟其縱淫泆於非常，用燕安之故，喪其威儀。民見之，無不盡然痛傷其心也。皆由惟大愛厚於酒，晝夜不念自止息，乃過逸其內心，疾害很戾，不能畏死。聚罪人在商邑而任之，於殷國滅亡無憂懼也。不念發聞其德令之馨香，使祀見享升聞於天，大惟行其淫虐，爲民下所怨。紂衆羣臣集聚用酒荒淫，腥穢聞在上天，故天下喪亡於殷，無愛念於殷，惟以紂奢逸故。非天虐殷以滅之，惟紂爲人自召此罪故也。

傳「言紂」至「變易」 「施其政令於民，無顯明之德」，言所施者皆是闇亂之政也。紂意謂之爲善，所敬之所安之者及其施行，皆是害民之事，爲民所怨。紂之爲惡，執心堅固，「不可變易」也。

傳「紂大」至「其心」 「誕」訓爲「大」。言「紂大惟其縱淫泆於非常」之事。

傳「紂衆」至「逸故」 「紂衆羣臣用酒沈荒」，「用」者，解經之「自」。定本作「自」，俗本多誤爲「嗜」。

傳「言凡」至「召罪」 此言「惟人」，謂紂也。今變言「人」者，見雖非紂亦然。

王曰：「封，予不惟若茲多誥。我不惟若此多誥汝，我親行之。古人有言曰：『人無於水監，當於民監。』古賢聖有言：人無於水監，當於民監。視水見己形，視民形事見吉凶。監，工陷反，下及注同。今惟殷墜厥命，我其可不大監，撫於時？」今惟殷紂無道，墜失天命，我其可不大視此爲戒，撫安天下於是？

疏：「王曰封予」至「於時」 既陳殷之戒酒與嗜酒，以致興亡之異，故誥之王命，言曰：封，我不惟若此徒多出言以誥汝而已，我自戒酒，已親行之，汝可法之也。所以親行者，古人有言曰：「人無於水監，當於民監。」以水監但見己形，以民監知成敗故也，以須民監之故。今殷紂無道，墜失其天命，我其可不大視以爲戒，撫安天下於今時也？

「予惟曰：汝劼毖殷獻臣，劼，固也。我惟告汝曰：汝當固慎殷之善臣信用之。劼，苦八反。侯、甸、男、衛，矧太史友、內史友？侯、甸、男、衛之國當慎接之，況太史、內史掌國典法，所賓友乎？越獻臣百宗工，矧惟爾事，服休服采？於善臣百尊官不可不慎，況汝身事服行美道，服事治民乎？矧惟若疇圻父，薄違農父？圻父，司馬。農父，司徒。身事且宜敬慎，況所順疇咨之司馬乎？況能迫迴萬民之司徒乎？言任大。圻，巨依反。父音甫。薄，蒲各反，徐又扶各反。違，如字，徐音回，馬云：「違，行也。」若保宏父定辟，矧汝剛制於酒？」宏，大也。宏父，司空。當順安之。司馬、司徒、司空，列國諸侯三卿慎擇其人而任之，則君道定，況汝剛斷於酒乎？宏，大也。辟，必亦反。斷，丁亂反。

疏：「予惟」至「於酒」 殷之存亡，既可以爲監若是，故我惟告汝曰：汝當堅固愛慎殷之善臣，及侯、甸、男、衛之君，則重。司空直指營造，故在下也。司徒言於「萬民」爲「迫迴」者，事務爲主故也。司徒不言「若」者，互相明，皆爲治民而君所順也。

「厥或誥曰羣飲，汝勿佚。其有誥汝曰民羣聚飲酒，不用上命，則汝收捕之，勿令失也。佚音逸。盡執拘以歸於周，予其殺。盡執拘羣飲酒者以歸於京師，我其擇罪重者而殺之。盡，子忍反。又惟殷之迪諸臣，惟工乃湎於酒，勿庸殺之。又惟殷家蹈惡俗諸臣，惟衆官化紂日久，乃沈湎於酒，勿用法殺之。惡俗，上烏各反。姑惟教之，有斯明享。以其漸染惡俗，故必三申法令，且惟教之，則汝有此明訓以享國。三申，上息暫反，又如字。乃不用我教辭，惟我一人弗恤，弗蠲乃事，時同於殺。」汝若忽怠不用我教辭，惟我一人不憂汝，乃不絜汝政事，是汝同於見殺之罪。

疏：「厥或」至「於殺」 以爲政莫重於斷酒，故其有人誥汝曰「民今飲酒，相與羣聚」，是不用上命，則汝收捕之，勿令失矣。盡執拘以歸於周之京師，我其擇罪重而殺之也。又惟殷之蹈惡俗諸臣，惟其衆官化紂日久，乃沈湎於酒，勿用法殺之。以漸染惡俗，故三申法令，且惟教之，則汝有此明訓，可以享國。汝若不用我教辭，惟我一人天子不憂汝，不絜汝政事，是汝同於見殺之罪，不可不慎。

傳「盡執」至「殺之」 言「周」，故爲「京師」。但飲有稀數，罪有大小，不可一皆盡殺，故知「擇罪重者殺之」。

傳「又惟」至「殺之」 言「諸臣」，謂尊者及其下列職衆官。不可用法殺之，明法有張弛。此由殷之諸臣漸染紂之惡俗日久，故不可即殺。其衛國之民，先非紂之舊臣，乃羣聚飲酒，恐增長昏亂，故擇罪重者殺之。據意不同，故殺否有異。

傳「以其」至「享國」 禮成於三，故必三申法令。「有此明訓」，總上之辭，故得「享國」。

傳「汝若」至「之罪」 汝不用我教辭，則不足憂念，故惟我一人不憂汝，不絜汝之政事。事惟穢惡，不復教之，使潔靜也。

王曰：「封，汝典聽朕毖，汝當常聽念我所慎而篤行之。勿辯乃司民湎於酒。」辯，使也。勿使汝主民之吏湎於酒，言當正身以帥民。

疏：「王曰對汝」至「於酒」 以戒酒事終，故結之。王命言曰：封，汝當常聽念我所使汝慎者，篤而行之，勿使汝主民之吏若宰人者沈湎於酒，當正身以帥民。

《詩·小雅》 賓之初筵

疏：《毛序》：「衛武公刺時也。幽王荒廢，媟近小人，飲酒無度，天下化之。君臣上下沈湎淫液，武公既入而作是詩也。」《箋》：「淫液者，飲食時情態也。武公入者，入爲王卿士。」《後漢孔融傳》李注引《韓詩》曰：「衛武公飲酒悔過也。」朱子《集傳》引作《韓詩序》。《易林·大壯之家人》：「舉觴飲酒，未得至口。側弁醉詾，拔劍斫怒。武公作悔。」齊義與韓說同。案，武公入相在平王世，幽王已往，《抑詩》已云「追刺」，不應又作此篇。齊韓以爲「悔過」，當從之。

賓之初筵，左右秩秩。[注]韓說曰：言賓客初就筵之時，賓主秩秩然俱謹敬也。籩豆有楚，殽核維旅。[注]齊魯「核」作「覈」。魯「維」作「惟」。酒既和旨，飲酒孔偕。鍾鼓既設，舉醻逸逸。大侯既抗，弓矢斯張。射夫既同，獻爾發功。[注]齊說曰：大射之禮也。發彼有的，以祈爾爵。

疏：《傳》：「秩秩然肅敬也。楚，列貌。殽，豆實也。核，加籩也。旅，陳也。逸逸，往求次序也。大侯，君侯也。抗，舉也。有燕射之禮。的，質也。祈，求也。」箋：「筵，席也。左右，謂折旋揖讓也。秩秩，知也。先王將祭，必射以擇士。大射之禮，賓初入門，登堂即席，其趨翔威儀甚審知。言不失禮也。射禮有三：有大射，有賓射，有燕射。豆實，菹醢也。籩實，有桃梅之屬。凡非穀而食之曰『殽』。『和旨』，猶調美也。孔，甚也。王之酒已調美，衆賓之飲酒又威儀齊一，言主人敬其事而衆賓肅慎。鍾鼓於是言既設者，將射故縣也。『舉』者，舉鵠而棲之於侯也。《周禮·梓人》：『張皮侯而棲鵠。』天子諸侯之射，皆張三侯，故君侯謂之大侯，大侯張而弓矢亦張節也。將祭而射謂之大射，下章言『烝衎烈祖』，其非祭與？『射夫』，衆射者也。獻，猶『奏』也。既比衆耦乃誘射，射者乃登射，各奏其發矢中的之功。發，發矢也。射者與其耦拾發，發矢之時，各心競云：我以此求爵女。爵，射爵也。射之禮，勝者飲不勝，所以養病也。故《論語》曰：『下而飲，其爭也君子。』」陳奂云：「《燕禮》：『司宫筵，賓於户西東上，無加席也。射人告具。小臣設公席於阼階上，西鄉設加席。』是主席在東，而賓筵在西。『左右』，猶『東西』也。」「言賓」至「敬也」。《後漢·孔融傳》李注引《韓詩》文。「齊魯核作覈，魯維作惟」者，《文選》班固《典引》「肴覈仁義之林藪」，蔡邕注：「肴覈，食也。肉曰肴，骨曰覈。詩曰：『肴猶惟旅。』」班用《齊詩》，蔡邕《魯詩》，是齊魯「核」俱作「覈」，魯「維」作「惟」也。「大射之禮也」者。《漢書·吾邱壽王傳》壽王曰：「大射之禮，自天子降及庶人，三代之道也。《詩》云：『大侯既抗，弓矢斯張。射夫既同，獻爾發功。』言貴中也。」陳喬樅云：「壽王從董仲舒受《春秋》，則稱《詩》亦當爲齊學。此詩《毛傳》云『有燕射之禮』，《鄭箋》則云『將祭而射謂之大射』，下章言『烝衎烈祖』，其非祭與？今據壽王說，明以此詩爲大射之禮，知《鄭箋》所云蓋從齊義。」《說苑·修文篇》：「射者必心平體正，持弓矢審固，然後射者能以中。《詩》云：『大侯既抗，弓矢斯張。射夫既同，獻爾發功。』此之謂也。」據此，魯毛文同。《禮射》義：「《詩》云：『發彼有的，以祈爾爵。』祈，求也，求中以辭爵也。酒者所以養老也，所以養病也。求中以辭爵者，辭養也。」以「祈」爲求中辭爵，此義最古。引《詩》合上《壽王傳》所引，明齊毛文同。鄭注：「發，猶射也。的，謂所射之識也。言射的必欲中之者，以求不飲女爵也。『爾』，或爲『有』。」案，《禮》文明言「求中以辭爵」，是求射中，注以「爾爵」不屬射，更以「求不飲女爵」說之，蓋本《齊詩》，其以「爵」爲「女爵」則同。《箋》毛乃云「我以此求爵女」，並引「下而飲」爲證，是謂以我爵飲汝酒，即「爾」或爲「有」之義矣。知三家「爾」有作「有」者。

籥舞笙鼓，樂既和奏。烝衎烈祖，以洽百禮。百禮既至，有壬有林。錫爾純嘏，子孫其湛。其湛曰樂，各奏爾能。賓載手仇，室人入又。酌彼康爵，以奏爾時。

疏：《傳》：「秉籥而舞，與笙鼓相應。壬，大。林，君也。嘏，大也。手，取也。室人，主人也。主人請射於賓，賓許諾，自取其匹而射，主人亦入於次，又射以耦賓也。酒所以安體也。時，中者也。」《箋》：「籥，管也。殷人先求諸陽，故祭祀先奏樂，滌蕩其聲也。烝，進。衎，樂。烈，美。洽，合也。奏樂和，必進樂其先祖，於是又合見天下諸侯所獻之禮。壬，任也，謂卿大夫也。諸侯所獻之禮既陳於庭，有卿大夫，又有國君。言天下偏至，得萬國之歡心。純，大也。嘏，謂尸與主人以福也。湛，樂也。王受神之福於尸，則王之子孫皆喜樂也。子孫各

奏爾能者，謂既湛之後，各酌獻尸，尸酢而卒爵也。士之祭禮，上嗣舉奠，因而酌尸。天子則有子孫獻尸之禮，《文王世子》曰『其登餕獻受爵，則以上嗣』是也。『仇』，讀爲『𣂪』。室人有室中之事者，謂佐食也。又，復也。賓手挹酒，室人復酌爲加爵。康，虚也。時，謂心所尊者也。加爵之間，賓與兄弟交錯相醻。卒爵者，酌之以其所尊，亦交錯而已，又無次也。」馬瑞辰云：「壬、林，承上『百禮』言。『有壬』，狀其禮之大；『有林』，狀其禮之多。《爾雅》『林』『烝』並訓爲『君』，又訓爲『衆』，其義一也。『君』即『羣』也。『賓載手仇，室人入又』者，《傳》《箋》異義。據下文『以奏爾時』，『時』謂『中』者，則從《傳》謂『賓自取匹以射』，其義爲允。」胡承珙云：「《大射儀》：『燕畢徹俎，説屨安坐之後，若命曰：復射，司射、命射唯欲。』注云：『欲者則射，不欲者則止。可否之事，從人心也。』蓋前此之射皆司射請射，有司氏耦，此云『命射唯欲』，則可自取其耦，不必與正射同。又天子諸侯燕禮、射禮，以膳夫、宰夫爲主人。前此正射，君與賓爲耦，此時或君不欲射，主人膳宰之屬故可請射於賓，亦入於次，又射以耦賓也。」此説可補《孔疏》之疏略。

賓之初筵，温温其恭。其未醉止，威儀反反。［注］韓「反」作「昄」，云：善貌。曰既醉止，威儀幡幡。舍其坐遷，屢舞僊僊。其未醉止，威儀抑抑。曰既醉止，威儀怭怭。［注］三家「怭」作「佖」。是曰既醉，不知其秩。

疏：《傳》：「反反，言重愼也。幡幡，失威儀也。遷，徙。屢，數也。僊僊然。抑抑，愼密也。怭怭，媟嫚也。秩，常也。」《箋》：「此復言『初筵』者，既祭，王與族人燕之筵也。王與族人燕，以異姓爲賓。『温温』，柔和也。此言賓初即筵之時，能自勅戒以禮，至於旅醻，而小人之態出。言王既不得君子以爲賓，又不得有恒之人，所以敗亂天下，率如此也。」反作昄，訓善貌者，《釋文》引《韓詩》文。陳喬樅云：「『反反』，即『昄昄』之省借。《釋詁》：『昄，大也。』《玉篇》：『昄，大也，善也。』《玉篇》『昄善』之訓，即本《韓詩》。」馬瑞辰云：「毛訓『重愼』，亦善貌也。《執競詩》『威儀反反』，《毛傳》：『反反，難也。』義與此《傳》『重愼』相成，故《詩疏》亦以『重難』釋之。」又云：「古者飲酒之禮，取觶、奠觶皆坐。又凡禮盛者，坐卒爵，其餘則皆立飲。又有升降興拜、復席復位諸禮，皆可以『遷』統之。『舍其坐遷』，謂舍其當坐、當遷之禮耳。若如《正義》『舍其本坐，遷嚮他處』，則是讀『舍其坐』爲句，『遷』字另爲句。否則易經文爲『舍坐而遷』，其義始明，非《詩》義也。」『威儀怭怭』，《釋文》引《説文》，「怭」作「佖」：「媟嫚也。」今《説文》「佖」下引《詩》，訓「威儀也」。段注：「當作『威儀媟嫚也。』」黄山云：「揚雄《羽獵賦》『駢衍佖路』，《文選》李注引晉灼曰：『佖，滿也。』滿爲充滿，是自以爲有威儀，即矜張自滿之貌，與『抑抑』正相反，故下云『不知其秩』，猶言不知其職分耳。毛訓『媟嫚』，則與上文『幡幡』訓『失威儀』複，《釋文》緣《毛傳》而訛也。或謂本引《傳》文爲『媟嫚』二字出者，非引《説文》訓也，《説文》作『佖』，本三家。」

賓既醉止，載號載呶。亂我籩豆，屢舞僛僛。韓説曰：僛，醉舞貌。是曰既醉，不知其郵。側弁之俄，屢舞傞傞。［注］三家「傞」作「㛗」。既醉而出，並受其福。醉而不出，是謂伐德。飲酒孔嘉，維其令儀。

疏：《傳》：「號呶，號呼讙呶也。僛僛，舞不能自正也。傞傞，不止也。」《箋》：「郵，過。側，傾也。俄，傾貌。此更言賓既醉而異章者，著爲無筭爵以後也。出，猶去也。孔，甚。令，善也。賓醉則出，與主人俱有美譽。醉至若此，是誅伐其德也。飲酒而誠得嘉賓，則於禮有善威儀，武公見王之失禮，故以此言箴之。」《後漢・孔融傳》李注引《韓詩》曰：「『賓既醉止，載號載呶。』不知其爲惡也。」楊雄《光禄勳箴》：「載號載呶。」明魯毛文同。「僛，醉舞貌」者，《玉篇・人部》：「僛，醉舞貌。《詩》云：『屢舞僛僛。』」案，此與毛訓異，又出《玉篇》，亦是《韓詩》之訓。《易林・井之師》「側弁醉客」，用齊經文。「三家傞作㛗」者，《説文》「㛗」字注引《詩》「婁舞㛗㛗」，此出三家。段玉裁云：「古『此』聲、『差』聲最近，《邶鄘衛風》『玼兮玼兮』，或作『瑳兮瑳兮』。」正與「傞」通作「㛗」相類。《説苑・反質篇》：「《詩》曰：『側弁之俄』，言失德也。『屢舞傞傞』，言失容也。『既醉以酒，既飽以德』；『既醉而出，並受其福』，賓主之禮也。『醉而不出，是謂伐德』，賓主之罪也。」所引明魯毛文同。馬瑞辰云：「《説文》《廣雅》並云：『伐，敗也。』『伐德』，猶言『敗德』。《箋》訓爲『誅伐』，失之。」又《説文》「俄」下引《詩》「仄弁之俄。」「側」作「仄」，古字通用。《釋水》：「穴出，仄出也。」《釋文》：「仄，本作側。」《史記・平準書》「鑄鍾官赤側」，《漢書・食貨志》作「鑄鍾官赤仄。」皆其證。《漢書・五行志》及諸傳亦皆以「仄」代「側」，是《説文》所引即《齊詩》之「或作」本。

凡此飲酒，或醉或否。既立之監，或佐之史。彼醉不臧，不醉反恥。式勿從謂，無俾大怠。匪言勿言，匪由勿語。由醉之言，俾出童羖。三爵不識，矧敢多又。

疏：《傳》：「立酒之監，佐酒之史。羖羊，不童也。」《箋》：「『凡此』者，凡此時天下之人也。飲酒於有醉者，有不醉者，則立監使視之，又助以史，使督酒，欲

令皆醉也。彼醉則已不善，人所非惡，反復取未醉者恥罰之。言此者，疾之也。式，讀曰『慝』。勿，猶『無』也。俾，使。由，從也。武公見時人多説醉者之狀，或以取怨致讐，故爲設禁。醉者有過惡，女無就而謂之也。當防護之，無使顛僕，至於怠慢也。其所陳説，非所當説，無爲人説之也，亦無從而行之也，亦無以語人也，皆爲其聞之將恚怒也。女從行醉者之言，使女出無角之羖羊。脅以無然之物，使戒深也。羖羊之性，牝牡有角。矧，況。又，復也。當言我於此醉者，飲三爵之不知，況能知其多復飲乎？三爵者，獻也，酬也，酢也。」《鄉射禮》鄭注：「爵備樂畢，將留賓以事，爲有懈倦失禮，立司正以監之，察儀法也。《詩》云：『既立之監，或佐之史。』」陳喬樅云：「此引《齊詩》也。《記》注之義，於《詩》意爲合。」馬瑞辰云：「《戰國策》淳于髡説齊威王曰：『賜酒大王之前，執法在旁，御史在後。』『御史』，即《詩》所謂『或佐之史』也。古者飲酒皆立之監，以防失禮。惟老者有乞言之典，更佐以史，少者則否，故云『或佐之史』。監以察儀，史以記言，下文云『式勿從謂，無俾大怠』，察儀之事也。『匪言勿言，匪由勿語』，乞言於老者而勉以慎言之詞也。」又云：「『式』，當讀『式微式微』之式，彼《箋》云『式，發聲』是也。『式勿從謂』，即『勿從謂』也。《釋詁》：『謂，勤也。』『勤』爲『勸勞』之勸，亦爲『相勸勉』之勸。『勿從謂』者，勿從而勸勸之，使更飲也，故即繼之以『無俾大怠』耳。」又云：「『俾出童羖』者。《釋畜》：『夏羊牡羭牝羖。』當爲『牡羖牝羭』之譌。《説文》宋本、小徐本並曰『夏羊牡曰羖』，《廣韻》《集韻》及《類篇》《韻會》引《説文》同，是知今大徐本作『牝』爲傳寫之譌。證一。《説文》：『夏羊牝曰羭。』《列子·天瑞篇》：『老羭之爲猿。』張湛注亦以『羭』爲『牝羊』，則知羖必牡羊矣。證二。《三蒼》：『羖，夏羊羖䍽也，亦羯也。』説文：『羯，羊羖犗也。』去勢曰犗，必牡羊乃可稱犗。證三。戴侗《六書故》、周伯琦《六書正譌》並曰：『羖，牡羊也。』證四。《廣雅》：『吴羊牡一歲曰𦍩𦍲。』《玉篇》《廣韻》並以『𦍩』爲『羖』之俗。案，今俗稱牛之牡者爲『牯』，與牡羊之稱『羖羊』取義正同。證五。《説文》：『羝，牡羊也。』《廣雅》：『吴羊牡三歲曰羝。』《易釋文》引張璠注：『羝羊，羖羊也。』以『羖』釋『羝』，羝爲牡，則羖亦牡可知。證六。以今證古，吴羊即今綿羊，惟牡者有角，牝者多無角。夏羊即今山羊，牝牡皆有角，牝間有角小者，牡則未有無角者。《大雅·抑》之詩曰『彼童而角』，是無角者而言其有角。此詩『俾出童羖』，又是有角者而欲其無角。二者相參，足見詩人寓言之妙。《傳》『羖羊不童』，蓋以羖爲夏羊之牡者。至《箋》以『羖』爲牝牡通稱，蓋據漢末稱夏羊爲羖，即《爾雅》郭注所云，今人便以『牂羖』名白黑羊也，然與《爾雅》《説文》訓異矣。」又云：「禮，飲獻酢酬之外，又有旅酬，不止三爵。惟臣侍君小燕，則以三爵爲度。《玉藻》：『君子之飲酒也，受一爵而色酒如也；二爵而言言斯，禮已；三爵而油油，以退。』《孔疏》：『言侍君小燕之禮。』引《春秋傳》曰：『臣侍君，燕過三爵，非禮也。』又《易林》曰：『湛露之歡，三爵畢恩。』《公羊》何休注：『禮，飲酒不過三爵。』皆指平時侍燕而言，即此詩所謂『三爵』也。」

又《周頌》豐年

[注]魯説曰：《豐年》一章七句，蒸嘗秋冬之所歌也。疏：《毛序》：「秋冬報也。」《箋》：「報者，謂嘗也、烝也。」「豐年」至「歌也」，蔡邕《獨斷》文，魯説也。齊韓當同。陳喬樅云：「此『烝嘗』，非四時宗廟之祭也。《禮·月令》：『季秋之月，大饗帝，嘗犧牲，告備於天子。』鄭注：『嘗者，謂嘗羣神。天子親嘗帝，使有司祭於羣神，禮畢而告焉。』又：『孟冬之月，大飲烝，天子乃祈來年於天宗，大割祠於公社及門閭，臘先王五祀。』鄭注：『十月農功畢，天子諸侯與其羣臣飲酒於大學，以正齒位，謂之大飲，別之於他。其禮亡。』又釋『祈』與『大割』及『臘』云：『此《周禮》所謂蜡祭也。』《淮南·時則訓》高注云：『烝，冬祭也。』正此詩所言『蒸嘗』。秋冬之祭謂之『嘗』者，取物成嘗新之義；謂之『烝』者，取品物備進之義。《月令》言『畢饗先祖』，《詩》言『烝畀祖妣』，其事正同。《噫嘻》爲春夏祈祭之所歌，《豐年》爲秋冬報祭之所歌，與宗廟時祀之『烝嘗』名同而實異也。」黄山云：「此詩《獨斷》云『蒸嘗秋冬之所歌』，《毛序》云『秋冬報』，《箋》謂『報者，嘗也、烝也』，得《箋》説而知蔡言『蒸嘗』亦即指『報祭』矣。報社稷必於秋，《良耜》之『秋報社稷』是也。報先祖則或於秋，或於冬，亦必一報，而非二報。蓋天時有早晏，成熟有先後，一物不備，一人不得其所，孝子不敢以誣其先。秋祭曰『嘗』，冬祭曰『烝』，本皆宗廟之祭。詩言『爲酒爲醴，烝畀祖妣』，又明爲享先祖先妣，不必爲《月令》之『大享帝』及『祈來年於天宗』也。古者祭不欲數，天子祈報，皆即於時祭行之。《書·雒誥》之『烝祭於新邑』，即成王之告即政，而《烈文》之詩於此歌之，是其證矣。」

豐年多黍多稌，亦有高廩，萬億及秭。

[注]韓説曰：陳穀曰秭也。疏：《傳》：「豐，大。稌，稻也。廩，所以藏齍盛之穗也。數萬至萬曰『億』，數億至億曰『秭』。」《箋》：「『豐年』，大有年也。亦，大也。『萬億及秭』，以言穀數多。」「陳穀曰秭」者，《釋文》引《韓詩》文。陳

喬樅云：「『陳穀』，猶言『積穀』。《廣雅・釋詁一》：『秭，積也。』正本韓訓。魏《伐檀傳》云：『種之曰稼，斂之曰穡。』《方言》：『嗇，積也』。穡，從『嗇』，取『積』之義。《頌》言『萬億及秭』，是形容豐年黍稌之多，故云『陳穀曰秭』，謂積穀入之數也。」愚案：《釋詁》：「秭，數也。」據此，知魯訓同毛。張衡《東京賦》「觀豐年之多稌」，用魯經文。

爲酒爲醴，烝畀祖妣，以洽百禮，降福孔皆。

［注］魯「皆」作「偕」。疏：《傳》：「皆，遍也。」《箋》：「烝，進。畀，予也。」《說文》：「醴，酒一宿孰也。」《楚詞・九歎》王逸注：「醴，醴酒也。《詩》云：『爲酒爲醴』。」「魯皆作偕」者，《說苑・貴德篇》：「聖王布德施惠，非求報於百姓也。郊望禘嘗，非求報於鬼神也。山致其高，雲雨興焉；水致其深，蛟龍生焉；君子致其道德，而福祿歸焉。《周頌》曰：『豐年多黍多稌，亦有高廩，萬億及秭。爲酒爲醴，烝畀祖妣，以洽百禮，降福孔偕。』聖人之於天下也，譬猶一堂之上也，有一人不得其所者，則孝子不敢以其物薦進。」劉向全引《魯詩》，止一「偕」字與毛不同。《左襄二年傳》引《詩》，亦作「降福孔偕。」馬瑞辰云：「皆、偕，嘉一聲之轉，《廣雅・釋言》：『皆，嘉也。』王氏《疏證》曰：《小雅・魚麗》曰：『維其嘉矣。』又曰：『維其偕矣。』《賓之初筵》曰：『飲酒孔嘉。』又曰：『飲酒孔偕。』偕，亦嘉也。今案此詩『孔皆』，亦當從《廣雅》訓『嘉』，『嘉』與『佳』同也。」「百禮」，《孔疏》：「謂牲玉幣帛之屬，合用以祭。」《韓詩外傳》五「夫百姓內不乏食，外不患寒，則可以教御以禮義矣。《詩》曰：『烝畀祖妣，以洽百禮。』」《禮郊特牲》鄭注：「《詩頌・豐年》曰：『爲酒爲醴，烝畀祖妣，以洽百禮。』」明韓齊文與毛同。

《楚辭・招魂》 晉制犀比，晉，國名也。制，作也。比，集也。［補］曰：比，頻二切。費白日些。費，光貌也。言晉國工作簙棊箸，比集犀角，以爲雕飾，投之皜然如日光也。［補］曰：費，耗也。咈，日光也。芳未切。鏗鍾搖簴，鏗，撞也。搖，動也。鏗，《釋文》作鎗。簴，一作虡。五臣云：虡，懸鍾格，言擊鍾則搖動其格。［補］曰：鏗、鎗，竝苦耕切。虡，奇舉切。揳梓瑟些。揳，鼓也。言衆賓既集，共簙以相娛樂，堂下復鳴大鍾，左右歌吟，鼓瑟琴也。五臣云：揳，撫也。以梓木爲瑟。［補］曰：揳，古入切，轢也。《書》亦作戞。娛酒不廢，娛，樂。沈日夜些。言雖以酒相娛樂，不廢政事，晝夜沈湎，以忘憂也。或曰：娛酒不發。發，旦也。《詩》云：明發不寐。言日夜娛樂。又曰：和樂且湛。言晝夜以酒相樂也。夜，一作夕。蘭膏明燭，一作爛。華鐙錯些。言鐙錠盡雕琢錯鏤，飾設以禽獸，有英華也。鐙，一作雕。五臣云：似蘭漬膏取其香也。華，謂有光華。［補］曰：鐙，音登。《說文》曰：錠也。

唐・王績《醉鄉記》《全唐文》卷一三二 醉之鄉，去中國不知其幾千里也。其土曠然無涯，無邱陵阪險；其氣和平一揆，無晦明寒暑；其俗大同，無邑居聚落；其人甚精，無愛憎喜怒，吸風飲露，不食五穀，其寢于于，其行徐徐，與鳥獸魚鱉雜處，不知有舟車器械之用。昔者黃帝氏嘗獲遊其都，歸而杳然喪其天下，以爲結繩之政已薄矣。降及堯舜，作爲千鍾百壺之獻，因姑射神人以假道，蓋至其邊鄙，終身太平。禹湯立法，禮繁樂雜，數十代與醉鄉隔。其臣羲和，棄甲子而逃，冀臻其鄉，失路而道夭，故天下遂不寧。至乎末孫桀、紂，怒而昇其糟邱階級千仞，南向而望，卒不見醉鄉。武王得志於世，乃命公旦立酒人氏之職，典司五齊。拓土七千里，僅與醉鄉達焉，故四十年刑措不用。下逮幽厲，迄乎秦漢，中國喪亂，遂與醉鄉絶。而臣下之愛道者，亦往往竊至焉。阮嗣宗、陶淵明等十數人，並遊於醉鄉，没身不返，死葬其壤，中國以爲酒仙云。嗟乎！醉鄉氏之俗，豈古華胥氏之國乎！其何以淳寂也如是。今予將遊焉，故爲之記。

唐・李白《將進酒》《李太白全集》卷三《樂府》

《宋書》：漢鼓吹鐃歌十八曲，有《將進酒》曲。《樂府詩集》：《將進酒》古詞云：將進酒，乘大白。大略以飲酒放歌爲言。宋何承天《將進酒》篇曰：將進酒，慶三朝。備繁禮，薦佳肴。則言朝會進酒，且以濡首荒志爲戒。若梁昭明太子云，洛陽輕薄子，但叙遊樂飲酒而已。

君不見黃河之水天上來，奔流到蕭本作「倒」。海不復回。君不見高堂明鏡悲白髮，朝如青絲暮成一作「如」。雪。人生得意須盡歡，莫使金樽空對月。天生我材必有用，一作「天生我身必有財」，又作「天生吾徒有俊材」，又「用」一作「開」。千一作「黃」。金散盡還復來。烹羊宰牛且爲樂，會須一飲三百杯。岑夫子，丹丘生，進酒君莫停。一作「將進酒，杯莫停」。與君歌一曲，請君爲我傾蕭本作「側」。耳聽。鐘鼓饌玉不足貴，一作「鐘鼎玉帛豈足貴」。但願長醉不用一作「復」，蕭本作「願」。醒。古來聖賢皆寂寞，一作「死盡」。惟有飲者留其名。陳王昔時一作「日」。宴平樂，斗酒十千恣歡謔。主人何爲言少錢，徑須沽取對君酌。一作「且須沽酒共君酌」。五花馬，千金裘，呼兒將出換美酒，與爾同銷萬古愁。

又《玉壺吟》《李太白全集》卷七《古近體詩・歌吟》

烈士擊玉壺，壯心惜暮年。三盃拂劍舞秋月，忽然高詠涕泗漣。二句一作「三

盃拂劍舞，秋月忽高懸」。鳳凰初下紫泥詔，謁帝稱觴登御筵。揄揚九重萬乘主，謔浪赤墀青瑣賢。朝天數换飛龍馬，勑賜珊瑚白玉鞭。世人不識東方朔，大隱金門是謫仙。西施宜笑復宜嚬，醜女效之徒累繆本作「集」。身。君王雖愛蛾眉好，無奈宫中妒殺人。

又《**金陵酒肆留别**》《**李太白全集**》**卷一五**《**古近體詩·留别**》

風吹一作「白門」。柳花滿一作「酒」。店香，吴姬壓酒唤許本作「使」，一本作「勸」。客嘗。金陵子弟來相送，欲行不行各盡觴。請君試問繆本作「問取」。東流水，别意與之誰短長。

又《**答王十二寒夜獨酌有懷**》《**李太白全集**》**卷一九**《**古近體詩·酬答**》

昨夜吴中雪，子猷佳興發。萬里浮雲卷碧山，青天中道流孤月。孤月滄繆本作「蒼」。浪一作「波」。河漢清，北斗錯落長庚明。懷余對酒夜霜白，玉牀金井冰峥嶸。人生飄忽百年内，且須酣暢萬古情。

又《**秋浦清溪雪夜對酒，客有唱鷓鴣者**》《**李太白全集**》**卷二〇**《**古近體詩·遊宴**》

秋浦，縣名，唐時隸池州。清溪在其北，詳八卷註。《樂府詩集》：《山鷓鴣》，羽調曲也。

披君一作「我」。貂襜褕，對君白玉壺。雪花酒上滅，頓覺夜寒無。客有桂陽至，能吟《山鷓鴣》。清風動窗竹，越鳥起相呼。持此足爲樂，何煩笙與竽？

又《**月下獨酌四首**》《**李太白全集**》**卷二三**《**古近體詩·紀閒適**》

花間一作「下」，《文苑》作「前」。一壺酒，獨酌無相親。舉杯邀明月，對影成三人。月既不解飲，影徒隨我身。暫伴月將影，行樂須及春。我歌月徘徊，我舞影零亂。醒時同交歡，醉後各分散。永結無情遊，相期邈雲漢。《文苑》作「碧巖畔」。

其二

天若不愛酒，酒星不在天。地若不愛酒，地應無酒《文苑》作「醴」。泉。天地既愛酒，愛酒不愧天。已聞清比聖，復道濁如賢。賢聖既已飲，何必求神仙？三盃通大道，一斗合自然。但得酒繆本作「醉」。中趣，勿爲醒者傳。

其三

三月咸陽城，一作「時」。千花晝如錦。一作「好鳥吟清風，落花散如錦」。一作「園鳥語成歌，庭花笑如錦。」誰能春獨愁？對此徑須飲。窮通與修短，造化夙所禀。一樽齊死生，萬事固難審。醉後失天地，兀然就孤枕。不知有吾身，此樂最爲甚。

其四

窮愁千萬一作「有千」。端，美酒三百一作「惟數」。杯。愁多酒雖少，酒傾愁不來。所以知酒聖，一作「聖賢」。酒酣心自開。辭粟卧首陽，一作「餓伯夷」。屢空飢一作「悲」。顔回。當代不樂飲，虚名安用哉？蟹螯即金液，糟丘是蓬萊。且須飲美酒，乘月醉高臺。

又《**待酒不至**》

玉壺繫青絲，沽酒來何遲？山花向我笑，正好銜杯時。晚酌東窗下，流鶯復在兹。春風與醉客，今日乃相宜。

又《**獨酌**》　春草如有意，羅生玉堂陰。東風吹愁來，白髮坐相侵。獨酌勸孤影，閑歌面芳林。長松爾何知，一作「本無情」。蕭瑟爲誰吟？手舞石上月，膝横花間琴。過此一壺外，悠悠非我心。一本云：「春草遍野緑，新鶯有佳音。落日不盡歡，恐爲愁所侵。獨酌勸孤影，閒歌面芳林。清風尋空來，巖松與共吟。手舞石上月，膝横花下琴。過此一壺外，悠悠非我心。」繆本第一句作「春草變緑野」，第七句作「碧松爾何知」，四字不同。

又《**對酒**》

勸君莫拒杯，春風笑人來。桃李如舊識，傾花向我開。流鶯啼碧樹，明月窺金罍。昨日繆本作「來」。朱顔子，今日白髮催。棘生石虎殿，鹿走姑蘇臺。自古帝王宅，城闕閉黄埃。君若不飲酒，昔人安在哉！

又《**醉題王漢陽廳**》

我似鷓鴣鳥，南遷懶北飛。時尋漢陽令，取醉月中歸。

張華《禽經註》：《廣志》云：鷓鴣似雌雉，飛但徂南不北也。《異物記》云：鷓鴣白黑成文，其鳴自呼，象小雉，其志懷南不北徂也。

又《**嘲王歷陽不肯飲酒**》

地白風色寒，雪花大如手。笑殺陶淵繆本作「泉」。明，不飲盃中酒。浪撫一張琴，虚栽五株柳。空負頭上巾，吾於爾何有？

又《**對酒**》《**李太白全集**》**卷二五**《**古近體詩·閨情**》

蒲萄酒，金叵羅，吴姬十五細馬馱。青黛畫眉紅錦靴，道字不正嬌唱歌。玳瑁筵中懷裏醉，芙蓉帳裏一作「底」。奈君何。

唐·白居易《**荔枝樓對酒**》《**白居易集**》**卷一八**

荔枝新熟雞冠色，燒酒初開琥珀香。欲摘一枝傾一盞，西樓無客共誰嘗？

宋·蘇軾《竹葉酒》《蘇軾詩集》卷二

楚人汲漢水，釀酒古宜城。［馮註］《輿地志》：宜城，楚鄢陵，漢宜城，梁率道。梁昭明太子《將進酒》篇：洛陽輕薄子，長安游俠兒。宜城溢渠椀，中山浮羽巵。［查註］《太平寰宇記》：宜城，襄陽屬縣，在府南九十五里。本楚之鄢都，天寶元年改宜城縣，故城在今縣南。其地出美酒。又俗號宜城美酒爲竹葉春。《名勝志》：宜城有金沙泉，在縣東二里。其泉造酒甘美，世稱宜城醖，又名竹葉春。春風吹酒熟，［查註］梁元帝詩：宜城醖酒今朝熟。猶似漢江清。耆舊人何在，［馮註］襄陽有《耆舊傳》。丘墳應已平。［馮註］江淹《恨賦》：琴瑟滅兮丘隴平。惟餘竹葉在，［馮註］《酒譜》：蒼梧之地，釀酒，以竹葉雜於中，極清潔。張協《七命》：荆南烏程，豫北竹葉。《古詩》：竹葉清香好，何妨飲數杯。杜子美詩：三杯竹葉清。又，《九日》詩：竹葉於人既無分。張華《輕薄篇》：蒼梧竹葉清，宜城九醖醝。留此千古情。

又《薄薄酒二首并引》《蘇軾詩集》卷一四　［查註］按《姑溪集》，杜孝錫、晁堯民俱有和詩，今不傳。

膠西先生趙明叔，［查註］趙明叔，名杲卿。密州鄉貢進士，有行義。見本集《書劉廷式事後》。家貧，好飲，不擇酒而醉。常云：薄薄酒，勝茶湯；醜醜婦，勝空房。其言雖俚，而近乎達，故推而廣之以補東州之樂府；既又以爲未也，復自和一篇，聊以發覽者之一噱云爾。［合註］《説文》：噱，大笑也。《烏臺詩案》：熙寧九年内作《薄薄酒》詩。

其一

薄薄酒，勝茶湯，［合註］《春秋繁露》：厚厚而薄薄。王建《宫詞》：宫人手裏過茶湯。麤麤布，勝無裳。［合註］《管子》：非特知於麤麤也。寧戚《飯牛歌》：麤布衣兮緼縷。醜妻惡妾勝空房。［施註］《古樂府》應璩《道上逢三叟詞》云：道上逢三叟，何以得此壽？中叟前致詞，室内妻妾醜。［合註］王粲詩：回身入空房。五更待漏靴滿霜，［施註］《國史補》：舊百官早朝，必立馬於望仙建福門外，宰相即於光宅東坊以避風雨。元和初，始置待漏院。《舊唐書·憲宗紀》亦云。白樂天《晏起》詩：早朝霜滿衣。不如三伏日高睡足北窗凉。［施註］白樂天詩：酒醒夜深後，睡足日高時。珠襦玉柙萬人祖送歸北邙，［王註次公曰］漢哀帝豫以東園秘器，珠襦玉柙賜董賢，制甚詳。見《漢書·佞幸傳》。北邙山，在河南偃師東北，王公多葬其地。唐人詩：孟郊死葬北邙山。［施註］《西京雜記》：漢制，諸陵皆珠襦玉匣，形如鎧甲，連以金鏤之。《後漢·禮儀志·大喪》亦云。《文選》張孟陽《七哀》詩：北邙何纍纍，高陵有四五。借問誰家墳？皆云漢世主。［合註］《太平御覽》引《續漢書·五行志》：靈帝時，童謡曰，侯非侯，王非王，千乘萬騎上北邙。不如懸鶉百結獨坐負朝陽。［王註厚曰］《荀子》：子夏衣若懸鶉，董京衣百結。《列子·楊朱篇》：宋國有田夫，嘗衣緼黂，自曝於日。顧謂其妻曰：「負日之暄，人莫知者，以獻吾君，將有重賞。」［施註］黂，亂麻。生前富貴，死後文章，百年瞬息萬世忙，夷齊、盜跖俱亡羊，［施註］《莊子·駢拇篇》：伯夷死名於首陽之下，盜跖死利於東陵之上，二人所死不同，其於殘生傷性均也，奚必伯夷之是而盜跖之非乎？不如眼前一醉是非憂樂兩都忘。［施註］韓退之《忽忽》詩：生死哀樂兩相棄，是非得失付閑人。

其二

薄薄酒，飲兩鍾；麤麤布，著兩重；美惡雖異醉暖同，醜妻惡妾壽乃公。［王註］《前漢·高帝紀》：幾敗乃公事。隱居求志義之從，［王註次公曰］言醜婦可與同隱，如梁鴻、孟光是也。本不計較東華塵土北窗風。［王註次公曰］東華門，百官入朝所從出入之門也。［施註］東坡《從駕景靈宫》詩，註云：前輩戲語，有西湖風月不如東華軟紅香土。百年雖長要有終，富死未必輸生窮。但恐珠玉留君容，千載不朽遭樊崇。［施註］《漢·王莽傳》：赤眉樊崇等入關，燒長安，宫室爲墟，宗廟園陵皆發掘，唯霸陵、杜陵完。文章自足欺盲聾，［施註］《莊子·逍遥遊篇》：瞽者無以與乎文章，聾者無以與乎鐘鼓。誰使一朝富貴面發紅。［王註子功曰］《古樂府》：今日牛羊上丘隴，當時近前面發紅。達人自達酒何功，［王註］白樂天嘗作《酒功贊》。世間是非憂樂本來空。

又《送碧香酒與趙明叔教授》二首《蘇軾詩集》卷一四　［施註］趙明叔教授，膠西人。東坡守密，先賦《薄薄酒》詩贈之。元豐八年冬，赴文登，過密州，有《次韻趙明叔、喬禹功》，有「先生依舊廣文貧」之句。［合註］《黄山谷集》有《送碧香酒用子瞻韻戲贈鄭彦能》詩。

聞君有婦賢且廉，勸君慎勿爲楚相。［誥案］舊註引優孟事。［施註］《韓詩外傳》，北郭先生事同。不羡紫駝分御食，［施註］杜子美《麗人行》：紫陀之峰出翠釜，水精之盤行素鱗。自遣赤脚沽村釀。［施註］韓退之《寄盧仝》詩：一奴長鬚不裹頭，一婢赤脚老無齒。又《縣齋》詩：村酒時邀迓。嗟君老狂不知愧，更吟醜婦惡嘲謗。諸生聞語定失笑，［合註］《吴志·步騭傳註》：每讀騭表輒失笑。冬暖號寒卧無帳。［施註］韓退之《進學解》：冬暖而兒號寒，年豐而妻啼飢，頭童齒豁，竟死何裨。碧香近出帝子家，［王註次公曰］謂王駙馬家造碧香酒也。［施註］《楚辭》屈原《九歌》：帝子降兮北渚。註云：帝子，謂堯女娥皇、女英也。鵝兒破殼酥流盎。不學劉伶獨自飲，一壺往助齊眉餉。

趙既見和復次韻答之

長安小吏天所放，［施註］《莊子·馬蹏篇》：一而不黨，命曰天放。日夜歌呼和丞相。豈知後世有阿瞞，［公自註］曹公自言參之後。北海樽前捉私釀。［施註］《後漢·孔融傳》：曹操以年飢兵興，表制酒禁，融頻書争之，多侮慢之辭。融嘗爲北海相。先生未

出禁酒國，［施註］盧仝《歎昨日》詩：何時得出禁酒國，滿甕釀酒曝背眠。詩語孤高常近謗。幾回無酒欲沽君，［施註］《毛詩・小雅・伐木》：有酒醑我，無酒酤我。却畏有司書簿帳。［自公註］近制，公使酒過數，法甚重。酸寒可笑分一斗，［施註］《唐・王續傳》：待詔門下省，故事，官給酒日三升。或問：「待詔何樂？」答曰：「良醞可戀耳。」侍中陳叔達聞之，日給一斗。時稱斗酒學士。日飲無何足袁盎。［施註］《漢・爰盎傳》：南方卑濕，絲能日飲。更將險語壓衰翁，［王註］韓退之《醉贈張籍》詩：險語破鬼膽。只恐自是臺無餉。

又 《蜜酒歌并叙》《蘇軾詩集》卷二一 ［王註］《志林》載：蜜酒法，予作蜜格與真一水亂，每米一斗，用蒸麫二兩半，如常法，取醅液，再入蒸餅麫一兩釀之。三日嘗，看味當極辣且硬，則以一斗米炊飯投之。若甜軟，則每投，更入麫與餅各半兩。又三日，再投而熟，全在釀者斟酌增損也。入水少爲佳。

西蜀道士楊世昌，［查註］楊世昌，字子京，綿竹武都山道士。［合註］其名與字取《左傳》「卜世其昌，莫之與京」之義。善作蜜酒，絶醇釅。余既得其方，作此歌以遺之。［施註］先生爲楊道士書一帖云：僕謫居黄岡，綿竹武都山道士楊世昌子京，自廬山來過余。其人善畫山水，能鼓琴，曉星歷骨色及作軌革卦影，通知黄白藥術，可謂藝矣。明日當舍余去，爲之悵然。浮屠不三宿桑下，真有以也。元豐六年五月八日，東坡居士書。又一帖云：十月十五日夜，與楊道士泛舟赤壁，飲醉，夜半有一鶴自江南來，翅如車輪，嘎然長鳴，掠余舟而西，不知其爲何祥也。《次毅父韻》第三首載：西州楊道士，善吹洞簫。按《前赤壁賦》云：客有吹洞簫者。殆是楊也。《後赤壁賦》云：適有孤鶴，横江東來。觀此帖，蓋非寓言。夢一道士者，豈即世昌，姑托以夢耶？先生道大才高，不容於時，憂患半生，如陳季常、巢元修、張中、吴子野輩，獨相從流離困厄之中，其姓名遂不没於千載，今世昌藉此復有傳於後世，夫豈偶然。二帖書在蜀棧，筆畫甚精，宿嘗以入石云。

真珠爲漿玉爲醴，［王註］李賀詩：小槽酒滴真珠紅。［王註］《真誥》載：右英夫人《答許長史書》云：玉醴金漿，交梨火棗，此則騰飛之藥。六月田夫汗流泚。［施註］《孟子・滕文公上》：其顙有泚。趙氏云：泚，汗出泚泚然也。不如春甕自生香，蜂爲耕耘花作米。一日小沸魚味沫，二日眩轉清光活。三日開甕香滿城，快瀉銀瓶不須撥。百錢一斗濃無聲，［王註］杜子美《偪仄行》詩：速宜相就飲一斗，恰有三百青銅錢。甘露微濁醍醐清。［合註］《楞嚴經》：酥酪醍醐，名爲上味。君不見南園采花蜂似雨，天教釀酒醉先生。［施註］庾信《和宇文内史》詩：花留釀蜜蜂。先生年來窮到骨，問人乞米何曾得。［施註］顔魯公《與李太保乞米帖》云：拙於生事，舉家食粥米已數月，今又罄竭，祗益憂煎，輒恃深情，故令投告，惠及少米，實濟艱勤。世間萬事真悠悠，蜜蜂大勝監河侯。

又 《上巳日，與二三子攜酒出遊，隨所見輒作數句，明日集之爲詩，故辭無倫次》《蘇軾詩集》卷二二 ［王註］先生《志林》云：黄州定慧院東小山上，有海棠一株，特繁茂。每歲盛開時，必爲置酒，已五醉其下矣。今年，復與參寥及二三子訪焉。則園已易主，主雖市井人，然以余故，稍加培治。山上多老枳木，花白而圓，香色皆不凡，以余故，亦得不伐。既飲，復憩於尚氏之第，尚所居竹林花木皆可喜。醉卧閣上，稍醒，聞坐客崔成老彈雷琴，作悲風曉角，錚錚然，意謂非人間也。晚乃步出城東，入何氏、韓氏竹園，遂置酒竹陰下，興盡乃徑歸。元豐七年三月初三日也。【詰案】此題不作轉韻體，亦見其才之崛强矣。詩家天骨開張，真乃一生受用不盡。

薄雲霏霏不成雨，杖藜曉入千花塢。［施註］杜子美《絶句漫興》詩：杖藜徐步立芳洲。柯丘海棠吾有詩，［王註］《黄州東坡圖》：柯山四望，直南高丘，故亦名柯丘。東西隅，海棠一株甚茂。獨笑深林誰敢侮。［施註］《三國志・蜀・譙周傳》：誦讀典籍，欣然獨笑。三杯卯酒人徑醉，［王註］韓退之詩：三杯取醉不復論，一生長恨春何許。一枕春眠日亭午。竹間老人不讀書，留我閉門誰教汝。［王註］《晉・王徽之傳》：吴中士大夫家有竹，欲觀之。便出造竹下，嘯詠良久。主人掃灑請坐，徽之不顧。將出，主人閉門，徽之賞之，盡懽而去。出簷蘗枳十圍大，寫真素壁千蛟舞。［王註］《東坡圖》：柯丘南尚氏家，有叢枳甚大，公嘗自爲圖之。［施註］《南史・顧歡傳》：弟子鮑靈綬，門前有一株樹，大十餘圍。韓退之《山石篇》：時見松櫟皆十圍。東坡作塘今幾尺，［王註仔曰］塘在東坡雪堂下，先生詩：會當作塘徑千步。攜酒一勞農工苦。［施註］《漢・楊惲傳》：田家作苦，斗酒相勞。却尋流水出東門，壞垣古塹花無主。［施註］元微之《崔徽歌》：中垂綬帶花無主。［合註］《後漢・光武帝紀》：在壞垣毁屋之下。喻鳧詩：微風古塹花。卧開桃李爲誰妍，對立鵁鶄相媚嫵。［王註］鄭文寶詩：日暖鳧鷖行哺子，溪深桃李卧開花。［合註］《爾雅・釋鳥》：鳽，鵁青。郭註：似鳧，脚高，毛冠。《禽經》：鵁鶄睛交而孕。開樽藉草勸行路，［施註］白樂天《洛陽春》詩：藉草開一樽。不惜春衫污泥土。［施註］庾信《詠畫屏風》詩：春衫拭酒杯。白樂天《約心》詩：青袍塵土涴。褰裳共過春草亭，扣門却入韓家圃。［工註］《東坡圖》春草亭、韓家圃，皆在東門外。［施註］《晉・阮修傳》：意有所思，率爾褰裳，不避晨夕。［查註］《名勝志》：春草亭，在黄州東門。《齊安志》：門外有春草亭故基，是也。轆轤繩斷井深碧，［王註］盧仝詩：三入寺，曦未來，轆轤無繩井百尺，渴心歸去生塵埃。［施註］李賀《美人梳歌》：轆轤咿啞轉鳴玉。秋千掛索人何所。［合註］《古今藝術圖》：鞦韆，本作秋千。映簾空復小桃枝，乞漿不見膺門女。施註引《傳奇》裴航事。南上古臺臨斷岸，雪陣翻空迷仰俯。故人饋我玉葉羹，［查註］本集

《雜記》云：步出城東，入何氏、韓氏竹園，遂置酒竹陰下。有劉唐年主簿者，饋油煎餅餌，其名爲甚酥，味極美。水冷煙消誰爲煮。崎嶇束緼下荒徑，姹姹隔花聞好語。［施註］歐陽永叔《莫登樓》詩：姹姹扶欄車兩頭，髣髴垂鬟嬌未羞。更隨落景盡餘樽，［施註］杜子美《客至》詩：隔籬呼取盡餘杯。却傍孤城得僧宇。主人勸我洗足眠，［施註］《吳志·呂蒙傳註》：上岸擊賊，洗足入船。倒牀不必聞鐘鼓。［王註］杜子美《偪仄行》詩：睡美不聞鐘鼓傳。明朝門外泥一尺，［施註］白樂天《秋霖》詩：雨暗三秋日，泥深一尺時。始悟三更雨如許。平生所向無一遂，［施註］《漢·司馬遷傳》：所以自惟，四者無一遂。茲游何事天不阻。固知我友不終窮，豈弟君子神所予。［王註］《詩·大雅·旱麓》：豈弟君子，神所勞矣。［施註］韓退之《薦士》詩：微詩公勿誚，豈弟神所勞。【詰案】紀昀曰：此冰叔所謂一林亂石，天然位置者也。其法始自元、白，而筆力則非元、白所及也。

又《和陶飲酒二十首并叙》《蘇軾詩集》卷三五 吾飲酒至少，常以把盞爲樂。往往頹然坐睡，人見其醉，而吾中了然，蓋莫能名其爲醉爲醒也。在揚州時，飲酒過午，輒罷。客去，解衣盤礴，終日歡不足而適有餘。因和淵明《飲酒》二十首，庶以仿佛其不可名者，示舍弟子由、晁无咎學士。

［查註］先生和陶詩，始於揚州官舍，後在嶺南，盡和陶詩。子由有叙，別成二卷，今按年分編。［合註］和陶詩，王本彙載於卷三十一，七集本彙載於續集卷三，皆首列子由引一篇。總題云：追和陶淵明詩引，子由作。施本第四十一卷、四十二卷，皆和陶詩，蓋合本集四卷爲二卷也。卷首第一行，作「東坡先生《和陶淵明詩引》」，次一行，有「弟轍」二字。查氏於子由所作《東坡先生和陶詩引》，删而不録，今附載《和陶·飲酒》詩題引下。［詰案］王註和陶獨不分類，亦無箋註，計和陶詩一百二十四首，《歸去來集字》十首、《和歸去來詞》一首，其詩數與邵註、查註合，與施註不合。獨又誤入元祐五年十月所作《問淵明》一首，則諸註所無也。查註以所編和陶詩與子由詩引年月詩數不符，抹去不載，合註亦以其故，載於此處，避其從誤之迹，皆非是。今據子由詩引，乃紹聖四年丁丑十二月十九日作，凡詩一百九篇。今以是截數，改載卷四十一總案丁丑十二月條下。其丁丑以後之又十五篇，已於亂雜中檢出，據詩改列後卷。所有前後駁改，分詳各總案中，首記於此。［案］總案卷四十一丁丑十二月條下，引蘇轍《東坡先生和陶淵明詩引》，引云（據施乙本）：東坡先生謫居儋耳，置家羅浮之下，獨與幼子過負擔度海，葺茆竹而居之。日啗藷芋，而華屋玉食之念，不存於胸中。平生無所嗜好，以圖史爲園囿，文章爲鼓吹，至是亦皆罷去。猶獨喜爲詩，精深華妙，不見老人衰憊之氣。是時，轍亦遷海康，書來告曰：「古之詩人，有擬古之作矣，未有追和古人者也。追和古人，則始於東坡。吾於詩人，無所甚好，獨好淵明之詩。淵明作詩不多，然其詩質而實綺，癯而實腴，自曹、劉、鮑、謝、李、杜諸人，皆莫及也。吾前後和其詩，凡一百有九篇，至其得意，自謂不甚愧淵明。今將集而併録之，以遺後之君子，其爲我志之！然吾於淵明，豈獨好其詩也，如其爲人，實有感焉。淵明臨終《疏》告儼等：『吾少而窮苦，每以家弊，東西游走，性剛才拙，與物多忤。自量爲已，必貽俗患，俯仰辭世，使汝等幼而飢寒。』淵明此語，蓋實録也。吾真有此病，而不早自知，平生出仕以犯世患，此所以深愧淵明，欲以晚節師範其萬一也。』嗟乎，淵明不肯爲五斗米一束帶見鄉里小兒。而子瞻出仕三十餘年，爲獄吏所折困，終不能悛，以陷大難，乃欲以桑榆之末景，自託於淵明，其誰肯信之！雖然，子瞻之仕，其出處進退，猶可考也，後之君子，其必有以處之矣。孔子曰：「述而不作，信而好古，竊比於我老彭。」孟子曰：「曾子、子思同道。」區區之迹，蓋未足以論士也。轍少而無師，子瞻既冠而學成，先君命轍師焉。子瞻嘗稱轍詩有古人之風，自以爲不若也。然自斥居東坡，其學日進，沛然如川之方至，其詩比李太白、杜子美有餘，遂與淵明比。轍雖馳驟從之，而常出其後，其和淵明，轍繼之者，亦一二焉。紹聖丁丑十二月十九日海康城南東齋引。引後，引翁方綱註：宋費補之《梁谿漫志》：東坡既和淵明詩，以寄潁濱，使爲之引。潁濱屬稿寄坡。自「欲以晚節師範其萬一也」其下云：「嗟夫，淵明隱居以求志，詠歌以忘老，誠古之達者，而才實拙。若夫子瞻仕至從官，出長八州事業，見於當世，其剛信矣，而豈淵明之拙者哉。孔子曰：述而不作，信而好古，竊比於我老彭。古之君子，其取於人則然。」東坡命筆改云「嗟夫淵明不肯爲五斗粟一束帶見鄉里小人」云云，至「蓋未足以論士也」句止。此文，今人皆以爲潁濱所作，而不知東坡有所筆削也。宣和間，六槐堂蔡康祖得此稿於潁濱第三子遜，因録以示人，始有知者。又：詰案謂丁丑以後十五篇云云，分詳各總案。今將總案中有關十五篇之考釋，標以「詰案」，分載各該篇，茲不録。

其一

我不如陶生，［詰案］此句一本作「我生不如陶」，此後人疑「陶生」二字不類而妄改也。紀昀曰：於義應作「我生不如陶」，然四句乃有生字，則原本固「陶生」矣。此稱未免生造。今據淵明《飲酒》詩云：顏生稱爲仁，榮公言有道。屢空不獲年，長飢至於老。淵明可生顏子，公獨不當生淵明乎。此陶生之來歷也。世事纏綿之。［施註］《文選》潘安仁《寡婦賦》：思纏綿以瞀亂。云何得一適，亦有如生時。寸田無荆棘，佳處正在茲。縱心與事往，［施註］《論語·爲政》：七十而縱心。［合註］蘇籀《雙溪集·跋東坡拔冢帖》，用《論語》此句，亦作「縱心」。家大人云：皇侃《論語集解義疏》：年至七十，習與性成，雖復放縱心意，而不踰越於法度也。玩疏語，則「從心」當作「縱心」讀。所遇無復疑。偶得酒中趣，［查註］李太白《月下獨酌》詩：但得醉中趣，勿爲醒者傳。空杯亦常持。［詰案］紀昀曰：一拍便住，恰是第一首。詰謂此聯，乃公自道其實，蓋公好把杯而不能飲，黃魯直每謂一杯輒醉睡，故云爾也。詩話以爲既作此語，不當翻用無絃琴，此强作解事也。

其二

二豪詆醉客，［施註］《晉·劉伶傳》：爲《酒德頌》曰：有貴介公子，搢紳處士，聞吾

風聲，議其所以。先生方捧罌承槽，銜杯漱醪，無思無慮，其樂陶陶，兀然而醉，怳爾而醒。二豪侍側焉，如蜾蠃之與螟蛉。氣湧胸中山。[詰案]五字兀突之甚。濯然似冰釋，[施註]《老子》：涣若冰將釋。[合註]徐陵文：濯然冰泮。亦復在一言。嗇氣實其腹，[施註]《老子》：虚其心，實其腹。云當享長年。少飲得徑醉，此祕君勿傳。

其三

道喪士失己，出語輒不情。江左風流人，[施註]《南史·王儉傳》：嘗謂人曰：「江左風流宰相，唯有謝安。」醉中亦求名。淵明獨清真，談笑得此生。[施註]陶淵明《飲酒》詩：笑傲東軒下，聊復得此生。身如受風竹，掩冉衆葉驚。俯仰各有態，得酒詩自成。[施註]《唐·文藝傳》：胡楚賓屬文，敏甚，必酒中然後下筆。[詰案]紀昀曰：此參以本色，未嘗不佳。

其四

蠢蠕食葉蟲，[合註]蠢蠕，言蠢動蠕動也。仰空慕高飛。一朝傅兩翅，乃得黏網悲。[施註]《唐文粹》陸龜蒙《蠹化》：橘之蠹，大如小指。翳葉仰齧，如飢蠶之速。蛻爲胡蝶，聳空翅輕，瞥然而去。須臾，犯螯網而膠之，引絲還纏，牢若桎梏。啁啾同巢雀，[合註]《禮記·三年問》：至於燕雀，猶有啁噍之頃焉。《集韻》：噍，通作啾。沮澤疑可依。赴水生兩殼，遭閉何時歸。[施註]《禮記·月令》：季秋之月，爵入，大水爲蛤。二蟲竟誰是，一笑百念衰。幸此未化間，有酒君莫違。[施註]鄭嵎《津陽門》詩：平明酒醒各分手，今夕一尊君莫違。[詰案]紀昀曰：託興深妙，而氣息亦甚古。結二句，形神皆似。

其五

小舟真一葉，下有暗浪喧。[合註]陳後主詩：暗浪遠滔滔。夜棹醉中發，不知枕几偏。天明問前路，已度千重山。[詰案]以上六句，比也。下四句，清出本意。嗟我亦何爲，此道常往還。未來寧早計，既往復何言。[詰案]紀昀曰：委時任運之意。

其六

百年六十化，念念竟非是。[詰案]此即推明今是昨非之意，施註引《莊子》、柳詩，似不然也。邵註已删此二條，今亦不載。是身如虚空，誰受譽與毁。得酒未舉杯，喪我固忘爾。[施註]《莊子·齊物論篇》：今也吾喪我，汝知之乎？倒牀自甘寢，不擇菅與綺。

其七

頃者大雪年，海派翻玉英。有士常痛飲，飢寒見真情。[詰案]大雪與客飲尉氏，乃嘉祐庚子年事。牀頭有敗榼，[施註]白樂天詩：酒甕在牀頭。孤坐時一傾。未能平體粟，[施註]《趙飛燕外傳》：露立閉息，順氣，體温舒，亡疹粟。且復澆腸鳴。脱衣裹凍酒，[合注]《爾雅》：襢裼。註：脱衣而見體。每醉念此生。

其八

我坐華堂上，不改麋鹿姿。[詰案]陶句無此華，亦無此野，妙甚。時來蜀岡頭，喜見霜松枝。心知百尺底，[施註]左太沖《詠史》詩：蔭此百尺條。已結千歲奇。[施註]《史記·龜策傳》：伏靈者，千歲松根也。煌煌凌霄花，[施註]白樂天詩：有木名凌霄，擢秀非孤標。偶依一株樹，遂抽百尺條。託根附樹身，開花寄樹梢。[查註]孔穎達《詩疏》：一名陵時。《本草》：紫葳，凌霄花也。蔓生依大木，久延至巔，其花黄赤。[合註]《爾雅》：苕，陵苕。郭註：一名陵時。纏繞復何爲。[詰案]紀昀曰：比吏事之煩也。舉觴酹其根，[施註]《漢·兒寬傳》：敬舉君之觴。《文選》謝宣遠《王撫軍》詩：舉觴務飲餞。無事莫相羈。[詰案]公倅杭時，已有「市人拍手笑，狀如失林麞」之句。此章詩旨，謂不久還山，決意不復更入，羣小無須相猜也。曉嵐謂比吏事之煩者，誤。紀昀曰：氣骨渾成，意思則森森芒角。

其九

芙蓉在秋水，時節自闔開。清風亦何意，入我芝蘭懷。一隨采折去，永與江湖乖。[詰案]此暗使唐人記舟中得芙蓉花事，見《太平廣記》。斷絲不復續，斗水何足棲。不如玉井蓮，結根天池泥。[查註]《山海經》：太華之山，削成而四方，高五千仞，廣十里。《華山記》：山頂有池，生千葉蓮花。感此每自慰，吾事幸不諧。[合註]《後漢書·宋弘傳》：帝謂主曰：「事不諧矣。」醉中有歸路，[施註]白樂天《效陶潛體》詩：處處去不得，却歸酒中來。了了初不迷。乘流且復逝，抵曲吾當回。[詰案]紀昀曰：刻意效古，而結處仍露本色。

其十

籃輿兀醉守，[施註]白樂天詩：有時騎馬醉，兀兀冥天造。路轉古城隅。酒力如過雨，清風消半途。前山正可數，後騎且勿驅。[查註]《庚溪詩話》：韓退之《和裴晉公》詩云：秋臺風日迥，正好看前山。東坡《和陶》云：前山正可數，後騎且莫驅。語雖不同，而寄情物外，夷曠優游之意，則同。我緣在東南，往寄白髮餘。遥知萬松嶺，下有三畝居。[詰案]此與《小舟真一葉》一首同意。

其十一

民勞吏無德，歲美天有道。暑雨避麥秋，[施註]《尚書·君牙》：夏暑雨，小民唯曰怨咨。温風送蠶老。[詰案]紀昀曰：五字警。三咽初有聞，一溉未濡槁。詔書寬

積欠，父老顔色好。[施註]杜子美《送瓜》詩：滿眼顔色好。再拜賀吾君，獲此不貪寶。[施註]《左傳・襄公十五年》：宋人或得玉，獻諸子罕，弗受，曰：「我以不貪爲寶。」頽然笑阮籍，醉几書謝表。[施註]元祐七年五月，先生守揚州。上奏：臣親見兩浙、京西、淮南之民，皆爲積欠所壓，日就窮蹙，本州於理合放，而於條未有明文者，且權住催理，望特留聖意，深詔左右大臣，早賜果決行下。六月十六日，又奏：今夏田一熟，民於百死之中，微有生意，而監司爭言催欠，臣敢昧死請内降手詔，應淮南東西、浙西諸般欠負，不問新舊，特與權住催理一年。此詩所述，蓋是得請故也。[查註]《宋史》：元祐七年，有詔寬免積欠。[誥案]公在杭，屢奏積欠，並爲劉摯所格。時摯已罷去，吕大防、蘇頌爲相，故行下也。然此皆熙豐流毒，自司馬光變法後，凡積至七年之久。而公之呌囂者，計二十四月，始拔去病根。可見前之變法，半皆紙上空文，專取虚聲，而引用劉摯輩，爲可笑也。又，二十月，李清臣、章惇繼進，盡復熙寧法，此皆攪局獨苦汝民耳。

其十二

我夢入小學，自謂總角時。[施註]《毛詩・衛風・氓》：總角之宴，言笑晏晏。註云：總角，結髮也。不記有白髮，猶誦論語辭。人間本兒戲，顛倒略似茲。惟有醉時真，[施註]杜子美《赤甲》詩：笑接郎中評事飲，病從深酌道吾真。空洞了無疑。墜車終無傷，莊叟不吾欺。呼兒具紙筆，醉語輒録之。[誥案]一結入化，并忘其爲作詩矣。紀昀曰：此全是本色。

其十三

醉中雖可樂，猶是生滅境。[查註]《楞嚴經》：我今示汝不生不滅。云何得此身，不醉亦不醒。癡如景升牛，莫保尻與領。[施註]《晉・桓温傳》：劉景升有千斤大牛，噉芻豆，十倍常牛，負重致遠，曾不若一羸牸。魏武入荆州，以享軍士。黠如東郭㕙，束縛作毛穎。[施註]韓退之《毛穎傳》：居東郭者曰㕙蒙，將軍拔其毫，載穎而歸，聚其族而加束縛焉。乃知嵇叔夜，非坐虎文炳。[施註]《晉・嵇康傳》：字叔夜。美詞氣，有風儀，而土木形骸，不自藻飾。山濤將去，還官舉康自代，康乃與濤書告絶。後爲鍾會譖而害之。[誥案]紀昀曰：參以禪悦，全然本色，興之所至，忽合忽離，非有意於似，亦非有意於不似。

其十四

我家小馮君，[邵註]詩意謂子由也。天性頗醇至。清坐不飲酒，而能容我醉。歸休要相依，謝病當以次。[施註]《文選》謝靈運《還舊園》詩：辭滿豈多秩，謝病不待年。[合註]《漢書・叔孫通傳》：以次入殿門。豈知山林士，骯髒乃爾貴。乞身當念早，過是恐少味。[施註]馬援《與楊廣書》曰：及今成計，殊尚善也，過是欲少味矣。[誥案]紀昀曰：陶意多於本色。

其十五

去鄉三十年，風雨荒舊宅。惟存一束書，寄食無定迹。每用愧淵明，尚取禾三百。頎然六男子，[施註]《毛詩・齊風・猗嗟》：猗嗟昌兮，頎而長兮。[查註]子瞻三子，邁、迨、過。子由三子，遲、适、遠。粗可傳清白。[施註]《漢・楊震傳》：子孫常蔬食步行，或令爲開産業。震不肯，曰：「使後世稱爲清白吏子孫，以此遺之，不亦厚乎。」於吾豈不多，何事復歎息。[合註]淵明原詩末二句云：若不委窮達，素抱深可惜。[誥案]紀昀曰：亦陶意居多。

其十六

嘵嘵六男子，絃誦各一經。[施註]《禮記・文王世子》：文王之爲世子也，凡學必時，春誦夏絃。復生五丈夫，[施註]《史記・孔子弟子有若傳》：商瞿年長無子，孔子使之齊。瞿母請之。孔子曰：「無憂，瞿年四十後，當有五丈夫子。」戢戢丁欲成。[施註]《唐・食貨志》：凡民始生爲黄，四歲爲小，十六爲中，二十一爲丁，六十爲老。歸田了門户，[施註]杜子美《水檻》詩：游子久在外，門户無人持。與國充踐更。[施註]韓退之《寄盧仝》詩：去歲生兒名添丁，意令與國充耘耔。[施註]《漢・吴王濞傳註》云：以當爲更卒，出錢三百，謂之過更。自行爲卒，謂之踐更。普兒初學語，玉骨開天庭。淮老如鶴雛，破殼已長鳴。[查註]普兒、淮老，先生二孫名。[合註]陶淵明詩：弱子戲我側，學語不成音。王建詩：鶴雛靈解語。舉酒屬千里，一歡愧凡情。

其十七

淮海雖故楚，無復輕颸風。[施註]《史記・貨殖傳》：自淮以北，西楚也，其俗剽輕。李濟翁《資暇録》云：揚州者，以其士俗輕揚，故名其州。今作「楊柳」之「楊」，謬也。[查註]《禹貢註》：揚州之域，北據淮東南，至於海。洪邁《平山堂記》：揚爲州最古，南傳海，北鍵淮。齋厨聖賢雜，無事時一中。誰言大道遠，正賴三杯通。[施註]李太白《月下獨酌》詩：三杯通大道，一斗合自然。使君不夕坐，衙門散刀弓。[施註]柳子厚《朝日説》：古者旦見曰朝，暮見曰夕。故《詩・小雅・雨無正》曰：邦君諸侯，莫肯朝夕。[合註]夕坐，言晚衙也。

其十八

何人築東臺，一郡坐可得。亭亭古浮圖，[施註]《文選》劉越石詩：亭亭孤幹，獨坐無伴。《釋氏要覽》：浮圖，塔也。梵語塔婆，此云高顯。獨立表衆惑。[誥案]以上並指廣陵也。蕪城閲興廢，[施註]鮑明遠《蕪城賦》云：登廣陵故城作。城，吴王濞所築也。雷塘幾開塞。[施註]《唐・地理志》：揚州江都縣東十一里，有雷塘。貞觀十八年，長史李襲譽引渠以溉田。明年起華堂，置酒弔亡國。無令竹西路，歌吹久寂默。[合註]孫

綽《游天台山賦》：等寂默於不言。

其十九

晁子天麒麟，結交未及仕。高才固難及，雅志或類已。各懷伯業能，［施註］《英雄記》：魏太祖稱，長大而能勤學者，惟吾與袁伯業耳。共有丘明恥。歌呼時就君，指我醉鄉里。［施註］《唐文粹》王績《醉鄉記》：醉鄉去中國，不知其幾千里也，豈古華胥氏之國也？吳公門下客，賈誼獨見紀。［詰案］吳公，公借以自比。合註謂補之以李清臣薦，堪館閣。詩中吳公豈指邦直？謬甚。請作《鵩鳥賦》，我亦得坎止。［施註］《漢・賈誼傳》：河南守吳公，聞其秀材，召置門下。文帝徵吳公爲廷尉，乃言賈誼，召以爲博士。後爲長沙傅，有鵩飛入誼舍，賦以自廣云：乘流則逝，遇坎則止。行樂當及時，綠髮不可恃。［詰案］紀昀曰：陶意居多。

其二十

蓋公偶談道，齊相獨識真。［施註］《魏志・管寧傳》：時衰世弊，識真者少。頹然不事事，客至先飲醇。［施註］《漢・曹參傳》：爲齊相國。膠西蓋公爲言治道貴清靜，而民自定，故相齊九年，齊國安集。及爲宰相，日夜飲酒。賓客見參不事事，欲有言。至者，參輒飲以醇酒，醉而後去，終莫得開説。當時劉、項罷，四海瘡痍新。三杯洗戰國，一斗消强秦。寂寞千載後，陽公嗣前塵。醉卧客懷中，言笑徒多勤。［施註］《唐・陽城傳》：爲諫議大夫。日夜劇飲，客欲諫止者，城揣知其情，强飲客。客辭，即自引滿，或先醉卧客懷中。我時閱舊史，獨與三人親。未暇餐脱粟，苦心學平津。［施註］《漢・公孫弘傳》：爲丞相，封平津侯，身食一肉脱粟飯。［施註］陸士衡《贈馮文熊》詩：志士多苦心。草書亦何用，醉墨淋衣巾。［施註］韓退之《醉後》詩：淋浪身上衣，顛倒筆下字。一揮三十幅，持去聽坐人。［施註］《南史・齊高帝諸子傳》：新浦侯子雲，善草隸。百濟使人求書，曰：「侍中尺牘之美，遠流海外，今日所求，惟在名迹。」子雲書三十紙與之。［查註］按元裕之《跋東坡飲酒詩後》云：東坡和陶，氣象祇是東坡。如云「三杯洗戰國，一斗消强秦」，淵明決不能辦。「此獨恨空杯」，亦嘗持之句，與論無絃琴者自相矛盾。別一詩云「二子真我客，不醉亦陶然」，此爲佳。［詰案］紀昀曰：斂才就陶，亦時時自露本色，正如褚摹《蘭亭》，頗參己法，而正是其善於摹處。明七子之摹古，不過雙鉤填廓耳。

又《新釀桂酒》等三首《蘇軾詩集》卷三八　［王註］先生有《桂酒頌》，其叙曰：《楚辭》曰「奠桂酒兮椒漿」，是桂可以爲酒也。有隱居者，以桂酒方教吾，釀成，而玉色香味超然非世間物也。［翁方綱註］本集《與陸子厚牘》云：桂酒，乃仙方也。釀桂而成，盎然玉色，非人間物也。

擣香篩辣入瓶盆，［查註］《法華經》：求好藥草，色香美味皆悉具足，擣篩和合，與子令服。辣，同辢。盎盎春溪帶雨渾。收拾小山藏社甕，招呼明月到芳樽。［王註次公曰］淮南王門下八公，又有大山、小山之徒，當時作《招隱士》一篇云：桂樹叢生兮山之幽。又云：攀桂枝兮聊淹留。［查註］小山、明月，暗用淮南叢桂及天竺月中桂子事，非泛設也。羅隱詩：會待與君開社甕，滿船載月鏡中行。［合註］《晉書》阮籍等傳論：劉、畢芳樽之友。酒材已遣門生致，［王註厚曰］《周禮・天官・酒正篇》：以式法授酒材。菜把仍叨地主恩。［王註］杜子美《園官送菜》詩：清晨蒙菜把，常荷地主恩。爛煮葵羹斟桂醑，［合註］王維詩：菹醬露葵羹。沈約賦：堂流桂醑。風流可惜在蠻村。

惠守詹君見和，復次韻

［查註］《惠州志》：詹範，字器之，建安人。紹聖間知惠州，時兵荒之後，野多暴骨，範取而掩之，爲叢冢焉。［合註］先生《答徐得之書》云：詹使君，仁厚君子也，極蒙他照管，仍不輟，攜具來相就。

已破誰能惜甑盆，頽然醉裏得全渾。欲求公瑾一囷米，［王註］《三國吳・魯肅傳》：周瑜故過候肅，并求資糧。肅家有兩囷米，各三千斛，肅乃指一囷與周瑜。［詰案］公屢託循守周文之代致米石，文之亦常以此爲饋。據此句，是時文之已來納交，故下句爲得米多釀之詞，蓋特以公瑾爲喻也，結句始答詹範。試滿莊生五石樽。三杯卯困忘家事，［李註］白樂天有《卯飲》詩。萬户春濃感國恩。刺史不須要半道，籃輿未暇走山村。

花落復次前韻

［詰案］紀昀曰：亦自擺脱，不入蹊徑。

玉妃謫墮烟雨村，［王註次公曰］玉妃，指言太真妃也。［詰案］凡梅花詩，用玉奴、玉妃，皆不得坐實其人。如此句，太真並無謫墮烟雨村事，作者務求超脱，而註者務使之拖泥帶水，何也？其下用奔月事，自爲玉妃註解，而形容花落已畢。凡此，皆不可以迹象求之也。先生作詩與招魂。人間草木非我對，奔月偶桂成幽昏。［王註］王充《論衡》：羿得不死之藥於西王母，羿妻嫦娥，竊之以奔月中。［查註］偶桂，謂與桂爲配也。闇香入户尋短夢，青子綴枝留小園。披衣連夜喚客飲，雪膚滿地聊相溫。松明照坐愁不睡，井華入腹清而暾。［王註］《本草》：井花水，令人好顔色，與諸水有異，井中平旦第一汲者。［查註］《詩人玉屑》云：東坡「暾」字，三首皆擺落陳言，古今人未嘗經道者。三首並妙，第二首尤奇。先生來年六十化，道眼已入不二門。多情好事餘習氣，惜花未忍都無言。留連一物吾過矣，［王註］《北史・王晞傳》：盧思道謂晞曰：「昨夜召已朱顔，得無以魚鳥致怪？」晞緩笑曰：「卿輩亦是留連之一物，豈直在魚鳥而已。」《禮記・檀弓》：子夏曰：「吾過矣。」笑領百罰空罍樽。［王註］杜子美《樂遊園歌》詩：數莖白髮那抛得，百罰深杯亦不辭。

又《真一酒并引》《蘇軾詩集》卷三九　［查註］本集《寄建安徐得之真一酒法》云：

嶺南不禁酒，近得一醲法，用白麪、糯米、清水三物醲成玉色，絶似王駙馬碧玉香。白麪乃上等麪，如常法起酵，作蒸餅，蒸熟後，以竹篾穿掛風中，兩月後用。每料不過五斗，每米一斗，炊熟，急水淘過，控乾，擣細白麪末三兩，拌匀入甕，使有力者以手拍實。按中爲井子，上廣下鋭，於三兩末中，預留少許糝蓋醅面，候漿水滿其中，以刀劃破，更炊新飯投之。每斗投三升，令入井子中，以醅蓋合，每斗入熟水兩碗，更三五日，可得好酒六升。日數隨天氣冷暖，自以意候之。若天大熱，減去麴半兩。

米、麥、水，三一而已，此東坡先生真一酒也。

撥雪披雲得乳泓，蜜蜂又欲醉先生。［公自註］真一色味，頗類予在黄州日所醖蜜酒也。［合註］先生《蜜酒歌》：南園採花蜂似雨，天教釀酒醉先生。故此云又也。稻垂麥仰陰陽足，［查註］唐竇苹《酒譜》引《春秋説題辭》曰：爲酒，據陰乃動。麥，陰也。黍，陽也。先漬麴而後投黍，是陽得陰，而沸乃成。王魯齋《造化論》：麥受六陽之全，故就實而昂；稻分陰陽之半，則未實而俯。器潔泉新表裏清。曉日著顔紅有暈，春風入髓散無聲。人間真一東坡老，與作青州從事名。

又《縱筆三首》《蘇軾詩集》卷四二 ［詰案］此三首平澹之極，却有無限作用在内，未易以情景論也。

其一

寂寂東坡一病翁，白鬚蕭散滿霜風。［施註］《文選》謝玄暉《出尚書省》詩：乘此終蕭散。小兒誤喜朱顔在，一笑那知是酒紅。［王註］白樂天詩：霜侵殘鬢無多黑，酒伴衰顔只暫紅。［施註］白樂天《自咏》詩：夜鏡隱白髮，朝酒發紅顔。［查註］按《冷齋夜話》引山谷語云：不易其意，而造其語，謂之换骨法。窺人其意，而形容之，謂之奪胎法。白居易詩云：醉貌如霜葉，雖紅不是春。東坡：兒童誤喜朱顔在，一笑那知是酒紅。皆奪胎法也。［詰案］紀昀曰：歎老語如此出之，語妙天下。

其二

父老争看烏角巾，［王註］杜子美《南鄰》詩：錦里先生烏角巾。應緣曾現宰官身。［查註］《法華經》：妙音菩薩，現種種身，處處爲衆生説是經典，或現居士身，或現宰官身。《普門品》云：應以宰官身得度者，即現宰官身，而爲説法。溪邊古路三叉口，［詰案］此三首之第三句，皆於極平澹中陡然而出，而此句尤奇突，殊不知「争看」二字已安根矣，三首皆弄此手法。獨立斜陽數過人。［詰案］紀昀曰：含情不盡。

其三

北船不到米如珠，醉飽蕭條半月無。［施註］《楚辭・遠遊章》：山蕭條而無獸。明日東家當祭竈，隻雞斗酒定膰吾。［詰案］紀昀曰：真得好。

又《真一酒歌并序》《蘇軾詩集》卷四三

布算以步五星，不如仰觀之捷；吹律以求中聲，不如耳齊之審。［合註］徐幹《中論》：聖王之造曆數也，原星辰之迭中布算以追之。《史記・律書》：吹律聽聲。鉛汞以爲藥，［查註］《金丹訣》：還丹交媾，不出於火水金木土，丹基在一，但辨得真鉛真汞二物，真陰真陽大道也。又云：修至藥，須用真鉛汞修丹，不悟真一之理，互説金石爲藥，又不得節符火候，還丹因何以立乎？策易以候火，［查註］《金丹訣》：夫託易象，藥不須斤，立三百八十四銖，象月兩弦，上下對望二八十六，故立一十六兩，剩少即不合爻象，節符用事也。又云：起伏法，象陽符陰符，藥物並不得逾斤，故合大衍一周，周而復始，乾坤大理，運軸大數，又合乾策二百一十六，坤策百四十四，總喻合天符行度之數。即火符自然五日一候，足當用五爻，十符。十日兩候，足當用十爻，二十符。十五日三候，足當用十五爻，三十符。終亥起子，進退加爻藏伏，時節乃合，天道參同自然，須依更漏用火，即合符不差。不如天造之真也。是故神宅空樂出虚蹋踘者以氣升，孰能推是類以求天造之藥乎？於此有物，其名曰真一。［查註］《雲笈七籤》：《三元真一經》云：變氣布結，神得以靈，衆真歸一，而元功成焉。此元氣之根始也。遠遊先生［查註］遠遊即吴子野，本集有《吴子野絶粒不睡》詩。方治此道，不飲不食，而飲此酒，食此藥，居此堂。予亦竊其一二，故作《真一之歌》。其詞曰：

空中細莖插天芒，［邵註］麥熟頭昂，故芒可云插天也。此詩通首皆指麥言之。不生沮澤生陵岡。［施註］《漢・匈奴傳・遺高后書》曰：生於沮澤之中。《莊子・外物篇》：青青之麥，生於陵陂。涉閱四氣更六陽，［王註子仁曰］麥以九月種，四月熟。涉閱四氣者，謂九月霜降、立冬，十月小雪、大雪也。更六陽者，謂自十一月一陽生，至四月爲六陽也。此以通言麥凡經歷八月而熟耳。森然不受螟與蝗。［王註］王充《論衡》：穀之多蟲者，粢也，稻時有蟲，麥與豆無蟲。［施註］《爾雅》：食苗心曰螟，食葉曰螣，食根曰蟊，食節曰賊，四者蝗蟲類也。《廣雅》：螽，蝗也。飛龍御月作秋涼，［王註次公曰］稻以八月、九月爲秋。《書・盤庚上》曰：若農服田力穡，乃亦有秋。是也。而麥則以四月熟時爲秋。《禮記・月令》：孟夏之月，麥秋至。是也。《乾卦》：九五飛龍在天。飛龍御月，則五月也。［子仁曰］按《卦氣圖》：十一月復卦爲乾之初九，十二月臨卦爲乾之九二，正月黍卦爲乾之九三，二月大壯卦爲乾之九四，三月夬卦爲乾之九五，故四月爲正陽之月，乃純乾卦也。乾九五飛龍在天，則飛龍御月者，指三月也。是時麥欲秋矣，故下有「蒼波改色屯雲黄」之句。蒼波改色屯雲黄。［王註次公曰］麥青謂之波。柳子厚詩：麥芒際天摇青波。稍老則謂之蒼波，稍熟則又如黄雲之屯也。《列子・周穆王篇》：望之若屯雲。［合註］梁簡文帝《與蕭臨川書》：蒼波無極。天旋雷動玉塵香，［王註次公曰］《論衡》云：日月五星，隨天而西，譬若蟻行磨上，則磨可以言天旋也。［合註］《論衡・説日篇》原文云：其喻，若蟻行於磑上，日月

行遲，天行疾，天持日月轉，故日月實東行而反西旋。［王註次公曰］《天文志》：天無雷而有聲，謂之雲磨，則磨可以言雷動也。起溲十裂照坐光。跏趺牛噍安且詳，［王註次公曰］噍，音昨笑反。《楞嚴經》云：有牛呞病，同吐而噍也。［施註］《楞嚴經》：憍梵鉢提於過去劫輕弄沙門，世世生有牛呞病。《緣覺經》：佛在祇洹，有一比丘，患牛呞病，爲長者輕笑。佛爲置數珠，令密誦呪，長者子後遇之，知其誦經，遂絶輕笑。動摇天關出瓊漿。壬公飛空丁女藏，［王註次公曰］《黄庭經》言：口爲天關，瓊漿以言華池之水矣。壬公言水也，丁女言火也，既出華池之水，則壬水飛而在上，丁火伏而在下矣。［施註］《黄庭經》：三關之中精氣微，口爲天關精神機。《楚辭》宋玉《招魂章》：華酌既陳有瓊漿。又引韓退之《陸渾火》詩。三伏遇井了不嘗。釀爲真一和而莊，三杯儼如侍君王。湛然寂照非楚狂。［施註］《列仙傳》：陸通者，楚狂接輿也。好養性，游諸名山。嘗遇孔子而歌，曰：鳳兮鳳兮，何德之衰。終身不入無功鄉。［查註］按此詩大意，取道家三一還丹之訣，借題以寓言。「空中細莖插天芒」以下六句，言麥得四時之氣以成，故性温和也。「天旋雷動玉塵香」二句，肩麥造麴法也。「跏趺牛噍安且詳」至末，雜記蒸米釀酒，及釀成後，品格香味飲之可解渴而不可醉也。通篇大指如此，但前後錯落，如羚羊掛角，無迹可求耳。

又《飲酒四首》《蘇軾詩集》卷四九

其一

我觀人間世，無如醉中真。虛空爲銷殞，況乃百憂身。惜哉知此晚，坐令華髮新。聖人驟難得，日且致賢人。

其二

左手持蟹螯，舉觴矚雲漢。天生此神物，爲我洗憂患。山川同恍惚，魚鳥共蕭散。客至壺自傾，欲去不得間。

其三

有客遠方來，酌我一杯茗。我醉方不啜，强啜忽復醒。既鑿渾沌氏，遂遠華胥境。操戈逐儒生，舉觴還酩酊。

其四

雷觴淡於水，經年不濡脣。爰有擾龍裔，爲造英靈春。英靈韻甚高，蒲萄難與鄰。他年血食汝，當配杜康神。

宋·楊萬里《誠齋集》卷二九《賦金盤露椒花雨》

吾家酒名敷腴者，曰金盤露；芳烈者，曰椒花雨。

金盤夜貯雲來露，椒花曉滴山間雨，一涓不用鴨緑波，溲清釀出鵝黄乳。老妻知我憎官壺，還家小槽壓真珠。江西擔取來西湖，遣我醉倒不要扶。更携數尊往淮上，要夸親舊嘗家釀。秖堪獨酌不堪分，老夫猶要入修門。

又　卷三三《新酒歌》　官酒可憎，老夫出意家釀二缸，一曰桂子香，一曰清無底，風味冷冽，歌以紀之。

酸酒虀湯猶可嘗，甜酒蜜汁不可當。老夫出奇釀二缸，生民以來無杜康。桂子香，清無底，此米不是雲安米，此水秖是建鄴水。甕頭一日遶數巡，自候酒熟不倩人。松槽葛囊纔上榨，老夫脱帽先嘗新。初愁酒帶薑桂味，一杯徑到天地外。忽然玉山倒甕邊，只覔劍鋩割腸裡。度撰酒法不是儂，此法來自太虛中。《酒經》一卷偶拾得，一洗萬古甜酒空。酒徒若是嘗儂酒，先挽天河濯渠手。却來舉杯一中之，換君仙骨君不知。

金·元好問《元好問全集》卷一《蒲桃酒賦并序》　劉鄧州光甫爲予言：「吾安邑多蒲桃，而人不知有釀酒法。少日，嘗與故人許仲祥，摘其實并米炊之，釀雖成，而古人所謂『甘而不飴，冷而不寒者』，固已失之矣！貞祐中，鄰里一民家，避寇自山中歸，見竹器所貯蒲桃在空盎上者，枝蒂已乾，而汁流盎中，薰然有酒氣。飲之，良酒也！蓋久而腐敗，自然成酒耳。不傳之祕，一朝而發之，文士多有所述。今以屬子，子寧有意乎？」子曰：「世無此酒久矣！予亦嘗見還自西域者云：『大石人，絞蒲桃漿封而埋之，未幾成酒；愈久者愈佳。有藏至千斛者』。其説正與此合。物無大小，顯晦自有時，決非偶然者。夫得之數百年之後，而證數萬里之遠，是可賦也」。於是乎賦之。其辭曰：

西域開，漢節回。得蒲桃之奇種，與天馬兮俱來。枝蔓千年，鬱其無涯。斂清秋以春煦，發至美乎胚胎，意天以美釀而飽予，出遺法於湮埋。序罔象之玄珠，薦清明於玉杯。露初零而未結，雲已薄而成裁。挹幽氣之薰然，釋煩悁於中懷。覺松津之孤峭，羞桂醑之塵埃。我觀《酒經》，必麴糵之中媒。水泉資香潔之助，秫稻取精良之材。效衆技之畢前，敢一物之不偕？艱難而出美好，徒酖毒之貽哀。繄工倕之物化，與梓慶之心齋。既以天而合天，故無桎乎靈臺。吾然後知珪璋玉毁，青黄木灾。音哀而鼓鐘，味薄而鹽梅。惟揮殘天下之聖法，可以復嬰兒之未孩。安得純白之士，而與之同此味哉。

又《飲酒五首》襄城作。

西郊一畝宅，閉門秋草深。牀頭有新釀，意愜成孤斟。舉杯謝明月，蓬蓽肯相臨。願將萬古色，照我萬古心。

去古日已遠，白僞無一真。獨餘醉鄉地，中有羲皇淳。聖教難爲功，乃見酒

力神。誰能釀滄海，盡醉區中民？

利端始萌芽，忽復成禍根。名虛買實禍，將相安足論！驅驢上邯鄲，遂兔出東門。離官寸亦樂，里社有拙言。「離官寸亦樂」，晉俚諺云然。

萬事有定分，聖智不能移。而於定分中，亦有不測機。人生桐葉露，見日忽已晞。唯當飲美酒，儻來非所期。

此飲又復醉，此醉更酣適。徘徊雲間月，相對澹以默。三更風露下，巾袖警微溼。浩歌天壤間，今夕知何夕！

又《後飲酒五首》陽翟作。

少日不能觴，少許便有餘。比得酒中趣，日與杯杓俱。一日不自澆，肝肺如欲枯。當其得意時，萬物寄一壺。作病知奈何，妾婦良區區。但媿生理廢，饑寒到妻孥。吾貧蓋有命，此酒不可無。

金丹換凡骨，誕幻苦無實。如何杯杓間，乃有此樂國。天生至神物，與世作酣適。豈曰無妙理，滉漾莫容詰。《康衢》吾自樂，何者爲帝力？大笑白與劉，區區頌功德。

客從崧少來，貽我《招隱》詩。爲言學仙好，人間竟何爲？一笑顧客言，神仙非所期。山中如有酒，吾與爾同歸。

酒中有勝地，名流所同歸。人若不解飲，俗病從何醫？此語誰所云？吾友田紫芝。紫芝雖吾友，痛飲真吾師。一飲三百杯，談笑成歌詩。九原不可作，想見當年時。

飲人不飲酒，正自可飲泉。飲酒不飲人，屠沽從擊鮮。酒如以人廢，美禄何負焉？我愛靖節翁，於酒得其天。龐通何物人？亦復爲陶然。兼忘物與我，更覺此翁賢。

明・李詡《戒庵老人漫筆》卷八　戒宿倡酗酒二文

宿倡酗酒，世之覆轍相尋，而多未悟，豈聖賢之訓微奥簡約，故習而不察耶？往閱侯布政《一元集》中有《走筆戒弟書》，反覆曉譬，頗饒名論，讀之，即登徒子便當回頭。恨無藻筆，不克爲高陽輩益友。會有攜莫貢士雲卿所作《酗酒戒》示余者，兩作固可並傳，以砭沈酣惑溺之膏肓也。雖老眼昏花，不怯捉筆。

【略】

莫曰：「昔王無功著《五斗先生傳》，而劉伯倫頌《酒德》，盛言醉鄉之致，於是張飲者赤幟。晉諸名流，入狗竇家圈，累至傷生滅德，禍貽國家，故樂令譏之。夫名教中豈少立身榮名之地，何至乃爾？荆卿混迹屠沽，灌夫、蓋寬饒使酒罵坐，彼皆有所爲，慕義輕生，其殆狂者之儔亞乎？而猶不免身嬰戮辱，宗社墟夷。千載而後，使壯夫飲血，死士吞聲。假令諸君子能傾身爲知己善，謀慮終始，則燕太子未必首犯狂秦之怒，而田蚡驕貴，奚必甘心魏其，以觸天下之謗口哉！片語發憤，不能自制，甚哉乎酒之流生禍也。大禹聖人也，能即始而見其所終，故飲而甘之，以著明戒，後世子孫遂有如桀者，以酒爲池，使千人牛飲以樂。嗟乎，禹之聖而不能使酒之不爲桀也，此可以省矣。張君去華負雋異才，頗數酗於德，方其醉也，狂悖癡暴過於季將軍，而逮其醒也，恬夷清穆，藹然吉士。然其飲也必醉，而其悔也不果。又少年負才，則以爲立身榮名當在乎此耶？噫，其誤矣。夫不解於酒德，而襲古人之迹，故有傷生滅德之咎，即晉諸賢，彼所爲有託而逃，其將以是辱身污行，而幾免於禍者，當以爲智，而不以爲狂也。淵明先生之於酒也，避世者也，畢茂世、胡母輔之諸君之於酒也，避亂者也，荆卿之於酒也，藏名者也，灌夫、蓋寬饒之於酒也，憤世者也，淳于生之於酒也，玩世滑稽者也，劉伯倫之於酒也，傲世者也，張去華之於酒也，襲古人之迹而不解於酒德者也。吾今與去華約，觴過五行，酒至一升，面作赤色，唇齒間覺灑然以甘，腸胃間覺欣然以悦，則覆觴止酒，以親命告於朋友之中，其不聽者非良友也。則於止酒也，庶乎其可也。否則莫生且斂衽而避，舍席而逃，吾寧從樂令諸君子游，不欲附會荆卿、蓋、灌之徒而爲滅德之士已矣。」

清・朱彝尊《曝書亭集》卷六一　醉司命辭并序

醉司命者，宋汴京故事也。以涂月二十四日，貼竈神於竈上，用酒醩塗竈門，謂之醉司命。見幽蘭居士孟元老《夢華録》。蓋自南渡後，廢不行矣。家居逼，歲除覩婦子祀竈，迺作醉司命辭。其文曰：

臘鼓送寒，明燈射牖，月窮則涂，其日在丑。巫言是夕，司命上天，指掌翕舌，譖告下人。爾不神媚，眚及厥身。於是主人整衣前揖而祝，惴惴兢兢，憴憴肅肅。大夫都尉，硎童是告，神乃降而言曰，子亦知子之過乎？凡子所爲，吾闞其萌，反愬於帝，何患無名！子如不信，據觚而聽。昔者二氣既分，節運推斥，上麗三辰，下立四極，百神繽紛，如影投隙，靡有小大，各司其職。顓頊之虚，吾攸用宅，帝臨在上，下土是眕。曰庖曰竈，往哉汝監，孰爲有罪，告予非讒。吾軼雲輪，吾馭風馬，下視崇墉，於斗分野，戟門二八，翔子之舍。子之先世，秩祀孔虔，户門井霤，吾居一焉。牲醴肥香，有柶有筵，有祝有相，有籥有言。及子之身，流

離瑣尾，自牧徂坰，舍城而市。栗主數遷，誅茅長水，無恆安息，遠近游遨，持取吾土，不思故巢。朔雲東岱，西濟汾洮，南甌閩粵，抗石凌濤。歸視其突，未黔而跑，子之比閭，吾得款睇。西家主婦，有媵有娣，裛粉游紅，玉瑱象揥，鏡聽而兮，狄香在袂。維子之室，有嫗無嬖，簪蒿於蓬，卓椎於髻，炊彼庡庨，不可瞻諦。瘠子羸孫，愁苦終歲。東有雲屋，穴金十囊，割蠟而爨，封腴以嘗。左鼎右盉，楚苗吳秔，釀用酘酒，薦我黃羊。嗟子終窶，脱粟糝羹，并日而食，或絶其糧。勞薪不繼，然之以糠。煙反於宅，鼻嚏目眺。南鄰北舍，審音識曲，越調吳歈，哀絲豪竹，迴腸蕩氣，娛我心目。維子之家，詩書是讀，井臼晨喧，機絞夜續。尺口牙牙，寒號飢哭。攪我夙宵，蒙耳駭矚。寒向不塞，熱扇不通，蛙鳴礎下，雪灑於牎。無冬無夏，上雨旁風。嗟此局促，栖我其中，責子之過，寧有終窮！主人聞言，小大稽首，翁謝於前，姥拜於後。爾乃鍊香以燒，翦紙而焚，餳餻粉荔，雜遝上陳。注缾以酒，盛食於盆，藉醩漉滓，塗之竈門。神遂陶然，延霄奮舉，前導嬌孫，後隨六女。帝召司命，詢其所主，凡有過愆，爾其悉數。司命入覲，行步偊旅，覲覢兩目，醉不能語。

清・徐珂《清稗類鈔・飲食類》

黃九煙之飲食

上元黃九煙，名周星，其先以育於湘潭周氏，爲湘潭人。明進士，入國朝，隱居不出。嗜飲，感憤怨懟，一寓之於詩。嘗作《楚州酒人歌》，蓋自道也。歌云：「酒人酒人，爾從何處來？我欲與爾一飲三百杯。寰區斗大不堪容我兩人醉，直須上叩閶闔尋蓬萊。我思酒人昔在青天上，氣吐長虹光萬丈。手援北斗斟天漿，天廚駱驛供奇釀。兩輪化作琥珀光，白榆歷歷皆杯盎。吸盡銀河烏鵲愁，黃姑渴死悲清秋。咄咄酒人非無賴，乘風且訪崑崙邱。緑娥深坐槐眉下，萬樹桃華覆深斝。穆滿高歌劉徹吟，一見酒人皆大詫。雙成長跽進三觴，大嚼絳雪吞元霜。桃華如雨八駿叫，春風浩浩心飛揚。瑶池雖遠崦嵫促，阿母綺窗不堪宿。願假青鳥探瀛洲，列真酣飲多如簇。天下無不讀書之神仙，亦無讀書不飲酒之神仙。神仙酒人化爲一，相逢一笑皆陶然。陶然此醉堪千古，平原河朔安足數！瑶羞瓊糜賤如虀，蒼龍可鱃麟可脯。興酣瞋目叫怪哉，海波清淺不盈杯。排雲忽復干帝座，撞鐘伐鼓轟如雷。金莖玉液沆瀣竭，披髮大笑遠歸來。是時酒人獨身横行四天下，上天下地如龍馬。百靈奔蹶海嶽翻，所向無不披靡者。真宰上訴天帝驚，冠劍廷議集公卿。今者酒人有罪罪不赦，不殺不可，殺之反成酒人名，急敕酒人令斷酒。酒人惶恐頓首奏陛下，臣有罪死無醒生。帝顧巫陽使扶酒人去，風馳雨驟蒼黃謫置楚州城。酒人墮地頗狡獪，讀書學劍皆雄快。自皙鬑鬑三十時，戲掇青紫如拾芥。生平一飲富春渚，再飲鸚鵡湖。手版腰章束縛苦，半醒半醉聊支吾。誰知一朝乾坤忽反覆，酒人發狂大叫還痛哭。胸中五嶽自峨峨，眼底九州何蹙蹙！頭顱頓改甕生塵，酒非酒兮人非人。椎壚破觥吾事畢，那計金陵十斛春。還顧此時天醉地醉人皆醉，丈夫獨醒空憔悴。從來酒國少頑民，頌德稱功等遊戲。不如大詔天下酒徒牛飲鼈飲兼囚飲，終日酩酊淋漓嬉笑怒罵聊快意。請與酒人搆一淩雲爍日之高堂，以堯舜爲酒帝，羲農爲酒皇，淳于爲酒伯，仲尼爲酒王，陶潛、李白坐兩廡，糟粕餘子蹲其旁。門外醉鄉風拂拂，門内酒泉流湯湯。幕天席地不知黃虞與晉魏，裸裎科跣日飛觴。一斗五斗至百斗，延年益壽樂未央。請爲爾更詔西施歌，虞姬舞，荆卿擊劍，禰生撾鼓，玉環、飛燕傳觥籌，周史、秦宫奉罍甒，與爾痛飲三萬六千觴，下視王侯將相皆糞土。但願酒人一世二世傳無窮，令千秋萬歲酒氏之子孫，人人號爾酒盤古。酒人聞此耳熱復顔酡，我更仰天嗚嗚感慨多。即今萬事不得意，神仙富貴兩蹉跎，酒人酒人當奈何？噫吁嘻！酒人酒人當奈何？爾且楚舞吾楚歌。」

黎媿曾詠閩酒

長汀黎士宏，字媿曾。以周櫟園侍郎嘗作《閩茶曲》，乃作《閩酒曲》以儷之。詩云：「板橋官柳拂波流，也句春朝半月遊。數盡紅衫分隊隊，賣錢齊上謝公樓。唐張九齡詩：「謝公樓上好醇酒，五百青蚨買一斗。」樓在城南，爲士女觀臨之所。長槍江米接鄰香，冬至先教辦壓房。燈子才光新月好，傳箋珍重唤人嘗。汀俗於冬至日，户皆造酒，而鄉中有壓房一種，尤爲珍重，藏之經時，待嘉賓而後發也。社前宿雨暗荆門，接手東鄰隔短垣。直待韓婆風力軟，一卮陽鳥各寒温。長汀呼冷風爲韓婆風，鄉人鬻炭者，户祀韓婆，蓋俁以寒爲韓也。值歲暖則倒置韓婆水中，謂能變寒風，使其炭速售。陽鳥，酒名，釀之隔歲，至陽鳥啼時始飲者。新泉短水柏香浮，十斛梨香載扁舟。獨讓吳兒專價值，編蒲泥印冒蘇州。上杭酒之佳者曰短水，猶縮水也。載貨郡中，冒名三白，然香氣甘冽，竟能亂真矣。聞分飲部酒如潮，三合東坡滿一蕉。讓却登壇銀海子，久安中户注風消。汀人以薄酒爲見風消。曾酌當壚細埔中，高簾短柳逆糟風。近無人乞雙頭賣，幾户朱碑掛半紅。上酒爲雙頭，其次者名半紅，延、邵、江三郡皆同稱。誰爲狡獪試丹砂，却令紅娘字酒家。怪得女郎新解事，隨心亂插兩三花。」釀家每當酒熟時，其色變如丹砂，俗稱紅娘過缸酒，謂有神仙到門則然，家以爲吉祥之兆，競插花賞之。

楊次也飲咂嘛酒

海寧楊次也太守知嘗飲咂嘛酒而甘之，作歌云：「楊花吹雪滿地鋪，杏花一片紅橆糊。榆錢簸風風力軟，芳林處處聞啼鴣。青旗斜漾茅屋底，天然好景難臨摹。我留此地一事無，太平之世爲羈孤，東鄰西舍相招呼。殷兄張丈相與俱，釀錢買醉黄公壚。麥缸鵝黄新釀熟，味醇氣郁遇醍醐。彭亨翠甀如鶉觚，細管尺五裁霜蘆。低頭吸同渴羌飲，一口欲盡鴛鴦湖。白波倒卷東海沸，渴虹下注西江枯。碧筩不用彎象鼻，龍頭屢瀉鮫盤珠。須臾缾罄罍亦恥，春意盎盎浮飢膚。劉伶大笑阮籍哭，直欲躍入壺公壺。吾皇聖德蠲逋租，吏胥不擾民歡娛。今年更覺酒味好，百錢一斗應須酤。盲娼醜似東家嫫，琵琶箏阮聲調粗。有時呼來彈一曲，和汝拊缶歌烏烏。青天作幕地作席，醉倒不用旁人扶。樂哉邊氓生計足，白羊孳乳驢將駒。買刀買犢勸耕鉏，女無遠嫁男不奴。含哺鼓腹忘帝力，歲歲里社如賜餔。安得龍眠白描手，畫作擊壤堯民圖。」次也，康熙時人。

黄仲則對酒而歌

《對酒歌》，黄仲則所作也。其一云：「倉倉皇皇，壯士泣路旁。欲上太行兮冰折轂，乃浮滄溟兮，水浩浩其無梁。一解。有何神之君，軨彼飛練，縹旌流雲兮閃騎雹。明明在前，倏乃無見。二解。朝吁暮咍，邪氣内陷，肝腸四摧。匪有此七尺而誰之哀。三解。青天爲車，日月爲輪。載我百年，輾轉苦辛。我欲摧之，爲朝餐之薪。四解。」其二云：「糾兮結兮，有氣如霓。知不可久留兮，吐吐苦饑。一解。誰謂殤子夭，彭咸爲壽？驅車出郭門，狐九尾，蛇兩首，啖人骨如飴。古人云，死欲速朽。二解。渺慮八埏，靈光四來，我乃逐於物而顔灰。三解。堯舜在上，許由洗耳。鳳凰不祥，羽毛禍體。四解。乃云少原之野，閬風之邱，有晦兼爲圃兮，壘玉爲樓。不見夫西王母之戴勝穴處兮，夫何有異樂之可求？五解。」

江桐敏好獨酌

乾隆時，仁和江桐敏通守清好飲，且好獨酌。一日，酒後爲詩四章。其一云：「頃來愛獨酌，頗得酒中趣。則無酬酢勞，亦無諧謔迕。形骸且自外，肴核豈必具。得酒欣滿斟，小醉宜淺注。近時飲酒人，飲亦循世故。天趣苟不存，焉得安余素。因茲謝朋好，沈冥未爲誤。」其二云：「油然方酣適，偶念古人書。全章或遺忘，數語記有餘。在口自咀誦，愜理心獨娱。庭前海石榴，舒丹耀吾廬。其下有萱草，抽花媚階除。一觴且獨進，慨此芳歲徂。四十而無聞，不飲將焉如？」其三云：「毀譽本無端，閉門省愆尤。窮達自我命，通塞皆有由。但見得者樂，不見失者憂。得失兩不化，身滅願未酬。有願必酬之，造物窮其謀。解此頗自得，泛泛如開鷗。無酒苦寂寞，有酒不暇愁。將來百無慮，吾當營糟邱。」其四云：「何以觀造化，我身來去是。既來孰不去，萬物同茲理。榮枯隨所值，妄念生憂喜。結則爲屯雲，散則爲覆水。千秋萬代人，殊塗而同軌。吾將埋吾輪，沈醉卧不起。」其五云：「人生如一舟，大小各殊量。置舟風水中，夷險各殊向。順風與下水，快處乃多妨。得勢矜喧闐，失勢任飄蕩。一生負重載，終老成空舫。未知收帆時，前途保無恙。」其六云：「家貧苦無書，有書苦不熟。中年多遺忘，掩卷如未讀。一心營百慮，螟蟘食嘉穀。亦知求放心，中斷煩屢續。獨於飲酒時，恬然見來復。」

吴穀人沃人以巨觥

吴穀人祭酒錫麒洪量無偶，方爲諸生時，居杭州山兒巷，值獻歲，列酒甕無算，招朋痛飲。竟晝夜而酒未罄，乃舁至門外，人過其門，以巨觥沃之。能飲者去而復來，不能者至委頓乞免。

舒鐵雲勸酒

《勸酒歌》，舒鐵雲贈吾漁璜農部祖望，和宋左彝助教大樽而作也。詩云：「飢寒在身前，功名在身後。悠悠行路難，不如飲醇酒。磊落執戟郎，支離灌園叟。空餘書一瓻，未乞湖三畝。欲證須菩提，嚼蠟闢其口。將封狼居胥，投筆掣其肘。夜月啼青鶻，浮雲幻蒼狗。飄然擲一官，拔劍出門走。峨峨黄金臺，酒債尋常有。道逢宋如意，舊是荆卿友。脱裘黄公壚，荷鍤青山藪。醒笑東阿王，醉叱北平守。羽聲寒蕭蕭，東瑟間西缶。風塵起十丈，雲夢吞八九。美人顔如花，羅裳響瓊玖。的的開朱唇，纖纖出素手。蒲桃夜光杯，殷勤爲君壽。上言神仙難，下言富貴朽。不飲君何爲，君意豈否否。我本燕趙士，爛醉狂歌久。題詩入醋甕，著書覆醬瓿。何當封酒泉，作杯大於臼。細積買春錢，高擁掃愁帚。不嫌丞相嗔，時向車茵嘔。願爲先生歡，請取唾壺叩，劉伶據其左，李白坐以右。三客將奈何，二豪竟誰某？憶昔春明門，識君意良厚。君雁正南飛，余馬亦東首。江南寄梅花，江北析楊柳。萍合本無根，瓜分寧有偶。録別感窮通，擊節忘好醜。相從和而歌，一字沽一斗。」

李許齋飲百益酒

嘉慶朝，李許齋太守飲百益酒而甘之，乃作詩，題有「仙醴回春」四字。倪又鋤太守和詩，乃以四字冠首，詩云：「仙草擕來碧玉峯，製成佳釀配重重。壺中一點人間酌，延得九天春意濃。」「醴泉何事競誇奇，恃有瓊觴飲便宜。漫説延年

無妙術，到微醺處益方知。』『回轉生機一綫陳，沈疴頓減速如神。壚頭多少停車問，妙處醫人不醉人。』『春和迅疾轉蓬壺，太守題來大筆濡。我亦垂涎思解渴，杖頭却笑乏青蚨。」

於是方升卿大令亦繼之以作，詩云：「曾聞莨酒製奇珍，況復經營配藥勻。漉到甘時綿歲月，酌來醺處倍精神。一壺春醞長生草，百載年延不老身。椽筆題成賢太守，仙漿玉醴總難倫。」

倪潛齋買醉鑪頭

嘉慶時，海寧有倪潛齋者，名心田，性放曠，好韻語，日與陳霞莊買醉爐頭，白眼玩世。有時晨炊烟斷，飢腸轆轆，手一編，自若也。嘗爲《飲酒》詩四律，詩云：「漫將荷鍤笑劉伶，天上誰知有酒星。似我可同彭澤醉，勸渠莫學左徒醒。』『胸襟平生真覺糟邱樂，此話休教惡客聽。好語門前乞文者，肯攜琴酒眼常青。』『胸襟畢竟酒徒真，潦倒粗疏任客瞋。未療飢腸先療渴，祇愁瓶罄不愁貧。飲中豈有成仙者，藉此原多失意人。時復中之聊爾爾，亡憂君術固通神。』『擊筑吹篪雜狗屠，婦人醇酒笑豪粗。物能作病將安用，事到難平不可無。君亦未知其趣耳，我惟行樂在茲乎。祗因塊壘胸中滿，拍案狂歌倒一壺。』『達士奚須身後名，拍浮自足了平生。壯懷勃塞消無術，愁陣堅牢賴有兵。止酒玉琨真鄙嗇，傾家次道最多情。醉鄉亦是人間世，正好陶陶樂太平。」

郝青門勸酒

郝蓮，號飯山，嘉慶朝之錢塘人。嗜飲工詩，有《說餅齋吟草》。其《勸酒歌》云：「東風勸酒生綠波，爲君倒提金叵羅。天邊明月不常好，世上浮雲事日多。勸君且飲吾作歌。君不見腰間纍纍印如斗，朝乘華軒暮廣柳？又不見多牛翁，子孫不肖田園空？黃金不能買老壽，況當明月如清晝，眼底休隨螻蟻忙，日中空有麒麟鬬。」

雜録

《淮南子・說林訓》 羊肉不慕螘，螘慕於羊肉，羊肉羶也；醯酸不慕蚋，蚋慕於醯酸。

王念孫云：下三句當作「醯不慕蚋，蚋慕於醯，（句）醯酸也」，與上三句相對爲文。今本「醯不慕蚋」句内衍一「酸」字，「醯酸也」句内又脱「醯」字「也」字，則文不成義。《太平御覽・蟲豸部》二引此已誤，唯「也」字未脱。于鬯云：「羊肉羶也」四字，蓋注文溷入正文。 寧案：此文疑當作「羊肉不慕螘，螘慕於羊肉，羶也；醯不慕蚋，蚋慕於醯，酸也。」《呂氏春秋・功名篇》「缶醯，黄蚋聚之，有酸」，即《淮南》所本。《淮南》「酸也」承上醯字言之，猶《呂氏春秋》「有酸」承上醯字言之也，不重「醯」字，文義已明。「羊肉羶也」句當同例。《太平御覽》九百四十五引作「羊肉不慕蟻，蟻慕於羊肉，羶也；醯酸不慕蚋，蚋慕於醯，酸也」，是其證。唯上「酸」字涉下而衍，蓋後人將「蚋慕於醯酸也」作一句讀，故又於上句加「酸」字耳。今本重「羊肉」二字，疑後人據《莊子・徐無鬼篇》所加。王念孫又據以重「醯」字，未必是也。于說尤非。不得上句有注而下句無注。

爲酒人之利而不酤則竭，爲車人之利而不僦則不達。握火投人，反先之熱。

皆一介之人物，思自守者，不欲使酒人車人得利，不酤僦而先自竭，先不達，猶以火投人，先自熱爛也。 楊樹達云：「竭」字無義，字假爲「㵣」。《說文・欠部》云：「㵣，欲飲歠。从欠，渴聲。」今字作「渴」。此謂恐賣酒人獲利而不酤酒，則渴而欲飲也。 寧案：投，宋本、《藏》本作「提」。《韓詩外傳》七「果園梨栗，後宫婦女以相提擲」，是提猶擲也。《史記・荆軻傳》「乃引其匕首以擿秦王」，索隱：「擿與擲同。」《說文》「擿，投也。」故此高注以投釋提。莊本改「提」爲「投」，非是。又案：「反先之熱」，無爛義，注不當以「熱爛」爲連語。蜀《藏》本「爛」作「者」，是也。中立本作「手」，亦非。

晉・王嘉《拾遺記》卷九 石虎於太極殿前起樓【略】臺上有銅龍，腹容數百斛酒，使胡人於樓上噀酒，風至望之如露，名曰「粘雨臺」，用以灑塵。

晉・葛洪《神仙傳》卷三 王遠

王遠字方平，東海人也。舉孝廉，除郎中，稍加至中散大夫。博學五經，尤明天文圖讖，河洛之要，逆知天下盛衰之期，九州吉凶，觀諸掌握。後棄官入山修道，道成，漢孝桓帝聞之，連徵不出，使郡牧逼載以詣京師。遠低頭閉口，不肯答詔，乃題宫門扇板四百餘字，皆說方來之事。帝惡之，使人削之，外字始去，内字復見，字墨皆徹入板裏。

【略】

其後方平欲東之括蒼山，過吴往胥門蔡經家。經者，小民也，骨相當仙，方

平知之，故住其家，遂語經曰：「汝生命應得度世，故欲取汝以補仙官。然汝少不知道，今氣少肉多，不得上昇，當爲尸解耳。尸解一劇，須臾如從狗竇中過耳。」告以要言，乃委經去。後經忽身體發熱如火，欲得水灌，舉家汲水以灌之，如沃燋石，似此三日中，消耗骨立，乃入室，以被自覆，忽然失其所在，視其被中，惟有皮頭足具，如今蟬蜕也。去十餘年，忽然還家，去時已老，還更少壯，頭髮還黑，語其家云：「七月七日王君當來過，到其日，可多作數百斛飲食以供從官。」乃去。

到期日，其家假借瓮甕，作飲食數百斛，羅列覆置庭中，其日，方平果來，未至經家，則聞金鼓簫管人馬之聲，比近皆驚，不知何所在。及至經家，舉家皆見，方平著遠遊冠，朱服，虎頭鞶囊，五色綬，帶劍，少鬚黃色，長短中形人也。乘羽車，駕五龍，龍各異色，麾節幡旗，前後導從，威儀奕奕，如大將軍也。有十二玉壺，皆以臘蜜封其口。鼓吹皆乘麟，從天上下懸集，不從道行也。既至，從官皆隱，不知所在，惟見方平坐耳。須臾，引見經父母兄弟，因遣人召麻姑相問，亦莫知麻姑是何神也。言：「王方平敬報，久不在民間，今集在此，想姑能暫來語否？」有頃，信還，但聞其語，不見所使人也。答言：「麻姑再拜，比不相見，忽已五百餘年，尊卑有序，脩敬無階，思念，煩信承來，在彼，登當傾倒，而先被記，當案行蓬萊，今便暫往，如是當還。還便親覲，願未即去。」如此兩時間，麻姑來，來時亦先聞人馬之聲，既至，從官當半於方平也。

麻姑至，蔡經亦舉家見之，是好女子，年十八九許，於頂中作髻，餘髮散垂至腰。其衣有文章而非錦綺，光彩耀日，不可名字，皆世所無有也。入拜方平，方平爲之起立。坐定，召進行廚，皆金玉盃盤，無限也。餚膳多是諸花菓，而香氣達於內外。擘脯而行之，如松栢炙，云是麟脯也。麻姑自說：「接待以來，已見東海三爲桑田，向到蓬萊，水又淺於往昔，會時略半也，豈將復還爲陵陸乎？」方平笑曰：「聖人皆言，海中行復揚塵也。」

麻姑欲見蔡經母及婦姪，時經弟婦新産數十日，麻姑望見，乃知之，曰：「噫！且止勿前。」即求少許米，至得米，便以擲地，謂以米袪其穢也，視米皆成真珠。方平笑曰：「姑故少年也，吾老矣，不喜復作此曹輩狡獪變化也。」方平語經家人曰：「吾欲賜汝輩酒，此酒乃出天厨，其味醇醲，非俗人所宜飲，飲之或能爛腸。今當以水和之，汝輩勿怪也。」乃以一升酒，合水一斗攪之，以賜經家人，人飲一升許，皆醉。良久酒盡。方平語左右曰：「不足復還取也。」以千錢與餘杭姥，相聞求其酤酒。須臾信還，得一油囊酒，五斗許，信傳餘杭姥答言：「恐地上酒不中尊者飲耳。」

南朝・劉義慶《世說新語・汰侈》 石崇每要客燕集，常令美人行酒，客飲酒不盡者，使黄門交斬美人。王丞相與大將軍嘗共詣崇，丞相素不能飲，輒自勉彊，至於沈醉。每至大將軍，固不飲，以觀其變。已斬三人，顔色如故，尚不肯飲。丞相讓之，大將軍曰：「自殺伊家人，何預卿事！」王隱《晉書》曰：「石崇爲荆州刺史，劫奪殺人，以致巨富。」《王丞相德音記》曰：「丞相素爲諸父所重，王君夫問王敦：『聞君從弟佳人，又解音律，欲一作妓，可與共來。』遂往。吹笛人有小忘，君夫聞，使黄門階下打殺之，顔色不變。丞相還，曰：『恐此君處世，當有如此事。』」兩說不同，故詳録。

唐・李肇《國史補》卷上 盧相邁不食鹽醋，同列問之：「足下不食鹽醋，何堪？」邁笑而答曰：「足下終日食鹽醋，復又何堪矣？」

李丹之弟患風疾，或說烏蛇酒可療，乃求黑蛇，生置甕中，醖以麴蘗，戛戛蛇聲，數日不絶。及熟，香氣酷烈，引滿而飲之，斯須悉化爲水，惟毛髮存焉。

又 卷中 任迪簡爲天德軍判官，軍讌後至，當飲觥酒，軍吏誤以醋酌。迪簡以軍使李景略嚴暴，發之則死者多矣，乃强飲之，吐血而歸，軍中聞者皆感泣。後景略因爲之省刑。及景略卒，軍中請以爲主，自衛佐拜御史中丞，爲軍使，後至易定節度使。時人呼爲呷醋節帥。

又 卷下 古之飲酒，有盃盤狼籍，揚觶絶纓之說，甚則甚矣，然未有言其法者。國朝麟德中，壁州刺史鄭宏慶始創「平」「索」「看」「精」四字，令至李稍雲而大備，自上及下，以爲宜然。大抵有律令，有頭盤，有抛打，蓋工於舉場，而盛於使幕。衣冠有男女雜履舄者，長幼同燈燭者，外府則立將校而坐婦人，其弊如此。又有繫繫應作擊。毬、畋獵之樂，皆溺人者也。

猩猩者好酒與屐，人有取之者，置二物以誘之。猩猩始見，必大罵曰：「誘我也！」乃絶走遠去，久而復來，稍稍相勸，俄頃俱醉，其足皆絆於屐，因遂獲之。或有其圖而贊曰：「爾形唯猿，爾面唯人。言不忝面，智不周身。淮陰佐漢，李斯相秦。何如箕山，高卧養真。」

唐・韓鄂《四時纂要・夏令卷・六月》 造神麴法 【略】畫地爲阡陌，作麴人各置巷中，此古之法。令作五小麴人，又作五小麴人，又作五麴王，中心安著一王，四方各一王守阡陌。王令稍大於麴人。其麴熟擣，脱，如前法鋪麴畢，以麴人及王守中央四方了，則祭之以酒脯湯餅。主人親自祭。文曰：

「謹請東方青帝、土公威神，南方赤帝、土公威神，北方黑帝、土公威神，西方白帝、土公威神，中央黄帝、土公威神，某年月日辰，謹啓五帝、五土公之靈：某謹以六月上寅，造作麥麴，建立五王，各布封境，酒脯之醮，以相祈請：願垂神力，明鑑所領，令使飛蟲絶蹤，穴蟲潛影；衣色遍佈，或蔚或炳。煞熱火焚，以烈以猛；芳越神薰，殊趨調領。君子酣暢，小人恭静。虔告三神，望垂允聽。急急如律令。」

讀文三遍，各再拜。泥户後二七日，准前曬、露。

唐・段成式《酉陽雜俎》前集卷七《酒食》 魏賈琳家累千金，博學善著作。有蒼頭善別本，常令乘小艇於黄河中，以瓠匏接河源水，一日不過七八升，經宿，器中色赤如絳，以釀酒，名崑崙觴。酒之芳味，世中所絶，曾以三十斛上魏莊帝。

歷城北有使君林，魏正始中，鄭公慤三伏之際，每率賓僚避暑於此。取大蓮葉置硯格上，盛酒三升，以簪刺葉，令與柄通，屈莖上輪菌如象鼻，傳吸之，名爲碧筩杯。歷下斆之，言酒味雜蓮氣，香冷勝於水。

青田核，莫知其樹實之形。核大如六升瓠，注水其中，俄頃水成酒，一名青田壺，亦曰青田酒。蜀後主有桃核兩扇，每扇着仁處，約盛水五升。良久，水成酒，味醉人，更互貯水，以供其宴，即不知得自何處。

《新唐書・回鶻傳上》 以李素立爲燕然都護。其都督、刺史給玄金魚符，黄金爲文，天子方招寵遠夷，作絳黄瑞錦文袍、寶刀、珍器賜之。帝坐祕殿，陳十部樂，殿前設高坫，置朱提瓶其上，潛泉浮酒，自左閤通坫趾注之瓶，轉受百斛鐐盎，回紇數千人飲畢，尚不能半。

宋・李昉等《太平廣記》卷二三三《酒》

千日酒

昔有人名玄石，從中山酒家酤酒，酒家與千日酒，忘語其節，至家醉卧，不醒數日。家人不知，以爲死也，具棺殮葬之。酒家至千日，乃憶玄石前來沽酒，醉當醒矣，遂往索玄石家而問之。云，石亡已三年，今服闋矣。於是與家人至玄石墓，掘冢開視，玄始醒，起於棺中。出《博物志》。

擒奸酒

河東人劉白墮者善於釀酒，六月中時暑赫，劉以甖貯酒，曝於日中。經一旬，酒味不動，飲之香美，醉而不易醒。京師朝貴出郡者，遠相餉餽，踰於千里，以其可至遠。號曰鶴觴，亦名騎驢酒。永熙中，青州刺史毛鴻賓帶酒之任，路中夜逢劫盜，盜飲之皆醉，遂備擒獲，因此復名擒奸酒。遊俠語曰，不畏張弓拔刀，唯畏白墮春醪。出《伽藍記》。

若下酒

《輿地志》：村人取若下水以釀酒，醇美，俗稱若下酒。張協士所云，荆州烏程，豫北竹葉，即此是也。出《十道記》。

崑崙觴

魏賈琳家累千金，博學善著作。有蒼頭善別水，常令乘小舟於黄河中，以瓠匏接河源水，一日不過七八升。經宿，器中色如絳，以釀酒，名崑崙觴。酒之芳味，世間所絶。曾以三十斛上魏莊帝。出《酉陽雜俎》。

碧筩酒

歷城北有使君林。魏正始中，鄭公慤三伏之際，每率賓僚避暑於此，取大蓮葉置硯格上，盛酒三升，以簪刺葉，令與柄通，屈莖莖原作徑，據明鈔本改。上，輪菌如象鼻，傳吸之，名爲碧筩。歷下效之，言酒味雜蓮氣，香冷勝於冰。出《酉陽雜俎》。

九醖酒

張華既貴，有少時知識來候之。華與共飲九醖酒，爲酣暢，其夜醉眠。華常飲此酒，醉眠後，輒敕左右，轉側至覺。是夕，忘敕之。左右依常時爲張公轉側，其友人無人爲之。至明，友人猶不起。華咄云，此必死矣。使視之，酒果穿腸流，床下滂沱。出《世説》。

青田酒

烏孫國有青田核，莫知其樹與實，而核大如五六升瓠，空之盛水，俄而成酒。劉章曾得二枚，集賓設之，可供二十人。一核方盡，一核所盛，復中飲矣。唯不可久置，久則味苦難飲。因名其核曰青田壺，酒曰青田酒。出《古今注》。

黏雨酒

石虎於大武殿前起樓，高四十丈，結珠爲簾，垂五色玉珮。上有銅龍，腹空，盛數百斛酒。使胡人於樓上噀酒，風至，望之如雲霧，名曰黏雨臺，使以灑塵。出《拾遺録》。

李景讓

大中年，丞郎宴席，蔣伸在座。忽斟一杯言曰，席上有孝於家、忠於國、及名重於時者，飲此爵。衆皆肅然，無敢舉者，獨李景讓起引此爵。蔣曰，此宜其

然。出《盧氏雜説》。

夏侯孜

崔郢爲京尹日，三司使在永達亭子宴丞郎。崔乘酒突飲，衆人皆延之。時譙公夏侯孜爲户部使，問曰，尹曾任給舍否？崔曰，無。譙公曰，若不曾歷給舍，京兆尹不合衝丞郎宴。命酒糺來，命下籌，且吃罰爵。取三大器物，引滿飲之，良久方起。出《盧氏雜説》。

孫會宗

唐孫會宗僕射，即渥相大王父也，宅中集内外親表開宴，有一甥姪爲朝官，後至，及中門，見緋衣官人，衣襟前皆是酒涴，咄咄而出，不相識。頃即席，説於主人，訝無此官。沉思之，乃是行酒時，階上酹酒，草草傾潑也。自此每酹酒，止側身恭跪，一酹而已，自孫氏始。今人三酹，非也。出《北夢瑣言》。

陸扆

陸相扆出典夷陵時，有士子修謁，相國與之從容，因命酒勸。此子辭曰，天性不飲酒。相曰，誠如所言，已校五分矣。蓋平生悔吝有十分，不爲酒困，自然減半也。出《北夢瑣言》。

酒量

山濤　山濤字巨源，飲酒量至八斗。武帝欲試之，使人私默以記之，至量而醉。出《晉書》。

周顗　周顗字伯仁，飲酒至量一石。及過江，雖日醉，每恨無對。偶有舊對北來，顗遇之，爲忻然，乃置酒二石共飲，各大醉。及醒，顗使人視，客已腐脇而死矣。出《晉書》。

裴弘泰　唐裴均之鎮襄州，裴弘泰爲鄭滑館驛巡官，充聘於漢南。遇大宴，爲賓司所漏。及設會，均令走屈鄭滑裴巡官，弘泰奔至，均不悦。責曰，君何來之後！大涉不敬。酌後至酒，已投糺籌。弘泰謝曰，都不見客司報宴，非敢慢也，叔父捨罪。請在座銀器，盡斟酒滿之，器隨飲以賜弘泰，可乎？合座壯之，均亦許焉。弘泰次第揭座上小爵，以至觥船，凡飲皆竭。隨飲訖，即寘於懷，須臾盈滿。筵中有銀海，受一斗以上，其内酒亦滿。弘泰以手捧而飲，飲訖，目吏人，將海覆地，以足踏之，捲拘而出，即索馬歸驛。均以弘泰納飲器稍多，色不懌。午後宴散，均又思弘泰之飲，必爲酒過度所傷，憂之。迨暮，令人視飲後所爲。使者見弘泰戴紗帽，於漢陰驛廳箕踞而坐，召匠秤得器物，計二百餘兩。均不覺大笑，明日再飲。回車日，贈遺甚厚。出《乾饌子》。

王源中　文宗時爲翰林承旨。暇日，與諸昆季蹴踘於太平里第。毬子擊起，誤中源中之額，薄有所損。俄有急召，比至，上訝之，源中具以上聞。上曰，卿大雍睦。命賜酒二盤，每盤貯十金碗，每碗各容一升許，宣令並碗賜之。源中飲之無餘，略無醉容。出《摭言》。

嗜酒

徐邈　魏徐邈字景山，爲尚書郎。時禁酒，邈私飲沉醉。從事趙達問曹事，邈曰，中聖人。達白太祖，太祖甚怒。鮮于輔曰，醉人謂清酒爲聖人，濁酒爲賢人。邈性修慎，偶醉言耳。乃得免罪。出《異苑》。

劉伶　劉伶常乘鹿車，攜一壺酒，使人荷鍤隨之。曰，死便埋我。其遺形如此。渴甚，求酒於妻，妻藏酒棄器，諫曰，非養生之道，宜斷之。伶曰，善，當祝鬼神自誓，便可具酒肉。妻從之。伶跪祝曰，天生劉伶，以酒爲名。一飲一石，五斗解醒。婦人之言，必不可聽。於是酌酒御肉，塊然復醉。出《晉書》。

酒臭　義寧初，一縣丞衣纓之胄，年少時，甚有丰采。涉獵書史，兼有文性，其後沉湎於酒，老而彌篤。日飲數升，略無醒時。得病將終，酒臭聞於數里。遠近驚愕，不知所由，如此一旬，此人遂卒。故釋典戒酒，令人昏癡。今臨亡酒臭，彰其入惡道耳。出《五行記》。

宋・龔萍《酒譜》

歡伯

酒爲歡伯，其義見《易林》，無貴賤賢不肖，中外共甘而樂之。

酒旗

《韓非子》云：「宋人沽酒，懸幟甚高。」酒市有旗始見於此，或謂之簾。

醉聖

李白每醉爲文，未嘗差人，目爲醉聖。白樂天自稱醉尹，皮日休自稱醉士。

卧黍穰

凡人醉卧黍穰中，必成癩醉。而飲茶必發膀胱氣，食鹹多成消中。

瘿木杯

松林唱和有瘿木杯詩，蓋用木節爲之。

竹根

老杜詩云：「醉倒終同卧竹根。」蓋以竹根爲飲器也，見江淹集。

蓮子杯

唐人有蓮子杯，白公詩中稱之，周穆王時有杯名常滿。

酒令

酒令云：「孟嘗門下三千客，大有同人。湟水渡頭十萬羊，未濟小畜。」又云：「鋤麑觸槐，死作木邊之鬼。豫讓吞炭，終爲山下之灰。」又云：「夏禹見雨下，使李牧送木履與蕭何，蕭何道何消。因單定墾田，使貢禹送禹貢與李德，李德云得履。」又云：「寺裏餵牛僧茹草，觀中煑菜道供柴。」又曰：「山上採黄芩，下山逢著老翁吟。」老翁吟云：白頭搔更短，渾欲不勝簪。上山採交藤，下山逢著醉胡僧。醉胡僧云：何年飲著聞聲酒，直到而今醉不醒。山上採烏頭，下山逢著少年遊。少年遊云：霞鞍金口騮，豹袖紫貂裘。又云：碾茶曹子建，開匣木懸虚。

宋·孔平仲《孔氏談苑》卷五

以春名酒

韓退之詩云：「且可勤買抛青春。」《國史補》云：「酒有郢之富水，烏程之若下，滎陽之土窟春，富平之石凍春，劍南之燒春。」杜子美詩云：「聞道雲安麯米春。」裴鉶《傳奇》亦有酒名松醪春。乃知唐人名酒多以春。

又 自煖杯

唐内庫有青酒杯，紋如亂絲，其薄如紙。以酒注之，温温然有氣，相次如沸湯。名「自煖杯」。

宋·張邦基《墨莊漫録》卷五 酒爲般若湯

僧謂酒爲般若湯，鮮有知其説者。予偶讀《釋氏會要》，乃得其説，云：有一客僧，長慶中留一寺，呼净人酤酒。寺僧見之，怒其粗暴，奪瓶擊柏樹。其瓶百碎，其酒凝滯着樹，如緑玉，揺之不散。僧曰：「某常持《般若經》，須預飲此物一杯，即諷詠瀏亮。」乃將瓶就樹盛之，其酒盡落器中，略無孑遺。奄然流啜，斯須器竊音庚。酣暢矣。酒之廋辭，其起此乎！

又 卷六 醉如泥

《應劭漢官儀》曰：周澤爲太常齋，有疾，其妻憐其年老，闚内問之，澤大怒，以爲干齋，遂收送詔獄，自劾。論者譏其詭激。時諺云：「生世不諧，爲太常妻。一歲三百六十日，三百五十九日齋，一日不齋醉如泥。」

予觀裨官小説，乃得其説，云：南海有蟲，無骨，名曰泥。在水則活，失水則醉，如一堆泥然。後又讀《五國故事》，云：僞閩王王延慶，爲長夜之飲，因醉，屢殺大臣。以銀葉作杯，柔弱爲冬瓜片，名曰醉如泥。酒既盈，不可覆杯。惟盡乃已，蓋取此義也。

賜館職西京牡丹花及南庫酒

故事：西京每歲貢牡丹花，例以一百枝，及南庫酒賜館職。韓子蒼去國後，嘗有詩云：憶將南庫官供酒，共賞西京勅賜花。白髮思春醒復醉，豈知流落在天涯。

宋·何薳《春渚紀聞》卷五《雜記》 酒謔

宗室趙子正監永静軍，耽酒嗜書札，而喜人奉己。有過客執觚而前，正遇趙於案間揮翰自得，客自旁視再三，而歎美其妙。趙舉首視之，曰：「汝亦知書耶！」客曰：「小人亦嘗留心字畫，切觀太保之書，雖王右軍復有不及者。」趙詬之曰：「汝玩我耶！」曰：「某嘗觀《法書》云，王書一字入木八分，今太保之書，一落筆則入木十分，豈不爲過於右軍耶！」坐人皆賞其機中，爲之絶倒。趙亦笑而遣之。

又 卷六《東坡事實》

太白胸次

士之所尚，忠義氣節，不以摛詞摛句爲勝。唐室宦官用事，呼吸之間，殺生隨之。李太白以天挺之才，自結明主，意有所疾，殺身不顧。王舒公言：「太白人品汚下，詩中十句，九句説婦人與酒。」至先生作《太白贊》則云：「開元有道爲可留，縻之不可矧肯求。」又云：「平生不識高將軍，手汚吾足乃敢嗔。」二公立論，正似見二公胸次也。

牛酒帖

先生在東坡，每有勝集，酒後戲書，以娱坐客，見於傳録者多矣。獨畢少董所藏一帖，醉墨瀾翻，而語特有味。云：「今日與數客飲酒，而純臣適至，秋熱未已，而酒白色，此何等酒也，入腹無臓，任見大王。既與純臣飲，無以侑酒。西鄰耕牛適病足，乃以爲肴，飲既醉，遂從東坡之東直出，至春草亭而歸，時已三鼓矣。」所謂春草亭，乃在郡城之外，是與客飲酒，私殺耕牛，醉酒踰城，犯夜而歸。又不知純臣者是何人，豈亦應不當與往還人也。

宋·王楙《燕翼詒謀録》卷四 种放有别墅在終南山，聚徒講學，性嗜酒，種秫自釀，林泉之景頗爲幽勝。

宋・林洪《山家清供》卷上　酒煮菜

鄱江士友命飲，供以酒煮菜。非菜也，純以酒煮鯽魚也。且云，鯽，稷所化，以酒煮之，甚有益。以魚名菜，私竊疑之。及觀趙與時《賓退録》所載，靖州風俗居喪不食肉，唯以魚爲蔬，湖北謂之魚菜。杜陵小白詩亦云，細微霑水族，風俗當園蔬。始信魚即菜也。趙，好古博雅君子也，宜乎先得其詳矣。

又　**卷下**　素醒酒冰

米泔浸瓊芝菜，曝以日，頻攪。候白，洗，搗爛，熟煮，取出。投梅花十數瓣，候凍，姜橙爲鱠虀供。

宋・葉廷珪《海録碎事》卷六《飲食器用部・酒門》　安石榴　《扶南傳》：頓遜國有安石榴。取汁停盆中，數日，成美酒。《通典》。　化酒壺　《吴書》：鄭泉字文淵，性嗜酒。臨卒，謂同類曰：「必葬我陶家之側，庶百歲化而成土，幸見取爲酒壺，實獲我心矣。」　析波浮醴　《曲水應詔詩》云：分庭薦樂，析波浮醴。注云：分水行盃也。顔延年。　梁市客　《列仙傳》：酒客者，梁市酒家之客。作酒常美，日售萬錢。　埋照　沉醉似埋照。注：照，光也。阮步兵。　杜康　曹操《短歌行》云：慨當以慷，憂思難忘。何以解憂？惟有杜康。　斗十千　歸來宴平樂，美酒斗十千。平樂，觀名也。曹子建。　盪幽默　急觴盪幽默。王粲詩。　密勺　瑶漿密勺，實羽觴。《楚詞》。　浮蟻　浮蟻鼎沸，酷烈馨香。上。　娱腸　可以和神娱腸。《七啓》。　沈頓　小器易盈，先取沈頓。言酒困也。吴季重錢。　耳熱　酒後耳熱，仰天捶缶而呼嗚嗚。楊惲。　愛竹及酒　辛宣仲居士截竹爲壺以酌酒，曰：「吾性甚愛竹與酒，欲令二物並耳。」《逸士傳》。　無愁酒　漢武作無愁酒，飲之令人無憂。　酒兵　《永嘉飲不醉藥方讚》：「左持鄭杓，右引徐鐺。非爾弘濟，吾降酒兵。」《脞説》。　鶴觴　《世説》：海東劉白墮善釀酒，六月赫熾，曝酒於日中不動餉饋逾於千里，號曰「鶴觴」。　顧建康　顧憲之爲建康令，爲政甚得人和。時人飲酒醇者輒號爲「顧建康」，言其清且美。　營糟丘　陳暄好飲酒，與其侄書曰：「速營糟丘，吾將老焉。」　惡客　不飲者爲惡客。出元次山集中。山谷詩：雷里過門多惡客。　麴居士　山谷詩云：萬事盡還麴居士，首年常在大槐宫。　觥船　杜牧：觥船一棹百分空。　傾家釀　晉何充字次道，能飲酒，雅爲劉恢所貴，云：「見次道飲，令人欲傾家釀。」言其温克。　酒因境多　魏肇師曰：「徐君房年隨情少，酒因境多。」　鵾腦酒　肅宗張皇后擅權。每進酒，常置鵾腦，蓋能令人久醉健忘也。　歲酒　林逋《山中冬日》詩：誰家歲酒熟，輟棹憶西村。　香蒭　香蒭獨酌聊爲壽，從此群芳興亦闌。上。　茶風酒禿　茶風無奈筆，酒禿不勝簪。張祜。　流涎咽唾　魏文帝詔曰：蒲萄釀以爲酒，甘於麴米，逢之固以流涎咽唾。　嵬峨我　楊松玠《談藪》：北齊盧思道嘗曰：「長安酒賤，斗價三百。能可嵬峨我，不可令嵬峨爾也。」　糟牀注　賴兹禾黍收，已覺糟牀注。《談實録》。　石榴花　李義山詩：我爲傷春心自醉，不勞君勸石榴花。　洪醉　梁元帝徐妃嗜酒，多洪醉。帝還房，必吐衣中。　帳飲　野次無宫室，故曰帳飲。　常滿盃　《十洲記》：穆王時有盃曰常滿。　酒所　《漢書》：上有酒所。謂醉此酒所，直言飲酒處也。　桑落酒　杜詩：坐開桑落酒。《世説》：桑落河多美酒。庾信詩：蒲城桑落酒，灞岸菊花天。　軟脚　玄宗幸楊國忠第，出有飲餞，還有軟脚。《開天傳信》。　麴秀才　葉法善坐客思酒，忽有人扣門，云麴秀才，居席末，論難鋒起。葉疑其魈魅，以小劍擊之，化爲瓶榼，乃盈瓶醇醖。坐客醉而揖其瓶曰：「麴生風味，不可忘也。」出《開天傳信》，鄭綮撰。　郫筒酒　成都府西五十里，因水標名曰郫縣，蜀王杜宇所都。以竹筒盛美酒，號曰「郫筒」。《成都記》。　郎官清　《國史補》：酒名則郢之富水，烏程之若下。又有蝦蟇陵、郎官清。　酒材　近聞天子詔，復許私醖釀。趣使春酒材，呼兒具盆盎。陸龜蒙。　兵厨　步兵校尉厨多美酒，阮籍故求之。本傳。　好飲　陳軫過梁見犀首，曰：「公何好飲？」犀首曰：「無事也」。曰：「吾請令公厭事，可乎？」犀首，魏官，公孫衍也。《史記》。　十日飲　秦昭王遺平原君書：「願與君爲十日之飲。」上。　酒侵愁肺　旅酒浸愁肺，離歌繞橋絃。李賀。　醉眼襭　楊花撲帳春雲熱，龜甲屏風醉眼襭。上。　頳顔　送客飲别酒，千觴無頳顔。何物最傷心？馬首鳴金環。　蟻浮浮　隴畝油油黍與葫，瓦甌濁醪蟻浮浮。　青苧旗　鼂吟浦口飛梅雨，竿頭酒旗換青苧。上並李賀詩。　酒家南董　王績採杜康，儀狄以來善酒者爲譜。李淳風曰：「君酒家南董也。」　醉聖　李白酣醉中所撰文章未嘗錯誤，而與不醉人議事，皆不出太白所見，時人號爲「醉聖」。《開元遺事》。　東鄗　《吴録》：湘東鄗縣水以爲酒，故曰湘東鄗。　杯賢杓聖　壺隱仙人常吟詩曰：「杯賢與杓聖，與我萬户封。」《樹萱録》。　北窗三友見詩門。　春醪獨撫　静寄東軒，春醪獨撫。陶淵明。　塵爵　塵爵耻虚罍。上。　名酒　余閑居寡歡，兼比夜已長。偶有名酒，無夕

不飲。顧影獨盡，忽焉復醉。上。　忘憂物　泛此忘憂物，遠我遺世情。陶詩。　酒中適　酒中適何多。上。　抱甕　《語林》曰：羊稚舒冬月釀酒，令人抱甕速得，味好。　金龜换酒　賀知章一見李白，號爲「謫仙人」，因解金龜，换酒爲樂。　肝氣微　飲酒，肝氣微則面青，心氣微則面赤。《雜俎》。　松花酒　有老人雪中訪崔希真，希真飲以松花酒。老人云：「花澀無味。」以一丸藥投之，酒味頓美。王子長《拾遺》。　酒驅俗態　王子弟子號太陽子，好酒，嘗醉。或問之，曰：「晚學俗態未除，故以酒自驅耳。」《神仙傳》。　騎杯　海東有姓劉人，善作酒，盛暑可寄千里，人謂之騎上杯也。《脞説》。　鷫鸘貰酒　相如與文君居，久益貧，以所著鷫鸘裘貰酒，始得飲。《西京雜記》。　酒濯足　馬周初入京，至灞上逆旅，遇數公子飲酒，不顧周，周即市斗酒，傾以濯足，其衆異之。《朝野僉載》。　少年場　唯君莫惜醉，認取少年場。杜牧之。　醉王醉士　李白每醉爲文，未嘗差，人目爲醉聖。白樂天自稱醉王，皮日休自稱醉士。　巢飲鼇飲　石曼卿與客痛飲，露髮跣足，著械而坐曰囚飲；飲於木杪曰巢飲；以藁束之，引首出飲曰鼇飲。《筆談》。　酒如江見肉門。　酪母　酒滓謂之酪母。《集韻》。　徐家肺　徐晦嗜酒，沈傳師善飧。楊嗣復云：沈家脾、徐家肺，直安穩耶？《語林》。　醉花宜晝　醉花宜晝，醉雪宜夜，醉樓宜暑，醉水宜秋。《醉鄉日月》。　九不歡　九不歡，飲酒不歡之候有九：主人吝，一也；賓輕，二也；逞牛飲，三也。《醉鄉日月》。　歡場害馬　酒徒謂不可與飲者爲歡場之害馬。《醉鄉日月》。　寒筵冰　飲飾者，如暑中暨寒筵冰之類。《醉鄉日月》。　飲儲　下酒物色謂之飲儲。《醉鄉日月》。　狂花病葉　或有勇於牛飲者，以巨觥沃之，既撼狂花，復凋病葉。飲流謂睚眦者爲狂花，謂目睡者爲病葉。《醉鄉日月》。　酒德　武王見三神，曰：「予既沉潰於酒德矣，往攻，必戡之。」《晏子》。　卷褥質酒　李元忠嘗封壺獨酌，使兩婢卷褥以質酒。《北史》。　酃酒　《湘水記》：衡陽縣東南有酃湖，土人取以釀酒，其味醇美，所謂酃酒也。晉武帝平吴，始薦酃酒於太廟。左思賦云「飛輕觴而酌酃醁」，即此是也。　象洞酒　象洞在潮、梅之間，今屬武平縣。昔未開拓時，群象止於其中，乃謂之象洞。其地膏腴，稼穡滋茂。有美醞，邑人重之，曰象洞酒。《圖經》。　曲阿酒　梁武帝《東行記》有覆船山、酒罋山。南次高驪山，云：昔高驪有女，東海祥乘船致酒禮聘之。女不肯，海神撥船覆酒，流入曲阿，故傳曲阿有美酒。曲阿在丹徒縣。上。　被酒　高祖被酒，夜徑澤中。注：被酒者，爲酒所加被也。《西漢紀》。　酒醪靡穀　文帝詔：無乃百姓之從事於末以害農者蕃，爲酒醪以靡穀者多。靡音糜，散也。上。　三重釀　師古曰：酎，三重釀，純酒也。上。　嘗酎　高廟酎，奏武德文治五行之舞。注：正月旦作酒，八月成，名曰酎。酎之言純也。至武帝時，因八月嘗酎，會諸侯廟中，出金助祭，所謂酎金也。酎，音直救反。上。　天之美禄　羲和魯匡上言：「酒者，天之美禄，所以扶衰養疾也。」上。　百藥長　鹽，食肴之將；酒，百藥之長。上。　嘉觴　滄容與，獻嘉觴。《西漢·房中歌》。　百末旨酒　百末旨酒布蘭生。顏師古云：百草華之末也。以百草花末雜酒，故香且美。見《春秋繁露》。上。《齋房歌》。　甘酒　楚元王爲穆生設醴。注：甘酒也，少麴多米，一宿而熟。　挏馬酒　漢郊祀，樂人給太官挏馬酒。挏，動也。馬酪味如酒，飲之可醉，故呼馬酒。　析朝酲　秦尊柘漿析朝酲。《齋房歌》。　畢觴　廣宣延，咸畢觴。言盡爵也。上。　日飲無何　袁盎爲吴相，或説曰：「南方卑濕，能日飲，無何，説王毋反而已。如此幸得脱。」何言無餘事也。本傳。　不能滿觴　灌夫行酒，至田蚡，蚡膝席曰：「不能滿觴。」上。　酒失　灌夫數以酒失過丞相。言因酒有失，得罪過於丞相。　糟丘臺　壘麴便作糟丘臺。李白。　酒家錢　顏色三十萬，盡付酒家錢。興發每取之，聊向醉中仙。　金陵春　堂上三千珠履客，甕中百斛金陵春。　吴姬壓酒　吴姬壓酒唤客嘗。　繡衣貰酒　昔日繡衣何足榮？今宵貰酒與君傾。李白《贈韓侍郎》。　若琥珀　魯酒若琥珀，汶魚紫錦鱗。　酒仙人　崔成甫《贈李十二白》：王外常求太白老，金陵捉得酒仙人。　酒客　《酒客數人，棹歌秦淮，往石頭訪崔回侍御》　鬱金　蘭陵美酒鬱金香，玉椀乘來琥珀光。　琥珀光　見上。　對影三人　花間一壺酒，獨酌無相親。舉杯邀明月，對影成三人。　勸孤影　獨酌勸孤影。上。　莫拒盃　勸君莫拒盃，春風笑人來。　酒仙翁　酒仙翁，李白自稱。　酒隱　及長，南遊雲夢，覽七澤之壯觀，酒隱安陸，蹉跎十年。白自謂也。上並李白詩。　酒若淮泗　置酒若淮泗，積肴若丘山。《吴都賦》。　盈樽酌　賴此盈樽酌。謝玄暉。　榷酤　武帝天漢三年，初榷酒酤。師古曰：榷者，渡橋也。《爾雅》謂之石杠。今之略彴是也。禁閉其事，總入官，而下無由得，若渡水之榷。彴音酌。　春蟻　庾信集中：山公許乞酒，一車未送來。秋葉幾回落，春蟻未曾開。　秋釀　張載云：造釀以秋。　酒經　陶人爲器有酒經。晉安人餉人以酒，置

書云「酒一經」或「一經」，至「五經」焉。他境人至，不達是義，聞饋五經，束帶迎於門，乃知是酒。《侯鯖集》。　淫酒　劉曜少而淫酒。將戰，飲酒數斗，以及於敗。　黍酒　楚與晉戰，司馬子反渴而求飲，豎陽穀操黍酒而進之。注：酒器受三斗曰黍。《吕氏春秋》。　椰漿　南蠻赤土國以甘蔗作酒，雜以眾瓜根，酒色黄赤。亦名椰漿爲酒。　酒腸　爲君開酒腸，顛倒舞相飲。白居易。　扶頭酒　一榼扶頭酒，泓澄瀉玉壺。十分醮甲酌，瀲灎滿銀盂。白樂天。　萬家春　坡詩：持我萬家春，一酹五柳陶。坡在廣南自釀酒之名。　甕頭春　緑綺静諳絃外意，白雲閑撇甕頭春。　嗑嗑百榼　平原君與子高飲，强子高酒，曰：「昔者遺諺：堯舜千鍾，孔子百觚。子路嗑嗑，尚飲百榼。古之聖賢，無不能飲也。」　白擲劇飲　北齊元行恭少頗驕恣。父文遥令與盧思道交遊，文遥謂思道曰：「小兒微有所知，是大弟子之力。白擲劇飲，甚得師風。」思道即曰：「六郎辭情爽邁，而白擲劇飲，亦天性所得。」　十旬清　九醖甘醴，十旬兼清。注：清酒百日而成。《南都賦》。　凍飲　挫糟凍飲，酎清涼。注：凍，冷也。《魏都賦》。　凍醴温酎　凍醴流澌，温酎躍波。　清酤如濟　清酤如濟，濁醪如河。上。　湘吴酎　《雪賦》：酌湘吴之醇酎。湘謂湘川酃陵縣，吴謂烏程若下酒。二處皆有名。　蘭巵　蘭巵獻時哲，旨酒布蘭生。謝靈運。　油油退　《禮記》曰：君子之飲酒也，一爵而色酒如，二爵而言言斯，三爵而油油以退。　盈觴酒　獨有盈觴酒，與子結綢繆。李陵。　緑樽　賓至下塵榻，憂來命緑樽。沈休文。　舞王戎　庾信《答餉酒》：未能扶畢卓，猶足舞王戎。　蘭英酒　漬蘭葉爲之，使香也。　春清縹酒　春清縹酒，狄康所營。匹妙反。《七命》。　酃渌酒　盛弘之《荆州記》：渌水出豫章康樂縣，其間烏程鄉有酒官，取水爲酒，極甘美。與湘中酃湖酒年常獻之，世稱酃渌酒。　酃湖酒　見上。　蒼竹葉　蒼竹葉清，宜城九醖酒也。出張華《輕薄篇》。　飲酒過差　阮嗣宗與物無傷，唯酒過差耳。嵇康書。　金樽凸　十分瀲灎金樽凸。　酒膽豩　豩字，呼關切，頑也，當在「山」字韻。劉夢得有「杯前膽不豩」，趙嘏有「吞船酒膽豩」之句，禮部韻不收，唐韻亦無。《漢皋詩話》。　酒户加　久隨萍梗鄉音改，因奉王侯酒户加。　玉酒　瀛洲有玉膏如酒味，名曰玉酒，飲數升輒醉，令人長生。《十洲記》。　下若酒　若溪在長興縣南。《輿地志》云：「南曰上若，北曰下若。下若水釀酒醇美。」韋昭《吴録》云：「烏程下若酒有名。」劉禹錫云：「鸚鵡杯中若下春。」謂酒也。　若下春　見上。　烏程　烏程，因居人烏氏、程氏善釀得名。　霑餘瀝　分雁鶩之稻粱，霑玉斝之餘瀝。《廣絶交論》。　飲淵明舍　何法盛《晉中興書》：顔延之爲始安郡，遵經得陽，常飲淵明舍，自展達昏。及淵明卒，爲誄，極其恩致。　酒有權　情多最恨花無語，愁破方知酒有權。鄭谷。

又《食門》　蕙蒸蘭藉　《九歌》：蕙肴蒸兮蘭藉，奠桂酒兮椒漿。　腐腸藥　甘脆肥醲，命曰腐腸之藥。枚乘《七發》。　尚善飯　然與臣坐，頃之三遺矢矣。《史記》本傳。　食蛙瘦　見光景門。　蓬池鱠　李德裕《述夢詩》云：「荷静蓬池鱠，冰寒郢水醪。」注：學士初上賜食，皆蓬萊池鱠。夏至頒冰及酒。以酒味濃，和冰而飲。禁中有郢酒坊。　清酒　特炙　陸機：百年歌清酒，特炙奈樂何。古樂府。　酒車　酒車酌醴，方駕授饔。左氏注：熟曰饔。《西京賦》。

又《宴會門》　佐酒　漢高還，過沛，悉召故人父老子弟佐酒。助飲酒也。《高帝紀》。　飲帳　洪波陪飲帳，林光宴秦餘。洪波，趙簡子臺。林光，秦殿名。陸韓卿詩　乘日養　既作長夜飲，豈顧乘日養。注：養，樂也。王粲。　光妓　光妓儼其階列。注：光華之妓也。《笙賦》。　近賓　華堂曲宴，密友近賓。上。　試周郎　王績《詠妓》：不應令曲誤，持此試周郎。　臨歌扇　陳子昂《詠唐遺記》　六鶴齊飛　《列子》曰：「虞氏設樂飲酒，擊博樓上。」其齒以牙飾，以箭長五寸，其數六，刻一頭作鶴形。《仙經》云「六鶴齊飛」，蓋其名也。《醉鄉日月》。　張具　益市牛酒，夜灑掃張具。《灌夫傳》。　選妓徵歌　選妓隨雕輦，徵歌入洞房。李白。　宵向分　酒中樂酣宵向分。中，竹仲反，半也。李白。　化彩雲　只愁歌舞散，化作彩雲飛。上。　延落景　置酒延落景。上。　清夜娱　織作玉牀席，欣承清夜娱。上。　皓月窺醉　皓月生海，來窺醉客。上。　烟霞輔賞　窮朝晚以作宴，驅烟霞而輔賞。上。　飛觴舉白　飛觴舉白。大白，杯名，犯令者飲之。　肴駟酒駕　肴駟連鑣，酒駕方軒。《七命》。　舉白　削青争落筆，舉白鬪飛觴。劉子儀　傾海爲酒　傾海爲酒，並山爲肴。吴季重書。　一笑樂　日至，吏以令休，宜從衆，歸對妻子，設酒肴，請鄰里，一笑相樂。《薛宣傳》。

又《飲器門》　紫泉缸　皮日休詩：愛携白木鍤，多買紫泉缸。　白醅缸　陸龜蒙詩：俗謡珠樹曲，村餉白醅缸。　鰕頭盃　《南越志》云：「南海以鰕頭爲盃，須長數尺，以金銀鏤之。」　蘭巵　謝靈運《九日戲馬臺詩》

云：「嗚莨戾朱宮，蘭卮獻時哲。」　羽觴　金罍含甘醴，羽觴行無方。羽觴者，酒盃爲雀形也。劉公幹詩。　鸞觴　鸞觴酌醴，神鼎烹魚。言爲鸞鳳之文。嵇叔夜詩。　澄觴　澄觴滿金罍。《魏太子》。　玉交盃　李義山：冰簟且眠金縷枕，瓊筵不醉玉交盃。　酌車渠　梁簡文：車渠屢酌，鸚䳇驟傾。　蠻榼　李九齡《送人東遊》：莫歎青山拋皓月，且領蠻榼盡濃醪。　鸂鶒巵　唐昭宗賜莊宗鸂鶒酒巵、翡翠盤。是時莊宗年十一。人云：昭宗曰：「此子可亞其父。」人名之「亞子」。《瑣言》。　偏提　元和後，酌酒用注子，其形若罃而蓋觜柄具。大和後，中貴惡其名同鄭注，乃去柄安系，若茗瓶而小，目之曰「偏提」。《資暇集》。　分盃　煬帝分御盃，以賜秘監諸葛穎。分盃之法，起自籌禪師用藥物著帽簪，對賓客取以畫酒，即中斷。《大業記》。　小觴　別館驚殘夢，停盃泛小觴。李賀。　千年觥　黄鵝跌舞千年觥。上。　鵲尾杓　陳思王有鵲尾杓，柄直長。置之酒樽，王欲勸者，呼之，則尾指其人。《朝野僉載》。　碧霞觴　見仙門。　瓊碧樽　劉楨《瓜賦》：馮雕玉之几，酌瓊碧之樽。　竹根杯　野爐然樹葉，山杯捧竹根。庾信《謝趙王賜酒》。　飲器武　飲器大曰武，小曰文。《醉鄉日月》。　鴟夷勝　師古云：鴟夷，即今之盛酒鴟夷勝也。　鴟夷滑稽　鴟夷滑稽，腹大如壺。注：鴟夷，韋囊，以盛酒也。滑稽者，圜轉縱捨無窮之狀。揚雄《酒箴》。　繫青絲　玉壺繫青絲，沽酒來何遲。李白。　百壺　滌蕩千古愁，留連百壺飲。上。　綠玉盃　遺我綠玉盃，兼之紫瓊琴。上。　癭木樽　李白《詠柳少府山癭木》：樽成山嶽勢，材是棟梁餘。　肉枅　音磬。不然快作燕市飲，笑撫肉枅眠酒壚。陸龜蒙。　熊耳杯　見鞭蓋門。　翠樽雕觴　盛以翠樽，酌以雕觴。《七啓》。　金缸　誰復勸金缸。酒器中大者呼爲缸。賓僚常顧形蹟，未嘗以此相勸。是時李德裕謫出潤州。　金鑿絡　蒼梧令金佐堯從賊，被黥面，嘗自稱金鑿絡。湘楚人以盞斝中鐫鏤金渡者爲金鑿絡。

又　**卷一〇《帝王部・奢侈門》**　粘雨　晉武於樓上以酒灑塵，名粘雨。《拾遺記》。

又　**卷一七《農田部・農門》**　斗酒自勞　田家作苦，斗酒自勞。楊惲書。

宋・范成大《桂海虞衡志・志器》　鼻飲杯　南邊人習鼻飲，有陶器如杯碗，旁植一小管，若瓶嘴，以鼻就管吸酒漿，暑月以飲水，云：「水自鼻入，咽快不可言。」邕州人已如此，記之以發覽者一胡盧也。　牛角杯　海旁人截牛角令平，以飲酒，亦古兕觥遺意。

又　**《志果》**　八角茴香　北人得之以薦酒，少許，咀嚼甚芳香。出左、右江州峒中。

宋・程大昌《演繁露續集》卷四《詩事》

蒲萄綠

李白詩：遥看漢水鴨頭綠，恰似蒲萄初醱醅。錢希白《南部新書》曰：太宗破高昌，收馬乳蒲萄，種於苑中，并得酒法，仍自損益之，造酒綠色，長安始識其味。太白命蒲萄之色以爲綠者，本此也。蒲萄酒，西域古已有之，而中國未見，故漢人一斗可博涼州也。

宋・陸遊《老學庵筆記》卷二　承平時，滑州冰堂酒爲天下第一，方務德家有其法。

又　**卷四**　辰、沅、靖州蠻有犵狑，有犵獠，有犵欖，有犵獞，有山猺，俗亦土著，外愚內黠，皆焚山而耕，所種粟豆而已。食不足則獵野獸，至燒龜蛇啖之。其負物則少者輕，老者重，率皆束於背，婦人負者尤多。男未娶者，以金雞羽插髻，女未嫁者，以海螺爲數珠掛頸上。嫁娶先密約，乃伺女於路，劫縛以歸。亦忿爭叫號求救，其實皆僞也。生子乃持牛酒拜女父母。初亦陽怒却之，鄰里共勸，乃受。飲酒以鼻，一飲至數升，名鉤藤酒，不知何物。醉則男女聚而踏歌。農隙時至一二百人爲曹，手相握而歌，數人吹笙在前導之。貯缸酒於樹陰，飢不復食，惟就缸取酒恣飲，已而復歌。夜疲則野宿。至三日未厭，則五日，或七日方散歸。上元則入城市觀燈。呼郡縣官曰大官，欲人謂己爲足下，否則怒。

又　**卷五**　唐人喜赤酒、甜酒、灰酒，皆不可解。李長吉云：「琉璃鍾，琥珀濃，小槽酒滴真珠紅。」白樂天云：「荔枝新熟雞冠色，燒酒初開琥珀香。」杜子美云：「不放香醪如蜜甜。」陸魯望云：「酒滴灰香似去年。」

又　**《續一卷》**　梅宛陵詩，好用「案酒」，俗言「下酒」也，出陸璣《草木疏》：「荇，接余也。白莖，葉紫赤色，正圓，徑寸餘，浮水上，根在水底，與之深淺。莖大如釵股，上青下白。煮其白莖，以苦酒浸之，脆美可案酒。」今北方多言「案酒」。

宋・趙彦衛《雲麓漫鈔》卷三　《周禮》有五齊三酒，五齊以供祭祀，三酒以酌有事者。今臨安歲供祠祭酒一千六百餘瓶壜，又供天章閣、景靈宮及取賜酒一萬四千二百餘瓶壜，其酒名則曰「玉練槌真珠」、「中和堂」、「有美堂」等，「玉槌真珠」，名既不典，而「中和」、「有美」乃守臣便坐，因以名酒，遂以供御及祭祀，失

禮甚矣。予嘗言之，今曰祠祭酒，宜酌五齊之名，以供祠祭；三酒之名，以酌有事者，取賜酒則別爲一名，庶幾名正理順。

又　今人呼勸酒瓶爲酒京，《侯鯖録》云：「陶人爲器，有酒經。」晉安人盛酒以瓦壺，小頸、環口、脩腹，容一斗。凡饋人牲，兼酒置，書云一經，或二經、五經，它境人遊是邦，不達是義，聞送五經，則束帶迎於門。蓋自晉安人語，相傳及今。

又　卷四　《三禮圖》，出於聶崇義，如爵作雀背承一器；犧象尊，作一器，繪牛象。而不知爵三足，有雀之髣髴而實不類雀；犧象皆作牛象形，空其背腹以實酒，今郊廟盡用此制。

又　卷八　正月旦日，世俗皆飲屠蘇酒，自幼及長，或寫作廜廯。《千金方》云：「廜廯之名不知何義。」按梁宗懔《荆楚歲時記》云：「是日進椒栢酒，飲桃湯，服卻鬼元，敷於散，次第從小起。」注云：「以過臘日，故崔實《月令》：過臘一日，謂之小歲。」又云：「小歲則用之漢朝，元正則行之晉世。」蓋漢嘗以十月爲歲首也。又云：「敷於散即胡治方云許山赤散，並有斤兩。」則知敷於音訛轉而爲屠蘇，小歲訛而爲自小起云。

宋・王楙《野客叢書》卷三

漢唐酒價

歷陽郭次象多聞，嘗與僕論唐酒價。郭謂前輩引老杜詩「速令相就飲一斗，恰有三百青銅錢」，以此知當時酒價。然白樂天《與劉夢得沽酒閑飲詩》曰：「共把十千沽一斗，相看七十欠三年。」當劉、白之時，酒價何太不廉哉！僕謂不然，十千一斗乃詩人寓言，此曹子建樂府中語耳。唐人引此甚多，如李白詩曰「金尊沽酒斗十千」，王維詩曰「新豐美酒斗十千」，崔輔國詩曰「與沽一斗酒，恰用十千錢」，許渾詩曰「十千沽酒留君醉」，權德輿詩曰「十千斗酒不知貴」，陸龜蒙詩曰「若得奉君歡，十千沽一斗。」唐人言十千一斗類然，一斗三百錢獨見子美所云，故引以定當時之價。然詩人所言，出於一時，又未知果否一斗三百。別無可據，《唐・食貨志》云：「德宗建中三年，禁民酤以佐軍費，置肆釀酒，斛收直三千。」此可驗乎？又觀楊松玠《談藪》：北齊盧思道嘗云「長安酒賤，斗價三百。」杜詩引此，亦未可知。僕因謂郭曰：「曾知漢酒價否？」郭無以應。僕謂漢酒價每斗一千。郭謂出於何書，僕曰：「此見《典論》，曰：『孝靈帝末年，百司湎酒，一斗直千文。』此可證也。」

唐時酒味

三山老人云：「唐人好飲甜酒，殆不可曉。子美曰：『人生幾何春與夏，不放香醪如蜜甜。』退之曰：『一尊春酒甘若飴，丈人此樂無人知。』」僕謂唐人以酒比飴蜜者，大率謂醇乎醇者耳，非謂好飲甜酒也。且以樂天詩驗之，曰「甕頭竹葉經春熟，如錫氣味緑黏臺」；曰「春攜酒客過，緑錫黏盞杓」；曰「宜城酒似錫」；曰「黏臺酒似錫」。樂天詩非不言酒之甜也，至要其極論則曰「甘露太甜非正味，醴泉雖潔不芳馨」；曰「户大嫌甜酒，才高笑小詩」；曰「甕揭開時香酷烈，瓶封貯後味甘辛」。酒味至於甘辛，乃爲佳耳。樂天之詩又如此，豈好甜酒哉？且退之詩亦自有「酒味冷冽」之語，又豈嘗專好甜酒邪？然樂天「户大嫌甜酒」之句，正屬退之非好甜酒矣。大抵酒味之適口，古今所同，豈唐人所好與今異邪！三山蓋不深考耳。子美「香醪如蜜甜」之句，與《巴子歌》同。《巴子歌》曰：「香醪甜似蜜，峽魚美可繪。」

又　卷一五　酒分聖賢

皇甫嵩作《醉鄉日月》，有曰：「凡酒以色清味重而甜者爲聖，色濁如金而味醇且苦者爲賢，色黑而酸醨者爲愚，以家醪糯觴醉人者爲君子，以家醪黍觴醉人者爲中庸，以巷醪麥觴醉人者爲小人。」其説雖不同，然以酒分聖賢者，其意祖魏人廋語，所謂清者爲聖，濁者爲賢之説。然又考之魏人之説，又有所自。鄒陽賦曰：「清者爲酒，濁者爲醨，清者聖明，濁者頑騃。」僕嘗評之：酒之清者爲聖可也，若與濁者爲賢何哉？當爲頑愚。魏人廋語與夫《醉鄉日月》，其説有疵，不若鄒陽之語爲善也。《魏略》以白酒爲賢。

又　卷一七

周孔醒醉

後漢周澤，爲太常清修，時人爲之語曰：「一歲三百六十日，三百五十九日齋，一日不齋醉如泥。」《南史》孔覬，明曉政事，判決無壅，衆爲之説曰：「孔公一月二十九日醉，勝他二十九日醒。」一則一年一日醉，一醉如此不曉事；一則一月一日醒，一醒如此辦事，二事正相反，人性不同如此。僕嘗效程子山作酒牓，其間一聯云：「一月二十有九日，笑人世之太狂；百年三萬六千場，容我生之長醉。」

銀甕酒庫

都下有銀甕酒庫，或問何謂？僕考《瑞應圖》「王者宴不及醉，則銀甕呈祥」，

蓋取此意。真州郡齋舊有酒，名謂之「花露」，人亦莫曉。僕讀姚合詩「味輕花上露，色似洞中泉」，得非取此乎？又太真妃宿酒初消，吸花露以潤肺，見《開元遺事》。

又　卷二一　食酒

《漢書》載於定國食酒數石不亂，僕甚疑之。固雖漢斛小，安有一人飲至數石之理？後觀《筆談》亦言其妄，正與鄙見同，不復辯矣。所未辯者其注乎，如淳曰：「食酒猶言喜酒也。」師古曰：「食酒謂能多飲酒，費盡其酒。猶云食言，今流俗書本輒改『食』字作『飲』字，失其真也。」僕觀《論語》「沽酒市脯不食」，此言食酒，雖因脯而並言，然酒之言食，亦不可謂無所祖矣。如淳言喜酒，固已無謂，師古又引食言之食，可笑其迂也。古人下字，率多借用，初不似今之拘。如以食物與人謂之餉，然後義安，而《漢書》謂「閩王餉荃葛」，且荃葛非食物，豈可以言餉乎？蓋古人通以餉爲遺耳。如此等字甚多。且「沽酒市脯不食」，此言如《繫辭》「潤之以風雨」、《左傳》「牛馬皆百匹」、《玉藻》「大夫不得造車馬」，是皆因其一而并言其一，此古人省文之體，不可不知也。

宋・趙希鵠《調燮類編》卷二　秘方

因女色病陰症傷寒，用陳皮熱鍋内炒焦，以酒烹下，濾酒飲之，立解。

燒酒醉不醒者，急用緑豆粉盪皮切片，將筯撬開口，用冷水送粉片下喉，即安。

又　卷三

粒食

伏中合醬與麵，不生蟲。

醋宜生用，一入鍋則苦。

米醋内入炒鹽，則不生白衣。

紅糟酸，入鴨子與酒則甜。

清飲

銅器内不可盛酒過夜。

酒中置茄子灰，則酒到夜成水。

飲酒欲不醉，服硼砂末。葛花可醒酒。

新煮酒灰氣者，開時入水一杯。

飲酒食紅柿，令人心痛至死。生薑不可與燒酒同用。飲白酒生韭，令人病增。

飲白酒忌諸甜物。

飲酒，少則益人，過多而醉，則肝浮膽橫，諸脈衝激，由之敗腎毀筋，久之神散魂冥，不飲不食，獨與酒宜，去死無日矣。飽食之後，尤宜忌之。飲覺過多，吐之爲妙。飲酒後，勿飲冷水、冷茶，被酒引入腎中，停爲冷毒。酒後不得風中坐卧，袒裸搧扇，此時毛孔盡開，風邪易入，戒之戒之。

清晨酒宜忌，以其亂性也。黄昏酒尤宜忌，以其能動火也。申未之間，好酒三杯，斯爲養生者。

傷寒後，不可飲酒。小兒多飲酒，易起驚。

婦人纔分娩，不可與酒。産母臟腑方虚，熱酒入腹，必致昏悶。七日方進些酒，可以辟風邪，養血氣，下惡氣，行脈氣也。

飲酒毒，大黑豆一升，煮汁二升，服即愈。

宋・張世南《遊宦紀聞》卷四　借書一癡，還書一癡，或作「嗤」字，此鄙俗無狀語。前輩謂借書還書，皆以一瓻。《禮部韻》云：「瓻，盛酒器也。」山谷以詩借書目於胡朝請，末聯云：「願公借我藏書目，時送一鴟開鏁魚。」坡公和陶詩云：「不持兩鴟酒，肯借一車書。」吴王取伍子胥屍，盛以鴟夷革，浮之江中。應劭曰：「取馬革爲鴟夷，榼形。」范蠡號鴟夷子皮，師古曰：「若盛酒之鴟夷。」揚子雲《酒箴》：「鴟夷滑稽，腹大如壺。」師古曰：「鴟夷，韋囊，以盛酒也。」蘇、黄用鴟字本此。

元・王惲《玉堂嘉話》卷三　徽宗臨張萱宫騎圖，其侍從有挈金騾駝者，蓋唐制宫人用金駝貯酒，玉龜藏香。

元・楊瑀《山居新語》卷四　唐李景略嘗宴僚佐，行酒者誤以醯進。判官京兆任迪簡知景略性嚴，恐行酒者獲罪，强飲之。阿憐帖木兒北渡，訪西鎮國吉剌失的長老。長老迎之甚喜，留坐，囑侍者□後好酒一尊爲禮。長老執杯，王盡飲之。長老曰：「尊客遠臨，當進兩杯。」王復飲之，迴盞及唇。長老大驚，乃醲醋也，即欲捶侍者。王曰：「酒醋皆米爲者，我不厭之，何怒耶？」怒不能釋。王曰：「欲留我坐，須勿怒。我有佳醖，取來共飲。」盡歡而散。較之任迪簡尤可重矣。

元・忽思慧《飲膳正要》卷一　飲酒避忌

酒味苦甘辛，大熱有毒，主行藥勢，殺百邪，去惡氣，通血脈，厚腸胃，潤肌膚，消憂愁。少飲尤佳，多飲傷神損壽，易人本性，其毒甚也，醉飲過度，喪生之源。

飲酒不欲使多，知其過多，速吐之爲佳。不爾，成痰疾。

醉，勿酩酊大醉，即終身百病不除。

酒不可久飲，恐腐爛腸胃，漬髓蒸筋。

醉不可當風卧，生風疾。醉不可向陽卧，令人發狂。

醉不可令人扇，生偏枯。醉不可露卧，生冷痺。

醉而出汗，當風爲漏風。醉不可卧黍穰，生癩疾。

醉不可强食、嗔怒，生癰疽。

醉不可走馬及跳躑，傷筋骨。

醉不可接房事，小者面生皯，欬嗽，大者傷臟澼痔疾。

醉不可冷水洗面，生瘡。醉醒不可再投，損後又損。

醉不可高呼大怒，令人生氣疾。

晦勿大醉，忌月空。

醉不可飲酪水，成噎病。

醉不可便卧，面生瘡癤，内生積聚。

大醉勿燃燈叫，恐魂魄飛揚不守。

醉不可飲冷漿水，失聲成尸噎。

飲酒，酒漿照不見人影，勿飲。

醉不可忍小便，成癃閉，膝勞冷痺。

空心飲酒，醉必嘔吐。

醉不可忍大便，生腸澼痔。

酒忌諸甜物。

酒醉不可食猪肉，生風。

醉不可强舉力，傷筋損力。

飲酒時，大不可食猪羊腦，大損人，煉真之士尤宜忌。

酒醉不可當風乘凉露脚，多生脚氣。

醉不可卧濕地，傷筋骨，生冷痺痛。

醉不可澡浴，多生眼目之疾。

如患眼疾人，切忌醉酒食蒜。

又　卷三　米穀品

麴，味甘，大暖，療藏府中風氣，調中益氣，開胃消食，補虚冷。陳久者良。

元・熊夢祥《析津志・風俗》　酒槽坊，門首多畫四公子：春申君、孟嘗君、平原君、信陵君。以紅漆闌干護之，上仍盖巧細升斗，若宮室之狀。兩旁大壁，并畫車馬、騶從、傘仗俱全。又間畫漢鍾離、唐吕洞賓爲門額。正門前起立金字牌，如山子樣，三層，云黄公罏。夏月多載大塊冰，入於大長石梘中，用此消冰之水醖酒，槽中水泥尺深。

元・陶宗儀《南村輟耕録》卷七　奚奴温酒

宋季，參政家公鉉翁，於杭將求一容貌才藝兼全之妾，經旬餘，未能愜意。忽有奚奴者至，姿色固美，問其藝，則曰能温酒。左右皆失笑，公漫爾留試之。及執事，初甚熱，次略寒，三次微温，公方飲。既而每日並如初之第三次。公喜，遂納焉。終公之身，未嘗有過不及時。歸附後，公携入京。公死，囊橐皆爲所有，因而巨富，人稱曰奚娘子者是也。吁，彼女流賤隸耳，一事精至，便能動人，亦其專心致志而然。士君子之學爲窮理正心脩己治人之道，而不能至於當然之極者，視彼有間矣。

明・陸容《菽園雜記》卷一一　嘗聞一醫者云：「酒不宜冷飲。」頗忽之，謂其未知丹溪之論而云然耳。數年後，秋間病利，致此醫治之，云：「公莫非多飲凉酒乎？」予實告以遵信丹溪之言，暑中常冷飲醇酒。醫云：「丹溪知熱酒之爲害，而不知冷酒之害尤甚也。」予因其言而思之，熱酒固能傷肺，然行氣和血之功居多。冷酒於肺無傷，而胃性惡寒，多飲之，必致鬱滯其氣。而爲亭飲，蓋不冷不熱，適其中和，斯無患害。古人有温酒暖酒之名，有以也。

又　卷一四　蔡季通《睡訣》云：「睡側而屈，覺正而伸，早晚以時，先睡心，後睡眼。」晦庵以爲此古今未發之妙。周密謂睡心睡眼之語，本出《千金方》，晦庵偶未之見耳。今按前三句亦是衆人良知良能，初無妙處。「半酣酒，獨自宿，軟枕頭，煖蓋足，能息心，自瞑目。」此予訣也。

古人飲酒有節，多不至夜，所謂厭厭夜飲，不醉無歸，乃天子燕諸侯，以示慈惠耳，非常燕然也。故長夜之飲，君子非之。京師惟六部十三道等官飲酒多至夜。蓋散衙時才得赴席，勢不容不夜飲也。若翰林六科及諸閒散之職，皆是晝飲。吾鄉會飲，往往至昏暮才散，此風亦近年後生輩起之。殊不思主人之情，固所當盡。童僕伺候之難，父母懸念之切，亦不可不體也。李賓之學士飲酒不多，然遇酒邊聯句或對弈，則樂而忘倦。嘗中夜飲酒歸，其尊翁猶未寢，候之。賓之愧悔，自是赴席誓不見燭。將日晡，必先告歸。此爲人子者所當則傚也。

明・謝肇淛《五雜俎》卷一一《物部三》　酒者扶衰養疾之具，破愁佐藥之物，非可以常用也。酒入則舌出，舌出則身棄，可不戒哉？

人不飲酒，便有數分地位。志識不昏，一也；不廢時失事，二也；不失言敗度，三也。余嘗見醇謹之士，酒後變爲狂妄，勤渠力作，因醉失其職業者，衆矣，況於醜態備極，爲妻孥所姍笑，親識所畏惡者哉？北窗瑣言載：「陸相扆，有士子脩謁，命酌，辭以不飲。陸曰：『誠如所言，已校五分矣。』」蓋生平悔吝有十分，不爲酒困，自然減半也。

吾見嗜酒者，晡而登席，夜則號呼，旦而病酒，其言動如常者，午未二晷耳。以晝夜而僅二晷，如人則壽至百年，僅敵人二十也。而舉世好之不已，亦獨何異！

宋楊大年於丁晉公席上舉令云：「有酒如線，遇斟則見。」丁公云：「有餅如月，遇食則缺。」

紅灰，酒品之極惡者也，而坡以「紅友勝黄封」；甜酒味之最下者也，而杜謂「不放香醪如蜜甜」。固知二公之非酒人也。

今人以秀才爲措大。措者，醋也，蓋取寒酸之味。而婦人妬者，俗亦謂之吃醋，不知何義。昔范質謂人能鼻吸三斗醇醋，便可作宰相。均一醋也，何男子吃之便稱德量，而婦人吃之反爲媢嫉之名耶？亦可笑之甚也。

明・朱國禎《湧幢小品》卷一五　醒酒石　李德裕醒酒石，在河南長春殿南，色微青，今改曰婆蘿石，作亭覆之，因以名。然不若仍舊名爲得。大凡古人命名，政不必易。

又　卷一七　截頭尾　一山人多酒過罵人，輒自命曰，浮雲富貴。余曰，且與汝細講聖人言語，切不可截了頭尾輕用。只如此句，上有不義二字，故他是浮雲。下有於我二字，故我可浮雲。他若富貴而義，則彼是卿雲。又對我者是我，我者，孔夫子也。不是孔夫子，亦何可浮雲？其人嘿然，第曰道學先生。

酒禁　古人多設酒禁，即太祖初年有之，并禁種糯，以絶其源。胡大海方用兵處州，其子犯禁，衆皆請赦。曰，寧大海反，吾號令不可違，遂手刃之。其嚴如此。蓋深慮軍食，不得不禁，禁又不得不嚴。今承平日久，酒日多日佳，糯米之直貴於粳米。而世家子弟，向號醇謹有法度者，多事豪飲，以夜爲晝。種秫亦倍往時，余恐數十年後必復有嚴此禁者。似亦循環之理也。

頭腦酒　凡冬月客到，以肉及雜味寘大碗中，注熱酒遞客，名曰頭腦酒，蓋以避寒風也。考舊制，自冬至後至立春，殿前將軍甲士皆賜頭腦酒，祖宗之體卹人情如此。想宮中進膳後出視朝，遍用之近侍，推己及人，無内外貴賤一也。景泰初年，以大官不充，罷之，而百官及民間用之不改。

瑞州敖宗伯銑與吴宗伯山婣，家相近。敖豪飲大嚼，吴方初度，具冠服過，觴之，及門已苦飢矣。吴戲出句，欲敖對就。方具酒，句云，暖日宜看胸背花。敖應聲曰，寒朝最愛頭腦酒。一笑。共飲，極歡。

醉龍虎　於定國飲至數石不亂，尚矣。此後謝玄飲至一石，人指之曰醉虎。蔡邕飲至一石，人名之曰醉龍。今之子弟有飲至一石者，當何名？曰，醉狗耳。

清歡　陶淵明日用銅鉢煮粥，爲二食具。遇發火，則再拜曰。非有是火，何以充腹？得太守送酒，多以春秫水雜投之，曰，少延清歡。

醉後詩文　恩州王興宗，字友開，跅弛不羈，豪於詩酒。詩文必醉乃能爲之，愈酒，言愈奇，無酒不能作尋常語。得濮州學正，懷檄飲市中，醉而遺之。將行，親友相送，始言其故，衆咸咋愕。王曰，命焉爾，毫不爲動。至元二十九年，突謁御史中丞張養浩，哆吻奮髯，狀似武人。張素聞其名，奇之，握手如平生。辟爲掾，無何，暴卒。王初謁選時，有權臣擅政。乘醉突入省，攘袂叫呼，或旋庭中，或箕踞。當路聞者，掩耳閉目走，目爲狂子。

繪圖私謚　唐桂芳，歙人，以教官家居，扁其居曰三峯精舍。有當道若舊交來見，酒酣，必大噱，起舞。太守李公訥喜之，繪爲圖。嘗私謚淵明爲酒聖陶先生，王無功爲酒賢，自稱酒狂。凡歲時令節，以圖像祭享。設酒漿，陳俎豆，舉觴浮之，不至沉醉不止。或披衣哭泣，歌笑自放，識者謂有托而逃，蓋佯狂云。

酒趣　酒中之趣，高人輒逃以自名，曰酒聖、酒仙、醉鄉侯，尚矣。唐汝陽王璡自稱釀王兼麴部尚書，甚佳。近日廢遼府載陽王孫豪俊能詩，自稱麴部尚書，因以名集，尤佳。余量僅中下，而嗜甚，妄得此名。今年老，減且十七八，詩不能工，頗好典籍。又遁居農莊，稱曰秫子監學正，可乎？

大噱　張萬里，字廣陵，閩人。嗜酒，輒罵其坐人，醉吐街市中，且行且吐，羣犬輒隨之。張目叱曰，勿争！吾且盡吐所有。市人大噱。萬里敏於文，久不第，得官經歷，致仕。

八崖　周廷用，字子賢，華容人。飲酒終日不醉，放口論人淺深，詈不旁顧。才稟超拔，文筆爛然，所著有《八崖集》。八崖，其地山名，臨江有奇石。

酒喻　林楷春，漳浦人，以翰林編修，出爲副使，督學浙中。於補考，拔陶石

賈祭酒。人稱其精鑒，陞參政罷歸。能飲酒，所至命觴登覽，飄然格外。同年顧公養謙開府遼東，致書以酒德爲言。戲報曰，昔人以酒爲兵，兵可千日不用，不可一日不備。酒可千日不飲，不可一飲不醉。美哉此言！可與論酒矣。弟落落無成，正可歸醉鄉耳。而脾氣虚弱，溏泄爲災，欲效鄭公一飲三百杯，竟不可得，安得使酒乎！乃知器自有限，此禄亦不易也。顧飲中友故相往復如此，歸家日與同好痛飲。老無子，後舉子，數歲而殤。悲咤成血疾，疾時令人奏管絃，倚而欹枕聽之。迫亟，問以後事，皆不言，獨引聲歌劉長卿上陽宫詩，聲若金石，兩手交舞。其達生如此。

浹洽　劉俊，深州人，在官終日閉門，不通一謁。有善客至，時或對飲，惟蔬菜湯餅而已，必求盡醉。指大樽曰，吾興在是，非浹洽不可。奬善疾惡，皆越常格。率意而行，卓詭絶衆。以致仕終於家。

飲會　王遵巖云，親戚常人之會，俱已辭絶。惟士夫之會，不得不應。恐其以爲立異相拒而起怨謗也。然細思之，身不惜而將好性命陪伴人，口語可笑。余自通籍後，即辭絶士夫會，而好與親戚常人飲。欲免怨謗，其可得乎？

明·方以智《通雅》卷三三《器用·古器》　偏提，酌酒注子也。唐元和間，改曰偏提。今辨古器，指卣卮之類。或有提梁，或有單耳者，亦稱偏提。或云，避鄭注諱，改曰偏提。

三⿱疋皿，酒閜也。升菴曰：「《東觀漢記》歲首請上雅壽。雅，酒閜也。」魏文帝《典論》：「荆州牧劉表子弟，以酒器名三爵，曰伯雅，受七勝；中雅受六勝；季雅受五勝。」即升。温革《隱窟雜志》：「宋時閬州有三雅池。古有修此池，得三銅器，狀如酒杯，各有篆文，曰伯雅、中雅、季雅。當時雖以名池，而不知爲劉表物也。」《廣韻》⿱疋皿，即雅。注云，「酒器」。吴均詩：「聊傾三雅卮。」按《爾雅》或作《爾疋》，《詩》作《大疋》《小疋》。其雅省用牙，牙又作𤘅，遂溷爲疋耶？此凡夫之説。智又按《説文》有疋字，音胥，古無家麻韻，則雅當爲予，予近胥耶？抑雅省牙用𤘅，而訛疋耶？《緯略》載：「毛泰買一玉窪，八十八萬。」亦酒閜也。雅之名轉而爲窪，轉而爲閜。

匹製，猶今之沓栝也。《古今詩話》曰：刁約使契丹，有詩云：「餞行三匹製。」匹製，以大小罍爲之如黄漆。此蓋今之沓栝，俗曰套杯。或六或五外大内小。

籠絡之器亦曰栝落，不必杯棬也，轉爲不落。《説文》：「箸，答盧各切。也」，向不知其解。智以爲即落字，猶宋人鉦之上著，從省文也。又按匵，栝也，則栝落，謂籠類也。《方言》：「栝落，又謂之豆筥。」《孟子》「栝棬」。趙岐曰：「栝，素也。」智謂如今之蒸籠、柳斗之類。後世則稱栝託酒託，亦稱酒衣。或云，韓愈用鑿落，即本《説文》，此則不必也。鑿落，言其工巧，光文錯落耳。《清異録》曰：「白樂天《送春詩》：『銀花不落從君勸。』不落，酒器也，乃屈卮鑿落之類。開運宰相馮家，有滑樣水晶不落一隻。」智按，不落反語，則當爲托。

承槃，即柈也。《説文》本作槃，籀作盤，承盤也。徐按，中山王《文木賦》「製爲槃杆」。《古樂苑》：「奉藥一玉柈。」《南史》「劉穆之以金柈盛檳榔」，即盤字也。《集韻》古作槃，漢曰承盤，今曰托盤。宋謂之托子。程泰之謂始於崔寧，名之曰托，因《資暇録》也。又有鬲塞者，乃楪子環蠟遺制也。黄伯思曰：「北齊畫圖，已有之。」蓋初止謂酒臺盤爲托，而後緣以爲茶盤之名。《僉載》：酒令：「連臺拗倒」，謂盃置臺中之蒂也。陶穀曰：「劉鋹有魚英托鏤。」言以魚魫爲酒臺盞也。

又　卷三九《飲食》　千日酒，玄石中山也。張茂先載文：「玄石從中山酒家飲，歸葬，而酒家來發之，適醒。」又有趙英事同。《南史》劉杳所言，「程鄉千里酒」，竇苹引爲「千日」，誤矣。弇州曰：「醉十日而始醒者，枸樓國仙漿酒也。」

酒或呼「青州從事」，或呼「顧建康」。《野客叢談》曰：「徐彭年引《湘江野録》謂：『青州從事善造酒。』考《世説》，則『桓公主簿別酒，謂好酒曰青州從事，惡者曰平原督郵。』蓋青爲齊郡，而平原有鬲縣。好酒下臍，而惡者在膈也。」《南史》：「顧憲之令建康，甚清。都下飲酒者醇，輒號爲顧建康。」

索郎，桑落之反語也，又轉爲桑郎。《水經注》載：「劉墮者善釀。王公庶友，牽拂相招者，每云『索郎有顧，思同旅語』，索郎反語爲桑落也。」智按桑字切索郎耳。相傳河中桑落坊井所釀。魏饋黄憲桑落酒。庾開府詩：「蒲城桑落酒。」《碧湖雜録》言：「桑陰時製麴。」鄱陽《酒賦》：「關中白薄。」向説即指劉白墮，居其下，人酤其酒，千里送人，名曰鶴觴。其曰崑崙觴，則魏賈鏘蒼頭接黄河水以釀者也。吴曾曰：「舊京呼桑落爲索郎。」周繇《看牡丹贈段成式》云：「寄語集山呼索郎。」黎美周詩：「剩有荔枝供木客，新開椰子勝桑郎。」今陽信縣有桑落鎮，造桑落酒。

厭飫，通作饜饫，周之飫歌，謂立飲也。《國語》衛彪傒曰：「武王克殷，作厭飫，名之曰《支》，曰天之所支，不可壞音回。也；其所壞，亦不可支也。夫禮之

立成者爲飫，少曲與焉？」韋昭曰：「立，行禮不坐也；立曰飫，坐曰宴。今人因取觶之儀，號曰立飲。」《說文》引《詩》作飲酒之餀，或作醧，䬪，通作淤。《後漢書·廣成頌》曰：「淤賜犒功。」注與飫同。《書序虞書》有《槀飫篇》。《說文》：「餀一作匽，厭匽也。」通作饜餀。

大飲爲上頓。　宋明帝《文章志》曰：「王忱嗜酒，醉經日，自號上頓。世諺以大飲爲上頓，起自忱也。」又置食之所曰頓，見《鄉語》條。隋置驛宮草頓。徐度《卻掃編》曰：「宋行大禮，猶準唐故事，置五使，有橋道頓遞使，則京尹爲之；惟頓遞司，例造酒分餉。」

步爵，猶行酒也。　《大傳》曰：「禨者醮者有折俎，不坐；未步爵不嘗羞。」注：「步，行也，無算爵之禮，行爵之後，乃得嘗羞。」《儀禮》曰：「騰羞乃入，又之庶羞」也。禨音曁，沐而飲酒也。《儀禮》「崇酒」，充酒也。智按禨字同嘰，《史大人賦》：「嘰瓊華」，注：「嘰小食也。」即吃之平。

又　卷四一《植物·草》　屠蘇，闊葉草也；因爲屋名，爲冠名，爲飲名。蕭子雲《雪賦》曰：「韜罘罳之飛棟，没屠蘇之高影。」杜子美《冷淘詩》曰：「願憑金騕褭，走置錦屠蘇。」菴也。《廣雅》曰：「屠蘇，平屋也」，《魏略》云：「李勝爲河南太守，郡廳事前，屠蘇壞。」應璩《與韋仲將書》：「屠蘇發撤」，升菴云：「孫思邈有屠蘇酒方，蓋取菴以名，故元日有屠蘇飲」，又大冠亦曰屠蘇。《禮》曰：「童子幘無屋」，凡冠有屋者曰屠蘇。晉元康中，商人著大鄣，諺曰：「屠蘇障日覆兩耳，曾見喝兒作天子。」《詩話補遺》曰：「周王褒詩：『繡桷畫屠蘇。』屠蘇，草也，畫於屋上，因以名屋，遂作屠廱。」智謂解定畫於屋上以取名亦非，蓋闊葉草也。今廣西傜人中呼大葉似蒿者爲頭蘇，頭屠音近，正因其有蔭而名屋也。紫者曰紫蘇，荏曰白蘇，水蘇曰雞蘇，荆曰假蘇，積雪草曰海蘇，石香葇曰石蘇，蘇亦辛草之總名。《游宦紀聞》曰：「三山亦呼茨菰，葉爲大蘇。」趙彦衛《雲麓漫抄》：「屠蘇，《千金方》又云敷於散。」則知敷於之音轉爲屠蘇，姑記其說。

莨菪一作蘭蕩。　安禄山以莨菪酒坑奚契丹。一名横唐，一名行唐。　妖術用此迷人，曰「行唐酒」是也。《倉公傳》：「臣意飲以莨蕩。」

鶴虱，即豕首之實。豕首，豨薟，一也。　天蔓青，訛爲天名精。有玉門、麥句薑，劉慬、活鹿、地菘、蟾蜍蘭諸名，即《爾雅》之「茢薽豕首」也。沈存中曰：「人不識天名精，又妄認地菘爲火蘝。」《本草》：「鶴虱出波斯者良。」蓋如苜蓿出西域，而中國飼馬皆是，特前不知用耳。「《本草》又出鶴虱一條。今按地菘，即天名精，其葉皺似菘，鶴虱即其實也。世間有單服火蘝法，乃是服地菘耳。不當服火蘝。火蘝，《本草》名『稀小蘝』，即是猪膏母，後人不識，亦重複出之。」智按《爾雅注疏》，地菘已屬天名精，何至宋時存中始辨正之？蘇頌曰「南人呼其花爲火杴。」按火杴即豨薟，存中云「單服火蘝，是服地菘」，言亦自戾。今專用以去風溼。成汭、張詠，皆表進豨薟丸，天壇賣豨薟酒，服之有驗。智謂《爾雅》「豕首」注云「豨豕」。陶貞白曰：「天名精，即今之豨薟。」時珍曰：「豨薟對節，稜莖有斑毛，地菘不對節，莖圓無稜，無斑毛。」智按：天名精開黄花，有爪抱之。豨薟有羶氣；蒼耳子則俗呼茄頭者，結實多刺。皆易混。揭暄曰：豨薟無毛，地菘有毛。

又　卷四二《植物·草》　雀芋，大奚毒也。　今兩廣最多，苗大於芋，根大如椀，至毒。段成式云：「雀芋置乾地反溼，溼地反乾，飛鳥觸之墮。造酒家以此汁封甕頭，曰奚頭。」成式又言「建寧郡烏勾山有牧靡草，烏誤食烏喙毒，必急食此草以解之，此不知何藥也。」按雀芋之類，正與鬼臼、獨脚蓮、西番蓮相似，葉更大耳。鬼臼亦有毒，山谷所云唐婆鏡，宋祁所云羞天花，東坡所云璚田草，漁仲所云八角盤也。隔河仙，可變金即觀音蓮，一名海芋、羞天草，《綱目》未敢決耳。海芋、雀芋、鬼芋、鬼臼、蚤休，蓋一類也。

澤葵，莓苔也。卷栢，陸苔也。即長生不死草。　《蕪城賦》：「澤葵依井。」苔原作菭，有臺、遲二音，總名莓苔。今附土如小松葉者，澤葵類也。其稍大者名長松，入酒補入。智又見湖南有一種小草似松，土人云置卧處則生離。卷栢一名豹芝，乾之可收，以水浸之，即青翹滋茂，故名不死草。廣中有不死草則桂蘭也。又有石栢、石松，即所稱千年柏、萬年松也。生石上，長四五寸，紫花。

又　《植物·竹葦》　似竹之小草有十。　一種曰綠，即《說文》之「菉」，《漢書》「盭綬」，晉灼注云：「盭草出瑯琊，似艾，可染」，是也。北人呼綠爲戾。古者貢草入染，人故謂之王芻。而進忠者謂之藎，故又名藎草。孫炎曰：綠，即綠蓐草，今呼鴟脚莎，引注「綠竹猗猗」，智按：綠蓐草，即萹竹，而東壁猶引綠竹、綠蓐、鴟脚莎，仍爲所牽矣。鴟脚莎，即鴨跖草。一種曰萹竹，一作蓄筑，節間有粉。鄧璞云：「似小藜，赤莖節」，則又似「萹竹」注「王芻」矣。紫蝴蝶名萹竹，實似萱不似竹，時珍以爲射干。一種曰淡竹葉，根名碎骨子，根數十鬚，結子似麥冬，但堅硬耳，今采作酒麯。一種曰鴨跖草，即藍胭脂草也，杭州以綿染其花，作胭脂爲夜色。一名竹雞草、耳環草、藍姑草、碧蟬花，亦曰淡竹葉。《永嘉記》：

「青田縣以産草似箬，呼爲竹青，而縣名青田。」一種曰水竹葉，生水中，葉如竹而短小，可生食，能去蟣虱，與虱建草、牛扁特同功。一種曰竹莢菜，好生土墻頭及園傍，節疎而弱，不直起，葉如竹，人采爲茹。一種曰木萹築，方家用之，即《説文》所謂「薄」也。一種曰緑竹草，《詩注》作「王芻、萹竹」二草；陸璣以緑竹爲一草名。馮嗣宗曰：「即今木賊草。」一種曰千里竹，高七八寸，葉似竹而幹似蘆根，實草也，廬山有之，可以降火。一種曰錦竹，杜詩有「錦竹兩三叢」。或疑《竹紀》之蒸竹、篘墮竹，其皮類纁。升菴閱梅《宛陵集錦竹詩》自注：「此草似竹而斑。」又一種名似竹而不甚似竹者曰苓。陸元恪《疏》曰：「苓，莖如釵股，葉如竹，蔓生澤中，牛馬喜食之」，今《圖經》黄芩，莖如箸葉，從地四面作叢生，不知是陸《疏》所言者否？又瞿麥名石竹子，乃洛陽錦之一種。至名竹而全不似竹者。黄精曰菟竹、鹿竹；萎蕤曰玉竹。

又　卷四三《植物・木》　黄斤乃食葛，非衣葛也。　羅願曰：「雞齊一名鹿藿，一名黄斤。生蔓延，生食甜脆，亦可蒸食。今之食葛，非爲絺綌者也。」今南楚兩粵專採葛根作粉食，此藤即可布，粉可作丸，曰葛粉。廣人以假西國米，能醒酒。或曰廣昌種葛如土瓜。

又方以智《物理小識・飲食類》　酵饅頭　醅麵俟老烈用之，或用糯醅。冬置煁側，或入生酒敍。別以鹻發者遜之，饅開首者曰橐馳臍，吴下呼爲餢餔，音膞胙。言熟食之肥也。長曰繭，針曰桃。

醒酒方　飲酒欲不醉者，服硼砂末，其飲葛湯葛丸者，效遲。廣人以葛粉爲丸充西國米。《千金方》：七夕日采石菖蒲末服之，飲酒不醉。大醉者，以冷水浸髮即解。暄曰，中酒毒，煎黑豆，搗生螺汁，未蓽澄茄葛花俱可解。

又《器用類》　酒杯無酒氣　茶杯飲酒既乾，以氣向杯底吹之盡力，則杯全無酒氣。

清・顧祖禹《讀史方輿紀要》又卷六三《陝西一二》　肅州衛，鎮西五百十里。西至廢瓜州五百二十里，北至廢亦集乃路五百里，西南至赤斤蒙古衛界五百里。

漢以前爲月支國地，後爲匈奴所據。武帝太初元年開置酒泉郡，劉昫曰：「城下有金泉，其味如酒，因以爲名。」後漢及魏、晉因之。西涼李暠遷都於此。後魏亦爲酒泉郡。

清・顧禄《清嘉録》卷一　年節酒

元旦後，戚若友遞相邀飲，至十五日而止，俗稱「年節酒」。范來宗《留客》詩云：「登門即去偶登堂，或是知心或遠方。柏酒初開排日飲，辛盤速出隔年藏。老饕饜飫情忘倦，大户流連態怕狂。沿習鄉風最真率，五侯鯖遜一鍋香。」又蔡雲《吴歈》云：「大年朝過小年朝，春酒春盤互見招。近日款賓儀數簡，點茶無復棗花挑。」

案：宋僧道世《法苑珠林》：「唐長安風俗，每至元旦已後，遞飲酒相邀迎，號『傳坐酒』。」又危致明《岳陽風土記》：「岳州自元日獻歲，隣里宴飲相慶，至十二日始罷，號曰『傳坐酒』。」《常昭合志》：「元旦後，親朋交宴，謂沿襲屠蘇之義。郡中新年舊俗，點茶饗客，有用諸色果及攢棗爲花者，名『挑瓣茶』。今廢。」吴縠人祭酒《新年雜詠》小序云：「新年，家設酒餚延客，三五行，即辭出。亦有盡醉而歸者。」顧清詩：「茗椀酒杯皆可意，好將新歲作傳生。」

清・徐珂《清稗類鈔・工藝類》　姜正學刻石章

方邵村侍御嘗爲麗水令，蘭谿姜正學往見，謂之曰：「公嗜石章，我之鐵筆固佳，願爲公製數章。生平不知干謁，但嗜飲耳，公醉我，我爲公製印，公意得，我亦意得矣。」侍御乃與飲，醉，即歌會稽太守詞。於是侍御得姜印最多，署中釀亦爲姜罄矣。

一夕，漏下數十刻，署中人盡熟寐，忽聞剥啄聲，侍御驚起，以爲寇且發，不則御史臺霹靂符也。驚起詢之，則報曰：「姜生見。」侍御遣人謝曰：「夜分矣，請以昧爽。」姜訇訇曰：「事甚急。」侍御意必得其他之意外傳聞也，急趨迎之，執手問故，曰：「我適爲公成一印，殊自滿志，不及旦，急欲令公見之，事孰有急於此者乎？」遂出之掌中以視之。侍御乃大笑，復曰：「如此印，不直一醉耶？」於是相與痛飲，及辨明而去。又於橋上歌會稽太守詞，橋側餅師及賣漿家人起獨早，競來聽之，謂此君起乃更早，遂已醉耶？

又《鑒賞類》　徐林鴻知罍尊年代

徐徵士林鴻善鑒賞，別書畫真僞，百不失一，兼善飲。嘗過顔御史豹文別業，御史知其爲大户也，出罍尊，貯酒容一斗。賓客多避席，徵士連舉者三。顔詢之曰：「此何年製也？」徵士笑曰：「北齊文宣帝天保六年避暑晉陽宮所作也。」驗其下款識，果然。

又《飲食類》

寧紹人之飲食

寧波及紹興人日必三飯，且以飯時必先飲酒者居大多數。

閩人之飲食

閩人所飲之酒曰參老，曰淡老。

廣東產婦之飲食

廣東產婦之飲食品，當未分娩之一月，親故預送醋及生薑所煉之膏以餉之。

太平人之飲食

四川太平之男女，皆喜飲酒，日夕必盡醉。

京師之飲食

都人飲料，茶爲香片，酒爲白乾，皆普通所嗜。

回教徒之飲食

內地回教徒之飲食品，與漢人較，不甚異，茶、酒皆飲之。

藏人之飲食

【略】

藏人又嗜酒，酒兩種，一名阿拉，如內地之白酒；一名充，如內地之甜酒，皆自造，味淡而性烈。不食鱗介、雀鳥之類，以鱗介食水葬死屍，雀鳥食天葬死屍故也。間亦食獸肉，惟不善食飯，即食，至多亦僅兩木碗而已。

【略】阿拉及充，與內地之酒無異，但未蒸者即充，已蒸者即阿拉。

宴會

宴會所設之筵席，自妓院外，無論在公署，在家，在酒樓，在園亭，主人必肅客於門。主客互以長揖爲禮。既就坐，先以茶點及水旱烟敬客，俟筵席陳設，主人乃肅客一一入席。

席之陳設也，式不一。若有多席，則以在左之席爲首席，以次遞推。以一席之坐次言之，則在左之最高一位爲首座，相對者爲二座，首座之下爲三座，二座之下爲四座。或兩座相向陳設，則左席之東向者，一二位爲首座二座，右席之西向，一二位爲首座二座，主人例必坐於其下而向西。

將入席，主人必敬酒，或自斟，或由役人代斟，自奉以敬客，導之入座。是時必呼客之稱謂而冠以姓字，如某某先生、某翁之類，是曰定席，又曰按席，亦曰按座。亦有主人於客坐定後，始向客一一斟酒者。惟無論如何，主人敬酒，客必起立承之。

肴饌以燒烤或燕菜之盛於大碗者爲敬，然通例以魚翅爲多。碗則八大八小，碟則十六或十二，點心則兩道或一道。

猜拳行令，率在酒闌之時。粥飯既上，則已終席，是時可就別室飲茶，亦可逕出，惟必向主人長揖以致謝意。

猜拳爲酒令游戲之法，唐人詩有「城頭擊鼓傳花枝，席上搏拳握松子」句，乃知酒席猜拳爲戲，由來久矣。

通俗所行之酒令，兩人相對出手，各猜其所伸手指之數而合計之，以分勝負。五代時，史宏肇與蘇逢吉飲酒，酒令作手勢，即今搳拳之所昉也。搳拳之口語，一爲一定，二爲二喜，三爲連陞三級，四爲四季平安，五爲五經魁首，六爲六順風，七爲七巧，八爲八馬，九爲九連燈，十爲十全如意。又有所謂加帽者，則於每句之上，皆加「全福壽」三字，或惟以「全」字爲帽。

猜拳有不賭空之説，元姚文奐詩「剝將蓮子猜拳子，玉手雙開不賭空」是也。今人謂之猜單雙。其法任取席上果粒，可枚計掌握者，奇其數，異其色，雙握而出其一，先奇耦，次數目，次顏色，凡三射而決勝負。

酒令中有打擂臺者，勝家高坐於炕，欲奪其席者，預飲一巨觥，立者與坐者拇戰，勝則奪其席而據之，敗則退位，惟進一觥而已。

沈巨山赴宴沈飲

沈巨山家貧好客，良友讌集，輒慷慨沈飲。或勸以少事生業，對曰：「良朋、尊酒，吾故藉以生者。」巨山，名家恆，順、康間之錢塘人。

劉西廷歲時開讌

劉西廷，名戡，好爲詩，尤雄於酒。歲時招故人讌集，興至，即不復用常杯，傾酒釜中，與豪客爲拇陣，勝負紛拏，輒大聲笑呼，以巨甒盛飲，可數十瓢。即席分題，長篇險韻，他人沈吟，方欲出吻，已立就數百言，一時名流未能或先也。客散，則捫腹徐行，吟哦聲不絕。子姪輩有索詩者，隨所求，立應之。

輦下讌集

康、雍以還，承平日久，輦下簪裾，讌集無虛日，瓊筵羽觴，興會飆舉。凡豪於飲者，各有名號，長洲顧俠君嗣立曰酒王，武進莊書田楷曰酒相，泰州繆湘芷沅曰酒將，揚州方觀文觀曰酒后，時未留鬚。太倉曹亮疇彝曰酒孩兒。年最少也。五人之外，如吳縣吳荆山士玉、侯官鄭魚門任鑰、惠安林象湖之濬、金壇王篛林澍、常熟蔣檀人漣、蔣愷思洞、漢陽孫遠亭蘭苾，皆不亞於將相。荆山尤方駕酒王，每裙屐之會，座有三數酒人，輒破甕如干，罄爵無算。然醉後則羣囂競作，弁側屨僛，形骸放浪，杯盤狼藉。惟荆山飲愈㐌，神愈惺，醻醋語默，不失常度，夷

然灑然，略無矜持抑制之迹。其閎量，非同時儕輩所及，而欲然不以善飲之名自居。荊山一寒士，弱不勝衣，貌癯瘠無澤，而享盛名，躋右躐。昔人云：「魏元忠相貴在怒時，李嶠相貴在寐時。」荊山之相，必貴在醉時也。

吳敏軒設盛讌

吳敏軒歿之前數日，裒囊中餘錢，設盛讌，召友朋酣飲，大醉，輒誦樊川「人生祇合揚州死」之句，竟如所言。

王元瀚升席較酒量

王漸，字元瀚，臨江人。少落魄不羈，日與酒徒、劍客引滿呼白，擊劍拓戟以爲樂。而家産益落，其父兄患之。漸於是聚書數千卷，閉户誦讀，日數行下，一過輒終身不忘。比三年，作爲文章歌詩，以示里中耆宿，始大驚，皆不信爲其自作也。

既而遊金陵，金陵富豪王氏聞漸善飲，白下有道士亦能引無算爵，爲設席，要道士共酌，以觀其量。即升席，命贊者實酒置甕中，起揖道士，捧甕，若鯨之吸川，一飲而盡，復命實酒酬道士。道士飲既，漸再實酒如前，命道士先飲。道士强飲至半，謝不勝。漸笑曰：「是何足與飲。」乃更酌大盃，盡一石，談笑終席，不至醉，衆乃歎服。漸每麻履布袍，簡絶禮法，至賢士大夫家，輒登堂，中席坐，不讓，或不交一談而去。士大夫知其才，皆畏敬之。

王文敏爲詩酒之會

福山王文敏公懿榮官京師久，交游既廣，每以春秋佳日，與潘文勤、張文襄、洪洞董研樵、鄒縣董鳳樵、太谷温味秋、儀徵陳六舟、巴陵謝麐伯、餘姚朱肯夫、吳縣吳清卿、會稽李蒓客、甘泉秦誼庭、績谿胡荄甫、光山胡石查、遂溪陳逸山、大興劉子重、儀徵陳研香、元和顧緝庭、歙縣鮑子年、長洲許鶴巢遞爲詩酒之會，壺觴無虚日。其元配黄夫人輒檢點肴核，迎時先辦，客至無缺，有拔釵沽酒之風。

及時行樂會之輪飲

宣統時，時局不靖，朝士率以醇酒婦人自晦。有倡及時行樂會者，有小啓，中有云：「軟紅十丈，濃緑萬株。歷歷方情，常常塵夢。陸沈有日，絶憐失國之人；養晦遵時，合築忘憂之館。」其會章以八人每夕輪飲四伶家，迭爲賓主，所費省而得夜夜游讌也。

臺番藉草劇飲

臺灣番人每俟秋米登場，即以釀酒，男女藉草劇飲歌舞，晝夜不輟，不盡不止。

臺人嘗酒致祝

臺灣番人之製酒也，以口嚼生米爲麴，和蒸飯調勻，置於缸，藏之密處五月，掏而嘗之，口中喃喃作聲，若有所祝者。

陳石遺飲酒

光緒丙申，陳石遺戲作《飲酒和陶》詩十章。其一云：「使我身後名，不如一杯酒。况能飲酒者，身後名多有。劉伶頌一篇，阮籍詩幾首。李白與杜甫，嘖嘖滿人口。試問客何能？頗能杯在手。」其二云：「憶昔里中遊，陳王日周旋。橋東有酒樓，酒債動萬錢。當時不云樂，局促憎鄉闕。一朝星雲散，各各隔山川。僅免寒與飢，塊然年復年。」其三云：「少小抱奢願，廣廈與大裘。不貴坐客滿，所貴皆名流。蹉跎遂至今，栖栖猶道周。不見今稷契，飢溺非己憂。」其四云：「故人憐我貧，勸我聊絃歌。不爲三徑謀，奈此十口何？曰諾吾將仕，躊躇又蹉跎。吾美不如朝，吾佞不如鮀。果如朝與鮀，不仕寧轗軻。」其五云：「昌黎稱大儒，道德亦彌縫。賞識徧寒畯，大名日隆隆。賈島棄浮屠，孟郊爲雲龍。攫金任劉叉，家祭助盧仝。高軒過李賀，贈言及張童。唐衢侯喜輩，遽數不能終。豈獨皇甫李，奇正師宗工。所以張文昌，哭祭悲無窮。」其六云：「無事日苦長，有事日苦短。造物如人意，千變猶恐緩。何如逢酒人，相對但引滿。日長醉亦休，事大未掛眼。」其七云：「阮籍號達人，胸中有磊塊。有如趙州土，濁酒日與酹。生逢混濁世，俯仰天地隘。非與身命讐，黽勉對時輩。母喪一嘔血，胸鬲稍以快。」其八云：「昔時所與游，纍纍皆黄土。去年故園去，鄰笛極悽苦。當其一息存，名利鋭進取。可憐蓋棺後，寂寂與終古。九泉寧有知，酒到亦何補。」其九云：「文章勞我神，酒脯以祭禱。相如家四壁，悒悒文君惱。作賦得黄金，取酒召傭保。海濱有一士，抱膝見懷抱。豈無賣文錢，提壺足傾倒。誰與同襟期，樗散若鄭老。」其十云：「旬月困塵事，清坐值兹晨。借問何時歟？門前柳色新。呼兒移柳樹，趁此雨如塵。雖無佳客來，且沽梨花春。」

石遺好飲，嘗以佳釀不易得，乃作《放言向茹真乞酒》，其詩云：「公館歸休沐，村路穿河柳。我名同犀首，無事合飲酒。村沽非不廉，水淡不可口。因思君牀下，對坐兩瓻甊。君面不肯赤，此酒爲誰守？巧偷與豪奪，人世幾妙手。海物朝十瓶，葡萄暮百斗。寧須殺賊奴，金印乃繫肘。長者久不來，牆頭散鄰叟。呼兒送此詩，或者歲在酉。」

石遺既得酒，再得一絶句云：「柴門佇立不教關，乞酒家兒遠遠還。籬落幾根鴉舅樹，行看秋色逐酡顔。」

小酌之邊爐

廣州冬日，酒樓有邊爐之設，以創自邊某，故曰邊爐，宜於小酌。其食法，略如京師之生火鍋，惟雞魚羊豕之外，有雞卵，蓋粵人已知雞卵之富蛋白質矣。

小酌之消夜

廣州酒樓之肴，有所謂消夜者，宜於小酌，一碗二碟。碗爲湯，碟爲一冷葷，一熱葷。冷者爲香腸、叉燒、白雞、燒鴨之類，熱者爲蝦仁炒蛋、炒魷魚、炒牛肉、煎曹白魚之類。

沈東江留客小酌

沈東江性不喜飲，顧好賓客。即甚貧，客往，必留之小酌，輒必質衣治具，歡笑達曙。東江，名謙，順治初之仁和人。

黄仲則欣然命酌

乾隆某歲之中秋，無月而雨。黄仲則方坐吟愁歎，至初更後，忽有攜酒食至者，欣然命酌，即用《中秋夜雨》韻賦一詩云：「狂喜下階趨欲蹶，豈意今宵百無闕。滿堂酒氣飄氛氲，一縷心煙起蓊勃。渴羌奮吸老饕嚼，雜沓雨聲同不歇。壺觴匪惠及時，快意真無憾毫髮。癡童睡醒驚抹眵，似有神廚運倏忽。主人定夢羊觸蔬，坐客休驚犬爭骨。杖如可化愁高寒，繩便堪梯怖飄兀。何如痛飲隨自然，不共浮雲爭出没。五更街鼓慘忽沈，簾隙看天暗光發。一度愁鄉與睡鄉，傾盡千觴已飛越。願借君觴更屬君，人生幾度陰晴月。」

袁子才留伍拉納子小酌

伍拉納嘗任江寧藩司，一日，其子隨塾師黄望庭游隨園，袁子才出迎，款待甚周。時年六十餘，康健如少壯，面麻而長，微鬚已半白，身高五尺餘。園中窗嵌玻璃皆紫藍各色。肴饌精雅，食麵四碗而散。乾隆辛亥，伍子年二十歲，以三等侍衛乞假省親於閩督任，再過隨園。子才時往蘇州。比至蘇相見，子才已七十六歲，令女弟子作點心兩盤、醬葱蒸鴨一盤、蟶乾爛肉一盤爲贈，伍子饋以四十金而別。比嘉慶己卯，三過隨園，則荒爲茶肆矣。

徐若冰餉客以小酌

崑山徐若冰女士映玉嫁孔某，居蘇州之木瀆鎮。其夫好款客小酌。嘗留惠松厓徵君飲，若冰入廚治具，或以爲過豐，曰：「吾重惠先生之經學也。」他日，其戚有爲縣令者，飯其舍，或又以爲儉，曰：「彼徒知取科名耳，安得儕惠先生哉！」

錢籜石與客小酌

錢籜石侍郎載與汪孟鋗、祝維誥諸人宴集，惟酒兩尊，白煮豆腐兩大柈，分韻賦詩，陶然終日。歸田以後，故人門下士招飲即赴。或釀錢游南湖，不過四五人，人不過百錢，小酌也。籜石能飲，然居家惟飲燒酒，又不以小盞而以巨杯，一杯適三飲而盡。嘗謂吴子修曰：「果燒酒佳乎，黄酒佳乎？」子修曰：「燒酒佳。」曰：「然。」又曰：「子知小飲佳乎，巨觥連引佳乎？」曰：「大口飲佳。」曰：「然。」蓋黄酒價貴，不足至醉，即燒酒而淺斟細酌，亦不足以盡醉也。其孫恬齋太史昌齡簡雅有祖風。某與子修訪之，爲具酒饌，恬齋以倉卒無肴爲辭。某曰：「觴酒豆肉，以比令祖指籜石。宴集，不太侈靡矣乎？」賓主粲然。

朱文正餉武虚谷以豚酒

偃師武虚谷，名億，性迂僻，善哭。嘗游京師，主大興朱文正公珪邸。除夕，文正饋以彘肩、蒙古酒。虚谷食已，大哭。文正聞之，驚怪，疑其久客思家也，亟慰問之，則曰：「無他，遠念古人，近傷洪稚存、黄仲則不偶耳。」

法時帆喜小酌

蒙古法時帆祭酒性不能飲，然有約其小酌者，輒喜，看花飲酒，雖風雨必至。晚年喜食山藥，乃名其齋曰玉延秋館。

伯麟留許亭史小酌

仁和許亭史廣文心坦有伯倫之好，花酣月大，輒攜杖頭錢就酒家，拉故人泥飲。或醉卧坊巷，至風露砭骨乃醒。兒童拍手攔街，陽陽然，若不知其誚己也。嘉慶時，以計偕客居京師，有友死於酒者，爲文弔之，辭極詭麗，爲時所傳誦。一日，徘徊僧廬中，而伯相國麟適至，僧麾之，使避去。相國問爲誰，僧以姓名對。相國驚曰：「許先生耶？吾願見久矣。」亟遣僕馬邀至邸中，張燈命酌，相得甚歡。蓋相國愛才，且亦嗜洪飲也。

張小雲爲真率會之小酌

光緒辛卯八月九日，仁和譚復堂大令獻方在里門，張小雲孝廉大昌約赴真率會，就許邁孫觀察增之榆園列坐。真率云者，肴核無多，杯杓不事，饌畢而縱譚，小酌也。

鍾喬申屢約朋輩小酌

錢塘鍾喬申文學以敬貧而好客，屢約朋輩小讌，輒自烹小鮮以進。而獨不能飲，惟手茗盞，相勸而已。然清言娓娓，聽者忘倦，人皆樂就之。

高畫岑呼酒痛飲

嘉、道間，仁和有高林字畫岑者，諸生也，家塘棲，通脱無威儀。與趙寬夫同學。寬夫性方嚴，無敢以言戲之者。畫岑故謬説經旨以激之使怒，寬夫斷斷争，則大笑以謾侮之。家徒四壁，惟嗜飲酒。飲必醉，醉則卧市溝中。人屬以詩歌文章，信口而成，率妙麗有逸趣。一日，入城應試，聞其友疾亟，走歸，已殮，大哭，投水中。妻遽闔户縊。鄰人兩救之，得俱活。畫岑更大笑，呼酒痛飲，人不測其所爲也。已而病酒，竟死。

劉武慎好汾酒

劉武慎公長佑在官勤恁，治事接賓客，未嘗有倦容。而好飲，且必汾酒。嘗獨酌，一飲可盡十餘斤。左手執杯，右手執筆，判公牘，無或訛。或與客會飲，雖不拇戰，而殷勤勸盞。讌畢客退，仍揖讓如儀也。

吴南屏嗜酒

吴南屏廣文敏樹嗜酒。嘗客江寧，夜半，忽思飲，以有藏醞在，不必求之市也。命僕啓甕，則甕泥堅，猝不可啓，而渴甚，叱僕走，自以杖擊甕。甕破，滿地皆酒矣，乃伏地飲之。

南屏性不耐俗，座有山僧、田父，輒顧而樂之。與顯者共杯杓，恒鬱鬱，幾坐立不安矣。然其投契如曾文正及劉霞仙中丞者，與之把酒情話，亦未嘗不歡。

織染工藝與顔料化學部

題解

明・宋應星《天工開物》卷上《乃服》 宋子曰，人爲萬物之靈，五官百體，賅而存焉。貴者垂衣裳，煌煌山龍，以治天下。賤者裋褐枲裳，冬以禦寒，夏以蔽體，以自別於禽獸。是故其質則造物之所具也。屬草木者爲枲、麻、苘、葛，屬禽獸與昆蟲者裘褐、絲綿。各載其半，而裳服充焉矣。天孫機杼，傳巧人間。從本質而見花，因繡濯而得錦。乃杼柚遍天下，而得見花機之巧者，能幾人哉？治亂、經綸字義，學者童而習之，而終身不見其形象，豈非缺憾也！先列飼蠶之法，以知絲源之所自。蓋人物相麗，貴賤有章，天實爲之矣。

又《彰施》 宋子曰，霄漢之間雲霞異色，閻浮之内花葉殊形。天垂象而聖人則之，以五采彰施於五色，有虞氏豈無所用其心哉？飛禽衆而鳳則丹，走獸盈而麟則碧，夫林林青衣，望闕而拜黄朱也，其義亦猶是矣。君子曰，甘受和，白受采。世間絲、麻、裘、褐皆具素質，而使殊顔異色得以尚焉，謂造物不勞心者，吾不信也。

又 卷下《丹青》 宋子曰，斯文千古之不墜也，注玄尚白，其功孰與京哉？離火紅而至黑孕其中，水銀白而至紅呈其變。造化爐錘，思議何所容也。五章遥降，朱臨墨而大號彰。萬卷横披，墨得朱而天章焕。文房異寶，珠玉何爲？至畫工肖像萬物，或取本姿，或從配合，而色色咸備焉。夫亦依坎附離，而共呈五行變態，非至神孰能與于斯哉？

論説

《墨子・所染》 子墨子言見染絲者而歎，曰：「言」字疑衍。公羊隱十一年何休注云：「稱子冠氏上者，著其爲師也，其不冠子者他師。」《列子・天瑞》篇張注云：「載子於姓上者，首章是弟子之所記故也。」染於蒼則蒼，《廣雅・釋器》云：「蒼，青也。」染於黄則黄，《韓詩外傳》云：「藍有青，而絲假之，青於藍，地有黄，而絲假之，黄於地。」《淮南子・説林訓》云：「墨子見練絲而泣之，爲其可以黄，可以黑。」所入者變，其色亦變，五入必，《考工記・鍾氏》「染羽，三入爲纁，五入爲緅，七入爲緇」，鄭注云：「玄，其六入者與？」《爾雅・釋器》云：「一染謂之縓，再染謂之赬，三染謂之纁。」必讀爲畢，左隱元年傳「同軌畢至」，《白虎通・義・崩薨》篇引「畢」作「必」，是其證。言五入畢，而爲五色也。高誘云：「一入一色。」畢云：「一本無『必』字。」而已則爲五色矣。畢云：「《吕氏春秋》無『則』字，《後漢書》注引作『五入之則爲五色』，《太平御覽》引作『五入則爲五色』」。故染不可不慎也！治要作「可不慎耶」。

漢・劉安《淮南子・説林訓》 黼黻之美，在於杼軸。白與黑爲黼，青與赤爲黻，皆文衣也。寧案：注「赤」當爲「黑」。《攷工記》：「畫繢黑與青謂之黻。」《説文》：「黑與青相次文。」當據正。布之新不如紵，紵之弊不如布，或善爲新，或惡爲故。善，猶宜也。王念孫云：「或惡爲故」，本作「或善爲故」，言紵善爲新，布善爲故也。今本作「或惡爲故」者，後人不曉文義而妄改之耳。《太平御覽・布帛部》七引此，正作「或善爲故」。寧案：王説是也。景宋本作「或善爲故」。靨輔在頰則好，在顙則醜。靨輔，著頰上窐也。窐者在頰似槃，故醜。繡以爲裳則宜，以爲冠則譏。《詩曰》「袞衣繡裳」，故曰宜。譏，人譏非之也。三念孫云：「譏」本作「議」。高注本作「議，人譏非之也」。今本「議」皆作「譏」者，後人以議與宜韻不相協而改之，因并改高注耳。不知宜字古讀若俄，「説見《唐韻正》。」與譏字不相協，而議字古亦讀若俄，「《小雅・北山篇》「或出入風議」與爲爲韻，爲古讀若譌。《淮南・俶真篇》「立而不議」，與和爲韻。《詮言篇》「行有迹則議」，與訶爲韻。《史記・太史公自序》「王人是議」，與禾爲韻。」與宜字正相協也。《太平御覽・布帛部》二引此正作「以爲冠則議」。《詮言篇》云「行有迹則議」，又其一證也。劉文典云：《御覽》八百十五引「裳」作「被」，《意林》同。寧案：高注引《詩》「袞衣繡裳」，知高本固作「裳」也。《太平御覽・意林》引作「被」，當是許本。

漢・桓寬《鹽鐵論卷六》 散不足第二十九

古者，衣服不中制，器械不中用，不粥於市。今民間雕琢不中之物，刻畫玩好無用之器。玄黄雜青，五色繡衣，戲弄蒲人雜婦，百獸馬戲鬥虎，唐銻追人，奇蟲胡妲。

古者，庶人耋老而後衣絲，其餘則麻枲而已，故命曰布衣。及其後，則絲裏枲表，直領無禕，袍合不緣。夫羅紈文繡者，人君后妃之服也。繭紬縑練者，婚姻之嘉飾也。是以文繒薄織，不粥於市。今富者縟繡羅紈，中者素綈冰錦。常民而被后妃之服，褻人而居婚姻之飾。夫紈素之賈倍縑，縑之用倍紈也。

古者，無杠樠之寢，牀移之案。及其後世，庶人即采木之杠，牒樺之樠。士

不斤成，大夫葦莞而已。今富者黼繡帷幄，塗屏錯跗。中者錦綈高張，采畫丹漆。

古者，明器有形無實，示民不可用也。及其後，則有醯醢之藏，桐馬偶人彌祭，其物不備。今厚資多藏，器用如生人。郡國繇吏，素桑楺偶車櫓輪，匹夫無貌領，桐人衣紈綈。

古者，男女之際尚矣，嫁娶之服，未之以記。及虞、夏之後，蓋表布內絲，骨笄象珥，封君夫人加錦尚褧而已。今富者皮衣朱貉，繁露環佩。中者長裾交褘，璧瑞簪珥。

清・孫承澤《春明夢餘録》卷四六《工部一・織造》 工書徐恪疏：今之南京，并蘇、杭、嘉、湖等府，即古吳、越之境，租稅之出，數倍於他州。而綺、紈、錦、繡之貢，歲有常額。上供六宮之用，下充四裔之賞。近又差內臣往彼織造乘輿服御，所用無幾，而工役科派，所費不貲。近侍勢位尊嚴，府、縣奉承惟恐或後。一應財物，非天降地湧，皆民之膏血也。若不早爲蘇息，誠恐民不堪命，怨讟由之而起，禍福倚伏，不可預測。大禹惡衣，文王卑服，千載之下，猶仰盛德。皇上臨御未久，春秋鼎盛，方當躬行節儉，以身先天下，奈何以服御之故，遠遣內臣，勞東南之赤子乎？伏覩皇上即位，首頒明詔，特載蘇、杭、嘉、湖等處織造內外人員即便回京，是以宣布之日，遠近聞之，莫不懽忻鼓舞，以爲聖德之厚，獨知民隱。曾未三載，復此差遣，無乃執事者之過，非皇上之本意民。但愚民無知，罔測所自，未免有爲惠不終之嘆。此微臣所以不避斧鉞，冒昧而言。乞勅該部計議，合無仰遵明詔，俯察下情，仍將差去織造內臣取回；餘剩絲料，發與各府，准作歲造支用。仍令彼處巡撫、巡按咨訪輿情，凡可以輕徭薄稅，息民養兵，及防微杜漸之計，悉聽舉行。不作無益，與民更始，庶幾應天以實，而災異可弭矣。

崇禎元年二月，停蘇、杭織造諭：朕自御極以來，孜孜民力艱苦，思與休息。惟是封疆多事，征輸重繁，未遑蘇豁。乃有織造錢糧，雖係上供急需，朕痛念連年加派絡繹，東西水旱頻仍，商困役擾，民不聊生，朕甚憫焉。今將蘇、杭見在織造錢糧上緊成造，著地方官解進。梁棟不必候代，即著馳驛回京。其改織錢糧，仍入歲造內應用；織造員缺，暫行停止。朕不忍以衣被組繡之工，重困此一方民。稍加軫念，用示寬仁。俟東西底定之日，方行開造，以稱朕敬天恤民至意。

綜述

《周禮・天官冢宰・染人》 染人掌染絲帛。凡染，春暴練，夏纁玄，秋染夏，冬獻功。暴練，練其素而暴之。故書纁作黦。鄭司農云：「黦讀當爲纁，纁謂絳也。夏，大也，秋乃大染。」玄謂纁玄者，謂始可以染此色者。玄纁者，天地之色，以爲祭服。石染當及盛暑熱潤始湛研之，三月而後可用。《考工記》鍾氏則染纁術也。染玄則史傳闕矣。染夏者，染五色，謂之夏者，其色以夏狄爲飾。《禹貢》曰「羽畎夏狄」，是其總名。其類有六：曰翬，曰摇，曰鶅，曰甾，曰希，曰蹲。其毛羽五色皆備成章，染者擬以爲深淺之度，是以放而取名焉。疏：「掌染絲帛」者，未織者爲絲，已織者爲帛。凡王后及公卿大夫之衣服，並染絲而織之。元士以下則服染繒。《玉藻》云「士不衣織」是也。內命婦女御以下，外命婦士妻以下並同。此官掌染絲帛，則亦染枲布，經不言者，亦文不具也。云「春暴練」者，《說文・日部》云：「暴，晞也。」从日出收米，與《本部》暴字别，隸變二文並作暴，誤。經例暴字從古文作虣，而晞暴字此及《㡆氏》並作暴，亦傳寫沿誤也。以下四時染事，並關絲帛二者言之。賈疏云：「以春陽時，陽氣燥達，故暴曬其練。」案，賈説非也。此借練爲湅，謂以絲帛暴之湅之，以俟染也。暴布帛宜於春，故《月令仲夏》云「無暴布」矣。云「夏纁玄」者，賈疏云：「夏暑熱潤之時，以朱湛丹秫，易可和釋，故夏染纁玄而爲祭服。」案：賈據《鍾氏》染纁法也。染玄者，當以涅，不唯用朱，疏説亦未析。云「秋染夏」者，秋時石染草染無不宜，可博染衆色也。云「冬獻功」者，染事既成，入之典婦功及典絲，賈謂獻之於王，失之。注云「暴練，練其素而暴之」者，《說文・糸部》云：「練，湅繒也。」《素部》云：「素，白緻繒也。」《水部》云：「湅，𤄊也。」《雜記》注云：「素，生帛也。」《釋名・釋采帛》云：「練，爛也，煮使委爛也。素，朴素也，已織則供用，不復加功飾也。又物不加飾皆自爲素，此色然也。」段玉裁云：「此練當作湅。湅其素，素者質也，即《㡆氏》云湅絲湅帛也。已湅之帛曰練。㡆氏如法湅之暴之，而後絲帛之質精，而後染人可加染。」案：段説是也。此練即湅之借字，凡𤄊治絲帛通謂之湅，已湅之絲帛亦通謂之練。《說文》訓練爲湅，繒，已湅之帛也。《淮南子・説林訓》云：「墨子見練絲而泣之，爲其可以黄可以墨。」高注云：「練，白也。」此已湅之絲也。注「練其素」，統湅治素絲素帛二者而言，故下云玄纁以爲祭服。賈疏謂素即絹，先練乃暴之，若然，服則先染絲乃織之，不得爲練，非也。暴湅絲帛法，並詳《㡆氏職》。云「故書纁作黦，鄭司農云黦讀當爲纁」者，段玉裁云：「此以黦不見於他經傳而易其字也。宛聲熏聲略相似。《說文・黑部》有䵫字，云『黑有文也。從黑冤聲，讀若飴豋之豋』。按䵫即黦字，故書假借爲纁字也。」王引之云：「黦，《說文》作䵫，《玉篇》䵫或作黦。《廣韻》：『黦，黄黑色也。』黦與黦同。又通作苑，《淮南・時則篇》『天子衣苑黄』，高誘注曰：『苑讀豋飴之豋。』則古人衣色亦有用黦黄者。《急就》曰『鬱金半見緗白

葝』，顔師古注曰：『鬱金，染黄也。』鬱與纁聲義正同。夏纁玄者，《豳風七月》所謂載玄載黄也。似不必改爲纁字。」案：王説亦通。許君《自敍》述所偁《禮》《周官》，皆古文，而《説文》有甗無纁，疑許所見故書又作甗矣。《春秋緐露・五行順逆篇》云：「心腹宛黄。」宛亦甗之借字。云「纁謂絳也」者，《説文・糸部》云：「纁，淺絳也。絳，大赤也。」《廣雅・釋器》云：「纁謂之絳。」賈疏云：「絳即《爾雅》及《鍾氏》所云三入爲纁者是也。」詒讓案：依《説文》義，纁雖絳之類，而色淺於絳，故《士冠禮》「纁裳」注亦云「淺絳裳」。此不言淺者，散文纁得通稱絳也。亦詳《鍾氏》疏。云「夏，大也」者，《爾雅・釋詁》文，《鍾師》注亦同。云「秋乃大染」者，大染謂通染衆色。此先鄭肊説，故後鄭不從。云「玄謂纁玄者，謂始可以染此色者」者，謂夏時染事始起，惟可染此二者，不可染餘色也。云「玄纁者，天地之色，以爲祭服」者，《周髀算經》云：「天青黑，地黄赤。」青黑即玄色，黄赤即纁色也。賈疏云：「案《易九事章》云：『黄帝、堯、舜垂衣裳。蓋取諸乾坤。』乾坤即天地之色。但天玄地黄，而玄纁者，土無正位，託位南方火，火色赤，與黄共爲纁也。凡六冕之服皆玄上纁下，故云以爲祭服，即《祭義》云玄黄之者也。」《王制》孔疏引鄭《易繫辭》注云：「土託位南方，南方色赤，黄而兼赤，故爲纁也。」案：賈即本鄭《易注》義。云「石染當及盛暑熱潤始湛研之，三月而後可用」者，後，舊本作「后」，今據注疏本正。凡染，用草木者謂之草染，祭服所不用。祭服纁玄染必以石，謂之石染。纁者黄赤，其染以朱。《説文・丹部》云：「丹，巴、越之赤石也。」丹即《鍾氏》所謂朱也。玄者鄭謂赤黑，《周髀》云：「青黑其染以涅。」《淮南子・俶真訓》云：「今以涅染緇則黑於涅。」高注云：「涅，礬石也。」是也。石質堅朋，故必湛研之而後可用。知湛研必三月者，亦約《鍾氏》文。依鄭説，蓋孟夏取丹涅之石湛研之，至季夏始可染纁玄也。《詩・豳風・七月》云：「八月載績，載玄載黄。我朱孔陽，爲公子裳。」毛傳云：「朱，深纁也。」《大戴禮記・夏小正》云：「八月玄校。」彼二經又以染玄纁爲在八月者，染纁玄雖始於夏，至秋亦尚可染。此經云「秋染夏」，夏爲五色，則亦兼有纁玄。《豳詩》《夏正》與此文雖異，義不乖也。又《月令》云：「季夏，命婦官染采，黼黻文章必以法，故無或差貸，黑黄倉赤，莫不質良，毋敢詐僞，以給郊廟祭祀之服，以爲旗章，以别貴賤等級之度。」鄭注云：「婦官，染人也。采，五色。」據彼文季夏即染五色，此夏唯染纁玄至秋乃染夏者，《月令》孔疏謂彼是秦法。竊謂染練有時，不應周秦法異。疑《月令》或因夏染纁玄，而類及諸色。且染夏雖在秋，而命婦官則不妨先時敕戒，《月令》之文與此經似亦無牾。《齊民要術》引崔寔《四民月令》云：「六月，命女工織縑練，可燒灰染青紺雜色。八月，涼風戒寒，趣練縑帛，染綵色。」明染事盛於夏秋之交，亦與經義合也。云「《考工記》鍾氏則染纁術也」者，明染絲帛與染羽術同。《鍾氏》云：「染羽，以朱湛丹秫，三月而熾之，淳而漬之，三入爲纁。」是也。云「染玄則史傳闕矣」者，《鍾氏》又云：「五入爲緅，七入爲緇。」注云：「凡玄色者，在緅緇之閒，其六入者與？」是染玄亦以朱爲質，而入黑汁，但其術經記無文，故云闕也。云「染夏者，染五色，謂之夏者，其色以夏狄爲飾」者，此據《禹貢》夏狄之文，破先鄭夏大之訓。染五色或用草木，不必用石染，故以秋也。引《禹貢》曰「羽甽夏狄」者，甽，《釋文》作「甽」，阮元傳校宋本同。案：甽，甽之俗。《説文・巜部》，巜古文作甽，篆文作畎。《匠人》經亦從俗作甽，則此注不必改甽。今從嘉靖本。宋婺州唐氏本同今《書》作「羽畎夏翟」。《漢書・地理志》述《禹貢》，翟亦作狄。《敍官》注引《書》作翟。翟正字，狄假借字。以《内司服》注破狄爲翟推校之，則此注作「狄」恐非鄭注舊文。賈疏云：「甽，谷也。羽山之谷有夏之五色之翟雉貢焉。」案：賈本似亦作夏翟。所釋義與《詩・小雅・節南山》孔疏引《禹貢》鄭注同，即約彼注義也。云「是其總名」者，《書》僞孔傳亦云：「夏翟，翟雉名。」《内司服》注義同。鄭意翟爲雉之總名，夏翟又爲雉備五色者之總名也。云「其類有六，曰翬，曰摇，曰𪀦，曰甾，曰希，曰蹲」者，摇，《爾雅・釋鳥》作鷂。翬摇，詳《内司服》疏。《釋鳥》又云：「南方曰𪀦，東方曰鶅，北方曰鵗，西方曰鷷。」並此注所本。彼文甾希蹲作鶅鵗鷷。《説文・隹部》雉字注，數十四種雉，甾蹲與此注同；𪀦作𪀦，希作稀，又與此小異，未知孰是。云「其毛羽五色皆備成章」者，《釋鳥》説五采皆備成章者，惟翬鷂二雉，四方之雉不言何色。鄭意四方雉文承翬鷂之下，其毛羽當亦備五色也。云「染者擬以爲深淺之度，是以放而取名焉」者，《御覽・服章部》引董巴《漢・輿服志》云：「上古衣毛而冒皮，後世聖人易之以絲麻，觀翬翟之文，榮華之色，乃染帛以效之，始作五采，成以爲服，亦染五色放翬翟取名之義。」掌凡染事。疏：「掌凡染事」者，蔣載康云：「當統布罽、韋革、羽毛等。染羽見《鍾氏》。」

又《地官司徒・掌染草》

掌染草掌以春秋斂染草之物，染草，茅蒐、橐蘆、豕首、紫茢之屬。疏：「掌以春秋斂染草之物」者，染草種類不一，或以春，或以秋，各隨其時斂之也。王安石云：『掌染草至掌蜃所徵，亦必當邦賦之政令，而不言者，則以《角人》《羽人》《掌葛》見之。』注云「染草，茅蒐、橐蘆、豕首、紫茢之屬」者，首，舊本誤「目」，今據宋本正。《敍官》注云：「染草，藍蒨、象斗之屬。」此别言茅蒐等者，染草衆多，故鄭錯互舉之。茅蒐即蒨，詳《敍官》疏。橐蘆者，《説文・木部》云：「櫨，一曰宅櫨木，出弘農山也。」《文選・南都賦》李注引鄭璞注《上林賦》云：「櫨，橐盧。」《玉篇・木部》又作「杔櫨」。橐、宅、杔，蘆、盧、櫨，聲並相近，皆即一物。橐蘆蓋木類，其葉可染，故通謂之染草。《敍官》注之「象斗」，亦木也。劉向《列仙傳》云：「陸通食橐盧木實。」是爲木類之證。《史記・司馬相如傳》索隱云：「櫨，今黄櫨木也。」《證類本草》引陳藏器《日華子》云：「黄櫨堪染黄，生商洛山谷，葉圓木黄。」疑即是木矣。豕首者，賈疏云：「《爾雅》云：『茢薽豕首。』郭注云：『《本草》曰「彘蘆，一名蟾蠩蘭」。今江東呼豨首，可以熁蠶蛹。』郭氏雖有此注，不言可染何色，未審鄭之所據也。」詒讓案：《神農本草經》云：「天名精，一名蝦蟇藍，一名豕首。」鍾懷謂豕首即染藍之草是也。紫茢者，《爾雅》云：「藐，茈草。」郭注云：「可以染紫，一名茈莀。」《廣雅・釋草》云：「茈莀，茈草也。」《神農本草經》云：「紫草，一名紫丹，一名紫芙。」陶注云：「今染紫者。」案：紫、茈、茢、莀，並音近字通。《説文・草部》别説染騂黄之草，單名莀，與茈莀異物。《續漢書・輿服志》劉注引徐廣云：「綟，草名也。以染似緑，又似紫。」此合茈莀與莀爲一，誤。以權量受之，以待時而頒之。權量，以知輕重多少。時，染夏之時。疏：「以待時而頒之」者，莊有可云：「頒之於染人也。」注云「權量以知輕重多少」者，染草又不計長短，故不用度也。云

「時，染夏之時」者，據《染人》云：「夏纁玄，秋染夏。」夏爲五色，以草染，故知以其染之時頒之。不言染纁玄之時者，彼注謂纁玄以石染，不用草染故也。

又《冬官考工記・鍾氏》

鍾氏染羽，以朱湛丹秫三月，而熾之。鄭司農云：「湛，漬也。丹秫，赤粟。」玄謂湛讀如「漸車帷裳」之漸。熾，炊也。羽所以飾旌旗及王后之車。疏：「鍾氏染羽」者，名義未詳。《職金》說受丹青之征有數量，《掌染草》斂染草亦云以權量受之。若然，此工受染石染草，或以鍾䋆計與？此工掌染羽，與染人染布帛絲枲，職互相備，凡石染法略同也。云「以朱湛丹秫三月，而熾之」者，賈疏云：「《染人》云『春暴練，夏纁玄』，注云：『石染，當及盛暑熱潤，始湛研之，三月而後可用。』若然，熾之當及盛暑熱潤，則初以朱湛丹秫，春日豫湛，至六月之時即染之矣。」案：賈意蓋謂季春湛石，歷三月至季夏，乃染。凡染羽，蓋皆用石染。《說文・木部》云：「朱，赤心木。」假借爲赤石之名，即《職金》之丹。故《呂氏春秋・誠廉篇》云：「丹可磨也，而不可奪赤。」《論衡・率性篇》云：「染之丹則赤。」《鄉射記》注云：「丹淺於赤。」賈彼疏謂朱與赤同，丹亦淺於朱。蓋丹朱淺深雖異，而其染石用丹沙則同。以朱湛丹秫，此專據染赤法。若四入以後，將染黑，則以涅不以朱，其湛熾淳漬法同爾。染法，互詳《染人》疏。　注鄭司農云「湛，漬也」者，《月令》「湛熾必潔」，注同。《一切經音義》引《通俗文》云：「水浸曰漬。」云「丹秫，赤粟」者，《說文・禾部》云：「秫，稷之黏者。」程瑶田云：「稷，大名也。黏者爲秫。北方謂之高粱，或謂之紅粱，通謂之秫。秫其黏者，黄白二種；不黏者赤白二種。民俗多種赤者，故得專紅粱之名也。」案：赤秫疑亦有黏不黏兩種，程偶未見耳。此染羽當用黏者。《爾雅・釋文》云：「江東人皆呼稻米爲秫米。」《古今注》云：「稻之黏者爲秫。」此以秫爲黏稻，蓋漢晉以後方語之變易，周秦時所未有也。云「玄謂湛讀如漸車帷裳之漸」者，依注例，「讀如」當作「讀爲」，明湛改讀爲漸，而後得訓漬也。漸車帷裳，《衛風・氓篇》文。《毛》傳云：「漸，漬也。」與先鄭義同。段玉裁云：「湛者，今之沈溺字，於義無施，故易爲漸漬之漸。」云「熾，炊也」者，《月令》注同。熾即饎之借字。《月令》「湛熾」，《呂氏春秋・仲冬紀》作「饎」，高注亦云：「饎，炊也，饎讀熾火之熾。」云「羽所以飾旌旗及王后之車」者，賈疏云：「《司常》云：『全羽爲旞，析羽爲旌。』自餘旌旗竿首亦有羽旄，《巾車》有重翟、厭翟、翟車之等，皆用羽是也。案《夏采》注云：『夏采，夏翟羽色。《禹貢》徐州貢夏翟之羽，有虞氏以爲緌。後世或無，故染鳥羽，象而用之，謂之夏采。』此是鍾氏所染者也。」

淳而漬之。淳，沃也。以炊下湯沃其熾，烝之以漬羽。漬猶染也。疏：　注云「淳，沃也」者，《廣雅・釋詁》云：「潭、沃，漬也。」《說文・水部》云：「潭，淥也。」淳即潭之隸省。淳沃並以水澆淥物之稱，故鄭此注及《士虞禮》《內則》注並訓淳爲沃。云「以炊下湯沃其熾，烝之以漬羽」者，賈疏云：「上熾之，謂以朱湛丹秫，三月末乃熾之，即以炊下湯淋所炊丹秫，取其汁以染鳥羽，而又漸漬之也。」案：賈說非也。鄭意蓋謂炊者，以箄隔水炊之，水氣上烝而下於湯，炊畢，遂以所炊之湯，復沃所炊之朱秫，并烝之使濃厚，乃可染也。經止言淳沃，不言更烝，注知更烝者，蓋據漢時染羽法如是。云「漬猶染也」者，亦謂浸而染之。段玉裁云：「與上文注漸漬不同訓，賈疏誤。」

三入爲纁，五入爲緅，七入爲緇。染纁者，三入而成。又再染以黑，則爲緅。緅，今禮俗文作爵，言如爵頭色也。又復再染以黑，乃成緇矣。鄭司農說以《論語》曰「君子不以紺緅飾」，又曰「緇衣羔裘」。《爾雅》曰：「一染謂之縓，再染謂之赬，三染謂之纁。」《詩》云：「緇衣之宜兮。」玄謂此同色耳。染布帛者，染人掌之。凡玄色者，在緅緇之間，其六入者與？疏：「三入爲纁」者，此明染色淺深之異名。入，謂入染汁而染之，故《爾雅》云三染也。朱染四，黑染三，各有其名。而此止著纁緅緇三色者，疑染羽止有此三色，縓赬諸色並爲染繒帛及他器服設，故文不具與？　注云「染纁者，三入而成」者，《說文・糸部》云：「纁，淺降也。」《士冠禮》注義同。《王制》孔疏引鄭《易注》云：「黄而兼赤爲纁。」案：《說文》絳爲大赤，纁雖三入，深於縓赬，而色尚兼黄，則淺於絳也。纁亦謂之彤，故《書・顧命》「彤裳」，爲孔傳云：「彤，纁也。」絳纁散文亦通，故《染人》注云：「纁謂絳也。」云「又再染以黑則爲緅」者，黑謂涅也。染朱以四入而止，不能更深，故五入之後即染以黑也。云「緅，今禮俗文作爵，言如爵頭色也」者，《士冠禮》注云：「爵弁者，其色赤而微黑如爵頭然，或謂之緅。」爵字又作雀，《巾車》「漆車雀飾」，注云：「雀，黑多赤少之色韋也。」案：《巾車》注疑當作「赤多黑少」，詳彼疏。段玉裁云：「此注謂爵爲今之俗文，然則古文皆當作緅矣。《說文》不取緅字，取纔字，云：『帛雀頭色，一曰微黑色，如紺。纔，淺也。讀若讒。』蓋漢時《禮》今文作爵，亦作纔，許與鄭所取不同也。鄭不取纔，故今《禮》無纔字。纔與緅爵皆雙聲。」云「又復再染以黑，乃成緇矣」者，《說文・糸部》云：「緇，帛黑色也。」《釋名・釋采帛》云：「緇，滓也，泥之黑者曰滓，此色然也。」賈疏云：「若更以此緅入黑汁，則爲玄。更以此玄入黑汁，則名七入，爲緇矣。但緇與玄相類，故禮家每以緇布衣爲玄端也。」云「鄭司農說以《論語》曰，君子不以紺緅飾」者，《鄉黨篇》文。皇疏及《玉燭寶典》引鄭注云：「紺、緅，玄之類也。玄纁所以爲祭服等其類也。紺緅，石染，不可爲衣飾，飾謂純緣也。」案：依鄭義，蓋紺緅色近祭服之玄，故不敢褻用，非謂君子所不服。《莊子讓王篇》云：「子貢中紺而表素。」《墨子・節用中篇》云：「古者聖王制爲衣服之法，曰冬服紺緅之衣，輕且暖。」皆以紺緅爲法服之證。先鄭引之者，證此五入爲緅，義當與後鄭同。何氏《集解》引孔安國云：「一入曰緅。紺者，齊服盛色。緅者，三年練，以緅飾衣。」案：孔以緅爲一入，與此經異者，江永、錢大昕、錢坫並謂孔誤以緅爲縓，蓋據《爾雅》縓一染及《檀弓》「練中衣縓緣」爲說，緅本無是義，其說紺爲齊服，則又誤以紺爲玄，是也。《續漢書・輿服志》云：「宗廟諸祀皆服袀玄。」《獨斷》則云：「袀，紺繒。」蓋漢時紺玄不別，故孔有此說，皇疏亦庳其誤矣。賈疏云：「《淮南子》云：『以涅染紺，則黑於涅。』涅即黑色也。纁若入赤汁，則爲朱；若不入赤而入黑汁，則爲紺矣。若更以此紺入黑，則爲緅。則此五入爲緅是也。」案：依賈說，則紺爲四入，微淺於緅也。賈引《淮南子》，見《俶真訓》，今本紺作「緇」，賈《士冠禮》疏兩引並作「紺」，疑唐本文異。涅爲染黑之石，故鄭《論語注》云「石染」。俗本皇疏作「木染」者，乃傳寫之誤。今據《寶典》校正。古止有石染、草染，無木染，詳《地官・敘官》疏。金鶚

云：「疏纁入黑汁爲紺，是紺赤黑閒色也。而《説文》云：『緅，帛深青揚赤色也。』《釋名》：『紺，含也，青而含赤色也。』與賈不同。案《禮器》注：『秦時或以青爲黑，民言從之，今語猶存也。』漢人所謂青者，即黑也。」引又曰「緇衣羔裘」者，亦《鄉黨》文，證緇爲深黑色也。引《爾雅》曰「一染謂之縓，再染謂之竀，三染謂之纁」者，《釋器》文。《釋文》云：「竀，本又作赬，亦作䞓。」案：郭本《爾雅》作「䞓」。據《説文》，則䞓爲正字，赬爲或體，竀又䞓之借字。《夏采》《小祝》《司常》注並有「䞓」字，鄭本疑當與郭同。《左》哀十七年傳，「如魚竀尾」，杜注云：「竀，赤色。」《釋器》郭注云：「縓，今之紅也。䞓，淺赤。纁，絳也。」此經無一入再入之文，故鄭引以補其義。賈疏云：「凡染纁玄之法，取《爾雅》及此相兼乃具。按《爾雅》，一染謂之縓，再染謂之竀，三染謂之纁。三入謂之纁，即與此同。此三者皆以丹秫染之。此經及《爾雅》不言四入及六入，按《士冠》有『朱紘』之文，鄭云：『朱則四入與？』是更以纁入赤汁，則爲朱。以無正文，約四入爲朱，故云『與』以疑之。」黄以周云：「《説文》云：『絑，純赤也。纁，淺絳也。絳，大赤也。』纁爲淺絳，則絳深於纁矣。絳即赤也。《乾鑿度》云『天子朱芾，諸侯赤芾』，《詩・斯干》箋謂芾者，『天子純朱，諸侯黄朱』，則赤者黄朱也。黄朱非純赤，純赤則爲朱矣。許意如此，但分絑纁絳爲三色，義與鄭異。鄭意赤爲黄朱，即所謂纁也。《士冠禮》注云：『纁裳，淺絳裳也』，對朱爲深絳言之。」詒讓案：《説文》「絑」即今之朱字。以許、鄭説參互攷之，蓋朱與絳爲一色，赤與纁爲一色。朱絳色最深、最純，赤纁較淺而不甚純，故赤爲朱而兼黄。《詩・小雅》孔疏引鄭《易注》，謂朱深於赤，而纁又爲淺絳。《詩・豳風・七月》毛傳亦云：「朱，深纁也。」再淺則爲䞓，爲縓。縓色赤而兼黄白。《既夕》注云：「縓，今紅也。」《説文・糸部》訓縓爲帛赤黄色，紅爲帛赤白色。蓋赤淺則近於黄，更淺則又近於白矣。通言之，則自朱以下通謂之絳，故《士冠禮》注以縓䞓纁通爲染絳也。又案：此經及《爾雅》所云染絳，皆石染之法。其草染則以茅蒐，深淺之度，此經無文。攷《説文・韋部》云：「韎，茅蒐染韋也，一入曰韎。」是韎爲草染絳之最淺者，與石染之縓正同。其最深者則爲綪，《説文・糸部》云：「綪，赤繒也。」左定四年傳「綪茷」，杜注云：「綪，大赤，取染草名也。」綪蓋與石染之絳同，則當爲四入。其二入、三入，名無可攷。經有縉、緹，意或是與？引《詩》云「緇衣之宜兮」者，《鄭風・緇衣》文。毛傳云：「緇，黑色。」云「玄謂此同色耳」者，謂染羽與染布帛色同也。云「染布帛者，染人掌之」者，賈疏云：「染布帛者，在天官染人。此鍾氏惟染鳥羽而已，要用朱與秫則同。彼染祭服有玄纁，與此不異故也。」云「凡玄色者在緅緇之閒，其六入者與」者，六入之色，此經及《爾雅》並無文，故鄭又補其義。《士冠禮》注義亦同。《毛詩・豳風・七月》傳云：「玄，黑而有赤也。」《説文・玄部》云：「黑而有赤色者爲玄。」賈疏云：「若更以此緅入黑汁，即爲玄，則六入爲玄。但無正文，故此注與《士冠禮》注皆云『玄則六入與』。」詒讓案：玄與緇同色，而深淺微别。其染法亦以赤爲質，故毛、許、鄭三君並以爲赤而兼黑。玄於五行屬水。《史記・封禪書》，張蒼以爲漢水德，年始冬十月，色外黑内赤，與德相應。是正玄以赤爲質，而加染以黑之塙證。張蒼與毛公時代相接，其言可互證也。

漢・劉安《淮南子・俶真訓》 今以涅染緇則黑於涅，以藍染青則青於藍。涅非緇也，青非藍也，兹雖遇其母，而無能復化已。涅，礬石也。母，本也。　顧廣圻云：「『涅非緇也』，涅、緇二字疑當互易，承上文『以涅染緇』，與下句承上文『以藍染青』一例。」　孫詒讓云：賈公彦《周禮・鍾氏》《儀禮・士冠禮》疏引「染緇」並作「染紺」，疑據許本。《齊俗訓》云：「夫素之性白，染之以涅則黑。」則此本爲長。然賈兩引以證紺色，則唐時自有作紺之本。　于鬯云：「遇」當作「過」。向宗魯云：《士冠禮》疏凡兩引此文，一作「緅」，一作「紺」，「緅」亦「紺」之誤。是何則？以諭其轉而益薄也。何況夫未始有涅藍造化之者乎，其爲化也，雖鏤金石，書竹帛，何足以舉其數！

又《齊俗訓》 夫素之質白，染之以涅則黑；縑之性黄，染之以丹則赤。

又 染者先青而後黑則可，先黑而後青則不可。工人下漆而上丹則可，下丹而上漆則不可。萬事由此，　劉文典云：《御覽》七百五十二、九百六十一引「萬事由此」下並有「也」字。　寧案：《道藏》本、中立本、茅本、景宋本「由」皆作「猶」，古通。所先後上下，不可不審。審，知也。

漢・劉熙《釋名・釋采帛》 釋采帛第十四

青，生也，象物生時色也。葉德炯曰：《考工記》：「繢畫之事，東方謂之青。」《素問・玉機真藏論》：「東方木也，萬物之所以始生也。」

赤，赫也，太陽之色也。葉德炯曰：《易・説卦》：「離，爲火，爲日。」《説文》：「赤，南方色也。」「赫，火赤貌。」「日，實也，太陽之精。」「火，燬也，南方之行。」先謙曰：吴校「太陽」上補「赫赫」二字。

黄，晃也，猶晃晃，象日光色也。葉德炯曰：《廣雅・釋訓》：「晃晃，光也。」案《説文》無晃字，本作煌。《御覽・天部》三引《易傳》云：「日煌煌似黄。」

白，啟也，如冰啟時色也。王啟原曰：《爾雅》：「馬前足皆白啟。」以色名之，是有白義。《説文》启訓開，啟訓教，經典無别，引申之。二字義通。山濤之「啟事」即「白事」也。漢晉人書牘首尾云某白，猶後人之言某啟也。先謙曰：冰啟，《禮》《月令》所謂開冰薦廟也。白、啟聲不近，俟攷。

黑，晦也，如晦冥時色也。葉德炯曰：《説文》：「黑，火所熏之色也。」《公羊・成十六年傳》：「晦者何？冥也。」《莊子・逍遥遊》釋文引東方朔《十州記》：「水黑色謂之冥。」先謙曰：黑則未有不晦者。本書《釋水》：「海，晦也，其色黑而晦也。」

絳，工也，染之難得色，以得色爲工也。畢沅曰：鄭注《儀禮・士冠禮》云：「纁裳，淺絳裳，凡染絳一入謂之縓，再入謂之赬，三入謂之纁，朱則四入與。」三入猶爲淺絳，故曰染之難得色。《説文》：「絳，大赤也。絑，純赤也。」此篇不别出朱文，蓋朱即絳也。

紫，疵也，非正色。五色之疵瑕以惑人者也。畢沅曰：《論語・陽貨篇》云：「子

曰：惡紫之奪朱也。」葉德炯曰：《説文》：「紫，白青赤色。」《漢書・王莽傳》注引應劭曰：「紫，間色。」

紅，絳也，白色之似絳者也。畢沅曰：《説文》：「紅，帛赤白色，从糸。工聲。」工夅聲相近，故前文云：「絳，工也。」此云：「紅，絳也。」吴翊寅曰：「紅，絳也。」《吴校》作「紅，亦工也」。案紅从工聲，依本書例，當以聲近字爲訓，絳既訓工，故云「紅，亦工也」。

緗，桑也，如桑葉初生之色也。畢沅曰：《御覽》引曰：「緗，桑。花初生色也。」《説文》無「緗」字，意古者假借「湘」字爲之。孫詒讓曰：《周禮内司服》有「鞠衣」，鄭注：「鞠衣，黄桑服也，色如鞠塵，象桑葉始生者。」《急就篇》：「鬱金半見緗白勳。」顔注：「緗，淺黄也。」

緑，瀏也，荆泉之水，於上視之，瀏然緑色，此似之也。畢沅曰：「荆泉之水」蓋即「滄浪之水」也，滄浪亦以其色名之。王啟原曰：荆泉當是荆淵，唐人避諱改，非。本文當謂今湖南之水。漢時荆州刺史治武陵索縣。瀏然緑色，唯湘中水足以當之。長沙郡之瀏水，亦以邑名之。滄浪水，《孺子歌》清濁竝言，非全清者。

縹，猶漂也，畢沅曰：今本脱「漂也」二字，據《一切經音義》引增。漂漂淺青色也。畢沅曰：《説文》：「縹，帛青白色也。」先謙曰：《爾雅》「翠微」邢疏：「山氣青縹色，故曰翠微也。」有碧縹，有天縹，有骨縹，各以其色所象言之也。先謙曰：《説文》：「碧，石之青美者。」《漢書・司馬相如傳》注：「謂石之青白色者也。」天縹，若今俗言天青色。骨縹，則青黄色矣。《隋禮儀志》所謂「黄縹」也。

緇，滓也，泥之黑者曰滓，此色然也。畢沅曰：《説文》：「緇，帛黑色也。」

皁，畢沅曰：《説文》作：「草，草斗，櫟實也，一曰象斗，从艸，早聲。」後來相承以草爲艸字，遂別造白下十，或白下七之字，以爲草字。早也，日未出時早起，視物皆黑，此色如之也。

布，布也，布列衆縷爲經，畢沅曰：「衆」《御覽》引作「諸」。以緯横成之也。又太古衣皮，畢沅曰：《禮記・禮運》云：「食鳥獸之肉，飲其血，茹其毛，未有麻絲，衣其羽皮。」女工之始，始於是，施布其法，使民盡用之也。

疎者，言其經緯疎也。畢沅曰：「疎」爲「疏」之俗體。《後漢書・文苑傳》：「禰衡著布單衣疎巾。」後人又改作綀，皆《説文》所無。吴翊寅曰：《吴校》作「亦言疏也，其經緯疎也」，合上爲一條。案布、疎一聲之轉，布又與絹對文，別爲條，非。先謙曰：下別有疏一條。

絹，絙也，其絲絙厚而疎也。畢沅曰：今本「絙」皆作「絙」，譌。段云：「絙，古堅字，當从糸臣聲。」《玉篇》引成公四年「鄭伯絙卒」，今《春秋》作「鄭伯堅」。絙亦絙之譌。《玉篇》音古千、古兩二切，《初學記》一音古賁切，賁乃賢之譌也。先謙曰：《廣雅・釋器》：「綃謂之絹。」《説文》：「綃，生絲也。」《一切經音義》十五引《通俗文》云「生絲繒曰綃，合並絲繒曰縑」之訓，證以本書，可知絹、縑之別。《漢書・外戚傳》注：「縑，即今之綃也。」解殊未晰。

縑，兼也，其絲細緻，數兼於絹，染兼五色，細緻，不漏水也。畢沅曰：今本作「縑，兼也，其絲細緻，數兼於布絹也。細緻，染縑爲五色，細且緻，不漏水也」。據《御覽》引改。《説文》：「縑，并絲繒也。」

練，爛也，煮使委爛也。蘇輿曰：《説文》：「練，湅繒也，从糸，柬聲。」《華嚴經・音義》引《珠叢》云：「煮絲令熟曰練。」此練之本義，引申爲凡事練熟之稱。《漢書・薛宣傳》：「練國制度。」顔注：「練猶熟也。」《文選》韋孟《諷諫詩》：「瞻惟我王，時靡不委。」李注：「委，練也。」練熟、練委竝原於此訓。

素，朴素也，已織則供用，不復加功飾也。畢沅曰：今本「功」作「巧」，據《御覽》引改。《藝文類聚》引作「不復加飾也」。又物不加飾，皆目謂之素，此色然也。畢沅曰：今本「目」誤作「自」，據義改。《説文》「素，白緻繒也」。先謙曰：「皆目謂之素。」吴校作「皆目之爲素」。

綈，似蝭蟲之色，緑而澤也。畢沅曰：蝭謂螗蝭，小蟬也。郭注《方言》「螗蜩」云：「江南呼螗蛦。」蝭、蛦二字，《説文》皆無之。《説文》：「綈，厚繒也。」《御覽》引《説文》云：「綈，赤黄色也。」蓋別有一義，今脱佚矣。先謙曰：《急就篇》顔注：「綈，厚繒之滑澤者。」《漢書・外戚傳》有「緑綈方底」，與成國所言「緑而澤」相證合。漢文帝衣皁綈，後世則絳紺青白緋紫黄，綈不一其色，成國舉一狀之耳。

錦，金也，作之用功重，其價如金。畢沅曰：今本「其」上衍「於」字，據《廣韻》引刪。葉德炯曰：漢時錦名最多，有斜文錦、蒲桃錦，見《西京雜記》；有虎文錦，見《漢官儀》；有走龍錦、翻鴻錦、雲鳳錦，均甘泉宮招仙靈閣物，見郭子元《洞冥記》；有鴛鴦萬金錦、蛟文萬金錦，均成帝賜後宫物，見《博物要覽》；有緑地五色錦，見吴淑《事類賦》引《西京雜記》；有雲錦、紫錦，見《漢武内傳》。至三國名目尤夥，如《御覽・布帛部》二載《魏志》：絳地交龍錦，紺地句文錦，暴文雜錦。又載《魏武詔》：如意虎頭連璧錦、金薄、蜀薄等。大都隨織文命名，如下條「綺」之例。因成國未及，補注於此。故其制字從帛與金也。畢沅曰：今本脱「從」字，據《廣韻》引增。案《説文》：「錦，襄邑織文也，从帛，金聲。」是諧聲字。从帛與金，説爲會意，非制字之本旨矣。

綺，攲也，其文攲邪，不順經緯之縱横也。畢沅曰：《説文》：「綺，文繒也。」案織文繒必二人，一人於機中投杼，一人居於機上，提緊其經，而操縱之，使經緯間錯成文，故曰「不順經緯之縱横」。有杯文，形似杯也，有長命，其綵色相間，皆横終幅，此之謂也。畢沅曰：《御覽》引無此四字。成蓉鏡曰：《御覽》八百十六引《東宮舊事》云：太子納妃有：七綵杯文綺被一；絳石杯文綺被一；七彩杯文絳袴，長命杯文綺袴。言長命者服之，使人命長，葉德炯曰：《玉燭寶典》「五月」引董勛《問禮俗》云：「夏至，上長命縷。」又引《荆楚歲時記》云：「士女取練葉插頭，綵絲繫臂，謂爲長命縷。」又引沈約《宋書》云：「元嘉四

年，楚斷夏至日五絲長命縷之屬。」知長命縷爲六朝通用之物。而《藝文類聚・歲時部》中引《風俗通》云：「五月五日，以五綵絲繫臂者，辟兵及鬼，令人不病温。」又云：「五月五日續命縷，俗説以益人命。」《西京雜記》：「取綵絲就北斗星求長命。」二説尤與使人命長之説合，蓋漢時風俗有此語也。本造者之意也。畢沅曰：「造者」今本譌作「造意」，據《御覽》引改。

有綦文，方文如綦也。畢沅曰：今本「綦文」下有「者」字，以杯文長命二句例之，則不當有。《御覽》引無「者」字，據删。

綾，凌也，其文望之如冰凌之理也。蘇輿曰：《説文》：「東齊謂布帛之細者曰綾，从糸夌聲。」綾、凌疊均。《初學記》引《風俗通》：「積冰曰凌，以其文理細浄有似冰凌之色，故云。」

繡，修也，文修修然也。葉德炯曰：《詩終南》：「黻衣繡裳。」《毛傳》：「五色備謂之繡。」《禮記禮運》：「義之修而禮之藏。」注：「修猶飾。」《荀子・儒效》：「脩脩兮其用統類之行也。」脩脩即修修之假借。

羅，文羅疎也。畢沅曰：今本作「文疎羅」，《初學記》《藝文類聚》《御覽》皆引作「文羅疎」，據改。審字義當爲「羅䟽」。蘇輿曰：「文羅」下當更有「羅」字，《初學記》諸書引竝脱。羅羅，疎貌，言文理羅羅而疎也，上云「文脩脩然」此云「文羅羅疎」，正一例。本書《釋宮室》：「籬，離也，疎離離然也。」羅、離聲近，「羅羅疏」猶彼云「疏離離」矣。《世説》：「司馬太傅爲二王目曰，孝伯亭亭直上，阿大羅羅清疏。」足證羅羅二字之義。先謙曰：吳校作「文疎羅羅也」。

纚，簁也，麤可以簁物也。葉德炯曰：《説文》：「纚，冠織也。」案，假借當爲籭。《説文》：「籭，可以取粗去細。」即此義也。此蓋羅之極稀者。

笭辟，經絲貫杼中，一間并，一間疏，疏者笭笭然，并者歷辟而密也。葉德炯曰：案，此今之五絲羅七絲羅也。笭讀如車笭之笭，辟讀如辟析之辟。一間并猶言一格合并，一間疏猶言一格稀疏。《廣雅・釋器》：「笭，籠也。」今織熏籠者，亦是如此。蘇輿曰：本書《釋天》：「歷辟，析也，所歷皆破析也。」亦此歷辟之義。析其絲令細織之，故密也。

紡麤絲織之曰疏。疏，寥也，寥寥然也。先謙曰：與上條「言其經緯疏也」同意。《説文》「寥」作「廫」，云「空虛也」。

縠，粟也，畢沅曰：《急就篇補注》引作「沙也」。其形蹙蹙，畢沅曰：今本作「其形足足而踧」，《御覽》引作「其形蹙蹙」，據改。蹙讀如迫促之促。絲縷急蹙，則起縐文如粟矣。俗書蹙字下安足，非也。蘇輿曰：《御覽・布帛》三引「縠」作「縠」，云：「縠，粟也，其形戚戚如也。」無以下文。吳翊寅曰：吴校作「踧踧」，下同。案原本誤「足足」，《御覽》作「戚戚」，可悟皆「蹙蹙」之譌，依本書例，作「蹙蹙」爲是，原不必盡依《説文》也。視之如粟也。又謂之沙，亦取蹙蹙如沙也。畢沅曰：今本「沙」下有「縠」字，衍。又「蹙蹙」作「蹴蹴」，今案「亦」者亦上文也，當從上作「蹙蹙」。鄭注《周禮・内司服》云：「今世有沙縠者，兼而名之也。」皮錫瑞曰：《漢書・江充傳》：「紗縠禪衣。」師古曰：「紗縠，紡絲而織之也。」《續漢書・輿服志》亦有「紗縠單衣」。《文選七啟》：「紗縠之裳。」

繐，惠也，畢沅曰：今本脱此二字，據《御覽》引補。齊人謂凉爲惠，言服之輕細凉惠也。畢沅曰：《儀禮・喪服》有「繐縗裳」，《傳》曰：「繐縗者，何以小功之縷也。」鄭注云：「治其縷如小功，而成布四升半。凡布細而疏者謂之繐，今南陽有鄧繐。」《喪服記》曰：「繐，縗四升有半。」蘇輿曰：《御覽・布帛》七引「惠」作「慧」。惠、慧同。

紈，煥也，細澤有光，煥煥然也。畢沅曰：今本「煥」作「涣」，《御覽》引作「煥」，亦《説文》新附字。

蒸栗，染紺使黄，色如蒸栗然也。王先慎曰：《急就篇》：「蒸栗，絹紺縉紅燃。」注：「蒸栗，黄色，若蒸熟之栗也。」

紺，含也，青而含赤色也。畢沅曰：《一切經音義》引「青」上有「謂」字。《説文》：「紺，帛深青揚赤色。」

緜，猶湎湎，柔而無文也。先謙曰：《禮・玉藻疏》：「好者爲緜，惡者爲絮。」湎本訓爲沈於酒，此假以爲狀。《詩・蕩疏》：「湎者，顔色湎然齊一之辭。」《漢書敘傳》：「湎湎紛紛。」借義亦同。

綸，倫也，作之有倫理也。畢沅曰：《説文》：「侖，理也。」則不當用人傍之倫，後人多通用。先謙曰：本書《釋水》：「淪，倫也，水文相次有倫理也。」與此同，知本書不盡依《説文》。

絮，胥也，胥久能解落也。王啟原曰：「能」吕本作「故」。先謙曰：《説文》：「絮，敝緜也。」胥與須同。《詩・桑扈》疏：「胥、須古今字。」宋陳道人刊本「能」亦作「故」。

紬，抽也，抽引絲端出細緒也。畢沅曰：《説文》：「紬，大絲繒也。」又謂之絓。絓，挂也，挂於杖端，畢沅曰：杖，直賞反。振舉之也。畢沅曰：今本「杖」作「帳」，據《御覽》引改。此皆言繅絲之法也。案《説文》：「絓，繭滓絓頭也，一曰以囊絮練也，从糸圭聲。」説與此異。

煮繭曰莫。莫，幕也，畢沅曰：此七字今本作「繭幕也」三字，據《御覽》引增。貧者著衣，可以幕絡絮也。畢沅曰：《御覽》引無「絡」字。或謂之牽離，煮熟爛牽引，使離散如緜然也。

晉・常璩《華陽國志》卷四《南中志》 永昌郡，古哀牢國。哀牢，山名也。【略】出字下口十五種土産。黄金、光珠、虎魄、翡翠、孔雀、犀、象、蠶、桑、綿、絹、采帛、文繡。

又 有[闌]蘭廖本作闌。千細布，蘭廖本此字仍作蘭。千獠言紵字當作苧。也，

織成，文如綾錦。又有罽、旌、帛、疊。

後魏・賈思勰《齊民要術》卷三　河東染御黃法

碓擣地黃根令熟，灰汁和之，攪令匀，搦取汁，别器盛。更擣滓，使極熟，又以灰汁和之，如薄粥；瀉人不渝釜中，煮生絹。數迴轉使匀，舉看有盛水袋子，便是絹熟。抒出，著盆中，尋繹舒張。少時，捩出，净振去滓。曬極乾。以别絹濾白淳汁，和熱抒出，更就盆染之，急舒展令匀。汁冷，捩出，曝乾，則成矣。治釜不渝法，在《醴酪》條中。大率三升地黃，染得一匹御黃。地黃多則好。柞柴、桑薪、蒿灰等物，皆得用之。

擘綿治絮，製新浣故；及韋履賤好，預買以備冬寒。刈萑、葦、芻茭。涼燥，可上角弓弩，繕理，檠正，縛徽絃，遂以習射。弛竹木弓弧。糶種麥。糴黍。

唐・玄應《一切經音義》卷九　縹色　匹遶反。謂天縹也，如帛之青白色也。「《釋名》云：縹猶漂也。漂，淺青色也。有碧縹，有赤縹，有青縹，各以其色所象言之。」

又　卷一〇　纈目　賢結反。謂以絲縛繒染之，解絲成文曰纈。

唐・慧琳《一切經音義》卷五　縹等　匹曉反。《説文》云：縹者，帛作青黃色也。《唐韻》亦云：縹，青黃色也。

又　卷四七　紫礦　古猛反。謂波羅奢樹汁也。其色甚赤，用染皮氍等是也。

又　卷五〇　縹色　匹遶反。王注《楚辭》云：衣服耀青葱也。《説文》：帛青白色也。從糸票聲也。糸音覓。票音必遥反。

五代・馬縞《中華古今注》卷上

冕服

牛亭問：「冕者繁露，何也？」答曰：「假玉而下垂，如露而繁也。」《文選》云：「袞冕垂旒，所以蔽明；黈纊塞耳，所以閉聰。」《尚書》云：「日月星辰，山龍華蟲，作會宗彝，藻火粉米，黼黻絺繡，以五彩彰施于五色也。」所謂天子袞冕之服也。

天子乘輿赤綬

天子乘輿之制，赤綬，四采，黃、赤、縹、紺，黃爲圭，長二丈九尺，五百首。諸侯赤綬，四采，赤、黃、縹、紺，淳赤圭，長二丈一尺，三百首。

公侯大將軍紫綬

紫綬，二采，紫、白，淳紫圭，長一丈七尺，一百八十首。公王、封君服紫綬。九卿，中二千石緑綬，三采，青、白、紅，青圭，長一丈七尺，一百二十首。一千石、六百石墨綬，二采，青、紺，淳青圭，長一丈六尺，八十首。四百石、五百石之長，同前制也。三百石、二百石黃綬，淳黃一采，圭長一丈五尺，六十首。一百石青綬，青紺綸一采，婉轉繆織，長一丈二尺。自青綬已上，皆長三尺二寸，緑綬同采而首半之。縌者，古佩璲也，佩綬相迎受，故曰縌。紫綬已上，縌、綬之間施玉環玦。自墨綬已下，縌皆長三尺，與黃綬同采而首半之。凡先合單紡爲一絲，四絲爲一扶，五扶爲一首，五首成一文，文采淳爲一圭，皆廣一尺六寸。

又　卷中

皇后太后印綬

太皇太后、皇太后綬，其制與天子乘輿同。赤綬，四采，黃、赤、縹、紺，淳黃爲圭，長二丈九尺，五百首。長公主、天子貴人與諸侯王同制，其赤綬，四采，赤、黃、縹、紺，赤圭，長二丈一尺，三百首。諸國貴人、相國皆緑綬，三采，緑、紫、紺，淳緑圭，長二丈一尺，三百四十首。縌、綬、玉環玦等，已在天子乘輿綬門中，見上卷注中。

魏宮人長眉蟬鬢

魏宮人好畫長眉，令作蛾眉、驚鶴髻。魏文帝宮人絶所愛者，有莫瓊樹、薛夜來、陳尚衣、段巧笑，皆日夜在帝側。瓊樹始制爲蟬鬢，望之縹緲如蟬翼，故曰「蟬鬢」。巧笑始以錦衣絲履作紫粉拂面。尚衣能歌舞。夜來善爲衣裳。皆爲一時之冠絶。

頭髻

自古之有髻，而吉者繫也。女子十五而笄，許嫁於人，以繫他族，故曰髻。而吉榛木爲笄，笄以約髮也。居喪以桑木爲笄，表變孝也。皆長尺有二寸。沿至夏后，以銅爲笄，於兩旁約髮也，爲之髮笄。殷后服盤龍步摇，梳流蘇，珠翠三服，服龍盤步摇，若侍去梳蘇，以其步步而摇，故曰「步摇」。周文王又制平頭髻。昭帝又制小鬟雙裙髻。始皇詔后梳凌雲髻，三妃梳望仙九鬟髻，九嬪梳參鸞髻。至漢高祖又令宮人梳奉聖髻。武帝又令梳十二鬟髻，又梳墮馬髻。靈帝又令梳瑶臺髻。魏文帝令宮人梳百花髻、芙蓉歸雲髻。梁天監中，武帝詔宮人梳迴心髻、歸真髻，作白粧青黛眉，有葱鬱髻。隋有凌虚髻、祥雲髻。隋大業中令宮人梳朝雲近香髻、歸秦髻、奉仙髻、節暈粧。貞觀中梳歸順髻。又太真偏梳朵子作啼粧。又有愁來髻、又飛髻、又百合髻，作白粧黑眉。

冠子朵子扇子

冠子者，秦始皇之制也。令三妃九嬪，當暑戴芙蓉冠子，以碧羅爲之，插五色通草蘇朵子，披淺黄藂羅衫，把雲母小扇子，靸蹲鳳頭履，以侍從；令宫人當暑戴黄羅髻，蟬冠子，五花朵子，披淺黄銀泥飛雲帔，把五色羅小扇子，靸金泥飛頭鞋。至隋帝，於江都宫水精殿，令宫人戴通天百葉冠子，插瑟瑟鈿朵，皆垂珠翠，披紫羅帔，把半月雉尾扇子，靸瑞鳩頭履子，謂之仙飛。其後改更寔繁，不可具紀。

粉

自三代以鉛爲粉。秦穆公女弄玉，有容德，感仙人簫史，爲燒水銀作粉與塗，亦名飛雲丹，傳以簫曲，終而同上昇。

燕脂

蓋起自紂，以紅藍花汁凝作燕脂，以燕國所生，故曰「燕脂」，塗之作桃花粧。

花子

秦始皇好神仙，常令宫人梳仙髻，帖五色花子，畫爲雲鳳虎飛昇。至東晉有童謡云：「織女死，時人帖草油花子，爲織女作孝。」至後周，又詔宫人帖五色雲母花子，作碎粧以侍宴。如供奉者，帖勝花子作桃花粧，插通草朵子，著短袖衫子。

衫子背子

衫子，自黄帝垂衣裳，而女人有尊一之義，故衣裳相連。始皇元年，詔宫人及近侍宫人皆服衫子，亦曰「半衣」，蓋取便於侍奉。背子，隋大業末，煬帝宫人、百官母、妻等，緋羅蹙金飛鳳背子，以爲朝服，及禮見賓客、舅姑之長服也。天寶年中，西川貢五色織成背子，玄宗詔曰：「觀此一服，費用百金。其往金玉珍異，並不許貢。」

裙襯裙

古之前制，衣裳相連。至周文王令女人服裙，裙上加翟衣，皆以絹爲之。始皇元年，宫人令服五色花羅裙，至今禮席有短裙焉。襯裙，隋大業中，煬帝制五色夾纈花羅裙，以賜宫人及百僚母、妻。又制單絲羅以爲花籠裙，常侍宴供奉，宫人所服。後又於裙上剪絲鳳綴於縫上，取象古之褕翟。至開元中，猶有制焉。

宫人披襖子

蓋袍之遺象也。漢文帝以立冬日賜宫侍承恩者及百官披襖子，多以五色綉羅爲之，或以錦爲之，始有其名。煬帝宫中有雲鶴金銀泥披襖子。則天以赭黄羅上銀泥襖子以燕居。

鞋子

自古即皆有，謂之履，絢繶皆畫五色。至漢有伏虎頭，始以布輓繶，上脱下加，以錦爲飾。至東晉以草木織成，即有鳳頭之履、聚雲履、五朵履。宋有重臺履。梁有笏頭履、分捎履、立鳳履，又有五色雲霞履。漢有綉鴛鴦履，昭帝令冬至日上舅姑。

襪

三代及周著角襪，以帶繫於踝。至魏文帝吴妃，乃改樣以羅爲之。後加以綵綉畫，至今不易。至隋煬帝宫人，織成五色立鳳朱錦襪靿。

席帽

本古之圍帽也，男女通服之。以韋之四周，垂絲網之，施以朱翠，丈夫去飾。至煬帝淫侈，欲見女子之容，詔去帽戴幞頭巾子幗也，以皂羅爲之，丈夫藤席爲之，骨輓以繒，乃名「席帽」。至馬周以席帽油御雨從事。

搭耳帽

本胡服。以韋爲之，以羔毛絡縫。趙武靈王更以綾絹皂色爲之，始並立其名「爪牙帽子」，蓋軍戎之服也。又隱太子常以花搭耳帽子，以畋獵遊宴，後賜武臣及内侍從。

烏紗帽

武德九年十一月，太宗詔曰：「自今已後，天子服烏紗帽，百官士庶皆同服之。」

袴

蓋古之裳也。周武王以布爲之，名曰「褶」。敬王以繒爲之，名曰「袴」，但不縫口而已，庶人衣服也。至漢章帝以綾爲之，加下緣，名曰「口」。常以端午日賜百官水紋綾袴，蓋取清慢而理人。若百官母及妻、妾等承恩者，則别賜羅紋勝袴，取其曰「勝」。今太常二人服紫絹袴褶，緋衣，執永籥以舞之。又時黄帝講武之臣，近侍者朱章袴褶，已下屬於鞋。

緋綾袍

舊北齊則長帽短靴，合胯襖子，朱、紫、玄、黄，各從所好。天子多着緋袍，百官士庶同服。隋改江南，天子則曰帢帽，公卿則巾褐襦。北朝雜以戎狄之制。

北齊貴臣多著黄文綾袍，百官士庶同服之。

五代・譚峭《化書》　鉛丹

術有火鍊鉛丹以代穀食者，其必然也。然歲豐則能飽，歲儉則能飢，是非丹之恩，蓋由人之誠也。則是我本不飢，而自飢之。丹本不飽，而自飽之。飢者大妄，飽者大幻，蓋不齊其道也。故人能一有無，一死生，一情性，一内外，則可以蛻五行，脱三光，何患乎一日百食，何慮乎百日一食。

宋・張齊賢《洛陽縉紳舊聞記》卷四　洛陽染工見冤鬼

開寶初，洛陽賢相坊染工人姓李，能打裝花纈，衆謂之李裝花。

宋・王栐《燕翼詒謀録》卷五　仁宗時，有染工自南方來，以山礬葉燒灰，染紫以爲黝，獻之宦者洎諸王，無不愛之，乃用爲朝袍。乍見者皆駭觀，士大夫雖慕之，不敢爲也。而婦女有以爲衫褑者，言者亟論之，以爲奇衺之服，寖不可長。至和七年十月己丑，詔嚴爲之禁，犯者罪之。中興以後，駐蹕南方，貴賤皆衣黝紫，反以赤紫爲御愛紫，亦無敢以爲衫袍者，獨婦人以爲衫褑爾。服紫始末，已見前卷。

宋・司馬光《類篇》一三上　纈，奚結切。繫也，謂繫繒染爲文也。

宋・高承《事物紀原》卷一〇《布帛雜事部》

布帛

《禮運》曰：昔先王食鳥獸之肉，茹其毛，未有絲麻，衣其羽皮，後聖有作，然後治其絲麻，以爲布帛。漢王逸《機賦》曰：帝軒龍躍，桑葉是創；仰攬三光，悟彼織女，爰制布帛。《易》曰：黄帝、堯、舜垂衣裳而天下治，蓋取諸《乾》《坤》。孔穎達疏曰：以前衣皮，其制短小，今衣絲麻布帛，所作衣裳長大，故云垂。考此，則布帛自黄帝制也。

五采

董巴《輿服志》曰：上古衣毛而冒皮，後聖易之以絲，觀翬翟之文，榮華之色，乃染帛效之，始作五采，成以作服。《易》以黄帝、堯、舜垂衣裳，取諸乾坤，乾坤有文，則五采與衣服同興矣。

錦

《拾遺》曰：員嶠山環丘有冰蠶，霜雪覆之，然後成繭，其色五采，唐堯之時，海人織錦以獻，後代效之，染五色絲，織以爲錦。《丹陽記》曰：歷代尚未有錦，而成都獨稱妙，蓋始於蜀記也。蜀自秦昭王時通中國，而三代已有錦，見於禮多矣，王嘉所記爲近之。

繡

《事始》曰：錦繡，西施造。非也。《虞書》：舜命禹曰：「予欲觀古人之象，日、月、星辰、山、龍、華蟲，作會，宗彝、藻、火、粉米、黼、黻，絺繡，以五采彰施于五色，作服，汝明。」《正義》云，舜令禹制繡，以五種之彩，明施於五色，制作衣服。則帝舜始爲繡也。

纈

《事始》曰：夾纈，微子造。《二儀實録》曰：秦、漢間有之，不知何人造。陳、梁間貴賤通服之。《潘氏紀聞譚》曰：唐代宗寶應二年，吴皇后將合祔肅宗陵，啓舊堂，衣服繒綵如撮，染成花鳥之狀。玄宗柳婕妤妹適趙氏，性巧，因使工鏤板爲雜花，打爲夾纈，初獻皇后一匹。代宗賞之，勅宫中依樣製造。當時甚祕，後漸出偏天下。此似始爲夾纈之制也。

宋・李誡《營造法式》卷一四《彩畫作制度》

總制度

彩畫之制：

先偏襯地：次以草色和粉，分襯所畫之物。其襯色上，方布細色或疊暈，或分間剔填。應用五彩裝及疊暈碾玉裝者，並以赭筆描畫。淺色之外，並旁描道量留粉暈。其餘並以墨筆描畫。淺色之外，並用粉筆蓋壓墨道。

襯地之法：

凡料、栱、梁、柱及畫壁，皆先以膠水偏刷。其貼金地從鰾膠水。

貼真金地：候鰾膠水乾，刷白鉛粉；候乾，又刷；凡五遍。次又刷土朱鉛粉，同上。亦五遍。上用熟薄膠水貼金，以綿按。令著寔：候乾，以玉或瑪瑙或生狗牙斫令光。

五彩地：其碾玉裝，若用青緑疊暈者同。候膠水乾，先以白土偏刷；候乾，又以鉛粉刷之。

碾玉裝或青緑棱間者：刷雌黄合緑者同。候膠水乾，用青淀和茶土刷之，每三分中，一分青淀，二分茶土。

沙泥畫壁：亦候膠水乾，以好白土縦横刷之。先立刷，候乾，次横刷，各一遍。

調色之法：

白土：茶土同。先揀擇令浄，用薄膠湯凡下云用湯者同，其稱熟湯者非，後同。

浸沙時，候化盡，淘出細華，凡色之極細而淡者皆謂之華。後同。入別器中，澄定，傾去清水，量度再入膠水用之。

鉛粉：先研令極細，用稍濃水和成劑，如貼真金地，並以鰾膠水和之。再以熱湯浸少時，候稍温，傾去；再用湯研化，令稀稠得所用之。

代赭石：土朱、土黄同。如塊小者不擣。先擣令極細，次研；以湯淘取華。次取細者；及澄去，砂石，麤脚不用。

藤黄：量度所用，研細，以熱湯化，淘去砂脚，不得用膠。籠罩粉地用之。

紫礦：先擘開，撏去心内綿無色者，次將面上色深者，以熱湯撚取汁，入少湯用之。若於華心内斡淡或朱地内壓深用者，熬令色深淺得所用之。

朱紅：黄丹同。以膠水調令稀稠得所用之。其黄丹用之多澁燥者，調時用生油一點。

螺青：紫粉同。先研令細，以湯調取清用。螺青澄去淺脚，充合碧粉用；紫粉淺脚充合朱用。

雌黄：先擣次研，皆要極細；用熱湯淘細筆於別器中，澄去清水，方入膠水用之。其淘澄下麤者，再研再淘細筆方可用。忌鉛粉黄丹地上用。惡石灰及油不得相近。亦不可施之於縑素。

襯色之法：

青：以螺青合鉛粉爲地。鉛粉二分，螺青一分。

緑：以槐華汁合螺青鉛粉爲地。粉青同上，用槐華一錢熬汁。

紅：以紫粉和黄丹爲地。或只用黄丹。

取石色之法：

生青、層青同。石緑、朱砂：並各先擣令略細；若浮淘青，但研令細。用湯淘出向上土、石、惡水，不用；收取近下水内淺色，入別器中。然後研令極細，以湯淘澄，分色輕重，各入別器中。先取水内色淡者謂之青華；石緑者謂之緑華，朱砂者謂之朱華。次色稍深者，謂之三青；石緑謂之三緑，朱砂謂之三朱。又色漸深者，謂之二青；石緑謂之二緑，朱砂謂之二朱。其下色最重者，謂之大青。石緑謂之大緑，朱砂謂之深朱。澄定，傾去清水，候乾收之。如用時，量度入膠水用之。

五色之中，唯青、緑、紅、三色爲主，餘色隔間品合而已。其爲用亦各不同。且如用青，自大青至青華，外暈用白；朱、緑同。大青之内，用墨或礦汁壓深，此只可以施之於裝飾等用，但取其輪奐鮮麗，如組繡華錦之文爾。至於窮要妙奪生意，則謂之畫，其用色之制，隨其所寫，或淺或深，或輕或重，千變萬化，任其自然，雖不可以立言。其色之所相，亦不出於此。唯不用大青、大緑、深朱、雌黄、白土之類。

五彩偏裝

五彩偏裝之制：

梁、栱之類，外棱四周皆留緣道，用青、緑或朱疊暈，梁栿之類緣道，其廣二分。科栱之類，其廣一分。内施五彩諸華間雜，用朱或青、緑剔地，外留空緣，與外緣道對暈。其空緣之廣，減外緣道三分之一。

華文有九品：一曰海石榴華，寶牙華、太平華之類同。二曰寶相華，牡丹華之類同。三曰蓮荷華，以上宜於梁、額、橑檐方、椽、柱、枓、栱、材、昂栱眼壁及白版内；凡名件之上，皆可通用。其海石榴，若華葉肥大，不見枝條者，謂之鋪地卷成；若華葉肥大而微露枝條者，謂之枝條卷成；並亦通用，其牡丹華及蓮荷華，或作寫生書者，施之于梁、額或栱眼壁内。四曰團窠寶照，團窠柿蔕，方勝合羅之類同；以上宜於方、桁、枓、栱内飛子面，相間用之。五曰圈頭合子，六曰豹脚合暈，棱身合暈，連珠合暈，偏暈之類同；以上宜於方，桁内，飛了及人、小連檐用之。七曰瑪瑙地，玻璃地之類同；以上宜於方、桁、枓内相間用之。八曰魚鱗旗脚，宜於梁、栱下相間用之。九曰圈頭柿蔕。胡瑪瑙之類同；以上宜於枓内相間用之。

瑣文有六品：一曰瑣子，聯環瑣、瑪瑙瑣、疊環之類同。二曰簟文，金鋌、文銀鋌、方環之類同。三曰羅地龜文，六出龜文、交脚龜文之類同。四曰四出，六出之類同；以上宜以橑檐方、槫柱頭及枓内；其四出、六出，亦宜於栱頭、椽頭、方、桁相間用之。五曰劍環，宜於枓内相間用之。六曰曲水。或作王字及萬字，或作枓底及鑰匙頭，宜於普拍方内外用之。

凡華文施之於梁、額、柱者，或間以行龍、飛禽、走獸之類於華内，其飛、走之物，用赭筆描之於白粉地上，或更以淺色拂淡。若五彩及碾玉裝華内，宜用白畫；其碾玉華内者，亦宜用淺色拂淡，或以五彩裝飾。如方、桁之類全用龍、鳳、走、飛者，則偏地以雲文補空。

飛仙之類有二品：一曰飛仙，二曰嬪伽。共命鳥之類同。

飛禽之類有三品：一曰鳳皇，鸞、鶴、孔雀之類同。二曰鸚鵡，山鷓、練鵲、錦鷄之類同。三曰鴛鴦，谿鶒、鵞、鴨之類同，其騎跨飛禽人物有五品：一曰真人，二曰女真，三曰仙童，四曰玉女，五口化生。

走獸之類有四品：一曰獅子，麒麟、狻猊、獬豸之類同。二曰天馬，海馬、仙鹿之類同。三曰羚羊，山羊、華羊之類同。四曰白象，馴犀、黑熊之類同，其騎跨、牽拽走獸人物有三品：一曰拂菻；二曰獠蠻；三曰化生。若天馬、仙鹿、羚羊，亦可用真人等騎跨。

雲文有二品：一曰吴雲，二曰曹雲。蕙草雲、蠻雲之類同。

間裝之法：青地上華紋，以赤黄、紅、緑相間；外棱用紅疊暈，紅地上，華文青、緑，心内以紅相間；外棱用青或緑疊暈。緑地上華文，以赤黄、紅、青相間；外棱用青、紅、赤黄疊暈。其牙頭青、緑地用赤黄；牙朱，地以二緑，若枝條緑、地用藤黄汁，罩以丹華或薄礦水節淡青，紅地；如白地上單枝條，用二緑，隨墨以緑華合粉，罩以三緑、二緑節淡。

疊暈之法：自淺色起，先以青華，緑以緑華，紅以朱華粉。次以三青，緑以三緑，紅以三朱。次以二青，緑以二緑，紅以二朱。次以大青，緑以大緑，紅以深朱。大青之内，以深墨壓心，緑以深色草汁罩心；朱以深色紫礦罩心。青華之外，留粉地一暈。紅緑準此，其暈内二緑華，或用藤黄汁罩加，華文、緑道等狹小，或在高遠處，即不用三青等及深色壓罩。凡染赤黄，先布粉地，次以朱華合粉壓暈，次用藤黄通罩次以深朱壓心。若合草緑汁，以螺青華汁，用藤黄相和，量宜入好墨數點及膠少許用之。

疊暈之法：凡枓、栱、昂及梁、額之類，應外棱緑道並令深色在外，其華内剔地色，並淺色在外，與外棱對暈，令淺色相對，其華葉等暈，並淺色在外，以深色壓心。凡外緣道用明金者，梁栿、枓栱之類，金緣之廣與疊暈同。金緣内用青或緑壓之，其青、緑廣比外緣五分之一。

凡五彩偏裝，柱頭謂額入處。作細錦或瑣文，柱身自柱櫍上亦作細錦，與柱頭相應，錦之上下，作青、紅或緑疊暈一道；其身内作海石榴等華，或於華内間以飛鳳之類。或於碾玉華内間以五彩飛鳳之類，或間四入瓣窠或四出尖窠。窠内開以化生或龍鳳之類。櫍作青瓣或紅瓣疊暈蓮華。檐額或大額及由額兩頭近柱處，作三瓣或兩瓣如意頭角葉，長加廣之半。如身内紅地，即以青地作碾玉，或亦用五彩裝。或隨兩邊緣道作分脚如意頭。椽頭面子，隨徑之圜，作疊暈蓮華，青、紅相間用之；或作出焰明珠，或作簇七車釧明珠，皆淺色在外。或作疊暈寶珠，深色在外。令近上，疊暈向下棱，當中點粉爲寶珠心；或作疊暈合螺瑪瑙。近頭處作青、緑、紅暈子三道，每道廣不過一寸。身内作通用六等華、外或用青、緑、紅地作團窠，或方勝，或兩尖，或四入瓣。白地外用淺色，青以青華、緑以緑華、朱以朱彩圈之。白地内隨瓣之方圜或兩尖或四入瓣同。描華，用五彩淺色間裝之。其青、緑、紅地作團窠、方勝等，亦施之枓、栱、梁狀之類者，謂之海錦，亦曰淨地錦。飛子作青、緑連珠及棱身暈，或作方勝、或兩尖、或團窠、兩側壁，如下面用偏地華，即作兩暈青、緑棱間；若下面素地錦，作三暈或兩暈青緑棱間，飛子頭作四角柿蒂。或作瑪瑙。如飛子偏地華，即椽用素地錦。若椽作偏地華，即飛子用素地錦。白版或作紅、青、緑地内兩尖窠素地錦。大連檐立面作三角疊暈柿蔕華。或作霞光。

碾玉裝

碾玉裝之制：

梁、栱之類，外棱四周皆留緣道，緣道之廣並同五彩之制。用青或緑疊暈，如緑緣内，於淡緑地上描華，用深青剔地，外留空緣，與外緣道對暈。緑緣内者，用緑處以青，用青處以緑。

華文及瑣文等，並同五彩所用。華文内唯無寫生及豹脚合暈，偏暈，玻璃地，魚鱗旗脚，外增龍牙蕙草一點：瑣文内無瑣子。用青、緑二色疊暈亦如之。内有青緑不可隔間處，於緑淺暈中用藤黄汁罩，謂之菉荳褐。

其卷成華葉及瑣文，並旁赭筆量留粉道，從淺色起，暈至深色。其地以大青、大緑剔之。亦有華文稍肥者，緑地以二青；其青地以二緑，隨華幹淡後，以粉筆傍墨道描者，謂之映粉碾玉，宜小處用。

凡碾玉裝，柱碾玉或間白畫，或素緑。柱頭用五彩錦。或只碾玉。櫍作紅暈或青暈蓮華、椽頭作出焰明珠，或簇七明珠或蓮華，身内碾玉或素緑。飛子正面作合暈，兩旁並退暈，或素緑。仰版素紅。或亦碾玉裝。

青緑疊暈棱間裝二暈帶紅棱間裝附

青緑疊暈棱間裝之制：

凡枓、栱之類，外棱緣廣一分。

外棱用青疊暈者，身内用緑疊暈，外棱用緑者，身内用青，下同。其外棱緑道淺色在内，身内淺色在外，道壓粉線。謂之兩暈棱間裝。外棱用青華、二青、大青，以墨壓深；身内用緑華，三緑、二緑、大緑，以草汁壓深；若緑在外緣，不用三緑；如青在身内，更加三青。

其外棱緣道用緑疊暈，淺色在内。次以青疊暈，淺色在外。當心又用緑疊暈者，深色在内。謂之三暈棱間裝。皆不用二緑、三青，其外緣廣與五彩同。其内均作兩暈。

若外棱緣道用青疊暈，次以紅疊暈，淺色在外，先用朱華粉，次用二朱，次用深朱，

以紫礦壓深。當心用緑疊暈。若外緣用緑者，當心以青。謂之三暈帶紅稜間裝。

凡青、緑疊暈稜間裝，柱身内筍文或素緑或碾玉裝；柱頭作四合青緑退暈如意頭；櫍作青暈蓮華，或作五彩錦，或團窠方勝素地錦，椽素緑身；其頭作明珠蓮華。飛子正面、大小連檐，並青緑退暈，兩旁素緑。

解緑裝飾屋舍解緑結華裝附

解緑刷飾屋舍之制：

應材、昂、枓、栱之類，身内通刷土朱，其緣道及鷰尾、八白等，並用青、緑疊暈相間。若枓用緑，即栱用青之類。

緣道疊暈，並深色在外，粉線在内，先用青華或緑華在中，次用大青或大緑在外，後用粉緑在内。其廣狹長短，並同丹粉刷飾之制，唯檐額或梁栿之類，並四周各用緣道，兩頭相對作如意頭。山額及小額並同。若畫松文，即身内通刷土黄；先以墨筆界畫，次以紫檀間刷，其紫檀用深墨合土朱，令紫色。心内用墨點節。栱、梁等下面用合朱通刷，又有於丹地内用墨或紫檀點簇六毬文與松文各件相雜者，謂之卓柏裝。

枓、栱、方、桁，緣内朱地上間諸華者，謂之解緑結華裝。

柱頭及脚並刷朱，用雌黄畫方勝及團華，或以五彩畫四斜或簇六毬文錦。其柱身内通刷合緑，畫作筍文。或只用素緑，椽頭或作青緑暈明珠，若椽身通刷合緑者，其榑亦作緑地筍文或素緑。

凡額上壁内影作，長廣制度與丹粉刷飾同。身内上稜及兩頭，亦以青緑疊暈爲緣。或作翻卷華葉。身内通刷土朱，其翻卷華葉並以青緑疊暈。枓下蓮華並以青暈。

丹粉刷飾屋舍黄土刷飾附

丹粉刷飾屋舍之制：

應材木之類，面上用土朱通刷，下稜用白粉闌界緣道，兩盡頭斜訛向下。下面用黄丹通刷。昂、栱下面及要頭正面同。其白緣道長、廣等依下項：

枓、栱之類，栿、額、替木、叉手、托脚、駝峰、大連檐、搏風版等同。隨材之廣，分爲八分，以一分爲白緣道。其廣雖多，不得過一寸；雖狹不得過五分。

栱頭及替木之類，綽幕、仰楷、角梁等同。頭下面刷丹，於近上稜處刷白。鷰尾長五寸至七寸；其廣隨材之厚，分爲四分，兩邊各以一分爲尾。中心空二分。上刷横白，廣一分半。其要頭及梁頭正面用丹處，刷望山子，其上長隨高三分之二；其下廣隨厚四分之三；斜收向上，當中合尖。

檐額或大額刷八白者，如裏面。隨額之廣，若廣一尺以下者，分爲五分；一尺五寸以下者，分爲六分；二尺以上者，分爲七分，各當中以一分爲八白。其八白兩頭近柱，更不用朱闌斷，謂之入柱白。於額身内均之作七隔；其隔之長隨白之廣。俗謂之七朱八白。

柱頭刷丹，柱脚同。長隨額之廣，上下並解粉線。柱身、椽、檩及門、窗之類，皆通刷土朱。其破子窗子桯及屏風難子正側并椽頭，並刷丹。平闇或版壁，並用土朱刷版並桯，丹刷子桯及牙頭護縫。

額上壁内，或有補間鋪作遠者，亦於栱眼壁内。畫影作於當心。其上先畫枓，以蓮華承之。身内刷朱或丹，隔間用之。若身内刷朱，則蓮華用丹刷；若身内刷丹，則蓮華用朱刷；皆以粉筆解出華瓣。中作項子，其廣隨宜。至五寸止。下分兩脚，長取壁内五分之三，兩頭各空一分。身内廣隨項，兩頭收斜尖向内五寸。若影作華脚者，身内刷丹，則翻卷葉用土朱；或身内刷土朱，則翻卷葉用丹。皆以粉筆壓稜。

若刷土黄者，制度並同。唯以土黄代土朱用之。其影作内蓮華用朱或丹，並以粉筆解出華瓣。

若刷土黄解墨緣道者，唯以墨代粉刷緣道。其墨緣道之上，用粉線壓稜。亦有栿、栱等下面合用丹處皆用黄土者，亦有只用墨緣，更不用粉線壓稜者，制度並同。其影作内蓮華，並用墨刷，以粉筆解出華瓣；或更不用蓮華。

凡丹粉刷飾，其土朱用兩遍，用畢並以膠水攏罩，若刷土黄則不用。若刷門、窗，其破子窗子桯及護縫之類用丹刷，餘並用土朱。

雜間裝

雜間裝之制：

皆隨每色制度，相間品配，令華色鮮麗，各以逐等分數爲法。

五彩間碾玉裝。五彩偏裝六分，碾玉裝四分。

碾玉間畫松文裝。碾玉裝三分，畫松裝七分。

青緑三暈稜間及碾玉間畫松文裝。青緑三暈稜間裝三分，碾玉裝二分，畫松裝四分。

畫松文間解緑赤白裝。畫松文裝五分，解緣赤白裝五分。

畫松文卓柏間三暈稜間裝。畫松文裝六分，三暈稜間裝一分，卓柏裝二分。

凡雜間裝以此分數爲率，或用間紅青緑三暈稜間裝與五彩偏裝及畫松文等

相間裝者，各約此分數，隨宜加減之。

又　卷二七《諸作料例二》

彩畫作

應刷染木植，每面方一尺，各使下項：栱眼壁各減五分之一；雕木版加五分之一；即描華之類，準折計之。

定粉，五錢三分；

墨煤，二錢二分八厘五毫；

土朱，一錢七分四厘四毫；殿宇、樓閣，加三分；廊屋、散舍，減二分。

白土，八錢；石灰同。

土黄，二錢六分六厘；殿宇、樓閣，加二分。

黄丹，四錢四分；殿宇、樓閣，加二分；廊屋、散舍，減一分。

雌黄，六錢四分；合雌黄、紅粉，同。

合青華，四錢四分四厘；合緑華同。

合深青，四錢；合深緑及常使朱紅、心子朱紅、紫檀並同。

合朱，五錢；生青、緑華、深朱、紅，同。

生大青，七錢；生大青、浮淘青、梓州熟大青、緑、二青緑，並同。

生二緑，六錢；生二青同。

常使紫粉，五錢四分；

藤黄，三錢；

槐華，二錢六分；

中綿胭脂，四片，若合色，以蘇木五錢二分，白礬一錢三分煎合充；

描畫細墨，一分；

熟桐油，一錢六分。若在闇處不見風日者，加十分之一。

應合和顏色，每斤，各使下項：

合色：

緑華：青華減定粉一兩，仍不用槐華、白礬。

定粉，一十三兩；

青黛，三兩；

槐華，一兩；

白礬，一錢。

朱：

黄丹，一十兩；

常使紫粉，六兩。

緑：

雌黄，八兩；

淀，八兩。

紅粉：

心子朱紅，四兩；

定粉，一十二兩。

紫檀：

常使紫粉，一十五兩五錢；

細墨，五錢。

草色：

緑華：青華減槐華、白礬。

淀，一十二兩；

定粉，四兩；

槐華，一兩；

白礬，一錢。

深緑：深青即減槐華、白礬。

淀，一斤；

槐華，一兩；

白礬，一錢。

緑：

淀，一十四兩；

石灰，二兩；

槐華，二兩；

白礬，二錢。

紅粉：

黄丹，八兩；

定粉，八兩。

襯金粉：

定粉，一斤；

土朱，八錢。顆塊者。

應使金箔，每面方一尺，使襯粉四兩，顆塊土朱一錢。每粉三十斤，仍用生白絹一尺，濾粉。木炭一十斤，熁粉。綿半兩。描金。

應煎合桐油，每一斤：

松脂、定粉、黄丹，各四錢；

木扎，二斤。

應使桐油，每一斤，用亂絲四錢。

宋・王讜《唐語林》卷四　玄宗柳婕妤有才學，上甚重之。婕妤妹適趙氏，性巧慧，因使工鏤板爲雜花，象之而爲夾結。因婕妤生日，獻王皇后一匹，上見而賞之，因敕宮中依樣製之。當時甚秘，後漸出，遍于天下，乃爲至賤所服。

宋・葉廷珪《海録碎事》卷五《衣冠服用部・女工門》　流黄機　愁苦不窺鄰，泣上流黄機。

正色間色　案：五方正色，青、赤、白、黑、黄。五方間色者，緑爲青之間，紅爲赤之間，碧爲白之間。紫爲黑之間，流黄爲黄之間。故不用紅紫，言是間色也。所以爲間者，潁子嚴云：東方木，木色青。木尅土，土色黄，以青加黄，故爲緑，緑爲東方之間色也；又南方火，火色赤，以赤加白爲紅，紅爲南方之間色；又西方金，金色白，以青加白爲碧，碧爲西方之間色；又北方水，水色黑，以黑加赤爲紫，紫爲北方之間色；又中央土，土色黄，以黄加黑爲流黄，流黄爲中央之間色。又一法云：木尅土，戊以妹己嫁甲，是黄入於青，故爲緑；火尅金，庚以妹辛嫁於丙，是白入於赤，爲紅；金尅木，甲以妹乙嫁於庚，是青入於白，爲碧；水尅火，丙以妹丁嫁於壬，是赤入於黑，爲紫；土尅水，壬以妹癸嫁於戊，是黑入黄，爲流黄色。《論語》疏。　竊黄　淺黄色也。　竊藍　淺藍色也。　鞶絲　《禮》：女子生能言，教之鞶絲女工。　罨畫　《墨客揮犀》云：罨畫，今之生色也。

又《釵珥門》　臙脂　起自紂。以紅藍花汁凝作脂，以爲桃花妝。蓋燕國所出，故曰燕脂。《二儀録》。

宋・羅願《爾雅翼》卷三《釋草三》　燕支　燕支，本非中國所有，蓋出西方。染粉爲婦人色，謂爲燕支粉。習鑿齒《與謝侍中書》曰：「此有紅藍，北人采取其花作烟支，婦人粧時作頰色，用如豆許，按令偏頰，殊覺鮮明。」匈奴名妻閼氏，言可愛如燕支也。故匈奴有烟支山。《西河舊事》歌曰：「失我祁連山，使我六畜不繁息，失我閼氏山，使我婦女無顏色。」今中國謂之紅藍，或只謂之紅花。大抵三月初種，花出時，日日乘涼摘取之，頃一日須百人摘。五月種晚花，七月中摘。深色鮮明，耐久不黦，勝於春種者。花生時但作黄色茸茸然，故又一名黄藍。杵碓水淘，絞去黄汁更擣；以清酸粟漿淘之，絞如初，即收取染紅；然後更擣而暴之，以染紅色，極鮮明。按崔豹所言，則漢雖有紅藍，然不可以爲烟支，其染亦未盛，今則盛種而多染，謂之真紅，賽蘇方木所染。崔豹《古今注》曰：「今人以重絳爲烟支，非燕支花所染也。燕支花自爲紅藍爾。」舊説赤白之間爲紅，即今所謂紅藍也。其謂之蒨紅者，即漢重絳，顔色黯暗，相去遠矣。又爲婦人粧色，以綿染之，圓徑三寸許，號綿燕支。又小薄爲花片，名金花烟支，特宜粧色。蓋種一頃者，歲收絹三百匹，此千畝卮茜之類。《博物志》曰：「黄藍，張騫所得。」

又　卷四《釋草四》　藍　藍者，染青之草。《荀子》曰：「青出於藍而青於藍。」言染反勝於其質。菘藍，其汁抨爲澱，堪染青。蓼藍，苗似蓼而味不辛，不堪爲澱，雅作碧色爾。崔寔曰：「榆莢落時可種藍，五月可刈藍。」故《小雅》曰：「終朝采藍，不盈一襜。五日爲期，六日不詹。」襜，衣蔽膝也。《箋》云：「期至五月而歸，今六月猶不至。」五月者正藍之候。《月令》仲夏之月乃云「令民毋刈藍以染」，《注》云「此月藍始可別」，引《夏小正》曰「五月啓灌藍蓼」，灌，謂叢生也。種藍之體，初必叢生，藍兒長大，始可分移，使之稀散，以言正養藍之時，非刈藍之候也。夫民之於利甚勤，其於物也，對植養長者，惟恐不至，苟藍於勢未可刈，當分移之候，豈不知養之以待其成，何待上之人屑屑出令而止之乎？苟如是，則蓼菜之行，菜茹之畦，在上者不勝禁矣。夫藍之禁刈，必於民有私利，而於陰陽或國事有不便者，故禁而止之。蓋自四月微陰始起，爲政者繼長增高，毋有壞墮。此月又陰陽争死生分之月，君子戒静，以待晏陰之所成，則微陰未成也。蓋刈藍以損生氣，恐微陰不勝故也。又是月班馬政，遊牝別群，縶駒之月。馬之爲性，畏新出之灰，駒遇者輒死，石礦之灰，亦能令馬落駒。刈藍以染也，燒灰也，暴布也，三者皆有出灰之氣。令而禁之者，蓋爲馬歟？秦法：棄灰於道者棄市。棄灰或古法，但刑重耳。刈藍之禁，與馬質禁原蠶同意。不然，蠶之再養，藍之早刈，聖人何留意哉？藍於草中獨有禁，故字從監。漢楊震伯起常種藍自業。又趙岐邠卿道經陳留，此境人皆種藍染紺爲業，藍田彌望，黍稷不殖，慨其遺本，逐作賦一章。

葴　藍數種總謂之藍，其大葉者别名馬藍。《釋草》云：「葴，馬藍。」郭氏曰：「今大葉冬藍也。」《疏》：「今爲澱者是也。」凡物大於其類者，多以馬名之，今人言亦然。蓋諸藍之類，菘藍惟堪染青，蓼藍不堪爲澱，雅作碧色，故以馬藍爲作澱之藍。崔寔曰：「榆莢落時可種藍，五月可刈藍，六月可種冬藍。」冬藍，木藍也，八月用染。《子虛賦》曰：「其高燥則生葴菥苞荔，薛莎青薠。」葴，馬藍也。菥，似燕麥。苞，藨也。荔，馬荔。薛，藾蒿。莎，鎬侯。青薠似莎而大。凡此皆非佳草，於用亦希，何足以侈雲夢？蓋古之君子，觀地之所産，以知其土之美惡。今高燥埤濕，衆物居之，則地之美富可知。故自馬藍以下皆載之也。《本草》唐本注云：「藍圓徑二寸許，厚三四分，出嶺南，云療毒種，太常名此草爲木藍子。」

巵　巵，可染黄。其華實皆可觀，花白而甚香，五月間極繁茂。凡草木之花，大抵不過五出，唯巵六出，大者至七出。其實黄赤，亦以七稜者爲良，即七出花所成就也。經霜取之以染，故染字從「木」，字學家以爲木者，巵茜之流也。一名木丹，一名越桃。《上林賦》謂之鮮支，欲其顔色鮮明也。漢世千畝巵茜，此其人與千户侯等。巵茜千石，亦比千乘之家。晉令諸官有秩，巵子守護者，置吏一人。或云，此即西域之薝蔔花。或曰，薝蔔者金色，花小而香，西方甚多，非巵也。

茈草　《釋草》云：「藐，茈草。」郭氏曰：「可以染紫，一名茈莀。」《説文》亦曰：「茈，藐紫草。」蓋茈即紫也。以其可染紫，故名茈。《上林賦》有茈薑，司馬彪亦云「紫色之薑」，則茈之與紫古字通爾。列仙之傳，商客能致紫草，賣與染家。《本草説》云其利勝藍。按種藍一畝，已敵穀田一頃矣，而此復勝焉，有以見後世末作之盛。夫紫間色，奪朱者也。《韓子》曰：「齊威公好服紫，一國盡服紫，五素不得一紫，公患之，用管仲言，謂左右曰：吾惡紫臭。三日境内莫有衣紫。」蘇代《遺燕王書》曰「齊紫敗素也，而買十倍」，然則由春秋戰國以來重之矣。漢相國丞相皆秦官，金印紫綬，高帝相國緑綬，徐廣曰「金印緑綟綬。綟，草名也。以染，似緑」，又云「似紫」，紫綬名緺綬，音瓜。其色青紫。綟，與莀同，公加殊禮特服之。何承天云：「緺音媧，青紫色綬。綟，紫色也。」《字説》曰：「綟，紫也。綟以莀染，故系在左。紫或染或不。故系在下。」綟，人染也，其爲此也有戾焉，或不則無戾也。此而已。莀可染紫，謂之茈莀，則茈言本紫，莀言所染。所染戾，彼而此者也。

茹藘　茹藘，染絳之草。葉似棗葉，頭尖下闊，莖葉俱澁，四五葉對生節間，蔓延草木上，根紫赤色。今所在有八月採根。《説文》曰「人血所生」，故一名地血。今茹藘能治血，又所染亦赤，蓋其類爾。古者士爵弁服，弁色赤而微黑，如爵頭，裏亦纁色。《士冠禮》曰：「爵弁服，纁裳純衣，緇帶韐韎。」韐，緼跗也。士緼韍幽衡，合韋爲之，染以茅蒐，因名焉。《説文》曰「茅蒐染韋，一入爲韎」，《詩》曰「韎韐有奭」，《左傳》「韎韋之跗注」是也。其女子之染，則毛氏云「茹藘茅蒐之染女服也」，鄭《箋》云「茅蒐染巾也」，則縞衣茹藘爲婦人服矣。《國風》曰：「東門之墠，茹藘作阪。其室則邇，其人甚遠。東門之栗。有踐家室。豈不爾思，子不我即。」蓋茹藘，女所以染也，今方在阪；栗者，女所以爲贄也，今方在門，則衣服贄見之物未備也。時方喪亂，則不待禮而相奔矣。齊人謂之蒨，蒨或作茜。《漢書》「千畝巵茜」是也。今人染蒨者，乃假蘇方木，非古所用。

又　卷二四《釋蟲一》　蠶　蠶，倉庚鳴則生。故《詩》曰：「倉庚喈喈，采蘩祁祁。」蘩，白蒿也，所以生蠶。《夏小正》曰：「三月妾子始蠶。」蠶之狀，喙呥呥類馬，色斑斑似虎。初拂謂之蚝，以毛掃之。蠶尚小，不欲見露氣。桑葉著懷中令暖，然後切之，得人氣，則衆惡除也。古者三宫夫人桑于公桑，風戾以食之，謂及早涼脆采之。風戾之使露氣燥，乃以飼蠶，蠶生惡濕故也。比至再眠，常須三箔，虚上下二箔以隔土氣，障塵埃也。飼必卷窗褰幃，飼訖還下。蓋蠶昆蟲之類。昆者，明也。蠶見明則食，食多則生長。其旋生駒，皆與母同老。食而不飲，三十六日而化。《淮南》曰：「二十二日而化。」嵇康《養生論》曰：「火蠶十八日，寒蠶三十餘日。」仲長子《昌言》亦曰：「寒而餓之，則引日多；温而飽之，則用日少，此寒温饑飽之爲脩短，驗之於物者也。」荀卿《賦》曰：「三俯三起，事乃大已。」俯謂之眠，亦有四眠者。既老將績，其口含絲。《春秋文耀鉤》曰：「商弦絶，蠶含絲。」言弦將絶，蠶含絲以待用也。《淮南子》曰：「蠶珥絲而商弦絶。」謂新絲出，故絲脆。五音之中，商弦最急，故先絶。亦蠶，午火也；商，金音也。火壯金囚，應之而絶。珥絲，或爲餌絲。或曰，上下絲於口，故曰咡絲。其獨成繭者，謂之獨繭。自二以上，謂之同功繭。獨繭絲細而有緒，詹何以之爲綸，引盈車之魚也。《顔氏家訓》曰：「胡人見錦，不信有蟲食木，吐絲所成。」養蠶之室，欲明而温。漢法：犯腐刑者，下未央蠶室，取其温爾。古者后妃享先蠶而後躬桑。先蠶，天駟也。《漢舊儀》曰：「今蠶神曰苑窳婦人，寓氏公主，

凡二神。」

蠠　蠠，再蠶也，原即再之義。或曰，蠶不交而生者，往往爲原蠶。原蠶，一名魏蠶，莫知其説。按《方言》：「魏，細也。自關而西，秦晉之間，凡細而有容謂之魏。」又古者魏地狹隘，其君民有儉嗇趨利之譏，以「葛屨」而至於「履霜」，以「女手」而至於「縫裳」，豈原蠶亦魏之俗耶？今人又謂之二蠶，音之轉爾。《周禮》養馬「禁原蠶」者，説者以爲天文辰爲馬，而蠶書蠶爲龍精，月直大火浴其種，是蠶與馬同氣。物莫能兩大，禁原蠶者，爲傷馬也。今農家下種，以原蠶矢雜禾種之以辟蝗，否則鬻馬骨汁和蠶矢溲之。又蠶殭者，塗馬齒，則馬不食草。以桑葉拭去，乃還食。此則蠶爲馬類明矣。《淮南》曰：「螈蠶一歲再收，非不利也，然而王法禁之者，爲其殘桑也，離先稻熟，而農夫耨之，不以小利傷大獲也。至於後世，國税再熟之稻，鄉貢八蠶之錦，吴人且以爲美談。」《吴録》曰：「南陽郡，一歲蠶八績。」《林邑記》曰：「九真郡，蠶年八熟。繭小輕薄，絲弱綿細。」《荆楚歲時記》曰：「八蠶繭出日南，至秋猶飼以柘。荆楚則早晚二蠶，則五月而已。」《永嘉郡記》曰：「永嘉有八輩蠶，蚢珍蠶三月績，柘蠶四月初績，蚢蠶四月績，愛珍五月績，愛蠶六月末績，寒珍七月末績，四出蠶九月初績，寒蠶十月績。」其説云，凡蠶再養者，前輩皆謂之珍，少養之，而蚢蠶與愛珍二色。候蚢珍三月既績，出蛾取卵；七八月便割。蠶生多養之，是爲蚢蠶，若取藏甕中，亦可十紙百紙。蓋覆器曰，安冷水，使冷氣析其出勢，僅得三七日，然後劄生，養之爲愛珍，然則蓋一類耳。《隋書》曰：「江湖之南，一年蠶四五熟。」唐天寶中，益州獻三熟蠶繭，緊厚白浄，與常蠶不殊。大曆中，太原府清源人唐景暉，養冬蠶成繭，詔給復終身。而《海物異名記》乃云「八蠶綿者，八蠶共作一大繭」，非也。

蟓　蟓，桑繭野蠶，不養於人，就桑食葉作繭者。比家蠶小而行疾。其作繭長半寸以來，亦橢而長，其一面平多，則歲宜蠶，野人嘗以卜蠶之熟否。楚俗於上春以麪裹肉或糖蒸之，亦平其一面，謂之繭子，食之，蓋取象此。古者稱野蠶成繭以爲瑞。若蟓者，歲未嘗無，但成繭者，言其成熟如家繭。漢自王莽以來，田疇蕪廢，杼柚其空。至光武之初，野穀旅生，野蠶成繭，人獲其利。蓋地力久曠而有餘，故穀易生；樹力人蘇而有餘，故繭易成。唐武德中，梁州亦言野蠶成繭，百姓採而用之，亦其類耳。又《古今注》元帝永元四年，東萊郡東牟山，有野蠶爲繭，收得萬餘石。民人以爲絲絮，此最有數者，野繭又有雔由、樗繭、棘欒繭、蚢蕭繭，皆桑繭之類，各以所食葉爲名。《廣志》云：「有柞蠶食柞葉，可以作錦。」今桑繭所包裹甚薄，不堪用。古人稱以野繭之絲爲琴弦者，自當各有所在也。今人亦呼此爲桑蠶，郭氏乃云「即今蠶」，非也。

宋·范成大《桂海虞衡志·志器》　練子　出兩江州峒。大略似苧布。有花紋者謂之花練，土人亦自貴重。

綊　亦出兩江州峒。如中國綫羅，上有偏地小方勝紋。

蠻氈　出西南諸蕃，以大理爲最。蠻人晝披夜卧，無貴賤，人有一番。

黎幕　出海南黎峒。黎人得中國錦彩，拆取色絲，間木棉，挑織而成。每以四幅聯成一幕。

黎單　亦黎人所織。青紅間道，木棉布也。桂林人悉買以爲卧具。

宋·朱輔《溪蠻叢笑》　娘子布　漢傳載闌幹。闌幹，獠言紵，合有續織細白苧麻，以旬月而成，名娘子布。

點蠟幔　溪洞愛銅鼓甚于金玉。每模取鼓文以蠟刻板印布，入靛缸漬染，名點蠟幔。

宋·陸遊《老學庵筆記》卷二　禁中舊有絲鞋局，專挑供御絲鞋，不知其數。嘗見蜀將吴珙被賜數百緉，皆經奉御者。壽皇即位，惟臨朝服絲鞋，退即以羅鞋易之。遂廢此局。

又　卷六　亳州出輕紗，舉之若無，裁以爲衣，真若烟霧。一州惟兩家能織，相與世世爲婚姻，懼他人家得其法也。云自唐以來名家，今三百餘年矣。

又《老學庵筆記續》　唐有一種色，謂之退紅。王建《牡丹詩》云：「粉光深紫膩，肉色退紅嬌。」王貞白《娼樓行》云：「龍腦香調水，教人染退紅。」《花間集·樂府》云：「牀上小薰籠，韶州新退紅。」蓋退紅若今之粉紅，而髹器亦有作此色者，今無之矣。紹興末，縑帛有一等似皁而淡者，謂之不肯紅，亦退紅類耶？

宋·施宿等《[嘉泰]會稽志》卷一七《物産》　布帛

葛之細者，舊出葛山。屬會稽。當句踐時，使國中紅女織布，以獻於吴。其歌曰，嘗膽不苦味若飴，令我采葛以作絲。弱於羅兮輕霏霏。又曰，葛之蔓兮舒長條，爲絺爲綌織且調。當暑是服輕飄飄。其精如此。而後之葛布，頗無聞者。梁劉孝綽有謝越布啟，曰比納方綃，既輕且麗。珍邁龍水，妙越島夷。攷其所稱，非葛不足當也。以其總稱越布，故不得强名之。今越人衣葛出自閩賈，然則舊邦機杼，或者久不

傳矣。

苧之精者，本出苧羅山，屬諸暨。下有西子浣沙石。蓋俗所謂苧沙者，於此浣之，以故越苧最爲得名。夏侯開國《吴都賦》曰，纖絺細越，青箋白紵。舊經載諸暨三如，有如絲之苧。而《郡國十道志》苧或作薴，疑必有一誤，故不載。而樂府因是有白紵歌詞。今外諸邑獨暨陽尤能以苧爲布，雖不逮舊，蓋苧羅遺俗云。

白疊布，自一種，杜子美詩所謂光明白氎巾者也。晉令曰，士卒百工，毋得服越疊。蓋舊惟出於越，今無之。繭布，《爾雅》云，袍襺也。《禮記·玉藻》纊爲襺，緼爲袍。《左氏傳》曰，重襺衣裘。其註釋皆謂新緜。今諸暨之俗，紝緝繭緒，織如絲縷。織之成匹，蓋狀似範而密縝過之。雖名爲布，其實帛也。古有繭紙，蓋以繭爲之。《蘭亭》亦繭紙書也。今非獨無能製者，亦不復見矣。

山後布頗有名，一名皺布。亦出於諸暨縣。其初緝麻爲縷，織成而精好纖密，蓋亞於羅，然頗須厚價，故難售。惟貴介之公子厭紈綺者獨喜，取之將製衣，漱之以水，頃刻成縠紋矣。

强口布以麻爲之，出於剡機織，殊麤，而商人販婦往往競取，以與吴人爲市。强口者，去剡十五里，其溪水尤紺澈可愛。世傳王謝諸人嘗以雪後泛舟至此，徘徊不能去，曰，雖寒，强飲一口。自是以名其地，亦或有之。昔曹公以酪示座中，而羃其上書合字。客莫敢發，惟楊脩即發而食之，曰，公令人一口也。則一口亦魏晉人語。或曰剡有彊中，故此曰强口。

越羅最名於唐，杜子美詩屢道之。《繚綾行》曰，越羅蜀綿金粟尺後出塞曲曰越羅與楚練照耀與臺軀而地理志所云，越貢寶花羅者，今尼院中寶街羅是也。近時翻出新製，如萬壽藤、七寶、火齊珠、雙鳳、綬帶，紋皆隱起，而膚理尤瑩潔精緻。實街不足言矣。

綾今出於剡縣，昔所謂十樣花紋者，今不盡見，惟樗蒲綾最盛。樗蒲綾者，以狀如樗蒲子得名，吴興、遂寧皆有之。

剡出緲紗尤精，其絶品以爲暑中燕服，如絓冰雪然。雖剡之居人，亦不能常得矣。

縠始見於《吴越春秋》。句踐始得西施，鄭旦飾以羅縠是也。以故錫貢。舊有輕容生縠，數十年來，縠頗出於蕭山縣。雖未臻絶妙，然與吴中機工略相當矣。

絹，舊總稱吴絹。今出於諸暨者，曰花山，曰同山，曰板橋，其輕匀最宜春服，邦人珍之。或販鬻頗至杭而止，以故聲價亦不遠也。

蕭山紗以暑伏織者爲上，秋織者爲下，冬爲尤下。蓋霜燥風烈，則絲脆，帛地不堅，爲衣易弊。故賣紗者，必曰此夏紗也。

宋·趙彦衛《雲麓漫鈔》卷四 山谷《山礬花》二首序云：「江湖南野中有一種小白花，木高數尺，春開極香，野人號爲鄭花。王荆公嘗欲求此花栽，作詩而陋其名，予請名曰山礬。野人採鄭花葉以染黄，不借礬而成色，故名山礬。海岸孤絶處補陁落迦山，譯者以謂小白花山，予疑此山礬花爾，不然何以觀音老人堅坐不去耶？」杜澗釋之云：「此詩及序，皆以山谷手迹校過。」近世曾慥端伯作《高齋詩話》云：「唐人有題唐昌《觀玉蘂花詩》云：一樹瓏璁玉刻成，飄廊點地色輕輕。」今瑒花即玉蘂花也，介甫以比瑒，謂當用此瑒字。蓋瑒，玉名，取其白。山谷又更其名爲山礬，謂可以染也。盧陵段謙叔家有楊汝士與《白二十二》帖，「唐昌玉蘂以少，故見珍耳。自來江南，山山有之，土人取以供染事，不甚惜也。」則知瑒花之爲玉蘂，斷無疑矣。詩云：「北嶺山礬取意開，輕風正用此時來。平生習氣難料理，愛著幽香未擬回。」「高節亭邊竹已空，山礬獨自倚春風。二三名士開顔笑，把斷花光水不通。」則知二花因山谷而名始著。

又 卷七 清微子《服飾變古録》云：「燕脂，紂製，以紅藍汁凝而爲之。官賜宫人塗之，號爲桃花粉。藍地水清，合之色鮮。至唐頗進貢，惟后妃得賜，曰燕脂。」崔豹《古今注》云：「燕支葉似薊，花似蒲公，出西方，土人以染，名燕支。中國亦爲紅藍，以染粉爲婦人色，謂爲燕支粉。今人以重絳爲燕支，非燕支花所染也。燕支花自爲紅藍耳。舊謂赤白之間爲紅，即今所爲紅藍也。」《西河舊事》云：「『失我祁連嶺，使我六畜不蕃息；失我焉支山，使我婦女無顔色。』北方有焉支山，山多紅藍，北人採其染緋，取其英鮮者作燕脂。」《本草》：「紅藍花堪作燕脂，生梁漢及西域，一名黄藍。」《博物志》云：「黄藍，張騫所得，今滄魏亦種，近世人多種之，收其花，俟乾，以染帛，色鮮於茜，謂之真紅，亦曰乾紅，目其草曰紅花。以染帛之餘爲燕支。乾草初漬則色黄，故又爲黄藍也。」《史記·貨殖傳》：「若千畮卮茜。」徐廣注云：「卮，音支，鮮支也；茜，音倩，一名紅藍，其花染繒，赤黄色。」又知今之紅花，乃古之茜；而今之茜，又謂之烏紅，係用蘇方木、棗木染成，非古之茜矣。

又 卷一〇 《孟子》曰：「惡紫之奪朱也。」蓋朱與紫相亂久矣。仁宗晚年，京師染紫，變其色而加重，先染作青，徐以紫草加染，謂之油紫，後人指爲英宗紹統之謙，已見王氏書。自後只以重色爲紫，色愈重人愈珍之，與朱大不相類。淳熙中，北方染紫極鮮明，中國亦效之，目爲北紫，蓋不先染青，而以緋爲脚，用紫草極少。其實復古之紫色而誠可奪朱。按《周禮義疏》：「以朱湛丹秫，三月末乃熾之。」即以炊下湯淋所炊丹秫，取其汁。又《爾雅》：「一染謂之縓，再染謂之竀，三染謂之纁。」《士冠》有朱紘之文，鄭云：「朱則四入。」是更以纁入赤汁則爲朱。《論語》：「君子不以紺緅飾。」纁入赤汁則爲朱，不入赤而入黑汁則爲紺，更以此紺入黑則爲緅，是五入爲緅也，若更以此緅入黑汁則爲玄，是六入爲玄也；更以此玄入黑汁，則七入爲緇矣。則知古之朱，赤汁染之，紫與朱實相去不多，今之淺紫，其近之矣。

宋·周密《癸辛雜識》續集上 金鳳染甲

鳳仙花紅者用葉擣碎，入明礬少許在內，先洗淨指甲，然後以此付甲上，用片帛纏定過夜。初染色淡，連染三五次，其色若胭脂，洗滌不去，可經旬，直至退甲，方漸去之。或云此亦守宮之法，非也。今老婦人七八旬者亦染甲。今回回婦人多喜此，或以染手并猫狗爲戲。

元·王禎《農書·百穀譜集之十·雜類》

紫草

紫草《爾雅》謂之「藐」，《廣雅》謂之「茈莀」，苗似蘭香，節青。種紫草宜黄白輭良之地，青沙地亦善。開荒黍穄下大佳。性不耐水，必須高田。秋耕地，至春又轉耕之，三月種之。耬耩地，逐壠手下子。良田一畝，用子二升，薄田用子三升。下訖，勞之。鋤如穀法，潔浄爲佳。其壠底草，則拔之。壠底用鋤，則傷紫草。

九月中，子熟刈之。候稃芳蒲反。燥載聚，打取子。溼載，子則浥鬱。即深細耕，不細不深，則失草矣。尋壠以杷耬取，整理。收草宜併手力，速竟爲良，遭雨則損草也。一「扼」隨以茅結之。擘葛彌善。四「扼」爲一「頭」，當日則斬齊。顛倒十重許爲長行，置堅平之地，以板石鎮之令扁，溼鎮，直而長，燥鎮則碎折，不鎮，賣難售也。兩三宿，竪頭著日中曝之，令浥浥然。不曬則鬱黑，太燥則碎折。五十「頭」作一「洪」，洪，十字大頭向外，以葛纏絡。著敞屋下陰凉處、棚棧上，共棚下勿使驢馬糞及人溺。又忌烟，皆令草失色。其利勝藍。

若欲久停者，入五月内，著屋中，閉户塞向，密泥，勿使風入漏氣。過立秋，然後開出，草色不異。若經夏在棚棧上，草便變黑，不復任用。

種訖，拖瓶攡之，或以輕軸碾過。秋深子熟，旁去其土，連根取出，就地鋪穧頗乾，輕振其土，以茅稟束，切去虚梢，以之染紫，其色殊美。

紅花

紅花一名「黄藍」，葉頗似藍，故有「藍」名。生於西域，張騫所得，今處處有之。花地欲得良熟，二月末、三月初種也。種法：欲雨後速下，或漫散種，或耬下，一如種麻法。亦有鋤掊而掩種者。子科大而易料理。花出，日日乘凉摘取，不摘則乾。摘必須盡。留餘即合。五月子熟，拔，曝令乾，打取之。子亦不用鬱浥。五月種晚花，春初即實子，入五月便種。若待新花熟後取子，則又晚也。七月中摘；深色鮮明，耐久不黦，紆物反，色壞也。勝春種者。收子與麻子同價，既任車脂，亦堪爲燭。

一頃花，日須百人摘，以一家手力，十不充一。但駕車地頭，每旦當有小兒僮女十百爲羣，自來分摘，正須平量，中半分取是以單夫隻婦亦得多種。

曬紅花法：摘取即碓擣，使熟，以水淘，布袋絞去黄汁，更擣，以粟飯漿清而醋者淘之，又以布袋絞去汁，即收取染紅，勿棄也。絞訖，著瓮器中，以布蓋上。鷄鳴更擣令均，於席上攤而曝乾。勝作餅。花作餅者，不得乾，令花浥鬱也。以染真紅及作臙脂，其利殊博也。

藍

藍，染草也。《爾雅》云「葴，馬藍」。藍有數種。有「木藍」。有「松藍」，可以爲澱者。有「蓼藍」，但可染碧，不堪作澱。藍一本而有數色，刮竹青，緑雲碧，青藍黄，豈非「青出於藍而青於藍」者乎？

種藍之法：藍地欲良，三徧細耕；三月中浸子，令芽生，乃畦種之。治畦下水，一同葵法，藍三葉，澆之。晨夜再澆。薅治令浄。五月中，新雨後，即接溼耬耩，拔栽之。三莖作一科，相去八寸。栽時宜併力急手，無令地燥也。白背即急鋤，栽時既溼，白背不急鋤，則堅確也。五徧爲良。七月中，作藍澱。崔寔曰，榆莢落時可種藍，五月可刈藍，六月可種冬藍。冬藍，木藍也。藍非獨可染青，絞其汁飲之，最能解蟲豸諸藥等毒，不可闕也。

元·費著《蜀錦譜》 蜀以錦擅名天下，故城名以錦官，江名以濯錦。而《蜀都賦》云，貝錦斐成，濯色江波。《遊蜀記》云，成都有九壁村，出美錦，歲充貢，宋朝歲輸上貢等錦帛，轉運司給其費，而府掌其事。元豐六年，呂汲公大防始建錦

院於府治之東，募軍匠五百人織造，置官以莅之。創樓於前，以爲積藏。待發之所，榜曰錦官。公又爲之記其畧云，設機百五十四，日用挽綜之工百六十四，用杼之工五十四，練染之工十一，紡繹之工百十一，而後足役。歲費絲權以兩者，一十二萬五千；紅藍紫茢之類以斤者，二十一萬一千，而後足用。織室、吏舍、出納之府，爲屋百一十七間，而後足居。自今考之，當時所織之錦，其別有四：曰土貢錦，曰官告錦，曰臣僚襖子錦，曰廣西錦。總爲六百九十疋而已。渡江以後，外攘之務十倍承平，建炎三年，都大茶馬司織造錦綾被褥折支黎州等處馬價，自是私販之禁興。又以應天、北禪、鹿院寺三處置場織造。其錦自真紅被褥而下，凡十餘品。於是中國織紋之工，轉而衣被、椎髻、鴃舌之人矣。乾道四年，又以三場散漫，遂即蒨廉訪司潔已堂刱錦院悉聚機户其中。猶恐私販不能盡禁也，則倚宣撫之力，建請於朝，併府治、錦院爲一，俾所隸工匠各以色額織造。蓋馬政既重，則織造益多，費用益夥，隄防益密，其勢然也。今取承平時錦院與今茶馬司錦院所織造名著於篇，俾後來者各以時考之。

轉運司錦院織錦名色即成都府錦院。

上貢錦三疋花樣：八答暈錦

官告錦四百疋花樣：盤毬錦　簇四金鵰錦　葵花錦　八答暈錦　六答暈錦　翠池獅子錦　天下樂錦　雲鴈錦

臣僚襖子錦八十七疋花樣：簇四金鵰錦　八答暈錦　天下樂錦

廣西錦二百疋花樣：真紅錦一百疋，大窠獅子錦、大窠馬打毬錦、雙窠雲鴈錦、宜男百花錦、青緑錦一百疋　宜男百花錦　青緑雲鴈錦

茶馬司錦院織錦名色茶馬司《須知》云，逐年隨蕃蠻中到馬數多寡，以用折傳，别無一定之數。

黎州：皂大被　緋大被　皂中被　緋中被　四色中被　七八行錦　瑪瑙錦

敘州：真紅大被褥　真紅雙連椅背　真紅單椅背

南平軍：真紅大被褥　真紅雙窠錦　皂大被褥　青大被褥

文州：犒設紅錦

細色錦名色

青緑瑞草雲鶴錦　青緑如意牡丹錦　青紅宜男百花錦　真紅穿花鳳錦　真紅雪花毬露錦　真紅櫻桃錦　真紅水林檎錦　秦州細法真紅錦　鵝黄水林檎錦　秦州中法真紅錦　紫皂段子　秦州麤法真紅錦　真紅天馬錦　真紅湖州大百花孔雀錦　真紅飛魚錦　四色湖州百花孔雀錦　真紅聚八仙錦　二色湖州大百花孔雀錦　真紅六金魚錦

元・陶宗儀《南村輟耕録》卷八　寫山水訣

山水之法，在乎隨機應變，先記皴法不雜，布置遠近相映，大槩與寫字一般，以熟爲妙。紙上難畫，絹上礬了，好著筆。好用顏色，易入眼。先命題目，此謂之上品。古人作畫，胸次寬闊，布景自然。合古人意趣，畫法盡矣。

好絹用水噴濕，石上槌眼匾，然後上幀子。礬法，春秋膠礬停，夏日膠多礬少，冬天礬多膠少。著色，螺青拂石上，藤黄入墨畫樹，甚色潤好看。

作畫祗是箇理字最緊要，吴融詩云：良工善得丹青理。

又　卷一一　采繪法

凡面色，先用三朱、膩粉、方粉、藤黄、檀子、土黄、京墨合和襯底。上面仍用底粉薄籠。然後用檀子、墨水幹染。面色白者，粉入少土黄，燕支不用。燕支則三朱，紅者，前件色入少土朱。紫堂者，粉檀子老青入少燕支。黄者，粉土黄入少土朱。青黑者，粉入檀子、土黄、老青各一點，粉薄罩，檀墨幹。已上看顏色清濁加減用，又不可執一也。

口角，燕支淡，如要帶笑容，口角兩筆略放起。

眼中，白染瞳子外兩筆，次用烟子點睛，墨打圈，眼梢微起，有摺，便笑。

口唇上，燕支蓦。

鼻色，紅燕支微籠。

面雀斑，淡墨水幹麻，檀水幹。

髯色，黑者，依鬢髮渲紫者，檀墨間渲。黄紅者，藤黄檀子渲。

髮，先用墨染，次用烟子渲。有間渲，排渲，亂渲，當自取用。

手指甲，先用燕支染，次用粉染根。

凡染婦女面色，燕支粉襯，薄粉籠，淡檀墨幹。

凡染法，白紙上，先染後却罩粉，然後再染提掇絹，則先襯背後。

凡調合服飾器用顏色者，緋紅，用銀朱紫花合。桃紅，用銀朱燕支合。肉紅，用粉爲主，入燕支合。梔枝緑，用枝條緑入漆緑合。黑緑，用漆緑入螺青合。柳緑，用枝條緑入槐花合。官緑，即枝條緑是。鴨頭緑，用枝條緑入高漆緑合。月下白，用粉入京墨合。柳黄，用粉入三緑標，并少藤黄合。鵝黄，用粉

入槐花合。磚褐，用粉入烟合。荆褐，用粉入槐花、螺青、土黄標合。艾褐，用粉入槐花、螺青、土黄、檀子合。鷹背褐，用粉入檀子、烟墨、土黄合。銀褐，用粉入藤黄合。珠子褐，用粉入藤黄、燕支合。藕絲褐，用粉入螺青、燕支合。露褐，用粉入少土黄、檀子合。茶褐，用土黄爲主，入漆绿、烟墨、槐花合。麝香褐，用土黄、檀子入烟墨合。檀褐，用土黄入紫花合。山谷褐，用粉入土黄標合。枯竹褐，用粉土黄入檀子一點合。湖水褐，用粉入三绿合。葱白褐，用粉入三绿標合。棠梨褐，用粉入土黄、銀朱合。秋茶褐，用土黄入三绿槐花合。油裹墨，用紫花、土黄、烟墨合。玉色，用粉入高三绿合。鮀色，用粉漆、绿標墨入少土黄合。氊子，用粉、土黄、檀子入墨一點合。藍青，用三青入高三绿合。金黄，用槐花粉入燕支合。雅青，用蘇青襯，螺青罩。鼠毛褐，用土黄粉入墨合。不老紅，用紫花、銀朱合。蒲萄褐，用粉入三绿紫花合。丁香褐，用肉紅爲主，入少槐花合。杏子絨，用粉墨、螺青入檀子合。氊綾，用紫花底，紫粉搭花樣。番皮，用土黄、銀朱合。鹿胎，用白粉底紫花樣。水獺氈，用粉土黄合。牙笏，用好粉一點，土黄粉凝。皁韡，用烟墨標。柘木交椅，用粉、檀子、土黄、烟墨合。金絲柘，同上，不入墨。紫袍，用三青、燕支合。其餘不能一一備載，在對物用色可也。

凡合用顔色細色，頭青、二青、三青、深中青、淺中青、螺青、蘇青、二绿、三绿、花葉绿、枝條绿、南绿、油绿、漆绿、黄丹、飛丹、三朱、土朱、銀朱、枝紅、紫花、藤黄、槐花、削粉、石榴、顆綿、燕支、檀子。其檀子，用銀朱淺入老墨、燕支合。

又陶宗儀《墨娥小録》卷六《藝術戲劇》

采繪法

凡面色，先用三朱、膩粉、方粉、藤黄、檀子、土黄、京墨，令和襯底，上面仍用低粉薄籠，然後用檀子、墨水幹染。面色白者，粉入少土黄、臙脂；不用臙脂，則三朱。紅者，前件色入少土朱。紫堂者，粉、檀子、老青入少臙脂。黄粉者，土黄入少土朱。青黑者，粉入檀子、土黄、老青各一點，粉薄罩，檀墨幹。巳上看顔色清濁加減用，又不可執一也。

口角臙脂淡，如要帶笑容，口角兩邊畧放起。眼中白染瞳子外兩筆，次用烟子點睛，墨打圈，眼梢微起有摺，便笑。口唇，上臙脂抹。鼻色，紅臙脂微籠。面雀斑，淡墨水幹，麻檀水幹。髯色黑者，依鬢髮渲。紫者，檀、墨間渲。黄紅者，藤黄、檀子渲。髮，先用墨染，次用烟子渲。有間渲、排渲、亂渲，當自取用。手指甲，先用臙脂染，次用粉染根。

凡染婦女面色，臙脂粉襯，薄粉籠，淡檀墨幹。

凡染法，白紙上先染，後却罩粉，然後再染。提掇絹則先襯背後。

凡調合服飾器用顔色者：緋紅，用銀硃與紫花合。桃紅，用銀朱、臙脂合。肉紅，用粉爲主，入臙脂合。栢枝绿，用枝條绿，入漆绿合。黑绿，用漆绿，入螺青合。柳绿，用枝條绿，入槐花合。官绿，即枝條绿是。鴨頭绿，用枝條绿，入高漆绿合。月下白，用粉，入京墨合。柳黄，用粉，入三绿標并少藤黄合。鵝黄，用粉，入槐花合。氊褐，用粉，入烟合。荆褐，用粉，入槐花、螺青、土黄標合。艾褐，用粉，入槐花、螺青、土黄、檀子合。鷹背褐，用粉，入檀子、烟墨、土黄合。銀褐，用粉，入藤黄合。珠子褐，用粉，入藤黄、臙脂合。藕絲褐，用粉，入螺青、臙脂合。露褐，用粉，入少土黄、檀子合。茶褐，用土黄爲主，入漆绿、烟墨、槐花合。麝香褐，用土黄檀子，入烟墨合。檀褐，用土黄，入紫花合。山谷褐，用粉，入土黄標合。枯竹褐，用粉，土黄入檀子一點合。湖水褐，用粉，入三绿合。葱白褐，用粉，入三绿標合。棠梨褐，用粉，入土黄、銀朱合。秋茶褐，用土黄，入三绿、槐花合。油裹墨，用紫花、土黄、煙墨合。玉色，用粉，人高三绿合。鮀色，用粉。漆绿，標墨，入少土黄合。氊子，用粉、土黄、檀子，入墨一點合。藍青，用三青，入高三绿合。金黄，用槐花、粉，入臙脂合。鴉青，用蘇青襯，螺青罩。鼠色褐，用土黄、粉，入墨合。不老紅，用紫花、銀朱合。蒲萄褐，用粉，入三绿、紫花合。丁香褐，用肉紅爲主，入少槐花合。杏子絨，用粉墨、螺青，入檀子合。氊綾，用紫花、低紫粉搭花樣。番皮，用土黄、銀朱合。水獺氊，用粉、土黄合。牙笏，用好粉，一點土黄粉凝。皂靴，用烟墨標。柘木交椅，用粉、檀子、土黄、烟墨合。金絲柘，用上，不入墨。紫袍，用三青、臙脂合。鹿胎，用白粉底、紫花樣。其餘不能一一備載，在對物用色可也。

凡合用顔色，細色頭青、二青、三青，深中青，淺中青，螺青，蘇青，二绿，三绿，花葉绿，枝條绿，南绿，油绿，漆绿，黄丹，飛丹，三朱，土朱，銀朱，枝紅，紫花，藤黄，槐花，削粉，石榴顆，綿臙脂，檀子。用銀朱，淺入老墨、胭脂合。

又 發靛甕青藥

烏頭，草烏，蒼木，川山甲，斑猫，芫花，甘遂，紅荳，青娘子，白芷，紅娘子，䖟虫，□言，苦參，三賴，砂仁，狗脊，川芎，南星，甘草，半夏，巴荳，當歸，天麻，天仙子，人參，附子。

右各等分，隨靛多少，用藥捉之，其靛自發。此方都下染坊常用。

染小紅

蘇木，將些少口中嚼嘗，味甜者佳，酸則非真。必降真之類，將來搥碎，煎汁，濾去粗。先以絹帛，用槐花煎汁染黄。䩞脚不染亦可，却以礬些少煎化，多用水破浸絹帛令勻，取出曬乾。然後安入蘇木汁内，却入已煎下五倍子湯沖入，看顔色淡淺，如未到得好，再入些少。假如絹一疋，用五倍汁一鍾半，作三次加。如加至一鍾顔色已好，則不必更加。

染青絨色

鍋底墨，刮下用煑酒殺，研令極細，濾浄。多用水化開，却將布帛之類浸在内，調停令勻，不要有痕迹。浸半日許取出，絞去水，曬乾。再以礬紅和水罩之。

靛缸

如靛缸不甚發，入糟些少。或將壞，則入石灰些少。此刼藥也，或好或不好，便見。

顔色：土黄，黄。箬葉灰，青。蘇木，紅。槐花，黄。韶粉，白。

又法

用撤蓬洗浄曬乾，青者用蘇青灰墨染。紫者，用北紅染。

收紅花染布法

每朝擷取紅花，於砂石盆内搗碎，以麻布或綿布作袋以盛之，河水洗三四次，絞去黄汁令盡，捻作餅子，曬乾收藏。如日後要染布帛之時，須是隔日揉碎餅子，以河水浸。次日仍用袋盛之，再洗去黄水，方用温湯洗一二次，却用荳萁灰汁洗一二次。以此兩樣紅汁，用烏梅泡湯點和加染。每乾紅花一觔，須用烏梅一觔搥碎泡湯。其采取搗碎之時，洗下黄水，便用搗碎青梅，布帛就黄水内揉洗，酸水在内點和，候色轉紅，却將布帛浸在内，於日中曬至午後，撩起於河水内洗浄曬乾。再有黄水，再如前法，直至色紅爲度。

采槐花染色法

收采槐花之時，擇天色晴明日，早起采下。石灰湯内漉過，蒸熟。當日曬乾，則色黄明。或值雨，若隔夜不乾，便不妙。煎汁染色時，先炒過，碾細。候沸，入少泥礬，則色十分黄。切不可用明礬。若入些少明礬，則色反不黄矣。如以莧菜灰淋汁調和，便是黑緑。

佚名《碎金・綵色篇》 夾纈：擅纈、蜀纈、撮纈、錦纈、蠒兒纈、漿水纈、三套纈、哲纈、鹿胎纈。

明・王佐《新增格古要論》卷五《古畫論》 賞鑒 唐人五代絹素粗厚，宋絹輕細，望而可別唐宋也。

古畫絹色 古畫絹色淡墨，自有一種古香可愛。惟佛像有香烟薰黑者，多僞。作者取香烟遲，或用竈烟，搗碎煎汁染絹，其色黄而不精采。古絹自然破者，必有鯽魚口，須連三四絲，不直裂。僞作則否，其絹亦新。

古畫絹素後增 唐絹絲粗而厚，或有搗熟者。有獨梭絹，闊四尺餘者。五代絹極粗如布。宋有院絹，勻浄厚密，亦有獨梭絹。有等極細密如紙者。但是稀薄者，非院絹也。

元絹類宋絹，有獨梭絹，出宣州。有宓機絹，極勻浄厚密，是嘉興府魏塘宓家，故名宓機。趙松雪、盛子昭、王若水多用此絹作畫。國朝内府絹與宋絹同，兩京亦有好者。

又 卷八《古錦論》 古錦後增。 古有樓閣錦、樗蒲錦，又曰闍婆錦、紫駝花、鸞鵲錦，此錦裝背古畫尤佳，今蘇州府有落花流水錦，及各色錦。

刻絲作 刻絲作，宋時舊織者，白地或青地子，織詩詞山水，或故事人物、花木鳥獸，其配色如傅彩，又謂之刻色作。此物甚難得，嘗有舞裀，闊一尺有餘者，且勻浄緊厚。

紵絲作 紵絲作，新織者類刻絲作，而欠光浄緊厚，不逮刻絲多矣。又曰紵絲作。

古錦帳 古錦帳，闊一丈有餘，多織《晝錦堂記》《滕王閣記》，字方四寸，又有小幅者，皆佐所目覩。亦有花竹翎毛者，雖寶貴可愛，然但可裝地遮壁，非士大夫清玩也。

佐聞之鄉長老云，吾邑太原坪下人織《晝錦堂記》，蓋前元時也。今泉州府、蘇州府又有織者，大小幅皆有，然不及古遠甚。

灑海剌 灑海剌，出西番，絨毛織者，闊三尺許，緊厚如氈，西番亦貴。

普羅 普羅，出西蕃及陝西、甘肅，亦用絨毛織者，闊一尺許，與灑海剌相似，却不緊厚，其價亦低。

兜羅錦 兜羅錦，出南番、西番、雲南。莎羅樹子内錦織者，與剪絨相似，闊五六尺，多作被，亦可作衣服。

西洋剪絨單 西洋剪絨單，出西番，絨布織者，其紅緑色，年遠日曬，永不退

色，緊而且細，織大小番犬形，方而不長，又謂之同盆單，亦難得。

西洋布　鄉姻鄒鳳律得西洋布，其白如雪，闊七八尺。

明・陸容《菽園雜記》卷一四　苧，每四五年一種，種須八九月去舊根，取當年旁生枝爲佳。久不更種，到老根生白蟻傷之。種法，先鋤地作溝，用污泥填壅，每溝約疎五六尺，或一尺。五月刈者名頭苧，七月刈者名二苧，九月刈者名三苧。如茂盛，亦不須待至此月。及其未生旁枝，未生花，未遭狂風，可也。若過時而生旁枝，則苧皮不長，生花則老，而皮粘於骨，不可剥；遭大風吹折倒，皮亦有斷痕而不佳矣。凡將刈，先以杖繋去葉，然後刈之。落葉既壅于根，久而浥爛，到地亦肥。刈後乘其未燥以水沃之。剥重皮漚水中，一時取起，以鐵刀戛去粗皮，陰乾；若曬乾，則硬脆不堪績矣。雨後刈者，光潤而佳。戛法以時，但一面著刀，以指按粗皮於刀上，而抽取之。每一刈後，製苧稍暇，須灌糞一度，又以污泥覆之則肥，而收刈可以及時。大率織布以頭苧爲尚，二苧滋潤，而便於績者耳，三苧尤劣。

明・宋詡《宋氏燕閑部》卷下

練糨擣帛法

先用水淋草灰濃汁煮帛，試軟，紐不散開爲則。更作沸湯泡灰，和斫細猪胆，漬帛少時，頓草藉地中，取器覆半日。遂以胆湯澣濯輕擣令潔，暵乾。欲顔色染而後糨，糨以水小粉熬厚，冷水漬之，停下用。勻入乾，生小粉，爲多手揉，須到暵微潤，疊襞齊整，襯砧間擣糨透平滑曬乾，甚勝於經砑石者也。此小練甚佳。若大練，用石灰湯煮過時則帛速腐。

染布帛顔色法

鮮紅花擣碎，洗下黄水，即擣青梅，以布囊揉酸味於内，視色轉紅，浸布帛。更浸，更曬，紅則已。乾紅花，先一日揉碎，以河水浸，次日用囊盛水洗去黄水，又用温湯洗一二次停下。然荳萁灰，淋水洗一二次，又停下。花淡，始棄之，合兩紅汁，泡烏梅湯點和，取布帛用黄檗泡水藉底，暵乾加染，更染更紅。每乾紅花一斤，烏梅搥碎一斤，染小紅布帛十兩。用蘇木四兩，水二碗，煎汁一碗留下。再入水一碗，半煎八分，又留下。再入水一碗，煎五分。三汁勻和，取明礬一兩爲末，入沸湯一碗化盡，下布帛浸半時，暵乾。以梔子，或槐花湯泡藉底。又暵乾，乃下蘇木汁中浸半時。常提轉，見顔色停當，起挂於通風中，不得日曬。一法，槐花炒香一兩爲末，入蘇木中同熬，不用藉其底也。凡以黄，則槐花煎汁染。以青，則靛。以緑，則青、黄合之。以紫，則青、紅合之。以淺色，則視輕重加減。若他椒褐、茶褐、荆褐、茄褐之色，有雜以壚黄煎汁者，有雜以墨磨水者，臨時酌量。皂礬、五倍子易毁布帛，今人舉不用矣。

明・李東陽等《明會典》卷一九五《工部一五・顔料》　洪武二十六年定，凡合用顔料，專設顔料局掌管。淘洗青緑將見在甲字庫石礦，按月計料支出淘洗，分作等第進納。若燒造銀硃用水銀，黄丹用黑鉛，俱一體按月支料。燒煉完備，逐月差匠進赴甲字庫收貯。如果各色物料缺少，定奪奏聞，行移出産去處採取，或給價收買鈔法。紫粉所用數多，止用蛤粉蘇木染造，時常預爲行下本局，多爲備辦用度。如缺蛤粉，一體收買。

黑鉛一斤，燒造黄丹一斤五錢三分三釐。

水銀一斤，燒造銀硃一十四兩八分，二硃三兩五錢二分。

次青緑石礦一斤，淘造浄青緑一十一兩四錢三分。

暗色緑石礦一斤，淘造浄石緑一十兩八錢七分六釐。

蛤粉一斤，染造紫粉一斤一兩六錢。

硇砂一斤，燒造硇砂緑一十五兩五錢。

凡修建顔料舊例，内外宫殿公廨房屋該用青緑顔料，俱先行内府甲字等庫關支，不足方派各司府。嘉靖三十六年，以大工題行雲南採解買辦。

凡寶色，尚寶司每年該銀硃九十斤，行内庫關支。正德十二年，加硃三十斤，派行四川，收買涪州水花銀硃一百二十斤解部，轉發器皿廠淘洗送用。嘉靖三十六年題准，以後動支節慎庫料銀，照數召買，淘洗送用，每歲該銀六十三兩六錢。

凡各衙門年例印色，工部題行順天府宛大二縣買辦。

宗人府紫粉一十二斤，銀硃二斤四兩。

左軍都督府紫粉二十四斤。

右軍都督府紫粉一十八斤。

中軍都督府紫粉二十四斤。

前軍都督府紫粉一十八斤。

後軍都督府紫粉三十六斤，銀硃三斤，白芨一十斤十四兩五錢。

吏部紫粉一十二斤，銀硃三斤，白芨二斤。

户部紫粉二十四斤，二硃三斤，白芨六斤。

禮部紫粉一十八斤。

兵部紫粉一十二斤，銀硃三斤，白芨二斤。

邢部紫粉一十斤，銀硃四斤，白芨二斤。

工部紫粉一十八斤，二硃二斤，白芨四斤。

都察院紫粉二十斤，銀硃四斤，白芨一斤。

通政司紫粉二十四斤。

大理寺紫粉一十斤，銀硃二斤，白芨一斤。

吏科二硃一斤一兩三錢三分三釐。

户科二硃一斤十兩。

禮科二硃一斤十兩。

兵科二硃二斤三兩。

刑科二硃二斤。

工科二硃一斤八兩。

明・李時珍《本草綱目・水部》 浸藍水綱目【略】

發明 時珍曰，藍水，染布水。皆取藍及石灰能殺蟲解毒之義。

明・朱國禎《湧幢小品》卷二《農蠶》 湖地宜蠶，新絲妙天下。每蠶忙時，必有小鳥，連叫曰，瀫山看火，其聲清澈可聽。蠶畢，則止。餘地無之。蠶室煖，育者倦極，常有火患。作繭用柴帚，以禾草爲之，長尺有咫，大可一握，散布，登蠶其上。有至二三重者，名曰上山。

湖絲惟七里者尤佳，較常價每兩必多一分。蘇人入手即織，用織帽緞，紫光可鑑。其地去余鎮僅七里，故以名。有即其地載水作絲者，亦只如常，蓋地氣使然。其初收也，以衣衾覆之，晝夜程其寒煖之節，不使有過。過則有傷，是爲護種。其初生也，則以桃葉火炙之，散其上。候其蠕蠕而動，濈濈而食，然後以鵝羽拂之，是爲攤烏，其既食也，乃熾炭於筐之下，并其四周。到桑葉如縷者而謹食之，又上下抽番，晝夜巡視。火不可烈，葉不可缺。火烈而葉缺，則蠶饑而傷火，致病之源也。然亦不可太緩，緩則有漫漶不齊之患矣。編絰曰蠶薦，用以圍火，恐其氣之散也。東秸曰葉墩，用承刀，惡其聲之著也，是爲看火。食三四日而眠，眠則擿。眠一二日而起，起則餧，是爲初眠。自初而之二，自二而之三，其法盡同。而用力益勞，爲務益廣，是爲出火。蓋自此蠶離于火，而葉不資于刀矣。又四五日爲大起，大起則薙，薙則分箔。薙早，則足傷而絲不光瑩。薙遲，則氣蒸而蠶多濕疾。又六七日爲熟巧，爲登簇。巧以葉蓋，曰貼巧，驗其猶食者也。簇以藁覆，曰冒山，濟其不及者也。風雨而寒，則貯火其下，曰炙山。晴暖則否。三日而闢户，曰亮山，五日而去藉，曰除托，七日而采繭爲落山矣。凡蠶之性，喜温和與惡寒熱。大寒則悶而加火，太熱則疏而受風。蠶房宜卑，卑則温。蠶簇宜高，高則爽。又其收種時，須在清明後，穀雨前。大起須在立夏前，過此不宜也。至於桑葉，尤宜乾而忌濕。少則布挹之，多則箔晞之。能節其寒煖，時其饑飽，調其氣息，常使先不踰時，後不失期，而舉得其宜。一時任事諸女僕又相興起率勵，咸精其能，故所收率倍常數。傳者始而驚，中而疑，終而信也。其後益加講求，爲法愈密，所産益良。前後幾二十年，歲無敗者。時謂得養蠶術焉。

又 卷一五《泰州井》 泰州有天女繅絲井，相傳董永行孝之所。每蠶熟時，井中有白草，根長丈餘，如絲。

明・方以智《通雅》卷三二《器用・裝治》 油素，上素也。揚雄：「四尺油素。」謂其光如油也。《説文》：「素，白緻繒也。」小顔曰：「素，謂絹之精白者，用寫書。」劉向典校書籍，繕寫用上素。《古詩》「中有尺素書」，謂絹也。生綃可以作畫。韓詩：「生綃數幅垂中堂。」李成工山水，人以詩贈之云：「六幅水綃掛翠屏。」

檷、柅、杘，一物也。《説文》曰：「柅，實如黎。杘，篗柄也。檷，絡絲趺。」鄭夾漈曰：「㞙，篗柄也。」陸氏曰：「讀如昵。」一曰柅，止車木。《易》「繫于金柅」者，以金爲之，卓地爲固。《孟子》：「止或尼之。」其通義也。絡絲趺，因以爲名，温州至今云絡柅也。《列子》：「墨杘。」亦見《方言》。杘即㞙之省文耳。墨音眉，因其轉滑，廣多詐義。《小補》引作墨杘，誤矣。檷、柅，實一字，絲之筳，即篗王縛切。柄，合溪何疑焉。《説文》：「收絲者也。」《方言》曰：「篗，榬也。」亦作篗，又作[illegible]、[illegible]、篗。今江南收絲，似小攪車，中有柄，聽絲旋其外，而中軸自轉，總曰絡子。履曰：「今松江紡棉花，建昌紡圓絲苧線，皆牽五絲之絡柅」。

蒐白席，地隔之類也。《劉宋起居注》：「元嘉中，爲御史中丞奏，風聞廣州刺史韋朗，于州部作蒐白席三百二十領，請以事追。」陳喬生曰：「即番舶地隔也。」茅蒐染紅，故曰蒐白。姚以式從濠鏡得之。一名嘉文席，即《拾遺記》之葉席也。」又言：「崐崙有莀，紅色，可編爲席。今是染色，織作細方勝；兩末有櫺星，或垂綏，以防蟲蟻。」《東宮舊事》「太子有獨坐龍鬚席」。崔豹謂之虎鬚席，即

今肇慶金渡之細席也。蔑席則桃枝竹席，古人通稱席。以藉以障，則葦席也。後世筵席本此。

又　卷三六《衣服·彩服》　古分冕、弁、冠，然亦通稱；猶漢晉來分幘、巾、帽，而亦通稱也。　古冠制三：曰冕者，朝祭服，所謂十二旒、九旒而下是也，惟有位者得服之。曰弁，亞於冕，所謂夏收、殷冔、周弁是也。曰冠，亞於弁，所謂委貌、毋追、章甫是也。弁與冠，自天了至士，皆得服之。按古文奇字□，象形，弁亦此聲，而稍別作□。□則通稱。執劉鉞之人皆冕，冕亦通稱，猶之冃即帽也。荀子言：「王者務而拘領。」注：「務讀如冒。」《尚書·大傳》作「冒而句領」，詳見後。此非古之帽乎。古冒、務、無、毋、牟、莫、勉，皆一聲之轉。詳見《釋詁》各條。委貌之貌，毋追之毋，章甫之甫，皆此聲也。舊説冔名出于幠。幠，覆也；收，收髮也；毋，發聲也；追，推也；委，安也。智謂委，緌也。詳見後。毋追，猶堥堆，即牟敦，古語堆起之狀。岑牟諸説見後。幠亦因此。漢人用閔免，密勿即僶勉，即《爾雅》之蠠没，《方言》之侔莫，故知冕、帽、貌、甫相通。冔，當是冔，毋别有解。推原上古，異説不妨并存，以聽折衷也。《郊特牲》「卷冕」即衮冕。《管子》作緷絻，《汲冢》用紼絻。絻音問而借冕，古通聲可知。高承《事物紀原》云：「《世本》云：『黄帝作旃冕。』」《通考》載此説。智以旃冕乃旒冕之譌。吴曾考《世本》云：「伯余初作衣裳，胡曹作冕，黄帝臣也。」有虞氏皇而祭，康成皇邸皇舞，皆爲鳳皇。此爲畫羽之冕。周捨以爲畫鳳羽之衣。《説文》，皇爲自始之説，《含神霧》遂引天皇之星。不知上古造字，必先近取，而後及遠。開口喉聲，莫如王字，從□古人字。正坐，與□古天字。相比，故成三畫連中之象。皇爲冕象，從□，似自形也。後乃追尊帝號曰皇；而天皇之皇，與鳳皇皆因此起，乃反據以解有虞之皇耶？大抵古自有取象通聲之原，而後因稱配字，不得不別注釋，不知其故，隨字鑿説矣。聲稱相因，而分用當别。弁、冔、收皆爵弁，如玄鳥之色。以玄繒爲之，三加之冠也。委貌、章甫、毋追，皆緇布冠，始加之冠也。皮弁，弁以皮爲之，再加之冠也。其幘、巾、帽，見後。

端委，委猶緌也，纚旒紞紘邃延，皆委也，笄梁皆衡也。《左傳》：劉定公曰：「吾端委以治民。」「晏平仲端委以立於虎門。」《晉語》：董安于曰：「臣端委以隨宰人。」《周語》曰：「晉侯端委以入武宫，」蓋端言正也，玄端，委貌也，此爲冠冕之通稱，豈但齊服玄端素端乎？委言其垂下之緌，舊解委爲安者，非矣。《玉藻》：「邃延、弁師、玄冕、朱裏、延紐、纚旒、朱紘、皮弁、玉璂、象邸、玉笄。」璂讀如綦，結也；邸，下邸也，以象骨爲之。《左傳注》：「衡，維持冠者。紞，多敢反。冠之垂也。紘，纓從上而下也。綖，冠上覆也，或以紞爲垂瑱充耳。」康成曰「衡笄」。蓋凡横者曰衡，今之梁亦衡也。古以旒分，至晉宋齊猶然。唐通天冠二十四梁，宋亦用之，今則惟朝冠有梁。賈子朝委裘。孟康曰：「若容衣。」《吕覽》曰：「堯之容若委衣裘」，言少事也。

漢平冕，晉黑介幘。《漢·明紀》：「永平二年祀明堂。」注引《漢官儀》：「天子公卿特進諸侯祀天地明堂，皆冠平冕。」《三禮圖》：「冕以四十升布漆而爲之，廣八寸，長三寸，前下後高。」《晉志》：「平冕，王公八旒，卿七；王公衣九章，卿七章。」齊梁因制平天冠。《隋志》：「平冕，俗所謂平天冠也。」《晉志》：「通天冠高九尺，金博山顔，與平冕黑介幘並用。平冕加於通天冠之上，後或加附蟬，或用二十四梁，皆通天冠也。」黑介幘即後世之翼善冠，以至襆頭。襆後作幞。進賢冠，皆是漆灰張其題屋。翼善冠，昉於唐太宗改周幞頭爲之。又制進德冠以賜貴臣。玉纂，制如弁服，以金飾梁，花趺，三品以上加金絡，五品以上附山雲，則是近時之朝冠矣。朱子論幞頭鐵張，猶後起也。近省五冕，惟冕以享廟。常服烏紗，折角向上。巾即古幘幞、翼善之類。御殿服皮弁，亦冒烏紗十二縫，縫各五采，玉十二，玉簪導。

毌，冠也。「易貫魚以宫人寵」，徐邈讀貫爲冠。《谷永傳》：「以次貫行」，所陳衆條，以次相續行之。《韻增》收入平聲，是貫有冠音矣。貫古作毌。毌丘地名，象人冠形而名，遂有毌丘氏；後訛爲毋，諸家複姓毋丘音無。升菴曰：「當音貫」。梁氏言毋追，亦毌字，象形。《釋名》曰：「冠，貫也，所以貫韜髮。」則毋追當音冠椎，不必音牟堆矣，此亦一説。毋之音牟，因毋轉爲淳毋之模，模轉爲牟。漢人謂絞頭布爲牟，禰衡岑牟是也。

漢魏晉以來，謂漆紗之冠曰幘，通用曰巾幘。《通典》：「古者有冠無幘，其戴也加首，有頍，所以安物。」故《詩》曰：「有頍者弁。」秦加武將首爲絳袙，以表貴賤，後稍作顔題。漢孝文高其顔題，續之爲綃當作幧。七消反。《儀禮注》：「如今著幓頭，自項交額繞髻。」周弘正著紅褌錦絞髻，踞開善寺門聽講。陳暄以玉帽簪插髻，紅絲布裹頭，上徐陵坐。韋堅令陜尉，紅袙首唱《得寶歌》，即幧頭也。又作鞨，《方言》曰：「鞨巾，俗人帕巾是也。」毛晃并以帓爲帕，誤；帓，帶也。青籐《路史》言：「扶頭，是大禹制。帑音綪，或曰袜，袙聲轉。」北人戴帽以帕縛之，南惟興泉人喜去巾裹烏帕。閩妝女頭，下路通尚矣。

巾褠，巾幘，禪衣也。　江南人士交際，褠音句。爲盛服，蓋次於朝服。雷次宗以巾褠侍讀，朱修之不肯以巾褠到殷景仁之門是也。

以漆膠紗曰漆紗。　隋皮弁用漆紗爲之。董巴曰：「以鹿皮爲之。」何稠用漆紗施象牙簪，弁加簪導，亦自稠始也。《青箱雜記》曰：「天聖以前，烏幘用光紗，自後始用南紗。」南紗今之緆紗，在漆紗外者也。按《後漢書》：「長冠一曰齊冠，漆纚爲之」，即漆紗也。纚音斯，斯有紗音。朱子言：「斫木作軍容頭，後用藤骨。仁宗時，方以漆紗爲之。」謂免木骨耳，非古無漆纚也。

弁缺四隅曰帢，言擶其隅也。　《唐韻》：「罯即帢，又作帢、峽，弁缺四隅也。漢武始製。」成帝制：使尚書八座丞郎三省侍郎乘車，白帢低幘，出入掖門。又二宫直官，著易紗帢，往往士人宴居，皆著帢矣。《集韻》：「亦作罯、[illegible]、袷。按當從冃，從㕣。」然則《唐韻》之罯，即《集韻》之罯乎，要當作[illegible]從冃㕣。

帽之屠蘇垂者曰裾，亦曰裙；反裙覆頂者，所謂洞賓巾也。倚勸，今之窩玉也。假兩，今之鞔胸兜也。　《齊書·海陵王紀》，以生紗爲帽，半其裾而折之曰倚勸，又著下屋白紗帽，兩反裙覆頂上，令反裾向下。和帝時，百姓及朝士以方帛填胸，名曰假兩。

播褼，謂其繙帤也。　《方言》：「繙褼音煩冤。謂之幭。亡曰切。」郭璞曰：「即帊幞也。」則非足下之襪矣。按，《莊子》「孔子繙十二經」注：「繙帤，音死。亂取之也。」今據郭讀煩冤，則繙褼即繙帤何疑，言帊幞垂覆繙帤之狀。《呂覽》「幡薄」，高誘注：「幡亦薄也。」

重戴，言繖下服帽也。有席帽、有裁帽、有涼衫。宋之衫帽，猶唐之帷帽羃䍦也。　《石林燕語》曰：「唐至五代時，初京師皆不禁繖，五代始命御史服裁帽。蜀王衍好戴大裁帽，蓋欲掩已而有泥首之兆。淳化初，命公卿皆服之。既有繖，又服帽，故曰重戴。自祥符後始禁，惟親王宗室得張繖。今席在漢曰翦毳篚，殆《周禮》之所謂編乎？其曰頭髮，則《詩》之髢也。李義山《宫中詩》：「雲母灑宫月，夜夜白如水；賺得羊車來，低扇遮黄子。」即簧也。猶稱花子朵子之類，此從無解者。姜如須以爲華的，而智以爲花子。

朵子，首飾也。　《古今注》言：「冠子起於始皇。今妃嬪戴芙蓉冠，插五色通草，蘇朵子。」即華鈴鈿釵之類也。《遯園》曰：「今之眉間俏，古曰花子」，隋煬令宫人通天百葉冠子，插瑟瑟細朵。夏后銅笄，即後之頭笄也。曰簂，赤冠字之轉音。唐人稱鬧掃髻，則謂盤鴉墮馬梳粧也。北齊偏髾髻，即偏髻也。宋元嘉飛天紒，始自東府，即孫壽墮馬也。李石云：「僖宗内人束髮急，曰囚髻。」又云：「唐末兩髩抱面，爲拋家髻。」

搔頭一名擿頭，導亦可簪。　《儀禮》「櫛笄」注：「榛笄有首者，若今時刻鏤摘頭矣。」漢太后皇后入廟，簂簪珥，以玳瑁爲擿，長一尺，端爲華勝。梁冀使人劾李固曰：「搔頭弄姿。」《遯園》曰：「即今掠子，疑即古之導。」按導以導髮入於冠，因簪之。南齊高祖碎玉導。又《晉書》：「馮遷追及桓玄，玄拔頭上玉導與之。」證知導之可簪。

衣有龍文曰衮，鳥文曰鷩，獸文曰毳，雜文曰希，無文曰玄。　郝京山于十二章有二十二，疑《周禮》既僞，而鄭玄又附會之。《虞書》：觀古人之象日、月、星、辰、山龍、華、蟲七者，以作繪于宗廟之彝，此器之象也。華即花，與蟲爲二。藻、火、粉、米、黼、黻，六者皆薄繪，刺繡成五采，施五色作服，此服之章也。象言形，色言彩，文義甚明。此説近是。智按繡用絺，通作希，其納錦用紗之意乎？或古人呼繡曰絺，繡謂其鍼紩交織之狀，曰絺未可知也。器不可繡故畫，服不可畫故繡。凡器物宜飾者皆畫，此象不定爲宗廟之彝，言彝，先宗廟也。曰藻言其華，曰火言其明，曰粉米言其細，黼黻言其繡黹之文也。未嘗不可以七象繡之于服，特《虞書》非如玄之分定耳。歷代之制，皆沿鄭玄之説，後或稍變，終不能明其臆誤也。按孔安國注「華，謂草華。蟲，雉也。」「作會宗彝」句，注云「宗廟彝器，亦以山龍華蟲畫之。」鄭司農注《考工》「畫繢」，則直謂「華與蟲」，康成乃專以雉爲華蟲，以宗彝爲虎蜼。虎彝、蜼彝，亦是二者，不知置山罍、龍勺、雞彝、鳥彝於何處乎？六尊六彝，有黄彝斝彝，黄目畫稼也。

深衣，猶褶子也。　《深衣篇》曰：「應規矩，繩權衡。」陸氏曰：「連衣裳而純之以采也。有表謂之中衣，以素純謂之長衣。」《正義》曰：「長衣、中衣、及深衣，其制度同。」《玉藻》曰：「長中繼揜尺。」若深衣，則緣而已。京山曰：「長即袂之長，中猶齊也，長與肘齊，而外又繼續使揜過肘一尺。」智謂中者，言袂之中寬可回肘也，不必訓齊。藍田吕氏曰：「深衣之用，上下不嫌同名，吉凶不嫌同制，男女不嫌同服。」智謂此古人常服在外者。通名深衣。

衣圭，交輸裁也。　《江充傳》：「曲裾後垂交輸。」如淳曰：「交輸，割正幅使一頭狹，若燕尾垂之，旁見於後。」《禮深衣》：「續衽鉤邊。」賈逵謂之「衣圭」。蘇林曰：「如今新婦袍上袿，全幅繒角割，名曰交輸裁。」《禮記》「素紗」注：「如今袿袍襈，重繒也。」《疏》曰：「漢有袿袍，其袍下之襈，以重繒爲之。」

宵衣，薄絹也。《士昏禮》曰：「姆纚笄宵衣。」康成曰：「宵如素衣朱綃之綃，姆亦玄衣，以綃爲領，因以爲名。」《饋食禮》曰：「主婦纚笄宵衣。」康成曰：「綃，綺屬，此衣染之以黑，其繒本名曰綃。《詩》有『素衣朱綃』，《記》有『玄宵衣。』」按《詩》無「素衣朱綃」。康成二處一作綃，一作宵，必有一誤。一以爲領，一以爲衣，亦自相舛矣。綃又作縿，《記》曰：「縿，幕魯也。」注「讀如綃，生絲薄繒也。」

加景即幜。《儀禮士昏禮》「加景」注：「景之制如明衣，加之以行道御塵。」智謂非禦塵以爲蔽也。北齊納后禮，有所謂加幜、去幜，即此字。今俗親迎，冪其首曰蓋頭。《詩》「絅衣」，一作潁衣，檾衣，景衣。加幜亦尚絅之遺。

行縢，偪也。《詩》：「邪幅在下。」幅，偪也，偪束其脛，自足至膝。《內則》「單作偪」。杜、鄭皆曰如今行縢也。唐府兵人具行縢，有胡祿、大鐫、氈帽、氈裝，行縢皆一。唐鹵簿服飾，有赤綦襖、紫誕帶，行縢。吳下曰脚帶。

龍具，牛被也。《王章傳》「牛衣」注：「編麻爲之，俗呼爲龍具。」蓋敝之襆被也。張思光脱衣贈人，披牛被而返。劉考綽笑到溉黃臥具，謂被也。今傜人惟織粗絮絁爲被，其緯粗如小指，西粵呼爲榜被，當是毦被。《韻增》：「毦罽，或方文斜文，音榜。」朱黼《溪蠻叢笑》言：「犵狫揉茅花爲被。」

帊敝，幓，殘也。山谷注《急就》曰：「帊幓，音七雪。裂也。」《説文》：「幓，殘帛也。敝，敗衣也。」帊，《説文》作帆，當隸作帊。

須捷猶言細屑，樓裂猶言藍縷。《方言》曰：「布而無緣，敝而紩之，謂之襤褸。」又曰：「楚人衣被醜敝，謂之須捷，亦曰樓裂，亦曰挾斯。」智以樓裂，即藍縷之轉音也。陳後山《和黃預久雨詩》：「貧可啗須捷，恩當記庡廖。」藍縷一作藍蔞，《楚世家》「華路藍蔞」，《説文》「襤裯謂之襤褸，襤，無緣也」，正取《方言》之語，謂無飾也。凡夫乃欲以襴衫爲襤衫，而疑世之稱襤褸爲貧敝之狀，則未閲《方言》也。

秫絀，纚縫也。《趙世家》：「卻冠秫絀」，《戰國策》作「鯷冠秫縫」，一本作「鮭冠黎紲」。秫，綦鍼也，言女工內畢之拙，秫謂鉥也。《儀禮》：「外畢，斬衰也，內畢，齊縫向內也。」卻冠者，絺綌之綌，借用卻也。舊説鯷鮭以魚皮爲冠者，非也；蓋言其粗耳。

唐謂袪曰袖頭小稱；宋謂袖口曰袖繳，即出袖緣口也。《説文》「袪尺二寸」，引《春秋傳》：「披斬其袪。」徐曰：「今衣袖口，俚言袖繳也。」《禮記玉藻注疏》云「謂袂末」。又《檀弓》注「褎緣，袂口也」。《詩》「羔裘豹袪」，《疏》云「是袖之大者，袪是袖頭小稱」。洪武定庶民袖椿，廣一尺，袖口五寸。袖古作褏，通作褎。鄭注「司服」，「以袂侈之爲等殺」，正謂袖椿。曾三異以貉袖爲罩子。徐充曰「搭護，禿袖衫。」

鴟納，僧迦鴟之納也，鬱泥，言其色也，舍勒，內衣。祇支，即覆腋衣也。遯園考《金陵雜志》載：「隋煬帝嚫戒師，聖種納袈裟一緣，黃紋舍勒一腰，綿三十屯，鬱泥南布袈裟一緣，鬱泥南絲布褊袒一領，鬱泥絲布方裙一腰，鴟納袈裟一領，鴟納褊衫二領，四十九尺旛七口，絲布祇支二領，和香二盒。又施天台山五十三佛織成經襌七張。」顧公因其名奇而載之。智按言嚫謂襯施也。《西域記》云：「僧祇支，正名僧迦鴟，此云覆腋衣。竺道祖云：『魏時請僧於內，遂作此衣，因綴於左邊祇支上』，今號兩袖曰褊衫，七條曰鬱多羅，僧用三種壞色：青、黑、木蘭。青謂銅青，黑謂雜泥，木蘭即樹皮也。舍勒，譯云內衣也，鬱泥，謂鬱多羅，泥色也。」梁簡文帝有《謝賜鬱泥納袈裟表》。以陸務觀尼羅解此泥字，非矣。經襌，謂誦經之緻也，應法師舊作毠毟，葛洪改袈裟，具云迦羅沙曳，此云不正色。

屏息，奉獻以掩鼻者。遯園曰：「太常供奉祭品，如羹醢之類，其奉獻人口鼻用物作長袋，繫頸後，俗名抵鬚，非也，志名曰屏息。太廟以黃羅，他祀以紅紵絹爲之。」家君戊寅署南太常篆，智隨殿上，竊瞻典禮，不見有奉獻帶屏息者，故事之廢，豈一端哉？惟鄒公濟所記求趺材之石龜猶存，長尺餘，首昂，彷彿而已。殿上設御榻，張幨帷二，寶座設黃綾茵褥，前一朱案，案皆鑿俎豆圜竅於案上，以牲脯陳之，兩傍設四十席，亦無名號，皆云舊制如此。

又 卷三七《衣服·布帛》 無文曰縵，刺繡曰紩，錦繡之質曰地。錦，織綵爲文也。繡，刺綵爲文也。《左傳》注：「五色備謂之繡」一作綉。縵，莫半切。無文之帛也。《漢律》曰：「賜衣者縵表白裏。」《周官》：「卿乘夏縵」，鄭氏曰：「無瑑也。」《傳》曰：「絳服乘縵。」杜氏曰：「無文也。」音與漫、平聲。輓謨官切。通。凡祭祀奏縵樂，謂琴瑟之屬，被之以絲。《學記》「操縵」是也。紩，莫到切，見《急就章》，一作純。謂刺七亦反。也。凡錦繡皆有地。《魏志》：「賜女倭以絳地交龍錦，絳地縐粟罽。」裴松之不知，乃欲改地爲綈，引漢文弋綈，殊可笑也。

最細曰纖，稍粗曰縞，湅縐曰練，并絲曰縑，扁緒曰綮。小顏解葯爲素

之精者，而又曰縞，此皆由康成臆説，以纖爲黑經白緯，故後人無憑耳。按《禮》以縞爲未純吉之服，而縞冠以素紕之，明縞粗于素也。祥而縞，禫而纖，則細軟如常。其解縞爲細繒者，非矣。《禹貢》：「厥篚玄纖縞。」玄白二色，而纖縞二種，纖爲最細，縞稍粗也，確矣。其曰練者，湅繒也，煮縑而熟之也。《㡛氏》「湅絲」「湅帛」，馬后衣大練是也。單曰素者，絹之精白，用書寫也。素，白緻繒也，《小爾雅》謂「繒精曰縞，縞粗曰素」，皆臆耳。劉向典校書籍，先書竹，可繕寫者以上素。《淮南子》曰「素之質白，縑之性黄」，此以縑爲今之生絲綃矣。《説文》「縑，并絲繒」，此以爲今之雙絲矣，當以《淮南》爲是。二丈爲端，二端爲匹，兼義也。《説文》「緊，并列切。扁緒也」，唐貢豫州雙絲綾，綿州雙紃，兼絲也。杭越白編，扁緒也。郭璞曰「短度絹曰葉輸」，言薄也。薄者扁緒，今杭州杭緒應是此類。

織素爲文曰綺，光者曰綾。冰素方空縠羅，皆紗也，紗至輕者曰輕容。綈，厚繒也；繵，綿紬也。紬之粗者曰絓，精者曰綿，甚粗曰絮。　綺，文繒也，織素爲文曰綺。《魏都賦》：「羅綺朝歌。」《子虚賦》「雜纖羅」，已明是今紗羅之羅矣。陸務觀曰：「遂寧出越羅，似會稽尼羅，今三梭羅。」師古曰：「綾，今之雜小綾也。」戴氏曰：「絁地而織文者也。」唐潤州貢方碁水波綾，豫州鸂鶒綾，定州兩窠綾，澧州龜子綾，閬州重蓮綾。《釋名》曰：「縠，胡谷反。紗也。」所云霧縠，言其細而起雲耳。《章紀》：「詔齊省冰素方空縠，吹綸絮。」皆紗。許氏曰細絹，不如劉熙矣。紗之至輕者曰輕容。唐《類苑》云：「輕容，無花薄紗也。」王建《宫詞》：「嫌羅不著愛輕容。」李賀詩：「蜀烟飛重錦，峡雨濺輕容。」元微之《寄白樂天詩》「白輕容」是也。《賓退録》言：　宋貢輕容方紋紗。伯厚以緆與縠并稱，曰紡絲而織之。《詩》有「緆絺」，蓋今之緆紗，實雙絲紡線而織者也。重三斤五兩，謂之平紬。范睢「綈袍」，綈，杜兮反。注：「蓋今之絁也。」絡即生繵，繵即繵字，商支反。俗作絁。一曰今之綿紬是也。《説文》：「繵，粗緒也。」《廣韻》：「繵繒似布。」繭古作絸，蠶絲白色也，衣以繭絮之曰繭，纊爲繭，緼爲袍。《記》曰：「子羔之襲也，繭衣裳。」鄭曰：「若今大襺。」抽引粗繭，紡而織之曰紬；紬之粗者曰絓，胡卦反。繭滓所抽頭絲也。今河南與桐城皆有狠頭土紬，甚粗，衣之起毛，可作袍。漬繭擘之精者曰綿，粗者曰絮；今謂新者曰綿，故者曰絮。古言纊即綿。纊或作絖。自古至唐初，尚未知木綿之可以爲絮。董京乞殘碎繒絮，陶潛言敗絮自擁，皆非今之絮也。北周制：庶人以上，聽衣綢、綿綢、絲布、圓綾、紗、絹、綃、葛、布九種。綿綢即綿紬，絲布以絲雜布縷織之。身之曰：「今兼絲布。圓綾，土綾也；紗，方目紗也；絹，細縑；綃，生絲而薄也，古莦縿通。葛布，葛越夏布。」今人絲兼綿紗，織成温軟，不知古人雜麻何如也？身之即以爲今兼絲，恐尚不同。《元豐九域志》言貢物有隔織十八匹，縹絲絁二十匹。

宫纈，即宫錦也。　《詩》：「錦衣狐裘。」《禮・玉藻》：「居士錦帶。」以五色絲爲之，字从金，言貴也。唐明皇以宫錦袍賜李白。通作纈。杜牧之詩：「花塢團宫纈。」杜甫詩：「内蕊繁於纈。」《魏書・高陽王傳》：「奴婢不得衣綾綺纈，止於縵繒而已。」《北周書・宇文護傳》：「著紫織成纈，通身袍。」并與錦同。《小説》：裴晉公午橋莊有文杏百株，立碎錦坊。韓退之詩「碎纈紅滿杏」注作醉纈，引李長吉「醉纈拋紅網」，碎纈即碎錦。唐玄宗以韋妃蜀纈袍覆學士韋綬。

唐有夾纈之名。　薛濤詩：「夾纈籠裙繡地衣。」元染工有夾纈、檀纈、三套諸名。《唐語林》曰：「玄宗時，柳婕妤妹適趙氏，使工鏤版爲雜花，打爲夾纈，因獻王皇后一疋。上賞之，遂廣其製。」蓋即錦文也。夾纈，言夾錦也。元林坤《誠齋雜記》亦言此事。計敏夫載：「崔詹事遺王璘夾纈數匹，璘翼日以作單襜褕衣之。」元費著《蜀錦譜》，有八答暈、六答暈錦，簇四金雕錦，盤毬錦，大窠馬大毬錦，雙窠雲雁錦。《輟耕録》言：「瞟卷有姜牙、方拱、疊勝、回文諸錦。」升菴言：「宋有樓臺錦、樗蒲錦、毬路錦。」毬路，即今毬門錦，費著所列不全。

鈿窠，錦上雲龍之地也。　冕上輅上亦用之。宋仁宗景祐，詔冕版犀瓶、琥珀瓶，悉罷之，以青羅繪龍麟飾冕箱，補空地以雲龍鈿窠。九章衣亦云鈿窠及珠璣飾。紹興製大安輦，有結條雲龍鈿窠霞子。《通考》誤作細窠。今按《金史》《元史》皆有簪窠、款幔、組帶、鈿窠，又言金鈒花鈿窠。

服瑣，服之紋如連瑣也；綸帛，錫布之尤精者也。　綸，大侯反。帛，子移反。《説文》無此字，當是貲通，有曰「綸，貲布也」。師古曰：「服瑣，細布織爲連瑣之文也。綸帛，錫布之尤精者也。」《郊祀歌》：「曳阿錫。」先狄切，劉氏作羊豉切。合溪作他計切，恐誤。注：「阿，細繒也，錫，細布也。」《淮南子》言：「弱緆羅紈。」《士喪禮》曰：「明衣裳緆緆。」鄭氏曰：「裳飾，在幅曰緆，毗支切。在下曰緆。」似是臆説。《説文》：「緆，細布也，或作𦃃。」《燕禮》：「公尊幂用綌，若錫。」錫、緆通。錫十五升抽其半緦，加灰錫治，使滑易也。《西京雜記》曰：「五絲爲緝，倍緝爲升，倍升爲緎，倍緎爲紀，倍紀爲緵，倍緎爲襚。」緝，尼攝切。絲接岐也；

繲亦緝也。《莊子》：「挫鍼治繲。古隘切，緵，子紅切，又去聲。」《史》：「景帝令徒隸衣七緵布。」《正義》曰：「蓋今七升布，言粗也。」戴侗曰：「如《西京雜記》之說，當爲八升，七緵當爲五十六升矣。」侗恐誤算。智按：倍縪爲升，言十絲也，一緵當爲八十絲，七緵正七升也。《漢書》：「十緵布二匹。」孟康曰：「緵，八十縷也。」一縷，即一絲，升即十字之轉聲也。總衰三升半，大功布九升，小功布十一升，則以多爲細。緦十五升，一曰兩麻，一絲布也。《唐·地理志》：「泗州楚滁黃萊密州貢貲布，夔州貢錫布。又巴渝賨布。」此時或木綿已入中國，當木棉也。迦波羅，刧貝也，即木棉樹。則辨古貝、吉貝者，證以刧貝，則吉爲近。洪洲載：「夷貢有苾布、油紅布、絞節智布、撒答剌布、紅八者藍布、覫木里布、者抹黑答立布。」

外國罽曰毾㲪。《後漢書·西南夷傳》：「能作青頓毾㲪。」《烏桓傳》：「作㲮㲣。上力干反，下胡達反。」注：「刻也。」智謂刻乃毯耳。《說文》引《詩》「毳衣如繳」，亦以爲毯也。《南史》「高昌國獻蒲桃氍毹」，即今所謂蒲桃錦氍毹也。《風俗通》：「織毛褥曰氍毹，亦作㲣毹。」《古樂府》：「坐客氈氍毹，毾㲪五木香。」毾㲪即毾㲪，音榻登。中天竺有毾㲪，今曰毯毺，秦蜀之邊多有之，似褐五色。方錦從外徼來，廣中洋舶亦有至者。又名多羅𣯾，其大者曰罽，方數丈，彼中依堂作氈，故也。《伊尹獻令》曰：「請令以丹青白旄、紕罽、江歷、龍角、神龜爲獻。」注：「江歷，珠名，西海有文旄。」何承天《纂文》曰：「紕，氐罽也。紕卑疑反，罽居例反。」《說文》作繝，又作㲨，「西胡毳布」。范成大言：「黎單黎幕，今海南有之；皆以絨作錦，或織成字。廣西辰州土司皆有洞錦，皆絨納之，非毛毳也。唐渝洪壽等州貢葛，楚州貢孔雀布，謂花文如孔雀，即南州班布之類。無功載，羝翅，細葛也，見《通俗文》。按道昭羝㲣，罽也，《唐韻》作䍦㲣，恐誤。」

生苧謂之黃潤。《凡將篇》：「黃潤鮮美宜製襌。」《蜀都賦》：「筩中黃潤，一端數金。」《左思賦》：「黃潤比筒。」蓋筒中細布也。今之疊布者，必成筒，一筒十端。古無木棉，乃細麻布。黃潤者，生苧也。

麻布細者爲絟，粗者爲苧，荃即絟也。曰葛、曰練、曰縠纑，皆其類也。

絺綌，上音抽脂切，下音乞戟切，一作絺裕。爲葛之細粗；其實凡麻苧之物，細皆爲絺，粗皆爲綌。《書》曰「黼黻絺繡」，是也。紵，音苧。《禹貢》：「豫州貢紵。」《高帝紀》：「賈人毋得衣錦繡綺縠絺紵罽。」《說文》：「**紵**，檾屬，細者爲絟，粗者爲紵。」檾去穎反。通作潁、𥹥、絅、苘。《禮》「浴用二巾，上絺下綌」。非必葛，葛不收水。如今蘇州麻布、揚州余東、辰州洞巾是也。漢「閩王鰩遺江都王荃葛」。注：「荃，細布」，本作絟，葛亦麻枲之類，故亦稱絟。《說文》：「枲，著也。」《通釋》曰：「絲曰絮，枲曰緼。」《列子》曰：「田夫衣緼麖。」《內則》：「女子執麻枲。」《周官》有「典枲」。《淮南子》：「位賤尚枲。絲里反。」《儀禮》：「苴絰麻之有蕡。」蕡，麻子也。枲是雄麻，麻之牡者不實。小顏言：「紵乃疏屬。」疏 亦作練。《說文新附》音疏。《隋姚察傳》：「門生送南布花練。」伯審曰：「吾止麻巾蒲練，于吾何用？」《桂海虞衡志》：「練子出兩江州洞，似苧，有花曰花練。」智見武岡洞口有布如三梭羅，即練類也。福建之苧，金壇之葛，有花者。外國紵亦作斗文，或績蕉絲爲之。唐端、潮貢蕉布，韶貢竹布，振貢班布，江南貢紗編綾編蕉葛練。凡績之縷爲纑。朱子曰：「辟纑，纑練麻也。」《史記》曰：「山西饒材竹穀纑。」司馬貞曰：「山中紵，可爲布也。」

又《衣服·綵色》 黟紫，淺紫也；北紫，今之正紫也；油紫，今之藕合也，重紫，今之青蓮色也；真紫，則累赤而殷者。 宋景文，趙彥衛曰：「仁宗晚年京師染紫，變其色而加重，先染作青，徐以紫草加染，謂之油紫，後人指爲英宗紹統之讖。自後以重色爲紫，與朱不相類，何謂奪？淳熙中，北方染紫極鮮明，中國亦效之，目爲北紫。蓋不先青而改緋爲脚，用紫草少，誠可奪朱。」按《周禮義疏》：「以朱湛丹秫三月，朱乃熾之，即以炊下湯淋所炊丹秫，取其汁。」《考工記》：「三入爲纁，五入爲緅，七入爲緇。」又《爾雅》：「一染謂之縓，再染謂之赤，三染謂之纁。」《士冠》有「朱紘」之文。鄭云「朱則四入」，是更以纁入赤汁則爲朱。《論語》「紺緅」者，纁入赤汁則爲朱，不入赤，而入黑汁則爲紺，更以此紺入黑，則爲緅色。若更以緅入黑汁，則爲玄，是六入爲玄也。更以此玄入黑汁，則七入爲緇矣。則知古之朱，赤汁染之，紫與朱實相近，今之淺紫是矣。其紫近絳，謂之北紫。緅是今之醬色也。《石林燕語》曰：「太平興國中，李文正公昉舉故事，禁品官綠袍，舉子白紵，下不得衣紫。」蓋宋以緋紫爲章服，故重之，故其色亦屢新也。武則天施黟紫帳，即淺紫。油紫，今之深藕合色，重紫則近今之青蓮色，皆以月白或藍爲初染地，而加以紅花成之。今又有真紫色，則久久加大紅，其色自紫。惡其奪朱者，正謂淺紫色黯耳。

總曰朱，以賜曰緋，以黯曰紅；正紅曰赤，大赤曰絳；言深紅之光曰燃，翹紅曰縉，雀頭曰纔，丹黃曰緹。縓、赬、纁、緅、緇，次第之色。今有水紅、銀紅、桃

合古今之稱推之，以大赤曰紅，古但謂之紅。荔枝、沉香，則綪緅之類也。絳，丹黄曰緹。他禮切，又平聲。「韎韋之跗」注：「今時伍伯緹衣，古兵服之遺色，韎是蒨染赤色也。」縉，即刃切。亦赤，《説文》引《禮》有「縉緣」。按《禮》止有縓、緣二音相近，或即一字，未可知也。紺，古暗切。深青；揚，赤色。小顔：「縉，淺赤色也。」紅色赤而白，此則謂今之水紅耳。綪亦赤繒，《儀禮》「不綪」，則讀爲綪。緋，甫微切。亦赤也。今以茜加蘇木曰䎗紅，毋乃縉乎？緂，紅色之尤深。許氏曰：「絲勞」，染而又染爲勞也。如今西洋布可以受三四十金之紅，又如紡絹綾緞，皆先染絲而後織者，類或是耳。纔，雀頭也，微黑如紺。纔，淺也，故引用爲纔，與才、裁通。臙支，見《草類》。

月白曰縹，淺黄曰緗，蒼艾曰綦，緑艾曰縹，緑曰纏，緂，黄白之間，曰半見，白光曰葯，黄絹曰鮮支，黝黑曰皁，石輾之曰碰。縹，青白色；緗，淺黄色。《東漢・輿服志》：「列侯以上得用錦繒采十二色，賈人縹緗而已。」以其色輕也。縹是今之月白色，魏明常被之。緂，蒼艾色，其草名莀，可染留黄；或曰：莀即藐茈草也。䋭綬與戾通。綦一作綥，艾蒼色。《書》曰：「四人綦弁。」《詩》曰：「綦巾。」《記》：「孔子佩象環五寸而綦組綬。」又《詩》「其弁伊騏」，當與綦通。《急就》有「鬱金半見緗白葯，縹緂緑紈皁紫碰，烝栗絹紺縉紅緂」，鬱金，染黄也；半見，言黄白之間；烝栗，亦微黄色也；葯，白葯之精光葯葯然也；紈即素之輕細者。《説文》有艸、草二字，草，斗櫟實也，後人以草爲艸木之艸，别作皁，或从皂，黑黝也，借爲皂隸之皁。作早切。烝栗，黄色，若蒸熟之栗。絹生曰繒，似縑而疏者。《周禮・内司服》注：「素紗者，今之白縳。縳即絹字。縳又爲束名，百羽爲摶，十摶爲縳。縳爲衣裏，如今杭緒。素紗，則直是紗也。一名鮮支。《廣雅》曰：「鮮支，絹也。」《子虛賦》注：「縞鮮支，今所謂素。」碰，以石輾繒色光澤也。小顔音鮮，《説文》：「尺戰切，石扞繒也，」正與輾近。蓋纏即葱色，《説文》：「纏，淺青色。」今曰翠藍柳藍。《詩》言「葱珩」，言其色也。《急就》：「春草雞翹鳧翁濯。」顔曰：「今染家言鴨頭緑、翠毛碧。」《後志》「雲罕編羽繫幢」，民謂「雞翹」，非也。義山「雞翹」正用屬車編羽。染色之雞翹，則爲草名，亦以如雞尾翹起耳。

濯絳，合墨赭之色也，今曰紫糖，正中之淡也。《説文》淡即浾字，一作浾，爲赬之重文。赬即赬也。浾赬，棠棗之汁。孫愐收糖字，如今人稱紫糖色，正指浾棠色也。畫家以赭石和淡黑染山石，曰濯絳，又曰淺絳。郭若虚曰：「設色輕拂丹青曰吳裝。」

唐世染色曰退紅。《唐詩》：「香注小薰籠，韶州新退紅。」與褪同，謂淺紅也，半新半舊曰褪。《説文》：「褪，卸衣也。」音退。

緑沈，深緑也。《説文》：「青黄爲緑。」今以藤黄合靛青即爲苦緑。周竹坡以子美「緑沈槍」爲卧於苔爲緑所沈，大謬。王勉夫引「梁武食緑沈瓜，聞任昉卒」，劉邵賦「緑沈黄間」。吳曾曰：「《六典》『鼓吹工人服緑沈』，《古樂府》『緑沈明月弦』，唐太宗『羽騎緑沈弓』，宋元嘉廣州作緑沈屏風，石虎作緑沈色扇。王右軍《筆經》『人以緑沈漆筆管見遺』，其爲色明矣。」趙德麟《侯鯖録》引陸龜蒙詩，以緑沈爲竹。所見亦未廣也。升菴見此耳。緑沈言其色深沈，正今之苦緑色。其以黄加玄者，曰油緑、黑緑。凡言竊、言盗，皆借色、淺色、間色也。鳥九扈，有竊脂、竊藍等色。《爾雅》「虎竊毛」，謂淺色也。扈之竊脂，言其色如靠肉也。竊藍，淺藍也。八駿有盗驪，盗亦竊意，謂淺驪也。古人善巧煉字，大率如此。環濟《要略》曰：「正色五：青、赤、黄、白、黑也。間色五：紺、紅、縹、紫、流黄也。」升菴曰：「似緑者曰校。葱，暝色也；檀，面色也；雖，草色也。」

又 卷四〇《算數》 緯謂之絡，綿謂之綉，錦繡謂之純。曰絩、曰總、曰首，漢律也。曰屯、曰絢、曰緂，唐令也。緯十縷曰絡，音柳。沈佺期《七夕曝衣篇》：「上有仙人長命絡，」至今人呼柳綿二片曰綉，或曰一片曰綉，音透。《蘇秦傳》「錦繡千純」，音徒渾切，注：「凡絲綿布帛一段爲一屯。」《詩》：「白茅純束。」非純廣之純，上聲，二算之純，音全。《漢律》曰：「綺絲數謂之絩，布謂之總，綬組謂之首。」《説文》：絩音治小切。杜佑曰：「《唐令》，綿六兩爲屯，絲五兩爲絢，麻三斤爲緂。」緂，郎計切。《唐鑑》云：「賜貴近人絲一緂。」小顔注《急就》曰：「綈重三斤五兩，今曰平紬錦綉千純，音屯。」正音唐令之屯也，布八十縷曰緵，總與緵通，又與緵通，《詩》：「越以鬷邁」，箋云：「鬷，總也。」疏曰：「麻縷爲數一升，用繩編之。」《説文》：「紩乎決切，縷一枚也；絜，古屑切，麻一耑也。」

又 卷四一《植物・草》 燕支，今作胭脂，古通焉支、閼氏、燕脂；字書因作䏰赦、䀀脂。《雲麓漫抄》曰：「清微子《服飾變古録》云：『燕脂紃製以紅藍，賜宫人，號桃花粉。』」崔豹云：「燕支葉似蘇，花似蒲，出西方，土人以染，名燕支，中國亦有紅藍。」《西河舊事》云：「失我焉支山，使我婦女無顔色。」北方有

焉支山，山多紅藍，北人采其花染緋，取其英鮮者作燕脂；故單于妻號曰閼氏，音焉支。字書遂作䴴赦。《元志》有鷹房臙脂人户總管。習鑿齒《與燕王書》作烟支。泰之引作烟脂。升菴引王予可詩作䌽脂。周紫芝《竹坡詩話》不曉白樂天何以用「燕支」二字，疎矣。舊言染紅者三物：茜，千去聲。蔓草，葉似棗而鋭，對生，節間根紫色，可染絳，通作蒨。鄭玄曰：「齊人謂蒨爲韎，甌人謂鰇口刺。」《詩》：「茹藘在阪。」又曰：「縞衣茹藘。」《爾雅》曰：「茹藘茅蒐。」陸璣曰：「一名地血，齊人謂茜，徐謂牛蔓。」紅藍花者，夏花，花下作毬，彙多刺，花蕊出毬上，圃人承露采之，至冬毬中結實，白顆如小豆，其花暴乾，以染真紅，及作胭脂。一名黃藍。《博物志》云：「張騫所得也，」今洋船多販紅花至廣，則知《博物志》之言驗矣。《疑燿》引唐睿宗代國長公主作烟支，棄子于階，後乃叢生，是則非草，此曲説也。紫草者，所謂紫丹紫芺。哀老切。《圖經》引《爾雅》「藐」。音莫。《廣雅》謂之「茈莀」。苗似蘭，莖赤節青，二月花，紫白色。妄引紅花爲茹藘則誤矣。智又怪《本草》於紫草既引《爾雅》之「藐」，而柴胡又引「藐茈草」，《唐本》注云，茈是古柴字，竟作茈胡，又證以相如之茈薑，且云此根亦紫色，不亦誣乎？又有茈籬。晉傅咸刻令史新立茈籬，此當讀爲柴籬，此茈柴通借證也。智按：《貨殖傳》：「千畝巵茜。」徐廣曰：「巵，今鮮支也，茜一名紅藍。」乃知今之紅花，古亦稱茜，而今又有烏紅，用蘇木染成者。洋貨以紫鉚染成者曰胡胭脂，俗呼紫梗，洋貨有紫梗錦。紫鉚出真臘國樹汁，近刻《雜俎》作紫緋，誤矣，是染紅者凡五物。

海藤花曰藤黃。郭文恭《廣志》曰：「蕊散落石上，收之曰沙黃，就樹采之，謂之臘草。」酸澀有毒，主蚛牙蛀齒，點之便落。今所呼銅黃，謬矣。銅藤，語訛也。按此與石淚采之無異，畫家、丹竈家用之，或指用蛇黃，誤矣。今畫家用者，乃煎成之物。《洪洲》載：「暹羅貢藤竭、藤黃。」

大苦，黃藥也。郭璞以爲甘草，吾未信也。《筆談》曰：「《爾雅》云：『蘦大苦，』注：『甘草也。蔓延生，葉似薄荷而青黃，莖赤有節，節有枝，相當。』此乃黃藥也，其味極苦，謂之大苦，非甘草也。甘草一名蕗草。枝葉悉如槐，高五六尺，但葉端微尖而糙澀，似有白毛，實作角生，如相思角，熟則角折，子如小匾豆，極堅。」《開寶》曰：「黃藥子，一曰紅藥，以根赤色，乾則黃耳。」東璧曰：「人以入染藍甌中，曰易變色。四川苦藥子，即黃藥子，一名地不容，解一切毒。」今《説文》甘草作苷。《後山談叢》曰：「諺曰：『甘草生則麥熟，苦草生則黃蒿。』」交趾甘草成樹，東璧驚訝之；此如閩越之木芙蓉數丈，兩廣之茄不枯，陜邊之枸杞合抱，不足異也。

又　卷四二《植物・草》　瓊花、玉蕊、山礬、梔子，升菴一之，元瑞四之。以山礬爲七里香，則沈括所謂芸也。曾慥以瑒名鄭花，周必大言椗訛爲瑒，故戴侗以山礬爲椺。《筆叢》曰：「用修孟浪，令此四種自洪容齋、王勉夫俱失之。惟葛立方《韻語陽秋》辨析而麟折衷之。瓊花者，揚州后土觀中物，世無別種者也。玉蕊者，長安唐昌觀中物，仙女折花赴玉峰之期者也。山礬者，瑒花春開，而魯直易名山礬者也。梔子者，夏開，六出薝蔔也。四者懸若天壤。梔子染黃以花，而山礬染黃以葉，二物迥殊。玉蕊僅見唐昌及禁苑，而瑒花紛布野中，易辨也。」智按，周文益公有《玉蕊辨證》一册，慶元二年作，元瑞取此耳。自二宋以瓊花爲玉蕊，劉原父和之，晏元獻、蘇文忠承之，然失之未遠也。洪景廬、曾端伯、蔡寬夫、傅子容，以山礬爲玉蕊，則失之頓遠，然本之唐人僞帖也。用修直以山礬爲梔子，謬矣。智按《七修類稿》以梔子即玉蕊，改爲山礬，升菴採仁寶之説也。瓊花大而瓣厚，色淡黃，蕊與花平，不結子；聚八仙花小而瓣薄，色微青、葉有芒而結子，判矣。山礬俗名椗花，木高數尺，凌冬不凋，花白，未開時，似木犀，開時香穠，號七里香，有千葉者。元瑞又言：「瓊花植于唐，榮于宋，再榮于宋末，一揭于金，再枯于元，世無復種者。」智謂無種則已，有種則生生不已，瓊玉皆稱詞，相似則互稱之。有一種小異，移地則變者，無乃唐昌觀之玉蕊、在揚州爲瓊花耶？余見勛戚園植瓊枝，亦呼瓊花，似郁李，三月開，紅白二色，豈可謂此即揚州之瓊花，豈可謂此斷不可名瓊花乎？《説文》曰：「芸似苜宿。」《杜陽編》言：「芸出于闐國。」元載造芸輝堂是也。《夢溪》曰：「辟蠹用芸，今七里香。葉類豌豆，叢生，秋間微白如粉污，辟蠹殊驗。南人採置席下，能去蚤虱。」王氏《談録》曰：「文丞相秦亭分遺，種之家庭，如苜蓿尤香。」此乃牛芸，《爾雅》所謂「權黃華」者。東璧曰：「山礬有七里、椗、柘、音鄭。瑒、春桂諸名。春桂，曾慥説也。」周必大曰：「柘音《南史》之椗，故荆俗訛爲鄭礬，鄭又訛爲瑒也。」合溪以椗即椺，又作栁。五倍子名椺，與山礬殊矣。山谷曰：「江南野中椗花極多，野人采葉燒灰，以染紫爲黝，不借礬成，予因易其名爲山礬。」按外國之芸爲木汁，中國楓汁似之，亦名芸香。辟蠹之芸，則七里香也。兩廣有九里香，高丈，而花白，甚香，五六月開。謝靈運以梔子大者曰林蘭。劉禹錫詠爲越桃。按周吉甫《金陵瑣事》曰：「人以梔子爲薝蔔，非也。鳳臺門外白雲寺，近牛首，太監鄭强葬

地；傍有薝蔔一叢，乃三寶太監西洋取來者。花瓣似蓮而稍瘦，外紫内淡黃色，嗅之辛辣觸鼻，微有清香，正佛經所云也。」此花今不聞，毋亦后土觀之瓊花絶種乎？佛書贍博，一作瞻匐，黃色香花也，訛作薝匐。

又　卷四三《植物・木》　吉貝即刧貝，木棉樹也。　虞文靖言：「杜仲即木棉樹。」非也。謂皮有絲，則川槿皮切斷，其絲白茸，亦謂生棉花乎？古無木棉，絮皆絲繭。唐有《木棉花詩》，《通典》有木棉濮，詳見布帛條。以佛書刧貝證古貝爲吉貝。攀枝花作褥，生中原者小；今嶺南木棉樹，高數丈，春開紅花。陶九成云：「松江烏泥涇種木棉，黄道婆自崖州來，教以紡織，則棉布始盛耳。」《史記》「荅布」，外國白氎布，皆此類。孟奇言：「閩中呼棉花爲吉貝，近于家貝。」

又　卷四八《金石》　涅石，礬也。　《山海經》曰：「女牀之山，其陰多涅石，孟門之山多金玉黄堊涅石。」景純曰：「礬石也。」升菴以「涅石爲石墨，曰玄丹」，非矣。楚人名「涅石」，秦人名「羽涅」。陶隱居以爲「羽澤」。枯者曰「巴石」，有五色，能使鐵爲銅，有雲母、波斯、崐崙之號。蕃硝、緑礬、鹽、留窑器内，水和火煎，刷金而燒之，即爲詐藥。鹽礬硝皂，合丹砂可升靈藥，皆不離礬。無爲有礬山，出明礬，有東鍼文者，有煉沸飛出成花者，倘所謂礬胡蝶乎？

又方以智《物理小識・衣服類》　錦絲類　宋錦厚如錢，今蜀錦比之，嘉興仿之。有織金鎖金閃色裝彩，費著《蜀錦譜》有八偺暈、六偺暈錦、大窠馬盤毬錦、雙窠雲鴈錦。《輟耕録》載姜牙、方拱、疊勝、樓臺、樗蒲錦。西洋有獨幅闊錦被。圓嶠山冰蠶錦不畏水火，辰沅洞錦、黎人錦，則絨挑布也。香山詩：　紅袖織綾誇柿蔕，柿蔕其紋也。機房巧作有刻絲、搊織、翦絨、鞏線、納紋。其名質孫者，爲五色團花，乃元服，今校尉服也。其緞、綾、紬、絹、綿、紬，紗、羅，則常行也。胡州皺紗曰核桃縠，南京縐紗不縐。杭因有縐秋羅，縐綿紬，各處有土紬，而青萊椒繭爲最，遇油不染。河南粗絲，桐城紬，可斂尸耐久。交趾絹生用宜暑。南京冰紗，即古冰素方空縠吹也。東陽紅雲紗出漳州，東陽人名也。羊絨褐以蘭州姑姑羢爲上，其羊甚大，亦取橐駝羢，汚油自脱。次曰褐尖。劉客生曰，蘭州一師姑，積年爲之，色白可愛。紅花百斤，今皆倣者。瑣服出哈烈國，鳥毳爲之，一作梭服。廣東碾絹爲之亦起雲。叵羅撤哈剌，則絨毛厚織之氆氌毾㲪類也。火浣石絨，則炎洲火鼠毛爲之，或鎖鎖木不灰艸爲之。

綿花布類　古惟枲布，老者衣帛。鄧潛谷曰，元入中國，非也。《禹貢》已著卉服，梁武用木棉帳，唐有木棉詩。陶九成記烏泥涇始盛耳。廣有木棉高樹，即斑枝花之大者，外域所謂吉貝也。吉終爲白氎布，今洋來者闊白，而有厚薄二種。有彌年絞布甚狹，彼中編作叆牀。棉花有白、紫、藍三色。紫者，煖而耐久，嘉靖時新安孝子方勵齋創製紫飛花布，雲間乃後倣者，因有兼絲納文。常州有東門闊，金齒有桐花布。

葛苧布　荃葛、蕉竹布，皆出閩廣。葛則各處有之。廣葛闊，金壇葛細，僞者以絲。祈陽陽春桐葛，洗不變色。苧則福生，有細如絹者。

識葛法　挼布聲響，水溼明亮者真。梅葉洗蕉葛衣不脆。暄曰，溼之亦響。會昌雙絲者，或以焦，以紵，以麻兼，最難别識。須退開視之，雙線皆葛而嫩爲上。

裝核法　以絹作裌，木綿核之，先漿以杏仁，則綿不食絹。布衣裝綿，伏中無綿珠，秋冬則有。綿花置燈心少許即無珠，于湖有槌絲綿如羢氈者，可作通裁，以杭絮表之。

漳州紗　余賡之師云，懷素是福州薛懷南所織，自出匠心，以鐵柱分綜，故雙映生雲。若瑣服，則安海所倣西洋，以六霞緞質石研起雲者也。東陽紅紗，染法它處不及。

花機　簆率千二百齒，度經過𥿋齒有兼縷。紗經三千二百縷，綾經五千六百縷。古八十縷爲升，今之綢殆六十升也。嘉湖出口出水，乾絲爲經，則任從提挈，不憂斷接。機長丈六，起花樓，掘地藏足，中托衢盤，用千八百竹條。提花坐樓，以的杠卷絲，用兩疊助木，尖插簆，兩頭疊助者，羅空在叆綜，衮頭兩扇結綜，一叆一堅，紗亦在衮頭制定也。織綾綢則去此兩扇，而用桄綜八扇，兩手交織曰縐紗。兩梭輕，一梭重，曰秋羅。先染絲織者，緞屯絹也。綾絹以浮輕見花，紗羅以糾緯見花。綾絹一梭一提，紗羅來梭提，往梭不提。其獨織者，浪梅小花，視素羅加桄二扇。潞油小雲、温州方錦，皆獨織者。倭緞則斷綿夾藏經面，織過刮成黑光者也。白下倣倭緞，先緯鐵絲而後刮之。蜀錦刻絲，與通身盤龍盤枝，則截梭門合，節節換法矣。機杼之巧，殆天工乎！治絲、提緒入星丁，乃由送絲簽以登大車。調絲，用絡篤，過竹鈎爲活頭焉。緯絡紡車既篗，有溜眼、掌扇、輕耙、印架，乃扱于簆中。此非織簆。紗于交竹一度，然後過𥿋。𥿋用小粉，麪觔洗下。其染紗者用明膠刷之，曰清膠紗，僞重綢分兩者，或糖或粉。絲貴吳絲，日本皆市此，川楚閩廣齊豫各有繭。

紅物　紅易漬敗，又畏風日。惟毛染者，及加猩血者不畏。《名苑》曰，麈尾拂氈不蠹，置茜帛中，紅色不黯，麈馳鹿也。

染紅　河水浸紅花，次日囊盛洗去黄水，又温洗之，又以豆萁灰淋水洗之，乃泡烏梅湯點。槌烏梅與乾紅花等分。帛藉黄檗而染紅，或炒槐花入蘇木藉。白下號喬紅。蘭絨洋布，可受斤金之燃紅，入夜發光。福建絪⿱艹旨，亦重受紅花者。肇慶山崦小花叢生，含苞可作胭脂。葉似藍，花似蓼。鄭虔曰，山榴花作胭脂，茜艸染紫。又有樹茜，終葵子汁如胭脂，江北曰架菜子。後退色。紫鉚、血竭爲胡胭脂，鉚出蟻壞，血竭其樹脂也。中通曰，凡紅色花皆可取汁作胭脂，但有深淺。如鳳仙染甲之類，杭州夜色紅用重受胭脂。碧用碧蟬藍胭脂，以硃砂、大青皆重，不可作夜色。蘇木蠹亦可作紫鉚。朱虬菴曰，廣西太平府有紅艸，可染紅。

雜染　黄槐青靛，緑則合之，紫則青紅合，淺色則視輕重加減之。若椒褐、茶褐、荆茄色，有兼櫨黄者，墨水者，皂礬、五倍子易毁布帛，今不用矣。梔子染黄，久而色脱，不如槐花，或用櫨蘖、紅莧菜煑生麻布，則色白如苧。荷葉煑布爲褐色，布作荷香。欅柳皮可染黑。不獨布也，沙尾髮帽，黄者白者，以欅葉同煑即黑。一作柜。凡柃、楓、樺、烏(曰)[臼]、檗、楊、桐皆可染，染必加礬，不則入汙泥而黑矣。入泥者其布易壞。染布而乾之，再入泥則不壞布。茜紅以烏梅湯，退紅以石灰水，退後茜不失銖兩。虚舟曰，鴿糞煑黄絹色變白，或以雞糞煑白之。薷糧藤似山藥，結實如小瓜，以之染葛作汗衫，則不近膚而爽，《本艸》赭魁鵝抱之類乎？今或以椑漆染麻衫，最爽汗。

絲綿　結繭時炭火烘曰出口乾，絲登車火照之曰出水乾，是爲上繭繅絲。其潰漏者，鍋底綿，及繭殼外浮絲曰絲筐，用稻艸灰煑過，傾入清盆。取綿，凡湖綿以六七寸白者爲美，其闊者哆而剪之。僞者以蛤粉入之。作綿紬者，以鉛錘墜搓成繳。

紡車　一鐵，一木，轉圓相背，則棉花出其子矣。絃彈碎而版趕爲條，乃置車輪踢之，以鐵錠插芒梗紡絲，則縷積矣。有紡雙縷者，有一手勾三縷者，省用天車者，松江徽池合州九江皆能之。

又《器用類》　畫色　靛花、藤黄作緑研赭合膠，朱用砂乳，謂之綽絳。其研飛大青石緑者，後必托粉。花蕙用胭脂碧蟬，秦皮配色更鮮。水墨加色，浸泌顯青紙可也。先泌黄水，宿夜泌之乃藍。生紙細染界處，以礬筆襯之，磨墨待澄，用其浮者。遠山飽水，筆尖醮淡墨抹之，噴溼烘染，深淺不沁。中通曰，硃砂不變色，銀硃、紅花久在風日則變。畫家乳硃砂，漂之去浮用中者，乳而用之，標作丹赭用。印色用標，取其細也。石青難研，以耳塞粟許彈入，便成粉。

明·宋應星《天工開物》卷上《乃服》

蠶種

凡蛹變蠶蛾，旬日破繭而出，雌雄均等。雌者伏而不動，雄者兩翅飛撲，遇雌即交，交一日、半日方解。解脱之後，雄者中枯而死，雌者即時生卵。承藉卵生者，或紙或布，隨方所用。嘉、湖用桑皮厚紙，來年尚可再用。一蛾計生卵二百餘粒，自然粘於紙上，粒粒匀鋪，天然無一堆積。蠶主收貯，以待來年。

蠶浴

凡蠶用浴法，唯嘉、湖兩郡。湖多用天露、石灰，嘉多用鹽鹵水。每蠶紙一張，用鹽倉走出鹵水二升，參水浸於盂内，紙浮其面。石灰仿此。逢臘月十二即浸浴，至二十四，計十二日，周即漉起，用微火烘乾。從此珍重箱匣中，半點風濕不受，直待清明抱産。其天露浴者，時日相同。以篾盤盛紙，攤開屋上，四隅小石鎮壓，任從霜雨、風雨、雷電，滿十二日方收。珍重待時如前法。蓋低種經浴，則自死不出，不費葉故，且得絲亦多也。晚種不用浴。

種忌

凡蠶紙用竹木四條爲方架，高懸透風避日梁枋之上，其下忌桐油、烟煤，火氣。冬月忌雪映，一映即空。遇大雪下時，即忙收貯，明日雪過，依然懸掛，直待臘月浴藏。

種類

凡蠶有早、晚二種。晚種每年先早種五六日出，川中者不同。結繭亦在先，其繭較輕三分之一。若早蠶結繭時，彼已出蛾生卵，以便再養矣。晚蛹戒不宜食。

凡三種浴種，皆謹視原記。如一錯誤，或將天露者投鹽浴，則盡空不出矣。

凡繭色唯黄、白二種。川、陝、晉、豫有黄無白，嘉、湖有白無黄。若將白雄配黄雌，則其嗣變成褐繭。黄絲以豬胰漂洗，亦成白色，但終不可染漂白、桃紅二色。

凡繭形亦有數種。晚繭結成並腰葫盧樣，天露繭尖長如榧子形，又或圓扁如核桃形。又一種不忌泥塗葉者，名爲賤蠶，得絲偏多。

凡蠶形亦有純白、虎斑、純黑、花紋數種，吐絲則同。今寒家有將早雄配晚雌者，幻出嘉種，一異也。野蠶自爲繭，出青州、沂水等地，樹老即自生。其絲爲衣，能禦雨及垢汙。其蛾出即能飛，不傳種紙上。他處亦有，但稀少耳。

抱養

凡清明逝三日，蠶苗即不偎衣衾暖氣，自然生出。蠶室宜向東南，周圍用紙糊風隙，上無棚板者宜頂格，值寒冷則用炭火於室内助暖。

凡初乳蠶，將桑葉切爲細條。切葉木，束稻麥稿爲之，則不損刀。摘葉用甕壜盛，不欲風吹枯悴。二眠以前，騰筐方法，皆用尖圓小竹筷提過。二眠以後，則不用箸，而手指可拈矣。凡騰筐勤苦，皆視人工。怠于騰者，厚葉與糞濕蒸，多致壓死。凡眠齊時，皆吐絲而後眠。若騰過，須將舊葉些微揀净。若粘帶絲纏葉在中，眠起之時，恐其即食一口，則其病爲脹死。三眠已過，若天氣炎熱，急宜搬出寬涼所，亦忌風吹。凡大眠後，計上葉十二餐方騰，太勤則絲糙。

養忌

凡蠶畏香，復畏臭。若焚骨灰、淘毛圊者，順風吹來，多致觸死。隔壁煎鮑魚、宿脂，亦或觸死。竈燒煤炭，爐爇沉、檀，亦觸死。懶婦便器摇動氣侵，亦有損傷。若風則偏忌西南，西南風太勁，則有合箔皆僵者。凡臭氣觸來，急燒殘桑葉烟以抵之。

葉料

凡桑葉無土不生。嘉、湖用枝條垂壓，今年視桑樹傍生條，用竹鉤掛卧，逐漸近地面，至冬月則抛土壓之，來春每節生根，則剪開他栽。其樹精華皆聚葉上，不復生葚與開花矣。欲葉便剪摘，則樹至七八尺，即斬截當頂葉。則婆娑可扳伐，不必乘梯緣木也。其他用子種者，立夏桑葚紫熟時取來，用黄泥水搓洗，並水澆於地面，本秋即長尺餘。來春移栽，倘灌糞勤勞，亦易長茂。但間有生葚與開花者，則葉最薄少耳。又有花桑，葉薄不堪用者，其樹接過，亦生厚葉也。

又有柘葉三種以濟桑葉之窮。柘葉浙中不經見，川中最多。寒家用浙種桑葉窮時，仍啖柘葉，則物理一也。凡琴弦、弓弦絲，用柘養蠶，名曰棘繭，謂最堅韌。

凡取葉必用剪，鐵剪出嘉郡桐鄉者最犀利，他鄉未得其利。剪枝之法，再生條次月葉愈茂，取資既多，人工復便。凡再生條葉，仲夏以養晚蠶，則止摘葉而不剪條。二葉摘後，秋來三葉復茂，浙人聽其經霜自落，片片掃拾以飼綿羊，大獲絨氈之利。

食忌

凡蠶大眠以後，徑食濕葉。雨天摘來者，任從鋪地加飡；晴日摘來者，以水灑濕而飼之，則絲有光澤。未大眠時，雨天摘葉，用繩懸掛透風簷下，時振其繩，待風吹乾。若用手掌拍乾，則葉焦而不滋潤，他時絲亦枯色。凡食葉，眠前必令飽足而眠，眠起，即遲半日上葉無妨也。霧天濕葉甚壞蠶，其晨有霧，切勿摘葉。待霧收時，或晴或雨，方剪伐也。露珠水亦待旰乾而後剪摘。

病症

凡蠶卵中受病，已詳前款。出後濕熱積壓，妨忌在人。初眠騰時用漆盒者，不可蓋掩逼出氣水。凡蠶將病，則胸上放光，通身黄色，頭漸大而尾漸小；並及眠之時，遊走不眠，食葉又不多者，皆病作也。急擇而去之，勿使敗羣。凡蠶强美者必眠葉面，壓在下者，或力弱或性懶，作繭亦薄。其作繭不知收法，妄吐絲成闊窩者，乃蠢蠶，非懶蠶也。

老足

凡蠶食葉足候，只争時刻。自卵出苗，多在辰巳二時，故老足結繭亦多辰巳二時。老足者，喉下兩唊通明，捉時嫩一分則絲少。過老一分，又吐去絲，繭殼必薄。捉者眼法高，一隻不差方妙。黑色蠶不見身中透光，最難捉。

結繭山箔

凡結繭必如嘉、湖，方盡其法。他國不知用火烘，聽蠶結出，甚至叢稈之内，箱匣之中，火不經，風不透。故所爲屯、漳等絹，豫、蜀等綢，皆易朽爛。若嘉、湖産絲成衣，即入水浣濯百餘度，其質尚存。其法析竹編箔，其下横架料木約六尺高，地下擺列炭火，炭忌爆炸。方圓去四五尺即列火一盆。初上山時，火分兩略輕少，引他成緒，蠶戀火意，即時造繭，不復緣走。

繭緒既成，即每盆加火半斤，吐出絲來隨即乾燥，所以經久不壞也。其繭室不宜樓板遮蓋，下欲火而上欲風涼也，凡火頂上者不以爲種，取種寧用火偏者。其箔上山，用麥稻稿斬齊，隨手糾捩成山，頓插箔(土)[上]。做山之人最宜手健。箔竹稀疏，用短稿略鋪灑，妨蠶跌墮地下與火中也。

取繭

凡繭造三日，則下箔而取之。其殼外浮絲，一名絲匡者，湖郡老婦賤價買去，每斤百文。用銅錢墜打成線，織成湖綢。去浮之後，其繭必用大盤攤開架上，以聽治絲、擴綿。若用厨箱掩蓋，則浥鬱而絲緒斷絶矣。

物害

凡害蠶者，有雀、鼠、蚊三種。雀害不及繭，蚊害不及早蠶，鼠害則與之相終始。防驅之智，是不一法，唯人所行也。雀屎粘葉，蠶食之立刻死爛。

擇繭

凡取絲必用圓正獨蠶繭，則緒不亂。若雙繭並四五蠶共爲繭，擇去取綿用。或以爲絲，則粗甚。

造棉

凡雙繭，並繅絲鍋底零餘，並出種繭殼，皆緒斷亂不可爲絲，用以取綿。用稻灰水煮過，不宜石灰。傾入清水盆内。手大指去甲净盡，指頭頂開四個，四四數足，用拳頂開又四四十六拳數，然後上小竹弓。此《莊子》所謂泙澼絖也。湖綿獨白净清化者，總緣手法之妙。上弓之時，惟取快捷，帶水擴開。若稍緩水流去，則結塊不盡解，而色不純白矣。

其治絲餘者名鍋底綿，裝綿衣衾内以禦重寒，謂之挾纊。凡取綿人工，難於取絲八倍，竟日只得四兩餘。用此綿墜打綫織湖綢者，價頗重。以綿綫登花機者，名曰花綿，價尤重。

治絲

凡治絲先製絲車，其尺寸器具刊載後圖。

鍋煎極沸湯，絲粗細視投繭多寡，窮日之力，一人可取三十兩。若包頭絲，則只取二十兩，以其苗長也。凡綾羅絲，一起投繭二十枚，包頭絲只投十餘枚。

凡繭滚沸時，以竹簽撥動水面，絲緒自見。提緒入手，引入竹針眼，先繞星丁頭，以竹棍做成，如香筒樣。然後由送絲竿勾掛，以登大關車。斷絶之時，尋緒丢上，不必繞接。其絲排匀不堆積者，全在送絲竿與磨木之上。川蜀絲車制稍異，其法架横鍋上，引四五緒而上，兩人對尋鍋中緒，然終不若湖制之盡善也。

凡供治絲薪，取極燥無烟濕者，則寶色不損。絲美之法有六字，一曰出口乾，即結繭時用炭火烘。一曰出水乾，則治絲登車時，用炭火四五兩，盆盛，去車關五寸許。運轉如風時，轉轉火意照乾，是曰出水乾也。若晴光又風色，則不用火。

調絲

凡絲議織時，最先用調。透光檐端宇下，以木架鋪地，植竹四根於上，名曰絡篤。絲匡竹上，其傍倚柱高八尺處，釘具斜安小竹偃月掛鈎，懸搭絲於鈎内，手中執篗旋纏，以俟牽經織緯之用。小竹墜石爲活頭，接斷之時，扳之即下。

緯絡紡車

凡絲既篗之後，以就經緯。經質用少而緯質用多，每絲十兩，經四緯六，此大略也。

凡供緯篗，以水沃濕絲，摇車轉鋌，而紡於竹管之上。竹用小箭竹。

經具溜眼掌扇經耙印架

凡絲既篗之後，牽經就織。以直竹竿穿眼三十餘，透過篾圈，名曰溜眼。竿横架柱上，絲從圈透過掌扇，然後纏繞經耙之上。度數既足，將印架捆卷。既捆，中以交竹二度，一上一下間絲，然後扱於筘内。此筘非織筘。扱筘之後，以的杠與印架相望，登開五七丈。或過糊者，就此過糊。或不過糊，就此卷於的杠，穿綜就織。

過糊

凡糊用麵筋内小粉爲質。紗羅所必用，綾綢或用或不用。其染紗不存素質者，用牛膠水爲之，名曰清膠紗。糊漿承於筘上，推移染透，推移就乾。天氣(暗)[晴]明，頃刻而燥，陰天必藉風力之吹也。

邊維

凡帛不論綾羅，皆別牽邊，兩傍各二十餘縷。邊縷必過糊，用筘推移梳乾。凡綾羅必三十丈、五六十丈一穿，以省穿接繁苦。每匹應截畫墨于邊絲之上，即知其丈尺之足。邊絲不登的杠，别繞機梁之上。

經數

凡織帛，羅紗筘以八百齒爲率。綾絹筘以一千二百齒爲率。每筘齒中度經過糊者，四縷合爲二縷，羅紗經計三千二百縷，綾綢經計五千六千縷。古書八十縷爲一升，今綾絹厚者，古所謂六十升布也。凡織花紋必用嘉、湖出口、出水皆乾絲爲經，則任從提挈，不憂斷接。他省者即勉强提花，潦草而已。

花機式

凡花機通身度長一丈六尺，隆起花樓，中托衢盤，下垂衢腳。水磨竹棍爲之，計一千八百根。對花樓下掘坑二尺許，以藏衢腳。地氣濕者，架棚二尺代之。提花小廝，坐立花樓架木上。機末以的杠捲絲，中間疊助木兩枝，直穿二木，約四尺長，其尖插於筘兩頭。疊助，織紗羅者，視織綾絹者減輕十餘斤方妙。其素羅不起花紋，與軟紗綾絹踏成浪梅小花者，視素羅只加桄二扇。一人踏織自成，不用提花之人，閑住花樓，亦不設衢盤與衢腳也。

其機式兩接，前一接平安，自花樓向身一接斜倚低下尺許，則疊助力雄。若織包頭細軟，則另爲均平不斜之機。坐處鬪二腳，以其絲微細，防遏疊助之力也。

腰機式

凡織杭西、羅地等絹，輕素等綢，銀條、巾帽等紗，不必用花機，只用小機。織匠以熟皮一方置坐下，其力全在腰尻之上，故名腰機。普天織葛、苧、棉布者，用此機法，布帛更整齊堅澤，惜今傳之猶未廣也。

結花本

凡工匠結花本者，心計最精巧。畫師先畫何等花色於紙上，結本者以絲線隨畫量度，算計分寸杪忽而結成之。張懸花樓之上，即織者不知成何花色，穿綜帶經，隨其尺寸度數提起衢脚，梭過之後，居然花現。蓋綾絹以浮經而見花，紗羅以糾緯而見花。綾絹一梭一提，紗羅來梭提，往梭不提。天孫機杼，人巧備矣。

穿經

凡絲穿綜度經，必用四人列坐。過筘之人，手執筘耙先插以待絲至。絲過筘，則兩指執定，足五、七十筘，則絛結之。不亂之妙，消息全在交竹。即接斷，就絲一扯即長數寸。打結之後，依還原度，此絲本質自具之妙也。

分名

凡羅，中空小路以透風涼，其消息全在軟綜之中。衮頭兩扇打綜，一軟一硬。凡五梭、三梭最厚者七梭。之後，踏起軟綜，自然糾轉諸經，空路不粘。若平過不空路而仍稀者曰紗，消息亦在兩扇衮頭之上。直至織花綾綢，則去此兩扇，而用桄綜八扇。

凡左右手各用一梭交互織者，曰縐紗。凡單經曰羅地，雙經曰絹地，五經曰綾地。凡花分實地與綾地，綾地者光，實地者暗。先染絲而後織者曰緞。北土屯絹，亦先染絲。就絲綢機上織時，兩梭輕，一梭重，空出稀路者，名曰秋羅，此法亦起近代。凡吴越秋羅，閩廣懷素，皆利縉紳當暑服，屯絹則爲外官、卑官遜別錦繡用也。

熟練

凡帛織就，猶是生絲，煮練方熟。練用稻稿灰入水煮。以豬胰脂陳宿一晚，入湯浣之，寶色燁然。或用烏梅者，寶色略減。凡早絲爲經、晚絲爲緯者，練熟之時每十兩輕去三兩。經緯皆美好早絲，輕化只二兩。練後日乾張急，以大蚌殼磨使乖鈍，通身極力刮過，以成寶色。

龍袍

凡上供龍袍，我朝局在蘇、杭。其花樓高一丈五尺，能手兩人扳提花本，織過數寸即換龍形。各房鬥合，不出一手。赭黄亦先染絲，工器原無殊異，但人工慎重與資本皆數十倍，以效忠敬之誼。其中節目微理，不可得而詳考云。

倭緞

凡倭緞製起東夷，漳、泉海濱效法爲之。絲質來自川蜀，商人萬里販來，以易胡椒歸里。其織法亦自夷國傳來。蓋質已先染，而斮綿夾藏經面，織過數寸即刮成黑光。北虜互市者見而悦之。但其帛最易朽污，冠弁之上頃刻集灰，衣領之間移日損壞。今華夷皆賤之，將來爲棄物，織法可不傳云。

布衣 趕彈紡

凡棉布禦寒，貴賤同之。棉花古書名枲麻，種遍天下。種有木棉、草棉兩者，花有白、紫二色。種者白居十九，紫居十一。

凡棉春種秋花，花先綻者逐日摘取，取不一時。其花粘子於腹，登趕車而分之。去子取花，懸弓彈化。爲挾纊温衾襖者，就此止功。彈後以木板擦成長條以登紡車，引緒糾成紗縷。然後繞籰牽經就織。凡(訪)[紡]工能者，一手握三管紡於鋌上。捷則不堅。

凡棉布寸土皆有，而織造尚浙江，漿染尚蕪湖。凡布縷緊則堅，緩則脆。碾石取江北性冷質膩者，每塊佳者值十餘金。石不發燒，則縷緊不松泛。蕪湖巨店首尚佳石。廣南爲布數而偏取遠産，必有所試矣。爲衣敝浣，猶尚寒砧搗聲，其義亦猶是也。

外國朝鮮造法相同，惟西洋則未核其質，並不得其機織之妙。凡織布有雲花、斜紋、象眼等，皆仿花機而生義。然既曰布衣，太素足矣。織機十室必有，不必具圖。

枲著

凡衣衾挾纊禦寒，百人之中止一人用繭綿，餘皆枲著。古縕袍今俗名胖襖。棉花既彈化，相衣衾格式而入裝之。新裝者附體輕暖，經年板緊，暖氣漸無，取出彈化而重裝之，其暖如故。

夏服

凡苧麻無土不生。其種植有撒子、分頭兩法。池郡每歲以草糞壓頭，其根隨土而高。廣南青麻撒子種田茂甚。色有青、黄兩樣。每歲有(雨)[兩]刈者，有三刈者，績爲當暑衣裳、帷帳。

凡苧皮剥取後，喜日燥乾，見水即爛。破析時則以水浸之，然只耐二十刻，

久而不析則亦爛。苧質本淡黃，漂工化成至白色。先用稻灰、石灰水煮過，入長流水再漂，再曬，以成至白。

紡苧紗能者用腳車，一女工並敵三工，惟破析時，窮日之力只得三五銖重。織苧機具與織棉者同。凡布衣縫線，革履串繩，其質必用苧糾合。

凡葛蔓生，質長於苧數尺。破析至細者，成布貴重。又有苘麻一種，成布甚粗，最粗者以充喪服。即苧布，有極粗者，漆家以盛布灰，大内以充火炬。又有蕉紗，乃閩中取芭蕉皮析緝爲之，輕細之甚，值賤而質枵，不可爲衣也。

裘

凡取獸皮制服統名曰裘。貴至貂、狐，賤至羊、麂，值分百等。貂産遼東外徼建州地及朝鮮國。其鼠好食松子，夷人夜伺樹下，屏息悄聲而射取之。一貂之皮方不盈尺，積六十余貂僅成一裘。服貂裘者，立風雪中，更暖於宇下。眯入目中，拭之即出，所以貴也。色有三種，一白者曰銀貂，一純黑，一黯黃。黑而毛長者，近值一帽套已五十金。

凡狐、貂亦産燕、齊、遼、汴諸道。純白狐腋裘價與貂相仿，黃褐狐裘值貂五分之一，禦寒温體功用次於貂。凡關外狐，取毛見底青黑，中國者吹開見白色，以此分優劣。羊皮裘母賤子貴。在腹者名曰胞羔，毛文略具。初生者名曰乳羔，皮上毛似耳環腳。三月者曰跑羔，七月者曰走羔，毛文漸直。胞羔、乳羔爲裘不膻。古者羔裘爲大夫之服，今西北搢紳亦貴重之。其老大羊皮，硝熟爲裘，裘質癡重，則賤者之服耳，然此皆綿羊所爲。若南方短毛革硝，其鞟如紙薄，止供畫燈之用而已。服羊裘者，腥膻之氣習久而俱化，南方不習者不堪也。然寒涼漸殺，亦無所用之。

麂皮去毛，硝熟爲襖褲，御風便體，襪靴更佳。此物廣南繁生外，中土則積集楚中，望華山爲市皮之所。麂皮且御蠍患，北人製衣而外，割條以緣衾邊，則蠍自遠去。

虎豹至文，將軍用以彰身；犬豕至賤，役夫用以適足。西戎尚獺皮，以爲毳衣領飾。襄黃之人，窮山越國，射取而遠貨，得重價焉。殊方異物如金絲猿，上用爲帽套；扯裡猻，禦服以爲袍，皆非中華物也。獸皮衣人，此其大略，方物則不可殫述。飛禽之中有取鷹腹、雁腋毳毛，殺生盈萬乃得一裘，名天鵝絨者，將焉用之？

褐氈

凡綿羊有兩種，一曰蓑衣羊，剪其毳爲氈、爲絨片，帽襪遍天下，胥此出焉。古者西域羊未入中國，作褐爲賤者服，亦以其毛爲之。褐有粗而無精，今日粗褐亦間出此羊之身。此種自徐、淮以北州郡無不繁生。南方唯湖郡飼畜綿羊，一歲三剪毛。夏季稀革不生。每羊一隻，歲得絨襪料三雙。生羔牝牡合數得二羔，故北方家畜綿羊百隻，則歲入計百金云。

一種矞芀羊番語。唐末始自西域傳來，外毛不甚蓑長，内毳細軟，取織絨褐，秦人名曰山羊，以別於綿羊。此種先自西域傳入臨洮，今蘭州猶盛，故褐之細者皆出蘭州。一曰蘭絨，番語謂之孤古絨，從其初號也。山羊毳絨亦分兩等，一曰搊絨，用梳櫛搊下，打線織帛，曰褐子、把子諸名色。一曰拔絨，乃毳毛精細者，以(雨)[兩]指甲逐莖揭下，打線織絨褐。此褐織成，揩面如絲帛滑膩。每人窮日之力，打線只得一錢重，費半載工夫方成匹帛之料。若搊絨打線，日多拔絨數倍。凡打褐絨線，冶鉛爲錘，墜於緒端，兩手宛轉搓成。

凡織絨褐機大於布機，用綜八扇，穿經度縷，下施四踏輪，踏起經隔二拋緯，故織出紋成斜現。其梭長一尺二寸，機織、羊種皆彼時歸夷傳來，名姓再詳。故至今織工皆其族類，中國無與也。凡綿羊剪毳，粗者爲氈，細者爲絨。氈皆煎燒沸湯投於其中搓洗，俟其粘合，以木板定物式，鋪絨其上，運軸趕成。凡氈絨白黑爲本色，其餘皆染色。其氍毹、氆氇等名稱，皆華夷各方語所命。若最粗而爲毯者，則駑馬諸料雜錯而成，非專取料於羊也。

又《彰施》

諸色質料

大紅色，其質紅花餅一味，用烏梅水煎出。又用鹼水澄數次，或稻藁灰代鹼，功用亦同。澄得多次，色則鮮甚。染房討便宜者，先染蘆木打腳。凡紅花最忌沉、麝，袍服與衣香共收，旬月之間其色即毁。凡紅花染帛之後，若欲退轉，但浸濕所染帛，以鹼水、稻灰水滴上數十點，其紅一毫收轉，仍還原質。所收之水藏於緑豆粉内，放出染紅，半滴不耗。染家以爲秘訣，不以告人。蓮紅、桃紅色、銀紅、水紅色，以上質亦紅花餅一味，淺深分兩加減而成。是四色皆非黃繭絲所可爲，必用白絲方現。木紅色，用蘇木煎水，入明礬、棓子。紫色、蘇木爲地，青礬尚之。赭黃色，制未詳。鵝黃色，黃蘗煎水染，靛水蓋上。金黃色，蘆木煎水染，復用麻藁灰淋，鹼水漂。茶褐色，蓮子殼煎水染，復用青礬水蓋。大紅官緑色，槐花煎水染，藍澱蓋，淺深皆用明礬。豆緑色，黃蘗水染，靛水蓋。今用小葉莧藍煎水蓋者，名草豆緑，色甚鮮。油緑色，槐花薄染，青礬蓋。天青色，入靛碙淺染，蘇木水蓋。蒲萄青色，入靛碙深染，蘇木水深蓋。蛋青色，黃蘗水染，然後入靛碙。翠藍、天藍，二色俱靛水分深

淺。玄色，靛水染深青，蘆木、楊梅皮等分煎水蓋。又一法，將藍芽葉水浸，然後下青礬、棓子同浸，令布帛易朽。月白草白二色，俱靛水微染，今法用莧藍煎水，半生半熟染。象牙色。蘆木煎水薄染，或用黃土。藕褐色。蘇木水薄染，入蓮子殼，青礬水薄蓋。

附：染包頭青色。此黑不出藍靛，用栗殼或蓮子殼煎煮一日，漉起，然後入鐵砂、皂礬鍋內，再煮一宵即成深黑色。

附：染毛青布色法。布青初尚蕪湖千百年矣。以其漿碾成青光，邊方外國皆貴重之。人情久則生厭。毛青乃出近代，其法取松江美布染成深青，不復漿碾，吹幹，用膠水參豆漿水一過。先蓄好靛，名曰標碙。入內薄染即起，紅焰之色隱然。此布一時重用。

藍澱

凡藍五種，皆可爲澱。茶藍即菘藍，插根活；蓼藍、馬藍、吴藍等皆撒子生。近又出蓼藍小葉者，俗名莧藍，種更佳。凡種茶藍法冬月割穫，將葉片片削下，入窖造澱。其身斬去上下，近根留數寸。薰幹，埋藏土內。春月燒凈山土使極肥松，然後用錐鋤，其鋤勾末向身長八寸許。刺土打斜眼，插入于內，自然活根生葉。其餘藍皆收子撒種畦圃中。暮春生苗，六月采實，七月刈身造澱。凡造澱，葉者莖多者入窖，少者入桶與缸。水浸七日，其汁自來。每水漿壹石下石灰五升，攪冲數十下，澱信即結。水性定時，澱澄於底。近來出産，閩人種山皆茶藍，其數倍于諸藍。山中結箬簍，輸入舟航。其掠出浮沫曬乾者曰靛花。凡靛入缸必用稻灰水先和，每日手執竹棍攪動，不可計數，其最佳者曰標缸。

紅花

紅花場圃撒子種，二月初下種，若太早種者，苗高尺許即生蟲如黑蟻，食根立斃。凡種地肥者，苗高二三尺。每路打橛，縛繩橫闌，以備狂風拗折。若瘦地尺五以下者，不必爲之。紅花入夏即放綻，花下作梂彙多，刺花出梂上。採花者必侵晨帶露摘取。若日高露旰，其花即已結閉成實，不可採矣。其朝陰雨無露，放花較少，旰摘無防，以無日色故也，紅花逐日放綻，經月乃盡。入藥用者不必制餅。若入染家用者，必以法成餅然後用，則黃汁淨盡，而真紅乃現也。其子煎壓出油，或以銀箔貼扇面，用此油一刷，火上照乾，立成金色。

造紅花餅法

帶露摘紅花，搗熟以水淘，布袋絞去黃汁。又搗以酸粟或米泔清。又淘，又絞袋去汁，以青蒿覆一宿，捏成薄餅，陰乾收貯。染家得法，我朱孔揚，所謂猩紅也。染紙吉禮用，亦必用製餅，不然全無色。

家則糟粕棄也。

附：燕脂　燕脂古造法以紫礦染綿者爲上，紅花汁及山榴花汁者次之。近濟寧路但取染殘紅花滓爲之，值甚賤。其滓乾者名曰紫粉，丹青家或收用，染

槐花

凡槐樹十餘年後方生花實。花初試未開者曰槐蕊，綠衣所需，猶紅花之成紅也。取者張度簾稠其下而承之。以水煮一沸，漉乾捏成餅，入染家用。既放之。花色漸入黃，收用者以石灰少許曬拌而藏之。

又 卷中《燔石》

礬石　白礬

凡礬燔石而成。白礬一種，亦所在有之。最盛者山西晉、南直無爲等州，值價低賤，與寒水石相仿。然煎水極沸，投礬化之，以之染物，則固結膚膜之間，外水永不入，故製糖餞與染畫紙、紅紙者需之。其末乾撒，又能治浸淫惡水，故濕瘡家亦急需之也。

凡白礬，堀土取磊塊石，層疊煤炭餅鍛煉，如燒石灰樣。火候已足，冷定入水。煎水極沸時，盤中有濺溢如物飛出，俗名蝴蝶礬者，則礬成矣。煎濃之後，入水缸內澄，其上隆結曰吊礬，潔白異常。其沉下者曰缸礬。輕虛如棉絮者曰柳絮礬，燒汁至盡，白如雪者，謂之巴石。方藥家鍛過用者曰枯礬云。

青礬　紅礬　黃礬　膽礬

凡皂、紅、黃礬，皆出一種而成，變化其質。取煤炭外礦石　俗名銅炭子，每五百斤入爐，爐內用煤炭餅自來風不用鼓鞴者。千余斤，周圍包裹此石。爐外砌築土牆圈圍，爐巔空一圓孔如茶碗口大，透炎直上，孔傍以礬滓厚罨。此滓不知起自何世，欲作新爐者，非舊滓罨蓋則不成。然後從底發火，此火度經十日方熄。其孔眼時有金色光直上。取硫，詳後款。鍛經十日後，冷定取出。半酥雜碎者另揀出，名曰時礬，爲煎礬紅用。其中精粹如礦灰形者，取入缸中浸三個時，漉入釜中煎煉。每水十石煎至一石，火候方足。煎乾之後，上結者皆佳好皂礬，下者爲礬滓。後爐用此蓋。此皂礬染家必需用。中國煎者亦惟五六所。原石五百斤成皂礬二百斤，其大端也。其揀出時礬，俗又名雞屎礬。每斤入黃土四兩，入罐熬煉，則成礬紅。圬墁及油漆家用之。

其黃礬所出又奇甚，乃即煉皂礬爐側土牆，春夏經受火石精氣，至霜降、立冬之交，冷静之時，其牆上自然爆出此種，如淮北磚牆生焰硝樣。刮取下來，名

曰黃礬，染家用之。金色淡者塗炙，立成紫赤也。其黃礬自外國來，打破，中有金絲者，名曰波斯礬，別是一種。

又山、陝燒取硫黃山上，其滓棄地，二三年後雨水浸淋，精液流入溝麓之中，自然結成皂礬。取而貨用，不假煎煉。其中色佳者，人取以混石膽云。

石膽一名膽礬者，亦出晉、隰等州，乃山石穴中自結成者，故綠色帶寶光。燒鐵器淬于膽礬水中，即成銅色也。

《本草》載礬雖五種，並未分別原委。其崑崙礬狀如黑泥，鐵礬狀如赤石脂者，皆西域產也。

又　卷下《丹青》　朱

凡朱砂、水銀、銀朱，原同一物，所以異名者，由精細老嫩而分也。上好朱砂，出辰、錦今名麻陽。與西川者，中即孕汞，然不以升煉。蓋光明、箭鏃、鏡面等砂，其價重于水銀三倍，故擇出爲朱砂貨鬻。若以升（水）［汞］，反降賤值。唯粗次朱砂，方以升煉水銀，而水銀又升銀朱也。

凡朱砂上品者，穴土十餘丈乃得之。始見其苗，磊然白石，謂之朱砂床。近床之砂，有如雞子大者。其次砂不入藥，只爲研供畫用與升煉水銀者。其苗不必白石，其深數丈即得。外床或雜青黃石，或間沙土，土中孕滿，則其外沙石多自折裂。此種砂貴州思、印、銅仁等地最繁，而商州、秦州出亦廣也。凡次砂取來，其通坑色帶白嫩者，則不以研朱，盡以升汞。若砂質即嫩而煉視欲丹者，則取來時，入巨鐵碾槽中，軋碎如微塵，然後入缸，注清水澄浸。過三日夜，跌取其上浮者，傾入別缸，名曰二朱。其下沉結者，曬乾即名頭朱也。

凡升水銀，或用嫩白次砂，或用缸中跌出浮面二朱，水和（槎）［搓］成大盤條，每三十斤入一釜內升汞，其下炭質亦用三十斤。凡升汞，上蓋一釜，釜當中留一小孔，釜傍鹽泥緊固。釜上用鐵打成一曲弓溜管，其管用麻繩纏通（稍）［梢］，仍用鹽泥塗固。煆火之時，曲溜一頭插入釜中通氣，插處一絲固密。一頭以中罐注水兩瓶，插曲溜尾於內，釜中之氣在達於罐中之水而止。共煆五個時辰，其中砂末盡化成汞，布於滿釜。冷定一日，取出掃下。此最妙玄，化全部天機也。《本草》胡亂注，鑿地一孔，放碗一個盛水。

凡將水銀再升朱用，故名曰銀朱。其法或用磬口泥罐，或用上下釜。每水銀一斤，入石亭脂即硫黃製造者。二斤，同研不見星，炒作青砂頭，裝於罐內。上用鐵盞蓋定，盞上壓一鐵尺。鐵線兜底捆縛，鹽泥固濟口縫，下用三釘插地鼎足盛罐。打火三炷香久，頻以廢筆蘸水擦盞，則銀自成粉，貼於罐上，其貼口者朱更鮮華。冷定揭出，刮掃取用。其石亭脂沉下罐底，可取再用也。每升水銀一斤得朱十四兩，次朱三兩五錢，出數借硫質而生。凡升朱與研朱，功用亦相仿。若皇家、貴家畫彩，則即同辰錦丹砂研成者，不用此朱也。凡朱，文房膠成條塊，石硯則顯，若磨於錫硯之上，則立成皂汁。即漆工以鮮物彩，唯入桐油調則顯，入漆亦晦也。

凡水銀與朱更無他出，其汞海、草汞之說，無端狂妄，耳食者信之。若水銀已升朱，則不可復還爲汞，所謂造化之巧已盡也。

【略】

附諸色顏料

胡粉，至白色，詳《五金》卷。

黃丹，紅黃色，詳《五金》卷。

澱花，至藍色，詳《彰施》卷。

紫粉，縹紅色，貴重者用胡粉、銀朱對和，粗者用染家紅花滓汁爲之。

大青，至青色，詳《珠玉》卷。

銅綠，至綠色，黃銅打成板片，醋塗其上，裹藏糠內，微藉暖火氣，逐日刮取。

石綠，詳《珠玉》卷。

代赭石，殷紅色，處處山中有之，以代郡者爲最佳。

石黃。中黃色，外紫色，石皮內黃，一名石中黃子。

清工部《工程做法》卷五八

畫作用料開後

計開

金琢墨金龍方心瀝粉首綠地仗，每折寬壹尺長壹丈，用水膠貳兩伍錢，白礬壹錢貳分，定粉柒錢，廣靛花伍錢，彩黃壹兩陸錢，大碌壹兩肆錢，鍋巴碌肆錢，天大青玖錢，天貳青叁錢，青粉肆錢，土粉壹兩肆錢，南片紅土貳錢，南烟子叁分，南梅花青肆錢，銀硃肆分，黃丹貳分，籐黃壹分，胭脂壹分，見方叁寸紅金肆貼貳張，見方叁寸黃金肆貼貳張，貼金油捌錢肆分。

合細伍墨金雲龍鳳瀝粉方心青綠地仗上伍彩，每寬壹尺長壹丈，用水膠貳兩叁錢，白礬壹錢貳分，定粉陸錢，廣靛花伍錢貳分，彩黃壹兩伍錢，大碌壹兩陸錢，鍋巴碌貳錢，天大青陸錢，天貳青貳錢，青粉肆錢，土粉壹兩貳錢，南片紅土

貳錢，南烟子肆分，南梅花青貳錢，銀硃壹錢，黄丹壹錢，籐黄肆分，胭脂叁分，見方叁寸紅金貳帖陸張伍分，見方叁寸黄金貳帖陸張伍分，貼金油伍錢叁分。

大點金瀝粉金雲龍方心伍墨彩畫，每折寬壹尺長壹丈，用水膠壹兩捌錢，白礬壹錢貳分，定粉陸錢伍分，廣靛花伍錢叁分，彩黄壹兩伍錢，大碌壹兩捌錢，鍋巴碌貳錢，天大青壹兩，青粉壹錢，土粉柒錢捌分，南片紅土壹錢肆分，南烟子捌分，見方叁寸紅金壹帖捌張，見方叁寸黄金壹帖捌張，貼金油叁錢陸分。

大點金伍墨龍錦方心，每折寬壹尺長壹丈，用水膠壹兩捌錢，白礬壹錢貳分，土粉柒錢捌分，青粉貳錢，定粉柒錢，南片紅土柒錢肆分，黄丹捌分，大碌壹兩伍錢伍分，鍋巴碌叁錢，銀硃伍分，廣靛花伍錢叁分，南烟子捌分，籐黄貳分，彩黄壹兩伍錢，胭脂貳分，天大青玖錢，見方叁寸紅金柒張伍分，見方叁寸黄金捌張伍分，貼金油壹錢陸分。

大點金空方心，每折寬壹尺長壹丈，用水膠壹兩捌錢，白礬壹錢貳分，土粉伍錢，青粉壹錢，定粉陸錢伍分，南片紅土壹錢貳分，大碌壹兩捌錢伍分，鍋巴碌貳錢，廣靛花伍錢叁分，南烟子壹錢，彩黄壹兩伍錢，天大青壹兩貳錢，見方叁寸紅金伍張，見方叁寸黄金伍張，貼金油壹錢。

小點金龍錦方心伍墨，每折寬壹尺長壹丈，用水膠壹兩捌錢，白礬壹錢貳分，定粉柒錢，廣靛花肆錢捌分，彩黄壹兩貳錢，大碌壹兩玖錢。鍋巴碌叁錢，天大青捌錢，天貳青肆錢，青粉貳錢，土粉伍錢，南片紅土捌分，南烟子捌分，銀硃伍分，黄丹捌分，籐黄貳分，胭脂貳分，見方叁寸紅金伍張，見方叁寸黄金伍張，貼金油壹錢。

小點金花錦方心，每折寬壹尺長壹丈，用水膠壹兩陸錢，白礬壹錢貳分，青粉貳錢，土粉叁錢，定粉玖錢，南片紅土陸分，彩黄壹兩貳錢，黄丹捌分，銀硃伍分，籐黄壹分，大碌壹兩伍錢，鍋巴碌伍錢，天大青捌錢，胭脂貳分，南烟子捌分，廣靛花肆錢捌分，見方叁寸紅金肆張，貼金油肆分。

小點金空方心，每折寬壹尺長壹丈，用水膠壹兩捌錢，白礬壹錢貳分，土粉伍錢，青粉壹錢，定粉伍錢伍分，南片紅土壹錢貳分，大碌壹兩捌錢伍分，鍋巴碌貳錢，廣靛花肆錢捌分，南烟子壹錢，彩黄壹兩伍錢，天大青壹兩，見方叁寸紅金肆張，貼金油肆分。

雅伍墨空方心，每折寬壹尺長壹丈，用水膠壹兩陸分，白礬壹錢貳分，定粉伍錢伍分，廣靛花伍錢，彩黄壹兩，大碌貳兩，鍋巴碌壹錢伍分，青粉貳錢，土粉叁錢，南烟子壹錢貳分。

雅伍墨花錦方心，每折寬壹尺長壹丈，用水膠壹兩陸錢，白礬壹錢貳分，青粉貳錢，土粉叁錢，定粉玖錢，黄丹捌分，彩黄壹兩，鍋巴碌肆錢，銀硃伍分，南烟子捌分，大碌壹兩伍錢伍分，籐黄壹分，胭脂貳分，廣靛花肆錢捌分。

雅伍墨哨青空方心，每折寬壹尺長壹丈，用水膠壹兩陸分，白礬壹錢貳分，定粉伍錢伍分，廣靛花伍錢，彩黄壹兩，青粉貳錢，大碌壹兩捌錢伍分，天大青壹兩貳錢，土粉叁錢，鍋巴碌肆錢，南烟子捌分。

土黄叁色伍墨空方心，每折寬壹尺長壹丈，用水膠壹兩伍錢，白礬壹錢貳分，定粉伍錢，廣靛花叁錢，土黄陸兩，大碌伍錢，鍋巴碌貳錢，青粉壹兩陸錢，南烟子伍分。

金琢墨西番草伍墨龍方心，每折寬壹尺長壹丈，用水膠壹兩玖錢，白礬壹錢貳分，定粉肆錢，廣靛花壹錢，彩黄伍錢，大碌陸錢，鍋巴碌貳錢，天大青伍錢，叁青貳錢，青粉壹兩，土粉肆錢，南片紅土柒錢，銀硃伍錢，黄丹叁分，籐黄貳分，南烟子貳分，胭脂叁分，土子貳分，見方叁寸紅金壹帖伍張，見方叁寸黄金貳帖，貼金油叁錢伍分。

烟琢墨西番草叁寶珠伍墨，每折寬壹尺長壹丈，用水膠壹兩伍錢，白礬壹錢貳分，定粉伍錢，廣靛花壹錢伍分，大碌貳錢，鍋巴碌貳錢伍分，天大青伍錢，青粉壹兩，土粉叁錢，南片紅土柒分，南烟子伍分，銀硃陸錢，黄丹壹錢伍分，籐黄肆分，胭脂半片，土子肆分。

西番草烟琢墨金龍方心，每折寬壹尺長壹丈，用水膠壹兩陸錢，白礬壹錢貳分，青粉壹兩，南片紅土柒錢，土粉叁錢，廣靛花壹錢伍分，鍋巴碌壹錢伍分，定粉肆錢伍分，大碌肆錢，天大青肆錢伍分，黄丹叁分，銀硃肆錢伍分，籐黄貳分，彩黄伍錢，土子貳分，胭脂叁分，南烟子叁分，見方叁寸紅金捌張，見方叁寸黄金捌張，貼金油壹錢陸分。

西番草叁寶珠金琢墨，每折寬壹尺長壹丈，用水膠壹兩玖錢，白礬壹錢貳分，青粉壹兩，定粉叁錢，土子叁分，南片紅土柒錢，彩黄叁錢，鍋巴碌貳錢伍分，廣靛花捌分，胭脂半片，籐黄叁分，銀硃伍錢伍分，黄丹壹錢，大碌叁錢，天大青肆錢，南烟子貳分，土粉陸錢，見方叁寸紅金壹帖伍張，見方叁寸黄金壹帖伍張，貼金油叁錢。

叁退暈石碾玉伍墨描機粉芍方心，每寬壹尺長壹丈，用水膠壹兩捌錢，白礬

壹錢貳分，定粉捌錢，廣靛花肆錢伍分，大碌壹兩肆錢，鍋巴碌陸錢，天大青捌錢，青粉貳兩，南烟子壹錢，膡黄肆分，香墨陸釐。

雲秋木，每折寬壹尺長壹丈，用水膠壹兩，白礬壹錢貳分，定粉肆錢，彩黄貳兩貳錢，青粉貳兩，黄丹陸錢，赭石貳錢。

螺青叁色伍墨空方心，每折寬壹尺長壹丈，用水膠壹兩貳錢，白礬壹錢貳分，定粉壹兩壹錢，廣靛花貳錢捌分，大碌肆錢，青粉貳兩伍錢，南烟子肆分，土粉貳錢。

流雲仙鶴伍彩洋青地仗，每折寬壹尺長壹丈，用水膠壹兩肆錢，白礬壹錢肆分，定粉壹兩肆分，廣靛花貳錢，青粉叁兩貳錢，洋青叁兩，叁碌肆分，銀硃貳分，黄丹肆分，膡黄壹錢，胭脂壹片，香墨肆釐，赭石貳分。

海墁葡萄米色地仗，每折寬壹尺長壹丈，用水膠壹兩捌分，白礬壹錢肆分，定粉柒錢，廣靛花肆分，彩黄叁兩，鍋巴碌陸錢，青粉貳兩，黄丹陸錢肆分，膡黄肆分，胭脂貳分，香墨壹分，赭石捌分。

冰裂梅青粉地仗，每折寬壹尺長壹丈，用水膠壹兩，白礬壹錢肆分，定粉壹兩貳錢，廣靛花貳分，鍋巴碌壹兩伍錢，青粉貳兩，土粉壹錢，膡黄肆分，胭脂壹片。

百蝶梅洋青地仗，每折寬壹尺長壹丈，用水膠壹兩肆錢，白礬壹錢陸分，定粉陸錢，廣靛花貳錢，大碌壹錢，鍋巴碌壹錢，青粉叁兩貳錢，洋青叁兩肆錢，黄丹陸分，膡黄肆分，胭脂肆分，香墨貳分。

聚錦蘇式彩畫線路貼金夔龍，宋錦方心桁條，宋錦方心青櫺線緑岔口青箍頭、找頭、刷緑地仗，扇面斗方、墊板池子、刷叁緑叁青地仗，描機鮮花卉、青岔口燕尾刷黄丹地仗，做畫意錦枋子、刷香色方心地仗，玉做夔龍緑櫺線青岔口找頭，刷叁青地仗，做扇面斗方青箍頭，每寬貳尺長壹丈，用水膠伍兩，白礬貳錢捌分，定粉壹兩捌錢，彩黄捌錢，大碌壹錢，鍋巴碌陸錢，叁碌玖錢，天貳青伍錢，叁青叁錢陸分，洋青壹兩貳錢，青粉伍兩，土粉壹兩貳錢，南片紅土叁錢，土子貳錢肆分，銀硃肆分，黄丹肆錢，膡黄貳錢，胭脂貳片，南烟子陸分，香墨貳分，見方叁寸紅金叁帖肆張，貼金油叁錢肆分。

花錦方心蘇式彩畫桁條方心刷香色地仗，垛鮮花卉青櫺線緑岔口找頭、刷粉叁青地仗，做畫意錦墊板，刷叁碌地仗，做冰裂梅枋子，刷白粉方心地仗，做伍墨錦緑櫺線青岔口緑箍頭、找頭，刷水紅地仗，做畫意錦青箍頭，每寬貳尺長壹丈，用水膠叁兩，白礬叁錢，定粉貳兩肆錢，廣靛花壹錢陸分，彩黄肆錢，大碌陸錢，鍋巴碌捌錢，洋青肆錢，青粉肆兩，土子壹錢，銀硃貳錢，黄丹貳錢，膡黄壹錢，胭脂壹片，南烟子陸分，香墨貳分。

博古蘇式彩畫桁條，刷叁碌地仗，箍頭刷青，玉做夔鳳墊板刷香色地仗，做流雲飛蝠枋子刷洋青地仗，做博古箍頭刷緑，每寬貳尺長壹丈，用水膠叁兩貳錢，白礬叁錢貳分，定粉柒錢，廣靛花貳錢肆分，彩黄捌錢，大碌肆錢，鍋巴碌伍錢，叁碌壹兩貳錢捌分，土子叁錢，銀硃捌分，洋青貳兩捌錢，叁青貳錢，青粉伍兩，黄丹貳錢，膡黄陸分，胭脂壹片，南烟子陸分，香墨貳分，赭石貳分。

雲秋木蘇式彩畫，搭袱子刷粉青地仗，垛鮮花卉大碌邊黄丹倒喳筆草桁條墊板枋子刷米色拉木紋地仗，垛青緑壽字夔龍團青緑箍頭，每寬貳尺長壹丈，用水膠叁兩，白礬貳錢陸分，定粉貳兩叁錢，廣靛花壹錢，彩黄貳兩，大碌柒錢，洋青伍錢，青粉肆兩，黄丹肆錢，膡黄貳分，胭脂陸分，南烟子陸分，香墨肆釐，赭石肆分。

壽山福海蘇式彩畫桁條，刷粉叁青地仗，海墁花卉、青箍頭、墊板刷水紅做壽山福海枋子刷香色地仗，洋青夔龍團緑箍頭，每寬貳尺長壹丈，用水膠叁兩肆錢，白礬貳錢捌分，定粉貳兩貳錢，廣靛花壹錢肆分，彩黄壹兩肆錢，大碌壹兩肆錢，洋青壹兩，青粉肆兩捌錢，土子伍錢，銀硃陸分，黄丹壹錢貳分，膡黄肆分，胭脂壹片，南烟子陸分，香墨捌釐，赭石貳分。

伍福慶壽蘇式彩畫桁條，刷香色地仗，垛白粉染古色螭虎青箍頭墊板刷紫地仗，做畫意錦枋子刷粉叁青垛伍福慶壽團緑箍頭，每寬貳尺長壹丈，用水膠叁兩肆錢，白礬貳錢陸分，定粉壹兩捌錢，廣靛花壹錢貳分，彩黄壹兩，大碌肆錢，鍋巴碌壹錢，洋青叁錢，青粉肆兩，土子伍錢，銀硃肆分，黄丹捌分，膡黄肆分，胭脂貳片，南烟子陸分，香墨貳分。赭石壹錢。

福如東海蘇式彩畫，搭袱子做宋錦邊，刷紫描機桁條找頭，刷緑地仗，垛鮮花卉，箍頭刷白粉，描觀頭叁退暈墊板找頭刷米色地仗，做福如東海枋子找頭刷叁青，做流雲壽團，每寬貳尺長壹丈，用水膠叁兩陸錢，白礬貳錢捌分，定粉壹兩捌錢，廣靛花壹錢陸分，彩黄柒錢，大碌伍錢，鍋巴碌壹兩壹錢肆分，洋青伍錢，叁青壹兩捌錢，青粉肆兩捌錢，土子壹錢，銀硃貳錢，黄丹肆錢，膡黄壹錢，胭脂貳片，南烟子捌分，香墨貳分，赭石肆分。

錦上添花蘇式彩畫，搭袱子刷叁碌地仗，畫意錦邊子明黄描機桁條、找頭刷

洋青地仗，雲仙福壽退箝活箍頭貳道活盒子刷白粉地仗，搭染獸岔角刷石碌地仗，描機水紅墊板找頭池子刷香色地仗，垜鮮花卉燕尾刷紫地仗，做畫意錦枋子刷叁青方心地仗，做爐瓶叁色檽線刷緑岔門刷青找頭刷米色地仗，玉做夔龍團箍頭盒同岔角刷叁青描機草，每寬貳尺長壹丈，用水膠叁兩肆錢，白礬貳錢捌分，定粉壹兩柒錢，廣靛花壹錢，彩黄陸錢，大碌陸錢，鍋巴碌柒錢，叁碌柒錢，洋青柒錢，叁青伍錢，青粉肆兩肆錢，土子捌分，銀硃叁錢，黄丹壹錢，籐黄壹錢，胭脂壹片，南烟子陸分，香墨壹分陸釐，赭石貳分。

年年如意蘇式彩畫桁條刷緑地仗，安年年如意團螺青地仗，緑箍頭墊板垜硬色冰裂梅枋子刷杏紅地仗，安團子歲歲青瓶箍頭，每寬貳尺長壹丈，用水膠叁兩，白礬貳錢肆分，定粉壹兩貳錢，廣靛花貳錢，彩黄捌錢，大碌伍錢，鍋巴碌壹兩陸錢，洋青伍錢貳分，銀硃伍錢，黄丹捌錢，籐黄貳分。胭脂貳分，南烟子陸分，青粉肆兩，香墨貳釐。

福緣善慶蘇式彩畫。桁條刷水紅地仗，靈芝壽字團金箍頭。墊板刷香色地仗，夔龍團枋子刷粉叁青地仗，壽山福海團。緑箍頭，每寬貳尺長□丈，用水膠叁兩，白礬貳錢肆分，定粉貳兩，廣靛花貳錢，彩黄捌錢，大碌陸錢，鍋巴碌壹錢，洋青陸錢，青粉肆兩，土子肆錢，銀硃叁錢，黄丹貳錢，籐黄貳分，胭脂壹片，南烟子陸分，香墨貳分，赭石貳分。

羣仙捧壽蘇式彩畫，搭袱子桁條刷緑硬色雲青邊青箍頭找頭，垜硬色茶花團墊板，刷叁碌畫意錦枋子，刷紫地仗，垜西番蓮花團緑箍頭，每寬貳尺長壹丈，用水膠叁兩，白礬貳錢肆分，定粉壹兩捌錢，廣靛花壹錢，彩黄陸錢，大碌陸錢，鍋巴碌壹兩肆錢，洋青玖錢，青粉肆兩，土子叁錢，銀硃壹錢，黄丹捌分，胭脂壹片，南烟子捌分，香墨貳釐。

花草方心蘇式彩畫桁條，方心刷緑地仗，垜硬色寶石草青檽線緑岔口青箍頭找頭刷香色地仗，垜洋青壽字團墊板地子刷□□紫色剔認色地仗，緑岔口燕尾刷米色地仗，描閃枋子刷白地仗，退硬色花卉緑檽線青岔日緑箍頭找頭刷水紅地仗，大碌壽字團，每寬貳尺長壹丈，用水膠叁兩，白礬貳錢肆分，定粉貳兩，廣靛花叁錢，彩黄壹兩，大碌壹兩肆錢，鍋巴碌肆錢，洋青捌錢，青粉肆兩，土子肆錢，銀硃壹錢陸分，黄丹貳錢，胭脂壹片肆分，南烟子捌分。

金琢墨蘇式彩畫桁條方心貼黄金龍緑檽線青岔口大青地仗，找頭叁青叁碌，紅黄硬色花、宋錦緑箍頭盒子刷叁青地仗，做鮮花卉岔角刷叁碌地仗，描機水紅墊板池子刷叁青叁碌地仗，做鮮花卉描機岔刷緑燕尾刷香色紫地仗，宋錦描機枋子方心紅金龍青檽線緑岔口緑地仗，找頭叁青叁碌垜仙鶴宋錦青箍頭貳道盒子叁碌地仗，鮮花卉岔角叁青描機草，每寬貳尺長壹丈，用水膠肆兩，白礬貳錢陸分，定粉壹兩叁錢，廣靛花捌錢，彩黄叁兩叁錢，大碌壹兩貳錢陸分，貳碌肆錢，叁碌叁錢，鍋巴碌陸錢，天大青壹兩陸錢，叁青陸錢，青粉捌錢，土粉貳兩貳錢，土子肆分，銀硃貳錢，黄丹貳錢，籐黄壹錢，胭脂壹片，南烟子陸分，南片紅土貳錢，香墨壹分，見方叁寸紅金肆貼陸張，見方叁寸黄金伍貼伍張，貼金油壹兩壹分。

金琢墨瀝粉天花圓光正面龍，剔叁青地岔角，每(并)[井]見方貳尺，用水膠肆錢捌分，白礬肆分伍釐，定粉壹錢，廣靛花壹錢，彩黄叁錢伍分，大碌叁錢，鍋巴碌伍分，天大青叁錢，叁青叁錢，青粉叁錢伍分，土粉叁錢，南片紅土伍分，銀硃肆分，黄丹陸分，籐黄壹分伍釐，胭脂貳分，見方叁寸紅金壹帖伍張，見方叁寸黄金壹帖伍張，貼金油叁錢。

金琢墨瀝粉天花圓光龍鳳大碌地剔叁緑岔角，每井見方貳尺，用水膠肆錢捌分，白礬肆分伍釐，定粉壹錢，廣靛花壹錢，彩黄叁錢伍分，大碌叁錢，鍋巴碌叁錢，天大青貳錢，叁青壹錢，青粉叁錢伍分，土粉叁錢，南片紅土伍分，銀硃肆分，黄丹伍分，籐黄壹分伍釐，胭脂貳分，見方叁寸紅金壹帖伍張，見方叁寸黄金壹帖伍張，貼金油叁錢。

天花瀝粉陸字正言青粉地仗，叁青岔角，每井見方貳尺，用水膠肆錢，白礬肆分捌釐，定粉叁錢，廣靛花壹錢，彩黄叁錢伍分，大碌叁錢伍分，鍋巴碌壹錢伍分，天大青壹錢，叁青叁錢，青粉伍錢伍分，土粉肆錢，南片紅土壹錢，銀硃壹錢伍分，黄丹貳錢，籐黄叁分，胭脂壹錢，香墨壹分，見方叁寸紅金壹帖，見方叁寸黄金壹帖，貼金油貳錢。

烟琢墨天花伍色正面龍螺青圜光叁碌岔角，每井見方貳尺，用水膠貳錢伍分，白礬肆分捌釐，定粉叁錢，廣靛花伍分，大碌叁錢，鍋巴碌肆錢，洋青壹錢伍分，青粉柒錢，銀硃貳錢，黄丹壹錢，籐黄壹分，胭脂貳分伍釐，南烟子貳分。

雲鶴天花粉叁青地仗，叁碌岔角，每井見方貳尺，用水膠貳錢伍分，白礬肆分捌釐。定粉肆錢，廣靛花壹錢，大碌叁錢叁分，洋青壹錢，鍋巴碌叁錢，銀硃壹錢叁分，黄丹捌分，籐黄壹分，青粉柒錢，胭脂壹分伍釐，南烟子壹分，香墨貳分。

寶仙天花青粉地仗，六青圓光叁碌岔角，每井見方貳尺，用水膠叁錢伍分，

白礬肆分伍釐。定粉貳錢，廣靛花壹錢，大碌叁錢，鍋巴碌叁錢，天大青叁錢，青粉伍錢伍分，銀硃壹錢伍分，黄丹壹錢，膩黄貳分，叁青壹錢，胭脂半片，南烟子貳分。

金蓮水草天花天大青圈光。叁青岔角，每井見方貳尺，用水膠叁錢伍分，白礬肆分捌釐。定粉壹錢伍分，廣靛花壹錢，彩黄叁錢伍分，大碌叁錢，鍋巴碌壹錢伍分，貳碌伍分，天大青肆錢，叁青叁錢，青粉陸錢，土粉叁錢，南片紅土伍分，銀硃叁分，黄丹伍分，膩黄壹分伍釐，胭脂壹分，見方叁寸紅金捌張，見方叁寸黄金捌張，貼金油壹錢陸分。

玉做雙夔龍壽字天花香色圓光叁碌岔角，每井見方貳尺，用水膠叁錢叁分，白礬肆分捌釐，定粉壹錢捌分，彩黄貳錢伍分，大碌貳錢，鍋巴碌貳錢伍分，叁碌肆錢，洋青壹錢伍分，青粉柒錢，土子捌分，銀硃壹錢伍分，黄丹叁分，胭脂肆分。

西番蓮天花米色圓光叁青岔角，每井見方貳尺，用水膠叁錢，白礬肆分捌釐，定粉叁錢，廣靛花壹錢，彩黄貳錢，大碌叁錢，叁碌肆分，洋青貳錢，叁青貳錢伍分，貳碌貳錢，青粉柒錢，銀硃壹錢伍分，黄丹壹錢，膩黄貳分，香墨叁釐。

鮮花天花洋青圓光叁碌岔角，每井見方貳尺，用水膠叁錢伍分，白礬肆分捌釐，定粉貳錢，廣靛花壹錢，大碌叁錢，鍋巴碌叁錢，洋青肆錢，青粉柒錢，土粉伍分，南片紅土貳分，銀硃壹錢伍分，膩黄壹分，胭脂肆分，香墨貳釐。

天花正面龍或升降龍或龍鳳，俱係天大青圓光岔角地仗，或梅花叁青地仗，或鍋巴叁碌地仗，岔角雲係烟琢墨做法，外加黑烟子壹分伍釐。或岔角雲係金琢墨做法，每壹井，内用黄金捌張以外，顔料俱同前。

龍眼寶珠圓椽頭，徑叁寸，每拾個用水膠捌分，白礬伍分，定粉貳錢，彩黄伍分，大碌柒分伍釐，鍋巴碌壹錢伍分，天大青壹錢，青粉肆錢，土粉壹錢，南烟子貳分，見方叁寸黄金肆張，貼金油肆分。

壽字圓椽頭，大青地，徑叁寸，每拾個用水膠壹錢伍分，白礬伍分，廣靛花貳分，彩黄壹錢，天大青貳錢，青粉貳分，土粉叁錢，見方叁寸黄金捌張，貼金油捌分。

金井玉欄杆方椽頭，見方叁寸，每拾個用水膠壹錢，白礬伍分，廣靛花叁分，彩黄壹錢叁分，大碌叁錢，青粉叁分，土粉貳錢，南片紅土柒分，見方叁寸紅金陸張，貼金油陸分。

金萬字方椽頭，見方叁寸，每拾個用水膠壹錢伍分，白礬伍分，廣靛花貳分，彩黄壹錢貳分，大碌貳錢，青粉柒分，土粉貳錢，南片紅土壹錢伍分，見方叁寸紅金捌張，貼金油捌分。

烟琢墨萬字方椽頭貳碌地見方叁寸，每拾個用水膠壹錢，白礬伍分，廣靛花叁分，彩黄壹錢伍分，大碌伍錢，南烟子壹錢。

玉做梔子花叁碌地仗，方椽頭見方貳寸伍分，每拾個用水膠玖分，白礬捌釐，定粉肆分，鍋巴碌貳錢，洋青伍分，南烟子叁分。

彩做拾瓣蓮花粉叁青地仗，方椽頭見方貳寸伍分，每拾個用水膠玖分，白礬捌釐，定粉壹錢貳分，廣靛花貳分，大碌捌分，銀珠柒分，黄丹玖分，叁青玖分，南烟子貳分伍釐。

青壽字香色地仗，方椽頭見方貳寸伍分，每拾個用水膠玖分，白礬捌釐，定粉肆分，彩黄壹錢伍分，土子叁分，洋青陸分，南烟子貳分伍釐。

蘇式伍墨錦白粉地仗，方椽頭見方貳寸伍分，每拾個用水膠玖分，白礬捌釐，定粉壹錢伍分，廣靛花貳釐，彩黄貳分，大碌伍分，鍋巴碌肆分，洋青肆分，叁青肆分，土子壹分，胭脂壹分，南烟子貳分。

肆色柿子花，方椽頭見方貳寸伍分，每拾個用水膠玖分，白礬柒釐伍毫，定粉伍分，大碌柒分伍釐，洋青伍分，銀硃壹錢，黄丹壹錢伍分，南烟子叁分。

大色錦曰粉地仗，方椽頭見方貳寸伍分，每拾個用水膠玖分，白礬捌釐，定粉壹錢伍分，大碌伍分，鍋巴碌肆分，洋青肆分，叁青肆分，銀硃壹分伍釐，黄丹壹分伍釐，膩黄壹分，南烟子貳分伍釐。

貳碌夔龍水紅地仗，方椽頭見方貳寸伍分，每拾個用水膠玖分，白礬捌釐，定粉壹錢柒分，鍋巴碌壹錢，胭脂貳分，南烟子貳分伍釐。

洋青菱杵米色地仗，方椽頭見方貳寸伍分，每拾個用水膠玖分，白礬捌釐，定粉肆分，彩黄壹錢貳分，洋青肆分，黄丹貳分，南烟子叁分。

椽子哨緑，每折寬壹尺長壹丈，用水膠壹兩肆錢，白礬壹錢貳分，大碌陸兩，貳碌貳兩。

寶瓶瀝粉使油貼金，每個用水膠壹兩，土粉貳兩，青粉貳兩，見方叁寸紅金伍帖，貼金油伍錢。

雅伍墨，每個用水膠貳錢肆分，銀硃肆錢，白礬壹錢，青粉伍錢，定粉肆錢。

墊拱板大小不等，或龍或鳳，照墊拱板大小尺寸，折半准給紅黄金或靈芝寶仙花，或火焰叁寶珠叁成半准給紅黄金。

山花結帶使油貼金，每折見方壹尺，准給柒寸，用見方叁寸紅金肆張貳分，見方叁寸黄金肆張貳分，貼金油捌分肆釐。

鉛鈒雙扨角葉、雙人字葉、單拐角葉、單人字葉、看葉棱葉紐頭門子鈒獸面各項線路，每折見方壹尺，用見方叁寸紅金壹帖貳張壹分，貼金油壹錢貳分壹釐。

菱花眼錢使油貼金，每百個用見方叁寸黄金陸張，貼金油陸分。

墻邊刷大碌剏白粉黑線，每折寬壹尺長壹丈，用水膠壹兩貳錢，白礬壹錢，南烟子貳錢，大碌陸兩，定粉叁錢。

畫描墻邊襯貳碌刷大碌剏紅白線，每折見方壹尺，用水膠壹錢伍分，白礬壹分，貳碌貳錢，定粉貳分伍釐，大碌肆錢，籐黄伍釐，廣靛花伍釐，銀硃壹分，香墨伍釐。

椽子瀝粉貼紅金梗心做紅黄花頭青緑葉緣地仗，每折寬壹尺長壹丈，用水膠壹兩陸錢，定粉肆錢，白礬壹錢貳分，土粉貳錢伍分，貳碌貳兩，大碌叁兩，廣靛花壹錢，彩黄伍分，黄丹叁錢，銀硃叁錢，天貳青叁錢伍分，南烟子壹分，胭脂貳分，見方叁寸紅金壹帖陸張，貼金油壹錢陸分。

椽子瀝粉貼金大碌地仗寶祥花或靈芝，每折寬壹尺長壹丈，用水膠壹兩捌錢，白礬壹錢貳分，土粉陸錢，貳碌壹兩陸錢，大碌貳兩伍錢，彩黄貳錢，天貳青壹錢，青粉伍分，見方叁寸紅黄金陸帖，貼金油陸錢。

椽子瀝粉貼金青地仗寶祥花或靈芝，每折寬壹尺長壹丈，用水膠壹兩捌錢，白礬壹錢貳分，土粉陸錢，貳碌壹兩陸錢，廣靛花壹錢伍分，青粉貳錢，天貳青貳兩伍錢，大碌壹錢，見方叁寸紅黄金陸帖，貼金油陸錢。

瀝粉滿貼金，每折見方壹尺連金梗，用見方叁寸紅黄金壹帖貳張柒分，貼金油壹錢貳分柒釐。

不瀝粉滿貼紅金，每折見方壹尺，用水膠壹錢壹分，南片紅土叁分。

不瀝粉滿貼黄金，每折見方壹尺，用水膠壹錢壹分，彩黄貳分伍釐。

瀝粉滿貼紅金，每折見方壹尺，用水膠貳錢叁分，土粉壹錢肆分，南片紅土叁分。

瀝粉滿貼黄金，每折見方壹尺，用水膠貳錢叁分，土粉壹錢肆分，彩黄貳分伍釐。

以上所需顔料，俱照乾浄觔兩數目□給。

又　卷五九

斗科彩畫開後

計開

斗科單昂：

金琢墨彩畫

斗口壹寸，每攢用水膠壹錢捌釐，白礬壹分壹釐，土粉肆分伍釐，廣靛花壹錢捌釐，貳碌貳錢叁分柒釐，彩黄柒分貳釐，定粉伍分肆釐，大碌伍錢貳分貳釐，鍋巴碌伍分，青粉肆分叁釐，天大青貳錢壹分陸釐，天貳青伍分，南烟子壹分貳釐，見方叁寸紅金伍張肆分，見方叁寸黄金伍張肆分，貼金油壹錢捌釐。

烟琢墨彩畫，用水膠壹錢捌釐，白礬壹分壹釐，廣靛花壹錢捌釐，貳碌貳錢叁分柒釐，定粉伍分肆釐，大碌伍錢貳分貳釐，鍋巴碌壹錢，南烟子叁分陸釐，彩黄柒分貳釐。

金琢墨彩畫

斗口壹寸伍分，每攢用水膠貳錢肆分叁釐，白礬貳分陸釐，土粉壹錢壹釐，廣靛花貳錢肆分叁釐，貳碌伍錢叁分肆釐，彩黄壹錢陸分貳釐，定粉壹錢貳分壹釐，大碌壹兩壹錢柒分肆釐，鍋巴碌壹錢壹分叁釐，青粉玖分柒釐，天大青肆錢捌分陸釐，天貳青壹錢壹分叁釐，南烟子貳分捌釐，見方叁寸紅金壹帖貳張壹分，見方叁寸黄金壹帖貳張壹分，貼金油貳錢肆分貳釐。

烟琢墨彩畫，用水膠貳錢肆分叁釐，白礬貳分陸釐，廣靛花壹錢肆分叁釐，貳碌伍錢叁分肆釐，定粉壹錢貳分壹釐，大碌壹兩壹錢柒分肆釐，鍋巴碌貳錢貳分陸釐，南烟子捌分壹釐，彩黄壹錢陸分貳釐。

金琢墨彩畫

斗口貳寸，每攢用水膠肆錢叁分貳釐，白礬肆分柒釐，土粉壹錢捌分，廣靛花壹錢叁分貳釐，貳碌玖錢伍分，彩黄貳錢捌分捌釐，定粉貳錢壹分陸釐，大碌貳兩捌分捌釐，鍋巴碌貳錢壹分，青粉壹錢柒分貳釐，天大青捌錢陸分肆釐，天貳青貳錢壹釐，南烟子伍分，見方叁寸紅金貳帖壹張陸分，見方叁寸黄金貳帖壹張陸分，貼金油肆錢叁分貳釐。

烟琢墨彩畫，用水膠肆錢叁分貳釐，白礬肆分柒釐，廣靛花肆錢叁分貳釐，貳碌玖錢伍分，定粉貳錢壹分陸釐，大碌貳兩捌分捌釐，鍋巴碌肆錢叁釐，南烟子壹錢肆分肆釐，彩黄貳錢捌分捌釐。

金琢墨彩畫

斗口貳寸伍分，每攢用水膠陸錢柒分捌釐，白礬柒分肆釐，土粉貳鎮捌分貳釐，廣靛花陸錢柒分捌釐，貳碌壹兩肆錢玖分壹釐，彩黄肆錢伍分貳釐，定粉叁錢叁分玖釐，大碌叁兩貳錢柒分柒釐，鍋巴碌叁錢壹分陸釐，青粉貳錢柒分壹釐，天大青壹兩叁錢伍分陸釐，天貳青叁錢壹分陸釐，南烟子柒分玖釐，見方叁寸紅金叁帖叁張玖分，見方叁寸黄金叁帖叁張玖分，取金油陸錢柒分捌釐。

烟琢墨彩畫，用水膠陸錢柒分捌釐，白礬柒分肆釐，廣靛花陸錢柒分捌釐，貳碌壹兩肆錢玖分壹釐，定粉叁錢叁分玖釐，大碌叁兩貳錢柒分柒釐，鍋巴碌陸錢叁分貳釐，南烟子貳錢貳分陸釐，彩黄肆錢伍分貳釐。

金琢墨彩畫

斗口叁寸，每攢用水膠玖錢柒分伍釐，白礬壹錢柒釐，土粉肆錢陸釐，廣靛花玖錢柒分伍釐，貳碌貳兩壹錢肆分伍釐，彩黄陸錢伍分，定粉肆錢捌分柒釐，大碌肆兩柒錢壹分貳釐，鍋巴碌肆錢伍分伍釐，青粉叁錢玖分，天大青壹兩玖錢伍分，天貳青肆錢伍分伍釐，南烟子壹錢壹分叁釐，見方叁寸紅金肆貼捌張柒分，見方叁寸黄金肆帖捌張柒分，貼金油玖錢柒分肆釐。

烟琢墨彩畫，用水膠玖錢柒分伍釐，白礬壹錢柒釐，廣靛花玖錢柒分伍釐，貳碌貳兩壹錢肆分伍釐，定粉肆錢捌分柒釐，大碌肆兩柒錢壹分貳釐，鍋巴碌玖錢壹分，南烟子叁錢柒分伍釐，彩黄陸錢伍分。

金琢墨彩畫

斗口叁寸伍分，每攢用水膠壹兩叁錢貳分玖釐，白礬壹錢肆分陸釐，土粉伍錢伍分叁釐，廣靛花壹兩叁錢貳分玖釐，貳碌貳兩玖錢貳分叁釐，彩黄捌錢捌分陸釐，定粉陸錢陸分肆釐，大碌陸兩肆錢貳分叁釐，鍋巴碌陸錢貳分，青粉伍錢叁分壹釐，天大青貳兩陸錢伍分捌釐，天貳青陸錢貳分，南烟子壹錢伍分伍釐，見方叁寸紅金陸帖陸張肆分，見方叁寸黄金陸帖陸張肆分，貼金油壹兩叁錢貳分捌釐。

烟琢墨彩畫，用水膠壹兩叁錢貳分玖釐，白礬壹錢肆分陸釐，廣靛花壹兩叁錢貳分玖釐，貳碌貳兩玖錢貳分叁釐，定粉陸錢陸分肆釐，大碌陸兩肆錢貳分叁釐，鍋巴碌壹兩貳錢肆分，南烟子肆錢肆分叁釐，彩黄捌錢捌分陸釐。

金琢墨彩畫

斗口肆寸，每攢用水膠壹兩柒錢叁分肆釐，白礬壹錢玖分，土粉柒錢貳分貳釐，廣靛花壹兩柒錢叁分肆釐，貳碌叁兩捌錢壹分肆釐，彩黄壹兩壹錢伍分陸釐，定粉捌錢陸分柒釐，大碌捌兩叁錢捌分壹釐，鍋巴碌捌錢玖釐，青粉陸錢玖分叁釐，天大青叁兩肆錢陸分捌釐，天貳青捌錢玖釐，南烟子貳錢貳釐，見方叁寸紅金捌帖陸張柒分，見方叁寸黄金捌帖陸張柒分，貼金油壹兩柒錢叁分肆釐。

烟琢墨彩畫，用水膠壹兩柒錢叁分肆釐，白礬壹錢玖分，廣靛花壹兩柒錢叁分肆釐，貳碌叁兩捌錢壹分肆釐，定粉捌錢陸分柒釐，大碌捌兩叁錢捌分壹釐，鍋巴碌壹兩陸錢壹分捌釐，南烟子伍錢柒分捌釐，彩黄壹兩壹錢伍分陸釐。

金琢墨彩畫

斗口肆寸伍分，每攢用水膠貳兩壹錢玖分陸釐，白礬貳錢肆分壹釐，土粉玖錢壹分伍釐，廣靛花貳兩壹錢玖分陸釐，貳碌肆兩捌錢叁分壹釐，彩黄壹兩肆錢陸分肆釐，定粉壹兩玖分捌釐，大碌拾兩陸錢壹分肆釐，鍋巴碌壹兩貳分肆釐，青粉捌錢柒分捌釐，天大青肆兩叁錢玖分貳釐，天貳青壹兩貳分肆釐，南烟子貳錢伍分陸釐，見方叁寸紅金拾帖玖張捌分，見方叁寸黄金拾帖玖張捌分，貼金油貳兩壹錢玖分陸釐。

烟琢墨彩畫，用水膠貳兩壹錢玖分陸釐，白礬貳錢肆分壹釐，廣靛花貳兩壹錢玖分陸釐，貳碌肆兩捌錢叁分壹釐，定粉壹兩玖分捌釐，大碌拾兩陸錢壹分肆釐，鍋巴碌貳兩肆分捌釐，南烟子柒錢叁分貳釐，彩黄壹兩肆錢陸分肆釐。

金琢墨彩畫

斗口伍寸，每攢用水膠貳兩柒錢壹分，白礬貳錢玖分捌釐，土粉壹兩壹錢叁分，廣靛花貳兩柒錢壹分，貳碌伍兩玖錢陸分陸釐，彩黄壹兩捌錢捌釐，定粉壹兩叁錢伍分陸釐，大碌拾叁兩壹錢捌釐，鍋巴碌壹兩叁錢陸分伍釐，青粉壹兩捌分肆釐，天大青伍兩肆錢貳分肆釐，天貳青壹兩貳錢陸分伍釐，南烟子叁錢壹分陸釐，見方叁寸紅金拾叁帖伍張陸分，見方叁寸黄金拾叁帖伍張陸分，貼金油貳兩柒錢貳分。

烟琢墨彩畫，用水膠貳兩柒錢壹分，白礬貳錢玖分捌釐，廣靛花貳兩柒錢壹分，貳碌伍兩玖錢陸分陸釐，定粉壹兩叁錢伍分陸釐，大碌拾叁兩壹錢捌釐，鍋巴碌貳兩伍錢貳分，南烟子玖錢肆釐，彩黄壹兩捌錢捌釐。

金琢墨彩畫

斗口伍寸伍分，每攢用水膠叁兩貳錢捌分貳釐，白礬叁錢陸分壹釐，土粉壹

兩叁錢陸分柒釐，廣靛花叁兩貳錢捌分貳釐，貳碌柒兩貳錢貳分，彩黄貳兩壹錢捌分捌釐，定粉壹兩陸錢肆分壹釐，大碌拾伍兩捌錢陸分叁釐，鍋巴碌壹兩伍錢叁分壹釐，青粉壹兩叁錢壹分貳釐，天大青陸兩伍錢陸分肆釐，天貳青壹兩伍錢叁分壹釐，南烟子叁錢捌分貳釐，見方叁寸紅金拾陸帖肆張壹分，見方叁寸黄金拾陸帖肆張壹分，貼金油叁兩貳錢捌分貳釐。

烟琢墨彩畫，用水膠叁兩貳錢捌分貳釐，白礬叁錢陸分壹釐，廣靛花叁兩貳錢捌分貳釐，貳碌柒兩貳錢貳分，定粉壹兩陸錢肆分壹釐，大碌拾伍兩捌錢陸分叁釐，鍋巴碌叁兩陸分叁釐，南烟子壹兩玖分肆釐，彩黄貳兩壹錢捌分捌釐。

金琢墨彩畫

斗口陸寸，每攢用水膠叁兩玖錢陸釐，白礬肆錢貳分玖釐，土粉壹兩陸錢貳釐，廣靛花叁兩玖錢陸釐，貳碌捌兩伍錢玖分叁釐，彩黄貳兩陸錢肆釐，定粉壹兩玖錢伍分叁釐，大碌壹觔貳兩捌錢柒分玖釐，鍋巴碌壹兩捌錢貳分貳釐，青粉壹兩伍錢陸分貳釐，天大青柒兩捌錢壹分貳釐，天貳青壹兩捌錢貳分貳釐，南烟子肆錢伍分伍釐，見方叁寸紅金拾玖帖伍張叁分，見方叁寸黄金拾玖帖伍張叁分，貼金油叁兩玖錢陸釐。

烟琢墨彩畫，用水膠叁兩玖錢陸釐，白礬肆錢貳分玖釐，廣靛花叁兩玖錢陸釐，貳碌捌兩伍錢玖分叁釐，定粉壹兩玖錢伍分叁釐，大碌壹觔貳兩捌錢柒分玖釐，鍋巴碌叁兩陸錢肆分肆釐，南烟子壹兩叁錢貳釐，彩黄貳兩陸錢肆釐。

斗科彩畫開後

計開

斗口重昂：

金琢墨彩畫

斗口壹寸，每攢用水膠壹錢玖分貳釐，白礬貳分壹釐，土粉捌分，廣靛花壹錢玖分貳釐，貳碌肆錢貳分貳釐，彩黄壹錢貳分捌釐，定粉玖分陸釐，天碌玖錢貳分捌釐，鍋巴碌捌分玖釐，青粉柒分陸釐，天大青叁錢捌分肆釐，天貳青捌分玖釐，南烟子貳分貳釐，見方叁寸紅金玖張陸分，見方叁寸黄金玖張陸分，貼金油壹錢玖分貳釐。

烟琢墨彩畫，用水膠壹錢玖分貳釐，白礬貳分壹釐，廣靛花壹錢玖分貳釐，貳碌肆錢貳分貳釐，定粉玖分陸釐，大碌玖錢貳分捌釐，鍋巴碌壹錢柒分捌釐，南烟子陸分肆釐，彩黄壹錢貳分捌釐。

金琢墨彩畫

斗口壹寸伍分，每攢用水膠肆錢叁分伍釐，白礬肆分柒釐，土粉壹錢捌分壹釐，廣靛花肆錢叁分伍釐，貳碌玖錢伍分柒釐，彩黄貳錢玖分，定粉貳錢壹分柒釐，大碌貳兩壹錢貳釐，鍋巴碌貳錢叁釐，青粉壹錢柒分肆釐，天大青捌錢柒分，天貳青貳錢叁釐，南烟子伍分，見方叁寸紅金貳帖壹張柒分，見方叁寸黄金貳帖壹張柒分，貼金油肆錢叁分。

烟琢墨彩畫，用水膠肆錢叁分伍釐，白礬肆分柒釐，廣靛花肆錢叁分伍釐，貳碌玖錢伍分柒釐，定粉貳錢壹分柒釐，大碌貳兩壹錢貳釐，鍋巴碌肆錢陸釐，南烟子壹錢肆分伍釐，彩黄貳錢玖分。

金琢墨彩畫

斗口貳寸，每攢用水膠柒錢柒分柒釐，白礬捌分伍釐，土粉叁錢貳分叁釐，廣靛花柒錢柒分柒釐，貳碌壹兩柒錢玖釐，彩黄伍錢壹分捌釐，定粉叁錢捌分捌釐，大碌叁兩柒錢伍分伍釐，鍋巴碌叁錢陸分貳釐，青粉叁錢壹分，天大青壹兩伍錢伍分肆釐，天貳青叁錢陸分貳釐，南烟子玖分，見方叁寸紅金叁帖捌張捌分，見方叁寸黄金叁帖捌張捌分，貼金油柒錢柒分柒釐。

烟琢墨彩畫，用水膠柒錢柒分柒釐，白礬捌分伍釐，廣靛花柒錢柒分柒釐，貳碌壹兩柒錢玖釐，定粉叁錢捌分捌釐，大碌叁兩柒錢伍分伍釐，鍋巴碌柒錢貳分肆釐，南烟子貳錢伍分玖釐，彩黄伍錢壹分捌釐。

金琢墨彩畫

斗口貳寸伍分，每攢用水膠壹兩貳錢壹分貳釐，白礬壹錢叁分叁釐，土粉伍錢伍釐，廣靛花壹兩貳錢壹分貳釐，貳碌貳兩陸錢陸分陸釐，彩黄捌錢捌釐，定粉陸錢陸釐，大碌伍兩捌錢伍分捌釐，鍋巴碌伍錢陸分伍釐，青粉肆錢捌分肆釐，天大青貳兩貳錢貳分肆釐，天貳青伍錢陸分伍釐，南烟子壹錢肆分壹釐，見方叁寸紅金陸帖陸分，見方叁寸黄金陸帖陸分，貼金油壹兩貳錢壹分貳釐。

烟琢墨彩畫，用水膠壹兩貳錢壹分貳釐，白礬壹錢叁分叁釐，廣靛花壹兩貳錢壹分貳釐，貳碌貳兩陸錢陸分陸釐，定粉陸錢陸釐，大碌伍兩捌錢伍分捌釐，鍋巴碌壹兩壹錢叁分，南烟子肆錢肆釐，彩黄捌錢捌釐。

金琢墨彩畫

斗口叁寸，每攢用水膠壹兩柒錢肆分陸釐，白礬壹錢玖分貳釐，土粉柒錢貳分柒釐，廣靛花壹兩柒錢肆分陸釐，貳碌叁兩捌錢肆分壹釐，彩黄壹兩壹錢陸分

肆釐，定粉捌錢柒分叁釐，大碌捌兩肆錢叁分玖釐，鍋巴碌捌錢壹分肆釐，青粉陸錢玖分捌釐，天大青叁兩肆錢玖分貳釐，天貳青捌錢壹分肆釐，南烟子貳錢叁釐，見方叁寸紅金捌帖柒張叁分，見方叁寸黄金捌帖柒張叁分，貼金油壹兩柒錢肆分陸釐。

烟琢墨彩畫，用水膠壹兩柒錢肆分陸釐，白礬壹錢玖分貳釐，廣靛花壹兩柒錢肆分陸釐，貳碌叁兩捌錢肆分壹釐，定粉捌錢柒分叁釐，大碌捌兩肆錢叁分玖釐，鍋巴碌壹兩陸錢貳分捌釐，南烟子伍錢捌分貳釐，彩黄壹兩壹錢陸分肆釐。

金琢墨彩畫

斗口叁寸伍分，每攢用水膠貳兩叁錢柒分玖釐，白礬貳錢陸分壹釐，土粉玖錢玖分壹釐，廣靛花貳兩叁錢柒分玖釐，貳碌伍兩貳錢叁分叁釐，彩黄壹兩伍錢捌分陸釐，定粉壹兩壹錢捌分玖釐，大碌拾壹兩肆錢玖分捌釐，鍋巴碌壹兩壹錢壹分，青粉玖錢伍分壹釐，天大青肆兩柒錢伍分捌釐，天貳青壹兩壹錢壹分，南烟子貳錢柒分柒釐，見方叁寸紅金拾壹帖捌張玖分，見方叁寸黄金拾壹帖捌張玖分，貼金油貳兩叁錢柒分捌釐。

烟琢墨彩畫，用水膠貳兩叁錢柒分玖釐，白礬貳錢陸分壹釐，廣靛花貳兩叁錢柒分玖釐，貳碌伍兩貳錢叁分叁釐，定粉壹兩壹錢捌分玖釐，大碌拾壹兩肆錢玖分捌釐，鍋巴碌貳兩貳錢貳分，南烟子柒錢玖分叁釐，彩黄壹兩伍錢捌分陸釐。

金琢墨彩畫

斗口肆寸，每攢用水膠叁兩壹錢捌釐，白礬叁錢肆分壹釐，土粉壹兩貳錢玖分伍釐，廣靛花叁兩壹錢捌釐，貳碌陸兩捌錢叁分柒釐，彩黄貳兩柒分貳釐，定粉壹兩伍錢伍分肆釐，天碌拾伍兩貳分貳釐，鍋巴碌壹兩肆錢伍分，青粉壹兩貳錢肆分叁釐，天大青陸兩貳錢壹分陸釐，天貳青壹兩肆錢伍分，南烟子叁錢陸分貳釐，見方叁寸紅金拾伍帖伍張肆分，見方叁寸黄金拾伍帖伍張肆分，貼金油叁兩壹錢捌釐。

烟琢墨彩畫，用水膠叁兩壹錢捌釐，白礬叁錢肆分壹釐，廣靛花叁兩壹錢捌釐，貳碌陸兩捌錢叁分柒釐，定粉壹兩伍錢伍分肆釐，大碌拾伍兩貳分貳釐，鍋巴碌貳兩玖錢，南烟子壹兩叁分陸釐，彩黄貳兩柒分貳釐。

金琢墨彩畫

斗口肆寸伍分，每攢用水膠叁兩玖錢叁分叁釐，白礬肆錢叁分貳釐，土粉壹兩陸錢叁分捌釐，廣靛花叁兩玖錢叁分叁釐，貳碌捌兩陸錢伍分貳釐，彩黄貳兩陸錢貳分貳釐，定粉壹兩玖錢陸分陸釐，大碌壹觔叁兩玖釐，鍋巴碌壹兩捌錢叁分伍釐，青粉壹兩伍錢柒分叁釐，天大青柒兩捌錢陸分陸釐，天貳青壹兩捌錢叁分伍釐，南烟子肆錢伍分捌釐，見方叁寸紅金拾玖帖陸張陸分，見方叁寸黄金拾玖帖陸張陸分，貼金油叁兩玖錢叁分貳釐。

烟琢墨彩畫，用水膠叁兩玖錢叁分叁釐，白礬肆錢叁分貳釐，廣靛花叁兩玖錢叁分叁釐，貳碌捌兩陸錢伍分貳釐，定粉壹兩玖錢陸分陸釐，大碌壹觔叁兩玖釐，鍋巴碌叁兩陸錢柒分，南烟子壹兩叁錢壹分壹釐，彩黄貳兩陸錢貳分貳釐。

金琢墨彩畫

斗口伍寸，每攢用水膠肆兩捌錢伍分柒釐，白礬伍錢叁分肆釐，土粉貳兩貳分叁釐，廣靛花肆兩捌錢伍分柒釐，貳碌拾兩陸錢捌分伍釐，彩黄叁兩貳錢叁分捌釐，定粉貳兩肆錢貳分捌釐，大碌壹觔柒兩肆錢柒分伍釐，鍋巴碌貳兩貳錢陸分陸釐，青粉壹兩玖錢肆分貳釐，天大青玖兩柒錢壹分肆釐，天貳青貳兩貳錢陸分陸釐，南烟子伍錢陸分陸釐，見方叁寸紅金貳拾肆帖貳張捌分，見方叁寸黄金貳拾肆帖貳張捌分，貼金油肆兩捌錢伍分陸釐。

烟琢墨彩畫，用水膠肆兩捌錢伍分柒釐，白礬伍錢叁分肆釐，廣靛花肆兩捌錢伍分柒釐，貳碌拾兩陸錢捌分伍釐，定粉貳兩肆錢貳分捌釐，大碌壹觔柒兩肆錢柒分伍釐，鍋巴碌肆兩伍錢叁分貳釐，南烟子壹兩陸錢壹分玖釐，彩黄叁兩貳錢叁分捌釐。

金琢墨彩畫

斗口伍寸伍分，每攢用水膠伍兩捌錢柒分柒釐，白礬陸錢肆分陸釐，土粉貳兩肆錢肆分捌釐，廣靛花伍兩捌錢柒分柒釐，貳碌拾貳兩玖錢貳分玖釐，彩黄叁兩玖錢壹分捌釐，定粉貳兩玖錢叁分捌釐，大碌壹觔拾貳兩肆錢伍釐，鍋巴碌貳兩柒錢肆分貳釐，青粉貳兩叁錢伍分，天大青拾壹兩柒錢伍分肆釐，天貳青貳兩柒錢肆分貳釐，南烟子陸錢捌分伍釐，見方叁寸紅金貳拾玖帖叁張捌分，見方叁寸黄金貳拾玖帖叁張捌分，貼金油伍兩捌錢柒分陸釐。

烟琢墨彩畫，用水膠伍兩捌錢柒分柒釐，白礬陸錢肆分陸釐，廣靛花伍兩捌錢柒分柒釐，貳碌拾貳兩玖錢貳分玖釐，定粉貳兩玖錢叁分捌釐，大碌壹觔拾貳兩肆錢伍釐，鍋巴碌伍兩肆錢捌分肆釐，南烟子壹兩玖錢伍分玖釐，彩黄叁兩玖錢壹分捌釐。

金琢墨彩畫

斗口陸寸，每攢用水膠陸兩玖錢玖分叁釐，白礬柒錢陸分玖釐，土粉貳兩玖錢壹分叁釐，廣靛花陸兩玖錢玖分叁釐，貳碌拾伍兩叁錢捌分肆釐，彩黄肆兩陸錢陸分叁釐，定粉叁兩肆錢玖分陸釐，大碌貳觔壹兩柒錢玖分玖釐，鍋巴碌叁兩貳錢陸分叁釐，青粉貳兩柒錢玖分柒釐，天大青拾叁兩玖錢捌分陸釐，天貳青叁兩貳錢陸分叁釐，南烟子捌錢壹分伍釐，見方叁寸紅金叁拾肆帖玖張陸分，見方叁寸黄金叁拾肆帖玖張陸分，貼金油陸兩玖錢玖分貳釐。

烟琢墨彩畫，用水膠陸兩玖錢玖分叁釐，白礬柒錢陸分玖釐，廣靛花陸兩玖錢玖分叁釐，貳碌拾伍兩叁錢捌分肆釐，定粉叁兩肆錢玖分陸釐，大碌貳觔壹兩柒錢玖分玖釐，鍋巴碌陸兩伍錢貳分陸釐，南烟子貳兩叁錢叁分壹釐，彩黄肆兩陸錢陸分貳釐。

斗科彩畫開後

計開

單翹單昂：

金琢墨彩畫

斗口壹寸，每攢用水膠壹錢捌分叁釐，白礬貳分，土粉柒分陸釐，廣靛花壹錢捌分叁釐，貳碌肆錢貳釐，彩黄壹錢貳分貳釐，定粉玖分壹釐，大碌捌錢捌分肆釐，鍋巴碌捌分伍釐，青粉柒分叁釐，天大青叁錢陸分陸釐，天貳青捌分伍釐，南烟子貳分壹釐，見方叁寸紅金玖張壹分，見方叁寸黄金玖張壹分，貼金油壹錢捌分貳釐。

烟琢墨彩畫，用水膠壹錢捌分叁釐，百礬貳分，廣靛花壹錢捌分叁釐，貳碌肆錢貳釐，定粉玖分壹釐，大碌捌錢捌分肆釐，鍋巴碌壹錢柒分，南烟子陸分壹釐，彩黄壹錢貳分貳釐。

金琢墨彩畫

斗口壹寸伍分，每攢用水膠肆錢壹分肆釐，白礬肆分伍釐，土粉壹錢柒分貳釐，廣靛花肆錢壹分肆釐，貳碌玖錢壹分，彩黄貳錢柒分陸釐，定粉貳錢柒釐，大碌貳兩壹釐，鍋巴碌壹錢玖分叁釐，青粉壹錢陸分伍釐，天大青捌錢叁分肆釐，天貳青壹錢玖分叁釐，南烟子肆分捌釐，見方叁寸紅金貳帖柒分，見方叁寸黄金貳帖柒分，貼金油肆錢壹分肆釐。

烟琢墨彩畫，用水膠肆錢壹分肆釐，白礬肆分伍釐，廣靛花肆錢壹分肆釐，貳碌玖錢壹分，定粉貳錢柒釐，大碌貳兩壹釐，鍋巴碌叁錢捌分陸釐，南烟子壹錢叁分捌釐，彩黄貳錢柒分陸釐。

金琢墨彩畫

斗口貳寸，每攢用水膠柒錢叁分伍釐，白礬捌分，土粉叁錢陸釐，廣靛花柒錢叁分伍釐，貳碌壹兩陸錢壹分柒釐，彩黄肆錢玖分，定粉參錢陸分柒釐，大碌叁兩伍錢伍分貳釐，鍋巴碌叁錢肆分叁釐，青粉貳錢玖分肆釐，天大青壹兩肆錢柒釐，天貳青叁錢肆分叁釐，南烟子捌分伍釐，見方叁寸紅金叁帖陸張柒分，見方叁寸黄金叁帖陸張柒分，貼金油柒錢叁分肆釐。

烟琢墨彩畫，用水膠柒錢叁分伍釐，白礬捌分，廣靛花柒錢叁分伍釐，貳碌壹兩陸錢壹分柒釐，定粉叁錢陸分柒釐，天碌叁兩伍錢伍分貳釐，鍋巴碌陸錢捌分陸釐，南烟子貳錢肆分伍釐，彩黄肆錢玖分。

金琢墨彩畫

斗口貳寸伍分，每攢用水膠壹兩壹錢肆分玖釐，白礬壹錢貳分陸釐，土粉肆錢柒分捌釐，廣靛花壹兩壹錢肆分玖釐，貳碌貳兩伍錢貳分柒釐，彩黄柒錢陸分陸釐，定粉伍錢柒分肆釐，大碌伍兩伍錢伍分叁釐，鍋巴碌伍錢叁分陸釐，青粉肆錢伍分玖釐，天大青貳兩貳錢玖分捌釐，天貳青伍錢叁分陸釐，南烟子壹錢叁分肆釐，見方參寸紅金伍帖柒張肆分，見方叁寸黄金伍帖柒張肆分，貼金油壹兩壹錢肆分捌釐。

烟琢墨彩畫，用水膠壹兩壹錢肆分玖釐，白礬壹錢貳分陸釐，廣靛花壹兩壹錢肆分玖釐，貳碌貳兩伍錢貳分柒釐，定粉伍錢柒分肆釐，大碌伍兩伍錢伍分叁釐，鍋巴碌壹兩柒分貳釐，南烟子叁錢捌分叁釐。彩黄柒錢陸分陸釐。

金琢墨彩畫

斗口叁寸，每攢用水膠壹兩陸錢伍分陸釐，白礬壹錢捌分貳釐，土粉陸錢玖分，廣靛花壹兩陸錢伍分陸釐，貳碌叁兩陸錢肆分叁釐，彩黄壹兩壹錢肆釐，定粉捌錢貳分捌釐，大碌柒兩玖錢肆釐，鍋巴碌柒錢柒分貳釐，青粉陸錢陸分貳釐，天大青叁兩叁錢壹分貳釐，天貳青柒錢柒分貳釐，南烟子壹錢玖分叁釐，見方叁寸紅金捌帖貳張捌分，見方叁寸黄金捌帖貳張捌分，貼金油壹兩陸錢伍分陸釐。

烟琢墨彩畫，用水膠壹兩陸錢伍分陸釐，白礬壹錢捌分貳釐，廣靛花壹兩陸錢伍分陸釐，貳碌叁兩陸錢肆分叁釐，定粉捌錢貳分捌釐，大碌柒兩玖錢肆釐，

鍋巴碌壹兩伍錢肆分肆釐，南烟子伍錢伍分貳釐，彩黄壹兩壹錢肆釐。

金琢墨彩畫

斗口叁寸伍分，每攢用水膠貳兩貳錢伍分陸釐，白礬貳錢肆分捌釐，土粉玖錢肆分，廣靛花貳兩貳錢伍分陸釐，貳碌肆兩玖錢陸分叁釐，彩黄壹兩伍錢肆釐，定粉壹兩壹錢貳分捌釐，大碌拾兩玖錢肆釐，鍋巴碌壹兩伍分貳釐，青粉玖錢貳釐，天大青肆兩伍錢壹分貳釐，天貳青壹兩伍分貳釐，南烟子貳錢陸分叁釐，見方叁寸紅金拾壹帖貳張捌分，見方叁寸黄金拾壹帖貳張捌分，貼金油貳兩貳錢伍分陸釐。

烟琢墨彩畫，用水膠貳兩貳錢伍分陸釐，白礬貳錢肆分捌釐，廣靛花貳兩貳錢伍分陸釐，貳碌肆兩玖錢陸分叁釐，定粉壹兩壹錢貳分捌釐，大碌拾兩玖錢肆釐，鍋巴碌貳兩壹錢肆釐，南烟子柒錢伍分貳釐，彩黄壹兩伍錢肆釐。

金琢墨彩畫

斗口肆寸，每攢用水膠貳兩玖錢肆分陸釐，白礬叁錢貳分肆釐，土粉壹兩貳錢貳分柒釐，廣靛花貳兩玖錢肆分陸釐，貳碌陸兩肆錢捌分壹釐，彩黄壹兩玖錢陸分肆釐，定粉壹兩肆錢柒分叁釐，大碌拾肆兩貳錢叁分玖釐，鍋巴碌壹兩叁錢柒分肆釐，青粉壹兩壹錢柒分捌釐，天大青伍兩捌錢玖分貳釐，天貳青壹兩叁錢柒分肆釐，南烟子叁錢肆分叁釐，見方叁寸紅金拾肆帖柒張叁分，見方叁寸黄金拾肆帖柒張叁分，貼金油貳兩玖錢肆分陸釐。

烟琢墨彩畫，用水膠貳兩玖錢肆分陸釐，白礬叁錢貳分肆釐，廣靛花貳兩玖錢肆分陸釐，貳碌陸兩肆錢捌分壹釐，定粉壹兩肆錢柒分叁釐，大碌拾肆兩貳錢叁分玖釐，鍋巴碌貳兩柒錢肆分捌釐，南烟子玖錢捌分貳釐，彩黄壹兩玖錢陸分肆釐。

金琢墨彩畫

斗口肆寸伍分，每攢用水膠叁兩柒錢貳分玖釐，白礬肆錢壹分，土粉壹兩伍錢伍分叁釐，廣靛花叁兩柒錢貳玖釐，貳碌捌兩貳錢叁釐，彩黄貳兩肆錢捌分陸釐，定粉壹兩捌錢陸分肆釐，大碌壹觔貳兩貳分叁釐，鍋巴碌壹兩柒錢肆分，青粉壹兩肆錢玖分壹釐，天大青柒兩肆錢伍分捌釐，天貳青壹兩柒錢肆分，南烟子肆錢叁分伍釐，見方叁寸紅金拾捌帖陸張肆分，見方叁寸黄金拾捌帖陸張肆分，貼金油叁兩柒錢貳分捌釐。

烟琢墨彩畫，用水膠叁兩柒錢貳分玖釐，白礬肆錢壹分，廣靛花叁兩柒錢貳分玖釐，貳碌捌兩貳錢叁釐，定粉壹兩捌錢陸分肆釐，大碌壹觔貳兩貳分叁釐，鍋巴碌叁兩肆錢捌分，南烟子壹兩貳錢肆分叁釐，彩黄貳兩肆錢捌分陸釐。

金琢墨彩畫

斗口伍寸，每攢用水膠肆兩陸錢伍釐，白礬伍錢陸釐，土粉壹兩玖錢壹分捌釐，廣靛花肆兩陸錢伍釐，貳碌拾兩壹錢叁分壹釐，彩黄叁兩柒分，定粉貳兩叁錢貳釐，大碌壹觔陸兩貳錢伍分柒釐，鍋巴碌貳兩壹錢肆分玖釐，青粉壹兩捌錢肆分貳釐，天大青玖兩貳錢壹分，天貳青貳兩壹錢肆分玖釐，南烟子伍錢叁分柒釐，見方叁寸紅金貳拾叁帖貳分，見方叁寸黄金貳拾叁帖貳分，貼金油肆兩陸錢肆釐。

烟琢墨彩畫，用水膠肆兩陸錢伍釐，白礬伍錢陸釐，廣靛花肆兩陸錢伍釐，貳碌拾兩壹錢叁分壹釐，定粉貳兩叁錢貳釐，大碌壹觔陸兩貳錢伍分柒釐，鍋巴碌肆兩貳錢玖分捌釐，南烟子壹兩伍錢叁分伍釐，彩黄叁兩柒分。

金琢墨彩畫

斗口伍寸伍分，每攢用水膠伍兩伍錢柒分壹釐，白礬陸錢壹分貳釐，土粉貳兩叁錢貳分壹釐，廣靛花伍兩伍錢柒分壹釐，貳碌拾貳兩貳錢伍分陸釐，彩黄叁兩柒錢壹分肆釐，定粉貳兩柒錢捌分伍釐，天碌壹觔拾兩玖分貳釐，鍋巴碌貳兩伍錢玖分玖釐，青粉貳兩貳錢貳分捌釐，天大青拾壹兩壹錢肆分貳釐，天貳青貳兩伍錢玖分玖釐，南烟子陸錢肆分玖釐，見方叁寸紅金貳拾柒帖捌張伍分，見方叁寸黄金貳拾柒帖捌張伍分，貼金油伍兩伍錢柒分。

烟琢墨彩畫，用水膠伍兩伍錢柒分壹釐，白礬陸錢壹分貳釐，廣靛花伍兩伍錢柒分壹釐，貳碌拾貳兩貳錢伍分陸釐，定粉貳兩柒錢捌分伍釐，大碌壹觔拾兩玖分貳釐，鍋巴碌伍兩壹錢玖分捌釐，南烟子壹兩捌錢伍分柒釐，彩黄叁兩柒錢壹分肆釐。

金琢墨彩畫

斗口陸寸，每攢用水膠陸兩陸錢叁分叁釐，白礬柒錢貳分玖釐，土粉貳兩柒錢陸分叁釐，廣靛花陸兩陸錢叁分叁釐，貳碌拾肆兩伍錢玖分貳釐，彩黄肆兩肆錢貳分貳釐，定粉叁兩叁錢壹分陸釐，大碌貳觔伍分玖釐，鍋巴碌叁兩玖分伍釐，青粉貳兩陸錢伍分叁釐，天大青拾叁兩貳錢陸分陸釐，天貳青叁兩玖分伍釐，南烟子柒錢柒分叁釐，見方叁寸紅金叁拾叁帖壹張陸分，見方叁寸黄金叁拾叁帖壹張陸分，貼金油陸兩陸錢叁分貳釐。

烟琢墨彩畫，用水膠陸兩陸錢叁分叁釐，白礬柒錢貳分玖釐，廣靛花陸兩陸錢叁分叁釐，貳碌拾肆兩伍錢玖分貳釐，定粉叁兩叁錢壹分陸釐，大碌貳觔伍分玖釐，鍋巴碌陸兩壹錢玖分，南烟子貳兩貳錢壹分壹釐，彩黃肆兩肆錢貳分貳釐。

斗科彩畫開後

計開

單翹重昂：

金琢墨彩畫

斗口壹寸，每攢用水膠貳錢玖分壹釐，白礬叁分貳釐，土粉壹錢貳分壹釐，廣靛花貳錢玖分壹釐，貳碌陸錢肆分，彩黃壹錢玖分肆釐，定粉壹錢肆分伍釐，大碌壹兩肆錢陸釐，鍋巴碌壹錢叁分伍釐，青粉壹錢壹分陸釐，天大青伍錢捌分貳釐，天貳青壹錢壹分陸釐，南烟子叁分叁釐，見方叁寸紅金壹帖肆張伍分，見方叁寸黃金壹帖肆張伍分，貼金油貳錢玖分。

烟琢墨彩畫，用水膠貳錢玖分壹釐，白礬叁分貳釐，廣靛花貳錢玖分壹釐，貳碌陸錢肆分，定粉壹錢肆分伍釐，大碌壹兩肆錢陸釐，鍋巴碌貳錢柒分，南烟子玖分柒釐，彩黃壹錢玖分肆釐。

金琢墨彩畫

斗口壹寸伍分，每攢用水膠陸錢伍分肆釐，白礬柒分壹釐，土粉貳錢柒分貳釐，廣靛花陸錢伍分肆釐，貳碌壹兩肆錢叁分捌釐，彩黃肆錢叁分陸釐，定粉叁錢貳分柒釐，大碌叁兩壹錢陸分壹釐，鍋巴碌叁錢伍釐，青粉貳錢陸分壹釐，天大青壹兩叁錢捌釐，天貳青叁錢伍釐，南烟子柒分陸釐，見方叁寸紅金叁貼貳張柒分，見方叁寸黃金叁帖貳張柒分，貼金油陸錢伍分肆釐。

烟琢墨彩畫，用水膠陸錢伍分肆釐，白礬柒分壹釐，廣靛花陸錢伍分肆釐，貳碌壹兩肆錢叁分捌釐，定粉叁錢貳分柒釐，大碌叁兩壹錢陸分壹釐，鍋巴碌陸錢壹分，南烟子貳錢壹分捌釐，彩黃肆錢叁分陸釐。

金琢墨彩畫

斗口貳寸，每攢用水膠壹兩壹錢陸分肆釐，白礬壹錢貳分捌釐，土粉肆錢捌分伍釐，廣靛花壹兩壹錢陸分肆釐，貳碌貳兩伍錢陸分，彩黃柒錢柒分陸釐，定粉伍錢捌分貳釐，大碌伍兩陸錢貳分陸釐，鍋巴碌伍錢肆分叁釐，青粉肆錢陸分伍釐，天大青貳兩叁錢貳分捌釐，天貳青伍錢肆分叁釐，南烟子壹錢叁分伍釐，見方叁寸紅金伍帖捌張貳分，見方叁寸黃金伍帖捌張貳分，貼金油壹兩壹錢陸分肆釐。

烟琢墨彩畫，用水膠壹兩壹錢陸分肆釐，白礬壹錢貳分捌釐，廣靛花壹兩壹錢陸分肆釐，貳碌貳兩伍錢陸分，定粉伍錢捌分貳釐，大碌伍兩陸錢貳分陸釐，鍋巴碌壹兩捌分陸釐，南烟子叁錢捌分捌釐，彩黃柒錢柒分肆釐。

金琢墨彩畫

斗口貳寸伍分，每攢用水膠壹兩捌錢貳分壹釐，白礬貳錢，土粉柒錢伍分捌釐，廣靛花壹兩捌錢貳分壹釐，貳碌肆兩陸釐，彩黃壹兩貳錢壹分肆釐，定粉玖錢壹分，大碌捌兩捌錢壹分，鍋巴碌捌兩肆分玖釐，青粉柒錢貳分捌釐，天大青叁兩陸錢肆分，天貳青捌錢肆分玖釐，南烟子貳錢壹分貳釐，見方叁寸紅金玖帖壹張，見方叁寸黃金玖帖壹張，貼金油壹兩捌錢貳分。

烟琢墨彩畫，用水膠壹兩捌錢貳分壹釐，白礬貳錢，廣靛花壹兩捌錢貳分壹釐，貳碌肆兩陸釐，定粉玖錢壹分，大碌捌兩捌錢壹釐，鍋巴碌壹兩陸錢玖分捌釐，南烟子陸錢柒釐，彩黃壹兩貳錢壹分肆釐。

金琢墨彩畫

斗口叁寸，每攢用水膠貳兩陸錢貳分貳釐，白礬貳錢捌分捌釐，土粉壹兩玖分貳釐，廣靛花貳兩陸錢貳分貳釐，貳碌伍兩柒錢陸分捌釐，彩黃壹兩柒錢肆分捌釐，定粉壹兩叁錢壹分壹釐，大碌拾貳兩陸錢柒分叁釐，鍋巴碌壹兩貳錢貳分叁釐，青粉壹兩肆分捌釐，天大青伍兩貳錢肆分肆釐，天貳青壹兩貳錢貳分叁釐，南烟子叁錢伍釐，見方叁寸紅金拾叁帖壹分，見方叁寸黃金拾叁帖壹分，貼金油貳兩陸錢貳分。

烟琢墨彩畫，用水膠貳兩陸錢貳分貳釐，白礬貳錢捌分捌釐，廣靛花貳兩陸錢貳分貳釐，貳碌伍兩柒錢陸分捌釐，定粉壹兩叁錢壹分壹釐，大碌拾貳兩陸錢柒分叁釐，鍋巴碌貳兩肆錢肆分陸釐，南烟子捌錢柒分肆釐，彩黃壹兩柒錢肆分捌釐。

金琢墨彩畫

斗口叁寸伍分，每攢用水膠叁兩伍錢柒分，白礬叁錢玖分貳釐，土粉壹兩肆錢捌分柒釐，廣靛花叁兩伍錢柒分，貳碌柒兩捌錢伍分肆釐，彩黃貳兩叁錢捌分，定粉壹兩柒錢捌分伍釐，大碌壹觔壹兩貳錢伍分伍釐，鍋巴碌壹兩陸錢陸分陸釐，青粉壹兩肆錢貳分捌釐，天大青柒兩壹錢肆分，天貳青壹兩陸錢陸分陸釐，南烟子肆錢壹分陸釐，見方叁寸紅金拾柒帖捌張伍分，見方叁寸黃金拾柒帖捌張伍分，貼金油叁兩伍錢柒分。

烟琢墨彩畫，用水膠叁兩伍錢柒分，白礬叁錢玖分貳釐，廣靛花叁兩伍錢柒分，貳碌柒兩捌錢伍分肆釐，定粉壹兩柒錢捌分伍釐，大碌壹觔壹兩貳錢伍分伍釐，鍋巴碌叁兩叁錢叁分貳釐，南烟子壹兩壹錢玖分，彩黄貳兩叁錢捌分。

金琢墨彩畫

斗口肆寸，每攢用水膠肆兩陸錢陸分貳釐，白礬伍錢壹分貳釐，土粉壹兩玖錢肆分貳釐，廣靛花肆兩陸錢陸分貳釐，貳碌拾兩貳錢伍分陸釐，彩黄叁[兩]壹錢捌釐，定粉貳兩叁錢叁分壹釐，大碌壹觔陸兩伍錢叁分叁釐，鍋巴碌貳兩壹錢柒分伍釐，青粉壹兩捌錢陸分肆釐，天大青玖兩叁錢貳分肆釐，天貳青貳兩壹錢肆分伍釐，南烟子伍錢肆分叁釐，見方叁寸紅金貳拾叁帖叁張壹分，見方叁寸黄金貳拾叁帖叁張壹分，貼金油肆兩陸錢陸分貳釐。

烟琢墨彩畫，用水膠肆兩陸錢陸分貳釐，白礬伍錢壹分貳釐，廣靛花肆兩陸錢陸分貳釐，貳碌拾兩貳錢伍分陸釐，定粉貳兩叁錢叁分壹釐，大碌壹觔陸兩伍錢叁分叁釐，鍋巴碌肆兩叁錢伍分，南烟子壹兩伍錢肆分肆釐，彩黄叁兩壹錢捌釐。

金琢墨彩畫

斗口肆寸伍分，每攢用水膠伍兩玖錢壹釐，白礬陸錢肆分玖釐，土粉貳兩肆錢伍分捌釐，廣靛花伍兩玖錢壹釐，貳碌拾貳兩玖錢捌分貳釐，彩黄叁兩玖錢叁分肆釐，定粉貳兩玖錢伍分，大碌壹觔拾貳兩伍錢貳分壹釐，鍋巴碌貳兩柒錢伍分叁釐，青粉貳兩叁錢陸分，天大青拾壹兩捌錢貳釐，天貳青貳兩柒錢伍分叁釐，南烟子陸錢捌分捌釐，見方叁寸紅金貳拾玖帖伍張，見方叁寸黄金貳拾玖帖伍張，貼金油伍兩玖錢壹釐。

烟琢墨彩畫，用水膠伍兩玖錢壹釐，白礬陸錢肆分玖釐，廣靛花伍兩玖錢壹釐，貳碌拾貳兩玖錢捌分貳釐，定粉貳兩玖錢伍分，大碌壹觔拾貳兩伍錢貳分壹釐，鍋巴碌伍兩伍錢陸分，南烟子壹兩玖錢陸分柒釐，彩黄叁兩玖錢叁分肆釐。

金琢墨彩畫

斗口伍寸，每攢用水膠柒兩貳錢捌分柒釐，白礬捌錢壹釐，土粉叁兩叁分陸釐，廣靛花柒兩貳錢捌分柒釐，貳碌壹觔叁分壹釐，彩黄肆兩捌錢伍分捌釐，定粉叁兩陸錢肆分叁釐，大碌貳觔叁兩貳錢貳分，鍋巴碌叁兩肆錢，青粉貳兩玖錢壹分肆釐，天大青拾肆兩伍錢柒分肆釐，天貳青叁兩肆錢，南烟子捌錢伍分，見方叁寸紅金叁拾陸帖肆張叁分，見方叁寸黄金叁拾陸帖肆張叁分，貼金油柒兩貳錢捌分陸釐。

烟琢墨彩畫，用水膠柒兩貳錢捌分柒釐，白礬捌錢壹釐，廣靛花柒兩貳錢捌分柒釐，貳碌壹觔叁分壹釐，定粉叁兩陸錢肆分叁釐，大碌貳觔叁兩貳錢貳分，鍋巴碌陸兩捌錢，南烟子貳兩肆錢貳分玖釐，彩黄肆兩捌錢伍分捌釐。

金琢墨彩畫

斗口伍寸伍分，每攢用水膠捌兩捌錢壹分柒釐，白礬玖錢陸分玖釐，土粉叁兩陸錢柒分叁釐，廣靛花捌兩捌錢壹分柒釐，貳碌壹觔叁兩叁錢玖分柒釐，彩黄伍兩捌錢柒分捌釐，定粉肆兩肆錢捌釐，大碌貳觔拾兩陸錢壹分伍釐，鍋巴碌肆兩壹錢壹分肆釐，青粉叁兩伍錢貳分陸釐，天大青壹觔壹兩陸錢叁分肆釐，天貳青肆兩壹錢壹分肆釐，南烟子壹兩貳錢捌釐，見方叁寸紅金肆拾肆帖捌分，見方叁寸黄金肆拾肆帖捌分，貼金油捌兩捌錢壹分陸釐。

烟琢墨彩畫，用水膠捌兩捌錢壹分柒釐，白礬玖錢陸分玖釐，廣靛花捌兩捌錢壹分柒釐，貳碌壹觔叁兩叁錢玖分柒釐，定粉肆兩肆錢捌釐，大碌貳觔拾兩陸錢壹分伍釐，鍋巴碌捌兩貳錢貳分捌釐，南烟子貳兩玖錢叁分玖釐，彩黄伍兩捌錢柒分捌釐。

金琢墨彩畫

斗口陸寸，每攢用水膠拾兩肆錢玖分肆釐，白礬壹兩壹錢伍分肆釐，土粉肆兩叁錢柒分貳釐，廣靛花拾兩肆錢玖分肆釐，貳碌壹觔柒兩捌分陸釐，彩黄陸兩玖錢玖分陸釐，定粉伍兩貳錢肆分柒釐，大碌叁觔貳兩柒錢貳分壹釐，鍋巴碌肆兩捌錢玖分柒釐，青粉肆兩壹錢玖分柒釐，天大青壹觔肆兩玖錢捌分捌釐，天貳青肆兩壹錢壹分肆釐，南烟子壹兩貳錢貳分肆釐，見方叁寸紅金伍拾貳帖肆張柒分，見方叁寸黄金伍拾貳帖肆張柒分，貼金油拾兩肆錢玖分肆釐。

烟琢墨彩畫，用水膠拾兩肆錢玖分柒釐，白礬壹兩壹錢伍分肆釐，廣靛花拾兩肆錢玖分肆釐，貳碌壹觔柒兩捌分陸釐，定粉伍兩貳錢肆分柒釐，大碌叁觔貳兩柒錢貳分壹釐，鍋巴碌玖兩柒錢玖分肆釐，南烟子叁兩肆錢玖分捌釐，彩黄陸兩玖錢玖分陸釐。

斗科彩畫開後

計開

重翹重昂：

金琢墨彩畫

斗口壹寸，每攢用水膠叁錢玖分陸釐，白礬肆分叁釐，土粉壹錢陸分伍釐，

廣靛花叁錢玖分陸釐，貳碌捌錢柒分壹釐，彩黄貳錢陸分肆釐，定粉壹錢玖分捌釐，大碌壹兩玖錢壹分肆釐，鍋巴碌壹錢捌分肆釐，青粉壹錢伍分捌釐，天大青柒錢玖分貳釐，天貳青壹錢捌分肆釐，南烟子肆分陸釐，見方叁寸紅金壹帖玖張捌分，見方叁寸黄金壹帖玖張捌分，貼金油叁錢玖分陸釐。

烟琢墨彩畫，用水膠叁錢玖分陸釐，白礬肆分叁釐，廣靛花叁錢玖分陸釐，貳碌捌錢柒分壹釐，定粉壹錢玖分捌釐，大碌壹兩玖錢壹分肆釐，鍋巴碌叁錢陸分捌釐，南烟子壹錢叁分貳釐，彩黄貳錢陸分肆釐。

金琢墨彩畫

斗口壹寸伍分，每攢用水膠捌錢玖分肆釐，白礬玖分捌釐，土粉叁錢柒分貳釐，廣靛花捌錢玖分肆釐，貳碌壹兩玖錢陸分陸釐，彩黄伍錢玖分陸釐，定粉肆錢肆分柒釐，大碌肆兩叁錢貳分壹釐，鍋巴碌肆錢壹分柒釐，青粉叁錢伍分柒釐，天大青壹兩柒錢捌分捌釐，天貳青肆錢壹分柒釐，南烟子壹錢肆釐，見方叁寸紅金肆帖肆張柒分，見方叁寸黄金肆帖肆張柒分，貼金油捌錢玖分肆釐。

烟琢墨彩畫，用水膠捌錢玖分肆釐，白礬玖分捌釐，廣靛花捌錢玖分肆釐，貳碌壹兩玖錢陸分陸釐，定粉肆錢肆分柒釐，大碌肆兩叁錢貳分壹釐，鍋巴碌捌錢叁分肆釐，南烟子貳錢玖分捌釐，彩黄伍錢玖分陸釐。

金琢墨彩畫

斗口貳寸，每攢用水膠壹兩伍錢玖分，白礬壹錢柒分肆釐，土粉陸錢陸分貳釐，廣靛花壹兩伍錢玖分，貳碌叁兩肆錢玖分捌釐，彩黄壹兩陸分，定粉柒錢玖分伍釐，大碌柒兩陸錢捌分伍釐，鍋巴碌柒錢肆分貳釐，青粉陸錢叁分陸釐，天大青叁兩壹錢捌分，天貳青柒錢肆分貳釐，南烟子壹錢捌分伍釐，見方叁寸紅金柒帖玖張伍分，見方叁寸黄金柒帖玖張伍分，貼金油壹兩伍錢玖分。

烟琢墨彩畫，用水膠壹兩伍錢玖分，白礬壹錢柒分肆釐，廣靛花壹兩伍錢玖分，貳碌叁兩肆錢玖分捌釐，定粉柒錢玖分伍釐，大碌柒兩陸錢捌分伍釐，鍋巴碌壹兩肆錢捌分肆釐，南烟子伍錢叁分，彩黄壹兩陸分。

金琢墨彩畫

斗口叁寸伍分，每攢用水膠貳兩肆錢捌分肆釐，白礬貳錢柒分叁釐，土粉壹兩叁分伍釐，廣靛花貳兩肆錢捌分肆釐，貳碌伍兩肆錢陸分肆釐，彩黄壹兩陸錢伍分陸釐，定粉壹兩貳錢肆分貳釐，大碌拾貳兩陸釐，鍋巴碌壹兩壹錢伍分玖釐，青粉玖錢玖分叁釐，天大青肆兩玖錢陸分捌釐，天貳青壹兩壹錢伍分玖釐，南烟子貳錢捌分玖釐，見方叁寸紅金拾貳帖肆張貳分，見方叁寸黄金拾貳帖肆張貳分，貼金油貳兩肆錢捌分肆釐。

烟琢墨彩畫，用水膠貳兩肆錢捌分肆釐，白礬貳錢柒分叁釐，廣靛花貳兩肆錢捌分肆釐，貳碌伍兩肆錢陸分肆釐，定粉壹兩貳錢肆分貳釐，大碌拾貳兩陸釐，鍋巴碌貳兩叁錢壹分捌釐，南烟子捌錢貳分捌釐，彩黄壹兩陸錢伍分陸釐。

金琢墨彩畫

斗口叁寸，每攢用水膠叁兩伍錢柒分玖釐，白礬叁錢玖分叁釐，土粉壹兩肆錢玖分壹釐，廣靛花叁兩伍錢柒分玖釐，貳碌柒兩捌錢柒分叁釐，彩黄貳兩叁錢捌分陸釐，定粉壹兩柒錢捌分玖釐，大碌壹觔壹兩貳錢玖分捌釐，鍋巴碌壹兩陸錢柒分，青粉壹兩肆錢叁分壹釐，天大青柒兩壹錢伍分捌釐，天貳青壹兩陸錢柒分，南烟子肆錢壹分柒釐，見方叁寸紅金拾柒帖捌張玖分，見方叁寸黄金拾柒帖捌張玖分，貼金油叁兩伍錢柒分捌釐。

烟琢墨彩畫，用水膠叁兩伍錢柒分玖釐，白礬叁錢玖分叁釐，廣靛花叁兩伍錢柒分玖釐，貳碌柒兩捌錢柒分叁釐，定粉壹兩柒錢捌分玖釐，大碌壹觔壹兩貳錢玖分捌釐，鍋巴碌叁兩叁錢肆分，南烟子壹兩壹錢玖分叁釐，彩黄貳兩叁錢捌分陸釐。

金琢墨彩畫

斗口叁寸伍分，每攢用水膠肆兩捌錢柒分貳釐，白礬伍錢叁分伍釐，土粉貳兩叁分，廣靛花肆兩捌錢玖分貳釐，貳碌拾兩柒錢壹分捌釐，彩黄叁兩貳錢肆分捌釐，定粉貳兩肆錢叁分陸釐，大碌壹觔柒兩伍錢肆分捌釐，鍋巴碌貳兩貳錢柒分叁釐，青粉壹兩玖錢肆分捌釐，天大青玖兩柒錢肆分肆釐，天貳青貳兩貳錢柒分叁釐，南烟子伍錢陸分捌釐，見方叁寸紅金貳拾肆帖叁張陸分，見方叁寸黄金貳拾肆帖叁張陸分，貼金油肆兩捌錢柒分貳釐。

烟琢墨彩畫，用水膠肆兩捌錢柒分貳釐，白礬伍錢叁分伍釐，廣靛花肆兩捌錢柒分貳釐，貳碌拾兩柒錢壹分捌釐，定粉貳兩肆錢叁分陸釐，大碌壹觔柒兩伍錢肆分捌釐，鍋巴碌肆兩伍錢肆分陸釐，南烟子壹兩陸錢貳分肆釐，彩黄叁兩貳錢肆分捌釐。

金琢墨彩畫

斗口肆寸，每攢用水膠陸兩叁錢陸分叁釐，白礬陸錢玖分玖釐，土粉貳兩陸

錢伍分壹釐，廣靛花陸兩叁錢陸分叁釐，貳碌拾叁兩玖錢玖分捌釐，彩黄肆兩貳錢肆分貳釐，定粉叁兩壹錢捌分壹釐，大碌壹觔拾肆兩柒錢伍分肆釐，鍋巴碌貳兩玖錢陸分玖釐，青粉貳兩伍錢肆分伍釐，天大青拾貳兩柒錢貳分陸釐，天貳青貳兩玖錢陸分玖釐，南烟子柒錢肆分貳釐，見方叁寸紅金叁拾壹帖捌張壹分，見方叁寸黄金叁拾壹帖捌張壹分，貼金油陸兩叁錢陸分貳釐。

烟琢墨彩畫，用水膠陸兩叁錢陸分叁釐，白礬陸錢玖分玖釐，廣靛花陸兩叁錢陸分叁釐，貳碌拾叁兩玖錢玖分捌釐，定粉叁兩壹錢捌分壹釐，大碌壹觔拾肆兩柒錢伍分肆釐，鍋巴碌伍兩玖錢叁分捌釐，南烟子貳兩壹錢貳分壹釐，彩黄肆兩貳錢肆分貳釐。

金琢墨彩畫

斗口肆寸伍分，每攢用水膠捌兩伍分貳釐，白礬捌錢捌分伍釐，土粉叁兩叁錢伍分伍釐，廣靛花捌兩伍分貳釐，貳碌壹觔壹兩柒錢壹分肆釐，彩黄伍兩叁錢陸分捌釐，定粉肆兩貳分陸釐，大碌貳觔陸兩玖錢壹分捌釐，鍋巴碌叁兩柒錢伍分柒釐，青粉叁兩貳錢貳分，天大青壹觔壹錢肆釐，天貳青叁兩柒錢伍分柒釐，南烟子玖錢叁分玖釐，見方叁寸紅金肆拾帖貳張陸分，見方叁寸黄金肆拾帖貳張陸分，貼金油捌兩伍分貳釐。

烟琢墨彩畫，用水膠捌兩伍分貳釐，白礬捌錢捌分伍釐，廣靛花捌兩伍分貳釐，貳碌壹觔壹兩柒錢壹分肆釐，定粉肆兩貳分陸釐，大碌貳觔陸兩玖錢壹分捌釐，鍋巴碌柒兩伍錢壹分肆釐，南烟子貳兩陸錢捌分肆釐，彩黄伍兩叁錢陸分捌釐。

金琢墨彩畫

斗口伍寸，每攢用水膠玖兩玖錢肆分貳釐，白礬壹兩玖分叁釐，土粉肆兩壹錢肆分貳釐，廣靛花玖兩玖錢肆分貳釐，貳碌壹觔伍兩捌錢柒分貳釐，彩黄陸兩陸錢貳分捌釐，定粉肆兩玖錢柒分壹釐，大碌叁觔伍分叁釐，鍋巴碌肆兩陸錢叁分玖釐，青粉叁兩玖錢柒分陸釐，天大青壹觔叁兩捌錢捌分肆釐，天貳青肆兩陸錢叁分玖釐，南烟子壹兩壹錢伍分玖釐，見方叁寸紅金肆拾玖帖柒張壹分，見方叁寸黄金肆拾玖帖柒張壹分，貼金油玖兩玖錢肆分貳釐。

烟琢墨彩畫，用水膠玖兩玖錢肆分貳釐，白礬壹兩玖分叁釐，廣靛花玖兩玖錢肆分貳釐，貳碌壹觔伍兩捌錢柒分貳釐，定粉肆兩玖錢柒分壹釐，大碌叁觔伍分叁釐，鍋巴碌玖兩貳錢柒分捌釐，南烟子叁兩叁錢壹分肆釐，彩黄陸兩陸錢貳分捌釐。

金琢墨彩畫

斗口伍寸伍分，每攢用水膠拾貳兩叁分，白礬壹兩叁錢貳分叁釐，土粉伍兩壹分貳釐，廣靛花拾貳兩叁分，貳碌壹觔拾兩肆錢陸分陸釐，彩黄捌兩貳分，定粉陸兩壹分伍釐，大碌叁觔拾兩壹錢肆分伍釐，鍋巴碌伍兩陸錢壹分肆釐，青粉肆兩捌錢壹分貳釐，天大青壹觔捌兩陸分，天貳青伍兩陸錢壹分肆釐，南烟子壹兩肆錢叁釐，見方叁寸紅金陸拾帖壹張伍分，見方叁寸黄金陸拾帖壹張伍分，貼金油拾貳兩叁分。

烟琢墨彩畫，用水膠拾貳兩叁分，白礬壹兩叁錢貳分叁釐，廣靛花拾貳兩叁分，貳碌壹觔拾兩肆錢陸分陸釐，定粉陸兩壹分伍釐，大碌叁觔拾兩壹錢肆分伍釐，鍋巴碌拾壹兩貳錢貳分捌釐，南烟子肆兩壹分，彩黄捌兩貳分。

金琢墨彩畫

斗口陸寸，每攢用水膠拾肆兩叁錢壹分玖釐，白礬壹兩伍錢柒分伍釐，土粉伍兩玖錢陸分陸釐，廣靛花拾肆兩叁錢壹分玖釐，貳碌壹觔拾伍兩伍錢壹釐，彩黄玖兩伍錢肆分陸釐，定粉柒兩壹錢伍分玖釐，大碌肆觔伍兩貳錢捌釐，鍋巴碌陸兩陸錢捌分貳釐，青粉伍兩柒錢貳分柒釐，天大青壹觔拾貳兩陸錢叁分捌釐，天貳青陸兩陸錢捌分貳釐，南烟子壹兩陸錢柒分，見方叁寸紅金柒拾壹帖伍張玖分，見方叁寸黄金柒拾壹帖伍張玖分，貼金油拾肆兩叁錢壹分捌釐。

烟琢墨彩畫，用水膠拾肆兩叁錢壹分玖釐，白礬壹兩伍錢柒分伍釐，廣靛花拾肆兩叁錢壹分玖釐，貳碌壹觔拾伍兩伍錢壹釐，定粉柒兩壹錢伍分玖釐，大碌肆觔伍兩貳錢捌釐，鍋巴碌拾叁兩叁錢陸分肆釐，南烟子肆兩柒錢柒分叁釐，彩黄玖兩伍錢肆分陸釐。

斗科彩畫開後

計開

壹斗貳升交蔴葉：

金琢墨彩畫

斗口壹寸，每攢用水膠陸分，白礬陸釐，土粉貳分伍釐，廣靛花陸分，貳碌壹錢叁分貳釐，彩黄肆分，定粉叁分，大碌貳錢玖分，鍋巴碌貳分捌釐，青粉貳分肆釐，天大青壹錢貳分，天貳青貳分捌釐，南烟子柒釐，見方叁寸紅金叁張，見方叁寸黄金叁張，貼金油陸分。

烟琢墨彩畫，用水膠陸分，白礬陸釐，廣靛花陸分，貳碌壹錢叁分貳釐，定粉叁分，大碌貳錢玖分，鍋巴碌伍分陸釐，南烟子貳分，彩黃肆分。

金琢墨彩畫

斗口壹寸伍分，每攢用水膠壹錢肆分壹釐，白礬壹分伍釐，土粉伍分捌釐，廣靛花壹錢肆分壹釐，貳碌叁錢壹分，彩黃玖分肆釐，定粉柒分，大碌陸錢捌分壹釐，鍋巴碌陸分伍釐，青粉伍分陸釐，天大青貳錢捌分貳釐，天貳青陸分伍釐，南烟子壹分陸釐，見方叁寸紅金柒張，見方叁寸黃金柒張，貼金油壹錢肆分。

烟琢墨彩畫，用水膠壹錢肆分壹釐，白礬壹分伍釐，廣靛花壹錢肆分壹釐，貳碌叁錢壹分，定粉柒分，大碌陸錢捌分壹釐，鍋巴碌壹錢叁分，南烟子肆分陸釐，彩黃玖分肆釐。

金琢墨彩畫

斗口貳寸，每攢用水膠貳錢肆分玖釐，白礬貳分柒釐，土粉壹錢叁釐，廣靛花貳錢肆分玖釐，貳碌伍錢肆分柒釐，彩黃壹錢陸分陸釐，定粉壹錢貳分肆釐，大碌壹兩叁錢叁釐，鍋巴碌壹錢壹分陸釐，青粉玖分玖釐，天大青伍錢柒分壹釐，天貳青壹錢壹分陸釐，南烟子貳錢玖分，見方叁寸紅金壹帖貳張肆分，見方叁寸黃金壹帖貳張肆分，貼金油貳錢肆分捌釐。

烟琢墨彩畫，用水膠貳錢肆分玖釐，白礬貳分柒釐，廣靛花貳錢肆分玖釐，貳碌伍錢肆分柒釐，定粉壹錢貳分肆釐，大碌壹兩叁錢叁釐，鍋巴碌貳錢叁分貳釐，南烟子捌分叁釐，彩黃壹錢陸分陸釐。

金琢墨彩畫

斗口貳寸伍分，每攢用水膠叁錢玖分，白礬肆分貳釐，土粉壹錢陸分貳釐，廣靛花叁錢玖分，貳碌捌錢伍分捌釐，彩黃貳錢陸分，定粉壹錢玖分伍釐，大碌壹兩捌錢捌分伍釐，鍋巴碌壹錢捌分貳釐，青粉壹錢伍分陸釐，天大青柒錢捌分，天貳青壹錢捌分貳釐，南烟子肆分伍釐，見方叁寸紅金壹帖玖張伍分，見方叁寸黃金壹帖玖張伍分，貼金油叁錢玖分。

烟琢墨彩畫，用水膠叁錢玖分，白礬肆分貳釐，廣靛花叁錢玖分，貳碌捌錢伍分捌釐，定粉壹錢玖分伍釐，大碌壹兩捌錢捌分伍釐，鍋巴碌叁錢陸分肆釐，南烟子壹錢叁分，彩黃貳錢陸分。

金琢墨彩畫

斗口叁寸，每攢用水膠伍錢陸分壹釐，白礬陸分壹釐，土粉貳錢叁分叁釐，廣靛花伍錢陸分壹釐，貳碌壹兩貳錢叁分肆釐，彩黃叁錢柒分肆釐，定粉貳錢捌分，大碌貳兩捌錢壹分壹釐，鍋巴碌貳錢陸分壹釐，青粉貳錢貳分肆釐，天大青壹兩壹錢貳分貳釐，天貳青貳錢陸分壹釐，南烟子陸分伍釐，見方叁寸紅金貳帖捌張，見方叁寸黃金貳帖捌張，貼金油伍錢陸分。

烟琢墨彩畫，用水膠伍錢陸分壹釐，白礬陸分壹釐，廣靛花伍錢陸分壹釐，貳碌壹兩貳錢叁分肆釐，定粉貳錢捌分，大碌貳兩捌錢壹分壹釐，鍋巴碌伍錢貳分貳釐，南烟子壹錢捌分柒釐，彩黃叁錢柒分肆釐。

金琢墨彩畫

斗口叁寸伍分，每攢用水膠柒錢陸分伍釐，白礬捌分肆釐，土粉叁錢壹分捌釐，廣靛花柒錢陸分伍釐，貳碌壹兩陸錢捌分叁釐，彩黃伍錢壹分，定粉叁錢捌分貳釐，大碌叁兩陸錢玖分柒釐，鍋巴碌叁錢伍分柒釐，青粉叁錢，天大青壹兩伍錢叁分，天貳青叁錢伍分柒釐，南烟子捌分玖釐，見方叁寸紅金叁帖捌張貳分，見方叁寸黃金叁帖捌張貳分，貼金油柒錢陸分肆釐。

烟琢墨彩畫，用水膠柒錢陸分柒釐，白礬捌分肆釐，廣靛花柒錢陸分伍釐，貳碌壹兩陸錢捌分叁釐，定粉叁錢捌分貳釐，大碌叁兩陸錢玖分柒釐，鍋巴碌柒錢壹分肆釐，南烟子貳錢伍分陸釐，彩黃伍錢壹分。

金琢墨彩畫

斗口肆寸，每攢用水膠玖錢玖分玖釐，白礬壹錢玖釐，土粉肆錢壹分陸釐，廣靛花玖錢玖分玖釐，貳碌貳兩壹錢玖分柒釐，彩黃陸錢陸分陸釐，定粉肆錢玖分玖釐，大碌肆兩捌錢貳分叁釐，鍋巴碌肆錢陸分陸釐，青粉叁錢玖分玖釐，天大青壹兩玖錢玖分捌釐，天貳青肆錢陸分陸釐，南烟子壹錢壹分陸釐，見方叁寸紅金肆帖玖張玖分，見方叁寸黃金肆帖玖張玖分，貼金油玖錢玖分捌釐。

烟琢墨彩畫，用水膠玖錢玖分玖釐，白礬壹錢玖釐，廣靛花玖錢玖分玖釐，貳碌貳兩壹錢玖分柒釐，定粉肆錢玖分玖釐，大碌肆兩捌錢貳分叁釐，鍋巴碌玖錢叁分貳釐，南烟子叁錢叁分叁釐，彩黃陸錢陸分陸釐。

金琢墨彩畫

斗口肆寸伍分，每攢用水膠壹兩貳錢陸分陸釐，白礬壹錢叁分玖釐，土粉伍錢貳分柒釐，廣靛花壹兩貳錢陸分陸釐，貳碌貳兩柒錢捌分伍釐，彩黃捌錢肆分肆釐，定粉陸錢叁分叁釐，大碌陸兩壹錢壹分玖釐，鍋巴碌伍錢玖分，青粉伍錢陸分，天大青貳兩伍錢叁分貳釐，天貳青伍錢玖分，南烟子壹錢肆分柒釐，見方

叁寸紅金陸帖叁張叁分，見方叁寸黃金陸帖叁張叁分，貼金油壹兩貳錢陸分陸釐。

烟琢墨彩畫，用水膠壹兩貳錢陸分陸釐，白礬壹錢叁分玖釐，廣靛花壹兩貳錢陸分，貳碌貳兩柒錢捌分伍釐，定粉陸錢叁分叁釐，大碌陸兩壹錢壹分玖釐，鍋巴碌壹兩壹錢捌分，南烟子肆錢貳分貳釐，彩黃捌錢肆分肆釐。

金琢墨彩畫

斗口伍寸，每攢用水膠壹兩伍錢陸分叁釐，白礬壹錢柒分壹釐，土粉陸錢伍分壹釐，廣靛花壹兩伍錢陸分叁釐，貳碌叁兩肆錢叁分捌釐，彩黃壹兩肆分貳釐，定粉柒錢捌分壹釐，天碌柒兩伍錢伍分肆釐，鍋巴碌柒錢貳分玖釐，青粉陸錢貳分伍釐，天大青叁兩壹錢貳分陸釐，天貳青柒錢貳分玖釐，南烟子壹錢捌分貳釐，見方叁寸紅金柒帖捌張壹分，見方叁寸黃金柒帖捌張壹分，貼金油壹兩伍錢陸分貳釐。

烟琢墨彩畫，用水膠壹兩伍錢陸分叁釐，白礬壹錢柒分壹釐，廣靛花壹兩伍錢陸分叁釐，貳碌叁兩肆錢叁分捌釐，定粉柒錢捌分壹釐，大碌柒兩伍錢伍分肆釐，鍋巴碌壹兩肆錢伍分捌釐，南烟子伍錢貳分壹釐，彩黃壹兩肆分貳釐。

金琢墨彩畫

斗口伍寸伍分，每攢用水膠壹兩捌錢玖分，白礬貳錢柒釐，土粉柒錢捌分柒釐，廣靛花壹兩捌錢玖分，貳碌肆兩壹錢伍分捌釐，彩黃壹兩貳錢陸分，定粉玖錢肆分伍釐，大碌玖兩壹錢肆分，鍋巴碌捌錢捌分貳釐，青粉柒錢伍分陸釐，天大青叁兩柒錢捌分，天貳青捌錢捌分貳釐，南烟子貳錢貳分，見方叁寸紅金玖帖肆張伍分，見方叁寸黃金玖帖肆張伍分，貼金油壹兩捌錢玖分。

烟琢墨彩畫，用水膠壹兩捌錢玖分，白礬貳錢柒釐，廣靛花壹兩捌錢玖分，貳碌肆兩壹錢伍分捌釐，定粉玖錢肆分伍釐，大碌玖兩壹錢肆分，鍋巴碌壹兩柒錢陸分肆釐，南烟子陸錢叁分，彩黃壹兩貳錢陸分。

金琢墨彩畫

斗口陸寸，每攢用水膠貳兩貳錢伍分，白礬貳錢肆分柒釐，土粉玖錢叁分柒釐，廣靛花貳兩貳錢伍分，貳碌肆兩玖錢伍分，彩黃壹兩伍錢，定粉壹兩壹錢貳分伍釐，大碌拾兩捌錢柒分伍釐，鍋巴碌壹兩伍分，青粉玖錢，天大青肆兩伍錢，天貳青壹兩伍分，南烟子貳錢陸分，見方叁寸紅金拾壹帖貳張伍分，見方叁寸黃金拾壹帖貳張伍分，貼金油貳兩貳錢伍分。

烟琢墨彩畫，用水膠貳兩貳錢伍分，白礬貳錢肆分柒釐，廣靛花貳兩貳錢伍分，貳碌肆兩玖錢伍分，定粉壹兩壹錢貳分伍釐，大碌拾兩捌錢柒分伍釐，鍋巴碌貳兩壹錢，南烟子柒錢伍分，彩黃壹兩伍錢。

斗科彩畫開後

計開

壹斗叁升：

金琢墨彩畫

斗口壹寸，每攢用水膠貳分壹釐，白礬貳釐，土粉捌釐，廣靛花貳分壹釐，貳碌肆分陸釐，彩畫壹分肆釐，定粉壹分，大碌壹錢壹釐，鍋巴碌玖釐，青粉捌釐，天大青肆分貳釐，天貳青玖釐，南烟子貳釐，見方叁寸紅金壹張，見方叁寸黃金壹張，貼金油貳分。

烟琢墨彩畫，用水膠貳分壹釐，白礬貳釐，廣靛花貳分壹釐，貳碌肆分陸釐，定粉壹分，大碌壹錢壹釐，鍋巴碌壹分捌釐，南烟子柒釐，彩黃壹分肆釐。

金琢墨彩畫

斗口壹寸伍分，每攢用水膠伍分壹釐，白礬伍釐，土粉貳分壹釐，廣靛花伍分壹釐，貳碌壹錢壹分貳釐，彩黃叁分貳釐，定粉貳分伍釐，大碌貳錢肆分陸釐，鍋巴碌貳分叁釐，青粉貳分，天大青壹錢貳釐，天貳青貳分叁釐，南烟子陸釐，見方叁寸紅金貳張伍分，見方叁寸黃金貳張伍分，貼金油伍分。

烟琢墨彩畫，用水膠伍分壹釐，白礬伍釐，廣靛花伍分壹釐，貳碌壹錢壹分貳釐，定粉貳分伍釐，大碌貳錢肆分陸釐，鍋巴碌肆分陸釐，南烟子壹分陸釐，彩黃叁寸貳釐。

金琢墨彩畫

斗口貳寸，每攢用水膠玖分，白礬玖釐，土粉叁分柒釐，廣靛花玖分，貳碌壹錢玖分捌釐，彩黃伍分捌釐，定粉肆分伍釐，大碌肆錢叁分伍釐，鍋巴碌肆分貳釐，青粉叁分陸釐，天大青壹錢捌分，天貳青肆分貳釐，南烟子壹分，見方叁寸紅金肆張伍分，見方叁寸黃金肆張伍分，貼金油玖分。

烟琢墨彩畫，用水膠玖分，白礬玖釐，廣靛花玖分，貳碌壹錢玖分捌釐，定粉肆分伍釐，大碌肆錢叁分伍釐，鍋巴碌捌分肆釐，南烟子貳分玖釐，彩黃伍分捌釐。

金琢墨彩畫

斗口貳寸伍分，每攢用水膠壹兩叁錢捌釐，白礬壹分□釐，土粉伍分柒釐，

廣靛花壹錢叁分捌釐，貳碌叁錢叁釐，彩黄玖分貳釐，定粉陸分玖釐，大碌陸錢陸分柒釐，鍋巴碌陸分肆釐，青粉伍分伍釐，天大青貳錢柒分陸釐，天貳青陸分肆釐，南烟子壹分陸釐，見方叁寸紅金陸張玖分，見方叁寸黄金陸張玖分，貼金油壹錢叁分捌釐。

烟琢墨彩畫，用水膠壹錢叁分捌釐，白礬壹分伍釐，廣靛花壹錢叁分捌釐，貳碌叁錢叁釐，定粉陸分玖釐，大碌陸錢陸分柒釐，鍋巴碌壹錢貳分捌釐，南烟子肆分陸釐，彩黄玖分貳釐。

金琢墨彩畫

斗口叁寸，每攢用水膠貳錢壹釐，白礬貳分貳釐，土粉捌分叁釐，廣靛花貳錢壹釐，貳碌肆錢肆分貳釐，彩黄壹錢叁分肆釐，定粉壹錢，大碌玖錢柒分壹釐，鍋巴碌玖分叁釐，青粉捌分，天大青肆錢貳釐，天貳青玖分叁釐，南烟子貳分叁釐，見方叁寸紅金壹帖，見方叁寸黄金壹帖，貼金油貳錢。

烟琢墨彩畫，用水膠貳錢壹釐，白礬貳分貳釐，廣靛花貳錢壹釐，貳碌肆錢肆分貳釐，定粉壹錢，大碌玖錢柒分壹釐，鍋巴碌壹錢捌分陸釐，南烟子陸分柒釐，彩黄壹錢叁分肆釐。

金琢墨彩畫

斗口叁寸伍分，每攢用水膠陸錢柒分叁釐，白礬叁分，土粉壹錢壹分叁釐，廣靛花貳錢柒分叁釐，貳碌陸錢，彩黄壹錢捌分貳釐，定粉壹錢叁分陸釐，大碌壹兩叁錢壹分玖釐，鍋巴碌壹錢貳分柒釐，青粉壹錢玖釐，天大青伍錢肆分陸釐，天貳青壹錢貳分柒釐，南烟子叁分壹釐，見方叁寸紅金壹帖叁張陸分，見方叁寸黄金壹帖叁張陸分，貼金油貳錢柒分貳釐。

烟琢墨彩畫，用水膠貳錢柒分叁釐，白礬叁分，廣靛花貳錢柒分叁釐，貳碌陸錢，定粉壹錢叁分陸釐，大碌壹兩叁錢壹分玖釐，鍋巴碌貳錢伍分肆釐，南烟子玖分壹釐，彩黄壹錢捌分貳釐。

金琢墨彩畫

斗口肆寸，每攢用水膠叁錢伍分柒釐，白礬叁分玖釐，土粉壹錢肆分捌釐，廣靛花叁錢伍分柒釐，貳碌柒錢捌分伍釐，彩黄貳錢叁分捌釐，定粉壹錢柒分捌釐，大碌壹兩柒錢貳分伍釐，鍋巴碌壹錢陸分陸釐，青粉壹錢肆分貳釐，天大青柒錢壹分肆釐，天貳青壹錢陸分陸釐，南烟子肆分壹釐，見方叁寸紅金壹帖柒張捌分，見方叁寸黄金壹帖柒張捌分，貼金油叁錢伍分陸釐。

烟琢墨彩畫，用水膠叁錢伍分柒釐，白礬叁錢玖釐，廣靛花叁錢伍分柒釐，貳碌柒錢捌分伍釐，定粉壹錢柒分捌釐，大碌壹兩柒錢貳分伍釐，鍋巴碌叁錢叁分貳釐，南烟子壹錢壹分玖釐，墨彩黄貳錢叁分捌釐。

金琢墨彩畫

斗口肆寸伍分，每攢用水膠肆錢伍分叁釐，白礬肆分玖釐，土粉壹錢捌分捌釐，廣靛花肆錢伍分叁釐，貳碌玖錢玖分陸釐，彩黄叁錢貳釐，定粉貳錢貳分陸釐，大碌貳兩壹錢捌分玖釐，鍋巴碌貳錢壹分壹釐，青粉壹錢捌分壹釐，天大青玖錢陸釐，天貳青貳錢壹分壹釐，南烟子伍分貳釐，見方叁寸紅金貳帖貳張陸分，見方叁寸黄金貳帖貳張陸分，貼金油肆錢伍分貳釐。

烟琢墨彩畫，用水膠肆錢伍分叁釐，白礬肆分玖釐，廣靛花肆錢伍分叁釐，貳碌玖錢玖分陸釐，定粉貳錢貳分陸釐，大碌貳兩壹錢捌分玖釐，鍋巴碌肆錢貳分貳釐，南烟子壹錢伍分壹釐，彩黄叁錢貳釐。

金琢墨彩畫

斗口伍寸，每攢用水膠伍錢伍分捌釐，白礬陸分壹釐，土粉貳錢叁分貳釐，廣靛花伍錢伍分捌釐，貳碌壹兩貳錢貳分柒釐，彩黄叁錢柒分貳釐，定粉貳錢柒分玖釐，大碌貳兩陸錢玖分柒釐，鍋巴碌貳錢陸分，青粉貳錢貳分叁釐，天大青壹兩壹錢壹分陸釐，天貳青貳錢陸分，南烟子陸分伍釐，見方叁寸紅金貳帖柒張玖分，見方叁寸黄金貳帖柒張玖分，貼金油伍錢伍分捌釐。

烟琢墨彩畫，用水膠伍錢伍分捌釐，白礬陸分壹釐，廣靛花伍錢伍分捌釐，貳碌壹兩貳錢貳分柒釐，定粉貳錢柒分玖釐，大碌貳兩陸錢玖分柒釐，鍋巴碌伍錢貳分，南烟子壹錢捌分陸釐，彩黄叁錢柒分貳釐。

金琢墨彩畫

斗口伍寸伍分，每攢用水膠陸錢柒分伍釐，白礬柒分肆釐，土粉貳錢捌分壹釐，廣靛花陸錢柒分伍釐，貳碌壹兩肆錢捌分伍釐，彩黄肆錢伍分，定粉叁錢叁分柒釐，大碌叁兩貳錢陸分貳釐，鍋巴碌叁錢壹分伍釐，青粉貳錢柒分，天大青壹兩叁錢伍分，天貳青叁錢壹分伍釐，南烟子柒分捌釐，見方叁寸紅金叁帖叁張柒分，見方叁寸黄金叁帖叁張柒分，貼金油陸錢柒分肆釐。

烟琢墨彩畫，用水膠陸錢柒分伍釐，白礬柒分肆釐，廣靛花陸錢柒分伍釐，貳碌壹兩肆錢捌分伍釐，定粉叁錢叁分柒釐，大碌叁兩貳錢陸分貳釐，鍋巴碌陸錢叁分，南烟子貳錢貳分伍釐，彩黄肆錢伍分。

金琢墨彩畫

斗口陸寸，每攢用水膠捌錢肆釐，白礬捌分捌釐，土粉叁錢叁分伍釐，廣靛花捌錢肆釐，貳碌壹兩柒錢陸分捌釐，彩黄伍錢叁分陸釐，定粉肆錢貳釐，大碌叁兩捌錢捌分陸釐，鍋巴碌叁錢柒分伍釐，青粉叁錢貳分壹釐，天大青壹兩陸錢捌釐，天貳青叁錢柒分伍釐，南烟子玖分叁釐，見方叁寸紅金肆帖貳分，見方叁寸黄金肆帖貳分，貼金油捌錢肆釐。

烟琢墨彩畫，用水膠捌錢肆釐，白礬捌分捌釐，廣靛花捌錢肆釐，貳碌壹兩柒錢陸分捌釐，定粉肆錢貳釐，大碌叁兩捌錢捌分陸釐，鍋巴碌柒錢伍分，南烟子貳錢陸分捌釐，彩黄伍錢叁分□釐。

斗科彩畫開後

計開

叁滴水品字科：

金琢墨彩畫

斗口壹寸，每攢用水膠壹錢捌釐，白礬壹分壹釐，土粉肆分伍釐，廣靛花壹錢捌釐，貳碌貳錢叁分柒釐，彩黄柒分，定粉伍分肆釐，大碌伍錢貳分貳釐，鍋巴碌伍分，青粉肆分叁釐，天大青貳錢壹分陸釐，天貳青伍分，南烟子壹分貳釐，見方叁寸紅金伍張肆分，見方叁寸黄金伍張肆分，貼金油壹錢捌釐。

烟琢墨彩畫，用水膠壹錢捌釐，白礬壹分壹釐，廣靛花壹錢捌釐，貳碌貳錢叁分柒釐，定粉伍分肆釐，大碌伍錢貳分貳釐，鍋巴碌壹錢，南烟子叁分伍釐，彩黄柒分。

金琢墨彩畫

斗口壹寸伍分，每攢用水膠貳錢肆分，白礬貳分陸釐，土粉壹錢，廣靛花貳錢肆分，貳碌伍錢貳分捌釐，彩黄壹錢陸分，定粉壹錢貳分，大碌壹兩壹錢陸分，鍋巴碌壹錢壹分貳釐，青粉玖分陸釐，天大青肆錢捌分，天貳青壹錢壹分貳釐，南烟子貳分捌釐，見方叁寸紅金壹帖貳張，見方叁寸黄金壹帖貳張，貼金油貳錢肆分。

烟琢墨彩畫，用水膠貳錢肆分，白礬貳分陸釐，廣靛花貳錢肆分，貳碌伍錢貳分捌釐，定粉壹錢貳分，大碌壹兩壹錢陸分，鍋巴碌貳錢貳分肆釐，南烟子捌分，彩黄壹錢陸分。

金琢墨彩畫

斗口貳寸，每攢用水膠肆錢貳分玖釐，白礬肆分柒釐，土粉壹錢壹分，廣靛花肆錢貳分玖釐，貳碌玖錢肆分叁釐，彩黄貳錢捌分肆釐，定粉貳錢壹分肆釐，大碌貳兩柒分叁釐，鍋巴碌貳錢，青粉壹兩□□釐，天大青□□□□釐，天貳青貳錢，南烟子伍分，見方叁寸紅金貳帖壹張肆分，見方叁寸黄金貳帖壹張肆分，貼金油肆錢貳分捌釐。

烟琢墨彩畫，用水膠肆錢貳分玖釐，白礬肆分柒釐，廣靛花肆錢貳分玖釐，貳碌玖錢肆分叁釐，定粉貳錢壹分肆釐，大碌貳兩柒分叁釐，鍋巴碌肆錢，南烟子壹錢肆分貳釐，彩黄貳錢捌分肆釐。

金琢墨彩畫

斗口貳寸伍分，每攢用水膠陸錢陸分玖釐，白礬柒分叁釐，土粉貳錢柒分捌釐，廣靛花陸錢陸分玖釐，貳碌壹兩肆錢柒分壹釐，彩黄肆錢肆分陸釐，定粉叁錢叁分肆釐，大碌叁兩貳錢叁分叁釐，鍋巴碌叁錢壹分貳釐，青粉貳錢陸分柒釐，天大青壹兩叁錢叁分，天貳青叁錢壹分貳釐，南烟子柒分捌釐，見方叁寸紅金叁帖叁張肆分，見方叁寸黄金叁帖叁張肆分，貼金油陸錢陸分捌釐。

烟琢墨彩畫，用水膠陸錢陸分玖釐，白礬柒分叁釐，廣靛花陸錢陸分玖釐，貳碌壹兩肆錢柒分壹釐，定粉叁錢叁分肆釐，大碌叁兩貳錢叁分叁釐，鍋巴碌陸錢貳分肆釐，南烟子貳錢貳分叁釐，彩黄肆錢肆分陸釐。

金琢墨彩畫

斗口叁寸，每攢用水膠玖錢陸分，白礬壹錢伍釐，土粉肆錢壹釐，廣靛花玖錢陸分，貳碌貳兩壹錢壹分捌釐，彩黄陸錢肆分貳釐，定粉肆錢捌分壹釐，大碌肆兩陸錢伍分肆釐，鍋巴碌肆錢肆分玖釐，青粉叁錢捌分伍釐，天大青壹兩玖錢貳分陸釐，天貳青肆錢肆分玖釐，南烟子壹錢壹分貳釐，見方叁寸紅金肆帖捌張壹分，見方叁寸黄金肆帖捌張壹分，貼金油玖錢陸分壹釐。

烟琢墨彩畫，用水膠玖錢陸分，白礬壹錢伍釐，廣靛花玖錢陸分，貳碌貳兩壹錢壹分捌釐，定粉肆錢捌分壹釐，大碌肆兩陸錢伍分肆釐，鍋巴碌捌錢玖分捌釐，南烟子叁錢貳分壹釐，彩黄陸錢肆分貳釐。

金琢墨彩畫

斗口叁寸伍分，每攢用水膠壹兩叁錢壹分肆釐，白礬壹錢肆分肆釐，土粉伍錢肆分柒釐，廣靛花壹兩叁錢壹分肆釐，貳碌貳兩捌錢玖分，彩黄捌錢柒分肆釐，定粉陸錢伍分柒釐，大碌陸兩叁錢伍分壹釐，鍋巴碌陸錢壹分叁釐，青粉伍錢貳分伍釐，天大青貳兩陸錢貳分捌釐，天貳青陸錢壹分叁釐，南烟子壹錢伍分

叁釐，見方叁寸紅金陸帖伍張柒分，見方叁寸黃金陸帖伍張柒分，貼金油壹兩叁錢壹分肆釐。

烟琢墨彩畫，用水膠壹兩叁錢壹分肆釐，白礬壹錢肆分肆釐，廣靛花壹兩叁錢壹分肆釐，貳碌貳兩捌錢玖分，定粉陸錢伍分柒釐，大碌陸兩叁錢伍分壹釐，鍋巴碌壹兩貳錢貳分陸釐，南烟子肆錢叁分柒釐，彩黃捌錢柒分肆釐。

金琢墨彩畫

斗口肆寸，每攢用水膠壹兩柒錢壹分叁釐，白礬壹錢捌分捌釐，土粉捌錢壹分叁釐，廣靛花壹兩柒錢壹分叁釐，貳碌叁兩柒錢陸分捌釐，彩黃壹兩壹錢肆分貳釐，定粉捌錢伍分陸釐，大碌捌兩貳錢柒分玖釐，鍋巴碌柒錢玖分玖釐，青粉陸錢捌分伍釐，天大青叁兩肆錢貳分陸釐，天貳青柒錢玖分玖釐，南烟子壹錢玖分玖釐，見方叁寸紅金捌帖伍張陸分，見方叁寸黃金捌帖伍張陸分，貼金油壹兩柒錢壹分貳釐。

烟琢墨彩畫，用水膠壹兩柒錢壹分叁釐，白礬壹錢捌分捌釐，廣靛花壹兩柒錢壹分叁釐，貳碌叁兩柒錢陸分捌釐，大碌捌兩貳錢柒分玖釐，定粉捌錢伍分陸釐，鍋巴碌壹兩伍錢玖分捌釐，南烟子伍錢柒分壹釐，彩黃壹兩壹錢肆分貳釐。

金琢墨彩畫

斗口肆寸伍分，每攢用水膠貳兩壹錢陸分玖釐，白礬貳錢叁分捌釐，土粉玖錢叁釐，廣靛花貳兩壹錢陸分玖釐，貳碌肆兩柒錢柒分壹釐，彩黃壹兩肆錢肆分陸釐，定粉壹兩捌分肆釐，大碌拾兩肆錢捌分叁釐，鍋巴碌壹兩壹分貳釐，青粉捌錢陸分柒釐，天大青肆兩叁錢叁分捌釐，天貳青壹兩壹分貳釐，南烟子貳錢伍分叁釐，見方叁寸紅金拾帖捌張肆分，見方叁寸黃金拾帖捌張肆分，貼金油貳兩壹錢陸分捌釐。

烟琢墨彩畫，用水膠貳兩壹錢陸分玖釐，白礬貳錢叁分捌釐，廣靛花貳兩壹錢陸分玖釐，貳碌肆兩柒錢柒分壹釐，定粉壹兩捌分肆釐，大碌拾兩肆錢捌分叁釐，鍋巴碌貳兩貳分肆釐，南烟子柒錢貳分叁釐，彩黃壹兩肆錢肆分陸釐。

金琢墨彩畫

斗口伍寸，每攢用水膠貳兩陸錢柒分玖釐，白礬貳兩玖分肆釐，土粉壹兩壹錢壹分陸釐，廣靛花貳兩陸錢柒分玖釐，貳碌伍兩捌錢玖分叁釐，彩黃壹兩柒錢捌分陸釐，定粉壹兩叁錢叁分玖釐，大碌拾貳兩玖錢肆分捌釐，鍋巴碌壹兩貳錢伍分，青粉壹兩柒分壹釐，天大青伍兩叁錢伍分捌釐，天貳青壹兩貳錢伍分，南烟子叁錢壹分貳釐，見方叁寸紅金拾叁帖叁張玖分，見方叁寸黃[金]拾叁帖叁張玖分，貼金油貳兩陸錢柒分捌釐。

烟琢墨彩畫，用水膠貳兩陸錢柒分玖釐，白礬貳錢玖分肆釐，廣靛花貳兩陸錢柒分玖釐，貳碌伍兩捌錢玖分叁釐，定粉壹兩叁錢叁分玖釐，大碌拾貳兩玖錢肆分捌釐，鍋巴碌貳兩伍錢，南烟子捌錢玖分叁釐，彩黃壹兩柒錢捌分陸釐。

金琢墨彩畫

斗口伍寸伍分，每攢用水膠叁兩貳錢肆分叁釐，白礬叁錢伍分陸釐，土粉壹兩叁錢伍分壹釐，廣靛花叁兩貳錢肆分叁釐，貳碌柒兩壹錢叁分肆釐，彩黃貳兩壹錢陸分貳釐，定粉壹兩陸錢貳分壹釐，大碌拾伍兩陸錢柒分肆釐，鍋巴碌壹兩伍錢壹分叁釐，青粉壹兩貳錢玖分柒釐，天大青陸兩肆錢捌分陸釐，天貳青壹兩伍錢壹分叁釐，南烟子叁錢柒分捌釐，見方叁寸紅金拾陸帖貳張壹分，見方叁寸黃金拾陸帖貳張壹分，貼金油叁兩貳錢肆分貳釐。

烟琢墨彩畫，用水膠叁兩貳錢肆分叁釐，白礬叁錢伍分陸釐，廣靛花叁兩貳錢肆分叁釐，貳碌柒兩壹錢叁分肆釐，定粉壹兩陸錢貳分壹釐，大碌拾伍兩陸錢柒分肆釐，鍋巴碌叁兩貳分陸釐，南烟子壹兩捌分壹釐，彩黃貳兩壹錢陸分貳釐。

金琢墨彩畫

斗口陸寸，每攢用水膠叁兩捌錢伍分捌釐，白礬肆錢貳分肆釐，土粉壹兩陸錢柒分，廣靛花叁兩捌錢伍分捌釐，貳碌捌兩肆錢捌分柒釐，彩黃貳兩伍錢柒分貳釐，定粉壹兩玖錢貳分玖釐，大碌壹觔貳兩陸錢肆分柒釐，鍋巴碌壹兩捌錢，青粉壹兩伍錢肆分叁釐，天大青柒兩柒錢壹分陸釐，天貳青壹兩捌錢，南烟子肆錢伍分，見方叁寸紅金拾玖帖貳張玖分，見方叁寸黃金拾玖帖貳張玖分，貼金油叁兩捌錢伍分捌釐。

烟琢墨彩畫，用水膠叁兩捌錢伍分捌釐，白礬肆錢貳分肆釐，廣靛花叁兩捌錢伍分捌釐，貳碌捌兩肆錢捌分柒釐，定粉壹兩玖錢貳分玖釐，大碌壹觔貳兩陸錢肆分柒釐，鍋巴碌叁兩陸錢，南烟子壹兩貳錢捌分陸釐，彩黃貳兩伍錢柒分貳釐。

斗科彩畫開後

計開

內裏品字科：

金琢墨彩畫

斗口壹寸，每攢用水膠玖分陸釐，白礬壹分，土粉肆分，廣靛花玖分陸釐，貳碌貳錢壹分壹釐，彩黄陸分貳釐，定粉肆分捌釐，大碌肆錢陸分肆釐，鍋巴碌肆分肆釐，青粉叁分捌釐，天大青壹錢玖分貳釐，天貳青肆分肆釐，南烟子壹分壹釐，見方叁寸紅金肆張捌分，見方叁寸黄金肆張捌分，貼金油玖分陸釐。

烟琢墨彩畫，用水膠玖分陸釐，白礬壹分，廣靛花玖分陸釐，貳碌貳錢壹分壹釐，定粉肆分捌釐，大碌肆錢陸分肆釐，鍋巴碌捌分捌釐，南烟子叁分壹釐，彩黄陸分貳釐。

金琢墨彩畫

斗口壹寸伍分，每攢用水膠貳錢壹分叁釐，白礬貳分叁釐，土粉捌分捌釐，廣靛花貳錢壹分叁釐，貳碌肆錢陸分捌釐，彩黄壹錢肆分貳釐，定粉壹錢陸釐，大碌壹兩貳分玖釐，鍋巴碌玖分玖釐，青粉捌分伍釐，天大青肆錢貳分陸釐，天貳青玖分玖釐，南烟子貳分肆釐，見方叁寸紅金壹帖陸分，見方叁寸黄金壹帖陸分，貼金油貳錢壹分貳釐。

烟琢墨彩畫，用水膠貳錢壹分叁釐，白礬貳分叁釐，廣靛花貳錢壹分叁釐，貳碌肆錢陸分捌釐，定粉壹錢陸釐，大碌壹兩貳分玖釐，鍋巴碌壹錢玖分捌釐，南烟子柒分壹釐，彩黄壹錢肆分貳釐。

金琢墨彩畫

斗口貳寸，每攢用水膠叁錢捌分壹釐，白礬肆分壹釐，土粉壹錢伍分捌釐，廣靛花叁錢捌分壹釐，貳碌捌錢叁分捌釐，彩黄貳錢伍分肆釐，定粉壹錢玖分，大碌壹兩捌錢肆分壹釐，鍋巴碌壹錢柒分柒釐，青粉壹錢柒分貳釐，天大青柒錢陸分貳釐，天貳青壹錢柒分貳釐，南烟子肆分肆釐，見方叁寸紅金壹帖玖張，見方叁寸黄金壹帖玖張，貼金油叁錢捌分。

烟琢墨彩畫，用水膠叁錢捌分壹釐，白礬肆分壹釐，廣靛花叁錢捌分壹釐，貳碌捌錢叁分捌釐，定粉壹錢玖分，大碌壹兩捌錢肆分壹釐，鍋巴碌叁錢伍分肆釐，南烟子壹錢貳分柒釐，彩黄貳錢伍分肆釐。

金琢墨彩畫

斗口貳寸伍分，每攢用水膠伍錢玖分肆釐，白礬陸分伍釐，土粉貳錢肆分柒釐，廣靛花伍錢玖分肆釐，貳碌壹兩叁錢陸釐，彩黄叁錢玖分陸釐，定粉貳錢玖分柒釐，大碌貳兩叁錢柒分壹釐，鍋巴碌貳錢柒分柒釐，青粉貳錢叁分柒釐，天大青壹兩壹錢捌分捌釐，天貳青貳錢柒分柒釐，南烟子陸分玖釐，見方叁寸紅金貳帖玖張柒分，見方叁寸黄金貳帖玖張柒分，貼金油伍錢玖分肆釐。

烟琢墨彩畫，用水膠伍錢玖分肆釐，白礬陸分伍釐，廣靛花伍錢玖分肆釐，貳碌壹兩叁錢陸釐，定粉貳錢玖分柒釐，大碌貳兩叁錢柒分壹釐，鍋巴碌伍錢伍分肆釐，南烟子壹錢玖分捌釐，彩黄叁錢玖分陸釐。

金琢墨彩畫

斗口叁寸，每攢用水膠捌錢伍分捌釐，白礬玖分肆釐，土粉叁錢伍分柒釐，廣靛花捌錢伍分捌釐，貳碌壹兩捌錢捌分柒釐，彩黄伍錢柒分，定粉肆錢貳分玖釐，大碌陸兩壹錢肆分柒釐，鍋巴碌肆錢，青粉叁錢肆分叁釐，天大青壹兩柒錢壹分陸釐，天貳青肆錢，南烟子壹錢，見方叁寸紅金肆帖貳張玖分，見方叁寸黄金肆帖貳張玖分，貼金油捌錢伍分捌釐。

烟琢墨彩畫，用水膠捌錢伍分捌釐，白礬玖分肆釐，廣靛花捌錢伍分捌釐，貳碌壹兩捌錢捌分柒釐，定粉肆錢貳分玖釐，大碌陸兩壹錢肆分柒釐，鍋巴碌捌錢，南烟子貳錢捌分伍釐，彩黄伍錢柒分。

金琢墨彩畫

斗口叁寸伍分，每攢用水膠壹兩壹錢陸分柒釐，白礬壹錢貳分捌釐，土粉肆錢捌分陸釐，廣靛花壹兩壹錢陸分柒釐，貳碌貳兩伍錢陸分柒釐，定粉陸錢捌分，大碌伍兩陸錢肆分，鍋巴碌伍錢肆分肆釐，彩黄柒錢柒分捌釐，青粉肆錢陸分陸釐，天大青壹兩柒錢叁分肆釐，天貳青伍錢肆分肆釐，南烟子壹錢叁分陸釐，見方叁寸紅金伍帖捌張叁分，見方叁寸黄金伍帖捌張叁分，貼金油壹兩壹錢陸分陸釐。

烟琢墨彩畫，用水膠壹兩壹錢陸分柒釐，白礬壹錢貳分捌釐，廣靛花壹兩壹錢陸分柒釐，貳碌貳兩伍錢陸分柒釐，定粉陸錢捌分，大碌伍兩陸錢肆分，鍋巴碌壹兩捌分捌釐，南烟子叁錢捌分玖釐，彩黄柒錢柒分捌釐。

金琢墨彩畫

斗口肆寸，每攢用水膠壹兩伍錢貳分肆釐，白礬壹錢陸分柒釐，土粉陸錢叁分伍釐，廣靛花壹兩伍錢貳分肆釐，貳碌叁兩叁錢伍分貳釐，彩黄壹兩壹分陸釐，定粉柒錢陸分貳釐，大碌柒兩叁錢陸分陸釐，鍋巴碌柒錢壹分壹釐，青粉陸錢玖釐，天大青叁兩肆分捌釐，天貳青柒錢壹分壹釐，南烟子壹錢柒分貳釐，見方叁寸紅金柒帖陸張貳分，見方叁寸黄金柒帖陸張貳分，貼金油壹兩伍錢貳分

肆釐。

烟琢墨彩畫，用水膠壹兩伍錢貳分肆釐，白礬壹錢陸分柒釐，廣靛花壹兩伍錢貳分肆釐，貳碌叁兩叁錢伍分貳釐，定粉柒錢陸分貳釐，大碌柒兩叁錢陸分陸釐，鍋巴碌壹兩肆錢貳分貳釐，南烟子伍錢捌釐，彩黄壹兩壹分陸釐。

金琢墨彩畫

斗口肆寸伍分，每攢用水膠壹兩玖錢貳分玖釐，白礬貳錢壹分貳釐，土粉捌錢叁釐，廣靛花壹兩玖錢貳分玖釐，貳碌肆兩貳錢肆分叁釐，彩黄壹兩貳錢捌分陸釐，定粉玖錢陸分，大碌玖兩叁錢貳分叁釐，鍋巴碌玖錢，青粉柒錢柒分壹釐，天大青叁兩捌錢伍分捌釐，天貳青玖錢，南烟子貳錢貳分伍釐，見方叁寸紅金玖帖陸張肆分，見方叁寸黄金玖帖陸張肆分，貼金油壹兩玖錢貳分捌釐。

烟琢墨彩畫，用水膠壹兩玖錢貳分玖釐，白礬貳錢壹分貳釐，廣靛花壹兩玖錢貳分玖釐，貳碌肆兩貳錢肆分叁釐，定粉玖錢陸分，大碌玖兩叁錢貳分叁釐，鍋巴碌壹兩玖錢，南烟子陸錢肆分叁釐，彩黄壹兩貳錢捌分陸釐。

金琢墨彩畫

斗口伍寸，每攢用水膠貳兩叁錢捌分貳釐，白礬貳錢陸分貳釐，土粉玖錢玖分貳釐，廣靛花貳兩叁錢捌分貳釐，貳碌伍兩貳錢肆分，彩黄壹兩伍錢捌分陸釐，定粉壹兩壹錢玖分壹釐，大碌拾壹兩伍錢壹分叁釐，鍋巴碌壹兩壹錢壹分壹釐，青粉玖錢伍分貳釐，天大青肆兩柒錢陸分肆釐，天貳青壹兩壹錢壹分壹釐，南烟子貳錢柒分柒釐，見方叁寸紅金拾壹帖玖張壹分，見方叁寸黄金拾壹帖玖張壹分，貼金油貳兩叁錢捌分貳釐。

烟琢墨彩畫，用水膠貳兩叁錢捌分貳釐，白礬貳錢陸分貳釐，廣靛花貳兩叁錢捌分貳釐，貳碌伍兩貳錢肆分，定粉壹兩壹錢玖分壹釐，大碌拾壹兩伍錢壹分叁釐，鍋巴碌貳兩貳錢貳分貳釐，南烟子柒錢玖分叁釐，彩黄壹兩伍錢捌分陸釐。

金琢墨彩畫

斗口伍寸伍分，每攢用水膠貳兩捌錢捌分叁釐，白礬叁錢壹分柒釐，土粉壹兩壹錢壹釐，廣靛花貳兩捌錢捌分叁釐，貳碌陸兩叁錢肆分貳釐，彩黄壹兩玖錢貳分貳釐，定粉壹兩肆錢肆分壹釐，大碌拾叁兩玖錢叁分肆釐，鍋巴碌壹兩叁錢肆分伍釐，青粉壹兩壹錢伍分叁釐，天大青伍兩柒錢陸分陸釐，天貳青壹兩叁錢肆分伍釐，南烟子叁錢叁分陸釐，見方叁寸紅金拾肆帖肆張壹分，見方叁寸黄金拾肆帖肆張壹分，貼金油貳兩捌錢捌分貳釐。

烟琢墨彩畫，用水膠貳兩捌錢捌分叁釐，白礬叁錢壹分柒釐，廣靛花貳兩捌錢捌分叁釐，貳碌陸兩叁錢肆分貳釐，定粉壹兩肆錢肆分壹釐，大碌拾叁兩玖錢叁分肆釐，鍋巴碌貳兩陸錢玖分，南烟子玖錢陸分，彩黄壹兩玖錢貳分。

金琢墨彩畫

斗口陸寸，每攢用水膠叁兩肆錢貳分玖釐，白礬叁錢柒分柒釐，土粉壹兩肆錢貳分捌釐，廣靛花叁兩肆錢貳分玖釐，貳碌柒兩伍錢肆分叁釐，彩黄貳兩貳錢捌分陸釐，定粉壹兩柒錢壹分肆釐，大碌壹觔伍錢柒分叁釐，鍋巴碌壹兩陸錢，青粉壹兩叁錢柒分貳釐，天大青陸兩捌錢伍分捌釐，天貳青壹兩陸錢，南烟子肆錢，見方叁寸紅金拾柒帖壹張肆分，見方叁寸黄金拾柒帖壹張肆分，貼金油叁兩肆錢貳分捌釐。

烟琢墨彩畫，用水膠叁兩肆錢貳分玖釐，白礬叁錢柒分柒釐，廣靛花叁兩肆錢貳分玖釐，貳碌柒兩伍錢肆分叁釐，定粉壹兩柒錢壹分肆釐，大碌壹觔伍錢柒分叁釐，鍋巴碌叁兩貳錢，南烟子壹兩壹錢肆分叁釐，彩黄貳兩貳錢捌分陸釐。

斗科彩畫開後

計開

隔架科：

金珠墨彩畫

斗口壹寸，每攢用水膠玖分陸釐，白礬壹分，土粉肆分，廣靛花玖分陸釐，貳碌貳錢壹分壹釐，彩黄陸分肆釐，定粉肆分捌釐，大碌肆錢陸分肆釐，鍋巴碌肆分肆釐，青粉叁分捌釐，天大青壹錢玖分貳釐，天貳青肆分肆釐，南烟子壹分壹釐，見方叁寸紅金肆張捌分，見方叁寸黄金肆張捌分，貼金油玖分陸釐。

烟琢墨彩畫，用水膠玖分陸釐，白礬壹分，廣靛花玖分陸釐，貳碌貳錢壹分壹釐，定粉肆分捌釐，大碌肆錢陸分肆釐，鍋巴碌捌分捌釐，南烟子叁分貳釐，彩黄陸分肆釐。

金琢墨彩畫

斗口壹寸伍分，每攢用水膠貳錢壹分陸釐，白礬貳分叁釐，土粉玖分，廣靛花貳錢壹分陸釐，貳碌肆錢柒分伍釐，彩黄壹錢肆分肆釐，定粉壹錢捌釐，大碌壹兩肆分肆釐，鍋巴碌壹錢，青粉捌分陸釐，天大青肆錢叁分貳釐，天貳青壹錢，南烟子貳分伍釐，見方叁寸紅金壹帖捌分，見方叁寸黄金壹帖捌分，貼金油貳錢

壹分陸釐。

烟琢墨彩畫，用水膠貳錢壹分陸釐，白礬貳分叁釐，廣靛花貳錢壹分陸釐，貳碌肆錢柒分伍釐，定粉壹錢捌釐，大碌壹兩肆分肆釐，鍋巴碌貳錢，南烟子柒分貳釐，彩黃壹錢肆分肆釐。

金琢墨彩畫

斗口貳寸，每攢用水膠叁錢捌分肆釐，白礬肆分貳釐，土粉壹錢陸分，廣靛花叁錢捌分肆釐，貳碌捌錢肆分肆釐，彩黃貳錢伍分陸釐，定粉壹錢玖分貳釐，大碌壹兩捌錢伍分陸釐，鍋巴碌壹錢柒分玖釐，青粉壹錢伍分貳釐，天大青柒錢陸分捌釐，天貳青壹錢柒分玖釐，南烟子肆分肆釐，見方叁寸紅金壹帖玖張貳分，見方叁寸黃金壹帖玖張貳分，貼金油叁錢捌分肆釐。

烟琢墨彩畫，用水膠叁錢捌分肆釐，白礬肆分貳釐，廣靛花叁錢捌分肆釐，貳碌捌錢肆分肆釐，定粉壹錢玖分貳釐，大碌壹兩捌錢伍分陸釐，鍋巴碌叁錢伍分捌釐，南烟子壹錢貳分捌釐，彩黃貳錢伍分陸釐。

金琢墨彩畫

斗口貳寸伍分，每攢用水膠陸錢，白礬陸分陸釐，土粉貳錢伍分，廣靛花陸錢，貳碌壹兩叁錢貳分，彩黃肆錢，定粉叁錢，大碌貳兩玖錢，鍋巴碌貳錢捌分，青粉貳錢肆分，天大青壹兩貳錢，天貳青貳錢捌分，南烟子柒分，見方叁寸紅金叁帖，見方叁寸黃金叁帖，貼金油陸錢。

烟琢墨彩畫，用水膠陸錢，白礬陸分陸釐，廣靛花陸錢，貳碌壹兩叁錢貳分，定粉叁錢，大碌貳兩玖錢，鍋巴碌伍錢陸分，南烟子貳錢，彩黃肆錢。

金琢墨彩畫

斗口叁寸，每攢用水膠捌錢陸分柒釐，白礬玖分伍釐，土粉叁錢陸分壹釐，廣靛花捌錢陸分柒釐，貳碌壹兩玖錢柒釐，彩黃伍錢柒分陸釐，定粉肆錢叁分叁釐，大碌肆兩壹錢玖分，鍋巴碌肆錢肆釐，見方叁寸紅金拾肆帖伍張陸分，見方叁寸黃金拾肆帖伍張陸分，貼金油貳兩玖錢壹分貳釐。

烟琢墨彩畫，用水膠貳兩玖錢壹分叁釐，白礬叁錢貳分，廣靛花貳兩玖錢壹分叁釐，貳碌陸兩肆錢捌釐，定粉壹兩肆錢伍分陸釐，大碌拾肆兩柒分玖釐，鍋巴碌貳兩柒錢壹分捌釐，南烟子玖錢柒分，彩黃壹兩玖錢肆分。

金琢墨彩畫

斗口陸寸，每攢用水膠叁兩肆錢陸分伍釐，白礬叁錢捌分壹釐，土粉壹兩肆錢肆分叁釐。

斗口叁寸伍分，每攢用水膠壹兩壹錢柒分玖釐，白礬壹錢貳分玖釐，土粉肆錢玖分壹釐，廣靛花壹兩壹錢柒分玖釐，貳碌貳兩伍錢玖分叁釐，彩黃柒錢捌分陸釐，定粉陸錢捌分玖釐，大碌伍兩陸錢玖分捌釐，鍋巴碌伍錢伍分，青粉肆錢柒分壹釐，天大青貳兩叁錢伍分捌釐，天貳青伍錢伍分，南烟子壹錢叁分柒釐，見方叁寸紅金伍帖捌張玖分，見方叁寸黃金伍帖捌張玖分，貼金油壹兩壹錢柒分捌釐。

烟琢墨彩畫，用水膠壹兩壹錢柒分玖釐，白礬壹錢貳分玖釐，廣靛花壹兩壹錢柒分玖釐，二碌貳兩伍錢玖分叁釐，定粉陸錢捌分玖釐，大碌伍兩陸錢玖分捌釐，鍋巴碌壹兩壹錢，南烟子叁錢玖分叁釐，彩黃柒錢捌分陸釐。

金琢墨彩畫

斗口肆寸，每攢用水膠壹兩伍錢叁分玖釐，白礬壹錢陸分九釐，土粉陸錢肆分壹釐，廣靛花壹兩伍錢叁分玖釐，貳碌叁兩叁錢捌分伍釐，彩黃壹兩貳分陸釐，定粉柒錢陸分玖釐，大碌柒兩肆錢叁分捌釐，鍋巴碌柒錢壹分捌釐，青粉陸錢壹分伍釐，天大青叁兩柒分捌釐，天貳青柒錢壹分捌釐，南烟子壹錢柒分玖釐，見方叁寸紅金柒帖陸張玖分，見方叁寸黃金柒帖陸張玖分，貼金油壹兩伍錢叁分捌釐。

烟琢墨彩畫，用水膠壹兩伍錢叁分玖釐，白礬壹錢陸分玖釐，廣靛花壹兩伍錢叁分玖釐，貳碌叁兩叁錢捌分伍釐，定粉柒錢陸分玖釐，大碌柒兩肆錢叁分捌釐，鍋巴碌壹兩肆錢叁分陸釐，南烟子伍錢壹分叁釐，彩黃壹兩貳分陸釐。

金琢墨彩畫

斗口肆寸伍分，每攢用水膠壹兩玖錢伍分，白礬貳錢壹分肆釐，土粉捌錢壹分貳釐，廣靛花壹兩玖錢伍分，貳碌肆兩貳錢玖分，彩黃壹兩貳錢玖分捌釐，定粉玖錢柒分伍釐，大碌玖兩肆錢貳分伍釐，鍋巴碌玖錢壹分，青粉柒錢捌分，天大青叁兩玖錢，天貳青玖錢壹分，南烟子貳錢貳分，見方叁寸紅金玖帖柒張伍分，見方叁寸黃金玖帖柒張伍分，貼金油壹兩玖錢伍分。

烟琢墨彩畫，用水膠壹兩玖錢伍分，白礬貳錢壹分肆釐，廣靛花壹兩玖錢伍分，貳碌肆兩貳錢玖分，定粉玖錢柒分伍釐，大碌玖兩肆錢貳分伍釐，鍋巴碌壹兩捌錢貳分，南烟子陸錢肆分玖釐，彩黃壹兩貳錢玖分捌釐。

金琢墨彩畫

斗口伍寸，每攢用水膠貳兩肆錢陸釐，白礬貳錢陸分肆釐，土粉壹兩貳釐，

廣靛花貳兩肆錢陸釐，貳碌伍兩貳錢玖分叁釐，彩黄壹兩陸錢肆釐，大碌拾壹兩陸錢，定粉壹兩貳錢，鍋巴碌壹兩壹錢貳分，青粉玖錢陸分，天大青肆兩捌錢，天貳青壹兩壹錢貳分，南烟子貳錢捌分，見方叁寸紅金拾貳帖，見方叁寸黄金拾貳帖，貼金油貳兩肆錢。

烟琢墨彩畫，用水膠貳兩肆錢陸釐，白礬貳錢陸分肆釐，廣靛花貳兩肆錢陸釐，貳碌伍兩貳錢玖分叁釐，定粉壹兩貳錢，大碌拾壹兩陸錢，鍋巴碌貳兩貳錢肆分，南烟子捌錢貳釐，彩黄壹兩陸錢肆釐。

金琢墨彩畫

斗口伍寸伍分，每攢用水膠貳兩玖錢壹分叁釐，白礬叁錢貳分，土粉壹兩貳錢壹分叁釐，廣靛花貳兩玖錢壹分叁釐，貳碌陸兩肆錢捌釐，彩黄壹兩玖錢肆分，定粉壹兩肆錢伍分伍釐，大碌拾肆兩柒分玖釐，鍋巴碌壹兩叁錢伍分玖釐，青粉壹兩壹錢陸分伍釐，天大青伍兩捌錢貳分陸釐，天貳青壹兩叁錢伍分玖釐，南烟子叁錢叁分玖釐，見方叁寸紅金拾肆帖伍張陸分，見方叁寸黄金拾肆帖伍張陸分，貼金油貳兩玖錢壹分貳釐。

烟琢墨彩畫，用水膠貳兩玖錢壹分叁釐，白礬叁錢貳分，廣靛花貳兩玖錢壹分叁釐，貳碌陸兩肆錢捌釐，定粉壹兩肆錢伍分陸釐，大碌拾肆兩柒分玖釐，鍋巴碌貳兩柒錢壹分捌釐，南烟子玖錢柒分，彩黄壹兩玖錢肆分。

金琢墨彩畫

斗口陸寸，每攢用水膠叁兩肆錢陸分伍釐，白礬叁錢捌分壹釐，土粉壹兩肆錢肆分叁釐，廣靛花叁兩肆錢陸分伍釐，貳碌柒兩陸錢貳分叁釐，彩黄貳兩叁錢壹分，定粉壹兩柒錢叁分貳釐，大碌壹觔柒錢肆分柒釐，鍋巴碌壹兩陸錢壹分柒釐，青粉壹兩叁錢捌分陸釐，天大青陸兩玖錢叁分，天貳青壹兩陸錢壹分柒釐，南烟子肆錢肆釐，見方叁寸紅金拾柒帖叁張貳分，見方叁寸黄金拾柒帖叁張貳分，貼金油叁兩肆錢陸分肆釐。

烟琢墨彩畫，用水膠叁兩肆錢陸分肆釐，白礬叁錢捌分壹釐，廣靛花叁兩肆錢陸分伍釐，貳碌柒兩陸錢貳分叁釐，定粉壹兩柒錢叁分貳釐，大碌壹觔柒錢肆分柒釐，鍋巴碌叁兩貳錢叁分肆釐，南烟子壹兩壹錢伍分伍釐，彩黄貳兩叁錢壹分。

凡柱頭科，照平身科例，角科每壹攢折平身科貳攢核算計料。

凡斗科，哨青烟琢墨照金琢墨之例，加天大青，餘仍照烟琢墨例核算計料。

以上所需顏料，俱照乾净觔兩數目核給。

清工部内務府《内庭大木石瓦搭土油裱畫作現行則例》

内庭畫作現行則例

枋梁大木彩畫金琢墨，每丈用水膠二兩，白礬二錢，青粉三兩，土粉二兩，定粉一兩六錢，廣靛花二兩，天大青三兩，石大碌三兩，油黄一兩，滕黄二錢，黄丹一兩，艮硃一兩，胭脂一片，紅金五帖，黄金五帖，帖金油一兩六錢，畫匠三工。

彩畫合細五墨金龍方心，每丈用水膠二兩，白礬二錢，青粉三兩，土粉二兩，定粉一兩三錢，廣靛花一兩五錢，油黄五錢，大碌二兩，天大青一兩六錢，梅花青六錢，咼巴碌六錢，黄丹二錢，艮硃二錢，胭脂半片，滕黄六分，烟子一錢，紅金三帖，黄金三帖，貼金油八錢，畫匠二工。

彩畫金琢墨盤香五墨金龍方心，每丈用水膠二兩，白礬二錢，土粉二兩，青粉三兩，定粉一兩三錢，廣靛花二兩，油黄八錢，大碌二兩，咼巴碌六錢，天大青一兩六錢，梅花青六錢，黄丹一兩，銀硃一兩，胭脂一片，紅金四帖，黄金四帖，貼金油一兩二錢，畫匠二工五分。

彩畫金琢墨三寶珠吉祥草龍方心，每丈用水膠二兩，白礬二錢，青粉三兩，土粉二兩，定粉一兩三錢，廣靛花一兩五錢，油黄五錢，大碌二兩，天大青一兩二錢，梅花青六錢，咼巴碌六錢，黄丹二錢，銀硃六錢，滕黄六分，胭脂半片，烟香一錢，紅金三帖，黄金三帖，貼金油八錢，畫匠二工。

彩畫烟琢墨吉祥草，寶石碗芨芝瀝粉貼金不皆青，每丈用水膠二兩，白礬二錢，青粉三兩，土粉六錢，定粉一兩，廣靛花一兩五錢，大碌二兩，黄丹二錢，銀硃一兩，烟子一錢，紅金四張，黄金四張，貼金油一錢二分，畫匠一工二分五厘。

彩畫金琢墨吉祥草，歷粉三寶珠草葉貼金，每丈用水膠二兩，白礬二錢，青粉三兩，土粉一兩，定粉一兩三錢，廣靛花二兩，大碌三兩，咼巴碌六錢，黄丹二錢，銀硃六錢，天大青一兩二錢，梅花青六錢，油黄二錢五分，滕黄四分，胭脂二分，烟子二錢，紅金一帖五張，黄金一帖五張，貼金油四錢八分，畫匠一工五分。

彩畫烟琢墨吉祥草，三寶珠，每丈用水膠二兩，白礬二錢，青粉三兩，定粉一兩三錢，廣靛花二兩，大碌三兩，咼巴碌六錢，銀硃六錢，黄丹二錢，烟子一錢，畫匠一工。

彩畫金琢墨找頭宋錦合子花卉金龍方心，每丈用水膠二兩，白礬二錢，青粉三兩，土粉二兩，定粉一兩三錢，廣靛花一兩五錢，油黄五錢，大碌一兩五錢，天

大青一兩二錢，梅花青六錢，咼巴碌六錢，硍硃二錢，黄丹二錢，滕黄六分，胭脂半片，紅金四帖，黄金四帖，貼金油一兩二錢。畫匠二工五分。

彩畫大點金五墨龍鳳方心，每丈用水膠二兩，白礬二錢，青粉三兩，土粉二兩，烟子一錢，紅金二帖，黄金二帖，貼金油六錢，定粉一兩五錢，廣靛花二兩，大碌三兩，油黄五錢，天大青二兩，梅花青六錢，咼巴碌六錢。畫匠一工五分。

彩畫大點金五墨龍錦方心，每丈用水膠二兩，白礬二錢，青粉三兩，土粉二兩，定粉一兩五錢，廣靛花二兩，油黄五錢，大碌三兩，天大青一兩，梅花青六錢，咼巴碌六錢，黄丹二錢，硍硃二錢，滕黄六分，胭脂半片，烟子一錢，紅金一帖五張，黄金一帖五張，貼金油四錢，畫匠一工五分。

彩畫大點金五墨空方心，每丈用水膠二兩，白礬二錢，青粉三兩，土粉一兩五錢，定粉一兩五錢，廣靛花二兩，油黄三錢，大碌三兩，天大青二兩二錢，梅花青六錢，咼巴碌六錢，烟子一錢，紅金八張，黄金八張，貼金油二錢，畫匠一工二分五厘。

彩畫小點金五墨龍錦花卉方心，每丈用水膠二兩，白礬二錢，青粉三兩，土粉一兩，定粉一兩五錢，廣靛花二兩，油黄三錢，大碌三兩，天大青二兩，梅花青六錢，咼巴碌六錢，黄丹二錢，硍硃二錢，滕黄六分，胭脂半片，烟子一錢，紅金八張，黄金八張，貼金油二錢，畫匠一工五分。

彩畫小點金五墨金龍方心，每丈用水膠二兩，白礬二錢，青粉三兩，土粉一兩，定粉一兩五錢，廣靛花二兩，油黄四錢，大碌三兩，天大青二兩，梅花青六錢，咼巴碌六錢，烟子一錢，紅金八張，黄金八張，貼金油二錢，畫匠一工五分。

彩畫小點金五墨空方心，每丈用水膠二兩，白礬二錢，青粉三兩，土粉八錢，定粉一兩五錢，廣靛花二兩，油黄二錢，大碌三兩，天大青一兩二錢，梅花青六錢，咼巴碌六錢，烟子一錢，紅金四張，黄金四張，貼金油一錢二分，畫匠一工二分五厘。

彩畫合細五墨過色見新，每丈用水膠一兩六錢，白礬二錢，定粉一兩三錢，大碌二兩，天大青一兩六錢，梅花青六錢，咼巴碌三錢，黄丹二錢，艮硃二錢，滕黄六分，胭脂半片，烟子一錢，紅金三帖，黄金三帖，貼金油八錢，畫匠一工五分。

彩畫大點金五墨龍鳳方心過色見新，每丈用水膠一兩六錢，白礬二錢，定粉一兩五錢，大碌三兩，梅花青六錢，咼巴碌六錢，天大青二兩，烟子一錢，紅金二帖，黄金二帖，貼金油六錢四分，畫匠一工二分五厘。

彩畫大點金五墨空方心過色見新，每丈用水膠一兩六錢，白礬二錢，定粉一兩五錢，大碌三兩，梅花青六錢，咼巴碌六錢，天大青二兩二錢，烟子一錢，紅金八張，黄金八張，貼金油二錢四分，畫匠一工二分五厘。

彩畫小點金五墨金龍方心過色見新，每丈用水膠一兩六錢，白礬二錢，定粉一兩五錢，大碌三兩，天大青二兩，梅花青六錢，咼巴碌六錢，烟子一錢，紅金八張，黄金八張，貼金油二錢，畫匠一工二分五厘。

彩畫雅五墨花錦方心，每丈用水膠二兩，白礬二錢，青粉三兩，定粉一兩五錢，廣靛花二兩，大碌三兩，天大青二兩，梅花青六錢，黄丹二錢，艮硃二錢，咼巴碌六錢，滕黄六分，胭脂半片，烟子一錢，畫匠一工五分，如不哨青畫匠一工。

彩畫哨青雅五墨空方心，每丈用水膠二兩，烟子一錢，青粉三兩，白礬二錢，廣靛花二兩，定粉一兩五錢，大碌三兩，天大青二兩二錢，梅花青六錢，咼巴碌六錢，畫匠一工。

彩畫不哨青雅五墨空方心，每丈用水膠二兩，白礬二錢，青粉三兩，定粉一兩五錢，廣靛花二兩，大碌三兩，咼巴碌六錢，烟子一錢，畫匠七分五厘工。

彩畫哨青雅五墨空方心過色見新，每丈用水膠一兩六錢，白礬二錢，定粉二兩，廣靛花二兩，天大青二兩二錢，梅花青六錢，咼巴碌六錢，大碌三兩，烟子一錢，畫匠七分五厘工。

彩畫壽山福海，每丈用水膠二兩，白礬二錢，青粉三兩，定粉三兩，廣靛花一兩四錢，大碌二兩，石大碌二兩，天大青二兩二錢，天二青一兩一錢，梅花青一兩，彩黄一兩，銀硃五分，滕黄二分，胭脂二片，香墨三分，畫匠三工。

彩畫蕉做百古，每丈用水膠二兩，白礬二錢，廣靛花一兩四錢，定粉三兩，青粉三兩，大碌一兩八錢，石碌一兩八錢，天大青二兩四錢，天二青八錢，梅花青一兩，彩黄四錢，滕黄二分，黄丹三分，艮硃四分，赭石三分，胭脂二片，香墨三分，畫匠三工。

彩畫蕉做雅五墨花錦夔龍方心，合子做走獸，每丈用水膠二兩，白礬二錢，青粉三兩，定粉二兩，廣靛花一兩四錢，大碌三兩，天大青二兩，梅花青一兩，咼巴碌六錢，彩黄四錢，滕黄三分，黄丹三分，硍硃五分，赭石三分，胭脂一片半，香墨三分，烟子一錢，畫匠二工。

彩畫螺青三色，每丈用水膠二兩，白礬二錢，青粉三兩，定粉三兩，廣靛花一兩，大碌二兩，石大碌一兩二錢，天大青一兩，天二青四錢，梅花青四錢，彩黄六

錢，艮硃五分，胭脂一片，畫匠一工五分。

彩畫土黃色海墁葡萄，每丈用水膠二兩，白礬二錢，青粉三兩，定粉三兩，廣靛花七錢，大石一兩七錢二分，石大碌一兩六錢四分，天大青一兩四錢，滕黃五分，彩黃二兩五錢，硍硃六錢，黃丹一兩二錢，赭石三分，胭脂二片，香墨三分，畫匠二工。

彩畫雲秋木箍頭哨青碌，每丈用水膠二兩，白礬二錢，青粉三兩，廣靛花五錢，定粉一兩五錢，大碌八錢，天大青五錢，彩黃二兩一錢，艮硃二錢五分，赭石八分五厘，胭脂一片，畫匠一工五分。

彩畫大青地染五色流雲，每丈用水膠一兩六錢，白礬二錢，天大青八兩，定粉八兩，廣靛花四兩，石大碌一兩，青粉三兩，梅花青一兩，滕黃五錢，胭脂二片，香墨三分，畫匠三工。

彩畫螺青地海墁葡萄，每丈用水膠二兩，白礬二錢，青粉三兩，定粉三兩，廣靛花一兩，大碌一兩七錢二分，石大碌一兩六錢四分，天大青一兩四錢，赭石三分，滕黃五分，胭脂一片，香墨三分，畫匠二工。

彩畫雲秋木，每丈用水膠二兩，白礬二錢，青粉三兩，定粉一兩二錢，彩黃二兩一錢，艮硃二錢五分，赭石八分五厘，畫匠一工五分。

彩畫碌地海墁葡萄，每丈用水膠二兩，白礬二錢，青粉三兩，定粉一兩五錢，廣靛花二兩，大碌三兩七錢二分，石大碌一兩六錢四分，天大青一兩四錢，赭石三分，滕黃五分，胭脂一片，香墨三分，畫匠二工。

彩畫雲秋木搭袱子畫花，卉并青碌夔龍雲壽夔龍掐子箍頭哨青碌，每丈用水膠二兩，白礬二錢，青粉三兩，定粉一兩八錢，廣靛花九錢，大碌一兩二錢，石大碌一錢，天大青九錢，梅花青六錢，彩黃二兩一錢，艮硃二錢五分，滕黃二分，赭石八分五厘，胭脂一片，畫匠二工五分。

彩畫土黃三色花錦方心，每丈用水膠二兩，白礬二錢，青粉三兩，定粉三兩，廣靛花六錢，大碌一兩二錢，石大碌五錢，天大青一兩，天二青四錢，梅花青六錢，彩黃一兩八錢，艮硃五分，黃丹五分，滕黃五分，赭石三分，胭脂一片，畫匠一工五分。

彩畫彩黃染木色畫松木紋，每丈用水膠一兩六錢，白礬二錢，青粉三兩，定粉一兩六錢，彩黃二兩，硍硃二錢四分，赭石八分，畫匠一工二分五厘。

彩畫土黃地雅五墨空方心，每丈用水膠二兩五錢，白礬三錢，土黃六兩，廣靛花一兩，大碌一兩五錢，定粉一兩五錢，畫匠五分工。

椽子刷碌底面嵌大青心行粉道界箍，每丈用水膠二兩，白礬二錢，二碌四兩，大碌八兩，廣靛花一錢，天大青三錢，定粉五分，烟子一分，每十二丈畫匠一工。

椽子刷五色粧花、寶祥花，纏支逢剔大碌地，每丈用水膠二兩，白礬二錢，二碌二兩，大碌四兩，定粉一兩，廣靛花五錢，黃丹六錢，艮硃五錢，天二青一兩，每三丈用，胭脂一片，烟子二分，畫匠一工。

椽子歷粉寶祥花貼金剔二青地，每丈用水膠二兩，白礬二錢，土粉二兩，青粉三兩，廣靛花二兩五錢，天二青五兩，紅金三帖五張，黃金三帖五張，貼金油一兩一錢，畫匠二工五分。

椽子歷粉芨芝寶祥花草貼金、剔青碌地金綠對□，每丈用水膠二兩，白礬二錢，土粉二兩，二綠五兩，大綠五兩，紅金三帖五張，黃金三帖五張，貼金油一兩一錢，畫匠二工五分。

如箍頭哨青，加天大青四錢。

椽子瀝粉貼紅金梗花心畫五色十瓣蓮青草葉剔綠地，每丈用水膠二兩，白礬二錢，土粉一兩，二碌二兩，大碌四兩，定粉一兩，廣靛花五錢，油黃二錢，黃丹六錢，硍硃五錢，天二青一兩。每三丈用胭脂一片，烟子二分，紅金三帖，貼金油三錢二分，畫匠一工五分。

椽子刷二碌、大碌，畫大路雲漬二青地，每丈用水膠二兩，白礬二錢，二碌四兩，大碌八兩，天二青一兩，烟子一錢，每五丈用畫匠一工。

椽子刷二青，每丈用水膠二兩，白礬二錢，廣靛花三兩五錢，天大青七兩，每二十丈用畫匠一工。

椽子刷二碌大碌，每丈用水膠二兩，白礬二錢，二碌四兩，大碌八兩，每二十丈用畫匠一工。

椽子刷碌過色見新，每丈用水膠一兩四錢，白礬二錢，大碌八兩，每二十五丈畫匠一工。

椽頭彩畫萬壽字瀝粉貼金剔青綠地，每個用水膠三分，土粉二分五厘，廣靛花一分，油黃一分，天大青二分，大碌二分，紅金七分五厘，黃金七分五厘，貼金油二分四厘，每二十個畫匠一工。

椽頭彩畫金琢墨龍眼寶珠金井玉欄杆瀝粉貼金，每個用水膠二分五厘，土

粉一分，定粉一分，廣靛花一分，咼巴碌一分，大碌五分，天大青一分，紅金二分五厘，黄金一分二厘，貼金油六厘，每二十個用畫匠一工。

椽頭彩畫金井玉欄杆銀定十字錦剔青緑地貼金，每個用水膠三分，土粉二分，廣靛花一分，油黄一分，咼巴碌二分，天大青二分，紅金七分五厘，黄金七分五厘，貼金油二分四厘，每二十個畫匠一工。

椽頭彩畫金琢墨龍眼寶珠萬字貼金，每個用水膠二分五厘，土粉一分，定粉一分，廣靛花一分，咼巴碌一分，大碌五分，天大青一分，紅金二分五厘，黄金二分二厘，貼金油六厘，每二十個用畫匠一工。

椽頭彩畫金琢墨菓花柿子花，每個用水膠二分五厘，土粉一分，定粉一分，廣靛花一分，咼巴碌一分，大碌一分，天大青一分，黄丹一分，紅金二分五厘，黄金一分二厘，貼金油六厘，每三十個畫匠一工。

椽頭彩畫玉做夔龍壽字，每個用水膠二分，定粉二分，廣靛花一分，咼巴碌二分，天大青二分，每三十個畫匠一工。

椽頭彩畫烟琢墨龍眼寶珠萬字葵花柿子花等，每個用水膠二分，定粉二分，廣靛花二分，咼巴碌二分，烟子五厘，每五十個畫匠一工。

椽頭彩畫弘福托壽字，每個用水膠二分，定粉二分，廣靛花一分，咼巴碌一分，硍硃二分，每四十個畫匠一工。

椽頭彩畫烟琢墨葵花柿子花貼金心，每個用水膠二分，定粉二分，咼巴碌二分，廣靛花二分，烟子五厘，每四個黄金一張，每金一張用，貼金油一分六厘，每四十個畫匠一工。

椽頭彩畫五色柿子花皮條錦，每個用水膠二分，定粉一分，廣靛花一分，咼巴碌一分，大碌一分，黄丹二分，每四十個用畫匠一工。

一斗二升、交蔴葉斗科、一斗三升斗科、雲拱斗料，俱平身科柱頭科，斗口一寸五分至二寸五分金琢墨彩畫，每攢用水膠二錢四分，白礬二分八厘，土粉一錢，廣靛花二錢六分，二碌五錢五分，油黄一錢六分，定粉一錢五分，大碌一兩三錢，咼巴碌一錢二分，天大青五錢五分，梅花青一錢二分，烟子三分，紅金一帖二張，黄金一帖二張，貼金油三錢八分，畫匠二分工。

烟琢墨彩畫，每攢用水膠二錢四分，白礬二分八厘，廣靛花二錢六分，二碌五錢五分，定粉一錢五分，大碌一兩三錢，咼巴碌二錢四分，烟子八分，畫匠一分五厘工。

斗口三寸至三寸五分金琢墨彩畫，每攢用水膠六錢四分，白礬七分，土粉二錢六分，廣靛花一兩五錢，二碌一兩五錢，油黄四錢四分，定粉三錢五分，大碌四兩，咼巴碌三錢，天大青一兩二錢，梅花青三錢，烟子一錢，紅金三帖，黄金三帖，貼金油九錢六分，畫匠三分工。

烟琢墨彩畫，每攢用水膠六錢四分，白礬七分，廣靛花一兩五錢，二碌一兩五錢，定粉三錢五分，大碌四兩，咼巴碌三錢，烟子一錢，畫匠二分五厘工。

花臺斗科、□椽斗科、擱架科，俱平身科、柱頭科，斗口二寸五分至三寸金琢烟彩畫，每攢用水膠一兩，白礬二錢，土粉四錢，廣靛花三兩，二碌二兩二錢，油黄一兩，定粉六錢，大碌八兩，咼巴碌六錢，天大青二兩四錢，梅花青六錢，烟子二錢，紅金八帖，黄金八帖，貼金油一兩六錢，畫匠四分工。

烟琢墨彩畫，每攢用水膠一兩，白礬一錢，廣靛花三兩，二碌二兩二錢，定粉六錢，大碌八兩，咼巴碌六錢，烟子二錢四分，畫匠三分工。

斗口三寸五分至四寸金琢墨彩畫，每攢用水膠一兩五錢，白礬一錢六分，土粉六錢，廣靛花四兩，二碌二兩八錢，油黄一兩二錢，定粉八錢，大碌十兩，咼巴碌八錢，天大青三兩，梅花青八錢，烟子二錢六分，紅金九帖五張，黄金九帖五張，貼金油三兩四分，畫匠五分工。

烟琢墨彩畫，每攢用水膠一兩五錢，白礬一錢六分，廣靛花四兩，二碌二兩八錢，定粉八錢，大碌十兩，咼巴碌一兩，烟子三錢，畫匠四分工。

斗口單昂、斗科三滴水、拱字科，俱平身科，斗口二寸五分至三寸，每攢用水膠一兩，白礬一錢一分，土粉五錢，廣靛花一兩貳錢，二碌二兩，油黄九錢，定粉八錢，大碌八兩，咼巴碌五錢，天大青二兩，梅花青五錢，烟子二錢，紅金四帖五張，黄金四帖五張，貼金油一兩四錢四分，畫匠一工二分五厘。

烟琢墨彩畫，每攢用水膠一兩，白礬一錢一分，廣靛花一兩二錢，二碌二兩，定粉八錢，大碌八兩，咼巴碌一兩，烟子二錢四分，畫匠一工。

斗口三寸五分至四寸金琢墨彩畫，每攢用水膠一兩二錢，白礬一錢四分，土粉七錢，廣靛花一兩五錢，二碌三兩，油黄二兩一錢，定粉一兩，大碌十兩，咼巴碌八錢，天大青三兩，梅花青八錢，烟子二錢八分，紅金六帖八張，黄金六帖八張，貼金油二兩一錢七分，畫匠一工五分。

烟琢墨彩畫，每攢用水膠一兩二錢，白礬一錢四分，廣靛花一兩五錢，二碌三兩，定粉一兩，大碌十兩，咼巴碌一兩六錢，烟子三錢六分，畫匠一工二分

五厘。

單翹單昂斗科口、重昂斗科斗口二寸五分至三寸金琢墨彩畫，每攢用水膠一兩五錢，白礬一錢六分，土粉一兩，廣靛花一兩六錢，二碌二兩六錢，油黄一兩，定粉一兩，大碌十兩，咼巴碌七錢，天大青三兩，梅花青九錢，烟子二錢二分，紅金八帖，黄金八帖，貼金油二兩五錢六分，畫匠一工七分五厘。

烟琢墨彩畫，每攢用水膠一兩五錢，白礬一錢六分，廣靛花一兩六錢，二碌二兩六錢，定粉一兩，大碌十兩，咼巴碌一兩四錢，烟子三錢，畫匠一工五分。

斗口三寸五分至四寸金琢墨彩畫，每攢用水膠二兩四錢，白礬二錢六分，土粉一兩五錢，廣靛花二兩四錢，二碌五兩，油黄一兩八錢，定粉一兩三錢，大碌十二兩，咼巴碌一兩二錢，天大青五兩，梅花青一兩三錢，烟子三錢，紅金十二帖五張，黄金十二帖五張，貼金油四兩，畫匠二工。

烟琢墨彩畫，每攢用水膠二兩四錢，白礬二錢六分，廣靛花二兩四錢，二碌五兩，定粉一兩三錢，大碌十二兩，咼巴碌二兩四錢，烟子四錢五分，畫匠一工七分五厘。

單翹重昂斗科，斗口二寸五分至三寸金琢墨彩畫，每攢用水膠二兩二錢，白礬二錢四分，土粉一兩八錢，廣靛花三兩，二碌四兩，油黄二兩，定粉一兩三錢，大碌十二兩，咼巴碌一兩二錢，天大青四兩八錢，梅花青一兩二錢，烟子三錢二分，紅金十二帖，黄金十二帖，貼金油三兩八錢四分，畫匠二工。

烟琢墨彩畫，每攢用水膠二兩二錢，白礬二錢四分，廣靛花三兩，二碌四兩，定粉一兩三錢，大碌十二兩，咼巴碌二兩四錢，烟子四錢，畫匠一工七分五厘。

斗口三寸五分至四寸金琢墨彩畫，每攢用水膠四兩，白礬四錢四分，土粉二兩，廣靛花四兩四錢，二碌八兩，油黄三兩，定粉二兩，大碌一斤四兩，咼巴碌二兩，天大青八兩四錢，梅花青一兩八錢，烟子四錢，紅金十八帖五張，黄金十八帖五張，貼金油六兩二分，畫匠二工五分。

烟琢墨彩畫，每攢用水膠四兩，白礬四錢四分，廣靛花四兩四錢，二碌八兩，定粉二兩，大碌一斤四兩，咼巴碌二兩，烟子五錢二分，畫匠二工。

重翹重昂斗科，斗口二寸五分至三寸金琢墨彩畫，每攢用水膠三兩，白礬二錢三分，土粉二兩，廣靛花三兩五錢，二碌六兩，油黄二兩四錢，定粉一兩八錢，大碌一斤一兩，咼巴碌一兩六錢，天大青六兩，梅花青一兩六錢，烟子四錢，紅金十五帖，黄金十五帖，貼金油四兩八錢，畫匠二工五分。

烟琢墨彩畫，每攢用水膠三兩，白礬三錢三分，廣靛花三兩五錢，二碌六兩，定粉一兩八錢，大碌一斤一兩，咼巴碌三兩二錢，烟子五錢二分，畫匠二工。

斗口三寸五分至四寸金琢墨彩畫，每攢用水膠六兩，白礬六錢六分，土粉二兩四錢，廣靛花六兩，二碌十二兩，油黄四兩，定粉二兩八錢，大碌一斤十二兩，咼巴碌二兩六錢，天大青十一兩二錢，梅花青二兩四錢，烟子七錢，紅金二十八帖，黄金二十八帖，貼金油八兩九錢六分，畫匠三工。

烟琢墨彩畫，每攢用水膠六兩，白礬六錢六分，二碌十二兩，廣靛花六兩，定粉二兩八錢，大碌一斤十二兩，咼巴碌二兩六錢，烟子七錢，畫匠二工五分。

溜金斗科、三發聚，斗口二寸五分至三寸金琢墨彩畫，每攢用水膠二兩七錢，白礬三錢，土粉二兩二錢，廣靛花三兩八錢，定粉一兩六錢，二碌五兩，油黄二兩五錢，大碌十五兩，咼巴碌一兩五錢，天大青六兩，梅花青一兩五錢，烟子四錢，紅金十五帖，黄金十五帖，貼金油四兩八錢，畫匠二工五分。

烟琢墨彩畫，每攢用水膠二兩七錢，白礬三錢，二碌五兩，廣靛花三兩八錢，定粉一兩六錢，大碌十五兩，咼巴碌三兩，烟子五錢二分，畫匠二工。

斗口三寸五分至四寸金琢墨彩畫，每攢用水膠五兩，白礬五錢五分，土粉二兩五錢，廣靛花五兩五錢，定粉二兩五錢，二碌十兩，油黄三兩七錢五分，大碌一斤九兩，咼巴碌二兩五錢，天大青十兩五錢，梅花青一兩二錢五分，烟子五錢，紅金二十三帖一張，黄金二十三帖一張，貼金油七兩三錢九分，畫匠三工。

烟琢墨彩畫，每攢用水膠五兩，白礬五錢五分，二碌十兩，廣靛花五兩五錢，定粉二兩五錢，大碌一斤九兩，咼巴碌五兩，烟子六錢，畫匠二工五分。

以上彩畫各樣斗科，凡柱頭科俱照平身科算角科，每攢作二攢核算准給。

如烟琢墨斗科哨青照金琢墨，用天大青例准給。

如金琢墨斗科過色見新，除土粉、油黄、廣靛花、二碌不准給外，其定粉、水膠、畫匠，照新做准給七成，其餘照前例准給。

如各樣烟琢墨斗科過色見新，除二碌不准給外，其水膠、廣靛花、畫匠俱照新做准給七成，其餘照前例准給。

如烟琢墨哨青斗科過色見新，除二碌、廣靛花不准給外，其水膠、定粉、畫匠照新做例准給七成，其餘照前例准給。

墊拱板二面彩畫金琢墨火焰三寶珠，每塊用水膠二錢，土粉八錢，定粉二錢，油黄三錢，大碌三錢，咼巴碌二錢，天大青二錢，紅金一帖，黄金一帖，貼金油

三錢二分，每三塊用，畫匠一工。

墊拱板二面瀝粉貼金龍鳳，每塊用水膠二錢，土粉八錢，油黄五錢，紅金一帖，黄金一帖四張，貼金油三錢八分，每二塊用畫匠一工。

墊拱板二面，瀝粉貼金芨芝寶祥花、火焰三寶珠，每塊用水膠一錢五分，土粉六錢，油黄三錢，紅金八張，黄金八張，貼金二錢五分，每四塊用畫匠一工。

墊拱板二面彩畫金琢墨寶祥花貼金，每塊用水膠二錢，土粉六錢，定粉二錢，油黄三錢，大碌八錢，咼巴碌三錢，廣靛花二錢，天大青二錢，黄丹一錢，黄金一帖，貼金油一錢六分，每四塊用畫匠一工。

天花彩畫瀝粉升降龍并正面龍使油貼金，剔大青、二青地岔角，雲葉花燕尾金琢墨瀝粉貼金，每井用水膠三錢，白礬一錢，土粉三錢，定粉一錢，廣靛花一錢，油黄一錢五分，大碌一錢，咼巴碌五分，天大青五錢，天二青四錢，黄丹一錢，硍硃一錢，胭脂半片，滕黄一分，黄金一帖六張，紅金一帖六張，貼金油四錢，畫匠一工。

天花彩畫瀝粉升降龍並正面龍岔角雲葉花燕尾俱瀝粉使油貼金，剔大青、二青地，每井用水膠三錢，白礬一錢，土粉三錢，廣靛花一錢，油黄二錢，天大青七錢，天二青六錢，紅金二帖，黄金二帖，貼金油六錢四分，畫匠一工。

天花彩畫升降龍並正面龍岔角雲葉花燕尾，俱平面使油貼金，開墨剔大青元光梅花青岔角地，每井用水膠二錢五分，白礬一錢，廣靛花一錢，天大青七錢，油黄二錢，梅花青六錢，香墨二分，紅金一帖七張，黄金一帖七張，貼金油五錢四分，畫匠一工。開粉剌用定粉一錢。

天花彩畫升降龍並正面龍岔角雲葉花燕尾俱貼金剔大青、二青地過色見新，每井用水膠一錢五分，白礬一錢，天大青七錢，天二青六錢，紅金二帖，黄金二帖，貼金油六錢四分，畫匠五分工。

天花彩畫升轉龍並正面龍貼金剔大青二青地岔角雲葉花燕尾金琢墨過色見新，每井用水膠一錢五分，白礬一錢，定粉一錢，大碌一錢，咼巴碌五分，黄丹一錢，硍硃一錢，天大青五錢，胭脂半片，天二青四錢，滕黄一分，紅金一帖四張，黄金一帖六張，貼金油四錢，畫匠一工。

天花彩畫升降龍並正面龍岔角雲葉花燕尾俱瀝粉貼金剔青緑地，每井用水膠三錢，白礬一錢，土粉三錢，廣靛花一錢，二碌三錢，油黄二錢，石碌八錢，天大青七錢，烟子五分，紅金二帖，黄金二帖，貼金油六錢四分，畫匠一工。

天花彩畫升轉龍並正面龍岔角雲葉花燕尾俱貼金、剔青緑地過色見新，每井用水膠一錢五分，白礬一錢，石碌八錢，天大青七錢，烟子五分，紅金二帖，黄金二帖，貼金油六錢四分，畫匠五分工。

天花彩畫靛花元光白鶴咼巴碌岔角四角雲彩畫烟琢墨，每井用水膠三錢，白礬一錢，定粉七錢，廣靛花三錢五分，大碌一錢，咼巴碌四錢，硍硃五分，黄丹五分，滕黄一分，香墨一分，畫匠五分工。

天花彩畫烟琢墨黄丹正面龍圜光剔靛花地，岔角雲畫五彩，剔咼巴碌地界硃紅錦，每井用水膠三錢，白礬一錢，青粉三錢，廣靛花四錢，定粉二錢，咼巴碌五錢，黄丹二錢，硍硃二錢，滕黄二分，大碌一錢，□□□，烟子二分，胭脂半片，畫匠一工。

天花彩畫梁色流雲白鶴，剔大青梅花青地線路、貼金，每井用水膠三錢，白礬一錢，定粉七錢五分，廣靛花二錢，石大碌一錢，天大青三錢，梅花青四錢，硍硃一錢，赭石一錢，滕黄一分，香墨二分，紅金二張，黄金二張，貼金油六分，畫匠一工二分五厘。

天花彩畫金蓮水草岔角雲，剔青緑地，每井用水膠三錢，白礬五分，青粉一兩，土粉五錢，定粉二錢，廣靛花三錢，二碌三錢，大碌五錢，天大青三錢，梅花青二錢，硍硃五分，黄丹五分，油黄二分，胭脂二分，烟子五分，紅金六張，黄金四張，貼金油一錢六分，畫匠一工。

天花刷香色地，畫五福捧壽，染色雲岔角四付雲，每井用水膠八錢，白礬一錢，青粉一兩二錢，定粉一兩二錢，黄丹一錢，硍硃一錢，廣靛花六錢，滕黄二分，彩黄五錢，香墨二分，赭石二分，梅花青四錢，天大青六錢，胭脂一片，石大碌五錢，天二青四錢，大碌八錢，畫匠一工五分。

天花彩畫染色四季花葉花草、龍鳳等剔大青二青地線路貼金，每井用水膠五錢，白礬五分，青粉三錢，土粉一錢，定粉四錢，咼巴碌五分，滕黄三分，硍硃五分，廣靛花三錢，天大青五錢，天二青三錢，胭脂半片，大碌三錢，香墨二分，赭石三分，紅金二張，黄金四張，貼金油八分，畫匠一工二分五厘。

天花彩畫升轉龍□□□龍瀝粉貼金岔角金琢墨剔青緑地，每井用水膠三錢，白礬一錢，土粉三錢，定粉一錢，廣靛花一錢，油黄一錢五分，大碌五錢，咼巴碌五分，天大青五錢，黄丹一錢，硍硃一錢，胭脂半片，滕黄一分，紅金一帖四張，黄金一帖六張，貼金油四錢，畫匠一工。

天花彩畫大青元光硍硃龍，粉開葬刺押色五彩雲岔角烟琢墨紅白金元線貼金，每井用水膠三錢，白礬一錢，青粉二錢，廣靛花二錢，天大青三錢，梅花青五分，定粉二錢，硍硃二錢，大碌二錢，咼巴碌五分，滕黃二分，烟子二分，黃金三張，貼金油四分，畫匠五分工。

天花彩畫升轉龍並正面龍，瀝粉貼金岔角雲畫五彩剔青緑地，每井用水膠二錢五分，白礬一錢，土粉二錢五分，定粉一錢，廣靛花一錢，油黃一錢三分，大碌五錢，咼巴碌五分，天大青五錢，黃丹一錢，硍硃一錢，滕黃一分，胭脂半片，紅金一帖四張，黃金一帖四張，貼金油三錢八分，畫匠一工。

天花彩畫升轉龍並正面龍，瀝粉貼金岔角雲金琢墨剔青緑地過色見新，每井用水膠一錢五分，白礬一錢，定粉一錢，大碌五錢，咼巴碌五分，天大青五錢，硍硃一錢，黃丹一錢，胭脂半片，滕黃一分，紅金一帖四張，黃金一帖六張，貼金油四錢，畫匠五分工，以上葉花燕尾，每十三攢折天花一井。

支條彩畫貼金、畫意錦，每井用水膠二錢，白礬五分，油黃二錢，大碌四錢，咼巴碌三分，二碌一錢五分，天大青三分，天二青二分，硍硃一錢，紅金一帖二張，黃金六張，貼金油二錢八分，每三井用畫匠一工。

支條刷緑，線路貼金，每井用水膠三錢，二碌二錢，大碌八錢，黃金一帖，貼金油一錢六分，每六井用，畫匠一工。

支條二幫刷緑，線路貼金，每井用水膠二錢，二碌二錢，大碌五錢，黃金一帖，貼金油一錢六分，每七井畫匠一工。

支條刷緑，線路貼金，過色見新，每井用水膠二錢，大碌八錢，黃金一帖，貼金油一錢六分，每八井用畫匠一工。

支條刷緑，每井用水膠三錢，二碌三錢，大碌一兩，每四十井畫匠一工。

支條刷緑、線路刷艮硃，每井用水膠三錢，二碌三錢，大碌八錢，艮硃四錢，每二十井用畫匠一工。

簾籠縧環，板長一人一寸至一人五寸，二面刷青緑，刁花貼金，每塊用水膠四錢，白礬三分，青粉一兩二錢，廣靛花二錢，二碌三錢，大碌六錢，天大青六錢，油黃三錢，紅金一帖五張，黃金三張，貼金油二錢八分，每八塊畫匠一工。

簾籠縧環，板長六寸至一尺，二面刷青緑，刁花貼金，每塊用水膠二錢，白礬一分五厘，青粉七錢，廣靛花一錢，二碌一錢五分，大碌三錢，天大青三錢，油黃一錢五分，紅金七張五分，黃金一張五分，貼金油一錢四分，每十塊畫匠一工。

簾籠縧環，板長一尺六寸至二尺，二面刷青緑，刁花貼金，每塊用水膠五錢，白礬四分五厘，青粉一兩六錢，廣靛花三錢，二碌四錢，大碌八錢，天大青八錢，油黃四錢，紅金二帖，黃金六張，貼金油三錢八分，每六塊畫匠一工。

簾籠縧環，板長一尺六寸至二尺，二面五彩，每塊用水膠七錢，白礬四分五厘，青粉一兩六錢，定粉三錢，廣靛花二錢，大碌五錢，咼巴碌三錢，天大青五錢，天二青二錢，艮硃二錢，每六塊用畫匠一工。

如有線路花心支梗貼金，合算再添金油，每五塊用畫匠一工。

簾籠縧環，板長一尺一寸至一尺五寸，二面五彩，每塊用水膠五錢，白礬三分，青粉一兩二錢，定粉二錢，廣靛花一錢五分，天大青三錢五分，天二青一錢五分，艮硃一錢五分，咼巴碌一錢五分，大碌三錢五分，每八塊用畫匠一工。

如線路花心支梗貼金，合算再添金油，每七塊用畫匠一工。

簾籠縧環，板長六寸至一尺，二面五彩，每塊用水膠三錢，白礬一分五厘，青粉七錢，廣靛花一錢，天大青二錢五分，天二青一錢，艮硃一錢，咼巴碌一錢，大碌二錢，每十塊畫匠一工。

如線路花心枝梗貼金，合算再添金油，每九塊用畫匠一工。

雀替，長四尺五寸至六尺五寸，彩畫金琢墨，每塊用水膠三兩五錢，白礬一錢五分，青粉十三兩，廣靛花一兩四錢，大碌三兩五錢，咼巴碌五錢，定粉一兩七錢，艮硃三兩五錢，梅花青一兩七錢，天大青三兩五錢，油黃八錢五分，烟子一錢七分，紅金一帖七張，黃金一帖七張，貼金油五錢四分，畫匠一工五分。

雀替，長二尺至四尺，彩畫金琢墨，每塊用水膠二兩，白礬一錢，青粉八兩，廣靛花八錢，大碌二兩，咼巴碌三錢，定粉一兩，艮硃二兩，梅花青一兩，天大青二兩，油黃五錢，烟子一錢，紅金一帖，黃金一帖，貼金油三錢二分，畫匠一工。

雀替，長一尺至一尺九寸，彩畫金琢墨，每塊用水膠一兩五錢，白礬七分，青粉五兩，廣靛花五錢，咼巴碌二錢，大碌一兩五錢，定粉七錢，艮硃一兩五錢，天大青一兩五錢，梅花青七錢，油黃三錢五分，烟子七分，紅金七張半，黃金七張半，貼金油二錢四分，畫匠七分五厘工。

雀替，長四尺五寸至六尺五寸，彩畫烟琢墨，每塊用水膠三兩五錢，白礬一錢五分，青粉十三兩，廣靛花一兩六錢，大碌三兩五錢，咼巴碌五錢，定粉一兩七錢，艮硃三兩五錢，天大青三兩五錢，梅花青一兩七錢，烟子一錢七分，畫匠一工。

雀替，長二尺至四尺，彩畫烟琢墨，每塊用水膠二兩，白礬一錢，青粉八兩，廣靛花一兩，大碌二兩，咼巴碌三錢，定粉一兩，天大青二兩，梅花青一兩，艮硃二兩，烟子一錢，畫匠七分五厘工。

雀替，長一尺至一尺九寸，彩畫烟琢墨，每塊用水膠一兩五錢，白礬七分，青粉五兩，廣靛花七錢，大碌一兩五錢，咼巴碌二錢，定粉七錢，艮硃一兩五錢，天大青一兩五錢，梅花青七錢，烟子七分，畫匠五分工。

雀替，二面貼金，轉艮硃油地，肚莾瀝粉貼金、哨青碌，每尺用水膠三錢，白礬二分，青粉三錢，土粉五分，定粉二錢，艮硃五分，油黄五分，天大青八分，大碌八分，廣靛花二分，紅金一帖一張，黄金一帖一張，貼金油三錢五分，每十尺畫匠一工。

雀替，貼渾金，每尺用水膠三錢，青粉三錢，定粉二錢，艮硃五分，油黄五分，紅金一帖五張，黄金一帖五張，貼金油四錢八分，每十尺畫匠一工。

寶瓶瀝粉寶祥花，使油貼金，每個用水膠一兩，土粉二兩，青粉二兩，紅金三帖，貼金油四錢八分，畫匠五分工。

寶瓶刷粉畫艮硃寶祥花，每個用水膠一兩，青粉二兩，定粉一兩，艮硃八錢，每八個用畫匠一工。

山花壽帶使油貼金，每尺用紅金一帖五張，黄金一帖五張，貼金油四錢八分，每十尺畫匠一工。

鉛鈑看葉角葉獸面門鈸等使油貼金，每尺用紅金二帖，貼金油三錢二分，每十尺畫匠一工。

鈕頭圈子使油貼金，每個用紅金一張，貼金油一分六厘，每六十個畫匠一工。

梅花□錢使油貼金，每四個用黄金一張，貼金油一分六厘，每三百個畫匠一工。

門釘使油貼金，

徑一寸至一寸四分，用黄金一張，貼金油一分六厘，每一百個畫匠一工。

徑一寸五分至一寸九分，用黄金二張五分，貼金油二分四厘，每九十個畫匠一工。

徑二寸至二寸四分，用黄金二張，貼金油三分二厘，每八十個畫匠一工。

徑二寸五分至二寸九分，用黄金三張，貼金油四分八厘，每七十個畫匠一工。

徑三寸至三寸四分，用黄金四張，貼金油六分四厘，每六十個畫匠一工。

徑三寸五分至三寸九分，用黄金五張，貼金油八分，每五十五個用畫匠一工。

徑四寸至四寸四分用黄金七張，貼金油一錢一分二厘，每四十五個用畫匠一工。

徑四寸五分至四寸九分，用黄金九張，貼金一錢四分四厘，每三十二個畫匠一工。

徑五寸至五寸五分，用黄金十一張，貼金油一錢七分六厘，每二十四個畫匠一工。

平面瀝粉龍鳳花卉捉螺門丁使油貼金，每尺用水膠二錢，土粉四錢，黄金一貼五張，貼金油二錢四分。

龍鳳花卉每三尺，用油黄二錢。

旋螺丁每二尺用畫匠一工。

平面瀝粉貼金各樣龍鳳、花卉、彩雲，核算成數，連各色地仗尺寸，每丈如三成，用水膠六錢，土粉一兩二錢，油黄六錢，金四貼五張，貼金油七錢二分，畫匠二工。

如四成，用水膠八錢，土粉一兩六錢，油黄八錢，金六帖，貼金油九錢六分，畫匠二工。

如五成，用水膠一兩，土粉二兩，油黄一兩，金七帖五張，貼金油一兩二錢，畫匠二工。

如六成，用水膠一兩二錢，土粉二兩四錢，油黄一兩二錢，金九帖，貼金油一兩四錢四分，畫匠二工五分。

如七成，用水膠一兩四錢，土粉二兩八錢，油黄一兩四錢，金十帖五張，貼金油一兩六錢八分，畫匠二工五分。

如八成，用水膠一兩四錢，土粉三兩二錢，油黄一兩六錢，金十二帖，貼金油一兩九錢二分，畫匠二工五分。

平面瀝粉貼金，剔大青地，每丈三成地，用水膠二兩八錢，土粉二兩八錢，油黄一兩四錢，廣靛花六錢，天大青二兩四錢，金十帖五張，貼金油一兩六錢八分，畫匠二工五分。

四成地，用水膠二兩四錢，土粉二兩四錢，油黃一兩二錢，廣靛花八錢，天大青三兩二錢，金九帖，貼金油一兩四錢四分，畫匠二工五分。

五成地，用水膠二兩，土粉二兩，油黃一兩，廣靛花一兩，天大青四兩，金七帖五張，貼金油一兩二錢，畫匠二工五分。

六成地，用水膠一兩六錢，土粉一兩六錢，油黃八錢，廣靛花一兩二錢，天大青四兩八錢，金六帖，貼金油九錢六分，畫匠三工。

七成地，用水膠一兩二錢，土粉一兩二錢，油黃六錢，廣靛花一兩四錢，天大青五兩六錢，金四帖五張，貼金油七錢二分，畫匠三工。

平面使油貼金，每尺用金一帖二張五分，貼金油一錢六分，每十三尺畫匠一工。

平面使油戳掃金，每尺用金二帖，貼金油一錢六分，每十五尺畫匠一工。

平面使油篩掃金，每尺用金三帖，貼金油一錢六分，每十六尺畫匠一工。

如做金粉地仗用，再加水膠一錢二分，青粉三錢，油黃二錢，工數減去十三人。

刁花使油貼金，每尺用金三帖，貼金油三錢二分，每十一尺畫匠一工。

刁花使油戳掃金，每尺用金六帖，貼金油三錢二分，每十二尺畫匠一工。

刁花使油篩掃金，每尺用金九帖，貼金油三錢二分，每十尺畫匠一工。

如做金粉地仗，再加水膠二錢四分，青粉六錢，油黃四錢，工數減去二尺。

玲瓏使油戳掃金，每尺用金十八帖，貼金油六錢四分，每五尺用畫匠一工。

玲瓏使油篩掃金，每尺用金二十七帖，貼金油六錢四分，每五尺用畫匠一工。

如做金粉地仗，再加水膠四錢八分，青粉一兩二錢，油黃八錢，工數減去一人。

線路貼金，寬一寸四分至一寸七分，每長四尺五寸寬一寸至一寸三分，每長六尺寬五分至九分，每長八尺五寸寬二分至四分，每長一丈六尺，各用黃金一帖，貼金油一錢六分。

線路寬一寸四分至一寸七分，每長十二丈寬一寸至一寸三分、每長十丈寬五分至九分，每長八丈寬二分至四分，每長七丈，用畫匠一工。

墻邊畫五彩、描潰四季花、荆紅白線，每長一丈，用水膠五錢，定粉二錢五分，廣靛花一錢，大碌八錢，咼巴碌五分，艮硃二錢五分，黃丹二錢，滕黃二分，胭脂二分，烟子二錢五分，每長一丈二尺用畫匠一工。

墻邊刷碌、描潰纏支蓮、荆青紅線，每長一丈，用水膠五錢，大碌二兩，香墨三分，廣靛花五分，滕黃一分，二青三錢，艮硃二錢，每長一丈五尺畫匠一工。

墻邊刷碌、描潰纏支蓮、荆黑白線，每長一丈，用水膠五錢，大碌二兩，廣靛花五分，滕黃一分，定粉三錢，香墨八分，每長一丈五尺畫匠一工。

墻邊刷碌、荆黑白線，每長一丈，用水膠五錢，大碌二兩，定粉三錢，香墨五分，每長二丈五尺畫匠一工。

刷草碌地二遍，荆彩黃毘背錦梁青紅花畫黃丹夔龍，每丈用水膠二兩，白礬二錢，青粉三兩，定粉六錢，廣靛花三兩，彩黃八兩，黃丹五錢，艮硃二錢，畫匠一工。

刷土黃二遍，每丈用水膠二兩五錢，白礬二錢，土黃六兩，每二十丈畫匠一工。

刷螺音，每尺用水膠二錢，白礬二分，定粉五錢，廣靛花三錢，每六十尺畫匠一工。

刷彩黃，每尺用水膠二錢，白礬二分，彩黃一兩，每六十尺畫匠一工。

刷金黃，每尺用水膠二錢，白礬二分，彩黃六錢，艮硃二錢，每六十尺畫匠一工。

刷香色，每尺用水膠二錢，白礬二分，土子面五錢，彩黃六錢，每六十尺畫匠一工。

刷楠木色，每尺用水膠二錢，白礬二分，土子面五錢，彩黃四錢，艮硃一錢，每六十尺畫匠一工。

刷蘋菓綠，每尺用水膠二錢，白礬二分，定粉二錢，大碌六錢，每六十尺畫匠一工。

刷草綠，每尺用水膠二錢，白礬二分，青粉三錢，彩黃七錢，廣靛花二錢，每六十尺畫匠一工。

刷綠，每尺用水膠二錢，白礬二分，青粉三錢，二碌四錢，大碌八錢，每六十尺畫匠一工。

刷水紅，每尺用水膠二錢，白礬二分，青粉五錢，定粉五錢，胭脂三分，每六十尺畫匠一工。

刷粉，每尺用水膠二錢，白礬二分，青粉五錢，定粉八錢，每六十尺用畫匠

一工。

刷硝紅，每尺用水膠二錢，白礬二分，青粉五錢，定粉二錢，黃丹六錢，每六十尺畫匠一工。

刷黃地，畫西番遺花草，每尺用水膠二錢，青粉三錢，彩黃一兩，天二青四錢，每十尺畫匠一工。

刷粉地畫五彩流，每尺用水膠二錢，青粉三錢，定粉六錢，梅花青二錢，石大碌二錢，胭脂一分，滕黃二分，每五尺畫匠一工。

刷螺青地畫五彩染色流雲、白鶴，每尺用水膠二錢，白礬二分，青粉三錢，定粉八錢，廣靛花五錢，咼巴碌五分，天二青一錢，滕黃五厘，胭脂二分，香墨三厘，每八尺用畫匠一工。

刷三綠地，畫廣靛花番草，每丈用水膠二兩，白礬二錢，青粉三兩，咼巴碌一兩，廣靛花二兩，每三丈畫匠一工。

刷青綠，每尺用水膠二錢，白礬二分，青粉五錢，廣靛花二錢，二碌二錢，大碌四錢，天大青四錢，每六十尺畫匠一工。

刁花荷葉刷綠，每尺用水膠三錢，白礬三分，二碌六錢，大碌一兩二錢，每五十尺畫匠一工。

刁花荷葉刷青綠黃丹貼金心開彩黃道，每尺用水膠三錢，白礬三分，二碌五錢，大碌一兩，黃丹一錢，廣靛花五分，天大青一錢，彩黃一錢，黃金二分五厘，貼金油四厘，每二十尺畫匠一工。

雕花玉做，每人用水膠二錢，白礬二分，青粉三錢，定粉二錢五分，廣靛花一錢，咼巴碌三錢，天大青二錢五分，每十五人畫匠一工。

如掏水紅裡，外加胭脂一分，每十尺畫匠一工。

畫五彩纏枝蓮、寶祥花、彩雲等押老色，每丈用水膠二兩，白礬二錢，青粉三兩，定粉一兩五錢，大碌四兩，咼巴碌一兩五錢，廣靛花一兩，滕黃二錢，黃丹六錢，艮硃六錢，胭脂半片，畫匠一工。

欄杆絛環板刷青碌、畫五色四季花菓，每尺用水膠二錢，白礬二分，青粉三錢，定粉二錢五分，二碌二錢，廣靛花二錢，大碌四錢，天大青四錢，咼巴碌三錢，滕黃一分，艮硃三分，香墨二分，赭石一分，胭脂一分，天二青一錢，每五尺畫匠一工。

欄杆絛環板刷靛花、大碌，押烟子老色省粉暈哨彩黃線，每尺用水膠二錢，白礬二分，青粉三錢，定粉一錢，廣靛花二錢，大碌四錢，烟子二分，每十尺用畫匠一工。

畫五彩龍鳳八寶三退暈行粉，每尺用水膠二錢，白礬二分，青粉五錢，定粉二錢，廣靛花一錢五分，二碌一錢五分，咼巴碌一錢，大碌三錢，天大青三錢，梅花青一錢，艮硃一錢，黃丹一錢，滕黃二分，胭脂二分五厘，香墨二分，每五尺畫匠一工。

畫五彩花草、彩雲，押老色行粉，每丈用水膠三兩，白礬二錢，青粉三兩，定粉一兩，廣靛花二兩，大碌三兩，咼巴碌二兩，黃丹二兩，艮硃一兩五錢，胭脂二片五分，滕黃二錢，烟子二錢，畫匠一工。

槅扇、碧紗厨、窓户等花櫺心刷五彩、蘇色押老色掏水紅裡，每尺用水膠二錢，白礬二分，青粉五錢，定粉四錢，廣靛花一錢，大碌一錢五分，天大青一錢五分，彩黃一錢，土子面五分，滕黃一分，黃丹五分，胭脂三分，每十尺用畫匠一工。

羣板絛環板剔青碌地，蕪做博古使油貼金，每尺用水膠二錢，白礬二分，青粉三錢，廣靛花二錢，油黃三錢，大碌六錢，石碌一錢，二碌二錢五分，天大青六錢，天二青五分，梅花青五分，彩黃五分，黃丹三厘，滕黃一厘，艮硃三厘，赭石二厘，胭脂二分，紅金二張五分，黃金二張五分，貼金油八分，香墨一厘，每八尺用畫匠一工。

花櫺心滿刷五彩蕪色，每尺用水膠二錢，白礬二分，青粉五錢，定粉一錢五分，廣靛花一錢五分，大碌二錢五分，天大青二錢五分，黃丹一錢，彩黃二錢，土子面一錢，每十五尺用畫匠一工。

羣板絛環，每二十尺用畫匠一工。

花櫺子心滿刷蕪三色，每尺用水膠二錢，白礬二分，青粉五錢，廣靛花二錢，天大青二錢五分，咼巴碌二錢五分，彩黃一錢，每十五尺用畫匠一工。

花櫺心絛環羣板刷青碌押老色，每尺用水膠二錢，白礬二分，青粉五錢，定粉一錢，二碌二錢，廣靛花二錢，大碌四錢，天大青四錢，滕黃一分，花心，每十尺用畫匠一工。羣板絛環，每十五尺用畫匠一工。

花櫺心掏水紅裡刷青碌押老色，每尺用水膠二錢，白礬二分，青粉三錢，定粉四錢，胭脂三分，天大青二錢，大碌二錢，二碌五分，廣靛花一錢，滕黃五厘，每十尺用畫匠一工。

花櫺心掏水紅裡刷青碌不押老色，每尺用水膠二錢，白礬二分，青粉三錢，廣靛花一錢，二碌五分，定粉四錢，胭脂三分，天大青二錢，大碌二錢，每二十尺

用畫匠一工。

花欞心滿刷五彩色押老色，每尺用水膠二錢，白礬二分，青粉五錢，定粉一錢，二碌二錢，廣靛花二錢，大碌三錢，天大青三錢，黄丹二錢，胭脂二分五厘，烟子二分，每十尺用畫匠一工。

篩掃大青，每尺用貼金油七錢，廣靛花五錢，天大青二兩，每十五尺用畫匠一工。

刜磚道，每丈用水膠三錢，定粉一兩，每十尺用畫匠一工。

噴金，每尺用黄金三張，每一百尺用畫匠一工。

碧紗厨、絲環羣板刷二青、三青，每尺用水膠二錢，白礬二分，青粉五錢，廣靛花四錢，天二青四錢，天三青四錢，每六十尺用畫匠一工。

絲環羣板刷二青、三青地，藴做博古方線貼金，每尺用水膠二錢，白礬二分，青粉三錢，廣靛花三錢，定粉一錢，天二青三錢，天三青三錢，梅花青五分，大碌一錢，咼巴碌五分，艮硃一分，黄丹一分，滕黄三厘，胭脂一分，香墨一厘，黄金一張，貼金油一分六厘，每八尺用畫匠一工。

化膠，每一百斤用黑炭一百斤。

煮碌，每一百斤用木柴五十斤。

畫匠一百工，用化膠、煮碌□□出色畫匠十工。

如做舊活計，見新油作不做地仗，畫匠一百工用刮擦畫匠七工。

清·孫廷銓《顔山雜記》卷四《物産》

白礬

白礬者，夾炭石屑也。取以爲礬，晶晶者冰，皚皚者雪也。當其爲石墨，墨者鐵也，取而變之，存乎治也。凡燒礬，必即嶔巖之半，削其高以爲壁，斥其平以爲臺，壁斬斬，臺板板也。於其旁也，塹土而堲，周之以爲池，闕地及泉，幹爲井，底爲釜，築之汚之，旁通火焉以爲竈，布甕以爲蠡，編荆而塗之以爲廪。其行火也，移石就臺，負壁而築之，若連床之方焉，陂陀其脚，而微綱之烈火而焚之。由内以攻外，火盡取屑傅之，又盡又傅之，每盡傅之，斬斬之壁則易以爲高也，板板之臺則易以爲廣也。陂陀微綱，以行水潦，則行火者易以爲養也。故燒礬者久與巖齊，雖雨三日而不浸，火三月而不滅也。乃取其燒以納於塹，擊之汰之，得其滋焉；乃取其汰以納於竈，熬之煎之，流其液焉；乃取其液以納於甕，澄之凝之，泛其屑焉。體魄既成，精魂未盈，非硝不爲功，取而和之，復納於竈，火氣竭矣，其精乃生。取而漉之，以納於廪，水氣竭矣，沈緊浮鬆，外强中空，鑿其玲瓏，冰雪沖沖，此礬之終也。

緑礬　紅土

緑礬者，炭中銅磧也。法如白礬，減其工半，精爲緑礬，滓爲紅土。按，礬之初皆黑質而辛螫也，及其變也，或白或碧，其滓則皆紅，以染則碧，復爲黑，其醮水又爲黄，蓋具五焉。夫天下之臭味，過差而善變者，固若斯之亟也。君子之用物也，亦善其變哉。

清·葉先登《顔神鎮志》卷二　雜産則鉛、鐵、炭煤，黑、白礬，【略】白礬久廢，黑礬色緑，乃煤中堅磧煉而熬之，烟氣極惡，業此者多廢疾。紅土者其滓也。

清·葉夢珠《閲世編》卷七　心紅標硃，每匣重十四兩，予幼時價銀四、五錢。順治四、五年間，價至每匣紋銀八、九兩。八、九、十年間，猶二、三兩一匣也。康熙初，其價漸減，後至上好硃一匣，價銀不過二錢五分。甲寅、乙卯之間，廣東道梗，將謂硃價又必驟長，而竟不然。今上好者，每匣價銀不過三錢而已。康熙十九、二十年間，硃價復長，每匣價銀至六、七、八錢及兩一、二錢。二十三年，長至兩六、七錢。至二十六年，遞減至四錢。

大絨，前朝最貴，細而精者，謂之姑絨，每疋長十餘丈，價值百金，惟富貴之家用之，以頂重厚綾爲裏，一袍可服數十年，或傳於子孫者。自順治以來，南方亦以皮裘御冬，袍服花素緞絨價遂賤。今最細姑絨，所值不過一、二十金一疋，次者八、九分一尺，下者五、六分而已。年來賣者絶少，販客亦不復至，價日賤而絨亦日惡矣。

山東繭綢，集蠶繭爲之，出於山東椒樹者爲最佳，色蒼黑而氣帶椒香，污穢著之，越歲自落，不必滌濯而潔，在前朝價與絨等，用亦如之。年來，價日賤而此種亦絶。今最上者，價不過錢許一尺，甚而有三、四分一尺者，則稀鬆甚於綿綢，嘉、湖、蘇、松，在在皆織，故用者愈衆，而價愈賤。

葛布有數種：出於浙之慈谿，廣之雷州者爲最精；其次出江西，葛粗細不一；出於江南金壇者，雖極細，然亦不可單做，必須夾裏。在前朝，非縉紳士大夫不服葛，而價亦甚貴。佳者每疋值銀三兩，長不過三丈一、二尺。次者亦不下五、六分一尺。自順治而後，服葛者日衆，而葛價亦日賤。今制無人不可服葛，葛愈多而亦日濫惡矣。康熙二十八、九年，洋船販至，至精者官尺不過一分五、六釐一尺，至粗者每尺七、八釐耳。

氈單，在明季若雙紅者，每條價紋銀二兩。單紅者一兩內外。自本朝以來，雙紅至精者，價不及一兩，稍差者四、五錢一條，其嘉興石門所製，每條不過值銀二、三錢而已。

青靛，初出閩中。夏、秋兩次之間，取其葉淘汁澄清，用染藍青色，此地所無也。自順治初年，八閩未平，福靛難致，有覓得其種者，按其法而種之，獲利數倍。其後八閩盡歸版圖，福靛既多，本地所産又衆，利亦微矣。況所染之色終不若福靛，故土靛價亦日賤，近年來，種者亦少。

又　卷八　冠服

一代之興，必有一代冠服之製，其間隨時變更，不無小有異同，要不過與世遷流，以新一時耳目，其大端大體，終莫敢易也。如前朝職官公服，則烏紗帽，圓領袍，腰帶，皂靴。紗帽前低後高，兩旁各插一翅，通體皆圓，其內施網巾以束髮，則無分貴賤；公私之服皆然。圓領則背有錦綉，方補品級，式樣與今之命服同，但裏必有方領襯襬，不單着耳。腰帶用革爲質，外裹青綾，上綴犀玉、花青、金銀不等，正面方片一兩，傍有小輔二條，左右又各列三圓片，此帶之前面也。向後各有插尾，見于袖後，後面連綴七方片以足之，帶寬而圓，束不著腰，圓領兩脇，各有細鈕貫帶于巾而懸之，取其嚴重整飭而已。一、二品金鑲犀角，三品花金，四品素金，五品花銀，六、七品素銀，八品以下用明角。烏角玉帶惟帝后及太子、親王、郡王用之，其餘大臣必賜而後敢服，則與今制異也。其舉人、貢、監、生員則俱服黑鑲藍袍，其後舉、貢服黑花緞袍，監生服黑鄧絹袍，皆不鑲，惟生員照舊式。然進士殿試後，猶服鑲藍袍，入謝畢，始易冠帶，則知花素緞袍乃後人假借，未必皆命服矣。聞舉人前輩俱帶圓帽如笠而小，亦以烏紗添裏爲之，予所見舉人與貢、監、生員同帶儒巾，儒巾與紗帽俱以黑縐紗爲表，漆藤絲或蔴布爲裏，質堅而輕，取其端重也。舉、貢而下，腰束俱藍絲綿絛。皂靴與職官同。典吏則戴吏巾，如今之神廟中所塑施相公巾式，黑素絹圓領，絛靴。舉、貢、監生同。其上臺門下，則有中軍巡捕官，冠棕結草帽如笠而高，服大紅斗牛錦綉以壯觀。其衙門雜役，如皂隸則漆布冠岸幘，而網巾外見，旁插孔雀翎毛，服下截細褶青布衣，腰束紅布織帶。捕快則小帽青衣，加紅布背甲于外，腰束青絲織帶。與隸之屬，則戴毡笠上插鷺尾，威儀秩秩矣。其便服自職官大僚而下至于生員，俱戴四角方巾，服各色花素綢紗綾緞道袍。其華而雅重者，冬用大絨繭綢，夏用細葛，庶民莫敢效也。其樸素者，冬用紫花細布或白布爲袍，隸人不敢擬也。其後巾式時改，或高或低，或方或扁，或仿晉、唐，或從時製，總非士林，莫敢服矣。其非紳士而巾服或擬于紳士者，必縉紳子弟也。不然，則醫生、星士、相士也。其後能文而未入泮雍者，不屑與庶人伍，故亦間爲假借，士流亦優容之，然必詩禮之家，父兄已列衣冠者，方不爲世俗所指摘，不然將羣起而譁之，便無顔立于人世矣。其市井富民，亦有服紗綢綾羅者，然色必青黑，不敢從新艷也。良家清白者，領上以白綾或白絹護之，示與僕隸異。所戴之冠，夏則結棕，六版圓幅，價值數金。貧者或用漆單紗，其色同。冬則絨毡小帽。其內衣，冬夏無不服裙，不分貧富貴賤皆然。道袍大概綢用單做，羢褐繭綢用夾裏，後則俱以花紗白裏爲之，單綢若將不屑，不獨士林爲然矣。花雲素緞，向來有之，宜于公服。其便服則惟有路綢、甌綢、綾地、秋羅、松羅、杭綾、縐紗、軟綢以及湖綢、綿綢，夏惟有生紗、硬紗、生羅、杭羅而已。其後有軟機紗、番紗、線紗、永紗，皆因一時好尚，羣相和從耳。若寒士則惟以白布袍爲常服，加以烏巾朱履，較之盛服而冠庶人之帽者自貴，縉紳接見，亦自起敬，列于峨冠博帶之中，容相安也。其僕隸、樂户，止服青衣，領無白護，貴賤之別，望而知之。公私之服，予幼見前輩長垂及履，袖小不過尺許，其後衣漸短而袖漸大，短才過膝，裙拖袍外。袖至三尺，拱手而袖底及靴，揖則堆于靴上，表裏皆然。履初深而口幾及蹺，後至極淺，不踰寸許。此余所及見前朝冠服之制也。

本朝于順治二年五月，克定江南時，郡邑長吏，猶循前朝之舊，仍服紗帽圓領，升堂視事，士子公服、便服，皆如舊式。惟營兵則變服滿裝，武弁臨戎亦然；平居接客則否。故薙髮之後，加冠者必仍帶網巾于內，髮頂亦大，無辮髮者但小帽改用尖頂，士流亦間從之。至三年丙戌春暮，招撫內院大學士亨九洪公承疇刊示嚴禁云：豈有現爲大清臣子而敢故違君父之命，放肆藐玩，莫此爲甚。于是各屬凜凜奉法，始加錢頂辮髮，上去網巾，下不服裙邊，衣不裝領，煖帽用皮，涼帽用簟，俱上覆紅緯，或涼帽覆紅纓，一如滿州之制。然而細緞織錦，僭及龍袞，遍身刺綉，或施鸞鳳，誇多門靡，競爲華麗，上下無章，公私無別，草昧之初，莫知禁令也。至六、七年間，始頒命服之制，冠加高頂，一品裝以紅玉，鑲嵌東珠三顆，二品藍玉，東珠一顆，三品紅寶石，四品藍寶石，五、六品水晶，皆用金鑲，高低不等。七品金，八品以下銀，下至典吏，則用明角葫蘆，以章貴賤。其舉、貢、監生、生員則用金銀飛雀，以期其飛鳴之意。帶則緊束于腰，綴以金玉銀角，方圓四片，一、二品玉，三、四品金，五品花銀，六、七品素銀，八品銀鑲烏角，九品

而下烏角不鑲。舉、貢、監生，銀鑲明角，生員銀鑲烏角。其命服則即滿袍加以前後綉補，一如前代之式，文臣一、二品仙鶴、錦鷄，三、四品孔雀、雲雁，五品白鷴，六、七品鷺鷥、鸂鶒，八、九品以逮雜職則鵪鶉、練鵲、黄鸝而已。武臣公、侯、伯則麒麟、白澤，一、二品獅，三、四品虎、豹，五品熊，六、七品彪，八、九品以下海馬、犀牛。其銜加宫保者，則如文臣一品之服。凡龍鳳錦綉織文，一概禁止，如有僭干者，罪及製造之家。于是命服始有定式，莫敢僭越。然而便服裘帽，惟取華麗，或娼優而僭擬帝后，或隸僕而上同職官，貴賤混淆，上下無别。迨康熙九、十年間，復申明服飾之禁，命服悉照前式：貂、裘、猞猁猻，非親王大臣不得服；天馬、狐裘、裝花緞，非職官不得服；貂帽、貂領、素花緞，非士子不得服；花素綾綢紗及染色鼠狐帽，非良家不得服；所不禁者，獺皮、黄鼠帽，素綢羅絹及繭綢葛布、三梭細布而已。其職官及舉、貢、監生、生員之父，除公服而外俱得並從子服。職官及舉、貢、監生、生員之子，除公服而外，俱得並從父服。禁令初頒，一時翕然儆畏，恪守凛遵；但舊服尚存，新不及製，好事之徒，或挾仇舉首，或借端索詐，或恣肆搶奪，獄訟紛起，京師尤甚，當事患之，不逾年而遂弛其禁。于是服飾之華麗，又復惟力是視，而守禮謹飭者，或自知循分焉。袍服，初尚長，順治之末短才及膝，今則又没髁矣。煖帽之初，即貴貂鼠，次則海獺，再次則狐，其下者濫惡，無皮不用。然當日所謂海獺即今之染黑狸皮，但初用時皆精選，故價至每頂紋銀二兩，戴者甚少。其後日漸濫惡，乃以黄狼皮染黑名曰騷鼠，毛細而潤，老者類貂，一時争用，騷鼠貴而海獺賤，無人非海獺帽，今騷鼠之闊口者，每頂亦值銀二兩，然無人非騷鼠冠，而海獺非鄉愚極貧之人不冠矣。康熙十五、六年之間，江寧新製剪絨帽，色黑而細密，長闊宛如騷鼠，其價最精者不過值銀三、四錢一頂，士林往往用之。康熙二十三年，京師始尚海龍皮，毫短而勁，色黝而明，初價每頂四、五金，年來減半，意即真海獺皮所染也。緞袍外套，向俱裝錦緞，用色裏夾做。康熙而後，大半皆單，時小羢已不用，即繭綢亦單做矣。花緞初用團龍，禁後用大小雲朵，今用大小團花，飛雀山水景。夏布初用滿龍、團龍紗，禁後用官紗、宫紗，既而用素幅秋絹紗，今用廣絹、廣紗、絨紗、葛紗、巧紗、漏地紗，大概俱尚整矗，雖便服無異于公服也。涼帽初尚扁而大，後尚高而小，既又尚高而大，旋復尚扁而大，今則又尚高而小矣。帽胎，順治三年始也，未有賣者，俱剪藤編篾席爲之，後用細草編成，造自北方，至南而加裏發販，京師有同類而最精細潔者，名曰得勒粟，每頂銀三、四兩，而紅緯不與焉，外省罕有。今或以白紗綾爲表者，庶乎似之而價不過與常帽等，亦用純代麻之意耳。帽頂，大紅絲緯，初用拆緞，取大紅緞拆其經，取其不易亂，拆絲一兩，值銀一兩，後徑以散緯或雙絲染大紅，每兩價銀二、三錢者亦佳。涼帽頂或用紅纓，初價不甚貴，而纓亦粗硬，後用皮纓、胎纓，價始貴矣。胎纓一兩有值銀七、八錢者，皮纓半之。今有西寧長纓，細潤而真正大紅色久不變者，涼帽一頂，值錢三十餘兩，惟當途顯者用之。第恐習俗移人，幾年之後，染販者廣，價必漸減，效顰者又將争起耳。

昔年花緞惟絲織成華者，加以錦綉，而所織之錦，大率皆金縷爲之，取其光耀而已。今有孔雀毛織入緞内，名曰毛錦，花更華麗，每匹不過十二尺，值銀五十餘兩。康熙二十四、五年間，京師衣又漸短而外套漸長，昔年外套短者及臍，長不過膝，今短於袍不過五寸矣。煖帽復尚海鹿皮，毫健而齊，黑而光，疑即昔年所尚之海獺皮，今易其名耳，每頂值銀三、四兩，始自京師，初來吴下，價亦漸貶，佳者不過二兩五錢，然老成人以爲不足取也。

又　内裝

今世所稱包頭，意即古之纏頭也。古或以錦爲之。前朝冬用烏綾，夏用烏紗，每幅約闊二寸，長倍之。予幼所見，皆以全幅斜褶闊三寸許，裹于額上，即垂後，兩杪向前，作方結，未嘗施裁剪也。高年嫗媪，尚加錦帕，或白花青綾帕單裹纏頭，即少年裝矣。崇禎中，式始尚狹，遂截半爲之，即其半復分爲二幅，幅方尺許，斜褶寸餘闊，一施于内，一加于外，外者稍狹一、二分，而别裝方結于外幅之正面，纏頭之製一變。今裁幅愈小，褶愈薄，體亦愈短，僅施面前兩鬢，皆虚以線暗續于髻内而屬後結之，但存其意而已。或用黑線結成花朵，于烏綾之上，裁剪如式，内施硬襯亦佳，至有上用紅錦一線爲緣，而下垂于兩眉之間者，似反覺俗。

命婦之服，綉補從夫，外加霞帔，環珮而已。其他便服及士庶婦女之衣如紵、絲、紗、緞、綢、絹、綾、羅，一概用之，色亦隨時任意，不大逕庭也。然余幼見前輩内服之最美者，有刻絲、織文。領袖襟帶，以羊皮金鑲嵌。若刺綉則直以綵線爲之，粗而滯重，文錦不輕用也。其後廢織文、刻絲等，而專以綾紗堆花刺綉。綉仿露香園體，染彩絲而爲之，精巧日甚。時惟大紅爲禮服而不輕用。未幾，遂以爲常服。甚而用錦緞，又甚而裝珠翠矣。然惟縉紳之家用之。寖淫至于明末，擔石之家非綉衣大紅不服，婢女出使非大紅裏衣不華。今則田家村婦介之于青衫裙布之間矣。夏日細葛、紗羅，士大夫之家常服之，下而婢女不輕服也。崇禎之間，婦婢出使服之矣。良家居恆亦服之矣。自明末迄今，市井之婦，居常

無不服羅綺，娼優賤婢以爲常服，莫之怪也。袖初尚小，有僅盈尺者，後大至三尺，與男服等。自順治以後，女袖又漸小，今亦不過尺餘耳。綉初施于襟條以及看帶袖口，後用滿綉團花，近有灑墨淡花，衣俱淺色，成方塊，中施細畫，一衣數十方，方各異色，若僧家補衲之狀，輕便瀟灑，恐非象服。守禮之家，不必效之也。本朝女服，無異丈夫，公私皆同，可以通用。

內裝領飾，向有三等：大者裁白綾爲雲樣，披及兩肩，胸背刺綉花鳥，綴以金珠、寶石、鐘鈴，令行動有聲，曰宮裝。次者曰雲肩。小者曰閣髻。其綉文綴裝則同。近來宮裝，惟禮服用之，居常但用閣髻而式樣亦異，或剪綵爲金蓮花，結線爲纓絡樣，扣于領而倒覆于肩，任意裝之，尤覺輕便。

環珮，以金絲結成花珠，間以珠玉、寶石、鐘鈴，貫串成列，施于當胸。便服則在宮裝之下，命服則在霞帔之間，俗名墜胸，與耳上金環，向惟禮服用之，于今亦然。其滿裝耳環，則多用金圈連環貫耳，其數多寡不等，與漢服之環異。

裳服，俗謂之裙。舊制：色亦不一，或用淺色，或用素白，或用刺綉，織以羊皮，金緝于下縫，總與衣衫相稱而止。崇禎初，專用素白，即綉亦祇下邊一二寸，至于體惟六幅，其來已久。古時所謂裙拖六幅湘江水是也。明末始用八幅，腰間細褶數十，行動如水紋，不無美秀，而下邊用大紅一線，上或綉畫二、三寸，數年以來，始用淺色畫裙。有十幅者，腰間每褶各用一色，色皆淡雅，前後正幅，輕描細繪，風動色如月華，飄颺絢爛，因以爲名。然而守禮之家，亦不甚效之。本朝無裙制，惟以長布没履，無論男女皆然。

膝襪，舊施于膝下，下垂没履。長幅與男襪等，或綵鑲，或綉畫，或純素，甚而或裝金珠翡翠，飾雖不一，而體制則同也。崇禎十年以後，製尚短小，僅施于脛上，而下及于履。冬月，膝下或别以綿幅裹之，或長其褲以及之。考其改製之始，原爲下施可以揜足，豐趺者可以藏拙也。今概用之織履弓鞋之上，何哉？綉畫灑線與昔同，而輕淺雅淡，今爲過之。

清・顧祖禹《讀史方輿紀要》卷二八《南直一〇》　林歷山，縣西南十里。【略】又墨嶺，在縣南十六里。産石墨，土人採之，久而成井。今石墨糜爛不可書畫，惟堪染皂。志云：黟與黳同，縣蓋以此而名也。

清・田雯《黔書》卷四　武侯錦　錦用木綿線染成五色織之，質麤有文采。俗傳武侯征銅仁蠻不下，時蠻兒女患痘，多有殤者，求之武侯。侯教織此錦爲卧具，立活。故至今之名曰武侯錦。

《古今圖書集成・方輿彙編・職方典》卷六八一《蘇州府部・物産》

帛屬

錦，五色眩耀，花樣有海馬、雲鶴、寶相、球門之類。明宣德間嘗織畫錦堂記如畫軸，或織詞曲聯爲帷幄。又有紫白落花流水充裝潢，卷軸用紵絲。出郡城有素，有花紋，有金縷，其製不一，《禹貢》所謂織文是也。上者曰清水，次曰兼生，以生絲雜織之。次帽料，又次丈八頭，皆以漿粉塗飾品，最下。織造府所製上供，平花雲蟒諸緞尤極精巧，幾奪天工。

羅，有花、素，别有刀羅、河西羅。

紗，素者名銀條，即漢所謂方空也。花紋者名夾織。

綾，唐時充貢謂之吴綾。《舊唐書》：天寶中，吴郡貢紡綾。大曆六年，禁織龍鳳麒麟等紋，其薄面鸞鶴紋者，充裝飾書畫之用。

絹，《左傳》杜預註，吴地貴絹，鄭地貴紵。有生絹，有熟絹，又有白生絲織成，縝密如蟬翼，幅廣至四尺者，名畫絹。又有羅底絹，稍厚而密。織造府襲上貢絹，另置機杼，三人運梭，有闊至二丈者。

紬，即繒也。絞絲織者曰線紬，撚綿者曰綿紬，攢絲而成者曰絲紬，粗絲織者俗呼杜織紬。又有綾機紬、縐紬、紋紬、春紬、捺紬諸樣。

秋羅，有偏地錦。

縐紗，有花、素二樣。

布屬

棉布，東鄉最盛。

藥斑布，出嘉定及安寧鎮。宋嘉泰中，有歸姓者創爲之，以布抹灰藥而染青，候乾，去灰藥，則青白相間，有人物、花鳥、詩詞各色，充衾幔之用。

刮白布，太倉二三月間，婦女取上等苧麻，擇清池漚之，曝晴日中，用蝸殼就水洗刮，使白澤有光，然後績之。以布細如羅縠，瑩白可愛，亦曰腰機布。明弘治初，州人以之諂中貴致上用，歲取三千疋，民力不堪。弘治十六年給事中王縝清理屯田，按州疏乞停免，上允其奏。

飛花布，細軟如綿。

官機布，真色不漂洗，出徐王廟者佳。

綀絲布，合苧與絲，比而成之。

棊花布，用青白縷相間織成。

斜紋布，出嘉定。

麻布，績麻爲之，精粗不等。

黄草布，縷黄草爲之，品最下。

剪綵屬

灑線。

絨繡，生動如畫，不減松江露香園顧繡。

堆紗，以綌紗刺成花瓣人物。

刻絲，五色相錯，間以金縷。

網繡，絲線布網，填以花朵。

挑花，布地線花。

刷絨，綵絨用膠刷成花朵。

點翠，用翠羽點染作花。

彈墨，噴五色於素絹，錯成花鳥宫錦。

結串，絲線辮成，綴以流蘇。

清·徐觀海等《將樂縣志》卷五《土産》 苧，一本數十莖，歲四收之，以春生者爲上。解皮刮净，是爲苧蔴。績之爲布，四鄉皆有。蓋閩地不蠶，婦悉治績也。但布粗細絶異。一扁紗，不紡，織縷頗粗，曰機布，備褡袋、蚊帳之用，取攏極廣。一員[圓]紗，不漂，絲線頗細，曰生布，以備汗衫衣褲，鄉人染爲袍掛。一紡紗，付漂，色白如雪，細縷密扣，曰乾布，上者價與絹同，可衫以襯紗縠，亦有制爲巾帨，暑月用爲手拭，是曰花帕。將人出外，買之以當土儀。又南鄉一種順布，不紡不漂，織紉極疏，西客挾貲收買，歲數十百金，既不可衣，不知彼處何用也。

清·徐松《宋會要輯稿·輿服·甲》 朱紅馬甲

《宋會要》：徽宗政和三年閏四月十八日，江南東路提點刑獄司奏：「江寧府都作院歲額合造馬甲四百副，舊絲黑漆。今承降到朱紅馬甲工料法式樣製，合用三朱爲襯。緣本路民間不用三朱，所以無人販到。相度乞用礬朱代三朱爲襯，顔色不甚相遠。兼朱紅馬甲合用氈造瀝水裙襴，其氈本路並不出産。今據本院相度，乞面用纈絹，用青布裏面，更用熟白羊皮代氈結裹。」詔餘路准此。

又《食貨·坑冶下》 礬

《宋會要》： 白礬 晉州煉礬務，慶曆元年置；臨汾縣礬場務，舊置；襄陵縣官泉務，慶曆六年置，熙寧七年罷；芹泉務，端拱二年置，熙寧九年廢。給京師支用并客旅筭請。無爲軍崑山場，舊以兵匠煎煉，天聖二年罷，置場收買，給在京染院及淮南州軍客旅入中筭請。

又《食貨·内藏庫》

《宋會要》：太宗太平興國三年十月置，在左銀台門外。又有西庫、景福庫隸焉。常度歲計餘積，供邦國之用。

以諸司使、副、内侍置爲監官，或置都監，別有内侍一人點檢。

《宋會要》：太宗至道二年七月，詔河北三十五州軍、淮南二十一州軍、山南東道十州、京東應天府、江南昇、潤州絹並納内藏，自餘納左藏。

《宋會要》：真宗咸平五年七月，詔川陝商旅鬻銀者，聽詣官中賣，每兩添鐵錢一千，遞送内藏庫收掌，候有旨，乃得支撥。六年二月，詔内藏庫專、副以下，不得將庫管錢帛數供報及於外傳説，犯者處斬。

真宗景德二年五月十日，詔内藏庫監官專、副得替後，支一季食直錢。二十四日，詔榷貨務入中金錢、見錢並納内藏封樁，其紬、絹、絲、帛納左藏，仍據數兑左藏見錢入内藏。

景德四年四月，内藏(藏)庫言：「准宣，以新衣庫充封樁庫。乞別賜名及置庫兵。」詔以「内藏西庫」爲額。十月，内出龍圖閣待制陳彭年所撰《内藏庫記》示宰相王旦等，真宗曰：「太祖以來，有景福内庫，太宗改名内藏庫，所貯金帛，備軍國之用，非自奉也，顧外庭不知耳。二聖平荊湖、西蜀、嶺表、江左、河東，親祀郊丘，所費鉅萬，皆出於是，不出於民。三司所假凡六千萬，自淳化迄景德，每歲多至三百萬，少亦不下百萬，累年不能償，即命蠲除之。昨令彭年述其事實，此庫乃爲計司備經費耳。且計司有闕，必取於民，苟非節用，何以獲濟？」

又《歷代土貢》 神宗熙寧元年十二月，尚書户部上諸道府[州]土産貢物。開封府：麻黄五十斤，酸棗仁伍斗；河南府：峭粉八兩；青州：仙紋綾一十五匹，棗一萬五千顆；(蜜)[密]州：布二端，海蛤一匣子；齊州：陽起石一百兩，白(礓)[殭]蠶二十三兩；沂州：茯(芩)[苓]五斤，仙苓脾五斤；萊州：七孔決明五斤；濰州：綜絲絁一十匹；淄州：防風三十斤；兖州：雲母粉一斤，白羊石五兩，黑羊石五兩，茯苓七斤半，青礞石一斤，仙苓脾一斤，赤箭草七斤半；曹州：絹二十匹，葶藶子三升四合；濮州：駝紵布二匹，毛布二匹；襄州：大青茅藍十五兩，母獐皮五十張；鄧州：絹一十匹，白菊花五十六

斤；隨州：絹三十匹；滑州：絹三十匹；蔡州：䖟蟲、水蛭各二兩；棣州：絹一十匹；德州：絹一十匹；廣州：絹一十匹；恩州：綾三十匹；邢州：解玉砂一百斤；懷州：牛膝五十斤；洺州：絁子二匹；磁州：磁石五十斤，磁玉一十斤；永興軍：酸棗仁五斗，地骨皮一十斤；同州：䌷紋靴材一副；華州：茯苓四十四斤；商州：麝香二十臍；寧州：菴蕳蒿子一十斤；乾州：栢實一十斤；儀州：弩絃麻皮三十斤；絳州：防風二十斤半，黄蠟二十斤半；忻州：解玉砂五十斤；澤州：白蜜五斗，石英二十五兩；亳州：絹一十匹；黄州：紵布一十匹；越州：綾一十匹，茜緋紗一十匹，祕色甆器五十事；蘇州：白墡一十秤；湖州：白編布二十匹；明州：乾山藥一百斤，烏鱀骨二十斤；台州：天壽根三斤，甲香三斤，鮫魚皮三十張；睦州：交梭絹一十匹，布五匹，白蜜五十斤；宣州：黄連一十斤；歙州：白滑表紙一千張，大龍鳳墨一百錠；信州：白蜜五十斤，用銀瓶二隻盛；虔州：白布一十匹；鼎州：布一十匹；益州：大花羅六匹，高紵布一十匹；眉州：麩金三兩；蜀州：春羅四匹；嘉州：麩金三兩；邛州：絲布二匹；黎州：紅椒二十斤；簡州：綿紬二十匹；梓州：白熟綾一十四匹；遂州：樗蒲綾一十匹；資州：麩金五兩；普州：絹一十匹；昌州：絹一十匹；渠州：買子木二大斤；洋州：隔織三匹，麝香五臍；閬州：綾一十匹；劍州：巴戟三斤；巴州：綿紬五匹，木藥子一百顆；蓬州：綜絲綾一十匹；龍州：附子一斤，側子八兩，羚羊角四具，烏頭八兩；集州：木藥子一千顆，山豆根一十兩；達州：藍紬五匹；施州：木藥子二大斤；開州：車前子一斗二升，黄蠟一十斤；涪州：絹一十匹，紬五匹；渝州：絹一十匹；漳州：甲香五斤，鮫魚皮二十張；連州：細布一十匹。

元豐三年二月十二日，詳定朝會儀注所言：「唐尚書户部主貢物，大朝會則陳之。國朝舊儀，元正朝賀所陳貢物，僅存其名，蓋有司之闕。謹稽按圖誌，推原州郡物産之所宜，輕重多寡，稍爲條次。京東路：南京：絹二十匹；(充)[兖]州：花綾十匹，墨百斤，茯苓、雲母、防風、紫石英各十斤；徐州：雙絲綾、紬、絹各一十匹；曹州：絹十匹，葶藶子三升；青州：綾二十匹；鄆州：絹十匹，(蜜)[密]州：絹十匹，牛黄三兩；齊州：絹十匹，綿百兩，陽起石、防風各十斤；濟州：阿膠三十兩；沂州：紫石英、仙靈脾、茯苓各十斤，鍾乳三十兩；濰州：紋綾二十匹；登州：牛黄三兩，金十兩，石器十；萊州：牛黄三兩，牡礪、海藻各十斤，石器十；單州：蛇床、防風各十五斤；濮州：絹十匹；淄州：綾十匹，防風、長理石各五斤；淮陽軍：絹十匹。餘十五路稱是。」見元豐三年《九域志》。又言：「《夏書》冀州以帝都，入穀不貢，異於餘州。《唐書・地理志》：京兆、河南府皆有貢。今開封府雖不列於諸州，亦宜復土貢。」並從之，仍詔貢物應買者，給省錢，偶無者，聽以他物代，並遞夫傳送。

十年十二月，進奏院上諸路貢物。青州：仙紋綾一十匹，棗一萬一十顆；濰州：綜絲絁一十匹；隨州：絹三十匹；慶州：紫茸白花氈四領；邢州：解玉砂一百斤；亳州：絹一十匹；蘄州：白花蛇五斤；海州：獐鹿皮二百張；越州：綾一十匹；鼎州：布一十匹；成都府：花羅六匹，高紵布一十匹；昌州：絹一十匹；遂州：樗蒲綾一十匹；簡州：綿紬二十匹；洋州：隔織三匹；蜀州：春羅四匹；梓州：綾一十匹；蓬州：綜絲綾一十匹；泉州：花素絲布二百匹。以上《永樂大典》卷一三〇八六。

清・顧禄《清嘉録》卷七　染紅指甲

搗鳳仙花汁，染無名指尖及小指尖，謂之「紅指甲」。相傳留護至明春元旦，老年人閲之，令目不昏。

案：周密《癸辛雜志》：「鳳仙花紅者，搗碎，入明礬少許，染指甲，用片帛纏定過夜，如此三四次，則其色深紅，洗滌不去，日久漸退回，人多喜之。」《花史》：「李玉英秋日搗鳳仙花染指甲。」又明瞿佑《紅甲》詩云：「金盆和露搗仙葩，解使纖纖玉有瑕。一點愁凝鸚鵡喙，十分春上牡丹芽。嬌彈粉淚拋紅豆，戲掐花枝鏤絳霞。女伴相逢頻借問，幾回錯認守宫砂。」但不定在七夕耳。惟《崑新合志》則云：「七夕，少女搗鳳仙花汁染指尖。」

清・褚華《木棉譜》　染工有藍坊，染天青、淡青、月下白；紅坊，染大紅、露桃紅；漂坊，染黄糙爲白；雜色坊，染黄、緑、黑、紫、古銅、水墨、血牙、駝絨、蝦青、佛面金等。其以灰粉滲膠，礬塗作花樣，隨意染何色，而後刮去灰粉，則白章爛然，名刮印花。或以木版刻作花卉、人物、禽獸，以布蒙板而研之，用五色刷其研處，華采如繪，名刷印花。

有踹布坊，下置磨光石版，爲承取五色布捲木軸上，上壓大石如凹字形者，重可千斤。一人足踏其兩端，往來施轉運之，則布質緊薄而有光。此西北風日

高燥之地，欲其勿著沙土。非邑人所貴也。

清・徐康《前塵夢影録》卷下　陳柏君云，元明人多用水印泥。此法失傳，曾用蜜以意爲之，終不如法。然内而部院，外而督撫，印泥皆用紫粉，亦以水調，非油硃也。余按《格古要論》云，用蜜調硃最善。紙素雖久，色愈鮮明。今内府用寶以蜜，兩説合參，信乎蜜調、水調皆可。若製以油硃，則不適於用，近人罕知。

古剌水出古剌國，永樂六年進中國，紫銅廓，上刻分兩，至乾隆時稱之，分兩不少。有達官曾啓之，廓内有薄金帖之，揭去帖金則見水，色黑如漆，而香滿一室。取少許和酒可飲，染衣可經月香不退。隨園老人家曾藏有此水，説見《詩話》七卷第十九葉。又自撰詩集中有歌，末句云，心腹腎腸一齊，古今雖有互市，而此種方物無之。殆即外國香水耶？顧何以越百數十年，分兩不減也。或謂分兩不減者，由於帖金。金能生水，理固可信。

清・徐珂《清稗類鈔・工藝類》

織綢廠

織綢廠以蘇州爲最發達。光、宣間，都凡五十八號，有創設於乾、嘉至今相沿弗替者，如石恒茂、英記、李啓泰等廠是也。

紗布廠

我國於光緒時議設紗布廠，英、美商人聞之大驚，恐利權見奪，乃集資千萬鎊，將倩人設法阻其事。乃逡巡十年，始漸設立於上海。英、美商人復使人覘之，見局廠崇閎，而管事人既非夙習此事者，機器亦不研求，且多舊式，於是相與大笑，不以爲意。

某年，有内地富家子過上海，爲諸游食者所瞰，羣趨之，慫以開設紗布廠，言備本十萬，十年之後，獲利兩倍，又約無業之西人同慫慂之。富家子遂大爲所動，乃取家資十萬付諸人，又以能獲巨利也，於是流連忘反，狂用無節，有所需輒取之於廠，廠中人亦未嘗拒之。不及三年，廠中人忽言資本不繼，將倒閉，詰以巨本所在，曰：「歷被支用不少，餘皆爲廠用耗去。」索觀其簿籍，則購料若干，購地若干，建屋若干，西友華友薪俸若干，東人某日某日支若干，富家子曰：「汝等不言得利可二十萬乎？今吾用不及五萬，何遽倒也？」廠中人辨曰：「我等所謂得利二十萬者，指十年後言，且須工料進價，貨品出價與今無稍殊，辦事毫無掣肘，而又須股東十年内不提用分毫乃可。今皆不然，豈能復執前語以相詰乎？」富家子無可言，遂盡其家資。

光緒壬辰，盛杏蓀尚書宣懷設華盛紗廠於上海。政府鑒於實業之趨勢，思有以提倡之，而盛亦以提倡實業自負，見怡和在香港所經營之紗廠勢力雄厚，盈餘操券，乃遂決議從事紗業，自是而華商紗廠遂相踵而開矣。

印錫璋分設紗廠

盛杏蓀設廠於上海紡織紗布，時人民習用土貨，未暢行。嘉定印有模運同錫璋爲之力任代售，並集資設公信棉紗號於太倉，我國之分設紗廠於各地實自此始。

陝人織造絨褐

陝西織造絨褐，國初設有專員監理其事。順治辛卯，始省之，以此項錢糧充餉。

蒙人織氈毯

蒙人能織羊毛毡毯，織法甚簡。秋時翦取綿羊毛，洗浄使乾，置石上，以棍擊之令碎，浸水中三日，就井旁沙面鋪舊毡於地，取碎羊毛匀鋪其上，以馬曳粗木柱壓之即成。亦有捲毡於木柱而壓之者，特視其用器何如耳。中等絨毡，長一丈，寬五尺，值銀三兩。除毡毯外，其他之絨料物件均不能自製，即所著之毡毯，亦係翦毡縫紉而成。惟蒙人質直，所織之毡多選羊絨爲之，繫物之繩，以駝絨馬鬃浸水令透，捻結而成。

藻草織布

宣統時，浙之淳安發現藻草，色甚白，質極細，土人以爲上等料，試以織布，光潔異常。於是組織製草社，專選此種材料，以之染色，無色不豔。並知其有耐火原力，經化學家試驗，確能受三百七十五度火力，不致灼傷。

臺番織布

番女機杼以木，大如栲栳，鑿空其中，横穿以竹，使可轉纏經於上。刓木爲軸，繫於腰，穿梭闔而織之。以苧絲爲線，染以茜草，會鳥獸毛以織帛，斑斕相間，名曰達戈紋。又有巾布等物，皆堅緻。

黎人織布

貴陽山嶺多木棉樹，黎女羣往採之，取其棉，用竹弓彈之爲絨，足紉手引以爲線，染紅黑等色，雜以山麻及綵絨，織而爲布，曰吉貝。或擘山麻紉線織布，搗樹皮汁染爲皂色，以五色絨雜繡其上，曰黎布。賈者則以牛或鹽而易之，以售諸市，海南人頗用之。織布法，複其經之兩端，各用小圓木一條貫之，長出布闊之

外一端，以繩繫圓木而圍於腰間，以雙足踏圓木兩旁而伸之，於是加緯焉，以漸移其圓木而成疋。

余韞珠工仿宋繡

王文簡公士禎官揚州司李時，有余氏女字韞珠者，年甫笄，工仿宋繡，繡仙佛人物，曲盡其妙，不啻針神。曾爲文簡繡神女、洛神、浣沙諸圖，又爲文簡之兄西樵作菩提像，皆極工，鄒程村、彭羨門皆有詞詠之，載《倚聲集》。

楊雲和沈宫音刺繡

楊卯君，字雲和，沈君善之側室也。工繡佛，名流多爲題詠之。君善輯《針史》行世。其女關關，字宫音，尤能出新意，所繡山水人物，無不精絶。嘗墨繡顧茂倫《濯足圖》，尤悔菴題《漁家傲》一闋，有「深園玉人閒譜繡，粉香妙寫溪山友。宛轉綵絲盤，素手林下秀，小名獨占《毛詩》首」等句。

綾錦織西湖十景圖

杭州東坡機杼之聲，比户相聞，郎仁寶云：「起於褚河南九世孫載，善織作綾錦，褚家塘通聖士神是也。其中一二供尚衣之匠，花樣有爲西湖十景全圖者，秀水朱稼翁稻孫《武林恭紀》詩云：『十樣西湖景，曾看上畫衣。新圖行殿好，試織九張機。』」

紀事

晉・葛洪《西京雜記》卷一　霍顯爲淳于衍起第贈金

霍光妻遺淳于衍蒲桃錦二十四匹，散花綾二十五匹。綾出鉅鹿陳寶光家，寶光妻傳其法。霍顯召入其第，使作之。機用一百二十鑷，六十日成一匹，匹直萬錢。又與走珠一琲，緑綾百端，錢百萬，黄金百兩，爲起第宅，奴婢不可勝數。衍猶怨曰：「吾爲爾成何功，而報我若是哉！」

唐・李林甫等《唐六典》卷二七《職官九・諸卿下・少府監》　織染署：令一人，正八品上；《周官》九職，「嬪婦化理絲帛」。《考工記》：「理絲麻而成之，謂之婦功。」漢少府屬官有東織、西織，成帝河平元年省東織，更名西織曰織室。後漢有織室丞一人，此後無聞。北齊中尚方領涇州、雍州絲局丞，定州紬綾局丞。後周有司織下大夫一人，掌凡機材之工。隋煬帝置司織署令、丞，後與司染署併爲織染署。《周禮・天官》有「染人，掌染絲帛。凡染，春暴練，夏纁玄」；《冬官》有「設色之工五，謂畫、繢、鍾、筐、㡛也」。韋昭《辨釋名》云：「平準令主染，有常平之法，故準而酌之。」兩漢並隸司農。晉平準令有監染吏六人，初隸司農，後屬少府。宋順帝名準，始改曰染署令。齊復爲平準令，梁、陳爲平水令。北齊太府寺有司染署，長秋寺有染局丞。後周有染工上士一人，又有司色下大夫一人。隋初有司染署，隸太府寺，煬帝分屬少府。大業五年，合司織、司染爲織染署，令二人。皇朝置一人。丞二人，正九品上；漢、魏已來，並具於本署。隋并司織、司染爲一署，丞四人。皇朝因之，置二人。監作六人，從九品下。　織染署令掌供天子、皇太子及羣臣之冠冕，辨其制度，而供其職務；丞爲之貳。

【略】

凡織紝之作有十，一曰布，二曰絹，三曰絁，四曰紗，五曰綾，六曰羅，七曰錦，八曰綺，九曰繝，十曰褐。組綬之作有五，一曰組，二曰綬，三曰縧，四曰繩，五曰纓。紬線之作有四，一曰紬，二曰線，三曰絃，四曰網。練染之作有六。一曰青，二曰絳，三曰黄，四曰白，五曰皂，六曰紫。凡染大抵以草木而成，有以花、葉，有以莖、實，有以根、皮，出有方土，採以時月，皆率其屬而修其職焉。

《新唐書・百官志・少府》　織染署：令一人，正八品上；丞二人，正九品上。掌供冠冕、組綬及織紝、色染。錦、羅、紗、縠、綾、紬、絁、絹、布，皆廣尺有八寸，四丈爲匹。布五丈爲端，綿六兩爲屯，絲五兩爲絢，麻三斤爲綟。凡綾錦文織，禁示於外。高品一人專莅之，歲奏用度及所織。每掖庭經錦，則給酒羊。七月七日，祭杼。監作六人。

宋・王溥《唐會要》卷八六《市》　開元二年閏三月勅：「諸錦、綾、羅、縠、繡，織成紬、絹、絲、犛牛尾、真珠、金、鐵，並不得與諸蕃互市，及將入蕃；金鐵之物，亦不得將度西北諸關。」

宋・王栐《燕翼詒謀録》卷一　唐制，爲刺史者並借緋。太平興國二年二月戊戌，詔常參官知節鎮並借紫，防禦、團練、刺史州借緋，候回日依舊服色。其服緋人任諸州亦借紫，惟軍壘則否。

舊制品官服緋、紫，皆以品格，故選人久次多服緋、紫，京朝遷轉之速者，反多服緑。太平興國六年十一月冬至，郊祀赦文：「令常參官衣緋、緑二十年，於吏部投狀，具履歷以聞。」始以實歷。後以應格者少，改用莅事日爲始，遂爲定制。

舊制中書舍人、諫議大夫權侍郎，並服黑帶，佩金魚。霍端友爲中書舍人，奏事，

徽宗皇帝顧其帶問云：何以無別於庶官？端友奏：非金玉無用紅鞓者。乃詔四品從官改服紅鞓，黑犀帶，佩金魚。今武臣大使臣以上，紅鞓不知何所從始也。

又　卷三　真宗時，開封府洎京畿縣受納綿，多取出剩，訖事，悉揞其餘，均賜官吏，而官吏無厭，愈更多取，歲增不已。景德三年六月壬辰，詔悉蠲之，官吏所賜以官錢給其直。

宋·司馬光《資治通鑒》卷二三二《唐紀四十八》　德宗貞元三年　上復問泌以復府兵之策。【略】對曰：「此須急爲之，過旬日則不及矣。今吐蕃久居原、會之間，章：乙十六行本「會」作「蘭」；乙十一行本同；退齋校同。以牛運糧，糧盡，牛無所用，請發左藏惡繒染爲綵纈。藏，徂浪翻。惡繒，積於庫藏年深以致脆惡者。纈，户結翻。撮綵以綫結之而後染色，既染則解其結，凡結處皆元色，餘則入染色矣，其色斑斕，謂之纈。」

宋·高承《事物紀原》卷七《庫物職局部》

綾錦院

又曰：［乾］［建］隆二年，以平蜀所得錦工，置内綾錦院。太平興國二年，分爲東西二院。端拱元年合爲一。

布庫

又曰：諸州所納布，舊係左藏庫。建隆元年，移置布庫，在常樂坊也。

二染院

唐有染署，職在少府，後爲染坊。《宋朝會要》曰：舊染坊，太平興國二年分爲東西二染院。咸平六年，有司上言西染院水宜於染練，乃併之。

宋·吴曾《能改齋漫録》卷一二《記事》　和買絹

本朝預買納絹，謂之和買絹。按，《玉壺清話》與《澠水燕談》二書，皆以爲始于祥符初。因王旭知潁州，時大饑，出府錢十萬緡，與民約曰：「來年蠶熟，每貫輸一縑，謂之和買。」自爾爲例。而澠水燕談又以爲其後李士衡行之陝西，民以爲便。今行天下，于歲首給之。予按，范蜀公《東齋記事》，稱是太宗時，馬元方爲三司判官，建言方春乏絶時，豫給庫錢貸之。至夏秋，令輸絹于官。預買紬絹，蓋始于此。以三書考之，當以范説爲是，蓋范嘗爲是官耳。予讀詩人袁陟世弼所爲墓誌，序其當仁宗時，爲太平州當塗知縣。且言江南和市紬絹，豫給緡錢。郡縣或以私惠人，而不及農者，當塗尤甚。世弼自爲條約，細民均德之。乃知太宗之所以惠愛天下，多矣。而其後以鹽代錢，以爲縑直。又其後也，鹽亡而額存。然後知左氏所謂「作法于涼」，其説不誣也。

又　卷一五《方物》　川帛宜色

少卿章岵嘗官於蜀，持吴羅、潮綾至官，與川帛同染紅。後還京師，經梅潤，吴、湖之帛，色皆渝變，唯蜀者如舊。後詢蜀人之由，乃云：「蜀之蓄蠶，與他邦異。當其眠將起時，以桑灰餵之，故宜色。」然世之重川紅，多以染之良，蓋不知由蠶所致也。

宋·程大昌《演繁露續集》卷二《制度》

徽州苗絹

自楊炎立兩税法，農田一年歲輸官兩色。夏蠶熟，則輸紬絹絲，亦有輸麥者。秋稻熟，則專輸米，皆及時而取所有也。唐行兩税不久，只三四年。遂令當輸者皆折價輸錢。陸贄奏議具在，可見也。徽州，唐歙州也，有水可通浙江，而港洪狹小，閲兩旬無雨，再舟膠不行。以此人之於秋苗額中，景州用米數，許於本色外，餘盡計米價，準絹價，令輸以代納苗，以便起發也。而苗絹無定額，吏得出入爲姦。乾道丁亥，趙德莊爲江東漕，問所委，予曰，徽，吾桑梓也。税額之重，居田收十之六也。自五代楊行密時已如此，今難減矣，而惟有司年年於法外多科，此即可以檢轄，令毋羨取也。趙曰，予略知其似矣。徽之苗米，本州全得用，不起一粒，已自優如他州矣。而不知起發苗絹，即是計米輸絹也。觀德莊此言，已是爲吏輩先言所入矣。予但悵然，因與之詳道曲折，始歎程琳之爲達識也。琳爲三司時，有建議者，患二税色目多，欲并爲一，以便稽檢。琳獨不可，曰，今并其入而没其名，他日姦人拈取舊目，曰昔嘗取而今漏檢者，遂成添税一重也。此即徽之苗米，藏於秋苗絹之類也。程公達識也哉。

初禁欎

天聖六年，用齊宗矩言，巡捉私欎，如私茶鹽法。《實録》。

宋·朱熹《晦庵先生朱文公文集》卷一八《按唐仲友第三狀》　公庫所入，舊例並支見任官員逐月供給及宴會之屬。自兩年來，却以糴本庫錢撥入軍資庫，軍資庫撥入公使庫，以支供給。公庫之錢既富，乃巧作名色，以饋送爲名，多至五百貫，少至數十貫，專委公庫手分馬澄支行，及書表司楊楠僞作書劄，送與官員，封角了當，却供入宅堂。又其間婺州親戚如妻之親兄何知縣、何教授，其子之妻父曹宣教，其表弟高宣教者甚多，止宿郡齋，爭受關節，以此頻作宴會，無不預坐，留連數月，臨行饋送各以數百千。及去年十一月，次子娶婦，凡供帳幙帟，染破

紫綾羅絹凡數百匹。從人衣衫數百領，樂妓衣服並是什物庫陸侃支公使庫錢，往仲友私家婺州所開綵帛鋪高價買到暗花羅并瓜子、春羅三四百匹，及紅花數百斤，本州收買紫草千百斤，日逐拘繫染户在宅堂及公庫變染紅紫。其妓弟四十餘人，都行首嚴蘂分真紅暗花羅，餘行首分瓜子羅，其餘分春羅。每人分俵真紅大袖帔子、背子、紅裙、衫段、幃子各一副。一州驚駭，自來未嘗有知州爲妓弟製造衣服。名件不一，違法如此，盡是父子踰濫，以此取媚。其餘所染到真紅紫物帛，並發歸婺州本家綵帛鋪貨賣。其子親會宴集經月，姻族内外，一文以上，皆取辦於公庫。其妓弟今夏又分紗帛衣，名件並如前。

《宋史・輿服志》 公服

凡朝服謂之具服，公服從省，今謂之常服。宋因唐制，三品以上服紫，五品以上服朱，七品以上服緑，九品以上服青。其制，曲領大袖，下施横襴，束以革帶，幞頭，烏皮韡。自王公至一命之士，通服之。

太宗太平興國二年，詔朝官出知節鎮及轉運使、副，衣緋、緑者並借紫。知防禦、團練、刺史州，衣緑者借緋，衣緋者借紫；其爲通判、知軍監，止借緋。其後，江淮發運使同轉運，提點刑獄同知刺史州。雍熙初，郊祀慶成，始許升朝官服緋、緑二十年者，敍賜緋、紫。

真宗登極，京朝官亦聽敍，及東封、西祀赦書，京朝官並以十五年爲限。後每帝登極，亦如例。景德三年，詔内諸司使以下出入内庭，不得服皁衣，違者論其罪，内職亦許服窄袍。

仁宗景祐元年，詔軍使曾任通判者借緋，曾任知州者借紫。慶曆元年，龍圖閣直學士任布言：「欲望自今贈官至正郎者，其畫像許服緋，至卿監許服紫。」從之。嘉祐三年，詔三品轉運使朝辭上殿日，與賜章服；諸路轉運使候及十年，即與賜章服。

神宗熙寧元年，中書門下奏：「六品以上犯贓濫或私罪徒重者，不得因本品改章服。」從之。元豐元年，去青不用，階官至四品服紫，至六品服緋，皆象笏、佩魚，九品以上則服緑，笏以木。武臣、内侍皆服紫，不佩魚。假版官及伎術若公人之人入品者，並聽服緑。官應品而服色未易，與品未及而已易者，或以年格，或以特恩。五年，詔六曹尚書依翰林學士例，六曹侍郎、給事中依直學士例，朝謝日不以行、守、試並賜服佩魚，罷職除他官日，不帶行。

徽宗重和元年，詔禮制局自冠服討論以聞，其見服韡，先改用履。禮制局奏：「履有絇、繶、純、綦，古者舄履各隨裳之色，有赤舄、白舄、黑舄。今履欲用黑革爲之，其絇、繶、純、綦並隨服色用之，以倣古隨裳色之意。」詔以明年正旦改用。禮制局又言：「履隨其服色。武臣服色一等，當議差別。」詔文武官大夫以上具四飾，朝請郎、武功郎以下去繶，並稱履；從義郎、宣教郎以下至將校、伎術官去繶，純，並稱履。當時議者以韡不當用之中國，實廢釋氏之漸云。

中興，仍元豐之制，四品以上紫，六品以上緋，九品以上緑。服緋、紫者必佩魚，謂之章服。非官至本品，不以假人。若官卑而職高，則特許者有三：自庶官遷六部侍郎，自庶官爲待制，或出奉使者是也。又有以年勞而賜者，有品未及而借者。升朝官服緑，大夫以上服緋，莅事至今日以前及二十年歷任無過者，許磨勘改授章服，此賜者也。或爲通判者，許借緋；爲知州、監司者，許借紫；任滿還朝，仍服本品，此借者也。又有出於恩賜者焉。紹興十二年九月，以皇太后回鑾，詔承務郎以上服緋、緑，莅事至今日以前十七年者，並改轉服色。

三十二年六月，孝宗即位，詔承務郎以上服緋、緑及十五年者，並許改轉服色。然計年之法，亦不輕許。無出身人自年二十出官服緑日起理，服緋人亦自年二十服緋日起理，有出身人自賜出身日起理；内並除豁丁憂年、月、日不理外，歷任無過者方許焉。先是，殿中侍御史張震奏：「今日之弊，在於人有僥倖。能革其俗，然後天下可治。且改轉服色，常赦自升朝官以上服緑，大夫以上服緋，莅事及二十年，方得改賜。今赦日承務郎以上服緋、緑及十五年，便與改轉。比之常赦，不惟年限已減，而又官品相絶，蓋已爲異恩矣。今竊聞省、部欲自補官日便理歲月，即是嬰孩授命，年纔十五者今遂服緋；而貴近之子，或初年賜緋，年纔及冠者今遂賜紫。朱、紫紛紛，不亦濫乎？況靖康、建炎恩赦，亦不曾以補官日爲始。若始於出官之日，頗爲折衷，蓋比之莅事所減已多，而比之初補粗爲有節。」帝從其言，故有是命。

仁宗天聖三年，詔：「在京士庶不得衣黑褐地白花衣服并藍、黄、紫地撮暈花樣，婦女不得將白色、褐色毛段并淡褐色匹帛製造衣服，令開封府限十日斷絶；婦女出入乘騎，在路披毛褐以禦風塵者，不在禁限。」七年，詔士庶、僧道無得以朱漆飾牀榻。九年，禁京城造朱紅器皿。

【略】非命婦之家，毋得以真珠裝綴首飾、衣服，及項珠、纓絡、耳墜、頭𦅗、抹子之類。凡帳幔、繳壁、承塵、柱衣、額道、項帕、覆旌、牀裙，毋得用純錦徧繡。宗室戚里茶檐、食合，毋得以緋紅蓋覆。豪貴之族所乘坐車，毋得用朱漆及五彩

裝繪，若用黝而間以五彩者聽。民間毋得乘檐子，及以銀骨朵、水罐引喝隨行。

慶曆八年，詔禁士庶傚契丹服及乘騎鞍轡、婦人衣銅綠兔褐之類。皇祐元年，詔婦人冠高毋得踰四寸，廣毋得踰尺，梳長毋得踰四寸，仍禁以角爲之。先是，宫中尚白角冠梳，人争倣之，至謂之内樣。冠名曰垂肩等，至有長三尺者；梳長亦踰尺。議者以爲服妖，遂禁止之。七年，初，皇親與内臣所衣紫，皆再入爲黝色。後士庶寖相效，言者以爲奇衺之服，於是禁天下衣黑紫服者。

神宗熙寧九年，禁朝服紫色近黑者，民庶止令乘犢車，聽以黑飾，間五彩爲飾，不許呵引及前列儀物。哲宗紹聖二年，侍御史翟思言：「京城士人與豪右大姓，出入率以轎自載，四人舁之，甚者飾以椶蓋，徹去簾蔽，翼其左右，旁午於通衢，甚爲僭擬，乞行止絶。」從之。

士庶人車服之制。太宗太平興國七年，詔曰：「士庶之間，車服之制，至于喪葬，各有等差。近年以來，頗成踰僭。宜令翰林學士承旨李昉詳定以聞。」昉奏：「今後富商大賈乘馬，漆素鞍者勿禁。近年品官綠袍及舉子白襴下皆服紫色，亦請禁之。其私第便服，許紫皂衣、白袍。舊制，庶人服白，今請流外官及貢舉人、庶人通許服皂。工商、庶人家乘檐子，或用四人、八人，請禁斷，聽乘車；兜子，舁不得過二人。」並從之。端拱二年，詔縣鎮場務諸色公人并庶人、商賈、伎術、不係官伶人，只許服皂、白衣，鐵、角帶，不得服紫。

又《食貨志》 建隆中，詔：「商人私販幽州礬，官司嚴捕没入之。」繼定私販河東幽州礬一兩以上、私鬻礬三斤、及盗官礬至十斤者，棄市。開寶三年，增私販至十斤、私鬻及盗滿五十斤者死，餘論罪有差。太平興國初，以歲鬻不充，迺詔私販化外礬一兩以上、及私鬻至十斤，並如律論決，再犯者悉配流，還復犯者死。淳化元年，有司言：「慈礬滯積，小民多於山谷僻奥之地私鬻侵利，而綠礬價賤，不宜與晉礬均法。」詔同犯私茶罪賞。

先是，建隆二年，命左諫議大夫劉熙古詣晉州制置礬，許商人輸金銀、布帛、絲綿、茶及緡錢，官償以礬，凡歲增課八十萬貫。太平興國初，歲博緡錢、金銀計一十二萬餘貫，茶計三萬餘貫。端拱初，銀、絹帛二萬餘貫，茶計十四萬貫。至是，言者謂：「礬直酬以見錢，商人以陳茶入博，有利豪商，無資國用。」詔今後惟聽金銀、見錢入博。

熙寧元年，命河東轉運司經畫礬、鹽遺利。李師中言：「官積礬三百斤，走鹵消耗，恐後爲棄物。」詔令商人入中糧草，即以償之。三年，罷潞州交子務，以妨中納糧草、算請礬鹽故也。知慶州王廣淵言：「河東，礬爲利源之最，請河東、京東、河北、陝西別立礬法，專置提舉官。」詔遣光禄丞楊蟠會議以聞。蟠言：「坊州産礬，官雖置場，而商多私售。請置鑊户，定其數，許於陝西北界黄河，東限潼關，南及京西均房襄鄧金州、光化軍，令鑊户遞相保察。或私賣越界，禁如私白礬法，仍增官獲私礬輒以夾雜減斤重之法。」從之。

元豐元年，定畿内及京東、西五路許賣晉、隰礬；陝西自潼關以西、黄河以南，達于京西均、房、襄、鄧、金州則售坊州礬；礬之出於西山、保霸州者，售於成都、梓州路；出無爲軍者，餘路售之。私鬻與越界者，如私礬法。

自熙寧初，礬法始變。歲課所入，元年爲錢三萬六千四百緡有奇，併增者五年，乃取熙寧六年中數，定以十八萬三千一百緡有奇爲新額；至元豐六年，課增至三十三萬七千九百緡，而無爲軍礬歲課一百五十萬斤，用本錢萬八千緡；自治平至元豐數無增損。

元祐元年，户部言：「商旅販礬，舊聽其便，迺者發運司請用河東例，令染肆鋪户連保豫買，頗致抑擾。」詔如舊制。元符三年，崇儀使林像奏：「禁河北土礬非便。若即河北産礬地置場官買，增價出之，罷運晉礬，則官獲浄利，無運載之勞，民資地産，省犯法之弊。」詔下户部。

初，熙、豐間，東南九路官自賣礬，發運司總之。元祐初通商，紹聖復熙、豐之制。大觀元年，定河北、河東礬額各二十四萬緡，淮南九萬緡，罷官賣，從商販，而河東、河北、淮南各置提舉官。政和初，復官鬻，罷商販如舊制。淮南礬事司罷歸發運司，上供礬錢責以三萬三千一百緡爲額。三年，有司奏減河北、河東并淮南礬額，計十六萬緡。四年，礬額復循大觀之制。五年，河北、河東綠礬聽客販於東南九路，民間見用者，依通商地籍之，聽買新引帶賣，大率循倣鹽法。宣和中，舉比較增虧賞罰，未幾，以擾民罷。

建炎三年，措置財用黄潛厚奏許商人販淮南礬入東南諸路，聽輸錢行在，而持引據赴場支礬。

紹興十一年，以鑄錢司韓球言，撫州青膽礬斤錢一百二十文，土礬斤三十文省，鉛山場所産品高於撫，青膽礬斤作一百五十文，黄礬斤作八十文。二十九年，以淮西提舉司言，取紹興二十四年至二十八年所收礬錢一年中數四萬一千五百八十五緡爲定額。其他産礬之所，若潭州瀏陽之永興場、韶州之岑水場，皆置場給引，歲有常輸。惟漳州之東，去海甚邇，大山深阻，雖有采礬之利，而潮、梅、汀、贛

四州之姦民聚焉，其魁傑者號大洞主、小洞主，土著與負販者，皆盜賊也。

明・李東陽等《明會典》卷一八九《工部九・工匠二》

尚衣監一千二百四十九名：

雙線匠六十七名，繡匠三百六十六名，裁縫匠一百八十五名，毛襖匠六十九名，碾玉匠三十名，冠帽匠五十三名，漆匠一十三名，草帽匠七名，鑽珠匠五名，穿珠匠一十一名，泥水匠七名，箍桶匠二名，斜皮匠一十七名，綿線匠三名，竹匠三名，氈匠二十四名，捲胎匠一十四名，麻鞋匠七名，釘帶匠一十五名，履鞋匠二十五名，鏇匠一十一名，纏椶匠一十六名，畫匠二十三名，油傘匠三名，銷金匠四名，椶巾匠二十二名，銼磨匠一名，熟皮匠六十六名，網巾匠三十二名，石匠二名，涼胎匠二十五名，邊兒匠九名，綿匠一十九名，磨鏡匠二名，錫匠二名，鐵匠一十二名，刺金匠四名，涼衫匠八名，木匠九名，油漆匠二名，釘鉸匠二名，絛匠八名，表背匠九名，打線匠一名，鋸匠一名，香匠一名，皮匠一名，釘底匠一名，鏡兒匠一名，妝鑾匠二名，抹金匠三名，利金匠一名，鞭子匠一名，刺金線匠一名，花匠一名，毯子匠一名，鬃巾匠一名，幫巾匠一名，楦頭匠六名，打角匠一名，索匠一名。

織染局一千三百一十七名：

纓匠二十三名，絡絲匠一百四十一名，打線匠六十名，腰機匠二十二名，摺配匠一名，織匠八十七名，揭狙匠一十四名，挑花匠八十三名，刻絲匠二十三名，染匠二百六十三名，染紙匠一十一名，紡綿花匠一十二名，緝麻匠一名，撚綿線匠五名，織羅匠二名，撚金匠一十八名，籰匠二名，搥紙匠三名，絡緯匠五十三名，裁金匠六名，背金匠一十七名，包頭匠一十三名，木匠三名，臙脂匠九名，洗白匠一十七名，三梭布匠十六名，篾匠一十四名，畫匠一十九名，駝毛匠二十六名，挽花匠二百二十名，攢絲匠一百二十三名，結椶匠一十名。

又《工部一五・顔料》 凡禁令，洪武年間聖旨： 如今營造合用顔料，但是出產去處，便著有司借倩人夫，採取來用。若不係出產去處，著百姓怎麼辦，那當該官吏又不明白具奏，只指著朝廷名色以一科百，以十科千，百般苦害百姓。似這等無理害民官吏，拏來都全家廢了不饒。若那地面本出產，卻奏説無，以後著人採取得有時，那官吏也不饒。雖是出產去處，也須量著人的氣力採辦。似這等百姓也不艱難生受，官民兩便。若有司家因而生事擾害他的，拏來全家廢了不饒。 永樂二十二年聖旨： 古者土賦，隨地所產，不强其所無。比年如丹漆、石青之類，所司更不究產物之地，一槩下郡縣徵之，逼迫小民鳩斂金幣，詣京師博易輸納。而商販之徒乘時射利，物價騰踊數十倍，加不肖官吏夤緣爲奸，計其所費，朝廷得其千百之什一，其餘悉肥下人。今宜切戒此弊，凡合用之物，必於出產之地計直市之。若仍蹈故習，一槩科派，以毒民者，必誅不宥。 成化二年，令內官監促辦累年未納物料，急用者，以官銀收買。不急者，停止。

明・謝肇淛《五雜俎》卷一〇《物部二》 丘文莊謂棉花自元始入中國，非也。棉花雖有草木二種，總謂之木棉花。其實木種者，迺班枝花，非棉花也。唐李商隱詩：「木棉花發鷓鴣飛。」通鑑，梁武帝木棉皁帳，史炤注釋甚詳，與今棉花無異，但云江南多有之。今則燕、魯、燕、洛之間盡種之矣，豈元時始求種於江南，而令北地種之耶？若謂自虜地入中國，則虜地何嘗有棉花？漢中行説教匈奴得漢縕絮，馳荆棘中，即裂示，不如氈貉之厚也。況棉花極畏寒，齊地若霜早，則花皆無收，故宜於閩、廣，今反謂其自北而至，可乎？

清・孫承澤《春明夢餘録》卷四六《工部一》 凡織造，冕服、誥敕、制帛、祭服、淨衣、諸幣布，移內府、南京、諸省，周知其數而慎節之。凡公侯伯鐵券，差其廣高。凡祭器、册寶、乘輿、牌符、雜器，會則於內府。凡衡量，謹較勘而頒之，懸式於市。其奉敕分理於外者，爲北河差郎中，南河差郎中，中河差郎中，夏鎮閘差郎中，南旺泉閘差主事，荆州抽分差主事，杭州抽分差主事，清江廠差主事，通惠河、器皿廠、六科廊，皆本司總理者。所屬爲文思院大使、副使，織染所大使、副使。

清・徐松《宋會要輯稿・輿服》

天子服

《宋會要》： 太祖建隆元年二月九日，太常禮院言：「(準)[准]敕追尊四廟，皇帝御崇元殿命使行册禮，衮龍服；五月一日御殿受朝通天冠，絳紗袍。伏請下內中尚司與少府監計會修製。」詔可。

十九日，太常禮院言：「准少府監(准少府監)牒，請具衮龍衣、絳紗袍、通天冠制度令式。衮冕，垂白珠十有二旒，以組爲纓，色如其綬，黈纊充耳，玉簪導。玄衣纁裳，十二章： 八章在衣，日、月、星辰、山、龍、華蟲、火、宗彝；四章在裳，藻、粉米、黼、黻。衣褾領如上，爲升龍，皆織就爲之。山、龍以下每章一行，重以爲等，每行十二。白紗中單，黼領、青褾、襈、裾。蔽膝如龍、山、火三章。革帶，玉鉤䚢。大帶，素帶朱裏，紕其外，上朱下緑，紐約用組。鹿盧玉具劍，大珠鏢

首，白玉雙佩，玄組。雙大綬六采，玄、黄、赤、白、縹、緑，純玄質，長二丈四尺五寸，首廣一尺。小雙綬長二尺六寸，色同大綬，而首半之，間施三玉環。朱襪赤舄，加金飾。」詔可。以上《永樂大典》卷一九七八五。

皇太子服

《宋會要》：皇太子之服。衮冕：青羅表，緋羅紅綾裏，塗金銀鈒花飾，犀簪導，紅絲組，前後白珠九旒，二纊貫水晶珠。青羅衣，繡山、龍、雉、火、虎蜼五章。紅羅裳，繡藻、粉米、黼、黻四章。紅羅蔽膝，繡山、火二章。白紗中單，青褾、襈、裾。革帶，塗金銀鈎鰈，瑜玉雙佩。四采織成大綬，結二玉環，金塗銀鈒花飾。青羅襪帶，紅羅勒帛。玉具劍，金塗銀鈒花，玉鏢首。白羅襪，朱履，金塗銀釦。從祀則服之。遠遊冠：十八梁，青羅表，金塗銀鈒花飾，犀簪導，紅絲組爲纓，博山。朱明服：紅花金條紗衣，紅紗裏，皂褾、襈，紅紗裳，紅紗蔽膝，並紅紗裏。白花羅中單，皂褾、襈，白羅方心曲領。白羅襪，黑舄，革帶，劍，佩，綬。餘同衮服。襪帶，勒帛。受册、謁廟、朝會則服之。常服：皁紗折上巾，紫公服，通犀金玉帶。

太宗至道元年八月二十五日，册命皇太子。【略】

十二月二十五日，太常禮院言：「將來南郊，准禮例，皇太子侍從皇帝，充亞獻行禮，合着祭祀服色。准制度：衮冕，垂白珠九旒，以組爲纓，色如其綬，青纊充耳，犀簪導。玄衣纁裳，服九章，每章一行，重以爲等。每行五章在衣，山、龍、華蟲、火、宗彝；四章在裳，藻、粉米、黼、黻，皆織爲之。白紗中單，黼領，青褾、襈、裾。革帶，金鈎鰈。大帶，素帶不朱裏，亦紕以朱緑，紐約用組。黻隨裳色，火、山二章。玉具劍，金寶爲飾，玉鏢首，瑜玉雙珮。朱組，雙大綬四采，赤、白、縹、紺，純朱質，長一丈八尺，三百二十首，廣九寸。小雙綬長二尺六寸，色同大綬，而首半之，間施二玉環。朱襪，赤舄，舄加金飾。侍從皇帝祭祀及謁廟、加元服，納妃則服之。」詔令文思院製造。

徽宗政和三年四月二十九日，議禮局上皇太子冠服之制：「衮冕：垂白珠九旒，紅絲組爲纓，青纊充耳，犀簪導。青衣朱裳，九章：五章在衣，山、龍、華蟲、火、宗彝；四章在裳，藻、粉米、黼、黻。白紗中單，青褾、襈、裾。革帶，塗金銀鈎鰈。蔽膝隨裳色，爲火、山二章。瑜玉雙佩，四采織成大綬，間施玉環三。白襪、朱舄，舄加金塗銀釦。加元服、從祀、納妃、釋奠文宣王服之。具服遠游冠：十八梁，金塗銀花飾。博山附蟬，紅絲組爲纓，犀簪導。朱明服：紅裳，白紗中單，方心曲領，絳紗蔽膝，白襪黑舄，餘同衮冕。受册、謁太廟、朝會服之。」詔頒行。

政和三年四月二十九日，又上皇太子妃冠服之制：「首飾：花九株，小花如大花之數，并兩博鬢。褕翟：青織成爲之，文爲揺翟之形，青質，五色九等。素紗中單，黼領，羅縠褾、襈。褾、襈皆以朱色。蔽膝隨裳色，以緅爲領緣，以揺翟爲章，二等。大帶隨衣色，不朱裏，紕其外，上以朱錦，下以緑錦，紐約用青組。以青衣革帶，白玉雙佩，純朱雙大綬。章采尺寸與皇太子同。受册、朝會服之。鞠衣：黄羅爲之，蔽膝、大帶、革帶隨衣色，餘與褕翟同，唯無翟。從蠶服之。」詔頒行。【略】

乾道元年八月十七日，詔工部下文思院依禮部、太常寺定到制度製造皇太子冠服。禮部、太常寺狀：「勘會依禮例，皇太子服遠游冠、朱明衣，執桓圭及合服冠冕等。今討論申請：桓圭，檢會《太常因革禮》至道二年册命皇太子，禮官上言：『《周禮》天子執鎮圭，公執桓圭，無太子執圭之文。所謂公者，三恪及上公也。《晉書》太子出會，在三恪之下、三公之上。請定制，皇太子服遠游冠、朱明衣，執桓圭以受册，朝會、謁廟亦服之。』按《禮・玉人》云：命圭九寸，謂之桓圭。雙植謂之桓，博三寸，厚半寸，剡上左右各寸半。玉色一依《政和五禮新儀》制度名件。遠游冠十八梁，金鍍銀花飾。博山附蟬，紅絲組爲纓，犀簪導。朱明服：紅裳，白紗中單，方心曲領，絳紗蔽膝，白襪，黑舄。餘同衮冕。衮冕：垂白珠九旒，紅絲組爲纓，青纊充耳，犀簪導。青衣朱裳，九章：五章在衣，山、龍、華蟲、火、宗彝；四章在裳，藻、粉米、黼、黻。白紗中單，青褾、襈、裾。革帶，塗金銀鈎鰈。蔽膝隨裳色，爲火、山二章。瑜玉雙佩，四采織成大綬，間施玉環三。白襪、朱舄。舄加金塗銀釦。」從之。仍令工部行下文思院，照應上件冠服疾速修製。

后妃服

《宋會要》：皇后之服，唐制有三等：一曰褘衣，朝會服之；二曰鞠衣，親蠶服之；三曰禮衣，（晏）［宴］見服之。國朝存其名，常服龍鳳珠翠冠、霞帔。

仁宗天聖二年正月十一日，中書門下言：「皇太后禮服，按典禮具有明文，望令所司預先修製。」詔太常禮院檢詳典禮以聞。禮院言：「按《開寶禮》，首飾花十二株，小花如大花之數，並兩博鬢。褘衣素紗中單，蔽膝、大帶，以青衣、革帶、青襪、舄，白玉雙珮，黝組、雙大綬。受册、親蠶、朝會諸人事則服之。又按《開元禮義羅》曰：隋朝置后服四等，其四曰朱衣，緋羅爲之，宴見賓客則服之。今參詳，每遇朝謁聖容，往還於輦中服此朱衣，加蔽膝、革、大帶、珮綬、襪、金飾履，並

隨衣色。如常程視事，則亦服朱衣，用大帶、綬、金飾履，或去綬，只用大帶亦可。即去蔽膝、革帶、珮、韈。或用黄羅爲衣，如鞠衣之色，亦無妨礙。仍用大帶、綬、金飾履。其首飾依十二株花。」奏可，仍命入内内侍省副都知周文質管勾修製。五月製成，上之。

十年九月十五日，太常禮院上言：「准詔出兩宮衣冠畫樣，參詳製造。今請皇太后革帶、襪、舄並隨衣青色，仍加金飾，不用劍，餘如畫樣修製。」奏可。

明道元年十二月三日，詔：「將來皇太后恭謝宗廟，有司製后妃禮衣、祭服及重翟等六車。」太常禮院言：「禮衣請准皇帝衮服減二章，衣去宗彝，裳去藻，不用劍。九龍十六株花，前後垂珠翠各十二旒，以衮衣爲名。」詔冠名儀天。九日，太常禮院言：「皇太后赴太廟，乘玉輅，服褘衣、九龍花釵冠；行禮服衮衣、儀天冠。皇太妃、皇后乘重翟車，服鈿釵禮衣，以緋羅爲之。蔽膝、革帶、佩綬、履。其冠用十二株花釵。太廟行禮，並服褘衣。」詔可之。敕有司製禮衣及重翟以下六車，太后遂以車服謁太廟。

臣庶服

《宋會要》：太宗太平興國七年正月九日，詔曰：「士庶之間，車服之制，至于喪葬，咸有等差。近年以來，頗成踰僭。宜令翰林學士承旨李昉等詳定以聞。」既而昉等上言：「今參詳，伏請今後富商大賈乘馬，漆素鞍者勿禁。近年品官緑袍及舉子白襴下皆服紫色，亦請禁斷。其私第便服，許紫皂衣、白袍。舊制，庶人服白，今請通許服皁。又參詳近年工商、庶人家乘檐子，或用四人、八人。今請禁斷，聽乘車；兜子，舁不得過二人。」並從之。【略】

《乾道》：九年十二月十五日，詳定三司敕令所狀：「《乾道重修儀制令》：『諸中書舍人、左右諫議大夫、龍圖、天章、寶文、顯謨、徽猷、敷文閣待制、權侍郎許服紅鞓排方，黑犀帶，仍佩魚。』改修下條：『諸中書舍人、左右諫議大夫、龍圖、天章、寶文、顯謨、徽猷、敷文閣待制，權侍郎許服紅鞓排方，黑犀帶，仍佩魚。諸狨毛座，職事官權六曹侍郎、寄禄官太中大夫以上，及學士、待制，或經恩賜者，許乘。二衙或節度使曾任執政官者準此。』『諸凶服不入公門，居喪而奪情從職者照依本品，唯以淺色，去金玉飾。在家即如喪制。』改修下條：『諸凶服不入公門，居喪而奪情從職者服依本品，唯色淺，去金玉飾。在家即如喪制。』『諸文武陞朝官及伎術官大夫以上並用屨。學生同。内朝請、武功郎以下減繶，學生減綦。從義、宣教郎以下並用屨。伎術官、翰林良醫以下及將校亦同。』改修下條：『諸文武及伎術官並用靴。將校同。朝請，武功郎以上減繶，從義、宣教郎、伎術官、翰林良醫以下，將校各減繶、純。學生服者減綦。』『諸州職員及職級許履袍、執笏。經略、安撫、總管、鈐轄、發運、鹽司職級準此。』改修下條：『諸州職員及職級許靴、袍、執笏。靴減繶，經略、安撫、總管、鈐轄、發運、鹽司職級准此。』《乾道重修儀制式》：『履用黑革，以絇、繶、純、綦飾之，各隨服色。學生履以綦、純、繶，純用青。減繶者亦名履，減繶、純者名屨。絇，履上飾。繶，飾底。純，緣也。綦，履帶。』改修下條：『靴用黑革，以麻底一重、皮底一重，白絹納氈爲裏。自底至鞝口高八寸，以絇、繶、純、綦飾之，各隨服色。學生絇，純並用青。』」詔從之。

仁宗天聖三年，詔：「在京士庶不得衣黑褐地白花衣服，并藍、黄、紫地撮暈花樣；婦女不得將白色、褐色毛段并淡褐色匹帛製造衣服。令開封府限十日斷絶，婦女出入乘騎，在路披毛褐以禦風塵者，不在禁限。」

朝服

《宋會要》：仁宗景祐三年十月十九日，御史臺言：「准詔，皇親諸司使以下除西班官百三十餘員，並隸本臺班簿，凡侍祠、大朝會，大將軍至副率各依本品朝服，宜下有司施行。」詔禮院檢詳典故，報三司製造。

康定二年十月，少府監言：「每大禮，朝服法物庫定百官品位，支給朝服。今朝班内有官卑品高及官高品卑者，難爲臨時參定，或恐差舛，有違典禮。望下禮院詳定百官朝服等第，令本庫依官品支給。」詔禮院參酌舊制。禮院言：「准《衣服令》：五梁冠，犀簪導，珥筆，朱衣、朱裳，白羅中單，並皂褾襈，方心曲領，大帶，革帶，蔽膝，隨羅色。玉裝劍、玉珮，錦綬間施二玉環，白韈，烏皮履。一品、二品侍祠、大朝會則服之，中書門下則加籠巾、貂蟬。」

祭服

《宋會要》：王公以下冠服。唐制有兖冕九旒、鷩冕八旒、毳冕七旒、絺冕六旒、玄冕五旒，爵弁，朝服、公服、袴褶、弁服。國朝省八旒冕、六旒冕、弁服。九旒冕：塗金銀花額，犀、玳瑁簪導，青羅衣繡山、龍、雉、火、虎蜼五章，緋羅裳繡藻、粉米、黼、黻四章，緋蔽膝繡山、火二章，白花羅中單，玉裝劍，佩，革帶，暈錦綬，二玉環，緋白羅大帶，緋羅襪，履，親王、中書門下奉祀則服之。九旒冕無額花，玄衣，纁裳，悉畫，小白綾中單，師子錦綬，二銀環，餘同上，三公奉祀則服之。七旒冕：犀角簪導，衣畫虎蜼、藻、粉米三章，裳畫黼、黻二章。銀裝佩、劍，革帶，餘同九旒冕，九卿奉祀則服之。五旒冕無章，銅佩、劍，革帶，餘同七旒冕，青羅爲衣裳，四品、五品爲獻官則服之。六品以下無劍、佩、綬。紫檀衣、朱裳，羅

爲之，皂大綾綬、銅劍、佩，御史、博士服之。平冕無旒，青衣、纁裳，無劍、佩、綬，餘同五旒冕，太祝、奉禮服之。五梁冠：塗金銀花額，犀、玳瑁簪導，立筆，緋羅袍，白花羅中單，緋羅裙，緋羅蔽膝，並皂褾襈，白羅大帶，白羅方心曲領，玉劍、佩，銀革帶，暈錦綬，二玉環，白綾襪，皂皮履，一品、二品侍祠、朝會則服之。中書門下則冠加籠巾、貂蟬。籠巾編藤漆之，塗金銀飾；玳瑁蟬一，金蟬六，銜玉。三梁冠：犀角簪導，無中單，銀劍、佩，師子錦綬，銀環，餘同五梁冠，諸司三品、御史臺四品、兩省五品侍祠、朝會則服之。御史大夫、中丞則冠有獬豸角，衣有中單。兩梁冠：犀角簪導，銅劍、佩，練鵲錦綬，銅環，餘同三梁冠。四品、五品侍祠、朝會則服之。六品以下無中單，無劍佩、綬，御史則冠有獬豸角，衣有中單。袴褶紫、緋、緑各從本服色，白綾中單，白綾袴，白羅方心曲領，本品冠，導駕則騎而服之。

大駕鹵簿内巾服之制。金吾上將軍、將軍、六統軍、千牛中郎將，服花脚幞頭、抹額、紫繡袍，佩牙刀，珂馬。諸衛大將軍、將軍、中郎將、折衝、果毅，散手翊衛，服平巾幘、紫繡袍、大口袴，錦螣蛇，銀帶，佩横刀，執弓箭。千牛將軍，服平巾幘，紫繡袍、大口袴、銀帶、鞾鞦，横刀、執弓箭，珂馬。千牛，服花脚幞頭、緋繡抹額、大口袴、銀帶、鞾鞦。前馬隊内折衝及執矟者，服錦帽、緋繡袍、銀帶。監門校尉、六軍押仗，服幞頭、紫繡裲襠。隊正，服平巾幘、緋繡袍、大口袴。諸衛主率、都尉、引駕騎、持鈒隊内校尉、旅帥、執衛司殳仗、穳矟，金吾十六騎、班劍、儀刀隊、親勳翊衛、執大角人，並服平巾幘、緋繡裲襠、大口袴，佩横刀、執弓箭。金吾押牙服金鵝帽、紫繡袍、銀帶，儀刀。金吾執纛者，服烏紗帽、皂衣袴、鞵韈。金吾押纛，服幞頭、皂繡衫、大口袴、銀帶、烏皮鞾。執金吾穳矟，服錦袍、帽、臂鞲、銀帶、烏皮鞾。清游隊佽飛，執副仗矟，服甲騎具裝，錦鞲，横刀執弓箭，白袴。朱雀隊執旗及執牙門旗、執絳引旛、黄麾幡者，服緋繡衫、抹額、大口袴，銀帶。執殳仗，前後步隊、真武隊執旗，前後部黄麾，執日月合璧等旗，青龍白虎隊、金吾細仗内執旗者，服五色繡袍、抹額、行縢、銀帶，執白幹棒人加銀褐捍腰。執龍旗及前馬隊内執旗人，服五色繡袍、銀帶、行縢、大口袴。執弓箭、執龍旗副竿人，服錦帽、五色繡袍、大口袍、銀帶。執弩、弓箭人，服錦帽、青繡袍、銀帶。前後步隊人，服五色鍪甲、錦臂鞲、鞵韈、袴、銀帶。朱雀隊内執弓箭、弩、矟，虞候佽飛，執長壽幢、寶輿法物人，服平巾幘、緋繡袍、大口袴、銀帶。援寶，執絳麾、真武幢叉人，服武弁、紫繡衫。持鈒隊、殿中黄麾、繖、扇、腰輿、香蹬、華蓋，指南、進賢等車駕士，相風、鍾漏等輿輿士，服武弁、緋繡衫。駕羊車童子，服垂耳髻、青頭巾、青繡大袖衫、袴、勒帛、青耳履。執引駕龍墀旗、六軍旗者，服錦帽、五色繡衫、錦臂鞲、銀帶。引、夾旗及執柯舒、鐙仗者，服貼金帽，餘同上。執花鳳、飛黄、吉利旗者，服銀褐繡衫、抹額、銀帶。夾轂隊，服五色質鍪、鎧、錦臂鞲、白行縢、紫帶、鞵韈。驍衛、翊衛三隊，服平巾幘、緋繡袍、大口袴、錦螣蛇。執五輅、副輅、耕根車駕士，服平巾幘、青繡衫、青履韈。教馬官，服幞頭、紅繡抹額、紫繡衫、白袴、銀帶。掌輦、主輦，服武弁、黄繡衫、紫繡誕帶。攏御馬者，服貼金帽、紫繡大袖衫、銀帶。執真武幢者，服武弁、皂繡衫、紫繡誕帶。五牛旗輿士，服武弁、五色繡衫、大口袴、銀帶。掩後隊，服黑鍪甲、錦臂鞲、行縢。鼓吹令丞，服緑袴褶冠、銀褐裙、金銅革帶、緋白大帶、履韈。太常寺府史、典事、司天令史，服幞頭、緑衫、黄半臂。太常主帥，棡鼓、金鉦、節鼓人，服平巾幘、緋繡袍、大口袴、抹帶、錦螣蛇；歌、拱辰管、簫、笳、笛、觱篥無螣蛇。太常大鼓、長鳴、小鼓、中鳴，服黄雷花袍、袴、抹額、抹帶。太常鐃、大（黄）[横]吹，服緋苣文袍、袴、抹額、抹帶。太常羽葆鼓、小横吹，服青苣文袍、袴、抹額、抹帶。排列官、令史、府史，服黑介幘、緋衫、白袴、白勒帛。司辰、典事、漏刻生，服青袴褶冠、革帶。殿中少監，奉御、供奉、排列官，引駕仗内排列承直官、大將、金吾引駕、押仗、押旗，服幞頭、紫公服、烏皮鞾。尚輦奉御、直長、乘黄令丞、千牛長史、進馬四色官，服幞頭、緑公服、白袴、金銅帶、烏皮鞾。殿中職掌、執繖扇人，服幞頭、碧襴、金銅帶、烏皮鞾。舊衣黄，太平興國六年。并内侍省並改服以碧。

凡繡文，金吾衛以辟邪，左右衛以瑞馬，驍衛以雕虎，屯衛以赤豹，武衛以瑞鷹，領軍衛以白澤，監門衛以師子，千牛衛以犀牛，六軍以孔雀，樂工以鸞，耕根車駕士以鳳銜嘉禾，進賢車以瑞麟，明遠車以對鳳，羊車以瑞羊，指南車以孔雀，記里鼓、黄鉞車以對鵝，白鷺車以翔鷺，鸞旗車以瑞鸞，崇德車以辟邪，皮軒車以虎，屬車以雲鶴，豹尾車以玄豹，相風（鳥）[烏]輿士以烏，五牛旗以五色牛，餘皆以寶相花。

六引内巾服之制。清道官，服武弁、緋繡衫、革帶。持幰弩、車輻（捧）[棒]者，服平巾赤幘、緋繡衫、赤袴、銀帶。青衣，服平巾青幘、青袴褶。持戟、繖、扇、刀盾者，服黄繡衫、抹額、行縢、銀帶。持幡蓋者，服繡衫、抹額、大口袴、銀帶，内告止幡、曲蓋以緋，傳教幡、信幡、絳引幡以黄。執誕馬轡、儀刀、麾、幢、節、夾矟、大角者，服平巾幘、緋繡衫、大口袴、銀帶。大駕鹵簿内執轡，並錦絡衫帽。持弓箭、矟者，服武弁、緋繡衫、白袴。駕士，服錦帽、繡戎服、大袍、銀帶。弓箭

以青，稍以紫。持棡鼓者服平巾幘、緋繡對鳳袍、大口袴、白抹帶、錦銀螣蛇。鐃吹部内，服平巾幘、緋繡袍、白抹帶、白袴。餘悉同大駕前後部。

其繡衣文，清道以雲鶴，幰弩以辟邪，車輻以白澤，駕士、司徒以瑞馬，牧以隼，御史大夫以獬豸，兵部尚書以虎，太常卿以鳳，縣令以雉，樂工以鸞，餘悉以寶相花。

太祖建隆四年八月十六日，宰臣范質與禮官議：「導駕官服袴褶之衣。按袴褶衣，其制度所起，先儒無説，惟《開元雜禮》五品以上通用細綾及羅，六品以下服小綾。褶衣之色，惟本品綬色。注：褶衣，即複衣也。又按諸王朱綬，四采：赤、黄、縹、紺，(亦)[赤]即朱也。以純朱爲地，更次第輕入黄、白、青汁内染之，共爲四采，亦謂之朱褶。一品緑綟綬，四采：緑、紫、黄、赤。綟即緑也，是草之緑色。以純緑爲地，亦謂之緑綟褶。二品、三品紫綬，三采：紫、黄、赤，謂之紫褶。其衣身、領、袖、袂，請依今制。又按令文，武弁金飾、平巾幘、簪導、紫褶、白袴、玉梁、珠寶鈿帶、韡，騎馬服之。金飾即金附蟬也。詳此，即是二品、三品所配弁之制也。附蟬之數，蓋一品九蟬，二品八，三品七，四品六，五品五。又令文武弁、平巾幘，侍中、中書令、散騎加貂蟬，侍左者左珥，侍右者右珥。又《開元雜禮》導駕官並朱衣，冠履依本品。此朱衣，今朝服也。然自一品至二品用四人之朱爲衣，乃協上下之文，異絳繒之色。又令文三品以上紫褶，五品以上緋褶，七品以上緑褶，九品以上碧褶，並白大口袴、起梁帶、烏皮韡。竊詳籠冠平巾與武弁大冠，其名雖殊，本是一物，製同而飾別。蓋以官品爲差，其幘亦載在籠冠下。今請造袴褶如令文之制。其起梁帶形制，檢尋未獲，望以革帶代之。」奏可。是歲，造成而未用。乾德六年郊禋始服，而冠未造，乃取朝服、進賢冠、大帶、革[帶]、韈、履參用焉。

九月二日，宰臣范質言：「三公祭服，舊皆畫升龍，裲襠有緋紫之制，請令禮官檢尋故事。按三禮，三公毳冕，無龍章；上公衮冕，無龍，二品鷩冕。又《周禮》言上公衮冕九旒，以五采繩貫五采珠，旒長九寸，每寸以珠玉填。其衣玄色，五章：山、龍、華蟲、火、宗彝，畫於衣。其裳朱色，四章：藻、粉米、黼、黻，繡於裳。又按令文，旒並貫青色珠，青纊。其珠及黝纊，今請(衣)[依]令文青色之制。又按《開元禮》，武官陪立大仗，加螣蛇裲襠，如袖無身，以覆其膊胳。音各。蓋掖下縫也。從肩領覆臂膊，共一尺二寸。又按《釋文》《玉篇》，相傳云其一當胸，其一當背，謂之兩當。今詳裲襠之制，其領連所覆膊胳，其一當左膊，其一當右膊，故謂之起膊。今請兼存兩説，擇而用之。」詔改製祭服，以青色造裲襠，用當胸、當背之制。

《宋會要》：皇祐四年三月，太常禮院言：「按《禮》曰：『繡黼丹朱中衣，大夫之僭禮也。』注云：此言諸侯之禮。繡讀爲綃，繒名也。繡黼丹朱，以爲中衣領緣也。疏云：『黼，刺繒爲黼文也。丹朱赤色，[謂]染繒爲赤色也。中衣，謂以素爲冕服之裏衣，猶今中單衣也。』又《晉詩》云『素衣朱襮』，《正義》曰：『《釋器》云：黼領謂之襮。孫炎曰繡刺黼文以褗領，是襮爲領也。』『中衣者，朝服、祭服之裏衣也，其制如深衣。故《禮記》：深衣，連衣裳而純之以采者。有表則謂之中衣。』又《魯詩》云『素衣朱綃』，綃爲綺屬。然則綃是繒綺別名，於此綃上刺黼文，謂之綃黼也。綃上刺黼以爲衣領，然後名之爲襮。故《爾雅》云『黼領謂之襮』，襮爲領之別名也。《開元禮》：天子服衮冕、玄衣纁裳、白紗中單；羣官服衮冕、青衣纁裳、白紗中單。今參詳，古者服之中衣，以素爲之，以朱爲領緣，而領刺以黼文，故《禮記》云『繡黼丹朱中衣』，《詩》云『素衣朱襮』，是也。今之祭服既有中單，又別爲裏，非也。然則中單之制宜用繒素，而朱丹領緣，領刺以黑白黼文可也。《禮》云『大夫之僭禮』，則諸侯之服也。今五等祭服宜依此制。」詔可。

重和元年十一月二十九日，詔令禮制局先自冠服討論以聞，其見服韡先改用履。禮制局奏：「履有絇、繶、純、綦，請倣古制，皆隨服之色。」從之。

十二月三日，編類御筆所、禮制局奏：「今討論到履制度下項：絇，履上飾也。繶，飾底也。純，緣也。綦。履帶也。古者舃履各隨裳之色，有赤舃、白舃、黑舃。今履欲用黑革爲之，其絇、繶、純、綦並隨服色用之，以倣古隨裳色之意。」從之。仍自來年正月一日改用，在外自三月一日。

二十三日，禮制局奏：「履隨其服色，而武臣服色一等，當議差別。」詔文武官大夫以上具四飾；朝請郎、武功郎以下去繶，並稱履；從義郎、宣教郎以下至將校、伎術官去繶、純，並稱屨。

紹興四年五月，國子監丞王普奏言：「臣嘗考諸經傳，具得冕服之制。蓋王之三公八命，鷩冕八旒，衣裳七章，其章各八；孤卿六命，毳冕六旒，衣裳五章，其章各六；大夫四命，絺冕四旒，衣裳三章，其章各四；上士三命，玄冕三旒；中士再命，玄冕二旒；下士一命，玄冕無旒。衣皆無章，裳載視其命數。自三而下，其繅至笄、衡、紘、紞、瑱、纊、帶、佩、芾、舃、中衣，皆有等差。近世冕服制度，沿襲

失真，多不如古。夫後方而前圓，後昂而前俛，玄表而朱裏，此冕之制也。」【略】

鷩冕：八旒，每旒八玉，三采：朱、白、蒼。角笄，青纊，以三色紞垂之。紘以紫羅，屬於武。衣以青，黑羅，三章：華蟲、火、虎蜼彝。裳以纁表羅裏，繒七幅，繡四章：藻、粉、黼、黻。大帶，中單，佩以珉，貫以藥珠，綬以絳錦，銀環。韍上紕下純，繪二章：山、火。革帶，緋羅表，金塗銀裝。韈、舄並如舊制。宰相、亞、終獻、大禮使服之。前期景靈宫、太廟亞、終獻，明堂滌濯、進玉爵酒官亦如之。

毳冕：六玉，三采。衣三章：繪虎蜼彝、藻、粉米。裳二章：繡黼、黻。佩藥珠、衡、璜等。以金塗銅帶，韍繪以山。革帶以金塗銅。餘如鷩冕。六部侍郎以上服之。前期景靈宫、太廟進爵酒幣官、奉幣官、受爵酒官、薦俎官，明堂受玉爵、受玉幣、奉徹籩豆、進飲福酒、徹俎祝腥、贊引、亞、終獻，禮儀使、亞終獻爵並盥洗官四員並如之。前二日奏告初獻，社壇九宫壇分祭，初獻、亞獻亦如之。

絺冕：四玉，二采：朱、緑。衣一章，繪粉米；裳二章，繡黼、黻。綬以皁綾，銅環。餘如毳冕。光禄卿、監察御史、讀册官、舉册官、分獻官以上服之。前期景靈宫、太堂受玉爵、受玉幣、奉徹籩豆、進飲福酒、徹俎祝腥，贊引亞終獻、禮儀使，亞終獻爵并盥洗官四員，並如之。前二日奏告初獻，社壇、九宫壇分祭初獻、亞獻亦如之。

絺冕：四玉，二采：朱、緑。衣一章，繪粉米；裳二章，繡黼、黻。綬以皁綾，銅環。餘如毳冕。光禄卿、監察御史、讀册官、舉册官、分獻官以上服之。前期景靈宫、太廟奏奉神主官，明堂太府卿、光禄卿、沃水、舉册官、讀册官、押樂太常卿、東朵殿三員、西朵殿二員、東廊二十八員、西廊二十五員、南廊二十七員，軷門祭獻官，前二日奏告亞獻、終獻官、監察御史，並如之。社壇、九宫壇分祭終獻官、監察御史、兵工部、光禄寺卿丞亦如之。

玄冕：無旒，無佩綬。衣純黑，無章；裳刺黼而已，韍無刺繡。餘如絺冕。光禄丞、奉禮郎、協律郎、進摶黍官、太社令、良醖令、太官令、奉俎饌等官、供祠執事官内侍以下服之。明堂光禄丞、奉禮郎、良醖令、太祝、摶黍官、宫架協律郎、登歌協律郎、奉御官、内侍供祠執事官、武臣奉俎官，軷門祭奉禮郎、太祝令、太官令，社壇、九宫壇分祭太社、太祝、太官令、奉禮郎，並如之。

紫檀冕：四旒，服紫壇衣，博士、御史服之。

外州軍祭服：鷩冕八旒，三都初獻服之；毳冕六旒，經略、安撫、鈐轄初獻服之；絺冕四旒，經略、安撫、鈐轄亞獻服之。節鎮、防、團、軍事初獻亦如之。玄冕無旒，節鎮、防、團、軍事亞終獻服之。

公服

《宋會要》：公服。唐制謂之常服，色同袴褶，曲領，垂胡加襴，折上巾，今常服之。太宗雍熙初郊祀慶成，始許升朝官服緋緑二十年者叙賜緋紫。真宗登極，京朝官亦聽叙。後東封、西祀赦書，京朝官並以十五年爲限。仁宗、英宗、神宗登極，亦如例。其特恩賜紫衣、犀帶、緋衣、塗金寶銙帶。

太宗太平興國二年二月(三)[八]日，詔：「朝官出知節鎮，及轉運使、副衣緋緑者，並借紫；知防禦、團練、刺史州，衣緑者借緋衣，緋者借紫；其爲通判、知軍監，止借緋。」後江淮發運使同轉運，提點刑獄同知刺史州。

紹興三十二年孝宗已即位，未改元。六月十三日赦，應承務郎以上服緑、服緋及十五年，並與改轉服色。

章服

《宋會要》：嘉祐三年十二月十一日，詔：「今後三路轉運使朝辭上殿日，與賜章服。諸路轉運使候及十年，即與賜章服。」

神宗元豐五年四月二十七日，詔：「六曹尚書依翰林學士例，六曹侍郎、給事中依直學士例，朝謝日不以行、守、試，並賜服佩魚。罷職除他官日不帶行。」

高宗建炎元年七月二十八日，詔：「借通直郎、直龍圖閣、河北西路招撫使張所上殿，賜章服遣行。」

四年六月三十日，詔：「自庶官除侍郎，如遇服緋、緑，依待制告謝日改賜章服。」

衮冕

《宋會要》：真宗咸平五年二月，大理寺丞李坦言：「臣聞禮行於郊，而百神受職焉；禮行於社，而百貨可殖焉。是故禮者治國之柄，服者飾身之儀。前代成規，後王不易。臣昨差郊壇助祭，竊見助祭之官所服六冕，多不依古制，又慮後來增減不同。按《司服》云：王祭昊天上帝則大裘而冕，祭五帝亦如之，饗先王則衮冕，饗先公則鷩冕，祀四望山川則毳冕，祭社稷、五祀則絺冕，祭羣小祀則玄冕。鄭司農云：衮冕之旒，天子則十二旒，若上公則九旒，侯伯鷩冕七旒，子男即毳冕五旒，孤卿即絺冕三旒。今具六冕祭服異同，乞行改正。」詔送太常寺禮院詳定。禮院言：「檢討如後。伏緣冕旒之制度，繡畫之等差，歷代以來，屢有沿革。若循古制，須議酌中，改作之間，安敢輕議！周六冕皆玄上纁下，玄上法天，纁下法地，兼前後邃延。今覩冕板上下之色，皆用玄青，亦無邃延，一失也。今檢詳《郊祀録》，皇帝祀天地神

祇，則服大裘冕。冕者勉也，所以勉人爲高行。凡六冕之服，皆玄上纁下。冕既大同，無以爲別，故不謂冕爲服，但取畫章之異以爲立名，故用服名冕。一、六冕之旒數。若大裘冕，即無旒。若衮冕，天子十有二旒，前後邃延；上公即九旒。每旒五采就爲之，每一寸安一玉，玉皆五色：朱、白、蒼、黄、玄。諸侯即三采。夏商朱緑，皆周而復始。十二旒，旒各一尺二寸，用玉二百八十八。若上公九旒，用玉百六十二。今覩旒玉純用一色，其數不與昔同，是二失也。今檢詳，凡饗廟、謁廟及遣上將、征還飲至，則服衮冕。其冕垂白珠十有二旒，以組爲纓，色如其綬。《玉藻》云：『天子玉藻十有二旒，前後邃延，龍衮以祭。』鄭玄云：冕之旒，以藻糾貫玉爲飾，因以名也。十有二就，每一就貫一玉，就間相去一寸，則旒長尺二寸，垂齊肩也。五采者，依射侯之次，從上而下，初以朱，次以白，次以蒼，次以黄，次以玄。以五采玉既貫徧，周而復始，此並周制也。至漢明帝用曹褒之説，皆用白旋珠，與古異也。魏文帝好婦人飾，改用珊瑚珠。至晉江左，又改漢制。今用白珠之制，自漢始焉。《大戴禮》曰：『冕而加旒，以蔽明也。』隋牛弘云：請以采綖貫珠爲旒。後只言采，不言五采，是三失也。今檢詳《義纂》云：《周禮》衮冕以五采綜糾貫玉，前後各十二旒，用玉二百八十八也。秦除古制，漢明帝始采舊法，繫白玉珠爲旒，以組爲纓，黈纊充耳，玄衣纁裳，十二章。唐制，入廟、踐祚，加元服、納后、元日受朝及臨軒册拜王公則服之。是承漢禮也。又《周禮》天子衮冕十有二旒，十有二就，就貫一玉，就間相去一寸，則旒長尺二寸，各用十二玉也。又按《郊祀録》云：其服玄衣纁裳，十二章，云云。詳「服」。請按古今沿革，特行改正。」詔付有司，依坦并禮院檢討名件制度改正，務合先王禮意。

大中祥符元年四月二十五日，詳定所言：「按《六典》，天子之服冕，一曰大裘冕，無旒，裘以黑羊皮爲之，祀天神地祇則服。二曰衮冕，垂白珠十有二旒，黝衣纁裳，十有二章，饗廟、謁廟、告廟則服。今參詳封禪祭天地，準典禮，皇帝服大裘。又緣南郊合祭天地止服衮冕，欲封禪日依南郊例。」從之。

冕冠

《宋會要》：治平二年，詔裁定衮冕制度。禮院奏曰：「皇朝之制，天子之服有衮冕，前後十有二旒，二纊，並貫珠璣。又十有二碧鳳銜翠旒，在珠旒外。板以龍鱗錦表，上綴玉爲七星，旁施琥珀瓶、犀瓶各二十四，綴金絲網，鈿以珠璣雜寶玉，加紫雲、白鶴錦裏。四柱飾以七寶，衮服間以雲朵，飾以金鈒花鈿窠，裝以珠璣，琥珀，雜寶玉。祭天地、宗廟，朝享太清、玉清昭應、景靈宫等服之。」

元豐四年，臣僚言：「古者冕弁則用紘，冠則用纓。今《衣服令》乘輿服大裘冕，以組爲纓，色如其綬；衮冕朱絲組帶爲纓。冕而用纓，不與禮合。請改用朱組紘，仍改平冕爲玄冕，用繒色赤而微黑者。」又别圖上載制。從之。

《宋會要》：太祖建隆元年二月十九日，太常禮院言：「請具通天冠制度令式：二十四梁，加金博山、附蟬十二，高廣各一尺。青表朱裏，首施朱翠，黑介幘，組纓，翠綏，玉犀簪導。」

仁宗天聖二年，南郊禮儀使李維言：「皇帝郊祀，服通天冠，緣上一字准敕迴避。」詔改爲承天冠。中興之制，冠高九寸，服用並同。

神宗元豐二年八月二十九日，詳定郊廟禮文所言：「通天冠二十四梁，爲乘輿服。蓋二十四梁以應冕旒前後之數。至於綬，則乘輿及皇太子以織成，諸臣用錦爲之。」詔依。以上《永樂大典》卷三九二七。

諸色袍

黄袍

《宋會要》：高宗紹興五年四月二十九日，禮部、太常寺言：「得旨，五月二日車駕詣[太]廟别廟行款謁禮。緣其日章懷皇后忌前一日，皇帝合服黄袍。參酌禮例，是日皇帝自内中先服紅袍，詣太廟别廟行禮畢，還内，俟至宫中易忌前之服。」從之。

絳紗袍

《宋會要》：乘輿服制：天子絳紗袍，以織成雲龍紅金條紗爲之，紅裏，皁褾、襈、裾，白羅中單，蔽膝以紅紗紅羅裏，飾與袍同。紅羅裙紅紗裏，白羅方心曲領。餘同冕服。大祭祀致齋、出乘玉輅、入乘金輅、正冬大會、五月朔受朝則服之。

太祖建隆元年二月九日，太常禮院言：「准敕追尊四廟，皇帝御崇元殿，命使行册禮，衮龍服；五月一日御殿受朝，通天冠、絳紗袍。伏請下内中尚司與少府監計會修製。」詔可。

十九日，太常禮院言：「准少府監牒，請具衮龍衣、絳紗袍、通天冠制度令式。通天冠加金博山，附蟬十二，首施朱翠，黑介幘，組纓翠綏，玉簪導。絳紗袍，白紗中單，朱領，褾、襈、裾，白裾襦，絳紗蔽膝，白假帶，方心曲領。其帶劍珮綬與上同。白韈，黑舄。」詔可。

神宗元豐二年四月二十三日，詳定正旦御殿儀注所乞元日受朝賀服通天

冠、絳紗袍，從之。

儀仗錦袍

《宋會要》：鹵簿中道金吾本司纛矟：佩儀刀，執𥎞矟，錦帽、寶照錦袍、錦臂韝，革帶，烏皮鞾。

大駕鹵簿内巾服之制：執金吾𥎞矟，服錦袍、帽、臂韝，銀帶，烏皮鞾。

文綾袍

《宋會要》：宮中導從，唐以前無聞焉。五代漢乾祐中，始置主輦十六人，捧足一人，掌扇四人，持踏牀一人，並服文綾袍，銀葉弓脚幞頭。

高髻青袍

《宋會要》：宮中導從：五代漢乾祐中，始置新婦二人，高髻，青袍。

緋袍

《宋會要》：宮中導從：捧真珠七寶翠毛華樹二人，衣緋袍。

繡袍

《宋會要》：鹵簿三駕。國朝之初，將舉郊禮，以五代草創，官籍散落，始命有司詳定制度。惟得《長興南郊鹵簿字圖》，校以令文，頗有闕略違戾者。翰林學士承旨陶穀爲禮儀使，建議鹵簿内金吾及諸衛將軍導駕及押仗，舊服紫衣，請依《開元禮》各服本色繡袍。

緋繡袍

《宋會要》：大駕鹵簿内巾服之制：横刀、執弓箭、珂馬。千牛服花脚幞頭、緋繡袍、抹額、大口袴、銀帶、鞾鞍。前馬隊内折衝及執矟者服錦帽、緋繡袍、銀帶。隊正服平巾幘、緋繡袍、大口袴。朱雀隊内執弓箭、弩、矟，虞候佽飛執長壽幢、寶輿法物人，服平巾幘、緋繡袍、大口袴、銀帶。驍衛翊衛三隊服平巾幘、緋繡袍、大口袴、錦縢蛇。太常主帥、㧁鼓、金鉦、節鼓人服平巾幘、緋繡袍、大口袴、抹帶、錦縢蛇。

六引内巾服之制：鐃吹部内服平巾幘、緋繡袍、白抹帶，白袴，餘悉同大駕前後部。

紫繡袍

《宋會要》：大駕鹵簿内巾服之制：金吾上將軍、將軍、六統軍、千牛、中郎將服花脚幞頭、抹額、紫繡袍，佩牙刀，珂馬。諸衛大將軍、將軍、中郎將、折衝、果毅、散手翊衛服平巾幘、紫繡袍、大口袴、錦縢蛇、銀帶，佩横刀，執弓箭。千牛將軍服平巾幘、紫繡袍、大口袴、銀帶、鞾鞍。金吾押牙服金鵝帽、紫繡袍、銀帶。凡繡文，金吾衛以辟邪，左右衛以瑞馬，驍衛以雕虎，屯衛以赤豹，武衛以瑞鷹，領軍衛以白澤，監門衛以師子，千牛衛以犀牛，六軍以孔雀，樂工以鸞。

宮中導從：太平興國初增主輦二十四人，改服高脚幞頭；輦頭一人，衣紫繡袍，持金塗銀仗以督領之。

徽宗政和三年四月二十九日，議禮局上皇后鹵簿之制：護後衛各果毅都尉一員檢校，平巾幘、紫繡袍、大口袴、銀縢蛇、革帶。

紫絁繡袍

《宋會要》：大駕外仗：次步甲前隊，第一隊至六隊，隊内將軍及都尉並平巾幘、紫絁繡袍、大口袴、錦縢蛇、革帶。繡文並同。次前部黄麾仗，大將軍、都尉並平巾幘、紫絁繡袍、大口袴、錦縢蛇、革帶。繡文並同。

黄繡袍

《宋會要》：宮中導從：執拂翟四人，鬅頭，衣黄繡袍。舊衣綾袍、紫衣者悉易以銷金及繡。復增司簿一人，内省一人，司儀一人，司給一人，皆分左右前導，凡十七行。每正至御殿、祀郊廟、步輦出入至垂拱殿，即用之。

緑繡袍

《宋會要》：宮中導從：捧金寶山二人，衣緑繡袍。

青繡袍

《宋會要》：大駕鹵簿内巾服之制：執弩、弓箭人服錦帽、青繡袍、銀帶。

五色繡袍

《宋會要》：大駕鹵簿内巾服之制：後步隊、真武隊執旗，前後部黄麾執日月合璧等旗，青龍白虎隊、金吾細仗内執旗者，服五色繡袍、抹額、行縢、銀帶。執白幹棒人加銀褐捍腰。執龍旗及前馬隊内執旗人服五色繡袍、銀帶、行縢、大口袴。執龍旗副竿人服錦帽、五色繡袍、大口袴、銀帶。執引駕龍墀旗、六軍旗者服錦帽、五色繡袍、臂韝、銀帶。

緋繡對鳳袍

《宋會要》：六引内巾服之制：持㧁鼓者服平巾幘、緋繡對鳳袍、大口袴、白抹帶、錦縢蛇。

瑞鷹袍

《宋會要》：鹵簿中道：次持(級)[鈒]前隊，隊内左右武衛將軍、果毅都尉、

校尉並平巾幘、紫絁繡瑞鷹袍、大口袴、錦螣蛇、革帶。

飛麟袍

《宋會要》：徽宗政和三年四月二十九日，(儀)[議]禮局上大慶殿大朝會儀衛：次廂左右各三部，第一部左右屯衛大將軍各一員，果毅各一員，服飛麟袍。

同日，(儀)[議]禮局上文德殿視朝儀衛之制：次廂左右各三部，次左右廂仗首之南，東西相向。第一部左右屯衛大將軍各一員，果毅各一員，次大將軍後，服飛麟袍。

瑞馬袍

《宋會要》：大駕外仗：次青龍、白虎旗隊次，左右衛果毅都尉二人分押旗，兼領後七十騎，平巾幘、緋絁繡瑞馬袍、大口袴、革帶。

瑞馬大袍

《宋會要》：徽宗政和三年四月二十九日，(儀)[議]禮局上大慶殿大朝會儀衛：左右廂後部各十二隊，第一隊左右衛折衝各一員，服錦帽、緋繡戎服、瑞馬大袍。

白澤袍

《宋會要》：大駕外仗：並左右廂，次前隊殳仗。隊内左右領軍衛將軍平巾幘、紫絁繡白澤袍、大口袴、錦螣蛇、革帶。

紫繡白澤袍

《宋會要》：徽宗政和三年四月二十九日，(儀)[議]禮局上大慶殿大朝會儀衛：第一部左右領軍衛大將軍各一員，服平巾幘、紫繡白澤袍、銀帶、大口袴、錦螣蛇。

師子袍

《宋會要》：仁宗康定元年九月七日，參知政事宋庠上言：「車駕行幸，六軍儀仗司供到儀仗法物，内夾人、執弓箭監門校尉二十人，每門四人，並服紫絁繡獅子袍、抹額，帶儀刀，烏皮靴；第七隊監門校尉六人，並服紫絁繡獅子袍、抹額，帶儀刀，烏皮靴。」

赤豹袍

徽宗政和三年四月二十九日，(儀)[議]禮局上大慶殿大朝會儀衛：次後廂左右各三部，第一部左右驍衛將軍各一員，服赤豹袍。

同日，(儀)[議]禮局上文德殿視朝儀衛之(志)[制]：次後廂左右各一部，次當御廂南。左右驍衛將軍各一員，服赤豹袍。

紫羅繡辟邪袍

《宋會要》：鹵簿中道金吾本司纛稍：内上將軍花脚幞頭、緋羅繡抹額、紫羅繡辟邪袍，鞾。

紫絁繡辟邪袍

《宋會要》：鹵簿中道：佩牙刀、器仗、珂馬。大將軍平巾幘、紫絁繡辟邪袍、錦螣蛇、大口袴；押衙金鵝帽、紫絁繡辟邪袍、革帶。次朱雀旗隊，左右金吾衛果毅都尉二人押隊，内折衝、果毅都尉平巾幘、紫絁繡辟邪袍、大口袴、錦螣蛇、革帶。次金吾引駕旗，本衛果毅都尉二人，分左右，[服]平巾幘、緋絁繡辟邪袍、大口袴。次左右金吾衛果毅都尉二人總領大角，並騎。次大角一百二十，爲十重。都尉服平巾幘、紫絁繡闢邪袍、大口袴、錦螣蛇、革帶。

紫繡辟邪袍

《宋會要》：徽宗政和三年四月二十九日，(儀)[議]禮局上大慶殿大朝會儀衛：真武隊，金吾折衝都尉一員，服平巾幘、紫繡辟邪袍、銀帶、大口袴、錦螣蛇。

同日，(儀)[議]禮局上文德殿視朝儀衛之制：真武隊五十七人，在端禮門内中道，北向。金吾折衝都尉一員，在隊前，服平巾幘、紫繡辟邪袍、銀帶、大口袴、錦螣蛇。

緋繡苣文袍

《宋會要》：徽宗政和三年四月二十九日，(儀)[議]禮局上王公鹵簿制：鐃鼓、大横吹服緋繡苣文袍、抹額、抹帶、袴。詔頒行。

緋苣文袍

大駕鹵簿内巾服之制：太常鐃、大横吹服緋苣文袍、袴、抹額、抹帶。

青苣文袍

《宋會要》：大駕鹵簿内巾服之制：太常羽葆鼓、小横吹服青苣文袍、袴、抹額、抹帶。

青繡苣文袍

鹵簿中道：執鐃、大横吹人同第二引執大横吹服。執羽葆鼓人青繡苣文抹額、生色袍、抹帶、袴。

黄雷花袍

大駕鹵簿内巾服之制：太常大鼓、長鳴、小鼓、中鳴服黄雷花袍、袴、抹額、抹帶。

黄繡雷花袍

《宋會要》：徽宗政和三年四月二十九日，(儀)[議]禮局上王公鹵簿之制：大鼓、長鳴、小鼓、中鳴服黄繡雷花袍、抹額、抹帶、袴。

緋繡寶相花袍

《宋會要》：大駕鹵簿六引中道：執鐃、簫、笳、笛、觱篥人，並巾幘、緋繡寶相花袍、大口袴、白抹帶。

緋絁繡寶相花袍

《宋會要》：大駕外仗：執矟人並錦帽、緋絁繡寶相袍、大口袴、革帶。

青絁繡寶相花袍

《宋會要》：大駕外仗：執弩、弓矢人，並錦帽、青絁繡寶相花袍、大口袴、革帶。

青繡寶相花袍

《宋會要》：徽宗政和三年四月二十九日，(儀)[議]禮局上大慶殿大朝會儀衛：執弩五人爲一列，弓矢十人爲二重，矟二十人爲四重，服錦帽、青繡寶相花袍、革帶、大白袴。

紫繡寶相花袍

大駕鹵簿六引中道：次大晟府前部鼓吹，管轄指揮使平巾幘、紫繡寶相花袍、錦螣蛇、白抹帶。

皂衣白袍

《宋會要》：公服：太宗太平興國七年正月九日，翰林學士承旨李昉言：「準詔定車服制度。禮部式：三品以上服紫，五品以上服朱，七品以上服緑，九品以上服青，流外官及庶人並衣黄。參詳除服青、服黄久已寢廢，自今流外官及貢舉人、庶人(詳)[許]通服皂衣白袍。」從之。

賜進士袍

《宋會要》：乾道四年十二月二十一日，詔特賜同進士出身魏掞之補左迪功郎、太學録，仍令有司給賜袍笏。

釋褐賜袍

《宋會要》：乾道四年正月十一日，詔太學上舍生黄綸釋褐，特與補左承務郎，依唱名例給賜袍笏，於國子監敦化堂祗受。自後釋褐並如之。

戎服大袍

《宋會要》：大駕鹵簿六引中道：第二引開封牧中道，執弓矢、矟人並錦帽、絁繡寶相花戎服大袍、窄袴、革帶。大駕外仗：次前步馬隊，隊内都尉並錦帽、緋絁繡戎服大袍、窄袴、革帶。六引内巾服之制：駕士服錦帽、繡戎服大袍、銀帶。

緋銷金袍

《宋會要》：宮中導從：捧龍腦合二人，衣緋銷金袍，並高脚幞頭。以上《永樂大典》卷五五一四。

繖蓋

《宋會要》：古張帛避雨之制。今有方繖、大繖，皆赤質，紫表朱裏，四角銅螭首。六引内者其制差小。蓋，本黄帝時有雲氣爲花蘤之象，因而作也。

繖，凡人臣通用，以青絹爲之。國初，京城内獨親王得用。太宗太平興國中，宰相、樞密使始用之。其後近臣及内命婦出入皆用。真宗大中祥符五年九月十二日，詔除宗室外，其餘悉禁。六年六月四日詔復許中書、樞密院用焉。京城外則庶官通用。

高宗建炎三年二月二十二日，執政官張澂、葉夢得、顔岐、盧益、路允迪言：「扈從車駕駐蹕杭州，方在兵間，禮宜簡便。乞權免張蓋，候回鑾日依舊。」從之。

紹興六年十二月二十二日，詔：「今後前宰相到闕，特許張蓋。」

十四年十一月四日，閤門言：「每駕出，或四孟朝獻，沿路如遇雨雪，得旨從(隨)駕臣僚許用雨具。禁衛内行馬者許告報皇城司，差親從臣轉接油衣、(報)[執]繖。」從之。

孝宗乾道八年五月六日，詔新除檢校少保、大同軍節度使、提舉萬壽觀蒲察久安病方安，特許令張蓋。

孝宗乾道元年八月二十一日，禮部、太常寺言：「皇太子府左右春(防)[坊]申，皇太子赴後殿謝，次赴德壽宮謝，合與不合用繖、扇、圍子等。今檢照典故下項：一，繖，人臣通用，以青絹爲之。國初京城内獨親王得用。一，諸王儀物視宰相，張青繖蓋、繡鞍韉，以親事官呵哄而已。政和三年春二月，乃賜二王三接青羅繖一，紫羅大掌扇二、塗金花鞍韉。若茶燎、水罐凡儀物皆用塗金，以壯維城之固。是後遂爲故事。舊諸王不施狨座，宣和末亦賜之。今討論，皇太子繖扇，合見行供使繖扇外，所有圍子，即無典故該載。」尋據武功大夫張孝傑言：

「省記欽宗爲定王日出閤過東宫受皇太子册，繖用三簷青羅，掌扇四柄，係紫花羅，一行從物係依親王，即不曾用圍子。」詔並從之。

九月二十四日，皇太子府左右春(防)[坊]狀：「契勘皇太子妃已受告畢，所有出入合用乘座檐子并繖扇等，乞下有司討論。今據張孝傑狀，省記政和六年皇太子妃每遇出入，係乘檐子，竿樑係黑漆，角獸白藤。繖花面掌扇四柄，係茜紅羅。檐子前係小殿侍二人抱鍍金銀香毬，人從係皇太子府親事官，輦官前拖從物，又近前係教駿兵士呵止。繖用三簷青羅。」詔依，令工部製造。

淳熙十六年四月二十四日，詔新除檢校少保、依前奉國軍節度使、提舉萬壽觀夏執中特許令張蓋。以上《永樂大典》卷一一四二〇。

又《輿服·甲》 用毛飾甲

《宋會要》：元豐元年八月，軍器監奏：「請將官皮甲以白絲染紅代紅犛牛尾爲飾。」上批：「絲可惜，宜用他毛。」

又《食貨·坑冶下》 礬

太祖建隆三年三月，監晉州榷礬務、右諫議大夫劉熙古言：「幽州界有小盆礬，民多私販，望令禁止。」詔自今犯者嚴斷，募人告捉，給賞有差。

開寶三年二月，詔：「三司先定(司)[私]礬條流頗甚嚴峻，犯者皆至極刑，宜示改更，特從寬貸。其私販幽州礬入界者，舊條不計斤兩多少，并知情人並決杖處死，告人據等第給賞。自今所犯至十斤處死，十斤已下等第斷遣。告人獲一人，賞絹十匹；二人，二十匹；三人已上，不計多少，並賞五十匹。」先是，周顯德二年勅，犯礬不計多少，并知情人悉處死，至是始差減之。私煎者，舊條三斤處死；并場務主者及諸色人擅出場務内礬，或將盗販，及逐處官場務以羨餘礬衷私自賣，舊條十斤處死，已下等第斷遣。自今依刮鹹煎鍊私鹽條例，至十五斤已下等第斷遣，賞錢亦依鹽法。已上罪至死者，仍具奏裁。

七年三月，三司奏：「緑礬礬賤，請別定價。江南膽子礬侵奪江北課利，望行止絶。」詔緑礬自今約白礬，在京每斤估百文省，膽子礬依舊不禁。

太宗太平興國二年十二月，詔曰：「晉州礬官歲鬻不充入舊貫，蓋小民逐末，不服畎畝，因而爲盗，復齎販以交化外。自今販者一兩已上不滿一斤，杖脊十五，配役一年，告人賞錢十千；一斤以上不滿二斤，杖脊十七，配役二年，告人賞錢十五千；二斤已上不滿三斤，杖脊二十，配役三年，告人賞二十千；三斤處死，告人賞錢三十千。場務主者并諸色人擅出場務内礬，或偷盗興販，及逐處場務將羨餘礬貨衷私出賣，一兩已上不滿一斤，量罪斷遣，捉事人賞錢五千；一斤已上不滿三斤，決脊杖十五，配役一年，捉事并告者賞錢十千；三斤以上不滿五斤，決脊[杖]十七，配役二年，捉事并告者賞錢十五千；五斤已上不滿十斤，決脊杖二十，配役三年，捉事並告者賞錢二十千；十斤處死，捉事並告者賞錢三十千。私煮及販，已論決而再犯者，雖所犯不如律，亦杖脊，配隸遠惡處。會赦釋放而又犯者，無輕(慮)[重]，悉處死。買及受寄隱藏者，二兩得一兩、二斤得一斤之罪；如受而轉賣者，依元賣人例斷遣。」

淳化元年三月，三司言：「准敕，以慈州緑礬積留，令別爲條約。緣小民多於山巖深奥之處私煎規例，侵奪官課，今若依白礬條例，即緑礬價低，白礬刑名太重。或依舊以漏税條制區分，又刑名過輕，人無所畏。今請依太平興國二年所定私茶例科斷，告捉人賞錢亦依私茶鹽條數支給。」從之。

仁宗天聖元年閏九月，司農少卿李湘言：「晉、慈州礬鋪户多雜外科煎鍊，致官礬積滯，貨賣不行。」詔禁止之，其産私礬坑窟牢固封塞，覺察犯者，許人告捉，依刮鹹煎鍊私鹽條例斷遣；緑礬即依私茶條例。

二年八月，廢無爲軍煎礬務，官自置場收買，舊賣價每斤百五十文，自今斤減三十文。時無爲軍牙吏許明獻言：「礬務遺利頗多，且民多冒法私煉，請廢其務，置場收買。」事下三司，言其議甚便，可以施行，故有是詔。六年，又令每斤減三十文。十年，又從知軍王汝能之請，每斤復減三十文。

六年十一月，詔：「巡捉私礬使臣、縣尉捕得私煎白、緑礬，并依私茶鹽萬數酬賞；如透漏者，並當批罰。」

九年十一月十七日，詔兩川自今放行白礬。

十年九月四日，江淮發運司言：「准條：私販白礬依刮鹹例，緑礬依私茶例科罪。近杭州民陳爽往信州市土礬二千斤，此礬比緑礬色味俱下，若從杖科刑，即太輕典，望別定刑名，并下信州封礬坑，以禁私鬻。」下法寺，請據斤兩比犯私茶減三等定罪。巡警透漏，告捉到百斤已下，全給告者；五百斤已下，給半；已上，並給三分之一。使臣透漏三百斤，奪一月俸，三百斤加半月，罪止罰一季俸。奏可。

神宗熙寧三年十月二十三日，知慶州王廣淵言：「河東路礬、鹽爲利源之最。欲乞於河東、京東、河北、陝西別立礬法，專置官提舉。減罷巡捉使臣，只委巡檢、縣尉收捕，朝臣一員管勾，往來提舉。合行法則與轉運司同共商量。」詔差

光禄寺丞楊蟠乘驛計會逐路轉運司，相度利害奏聞。

哲宗元祐元年十月二十三日，詔江、淮、荆、浙六路礬，依舊從人户取便赴官收買。從户部請也。

八年二月二日，户部言：「無爲軍崑山白礬，元條禁止，官自出賣。昨權許通商，每百斤收税五十文。準《元祐勅》，晉礬給引，指住賣處納税，沿路税務止得引後批到發月日，更不收税。其無爲軍崑山礬，欲依晉礬通商條例。」從之。

紹聖三年五月二十四日，江淮荆浙等路制置發運司言：「官員躬親捕獲私礬，累及一萬斤至十萬斤，等第推賞。未獲犯人者，以三比一；差人捕獲，以三之半比一。」從之。

元符三年十月二十八日，崇儀使林億奏：「河北所産土礬今皆禁人收採，及於河東輦致晉礬，就相州置場出賣。夫利之所在，捨死而趨，雖法令嚴密，未必能禁。況土地所産，本以養人，而國家理財，寧分彼此？與其遠地輦致，豈若取諸近之爲便？今若於河北産礬處官爲置場收買，量增價出賣，則官中坐獲浄利，而免般運之勞；居民得資地利，而無犯法之弊。此亦一舉而兩得也。」詔户部勘當，申尚書省。

徽宗大觀二年三月二十五日，尚書省勘會：「河東、河北所産礬，係通入京畿，京西、京東、陝西六路，無爲軍礬係通入江、淮、荆、浙、廣、福九路。今條畫：許客人就榷貨務入納見錢，給公據前去礬場(等)[筭]請。其通商路分，欲令轉運司官一員各兼行提舉措置外，河東、河北、淮南路分係出産礬去處，各合(轉)[專]差官前去提舉措置。」從之。

三年三月二十日，江東轉運副使余彦明奏：「本路礬貨乞就委本司并逐州管勾茶事(言)[官]兼行管勾。」從之。六月十六日，詔江西、兩浙、湖南北、廣東西、福建、淮南八路准此。

政和二年(年)二月三日，詔：「自政和二年爲始，將東南九路歲買礬依熙寧舊法，九路官般去出賣，仍將每歲合發上供賣礬錢並依紹聖勑條，令發運司管認舊額三萬三千一百貫起發上京，以助經費。所有見措置淮南路礬事司依舊併歸發運司，其官吏等並罷。」以户部奏：「臣僚言：無爲軍崑山縣礬事舊屬發運司總領，每年認定浄利錢三萬貫。自大觀二年專置司，差官措置，立定年額九百貫，令無爲軍出備錢收買。至今約計五年，礬貨山積，變轉不行，虚占本錢，利息甚寡，官吏、軍兵、公使等錢所費不輕。乞依舊法出賣。」故也。

宣和三年二月二十二日，詔：「已降處分，兩浙、江東路茶鹽榷免比較增虧，不得輒行抑配。所有賣礬亦合依上件指揮，速申明行下。」

六年六月十七日，中書省、尚書省言：「户部狀：提舉河北東路鹽香茶礬事司申：礬季狀，通商并産礬路分，礬事司已有供申約束，惟逐州軍未有立定期限責罰。户部勘當，欲逐路州軍每季具住賣過礬數，每季限五日供申提舉礬事司，如違限不報，從本司按劾。所(是)[有]礬事司類聚州軍比較文狀，欲與展限五日，通作半月供報。餘依已降指揮。諸路依此施行。」從之。

高宗建炎二年正月十三日，同專一措置財用黄潛厚言：「宣和三年閏五月十五日勑：淮南礬場取客人從便，於榷貨務入納請買公據外，亦許客人用金、銀、錢、帛等依數就礬場入納筭請。所有納下金、銀、匹帛等，並令礬場監守封記，團併上京。及承建炎元年十一月二十三日勑：淮南無爲軍礬，權許客人通販入晉，相礬地貨賣。今欲乞許客人販淮南礬通入河北、河東、京東、京西，在京并東南九路，除在京榷貨務買到公據外，仍許就行在入納見錢、金銀、物帛等請買公據鈔引，可免礬場般輦脚費。」從之。

紹興二年閏四月六日，江西運副韓球言：「虔、吉州、臨江軍等處有見管白礬、青礬、土礬三十餘萬斤，州郡不敢擅行出賣。」詔令榷貨務據上供礬指數給降礬引，赴本路茶鹽司出榜召人筭請。其收到錢數，發赴行在所屬。

八年六月四日，淮西運判李仲孺言：「契勘本路無爲軍崑山場入納金銀、見錢，筭請鈔引般販，指州縣貨賣，每引納錢一十二貫，販正礬一百斤，并加饒二十斤，共一百二十斤。照應礬場先買納下白礬，除支發外，截日尚有見管一千八十九萬八千餘斤，每斤本錢一十三文及二十文，占壓本錢共一十四萬九百餘貫。其礬堆積累年，支發遲細，蓋緣客販本重利薄，如販至所指地頭，每斤止賣到錢二百文，豁出買引官錢一百文外，息錢不多，是致販者稀少。即今官賣引錢，每斤除元買礬本外，有浄利八十餘文。措置欲量減引錢，招誘發泄。」詔：見賣每斤價上量減二十文，每斤作一百文，一引一十二貫，共量減錢二貫文，每引作一十貫文召人筭請。

九年【略】七月二十六日，户部言：「淮西茶鹽司申：乞將無爲軍崑山場見賣六十斤籠篰住罷織造，責委所屬別行織造四十五斤、二十斤兩等籠篰，發下崑山礬場樁管給賣。內四十五斤籠篰，每隻除工費外，收息錢四十文；二十斤籠

節，每隻除工費外，收息錢二十文。據榷貨務勘會：無爲軍崑山礬見賣三等礬引，大引一百斤，中引五十斤，小引三十斤，兼有加饒貼買之數，所造盛礬籠節却止以六十斤一等織造，委是未得適中。今來淮西提舉茶鹽司申乞事理，委的得允當。」從之。

十四年十一月十九日，户部言：「淮南西路提舉茶鹽司申：乞無爲軍崑山礬場收買新礬，於舊價二十文上增添一十五文省，通作三十五文省收買。榷貨務勘當，欲權依本司申到事理，於舊價每斤二十文上增添錢一十文，通作三十文省收買。所有客人就場送納礬引上添搭所增錢數，令礬場與貼買一分錢另項收樁，專充買礬價錢，不得别將他用。」從之。

二十九年閏六月十日，户部言：「淮西提舉茶鹽司申：無爲軍崑山礬場每年所收錢物，自來未有立定歲額比較，官吏偷墯，無所懲勸。今取到紹興二十四年至二十八年五年内所收錢數，均作五分，内一分計四萬一千五百八十五貫，爲酌中之數。今欲權爲定額，依酒税務條法增虧賞罰。」從之。

孝宗隆興元年三月二十四日，淮西提舉茶鹽司言：「無爲軍崑山鎮出産白礬，合用本錢於廬、舒、蘄、黄、和州、無爲軍、壽春府支撥，自紹興三十年至三十二年終，各有拖欠。今來已是支買得行，欲將前項拖欠本錢特與蠲免一半，自餘許令本州隨所欠多寡行下逐州軍，於以後年分帶納。」從之。

元祐元年，陝西轉運兼提舉銅坑冶鑄錢司言：「虢州界坑冶户所得銅貨，除抽分外，餘數並和買入官。費用不足，乞依舊抽納二分外，只和買四分，餘盡給冶户貨賣。」從之。

元符三年，詔饒、信、潭、韶等州膽銅更不置局，並撥歸鑄錢司。

崇寧元年，詔：「應告發銅坑，除依條賞格酬奬外，爐户賣銅，每挺收剋錢五文，與元告發人充賞。」以户部奏「江、淮等路坑冶司因虔州雩都縣告發佛婆（同）［銅］坑，乞立賞格」故也。

各路産物買銀價

江南東路：絹四十七萬三千三百八十疋，紬一千三萬二千九百二十三疋，額錢五萬貫，買紬、絹，銀、綿。

【略】江南西路：**【略】**絹三十四萬疋，紬六萬二千疋。

【略】荆湖北路：絹一十三萬疋，紬四萬疋，額錢五萬貫，買紬、絹，内一萬貫買絹一萬疋應付廣西。

又《漕運》　天聖七年六月二十五日，三司言：「臣僚起請：『兩川四路物帛綾羅、錦綺、絹布、紬綿每日綱運甚多，遞鋪常有積壓，其餘藥物更有水路綱運，不可勝紀。且兩川之富，出産雖多，計其地利，亦有窮竭。科率之時，不無擾人，般運不絶，物價何由賤平？伏望兩川所發綱運，以一年計其數目，於内詳酌不急之物，量與減放三二分。』省司（看）［勘］會：益州路收買鬱金、大黄，夔州路收買黄蘗子，每於匹帛綱内附載往荆南，轉附赴京，今藥（密）［蜜］庫各有見在。欲自今於每年買數十分中量減二分。」從之。

又《陸運》　乾興元年十二月，仁宗即位未改元。上封者言：「兩川四路物帛綱運，每日遞鋪常有積壓，主持人等搬運苦辛，科率之時，不無勞擾。國家取之無窮，使蜀中物價何由平賤？望以兩川所發綱運一年計其數，於内詳酌不急之物，可與減放二三分，庶使遠民寬裕，聖澤普均。」詔三司定奪聞奏。三司言：「兩川疋帛，自來計度每年聖節、端午、十月一日内人春冬衣賜，并準備非時傳宣取索及國信往來，兼應副南郊支用綾羅、錦綺、鹿胎、透背、欹正、生白、大小綾花、紗絹等，下益、梓州兩路織買出染，并逐州依久例，於出産州軍逐旋計綱起發上京，於内藏庫送納。今詳所陳，乞與減二三分，誠爲便民，其如國家年計支費不少，若或減省，深慮闕供。今定奪，除錦三十五段全減不織造外，其餘欲且依舊。其絹、布、紬、絲、綿自來於益、梓、利、夔四路轉運司轄下州軍每年買納，除應副陝西、河東、京西轉運司及本路州軍衣賜支遣外，如有剩數，即令逐州軍差人管押上京送納，即每年省司元不曾樁定上京數目。所有自西川水路起發布帛六十六萬疋赴荆南水路轉搬上京，並要應副在京并京西州軍衣賜支遣，今定奪難議減省，欲且依舊。」從之。

又《内藏庫》　真宗大中祥符六年九月，詔：「西川納綾、羅、錦、鹿胎、透背，其裹絹並令内藏入帳收數，送染院染黄，充封禪之用。」

九年四月，提舉諸司庫務秦羲言：「准宣，與入内殿頭一名，計會内藏庫監官，同看驗染院染經火紕汙繒帛千六百疋，雖不堪封樁，緣裁造院内衣庫稱堪製造衣服。」詔釋其罪，餘不得緣此爲例。

清·龍文彬《明會要》卷五六《食貨四·庫藏》

甲字庫　貯布疋，顔料。

丙字庫　貯棉花、絲纊。

廣盈庫　貯紵、絲、紗、羅、綾、錦、紬、絹。

圖録

宋・李誠《營造法式》卷三三《彩畫作制度圖樣上》

方環

羅地龜文

六出龜文

交脚龜文

又 飛仙及飛走等第三

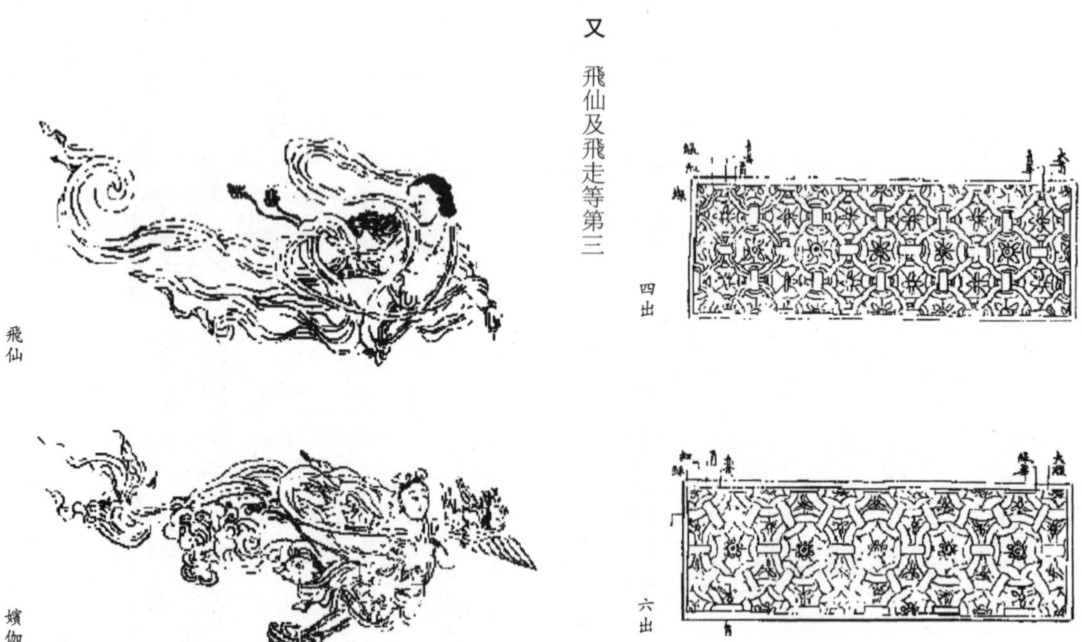

四出

六出

飛仙

嬪伽

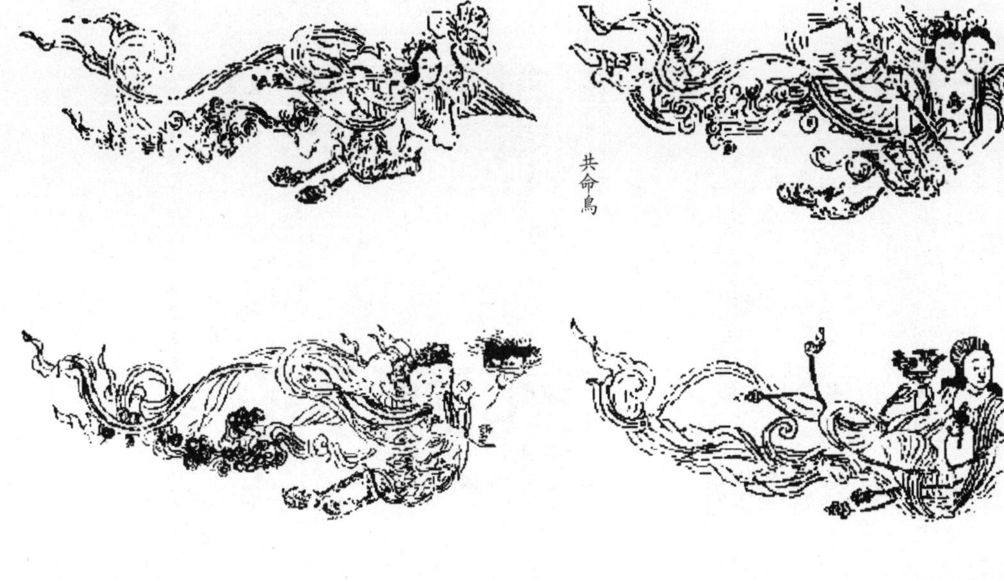

共命鳥

又 五彩平棊第六

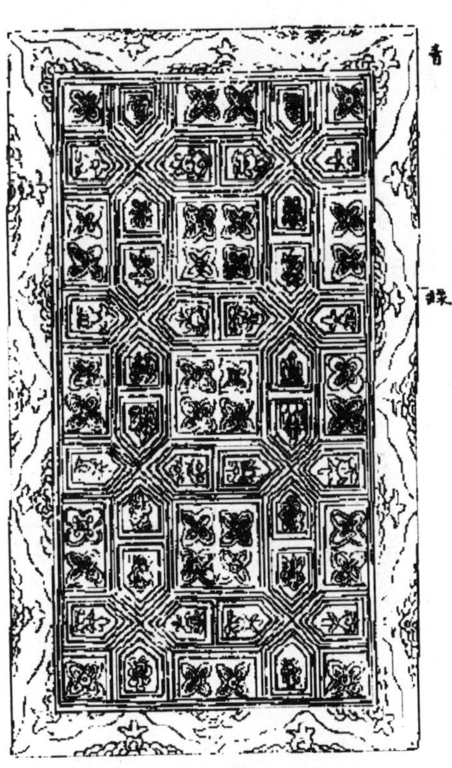

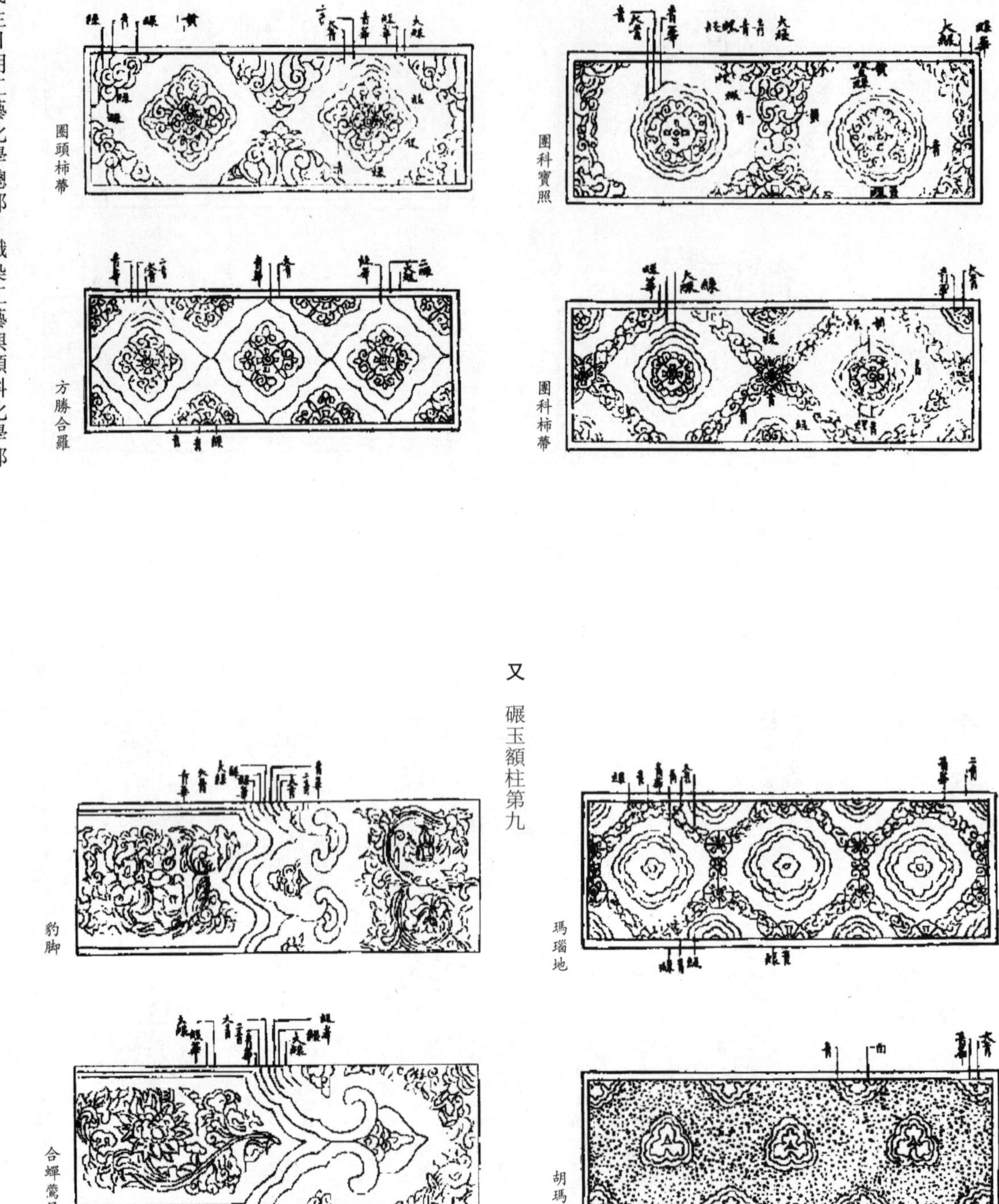

又

碾玉額柱第九

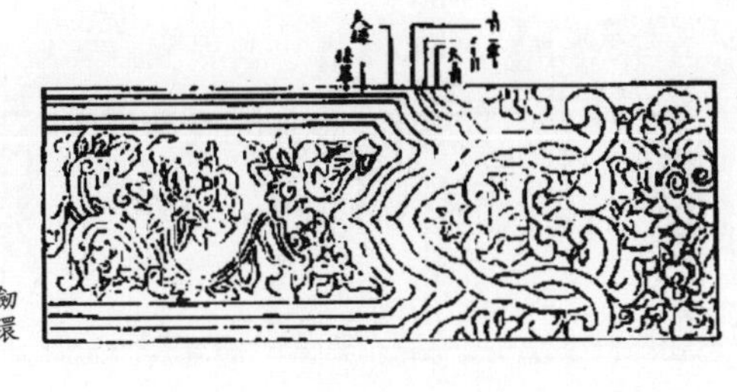
劒環

疊暈

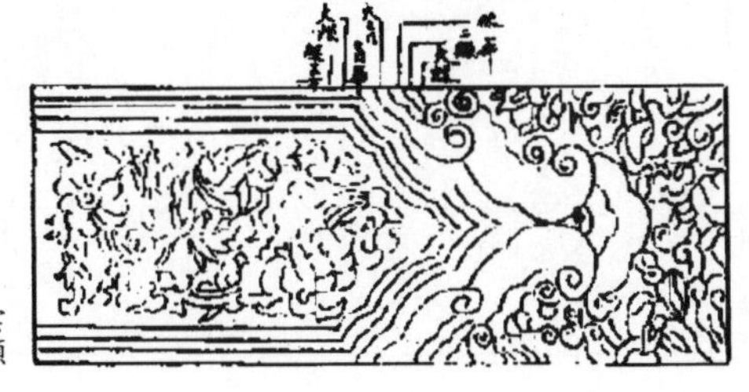
雲頭

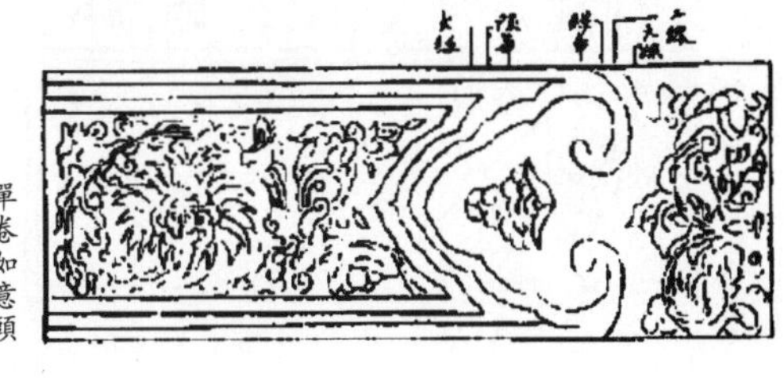
單卷如意頭

又　卷三四《彩畫作制度圖樣下》

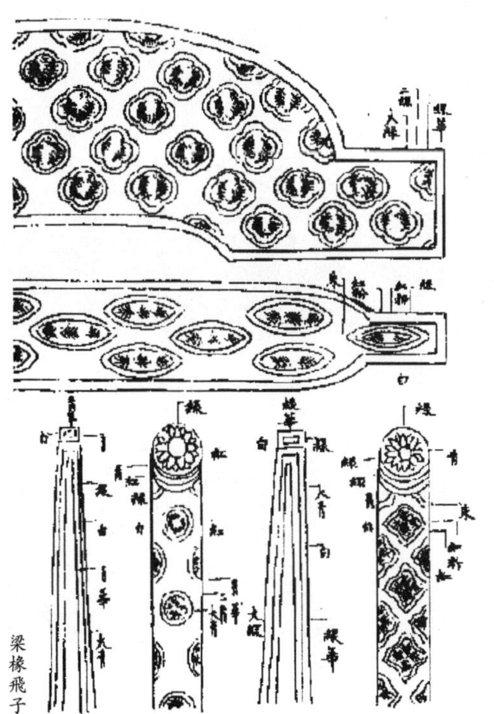
梁椽飛子

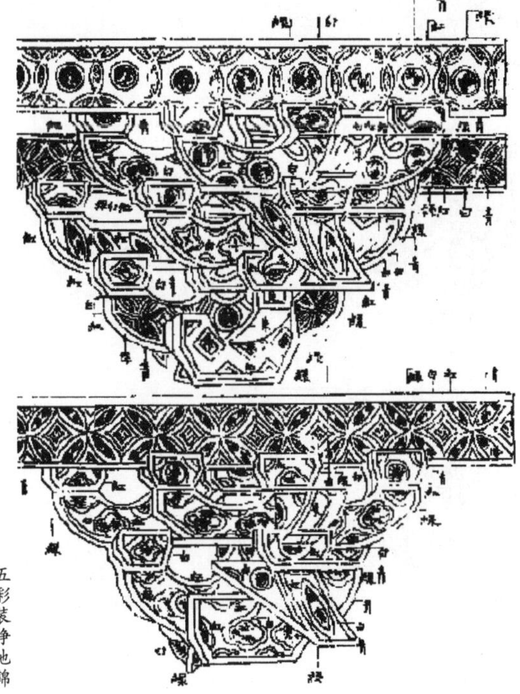
五彩裝浄地錦

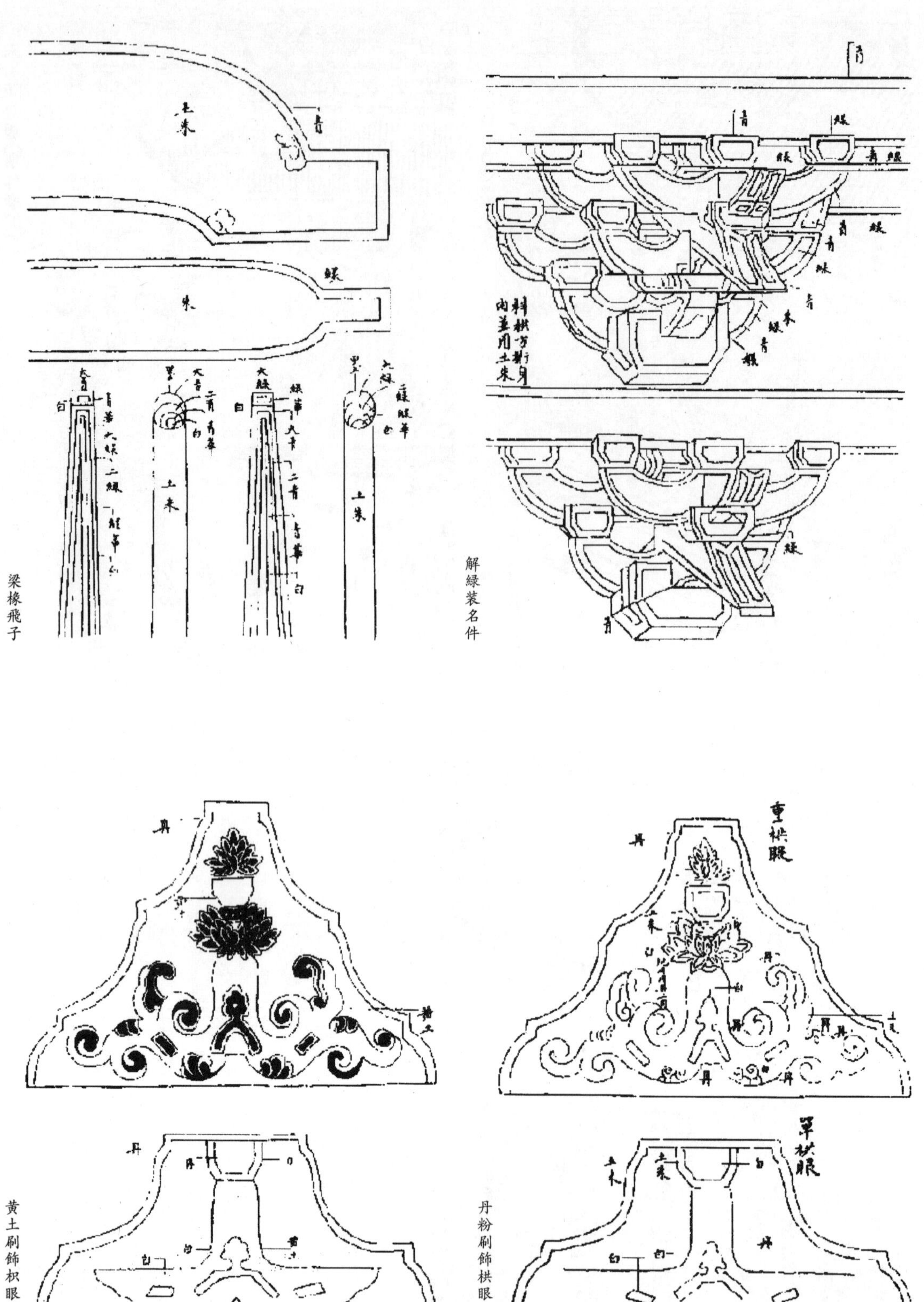

梁椽飛子

解緑裝名件

黃土刷飾枳眼壁

丹粉刷飾栱眼壁

宋·陳元靚《事林廣記》

蠶織圖

元·王禎《農書·農器圖譜集之十六·蠶繅門》 先蠶壇。先蠶猶先酒、先飯，祀其始造者。壇，築土爲祭所也。黄帝元妃西陵氏始蠶，即先蠶也。按：黄帝元妃西陵氏曰儽祖，始勸蠶稼。月大火而浴種，夫人副褘而躬桑，乃獻繭稱絲，織紝之功因之，廣織以供郊廟之服。《皇圖要覽》云，伏羲化繭，西陵氏養蠶。《淮南王蠶經》云，西陵氏勸蠶稼，親蠶始此。《禮·月令》季春，是月也，后妃齋戒，享先蠶而躬桑，以勸蠶事。《周禮·天官》「内宰」，中春詔后帥外内命婦始蠶於北郊。注，蠶于北郊，以純陰也。《漢禮儀志》，皇后祠先蠶，禮以「中牢」。魏黄初中，置壇于北郊，依周典也。晉制，先蠶壇高一丈，方二丈，四出陛，陛廣五尺。皇后至西郊親祭躬桑。北齊先蠶壇高五尺，方二丈，四陛，陛各五尺，外兆四十步，面開一門。皇后升壇祭畢而桑。後周，皇后至先蠶壇親饗。隋制，宫北三里，壇高四尺。皇后以「太牢」制幣而祭。唐制，壇在長安宫北苑中，高四尺，周圍三十步。皇后並有事於先蠶，其儀備《開元禮》。宋用北齊之制，築壇如中祠。《禮通禮義纂》，后親享先蠶，貴妃亞獻，昭儀終獻。

先蠶壇

夫蠶祭有壇，稽之歷代，雖儀制少異，然皆遞相沿襲，餼羊不絕，知禮之不可獨廢。有天下國家者，尚鑒茲哉！

蠶室。《記》曰：古者，天子諸侯皆有公桑蠶室，近川而爲之，築宮，仞有三尺，棘牆而外閉之，三宮之夫人，世婦之吉者，使入蠶室，奉種浴於川，桑於公桑。此公桑蠶室也。其民間蠶室，必選置蠶宅，負陰抱陽，地位平爽。正室爲上，南西爲次，東又次之。若室舊，則當凈掃塵埃，預期泥補，若逼近臨時，牆壁溼潤，非所利也。夫締構之制，或草或瓦，須内外泥飾材木，以防火患。復要間架寬敞，可容槌箔，牕户虛明，易辨眠起。仍上於行棒口練切。各置照牕，每臨蠶暮，以助高明下就。附地列置風竇，令可啓閉，以除溼鬱。考之諸蠶書云，蠶室先辟東間養蟻，停眠前後，撤去西牕，宜遮西曬；尤忌西南風起，大傷蠶氣，可外置牆壁四五步以禦之。餘備蠶書。所有蠶神室、蠶神像，宜於高空去聲。處安置。凡一切忌惡之事，邪穢之氣，辟除蠲潔；夙夜齋敬，不敢褻慢。秦觀《蠶書》云：「毋治堰，毋誅草，毋沃灰，毋室入外人。四者，神實惡之」。如能依上法，自然宜蠶，不必泥去聲。於陰陽家拘忌，巫覡胡的切，女巫也。等誘惑，至使回换門户，諂禱神祇，虛費財用，實無所益。故表而出之，以爲業蠶者之戒。

蠶室

繅車。繅絲，自鼎面引絲，以貫「錢眼」，升於「鏁星」；星應車動，以過「添梯」，乃至於「軖」，去王切，繅輪也。方成繅車。

秦觀《蠶書》繅車之制：錢眼，「爲版長過鼎面，廣三寸，厚九黍，中其厚插大錢一，出其端，横之鼎耳，後鎮以石」。鏁星：「爲三蘆管，管長四寸，樞以圓木。建兩竹，夾鼎耳，縛樞于竹，中管之轉以車，下直『錢眼』，謂之鏁星。」『星應車動，以過『添梯』」《農桑直説》云，竹筒子宜細。鐵條子串筒兩捲子亦須鐵也。添梯、「車之左端置環繩，其前尺有五寸，當床左足之上建柄，長寸有半。匼柄爲『鼓』，『鼓』生其寅，以受環繩。繩應車運，如環無端，鼓因以旋。『鼓』上爲『魚』，『魚』半出『鼓』，其出之中，建柄半寸，上承『添梯』。〔『添梯』〕者，二尺五寸片竹也。其上揉竹爲鉤，以防絲竅。左端以應柄。對『鼓』爲耳，方其穿以閉『添梯』，故車運以牽環繩，繩簇『鼓』，『鼓』以舞『魚』，『魚』振『添梯』，故絲不過偏。」制車如轆轤，必活兩輻以利脱絲。

南繅車

北繅車

竊謂上文云「車」者，今呼爲「軖」。軖必以床，《農桑直説》云，軖牀下鼎一尺，軸長二尺，中徑四寸，兩頭三寸用榆槐木，四角或六角輻，通長三尺五寸。六角不如四角。軖小則絲易解。以承軖軸。軸之一端，以鐵爲「裊掉」，復用曲木擐作活軸。左足踏動，軖即隨轉，自下引絲上軖，總名曰「繅車」。

詠曰：人家育蠶憂不得，今歲蠶收繭如積，滿家兒女喜欲狂，歪送車頭趂繅緝。南州誇「冷盆」，「冷盆」細緻何輕勻；北俗尚「熱釜」，「熱釜」絲圓儘多緒；即今

南北均所長，「熱釜」「冷盆」俱此「軖」。「軖」，頭轉機須足踏，「錢眼」「添梯」絲度滑，非絃非管聲咿嗄，村北村南響相答。婦姑此時還對語，準備吾家好機杼，豈知縣吏已催科，不時揭去無餘絖。迫索仍憂宿負多，車乎車乎將奈何！

熱釜。秦觀《蠶書》云，繅絲自鼎面引絲直錢眼，此繅絲必用鼎也。今農家象其深大，以槃甑接釜，亦可代鼎。故《農桑直説》云，釜要大，置于竈上。如蒸竈法，可繅粗絲單繳者，雙繳者亦可。釜上大槃甑接口。添水至甑中八分滿。可容二人對繅。水須常熱。宜旋旋下繭繅之，多則煮損。凡繭多者，宜用此釜，以趨速效。

熱釜

詩云：蠶家熱釜趁繅忙，火候長存蟹眼湯，多繭不須愁不辦，時時頻見脱絲軖。

詩云：瓦盆添水火微然，繭緒抽來細繳全；不似貴家華屋底，空教纖手弄清泉。

蠶連，蠶種紙也。舊用連二大紙，蛾生卵後，又用線長綴，通作一連，故因曰「連」。匠者嘗別抄以鬻之。

《務本新書》云，蠶連厚紙爲上，薄紙不禁浸浴。如用小灰紙更妙。連須以時浴之。浴畢挂時，令蠶子向外，恐有風磨損。冬至日及臘八日，浴時，無令水極深。浸浴畢，取出。比及月望，數連一卷，桑皮索繫定，《務本新書》云，蠶連不得用麻繩繫挂，如或不忌，後多乾死不生。《本草》、陳藏器云，以苧麻近種則不生，當遠之。庭前立竿高挂，以受臘天寒氣。年節後，甕内豎連須使玲瓏，安十數日，候日高時一出。每陰雨後，即便曬曝。恐傷溼潤。見風亦不可多時。此蠶連育養法，直至暖種而生。前文間取諸蠶書。

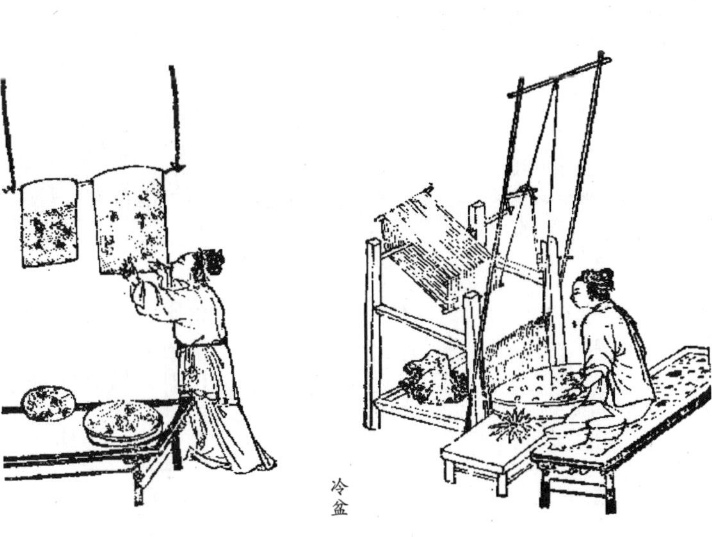
冷盆

蠶連

詩云：前朝繭如山，今朝卵如粟，如山今歲謀，如粟來歲足。來歲一何神，生化楮一幅，丁寧語荆婦，依時勤曬沐。

織機，織絲具也。按，黄帝元妃西陵氏曰儽祖，始勸蠶稼，月大火而浴種，夫人副禕而躬桑，乃獻繭稱絲，遂成織紝之功；因之廣織，以給郊廟之服。見《路史》。《傅子》曰，舊機，五十綜者五十躡，六十綜者六十躡。馬生者，天下之名巧也，患其遺日喪功，乃易以十二躡。今紅音工。女織繒，惟用二躡，又爲簡要。凡人之衣去聲。被於身者，皆其所自出也。

織機

砧杵、擣練具也。《東宮舊事》曰，太子納妃，有石砧一枚，又擣亦作「搗」。衣杵十。《荆州記》曰，秭歸縣有屈原宅，女嬃廟，擣衣石猶存。蓋古之女子對立各執一杵，上下擣練於砧，其丁東之聲，互相應答。今易作卧杵，對坐搗之，又便且速，易成帛也。

魏璀賦云：細腰杵兮木一枝，女郎砧兮石五彩，聞後響而已續，聽前聲而猶在。夜如何其，秋兮已半。於是拽魯縞，攘皓腕，始于摇揚，終於淩亂。四振五振，驚飛鴈之兩行，六舉七舉，遏彩雲而一斷。隱高閣而如動，度遥城而如散。夜有露兮秋有風，杵有聲兮衣可縫，佳人聽兮意何窮。步逍遥於涼景，暢容與於晴空。黄金釵兮碧雲髮，白素巾兮青女月，佳人聽兮良未歇，擘長虹而乍開，淩倒景而將越。是時也，餘響未畢，微影方流，透迤洞房，半入宵夢，窈窕閒館，方增客愁，李都尉以胡笳動泣，向子期以鄰笛增憂，古人獨感於聽，今者況兼乎秋。願君無按龍泉色，誰道明珠不可投。

砧杵

又《農器圖譜集之十九·纊絮門木綿附》 纊絮禦寒，古今所尚，然制造之法，南北互有所長，故特總輯，庶知通用。近世以來，復以木綿爲助，今附于後。

絮車。構木作架，上控鉤繩滑車，下置煮繭湯甕，絮者掣繩上轉滑車，下徹甕内，鉤繭出没灰湯，漸成絮段。《莊子》謂「洴澼絖」者，疏云，洴，浮也，澼，漂也，絖，絮也。古者纊、絮、綿一也。今以精者爲綿，粗者爲絮。因蠶家退繭造絮，故有此車煮之法，常民藉以禦寒，次于綿也。彼有擣繭爲胎，謂之「牽縭」者，較之車煮，工拙懸絶矣。

詩云：世有洴澼纊，架構以車名，下上輪繩滑，牽聯甕繭烹，濟貧寒可禦，售業價還輕，會遇不龜手，百金爲爾榮。

煑絮滑車

撚綿軸。制作小碢，或木或石，上插細軸，長可尺許。先用叉頭挂綿，左手執叉，右手引綿上軸懸之，撚作綿絲，就纏軸上，即爲細縷。閨婦室女用之，可代紡績之功。

詩云：朵綿高執玉叉頭，細作垂絲撚復收，待得功成付機杼，不知誰解衣去聲。新紬。

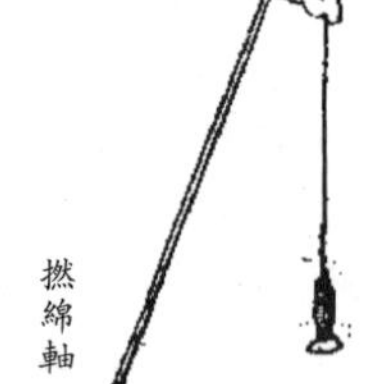

撚綿軸

綿矩。以木框方可尺餘，用張繭綿，是名綿矩。又有揉竹而彎者，南方多用之。其綿外圓内空，謂之「猪肚綿」。又有用大竹筒，謂之「筒子綿」，就可改作大綿，裝時未免拕池解切，折物也。

綿矩

裂。北方大小用瓦蓋，各從其便。然用木矩者最爲得法。酈善長《水經註》曰，房子城西出白土，細滑如膏，可用濯綿；霜鮮雪曜，異于常綿，世俗云，房子之纊也，亦類蜀郡之錦得江津矣。今人張綿用藥，使之膩白，亦其理也。但爲利者因而作僞，反害其真，不若不用之爲愈。

詩云：有繭盈頃筐，置矩臨清溪，綱維由我張，邊幅須爾齊。用裝身上衣，輕煗衷晴霓，也還棄牆角，未可同筌蹄。

又《農器圖譜集之二十・麻苧門》 麻苧之有用具，南北不無異同，民俗豈能通變？如南人不解刈麻，北人不知治苧。及有漚浸審生熟之節，車紡分大小之工，凡絺綌繩綆，皆其所出。今并所附類一一條列，庶使南北互相爲法云。

漚烏候切。池。漚，浸漬也，池猶泓也。《詩》云「東門之池，可以漚麻。」凡蓺麻之鄉，如無水處，則當掘地成池，或甃以塼石，蓄水於內，用作漚所。

《齊民要術》云：「漚欲清水，生熟合宜。」注説云：「濁水則麻黑，水少則麻脆，生則難剥，太爛則不任。」此漚法也。《氾勝之書》曰：「夏至後二十日漚枲，枲和如絲」。大凡北方治麻，刈倒即束之，卧置池內。水要寒煖得宜，麻亦生熟有節，須人體測得法，則麻皮潔白柔韌，可績細布。南方但連根拔麻，遇用則旋浸旋剥，其麻片黄皮粗厚，不任細績。雖南北習尚不同，然北方隨刈即漚於池，可爲上法。

漚池

又《詩》云「東門之池，可以漚苧」，以此知苧亦可漚。問之南方造苧者，謂苧性本難軟，與漚麻不同，必先績苧，已紡成纑，乃用乾石灰拌和累日。夏天三日，冬天五日，春秋約中。既畢抖去，别用石灰煮熟，待冷，于清水中濯淨，然後用蘆簾平鋪水面，如水遠，則用大盆盛水，鋪簾或草攤纑浸曝，每日換水，亦可。攤纑於上，半浸半曬。遇夜收起，瀝乾，次日如前。候纑極白，方可起布。此治苧池漚之法，須假水浴日曝而成，北人未之省也。今録之，冀南北通用。

竊讀《孟子》，所謂「江漢以濯之，秋陽以曝之，皜皜乎不可尚已」，今漚苧雖曰小技，亦此理歟？

詩曰：解變常麻作雪衣，《詩》云，「麻衣如雪。」好將漚法教民知，若憑地利江南易，是處人家近水湄。

布機。《釋名》曰，布列諸縷。《淮南子》曰，伯余之初作衣也，伯余，黄帝臣也。緂他甘切。麻索縷，手經指挂。後世爲之機杼，幅匹廣長疎密之制存焉。農家春秋績織，最爲要具。

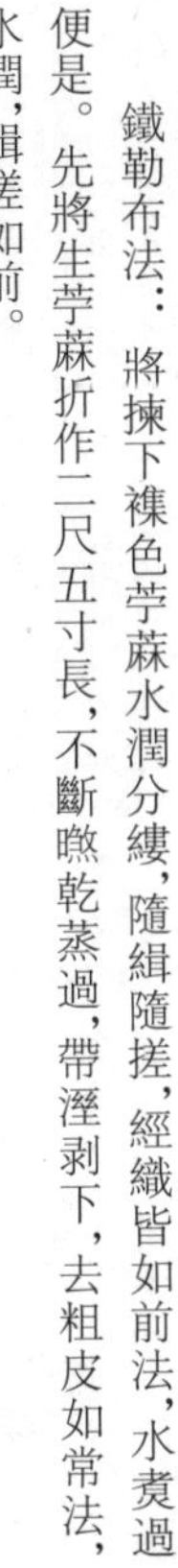
布機

詩云：誰家績紡成，扎扎弄機杼，大布可以衣，絺縠安用許。哀彼度梭人，辛苦織如霧，坐令鄉落間，長歌二東句。

行臺監察御史詹雲卿造布之法印行，今抄附于此：

毛絁布法：揀一色白苧麻，水潤，分成縷，粗細任意，旋緝旋搓。本俗於腿上搓作纑，逗成鋪，不必車紡，亦勿熟漚，只經生纑論帖穿苧如常法。以發過稀糊調細豆麫刷過，更用油水刷之。於天氣溼潤時，不透風處或地窨子中洒地令溼，經織爲佳。若風日高燥，則纑縷乾脆難織。每織必先以油水潤苧及潤纑，經織成生布，於好灰水中浸蘸，㬉乾再蘸再㬉。如此二日，不得揉搓。再蘸溼了，於乾灰內周徧滲浥兩時久，納於熱灰水內浸溼，於甑中蒸之。文武火養二三日，頻頻翻覰。要識灰性及火候緊慢。次用淨水澣濯。天晴再三帶水搭㬉如前，不計次數，惟以潔白爲度。灰須上等白者，落黎、桑柴、豆稭等灰，入少許炭灰，妙。

鐵勒布法：將揀下襍色苧麻水潤分縷，隨緝隨搓，經織皆如前法，水賫過便是。先將生苧麻折作二尺五寸長，不斷㬉乾蒸過，帶溼剥下，去粗皮如常法，水潤，緝搓如前。

麻鐵黎布法：將雜色老火麻帶溼曲折作二尺五寸長，㬉乾收之。欲用時，旋於木甑中蒸過，趁溼剥下，㬉乾，以木棹子兩個夾麻，順歷數次，至麻性頗軟堪緝爲度。水潤，緝績紡作纑；生織成布，水煮便是。

此布妙處，唯在不搓揉了麻之骨力，好灰水蘸㬉，布子潔白而已。雖曰蘸㬉頗煩，而省纏紥熟纑等工亦多，比之南布，或有價高數倍者，真良法也。縷板印布，與存心治生君子共之。

佚名《碎金》書影

明・宋應星《天工開物》卷上《乃服》

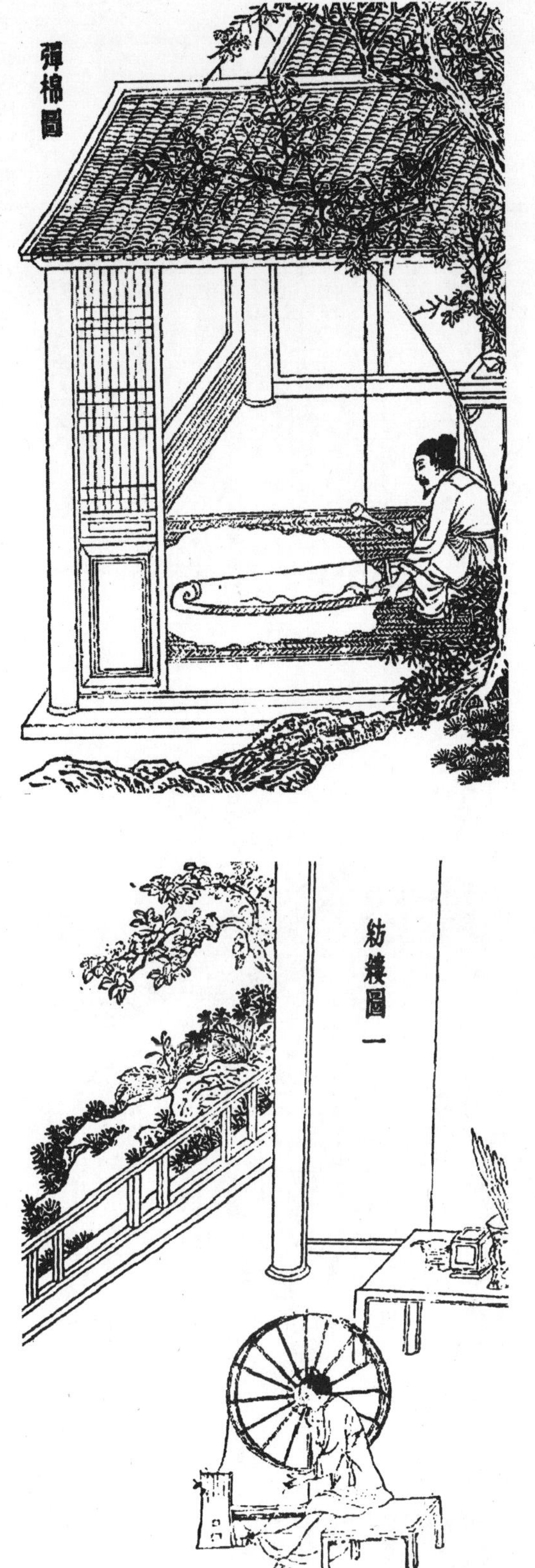
彈棉圖
紡縷圖一

山箔

擦條圖

繅車一

紡縷圖二

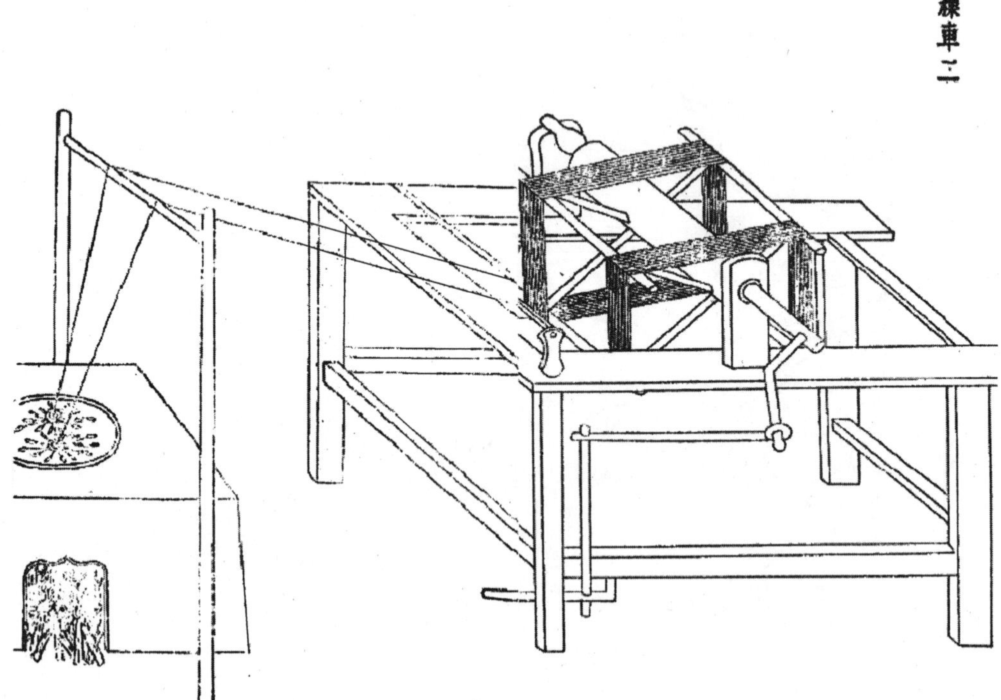
繅車二

紡車圖

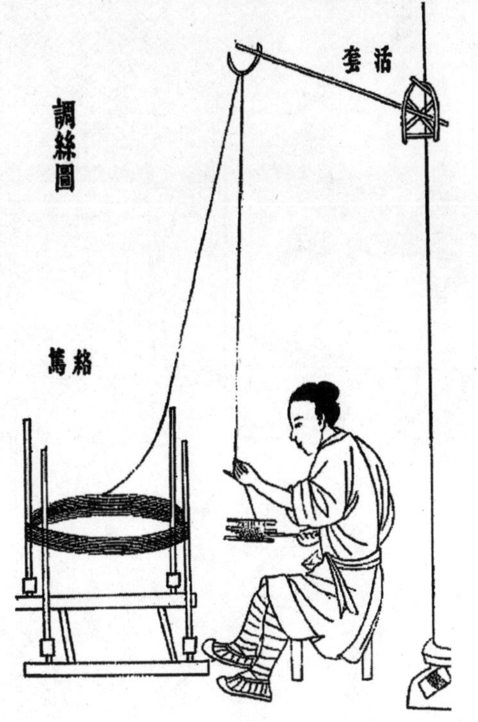
調絲圖
活套
絡篗

溜眼掌扇經耙圖
經耙
交頭

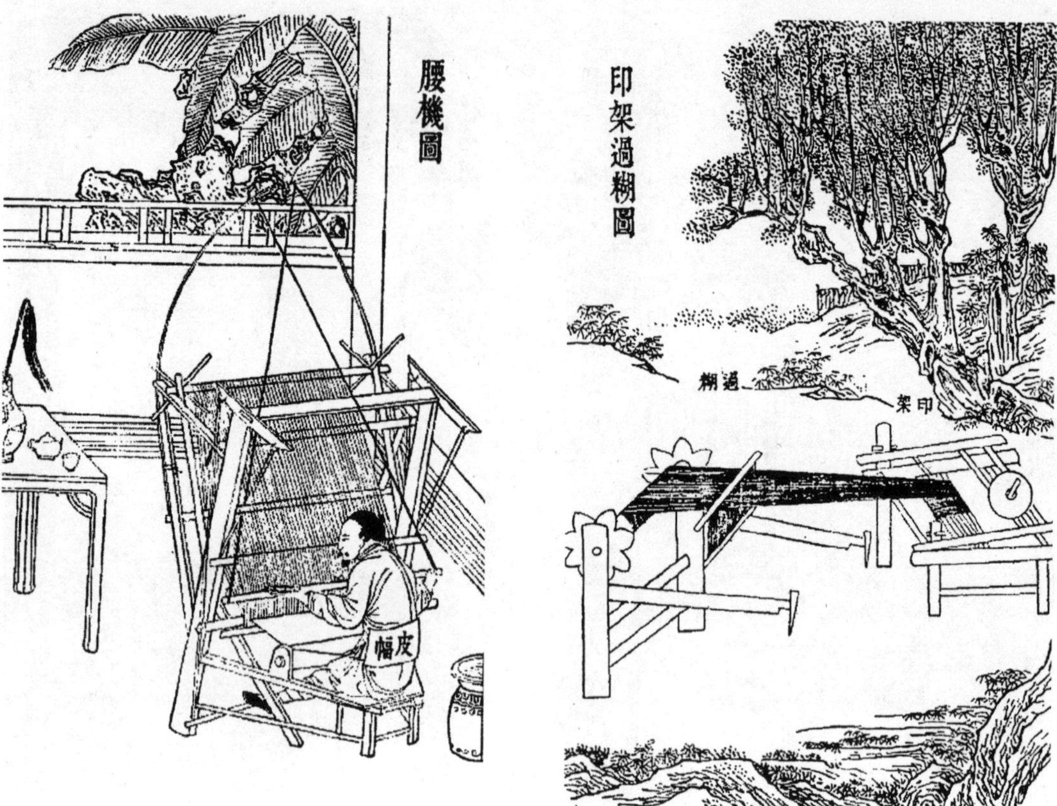
腰機圖
皮幅
印架過糊圖
過糊
印架

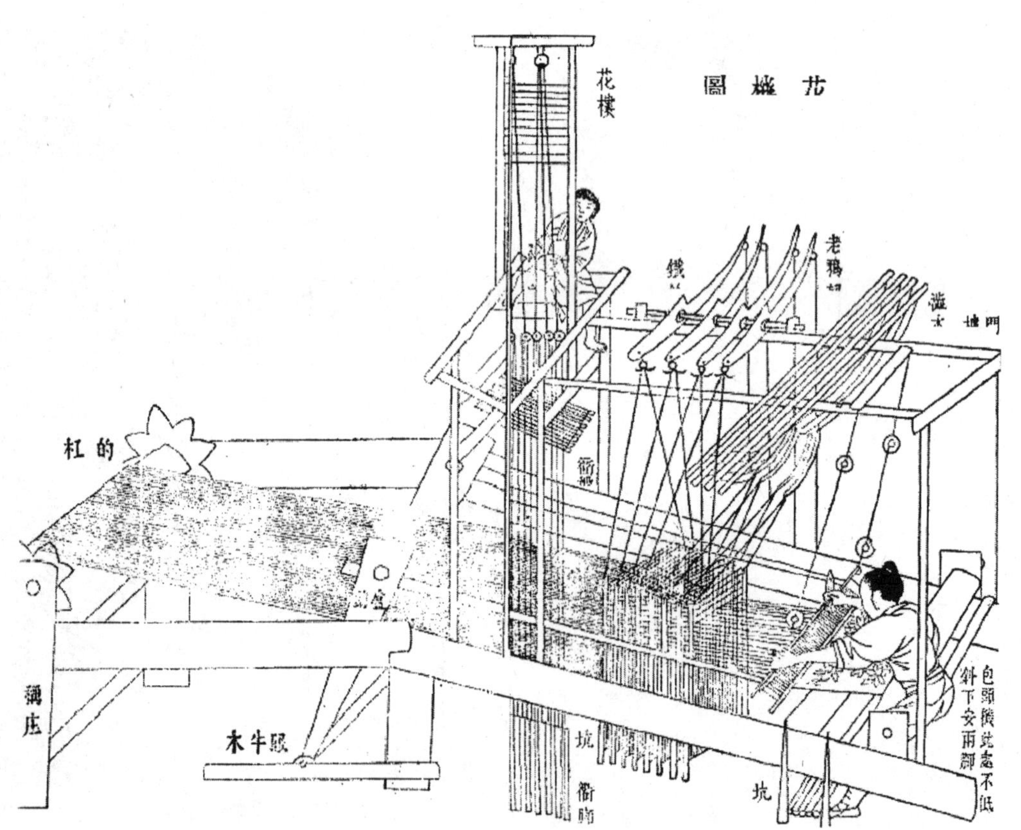
花機圖
花樓
綫
老鴉
門樓
的杠
衢盤
眠牛木
坑
衢脚
坑
包頭機此處不低
斜下安兩脚

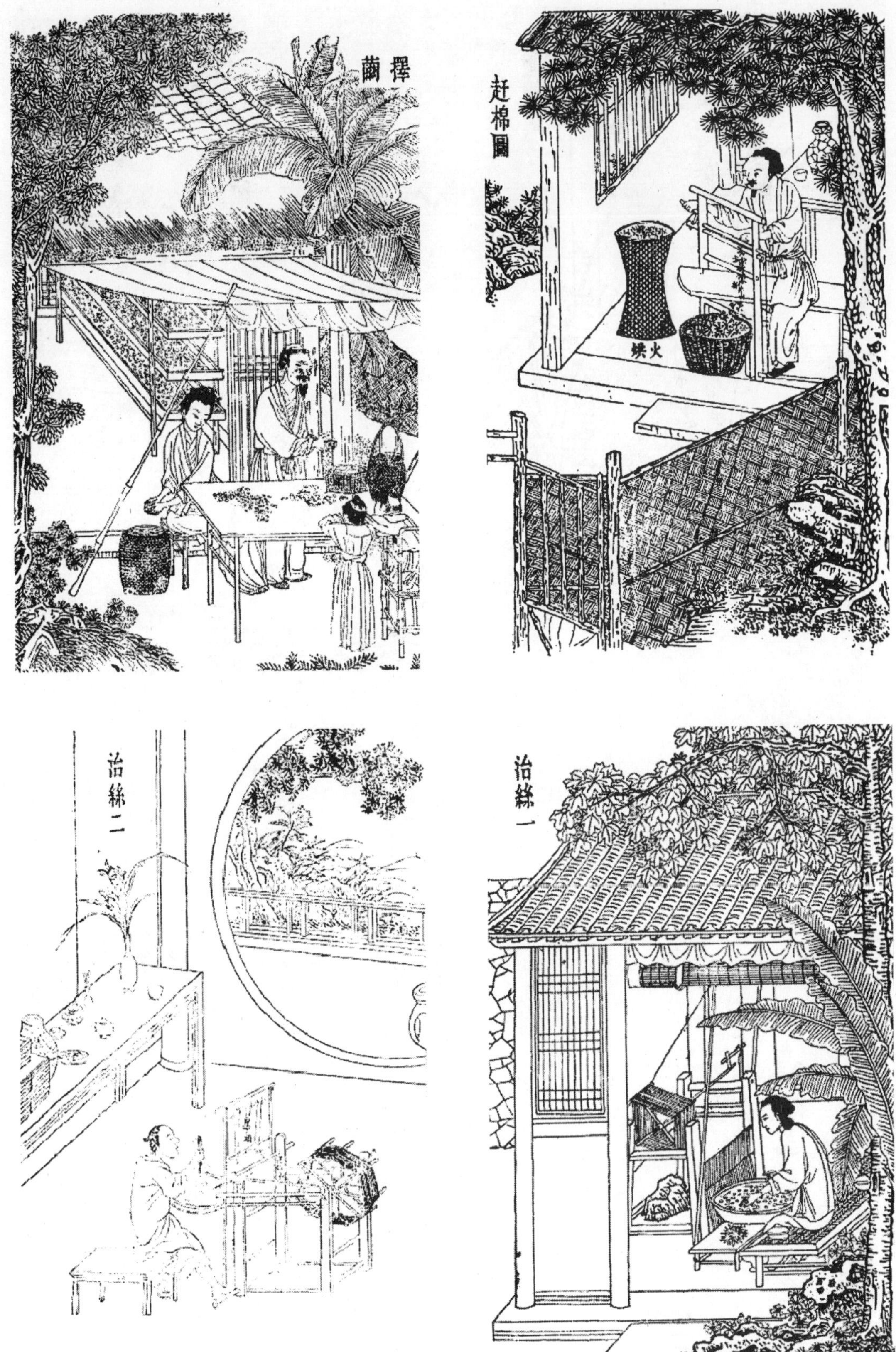
擇繭
赶棉圖
治絲二
治絲一

又 卷中《燔石》

又 卷下《丹青》

藝文

《詩經・國風・鄭風》 出其東門，注：齊説曰：鄭男女亟聚會，聲色生焉，故其俗淫。《鄭詩》曰：「出其東門，有女如雲。」又曰：「溱與洧，方灌灌兮，士與女，方秉菅兮，恂盱且樂。惟士與女，伊其相謔。」此其風也。疏：《毛序》：「閔亂也。公子五争，兵革不息，男女相棄，民人思保其室家焉。」《箋》：「公子五争者，謂突再也，忽子亹子儀各一也。」「男女」至「風也」，《漢書・地理志》文，此齊説。詩乃賢士道所見以刺時，而自明其志也。魯韓當同。

出其東門，有女如雲。疏：《傳》：「如雲，衆多也。」《箋》：「有女，謂諸見棄者也。如雲者，如其從風，東西南北，心無有定。」鄭城西南門爲溱洧二水所經，故以東門爲游人所集。雖則如雲，匪我思存。疏：《傳》：「思不存乎相救急。」《箋》：「匪，非也。此如雲者，皆非我思所存也。」縞衣綦巾，疏：《傳》：「縞衣，白色，男服也。綦巾，蒼艾色，女服也。願室家得相樂也。」《箋》：「縞衣綦巾，已所爲作者之妻服也。」《説文糸部》：「綥，帛蒼艾色也。《詩》曰：『縞衣綥巾。』未嫁女所服。」或以爲三家《詩》字。馬瑞辰云：「《左傳》『楚人惎

之』，《説文》引作『畀』，杜林以『畀』爲『騏』字也。《箋》以『綦』爲『綦』，文與《秦風傳》『騏綦』文合，蓋讀騏如綦。」愚案：《説文》「綥」下重文「綦」云：「綥，或從其。」是「綥」即「綦」字，非三家異解。《説文》：「巾，佩巾也。」一云首飾。《釋名》：「二十成人，士冠庶人巾。」《傳》以布巾分男女，過泥。《説文》又以綥巾爲未嫁女所服，無論喪服之時莫爲分別，即游人所萃，如雲如茶，孰辨其已嫁未嫁？今斷從《箋》説，以爲作者之妻服，則此詩文從字順矣。韓毛文同。（見下。）聊樂我員。注：《韓詩》曰：「縞衣綦巾，聊樂我魂。」韓説曰：魂，神也。疏：《箋》：「時亦棄之，迫兵革之難，不能相畜，心不忍絶，故言且留樂我員。此思保其室家，窮困不得有其妻，而以衣巾言之，恩不忍斥之。綦，綦文也。」《釋文》：「員，本亦作云。」《正義》：「員、云古今字，助句辭。」『縞衣』至『神也』者，《釋文》及《文選》曹大家《東征賦》注、鮑照《東武吟》注、鮑照《舞鶴賦》注引《韓詩》文。臧鏞堂云：「此『魂』乃『云』之變體。《春秋疏》引《孝經説》云：『魂，云也。』韓但讀作『神魂』之魂耳。」陳喬樅云：「毛韓師傳各異，訓義不必强同。《孝經援神契》云『情者魂之使』，此自言其妻子得用情之正，故云『聊樂我魂』。下章云『聊可與娱』，娱亦樂也。人悲則神傷，樂則神安，故韓以魂爲神，其説未嘗不是也。」

出其闉闍，注：韓説曰：城内重門也。有女如茶。疏：《傳》：「闉，曲城也。闍，城臺也。茶，英茶也。言皆喪服也。」《箋》：「闍，讀當如『彼都人士』之都，謂國外曲城之中市里也。」「茶，茅秀，物之輕者，飛行無常。」「城内重門也」者，《玉篇門部》「闉」下文，引《詩》曰：「出其闉闍。」陳喬樅云：「《玉篇》所引《韓詩》説也。」馬瑞辰云：「如茶，與『如雲』皆取衆多義。茶或作蒤。《廣雅》：『蒤萙，茅穗也。』《説文》：『萙，茅秀也。』《豳風傳》：『茶，萑苕也。』《夏小正》『七月灌茶。灌，聚也。茶，雚葦之秀』。是『茅秀』爲茶，『葦秀』亦爲茶。《爾雅》：『蔈、荂、茶、猋、藨，芀』。又曰：『葦醜芀。』蓋對文則茅秀爲茶，葦秀爲芀，散言則茅葦之秀通可稱茶，皆取色白爲義。灌茶則有叢聚之象，故以喻衆多也。《傳》以爲『皆喪服』，似非《詩》恉。」雖則如茶，匪我思且。縞衣茹藘，聊可與娱。疏：《傳》：「茹藘，茅蒐之染女服也。娱，樂也。」《箋》：「匪我思且，猶非我思存也。茅蒐，染巾也。聊可與娱，且可留與我爲樂，心欲留之言也。」馬瑞辰云：「《釋器》：『三染謂之纁。』郭注：『纁，絳也。』《廣雅》：『纁謂之絳。』是茹藘染絳即纁也。《士昏禮》『女次純衣纁袡』，是茹藘所染當即纁袡。《方言》：『蔽厀，齊魯之郊謂之袡，魏宋南楚之間謂之大巾。』纁袡即婦人蔽厀，《箋》但言『茅蒐染巾』，不言大巾，説亦未确。」愚案：詩言「茹藘」，不言「巾」者，省文以成句，故鄭言之即佩巾也。馬以爲婦人蔽厀，殊乖事理。

雜録

漢・劉珍等《東觀漢記》卷六《明德馬皇后》 馬后袍極麤疏，諸王朝望見，反以爲綺。后曰：「此繒染色好，故直用之。」《御覽》卷八一六。

宋・李誠《營造法式》卷二《總釋下・彩畫》

《周官》：以猷鬼神祇。猷，謂圖畫也。

《世本》：史皇作圖。宋衷曰：史皇，黄帝臣。圖，謂圖畫形象也。

《爾雅》：猷，圖也，畫形也。

《西京賦》：繡栭雲楣，鏤檻文梍。五臣曰：畫爲繡雲之飾。梍，連檐也。皆飾爲文彩。故其館室次舍，彩飾纖縟，裛以藻繡，文以朱緑。館室之上，纏飾藻繡朱緑之文。

《吴都賦》：青鎖丹楹，圖以雲氣，畫以仙靈。青鎖，畫爲瑣文，染以青色，及畫雲氣神仙靈奇之物。

謝赫《畫品》：夫圖者，畫之權輿；繢者，畫之末迹。總而名之爲畫。倉頡造文字，其體有六：一曰鳥書，書端象鳥頭，此即圖書之類，尚標書稱，未受畫名。逮史皇作圖，猶略體物，有虞作繢，始備象形。今畫之法，蓋興於重華之世也。窮神測幽，於用甚博。今以施之丁綀素之類者謂之畫；布彩丁梁棟科栱或素象什物之類者，俗謂之裝鑾；以粉朱丹三色爲屋宇門窗之飾者，謂之刷染。

宋・孔平仲《孔氏談苑》卷三《郊祀衣》 郊禮，前省内官衣錦，後省衣繡。

宋・朱彧《萍州可談》卷一 蘇子瞻責黄州，居州之東坡，作雪堂，自號「東坡居士」，後人遂目子瞻爲東坡，其地今屬佛廟。子瞻元祐中知杭州，築大堤西湖上，人呼爲蘇公堤，屬吏刻石榜名。世俗以富貴相高，以堤音低，頗爲語忌。未幾，子瞻遷責。時孟氏作后，京師衣飾，畫作雙蟬，目爲孟家蟬，識者謂「蟬」有「禪」意，久之后竟廢。

宋・朱勝非《秀水閒居録》《宋人佚事彙編》卷二 元祐末，哲宗方擇后，京師里巷作打毬戲，以一擊入窠者爲勝，謂之孟入。於是孟女在應選。至紹聖間，禁掖造纈，有匠姓孟，獻樣，兩大蝴蝶相對，掩以纈帶，曰「孟家蟬」。民間競服之。未幾后廢。議者以爲蟬者禪也，出家之兆也。建炎三年后復垂簾。孟入者，兩復入也，蟬者禪也，兩御簾帷之應也。《秀水閒居録》，《萍洲可談》較略。

宋・葉廷珪《海録碎事》卷五《衣冠服用部・裀褥門》 雲茵霓褥 《武夷記》：真君殿中鋪雲茵紫霓褥。 冰蠶錦 康老子常買一舊錦褥，有波斯見之，乃曰：「此冰蠶絲錦。暑月陳於座，則滿室清涼。」《樂府雜録》。

又 卷一五《商賈貨財部・錦門》 重錦 重錦三十兩。注：錦之熟細者兩疋也。《左傳》。 錦十雙 十疋也。以二丈雙行，故曰雙，亦曰兩。《唐書》。

又 《綺羅門》 織素 古詩：新人工織縑，故人工織素。織縑日一疋，織

素五丈餘。持縑將比素，新人不如故。　鶴文綾　客從遠方來，遺我鶴文綾。謝惠連詩。　輕容　輕容，無花薄紗也。《唐書音訓》。　衣履天下　《地理志》：齊俗侈，作冰紈綺繡，號冠帶衣履天下。　冰紈　冰紈，言鮮潔如冰也。《漢書》。　鄭綿絡　秦篝齊縷，鄭綿絡。宋玉《招魂》。　純綿麗密　荷旃被毳者，難與道純綿之麗密。旃，氈也。純綿，繒帛也。王褒頌。　流黄素　張載《四愁詩》：佳人遺我筒中布，何以報之流黄素。　筒中布　見上。

又《布門》　春蕪布　《洞冥記》：波岐國産荃蘼草，亦曰春蕪草，其皮如絲，可以爲布，所謂春蕪布，亦曰香荃布。　香荃布　見上。　鄧緦　凡布細而疏者謂之緦，鄧氏造。有名緦者謂之鄧緦。出《三禮圖》。　筒中紵　交趾緅絺筒中之紵。　橦花布　布有橦花。《蜀都賦》。注云：有樹名橦，其花柔，可織布。　曳阿錫　曳阿錫。注：阿，細繒。錫，細布。《房中歌》。　火浣布　火浣布出火山國，績木皮爲之。《夷狄傳》。　白疊布　高昌國有草實如繭，其中絲如細纑，名爲白疊子，國人取以爲布。　白越　白越，細布也。出《越絶書》。　荃葛　《漢書》：江都王建遣使通越，閩王遺建荃葛。注云：細布也。字作銓。　葛越　皆細布。《吳都賦》所謂「焦葛升越，弱於羅紈」者也。　五兩　繒布葛越，皆五兩爲束。注：古之帛屈其兩端，故五兩爲束。今帛合兩爲疋，亦疋偶義。《唐書音訓》。　一尺天　《羅敷交與葛篇》：欲剪箱中一尺天，吳娥莫道吳刀澀。李賀詩。　黄潤布　黄潤比筒，籝金所過。注：黄潤，細布也，盛於筒中，其價過一籝之金。《蜀都賦》。

又　卷一七《農田部·蠶織門》　嬾婦驚　古語：促織鳴，嬾婦驚。　八繭蠶　將餧吳王八繭蠶。李賀詩。　網車　竹裏繰絲挑網車。李賀詩。　蠶蠕蠕　越婦未織作，吳蠶始蠕蠕。李賀詩。　烟素素　羸女機中烟素素。李賀詩。　冷水絲　食柘之蠶，其絲以冷水繰之，謂之冷水絲，可爲琴瑟絃，蓋檿絲之類。《零陵總記》。　金蠶銀繭　南齊時，有盜發桓溫女冢，有金蠶銀繭。　枯桑　枯桑知天風，海水知天寒。　馬頭娘　蜀中寺觀多塑女人披馬皮，謂之馬頭娘以祈蠶。《乖異集》。　流黄機　顧野王《陽春歌》：荆門寒未歇，爲斷流黄機。又云：銀鞍俠客至，柘彈婉童歸。　再眠蠶　再眠蠶。言將老也。　啞軋　機絲弄啞軋。杜詩。　帝女桑　未染仙人杏，偏柔帝女桑。王禹玉《皇后閣春帖》。　女兒蠶　《搜神記》：人家女思其父，語所養馬：「若得父，吾將嫁汝。」馬迎得父。後見女輒怒。父怪之，女語其故。父殺馬，暴皮於庖中。一日，皮忽卷女飛去桑樹間，俱爲蠶，其繭厚大。今世謂蠶爲女兒，古之遺語也。　諸曁三如　《圖經》：諸曁出三如：如綿之桑（言檿桑文如綿，可作碁局）、如拳之栗、如絲之苧。　耕勞織擾　《淮南子》曰：耕之爲事也勞，織之爲事也擾，擾勞之事而民不舍者，知其可以衣食也。

宋·王楙《野客叢書》卷八　禁用黄

禁門曰黄闥，公府曰黄閣，郡治曰黄堂。三公黄閣，前史無其義，人往往不得其説。案《禮記》：「士韠與天子同，公侯大夫則異。」鄭玄注：「士賤，與君同，不嫌也。」朱門洞啓，當陽之正色。三公之與天子禮秩相亞，故黄其閣以示謙。」蓋是漢制，張超《與陳公牋》「拜黄閣將有日」是也。此見沈約《宋志》，而衛宏《漢儀》亦謂丞相聽事閣曰黄閣。或者不曉，謂三公近於君，故謂黄閣。然名爲黄閣，初非用黄。僕又考《南史》「何尚之與婢共洗黄閣」，益信黄閣非虚名也。郡治之黄堂，由春申君在郡，塗雌黄以厭火災，遂爲黄堂故事外，臣下室廬鮮有謂黄者。然服飾猶未之禁，往往臣下亦通用之。自唐高祖武德初用隋制，天子常服黄袍，遂禁士庶不得服。而服黄有禁，自此始。至明皇天寶間，因韋韜奏「御案牀褥，望去紫用黄制」，而臣下一切不得用黄矣。敕舊用白紙，唐高宗上元間，以施行之制既爲永式，白紙多蠹，遂改用黄。除拜將相制書用黄麻紙，其或學士制不自中書出，故獨用白麻紙，所以有黄麻，白麻之異也。詔晉時多用青紙，見楚王倫、太子遹等傳。故劉禹錫詩曰：「優詔發青紙。」表亦有用黄紙，觀《前燕録》載岷山公黄紙上表，《北史》邢邵爲人作表，自買黄紙寫送之，因知古者上下所書之紙不拘如此。李肇《翰林志》曰：「凡賜予、徵召、宣索、處分曰詔，用白藤紙；撫軍旅曰書，用黄麻紙；道觀薦告詞文用青藤紙，謂之青詞；凡諸陵薦告上表，用白麻紙。」《石林燕語》曰：「唐中書制詔有四：畫旨而施行者，曰發、曰敕，用黄麻紙；承旨而行者，曰敕牒，用黄藤紙；赦書用絹黄紙。或云取其不蠹也。」《東齋雜記》言治平間，以館中書多蠹，更以黄紙寫。又知易白以黄者，往往以避蠹之故，非專爲君命而然。

又　卷一一　師古注青紫

石林云：唐以金紫、銀青光禄大夫爲階官，此沿漢制「金印紫綬」「銀印青綬」之稱也。《夏侯勝傳》：「取青紫如拾芥。」青紫謂綬耳。顔師古以青紫爲卿大夫之服，漢卿大夫蓋未服青紫，師古但據當時所見。僕觀揚雄《解嘲》「紆青拖紫」，師古注曰：「青、紫，謂綬之色。」觀此語，豈無見邪！然所謂服者，佩服云

爾。漢人亦有以綬言服，如蔡邕章疏曰「命服銀青」，曰「命服金紫」，曰「金龜紫綬之飾，非臣容體所當佩服。」以是而觀，師古之注未爲謬也。僕又考之，秦時光禄動有中大夫，漢武帝更名光禄大夫，皆銀章青綬，魏、晉以來，有左右光禄大夫，光禄三大夫皆銀章青綬，其重者詔加金章紫綬，則謂之金紫光禄大夫。既有金紫之號，故以本光禄爲銀青光禄大夫。晉時如王翹之嘗爲此官，而任遐爲光禄大夫，就王晏乞一片金，晏乃啓轉爲金紫是也。是則金紫、銀青光禄大夫之階，萌於漢，成於晉，非始於唐也。

又　卷一二　男人傅粉

《世説》載：何晏潔白，魏帝疑其傅粉，以湯餅試之，其拭愈白，知其非傅粉也。僕考《魏略》，晏自喜動静，粉白不去手，則知晏嘗傅粉矣。《前漢・佞幸傳》載「籍孺、閎孺傅脂粉以婉媚幸上」，此不足道也。《東漢・李固傳》章曰：「大行在殯，路人掩涕，固獨胡粉飾貌，搔頭弄姿，槃旋偃仰，從容冶步，略無慘怛之心。」《顔氏家訓》謂梁朝子弟無不熏衣剃面，傅粉施朱。以此知古者男子多傅粉者。

又　卷二四　蝶粉蜂黄

《草堂詩餘》載張仲宗《滿江紅》詞：「蝶粉蜂黄都褪卻。」注：「蝶粉蜂黄，唐人宫妝。」僕觀李商隱詩有曰「何處拂胸資蝶粉，幾時塗額藉蜂黄」，知《詩餘》所注爲不妄。唐《花間集》卻無此語。或者謂蝶交則粉落，蜂交則黄落。

又　卷二六　唐袍服用花綾

唐人袍服用花綾。僕觀白樂天《謝裴常侍贈鶻銜瑞草緋袍魚袋詩》曰：「魚綴白金隨步躍，鶻銜紅綬繞腰飛。」弟行簡《賜章服詩》曰：「榮傳錦帳花聯萼，彩動綾袍鴈趂行。」注：「緋多以鴈銜瑞莎爲之。」《喜劉蘇州賜金紫詩》曰：「魚佩葺鱗光照地，鶻銜瑞草勢沖天。」《方鎮詩》曰：「通犀排帶胯，瑞草勒袍花。」白詩多言此。按《唐會要》德宗詔：「頃來賜衣，文綵不常，非制也。今宜有定制：節度使宜以鶻銜綬帶，取其武毅，以靖封内；觀察使宜以鴈銜威儀，取其行列有序，牧人有威儀也。」威儀委瑞草也。《唐志》亦詳。

又　卷二九　不磷不緇

《論語》「磨而不磷，涅而不緇。」今讀「磷」字多作去聲，讀「緇」字多作平聲，而古來文人以「磷」字爲平聲，如摯虞、傅咸以至李、杜、元、白之流皆然，「緇」字作去聲協，見沈約《高士贊》。今禮部押韻，「緇」字只平聲一音，蓋當時未分四聲故爾。《論語》「久要不忘平生之言」，「要」字合作去聲讀，故高適詩「憶昔相逢論久要，哂君與我輕常調」，曾文清公詩「久要不忘吾輩事，交情自昔幾人全」，皆作去聲用，而張孟押韻作平聲收，謬矣。又如「君子道長，稱物平施」，「長」字「施」字并合作去聲讀，而傅咸、韓退之詩、梁氏詔并作平聲用。「天子萬乘」，諸經音訓皆作去聲，而傅咸《高祖贊》作平聲協，此類難一二記。

明・屠隆《考槃餘事》卷二《畫》　宋繡畫

宋之閨繡畫，山水、人物、樓臺、花鳥，針線細密，不露邊縫，其用絨一二絲，用針如髮細者爲之，故眉目畢具，絨彩奪目，而丰神宛然，設色開染，較畫更佳。女紅之巧，十指春風，迥不可及。

又　《琴》　琴絃

絃絲，蜀中爲上，秦中、洛下爲次，山東、江淮爲下，此由水土使然也。今只用白色柘絲爲上，秋蠶次之。絃取冰者，以素質有天然之妙，若朱絃，則微色所滯，稍濁，而失其本真也。

明・謝肇淛《五雜組》卷九《物部一》　大内供御溷厠所用，乃川中貢野蠶所吐成繭，織以爲帛，大僅如紙。每供御用之物，即便棄擲。

清・顧禄《清嘉録》卷四

立夏三朝開蠶薰

環太湖諸山，鄉人比户蠶桑爲務。三、四月爲蠶月，紅紙黏門，不相往來，多所禁忌。治其事者，自陌上桑柔，提籠采葉，至郀中繭煮，分箔繅絲，歷一月而後弛諸禁。俗目育蠶者曰「蠶薰」。或有畏護種出火辛苦，往往於立夏後買現成三眠蠶於湖以南之諸鄉村。諺云：「立夏三朝開蠶薰。開買蠶船也。」

案：《具區志》：「湖中諸山，以蠶桑爲務，女未及笄，即習育蠶。三、四月謂之蠶月，家家閉户不相往來。」郭頻伽《樗園消夏録》：「三吴蠶月，風景殊佳，紅帖黏門，家多禁忌。少婦治其事者，往往獨宿。」許志進《蠶詞》云：「五夜留燈照獨眠，蠶房齋禁太常偏。軒渠借問秦淮海，個出《蠶書》第幾篇。」

賣新絲

繭絲既出，各負至城，賣與郡城隍廟前之收絲客。每歲四月始聚市，至晚蠶成而散，謂之「賣新絲」。蔡雲《吴歈》云：「蠶家多半太湖濱，浮店收絲只趁新。城裏那知蠶婦苦，載錢眼熱賣絲人。」

案：新絲，綿絲也。《吴縣志》：「近湖諸山家，蓄蠶取之，每歲四月始登市。」

紙墨筆硯與印刷裝幀工藝部

紙墨筆硯分部

論説

宋・趙彦衛《雲麓漫鈔》卷七　上古結繩而治，二帝以來，始有簡册，以竹爲之，而書以漆，或用版以鉛畫之，故有刀筆鉛槧之説。秦漢末，用縑帛，如勝廣書帛内魚腹，高祖書帛射城上。至中世漸用紙，《趙后傳》所謂「赫蹏」者，注云「薄小紙」，然其實亦縑帛。《蔡倫傳》：「用縑帛者謂之紙。縑貴，簡重，不便於人，倫乃用木膚麻皮等。」則古之紙，即縑帛，字蓋從糸云。故今人呼書曰册子，取簡册之義；又曰第幾卷，言用縑素也。江南竹簡，處州作槧版，尚髣髴古制。盧仝詩云：「首云諫議送書至，白絹斜封三道印。」豈唐人又曾用絹封書耶？

明・謝肇淛《五雜俎》卷一二《物部四》　太公筆銘云：「毫毛茂茂，陷水可脱，陷文不活。」則周初已有筆矣。衛詩稱「彤管有煒」。《援神契》：「孔子作孝經，簪縹筆，又絶筆於獲麟。」《莊子》：「畫者吮筆和墨。」則謂筆始蒙恬，非也。《崔豹古今注》謂：「恬始作秦筆，以枯木爲管，鹿毛爲柱，羊毛爲被。所謂蒼毫，非兔毫竹管也。」果爾，則退之毛穎傳謂中山人蒙恬賜以湯沐者，亦誤矣。

筆之所貴者，毫中用耳，然古今談咏多及鏤飾。劉婕妤折琉璃筆管。晉武賜張茂先麟角爲管。袁象贈庾廙象牙筆管。南朝筆工鐵頭者，能瑩管如玉。湘州守贈李德裕斑竹管。段成式寄温飛卿葫蘆筆管。《西京雜記》：「天子筆管，以錯寶爲跗，雜寶爲匣，厠以玉璧翠羽。漢末一筆之匣，雕以黄金，飾以和璧，綴以隋珠，文以翡翠。湘東王筆有三等：金玉爲上，銀竹次之，至於王使君，以鼠牙刻筆管，作從軍行，人馬毛髮，屋宇山川，無不畢具。」噫，精則極矣，於筆何與？譬之擇姝者，不觀其貌，而惟衣飾之是尚也，惑亦甚矣！

歐陽道，能書者也，猶以象牙、犀角爲筆管，況庸人乎？右軍謂：「人有以琉璃、象牙爲筆管者，麗飾則有之，然筆須輕便，重則躓矣；惟有緑沉、漆竹及鏤管可愛。」余謂筆苟中書，則緑沉、漆鏤，亦不必可也。

又　今人謂紙始造於蔡倫，非也。西漢《趙飛燕傳》：「篋中有赫蹏書。」應邵云：「薄小紙也。」孟康曰：「染紙令赤而書，若今黄紙也。」則當時已有紙矣。但倫始煮穀皮、麻頭及敝布、魚網，擣以成紙，故紙始多耳。

明・宋應星《天工開物》卷中《殺青》　宋子曰：物象精華，乾坤微妙，古傳今而華達夷，使後起含生，目授而心識之，承載者以何物哉？君與民通，師將弟命，馮藉呫呫口語，其與幾何？持寸符，握半卷，終事詮旨，風行而冰釋焉。覆載之間之藉有楮先生也，聖頑咸嘉賴之矣。身爲竹骨與木皮，殺其青而白乃見，萬卷百家基從此起。其精在此，而其粗效於障風、護物之間。事已開于上古，而使漢、晉時人擅名記者，何其陋哉！

清・蔣本鑑《南學製墨劄記序》　甲申七月，祏生表弟繞道清江，出近年所得就正於余，以余久同學於舅氏也。讀其中有《製墨劄記》，並得試其所製桐煙，乃歎凡事之必有時會，而著書之未易輕言也。祏生之言曰，讀書必先分類，必讀盡專門之書，然後可以著筆。觀其所著，頗不負所言。然令當今之世不用墨盒，雖讀盡《墨經》諸書，能出古人範圍，而强世人之不尚端硯耶，此則關乎時會，有非可强而致者。製墨且然，遑論他哉！祏生視此固爲餘事，然非讀盡此類之書，而又身歷而手試之，亦不能有此數條，甚哉著書之何可輕言也。祏生勉哉！吾願讀凡書之盡，如讀墨書，而確有實際，以静待時會之至，自無負吾。舅氏之教矣，適隨漕幕有援閩之行，倚裝書此，非可云序，亦藉以贈別云爾。愚表兄蔣本鑑識。

清・謝崧岱《南學製墨劄記自序》　庚辰秋，岱始得游大學，與四川劉君搏萬炳靈。比屋而居，屢見於鐙上取煙。問之，則曰聞之饒君儀庭登逵。可以參入墨盒。岱詢饒君，則曰無有師承，想當然耳。試之不甚佳。岱效爲之，亦不適用。旋劉君就館南城，於是皆作罷論矣。辛巳冬，學中彭君葆初廷弼。筆札自喜，每一臨池必先去膠數次。岱因理前説與之討論，彭君縱論墨品，以松煙爲最細，叩其法亦不能道其詳。岱思松煙或者其松香乎？試之得煙頗多，然猶不知研法。又數月，始漸知和膠輕重之數，其色甚佳。雖市墨去膠數十次，亦不能逮。彭、饒二君雖知其佳，猶存煙不如墨之見，力主必參墨汁及就墨膠之説，蓋以墨值貴而煙值賤也。岱思墨以煙成，煙即是墨，力主用净煙爲是，然猶不知收餅入

盒之法，時而色深，遠勝市墨；時而色淺，轉不如市墨之最劣者。數字之間，淺深屢異。復用市墨，又惡其色淡而膠筆，不得已强用之。自壬午春季以後，未嘗復用市墨矣。屢試屢誤，屢誤屢悟，至癸未冬，始漸知收餅入盒之法，遂無忽淺忽深之弊。吴君子中立亭。照法製之，亦能適用。饒君亦轉詢於岱，於是問者漸多。岱一一告之，終稍遜於岱所自製，疑岱爲祕者亦有之。此法倡自饒君，劉君和之，而岱實收其成，豈其間亦有數存耶！兹乘放學之暇，將數年所歷試者，詳其原委，撰爲八法，

取煙第一附浸油法、用燈草法、發燄掃煙法　收餅第五

研煙第二　入盒第六

和膠第三附煎膠法、用藥法　入麝第七附論墨色

去渣第四　成條第八

名曰《南學製墨劄記》。雖薰煙小道，然於實事求是講求利用之君子，或亦未嘗無小助焉。惜四君皆不在學，未能與之商榷細訂爾。甲申端節後一日，湘鄉謝崧岱識於南學廣業堂。

綜述

《漢書・司馬相如傳上》 居久之，蜀人楊得意爲狗監，侍上。上讀《子虚賦》而善之，曰：「朕獨不得與此人同時哉！」得意曰：「臣邑人司馬相如自言爲此賦。」上驚，乃召問相如。相如曰：「有是。然此乃諸侯之事，未足觀，請爲天子游獵之賦。」上令尚書給筆札。師古曰：「札，木簡之薄小者也。時未多用紙，故給札以書。札音壯黠反。」

又《孝成趙皇后傳》 後三日，客復持詔記，封如前予武，中有封小綠篋，記曰：「告武以篋中物書予獄中婦人，武自臨飲之。」武發篋中有裹藥二枚，赫蹏書，孟康曰：「蹏猶地也，染紙素令赤而書之，若今黄紙也。」鄧展曰：「赫誓兄弟閲牆之鬩。」應劭曰：「赫蹏，薄小紙也。」晉灼曰：「今謂薄小物爲閲蹏。鄧音應説是也。」師古曰：「孟説非也。今書本赫字或作擊。」曰「告偉能：努力飲此藥，不可復入。女自知之！」

三國吴・陸璣《毛詩草木鳥獸蟲魚疏》 其下維穀

穀，幽州人謂之穀桑，或曰楮桑，荆揚交廣謂之穀，中州人謂之楮。殷中宗時，桑穀共生是也。今江南人績其皮以爲布，又擣以爲紙，謂之穀皮紙，長數丈，潔白光輝，其裏甚好。其葉初生，可以爲茹。《詩・鶴鳴》疏。

北魏・賈思勰《齊民要術》卷三 雜説第三十

染潢及治書法：凡打紙欲生，生則堅厚，特宜入潢。凡潢紙滅白便是，不宜太深，深則年久色闇也。入浸蘗熟，即棄滓，直用純汁，費而無益。蘗熟後，漉滓擣而煮之，布囊壓訖，復擣煮之，凡三擣三煮，添和純汁者，其省四倍，又彌明净。寫書，經夏然後入潢，縫不綻解。其新寫者，須以熨斗縫縫熨而潢之；不爾，入則零落矣。豆黄特不宜裛，裛則全不入黄矣。

凡開卷讀書，卷頭首紙，不宜急卷；急則破折，折則裂。以書帶上下絡首紙者，無不裂壞；卷一兩張後，乃以書帶上下絡之者，穩而不壞。卷書勿用鬲帶而引之，非直帶濕損卷，又損首紙令穴；當銜竹引之。書帶勿太急，急則令書腰折。騎驀書上過者，亦令書腰折。

書有毁裂，劚方紙而補者，率皆攣拳，瘢瘡硬厚。瘢痕於書有損。裂薄紙如䪥葉以補織。微相入，殆無際會，自非向明舉而看之，略不覺補。裂若屈曲者，還須於正紙上，逐屈曲形勢裂取而補之。若不先正元理，隨宜裂斜紙者，則令書拳縮。

凡點書、記事，多用緋縫，繒體硬强，費人齒力，俞污染書，又多零落。若用紅紙者，非直明净無染，又紙性相親，久而不落。

雌黄治書法：先於青硬石上，水磨雌黄令熟；曝乾，更於瓷椀中研令極熟；曝乾，又於瓷椀中研令極熟。乃融好膠清，和於鐵杵臼中，熟擣。丸如墨丸，陰乾。以水研而治書，永不剥落。若於椀中和用之者，膠清雖多，久亦剥落。凡雌黄治書，待潢訖治者佳；先治入潢則動。

書廚中欲得安麝香、木瓜，令蠹蟲不生。五月濕熱，蠹蟲將生，書經夏不舒展者，必生蟲也。五月十五日以後，七月二十日以前，必須三度舒而展之。須要晴時，於大屋下風凉處不見日處。日曝書，令書色暍。熱卷，生蟲彌速。陰雨潤氣，尤須避之。慎書如此。則數百年矣。

又　卷五 種穀楮第四十八

《説文》曰：「穀者，楮也。」

按：今世人乃有名之曰「角楮」，非也。蓋「角」「穀」聲相近，因訛耳。其皮可以爲紙者也。

楮宜澗谷間種之。地欲極良。秋上楮子熟時，多收，浄淘，曝令燥。耕地令熟。二月，耬耩之，和麻子漫散之，即勞。秋冬仍留麻勿刈，爲楮作暖。若不和麻子種，率多凍死。明年正月初，附地芟殺，放火燒之。一歲即没人。不燒者瘦，而長亦遲。三年便中斫。未滿三年者，皮薄不任用。斫法：十二月爲上，四月次之。非此兩月而斫者，楮多枯死也。每歲正月，常放火燒之。自有乾葉在地，足得火燃。不燒則不滋茂也。二月中，間斸去惡根。斸者地熟楮科，亦所以留潤澤也。移栽者，二月蒔之。亦三年一斫。三年不斫者，徒失錢無益也。指地賣者，省功而利少。煮剥賣皮者，雖勞而利大。其柴足以供燃。自能造紙，其利又多。

種三十畝者，歲斫十畝；三年一徧。歲收絹百匹。

又　卷九　筆墨第九十一

筆法：韋仲將《筆方》曰：「先次以鐵梳梳兔毫及羊青毛，去其穢毛，蓋使不髯。茹訖，各别之。皆用梳掌痛拍整齊毫鋒端，本各作扁，極令均調平好，用衣羊青毛——縮羊青毛去兔毫頭下二分許。然後合扁，捲令極圓。訖，痛頡之。」

「以所整羊毛中截，用衣中心——名曰『筆柱』，或曰『墨池』『承墨』。復用毫青衣羊青毛外，如作柱法，使中心齊，亦使平均。痛頡，内管中，寧隨毛長者使深。寧小不大。筆之大要也。」

合墨法：好醇煙，擣訖，以細絹篩——於堈内篩去草莽若細沙、塵埃。此物至輕微，不宜露篩，喜失飛去，不可不慎。墨麴一斤，以好膠五兩，浸梣皮汁中。梣，江南樊雞木皮也；其皮入水緑色，解膠，又益墨色。可下雞子白——去黄——五顆。亦以真珠砂一兩，麝香一兩，别治，細篩，都合調。下鐵臼中，寧剛不宜澤，擣三萬杵，杵多益善。合墨不得過二月、九月，温時敗臭，寒則難乾潼溶，見風自解碎。重不得過三二兩。墨之大訣如此。寧小不大。

唐・虞世南《北堂書鈔》卷一〇四《藝文部十》

紙四十

蔡倫造紙。《博物志》云，漢桓帝使桂陽人蔡倫始煮樹皮以造紙。又《輿服志》：蔡侯紙用故麻，名麻紙；木皮名穀紙，故漁網名網紙。補又案，盛弘之《荆州記》云，棗陽縣百許步，蔡倫宅其傍有池，即名蔡子池。倫，漢順帝時人，始以魚網造紙，縣人今猶多能作紙，蓋倫之遺業也。附。尚方作紙。《東觀漢記》云，蔡倫典作尚方作紙，所謂蔡侯紙也。補。賁紙寫國志。王隱《晉書》云，陳壽卒詔下河南尹華澹，遣吏賚紙筆，就壽門下寫《三國志》。布紙寫起居。虞預表云，祕府有布紙三萬餘枚，不任寫御書而無所給，愚欲請四百枚，付著作吏書寫《起居注》。崔瑗送許子但以紙。崔瑗與葛元甫書云，今遣送許子書十卷，貧不及書，但以紙耳。陸雲集兄文紙不精。陸雲與平原書云，前集兄文爲二十卷，書不工，紙又惡，恨不精。謹啓。惠書四紙。延篤答張興書云，惟别三年，夢想憶念，向月有逵伯英來，惠紙四張，讀之反覆，喜不可言。與書六紙。《蜀志》：李嚴與雍闓書六紙，辭喻利害甚切。兩紙八行。馬融與竇伯和書云，書雖兩紙，八行七字。楊戲指事希盈紙。《蜀志》：楊戲性雖簡惰省略，未嘗以甘言加人。以情接物，書符指事，希有盈紙。楊修預爲答數紙。《文士傳》云，楊修爲魏武主簿，嘗白事，知必有反覆，教豫爲答數紙，以次牒之。有風吹紙亂，遂錯誤。公怒推問，脩慚懼以實答。案《世語》曰，脩爲主簿，而爲植所友，每當就植慮事有闕，忖度太祖意，預作荅教十餘條，勅門下教出以次荅。教裁出，荅已入，太祖怪其捷，推問始泄。附。太子紙蔽鼻。《三輔故事》云，衛太子大鼻，武帝病，太子入省。江充曰，上惡大鼻，當持紙蔽其鼻而入。帝怒。案，《楚策》云，夫人鄭褎謂新人曰，王愛子美矣，雖然惡子之鼻子，爲見王則必掩子鼻。新人見王，因掩其鼻。王問故，鄭褎曰，其似惡聞君王之臭也。王曰：悍哉！令劓之。二事正相類，譏人用口信一轍哉。附。帝子持紙花。孫放《西寺銘》云，長沙西寺層構傾頽，謀欲建立。時有帝子持紙花插地，故寺東西相去十餘丈，於是建刹正當花處。五色紙。《鄴中記》云，石虎詔書以五色紙著鳳凰口中，令啣之飛下端門。桃花紙。《桓玄僞事》曰，玄詔令平淮作青赤縹桃花紙，使極精，令速作之。藤角紙。范寧教云，土紙不可以作文書，皆令用藤角紙。生布紙。《董巴記》云，蔡倫以生布作紙，絲縋如故，名麻紙。以樹皮作紙，名穀紙。牋記紙。《先賢行狀》云，延篤從唐溪季受《左傳》，欲寫本，無紙。季以殘牋紙與之。篤以牋記紙不可寫，乃借本誦之。左伯紙。《三輔決録》云，見前筆篇。蔡侯紙。《董巴記》云，東京有蔡侯紙，即倫紙也。縹紙。《東宫舊事》云，皇太子初拜，給縹紅紙各一百枚。緑紙。《續晉陽秋》云，姚略好書，有緑紙赤軸。素紙。張杭詩云，昔吾好典籍，下帷幕董氏。吟咏做遺風，染軸舒素紙。牋紙。《語林》曰，王右軍爲會稽令，謝公就乞牋紙，檢校庫中有九萬牋紙，悉以付謝公。補。當策。傳咸《紙賦》云，蓋世有質文，則理有損益，故禮隨時變，而器與事易。既作契以代結繩兮，又造紙以當策。夫其爲物，厥美可珍，廉方有則，體潔性真。含章蘊藻，實好斯文，取彼之淑，以爲已新。續補。代簡。《桓玄僞事》云，古無紙，故用簡，非主於敬也。今諸用簡者，皆以黄紙代之。續補。

又　墨四十二

出於三輔。《范子計然》云，然墨出三輔。又蔡質《漢官儀》云，尚書令僕丞郎月賜隃麋

大墨一枚，小墨一枚。出青松煙。曹植《樂府詩》云，墨出青松煙，筆出狡兔翰。古人感鳥跡，文字有政判。補。藏於松煙。《鄭氏婚禮謁文讚》云，九子之墨，藏于松煙，本性長生，子孫圖邊。畫于掌股。《拾遺記》曰，張儀、蘇秦二人同志，傭力寫書，行遇聖人之文無題記，則以墨畫于掌內及股間，夜還折竹寫之。補。劉祐買墨。謝承《後漢書》云，劉祐仕郡爲主簿，郡將小子嘗出錢，付之令市買菓實。祐悉以買筆墨書具與之，因曰，郡將言郎君年可入小學，而但傲狠遠近。謂明府無過庭之教，請出授書。郡將爲使子就祐受經，五日一試，不滿呈限白決罰，遂成學業也。補。葛洪買墨。何法盛《晉中興書》曰，葛洪好學，常伐薪賣以買紙墨。續補。書之入木。《神仙傳》云，漢宣帝徵仙人王遠，遠乃題宮門四百餘字。帝怒而削之，外字去，內字復見，墨皆入木裏。續補。噴之成字。《神仙傳》云，班孟能嚼墨，一噴皆成字竟紙，各有意義。續補。

唐·張鷟《朝野僉載》卷三　歐陽通，詢之子，善書，瘦怯於父。常自矜能書，必以象牙、犀角爲筆管，狸毛爲心，覆以秋兔毫；松煙爲墨，末以麝香；紙必須堅薄白滑者，乃書之。蓋自重其書。薛純陀亦効歐陽草，傷於肥鈍，亦通之亞也。

唐·李肇《國史補》卷下　紙則有越之剡藤苔牋，蜀之麻面、屑末、滑石、金花、長麻、魚子、十色牋，揚之六合牋，韶之竹牋，蒲之白薄、重抄，臨川之滑薄。又宋亳間有織成界道絹素，謂之烏絲欄、朱絲欄，又有繭紙。

唐·張彦遠《歷代名畫記》卷二《論畫體工用搨寫》　好事家宜置宣紙百幅，用法蠟之，以備摹寫。顧愷之有摹搨妙法。

唐·段公路《北户録》卷三《香皮紙》　羅州多棧香，樹身如柜柳，其華繁白，其葉似橘，皮堪搗爲紙，土人號爲香皮紙，作灰白色，文如魚子牋，今羅辨州皆用之。《三輔故事》云，衛太子以紙蔽鼻，前漢已有之，非蔡倫造也。此蓋言其著，不云創也。又和熹鄧后貢獻悉斷，歲時但供紙筆而已。然則其用久矣，但不知何物爲之。按王隱《晉書》曰，王隱答華恒云，魏太和六年，河間張揖上《古今字詁》，其中部云，紙，今帋也。古以素帛依書長短隨事截之，其數重沓即名幡。紙字從系，此形聲也。貧者無之，故路溫舒截蒲寫書也。和帝元興元年，中常侍蔡倫剉搗故布網造作。帋字從巾，義是，其聲雖同，系、巾則殊，不得言古帋爲今帋。又山謙之《丹陽記》曰，平準署有紙官造帋，古以縑素爲書記，又以竹爲簡牘，其貧諸生或用蒲爲牒也。《瑤山玉彩》亦具。小不及桑根、竹膜紙。睦州出之。松皮紙，日本國出。側理紙也。側理，陟釐也。後人訛呼陟釐爲側理，即苔也。事見張華。又《爾雅》曰，苔，石衣也。郭璞注，水苔也，一名石髮，江東食之。又《瑤山玉彩》載薛道衡詠苔紙詩云，昔時應春色，引緑泛清流。今來承玉管，布字轉銀鉤。又嘗讀謝康《樂山居賦》云，剥芨音及。巖椒，言芨皮可爲紙，未詳其本也。

唐·皇甫枚《三水小牘》卷上　風卷曝紙如雪

唐文德戊申歲，巨鹿郡南和縣街北有紙坊，長垣悉曝紙。忽有旋風自西來，卷壁紙略盡，直上穿雲，如飛雪焉。

唐·劉恂《嶺表録異》卷中　廣管羅州多棧香，樹身似柳，其花白而繁，其葉如橘皮，堪作紙，名爲香皮紙，灰白色，有紋如魚子牋。其紙慢而弱，沾水即爛，遠不及楮皮者又無香氣。或云沉香、鷄骨、黄熟、棧香同是一樹，而根、幹、枝、節各有分別者也。按《政和本草》十二卷同。

唐·馮贄《雲仙散録》

油暈墨

《成老相墨經》曰：墨文如履皮，磨之有油暈者，一兩可染三萬筆。「相」，《雜記》小字引書作「伯」。

洪兒紙

《童子通神録》曰：姜澄十歲時，父苦無紙。澄乃燒糠熁竹爲紙，以供父。澄小字洪兒，鄉人號「洪兒紙」。

宋·米芾《評紙帖》　福州紙漿，硾亦能歲久。

越陶竹萬杵，在油拳上，緊薄可愛。余年十五，始作此紙，謂之金版也。

六合紙，自晉已用，乃蔡侯漁網遺制也，網，麻也。人因而用木皮。

河北桑皮紙，白而慢，愛糊漿，硾成佳如古紙。余得用淮陽守糊背二幅，硾亦頗佳，仍發墨彩。

油拳不漿，濕則硾能如漿，然不奈久。唐人漿硾六合、慢麻紙，書經明透，歲久水濡不入。

饒州竹入墨，在連上。又有黄皮紙，天性如染，薄緊可愛，亦宜背古書耳。

川麻不漿，以膠作黄紙，唐詔勑皆是，所以有白之別。

廿年前未使灰，透明有骨。古紙擣細者，不在唐澄心之下。

康王教紙，近遂灰品，不及康王。

唐硬黄摹畫，皆今冷金而明揭也。紙細無如川紙，故詔勑因而禁臣下上表，不得僭也。

此書《十紙説》付寶先生。芾書。

米元章評紙，如陸羽品泉，各極其致，而筆法喜從顔平原幻出，與吾友王

宇泰所藏《大馬賦》同是一種。書臨寫彌月，仍歸用卿，用卿其寶之。董其昌題。

古人謂紙墨筆研爲書法一助，觀米公《評紙帖》，可知近世作紙徒尚潔白，盡棄古法，多用灰粉，故生澁粗慢，受墨不凝，運筆則滯。殊敗人興，安望其有佳書邪！米公此帖，蓋已退筆書，故雄渾古樸，與諸書更有奇處，亦晚年筆也。用卿其寶之。揚明時不弁題。

宋·蘇易簡《文房四譜》卷一《筆譜·二之造》 韋仲將筆墨方：先於髮梳梳兔毫及青羊毛，去其穢毛訖，各別用梳掌痛正毫齊，鋒端各作扁，極令匀調平好，用裹羊青毛毛毫，去兔毫頭下二分許，然後合扁，卷令極固，痛頡訖，以所正青羊毛中截裹筆中心，名爲筆柱，或曰墨池承墨。復用毫青外如作柱法，使心齊，亦使平均，痛頡内管中，寧心小，不宜大，此筆之要。

王羲之《筆經》云：《廣志·會獻》云，諸郡獻兔毫出鴻都門，惟有趙國毫中用。世人咸云，兔毫無優劣，筆手有巧拙。意謂趙國平原廣澤無雜草木，惟有細草，是以兔肥，肥則毫長而鋭，此則佳筆也。凡作筆須，用秋兔。秋兔者，仲秋取毫也。所以然者，孟秋去夏近，其毫焦而嫩。季秋去冬近，則其毫脆而禿。惟八月寒暑調和，毫乃中用。其夾脊上有兩行毛，此毫尤佳。其脇際扶疎，乃其次耳。採毫竟以紙裹石灰汁，微火上煮，令薄沸，所以去其膩也。先用人髮抄數十莖，雜羊青毛并兔毳，凡兔毛長而勁者曰毫，短而弱者曰毳。惟令齊平，以麻紙裹柱根令治。用以麻紙者，欲其體實，得水不脹。次取上毫薄薄布柱上，令柱不見，然後安之。惟須精擇，去其倒毛。毛抄合鋒，令長九分。管修二握，須圓正方可。後世人或爲削管，故筆輕重不同，所以筆多偏掘者，以一邊偏重故也。自不留心加意，無以詳其至。此筆成合，蒸之令熟三斗米飯，須以繩穿管懸之水器上一宿，然後可用。

又 卷三《硯譜·二之造》 柳公權常論硯，言青州石末爲第一，絳州者次之，殊不言端溪石硯。世傳端州有溪，因曰端溪，其石爲硯至妙，益墨而至潔。其溪水中出一草，芊芊可愛。匠琢訖，乃用其草裹之，故自嶺表迄中夏而無損也。噫，豈非天使之然耶！或云水中石其色青，山半石其色紫，山絶頂者尤潤如豬肝色者佳。其貯水處有白、赤、黄色點者，世謂之鸜鵒眼，或脈理黄者，謂之金綫文，尤價倍於常者也。其山號曰斧柯山，即觀基之所也。昔人採石爲硯，必中牢祭之，不爾則雷電勃興，失石所在。其次有將軍山，其硯不及溪中及斧柯者。

今歙州之山有石，俗謂之龍尾。石匠製之，亦亞於端。若得其石心，則巧匠就而琢之，貯水之處，圓轉如渦旋可愛矣。

魏銅雀臺遺址，人多發其古瓦，琢之爲硯，甚工，而貯水數日不滲。世傳云，昔人製此臺，其瓦俾陶人澄泥以絺濾過，碎胡桃油方埏埴之，故與衆瓦有異焉。即今大名相州等處，土人有假作古瓦之狀硯，以市於人者甚衆。

【略】

作澄泥硯法，以墐泥令入於水中挼之，貯於甕器内。然後别以一甕貯清水，以夾布囊盛其泥而擺之。俟其至細，去清水，令其乾，入黄丹團和溲如麪作二摸，如造茶者，以物擊之令至堅。以竹刀刻作硯之狀，大小隨意。微蔭乾，然後以利刀手刻削如法，曝過，間空垛於地，厚以稻穅并黄牛糞攪之而燒一伏時，然後八墨蠟貯米醋而蒸之五七度，含津益墨，亦足亞於石者。

又 卷四《紙譜·二之造》 漢初已有幡紙代簡。成帝時已有赫蹏書詔。應劭曰，赫蹏，薄小紙也。至後漢和帝元興，中常侍蔡倫剉故布及魚網樹皮而作之彌工。如蒙恬已前已有筆之謂也。又耒陽縣南蔡倫宅，故彼土人多能作紙。又庾仲雍《明州記》云，應陽縣蔡子池南有石臼，云是蔡倫舂紙臼也。一云耒陽縣。黟、歙間多良紙，有凝霜於心之號，復有長者，可五十尺爲一幅。蓋歙民數日理其楮，然後於長船中以浸之。數十夫舉抄以抄之，傍一夫以鼓而節之，於是以大薰籠周而焙之，不上於牆壁也。於是自首至尾，匀薄如一。

蜀中多以麻爲紙，有玉屑屑骨之號。江浙間多以嫩竹爲紙，北土以桑皮爲紙，剡溪以藤爲紙，海人以苔爲紙。浙人以麥麪稻稈爲之者，脆薄焉。以麥膏油藤紙爲之者，尤佳。漢末左伯字子邑，又能爲紙。故蕭子良答王僧虔書云，子邑之紙，妍妙輝光。仲將之墨，一點如漆。伯英之筆，窮神盡思。妙物遠矣，邈不可追。仲將，韋誕字也。宋張永自造紙墨。見墨部。

蜀人造十色牋，凡十幅爲一榻，每幅之尾，必以竹夾夾。和十色水，逐榻以染。當染之際，棄置椎埋，堆盈左右，不勝其委頓。逮乾，則光彩相宣，不可名也。然逐幅於文版之上研之，則隱起花木麟鸞，千狀萬態。又以細布，先以麵漿膠令勁挺，隱出其文者，謂之魚子牋，又謂之羅牋。今剡溪亦有焉。亦有作敗麵糊，和以五色，以紙曳過令霑濡，流離可愛，謂之流沙牋。亦有煮皁莢子膏，并巴豆油傅於水面，然點墨或丹青於上，以薑揾之則散，以狸鬚拂頭垢引之則聚，然後畫之爲人物，舒之爲雲霞，又鷙鳥翎羽之狀，繁縟可愛。以紙布其上而受采

焉，必須虛窗幽室，明槩凈水，澄神慮而製之，則臻其妙也。近有江表僧於内庭造而進上，御毫一灑，光彩煥發。

【略】

搨紙畫紙法見雜説門。

永徽中，定州僧修德欲寫《華嚴經》，先以沈香漬水種楮樹，俟其拱，取之造紙。

《丹陽記》：江寧縣東十五里，有紙官署，齊高帝於此造紙之所也。常造凝光紙賜王僧虔。一云銀光紙也。

《林邑記》云，九真俗書樹葉爲紙。

段成式在九江，出意造紙，名雲藍紙，以贈温飛卿。

又《三之雜説》 亦常聞造紙衣法，每一百幅，用胡桃、乳香各一兩煮之，不爾蒸之亦妙。如蒸之，即恒灑乳香等水，令熱熟，陰乾。用箭幹横卷而順蹙，然患其補綴繁碎。今黟、歙中有人造紙衣段，可如大門闔許，近士大夫征行，亦有衣之者，蓋利其拒風於陰沍之際焉。陶隱居亦云，武陵人作縠皮衣，甚堅好也。

今江浙間有以嫩竹爲紙，如作密書，無人敢拆發之。蓋隨手便裂，不復黏也。

又 卷五《墨譜・二之造》 韋仲將墨法曰，即韋誕也。今之墨法以好醇松煙乾搗，以細絹篵於缸中，篵去草芥。此物至輕，不宜露篵，慮飛散也。煙一斤已上，好膠五兩，浸梣皮汁中。梣皮汁，即江南石檀木皮也。其皮入水緑色，又解膠，并益墨色。可下去黄雞子白五枚，以真珠一兩，麝香一兩，皆别治細篵，都合調下鐵臼中，寧剛不宜澤，搗三萬杵，多亦善。不得過二月、九月。温時臭敗，寒則難乾。每挺重不過二兩。故蕭子良答王僧虔書云，仲將之墨，一點如漆。冀公墨法，松煙二兩，丁香、麝香、乾漆各少許，右以膠水搜作挺，火煙上熏之一月，可使入紫草末色紫，入秦皮末色碧，其色可愛。

昔祖氏，本易定人，唐氏之時墨官也。今墨之上，必假其姓而號之。大約易水者爲上，其妙者必以鹿角膠煎爲膏而和之，故祖氏之名聞於天下。今太行濟源王屋亦多好墨，有圓如規，亦墨之古製也。有以栝木煙爲之者，尤麤。又云，上黨松心爲之尤佳，突之末者爲上。

江南黟、歙之地，有李廷珪墨，尤佳。廷珪本易水人，其父超，唐末流離，度江，覩歙中可居造墨，故有名焉。今有人得而藏於家者，亦不下五六十年。蓋膠敗而墨調也，其堅如玉，其紋如犀，寫踰數十幅，不耗一二分也。墨或堅裂者，至佳。凡收貯，宜以紗囊，盛懸於透風處佳。

造朱墨法：上好朱砂，細研飛過，好朱紅亦可。以梣皮水煎膠清，浸一七日，傾去膠清，於日色中漸漸漉之。乾溼得所，和如墨挺，於朱硯中研之，以書碑石。亦須二月、九月造之。

宋張永涉獵經史，能爲文章，善隸書，又有巧思，紙墨皆自造。上每得永表，輒執玩咨嗟久之，供御者不及也。

造麻子墨法：以大麻子油沃糯米半碗强，碎翦燈心，堆於上，燃爲燈，置一地坑子中。用一瓦鉢，微穿透其底，覆其焰上。取烟煤，重研過。以石器中煎者皁莢膏，并研過者糯米膏，入龍腦、麝香、秦皮末和之，搗三千杵，搜爲挺，置蔭室中。俟乾，書於紙上，向日若金字也。

秦皮，陶隱居云，俗謂之樊槻皮。以水漬，和墨，書色不脱。故造墨方多用之。

近黟、歙間有人造白墨，色如銀。迨研訖，即與常墨無異，即未知所製之法。

又《三之雜説》 陶隱居云，樊槻皮，水漬以和墨，書色不脱。即秦皮也。

陶隱居云，烏賊魚腹中有墨，今作好墨用之。烏賊者，以其食烏也。

宋・何薳《春渚紀聞》卷八《記墨》

煙香自有龍麝氣

西洛王迪，隱君子也。其墨法止用遠煙鹿膠二物，銑澤山陳贍之右。文潞公嘗從迪求墨，久之，持煙一奩見公，且請以指按煙，指起煙亦隨起，曰：「此煙之最輕遠者。」乃抄煙以湯淪起揖公對啜，云當自有龍麝氣，真煙香也。凡墨入龍麝，皆奪煙香，而引蒸濕，反爲墨病，俗子不知也。

陳贍傳異人膠法

陳贍，真定人。初造墨遇異人傳和膠法，因就山中古松取煤，其用膠雖不及常和、沈珪，而置之濕潤，初不蒸，則此其妙處也。又受異人之教，每斤止售半千，價雖廉而利常贏餘。余嘗以萬錢就贍取墨，適非造墨時，因返金，而以斷裂不完者二十笏爲寄。曰：「此因膠緊所致，非深於墨，不敢爲獻也。」試之，果出常製之右。余寶而用之。并就真定公庫，轉置得百笏，自謂終身享之不盡。胡馬南渡，一掃無餘。繼訪好事所藏，蓋一二見也。緣贍在宣和間，已自貴重，斤

直五萬，比其身在，蓋百倍矣。贍死，婿董仲淵因其法而加膠，墨尤堅緻。恨其即死，流傳不多也。董後有張順，亦贍婿，而所製不及淵，亦失贍法云。

漆煙對膠

沈珪，嘉禾人。初因販繒往來黄山，有教之爲墨者，以意用膠，一出便有聲稱。後又出意取古松煤，雜用脂漆滓，燒之得煙極精黑，名爲漆煙。每云韋仲將法，止用五兩之膠，至李氏渡江，始用對膠，而祕不傳，爲可恨。一日與張處厚於居彦實家造墨，而出灰池失早，墨皆斷裂。彦實以所用墨料精佳，惜不忍棄，遂蒸浸以出故膠，再以新膠和之，墨成，其堅如玉石。因悟對膠法，每視煙斜而煎膠，膠成和煤，無一滴多寡也。故其墨銘云，沈珪對膠，十年如石，一點如漆者，此最佳者也。余識之蓋二十年矣。其爲人有信義，前後爲余製墨計數百笏。庚子寇亂，余避地嘉禾，復與珪連牆而居，日爲余言膠法，并觀其手製，雖得其大概，至微妙處，雖其子宴亦不能傳也。珪年七十餘終，宴先珪卒，其法遂絶。有持張孜墨較珪漆煙而勝者，珪曰：「此非敵也。」乃取中光減膠一丸，與孜墨並，而孜墨反出其下遠甚。余叩之，曰：廷珪對膠，於百年外方見勝妙。蓋雖精煙，膠多則色爲膠所蔽逮，年遠膠力漸退，而墨色始見耳。若孜墨急於目前之售，故用膠不多，而煙墨不昧，若歲久膠盡，則脱然無光，如土炭耳。孜墨用宜西北，若入二浙，一過梅潤則敗矣。滕令韫監嘉禾酒時，延致珪甚厚，令盡其藝。既成即小丸磨試，而忽失所在。後二年浚池得之，其堅致如故。令韫莊敏公之子，所蓄古墨至多，而有鑒裁。因謂珪曰：「幸多自愛，雖二李復生，亦不能遠過也。」

軟劑出光墨

九華朱覲，亦善用膠作軟劑出光墨。莊敏滕公作郡日，令其子製銘曰：愛山堂造者最佳，子聰不逮其父。

紫霄峯墨

太室常和，其墨精緻，與其人，已見東坡先生所書，極善用膠。余嘗就和得數餅，銘曰：紫霄峯，造者歲久，磨處真可截紙。子遇不爲五百年後名，而減膠舊俗。如江南徐熙作落墨花，而子崇嗣取悦俗眼，而作没骨花，敗其家法也。

南海松煤

近世士人遊戲翰墨，因其資地高韻，創意出奇，如晉韋仲將宋張永所製者，故自不少。然不皆手製，加減指授善工而爲之耳。如東坡先生在儋耳，令潘衡所造，銘曰：海南松煤，東坡法墨者是也。其法或云每笏用金花煙脂數餅，故墨色豔發，勝用丹砂也。

精煙義墨

余嘗於章序臣家，見一墨背列李承宴、李惟益、張谷、潘谷四人名氏。序臣云是王量提學所製。患無佳墨，取四家斷碎者，再和膠成之。自謂勝絶，此其見遺者。因謂序臣曰：「此亦好奇之過也。余聞之製墨之妙，正在和膠。今之造佳墨者，非不擇精煙，而不能佳絶者，膠法謬也。如不善爲文，而取五經之語，以己意合而成章，望其高古，終不能佳也。」序臣又曰：「東坡先生亦嘗欲爲雪堂義墨，何也？」余曰：「東坡蓋欲與衆共之，而患其高下不一耳。非所謂集衆美以爲善也。」

雜取樺煙

三衢蔡瑫，雖家世造墨而取煙和膠，皆出衆工之下。其煤或雜取樺煙爲之，止取利目前也。

油松煙相半則經久

近世所用蒲大韶墨，蓋油烟墨也。後見續仲永言，紹興初同中貴鄭幾仁撫諭少師吴玠於仙人關回舟自涪陵來，大韶儒服手刺，就船來謁。因問油烟墨何得如是之堅久也。大韶云：「亦半以松煙和之，不爾則不得經久也。」

桐華煙如點漆

潭州胡景純專取桐油燒煙，名桐華煙。其製甚堅薄，不爲外飾，以眩俗眼。大者不過數寸，小者圓如錢大。每磨研間，其光可鑒。畫工寶之，以點目瞳子，如點漆云。

廷珪四和墨

余偶與曾純父論李氏對膠法，因語及嘉禾沈珪與居彦實造墨再和之妙。純父曰，頃於相州韓家見廷珪一墨，曰「臣廷珪四和墨」，則知對膠之法寓於此。

又 卷九《記硯》

吕老煅研

高平吕老，造墨常山。遇異人傳燒金訣，煅出視之，瓦礫也。有教之爲研者，研成堅潤宜墨，光溢如漆。每研首必有一白書「吕」字爲誌。吕老既死，法不授子。而湯陰人盜其名而爲之甚衆，持至京師，每研不滿百錢之直。至吕老所遺，好奇之士，有以十萬錢購一研不可得者。研出於陶，而以金鐵物劃之不入爲

真。余兄子碩所獲，而作玉壺樣者，尤爲奇物。余嘗爲之銘曰：「真仙戲幻，煆瓦成金，老吕受之，鑄金作瓦，置之籬壁，以睨其璞，顧彼瓴甓，爲有慚德，範而爲研，以極其妙。」則金瓦幾於同價。

澄泥研

悟靖處士王衷天誘所藏澄泥研，正紫色而堅澤如端溪石，扣之鏗然有聲，以金鐵劃之，了無痕釁。或疑是澤州吕老所作，而研首無「吕」字。其製巧妙，非俗士所能爲。天誘云，米元章見之，名孫真人研。是非固無所稽考，自是一種佳物也。

銅雀臺瓦

相州，魏武故都。所築銅雀臺，其瓦初用鉛丹雜胡桃油搗治火之，取其不滲，雨過即乾耳。後人於其故基，掘地得之，鑱以爲研，雖易得墨而終乏温潤，好事者但取其高古也。下有金錫文爲真，每研成，受水處常恐爲沙粒所隔，去之則便成沙眼，至難得平瑩者。蓋初無意爲研，而不加澄濾，如後來吕研所製也。章序臣得之，屬余爲詩，將刻其後，云：「阿瞞恃奸雄，挾漢令天下。惜時無英豪，礫裂異肩踝。終令盗壞土，埏作三臺瓦。雖云當塗高，會有石槽馬。人愚瓦何罪，淪蟄翳梧檟。錫花封雨苔，鴛彩晦雲罅。當時丹油法，實非謀諸野。因之好奇士，探琢助揮寫。歸參端歙材，堅澤未渠亞。章侯捐百金，訪獲從吾詫。興亡何復論，徒足增忿罵。但嗟瓦礫微，亦以材用捨。從令瓴甓餘，當擅瓊瑰價。士患德不修，不憂老田舍。」

南皮二臺遺瓦研

魏武都鄴，築三臺以居，銅雀其一也，最爲壯麗。後世耕者，得其瓦於地中，好事者斵以爲研，號爲奇古。歐陽文忠公嘗得於謝景山，作歌以酬之者是也。魏武既破袁紹於冀州，紹死，逐其子譚於南皮，築臺以候望其軍，而名曰袁侯臺。魏文帝與吴質從容遊集於南皮，亦築臺以居，名讌友。至今南皮有二臺，故址在焉。人有得其遺瓦，形製哆大，擊之鏗然有聲。「吾之子蘧，取其斷缺者，規以爲研，其堅與鐵石，競屢敗斵工之具，僅能窊之，而特潤致，發墨可用。知昔人創物制器，雖甚微者，皆所不苟，非若後世之簡陋也。」此先君所序。而蘧銘之曰：「方峥嶸焕奕於一時之盛兮，詎知夫隆棟必傾而華榱終折。洎毀擲埋委於千載之下兮，孰期乎澡澤薦藉而參夫文房四寶之列。蓋物之顯晦也有時，而事之興廢也常迭。遺材良而質美者，雖亙千古兮，不隨衆物而湮滅。」

烏銅提研

烏銅提研，余於錢唐得之。製作非近世所爲，柄容墨漿，可半升許。亦爲章序臣易去，關子東見之，而銘之曰：「鑄金爲甂，提攜顛倒。時措之宜，發於隱奥。寒暑燥濕，不改其操。君子寶之，庶幾允蹈。」

古斗樣鐵護研

余兄宗勝所用鐵護研，端溪石。正紫色，無眼，古斗樣，温潤如玉。爲滌者墮地，缺其受水處。慨惜之餘，乃取以漆固而鐵護其外，中固無傷也。蘧銘之曰：「左譬馬宫，形則虧矣，胸中之書，震耀百世。」

趙安定提研製

《研譜》稱唐人最重端溪石，每得一佳石，必梳而爲數板，用精鐵爲周郭。青州人作此，至有名家者，歷代寶□。余於崇寧間見安定郡王趙德麟丈所用一枚，作提研製。紹興四年復拜公于錢塘湧金門賜第，出研案間云：「生平玩好，盡喪盗火。而此研常所受用，復外拙，貪者不取，得周旋至今。」余亦撫之悵然也。近章伯深偶於錢塘鐵肆中得一枚，絶與趙類而非是也。求易余東坡所畫《鵲竹》而得之。工製堅密，今人不能爲也。

銅蟾自滴

古銅蟾蜍，章申公研滴也。每注水滿中，置蜍研仄，不假人力而蜍口出泡，泡殞則滴水入研，已而復吐，腹空而止。米元章見而甚異之，求以古書博易，申公不許，後失之。或見之寶晉齋。申公之孫伯深云。

金龍硯

余友何持之，滕莊敏之甥，所蓄瑰異，多外舅故物，而有賞鑒。爲余言，其親黨氏有先爲端州者，得二岩石硯璞，藏之再世矣。後其孫於京師得鐵鏡，背銘高古。有道人請爲磨治，云須得美石，有鋒刃而不劌，如端溪石者，發其光彩，則盡善矣。因以一璞付之鏡湖以歸，曰：「是非尤物，硯璞殆希世之珍，非與我百千，不能賞余精識，且出斯寶也。」其孫驚異許之，而持璞去。三日來示，曰：「使公見其梗概也。」細視之，則石面脈理深青色，盤絡如柏枝狀，漫不曉其爲何等物也。道人索酒引滿，大笑，復持璞去，曰：「後十日可賀，請宿備所償之直，吾將遠遊湖海，不能待也。」及期出硯，硯正圓，中徑七八寸，渾厚無眼，如馬肝色，中盤一金色龍，頭角爪尾粲然畢具。會有知者，即以進御，或言禁中先已有一硯矣。

玉蟾蜍硯

吳興余拂君厚家所寶玉蟾蜍硯，其廣四寸而長幾倍，中受墨處獨不出光。云是南唐御府中物。余與許師聖崇寧間過余氏借觀，時君厚母喪在殯，正懷硯柩側。已而聞袖中嘖然有聲。視之，蜍腦中裂如絲，蓋觸尸氣所致也。

端溪紫蟾蜍硯

紫蟾蜍，端溪石也。無眼正紫色，腹有古篆「玉溪生山房」五字。藏于吳興陶定安世家。云是李義山遺硯。其腹疵垢，真數百年物也。其蓋有東坡小楷書銘云：「蟾蜍爬沙到月窟，隱避光明入岩骨。琢磨黝頳出尤物，雕龍淵懿傾瀣渤。」安世屢欲易余東坡《醉草》，未許，而以拱璧易向叔堅矣。即以進御，世人不復見也。

丁晉公石子硯

黄叔幾爲余言，丁晉公好蓄瑰異，宰衡之日，除其周旋爲端守，屬求佳硯。其人至郡，前後所獻幾數百枚，皆未滿公意。一日，硯工見有飛鷺翹駐潭心，意非立鷺之所。因令没人視之，見下有圓石大如米斛，塊處潭中，似可挽取。疑其有異，即以白守。集漁户維舟出之，石既登岸，轉仄之閒，若有涵水聲。硯工視之，賀曰：「此必有寶石藏中，所謂石子者是也。相傳天產至珍，滋蔭此潭，以孕崖石，散爲文字之祥。今日見之矣。」即叢手攻剖，果得一石於泓水中，大如鵝卵，色紫玉也。中剖之爲二硯，亟送其一，公得之喜甚。報書云：「硯應有二，何爲留一自奉，得無効雷豐城之留莫邪否！此非終合之物也。」守曰：「天下至寶，不可萃于一家，以啓人貪心。」託以解職後面獻，而公以擅移陵寢事，籍其家矣，而硯不知所在。

吳興許採五研

吳興許採，字師正，字畫規模，鍾司徒殆窺其妙。自爲兒時，已有研癖，所藏具四方名品，幾至百枚，猶求取不已。常言吾死則以研甃壙，無遺恨矣。最佳者，得蔡君謨所寶端溪研一，圓厚寸餘，中可徑尺，色正青紫，緣有一眼才如箸大，名之「景星助月」。又得二石，一以分余，玉堂樣，色紺青類洮河石，面有十數暈，金翠周閒，與孔雀毛閒金花正相類，甚宜墨，而不知石所從出。又一端石，古斗樣，長尺餘，馬肝色，下有王禹玉丞相書「玉堂舊物」四字。又圓研下岩石，有二碧眼，中極窪下，温潤發墨，師正常所用者。莫養正爲之銘曰：「圓如月，窪如尊。勿謂其琢削不巧，見謂椎魯無文。即而視之，其中甚温。」又一端石，玉堂樣者授余，深紫色無眼。余命之曰「端友」，且爲之銘云：「君子取友必端，子有韞玉之美，復具眼而知默，祈漸摩以窮年，何爲子之三益也。」

趙水曹書畫八硯

水曹趙竦子立，文章翰墨皆見重於前輩。蘧先博士爲徐州學官日，趙獻狀開鑿吕梁百步之嶮，置局城下，最爲周旋。其《重定華夷圖》，方一尺有半，字如蠅頭，而體製精楷。蘇州張珙妙於刊鑱，三年而後成。甚自祕惜，不易以與人，與其所獲丁晉公家王右軍小楷《樂毅論》，櫝藏自隨，得之者以爲珍玩。先子所得，才三四數也。其所用硯，端石長尺餘，闊七八寸，温潤宜墨。云端石若此大者至艱得，求之十年而後獲。上下界爲八硯。云性懶滌硯，又不奈宿墨滯筆，日用一硯，八日而周，始一濯之，則常用新硯矣。故名八面受敵云。

龍尾溪研不畏塵垢

涵星研，龍尾溪石，風字樣，下有二足，琢之甚薄。先博士君得之於外姪黄材成伯。黄以嗜研求爲婺源簿。既至，顧視一老研工甚至。秩滿而研工餞之百里，探懷出此研爲贐，且言：「明府三年之久，所收無此研也。」黄始責其不誠，工云：「凡臨縣者，孰不欲得佳研。每研必得珍石，則龍尾溪當泓爲鯨海不給也。此石歲採不過十數，幸善護之。然研如常研，無甚佳者，但用之至灰埃垢積，經月不滌而磨墨如新，此爲勝絶耳。」先子性率，不耐勤滌，得此用之終身云。莫養正爲之銘曰：「膚寸之珍，雲蒸霧出。小而有容，如摩詰室。老何肺腸，與之爲一。季子受之，周旋勿失。」

李端叔銘僧研

比邱了能，蓄端研古斗樣，青紫色，有二眼，碧暈活潤。背有李端叔銘云：「踏碓是向上機，不識字是第一義。遂乃傳子傳孫，至今爲祥爲瑞。有美了能比邱，人上長出一頭。名字半露消息，伎倆非聞思修。發明前身不識字，後身湧出江河流。墨可泐，一能兩身，具眼者識。」李文家集遺此銘，故録之。

宋·唐慎微《證類本草·草部》 陟釐，音離。【略】陶隱居云，此即南人用作紙者，方家惟合斷下藥用之。唐本注云，此物乃水中苔，今取以爲紙，名苔紙，青黄色，體澀。《小品方》云，水中麄苔也。范東陽方云，水中石上生，如毛，綠色者。《藥對》云，河中側梨。側梨，陟釐，聲相近也。王子年《拾遺》云，張華撰《博物志》上晉武帝，嫌繁，命削之，賜華側理紙萬張。子年云，陟釐，紙也。此紙以水苔爲之。溪人語訛，謂之側理也。

宋・杜綰《雲林石譜》卷下

紅絲石

青州益都縣紅絲石，産土中，其質赤黄，紅紋如刷絲。縈繞石面而稍軟，扣之無聲，琢爲研，頗發墨。但石質燥渴，須先飲以水，久乃可用。唐林甫彦猷頃作《墨譜》，以此石爲上品。

又 建州石

建州石産土中，其質堅而稍潤，色極深紫，扣之有聲，間有豆斑點，不甚圓，亦有三兩重石暈。琢爲研，頗發墨。往以石點作鴝鵒眼，充端石以求售。

宋・張邦基《墨莊漫録》卷六 李文叔破墨癖説

近世墨工多名手。自潘谷、陳贍、張谷名振一時之後，又有常山張順、九華朱覲，嘉禾沈珪、金華潘衡之徒，皆不愧舊人。宣、政間如關珪、關瑱、梅鼎、張滋，田守元，曾知微，亦有佳者。

唐州桐柏山張浩制作精緻，膠法甚奇。舅氏吴順圖每歲造至百斤，遂壓京都之作矣。

前者數工所制好墨者，往往韜藏，至今存者尚多。予舊有此癖，收古今數百笏，種種有之。渡江時，爲人疑篋之重，以爲金玉，竊取之，殊可惜也。今尚餘一巨挺，極重厚，印曰「河東解子誠」，又一圭，印曰「韓偉昇」，膠力皆不乏，精采與新製敵，可與李氏父子甲乙也。

士大夫留意詞翰者，往往多喜收蓄，唯李格非文叔獨不喜之，嘗著《破墨癖説》，云：

客有出墨一函，其製爲璧、爲丸、爲手握，凡十餘種，一一以錦囊之，詫曰：「昔李廷珪爲江西李國主父子作墨。絶世後二十年，乃有李承宴。又二十年，有張遇。自是墨無繼者矣。自吾大父始得兩丸於徐常侍鉉，其後吾父爲天子作文章，書碑銘，法當賜黄金，或天子寵異，則以此易之。」

余於是以兩手當心捧硯惟謹，不敢議。既而私怪予用薛安、潘谷墨三十餘年，皆如吾意，不覺少有不足，不知所謂廷珪墨者，用之當如何也。

他日，客又出墨。余又請，其説甚辯。余曰：「嘘，余可以不愛墨矣。且子之言曰：『吾墨堅，可以割。』然余割當以刀，不以墨也。曰：『吾墨可以置水中，兩宿不腐。』然吾貯水以盆罋，不用墨也。客復曰：『余説未盡，凡世之墨，不過二十年，膠敗，輒不可用。今吾墨皆百餘年不敗。』余曰：『此尤不足貴。余墨當用二三年者，何苦用百年墨哉！』」

客辭窮，曰：「吾墨得色多，凡用墨一圭，他墨兩圭不迨。」余曰：「余用墨，每一二歲，不能盡一圭，往往失去，乃易墨，何嘗苦少墨也。唯是刷碑印文書人乃常常少墨耳。」

客心欲取勝，曰：「吾墨黑。」余曰：「天下固未有白墨。雖然，使其誠過他墨，猶足尚。」乃使取硯，屏人，雜錯以他墨書之，使客自辨，客亦不能辨也。

因恚曰：「天下奇物，要當自有識者。」余曰：「此正吾之所以難也。夫碔砆之所以不可爲玉，魚目之所以不可爲珠者，以其用之不異也。今墨之用在書，苟有用於書，與凡墨無異，則亦凡墨而已焉，烏在所寶哉！嗟乎，非徒墨也，世之人不考其日用而眩於虚名者多矣，此天下寒弱禍敗之所由召也，吾安可以不辨于墨！」

文叔惟詞翰之好，乃不喜于墨，此不可曉，故併載之。

宋・陸遊《老學庵筆記》卷五 紹興間，復古殿供御墨，蓋新安墨工戴彦衡所造。自禁中降出雙角龍文，或云米友仁侍郎所畫也。中官欲于苑中作墨竈，取西湖九里松作煤。彦衡力持不可，曰：「松當用黄山所産，此平地松豈可用！」人重其有守。

宋・吴曾《能改齋漫録》卷一《事始》 端溪硯

端州石，唐世已知名。許渾歲暮自廣江至新興詩云：「洞丁多斲石，蠻女半淘金。」自注云：「端州斲石。」李賀青花紫石硯歌云：「端州匠者巧如神。」柳公權論硯亦云：「端谿石爲硯，至妙也。」

又 卷二《事始》 裝潢子

俗以羅列于前者，謂之「裝潢子」，自唐已有此語矣。唐六典：「崇文館有裝潢匠五人，熟紙匠一人。祕書省有熟紙匠、裝潢匠各十人。」

宋・邵博《邵氏聞見後録》卷二八 近世薄書學，在筆墨事類草創，於紙尤不擇。唐人有熟紙、有生紙。熟紙，所謂妍妙輝光者，其法不一；生紙，非有喪故不用。退之《與陳京書》云：「《送孟郊序》用生紙寫。」言急於自解，不暇擇耳。今人少有知者。

司馬文正平生隨用所居之邑紙，王荆公平生只用小竹紙一種。

宣城陳氏家傳右軍求筆帖，後世益以作筆名家。柳公權求筆，但遺以二枝，曰：「公權能書，當繼來索，不必卻之。」果卻之，遂多易以常筆。曰「前者右軍

筆，公權固不能用也」。予從王正夫父子，得張義祖所用無心毫，錐鋒長二寸許，他人不能用，亦曰右軍遺法也。義祖名友正，退傳之子，居昭德坊，不下閣二十年，學書盡窺右軍之妙，尚以蔡君謨爲淺近，米元章爲狂誕，非合作，然世無知者。如其所用筆，可嘆也。獨王正夫父子好之云。

太祖下南唐，所得李廷珪父子墨，同他俘獲物，付王藏籍收，不以爲貴也。後有司更作相國寺門樓，詔用黑漆，取墨於主藏，車載以給，皆廷珪父子之墨。至宣和年，黄金可得，李氏之墨不可得也。

黄魯直就几閣間，取小錦囊，中有墨半丸，以示潘谷。谷隔錦囊手之，即置几上，頓首曰：「天下之寶也。」出之，乃李廷珪作耳。又別取小錦囊，中有墨一丸，谷手之如前，則嘆曰：「今老矣，不能爲也。」出之，乃谷少作耳。其藝之精如此。

宋・羅願《爾雅翼》卷九《釋木一》 〔穀〕穀，惡木也，易生之物。一説穀田久廢則生穀，此聲所以通於穀，其音又近御名。或曰：葉有瓣曰楮，無曰構。其實正赤如楊梅而無核，《鶴鳴》之詩，園之所以有木不同，而其下皆穀，則以穀易生故也。伊陟相太戊，亳有祥桑穀共生于朝，傳曰「俱生於朝，七日而大拱」。伊陟戒以脩德而木枯。劉向以爲桑，猶喪也；穀，猶生也。殺生之柄，失而在下，則是以桑穀爲二物也。而陸璣以爲穀，幽州謂之穀桑，或曰楮桑，然則蓋一物也。《論衡》曰：「楓桐之木，生而速長，故其皮肌不能堅剛。樹檀以五月生葉，後彼春榮之木，其材强勁，車以爲軸。商之桑穀，七日大拱，長速大暴，故爲變怪。」穀雖易生，至於七日而拱，則已速矣。而宋人刻玉爲楮葉，三年乃成。孔子曰「使地三年而成一葉」，則物之有葉者寡矣。江南人績其皮以爲布，又擣以爲紙，長數丈，潔白光澤甚好。其葉初生可茹，又取班穀之皮以爲冠。裴淵《廣州記》曰：「蠻夷取穀皮，熟槌爲揭裹布，鋪以擬氊。」然則雖惡木，用亦博矣。《管子》：「五位之土，其槐其楝，其柞其穀。」《南山經》曰：招摇之山有木焉，其狀如穀而黑理。其華四照，其名曰迷穀，佩之不迷。

宋・陳櫟《負暄野録》卷下

論筆墨硯

硯貴細而潤，然細則多不發墨，惟細而有鋩鍔，方能受墨。時所謂如熱熨斗上搨蠟，不聞其聲，而密相粘滯者，斯爲上矣。墨貴黑光，筆貴易熟而耐久，然二者每交相爲病。惟墨能用膠得宜，筆能擇毫不苟，斯可兼盡其善。又硯忌枯燥，則易吸水墨。忌濡濕，則易昏滯。筆忌乾捺，則毫隨膠折。故愛硯之法，當以糅匣貯之，不惟養潤，亦可護塵。研墨當旋滴水，勿使停積。昔人多用硯板，不鑿墨池，政恐膠久而凝滯也。用筆時當先以清水濡毫，令稍輕，然後循毫理點染，仍別置洗具，用畢隨即滌濯，不使留墨，則難禿也。藏墨當以茶蒻包之，又以綿而入於櫝，則蒸滃不能入。藏筆宜皂角子水調鉛粉蘸上，則不生蠹。如上諸法，留意文翰者皆能知之，今漫書示兒輩爾。如藏筆墨，則高掛，筆墨用木匣懸梁棟間。

俗論筆墨

俗論云，善書不擇筆，蓋有所本。褚河南嘗問虞永興曰，吾書孰如歐陽詢？虞曰，詢不擇紙筆，皆得如志。君豈得若此。裴行儉亦曰，褚遂良非精墨、佳筆，未嘗輒書。不擇筆墨而妍捷者，余與虞世南耳。余謂工不利器，而能善事者，理所不然。不擇而佳，要非通論。又世俗評墨訣云，拈著輕，嗅著馨，磨著清。此亦非真知墨者。蓋墨貴重實，輕則不堅。色貴光黑，清則不濃。又墨之香者，多使松、麝，好惡初不在此，且生蒸腐。今其所論，皆非佳墨所宜。俗輩之見不明，其説，不可據如此。

論紙品

《蘭亭序》用鼠鬚筆書烏絲欄蠒紙。所謂蠒紙，蓋實絹帛也。烏絲欄，即是以墨間白，識其界行耳。布縷爲紙，今蜀箋猶多用之。其紙遇水滴，則深作窠臼然者，乃爾故薄。而清瑩者，乃可貴。古稱剡藤本以越溪爲勝，今越之竹紙甲於他處，而藤乃獨推撫之清江。清江佳處，在於堅滑而不留墨。新安玉版色理極膩白，然質性頗易軟弱，今士大夫多糊而後用。既光且堅，用得其法，藏久亦不蒸鬱。又吴取越竹，以梅天淋水，令眼稍乾，反復硾之，使浮茸去盡，筋骨瑩澈，是謂春膏。其色如蠟，若以輕墨作字，其光可鑑。故其箋近出，而遂與蜀産抗衡。江南舊稱澄心堂紙，劉貢父詩所謂百金售一幅，其貴如此。今亦有造者，然爲吴蜀箋所揜，遂不盛行於時。外國如高麗、闍婆，亦皆出紙。高麗紙類蜀中冷金，縝實而瑩。闍婆者厚而且堅，而長者至三四丈。高麗人云，抄時使幅端連引，故得爾長。胡人用作帷幄，修齋供則張之滿室，若有嘉會，乃更設花布及闌綺所爲者。

宋・朱輔《溪蠻叢笑》 金系帶

硯石出黎溪，今大溪、深溪、竹寨溪、木林岡石皆可亂真。紫石、勝揭石、熱

[熟]猺、亦能礪砥，黎溪爲最。蓋于淘金井中取之，近亦艱得。有紫緑二色，圍黄線者，名金系帶。

宋・施宿等《嘉泰會稽志》卷一七《物産》　紙

王右軍爲會稽内史，謝公一作桓温。就乞陟釐紙。一作側釐。庫内有九萬枚，一作五十萬。悉與之。以此知會稽出紙尚矣。剡之藤紙得名最舊，其次苔牋。然今獨竹紙名天下，它方效之，莫能彷彿，遂掩藤紙矣。竹紙上品有三，曰姚黄，曰學士，曰邵公。學士以太守直昭文館陸公軫所製得名，邵公以提刑邵公鯱所製得名。三等皆又有名展手者，其修如常，而廣倍之。自王荆公好用小竹紙，比今邵公樣尤短小。士大夫翕然效之。建炎、紹興以前，書簡往來率多用焉。後忽廢書簡而用劄子，劄子必以楮紙，故賣竹紙者稍不售。惟工書者獨喜之，滑一也，發墨色二也，宜筆鋒三也。卷舒雖久，墨終不渝四也，性不蠹五也。東坡先生自海外歸，與程德孺書云，告爲買杭州程奕筆百枚，越州紙二千幅，常使及展手各半。汪聖錫尚書在成都，集故家所藏東坡帖，刻爲十卷，大抵竹紙居十七八。米元章禮部著《書史》云，予嘗硾越州竹，光透如金版，在由拳上。短截作軸，入笈番覆，一日數十紙學書。前輩貴會稽竹紙，於此可見。會稽竹有宜爲矢者，其竹名箭，自漢以來，乃併謂矢爲箭，惟裔夷遠域地不産竹，或用柳，或用楛爲矢，然彼人亦謂矢爲箭，則竹矢之著於天下可知。又今樂部笙率以會稽卧龍山竹爲貴，漢蔡中郎得柯亭椽竹爲笛，亦會稽也。會稽之竹其美如此，今爲紙者，乃自是一種。收於筍，長未甚成竹時，乃可用，民家或賴以致饒。唐舒元與有《悲剡藤文》，顧逋翁有《剡紙歌》，近時米元章、薛道祖、曾文清皆有越州竹紙詩，附於後。【略】

宋・趙彦衛《雲麓漫鈔》卷八　余外舅家，收柳公權親筆啓草二十四，皆小楷，字僅盈分，而結體遒媚，意態舒遠，有尋丈之勢。紙長不過七尺，廣亦如之。

又　卷一〇　漢尚書令、僕、丞、郎，月給隃麋墨大小二枚。蕭子良《答王僧虔書》曰：「仲將之墨，一點如漆。」又陸雲《與兄書》曰：「一日上三臺，曹公藏石墨數十萬斤，今送二螺。」不知隃麋石墨果何物爲之。近世貴松煙，取煙之遠者爲妙。故江南李氏時有墨務官，李廷珪等墨見存。東坡時，歐陽季默以油烟墨二遺坡，謝以詩，有云：「書窗拾輕煤，佛帳掃餘馥。辛勤破千夜，收此一寸玉。」蓋是掃燈煙爲之。邇來墨工以水槽盛水，中列麄椀，然以桐油，上復覆以一椀，專人掃煤，和以牛膠，揉成之，其法甚快便，謂之油烟。或訝其太堅，少以松節或漆油同取煤，尤佳。

宋・張世南《游宦紀聞》卷一　書大字用松煙墨，每患無光彩，而墨易脱。偶得太一宫易高士書符用墨訣試之，果妙。其法以黄明水膠半兩許，用水一小盂，煎至五分，蒸化尤妙。如磨松墨時，以膠水兩蜆殻，研至五色見浮作，再添膠水，俟墨濃可書則止。如覺滯筆，入生薑自然汁少許；或鎔膠時，入濃皁角水數滴亦可。

又　卷五　硯品中，端石人皆貴重之。載於譜記凡數家，取予各異。或佳其有眼爲端，或以無眼爲貴。然石之青脈者，必有眼，嫩則多眼，堅則少眼。石嫩則細潤而發墨，所以貴有眼，不特爲石之驗也。

眼之品類不一：曰「鸜哥眼」、曰「鸜鴿眼」、曰「了哥眼」、謂秦吉了也。曰「雀眼」、曰「鷄翁眼」、曰「貓眼」、曰「菉豆眼」，各以形似名之。翠緑爲上，黄赤爲下。諺謂火黯爲焦，然亦石之病。

又　卷七　沅芷黎谿硯，紫者類端石而無眼，有金束腰、眉子紋，間有潤者。其初甚發墨，久而復滑，或磨以細石，乃仍如新。有色緑而花紋如水波者；有色黑而金星者；有生自然銅於石中，琢以爲北斗、三台之類者；有生白線當中而爲琴樣者，其類不一。慶元間，單路分煒字丙文，始創爲硯，以遺故舊，今遂盛行，終在端、歙之下。

宋・趙希鵠《洞天清禄集・古翰墨真跡辨》

南北紙

北紙用横簾造，紙紋必横，又其質松而厚，謂之側理紙，桓温問王右軍求側理紙是也。南紙用竪簾，紋必竪。若二王真跡，多是會稽竪紋竹紙。蓋東晉南渡後，難得北紙，又右軍父子多在會稽故也。其紙正高今一尺許，而長尺有半，蓋晉人所用大率如此，驗之蘭亭押縫可見。

硬黄紙

硬黄紙，唐人用以書經，染以黄蘗，取其辟蠹。以其紙加漿，澤瑩而滑，故善書者多取以作字。今世所有二王真迹，或用硬黄紙，皆唐人仿書，非真迹。

又《古今石刻辨》

北碑紙

北紙用横簾，其質松而厚，不甚滲墨，以墨拂之，如薄雲之過青天。猶隱隱見白紙白處。凡北碑皆然，且不用油蠟，可見矣。

北墨

北墨多用松煙，故色青黑。更經蒸潤，則愈青矣。南碑用油烟，故墨純黑，且有油蠟，可辨。碑文今贗墨皆倣此。

真跡難存

世言紙之精者可及千年，今去二王才八百餘年，而片紙無存。不獨晉人，如唐世善書之迹，甫三百餘年。亦希如晨星，何也？嘗攷其故，蓋物之奇異者，常聚於富貴有力之家，一經大盜水火，則舉群失之，非若它物散落諸處，猶有存者。桓玄之敗，取法書名畫一夕盡焚，所不知喪幾何哉。良可悲也。

又《古今紙花印色辨》 淳化閣本

太宗朝搜訪古人墨迹，令王著詮次，用棗木板摹刻十卷于秘閣，故時有銀錠紋，前有界行目録者是也。當時用李廷圭墨拓打，手揩之不汙手。惟親王宰執使相拜除，賜一本，人間罕得，當時每本價已八貫文。至慶曆間，禁中火災，其板不存。今世所見《閣帖》，多乏精神。焉有《絳帖》以閣本重摹，而秘閣反不如《絳帖》精神乎。則此可以觀也。

又《古畫辨》

古絹

河北絹，經緯一等，故無背面。江南絹，則經麄而緯細，有背面。唐人畫或用擣熟絹爲之，然止是生擣，令絲褊，不凝筆，非如今煮練加漿也。古絹自然破者必有鯽魚口與雪絲，僞作者則否。或用絹包硬物推成破處。然絹本堅，易辨也。

古畫色

古畫墨色或作淡墨，則積塵所成，自有一種古香可愛。若僞作者，多作黄色，而鮮明不塵暗，此可辨也。

米氏畫

米南宫多游江湖，每卜居，必擇山水明秀處。其初本不能作畫，後以目所見，日漸摹倣之，遂得天趣。其作墨戲不專用筆，或以紙筋，或以蔗滓，或以蓮房，皆可爲畫。畫紙不用膠礬，不肯於絹上壁上作一筆。今所見米畫或用絹者，後人僞作，米父子不如此。

畫家點睛

畫家點睛，人物鬼神生動之物，全在點睛，睛活則有生意。宣和畫院工或以生漆點睛，然非要訣。要須先圈定目睛，填以藤黄，夾墨於藤黄中，以佳墨濃加一點作瞳子，然須要參差不齊，方成瞳子，又不可塊然。此妙法也。

金碧山水

唐小李將軍始作金碧山水，其後王晉卿、趙大年、近日趙千里皆爲之。大抵山水初無金碧，承墨之分，要在心匠佈置如何耳。若多用金碧，如今生色罨畫之狀，而略無風韻，何取乎墨？其爲病則均耳。

宋・吴自牧《夢粱録》卷一八《物産》 蜜蠟紙

餘杭由拳村出藤紙，富陽有小井紙，赤亭山有赤亭紙。

宋・周密《癸辛雜識》前集

簡槧

簡槧古無有也，陸務觀謂始於王荆公，其後盛行。淳熙末，始用竹紙，高數寸，闊尺餘者，簡版幾廢。自丞相史彌遠當國，臺諫皆其私人，每有所劾薦，必先呈副，封以越簿紙書，用簡版繳達。合則緘還，否則別以紙言某人有雅故，朝廷正賴其用，於是旋易之以應課，習以爲常。端平之初，猶循故態。陳和仲因對首言之，有云：「稟會稽之竹，囊括蒼之簡。」正謂此也。又其後括蒼爲軒樣紙，小而多，其層數至十餘疊者。凡所言要切則用之，貴其卷還，以泯其迹。然既入貴人達官家，則竟留不遣，或別以他槧答之。往者御批至政府從官皆用蠲紙，自理宗朝亦用黄封簡版，或以象牙爲之，而近臣密奏亦或用之，謂之御槧，蓋亦古所無也。

筆墨

先君子善書，體兼虞、柳。余所書似學柳不成，學歐又不成，不自知其拙，往往歸過筆墨。諺所謂不善操舟而惡河之曲也。雖然工欲善其事，必先利其器，汎觀前輩善書者，亦莫不於此留意焉。王右軍少年多用紫紙，中年用麻紙，又用張永義製紙，取其流麗便於行筆。蔡中郎非流紈豐素不妄下筆。韋誕云：「用張芝筆，左伯紙，任及墨，兼此三具，又得巨手，然後可以建經丈之字，方寸千言。」韋昶善書而妙於筆，故子敬稱爲奇絶。漢世郡國貢兔，惟趙爲勝，歐陽通用狸毛筆。皇象云：「真揩毫筆，委曲宛轉，不叛散，嘗滑密沾污，墨須多膠紺黝者，如此逸豫，余日手調適而歡娱，正可小展試。」世惟米家父子及薛紹彭留意筆札，元章謂筆不可意者，如朽竹篙舟，曲筋哺物，此最善喻。然則古人未嘗不留意於此，獨率更令臨書不擇筆，要是古今能事耳。

又 別集上 撩紙

凡撩紙，必用黄蜀葵梗葉新擣，方可以撩，無則占粘不可以揭。如無黄葵，

則用楊桃藤、槿葉、野蒲萄皆可，但取其不粘也。

宋・晁貫之《墨經》

松

古用松煙、石墨二種，石墨自魏晉以後無聞，松煙之製尚矣。漢貴扶風隃糜終南山之松，蔡質《漢官儀》曰：尚書令僕丞郎月賜隃糜大墨一枚，小墨一枚。晉貴九江廬山之松，衛夫人《筆陣圖》曰：墨取廬山松煙。唐則易州潞州之松，上黨松心尤先見貴。後唐則宣州黄山、歙州黟山松、羅山之松，李氏以宣歙之松類易水之松。今兖州泰山、徂徠山、嶧山、沂州龜山、蒙山、密州九仙山，登州牢山，鎮府、五臺、刑州、潞州太行山，遼州遼陽山，汝州黿君山，隨州桐柏山，衛州共山，衢州柯山，池州九華山及宣歙諸山，皆産松之所。兖、沂、登、密之間山，總謂之東山；鎮府之山，則曰西山。自昔東山之松，色澤肥膩，性質沉重，品惟上上，然今不復有。今其所者纔（才）十餘歲之松，不可比西山之大松。蓋西山之松與易水之松相近，乃古松之地，與黄山、黟山、羅山之松，品惟上上。遼陽山、黿君山、桐柏山可甲乙，九華山品中，共山、柯山品下。大概松根生茯苓、穿山石而出者透脂松，歲所得不過二三株，品惟上上；根幹肥大、脂出若珠者曰脂松，品唯上中；可揭而起，視之而明者曰揭明松，品惟上下；明不足而紫者曰紫松，品惟中上；礦而挺直者曰籤松，品惟中中；明不足而黄者曰黄明松，品惟中下；無膏油而漫若糖苴然曰糖松，品惟下上；無膏油者而類杏者曰杏松，品惟下中；其出瀝青之餘者曰脂片松，品惟下下。其降此外，不足品第。

煤

古用立窑，高丈餘，其竈寛腹小口，不出突於竈面，覆之五斗甕，又益以五甕，大小爲差。穴底相乘，亦視大小爲差。每層泥塗惟密，約甕中煤厚住火，以雞羽掃取之，或爲五品，或爲三品，二品不取最先一器。今用卧窑，疊石累礦，取岡嶺高下、形勢向背，而或長百尺，深五尺，脊高三尺，口大一尺，小項八尺，大項四十尺，胡口二尺，身五十尺。胡口亦曰咽口，口身之末曰頭。每以松三枝或五枝徐爇之，五枝以上，煙暴煤麄（粗）；以下則煙緩煤細，枝數益少益良。有白灰者去之。凡七晝夜而成，名曰一會。候窯冷採煤，以項煤爲二器，以頭煤爲一器。頭煤如珠如纓絡，身煤成塊成片。頭煤深者曰遠火，外者曰近火，煤不堪用。凡煤貴輕，舊東山煤輕，西山煤重，今則西山煤輕，東山煤重。凡器大而輕良者，器小而重否。凡振之而應手者良，擊之而有聲良，凡以手試之而入人紋理難洗者良，以物試之自然有光成片者良。凡墨有穿眼者謂之滲眼。煤雜，窑病也。舊窑有蟲鼠等糞及窑衣露蟲雜在煤中，莫能揀辨，唯唾（硾）多可弭之，然終不能無。

膠

凡墨，膠爲大。有上等煤而膠不如法，墨亦不佳。如得膠法，雖次煤能成善墨，且潘谷之煤，人多有之，而人製墨，莫有及谷者，正在煎膠之妙。凡膠，鹿膠爲上。《考工記》曰：鹿膠青白，馬膠赤白，牛膠火赤，鼠膠餌，犀膠黄，莫先於鹿膠。故魏（衛）夫人曰：墨取廬山松煙，代郡鹿膠。凡鹿膠，一名白膠，一名黄明膠，《墨法》所稱黄明膠，正謂鹿膠，世人多誤以爲牛膠。但鹿膠難得，煎法用蠟及胡麻者，皆不入墨家之用。按隱居《白膠法》，先以米瀋汁漬七日，令軟，然後煮煎之，如作阿膠淘。又一法，細剉鹿角與一片乾牛皮同煎，即銷爛。唐《本草》注曰：「麋角、鹿角煮濃汁，重煎成膠」。今法取蜕角，斷如寸，去皮，及赤觧，以河水漬七晝夜，又一晝夜煎之，將成以少牛膠投之，加以龍麝。鹿膠之下，當用牛膠。牛用水牛皮，作家所謂鄉掘皮最良，剔除去毛，以水浸去塵汙，浸不可太軟，當須有性，謂之夾生。煎火不可暴，常以篦攪之不停手，貴氣出不昏。時時揚起視之，以候薄厚，直至一條如帶爲度其脈。膠不可單用，或以牛膠、魚膠、阿膠參和之。兖人舊以十月煎膠，十一月造墨。今旋兼旋用，殊失之，故潘谷一見陳相墨，曰：惜哉！其用一生膠耳，當以重煎者爲良。

羅

凡煤須用羅，後魏賈思勰曰：醇煙搗訖，當以細絹篩堈（綱）内。此物至輕微，不宜露篩，喜飛去，不可不謹。

和

凡和煤，當在静密小室内，不可通風。傾膠於煤中央良久，使自流，然後衆力急和之。貴潤澤而光明。初和如麥飯許，搜之有聲乃良膠。初取之和下等煤，在取之和中等煤，最後取之和上等煤。凡煤一片，古法用膠一斤，今用膠水一斤，水居十二兩，膠居四兩。所以不善。然賈思勰墨法，煤一斤，用膠五兩，蓋亦爲盡善也。況膠多利久，膠少利新，匠者以其素售，故喜用膠少。觀易水奚氏、歙州李氏，皆用大膠。所以養墨。時大膠墨紙黄，小膠墨紙微黄，其力以是爲差。凡大膠必厚，厚難於和，和之柔則善，剛則裂。若以漆和之，凡煤一斤，以生漆三錢、熟漆二錢，取青汁投膠中，打之匀，和之如法。

擣

凡擣不厭多，魏韋仲將《墨法》：鐵臼中擣三萬杵，杵多益善。唐王君德則用石臼擣三二千杵，蓋其擣無數。其擣過粘後，光不可擣。自從臼中捉出爲度。出臼納静器内，用紙封幕，熳火養之。紙上作數穴以通氣。火不可間斷，爲其畏寒。然不可暴，暴則潼溶，謂之熱粘，不堪製作。凡鹿膠搗成變丸捍，不可遲延，稍遲乃皴裂不堪。若牛膠，擣之一日後，膠行力均，再入臼搗千餘下乃可丸。捍丸時用五人相次。人有鐵砧，椎三五百下。舊語一椎一折鬪手捷，此其法也。初椎成爲光劑，爲硬劑，又過硬劑，爲熱劑。每一劑傳畢五人成熱(熟)劑，乃入匠手丸捍。

丸

凡丸劑不可不熟，又病於熱，熱不堪用。雖成，必不光澤，易碎裂。凡急手爲光劑，緩手爲皴劑，一丸即成，不利於再。

藥

凡墨藥尚矣。魏韋仲將用真珠、麝香二物。後魏賈思勰用梣木、雞白、真珠、麝香四物。唐王君德用醋、石榴皮、水犀角屑、膽礬三物，王又法，用梣木皮、皂角、膽礬、馬鞭草四物。李廷珪用藤黄、犀角、真珠、巴豆等十二物。今兗人不用藥爲貴，其説曰：正如白麵，清麵，又如茶之不可雜以外料，亦自有理，然不及用藥者良。舊有别集《藥法》一卷。

印

凡底版貴平直，寧大不小；平版上俯下平，寧重不輕。凡底版銀爲上，面印牙爲上。尋常底版用棠，手版用杞。蓋底版面印，皆以松爲良，與煤爲宜。凡印大墨，以水拭之，以紙按之，然後用印。凡印，方直最難用，用多裂。易水張遇印，多方直者，其劑熟可知。

樣

凡墨樣當取則於古，無大小厚薄之限，而賈思勰曰：墨璽不得過二三兩，寧小不大。世人遂以薄小爲貴，謂從前奚(李)廷珪然。宣府奚廷珪之類小墨，在古品中爲佳，不知雙脊龍之類大墨，亦不可置在劣等。要之，無大小厚薄，醇煙法膠爲本耳。蓋厚大利久，薄小利新；厚大難工，薄小益善。故匠人不喜於厚大者，然太大則不便於用，太薄則艱於包，當以厚而大者爲佳。

蔭

凡墨蔭用炭灰、石灰、麥糠。炭灰爲上，石灰酷多裂，麥糠慢多曲。惟炭灰爲上，凡用炭灰精篩，弗雜弗濕，其下惟厚，上下厚薄，視墨之大小，時之晴晦。中以薄紙裹之，然置之不平亦曲，見風亦裂。若用石灰蔭，當於新瓦器中置灰，灰上用紙，紙上復加以灰，不可厚。若用麥糠蔭，以椽架葦懸(縣)室中，其上糠底，糠惟平惟均，不可有逆糠。凡蔭室，以静密温小爲貴，晝夜不去火。然火大則病，火暴亦病，其晝夜候火，隨風日晴晦，最爲難。又有不用蔭者，墨成曝於静密室中聽自乾。又有以衣被覆之使乾者。

事治

凡事治墨，以水、以兔皮、以滑石、以萊州石、以錢、以鏵頭、以漆、以墨，以墨最不佳，餘錯用之皆良。惟此數物，不及弄成，如弄鞭、弄茶瓢。

研

凡研墨不厭遲，古語云：研墨如病。凡研，直研爲上，直言乃見真色，不損墨。若圓磨，則假借重勢，往來有風，以助顔色，乃非墨之真色，惟售墨者圓研。若邪研，則水常損其半，而其半不及先所用者，爲俗人邪研。凡墨户不工於製作，而工於研磨，其所售墨，則使自研之，常優一暈。凡煤細研之乾遲，煤麄研之乾疾，(凡善墨研之如研犀)，惡墨研之如研泥。

色

凡墨色，紫光爲上，黑光次之，青光又次之，白光爲下。凡光與色不可廢一，以久而不渝者爲貴，然忌膠光。古墨多有色無光者，以蒸濕敗之，非古墨善者。其有善者黯而不浮，明而有艷，澤而無漬，是謂紫光。凡以墨比墨，不若以紙比墨，或以研試之，或以指甲試皆不佳。

聲

凡墨擊之以辨其聲。醇煙之墨，其聲清響；雜煙之墨，其聲重滯。若研之以辨其聲，細墨之聲膩，粗墨之聲麄，麄謂之打研，膩謂之入研。

輕重

凡墨不貴輕，舊語曰：煤貴輕，墨貴重，今世人擇墨貴輕，甚非。煤麄則輕，煤雜則輕，春膠則輕，膠傷水則輕，膠爲濕所敗則輕，惟醇煙、法膠、善藥、良時乃重而有體，有體乃能久遠，愈多益堅，濕則弗能敗。自然成質，非輕非重。

新故

凡新墨不及故墨。衛夫人曰：墨取十年以上，强之如石者。蓋其愈久愈堅，自白物久斯變墨(黑)，況其本墨之物，煤久而黑，黑而紫，膠久而固，固而乃

發光彩，此古墨所以重於世。凡新墨不過三夏，殆不堪用。凡故墨膠敗者，末之，新煤再和殊善，入膠久之，乃可和，然非大膠久蔭弗可。

養蓄

大凡養新墨，納輕器中，懸(縣)風處，每丸以紙封之，惡濕氣相博(搏)。不可卧放。卧放多曲。凡蓄故墨，亦利頻風，日時以手潤澤之，時置於衣袖中，彌善。

時

凡墨最貴及時。韋仲將《墨法》：不得過二月、九月。賈思勰曰：温時敗(故)臭，寒時潼溶，當以十一月、十二月、正月爲上時，十月、二月爲下時，餘月無益有害。既得時，須擇晴明無風之日，或當静夜。若燒煤之時，當以二月、三月、四月爲上時，八月、九月、五月、十月、六月、七月，水潦土濕；十一月、十二月，風高水寒，皆不利。

工

凡古人用墨，多自製造，故匠氏不顯。唐之匠氏惟聞祖敏。其後有易水奚鼐、奚鼎，鼐之子超，鼎之子起。易水又有張遇、陸贇。江南則歙州李超，超之子廷珪、廷寬，廷珪之子承浩，廷寬之子承晏，承晏之子文用，文用之子惟處、惟一、惟益、仲宣，皆其世家也。歙州又有耿仁、耿遂，遂之子文政、文壽，而耿德、耿盛，皆其世家也。宣州則盛臣道、盛通、盛真、盛舟、盛信、盛浩。又有柴珣、柴承務、朱君德。兖州則陳朗，朗弟遠，遠之子惟進、惟迫。近世則京師潘谷、歙州張谷。

宋・李孝美《墨譜法式》卷下《法》

膠

煮膠要用二月、三月、九月、十月，餘月則不成。熱即不凝，無膠作餅。寒即凍瘃，合膠不粘。以沙牛皮，或水牛皮，水浸四五日，令極液净，洗濯無令有泥，不須削毛。削毛費工，打膠無益。片割，着釜中。唯欲舊釜大而不渝者。釜新則燒令皮着底。釜小費著火釜渝令膠色黑。凡水皆得煮，然鹹苦之水膠乃更勝長。作七七頭鐵刃，時時徹底攪之，勿令著底。七頭不施，鐵刃雖攪，不徹底。不徹底則焦，焦則膠惡，是以尤須數數攪之。水少更添，常使滂沛。經宿晬時，勿令絶火。候皮爛熟，以已瀝汁，看末後一珠微有粘勢，膠便熟矣。以初挹所濾去滓穢，瀉净乾盆中。挹時勿停火。火停沸定，則皮膏汁下挹不得也。淳熟汁盡，更添水煮之，攪如初法。熟後挹取，看皮垂盡，著釜焦黑，無復粘勢，乃棄去之。膠盆向滿，舁著空静屋中，仰頭令凝。蓋則氣變成水，令膠解離。凌旦令席上脱所凝膠口，濕細緊線以割之。其近盆底土惡之處，不中用者，割去少許。然後十字拆破之，又中斷爲段，較薄割作餅。唯末上膠皮如粥膜者，爲最近盆之上者。次之末下者不佳，即苯膠也。先於庭中豎槌，施三重箔，摘令免狗鼠。於最下箔上布置膠餅，其上兩重爲作蔭涼，并扞霜露。膠餅雖凝水汁未盡，見日即消。霜露霑濡，難復乾燥。旦起至食時，卷去上箔，令膠見日。淩旦氣寒，不畏消釋。霜露之潤，見日即乾。食後還復舒箔爲蔭，雨即納敝屋之下，則不須重箔。四五日浥浥時，繩穿膠餅，懸而日曝極乾，乃納屋内，懸紙籠之。以防青蠅、塵土之污。夏中雖軟，相至八月秋涼時，日中曝之，還復堅好。出《齊民要術》。

水牛皮不以多少，生去肉并毛根，洗浸極净，入大鍋慢火煮三兩日，令皮極爛如水。耗，旋添温水，候鍋内有粥面爲度，漸減火，不添水，傾在盆内，濾取清汁，不住手攪至濕，務要出盡熱氣。候凝，以綫割之。並如前法。

鹿角膠

大鹿角十斤，截成二寸，河水浸一月，洗净入大鍋，添水五斗。黄膠四兩同煮，常令沸。水耗，即添湯。勿入冷水。日夜熬至二㪷，方去鹿角，折濾極净，去滓，再入小鍋，用炭熬至成，貯磁器中。候凝，即切作片子，於通風處放乾。

魚膠

鯉魚鱗，不計多少，水浸一日，洗令極净。以無油鍋内添水，慢火煮一伏時，俟鱗爛，濾去滓。再(滓)[煮]，稀稠得所，澄取清者，俟凝，勒作片子，或傾在半竹筒内，頓風處，俟乾收。

減膠

鰾半斤，膠一斤，同以冷水浸一伏時。先將鰾用笋葉裹定、緊繫，水煮百餘沸，去笋葉。乘熱入臼中，急擣至爛，次入浸鹿膠及猪膽汁一盞，藤黄一分，同擣至稀匀得所，就臼放凝取出，勒作片子放乾。

冀公墨

松煙二兩，丁香、射香、乾漆各少許，以膠水搜作挺，火煙上薰之，一月可使。

仲將墨蕭子良答王僧虔書云，仲將之墨，一點如漆。

醇煙一斤以上，以膠五兩，温庭筠云，五兩新膠乾輕入用。出《墨苑》。浸梣皮汁，中不可下。雞子白去黄五顆，亦以朱砂墨苑作真珠。按本草，丹砂作末名真硃。陶隱居云，真珠，即今朱砂也。珠字恐是傳寫之繆也。一兩，射香一兩，別治細篩，都合稠。餘見和製圖，其次他法准此。

庭珪墨

牛角胎三兩，洗净，細剉。以水一斗浸七日，皂角三挺，煮一日，澄取清汁三斤。入梔子仁、黄蘗、秦皮、蘇木各一兩，白檀半兩，酸榴皮一枚，再浸三日。入鍋煮三五沸，取汁一斤，入魚膠二兩半，浸一宿。重湯熬熟，入碌礬末半錢，同濾過，和煤一斤。

蘗汁一斤，入減膠三兩，浸一宿。重湯煮化，令熟，綿濾，和煤一斤，乘熱搜匀。

古墨

紫草、秦皮、皂角、蘇木、牛角胎、酸石榴皮各一兩，細剉。用清水煮取汁一斤，濾過，入膠六兩，青黛半兩，同熬，候匀化再濾過。煤一斤，於净盆内，逐旋入膠，搜匀。

秦皮、蘇木各二錢，甘松、藿香、酸石榴皮半兩，煎汁一斤六兩，浸鹿角膠二兩半，重湯煮，耗一二分，用厚綿濾過，和煤一斤四兩，更入熟漆一兩。

酸石榴皮、秦皮、牛角胎各三兩，黄蘗二兩，五倍子、巴豆各一兩，穎青半兩，碌礬一分，皂角三挺，並剉細，入水二斗，浸一兩宿，入鍋慢煮至七八升，去滓，折濾净，汁再熬至三升，厚綿濾過。取净汁一斤，傾入大椀内，和猪膽汁半盞，鹿角膠五兩，重湯化熬，令沫散，不住手攪。再以綿濾，煤一斤，搜和匀。更入細研藤黄、生龍腦各一錢。

油烟墨

桐油二十斤，大麄椀十餘隻，以麻合燈心，旋入油八分，上以瓦盆蓋之。看烟煤厚薄，於無風净屋内，以雞羽掃取。此二十斤可出煤一斤。秦皮二兩，巴豆、黄蘗各一兩，梔子仁、甘松香、陵零香各半兩，皂角五梃，細槌碎，以水五升浸一宿。次日於銀石器内，慢火煮至耗半，濾去滓，秤取一斤，入膠四兩，再熬化。盡退火，放冷經宿，旋旋入煤搜匀。

清油、麻子油、瀝青作末，各一斤，先將二油調匀，以大碗一隻，中心安麻花點著，旋旋摻入瀝青，用大新盆蓋之。周圍以瓦子襯起，令透風，薰取以翎子掃之。每煤四兩，用穎川梳頭膠一兩，先以秦皮水煎取濃汁四兩，并膠再熬匀化。

搜煤

清油一斤，瀝青一斤，先以紫草二莖，燈心十莖，共作一束，可長三寸，於一大椀。膠定，傾油在内，(握)[掘]一地穴子埋定，露椀唇兩指，合以新盆。三五斗大。用博子三脚襯起，點著草，至夜掃之。酸石榴皮、胡桃、青皮各二枚，呵梨勒一分，青黛半兩，皂角三梃，並碎之，以水二斗，煮及一斗，以綿濾取汁一斤，入膠四兩再熬，不住攪，候沫散，和煤一斤。煤少，再依前法燒取。

麻子油二斤，掘地坑子，開三吵道，置一大椀，傾油在内，以麻花作心，合以新盆，不襯起，勿令透氣。每一斤油，可取煤九錢。紫草、巴豆、秦皮、黄蘗等分，以水煎取濃汁，放冷，浸膠候軟，木臼内杵如稀糊，量煤和之。

麻子油、瀝青相半，慢火煉匀，以紫草、細茸三莖，燈心五莖，麻皮纏定，齊截作三寸長。用釘脚插定，置椀底，傾油在内。撅一地坑，約深五寸，徑七寸。三面開吵道，各長尺餘，闊四五寸。近坑闊一寸塼泥蓋了。納去坑四五寸，安油椀坑内，以半塼襯定。吵口須近椀下，勿令風吹著椀唇。坑上合新瓦礶一隻，於口邊開三寸口子，要看火，却用濕紙封合，底上開透作圓口子，徑一寸半。其上以次相乘至七八隻，逐隻只於底上開放口子，自下漸大。唯末上者，只留三分小眼子，勿閉合，令出其氣。每礶唇亦用濕紙封了，點著，候油盡從上礶。掃煤入袋。

牛角胎、酸石榴皮、秦皮各三兩，草烏頭、紫草、巴豆、呵梨勒各半兩，細剉一處，用水三斤浸五七日，慢火熬耗一半，濾去滓，入膠五兩化匀，和煤一斤。

以大麻子油沃糯米半碗，强碎。剪燈心堆其上，燃爲燈。置一地坑子中，用一瓦鉢，微穿透其底，覆其焰上。取煙煤，重研過，以石器中煎者皂角膏，并研過者糯米膏，入龍腦、射香、秦皮末和之。

敘藥

秦皮，解膠益色，一名梣皮，一名石檀。陶隱居云，俗謂之焚槻皮，以水漬之，和墨書色不脱。《齊民要術》云，江南(焚)[樊]鷄□木也。温庭筠書云，韋曜名方即永雞禾。藤黄、雞子清、生漆、牛角胎、至堅。猪膽、鯉魚膽、至黑而澤。甘松、藿香、零陵香、白檀、丁香、龍腦、射香、碎膠煤氣。歐陽通每書，其墨必古松之煙，末以射香，方下筆。地榆、虎杖、卷柏、五倍子、丹參、黄連、黄蘆、紫草、鬱金、茜根、黑豆、百藥煎、蘇木、胡桃、青皮、草烏頭、牡丹皮、棠梨葉、呵梨勒、助色。段成式書云，棠梨所染，滋節多方。梨勒共和，周遮無法。皂角、除濕氣。梔子仁、青黛、去膠色。黄蘗、研無聲。川頭烏、膠力不勁。酸石榴皮、硯中遲散。巴豆、增肥，多則損光。碌礬、如黑色，則敗膠。朱砂、益色。李白《酬張司縣歌》：上黨赤松煙，夷陵丹砂末。蘭射凝珍墨，精光乃可掇。烏賊、魚腹中墨。諸法未見入用。陶隱居云，烏賊腹中有墨，今作好墨用之。

品膠

一魚膠，唯番禺者佳。二減膠，三梳頭，穎川膠山子是也。四鹿角膠，《墨藪》云，

凡書，必取廬山之松煙，岱郡之鹿角膠，十年之上，强如石者少。《墨譜》云，祖氏墨，必以鹿角膠煎膏和之。五阿膠，鄆膠有兩等：一牛火，一鳥爐艾。和墨必以牛皮者爲勝。六膠作將冀公墨法，唯有好膠，號爲精製，取力而取色也。

元・孟祺等《農桑輯要》卷六《竹木》　穀楮

齊民要術：《説文》云：「穀者，楮也。」按今世人乃有名之曰「角楮」，非也。蓋「角」、「穀」聲相近，因訛耳。其皮可以爲紙者也。

楮宜澗谷間種之。地欲極良。秋上候楮子熟時，多收，净淘，曝令燥。耕地令熟。二月耬耩之，和麻子漫散之，即勞。秋冬仍留麻勿刈，爲楮作暖。若不和麻子種，卒多凍死。明年正月初，附地芟殺，放火燒之。一歲即没人。不燒者瘦，而長亦遲。三年便中斫。未滿三年者，皮薄不任用。斫法：十二月爲上，四月次之。非此兩月而斫者，楮多枯死也。每歲正月，當放火燒之。自有乾葉在地，足得火燃。不燒則不滋茂也。二月中，間斸去惡根。移栽者，二月蒔之。亦三年一斫。三年不斫者，徒失錢無益也。

指地賣者，省功而利少。煮剥賣皮者，雖勞而利大。其柴足以供然，自能造紙，其利又多。種三十畝者，歲斫十畝，三年一徧，歲收絹百疋。

元・費著《牋紙譜》

古者書契多編以竹簡，其次用縑帛，至以木膚、麻頭、敝布、魚網爲紙，自東漢蔡倫始。簡太重，縑稍貴，人遂以紙爲便。倫，宦者也，傳多稱其能，然受宫掖風旨，諂親貴，猶宦者態也。智足以創物，而亦足以殺身。第於文字有功，人至今稱蔡倫紙。今天下皆以木膚爲紙，而蜀中乃盡用蔡倫法，牋紙有玉板，有貢餘，有經屑，有表光。玉板貢餘，雜以舊布、破履、亂麻爲之。惟經屑表光，非亂麻不用。於是造紙者，廟以祀蔡倫矣。廟在大東門雪峯院，雖不甚壯麗，然每遇歲時祭祀，香火㬪㬪不絶，示不忘本也。恩足以及數十百家，雖千載猶不忘如此。

易以西南爲坤位，而吾蜀西南重厚不浮，此坤之性也。故物生於蜀者，視他方爲重厚，凡紙亦然，此地之宜也。府城之南五里，有百花潭，支流爲一，皆有橋焉。其一玉溪，其一薛濤，以紙爲業者家其旁。錦江水濯錦益鮮明，故謂之錦江，以浣花潭水造紙故佳，其亦水之宜矣。江旁鑿臼爲碓，上下相接。凡造紙之物，必杵之使爛，滌之使潔，然後隨其廣狹長短之制以造。研則爲布紋，爲綾綺，爲人物花木，爲蟲鳥，爲鼎彝，雖多變，亦因時之宜。

紙以人得名者，有謝公，有薛濤。所謂謝公者，謝司封景初師厚，師厚創牋樣，以便書尺，俗因以爲名。薛濤，本長安良家女，父鄖，因官寓蜀而卒。母孀，養濤及笄，以詩聞外，又能掃眉塗粉，與士族不侔。客有竊與之宴語。時韋中令皐鎮蜀，召令侍酒賦詩。僚佐多士，爲之改觀。期歲，中令議以校書郎奏請之，護軍曰不可，遂止。濤出入幕府，自皐至李德裕，凡歷事十一鎮，皆以詩受知。其間與濤唱和者，元稹、白居易、牛僧孺、令狐楚、裴度、嚴綬、張籍、杜牧、劉禹錫、吴武陵、張祐，餘皆名士，記載凡二十人，競有酬和。濤僑止百花潭，躬撰深紅小彩牋，裁書供吟，獻酬賢傑，時謂之薛濤牋。晚歲居碧雞坊，捌吟詩樓，偃息于上。後段文昌再鎮成都，太和歲，濤卒，年七十三，文昌爲撰墓誌。謝公有十色牋：深紅、粉紅、杏紅、明黄、深青、淺青、深緑、淺緑、銅緑、淺雲，即十色也。楊文公《億談苑》載韓浦寄弟詩云，十様蠻牋出益州，寄來新自浣花頭。謝公牋出於此乎？濤所製牋，特深紅一色爾。僞蜀王衍賜金堂縣令張蠙霞光牋五百幅，霞光彩，疑即今之彤霞牋，亦深紅色也。蓋以胭脂染色，最爲靡麗，范公成大亦愛之。然更梅溽，則色敗萎黄，尤難致遠，公以爲恨。一時把玩，固不爲久計也，濤以牋名可矣。雖良家女，乃失身爲妓，韋尹欲官之，段尹誌其墓焉，何哉？時幕府賓客，多天下選，一時縱適不少斂，大抵唐藩鎮不度，皆習然也。濤固得之，而諸公似以濤失云。

紙固多品，皆玉板表光之苗裔也。近年有百韻牋，則合以兩色材爲之。其横視常紙長三之二，可以寫詩百韻，故云。人便其縱闊，可以放筆快書。凡紙，皆有連二、連三、連四。售者連四，一名曰船。牋又有青白牋，背青面白。有學士牋，長不滿尺。小學士牋，又半之。倣姑蘇作雜色粉紙，曰假蘇牋，皆印金銀花於上。承平前輩，蓋常用之，中廢不作，比始復爲之。然姑蘇紙多布紋，而假蘇牋皆羅紋，惟紙骨柔薄耳。若加厚壯，則可勝蘇牋也。蜀牋體重，一夫之力，僅能荷五百番。四方例貴川牋，蓋以其遠號難致。然徽紙、池紙、竹紙，在蜀，蜀人愛其輕細，客販至成都，每番視川牋價幾三倍。范公在鎮二年，止用蜀紙，省公帑費甚多。且怪蜀諸司及州縣緘牘，必用徽、池紙。范公用蜀紙，重所輕也。蜀人事上，則不敢輕，所重矣。此以價大小言也。余得之蜀士云，澄心堂紙，取李氏澄心堂樣製也，蓋表光之所輕脆而精絶者。中等則名曰玉水紙，最下者曰冷金牋，以供泛使。

廣都紙有四色，一曰假山南，二曰假榮，三曰冉村，四曰竹絲，皆以楮皮爲之。其視浣花牋紙，最清潔。凡公私簿書、契券、圖籍、文牒，皆取給于是。廣幅

無粉者，謂之假山南。狹幅有粉者，謂之假榮。造於冉村，曰清水。造於龍溪鄉，曰竹紙。蜀中經史子籍，皆以此紙傳印。而竹絲之輕細似池紙，視上三色價稍貴。近年又倣徽、池法，作勝池紙，亦可用，但未甚精緻爾。

雙流紙，出於廣都，每幅方尺許，品最下，用最廣，而價亦最賤。雙流實無有也，而以爲名，蓋隋煬帝始改廣都曰雙流，疑紙名自隋始也，亦名小灰紙。

元・陶宗儀《南村輟耕録》卷二九　墨

上古無墨，竹挺點漆而書。中古方以石磨汁，或云是延安石液。至魏晉時，始有墨丸，乃漆煙、松煤夾和爲之。所以晉人多用凹心硯者，欲磨墨貯瀋耳。自後有螺子墨，亦墨丸之遺製。唐高麗歲貢松煙墨，用多年老松煙和麋鹿膠造成。至唐末，墨工奚超，與其子廷珪，自易水渡江，遷居歙州，南唐賜姓李氏。廷珪父子之墨，始集大成。然亦尚用松煙。廷珪初名廷邽，故世有奚廷珪墨，又有李廷珪墨，或有作庭珪字者，僞也，墨亦不精。宋熙豐間，張遇供御墨，用油烟入腦麝金箔，謂之龍香劑。元祐間，潘谷墨見稱於時。自後蜀中蒲大韶、梁杲、徐伯常，及雪齋、齊峯、葉茂實、翁彦卿等出，世不乏墨。惟茂實得法，清黑不凝滯，彦卿莫能及。中統至元以來，各有所傳，可以倣古。

唐

祖敏　奚鼐易水。　奚鼒鼐之弟。　奚起鼒之子。　陳朗兖州。王君得　柴珣並唐末五代。

南唐

李超鼐之子始居歙州。南唐賜姓李氏。　李廷珪　李廷寬　李承宴皆超之子。　李文用承宴之子。　李惟慶　李惟一　李仲宣皆文用子。　耿遂仁歙州。　耿文政　耿文壽皆遂仁子。　耿德　耿盛　盛匡道宣州。　盛通　盛真　盛舟　盛信　盛浩

宋

張遇　潘衡　蒲大韶款曰書窗輕煤，佛帳餘韻。　葉世英嘗造德壽宫墨。朱知常款曰朱知常香齊。　梁杲　徐知常　葉邦憲嘗造復古殿墨。　雪齋款曰雪齋墨寶。　李世英款曰叢桂堂李世英。　胡友直　潘衡孫秉彝　周朝式　李世英男克恭　樂温　蒲彦輝　劉文通　郭忠厚　鏡湖方氏　黄表之　齊峯　劉士先嘗造緝熙殿墨。　寓菴得李潘心法。俞林　丘攽　謝東　徐禧　葉茂實三衢。　翁彦卿

元

潘雲谷清江。　胡文中長沙。　林松泉錢唐。　於材仲宜興。　杜清碧武夷。　衛學古松江。　黄修之天台。　朱萬初豫章。　丘可行金溪。　丘世英　丘南傑皆可行子。

明・沈繼孫《墨法集要》

浸油

古法惟用松燒煙，近代始用桐油、麻子油燒煙，衢人用皂青油燒煙，蘇人用菜子油、豆油燒煙。以上諸油具可燒煙製墨，但桐油得煙最多，爲墨色黑而光，久則日黑一日。餘油得煙皆少，爲墨色淡而昏，久則日淡一日。每桐油十斤，芝麻油五斤。先將蘇木二兩，黄蓮一兩半，海桐皮、香仁、紫草、檀香各一兩，梔子、白芷各半兩，木鱉子仁六枚。右剉碎入麻油內，浸半月餘，日常以杖攪動。臨燒煙時，下鍋煎令藥焦，停冷，漉去柤，傾入桐油，攪匀燒之。今時少有用此浸油法者。姑存其古云。

水盆

用圓厚瓦盆，內闊二尺一寸，緣闊一寸，深三寸半。底平緣直，近緣開指大一竅，用綿塞住，以備放水。用長木，架三尺閣起水盆。以薄磚七塊，遶盆緣排轉。盆中央置闊緣瓦烟筒一箇，內闊六寸，連緣共闊八寸，高與盆口相齊，筒內亦置薄磚一塊，油盞置各磚塊上，低盆口三分，浸水離盞口三分，中央一盞，用鐵鴨脚穿定燈草，每盞納燈草訖，然後傾油，將長柄煙椀蓋定燒之。如盆中水熱，則頻侵冷水，不可全換冷水，冷則煙不昇上，得煙絶少，但侵水爲妙。若水耗乾，要侵滿。時去了，近緣煙椀油盞各一隻，拔去竅綿放乾，再塞住漏斗，傾水換之，仍以油盞煙椀補滿，若水積久，生膩浮起，以搭籮去之。盆有油膩，乾硬黏定邊緣，刀鏟去之，清水洗净，方可再用。一法用杉，爲槽貯水，底板最厚，四向牆板次之，內長七尺四寸，深三寸半。平中，用長木梁一條，界爲兩路，麻筋油灰黏固縫道，莫令滲漏，槽尾近底處，開一圓竅，已備放水，高三尺，櫈兩條閣之，磚襯油盞于水內，煙椀兩路蓋之，每槽用盞椀各二十隻，燒法與水盆同，亦有石爲槽者。

油盞

用壯厚缸沙油盞，闊四寸半，平穩闊足。窑水通滿者，以薄磚襯高，頓放水盆內，低盆口三分，不宜太低，低則煙飛散，拘收不住，得煙少，或置水槽中，亦然。若用過油盞，內外不净，以竹篦刮之，次以稻稈灰揩擦，若更不净，用刀鏟

淨，再以水洗拭乾。一法不用灰擦，置米飲中，煮數沸，刷洗去其油膩。

煙椀

用淘鍊細土燒，長柄瓦椀，圓闊五寸三分，深二寸五分，柄長三寸，連柄高五寸五分，內深潭似釜，必磨研十分光滑。以椀唇，外置瓦盆，緣上，內置瓦筒，緣上，須椀心正對燄頭，罩之。椀口緣塗些薑汁，急手掃煙，若煙椀油汙內外，皆便拭淨，倘汙烟煤，不堪用矣。

燈草

楝肥大，黄色堅實燈草，截作九寸爲段，理去短瘦，取首尾相停者，每用十二莖，以少綿，纏定頭，于粗板，以手搓捲成一條，令實，復以少綿，纏定尾。夏極熱時，減去兩莖，只用十莖搓捲，仍舊用十二莖，則得煙雖多而不良。候捲得四五百條，方用蘇木濃汁煎燈草，數沸候，紫色漉出，曬令極乾，紙裹藏之，勿令塵汙，用則旋取。

燒煙

宜秋深冬初，于明亮密室，上置仰塵，四向周密，背處開一小門，高限掛紙簾。水盆置木架上，盆竅向架外，塞住竅，侵水滿磚，襯油盞于水內，每盞傾油八分，納燈草訖，椀蓋之，勿見風，致煙落。約四五刻掃煙一度，則一度剔去燈草，逐盞以筯，剪去燈煤，棄於水盆內，否則燈花，罩了火燄，煙不能起。以鵝翎掃煙，入瓦盆中。經宿，始可併聚一器。蓋之須以空煙椀一隻替下，有煙椀掃之，敲碎巴豆三四粒，納油盞中，發煙燄得煙多，每日約掃二十餘度，掃遲則煙老，雖多而色黄，造墨無光不黑。室中置水盆十枚，自早至暮燒之，須揀無風之日，若有風或煙房不密，得煙皆少。夏煙亦老，必頻換冷水，及減燈草爲良。每桐油一百兩，得煙八兩，此爲至能，忌油滴煙中及紅燄燈花落煙內，則不堪用矣。

篩煙

于密室中，以手按定細生絹篩子，徐徐麾下，小口光淨缸內，去其毛翎紙屑，貯于紙糊籠中，繩懸梁間，勿近牆壁，以傷濕氣，用則旋取，或皮紙糊袋藏之，亦佳。煙乃至輕之物，切忌露篩，露篩則飛揚滿室矣。

鎔膠

魚鰾膠，用清白如綿者。冷水浸一宿，令軟，快斧剁碎，每膠一兩，入巴豆仁五粒，搥碎與膠和勻，箬葉裹定，緊繫之，煮十數沸，去箬葉，乘熱入闊口瓶中，急杵極爛無核，和藥汁內，重湯煮化。若用牛皮膠，當楝黄明煎造得法者（有等煎生者，煮不化。）剉如指面大片子，臨用先以些水灑潤，候軟，方下藥汁中，重湯煮化，已上二膠，臨鎔之際，用慢火煎，長竹箄不住手攪，候之沫消，清徹爲度，煮化得膠清，墨乃不膩，此爲緊要大法。每桐油烟一十兩正月、二月、十月、十一月、十二月，用牛膠五兩半，藥水九兩半。六月、七月，用牛膠六兩，藥水九兩。每松煤一斤，用膠四兩或五兩，藥水四時俱用半斤，春冬宜減膠增水，仲夏、季夏、孟秋宜增膠減水。濾膠用細絹綿，濾最佳，若布濾，相脚並下，製墨有病，藥水亦重絹濾之。魚鰾膠不可純用，止可用九分牛膠一分魚膠，若二分，便纏筆難寫。世俗見坡詩有魚膠熟萬杵之句，便謂墨須用魚膠，痴漢面前，難以說夢。又貨墨者，無一人肯辯其非，詐言魚膠良是由是，人信爲然，堪一笑也。凡使牛膠，必以好牛皮，或做鼓處，裁下剩牛皮煎成者方好。若熟皮家，刮下皮屑煎成者，則力不淺，不堪用。膠好方始有力，可以減斤兩，用墨因膠少煙多，故倍加黑，名爲輕膠墨，色黑且清，利於速售，但年遠久藏，慮恐色退。若造久藏墨，須用桐油燒煙十兩，陳年牛膠四兩半，陳年魚膠半兩，秦皮、蘇木各半兩，煎濃汁搜和，蒸杵製之，歲久愈黑愈堅矣。予舊時荆溪吳國良，所造牛膠墨，至今五六十年，儼如古墨，何言牛膠之墨不善耶！世有造熱膠墨者，非膠帶黄下也，于鎔膠之時，傾藥水在內，候膠煮得清熟，若藥水耗少，更添得法，方可搜煙，必上磚蒸透，硬劑杵成，熟劑取出，用力柔軟，才堪丸擀上印，如此造者，謂之熱膠墨也。有造冷膠墨者，非膠待冷下也，但以膠投藥水中煮化，不問清濁生熟，傾入煙中，團得生劑，便上印脱，不蒸不杵，以此，膠力不勻，資質頓劣，如此造者，謂之冷膠墨也。凡造膠製墨，宜在正月、二月、十月、十一月，餘月造者，大熱則造膠不凝，製墨多碎。大寒則造膠凍裂瘃，製墨斷裂，小墨尚可，大墨決不可爲也。

用藥

用藥之法，非惟增光、助色、取香而已，意在經久，使膠力不敗，墨色不退，堅如犀石，瑩澤豐腴，膩理可愛。此古人用藥之妙也。藥有損有益，須知其由，且如綠礬、青黛做敗；麝香、雞子青引濕；榴皮、藤黄減黑；秦皮書色不脱；烏頭膠力不隳；紫草、蘇木、紫礦、銀硃、金箔助色發艷，俗稱艷爲雲頭；魚膠增黑，多則膠筆鋒，牛膠多亦然，又無雲頭，色少黑，魚膠、牛膠皆陳久者好。有用群隊香藥以解膠煤氣者，但欲其香，不之爲病，損色。且上甑一蒸之後，香氣全無，用之何益。惟入薔薇露者，其香經久不歇。其次則丸擀之時，旋入腦麝。天氣冷時，隔宿浸藥，暖時當日五更浸藥，皆浸至辰巳間。帶藥入鍋，煎至濃稠，絹濾，

去粗矿清，逼去濃脚，用之先以膠烊開，次下研細杏仁攪勻，細絹扠去粗脚，入前净藥汁内，重湯煮化，搜煙造黑。陰乾試之，無泛沫，不膩。藥有當研爲細末，旋和入劑中者，腦麝、硃砂、藤黄、螺青、金箔之類也。然欲墨之黑，一須煙淳，二須膠好而減用，三須萬杵不厭，此不易之法，不可全藉乎藥也。

搜煙

秤净煙一斤于白瓷盆，盆製櫈上，取煮化膠，藥汁乘熱，以綿濾下煙之中央，急手搜勻，便入搜如細砂狀，寧乾勿濕，捻作毯子，如盆底有煙膠黏定，隨即鏟下，捻聚與毯子，以布共裹，上甑蒸之，大墨最難搜和，只宜于軟，硬則燥裂，手劑及有紋墨，劑宜半軟，脱子墨，劑宜極軟，硬則難脱不美滿，洗光墨，劑亦宜軟，貴在揉搦多，則墨無病，當於正月、二月、三月、九月、十月、十一月爲之，餘月非宜也。

蒸劑

用瓦甑或木甑嵌在鍋中，底下水莫近甑，贈底以篾，襯滿取前，布裹毯子入甑，箬鞼蓋之四周，勿得走氣，猛火蒸之，約十數沸，候甑内氣合，簳上汗下如雨，方可取出，乘熱入臼杵擣，蒸時不可間斷火氣，生熟不勻。一劑必作三次，替换蒸之。若杵後仍復乾硬，灑些藥汁再蒸，或秤下塊子，停久凝硬，鎚打不軟，揉搦不開者，亦再蒸之，始可用度。

杵擣

用青石臼一枚，外不拘方圓，内深圓光滑如釜。檀木爲杵，長六尺餘。取蒸透毯子傾臼中，乘熱以手按平，徐徐杵打俱實，乃使二人互杵擣之，擣得乘餅均勻，分一半蒸，留一半擣，候擣得熟，卻换出甑中者擣之，如此互换，蒸擣得十分成熟，方可住。擣貴在擣得四向捲起如椀楪，乃摺轉四角再擣，假如辰時，下臼擣起，擣到午時，方爲成熟。塊劑常要擣温，休得遲慢，凝併定了，若塊劑輥出難擣，再用一人，以木鍬捺住擣之，倘乾燥黏杵，灑藥水少許於劑上，不可多。約杵七八百杵或千杵，柔軟成熟爲度。古語云：「擣不厭多，愈擣愈堅。」此其法也。出臼後，乘熱搓爲條子，任意大小，作劑秤之，遲慢則凝硬難搓矣。

秤劑

取出臼成熟塊子，置桌上，搓揉作長條，濕布密裹納温。暖釜中旋取出，切爲小塊秤架上，每段秤準，凡濕劑重一兩四錢者，乾之則得一兩，餘皆傚此秤之。放瓷瓶中，濕布罨蓋，或頓湯内，逐塊取出鎚鍊。

鎚鍊

用五人相次，各備鐵碪、鐵鎚，每人取劑一丸，鐵鉗夾定，置於碪上，鎚兩百餘下，麤劑方成，光劑再鎚二百餘下，光劑始成，硬劑再鎚二百餘下，硬劑方成。熟劑與麵劑相似，方可丸擀，鎚時若乾燥黏杵，略蘸些藥汁潤之，古語云：「一鎚一折，鬬手捷。」是此法也。

丸擀

以鎚鍊成熟劑子，於光滑硬木桌上，摶柔軟，逐塊旋入腦麝，再加摶揉勻，方可丸擀。所貴一氣搓得成就爲善，若搓不熟，則生硬核，或開裂縫，猶如炭紋。劑不可冷，冷則乾硬難搓，不能磊黏成就。劑大難搓，假如四兩重者，須分做兩塊，每人搓一塊，候搓得熟，卻併作一塊再搓，方可丸擀。急手爲光劑，緩手爲皴劑，一丸即成，不利于再。搓得如彈子，圓滑無絲毫摺縫，方以摶板擀成，形製端正，捺平乃上印脱，更入後項香料，久遠研磨，香韻不退，薔薇露、麝香，片腦右爲細末，再乳如粉，無聲爲度，每入少許丸擀。

樣製

墨之式樣，當取則於古人，無大小厚薄之限，蓋厚大利久，薄小利新，厚大難工，薄小易善，故墨工不善爲厚大，然太大則不便於用，太小則難以得色，要之厚大，雖可貴，不若三四兩者，得其中也。古墨形製，多有紋理，可尚其法，秘而不傳，鮮有知者，兹恐久後湮没，筆于此編，庶傳不朽也。

斜皮紋法：搓搦塊子，十分成熟，摶爲彈丸，置當風處少頃，卻輕輕左揉轉成紋，擀長捺平，便上印板，印訖取起，停晾性定。

古松皮法：如製八寸長之墨，只擀六寸長，條子用紙簾輥動烘之，若欲麤紋，緊火烘，細紋，慢火烘，待皮面稍乾，以摶板鬆(上聲讀)長八寸，用力壓平，即成紋也，候冷入灰廕乾，刷净隨意刻字填金。

金星紋法：以輭劑摶爲彈丸，濃膠水略潤皮面，金箔裹滿，置當風處少頃，稍乾向左揉轉成紋，擀長捺平，不用板印，紙襯入灰，候乾，不用蠟刷，以玉砑光，隨意雕字填青。

銀星紋法：與前金星紋法同，但改用銀箔裹。

羅紋法：脱子不拘方圓，以稀眼硬生羅，依脱子大小剪下，膠水黏在脱内，上下兩面皆用，或用一面，亦得取輭光劑子，擀長捺平，依脱内大小，一體嵌下，用力壓實取出，紙襯入灰，廕乾刷光，任意刻字，或就刻字脱内。

嵌金字法：先鎔化牛膠，以少許薑汁和勻筆蘸塗刻字內，候乾以金箔量大小吹上，紙覆半時，新散毫筆拂之，則金字粲然，此法最妙。

印脱

摶板長一尺一寸，闊三寸，厚一寸。字板長廣不一，隨墨大小，中凸起二分許，刻如墨之製，字畫成文，四周各餘兩寸許，以置模，捺板亦如，其凸起者，而外無餘木，以入牆內。墨之厚薄，視劑子多寡焉，板要平正光滑，已棗木爲之，以摶板推擀成形製，置字板上，捺以板平，平下印之。若造脱子，大墨最難得，劑子滿脱內，又難得實，須用壓麵牀，坐木擔壓之，方得四周都到稜角美滿。墨脱之製，七木湊成，四木爲牆，底面兩板，刻銘文畫式于上，分陰陽文，合而捺之。外以堅木穴其中，爲箍嵌住，使牆不可開，以一大小出，墨則去箍。

入灰

窨墨須用稻桿灰，淋過者名曰敗灰，其灰作池，無性不猛。日中曬乾，羅細用之，以木方盤爲灰池，不問四時天氣，底灰皆用一寸以上，面灰用一寸以下。灰要攤平，不要捺實，實則不能滲濕。窨小墨不必紙襯，大墨須用紙襯爲佳。一免損色，二免灰入墨紋。每日一度，換灰須以一半乾灰，一半舊灰和勻用之，不可見風，見風墨斷，出灰太軟亦斷出灰太乾則裂，不軟不硬，始可出灰。出灰之後，以刷刷净，以腦麝錫合灌之，紙裹藏之。若風中吹晾，則墨曲裂，須記下窨出窨日期，凡二月、三月、八月、九月，灰池可窨二層。四月、五月、六月、七月，可窨一層。十月、十一月、十二月、正月，可窨三層。且如窨三層者，先鋪底灰一寸，排墨一層，又鋪灰一寸，排墨一層，又鋪灰一寸，排墨一層，卻鋪灰一寸蓋之，此爲三層也。春冬窨一錢二錢重者，一日兩夜出灰。秋夏窨則一日一夜出灰。春冬窨一兩二兩重者，二日三夜出灰，大略如此，亦難太拘日數，但以墨相擊，其聲乾響，即可出灰，此是窨松煙墨法。若窨油煙墨，當稍遲出灰，蓋油煙墨元用藥水倍多于松煙墨，故乾遲也。夏宜高屋陰凉處窨之，冬宜密室向陽處窨之，冬灰宜厚，夏灰宜薄。夏秋蒸濕之時，膠怕蒸敗，最難製墨，可停造也。深冬極寒之時，膠怕凍敗，亦難造也。冬月濕劑，莫久停几案，急急入窨，久窨出灰遲者，則粗白如松煤，色終刷不光。灰濕則曬，天陰則炒。冬寒窨室中，晝夜不去火，然火大火暴，皆爲墨病，須審用之也。窨大墨法，先用稍乾灰，鋪平底下，以紙上下襯墨，以灰蓋之，經一日取出，別換潤灰，如前紙襯灰，蓋一日一度，換灰換紙，約五六日，候墨乾時，不用紙襯，只以墨入乾灰，假如辰時一換，午時一換，戌時一換，一日三度，乾灰換之，約五六日，候墨十分乾訖，取出刷净，且未可上蠟，厚紙裹起無風處，半月之後，方可見風。凡治造半斤重墨，宜用此法。

出灰

取墨出灰，刷净排細篩中，陰晾一兩日，再刷净，置當風處，吹晾一兩日，候表裏徹乾，以粗布擦去浮煙，硬刷蘸蠟，刷光爲度，墨乾硬則光澤有色，未乾而刷則皮面灰色，永刷不黑，惟水洗研光者，明亮如漆。

水池

石池貯水，其上置板，板上置墨，以舊細草鞋底，蘸些水摩擦，令墨平整，絹帛拭净，停晾候乾，刷過粗布擦光，馬腦（瑪瑙）石打研訖，囊貯懸于高處，候徹乾，紙裹藏之。每俟晴明時，取出乾帛拭過，風中晾片時收之。若蒸濕時，略用火焙，但如人體之温，不可熱也。經三兩夏過，膠性乾透，漸自不蒸。初出墨，亦可以焙，焙法于焙籠下，置一枚灰缸，深埋熟灰團一箇，徐徐焙去濕氣，杉匣藏之。用黑光漆內，不漆置牀上，近人氣處，以熟漆略刷墨上，免濕氣侵也，若製下新墨，便經一蒸，精華盡去，不堪用矣。

研試

墨徐徐上下直研，自然無沫清徹，若急急縱橫亂研，自然生沫漬膩。善墨研之，如研犀，惡墨研之，如研泥。李陽冰云：「用則旋取，勿令停久，停久則塵埃相雜，膠力隳亡，如泥不任下筆矣。」墨色以紫光爲上，黑光次之，青光又次之，白光爲下矣。光之與色不可偏廢，以久而不渝者爲貴，惟忌膠光不取也。古墨多有，有色而無光者，蓋因蒸濕敗之使然，非善者也。黯而不浮，明而有艷，澤而無漬，是謂紫光，墨之絶品也。以墨試墨，不若以紙試墨，或以硯試，或以指甲試者，皆未善。東坡云：「世人論墨多貴其黑，而不取其光，光而不黑，固爲棄物，若黑而不光，索然無神彩，亦復無用，要使其光清而不浮，湛湛如小兒目睛，乃爲佳也。」霉天用墨研過，便拭净，免得蒸敗。凡用墨須滴水研之，不可以墨入硯池，擁水研也。

明・王佐《新增格古要論》卷七《古硯論》

端溪下巖舊坑石

端溪出廣東肇慶府，端溪下巖舊坑卵石，色如漆，細潤如玉，有眼，中有暈，或六七眼相連，排星斗象，此巖宋慶曆間坑石已竭矣。又有一種卵石，去標方得

材，色青黑，細潤如玉，有音花如筋頭大，似碧玉青瑩者，或有白點如粟，排星斗象，水濕方見，皆扣之無聲，磨墨亦無聲，此二種石最貴，下巖止有一坑出此。漆色、青花二種石，其色未嘗紫也，别無新坑。

端溪上巖舊坑新坑石

端溪上巖舊坑新坑石，皆灰色，紫而粗燥，眼如雄雞眼大，叩之、磨墨皆有聲，久用光如鏡面。舊坑稍勝，新坑惟端石有眼。

古人云無眼不成端，其眼有活眼、淚眼、死眼，活眼勝淚眼，淚眼勝死眼。又云，眼多者石中有病。

端溪中巖舊坑新坑石

端溪中巖舊坑赤卵石，色紫如嫩肝，細潤如玉，有眼小如緑豆，有緑絲紋，或有白絲紋，堅而圓者爲眼，横而長者爲絲紋，扣之無聲，磨墨亦無聲，此二種石最貴，外有横臕包絡，久用鋒芒不退。此石宋時此坑取亦竭矣。

中巖新坑石，色淡紫，眼如鴝鵒眼大，中有暈，嫩者扣之無甚聲，磨墨微有聲，久用鋒芒退乏。石有枯潤，潤者亦難得，此石下巖低三等矣。

端溪古論出《方輿勝覽》。新增。

唐柳公權曰：端州有溪曰端溪，其硯有赤、白、黄色點者，謂之鴝鵒眼，或脈理黄者，謂之金線紋。

端州郡志云：有青紋者，謂之青絲，其短者謂之眼筋，下巖石亦有之。色微斑者，謂之火黯者，下巖無此。又有曰赤裂，曰黄霞，曰鐵線，曰白鑽者，圓而深，如鑽眼。曰壓矢，其色斑駁。其舊坑則有龍巖、汲綆、黄圃三石，汲綆全無眼，其新坑則有。後磨、小湘、唐竇、黄坑、蚌坑、鐵坑六處，皆不及上三石。

蘇易簡《硯譜》：端溪硯，水中者石色青，山半者石色紫，山頂石尤潤，如豬肝色者佳。若匠者識山之脈理，鑿一窟，自然有圓石青紫色者，琢而爲硯，可值千金，謂之子石硯。

《東軒筆録》：魏泰曰，端溪硯有三種，曰巖山，曰西坑，曰後磨石。石色深紫，襯手而潤，扣之清遠，有青緑圓小鴝鵒眼，乃巖石。其次色赤，呵之乃潤。鴝鵒眼色紫，紋慢而大，此乃西坑石也。其下青紫色，向明側視有碎星光點，如沙中雲母，乾而少潤，謂之後磨石。西坑硯三，當巖石之一，下後磨石三，當西坑之一，其品可知。

宋丁竇臣知端州，以端溪緑石硯送王荆公，謂之玉堂新樣。

隋、唐、宋皆爲端州，宋徽宗封端王以潛邸，始改肇慶府。端溪在高要縣下，巖在大江中，又名北壁，有龍潭硯最佳。

評硯見《事林廣記》。新增。

端硯出端溪，有上下巖、西坑，餘處悉其下也。惟北巖爲上，北巖即上巖，色理瑩潤有鋩者，尤發墨。本以紫石爲上，紫石者在大石中生，蓋精石也。又有草蒙茸、金線紋，惟有眼者最貴，謂之鴝鵒眼，石文精美，如木有節，今不知者乃以爲病。惟上巖石有眼，眼之佳者，青、緑、黄三色相重，多者自外至心，凡九帀，其大者尤爲稀有，或布列硯中，如北斗、心房星之形，世人以眼多少爲價之輕重。其生於墨池之外者謂之高眼，生於内者謂之低眼，高眼尤爲尚。然又有活眼、淚眼、死眼，黄黑相間，翳精在内，晶瑩可愛，謂之活眼。四傍浸清，不甚鮮明，謂之淚眼。形體略具，内外皆白，殊無光彩，謂之死眼。大抵活眼勝淚眼，淚眼勝死眼，死眼勝無眼也。

硯譜見歐陽公《外集》。新增。

宋歐陽文忠公《硯譜》云：端石出端溪，色理瑩潤，本以子石爲上，子石者，在大石中生，蓋精石也，而流俗傳訛，遂以紫石爲上。又以貯水不耗爲佳，有鴝鵒眼者爲貴。眼，石病也，然惟北巖石則有之。端石非徒上重於流俗，官司歲以爲貢，亦在他硯上，然十無一二發墨者，但充翫好而已。端溪在宋端州，今廣東肇慶府。

歙石出龍尾溪，其石堅勁，大抵多發墨，故前世多用之，以金星爲貴，其石理微粗，以手摩之，索索有鋒鋩者尤佳。余少時又得金坑礦石，尤堅而發墨，然世亦罕有。歙州，今南直隸徽州府也。

端溪以北巖爲上，龍尾以深溪爲上，較其優劣，龍尾遠出端溪上，而端溪以後出見貴耳。

絳州角石者，其色如白牛角，其紋有花浪，與牛角無異，然頑滑不發墨，世人但以研丹爾。絳州，今山西平陽府絳州也。

歸州大沱石，其色青黑斑斑，其文理微粗，亦頗發墨，歸峽人謂江水爲沱，蓋江水中石也。硯止用於川峽人，世未嘗有。余爲夷陵縣令時，嘗得一枚，聊記以廣聞耳。歸州，今湖廣荆州府歸州。

青州紫金石，文理粗，亦不發墨，惟京東人用之。又有鐵硯，製作頗精，然患其不發墨，往往函端石於其中，人亦罕用。惟硯筩便於提攜，官曹往往持之以自

從爾。青州，今山東青州府。

紅絲石硯者，君謨贈余云，此青州石也，得之唐彦猷，云須飲以水，使足，乃可用，不然渴燥。彦猷甚奇此硯，以爲發墨不減端石。君謨又言端石瑩潤，惟有鋩者尤發墨，歙石多鋩，惟膩理者特佳，蓋物之奇者必異其類也。此言與余特異，故并記之。

青州、濰州石末硯，皆瓦硯也，其善發墨也，非石硯之比，然稍粗者損筆鋒。石末本用濰水石，前世已記之，故唐人惟稱濰州，今二州所作皆佳，而青州尤擅名於世矣。濰州，今山東萊州府平渡州濰縣。

相州古瓦誠佳，然少真者，蓋真瓦朽腐不可用，世俗尚其名爾。今人乃以澄泥如古瓦狀作瓦，埋土中，久而斵以爲硯。然不必真古瓦，自是凡瓦皆發墨優於石爾。今見官府典吏，以破瓦甕片研墨作文書，尤快也。相州，今河南。

虢州澄泥，唐人品硯，以爲第一，而今人罕用矣。

《文房四譜》有造瓦硯法，人罕知其妙，向時有著作佐郎劉羲叟者，嘗如其法造也，絶佳。硯作未多，士大夫家未甚有，而羲叟物故，獨余得其二，一以贈劉原父，一余置中書閣中，尤以爲寶也。今士大夫不學書，故罕事筆硯，硯之見於時者惟此耳。

已上十一條，俱見《歐陽文忠公文集・外集》二十二卷。

歙溪龍尾石舊坑

歙溪、龍尾溪舊坑赤卵石，色淡，青黑無紋而温潤如玉，水濕之微紫，或隱隱有白紋，成山水星月異像，乾則否。

大者不過四五寸，多作月硯，就其材也。

或有純黑者，此石至貴，不減端溪下巖石。

舊坑南唐時方開，龍尾溪坑，至宋取盡矣。

龍尾溪新坑，色亦青黑，質粗燥，有極大者盈二三尺。

歙溪羅紋刷絲、金銀間刷絲、眉子俱舊坑四品，舊坑石皆青黑色。

紋細而潤如玉，曰羅紋，如細羅紋刷絲如髮密，金銀間刷絲亦細密，眉子如甲痕，或如蠶大。

已上石亦南唐時開，至北宋時無矣，得之貴重不減龍尾舊坑。

四品新坑，石質并枯燥，紋亦粗。

羅紋如羅茯紋，大者盈二三尺，刷絲每條相去一二分，眉子或長二三寸。

金星舊坑新坑

金星舊坑、新坑，石淡青色，并粗，大者盈尺，久用則退乏。

銀星舊坑新坑

銀星舊坑、新坑，石淡青黑色，并粗燥，有星處不堪磨墨，多側取爲硯，久用則退乏，其小者如鏡面，大者盈尺。

佐家有一圓硯，面上多白點，如粟米大，此銀星也。

類端硯

湖廣辰、沅州出一種石，色深黑，質粗燥，或有小眼，端溪人取歸，刻作端石樣，稱爲黑端。今湖廣辰州府沅州。

辰、沅二州人自製者，多作犀牛、龜魚、八角等樣。

漵溪石。有一種石，出九溪之漵溪，石表淡青色，內深紫而帶紅，有極細潤者，久用則光如鏡，或有金線及黄脈相間者，號爲紫袍金帶。今九溪衛，在湖廣常德、辰州二府界。

紫袍金帶，多有僞者，蓋以藥成之，分明有拆痕可驗，真者自不同也。

洮溪硯

嘗聞洮河緑石，色絶如藍，其潤如玉，發墨不減端溪下巖石。

此石出陝西臨洮府大河深水中，甚難得也。

今有緑石硯名洮石者，多是漵石之表，或湖廣長沙府山谷中石也，漵石潤而光，却不受墨。

萬州金星硯

萬州懸崖金星石，資質亞於端溪下巖石，色漆墨，細潤如玉，水濕之則金星自見，乾則否，極發墨，久用不退乏，非歙比也。如得之，不減端溪下巖石。在廣東海外瓊州府。

衢硯新增。

衢硯，今浙江衢州府所出。開化縣黑石最佳，大者三尺，但多不發墨。

硯名出《廣記》。此下俱新增。

龍尾硯、金星硯、羅紋硯、蛾眉硯、角浪硯、松紋硯、豆斑硯，已上俱出歙縣，皆硯之異名，其石皆出於龍尾溪，金星尤佳。

紅絲硯、黑角硯、黄玉硯、褐色硯、紫金硯、鵲金墨玉石硯，已上俱出東州。

唐彦猷作紅絲硯，自號爲天下第一。

子石硯、鸜鵒眼、綠絲環，已上俱出廣東端溪。紫石硯，出吉州。黃金硯，出淄州。金雀石硯，出淄州。熟鐵硯，出青州。磁洞石硯，出萬州。懸崖金星石硯，出萬州。古瓦硯，出相州，即銅雀硯。魯水硯，出南劍州。樂石硯，出宿州。綠石硯，出洮州。角石硯，出絳州。石末硯，出青州。澄泥硯，出虢州。大陀石硯，出歸州。駝基島石硯，出登州。石末硯，發墨而廢筆。龍尾，得墨遲而久不燥。羅紋石，起墨過於龍尾，端溪龍窟巖紫石又次之。古瓦類石末，他無足議。

端硯

柳公權曰：端州有溪曰端溪，其硯有赤白黃色點者，謂之鸜鵒眼，或脈理黃者，謂之金線紋。

郡志云：有青紋者，謂之青絲，其短者謂之眼筋，下巖石亦有之，色微斑者，謂之火黯，下巖無此，又有曰赤裂，曰黃霞，曰鐵線，曰白鑽，圓而深如鑽眼曰壓矢，其色斑駁。其舊坑則有龍巖、汲綆、黃圃三石，汲綆全無眼，其新坑則有後歷、小湘、唐竇、黃坑、蚌坑、鐵坑六處，皆不及上三石。

蘇易簡《硯譜》：端溪硯，水中者石色青，山半者石色紫，山頂石尤潤，如豬肝色者佳，若匠者識山之脈理，鑿一窟，自然有圓石青紫色者，琢而爲硯，可直千金，謂之子石硯。

《東軒筆録》：魏泰曰，端溪硯有三種，曰巖山，曰西坑，曰後磨石。石色深紫，襯手而潤，叩之清遠，有青綠圓小鸜鵒眼，乃巖石。其次色赤，呵之乃潤，鸜鵒眼色紫，紋漫而大，此乃西坑石也。其下青紫色，向明側視，有碎星光點，如沙中雲母，乾而少潤，謂之後磨石。西坑硯三，當巖石之一，後磨石三，當西坑之一，其品可知。

李賀《紫石硯歌》：端州石匠巧如神，露天磨刀割紫雲，紗帷晝睡墨花春，輕漚漂沫松麝薰。

昔丁竇臣知端州，以詩送綠石硯於介甫，所謂「玉堂新樣」者，介甫以詩報之云：「玉堂新樣世爭傳，況是蠻溪綠石鐫。嗟我長來無異物，愧君特贈有新篇。久埋瘴霧看猶濕，一取春波洗更鮮。還與故人袍色似，論心於此亦同堅。」

蘇子瞻《硯銘》：千夫挽綆，百夫運斤，篝火下縋，以出斯珍。

端溪古硯論，以結上文。

又　卷九《文房論》

收筆

蘇東坡以黃連煎湯，調輕粉蘸筆頭，候乾收之。

黃山谷以蜀椒、黃蘗煎湯，磨松煤染筆，藏之不蛀，尤佳。

洗筆

以器盛熱湯，浸一飯久，輕輕擺洗，次用冷水滌之。

若有油膩，則以皂角湯洗，甚佳。

評墨

唐末墨工李超，與其子廷珪，自易水渡江，居歙州，本姓奚，南唐李主賜姓李氏，故世有奚廷珪墨，又有李廷珪墨。今之言墨者，亦以李廷珪爲第一，易水張遇爲第二。李廷珪墨有二品，龍紋雙脊爲上，一脊次之。張遇墨亦有二品，易水貢墨爲上，供堂次之。近時兗州陳朗亦精於墨，可以次之。又有王君得墨，柴珣、朱君得小墨，皆唐末五代知名者。

各處墨

元朝江西臨江府清江縣有潘雲谷墨。

國朝直隸鳳陽府舊城大東門有查文通墨。

江西吉安府泰和縣有龍忠迪墨，上有「僞造天誅」四字。

常州府宜興縣有原鬮。

徽州府休寧縣有原鬮。

評紙附蔡侯紙

古無紙，以竹簡書之，所謂汗青是也，蓋以火炙簡，令汗出，取其青易書。漢和帝時，來陽蔡倫始造紙，封龍亭侯。今來陽縣北有漢黃門蔡倫宅，宅西有石臼，是倫造紙臼也。

蜀牋

《南部新書》云，唐元和之初，蜀妓薛濤製小牋，有十色，號薛濤牋，此妓以紙爲業。

歙紙

唐新安郡，宋歙州也，今直隸徽州府歙縣是也，其紙有麥光、白滑、冰翼、凝霜之目。今績溪縣界有地名龍鬚者，紙出其間。

澄心堂紙

宋朝諸名公寫字及李伯時畫，多用澄心堂紙。

歐陽公謂南唐澄心堂紙極佳，但不知所出。

西山觀音紙

國朝永樂中，江西西山置官局抄紙，最厚大而好者曰觀音紙。連七紙尤妙。

廣信紙

江西廣信府鉛山縣奏本紙最妙。

常山紙

浙江衢州府常山縣有榜紙、中夾紙。奏本紙次於鉛山。

英山紙

直隸廬州府六安州英山縣出榜紙，好作紙帳。

撫州紙

江西撫州府臨川縣有小牋紙。

紹興紙

浙江紹興府上虞縣有大牋紙，一種至厚，一種稍薄。

書窗

讀書須用明窗净几，以油紙糊窗隔則明。

《造油紙訣》云：「五桐六麻不用煎，二十草麻去殼研。光粉黄丹各半匕，桃枝攪用似神仙。」又：「桐三麻四不須煎，十五草麻去殼研。定粉一分和合了，太陽一見使光鮮。」

又　點書調硃法

銀硃不拘多少，入少許膽黄，用水研匀，以點抹揩擦不落爲度，多用膽則反黄矣，却勝於用膠并皂子膠調者遠矣，雖久亦不臭敗。一法用白芨水研硃亦佳，肥皂子浸水次之。銀硃用四川心紅，杭州散研，金陵片硃最妙。四川井口砂雖紅生砂，不佳。江西樟樹鎮硃，多雜以紅土，不好。

造雌黄墨法

用雌黄研細，以水飛過，澄清去水，用秦皮、梔子、皂角各一分，巴豆一粒去皮，廣東黄明牛膠半兩，同煎汁，和雌黄，作餅子陰乾。

雌黄有二等，調漆者妙。

造硃墨法

藥汁如造雌黄墨法，此却用好銀硃。今蘇州府崑山縣。

藏墨法

用熟艾和墨收，遇梅月，藏用過石灰中，不蒸。佐常用爐灰收，最妙。凡墨厚者可以久藏，其薄者不耐風寒，故隨研隨破，雖久藏不動，亦不耐也。

明・陸容《菽園雜記》卷一二　浙之衢州，民以抄紙爲業，每歲官紙之供，公私糜費無算，而内府貴臣視之，初不以爲意也。聞天順間，有老内官自江西回，見内府以官紙糊壁，面之飲泣，蓋知其成之不易，而惜其暴殄之甚也。又聞之故老云：洪武年間，國子監生課簿倣書，按月送禮部。倣書發光禄寺包麵，課簿送法司背面起稿，惜費如此。永樂、宣德間，鰲山烟火之費，亦兼用故紙，後來則不復然矣。成化間，流星爆杖等作，一切取撈紙爲之，其費可勝計哉。世無内官如此人者，難與言此矣。

又　卷一三　衢之常山、開化等縣人，以造紙爲業。其造法，採楮皮蒸過，擘去粗質，糝石灰，浸漬三宿，蹂之使熟。去灰又浸水七日，復蒸之。濯去泥沙，曝曬經旬，舂爛，水漂，入胡桃藤等藥，以竹絲簾承之。俟其凝結，掀置白上，以火乾之。白者，以磚板制爲案卓狀，圬以石灰，而厝火其下也。

明・彭澤　汪舜民《徽州府志》卷二《土産・貨物》　紙

舊有麥光、白滑、冰翼、凝霜之目。歙績溪界中有地名龍鬚山，紙出其間，號龍鬚紙。大抵新安之水清澈見底，利以漚楮，故紙如玉雪者，水色所爲也。其歲晏敲冰爲之者，益堅韌而佳。宋時紙名則有所謂進劄、殿劄、玉版、觀音、京簾堂劄之類，亦出休寧之水。南及虞芮、良安、和睦三鄉，餘見《拾遺志》。按：舊志雖載此，然今新安紙絶無佳者，惟市於常山、開化二縣者乃佳，時雨汁又不佳。　按：此乃舊志所載，《一統志》云，祁門縣出，然今諸邑用者，多市於衢、嚴二郡。硯　出婺源龍尾山武溪，肇於唐。開元葉氏因獵，偶得石，製以爲硯。按《一統志》稱其品有五：一曰眉子石，有七種；二曰外山羅紋，有十三種；三曰裏山羅紋，有一種；四曰金星，有三種；五曰驢坑，有一種。總謂之龍尾石。大抵歙石之珍，以青色緑暈、多金星者爲上。郡志又稱有刷絲石、棗心石、小斑紋、粗羅紋、細羅紋、瓜子紋，然惟以出深溪者爲上。自南唐置歙硯務，搜取殆盡，今佳者不可得。餘見《拾遺志》。墨　出歙、休寧二縣，五代李超及子廷珪造墨，至宋徽州遂歲以大龍鳳墨千斤充貢。仁宗嘉祐中，宴近臣於羣玉殿，以李超墨賜之，曰新安香墨。其後賜翰林，皆李廷珪雙脊龍樣品，尤佳。《墨譜》稱墨之上者，拈來輕，嗅來馨，磨來清。然物有盛衰，工有良苦，不能

如舊。今失其傳，惟出休寧城北汪氏者，稍佳。其形製猶多以龍爲飾。前志云，近黟、歙間有人造白墨，色如銀，迨研訖即與常墨無異。未知所制之法。餘見《拾遺志》。

又《土貢》 上供紙

常歲供官，有赴北紙、行臺紙、本道廉訪司紙。其紙有三色：曰夾紙、線紙、檢紙。其赴北夾紙歲三百萬張。皇慶二年省劄坐下金玉府科例，赴北夾紙每千張重五十觔，用白净楮一百五十觔。線紙每千張重三十二觔八兩，用白净楮九十觔三兩四錢八分。檢紙每千張重二十觔，用净楮五十五觔四兩一錢。續降式樣，夾紙每張長二尺四寸，闊二尺。線紙每張長二尺二寸，闊一尺八寸。檢紙每張長二尺，闊一尺六寸半。行臺紙、廉訪司紙，通計歲額亡慮二十萬張，色樣不齊，輕重不等。又有諸衙門和買紙常課日紙，或和買經文紙，動以百萬計，不在常數。造紙之法，荒黑楮皮率十分割麄得六分，净溪漚灰奄暴之、沃之，以白爲度。瀹灰大鑊中，煑至糜爛。復入淺水漚一日，揀去烏丁黄眼，又從而奄之，擣極細熟，盛以布囊，又於深溪用轆轤推盪潔净，入槽，乃取羊桃藤擣細，別用水桶浸挼，名曰滑水，傾槽間與白皮相和，攪打匀細。用簾抄成張，搾經宿，乾於焙壁，張張攤刷，然後截沓解官。其爲之不易，蓋如此。

明・王宗沐 陸萬垓《江西省大志》卷八《楮書》

槽制

按：玉山縣槽房，不啻五百餘座。永鉛上三縣，不啻百餘座。皆係民間自備竹木磚瓦材料，搆結房廠，可容百數十人，擇其水源清潔澄潭急湍便於漂洗地方，而後槽所立焉。以非官府創立，其詳不列云。

材料

按：楮之所用爲構皮，爲竹絲，爲簾，爲百結皮。其構皮出自湖廣，竹絲産於福建，簾産於徽州、浙江，自昔皆屬吉安、徽州二府，商販裝運本府地方貨賣其百結皮、玉山土産，槽户雇倩人工，將前物料浸放清流急水，經數晝夜，足踹去殼，打把撈起，甑火蒸爛，剥去其骨，扯碎成絲，用刀剉斷，攪以石灰，存性月餘，仍入甑蒸。盛以布囊，放於急水浸數晝夜，踹去灰水見清，攤放洲上日曬水淋，毋論月日，以白爲度。木杵舂細成片，擴開復用桐子殼灰及柴灰和匀，滚水淋泡。陰乾半月，澗水灑透，仍用甑蒸。水漂暴曬，不計遍數。多手擇去小疵，絶無瑕玷，刀斫如炙，揉碎爲末，布袱包裹，又放急流洗去濁水。然後安放青石板合槽內，決長流水入槽，任其自來自去，藥和溶化，澄清如水。照依紙式大小高闊，置買絶細竹絲，以黄絲線織成簾床，四面用筐綳緊。大紙六人，小紙二人，扛簾入槽水中攪轉浪動撈起，簾上成紙一張，揭下叠榨去水。逐張掀上磚造火焙，兩面粉飾光匀，內中陰陽火燒，熏乾收下，方始成紙。工難細論，雖隆冬炎夏，手足不離水火。諺云，片紙非容易，措手七十二。

顔色

按楮之顔色，紅用紅花、蘇木，黄用梔子、姜黄，青用靛青，照布洗染其紅黄紙，嘉靖年間脩建。

國醮乙字庫行取至今俱未領造，惟奉司禮監題造青紙、青連七紙，每張價銀七厘四絲四忽。廣信青紙每張價銀一分二絲八忽。

解運

按：遇造紙年分，司禮監題爲急缺綾紗紙劄等事，行造紙名二十八色，曰白榜紙、中夾紙、勘合紙、結實榜紙、小開化紙、呈文紙、結連三紙、綿連三紙、白連七紙、結連四紙、綿連四紙、毛邊中夾紙、玉版紙、大白鹿紙、藤皮紙、大楮皮紙、大開化紙、大户油紙、大綿紙、小綿紙、廣信青紙、青連七紙、鉛山奏本紙、竹連七紙、小白鹿紙、小楮皮紙、小户油紙、方榜紙。以上定例五年題造一次，或十有餘色，至二十六色。數目或百有餘萬，至百九十六萬張，隨缺取用，色數不等。乙字庫題爲急缺年例紙張事，行造紙名一十一色，曰大白榜紙、大中夾紙、大開化紙、大玉版紙、大龍瀝紙、鉛山本紙、大青榜紙、紅榜紙、黄榜紙、綠榜紙、皂榜紙。以上隨缺取用，或一色，或至三五色，數目或百萬，至二三九百萬張，造解無期，各高闊大小取用不等。工料隨之至於解紙衙門，原係本府給批，解司轉解工部，投文若司禮監題造，發都水司，給手本赴監交納。若乙字庫題造，發虞衡司，給手本赴庫交納。【略】

御用，嘉靖四十四年以前，燬不可考。四十五年取各樣紙二百三十五萬，內白榜紙一十五萬，白行移勘合紙一十五萬，白中夾紙二十萬，細白結實榜紙一十五萬，細白結實連三紙一十五萬，白綿連三紙一十五萬，白連七奏本紙一十五萬，細白結實連四紙一十五萬，白綿連四紙一十萬，大樣白開化紙二萬，小樣白開化紙四萬，白呈文紙一十萬，白毛邊中夾紙二十萬，白鹿玉版紙二萬，白户油紙一十五萬，奏本紙二萬，小白綿紙二十萬，連七紙三十萬，廣信青紙二萬，青連七奏本紙三萬。隆慶四年，取用各樣紙七十六萬，內白榜紙六萬，細白結實榜

紙五萬，白中夾紙八萬，白行移勘合紙六萬，細白結實連四紙八萬，白綿連四紙七萬，細白結實連三紙八萬，白綿連三紙六萬，白連七奏本紙六萬，白呈文紙八萬，白毛邊中夾紙八萬。　六年，取用各樣紙九百萬，内白榜紙三百萬，白大中夾紙三百萬，白大開化紙三百萬。　萬曆六年，取用各樣紙一百九十六萬，内白榜紙一十萬，細白結實榜紙一十萬，白中夾紙一十萬，白行移勘合紙一十萬，細白結實連四紙一十二萬，白綿連四紙一十二萬，細白結實連三紙一十萬，白綿連三紙一十萬，白連七奏本紙一十萬，白呈文紙二十萬，奏本紙五萬，大樣白開化紙五萬，小樣白開化紙一十萬，白毛邊中夾紙一十萬，白户油紙五萬，連七紙二十萬，小白綿紙二十萬，青連七奏本紙二萬，白楮皮紙五萬。　十四年，取用各樣紙一百九十六萬，内白榜紙一十萬，細白結實榜紙一十萬，細白結實方榜紙二萬，白中夾紙一十萬，白行移勘合紙一十萬，細白結實連四紙一十二萬，白綿連四紙一十二萬，細白結實連三紙一十萬，白綿連三紙一十萬，白連七奏本紙一十萬，白呈文紙一十萬，奏本紙五萬，大樣白開化紙五萬，小樣白開化紙一十萬，白毛邊中夾紙一十萬，白户油紙五萬，連七紙二十萬，小白綿紙一十五萬，青連七奏本紙二萬，大樣白楮皮紙五萬，小樣白楮皮紙二萬，大樣白鹿紙三萬，小樣白鹿紙一萬，玉版白鹿紙三萬，白藤皮紙三萬，廣信青紙一萬。　十八年，取用各樣紙一百九十六萬，内白榜紙一十萬，細白結實榜紙一十萬，細白結實方榜紙二萬，白中夾紙一十萬，白行移勘合紙一十萬，細白結實連四紙一十二萬，細白結實連三紙一十萬，白綿連四紙一十二萬，白綿連三紙一十萬，白連七奏本紙一十萬，白呈文紙一十萬，奏本紙五萬，大樣白開化紙五萬，小樣白開化紙一十萬，白毛邊中夾紙一十萬，白户油紙五萬，連四紙二十萬，小白綿紙一十五萬，青連七奏本紙二萬，大樣白楮皮紙五萬，小樣白楮皮紙二萬，大樣白鹿紙三萬，小樣白鹿紙一萬，玉版白鹿紙三萬，白藤皮紙三萬，廣信青紙一萬。　二十二年，取用各樣紙一百九十六萬，内白榜紙一十萬，細白結實榜紙一十萬，白中夾紙一十萬，白行移勘合紙一十萬，細白結實連四紙一十四萬，白綿連四紙一十四萬，細白結實連三紙一十萬，白綿連三紙一十萬，白連七奏本紙一十萬，白呈文紙一十萬，奏本紙五萬，大樣白開化紙五萬，小樣白開化紙一十萬，白毛邊中夾紙一十萬，白户油紙四萬，連七紙二十萬，小白綿紙一十五萬，青連七奏本紙二萬，大樣白楮皮紙三萬，大樣白鹿紙三萬，玉版白鹿紙六萬，白藤皮紙二萬，廣信青紙一萬，大號白綿紙二萬。

本省都院歲用紙張，每季取解奏本紙一千三百張，連四紙一千張，衢紅紙二百張，俱動支廣信府廟租銀。奏本紙二兩六錢，連四紙四兩，給發槽户收領，係玉永鉛上四縣，輪流答應。紙産鉛山石壠大源山等處製造。衢紅紙二百張内，五扣一半，六扣一半，照前解。院動支廟租銀四兩，給鋪户收領。其紙係衢州府人染造，在於本府玉山縣西關開鋪貨賣答應。本省各上司一應衙門，其紙料係鉛山石塘毛邊紙，顔色係紅花、烏梅，出於湖廣廣東等處，論值收買，如法染造。

明·李詡《戒庵老人漫筆》卷二　宋潘衡墨

金陵姚氏所藏宋潘衡圓墨，重二兩五錢，規徑二寸，一面海水戲珠龍紋，一面極光，細紋簇簇，邊上側處有四字，云「臣潘衡造」。衡與東坡善，葉石林《避暑録》載其造墨事。

又　卷五　毫管産

兔用肩毫，取其勁也，有全用者，有參半者，故筆有全肩半肩之號。今筆標多作堅字者非。筆簳竹，冬管不蛀，交春斫者則蛀。造筆羊毛，天下獨出嘉興，峽石爲第一，秀水等縣次之，嘉善、崇德、海鹽俱不甚佳。

又　卷七　筆墨

筆墨二事，士人日與周旋，不可茫然莫識其梗概也。曩時買墨於金閶，吴山泉餉余以文衡山帖一，中乃記墨法也。余邑孫大雅《滄螺集》有《贈筆生張蒙序》，二文論筆墨大略具矣，並存之。

序曰：「昌黎韓子傳毛穎爲中山人，中山非晉，乃唐宣州中山也。宣州自唐來多擅名筆，而諸葛氏尤精。諸葛嘗遺其子授筆柳誠懸，且語其子曰：『柳學士善書，當留此筆，不爾即以常筆與之。』既而柳果以不入用，别求他筆。其子不能知，諸葛語之曰：『前所進者，非二王不能用也。』柳爲一代法書，而不知諸葛之用意，諸葛之藝，乃能過誠懸之書，信乎千里馬常有，而伯樂不常有也。

國初，此法流吴興，自馮應科、陸穎輩首被趙文敏賞識，而宣州之筆殆無聞焉。余嘗以筆何勝於宣、湖，筆工有不能言，此蓋未見韋續論筆之過。其法取崇山絶仞中兔毛，八九月收之，毫長一寸，管長五寸，鋒齊腰强爲善。大抵巖石陟絶，其兔下上奔突，舉身之力皆聚於毫，至八九月霜降竹枯，聳身曲脊以耐寒栗，則其力愈勁。宣、湖又山郡，兔材易集，故家有其業，業有其人。至於用意之妙，齊鋒不難，而腰强爲難，鋒齊者類不能强，腰强者有不能齊，雖趙文敏用

馮陸筆，亦僅得其齊，而罕得其强。余雖不善者，然私識其故，而有以知韋說之不謬。

吴興陸用之精於爲筆，不在馮穎之下。徙居婁江，授其甥顧秀巖，秀巖又授其甥張蒙，世傳筆法，如出一手。自漳泉廣海賈舶來吴，艤舟岸下，百金易之，殆無虚歲。雖淞之士大夫求筆，有不待遠走百里而取之几席之下矣。

生論筆之利病，辯析至到，始余識之吴郡學宫，數求余言，時造次欲書未暇也。後余還淞，其請益堅，故序以廣士君子之知，而歎識者之稀也。」

【略】

記曰：「昔人雅重文房之選，余學書五十年，頗留意兹事。近時陶穎之外，惟楮墨最爲敝濫，古紙不復可見矣。墨出歙州者差强人意，蓋其地去李氏雖遠，而製法猶存。其取煙、入膠、和材、擣鍊、收貯之類，極爲煩瑣，故其成甚難，而其直亦甚昂。數十年來不勝售者之衆，其直之下曾不及所費百分之一，若是而求其不濫，何可得哉！

余往歲喜用水晶宫墨，蓋歙人汪廷器所製，廷器自號水晶宫客，家富而好文雅，與中朝士大夫遊，歲製善墨遺之，然所製僅數十挺，特供士大夫之能書者，而不以售人，故其製特精。嘗爲余言製法之妙，謂所燃燈心必染茜用之，嘗一歲失染，墨成，精光頓減，其不可忽如此。

近有吴山泉者，廷器之甥，實得其法。居吴中，製墨亦精，余亦喜用之。恐其欲易售而忽其法也，故爲説廷器之用心不苟如此。

按古法，用好純松煙，乾擣細篩，每煙一斤用膠五兩，浸梣皮汁中，梣皮即江南石檀木皮也。其皮入水緑色，又解膠，并益墨色。雞子白五枚，真珠麝香各一兩，皆别治合調，鐵臼中擣三萬杵，可過不可少。一法，松煙二兩，丁麝香乾漆各少許，入紫草色紫，入梣皮色碧，皆助墨光。

大凡墨以堅爲上，古墨以上黨松心爲煙，以代郡鹿角膠煎爲膏而和之，其堅如石。惟易水人祖氏得其法，祖蓋唐之墨官也。其後有奚超者，亦易水人，唐末與其子廷珪來歙，而唐時賜姓李氏。父子皆善製墨，而超尤精。論者言超墨其堅如玉，其紋如犀，徐常侍鉉嘗得李超墨，長不過尺，細如箸，用十年乃盡，其磨處邊際似刀，可以截紙。又言其墨書版牘，歲久牘朽而字不動；皆言其堅也。當時但知廷珪善墨，而不知超之尤精如此。陶雅爲歙州刺史，謂超曰：『爾近製墨，甚不及吾初至郡時。』超曰：『公初臨郡，歲取墨不過十挺，今數百挺未已，何能精好？』夫超之能，猶以多不得精爲患，今之製者，動以數千，嗚呼，是尚得爲墨乎？嘉靖乙未仲冬衡山文徵明書。」

明·高濂《遵生八箋·燕閒清賞箋上·清賞諸論·論藏書》 高子曰：藏書以資博洽，爲丈夫子生平第一要事。其中有二説焉：家素者，無資以蓄書；家豐者，性不喜見書。故古人因貧，日就書肆，鄰家讀者有之，求其富而好學者則未多見也。即有富而好書，不樂讀誦，務得縝本，綾綺裝飾，置之華齋，以具觀美，塵積盈寸，經年不識主人一面，書何逸哉？噫，能如是，猶勝不喜見者矣！

藏書者，無問册帙美惡，惟欲搜奇索隱，得見古人一言一論之秘，以廣心胸未識未聞，致於夢寐嗜好，遠近訪求，自經書子史，百家九流，詩文傳記，稗野雜著，二氏經典，靡不兼收。故常景耽書，每見新異之典，不論價之貴賤，以必得爲期，其好亦專矣。故積書充棟，類聚分門，時乎開函攤几，俾長日深更，沉潛玩索，恍對聖賢面談，千古悦心快目，何樂可勝。古云開卷有益，豈欺我哉！不學無術，深可耻也。

又如宋元刻書，雕鏤不苟，校閲不訛，書寫肥細有則，印刷清朗。況多奇書，未經後人重刻，惜不多見。佛氏、醫家二類更富，然醫方一字差誤，其害匪輕，故以宋刻爲善。海内名家，評書次第，爲價之重輕。若墳典、六經、《騷》《國》《史記》《漢書》《文選》爲最，以詩集、百家次之，文集、道釋二書，又其次也。

宋人之書，紙堅刻軟，字畫如寫，格用單邊，間多諱字，用墨稀薄，雖着水濕，燥無湮迹，開卷一種書香，自生異味。元刻仿宋單邊，字畫不分粗細，較宋邊條闊多一線，紙鬆刻硬，用墨穢濁，中無諱字，開卷了無臭味。有種官券殘紙背印更惡。宋板書刻，以活襯竹紙爲佳，而蠶繭紙、鵠白紙、藤紙固美，而存遺不廣。若糊褙，宋書則不佳矣。余見宋刻大板《漢書》，不惟内紙堅白，每本用澄心堂紙數幅爲副，今歸吴中，真不可得。又若宋板遺在元印，或元補欠缺，時人執爲宋刻元板；遺至國初，或國初補欠，人亦執爲元刻。然而以元補宋，其去猶未易辯，以國初補元，内有單邊雙邊之異，且字刻迥然别矣，何必辯論。若國初慎獨齋刻書，似亦精美。

近日作假宋板書者，神妙莫測，將新刻模宋板書，特抄微黄厚實竹紙，或用川中繭紙，或用糊扇方簾綿紙，或用孩兒白鹿紙，筒捲，用槌細細敲過，名之曰刮，以墨浸去臭味印成。或將新刻板中殘缺一二要處。或濕黴三五張，破碎重補。或改刻開卷一二序文年號。或貼過今人注刻名氏留空，另刻小印，將宋人

姓氏扣填兩頭角處。或妝茅損，用砂石磨去一角。或作一二缺痕，以燈火燎去紙毛，仍用草煙熏黄，儼狀古人傷殘舊迹。或置蛀米櫃中，令蟲蝕作透漏蛀孔。或以鐵線燒紅錘書本子，委曲成眼，一二轉折，種種與新不同。用紙裝襯綾錦套殼，入手重實，光膩可觀，初非今書，仿佛以惑售者。或扎夥囤，令人先聲指爲故家某姓所遺。百計瞽人，莫可窺測，多混名家，收藏者當具真眼辨證。

明・屠隆《考槃餘事》卷一《帖》

墨跡難辨

法帖真僞，入手少、不用心著眼，即不能辨。昔張思聰善摹古帖，自名「翻身鳳凰」，最能亂真。唐蕭誠僞爲古帖，以示李邕，曰：「此右軍真跡。」邕忻然，曰：「是真物也。」誠以實告，邕復視，曰：「細看亦未能辨，但稍欠精神耳。」北海且然，況下者乎？

南北紙墨

古之北紙，其紋横，質鬆而厚，不甚受墨。北墨多用松煙，色青而淺，不和油蠟。故北搨色淡，而紋皺如薄雲之過青天，謂之夾紗，作蟬翅搨也。南紙，其紋竪，墨用油煙，以蠟及造烏金紙水，敲刷碑文，故色純黑，而有浮光，謂之烏金搨。

古今帖辨

古帖歷年遠而裱數多，其墨濃者，堅若生漆，以手揩之，纖毫無染，兼之摩弄積久，紙面光彩如研，古意自然，故面舊而背色長新。其側勒轉摺處，并無沁墨水跡，侵染字法，且有一種異馨發自紙墨之外。質薄者揭之，堅而不裂，以受糊多耳，厚者反破裂莫舉，以年遠，糊重、紙脆故也。今之贋帖效南搨者，近似之，然以手微抹，滿指皆墨，效北搨者敲法，入石太深，字有邊痕，用墨不匀，濃處若烏雲生雨，淺者如白虹跨天，殊乏雅致，大率皆以川扇紙、竹紙，用挂灰爐煙瀝和水染成古色，表裡湮透，兩面如一。試以一角揭看，薄者即裂，厚則性健不斷矣。此俱以形似求之，若以字法刻手敲手揭法，過目翻閱，雖同一宋搨，而妍醜即别矣，矧贋搨乎？

贋帖

吴中近有高手，贋爲舊帖，以竪簾厚粗竹紙，皆特抄也，作夾紗搨法，以草煙末、香煙薰之，火氣逼脆本質，用香和糊，若古帖嗅味，全無一毫新狀。入手多不能破其智巧，精采反能奪目，鑒賞當具神通觀法。

藏帖

聚玩家評宋之書帖，爲最上珍品，以銅玉耐久而書帖易敗耳。兼之兵火銷鑠，或散落俗家，用以覆瓿黏窗，劫會業逢，不知其幾，故得之者當寶過金玉，斯爲善藏。

淳化閣帖

宋太宗搜訪古人墨跡，於淳化年中，命侍書王箸摹勒作十卷，卷尾俱有篆書題：「淳化三年壬辰歲十一月六日，奉聖旨摹勒上石」。用澄心堂紙，李庭珪墨拓打。以手摩之，墨不污手，親王大臣，各賜一本。無銀錠紋初拓者，上也，不可得矣。有銀錠紋而墨濃者，次也，淡者，又次之。今世所有，皆轉相傳摹者，翻本以泉州爲佳，宋搨泉帖，亦不可得，泉州今刻，何啻天淵哉！

絳帖

宋潘思旦以《淳化帖》增入别帖，摹於山西絳州，計二十卷。北紙北墨，極有精神。帖比《淳化》高二字，亦稱《潘駙馬帖》。

戲魚堂帖

元祐間，劉次莊以《淳化帖》除去篆題年月，增入釋文，摹於臨江官署，亦名《臨江帖》。在翻刻中頗有骨格，淡墨拓尤佳。

星鳳樓帖

宋趙彦約刻於南康，曹士冕重摹於南宋。趙刻精善不苟，曹刻清而不濃，亞於《太清樓帖》。

彭州帖

彭州重刻歷代法帖十卷，不甚精采，紙類北紙。

四聲隸韻

書法極工，略似嫵媚，傳云石刻於琉球，其拓法、紙色絶佳。

又　卷二《畫》

臨畫

臨摹古畫，著色最難，極力摹擬，或有相似，惟紅不可及，然無出宋人。宋人摹寫唐朝、五代之畫，如出一手，秘府多寶藏之。今人臨畫，惟求影響，多用己意，隨手苟簡，雖極精工，先乏天趣，妙者亦板。國朝戴文進臨摹宋人名畫，得其三昧，種種逼真，效黄子久、王叔明畫，較勝二家。沈石田有一種本色不甚稱，摹倣諸舊，筆意奪真，獨於倪元鎮不似，蓋老筆過之也。評者云：「子昂近

宋而人物爲勝，沈啓南近元而山水爲尤」。今如吴中莫樂泉臨畫，亦稱當代一絶。

品第畫

以山水爲上，人物小者次之，花鳥、竹石又次之，走獸、蟲魚又其下也。更須絹素紙地完整不破，色雖古而清潔，精神如新，照無貼襯，嗅之異香可掬，此其最上品也。

古絹素

唐紙則硬黄短簾，絹則絲粗而厚，有搗熟者，有四尺闊者。宋紙則鵠白、澄心堂，絹則光細若紙，揩摩如玉，間有闊五六尺者，名曰獨梭。元絹有獨梭者，與宋相似，有宓家機絹，皆妙。

又《紙》

古紙

北紙用横簾造，其紋横，其質鬆而厚，謂之側理紙。南紙用竪簾，其紋竪，晉二王真跡，多是會稽竪紋竹紙。

唐紙

有硬黄紙，唐人以黄蘗染之，取其辟蠧，其質如漿，光澤瑩滑，用以書經。今秘閣所藏二王書，皆唐人臨倣，紙皆硬黄。又元和初，蜀妓薛洪度以紙爲業，製小箋十色，名薛濤箋，亦名蜀箋。

宋紙

有澄心堂紙，極佳，宋諸名公寫字，及李伯時畫多用此紙，毫間有紙織成界道，謂之鳥絲欄。有歙紙，今徽州府歙縣地名龍鬚者，紙出其間，光滑瑩白可愛。有黄白經箋，可揭開用之，有碧雲春樹箋、龍鳳箋、團花箋、金花箋。有匹紙，長三丈至五丈，陶穀家藏數幅，長如匹練，名鄱陽白。有藤白紙、觀音簾紙、鵠白紙、蠶繭紙、竹紙、大箋紙。有彩色粉箋，其色光滑，東坡、山谷多用之作畫寫字。

元紙

有彩色粉箋、蠟箋、黄箋、花箋、羅紋箋，皆出紹興。有白籙紙、觀音紙、清江紙，皆出江西。趙松雪、巙巙子山、張伯雨、鮮于樞書，多用此紙。

國朝紙

永樂中，江西西山置官局造紙最厚，大而好者，曰連七、曰觀音紙。有奏本紙，出江西鉛山；有榜紙，出浙之常山、直隸、廬州英山；有小牋紙，出江西臨川；有大牋紙，出浙之上虞。今之大内，用細密灑金五色粉箋、五色大簾紙、灑金箋。有白箋堅厚如板，兩面研光如玉潔白；有印金五色花箋，有磁青紙，如段素，堅韌可寶。近日吴中無紋灑金箋紙爲佳。松江譚箋，不用粉造，以荆川連紙褙厚研光，用蠟打各色花鳥，堅滑可類宋紙。新安倣造宋藏經箋紙，亦佳。有舊裱畫卷綿紙，作畫甚佳，有則宜收藏之。

高麗紙

以綿繭造成，色白如綾，堅韌如帛，用以書寫，發墨可愛。此中國所無，亦奇品也。

造葵箋法

五六月戎葵葉，和露摘下，搗爛取汁，用孩兒白鹿堅厚者裁段。葵汁内稍投雲母細粉，明礬些少，和匀，盛大盆中。用紙拖染，挂乾，或用以砑花，或就素用。其色緑可人，且抱野人傾葵微意。

染宋箋色法

黄柏一斤搥碎，用水四升，浸一伏時，煎熬至二升止，聽用。橡斗子一升，如上法煎水，聽用。胭脂五錢，深者方妙，用湯四碗，浸搾出紅。三味各成濃汁，用大盆盛汁。每用觀音簾堅厚紙，先用黄柏汁拖過一次，復以橡斗汁拖一次，再以胭脂汁拖一次，更看深淺加減，遂張晾乾可用。

染紙作畫不用膠法

紙用膠礬作畫，殊無士氣。否則，不可著色開染。法以皂角搗碎，浸清水中一日，用砂罐重湯，煮一炷香，濾净調匀，刷紙一次，挂乾。復以明礬泡湯，加刷一次，挂乾。用以作畫，儼若生紙。若安藏三二月用，更妙。拆舊裱畫卷綿紙作畫，甚佳，有則宜寶藏可也。

造搥白紙法

法取黄葵花根搗汁，每水一大碗，入汁一二匙，攪匀。用此，令紙不粘而滑也。如根汁用多，則反粘，不妙。用紙十幅，將上一幅刷濕，又加乾紙十幅，累至百幅無礙。紙厚，以七八張相隔，薄則多用不妨。用厚板石壓紙，過一宿揭起，俱潤透矣。濕則晾乾，否則平鋪石上，用打紙搥敲千餘下，揭開，晾十分乾。再疊壓一宿，又搥千餘搥，令發光，與蠟牋相似方妙。余嘗製之，甚佳，但跋涉耳。

造金銀印花箋法

用雲母粉，同蒼术、生薑、燈草煮一日，用布包揉洗，又絹包揉洗，愈揉愈細，以

絶細爲甚佳。收時，以綿紙數層，置灰缸上，傾粉汁在上，湮乾。用五色箋，將各色花板平放，次用白芨調粉，刷上花板，覆紙印花，板上不可重拓，欲其花起故耳，印成花如銷銀。若用薑黄煎汁，同白芨水調粉，刷板印之，花如銷金。二法亦多雅趣。

造松花箋法

槐花半升，炒煎赤，冷水三碗煎汁。用銀母粉一兩、礬五錢，研細，先入盆内。將黄汁煎起，用絹濾過，方入盆中，攪勻拖紙，以淡爲佳。文房用牋，外此數色，皆不足備。

又《墨》 古人用墨，必擇精品，蓋不特籍美於今，更籍傳美於後。昔晉唐之書，宋元之畫，皆傳數百年，墨色如漆，神氣賴以全。若墨之下者，用濃，見水則沁散湮污，用淡，重褙則神氣索然，未及數年，墨跡已脱。此用墨之不可不精也。高深甫云：「墨之妙用，質取其輕，煙取其清，嗅之無香，磨之無聲。新研新水磨若不勝，忌急則熱，熱則生沫。用則旋研，研無久停，塵埃污墨，膠力泥凝，用過則濯，墨積勿盈，藏久膠宿，墨用乃精。」誠鑒墨三昧語。其古今名家造法，備詳《墨經》《墨書》。

古製墨法

《古墨法》云：「煙細膠新，杵熟烝勻。色不染手，光可射人。」又曰：「虬松取煙，鹿膠相揉。九烝回澤，萬杵力扣。光可照人，色不染手。」造墨，惟膠爲難，古之妙工，皆自製膠。法取新解牛革及觔，全用之。牛革取其厚處，連膚及毛，皆剸不用，入冶成膠，即以和煙。若冷定重化，則已非新矣。今之膠材，皆牛革之棄餘，故雖號廣膠，去古膠法猶遠，無怪乎墨品之下也！徽墨今古第一者，上比潘谷、蔡滔，中間猶容十許人，況李廷珪乎？《楊升菴外集》

朱萬初墨

元有朱萬初，善製墨，純用松煙。蓋取三百年摧朽之餘，精英之不可泯者用之，非常松也。天曆乙巳，開奎章閣，揀儒臣親侍翰墨，榮公存初、康里公子山，皆侍閣下。以朱萬初所製墨進，大稱旨，得禄食。藝文館虞文靖公贈之詩，曰：「霜雪摧殘澗壑非，根深千歲斧斤違。寸心不逐飛煙化，還作玄雲繞紫微。」蓋紀兹事也。又曰：「萬初之墨，沉着而無留跡，輕清而有餘潤，其品在郭圯父子間。」又跋其後曰：「近世墨以油煙易松煙，姿媚而不深重。萬初既以墨顯，又得真定劉法造墨法於石刻中，以爲劉之精藝深心，盡在於此，必無誤。後世因覃思而得之。」余嘗謂松煙墨深重而不姿媚，油煙墨姿媚而不深重，若以松脂爲炬取煙，二者兼之矣。宋徽宗嘗以蘇合油搜煙爲墨，至金章宗購之，一兩墨價黄金一斤，欲倣爲之，不能。此謂之墨妖可也。《楊升菴外集》

又《筆》

法

製筆之法，以尖、齊、圓、健爲四德。毫堅則尖；毫多則色紫而齊，用檾貼襯得法，則毫束而圓；用以純毫，附以香狸角水得法，則用久而健。柳帖云：「副齊則波切有憑，管小則運動有力，毛細則點畫無失，鋒長則洪闊自由。」筆之玄樞，當盡於是。今人毫少而狸檾倍之，筆不耐寫，豈筆之咎哉？爲不用料耳。

毫

筆之所貴者在毫。廣東番禺諸郡，多以青羊毛爲之，以雉尾或雞鴨毛爲蓋，五色可觀。或用豐狐毛、鼠鬚、虎毛、羊毛、麝毛、鹿毛、羊鬚、胎髮、猪鬃、狸毛造者，然皆不若兔毫爲佳。兔以崇山絶壑中者，兔肥毫長而鋭，秋毫取健，冬毫取堅，春夏之毫則不堪矣。若中秋無月，則兔不孕，毫少而貴。朝鮮有狼尾筆，亦佳。近日所製者，尤精絶。

管

古有金管、銀管、斑管、象管、玳瑁管、玻瓈管、鏤金管、緑沉漆管、棕竹管、紫檀管、花梨管，然皆不若白竹之薄標者，爲管最便持用。筆之妙盡矣！他又何尚焉？冬月以紙帛衣管以避寒者，似亦難用，悉不取也。

式

舊製筆頭式，如荀尖最佳。後變爲細腰葫蘆様，初寫似細，宜作小書。用後腰散，便成水筆，即爲棄物矣。當從舊製可也。

工

古者蒙恬創筆，南朝有姥善作筆。開元中，筆匠名鐵頭，能瑩管如玉。宣州有諸葛高；常州許穎；國朝有陸繼翁、王古用，皆湖人，住金陵；吉水有鄭伯清；吴興有張天錫。惜乎近俱失傳其妙。大抵海内筆工，皆不若湖之得法。畫筆以杭之張文貴爲首稱，而張亦不妄傳人，今則善惡無準，世業不修，似亦可惜。揚州之中管鼠心畫筆，用以落墨、白描，佳絶。水筆亦妙。

藏

筆以十月、正、二月收者爲佳。《文房寶飾》云：「養筆以硫黄酒舒其毫。」蘇

東坡以黃連煎湯，調輕粉蘸筆頭，候乾收之，則不蛀。黃山谷以川椒黃蘗煎湯，磨松煙染筆，藏之尤佳。

滌

妙筆書後，即入筆洗中滌去滯墨，則毫堅不脱，可耐久用。洗完即加筆帽，免挫筆鋒，若有油膩，以皂角湯洗之。

筆經

劉向《説苑》：「王滿生説周公，籍筆牘書之。」則周公時已有筆矣。韋誕《筆經》曰：「製筆之法，桀者居前，毳者居後；强者爲刃，懦者爲輔；參之以檾，束之以管；固以漆液，澤以海藻。濡墨而試，直中繩，曲中勾；方圓中規矩，終日握而不敗。故曰筆妙。」又柳公權一帖云：「近蒙寄筆，深慰遠情。但出鋒太短，傷於勁硬。所要優柔，出鋒須長，擇毫須細，取管不在大。副切須齊，副齊則波掣有憑，管小則運動省力，毛細則點書無失，鋒長則洪潤自由。」此帖論筆之妙頗盡。故粹書之。《楊升菴外集》。

又《研》 范喬年二歲時，祖范馨臨終，撫喬首曰：「恨不見汝成人。」因以所用研與之。至五歲，祖母以告喬，喬執研涕泣，後博學，著《劉楊優劣論》，辟舉不仕而隱。 研以端、歙爲上。古端之舊坑下巖，天生石子，温潤如玉，眼高而活，分佈成象，磨之無聲，貯水不耗。發墨而不壞筆者，爲希世之珍，有無眼而佳者，第白端、緑端，非眼不易辨也。歙亦如之，但無眼耳。大抵端取細潤停水，歙取縝澀發墨，兼之斯爲寶矣。然皆難得。今惟取其質之堅膩，琢之圓滑，色之光采，聲之清冷，體之厚重，藏之完整，傳之久遠，爲可貴耳。

養研

凡硯池水不可令乾，每日易以清水，以養石潤。磨墨處不可貯水，用過則乾之，久浸則不發墨。

滌研

日用研須日滌，去其積墨敗水，則墨光瑩潤。若過一二日，則墨色差減。春夏二時，霉溽蒸濕使墨積久，則膠泛滯筆，又能損硯精彩，尤須頻滌。以萆麻子擦硯滋潤，不可以滾湯滌研，不可以毡片故紙揩抹，恐毡毛紙屑以混墨色。端溪有洗研石，絶佳。今以皂角清水滌之爲妙；或以半夏切片擦硯，極去滯墨；或以絲瓜穰滌洗；或以連房殼滌洗，去垢起滯，又不傷硯，絶佳。大忌滾水磨墨，茶亦不可。尤不宜令頑童持洗。

試新墨

新墨初用，膠性并稜角未伏。不可重磨，恐傷研質。

藏研

端溪水中出一草，芊芊可愛，石工取石琢研訖，乃用其草裹之，故自嶺表迄中夏，而無損也。取以爲囊，藏研最佳。或以文綾爲囊，韜避塵垢，置之笥匣。不可以研壓研，恐傷研材。

冬月研

冬天嚴寒，不可用佳研。得青州熟鐵研，可以敵凍。炙研須用四脚拴爐，架火研上，微微逼之，或用研爐亦可。

朱研

亦得舊石者，方妙。或用白端，亦可。

墨繡

研池邊斑駁墨跡，久浸不浮者，名曰墨繡，爲古硯之徵。最難得者，不可磨去，致規杖漆琴之誚。

筆筒

湘竹爲之，以紫檀、烏木，稜口鑲坐爲雅，餘不入品。

筆船

有紫檀、烏木，細鑲竹篾者，精甚。有以牙玉爲之者，亦佳。此與直方并用，不可缺者。

筆洗

玉者，有鉢盂洗、長方洗、玉環洗，或素或花，工巧擬古。銅者，有古鎏金小洗，有青緑小盂，有小釜、小卮、匜，此五物原非筆洗，今用作洗，最佳。陶者，有官、哥元洗，葵花洗，磬口元肚洗，四捲荷葉洗，捲口蔗段洗，絛環洗，長方洗，但以粉青紋片朗者爲貴。有龍泉雙魚洗，菊花瓣洗，鉢盂洗，百折洗；有定窑三箍元洗，梅花洗，絛環洗，方池洗，柳斗元洗，元口儀稜洗；有中盞作洗，邊盤作筆覘者；有宣窑魚藻洗，葵瓣洗，磬口洗，鼓樣青剔白螭洗。近日新作甚多，製亦可觀，似未入格。

筆覘

有以玉碾片葉爲之者，古有水晶淺碟。有定窑匾坦小碟最多，俱可作筆覘，更有奇者。

水中丞

玉者，有陸子岡製，其碾獸面錦地，與古尊罍同，亦佳器也。有古玉如中丞，半受血侵元口瓮，腹下有三足，大如一拳，精美特甚，乃殉葬之物，古人不知何用，今作中丞，極佳。銅者，有宣銅雨雪沙金，製法古銅瓿者，樣式甚美；有古銅小尊罍，敞口、元腹、細足，高三寸許，以作中丞，特佳。陶者，有官、哥瓮肚元式；有鉢盂小口式。

明・沈德符《飛鳧語略》 高麗貢紙

今中外所用紙，推高麗貢牋第一。厚逾五銖錢，白如截肪玉，每番揭之爲兩，俱可供用，以此又名鏡面牋。毫穎所至，鋒不可留，行、真可貴尚，獨稍不宜于畫，而董元宰酷愛之。蓋用黄子久潑墨居多，不甚渲染故也。其表文咨文，俱鹵悍之甚，不足供墨池下陳矣。宣德紙，近年始從内府溢出，亦非書畫所需。正如宣和龍鳳牋，金粟藏經紙，僅可飾裝褫耳。此外則涇縣紙，粘之齋壁，閱歲亦堪入用。以灰氣且盡，不復沁墨，往時吴中文、沈諸公，又喜用裱背家複背故紙作畫，亦以灰盡發墨，而不顧紙理之麤，終非垂世物也。因思南唐一隅，尚能作澄心堂紙，冠絶古今，乃全盛聖朝，不遑與側釐結一勝緣耶？近日利西泰攜其國書籍來，質理堅瑩，云是敝布所作，亦奇。

明・謝肇淛《五雜俎》卷一二《物部四》 古人書鳥文小篆，似不用筆，亦可自真草八分興而筆之，權逾重矣。鍾繇、張芝、王右軍皆用鼠鬚。歐陽通用狸毛爲心。蕭祭酒用胎髮爲柱。張華用鹿毛。嶺南郡牧用人鬚。陶景行用羊鬚。鄭虔謂：「麝毛一管，可書四十張；狸毛八十張。」又有用豐狐、蚼蛉、龍筋、虎僕及猩猩毛，狼毫、鴨毛、雀雉毛者，恐皆好奇之過。要其純正得宜，剛柔相濟，終不及中山之兔，下此則羊毫耳；然羊毫柔而無鋒，終非上乘。

王右軍嘗嘆江東下濕，兔毛不及中山；然唐、宋推宣城，自元以來，造筆之工即屬吴興，北地作者不敢望也。吴興自兔毫外，有鼠毫、羊毫二種，近乃以兔毫爲柱，羊毫輔之，剛柔適宜，名曰巨細，其價直百錢。然行書可用，楷非所宜。

南北異宜，兔毫入北地，一經霜風即脆，故長安多用水筆，然不過宜於傭胥輩耳。今書家賣字爲活者，大率羊毫，不但柔便耐書，亦賤而易置耳。古人退筆成塚，倘有百錢之直，貧士安所辦此？

相傳宣州陳氏，世能作筆，有右軍與其祖求筆帖藏於家。至唐柳公權求筆，老工先與二管，語其子曰：「柳學士如能書，當留此筆；若退還，可以常筆與之。」既進，柳果以爲不堪用，遂與常筆，乃大稱佳。陳退歎曰：「古今人不相及，信遠矣！」余謂柳書與王所以異者，剛柔之分耳。右軍用鼠鬚筆，想當苦勁，非神手不能用也。歐、虞尚用剛筆，蘭臺漸失故步，至魯公誠懸，雖有筋肉之别，其取態一也，宜其不能用右軍之筆耳。公權又有謝筆帖云：「蒙寄筆，出鋒太短，傷於勁硬。所要優柔，出鋒須長，擇毫須細。管不在大，副切須齊。副齊則波撇有憑，管小則運動省力。毛細則點畫無失，鋒長則洪闊圓潤。」即此數語，公權之用筆可知矣。

硯則端石尚矣，不但質潤發墨，即其體裁，渾素大雅，亦與文館相宜。無論琉璃金玉，靡俗可憎，即龍尾紅絲見之，亦當爽然自失。政似邢夫人衣，故衣時能令尹夫人自痛不如也。

皇象論草書宜得精毫莵筆，委曲婉轉不叛散者；紙欲滑密，不沾汚者；墨欲多膠紺黝者。梁竟陵云：「子邑之紙，妍妙輝光；仲將之墨，一點如漆；仲英之筆，窮神盡意。」獨於硯無稱焉。蓋硯視三者，稍可緩耳。今人知寶數十百金之硯，而不知精擇紙筆，以觀美則可耳，非求實用者也。子邑左伯，字仲英，當作伯英。張芝字考章，誕奏魏公書可見。

柳公權論硯，以青州爲第一，絳州次之，殊不及端。今青州所出石即紅絲硯也。唐彦猷亦謂紅絲石爲天下第一，蔡君謨問其故，曰：「墨，黑物也，施於柴石則曖昧不明，在紅黄則色自現，一也；研墨如漆，石有脂脈，能助墨光，二也。」其言甚辨，然余習於用端，有解有未解耳。

唐李咸用端溪硯詩有「着指痕猶濕，經旬水未低。鴝眼工諳謬，羊肝土乍封。捧受同交印，矜持過秉珪」等語。劉夢得謝人惠端州石硯詩：「端州石硯人間重。」李賀青花石硯歌云：「端州匠者巧如神，露天磨劍割紫雲。」則知唐人原重端硯。朱新仲猗覺寮雜記又載柳公權論硯云：「端溪石爲硯，至妙，益墨。青紫色者，可直千金。」則非不知貴也，難得故耳。

蔡君謨云：「東州可謂多奇石。自紅絲出後，有鵲金黑玉研，最爲佳物。新得黄玉硯，正如蒸栗續。又有紫金研，又得褐石黑角石，尤精。向者，但知有端巖、龍尾，求之不已，遂極品類。」余之所好，有異於人乎？近代莆田參知蔡一槐酷好研石，足跡半天下，凡遇片石佳者，必收行囊中，常有數十百枚。蔡氏可謂世有研癖矣。

端研雖有活眼死眼之别，然石之有眼猶人之有斑痣，其貴原不在此。但端

石多有眼，以此別其爲端耳。宋高宗謂端研如一段紫玉，瑩潤無瑕乃佳，不必以眼爲貴。余謂石誠佳，即新者自可，亦不以以舊爲貴也。

今之端研，池皆如線，無受水處，亦無蓄墨瀋處，其傍必置筆池。若大書，必置椀盛墨，亦頗不便。間有斗槽者，便爲減價。此但論工拙耳，非擇硯者也。余蓄研多，擇有池者，吾取其適用耳，豈以賣研爲事哉？及考宋晁以道藏研，必取玉斗樣，每曰：「硯石無池受墨，但可作枕耳。」乃知千古之上，亦有與余同好者。

宋時供御大內，無非端石。航海之難，舟覆於莆之涵頭，禁中之硯，盡落民間，然其始，人尚未知貴重。其後吴人有知之者，微行以賤直購之，久而漸覺，價遂騰涌，高者直百金，低亦不下一二十金。而莆人耳目既熟，轉市新石，妙加鐫琢，視之宋硯，毫髮不殊，散之四方，於是吴人轉爲所欺矣。

銅雀瓦雖奇品，然終燥烈易乾，乃其發墨，倍於端矣。洮河緑石，貞潤堅致，其價在端上，以不易得也。江南李氏有澄泥硯，堅膩如石，其實陶也。有方者，六角者，旁刻花鳥甚精，四週有羅箋紋，較之銅雀，又爲良矣。

馬肝、龍卵，色之正也；月暈、星涵，姿之奇也；魚躍、雲興，石之怪也；結璘、壁友，名之佳也；稠桑、栗岡，地之僻也；金月、雲峯，製之巧也；芝生、虹飲，器之瑞也；青鐵、浮槎，質之詭也；頗黎、玉函，用之靡也；磨穴、腹窪，業之篤也；盧擲、陶碎，道之窮也。

楊雄、桑維翰皆用鐵硯。東魏孝静帝用銅硯。景龍文館用銀硯。今天下官署皆用錫硯，俗陋甚矣！

一日呵得一擔水，纔直二錢，廉者之言也，然亦殺風景矣。質潤生水，自是硯之上乘，譬之禾生合穎，麥秀兩岐，可謂多得一石穀，纔直二百錢乎？蕭穎士謂石有三災，當併此爲四也。

韓退之毛穎傳，名硯爲陶泓。鄭畋盧攜擲硯相詬。王鐸歎曰：「不意中書有瓦解之事！」則唐人硯尚多用瓦也。

袁家贈庾翼以蚌硯，蔣道支取水上浮查爲硯，則硯之不用石，蓋多矣。

又 古人書之用墨，不過欲其黑而已，故凡烟煤，皆可爲也。後世欲其發光，欲其香，又欲其堅，故造作百端，淫巧迭出，價侔金玉，所謂趍其末而忘其本者也。

三代之墨，其法似不可知，然周書有涅墨之刑，晉襄有墨縗之制；又古人灼龜，先以墨畫龜，則謂古人皆以漆書者，亦不然也。又云：「古有黑石，可磨汁而書。」然黑石僅出延安。晉陸雲與兄書，謂三臺上有藏書，則亦稀奇之物，安得人人而用之？况墨之爲字，從黑從土，其爲煤土所製無疑，但世遠不可考耳。至漢始有隃麋之名，至唐始有松煙之制。然三國時，皇象論墨，已有多膠黝黑之説，則謂魏、晉以前皆用漆而不用膠者亦誤也。至於用珠，則自李廷珪始；用腦麝、金箔，則自宋張遇始。自此而競爲淫巧矣。按：太白詩有「蘭麝疑珍墨」之語，則唐墨已用麝。

李廷珪，唐僖宗時人，其墨，在宋時，如王平甫、石昌言、秦少游、蔡君謨輩，皆有藏者。國朝馬愈日抄言：「在英國府中，曾一見之。」今又百五十年矣，大內不可知，人間恐不可復得。即張遇、陳朗、潘谷皆無存者。以今之墨，不下往昔故也。

廷珪自易徙歙，遂爲歙人，則歙墨源流，其來久矣。廷珪弟廷寛，寛子承宴，宴子文用，皆世其業，而漸不逮。又有柴珣朱君德小墨，皆唐末三代知名者。張遇、王迪、葉茂實、潘谷、陳朗、陳惟達、李仲宣，宋墨之良者也。元有朱萬初，純用松煙。國朝方正、羅小華、邵格之皆擅名一時。近代方于魯始臻其妙。其三十前所作九玄三極，前無古人。最後程君房與爲仇敵，製玄元靈氣以壓之，二家各争其價，紛拏不定。然君房大駔，亡命不齒倫輩，故士論迄歸方焉。

李廷珪墨，每料用真珠三兩，擣十萬杵，故堅如金石。羅小華墨亦用黄金、珍珠雜搗之，水浸數宿不能壞也。羅墨，今尚有存者，亦將與金同價矣。宋徽宗以蘇合油搜煙爲墨，雜以百寶，至金章宗購之，每兩直黄金一斤。夫墨苟適用，藉金珠何爲？淫巧奓靡，此爲甚矣。今方、程二家墨，上者亦須白金一斤，易墨三斤，間亦有珍珠麝香云。余同年方承郁爲歙令，自造青麟髓，價又倍之。近日潘方凱造開天容墨，又倍之，蓋復用黄金矣。然以爲觀美，則外視未必佳；以爲適用，則亦無以甚異也。此又余之所不解也。

墨太陳，則膠氣盡，而字不發光；太新，則膠氣重，而筆多纏滯；惟三五十年後，最宜合用。方正墨，今用之，已作煤土色矣。不如仲將何以一點如漆？或曰：「古墨用漆，故堅而亮；今秪用膠，故數經黴濕，則敗矣。」余家藏歙墨之極佳者，攜至京師，冬月皆碎裂如礫，而廷珪當時政在易水得名，恐用漆之説不誣耳。

徐常侍得李超墨一挺，長近尺餘，兄弟日書五千字，凡用十年乃盡。宋元嘉墨，每丸作二十萬字。乃知昔墨不獨堅而耐磨，亦挺質長大。羅小華墨雖貴重，每挺皆二兩餘，規者五兩餘。近來方、程墨苦於太小，大僅如指，用之易盡，而青麟髓、開天容尤小，家居無事，每遇乞書，狼藉時，不一月輒盡，且亦不便於磨也。

方于魯有墨譜，其紋式精巧，細入毫髮，一時傳翫，紙爲涌貴。程君房作墨苑以勝之，其末繪中山狼傳以詆方之負義。蓋方微時，曾受造墨法於程，迨其後也，有出藍之譽，而君房坐殺人擬大辟，疑方所爲，故恨之入骨。二家各求海内詞林縉紳爲之游揚，軒輊不一。然論墨品、人品，恐程終不勝方耳。

于魯近來所造墨亦不逮前。萬曆戊戌秋，余親至于魯家，令製長大挺，每一挺四兩者。然求昔年九玄三極料已不可得。又十年，于魯死，子孫急於取售，其所製益復不逮矣。大率上人之求取無厭，而市者之賞鑒難得，自非巨富而護名，何苦而居難售之貨？此亦天下之通弊也。

唐陶雅爲歙州刺史，責李超云：「爾近所造墨殊不及吾初至郡時，何也？」對曰：「公初臨郡，歲取墨不過十挺，今數百挺未已，何暇精好爲？」噫，今之守令取墨，豈直數百挺而已耶！

古人養墨，以豹皮囊，欲遠其濕。又云：宜以漆匣密藏之，欲滋其潤。

又 澄心堂紙，今尚有存者，然余見之不多，未敢辨其真僞也，宋箋差可辨耳。陳後山云：「澄心堂乃南唐烈祖節度金陵之燕居也，世以爲元宗書殿，誤矣。」蔡端明云：「其物出江南池、歙二郡，今世不復作。蜀牋不耐久，其餘皆非佳品。宋時去南唐不遠，此紙散落人間尚多，今則絶無而僅有。」梅聖俞有詩謝歐公送澄心堂紙云：「江南李氏有國日，百金不許市一枚。當時國破何所有？帑藏空竭生莓苔。但存圖書及此紙，棄置大屋牆角堆。幅狹不堪作詔令，聊備粗使供鸞臺。」可見宋時此紙之多。宋子京作唐書，皆以澄心堂紙起草。歐公作五代史亦然。而今五百年間，貴如金玉，可爲短氣。

今世苦無佳紙，柬帖腐爛不必言，綿料白紙頗耐，然澀而滯筆。古人箋多研光，取其不留也。華亭粉箋，歲久糢糊，愈不可堪。蜀薛濤箋亦澀，然着墨即乾，但價太高，尋常豈能多得耶？高麗繭紙，膩粉可喜，差易購於薛濤，然歲久則蛀。自此而下，灰者竹者，非胥曹之羔雉，即剞劂之芻狗耳。不意剡溪子孫，不振乃爾。

宋之諸帝，留心翰墨，故文房所製，率皆精品。澄心堂紙之外，蜀有玉版，有貢餘，有經屑，有表光。歙有墨光，有冰翼，有白滑，有凝光。又越中有竹紙，江南有楮皮紙，温州有蠲紙，廣都有竹絲紙，循州有藤紙，常州有雲母紙。又有香皮紙、苔紙、桑皮紙、芨皮紙。蔡君謨言：「績溪、烏田、古田、由拳、惠州紙皆知名。」今試觀宋人書畫紙，無一不佳者，可知其製造之工且多也。

蔡君謨嘗禁所部不得用竹紙，蓋有獄訟未決，而案牘已零落者。至於今時，有剛連連、七毛邊之目，尤極腐爛，入手即碎。而人喜用之者，價直輕爾。毛邊之用，上自奏牘，下至柬帖短札，徧於天下，稍濕即腐，稍藏即蠹，紙中第一劣品，而世用之不改者，光滑便於書也。

印書紙有太史、老連之目，薄而不蛀，然皆竹料也。若印好板書，須用綿料白紙無灰者。閩、浙皆有之，而楚、蜀、滇中，綿紙瑩薄，尤宜於收藏也。

作字，高麗、薛濤不可常得矣。綿紙研光，差宜於筆墨。余在山東，爲魯藩作書，内中有香箋數幅，甚貴重之，然亦是毛邊之極厚者，加以香料，而打極緊滑。書不留手，甚覺可喜，但未知耐藏否耳。初書行草二幅，俱不當意，最後書赤壁賦，計格截然，上下整齊，乃大稱善，尤可笑也。

歐陽率更不擇紙筆，無不如意，而蔡中郎非紈素不下筆。然既能書，亦須自愛重。魏、晉人墨迹，類是第一等諸先生，即宋、元猶然。今人不擇紙而書者多矣，亦由請乞太濫，粗惡競進，却之則重拂其意，易之則責人以難，故往往以了酬應耳。

饒州有鄱陽白，長如一疋絹。元李氏藏古紙，長二丈餘。今世有一種碧紙，亦長丈餘，不知何處所造，甚爲鉅麗，但爛澀不中書耳。

紙須白而厚，堅而滑；筆須健而圓，長而輕；墨須黑而有光；硯須寬而發墨。置之明窗净几，時書一二段文選小説，亦人間至樂也。

昔人書字多用箋素，書於扇者蓋少，故右將軍書六角扇，老嫗爲之不懌。即宋、元人書畫，見便面者，不一二也。今則以扇乞書者，多於紙矣。然元以前，多用團扇，絹素爲之，未有摺者。元初東南夷使者持聚頭扇，人共笑之。國朝始用摺扇，出入懷袖殊便。然漢張敞以便面拊馬，則又似今之摺扇也。

明・宋應星《天工開物》卷中《殺青》

紙料

凡紙質用楮樹一名谷樹。皮與桑穰、芙蓉膜等諸物者爲皮紙，用竹麻者爲竹紙。精者極其潔白，供書文、印文、柬啓用；粗者爲火紙、包裹紙。所謂殺青，以斬竹得名；汗青，以煮瀝得名；簡，即已成紙名，乃煮竹成簡。後人遂疑削竹片以紀事，而又誤疑韋編爲皮條穿竹札也。秦火未經時，書籍繁甚，削竹能藏幾何？如西番用貝樹造成紙葉，中華又疑以貝葉書經典。不知樹葉離根即焦，與削竹同一可哂也。

造竹紙

凡造竹紙，事出南方，而閩省獨專其盛。當筍生之後，看視山窩深淺，其竹以將生枝葉者爲上料。節界芒種，則登山砍伐。截斷五七尺長，就于本山開塘一口，注水其中漂浸。恐塘水有涸時，則用竹梘通引，不斷瀑流注入。浸至百日之外，加功槌洗，洗去粗殼與青皮，是名殺青。其中竹穰形同苧麻樣。用上好石灰化汁塗漿，入楻桶下煑，火以八日八夜爲率。

凡煑竹，下鍋用徑四尺者，鍋上泥與石灰捏弦，高闊如廣中煑鹽牢盆樣，中可載水十餘石。上蓋皇桶，其圍丈五尺，其徑四尺餘。蓋定受煑八日已足。歇火一日，揭楻取出竹麻，入清水漂塘之内洗净。其塘底面、四維皆用木板合縫砌完，以妨泥污。造粗紙者不須爲此。洗净，用柴灰漿過，再入釜中，其上按平，平鋪稻草灰寸許。桶内水滚沸，即取出别桶之中，仍以灰汁淋下。倘水冷，燒滚再淋。如是十餘日，自然臭爛。取出入臼受舂，山國皆有水碓。舂至形同泥麪，傾入槽内。

凡抄紙槽，上合方斗，尺寸闊狹，槽視簾，簾視紙。竹麻已成，槽内清水浸浮其面三寸許。入紙藥水汁于其中，形同桃竹葉，方語無定名。則水乾自成潔白。凡抄紙簾，用刮磨絶細竹絲編成。展卷張開時，下有縱横架框。兩手持簾入水，蕩起竹麻入于簾内。厚薄由人手法，輕蕩則薄，重蕩則厚。竹料浮簾之頃，水從四際淋下槽内。然後覆簾，落紙于板上，叠積千萬張。數滿則上以板壓。俏繩入棍。如榨酒法，使水氣净盡流乾。然後以輕細銅鑷逐張揭起焙乾。凡焙紙先以土磚砌成夾巷，下以磚蓋地面，數塊以往，即空一磚。火薪從頭穴燒發，火氣從磚隙透巷外。磚盡熱，濕紙逐張貼上焙乾，揭起成帙。

近世闊幅者名大四連，一時書文貴重。其廢紙洗去朱墨污穢，浸爛入槽再造，全省從前煑浸之力，依然成紙，耗亦不多。南方竹賤之國，不以爲然，北方即寸條片角在地，隨手拾取再造，名曰還魂紙。竹與皮，精與細，皆同之也。若火紙、糙紙，斬竹煑麻，灰漿水淋，皆同前法。唯脱簾之後不用烘焙，壓水去濕，日曬成幹而已。

盛唐時鬼神事繁，以紙錢代焚帛，北方用切條，名曰板錢。故造此者名曰火紙。荆楚近俗，有一焚侈至千斤者。此紙十七供冥燒，十三供日用。其最粗而厚者曰包裹紙，則竹麻和宿田晚稻藁所爲也。若鉛山諸邑所造柬紙，則全用細竹料厚質蕩成。以射重價。最上者曰官柬，富貴之家通刺用之。其紙敦厚而無筋膜，染紅爲吉柬，則先以白礬水染過，後上紅花汁云。

造皮紙

凡楮樹取皮，于春末夏初剥取。樹已老者，就根伐去，以土蓋之。來年再長新條，其皮更美。凡皮紙，楮皮六十斤，仍入絶嫩竹麻四十斤，同塘漂浸，同用石灰漿塗，入釜煑糜。近法省嗇者，皮竹十七而外，或入宿田稻藁十三，用藥得方，仍成潔白。凡皮料堅固紙。其縱文扯斷絲絲，故曰綿紙，衡斷且費力。其最上一等，供用大内糊窓格者，曰櫺紗紙。此紙自廣信郡造，長過七尺，濶過四尺。五色顔料先滴色汁槽内和成，不由後染。其次曰連四紙，連四中最白者曰紅上紙。皮名而竹與稻藁參和而成料者，曰揭貼呈文紙。

芙蓉等皮造者統曰小皮紙，在江西則曰中夾紙。河南所造，未詳何草木爲質，北供帝京，産亦甚廣。又桑皮造者曰桑穰紙，極其敦厚，東浙所産，三吴收蠶種者必用之。凡糊雨傘與油扇，皆用小皮紙。

凡造皮紙長濶者，其盛水槽甚寬，巨簾非一人手力所勝，兩人對舉蕩成。若櫺紗，則數人方勝其任。凡皮紙供用畫幅，先用礬水蕩過，則毛茨不起。紙以逼簾者爲正面，蓋料即成泥浮其上者，粗意猶存也。朝鮮白硾紙，不知用何質料。倭國有造紙不用簾抄者，煑料成糜時，以巨濶青石覆於炕面，其下爇火，使石發燒。然後用糊刷蘸糜，薄刷石面，居然頃刻成紙一張，一揭而起。其朝鮮用此法與否，不可得知。中國有用此法者亦不可得知也。永嘉蠲糨紙，亦桑穰造。四川薛濤牋，亦芙蓉皮爲料煑糜，入芙蓉花末汁。或當時薛濤所指，遂留名至今。其美在色，不在質料也。

又 卷下《丹青》 凡墨燒煙凝質而爲之。取桐油、清油、猪油烟爲者居十之一，取松煙爲者居十之九。凡造貴重墨者，國朝推重徽郡人，或以載油之艱，遣人僦居荆、襄、辰、沅，就其賤值桐油點煙而歸。其墨他日登于紙上，日影横射有紅光者，則以紫草汁浸染燈心而燃炷者也。

凡爇油取煙，每油一斤得上煙一兩餘。手力捷疾者，一人供事燈盞二百付。若刮取怠緩則煙老，火燃質料併喪也。其餘尋常用墨，則先將松樹流去膠香，然後伐木。凡松香有一毛未净盡，其煙造墨，終有滓結不解之病。凡松樹流去香，木根鑿一小孔，炷燈緩炙，則通身膏液就煖傾流而出也。

凡燒松煙，伐松斬成尺寸，鞠篾爲圓屋如舟中雨篷式，接連十餘丈。内外與接口皆以紙及席糊固完成。隔位數節，小孔出煙，其下掩土砌磚先爲通煙道路。

燃薪數日，歇冷入中掃刮。凡燒松煙，放火通煙，自頭徹尾。靠尾一二節者爲清煙，取入佳墨爲料。中節者爲混煙，取爲時墨料。若近頭一二節，只刮取爲煙子，貨賣刷印書文家，仍取研細用之。其餘則供漆工、堊工之塗玄者。

凡松煙造墨，入水久浸，以浮沉分清慤。其和膠之後，以搥敲多寡分脆堅。其增入珍料與漱金、銜麝，則松煙、油烟增減聽人。其餘《墨經》《墨譜》，博物者自詳，此不過粗紀質料原因而已。

明・方以智《通雅》卷三一《器用・碑帖》 曰臨摹，曰硬黄，曰響榻，皆學帖法也。 臨謂置紙在旁學之；摹謂以薄紙覆摹；硬黄謂置紙熱熨斗上，以黄蠟塗勻，儼如魫角，毫釐必見；響榻謂以紙覆就明窗映光摹之，此宋張世南說。今之油紙摹帖，蓋硬黄之遺也。古帖遠者，墨濃者，堅若漆，挨之纖毫無染，兼以摹弄日久，紙面生光，且有異香，以此爲辨。《研北雜志》曰：「北碑刻深謂之溝道。」《後漢》傳：方者曰碑，員者曰碣。宋黄長睿辯《閣帖》，僞者幾半于真。米海岳亦然。宣和書畫有瓢印，孫宗鑑《東皋雜録》言：「漢碑額多篆，身多隸。隸多凹，篆多凸。」此偶見耳，皆凹者。又漢額多鑿圓孔。

又 有蟬翅榻，烏金榻。 顔籀解《史游章》曰：「蟬繒之輕薄者，若蟬翼也。」紙亦有如蟬翼者。或云用薄紙榻石，則鋒稜畢出。梁虞和《論書表》曰：「榻書悉用薄紙。」趙希鵠言北榻色淡而紋縐曰夾紗，作蟬翅榻也；南紙紋豎，墨用油烟，以蠟故黑而有光，爲烏金榻。

又 卷三二《器用・紙筆墨硯》 紙絮一苫也。古以擣絮爲紙。曰幡紙，裁縑帛書也。麻紙，生布作紙也。穀紙，穀樹皮也。繭紙，猶今之高麗紙也。 《説文》曰：「紙从糸，氏聲。」古人書于帛，故裁其邊幅，如絮之一苫。《釋名》曰：「砥也，古以擣絮。」漢和時，蔡倫始用樹膚及敝布魚網爲之，不始自蔡也。《初學記》：「古以縑帛，依書長短，隨事截之，名幡紙。以生布作紙，絲縱如故，名麻紙。穀皮紙，亦曰楮，楮乃扁穀，穀乃桑穀，楮皮宜爲紙，穀皮粗宜爲茵帳。又有藤皮紙。」《法書要録》曰：「王羲之用蠶繭紙，鼠鬚筆，書《蘭亭》。」唐《國史補》有繭紙。韓駒詩：「王卿贈我三韓紙」，謂高麗紙也。宣和殿書碑卷，亦用繭紙。今高麗紙有三等，上者即宣德鏡面箋也。《卮言》曰：「班史稱赫蹏。《三輔故事》：衛太子以紙塞鼻。皆前于蔡倫，倫和帝中常侍也。」蕭子良云：「左子邑之紙，研妙輝光。」在倫後。《東宮舊事》：「皇太子初拜，給赤紙、縹紅麻紙、敕紙，各一百。」唐高麗歲貢蠻紙，俻書卷。日本國出松皮紙。又大秦出蜜香紙，一云香皮紙，微褐，紋如魚子，極香而堅韌。晉武賜杜預萬番。又有側理紙賜張華。扶桑國芨皮紙，中國有桑皮紙，蜀中藤紙，江南竹紙、楮皮紙，黟、歙凝霜紙，浙中有麥麴稻稈紙。宋張永製紙，尚方不及。齊高帝造銀光紙賜王僧虔。段成式在九江造雲藍紙。湘東王奉簡文紅紙二千番，又特送五色紙三萬枚。吴越有温州蠲紙，烏程由拳紙。南唐有澄心堂紙，細薄光潤，爲一時之甲。智按：趙希鵠《洞天清録》「宋有亳間烏絲欄，歙之龍鬚紙，黄白經箋，匹紙長三丈至五丈。有藤白，有觀音簾，有鵠白，有竹紙。元有彩粉，有蠟箋、羅紋箋，皆出紹興。白藤觀音出江西。」希鵠，元末明初人，《叢書》中誤刻宋人。趙與時《賓退録》：「臨安有漿粉紙謂之蠲紙。言以榔汁蠲之也。」永樂于江西西山造紙，曰連七，曰觀音紙。有奏本出鉛山。有榜紙出浙之常山，廬之英山。松江潭箋，不用粉造，以荆川連褙厚蠟石砑之。新安倣造宋藏經箋，皆此類。大内各箋，故不如宣紙。有楮皮者，茸細而白，可作畫。有宣德五年造素馨紙，印有桑皮者，牙色，有礬光者可書。出紙則興國州、涇縣、敝邑桐城浮山之左，然皆名連四，以其漸小耳。東坡《志林》曰：「竹紙，古未有也。」王右軍《竹葉帖》，長安水丘氏傳寶之。豈因其名而造紙耶？今曰倣紙。

造紙者謂之抄。紙幅謂之番。 治楮者，漚之，投黄葵之根，則釋而爲淖糜，酌諸槽，抄之以簾。其薄者單抄再抄，厚者至五抄六抄。覆諸煏，乾而揭之。右軍守會稽，謝公乞箋紙，庫中有九萬版，悉與之。杜暹爲婺州參軍，吏以紙萬番贐，受百番。張華《博物志》：「賜側理紙萬番。」集賢院學士大府供紙五千番。陳後主供智者藤紙一墮。今人以折成葉子者謂之版，其大者謂之番。百張謂之刀，五百謂大刀。

幱幭即赫蹏，一作𦈢綈、絶蹄，赤紙也。 《成趙后傳》：「發篋中，藥二枚，赫蹏書。」孟康曰：「蹏，猶地也，染紙令赤。」應劭曰：「薄小紙也。」晉灼曰：「今謂薄小物爲赫蹏。」又曰「赤紙，又作幱幭」。《廣韻》《韻會》皆載之。《西京雜記》稱薄蹏幱。音赫。或作𦈢綈，則以《説文》「𦈢，大赤也」。升菴作絶蹄，又引《太公》「丹書」，《左傳》「丹書」注：近世《魏律》：「緣坐没爲樂工雜户者，皆赤紙爲籍，其卷以鉛爲軸。」此丹書之遺，乃古人之法律書名。升菴自名其書曰《丹鉛》，果取諸此，亦自不佳。陳晦伯特辨丹書非法律書。

陟釐一作側理、陟俚，苔紙也。 晉武賜張華側理紙，南越以海苔爲紙，其理側，故名。王子年《拾遺記》云：「本陟釐紙，漢人語訛爾。」又作陟里，陰勁

弦收入支韻，陸友仁引漢人言陟俚。

蜀雲母箋，薛濤之遺也。　濤本小箋，而今則與連四同式，但加礬與雲母粉耳。韓浦有「十樣鸞箋出益州」之詩。升菴引作十樣蠻箋，元瑞譏之。不知升菴乃依《箋譜》，亦非自改也。《成都古今記》載其目曰：深紅、粉紅、杏紅、明黄、深青、淺青、深緑、淺緑、銅緑、淺雲，凡十樣。又有松花、金沙、流沙、彩霞、金粉、桃花、冷金之目。《蜀志》：王衍以霞光箋賜張蠙。又有百韻長箋。學士箋短于百韻。薛濤箋短，可書四韻。又元稹寄薛云：「菖蒲花發五雲高。」今世所重，薄則澄心堂，厚則高麗繭，其次則無灰連四紙。若古所稱五色霞光之類，尤爲可惡。百年後，墨皆脱落，當以白版心紙爲貴。智按：東坡《志林》又言「川中布頭箋冠天下。」唐《國史補》言：「蜀之麻面、屑末、滑石、金花、長麻、魚子、十色箋。」費著《蜀箋譜》言：「謝公箋在薛濤先，謝司封景初師厚所造也。」元美何不引此。

唐用綾紙、麻紙、藤紙，又用銷金牋、金鳳紙、魚牋、花牋。　黄紙除官，自劉宋泰始二年，版不能供，始用黄紙。陳制：銓選補用以黄紙録名，八座通書奏，可以名帖鶴頭版。此徐陵所謂黄札易營也。《六典注》「勅用黄麻紙，勅旨、論事勅、勅録，用黄藤紙，書用絹。貞觀中，始用黄紙寫勅制。」李肇《翰林志》：「凡赦書、立后儲、拜免公相並白麻紙。雙日起草，隻日宣。」鄭絪奏：「故事：惟封王命相，用白麻。唐初，將相官告用銷金紙及金鳳紙書之，餘皆魚牋、花牋。」又曰：「凡賜予、徵召、宣索、處分曰詔，用白麻紙；慰撫曰書，用黄麻紙。薦告詞文用青藤紙、朱書，謂之青詞。宰相及使相告，用色背綾金花紙；節度用白背綾金花紙；命婦金花羅紙。」元和八年，吏部定官告紙軸之色物。所云背綾，即今裱綾也。今時誥勅，自五品以上用五花，乃文思院織成五雲綾，每軸分段間色，其詔勅則用墨欄黄紙。《疑耀》曰：「顔文忠公于公牒背作文稿。黄長睿于鷄林紙背倣索靖書。」予獲校秘閣，如宋版書《治平類書》四十卷，皆元符二年公私文牒故紙。

墨以九蒸萬杵爲貴，松煙鹿膠今失久矣。　《輟耕録》曰：「上古竹挺點漆，中古以石磨汁。魏晉時，始有墨丸，乃漆煙松煤爲之。晉人用凹心硯者，欲貯瀋耳。自後有螺子墨。《卮言》曰：「韋誕之墨，一點如漆。六朝無過張永，五季無過奚超，及其子廷珪。廷珪，在南唐賜姓李。宋有常和、沈珪、陳贍，皆妙品也。張遇以龍香劑進御。有隱君子王迪者，止用遠煙鹿膠，而自有龍麝氣，當勝之。至潘谷而妙，駸駸乎廷珪流亞矣。元朱萬初又谷流亞也。蘇浩然瀣自製墨，皆作松紋皴皮，堅致如玉石，王迪流也。宋徽宗蘇合煙墨法，至金章宗乃以蘇合油搜煙爲之，價同黄金。宣廟有龍鳳大定，外有查文通、龍忠迪、方正，蘇眉陽、羅小華、汪中山、邵青丘，及子格之、方于魯、程君房、汪仲嘉、吴左于、丁南羽。今則潘嘉客、方凱、吴名望。去塵《墨法》曰：「虬松取煙鹿膠相揉，九蒸回澤，萬杵力扣，古用松煙今用油烟，古自製鹿膠，今用廣膠矣。桐油乃黑，菜油則白。秳油煙者輕，五秳油、一秳煙者重。以漆與紫草入油六石，得一石煙，則望之碧，而日中紫矣。」去塵自謂敵程君房。其法不用冰麝，而止用豬膽萬杵之，以冰麝能奪墨之色也。試法：磨各墨于研，俟其乾置水中，則上者乃黑，次則迴白，惟李廷珪作藍色。中履曰：「焰頭蝕煙則白，鹿角時解膠則缺釋，若懸之側轂，使輪旋而受煙。法古，乾漆故當獨絶。今以白糖磨墨書金扇，發光，但滯筆耳。」

又　卷四〇《算數》　紙以番名，羽亦當以番名。　番音翻。智按紙謂其可翻，故以番數之，因以一次爲一番。杜詩：「會須吐番看成竹。」獨孤及詩：「近日霜毛一番新」，此詩人假借，或取方言真率，故有飯音，不可以爲據也。《列子》「蜿旋之瀋爲淵」，瀋音盤。《莊子》「止水之審爲淵。」簡文曰：「蟠，聚也」，往古借音。因思《周禮》「羽人十羽爲審。」注：「審亦束也」，此亦當借音翻。

又　聿即筆，後人加竹。　周公綏管，夫子絶筆。蒙恬始爲筆，兔毫筆也。有柱有被，有心有副。右軍《筆經》曰：「中山兔肥毫長，故可用。」世傳張芝、鍾繇用鼠鬚筆。嘗謂東晉已失中原，右軍安能必得中山毫。《蘭亭》用繭紙鼠鬚筆書。繭紙或泛溟來乎？《博物志》有虎璞毛筆。山嶺外少兔，以鷄雉毛亦妙。子瞻所云「三錢鷄毛筆」也。又云：蜀石鼠曰鼸，毛可爲筆。眉公《妮古録》：「宋時有鷄毛筆、檀心筆、小兒胎髮筆、猩猩毛筆、鼠尾筆、狼毫筆。筆有四德：鋭、齊、健、圓，今人毫少，而狸絲倍之，安見德乎？古有以金、以銀、斑象，玳瑁、玻瓈、鏤金爲管，或緑沉漆管、棕竹、紫檀、花梨管，然皆不若白竹之薄標者，最便持用。」南朝有姥善作筆。開元中，筆匠，名鐵頭。宣州有諸葛高，常州許頴。謂柳學士不如右軍父子者，諸葛也。近時陸繼翁、王古用皆湖人，住南京。吉水有鄭伯清，吴興有張天錫，今俱失傳其妙。

散卓者，㲎筆也。　《廣川》引皇象曰：「欲作草書，漫漫落落，宜得精毫㲎筆，宛轉不叛散者。張友正草字用筆，過爲鋒長。」㲎音而兗切，即借作軟字。山谷書吴無星筆，言能作無心散卓，若提筆去紙，則諸葛筆敗矣。侍其瑛亦能之。南陽張又祖喜用郎奇棗心散卓，作瘦勁字，此總謂宛轉滿志耳。彦遠論書，

言右軍有行草分寸，即懸筆之用也。其跋張旭《郎官石柱記》，言「倳音樹。鋒鱗，勒峻礫，抑左升右，仰策輕揭，緊趯音立。闇收。」此君固善形容用筆矣。

研即硯也，今以端石爲上。《博物志》引《硯譜》載：「天下之硯，四十餘品。以青州紅絲石硯爲第一，端州斧柯山石爲第二，歙州龍尾石爲第三。」自漢天子用玉硯，魏武有純銀參帶臺硯，張華于闐青鐵硯，柳公權用青州石末，而次絳州，後始重端歙、臨洮。又有澄泥硯，未央瓦、銅雀瓦，正謂其澄泥也。自今論之，細潤發墨，總不如端，而歙次之。駝磯、廬山以次，皆不及也。吳曾云：「許渾《自廣至新興詩》云：『洞丁多斵石，蠻女半淘金。』自注云：『端州斵石。』」李賀《硯歌》云：「端州石工巧如神，踏天磨刀割紫雲。」李肇曰：「端溪紫石硯，天下通用。」程泰之曰：「歙龍尾硯，李主創之，唐未見也。」見王中舍《硯譜》。東坡破柳公權青州石末之論，劉原甫證李士衡天寶端石之僞，葉少蘊譏歐陽公之稱歙石，則端之妙，由來久矣。端州以欽宗時，升爲肇慶府。杜綰曰：「石出斧柯山，靈羊峽對望山也。凡四種：曰巖石、曰小湘石、曰後歷石、曰硃坑。西巖之下巖爲勝。龍巖乃唐初取硯處。色紫而不及下巖，其眼有暈數十重，他眼色黃。」又曰「大秋風、小秋風、白桃花諸類」。今肇慶水坑尚在，有將軍坑、梅花坑、老坑諸坑，以水巖爲最。辨之以蕉葉白、火納文爲真。此亦石病。其全色者尤妙，特其紫色淡耳。張世南論端石硯有火黯，即火納也。其他曰屏風背，色紫而石堅，磨之即滑，不如水巖之嫩而有鋒也。朱子暇宦此，最留心。水坑石有理橫斷者極發墨，宋所未有，又何取乎硯山哉？陸文裕曰：「洮河緑石，出洮州衛上關，西與西番接境。唐以來，名人採以製硯。宋失其地，故士夫尤貴重之。色有淺深，體有老嫩。猿頭斑、瓜皮黃，蚤子紋者爲佳。雪花無景者不足貴。今岷州亦産硯石，似一類云。」元美言：「得周益公硯，有『洮瓊』二字。唐開元間，獵人葉氏，得石于長城里，琢爲硯，遂聞天下。山在羊門嶺之巘，兩水夾之，水盡處乃産硯石。有坑一曰緊足，次曰羅紋，今呼爲舊坑。又次曰莊基。三坑相去百餘步，而石品迥異。舊坑又自爲三：曰泥漿，曰棗心，曰緑石。去舊坑纔數尺，而石品復異。自莊基北行二里，泝溪而上，曰眉子坑，則東坡所歌者。今在水底，不可斵矣。舊坑絲石爲上，生在石中。斵者先頑石，次得硯材。然極粗，工人名曰龘麻石。石心最緊處爲浪，出至慢處爲絲，愈慢出爲羅紋。故曰緊處爲浪，慢處爲絲，如木理然。然絲之品不一：曰刷絲、曰内裏絲、曰叢絲、曰馬尾絲。獨吐絲爲奇，正視之，疎疎見黑點，如灑墨，側視之刷絲燦然，工人謂之硯寶。蓋石之精云。惟棗心坑或有之，他産則劣。故三衢絲石黑而頑，南路絲石暗黝，綿潭絲石浮而滑，夾路絲石紅而枯，水池山絲石枯而燥，皆不甚宜筆墨云。」宋謝暨知徽州時，嘗于舊坑取石貢理宗。初，坑上嘗有五色雲氣，如錦衾，郡檄隨雲所覆處斵之，得佳石，有白文繞兩舷，宛如二龍。既發爲硯，雲氣不復見矣。

又　卷四三《植物・木》　穀一曰構，扁穀謂之楮。其高大皮駁，實如楓實，熟則紅。璣曰：「幽州謂構爲穀」，《桑書》所云桑穀並生者也。一種皮白葉長實小，似覆盆子，其木不能高大，俗謂蔴穀，所謂楮也。楮皮宜紙，穀皮粗宜爲茵帳。《本草》極言楮實之益，東璧合之。

又方以智《物理小識・器用類》　箋紙　永樂于江西造連七紙，奏本出鉛山，榜紙出浙之常山、廬之英山。宣德五年造素馨紙，印有灑金箋、五色金粉磁青蠟箋。此外薛濤箋則礬潢雲母粉者，鏡面高麗，則繭紙也。後唐澄心堂紙絶少，松江潭箋或倣宋藏經箋，漬荆川連，芨褙蠟砑者也。宣德陳清款，白楮皮厚，可揭三四張，聲和而有穰。其桑皮者牙色，礬光者可書。今則棉推興國涇縣，敝邑桐城浮山左，亦抄楮皮結香紙。邵建則竹紙、順昌紙，柬紙則廣信爲佳，即奏本也。《續録》曰，北紙横簾，南紙竪簾。

抄紙法　治楮者漚之，投黃葵之根，則釋而爲淖糜，酌諸槽，抄之以簾。其薄者一再抄，厚至五六抄，覆諸夾牆，煏乾而揭之。或以石灰水浸楮，後滌其灰。僞者加竹料、草料，以粉取白，則沁不耐書矣。竹取筍初成竹，斷之去青，謂之竹絲，浸而舂之。江西抄者粗，其抄草紙按尺者，煑當子藤葉，抄而累之，則番張不黏。或用榆皮，閩中抄竹紙、簡紙，取椰樹合圍者，鋸片舂碎，煑水抄簾，乃可窄之而番張烤煏也。或用大圓黃香樹皮，廣信用羊桃藤水，皆取其滑。

付故色紙　樺皮燒煙，熏紙作故色如泥。凡紙沁者，熏之不沁。《續録》曰，紙自然故者，其表故色，其裏必新。

熿槌法　熿百幅，白礬倍，黃明膠滚化而稀水收之。槌紙以一溼一乾，合百爲垛，用大石壓一伏時，乃槌三百下，以互間勻疊爲度。米元章砸越竹如金版，入芨番覆，《輟耕録》亦載藏經紙法，芨合石砸爲光。

筆法　兔穎、鼠狼雞雉胎髮，皆可爲之。鋭、齊、圓、健，其四德也。唐有筆匠鐵頭宣州諸葛高，常州許穎、李端叔稱歷陽柳材，黃山谷言郎奇棗心散卓，今巨細純羊毫近之，以宛轉滿志也。訬手近推湖州，撫李家渡業遍天下，大率毫少倍狸猍耳。鼠毫者，竹鼬尾毫也，兔毫惟前肩者尖健。《壺中贅録》曰，養筆，以

硫黄酒舒其毫。取冬水筆，亦防蠹也。東坡書杜君懿藏諸葛筆，每百枝用汞粉沸湯研墨膠筆，不蠹不燥。又曰，生毫筆成，飯甑蒸出，懸水甕數月乃可用。山谷用椒檗煎湯，磨松煤染筆，乾後收貯，或以靛染之。馮應京曰，洗筆宜熱水。

辯硯　《硯譜》：青州紅絲第一，柳公權用之。其實端第一，次歙，次臨洮，駝磯、廬山、常山不及也。熟鐵硯重，倭漆查硯輕，澄泥如銅雀瓦類，後倣而瘞泥生潤耳。端州今肇慶，宋欽宗改名，斧柯山即靈羊峽，有小湘、後歷石、砰硫、水巖、西下巖、大小秋風、桃花，其名也。宋宗室希鵠《續録》曰，下巖惟漆黑、青花二種，扣之無聲，磨墨亦無聲。卵石去廌，有花點。吴淑《硯賦》所謂點滴青花，久在水底，難得矣。今分將軍、梅花、老坑、水坑，以蕉葉白、火納文、辯水巖，亦因病而識之。張世南謂之火黯，外石號屏風背，多紫白緑，鴝眼絛絲，有黄緑硃青數十重明潤者。朱子暇治瞷守端。曰，嫩鋒横斷，發墨最神。似端者，九谿瀿石、沅州黑石也。洮有猿頭斑、瓜皮黃。

墨法　石腦油烟作墨堅重，以松煙者疏而碧，今不必也，李廷珪上矣。近代程君房、方于魯、祝彦輔、羅小華、丁南羽、邵青丘、吴去塵、吴百昌、象玄、潘方凱、方回、嘉客、環山、方伯闇、敷遠，不惜萬金，故得合諸家祕法。君房于魯以神宗見取名彰耳，法以蘇木煑草，去草性，燃煙所製，金紫照人，漆煙作墨，其色反白。獨用猪脂，作墨不成，君房以脂入頂煙六分之一，其墨細潤，書畫尚焉。其入金泥、硃沙、冰麝者，貴之也。水用雞山易泉，膠用鹿膠、阿膠，次廣膠，天雨錐之不動。市上牛皮膠合者，耎矣。膽用熊膽，次青魚膽。吴去塵獨用猪膽，爲其易也。取其動而化膠，黑能增色也。然猪膽久之適如其質而已，不能增也。古藏墨以豹囊，然至燕地往往化粉。惟君房、伯闇兩家墨入燕，堅倍于南。昔君房、伯闇互相問而不言，各悟而後知，若合符節。良以北方風高，法以百日酎釀，觔用三銖，故不碎也。製以秋和之日，無風重房，萬杵乃成。所忌者天陰，陰則墨餲矣。試法頂煙墨口，可以截紙投清水盌中，一晝夜如故，熊膽力也。君房玄元靈氣，于魯青鱗髓，潘方凱石蓮祕寶，方回宜宜堂，嘉客客道人，吴百昌紫雪，程孟陽松圓閣，方伯闇寫經墨，澤遠一笏金，敷遠碧水神珠，廣居神隨，皆累試累驗之，其他亦不勝記矣。驗墨之成色，與白金等。潘嘉客《試墨帖》，言之甚詳。其磨各墨而浸觀其黑者，一端也。其以新而冒舊者，窌之石灰中，一晝夜而出者也。儲泳祛疑曰，墨在製膠煎膠，練杵鐵石臼中而已。區區秦皮紫草，適足爲累。中通曰，墨用膠輕，故須萬杵乃勻。

劣墨發光法　臘梅皮浸水，磨墨有光，用白糖則膠矣。兆兗曰，冬用米醋磨墨。

又《帖拓類》　舊榻紙薄，久則磨光而紙面無氣味，即謂之墨香可也。淳化各帖棗木刻，用匱紙或用烏金拓或蟬翼拓，有銀挺擐痕。太觀刻于太清樓，潘師且刻爲絳帖。希白潭州帖，劉次莊戲魚堂，此外武岡、彭州、泉州諸本不一。若寶賢堂、東書堂，則周籓、晉籓拓也。陶九成言蘭亭百十七刻定武褚臨，皆宋人臨者多矣。金石集于歐陽公、趙德甫，鍾鼎篆韻合于薛用敏，徽、欽時上好下趣，容可盡信耶。漢魏一字、三字石經，少矣。陝碑爲唐鄭覃書，又有孟蜀石經。南宋石經詳見《通雅》。余全人曰，淳化各帖，宋季南狩遺于泉州，已湮池中，時出光恠。發之即是馬蹄，真跡謂銀錠擐痕也。中通曰，拓，先煑墨，絹包試而拓之。爲蟬翼須蠟一摩，北方用駱駝油，市上用雞子青。中履曰，或以燭油入墨礬。兆兗曰，墨亦礬調，待紙將乾，則勻而不枯不滲也。刷雞卵青者，天陰轉潮，須洗髮團之，微用白蠟磨拓帖囿，永遠發光，又可常用。

畫色　靛花、藤黄作緑，研赭合膠，朱用砂乳，謂之綽絳。其研飛大青石緑者，後必托粉。花蕙用胭脂碧蟬，秦皮配色更鮮。水墨加色，浸泌顯青紙可也。遠山先泌黄水，宿夜泌之乃藍。生紙細染界處，以礬筆襯之，磨墨待澄，用其浮者。遠山飽水，筆尖蘸淡墨抹之，噴溼烘染，深淺不沁。中通曰，硃砂不變色，銀硃、紅花久在風日則變。畫家乳硃砂漂之，去浮用中者，乳而用之，標作丹赭用。印色用標，取其細也。石青難研，以耳塞粟許彈入，便成粉。

寫影法　首、腰、足三停，立則爲首者七，坐則爲首者五。自頂顙至下頷，以眼爲中。自眼至頷，以準頭爲中。其面或長或短，或仰鼻或大口。眼更多變，耳視何等，老少在皺，髗須見勢。此其槩也。畫家皆以紙板對臨，以草灰紙隔而研其紋，乃以筆分之。愚見魏子一于扇上水墨爲人寫真，一一逼肖，故是神穎。通曰，眼用墨圈藤黄而細破之，有玻鏡攝摹法。[illegible]曰，畫色用膠蓋之，永不爲塵侵。

摹帖紙　嚮拓槌蠟明如魫角，次捶油紙，若熟桐油重塗棉紙，久則茶洗，可用數年。

礬書白字　皂礬水寫字，入五倍子水中。鹽滷寫紙，烘以火。草麻子油寫，撒紙灰，或杏仁灰，俱可見。又曰，白芨研汁入礦灰，蘸礦灰書黄竹紙，俱如丹。

寫不上者有法　薑汁研墨，書布絹不湮。石工以大蒜粘石，市鍋者以蘿蔔書鍋。肥皂水磨墨，書油紙畫燭。

字浮水上法　黄檗、白礬就紙書字，乘溼入水沈之。去紙，則字畫脱浮于水

面。或磨黃芩。

洗畫上黑法　畫上粉被黑或硫煙熏，以石灰湯蘸洗二三次，則色復舊。中通曰，周江左言用枇杷核洗畫上黴錘浸滾水，冷定洗之，則黴氣垢汙盡去。亦可皂角，又須急以清水淋去枇核、皂角之餘氣。

洗誤字法　宋久夫云，蔓荆子二錢，龍骨一錢，柏子五分，白丁香十條，定粉少許，俱爲細末，點水于字上，取藥摻之。少頃拂去，一方雍糞白馬珂螺粉灑之，數洗即去。中通曰，溼之覆以紙，取瑪瑙砑之，則墨自去。防奸者，寫成後以桐油沁之，則必不可洗補。

頃刻碑法　以鐵浸水加礬，以白筆書之，拖墨硯上，則礬不受墨成白字。又以此書紙上，不見字，浮水即見。舊傳烏鰂腹水立券，久則不見。今試之，先書時不汲墨，但變色耳。中履曰，以椑汁磨墨，拖礬書之紙。

藏書辟蠹　芸香，即七里香，山谷謂之山礬，非楓膠香也。鄘縣石魚，商山必栗香，作書軸，白魚不犯。蓋沈檀、降香作軸，皆不蠹也。尋常宜用桐、杉，膠則易蒸，糊則生炷，以苦楝子末生麪粘之。犀玉雖貴，紙何以能勝耶。春宫圖，謂之籠底書，以此辟蠹，乃厭之也。莽草蒿苣，熏之即去。愚者曰，竹紙有漿粉，故易生蠹，真綿紙書不生蠹。古用黃卷，以漬檗殺蟲也。中履曰，書廚可置樟腦雄黃，以芨表之。

揭溼黏法　書浥水不開者，火酒燒過，含其剩水噴之即開。黏而欲其易開者，豆粉黏也。

芝泥法　茶油四兩，皂角九錢，白芨去皮毛五錢，金狗毛取毛一錢，老生薑去皮五錢。以武火熬，文火漫收之，滴珠爲候，絹濾去滓，再煎數沸。艾絨四錢，銀硃四錢，油調之，再蒸再曬聽用。朱太環曰，入乾薑熬油者，等其重，去其薑而陽光所漉。濁者下矣。以之印紙易乾，冬用之不凍，與艾絨和而不脂。松雪叁用麻油一兩，入七萆麻肉，熬令色改，即漉去。投芨、椒、礬、牙皂，文武三沸，又濾去矦油成珠，投黃蠟少許，濾去其滓，貯瓷瓶瘞地月餘，用水花銀硃研淘，加油，染夤帛、熟艾、鵝毛、吐絲之類，以絹囊縫固，內于印池。硃六錢，加辰砂四錢爲優。吳寧《埜紀》：用川山甲汕，取其不滲。程穆倩加大青，取其發紫豔也。盛白含得錢仲馭法，以燈心調粉日之，碾則易碎，再以水澄，其粉在下，以之受油，紗于艾絨。中德曰，埋萆麻油三年，取出色白如冰。復曬之熱，每斤入黃蠟一錢，白礬一錢，芨二錢，貯之。研硃砂水，飛去黃標與砂脚，用中間細者入盌。加燒酒，微火煑一炷香，取乾又研，乃拌艾絨。艾絨以履煑屢磨，乃熟如綿。中通曰，油于印外者，加白歛。中履曰，蘇合汕最歛，入附子則金扇面立乾。或入陀僧。謝在杭曰，蛢油合硃砂，印色隱起。

明・文震亨《長物志》卷五《書畫》

南北紙墨

古之北紙，其紋橫，質鬆而厚，不受墨；北墨，色青而淺，不和油蠟，故色澹而紋皺，謂之蟬翅拓。南紙其紋豎，用油蠟，故色純黑而有浮光，謂之烏金拓。

古今帖辨

古帖歷年久而裱數多，其墨濃者，堅若生漆，紙面光彩如研，并無沁墨水蹟侵染，且有一種異馨，發自紙墨之外。

又　卷七《器具》

研

研以端溪爲上，出廣東肇慶府，有新、舊坑，上、下巖之辨，石色深紫，襯手而潤，叩之清遠，有重暈、青緑、小鸜鵒眼者爲貴；其次色赤，呵之乃潤；更有紋慢而大者，乃西坑石，不甚貴也。又有天生石子，温潤如玉，磨之無聲，發墨而不壞筆，真希世之珍。有無眼而佳者，若白端、青緑端，非眼不辨。黑端出湖廣辰、沅二州，亦有小眼，但石質粗燥，非端石也。更有一種出婺源歙山龍尾溪，亦有新、舊二坑，南唐時開，至北宋已取盡，故舊硯非宋者，皆此石。石有金銀星，及羅紋、刷絲、眉子，青黑者尤貴。濲溪石出湖廣常德、辰州二界，石色淡青，内深紫，有金線及黃脈，俗所謂紫袍、金帶者。又洮溪研，出陝西臨洮府河中，石緑色，潤如玉。衢研，出衢州開化縣，有極大者，色黑。熟鐵研，出青州。古瓦研，出相州。澄泥研，出虢州。研之様製不一，宋時進御有玉臺、鳳池、玉環、玉堂諸式，今所稱貢研，世絶重之。以高七寸，闊四寸，下可容一拳者爲貴，不知此特進奉一種，其製最俗。余所見宣和舊研，有絶大者，有小八稜者，皆古雅渾樸，别有圓池、東坡瓢形、斧形、端明諸式，皆可用，葫蘆様稍俗。至如雕鏤二十八宿、鳥、獸、龜、龍、天馬，及以眼爲七星形，剥落研質，嵌古銅玉器於中，皆入惡道。研須日滌，去其積墨敗水，則墨光瑩澤，惟研池邊斑駁墨跡，久浸不浮者，名曰墨繡，不可磨去。硯用則貯水，畢則乾之。滌硯用蓮房殼，去垢起滯，又不傷研。大忌滚水磨墨，茶、酒俱不可，尤不宜令頑童持洗。研匣宜用紫、黑二漆，不可用五金，蓋金能燥石。至如紫檀、烏木，及雕紅、彩漆，俱俗，不可用。

筆

尖、齊、圓、健，筆之四德。蓋毫堅則尖，毫多則齊，用檾貼襯得法，則毫束而圓，用純毫附以香狸、角水得法，則用久而健，此製筆之訣也。古有金銀管、象管、玳瑁管、玻璨管、鏤金綠沈管，近有紫檀、雕花諸管，俱俗，不可用。惟斑管最雅，不則竟用白竹。尋丈大筆，以木爲管，亦俗。當以笻竹爲之，蓋竹細而節大，易於把握。筆頭式須如尖筍，細腰、葫蘆諸樣，僅可作小書，然亦時製也。畫筆，杭州者佳。古人用筆洗，蓋書後即滌去滯墨，毫堅不脱，可耐久。筆敗則瘞之，故云敗筆成冢，非虛語也。

墨

墨之妙用，質取其輕，煙取其清，嗅之無香，磨之無聲。若晉、唐、宋、元書畫，皆傳數百年，墨色如漆，神氣完好，此佳墨之效也。故用墨必擇精品，且日置几案間，即樣製亦須近雅，如朝官、魁星、寶瓶、墨玦諸式，即佳，亦不可用。宣德墨最精，幾與宣和内府所製同，當蓄以供玩，或以臨摹古書畫，蓋膠色已退盡，惟存墨光耳。唐以奚廷珪爲第一，張遇第二。廷珪至賜國姓，今其墨幾與珍寶同價。

紙

古人殺青爲書，後乃用紙。北紙用横簾造，其紋横，其質鬆而厚，謂之側理；南紙用竪簾，二王真蹟，多是此紙。唐人有硬黄紙，以黄蘗染成，取其辟蠹。蜀妓薛濤爲紙，名十色小箋，又名蜀箋。宋有澄心堂紙，有黄白經箋，可揭開用；有碧雲、春樹、龍鳳、團花、金花等箋；有匹紙長三丈至五丈；有彩色粉箋及藤白、鵠白、蠶繭等紙；元有彩色粉箋、蠟箋、黄箋、花箋、羅紋箋，皆出紹興；有白籙、觀音、清江等紙，皆出江西。山齋俱當多蓄以備用。國朝連七、觀音、奏本、榜紙，俱不佳，惟大内用細密灑金五色粉箋，堅厚如板，面研光如白玉，有印金花五色箋，有青紙如段素，俱可寶。近吴中灑金紙、松江潭箋，俱不耐久，涇縣連四最佳。高麗别有一種，以綿繭造成，色白如綾，堅韌如帛，用以書寫，發墨可愛，此中國所無，亦奇品也。

清工部《工程做法》卷六〇

裱作做法開後

計開

隔井天花，用白棉榜紙托夾堂苧布糊頭層底，貳號高麗紙糊兩層，山西練熟絹、白棉榜紙托裱面層，錠鉸匠壓錠，隨天花之燕尾，用山西絹、棉榜紙托裱。

又用山西紙托夾堂苧布糊頭層底，貳號高麗紙壹層，山西練熟絹、白棉榜紙托裱面層，錠鉸匠壓錠，隨天花之燕尾，用山西絹托棉榜紙。

海墁天花，用白棉榜紙托夾堂苧布糊頭層底，貳號高麗紙横順糊兩層，山西絹托榜紙過畫作，畫完，裱糊面層。

又用山西紙托夾堂苧布糊頭層底，貳號高麗紙横順糊壹層，山西絹托棉榜紙。

糊餙頂槅梁柱裝修等項，俱用高麗紙壹層，面層所用紙張臨期酌定。

裱糊木壁板墻，山西紙托夾堂苧布糊頭層底，貳號高麗紙横順糊貳層，面層出線角雲所用紙張臨期酌定。

又用山西紙壹層，貳號高麗紙壹層，托夾堂苧布面層，出線角雲臨期酌定。

博縫糊餙，如槅扇、壹槽肆扇，用硬博縫叁條，硬横縫捌條，俱用裱料紙托裱合背肆拾層，面用綾緞托裱黄榜紙壹層，高麗紙壹層貳面包裹，亮釘壓錠。軟博縫貳條，用黄榜紙托裱綾緞面，亮釘壓錠。

又頂槅糊底，用山西紙壹層，上白欒紙壹層，竹料連肆紙壹層。墻垣梁柱等項，不用山西紙。

羣肩，用貳白欒紙糊底，面紙壹層，臨期擬定。

又頂槅，用貳白欒紙纏秫稭紥架子，山西紙糊底，面層白欒紙。

柁木裝修墻壁，用貳白欒紙糊底，面層白欒紙。

秫稭紥架子，每折見方壹丈，用秫稭肆拾伍根。

每秫稭壹根，纏貳白欒紙横順均折，每根用貳白欒紙捌分張。

每折見方壹丈，用線麻壹兩伍錢。

裱糊緞錦，每層每折見方壹尺，用白麵貳錢。

裱糊各樣綾絹，每層每折見方壹尺，用白麵壹錢肆分。

裱糊紗，每層每折見方壹尺，用白麵壹錢貳分。

裱糊布疋，每層每折見方壹尺，用白麵壹錢陸分。

裱糊苧布，每層每折見方壹尺，用白麵壹錢。

裱糊各樣紙張，每層每折見方壹尺，用白麵捌分。

以上各樣裱糊，每麵壹百觔加白礬壹觔，木柴貳拾伍觔。有木作工程，不準辦

買價值。

糊飾窗户，加對縫耗紙，每見方拾尺加伍寸。

各項打截押邊糊飾，加耗紙，每見方壹尺加伍分。

又 户部咨開錦緞紗綾絹布紙張尺寸開後

計開

庫存拾陸項：

香色杭細，杏黄杭細。每疋俱長肆丈，寬貳尺。

白紗，天藍紗。每疋俱長肆丈貳、叁尺不等，寬貳尺壹寸。

石青綾，紅綾，白綾，杏黄綾，明黄綾。每疋俱長叁丈壹、貳尺不等，寬壹尺陸寸。

片金緞。每疋長肆丈貳、叁尺不等，寬貳尺壹寸。

香色絹，山西絹。每疋俱長肆丈，寬貳尺壹寸。

石青片金。每疋長肆丈貳、叁尺不等，寬貳尺壹寸。

石青花綾。每疋長叁丈壹、貳尺不等，寬壹尺陸寸。

藍叁梭布。每疋長貳丈，寬壹尺壹寸。

苧布。每疋長叁丈，寬壹尺壹寸。

採買貳項：

□條紗。每疋長叁丈、肆丈不等，寬壹尺陸寸。

畫絹。每疋長叁丈、肆丈不等，寬壹尺陸寸。

顔料庫存紙張拾壹項：

貳號高麗紙。每張長叁尺壹寸伍分，寬貳尺叁寸伍分。

毛邊紙。每張長肆尺叁寸，寬壹尺捌寸。

官青紙。每張長貳尺貳寸，寬壹尺捌寸伍分。

毛頭紙。每張長壹尺陸寸伍分，寬壹尺叁寸。

西呈文紙。每張長貳尺玖寸，寬壹尺玖寸伍分。

山西毛頭紙。每張長壹尺柒寸，寬壹尺伍寸。

白鹿紙。每張長壹丈壹尺肆寸，寬肆尺肆寸。

黄棉榜紙。肆摺長叁尺叁寸伍分，寬貳尺玖寸伍分伍摺，長肆尺貳寸伍分，寬叁尺柒寸。

竹料連肆紙。每張長叁尺捌寸，寬貳尺叁分。

白棉榜紙。每張長肆尺，寬叁尺陸寸伍分。

清水連肆紙。每張長肆尺貳寸伍分，寬貳尺。

採買紙張拾捌項：

白欒紙。每張長壹尺，寬壹尺伍寸。

香色箋紙。每張長肆尺，寬壹尺柒寸。

蠟花紙。每張長捌寸，寬壹尺。

連肆抄紙。每張長壹尺，寬壹尺伍寸。

貳白欒紙。每張長壹尺，寬壹尺貳寸。

錦紙。每張長柒寸，寬捌寸。

連柒紙。每張長玖寸，寬貳尺伍寸。

各色宫箋。每張長叁尺柒寸，寬壹尺柒寸。

各色蠟花紙。每張長捌寸，寬壹尺。

各色錦紙。每張長柒寸，寬捌寸。

夾皮連肆紙。每張長肆尺貳寸，寬壹尺玖寸。

裱料紙。每張長貳尺柒寸，寬壹尺陸寸。

紅白藍連肆紙。每張長叁尺，寬壹尺玖寸。

黄色高麗紙。每張長叁尺，寬貳尺叁寸。

京文紙。每張長壹尺捌寸，寬壹尺貳寸。

大連柒紙。每張長壹尺伍分，寬叁尺。

香色紙。每張長叁尺玖寸，寬壹尺捌寸。

叁號高麗紙。每張長叁尺壹寸，寬貳尺貳寸。

清・孫廷銓《顔山雜記》卷四《物産》 淄石硯

淄石坑在城北庵上村倒流河側，千夫出水，乃可以入。西偏則硬，東偏則薄，惟中坑者堅潤而光。映日視之，金星滿體，暗室不見者爲最精，大星者爲下。米元章曰：「淄石理滑易乏，在建石之次。」蘇子瞻曰：「淄石號韞玉，發墨而損筆，端石非下巖者，宜筆而褪墨，二者當安所去取？用褪墨硯，如騎鈍馬，數步一鞭，數字一磨，不如騎贏用瓦硯也。」不知淄石顧有發墨而不損筆者，惜二公之未見也。

清・顧祖禹《讀史方輿紀要》卷二六《南直八》 梅子嶺，縣東五十里。多産梅，上可容數十萬衆。又縣東南四十里有楮皮嶺，居人多造紙于此。

又　卷八五《江西三》　水南山，縣南二里。俗名大王山，又呼黃谷山。其脈自閩來，銳如卓筆。東有功曹山。下爲冰溪，一名大王潭，實上干溪、玉溪所會處也。又東里許爲武安山，三山並列，下亦有泉，世謂「煖水三山」，即此。又齊峰山，在縣南三十五里。其脈自永豐縣來，形如屏障。元魏玄德居此，善製墨，今土人猶傳其業。

又　卷一〇二《廣東三》　靈池山，縣東百二十里。【略】志云：縣東南八十里又有紙山，産竹，可造紙。

清・田雯《黔書》卷四　黔紙　石阡紙極光厚，可臨帖。

清・徐觀海等《將樂縣志》卷五《土産》

竹絲

春竹解籜，舒尾萌葉，即砍截梢，悉令丈許，縱橫鋪塘中，大石壓鎮，注水浸之。夏至後，竹悉爛，取起逐莖刮啓粗皮，木椎敲洗，日干捆束，每擔百餘斤，以備紙料。其粗皮亦另作捆，可爲草紙、油焙紙之用。

杠連紙

湖管、三溪各圖皆出，而以高灘圖者爲最潔白厚實，過於玉華諸村落。每捆六帖，有中、邊、靠不同，中二帖，完全無破碎，次二貼則少有破損矣；至於靠，則半張者愈多。近惟官紙則悉揀完整。客商收買北上者，不能也。官紙之例，始於乾隆癸酉、甲戌間。

書紙

西鄉楊家山、義豐圖皆造書紙，然楊家山者薄而不白，義豐頗勝而廉，格甚小，多運江右、湖廣間貨之。惟龍西山最闊者爲切邊，略狹一二分者爲鼓連，結實細嫩，色白如雪，且不用米粉，年久不蛀。又將軍頂有龍鳳紙，一張即切邊二張，蓋未割斷也。

清・嚴如熤《三省邊防備覽》卷九《山貨》　紙廠，定遠西鄉巴山林甚多。廠擇有樹林、青石、近水處，方可開設。有樹則有柴，有石方可燒灰，有水方能浸料，如樹少水遠即難做紙，只可就竹篝開笋廠。笋廠於小滿後十日採笋，焙乾發客；紙廠則於夏至前後十日内砍取，竹初解籜尚未分枝者，過此二十日，即老嫩不勻，不堪用。其竹名木竹，粗者如盃，細者如指。於此二十日内，將山場所有新竹一併砍取，名剁料，於近廠處，開一池，引水灌入，池深二三尺，不拘大小，將竹侭數堆放池内。十日後，方可用其料，須供一年之用。倘池小竹多，不能堆放，則於林深陰濕處堆放。有水則不壞，無水則間有壞者。從水内取出剁作一尺四五寸長，用木棍砸至扁碎，篾條捆縛成把，每捆圍圓二尺六七寸至三尺不等。另開灰池，用石灰攪成灰漿，將笋捆置灰漿内蘸透，隨蘸隨剁，逐層堆砌如墻。候十餘日，灰水喫透，去篾條上大木甑。其甑用木攢成，竹篾箍緊。底徑九尺，口徑七尺，高丈許。每甑可裝竹料六七百捆。烝四五日晝夜不斷火，甑旁開一水塘，引活水可灌可放。竹料烝過後，入水塘放水沖浸兩三日，俟灰氣泡凈，竹料如麻皮，復入甑内，用鹼水煮三日夜，以鐵鉤撈起，仍入水塘淘一兩日，鹼水淘凈。每甑用黄荳五升，白米五升，磨成水漿，將竹料加米漿拌勻，又入甑内，再烝七八日，即成紙料。取出紙料，先下踏槽，其槽就地開成，數人赤脚細踏後撈起。下紙槽，槽亦開於地下，以二人持大竹棍攪極勻，然後用竹簾揭紙。簾之大小，就所做紙之大小爲定。竹簾一扇，揭紙一層，逐層夾叠，叠至尺許厚，即緊壓。候壓至三寸許，則水壓凈，逐張揭起，上焙墻焙乾。其焙墻，用竹片編成，大如墻壁，灰泥搪平，兩扇對靠，中燒木柴，烤熱焙紙。如細白紙，每甑紙料入槽後，再以白米二升磨成汁攪入。揭紙，即細緊如做黄表。紙加薑黄末，即黄色。其紙大者，名二則紙；其次名圓邊、毛邊紙、黄表紙。二則、圓邊、毛邊論捆，每捆五六合，每合二百張。每甑之料，二則紙可做三十捆；圓邊、毛邊紙可做三十五六捆。黄表紙論箱，每甑可做一百五六十箱。染色之紙，須背運出山，於紙房内將整合之紙大小裁齊，上烝籠乾烝後以膠礬水拖濕，晾乾，刷色，此造紙之法也。山内叢竹一年一解，籜老林燒盡，另蓄子杁山場一段，即可作小廠。世業不似木廠，砍伐即成荒地。西鄉紙廠二十餘座，定遠紙廠踰百，近日洋縣、華陽，亦有小紙廠二十餘座。廠大者匠作傭工，必得百數十人；小者亦得四五十人。山内居民當佃山内有竹林者，夏至前後，男婦摘笋、砍竹作捆，赴廠售賣，處處有之。藉以圖生者，常數萬計矣。

《夢禪》。

清・張燕昌《金粟箋説》　金粟箋之名定自天府詞館以製賦題，可爲楮生慶遭遇矣。燕昌生長海濱，愛金粟山水之勝，春秋佳日扁舟訪赤烏遺跡，欲探藏經閣，則片紙無存。間于里中獲見散帙，亟爲編録。其他若法喜及秀州精嚴、智覺，宜興善權諸藏堪與金粟互證者，并印記摹之，造紙及寫經人名一一類叙，後列裝潢家數則，以資博覽。

潘澤民《金粟寺記》：寺先有宋藏數千軸，皆硬黄複繭，後人剥取爲裝贉

用，零落不存。世所傳金粟山藏經紙是也，或云唐藏矣。胡震亨《海鹽縣圖經》：金粟山縣西南三十五里，金粟寺在金粟山下。吳赤烏中建。宋濂《太平萬壽寺記》云，吳時江以南尚無佛寺，赤烏中康居沙門僧會爲吳大帝祈獲釋迦文佛真身舍利，始建三寺，一爲金陵之保寧，一爲太平之萬壽，其一即海鹽之金粟也。大中祥符初元，始改爲金粟廣惠禪院。毘陵胡瀅撰《金粟廣惠寺紀略》云，歲在赤烏，有神僧號康僧會，自康居國而來，顯其靈異，海鹽金粟山時值炎暑，搆亭施茶以濟渴，朝廷聞之，賜名茶院，已而建寺居焉。

姚桐壽《樂郊私語》：金粟寺有康僧會身像，余于至正癸巳始得頂禮。明年春，余以伯兄見背，到寺禮懺，復與潘廣文澤民檢發唐代所書三藏，然零落過半，惟《華嚴》《法華》《楞嚴》《寶積》《維摩》《長阿舍》，及諸律論之半，猶完整不壞。翻閱踰旬，忽于哺時作禮像前，見像眉間有光，須臾光若白線，嫋嫋而出，盤繞華蓋而上。余遂鳴鐘聚僧，稱佛名號，頂禮拜讚。至莫，而光復從眉間收攝。人人歎爲希有，澤民因作《放光記》紀其事。

董穀《續澉水志》：大悲閣內貯《大藏經》兩函，萬餘卷也。其字卷卷相同，殆類一手所書。其紙幅幅有小紅印，曰金粟山藏經紙，間有元豐年號，五百年前物矣。其紙內外皆蠟，無紋理，與倭紙相類，造法今已不傳，想即古所謂白麻者也。當時澉鎮通番，或買自倭國而加蠟，與日漸被人盜去，四十年而殆盡，今無矣。計在當時，縻費不知幾何，諒非宋初盛時不能爲也。

案《碧里記》，大悲閣內貯《大藏經》萬餘卷，當時若得盡録其卷末年月，并書人、校人爲一卷，傳之今日，不更資考證邪！

《金粟寺志》：藏經繭紙硬黃，筆法精妙，其墨黝澤如漆，每幅有小紅印，曰金粟山藏經紙，計六百函。宋熙寧十年丁巳寫造大藏，賜紫思恭誌，今僅存百餘軸。

案《樂郊私語》，謂唐代書《續澉水志》謂元豐年號，此云熙寧十年，皆與今所見熙寧元年者不同，可知大藏寫造非一時爾。

《海鹽縣圖經》：金粟寺有藏經千軸，用硬黃繭紙，內外皆蠟摩光瑩，以紅絲闌界之。書法端楷而肥，卷卷如出一手，墨光黝澤如髹漆可鑒，紙背每幅有小紅印，文曰金粟山藏經紙。後好事者剥取爲裝潢之用，稱爲宋箋，徧行宇內，所存無幾。有言此紙當是唐藏，蓋以其製測之。然據董穀，以爲紙上間有元豐年號，則其爲宋藏無疑矣。

姚際恒《好古堂書畫記·阿毗達摩法蘊足論》後署熙寧元年海鹽金粟山廣惠禪院大藏，吴鼎書。

案，藏經卷首海鹽金粟山廣惠禪院大藏十一字，卷後題年月所見相同，此云後署者，恐誤合年月爲一行也。

王穉登與劉少典書：沙裏狗幸寄一籠，宋經箋有殘者乞一二番。若成卷者，僕自有之，不須割裂。又與劉少彝書：宋藏經紙乞數番，欲裝一二舊帙，冀不靳。

吾邑明隆、萬間，如劉氏少彝、少典兄弟，暨錢氏懋穀，俱風雅壇坫一時名流，文翰往復，皆足以徵故實。自後繼之者陳氏則梁，有《聲藝苑》，此《百穀帖》真蹟，曾藏則梁半偈菴，今歸吾友錢柞溪本誠家。

《大般若經》一卷，余昔年所得，卷首右下題海鹽金粟山廣惠禪院大藏。日一十六紙。每幅率口行以朱絲爲直界行率口字，卷尾署維宋熙寧元年龍集戊申二月甲辰朔二十六日己巳，起首吳拱書，校勘僧普演，勾當寫造大藏，報願僧惠明，都勸緣住持傳法沙門知禮校證。其字比經文差小，每幅有金粟山藏經紙印。

又《大般若經》一卷，吾以方進所得，卷首海鹽金粟山云云。收一十四紙。卷後維皇宋熙寧元年云云。嘉禾蔣鑄書同校勘僧立政勾當寫造大藏，報願僧惠明都勸緣住持傳法沙門知禮并校勘。

案，此卷紀年月日，與余藏一卷同，惟寫經手及校勘僧異耳。此卷收字，前卷日字，蓋以千文紀數也。

又藏經一卷，錢柞溪所得。卷末署聖宋治平元年，歲次甲辰，四月十五日，起首四明馮預敬寫，當寺沙門惟宥挍證住持募緣寫造大藏賜紫沙門守英造藏，檀越渤海吴延亮、延宥，耆宿講經沙門昭益法屬沙門守榮、守寧。

案，此卷有三印，皆楷書，一曰「金粟山藏經紙」，一曰「勾當賜紫守英」，皆朱印。一曰「徐惠翁秀陳義舍墨」。印：

金粟山藏經紙

勾當賜紫守英

徐惠翁秀陳義捨墨

太倉畢氏静逸齋，見宋仲温草書，立軸，白色藏經紙二，接有金粟山小

印，又一印文曰「□德大藏」。

案，金粟山藏經，白色最少見。

徐紹曾《法喜寺重請藏經碑記》：舊有藏經，余不忍其毀廢而終泯云云。《海鹽縣圖經》：法喜寺，《吴地記》曰，通元寺，吴大帝孫權吴夫人舍宅置。唐載初元年，則天皇后改爲重雲寺，移鹽官縣東四十里鮑郎市。明永樂《志》：寺在縣西南三十里，舊名通元寺，宋祥符元年賜額法喜寺。

鮑以文廷博知不足齋藏元文宗御書刻永懷二字墨帖卷子，藏經紙引首，上有楷書方印，曰法喜大藏。陸咸仲以誠藏明朱西村題陳墨山畫木芙蓉詩藏經箋，有楷書長方朱印，作兩行，曰法喜轉輪大藏。

案，法喜寺藏經流傳絶少，惟背紙曾見幾番，光潔如玉，與金粟無異。鈐印有三：一曰「法喜大藏」，作一行。又作兩行。一曰「法喜轉輪藏經」，作兩行。陸貫夫曰，法喜轉輪藏經亦有圜印者。

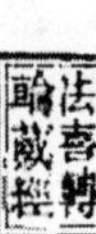

案，吾邑藏經有金粟、法喜兩種。今寺中散佚殆盡，收藏家間得尺幅，亦頗寶貴，其經文向來不甚重。今并經文亦難得矣。滋蕙堂帖刻有大般若殘本，係金粟山廣惠禪院大藏地一十七紙，題爲唐人書者，恐誤。又案金粟、法喜造紙大小相同，度以宋三司布帛尺，高一尺七寸有奇，長三尺三寸，質料用繭紙兼硬黄法也。

曾恒德《滋蕙堂法帖題跋唐人書般若波羅蜜多經》，余子毓光于廠肆棄紙中，得唐人藏經真蹟割裂廢殘者十有餘片，内有《大般若波羅蜜多經》卷十三，標題款識完好，餘則每行存五六字，或二三字不等。翦續成帙，得四百八十七字，顆顆明珠，行行朗玉，具多寶之莊嚴，發靈飛之冥幻，于唐賢中當與顔清臣、鍾可大伯仲。飄零千載，出塵灰間，加拂拭而珍秘之，且爲勒貞珉以傳不朽。物之遇合有時，大率如此。案，曾氏所謂唐人書，蓋沿《樂郊私語》之誤。

陸時化吴越所見書畫，録大藏經十一幅，高八寸五分，有圜印鈐縫，又興國福壽院印。

海寧周松靄春藏元拓《淳化閣帖》，題籤皆宋藏經箋，上有圜印文，曰「興國福壽院轉輪大藏經」十字，中有梵書。

錢仲溪藏藏經數幅，上有朱印文，曰「興國福業院轉輪大藏經」十字，中有梵書。

案，二家所藏，皆圜印楷書，兩梵字結體稍異。又福壽與福業不同。

吴槎客騫云，宋時，凡經典碑幢等，往往于寺院上加興國、安國、護國、報國諸字，實非寺院名也。此福業院，蓋即今海鹽之南觀音院，中有藏經閣，剏自明代。王沂陽作記，謂院舊無藏經，有之自明始。豈未之深攷邪。

孫松亭師錫偕朱叔巖過侶鶴軒，出示《大般若經》數幅，末署大宋至和二年歲次乙未三月十五日起首募緣寫造，當寺校勘沙門賜紫了乘。正背俱有鈐印文，曰「秀州精嚴寺净土院大藏經紙」。較金粟、法喜略短，色澤光瑩相同也。

案，精嚴藏經每紙高一尺五寸，長二尺六寸，廿八行十七字，間有十八字。

吾以方云，余所藏《大般若經》，每紙三十行，行十七字。又《音疏》一卷，每紙廿四、五、六行不等，行十四字。注皆雙行，朱絲闌邊，高低麤細咸歸一律，非止書法如出一手也。

吴槎客贈余藏經套，合紙四層爲之，紙色與金粟戔同，面題大方廣佛華嚴經卷十八凡十字。是墨印下有「秀州智覺大藏」小印，亦墨印。又槎客自藏數幅大方廣佛華嚴經卷十八，亦有「秀州智覺大藏」墨印。又有金粟山藏經紙印。聞陳倏初藏印本藏經，亦有智覺大藏印。

案，藏經用印有朱、墨二種。朱印用于造紙時，如金粟山秀州精嚴寺諸印。當時設局營造，專爲寫經，故每幅鈐記。至勾當及捨墨二印，又秀州智覺大藏印，乃寫經成後記也。

姜紹書《韻石齋筆談》：句容崇明寺有斗書藏經，年久散落人間，楮素完好，展之墨色映人眼睫，信毘陵法寶也。相傳寺僧欲延請名流書經滿藏，忽有全真七人至寺，俱渥顔飄髯，風度冲遠，謂僧曰，吾能書此，何必倩人。主僧允之。扃閉一室，至明啓扉，闃無其人，止有七鴿冲霄而去。剡藤貝葉繕寫無遺，鋒穎

端莊，如出一手。始悟北斗神顯化，建齋以謝之。余舞象之年聞其説而異之，留意採訪，後先凡得二卷，皆朱絲界行，紙瑩如玉，書體類眉山。其一爲《大雲經》，宋元祐五年庚午七月錢塘張暉書。其一爲《法輪經》，元祐五年庚午七月崑山潘澤書。想元祐庚午乃寫經起首之期也，姓名、歲月班班可考，何乃神其説而謂北斗降靈之迹乎！

余于杭城蓮居觀白色藏經二卷，其一《大般若波羅蜜多經》卷第五百二，江寧府句容縣崇明寺大藏巨一十八紙，末署大宋元祐五年歲次庚午七月初六日起首寫造，姑蘇李訒書，劉慷比證，徒弟僧法隆法典景初守象勾當寫造，僧守明閣主僧永真都勸緣興教禪院住持傳法沙門清濟當縣郭下延賓里坊製置里，開福謹案，此四字疑有誤。奉佛弟子江舜臣謹捨。其一《説一切有部品類足論》卷第十一，江寧府句容縣崇明寺大藏，投一十三紙，末署大宋元祐五年歲次庚午七月初六日起首寫造，姑蘇陸云松書，揚州僧子修校證，徒弟僧法隆法典景初守象勾當寫造，僧守明閣主僧永真都勸緣興教禪院住持傳法沙門清濟當鄉崇德鄉盧江村崇德里奉佛弟子淩守宗謹捨。按，二本皆摺版經面木版，一中題大般若經卷第五百二巨句容崇明大藏，又旁書捨入釋迦佛藏内七字，墨瀋淋漓，氣勢酣暢，蓋亦宋人書也。一中題阿毘達摩品類足論卷第十四，投句容崇明大藏，雙行，與《大般若經》同。又卷首左下二卷，皆有句容經藏禪寺斗書毘盧法寶十二字長方印，殆即所謂北斗降靈者與？

李日華《六硯齋筆記》：天平寺藏經多唐人書，背有封橋常住印記。

己酉十月朔日，同仁和朱朗齋、文藻常熟毛寶之、琛于趙味辛懷玉寓中，觀唐荆川遺像，有手書藏經紙，卷上有印文不可辨。

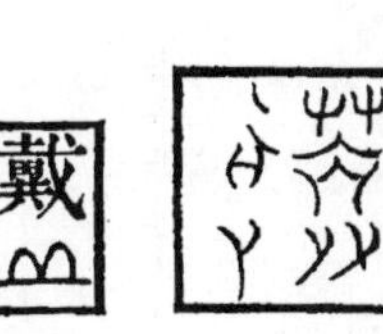

又于蘇州沙青巖寓，同陸貫夫紹曾觀印本藏經，背紙有印文，曰「戴□」，是倒用。

秀水蔣春雨元龍藏黃色藏經紙，有「書府藏用」朱印。

梁太史山舟家黃色藏經紙朱印二種，一押書，一「慶政□錫」四字。

知不足齋觀宋版《羣經音辨》黃色藏經紙面有朱印，文模糊不可辨，依缺略摹其筆畫。

邱至山學勧杭城寓中觀古書畫，内有白色藏經紙一幅，有朱印文，曰「善權山重修藏經紙」八字，二行。趙洛生魏所藏一幅，亦有此印。

案，吴槎客云，宜興善權山之麓有廣教禪院，亦曰善權寺，刱于南齊。考碑志，善權寺宋建炎中李忠定綱嘗裝嚴像設，迨寶祐間，李相、曾伯益加宏拓，有重修藏經殿之語，見于《曾伯記》中。則印文所云重修大藏經者，殆即寶祐時矣。殿柱宋時有雷篆，甚奇。自明以來，梵宇屢被鬱攸，雷篆既亡，而藏經亦不可問。惟與山相近地名陶野，至今出佳紙，白如鋪玉，爲書畫家所重。豈猶是白藏經之適嗣與？

海寧俞冀山攜示藏經紙摺版，是從印本後揭下者。印文曰「普照法寶」，紙色不如金粟箋之明潤，然亦真宋蠟紙也。

錢唐黃相圃模出示藏經紙一幅，亦有普照印，照字已缺。

趙洛生又示白藏經紙，有藏司記三字印。又周□朱印，周下一字是押，余在杭寓，爲燈花落下失之，今惟存「藏司記」印。

乾隆壬午，燕昌于吴門敬觀今上御筆賜和沈德潛紀恩詩，横幅藏經紙，高九寸，寬一尺七寸，紙上朱印「倪仁稟□」，下一字不可辨。

錢唐梁太史藏宋藏經紙，朱印「倪仁稟」，字較前所見略大，稟下一字是押，歐陽公所謂署書是也。

京師過陳伯恭崇本齋，觀宋拓《聖教序跋》尾金粟箋，有梅花印。又一卷，經背有「馮□」，皆朱印。

案《江村銷夏録》：元吴仲圭四友圖，卷首有梅花印，與此稍異。又馮□，是元人押印，今京師琉璃廠押印甚多，此殆是收藏家印爾。

余藏宋拓晉唐小楷六種，帖尾藏經紙半幅，上有朱印文，曰「乾□大藏」，乾下一字似門字，印有輕重，不能辨。

陸貫夫藏朱澤民古玉圖藏經，引首上有篆文「經」字朱印。

庚子春同貫夫于閶門裝潢家見藏經紙，有楷書朱印文，曰「九品净會」。

桐鄉金鄂巖德輿桐花館藏藏經紙，其色瑩澤，與金粟、法喜同。印有「義文」字，篆書，又「丁戈染摺」小長印。

葉紹袁《甲行日記》：興善寺在秦溪村深地，古竹木爲多。馥林云，舊有宋藏，皆卷軸，非摺本也。萬秝初，寺當中衰，香火寥落，箱函毀阤，馮開之太史收歸，置之鄴架，忽元冥不襪，烈焰中飛去《法華》《華嚴》二部。《華嚴》八十一軸零星散□，人有（捨）［拾］之。《法華》七軸同飛至王江涇，墜具足菴。金書賻云，興善寺藏，故菴仍以歸寺。箋印裝潢瀾然古物，後又不知何如失去矣。

曾見藏經紙，紙色肌理絶似金粟，上朱印，文曰報國豆，豆字不解。陸貫夫云，或印有未到處，疑房字也。

錢杵溪云，曾見藏經一種，上下以朱爲邊，準中無直界行，其書體較小，紙與金粟、法喜同。余見一幅，亦小字，書法遒勁，兩面無印記，紙色亦極類金粟，但光净而薄，不若金粟箋之厚也。

知不足齋觀《賢愚因緣經》一卷，摺版，每版十二行，行十七字，紙色黄而腴，比金粟稍薄，且有簾紋，闊二指，有套，亦似金粟。

陳繼儒《妮古録》云，宋紙于明處望之無簾紋。按藏經紙亦然，大都繭紙爲之，無簾紋也。

案，藏經有黄、白二種，有卷筒及摺本，有每幅印記，有不印記，印式亦不同。印文有篆有楷之别。如經字慶政□錫是篆，金粟、法喜、精嚴、善權諸印是楷。而楷書中雜以梵書押字，如福壽、福業、倪仁稟諸印是也。即印色亦有朱有墨，殆非一例。

藏經有寫、印兩種。鮑以文云，凡寫經，用卷筒印造，則摺版其寫者，《圖經》所謂卷卷如出一手是也。卷筒者，經卷上無摺痕。摺版者，摺成本子，每幅有痕。案所見藏經，都宋人書，然亦有沿唐諱缺筆者，如愍偏旁民字缺末筆。余居京師，日嘗以一本贈北平翁學士，覃溪學士用山谷韻賦詩爲報云，愍字尚沿唐諱筆，我嘗以證宋槧書。誰知迅掃若風雨，絳宮雲笈千蘂珠。宋楷二派瘠與腴，豚礫然否鍾虞如。斷斷撅押扁闊際，如剖鹿洞參鵞湖。

余曾見金粟藏經全卷包首，即用藏經一色紙，卷以細竹片，軸以圜木，出其兩端，澤以丹漆，今裝潢家所謂出軸是也。又見金粟藏經木匣，甚古樸，式如今手卷匣，面深而平，四邊峻起，外以丹漆，内素質。其門笱處，内外皆有痕跡可尋。又于海寧裝潢家見摺本藏經，外函亦用藏經紙糊十數層爲之。又崇明寺藏經，摺本上下皆版面先書經名，而澤以漆，質似東洋松本。

陶穀《清異録》云，建元中，日本使真人興能來朝，善書札，譯者乞得章草二幅。其一紙云女兒青，微紺；一云卵品光。白如鏡面，筆至上多褪，非善書者不敢用。按，藏經紙亦褪筆，善書者遇之，興會愈佳。

郭若虚《圖畫見聞志》：李后主裝潢提頭多用織成縚帶，籤帖多用黄經紙。

案，宋有黄白經箋二種，此云黄經者，黄色藏經也。

周嘉胄《裝潢志》：帖籤，宋徽宗、金章宗多用蕘藍紙、泥金字，殊臻壯偉之觀。金粟箋次之。又云，余裝卷以金粟箋，白芨糊折邊，永不脱，極雅致。

文震亨《長物志》：畫卷引首須用宋經箋、白宋箋，及宋元金花箋。

周二學《賞延素心録》：横卷贉池用白宋箋、藏經箋，或宣德鏡面箋，邊用精薄藏經箋，矮卷用白綾鑲高，然後接藏經箋或白宋箋。

毛氏汲古閣珍藏秘本書目宋版《駱賓王集》二本，宋版《四靈詩》三本，元版《麗則遺音》一本，宋版《岳倦翁宫詞》、宋版《石屏詩》《許棐梅屋詞》二本，元版《陽春白雪》二本，皆藏經箋面。

陳仲魚鱣云，山陰祁氏淡生堂藏祕册，多以宣綾包角，藏經箋作面。昔人題淡生堂書目，有宣綾包角藏經籤，抵得當時裝訂錢之句。

余童時多見古書面用藏經箋間作書畫標籤者，近吴下裝潢家大半以僞者代之。勝國名流，書畫用藏經箋全幅；國朝查二瞻輩，以零星條子裝册供善書者，則知此紙在昔已重矣。吾邑故家册頁護頁、手卷贉池、立軸詩堂，往往見真藏經箋。今并尺幅片紙視爲奇貨，即留心鑒藏家，亦未易數數覯也。更

閲數十百年，不知珍重爲何如邪！

趙希鵠《洞天清禄集》：硬黄紙，唐人用以書經。染以黄檗，取其辟蠹。其紙如漿澤，瑩而滑。《唐六典》：裝潢匠，潢音光，上聲。謂裝成而以蠟紙也。《齊民要術》染潢法云，潢紙滅白便是，不宜太深，深則年久色闇。注謂浸黄檗汁爲之，蓋以辟蠹也。《廣韻》：潢，乎擴切，染書也。

錢杵溪云，藏經紙味苦，試之良然。蓋以黄檗染成耳。

《長物志》云，宋有黄白藏經紙，可揭開用。錢杵溪云，藏經紙有數層，似乎層層可揭，其實不然。後世愛重此紙，不得不揭用，遂有厚薄不匀。要知此紙本無可揭也。

陶九成《輟耕録》：王古心先生筆録内一則，方外交青龍鎮隆平寺主藏僧永光，字寂照，訪余觀物齋，時年已八十有四，話次因問光前代藏經接縫如線，日久不脱，何也？光云，古法用楮樹汁、飛麪、白芨末三物調和如糊，以之接縫不脱解，故如膠漆之堅。先生，上海人。

陸貫夫云，金粟山藏經紙造于蘇州承天寺，此古老相傳之説。今承天寺造紙，乃其遺制。

胡侍《真珠船》云，永徽中，定州僧欲寫《華嚴經》，先以沈香種楮樹，取以造紙。

曾子愉《春宵鶴唳》：范成大云，絸紙作蠟色，兩面光瑩，多寫大藏經流傳于世，故有宋箋、元箋之稱。近年所造者，幅小于昔，雖便于用，而無古法。

屠隆《考槃餘事》：宋有歙紙，今徽州歙縣地名龍鬚者，紙出其間，光白可愛，有黄白經箋，可揭開用之。又云，新安仿造宋藏經箋，亦佳。高濂《清賞箋》云，吴中近亦爲之，但不知宋箋。抄成堅靭如段帛有性，數百載流傳，尚可揭開受用耳。

附《金粟箋説跋》 乾隆中葉海宇晏安，上留意文翰，凡以名紙進呈者，得蒙睿藻嘉賞，由是金粟牋之名以著。張徵君此説，廣採前聞，證以平生所見名山大藏，搜訪殆徧大江以南，然衹就金粟立名者，志土物也。金粟在海鹽西南三十里，自孫吴康僧開山，歷唐宋以來，稱大叢林。剏設經藏紙，皆堅靭可貴。襄陽《十紙説》所謂書經明透，歲久水濡不入，可以審其佳妙矣。辛丑二月吴江沈楙悳識。

清・謝崧岱《南學製墨劄記》

取煙第一

古法製墨惟用松煤。墨从黑，从土，意者古人以黑土書簡。今京師挑水者，有用黑石或木炭畫數壁間，或古人遺法本是如此，亦未可知。松煤之制，必在易紙之後。特先儒無及此者，無可證據耳。自南唐李廷珪易用油烟，《西園雜記》謂用油烟始於宋張遇，非也。松煤之制，遂以不傳。故明沈繼孫《墨法集要》一書，爲近代造墨家之祖，亦止載油烟一法。今詳各油取煙之法，並第各煙之次第如左。

松香即松脂。及桐、麻等油，皆可取煙。僅就已經試用者而論，桐油爲上，係湖南之土産桐油。松香次之，猪油即猪脂。又次之，燈油或曰京師燈油，即蘇子油。又次之，麻油即香油。又次之。聞然漆取煙，其色更在桐油之上。《墨志》已有此説，但未試用，不知确否。然即次如麻油，猶數倍於市墨之佳者。其取煙之法，亦各不同。松香煙大成毬，法用鐵鍋盛之，沙鍋亦可。用綿條數根，將油浸透，不論何油。置於松香之上，用火點然，松香自然鎔化，煙往上冲，上蓋瓦缸盛水大缸極好，銅、鐵缸皆可。以盛煙。但不可太緊，緊則火滅。又不可太鬆，鬆則煙走。大約須空三四寸，以火不滅爲度，不必禁其煙之全不走也。火滅再點，至點不然，則松香盡矣。然後將缸取下，候冷，用小刷取煙。松香一斤，約可得煙三四錢。至各油取煙之法，猪脂先須煎化成油。即照常點鐙之式，用鐵絲作架，將洋鐵皮或銅皮或鐙盞須將凹正對燄頭。架住，罩於鐙火之上，不可太高，高則煙少，以頂著紅燄爲度。但須及時刮取，約一刻餘刮一度，極遲不可過兩刻。恐其久則煙黄，並恐其多而墜也。燈草須揀肥大者，冬以十二莖爲度，夏亦可用八九莖。人言燈草少則煙細，試之殊不然，亦無遠細近粗之説。各油得煙之數，約倍松香，惟桐油則每斤可得煙一兩二三錢。亦有即於讀書燈上取煙者。事雖兩省，惟煙氣逼人，最易傷目，並最污書籍。

附古浸油法

《墨法集要》：桐油得煙最多，爲墨色黑而光，久則日黑一日。餘油得煙皆少，爲墨色淡而昏，久則日淡一日。每桐油十五斤，芝麻油五斤，先將蘇木二兩，黄連一兩半，海桐皮、杏仁、紫草、檀香各一兩，梔子、白芷各半兩，木鼈子仁六枚，右剉碎，入麻油内浸半月餘，日常以杖攪動，臨燒煙時，下鍋煎令藥焦，停冷漉去柤，傾入桐油，攪匀燒之。今時少有用此浸油法者，姑存其古云。

又用燈草法

又，揀肥大黄色堅實燈草，截作九寸爲段，理去短瘦，取首尾相停者，每用十二莖，以少緜纏定首尾，於粗板上以手搓捲成一條令實，捲得多條，用蘇木濃汁煎燈草數沸，候紫色漉出，曬令極乾，紙裹藏之，毋令塵汙，用則旋取。

又發燄掃煙法

又，常須剪去燈煤，棄于水盆内，否則燈花罩了火燄，煙不能起。敲碎巴豆三四粒，納油醆中，發煙燄，得煙多。每日約掃二十餘度，掃遲則煙老，雖多而色黄，造墨無光，不黑。

研煙第二

墨以煙細爲佳，故古人有十萬杵之法。然杵止可施於多，煙且不如研之得力，然不得其法，雖研無功。今詳其法如左。

煙性最輕，無水即飛，見水即浮。雖欲研之，即俗所謂乳。而不受研也。法將煙置研鉢，俗謂之乳鉢，亦曰乳碗。内用酒浸透，須好燒酒。煙見酒即服，不飛不浮，自然受研。然後畧加清水，便研爲度。如畫家之研顔料，醫家之研眼藥。總以多研爲妙，和膠之後，再須多研。

和膠第三

墨之佳否，係乎和膠。故晁季一《墨經》謂上等煤，而膠不如法，墨亦不佳。如得膠法，雖次煤，亦成善墨。是雖指煤墨而言，其實煙墨亦自如此。今詳其看膠之法，與和膠輕重之數如左。

膠無論牛，即廣膠。驢，即尋常入藥之阿膠。皆可入墨，總以亮爲上，如用阿膠，京都雷萬春之上中二等可用，下等不可用。蒸化之水清者爲上，畧渾次之，黑而滯者決不可用。筆醮膠水，全不滯筆，寫去若無膠然，則極佳矣。膠水必俟冷透，方可入煙。不然，必至不匀。乾煙三錢，以入乾膠二錢爲度。既不滯筆，亦不脱落。如嫌其不亮，可再加膠，則自亮矣。此則隨人所好，可自酌量也。

煙三膠二之數，專指白摺大卷及白紙而言。如紅紙及蠟箋，則須倍加。

附煎膠法

《墨法集要》：凡使牛膠，必以好牛皮，或做鼓處裁下膪牛皮煎成者方好。若熟皮家刮下皮屑煎成者，則力淺不堪用。膠好，方始有力，可以減斤兩用。墨因膠少煙多，故倍加黑。

又用藥法

又，用藥有損有益，須知其由。且如緑礬、青黛作敗，麝香、雞子青引溼，榴皮、藤黄減黑，秦皮書色不脱，烏頭膠力不禀，紫草、蘇木、紫礦、銀硃、金箔助色發艷，俗呼艷爲雲頭。魚膠增黑，多則膠筆鋒。牛膠多亦然，又無雲頭，色少黑。節欲墨之黑，一須煙純，二須膠好而減用，三須萬杵不厭。此不易之法，不可全藉乎藥也。

《仇池筆記》：三衢蔡瑫，自烟煤膠外，一物不用，特以和劑有法，甚黑而光。

去渣第四

煙本極細，又當細研之後本自無渣，究不妨過篩以臻盡善。且膠雖極佳，究自有渣，終以過篩爲妙。但須稍清乃能篩出。其篩之具，今廠肆所謂墨篩者，亦曰墨漏。甚可用。紗不必極細，一層已足，亦不必用兩層。

收餅第五

既篩之後，墨已成矣，然猶不可即用。何也？火氣未净，其色不潤，且酒性猶存，若以入盒，最易生霉。須盛入餅内，玻璃、紅銅皆可。蓋不可太嚴，須令其透風出氣，愈陳愈佳。縱少，亦須在一月以後。臨用之時，將上面清水從容倒去，盡用其墨入盒。如此做法，無所謂渣，自上至下，皆是一色，萬無以餅底爲渣而不用也。

入盒第六

墨盒瓤子絨爲上，先須發溼。綿次之，須去粉，用沸水洗净。但不可太少。墨必極濃，入盒不可太多，以瓤子吃飽，而又上無浮墨爲度。瓤少墨多，極不適用。瓤多墨少，勉强可用。適中之處，久用自知。常須挑撥，免致不匀。如被風乾，可將清水添入，不拘生熟。撥匀再用，不必遽然添墨也。黄連、元參等水俱可不用。

入麝第七

墨以黑爲本，故於文从黑，其餘皆虚文也。古無用麝入墨之事，自宋張遇始用麝入墨，後世遂不免以此爲品題。其實墨之佳否，何嘗在此！如欲畧從時尚，可於入盒時用之，亦不必太多。其實冰片等香足矣，不必用麝，多費而實無益。

附論墨色

《墨法集要》：墨色以紫光爲上，黑光次之，青光又次之，白光爲下矣。光之與色不可偏廢，以久而不渝者爲貴，惟忌膠光不取也。古墨多有色而無光者，蓋因蒸溼敗之使然，非善者也。其善者，黯而不浮，明而有艷，澤而無漬，是謂紫光墨之絶品也。以墨試墨，不若以紙試墨。或以硯試，或以指甲試者，皆未善。東坡云，世人論墨，多貴其黑而不取其光。光而不黑，固爲棄物；若黑而不光，索然無神彩，亦復無用。要使其光清而不浮，湛湛如小兒目睛，乃爲佳也。

按，色之與光雖不可偏廢，然色，本也。光，末也。宋人重黑，猶爲不失其本。今人取光，而又多取膠光，是末中之末也。即此小事，亦可觀古今之變矣。

成條第八

墨成條塊，全恃膠多。曾用竹筒試作一次，用手搓亦能成條。其膠已約倍於常，然磨較市墨猶爲極輕，大約今市墨之成條塊者，乾煙一錢，入乾膠必在二錢以外。天潮時墨軟如綿，能作弓形，即此可見膠多。故一成條塊，無論膠輕已落下乘。見既用墨盒，固可不必成條塊，既成條塊，又須磨細，徒爲多事。今亦畧詳其法，以備一格。分送友朋，用瓶封固亦可。如將墨瓤風乾，並可寄遠。如欲講求樣製，則沈氏名繼孫，明洪武時蘇州人。之《墨法集要》可倣爲之。更欲講求模式，刻鏤精工，則程名君房，明歙縣人，有《墨苑》十二卷。方名于魯，與程同時同縣人，有《墨譜》六卷。二家之書，已甚詳矣。

清·吴振棫《養吉齋叢録》卷二六 供御之文房四事，別類稱名，不可勝紀。墨之屬則三希堂、墨妙軒，皆御製精選。他如光被四表、太平雨露、寶翰凝香，皆經進常用者。而回氏舊製品重墨神，亦經仿造珍弆。筆之屬則以書福筆爲萬禩珍用之管，所謂賜福蒼生也。御書常用者，有斑竹管大提筆，髤漆文檀各種提筆。其尋常供用硃書、墨書之用者，則有萬年青管、經天緯地、萬年枝、雲中鶴、惟精惟一、雲漢爲章及竹管、檀管、鈿管，皆由外省恭進。紙之屬，如宫廷貼用金雲龍硃紅福字絹牋、雲龍硃紅大小對牋，皆遵内頒式樣尺度，製辦呈進。其他則有五綵盈丈大絹牋、各色花絹牋、蠟牋、金花牋、梅花玉版牋、新宣紙。舊紙則有側理、金粟、明仁殿、宣德詔勅。仿古則有澄心堂、明仁殿、側理紙、藏經紙、宣德描金牋。外國所貢，高麗則有灑金牋、金龍牋、鏡光牋、苔牋、咨文牋、竹青紙、各色大小紙，琉球則有雪紙、頭號奉書紙、二號奉書紙、舊紙。西洋則有金邊紙、雲母紙、漏花牋、各色牋紙。又回部各色紙，大理各色紙，此皆懋勤殿庋藏中之別爲一類者。

端凝殿爲乾清宫東配殿，其南三楹，藏康熙、雍正、乾隆間所用硯墨。其硯悉以松花江石爲之。三朝各四十枚，形式不一。其墨爲御書處所製。三朝各二千鋌，其形式亦不一。聖祖朝收藏者，墨上刻繪標誌，曰端凝鑒賞，曰内殿輕煤，曰淵鑒齋模古墨、清賞墨、訂證古文墨、評選古文墨，曰佩文齋藏墨、法墨，曰暢春園精造墨，曰億萬斯年，曰烏玉玦，曰桐煙，曰耕織圖御詩墨。世宗、高宗兩朝所藏標誌皆「御墨」二字。款曰「康熙年製」、「雍正年製」、「乾隆年製」。下鈐小璽，或奇或偶，其文曰「蒼璧」，曰「鴻寶」，曰「嬴黛」，曰「珠胎」，曰「龍光」，曰「希有」，曰「上乘」，曰「烏玉」，曰「雲興」，曰「霞蔚」，曰「湛兒睛」，曰「豹囊珍」，曰「文園秘寶」，曰「天府璆琳」，曰「秘閣珍藏」，曰「玉質金相」。

金粟牋，唐人書藏經紙也。後人於浙西金粟山寺得之。以其餘幅爲牋，曾經進御，見高宗《題金粟牋》詩、《四藏書屋詠文房四事》詩注。其牋較宋時金花牋、明時宣德紙，尤堅致瑩滑。乾隆丁丑，高宗南巡，得圓筒側理紙二番。藏一、書一，作歌紀之。後檢舊庫，復得五番。壬寅，浙江新製側理紙成，進御。先後皆有題詠。此紙囫圇無端，每番重沓如筒，故有圓筒之稱。嘗以之頒賜諸臣。彭公元瑞有《恭和御製元韻紀恩詩》。

佚名《内務府墨作則例》 《清光緒會典事例》卷一千一百九十九《内務府書籍碑刻則例》内御書處設四作，曰刻字作，曰墨作，曰裱作，曰墨刻作，各設庫掌匠役以司其事。

墨作

委署庫掌一員，栢唐阿二名，領催二名，造墨人四名，學手造墨人六名，專司成造獨草墨、三草墨、硃砂墨、熏煙漂硃等事，俱係隨交隨辦。所用硃砂、銀硃、桐油、燈草、廣膠、排草、零陵香、蘇木、紫草、棉子、白粗布、白檀、香飛金、生漆等項，向廣儲司行取。冰片、麝香、熊膽等項，向藥房行取。猪油、猪膽，向掌儀司行取。蚪草，向武備院行取。糯米酒，向掌關防管理内管領事務處行取。煤炭，向營造司行取。凡所用畫匠、漆匠，及夾子、鐵絲、木盤、木墩、桌案、凳杌、缸盆、押竿、竹亮扁，墨模子等項，向營造司行取。磁碗、磁罈、磁乳鉢、磁擂搥等項，向廣儲司行取。絹羅、馬尾羅、蒸籠等項，向掌關防管理内管領處行取。其鐵頂火、鐵索、掛竿、鐵隔漏、鐵燈盞、鐵鍋、鐵爐、鐵錘、剪子、木蚪、鐵蚪等項，不堪用時，向武備院營造司更換。如不敷用，另行取用。

做墨定例

做硃墨一料，用硃砂一觔，廣膠六兩，冰片三錢，飛金十張，棉子一錢，白布二尺，炭十觔，煤五十觔。每料得硃墨十九錠，每錠重五錢五分，共重十兩四錢五分。

做獨草墨一料，熏煙子用銅油四百觔，猪油二百觔，燈草二觔。染燈草用蘇木三觔，煤桐油用生漆二觔，煤猪油用紫草二觔。每油一觔，得煙子三錢，共得煙子一百八十兩。廣膠十兩，砲製三次，熬水燉膠用白檀香十二兩，排草八兩，零陵香八兩。濾膠用棉子一兩，過膠用白粗布一丈。每廣膠一觔，得净膠十二

兩，共得浄膠一百二十兩。合墨用飛金六百張，熊膽四兩，冰片十兩，麝香五兩，糯米酒十五觔。熬水、燉膠、蒸墨，共用煤八百觔，炭二百四十觔。收什做細用剉草一觔，應得墨三百兩，打剉做細每兩傷耗五分，共傷耗十五兩，實應得墨二百八十五兩。

做三草墨一料，熏煙子用桐油四百觔，猪油二百觔，燈草四觔。煠油用紫草二觔，生漆二觔，廣膠二十觔。熬水用白檀香十二兩，排草四兩，零陵香四兩。過膠用白粗布五尺，合墨用猪膽八十個，冰片六兩，麝香三兩，糯米酒六觔。熬水蒸墨，共用煤八百觔，炭二百四十觔。每油一觔，得煙子六錢，共得煙子三百六十兩。廣膠二十觔，砲製三次，共得浄膠二百四十兩。打銼做細，用剉草一觔，應得墨六百兩，打剉做細每兩傷耗五分，共傷耗三十兩，實應得墨五百七十兩。

做拓墨刻三草墨一料，浄重六百兩。熏煙子用桐油四百觔，猪油二百觔，燈草四觔，廣膠二十觔。熬水用白檀香十二兩，合墨用猪膽五十個，冰片三兩二錢，麝香一兩六錢。過膠用白粗布五尺，熬水、燉膠、蒸墨，用煤八百觔，炭二百四十觔。每油一觔，得煙子六錢，共得煙子三百六十兩。廣膠二十觔，砲製三次，共得浄膠二百四十兩。漂飛硃，每銀硃一觔，得漂硃十兩。乾隆七年三月，照南匠徽墨法做獨草墨，一料用桐油四百觔，猪油二百觔，燈草二觔，廣膠十一觔十兩三錢，冰片十一兩五錢二分，麝香五兩七錢六分，熊膽六錢九分一釐二毫，飛金六百張，江米酒十五觔，排草八兩，零陵香八兩，蘇木三觔，紫草二觔，剉草一觔，生漆二觔，棉子一兩，白粗布十尺，煤八百觔，炭二百四十觔，白紬二尺，棉花三觔，京高紙二百張，廣涼蓆一領，連四紙一百張，長五尺、寬四幅黄布挖單一個，用玉泉山水。十年七月，呈準做墨糙墨一料，熏煙子用桐油四百觔，猪油二百觔，燈草四觔，水膠二十觔。熬水用白檀香十二兩，合墨用猪膽五十個，冰片三兩二錢，麝香一兩六錢，江米酒三十觔。過膠用白粗布五尺，熬水、燉膠、蒸墨，用煤八百觔，炭二百四十觔。做細用白紬四尺，棉花六觔，剉草二觔，京高紙四百張，長四尺五寸廣涼蓆二領，連四紙二百張，長五尺、寬四幅黄粗布挖單二個，用玉泉山水做成。實應得黑糙墨六百兩。凡由懋勤殿交出改造黑墨所用冰片、麝香，照核減例用二成改造。紅墨照核減冰片二兩，用六兩八錢六分二釐成做。核減熏獨草煙子，每一料重一百八十兩，需用桐油三百觔，猪油一百五十觔，燈草二十二兩四錢，蘇木三十三兩六錢，生漆二十二兩四錢，紫草二十二兩四錢。按照《墨法集要》内開載成造黑墨，熏煙用桐油三百觔，芝麻油一百觔。浸油燒煙用川黄連三十兩，海桐皮、杏仁、檀香、紫草各二十兩，梔子、白芷各十兩，木鱉子仁一百二十枚，蘇木五觔八兩。燒煙，用燈草三觔，巴豆二百粒。包裹煙子，用榜紙三十張。盛油，用徑過一尺二寸缸盆十個。點燈，用徑過四寸五分、深一寸五分、厚三分鐵燈盞五十個。裡口徑過一尺八寸，幫厚一寸，除底厚二寸，浄高三寸五分雙竹箍杉木盆十個。高三寸五分，裡口徑過六寸，邊厚一寸，雙竹箍釘鐵葉杉木筒十個。徑過五寸七分粗磁碗七十個，剛竹大墨夾子七十個，鐵油絲四兩，徑過一尺二寸、高五寸雙層細絹羅二個。收什粘補漆、做陳設二十六方彩漆墨，五分内破裂墨八十五錠。每錠用漆匠二工，彩漆匠一工，長寬三寸三分紅金四張，黄金三張，飛銀三張。描金墨五分内破裂墨七十一錠。每錠漆匠二工，描金匠一工，長寬三寸三分紅金四張，黄金三張，飛銀三張。素墨五分内破裂墨三十三錠，每錠用漆匠二工。以上彩漆匠，描金匠，漆匠，每工工價銀一錢八分，每錠墨用生漆一兩，籠罩漆五錢，土子末一兩，白粗布五寸，白細一寸。成做四方式墨模一方，長寬三寸六分，折見方寸二十五寸九分二釐，每寸用雕刻工七工，共用雕刻工一百八十一工。六楞式墨模一方，每楞各寬五分六釐，高五寸六分，折見方寸十八寸四分八釐，每寸用雕刻工七工，共用雕刻工一百二十九工。成做底蓋揺套用棗木，見方尺每尺價銀一兩二錢，檀木見方尺每尺價銀一兩六錢，熟鐵每觔價銀五分，每錠用紅金二十張，黄金三十張，飛銀十張，每錠用描金匠二工。

清·楊瀾《臨汀匯考》卷四《物産考》 汀地貨物，惟紙遠行四方，各邑製造不同。長邑有官邊、花箋、麥子、黄獨等名。色紙則有黄丹、木紅。若市間所鬻竹紙、貢紙，則來自歸、連兩邑，長邑無之。歸邑紅紙最佳，其金銀紙則以錫箔刷粘，紙面或染以黄爲冥帛。連邑紙有連史、官邊、煙紙、高廉、夾板等名，皆以竹穰爲之。【略】其法先剖竹殺青，特存其縞，投地窖中，漬以灰水。久之乃出，而暴於日。久則紙潔而細，速則粗滲，俗呼竹麻是也。迨其造紙，累石爲方空，高廣尋丈以置鑊，和堊灰而煮之，以化其性。傍溪分流，激石轉水，爲碓，爲舂而搗之，以糜其質。置水槽中，時攪使浮，乃用竹簾撈起。手一推挽，輒成一紙。揭簾覆按板上，析一角使分張易，舉烘諸火。其竈穴地爲之，築長堵牆，中空，通火氣。揭紙於牆，其乾速於日暴。

清·黄恬《浦城縣志》卷七《物産》 紙 閩部疏： 粉竹春絲，其料勝於江

東白苧。其中最佳者曰伯召，毛邊以張伯召得名。又稱爲奏本紙。其次曰太史簾，曰荆川，曰生熟料毛邊，曰毛八、毛六、毛四。而花箋、毛太、方高又次之。單夾、雙夾、粗紙爲下。其專以竹青爲之者，曰南平。以竹青雜料爲之者，曰竹殻紙。以樹皮或籐爲之者，曰棉紙。

清・徐康《前塵夢影録》卷上 「蜀川箋紙彩雲初，聞説王家最有餘。野客思將池上筆，練裘紅葉不堪書。」此唐鮑溶《寄王璠侍御求蜀牋》詩，因知蜀牋著名，不獨薛濤一并也。

「小印分明宣德年，南唐西蜀價爭傳。儂家自愛陳清款，不取金花五色牋。」宣德貢箋，背有「宣德五年造」，素馨紙印，又有五色粉箋、金花五色箋，五色大簾紙。「九百山陰何敢望，澄心百幅亦應難。從今稍變歐梅例，一首詩須博一番。」歐陽文忠以澄心紙百幅貽聖俞，聖俞有詩。東坡有句「詩老囊空不一留，百番曾作百金收」之句。上兩詩見查初白《敬業堂集》，風趣可想。

咸豐三年夏，於茶肆見一人攜一長匣至，啓之，祇素紙一幅，長八尺，闊五尺餘，潔而甚薄，堅韌異於常紙，紙角有「仿澄心堂製」五字，不識年代，殆貢餘之紙耶。標有藍緑小粉箋方尺餘，上有描金山水及花艸，極工，角上印「乾隆年仿澄心堂造」小隸書朱記。素紙當亦同時所造。

側理紙，見鈍丁《研林詩集》，有長歌，注云：趙氏小山堂藏有側理紙一幅，純廟南巡駐浙時獻之，蒙綺錦之賜。標在粤東曾見之，環連如大箭，無首尾，紙上有細草痕，邪錯重叠，上有御賜印記。

老友陳柏君大令，酷耆古本類貼，而不喜碑，且手能裝池，有米老之風。曾覓得康熙年間闊簾羅文紙數頁，周圍暗花邊，皆六尺疋，託杭城造箋紙良工王誠之爲之加椎染色，同於古製。誠之云：「今僅有狹簾羅文，紙料短小，皆出於竹簾。闊簾乃銅綫織成，久已斷壞，無人繼作。」咸豐初，左青士寓袁江時，於一紙鋪覓得大羅文紙五十餘幅，皆闊簾所製。此鋪尚是乾隆初開設，每年售此紙僅一二幅，故貶價全數歸之青士。余曾乞得一紙，質頗厚，可揭開。椎拓碑帖，因未經椎染也。庚申冬在申江書肆，得仿宋詩人玉屑一部，所襯皆闊羅文，副葉亦用宋紅筋羅文，質薄而韌，更勝闊簾多矣。今問之紙店，無有知之者。

髮箋、海苔箋，高麗最擅名。每見董文敏所書鏡面繭紙，瑩白如玉，以之揮灑柔翰，至今墨彩如新。國初諸家，尚有書此紙者。今所買大率麤澀者多，遠不如日本制作。聞前明每以上用之紙，頒賜侍從。至宣德朝，有五色雲龍箋，兩面磨蠟最佳，非今之蠟箋觸手即碎者可比。曾見李文正東陽。奉使兖郡，修造孔廟，途中紀事詩紙五段，用篆隸草行真五體，大約紙亦六尺疋，惟手卷極高，後有孫高陽、承宗。錢蒙叟、謙益。瞿忠宣、式耜。三跋。李詩載《懷麓堂集》，孫爲文正門生，蒙叟乃高陽門生，忠宣又爲蒙叟門生，四世聚於一卷，可謂藝林韻事。惟後之題者，每不滿於蒙叟，殆欲以人廢言耶。

虚白齋紙，宜書不宜畫。許氏因梁山舟而設此，其店友王誠之所説雲間鞠松華善製粉箋，於純廟南巡時經進，特蒙睿賞。嗣後每年辦例貢於華、婁兩邑，支領工價，每次約七百餘金。余遊婁幕時，尚見鞠氏支領紙價，而紙質工料俱極不堪，有名無實，徒糜費錢糧而已。

《曝書亭集》《敬業堂集》均有造紙水碓聯句，形容制造，極其詳明。

均初家有藏經紙一卷，計五幅，中有朱文楷書，印記曰法喜大藏，整張未經揭過。

清・徐珂《清稗類鈔・工藝類》

工藝之祕術

吾國之工藝，類有祕術。造紙處之工程，有相竹者，漚竹者，揭紙者，其法與其程度皆不肯質言。

製紙

紙爲人工所製造，爲用甚廣。相傳爲後漢蔡倫所創，以破布魚網等廢物爲之，硬黄勻碧，歷代相仍。其後乃用楮、松、杉、桑、梧桐等樹皮及稻藁與竹，製時先煮沸，搗爛和成粘汁，勻置漉於筐中，使結薄膜，俟稍乾用重物壓其上，即成。産地以江西、浙江、福建爲最多，湖南亦有之。

吾國之紙，大抵缺乏堅韌及光澤，製造純用舊法，不求改良。輓近科學昌明，凡植物類纖維質之柔韌者，悉可取爲原料，不僅向時所用之數種植物而已。新法製紙，均以機器造之，尤注重於化學藥品。其能使原料速爛者，輕養化鈉之力也。使潔白者，緑化鈣、硫酸之力也。夏日不至腐敗者，硫酸亞鉛之力也。使堅韌有光澤者，靛牛膠松香之力也。上海有仿造者，質頗佳，惜出品未盛耳。

製漆硯

硯之異製，或以竹，或以鐵，康熙時，有以漆爲硯者。其法，以水飛過極細磁

沙，和生漆爲之，頗輕便，適於遊笈，且甚發墨，在鐵硯、竹硯之上。

製竹筆

竹筆，出蒙古，然未得縛筆法。蓋削竹木以漬墨作書也。

製豁山

豁山，出蒙古，夏秋間擣敗苧楮絮，入水漚之，漉蘆簾上，暴爲紙，謂之豁山，凡紙皆以是名之。

又《鑒賞類》

江玉屏見側理紙

江玉屏，博物君子也。嘗適市，見有紙厚半寸許，連疊，揭之，成毬，旁無端縫。人皆不能識，玉屏以爲古側理紙也。或謂其得之於鮑淥飲家。玉屏，名立，乾隆時人。

張芑堂藏金粟牋

乾隆中葉，海宇晏安，高宗留意文翰，凡以佳紙進呈者，皆蒙睿藻嘉賞，由是金粟牋之名以著，詞館且嘗以爲試題。金粟山有金粟寺，在海鹽縣西南三十里，自孫吳康僧開方，歷唐、宋以來，稱大叢林，創設經藏。紙皆堅韌可貴，硬黄複繭，内外皆蠟摩光瑩，以紅絲闌界之。其書爲端楷而肥，卷卷如出一手，墨光黝澤如髹漆，可鑒。紙背每幅有小紅印，文曰「金粟山藏經紙」。有數千軸，後人剥取爲裝潢之用，零落不存，世所稱爲金粟山藏經紙者是也。或云唐時物。然其紙間有元豐年號，則爲宋藏無疑。

張芑堂嘗於童時見古書面，多以金粟牋爲之，間有作書畫標籤者，而吴上裝潢家大半以僞者代之。明代名流書畫，悉用藏經箋全幅。至國初，則查二瞻輩以零星條子裝册，供善書者揮寫，可知紙在彼時已不易得，宜今之絶跡於市肆，而仿造者且不佳也。

俞筱甫藏金粟牋

金粟牋有最長者可印五十八字，其印稱「許咸熙妻陳五娘等捨藏經紙七千幅」云云。是物近已不可得，況澄心堂所製紙乎？俞筱甫曾藏五枚。

梁山舟藏黄色藏經紙

梁山舟藏黄色藏經紙，朱印二種，一押書，一「慶政□錫」四字。

張芑堂藏法喜寺藏經紙

海鹽法喜寺藏經，流傳絶少，惟曾有背紙幾番，爲張芑堂所藏，光潔如玉，與金粟牋無異。鈐印有三，一曰法喜大藏，作一行；一曰法喜轉輪藏經，作兩行。陸貫夫曰：「法喜轉輪藏經亦有圜印者。」

宋牧仲藏墨

宋牧仲性嗜墨，珍之如拱璧。官黄州通判時，嘗得墨三十六丸，蓋爲積歲訪購及張長人所贈者也。長人，廣濟人，名仁熙，牧仲之部民也，嘗言曰：「昔蘇子瞻在黄，於雪堂試墨三十六丸，掄其佳者，合爲一品，名曰雪堂義墨。歙人吴叔大遂倣其意，作義墨三十六丸，雖不免時製，而肖形取象，物料精工。余昔珍藏之，今墨皆散去，而雪堂墨匣猶存。暇日搜牧仲所藏及余家所藏舊墨贈之者，亦得三十六丸，因以其匣並遺牧仲貯之，亦雪堂遺意也。」又按王朗守會稽，子肅隨之東齋，忽夜有女子從地出，稱玉女，曉别，贈墨一丸。肅方欲註《周易》，因此才思開悟。牧仲判黄五年，構東齋於雪堂之左，著書吟諷其中，今將母樓詩往往稱東齋者是也，亦與古人偶合耳。

三十六丸，乃康熙庚戌所得，今記之如下。

方正牛舌墨，有「極品清煙」四字。論墨家多推方氏，幾與小華道人等。牧仲一日謂長人曰：「吾藏墨有方正者。」長人急呼曰：「得非牛舌墨乎？」發視，果然，蓋諸家推方氏以牛舌爲最耳。

邵青邱瓜墨，有「青門遺」三字，此絶無僅有者矣，倍價購於舒氏。舒氏以長人爲知墨人也，復售之。

程君房，寥天一，爲明萬曆庚戌，長人家世藏，經兵火所僅存者。所謂有墨氣無香氣，與于魯反者也。君房墨最有玄元靈氣，而有時寥天一反踞其上，蓋所值工料偶勝耳。

程孟陽古松煤墨，陰有銘，陽有孟陽像。沈珪者，嘉禾人，往來黄山，取古松煤，雜硃漆滓燒之云。韋仲將法孟陽，本此。唐、宋以來，多松煙墨，少油烟墨，故蘇子瞻得油烟墨而寶之。今油烟勝而松煙遂少，即有之，質輕善頽，昏糲耳，此獨佳絶。孟陽者，松圓詩老程嘉燧也，錢牧齋《列朝詩集》中推爲嘉定高士，其墨固足傳也。

又松圓閣墨一截，上大書「程孟陽」字。

程君房陳玄墨，製極大，存其碎餘，堅光射人，如小兒目睛可愛。

君房玄元靈氣阿膠墨，明萬曆庚戌，薄甚，重不滿錢。其製一而厚者，長人屢見之，包以綾，文畫牡丹其上，匣亦異今時也。

余端蒙墨精，不知何年製，有墨精緣起，載明皇所見甚悉，極香，亦非近時物。

汪仲嘉公孫合造李法墨，有「百年如石」「一點如漆」二語。李法二字，近墨家多用之。

汪仲嘉山竈輕煙復古墨，萬曆丙午。

方于魯青麟髓小墨，有「世寶」字，近程鳳池遂以世寶名第一墨。

于魯、寥天一墨一截，青麟髓，爲于魯第一墨。長人見其數十種，製各不一。有方者，正畫一麟，多用熊膽，舐之甚苦。舌形者，橫作龍形者，龍纏身，而銜珠於其口者，有云于魯超世之墨者。長人有于魯九玄三極墨，與君房墨並藏兵火中，先人手澤也。贈牧仲矣，再索視之，云爲好事者奪去，惜哉！于魯初執事君房家，已自爲墨，遂狎主齊盟，不相下，至訟於官。嘗以贋者應郡守古某之重購，古怒，請驗於汪左司馬，逮而笞之。邢子願號知墨，每云：「于魯規模色澤勝耳。左司馬羞愧《太玄》、董狐，或別有祕，合爲司馬出一瓣香，未可知也。」要之，幼博、君房俠于墨，意專在名。于魯多爲利，利則真贋雜出無疑矣。君房墨有次第，而煙皆佳，至最下，爲妙品，亦足當上乘，此兩氏之別乎？

潘方凱開天容墨，明萬曆庚戌，如韋軒寶藏。長人舊有數種，方圓不同，皆漱金，亦檢以贈牧仲。牧仲所自藏，金退矣，殆藏之未得其道也。

汪季常一莖草墨，明萬曆庚戌。

葉環源玉髓墨，形小圓，陰書「環源」，陽書「玉髓」四字耳。又一種形方，上畫奎像，亦精絶。董香光生平好用環源墨，環源遂大知名。

吴幹古秋葉墨。

吴玄象紫雪墨，亦數種，有「玄柷之精」「原始之液」「九轉百煉神明紫雪銘」。兹所列，乃櫟社居士家藏者。紫雪形模皆質古，當明天啓時，百昌以富，巨萬賈禍，宜不惜物力爲墨。其真者不在程方下，近所擬，乃俗甚。

吴去塵墨一截，不知何人製。去塵在啓、禎時，始爲博古新樣，品目六十餘種，炫耀光景，較之君房，土羮而象箸，大抵效法邵格之所爲者。然形式既殊，物料絶勝，其牀頭捉刀，遂復寥寥不可多遘。久索，乃得此以奉牧仲。去塵所藏頗侈，今乃若海上三山，世變使然耶？

黄賓、王龍文雙脊墨，明萬曆辛亥，有銘，自書放言居士，東林所稱黄正賓者是也。

紫雲閣藏墨，上書壬寅春製，不知姓名，亦精甚。

吴君章太紫重玄墨，守玄居監製，世傳其天峯神物佳，長人見之，謂亦松煙之類焉者。

方澹玄非煙墨，明萬曆癸丑，舊見其《墨説》。

吴喬年知止堂柔翰齋墨，明萬曆戊午，圭形。

詹雲鵬金盤露墨，作落花流水製，漱金。舒小康以壽長人者，後贈牧仲。

德藻堂水蒼玉，上書季園墨。

吴蓋卿寫經墨，小不盈寸，上書《心經》一卷。此等殊不異，葉柏叟輩亦倣此，所刻《心經》，更楷。

羣玉册府大圓墨，不知何人製。

朱一涵雙渟花光墨，鳳文，漱金，銘曰：「日中黑帝澄玄渟，月中墨帝渟屬金，是曰雙渟。雙渟之精，澹漠無形，宰萬物而天下文明。」此一涵第一墨，長人舊多藏之。

汪美中一莖草墨，明天啓甲子。

吴叔大天琛倣古箸小墨。

軟劑天琛倣承晏墨。

新安上色墨，亦天琛，此玄栗齋第一墨。其所倣雪堂義墨，皆以天琛行。

涂伯經龍賓墨。

吴鴻漸漱金青麟髓墨。

吴鴻漸玄虬脂桑林里第一墨。

自朱一涵至此八墨，皆時製，所謂檜以下無譏者也。然時墨亦有絶佳者，如鳳池世寶、葉玄卿太乙玄靈柏叟，最上乘，不可勝數，亦當旁搜以資著書之用。越十四年而爲康熙甲子，牧仲於人日，檢笥中所續得者，又三十四丸，今亦記之如下。

止雲館寫經墨，一面「方氏珍藏」，兩旁「彦成專製」，萬曆丁未明一元造，上漱金字嵌珠，重四錢□分。

寥天一，下畫一主人方印，一面「汪伯玉銘建元墨」，旁「辛丑」字，重二錢一分。

草玄亭墨，旁「庚戌吴汝修製」楷書，一面雙螭嵌珠，上倒「香」字小圓印，漱金，重二錢三分。

龍香劑，説虎齋藏，上「庚戌」字，灑金嵌珠，重三錢二分。

龍香劑，一面「十笏齋」篆書，兩旁「明萬曆甲辰年歙吳康虞造」行楷，重四錢五分。

墨皇，一面「汪儒仲藏於快雪樓上己未」字，楷書，重一錢七分。

方于魯瑞元極品，漆成斷文，重七錢五分。

玄蟬露，一面「精一齋藏」，上「辛亥」，楷書，漱金，重二錢四分。

來喜閣製墨，下「覺我」方印，「萬曆己未」楷書，墨首兩面盤螭，如古碑，重一錢三分。

九玄三極，一面「建元」二字，楷書，式甚奇古，重一錢八分。

羲蒼篆墨，「紱麟齋藏」，篆書，「歙方于魯倣易水法造」，楷書，一面「龍文子封氏督製」小字，漱金嵌珠，重四錢二分。

玄元靈氣，下「程幼博」方印，一面程大約銘上「庚戌」字，旁「君房氏」三半字，薄甚，重二錢一分。

觀妙齋墨，一面「吳肇一製」，旁「萬曆壬子」，楷書，漱金嵌珠，重二錢四分。

玄玉，一面「吳雲卿珍藏」，八分書，重三錢六分。

青藜光，一面「蘊真閣藏，歙方林宗製」，上爲「朱太史先生珍賞」，上下雲頭，方印「林宗」二字，重四錢六分。

空賞齋墨，楷書，漱金，上嵌珠，重二錢三分。

祝彥輔九玄三極，楷書，邊微高，重二錢一分。

函一墨，下「尚友齋」印，一面「曹和初製」，重一錢七分。

玄精，一面「閒道人」三字，八分書，下「東岡」印，落花流水式，塗金，重二錢。

寥天一，一面「吳玄象監製」，楷書，上下作雲頭，重二錢二分。

雙渟花光，一面朱一涵銘，八分書，漱金漆邊，重九錢二分。

爽閣墨，一面「壬戌大年氏藏」，灑金，圓而扁，闊一寸，長倍之，重三錢六分。

虛白齋墨，一面「壬戌年製」，行書，灑金線邊，上圓，重四錢二分。

吳大年倣李法，一面「水華居珍藏」，上「壬戌」二字，漱金線邊，重二錢八分。

野弦堂藏墨，一面「崇禎元年」，楷書，圓印有「家」字，方印「浚明」字，重二錢一分。

延陵吳元養墨，篆書，旁「崇禎年造」，楷書，鎮紙式，重一錢四分。

右墨二十六笏，牧仲得之遼左張秀升，秀升曾爲新安太守。

大圓墨，「一池春綠」四行書字，一面盤螭戲水，上旁「小華逸史」，又「水雲居製」，楷書。重一兩五錢五分，以粵紗易之於米編修紫來。

極品墨半笏，下隸書不全，一面「海陽」草書字，當是邵格之製，重五錢二分。

當朝一品墨半笏，花邊，一面仙人吹簫立鼇首，重五錢二分。

以上二墨，牧仲因其從子子靜而轉得之。

文嵩友墨，隸書，下「葉向榮珍藏」「向榮」小印，一面牡丹雙鳳，旁「萬曆丙辰年造」，上大千氏楷書，宣城袁士旦贈牧仲，重三錢八分。

赤水珠，兩面雙螭盤繞，旁「柔翰齋」三篆字，上有小銅環，爲新安程山尊扇頭物，解之以贈牧仲，重二錢。

玄芝墨，壽星文，一面楷書銘，舊爲漢陽熊次侯太史贈牧仲，爲其兄存實所奪，故僅存一段，復從其從子子靜得之，重四錢二分。

玄璧，下「程氏君房」印，一面盤螭，上妙品，字漆色如新，麻城劉子貞贈牧仲，重九錢。

吳去塵墨，一面太極圖，一面百子文，上盤螭紐，旁「去塵監製」小字，亦山尊所贈牧仲者，重一錢二分。

麻孟璿好古墨

宣城麻三衡，字孟璿。好古墨，藏弆甚富。嘗謂往見故家所蓄，多古香可掬，研之，栗栗起藍煙，自是北地松煤也。

吳念湖藏石綠餅

石綠餅，明供御物也，徑二寸，厚四分，面文曰「龍香御墨」，背曰「大明隆慶年製」，皆正書，輪旁朱篆「重三兩八錢」五字。乾隆壬子，吳念湖司馬得之曲阜桂未谷大令馥處。錢塘吳秋漁太守昇時客泲南，爲賦詩云：「鷓鴣山南白雲子，銅精熏作翡翠羽。芙蓉擣汁麝屑膠，大臼深凹三萬杵。承平天子慕開元，龍香新劑翻松丸，祖母綠裁圓鏡樣，亞姑青印小茶團，龍賓十二埋塵下，冷翠猶磨銅雀瓦。柿葉書成伴廣文，楊枝買後隨司馬。相逢爲出豹皮囊，古璧一規寒放光。賈胡欲攫眼空碧，上品只許收元霜。雙螭蟠面金塗字，外內朱文鋟款識。年號分明銖兩真，內家製造精無二。梅花祕閣珊瑚匙，想見薇香滴露時。不是宮方修綠黛，肯教梳篋襯紅赦。三百年來離畫筆，一朝月魄飛蒼色。從今說餅亦充饑，何須邽字珍唐墨。」

張叔未藏高麗墨

高麗國墨有「翰林風月」四字，填金，松鶴填青黃朱色。嘉慶己巳，張叔未購

之於京都舊肆。

王灼齋富藏墨

富山王太僕，字灼齋。有墨癖，所藏隃糜，自唐以來，可數百計，珍若拱璧，不輕示人。咸豐戊午春，粵寇擾浙，倉皇奔避，未及攜行。師退亟歸，則名煤千笏，已融於釜，刷印文告矣。王驟覩之，撫膺號痛，如喪考妣。

又《物品類》

羊毫

羊毫，羊毛所製筆也，世稱湖筆，皆出於湖州之善連鎮。有雜以紫毫者，曰二紫八羊，曰三紫七羊，曰五紫五羊，曰八紫二羊，曰九紫一羊。

紫毫

紫毫，筆之以兔毫製者，其鋒尖利，作小楷尤宜。

徽墨

徽墨，安徽徽州府所產。古人製墨，率用松煙，漢取諸扶風，晉取諸廬山，唐則易州、上黨。自李超□歙，張谷徙黟，皆世其業，於是始有徽墨，以至於今。

連史紙

連史紙，色白，質細，實連四之訛。蓋紙有連二、連三、連四之別，且造紙名凡二十八，曰結連三紙、綿連三紙、白連七紙、結連四紙、綿連四紙。

薛濤箋

蜀牋著於薛濤，至宋，蜀紙流行天下，江、浙間皆仿製之。今雖不如唐、宋之盛，然尚多佳製。

角花牋

於箋下方之左端，圖以諸花，謂之角花箋，又曰押角牋，嘉慶時怡親王所製也，形形色色，花樣極新。最美觀者一種，圖古鼎八，橫欹倒置，色異形殊，小如豆而大不盈指，且占地不及寸。光緒時，京師琉璃廠紙肆猶有存者，然不易購也。

漆沙硯

漆沙硯以揚州盧葵生家所製爲最精，其祖映之嘗得一硯，有「宋宣和內府製」六字，質類澄泥而絕輕，入水不沉。後知爲漆沙所成，授工仿造，葵生世其傳。一時業此者甚衆，且文房諸物亦均以漆沙爲之。

清・黃興三《造紙說》鄧之誠《骨董瑣記》卷六　造紙之法，取稚竹未枅者，摇折其梢，逾月斲之，漬以石灰，皮骨盡脫而筋獨存，蓬蓬若麻，此紙材也。乃斷之爲二，束之爲包，而又漬之。漬已，納之釜中，蒸令極熱，然後浣之。浣畢，暴之。凡暴，必平地數頃如砥，砌以卵石，灑以綠礬，恐其莱也。故暴紙之地不可田。暴已，復漬。漬已，復蒸。如是者三，則黃者轉而白矣。其漬也必以桐子若黃荆木灰，非是則不白，故二者之價高于菽粟。伺其極白，乃赴水碓舂之，計日可三石，則絲者轉而粉矣。猶懼其雜也，盛以細布囊，墜之大谿，懸版于囊中，而時上下之，則灰質盡矣，粲然如雪。此紙材之成也。其製，鑿石爲槽，視紙幅之大小，而稍加寬焉。織竹爲簾，簾又視槽之大小尺寸，皆有度製極精。唯山中唐氏爲之，不授二姓。槽、簾既備，乃取紙材受之。漬水其閒，和之以膠及木槿，質取黏也。然後兩人舉簾對漉，一左一右，而紙以成，即舉而覆之傍石上。積百番並醡之，以去其水，然後取而炙之牆。炙牆之製，壘石堊土，令極光潤，虛其中而納火焉。舉紙者以次櫛比于牆之背，後者畢則前者乾，乃去之而又炙。凡漉與炙，高下疾徐得之于心，而應之于手，終日不破、不裂、不偏枯，謂之國工，非是莫能成一紙。水必取于七都之球谿，非是則黯而易敗，故遷其地弗良也。至于選材之良楛，辨色之純駁，鳩工集事，唯老于斯者悉之，不能以言盡也。自折梢至炙畢，凡更七十二手，而始成一紙。紙槽諺云，片紙非容易，措手七十二。錢塘黃興三過常山，山中人爲道其事，因詳摭其始末爲之說。見《雪橋詩話》。

傳記

漢・劉珍等《東觀漢記》卷一八《蔡倫》　蔡倫，字敬仲，爲中常侍，有才學，盡忠重慎，每至休沐，輒閉門絕賓客，曝體田野。《御覽》卷四三〇。

黃門蔡倫，字敬仲，典作上方，造意用樹皮及敝布、魚網作紙，奏上，帝善其能，自是莫不用，天下咸稱蔡侯紙也。《唐類函》卷一〇七。

倫典上方，作紙，用故麻造者謂之麻紙，用木皮名穀紙，用故魚網名網紙。《事物紀原》卷八。

《後漢書・蔡倫傳》　蔡倫字敬仲，桂陽人也。以永平末始給事宮掖，建初中，爲小黃門。及和帝即位，轉中常侍，豫參帷幄。

倫有才學，盡心敦慎，數犯嚴顔，匡弼得失。每至休沐，輒閉門絶賓，暴體田野。後加位尚方令。永元九年，監作祕劒及諸器械，莫不精工堅密，爲後世法。自古書契多編以竹簡，其用縑帛者謂之爲紙。縑貴而簡重，並不便於人。倫乃造意，用樹膚、麻頭及敝布、魚網以爲紙。元興元年奏上之，帝善其能，自是莫不從用焉，故天下咸稱「蔡侯紙」。《湘州記》曰：「耒陽縣北有漢黄門蔡倫宅，宅西有一石臼，云是倫舂紙臼也。」

紀事

漢·趙岐《三輔決録·韋誕》 韋誕字仲將，除武都太守，以書不得之郡，轉侍中。【略】洛陽鄴許三都宫觀始就，命誕銘題，以爲永制。以御筆、墨皆不任用，因奏曰：夫工欲善其事，必先利其器。用張芝筆，左伯紙，及臣墨，皆古法，兼此三具，又得臣手，然後可逞徑丈之勢，方寸千言。《御覽》七百四十七；《藝文類聚》五十八。又《説郛》五十九併引，無皆不任用以上云云。首有韋誕奏蔡邕自矜能兼斯喜之法，非紈素不妄下筆，下接夫工欲善其事云云。

《後漢書·鄭興范升陳元賈逵張霸傳》 書奏，帝嘉之，賜布五百匹，衣一襲，令逵自選《公羊》嚴、顔諸生高才者二十人，教以《左氏》，公羊高作《春秋》傳，號曰《公羊春秋》。嚴彭祖、顔安樂俱受《公羊春秋》，故《公羊》有嚴、顔之學。見前書也。與簡紙經傳各一通。竹簡及紙也。

又《百官志·少府》 守宫令一人，六百石。本注曰：主御紙筆墨，及尚書財用諸物及封泥。

又 尚書六人，六百石。本注曰：成帝初置尚書四人，分爲四曹：常侍曹尚書主公卿事；二千石曹尚書主郡國二千石事；民曹尚書主凡吏上書事；客曹尚書主外國夷狄事。世祖承遵，後分二千石曹，又分客曹爲南主客曹、北主客曹，凡六曹。左右丞各一人，四百石。本注曰：掌録文書期會。左丞主吏民章報及騶伯史。右丞假署印綬，及紙筆墨諸財用庫藏。

《新唐書·百官志·祕書省》 監一人，從三品；少監二人，從四品上；丞一人，從五品上。監掌經籍圖書之事，領著作局，少監爲之貳。

武德四年，改少令曰少監。龍朔二年，改祕書省曰蘭臺，監曰太史，少監曰侍郎，丞曰大夫，祕書郎曰蘭臺郎。武后垂拱元年，祕書省曰麟臺；太極元年曰祕書省。有典書四人，楷書十人，令史四人，書令史九人，亭長六人，掌固八人，熟紙匠十人，裝潢匠十人，筆匠六人。

宋·蘇易簡《文房四譜》卷四《紙譜·三之雜説》 《鄴中記》：石虎詔書以五色紙，著木鳳凰口中，令銜之飛下端門。

庾永興答王羲之書曰：得示連紙一丈，致辭一千，增其歎耳，了無解往懷。

江南僞主李氏常較舉人放牓日，給會府紙一張，可長二丈，闊一丈，厚如繒帛數重，令書合格人姓名，每紙出則縫掖者相慶，有望於成名也。僕頃使江表，覩壞樓之上猶存於數幅。

《書品》云，古畫尤重紙上者，言紙得五百年，絹得三百年方壞。

紙投火中，煙起尤損人，令肺腑中有所傷。座客或云，天下神祠中，巫祝間少有肥者，蓋紙錢煙常熏其鼻息故也。

山居者常以紙爲衣，蓋遵釋氏，云不衣蠶口衣者也。然服甚煖，衣者不出十年，面黄而氣促，絶嗜慾之慮，且不宜浴。蓋外風不入，而内氣不出也。

唐初將相官告，亦用銷金牋及金鳳紙書之，餘皆魚牋、花牋而已。厥後李肇《翰林志》云，凡賜與徵召宣索處分，曰詔用白麻紙。慰撫軍旅，曰書用黄麻紙。大清宫内道觀薦告辭文，用青藤紙朱書，謂之青辭。諸陵薦告上衣表内道觀文，並用白藤紙。凡赦書德音、立后建儲、大誅討、拜免三公、命相命將，並用白藤紙，不用印。雙日起草，隻日宣宰相使相官告，並用色背綾金花紙，節度使並用白背綾金花紙，命婦則金花羅紙。吐蕃及贊普書，及別録，用金花五色綾紙。上白檀木真珠瑟瑟鈿函金鏁鑰，吐蕃宰相摩尼師已下書用五色麻紙，南詔及青平官書用黄麻紙。唐朝進士牓頭竪黏黄紙四張，以氈筆淡墨衮轉書曰禮部貢院四字。或云文皇以飛帛書，或云象陰注之象。

宋·蔡絛《鐵圍山叢談》卷五 昔有張滋者，真定人。善和墨，色光黳，膠法精絶，舉勝江南李廷珪。大觀初，時内相彦博、許八座光凝，共薦之於朝廷，命造墨入官庫。是後，歲加賜錢至三十二萬。政和末，魯公辭政而後止。滋亦能自重。方其得聲價時，皇弟燕、越二王吴本「皇弟」作「皇子」，張作「今皇帝」。呼滋至邸，命出墨，謂「雖百金不吝也」。滋不肯，曰：「滋非爲利者。今墨乃朝廷之命，吴本作「命之」。不敢私遺人。」二王乃丐於上，詔各賜三十斤。然滋所造，實超今古。其墨積大觀庫，無慮數萬斤。世謂道君用度廣空帑藏，是悉繆説。

別本竝作「誤」。不知元豐、大觀二藏雖研墨，蓋何事不具？仍豐盛異常爾。且以敵犯順時，元豐與内帑，自出河北、山東精絹一千萬匹，他絹則勿取。以是證焉，斯可知已。

宋・周煇《清波雜志》卷一二　朱墨本

淳化五年，翰林學士張洎獻《重修太祖紀》一卷，以朱墨雜書，凡躬承聖問，及史官採摭事，即以朱別之。神宗正史，類因詆誣而非實録，厥後删改，亦有朱墨本傳於世，其用淳化故事歟？

宋・張世南《游宦紀聞》卷五　乾道癸巳，高廟嘗書翰墨數説，以賜曹勛。其一云：「端璞出下巖，色紫如豬肝。密理堅致，潑水發墨，呵之即澤。研試則如磨玉而無聲，此上品也。中下品則皆砂壤相雜。不惟肌理既粗，復燥而色赤，如後歷新坑，皆不可用。製作既俗，又滑不留墨。且石之有眼，余亦不取。大抵瑕翳，於石有嫌，況病眼、假眼，韻度尤不足觀。故所藏皆一段紫玉，略無點綴。」已上皆聖語。石之眼少而色正者，方爲佳物。

又　卷九　胡堂長伯量，記度常卿涵星研云：「寶慶丙戌秋八月，渝州度史君正奉詔入京，過金陵，出其所藏坡仙涵星研，而廬山胡泳記之曰：『研，端石，以石眼在池得名。形方。以今尺度之，可廣四寸，其長倍蓰。高寸有半，上廣下殺。其陰容掌，不啻面出。玉斗爲池，斗之半，微爲窪坎，如半月，用以限墨。』

『星在池者十有三，下皆乘以雲氣。大者四：其二近半月，其二倚南壁。而一復差大而高，外微緑，中黄，瞳如針眼而紺碧，衆星此爲獨勝。小者九：二倚東壁，二倚西壁，如參、商然；五者中立，一高、二次而三低，如聚東井然。汲泉滿池，粲粲相輝，半月止墨，玄雲黯𩅦而下，古人制作之精如此。星在陰者二。』

『上列四字曰：癸巳端巖，下三字曰：子容記。子容，蘇丞相頌，意其初得也。東壁之外，有墨書子瞻二字。下有三字，惟泓字髣髴，二不可辨。西壁外，子功二字。史君云研陰七字，本亦未嘗刊。以借觀者衆，懼把玩之多，遂成泯没，故李氏刊之。按坡詩，有以涵星研贈范純夫侍講，風月石屏贈子功中書共二首。詩中模狀，與此研實合。以年譜考之，當在元祐八年癸酉。研後歸李才元家，其孫家於成都之成都縣。史君以百五十緡購得之，外周以二鬃匣。蓋陰各有朱字紀歲月及土人姓名：外者，乙亥洋州造，大方誌。内者，辛未杭州，後洋沈上牢。坡仙元祐己巳，以龍圖閣直學士，左朝奉郎知杭州。至辛未二月九日，除翰林承旨。則内匣爲坡仙在杭作無疑，距作詩爲先三年耳。范、李後爲姻家，故研歸李云』。」

明・李東陽等《明會典》卷一九五《工部一五・紙劄》　洪武二十六年定，凡每歲印造茶鹽引，由契本鹽糧勘合等項合命紙劄著令有司抄解。其合用之數，如庫缺少，定奪奏聞，行移各司府州，照依上年紙數抄造解納。如遇起解到部，隨即辨驗堪中如法。差人進赴乙字庫，收貯聽用。

産紙地方分派造解額數：

陝西十五萬張，　北平十萬張，

湖廣十七萬張，　浙江二十五萬張，

山西十萬張，　江西二十萬張，

山東五萬五千張，　河南五萬五千張，

福建四萬張，　直隸三十八萬張。

凡各處進到紙劄，宣德七年令，不依原式及水濕不堪者，本部行移本處抄來，陪補原數。九年，以福建進到紙劄不令原式，及麤薄不堪，令按察司治提調官罪。

凡合用鹽引勘合等項紙劄，宣德九年，俱令商人納價收買，各省免派。

凡乙字庫各色供應紙張缺乏，工部召買多寡不等，或量派出産地方抄解，不拘年例。

凡白榜紙，高四尺四寸，闊四尺，十年一次題派各省，辦送一百二十萬張，貯乙字庫。或遇缺乏，召買隨行龍瀝紙代納，以尺寸不如式，每白榜紙百張價銀一兩。隨行紙，嘉靖十六年估定，百張價銀四錢。

凡本部公用各色紙劄，每年三十一萬四千九百五張，行都察院見收囚人紙内四季關領應用，年終題知其歲用白榜紙。永樂間題準，坐派安慶府額辦一萬六千八百張，遇閏加派一千四百張解部。

凡寶鈔司年例抄造供用草紙七十二萬張，御用監成造香事草紙一萬五千張，共七十三萬五千張。合用石灰、木炭、鐵器、木植等料，俱工部派辦。

明・王宗沐　陸萬垓《江西省大志》卷八

《楮書引》

信州之楮，列在方物，與陶均，而楮弊孔尤什倍陶。舊志顧略而不載者何？夫亦以陶設廠有專官，楮則量費徵銀，與民爲市，無定員，無常額，可無煩掌記耳。然以奉上供間，五歲一徵，徵輒費鉅萬，它所不時之需，大都稱是，而閩越諸

省同之。顧諸省不産楮，而楮解獨先於江表者，蓋以諸省楮費，歲爲逋徵貯庫。故命朝下而夕搆造，若江表必五年派徵，而各屬所徵非經年不解，槽户安能先貸諸子錢以供事哉！物不素具，不可以應。卒是歲徵之法，不可不講也。乃其弊竇尤多沿習，夫積氊召蚋，積腐生螢，於時驅儈千政，役鬼通神，憑黠胥以爲利囮，賂要津以爲情請。逮於厚訾斯歸，遂多汰費，槽未及啓，而已什九無存矣。以故造解往往愆期，急則轉鬻濫惡以塗耳目，蓋繇來漸矣。欲釐夙弊，計莫若銀貯府帑，揭示通衢，令業楮之家如式成造，官爲驗楮給直，要於無朘削，無刁難，不病官，不病商，仍廉其貪緣包攬數輩，以法繩之。此賢有司事爾。它多具楮槽利弊疏抄中，今倣陶式列款九，至御供一款，嘉靖四十三年前牘並燬無稽，四十五年以後備書於左。

《楮書》

建置

按，廣信府紙槽，前不可考。

國朝自洪武年間創于玉山一縣，至嘉靖以來，始有永豐、鉛山、上饒三縣續告官司，亦各起立槽房。玉山槽坐峽口等處，永豐槽坐柘楊等處，鉛山槽坐石塘、石壠等處，上饒槽坐黄坑周村、高洲鐵山等處，皆水土宜槽，窮源石峽，清流湍急，漂料潔白，蒸熟搗細，藥和溶化，澄清如水，簾撈成紙，製作有方。其槽所非一地，故附屬因革，無從稽覈矧係民屋，姑紀其畧耳。

匠役

按，匠作乃槽户自備，其槽房工匠亦多募工成造。每槽動以千計，每人日給工食銀三分，而工師匠人種種不一，要皆各獻能呈技，不能殫述。此皆槽户自備，並未仰給公家。

委官

按，槽費事體重大，歷年俱行本府，遴僉産紙縣分殷實槽户承造。其司禮監紙，每縣遴選僉報槽户一名爲綱首，乙字庫紙亦僉綱首一名，外每紙十萬，遴僉殷實槽户一名爲解户，遴委司府廉能官一員，督同綱首驗收各槽紙數，入櫃自解赴司，轉批註差解户管解赴京上納。每遇派紙多□，玉山槽衆承造一半，永、鉛、上三縣共造一半。

料價

按，楮之料價，遇造年分，派行本省十三府屬縣秋糧内帶徵，每米一石，徵銀五厘零。其大小名色數等價值，俱照司禮監。　題準決乏紙張。工部覆奏，欽依五年造解一次，乙字庫隨缺取用，造解不時，其大小名色數目多寡不等，移文院司劄府備查。歷年各項價值，參酌時估，逐一比對新舊紙樣，每張高一寸重一兩，以絲加之。狹一寸輕一兩，以絲減之。其中利弊，蓋以前紙係供上用。先年每萬估價百餘兩，其式樣高闊製造頗艱，故較之民間所市，稍從寬裕，使民樂於趨事，以便及時□□也。迄今外府人民視爲利孔，營鑽争造，致蒙減價過半。今因告擾重復，查詳批允，價再量減。以後止許府屬殷實槽户造解，毋容外府人民攙利營求，致滋侵延。備查在卷。

解運

【略】其進京船隻，原無差船裝載，每運司禮監紙約五十萬，雇民大座船一隻。乙字庫紙約三十萬，雇民大座船一隻。動支司給水陸舟車脚價雇募。其解官係奉司委，或府佐，或司府首領，照紙每萬給官解京衣糧銀五錢，共計一百五十兩。勘合一道，内開應付本官廪糧、皂次驛傳道撥送解官座船一隻，應得廪給口糧，欠手皂隸，及雇装紙民座船四隻，共船五隻，每應付拽縴夫二十名。其造紙二十四色，計一百九十六萬，大小名色不等，逐色估計今運紙價，除減外尚該價銀共九千七百八十一兩一錢五分。裝盛木櫃合用一千六百二十六箇，共該價銀三百九十兩二錢四分。其陸運水運每櫃議給水脚車脚等銀一兩，共銀一千六百二十六兩。均屬秋糧帶徵，本司出派，稽程文簿二扇，責令官解，日逐互相登記雇募民座船四隻水脚價銀，沿途批關納鈔。天登神福、黄河短縴、臨清帶磚、到灣雇車、賃屋堆頓、雇夫擡進監庫門單脚價，開箱擺飯，買辦蘆席，百費支用，回日繳查。其木櫃係本府櫃户做造，所有氊套布袱、槓鎖繩索，各一千六百二十六件副，原係南昌府置辦，無容別議。所可議者，解京各紙原行江浙福湖四省，色數相同，造解頓殊，而彼三省俱各差官，賫捧現銀前來玉山縣收買，每先完解。惟本省出産，完解反後。蓋緣各省所徵紙價，每歲秋糧石米徵銀一厘，解司貯庫。故抄造之命方下，而搆造之資已備。若本省，必待五年派造之期，石米徵銀五厘零，且各屬徵收，非經年不解，而槽户又安肯先貸諸子錢之家以供上事，是以愆期。後解合無，呈請照例逐年秋糧帶徵，官民兩便。又查得解進監庫例有鋪墊銀兩，萬曆八年工部尚書曾　題奉欽依每紙一萬，墊銀八兩，移文院司刻榜諭知。但係内府宿弊，無敢訟言。每紙五萬，設立解户名色，議銀二十四兩，抵充鋪墊。又有掌印監司、庫事、太監，無名私覯門單，百費不敷。據各槽户告稱，

萬紙抽價七兩，私貼幫解獲批，無悮上運。司禮監紙一百九十六萬，該解户銀九百四十兩八錢，彼奉本司右布政使蘇以爲解户衣糧過多，扣減去銀八百四十四兩八錢，止給銀九十六兩。各槽又因減價，止貼五兩，以致到京交納艱苦羈官陷解，借京重債，往往告部咨司，提銀千餘，解捕方獲批銷，部文見證。否則紙雖龍鳳花箋似難交納，合無詳查酌處，以杜煩擾。謡云，饒州磁器玉山紙，年年揭債賠到底，良由此也。

御用

按司禮監題造紙張，係供御製書册、手卷畫軸，併糊飾殿宇窓槅板壁、槅子仰塵等用。乙字庫紙張分給大小衙門建醮、賞邊等用。其歷年紙張皆因監庫缺乏，隨便題請取用，名色不等，難以槩論。其各衙門在京部院，年例公用贜罰等紙，原行各省直造，解者亦各差官前來收買。在外院司衙門，自有商販荅應額解。奏本紙每年三十萬張，價銀七百三十二兩，常年在於南昌、撫州、建昌、廣信四府動支庫貯院司道項下紙銀，遴選廉能縣佐貳官一員，督令槽户抄造，轉解赴京。其紙産於鉛山縣石塘地方。

明・李詡《戒庵老人漫筆》卷三　御用筆

朝廷用筆，每月十四、三十日兩次進御，各二十管。冬用綾裹管，裏襯以緜，春用紫羅，至夏秋用象牙水晶玳瑁等，皆内府臨時發出製造。弘治時，吳興筆工造筆進御，有細刻小標記云：「筆匠施阿牛。」孝宗見而鄙其名，内傳以小名對，敕易名曰施文用，至今猶然。

清・談遷《棗林雜俎中集・器用》　研

王官谷西山有秦王研，研大如碾盤，無口，下如尖底磑。春秋秦敗晉師於王官谷時所遺者。《司馬圖記》，見呂東野《涇野集》。

潁州東六十里，古夷陵也。舊《志・古列國縣君邱壟土傳》：「夷陵縣掘地得磚，作研堅潤。」《潁州志》。

俞侍郎士吉，奉使得研。上篆「永樂二年」，旁書「海東瀆磔」。《説楛》。

清・徐松《宋會要輯稿・食貨・坑冶下》　各路産物買銀價

江南東路：【略】額錢五萬貫，買紬、絹、銀、綿、紙池州大抄連紙，宣州大抄、三抄連紙，南康大抄、三抄、小抄，江西大抄、小抄，歙州詔紙降樣、常樣，大抄、三抄連紙。三百二十五萬五千四百張。

江南西路：紙興軍國大抄、三抄、小抄，洪州表紙大抄、三抄、小抄，筠州表紙大抄、三抄、小抄。一百二十七萬四千張。

荆湖北路：【略】紙鄂州連紙、峽州小鈔、岳州大鈔、三抄、小抄。五十五萬九千五百五十張。

清・華玉淳《錢幣考》卷下《鈔》　國家制錢，以通百貨，而民貴重之者，以銅之爲質堅久，而其直足與物相當也。鈔則以楮爲錢，上之人以爲費省而利博，而不知民之用也，有磨滅破損之弊，有倒换出入之艱，以舊易新，折閲既多，而一旦不用，真爲棄物。其不可行也，決矣。

又　明太祖洪武八年，令中書省造大明寶鈔，取桑穰爲料，其制高尺，廣六寸，質青色。外爲龍文花欄，横起其額曰大明通行寶鈔，中圖錢貫，其下曰户部奏準印造大明寶鈔。與錢通行使用，僞造者斬。

清・徐康《前塵夢影録》卷上　明宣德御墨，形如雞卵而扁，正面御墨二字，隸書。背宣德四年。下曾礶過，通體黝黑，隱隱有漱金細點。握於手，久之嗅有香而微帶腥，中和龍涎也。核之歲月，閲四百年矣，而無一豪坼裂紋。

明初查文通墨一挺，約長一寸二分，重二錢許。又邵格之墨，長方形，重五錢。余辟兵申江時得之，爲沈均初孝廉樹鏞。易厺。

不是墨，海陽汪氏船，無年代，署員式。

白墨，長方形，約重四五錢。老友朱月椒云，是外國所製，余未試磨，亦不知命名之義。

邢子願墨，方建侯製，陽文贊，即邢自題。漆邊，重八錢，長方式，古香可愛。

程夢陽小象墨，方巾深衣半截身，單邊，重三錢。餘質輕如葉，正面象，背有贊。破漆匣，計十二挺，皆有白綾囊，囊面有頂煙二字，一時朋好，分購而盡。

周櫟園大牛舌墨，面書櫟園先生珍賞，背賴古堂製，皆陰文。四圍黑漆，光潤而有細裂，文隱隱，約重三兩餘。

虞山錢牧齋，有蒙叟墨，正面牧翁老師珍賞，背爲天下式，旁註門人吳聞禮製，長方式，五錢重。又秋水閣墨，重約八九錢，牛舌形，面同上。背秋水閣三字，有闌，旁註門人吳聞詩製。滿身綫雲環繞，陰文，字皆居中。

後讀《紅豆集》，知吳氏昆仲皆歙産，集中有《秋水閣記》。

蘇齋詩境墨，面縮橅放翁石刻詩境二字，長方形，約重六七錢，字陰文，下署覃溪款。

漁洋山人墨，面蠶尾山房製，長方式，蘇齋所撰，復初集中有題詠。

商邱宋牧仲犖。墨一挺，面清德堂，旁雙龍文。撫吳時多惠政，仁廟南巡，御題清德堂以賜，背牧翁先生清賞，長方式，重八錢。又自製黃海山花墨，扁方形，約有二十餘種。余曾得四五挺，面畫折枝山花，背題所詠《漫堂詩集》中有詠山花詩五絶二十首，皆載山中土俗之名，不見於《羣芳譜》。

徐司寇墨，正面紫玉光，二龍銜珠，背東海徐健庵製。長方式，重五錢，有曹素功小方印。

阮相國墨，碑形，面碑頭横列，曰積古齋打碑墨，兩字一行。下半截光素。背下截：江秋史、錢梅溪同造，皆作古篆。重二兩，扁闊而薄。按，江名德量，歙人。

秋史自製墨，泉刀形，面即墨之吉貨，稻芒文。背秋史款，漆邊極黝澤，重二兩。又一種與梅溪同製，亦泉刀式，煙質稍遜。又一種，四面綫雲，牛舌形，約重兩許。正面蟫藻閣再和墨，楷書陰文。背面横列曰邵格之、方正、程君房、方于魯，分四行，亦楷書。老友顧湘翁云，蟫藻閣，即秋史讀書室名。

黄小松墨，睘員式。正小蓬萊閣隸書四字。背嘉慶□□秋日小松氏製，約重五錢。

屠琴隖墨，長方，員首足，面琴塢書畫墨，背嘉慶十七年九月□，重五錢。

汪心農居士穀。得明季阿膠一巨匳，嗅之有菊花香，遂自製墨。最上乘者曰白鳳膏，重三錢，背心農氏製。其次曰菊香膏大字，背乾隆辛亥心農製，字稍小。又有兩種，曰知其白，曰知其黑，背心農氏製。字皆王夢樓太史書，各重五錢半。隨園每託心農以菊香膏料造墨，分貽名公巨卿。余所及見者，如秋帆尚書吟詩之墨，睘員扁形，綫雲環繞，陰面隨園叟袁枚製。一曰思元主人吟詩之墨，長方式，背隨園叟袁枚恭製。主人爲豫邸世子。一曰敬齋相公吟詩之墨，背倉山叟袁枚製，長方式員首。一曰雨窗先生吟詩之墨，阿林保。一曰麗川中丞吟詩之墨，奇豐額。背皆書隨園叟袁枚製，形色同前，皆重六錢。其分遺女弟子者，式如白鳳膏，重三錢，而閨秀吟詩之墨，背隨園手製。老友黄心齋國珍。云，隨園廣交遊，內自王侯，外至封圻，尚風雅者，無不造墨贈遺。如禮邸世子《小倉山房集》中，見其投贈詩文，必有贈墨。然余生平所見，衹此數種，刼後更爲希覯。若近時肆中所售隨園先生著書之墨，真同泥甴，最爲贋品下乘，明眼人咸能辨之。

余家舊藏大墨一挺，曰欲其黑，兩面同上，重一兩。道光八九年，先君司鐸陽湖，得見居士次子桐生別駕於試硯齋，承其惠快雨堂題跋二册，菊香膏四笏，歙硯一方，云白鳳膏已罄，菊花香膠料亦無，不能再製矣。

少穆先生拜疏判牘之墨，背道光某年月，約重一兩，四圍細金回龍文，長方式。

冬心先生墨，贋者最多。真者余厪見大半段，長方，厚闊邊，兩面皆作漆書體，面五百斤油，背冬心先生造，字背陽、面陰，極肥。約重七錢。

明人仿李易水墨，亦衹見過半截，員首有邊，上一孔，洞穿可佩。面曰龍文，下倣廷珪等字，背有「嘉靖四」三字。惜僅餘半寸有奇，不能計其分兩。

吳去麋墨拭。得之海寧查氏，尚有原貯漆匣，長方罩蓋，如東倭器式。木胎中粘白絹。有吳氏選製小方朱印文墨，俱作博古樣，僅四種，大小厚薄輕重不等。中惟一蟬形最小，不及二錢重，餘皆完好無裂紋。惜不能全記其形狀矣。

程音田自磨墨，面半截，小像科頭陽文，約兩許，音田名振甲，爲名進士，歙人，僑居吳門，曾充銅商，而大折閲，因自號音田，取無心意思，而不知究作何解。標按，程字木庵，好收藏金石，余刻有《木庵藏器目》。

嘉慶年間，館閣作書盛行，俞稼園墨，面笏齋膠法，背稼園俞氏造，重六錢，長方式。一時備殿試朝考之需，一挺易銀一兩。北方風燥，惟俞墨可免塝裂。

曹素功休寧墨，工繼程、方，而起於康熙朝。六飛臨幸江寧，進呈所製墨，蒙賜紫玉光三字，後充貢選煙及發售者。有雙龍文、銜珠，皆扁方形，周圍貼金，無邊廓，陰文楷書填藍。款則陽文，重五錢。千秋光同式。後曹氏後裔列肆於皖、於吳門，當在乾隆年間，余嘗攜舊所得者眎之云。此種康熙時制作。今不但此種煙料久斷，即墨之木模，亦遺失久矣。余猶記前人云，墨欲黑，茶欲白。欲試其黑，須得蜀中冷金箋，或以黑漆板試之，黃色、青色居多。曹氏選料極精，得邀睿賞，有以哉。

孫古雲墨，面五千椎，背古雲品定，皆手書，重五錢。

陳曼生墨，面種榆仙館，背曼生製，約六七錢。漆匣，五色漆畫花卉精絶，曼生詩藁，其女夫趙蘭友校刊，竹册雙綫，仿宋體寫，亦古雅。

曹文敏大墨，重五兩餘，高數寸。漆邊，長方，雲龍文，下爲波濤，皆陽文。按文敏即文正公振鏞。尊人。彭文勤公墨，亦巨挺。

王味隒精於製墨，余所見充貢巨挺，名花十友，面御製咏花詩，隸書陰文，背折枝花，陽文，約五兩餘一挺。漆邊，長方形，味隒官箴，以墨收，而選煙頗佳，曾

刻類帖八大册。似尚風雅，與隨園往還，《小倉山房詩集》中見之。

徐靈胎子名爔，號鼎和，一號榆邨，納一伎曰李秋蓉兒，姝麗，妙解音律。靈胎翁爲之著《顧曲雜言》，惜蚤世，榆邨繪圖製墨，徵詩文，墨長方式，面秋蓉度曲小像，背句曰展卷漫嫌顛領甚，秋蓉本是斷腸花。重五錢。錢梅溪善趙吳興體，曾爲成邸捉刀，尤蒙蘇齋賞識。梅翁爲武肅王裔，王曾鑄金塗塔，翁因選隃麋佳料，作金塗塔墨，塔形一片，厚半寸，面金塗塔三篆字，背□十□世孫泳仿製。

高麗墨，六面涂漆，面有翰林風月四篆字隱起。曩在屯江，購得一挺。係海舶帶來者，直甚廉，試之黯若土炭。硯質稍細者，磨試即損，不必大小西洞石也。然樊榭謝趙功，千惠高麗墨詩，仿山谷體，歎賞不置，注中亦翰林風月篆文正同。蓋樊榭於六法不甚留意，故詩箋尺牘，留傳絕少。殆以此墨遠來方物，未嘗一試耳。按國初亨重名，而不善書者，爲漁洋山人，每令門下士陳子文、奕禧。林吉人佶。捉刀。乾隆時，有厲樊榭及全進士、祖望。袁大令。枚。

日本國最重文墨，所製隃麋，甲於東瀛諸國。嘗刻《古梅園墨譜前後編》，仿程、方者曰仿唐，各圖繪畫，細若豪芒。係領袼而造，前叙後跋，悉其國中名流。書法多學宋代蘇黄米蔡四家。首列鎮庫墨一巨挺，長尺有咫，圖是縮本，儼然一碑。墨工松井氏。余曾得松井畫松一小屏，松兩株，一濃一淡，用高麗紙裝池。國中制作，流入洋舶而來。墨編中紀元曰文化。考《吾妻鏡》及《翁海邨補編》，大約在中國乾隆時。標按，文化元年甲子，當嘉慶九年，十四年丁丑改元，當嘉慶二十二年。見《和漢年契》。墨皆貼金，證之譜相合。道光中葉，購得多品，皆有本色木匣，較勝中華之用漆。一曰九英梅，面詩，背折枝梅花九朵，闊漆邊，極光潤。一曰達摩尊者渡江像，無邊，貼金。一落花流水，亦無邊，貼金。兩面波浪文，一有花朵，背五言詩一句，字陽文，涂漆。一狹長，有三寸餘狹，漆邊貼金，面字極纖細，試之有光澤，遠勝中華墨工手段，真一點如漆者。又購得四五挺，亦漆邊，滿貼金，文多不能追憶矣。鬻墨者云，墨皆藏於百一山房孫文靖士毅。家，故物也。按文靖有文房之癖，嘗得石子，各有題品，適符百一之數，因名其齋。標在京師琉璃廠肆，見日本多賀城碑墨一錠，已磨去下半截。碑爲日本最古之刻，故模作墨也。後至日本訪之，碑尚有拓本，墨則無知之者矣。

張長人仁熙。有墨癖，藏古墨三十六品，著《雪堂墨品》，後盡歸之宋漫堂。宋與之同嗜，亦得三十六品，著《漫堂墨品》，與《筠廊偶筆》《二筆》《怪石贊》，同付手民。相傳宋在黄州時，以友朋所遺之酒，和於一處，名曰雪堂義尊。竹垞老人後知之云，何不以各家墨椎碎，和膠重擣成劑，名之雪堂義墨乎？越百年，蟫藻閣竟有再和墨。標按，再和墨有御製者，金冬心，五百斤油亦再和墨。

程君房大約有《墨譜》十六巨册，前題後跋，皆有聞於世。圖繪之工，丁雲鵬、吳左千居多。雕鏤之精，爲萬曆時稱絕作。因夥友方于魯建元。《負心册》，後附《中山狼傳》，并圖四幅。所記負心者，不麾于魯，然于魯亦以鬻墨起家。《中山狼傳》，一出方氏蒙垢，遂刻《墨苑》一書以相敵，并出資購焜此傳，故傳世者絕少。方氏書刻工不及程氏，即松煙工料亦不逮。乾嘉年間，藏墨者置程方二家，不加品藻，以其設肆不足珍賞。第至今又越百年，且遭兵燹，即程、方所製之墨，亦不可得。相傳二家皆有上乘，凡一兩以内者，皆名流託觧，無不佳妙。若大塊文章，祇堪悦目耳。近時出有九子墨，九師圖形墨，亦借二家之名，實則爲雁品之最下者。

散氏鬲大員墨，約重斤許。漆邊，面縮橅鬲篆，全文陽識，背楷書散氏鬲三字。鬲舊藏巴予籍家，慰祖。故縮橅篆文，絲毫不爽。刦後見之骨董肆，因索直昂，手拓其文。未幾，鬲即爲人購去。巴善篆隸，刻有《印譜》，蓋徽商而家於邗江者。汪容甫中有剔傳，極推重之。標見慰祖有銅都承盤，字體模散氏盤酷似，今藏錢塘汪郎亭鳴鑾師處。

陸友仁著《墨史》刊入《知不足齋叢書》，皆紀南唐兩宋有元諸墨，今無存於世者。

宋觀督思仁。服官東魯，多惠政，而極風雅。有竹梧清嘯圖，乾嘉名士題咏將徧。桂未谷曾游其門。歸田後，製家傳一經長員墨，重五錢，漆身漱金。又自爲生壙有墳圖墨，祇見其四。扁方形，面列墳旁山水品題之，背有贊，約五錢弱。知其白，背時齋氏製。選煙雖不及菊香膏，而料亦佳，面背皆時齋自書。按時齋爲汪文端公之子，名承霈。

吾家鴻寶季父，製心太平軒課詩長員墨，隸書、楷書皆有，五錢重。嘉慶某甲子某月。

烏衣玉玦，隸書，面王鶴舟、謝□□。製，背道光某甲子，漆邊，乃曹素功家頂煙，重五錢，易銀五錢。

老友黄秋士，婁邑小蒸里人。道光中葉，游吳門，爲陶文毅公澍。所知。善山水，工人物，擅詩、書、畫三絕之譽。

文毅遊惠山，秋士繪圖鎸石，嵌於聽松庵壁。又畫竹罏圖、石銚圖，同時鎸刻。秋士挾其技於吴門，設顔料印泥箋絹，列肆於門廳，後爲畫室，名花瓷盎。棐几無纖塵，日有賓朋踵門求書畫。嘗飭工製墨，一曰湘華館選煙，背有年月，細邊，五錢重，料最細，乃自用者。一曰衍波閣選煙，分兩同，肆中應客之求，惜所製兩斤許，劫後從未見過。

海陽汪元一墨，側有崇禎某年製。

櫟園先生嘗蓄墨萬種，歲除以酒奠之，作祭墨詩。其友王紫崖話其事，漫賦二律，見《梅邨詩集》。按先生喜徵人刻印作畫，著有《印人傳》《讀畫録》兩種行世。

《墨表》上下兩卷，禾中名士戴松門光曾。輯。自明初以至國初，皆出自收藏，每挺注分兩長員方楕各式，惟闕圖，列隔三層。校雪堂、漫堂《墨品》所記，詳盡多矣。此《表》於道光辛丑冬，與張次柳少尉凱同遊西泠所得。次柳爲白也應雲。太守子，隨任吴門，少年好學，兼有墨癖，遍搜廣採，郡中諸人所蓄，大率歸之。自明初至國朝，約二百餘挺。余爲之作《續墨表》，較前《表》多逾數倍。後余遊九峯三泖間，公子因回避，改赴浙江，旋遭兵劫，歿於寧紹差次。嘗於申江晤其弟，權。詢之，云，所藏一無蹤迹矣。惜哉！

次公嘗得程君房墨，二寸半見方。正面上書飛龍在天，下程君房製，皆篆字。背面繪龍，古色古香，乃其祖松阿先生舊藏。又秋水閣牛舌墨二挺，與康前所得一模。又有兕觥歸趙墨，正面列兕觥形，陳於几，背面乾隆某年製，亦難得者。標按，次公者乃常熟趙次侯先生，所居舊山樓有花木泉石之勝，多收藏。

咸豐初年，余於玉峯集街得墨一挺，漆邊，約重兩許。正面陽文，壽山福海，背面順治某年製。

元有朱萬初墨，邵安父與萬初帖云，深山齋居，罏香不可缺。退休之久，佳品乏絶，野人爲取老松柏之根枝葉實，共擣治之，斫楓肪羼和之，每焚一丸，足助清苦。今年大雨時行，土潤，溽暑特甚。萬初致石鼎清晝香，空齋蕭寒，遂爲一日之供，良可喜也。萬初本墨妙，又兼香癖，蓋墨之與香，同一關紐，亦猶書之與畫，謎字與禪也。

宋徽宗嘗以蘇合油搜煙爲墨，至金章宗購之，一兩墨價金一斤。人欲倣爲之不能，此之謂墨妖。

休寧汪近聖，繼曹素功而起，嘉慶道光間甚著名，選料極有佳者。劫後惟胡開文盛行，微嫌用膠過重。近有續開詹姓墨鋪，以舊模製墨，料既不佳，且有一面冬心款，一面方于魯造，冒昧從事，實爲墨者笑談。

圖録

漢殘字紙敦煌懸泉出土。

宋・米芾《晉紙帖》

宋・李孝美《墨譜法式》卷上

採松

右採松之肥潤者，截作小枝，削去簽刺，懼其先成白灰，隨煙而入，則煤不醇美。

造窯

右造窑，用板各長九尺，闊尺。餘每兩板對倚，相次全用泥封，合窑梢一角爲突，蓋以高下、角突大小，約二寸徑合。如窑病，燃火有礙，及出煙不快，即開突斟酌脩治，事訖，復閉之。窑心地面上亦有出氣眼。直通突外，以備出氣。其窑至十二步陡低一邊，留取煤小門。一邊用石板對倚爲巷，至六步爲大巷，又漸小一步爲拍巷，又五步節次低小爲小巷，又半步爲燕口。只開二寸，高五寸。大堂下安臺，臺下鑿兩小池。一池以備積灰，一池以浸小掃箒，以備掃灰。

發火

發火要活，不用多然。然死灰多，則墨不黑也。廷珪墨所以妙，正緣此。此造法第一關也。大韶云，造墨何須火力堅，火微煙重自然妍。

右窑相並三四眼，留一二眼爲滅火。每以松三兩枝細細發火，候及六七分，將殘者於別眼燃之，應有灰落，即以濕箒掃入池中，無使揚也。別眼皆取常煤。

取煤

煤貴陳宿，隔旬日尤佳。又一種栢煤，出終南，蒲大韶多用之。李欣父子用之尤妙。栢煤薄取，最不易。

右燒煤，自發火止，於十日，不候窑冷，令人開巷邊小門而入，以扇子取。分前後中爲三等，唯後者最優。《墨苑》云，突之末者爲上。中者次，前者又其次。故窑稍懸板者，謂之茸頭，揉殺即名珠子，他無以加也。

和製

入膠水等分，復用真煙發之。遲二日入套板，俟稍乾，微火薰五七刻，冷後加明膠佳。蒲大韶和製與李氏異，見《宣靖録方》。

右用好醇煤乾擣，以細絹篵於缸中，篵去草芥。不可露篵，慮飛散也。或用密羅，上下各以紙爲袋，羅之亦佳。每和入膠物拌搜至匀，下鐵臼中。寧乾勿濕，擣三萬擣，多多益善。不得過二月、九月，温時敗臭，寒則難乾。潼溶風見日解碎，重不得過三兩，寧小不大。出《齊(氏)[民]要術》韋誕墨法。

入灰

不入灰，性燥不可久用。多則色白，此尤難事。

右用好柴炭灰相半，篩細按平，以紙襯放墨，再以紙覆，布灰冷密，大約五六日可出矣。亦有不用灰池，於密室中，用棚去地三尺，置箔於上，籍之用糠，麥、稻

皆可。無害於成，獨兗州陳氏世世用之。

出灰

微火薰一晝夜，細擊之，其滓自落。廷珪法不同，見後。

右墨出灰池，以繩辮之，挂梁間。無近牆邊牆，墨曲。候乾，用水刷令平净，再以黄蠟、滑石出光。有堅製者至佳，收貯以紗囊懸透風處。出《墨苑》。

磨試

用舊紫石研，新水不着力磨二刻，試佳磨，重則劑易剥，色澤不匀。是蒲墨用栢煙，尤不堪重。宣和試墨方甚備，今採摘其説。

右研墨要涼，涼則生光。不可熱，熱則生沫。蓋忌其研急，則墨熱也。李陽冰云，用則旋研，無令停久。久則塵埃相污，膠力墮亡如泥，鈍不任下筆矣。出《墨苑》。

又 **卷中** 式

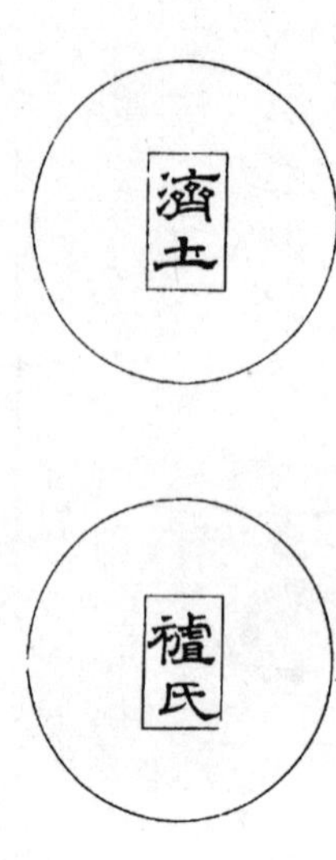

右祖氏，易水人，故以濟土爲號。年已久遠，罕有存者。

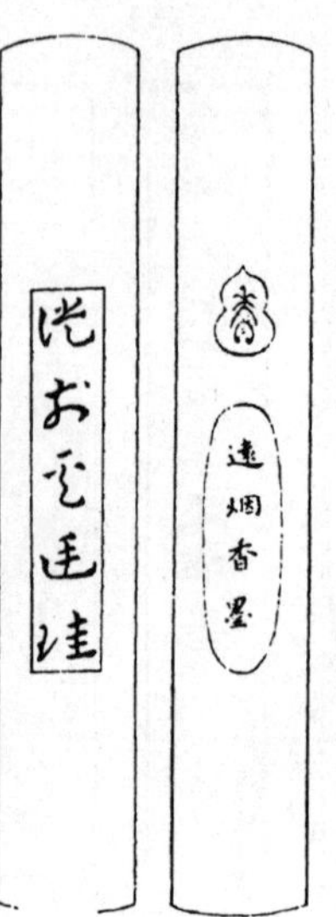

右奚庭珪墨二品，一面曰「遠煙香墨」，漫曰「從前奚庭珪」。其一面有特龍，漫曰「供使奚庭珪祖記墨」。皆狹薄輕脆多斷折枝，其精觕不及李廷珪遠甚，安敢望超也。

右李超墨，有二品。其面或有特龍者，或有「新安香墨」者。其漫曰「歙州李超造」，一止曰「李超」。其號雖異，亦互有精觕。精者其堅如玉，其文如犀，寫千幅紙不耗三分。《墨苑》載徐常侍云，嘗得李超墨一挺，與弟鍇共用十年乃盡。磨處邊際有刃，可以割紙。自後用李氏墨，無及者。以此知超精意爲之者，廷珪不及也。

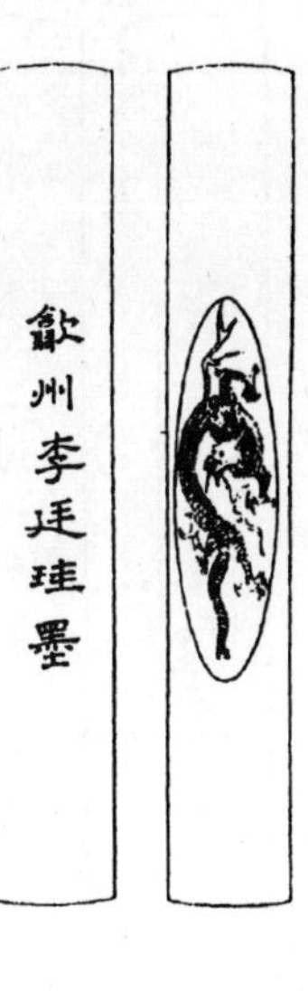

右李廷珪大墨，有二品。其一面曰「歙州李廷珪墨」，漫有特龍。其一面曰「歙州李廷珪造」，漫有雙脊特龍。小墨有握子者，上止有一「香」字，其豐肌膩理，光澤如漆。又有小餅子，面有蟠龍四角，有「供御香墨」(子)[字]，漫止有一「歙」字。前四品無粗者，非法之至精，曷能臻於此哉！

右李承晏。

右李文用。

右李惟慶。

按李氏墨，惟超及廷珪爲嘉，承晏、文用次之，惟慶小挺子優於大墨，可亞廷珪也。

易水供堂墨

張遇

易水進貢墨

張遇

龍腦
張遇

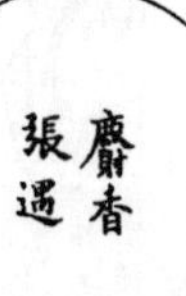

右張遇大墨二品，一曰「易水供堂墨」，一曰「易水進貢墨」，其漫皆有「張遇」字。又有圓墨二品，面皆有蟠龍，四角有「供御香墨」字，其漫一曰「麝香張遇」，一曰「龍腦張遇」。或云「宮中畫眉墨」，不知何代所貢也。

易水光墨真一

陳贇

右陳贇，世傳不多，與張遇等。

右盛氏四品。

右柴珣。

右「宣道」「宣德」，不知何許人，其形製頗類廷珪，疑歙人也。

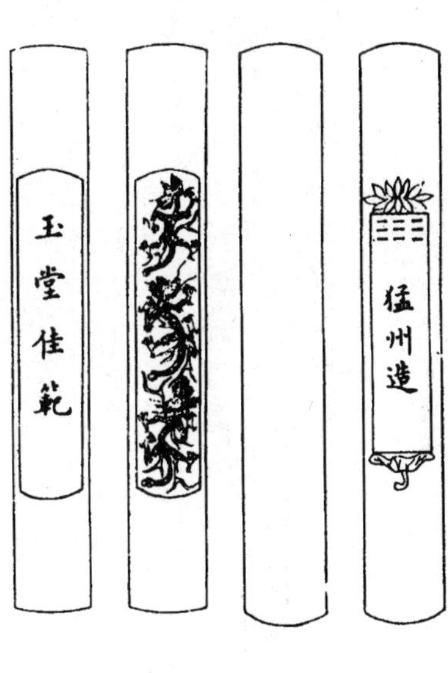

右新羅大墨二品，一曰「猛州貢墨」，一曰「順州貢墨」，率長挺，堅輕如革。又有小墨二品，形製實厚，光澤可愛。校其精觕，大不及也。

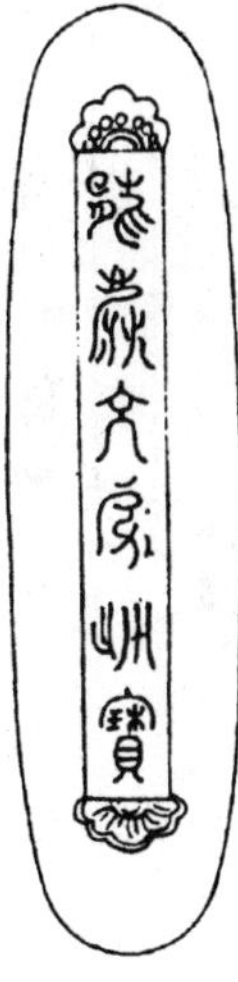

右一品，不知何郡誰氏所製，形製闊厚，紋如靴皮蹙縮，然面、漫有字，不類今書。約其文面曰「龍麝文房祕寶」，漫曰「細煤煙黑龍跡」。其色澤如新羅。外有朱君德耽、德貞，及袞州諸陳墨，世多收之，皆少精而多觕，故其形製此所不録。

浸油

水盆

油餞

煙椀

燈草

烧煙

篩煙

鎔膠

用藥

搜煙

蒸劑

杵搗

秤劑

鎚鍊

丸擀樣製

印脫
上牆
上下兩片印板中間置墨
右牆
左牆
下牆
木箱

入灰

出灰

水池

試研

明・王圻　王思義《三才圖會・器用十二・什器類》

筆説

《説文》曰，楚謂之聿，吴謂之不律。燕謂之弗，秦謂之筆。張華《博物志》曰秦蒙恬造，又曰舜造筆。《古今注》曰，牛亨問自古有書契以來，便應有筆。世稱蒙恬造筆，何也？恬始造秦筆耳，以枯木爲管，鹿毛爲柱，羊毫爲被，所謂蒼毫，非兔毫竹管也。由此觀之，則以羊毫爲筆，斯蒙恬所制耳。

墨

後漢李尤《墨硯銘》曰，書契既造，墨硯乃陳。則是墨與硯者，與文字同興於黄帝之時也。一曰田真造墨。

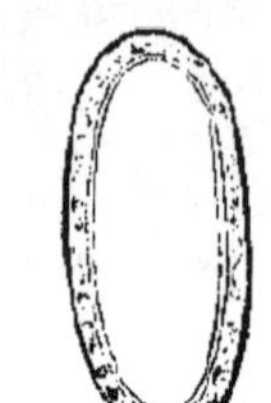

八稜澄泥硯，此唐之澄泥研也。以泥水澄瑩，燒而爲研，品研以爲第一。方廣九寸，厚二寸，下有篆字「明理宣跡平水圖璧建武庚子」，共十二字。石渠閣瓦硯。此瓦硯背篆石渠閣瓦因字，研上有銘，質堅聲清，護之如玉。長一尺，闊六寸，厚一寸。

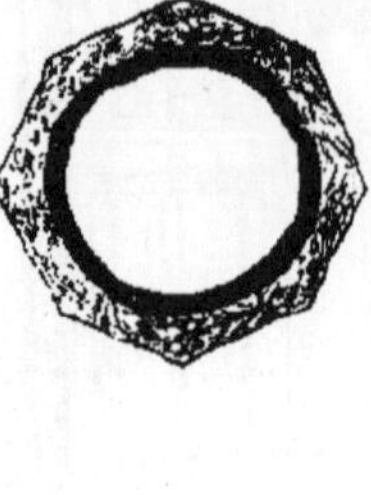

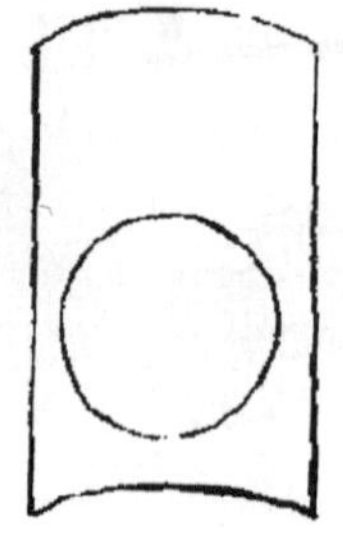

此未央磚頭研也。色黄黑，形如腎，長六寸，闊四寸，厚一寸，扣之聲清而堅。上有「海天初月」四字。

此緑端石硯，背有周幼海銘，上篆「緑玉」二字。長七寸，厚二寸，闊五寸，色温然如玉，扣之鏗然。

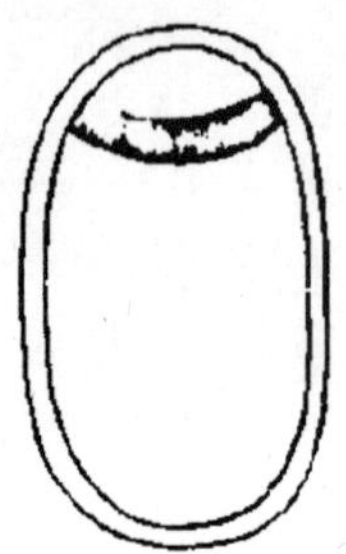

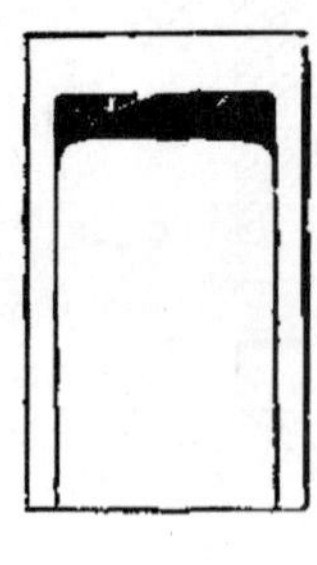

明・宋應星《天工開物》卷中《殺青》

又 卷下《丹青》

燒取松烟

清烟在尾

掃取粗烟

清・吴其濬《植物名實圖考》卷三三

秦皮　秦皮，《本經》中品。樹似檀，取皮漬水便碧色，書紙看之皆青。湖南呼爲稱星樹，以其皮有白點如稱星，故名。

秦皮

桑　桑，《本經》中品。《爾雅》女桑、桋桑。注：今俗呼桑樹小而條長者爲女桑樹。檿桑、山桑，注：似桑，材中作弓及車轅。今吴中桑矮而葉肥，蓋即女桑。江北桑皆自生，材中什器，蓋即檿桑。蠶絲勁黄，所謂檿絲矣。桑枝、根、白皮、皮中汁、霜後葉及葚耳、蘚花、柴灰、螽蟲皆入藥。

桑

楮　楮實，《别録》上品。詩疏，幽州謂之穀桑；荆揚交廣謂之穀。《酉陽雜俎》，葉有瓣曰楮，無曰構。按穀、構一聲之轉，楚人謂乳穀亦讀如構也。皮爲紙，亦可爲布；葉實可食。皮中白汁以代膠。《救荒本草》謂之楮桃。

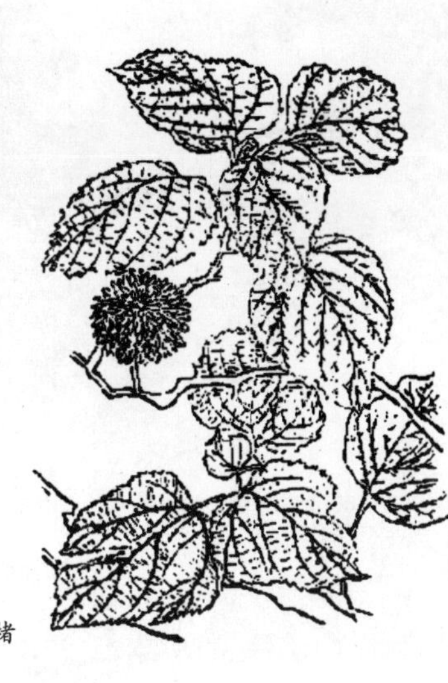

楮

藝文

晉・傅咸《紙賦》嚴可均《全上古三代秦漢三國六朝文》卷五一

蓋世有質文，則治有損益。故禮隨時變，而器與事易。既作契以代繩兮，又造紙以當策。猶純儉之從宜，亦惟變而是適。夫其爲物，厥美可珍，廉方有則，體絜性貞。含章蘊藻，實好斯文。取彼之弊，以爲此新。攬之則舒，舍之則卷。可屈可伸，能幽能顯。《藝文類聚》五十八；《初學記》二十一引兩條，《御覽》六百五。若乃六親乖方，離群索居。鱗鴻附便，援筆飛書。寫情於萬里，精思於一隅。

唐・顧況《剡紙歌》《全唐詩》卷二六五　剡紙歌

雲門路上山陰雪，中有玉人持玉節。宛委山裏一作裏。禹餘糧，石中黄子黄金屑。剡溪剡紙生剡藤，噴水搗後爲蕉葉。欲寫金人金口經，寄與山陰山裏僧。手把山中紫羅筆，思量點畫龍蛇出。政是垂頭蹋翼時，不免向君求此物。

唐・舒元輿《悲剡溪古藤文》《全唐文》卷七二七　悲剡溪古藤文

剡淡上綿四五百里，多古藤，株枿逼土，雖春入土脈，他植發活，獨古藤氣候不覺，絶盡生意。予以爲本乎地者，春到必動，此藤亦本於地，方春且有死色。遂問溪上人，有道者言，溪中多紙工，刀斧斬伐無時，擘剥皮肌，以給其業。噫！藤雖植物者，温而榮，寒而枯，養而生，殘而死，亦將似有命於天地間。今爲紙工斬伐，不得發生，是天地氣力爲人中傷，致一物疪癘之若此。異日過數十百郡，泊東雒西雍，歷見言書文者，皆以剡紙相夸，乃寤曩見剡藤之死，職正由此。此過固不在紙工。且今九牧士人，自專言能見文章户牖者，其數與麻竹相多。聽其語，其自重皆不啻掘驪龍珠，雖苟有曉寤者，其論甚寡，不勝衆者亦皆斂手無語。勝衆者果自謂天下之文章歸我，遂輕傲聖人道，使《周南》《召南》風骨折入於折揚皇荂中，言偃卜、子夏文學陷入於淫靡放蕩中，比肩握管，動盈數千百人。數千百人下筆，動數千萬言，不知其爲謬誤，日日以縱，自然殘籐命易甚桑葉。籐以鬻之，雖舉天下爲剡溪，猶不足以給，況一剡溪者耶！以此恐後之日，不復有籐生於剡矣。大抵人間費用，苟得著其理，則不枉之道在，則暴耗之過莫由横及於物。物之資人，亦有其時。時其斬伐，不爲夭閼。予謂今之錯爲文者，皆夭閼剡溪籐之流也。籐生有涯，而錯爲文者無涯。無涯之損物，不直於剡籐而已。予所以取剡籐，以寄其悲。

宋・蘇軾《夜燒松明火》《蘇軾詩集》卷四二　查註：本集《雜記》云：海南多松，已卯臘月二十三日，墨竈火發，幾焚屋，遂罷。作墨，得佳墨大小五百丸，餘松明一車，仍以照夜。誥案：此潘衡所造墨也，衡後從游曹溪，爲明老作墨。

歲暮風雨交，王註：杜子美《雨過蘇端》詩：鷄鳴風雨交，久旱雨亦好。客舍凄薄寒。夜燒松明火，施註：《宋書》：顧歡好學，家貧，夕則然松節讀書。照室紅龍鸞。施註：《文選》顔延年《祭屈原文》：連類龍鸞。快焰初煌煌，碧煙稍團團。施註：《本草》：松樹皮緑衣，名艾納，合諸香燒，其煙團聚，青白可愛。幽人忽富貴，蕙帳芬椒蘭。珠煤綴屋角，香湍流銅盤。公自註：香湍，松瀝也。出《本草》註。施註：《本草》：松脂，唐本註云：松取枝，燒其上下，承取汁，名湍。音諧。坐看十八公，俯仰灰燼殘。齊奴朝爨蠟，王註：《晉書》：石崇小字齊奴。嘗以蠟代薪。萊公夜長歎。施註：歐陽文忠公《歸田録》：寇萊公自少年富貴，不點油燈，雖寢，亦然燭達旦。每罷官去後，人至官舍，見厠溷間，燭淚在地，往往成堆。合註：《歸田録》：鄧州花蠟燭，名著天下，相傳寇萊公燭法。海康無此物，燭盡更未闌。施註：雷州海康郡，萊公貶此地終焉。誥案：紀昀曰：瑣屑題，寫得大雅。

宋・米芾《越州竹紙詩》

越筠萬杵如金版，安用杭油與池繭。高壓巴郡烏絲欄，平欺澤國清華練。老無他物適心目，天使殘年司筆硯。圖書滿室瀚墨香，劉薛何時眼中見。

又《薛道祖和詩》

書便瑩滑如碑板，古來精紙惟聞繭。杵成剡竹光淩亂，何用區區書素練。細分濃淡可評墨，副以谿巖難乏硯。世間此理誰復知，千里同風未想見。

又《薛道祖詠筆硯間物》

研滴須琉璃，鎮紙須金虎。格筆須白玉，研磨須墨古。越竹滑如苔，更加一萬杵。自封翰墨鄉，一書當千户。

又《曾文清公竹紙三絶句》

會稽竹箭東南美，來伴陶泓住管城。可惜不逢韓吏部，相從但説楮先生。

會稽竹箭東南美，化作經黄紙疊層。舊日土毛無用處，剡中老却一溪藤。

會稽竹箭東南美，研席之閒見此君。爲問溪工底方法，殺青書字有前聞。

宋・蘇易簡《文房四譜》卷四《紙譜・四之辭賦》

《周朴謝友人惠牋紙并筆》　范陽從事獨相憐，見惠霜毫及彩牋。三幅緊纏秋月兔，五般方翦蜀江煙。宵徵覺有文通夢，日習慙無子諒篇。收著不將兩處用，歸山閒向墨池前。

《段成式與温庭筠雲藍紙絶句并序》　一日辱飛卿九寸小紙兩行親書，云要彩牋十番，録少詩稿，予有雜牋數角，多抽揀與人，既玩之輕明，復用殊靡滑，尚愧大庾所得，猶至四百枚，豈及右軍不節，盡付九萬幅。因知碧聯綦上重翻懊惱之詞，紅方絮中更擬相思之曲，固應桑根作本，藤角爲封，古拙不重蔡侯，新樣偏饒桓氏，何啻奔走馳騁，有貴長簾，下筆縱横，偏求側理。所恨無色如鴨卵，狀如馬肝，稱寫璇璣宜題裂錦者。予在九江，出意造雲藍紙，既乏左伯之法，全無張永之功，輒分五十枚，并絶句一首。或得閑中，暫當藥餌也。

三十六鱗充使時，數番猶得裹相思。待將袍襖重抄了，盡寫襄陽播掿詞。

今《飛卿集》中有播掿詞，恐播掿字誤。

《文嵩好時侯楮知白傳》　楮知白，字守玄，華陰人也。其先隱居商山之百花谷，因谷氏焉。幼知文，多爲高士之首冠，自以材散不仕。殷太戊失德于時，與其友桑同生入朝直諫，拱於庭七日。太戊納其諫而修德，以致聖敬日躋，因賜邑于楮，其後遂爲楮氏二十二代祖枝。因後漢和帝元興中下詔，徵巖穴隱逸，舉賢良方正之士，中常侍蔡倫，搜訪得之於耒陽，貢于天子。天子以其明白方正，舒卷平直，《詩》所謂周道如砥，其直如矢者也。用簉史官，以代簡册，尋拜治書侍御史，奉職勤恪，功業昭著。帝用嘉之，封好時侯。其子孫世修厥職，累代襲爵不絶。博好藏書，尤能編緝。自有文籍以來，經誥典策，及釋道百氏之書，無不載之素幅。遇其人則舒而示之，不遇其人則卷而懷之，終不自矜其該博。晉宋之世，每文士有一篇一詠出於人口者，必求之繕寫，於是京師聲價彌高，皆以文章貴達。歷齊梁陳隋已至今，朝廷益甚見用，知白爲人好薦賢汲善，能染翰墨，與人鋪舒行藏，申冤雪恥，呈才述志，啓白公卿台輔，以至達于天子，未常有所艱阻隱蔽。歷落布在腹心，何秪於八行者歟！知白家世自漢朝迄今千餘載，奉嗣世官，功業隆盛，簿籍圖牒布於天下，所謂日用而不知也。知白以爲不失先人之職，未嘗輒伐其功，與宣城毛元鋭，燕人易玄光，南越石虚中爲相須之友，每所歷任，未嘗不同。知白自國子受牒補主簿，直弘文館，爲書吏所賂，因潤而墜之。當軸素知廉潔，憐而不問。他日方戒而用之，是以其道益光，曾無背面，累遷中書舍人、史館修撰。直筆之下，善惡無隱明。天子御宇，海内無事，志於經籍，特命刊校，集賢御書。書成，奏之天子，執卷躬覽，嘉賞不已。因是得親御案，乃復嗣爵好時侯。

史臣曰，春秋有褚師氏，爲衛大夫，乃中國之華族也。好時侯楮氏，蓋上古山林隱逸之士，莫知其本出，然而功業昭宣，其族大盛，爲天下所利用矣。世世封侯爵食，不亦宜乎。

又　卷五《墨譜・四之辭賦》

《後漢李尤墨銘》

書契既遠，研墨乃陳。煙石附筆，以流以伸。

《曹植樂府詩》曰

墨出青松煙，筆出狡兔翰。古人成鴛跡，文字有改刊。

《張伸素墨池賦》

墨之爲用也，以觀其妙。池之爲玩也，不傷其清。苟變池而盡墨，知功積而藝成，俾夜作晝日居月諸，挹彼一水，精其六書，或流韻於崩雲之勢，乍滴瀝於垂露之餘。由是變此黛色，涵乎碧虚，浴玉羽之翩翩，忽殊白鳥，濯錦鱗之瀲瀲，稍見玄魚。自强不息，允臻其極，何健筆以成文，俾方塘之改色。映揚鬐之鯉，乍謂寓書，沾曳尾之龜，還同食墨沮洳，斯久杳冥莫測。受涅者必其淄，知白者成其黑。恢弘

學海，輝映儒林，將援毫而悦目，當發册而賞心。其外莫測，其中莫見，同君子之用晦，比至人之不炫。冰開而純漆重重，石映而玄珪片片。黛北流而浸稻，固成黑黍之形，如東門之漚麻，更學素絲之變。容其儀也，可傳可繼；豈謀樂也，泳之游之。耻魏國之沈沈，徒聞墨井。笑崑丘之浩浩，空設瑶池。專其業者，全其名。久其道者，盡其美。彼如翰，成兹水，遊藝之徒，置以墨池而竊比。

《李白酬張司户贈墨歌》

上黨碧松煙，夷陵丹砂末。蘭麝疑珍墨，精光乃堪掇。黄頭奴子雙鵶鬟，錦囊卷之懷抱間。今日贈予蘭亭去，興來灑筆會稽山。

《僧齊己謝友惠墨詩》

珍我歲寒煙，擕來路幾千。只應真典誥，銷得苦磨研。正色浮端硯，精光動蜀牋。因君强濡染，舍此即忘筌。

《段成式送温飛卿墨往復書十五首》

段云，近集仙舊史獻墨二梃，謹分一梃送上，雖名殊九子，狀異二螺，如虎掌者非佳，似兔支者差勝。不思吴興道士忽遇，因取上章。越王神女得之，遂能注《易》。所恨隃麋松節，絶已多時，上谷槲頭，求之未獲也。成式述作中躓，草隸非工，惟兹白事，足以驅策。詎可供成塚之硯，奮如椽之筆乎？

温答云，庭筠白即日僮幹至，奉披榮誨，蒙賚易州墨一梃，竹山奇製，上蔡輕煙。色掩緇帷，香含漆簡。雖復三臺故物，貴重相傳，五兩新膠乾輕，入用猶恐於潛曠遠，建業尫羸。韋曜名方，即求雞木，傅玄佳致，别染黿銘。恩加於蘭省郎官，禮備於松櫺介婦。汲妻衡弟，所未窺觀；《廣記》《漢儀》何嘗著引。矧又玄洲上苑，青瑣西垣，彗字猶新，疑簽尚整。帳中女史，猶襲青香；架上仙人，常持縹帙。得於華近，辱在庸虚，豈知夜鶴頻驚，殊慙志業。秋蚷屢縮，不稱精研，惟憂痗物虚投，蠟盤空設。晉陵雖壞，正握銅兵；王詔徒深，誰磨石硯？捧受榮荷，不任下情，庭筠載拜。

段答云，昨獻小墨，殆不任用。籍棖之力，殊未堅剛。和孥之餘，固非精好。既非懷化所得，豈是築陽可求！況某從來政能慙伯祖之市果，自少學業愧稺川之伐薪，飛卿掣肘功深，焠掌忘倦，齊奮五筆，捷發百函，愁中復解玄嘲，病裏猶屠墨守。煙石所附，抑有神乎！裁札承訊，忻懌兼襟。莫測詖辭，難知古訓。行當祗謁，條訪闕疑。成式狀。

温答云，昨夜安東聽倡，北固追涼，枏枕才欹，蘭釭未艾。縹繩初解，紫簡仍傳。麗事珍繁，擒華益贍。雖則竟山充貢，握槧堪書，五丸二兩之精英，三輔九江之清潤。葛龔受賜，稱下士難求。王粲著銘，歎遐風易遠。俱苞輪囷，盡入淙金，遺逸皆存，纖微悉舉。鶡觀鵬運，豈識迢遥；鯢入鮒居，應嗟坎窞。願承謦欬，以廣愚蒙。庭筠狀。

段答云，昨更拾從土黑聲之餘，自謂無遺策矣。但愧井鼃尚猶自恃，醯雞未知大全。忽奉毫白，復新耳目，重耳誤徹，謬設生慙，張奂致渝，研味難盡。詎同王遠術士題字入木，班孟仙人噴書竟紙。雖趙壹非草，數丸志徵；汲媛餉夫，十螺未説。肝膽將破，輸答已疲。有力負之，更遲承問。成式狀。

【略】

《文嵩松滋侯易玄光傳》

易玄光，字處晦，燕人也。其先號青松子，頗有材幹，雅淡清貞，深隱山谷不仕，以吟嘯煙月自娱。常謂門生邴炎曰，余青山白雲之士，去榮華，絶嗜慾，修真得道，久不爲寒暑所侵，壽且千歲，然猶未離五行之數，終拘有限。余漸覺形神枯槁，是知老之將至矣。余他日必爲風雨所躓，後因子熾盛，余當神化爲雲氣之狀，升霄漢矣。其留者，號玄塵生，徙居黟突之上，必遇膠水之契隃麋處士，鹿角煎和丹砂、麝香數味，遺而餌之，其後果然。門生皆以青松子前知定數矣。玄塵生餌藥得道，自黄帝時蒼頡比鳥跡爲文，以代結繩之政，玄塵便與有功焉。其後子孫皆傳其術，以成道易水之上，遂爲易氏焉。玄光即玄塵曾孫也。家世通玄處素，其壽皆永。嘗與南越石虚中爲研究雲水之交，與宣城毛元鋭、華陰楮知白爲文章濡染之友。明天子重儒、玄，慕其有道，世爲文史之官，特詔常侍御案之右，拜中書監，儒林待制，封松滋侯。其宗族蕃盛，布在海内，少長皆親硯席，以文顯用也。

史臣曰，古者得姓，非官族世功，則多以地名爲氏，或爵邑焉，或所居焉。松滋侯易氏，蓋前山林得道人也。青松子富有春秋，不顯名氏，其族或隱天下名山，皆避爲棟梁之用也。有居泰山者，秦始皇巡狩至東嶽，因經其隱所，拜其兄弟五人爲大夫焉。其參玄得道能神仙者，則自易水之上，後代故用爲姓云。

宋・何薳《春渚紀聞》卷九《記硯》 鄭魁銘研詩

永嘉林叔睿所藏端石，馬蹄樣，深紫色，厚寸許，面徑七八寸，下有鄭魁銘詩。隸字甚奇，云：「仙翁種玉芝，耕得紫玻璃。磨出海鯨血，鑿成天馬蹄。潤應通月窟，洗合就雲溪。常恐魍魎奪，山行亦自攜。」研之妙美，盡於銘詩，而末句所寄，旨哉。

清·嚴如熤《三省邊防備覽》卷一四《藝文下》 紙廠詠

洋州古龍亭，利賴蔡侯紙。二千餘年來，遺法傳鄉里。新篁四五月，千畝束青紫。方塘甃磚石，尺竿浸藥水。成泥奮鐵鎚，縷縷成絲枲。精液凝瓶甑，急火沸鼎耳。幾迴費淘漉，作意净渣滓。入槽揭小簾，玉版層層起。染績增彩色，縱橫生文理，雖無繭綿堅，尚供管城使。馱負秦隴道，船運鄖襄市。華陽太小巴，廠屋簇蜂壘。匠作食其力，一廠百手指。物華天之寶，取精不嫌侈。温飽得所資，差足安流徙。況乃翦蒙茸，山徑坦步履。行歌負販人，叢絶伏莽子。熙穰聽往來，不擾政斯美。嗟哉蔬筍味，甘脆殊脯胏。區區文房用，義不容奸宄。寄語山中牧，勿以勞胥史。

清·李彦章《榕園全集·詩鈔》卷一二《出山小草》 紙槽

山中竹爲田，多竹足以豪。燒灰江西石，造紙浦城槽。石爛竹可腐，石灰自江西來，槽中用以腐竹。醞釀如醨糟。一簾成一紙，百紙名一刀。吾閩以紙約百張爲一刀。上者標奏本，次者稱方高。竹青及雜料，各以精粗淘。紙以奏本爲上，毛太、方高次之。又以竹青爲之者，曰南平。以雜料爲之者，曰竹殼。見《浦城志》。細膩極選剔，捆販來喧嘈。用者不知惜，誰識作者勞。獨感百年前，玉板真堅牢。新槽不如舊，槽料何相撓！豈惟飽蠹魚，亦易澀柔毫。太息物力貴，片紙多生毛。

雜録

唐·馮贄《雲仙散録》

善和瘞墨

《大唐龍髓記》曰：許芝有妙墨八厨，巢賊亂，瘞于善和里第。事平取之，墨已不見，惟石蓮匣存焉。

竹稍甘露

《文房寶飾》曰：以竹稍甘露和天南星漬紙一宿，裁之，刀去如飛。

五代·馬縞《中華古今注》卷上 牛亭問書契所起

牛亭問曰：「自古有書契以來便應有筆，世稱蒙恬造筆，何也？」答曰：「蒙恬作秦筆耳，以柘木爲管，以鹿毛爲柱，以羊毛爲被，所爲蒼毫，非爲兔毫竹管筆也。」

宋·葉廷珪《海録碎事》卷一九《文學部·筆門》 天筆孔稚珪表：聖照玄覽，斷自天筆。 筆一牀《搜神記》：南朝呼筆四管爲一牀。 緑沉管《筆譜》：人有以緑沉漆管筆遺王逸少。 文翰將軍文翰將軍，筆也。 筆仙汝穎有高士，每夜作筆十管，付其室，十筆盡，雖勢要官府督之，無報也。後數十年見者，顔色如故，時謂筆仙。 麟筆吴融詩：偶持麟筆侍多闈。 牙管羲之《筆經》：昔人以琉璃、象牙爲筆管，麗飾則有之。然筆須輕便，重則躓矣。 泚筆疑當作涉筆也。 寶跗《西京雜記》：漢制：天子筆以錯寳爲跗，以秋兔毫爲之。 狡兔翰陳思王樂府：墨出青松煙，筆出狡兔翰。 趙國毫唐志：漢諸郡獻兔毫，書鴻門題，唯趙國毫中用。 筆偈《筆偈》云：圓如錐，捺如鑿，只得入，不得却。言縛筆要緊，一毛出，即不堪用也。 柔翰弱冠弄柔翰，卓犖觀群書。注云：柔翰，筆也。左太冲詩 虎僕《博物志》：有獸緑文，似豹，名虎僕，毛可爲筆。 三寸弱翰揚子雲《答劉歆書》曰：天子上計孝廉會者，雄嘗提三寸弱翰筆以問其異語。 麟角筆見紙門。 鼠鬚筆見上巳門。

又《硯門》 玉蟾硯滴《西京雜記》：廣川王得玉蟾蜍，大如拳，以盛書滴。 結鄰唐李衛公置數百硯，其妙絶者，有「結鄰」之號。言與結緑爲鄰也。 蜂硯晉袁彖贈庾冀蜂硯。唐詢《續硯録》 紫石潭紫石潭，硯也。徐玄之夜讀書，見人物如粟粒數百，皆具甲胄。一赤幘紫衣者行案上，傳呼曰：「蚍蜉王欲觀魚於紫石潭。」顧左右，取漁具入硯中，獲小魚數十。 真材本性硯當用銅，此真材本性也。以瓦爲研，如以鐵爲鏡耳。 岩石硯端溪所出有四：岩石爲甲，石屋次之，西坑次之，後歷爲劣。岩石又分上下焉。 活眼死眼端石又有活眼死眼之别。圓光相暈，黄黑相間，翳精在内，晶瑩可愛，謂之活眼；四方浸漬，不甚鮮明，謂之淚眼；形體略具，内外皆白，殊無光彩，謂之死眼。活眼勝淚眼，淚眼勝死眼，死眼勝無眼。《硯録》 石虚中文嵩《石虚中傳》云：石虚中，字居點，器度方圓，中心坦然，若汪萬頃之量，封即墨侯。與宣城毛元鋭、燕人易玄光、華陰楮知白皆同出處。 墨花春紗帷晝暖墨花春，輕漚漂沫松麝薰。李賀《石硯歌》 金鐵池傅玄《硯賦》：探陰山之潛璞，簡衆才之攸宜。節方圓以定形，鍛金鐵以爲池。設上下之剖判，配法象乎二儀。木貴其能軟，石美其潤堅。加採漆之膠固，含冲德之清玄。 玉硯酒滴《西京雜記》：天子以玉爲硯，以酒爲滴，取其不凍。 郎官樣繁欽《硯贊》云：腰半微入，謂之郎官樣。

又《墨門》 墨海黄帝得玉一紐，治爲墨海，其上篆文曰「帝鴻氏之硯」。《文房四譜》 二螺陸雲《與兄機書》云：一日上三臺，曹公藏石墨數十萬斤，今往二螺，兄頗見之否？ 給香墨《東宫故事》：皇太子初拜，給香墨四丸。 上黨松心上黨郡松心作墨。 渝麋墨《漢官》云：「尚書令、僕、丞、郎月賜渝麋大墨一枚、小墨一枚。」 金壺

汁《拾遺記》：浮提國獻神通善書二人，出金壺四寸，中有墨汁如淳漆，灑地及石，皆成篆隸。佐老子撰《道德經》十萬言，及金壺汁盡，二人刳心瀝血，以代墨焉。　蘆阜松煙見紙門。

碧松煙古詩云：上黨碧松煙，夷陵丹砂末。蘭麝凝珍墨，精光乃堪掇。　犀紋李庭珪父超，易水人，造墨尤妙，其堅如玉，其紋如犀。　九子墨古有九子之墨，祝婚者多子。《文房四譜》　墨一丸會稽太守王朗之子肅隨在郡東齋宿，夜有女子自地中出，稱是越王女。臨別，贈墨一丸。肅方注《周易》，多有滯思，至用此墨，便覺才思通暢。

又《紙門》

銀沫冷御牋銀沫冷，長箋鳳窠斜。李賀詩。　十色牋成都出十色牋、九種竹。

蠲紙出普州，任土所貢。　側理紙王子年《拾遺》：張華撰《博物志》，武帝賜于闐青錢硯、遼西麟角筆、南越所獻側理紙。南人以苔爲紙，其理縱横，故名。　蠶繭紙蘭亭會者四十一人，羲之制序，用蠶繭紙、鼠鬚筆，遒勁絶代。　雲藍紙段成式《與温庭筠詩序》云：予在九江造雲藍紙，輒送五十枚。詩云：三十六麟充使時，數番猶得裹相思。　烏絲欄宋亳間紙有織成界道，謂之烏絲紙。《國史補》　東陽魚卵紙取東陽魚卵，墨取廬阜松煙。《書訣》　紙爲良田《劉氏小説》：蔡洪赴洛，人問吴中舊業，曰：「紙爲良田，筆爲鋤耒，墨爲稼穡，義理爲豐年。」《文房四譜》　赫蹏書赫蹏書。注：簿小紙也。

白萍文魚子曰白萍。陸龜蒙《魚牋》詩：向日乍驚新繭色，臨風時辨白萍文。好將花下承金粉，堪送天邊詠碧雲。

又《硯門》

金鐵池傅玄《硯賦》：採陰山之潛樸，簡衆才之攸宜。節方圓以定形，鍛金鐵以爲池。設上下之剖判，配法象乎二儀。木貴其能軟，石美其潤堅。加采漆之膠固，含冲德之清玄。

玉硯酒滴《西京雜記》：天子以玉爲硯，以酒爲滴，取其不凍。

宋·何薳《春渚紀聞》卷六《東坡事實》　饋藥染翰

先生自海外還至贛上，寓居水南日，過郡城攜一藥囊，遇有疾者，必爲發藥，并疏方示之。每至寺觀，好事者及僧道之流，有欲得公墨妙者，必預探公行遊之所，多設佳紙，於紙尾書記名氏，堆積案間，拱立以俟。公見即笑視，略無所問，縱筆揮染，隨紙付人。至日暮筆倦或案紙尚多，即笑，語之曰：「日暮矣，恐小書不能竟紙，或欲齋名及佛偈者幸見語也。」及歸，人人厭滿，忻躍而散。

又　卷八《記墨》

潘谷墨仙揣囊知墨

潘谷賣墨都下。元祐初，余爲童子，侍先君居武學直舍中。谷嘗至負墨篋而酣詠自若，每笏止取百錢，或就而乞，探篋取斷碎者，與之不吝也。其用膠不過五兩之制，亦遇濕不敗。後傳谷醉飲郊外，經日不歸，家人求之，坐於枯井而死。體皆柔軟，疑其解化也。東坡先生嘗贈之詩，有「一朝入海尋李白，空看人間畫墨仙」之句，蓋言其爲墨隱也。山谷道人云：「潘生一日過余，取所藏墨示之，谷隔錦囊揣之曰：『此李承宴軟劑，今不易得。』又揣一曰：『此谷二十年造者，今精力不及，無此墨也。』取視，果然。」其小握子墨，醫者云，可入藥用，亦藉其真氣之力也。

洙泗之珍

東魯陳相作方圭樣，銘之曰：「洙泗之珍。」佳墨也。

二李膠法

柴珣，國初時人。得二李膠法，出潘張之上。其作玉梭樣，銘曰：柴珣東瑶者。士大夫得之，蓋金玉比也。

都下墨工

崇寧已來，都下墨工，如張孜、陳昱、關珪、弟瑱、郭遇明，皆有聲稱，而精於樣製。

買煙印號

黄山張處厚高景修皆起竈作煤，製墨爲世業。其用遠煙魚膠所製，佳者不減沈珪、常和。沈珪江通輩，或不自入山，亦多即就二人買煙，令渠用膠，止各用印號耳。

蘇浩然斷金碎玉

支離居士蘇澥浩然所製，皆作松紋皴皮，而堅致如玉石。余與其孫之南字仲容遊，家所藏，不過數笏。而余於李漢臣丈得半笏，持視仲容，云：「真家寶也。」神廟朝，高麗人貢，奏乞浩然墨，詔取其家。浩然止以十笏進呈，其自珍秘蓋如此。世人有獲其寸許者，斷金碎玉，争相誇玩云。大觀間，劉無言取其製銘，令沈珪作數百丸，以遺好事及當朝人，故今人所藏，未必皆出浩然手製。珪作此墨，亦非近世之墨工可及，實可亂真也。

寄寂堂墨如犀璧

晁季一生無它嗜，獨見墨丸，喜動眉字。其所製銘曰：「晁季一寄寂軒造者。」不減潘陳賀方回張秉道康爲章，皆能精究和膠之法，其製皆如犀璧也。

唐高宗鎮庫墨

近於内省任道源家，見數種古墨，皆生平未見，多出御府所賜。其家高者有

唐高宗時鎮庫墨一笏，重二斤許，質堅如玉石，銘曰「永徽二年鎮庫墨」，而不著墨工名氏。

十三家墨

余爲兒時，於彭門寇鈞國家見其先世所藏李廷珪下至潘谷十三家墨。斷珪殘璧，粲然滿目。其廷珪小挺，歲久不見膠彩，而書於紙閒視之，其黑皆非餘墨所及。東坡先生臨郡日，取試之，爲書杜詩十三篇，各於篇下書墨工姓名，因第其品次云。

墨工製名多蹈襲

墨工製名，多相蹈襲。其偶然耶，亦好事者冀其精藝，追配前人，故以重名之也。南唐李廷珪，子承宴；今有沈珪，珪子宴，又有關珪。國初張遇後有常遇，和之子，又有潘遇，谷之子。黟川布衣張谷，所製得李氏法，而世不多有；同時有潘谷，又永嘉葉谷作油烟，與潭州胡景純相上下，而膠法不及。陳贍之後又有梅贍，云耿德真，江南人，所製精者不減沈珪，惜其早死，藏墨之家不多見也。

墨磨人

一日謁章季子於富春之法門寺，出廷珪墨半笏爲示，初不見膠彩。云是其大父中公所藏者。其墨匣亦作半笏樣，規製古朴，是百餘年物。東坡先生所謂非人磨墨墨磨人者，不虛語也。

唐水部李慥製墨

王景源使君所寶古墨一笏，蓋其先待制公所藏者。背銘曰「唐水部員外郎李慥製」，云諸李之祖也。黎介然一見，求以所用端石研易之。景源久之方與。後攜研至行朝，有貴人欲以五萬錢易研，景源竟惜不與也。

又 卷九《記硯》

躍魚見木石中

徐州護戎陳皋供奉，行田閒遇開墓者，得瑪瑙盂，圓凈無雕鏤紋，盂中容二合許，疑古酒巵也。陳用以貯水注硯，因閒硯之中有一鯽，長寸許，遊泳可愛。意爲偶汲池水得之，不以爲異也。後或疑之，取置缶中，盡出餘水，驗之魚不復見。復酌水滿中，須臾一魚泛然而起，以手取之，終無形體可拘。復不可知爲何寶也。余視之數矣。時水曹趙子立被旨開鑿吕梁之嶮，辟陳督役，目覩斯異。因言其頃在都下，偶以百錢於相國寺市得一異石，將爲紙鎮。遇一玉工求以錢二萬易之。趙不與，玉工歎息數四，曰：「此寶非余不能精辨，餘人一錢不直也。」持歸幾年，了無他異。其季子康不直工言，以斧破，視之中有泓水，一鯽躍出，撥剌于地，急取之亡矣。是亦斯盂之類也。余又記《虜庭雜記》所載，晉出帝既遷黃龍府。虜主新立，召與相見，帝因以金盌魚盆爲獻。金盌半猶是磁，云是唐明皇令道士葉法静治化金藥成，點磁盆試之者。魚盆則一木素盆也，方圓二尺中有木紋成二魚狀，鱗鬣畢具，長五寸許。若貯水用，則雙魚隱然湧起，頃之遂成真魚。覆水則宛然木紋之魚也。至今句容人鑄銅爲洗，名雙魚者，用其遺製也。

龍尾溪月硯

三衢徐氏所寶龍尾溪石，近貯水處有圓暈幾寸許，正如一月狀，其色明暗隨月虧盈，是亦異矣。余母舅祝君子與之姻家，數見之，今不知所在。

雷斧研銘

余經霅川，偶得數雷斧於耕夫，雖小大不等而體皆如玉，因擇其厚者窪而爲研。膚理鋭澤，取墨磨研而墨光可鑒。但恨其大而薄者，不容窪治，則以鐵爲周郭，如青州提研所製，亦几案閒一尤物也。因銘之曰：「石化殞星，龍雨刀槊。是從震霆，散墜風雹。形實斧也，其質玉璧。窪而爲硯，以資鋭澤。與翰墨而周旋，誅姦諛之死魄。」

宋·陸游《老學庵筆記》卷一 謝景魚名淪滌硯法：用蜀中貢餘紙，先去黑，徐以絲瓜磨洗，餘漬皆盡，而不損硯。

又 卷二 先伯祖中大夫平生好墨成癖，如李庭邽、張遇以下，皆有之。李黃門邦直在真定，嘗寄先左丞以陳贍墨四十笏，盡以爲伯祖壽。晚年擇取尤精者，作兩小篋，常置卧榻，愛護甚至。及下世，右司伯父舉篋以付通判叔父，曰：「先人所寶，汝宜謹藏之。」不取一笏也。

又 卷五 東坡自儋耳歸，至廣州舟敗，亡墨四篋，平生所寶皆盡，僅於諸子處得李墨一丸、潘谷墨兩丸。自是至毘陵捐館舍，所用皆此三墨也。此聞之蘇季真云。

又 卷八 高廟謂：「端硯如一段紫玉，瑩潤無瑕乃佳，何必以眼爲貴耶。」晁以道藏硯必取玉斗樣，喜其受墨瀋多也。每曰：「硯若無池受墨，則墨亦不必磨，筆亦不必點，惟可作枕耳。」

又 《唐彦猷硯録》言：「青州紅絲石硯，覆之以匣，數日墨色不乾。經夜即其氣上下蒸濡，着於匣中，有如雨露。」又云：「紅絲硯必用銀作匣。」凡石硯若置

銀匣中，即未乾之墨氣上騰，其墨乃著蓋上。久之，蓋上之墨復滴硯中，亦不必經夜也。銅錫皆然，而銀尤甚，雖漆匣亦時有之，但少耳。彥猷貴重紅絲硯，以銀爲匣，見其蒸潤，而未嘗試他硯也。賀方回狀貌奇醜，色青黑而有英氣，俗謂之賀兔頭。喜校書，朱黄未嘗去手。

宋·范成大《桂海虞衡志·志果》 柚子

南州名臭柚，大如瓜，人亦食之。皮甚厚，打碑者捲皮蘸墨，以代氈刷，宜墨而不損紙，極便於用。此法可傳，但北州無許大柚耳。

宋·趙彥衛《雲麓漫鈔》卷四 今人用摺疊扇，以蒸竹爲骨，夾以綾羅，貴家或以象牙爲骨，飾以金銀，蓋出於高麗。《雞林志》云：「高麗疊紙爲扇，銅獸鐶，加以銀飾，亦有畫人物者，中國轉加華侈云。」

又 卷六 唐制：起居郎、起居舍人在紫宸内閣，則夾香案立殿下，直第二螭首，和墨濡筆皆即坳處，時號「螭頭」。所謂螭首者，蓋殿陛間壓階石上鎸鑿之飾，今僧寺佛殿多有之。或云：唐殿多於陛之四角出石螭首，不應史云殿下第二螭首也。

宋·孔平仲《孔氏談苑》卷五《製勑用黄紙》 唐日曆：上元三年三月勑云：「制勑施行，既爲永式。皆用白紙，多有蟲食。自今尚書省頒下諸司及州下縣，並用黄紙書之。」

宋·張世南《遊宦紀聞》卷五 辨博書畫古器，前輩葢嘗著書矣。其間有論議而未詳明者，如臨、摹、硬黄、響榻是。四者各有其説。今人皆謂臨、摹爲一體，殊不知臨之與摹，迥然不同。臨謂置紙在傍，觀其大小、濃淡、形勢而學之，若臨淵之臨。摹謂以薄紙覆上，隨其曲折宛轉用筆曰「摹」。硬黄謂置紙熱熨斗上，以黄蠟塗匀，儼如枕角，毫氂必見。響榻謂以紙覆其上，就明窗牖間，映光摹之。

宋·趙希鵠《洞天清禄集·古翰墨真跡辨》 建安帖真跡

王氏所藏右軍建安帖真跡，今在長洲士夫家。其帖本云：「四月五日羲之報，建安靈柩至。」胡世將曾以此帖勒于豫章，其「建安靈柩」字提起別作一行。蓋古人簡帖，寫至他人事，或稱尊長者舊處，皆如今人提空，此常禮也。予屢見硬黄倣書亦然。今長沙所見「建安」二字，乃與「羲之報」字相連，而不提空。豈有碑提空而真迹反不提空者。此乃拓淳化閣帖贗作無疑。蓋太宗朝刻淳化閣帖，乃侍書待詔王著摹勒。著，小人，不學，故於古人提空處皆聯屬之，此猶可也。至於蟲鼠侵蝕與字之漫滅者，皆不空缺，而强聯之，故多讀不成。鬻書者多以故紙浸汁染贗迹，又以墨雜朱作僞印章，令紙闇。殊不知塵水浸紙，表裏俱透。若自然舊者，其表故色，其裏必新，微揭視之，則見矣。古人印章，必用上等朱，譬如古畫著色，愈久愈新，初未嘗昏闇也。

又《古今石刻辨》 古人用墨

古人晨起，必濃磨墨汁滿硯池中，以供一日之用，用不盡則棄去，來早再作。故池研必大而深。其真草篆隸，皆用濃墨。至行草過筆處，雖如絲髮，其墨亦濃。近世惟吳傅朋深得古人筆法，其它不然也。

又《古今紙花印色辨》

《絳州法帖》

《絳州法帖》二十卷，乃潘舜臣用淳化帖重模，而參入別帖，然比今所見《閣帖》精神過之。舜臣事力單微，而自能鎸石，雖井闌階砌，背偏刻無餘，所以段數最多，或有長尺餘者。舜臣死，二子析而爲二。長者負官錢，没上十卷于絳州，絳守重模下十卷足之。幼者復重模上十卷，亦足成一部。於是絳州有公私二本，靖康兵火，石並不存。金虜百年之間，重模至再。慶元間，予官守長沙，嘗見宰執家，有南渡初親自北方携得舜臣元所刻本未分析時二十卷，其家珍藏，非得二千緡官陌，不肯與人。乃北紙北墨，精神焕發，視金虜所摹者，天淵矣。

《武岡帖》

武岡軍重模《絳帖》二十卷，殊失真。且石不堅，易失精神。後有武臣守郡嫌其字不精采，令匠者即舊畫再刻，謂之洗碑，遂愈不可觀，其釋文尤舛謬。然武岡紙類北紙，今東南所見《絳帖》，多武岡初本耳。驗其殘缺處自可見。

《彭州帖》

《彭州帖》亦刻歷代法帖十卷，不甚精采。紙色類北紙，人多以爲北帖

《樂毅論》

世傳二王帖，皆以真迹模勒，獨《樂毅論》就石書丹。其石在高學士紳家，已殘缺至「海」字。後轉屬趙立之處。今重模者，後猶有趙立之印。予嘉熙庚子自嶺右回至宜春，見元本於一士人家。用北紙北墨，無一字殘缺，而清勁遒媚，正類《蘭亭》字形，比今世所見重模本幾小一倍。此蓋齊梁拓本，真人間希有之寶。

又《古畫辨》

挂畫

擇畫之名筆，一室止可三四軸，觀玩三五日，別易名筆。則諸軸皆見風日，

決不蒸濕，又輪次掛之，則不久惹塵埃，時易一二家，則看之不厭。然須得謹厚子弟，或使令一人細意卷舒，出納之日，用馬尾或絲拂，輕拂畫面，切不可用棕拂。室中切不可焚沉香、降真、腦子有油多煙之香，止宜蓬萊、箋耳。窗牖必油紙糊，户口常垂簾。一畫前必設一小案以護之，案上勿設障畫之物，止宜香爐琴研。極暑則室中必蒸熱，不宜掛壁，大寒於室中漸著小火，然如二月天氣候掛之不妨，然遇夜必入匣，莫涷損。

看畫

古畫絹脆，以手指點之，皆能破損，一壞則不復可救。又有酒餘污染、食後油膩，此皆大戒。切須片紙，先寫此説，粘窻間以呈客，方可引客入觀，然又多有以此獲罪於貴客者。所以人家有法書名畫，止可時以自娱，苟以奇品自炫，誠賈禍之媒，切宜謹之。墨迹法帖亦然。若古鐘鼎尤脆爛，手觸之則糜潰，米元章之言如此。

畫無筆迹

畫無筆迹，非謂其墨淡模糊而無分曉也，正如善書者藏筆鋒如錐畫沙，印印泥耳，書之藏鋒在乎執筆沉著痛快。人能知善書執筆之法，則能知名畫無筆迹之説。故古人如大令，今人如米元章，善書必能畫，善畫必能書，實一事爾。

元・王惲《玉堂嘉話》卷二《磨李廷珪墨法》 商台符嘗云：「向抄合萬户，用聚星玉版硯，磨李廷珪墨，求木菴書。硯爲墨所畫，木菴亟止之曰：『用李氏墨有法。若用一分，先以水依分數漬一宿，然後磨研，乃不傷硯。』」

元・陶宗儀《南村輟耕録》卷八 寫山水訣

作畫用墨最難，但先用淡墨，積至可觀處，然後用焦墨濃墨，分出畦徑遠近，故在生紙上有許多滋潤處。李成惜墨如金是也。

作畫大要去邪、甜、俗、賴四箇字。

明・王佐《新增格古要論》卷五《古畫論》

賞鑒

古人畫，墨色俱入絹縷，精神迥出，僞者雖極力倣傚，而粉墨皆浮於縑素之上，神氣亦索然。蓋古人筆法圓熟，用意精到，初若率易，愈玩愈佳，今人雖極工緻，一覽而意盡矣。

畫山石皴皵上音逡，皮細起也。下音磧，亦皮細起也。又云，木皮甲錯也。

畫山石有披麻皴、亂麻皴、亂雲皴、斧鑿痕皴、亂柴皴、芝麻皴、雨點皴、骷髏皴、鬼皮皴、彈渦皴，有濃礬頭。一作潑墨礬頭。稜面用筆，有老潤者，有帖潔者。描人物有鐵線筆，有蘭花筆、花一作葉。遊絲筆、戰筆，亦各師一家，但調暢勁健爲妙也。

古畫用筆設色

古人畫，用筆圓熟，設色入絹素。一作傅色。思入神妙，愈玩愈妍，雖年遠破舊，亦有精神。後人作色者，墨皆浮於縑素之上，全無精采，初觀可取，久則意盡矣。

又 卷七《古硯論》 洗硯法出《廣記》。新增。

凡硯須日滌之，過二三日即墨色差減，縱未能滌，亦須易水，春夏蒸濕之時，墨久留其間，則膠力滯而不可用，尤要頻滌去之。

洗硯不得使熱湯，亦不得用氈片故紙，惟以蓮房枯炭洗之，最佳。

端溪自有洗硯石，或挼皂角水洗之，亦得。

半夏切平洗硯，大去滯墨。

又黄蠟補硯尤佳。

又 卷九《文房論》 收書

收藏書籍之法，當於未梅雨之前，曬取極燥，頓放書櫃中，以紙糊外門及周隅小縫，令不通風，即不蒸濕。古人藏書，多用蕓香辟蠹，今之七里香是也。麝香收書櫃中亦辟蠹。一法用樟腦亦佳。

明・李詡《戒庵老人漫筆》卷一

陰陽互藏

綿紙有軟弱而聲甚啞者，問其人，曰：「此夏天所造，名爲陰紙，若冬天造者，則有聲。」因可見陰陽互藏之義。先儒言水生燥，火生溼，曾試觀黏膩之物，以水或湯滌之，則索然乾爽，生燥之謂也。乾物火邊煏久，則轉潮潤，生溼之謂也。亦可見陰陽互藏之義。

宸濠元宵紙船

宸濠曾因元宵，用紙造旱蓮船一隻，頭作二獅子，口俱銜錢，傍列五道士，冠皆斜側，一竿半青，至尾則否。偏遊各街，問人有曉其意者召來。忽遇一秀才見，云此甚有意，召去問之，對曰：「好一白蓮船，兩司俱要錢。五道官不正，一竿清不全。」大喜，留宴，賞元寶一箇。蓋江西有五道太守姓甘，初政頗清，故云。

又 卷二 燕巢紙鐙蓋

鍾山江陰侯守墳户朱龍家前室懸一紙蓮鐙，上有篋，作寶蓋空環，六瓣，如梔子花形。燕巢正當交紮處，虚中，亭亭往來度食，摇蕩不定，比之巢幕，尤危然，亦奇矣。此在嘉靖九年秋閒。

又 卷八

硯貴洗

硯宜常洗，不洗則滯墨，滯墨則損筆。

鋤地得金印古硯

楊五川《南宫集》中有《月華硯銘引》，載金印古硯事，曰：「昔景泰中吾東溪府君守安，有二農夫偶耕於野，得埋金焉，詣州請平。試問其狀，曰：『始吾運鉏於田，覺鏗然有聲者三，視之方得石蓋，去石而金見。』命洗土，視之則古金印也，其文爲『壽亭侯印』。又命取石至，則硯也。府君乃歸其印於朝，取其硯而償若直焉。硯之在予家餘六十載。正德己卯孟秋十有二日記。」所謂東溪府君者，即《通紀》諸書所載兵部觀政進士常熟楊集，當時以其上于司馬書出爲安州知州者是也。

明·屠隆《考槃餘事》卷二《琴》 琴匣

貴窄，小止可容琴，不使中空摇動。梅月未至，須先以琴入匣中鎖閉，以紙糊口，不令濕黴着琴。

又 卷三《香》

筆格

玉筆格有山形者，有卧仙者，有舊玉子母猫，長六七寸，白玉作母，横卧爲坐，身負六子起伏爲格。有純黄、純黑者，有黑白雜者，有黄黑爲玳瑁者，因玉玷污，取爲形體，扳附眠抱，諸態絶佳，真奇物也。銅者，有鏒金雙螭挽格，精甚。有古銅十一峯頭爲格者，有單螭起伏爲格者。窑器有哥窑三山、五山者，製古色潤，有白定卧花哇，瑩白精巧。木者，有老樹根枝蟠曲萬狀，長止五六七寸，宛若行龍，鱗角爪牙悉備，摩弄如玉，誠天生筆格。有棋楠、沉速，不俟人力者，尤爲難得。石者，有峰嵐起伏者，有蟠屈如龍者，以不假斧鑿爲妙。

研山

始自米南宫，以南唐寶石爲之，圖載《輟耕録》，後即効之。大率研山之石，以靈璧、英石爲佳，他石紋片粗大，絶無小樣曲折屼嵂、森聳峯巒狀者。嘗見宋人靈璧研山，峯頭片段，如黄子久皴法，中有水池錢大，深半寸許，其下山脚生水一帶，色白而起磥砢，若波浪。然初非人力僞爲，此真可寶。又見一欒石研山，長八寸許，高二寸，四面米粞包裹，而巒頭起伏作狀，尤更難得。

筆牀

筆牀之製，行世甚少。有古鎏金者，長六七寸，高寸二分，闊二寸餘，如一架，然上可卧筆四矢。以此爲式，用紫檀、烏木爲之，亦佳。

筆屏

有宋内製方圓玉花板，用以鑲屏，插筆最宜。有大理舊石，方不盈尺，儼狀山高月小者；東山月上者；萬山春靄者，皆是天生，初非紐捏。以此爲毛中書屏翰，似亦得所。蜀中有石，解開有小松形，松止高二寸，或三五十株，行列成徑，描畫所不及者；有儀稜肚者；有青東磁菊瓣瓮肚元足者；有定窑印花長樣如瓶，但口憿可以貯水者；有元肚、束口、三足者；有龍泉瓮肚，周身細花紋者。近用新燒均窑，俱法此式，奈不堪用。

水注

玉者，有元壺、方壺。有陸子岡製白玉辟邪，中空貯水，上嵌青緑石片，法古蕉形，滑熟可愛。有蟾蜍注，擬寶晉齋舊式，亦佳。銅者，有古青緑天鷄壺，有金銀片嵌天鹿，妙甚。有半身鸕鷀杓，有鏒金雁壺，有江鑄眠牛，以牧童騎跨作注管者，亦佳。但銅性猛烈，貯水久則有毒，多脆筆毫，又滴上有孔受塵，所以不清。今所見犀牛、天禄之類，口啣小盂者，皆古人注油點燈，非水滴也。陶者，有官、哥方圓壺，有立瓜、卧瓜壺，有雙桃注，有雙蓮房注，有牧童卧牛者，有方者，有筆格内貯水用者，有定窑枝葉纏擾瓜壺，有蒂葉茄壺，有駝壺，可格筆，有蟾注，有青冬磁天鷄壺，底有一竅者，有宣窑五采桃注、石榴注、雙瓜注。彩色類生有雙鴛注、鵝注，工緻精極，俱可入格。

研匣

不可用五金。蓋石乃金之所自出，若同處則子盈母氣，及能燥石。以紫檀、烏木、豆瓣楠及雕紅退光漆者，爲佳。

墨匣

以紫檀、烏木、豆瓣楠爲匣，多用古人玉帶花板鑲之。亦有舊做長玉螭虎人物嵌者爲最。有雕紅黑退光漆，亦佳。

印色池

官、哥窑方者，尚有八角、委角者，最難得。定窑方池，外有印花紋佳甚，此

亦少者。諸玩器，玉當較勝於磁，惟色印池以磁爲佳，而玉亦未能勝也。故今宜、哥、定窑者，貴甚。近日新燒有蓋白定長方印池，并青花白地純白者，此古未有，當多蓄之。且有長六七寸者，佳甚。玉者，有陸子岡做周身連蓋滚螭白玉印池，工緻侔古，近多效製。有三代玉方池，内外土銹血侵四裹，不知何用，今以爲印池，似甚合宜。

糊斗

有古銅小提卣，如一拳大者，上有提梁索股，有蓋盛糊，可免鼠竊。有古銅元瓮，肚如酒杯式，下乘方座，且體厚重，不知古人何用，今以爲糊斗，似宜。有古銅三箍長桶，下有三足，高二寸許，甚宜盛糊。陶者，有建窑外黑内白長罐，定窑元肚并蒜蒲長罐，有哥窑方斗如斛，中置一梁，俱可充作糊斗。銅者便於出洗，價當高於磁、石。

蠟斗

古人用以炙蠟緘啓，銅製頗有佳者，皆宋元物也。今雖用糊，當收以俻數。

鎮紙

銅者，有青緑蝦蟆，有遍身青緑蹲虎、蹲螭、眠龍，有坐卧哇哇，有鎏金辟邪、卧馬，皆上古物也。玉者，有古堯，古人用以掙肋殉葬者；有白玉獵狗，有卧螭，有大様坐卧哇哇，有玉兔、玉牛、玉馬、玉鹿、玉羊、玉蟾蜍，其背斑點如灑墨，色同玳瑁無黄暈，儼若蝦蟆背狀，肚下純白，其製古雅肖生，用爲鎮紙，摩弄可愛。瑪瑙，有日月瑪瑙石鼓，有栢枝瑪瑙蹲虎辟邪，有紅緑瑪瑙蟹，可爲奇絶。水晶者，有石鼓，海黄眠牛，捧瓶波斯。陶者，有哥窑蟠螭，有青冬磁獅鼓，有白定哇哇，狻猊。

壓尺

有玉碾雙螭尺；有以紫檀、烏木爲之，上用古做蹲螭玉帶、抱月玉兔、走獸爲紐者；有倭人鏒金銀壓尺，古所未有，尺狀如常，上以金鏒雙桃銀葉爲紐，面以金銀鏒花，皆絲環細嵌，工緻動色。更有一竅透開，内藏抽斗，中有刀、錐、鑷刀，指剉，刮齒、消息、穵耳、剪子，收則一條，掙開成剪，謂之「八面埋伏」，盡於斗中收藏。近有潘鐵，幼爲浙人，被虜入倭，性最巧滑，習倭之技，在彼十年，其鑿嵌金銀倭花様式，的傳倭製，後以倭敗還省，徙居雲間，所製甚精，而價亦甚高。

秘閣

有以長様古玉璏爲之者。近以玉碾螭文、卧蠶、梅花等様，長六七寸者。有以紫檀雕花者。有以竹雕花巧人物者。有倭人造黑漆秘閣，如圭元首方，下闊二寸餘，肚稍虚起，恐惹字黑，長七寸，上描金泥花様，其質輕如紙，爲秘閣上品。

貝光

多以貝螺爲之，形狀亦雅。有古玉物中如大錢元泡，高起半寸許，傍有三耳可貫，不知何物，以爲貝光，雅甚。有以紅瑪瑙製爲一桃稍匾，下光可砑紙，上有桃葉枝梗。凡水晶、玉石，可做爲之。

靉靆

如大錢，色如雲母。老人目力昏倦，不辨細書，以此掩目，精神不散，筆畫倍明。出西域滿利國。《方洲雜録》

裁刀

有古刀筆，青緑裹身，上尖下環，長僅尺許，古人用以殺青爲書，今人入文具似雅。有姚刀可入格。近有崇明刀頗佳，刀靶惟西番鸂鶒木，最爲難得，取其不染肥膩。其木一半紫褐色，内有蟹爪紋，一半純黑，色如烏木，有距者價高。山西澤潞，有不灰木，作靶亦妙。

剪刀

有賔鐵剪刀，製作極巧，外面起花鍍金，裡面嵌回回字者，如潘鐵，所遺。倭製摺疊剪刀，古所未有，有則寶之，後世必有好尚之者。

途利

小文具匣一，以紫檀爲之，内藏小裁刀、錐子、穵耳、挑牙、消息、修指甲刀、剉指，剔指刀、髮刡、鑷子等件，旅途利用，似不可少。

書燈

有古銅駝燈、羊燈、龜燈、諸葛軍中行燈、鳳龜燈，有元燈，有青緑銅荷一片，檠駕花朶於上，想取古人金蓮之意，用亦不俗。陶者，有定窑三臺燈檠，有宣窑兩檯燈檠，俱堪書室取用。

鏡

秦陀黑漆古光，背質厚無紋者爲上，水銀古花背者次之。俗謂面無打攪，輪轉周圓，形影不改爲貴。有如錢小鏡，滿背青緑，嵌銀嵌金五嶽圖及片子鐵花，面無瘢痕，清瑩如水，極可人意，價亦高貴，似不易得。携具用之山游寺宿，亦不可少。菱花、八角、方鏡，悉不取也。

軒轅鏡

其形如毬，可作卧榻前懸挂，取以辟邪。蓋山精木魅，皆能使形變，而不能使鏡中之形變，其形在鏡，則銷亡退走，不能爲害。

香橼盤

香橼出時，山齋最要一事，得官、哥、定窑大盤，青冬磁龍泉盤，古銅青緑盤，宣德暗花白盤，蘇麻尼青盤，朱砂紅盤，青花盤，白盤數種，以大爲妙。每盆置橼二十四頭，或十二、十三頭，方足香味，滿室清芬。其佛前小几，上置香橼一頭之橐，舊有青冬磁架、龍泉磁架最多，以之架玩，可堪清供。否則以舊硃雕茶橐亦可，惟小様者爲佳。

布泉

古之有堆積青緑錢，以金嵌「貨布」等字者，可作界畫軸。

鉤

古銅腰束縧鉤，有金、銀碧填嵌者，有片金商者，有用獸面爲肚者，皆三代物也。

香橼盤

香橼出時，山齋最要一事，得官、哥、定窑大盤，青冬磁龍泉盤，古銅青緑盤，宣德暗花白盤，蘇麻尼青盤，朱砂紅盤，青花盤，白盤數種，以大爲妙。每盆置橼二十四頭，或十二、十三頭，方足香味，滿室清芬。其佛前小几，上置香橼一頭之橐，舊有青冬磁架、龍泉磁架最多，以之架玩，可堪清供。否則以舊硃雕茶橐亦可，惟小様者爲佳。

布泉

古之有堆積青緑錢，以金嵌「貨布」等字者，可作界畫軸。

鉤

古銅腰束縧鉤，有金、銀碧填嵌者，有片金商者，有用獸面爲肚者，皆三代物也。有羊頭鉤、螳螂捕蟬鉤，鏒金者，皆秦漢物也。齋中以之懸壁，挂畫挂劍，及拂塵等用，甚雅。自一寸以至盈足，皆可用。

簫

鶴脚銅鐵玉簫、杖簫，總不若紫竹。九節而吹，有奇聲者佳。湘竹眉緑，九節者，尤更難得。今會稽胡了凡，雲間戈蓼汀所製，可稱江南二絶。

麈

古人以玉爲柄，用以對客清談者。近有天生竹邊，若靈芝、如意形者，有小萬歲藤，傍枝玲瓏透漏，儼肖龍形者，製爲麈柄，甚雅。其拂以白尾爲之妙。

如意

古人用以指畫向往，或防不測。煉鐵爲之，長二尺有奇，上有銀錯，或隱或現，真宣和舊物也。近有天生樹枝、竹鞭，磨弄如玉，不事斧鑿者，亦佳。

詩筒葵箋

採帶露蜀葵研汁，用布揩抹竹紙上，伺少乾，以石壓之，可爲吟箋。以貯竹筒，與騷人往來賡唱。昔白樂天與微之亦嘗爲之，故和靖詩，有「帶斑猶恐俗，和節不妨山」之句。

韻牌

刻詩韻上下二平聲爲紙牌式，每韻一葉，總三十葉。山游分韻，人取一葉，吟以用韻，似甚便覽。

葉箋

取吴中羅紋長箋爲之，以蠟板研肖葉紋，用剪裁成。紅色者肖紅葉，緑色者肖蕉葉，黄色者肖貝葉。山游時偶得絶句，書葉投空，隨風飛颺；泛舟付之中流，逐水浮沉，自多幽趣。

花尊

古銅花瓶，入土年久，受土氣深，以之養花，花色鮮明。或就瓶結實，陶玉器亦然。其式以膽瓶、小方瓶爲最。若養蘭蕙，須用觚。牡丹則用薄槌瓶方稱，瓶内須打錫套管，收口作一小孔，以管束花枝，不令斜倒。又可注滚水，插牡丹、芙蓉等花，冬天貯水插花，則不凍損瓶質。

瓢

有瘿瓢，形如芝如瓠者，山人携以飲泉，大不過四五寸，而小者半之。惟以水磨其中，布擦其外，光彩如漆，明亮燭人。雖水濕不變，塵污不染，庶入精鑒。有小匾葫蘆，可作瓢，須摸弄瑩潔方妙。

藥籃

即水火籃也，有以二匾瓢爲之。有遠紅漆者，上開一蓋，放丹爐一箇，内實應驗藥膏藥，以便隨處濟人。山童携之，有物外風致。

衣匣

以皮護杉木爲之，高五六寸，蓋、底不用板幞，惟布裡皮面，軟而可舉。長闊如氈包式，少長一二寸。攜於春時，内裝綿夾便服，以備風寒驟變。夏月裝以夾

衣。秋與春同。冬則綿服、煖帽、圍項等件。匣中更帶搔背、竹靶并鐵如意。以便取用。

疊桌

二張。一張高一尺六寸，長三尺二寸，闊二尺四寸，作二面拆脚活法，展則成桌，疊則成匣，以便攜帶。席地用此擡合，以供酬酢。其小几一張，同上疊式，高一尺四寸，長一尺二寸，闊八寸，以水磨楠木爲之。置之坐外，列爐焚香，置瓶插花，以供清賞。

提盒

高總一尺八寸，長一尺二寸，入深一尺，式如小廚，爲外體也。下留空，方四寸二分，以板閘住，作一小倉，内裝酒杯六、酒壺一、筯子六、勸杯二。空作六合，如方合底，每格高一寸九分。以四格，每格裝碟六枚，置菓殽供酒觴。又二格，每格裝四大碟，置鮭菜供饌筯。外總一門，裝卸即可關鎖。遠宜提，甚輕便，足以供六賓之需。

提爐

式如提盒。高一尺八寸，闊一尺，長一尺二寸，作三撞。下層一格，如方匣，内用銅造水火爐，身如匣方，坐嵌匣内。中分二孔，左孔注火，置茶壺以供茶；右孔注湯，置一桶子，小鑊有蓋，頓湯中煮酒。長日午餘，此鑊可煮粥供客。傍鑿一小孔，出灰進風。其壺鑊迥出爐上，太露不雅，外作如下格方匣一格，但不用底，以罩之，使壺鑊不外見也。一虚一實，共二格上加一格，置底蓋以裝炭，總三格成一架，上可箝關，與提盒作一副也。

備具匣

以輕木爲之，外加皮包厚漆如拜匣，高七寸，闊八寸，長一尺四寸。中作一替，上淺下深，置小梳匣一，茶盞四，骰盆一，香爐一，香盒一，茶盒一，匙筯瓶一。上替内小硯一，墨一，筆二，小水注一，水洗一，圖書小匣二，骨牌匣一，骰子枚馬盒一，香炭餅匣一。途利文具匣一，内藏裁刀、錐子、穵耳、挑牙、消息、肉乂、修指甲刀剉、髮刡等件。酒牌一，詩韻牌一。詩筒一，内藏紅葉各箋，以録詩。下藏梳具匣者，以便山宿。外用關鎖以啓閉，攜之山游，亦似甚備。

明·方以智《通雅》卷三一《器用·碑帖》 帖刻于石而榻之，曰法帖。自有石經碑刻，應有榻帖，而未著稱。《蔡邕傳》言：「觀及摹者車日千兩，」摹則今之墨榻也。《會要》：「貞觀六年正月，命整理御府古今工書鍾、王等真跡，得一千五百一十卷。開元六年，整理數同。十六年，内出二王真跡及芝、昶等古跡一百六十卷，付集賢院依文榻兩本進内，分賜諸王。兩本者分真跡與真草跡也。真跡卷帙以貞觀字爲印縫，真草跡令褚遂良真書小字帖紙影之，」所謂榻影，不知比今何法也。若但描臨，安能逼肖耶？當時亦呼榻寫。

清·徐珂《清稗類鈔·農商類》

京師文具店

琉璃廠爲文具總薈之所，舉凡書籍、紙、墨、文玩、骨董、碑帖、圖畫等類，文人學士之所需，率多取攜於是。而松竹齋寅生所鐫之墨盒尤精美工緻，入京者恆購以自用，或攜歸以作贈品。宣統朝，因百貨昂貴，而文具之筆墨各項，用者日以普通之品從事，精良者日稀矣。

溧陽潘鐵廬賣香筆

溧陽潘天成，字鐵廬。年十三遭家難，與父母相失。就塾讀書，未卒業即出，求其父母，然未嘗廢書。既歸，無以爲養，乃市香爲業。往來荆溪、瀨水間，暇則讀書，歌吟之聲達於道路，人皆笑以爲狂。已而以市筆爲業，常手攜筆囊行村落中，叩鄉塾求售，每聞其塾師講解經書，輒側耳聽之。

又《工藝類》 京師之搭棚裱褙紮彩

搭棚匠，裱褙匠，紮彩匠，所在有之，而以京師爲精。棚雖縱横十丈，可以平地立起，絶無隻木寸椽，僅見洞然一宇而已。其尤奇者，爲大工三脚手架。光緒甲午，重修鼓樓，其架自地至樓脊，高三十丈，闊十餘丈，庋木數十層，層凡百許，自下望之，竟不知其何從結構也。若裱褙之工，尤妙者爲屋宇，自承塵至四壁，無不一色瑩潔，謂之四白落地，梁棟凹凸，皆隨形而曲折，紙之花紋，平直如一綫，不稍參差。紮彩，則宫室、器物、禽獸、鱗介，無不惟妙惟肖。

又《鑒賞類》

王文敏夫婦好古

福山王文敏懿榮之元配爲黄夫人。文敏好古篤學，享文譽者垂三十年，以團練大臣殉光緒庚子拳匪之亂。【略】

夫人善氈蠟法，凡文敏所購彝器、泉印、鏡劍、磚瓦等物，每得一種，必手自椎拓，務使紙白如玉，墨光如漆，無絲毫墨瀋沁入字口中乃已。押小印一，志其物名，文字燦然。或拓一造像，必雒拜祝之曰：「心心相印，此便作億萬化身」云云。紙尾綴小横方印一，文曰「王懿榮婦黄氏一心供養」，蓋仿造像

文中語也。

負販碑拓者言

光緒初，有以負販碑拓爲業者，年可三十餘，軀短面瘦，似貧夫。自言本北人，以匪亂流徙於杭，孑然一身。歲於春夏之交，負巨囊，走陝、甘，搜買拓本，秋末冬初歸，以所得求售於杭之紳宦家。雖往還長途，必徒步，日行百餘里，故其販售之物取值多廉。陽湖楊佩瑗大令葆彝以需次於浙，居杭久，精鑒別。販者每至杭，必首造其廬，故所得金石碑拓頗富。己卯冬，販者忽不至。逾年爲庚辰春，始來，謂大令曰：「陝、甘有至寶。」問何物，曰：「余業碑拓，至寶即碑拓耳。」復詰以何所見，曰：「余每搜獲碑拓之較精者，必默識所得之地，今疲於此矣。不久，當有最舊之墨跡發見。」自是販者遂絶跡。閲二十年，遂有敦煌石室之寶藏顯於世。

魏叔子題不去廬硯

順德羊額鄉仁里坊有古屋，砌石爲牆，夾木爲柱，相傳爲明末義士故居，其額曰不去廬。蓋明季大兵入粤，何不偕兄弟與屈大均、陳巖野諸人謀反抗，先後響應，誓死不去，以是顔其齋。及敗，兄弟赴井死焉。其後人某淘井，得古硯一方，石翠斑斕，古氣盎然，背有文作漢隸，刻「天地之壽吾其並」七字，爲魏叔子題。又得殘碑半角，叙先烈死義事甚詳。

陳其凝見龍蛇硯

雍正時，陳其凝館江寧駐防某副都統家，有人以一端硯質銀三十金。其硯長七寸許，闊約五寸，高二寸，而有隱隱白文二道，彷彿龍蛇其迹，有似薄紗蒙障者，各自邊相向而起，漸騰漸近，觸之即退回，少選復如是。每一時辰，騰迴約有二三次。畢歲玩視，始終無異。天將陰雨，若有雲霧紛蒸然。

姜西溟藏古端硯

姜西溟有古端硯一方，長五寸，闊四寸，式古樸，絶愛之。劉繼莊亦見而贊賞。後爲顧華峰醉後使酒所碎，雖以膠漆附會之，非完璧矣。

林同人藏銅雀瓦硯

銅雀瓦之琢爲硯者，類皆贋物，蓋其色澤款識皆不足以動人，吴中駔儈類能爲之。甘泉宫址在陝西淳化縣山中，康熙辛丑，侯官林同人從其尊人宦遊長安，與祝光遠自三原往遊其地。見道旁耕夫鋤田，積瓦礫如邱阜，皆隱隱有文，多刓缺不可識。因憩於樹下，見有小物墳起，剔之，遂獲一瓦，甚完好，字畫獨全，亟懷以歸。瓦徑五寸强，厚一寸弱，圓一尺六寸弱，上有「長生未央」四字，背平，可研墨，以水漬之，有翡翠紋，如古彝器，即唐、宋以來所謂瓦頭硯者是也。以入土歲久，其質理自温潤可愛耳。王文簡公士禎爲題詩云：「漢宫一百四十五，《三輔黄圖》：漢畿千里，内外宫館一百四十五所。横絶南山包九嵕。未央、建章最廣麗，渭北更起甘泉宫。甘泉之山化金碧，千門萬户交玲瓏。通天臺高屹宫表，下瞰雲雨青濛濛。武皇求仙跨滄海，射魚牽犬東門東。秦始皇記立石東海上，以爲秦東門。孫卿已誅五利死，飛廉桂館猶巃嵸。上陵磨劍勢一變，雲陽煙草悲秋風。甲帳珠簾盡黄土，何況片瓦埋荒叢。林生好古極幽賾，短衣匹馬空山中。太乙壇邊弔鉤弋，悲歌躑躅斜陽紅。此瓦出土事非偶，長生古篆疑神工。濯以清泉襲綈錦，攜歸嶺海光熊熊。令弟同人之弟吉人也。繪圖亟示我，使我懷古憂心忡。終南、渭水舊遊歷，漢家陵闕隨飛蓬。豈知一瓦供賞識，遠與石鼓岐陽同。兄視羽陽弟銅雀，織兒慎勿加磨礱。」

何義門藏文徵明硯

何義門嘗築三間小屋，時適獲文徵明所用圓硯，殊不下墨，底有八分「賚爾敬游翰墨之用，華陽隱居」十二字，相傳陶貞白十賚文中第九，是硯爲其故物也，因名之曰賚硯齋。

陸濟蒼藏宋孝宗硯

平湖松塵山房道士陸濟蒼，名微。嘗於鄰圃得古硯，額鐫遠岫奇峯，背鐫宋孝宗御押，有「希世奇珍」及「米芾」字，隱隱可辨。或曰，宋殉葬物也。濟蒼寶藏之，陳清柯太守爲作長歌記其事。

黄莘田藏十硯

永福黄莘田大令任有硯癖，自號十硯先生。吴中林太守廷華嘗作歌贈之云：「十硯先生淡無欲，作官不戀五斗粟。歸來傲殺黄菊花，俗塵不敢閒相觸。叩門惟有陳學圃太史。趙明序。予，城北徐公嫻雲。交倍篤。室中更喜吟伴多，飢來頓頓餐珠玉。硯癖不顧千金雠，詩成自謂萬事足。今春見我絶糧詩，大笑謂我未免俗。相别先生二十日，近狀直登高士録。聞有陽翟大賈人，推轂先生造門數。先生堅卧竟不起，謂此衡茅不足辱。賈人歸望長者車，寄聲無事苦踡跼。囊中自有千黄金，可爲先生具醽醁。先生笑謂我不貧，明月清風皆我屬。田荒偏喜令威瘦，水清且給陶泓浴。三山作鄰不待買，倚閣年年眉黛緑。此身一落阿堵中，入山恐愧紅躑躅。春風春雨日杜門，把筆自譜遊仙曲。」

陳昆玉藏松硯

海寧陳昆玉茂才璘嘗得澂泥硯，琢爲松形，鱗而怒勃，號曰松硯，出入必與偕。既頻年不得志，北游燕齊，一旦倦遊而歸，杜門卻軌，尋理故業，置歐碑座右，而以松硯署其齋，日夕摩挲之，曰：「松乎，石乎，其吾歲寒之友乎？」昆玉，乾隆初人。

袁子才藏綠端蟬腹硯

文天祥綠端蟬腹硯，修廣各三寸餘，受墨處微凹，底圓而凸，象蟬腹，沿左邊至頂，刻謝皐羽銘云：「文山拳髯之明年，疊山流寓臨安，得遺硯焉。憶當日與文山象戲，譜玉蕈金鼎一局，石君同在座。右銘曰：『洮河石，碧于血，千年不死萇宏骨。』」款識「皐羽」二字。袁子才貯以檀匣，而識原委於匣蓋：「乾隆丁未十二月，杭州臨平漁父網得此硯於臨平湖，王仲瞿舟過相值，知爲文文山故物，以番錢廿元得之，轉以見贈。余仿竹垞詠玉帶生故事，爲作匣，兼招詩流各賦一章。甲寅六月望日，袁枚記於小倉山房，時年七十有九。」

趙甌北藏天錫永寶硯

趙甌北嘗入市，得一古硯，豬肝色，有鸜鵒眼二，厚寸許，長四寸有奇，廣半之，背刻「天錫永寶」四字，其右有「水雲」二字，乃小篆文，左側刻楷書一絶云：「斧柯片石伴幽閒，堪與遺民共號頑。試憶當年承賜事，墨痕如淚盡成斑。」考《改蟲齋筆疏》，知爲汪水雲硯也。水雲，名元量，字大有，以善琴事宋謝太后。宋亡，隨三宮入燕，此硯蓋承直時所賜，故有「天錫永寶」之刻，其絶句，則亂後追感之作也。水雲《北征》詩有云：「北師有嚴程，挽我投燕京。挾此萬卷書，明發萬里行。」則此硯亦必攜入燕，以詩寫授瀛國公者。

周七峯藏謝疊山賣卜硯

周七峯得片石於敗寺中，石支案，厚積垢，歸而滌之，則硯也，厚一寸，廣五寸，修九寸許，黝質細理，樸淳尚拙，額泐「橋亭卜卦硯」篆書五，側有程雪樓草書銘，漫滅不可讀，背泐「宋謝侍郎硯」，蓋謝疊山物也。明永樂丙申，洪水去，橋亭易爲疊山祠，掘地得之者。疊山去信州，度事不可爲，變姓名賣卜建陽市，誓將與硯同隱。而宋亡，志不果，趣之北，死志既決，欲令精魄與硯並沈，乃瘞此硯於橋亭下。

朱笠亭丁龍泓皆有硯癖

朱笠亭有硯癖，聚數硯，日夕摩挲之。一日，張芑堂過談，言及丁龍泓，笠亭重其人品，顧芑堂曰：「此室將以友石居名之，必得丁君書，乃可與數石共古。」遂作書屬芑堂致龍泓。龍泓曰：「余亦有硯癖，所居曰硯林，吾當與樊桐訂石交矣。」芑堂亟鋪紙請書，曰：「硯林、友石，皆某他山之石也。」

朱笠亭藏黃團硯

張芑堂專精金石之學，朱笠亭爲其尊人瓜圃主人作傳，因舉瓜硯贈之。笠亭重其意，且佳其石，名之曰黃團，系之銘曰：「傳瓜圃，得瓜硯，黃團繫門心所羨。」芑堂大喜，爲欣然鼓刀，勒於硯陰，自是而黃團硯爲笠亭所藏矣。

顔介子見英德硯山

姜紹書嘗見一石子作太極圖，是猶紋理旋螺，偶分黑白也。顔介子所見之英德硯山，則上有白脈，作「山高月小」四字，炳然分明。其脈直透石背，尚稀似字之反面，但模糊散漫，不具點畫波磔耳。諦視之，非雕非嵌，亦非漬染，真天成也。

鐵冶亭藏南唐歙石硯

曹秋岳侍郎溶《製硯》詩：「南唐官務久凋零，海國重來倚玉屏。」而鐵冶亭尚書保則藏有宋歐陽修南唐歙石硯，歐陽自記云：「此硯用之二十年矣。當南唐有國時，於歙州造硯，務選工之善者，命以九品之服，月有俸廩之給，號硯務官，歲爲官造硯有數。其硯方而平淺者，官硯也，其石尤精，製作亦不類今工之侈窳。此硯得自今王舍人原叔。原叔家不知爲佳硯也，兒子輩棄置之。予初得之，亦不知爲南唐物。有江南人年老者，見之，凄然曰：『此故國之物也。』因其道其所以然，遂始寶惜之。其謫夷陵也，折其一角。皇祐三年辛卯，龍圖閣直學士歐陽修記。」冶亭及弟閬峯侍郎均有詩紀之。

鐵冶亭藏山高月小硯

恆益亭中允裕舊藏一硯，曰「山高月小」。其同年友鐵冶亭見而愛之，向索而未與。乾隆壬寅，益亭以酒病，以窮死。易簀日，冶亭在側，益亭執其手而泣曰：「吾與君永別矣。家室妻子都不問，吾何以葬乎？」冶亭泣對曰：「棺衾及一切應用之物皆備矣，可無慮。」益亭色喜，慨然曰：「吾得友若此，復何憾！」喘稍定，語冶亭曰：「吾將以硯贈君以誌別。」因呼其子取硯至，摩挲移時，謂硯背有細爪痕，未磨去，君自拭之，毋損石也。遂溘然逝。自是而硯爲冶亭所藏矣。益亭，滿洲人。

曾賓谷藏黃石齋斷碑硯

曾賓谷侍郎燠嘗於廣陵市肆得一硯，乃東坡題墨妙亭詩斷碑一片，廣三寸

七分，長三寸四分，存十六字，凡四行，一行曰「吴越勝事」，一行曰「書來乞詩」，一行曰「尾書溪藤」，一行曰「視昔過眼」，以背面作硯。右偏之上，刻「斷碑」二隸字，下刻「道周」二字印篆，左刻朱竹垞銘，曰：「身可汙，心不辱。藏三年，化碧玉。」爲八分書。

沈石友藏李因硯

沈石友嘗得一小方硯，約三寸許，裝以鈿匣。硯背有李因像，原題詞云：「手澤重看，暗迴溯昔年情緒。綺樓深處，日日神仙侶。作畫吟詩，筆墨生風雨。伊人去，更誰憐汝，似落花無主。昔外子戲以錐畫妾貌於硯背，絶神似，篋藏十五年。今日重覩，不覺淚下，書此曲記之。」李因側有「雪坡」印。李因，號是庵，海寧人，工寫生，適葛光禄無奇，著有《竹芙軒集》，以節著。雪坡爲明代和尚，以琢硯名。龐蘗子步原韻云：「鬢影依稀，畫眉猶想閒情緒。淚痕凝處，誰是同心侶？匹鳥芙蕖，一幅迷烟雨。王吏部題李因芙蓉鷺絲畫云：「寒入金塘花葉孤，非煙非雨態模糊。姚家女子丹青絶，寫作芙蓉匹鳥圖。」姚月華小傳，嘗作芙蕖匹鳥也，見《婦人集》。漂零去，好教珍汝，休怨花無主。」石友，名汝瑾；蘗子，名樹柏，皆常熟人。

沈石友藏玉溪生像硯

沈石友所藏古硯有百餘方之多，尤精美者，爲玉溪生像硯。石爲緑端，像面微側，幅巾半身，袍背鏤花作紅色。石友自題云：「我讀韓碑詩，頂禮玉溪像。千古翰墨緣，神交結遐想。」安吉吴昌碩大令俊卿題詩云：「包山妙筆摹玉溪，端石硯刻神仙姿。沈郎得之日臨池，雪窗更和無題詩。」

俞筱甫藏玉溪生像硯

玉溪生像硯，高七寸五分，宋三司布帛尺。寬五寸二分，厚一寸三分。琢池方式，近趾處稍狹，背面琢圓式凹下，而像凸起。像半身右嚮，結帶巾，衣後有花紋方式，略如補服而稍下。其上方題云：「予得宋人寫《無題》詩卷子，首列玉谿像，脱失過半，落墨瀟灑，非龍眠一輩子不能到。因屬包山子摹此硯背，及刻成，而陸已謝世矣。仲石記。」右下角有「秬香心賞」白文印，左邊稍下有「憲成」朱文印，右側題云：「秬香見以玉溪生像硯拓本求題，視其神采飛騰如女子，製作之精，可想見矣。愚有上官周《唐宋詩人像》一册，至玉溪微病其多態，今始知上官氏之學有淵源，非妄爲者。仲石不可考。嘉慶丁巳秋八月二日，北平翁方綱。」「蘇齋」白文印。硯趾左偏，石友題云：「我讀韓碑詩，頂禮玉溪像。千古翰墨緣，神交結遐想。」光緒初，此硯曾在俞筱甫家，疑即沈石友所藏者也。

張叔未藏王鐸銘銅雀瓦硯

真銅雀臺瓦，世不多有。嘉慶庚午初夏，張叔未得王文安銘銅雀瓦硯於松江肆中，質極瑩潤，蓋濾泥爲之，上有王鐸小楷書銘跋二，撰書刻俱精，可寶也。其銘曰：「胡以瓦也而躋之棟，沈之淵？胡以吾也而授之几，升之筵，水之匯，而胡以浴雲飛煙？又何知此後之千百年，誰爲主也爲誰妍？物之遇合也且然。孟雒王鐸銘。」銘後有附記曰：「崇禎十一年，繡衣使者二東張肯仲貺余，余再拜而受，識於北都之大明門。時虍警予晨於是門，三十日矣。十月二十一日午時。」鐸之附記，爲明崇禎戊寅九月大兵入塞，京師戒嚴事。「虍」字，當是臣國朝後所搥損者。

張叔未藏陸鶴田草疏硯

陸鶴田觀察光旭在臺省時，直言敢諫。其曾孫念曾居嘉興丁溪之南，曾爲張叔未言有草疏遺硯，青氈非故，不知落誰氏手矣。庚午夏，叔未窒室悲居，形景相弔，隔溪老嫗，時攜破紙片石，覘贏餬口。一日，持此索直百錢。酌水親滌，亟登硯牀。硯有銘曰：「此心赤，堅於石。」

張叔未藏朱竹垞半月硯

朱竹垞半月硯，即以付其次孫稻孫者。石質温潤，真水礱上上神品。有竹垞隸行銘識，精妙絶倫，文房瓌寶也。嘉慶乙丑春，張叔未偕葛春嶼過梅里，留李若谷觀妙齋，信宿道古，摩挲把玩，心劇嗜之。丙子八月一日，李金瀾貽書於叔未，云是硯欲售，須銀二十餅。旋詣其齋，如其價得之。又以銀餅十二，得小朱十圭鐘硯。

竹垞所居，爲秀水之梅里。里中人知竹垞藏硯之爲世所寶也，輒仿製之，並鐫銘其上，藉以爲衣食之資。若谷雅善奏刀，此硯亦有仿本。

張叔未藏洮河石硯

宋時所琢洮河石硯，類皆鏤刻人物。張叔未嘗於平湖得一宋製者，亦然，與海鹽錢柞溪所藏僧梵寫經硯相同。蓋西方之人，琢手如是，與歙、粤之石工迥異也。

錢警石得青花硯

道光庚戌二月，錢警石訓導泰吉得潁上《蘭亭》、《黄庭》舊拓本。暮春之初，則獲青花硯，集帖中語銘之云：「欣於所遇得於己，快然自足不知老。閒暇無事修太平，玉石落落是吾寶。」有見之者，謂此青花硯者，一名洮河緑石硯，産於岷

州之洮河，瑩然如碧玉也。

鹿賓谷藏蘭成硯

鹿賓谷藏舊硯，正面上下有二活眼，背面之上有五活眼，爲日月合璧五星聯珠之象，有集《四書》跋一首云：「一拳石之多，日月星辰繫焉。磨而不磷，惟我與爾有是夫！」款題「田居」，左側有兩印章，一「黄葉村莊」，一「蘭成」，豈庾蘭成物耶？

陳海樓藏岳忠武硯

岳忠武公遺硯，色紫，體方而長，背鐫「持堅守白，不磷不淄」八字，無款。又鐫曰：「枋得家藏岳忠武墨蹟，與銘字相若，此蓋忠武故物也。枋得記。」又曰：「岳忠武端州石硯，向爲君直同年所藏，咸淳九年十二月十有三日，寄贈天祥，銘之曰：『硯雖非鐵磨難穿，心雖非石如其堅，守之弗失道自全。』」八字行書，謝真書。文草書，皆遒古。復有小方印，曰「宋氏珍藏」。朱竹垞題識曰：「康熙壬子二月四日，朱彝尊觀於西陂主人齋中。」西陂者，宋牧仲中丞居也。另一行云：「雍正八年夏六月十有九日，良常王澍拜觀。」道光辛巳，東陽令陳海樓履和於都門市上得之。

石僧懷硯

石僧者，學無師，居無刹，食無鉢，貌清癯。道光時，往來天津城市間，不乞化，懷一硯，終日玩摩，若甚愛之者，飢則舐硯而飽，倦則枕硯而眠。眠就潔地古樹茂陰下，冬或卧雪中。髮經年不梳，蓬如葆，積垢生虱，人憫而髡之，遂相呼爲石僧云。敝衣草履，行歌於途，罕所交言。闤闠駔儈遇之，相揶揄，即詆訶之，憨然笑不休。春嬉於郊，遇花嬌柳媚處，盤桓久之，或臨流弄水，自滌其硯，硯出五色紋，風清月白，走入敗寺中，置硯於地，以敗絮濡墨，就牆壁淋漓大書，潦草旁斜，殆不可省識，且書且吟，狂發叫舞。人迫而觀之，用絮塗抹，抱硯以去。人知其如此，俟其書畢，興盡而去，徐出辨視，則往往有奇句。

津門梅吟齋素好奇，物色奇士。人告之，未信。一日，遇諸途，拉之歸家，與論詩，初不言，出其集示僧，僧一覽，輒了然笑曰：「君亦深於此道者。」再叩之，默然謝去。久不見，或有謂遇諸羅浮山者，蓋不知所終矣。

宗嘯吾藏阿翠像硯

咸、同間，漢軍宗嘯吾司馬山藏弆古硯最多，有阿翠像硯，高六寸七分，寬四寸四分，厚一寸五分，池琢圓式，四周隆起而中凹下，上方蓄水處亦凹下，占高一寸六分，凹中左偏，有「半山一侣」白文印，背面刻阿翠像，倚几右嚮側坐，右手持卷軸，全身不露足，左方題「咸淳辛未阿翠」六字，分書，像及題款皆凸。右側題云：「緑玉宋洮河，池殘歷劫多。佳人留硯背，疑妾舊秋波。己丑三月得此硯，墨池魚損去之，背像眉目似妾，而右頰亦有一痣，妾前身耶？阿翠，疑蘇翠。果爾，當祝髮空門，願來生不再入此孽海。守貞記。」「馬」字朱文橢圓小印。左側石友題云：「片石歷四朝，兩美合一影。想見畫長眉，露滴玉蟾冷。洗汲緑珠井，貯擬黄金屋。若問我前身，爲疑王百穀。刻畫入精微，脂香泛墨池。漢家麟閣上，圖像幾人知？」硯趾安吉吴昌碩跋云：「石友示蘇翠像硯，馬守貞題，可稱雙絶。翠，樂籍，工墨竹分隸。咸淳辛未，宋度宗七年，己丑，明萬曆十七年也。蓋蘇翠，實建寧人，咸淳時，流落樂籍，嘗寫墨竹，旁題八分書，如倚雲拂雲之類，頗不俗，亦作梅蘭。此硯像題款，政作分書，則阿翠即蘇翠無疑。」

宗嘯吾藏陳迦陵填詞硯

宗嘯吾能文善歌，無事輒飲，每酒酣，輒令姬人吹笛，自謳其所填詞。其需次杭州日，嘗得一硯於冷攤，長七寸，廣五寸，上列七星，色白而突出，磷磷如釘，貯墨，可三日不乾。背有六字，曰「陳迦陵填詞硯」。宗自是填詞輒用之。

俞筱甫藏蘇東坡硯

宋蘇東坡硯，作石鼓形，硯背有銘十三字，乃東坡自撰而自書之者，嘗藏曹儷笙家。光緒中葉，爲錢塘徐印香舍人所得，貽吴縣俞筱甫別駕。俞卒，遂不知流落何所。

徐氏藏魚腦凍硯

肇慶産硯材，以古名端州，故謂之端硯。道光癸巳，西潦再溢，瀕工廬舍，蕩析離居。是冬，肇慶人民請於粤督涿州盧坤，擬開硯坑，以工代振。謀於守令，皆曰善。乃於十一月二十七日汲水，明年正月十日采石，三月十日衆至而畢。得石佳者，治三百餘硯，有青花、魚腦凍、蕉葉白、天青、冰紋、火捺、馬尾紋、胭脂暈、石眼諸品。經咸、同粤寇之亂，散失殆盡。徐印香舍人嘗於涿州冷攤，得魚腦凍一方，上有銘，識者謂爲希世之寶。蓋盧氏家替，硯遂流落於市中也。孫女新華髫年臨池，輒用之。

李偉侯藏玉帶生硯

玉帶生硯，乃端州産，石質非上品，以硯有白線一痕，故名，爲宋文天祥故物，謝疊山、黄石齋均曾寶藏。道光時，歸吴人某。同治時，粤寇李秀成陷蘇州，

頗嗜書籍古玩，亦珍儲之。合肥李文忠公克蘇州，得此硯，傳三世。後藏偉侯龔侯國杰家。

馬夷初藏李雲谷殘硯

仁和馬夷初文學叙倫藏有明人李雲谷殘硯，作半月形，其上有陳白沙銘，爲屈翁山所書。徐珂曾爲題《祭天神》一詞，詞云：「倚小樓江上聽疏雨，幾摩挲，片石韓陵差可語。淵襟自接嶠南，莫道儒冠誤。問而今剩水殘山誰是主，且守缺，文章府，試回首斜日湖濱路。人間世，桑海淚，鴝眼無今古。更何堪闕河搖落，邱壑因循，老我天涯，硯北悲秋苦。」

王蓴農藏銅雀瓦硯

無錫王蓴農孝廉蘊章藏銅雀瓦硯，長一尺有半，寬八寸，其背隱起「建安十五年造」六隸字，甚清勁。明都元敬大書「玉質金聲」四字於上，並有銘，銘云：「昔爲瓦，藏歌童，貯舞馬。今爲硯，承鉛槧，伴圖史。嗚呼！其爲瓦也，不知其爲硯也。然則千百年後，安知其不復爲瓦也！蓋豪雄武人不得而有之，子墨客卿固得而有之也，吾是以喟然有感於物也。」蓴農屬徐珂以《高陽臺》詞賦之，詞云：「橫槊空豪，澄泥銅雀臺瓦，陶人澄泥以絺綌，淘過如胡桃汕埏埴之，故與他瓦異，見《文房四譜》。自昔，憑誰共話興亡？瓢樣硯之中爲瓢形。琴紋，銅雀瓦硯真者，上有琴紋，見《偃曝談餘》。月明曾照鴛鴦。苔花何春渚《銅雀瓦硯》詩：「錫花封雨苔。」依約西陵碧，曹操遺命，妾伎登銅雀臺，望西陵墓田，見《鄴都故事》。夢瑤臺閒過昏黃。檢遺銘，雒誦迴環，楚怨微茫。春深待借東風便，奈山河憔悴，門鎖斜陽。銅狄銷沈，還餘賸粉零香。盈盈墨淚含鴝眼，錯鑄成幾閲滄桑。費摩挲，小匣琉璃，相伴吟窗。」

印刷裝幀分部

論説

明·周嘉胄《裝潢志自序》 聖人立言教化，後人抄卷雕板，廣布海宇，家户頌習，以至萬世不泯。上士才人，竭精靈於書畫，僅賴楮素以傳。而楮質素絲之力有限，其經傳接非人，以至兵火喪亂，黴爛蠧蝕，豪奪計賺，種種惡劫，百不傳一。於百一之中，裝潢非人，隨手損棄，良可痛惋！故裝潢優劣，實名迹存亡係焉。竊謂裝潢者，書畫之司命也。是以切切於兹，探討有日，頗得金針之祕。乃一一拈志，願公海内好事諸公，有獲金匱之奇，梁間之祕者，欲加背飾，乞先於此究心，庶不虞損棄。俾古迹一新，功同再造，則余此志也。敢謂有補於同心，冀欲策微勳於至藝，以附冥契之私云。

清·張潮《裝潢志小引》 書畫之有裝潢，猶美人之有妝飾也。美人雖姿態天然，苟終日粗服亂頭，即風韻不減，亦甚無謂。若使略施粉黛，輕點臙肢，裁霧縠以爲裳，剪冰綃而作袖，有不增妍益媚者乎！裝潢之法，盛于宣和，後此踵事增華，逾臻美善，甚有重修舊卷，爲值至數十金者，其所係豈淺尠哉！聞昔人有以舊蹟，去其跋而付裝潢家，議價已諧，其人頗精鑒賞，云惜無名人題跋，若有之，斯其值益昂。是人因屬以代訪，設有可假借用者，不妨即以續貂。越數旬，是人攜原跋語之曰，吾近購此，似可用。其人久之乃悟，此即原跋，君蓋去之以紿我耳。若當日並此偕來，非若干金，吾肯爲君治之乎！由此觀之，其權亦不輕矣。余聞其漿，以陳爲貴，有至數年者。吴中尚時有之。漿苟不陳，懸之堂中，必且如瓦藏諸櫃，必且損干蠹。是裝潢能爲功，亦能爲罪矣。然余以爲置之案頭，爲卷不若爲册。册可隨便繙閲，卷非自首至尾不可。不識世之人，河漢余言否也。心齋張潮譔。

清·徐珂《清稗類鈔·鑒賞類》 孫石芝論藏書之要

孫慶增，名從添，號石芝，常熟人。嘗曰：「余無他好，而中於書癖，家藏卷帙，不下萬數，雖極貧，不忍棄去。然聖賢之道，非此不能考證。數年以來，或持槖以載所見，或攜篋以誌所聞，念兹在兹，幾成一老蠧魚矣。同志欲標其要，竊不自量，記爲八則。其當與不當，冀有識者諒之，以爲芻蕘之一得云耳。」

第一則購求

購求書籍，是最難事，亦最美事，最韻事，最樂事。知有是書而無力購求，一難也。力足以求之矣，而所好不在是，二難也。知好之而求之矣，而必欲較其值之多寡大小焉，遂致坐失於一時，不能復購於異日，三難也。不能搜之於書傭，不能求之於舊家，四難也。但知近求，不知遠購，五難也。不知鑒識真僞，檢點卷數，辨論字紙，貿貿購求，每多缺佚，終無善本，六難也。有此六難，則雖有愛書之人而能藏書者鮮矣。而我謂購之求之得一善本爲美事者何也？夫天地間

之有書籍也，猶人身之有性靈也。人身無性靈，則與禽獸何異？天地無書籍，則與草昧何異？故書籍者，天下之至寶也。人心之善惡，世道之得失，莫不辨於是焉。天下惟讀書之人，而後能修身，而後能治國也。是書者，又人身中之至寶也。以天下之至寶而一旦得之，以人身之至寶而我獨得之，又不至埋没於塵土之中，拋棄於庸夫之室，非人世間一大美事乎？且與二三知己與能識古本、今本之書籍者，並能道其源流者，能辨原板翻板之不同者，知某書之久不刷印，某書之止有鈔本者，或偕之閒訪於坊家，密求於冷鋪，於無心中得一最難得之書籍，不惜典衣，不顧重價，必欲得之而後止。其既得之也，勝於拱璧，即覓善工裝訂，置之案頭，手燒妙香，口喫苦茶，然後開卷讀之，豈非人世間一大韻事乎？至於羅列已多，收藏既富，牙籤錦軸，鱗比星章，不待外求而珍寶悉備，以此爲樂，勝於南面百城多矣。

第二則鑒别

夫藏書而不知鑒别，猶瞽之辨色，聾之聽音，雖其心未嘗不好，而才不足以濟之，徒爲有識者所笑，甚無謂也。如某書係何朝何地著作，刻於何時，何人翻刻，何人鈔録，何人底本，何人收藏，如何爲宋元刻本，刻於南北朝何時何地，如何爲宋元精舊鈔本，必須眼力精熟，考究确切。再於各家收藏目録、歷朝書目、類書總目、讀書志、敏求記、經籍考、誌書、文苑誌、書籍誌、二十一史書籍志、名人詩文集書序跋文内，查考明白，然後四方之善本祕本或可致也。大抵收藏書籍之家，惟吴中蘇郡虞山、崑山，浙中嘉、湖、杭、寧、紹最多，金陵、新安、寧國、安慶及河南、北直、山東、閩中、山西、關中、江西、湖廣、蜀中，亦不少藏書之家，在其人能到處訪求，辨别真僞，則十得八九矣。藏書之道，先分經史子集四種，取其精華，去其糠秕。經爲上，史次之，子集又次之。凡收藏者，須看其板之古今，紙之新舊好歹，卷數之全與缺，不可輕率。大略從十三經、二十一史、三通、三記辨起。十三經，蜀本爲最，北宋刻第一，巾箱板甚精。其次南宋本亦妙，唐本不可得矣。北監板無補板，初印亦可，其餘所刻，各有不同。十七史，宋刻九行十八字最佳，北宋本細本字十三經注疏、十七史亦精美可愛。南北朝各家經、史、《漢書》，字畫甚精。其十七史北監板無補板，初印本亦妙。宋、遼、金、元四史，以初印好紙者爲佳，而零收雜板、舊板刻本湊成原印者，勝於南監本多矣。惟毛氏汲古閣十三經、十七史，校對草率，錯誤甚多，不足貴也。宋刻本書籍，傳留至今，已成希世之寶，其未翻刻者及不全者，即翻刻過而又不全者，皆當珍重之，吉光片羽，無不奇珍，豈可輕放哉。宋刻有數種，蜀本、太平本、臨安書柵本、書院學長刻本、仕紳請刻本、各家私刻本、御刻本、麻沙本、茶陵本、鹽茶本、釋道二藏刻本、銅字刻本、活字本，諸刻之中，惟蜀本、臨安本、御刻本爲最精。又有元翻宋刻本、明翻宋刻本、金遼刻本、元初刻本作宋刻本、明初刻本作元刻本、金遼刻本與宋刻本稍遜。而蘇人又將明藩本、明蜀本、明翻宋刻本，假刻本文序跋，染紙色，僞作宋刻，真贋雜亂，不可不辨。而宋元刻本，書籍雖真，而必原印初刻，不經圈點者爲貴。古人尊重宋刻，弗輕塗抹。後世庸流俗子，不知愛惜書籍，妄自動筆，有始無終，隨意圈點，良可歎也。鑒别宋刻本，須看紙色羅紋，墨氣，字畫行款，忌諱字，單邊，末後卷數，不刻末行，隨文隔行刻，又須將真本對勘乃定。如項子京《蕉窗九録》、董文敏《清祕録》，講究宋刻，僅舉其大略耳。近又將新翻宋刻本，去其年月，染紙色，或將舊紙印本僞作宋刻，甚多。若果南北宋刻本，紙質羅紋不同，字畫刻手古勁而雅，墨氣香淡，紙色蒼潤，展卷便有驚人之處，所謂墨香紙潤秀雅古勁，宋刻之妙盡之矣。汲古主人集大小各種宋刻《史記》一部，名曰《百合錦史記》，以此對勘，方爲精詳而無錯誤者也。元刻不用對勘，其字脚行款黑口，一見便知。而洪武、永樂間所刻之書，尚有古意。至於以下之板，更不及矣。況明紀刻本甚繁，自南北監板以至藩院刻本、御刻本、欽定本、各學刻本，各省撫按等官刻本，又有閩板、浙板、廣板、金陵板、太平板、蜀板、杭州刻本、延陵板、王板、袁板、樊板、錫安氏板、坊板、淩板、葛板、陳明卿板、内監廠板、陳眉公板、胡文焕板、内府刻本、閔氏套板，所刻不能悉數，惟有王板翻刻宋本《史記》之類爲最精。北監板、内府板、藩板行款字脚不同，袁板亦精美，較之胡文焕、陳眉公所刻之書多而不及。其外各家私刻之書，亦有善本可取者，所刻好歹不一耳。稚川淩氏與葛板無錯誤，可作讀本。獨有廣、浙、閩、金陵刻本最惡而多。陳明卿板、閔氏套板亦平常。汲古閣毛氏所刻甚繁，好者亦僅數種。本朝所刻之書，有御刻精刻，可與宋並。惟《全唐詩》雖極精美，惜乎校正猶爲未盡也。若外國所刻之書，高麗本最好，《五經》《四書》醫藥等書，皆從古本。凡中夏所刻，向皆字句脱落章數不全者，高麗竟有完全善本。天文算法，西洋爲最。宋本釋道二藏經典刻本行款，非長條行款，即闊本，另自一種，與所刻不同。五代刻本，六經刻起，蜀本六經第一，今亦罕有。《史》《漢》至宋初方行刻板，印本便於誦讀，相傳至今，盛行於世久矣。所以書籍首重經史，其次子集。鑒别書籍，經史中有疏義、注解、圖説、論講、史斷、互考、補缺、考略、刊正謬俗，稗官野史、

各國春秋傳載音釋，句解者，當細心鑒之。至於雜記、小説、偶録之書，有關行誼、考據、學問、政治者，紬繹而收藏之。述古文詞、翰苑經濟之文，小學、字學、韻學、山經、地志、遊覽、技藝、養生、博物、種植、歲時、醫卜、九流雜技之書，有關利濟學術者，亦須留意。文辭、詩集、文集、詞曲、碑記、性理、語録、子書、小説等書，皆當擇其最上者收藏之。各種書籍，務求舊刻、祕鈔、完全善本爲妙。又必於《稗統》《稗海》《百川學海》《眉公祕笈》《文焕叢書》《漢魏》《唐宋叢書》《夷堅志》《津逮秘書》《邱林學山》《顧氏四十小説》《皇宋四十家小説》《皇明小説》等書，擇其卷數完全刻本，與宋本、舊鈔、祕鈔本對明卷數字句，同與不同，一一記清，以便檢不全而未備者棄之，見有全而精美者收藏之。經解亦然。而本朝又有《説鈴》《學海類編》《昭代叢書》，亦當查清記出。漢、唐、宋、元、明詩文集，有《漢魏百三家》《唐音統簽》《全唐詩》，趙孟頫《分類唐詩》，吴門席氏《百家唐書》等書，揀擇善本，校正宋刻底本，收藏爲美。若見有未入大部者，乃爲祕本，賞鑒者當究心別之。

第三則鈔録

書之所以貴鈔録者，以其便於誦讀也。歷代好學之士，皆用此法。所以有刻本，又有鈔本，有底本。底本便於改正，鈔本定其字畫。於是鈔録之書，比之刊刻者，更貴且重焉。況書籍中之祕本，爲當世所罕見者，非鈔録則不可得，又安可以忽之哉！從未有藏書之家而不奉之爲至寶者也，則其道固不可不講也。宋人鈔本最少，字畫墨氣古雅，紙色羅紋舊式，方爲真本。若宋紙而非宋字、宋跋，宋款而非宋紙，即係僞本。或字樣紙色墨氣，無一不真，而圖章不是宋鐫，印色不舊，割補湊成，新舊相錯，終非善本。元人鈔本亦然。常見古人稿本，字雖草率，而筆法高雅，紙墨圖章色俱真，自當爲希世之寶。以宋、元人鈔本，較之宋刻本而更難也。明人鈔本，吴門朱性甫，錢叔寶子充治手鈔本最富，後歸錢牧翁。絳雲焚後，僅見一二矣。吴寬、柳僉、吴岫、孫岫、太倉王元美、崑山葉文莊、連江陳氏、嘉興項子京、虞山趙清常、洞庭葉石君諸家鈔本，俱好而多，但要完全校正題跋者，方爲珍重。王雅宜、文待詔、陸師道、徐髯翁、祝京兆、沈石田、王質，王穉登、史鑑、邢參、楊儀、楊循吉、彭年、陳眉公、李日華、顧元慶、都穆、俞貞木、董文敏、趙凡夫、文三橋、湖州沈氏、寧波范氏、吴氏、金陵焦氏、桑悦、孫西川，皆有鈔本甚精。新鈔，馮已蒼、馮定遠、毛子晉、馬人伯、陸敕先、錢遵王、毛斧季各家，俱從好底本鈔録。惟汲古閣印宋精鈔，古今絶作，字畫紙張，烏絲圖章，追摹宋刻，爲近世無有。能繼其作者，所鈔甚少。至於前朝内閣鈔本，生員寫校者爲上。《文苑英華》《太平廣記》《太平御覽》《百官考傳》《皇明實録》等書，大部者，必須嘉隆鈔本方可，若内監鈔本、南北監鈔本，皆惡濫不堪，非所貴也。余見葉石君鈔本，校對精嚴，可稱盡美。錢遵王鈔録書籍，裝飾雖華，固不及汲古之多而精，石君之校而備也。古人鈔録書籍，俱用黄紙，後因詔誥用黄色紙，遂易以白紙。宋、元人鈔本用册式，而非漢、唐時卷軸矣。其記跋校對，極其精細，筆墨行款，皆生動可愛。明人鈔本，各家美惡不一，然必有用之書，或有不同常本之處，亦皆録而藏之，然須細心紬繹，乃知其美也。吴匏庵鈔本，用紅印格，其手書者佳。吴岫、孫岫鈔用緑印格，甚有奇書，惜不多見。葉文莊鈔本，用緑墨二色格，校對有跋者少，未對草率者多，間有無刻本者，亦精。至於《楊誠齋集》《周益公集》《各朝實録》《北盟會編》《校正文苑英華》等書，雖大部，難以精鈔，亦不可忽，但須校正無訛，不遺漏爲要耳。大凡新鈔書籍，已屬平常，又弗校正，難言善也。凡書之無處尋覓者，其書少，必當另鈔底本，因無刻本故也。若鈔録精工，則所費浩繁，雖書寫不工，亦必珍之重之，留爲祕本。前輩鈔録書籍，以軟宋字小楷顔、柳、歐字爲工，宋刻字更妙。摹宋板字樣，筆畫均勻，不脱落，無遺誤，烏絲行款，整齊中帶生動，爲至精而美備。序跋、圖章、畫像，摹彷精雅，不可呆板，乃爲妙手。鈔書要明於義理者，一手書寫，無脱漏錯誤，無破體字，用墨一色，乃爲最善。若鈔底本，大部書，用行書爲上，草書亦可，但以不差落爲主。若字好而不明文理者，僅可印鈔而已。鈔本書，畫圖最難，用白描法，運筆古雅秀勁爲主，人物畫像要生動，又要清雅而端莊，方爲合式。有《皇宋五彩畫本本草圖經》最精工，集天下名手，著色畫成。又有白描《列女傳》《孝經》等書，無出其右者。近時錢遵王有五彩著色畫本《香奩集》，白描《鹵簿圖》《營造法式》《營造正式》等書，雖弗及前人，今亦不可得矣。所以鈔録書籍，亦非易事也，識者鑒之。

第四則校讎

校讎書籍，非博學好古勤於看書而又安閒者，不能動筆校讎書籍。所以每見庸常之人，校書一部，往往弗克令終，深可恨也。惟勤學好問隱居君子，方能爲之。古人每校一書，先須細心紬繹，自始至終，改正字謬錯誤，校讎三四次，乃爲盡善。至於宋刻本，校正字句雖少，而改字不可遽改書上。元板亦然。須將改正字句，寫在白紙條上，薄漿浮籤，貼本行上，以其書之貴重也。凡校正新書，

將校正過善本對臨可也。倘古人有誤處，有未改處，亦當改正。若明板坊本、新鈔本錯誤遺漏最多，須覓宋、元板舊鈔本，校正過底本或收藏家祕本，細細讎勘，反復校過，連行款俱要照式改正，方爲善本。若古人有弗可考究無從改正者，今人亦當多方請教博學君子善於講究古帖之士，又須尋覓舊碑版文字，訪求藏書家祕本，自能改正。然而校書必數名士相好，聚於名園讀書處，講究討論，尋繹舊文，方可有成，否則終有不到之處。所以書籍不論鈔刻好歹，凡有校過之書，皆爲至寶。至於字畫之誤，必要請教明於字學聲韻者，辨別字畫音釋，方能無誤。古用雌黄校書，因古時皆用黄紙寫，裝成卷軸，故名黄卷，其色相同，塗抹無痕跡也。後人俱用白紙鈔刻，又當用白色塗抹。今之改字，用淡色青田石磨細，和膠做成錠子，磨塗紙上，改字最妙。用鉛粉，終要變黑，最不可用。若大部書籍，延請多人分校，呈於總裁，計日乃成。若校正刊刻，非博雅君子有力而好古者，不能也。書籍上板，必要名手校正，方可刊刻。不然，枉費刻資，草率刻成，不但遺誤後人，反爲有識所笑。惜乎古今收藏書籍之人，不校者多，校者甚少。惟葉石君所藏書籍，皆手筆校正，臨宋本、印宋鈔，俱借善本改正，博古好學，稱爲第一。葉氏之書，至今爲寶，好古同嗜者賞識焉。

第五則裝訂

裝訂書籍，不在華美飾觀，而要護帙有道，款式古雅，厚薄得宜，精緻端正，方爲第一。古時有宋本、蝴蝶本、册本各種訂式，書面用古色紙，細絹包角，裱書面用小粉糊，入椒礬細末於内，太史連三層裱好，貼於板上，挺足候乾，揭下壓平用，須夏天做，秋天用。摺書頁，要摺得直，壓得久，捉得齊，乃爲高手。訂書，眼要細，打得正而小，草訂眼亦然，又須少，多則傷書腦，日後再訂，即眼多易破，接腦煩難。天地頭要空得上下相稱，副頁用太史連，前後一樣兩張，裁要快刀，截方平而光，再用細砂石打磨，用力須輕而匀，則書根光而平，否則不妥。訂線用清水白絹線，雙根訂結，要訂得牢，嵌得深，方能不脱而緊，如此訂書，乃爲善也。見宋刻本襯書紙，古人有用澄心堂紙，書面用宋箋者，亦有用墨箋灑金書面者，書籤用宋箋藏經紙古色紙爲上。至明人收藏書籍，講究裝訂者少，總用棉料古色紙，書面襯用川連者多。錢遵王述古堂裝訂書面，用自造五色箋紙，或用洋箋書面，雖裝訂華美，卻未盡善，不若毛斧季汲古閣裝訂書面，用宋箋藏經紙、宣德紙，染雅色，自製古色紙更佳。至於松江黄緑箋紙，書面再加常錦套，金箋貼簽，最俗，收藏家間用一二。錦套須真宋錦或舊錦、舊刻絲，不得已，細花雅色上好宫錦則可，然終不雅，僅可飾觀而已矣。至於修補舊書，襯紙平伏，接腦與天地頭，並補破貼欠口，用最薄棉紙熨平，俱照補舊畫法，摸去一平，不見痕迹，弗覺鬆厚，真妙手也。而宋、元板有模糊之處，或字脚欠缺不清，俱用高手摹描如新，看去似刻，最爲精妙。書套不用爲佳，用套必蛀，雖放於紫檀香楠匣内藏之，亦終難免。惟毛氏汲古閣用伏天糊裱，厚襯料，壓平伏，裱面用灑金墨箋，或石青、石緑、棕色、紫箋，俱妙。内用科舉連裱裏，糊用小粉、川椒、白礬、百部草細末，庶可免蛀。然而偶不檢點，稍犯潮濕，亦即生蟲，終非佳事。糊裱宜夏，摺訂宜春。若夏天摺訂，手汗並頭汗滴於書上，日後泛潮，必致霉爛生蟲，不可不防。凡書頁少者宜襯，書頁多者不必。若舊書宋、元鈔刻本，恐紙舊易破，必須襯之，外用護頁，方妙。書籤用深古色紙裱一層，簽要款貼，要整齊，不可長短闊狹上下歪斜，斯爲上耳。虞山裝訂書籍，講究如此，聊爲之記，收藏家亦不可不知也。

第六則編目

藏書四庫，編目最難，非明於典籍者，不能爲之。大凡收藏家編書目有四，則不致錯混顛倒遺漏草率，檢閲清楚，門類分晰，有條有理，乃爲善於編目者。一編大總目録，分經史子集，照古今收藏家書目行款，或照《經籍考》、連江陳氏書目俱爲最好，可謂條分縷晰精嚴者矣。前後用序跋，每一種書分一類，寫某書若干卷，某朝人作，該寫著者、編者、述者、撰者、録者、注者、解者、集者、纂者，各各寫清，不可混書。係宋板、元板、明板、時刻、宋元鈔、舊鈔、明人鈔本、新鈔本，一一記清。校過者，寫某人校本，下寫幾本或幾册，有套無套。一種門類寫完，後存百頁，以備增寫新得之書。編成一部，末後記書若干部，共若干册總數於後，以便查閲有無，將來即爲流傳之本。其分年代，不能全定，因得書先後不一，就其現在而録之可也。釋道二氏之經典語録，附於後，寫清裝成，藏於家。一編宋元刻本、鈔本目録，亦照前行款式寫，但要寫明北宋、南宋、宋印、元印、明印本，收藏跋記，圖章姓名，有缺無缺，校與未校，元板亦然，另貯一櫃，照式行款寫之。櫃用封鎖，不許擅開。精鈔、舊鈔、宋元人鈔本、祕本書目，亦照前行款式寫，但要寫明何人鈔本，記跋圖章姓名，有缺無缺，不借本、印宋鈔本、有板無板。校過者，書某人校本，或底本臨本，録成一册。雖目録，亦不可輕放，恐人借觀遺失。非常行書籍，皆罕有之至寶，收藏者慎之寶之。三編分類書櫃目録一部，以便檢查而易取閲。先將書櫃分編字號，櫃内分三隔，櫃門背左，實貼書單三張，分上中下，各照櫃隔，寫書目本數於上，以便查取。右門背貼書數目，亦分三張，

上中下另寫一長條於旁，記書總數目。而所編之書目，照櫃字號，亦分寫上中下三隔，先寫經部某字號，櫃内上隔某一部，若干卷、某人作、某板，共幾册。上隔共書若干部，共若干本。二三隔照寫。一櫃則結總數。都寫完，則寫大總結數於末行後頁。如有人取閲借鈔，即填明書目上，某年某月某日某人借或取閲。一月一查，取討原書，即入原櫃，銷去前注。借者更要留心，若一月不還，當使催歸原櫃，不致遺失。此本書目，最爲要緊，須託誠實君子經管，庶可無弊。四編書房架上書籍目録，及未訂之書，在外裝訂之書，鈔補批閲之書，各另立一目，候有可入收藏者，即歸入櫃，增上前行各款書目内可也。寫書根，用長方桌一隻，坐身處桌面中挖一塊板，中空五本書厚縫一條，夾書於中，紮緊，書與桌平，照書名行款卷數，要簡而明，細楷書寫之，用墨，筆畫匀細清朗，乃爲第一。虞山孫姓行二者寫書根最精，一手持書，一手寫小楷，極工，今亦罕有能者。書上挂簽用礬紙，或細絹，摺一寸闊，照書長短，夾簽於首册内，挂下一二寸，依書厚薄爲之，上寫書卷名數，角用小圖章。已上書目，如此編寫，可以無遺而有條目矣。

第七則收藏

收藏書籍，不獨安置得法，全要時常檢點開看，乃爲妙也。若安置雖妥，棄置不管，無不遺誤。至於書櫃，須用江西杉木，或川柏、銀杏木爲之。紫檀、花梨小木，易於泛潮，不可用。做一封書式，朴素精雅，兼備爲妙。請名手集唐句，刻於櫃門上。用白銅裝角，裝訂不用花纹，以雅爲主，可分可並，趁屋高下，置於樓上。四面窗櫺，須要透風。窗小櫺大，樓門堅實，鎖要緊密，式要精工。鎖匙上掛小方牌，或牙或香，將經史子集釋道字刻於正面，字外用圓線，嵌紅色，字嵌藍色，旁刻某字號第某書櫃，嵌緑色，下刻小圈，中反面寫宋刻、元刻、明刻、舊鈔、精鈔、新鈔等名色爲記。古有石倉，藏書最好，可無火患，而且堅久，今亦鮮能爲之。惟造書樓藏書，四圍石砌風牆，照徽州庫樓式乃善。不能如此，須另置一宅，將書分新舊鈔刻，各置一室，封鎖匙鑰，歸一經管。每一書室，一人經理，小心火燭，不致遺失，亦可收藏。若來往多門，曠野之所，或近城市，又無空地，接連内室、衙署、廚竈之地，則不可藏書，而卑濕之地，不待言矣。藏書斷不可用套，常開看，則不蛀。櫃頂用皂角炒爲末，研細，鋪一層，永無鼠耗。恐有白蟻，用炭屑、石炭、鍋鏽鋪地，則無蟻。櫃内置春畫、辟蠹石，可辟蠹魚，供血經於中，以辟火。書放櫃中，或架上，俱不可並，宜分開寸許，放後亦不可放足。書要透風，則不蛀不霉。書架宜雅而精，樸素者佳，下隔要高，四柱略粗，不可太狹，亦不可太闊，約放書二百本爲率。安置書架，勿於近窗並壁之處。案頭之書，三日一整，方不錯亂。收藏之法，惟此爲善也。

第八則曝書

曝書須在伏天，照櫃數目挨次曬，一櫃一日。曬書，用板四塊，二尺闊一丈五六尺長高櫈擱起，放日中，將書腦放上面，兩面翻曬，不用收起，連板擡風口涼透，方可上樓。遇雨，擡板連書入屋内擱起，最便。攤書板上，須要早涼，恐汗手拏書，沾有痕迹。收放入櫃亦然。入櫃亦須早，照櫃門書單點進，不致錯混。倘有該裝訂之書，即記出書名，以便檢點收拾。曝書，秋時亦可。漢、唐時有曝書會，後鮮有繼其事者，余每慕之，而更望同志者之效法前人也。

綜述

唐・張彦遠《歷代名畫記》卷三《論裝背褾軸》　自晉代已前，裝背不佳；宋時范曄，始能裝背，宋武帝時徐爰，明帝時虞龢、巢尚之、徐希秀、孫奉伯編次圖書，裝背爲妙。梁武帝命朱异、徐僧權、唐懷克、姚懷珍、沈熾文等，又加裝護。國朝太宗皇帝，使典儀王行真等裝褫，起居郎褚遂良、較書郎王知敬等監領。

凡圖書本是首尾完全著名之物，不在輒議割截改移之限，若要錯綜次第，或三紙五紙、三扇五扇，又上中下等相揉雜，本無詮次者，必宜與好處爲首，下者次之，中者最後。何以然？凡人觀畫，必鋭於開卷，懈怠將半，次遇中品，不覺留連，以至卷終。此虞龢論裝書畫之例，於理甚暢。

凡煮糊必去筋，稀緩得所，攪之不停，自然調熟。余往往入少細研薰陸香末，出自拙意，永去蠹而牢固，古人未之思也。汧國公家背書畫，入少蠟，要在密潤，此法得宜。趙國公李吉甫家云，背書要黄硬。余家有數帖黄硬，書都不堪。

候陰陽之氣以調適，秋爲上時，春爲中時，夏爲下時，暑溼之時不可用。

勿以熟紙，背必皺起，宜用白滑漫薄大幅生紙。

紙縫先避人面及要節處，若縫縫相當，則强急，卷舒有損，要令參差其縫，則氣力均平。太硬則强急，太薄則失力。

絹素彩色，不可擣理，紙上白畫，可以砧石妥帖之。

宜造一太平案，漆板朱界，制其曲直。

古畫必有積年塵埃，須用皂莢清水數宿漬之，平案扞去其塵垢，畫復鮮明，色亦不落。補綴擡策，油絹襯之，直其邊際，密其隙縫，端其經緯，就其形制，拾其遺脱。

厚薄均調，潤潔平穩，然後乃以鏤沉檀爲軸首，或裹寶束金爲飾。白檀身爲上，香潔去蟲，小軸白玉爲上，水精爲次，琥珀爲下；大軸杉木漆頭，輕圓最妙。前代多用雜寶爲飾，易爲剥壞。故貞觀開元中，内府圖書，一例用白檀身，紫檀首，紫羅褾織成帶，以爲官畫之褾。

或者云：「書畫以褾軸買害，不宜盡飾。」余曰：「裝之珍華，裹以藻繡，緘縢藴藉，方爲宜稱。其古之異錦，具李章武所集錦譜。必若大盜至焉，亦何計寶惜。梁朝大聚圖書，自古爲盛，湘東之敗，煙焰漲天，此其運也！况乎私室寶持，子孫不肖，大則胠篋以遺勢家，小則舉軸以易朝饌，此又時也，亦何嗟乎！」

唐·柳玭《柳氏家訓序》 中和三年癸卯夏，鑾輿在蜀之三年也，余爲中書舍人，旬休，閲書于重城之東南，其書多陰陽雜記、占夢相宅、九宫五緯之流。又有字書小學，率雕板，印紙浸染不可盡曉。

唐·馮贄《雲仙散録》 印普賢

《僧園逸録》曰：玄奘以回鋒紙印普賢象，施于四衆，每歲五馱無餘。

宋·蘇易簡《文房四譜》卷四《紙譜·三之雜説》 拓紙法 用江東花葉紙，以柿油、好酒浸一幅，乃下鋪不浸者五幅，上亦鋪五幅，乃細卷而硾之。俟浸漬染著如一，拓書畫若俯止水、窺朗鑑之明徹也。初舉子云，宜齎入詞場，以護試紙逢他物所污。

宋·沈括《夢溪筆談》卷一八 板印書籍，唐人尚未盛爲之。自馮瀛王始印五經，已後典籍，皆爲板本。慶曆中，有布衣畢昇，又爲活板。其法用膠泥刻字，薄如錢脣，每字爲一印，火燒令堅。先設一鐵板，其上以松脂臘和紙灰之類冒之，欲印則以一鐵範置鐵板上，乃密布字印，滿鐵範爲一板，持就火煬之，藥稍鎔，則以一平板按其面，則字平如砥。若止印三、二本，未爲簡易；若印數十百千本，則極爲神速。常作二鐵板，一板印刷，一板已自布字，此印者纔畢，則第二板已具。更互用之，瞬息可就。每一字皆有數印，如之、也等字，每字有二十餘印，以備一板内有重複者。不用則以紙(帖)[貼]之，每韻爲一貼，木格貯之。有奇字素無備者，旋刻之，以草火燒，瞬息可成。不以木爲之者，(文)[木]理有疏密，沾水則高下不平，兼與藥相粘，不可取，不若燔土，用訖再火令藥鎔，以手拂之，其印自落，殊不沾污。昇死，其印爲予羣從所得，至今寶藏。

宋·趙希鵠《洞天清禄集·古今石刻辨》 響拓僞墨迹

以紙加碑上，貼於窗户間，以遊絲筆就明處圈却字畫，填以濃墨，謂之響拓。然圈隱隱猶存，其字亦無精采，易見。

又《古畫辨》

裝背

畫不脱落不宜數裝背，一裝背則一損精神，此決然無疑者。墨迹亦然。

名畫印識

郭熙畫，於角有小「熙」字印。趙大年永年，則有大年某年筆記。蕭照，以姓名作石鼓文書。崔順之，書姓名於葉下。易元吉書于石間。王晉卿家藏者有「寶繪堂」方寸印。米元章有「米氏翰墨」「米氏審定真迹等印」，或用團印，中作「米芾」字如蛟形。江南李主所藏則有「建業文房之印」「内合同印」。陳簡齋則有「無住道人印」。蘇武功家則有「許國後裔」「蘇耆國老」等印。東坡則用一寸長形印，文曰「趙郡蘇軾圖籍」。吳傅朋則曰「延州吳説私印」。

元·王禎《農書·雜録》 造活字印書法寫韻刻字法、鏤字修字法、作盔嵌字法、造輪法、取字法、作盔安字刷印法附

造活字印書法：伏羲氏畫八卦造書，以代結繩之政，而文籍生焉。注云：書字於木，刻其側以爲契，各持其一，以相考合。黄帝時，倉頡視鳥跡以爲篆文，即古文科斗書也。周宣王時，史籀變科斗而爲大篆，秦李斯損益之而爲小篆，程邈省篆而爲隸。由隸而楷，由楷而草，則又漢魏間諸賢變體之作。此書法之大概也。或書之竹，謂之竹簡；或書於縑帛，謂之帛書。

厥後文籍寖廣，縑貴而簡重，不便於用，又爲之紙，故字從「巾」。按：前漢《皇后紀》已有「赫蹏紙」。至後漢，蔡倫以木膚、麻頭、敝布、魚網造紙，稱爲「蔡倫紙」，

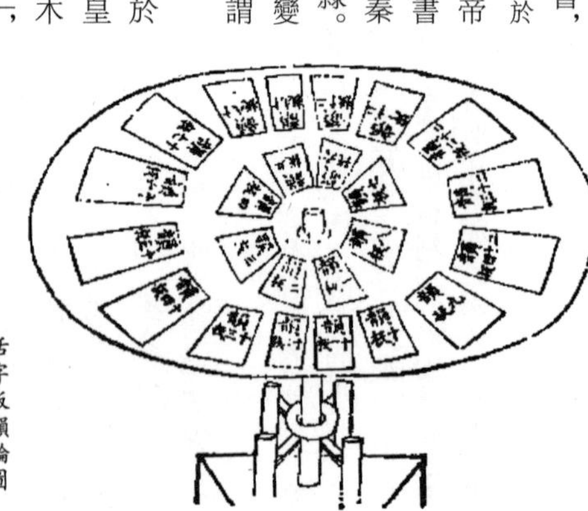

活字板韻輪圖

而文籍資之以爲卷軸，取其易於卷舒，目之曰「卷」。然皆寫本，學者艱於傳録，故人以藏書爲貴。

五代唐明宗長興二年，宰相馮道李愚請令判國子監田敏校正九經，刻板印賣，朝廷從之，鋟梓之法，其本於此。因是天下書籍遂廣。

然而板木工匠所費甚多，至有一書字板，功力不及，數載難成；雖有可傳之書，人皆憚其工費，不能印造，傳播後世。有人别生巧技，以鐵爲印盔界行，內用稀瀝青澆滿，冷定，取平火上，再行煨化，以燒熟瓦字排於行內，作活字印板。爲其不便，又有以泥爲盔界行，內用薄泥將燒熟瓦字排之，再入窑內燒爲一段，亦可爲活字板印之。近世又有鑄錫作字，以鐵條貫之作行，嵌於盔內界行印書。但上項字樣難於使墨，率多印壞，所以不能久行。

今又有巧便之法。造板木作印盔，削竹片爲行，雕板木爲字，用小細鋸鋟開，各作一字，用小刀四面修之，比試大小高低一同，然後排字作行，削成竹片夾之。盔字既滿，用木掮掮先結切。之，使堅牢，字皆不動，然後用墨刷印之。

寫韻刻字法：先照監韻內可用字數分爲上下平、上、去、入五聲，各分韻頭，校勘字樣，抄寫完備，擇能書人取活字樣製大小寫出各門字樣，糊於板上，命工刊刻。稍留界路，以憑鋸截。又有語助辭「之」「乎」「者」「也」字及數目字，並尋常可用字樣，各分爲一門，多刻字數，約有三萬餘字。寫畢，一如前法。今載立號監韻活字板式於後。其餘五聲韻字，俱要倣此。【略】

鎪字修字法：將刻訖板木上字樣，用細齒小鋸，每字四方鎪下，盛於筐筥器內。每字令人用小裁刀修理齊整。先立準則，於準則內試大小高低一同，然後另貯别器。

作盔嵌字法：於元寫監韻各門字數，嵌於木盔內，用竹片行行夾住，擺滿，用木掮輕掮之，排於輪上，依前分作五聲，用大字標記。

造輪法：用輕木造爲大輪，其輪盤徑可七尺，輪軸高可三尺許。用大木砧鑿竅，上作横架，中貫輪軸，下有鑽臼。立轉輪盤以圓竹笆鋪之，上置活字板面，各依號數上下相次鋪擺。凡置輪兩面，一輪置監韻板面，一輪置雜字板面。一人中坐，左右俱可推轉摘字。蓋以人尋字則難，以字就人則易，此轉輪之法，不勞力而坐致。字數取訖，又可鋪還韻內，兩得便也。

取字法：將元寫監韻另寫一册，編成字號，每面各行各字俱計號數，與輪上門類相同。一人執韻依號數喝字，一人於輪上元布輪字板內取摘字隻，嵌於所印書板盔內。如有字、韻內别無，隨手令刊匠添補，疾得完備。

作盔安字刷印法：用平直乾板一片，量書面大小四圍作欄，右邊空，候擺滿盔面，右邊安置界欄，以木掮掮之。界行內字樣須要個個修理平正。先用刀削下諸樣小竹片，以别器盛貯；如有低邪，隨字形襯墊徒念切。掮之；至字體平穩；然後刷印之。又以椶刷順界行竪直刷之，不可横刷。印紙亦用椶刷順界行刷之。此用活字板之定法也。

前任宣州旌德縣縣尹時，方撰《農書》，因字數甚多，難於刊印，故尚己意命匠創活字，二年而工畢。試印本縣志書，約計六萬餘字，不一月而百部齊成，一如刊板，始知其可用。後二年，予遷任信州永豐縣，挈而之官。是《農書》方成，欲以活字嵌印；今知江西見行命工刊板，故且收貯，以待别用。然古今此法未有所傳，故編録于此，以待世之好事者，爲印書省便之法，傳於永久。本爲農書而作，因附於後。

元·陶宗儀《南村輟耕録》卷二七　裱背十三科

世人但知醫有十三科，畫有十三科，殊不知裱背亦有十三科：一織造綾錦絹帛，一染練上件，一抄造紙劄，一染製上件顔色，一餬料麥麪，一餬藥礬蠟，一界尺裁版捍帖，一軸頭或金，或玉，或石，或瑪瑙、水晶、珊瑚、沈檀、花梨、烏木，每軸止用一色，所以只歸一科。一餬刷，一鉸練，一條，一經帶，一裁刀，數內闕其一，則不能成全畫矣。其餬刷、裁尺，亦皆有名。餬刷，椶軟者謂之平分。椶硬者，謂之餬搠。大小得中者，謂之黏合。狹小者，謂之寸金。裁尺，極等闊者曰滿手，次等曰三指，又次等曰兩指，最狹者曰單指。

又　卷二九　黏接紙縫法

王古心先生筆録內一則云，方外交青龍鎮隆平寺主藏僧永光，字絶照，訪予觀物齋，時年已八十有四。話次因問光，前代藏經，接縫如一線，歲久不脱，何也？光云，古法用楮樹汁、飛麪、白芨末三物調和如糊，以之黏接紙縫，永不脱解，過如膠漆之堅。先生，上海人。

明·王佐《新增格古要論》卷九《文房論》　印色

用真麻油半兩許，入草麻子十數粒搥碎，取白仁同煎，至黄色，去草麻子，將油拌熟艾，令乾濕得所，然後入銀硃，隨意多少，以色紅爲度，更不須用帽紗、生絹之類襯隔，自然不沾塞印文，而又不生白醭，雖十年不熾。一法用蜜調硃，最善，紙素雖久，色愈鮮明，今內府用實以蜜。

佐嘗以前法用之，久而滯，易之以氈，鬆而不佳。又易之以紗，頗妙，久而堅不可用。然不若調硃以手黏上圖書者，絶妙絶妙。凍月宜温之可也，否則必糊塗矣。又見楊東里先生用煎饊子清油，勝於草麻油。或自以麪爲大丸煎湯亦佳。然凍月用之，又在己之活法也。

明・周嘉胄《裝潢志》

古迹重裝如病延醫

前代書畫傳歷至今，未有不殘脱者。苟欲改裝，如病篤延醫，醫善則隨手而起；醫不善，隨劑而斃。所謂不藥當中醫，不遇良工，寧存故物。嗟夫！上品名迹，視之匪輕，邦家用以華國，藝士尊之爲師。師猶父也，爲人子者，不可不知醫。寶書畫，不可不究裝潢。

抄技

裝潢能事，普天之下，獨遜吴中。吴中千百之家，求其盡善者，亦不數人。往如湯、强二氏，無忝國手之稱。後雖時不乏人，亦必主人精審，於中參究，料用盡善，一一從心，乃得相成合美，俾妙迹投胎得所，名芳再世，功豈淺鮮哉！

優禮良工

良工須具補天之手，貫蝨之睛，靈惠虚和，心細如髮，充此任者，乃不負託。又須年力甫壯，過此則神用不給矣。好事者，必優禮厚聘。其書畫高值者，裝善則可倍值；裝不善，則爲棄物，詎可不慎於先，越格趨承。此輩以保書畫性命，書畫之命，我之命也。趨承此輩，趨承書畫也。

賓主相參

好事賢主欲得良工，爲終世書畫之託，固自不易，而良工之得賢主以騁技，更難。其人苟相遇合，則異跡當冥冥降靈，歸託重生也。凡重裝盡善，如超劫還丹，機緣湊合，豈不有神助耶！而賓主定當預爲酌定裝式，彼此意愜，然後從事，則兩獲令終之美。

審視氣色

書畫付裝，先須審視氣色。如色黯氣沉，或煙蒸塵積，須浣淋令净。然浣淋傷水，亦妨神彩，如稍明净，仍之爲妙。

洗

洗時先視紙質鬆緊，絹素歷年遠近，及畫之顔色。黴損受病處，一一加意調護。損，則連托紙洗。不損，須揭净，只將畫之本身，副油紙置案上，將案兩足墊高，一邊瀉水，用餬刷灑水，淋去塵污，至水净而止。如黴氣重，積污深，則用枇杷核，錘浸滚水，冷定洗之，即垢污盡去。或皁角亦可用。則急將清水淋解枇杷、皁角之餘氣，否則反爲畫害。慎之。洗後，將新紙印去水氣，令速乾爲善。

揭

書畫性命，全關於揭。絹尚可爲，紙有易揭者，有紙薄糊厚難揭者。糊有白芨者，猶難。恃在良工苦心，施迎刃之能，逐漸耐煩，致力於毫芒微渺間，有臨淵履冰之危，一得奏功，便勝淝水之捷。

補

補綴須得書畫本身紙絹質料一同者。色不相當，尚可染配。絹之粗細，紙之厚薄，稍不相侔，視則兩異。故雖有補天之神，必先煉五色之石。絹，須絲縷相對。紙，必補處莫分。

襯邊

補綴既完，用畫心一色紙，四圍飛襯，出邊二三分許，爲裁鑲用糊之地，庶分毫無侵於畫心。

小托

畫經小托，業已功成。沉痾既脱，元氣復完，得資華扁之靈。不但復還舊觀，而風華氣韻，益當翩翩遒上矣。

全

古畫有殘缺處，用舊墨，不妨以筆全之。須乞高手施靈。友人鄭千里全畫入神，向爲余全趙千里芳林春曉圖，即天水復生，亦弗能自辨。全非其人，爲患不淺。

式

中幅如整張連四，大者天一尺九寸，地九寸五分，上玉池六寸五分，下四寸二分。邊之闊狹酌用。小幅宜短，短則式古，便於懸挂。畫心三尺上下者，俱嵌邊。太短則挖嵌，用極淡月白細絹。畫如設色深者，宜用淡牙色，取其别於畫色也。小畫，天一尺八寸，地九寸，上玉池六寸，下四寸。大畫隨宜推廣式之，惟忌用詩堂。往與王百穀切論之，百穀經裝數百軸，無一有詩堂者。小幅短，亦不用詩堂。非造極者，不易語此。

鑲攢

嵌攢必俟天潤，裁嵌合縫，善手施能。

覆

覆背紙，必純用綿料，厚薄隨宜。亦須上壁與畫心同幰過，灑水潤透，用糊相合，全在用力多刷，令紙表裏如抄成一片者，乃見超乘之技。或用上號竹料連四，以好綿料紙，托爲覆背用亦妙。竹料研易光，舒卷之間，與畫有益。切忌用連七及扛連。

上壁

上品之迹，無甚大者。中小之幅，必須竪貼。若横貼，則水氣有輕重，燥潤有先後，糊性不純和，則不能望其全勝矣。上壁值天潤，乃爲得時。乾即用薄紙粘蓋，以妨蚊蠅點污，飛塵浮染。停壁逾久逾佳，俾盡歷陰晴燥潤，以副得手應心之妙。

下壁

上壁宜潤，貴其滋調。下壁宜燥，庶屏瓦患。燥潤失宜，優劣係焉。

安軸

安軸用秔米糉子，加少石灰，錘粘如膠，以之安軸，永不脱落。灌礬汁者，軸易裂，又易脱。

上桿

軸桿檀香爲上，次用婺源老杉木舊料，采取木性定者，堪用。杉性燥，檀辟蠹，他木無取。須令木工製極圓整，兩頭一齊，分毫不逾矩度，捲則無出入之失。

上貼

畫帖槩用鲫魚背式。余間用方而委角者，靠裏一面令稍凹，以適圓桿之宜。此余究心之微而然。繩圈如不能金銀者，銅條亦可。須稍粗加磨拭，堪用。圈眼勿大，大小一同轉脚入木。上貼亦不易事，如人着冠，切須留意。瓊瑶在握，自亦可喜。再展菁華，則色飛神爽矣。若不三雅酬興，亦須七碗熏心。

貼簽

宋徽宗、金章宗，多用磁藍紙、泥金字，殊臻莊偉之觀。金粟牋次之。長短貼近圈繩處，毋得過與不及，此定式也。

囊

包首易殘，最爲畫患。裝褫始就，急用囊函。

染古絹托紙

古絹畫必用土黄染紙托襯，則氣色湛然可觀，經久逾妙。土出鍾山之麓，因近孝陵，禁取艱得。染房多有藏者。最忌橡子水染紙，久則透出絹上，作斑漬可恨。舊紙浸水染，俱不堪用。

治畫粉變黑

畫用粉，或製不得法，或經穢氣熏染，隨變黑色矣。生紙用粉，猶易變黑。用法治之，其白如故。法用白净醋塊調水，即浣衣者，以新筆塗黑處，不可使暈開。將連七紙覆蓋捲收，過半月取看，其黑氣盡透連七紙上。如未退净，再如法治。輕則一二次退，年久者，三四次，無不潔净如新。再用新烹淡茶，塗一次，以去醋氣。

忌

覆背紙切不可以接縫當中。舒捲久，有縫處則磨損畫心。

手卷

每見宋裝名卷，皆紙邊，至今不脱。今用絹折邊，不數年便脱，切深恨之。古人凡事，期必永傳。今人取一時之華，苟且從事。而畫主及裝者，俱不體認。遂述古法。余裝卷以金粟牋，用白芨糊折邊，永不脱，極雅致。白芨止可用之於邊，覆紙選上等連四，料潔而厚者，錘過則更堅緊質重。包首通後，必長托，用長案接連幰之。如卷太長，則先表前半，壓定俟乾，再表後半，必以通長無接縫爲妙。研令極光。卷貼與卷心桿，用料不多，必用檀香。卷貼兩頭刻凹些須，以容包首折邊之痕，視之一平可愛。帶襻川金銀撒花舊錦帶、舊玉簽，種種精飭，纔一入手，不待展賞，其潔致璀煌，先已爽心目矣。綾錦包袱，袱用匣，或檀或木或漆，隨書畫之品而軒輊之。

册葉

前人上品書畫册葉即絹本，一皆紙挖紙褾。今庸劣之跡，多以重絹，外折邊，内挖嵌。至松江穢跡，又奢以白綾，外加沉香絹邊，内裏藍線，逾巧逾俗。俗病難醫，願我同志，恪遵古式，而黜今陋。但裏紙層層用連四，勝外用綾絹十倍，朴於外而堅於内，此古人用意處。册以厚實爲勝。大者紙十層，小者亦必六七層，裁折之條，後同碑帖。

碑帖

余於金石遺文，尤更苦心。每拓一碑授裝，心力爲竭。先録其文，籌定每行若干字，每字若干行，及擡頭年月，首尾附題小跋，前後副葉，皆擇名箋，一一畫定程式，然後恭貌婉言致之。裝者之能，惟在裁折。折須前後均齊，裁必上下無

跡。裁哲善而能事畢矣。碑已條悉，帖亦如斯。

墨紙

碑帖本身紙或綿或竹，及榻法或烏金、蟬翅、雪花等色，俱一一染榻，配同一色裝成，則渾成無跡。

硬殼

碑帖册葉之偉觀，而能歷久無患者，功係硬殼。工倍料增，不敢屬望於裝者。余裝有碑帖百餘種，册葉十數部，皆手製硬殼。糊用白芨、明礬，少加乳香、黄蠟，又用花椒、百部煎水投之。紙用秋闈敗卷，純是綿料，價等劣紙，以之充用，可謂絶勝。間用金膏紙，擇風燥之候，用厚糊刷紙三層，以石砑之。疊疊如是，曝之烈日，乾，以大石壓之聽用，其堅如木。但裝者艱裁，而可永無蠹蝕脱落等患。帖册賴此外護，内獲無咎，功莫大焉。各種綾絹，隨宜加飾。

又方

糯米浸軟，擂細濾净，淋去水，稠稀得所，入豆粉及篩過石灰各少許，打成糊。以之打硬殼、裝帖册等用，更堅。外面裝裹，仍用麪糊。切記成器後初年，須置近人氣處，或牀榻被閣上，尤妙。不可令其發蒸。待一年後，於中藥性定，其堅如石，永不蒸蛀也。

治糊

先以花椒熬湯，濾去椒，盛净瓦盆内，放冷。將白麪逐旋輕輕糝上，令其慢沉，不可攪動。過一夜，明早攪勻。如浸數日，每早必攪一次。俟令過性，淋去原浸椒湯，另放一處。却入白礬末、乳香少許，用新水調和，稀稠得中，入冷鍋内，用長大擂槌，不住手擂轉，不令結成塊子。方用慢火燒，候熟，就鍋切作塊子。用元浸椒湯煮之，攪勻再煮，攪不停手，多攪則糊性有力。候熟，取起，面上用冷水浸之。常换水，可留數月。用之平貼不瓦。黴候不宜久停，經凍全無用處。

用糊

表之於糊，猶墨之於膠。墨以膠成，表以糊就。膠用善，則靈液清虚。糊用佳，則捲舒温適。調用之宜，妍媸攸賴。良工用糊如水，止在多刷，刷多則水沁透紙，凝結如抄成者，不全恃糊力矣。如墨用膠輕，只資錘擣之力耳。

紙料

紙選涇縣連四，或供單，或竹料連四，復背隨宜充用。余裝軸及卷册、碑帖，皆純用連四，絶不夾一連七。連七性强，不和適。用連四，如美人衣羅綺。用連七，如村姑着布。夫南威絳樹，登歌舞之筵，方藉錦綺以助妍，豈容曳布趑趄，以取村姑之誚。

綾絹料

宣德綾，佳者勝於宣和。糊窗綾，其次也。嘉興近出一種綾，闊二尺，花樣、絲料皆精絶，乃從錦機改織者，固書畫之華衮也。蘇州機窄，以之作天地，有接縫可厭，須令改機加重定織者堪用。白門近亦織綾可用，但花不高拱，須經上加一絲織爲妙。屢語之，終不能也。絹用蘇州鍾家巷王姓織者，或松江絹，皆可爲挖嵌包首等用。天地皁綾，雖古雅，皁不耐久，易爛。余多用月白，或深藍。

軸品

軸以玉，雖偉觀，不適用。犀爲妙。余以牙及紫檀，倩濮仲謙倣漢玉雕花，間用白竹雕者，及梅緑竹、斑竹爲之。又命漆工，倣金銀片倭漆，及諸品填漆等，製各種欵樣，殊絢爛可觀，皆余創製。

佳候

已凉天氣未寒時，是最善候也。未黴之先，候亦佳。冬燥而夏溽，秋勝春，春勝冬夏。夏防黴，冬防凍。

表房

表房惡地溼而憚風燥，喜温潤而愛虚明。裝板須高，利畫。竪幢必安地屏，杜溼上蒸。

知重裝潢

王弇州公世具法眼，家多珍祕，深究裝潢。延强氏爲座上賓，贈貽甚厚。一時好事，靡然嚮風，知裝潢之道足重矣。湯氏、强氏其門如市。强氏踪跡，半在弇州園，時有汪景淳，於白門得王右軍真跡，厚遺儀幣，往聘湯氏。景淳張筵下拜授裝，功約五旬。景淳時不去左右，供事甚謹，酬贐甚腆。又李周生，得惠山招隱圖，爲倪迂傑出之筆，延莊希叔重裝。先具十緡爲聘，新設牀帳，百凡豐給，以上賓待之。凡此甚多，聊舉一二。奉好事者，知寶書畫，其重裝潢如此。

紀舊

吴人莊希叔，僑寓白門，以裝潢擅名，頡頏湯、强，一時稱絶。其人慷慨慕義，篤誠尚友，士紳樂與之遊，咸爲照拂之。然以技自諱，不妄徇俗。間應知己之請，謬賞余爲知鑒。所祈弗恡，往余之吴門，攜希叔之製，示諸裝潢家，希其彷

佛效爲之，皆嘖嘖歛服，謂非希叔不能也。信芳草晴川之句在，孰能續爲黃鶴之題乎？

又　吴中多藏賞之家，惟顧元方篤於裝潢。向荷把臂入林，相與剖析精微，彼此酣暢。元方去世後，值徐公宣爲南都别駕，時與余有同心之契。公宣聰穎過人，賞鑒精确，所藏無一僞跡。時獲倪高士幽澗寒松圖，莊希叔爲之重裝，公宣喜不自勝，謂何以技至於此。余曰，不待他求，只氣味於人有別。公宣深賞氣味二字，曰，非孫陽之鑒，安别追風之奇。

題後

前所條列，頗極詳嚴，蓋爲古跡神妙者，氣脈將絶，倘付托得人，便可超劫回生，再歷年月，垂賞於世，豈不偉歟？故余切切婆心，不辭煩瀆。若近代庸迹，尋常付裝，何煩深究！但有切要二條，畫主必自經心。托畫須用綿紙，自備去。庸工必以扛連紙托，或連七紙。用扛連如藥用砒霜，永世不能再揭，畫命絶矣。連七如用輕粉，雖均是毒，尚可解救。扛連雖與綿紙等價，庸工必不肯易，此可痛恨者一也。又畫心勿令裁傷，庸工或因邊料不敷，裁畫就邊，或重表時，不揭邊縫，從裏裁截。又將新邊稍進一分，畫本身逾蹙，致傷欵印，所可痛恨者二也。苟無此二患，雖劣表惡式，尚可保畫之本身，拈裝者慎之。

表背十三科

《輟耕録》云，畫有十三科，表背亦有十三科。一織造綾錦絹帛，一染練上件，一抄造紙劄，一染製上件顔色，一糊料麥麫，一糊藥礬蠟，一界尺裁板桿帖，一軸頭，或金，或玉，或石，或瑪瑙，水晶，珊瑚，沉檀，花梨，烏木，隨畫品用之。一糊刷，一鉸鍊，一縧，一經帶，一裁刀。數内闕其一，則不能成全畫矣。其糊刷、裁尺，亦皆有名。糊刷椶軟者，謂之平分。椶硬者，謂之糊棚。大小得中者，謂之黏合。狹小者，謂之寸金。裁尺極等闊者曰滿手，次等曰三指，又次等曰兩指，最狹者曰單指。

明·李詡《戒庵老人漫筆》卷二　趙松雪印色方

松雪先生印色方料，用好麻油或菜油，不拘多少。用瓷器内慢火熬一二沸，投下藥末，草麻，以油一兩爲率，用七粒，去殼用白肉，搥碎，以試油之生熟，熟則麻黑而浮。川椒，隨用不炷。明礬，爲末。隨用不炷滲。蜜，少許不滲。猪牙、皂角，些少，搥碎不化。藤黃。□□待油冷過一宿，磨在油汁中，和入油内，則鮮明而不變。

右件入油，用文武火熬一二沸，候油色微黑，草麻焦而上浮，後取油置冷地上，用細絹袋濾去渣，先取一兩銀硃杵細，用油潤過，或用細艾，或用輭鷰翎，或竹屑木屑拌匀，硃入匀，絹袋縫固了當，然後再用油自下而上透入。如舊久乾燥，止用原煎用下油，同前法透上，不必再使硃。盛印色包者，忌銅錫器。法雖一例，煎之不同。

明·屠隆《考槃餘事》卷一《書》　書貴宋元者，何哉？以其雕鏤不苟，校閲不訛，書寫肥細有則，刷印清明，况多奇書，未經後人重刻，故海内名家評書次第，爲價之輕重，以《墳》《典》、六經、《騷》《國》《史記》《漢書》《文選》爲最，詩集及百家醫方次之，文集、道釋二書，又其次也。宋書紙堅刻軟，字畫如寫，格用單邊，間多諱字，用墨稀薄，雖著水濕，燥無湮跡，開卷一種書香，自生異味。元刻倣宋單邊，闊多一線，字畫不分粗細，紙鬆刻硬，用墨穢濁，中無諱字，開卷了無嗅味。嘗見宋板《漢書》，不惟内紙堅白，每本用澄心堂紙數幅爲副，今歸吴中，不可得矣。次以活襯竹紙爲佳，蠶繭鵠白藤紙固美，而存遺不廣。若糊褙，及以官券殘紙者，則惡矣。元補宋板遺缺，其去猶未易辨。國初補元板遺缺，内有單邊、雙邊之異，且字刻迥別，不辨自明矣。近日作假宋板書者，種種若舊，初非今書彷彿，或令人先聲指爲故家某姓所遺，百計瞽惑售者，莫可窺測，多混名家收藏者。當具法眼辨證。

刻地

凡刻之地有三，吴也，越也，閩也。蜀宋本最稱善，近世甚希。燕、粵、秦、楚，今皆有刻，類自可觀，而不若三方之盛。其精吴爲最，其多閩爲最，越皆次之。其直重吴爲最，其直輕閩爲最，越皆次之。

印書

凡印書，永豐綿紙上，常山東紙次之，順昌書紙又次之，福建竹紙爲下。綿貴其白且堅，東貴其潤且厚，順昌堅不如綿，厚不如東，直以價廉取稱。閩中紙短、窄、黧、脆，刻又舛訛，品最下，而直最廉。余筐篋所收，什九此物，若稍有力者，弗屑也。

書直

凡書之直之等差，視其本、視其刻、視其紙、視其裝、視其刷、視其緩急、視其有無本，視其鈔刻；鈔視其訛正；刻視其精粗；紙視其美惡；裝視其工拙；印視其初中；緩急視其時，又視其用；遠近視其代，又視其方。合此七者，參伍而錯綜之，天下之書之等定矣。

讎對

葉少藴云：「唐以前凡書籍皆爲寫本，未有摹印之法，人以藏書爲貴。人不多有，而藏書者精於讎對，故往往皆有善本。學者以傳録之艱，故其誦讀亦精詳。五代時，馮道始奏請官鏤板印行。國朝淳化中，復以《史記》、前後《漢》付有司摹印，自是書籍刊鏤者益多，士大夫不復以藏書爲意。學者易於得書，其誦讀亦因滅裂，然板本初不是正，不無訛誤。世既一以板本爲正，而藏本日亡，其訛謬者，遂不可正，甚可惜也。」此論宋世誠然，在今則甚相反。蓋當代板本盛行，刻者工直重鉅，必精加讎校，始付梓人。即未必皆善，尚得十之六七。而鈔録之本，往往非讀者所急。好事家以備多聞，束之高閣而已，以故謬誤相仍，大非刻本之比。凡書市之中，無刻本，則鈔本價十倍，刻本一出，則鈔本咸廢不售矣。

藏書

藏書於未梅雨之前，曬取極燥，入櫃中，以紙糊門外及小縫，令不通風，蓋蒸氣自外而入也。納芸香、麝香、樟腦，可辟蠹。芸香，即今之七里香也。

觀書

勿捲腦，勿折角，勿以爪侵字，勿以唾揭幅，勿以作枕，勿以夾紙，隨損隨修，隨開隨掩，則無傷殘。出《子昂書跋》。

又 卷二《畫》

單條畫

高齋精舍，宜挂單條。若對軸，即少雅致，况四五軸乎？且高人之畫，適興偶作數筆，人即寶傳，何能有對乎？今人以孤軸爲嫌，不足與言畫矣。

裱錦

古有樗蒲錦，又名闍婆錦，有樓閣錦、紫駞花鸞章錦、朱雀錦、鳳凰錦、斑文錦、走龍錦、翻鴻錦。皆御府中物。有海馬錦、龜紋錦、粟地錦、皮毬錦。皆宣和綾。今蘇州有落花流水錦，皆用作裱背。

軸頭

用檀香爲之，可以除濕遠蠹，芸、麝、樟腦亦辟蠹。

藏畫

以杉杪木爲匣，匣内切勿油漆糊紙，恐惹黴濕。遇四、五、六月之先，將畫幅幅展玩，微見風日，收起入匣，用紙封口，勿令通氣。置透風空閣，或去地丈餘。又當常近人氣，過此二候方開，可免黴白。平時張挂名畫，須三五日一易，則不厭觀，不令惹塵濕。收起先拂去兩面塵垢，略見風日即珍藏之，久則恐爲風濕損其質地。

小畫匣

單條短軸，作横面開關門扇匣子。畫直放入，軸頭貼簽，細書某畫，甚便取看。

捲畫

須顧邊齊，不宜局促，亦不可着力捲緊，恐急裂絹素。

拭畫

揩抹畫片，不可用粗布，恐模擦失神。

出示畫

古畫不可出示俗人。不知看法，以手托起畫背就觀，絹素隨折，或忽慢墮地，損裂莫補。

裱畫

畫不脱落，不宜數裱。一裝褙則一損精神，墨跡亦然。

挂畫

對景不宜挂畫，以僞不勝真也。

明・謝肇淛《五雜俎》卷一三《事部一》 書所以貴宋板者，不惟點畫無訛，亦且箋刻精好，若法帖然。凡宋刻，有肥瘦二種：肥者學顔，瘦者學歐。行款疎密，任意不一，而字勢皆生動。箋古色而極薄，不蛀。元刻字稍帶行，而箋時用竹，視宋紙稍黑矣。國初用薄綿紙，若楚、滇所造者，其氣色超元匹宋，成、弘以來，漸就苟簡，至今日而醜惡極矣！

宋時刻本以杭州爲上，蜀本次之，福建最下。今杭刻不足稱矣，金陵、新安、吴興三地，剞劂之精者，不下宋板，楚、蜀之刻，皆尋常耳。閩建陽有書坊，出書最多，而板紙俱最濫惡，蓋徒爲射利計，非以傳世也。大凡書刻，急於射利者，必不能精，蓋不能捐重價故耳。近來吴興、金陵、駸駸蹈此病矣。

近時書刻，如馮氏《詩紀》、焦氏《類林》及新安所刻《莊》《騷》等本，皆極精工，不下宋人，然亦多費校讎，故舛訛絶少。吴興凌氏諸刻，急於成書射利，又慳於倩人編摩其間，亥豕相望，何怪其然？至於《水滸》《西廂》《琵琶》及《墨譜》《墨苑》等書，反覃精聚神，窮極要眇，以天巧人工，徒爲傳奇耳目之玩，亦可惜也！

近來閩中稍有學吴刻者，然止於吾郡而已。能書者不過三五人，能梓者亦不過十數人。而板苦薄脆，久而裂縮，字漸失真，此閩書受病之源也。

明・方以智《通雅》卷三一《器用・書札》　雕本，印書也，隋、唐有其法，至五代而行，至宋而盛，今則極矣。　葉夢得言：「柳玭訓序，在蜀見字書雕本，不始自馮道，監本始道耳。」《揮麈録》言：「毋昭裔有版鏤之言。」陸深《河汾燕閒録》云：「隋開皇十三年，勅廢像遺經，悉令雕版，則此又在柳先。」疑者以隋有此法，唐何不行，或止奉崇釋教耶？沈存中曰：「慶曆中有畢昇爲活版，以膠泥燒成。」今則用木刻之，用銅版合之。

又　麻沙，印本之初出未精者也。　《老學菴筆記》曰：「尹少稷日能誦麻沙版本書一寸」，又云「三舍法行，教官出《易》義云：『乾爲金，坤又爲金，』諸生曰：『恐麻沙本也。』」今精本用墨汁或上煙重印乃黑。

又　卷三二《器用・裝治》　粘葉謂之蝴蝶裝。　王原叔云：「書册粘葉爲上，縫績歲久斷絶。」張子賢言：「宋宣獻令家録作粘法。予舊見三館書，黄本白本，皆粘葉，上下欄界出于紙葉。孫莘老、錢穆父亦如此。」孟奇言：「秘閣宋版書如試録，謂之蝴蝶裝。」王古心《筆録》：「有老僧永光言：『藏經接縫用楮汁、飛麪、白芨糊，則堅如膠漆。』按造澄心紙，亦用芨糊。」

潢治者，裝潢也。　《岐王範傳》：「圖書湮放，募訪稍出，長安初，張易之奏潢治，乃使摹肖竊其真，藏于家。」歐陽修言：「秘閣初爲太宗藏書之府，并以黄綾裝潢，謂之太清本。」潢，猶池也，外加緣，則内爲池。裝成卷册，謂之裝潢。潢去聲。即表背也。唐告用色背綾、白背綾，隋正御書，皆裝翦華綺，寶軸錦標，必已有其法矣。《能改齋漫録》曰：「俗以羅列于前謂之裝潢子，自唐已有此語。」程泰之曰：「《廣韻》：潢匠，引《釋名》曰：『染書也。』」《唐六典》：「崇文館有裝潢匠五人；秘書省有熟紙匠、裝潢匠十人。」王氏《談録》言：「公好永禪師書，手自褫褙。」即裝潢也。今曰裱褙。元美引賈思勰裝潢法，浸蘗汁入潢，其紙減白便是。呼裱褙爲裝潢，蓋爲馬大年所誤，然相沿久矣。九成言：「裱褙十三科。」眉公曰：「裝潢之佳，自范曄始。」陸放翁跋《漢隸》，言：「繇伯謇親裝標。」又云「裝褫《白蓮社圖》」。《癸辛雜識》有内府裝褫，分科格式，有粘裁、摺界、染古等。又言闌道標合。

卷軸引首後，以綾貼褚，曰贉。　用修言：「有樓臺錦贉、蠲紙贉、樗蒲錦贉。」唐人曰「玉池」。《緯略》言「宣和殿畫禪卷」，即贉也。陶九成言「贉卷紙，有夾背蠲，鸞綾引首，裱裏姜牙，方拱，疊勝，八褡暈諸錦」。周密記「莊宗古裱書畫，有球路、柿紅、龜背衲錦，玉龍簪頂軸，檀香桿，鈿匣盛」。

黄卷，黄本也。故曰鉛黄、曰官黄。　魏鄭默制《中經》，荀勗因著《新簿》，「盛以縹囊，書用湘素」。湘，淺黄色也。《穆天子傳》序：「謹以二尺黄紙寫上。」《會要》：「天寶中，勅御史依舊置黄卷，書闕失。」古人用黄卷者，有誤可以雌黄滅之，又能防蠹。北齊書制五條寫于詔牘，以版長二尺二寸，雌黄塗之。狄仁傑云：「黄卷中方與聖賢對語。」李庾《西都賦》：「秘書典籍，品命校郎；横閣三重，闌正鉛黄。」謂黄卷也。韋述蓄書二萬卷，皆手校定，黄墨精謹。宋崇文院白本書多蠹。崇文院者，在左昇龍門，即三館秘閣也。祥符八年，館閣火，移寓右掖門外，曰崇文外院。嘉祐，命陳襄、蔡抗、蘇頌、陳繹編定，遂用黄紙寫印正本，以防蠹敗。歐陽修提舉三館秘閣寫版，請降舊本，遂詔龍圖、天章、寶文閣，太清樓管掌内臣，檢所缺書録上，于門下省謄寫，以所寫黄本一萬六百五十九卷，黄本印書四千七百三十四卷，悉付昭文館。王洙有雌黄墨，磨以少藤黄尤佳。山谷詩：「拂殺官黄卻有思。」謂黄本官書也。坡詩：「硬黄小字臨《黄庭》。」唐法帖皆用硬黄紙臨，余謂即今榧油紙類。

畫繪曰幁，音諍。今作幀。　《晉書・志》「東海氣如圓⿱穴登」。焦弱侯曰「⿱穴登，俗作幁，絹畫在竹格也」。智按：段成式説：「晉徐景于宣陽門外，拾得錦麝幁，」乃繡佛也。升菴以爲圓幀。陸魯望詩：「譜爲聽琴閲，閣因看海幁。」畫幀也。焦所云竹格，謂棚子也。今人以一幅爲一幀，非必在欒棚上也。在格上之幁，人安從拾之。幁即⿱穴登字，《韻寶》引唐詩：「吴松一幀秋。」《山谷》詩：「畫出西樓一幁秋。」陸放翁有《跋畫橙》，即橙。

特健藥，唐宋標書題也。　陸友仁曰：「顔魯子侍郎之孫，家有鍾紹京書《黄庭經》，紙尾題『特健藥』三字。」按武平一《徐氏法書苑》云：「中宗駙馬武延秀家法書，漆軸黄麻紙，標題云『特健藥』。」一云，宋以之標法書上品。洪景盧詩云：「會有高明標健藥。」陶九成作特健樂。

銀黄謂先銀印而後金也；銀艾，謂銀印艾綬也。　陳鉅昌曰：「《前漢書》：『黄金印銀綬，』是謂銀黄。」此非也，綬無言銀者。按：《楊僕傳》：「懷銀黄，垂三鈕，夸鄉里。」蓋有銀印，又有黄金印也。張真曰：「吾十腰銀艾。」銀即印，艾即綬，亦非定指緑綬也。漢印小，多佩之，如朱買臣見會稽太守章是也。此後稱金紫、銀青，則腰帶魚袋之類。

古以泥封檢而印之，曰斗檢封。　《周禮》司市注：「璽節章，如今斗檢封矣。」疏曰：「案漢法：　斗檢封，其形方，上有封檢，其內有書。」則周時，印章上書其物識事而已。《說文》：「檢，書署也。」徐曰：「書函之蓋也。三刻其上，繩緘之。然後填泥題書而印之。」《漢書》：「金泥玉檢」。《後漢・公孫瓚傳》：「皂囊施檢。」後用紙作黏，黏而印之，殊爲省事。

封函用泥，後以爲印色。　《輿地志》：「漢封詔璽，用武都紫泥。」《續漢書》：「金泥水銀。」和金爲泥也。《東都記》曰：「鄧訓好用黎陽青泥。」據徐鉉曰：「填以泥，題書而印之。」後緣此以印調色封之亦曰泥。晉爲詔，以青紙紫泥，即印色也。今部堂用紫粉印，寶則用硃。

又方以智《物理小識・器用類》　裝潢法　表褙作池，故曰潢也。大約黏宜省漿，表宜綿紙，多刷自沁，故縣壁不瓦。壞攢必俟天潤，上壁貴其滋調，下壁則宜燥矣。表冊挖紙，不在綾絹，續用芨，背縫忌當畫心。卷舒久之，必然有損。吴中湯强爲精，强氏常住王弇州園，今顧元方稱莊希叔頡頏湯强，周江左嘗記之。其時貴秋冬，春中夏下。忌暑溽也。春以皂角一挺，滑石、白礬、川椒、黄蠟油各一兩，夏用蠟、礬、艾各一兩，金精石、木鱉子、秦艽、白芨、芫花各半兩，烏頭、信巴豆少許，皂角一挺，秋加石燕少許，冬用黄蠟一兩，白礬五錢，硇砂二錢，茯苓三兩，鹽三錢，麪一斤。其砑子者，用白芨餳并熬，以肥皂槎水一升，聽後用蠟一處同煎。蘇用撞裱挖散，即無接縫高低。

黏法　花椒湯去椒，以盆冷之，旋糝白麪，令其慢沈，不可攪動。明早攪勻，或浸數日，每日一攪，淋去原浸之湯。卻入白礬末、乳香少許，新水調和，冷鍋旋擂，不令結塊。方以慢熟之，切作塊，以原湯浸。椒湯煑之，攪勻再煑，候熟取置盆內，用冷水浸其面。常換水，可留數月用之。碑帖外殼宜以芨、礬、蠟、椒、乳香三伏厚黏，曝而壓之，成器後須近人氣，如狀拓上，待一年後，藥性已定，其堅如石，永不蒸蛀矣。李如一曰，加楮汁更牢。或麪和芨末入水，不可將水入麪也。中通曰，麪作塊入椒、礬、白蠟末，用水煑之。俟麪浮起爲度，後入清水浸之，至省漿白泛即易水。待其泛盡，取出待乾，配入白芨汁作糊，永遠不受黴濕。欲以葫蘆褙紙，則用抄紙之漿浞之。

明・文震亨《長物志》卷五《書畫》

御府書畫

宋徽宗御府所藏書畫，俱是御書標題，後用宣和年號、「玉瓢御寶」記之。題畫書於引首一條，闊僅指大，傍有木印黑色字一行，俱裝池匠花押名款，然亦真僞相雜，蓋當時名手臨摹之作，皆題爲真蹟。至明昌，所題更多，然今人得之，亦可謂買王得羊矣。

單條

宋元古畫，斷無此式，蓋今時俗制，而人絶好之。齋中懸挂，俗氣逼人眉睫，即果真蹟，亦當減價。

裝潢

裝潢書畫，秋爲上時，春爲中時，夏爲下時，暑濕及沍寒俱不可裝裱。勿以熟紙，背必皺起，宜用白滑漫薄大幅生紙。紙縫先避人面及接處，若縫縫相接，則卷舒緩急有損，必令參差其縫，則氣力均平，太硬則强急，太薄則失力。絹素彩色重者，不可擣理。古畫有積年塵埃，用皂莢清水數宿，托於大平案扞去，畫復鮮明，色亦不落。補綴之法，以油紙襯之，直其邊際，密其隟縫，正其經緯，就其形制，拾其遺脱，厚薄均調，潤潔平穩。又凡書畫法帖，不脱落，不宜數裝背，一裝背，則一損精神。古紙厚者，必不可揭薄。

法糊

用瓦盆盛水，以麪一斤滲水上，任其浮沉，夏五日，冬十日，以臭爲度。後用清水蘸白芨半兩，白礬三分，去滓和元浸麪打成，就鍋內打勻團，另換水煑熟，去水，傾置一器，候冷。日換水浸，臨用以湯調開，忌用濃糊及敝帚。

裝褫定式

上下天地須用皂陵，龍鳳、雲鶴等様，不可用團花及葱白、月白二色。二垂帶用白綾，闊一寸許，烏絲粗界畫二條，玉池白綾亦用前花様。書畫小者須穵嵌，用淡月白畫絹，上嵌金黄綾條，闊半寸許，蓋宣和裱法，用以題識，旁用沉香皮條。邊大者四面用白綾，或單用皮條邊，亦可參。書有舊人題跋，不宜剪削，無題跋，則斷不可用。畫卷有高頭者不須嵌，不則亦以細畫絹穵嵌。引首須用宋經箋、白宋箋及宋、元金花箋，或高麗繭紙、日本畫紙俱可。大幅上引首五寸，下引首四寸，小全幅上引首四寸，下引首三寸。上褾除擫竹外，净二尺，下褾除軸净一尺五寸，横卷長二尺者，引首闊五寸，前褾闊一尺，餘俱以是爲率。

褾軸

古人有縷沉檀爲軸身，以裹金、鎏金、白玉、水晶、琥珀、瑪瑙、雜寶爲飾，貴重可觀。蓋白檀香潔去蟲，取以爲身，最有深意。今既不能如舊製，只以杉木爲

身，用犀、象、角三種，雕如舊式，不可用紫檀、花梨、法藍諸俗製。畫卷須出軸，形製既小，不妨以寶玉爲之，斷不可用平軸。簽以犀、玉爲之。曾見宋玉簽，半嵌錦帶内者，最奇。

褾錦

古有樗蒲錦、樓閣錦、紫駝花鸞章錦、朱雀錦、鳳皇錦、走龍錦、翻鴻錦，皆御府中物。有海馬錦、龜紋錦、粟地錦、皮毬錦，皆宣和綾，及宋繡花鳥、山水，爲裝池卷首，最古。今所尚落花流水錦，亦可用。惟不可用宋緞及紵絹等物。帶用錦帶，亦有宋織者。

藏畫

以杉、杪木爲匣，匣内切勿油漆，糊紙恐惹黴濕，四、五月，先將畫幅幅展看，微見日色，收起入匣，去地丈餘，庶免黴白。平時張挂，須三五日一易，則不厭觀，不惹塵濕，收起時先拂去兩面塵垢，則質地不損。

小畫匣

短軸作横面開門匣，畫直放入，軸頭貼簽，標寫某書某畫，甚便取看。

捲畫

須顧邊齊，不宜局促，不可太寬，不可着力捲緊，恐急裂絹素，拭抹用軟絹細細拂之，不可以手托起畫背就觀，多致損裂。

裝帖

古帖宜以文木薄一分許爲板，面上刻碑額、卷數。次則用厚紙五分許，以古色錦或青花白地錦爲面，不可用綾及雜彩色。更須製匣以藏之，宜少方闊，不可狹長闊狹不等。以白鹿紙鑲邊，不可用絹。十册爲匣，大小如一式，乃佳。

宋板

藏書貴宋刻，大都書寫肥瘦有則，佳者有歐、柳筆法，紙質勻潔，墨色清潤。至於格用單邊，字多諱筆，雖辨証之一端，然非考據要訣也。書以班、范二書，《左傳》《國語》《老》《莊》《史記》《文選》、諸子爲第一，名家詩文、雜記、道釋等書次之。紙白板新，綿紙者爲上，竹紙活襯者亦可觀。糊背、批點，不蓄可也。

清工部《工程做法》卷六〇

褾作做法開後

計開

隔井天花，用白棉榜紙托夾堂，苧布糊頭層底，貳號高麗紙糊兩層，山西練熟絹、白棉榜紙托褾面層，錠鉸匠壓錠，隨天花之燕尾，用山西絹棉榜紙托褾。

又用山西紙托夾堂，苧布糊頭層底，貳號高麗紙壹層，山西練熟絹、白棉榜紙托褾面層，錠鉸匠壓錠，隨天花之燕尾，用山西絹托棉榜紙。

海墁天花，用白棉榜紙托夾堂，苧布糊頭層底，貳號高麗紙横順糊兩層，山西絹托榜紙，過畫作，畫完，褾糊面層。

又用山西紙托夾堂，苧布糊頭層底，貳號高麗紙横順糊壹層，山西絹托棉榜紙。

糊飾頂槅梁柱裝修等項，俱用高麗紙壹層，面層所用紙張，臨期酌定。

褾湖木壁板墻，山西紙托夾堂，苧布糊頭層底，貳號高麗紙横順糊貳層，面層出線角雲所用紙張，臨期酌定。

又用山西紙壹層、貳號高麗紙壹層托夾堂，苧布面層，出線角雲，臨期酌定。

博縫糊飾，如槅扇，壹槽肆扇，用硬博縫叁條，硬横縫捌條，俱用褾料紙托褾，合背肆拾層，面用綾緞托褾黄榜紙壹層，高麗紙壹層，貳面包裹，亮釘壓錠。軟博縫貳條，用黄榜紙托褾綾緞面，亮釘壓錠。

又頂槅糊底，用山西紙壹層，上白欒紙壹層，竹料連肆紙壹層。墻垣梁柱等項，不用山西紙。

羣肩用貳白欒紙糊底，面紙壹層，臨期擬定。

又頂槅，用貳白欒紙纏秫稭紥架子，山西紙糊底，面層白欒紙。

柁木裝修墻壁，用貳白欒紙糊底，面層白欒紙。

秫稭紥架子，每折見方壹丈，用秫稭肆拾伍根。

每秫稭壹根，纏貳白欒紙，横順均折，每根用貳白欒紙捌分張。

每折見方壹丈，用線麻壹兩伍錢。

褾糊緞錦，每層每折見方壹尺，用白麵貳錢。

褾糊各樣綾絹，每層每折見方壹尺，用白麵壹錢肆分。

褾糊紗，每層每折見方壹尺，用白麵壹錢貳分。

褾糊布疋，每層每折見方壹尺，用白麵壹錢陸分。

褾糊苧布，每層每折見方壹尺，用白麵壹錢。

褾糊各樣紙張，每層每折見方壹尺，用白麵捌分。

以上各樣褾糊，每麵壹百觔，加白礬壹觔，木柴貳拾伍觔。有木作工程，不准辦買價值。

糊餙窓户，加對縫耗紙，每見方拾尺加伍寸。

各項打截押邊糊飾，加耗紙，每見方壹尺加伍分。

又 户部咨開錦緞紗綾絹布紙張尺寸開後

計開

庫存拾陸項：

香色杭細，杏黄杭細，每疋俱長肆丈寬貳尺。

白紗，天藍紗，每疋俱長肆丈貳叁尺不等，寬貳尺壹寸。

石青綾，紅綾，白綾，杏黄綾，明黄綾，每疋俱長叁丈壹貳尺不等，寬壹尺陸寸。

片金緞，每疋長肆丈貳叁尺不等，寬貳尺壹寸。

香色絹，山西絹，每疋俱長肆丈，寬貳尺壹寸。

石青片金，每疋長肆丈貳叁尺不等，寬貳尺壹寸。

石青花綾，每疋長叁丈壹貳尺不等，寬壹尺陸寸。

藍參梭布，每疋長貳丈，寬壹尺壹寸。

苧布，每疋長叁丈，寬壹尺壹寸。

採買貳項：

□條紗，每疋長叁丈肆丈不等，寬壹尺陸寸。

畫絹，每疋長叁丈肆丈不等，寬壹尺陸寸。

顔料庫庫存紙張拾壹項：

貳號高麗紙，每張長叁尺壹寸伍分，寬貳尺叁寸伍分。

毛邊紙，每張長肆尺叁寸，寬壹尺捌寸。

官青紙，每張長貳尺貳寸，寬壹尺捌寸伍分。

毛頭紙，每張長壹尺陸寸伍分，寬壹尺叁寸。

西呈文紙，每張長貳尺玖寸，寬壹尺玖寸伍分。

山西毛頭紙，每張長壹尺柒寸，寬壹尺伍寸。

白鹿紙，每張長壹丈壹尺肆寸，寬肆尺肆寸。

黄棉榜紙，肆摺長叁尺叁寸伍分，寬貳尺玖寸伍分伍。摺長肆尺貳寸伍分，寬叁尺柒寸。

竹料連肆紙，每張長叁尺捌寸，寬貳尺叁分。

白棉榜紙，每張長肆尺，寬叁尺陸寸伍分。

清水連肆紙，每張長肆尺貳寸伍分，寬貳尺。

採買紙張拾捌項：

白欒紙，每張長壹尺，寬壹尺伍寸。

香色箋紙，每張長肆尺，寬壹尺柒寸。

蠟花紙，每張長捌寸，寬壹尺。

連肆抄紙，每張長壹尺寬，壹尺伍寸。

貳白欒紙，每張長壹尺，寬壹尺貳寸。

錦紙，每張長柒寸，寬捌寸。

連柒紙，每張長玖寸，寬貳尺伍寸。

各色宫箋，每張長叁尺柒寸，寬壹尺柒寸。

各色蠟花紙，每張長捌寸，寬壹尺。

各色錦紙，每張長柒寸，寬捌寸。

夾皮連肆紙，每張長肆尺貳寸，寬壹尺玖寸。

裱料紙，每張長貳尺柒寸，寬壹尺陸寸。

紅白藍連肆紙，每張長叁尺，寬壹尺玖寸。

黄色高麗紙，每張長叁尺，寬貳尺叁寸。

京文紙，每張長壹尺捌寸，寬壹尺貳寸。

大連柒紙，每張長壹尺伍分，寬叁尺。

香色紙，每張長叁尺玖寸，寬壹尺捌寸。

叁號高麗紙，每張長叁尺壹寸，寬貳尺貳寸。

清·徐珂《清稗類鈔·工藝類》

活字印書法

活字印書法，西人謂之Movable Type，其法傳自中土。近日盛行鉛字，製模澆字之法悉用機器，迥非曏時恃一手一足之力者可與之争勝矣。然由源及委，則舊法固不可不知也。宋慶曆時，有布衣畢昇爲活板。其法，用膠泥刻字，薄如錢脣，每字爲一印，火燒令堅，先設一鐵板，其上以松脂蠟和紙灰之類冒之，欲印，則以一鐵範置鐵板上，乃密布字，印滿鐵範爲一板，持就火煬之，藥稍鎔，則以一平板按其面，則字平如砥。止印二三本，未爲簡易，若印數十百千本，則極爲神速也。

乾隆時，侍郎金簡奏請仿宋人活字板，以棗木板鐫字，高宗以活字板之名不

雅，賜名曰聚珍板。

乾隆癸巳十月二十八日，金簡奏，謂：「奉命管理《四庫全書》一應刊刻刷印裝潢等事。今聞内外彙集遺書已及萬種，現奉旨擇其應行刊刻者，皆令鎸版通行，此誠皇上格外天恩加惠藝林之意也。但將來發刊，不惟所用版片浩繁，且逐部刊刻，亦需時日，臣詳細思維，莫若刻棗木活字套版一分，刷印各種書籍。比較刊版，工料省簡懸殊。臣謹按御定《佩文詩韻》詳加選擇，除生僻字不常見於經傳者不收集外，計應刊刻者約六千數百餘字。此内虚字以及常用之熟字，每一字加至十字或百字不等，約共需十萬餘字。又預備小註應刊之字亦照大字每一字加至十字或百字不等，約需五萬餘字，大小合計，不過十五萬餘字。遇有發刻一切書籍，只須將槽版照底本一擺，即可刷印成卷，倘其間尚有不敷應用之字，預備木字二千個，隨時可以刊補。書頁行款大小式樣，照依常行書籍尺寸，刊作木槽版二十塊，臨時按底本將木字檢校明确，擺置木槽版内，先刷印一張，交與校刊翰林處詳校無誤，然後刷印。其棗木字大小共應用十五萬餘個，臣詳加核算，每百字需銀八錢，十五萬餘字約需銀一千二百餘兩。此外仍做木槽版，備添空木字，以及盛貯木字箱格等項，再用銀一二百兩已敷置辦，是此項需銀通計不過一千四百餘兩。臣因以武英殿現存書籍核較，即如《史記》一部，計版二千六百七十五塊，按梨木小版例價銀每塊一錢，共該銀二百六十七兩五錢。計寫刻字一百一十八萬九千零，每寫刻百字，工價銀一錢，共用銀一千一百八十餘兩，是此書僅一部，已費工料銀一千四百五十餘兩。今刻棗木活字套版一分，通計亦不過用銀一千四百餘兩，而各種書籍皆可資用，即或刷印經久，字畫模糊，又須另刻一分，所用工價，亦不過此數，或尚有堪以揀存備用者，於刻工更可稍爲節省。如此，則事不繁而工乃省，似屬一勞久便。至擺字必須識字之人，但向來從無此項人役，即一時外僱，恐不得其人，且滋糜費。臣愚見，請添設供事六名，分領其事。所有刊刻木子字十五萬，按韻分貯木箱内，其木箱用十個，每個用抽屜八層，或十層，抽屜中各分小格數十個，盛貯木字。臨用時，以供事二人專管擺字，其餘供事四人分管平上去入四聲字。擺版供事按書應需某字，向管韻供事喝取，管韻供事辨聲應給，如此檢查，便易安擺迅速。查武英殿現有臣等奏添書吏二名，改爲供事，止須再添供事四名，閒常皆令在檔案房書寫檔案，遇擺字時，即令應役，如果勤慎，五年之後，歸併武英殿修書處供事，一體辦理，如此，擺字之人既不必外僱，而於辦理活字版更爲有益。臣因刊刻遺書工料浩繁起見，不揣冒昧，謹照御製命校《永樂大典》刊刻成棗木活字套版共四塊，並刷印紅黑格紙樣式各五十張，恭呈御覽。」奉旨：「甚好，照此辦理，欽此。」

乾隆甲午五月十二日，金簡謹奏：「前經奏請將《四庫全書》内應刊各書改爲活版，擺刷通行。擬刻大小木字十五萬個，每百個約計工料銀八錢，並成做槽版及盛貯木字箱格等項，約需銀一千四百餘兩，嗣又添備十萬餘字，約需銀八百餘兩。督同原任翰林祥慶、筆帖式福昌敬謹辦理，今已刊刻完竣。細加查核，成做棗木字每百個銀二錢二分，刻工每百個銀四錢五分，寫宋字每百個工銀二分，共合銀六錢九分，計刻得大小木字二十五萬三千五百個，實用銀一千七百四十九兩一錢五分。備用棗木字一萬個，計銀二十二兩。擺字楠木槽版八十塊，各長九寸五分，寬七寸五分，厚一寸五分，每塊各隨長短，夾條一分，工料銀一兩二錢，計銀九十六兩。每塊四角包釘銅片，工料銀一錢五分，計銀十二兩。板箱十五個，每個工料銀一兩二錢，計銀十八兩。檢字歸類用松木盤八十個，長一尺八寸，中安格條，每個工料銀三錢五分，計銀二十八兩。套版格子二十四塊，各長一尺，寬八寸，厚一寸，每個工料銀三錢，計銀七兩二錢。成做收貯木字大櫃十二座，各高七尺二寸，寬五尺一寸，進深二尺二寸，每座各安抽屜二百個，實用工料銀三十兩，計銀三百六十兩。抽屜二千四百個，成釘銅眼錢曲須圈子二千四百副，每副銀一分五釐，計銀三十六兩。木板櫈十二條，各長五尺，寬一尺，高一尺五寸，每條工料銀九錢五分，計銀十一兩。四項通共實用銀二千三百三十九兩七錢五分。查原奏請領過銀二千二百兩，尚不敷銀一百三十九兩七錢五分，請仍向廣儲司支領給發。將來《四庫全書》處交到各書按次排印完竣後，請將此項木字槽板等件移交武英殿收貯，遇有應刊通行書籍，即用聚珍版排印通行。」

套板印書

朱墨本，俗稱套板，以印墨一套，印硃又一套也。廣東人仿印最夥，亦最精。有五色者，武英殿本《古文淵鑒》亦五色。考其原起，則實明萬曆時烏程閔齊伋所創也。

製三色版

三色版爲印刷術之一種。西曆一千八百六十一年，物理學家麥克斯惠爾首發明三原色套印實物之説，奥人黑斯尼、德人傅吉耳先後研究而改良之。美國則至西曆一千八百八十一年，費拉得爾非亞之伊巫始製三色版。其法，用照相鏡分析黄赤青三原色，製成三種銅板，以次印刷，即成種種顔色。又有特加黑色

者，謂之四色版，上海商務印書館能仿製之。

製銅版

銅版，以銅版印書，五代已有之。宋岳珂《九經三傳沿革例》，有晉天福銅版本。景祐甲戌，發内府金，收换會子，收銅版弗造，知當時即紙幣亦用銅版也。

新式印刷術之銅版則有三種，已能仿西法而製之。一爲照相銅版。於銅之表面塗以受光性薄膜，置所欲印之照相乾片於上，曝於日光，使受光處變爲不溶解性，後乃用藥腐蝕，製成印刷版。二爲雕刻銅版。以印刻原稿之玻璃紙覆於塗有黑蠟之銅版，更依字跡用針刻之，蝕以藥水，先成凹版，復塗錫或銀於版上，浸於鍍銅之硫酸溶液内，則上覆銅皮，取出揭下，成凸版，以鉛作底，即可印刷。三爲電鍍銅版。先將活版或木版鋅版等，壓於黄蠟版，製成蠟版，浸藥水中，用鍍銅法，使傅薄紫銅一層。以後製法，與雕刻銅版同，商務印書館能製之。

製電氣銅版

電氣銅版，應用電解之理鑄成之印刷版也。製法，先以蠟或石膏就木版或金屬版上製成模型，塗黑鉛屑爲導體，繫於電池之陰極，納硫酸銅溶液中，别懸銅版於陽極，銅附著模型上，待至厚度適宜，離去模型，即得與原形相同之電版，通稱電鍍銅版，商務印書館能製之。

製紙版

活字版，印刷術所用。以紙厚裱，拓鉛字之面，使凹凸分明，爲重印時鑄鉛之模型者，謂之紙版，日本謂之紙型，吾國人亦能製之。

石版印刷法

石版，以石版石製成之印刷版也，國人能自製之。其法，先以原稿攝成影片，覆於敷動物膠之紙，而移影於其上，置紙於光潔之石，緊壓之，使留痕於石面，塗以松香油，碾以墨膠，使其痕益明顯而高。然後用水溼之，以印刷用墨油印於紙上，其無文字圖畫處，受水之反撥，故墨油不能黏着，用此版印刷，亦謂之點石。

珂羅版印刷法

珂羅版爲美術之印刷，國人能自製之。其製法，先用矽酸鈉溶液塗於金剛砂磨過之玻璃版，用水洗之，俟乾，更塗珂羅丁及重酪酸鉀之混合液，與乾片密接，曝於日中，再用水洗之，像留於版。印刷時，先浸以水，拭去溼氣，以皮棍或膠棍傅以顔色，每版可印數百紙，俗稱玻璃版。

鋼筆版謄寫法

鋼筆版，印刷器也。蠟紙下襯網目鋼版，用鋼筆緊按寫之，則有筆畫處皆研成細孔，用膠棍上敷墨油，照印書法印之，一版可印一二百紙，其墨即由細孔内滲出，亦曰謄寫版。

真筆版謄寫法

真筆版，爲謄寫版之一。以特製之紙與藥水，用毛筆寫之。紙上所敷之質料，因藥水腐蝕，墨即由筆畫之處滲出。印法與鋼筆版同，而謄寫不至費力，且能顯筆畫之粗細，寫印合法，幾與石印無異，故人恆喜用之。

紀事

宋·趙希鵠《洞天清禄集·古今紙花印色辨》

諸郡新刊法帖

宋宣獻公刻《賜書堂帖》于山陽金鄉。首載古鐘器，識文絶妙，但二王帖詮擇未精。今石不存。胡龍學世將刻豫章法書，種種精妙。今已重摹，後有小字隸書「范忠宣公子弟戒」者是初本。許提學閑刻二王帖于臨江，模勒極精，獨少詮擇。盧江李氏刻《甲秀堂帖》，前有王、顔書，多世所未見，但本朝名公書頗多。大抵今人書自當作一等耳。曹彦約刻《星鳳樓帖》于南康軍，雖以衆刻重模，而精善不苟，並無今人書。韓郡王侂胄刻《羣玉帖》，所載前代遺迹，多有未見者，後亦多今朝人書。韓敗後入祕書省。

《蘭亭帖》

《蘭亭帖》，世以定武本爲冠。自薛珦作帥，别刻石易去，於元石鐫損「天流帶石」四字以惑人。然元本亦有法可辨。鐫損四字一也；「管弦之盛」字上不損處若八字小龜形，二也；「是日也」「觀宇宙」兩行之間界行最肥，直界到脚十字下出横闌外，三也；「管絃之盛」盛字之刀鋸利如鈎，四也。「痛」字改筆處不模糊，五也；「興感之由」由字類申「列敍」之列，其堅如鉄釘。此其大畧也。然定武又自有肥瘦二本，而鐫損者乃瘦本，爲真定武無疑。何以知之？今復州本以真定武本重模，亦鐫損四字，其字極瘦。王順伯、尤延之争辨如聚訟，然瘦本風韻竟勝，豈能逃識者之鑒。其瘦本之石，宣和間就薛珦家宣取入禁中，龕於睿思

殿東壁。建炎南渡，宗澤遣人護送此石至維揚，兵入維揚，不知所在。或云金人以氊裘裹之，車載而去。

又《古畫辨》 摹臨

臨者謂以元本置桉上，於旁設絹素，象其筆而作之。繆工決不能摹此，則以絹加畫上摹之，墨稍濃則透元本，頓失精神。若以名畫摹臨，是自棄也。就人借而不從，尤非明鑒者也。米元章就人借名畫，輒模本以還，而取其元本，人莫能辯，此人定非鑒賞之精也。

清・徐珂《清稗類鈔・農商類》

石印書坊始於上海

石印書籍之開始，以點石齋爲最先，在上海之公共租界南京路泥城橋塊。其石印第一獲利之書爲《康熙字典》。第一批印四萬部，不數月而售罄。第二批印六萬部，適某科學子北上會試，道出滬江，人購五六部，以爲自用及贈友之需，故又不數月而罄。書業見獲利之鉅且易也，於是甬人有拜石山房之開設，粵人有同文書局之開設，三家鼎足，壟斷一時，誠開風氣之先者也。

夏粹方倡商務印書館

我國書肆向無以鉅萬資本，且營印刷事業並延聘通儒編譯書籍者，有之，自上海商務印書館始，蓋青浦夏粹方觀察瑞芳所創也。粹方爲上海清心堂學生，故通英文，知印刷業爲文明發達之利器，而我國輒沿剞劂舊法，間有聚珍板，亦窳敗繁難，乃始以西字法式，施之國文，以日本爲此事先導，躬往考察，歸而仿行之。光緒辛丑，德宗復行新政，廣設學校，粹方以國民教育宜先小學，而尤以教科書爲亟，遂於印刷所外，復設編譯所，延聘通人主之，規畫宏遠，而教育界之受其影響者大矣。

商務印書館

商務印書館爲全國書肆之冠，始於光緒丁酉正月，創辦人自夏粹方外，尚有鄞縣鮑咸恩、咸昌二人。發行所在英租界河南路，印刷所、編譯所在閘北寶山路，各省皆設分館。戊申又設藝術學校，募集少年生徒，教授印刷繪畫雕刻各術。設商業補習學校，教授中外書算及貿易事件。又招募近地數百貧童，資以食宿，令習淺近之印刷裝訂。編譯所亦時招募生徒，供校勘、繕寫之用。丁未，創辦師範講習所，由編譯員擔任教授，並附設尚公小學，以備編譯員師範生實地試驗之用，並設養真幼稚園。今以丁酉至辛亥所已編譯出版之圖書計之，則圖一百數十幅，書一千二百餘種，爲四千餘册。

其印刷、編譯兩所之分部辦事則如下：印刷所，設總事務部，校對部，中文排字部，西文排字部，紙版製造部，鉛印部，鑄字部，單色石印部，五彩石印部，鈔票印刷部，照相部，繪畫部，電氣銅版部，木版雕刻部，銅版雕刻部，鋼版雕刻部，凹凸版製造部，裝釘部，留影版製造部，機器製造部，儀器文具製造部，凡二十一。並附設木工廠，重要品棧房，書棧房，紙棧房，療病房，消防駐在所。編譯所，設總編譯部，國文部，算術部，理化部，政法部，辭典部，地圖部，英文部，東文部，小説部，雜誌部，出版部，交通部，庶務部，凡十四。並附設圖書館，收藏中外圖籍，額題曰涵芬樓。又有花園，曰懌園。

雜録

清・徐康《前塵夢影録》卷上 舊藏冬心翁著作最備，其《自序》一卷，用宋紙方程古墨輕煤砑印，每半葉四行，行二十餘或十餘字。丁鈍丁手書精刻。古香古色，不下宋槧。雖在鐙下讀之，墨采亦奕奕動人。餘如三體詩、畫竹、畫梅、畫馬、自寫真、畫佛，共題記五種，皆以宋紅筋羅文牋砑印。詩集、續集、研銘，用宣紙古墨刷印，皆墨箋作護面，狹簽條，所未見者，《自度曲》一卷而已。標亦見冬心翁用宋紙印所署書，神似真宋。所差者，墨色稍光亮耳。

又 卷下 宋板《魚元機集》，只二十餘葉，大字歐體，乃宋槧之最精者。黄蕘翁得之。裝潢爲胡蝶式，後爲一達官某所賞。倩許翰屏影橅上板，又託改七薌補繪元機小象於卷首。橅本鏤工，不下原刻。時爲嘉慶中葉，惜其時祇印一次，流傳甚少。達官歸田後，板亦攜去。余僅收得一册，聞壺園汪氏，亦購藏一本，此外不多見也。

余在玉峯得《鴻慶居士大全集》，舊爲滄生堂鈔藏，計十帙，每本面葉有祁氏藏書銘，棉料紙，藍格，五色綫釘，刀口不齊。據湖州書友云，明代人裝釘書籍，不解用大刀逐本裝釘。以此集相證始信。又得蒲室蒲庵集，明人鈔本。張忠愍煌言。《雪窖冰天》集，寶山李畬生郡博手鈔。

繡象書籍，以宋槧《列女傳》爲最精，顧抱冲得而翻刻。上截圖象，下截爲傳，仿佛武梁祠象。人物車馬極古拙，相傳爲顧虎頭繪。元槧則未之見，明代最

爲工細。曾見《人鏡陽秋》，及鄭世子載堉。《樂書》，《隋煬豔史》，元人百種曲音衺，《水滸傳》首本，《隋唐演義》首衺，皆有繪畫。

清·徐珂《清稗類鈔·工藝類》 製灰簡

灰簡，出蒙古，木削兩簡，編韋聯之，刳其中，塗油爲布，以灰作字，畢則拭去，爲更布之，有古漆簡風。

膠漆工藝化學部

題解

漢·許慎《説文解字·肉部》 膠 昵也。《弓人》説膠曰：凡昵之類不能方。注：故書昵或作樴。杜子春云：樴讀爲不義不昵之昵，或爲䵒。䵒，黏也。玄謂樴，脂膏膱敗之膱，膱亦黏也。按：此經杜作昵，又作䵒，後鄭作膱。其意則同也。許從杜作昵。《日部》曰：暱，日近也，或作昵。是則昵亦訓黏也。一説此昵也，及《周禮》注不義不昵之昵，三昵字皆當作䵒。作之㠯皮。《考工記》：鹿膠青白，馬膠赤白，牛膠火赤，鼠膠黑，魚膠餌，犀膠黄。注云：皆謂煑用其皮，或用角。按：皮近肉，故字從肉。从肉翏聲。古肴切。古音在「三部」。

又《桼部》 桼 木汁。可㠯髤物。木汁名桼，因名其木曰桼。今字作漆而桼廢矣。漆，水名也，非木汁也。詩書梓桼、桼絲皆作漆，俗以今字易之也。《周禮》載師：桼林之征二十而五。大鄭曰：故書桼林爲漆林。杜子春云：當爲桼林。是則漢人分別二字之嚴。今注疏譌舛。爲正之如此。《周禮·巾車》注髤桼字皆作桼，不作漆。漢人多假桼爲七字。《史記》六律五聲八音來始，來始正桼始之誤。《尚書大傳》《漢·律曆志》皆作七始。《史》《漢》同用今文《尚書》也。从木。各本無。今補。《韵會》作象木形，亦誤。象形。謂左右各三皆象汁自木出之形也。親吉切。「十二部」。桼如水滴而下也。也字補。説象形之意也，左右各三象水滴下。凡桼之屬皆从桼。㓒，古文桼。

髤 桼也。韋昭曰：厀桼曰髤。師古曰：以桼桼物謂之髤。今關東俗謂之捎桼。捎即髤，聲之轉耳。髤或作髹。按：以桼桼物皆謂之髤，不限何色也。鄉射《禮記》曰：楅髤。注云：赤黑桼也。《巾車》注云：髤謂赤多黑少之色韋也。《漢書》：中庭彤朱，殿上髤桼。西都賦謂之彤庭玄墀。然則或赤，或黑，或赤黑兼，或赤多黑少，皆得云髤。从桼髟聲。許尤切。「三部」。髟必由切。

䰍 桼垸已，復桼之。垸者，以桼䣛灰垸而髤也。既垸之，復桼之，以光其外也。从桼包聲。舉形聲包會意也。匹皃切。古音在「三部」。《篇》《韵》步交切。

唐·慧琳《一切經音義》卷七三 膠漆 上教乂乂反。《考工記》曰：鹿膠青白，馬膠赤白，牛膠亦赤，鼠膠黑色，魚膠餌，犀膠黄。鄭曰：皆謂煮取其皮作之，或用魚煎成。顧野王云：膠，所以連綴物令相著也。《毛詩傳》云：膠，固也。《説文》：從肉翏聲。翏，經由反。

論説

《舊唐書·褚遂良傳》 十七年，太宗問遂良曰：「舜造漆器，禹雕其俎，當時諫舜、禹者十餘人。食器之間，苦諫何也？」遂良對曰：「雕琢害農事，纂組傷女工。首創奢淫，危亡之漸。漆器不已，必金爲之，金器不已，必玉爲之。所以諍臣必諫其漸，及其滿盈，無所復諫。」太宗以爲然，因曰：「夫爲人君，不憂萬姓而事奢淫，危亡之機可反掌而待也。」

明·楊明《髹飾録序》 漆之爲用也，始於書竹簡。而舜做食器，黑漆之。禹做祭器，黑漆其外，朱畫其内，於此有其貢。周制，於車漆飾愈多焉，於弓之六材，亦不可闕，皆取其堅牢於質，取其光彩於文也。後王做祭器，尚之以著色塗金之文，雕鏤玉珧之飾，所以增敬盛禮，而非如其漆城、其漆頭也。然復用諸樂器，或用諸燕器，或用諸兵仗，或用諸文具，或用諸宫室，或用諸壽器，皆取其堅牢於質，取其光彩於文。嗚呼，漆之爲用也其大哉！又液葉共療屙，其益不少。唯漆身爲癩狀者，其毒耳。蓋古無漆工，令百工各隨其用，使之治漆，固有益於器而盛於世。別有漆工，漢代其時也。後漢申屠蟠，假其名也。然而今之工法，以唐爲古格，以宋元爲通法。又出國朝廠工之始制者殊多，是爲新式。於此千文萬華，紛然不可勝識矣。新安黄平沙稱一時名匠，復精明古今之髹法，曾著《髹飾録》二卷，而文質不適者，陰陽失位者，各色不應者，都不載焉，足以爲法。今每條贅一言，傳諸後進，爲工巧之一助云。

綜述

《周禮·冬官考工記·輪人》 輪人爲輪，斬三材，必以其時。三材既具，巧者和之。【略】

參分其牙圍而漆其二。不漆其踐地者也。漆者七寸三分寸之一，不漆者三寸三分寸之二。令牙厚一寸三分寸之二，則内外面不漆者各一寸也。疏：「參分其牙圍而漆其二」

者，記漆牙之度，并爲下轂長轂圍明根數也。　注云「不漆其踐地者也」者，牙外踐地，沙石輾轢，易至甐敝，非漆所能固，蓋別以薄鐵傳之，故不漆也。《說文·金部》云：「鍚鍱，車輪鐵也。」即牙外傳鐵之名。云「漆者七寸三分寸之一，不漆者三寸三分寸之二」者，賈疏云：「就一尺一寸，且取九寸，三分分之，各得三寸，猶有二寸在。又一寸爲三分，二寸爲六分，三分分之各得二分。若然，一分有三寸三分寸之二，二分總得七寸三分寸之一，是漆之者也。餘一分者，三寸三分寸之二，是不漆者也。」阮元云：「漆其近輻之二分，寬七寸三分三釐三豪；不漆其近地之一分，寬三寸六分六釐六豪也。」云「令牙厚一寸三分寸之二，則內外面不漆者各一寸也」者，鄭珍云：「詳玩注文，蓋專明牙之踐地不漆一邊之度，所云牙厚，不兼投輻一邊也。注所以必專明不漆一邊者，以上文但言六分輪崇一爲牙圍，其圍之尺一寸者可知。而以此尺一寸者分爲四面，廣狹之數不可知。不知四面廣狹數各若干，則牙厚牙廣不能定，即漆與不漆之地無從定；而下文轂輻諸數出於漆內中詘者皆茫然矣。故先云不漆其踐地者，以明不漆者在踐地一邊。然後接云漆者七寸三分寸之一，不漆者三寸三分寸之二，以明漆其二不漆其一之數。然後即不漆之數析之，云令牙厚一寸三分寸之二，則內外面不漆者各一寸，順文理讀之，明明所云牙厚，爲就牙之踐地一邊言，非兼投輻一邊，謂牙上下同厚也。凡牙之厚，其度皆如輻之廣。小車輻廣三寸五分，則牙厚亦三寸五分。惟踐地一邊須不杍不侔，自不能與投輻一邊同厚。其制蓋於牙內外兩邊距地一寸之處，各微微鈋殺，而下至牙厚九分一釐三豪三不盡而止，則牙之踐地不削者，只餘一寸六分六釐六不盡，合兩邊距地一寸圍之，得三寸六分六釐六不盡，居牙圍三分之一不漆。是兩邊距地之一寸，雖爲輪之崇自若，而牙踐地一邊既不杍不侔，則此二寸者俱踐地矣。此注所以算不漆踐地者，必并內外面各一寸計之也。得此不漆之度，乃後以漆者七寸三分寸之一，分居投輻一邊及內外兩邊。投輻一邊，如輻之廣占三寸五分；內外兩邊各占一寸九分一釐六豪六不盡。於是一尺一寸之牙圍，其爲四面廣狹皆得的數。自輪之平面視之，六尺六寸之崇，上下不漆者各去一寸，其餘六尺四寸皆爲漆內，而轂輻諸度之根定矣。令者，非假設之辭，以記無明文，由參互推得，而不敢質言，使若假設其數云爾。下注『令輻廣三寸半』，語意亦然。」又云：「古人凡創一物，必合於物之情理，當於人之心目，絶無勉强牽就，故其制易知易從，美善而不可易也。即如輪牙，以注云踐地不漆一分之內有內外面各一寸推之，知車輞揉治初成，其厚本上下相侔也。乃先於內外面距邊一寸，各畫一規，又於厚之外邊中除一寸六分强，周畫兩界線。然後各即規外橢殺之，至於界線而止，則規自成廉堮，而輪成不侔不杍之形。立而視之，輪之面盡於規，自規以外皆踐地者，非輪面也。然後盡漆其輪面，既使溓泥易脱易洗，又得飾爲美觀。椁內詘中，易而且準。若如後人所說，牙厚上下相等，則牙面自是齊平，而一截漆之，一截素之，入於目既不成象，又於無界埒之平面加漆，必有過與不及之處，詘中取度，求準則難。自然之與勉强，可以定是非矣。」案：子尹釋注牙厚一寸三分寸之二，爲踐地一邊之厚數，極爲精塙，足申注義。知牙投輻一面不爲此數者，後注云「令輻三寸半」，依經參分股圍去一以爲骹圍，尚存二寸有零，更加輪綆參分寸之二，此豈一寸三分寸之二之地所能容乎？況牙木須揉曲成圜，必廣厚略等，方可揉屈；假令牙投輻與踐地兩面正等，則倍一寸三分寸之二，得三寸三分寸之一，以減一尺一寸，餘七寸三分寸之二，爲牙內外兩平面之廣，每面得三寸六分寸之五，爲三寸八分三釐有奇，是平面之廣，較之厚度，贏至一倍有餘。以如此之木，向厚面揉之使圜，亦甚難矣。

椁其漆內而中詘之，以爲之轂長，以其長爲之圍。六尺六寸之輪，漆內六尺四寸，是爲轂長三尺二寸，圍徑一尺三分寸之二也。鄭司農云：「椁者，度兩漆之內相距之尺寸也。」

疏：「椁其漆內而中詘之，以爲之轂長」者，《說文·言部》云：「詘，詰詘也。」《廣雅·釋詁》云：「詘，曲也。」案：詘屈聲類同。取牙漆內直度中屈之，折取其半以爲轂之長度也。惠士奇云：「凡測圓者，必先得其心，從心出線，則面面皆等。椁者，度量之名。度兩漆之內而中詘之，則輪之心也。輪內置轂，轂內貫軸，如此則軸正當輪心，面面皆等。然則中詘者測圓之法，而轂之圍徑亦從此出焉。」戴震云：「大車短轂，取其利也。兵車、乘車、田車暘轂，取其安也。六尺六寸之輪，轂長三尺二寸，則車行無危陧之患。」云「以其長爲之圍」者，明轂長與圍等，圍謂圜圍也。《淮南子·説山訓》云：「郢人有買棟者，求大三圍之木，而人予車轂，跪而度之，巨雖可而長不足。」案：《莊子·人閒世》釋文引李頤云：「徑尺爲圍。」此轂圍三尺二寸，故三圍之木於度爲可。淮南書與此經義合。戴震云：「圍亦三尺二寸，以建三十輻，則輻閒無柞狹之患。」　注云「六尺六寸之輪，漆內六尺四寸，是爲轂長三尺二寸，圍徑一尺三分寸之二也」者，賈疏云：「上經不漆者外內面各一寸，則兩畔減二寸，故漆內有六尺四寸也。中屈此六尺四寸，故轂長三尺二寸也。又以三尺二寸爲圍，圍三徑一，三尺得一尺；餘二寸，寸作三分爲六分，又徑二分，故徑一尺三分寸之二也。」戴震云：「周三尺二寸者，徑尺有五分寸之一弱。鄭注用六觚之率，周三徑一，約計大數爾，非圜率也。」王宗涑云：「度起兩漆，不及不漆之大圜，是椁其漆內也。圜密率圍三尺二寸，徑得一尺零一分八釐五豪九秒一忽零。」鄭司農云「椁者，度兩漆之內相距之尺寸也」者，《說文·亭部》云：「亭，度也。」椁亭聲類同，義亦相近。阮元云：「椁者，橫充物內而度之之名也。椁與光廣二聲同轉。《書·堯典》『光被四表』，《漢書·王莽傳》及《後漢書·馮異傳》並讀爲『橫被四表』。《爾雅》：『桄，充也。』桄即與橫同義，光黃聲相近也。光轉聲爲廣，廣從黃得聲，亦即有橫義。故《爾雅》曰『緇廣充幅』，《方言》曰『幅廣爲充』，此即橫充而度物之義。光廣聲再轉即爲廓，《方言》曰『張小使大謂之廓』，《淮南子》曰『橫廓六合』，並同斯義。廓與擴聲亦相近，《孟子》曰『知皆擴而充之矣』，趙岐注曰：『擴，廓也。』然則椁其漆內之椁，即與光廣一聲之轉，知其爲橫充物內而度之之名矣。」

以其圍之防捎其藪。【略】

容轂必直，陳篆必正，施膠必厚，施筋必數，幬必負幹，鄭司農云：「讀『容』上屬，曰『軹容』。」玄謂容者，治轂爲之形容也。篆，轂約也。幬負幹者，革轂相應，無贏不足。

疏：「容轂必直」者，程瑤田云：「未飾之先，治之之法也。篆膠筋幬專言飾。」鄭珍云：「治經火養之木，爲圓長三尺二寸之形，是曰容轂。以繩縣之，身及兩端之圍皆與繩觸則直矣。」云「陳篆必正」者，鄭珍云：「陳，列也。篆非一處，故曰陳篆。其廣狹及幾處無聞，當任意爲

之，無定數也。每篆一周，以矩準之，其高下皆與圍相切則正矣。篆，《説文》作『軔』，訓車約，蓋所據本異。」云「施膠必厚，施筋必數」者，轂外周帀施以膠筋，使之黏合纏繞，則任力不至坼裂，而亦可以助幬幹之呢著，使無閒罅也。程瑶田云：「數者疏之反，謂縱横重疊，互相牽繫以爲固也。」　注鄭司農云「讀容上屬，曰軹容」者，段玉裁云：「農下『云』字衍文，此離經之異。」案：段校是也。盧文弨、黄丕烈説同。據此，則上先鄭注當云「軹容，小穿也」，後鄭引之删容字。軹容，蓋謂小穿內空所容之度，其義爲短，故後鄭不從。云「玄謂容者，治轂爲之形容也」者，此破先鄭讀，謂容爲頌之假借，容轂猶言治轂也。段玉裁謂「容者」當爲「容轂者」，亦通。云「篆，轂約也」者，《巾車》「孤乘夏篆」，先、後鄭並釋爲轂約，與此義同。王宗涑云：「篆刻轂木爲垠鄂，篆起如竹有節約然。鄭故訓轂約，小車不皆有篆，孤以上車乃有之。《巾車》云『卿乘夏縵』，言不爲篆也。篆致飾之一，所以辨等威也。」鄭珍云：「約轂與幬革是兩事，諸家説皆不憭。幬革者，除置輻處，通鞔之，所以固轂，因以爲飾，凡小車皆然，無貴賤之別。上文云『進而眡之，欲其幬之廉，無所取之，取諸急』，知與輪必取圜，輻必取直，同是小車通制，不得而缺者也。篆者謂轂約，轂約謂之篆，鍾帶亦謂之篆，皆指其圍繞一周者。據《巾車》先鄭注『篆讀爲圭瑑之瑑，夏篆，轂有約也』，參之先鄭《典瑞》注『瑑，有圻堮瑑起』，《説文》『瑑，圭璧上起兆瑑』，知篆以瑑起而名，鍾帶亦名因瑑起。其制於轂幹刻之，令起圻堮一周，刻此處微容，即彼處起圻堮，其圻堮處即是篆也，當不止一處，刻訖，其狀蓋如竹形；然後渾體厚播以膠，密被以筋，又播膠一層，乃以革鞔之，令革與容處、圻堮處，皆緊相貼切，則瑑起者亦隨革瑑起，容突分明；然後通丸漆之，待乾摩平，乃就瑑起上周畫五采，其外通朱漆之：此篆之制也。以其周繞束轂，故曰約。非賴此約束其轂始固之謂。據《巾車》『孤乘夏篆，卿乘夏縵，大夫乘墨車』，後鄭注：『夏篆五采畫轂約，夏縵亦五采畫轂，無瑑爾，墨車不畫。』是篆爲孤以上專制，幬爲上下通制明矣。幬轂古謂之軝，《詩·商頌》《小雅》並云『約軝錯衡』。毛公《采芑》傳云：『軝，長轂之軝也，朱而約之。』而鄭《烈祖》箋云：『軝，轂飾也。』飾即幬革，則長轂之軝，猶云小車轂之幬革耳。朱而約之，乃是解約字。蓋孤以上之轂，既五采畫其篆約，則篆約之外皆朱漆也，故云朱而約之。《説文》：『軝，長轂也，以朱約之。』是本毛義，非即以朱爲約。《廣雅》云：『轂篆謂之軝。』張揖爲失毛旨。《詩》疏云：『軝者，長轂之名。』又據許而違許意矣。」案：篆約爲孤乘夏篆以上車轂之制，王宗涑、鄭珍説是也。凡轂初斲治成，平縵無文。自卿以上乘夏篆，則迴環瑑刻，自成圻堮，若竹之有節者，是謂之篆，亦謂之約。又以革鞔篆約之外，是謂之軝。凡小車有革鞔，大車則無，故毛許並釋軝爲長轂，明惟小車轂有此也。鞔革密附轂木，故篆在革內，而文見於革外，《毛詩》謂之約軝，明軝與約備有也。既篆刻而革鞔，又漆之爲五色，是謂之夏篆，毛、許則以爲朱約，朱亦五色之一也。凡篆約之用，以爲文飾，且以辨等威，非以附纏約束爲義；篆約之名，亦起於刻瑑，不繫於施筋與否也。至於筋膠之被，則凡車木任力處皆有之，附纏之以爲固，故《輈人》注謂輈亦有此，不徒轂也。蓋筋膠與篆不相涉，卿乘夏縵，大夫乘墨車，皆無篆，而不得謂無筋膠之被。筋膠之外加以漆，則其痕亦成圻堮，《輈人》謂之「瀞」，《少儀》謂之「幾」，而不謂之篆。此經亦以施筋與陳篆並舉，篆非即筋膠之文明矣。鄭珍謂幬革爲小車之通制，不知施筋亦小車之通制也。《毛詩》《説文》朱約之義，非謂約束其轂，鄭珍説是也。然後鄭謂夏爲五采，先鄭、毛、許則以爲朱赤，其設色不同，鄭珍兼取其義，謂五采之外皆朱漆色，未知是否。轂約，互詳《巾車》疏。云「幬負幹者，革轂相應，無贏不足」者，《左》襄十八年杜注云：「負，依也。」謂幬革與轂幹密相依倚也。賈疏云：「幬，覆也。謂以革覆轂之木，隱著革使之急，是革轂相應也。無贏不足者，若轂有耗瘦，不隱著轂，則革有贏而轂不足；若轂不耗，革無贏，轂亦無不足也。」既摩，革色青白，謂之轂之善。謂丸漆之，乾而以石摩平之，革色青白，善之徵也。疏：「既摩，革色青白」者，程瑶田云：「色青白者，幬廉而急，必負幹之所致也。革以冒鼓爲最急，鼓色近白，是其驗。」云「謂之轂之善」者，此總冢容轂以下六者言之。　注云「謂丸漆之，乾而以石摩平之，革色青白，善之徵也」者，《説文·手部》云：「摩，研也。」賈疏云：「謂以革鞔轂訖，將漆之，先以骨丸之，待乾，乃以石摩平之，其色青白則善也。」程瑶田云：「據注，丸漆之後，乃以石摩之。」王宗涑云：「賈意謂丸在摩前，摩在漆前是也。今革既摩，色但青白，未漆甚明。」案：程、王説皆是也。在摩前者，和灰之丸漆；在摩後者，不和灰之漆。鄭、賈義並不相迕。丸漆者，《説文·土部》云：「垸，以桼和灰丸而髹也。」段玉裁云：「灰者，燒骨爲灰也。《一切經音義》引《通俗文》曰：『燒骨以漆曰垸。』蓋以桼合和燒骨之灰，摶而丸之，以髹擦物，丸而桼之既乾，如沙礫不光潤，乃摩之，鄭所云『丸漆之，乾乃以石摩平之』也。既摩，乃復桼之，《説文》匏下所云『桼垸已，復桼之』也。如此數四，乃後敷丹雘，今時桼工亦略同此。」案：段説甚析。據此，則轂革有數次漆，先丸漆，不設色，故摩之色青白，後漆設色，則爲《巾車》之夏篆、夏縵及《毛詩傳》之朱約，不得露青白之色矣。經注並據未敷丹雘前之漆言之，故在摩前，非謂既摩之後，遂不復漆也。

又《弓人》　弓人爲弓，取六材必以其時。取幹以冬，取角以秋，絲漆以夏。筋膠未聞。疏：「弓人爲弓」者，亦以所作之器名工也。《説文·弓部》云：「弓以近窮遠，古者揮作弓。《周禮》六弓，王弓、弧弓以䠶甲革甚質，夾弓、庾弓以䠶干侯鳥獸，唐弓、大弓以授學䠶者。」《燕禮》及《孟子·公孫丑篇》並有弓人，即此。　注云「取幹以冬，取角以秋，絲漆以夏」者，賈疏云：「鄭知取幹以冬者，見《山虞》云：『仲冬斬陽木，仲夏斬陰木。』二時俱得斬，但冬時尤善，故《月令》云『日短至，伐木，取竹箭』，注云『堅成之極時』。是知冬善於夏，故指冬而言也。取角以秋者，下云『秋殺者厚』，故知用秋也。絲漆以夏者，夏時絲孰，夏漆尤良，故知也。必知六材據此六者，皆依下文而説也。」云「筋膠未聞」者，二者取時，經無見文。《齊民要術》有煮膠法，云：「煮膠要用二月、三月、十月，餘月則不成。熱則不凝無餅，寒則凍瘃白膠不黏。」然則取膠其以春與？六材既聚，巧者和之。聚猶具也。疏：注云「聚猶具也」者，明此與《輪人》「三材既具，巧者和之」同義。《説文·㐺部》云：「聚，會也。」聚會則備具，故引申之亦得爲具也。幹也者，以爲遠也；角也者，以爲疾也；筋也者，以爲深也；膠也者，以爲和也；絲也者，以爲固也；漆也者，以爲受霜露也。六材之力，

相得而足。疏：「幹也者，以爲遠也」者，此明六材各有其主用也。《史記・田敬仲世家》索隱云：「幹，弓幹也。」案：幹者，榦之變體。《說文・木部》云：「榦，築牆耑木也。」是幹本楨幹字，引申之，凡木材通謂之幹，故《月令》注云「幹，器之木也」。此幹則專爲弓材之名，即弓身木，統柎及兩隈兩簫爲一，所以發矢及遠也。云「角也者以爲疾也，筋也者以爲深也」者，《曲禮》云：「凡遺人弓者，張弓尚筋，弛弓尚角。」注云：「弓有往來體，皆欲令其下曲隤然順也。」孔疏云：「弓之爲體，以木爲身，以角爲面，筋在外面。」案：據孔說，蓋弓張則曲面向内，而筋上見；弛則反是，而角上見。是角著弓裏，亙左右隈及兩簫，筋著弓表，皆所以助其力，故一以爲疾，一以爲深。江永云：「射深之力在幹，亦在筋。後言九和之弓，角不勝幹，幹不勝筋，則筋力在角幹之上，故篇末云『覆之而筋至，謂之深弓』。」云「膠也者以爲和也，絲也者以爲固也」者，膠絲所以黏纏弓身，使幹角筋相著而不解，故一以爲和，一以爲固也。云「漆也者，以爲受霜露也」者，制弓既成，乃施漆於幹角之外，以禦霜露也。

【略】凡相膠，欲朱色而昔。昔也者，深瑕而澤，紾而摶廉。摶，圜也。廉，瑕嚴利也。疏：「凡相膠，欲朱色而昔」者，朱，純赤也，詳《鍾氏》疏。賈疏云：「上已相幹角，次及相膠。此云欲朱色，按下『鹿膠青白』以下，惟牛膠火赤，自餘非純赤，則牛膠爲善矣。」案：鄭、賈並讀昔爲錯，與上「老牛之角紾而昔」同。今以文義審之，亦當讀如字，蓋膠以乾昔爲貴也。《史記・田敬仲世家》，淳于髡曰：「弓膠昔榦，所以爲合也。」《集解》引徐廣云：「一作乾。」索隱云：「昔，久舊也。」依徐引別本，則昔榦亦即昔乾，可證此膠欲昔之義。索隱又謂彼「昔幹」即此上文之「析幹」，則非也。云「昔也者，深瑕而澤，紾而摶廉」者，賈疏云：「紾謂有紾理。」案：賈釋紾與上相角章同是也。但相角欲其滑澤，不欲多理，膠則尚燥勁，故以瑕深文紾爲佳，與角正相反也。注云「摶，圜也」者，《矢人》注同。云「廉，瑕嚴利也」者，段玉裁謂「瑕嚴利也」四字句，是也。賈疏謂廉瑕並是嚴利之狀，非。廉與《輿人》義略同。《廣雅・釋詁》云：「瑕，裂也。」謂膠裂痕有廉棱峻利也。鹿膠青白，馬膠赤白，牛膠火赤，鼠膠黑，魚膠餌，犀膠黄。皆謂煮用其皮，或用角。餌，色如餌。疏：「鹿膠青白，馬膠赤白」者，《唐石經》初刻「赤」誤「黑」，磨改作「赤」。此別良膠之色也。《論語・鄉黨》皇疏引潁子嚴云：「以白加青爲碧，以赤加白爲紅。」是鹿膠色碧，馬膠色紅也。云「牛膠火赤」者，謂純赤如火也。注云「皆謂煮用其皮，或用角」者，《說文・肉部》云：「膠，昵也，作之以皮。」案：用皮謂馬、鼠，用角謂鹿、牛、犀也。魚膠用鰾，鄭不言者，文略。云「餌，色如餌」者，《說文・䰜部》云：「鬻，粉餅也。」餌即鬻之或體，詳《籩人》疏。餌之色蓋白而微黄，魚膠之色似之則佳也。《列女傳・辯通篇》，晉弓工妻說造弓曰「糊以河魚之膠」，是弓用魚膠之證。凡昵之類不能方。鄭司農云：「謂膠善戾。」故書昵或作樴，杜子春云：「樴讀爲不義不昵之昵，或爲䵑。䵑，黏也。」玄謂樴脂膏䐈敗之䐈，䐈亦黏也。疏：「凡昵之類不能方」者，承上文，明膠色善則黏著彌固也。《梓人》注云：「方猶等也。」《國策・趙策》云：「膠漆至䵑也。」蓋凡物結力之大，以諸膠爲最，而色佳者則尤固，它昵物之類不能比方之也。注鄭司農云「謂膠善戾」者，段玉裁云：「戾當作麗，聲之誤也。凡附麗之物，莫善於膠。」云「故書昵或作樴，杜子春云，樴讀爲不義不昵之昵」者，不義不昵，隱元年《左傳》文。今《左傳》昵作「暱」。案：《說文・日部》云：「暱，日近也。重文昵，暱或从尼。」引申爲黏固不釋之義。段玉裁云：「杜讀樴爲昵者，昵，暱之或字。戠聲匿聲古音同在之咍部。」云「或爲䵑，䵑，黏也」者，段玉裁云：「謂故書樴或爲䵑。䵑者，䵒之借字。日聲刃聲與暱雙聲也。」詒讓案：《說文・黍部》云：「䵒，黏也，从黍日聲。《春秋傳》曰『不義不䵒』。重文䵑，䵒或从刃。」又「黏，相著也」。據許所引，是《左傳》或本亦作䵒也。云「玄謂樴脂膏䐈敗之䐈，䐈亦黏也」者，《釋文》引吕忱云：「䐈，膏敗也。」賈疏云：「今人頭髮有脂膏者謂之䐈，䐈亦黏也。」段玉裁云：「鄭君徑從樴，云樴者，脂膏䐈敗之同部假借字。䐈，《說文》作『殖』，《字林》作『䐈』，《釋名》作『膱』，他書又作『[illegible]』。䐈亦訓黏，經作樴，自可不必易爲暱也。」

【略】漆欲測，鄭司農云：「測讀爲惻隱之惻。」玄謂測讀如測度之測，測猶清也。疏：「漆欲測」者，以下又明相漆絲之法。注鄭司農云「測讀爲惻隱之惻」者，惻隱，見《孟子・公孫丑篇》。《釋文》云：「隱，本或作㥯，同。」案：㥯即隱之俗。然先鄭此讀，未詳其義。云「玄謂測讀如測度之測，測猶清也」者，此引申之義也。段玉裁云：「讀如測度者，其音同而義在焉，又申之曰測猶清也。案《說文》云：『測，深所至也。』故度深淺曰測，泰清如可度然，故曰測。測不訓清，而此經之測謂泰清也，故曰猶清。」案：段說是也。孔廣森據《爾雅・釋言》「深，測也」，謂測當訓深，亦通。絲欲沈。如在水中時色。疏：注云「如在水中時色」者，賈疏云：「言絲欲沈，則據乾燥時，色還如在水中時色。」得此六材之全，然後可以爲良。全，無瑕病。良，善也。疏：注云「全，無瑕病」者，《說文・玉部》云「全，完也」。賈疏云：「幹、角、膠、筋、漆、絲六材，皆令善而無瑕病，然後爲善也。」云「良，善也」者，《玉府》注同。凡爲弓，冬析幹而春液角，夏治筋，秋合三材。三材，膠、絲、漆。鄭司農云：「液讀爲醳。」疏：「凡爲弓，冬析幹而春液角」者，前注云：「取幹以冬，取角以秋。」蓋於初冬取幹，至盛寒而副析之。角則秋取，至次年春乃醳治之。以幹貴乾昔；角則宜和煦，乃易治而無變也。江永云：「冬析幹，當兼伐木言之。伐木宜於冬時，謂其津液下流，體質堅實。一立春，則津液上行，其材濡耎，且易生蠹。」案：江說亦足備一義。云「秋合三材」者，賈疏云：「言秋合三材膠、漆、絲，則幹、角、筋須三材乃合，則秋是作弓之時，故至冬寒而定體也。」注云「三材，膠絲漆」者，賈疏云：「以經既言幹角及筋，六材之中惟少膠漆絲，故知三材謂此也。」《月令》孔疏云：「秋時陰陽氣調，合膠漆絲之三材，角在内面，筋在外，幹在中。」案：賈、孔說是也。知三材不即謂幹角筋者，以經言合，則是以膠絲漆合之。若然，則是合六材，今止云三材者，以上文已見幹角筋，是不煩複舉，而膠漆絲則未見，故知義然也。鄭司農云「液讀爲醳」者，段玉裁云：「夜聲、睪聲，古音同在魚虞模部。易液爲醳酒之醳者，重繹治之也。或曰：《史記》多用醳爲釋，釋者，解也，謂解析角，劉、沈醳音釋。此非鄭意。」案：段說是也。《說文・水部》云：「液，盡也。」於義無取。下文云「故角三液而幹再液」，又云「厚其液」，後鄭亦以醳治釋之。且彼文以液幹申

斲木必荼之義，則當爲醳治無疑。儻云解析，則不得有再三，又不當言厚。劉、沈讀，於經注並不可通。《月令》孔疏云：「春時先浸液其角，豫和濡。」此讀液如字，亦非二鄭義。寒奠體，奠讀爲定。至冬膠堅，內之檠中，定往來體。疏：「寒奠體」者，對下冰爲文，蓋謂初冬微寒之時也。《月令》注引此作「冬定體」，蓋鄭以義改之。注云「奠讀爲定」者，《司市》注同。云「至冬膠堅，內之檠中，定往來體」者，《説文・木部》云：「檄，榜也。」榜所以輔弓弩也。《詩・小雅・角弓》毛傳云：「檠，弓匣也。」《既夕記》有柲，注云：「柲，弓檠。弛則縛之於弓裏，備損傷，以竹爲之。」《荀子・性惡篇》云：「繁弱、鉅黍，古之良弓也，然而不得排檠，則不能自正。」楊注云：「排檄，輔正弓弩之器。」《説苑・建本篇》又作「排檠」。《韓非子・外儲説左上》云：「夫工人張弓也，伏檠三旬而蹈弦，一曰犯機。」又《外儲説右》云：「榜檠者，所以矯不直也。」《淮南子・脩務訓》云「弓待檄而後能調」，高注云：「檄，矯弓之材。」又《説山訓》云「撒不正而可以正弓」，注云：「撒，弓之掩牀，讀曰檠。」檠撒並與檄同。賈疏云：「檠謂弓㮆。定往來體，則六弓往體來體多少者是也。」冰析灂。大寒中，下於檠中，復內之。疏：「冰析灂」者，《輈人》先鄭注云：「灂謂漆沂鄂。」案：析灂之義，鄭注未明。上云「秋合三材」，注云「膠、絲、漆」，則秋時已施漆，不待大寒之時。竊疑秋時弓已髹漆訖，而寒而入檠，則弓體不復動，漆灂亦凝結而無痕。至大寒時，乃下弓於檠，而數張弛之，使漆之當隈曲處，微有瑕釁，以視其漆之厚薄。且極寒之時，物皆剛脃易坼落，若此時漆灂分析而不至坼落，則漆之和韌又可知矣。注云「大寒中，下於檠中，復內之」者，賈疏云：「十二月小寒節，大寒中，是冰盛之時，故以大寒解冰也。下於檠中復內之，謂復如上寒奠體內之於檠中相似。」詒讓案：弓在檠，則體無張弛，而漆灂不至分析，故必下之，變動其體，而後可析灂。復慮在檠未久，其體未定，又至次年春方被弦，故仍內之。冬析幹則易，理滑致。疏：注云「理滑致」者，《毛詩・小雅・甫田》傳云：「易，治也。」《易繫辭》釋文引京房云：「易，善也。」幹治之善，則理自平滑而密致也。江永云：「易者，言其易治，無濡耎生蠹諸病。」春液角則合，合讀爲洽。疏：注云「合讀爲洽」者，以與下文「秋合三材則合」義複，故依聲類破爲洽。《説文・水部》云：「洽，霑也。」段玉裁云：「此猶《士虞禮》古文祫爲合也。洽者，和柔之意。」夏治筋則不煩，煩，亂。疏：注云「煩，亂」者，《淮南子・精神訓》高注云：「煩，亂也。」案：亂謂筋紛粗而相丩結也。秋合三材則合，合，堅密也。疏：「秋合三材則合」者，賈疏云：「幹角筋須膠漆絲三材乃合，秋是作弓之時，故至冬寒而定體也。」注云「合，堅密也」者，謂三材相得，堅而不脫，密而無隙。《史記・田敬仲世家》云：「弓膠昔幹，所以爲合也。」與此義同。寒奠體則張不流，流猶移也。疏：「寒奠體則張不流」者，《説文・弓部》云：「張，施弓弦也。」賈疏云：「體既定後，用時雖張不流移，謂不失往來之體也。」注云「流猶移也」者，此亦引申之義。《中庸》注同，言弓體移動也。冰析灂則審環，審猶定也。疏：「冰析灂則審環」者，賈疏云：「納之檠中，析其漆灂，其漆之灂環則定，後不鼓動。」江永云：「環者，漆之沂鄂，見《輈人》。」案：江説是也。下文云「角環灂」，是唯角灂如環。然車輈無角，而《輈人》云「良輈環灂」，則筋膠諸灂亦得如環。此審環亦當通晐弓體諸材漆灂皆審察之，蓋施漆之應法與否，專視環文以辨其優劣也。此審環亦即在下檠析灂時，賈謂納檠而後灂定，似非經注義。注云「審猶定也」者，亦引申之義。《呂氏春秋・順民篇》高注云：「審，定也。」此亦謂審察而定其善否，即辨後文大和無灂三節之義。賈以不鼓動釋定，似非。春被弦則一年之事。朞歲乃可用。疏：注云「朞歲乃可用」者，言爲弓自前年冬始析幹，至次年春液角，夏治筋，秋合三材，冬則奠體析灂，至三年春而被弦，是朞年周幣而後可用。【略】是故厚其液而節其帤。厚猶多也。節猶適也。疏：「是故厚其液而節其帤」者，江永云：「厚其液，即上文幹再液也。再液幹猶必節其帤，不厚不薄，乃無太堅太需之病也。」注云「厚猶多也，節猶適也」者，亦皆引申之義。《呂氏春秋・稽本篇》高注云：「厚，多也。」又《情欲篇》注云：「節，適也。」約之不皆約，疏數必侔。不皆約，纏之繳不相次也。皆約則弓帤。侔猶均也。疏：「約之不皆約」者，此冢上，明幹與帤相附，則皆約之，外此則不皆約也。賈疏云：「約謂以絲膠橫纏之，今之弓猶然。不皆約，謂不次比爲之。」云「疏數必侔」者，此謂弓帤之外凡有約者，皆疏數均適，不相比次也。賈疏云：「約之多少，須稀疏必均也。」注云「不皆約，纏之繳不相次也」者，《説文・糸部》云：「約，纏束也。繁，生絲縷也。」凡弓皆以生絲纏約之，若弓兩末，亦有繳約，謂之緣是也。但雖約之，而疏數均調，不相密次，故云纏之繳不相次也。云「皆約則弓帤」者，謂弓自有皆約之處，即上文之弓帤，全體唯此爲然，餘則否也。弓帤別以薄木裨附挺臂，故必約纏相次，而後能與幹密合。又引釋時，挺臂之變動較隈簫爲少，故皆約，不至傷其剽校之勢也。云「侔猶均也」者，後注云「侔猶等也」，均亦齊等之意。斲摯必中，膠之必均。摯之言致也。中猶均也。疏：注云「摯之言致也」者，《函人》云：「凡甲鍛不摯則不堅。」後鄭彼注同。此斲摯亦謂斲弓幹極其精緻也。賈疏云：「斲幹厚薄，必調均爲之。」云「中猶均也」者，中均同義，文相變耳。江永云：「中與均皆謂無厚薄不匀也。」斲摯不中，膠之不均，則及其大脩也，角代之受病。夫懷膠於內而摩其角，夫角之所由挫，恆由此作。幹不均則角蹴折也。疏：「夫懷膠於內而摩其角」者，此亦申上文摩角，與前摩筋義同。

漢・劉安《淮南子・齊俗訓》

天下莫相憎於膠漆，膠漆相持不解，故曰「相憎」。一説：膠入漆中則敗，漆入膠亦敗，以多少推之，故曰「相憎」。陶方琦云：《意林》引許注：「膠漆相抱，不得還其本也。」按：二注異。高注上一説與許同，當即許注也。而莫相愛於冰炭。冰得炭則解歸水，復其性，炭得冰則保其炭，故曰「相愛」。陶方琦云：《意林》引許注：「冰得炭則解，故得還其本也。」案：今高注亦即是許義。膠漆相賊，冰炭相息也。

晉・常璩《華陽國志》卷二《漢中志》

武都郡，本廣漢西部都尉治也。【略】

出名馬，牛、羊、漆、蜜。

又　卷三《蜀志》　臺登縣，【略】又有漆，漢末，夷皆有之，張嶷取焉。

北魏·賈思勰《齊民要術》卷九　煮膠第九十

煮膠法：　煮膠要用二月、三月、九月、十月，餘月則不成。熱則不凝，無作餅。寒則凍瘃，合膠不黏。

沙牛皮、水牛皮、豬皮爲上，驢、馬、駝、騾皮爲次。其膠勢力，雖復相似，但驢、馬皮薄毛多，膠少，倍費樵薪。破皮履、鞋底、格椎皮、靴底、破鞾、靫，但是生皮，無問年歲久遠，不腐爛者，悉皆中煮。然新皮膠色明净而勝，其陳舊者固宜，不如新者。其脂肕鹽熟之皮，則不中用。譬如生鐵，一經柔熟，永無熔鑄之理，無爛汁故也。唯欲舊釜大而不渝者。釜新則燒令皮著底，釜小費薪火，釜渝令膠色黑。

法：於井邊坑中，浸皮四五日，令極液。以水净洗濯，無令有泥。片割，著釜中，不須削毛。削毛費功，於膠無益。凡水皆得煮，然鹹苦之水，膠乃更勝。長作木匕，匕頭施鐵刃，時時徹底攪之，勿令著底。匕頭不施鐵刃，雖攪不徹底，不徹底則焦，焦則膠惡，是以尤須數數攪之。水少更添，常使滂沛。經宿晬時，勿令絶火。候皮爛熟，以匕瀝汁，看末後一珠，微有黏勢，膠便熟矣。爲過傷火，令膠焦。取净乾盆，置竈埵丁果反。上，以漉米牀加盆，布蓬草於牀者，以大杓挹取膠汁，瀉著蓬草上，濾去滓穢。挹時勿停火。火停沸定，則皮膏汁下，挹不得也。淳熟汁盡，更添水煮之，攪如初法。熟復挹取。看皮垂盡，著釜焦黑，無復黏勢，乃棄去之。

膠盆向滿，舁著空静處屋中，仰頭令凝。蓋則氣變成水。令膠解離。淩旦，合盆於席上，脱取凝膠。口濕細緊綫以割之：其近盆底土惡之處，不中用者，割却少許，然後十字坼破之，又中斷爲段，較薄割爲餅。唯極薄爲佳，非直易乾，又色似琥珀者好。堅厚者既難燥，又見黯黑，皆爲膠惡也。近盆末下，名爲「笨膠」，可以建車。近盆末上，即是「膠清」，可以雜用。最上膠皮如粥膜者，膠中之上，第一黏好。

先於庭中豎槌，施三重箔樀，令免狗鼠。於最下箔上，布置膠餅，其上兩重，爲作蔭涼，并扞霜露。膠餅雖凝，水汁未盡，見日即消；霜露霑濡，復難乾燥。旦起至食時，卷去上箔，令膠見日；淩旦氣寒，不畏消釋；霜露之潤，見日即乾。食後還復舒箔爲蔭。雨則内敞屋之下，則不須重箔。四五日浥浥時，繩穿膠餅，懸而日曝。極乾，乃内屋内懸，紙籠之。以防青蠅、塵土之污。夏中雖軟相著，至八月秋涼時，日中曝之，還復堅好。

唐·慧琳《一切經音義》卷一四　膠黏　上狡爻反。《考工記》説有諸膠，鹿膠、白馬膠、赤白牛膠、大赤鼠膠、黑魚膠、餌犀膠黄。鄭云：皆煮其皮作之。顧野王曰：膠所以連綴物令相黏著也。《説文》：昵也，作之以皮。從肉翏聲也。下女廉反。《考聲》云：黏，固也。《蒼頡篇》：黏，合也。《説文》：相著也。從黍占聲也。經文從米作粘，俗字也。

又　卷二五　膠香

依樹而生，如熏陸白膠之類是也。

又　卷六八　膠粘　上音交。

《考聲》：膠，固也。《説文》：膠，昵也。作之以皮。從肉翏聲。下聶廉反。《説文》：粘，著也。糊也。從米占聲。正作黏。

唐·劉恂《嶺表録異》卷中　橄欖樹，身聳，枝皆高數尺。其子深秋方熟，閩中尤重。此味云咀之香口，勝含鷄舌香。飲，悉解酒毒。有野生者，子繁樹峻，不可梯緣。但刻其根下方寸許，納鹽於其中，一夕子皆自落，樹枝節上生脂膏如桃膠，南人採之，和其皮葉煎之，調如黑餳，謂之橄欖糖。用泥船損，乾後堅於膠漆，着水益乾耳。

宋·高承《事物紀原》卷八《什物器用部》　漆器

《韓子》曰：舜作食器，黑漆其上；禹作祭器，黑漆其外，朱畫其内。

宋·李誡《營造法式》卷一四《彩畫作制度》　煉桐油

煉桐油之制：用文武火煎桐油令清，先煠膠令焦，取出不用，次下松脂攪候化；又次下研細定粉。粉色黄，滴油於水内成珠；以手試之，黏指處有絲縷，然後下黄丹。漸次去火，攪令冷，合金漆用。如施之於彩畫之上者，以亂線揩搌用之。

又　卷二八《諸作用膠料例》

小木作：雕木作同。

每方一尺：入細生活，十分中三分用鰾；每膠一斤，用木札二斤煎；下准此。

縫，二兩。

卯，一兩五錢。

瓦作：

應使墨煤：每一斤用一兩。

泥作：

應使墨煤：每一十一兩用七錢。

彩畫作：

應使顔色每一斤，用下項：攏闇在内。

土朱，七兩；

黄丹，五兩；

右各二兩。

草色：

緑，四兩。

深緑，深青同。三兩。

緑華，青華同。

紅粉；

右各二兩五錢。

襯金粉，三兩。用鰾。

煎合桐油，每一斤，用四錢。

塼作：

應用墨煤；每一斤，用八兩。

墨煤，四兩；

雌黄，三兩；土黄、淀、常使朱紅、大青緑、梓州熟大青緑、二青緑、定粉、深朱紅、常使紫粉同。

石灰，二兩。白土、生二青緑、青緑華同。

合色：

緑；

朱；

緑；

右各四兩。

緑華，青華同，二兩五錢。

紅粉；

紫檀；

宋・羅願《爾雅翼》卷九《釋木一》　[桐]榮，桐木。物之榮者多矣，獨桐名榮者，桐以三月華。蓋自春首東風解凍，蟄蟲魚獺鴻鴈，皆應陽而作，惟桃桐之始華，乃在衆木之先，其榮可紀，故名桐爲榮也。《周書・時訓》曰「清明之日，桐始華」，「桐不華，歲有大寒」。蓋不華則陽氣微，陽氣微，則寒可知已。又《易緯》曰：「桐枝濡毳而空中，難成易傷，須盛氣而後華，蓋以經言始華。」有遲之之義。桐與梧既異，而桐之中又有數種。有其子可以取油者，蓋即《詩》所謂「其桐其椅，其實離離」者也。有華而不實，堪作琴瑟者，若生石間，其聲則鳴，《書》「嶧陽孤桐」是也。雲南牂牁人，亦績以爲布。其葉飼豕，肥大三倍。至秋後亦用以飼魚。鄉人養鯇魚者，每春以草養之，頓能肥大。秋後食以桐葉，以封魚腹，則不復食，亦不復瘦，以待春復食也。晉武帝時，嘗得一石鼓，擊之無聲。張華請用蜀桐材，刻魚形扣之，音聞數里。而董仲舒請雨，秋以桐魚九枚，莫曉其義。王逸子曰：「木有扶桑梧桐松柏，皆受氣淳矣。異於羣類者，松柏冬茂，陰木也；梧桐春榮，陽木也；扶桑日所出，陰陽之中也。」《管子》：「五粟五沃之土宜桐。」又漢西域鄯善國有胡桐，亦似桐，蟲食其木則沫出。其下流者，俗名爲胡桐淚，言如目中淚也。可以汁金銀，流俗語訛，呼淚爲律。

又　卷一二《釋木四》　[漆]漆，木汁，可以髹物，象形，漆如水滴而下。木高三二丈，葉如椿樗，皮白而心黄。六七月間，以斧斫其皮開，以竹管承之，汁滴則爲漆。古者以爲貢。《職方氏》：豫州，其利林漆。傳稱舜造漆器，諫者數百人，考以爲奢侈從此興。然三代盛王，相繼以爲器皿，以示制度。蓋備物致用，聖人之事也。從世用之既博，故周家漆林之征，至二十而五。衛文公徙居楚邱，則樹榛栗椅桐梓漆，伐琴瑟焉，蓋其遠慮如此。而後漢壽張侯樊重，欲作器物，先種梓漆，時人嗤之。然積以歲月，皆得其用；向之笑者，咸求假焉。《貨殖傳》：「陳夏千畝漆，與千户侯等。」《莊子》曰：「桂可食，故伐之；漆可用，故割之。」

宋・朱輔《溪蠻叢笑》　光面蠟　蠟出山不經僞者，名光面。作僞者雜以粟。

宋・張世南《游宦紀聞》卷二　驗漆之美惡，有概括爲韻語者云：「好漆清如鏡，懸絲似鈎鈎。撼動虎斑色，打著有浮漚。」

驗真桐油之法，以細篾一頭作圈子，入油蘸。若真者，則如鼓而鞔圈子上。纔有僞，則不著圈上矣。

佚名《鉛汞甲庚至寶集成》卷一

煮膠法

鹿角不以多少，先用瓦缸盛水，浸三日漉出，用江中沙子揩洗要見黄色。然後用鋸二寸長一塊，別换江水，入缺浸三日，用一大瓦鉢有蓋者。用鹽泥和陳壁土，作泥固濟。隨鉢大小，作一竈。用第二次所浸水，入鉢内，和鹿角煮。常以鐵瓶燒水，在竈門前。如鉢内水耗一寸，又添一寸，斷不可添冷水，須用純櫟炭。凡三日三夜，不可斷火，以煮盡爲度。第四日旦漉出，用乘熱修去皮，修去皮便成鹿角霜。鉢内所餘汁，須要熬取十分稠粘，却竹筒溜出，掛在陰凍處，隔宿即凝結。破開竹筒，用鋸成餅子，收頓。

又煮膠法

鹿角，不用自死者，不以多少，三寸許。截斷，去麤皮，將角河水内浸七日，其每日一易，候日足洗净，入鍋内煮。每角五斤，用桑白皮半斤，楮實子一斤，舶上硫黄二兩，朱砂二兩，同煮之。如水盡旋添湯，及一伏時，自然已軟。或火不相斷，未軟，再煮一伏時。如軟，放冷取出，於當風處掛起，便可入藥用。煮鹿角水，濾去諸藥，慢火再熬，便可爲膠。

《宋史・輿服志》　幞頭。一名折上巾，起自後周，然止以軟帛垂脚，隋始以桐木爲之，唐始以羅代繒。惟帝服則脚上曲，人臣下垂。五代漸變平直。國朝之制，君臣通服平脚，乘輿或服上曲焉。其初以藤織草巾子爲裏，紗爲表，而塗以漆。後惟以漆爲堅，去其藤裹，前爲一折，平施兩脚，以鐵爲之。

遼・希麟《一切經音義》卷一〇　膠輵　上古肴反。《爾雅》云：䵒，膠也。郭注云：膠，黏䵒也。《字林》云：謂相著也。下古遏反。《玉篇》作轇輵二字。《廣韻》云：戟形也。䵒音女六反。

元・孟祺等《農桑輯要》卷六《竹木》　漆

新添：春分前後移栽。後樹高，六七月，以剛斧斫其皮開，以竹管承之，汁滴則成漆。

元・王禎《農書・百穀譜集之九・竹木》　漆

漆樹皮白，葉似椿，花似槐子，今處處有之，而梁蜀者爲勝。春分前後移栽，後樹高，六七月，以剛斧斫其皮開，以竹管承之，汁滴則成漆。

用漆在燥熱及霜冷時則難乾，得陰溼，雖寒月亦易乾，物之性也。若霑漬人，以油治之。凡驗[漆]惟稀者，以物蘸起，細而不斷，斷而急收起，及塗於乾竹上蔭之，速乾者，乃佳。

樊宏父嘗欲作器物，先種梓漆，時人嗤之。積以歲月，皆得其用；向之笑者，皆求假焉，貲至鉅萬。蓋漆易成而利博故也。

元・陶宗儀《南村輟耕録》卷二七　裱背十三科

世人但知醫有十三科，畫有十三科，殊不知裱背亦有十三科。一織造綾錦絹帛，一染練上件，一抄造紙劄，一染製上件顏色，一餬料麥麪，一餬藥礬蠟，一界尺裁版桿帖，一軸頭，或金，或玉，或石，或瑪瑙、水晶、珊瑚、沈檀、花梨、烏木。每軸止用一色，所以只歸一科。一餬刷，一鉸練，一條，一經帶，一裁刀。數内闕其一，則不能成全畫矣。其餬刷、裁尺，亦皆有名。餬刷，椶軟者謂之平分，椶硬者謂之糊掤，大小得中者謂之黏合，狹小者謂之寸金。裁尺，極等闊者曰滿手，次等曰三指，又次等曰兩指，最狹者曰單指。

又　卷二九　黏接紙縫法

王古心先生筆録内一則云，方外交青龍鎮隆平寺主藏僧永光，字絶照，訪予觀物齋，時年已八十有四。話次因問光，前代藏經，接縫如一線，歲久不脱，何也。光云，古法用楮樹汁、飛麪、白芨末三物調和如糊，以之黏接紙縫，永不脱解，過如膠漆之堅。先生，上海人。

又　卷三〇　髹器

黑光　凡造椀楪盤盂之屬，其胎骨則梓人以脆松劈成薄片，於旋牀上膠黏而成，名曰捲素。髹工買來，刀刳膠縫，乾凈平正，夏月無膠汎之患。却煬牛皮膠，和生漆，微嵌縫中，名曰梢當。去聲。然後膠漆布之，方加麄灰。灰乃磚瓦搗屑篩過，分麄、中、細是也。膠漆調和，令稀稠得所。如髹工自家造賣低歹之物，不用膠漆，止用猪血厚餬之類，而以麻筋代布，所以易壞也。麄灰過，停令日久堅實，砂皮擦磨，却加中灰，再加細灰。並如前。又停日久，磚石車磨，去灰漿，潔凈停一二日，候乾燥，方漆之，謂之糙漆。再停數月，車磨糙漆，絹帛挑上聲。去漿跡，纔用黑光。黑光者，用漆斤兩若干，煎成膏。再用漆，如上一半，加雞子清，打匀，入在内，日中曬翻三五度，如栗殻色，入前項所煎漆中和匀，試簡看緊慢，若緊，再曬，若慢，加生漆，多入觸藥。觸藥，即鐵漿沫。用隔年米醋煎此物，乾爲末，入漆中，名曰黑光。用刷蘸漆，漆器物上，不要見刷痕。停三五日，待漆内外俱乾，置陰處晾之，然後用揩光石磨去漆中纇。雷上聲。揩光石，雞肝石也，出杭州上柏三橋埠牛頭嶺。再用簜帉，次用布帉，次用菜油傅，却用出光粉揩，方明亮。

朱紅　修治布灰，一一如前，不用糙漆，却用䞓朱桐葉色，然後用銀朱，以漆煎成膏子，調朱。如朱一兩，則膏子亦一兩，生漆少許，看四時天氣，試簡加減，冬多加生漆，顏色闇，春秋色居中，夏四五月，秋七月，此三月顏色正，且紅亮。或用油亦可。

鰻水　好桐油煎沸，以水試之，看躁也，方入黄丹膩粉、無名異，煎一滚。以水試，如蜜之狀，令冷。油水各等分，杖棒攪匀。却取磚灰一分，石灰一分，細麪一分，和匀，以前項油水攪和稠黏灰器物上，再加細灰，然後用漆，並如黑光法，或用油亦可。

鎗金銀法

嘉興斜塘楊匯髹工鎗去聲。金銀法，凡器用什物，先用黑漆爲地，以針刻畫，或山水樹石，或花竹翎毛，或亭臺屋宇，或人物故事，一一完整，然後用新羅漆。若鎗金，則調雌黄。若鎗銀，則調韶粉。日曬後，角挑挑嵌所刻縫罅，以金薄或銀薄，依銀匠所用紙餬籠罩，置金銀薄在内，逐旋細切取，鋪已施漆上，新綿揩拭牢實。但著漆者自然黏住，其餘金銀都在綿上，於熨斗中燒灰，甘鍋内鎔鍛，渾不走失。

又陶宗儀《墨娥小録》卷一《文府清事》

煎膠法

泥礬煎湯，劄去脚，用以頓膠，或百藥湯亦可。別不要用他藥。

又方

桐油一觔，才鼈子十箇，去殻，帛包，浸七日，去不用□。燈草，大白者，用紫草煎濃

汁，煑一十分乾烟一觔。用漆一錢，膠水六兩，藥水三兩。春夏膠要多，秋冬膠要少。

藥：訶子，白芷，紫□，螺青，當歸，黄栢，甘松，茆香，藿香，半夏，鐵鏽釘數枚，洗净。

膠：一尺四鍋水用。牛皮膠。三兩，片掌大，五六寸長。牛膠。四兩。魚膠。二兩。瓦。用巴豆煎湯，刷三次。每刷一次，曬乾，又刷。

又　卷六《藝術戲劇》

合膠漆

牛皮膠，熬化和漆，須入瓦灰。膠多則反不粘。

【略】

造螺青

澱花末，以水淘洗，去黄水盡，用石灰點之。又用黄水入膠作螺青。

辨桐油

抝起傾下，綫如銀色油面，下綫處作堆起者，是真也。

稜碗膠

桐油熬熟，入瀝青調稀，須入石灰合作膠用。

明·王佐《新增格古要論》卷八《古漆器論》

古犀毗

古剔犀器皿，以滑地紫犀爲貴，底如仰瓦，光澤而堅薄，其色如膠棗色，俗謂之棗兒犀，亦有剔深峻者，次之。福州舊做者色黄，滑地圓花兒者，謂之福犀，堅且薄，亦難得。有雲者是也。

元朝嘉興府西塘楊匯新作者，雖重數多，剔得深峻者，其膏子少有堅者，但黄地子者最易浮脱。

剔紅後增。

剔紅器皿，無新舊，但看硃厚色鮮，紅潤堅重者爲好，剔劍環香草者尤佳。若黄地子剔山水人物及花木飛走者，雖用工細巧，容易脱起。硃薄而紅者價低。

宋朝内府中物，多是金銀作素者。

元朝嘉興府西塘楊匯，有張成、楊茂剔紅最得名，但硃薄而不堅者多，日本國、琉球國獨愛此物。今雲南大理府人，專工作此，然僞者多。南京貴戚多有此物，有一等通硃紅，有一等帶黑色，好者絶高，僞者亦多，宜仔細辨之。

堆紅後增。

假剔紅，用灰團起，外用硃漆漆之，故曰堆紅，但作劍環及香草者多，不甚值錢。又曰罩紅，今雲南大理府多有之。

戧金後增。

戧金器皿，漆堅戧得好者爲上。

元朝初，嘉興府西塘有彭君寶者，甚得名，戧山水、人物、亭觀、花木鳥獸，種種臻妙。寧國府今有描金器皿，兩京匠人亦多作也。

攢犀

攢犀器皿，漆堅者多是宋朝舊做。槍金人物景致，用攢攢空間處，故謂之攢犀。

螺鈿後增。

螺鈿器皿，出江西吉安府廬陵縣。

宋朝内府中物及舊做者，俱是堅漆，或有嵌銅綫者，甚佳。

元朝時，富家不限年月做造，漆堅而人物細，可愛。今廬陵新做者，多用作料灰，豬血和桐油，不堅而易壞，甚者又用藕泥，其賤不可當。然好者須在家自作，方爲堅固。今吉安各縣舊家，藏有螺鈿牀，椅，屏風，人物，細妙可愛，照人可愛。諸大家新作果盒，簡牌，胡椅，亦不減其舊者，蓋自作故也。

洪武初，抄没蘇人沈萬三家條凳、椅、桌，螺鈿剔紅最妙，六科各衙門猶有存者。

又　卷九《文房論》　書燈

讀書須用麻油點燈，蓋麻油無煙，不損眼目，但恨其易燥。每香油一斤，入桐油二兩和之，則難乾，又辟鼠耗。若蔓菁、罌粟油、紅花油，每一斤入桐油三兩，以鹽少許置燈盞中，亦可省油。以生薑擦盞邊，可不生滓暈。以蘇木煎燈心，曬乾炷油，可無燼。

明·陸容《菽園雜記》卷一三　石首魚，四五月有之。浙東温、台、寧波近海之民，歲駕船出海，直抵金山、太倉近處網之。蓋此處太湖淡水東注，魚皆聚之。它如健跳千户所等處固有之，不如此之多也。金山、太倉近海之民，僅取以供時新耳。温、台、寧波之民，取以爲羞，又取其膠，用廣而利博。

明·周瑛　黄仲昭《興化府志》卷一二《貨殖志》　又有黄蠟、白蠟。黄蠟，蜂蠟也。凡蜂作蜜，皆結房。房中藏蜜，絞取蜜，而房則成蠟也。白蠟者，蟲蠟也。其蟲作繭樹枝上，每繭藏蟲百數，細如絲髮，此爲種子，秋冬剪取而藏之。及春，將種子縛置樹上，蟲出繭，食樹津液，因而放蠟，漫注於枝柯。及成，剥取

而烹煉之，其白如雪，故曰白蠟。其樹，即今冬青樹也。樹嫩，放蠟尤宜。本草謂黃蠟煉成白蠟，此蓋未之識也。抑豈醫家所用者或然歟。白蠟，建寧出産，每蠟一斤，價銀三錢。

明·宋詡《宋氏燕閑部》卷上　熬蠟法

黃蠟，一兩。入鬱金末，少許。熬鎔，顔色深淺隨意加減。乘熱絹濾去滓，入瀝青，兩皂角子大。再熬，收之。書欲易開者，宜入半温淺蘸封之。欲防私拆者，宜熱深蘸封之。

明·李時珍《本草綱目·木部二》　漆《本經》上品。

釋名　桼。時珍曰，許慎《説文》云，漆本作桼，木汁，可以髤物。其字象水滴而下之形也。

集解　《別録》曰，乾漆生漢中山谷，夏至後采，乾之。弘景曰，今梁州漆最甚，益州亦有，廣州漆性急易燥。其諸處漆桶中自然乾者，狀如蜂房，孔孔隔者爲佳。保昇曰，漆樹高二三丈餘，皮白，葉似椿，花似槐，其子似牛李子，木心黃。六月、七月刻取滋汁。金州者最善。漆性並急，凡取時，須荏油解破，故淳者難得。可重重別制拭之。上等清漆，色黑如瑿若鐵石者好，黃嫩若蜂窠者不佳。頌曰，今蜀漢，今峽，襄，歙州皆有之，以竹筒釘入木中取汁。崔豹《古今注》云，以剛斧斫其皮開，以竹管承之，滴汁則成漆也。宗奭曰，濕漆，藥中未見用者。皆乾漆爾。其濕者，在燥熱及霜冷時則難乾。得陰濕，雖寒月亦易乾，亦物之性也。若霑漬人，以油治之。凡驗漆，惟稀者以物蘸起，細而不斷，斷而急收，更又塗於乾竹上，蔭之速乾者並佳。時珍曰，漆樹人多種之，春分前移栽易成有利。其身如柿，其葉如椿，以金州者爲佳，故世稱金漆。人多以物亂之試，訣有云，微扇光如鏡，懸絲急似鈎。撼成琥珀色，打著有浮漚。今廣、浙中出一種漆樹，似小榎而大，六月取汁，漆物黃澤如金。即《唐書》所謂黃漆者也。入藥仍當用黑漆，廣南漆作飴糖氣，沾沾無力。

罌子桐《拾遺》。

釋名　虎子桐、《拾遺》。荏桐、《衍義》。油桐。時珍曰，罌子，因實狀似罌也。虎子，以其毒也。荏者，言其油似荏油也。

集解　藏器曰，罌子桐生山中，樹似梧桐。頌曰，南人作油者，乃岡桐也，有子大于梧子。宗奭曰，荏桐早春先開淡紅花，狀如鼓子，花成筒子，子可作桐油。時珍曰，岡桐，即白桐之紫花者。油桐，枝幹花葉並類岡桐而小，樹長亦遲，花亦微紅，但其實大而圓，每實中有二子，或四子，大如大風子。其肉白色，味甘而吐人，亦或謂之紫花桐。人多種蒔，收子貨之爲油，入漆家及艌船用。爲時所須，人多僞之，惟以篾圈蘸起，如鼓面者爲真。

又《鱗部四》　鱁鮧《拾遺》。

釋名　鰾，匹少切。作膠名鰾膠。藏器曰，鱁鮧，音逐題，乃魚白也。時珍曰，鱁鮧，音逐夷，其音題者，鮎魚也。按賈思勰《齊民要術》云，漢武逐夷至海上，見漁人造魚腸於坑中，取而食之，遂命此名，言因逐夷而得，是矣。沈括《筆談》云，鱁鮧，烏賊魚腸也。孫愐《唐韻》云，鹽藏，魚腸也。《南史》云，齊明帝嗜鱁鮧，以蜜漬之，一食數升。觀此則鰾與腸皆得稱鱁鮧矣。今人以鰾煮凍作膏，切片，以薑醋食之，呼爲魚膏者是也。故宋齊丘《化書》云，鱁鮧，與足垢無殊。鰾，即諸魚之白脬，其中空如泡，故曰鰾，可治爲膠，亦名鰾膠。諸鰾皆可爲膠，而海漁多。以石首鰾作之，名江鰾，謂江魚之鰾也。粘物甚固，此乃工匠日用之物，而記籍多畧之。

又《獸部一》　黃明膠《綱目》。

釋名　牛皮膠、《食療》。水膠、《外臺》。海犀膏。

正誤　權曰，白膠，一名黃明膠。頌曰，今方家所用黃明膠，多是牛皮。本經阿膠亦用牛皮，是二膠亦通用。但今牛皮膠制作不精，故不堪用，止以膠物耳。而鹿角膠本經謂之白膠，處處能作，但功倍于牛膠，故鮮有真者。時珍曰，案本經，白膠一名鹿角膠，煮鹿角作之。阿膠一名傅致膠，煮牛皮作之，其説甚明。黃明膠，即今水膠，乃牛皮所作，其色黃明，非白膠也，但非阿井水所作耳。甄權以黃明爲鹿角白膠，唐慎微又採黃明諸方附之，並誤矣。今正其誤，以附阿膠之後。但其功用亦與阿膠彷彿，苟阿膠難得其真，牛皮膠亦可權用，其性味皆平補，宜於虛熱。若鹿角膠，則性味熱補，非虛熱者所宜，不可不致辯也。

明·李詡《戒庵老人漫筆》卷四　麋霜鹿霜法

煮煉鹿霜膠法：新麋鹿角各一對，截二寸，汲長流水浸三日，刷去腥垢，每斤用楮實子一兩、桑白皮黃蠟各二兩，無油凈鍋魚眼湯，不斷火慢煮，勿令露角，常添熱湯，不可用水。三晝夜取出，削去黑皮，薄切曬乾碾末，即成霜也。右將煮角汁濾去滓，慢火如法熬濃，傾磁盆內，候冷凝，切作片，陰乾成膠。

煮麋角霜法：新麋角一具，寸截，流水內浸三日，刷腥穢，以河水入砂瓶或銀瓶內，以桑葉塞瓶口，勿令漏氣。炭火猛煮，時時看候，如湯耗，旋益熱湯。一日許，其角爛似熟山芋，掐得酥輭即止，未輭更煮，慎勿漏氣，漏氣則難熟。取暴乾爲粉，其汁澄濾，候清冷以絲濾，作膠片，盌盛，風中吹乾。麋角膠別入藥。

《野客叢書》曰：「麋茸補陽，利於男子，鹿茸補陰，利於婦人。按《月令》，仲夏日鹿角解，仲冬日麋角解。鹿以夏至隕角而應陰，麋以冬至隕角而應陽，故知二者陰陽之性不同也。今夫鹿肉暖，以陽爲體，麋肉寒，以陰爲體，以陽爲體者，以陰爲末，以陰爲體者，以陽爲末。末者角也，其本末之功用不同又如此。」

明・沈德符《飛鳧語略》　雲南雕漆

今雕漆什物，最重宋剔，其次則本朝永樂宣德間所貴果園廠者，其價幾與宋敵。間有漆光黯而刻文拙者，衆口賤之，謂爲舊雲南，其值不過十之一二耳。一日偶與諸骨董家談及剔紅香盒，俱津津執是説，辨難蜂起。予曰，總之皆雲南也。唐之中世，大理國破成都，盡擄百工以去，由是雲南漆織諸技，甲於天下。唐末復通中國，至南漢劉氏，與通婚婣，始漸得滇物。元時下大理，選其工匠最高者入禁中，至我國初，收爲郡縣，滇工布滿内府。今御用監供用庫，諸役皆其子孫也。其後漸以銷滅，嘉靖間又敕雲南揀選送京應用。若得舊雲南，又加果園廠數倍矣。諸骨董嘿不能對。

明・黄成《髹飾録・乾集》　凡工人之作爲器物，猶天地之造化，所以有聖者，有神者。皆以功以法，故良工利其器。然而利器如四時，美材如五行，四時行、五行全而物生焉。四善合、五采備而工巧成焉。今命名附贊而示於此，以爲乾集。乾，所以始生萬物，而髹具工，則乃工巧之元氣也。乾德大哉！

利用第一　非利器美材，則巧工難爲良器，故列於首。

天運，即旋牀。

有餘、不足，損之、補之。

其狀圜而循環不輟，令椀盒盆盂正圓無苦窳，故以天名焉。

日輝，即金有泥、屑、麩、薄、片、線之等。

人君有和，魑魅無犯。

太陽明於天，人君德於地，則魑魅不干，邪諂不害。諸器施之，則生輝光，鬼魅不敢干也。

月照，即銀有泥、屑、麩、薄、片、線之等。

寶臣惟佐，如燭精光。

其光皎如月，又有燭銀。凡寶貨以金爲主，以銀爲佐，飾物亦然，故爲臣。

宿光，即蔕有木有竹。

明静不動，百事自安。

木蔕接牝梁，竹蔕接牡梁，其狀如宿列也。動則不吉，亦如宿光也。

星纏，即活架。牝梁爲陰道，牡梁爲陽道。

次行連影，陵乘有期。

牝梁有竅，故爲陰道。牡梁有榫，故爲陽道。麭數器而接架，其狀如列星次行反轉，失候則淫泆冰解，故曰有期。又案，曰宿曰星，皆指器物比百物之氣，皆成星也。

津横，即蔭室中之棧。

衆星攢聚，爲章於空。

天河，小星所攢聚也。以棧横架蔭室中之空處，以列衆器，其狀相似也。

風吹，即揩光石並桴炭。

輕爲長養，怒爲拔拆。

此物其用，與風相似也。其磨輕，則平面光滑無抓痕。怒則稜角顯灰，有玷瑕也。

雷同，即磚石，有麤細之等。

碾聲發時，百物應出。

髹器無不用磋磨而成者，其聲如雷，其用亦如雷也。

電掣，即銼，有劍面、茅葉、方條之等。

施鞭吐火，與雷同氣。

施鞭，言其所用之狀。吐火，言落屑霏霏。其用似磨石，故曰與雷同氣。

雲彩，即各色料。有銀朱、丹砂、絳礬、赭石、雄黄、雌黄、靛華、漆緑、石青、石緑、韶粉、煙煤之等。

瑞氣鮮明，聚成花葉。

五色鮮明，如瑞雲聚成花葉者。黄帝華蓋之事，言爲物之飾也。

虹見，即五格揩筆覘。

燦映山川，人衣楚楚。

每格瀉合色漆，其狀如蝃蝀。又覘筆描飾器物，如物影文相映，而暗有畫山水人物之意。

霞錦，即鈿螺、老蚌、車螯、玉珧之類，有片有沙。

天機織貝，冰蠶失文。

天真光彩，如霞如錦，以之飾器，則華妍，而康老子所賣，亦不及也。

雨灌，即髹刷。有大小數等，及蟹足、踈鬣、馬尾、猪鬃，又有灰刷、染刷。

沛然不偏，絶塵膏澤。

以漆喻水，故蘸刷拂器，比雨麭面無類，如雨下塵埃，不起爲佳。又漆偏則作病，故曰不偏。

露清，即罌子桐油。

色隨百花，滴瀝後素。

油清如露，調顔料則如露在百花上，各色無所不應也。後素，言露從花上墜時見正色，而卻呈繪事也。

霜挫，即削刀，並捲鏨。

極陰殺木，初陽斯生。

霜殺木，乃生萌之初。而刀削樸，乃髹漆之初也。

雪下，即筒羅。

片片霏霏，疎疎密密。

筒有大小，羅有疎密，皆隨麩片之細麤，器面之狹闊而用之。其狀如雪之下而布於地也。

霰布，即蘸子。用繒、絹、麻布。

蓓蕾下零，雨凍先集。

成花者，爲雪。未成花者，爲霰。故曰蓓蕾。漆面爲文相似也。其漆稠粘，故曰雨凍。又曰下零，曰先集，用蘸子打起漆面也。

雹墮，即引起料。

實粒中虛，跡痕如砲。

引起料有數等，多禾殼之類，故曰實粒。中虛，即雹之狀。又雹，砲也，中物有跡也。引起料之痕跡爲文，以比之也。

雺籠，即粉筆，並粉盞。

陽起陰起，百狀朦朧。

雺起於朝，起於暮。朱髹、黑髹，即陰陽之色。而器上之粉道，百般文圖輕疎，而如山水草木被籠於雺中而朦朧也。

時行，即挑子，有木，有竹，有骨，有角。

百物斯生，水爲凝澤。

漆工審天時而用漆，莫不依挑子。如四時行焉，百物生焉。漆或爲垸，或爲當，或爲糙，或爲麭，如水，有時以凝，有時以澤也。

春媚，即漆畫筆。有寫象、細鉤、遊絲、打界、排頭之等。

化工粧點，日懸彩雲。

以筆爲文彩，其明媚如化工之粧點於物，如春日映彩雲也。日，言金。雲，言顔料也。

夏養，即雕刀。有圓頭、平頭、藏鋒、圭首、蒲葉、尖鍼、剞劂之等。

萬物假大，凸凹斯成。

千文萬華，雕鏤者比描飾則大似也。凸凹，即識款也。雕刀之功，如夏日生育，長養萬物矣。

秋氣，即帚筆，並繭毬。

丹青施楓，金銀著菊。

描寫以帚筆，乾傅各色，以繭毬施金銀，如秋至而草木爲錦，曰丹青，曰金銀，曰楓，曰菊，都言各色百華也。

冬藏，即濕漆桶，並濕漆甕。

玄冥玄英，終藏閉塞。

玄冥玄英，猶言冬水。以漆喻水，玄言其色。凡濕漆貯器者，皆蓋藏，令不濂凝，更宜閉塞也。

暑溽，即蔭室。

大雨時行，濕熱鬱蒸。

蔭室中以水濕，則氣薰蒸。不然，則漆難乾。故曰大雨時行。蓋以季夏之候者，取濕熱之氣甚矣。

寒來，即杇。有竹，有骨，有銅。

已冰已凍，令水土堅。

言法。絮漆法，灰漆，凍子等，皆以杇黏著而乾固之。如三冬氣，令水土冰凍結堅也。

晝動，即洗盆，並帉。

作事不移，日新去垢。

宜日日動作，勉其事，不移異物，而去懶惰之垢，是工人之德也。示之以湯之盤銘意。凡造漆器，用力莫甚於磋磨矣。

夜靜，即窨。

列宿茲見，每工茲安。

底垸、糙麭，皆納於窨而連宿，令內外乾固，故曰每工也。列宿，指成器，兼示工人晝勉事，夜安身矣。

地載，即几。

維重維静，陳列山河。

此物重、静，都承諸器，如地之載物也。山，指捎盤。河，指模鑾。

土厚，即灰。有角、骨、蛤、石、甎，及壞屑、磁屑、炭末之等。大化之元，不耗之質。

黄者，厚也，土色也。灰漆以厚爲佳。凡物燒之則皆歸土，土能生百物而永不滅。灰漆之體，總如率土然矣。

柱括，即布，並斮絮、麻筋。

土下軸連，爲之不陷。

二句言布筋包裹捲榛在灰下，而漆不陷，如地下有八柱也。

山生，即捎盤，並髤几。

噴泉起雲，積土產物。

泉，指濾漆。雲，指色料。土，指灰漆。共用之，於其上而作爲諸器，如山之產生萬物也。

水積，即濕漆。生漆有稠、淳之二等，熟漆有揩光、濃、淡、明膏、光明、黄明之六製。

其質兮坎，其力負舟。

漆之爲體，其色黑，故以喻水。復積不厚則無力，如水之積不厚，則負大舟無力也。工者，造作無悋漆矣。

海大，即曝漆盤，並煎漆鍋。

其爲器也，衆水歸焉。

此器甚大，而以製熟諸漆者，故比諸海之大，而百川歸之矣。

潮期，即曝漆挑子。

鰌尾反轉，波濤去來。

鰌尾反轉，打挑子之貌。波濤去來，挑飜漆之貌。凡漆之曝，熟有佳期，亦如潮水有期也。

河出，即模鑿，並斜頭刀、剉刀。

五十有五，生成千圖。

五十有五，天一至地十之總數。言蚼片之點抹、鉤條，總五十有五式，皆刀鑿刻成之，以比之河出圖也。

洛現，即筆覘，並揞筆覘。

對十中五，定位支書。

四方四隅之數皆相對得十，而五乃中央之數。言描飾十、五，體皆出於筆覘中，以比之龜書出於洛也。

泉湧，即濾車並幦。

高原混混，回流涓涓。

漆濾過時，其狀如泉之湧，而混混下流也。濾車轉軸回緊，則漆出於布面，故曰回流也。

冰合，即膠。有牛皮，有鹿角，有魚鰾。

兩岸相連，凝堅可渡。

兩岸相連，言二物縫合。凝堅可渡，言膠汁如冰之凝，澤而乾則有力也。

楷法第二法者，制作之理也。知聖人之意，而巧者述之，以傳之後世者，列示焉。

三法

巧法造化，天地和同萬物生，手心應得百工就。

質則人身，骨肉皮筋巧作神，瘦肥美醜文爲眼。

文象陰陽。定位自然成凸凹，生成天質見玄黄。

法造化者，百工之通法也。文質者，髤工之要道也。

二戒

淫巧蕩心，過奇擅豔，失真亡實。

行濫奪目。其百工之通戒，而漆匠尤須嚴矣。

四失

制度不中，不鬻市。

工過不改，是謂過。

器成不省，不忠乎。

倦懶不力。不可雕。

三病

獨巧不傳，國工守累世，俗匠擅一時。

巧趣不貫，如巧拙造車，似男女同席。

文彩不適。貂狗何相續，紫朱豈共宜。

六十四過

䰍漆之六過《説文》曰，䰍，漆垸已，復漆之也。

冰解，漆稀，而仰俯失候，旁上側下，淫泆之過。
淚痕，漆慢，而刷布不均之過。
皺皵，漆緊，而蔭室過熱之過。
連珠，隧棱，凹棱也。山棱，凸棱也。内壁下，底際也。齟際，齒根也。漆潦之過。
纇點，髹時不防風塵，及不挑去飛絲之過。
刷痕。漆過稠，而用硬毛刷之過。

色漆之二過

灰脆，漆製和油多之過。
黯暗。漆不透明，而用顔料少之過。

彩油之二過

柔黏，油不辨真僞之過。
帶黄。煎熟過焦之過。

貼金之二過

癜斑，黏貼輕忽漫綴之過。
粉黄。襯漆厚而浸潤之過。

罩漆之二過

點暈，濾絹不密，及刷後不挑去纇之過。
濃淡。刷之往來有浮沉之過。

刷蹟之二過

節縮，用刷滯虷行之過。
模糊。漆不稠緊，刷毫軟之過。

蓓蕾之二過

不齊，漆有厚薄，蘸起有輕重之過。
潰痿。漆不黏稠急緊之過。

揩磨之五過

露垸，觚稜方角及平棱圓棱過磨之過。
抓痕，平面車磨用力，及磨石有沙之過。
毛孔，漆有水氣，及浮漚不拂之過。
不明，揩光油摩澤漆未足之過。
黴黕。退光不精，漆製失所之過。

磨顯之三過

磋跡，磨磋急忽之過。
蔽隱，磨顯不及之過。
漸滅。磨顯太過之過。

描寫之四過

斷續，筆頭漆少之過。
淫侵，筆頭漆多之過。
忽脱，蔭而過候之過。
粉枯。息氣未翳，先施金之過。

識文之二過

狹闊，寫起輕忽之過。
高低。稠漆失所之過。

隱起之二過

齊平，堆起無心計之過。
相反。物象不用意之過。

灑金之二過

偏纍，下布不均之過。
刺起。麩片不壓定之過。

綴蚼之二過

麤細，裁斷不比視之過。
厚薄。琢磨有過不及之過。

款刻之三過

淺深，剔法無度之過。
絲縷，運刀失路之過。
齟齬。縱横文不貫之過。

鎗劃之二過

見鋒，手進刀走之過。
結節。意滯刀澀之過。

剔犀之二過

缺脱，漆過緊枯燥之過。

絲絚。層髤失數之過。

雕漆之四過

骨瘦，暴刻無肉之過。

玷缺，刀不快利之過。

鋒痕，運刀輕忽之過。

角稜。磨熟不精之過。

裏之二過

錯縫，器衣不相度之過。

浮脱。黏著有緊緩之過。

單漆之二過

燥暴，襯底未足之過。

多纇。樸素不滑之過。

糙漆之三過

滑軟，製熟用油之過。

無肉，製熟過稀之過。

刷痕。製熟過稠之過。

丸漆之二過

鬆脆。灰多漆少之過。

高低。刷有厚薄之過。

布漆之二過

邪宼，貼布有急緩之過。

浮起。黏貼不均之過。

捎當之二過

鹽惡，質料多漆少之過。

瘦陷。未乾固輒坑之過。

補綴之二過

愈毁，無尚古之意之過。

不當。不試看其色之過。

又《坤集》 凡髤器，質爲陰，文爲陽。文亦有陰陽。描飾爲陽。描寫以漆，漆，木汁也。木所生者火，而其象凸，故爲陽。雕飾爲陰。雕鏤以刀，刀，黑金也。金所生者水，而其象凹，故爲陰。此以各飾衆文皆然矣。今分類舉事而列於此，以爲《坤集》。坤，所以化生萬物，而質體文飾乃工巧之育長也。坤德至哉！

質色第三 純素無文者，屬陰，以爲質者，列在於此。

黑髤，一名烏漆，一名玄漆。即黑漆也。正黑光澤爲佳，揩光要黑玉，退光要烏木。熟漆不良，糙漆不厚，細灰不用。黑料則紫黑若古器，以透明紫色爲美。揩光欲驢滑光瑩，退光欲敦樸古色。近來揩光有澤漆之法，其光滑殊爲可愛矣。

朱髤，一名硃紅漆，一名丹漆。即朱漆也。鮮紅明亮爲佳。揩光者，其色如珊瑚。退光者樸雅。又有礬紅漆，甚不貴。

髤之春暖夏熱，其色紅亮。秋涼，其色殷紅。冬寒，乃不可。又，其明暗在膏漆、銀朱調和之增減也。倭漆竊丹帶黄，又用丹砂者，暗且帶黄。如用絳礬，顔色愈暗矣。

黄髤，一名金漆。即黄漆也。鮮明光滑爲佳，揩光亦好，不宜退光。其帶紅者美，帶青者惡。

色如蒸栗爲佳，帶紅者用鷄冠雄黄故好，帶青者用薑黄故不可。

緑髤，一名緑沉漆。即緑漆也。其色有淺深，緑欲沉。揩光者忌見金星，用合粉者甚卑。

明漆不美則色暗，揩光見金星者，料末不精細也。臭黄韶粉相和，則變爲緑，謂之合粉緑，劣於漆緑太遠矣。

紫髤，一名紫漆。即赤黑漆也。有明暗淺深，故有雀頭、栗殼、銅紫、騂毛、殷紅之數名，又有土朱漆。

此數色皆因丹、黑調和之法，銀朱、絳礬異其色，宜看之試牌而得其所。又，土朱者，赭石也。

褐髤，有紫褐、黑褐、茶褐、荔枝色之等，揩光亦可也。

又有枯瓢、秋葉等，總依顔料調和之法爲淺深，如紫漆之法。

油飾，即桐油調色也。各色鮮明，復髤飾中之一奇也。然不宜黑。

比色漆則殊鮮妍，然黑唯宜漆色，而白唯非油則無應矣。

金髤，一名渾金漆。即貼金漆也。無癜斑爲美。又有泥金漆，不浮光。又有貼銀者，易黴黑也。黄糙宜於新，黑糙宜於古。

黃糙宜於新器者，養益金色故也。黑糙宜於古器者，其金處處摩殘成黑斑，以爲雅賞也。瘢斑見於貼金二過之下。

紋匏第四 匏面爲細紋屬陽者，列在於此。

刷絲，即刷跡紋也。纖細分明爲妙，色漆者大美。

其紋如機上經縷爲佳。用色漆爲難，故黑漆刷絲，上用色漆擦被。以假色漆刷絲，殊拙其器，良久至色漆摩脱，見黑縷而文理分明，稍似巧也。

綺紋刷絲，紋有流水、洞澋、連山、波疊、雲石皴、龍蛇鱗等用，色漆者亦奇。

龍、蛇鱗者二物之名。又有雲頭雨脚、雲波相接、浪淘沙等。

刻絲花，五彩花文如刻絲，花色、地紋共纖細爲妙。

刷跡作花文，如紅花、黃果、緑葉、黑枝之類，其地或纖，刷絲或細，蓓蕾其色或紫或褐，華彩可愛。

蓓蕾漆，有細麤。細者如飣餖，麤者如粒米。故有穠花、淪漪、海石皴之名。彩漆亦可用。

蓓蕾，其文簇簇。穠花，其文攢攢。淪漪，其文鱗鱗。海石皴，其文磊磊。

罩明第五 罩漆如水之清，故屬陰。其透徹底，色明於外者，列在於此。

罩朱髹，一名赤底漆。即赤糙罩漆也。明徹紫滑爲良，揩光者佳絶。

揩光者似易成，却太難矣。諸罩漆之巧，更難得耳。

罩黃髹，一名黃底漆。即黃糙罩漆也。糙色正黃，罩漆透明爲好。

赤底罩厚爲佳，黃底罩薄爲佳。

罩金髹，一名金漆。即金底漆也。光明瑩徹爲巧，濃淡點暈爲拙。又有泥金罩漆，敦樸可賞。

金薄有數品，其次者用假金薄，或銀薄。泥金罩漆之次者，用泥銀，或錫末，皆出於後世之省略耳。濃淡點暈，見於罩漆之二過。

灑金，一名砂金漆。即撒金也。麩片有細麤，擦敷有疎密，罩髹有濃淡。又有斑灑金，其文雲氣、漂霞、遠山、連錢等，又有用麩銀者，又有揩光者，光瑩眩目。

近有用金銀薄、飛片者甚多，謂之假灑金。又有用錫屑者，又有色糙者，其下品也。

描飾第六 稠漆寫起，於文爲陽者，列在於此。

描金，一名泥金畫漆。即純金花文也。朱地、黑質共宜焉。其文以山水、翎毛、花果、人物、故事等，而細鉤爲陽，疏理爲陰，或黑漆理，或彩金象。

疏理，其理如刻，陽中之陰也。泥、薄金，色有黃、青、赤，錯施以爲象，謂之彩金象。又加之混金漆，而或填或暈。

描漆，一名描華。即設色畫漆也。其文各物備色，粉澤爛然如錦繡。細鉤皴理以黑漆，或劃理。又有彤質者，先以黑漆描寫，而後填五彩。又有各色乾著者，不浮光，以二色相接，爲暈處多爲巧。

若人面及白花、白羽毛，用粉油也。填五彩者不宜黑質，其外匡朦朧不可辨，故曰彤質。又乾著，先漆象而後傅色料，比濕漆設色則殊雅也。金鉤者，見於媥孄門。

漆畫，即古昔之文飾，而多是純色畫也。又有施丹青而如畫家所謂没骨者，古飾所一變也。

今之描漆家不敢作。近有朱質朱文、黑質黑文者，亦樸雅也。

描油，一名描錦。即油色繪飾也。其文飛禽、走獸、昆蟲、百花、雲霞、人物，一一無不備天真之色，其理或黑，或金，或斷。

如天藍、雪白、桃紅，則漆所不相應也。古人畫飾多用油，今見古祭器中有純色油文者。

描金罩漆，黑、赤、黃三糙皆有之，其文與描金相似。又寫意則不用黑理，又如白描亦好。

今處處皮市多作之，又有用銀者，又有其地假灑金者，又有器銘詩句等以朱或黃者。

填嵌第七 五彩金鈿，其文陷於地，故屬陰，乃列在於此。

填漆，即填彩漆也。磨顯其文，有乾色，有濕色，妍媚光滑。又有鏤嵌者，其地錦綾細文者，愈美豔。

磨顯填漆，匏前設文，鏤嵌填漆。匏後設文，濕色重暈者爲妙。又一種，有黑質紅細文者，其文異禽怪獸，而界郭空閒之處，皆爲羅文細條、縠縐粟斑、疊雲藻蔓、通天花兒等紋，甚精緻。其製原出於南方也。

綺紋填漆，即填刷紋也。其刷紋黑，而間隙或朱，或黃，或緑，或紫，或褐。

又文質之色，互相反亦可也。

有加圓花文，或天寶海琛圖者，又有刻絲填漆，與前之刻絲花可互考矣。

彰髹，即斑文填漆也。有疊雲斑、豆斑、粟斑、蓓蕾斑、暈眼斑、花點斑、穠花

斑、青苔斑、雨點斑、彣斑、彪斑、瑇瑁斑、犀花斑、魚鱗斑、雉尾斑、縐縠紋、石絣紋等彩華，瓌然可愛。

有加金者，璀璨眩目。凡一切造物，禽羽獸毛魚鱗介甲，有文彰者，皆象之。而極倣模之工巧，爲天真之文，故其類不可窮也。

螺鈿，一名蜔嵌，一名陷蚌，一名坎螺。即螺填也。百般文圖點抹鉤條，總以精細密致如畫爲妙。又分截殼色，隨彩而施綴者，光華可賞。又有片嵌者，界郭理皴皆以劃文。又近有加沙者，沙有細麤。

殼片，古者厚而今者漸薄也。點抹鉤條總五十有五等，無所不足也。殼色有青黄赤白也。沙者，殼屑，分麤、中、細，或爲樹下苔蘚，或爲石面皴文，或爲山頭霞氣，或爲汀上細沙。頭屑極麤者，以爲冰裂文，或石皴亦用。凡沙，與極薄片宜，磨顯揩光，其色熠熠。共不宜朱質矣。

襯色蜔嵌，即色底螺鈿也。其文宜花鳥草蟲，各色瑩徹，煥然如佛郎嵌。又加金銀襯者，儼似嵌金銀片子，琴徽用之亦好矣。

此製多片嵌劃理也。

嵌金，嵌銀，嵌金銀，右三種，片、屑、線各可用。有純施者，有雜嵌者，皆宜磨顯揩光。

有片嵌、沙嵌、絲嵌之別，而若濃淡爲暈者，非屑則不能作也。假製者用鍮、錫，易生黴氣，甚不可。

犀皮，或作西皮，或犀毗。文有片雲、圓花、松鱗諸斑。近有紅面者，以光滑爲美。

礳窳諸般黑面，紅中黄底爲原法。紅面者，黑爲中，黄爲底。黄面，赤、黑互爲中、爲底。

陽識第八其文漆堆挺出，爲陽中陽者，列在於此。

識文描金，有用屑金者，有用泥金者。或金理，或劃文，比描金則尤爲精巧。

傅金屑者貴焉，倭製殊妙。黑理者爲下底。

識文描漆，其著色，或合漆寫起，或色料擦抹。其理文，或金，或黑，或劃。

各色乾傅末金理文者爲最。

揸花漆，其文儼如繢繡爲妙。其質諸色皆宜焉。

其地紅，則其文去紅，或淺深別之。他色亦然矣。理鉤皆彩，間露地色。細齊爲巧，或以鎗金亦佳。

堆漆，其文以萃藻、香草、靈芝、雲鉤、絛環之類，漆淫泆不起立，延引而侵界者，不足觀。又各色重層者堪愛，金銀地者愈華。

寫起識文，質與文互異其色也。淫泆延引，則須漆卻焉。複色者，要如剔犀，共不用理鉤，以與他之文爲異也。淫泆侵界，見於描寫四過之下淫侵。

識文，有平起，有線起。其色有通黑，有通朱。其文際忌爲連珠。

平起者，用陰理。線起者，陽文耳。堆漆，以漆寫起。識文，以灰堆起。堆漆文質異色，識文花，地純色，以爲殊別也。連珠，見於麴漆六過之下。

堆起第九其文高低灰起，加雕琢，陽中有陰者，列在於此。

隱起描金，其文各物之高低，依天質灰起，而稜角圓滑爲妙。用金屑爲上，泥金次之。其理或金，或刻。

屑金文刻理爲最上，泥金、象金理次之。黑漆理蓋不好，故不載焉。又漆凍模脱者似巧，無活意。

隱起描漆，設色有乾、濕二種，理鉤有金、黑、刻三等。

乾色，泥金理者妍媚，刻理者清雅。濕色，黑理者近俗。

隱起描油，其文同隱起描漆，而用油色耳。

五彩間色無所不備，故比隱起描漆，則最美。黑理鉤亦不甚卑。

雕鏤第十雕刻爲隱現，陰中有陽者，列在於此。

剔紅，即雕紅漆也。髹層之厚薄，朱色之明暗，雕鏤之精麤，亦甚有巧拙。唐制多印板刻平錦朱色，雕法古拙可賞，復有陷地黄錦者。宋元之制，藏鋒清楚，隱起圓滑，纖細精緻。又有無錦文者，其有象旁刀跡見黑線者，極精巧。又有黄錦者，黄地者似之。又礬胎者，不堪用。

唐制如上説，而刀法快利，非後人所能。及陷地黄錦者，其錦多似細鉤雲，與宋元以來之剔法大異也。藏鋒清楚，運刀之通法。隱起圓滑，壓花之刀法。纖細精緻，錦紋之刻法。自宋元至國朝皆用此法。古人精造之器，剔跡之紅，間露黑線一二帶。一線者，或在上，或在下。重線者，其間相去或狹或闊，無定法。所以家家爲記也。黄錦黄地亦可賞。礬胎者，礬朱重漆，以銀朱爲面，故剔跡殷暗也。又，近琉球國産精巧而鮮紅，然而工趣去古甚遠矣。

金銀胎剔紅，宋内府中器，有金胎、銀胎者。近日有鍮胎、錫胎者，即所假倣也。

金銀胎多文，間見其胎也。漆地刻錦者，不漆器内。又通漆者，上掌則太

重。鍮、錫胎者多通漆。又有磁胎者，布漆胎者，共非宋制也。

剔黄，制如剔紅而通黄，又有紅地者。

有紅錦者，絶美也。

剔緑，制與剔紅同而通緑，又有黄地者、朱地者。

有朱錦者、黄錦者，殊華也。

剔黑，即雕黑漆也。制比雕紅，則敦樸古雅。又朱錦者，美甚。朱地黄地者，次之。

有錦地者、素地者，又黄錦、緑錦、緑地亦有焉。純黑者爲古。

剔彩，一名雕彩漆。有重色雕漆，有堆色雕漆。如紅花、緑葉、紫枝、黄果、彩雲、黑石、輕重雷文之類，絢豔悦目。

重色者，繁文素地。堆色者，疎文錦地。爲常具，其地不用黄黑二色之外，侵奪壓花之光彩故也。重色，俗曰横色。堆色，俗曰竪色。

複色雕漆，有朱面，有黑面，共多黄地子，而鏤錦紋者少矣。

髹法同剔犀，而錯緑色爲異。雕法同剔彩，而不露色爲異也。

堆紅，一名罩紅。即假雕紅也。灰漆堆起，朱漆罩覆，故有其名。又有木胎雕刻者，工巧愈遠矣。

有灰起刀刻者，有漆凍脱印者。

堆彩，即假雕彩也。制如堆紅，而罩以五彩爲異。

今有飾黑質，以各色凍子隱起團堆，杇頭。印劃不加一刀之雕鏤者，又有花樣錦紋脱印成者，俱名堆錦，亦此類也。

剔犀，有朱面，有黑面，有透明紫面，或烏間朱線，或紅間黑帶，或雕黸等。複或三色更疊，其文皆疏刻，劍環、絛環、重圈、回文、雲鉤之類，純朱者不好。

此制原於錐毗，而極巧致精，複色多且厚，用款刻，故名三色；更疊，言朱、黄、黑錯重也。用緑者非古制，剔法有仰瓦，有峻深。

鐫蜔，其文飛走、花果、人物、百象，有隱現爲佳。殼色五彩自備，光耀射目、圓滑精細、沉重緊密爲妙。

殼色，細螺、玉珧、老蚌等之殼也。圓滑精細，乃刻法也。沉重緊密，乃嵌法也。

款彩，有漆色者，有油色者。漆色宜乾填，油色宜粉襯。用金銀爲絢者，倩盼之美愈成焉。又有各色純用者，又有金銀純雜者。

陰刻文圖，如打本之印板而陷衆色，故名。然各色純填者，不可謂之彩。各以其色命名而可也。

鎗劃第十一 細鏤嵌色於文，爲陰中陰者，列在於此。

鎗金，鎗或作戧，或作創，一名鏤金。

鎗銀，朱地黑質共可飾細鉤纖皴，運刀要流暢而忌結節。物象細鉤之間，一一劃刷絲爲妙。又有用銀者，謂之鎗銀。

宜朱、黑二質，他色多不可。其文陷以金薄，或泥金。用銀者宜黑漆，但一時之美，久則徽暗。余間見宋元之諸器，希有重漆劃花者，戧跡露金胎或銀胎，文圖燦爛分明也。鎗金銀之制，蓋原於此矣。結節，見於戧劃二過之下。

鎗彩，刻法如鎗金，不劃絲。嵌色如款彩，不粉襯。

又有純色者，宜以各色稱焉。

斒斕第十二 金銀寶貝五彩斑斕者，列在於此。總所出於宋元名匠之新意，而取二飾、三飾可相適者，而錯施爲一飾也。

描金加彩漆，描金中加彩色者。

金象、色象，皆黑理也。

描金加蜔，描金雜螺片者。

螺象之邊，必用金雙鉤也。

描金加蜔錯彩漆，描金中加螺片與色漆者。

金象以黑理，螺片與彩漆以金細鉤也。

描金散沙金，描金中加灑金者。

加灑金之處，皆爲金理鉤。倭人製金象，亦爲金理也。

描金錯灑金加蜔，描金中加灑金與螺片者。

金象以黑理，灑金及螺片皆金細鉤也。

金理鉤描漆，其文全描漆爲金細鉤耳。

又有爲金細鉤，而後填五彩者，謂之金鉤填色描漆。

描漆錯蜔，彩漆中加蜔片者。

彩漆用黑理，螺象用劃理。

金理鉤描漆加蜔，金細鉤描彩漆雜螺片者。

五彩金細並施，而爲金象之處多黑理。

金理鉤描油，金細鉤彩油飾者。

又金細鉤填油色，清鈒點亦有焉。

金雙鉤螺鈿，嵌蚌象，而金鉤其外匡者。

朱、黑二質共用，蚌象皆劃理，故曰雙鉤。又有用金細鉤者，久而金理盡脱落，故以劃理爲佳。

填漆加蚼，填彩漆中錯蚌片者。

又有嵌襯色螺片者亦佳。

填漆加蚼金銀片，彩漆與金銀片及螺片雜嵌者。

又有加蚼與金，有加蚼與銀，有加蚼與金銀。隨製異其稱。

螺鈿加金銀片，嵌螺中加施金銀片子者。

又或用蚼與金，或用蚼與銀，又以錫片代銀者，不耐久也。

襯色螺鈿，見於填嵌第七之下。

鎗金細鉤描漆，同金理鉤描漆，而理鉤有陰陽之别耳。又有獨色象者。

獨色象者，如朱地黑文、黑地黄文之類，各色互用焉。

鎗金細鉤填漆，與鎗金鉤描漆相似，而光澤滑美。

有其地爲錦文者，其錦或填色，或鎗金。

雕漆錯鐫蚼，黑質上雕彩漆，及鐫螺殼爲飾者。

雕漆有筆寫厚堆者，有重髹爲板子而雕嵌者。

彩油錯泥金加蚼金銀片，彩油繪飾，錯施泥金、蚼片、金銀片等，真設文富麗者。

或加金屑，或加灑金亦有焉。此文宣德以前所未曾有也。

百寶嵌，珊瑚、琥珀、瑪腦、寶石、玳瑁、鈿螺、象牙、犀角之類，與彩漆板子錯雜而鐫刻鑲嵌者，貴甚。

有隱起者，有平頂者。又近日加窑花燒色代玉石，亦一奇也。

複飾第十三 美其質而華其文者，列在於此。即二飾重施也。宋元至國初，皆巧工所述作也。

灑金地諸飾：

金理鉤螺鈿，描金加蚼，金理鉤描漆加蚌，金理鉤描漆，識文描金，識文描漆，嵌鐫螺，雕彩錯鐫螺，隱起描金，隱起描漆，雕漆。

所列諸飾，皆宜灑金地，而不宜平寫款戧之文。沙金地亦然焉。今人多假灑金，上設平寫描金，或描漆，皆假倣此製也。

細斑地諸飾：

識文描漆，識文描金，識文描金加蚼，雕漆，嵌鐫螺，雕彩錯鐫螺，隱起描金，隱起描漆，金理鉤嵌蚌，戧金鉤描漆，獨色象鎗金。

所列諸飾，皆宜細斑地，而其斑黑、緑、紅、黄、紫、褐，而質色亦然，乃六色互用。又有二色、三色錯雜者，又有質斑同色，以淺深分者。總揩光填色也。

綺紋地諸飾，壓文同細斑地諸飾。

即綺紋填漆地也。彩色可與細斑地互考。

羅紋地諸飾：

識文劃理、金理。描漆，識文描金，揸花漆，隱起描金，隱起描漆，雕漆。

有以羅爲衣者，有以漆細起者，有以刀雕刻者，壓文皆宜陽識。

錦紋鎗金地諸飾：

嵌鐫螺，雕彩錯鐫蚼，餘同羅紋地諸飾。

陰紋爲質地，陽紋爲壓花，其設文，大反而大和也。

紋間第十四 文質齊平，即填嵌諸飾，及鎗款互錯施者，列在於此。

鎗金間犀皮，即攢犀也。其文宜折枝花、飛禽、蜂蝶，及天寶海琛圖之類。

其間有磨斑者，有鑽斑者。

款彩間犀皮，似攢犀，而其文、款彩者。

今謂之款文攢犀。

嵌蚌間填漆，填漆間螺鈿。

右二飾文間相反者，文宜大花，而間宜細錦。

細錦，復有細斑地、綺紋地也。

填蚌間戧金，鈿花文鎗細錦者。

此製文間相反者不可，故不録焉。

嵌金間螺鈿，片嵌金花，細填螺錦者。

又有銀花者，有金銀花者，又有間地沙蚌者。

填漆間沙蚌，間沙有細麤疎密。

其間有重色眼子斑者。

裹衣第十五 以物、衣、器而爲質，不用灰漆者，列在於此。

皮衣：

皮上糙、麭二髹而成，又加文飾。用薄羊皮者，稜角接合處如無縫緘而漆面

光滑。又用縠紋皮亦可也。

用縠紋皮者，不宜描飾。唯色漆三層而磨平，則隨皮皺露色爲斑紋，光華且堅而可耐久矣。

羅衣：

羅目正方，灰緎平直爲善。羅與緎必異色，又加文飾。

灰緎，以灰漆壓器之稜緣、羅之邊端而爲界緎者。又加文飾者，可與複飾第十三羅紋地諸飾互考。又等複色數疊而磨平爲斑紋者，不作緎亦可。

紙衣：

貼紙三四重，不露胚胎之木理者佳，而漆漏燥，或紙上毛茨爲纇者，不堪用。

是韋衣之簡製，而襟以倭紙薄滑者好，且不易敗也。

單素第十六 榛器一髹而成者，列在於此。

單漆，有合色漆，及髹色皆漆飾中，尤簡易而便急也。

底法不全者，漆燥暴也。今固柱梁多用之。

單油，總同單漆而用油色者。樓門扉窗省工者用之。

一種有錯色重圈者，盆盂碟盒之類，皿底盒内多不漆，皆堅木所車旋。蓋南方所作，而今多傚之，亦單油漆之類，故附於此。

黄明單漆，即黄底單漆也。透明鮮黄，光滑爲良。又有單漆墨畫者。

有一髹而成者，數澤而成者。又畫中或加金，或加朱。又有揩光者，其面潤滑，木理燦然，宜花堂之瓶卓也。

罩朱單漆，即赤底單漆也。法同黄明單漆。

又有底後爲描銀，而如描金罩漆者。

質法第十七 此門詳質法名目，順次而列於此，實足爲法也。質乃器之骨肉，不可不堅實也。

棬榛，一名胚胎，一名器骨。方器，有旋題者，合題者。圓器，有屈木者，車旋者。皆要平正輕薄，否則布灰不厚。布灰不厚，則其器易敗，且有露脈之病。

又有篾胎、藤胎、銅胎、錫胎、窑胎、凍子胎、布心紙胎、重布胎，各隨其法也。

合縫，兩板相合，或面旁底足合爲全器。皆用法漆，而加捎當。

合縫黏者，皆匾絛縛定，以木楔令緊，合齊成器，待乾而捎當焉。

捎當，凡器物，先刌劃縫會之處，而法漆嵌之，及通體生漆刷之，候乾，胎骨始固，而加布漆。

器面窳缺節眼等深者，法漆中加木屑，斮絮嵌之。

布漆，捎當後，用法漆衣麻布，以令麪面無露脈，且稜角縫合之處不易解脱，而加垸漆。

古有用革韋衣，後世以布代皮。近俗有以麻筋及厚紙代布，制度漸失矣。

垸漆，一名灰漆。用角灰、磁屑爲上，骨灰、蛤灰次之，甎灰、坯屑、砥灰爲下。皆篩過，分麤、中、細，而次第布之如左。灰畢，而加糙漆。

用坯屑、枯炭末，加以厚糊猪血、藕泥、膠汁等者，今賤工所爲，何足用！又有鰻水者，勝之。鰻水，即灰膏子也。

第一次麤灰漆，要薄而密。

第二次中灰漆，要厚而均。

第三次作起稜角，補平窳缺，共用中灰爲善。故在第三次。

第四次細灰漆，要厚薄之間。

第五次起線緣。匳窗、邊稜爲線緣或界緎者，於細灰磨了後，有以起線挑堆起者，有以法灰漆爲縷黏絡者。

糙漆，以之實垸，腠滑灰面。其法如左。糙畢而加麪漆，爲文飾，器全成焉。

第一次灰糙，要良厚而磨宜正平。

第二次生漆糙，要薄而均。

第三次煎糙，要不爲皺皵。

右三糙者，古法。而髹琴必用之。今造器皿者，一次用生漆糙，二次用曬糙而止。又有赤糙、黄糙，又細灰後，以生漆擦之，代一次糙者，肉愈薄也。

漆際，素器貯水、書匣防濕等用之。

今市上所售器，漆際者多不和斮絮，唯垸際漆界者，易解脱也。

尚古第十八 一篇之大，尾名尚古者，蓋黄氏之意在於斯。故此書總論成飾，而不載造法，所以温故而知新也。

斷紋，髹器歷年愈久，而斷紋愈生，是出於人工，而成於天工者也。古琴有梅花斷，有則寶之。有蛇腹斷，次之。有牛毛斷，又次之。他器多牛毛斷，又有冰裂斷，龜紋斷，亂絲斷，荷葉斷，縠紋斷。凡揩光牢固者，多疎斷。稀漆脆虚者，多細斷，且易浮起，不足珍賞焉。

又有諸斷交出，或一旁生彼，一旁生是，或每面爲衆斷者，天工苟不可窮也。

補綴，補古器之缺，剥擊痕尤難焉。漆之新古，色之明暗，相當爲妙。又修

綴失其缺片者，隨其痕而上畫雲氣，黑髹以赤，朱漆以黃之類，如此五色金鈿互異其色，而不揜痕迹，卻有雅趣也。

補綴古器，令縫痕不覺者，可巧手以繼拙作，不可庸工以當精製。此以其難可知。又補處爲雲氣者，蓋好事家倣祭器畫雲氣者作之。今玩賞家呼之曰雲綴。

倣傚，摸擬歷代古器，及宋元名匠所造，或諸夷倭製等者。以其不易得，爲好古之士備玩賞耳，非爲賣骨董者之欺人貪價者作也。凡倣傚之所巧，不必要形似，唯得古人之巧趣，與土風之所以然爲主。然後攷歷歲之遠近，而設骨剥斷紋，及去油漆之氣也。

要文飾全不異本器，則須印模，後熟視而施色。如雕鏤識款，則蠟墨乾打之，依紙背而印模，俱不失毫釐。然而有款者，摸之則當款旁復加一款，曰某姓名倣造。

明·方以智《通雅》卷三四《雜用諸器》 髹漆謂之西皮。《因話録》曰：「馬韉自黑而丹，自丹而黃，五色相疊曰西皮，以髹倣爲之。」智按宋漆有犀毗，即《史》師比，借稱其雜采也。雲南棋礶香盤，皆五色相疊，是其類矣。陶九成曰：「胎骨曰捲素，膠和嵌縫曰梢當。去聲。然後加三灰。日久糙漆，停久磨之，始用墨光。其漆加鷄子青，日曬試緊慢，多入觸藥，乃成墨光。既乾，乃揩石磨出漆纇。揩石，所謂鷄肝石也。鰻水，煎桐油入丹粉，無名異也。」《格古要論》曰：「元西塘揚匯有張成、楊茂剔紅，即雕漆也。次曰堆紅。」又元嘉興彭君實能作剩金漆器。宋內府有細螺，即螺鈿也。《游宦紀聞》言：「宣和六年，李資德、富轍上螺鈿硯匣。」皮日休詩：「襄陽作髹器，中有庫露真。」升菴曰：「今呼書格，曰庫露格，即《方言》之鹿觡，今謂鹿角。」顏注《趙后傳》：「殿上髹休澆二音。漆。」「今關東器再著漆，謂之梢漆，梢即髹聲之轉。關西云黑髹盤，朱髹盤。」桼從木，下象形，作漆非。永樂果園廠製最精。大約剔紅、填漆、戧金、倭漆、螺鈿。宋多金銀爲素，近以錫木爲胎。舊稱蔣製，倭漆，與潘鑄倭銅，正統楊塤描漆，隆慶方信川螺蜔，黃平沙剔紅。雲南作者，刀不藏鋒，稜未磨也。近徽吴漆，絹胎鹿角灰磨者，螺鈿用金銀粒者，皆佳。

又 卷四〇《算數》 藪即庾，錥即斞，合四者而一之，又非矣。

藪，素口、色縷二切。《說文》「炊箅也。箅，漉米藪也，於六切。」借爲量名。智按以色縷切爲正。《聘禮》：「門外三十車，車秉有五藪。」康成曰：「今文藪，或爲逾，十斗曰斛，十六斗曰藪。」韋昭注《國語》，引《聘禮》「十六斗爲庾」，然則藪即庾明矣。疑漢末時，藪竟有逾音也。《考工記》：「漆三斞」，又曰：「庾實二觳，厚半寸，唇寸，豆實三而成觳。」按此與釜庾之庾異，釜庾之庾，其實有十六斗，而此二十有四升，疑當爲斞。《莊子》曰：「錥斛不敢出于四境。」注：「六斛四斗曰錥」，即斞也。則又與實二觳之庾不合矣。公紹曰：「庾有二法。」智按有三法；一則十六斗之庾，一則二十四升之庾，一則六斛四斗之錥，豈注者所記不确耶？六斛四斗之錥，則十釜矣，釜六斗四升。說者曰：藪、逾、庾、錥、斞，皆一數，非也。

又 卷四三《植物·木》 松湝，火燒松枝取液也。《大觀本草》作潴，《綱目》作湝。音諧。《玉篇》曰：「檞，松樠也；樠，液樠也。」皮上緑衣名艾蒳，與檳榔皆可合香。邵文伯所鈔宋《五色線》，引爲松餷、艾納，則又因潴而轉爲餷耳，餷音鏅。

椅桐、榮桐、白桐，即泡桐也。陸璣以椅爲梧桐，因陶隱居之說也。青桐即梧桐之無實者。岡桐即油桐，又名荏桐。葉如楓而刺者曰刺桐。外國之種曰海桐。小而真紅花者曰赬桐。唐宋《本草》，紛無定名。陶真白云四種：青桐，青而無子。梧桐皮白有子。《爾雅》「櫬又名榮」，皆梧也。白桐即椅桐，與崗桐無異，但有花子。崗桐無子，堪作琴瑟。戴氏曰：「崗桐似毛桐，葉細而不毛。毛桐易枯。崗桐能大，宜作琴瑟。」陸璣曰：「白桐宜琴。」《圖經》又曰：「梓實桐皮曰椅。油桐即膏桐，子可壓油。《本草》又曰：「南人呼作油者曰崗桐。」前既云崗桐無子，何從壓油乎？錢氏《詩話》：作琴入藥，惟白桐；崗桐榨油，陶誤。皇祐陳翥《桐譜》分六種。花有紫白，白者理粗而體性慢，葉圓大而尖長，其花先葉而開；紫者理細而性緊，不及白花者易生。莊子所謂桐乳致巢。至八月復有花。一種油桐。一種刺桐，葉如楓有刺。一種梧桐，有子可啗。一種身青，高三四尺，便有紅花，曰赬桐。李時珍止分四種，亦未考也。言椅桐、白桐、泡桐爲一。青桐、梧桐爲一，崗桐、油桐爲一；海桐、刺桐、赬桐爲一。智按《詩》稱：「椅桐梓漆。」《古詩》云：「椅桐傾高鳳。」嵇叔夜《琴賦》曰：「惟椅桐之所生。」古人以椅爲高大疎理之稱，故曰椅梓，曰椅桐，以别于本梓、本桐耳，古或通指，今則專以青桐爲梧桐。以《桐譜》言之，則白、紫花二種，皆今泡桐。先花後葉，《爾雅》謂之榮桐，榮即泡也。岡桐作油。又有實如罌子粟者，可作油。陳藏器所云罌子桐也，唐詩「刺桐花下莫淹留」，嶺外多生。自外國來者曰海

桐，與刺桐相似。頳桐秋開紅花，無實。雲南桐子大而擶。又西域部善出胡桐，其海桐之本名乎？孟康曰：「似桑而多曲，沫流爲胡桐淚，可以汗金銀，今肅州有之，」今白門別有海桐，葉不似桐，花開與橘柚同時，淩冬不凋，云是鄭和西洋移種。

又 有水蠟樹、菁蠟樹，不獨女貞放蠟也。《琴操》言魯處女貞木作詩是也。故冬青名女貞，而有二種。自陳嘉謨以女貞爲蠟樹，而時珍因之。不知今江南北放蠟者曰水蠟樹，常種之池塘堤上，根可固堤，又易生。冬落葉，非若冬青之不凋也。南楚城步、廣西傜中，皆於菁紬樹放蠟，不獨女貞。

又方以智《物理小識・金石類》 補斷石法 《墨娥小録》云，鎔黃白蠟、松香末，同色石粘之。一曰研生羊肝和麪綴之，一曰鎔瀝青和石屑補。若玉瑪瑙珊瑚等物損拆，研石膏、明礬，磨芨調塗損處，以綿紙井綸絲護束，置湯釜中，煮透，俟冷。

又《衣服類》 蠍靴 用黃蠍四兩，以二兩黏瀝青，入蠍均用。

又《器用類》 裝潢法 表褙作池，故曰潢也。大約黏宜省漿，表宜綿紙，多刷自沁，故縣壁不瓦，壤攢必俟天潤，上壁貴其滋調，下壁則宜燥矣。表册挖紙，不在綾絹，續用芨，背縫忌當畫心，卷舒久之，必然有損。吳中湯强爲精，强氏常住王弇州園。今顧元方稱莊希叔頡頏湯强，周江左嘗記之。其時貴秋冬，春中夏下，忌暑溽也。春以皂角一挺，滑石、白礬、川椒、黃蠟油各一兩。夏用蠟、礬、艾各一兩，金精石、木鱉子、秦艽、白芨、芫花各半兩，烏頭、信巴豆少許，皂角一挺。秋加石燕少許，冬用黃蠟一兩，白礬五錢，礞砂二錢，茯苓三兩，鹽三錢，麪一斤。其砑子者，用白芨餳并熬，以肥皂槎水一升，聽後用蠟一處同煎。蘇用撞褾挖散，即無接縫高低。

黏法 花椒湯去椒，以盆冷之，旋糁白麪，令其慢沈，不可攪動，明早攪勻。或浸數日，每日一攪，淋去原浸之湯，卻入白礬末，乳香少許。新水調和，冷鍋旋擂，不令結塊，方以慢熟之，切作塊，以原湯浸，椒湯煑之，攪勻再煑，候熟取置盆內。用冷水浸其面，常換水，可留數月用之。碑帖外殼宜以芨、礬、蠟、椒、乳香三伏厚黏，曝而壓之。成器後須近人氣，如狀拓上。待一年後，藥性已定，其堅如石，永不蒸蛀矣。李如一曰，加楮汁更牢，或麪和芨末入水，不可將水入麪也。中通曰，麪作塊，入椒、礬、白蠟末，用水煑之。俟麪浮起爲度，後入清水浸之，至省漿白泛即易水。待其泛盡，取出待乾，配入白芨汁作糊，永遠不受黴濕。欲以葫蘆褙紙，則用抄紙之漿溷之。

黏磁器 白芨、石灰爲末，用雞子白調勻碎處，縛定待乾。但不可見雞湯。粘官窑，以青竹燒瀝，合雞卵青，縛窑破處，湯内煑一二沸，放陰處三五日，其牢如釘。定窑則濃楮汁可粘。中履曰，生麪筋入石灰，久杵，忽化水，可粘磁器，但不可于水内久浸。

清・談遷《棗林雜俎中集・器用》 藤船

南夷船俱縛以籐，用松膠和漆塗之。永安州歲辦松膠若干。張岳《交事紀聞》。

清・顧祖禹《讀史方輿紀要》卷一一 宛平縣，附郭，在城内西北隅。本薊縣地，唐建中二年析置幽都縣，遼開泰二年改曰宛平。今編户七十五里。

分水嶺，府西四十五里。山澗諸水，至此分而爲二，一入盧溝河，一入房山縣界。又十八盤嶺，在府西北八十里。其山縈曲，十有八折。青山嶺，府西百五十里。山四面高聳，中坦平，多産杉漆諸藥。

又 卷五四《陝西三》 熊耳山，州西五十里。山東西各一峰，狀如熊耳，因名。《山海經》：「熊耳山上多漆，下多椶，浮濠之水出焉。」今山産椶漆。《唐六典》以爲伊水所出，悮也。志云：自州西三十里逾丹水有馬蘭峪。又西十里爲野人峪，林谷深僻。又十里爲麻澗，澗在熊耳峰下，山澗環抱，厥地宜麻，因名。自麻硐行六十里而至秦嶺。

又 卷九三《浙江五》 萬松源，縣西四十里。山繞谷深，源口盤固，可以避亂。又縣西有慕塢、峴坦、塔彈，三峰諸源，皆山溪盤結，中寬平，可田可漁，深或數里或數十里，居人保固其中，并擅桐漆材木之利。又木沉源，在縣北，其西爲湛裏源，又西爲魯源，皆大山相夾，深三十餘里，居民盤布，物産甚饒。

又 卷九八《福建四》 望君樓山，縣西四十里。峰巒秀麗，層疊如樓閣，若人凝立而跂望。一名聖峰山。又嚴峰山，在縣西六十里，脈接江西廣昌縣，兩峰雙立，南北對峙。相近者曰雲蓋山，山勢高聳，時有雲氣覆之。石巖懸絶，瀉瀑如練。亦接廣昌縣。寶山，在縣東二十五里。【略】藍溪經其下。有坪曰桐樹坪，地勢平夷，上多桐樹。又龍歸山，在縣東北四十里。山勢蜿蜒若龍，其木多漆。

又 卷九九《福建五》 天黃山，縣東二十里，舊屬瀧水縣。志云：瀧水縣西界傜山凡六十五，此其一也。永樂中叛傜歸化，後復據險爲亂。萬曆四年督

臣淩雲翼破其巢而殪之，境内以寧。大力山，在縣東北百里。高六百丈，周迴二百里。上多產竹木、赤籐、南漆。山勢雄偉，爲西境之望。舊志：山在德慶州西南二十五里，州之鎮山也。

清・田雯《黔書》卷四

革器

盤、盂、盅、盞之屬，凡數種矣。壺爲善捫酒、乳茶注之，提之等於滑稽鴟屈也。若碁局，則遜楸枰之逸響矣。戎宜預箭韜、馬韉，囊之被之，等于障泥玟珂也。若鈿合，又增陸離之采色矣。用水牛皮、牝者首，牡者亞焉；闊者貴，狹者賤焉；髮者上，皴者次焉。以水浸之，燔毛剸肉，取其澤且平也；以火烘之，軀文縵理，取其乾且厚也，以木張之，以罄定之，以刀削之，而後膏以榀髹焉。膏之其功十也。以沙覆之，以土窨之，以石礱之，石出威清。而後繪以文采焉。繪之其色四也，四色皆稐漆成之。首則黃，蓋色之正者，故首也。蘇長公與人論菊，謂「如叔向之取鬷蔑」是也。黃以石黃，絳以灌口砂碧色合靛青，石黃而一之，羊肝色兼黃、硃、靛而三之。鏤車鐵筆，花鳥賦形，斲輪承蜩之技也；雕蟲鏤卉，運斤成風，崔青蚓邊鸞之手也。又水西有乳漆器，其制度略同，獨繪事各別。不謂鬼方人有此淫巧耳。

丁煒曰：「奇峭如《考工記》。」

羊桃藤

吾嘗讀陸元恪之書而未之識也。一日將治南堤，患其石之不固，匠氏持臬蔓至，白余曰，用此之汁以合石粉，膠漆不啻也。問其名，則爲羊桃藤。因憶陸云，萇楚，今之羊桃，引蔓似藤，今人以爲汲灌。《爾雅》云，長楚，銚芅，羊桃也。鄭《箋》云，萇楚，藤生，子赤，一名鼠矢。又云，銚芅之性，始生正直，及其長大，則其枝猗儺而柔順，不妄尋蔓。似又與陸説左矣。陸佃云，萇楚，今羊桃，白華，子如小麥，葉與實皆似桃，故有桃之號也。一曰有兩羊桃，一種華實皆連理，故詩以刺淫焉。此但言其花、葉子、實、根，蔓耳，而未及其臬之用也。陸氏亦但謂其可爲汲灌，而未及於固石也。夫石堅确而畸零，乃以柔蔓之液，遂能締合而成交，宜詩人之見刺也。獨念牛羊之用多矣，既以名棗，又以名桃，而果蓏之細，又曰奶櫻桃之別爲牛桃，茭之名牛蘄，莙之名牛藻，蒣之名牛棘，藚之名牛蘈，義雖無取，而其稱則恠矣。故箋之。

丁煒曰，辨一羊桃藤，而《本草》箋疏、方言雜説無不備考，真陶貞白所云，一事不知，引爲己恥也。

清・徐松《宋會要輯稿・食貨・歷代土貢》 淳化三年八月十九日，詔：「鄆州歲貢阿膠，先是煎膠參用諸藥，發民汲井供用；取水，一人所能荷者輸錢三十。自今勿復用此藥，以州兵代民汲水。恣民取水，勿責其直。」

清工部《工程做法》卷五六

油作用料開後

計開

叁麻、貳布、柒灰、糙油、墊光油、硃紅油飾做法：

第壹遍捉灰壹道，

第貳遍捉麻壹道，

第叁遍通灰壹道，

第肆遍通麻壹道，

第伍遍苧布壹道，

第陸遍通灰壹道，

第柒遍通麻壹道，

第捌遍苧布壹道，

第玖遍通灰壹道，

第拾遍中灰壹道，

第拾壹遍細灰壹道，

第拾貳遍拔漿灰壹道，

第拾叁遍糙油，

第拾肆遍墊光油，

第拾伍遍光油。

使叁麻、貳布、柒灰、糙油、墊光油、硃紅油飾，每尺用桐油叁兩，線麻柒錢伍分，寬壹尺肆寸苧布壹尺肆寸肆分，紅土貳分，南片紅土叁錢，銀硃肆錢，香油貳分。

使貳麻、壹布、柒灰、糙油、墊光油、硃紅油飾，每尺用桐油貳兩陸錢，線麻伍錢，寬壹尺肆寸苧布柒寸貳分，紅土貳分，南片紅土叁錢，銀硃叁錢陸分，香油貳分。

使貳麻、伍灰，每尺用桐油壹兩肆錢，線麻伍錢。

使壹麻、肆灰，每尺用桐油壹兩，線麻貳錢伍分。
使灰叁道，每尺用桐油陸錢。
使灰貳道，每尺用桐油肆錢。
硃紅油飾，每尺用桐油貳錢伍分，銀硃貳錢肆分，香油貳分。
紫硃油飾，每尺用桐油貳錢伍分，銀硃貳錢，煙子陸釐，香油貳分。
廣花結磚色，每尺用桐油貳錢伍分，廣靛花壹錢，定粉貳錢，香油貳分。
定粉油飾，每尺用桐油貳錢伍分，定粉伍錢，香油貳分。
廣花油飾，每尺用桐油貳錢伍分，廣靛花壹錢伍分，香油貳分。
煙子油飾，每尺用桐油貳錢伍分，南煙子壹錢伍分，香油貳分。
大碌油飾，每尺用桐油貳錢伍分，大碌伍錢。
瓜皮碌油飾，每尺用桐油貳錢伍分，定粉叁分，廣靛花貳分，彩黄叁錢。
銀硃、黄丹光油，每尺用桐油貳錢伍分，銀硃壹錢貳分，黄丹壹錢貳分。
紅土、煙子光油，每尺用桐油貳錢伍分，紅土貳錢，煙子肆釐。
定粉、土粉光油，每尺用桐油貳錢伍分，定粉叁錢，土粉貳錢伍分。
靛球、定粉磚色，每尺用桐油貳錢伍分，靛球貳錢柒分，定粉叁分。
柿黄油飾，每尺用桐油貳錢伍分，梔子貳分，槐子叁分，南片紅土伍分。
叁碌油飾，每尺用桐油貳錢伍分，定粉伍分，叁碌肆錢。
鵝黄油飾，每尺用桐油貳錢伍分，彩黄伍錢。
松花綠油飾，每尺用桐油貳錢伍分，廣靛花壹分，彩黄肆錢。
金黄油飾，每尺用桐油貳錢伍分，黄丹叁錢。
米色油飾，每尺用桐油貳錢伍分，定粉貳錢陸分，彩黄壹錢叁分，淘丹肆分，青粉貳錢。
杏黄油飾，每尺用桐油貳錢伍分，黄丹貳錢，彩黄壹錢。
香色油飾，每尺用桐油貳錢伍分，彩黄叁錢，青粉貳錢，土子陸分。
月白油飾，每尺用桐油貳錢伍分，定粉貳錢伍分，廣靛花壹分。
油飾紅色瓦料，鑽油貳次，糙油壹次，滿油壹次，每尺用桐油壹兩貳錢，淘丹伍錢柒分陸釐，片紅土叁錢叁分陸釐。
天大青刷膠，每尺用水膠陸分，天大清陸錢陸分。
樺黄油飾，每尺用桐油貳錢，水膠陸分，錠子肆分，南片紅土伍分。
洋青刷膠，每尺用水膠陸分，洋青壹兩。
花梨木色，每尺用水膠陸分，蘇木壹兩伍錢，黑礬壹分。
楠木色，每尺用水膠陸分，槐子壹錢，土子麵貳錢。
煙子刷膠，每尺用水膠陸分，煙子壹錢伍分。
紅土刷膠，每尺用水膠陸分，南片紅土貳錢肆分。
以上不用灰、麻、布油飾各色，每尺桐油貳錢伍分。如刷膠罩油，去桐油伍分，加水膠陸分。如刷膠不油，去桐油，用水膠陸分核算。
以上除糙油、光油、硃紅油飾外，每用桐油壹百觔，加白灰伍拾觔，白麵伍拾觔。

每桐油壹百觔，用土子陸觔肆兩，陀僧陸兩肆錢，黄丹陸觔肆兩，白絲陸錢，絲綿陸錢。如油過壹千觔以外，減半準給。

菱花每拾扇，用牛尾壹兩。如貳拾扇以外，減半準給。

煎油，每油壹百觔用木柴貳拾伍觔。如有木作工程，不準辦買價值。

又 卷五七

斗科使灰用油開後

計開

斗口單昂：斗口壹寸，使灰貳道，每攢用桐油肆錢叁分。
使灰叁道，用桐油陸錢肆分。
斗口壹寸伍分，每攢用桐油玖錢柒分。
使灰叁道，用桐油壹兩肆錢伍分。
斗口貳寸，每攢用桐油壹兩柒錢貳分。
使灰叁道，用桐油貳兩伍錢玖分。
斗口貳寸伍分，每攢用桐油貳兩柒錢壹分。
使灰叁道，用桐油肆兩陸分。
斗口叁寸，每攢用桐油叁兩玖錢。
使灰叁道，用桐油伍兩捌錢伍分。
斗口叁寸伍分，每攢用桐油伍兩叁錢壹分。
使灰叁道，用桐油柒兩玖錢柒分。
斗口肆寸，每攢用桐油陸兩玖錢叁分。
使灰叁道，用桐油拾兩肆錢。
斗口肆寸伍分，每攢用桐油捌兩柒錢捌分。

使灰叁道,用桐油拾叁兩壹錢柒分。
斗口伍寸,每攢用桐油拾兩捌錢肆分。
使灰叁道,用桐油壹觔貳錢陸分。
斗口伍寸伍分,每攢用桐油拾叁兩壹錢貳分。
使灰叁道,用桐油壹觔叁兩陸錢玖分。
斗口陸寸,每攢用桐油拾伍兩陸錢貳分。
使灰叁道,用桐油壹觔柒兩肆錢叁分。

斗口重昂:

斗口壹寸,每攢用桐油柒錢陸分。
使灰叁道,用桐油壹兩壹錢伍分。
斗口壹寸伍分,每攢用桐油壹兩柒錢肆分。
使灰叁道,用桐油貳兩陸錢壹分。
斗口貳寸,每攢用桐油叁兩壹錢。
使灰叁道,用桐油肆兩陸錢陸分。
斗口貳寸伍分,每攢用桐油肆兩捌錢肆分。
使灰叁道,用桐油柒兩貳錢。
斗口叁寸,每攢用桐油陸兩玖錢捌分。
使灰叁道,用桐油拾兩肆錢柒分。
斗口叁寸伍分,每攢用桐油玖兩伍錢壹分。
使灰叁道,用桐油拾肆兩貳錢陸分。
斗口肆寸,每攢用桐油拾貳兩肆錢叁分。
使灰叁道,用桐油壹觔貳兩陸錢肆分。
斗口肆寸伍分,每攢用桐油拾伍兩柒錢叁分。
使灰叁道,用桐油壹觔柒兩伍錢玖分。
斗口伍寸,每攢用桐油壹觔叁兩肆錢貳分。
使灰叁道,用桐油壹觔拾叁兩壹錢肆分。
斗口伍寸伍分,每攢用桐油壹觔柒兩伍錢。
使灰叁道,用桐油貳觔叁兩貳錢陸分。
斗口陸寸,每攢用桐油壹觔拾壹兩玖錢柒分。
使灰叁道,用桐油貳觔玖兩玖錢伍分。

單翹單昂:

斗口壹寸,每攢用桐油柒錢叁分。
使灰叁道,用桐油壹兩壹錢。
斗口壹寸伍分,每攢用桐油壹兩陸錢伍分。
使灰叁道,用桐油貳兩肆錢柒分。
斗口貳寸,每攢用桐油叁兩壹錢肆分。
使灰叁道,用桐油肆兩柒錢壹分。
斗口貳寸伍分,每攢用桐油肆兩伍錢玖分。
使灰叁道,用桐油陸兩捌錢玖分。
斗口叁寸,每攢用桐油陸兩陸錢貳分。
使灰叁道,用桐油玖兩玖錢叁分。
斗口叁寸伍分,每攢用桐油玖兩貳分。
使灰叁道,用桐油拾叁兩伍錢叁分。
斗口肆寸,每攢用桐油拾壹兩柒錢捌分。
使灰叁道,用桐油壹觔壹兩陸錢柒分。
斗口肆寸伍分,每攢用桐油拾肆兩玖錢貳分。
使灰叁道,用桐油壹觔陸兩叁錢柒分。
斗口伍寸,每攢用桐油壹觔貳兩肆錢貳分。
使灰叁道,用桐油壹觔拾壹兩陸錢叁分。
斗口伍寸伍分,每攢用桐油壹觔陸兩貳錢捌分。
使灰叁道,用桐油貳觔壹兩肆錢貳分。
斗口陸寸,每攢用桐油壹觔拾兩伍錢叁分。
使灰叁道,用桐油貳觔柒兩柒錢玖分。

單翹重昂:

斗口壹寸,每攢用桐油壹兩壹錢陸分。
使灰叁道,用桐油壹兩柒錢肆分。
斗口壹寸伍分,每攢用桐油貳兩陸錢壹分。
使灰叁道,用桐油叁兩玖錢貳分。
斗口貳寸,每攢用桐油肆兩陸錢伍分。
使灰叁道,用桐油陸兩玖錢捌分。

斗口貳寸伍分，每攢用桐油柒兩貳錢捌分。
使灰叁道，用桐油拾兩玖錢貳分。
斗口叁寸，每攢用桐油拾兩肆錢捌分。
使灰叁道，用桐油拾伍兩柒錢叁分。
斗口叁寸伍分，每攢用桐油拾肆兩貳錢捌分。
使灰叁道，用桐油壹觔伍兩肆錢貳分。
斗口肆寸，每攢用桐油壹觔貳兩陸錢肆分。
使灰叁道，用桐油壹觔拾壹兩玖錢柒分。
斗口肆寸伍分，每攢用桐油壹觔柒兩陸錢。
使灰叁道，用桐油貳觔叁兩肆錢。
斗口伍寸，每攢用桐油壹觔拾叁兩壹錢肆分。
使灰叁道，用桐油貳觔拾壹兩柒錢貳分。
斗口伍寸伍分，每攢用桐油貳觔叁兩貳錢陸分。
使灰叁道，用桐油叁觔肆兩玖錢。
斗口陸寸，每攢用桐油貳觔玖兩玖錢柒分。
使灰叁道，用桐油叁觔拾肆兩玖錢伍分。

重翹重昂：

斗口壹寸，每攢用桐油壹兩伍錢捌分。
使灰叁道，用桐油貳兩叁錢柒分。
斗口壹寸伍分，每攢用桐油叁兩伍錢柒分。
使灰叁道，用桐油伍兩叁錢陸分。
斗口貳寸，每攢用桐油陸兩叁錢陸分。
使灰叁道，用桐油玖兩伍錢肆分。
斗口貳寸伍分，每攢用桐油玖兩玖錢叁分。
使灰叁道，用桐油拾肆兩玖錢。
斗口叁寸，每攢用桐油拾肆兩叁錢壹分。
使灰叁道，用桐油壹觔伍兩肆錢柒分。
斗口叁寸伍分，每攢用桐油壹觔叁兩肆錢捌分。
使灰叁道，用桐油壹觔拾叁兩貳錢叁分。
斗口肆寸，每攢用桐油壹觔玖兩肆錢伍分。
使灰叁道，用桐油貳觔陸兩壹錢柒分。
斗口肆寸伍分，每攢用桐油貳觔貳錢。
使灰叁道，用桐油叁觔叁錢壹分。
斗口伍寸，每攢用桐油貳觔柒兩柒錢陸分。
使灰叁道，用桐油叁觔拾壹兩陸錢伍分。
斗口伍寸伍分，每攢用桐油叁觔壹錢貳分。
使灰叁道，用桐油肆觔玖錢貳分。
斗口陸寸，每攢用桐油叁觔玖兩貳錢柒分。
使灰叁道，用桐油伍觔伍兩玖錢壹分。

壹斗貳升交麻葉：

斗口壹寸，每攢用桐油貳錢肆分。
使灰叁道，用桐油叁錢陸分。
斗口壹寸伍分，每攢用桐油伍錢陸分肆釐。
使灰叁道，用桐油柒錢伍分捌釐。
斗口貳寸，每攢用桐油玖錢玖分陸釐。
使灰叁道，用桐油壹兩肆錢玖分肆釐。
斗口貳寸伍分，每攢用桐油壹兩伍錢陸分。
使灰叁道，用桐油貳兩叁錢肆分。
斗口叁寸，每攢用桐油貳兩貳錢肆分肆釐。
使灰叁道，用桐油叁兩叁錢陸分陸釐。
斗口叁寸伍分，每攢用桐油叁兩陸分。
使灰叁道，用桐油肆兩伍錢玖分。
斗口肆寸，每攢用桐油叁兩玖錢玖分陸釐。
使灰叁道，用桐油伍兩玖錢玖分肆釐。
斗口肆寸伍分，每攢用桐油五兩陸分肆釐。
使灰叁道，用桐油柒兩伍錢玖分陸釐。
斗口伍寸，每攢用桐油陸兩貳錢伍分貳釐。
使灰叁道，用桐油玖兩叁錢柒分捌釐。
斗口伍寸伍分，每攢用桐油柒兩伍錢陸分。
使灰叁道，用桐油拾壹兩叁錢肆分。

斗口陸寸，每攢用桐油玖兩。
使灰叁道，用桐油拾叁兩伍錢。
壹斗叁升：
斗口壹寸，每攢用桐油捌分肆釐。
使灰叁道，用桐油壹錢貳分陸釐。
斗口壹寸伍分，每攢用桐油壹錢玖分貳釐。
使灰叁道，用桐油貳錢捌分捌釐。
斗口貳寸，每攢用桐油叁錢肆分捌釐。
使灰叁道，用桐油陸錢壹分貳釐。
斗口貳寸伍分，每攢用桐油伍錢伍分貳釐。
使灰叁道，用桐油捌錢貳分捌釐。
斗口叁寸，每攢用桐油捌錢肆釐。
使灰叁道，用桐油壹兩貳錢陸釐。
斗口叁寸伍分，每攢用桐油壹兩玖分貳釐。
使灰叁道，用桐油壹兩陸錢叁分捌釐。
斗口肆寸，每攢用桐油壹兩肆錢貳分捌釐。
使灰叁道，用桐油貳兩壹錢肆分貳釐。
斗口肆寸伍分，每攢用桐油壹兩捌錢壹分貳釐。
使灰叁道，用桐油貳兩柒錢壹分捌釐。
斗口伍寸，每攢用桐油貳兩貳錢叁分貳釐。
使灰叁道，用桐油叁兩叁錢肆分捌釐。
斗口伍寸伍分，每攢用桐油貳兩柒錢。
使灰叁道，用桐油肆兩伍分。
斗口陸寸，每攢用桐油叁兩貳錢壹分陸釐。
使灰叁道，用桐油肆兩捌錢貳分肆釐。
叁滴水品字科：
斗口壹寸，每攢用桐油肆錢貳分。
使灰叁道，用桐油陸錢叁分。
斗口壹寸伍分，每攢用桐油玖錢陸分。
使灰叁道，用桐油壹兩肆錢肆分。
斗口貳寸，每攢用桐油壹兩柒錢肆釐。
使灰叁道，用桐油貳兩伍錢伍分陸釐。
斗口貳寸伍分，每攢用桐油貳兩陸錢柒分陸釐。
使灰叁道，用桐油肆兩壹分肆釐。
斗口叁寸，每攢用桐油叁兩捌錢伍分貳釐。
使灰叁道，用桐油伍兩柒錢柒分捌釐。
斗口叁寸伍分，每攢用桐油伍兩貳錢肆分肆釐。
使灰叁道，用桐油柒兩捌錢陸分陸釐。
斗口肆寸，每攢用桐油陸兩捌錢伍分貳釐。
使灰叁道，用桐油拾兩貳錢柒分捌釐。
斗口肆寸伍分，每攢用桐油捌兩陸錢柒分陸釐。
使灰叁道，用桐油拾叁兩壹分肆釐。
斗口伍寸，每攢用桐油拾兩柒錢壹分陸釐。
使灰叁道，用桐油壹觔柒分肆釐。
斗口伍寸伍分，每攢用桐油拾貳兩玖錢柒分貳釐。
使灰叁道，用桐油壹觔叁兩肆錢伍分玖釐。
斗口陸寸，每攢用桐油拾伍兩肆錢叁分貳釐。
使灰叁道，用桐油壹觔柒兩壹錢伍分捌釐。
內裏品字科：
斗口壹寸，每攢用桐油叁錢柒分貳釐。
使灰叁道，用桐油伍錢伍分捌釐。
斗口壹寸伍分，每攢用桐油捌錢伍分貳釐。
使灰叁道，用桐油壹兩貳錢柒分捌釐。
斗口貳寸，每攢用桐油壹兩伍錢貳分肆釐。
使灰叁道，用桐油貳兩貳錢捌分陸釐。
斗口貳寸伍分，每攢用桐油貳兩叁錢柒分陸釐。
使灰叁道，用桐油叁兩伍錢陸分肆釐。
斗口叁寸，每攢用桐油叁兩肆錢貳分。
使灰叁道，用桐油伍兩壹錢叁分。
斗口叁寸伍分，每攢用桐油肆兩陸錢陸分捌釐。

使灰叁道,用桐油柒兩貳錢。

斗口肆寸,每攢用桐油陸兩玖分陸釐。

使灰叁道,用桐油玖兩壹錢肆分肆釐。

斗口肆寸伍分,每攢用桐油柒兩柒錢壹分陸釐。

使灰叁道,用桐油拾壹兩伍錢柒分肆釐。

斗口伍寸,每攢用桐油玖兩伍錢壹分陸釐。

使灰叁道,用桐油拾肆兩貳錢柒分肆釐。

斗口伍寸伍分,每攢用桐油拾壹兩伍錢貳分。

使灰叁道,用桐油壹觔壹兩貳錢捌分。

斗口陸寸,每攢用桐油拾叁兩柒錢壹分陸釐。

使灰叁道,用桐油壹觔肆兩伍錢柒分肆釐。

隔架科:

斗口壹寸,每攢用桐油叁錢捌分肆釐。

使灰叁道,用桐油伍錢柒分陸釐。

斗口壹寸伍分,每攢用桐油捌錢陸分肆釐。

使灰叁道,用桐油壹兩貳錢玖分陸釐。

斗口貳寸,每攢用桐油壹兩伍錢叁分陸釐。

使灰叁道,用桐油貳兩叁錢肆釐。

斗口貳寸伍分,每攢用桐油貳兩肆錢。

使灰叁道,用桐油叁兩陸錢。

斗口叁寸,每攢用桐油叁兩肆錢伍分陸釐。

使灰叁道,用桐油伍兩壹錢捌分肆釐。

斗口叁寸伍分,每攢用桐油肆兩柒錢壹分陸釐。

使灰叁道,用桐油柒兩柒分肆釐。

斗口肆寸,每攢用桐油陸兩壹錢伍分陸釐。

使灰叁道,用桐油玖兩貳錢叁分肆釐。

斗口肆寸伍分,每攢用桐油柒兩柒錢捌分捌釐。

使灰叁道,用桐油拾壹兩陸錢捌分貳釐。

斗口伍寸,每攢用桐油玖兩陸錢。

使灰叁道,用桐油拾肆兩肆錢。

斗口伍寸伍分,每攢用桐油拾壹兩陸錢肆分。

使灰叁道,用桐油壹觔壹兩肆錢陸分。

斗口陸寸,每攢用桐油拾叁兩捌錢陸分。

使灰叁道,用桐油壹觔肆兩柒錢玖分。

凡柱頭科,照平身科,例角科,每壹攢折平身科貳攢核算計料。

又 卷七〇

油作用工開後

計開

使灰壹道、過畫作,每折見方尺貳百伍拾尺,用油匠壹工。

使灰貳道、過畫作,每折見方尺壹百貳拾伍尺,用油匠壹工。

使灰叁道、過畫作,每折見方尺捌拾叁尺,用油匠壹工。

使灰叁道、麻壹道過畫作,每折見方尺陸拾貳尺,用油匠壹工。

使灰叁道、糙油烟子油飾,每折見方尺伍拾尺,用油匠壹工。

使灰叁道、麻壹道、糙油硃紅油飾,每折見方尺肆拾壹尺,用油匠壹工。

使灰叁道、麻壹道、糙油墊光油硃紅油飾,每折見方尺叁拾伍尺,用油匠壹工。

使灰肆道、麻貳道、糙油紅土油飾,每折見方尺叁拾壹尺貳寸,用油匠壹工。

使灰伍道、麻壹道、糙油墊光油硃紅油飾,每折見方尺貳拾柒尺柒寸,用油匠壹工。

使灰伍道、麻貳道、糙油墊光油硃紅油飾,每折見方尺貳拾伍尺,用油匠壹工。

使灰陸道、麻壹道、布壹道、糙油墊光油硃紅油飾,每折見方尺貳拾貳尺柒寸,用油匠壹工。

使灰柒道、麻貳道、布壹道、糙油墊光油硃紅油飾,每折見方尺拾玖尺貳寸,用油匠壹工。

使灰柒道、麻叁道、布壹道、糙油墊光油硃紅油飾,每折見方尺拾柒尺捌寸,用油匠壹工。

使灰柒道、麻叁道、布貳道、糙油墊光油硃紅油飾,每折見方尺拾陸尺陸寸,用油匠壹工。

油飾各色,每折見方尺壹百貳拾伍尺,用油匠壹工。

刷各色膠，每折見方尺叁百尺，用油匠壹工。

頭停打滿，每折見方尺壹百貳拾伍尺，用油匠壹工。

地面磚鑽夾生油，每折見方尺叁百尺，用油匠壹工。

油餙簷網，每折見方尺壹百貳拾伍尺，用油匠壹工。

油餙紅色瓦料，鑽油貳次，糙油壹次，滿油壹次，每折見方尺陸拾壹尺，用油匠壹工。

每用油匠壹百工，加煎油、辦料、油匠拾貳工。

貳共油匠壹百工，加挑水、劈柴、燒火、捶麻、篩碾磚灰壯夫拾伍名。

凡修舊油餙應行鏨砍，每油匠壹百工，加鏨砍油匠貳拾伍工。

清工部內務府《內庭大木石搭土油裱畫作現行則例》 內庭油作現行則例

靠木捉灰一遍，每尺用桐油二錢五分，每四百尺油匠一工。 見縫捉麻一遍，每尺用桐油五錢，白麻二錢，每三百二十尺，油匠一工。

通灰一遍，每尺用桐油五錢，每一百六十尺油匠一工。

滿麻一遍，每尺用桐油八錢，白麻七錢，每一百尺用匠一工。

押麻灰一遍，每尺用桐油六錢，每一百尺油匠一工。

使布一遍，每尺用桐油五錢五分，苧布六寸二分，每二百尺油匠一工。

押布灰一遍，每尺用桐油五錢，每二百四十尺油匠一工。

三次使麻一遍，每尺用桐油五錢，白麻三錢，每一百尺油匠一工。

押麻灰一遍，每尺用桐油四錢，每一百尺油匠一工。

二次使布一遍，每尺用桐油三錢五分，苧布六寸二分，每二百尺油匠一工。

押布灰一遍，每尺用桐油二錢五分，每二百四十尺油匠一工。

中灰一遍，每尺用桐油二錢，每二百五十尺油匠一工。

細灰一遍，每尺用桐油一錢，每三百尺油匠一工。

漿灰一遍，每尺用桐油一錢，每四百尺油匠一工。

糙油一遍，每尺用桐油一錢，每四百尺油匠一工。

墊光油一遍，每尺用桐油五錢，紅土五錢五分，香油六分，每二百尺油匠一工。

光硍硃油一遍，每尺用桐油五錢，硍硃五錢五分，香油六分，每一百二十尺油匠一工。

使灰九道，捉滿麻三道，布二道，糙油、墊光油、光硍硃紅油，每尺用桐油六兩七錢，白麻一兩二錢，苧布一尺二寸四分，紅土五錢五分，硍硃五錢五分，香油一錢二分，每十一尺油匠一工。

使灰七道，捉滿麻三道，布二道，糙油、墊光油、光硃紅土油，每尺用桐油五兩七錢，白麻一兩二錢，苧布一尺二寸四分，紅土五錢五分，硍硃五錢五分，香油一錢二分，每十三尺油匠一工。

使灰七道，捉滿麻三道，布一道，糙油、墊光油、光硃紅油，每尺用桐油五兩二錢五分，白麻一兩二錢，苧布六寸二分，紅土五錢五分，硍硃五錢五分，香油一錢二分，每十四尺油匠一工。

使灰六道，捉滿麻二道，布一道，糙油、墊光油、光硃紅油，每尺用桐油四兩六錢，白麻九錢，苧布六寸二分，紅土五錢五分，硍硃五錢五分，香油一錢二分，每十八尺油匠一工。

使灰五道，滿麻一道，布一道，糙油、墊光油、光硃紅油，每尺用桐油三兩八錢五分，白麻七錢，苧布六寸二分，紅土五錢五分，硍硃五錢五分，香油一錢二分，每二十尺油匠一工。

使灰六道，捉滿麻二道，糙油、墊光油、光硃紅油，每尺用桐油四兩一錢五分，白麻九錢，紅土五錢五分，硍硃五錢五分，香油一錢二分，每十八尺油匠一工。

使灰五道，滿麻一道，糙油、墊光油、光硃紅油，每尺用桐油三兩四錢，白麻七錢，紅土五錢五分，硍硃五錢五分，香油一錢二分，每二十尺油匠一工。

使灰五道，捉麻一道，糙油、墊光油、光硃紅油，每尺用桐油二兩七錢五分，白麻二錢，紅土五錢五分，硍硃五錢五分，香油一錢二分，每二十七尺油匠一工。

使灰五道，捉麻一道，布一道，糙油、墊光油、光硃紅油，每尺用桐油三兩八錢，白麻二錢，苧布六寸二分，紅土五錢五分，硍硃五錢五分，香油一錢二分，每二十二尺油匠一工。

使灰六道，布二道，糙油、墊光油、光硃紅油，每尺用桐油三兩六錢五分，苧布一尺二寸四分，紅土五錢五分，硍硃五錢五分，香油一錢二分，每二十尺油匠一工。

使灰五道，布一道，糙油、墊光油、光硃紅油，每尺用桐油三兩五分，苧布六寸二分，紅土五錢五分，硍硃五錢五分，香油一錢二分，每二十五尺油匠一工。

使灰三道，糙油、墊光油、光硃紅油，每尺用桐油一兩五錢，紅土五錢五分，硍硃五錢五分，香油一錢二分，每四十尺油匠一工。

使灰六道，捉滿麻二道，糙油、光硃紅油，每尺用桐油三兩六錢五分，白麻九錢，紅土三錢，硍硃五錢五分，香油六分，每二十尺油匠一工。

使灰五道，滿麻一道，糙油、光硃紅油，每尺用桐油二兩九錢，白麻七錢，紅土三錢，硍硃五錢五分，香油六分，每二十二尺油匠一工。

使灰六道，捉滿麻二道，布一道，糙油、光硃紅油，每尺用桐油四兩一錢，白麻九錢，苧布六寸二分，紅土三錢，硍硃五錢五分，香油六分，每十九尺五寸油匠一工。

使灰五道，滿麻一道，布一道，糙油、光硃紅油，每尺用桐油三兩三錢五分，白麻七錢，苧布六寸二分，紅土三錢，硍硃五錢五分，香油六分，每二十二尺油匠一工。

使灰五道，捉麻一道，糙油、光硃紅油，每尺用桐油二兩二錢五分，白麻二錢，紅土三錢，硍硃五錢五分，香油六分，每三十尺油匠一工。

使灰三道，糙油、光硃紅油，每尺用桐油一兩，紅土三錢，硍硃五錢五分，香油六分，每四十五尺油匠一工。

使灰五道，滿麻一道，糙油，刷紅土膠，光硃紅油，每尺用桐油二兩九錢，白麻七錢，水膠二錢，紅土四錢，硍硃五錢，香油六分，每二十一尺油匠一工。

使灰三道，糙油、刷紅土膠、光硃紅油，每尺用桐油一兩，水膠二錢，紅土四錢，硍硃五錢，香油六分，每四十四尺油匠一工。

使灰三道，刷紅土膠、光硃紅油，每尺用桐油九錢，水膠二錢，紅土四錢，硍硃五錢，香油六分，每四十九尺油匠一工。

磨洗，墊光油、光硃紅油，每尺用桐油一兩，紅土四錢五分，硍硃五錢五分，香油一錢二分，每四十六尺油匠一工。

磨洗，光硃紅油，每尺用桐油五錢，硍硃五錢五分，香油六分，每六十尺油匠一工。

一搓，硃紅油，每尺用桐油五錢，硍硃五錢五分，香油六分，每二百尺油匠一工。

刷紅土膠，光硃紅油，每尺用桐油五錢，水膠二錢，紅土三錢，硍硃五錢，香油六分，每一百尺油匠一工。

凡望板連言瓦口蓋斗板墊、拱板、墊板等項，如上架轉硍硃油地，每尺用硍硃三錢。

以上光油改色有墊光油者。

光香色油，每尺用彩黃八錢，廣靛花四錢。

光粉紅油，每尺用硍硃四錢，定粉一錢五分，紅土五錢五分。

光靛花油，每尺用廣靛一兩二錢。

光月白油，每尺用廣靛花一兩，定粉二錢。

光米色油，每尺用彩黃四錢五分，定粉四錢五分，硍硃三錢。

光金黃油，每尺用硍硃四錢，彩黃八錢。

光黑油，每尺用煙子三錢。

光水緑油，每尺用大碌一兩，定粉二錢。

光紅土油，每尺用紅土八錢。

光搭色，紅土、黃丹油，每尺用紅土五錢，黃丹三錢。

光粉油，每尺用定粉一兩二錢。

光紫油，每尺用硍硃五錢五分，紅土五錢五分，煙子一分。

光緑油，每尺用大碌一兩二錢。

地仗桐油工數照前用，每尺俱加香油一錢二分。

以上光油改色有糙油者。

光香色油，每尺用彩黃七錢，廣靛花三錢。

光粉紅油，每尺用硍硃二錢五分，紅土三錢，定粉一錢五分。

光靛花油，每尺用廣靛花一兩。

光月白油，每尺用廣靛花八錢，定粉二錢。

光米色油，每尺用彩黃四錢，定粉四錢，硍硃二錢。

光金黃油，每尺用彩黃六錢，硍硃三錢。

光黑油，每尺用煙子二錢。

光水碌油，每尺用大碌八錢，定粉二錢。

光紅土油，每尺用紅土五錢五分。

光搭色，紅土、黃丹油，每尺用紅土三錢五分，黃丹二錢。

光粉油，每尺用定粉一兩。

光紫油，每尺用硍硃五錢五分，紅土三錢，煙子一分。

光碌油，每尺用大碌一兩。

光黃丹油，每尺用黃丹八錢，紅土二錢。

地仗桐油工數照前用，每尺俱加香油六分。

山花壽帶，使灰八道，捉滿麻三道，布二道，糙油、墊光油、轉硃油地三成，每尺用桐油八兩一錢，白麻一兩七錢，苧布一尺八寸六分，紅土八錢二分五厘，硍

硃三錢三分，香油一錢二分六厘，每七尺油匠一工。

使灰六道，捉滿麻二道，布一道，糙油、墊光油轉硃油地三成，每尺用桐油六兩四錢五分，白麻一兩二錢五分，苧布九寸三分，紅土八錢二分五厘，硍硃三錢三分，香油一錢二分六厘，每十尺油匠一工。

門上使灰六道，捉滿麻二道，布一道，糙油、墊光油、光硃紅油，每尺用桐油四兩六錢，白麻九錢，苧布六寸五分，紅土五錢五分，硍硃五錢五分，香油一錢二分，每十二尺油匠一工。

使灰六道，捉滿麻二道，糙油、墊光油、光硃紅油，每尺用桐油四兩一錢五分，白麻九錢，紅土五錢五分，硍硃五錢五分，香油一錢二分，每十四尺油匠一工。

菱花窓，使灰一道，墊光油、光硃紅油，每尺用桐油一兩一錢，紅土四錢五分，硃硃五錢，香油一錢二分，每二十尺油匠一工。

使灰一道，刷紅土膠，光硃紅油，每尺用桐油六錢，水膠二錢，紅土三錢，硍硃五錢，香油六分，每二十尺油匠一工。

刷紅土膠，光硃紅油，每尺用桐油五錢，水膠二錢，紅土三錢，硍硃五錢，香油六分，每二十五尺油匠一工。

平欞直板等窓，使灰一道，墊光油、光硃紅油，每尺用桐油一兩一錢，紅土四錢五分，硍硃五錢，香油一錢二分，每四十尺油匠一工。

使灰一道，刷紅土膠，光硃紅油，每尺用桐油六錢，水膠二錢，紅土三錢，硍硃五錢，香油六分，每五十尺油匠一工。

刷紅土膠，光硃紅油，每尺用桐油五錢，水膠二錢，紅土三錢，硍硃五錢，香油六分，每五十尺油匠一工。

刷紅土膠，光紅土油，每尺用桐油五錢，水膠二錢，紅土七錢，香油六分，每五十尺油匠一工。

一搓，紅土油，每尺用桐油五錢，紅土五錢，香油六分，每一百尺油匠一工。

啞叭窓，使灰四道，捉麻一道，糙油轉粉油、光硃紅油，各對成，每尺用桐油一兩七錢五分，白麻二錢，紅土一錢五分，硍硃二錢五分，定粉五錢，香油六分，每十八尺油匠一工。

使灰四道，捉麻一道，刷紅土膠，光硃紅油，每尺用桐油一兩七錢五分，白麻二錢，紅土一錢五分，硍硃二錢五分，定粉五錢，香油六分，每十八尺油匠一工。

刷膠，光紫油，每尺用桐油五錢，水膠二錢，紅土三錢，硍硃五錢，煙子一分，香油六分，每一百尺油匠一工。

刷紅土膠，光紅土油，每尺用桐油五錢，水膠二錢，紅土七錢，香油六分，每一百尺油匠一工。

一搓，紅土油，每尺用桐油五錢，紅土五錢，香油六分，每二百尺油匠一工。

見縫捉柿黄膩子，滿刷柿黄膠，罩白煎油二遍，每尺用水膠二錢，紅土二錢，槐子二錢，土粉五錢，白煎油一兩，香油一錢。

裝修六十尺，用油匠一工。

大木一百尺，用油匠一工。

刷柿黄膠，罩油一遍，每尺用水膠二錢，紅土二錢，槐子二錢，白煎油五錢，香油五分。

裝修八十尺，用油匠一工。

大木一百四十尺，用油匠一工。

光白煎油二遍，每尺用白煎油一兩，香油一錢。

裝修八十尺，用油匠一工。

大木一百二十尺，用油匠一工。

光白煎油一遍，每尺用白煎油五錢，香油五分。

裝修一百五十尺，用油匠一工。

大木二百尺，用油匠一工。

竹葦蓆刷柿黄膠，罩白煎油一遍，每尺用水膠三錢，紅土三錢，槐子三錢，白煎油八錢，香油六分，每一百尺油匠一工。

搓清油二遍，每尺用桐油一兩六錢，香油一錢二分，每一百尺油匠一工。

搓清油一遍，每尺用桐油八錢，香油六分，每二百尺油匠一工。

搓紅土油一徧，每尺用桐油八錢，紅土八錢，香油六分，每二百尺油匠一工。

搓黑油一遍，每尺用桐油八錢，煙子二錢，香油六分，每二百尺油匠一工。

使灰六道，捉滿麻二道，布一道，糙油過作，每尺用桐油三兩六錢，苧布六寸二分。上架，用白麻七錢。下架，用白麻九錢。每二十四尺油匠一工。

使灰五道，滿麻一道，布一道，糙油過作，每尺用桐油二兩八錢五分，苧布六寸二分。上架，用白麻五錢。下架，用白麻七錢。每二十七尺油匠一工。

使灰六道，捉滿麻二道，糙油過作，每尺用桐油三兩一錢五分，上架用白麻七錢，下架用白麻九錢，每二十三尺油匠一工。

使灰五道，滿麻一道，糙油過作，每尺用桐油二兩四錢，上架用白麻五錢，下架用白麻七錢，每二十六尺油匠一工。

使灰五道，捉麻一道，糙油過作，每尺用桐油一兩七錢五分，白麻二錢，每四十二尺油匠一工。

使灰三道，糙油過作，每尺用桐油五錢，每八十二尺油匠一工。

使灰三道過作，每尺用桐油四錢，每一百尺油匠一工。

貼梁支條使灰四道，捉麻一道，過畫作，每尺用桐油一兩一錢五分，白麻一錢五分，每六十五尺油匠一工。

天花背面使灰四道，滿麻一道，糙油、光紅土油，迎面捉灰、捉麻、過畫作，每尺用桐油一兩四錢，白麻四錢，紅土三錢，香油六分，每三十尺油匠一工。

大木使灰三道，過畫作，罩油，每尺用桐油九錢，每五十五尺油匠一工。

一斗二升、麻葉斗科、一斗三升、斗科、雲拱、斗科、品字科，俱平身科柱頭科。

斗口一寸五分至二寸五分，使灰三道，每攢用桐油一兩五錢，油匠一分工。

斗口三寸至三寸五分，使灰三道，每攢用桐油四兩，油匠一分二厘五毛工。

花台斗科、列梁斗科、攔架斗科，俱平身柱頭科。

斗口二寸五分至三寸，使灰三道，每攢用桐油四兩五錢，油匠二分工。

斗三寸五分至四寸，使灰三道，每攢用桐油八兩，油匠二分五厘工。

斗科：斗口單昂斗科，三滴水拱字斗科，俱平身頭柱科。

斗口二寸五分至三寸，使灰三道，每攢用桐油五兩二錢，油匠二分五厘工。

斗口三寸五分至四寸，使灰三道，每攢用桐油九兩，油匠三分三厘工。

單翹單昂斗科，斗口重昂斗科，俱平身柱頭科。

斗口二寸五分至三寸，使灰三道，每攢用桐油九兩，油匠四分工。

斗口三寸五分至四寸，使灰三道，每攢用桐油一斤，油匠五分工。

單翹重昂斗科，平身柱頭科。

斗口二寸五分至三寸，使灰三道，每攢用桐油十四兩，油匠七分五厘工。

斗口三寸五分至四寸，使灰三道，每攢用桐油一斤八兩，油匠一工。

重翹重昂斗昂，平身科柱頭科。

斗口二寸五分至三寸，使灰三道，每攢用桐油一斤，油匠八分工。

斗口三寸五分至四寸，使灰三道，每攢用桐油二斤，油匠一工。

溜金斗科，平身柱頭科。

斗口二寸五分至三寸，使灰三道，每攢用桐油一斤四兩，油匠一工。

斗口三寸五分至四寸，使灰三道，每攢用桐油二斤八兩，油匠一工二分五厘。

以上各樣斗科，凡角科一攢作二攢核用工料。

雀替，長五尺至七尺，使灰三道，過畫作，每塊用桐油八兩，油匠一工。

長二尺至四尺者，每塊桐油四兩，油匠五分工。

方圓椽頭，使灰罩油，每個用桐油二錢，每五十個油匠一工。

椽頭，使灰，過畫作，每個用桐油一錢，每一百個油匠一工。

房上苫背望板長短縫捉灰一道，溜高麗紙條一層，每尺用桐油一兩三錢，每六十尺油匠一工。

房上滿糊高麗紙二層，每層折見方尺，用桐油一兩，內有上層搓糙油二錢。每九十尺油匠一工。

三號高麗紙折七尺，用地面磚鑽夾生油二遍，使灰二道，糙油、光油，每尺用桐油三兩四錢，內有灰油五錢，糙油三錢，光油六錢。香油六分，每五十尺油匠一工。

地面磚鑽夾生油一遍，光油，每尺用桐油一兩六錢，內有光油六錢。香油六分，每一百尺油匠一工。

地面磚鑽夾生油二遍，每尺用桐油一兩六錢，每一百尺油匠一工。

地面磚鑽油一遍，使灰一道，糙油、光油，每尺用桐油二兩一錢五分，內有灰油二錢五分，糙油三錢，光油六錢。香油六分，每六十尺油匠一工。

地面磚鑽夾生油一遍，使灰二道，光油二道，每尺用桐油二兩七錢，內灰油五錢，光油一兩二錢。香油一錢二分，每三十九尺油匠一工。

地面磚使灰二道，糙油、光油，每尺用桐油一兩四錢，香油六分，每五十五尺油匠一工。

地面磚使灰二道，光油，每尺用桐油一兩一錢，內灰油五錢，光油六錢。香油六分，每六十尺油匠一工。

地面磚鑽夾生油二道，光油，每尺用桐油二兩二錢，內光油六錢。香油六分，每八十尺油匠一工。

地面磚使灰一道，光油，每尺用桐油八錢五分，每一百尺油匠一工。

舊斗板磚使灰一道，光靛花油，每尺用桐油一兩一錢，廣靛花八錢，香油六分，每七十尺油匠一工。

坎墻羣肩鑽夾生油一道，使灰二道，糙油、光靛花油，每尺用桐油四兩，内灰油五錢，光油六錢。廣靛花一兩，香油六分，每五十尺油匠一工。

斗板磚糙油、光靛花油，每尺用桐油一兩六錢，廣靛花一兩，香油六分，每五十尺油匠一工。

銅鐵系言網搓硍硃油，每尺用桐油三錢，硍硃二錢，每一百二十尺油匠一工。

二三號高麗紙，每張搓油用桐油二兩五錢，每五十張油匠一工。

菱花不拘大小，每三扇用牛尾一兩，鐵系一兩。

以上槅扇、坎窓、簾架、横披等，窓邊抹羣板、縫環板有線路，俱按尺寸作工，三分之内得二分工。

煎灰油，每一百斤外加黄丹八斤，土子八斤，木柴五十五斤。

打滿桐油，每一百斤外加白麵八十斤，白灰八十斤。

熬光油、墊光油，每一百斤外加黄丹八斤，土子八斤，陀僧五斤，白系四兩，木柴五十五斤。

擰光油，每一百斤外加山西絹一尺。

糙油，每一百斤外加白系四兩。

磨洗墊光油，每寬一尺長二十丈用白粗布一尺。

化膠，每一百斤外加黑炭一百斤。

煮碌，一百斤外加木柴五十斤。

油匠，每一百工外加煎油拌料油匠十二工，鑿砍油匠三十二工。

連煎油用搓麻、篩、碾磚灰，壯夫二十名。

清·吴其濬《植物名實圖考長編》卷一九《木類》附放蠟法　汪機《本草彙編》曰：蟲白蠟與蜜蠟之白者不同，乃小蟲所作，其蟲食冬青樹汁，久而化爲白脂，粘敷樹枝，人謂蟲矢著樹而然，非也。至秋刮取，以水煮溶，濾置冷水中，則凝聚成塊矣。碎之，文理如白膏而瑩澈，人以和油澆燭，大勝蜜蠟也。

《宋氏雜部》曰：冬青子可種，堪入酒，至長盛時，五月養以蠟子，七月收蠟，不宜盡採，留待來年四月，又得生子取養。蠟曬乾以越布蒙於甑口，置蠟布上，置器甑中，釜内水沸，蠟遂鎔下入器，凝則堅白而爲燭材。其滓盛之以絹囊，復投於熱油中，則蠟盡油遂可爲燭。凡養蠟子，經三年，停亦三年。

又曰：巴蜀擷其子漬淅米水中，十餘日搗去，便種之。蠟生則近跗，伐去發肄，再養蠟。養一年，停一年，採蠟必伐木，無老幹。

《農政全書》曰：女貞收蠟有二種：有自生者，有寄子者。自生者，初時不知蟲何來，忽遍樹生白花。枝上生脂如霜雪，人謂之花。取用煉蠟，明年復生蟲子。向後，恒自傳生，若不曉寄放，樹枯則已。若解放者，傳寄無窮。寄子者，取他樹之子，寄此樹之上也。其法或連年，或停年，或就樹，或伐條，若樹盛者，連年就樹寄之，俟有衰頓，即斟酌停年，以休其力，培壅滋茂，仍復寄放。即《宋氏雜部》所謂：養一年停一年者也。伐條者，取樹栽徑寸以上者種之，俟盛長，寄子生蠟，即離根三四尺，截去枝幹，收蠟，隨手下壅。冬月再壅，明年旁長新枝芽櫱，以後恒擇去繁冗，令直達。明年亦復修理，恒加培壅。第三年可放蠟子，四年再放，五年復放，迨收蠟仍翦去枝。如是更代無窮，此所謂經三年停三年者也。凡寄子皆於立夏前三日内，從樹上連枝翦下，去餘枝，獨留寸許，令子抱木，或三四顆乃至十餘顆作一簇，或單顆，亦連枝翦之。翦訖，用稻穀浸水半日許，漉取水，剥下蟲顆，浸水中一刻許，取起用竹箬虚包之。大者三四顆，小者六七顆作一苞。韌草束之，置潔净甕中，若陰雨，頓甕中可數日，天熱其子多迸出，宜速寄之。寄法取箬包，翦去角，作孔如小豆大，仍用草係之樹枝間。其子多少，視枝小大斟酌之，枝大如指者可寄，枝太細幹太粗者勿寄也。寄後數日間，鳥來啄箬苞，攫取子，勤驅之。天漸暖蟲漸出苞，先緣樹上下行，若樹根有草，即附草不復上矣，故樹下須芟刈極净也。次行至葉底棲止，更數日復下至枝條，嚙皮入，咂食其脂液，因作花，約略蟲出盡即取下苞。視有餘子，并作苞別寄他樹，秋分後檢看花老嫩，若太嫩不成蠟，太老不成蠟，太老不可剥矣。剥時或就樹或翦枝，俱先灑水潤之，則易落，乘雨後或侵晨，帶露采之尤便。次取蠟花投沸湯中鎔化，候稍冷取起水面蠟，再煎再取，滓沉鍋底，勺去之。若蠟未净，再依前法煎澄之。既净，乘熱投入繩套子，候冷牽繩起之，成蠟堵也。又浸穀水漬蠟子，剥下包之，此是婺州法。吴興人但於立夏後翦子，到小滿前三日，連舊枝作苞寄之，亦生蠟。槜李及吾邑有自生之子，不煩寄放，亦生蠟。可見傳生之物，氣足爲上。若吾鄉傳有土子，不論節氣，但俟其氣足，欲迸時速翦下，寄之可也。

又曰：立夏前二日翦子，此是常法。但浙東氣暖，從他方鬻子還恐蟲迸出，故以此爲期。若吴興在北，吾邑又在吴興北，則吾鄉往吴興及浙東買子者，宜立夏後翦，小滿前後寄也。若浙東從吾鄉鬻子，仍須立夏前翦去耳。吾鄉以北愈寒，寄宜愈遲，依此消息之。

又曰：蠟子若本地所無，傳貿他方者，可行千里。如浙中獨金華業此最盛，而鬻子於紹興、台州、湖州。川中獨南郡、西充、嘉定最盛，而鬻子於潼川。其間相去各數百里，蓋蠟子在立夏前，氣已足可翦，小滿前雖未出，可寄耳。亦須疾行，遲則蟲先期出，不及寄，折損多矣。諺云：走馬販蠟，謂此。若依前法，先作苞置器中，蟲出不離箬苞中，尚可遲二三日寄也。

又曰：金華之於湖州也，嘉定之於潼川也，歲鬻子以去，而不傳子，明年又鬻之。叩之，則云金華、嘉定但生花不生子故然。金華尚有土子，其價以半，嘉定絶無之。鬻子之價，十倍潼川，此理殊不可曉。嘗臆度之，大都樹少多生花，樹老多生子；樹卑多生花，樹高多生子。一樹之中，寄子多則生花，寄子少則生子。又北種販至南多生花，南種販至北多生子。如湖州子販至金華盡生花，金華子販至閩中又生花，故金華子多入閩中，而轉販於吴興，若金華種販至湖州又生子矣。吴興在北，金華在南，閩又在金華南也。又如潼川販至嘉定盡生花，名嘉定種，販至潼川，又生子矣。潼川在北，嘉定在南也。蓋花性喜煖，子性能寒；其以老少異，以高下異，以南北異，理則一耳。

又曰：或云樹生花即無子，生子即無花，此間有之，不盡然也。大概多花子並生者，但欲留種，不宜早收，花絶不可見。至春中方著枝如螺靨，入夏頓長，則花與子不相見耳。子盛長時，有膏如餳蜜，去之即子枯。

清・趙學敏《本草綱目拾遺》卷六

山西柏油松油。

其色黑若紫者，係此油脚也。其氣若松香，竹箸挑之，懸絲不斷者真。

殺壁蝨，凡人家牀、凡板壁患此者，以油滴縫内，其蝨盡死。又搽禿瘡。【略】

松油

其取油法，以有油老松柴截二三寸長，劈如燈心粗，用麻線紮把如茶杯口大，再用水盆一箇，内盛水半盆，以盌一隻，坐於水盆内。用蓆一塊，蓋於盌上，中挖一孔如錢大。再以紮好松把直豎放於蓆孔中間，以火點著，少時，再以爐灰週圍上下蓋緊，勿令走烟。如走烟，其油則無。候温養一二時，其油盡滴盌内。去灰蓆，取出聽用。一名瀝油。

治疥瘡久遠不愈，百藥不效，以此油新浴後擦之，或加白礬末少許和擦更妙。

茶油即梣樹子油、枯餅。

乃梣樹子油也。豫省、閩、粤皆食茶油，而不知爲梣樹子油。俗呼茶油，實非茶子之油也。煎熬不熟，食之令人瀉。

味甘性涼，氣腥色緑，潤腸清胃，殺蟲解毒，不宜生食。燃燈益目，抹髮解膩。【略】

杉木油

《經驗廣集》有取杉木油法，用紙糊盌面，以杉木屑堆盌上，取炭火放屑頂燒著，少時火將近紙，即用鐵筯抹去。燒數次，開盌看，即有油汁在盌内。【略】

桑油

《萬氏家抄》有取桑油法，鮮桑木槌碎，裝入瓶内，用一瓶蓋口，倒埋土中。糠火煨之，油自滴下，貯罐聽用。

又　卷九

老材香

山、陝等省無漆，民間棺殮俱用松香、黄蠟塗於棺内。數十年後，有遷葬者，棺朽，另易新棺，其朽棺内之香蠟，名曰老材香，土人用合金瘡藥。按脂蠟乃先天流液之精，又得土以固其力，藉血肉餘氣以凝其神，是一物合三才之用，故入藥功效倍於他草木也。《藥性考》：北地古棺中松脂，合金瘡藥止血極效。【略】

火漆

火漆，乃造胭脂紫梗水，以染脂胚所漉之渣滓也。紫梗本名紫鉚，出波斯、真臘、南番等處，有小蟲如蟻，緣樹枝造成，正同造白蠟一般。吾杭造胭脂者，藉以染製。然第用紫梗一味，則色不能紅，必須配以黄葉水同煎，色始紅藍。其所餘之渣，則火漆也。入藥只須研極細用之，中有枝梗不受研者，篩去。《物理小識》：火漆，一名紫膠。

清・徐珂《清稗類鈔・工藝類》

製漆器

江西之龍南，僻處萬山中，與廣東連平接壤，交通艱阻，風氣蔽塞，其民碌碌無所長，農事而外，飲博嬉戲而已。惟數千年以來，有一工藝爲其邑之特色，髹漆之煙盒、果盒、帽筒是也。其漆色之光膩，雕鏤之精緻，雖三吴巧工，無以過之。其製法，爲内實泥沙，裹以絺布，而外加以漆，漆成，則與木製者無異也。

製漆硯

硯之異製，或以竹，或以鐵，康熙時，有以漆爲硯者。其法，以水飛過極細磁沙，和生漆爲之，頗輕便，適於遊笈，且甚發墨，在鐵硯、竹硯之上。

又《物品類》 漆砂硯

漆沙硯以揚州盧葵生家所製爲最精，其祖映之叢得一硯，有「宋宣和内府製」六字，質類澄泥而絶輕，入水不沈。後知爲漆沙所成，授工仿造，葵生世其傳。一時業此者甚衆，且文房諸物亦均以漆沙爲之。

傳記

《後漢書・周黄徐姜申屠列傳》 申屠蟠字子龍，陳留外黄人也。九歲喪父，哀毁過禮。服除，不進酒肉十餘年。每忌日，輒三日不食。

同郡緱氏女玉爲父報讎，殺夫氏之黨，吏執玉以告外黄令梁配，配欲論殺玉。蟠時年十五，爲諸生，進諫曰：「玉之節義，足以感無恥之孫，激忍辱之子。不遭明時，尚當表旌廬墓，況在清聽，而不加哀矜！」配善其言，乃爲讞得減死論。鄉人稱美之。

家貧，傭爲漆工。郭林宗見而奇之。同郡蔡邕深重蟠，及被州辟，乃辭讓之曰：「申屠蟠稟氣玄妙，性敏心通，喪親盡禮，幾於毁滅。至行美義，人所鮮能。安貧樂潛，味道守真，不爲燥濕輕重，不爲窮達易節。方之於邕，以齒則長，以德則賢。」

紀事

《周禮・春官・御史》 王之喪車五乘：木車，蒲蔽，犬襈尾櫜，疏飾，小服皆疏；素車，棼蔽，犬襈素飾，小服皆素，藻車，藻蔽，鹿淺襈，革飾；駹車，萑蔽，然襈，髤飾，故書駹作龍，髤爲軟。杜子春云：「龍讀爲駹，軟讀爲桼垸之桼，直謂髤桼也。」玄謂駹車，邊側有漆飾也。萑，細葦席也。以爲蔽者，漆則成藩，即吉也。然，果然也。髤，赤多黑少之色韋也。此大祥所乘。疏：「駹車萑蔽」者，萑，今本並作藿，《唐石經》初刻同，磨改作萑，葉鈔《釋文》亦作萑。案：此正字當作萑，萑藿並字别，於義無取，詳《司几筵》疏。云「然襈髤飾」者，《説文・巾部》引作「犬幦」，段玉裁謂犬譌字是也。許述此經皆從賈景伯讀，後賈疏引賈本亦作「然」，則今本《説文》之譌明矣。幦，襈之借字，詳前疏。注云「故書駹作龍，髤爲軟，杜子春云，龍讀爲駹」者，軟，舊本誤軟，今據宋婺州本、余本、岳本及《釋文》正，下同。《犬人》云：「凡幾珥沈辜，用駹可也。」注云：「故書駹作龍，鄭司農云：龍讀爲駹，謂不純色也。」案：此故書與前「龍勒」字同，彼杜及先鄭皆不讀爲駹，故後鄭因而釋之云「龍，駹也」。此及《犬人》杜及先鄭並改讀，後鄭亦從之，例異而義同也。《牧人》《玉人》杜鄭注又讀龍爲尨。駹尨並爲襍色，詳《牧人》疏。段玉裁云：「《説文》幦字下引《周禮》『駹車犬幦』，不作龍車者，從杜也。」云「軟讀爲桼垸之桼，直謂髤桼也」者，段玉裁云：「古音次同桼，在真臻部之入聲，如漢蘭陵有次室亭，故魯次室邑，《列女傳》漆室之女，或作『次室』是也。轃字軟字蓋本無車旁，轉寫加之耳。易次爲桼，於其聲類得之。既易其字，乃以髤桼訓其義。凡言直謂者，皆舉方俗語言明之。『華藻』『髤桼』皆方俗語言也。但云讀爲桼，則桼之色不一，故斥言髤桼。《説文》無軟字者，從杜。」又云：「《司几筵》『漆几』，《説文》作髼。凡此，蓋禮家有易桼爲髼者。《巾車》此條，則杜易軟爲桼。桼字在真臻部，髼從桼髟聲，俗作髤，在尤幽部，音理遠隔，而俗或誤仞一字。如《笙師》注，《釋文》『髤，香牛反，或切利反』，則字當作桼。《廣韻》《集韻》髤音七四切，誤放於此。」案：段謂軟桼聲類同，以申杜易字之恉，其説甚覈。此經故書作軟，今書作髤。故書之軟，於義無取，故杜破爲桼。今書之髤，則義自可通，故後鄭因而不易。桼垸，依下文及《角人》注，當作「漆垸」。經注例皆作漆，不作桼，詳《載師》疏。云「玄謂駹車，邊側有漆飾也」者，亦取襍文之義。賈疏云：「以下文漆車全有漆，則此時未全爲漆，故知駹是邊側少有漆也。」云「萑，細葦席也」者，萑亦當作萑。《司几筵》「柏席用萑」，注云：「萑如葦而細者。」詳彼疏。云「以爲蔽者，漆則成藩，即吉也」者，賈疏云：「下文藩蔽者，因此舊蔽而漆之，故云漆則成藩也。」云「然，果然也」者，賈疏云：「果然，獸名，是以賈氏亦云然，獸名也。」丁晏云：「《文選・吴都賦》『狖鼯果然』，注引《異物志》曰：『猓然，猿狖之類，居樹，色青赤，有文，日南、九真有之。』《廣韻・二仙》：『獑，猓獑，獸名，似猿，白質黑文。』」云「髤，赤多黑少之色韋也」者，髤即髼之省。《説文・桼部》云：「髼，桼也。」《鄉射記》鄭注云：「髤，赤黑漆也。」賈疏云：「案下注『雀，黑多赤少』，故知此髤是赤多黑少者也。」詒讓案：此疑當云「黑多赤少之色」。漆色本黑，故下文「漆車」注以爲黑車。此髤則以黑而微赤别之。今本似後人所改，詳後疏。云「此大祥所乘」者，賈疏云：「以二十五月大祥除服之節，故知此車是大祥所乘也。」漆車，藩蔽，豻襈，雀飾。漆車，黑車也。藩，今時小車藩，漆席以爲之。豻，胡犬。雀，黑多赤少之色韋也。此禫所乘。疏：注云「漆車，黑車也」者，岳本漆作「桼」，非。賈疏云：「凡漆不言色者，皆黑。且大夫所乘墨車，無篆縵之飾，直得黑名，是凡車皆黑漆也。」云「藩，今時小車藩，漆席以爲之」者，《曲禮》注云：「安車，坐乘，若今小車也。」案：小車即《釋名》所謂吏所乘者，詳前後五路疏。又《詩・齊風・載驅》云「簟茀朱鞹」，毛傳云：「簟，方文席也。車之蔽曰茀。」鄭《詩・大雅・韓奕》箋云：「簟茀，漆簟以爲車蔽，今之藩也。」孔疏云：「簟者，席之名。《巾車》云：『漆車藩蔽。』既以漆爲車名，藩亦漆

之，故注云漆席以爲之。」案：孔説是也。凡吉車簟茀，皆以竹爲席；此藩蔽，據鄭前注，即以駹車之細葦席爲之，則與吉車用竹不同，但席上加漆，制略與簟茀相類耳。漢時小車，蓋貴者所乘，則以銅爲耳，所謂輒也。賤者所乘則不得有車耳，而以簟席爲蔽，謂之藩，故《既夕》注訓蔽爲藩。《説文·車部》又訓軒爲藩車，則大夫以上吉車之蔽，無論重較、平較，通得稱藩。王五喪車，蒲棼藻萑四蔽皆不漆，惟此車蔽加漆，近於純吉，故專得藩稱矣。

《史記·貨殖列傳》 凡編户之民，富相什則卑下之，伯則畏憚之，千則役，萬則僕，物之理也。夫用貧求富，農不如工，工不如商，刺繡文不如倚市門，此言末業，貧者之資也。通邑大都，酤一歲千釀，醯醬千瓨，漿千甔，屠牛羊彘千皮，販穀糴千鍾，薪稾千車，船長千丈，木千章，竹竿萬個，其軺車百乘，牛車千兩，木器髤者千枚，銅器千鈞，素木鐵器若巵茜千石，馬蹄躈千，牛千足，羊彘千雙，僮手指千，筋角丹沙千斤，其帛絮細布千鈞，文采千匹，榻布皮革千石，漆千斗，蘖麴鹽豉千荅，鮐鮆千斤，鯫千石，鮑千鈞，棗栗千石者三之，狐貂裘千皮，羔羊裘千石，旃席千具，佗果菜千鍾，子貸金錢千貫，節駔會，貪賈三之，廉賈五之，此亦比千乘之家，其大率也。佗雜業不中什二，則非吾財也。

《後漢書·鄧皇后紀》 及郡國所貢，皆減其過半。悉斥賣上林鷹犬。其蜀、漢釦器九帶佩刀，並不復調。止畫工三十九種。又御府、尚方、織室錦繡、冰紈、綺縠、金銀、珠玉、犀象、瑇瑁、雕鏤翫弄之物，皆絶不作。

《南齊書·東昏侯本紀》 後宫遭火之後，更起仙華、神仙、玉壽諸殿，刻畫雕彩，青䩠金口帶，麝香塗壁，錦幔珠簾，窮極綺麗。縶役工匠，自夜達曉，猶不副速，乃剔取諸寺佛刹殿藻井仙人騎獸以充足之。世祖興光樓上施青漆，世謂之「青樓」。

唐·張鷟《朝野僉載》卷五 周證聖元年，薛師名懷義造功德堂一千尺於明堂北。其中大像高九百尺，鼻如千斛船，中容數十人並坐，夾紵以漆之。五月十五，起無遮大會於朝堂。掘地深五丈，以亂彩爲宫殿臺閣，屈竹爲胎，張施爲楨蓋。又爲大像金剛，並坑中引上，詐稱從地湧出。又刺牛血畫作大像頭，頭高二百尺，誑言薛師膝上血作之，觀者填城溢郭，士女雲會。内載錢拋之，更相踏藉，老少死者非一。至十六日，張像於天津橋南，設齋。二更，功德堂火起，延及明堂，飛焰衝天，洛城光如晝日。其堂作仍未半，已高七十餘尺，又延燒金銀庫，鐵汁流液，平地尺餘，人不知錯入者，便即焦爛。其堂煨燼，尺木無遺。至曉，乃更設會，暴風欻起，裂血像爲數百段。浮休子曰：梁武帝舍身同泰寺，百官傾庫物以贖之。其夜欻電霹靂，風雨晦冥，寺浮圖佛殿一時盪盡。非理之事，豈如來本意哉！

宋·李昉等《太平廣記》卷二八八《薛懷義》 周證聖元年，薛師名懷義，造功德堂一千尺於明堂北。其中大像，高九百尺，鼻如千斛船，小指中容數十人並坐，夾紵以漆之。正月十五，起無遮大會於朝堂，掘地五丈深，以亂彩爲宫殿臺閣。屈竹爲胎，張施爲楨蓋。又爲大像金剛，並坑中引上，詐稱從地涌出。又刺牛血，畫作大像頭。頭高二百尺，誑言薛師膝上血作之。觀者填城溢郭，士女雲會，内載錢拋之，更相蹈藉，老少死者非一。至十六日，張像於天津橋南，設齋。二更，功德堂火起，延及明堂。飛燄衝天，洛城光如晝日。其堂作仍未半，已高七十餘尺。又延燒金銀庫，鐵汁流液，平地尺餘，人不知錯入者，便即焦爛。其堂煨燼，尺木無遺。至曉，乃更設會，暴風欻起，裂血像爲數百段。浮休子曰，梁武帝舍身同泰寺，百官傾庫物以贖之。其夜欻電霹靂，風雨暝晦。寺浮圖佛殿，一時盪盡。非理之事，豈如來本意哉！出《朝野僉載》。

清·徐松《宋會要輯稿·輿服·旌節》

《乾道會要》：

凡命節度使，有司給門旗二、旌一、節一、麾鎗二、豹尾二。旗以梅紅絹，上設耀篦、鐵鑽，並用鑞擺黑漆杠。旌用銅螭頭、黑漆杠、梅紅絹，畫白虎，頂設黑漆圓盤，周用塗金飾。節亦用黑漆杠，上設黑漆圓盤三層，周用梅紅生絲裝釘爲旄，周以紫綾夾袋，又加碧油絹袋。麾槍各用黑漆杠，上設黑漆圓盤，周以塗金飾，紫絹袋，又加碧絹袋。豹尾以黑漆杠，用布彩畫豹文。【略】以上《永樂大典》卷二一四。

又《食貨·煎膠務》

《宋會要》：

太平興國元年，置場，煮皮爲膠，以給諸司之用。以三班及内侍一人監。其退料，亦置場出鬻。匠十二人。

真宗景德二年三月，詔皮角庫：「今後作坊、弓弩院合使麂鹿皮，常約數申三司。」

三月，詔：「皮角場庫舊監官五人，自今止置二員。」

神宗熙寧七年四月二十二日，軍器監(官)[言]：「勾當皮角四場庫解師錫申：『本場闕少工匠，檢會元額，諸作五百三十人，見闕三百一十人。自來除造旬課外，如有非次生活，並於諸作相兼拖(功)[工]製造。本作別無生

活，即權分諸作執役。體得逐作課輕，可以量添皮數，減下人工，元請物料亦可減省。今相度，減省物料，工限造作，每日計得一百五十餘工。』本監欲依所請。」從之。

十月十五日，詔：「皮角庫皮場見管及接續收到不堪膠料皮并碎皮，不得支遣，準備內中取索。」

八年十月二十六日，詔：「皮角四場庫監官並給添支十二千。二年爲一任，界中無遺闕，與第等酬獎。」從軍器監所請也。舊以官序定添支多少，本監以任責既均，不可增減，故有是請。

十年二月，軍器監言：「編排皮角場庫官物錢師孟狀：『物數浩瀚，不曾支遣，堆積暴露，致有損壞。』本監欲乞令本庫權住支納，且將見在皮筋角委師孟同共編排，各着庫眼收盛。如遇諸處納了皮貨，即輪監官一員就倉交納。若敖眼少，即下倉場司權借。候支遣有序，却依舊交納。今後熟造皮，先須契勘見在，依年月資次支遣，別無入料皮，方許創行熟造。如失契勘，致有積壞，並罪干係官吏。」從之。

圖録

明・李時珍《本草綱目・圖》卷上

漆

罌子桐 油桐

明・王圻 王思義《三才圖會・草木九・木類》 漆樹

乾漆、生漆出漢中川谷，今蜀漢、金、峽、襄、歙州皆有之。木高三二丈，皮白，葉似椿，花似槐，子若牛李，木心黄。六月、七月以竹筒釘入木中取之。乾漆，舊云，用漆桶中自然乾者，狀如蜂房，味辛温無毒，主絶傷，補中，續筋骨，填髓腦，安五臟，五緩六急，風寒濕痺，療欬嗽，消瘀血，痞結腰痛，女子疝瘕，利小腸，去蚘蟲。生漆去長蟲，久服輕身耐老。

漆樹

推柏子黑粒去壳取仁

南方榨

槽皮油及諸芸薹胡麻皆同
甑
此釜平底不深

清・吴其濬《植物名實圖考》卷三三《木類》 漆 漆，《本經》上品，山中多種之，斧其木以蚌盛之，經夜則汁出。

漆

藝文

漢・揚雄《蜀都賦》 蜀都之地，古曰梁州。禹治其江，渟皐彌望，鬱乎青蔥，沃壄千里。上稽乾度，則井絡儲精。下按地紀，則巛宫奠位。東有巴賨，綿亙百濮，銅梁金堂，火井龍湫。其中則有玉石嶜岑，丹青玲瓏，邛節桃枝，石鱚水螭。南則有犍牂潛夷，昆明嶲眉，絶限峨嵣，堪巖亶翔。靈山揭其右，離堆被其東。於近則有瑕英菌芝，玉石江珠。遠則有銀鉛錫碧，馬犀象僰。西有鹽泉鐵冶，橘林銅陵，邛連盧池，澹漫波淪。其旁則有期牛兕旄，金馬碧雞。北則有岷山，外羌白馬。獸則麙羊野麋，罷犛貘貒，麢麖鹿麝，户豹能黄，漸胡雖玃，猨蝙玃猱，猶豰畢方。【略】

余乃其人，自造奇錦，紌繏緄組，縿緣盧中，發文揚采，轉代無窮。其布則細都弱折，綿繭成衽，阿麗纖靡，避晏與陰。蜘蛛作絲，不可見風，筩中黄潤，一端數金。雕鏤釦器，百伎千工。東西鱗集，南北並湊，馳逐相逢，周流往來，方轅齊轂，隱軫幽輵，埃敦塵拂，萬端異類，崇戎總濃般旋，闠齊嗜楚，而喉不感槩。萬物更湊，四時迭代，彼不折貨，我罔之械，財用饒贍，蓄積備具。

佚名《古詩十九首・孟冬寒氣至》 客從遠方來，遺我一端綺。《左傳》昭二十六年傳注曰：「二丈爲一端，二端爲一兩，所謂匹也。」相去萬餘里，故人心尚爾。鄭玄《毛詩》箋曰：「尚，猶也。」《六書》故曰：「爾者如是之合言。」劉良曰：「相與雖遠，故心尚爾然也。」文彩雙鴛鴦，裁爲合歡被。毛萇《詩》傳曰：「鴛鴦，匹鳥也。」呂延濟曰：「綺上文彩爲鴛鴦文，合歡被以取同歡之意。」著以長相思，緣以結不解。鄭玄《儀禮》注曰：「著，謂充之以絮也。」又《禮記》注曰：「緣，邊飾也。」趙德麟《侯鯖録》云：「《文選・古詩》云『著以長相思，緣以結不解』，注：『被中著綿謂之長相思，綿綿之意；緣，被四邊，綴以絲縷，結而不解之意。』余得一古被，四邊有緣，真此意也。著謂充以絮。」以膠投漆中，誰能別離此。呂向曰：「以膠和漆，堅而不別也。」

陸時雍曰：「極纏綿之致。」

李因篤曰：「從『永以爲好』意，寫出如許濃至。」

方廷珪曰：「見朋友不以遠近易心。」

唐・顧況《採蠟》《全唐詩》卷二六四 採蠟一章 採蠟，怨奢也。荒巖之間，有以纊蒙其身，腰藤造險，及有羣蜂肆毒，哀呼不應，則上舍藤而下沈一本有之字。螫。採採者蠟，于泉谷兮，煌煌中堂，烈華燭兮。新歌善舞，弦柱促兮，荒巖之人，自取其毒兮。

雜録

《韓非子・十過》 穆公曰：寡人不辱而問道於子，子以儉對寡人何也？由余對曰：臣聞昔者堯有天下，飯於土簋，飲於土鉶。其地南至交趾、北至幽都，東西至日月之所出入者，莫不賓服。堯禪天下，顧廣圻曰：《説苑》「禪」作「釋」，下文亦云「舜釋天下」。虞舜受之。作爲食器，斬山木而財之，顧廣圻曰：《説苑》「財」作「裁」，同字。先慎曰：《御覽》七百五十六引作「材」，「財」「裁」「材」三字並同。削鋸脩其迹，磨其斧迹。顧廣圻曰：《説苑》作「清銅鐵筩其刃猶漆墨之」，按此文「削鋸」是也。《淮南子・本經訓》云：「無所錯其剞劂削鋸，」高注：「削，兩刃句刀也，讀綃頭之綃。」其下未詳，《説苑》即出於此，而傳寫互有誤，仍各依本書。先慎曰：各本「其」作「之」。案「之」當作

「其」，注云「磨其斧迹」，是注所據本尚未誤，《御覽》七百五十六引正作「其」，今據改。流漆墨其上，「流」，布也。輪之於宮，以爲食器，諸侯以爲益侈，國之不服者十三。舜禪天下而傳之於禹，禹作爲祭器，墨漆其外。先慎曰：各本「漆」作「染」。王念孫云：「染」當爲「漆」。謂黑漆其外也。俗書「漆」字作「柒」，因譌而爲「染」。《御覽》四百九十三引此正作「漆」，《説苑》亦作「漆」。先慎按：王説是，《御覽》又七百五十六引同，今據改。而朱畫其内，縵帛爲茵，顧廣圻曰：《説苑》「縵」作「縉」。蔣席「蔣」，草名。頗緣，顧廣圻曰：《藏》本同，今本「頗」作「額」，誤。「頗緣」，謂共緣邪裂之。《説苑》無此一句，有「褥」字，連「茵」字讀，當有誤，仍各依本書。觴酌有採而樽俎有飾，此彌侈矣，而國之不服者三十三。顧廣圻曰：《説苑》作「三十有二」，下文亦作「五十有二」。先慎曰：《御覽》四百九十三引作「三十二」，與《説苑》合。夏后氏没，殷人受之，作爲大路而建九旒，先慎曰：《御覽》引「路」作「輅」，字通。食器雕琢，觴酌刻鏤，四壁堊墀，顧廣圻曰：「四」當作「白」，「白壁」與「堊墀」對文也。《説苑》作「四壁四帷」。茵席雕文，此彌侈矣，而國之不服者五十三。先慎曰：趙本「服」作「亡」，誤。君子皆知文章矣，而欲服者彌少，臣故曰儉其道也。

《史記·魯仲連鄒陽列傳》 故百里奚乞食於路，繆公委之以政；寧戚飯牛車下，而桓公任之以國。此二人者，豈借宦於朝，假譽於左右，然後二主用之哉？感於心，合於行，親於膠漆，昆弟不能離，豈惑於衆口哉？

又《刺客列傳》 豫讓者，晉人也，故嘗事范氏及中行氏，而無所知名。去而事智伯，智伯甚尊寵之。及智伯伐趙襄子，趙襄子與韓、魏合謀滅智伯，滅智伯之後而三分其地。趙襄子最怨智伯，漆其頭以爲飲器。豫讓遁逃山中，曰：「嗟乎！士爲知己者死，女爲説己者容。今智伯知我，我必爲報讎而死，以報智伯，則吾魂魄不愧矣。」乃變名姓爲刑人，入宮塗厠，中挾匕首，欲以刺襄子。襄子如厠，心動，執問塗厠之刑人，則豫讓，内持刀兵，曰：「欲爲智伯報仇！」左右欲誅之。襄子曰：「彼義人也，吾謹避之耳。且智伯亡無後，而其臣欲爲報仇，此天下之賢人也。」卒醳去之。

《南齊書·東昏侯本紀》 世祖興光樓上施青漆，世謂之「青樓」。帝曰：「武帝不巧，何不純用瑠璃。」

宋·葉廷珪《海録碎事》卷一四《百工醫技部·膠漆門》

蟻絮漆 《吴録》：居風縣有蟻絮漆，人視土中知有蟻，因墾發，以木皮插其上，則蟻出，緣而生漆。

呵膠 呵膠出虜中，可以羽箭，又宜婦人貼花鈿，呵嘘隨融，故謂之呵膠。劉貢父有《和陸子履》詩云：此膠出從遼水魚，白羽補綴隨呵嘘。

鰲膠 《洞冥記》：善化國嘗貢一蟹，煮其殼爲膠，勝於鳳喙之膠。

宋·吴曾《能改齋漫録》卷一二《記事》

甘露

紹興辛亥冬，撫州祥符觀松，降甘露若飴。有郎官徐其姓者，獻甘露古松詩於太守。其詩略曰：「仙臺之陽石壇東，下有亭亭太古松。」又曰：「至誠感格合天意，露零青松真上瑞。」云云。太守以爲祥，因奏於朝，坐言章罷郡。先人時謂予曰：「熙寧六年冬，建昌軍距城五里，甘露降於進士徐上交别業大松上，濃厚如酒，其味香甜。上交折獻於太守張郎中子方，子方率僚屬觀之，欲以上聞。路過鳳凰山下，牧童見車馬，皆叫呼曰：『此山松上亦多甘露，何獨彼耶？』各持松葉餂弄，以示不誤。時有野夫賣藥於市者，語人曰：『太守不察耳。何者爲甘露？露從天降，必徧於數畝，豈止松乎？』吾嘗客華陰，縣民亦有以甘露告縣者。令因出按之，有道人笑焉。令怒，械繫之。道人曰：『譬如人身精液，流通均布六七十年中。若夫壽促，必涌併於未死之前。此松殆將槁耳，官人若不信，請寬我，以俟明春，此松必不榮也。』令如其説，至期果驗焉。軍民得其説，因省。景祐丙子，城西天慶觀松，昔嘗一枝有甘露，因往驗之。昔時甘露所降之枝，果已先朽，張守因不復奏知。」先人因言：「鄉里松有甘露亦甚多，其實非也，乃松液耳。」

宋·范成大《桂海虞衡志·志器》 南州風俗，猱雜蠻猺，故凡什器多詭異；而外蠻兵甲之製，亦邊鎮之所宜知者。

竹弓。以黨徒郎反，竹也。竹爲之。筋膠之制，一如角弓，惟揭箭不甚力。

蠻甲。惟大理國最工。甲冑皆用象皮，胸、背各一大片，如龜殼，堅厚與鐵等。又聯綴小皮片，爲披膊、護項之屬，製如中國鐵甲，葉皆朱之。兜鍪及甲身内外，悉朱地間黄黑漆，作百花蟲獸之文，如世所用犀毗器，極工妙。又以小白貝纍纍絡甲縫，及裝兜鍪，疑猶傳古貝冑朱綅遺製云。

蠻鞭。刻木節節如竹根，朱墨間漆之，長纔四五寸，首小，有鐵環，貫二皮條，以策馬。

藤合。屈藤盤遶，成柈合狀，漆固護之。出藤、梧等郡。

蠻椀。以木刻，朱黑間漆之，侈腹而有足，如敦瓿之形。

宋·周密《癸辛雜識》續集下

黑漆船

趙梅石孟議性侈靡而深嶮，其家有沈香連三暖閣，窗户皆鏤花，其下替板亦

鏤花者。下用抽替，打篆香於内，香霧芬郁，終日不絶。前後皆施錦簾，他物稱之。後聞獻之福邸，云後爲都大坑冶。又造黑漆大坐船，船中艙板皆用香楠鏤花，其下焚沉腦，如前閣子之製。吕師夔親見之，遂號孟議爲「黑漆船」，後餓死於燕京。存齋云。

陳諤搗油

陳諤字古直，號埜水，嘗爲越學正，滿替，往婺之廉司取解由。歸途偶憩山家，有長髯野叟方搗柏子作油，見客至，遂少輟相問勞，曰：「君亦儒者邪？」持盃茶飲之，遂問今將何往。陳對以學正滿替，欲倒解由，别注他缺。髯叟忽作色而起，曰：「子自倒解由，我自搗柏油。」遂操杵臼，不復再交一談。陳異而詢於隣人，云：「此傳秀才，隱者也。惡君言進取事，故耳！」陳心甚愧之，因賦詩云：「忽遇深山避世翁，居然沮溺古人風。老來一出爲身計，不滿先生一笑中。」

白蠟

江浙之地，舊無白蠟。十餘年間，有道人至淮間，帶白蠟蟲子來求售。狀如小芡實，價以升計。其法以盆桎樹，桎字未詳。樹葉類茱萸葉，生水傍可扦而活，三年成大樹。每以芒種前，以黄草布作小囊，貯蟲子十餘枚，遍掛之樹間。至五月，則每一子中出蟲數百，細若蟣蠓，遺白糞於枝梗間，此即白臘，則不復見矣。至八月中，始剥而取之，用沸湯煎之，即成臘矣。其法如煎黄臘同。又遺子於樹枝間，初甚細，至來春則漸大，二三月仍收其子如前法，散育之。或聞細葉冬青樹亦可用。其利甚博，與育蠶之利相上下。白臘之價，比黄臘常高數倍也。

元·楊瑀《山居新語》卷二 湖南益陽州，每有人夜半忽自相打，莫曉所謂，名之曰沙魘。土人知此證者，唯以冷水澆潑，稍定以湯水飲之，徐徐方醒，二三日即如醉中。不知者殊用驚駭。上海縣達魯花赤兀訥罕，至正初爲本州同知，因造漆器匠者八人一夕作鬧，親歷此事，嘗與余言之。

元·熊夢祥《析津志·物産》 家具之屬

鐵絡、量罐、桄架、馬槽、大小木櫃、鐙檠、盤、高麗榧子木刳成或旋成，大小不等，極爲朴質。凡碗碟、盂、盞、托、大概俱有。櫥、矮桌、矮牀、門匡、窗隔、蒙古棺。用大木去外皮，削成圓木，以鋮開作蓋，中刳作人形，冠服，一如平時。合之以鐵條釘合之。

右此等木器多在海子橋南甚多。哈達門外亦有，然皆麄作生活。蓋朔地風沙塵土，唯用油漆塗飾窗櫺，雖内廷亦不用純漆。

明·王佐《新增格古要論》卷九《文房論》 收畫亦於未梅雨前曬眼令燥，緊捲入匣中，厚以紙糊匣縫，務令周密，過梅月方開，則無蒸濕之氣。蓋蒸濕自外而入故也。匣須用楸木、梓木或杉柒之類爲之，漆外以黑光裏面，以用漆也。

明·謝肇淛《五雜俎》卷一二《物部四》 漢時着屐尚少，至東京末年始盛。應劭《風俗通》載：「延嘉中，京師好着木履。婦人始嫁，作漆畫屐，五色采爲系。後黨事起，以爲不祥。至晉而始通用。阮孚至自蠟之。」

明·朱國禎《湧幢小品》卷二《桐漆園》 南京漆園設百户二員，甲軍一百餘名。樱園百户一員，甲軍一百餘，俱三年撥人匠採取，不過二百斤。桐園百户二員，甲軍二百四十名，每年採取，得油止一百五十斤。聖祖豈虚設爲此無益之費？有深意焉，亦寓兵於農之意也。

明·方以智《通雅》卷三三《器用·古器》 楬豆，木柄樸豆也，又爲敔名。曰楬櫫者，表識也。《記》曰：「鞉鼓椌楬。」鄭曰：「柷，敔也。」【略】《韓非子》曰：「禹作祭器墨染其外，而朱畫其内。」楬豆亦未必無飾也。《蜡氏》「置楬」，注引「今時楬櫫」，《職金》「楬而璽之」。鄭司農曰：「今時之書，有所表識，謂之楬櫫。」孔穎達疏：「即今之板。」所謂以木爲柄，柄即豆之下，承豆之莖趺也。上加漆畫，理亦宜之。或曰敔即楬，楬有虎形，背如鱗次，其畫虎斑與乳篆乎？是未可知也。

三尺桑之畢，非畢翳之畢也。畢以載牲，博三寸，長八寸，柄長二尺四寸，丹漆兩頭。見《三禮圖》。

清·顧禄《清嘉録》卷一二 木杮柴

觀音山人以棗、栗諸木作盂盌、葫蘆之屬。或以寸木作粧域，上覆如笠，下懸如針，旋轉爲戲，俗呼「轉盤圖」。又以柳木片膠粘作小舫爲小兒玩物，頗不耐弄。俗有「乖乖乖，觀音山買木杮柴」之謡。

案：《晉書》：王濬爲益州刺史，「造船，木杮蔽江而下」。又《魏書》：太祖「營梓宮，木杮盡生成林」。五代周顯德四年，修永福殿，役徒有削杮爲匕，以瓦㗖飯者。《集韻》《韻會》：「杮，芳廢切。」音肺。《説文》：「削木札樸也，从木，朩聲。陳楚謂櫝爲杮。」徐鍇曰：「即木櫝也。」又削下木片也。《後漢·楊由傳》：「風吹削杮。」又《顏氏家訓》：「削杮，削札櫝之杮。古者書誤則削之。《左傳》云『削而投之』是也。」吴語謂削木片曰「木杮」。

又 卷一二 守歲燭

燃雙椽燭於寢室中，宵永燼長，生花報喜，紅榮四照，直接晨光，謂之「守歲燭」。

案：孟襄陽詩：「續明催畫燭，守歲接長筵。」家雪亭《土風録》謂：即今之「守歲燭」。張藴《門野藁·除夕詩》云：「燭花頻送喜，兒女笑閧堂。」又王次回《疑雨集·殘歲即事》詩云：「紗籠椽燭燄如幢，火齊呈花喜一雙。爲惜輕風吹燼落，曉妝成後未開窗。」又吴曼雲《江鄉節物詞》小序云：「燭之大者，可通夕。杭俗除夕燃之，爲守歲計。」吴穀人《詠守歲燭》詩云：「燭房人乍醒，蠟炬未全銷。閲歲心三寸，流光影一條。誰參無盡意，此是可憐宵。掩映迎神處，春紅隔幙摇。」又郭頻伽《淮陰歲除·詠守歲燭》詩云：「雙枝争燦爛。」又李仙翁《除夕》詩云：「燭花猶照徹宵紅。」

清·徐康《前塵夢影録》卷上 舊藏康里子山研，紅漆匣，繪五采花卉，井有蒙古四字在四角。匣爲絹胎，入水不沈。研面一瓶形，昔刻銘十六字。下書巙巙子山研。質黄黑色，澄泥不甚佳。中襯鹿皮一頁，背面書崇禎某年月。此研於道光乙未春，吾師朱碧山太守自邗江來，曾寓吴門半月，太守善指畫長幀大幅，皆粘紙於牆，爲之兔起鶻落，令人不敢諦視。署款亦懸筆以書，真奇才也。太守爲山陰人，其弟曾爲江右太守，以耽嗜於煙，罷官。師因作説海傳，傳奇刺之，余時學畫，遂以子山研及舊拓般若壺題名爲贄。

U0901926